Pappermann
Rechtsvorschriften in Nordrhein–Westfalen
Anweisung zum Einordnen
der 105. Ergänzungslieferung Oktober 2021

Herauszunehmen:

		Zahl der Blätter
Titelblatt–Geleitwort zur EL 104		2
11.2	1–4	2
	25–28	2
11.6	1/2	1
12.1	1–20	10
22.11	1/2	1
22.21	1/2	1
22.31	1/2	1
23.11	1/2	1
	25/26	1
23.12	1–**23.13** 2a	6
23.21	1–6	3
	11–12a	2
	27–34	4
23.3	1–14	9
24.1	1–16a	9
24.11	1/2	1
	21–28	4
	47–52a	5
24.12/2	1–14	7
24.31	1–32	17
	37–60	12
	69–73a	3
	81–88	4
	95/96	1
24.41	1/2	1
	13–16	2
24.51	1/2	1
	5–12	5
	17/18	1
	35–38	2
	43–48	4
31.11	1/2	1
	7/7a	1
31.31	1–10	5
	15–26	6
	35–**32.1** 6	4
32.1	11/12	1
	15–22	5
Übertrag:		148

Einzufügen:

		Zahl der Blätter
Titelblatt–Geleitwort zur EL 105		2
11.2	1–4	2
	25–28	2
11.6	1/2	1
12.1	1–22	11
22.11	1–2a	2
22.21	1/2	1
22.31	1/2	1
23.11	1/2	1
	25/26	1
23.12	1–**23.13** 2a	6
23.21	1–6	3
	11–12a	2
	27–34	4
23.3	1–14	7
24.1	1–16a	9
24.11	1/2	1
	21–28	4
	47–52a	5
24.12/2	1–14	7
24.31	1–32a	17
	37–60	12
	69–73a	3
	81–88	4
	95/96	1
24.41	1/2	1
	13–16	2
24.51	1/2	1
	5–12	4
	17/18	1
	35–38	2
	43–48a	4
31.11	1/2	1
	7/7a	1
31.31	1–10	5
	15–26	6
	35–**32.1** 6	4
32.1	11/12	1
	15–22a	5
Übertrag:		147

Herauszunehmen:		Zahl der Blätter:
Übertrag:		148
32.1	27–31a	4
	37–49a	8
	56/56a	1
	65–70	3
32.2	1/2	1
	5/6	1
	29–32a	4
	41–43a	2
	57–60	2
32.4	1/2	1
	11/12	1
34.1	1–6	3
	39–40a	2
	69/70	1
	84–98	10
35.1	1/2	1
	5–8	2
	27–30	2
	37–40	2
	55–58	2
	71–76	3
	101–104	2
35.2	1–84	46
36.2	1/2	1
	19–**36.3** 28	15
36.71/2	1–16a	9
41.1	1/2	1
	21/22	1
41.11	1–**41.2** 4	17
41.2	9–14	3
	21–46	13
	93–96	2
	123/124	1
	133–136	2
	153–**41.2/1** 6	9
41.2/1	11–18	4
41.31	1–12	6
	17–76	30
42.1	1/2	1
	19/20	1
42.5	1–**42.5/1** 2	52
	45–47a	2
43.1	1–10a	8
	21–22a	2
	27–38a	11
	41/41a	1
Übertrag:		444

Einzufügen:		Zahl der Blätter:
Übertrag:		147
32.1	27–31a	5
	37–49a	9
	56/56a	1
	65–70	3
32.2	1/2	1
	5/6	1
	29–32a	4
	41–43a	3
	57–60	2
32.4	1/2	1
	11–12a	2
34.1	1–6	3
	39–40a	2
	69/70	1
	84–101	9
35.1	1/2	1
	5–8	2
	27–30a	3
	37–40	2
	55–58	2
	71–76a	4
	101–104	2
35.2	1–86	43
36.2	1/2	1
	19–**36.3** 30	16
36.71/2	1–16a	10
41.1	1/2	1
	21/22	1
41.11	1–**41.2** 4	16
41.2	9–14	3
	21–46a	14
	93–96	2
	123–124a	2
	133–136a	3
	153–**41.2/1** 6a	11
41.2/1	11–18	4
41.31	1–12a	7
	17–78	31
42.1	1/2	1
	19–20a	2
42.5	1–**42.5/1** 2	56
	45–47a	2
43.1	1–10a	8
	21–22a	2
	27–38a	10
	41/41a	1
Übertrag:		457

Herauszunehmen:		Zahl der Blätter:
Übertrag:		444
43.1	44/44a	1
	55–**43.11** 2	2
43.11	17/18	1
44.21	1–4	2
	17–20	2
51.1	1/2	1
	17–20a	4
51.2	1–6	3
	19–46	15
	53/53a	1
	57–62	3
	67–70a	3
	73–80	5
	103–106	2
51.4	1/1a	1
	5–8	3
	16–26	6
	57/58	1
	61/62	1
	84/84a	1
51.9	1/2	1
	12/13	1
	29/30	1
	39–44	3
6.1	1/2	1
	7–10a	4
	13–22	5
	25–30	4
	37–39a	2
6.2	1–4	2
	9/10	1
6.3	1/2	1
	11–14a	3
	19–24	3
	29/30	1
	35/35a	1
	51–56	3
6.4	1–**6.5** 4–8	3
6.6	1/2	1
72.2	1–3	1
	12–14	2
	21/22	1
	35–40	3
81.12	1–4	2
	11/12	1
83.11/1	23/24	1
Insgesamt herauszunehmen:		554

Einzufügen:		Zahl der Blätter:
Übertrag:		457
43.1	44/44a	1
	55–**43.11** 2	2
43.11	17/18	1
44.21	1–4	2
	17–20a	3
51.1	1/2	1
	17–20a	3
51.2	1–6	3
	19–46a	15
	53/53a	1
	57–62	3
	67–70a	3
	73–80	4
	103–106	2
51.4	1/1a	1
	5–8a	3
	16–26a	6
	57/58	1
	61/62	1
	84/84a	1
51.9	1/2	1
	12/13	1
	29/30	1
	39–44a	4
6.1	1/2	1
	7–10a	4
	13–22a	6
	25–30a	4
	37–39a	2
6.2	1–4	2
	9/10	1
6.3	1/2	1
	11–14a	4
	19–24a	4
	29/30	1
	35/35a	1
	51–56	3
6.4	1–**6.5** 4–8	3
6.6	1/2	1
72.2	1–3	1
	12–14a	2
	21–22a	2
	35–40a	4
81.12	1–4	2
	11/12	1
83.11/1	23/24	1
Insgesamt einzufügen:		572

Rechtsvorschriften in Nordrhein-Westfalen

Sammlung des in Nordrhein-Westfalen geltenden Bundes- und Landesrechts

Zusammengestellt
von

Rechtsanwalt Prof. Dr. Ernst Pappermann

Geschäftsführendes Präsidialmitglied des Deutschen Städtetages a. D.
Direktor der Fachhochschule für öffentliche Verwaltung
Nordrhein-Westfalen a. D.
ehem. Mitglied des Justizprüfungsamtes beim OLG Köln

im Einvernehmen mit

Reinhard Mokros

Präsident der Fachhochschule für öffentliche Verwaltung
Nordrhein-Westfalen a. D.

Stand: 1. Oktober 2021
(105. Ergänzumgslieferung)

C.H.BECK

Dieses Titelblatt entstammt der 105. Ergänzungslieferung Oktober 2021
Diese Ergänzungslieferung schließt an die Ergänzungslieferung
Juni 2021 an.

Das Gesamtwerk ist eine Sonderausgabe für Nordrhein-Westfalen
unter Verwendung der im Verlag C. H. Beck
erschienenen Loseblatt-Textsammlungen:
Habersack, Deutsche Gesetze
Sartorius, Verfassungs- und Verwaltungsgesetze
Sartorius Ergänzungsband
Rehborn, Gesetze des Landes Nordrhein-Westfalen
Rehborn, Verwaltungsvorschriften des Landes Nordrhein-Westfalen

Redaktioneller Hinweis:

Paragraphenüberschriften in Klammern sind nichtamtlich. Sie sind ebenso wie die Fußnoten urheber- und wettbewerbsrechtlich geschützt.
Die Angaben zum Stand der Sammlung auf dem Titelblatt beziehen sich auf das Verkündungsdatum der maßgebenden Gesetzes-, Verordnungs- und Amtsblätter.

www.beck.de

Gesamtwerk 978 3 406 45152 2 ergänzt bis 978 3 406 77183 5

Wilhelmstraße 9, 80801 München
Druck: Druckerei C. H. Beck Nördlingen
(Adresse wie Verlag)

Gedruckt auf säurefreiem, alterungsbeständigem Papier
(hergestellt aus chlorfrei gebleichtem Zellstoff)

Pappermann
Rechtsvorschriften in Nordrhein-Westfalen
Geleitwort zur 105. Ergänzungslieferung

Die 105. Ergänzungslieferung des Pappermann bringt die Sammlung auf den Stand 1. Oktober 2021; sie berücksichtigt das BGBl. bis einschließlich Nr. 69 vom 29.9.2021 und das das GV. NRW bis einschließlich Nr. 73 vom 30.9. 2021.

Folgende Änderungen wurden u.a. berücksichtigt:

– Bundeswahlgesetz (Nr. 11.2)
– Staatsangehörigkeitsgesetz (Nr. 12.1)
– Verwaltungsvollsteckungsgesetz (Nr. 23.21)
– Landesbeamtengesetz NRW (Nr. 24.11)
– Landesbesoldungsgesetz NRW (Nr. 24.31)
– Landesbeamtenversorgungsgesetz (Nr. 24.51)
– Bundes-Immissionsschutzgesetz (Nr. 32.1)
– Kreislaufwirtschaftsgesetz (Nr. 32.2)
– Gewerbeordnung (Nr. 34.1)
– Infektionsschutzgesetz (Nr. 35.1)
– Personalausweisgesetz (Nr. 36.3)
– Baugesetz (Nr. 41.2)
– Straßenverkehrsgesetz (Nr. 42.5)
– Wasserhaushaltsgesetz (Nr. 43.1)
– Sozialgesetzbuch Zwölftes Buch (Nr. 51.2)
– Gerichtsverfassungsgesetz (Nr. 6.1)
– Verwaltungsgerichtsordnung (Nr. 6.3)

Die Fußnotenverweise auf die Loseblattsammlungen „Habersack (vormals Schönfelder)", „Habersack (vormals Schönfelder) ErgBd." und „Rehborn, Gesetze NRW (vormals v. Hippel/Rehborn)" werden nach und nach mit der vorliegenden und den kommenden Ergänzungslieferungen aktualisiert.

Köln, Gelsenkirchen und München, im Oktober 2021

Herausgeber und Verlag

11.2. Bundeswahlgesetz[1) 2)]

In der Fassung der Bekanntmachung vom 23. Juli 1993[3)]
(BGBl. I S. 1288, ber. S. 1594)

FNA 111-1

geänd. durch Art. 2 Sechstes G zur Änd. des ParteienG und anderer Gesetze v. 28.1.1994 (BGBl. I S. 142), Bek. zur Wahlkreiseinteilung v. 30.3.1994 (BGBl. I S. 680), Art. 1 Zwölftes ÄndG v. 10.5.1994 (BGBl. I S. 993), Zweite Bek. zur Wahlkreiseinteilung v. 15.9.1994 (BGBl. I S. 2417), Art. 1 13. ÄndG v. 15.11. 1996 (BGBl. I S. 1712), Bek. zur Wahlkreiseinteilung v. 9.7.1997 (BGBl. I S. 1691), Zweite Bek. zur Wahlkreiseinteilung v. 1.12.1997 (BGBl. I S. 2772), Art. 1 14. ÄndG v. 20.4.1998 (BGBl. I S. 706), Art. 1 WahlkreisneueinteilungsG v. 1.7.1998 (BGBl. I S. 1698), Art. 1 G zur Aussetzung der Vorschriften über die repräsentative Wahlstatistik für die Wahl zum 14. Deutschen Bundestag v. 25.8.1998 (BGBl. I S. 2430), Art. 2 WahlstatistikG v. 21.5.1999 (BGBl. I S. 1023), Art. 1 15. ÄndG v. 27.4.2001 (BGBl. I S. 698), Art. 1 16. ÄndG v. 27.4.2001 (BGBl. I S. 701, ber. BGBl.2002 I S. 1848), Art. 12 Sechstes Euro-EinführungsG v. 3.12.2001 (BGBl. I S. 3306), Art. 1a Behindertengleichstellungs-EinführungsG v. 27.4. 2002 (BGBl. I S. 1467), Art. 1 Post- und telekommunikationsrechtliches BereinigungsG v. 7.5.2002 (BGBl. I S. 1529), Art. 11 Nr. 2 ZuwanderungsG v. 20.6.2002 (BGBl. I S. 1946; nichtig gem. Urt. des BVerfG v. 18.12.2002 – 2 BvF 1/02 –), Bek. zur Wahlkreiseinteilung v. 31.7.2002 (BGBl. I S. 2964), Art. 2 Achte ZuständigkeitsanpassungsVO v. 25.11.2003 (BGBl. I S. 2304), Art. 11 Nr. 2 ZuwanderungsG v. 30.7.2004 (BGBl. I S. 1950), Art. 1 17. ÄndG v. 11.3.2005 (BGBl. I S. 674), § 1 VO über die Abkürzung von Fristen im BWG für die Wahl zum 16. Deutschen Bundestag v. 21.7.2005 (BGBl. I S. 2179), Bek. zur Wahlkreiseinteilung für die Wahl zum Deutschen Bundestag v. 21.7.2005 (BGBl. I S. 2180), Art. 5 Neunte ZuständigkeitsanpassungsVO v. 31.10.2006 (BGBl. I S. 2407), Art. 1 18. ÄndG v. 17.3.2008 (BGBl. I S. 316), Art. 1 G zur Änd. des Wahl- und Abgeordnetenrechts v. 17.3.2008 (BGBl. I S. 394), Urt. des BVerfG – 2 BvC 1/07, 2 BvC 7/07 – v. 3.7.2008 (BGBl. I S. 1286), Bek. zur Wahlkreiseinteilung für die Wahl zum Deutschen Bundestag v. 5.8.2009 (BGBl. I S. 2687), Art. 1 19. ÄndG v. 25.11.2011 (BGBl. I S. 2313), Art. 1 20. ÄndG v. 12.4.2012 (BGBl. I S. 518), Art. 1 G zur Verbesserung des Rechtsschutzes in Wahlsachen v. 12.7.2012 (BGBl. I S. 1501), Beschluss des BVerfG – 2 BvC 1/11, 2 BvC 2/11 – v. 4.7.2012 (BGBl. I S. 1769), Urteil des BVerfG – 2 BvF 3/11, 2 BvR 2670/ 11, 2 BvE 9/11 – v. 25.7.2012 (BGBl. I S. 1769), Art. 1 21. ÄndG v. 27.4.2013 (BGBl. I S. 962), Art. 1, 2 Abs. 2 22. ÄndG v. 3.5.2013 (BGBl. I S. 1082), Art. 2 Abs. 1 G zur Fortentwicklung des Meldewesens v. 3.5.2013 (BGBl. I S. 1084, geänd. durch G v. 20.11.2014, BGBl. I S. 1738), Art. 9 Zehnte ZuständigkeitsanpassungsVO v. 31.8.2015 (BGBl. I S. 1474), Art. 1 23. ÄndG v. 3.5.2016 (BGBl. I S. 1062), Art. 4 G zu bereichsspezifischen Regelungen der Gesichtsverhüllung und zur Änd. weiterer dienstrechtlicher Vorschriften v. 8.6.2017 (BGBl. I S. 1570), Bek. zur Wahlkreiseinteilung für die Wahl zum Deutschen Bundestag v. 30.8.2017 (BGBl. I S. 3339), Art. 2 G zur Änd. des ParteienG und anderer Gesetze v. 10.7. 2018 (BGBl. I S. 1116), Beschluss des BVerfG – 2 BvC 62/14 – v. 29.1.2019 (BGBl. I S. 368), Art. 1 G zur Änd. des BundeswahlG und anderer Gesetze v. 18.6.2019 (BGBl. I S. 834), Art. 9 Elfte ZuständigkeitsanpassungsVO v. 19.6.2020 (BGBl. I S. 1328), Art. 1 24. ÄndG v. 25.6.2020 (BGBl. I S. 1409), Art. 1 G zur Änd. des BundeswahlG und des Gesetzes über Maßnahmen im Gesellschafts-, Genossenschafts-, Vereins-, Stiftungs- und Wohnungseigentumsrecht zur Bekämpfung der Auswirkungen der COVID-19-Pandemie v. 28.10.2020 (BGBl. I S. 2264), Art. 1 25. ÄndG v. 14.11.2020 (BGBl. I S. 2395) und Art. 1 und 2 26. ÄndG v. 3.6.2021 (BGBl. I S. 1482)

Inhaltsübersicht[4)]

Erster Abschnitt. Wahlsystem (§§ 1 bis 7)

---

1) Siehe hierzu ua die Wahlkreiseinteilungsbekanntmachung Bundestagswahl v. 24.7.2013 (BGBl. I S. 2814).

2) Die Änderungen durch G v. 14.11.2020 (BGBl. I S. 2395) treten teilweise erst **mWv 1.1.2024** in Kraft und sind insoweit im Text noch nicht berücksichtigt.

3) Neubekanntmachung des BundeswahlG idF der Bek. v. 21.9.1990 (BGBl. I S. 2059) in der ab 28.7. 1993 geltenden Fassung.

4) Inhaltsübersicht geänd. mWv 21.3.2008 durch G v. 17.3.2008 (BGBl. I S. 394); mWv 1.7.2019 durch G v. 18.6.2019 (BGBl. I S. 834); mWv 30.6.2020 durch G v. 25.6.2020 (BGBl. I S. 1409); mWv 19.11. →

(Fortsetzung der Anm. von voriger Seite)
2020 durch G v. 14.11.2020 (BGBl. I S. 2395); mWv 10.6.2021 und mWv 1.1.2022 durch G v. 3.6.2021 (BGBl. I S. 1482); sie wurde nichtamtlich an die nachträglichen Änderungen angepasst.

Erster Abschnitt. Wahlsystem

§ 1[1)] Zusammensetzung des Deutschen Bundestages und Wahlrechtsgrundsätze (1) [1]Der Deutsche Bundestag besteht vorbehaltlich der sich aus diesem Gesetz ergebenden Abweichungen aus 598 Abgeordneten. [2]Sie werden in allgemeiner, unmittelbarer, freier, gleicher und geheimer Wahl von den wahlberechtigten Deutschen nach den Grundsätzen einer mit der Personenwahl verbundenen Verhältniswahl gewählt.

(2) Von den Abgeordneten werden 299 nach Kreiswahlvorschlägen in den Wahlkreisen und die übrigen nach Landeswahlvorschlägen (Landeslisten) gewählt.

§ 2[2)] Gliederung des Wahlgebietes. (1) Wahlgebiet ist das Gebiet der Bundesrepublik Deutschland.

(2) Die Einteilung des Wahlgebietes in Wahlkreise ergibt sich aus der Anlage 2 zu diesem Gesetz.

(3) Jeder Wahlkreis wird für die Stimmabgabe in Wahlbezirke eingeteilt.

§ 3[3)] Wahlkreiskommission und Wahlkreiseinteilung. (1) [1]Bei der Wahlkreiseinteilung sind folgende Grundsätze zu beachten:

1. Die Ländergrenzen sind einzuhalten.
2. [1]Die Zahl der Wahlkreise in den einzelnen Ländern muß deren Bevölkerungsanteil soweit wie möglich entsprechen. [2]Sie wird mit demselben Berechnungsverfahren ermittelt, das nach § 6 Abs. 2 Satz 2 bis 7 für die Verteilung der Sitze auf die Landeslisten angewandt wird.
3. Die Bevölkerungszahl eines Wahlkreises soll von der durchschnittlichen Bevölkerungszahl der Wahlkreise nicht um mehr als 15 vom Hundert nach oben oder unten abweichen; beträgt die Abweichung mehr als 25 vom Hundert, ist eine Neuabgrenzung vorzunehmen.
4. Der Wahlkreis soll ein zusammenhängendes Gebiet bilden.

---

1) § 1 Abs. 1 Satz 1 und Abs. 2 geänd. durch G v. 15.11.1996 (BGBl. I S. 1712).

2) § 2 Abs. 2 geänd. mWv 30.6.2020 durch G v. 25.6.2020 (BGBl. I S. 1409).

3) § 3 Abs. 1 eingef., bish. Abs. 1 wird Abs. 2 sowie Abs. 3 eingef., bish. Abs. 3 und 4 werden Abs. 4 und 5 durch G v. 15.11.1996 (BGBl. I S. 1712); Abs. 1 Satz 2 geänd. mWv 1.1.2005 durch G v. 30.7.2004 (BGBl. I S. 1950); Abs. 1 Satz 1 Nr. 2 Satz 2 angef. und Abs. 3 Satz 3 geänd. mWv 21.3.2008 durch G v. 17.3.2008 (BGBl. I S. 394); Abs. 4 Satz 2 geänd. mWv 10.5.2016 durch G v. 3.5.2016 (BGBl. I S. 1062); Abs. 4 Sätze 1–3 geänd. mWv 27.6.2020 durch VO v. 19.6.2020 (BGBl. I S. 1328).

5. Die Grenzen der Gemeinden, Kreise und kreisfreien Städte sollen nach Möglichkeit eingehalten werden.

[2] Bei Ermittlung der Bevölkerungszahlen bleiben Ausländer (§ 2 Abs. 1 des Aufenthaltsgesetzes[1)]) unberücksichtigt.

(2) [1] Der Bundespräsident ernennt eine ständige Wahlkreiskommission. [2] Sie besteht aus dem Präsidenten des Statistischen Bundesamtes, einem Richter des Bundesverwaltungsgerichts und fünf weiteren Mitgliedern.

(3) [1] Die Wahlkreiskommission hat die Aufgabe, über Änderungen der Bevölkerungszahlen im Wahlgebiet zu berichten und darzulegen, ob und welche Änderungen der Wahlkreiseinteilung sie im Hinblick darauf für erforderlich hält. [2] Sie kann in ihrem Bericht auch aus anderen Gründen Änderungsvorschläge machen. [3] Bei ihren Vorschlägen zur Wahlkreiseinteilung hat sie die in Absatz 1 genannten Grundsätze zu beachten; ergeben sich nach der Berechnung in Absatz 1 Nr. 2 mehrere mögliche Wahlkreiszuteilungen, erarbeitet sie hierzu Vorschläge.

(4) [1] Der Bericht der Wahlkreiskommission ist dem Bundesministerium des Innern, für Bau und Heimat innerhalb von fünfzehn Monaten nach Beginn der Wahlperiode des Deutschen Bundestages zu erstatten. [2] Das Bundesministerium des Innern, für Bau und Heimat leitet ihn unverzüglich dem Deutschen Bundestag zu und veröffentlicht einen Hinweis auf die Veröffentlichung als Bundestagsdrucksache im Bundesanzeiger[2)]. [3] Auf Ersuchen des Bundesministeriums des Innern, für Bau und Heimat hat die Wahlkreiskommission einen ergänzenden Bericht zu erstatten; für diesen Fall gilt Satz 2 entsprechend.

(5) [1] Werden Landesgrenzen nach den gesetzlichen Vorschriften über das Verfahren bei sonstigen Änderungen des Gebietsbestandes der Länder nach Artikel 29 Abs. 7 des Grundgesetzes[3)] geändert, so ändern sich entsprechend auch die Grenzen der betroffenen Wahlkreise. [2] Werden im aufnehmenden Land zwei oder mehrere Wahlkreise berührt oder wird eine Exklave eines Landes gebildet, so bestimmt sich die Wahlkreiszugehörigkeit des neuen Landesteiles nach der Wahlkreiszugehörigkeit der Gemeinde, des Gemeindebezirks oder des gemeindefreien Gebietes, denen er zugeschlagen wird. [3] Änderungen von Landesgrenzen, die nach Ablauf des 32. Monats nach Beginn der Wahlperiode vorgenommen werden, wirken sich auf die Wahlkreiseinteilung erst in der nächsten Wahlperiode aus.

§ 4 Stimmen. Jeder Wähler hat zwei Stimmen, eine Erststimme für die Wahl eines Wahlkreisabgeordneten, eine Zweitstimme für die Wahl einer Landesliste.

§ 5 Wahl in den Wahlkreisen. [1] In jedem Wahlkreis wird ein Abgeordneter gewählt. [2] Gewählt ist der Bewerber, der die meisten Stimmen auf sich vereinigt. [3] Bei Stimmengleichheit entscheidet das vom Kreiswahlleiter zu ziehende Los.

---

1) **Sartorius Nr. 565.**

2) Siehe hierzu ua Bericht der Wahlkreiskommission für die 18. Wahlperiode des BT idF der Bek. v. 1.2. 2014 (BAnz AT 20.04.2015 B1).

3) Nr. **11.1**.

(3) Verwaltungsbehörde im Sinne des § 36 Abs. 1 Nr. 1 des Gesetzes über Ordnungswidrigkeiten[1] ist

1. bei Ordnungswidrigkeiten nach Absatz 1 Nr. 1
   a) der Kreiswahlleiter, wenn ein Wahlberechtigter das Amt eines Wahlvorstehers, stellvertretenden Wahlvorstehers oder eines Beisitzers im Wahlvorstand oder im Kreiswahlausschuß,
   b) der Landeswahlleiter, wenn ein Wahlberechtigter das Amt eines Beisitzers im Landeswahlausschuß,
   c) der Bundeswahlleiter, wenn ein Wahlberechtigter das Amt eines Beisitzers im Bundeswahlausschuß unberechtigt ablehnt oder sich ohne genügende Entschuldigung den Pflichten eines solchen Amtes entzieht,
2. bei Ordnungswidrigkeiten nach Absatz 1 Nr. 2 der Bundeswahlleiter.

§ 49b[2] **Staatliche Mittel für andere Kreiswahlvorschläge.** (1) [1]Bewerber eines nach Maßgabe der §§ 18 und 20 von Wahlberechtigten eingereichten Wahlvorschlages, die mindestens 10 vom Hundert der in einem Wahlkreis abgegebenen gültigen Erststimmen erreicht haben, erhalten je gültige Stimme das Vierfache des in § 18 Absatz 3 Satz 1 Nummer 1 des Parteiengesetzes genannten und nach § 18 Absatz 3 Satz 3 des Parteiengesetzes[3] bis zum Zeitpunkt der Wahl erhöhten Betrages. [2]Die Mittel sind im Bundeshaushaltsplan auszubringen.

(2) [1]Die Festsetzung und die Auszahlung der staatlichen Mittel sind von dem Bewerber innerhalb von zwei Monaten nach dem Zusammentritt des Deutschen Bundestages beim Präsidenten des Deutschen Bundestages schriftlich zu beantragen; danach eingehende Anträge bleiben unberücksichtigt. [2]Der Betrag wird von dem Präsidenten des Deutschen Bundestages festgesetzt und ausgezahlt.

(3) Die Vorschriften des Parteiengesetzes über die absolute und relative Obergrenze finden keine Anwendung.

§ 50[4] **Wahlkosten.** (1) Der Bund erstattet den Ländern zugleich für ihre Gemeinden (Gemeindeverbände) die durch die Wahl veranlassten notwendigen Ausgaben.

(2) [1]Die Kosten für die Versendung der Wahlbenachrichtigungen und der Briefwahlunterlagen sowie die Erfrischungsgelder für die Mitglieder der Wahlvorstände werden den Ländern im Wege der Einzelabrechnung ersetzt. [2]Bei zeitgleicher Durchführung von Landtags- oder Kommunalwahlen sowie von Abstimmungen mit Wahlen zum Deutschen Bundestag werden diese Kosten dem jeweiligen Land anteilig ersetzt.

(3) [1]Die übrigen Kosten werden durch einen festen Betrag je Wahlberechtigten erstattet. [2]Er beträgt für Gemeinden bis zu 100 000 Wahlberechtigten

---

[1] Nr. **72.2**.

[2] § 49b eingef. durch G v. 28.1.1994 (BGBl. I S. 142); Abs. 1 Satz 1 geänd. mWv 18.9.2005 durch G v. 17.3.2008 (BGBl. I S. 394); Abs. 1 Satz 1 geänd. mWv 14.7.2018 durch G v. 10.7.2018 (BGBl. I S. 1116).

[3] Nr. **11.6**.

[4] § 50 neu gef. mWv 5.5.2001 durch G v. 27.4.2001 (BGBl. I S. 698); Abs. 4 angef. mWv 1.1.2003 durch G v. 27.4.2002 (BGBl. I S. 1467); Abs. 3 Satz 2 geänd., Satz 3 neu gef., Satz 4 angef. mWv 30.6.2020 durch G v. 25.6.2020 (BGBl. I S. 1409).

0,56 Euro und für Gemeinden mit mehr als 100 000 Wahlberechtigten 0,87 Euro. [3]Der Präsident des Statistischen Bundesamtes legt in jedem Jahr bis zum 30. April dem Bundesministerium des Innern, für Bau und Heimat einen Bericht über die Entwicklung des Wahlkostenindexes mit einer Fortrechnung gemäß der Anlage 1 zu diesem Gesetz vor. [4]Dementsprechende Steigerungen der festen Beträge gelten ab Beginn des Jahres des Berichts und werden vom Bundesministerium des Innern, für Bau und Heimat im Bundesanzeiger veröffentlicht; Bruchteile eines Cents ab 0,5 werden dabei aufgerundet, ansonsten abgerundet.

(4) Der Bund erstattet den Blindenvereinen, die ihre Bereitschaft zur Herstellung von Stimmzettelschablonen erklärt haben, die durch die Herstellung und die Verteilung der Stimmzettelschablonen veranlassten notwendigen Ausgaben.

§ 51[1)] *(aufgehoben)*

§ 52[2)] **Erlass von Rechtsverordnungen.** (1) [1]Das Bundesministerium des Innern, für Bau und Heimat erlässt die zur Durchführung dieses Gesetzes erforderliche Bundeswahlordnung[3)].[4)] [2]Es trifft darin insbesondere Rechtsvorschriften über

1. die Bestellung der Wahlleiter und Wahlvorsteher, die Bildung der Wahlausschüsse und Wahlvorstände sowie über die Tätigkeit, Beschlussfähigkeit und das Verfahren der Wahlorgane,
2. die Berufung in ein Wahlehrenamt, über den Ersatz von Auslagen für Inhaber von Wahlehrenämtern und über das Bußgeldverfahren,
3. die Wahlzeit,
4. die Bildung der Wahlbezirke und ihre Bekanntmachung,
5. die einzelnen Voraussetzungen für die Aufnahme in die Wählerverzeichnisse, deren Führung, Berichtigung und Abschluss, über die Einsicht in Wählerverzeichnisse, über den Einspruch und die Beschwerde gegen das Wählerverzeichnis sowie über die Benachrichtigung der Wahlberechtigten,
6. die einzelnen Voraussetzungen für die Erteilung von Wahlscheinen, deren Ausstellung, über den Einspruch und die Beschwerde gegen die Ablehnung von Wahlscheinen,
7. den Nachweis der Wahlrechtsvoraussetzungen,
8. das Verfahren der Wahlorgane nach § 18 Absatz 2 bis 4a,
9. Einreichung, Inhalt und Form der Wahlvorschläge sowie der dazugehörigen Unterlagen, über ihre Prüfung, die Beseitigung von Mängeln, ihre Zulas-

---

[1)] § 51 aufgeh. mWv 1.1.2014 durch G v. 3.5.2013 (BGBl. I S. 1082).

[2)] § 52 Abs. 1 Satz 2 Nr. 5 neu gef. mWv 5.5.2001 durch G v. 27.4.2001 (BGBl. I S. 698); Abs. 1 Satz 2 Nr. 10 geänd. und Nr. 14 eingef., bish. Nr. 14–16 werden Nr. 15–17 mWv 21.3.2008 durch G v. 17.3.2008 (BGBl. I S. 394); Abs. 1 Satz 2 Nr. 8 geänd. mWv 19.7.2012 durch G v. 12.7.2012 (BGBl. I S. 1501); Abs. 1 Satz 1 und Abs. 3 geänd. mWv 27.6.2020 durch VO v. 19.6.2020 (BGBl. I S. 1328); Überschrift neu gef., Abs. 1 Satz 2 Nr. 1 und 11 geänd., Abs. 4 angef. mWv 6.11.2020 durch G v. 28.10.2020 (BGBl. I S. 2264); Abs. 4 aufgeh. mWv 1.1.2022 durch G v. 3.6.2021 (BGBl. I S. 1482).

[3)] **Sartorius Nr. 31.**

[4)] Siehe hierzu auch die BundeswahlgeräteVO v. 3.9.1975 (BGBl. I S. 2459), zuletzt geänd. durch Entsch. v. 3.3.2009 (BGBl. I S. 525).

sung, die Beschwerde gegen Entscheidungen des Kreiswahlausschusses und des Landeswahlausschusses sowie die Bekanntgabe der Wahlvorschläge,

10. Form und Inhalt des Stimmzettels und über den Stimmzettelumschlag,
11. Bereitstellung, Einrichtung und Bekanntmachung der Wahlräume sowie über Wahlschutzvorrichtungen und Wahlkabinen,
12. die Stimmabgabe, auch soweit besondere Verhältnisse besondere Regelungen erfordern,
13. die Briefwahl,
14. die Abgabe und Aufnahme von Versicherungen an Eides statt,
15. die Wahl in Kranken- und Pflegeanstalten, Klöstern, gesperrten Wohnstätten sowie sozialtherapeutischen und Justizvollzugsanstalten,
16. die Feststellung der Wahlergebnisse, ihre Weitermeldung und Bekanntgabe sowie die Benachrichtigung der Gewählten,
17. die Durchführung von Nachwahlen, Wiederholungswahlen und Ersatzwahlen sowie die Berufung von Listennachfolgern.

(2) Die Rechtsvorschriften bedürfen nicht der Zustimmung des Bundesrates.

(3) Das Bundesministerium des Innern, für Bau und Heimat wird ermächtigt, im Falle einer Auflösung des Deutschen Bundestages die in dem Bundeswahlgesetz und in der Bundeswahlordnung bestimmten Fristen und Termine durch Rechtsverordnung ohne Zustimmung des Bundesrates abzukürzen.

§ 52a[1)] *(aufgehoben)*

§ 53[2)] **Übergangsregelung.** Ausschlüsse vom Wahlrecht und Ausschlüsse von der Wählbarkeit, die nicht auf einem Richterspruch im Sinne von § 13 in der ab dem 1. Juli 2019 geltenden Fassung oder auf einem Richterspruch im Sinne von § 15 Absatz 2 Nummer 2 beruhen, sind nicht nach § 3 Absatz 2 Nummer 1 Buchstabe a des Bundesmeldegesetzes[3)] im Melderegister zu speichern.

§ 54[4)] **Fristen, Termine und Form.** (1) [1]Die in diesem Gesetz und in der auf Grund dieses Gesetzes erlassenen Bundeswahlordnung[5)] vorgesehenen Fristen und Termine verlängern oder ändern sich nicht dadurch, daß der letzte Tag der Frist oder ein Termin auf einen Sonnabend, einen Sonntag, einen gesetzlichen oder staatlich geschützten Feiertag fällt. [2]Eine Wiedereinsetzung in den vorigen Stand ist ausgeschlossen.

(2) Soweit in diesem Gesetz oder in der auf Grund dieses Gesetzes erlassenen Bundeswahlordnung nichts anderes bestimmt ist, müssen vorgeschriebene Erklärungen persönlich und handschriftlich unterzeichnet sein und bei der zuständigen Stelle im Original vorliegen.

§ 55[6)] **Reformkommission.** [1]Beim Deutschen Bundestag wird eine Reformkommission eingesetzt, die sich mit Fragen des Wahlrechts befasst und

---

[1)] § 52a aufgeh. mWv 1.1.2022 durch G v. 3.6.2021 (BGBl. I S. 1482).

[2)] § 53 neu gef. mWv 1.7.2019 durch G v. 18.6.2019 (BGBl. I S. 834).

[3)] **Sartorius Nr. 256.**

[4)] § 54 Überschrift geänd. und Abs. 2 angef., Abs. 1 Satz 1 geänd. mWv 21.3.2008 durch G v. 17.3. 2008 (BGBl. I S. 394).

[5)] **Sartorius Nr. 31.**

[6)] § 55 neu gef. mWv 19.11.2020 durch G v. 14.11.2020 (BGBl. I S. 2395).

Empfehlungen erarbeitet. [2]Sie befasst sich auch mit der Frage des Wahlrechts ab 16 Jahren, der Dauer der Legislaturperiode und entwickelt Vorschläge zur Modernisierung der Parlamentsarbeit. [3]Die Reformkommission wird darüber hinaus Maßnahmen empfehlen, um eine gleichberechtigte Repräsentanz von Frauen und Männern auf den Kandidatenlisten und im Deutschen Bundestag zu erreichen. [4]Die Kommission soll spätestens bis zum 30. Juni 2023 ihre Ergebnisse vorlegen. [5]Das Nähere regelt ein vom Deutschen Bundestag unverzüglich zu verabschiedender Einsetzungsbeschluss.

Anlage 1[1], Anlage 2[2]

(hier nicht wiedergegeben)

[1] Anl. 1 eingef. mWv 30.6.2020 durch G v. 25.6.2020 (BGBl. I S. 1409).
[2] Bish. Anl. wird Anl. 2 und neu gef. mWv 30.6.2020 durch G v. 25.6.2020 (BGBl. I S. 1409).

11.6. Gesetz über die politischen Parteien (Parteiengesetz)[1)]

In der Fassung der Bekanntmachung vom 31. Januar 1994[2)]
(BGBl. I S. 149)

FNA 112-1

geänd. durch Art. 28 G zur Ergänzung des JahressteuerG 1996 und zur Änd. anderer Gesetze v. 18.12. 1995 (BGBl. I S. 1959), Art. 12 JustizmitteilungsG v. 18.6.1997 (BGBl. I S. 1430), Art. 1 Siebtes ÄndG v. 17.2.1999 (BGBl. I S. 146), Art. 1, 2 Achtes ÄndG v. 28.6.2002 (BGBl. I S. 2268), Art. 3 Achtes ÄndG v. 28.6.2002 (BGBl. I S. 2268, aufgeh. durch Art. 1 Neuntes ÄndG v. 22.12.2004 (BGBl. I S. 3673)), Art. 2 Neuntes ÄndG v. 22.12.2004 (BGBl. I S. 3673), Art. 5a G zur Erleichterung elektronischer Anmeldungen zum Vereinsregister und anderer vereinsrechtlicher Änd. v. 24.9.2009 (BGBl. I S. 3145), Art. 1 G zur Änd. des ParteienG und des AbgeordnetenG v. 23.8.2011 (BGBl. I S. 1748, ber. S. 3141), Art. 1 Zehntes ÄndG v. 22.12.2015 (BGBl. I S. 2563), Art. 2 G zum Ausschluss verfassungsfeindlicher Parteien von der Parteienfinanzierung v. 18.7.2017 (BGBl. I S. 2730), Art. 1 G zur Änd. des ParteienG und anderer Gesetze v. 10.7.2018 (BGBl. I S. 1116), Art. 13 Elfte Zuständigkeitsanpassungs-VO v. 19.6.2020 (BGBl. I S. 1328) und Art. 4 PersonengesellschaftsrechtsmodernisierungsG (MoPeG) v. 10.8.2021 (BGBl. I S. 3436)

Erster Abschnitt. Allgemeine Bestimmungen

§ 1 Verfassungsrechtliche Stellung und Aufgaben der Parteien.

(1) [1]Die Parteien sind ein verfassungsrechtlich notwendiger Bestandteil der freiheitlichen demokratischen Grundordnung. [2]Sie erfüllen mit ihrer freien, dauernden Mitwirkung an der politischen Willensbildung des Volkes eine ihnen nach dem Grundgesetz[3)] obliegende und von ihm verbürgte öffentliche Aufgabe.

(2) Die Parteien wirken an der Bildung des politischen Willens des Volkes auf allen Gebieten des öffentlichen Lebens mit, indem sie insbesondere auf die Gestaltung der öffentlichen Meinung Einfluß nehmen, die politische Bildung anregen und vertiefen, die aktive Teilnahme der Bürger am politischen Leben fördern, zur Übernahme öffentlicher Verantwortung befähigte Bürger heranbilden, sich durch Aufstellung von Bewerbern an den Wahlen in Bund, Ländern und Gemeinden beteiligen, auf die politische Entwicklung in Parlament und Regierung Einfluß nehmen, die von ihnen erarbeiteten politischen Ziele in den Prozeß der staatlichen Willensbildung einführen und für eine ständige lebendige Verbindung zwischen dem Volk und den Staatsorganen sorgen.

(3) Die Parteien legen ihre Ziele in politischen Programmen nieder.

(4) Die Parteien verwenden ihre Mittel ausschließlich für die ihnen nach dem Grundgesetz und diesem Gesetz obliegenden Aufgaben.

§ 2[4)] Begriff der Partei. (1) [1]Parteien sind Vereinigungen von Bürgern, die dauernd oder für längere Zeit für den Bereich des Bundes oder eines Landes auf die politische Willensbildung Einfluß nehmen und an der Vertretung des Volkes im Deutschen Bundestag oder einem Landtag mitwirken wollen, wenn sie nach

---

[1)] Die Änderungen durch G v. 10.8.2021 (BGBl. I S. 3436) treten erst **mWv 1.1.2024** in Kraft und sind im Text noch nicht berücksichtigt.

[2)] Neubekanntmachung des ParteiG idF der Bek. v. 3.3.1989 (BGBl. I S. 327) in der ab 1.1.1994 geltenden Fassung.

[3)] Nr. **11.1**.

[4)] § 2 Abs. 2 Satz 2 angef. mWv 1.1.2016 durch G v. 22.12.2015 (BGBl. I S. 2563).

dem Gesamtbild der tatsächlichen Verhältnisse, insbesondere nach Umfang und Festigkeit ihrer Organisation, nach der Zahl ihrer Mitglieder und nach ihrem Hervortreten in der Öffentlichkeit eine ausreichende Gewähr für die Ernsthaftigkeit dieser Zielsetzung bieten. [2]Mitglieder einer Partei können nur natürliche Personen sein.

(2) [1]Eine Vereinigung verliert ihre Rechtsstellung als Partei, wenn sie sechs Jahre lang weder an einer Bundestagswahl noch an einer Landtagswahl mit eigenen Wahlvorschlägen teilgenommen hat. [2]Gleiches gilt, wenn eine Vereinigung sechs Jahre lang entgegen der Pflicht zur öffentlichen Rechenschaftslegung gemäß § 23 keinen Rechenschaftsbericht eingereicht hat; § 19a Absatz 3 Satz 5 gilt entsprechend.

(3) Politische Vereinigungen sind nicht Parteien, wenn

1. ihre Mitglieder oder die Mitglieder ihres Vorstandes in der Mehrheit Ausländer sind oder
2. ihr Sitz oder ihre Geschäftsleitung sich außerhalb des Geltungsbereichs dieses Gesetzes befindet.

§ 3 Aktiv- und Passivlegitimation. [1]Die Partei kann unter ihrem Namen klagen und verklagt werden. [2]Das gleiche gilt für ihre Gebietsverbände der jeweils höchsten Stufe, sofern die Satzung der Partei nichts anderes bestimmt.

§ 4 Name. (1) [1]Der Name einer Partei muß sich von dem Namen einer bereits bestehenden Partei deutlich unterscheiden; das gleiche gilt für Kurzbezeichnungen. [2]In der Wahlwerbung und im Wahlverfahren darf nur der satzungsmäßige Name oder dessen Kurzbezeichnung geführt werden; Zusatzbezeichnungen können weggelassen werden.

(2) [1]Gebietsverbände führen den Namen der Partei unter Zusatz ihrer Organisationsstellung. [2]Der Zusatz für Gebietsverbände ist nur an nachfolgender Stelle zulässig. [3]In der allgemeinen Werbung und in der Wahlwerbung kann der Zusatz weggelassen werden.

(3) [1]Gebietsverbände, die aus der Partei ausscheiden, verlieren das Recht, den Namen der Partei weiterzuführen. [2]Ein neu gewählter Name darf nicht in einem bloßen Zusatz zu dem bisherigen Namen bestehen. [3]Entsprechendes gilt für Kurzbezeichnungen.

§ 5 Gleichbehandlung. (1) [1]Wenn ein Träger öffentlicher Gewalt den Parteien Einrichtungen zur Verfügung stellt oder andere öffentliche Leistungen gewährt, sollen alle Parteien gleichbehandelt werden. [2]Der Umfang der Gewährung kann nach der Bedeutung der Parteien bis zu dem für die Erreichung ihres Zweckes erforderlichen Mindestmaß abgestuft werden. [3]Die Bedeutung der Parteien bemißt sich insbesondere auch nach den Ergebnissen vorausgegangener Wahlen zu Volksvertretungen. [4]Für eine Partei, die im Bundestag in Fraktionsstärke vertreten ist, muß der Umfang der Gewährung mindestens halb so groß wie für jede andere Partei sein.

(2) Für die Gewährung öffentlicher Leistungen in Zusammenhang mit einer Wahl gilt Absatz 1 während der Dauer des Wahlkampfes nur für Parteien, die Wahlvorschläge eingereicht haben.

(3) Öffentliche Leistungen nach Absatz 1 können an bestimmte sachliche, von allen Parteien zu erfüllende Voraussetzungen gebunden werden.

(4) Der Vierte Abschnitt bleibt unberührt.

12.1. Staatsangehörigkeitsgesetz (StAG)[1) 2) 3)]

Vom 22. Juli 1913

(RGBl. I S. 583)

FNA 102-1

geänd. durch Art. 1 ÄndG v. 8.9.1969 (BGBl. I S. 1581), Art. 1 KostenermächtigungsÄndG v. 23.6. 1970 (BGBl. I S. 805), BVerfG Beschluss v. 21.5.1974 (BGBl. I S. 1933), Art. 1 RustAÄndG 1974 v. 20.12.1974 (BGBl. I S. 3714), Art. 1 ZuständigkeitslockerungsG v. 10.3.1975 (BGBl. I S. 685), Art. 9 AdoptionsG v. 2.7.1976 (BGBl. I S. 1749), Art. 4 G zur Verminderung der Staatenlosigkeit v. 29.6.1977 (BGBl. I S. 1101), Art. 9 § 2 G zur Neuregelung des Rechts der elterlichen Sorge v. 18.7.1979 (BGBl. I S. 1061), Art. 6 § 5 G zur Neuregelung des Internat. Privatrechts v. 25.7.1986 (BGBl. I S. 1142), Art. 4 G zur Änd. asylverfahrensrechtl., ausländer- und staatsangehörigkeitsrechtl. Vorschriften v. 30.6.1993 (BGBl. I S. 1062), Art. 2 JuMiG v. 18.6.1997 (BGBl. I S. 1430), Art. 5 § 1 BeistandschaftsG v. 4.12.1997 (BGBl. I S. 2846), Art. 2 KindschaftsrechtsreformG v. 16.12.1997 (BGBl. I S. 2942), Art. 1 StaatsangehörigkeitsreformG v. 15.7.1999 (BGBl. I S. 1618), Art. 3 § 1 LebenspartnerschaftsG v. 16.2.2001 (BGBl. I S. 266), Art. 18 Sechstes Euro-EinführungsG v. 3.12. 2001 (BGBl. I S. 3306), Art. 5 ZuwanderungsG v. 20.6.2002 (BGBl. I S. 1946, nichtig gem. Urt. des BVerfG v. 18.12.2002 – 2 BvF 1/02 –), Art. 5 Drittes Verwaltungsverfahrensrechts-ÄndG v. 21.8. 2002 (BGBl. I S. 3322), Art. 5 ZuwanderungsG v. 30.7.2004 (BGBl. I S. 1950), Art. 6 Nr. 9 G zur Änd. des AufenthaltsG und weiterer G v. 14.3.2005 (BGBl. I S. 721), Art. 2 Abs. 1 PersonenstandsrechtsreformG v. 19.2.2007 (BGBl. I S. 122), Art. 5 EU-Aufenthalts- und AsylrechtsRL-UmsetzungsG v. 19.8.2007 (BGBl. I S. 1970), Art. 3 FGG-ReformG v. 17.12.2008 (BGBl. I S. 2586), Art. 1 ÄndG v. 5.2.2009 (BGBl. I S. 158), Art. 1 Bundesrecht-BereinigungsG v. 8.12.2010 (BGBl. I S. 1864), Art. 2 G zur Umsetzung aufenthaltsrechtl. RL der EU und zur Anp. nationaler Rechtsvorschr. an den EU-Visakodex v. 22.11.2011 (BGBl. I S. 2258), Art. 2 G zur Ums. der HochqualifiziertenRL der EU v. 1.6.2012 (BGBl. I S. 1224), Art. 1 G zum Ausbau der Hilfen für Schwangere und zur Regelung der vertraulichen Geburt v. 28.8.2013 (BGBl. I S. 3458), Art. 1 Zweites ÄndG v. 13.11.2014 (BGBl. I S. 1714), Art. 5 G zur Neubestimmung des Bleiberechts und der Aufenthaltsbeendigung v. 27.7.2015 (BGBl. I S. 1386), Art. 3 Gesetz zur Verbesserung der Unterbringung, Versorgung und Betreuung ausländischer Kinder und Jugendlicher v. 28.10.2015 (BGBl. I S. 1802), Art. 3 Erstes G zur Änd. des BundesmeldeG und weiterer Vorschriften v. 11.10. 2016 (BGBl. I S. 2218), Art. 1 Drittes ÄndG v. 4.8.2019 (BGBl. I S. 1124), Art. 44 FachkräfteeinwanderungsG v. 15.8.2019 (BGBl. I S. 1307), Art. 1 Zweites Datenschutz-Anpassungs- und UmsetzungsG EU v. 20.11.2019 (BGBl. I S. 1626), Art. 4 Elfte ZuständigkeitsanpassungsVO v. 19.6.2020 (BGBl. I S. 1328), Art. 10 Registermodernisierungsgesetz v. 28.3.2021 (BGBl. I S. 591) und Art. 1 Viertes ÄndG v. 12.8.2021 (BGBl. I S. 3538)

---

1) Titel neu gef. mWv 1.1.2000 durch G v. 15.7.1999 (BGBl. I S. 1618).

2) Beachte hierzu die Übergangsregelung zur Einbürgerung britischer und deutscher Staatsangehöriger in Art. 3 des Brexit-Übergangsgesetzes v. 8.4.2019 (BGBl. I S. 418), geänd. durch G v. 14.12. 2019 (BGBl. I S. 2789):

„(1) Bei britischen Staatsangehörigen, die vor dem Tag, an dem der Austritt des Vereinigten Königreichs Großbritannien und Nordirland aus der Europäischen Union wirksam wird, sofern bis zu diesem Zeitpunkt kein Austrittsabkommen im Sinne von Artikel 50 Absatz 2 Satz 2 des Vertrages über die Europäische Union in Kraft getreten ist (Tag des Austritts), einen Antrag auf Einbürgerung in Deutschland gestellt haben, wird von einem sonst nach dem Staatsangehörigkeitsgesetz erforderlichen Ausscheiden aus der britischen Staatsangehörigkeit abgesehen, sofern alle weiteren Einbürgerungsvoraussetzungen vor dem Tag des Austritts erfüllt waren und bei Einbürgerung weiterhin erfüllt sind.

(2) Deutsche, die vor dem Tag des Austritts einen Antrag auf Einbürgerung im Vereinigten Königreich Großbritannien und Nordirland gestellt haben, verlieren ihre deutsche Staatsangehörigkeit nicht nach § 25 Absatz 1 Satz 1 des Staatsangehörigkeitsgesetzes, auch wenn der Erwerb der britischen Staatsangehörigkeit erst nach Ablauf des Tages vor dem Tag des Austritts erfolgt.“

3) Die Änderungen durch G v. 28.3.2021 (BGBl. I S. 591) treten gem. Art. 22 Satz 3 dieses G an dem Tag in Kraft, an dem das Bundesministerium des Innern, für Bau und Heimat im Bundesgesetzblatt jeweils bekannt gibt, dass die technischen Voraussetzungen für die Verarbeitung der Identifikationsnummer nach § 139b der Abgabenordnung nach den jeweils geänderten Gesetzen vorliegen.

§ 1[1)] **[„Deutscher"]** Deutscher im Sinne dieses Gesetzes ist, wer die deutsche Staatsangehörigkeit besitzt.

§ 2[2)] *(aufgehoben)*

§ 3[3)] **[Erwerb der Staatsangehörigkeit]** (1) Die deutsche Staatsangehörigkeit wird erworben

1. durch Geburt (§ 4),
2. durch Erklärung (§ 5),
3. durch Annahme als Kind (§ 6),
4. durch Ausstellung der Bescheinigung nach § 15 Absatz 1 oder 2 des Bundesvertriebenengesetzes (§ 7),
5. durch Einbürgerung (§§ 8 bis 16, 40b und 40c).

(2) [1]Die Staatsangehörigkeit erwirbt auch, wer seit zwölf Jahren von deutschen Stellen als deutscher Staatsangehöriger behandelt worden ist und dies nicht zu vertreten hat. [2]Als deutscher Staatsangehöriger wird insbesondere behandelt, wem ein Staatsangehörigkeitsausweis, Reisepass oder Personalausweis ausgestellt wurde. [3]Der Erwerb der Staatsangehörigkeit wirkt auf den Zeitpunkt zurück, zu dem bei Behandlung als Staatsangehöriger der Erwerb der Staatsangehörigkeit angenommen wurde. [4]Er erstreckt sich auf Abkömmlinge, die seither ihre Staatsangehörigkeit von dem nach Satz 1 Begünstigten ableiten.

§ 4[4)] **[Geburt]** (1) [1]Durch die Geburt erwirbt ein Kind die deutsche Staatsangehörigkeit, wenn ein Elternteil die deutsche Staatsangehörigkeit besitzt. [2]Ist bei der Geburt des Kindes nur der Vater deutscher Staatsangehöriger und ist zur Begründung der Abstammung nach den deutschen Gesetzen die Anerkennung oder Feststellung der Vaterschaft erforderlich, so bedarf es zur Geltendmachung des Erwerbs einer nach den deutschen Gesetzen wirksamen Anerkennung oder Feststellung der Vaterschaft; die Anerkennungserklärung muß abgegeben oder das Feststellungsverfahren muß eingeleitet sein, bevor das Kind das 23. Lebensjahr vollendet hat.

(2) [1]Ein Kind, das im Inland aufgefunden wird (Findelkind), gilt bis zum Beweis des Gegenteils als Kind eines Deutschen. [2]Satz 1 ist auf ein vertraulich

---

[1)] § 1 neu gef. mWv 1.1.2005 durch G v. 30.7.2004 (BGBl. I S. 1950).

[2)] § 2 aufgeh. mWv 28.8.2007 durch G v. 19.8.2007 (BGBl. I S. 1970).

[3)] § 3 Nr. 3 aufgeh. durch G v. 8.9.1969 (BGBl. I S. 1581); neu eingef. durch G v. 2.7.1976 (BGBl. I S. 1749); Nr. 2 neu gef. durch G v. 16.12.1997 (BGBl. I S. 2942); Nr. 4 neu gef., Nr. 4a eingef. mWv 1.8.1999, Nr. 5 geänd. mWv 1.1.2000 durch G v. 15.7.1999 (BGBl. I S. 1618); einl. Satzteil und Nr. 5 geänd. mWv 1.1.2005 durch G v. 30.7.2004 (BGBl. I S. 1950); Abs. 2 angef., bish. Wortlaut wird Abs. 1 mWv 28.8.2007 durch G v. 19.8.2007 (BGBl. I S. 1970); Abs. 1 neu gef. mWv 20.8.2021 durch G v. 12.8.2021 (BGBl. I S. 3538).

[4)] § 4 Abs. 1 neu gef. durch G v. 30.6.1993 (BGBl. I S. 1062); Abs. 1 Satz 2 neu gef. durch G v. 16.12.1997 (BGBl. I S. 2942); Abs. 3 und 4 angef. mWv. 1.1.2000, Abs. 3 Satz 3 mWv 24.7.1999 durch G v. 15.7.1999 (BGBl. I S. 1618); Abs. 2, Abs. 3 Satz 1 Nr. 2 neu gef. mWv 1.1.2005 durch G v. 30.7.2004 (BGBl. I S. 1950); Abs. 3 Satz 1 Nr. 2 neu gef. mWv 18.3.2005 durch G v. 14.3.2005 (BGBl. I S. 721); Abs. 3 Satz 2 neu gef. mWv 1.1.2009 durch G v. 19.2.2007 (BGBl. I S. 122); Abs. 3 Satz 1 Nr. 2 neu gef. mWv 28.8.2007 durch G v. 19.8.2007 (BGBl. I S. 1970); Abs. 4 Satz 2 geänd. mWv 15.12.2010 durch G v. 8.12.2010 (BGBl. I S. 1864); Abs. 2 Satz 2 angef. mWv 1.5.2014 durch G v. 28.8.2013 (BGBl. I S. 3458); Abs. 3 Satz 3 geänd. mWv 27.6.2020 durch VO v. 19.6.2020 (BGBl. I S. 1328); Abs. 4 Satz 4 und Abs. 5 angef. mWv 20.8.2021 durch G v. 12.8.2021 (BGBl. I S. 3538).

geborenes Kind nach § 25 Absatz 1 des Schwangerschaftskonfliktgesetzes[1] entsprechend anzuwenden.

(3) [1] Durch die Geburt im Inland erwirbt ein Kind ausländischer Eltern die deutsche Staatsangehörigkeit, wenn ein Elternteil

1. seit acht Jahren rechtmäßig seinen gewöhnlichen Aufenthalt im Inland hat und
2. ein unbefristetes Aufenthaltsrecht oder als Staatsangehöriger der Schweiz oder dessen Familienangehöriger eine Aufenthaltserlaubnis auf Grund des Abkommens vom 21. Juni 1999 zwischen der Europäischen Gemeinschaft und ihren Mitgliedstaaten einerseits und der Schweizerischen Eidgenossenschaft andererseits über die Freizügigkeit (BGBl. 2001 II S. 810) besitzt.

[2] Der Erwerb der deutschen Staatsangehörigkeit wird in dem Geburtenregister, in dem die Geburt des Kindes beurkundet ist, eingetragen. [3] Das Bundesministerium des Innern, für Bau und Heimat wird ermächtigt, mit Zustimmung des Bundesrates durch Rechtsverordnung Vorschriften über das Verfahren zur Eintragung des Erwerbs der Staatsangehörigkeit nach Satz 1 zu erlassen.

(4) [1] Die deutsche Staatsangehörigkeit wird nicht nach Absatz 1 erworben bei Geburt im Ausland, wenn der deutsche Elternteil nach dem 31. Dezember 1999 im Ausland geboren wurde und dort seinen gewöhnlichen Aufenthalt hat, es sei denn, das Kind würde sonst staatenlos. [2] Die Rechtsfolge nach Satz 1 tritt nicht ein, wenn innerhalb eines Jahres nach der Geburt des Kindes ein Antrag nach § 36 des Personenstandsgesetzes[2] auf Beurkundung der Geburt im Geburtenregister gestellt wird; zur Fristwahrung genügt es auch, wenn der Antrag in dieser Frist bei der zuständigen Auslandsvertretung eingeht. [3] Sind beide Elternteile deutsche Staatsangehörige, so tritt die Rechtsfolge des Satzes 1 nur ein, wenn beide die dort genannten Voraussetzungen erfüllen. [4] Für den Anspruch nach Artikel 116 Absatz 2 des Grundgesetzes[3] und nach § 15 ist die Rechtsfolge nach Satz 1 unbeachtlich.

(5) Absatz 4 Satz 1 gilt nicht

1. für Abkömmlinge eines deutschen Staatsangehörigen, der die deutsche Staatsangehörigkeit nach Artikel 116 Absatz 2 des Grundgesetzes oder nach § 15 erworben hat, und
2. für Abkömmlinge eines deutschen Staatsangehörigen, wenn dieser ohne den Erwerb der deutschen Staatsangehörigkeit einen Anspruch nach Artikel 116 Absatz 2 des Grundgesetzes oder nach § 15 gehabt hätte.

§ 5[4] [Erklärungsrecht des Kindes] (1) [1] Durch die Erklärung, deutsche Staatsangehörige werden zu wollen, erwerben die nach dem Inkrafttreten des Grundgesetzes geborenen

1. Kinder eines deutschen Elternteils, die durch Geburt nicht die deutsche Staatsangehörigkeit erworben haben,
2. Kinder einer Mutter, die vor der Kindesgeburt durch Eheschließung mit einem Ausländer die deutsche Staatsangehörigkeit verloren hat,

[1] **Habersack (vormals Schönfelder) ErgBd. Nr. 85e.**
[2] Nr. **36.1**.
[3] Nr. **11.1**.
[4] § 5 neu gef. mWv 20.8.2021 durch G v. 12.8.2021 (BGBl. I S. 3538).

3. Kinder, die ihre durch Geburt erworbene deutsche Staatsangehörigkeit durch eine von einem Ausländer bewirkte und nach den deutschen Gesetzen wirksame Legitimation verloren haben, und
4. Abkömmlinge der Kinder nach Nummer 1 bis 3

die deutsche Staatsangehörigkeit, wenn sie handlungsfähig nach § 37 Absatz 1 Satz 1 oder gesetzlich vertreten sind, es sei denn, dass sie wegen einer oder mehrerer vorsätzlicher Straftaten rechtskräftig zu einer Freiheits- oder Jugendstrafe von zwei Jahren oder mehr verurteilt worden sind oder bei der letzten rechtskräftigen Verurteilung Sicherungsverwahrung angeordnet worden ist oder ein Ausschlussgrund nach § 11 vorliegt. [2] § 4 Absatz 1 Satz 2, § 12a Absatz 2 bis 4 und § 37 Absatz 2 gelten entsprechend. [3] Das Erklärungsrecht nach Satz 1 besteht auch, wenn unter denselben Voraussetzungen die Rechtsstellung nach Artikel 116 Absatz 1 des Grundgesetzes[1)] nicht erworben worden oder verloren gegangen ist.

(2) Erklärungsberechtigt nach Absatz 1 ist nicht, wer die deutsche Staatsangehörigkeit

1. nach seiner Geburt oder nach deren Verlust auf Grund einer nach den deutschen Gesetzen wirksamen Legitimation durch einen Ausländer besessen, aber wieder aufgegeben oder verloren oder ausgeschlagen hat oder nach deren Aufgabe, Verlust oder Ausschlagung als dessen Abkömmling geboren oder als Kind angenommen worden ist, oder
2. nach § 4 Absatz 4 Satz 2 in Verbindung mit Absatz 1 erwerben konnte, aber nicht erworben hat oder noch erwerben kann.

(3) Das Erklärungsrecht nach Absatz 1 kann nur innerhalb von zehn Jahren nach Inkrafttreten dieses Gesetzes ausgeübt werden.

(4) Über den Erwerb der deutschen Staatsangehörigkeit durch Erklärung wird eine Urkunde ausgestellt.

§ 6[2)] [Annahme als Kind] [1] Mit der nach den deutschen Gesetzen wirksamen Annahme als Kind durch einen Deutschen erwirbt das Kind, das im Zeitpunkt des Annahmeantrags das achtzehnte Lebensjahr noch nicht vollendet hat, die deutsche Staatsangehörigkeit. [2] Der Erwerb der deutschen Staatsangehörigkeit erstreckt sich auf die Abkömmlinge des Kindes. [3] Beruht die Annahme als Kind auf einer ausländischen Entscheidung, setzt der Erwerb der deutschen Staatsangehörigkeit voraus, dass das Eltern-Kind-Verhältnis des Kindes zu seinen bisherigen Eltern durch die Annahme erloschen ist und das Annahmeverhältnis einem nach den deutschen Sachvorschriften begründeten Annahmeverhältnis gleichsteht. [4] Liegen die Voraussetzungen des Satzes 3 nicht vor und wird eine Umwandlung des Annahmeverhältnisses nach § 3 des Adoptionswirkungsgesetzes[3)] ausgesprochen, gilt Satz 1 entsprechend.

§ 7[4)] [Erwerb durch Flüchtlinge und Vertriebene] Spätaussiedler und die in den Aufnahmebescheid einbezogenen Familienangehörigen erwerben mit

---

1) Nr. **11.1**.

2) § 6 aufgeh. durch G v. 8.9.1969 (BGBl. I S. 1581); neu eingef. durch G v. 2.7.1976 (BGBl. I S. 174); Satz 1 geänd. durch G v. 25.7.1986 (BGBl. I S. 1142); Sätze 1 und 2 geänd., Sätze 3 und 4 angef. mWv 20.8.2021 durch G v. 12.8.2021 (BGBl. I S. 3538).

3) **Habersack (vormals Schönfelder) ErgBd. Nr. 45j.**

4) § 7 neu gef. mWv 28.8.2007 durch G v. 19.8.2007 (BGBl. I S. 1970).

der Ausstellung der Bescheinigung nach § 15 Abs. 1 oder Abs. 2 des Bundesvertriebenengesetzes die deutsche Staatsangehörigkeit.

§ 8[1] **[Einbürgerung eines Ausländers]** (1) Ein Ausländer, der rechtmäßig seinen gewöhnlichen Aufenthalt im Inland hat, kann auf seinen Antrag eingebürgert werden, wenn seine Identität und Staatsangehörigkeit geklärt sind und er

1. handlungsfähig nach § 37 Absatz 1 Satz 1 oder gesetzlich vertreten ist,
2. weder wegen einer rechtswidrigen Tat zu einer Strafe verurteilt noch gegen ihn auf Grund seiner Schuldunfähigkeit eine Maßregel der Besserung und Sicherung angeordnet worden ist,
3. eine eigene Wohnung oder ein Unterkommen gefunden hat,
4. sich und seine Angehörigen zu ernähren imstande ist und

seine Einordnung in die deutschen Lebensverhältnisse gewährleistet ist.

(2) Von den Voraussetzungen des Absatzes 1 Nummer 2 und 4 kann aus Gründen des öffentlichen Interesses oder zur Vermeidung einer besonderen Härte abgesehen werden.

§ 9[2] **[Einbürgerung von Ehegatten oder Lebenspartnern Deutscher]**

(1) [1] Ehegatten oder eingetragene Lebenspartner Deutscher sollen unter den Voraussetzungen des § 10 Absatz 1 eingebürgert werden, wenn sie seit drei Jahren ihren rechtmäßigen gewöhnlichen Aufenthalt im Inland haben und die Ehe oder eingetragene Lebenspartnerschaft seit zwei Jahren besteht. [2] Die Aufenthaltsdauer nach Satz 1 kann aus Gründen des öffentlichen Interesses verkürzt werden, wenn die Ehe oder eingetragene Lebenspartnerschaft seit drei Jahren besteht. [3] Minderjährige Kinder von Ehegatten oder eingetragenen Lebenspartnern Deutscher können unter den Voraussetzungen des § 10 Absatz 1 mit eingebürgert werden, auch wenn sie sich noch nicht seit drei Jahren rechtmäßig im Inland aufhalten. [4] § 10 Absatz 3a, 4, 5 und 6 gilt entsprechend.

(2) Die Regelung des Absatzes 1 gilt auch, wenn die Einbürgerung bis zum Ablauf eines Jahres nach dem Tod des deutschen Ehegatten oder eingetragenen Lebenspartners oder nach der Rechtskraft des die Ehe oder eingetragene Lebenspartnerschaft beendenden Beschlusses beantragt wird und der Antragsteller als sorgeberechtigter Elternteil mit einem minderjährigen Kind aus der Ehe oder eingetragenen Lebenspartnerschaft in einer familiären Gemeinschaft lebt, das bereits die deutsche Staatsangehörigkeit besitzt.

§ 10[3] **[Einbürgerung]** (1) [1] Ein Ausländer, der seit acht Jahren rechtmäßig seinen gewöhnlichen Aufenthalt im Inland hat und handlungsfähig nach § 37

---

[1] § 8 neu gef. mWv 1.1.2005 durch G v. 30.7.2004 (BGBl. I S. 1950); Abs. 1 Satz 2 neu gef. mWv 18.3.2005 durch G v. 14.3.2005 (BGBl. I S. 721); Abs. 1 Satz 2 aufgeh., bish. Satz 1 wird alleiniger Wortlaut und Nr. 2 neu gef. sowie Abs. 2 geänd. mWv 28.8.2007 durch G v. 19.8.2007 (BGBl. I S. 1970); Abs. 1 Nr. 1 geänd. mWv 1.11.2015 durch G v. 28.10.2015 (BGBl. I S. 1802); Abs. 1 einl. Satzteil, Nr. 3 und 4 geänd., abschl. Satzteil angef. mWv 9.8.2019 durch G v. 4.8.2019 (BGBl. I S. 1124); Abs. 2 geänd. mWv 20.8.2021 durch G v. 12.8.2021 (BGBl. I S. 3538).

[2] § 9 neu gef. mWv 20.8.2021 durch G v. 12.8.2021 (BGBl. I S. 3538).

[3] § 10 eingef. mWv 1.1.2005 durch G v. 30.7.2004 (BGBl. I S. 1950); Abs. 1 Satz 1 Nr. 2 neu gef. mWv 18.3.2005 durch G v. 14.3.2005 (BGBl. I S. 721); Abs. 1 und 3 neu gef., Abs. 4–7 angef. mWv 28.8.2007, Abs. 1 Nr. 7 und Abs. 5 eingef. mWv 1.9.2008 durch G v. 19.8.2007 (BGBl. I S. 1970); Abs. 1 Satz 1 Nr. 2 geänd. mWv 1.8.2012 durch G v. 1.6.2012 (BGBl. I S. 1224); Abs. 1 Satz 1 Nr. 2 geänd. mWv 1.8.2015 durch G v. 27.7.2015 (BGBl. I S. 1386); Abs. 1 Satz 1 einl. Satzteil und Satz 2 →

Absatz 1 Satz 1 oder gesetzlich vertreten ist, ist auf Antrag einzubürgern, wenn seine Identität und Staatsangehörigkeit geklärt sind und er

1. sich zur freiheitlichen demokratischen Grundordnung des Grundgesetzes[1] für die Bundesrepublik Deutschland bekennt und erklärt, dass er keine Bestrebungen verfolgt oder unterstützt oder verfolgt oder unterstützt hat, die
   a) gegen die freiheitliche demokratische Grundordnung, den Bestand oder die Sicherheit des Bundes oder eines Landes gerichtet sind oder
   b) eine ungesetzliche Beeinträchtigung der Amtsführung der Verfassungsorgane des Bundes oder eines Landes oder ihrer Mitglieder zum Ziele haben oder
   c) durch Anwendung von Gewalt oder darauf gerichtete Vorbereitungshandlungen auswärtige Belange der Bundesrepublik Deutschland gefährden,

   oder glaubhaft macht, dass er sich von der früheren Verfolgung oder Unterstützung derartiger Bestrebungen abgewandt hat,
2. ein unbefristetes Aufenthaltsrecht oder als Staatsangehöriger der Schweiz oder dessen Familienangehöriger eine Aufenthaltserlaubnis auf Grund des Abkommens vom 21. Juni 1999 zwischen der Europäischen Gemeinschaft und ihren Mitgliedstaaten einerseits und der Schweizerischen Eidgenossenschaft andererseits über die Freizügigkeit, eine Blaue Karte EU oder eine Aufenthaltserlaubnis für andere als die in den §§ 16a, 16b, 16d, 16e, 16f, 17, 18d, 18f, 19, 19b, 19e, 20, 22, 23 Absatz 1, den §§ 23a, 24, 25 Absatz 3 bis 5 des Aufenthaltsgesetzes[2] aufgeführten Aufenthaltszwecke besitzt,
3. den Lebensunterhalt für sich und seine unterhaltsberechtigten Familienangehörigen ohne Inanspruchnahme von Leistungen nach dem Zweiten[3] oder Zwölften Buch Sozialgesetzbuch[4] bestreiten kann oder deren Inanspruchnahme nicht zu vertreten hat,
4. seine bisherige Staatsangehörigkeit aufgibt oder verliert,
5. weder wegen einer rechtswidrigen Tat zu einer Strafe verurteilt noch gegen ihn auf Grund seiner Schuldunfähigkeit eine Maßregel der Besserung und Sicherung angeordnet worden ist,
6. über ausreichende Kenntnisse der deutschen Sprache verfügt,
7.[5] über Kenntnisse der Rechts- und Gesellschaftsordnung und der Lebensverhältnisse in Deutschland verfügt und

---

(Fortsetzung der Anm. von voriger Seite)
geänd. mWv 1.11.2015 durch G v. 28.10.2015 (BGBl. I S. 1802); Abs. 1 Satz 1 einl. Satzteil, Nr. 6 und 7 geänd., abschl. Satzteil angef. mWv 9.8.2019 durch G v. 4.8.2019 (BGBl. I S. 1124); Abs. 1 Satz 1 Nr. 2 geänd. mWv 1.3.2020 durch G v. 15.8.2019 (BGBl. I S. 1307); Abs. 7 geänd. mWv 27.6. 2020 durch VO v. 19.6.2020 (BGBl. I S. 1328); Abs. 1 Satz 1 Nr. 2 und Abs. 2 geänd., Abs. 3 Satz 2 neu gef., Abs. 3a eingef., Abs. 4 Satz 1 geänd. mWv 20.8.2021 durch G v. 12.8.2021 (BGBl. I S. 3538).

[1] Nr. **11.1**.

[2] **Sartorius Nr. 565.**

[3] Nr. **51.4**.

[4] Nr. **51.2**.

[5] § 10 Abs. 1 Satz 1 Nr. 7 ist gem. Art. 10 Abs. 4 G v. 19.8.2007 (BGBl. I S. 1970) am 1.9.2008 in Kraft getreten.

seine Einordnung in die deutschen Lebensverhältnisse gewährleistet, insbesondere er nicht gleichzeitig mit mehreren Ehegatten verheiratet ist. [2] Die Voraussetzungen nach Satz 1 Nr. 1 und 7 müssen Ausländer nicht erfüllen, die nicht handlungsfähig nach § 37 Absatz 1 Satz 1 sind.

(2) Der Ehegatte oder eingetragene Lebenspartner und die minderjährigen Kinder des Ausländers können nach Maßgabe des Absatzes 1 mit eingebürgert werden, auch wenn sie sich noch nicht seit acht Jahren rechtmäßig im Inland aufhalten.

(3) [1] Weist ein Ausländer durch die Bescheinigung des Bundesamtes für Migration und Flüchtlinge die erfolgreiche Teilnahme an einem Integrationskurs nach, wird die Frist nach Absatz 1 auf sieben Jahre verkürzt. [2] Bei Vorliegen besonderer Integrationsleistungen, insbesondere beim Nachweis von Sprachkenntnissen, die die Voraussetzungen des Absatzes 1 Satz 1 Nummer 6 übersteigen, von besonders guten schulischen, berufsqualifizierenden oder beruflichen Leistungen oder von bürgerschaftlichem Engagement, kann sie auf bis zu sechs Jahre verkürzt werden.

(3a) [1] Lässt das Recht des ausländischen Staates das Ausscheiden aus dessen Staatsangehörigkeit erst nach der Einbürgerung oder nach dem Erreichen eines bestimmten Lebensalters zu, wird die Einbürgerung abweichend von Absatz 1 Satz 1 Nummer 4 unter vorübergehender Hinnahme von Mehrstaatigkeit vorgenommen und mit einer Auflage versehen, in der der Ausländer verpflichtet wird, die zum Ausscheiden aus der ausländischen Staatsangehörigkeit erforderlichen Handlungen unverzüglich nach der Einbürgerung oder nach Erreichen des maßgeblichen Lebensalters vorzunehmen. [2] Die Auflage ist aufzuheben, wenn nach der Einbürgerung ein Grund nach § 12 für die dauernde Hinnahme von Mehrstaatigkeit entstanden ist.

(4) [1] Die Voraussetzungen des Absatzes 1 Satz 1 Nr. 6 liegen vor, wenn der Ausländer die Anforderungen einer Sprachprüfung der Stufe B 1 des Gemeinsamen Europäischen Referenzrahmens für Sprachen erfüllt. [2] Bei einem minderjährigen Kind, das im Zeitpunkt der Einbürgerung das 16. Lebensjahr noch nicht vollendet hat, sind die Voraussetzungen des Absatzes 1 Satz 1 Nr. 6 bei einer altersgemäßen Sprachentwicklung erfüllt.

(5)[1)] [1] Die Voraussetzungen des Absatzes 1 Satz 1 Nr. 7 sind in der Regel durch einen erfolgreichen Einbürgerungstest nachgewiesen. [2] Zur Vorbereitung darauf werden Einbürgerungskurse angeboten; die Teilnahme daran ist nicht verpflichtend.

(6) Von den Voraussetzungen des Absatzes 1 Satz 1 Nr. 6 und 7 wird abgesehen, wenn der Ausländer sie wegen einer körperlichen, geistigen oder seelischen Krankheit oder Behinderung oder altersbedingt nicht erfüllen kann.

(7) Das Bundesministerium des Innern, für Bau und Heimat wird ermächtigt, die Prüfungs- und Nachweismodalitäten des Einbürgerungstests sowie die Grundstruktur und die Lerninhalte des Einbürgerungskurses nach Absatz 5 auf der Basis der Themen des Orientierungskurses nach § 43 Abs. 3 Satz 1 des Aufenthaltsgesetzes durch Rechtsverordnung[2)], die nicht der Zustimmung des Bundesrates bedarf, zu regeln.

[1)] § 10 Abs. 5 ist gem. Art. 10 Abs. 4 G v. 19.8.2007 (BGBl. I S. 1970) am 1.9.2008 in Kraft getreten.

[2)] Siehe die EinbürgerungstestVO v. 5.8.2008 (BGBl. I S. 1649), geänd. durch VO v. 18.3.2013 (BGBl. I S. 585).

§ 11[1)] [Ausschluss der Einbürgerung] [1]Die Einbürgerung ist ausgeschlossen, wenn

1. tatsächliche Anhaltspunkte die Annahme rechtfertigen, dass der Ausländer Bestrebungen verfolgt oder unterstützt oder verfolgt oder unterstützt hat, die gegen die freiheitliche demokratische Grundordnung, den Bestand oder die Sicherheit des Bundes oder eines Landes gerichtet sind oder eine ungesetzliche Beeinträchtigung der Amtsführung der Verfassungsorgane des Bundes oder eines Landes oder ihrer Mitglieder zum Ziele haben oder die durch die Anwendung von Gewalt oder darauf gerichtete Vorbereitungshandlungen auswärtige Belange der Bundesrepublik Deutschland gefährden, es sei denn, der Ausländer macht glaubhaft, dass er sich von der früheren Verfolgung oder Unterstützung derartiger Bestrebungen abgewandt hat, oder
2. nach § 54 Absatz 1 Nummer 2 oder 4 des Aufenthaltsgesetzes[2)] ein besonders schwerwiegendes Ausweisungsinteresse vorliegt.

[2]Satz 1 Nr. 2 gilt entsprechend für Ausländer im Sinne des § 1 Abs. 2 des Aufenthaltsgesetzes und auch für Staatsangehörige der Schweiz und deren Familienangehörige, die eine Aufenthaltserlaubnis auf Grund des Abkommens vom 21. Juni 1999 zwischen der Europäischen Gemeinschaft und ihren Mitgliedstaaten einerseits und der Schweizerischen Eidgenossenschaft andererseits über die Freizügigkeit besitzen.

§ 12[3)] [Ausnahmen von § 10 Abs. 1 Satz 1 Nr. 4] (1) [1]Von der Voraussetzung des § 10 Abs. 1 Satz 1 Nr. 4 wird abgesehen, wenn der Ausländer seine bisherige Staatsangehörigkeit nicht oder nur unter besonders schwierigen Bedingungen aufgeben kann. [2]Das ist anzunehmen, wenn

1. das Recht des ausländischen Staates das Ausscheiden aus dessen Staatsangehörigkeit nicht vorsieht,
2. der ausländische Staat die Entlassung regelmäßig verweigert,
3. der ausländische Staat die Entlassung aus der Staatsangehörigkeit aus Gründen versagt hat, die der Ausländer nicht zu vertreten hat, oder von unzumutbaren Bedingungen abhängig macht oder über den vollständigen und formgerechten Entlassungsantrag nicht in angemessener Zeit entschieden hat,
4. der Einbürgerung älterer Personen ausschließlich das Hindernis eintretender Mehrstaatigkeit entgegensteht, die Entlassung auf unverhältnismäßige Schwierigkeiten stößt und die Versagung der Einbürgerung eine besondere Härte darstellen würde,
5. dem Ausländer bei Aufgabe der ausländischen Staatsangehörigkeit erhebliche Nachteile insbesondere wirtschaftlicher oder vermögensrechtlicher Art entstehen würden, die über den Verlust der staatsbürgerlichen Rechte hinausgehen, oder

---

1) § 11 eingef. mWv 1.1.2005 durch G v. 30.7.2004 (BGBl. I S. 1950); neu gef. mWv 28.8.2007 durch G v. 19.8.2007 (BGBl. I S. 1970); Satz 1 Nr. 2 neu gef. mWv 1.8.2015 durch G v. 27.7.2015 (BGBl. I S. 1386).

2) **Sartorius Nr. 565.**

3) § 12 eingef. mWv 1.1.2005 durch G v. 30.7.2004 (BGBl. I S. 1950); Abs. 1 Satz 2 Nr. 2 und 6 und Abs. 2 geänd., Abs. 3 aufgeh., bish. Abs. 4 wird Abs. 3 mWv 28.8.2007 durch G v. 19.8.2007 (BGBl. I S. 1970).

6. der Ausländer einen Reiseausweis nach Artikel 28 des Abkommens vom 28. Juli 1951 über die Rechtsstellung der Flüchtlinge (BGBl. 1953 II S. 559) besitzt.

(2) Von der Voraussetzung des § 10 Abs. 1 Satz 1 Nr. 4 wird ferner abgesehen, wenn der Ausländer die Staatsangehörigkeit eines anderen Mitgliedstaates der Europäischen Union oder der Schweiz besitzt .

(3) Weitere Ausnahmen von der Voraussetzung des § 10 Abs. 1 Satz 1 Nr. 4 können nach Maßgabe völkerrechtlicher Verträge vorgesehen werden.

§ 12a[1)] **[Verurteilungen]** (1) [1]Bei der Einbürgerung bleiben außer Betracht:

1. die Verhängung von Erziehungsmaßregeln oder Zuchtmitteln nach dem Jugendgerichtsgesetz[2)],
2. Verurteilungen zu Geldstrafe bis zu 90 Tagessätzen und
3. Verurteilungen zu Freiheitsstrafe bis zu drei Monaten, die zur Bewährung ausgesetzt und nach Ablauf der Bewährungszeit erlassen worden ist.

[2]Satz 1 findet keine Anwendung, wenn der Ausländer wegen einer rechtswidrigen antisemitischen, rassistischen, fremdenfeindlichen oder sonstigen menschenverachtenden Tat im Sinne von § 46 Absatz 2 Satz 2 des Strafgesetzbuches[3)] zu einer Freiheits-, Geld- oder Jugendstrafe verurteilt und ein solcher Beweggrund im Rahmen des Urteils festgestellt worden ist. [3]Bei mehreren Verurteilungen zu Geld- oder Freiheitsstrafen im Sinne des Satzes 1 Nr. 2 und 3 sind diese zusammenzuzählen, es sei denn, es wird eine niedrigere Gesamtstrafe gebildet; treffen Geld- und Freiheitsstrafe zusammen, entspricht ein Tagessatz einem Tag Freiheitsstrafe. [4]Übersteigt die Strafe oder die Summe der Strafen geringfügig den Rahmen nach den Sätzen 1 und 3, so wird im Einzelfall entschieden, ob diese außer Betracht bleiben kann. [5]Ist eine Maßregel der Besserung und Sicherung nach § 61 Nr. 5 oder 6 des Strafgesetzbuches angeordnet worden, so wird im Einzelfall entschieden, ob die Maßregel der Besserung und Sicherung außer Betracht bleiben kann.

(2) [1]Ausländische Verurteilungen zu Strafen sind zu berücksichtigen, wenn die Tat im Inland als strafbar anzusehen ist, die Verurteilung in einem rechtsstaatlichen Verfahren ausgesprochen worden ist und das Strafmaß verhältnismäßig ist. [2]Eine solche Verurteilung kann nicht mehr berücksichtigt werden, wenn sie nach dem Bundeszentralregistergesetz[4)] zu tilgen wäre. [3]Absatz 1 gilt entsprechend.

(3) [1]Wird gegen einen Ausländer, der die Einbürgerung beantragt hat, wegen des Verdachts einer Straftat ermittelt, ist die Entscheidung über die Einbürgerung bis zum Abschluss des Verfahrens, im Falle der Verurteilung bis zum Eintritt der Rechtskraft des Urteils auszusetzen. [2]Das Gleiche gilt, wenn die Verhängung der Jugendstrafe nach § 27 des Jugendgerichtsgesetzes ausgesetzt ist.

[1)] § 12a eingef. mWv 1.1.2005 durch G v. 30.7.2004 (BGBl. I S. 1950); Abs. 1 neu gef. mWv 28.8. 2007 durch G v. 19.8.2007 (BGBl. I S. 1970); Abs. 1 Satz 2 eingef., bish. Sätze 2–4 werden Sätze 3–5 und neuer Satz 4 geänd. mWv 20.8.2021 durch G v. 12.8.2021 (BGBl. I S. 3538).

[2)] **Habersack (vormals Schönfelder) Nr. 89.**

[3)] **Habersack (vormals Schönfelder) Nr. 85.**

[4)] **Habersack (vormals Schönfelder) Nr. 92.**

(4) Im Ausland erfolgte Verurteilungen und im Ausland anhängige Ermittlungs- und Strafverfahren sind im Einbürgerungsantrag aufzuführen.

§ 12b[1)] [Auslandsaufenthalte] (1) [1] Der gewöhnliche Aufenthalt im Inland wird durch Aufenthalte bis zu sechs Monaten im Ausland nicht unterbrochen. [2] Bei längeren Auslandsaufenthalten besteht er fort, wenn der Ausländer innerhalb der von der Ausländerbehörde bestimmten Frist wieder eingereist ist. [3] Gleiches gilt, wenn die Frist lediglich wegen Erfüllung der gesetzlichen Wehrpflicht im Herkunftsstaat überschritten wird und der Ausländer innerhalb von drei Monaten nach der Entlassung aus dem Wehr- oder Ersatzdienst wieder einreist. [4] Anstelle von Satz 1 bis 3 gilt für Staatsangehörige eines anderen Mitgliedstaates der Europäischen Union, für Staatsangehörige der EWR-Staaten, für ihre jeweiligen Familienangehörigen und für die ihnen jeweils nahestehenden Personen mit einem Aufenthaltsrecht nach § 3a des Freizügigkeitsgesetzes/EU[2)] sowie für Personen, die ein unionsrechtliches Aufenthaltsrecht nach § 12a des Freizügigkeitsgesetzes/EU besitzen, und Personen mit einem in § 16 des Freizügigkeitsgesetzes/EU bezeichneten Aufenthaltsrecht, § 4a Absatz 6 des Freizügigkeitsgesetzes/EU entsprechend.

(2) Hat der Ausländer sich länger als sechs Monate im Ausland aufgehalten und liegt keine der Voraussetzungen des Absatzes 1 Satz 2 bis 4 vor, kann die frühere Aufenthaltszeit im Inland bis zu fünf Jahren auf die für die Einbürgerung erforderliche Aufenthaltsdauer angerechnet werden.

(3) [1] Unterbrechungen der Rechtmäßigkeit des Aufenthalts bleiben außer Betracht, wenn sie darauf beruhen, dass der Ausländer nicht rechtzeitig die erstmals erforderliche Erteilung oder die Verlängerung des Aufenthaltstitels beantragt hat. [2] Für Unterbrechungen der Rechtmäßigkeit des Aufenthalts aus anderen Gründen gilt Absatz 2 entsprechend.

§ 13[3)] [Einbürgerung eines ehemaligen Deutschen] Ein ehemaliger Deutscher und seine minderjährigen Kinder, die ihren gewöhnlichen Aufenthalt im Ausland haben, können auf Antrag eingebürgert werden, wenn ihre Identität und Staatsangehörigkeit geklärt sind und sie die Voraussetzungen des § 8 Absatz 1 Nummer 1 und 2 erfüllen.

§ 14[4)] [Einbürgerung eines nicht im Inland niedergelassenen Ausländers] [1] Ein Ausländer, der seinen gewöhnlichen Aufenthalt im Ausland hat, kann unter den Voraussetzungen des § 8 eingebürgert werden, wenn Bindungen an Deutschland bestehen, die eine Einbürgerung rechtfertigen. [2] Ist der Ausländer Ehegatte oder eingetragener Lebenspartner eines Deutschen, kann er nach Satz 1 auch eingebürgert werden, wenn der Auslandsaufenthalt eines der Ehegatten oder eingetragenen Lebenspartner im öffentlichen Interesse liegt.

[1)] § 12b eingef. mWv 1.1.2005 durch G v. 30.7.2004 (BGBl. I S. 1950); Abs. 1 Satz 4 angef., Abs. 2 geänd., Abs. 3 Satz 2 angef. mWv 20.8.2021 durch G v. 12.8.2021 (BGBl. I S. 3538).

[2)] **Sartorius Nr. 560.**

[3)] § 13 neu gef. mWv 28.8.2007 durch G v. 19.8.2007 (BGBl. I S. 1970); geänd. mWv 9.8.2019 durch G v. 4.8.2019 (BGBl. I S. 1124).

[4)] § 14 neu gef. mWv 20.8.2021 durch G v. 12.8.2021 (BGBl. I S. 3538).

§ 15[1)] [Einbürgerungsanspruch für von nationalsozialistischen Verfolgungsmaßnahmen betroffene Personen und deren Abkömmlinge]

[1]Personen, die im Zusammenhang mit Verfolgungsmaßnahmen aus den in Artikel 116 Absatz 2 Satz 1 des Grundgesetzes[2)] aufgeführten Gründen in der Zeit vom 30. Januar 1933 bis zum 8. Mai 1945

1. die deutsche Staatsangehörigkeit vor dem 26. Februar 1955 aufgegeben oder verloren haben,
2. von einem gesetzlichen Erwerb der deutschen Staatsangehörigkeit durch Eheschließung, Legitimation oder Sammeleinbürgerung deutscher Volkszugehöriger ausgeschlossen waren,
3. nach Antragstellung nicht eingebürgert worden sind oder allgemein von einer Einbürgerung, die bei einer Antragstellung sonst möglich gewesen wäre, ausgeschlossen waren oder
4. ihren gewöhnlichen Aufenthalt in Deutschland, wenn dieser bereits vor dem 30. Januar 1933 oder als Kind auch nach diesem Zeitpunkt begründet worden war, aufgegeben oder verloren haben,

und ihre Abkömmlinge sind auf Antrag einzubürgern, wenn sie handlungsfähig nach § 37 Absatz 1 Satz 1 oder gesetzlich vertreten sind, es sei denn, dass sie wegen einer oder mehrerer vorsätzlicher Straftaten rechtskräftig zu einer Freiheits- oder Jugendstrafe von zwei Jahren oder mehr verurteilt worden sind oder bei der letzten rechtskräftigen Verurteilung Sicherungsverwahrung angeordnet worden ist; § 12a Absatz 1 findet keine Anwendung. [2]Einbürgerungsberechtigt nach Satz 1 ist nicht, wer nach dem 8. Mai 1945 die deutsche Staatsangehörigkeit bereits erworben, aber wieder aufgegeben oder verloren hat, oder nach deren Aufgabe oder Verlust als dessen Abkömmling geboren oder als Kind angenommen worden ist. [3]Dem Einbürgerungsanspruch steht der Verlust der nach dem 8. Mai 1945 erworbenen deutschen Staatsangehörigkeit nicht entgegen, wenn dieser durch die Eheschließung mit einem Ausländer oder eine nach den deutschen Gesetzen wirksame Legitimation durch einen Ausländer eingetreten ist.

§ 16[3)] [Einbürgerungsurkunde] [1]Die Einbürgerung wird wirksam mit der Aushändigung der von der zuständigen Verwaltungsbehörde ausgefertigten Einbürgerungsurkunde. [2]Vor der Aushändigung ist folgendes feierliches Bekenntnis abzugeben: „Ich erkläre feierlich, dass ich das Grundgesetz[2)] und die Gesetze der Bundesrepublik Deutschland achten und alles unterlassen werde, was ihr schaden könnte.“; § 10 Abs. 1 Satz 2 gilt entsprechend.

§ 17[4)] [Verlust der Staatsangehörigkeit] (1) Die Staatsangehörigkeit geht verloren

---

[1)] § 15 eingef. mWv 20.8.2021 durch G v. 12.8.2021 (BGBl. I S. 3538).

[2)] Nr. **11.1**.

[3)] § 16 neu gef. mWv 28.8.2007 durch G v. 19.8.2007 (BGBl. I S. 1970).

[4)] § 17 Nr. 3 eingef. und Nr. 5 aufgeh. durch G v. 20.12.1974 (BGBl. I S. 3714); Nr. 4 eingef. durch G v. 2.7.1976 (BGBl. I S. 1749); Nr. 5 und 6 angef. mWv 1.1.2000 durch G v. 15.7.1999 (BGBl. I S. 1618); bish. Wortlaut wird Abs. 1 und Nr. 5 und 6 geänd., Nr. 7 angef., Abs. 2 und 3 angef. mWv 12.2.2009 durch G v. 5.2.2009 (BGBl. I S. 158); Abs. 1 Nr. 5 neu gef. mWv 9.8.2019 durch G v. 4.8.2019 (BGBl. I S. 1124).

1.[1] durch Entlassung (§§ 18 bis 24),
2. durch den Erwerb einer ausländischen Staatsangehörigkeit (§ 25),
3. durch Verzicht,
4. durch Annahme als Kind durch einen Ausländer (§ 27),
5. durch Eintritt in die Streitkräfte oder einen vergleichbaren bewaffneten Verband eines ausländischen Staates oder durch konkrete Beteiligung an Kampfhandlungen einer terroristischen Vereinigung im Ausland (§ 28),
6. durch Erklärung (§ 29) oder
7. durch Rücknahme eines rechtswidrigen Verwaltungsaktes (§ 35).

(2) Der Verlust nach Absatz 1 Nr. 7 berührt nicht die kraft Gesetzes erworbene deutsche Staatsangehörigkeit Dritter, sofern diese das fünfte Lebensjahr vollendet haben.

(3) [1] Absatz 2 gilt entsprechend bei Entscheidungen nach anderen Gesetzen, die den rückwirkenden Verlust der deutschen Staatsangehörigkeit Dritter zur Folge hätten, insbesondere bei der Rücknahme der Niederlassungserlaubnis nach § 51 Abs. 1 Nr. 3 des Aufenthaltsgesetzes[2], bei der Rücknahme einer Bescheinigung nach § 15 des Bundesvertriebenengesetzes und bei der Feststellung des Nichtbestehens der Vaterschaft nach § 1599 des Bürgerlichen Gesetzbuches[3]. [2] Satz 1 findet keine Anwendung bei Anfechtung der Vaterschaft nach § 1600 Abs. 1 Nr. 5 und Abs. 3 des Bürgerlichen Gesetzbuches.

§ 18[4] [Entlassung aus der Staatsangehörigkeit] Ein Deutscher wird auf seinen Antrag aus der deutschen Staatsangehörigkeit entlassen, wenn er den Erwerb einer ausländischen Staatsangehörigkeit beantragt und ihm die zuständige Stelle die Verleihung zugesichert hat.

§ 19[5] [Entlassung eines unter elterlicher Gewalt oder Vormundschaft Stehenden] (1) Die Entlassung einer Person, die unter elterlicher Sorge oder unter Vormundschaft steht, kann nur von dem gesetzlichen Vertreter und nur mit Genehmigung des deutschen Familiengerichts beantragt werden.

(2) Die Genehmigung des Familiengerichts ist nicht erforderlich, wenn der Vater oder die Mutter die Entlassung für sich und zugleich kraft elterlicher Sorge für ein Kind beantragt und dem Antragsteller die Sorge für die Person dieses Kindes zusteht.

§§ 20, 21[6] *(aufgehoben)*

---

[1] Siehe auch das G zu dem Übereinkommen vom 6. Mai 1963 über die Verringerung der Mehrstaatigkeit und über die Wehrpflicht von Mehrstaatern v. 29.9.1969 (BGBl. II S. 1953), zuletzt geänd. durch G v. 15.7.1999 (BGBl. I S. 1618).

[2] **Sartorius Nr. 565.**

[3] **Habersack (vormals Schönfelder) Nr. 20.**

[4] § 18 eingef. durch G v. 29.6.1977 (BGBl. I S. 1101); geänd. mWv 20.8.2021 durch G v. 12.8. 2021 (BGBl. I S. 3538).

[5] § 19 Abs. 1 und 2 geänd. durch G v. 18.7.1979 (BGBl. I S. 1061); Abs. 1 Satz 2 geänd. durch G v. 18.6.1997 (BGBl. I S. 1430); Abs. 2 Satz 2 aufgeh. mWv 1.7.1998 durch G v. 4.12.1997 (BGBl. I S. 2846); Abs. 1 Satz 1 und Abs. 2 geänd., Satz 2 aufgeh. mWv 1.9.2009 durch G v. 17.12.2008 (BGBl. I S. 2586).

[6] §§ 20 und 21 aufgeh. durch VO v. 5.2.1934 (RGBl. I S. 85).

§ 22[1] **[Versagung der Entlassung]** Die Entlassung darf nicht erteilt werden

1. Beamten, Richtern, Soldaten der Bundeswehr und sonstigen Personen, die in einem öffentlich-rechtlichen Dienst- oder Amtsverhältnis stehen, solange ihr Dienst- oder Amtsverhältnis nicht beendet ist, mit Ausnahme der ehrenamtlich tätigen Personen,
2. Wehrpflichtigen, solange nicht das Bundesministerium der Verteidigung oder die von ihm bezeichnete Stelle erklärt hat, daß gegen die Entlassung Bedenken nicht bestehen.

§ 23[2] **[Entlassungsurkunde]** Die Entlassung wird wirksam mit der Aushändigung der von der zuständigen Verwaltungsbehörde ausgefertigten Entlassungsurkunde.

§ 24[3] **[Bestehenbleiben der deutschen Staatsangehörigkeit]** Die Entlassung gilt als nicht erfolgt, wenn der Entlassene die ihm zugesicherte ausländische Staatsangehörigkeit nicht innerhalb eines Jahres nach der Aushändigung der Entlassungsurkunde erworben hat.

§ 25[4] [5] **[Erwerb ausländischer Staatsangehörigkeit]** (1) [1] Ein Deutscher verliert seine Staatsangehörigkeit mit dem Erwerb einer ausländischen Staatsangehörigkeit, wenn dieser Erwerb auf seinen Antrag oder auf den Antrag des gesetzlichen Vertreters erfolgt, der Vertretene jedoch nur, wenn die Voraussetzungen vorliegen, unter denen nach § 19 die Entlassung beantragt werden könnte. [2] Der Verlust nach Satz 1 tritt nicht ein, wenn ein Deutscher die Staatsangehörigkeit eines anderen Mitgliedstaates der Europäischen Union, der Schweiz oder eines Staates erwirbt, mit dem die Bundesrepublik Deutschland einen völkerrechtlichen Vertrag nach § 12 Abs. 3 abgeschlossen hat.

(2) [1] Die Staatsangehörigkeit verliert nicht, wer vor dem Erwerbe der ausländischen Staatsangehörigkeit auf seinen Antrag die schriftliche Genehmigung der zuständigen Behörde zur Beibehaltung seiner Staatsangehörigkeit erhalten hat. [2] Hat ein Antragsteller seinen gewöhnlichen Aufenthalt im Ausland, ist die deutsche Auslandsvertretung zu hören. [3] Bei der Entscheidung über einen Antrag nach Satz 1 sind die öffentlichen und privaten Belange abzuwägen. [4] Bei einem Antragsteller, der seinen gewöhnlichen Aufenthalt im Ausland hat, ist insbesondere zu berücksichtigen, ob er fortbestehende Bindungen an Deutschland glaubhaft machen kann.

---

[1] § 22 neu gef. durch G v. 30.8.1960 (BGBl. I S. 721); Abs. 2 aufgeh., bish. Abs. 1 wird alleiniger Wortlaut durch G v. 29.6.1977 (BGBl. I S. 1101); Abs. 1 Nr. 2 geänd. durch G v. 30.6.1993 (BGBl. I S. 1062).

[2] § 23 neu gef. mWv 28.8.2007 durch G v. 19.8.2007 (BGBl. I S. 1970).

[3] § 24 neu gef. durch G v. 29.6.1977 (BGBl. I S. 1101).

[4] § 25 Abs. 1 geänd., Abs. 2 Sätze 3 und 4 angef. mWv 1.1.2000 durch G v. 15.7.1999 (BGBl. I S. 1618); Abs. 2 Satz 1 geänd., Satz 2 neu gef., Abs. 3 aufgeh. mWv 1.1.2005 durch G v. 30.7.2004 (BGBl. I S. 1950); Abs. 1 neu gef. mWv 28.8.2007 durch G v. 19.8.2007 (BGBl. I S. 1970).

[5] Siehe hierzu den RdErl. des BMI v. 9.11.1950 betr. die Staatsangehörigkeit der Saarländer (GMBl. S. 143) und das RdSchr. des BMI v. 16.5.1950 betr. die Genehmigung zur Beibehaltung der deutschen Staatsangehörigkeit (GMBl. S. 57).

§ 26[1)] [Verzicht auf Staatsangehörigkeit] (1) [1]Ein Deutscher kann auf seine Staatsangehörigkeit verzichten, wenn er mehrere Staatsangehörigkeiten besitzt. [2]Der Verzicht ist schriftlich zu erklären.

(2) [1]Die Verzichtserklärung bedarf der Genehmigung der nach § 23 für die Ausfertigung der Entlassungsurkunde zuständigen Behörde. [2]Die Genehmigung ist zu versagen, wenn eine Entlassung nach § 22 nicht erteilt werden dürfte; dies gilt jedoch nicht, wenn der Verzichtende

1. seit mindestens zehn Jahren seinen dauernden Aufenthalt im Ausland hat oder
2. als Wehrpflichtiger im Sinne des § 22 Nr. 2 in einem der Staaten, deren Staatsangehörigkeit er besitzt, Wehrdienst geleistet hat.

(3) Der Verlust der Staatsangehörigkeit tritt ein mit der Aushändigung der von der Genehmigungsbehörde ausgefertigten Verzichtsurkunde.

(4) Für Minderjährige gilt § 19 entsprechend.

§ 27[2)] [Annahme als Kind durch einen Ausländer] [1]Ein minderjähriger Deutscher verliert mit der nach den deutschen Gesetzen wirksamen Annahme als Kind durch einen Ausländer die deutsche Staatsangehörigkeit, wenn er dadurch die Staatsangehörigkeit des Annehmenden erwirbt. [2]Der Verlust erstreckt sich auf seine Abkömmlinge, wenn auch der Erwerb der Staatsangehörigkeit durch den Angenommenen nach Satz 1 sich auf seine Abkömmlinge erstreckt. [3]Der Verlust nach Satz 1 oder Satz 2 tritt nicht ein, wenn der Angenommene oder seine Abkömmlinge mit einem deutschen Elternteil verwandt bleiben oder ihren gewöhnlichen Aufenthalt im Inland haben. [4]§ 25 Absatz 1 Satz 2 gilt entsprechend.

§ 28[3)] [Verlust der Staatsangehörigkeit bei Wehrdienst in fremden Streitkräften] (1) Ein Deutscher, der

1. auf Grund freiwilliger Verpflichtung ohne eine Zustimmung des Bundesministeriums der Verteidigung oder der von ihm bezeichneten Stelle in die Streitkräfte oder einen vergleichbaren bewaffneten Verband eines ausländischen Staates, dessen Staatsangehörigkeit er besitzt, eintritt oder
2. sich an Kampfhandlungen einer terroristischen Vereinigung im Ausland konkret beteiligt,

verliert die deutsche Staatsangehörigkeit, es sei denn, er würde sonst staatenlos.

(2) Der Verlust nach Absatz 1 tritt nicht ein,

1. wenn der Deutsche noch minderjährig ist oder,
2. im Falle des Absatzes 1 Nummer 1, wenn der Deutsche auf Grund eines zwischenstaatlichen Vertrages zum Eintritt in die Streitkräfte oder in den bewaffneten Verband berechtigt ist.

(3) [1]Der Verlust ist im Falle des Absatzes 1 Nummer 2 nach § 30 Absatz 1 Satz 3 von Amts wegen festzustellen. [2]Die Feststellung trifft bei gewöhnlichem Aufenthalt des Betroffenen im Inland die oberste Landesbehörde oder die von

---

[1)] § 26 eingef. durch G v. 20.12.1974 (BGBl. I S. 3714); Abs. 2 Satz 2 einl. Satzteil und Nr. 2 geänd. mWv 28.8.2007 durch G v. 19.8.2007 (BGBl. I S. 1970).

[2)] § 27 neu gef. mWv 28.8.2007 durch G v. 19.8.2007 (BGBl. I S. 1970); Sätze 1 und 3 geänd., Satz 4 angef. mWv 20.8.2021 durch G v. 12.8.2021 (BGBl. I S. 3538).

[3)] § 28 neu gef. mWv 9.8.2019 durch G v. 4.8.2019 (BGBl. I S. 1124).

ihr nach Landesrecht bestimmte Behörde. [3]Befindet sich der Betroffene noch im Ausland, findet gegen die Verlustfeststellung kein Widerspruch statt; die Klage hat keine aufschiebende Wirkung.

§ 29[1)] [Wahl zwischen deutscher und ausländischer Staatsangehörigkeit bei Volljährigkeit] (1) [1]Optionspflichtig ist, wer

1. die deutsche Staatsangehörigkeit nach § 4 Absatz 3 oder § 40b erworben hat,
2. nicht nach Absatz 1a im Inland aufgewachsen ist,
3. eine andere ausländische Staatsangehörigkeit als die eines anderen Mitgliedstaates der Europäischen Union oder der Schweiz besitzt und
4. innerhalb eines Jahres nach Vollendung seines 21. Lebensjahres einen Hinweis nach Absatz 5 Satz 5 über seine Erklärungspflicht erhalten hat.

[2]Der Optionspflichtige hat nach Vollendung des 21. Lebensjahres zu erklären, ob er die deutsche oder die ausländische Staatsangehörigkeit behalten will. [3]Die Erklärung bedarf der Schriftform.

(1a) [1]Ein Deutscher nach Absatz 1 ist im Inland aufgewachsen, wenn er bis zur Vollendung seines 21. Lebensjahres

1. sich acht Jahre gewöhnlich im Inland aufgehalten hat,
2. sechs Jahre im Inland eine Schule besucht hat oder
3. über einen im Inland erworbenen Schulabschluss oder eine im Inland abgeschlossene Berufsausbildung verfügt.

[2]Als im Inland aufgewachsen nach Satz 1 gilt auch, wer im Einzelfall einen vergleichbar engen Bezug zu Deutschland hat und für den die Optionspflicht nach den Umständen des Falles eine besondere Härte bedeuten würde.

(2) Erklärt der Deutsche nach Absatz 1, dass er die ausländische Staatsangehörigkeit behalten will, so geht die deutsche Staatsangehörigkeit mit dem Zugang der Erklärung bei der zuständigen Behörde verloren.

(3) [1]Will der Deutsche nach Absatz 1 die deutsche Staatsangehörigkeit behalten, so ist er verpflichtet, die Aufgabe oder den Verlust der ausländischen Staatsangehörigkeit nachzuweisen. [2]Tritt dieser Verlust nicht bis zwei Jahre nach Zustellung des Hinweises auf die Erklärungspflicht nach Absatz 5 ein, so geht die deutsche Staatsangehörigkeit verloren, es sei denn, dass dem Deutschen nach Absatz 1 vorher die schriftliche Genehmigung der zuständigen Behörde zur Beibehaltung der deutschen Staatsangehörigkeit (Beibehaltungsgenehmigung) erteilt wurde. [3]Ein Antrag auf Erteilung der Beibehaltungsgenehmigung kann, auch vorsorglich, nur bis ein Jahr nach Zustellung des Hinweises auf die Erklärungspflicht nach Absatz 5 gestellt werden (Ausschlussfrist). [4]Der Verlust der deutschen Staatsangehörigkeit tritt erst ein, wenn der Antrag bestandskräftig abgelehnt wird. [5]Einstweiliger Rechtsschutz nach § 123 der Verwaltungsgerichtsordnung[2)] bleibt unberührt.

(4) Die Beibehaltungsgenehmigung nach Absatz 3 ist zu erteilen, wenn die Aufgabe oder der Verlust der ausländischen Staatsangehörigkeit nicht möglich oder nicht zumutbar ist oder bei einer Einbürgerung nach Maßgabe von § 12 Mehrstaatigkeit hinzunehmen wäre.

[1)] § 29 neu gef. mWv 20.12.2014 durch G v. 13.11.2014 (BGBl. I S. 1714); Abs. 6 Satz 2 geänd. mWv 27.6.2020 durch VO v. 19.6.2020 (BGBl. I S. 1328).

[2)] Nr. **6.3**.

(5) [1] Auf Antrag eines Deutschen, der die Staatsangehörigkeit nach § 4 Absatz 3 oder § 40b erworben hat, stellt die zuständige Behörde bei Vorliegen der Voraussetzungen den Fortbestand der deutschen Staatsangehörigkeit nach Absatz 6 fest. [2] Ist eine solche Feststellung nicht bis zur Vollendung seines 21. Lebensjahres erfolgt, prüft die zuständige Behörde anhand der Meldedaten, ob die Voraussetzungen nach Absatz 1a Satz 1 Nummer 1 vorliegen. [3] Ist dies danach nicht feststellbar, weist sie den Betroffenen auf die Möglichkeit hin, die Erfüllung der Voraussetzungen des Absatzes 1a nachzuweisen. [4] Wird ein solcher Nachweis erbracht, stellt die zuständige Behörde den Fortbestand der deutschen Staatsangehörigkeit nach Absatz 6 fest. [5] Liegt kein Nachweis vor, hat sie den Betroffenen auf seine Verpflichtungen und die nach den Absätzen 2 bis 4 möglichen Rechtsfolgen hinzuweisen. [6] Der Hinweis ist zuzustellen. [7] Die Vorschriften des Verwaltungszustellungsgesetzes[1)] finden Anwendung.

(6) [1] Der Fortbestand oder Verlust der deutschen Staatsangehörigkeit nach dieser Vorschrift wird von Amts wegen festgestellt. [2] Das Bundesministerium des Innern, für Bau und Heimat kann durch Rechtsverordnung mit Zustimmung des Bundesrates Vorschriften über das Verfahren zur Feststellung des Fortbestands oder Verlusts der deutschen Staatsangehörigkeit erlassen.

§ 30[2)] [Bestehen der deutschen Staatsangehörigkeit] (1) [1] Das Bestehen oder Nichtbestehen der deutschen Staatsangehörigkeit wird bei Glaubhaftmachung eines berechtigten Interesses auf Antrag von der Staatsangehörigkeitsbehörde festgestellt. [2] Die Feststellung ist in allen Angelegenheiten verbindlich, für die das Bestehen oder Nichtbestehen der deutschen Staatsangehörigkeit rechtserheblich ist. [3] Bei Vorliegen eines öffentlichen Interesses kann die Feststellung auch von Amts wegen erfolgen.

(2) [1] Für die Feststellung des Bestehens der deutschen Staatsangehörigkeit ist es erforderlich, aber auch ausreichend, wenn durch Urkunden, Auszüge aus den Melderegistern oder andere schriftliche Beweismittel mit hinreichender Wahrscheinlichkeit nachgewiesen ist, dass die deutsche Staatsangehörigkeit erworben worden und danach nicht wieder verloren gegangen ist. [2] § 3 Abs. 2 bleibt unberührt.

(3) [1] Wird das Bestehen der deutschen Staatsangehörigkeit auf Antrag festgestellt, stellt die Staatsangehörigkeitsbehörde einen Staatsangehörigkeitsausweis aus. [2] Auf Antrag stellt die Staatsangehörigkeitsbehörde eine Bescheinigung über das Nichtbestehen der deutschen Staatsangehörigkeit aus.

§ 31[3)] [Datenerhebung] [1] Staatsangehörigkeitsbehörden und Auslandsvertretungen dürfen personenbezogene Daten verarbeiten, soweit dies zur Erfüllung ihrer Aufgaben nach diesem Gesetz oder nach staatsangehörigkeitsrechtlichen Bestimmungen in anderen Gesetzen erforderlich ist. [2] Personenbezogene Daten, deren Verarbeitung nach Artikel 9 Absatz 1 der Verordnung (EU) 2016/679[4)] des Europäischen Parlaments und des Rates vom 27. April 2016 zum Schutz natürlicher Personen bei der Verarbeitung personenbezogener Daten,

---

[1)] Nr. **23.13**.

[2)] § 30 neu gef. mWv 28.8.2007 durch G v. 19.8.2007 (BGBl. I S. 1970); Abs. 1 Satz 1 geänd. mWv 20.8.2021 durch G v. 12.8.2021 (BGBl. I S. 3538).

[3)] § 31 neu gef. mWv 28.8.2007 durch G v. 19.8.2007 (BGBl. I S. 1970); Satz 1 geänd., Satz 2 neu gef., Satz 3 angef. mWv 26.11.2019 durch G v. 20.11.2019 (BGBl. I S. 1626).

[4)] **Sartorius Nr. 246.**

zum freien Datenverkehr und zur Aufhebung der Richtlinie 95/46/EG (Datenschutz-Grundverordnung) (ABl. L 119 vom 4.5.2016, S. 1; L 314 vom 22.11.2016, S. 72; L 127 vom 23.5.2018, S. 2) in der jeweils geltenden Fassung untersagt ist, dürfen verarbeitet werden, soweit die personenbezogenen Daten gemäß § 37 Absatz 2 Satz 2 zur Ermittlung von Ausschlussgründen nach § 11 von den Verfassungsschutzbehörden an die Einbürgerungsbehörden übermittelt worden sind oder die Verarbeitung sonst im Einzelfall zur Aufgabenerfüllung erforderlich ist. [3] Dies gilt im Rahmen der Entscheidung über die Staatsangehörigkeit nach Artikel 116 Absatz 2 des Grundgesetzes[1)] auch in Bezug auf Daten, die sich auf die politischen, rassischen oder religiösen Gründe beziehen, wegen derer zwischen dem 30. Januar 1933 und dem 8. Mai 1945 die deutsche Staatsangehörigkeit entzogen worden ist.

§ 32[2)] [Mitwirkungspflicht] (1) [1] Öffentliche Stellen haben den in § 31 genannten Stellen auf Ersuchen personenbezogene Daten zu übermitteln, soweit die Kenntnis dieser Daten zur Erfüllung der in § 31 genannten Aufgaben erforderlich ist. [2] Öffentliche Stellen haben der zuständigen Staatsangehörigkeitsbehörde diese Daten auch ohne Ersuchen zu übermitteln, soweit die Übermittlung aus Sicht der öffentlichen Stelle für die Entscheidung der Staatsangehörigkeitsbehörde über ein anhängiges Einbürgerungsverfahren oder den Verlust oder Nichterwerb der deutschen Staatsangehörigkeit erforderlich ist. [3] Dies gilt bei Einbürgerungsverfahren insbesondere für die den Ausländerbehörden nach § 87 Absatz 4 des Aufenthaltsgesetzes[3)] bekannt gewordenen Daten über die Einleitung von Straf- und Auslieferungsverfahren sowie die Erledigung von Straf-, Bußgeld- und Auslieferungsverfahren. [4] Die Daten nach Satz 3 sind unverzüglich an die zuständige Staatsangehörigkeitsbehörde zu übermitteln.

(2) Die Übermittlung personenbezogener Daten nach Absatz 1 unterbleibt, soweit besondere gesetzliche Verarbeitungsregelungen entgegenstehen.

§ 32a[4)] [Dem Steuergeheimnis unterliegende personenbezogene Daten] § 88 Absatz 3 Satz 1 des Aufenthaltsgesetzes[3)] gilt für Einbürgerungsverfahren entsprechend.

§ 33[5)] [Register] (1) [1] Das Bundesverwaltungsamt (Registerbehörde) führt ein Register der Entscheidungen in Staatsangehörigkeitsangelegenheiten. [2] In das Register werden eingetragen:

1. Entscheidungen zu Staatsangehörigkeitsurkunden,
2. Entscheidungen zum Bestand und gesetzlichen Verlust der deutschen Staatsangehörigkeit,

---

[1)] Nr. **11.1**.

[2)] § 32 neu gef. mWv 28.8.2007 durch G v. 19.8.2007 (BGBl. I S. 1970); Abs. 1 Satz 3 neu gef. mWv 26.11.2011 durch G v. 22.11.2011 (BGBl. I S. 2258); Abs. 2 geänd. mWv 26.11.2019 durch G v. 20.11.2019 (BGBl. I S. 1626).

[3)] **Sartorius Nr. 565.**

[4)] § 32a eingef. mWv 20.8.2021 durch G v. 12.8.2021 (BGBl. I S. 3538).

[5)] § 33 neu gef. mWv 28.8.2007 durch G v. 19.8.2007 (BGBl. I S. 1970); Abs. 1 Satz 2 Nr. 2 und Abs. 2 Nr. 1 geänd., Abs. 2 Nr. 2 neu gef. mWv 1.11.2016 durch G v. 11.10.2016 (BGBl. I S. 2218); Abs. 2 Nr. 1 geänd., Abs. 4 Satz 3 angef. mWv 26.11.2019 durch G v. 20.11.2019 (BGBl. I S. 1626).

3. Entscheidungen zu Erwerb, Bestand und Verlust der deutschen Staatsangehörigkeit, die nach dem 31. Dezember 1960 und vor dem 28. August 2007 getroffen worden sind.

(2) Im Einzelnen dürfen in dem Register gespeichert werden:

1. die Grundpersonalien der betroffenen Person (Familienname, Geburtsname, frühere Namen, Vornamen, Tag und Ort der Geburt, Geschlecht sowie die Anschrift im Zeitpunkt der Entscheidung) und Auskunftssperren nach § 51 des Bundesmeldegesetzes[1],
2. Rechtsgrund und Datum der Urkunde oder der Entscheidung sowie Rechtsgrund und der Tag des Erwerbs oder Verlusts der Staatsangehörigkeit, im Fall des § 3 Absatz 2 auch der Zeitpunkt, auf den der Erwerb zurückwirkt,
3. Bezeichnung, Anschrift und Aktenzeichen der Behörde, die die Entscheidung getroffen hat.

(3) Die Staatsangehörigkeitsbehörden sind verpflichtet, die in Absatz 2 genannten personenbezogenen Daten zu den Entscheidungen nach Absatz 1 Satz 2 Nr. 1 und 2, die sie nach dem 28. August 2007 treffen, unverzüglich an die Registerbehörde zu übermitteln.

(4) [1] Die Registerbehörde übermittelt den Staatsangehörigkeitsbehörden und Auslandsvertretungen auf Ersuchen die in Absatz 2 genannten Daten, soweit die Kenntnis der Daten für die Erfüllung der staatsangehörigkeitsrechtlichen Aufgaben dieser Stellen erforderlich ist. [2] Für die Übermittlung an andere öffentliche Stellen und für Forschungszwecke gelten die Bestimmungen des Bundesdatenschutzgesetzes[2]. [3] Die Übermittlung von Angaben nach Absatz 1 zu Forschungszwecken ist nur in anonymisierter Form oder dann zulässig, wenn das wissenschaftliche Interesse an der Durchführung des Forschungsvorhabens das Interesse der betroffenen Person an dem Ausschluss der Verarbeitung erheblich überwiegt.

(5) Die Staatsangehörigkeitsbehörde teilt nach ihrer Entscheidung, dass eine Person eingebürgert worden ist oder die deutsche Staatsangehörigkeit weiterhin besitzt, verloren, aufgegeben oder nicht erworben hat, der zuständigen Meldebehörde oder Auslandsvertretung die in Absatz 2 genannten Daten unverzüglich mit.

§ 34[3] [Optionsverfahren] (1) Für die Durchführung des Optionsverfahrens hat die Meldebehörde in Fällen des Erwerbs der deutschen Staatsangehörigkeit nach § 4 Absatz 3 oder § 40b, in denen nach § 29 ein Verlust der deutschen Staatsangehörigkeit eintreten kann, bis zum zehnten Tag jedes Kalendermonats der zuständigen Staatsangehörigkeitsbehörde für Personen, die im darauf folgenden Monat das 21. Lebensjahr vollenden werden, folgende personenbezogenen Daten zu übermitteln:

1. Familienname,
2. frühere Namen,
3. Vornamen,

---

[1] **Sartorius Nr. 256.**

[2] **Sartorius Nr. 245.**

[3] § 34 neu gef. mWv 20.12.2014 durch G v. 13.11.2014 (BGBl. I S. 1714); Abs. 1 einl. Satzteil und Nr. 8 geänd., Nr. 9 angef. mWv 1.11.2016, Nr. 10 angef. mWv 1.5.2017 durch G v. 11.10.2016 (BGBl. I S. 2218).

4. derzeitige und frühere Anschriften und bei Zuzug aus dem Ausland auch die letzte frühere Anschrift im Inland,
5. Einzugsdatum, Auszugsdatum, Datum des letzten Wegzugs aus einer Wohnung im Inland sowie Datum des letzten Zuzugs aus dem Ausland,
6. Geburtsdatum und Geburtsort,
7. Geschlecht,
8. derzeitige Staatsangehörigkeiten,
9. die Tatsache, dass nach § 29 ein Verlust der deutschen Staatsangehörigkeit eintreten kann,
10. Auskunftssperren nach § 51 des Bundesmeldegesetzes[1].

(2)[2] [1] Ist eine Person nach Absatz 1 ins Ausland verzogen, hat die zuständige Meldebehörde dem Bundesverwaltungsamt innerhalb der in Absatz 1 genannten Frist die dort genannten Daten, das Datum des Wegzugs ins Ausland und, soweit bekannt, die neue Anschrift im Ausland zu übermitteln. [2] Für den Fall des Zuzugs aus dem Ausland gilt Satz 1 entsprechend.

§ 35[3] **[Rücknahme einer rechtswidrigen Einbürgerung]** (1) Eine rechtswidrige Einbürgerung oder eine rechtswidrige Genehmigung zur Beibehaltung der deutschen Staatsangehörigkeit kann nur zurückgenommen werden, wenn der Verwaltungsakt durch arglistige Täuschung, Drohung oder Bestechung oder durch vorsätzlich unrichtige oder unvollständige Angaben, die wesentlich für seinen Erlass gewesen sind, erwirkt worden ist.

(2) Dieser Rücknahme steht in der Regel nicht entgegen, dass der Betroffene dadurch staatenlos wird.

(3) Die Rücknahme darf nur bis zum Ablauf von zehn Jahren nach der Bekanntgabe der Einbürgerung oder Beibehaltungsgenehmigung erfolgen.

(4) Die Rücknahme erfolgt mit Wirkung für die Vergangenheit.

(5) [1] Hat die Rücknahme Auswirkungen auf die Rechtmäßigkeit von Verwaltungsakten nach diesem Gesetz gegenüber Dritten, so ist für jede betroffene Person eine selbständige Ermessensentscheidung zu treffen. [2] Dabei ist insbesondere eine Beteiligung des Dritten an der arglistigen Täuschung, Drohung oder Bestechung oder an den vorsätzlich unrichtigen oder unvollständigen Angaben gegen seine schutzwürdigen Belange, insbesondere auch unter Beachtung des Kindeswohls, abzuwägen.

§ 36[4] **[Einbürgerungsstatistik]** (1) Über die Einbürgerungen werden jährliche Erhebungen, jeweils für das vorausgegangene Kalenderjahr, beginnend 2000, als Bundesstatistik durchgeführt.

(2) Die Erhebungen erfassen für jede eingebürgerte Person folgende Erhebungsmerkmale:

1. Geburtsjahr,
2. Geschlecht,
3. Familienstand,

---

[1] **Sartorius Nr. 256.**

[2] Siehe auch § 10 der Zweiten BundesmeldedatenübermittlungsVO.

[3] § 35 eingef. mWv 12.2.2009 durch G v. 5.2.2009 (BGBl. I S. 158); Abs. 3 geänd. mWv 9.8.2019 durch G v. 4.8.2019 (BGBl. I S. 1124).

[4] § 36 neu gef. mWv 1.1.2000 durch G v. 15.7.1999 (BGBl. I S. 1618).

4. Wohnort zum Zeitpunkt der Einbürgerung,
5. Aufenthaltsdauer im Bundesgebiet nach Jahren,
6. Rechtsgrundlage der Einbürgerung,
7. bisherige Staatsangehörigkeiten und
8. Fortbestand der bisherigen Staatsangehörigkeiten.

(3) Hilfsmerkmale der Erhebungen sind:

1. Bezeichnung und Anschrift der nach Absatz 4 Auskunftspflichtigen,
2. Name und Telekommunikationsnummern der für Rückfragen zur Verfügung stehenden Person und
3. Registriernummer der eingebürgerten Person bei der Einbürgerungsbehörde.

(4) [1] Für die Erhebungen besteht Auskunftspflicht. [2] Auskunftspflichtig sind die Einbürgerungsbehörden. [3] Die Einbürgerungsbehörden haben die Auskünfte den zuständigen statistischen Ämtern der Länder jeweils zum 1. März zu erteilen. [4] Die Angaben zu Absatz 3 Nr. 2 sind freiwillig.

(5) An die fachlich zuständigen obersten Bundes- und Landesbehörden dürfen für die Verwendung gegenüber den gesetzgebenden Körperschaften und für Zwecke der Planung, nicht jedoch für die Regelung von Einzelfällen, vom Statistischen Bundesamt und den statistischen Ämtern der Länder Tabellen mit statistischen Ergebnissen übermittelt werden, auch soweit Tabellenfelder nur einen einzigen Fall ausweisen.

§ 37[1)] [Ermittlung der Einbürgerungsvoraussetzungen] (1) [1] Fähig zur Vornahme von Verfahrenshandlungen nach diesem Gesetz ist, wer das 16. Lebensjahr vollendet hat, sofern er nicht nach Maßgabe des Bürgerlichen Gesetzbuchs[2)] geschäftsunfähig oder im Falle seiner Volljährigkeit in dieser Angelegenheit zu betreuen und einem Einwilligungsvorbehalt zu unterstellen wäre. [2] § 80 Absatz 3 und § 82 des Aufenthaltsgesetzes[3)] gelten entsprechend.

(2) [1] Die Einbürgerungsbehörden übermitteln den Verfassungsschutzbehörden zur Ermittlung von Ausschlussgründen nach § 11 die bei ihnen gespeicherten personenbezogenen Daten der Antragsteller, die das 16. Lebensjahr vollendet haben. [2] Die Verfassungsschutzbehörden unterrichten die anfragende Stelle unverzüglich nach Maßgabe der insoweit bestehenden besonderen gesetzlichen Verarbeitungsregelungen.

§ 38[4)] [Gebühren und Auslagen] (1) Für individuell zurechenbare öffentliche Leistungen in Staatsangehörigkeitsangelegenheiten werden, soweit gesetzlich nichts anderes bestimmt ist, Gebühren und Auslagen erhoben.

(2) [1] Gebühren werden erhoben für:

1.	die Einbürgerung in Höhe von	255 Euro
2.	die Entlassung in Höhe von	51 Euro

---

1) § 37 neu gef. mWv 1.1.2005 durch G v. 30.7.2004 (BGBl. I S. 1950); Abs. 2 Satz 1 geänd. mWv 28.8.2007 durch G v. 19.8.2007 (BGBl. I S. 1970); Abs. 1 neu gef. mWv 1.11.2015 durch G v. 28.10. 2015 (BGBl. I S. 1802); Abs. 2 Satz 2 geänd. mWv 26.11.2019 durch G v. 20.11.2019 (BGBl. I S. 1626).

2) **Habersack (vormals Schönfelder) Nr. 20.**

3) **Sartorius Nr. 565.**

4) § 38 neu gef. mWv 20.8.2021 durch G v. 12.8.2021 (BGBl. I S. 3538).

3. die Beibehaltungsgenehmigung in Höhe von 255 Euro
4. die Feststellung des Bestehens oder Nichtbestehens der deutschen Staatsangehörigkeit auf Antrag und in Höhe von 51 Euro
5. die Ausstellung einer sonstigen Bescheinigung in Höhe von mindestens 5 Euro

und höchstens 51 Euro.

[2] Die Gebühr ermäßigt sich für ein minderjähriges Kind, das miteingebürgert wird und das keine eigenen Einkünfte im Sinne des Einkommensteuergesetzes hat, auf 51 Euro. [3] Für den Widerruf oder die Rücknahme einer beantragten Leistung nach Satz 1, soweit der Betroffene dazu Anlass gegeben hat, die Ablehnung oder die Rücknahme eines Antrages auf Vornahme einer solchen Leistung nach Beginn der sachlichen Bearbeitung sowie die Zurückweisung oder die Rücknahme des Widerspruchs nach Beginn der sachlichen Bearbeitung wird eine Gebühr in Höhe von 25 Euro bis zu dem Betrag erhoben, der als Gebühr für die Vornahme der beantragten Leistung vorgesehen ist oder zu erheben wäre.

(3) Gebührenfrei sind:

1. die Einbürgerung nach Artikel 116 Absatz 2 Satz 1 des Grundgesetzes[1] sowie die Bescheinigung der Staatsangehörigkeit nach Artikel 116 Absatz 2 Satz 2 des Grundgesetzes,
2. die Einbürgerung nach § 15,
3. die Einbürgerung von ehemaligen Deutschen, die durch Eheschließung mit einem Ausländer die deutsche Staatsangehörigkeit verloren haben,
4. der Erklärungserwerb nach § 5,
5. der Verzicht,
6. die Beibehaltungsgenehmigung nach § 29 Absatz 4 und
7. die Feststellung des Bestehens oder Nichtbestehens der deutschen Staatsangehörigkeit von Amts wegen nach § 30 Absatz 1 Satz 3 und nach § 29 Absatz 5 Satz 1 und 6.

(4) Von den Gebühren nach Absatz 2 kann aus Gründen der Billigkeit oder des öffentlichen Interesses Gebührenermäßigung oder -befreiung gewährt werden.

§ 38a[2] **[Ausstellung von Urkunden]** Eine Ausstellung von Urkunden in Staatsangehörigkeitssachen in elektronischer Form ist ausgeschlossen.

§ 39[3] **[Verordnungsermächtigung]** Das Bundesministerium des Innern, für Bau und Heimat wird ermächtigt, durch Rechtsverordnung mit Zustimmung des Bundesrates Regelungen zu erlassen über die formalen Anforderungen an die Einbürgerungs-, Entlassungs- und Verzichtsurkunden, die Urkunde über den Erwerb der deutschen Staatsangehörigkeit durch Erklärung, dem Staatsangehörigkeitsausweis sowie der Beibehaltungsgenehmigung nach § 25 Absatz 2 und deren Gültigkeitsdauer.

---

[1] Nr. **11.1**.
[2] § 38a eingef. mWv 1.2.2003 durch G v. 21.8.2002 (BGBl. I S. 3322).
[3] § 39 eingef. mWv 20.8.2021 durch G v. 12.8.2021 (BGBl. I S. 3538).

§ 40[1] *(aufgehoben)*

§ 40a[2] *(aufgehoben)*

§ 40b[3] **[Einbürgerung ausländischer Kinder]** [1] Ein Ausländer, der am 1. Januar 2000 rechtmäßig seinen gewöhnlichen Aufenthalt im Inland und das zehnte Lebensjahr noch nicht vollendet hat, ist auf Antrag einzubürgern, wenn bei seiner Geburt die Voraussetzungen des § 4 Abs. 3 Satz 1 vorgelegen haben und weiter vorliegen. [2] Der Antrag kann bis zum 31. Dezember 2000 gestellt werden.

§ 40c[4] **[Übergangsvorschriften]** Auf Einbürgerungsanträge, die bis zum 30. März 2007 gestellt worden sind, sind die §§ 8 bis 14 und 40c weiter in ihrer vor dem 28. August 2007 (BGBl. I S. 1970) geltenden Fassung anzuwenden, soweit sie günstigere Bestimmungen enthalten.

§ 41[5] **[Verwaltungsverfahren]** Von den in diesem Gesetz in den §§ 32, 33 und 37 Absatz 2 getroffenen Regelungen des Verwaltungsverfahrens der Länder kann nicht durch Landesrecht abgewichen werden.

§ 42[6] **[Strafvorschrift]** Mit Freiheitsstrafe bis zu fünf Jahren oder mit Geldstrafe wird bestraft, wer unrichtige oder unvollständige Angaben zu wesentlichen Voraussetzungen der Einbürgerung macht oder benutzt, um für sich oder einen anderen eine Einbürgerung zu erschleichen.

---

1) § 40 aufgeh. mWv 1.1.2005 durch G v. 30.7.2004 (BGBl. I S. 1950).
2) § 40a aufgeh. mWv 20.8.2021 durch G v. 12.8.2021 (BGBl. I S. 3538).
3) § 40b eingef. mWv 1.1.2000 durch G v. 15.7.1999 (BGBl. I S. 1618).
4) § 40c neu gef. mWv 28.8.2007 durch G v. 19.8.2007 (BGBl. I S. 1970).
5) § 41 neu gef. mWv 20.12.2014 durch G v. 13.11.2014 (BGBl. I S. 1714).
6) § 42 angef. mWv 12.2.2009 durch G v. 5.2.2009 (BGBl. I S. 158).

22.11. Gemeindeordnung für das Land Nordrhein-Westfalen (GO NRW)[1) 2)]

In der Fassung der Bekanntmachung vom 14. Juli 1994[3)]

(GV. NW. S. 666)

SGV. NRW. 2023

zuletzt geänd. durch Art. 7 Zweites G zur Änd. des KorruptionsbekämpfungsG und weiterer Gesetze v. 14.9.2021 (GV. NRW. S. 1072)

Inhaltsübersicht[4)]

---

1) Überschrift geänd. mWv 17.10.2007 durch G v. 9.10.2007 (GV. NRW. S. 380).

2) Die Änderung durch G v. 14.9.2021 (GV. NRW. S. 1072) tritt **mit noch unbestimmtem Datum** in Kraft und ist im Text noch nicht berücksichtigt. Sofern § 5 Abs. 2 und § 6 des Wettbewerbsregistergesetzes v. 18.7.2017 (BGBl. I S. 2739) in der jeweils geltenden Fassung am Tag nach der Verkündung dieses Gesetzes (22.9.2021) noch nicht verpflichtend anwendbar sind, treten Art. 2 bis 10 G v. 14.9.2021 (GV. NRW. S. 1072) am Tag ihrer erstmaligen verpflichtenden Anwendbarkeit in Kraft. Das für Inneres zuständige Ministerium gibt den Tag im Gesetz- und Verordnungsblatt für das Land Nordrhein-Westfalen gesondert bekannt.

3) Neubekanntmachung der Gemeindeordnung idF der Bek. v. 13.8.1984 (GV. NW. S. 475) in der ab 17.10.1994 geltenden Fassung.

4) Inhaltsübersicht geänd. mWv 17.10.2007 durch G v. 9.10.2007 (GV. NRW. S. 380); geänd. mWv 29.11.2016 durch G v. 15.11.2016 (GV. NRW. S. 966); geänd. mWv 29.12.2018 durch G v. 18.12.2018 (GV. NRW. S. 738); geänd. mWv 1.1.2019 durch G v. 18.12.2018 (GV. NRW. S. 759); geänd. mWv 1.10.2020 durch G v. 29.9.2020 (GV. NRW. S. 916); sie wurde nichtamtlich an die weiteren Änderungen angepasst.

(Fortsetzung nächstes Blatt)

22.21. Kreisordnung für das Land Nordrhein-Westfalen (KrO NRW)[1) 2) 3)]

In der Fassung der Bekanntmachung vom 14. Juli 1994[4)]
(GV. NRW. S. 646)

SGV. NRW. 2021

zuletzt geänd. durch Art. 4 Zweites G zur Änd. des KorruptionsbekämpfungsG und weiterer Gesetze v. 14.9.2021 (GV. NRW. S. 1072)

Inhaltsverzeichnis[5)]

---

1) Änderungen vor dem 1.1.2004 sind nicht in Fußnoten nachgewiesen.

2) Abk. geänd. mWv 17.10.2007 durch G v. 9.10.2007 (GV. NRW. S. 380).

3) Die Änderung durch G v. 14.9.2021 (GV. NRW. S. 1072) tritt **mit noch unbestimmtem Datum** in Kraft und ist im Text noch nicht berücksichtigt. Sofern § 5 Abs. 2 und § 6 des Wettbewerbsregistergesetzes v. 18.7.2017 (BGBl. I S. 2739) in der jeweils geltenden Fassung am Tag nach der Verkündung dieses Gesetzes (22.9.2021) noch nicht verpflichtend anwendbar sind, treten Art. 2 bis 10 G v. 14.9.2021 (GV. NRW. S. 1072) am Tag ihrer erstmaligen verpflichtenden Anwendbarkeit in Kraft. Das für Inneres zuständige Ministerium gibt den Tag im Gesetz- und Verordnungsblatt für das Land Nordrhein-Westfalen gesondert bekannt.

4) Neubekanntmachung der Kreisordnung v. 13.8.1984 (GVBl. S. 497) in der ab 17.10.1994 geltenden Fassung.

5) Inhaltsverzeichnis redaktionell angepasst mWv 1.1.2005 durch G v. 16.11.2004 (GV. NRW. S. 644); geänd. und redaktionell angepasst mWv 17.10.2007 durch G v. 9.10.2007 (GV. NRW. S. 380); redaktionell angepasst mWv 22.11.2011 durch G v. 25.10.2011 (GV. NRW. S. 539); redaktionell angepasst mWv 29.9.2012 durch G v. 18.9.2012 (GV. NRW. S. 427); redaktionell angepasst mWv 29.9.2012 durch G v. 18.9.2012 (GV. NRW. S. 432); geänd. mWv 29.11.2016 durch G v. 15.11.2016 (GV. NRW. S. 966).

22.31. Landschaftsverbandsordnung für das Land Nordrhein-Westfalen (LVerbO)[1]

in der Fassung der Bekanntmachung vom 14. Juli 1994[2]

(GV. NW. S. 657)

SGV. NRW. 2022

zuletzt geänd. durch Art. 6 Zweites G zur Änd. des KorruptionsbekämpfungsG und weiterer Gesetze v. 14.9.2021 (GV. NRW. S. 1072)

1. Abschnitt. Allgemeines

§ 1 Mitgliedskörperschaften. Die zum Land Nordrhein-Westfalen gehörenden Kreise und kreisfreien Städte der früheren Rheinprovinz bilden den Landschaftsverband Rheinland, die Kreise und kreisfreien Städte der früheren Provinz Westfalen und des früheren Landes Lippe den Landschaftsverband Westfalen-Lippe.

§ 2 Rechtsform. Die Landschaftsverbände Rheinland und Westfalen-Lippe sind öffentlich-rechtliche Körperschaften mit dem Recht der Selbstverwaltung durch ihre gewählten Organe.

§ 3 Gebiet und Gebietsänderungen. (1) [1]Das Gebiet der Landschaftsverbände umfaßt das Gebiet der Mitgliedskörperschaften. [2]Es kann nur durch Gesetz geändert werden. [3]Werden die Grenzen von Mitgliedskörperschaften geändert, die zugleich Grenzen der Landschaftsverbände sind, so bewirkt dies ohne weiteres die Änderung der Landschaftsverbandsgrenzen.

(2) [1]Rechtshandlungen, die aus Anlaß der Änderung des Gebietes der Landschaftsverbände erforderlich werden, sind frei von öffentlichen Abgaben einschließlich Gebühren, soweit sie auf Landesrecht beruhen. [2]Das gleiche gilt für die Erstattung von Auslagen.

§ 4 Rechte der Einwohner. Die Einwohner der Mitgliedskörperschaften sind berechtigt,

1. an der Vertretung und Verwaltung des Landschaftsverbandes nach näherer Vorschrift dieses Gesetzes teilzunehmen,
2. die öffentlichen Einrichtungen des Landschaftsverbandes nach Maßgabe der für diese bestehenden Bestimmungen zu benutzen.

---

[1] Die Änderung durch G v. 14.9.2021 (GV. NRW. S. 1072) tritt **mit noch unbestimmtem Datum** in Kraft und ist im Text noch nicht berücksichtigt. Sofern § 5 Abs. 2 und § 6 des Wettbewerbsregistergesetzes v. 18.7.2017 (BGBl. I S. 2739) in der jeweils geltenden Fassung am Tag nach der Verkündung dieses Gesetzes (22.9.2021) noch nicht verpflichtend anwendbar sind, treten Art. 2 bis 10 G v. 14.9.2021 (GV. NRW. S. 1072) am Tag ihrer erstmaligen verpflichtenden Anwendbarkeit in Kraft. Das für Inneres zuständige Ministerium gibt den Tag im Gesetz- und Verordnungsblatt für das Land Nordrhein-Westfalen gesondert bekannt.

[2] Neubekanntmachung der LVerbO v. 27.8.1984 (GV. NW. S. 544) in der ab 17.10.1994 geltenden Fassung.

2. Abschnitt. Wirkungskreis

§ 5[1)] Aufgaben. (1) [1]Die Aufgaben der Landschaftsverbände erstrecken sich nach Maßgabe der hierzu erlassenen besonderen Vorschriften auf folgende Sachgebiete:

a) Soziale Aufgaben, Jugendhilfe und Gesundheitsangelegenheiten

1. Die Landschaftsverbände sind überörtliche Träger der Sozialhilfe.
2. Die Landschaftsverbände sind Träger der Kriegsopferfürsorge (Hauptfürsorgestellen) und der Ämter zur Sicherung der Integration schwerbehinderter Menschen in das Arbeitsleben (Integrationsämter). Die Landschaftsverbände nehmen die nach § 4 Absatz 1 des Gesetzes zur Eingliederung der Versorgungsämter in die allgemeine Verwaltung des Landes Nordrhein-Westfalen vom 30. Oktober 2007 (GV. NRW. S. 482), das durch Gesetz vom 25. Oktober 2011 (GV. NRW. S. 542) geändert worden ist, übertragenen Aufgaben des sozialen Entschädigungsrechts einschließlich der Kriegsopferversorgung wahr.
3. Die Landschaftsverbände nehmen die Aufgaben der Landesjugendämter wahr.
4. Die Landschaftsverbände können Träger von psychiatrischen Fachkrankenhäusern sowie von anderen psychiatrischen stationären, teilstationären, ambulanten und komplementären Einrichtungen und Diensten sein. Die Landschaftsverbände können zudem Träger von Krankenhäusern sowie medizinischen, rehabilitativen und psychosozialen Einrichtungen mit Schnittstellen zur psychiatrischen Versorgung sein.
5. Die Landschaftsverbände sind Träger von Förderschulen. Sie sind berechtigt, Schulen für Kranke zu errichten und fortzuführen.

Den Landschaftsverbänden kann die Förderung von Einrichtungen und Maßnahmen öffentlicher und freier Träger einschließlich der Ausführung des Landeshaushalts vom Fachminister im Rahmen der von ihm erlassenen Richtlinien und Weisungen übertragen werden; insoweit haben sie gegenüber dem Land Vorsatz und grobe Fahrlässigkeit zu vertreten.

b) Landschaftliche Kulturpflege
Den Landschaftsverbänden obliegen

1. Aufgaben der allgemeinen landschaftlichen Kulturpflege,
2. Aufgaben der Denkmalpflege,
3. Aufgaben der Pflege und Förderung der Heimatmuseen und des Archivwesens,
4. die Unterhaltung von Landesmuseen und Landesmedienzentren.

c) Kommunalwirtschaft

[1)] § 5 Abs. 1 Buchst. c Nr. 1 geänd. mWv 19.7.2005 durch G v. 2.7.2002 (GV. NRW. S. 284); Abs. 1 Buchst. c Nr. 1 geänd. mWv 15.11.2007 durch G v. 30.10.2007 (GV. NRW. S. 443); Abs. 1 Buchst. c Nr. 2 aufgeh., bish. Nr. 3 und 4 werden Nr. 2 und 3, Sätze 2–4 angef. mWv 29.4.2009 durch G v. 24.3.2009 (GV. NRW. S. 254); Abs. 1 Buchst. a Nr. 2, Nr. 4 und Nr. 5 neu gef., Buchst. b Nr. 4 geänd., Buchst. c neu gef., Abs. 2 Satz 1 aufgeh., bish. Satz 2 geänd., Abs. 6 angef. mWv 29.11.2016 durch G v. 15.11.2016 (GV. NRW. S. 966).

23.11. Verwaltungsverfahrensgesetz für das Land Nordrhein-Westfalen (VwVfG. NRW.)

In der Fassung der Bekanntmachung vom 12. November 1999[1)]
(GV. NRW. S. 602)

SGV. NRW. 2010

zuletzt geänd. durch Art. 3 G zur Änd. des LandesplanungsG, des LandesforstG und des VerwaltungsverfahrensG v. 8.7.2021 (GV. NRW. S. 904)

Inhaltsübersicht[2)]

---

1) Neubekanntmachung des VerwaltungsverfahrensG für NRW v. 21.12.1976 (GV. NW. S. 438) in der ab 14.7.1999 geltenden Fassung.

2) Inhaltsübersicht geänd. mWv 10.7.2004 durch G v. 6.7.2004 (GV. NRW. S. 370); geänd. mWv 21.5.2009 durch G v. 12.5.2009 (GV. NRW. S. 296); geänd. mWv 28.12.2009 durch G v. 17.12.2009 (GV. NRW. S. 861); geänd. mWv 19.10.2013 durch G v. 1.10.2013 (GV. NRW. S. 566); geänd. mWv 28.5.2014 durch G v. 20.5.2014 (GV. NRW. S. 294); geänd. mWv 30.3.2018 durch G v. 22.3.2018 (GV. NRW. S. 172); geänd. mWv 25.5.2018 durch G v. 17.5.2018 (GV. NRW. S. 244).

(5) Vorschriften über die Bekanntgabe eines Verwaltungsaktes mittels Zustellung bleiben unberührt.

§ 42[1)] Offenbare Unrichtigkeiten im Verwaltungsakt. [1] Die Behörde kann Schreibfehler, Rechenfehler und ähnliche offenbare Unrichtigkeiten in einem Verwaltungsakt jederzeit berichtigen. [2] Bei berechtigtem Interesse des Beteiligten ist zu berichtigen. [3] Die Behörde ist berechtigt, die Vorlage des Dokumentes zu verlangen, das berichtigt werden soll.

§ 42a[2)] Genehmigungsfiktion. (1) [1] Eine beantragte Genehmigung gilt nach Ablauf einer für die Entscheidung festgelegten Frist als erteilt (Genehmigungsfiktion), wenn dies durch Rechtsvorschrift angeordnet und der Antrag hinreichend bestimmt ist. [2] Die Vorschriften über die Bestandskraft von Verwaltungsakten und über das Rechtsbehelfsverfahren gelten entsprechend.

(2) [1] Die Frist nach Absatz 1 Satz 1 beträgt drei Monate, soweit durch Rechtsvorschrift nichts Abweichendes bestimmt ist. [2] Die Frist beginnt mit Eingang der vollständigen Unterlagen. [3] Sie kann einmal angemessen verlängert werden, wenn dies wegen der Schwierigkeit der Angelegenheit gerechtfertigt ist. [4] Die Fristverlängerung ist zu begründen und rechtzeitig mitzuteilen.

(3) Auf Verlangen ist demjenigen, dem der Verwaltungsakt nach § 41 Abs. 1 hätte bekannt gegeben werden müssen, der Eintritt der Genehmigungsfiktion schriftlich zu bescheinigen.

Abschnitt 2. Bestandskraft des Verwaltungsaktes

§ 43 Wirksamkeit des Verwaltungsaktes. (1) [1] Ein Verwaltungsakt wird gegenüber demjenigen, für den er bestimmt ist oder der von ihm betroffen wird, in dem Zeitpunkt wirksam, in dem er ihm bekanntgegeben wird. [2] Der Verwaltungsakt wird mit dem Inhalt wirksam, mit dem er bekanntgegeben wird.

(2) Ein Verwaltungsakt bleibt wirksam, solange und soweit er nicht zurückgenommen, widerrufen, anderweitig aufgehoben oder durch Zeitablauf oder auf andere Weise erledigt ist.

(3) Ein nichtiger Verwaltungsakt ist unwirksam.

§ 44[3)] Nichtigkeit des Verwaltungsaktes. (1) Ein Verwaltungsakt ist nichtig, soweit er an einem besonders schwerwiegenden Fehler leidet und dies bei verständiger Würdigung aller in Betracht kommenden Umstände offenkundig ist.

(2) Ohne Rücksicht auf das Vorliegen der Voraussetzungen des Absatzes 1 ist ein Verwaltungsakt nichtig,

1. der schriftlich oder elektronisch erlassen worden ist, die erlassende Behörde aber nicht erkennen lässt;
2. der nach einer Rechtsvorschrift nur durch die Aushändigung einer Urkunde erlassen werden kann, aber dieser Form nicht genügt;
3. den eine Behörde außerhalb ihrer durch § 3 Abs. 1 Nr. 1 begründeten Zuständigkeit erlassen hat, ohne dazu ermächtigt zu sein;
4. den aus tatsächlichen Gründen niemand ausführen kann;

---

1) § 42 Satz 3 geänd. mWv 10.7.2004 durch G v. 6.7.2004 (GV. NRW. S. 370).
2) § 42a eingef. mWv 21.5.2009 durch G v. 12.5.2009 (GV. NRW. S. 296).
3) § 44 Abs. 2 Nr. 1 geänd. mWv 10.7.2004 durch G v. 6.7.2004 (GV. NRW. S. 370).

5. der die Begehung einer rechtswidrigen Tat verlangt, die einen Straf- oder Bußgeldtatbestand verwirklicht;
6. der gegen die guten Sitten verstößt.

(3) Ein Verwaltungsakt ist nicht schon deshalb nichtig, weil

1. Vorschriften über die örtliche Zuständigkeit nicht eingehalten worden sind, außer wenn ein Fall des Absatzes 2 Nr. 3 vorliegt;
2. eine nach § 20 Abs. 1 Satz 1 Nr. 2 bis 6 ausgeschlossene Person mitgewirkt hat;
3. ein durch Rechtsvorschrift zur Mitwirkung berufener Ausschuss den für den Erlass des Verwaltungsaktes vorgeschriebenen Beschluss nicht gefasst hat oder nicht beschlussfähig war;
4. die nach einer Rechtsvorschrift erforderliche Mitwirkung einer anderen Behörde unterblieben ist.

(4) Betrifft die Nichtigkeit nur einen Teil des Verwaltungsaktes, so ist er im Ganzen nichtig, wenn der nichtige Teil so wesentlich ist, dass die Behörde den Verwaltungsakt ohne den nichtigen Teil nicht erlassen hätte.

(5) Die Behörde kann die Nichtigkeit jederzeit von Amts wegen feststellen; auf Antrag ist sie festzustellen, wenn der Antragsteller hieran ein berechtigtes Interesse hat.

§ 45[1)] Heilung von Verfahrens- und Formfehlern. (1) Eine Verletzung von Verfahrens- oder Formvorschriften, die nicht den Verwaltungsakt nach § 44 nichtig macht, ist unbeachtlich, wenn

1. der für den Erlass des Verwaltungsaktes erforderliche Antrag nachträglich gestellt wird;
2. die erforderliche Begründung nachträglich gegeben wird;
3. die erforderliche Anhörung eines Beteiligten nachgeholt wird;
4. der Beschluss eines Ausschusses, dessen Mitwirkung für den Erlass des Verwaltungsaktes erforderlich ist, nachträglich gefasst wird;
5. die erforderliche Mitwirkung einer anderen Behörde nachgeholt wird.

(2) Handlungen nach Absatz 1 können bis zum Abschluss der letzten Tatsacheninstanz eines verwaltungsgerichtlichen Verfahrens nachgeholt werden.

(3) [1] Fehlt einem Verwaltungsakt die erforderliche Begründung oder ist die erforderliche Anhörung eines Beteiligten vor Erlass des Verwaltungsaktes unterblieben und ist dadurch die rechtzeitige Anfechtung des Verwaltungsaktes versäumt worden, so gilt die Versäumung der Rechtsbehelfsfrist als nicht verschuldet. [2] Das für die Wiedereinsetzungsfrist nach § 32 Abs. 2 maßgebende Ereignis tritt im Zeitpunkt der Nachholung der unterlassenen Verfahrenshandlung ein.

§ 46 Folgen von Verfahrens- und Formfehlern. Die Aufhebung eines Verwaltungsaktes, der nicht nach § 44 nichtig ist, kann nicht allein deshalb beansprucht werden, weil er unter Verletzung von Vorschriften über das Verfahren, die Form oder die örtliche Zuständigkeit zustande gekommen ist, wenn offensichtlich ist, dass die Verletzung die Entscheidung in der Sache nicht beeinflusst hat.

---

1) § 45 Abs. 2 geänd. mWv 16.7.2021 durch G v. 8.7.2021 (GV. NRW. S. 904).

23.12. Verwaltungszustellungsgesetz für das Land Nordrhein-Westfalen (Landeszustellungsgesetz – LZG NRW)

Vom 7. März 2006[1)]

(GV. NRW. S. 94)

SGV. NRW. 2010

zuletzt geänd. durch Art. 3 G zur Änd. des Verwaltungsvollstreckungsgesetzes NRW und zur Änd. weiterer Gesetze v. 23.6.2021 (GV. NRW. S. 762)

Der Landtag hat das folgende Gesetz beschlossen, das hiermit verkündet wird:

§ 1[2)] Anwendungsbereich und Erfordernis der Zustellung. (1) [1]Dieses Gesetz gilt für das Zustellungsverfahren der Behörden des Landes, der Gemeinden und Gemeindeverbände sowie der sonstigen der Aufsicht des Landes unterstehenden Körperschaften, Anstalten und Stiftungen des öffentlichen Rechts. [2]Ausgenommen sind die Landesfinanzbehörden im Sinne des § 6 Absatz 2 der Abgabenordnung in der Fassung der Bekanntmachung vom 1. Oktober 2002 (BGBl. I S. 3866; 2003 I S. 61), die zuletzt durch Artikel 1 des Gesetzes vom 21. Dezember 2019 (BGBl. I S. 2875) geändert worden ist, und des § 2 des Finanzverwaltungsgesetzes[3)] in der Fassung der Bekanntmachung vom 4. April 2006 (BGBl. I S. 846, 1202), das zuletzt durch Artikel 3 des Gesetzes vom 21. Dezember 2019 (BGBl. I S. 2875) geändert worden ist.

(2) Zugestellt wird, soweit dies durch Rechtsvorschrift oder behördliche Anordnung bestimmt ist.

§ 2[4)] Allgemeines. (1) Zustellung ist die Bekanntgabe eines schriftlichen oder elektronischen Dokuments in der in diesem Gesetz bestimmten Form.

(2) [1]Die Zustellung wird durch einen Erbringer von Postdienstleistungen (Post), einen nach § 17 des De-Mail-Gesetzes vom 28. April 2011 (BGBl. I S. 666) akkreditierten Diensteanbieter oder durch die Behörde ausgeführt. [2]Daneben gelten die in den §§ 9 bis 11 geregelten Sonderarten der Zustellung.

(3) [1]Die Behörde hat die Wahl zwischen den einzelnen Zustellungsarten. [2]Dies gilt nicht im Falle von § 5 Absatz 5 Satz 2.

§ 3 Zustellung durch die Post mit Zustellungsurkunde. (1) Soll durch die Post mit Zustellungsurkunde zugestellt werden, übergibt die Behörde der Post den Zustellungsauftrag, das zuzustellende Dokument in einem verschlossenen Umschlag und einen vorbereiteten Vordruck einer Zustellungsurkunde.

(2) [1]Für die Ausführung der Zustellung gelten die §§ 177 bis 182 der Zivilprozessordnung[5)] entsprechend. [2]Im Fall des § 181 Abs. 1 der Zivilprozessordnung[5)] kann das zuzustellende Dokument bei einer von der Post dafür

---

[1)] Neubekanntmachung des LZG NRW v. 23.7.1957 (GV. NW. S. 213) in der ab 1.2.2006 geltenden Fassung.

[2)] § 1 Abs. 1 Satz 2 geänd. mWv 1.7.2021 durch G v. 23.6.2021 (GV. NRW. S. 762).

[3)] **Sartorius ErgBd. Nr. 698.**

[4)] § 2 Abs. 3 Satz 2 angef. mWv 21.5.2009 durch G v. 12.5.2009 (GV. NRW. S. 296); Abs. 2 Satz 1 und Abs. 3 Satz 2 geänd. mWv 22.11.2012 durch G v. 13.11.2012 (GV. NRW. S. 508).

[5)] Nr. **23.3**.

bestimmten Stelle am Ort der Zustellung oder am Ort des Amtsgerichts, in dessen Bezirk der Ort der Zustellung liegt, niedergelegt werden oder bei der Behörde, die den Zustellungsauftrag erteilt hat, wenn sie ihren Sitz an einem der vorbezeichneten Orte hat. [3] Für die Zustellungsurkunde, den Zustellungsauftrag, den verschlossenen Umschlag nach Absatz 1 und die schriftliche Mitteilung nach § 181 Abs. 1 Satz 3 der Zivilprozessordnung[1)] sind die Vordrucke nach der Zustellungsvordruckverordnung zu verwenden.

§ 4 Zustellung durch die Post mittels Einschreiben. (1) Ein Dokument kann durch die Post mittels Einschreiben durch Übergabe oder mittels Einschreiben mit Rückschein zugestellt werden.

(2) [1] Zum Nachweis der Zustellung genügt der Rückschein. [2] Im Übrigen gilt das Dokument am dritten Tage nach der Aufgabe zur Post als zugestellt, es sei denn, dass es nicht oder zu einem späteren Zeitpunkt zugegangen ist. [3] Im Zweifel hat die Behörde den Zugang und dessen Zeitpunkt nachzuweisen. [4] Der Tag der Aufgabe zur Post ist in den Akten zu vermerken.

§ 5[2)] Zustellung durch die Behörde gegen Empfangsbekenntnis; elektronische Zustellung. (1) [1] Bei der Zustellung durch die Behörde händigt der zustellende Bedienstete das Dokument dem Empfänger in einem verschlossenen Umschlag aus. [2] Das Dokument kann auch offen ausgehändigt werden, wenn keine schutzwürdigen Interessen des Empfängers entgegenstehen. [3] Der Empfänger hat ein mit dem Datum der Aushändigung versehenes Empfangsbekenntnis zu unterschreiben. [4] Der Bedienstete vermerkt das Datum der Zustellung auf dem Umschlag des auszuhändigenden Dokumentes oder bei offener Aushändigung auf dem Dokument selbst.

(2) [1] Die §§ 177 bis 181 der Zivilprozessordnung[1)] sind anzuwenden. [2] Zum Nachweis der Zustellung ist in den Akten zu vermerken:

1. im Fall der Ersatzzustellung in der Wohnung, in Geschäftsräumen und Einrichtungen nach § 178 der Zivilprozessordnung[1)] der Grund, der diese Art der Zustellung rechtfertigt,
2. im Fall der Zustellung bei verweigerter Annahme nach § 179 der Zivilprozessordnung[1)], wer die Annahme verweigert hat und dass das Dokument am Ort der Zustellung zurückgelassen oder an den Absender zurückgesandt wurde sowie der Zeitpunkt und der Ort der verweigerten Annahme,
3. in den Fällen der Ersatzzustellung nach §§ 180 und 181 der Zivilprozessordnung[1)] der Grund der Ersatzzustellung sowie, wann und wo das Dokument in einen Briefkasten eingelegt oder sonst niedergelegt und in welcher Weise die Niederlegung schriftlich mitgeteilt wurde.

[3] Im Fall des § 181 Abs. 1 der Zivilprozessordnung[1)] kann das zuzustellende Dokument bei der Behörde, die den Zustellungsauftrag erteilt hat, niedergelegt werden, wenn diese Behörde ihren Sitz am Ort der Zustellung oder am Ort des Amtsgerichts hat, in dessen Bezirk der Ort der Zustellung liegt.

[1)] Nr. **23.3**.

[2)] § 5 Abs. 4 Satz 3 aufgeh., Abs. 5 neu gef., Abs. 6 und 7 angef. mWv 21.5.2009 durch G v. 12.5. 2009 (GV. NRW. S. 296); Überschr., Abs. 5 Satz 1 und Abs. 7 Sätze 2, 3 und 4 geänd. mWv 22.11. 2012 durch G v. 13.11.2012 (GV. NRW. S. 508); Abs. 4 Satz 1 geänd. mWv 16.7.2016 durch G v. 8.7. 2016 (GV. NRW. S. 557); Abs. 5 Satz 3 geänd. mWv 30.3.2018 durch G v. 22.3.2018 (GV. NRW. S. 172).

(3) [1] Zur Nachtzeit, an Sonntagen und allgemeinen Feiertagen darf nach Absatz 1 und 2 im Inland nur mit Erlaubnis des Behördenleiters zugestellt werden. [2] Die Nachtzeit umfasst die Stunden von einundzwanzig bis sechs Uhr. [3] Eine Zustellung, bei der diese Vorschriften nicht beachtet sind, ist wirksam, wenn die Annahme nicht verweigert ist.

(4) [1] Das Dokument kann an Behörden, Körperschaften, Anstalten und Stiftungen des öffentlichen Rechts, an Rechtsanwälte, Patentanwälte, Notare, Gerichtsvollzieher, Steuerberater, Steuerbevollmächtigte, Wirtschaftsprüfer, vereidigte Buchprüfer, Steuerberatungsgesellschaften, Wirtschaftsprüfungsgesellschaften und Buchprüfungsgesellschaften sowie an weitere, durch Rechtsverordnung des für Inneres zuständigen Ministeriums bestimmte Berufsgruppen auch auf andere Weise gegen Empfangsbekenntnis zugestellt werden. [2] Die Zustellung kann elektronisch erfolgen, soweit der Zustellungsadressat einen Zugang eröffnet.

(5) [1] Ein elektronisches Dokument kann im Übrigen unbeschadet des Absatzes 4 jedem Zustellungsadressaten elektronisch zugestellt werden, soweit dieser hierfür einen Zugang eröffnet. [2] Es ist elektronisch zuzustellen, wenn auf Grund einer Rechtsvorschrift ein Verfahren auf Verlangen des Zustellungsadressaten in elektronischer Form abgewickelt wird. [3] Für die Übermittlung ist das Dokument mit einer qualifizierten elektronischen Signatur zu versehen und gegen unbefugte Kenntnisnahme Dritter zu schützen.

(6) [1] Bei der elektronischen Zustellung ist die Übermittlung mit dem Hinweis „Zustellung gegen Empfangsbekenntnis" einzuleiten. [2] Die Übermittlung muss die absendende Behörde, den Namen und die Anschrift des Zustellungsadressaten sowie den Namen des Bediensteten erkennen lassen, der das Dokument zur Übermittlung aufgegeben hat.

(7) [1] Zum Nachweis der Zustellung nach Absatz 4 und Absatz 5 genügt das mit Datum und Unterschrift versehene Empfangsbekenntnis, das an die Behörde durch die Post oder elektronisch zurückzusenden ist. [2] Ein elektronisches Dokument gilt in den Fällen des Absatzes 5 Satz 2 am dritten Tag nach der Absendung an den vom Zustellungsadressaten hierfür eröffneten Zugang als zugestellt, wenn der Behörde nicht spätestens an diesem Tag ein Empfangsbekenntnis nach Satz 1 zugeht. [3] Satz 2 gilt nicht, wenn der Zustellungsadressat nachweist, dass das Dokument nicht oder zu einem späteren Zeitpunkt zugegangen ist. [4] Der Zustellungsadressat ist in den Fällen des Absatzes 5 Satz 2 vor der Übermittlung über die Rechtsfolgen nach Satz 2 und 3 zu belehren. [5] Zum Nachweis der Zustellung ist von der absendenden Behörde in den Akten zu vermerken, zu welchem Zeitpunkt und an welchen Zugang das Dokument gesendet wurde. [6] Der Zustellungsadressat ist über den Eintritt der Zustellungsfiktion nach Satz 2 zu benachrichtigen.

§ 5a[1)] Elektronische Zustellung gegen Abholbestätigung über De-Mail-Dienste. (1) [1] Die elektronische Zustellung kann unbeschadet des § 5 Absatz 4 und 5 Satz 1 und 2 durch Übermittlung der nach § 17 des De-Mail-Gesetzes akkreditierten Diensteanbieter gegen Abholbestätigung nach § 5 Absatz 9 des De-Mail-Gesetzes an das De-Mail-Postfach des Zustellungsadressaten erfolgen. [2] Für die Zustellung nach Satz 1 ist § 5 Absatz 4 und 6 mit der

---

1) § 5a eingef. mWv 22.11.2012 durch G v. 13.11.2012 (GV. NRW. S. 508).

Maßgabe anzuwenden, dass an die Stelle des Empfangsbekenntnisses die Abholbestätigung tritt.

(2) [1] Der nach § 17 des De-Mail-Gesetzes akkreditierte Diensteanbieter hat eine Versandbestätigung nach § 5 Absatz 7 des De-Mail-Gesetzes und eine Abholbestätigung nach § 5 Absatz 9 des De-Mail-Gesetzes zu erzeugen. [2] Er hat diese Bestätigungen unverzüglich der absendenden Behörde zu übermitteln.

(3) [1] Zum Nachweis der elektronischen Zustellung genügt die Abholbestätigung nach § 5 Absatz 9 des De-Mail-Gesetzes. [2] Für diese gelten § 371 Absatz 1 Satz 2 und § 371a Absatz 2 der Zivilprozessordnung[1)].

(4) [1] Ein elektronisches Dokument gilt in den Fällen des § 5 Absatz 5 Satz 2 am dritten Tag nach der Absendung an das De-Mail-Postfach des Zustellungsadressaten als zugestellt, wenn er dieses Postfach als Zugang eröffnet hat und der Behörde nicht spätestens an diesem Tag eine elektronische Abholbestätigung nach § 5 Absatz 9 des De-Mail-Gesetzes zugeht. [2] Satz 1 gilt nicht, wenn der Zustellungsadressat nachweist, dass das Dokument nicht oder zu einem späteren Zeitpunkt zugegangen ist. [3] Der Zustellungsadressat ist in den Fällen des § 5 Absatz 5 Satz 2 vor der Übermittlung über die Rechtsfolgen nach Satz 1 und 2 zu belehren. [4] Als Nachweis der Zustellung nach Satz 1 dient die Versandbestätigung nach § 5 Absatz 7 des De-Mail-Gesetzes oder ein Vermerk der absendenden Behörde in den Akten, zu welchem Zeitpunkt und an welches De-Mail-Postfach das Dokument gesendet wurde. [5] Der Zustellungsadressat ist über den Eintritt der Zustellungsfiktion nach Satz 1 elektronisch zu benachrichtigen.

§ 6 Zustellung an gesetzliche Vertreter. (1) [1] Bei Geschäftsunfähigen oder beschränkt Geschäftsfähigen ist an ihre gesetzlichen Vertreter zuzustellen. [2] Gleiches gilt bei Personen, für die ein Betreuer bestellt ist, soweit der Aufgabenkreis des Betreuers reicht.

(2) [1] Bei Behörden wird an den Behördenleiter, bei juristischen Personen, nicht rechtsfähigen Personenvereinigungen und Zweckvermögen an ihre gesetzlichen Vertreter zugestellt. [2] § 34 Abs. 2 der Abgabenordnung bleibt unberührt.

(3) Bei mehreren gesetzlichen Vertretern oder Behördenleitern genügt die Zustellung an einen von ihnen.

(4) Der zustellende Bedienstete braucht nicht zu prüfen, ob die Anschrift den Vorschriften der Absätze 1 bis 3 entspricht.

§ 7 Zustellung an Bevollmächtigte. (1) [1] Zustellungen können an den allgemein oder für bestimmte Angelegenheiten bestellten Bevollmächtigten gerichtet werden. [2] Sie sind an ihn zu richten, wenn er eine schriftliche Vollmacht vorgelegt hat. [3] Ist ein Bevollmächtigter für mehrere Beteiligte bestellt, so genügt die Zustellung eines Dokuments an ihn für alle Beteiligten.

(2) [1] Einem Zustellungsbevollmächtigten mehrerer Beteiligter sind so viele Ausfertigungen oder Abschriften zuzustellen, als Beteiligte vorhanden sind. [2] Dies gilt nicht bei elektronischer Übermittlung.

[1)] **Habersack (vormals Schönfelder) Nr. 100.**

§ 8 Heilung von Zustellungsmängeln. Lässt sich die formgerechte Zustellung eines Dokuments nicht nachweisen oder ist es unter Verletzung zwingender Zustellungsvorschriften zugegangen, gilt es als in dem Zeitpunkt zugestellt, in dem es dem Empfangsberechtigten nachweislich zugegangen ist; im Fall des § 5 Abs. 5 in dem Zeitpunkt, in dem der Empfänger das Empfangsbekenntnis zurückgesendet hat.

§ 9[1)] Zustellung im Ausland. (1) Eine Zustellung im Ausland erfolgt

1. durch Einschreiben mit Rückschein, soweit die Zustellung von Dokumenten unmittelbar durch die Post völkerrechtlich zulässig ist,
2. auf Ersuchen der Behörde durch die Behörden des fremden Staates oder durch die zuständige diplomatische oder konsularische Vertretung der Bundesrepublik Deutschland,
3. auf Ersuchen der Behörde durch das Auswärtige Amt an eine Person, die das Recht der Immunität genießt und zu einer Vertretung der Bundesrepublik Deutschland im Ausland gehört sowie an Familienangehörige einer solchen Person, wenn diese das Recht der Immunität genießen oder
4. durch Übermittlung elektronischer Dokumente, soweit dies völkerrechtlich zulässig ist.

(2) [1] Zum Nachweis der Zustellung nach Absatz 1 Nr. 1 genügt der Rückschein. [2] Geht der Rückschein nicht innerhalb von vier Wochen nach der Aufgabe des Einschreibens zur Post ein, kann die Zustellung des Dokumentes auch nach Absatz 1 Nummer 4 erfolgen. [3] Die Zustellung nach Absatz 1 Nr. 2 und 3 wird durch das Zeugnis der ersuchten Behörde nachgewiesen. [4] Der Nachweis der Zustellung gemäß Absatz 1 Nr. 4 richtet sich nach § 5 Abs. 7 Satz 1 bis 3 und 5 sowie nach § 5a Absatz 3 und 4 Satz 1, 2 und 4.

(3) [1] Die Behörde kann bei der Zustellung nach Absatz 1 Nr. 2 und 3 anordnen, dass die Person, an die zugestellt werden soll, innerhalb einer angemessenen Frist einen Zustellungsbevollmächtigten benennt, der im Inland wohnt oder dort einen Geschäftsraum hat. [2] Wird kein Zustellungsbevollmächtigter benannt, können spätere Zustellungen bis zur nachträglichen Benennung dadurch bewirkt werden, dass das Dokument unter der Anschrift der Person, an die zugestellt werden soll, zur Post gegeben wird. [3] Das Dokument gilt am siebenten Tage nach Aufgabe zur Post als zugestellt, wenn nicht feststeht, dass es den Empfänger nicht oder zu einem späteren Zeitpunkt erreicht hat. [4] Die Behörde kann eine längere Frist bestimmen. [5] In der Anordnung nach Satz 1 ist auf diese Rechtsfolgen hinzuweisen. [6] Zum Nachweis der Zustellung ist in den Akten zu vermerken, zu welcher Zeit und unter welcher Anschrift das Dokument zur Post gegeben wurde. [7] Ist durch Rechtsvorschrift angeordnet, dass ein Verwaltungsverfahren über eine einheitliche Stelle nach den Vorschriften des Verwaltungsverfahrensgesetzes[2)] abgewickelt werden kann, finden die Sätze 1 bis 6 keine Anwendung.

[1)] § 9 Abs. 2 Satz 3 neu gef. mWv 21.5.2009 durch G v. 12.5.2009 (GV. NRW. S. 296); Abs. 1 Nr. 4 und Abs. 2 Satz 3 geänd., Abs. 3 Satz 7 angef. mWv 22.11.2012 durch G v. 13.11.2012 (GV. NRW. S. 508); Abs. 2 Satz 2 eingef., bish. Sätze 2 und 3 werden Sätze 3 und 4 mWv 16.7.2016 durch G v. 8.7.2016 (GV. NRW. S. 557).

[2)] **Sartorius Nr. 100.**

§ 10[1)] Zustellung durch öffentliche Bekanntmachung. (1) [1]Die Zustellung kann durch öffentliche Bekanntmachung erfolgen, wenn

1. der Aufenthaltsort des Empfängers unbekannt ist und eine Zustellung an einen Vertreter oder Zustellungsbevollmächtigten nicht möglich ist,
2. bei juristischen Personen, die zur Anmeldung einer inländischen Geschäftsanschrift zum Handelsregister verpflichtet sind, eine Zustellung weder unter der eingetragenen Anschrift noch unter einer im Handelsregister eingetragenen Anschrift einer für Zustellungen empfangsberechtigten Person oder einer ohne Ermittlungen bekannten anderen inländischen Anschrift möglich ist oder
3. sie im Fall des § 9 nicht möglich ist oder keinen Erfolg verspricht.

[2]Die Anordnung zu dieser Form der Zustellung trifft ein zeichnungsberechtigter Bediensteter.

(2) [1]Die Zustellung erfolgt für Behörden des Landes durch Bekanntmachung einer Benachrichtigung an der Stelle, die von der jeweiligen Behörde hierfür allgemein bestimmt ist, oder durch Veröffentlichung einer Benachrichtigung in der elektronischen Version des Amtsblatts der Bezirksregierung oder Teil III des Ministerialblatts für das Land Nordrhein-Westfalen in der elektronischen Version. [2]Für Gemeinden und Gemeindeverbände gilt Satz 1 entsprechend mit der Maßgabe, dass im Fall der Veröffentlichung einer Benachrichtigung die Veröffentlichung im Amtsblatt der Gemeinde erfolgt.
[3]Die Benachrichtigung muss

1. die Behörde, für die zugestellt wird,
2. den Namen und die letzte bekannte Anschrift des Zustellungsadressaten,
3. das Datum und das Aktenzeichen des Dokuments sowie
4. die Stelle, wo das Dokument eingesehen werden kann,

erkennen lassen.
[4]Die Benachrichtigung muss den Hinweis enthalten, dass das Dokument durch öffentliche Bekanntmachung zugestellt wird und Fristen in Gang gesetzt werden können, nach deren Ablauf Rechtsverluste drohen können. [5]Bei der Zustellung einer Ladung muss die Benachrichtigung den Hinweis enthalten, dass das Dokument eine Ladung zu einem Termin enthält, dessen Versäumung Rechtsnachteile zur Folge haben kann. [6]In den Akten ist zu vermerken, wann und wie die Benachrichtigung bekannt gemacht wurde und wie lange ein Aushang oder die Bereitstellung im Internet angedauert hat. [7]Das Dokument gilt als zugestellt, wenn seit dem Tag der Bekanntmachung beziehungsweise seit der Veröffentlichung der Benachrichtigung zwei Wochen vergangen sind.

§ 11 Zustellung an Beamte, Ruhestandsbeamte und sonstige Versorgungsberechtigte. (1) [1]Ein Beamter muss Zustellungen unter der Anschrift, die er seinem Dienstvorgesetzten angezeigt hat, gegen sich gelten lassen. [2]Hat der Beamte unter der angezeigten Anschrift keine Wohnung, so steht der Versuch einer Zustellung der Zustellung gleich.

(2) [1]Verfügungen und Entscheidungen, die einem Beamten, Ruhestandsbeamten oder sonstigen Versorgungsberechtigten nach den Vorschriften des

---

[1)] § 10 Abs. 1 Satz 1 Nr. 1 geänd., Nr. 2 eingef., bish. Nr. 2 wird Nr. 3 mWv 21.5.2009 durch G v. 12.5.2009 (GV. NRW. S. 296); Abs. 2 Satz 2 neu gef. mWv 16.7.2016 durch G v. 8.7.2016 (GV. NRW. S. 557); Abs. 2 Satz 1 geänd. mWv 1.7.2021 durch G v. 23.6.2021 (GV. NRW. S. 762).

Landesbeamtenrechts und des Landesdisziplinargesetzes zuzustellen sind, können dem Beamten oder Versorgungsberechtigten auch in der Weise zugestellt werden, dass sie ihm mündlich oder durch Gewährung von Einsicht bekannt gegeben werden. [2] Hierüber ist eine Niederschrift anzufertigen. [3] Der Beamte oder Versorgungsberechtigte erhält von ihr auf Antrag eine Abschrift.

(3) [1] Einem Beamten oder Versorgungsberechtigten, der sich im Ausland aufhält, kann auch dadurch zugestellt werden, dass ihm der wesentliche Inhalt des zuzustellenden Schriftstückes in anderer Form dienstlich mitgeteilt wird. [2] Die Zustellung soll in der sonst vorgeschriebenen Form nachgeholt werden, sobald die Umstände es gestatten.

§ 12[1] Inkrafttreten. Dieses Gesetz tritt mit Wirkung vom 1. Februar 2006 in Kraft.

---

[1] § 12 Satz 2 geänd. mWv 27.11.2010 durch G v. 16.11.2010 (GV. NRW. S. 600); Überschrift neu gef., Sätze 2 und 3 aufgeh. mWv 14.10.2015 durch G v. 1.10.2015 (GV. NRW. S. 698).

23.13. Verwaltungszustellungsgesetz (VwZG)[1) 2) 3)]

Vom 12. August 2005

(BGBl. I S. 2354)

FNA 201-9

geänd. durch Art. 6b G zur Modernisierung des GmbH-Rechts und zur Bekämpfung von Missbräuchen v. 23.10.2008 (BGBl. I S. 2026), Art. 9a Viertes G zur Änd. verwaltungsverfahrensrechtl. Vorschriften v. 11.12.2008 (BGBl. I S. 2418), Art. 3 G zur Regelung von De-Mail-Diensten und zur Änd. weiterer Vorschriften v. 28.4.2011 (BGBl. I S. 666), Art. 2 Abs. 2 G zur Änd. von Vorschriften über Verkündung und Bekanntmachungen sowie der ZPO, des EGZPO und der AO v. 22.12.2011 (BGBl. I S. 3044), Art. 17 G zur Förderung des elektronischen Rechtsverkehrs mit den Gerichten v. 10.10.2013 (BGBl. I S. 3786), Art. 11 Abs. 3 eIDAS-Durchführungsgesetz v. 18.7.2017 (BGBl. I S. 2745), Art. 15 Abs. 2 Vormundschafts- und Betreuungsrechts-Reformgesetz v. 4.5.2021 (BGBl. I S. 882), Art. 7 G zur Neuregelung des Berufsrechts der anwaltlichen und steuerberatenden Berufsausübungsgesellschaften sowie zur Änd. weiterer Vorschriften im Bereich der rechtsberatenden Berufe v. 7.7.2021 (BGBl. I S. 2363) und Art. 6 Personengesellschaftsrechtsmodernisierungsgesetz (MoPeG) v. 10.8.2021 (BGBl. I S. 3436)

[1)] Verkündet als Art. 1 G zur Novellierung des Verwaltungszustellungsrechts v. 12.8.2005 (BGBl. I S. 2354); Inkrafttreten gem. Art. 4 Abs. 1 Satz 2 dieses G am 1.2.2006.

[2)] Siehe zur Verwaltungszustellung u.a. auch die folgenden Vorschriften der Länder:
- **Baden-Württemberg:** Verwaltungszustellungsgesetz für Baden-Württemberg – LVwZG v. 3.7. 2007 (GBl. S. 293), zuletzt geänd. durch G v. 4.2.2021 (GBl. S. 181)
- **Bayern:** Bayerisches Verwaltungszustellungs- und Vollstreckungsgesetz (VwZVG) v. 11.11.1970 (BayRS II S. 232), zuletzt geänd. durch V v. 26.3.2019 (GVBl. S. 98)
- **Berlin:** Gesetz über das Verfahren der Berliner Verwaltung v. 21.4.2016 (GVBl. S. 218), zuletzt geänd. durch G v. 17.12.2020 (GVBl. S. 1485)
- **Brandenburg:** Verwaltungszustellungsgesetz für das Land Brandenburg (BbgVwZG) v. 18.10.1991 (GVBl. S. 457), zuletzt geänd. durch G v. 28.6.2006 (GVBl. I S. 74)
- **Bremen:** Bremisches Verwaltungszustellungsgesetz (BremVwZG) v. 26.1.2006 (Brem.GBl. S. 49)
- **Hamburg:** Hamburgisches Verwaltungszustellungsgesetz (HmbVwZG) v. 21.6.1954 (BS Hbg I), zuletzt geänd. durch G v. 25.11.2010 (HmbGVBl. S. 614)
- **Hessen:** Hessisches Verwaltungszustellungsgesetz (HessVwZG) v. 14.2.1957 (GVBl. I S. 9), zuletzt geänd. durch G v. 13.12.2012 (GVBl. S. 622)
- **Mecklenburg-Vorpommern:** Verwaltungsverfahrens-, Zustellungs- und Vollstreckungsgesetz des Landes Mecklenburg-Vorpommern (Landesverwaltungsverfahrensgesetz – VwVfG M-V) idF der Bek. v. 6.5.2020 (GVOBl. M-V S. 410)
- **Niedersachsen:** Niedersächsisches Verwaltungszustellungsgesetz (NVwZG) v. 23.2.2006 (Nds. GVBl. S. 72)
- **Nordrhein-Westfalen:** Verwaltungszustellungsgesetz für das Land Nordrhein-Westfalen (Landeszustellungsgesetz – LZG NRW) (Nr. **23.12**)
- **Rheinland-Pfalz:** Landesverwaltungszustellungsgesetz (LVwZG) v. 2.3.2006 (GVBl. S. 56), geänd. durch G v. 3.4.2014 (GVBl. S. 34)
- **Saarland:** Saarländisches Verwaltungszustellungsgesetz (SVwZG) v. 13.12.2005 (Amtsbl. 2006 S. 214)
- **Sachsen:** Gesetz zur Regelung des Verwaltungsverfahrens- und des Verwaltungszustellungsrechts für den Freistaat Sachsen (SächsVwVfZG) v. 19.5.2010 (SächsGVBl. S. 142), geänd. durch G v. 12.7. 2013 (SächsGVBl. S. 503)
- **Sachsen-Anhalt:** Verwaltungszustellungsgesetz des Landes Sachsen-Anhalt (VwZG-LSA) v. 9.10. 1992 (GVBl. LSA S. 715), zuletzt geänd. durch G v. 17.1.2008 (GVBl. LSA S. 2)
- **Schleswig-Holstein:** Allgemeines Verwaltungsgesetz für das Land Schleswig-Holstein (LVwG) idF der Bek. v. 2.6.1992 (GVOBl. Schl.-H. S. 243, ber. S. 534), zuletzt geänd. durch G v. 26.2.2021 (GVOBl. Schl.-H. S. 222)
- **Thüringen:** Thüringer Verwaltungszustellungs- und Vollstreckungsgesetz (ThürVwZVG) idF der Bek. v. 5.2.2009 (GVBl. S. 24), zuletzt geänd. durch G v. 23.9.2015 (GVBl. S. 131)

[3)] Die Änderung durch G v. 4.5.2021 (BGBl. I S. 882) tritt erst **mWv 1.1.2023** in Kraft, die Änderung durch G v. 7.7.2021 (BGBl. I S. 2363) tritt erst **mWv 1.8.2022** in Kraft und die Änderung durch G v. 10.8.2021 (BGBl. I S. 3436) tritt erst **mWv 1.1.2024** in Kraft und sind im Text noch nicht berücksichtigt.

§ 1 Anwendungsbereich. (1) Die Vorschriften dieses Gesetzes gelten für das Zustellungsverfahren der Bundesbehörden, der bundesunmittelbaren Körperschaften, Anstalten und Stiftungen des öffentlichen Rechts und der Landesfinanzbehörden.

(2) Zugestellt wird, soweit dies durch Rechtsvorschrift oder behördliche Anordnung bestimmt ist.

§ 2[1] Allgemeines. (1) Zustellung ist die Bekanntgabe eines schriftlichen oder elektronischen Dokuments in der in diesem Gesetz bestimmten Form.

(2) [1] Die Zustellung wird durch einen Erbringer von Postdienstleistungen (Post), einen nach § 17 des De-Mail-Gesetzes akkreditierten Diensteanbieter oder durch die Behörde ausgeführt. [2] Daneben gelten die in den §§ 9 und 10 geregelten Sonderarten der Zustellung.

(3) [1] Die Behörde hat die Wahl zwischen den einzelnen Zustellungsarten. [2] § 5 Absatz 5 Satz 2 bleibt unberührt.

§ 3 Zustellung durch die Post mit Zustellungsurkunde. (1) Soll durch die Post mit Zustellungsurkunde zugestellt werden, übergibt die Behörde der Post den Zustellungsauftrag, das zuzustellende Dokument in einem verschlossenen Umschlag und einen vorbereiteten Vordruck einer Zustellungsurkunde.

(2) [1] Für die Ausführung der Zustellung gelten die §§ 177 bis 182 der Zivilprozessordnung[2] entsprechend. [2] Im Fall des § 181 Abs. 1 der Zivilprozessordnung[2] kann das zuzustellende Dokument bei einer von der Post dafür bestimmten Stelle am Ort der Zustellung oder am Ort des Amtsgerichts, in dessen Bezirk der Ort der Zustellung liegt, niedergelegt werden oder bei der Behörde, die den Zustellungsauftrag erteilt hat, wenn sie ihren Sitz an einem der vorbezeichneten Orte hat. [3] Für die Zustellungsurkunde, den Zustellungsauftrag, den verschlossenen Umschlag nach Absatz 1 und die schriftliche Mitteilung nach § 181 Abs. 1 Satz 3 der Zivilprozessordnung[2] sind die Vordrucke nach der Zustellungsvordruckverordnung zu verwenden.

§ 4 Zustellung durch die Post mittels Einschreiben. (1) Ein Dokument kann durch die Post mittels Einschreiben durch Übergabe oder mittels Einschreiben mit Rückschein zugestellt werden.

(2) [1] Zum Nachweis der Zustellung genügt der Rückschein. [2] Im Übrigen gilt das Dokument am dritten Tag nach der Aufgabe zur Post als zugestellt, es sei denn, dass es nicht oder zu einem späteren Zeitpunkt zugegangen ist. [3] Im Zweifel hat die Behörde den Zugang und dessen Zeitpunkt nachzuweisen. [4] Der Tag der Aufgabe zur Post ist in den Akten zu vermerken.

§ 5[3] Zustellung durch die Behörde gegen Empfangsbekenntnis; elektronische Zustellung. (1) [1] Bei der Zustellung durch die Behörde händigt der zustellende Bedienstete das Dokument dem Empfänger in einem verschlossenen Umschlag aus. [2] Das Dokument kann auch offen ausgehändigt werden,

---

[1] § 2 Abs. 3 Satz 2 angef. mWv 18.12.2008 durch G v. 11.12.2008 (BGBl. I S. 2418); Abs. 2 Satz 1 geänd., Abs. 3 Satz 2 neu gef. mWv 3.5.2011 durch G v. 28.4.2011 (BGBl. I S. 666).

[2] Nr. **23.3**.

[3] § 5 Abs. 4 Satz 2 aufgeh., Abs. 5 neu gef., Abs. 6 und 7 angef. mWv 18.12.2008 durch G v. 11.12.2008 (BGBl. I S. 2418); Überschrift, Abs. 5 und 7 Satz 2 und 4 neu gef., Abs. 7 Satz 3 geänd. mWv 3.5.2011 durch G v. 28.4.2011 (BGBl. I S. 666); Abs. 5 Satz 3 geänd. mWv 29.7.2017 durch G v. 18.7.2017 (BGBl. I S. 2745).

wenn keine schutzwürdigen Interessen des Empfängers entgegenstehen. [3]Der Empfänger hat ein mit dem Datum der Aushändigung versehenes Empfangsbekenntnis zu unterschreiben. [4]Der Bedienstete vermerkt das Datum der Zustellung auf dem Umschlag des auszuhändigenden Dokuments oder bei offener Aushändigung auf dem Dokument selbst.

(Fortsetzung nächstes Blatt)

23.21. Verwaltungsvollstreckungsgesetz für das Land Nordrhein-Westfalen (Verwaltungsvollstreckungsgesetz NRW – VwVG NRW)

In der Fassung der Bekanntmachung vom 19. Februar 2003[1]
(GV. NRW. S. 156, ber. S. 570; 2005 S. 818)

SGV. NRW. 2010

zuletzt geänd. durch Art. 1 G zur Änd. des Verwaltungsvollstreckungsgesetzes NRW und zur Änd. weiterer Gesetze v. 23.6.2021 (GV. NRW. S. 762)

Inhaltsverzeichnis[2]

---

[1] Neubekanntmachung des VwVG NRW v. 13.5.1980 (GV. NW. S. 510) in der ab 28.1.2003 geltenden Fassung.

[2] Inhaltsverzeichnis redaktionell an Änderungen durch G v. 5.4.2005 (GV. NRW. S. 351) angepasst; geänd. mWv 22.11.2012 und mWv 1.1.2013 durch G v. 13.11.2012 (GV. NRW. S. 508); geänd. mWv 16.10.2014 durch G v. 2.10.2014 (GV. NRW. S. 622); geänd. mWv 16.7.2016 durch G v. 8.7. 2016 (GV. NRW. S. 557).

Erster Abschnitt. Vollstreckung von Geldforderungen

Erster Unterabschnitt. Allgemeine Vorschriften

§ 1[1)] Vollstreckbare Geldforderungen. (1) [1] Geldforderungen des Landes, der Gemeinden und Gemeindeverbände, der sonstigen unter Landesaufsicht stehenden Körperschaften sowie Anstalten und Stiftungen des öffentlichen Rechts, die öffentlich-rechtlicher Natur sind oder deren Beitreibung nach Absatz 2 zugelassen ist, werden nach den Bestimmungen dieses Gesetzes im Verwaltungswege vollstreckt. [2] Satz 1 gilt entsprechend für die Beitreibung von Forderungen öffentlich-rechtlicher Natur solcher Stellen und Personen, denen durch Gesetz hoheitliche Aufgaben übertragen sind.

(2) [1] Das für Inneres zuständige Ministerium kann im Einvernehmen mit dem für Finanzen zuständigen Ministerium durch Rechtsverordnung die Beitreibung wegen Geldforderungen des bürgerlichen Rechts des Landes, der kommunalen Gebietskörperschaften und der sonstigen juristischen Personen des öffentlichen Rechts, die der Aufsicht des Landes unterstehen, nach diesem Gesetz für zulässig erklären. [2] Die Forderungen müssen entstanden sein aus:

a) der Inanspruchnahme öffentlicher Einrichtungen,
b) der Nutzung öffentlichen Vermögens oder dem Erwerb von Früchten des öffentlichen Vermögens oder
c) der Aufwendung öffentlicher Mittel für öffentlich geförderte, insbesondere soziale Zwecke.

[3] Die Sätze 1 und 2 gelten nicht für öffentlich-rechtliche Versicherungsunternehmen, die am Wettbewerb teilnehmen, und für öffentlich-rechtliche Bank- und Kreditinstitute einschließlich der Sparkassen, es sei denn, sie werden im Auftrag des Landes einer Gemeinde oder eines Gemeindeverbandes tätig und nehmen mit der zu erbringenden Leistung nicht am Wettbewerb teil.

(3) [1] Die Beitreibung nach Absatz 2 ist nur zulässig, wenn die Forderungen gesetzlich feststehen oder in Verträgen nach Grund und Höhe vereinbart oder auf Erstattung verauslagter Beträge gerichtet sind. [2] Die Zahlungsaufforderung tritt dabei an die Stelle des Leistungsbescheides.

(4) [1] Die Beitreibung nach Absatz 2 ist einzustellen, sobald der Vollstreckungsschuldner bei der Vollstreckungsbehörde schriftlich oder zu Protokoll Einwendungen gegen die Forderung geltend macht. [2] Der Vollstreckungsschuldner ist über dieses Recht zu belehren. [3] Im Fall des § 5 muss diese

[1)] § 1 Abs. 2 Satz 3 neu gef. mWv 22.11.2012 durch G v. 13.11.2012 (GV. NRW. S. 508); Abs. 2 Satz 1 geänd. mWv 16.7.2016 durch G v. 8.7.2016 (GV. NRW. S. 557); Abs. 2 Satz 1 geänd. mWv 1.7.2021 durch G v. 23.6.2021 (GV. NRW. S. 762).

Belehrung eine Woche vor Beginn der Ermittlungen erfolgen. [4] Bereits getroffene Vollstreckungsmaßnahmen sind unverzüglich aufzuheben, wenn der Gläubiger nicht binnen eines Monats nach Geltendmachung der Einwendungen wegen seiner Ansprüche vor den ordentlichen Gerichten Klage erhoben oder den Erlass eines Mahnbescheides beantragt hat oder der Gläubiger mit der Klage rechtskräftig abgewiesen worden ist. [5] Ist die Beitreibung eingestellt worden, so kann die Vollstreckung nur nach Maßgabe der Zivilprozessordnung[1)] fortgesetzt werden.

(5) Sind die Länder durch Bundesgesetz ermächtigt zu bestimmen, dass die landesrechtlichen Vorschriften über das Verwaltungszwangsverfahren anzuwenden sind, so findet die Vollstreckung nach diesem Gesetz statt.

(6) Die Bestimmungen dieses Gesetzes gelten auch für die Vollstreckung aus solchen schriftlichen öffentlich-rechtlichen Verträgen und gesetzlich zugelassenen schriftlichen Erklärungen, in denen der Schuldner sich zu einer Geldleistung verpflichtet und der Vollstreckung im Verwaltungswege unterworfen hat.

§ 2[2)] Vollstreckungsbehörden. (1) [1] Die Beitreibung von Geldforderungen der in § 1 genannten Art ist Aufgabe der Vollstreckungsbehörden. [2] Vollstreckungsbehörden sind:

1. beim Land die staatlichen Kassen, die Vollstreckungsbehörden der Finanzverwaltung sowie die vom für Finanzen zuständigen Ministerium und vom für Inneres zuständigen Ministerium im Einvernehmen mit dem zuständigen Fachministerium bestimmten Landesbehörden und
2. bei den Gemeinden, Kreisen und Landschaftsverbänden, die jeweils für das Mahn- und Vollstreckungsverfahren bestimmte zentrale Stelle.

(2) [1] Körperschaften, Anstalten und Stiftungen des öffentlichen Rechts nehmen die Aufgaben der Vollstreckungsbehörden wahr, soweit gesetzliche Vorschriften dies vorsehen. [2] Andernfalls bestimmt das für Inneres zuständige Ministerium durch Rechtsverordnung die Vollstreckungsbehörden für einzelne Körperschaften, Anstalten und Stiftungen des öffentlichen Rechts sowie für sonstige Stellen oder Personen, denen durch Gesetz hoheitliche Aufgaben übertragen sind, und den Kostenbeitrag, den diese Gläubiger an die in Anspruch genommene Vollstreckungsbehörde je Vollstreckungsersuchen zu zahlen haben. [3] Soweit einzelne Regelungen Haushaltsinteressen des Landes berühren, ist das Einvernehmen des für Finanzen zuständigen Ministeriums erforderlich. [4] Gesetzliche Vorschriften, welche die unmittelbare Inanspruchnahme bestimmter Vollstreckungsbehörden vorsehen, bleiben unberührt. [5] Auch in diesen Fällen bestimmt das für Inneres zuständige Ministerium durch Rechtsverordnung den an diese zu zahlenden Kostenbeitrag. [6] Sofern keine Vollstreckungsbehörde bestimmt ist, kann die Bezirksregierung dies für den Einzelfall entscheiden. [7] Hinsichtlich des Kostenbeitrages gilt die in Satz 5 genannte Rechtsverordnung.

---

1) Auszugsweise abgedruckt unter Nr. **23.3**.

2) § 2 Abs. 1 Nr. 2 neu gef. mWv 1.1.2005 durch G v. 16.11.2004 (GV. NRW. S. 644); Abs. 1 Satz 1 geänd., Abs. 2 Sätze 2 und 4 neu gef., Sätze 5 und 6 angef. mWv 1.11.2007 durch G v. 9.10.2007 (GV. NRW. S. 379); Abs. 1 Satz 2 Nr. 1, Abs. 2 Satz 2 und 4 geänd. mWv 16.7.2016 durch G v. 8.7. 2016 (GV. NRW. S. 557); Abs. 1 Satz 2 Nr. 1 geänd., Abs. 2 Satz 2 werden Sätze 2 und 3 und geänd., bish. Sätze 3–6 werden Sätze 4–7, neuer Satz 7 geänd. mWv 1.7.2021 durch G v. 23.6.2021 (GV. NRW. S. 762).

(3) Die Vollstreckungsbehörden können auch diejenigen Befugnisse wahrnehmen, die nach den Vorschriften dieses Gesetzes dem Vollstreckungsgläubiger zustehen.

§ 3[1] Vollstreckung durch Behörden der Finanz- und Justizverwaltung.

(1) Wird die Vollstreckung von den Finanzämtern vorgenommen, so ist sie nach den für die Finanzämter geltenden Bestimmungen durchzuführen.

(2) [1] Die Vorschriften über die Beitreibung von Ansprüchen, soweit sie von Behörden der Justizverwaltung einzuziehen sind, bleiben unberührt. [2] Wird die Vollstreckung von Vollstreckungsbeamten der Justizverwaltung (Gerichtsvollzieher und Vollziehungsbeamte der Justiz) im Wege der Amtshilfe vorgenommen, so ist sie nach den Vorschriften über die Zwangsvollstreckung in bürgerlichen Rechtsstreitigkeiten und den hierfür geltenden Kostenvorschriften durchzuführen; an die Stelle der vollstreckbaren Ausfertigung des Schuldtitels tritt der schriftliche Auftrag der Vollstreckungsbehörde.

§ 4 Vollstreckungsschuldner. (1) Als Vollstreckungsschuldner kann in Anspruch genommen werden,

a) wer eine Leistung als Selbstschuldner schuldet,

b) wer für die Leistung, die ein Anderer schuldet, kraft Gesetzes persönlich haftet.

(2) Wer nach Vorschriften des öffentlichen Rechts die Schuld aus Mitteln, die seiner Verwaltung unterliegen, zu entrichten hat, ist verpflichtet, das Zwangsverfahren in dieses Vermögen zu dulden, und hat insoweit die Pflichten des Vollstreckungsschuldners.

(3) [1] Wegen der dinglichen Haftung für eine öffentlich-rechtliche Abgabe, die als öffentliche Last auf Grundbesitz ruht, hat der Eigentümer des Grundbesitzes die Zwangsvollstreckung in den Grundbesitz zu dulden. [2] Er hat insoweit die Pflichten des Vollstreckungsschuldners. [3] Zugunsten des Vollstreckungsgläubigers gilt als Eigentümer, wer im Grundbuch als Eigentümer eingetragen ist.

§ 4a[2] Gläubigerfiktion, Aufrechnung. (1) Im Vollstreckungsverfahren gilt diejenige Körperschaft als Gläubigerin der zu vollstreckenden Ansprüche, der die Vollstreckungsbehörde angehört.

(2) [1] Im Falle der Aufrechnung in einem Vollstreckungsverfahren gilt als Schuldner der die Aufrechnung begründenden Forderung die Körperschaft, der die Vollstreckungsbehörde angehört. [2] Das Recht der Abtretung zur Einziehung zwischen Hoheitsträgern, insbesondere der Schaffung einer Aufrechnungslage, bleibt unberührt.

§ 5[3] Vermögensermittlung, Teilzahlungsvereinbarung. (1) [1] Zur Vorbereitung der Vollstreckung kann die Vollstreckungsbehörde die Einkommens- und Vermögensverhältnisse des Vollstreckungsschuldners ermitteln. [2] Die Vollstreckungsbehörde darf ihr bekannte, nach § 30 der Abgabenordnung geschützte Daten, die sie bei der Vollstreckung wegen Steuern und steuerlicher Neben-

---

[1] § 3 Abs. 2 Satz 2 geänd. mWv 1.11.2007 durch G v. 9.10.2007 (GV. NRW. S. 379).

[2] § 4a eingef. mWv 22.11.2012 durch G v. 13.11.2012 (GV. NRW. S. 508).

[3] § 5 Überschrift neu gef., Abs. 2 angef. mWv 1.1.2013 durch G v. 13.11.2012 (GV. NRW. S. 508); Abs. 1 Satz 2 geänd. mWv 1.7.2021 durch G v. 23.6.2021 (GV. NRW. S. 762).

leistungen im Sinne von § 3 des Kommunalabgabengesetzes für das Land Nordrhein-Westfalen[1] vom 21. Oktober 1969 (GV. NRW. S. 712) in der jeweils geltenden Fassung verwenden darf, auch bei der Vollstreckung wegen anderer Leistungen als Steuern und steuerlichen Nebenleistungen im Sinne von § 3 des Kommunalabgabengesetzes für das Land Nordrhein-Westfalen verwenden. [3] § 93 der Abgabenordnung findet Anwendung.

(2) [1] Ergibt sich im Rahmen der Vermögensermittlung nach Absatz 1, dass der Schuldner die Forderung nicht in einer Summe begleichen kann, so kann die Vollstreckungsbehörde Teilzahlungen mit dem Schuldner vereinbaren. [2] Die Teilzahlungsvereinbarung soll einen Zeitraum von zwölf Monaten nicht überschreiten.

§ 5a[2] Vermögensauskunft des Vollstreckungsschuldners. (1) [1] Der Vollstreckungsschuldner muss auf Verlangen der Vollstreckungsbehörde oder auf Verlangen des Vollstreckungsbeamten der Justizverwaltung für die Vollstreckung einer Forderung Auskunft über sein Vermögen erteilen. [2] Das Verfahren richtet sich für die Vollstreckungsbehörde nach § 284 der Abgabenordnung. [3] Die Vollstreckungsbehörde fertigt im Termin zur Abgabe der Vermögensauskunft nach § 27 Absatz 5 des Verwaltungsverfahrensgesetzes[3] für das Land Nordrhein-Westfalen in der Fassung der Bekanntmachung vom 12. November 1999 (GV. NRW. S. 602) in der jeweils geltenden Fassung eine Niederschrift an. [4] Eine Schriftführerin oder ein Schriftführer ist nicht erforderlich. [5] Mit dem Verfahren zur Abnahme der Vermögensauskunft nach den §§ 802a bis 802l der Zivilprozessordnung[4] kann die Vollstreckungsbehörde auch den Vollstreckungsbeamten der Justizverwaltung beauftragen [6] Die Anordnung der Eintragung des Vollstreckungsschuldners in das Schuldnerverzeichnis erfolgt in jedem Fall durch die Vollstreckungsbehörde nach § 284 der Abgabenordnung.

[1] Nr. **81.11**.

[2] § 5a Abs. 2 Satz 1 neu gef., Satz 3 geänd. mWv 1.1.2005 durch G v. 16.11.2004 (GV. NRW. S. 644); Abs. 1 Sätze 1 und 3 geänd. mWv 1.11.2007 durch G v. 9.10.2007 (GV. NRW. S. 379); Überschrift geänd., Abs. 1 neu gef., Abs. 2 Satz 1 geänd., Abs. 3 und 4 angef. mWv 1.1.2013 durch G v. 13.11.2012 (GV. NRW. S. 508); Abs. 1 neu gef., Abs. 3 Satz 2 eingef., bish. Satz 2 wird Satz 3 und geänd., Abs. 4 Satz 1 geänd., Sätze 2–6 angef. mWv 16.7.2016 durch G v. 8.7.2016 (GV. NRW. S. 557).

[3] Nr. **23.11**.

[4] **Habersack (vormals Schönfelder) Nr. 100.**

§ 12[1)] Auftrag und Ausweis des Vollziehungsbeamten. [1] Dem Schuldner und Dritten gegenüber wird der Vollziehungsbeamte zur Zwangsvollstreckung durch schriftlichen oder elektronischen Auftrag der Vollstreckungsbehörde ermächtigt; der Auftrag ist vorzuzeigen. [2] Daneben muss der Vollziehungsbeamte einen behördlichen Ausweis bei sich führen und ihn bei Ausübung seiner Tätigkeit auf Verlangen vorzeigen.

§ 13 Angabe des Schuldgrundes. [1] Im Vollstreckungsauftrag oder in der Pfändungsverfügung ist für die beizutreibenden Geldbeträge der Schuldgrund anzugeben. [2] Hat die Vollstreckungsbehörde den Vollstreckungsschuldner durch Kontoauszüge über Entstehung, Fälligkeit und Tilgung seiner Schulden fortlaufend unterrichtet, so genügt es, wenn die Vollstreckungsbehörde die Art der Forderung und die Höhe des beizutreibenden Betrages angibt und auf den Kontoauszug Bezug nimmt, der den Rückstand ausweist.

§ 14[2)] Befugnisse des Vollziehungsbeamten. (1) Der Vollziehungsbeamte ist befugt, die Wohnung und die Behältnisse des Schuldners zu durchsuchen, soweit der Zweck der Vollstreckung es erfordert.

(2) Er ist befugt, verschlossene Türen und Behältnisse öffnen zu lassen.

(3) Stößt der Vollziehungsbeamte bei Vollstreckungshandlungen nach Absatz 1 auf Widerstand, so kann er Gewalt anwenden und hierzu um Unterstützung der Polizei nachsuchen; er ist nicht berechtigt, bei der Ausübung unmittelbaren Zwangs (§ 62) ohne besondere gesetzliche Ermächtigung Waffengewalt anzuwenden.

(4) [1] Die Wohnung des Schuldners darf ohne dessen Einwilligung nur auf Grund einer Anordnung des Richters bei dem Amtsgericht durchsucht werden, in dessen Bezirk die Durchsuchung erfolgen soll. [2] Dies gilt nicht, wenn die Einholung der Anordnung den Erfolg der Durchsuchung gefährden würde. [3] Die Anordnung ist von der Vollstreckungsbehörde zu beantragen. [4] Der Antrag ist zu begründen. [5] Die Anordnung ist bei der Zwangsvollstreckung vorzuzeigen.

(5) [1] Willigt der Vollstreckungsschuldner in die Durchsuchung ein, oder ist eine Anordnung gegen ihn nach Absatz 4 Satz 1 ergangen oder nach Absatz 4 Satz 2 entbehrlich, so haben Personen, die Mitgewahrsam an den Wohn- und Geschäftsräumen des Vollstreckungsschuldners haben, die Durchsuchung zu dulden. [2] Unbillige Härten gegenüber Mitgewahrsamsinhabern sind zu vermeiden. [3] Für die Gewahrsamsvermutung bei der Zwangsvollstreckung gegen Ehegatten und Lebenspartner findet § 739 der Zivilprozessordnung[3)] Anwendung.

(6) Die Anordnung nach Absatz 4 ist bei der Vollstreckung vorzuzeigen.

§ 15 Zuziehung von Zeugen. Wird bei einer Vollstreckungshandlung Widerstand geleistet, oder ist bei einer Vollstreckungshandlung in der Wohnung des Schuldners weder der Schuldner noch eine Person, die zu seiner Familie gehört oder in ihr beschäftigt ist, gegenwärtig, so hat der Vollziehungsbeamte zwei Erwachsene oder einen Gemeindebediensteten oder Polizeibeamten als Zeugen zuzuziehen.

[1)] § 12 Satz 1 geänd. mWv 16.7.2016 durch G v. 8.7.2016 (GV. NRW. S. 557).

[2)] § 14 Abs. 1, 2 und 4 Satz 1 neu gef., Satz 2 eingef., bish. Sätze 2–4 werden Sätze 3–5, Abs. 5 und 6 angef. mWv 22.11.2012 durch G v. 13.11.2012 (GV. NRW. S. 508).

[3)] **Habersack (vormals Schönfelder) Nr. 100.**

§ 16[1] Nachtzeit, Feiertage. (1) [1]Zur Nachtzeit sowie an Sonntagen und gesetzlichen Feiertagen darf eine Vollstreckungshandlung nur mit schriftlicher Erlaubnis der Vollstreckungsbehörde vorgenommen werden. [2]Die Erlaubnis ist bei der Zwangsvollstreckung vorzuzeigen. [3]Satz 1 gilt nicht für die Vollstreckung in Geschäftsräumen von Unternehmern und Unternehmen im Sinne des § 2 Absatz 1 des Umsatzsteuergesetzes in der Fassung der Bekanntmachung vom 21. Februar 2005 (BGBl. I S. 386), das zuletzt durch Artikel 11 und 12 des Gesetzes vom 2. November 2015 (BGBl. I S. 1834) geändert worden ist, die ihre geschäftlichen Tätigkeiten während der Nachtzeit oder an Sonntagen und gesetzlichen Feiertagen ausüben.

(2) Die Nachtzeit umfasst die Stunden von einundzwanzig bis sechs Uhr.

§ 17[2] Niederschrift. (1) Der Vollziehungsbeamte hat über jede Vollstreckungshandlung eine Niederschrift aufzunehmen.

(2) Die Niederschrift muss enthalten:

1. Ort und Zeit der Aufnahme,
2. den Gegenstand der Vollstreckungshandlung unter kurzer Erwähnung der Vorgänge,
3. die Namen der Personen, mit denen verhandelt ist,
4. die Unterschriften der Personen und die Bemerkung, dass nach Vorlesung oder Vorlegung zur Durchsicht und nach Genehmigung unterzeichnet sei,
5. die Unterschrift des Vollziehungsbeamten.

(3) Hat einem der Erfordernisse in Absatz 2 unter Nr. 4 nicht genügt werden können, so ist der Grund anzugeben.

(4) [1]Die Niederschrift kann auch elektronisch erstellt werden. [2]Absatz 2 Nummer 4 und 5 gelten nicht.

§ 18 Mitteilungen des Vollziehungsbeamten. Die Aufforderungen und die sonstigen Mitteilungen, die zu den Vollstreckungshandlungen gehören, sind vom Vollziehungsbeamten mündlich zu erlassen und vollständig in die Niederschrift aufzunehmen; kann dies nicht geschehen, so hat die Vollstreckungsbehörde demjenigen, an den die Aufforderung oder Mitteilung zu richten ist, eine Abschrift der Niederschrift zu senden.

§ 19 Mahnung. [1]Der Schuldner ist in der Regel vor der Vollstreckung mit Zahlungsfrist von einer Woche zu mahnen. [2]Die Mahnung muss die Vollstreckungsbehörde bezeichnen. [3]Die oberste Aufsichtsbehörde kann zulassen, dass statt der Mahnung allgemein öffentlich an die Zahlung erinnert wird. [4]Einer Mahnung bedarf es nicht, wenn der Vollstreckungsschuldner in einem Zeitraum von zwei Wochen vor Eintritt der Fälligkeit an die Zahlung erinnert wird.

§ 20[3] Kosten. (1) Die Kosten der Mahnung und der Zwangsvollstreckung fallen dem Schuldner zur Last; sie sind mit dem Anspruch beizutreiben.

---

[1] § 16 Abs. 2 neu gef. mWv 22.11.2012 durch G v. 13.11.2012 (GV. NRW. S. 508; Abs. 1 Satz 3 angef. mWv 16.7.2016 durch G v. 8.7.2016 (GV. NRW. S. 557).
[2] § 17 Abs. 4 angef. mWv 1.7.2021 durch G v. 23.6.2021 (GV. NRW. S. 762).
[3] § 20 Abs. 2 und 3 neu gef. mWv 1.11.2007 durch G v. 9.10.2007 (GV. NRW. S. 379).

(2) Wird die Vollstreckungsbehörde für einen Gläubiger tätig, der selbst keine Vollstreckungen durchführt, so hat dieser der Vollstreckungsbehörde Ersatz der Kosten zu leisten, die beim Schuldner nicht beigetrieben werden können.

(3) Im Falle der Amtshilfe auf Ersuchen einer Vollstreckungsbehörde mit Sitz außerhalb des Landes gilt für die ersuchende Behörde das Gleiche, sofern in dem betreffenden Land eine von § 8 des Verwaltungsverfahrensgesetzes[1] abweichende und für die nordrhein-westfälische Behörde nachteilige Kostenregelung gilt und die Kosten 25 Euro übersteigen.

Zweiter Unterabschnitt. Zwangsvollstreckung in das bewegliche Vermögen

1. Allgemeine Vorschriften

§ 21[2] **Pfändung.** (1) [1] Die Zwangsvollstreckung in das bewegliche Vermögen erfolgt durch Pfändung. [2] Sie darf nicht weiter ausgedehnt werden, als zur Deckung der beizutreibenden Geldbeträge und der Kosten der Zwangsvollstreckung erforderlich ist. [3] Die Pfändung hat zu unterbleiben, wenn sich von der Verwertung der zu pfändenden Gegenstände ein Überschuss über die Kosten der Zwangsvollstreckung nicht erwarten lässt.

(2) [1] Der Vollziehungsbeamte soll in jeder Lage des Verfahrens auf eine gütliche und zügige Erledigung hinwirken. [2] Findet er pfändbare Gegenstände nicht vor, versichert der Vollstreckungsschuldner aber glaubhaft, die Schuld kurzfristig in Teilbeträgen zu tilgen, so zieht der Vollziehungsbeamte die Teilbeträge ein, wenn der Gläubiger hiermit einverstanden ist. [3] Die Tilgung soll in der Regel innerhalb von zwölf Monaten erfolgen.

§ 22 Pfändungspfandrecht. (1) Durch die Pfändung erwirbt der Vollstreckungsgläubiger ein Pfandrecht am gepfändeten Gegenstand.

(2) Das Pfandrecht gewährt ihm im Verhältnis zu anderen Gläubigern dieselben Rechte wie ein Pfandrecht im Sinne des Bürgerlichen Gesetzbuches[3]; es geht Pfand- und Vorzugsrechten vor, die im Insolvenzverfahren diesem Pfandrecht nicht gleichgestellt sind.

(3) Das durch eine frühere Pfändung begründete Pfandrecht geht demjenigen vor, das durch eine spätere Pfändung begründet wird.

(Fortsetzung nächstes Blatt)

---

[1] **Sartorius Nr. 100.**
[2] § 21 Abs. 2 Satz 3 geänd. mWv 1.7.2021 durch G v. 23.6.2021 (GV. NRW. S. 762).
[3] **Habersack (vormals Schönfelder) Nr. 20.**

Polizei leistet auf Verlangen der Vollzugsbehörde Vollzugshilfe. [3] Dabei kann die Polizei die nach dem Polizeigesetz des Landes Nordrhein-Westfalen (PolG NRW)[1)] vorgesehenen Hilfsmittel der körperlichen Gewalt (§ 58 Abs. 3 PolG NRW) anwenden und die zugelassenen Waffen (§ 58 Abs. 4 PolG NRW) unter Beachtung der §§ 61, 63 bis 65 PolG NRW gebrauchen.

(3) Der Vollzug ist einzustellen,

a) sobald sein Zweck erreicht ist,

b) dem Betroffenen die Erfüllung der zu erzwingenden Leistung unmöglich geworden ist oder

c) die Vollstreckungsvoraussetzungen nachträglich weggefallen sind. § 60 Abs. 3 bleibt unberührt.

Zweiter Unterabschnitt. Anwendung unmittelbaren Zwanges

§ 66 Zulässigkeit des unmittelbaren Zwanges. (1) Unmittelbarer Zwang kann von Vollzugsdienstkräften in rechtmäßiger Ausübung öffentlicher Gewalt angewendet werden,

1. soweit die Anwendung gesetzlich zugelassen ist;
2. zur Ausführung von Vollzugs-, Vollstreckungs- und Sicherungsmaßnahmen der Gerichte und Staatsanwaltschaften;
3. zur Durchführung von Vollstreckungs-, Aufsichts-, Pflege- oder Erziehungsaufgaben gegenüber Personen, deren Unterbringung in einer Heil- und Pflegeanstalt, einer Entziehungsanstalt für Suchtkranke oder in einer abgeschlossenen Krankenanstalt oder in einem abgeschlossenen Teil einer Krankenanstalt angeordnet ist.

(2) Gesetzliche Vorschriften, nach denen unmittelbarer Zwang nur unter Beachtung weiterer Erfordernisse ausgeübt werden darf, bleiben unberührt.

§ 67 Begriffsbestimmungen, zugelassene Waffen. (1) Unmittelbarer Zwang ist die Einwirkung auf Personen oder Sachen durch körperliche Gewalt, ihre Hilfsmittel und durch Waffen.

(2) Körperliche Gewalt ist jede unmittelbare körperliche Einwirkung auf Personen oder Sachen.

(3) Hilfsmittel der körperlichen Gewalt sind insbesondere Fesseln, technische Sperren, Diensthunde, Dienstfahrzeuge, Reiz- und Betäubungsstoffe.

(4) Als Waffen sind Schlagstock, Pistole und Revolver zugelassen.

§ 68[2)] Vollzugsdienstkräfte. (1) Vollzugsdienstkräfte im Sinne dieses Gesetzes sind:

1. die Vollziehungsbeamten bei der Ausübung ihrer Befugnisse nach § 14,
2. die Dienstkräfte der Ordnungsbehörden und der Sonderordnungsbehörden im Sinne des Ordnungsbehördengesetzes[3)],

---

[1)] Nr. **31.22**.

[2)] § 68 Nr. 2 neu gef., Nr. 5 und 6 aufgeh. mWv 16.12.2009 durch G v. 8.12.2009 (GV. NRW. S. 765); Abs. 1 Nr. 11 geänd. mWv 1.1.2016 durch G v. 17.12.2015 (GV. NRW. S. 886); Abs. 1 Nr. 11 neu gef., Nr. 12 und Abs. 4 geänd. mWv 1.7.2021 durch G v. 23.6.2021 (GV. NRW. S. 762).

[3)] Nr. **31.11**.

3. die Ärzte und Beauftragten der unteren Gesundheitsbehörde und ihre Aufsichtsbehörden bei der Durchführung von Aufgaben nach dem Infektionsschutzgesetz[1] – IfSG – vom 20. Juli 2000 (BGBl. I S. 1045) in der jeweils geltenden Fassung,
4. die beamteten Tierärzte und an ihre Stelle tretende andere approbierte Tierärzte im Sinne des § 2 des Tierseuchengesetzes (TierSG) in der Fassung der Bekanntmachung vom 20. Dezember 1995 (BGBl. I S. 2038)[2] in der jeweils geltenden Fassung,
5. *(aufgehoben)*
6. *(aufgehoben)*
7. die Vollzugsdienstkräfte der Eichbehörden (Landesbetrieb Mess- und Eichwesen) im Sinne des § 16 des Eichgesetzes in der Fassung der Bekanntmachung vom 23. März 1992 (BGBl. I S. 711) in der jeweils geltenden Fassung,
8. die nach dem Lebensmittel- und Bedarfsgegenständegesetz in der Fassung der Bekanntmachung vom 9. September 1997 (BGBl. I S. 2296) in der jeweils geltenden Fassung zuständigen Sachverständigen sowie Lebensmittelkontrolleure im Sinne des § 41 Abs. 2 des Lebensmittel- und Bedarfsgegenständegesetzes und der Lebensmittelkontrolleur-Verordnung vom 16. Juni 1977 (BGBl. I S. 1002) in der jeweils geltenden Fassung,
9. Weinkontrolleure im Sinne des § 31 Abs. 3 des Weingesetzes in der Fassung der Bekanntmachung vom 8. Juli 1994 (BGBl. I S. 1467) in der jeweils geltenden Fassung,
10. die Fleischkontrolleure im Sinne des § 22b des Fleischhygienegesetzes in der Fassung der Bekanntmachung vom 8. Juli 1993 (BGBl. I S. 1189)[3] in der jeweils geltenden Fassung,
11. die bei Einsätzen zur Brandbekämpfung und bei der Hilfeleistung bei Unglücksfällen oder solchen öffentlichen Notständen, die durch Naturereignisse, Explosionen oder ähnliche Vorkommnisse verursacht werden, dienstlich tätigen Personen sowie die in ihrem Auftrag handelnden Personen nach den §§ 27 und 43 Absatz 1 des Gesetzes über den Brandschutz, die Hilfeleistung und den Katastrophenschutz[4] vom 17. Dezember 2015 (GV. NRW. S. 886) in der jeweils geltenden Fassung.[5]
12. die gemäß § 29 des Luftverkehrsgesetzes[6] in der Fassung der Bekanntmachung vom 10. Mai 2007 (BGBl. I S. 698) und § 5 des Luftsicherheitsgesetzes[7] vom 11. Januar 2005 (BGBl. I S. 78) jeweils in der jeweils geltenden Fassung mit der Wahrnehmung der Luftaufsicht und des Schutzes vor Angriffen auf die Sicherheit des Luftverkehrs beauftragten oder die als Hilfsorgane in bestimmten Fällen herangezogenen Personen,

---

[1] Nr. **35.1**.
[2] Siehe nunmehr TierseuchenG idF der Bek. v. 22.6.2004 (BGBl. I S. 1260, ber. S. 3588), zuletzt geänd. durch G v. 7.8.2013 (BGBl. I S. 3154) idF v. 11. 4. 2001 (BGBl. I S. 506).
[3] Siehe nunmehr FleischhygieneG idF der Bek. v. 30.6.2003 (BGBl. I S. 1242, ber. S. 1585), aufgeh. durch G v. 1.9.2005 (BGBl. I S. 2618) idF v. 30. 6. 2003 (BGBl. I S. 1189).
[4] Nr. **31.31**.
[5] Satzzeichen amtlich.
[6] **Sartorius ErgBd. Nr. 975.**
[7] **Sartorius ErgBd. Nr. 976.**

13. die mit Vollzugs-, Vollstreckungs- und Sicherungsmaßnahmen beauftragten Personen der Gerichte und Staatsanwaltschaften, jedoch nicht die Gerichtsvollzieher und die Vollziehungsbeamten der Justiz,
14. die Personen, die der Dienstgewalt von Behörden des Landes, der Gemeinden und Gemeindeverbände sowie sonstiger der Aufsicht des Landes unterliegender Körperschaften und Anstalten des öffentlichen Rechts unterstehen, soweit sie kraft Gesetzes Hilfsbeamte der Staatsanwaltschaft sind oder soweit sie nach den §§ 1 und 2 der Verordnung über die Hilfsbeamten der Staatsanwaltschaft vom 30. April 1996 (GV. NRW. S. 180) in der jeweils geltenden Fassung zu Hilfsbeamten der Staatsanwaltschaft bestellt sind und als solche handeln,
15. die mit der Durchführung von Vollstreckungs-, Aufsichts-, Pflege- oder Erziehungsaufgaben beauftragten Dienstkräfte in Heil- und Pflegeanstalten, Entziehungsanstalten für Suchtkranke, abgeschlossenen Krankenanstalten und abgeschlossenen Teilen von Krankenanstalten,
16. die Fischereiaufseher im Sinne des § 54 des Landesfischereigesetzes (LFischG)[1] in der Fassung der Bekanntmachung vom 22. Juni 1994 (GV. NRW. S. 516, ber. S. 864) in der jeweils geltenden Fassung,
17. die bestätigten Jagdaufseher im Sinne des § 25 des Bundesjagdgesetzes[2] in der Fassung der Bekanntmachung vom 29. September 1976 (BGBl. I S. 2849) in der jeweils geltenden Fassung; die Jagdausübungsberechtigten sind hinsichtlich des Jagdschutzes den Vollzugsdienstkräften gleichgestellt,
18. die mit dem Forstschutz beauftragten Vollzugsdienstkräfte im Sinne des § 53 des Landesforstgesetzes (LFoG) in der Fassung der Bekanntmachung vom 24. April 1980 (GV. NRW. S. 546) in der jeweils geltenden Fassung,
19. die Dienstkräfte der Kfz-Innungen in Ausübung ihrer Befugnisse nach § 47a und b und nach § 29 Anlage VIII c der Straßenverkehrs-Zulassungs-Ordnung vom 28. September 1988 (BGBl. I S. 1793) in der jeweils geltenden Fassung.

(2) [1] Vollzugsdienstkräfte müssen einen behördlichen Ausweis bei sich führen. [2] Sie müssen den Ausweis bei Anwendung unmittelbaren Zwanges auf Verlangen vorzeigen. [3] Das gilt nicht, wenn

a) die Umstände es nicht zulassen oder
b) unmittelbarer Zwang innerhalb der Dienstgebäude der Gerichte und Staatsanwaltschaften oder innerhalb der in § 66 Abs. 1 Nr. 3 genannten Anstalten ausgeübt wird.

(3) Die Landesregierung wird ermächtigt, durch Rechtsverordnung das Verzeichnis der Vollzugsdienstkräfte zu ändern und zu ergänzen, soweit das durch bundesgesetzliche Regelungen erforderlich wird.

(4) Die Dienstkräfte der Vollzugsbehörden sind nicht berechtigt, bei der Anwendung unmittelbaren Zwanges ohne besondere gesetzliche Ermächtigung Waffengewalt anzuwenden.

§ 69 Androhung unmittelbaren Zwanges. (1) [1] Unmittelbarer Zwang ist vor seiner Anwendung anzudrohen. [2] Von der Androhung kann abgesehen

---

[1] **Rehborn, Gesetze NRW (vormals v. Hippel/Rehborn) Nr. 121.**
[2] **Sartorius Nr. 890.**

werden, wenn die Umstände sie nicht zulassen, insbesondere wenn die sofortige Anwendung des Zwangsmittels zur Abwehr einer Gefahr notwendig ist.

(2) Unmittelbarer Zwang ist schriftlich anzudrohen, wenn dies gesetzlich vorgeschrieben ist.

§ 70 Anwendung unmittelbaren Zwanges in besonderen Fällen.

(1) Die körperliche Untersuchung darf unbeschadet abweichender bundesrechtlicher Regelungen zwangsweise nur von Vollzugsdienstkräften im Sinne des § 68 Abs. 1 Nrn. 3 und 15 durchgeführt werden.

(2) [1] Zur Ernährung und gesundheitlichen Betreuung von Anstaltsinsassen erforderliche Maßnahmen dürfen zwangsweise nur in den in § 66 Abs. 1 Nr. 3 genannten Anstalten durchgeführt werden. [2] Diese Maßnahmen dürfen nur durch Ärzte in eigener Verantwortung angeordnet werden. [3] Sie sind von Ärzten auch vorzunehmen, wenn das nach den Regeln der ärztlichen Kunst erforderlich ist.

(3) [1] Unbeschadet der Regelung in Absatz 2 dürfen Mittel zur Beruhigung zwangsweise nur Kranken und nur dann gegeben werden, wenn das zur Abwendung einer Gefahr für Leben oder Gesundheit des Kranken oder seiner Umgebung notwendig ist. [2] Absatz 2 Satz 2 und 3 finden Anwendung.

§ 71 Handeln auf Anordnung. (1) [1] Vollzugsdienstkräfte sind verpflichtet, unmittelbaren Zwang anzuwenden, der von einem Weisungsberechtigten angeordnet wird. [2] Das gilt nicht, wenn die Anordnung die Menschenwürde verletzt oder nicht zu dienstlichen Zwecken erteilt worden ist.

(2) [1] Eine Anordnung darf nicht befolgt werden, wenn dadurch eine Straftat begangen würde. [2] Befolgt die Vollzugsdienstkraft die Anordnung trotzdem, so trifft sie eine Schuld nur, wenn sie erkennt oder wenn es nach den ihr bekannten Umständen offensichtlich ist, dass dadurch eine Straftat begangen wird.

(3) Bedenken gegen die Rechtmäßigkeit der Anordnung hat die Vollzugsdienstkraft dem Anordnenden gegenüber vorzubringen, soweit das nach den Umständen möglich ist.

(4) § 59 Abs. 2 und 3 des Landesbeamtengesetzes ist nicht anzuwenden.

§ 72 Hilfeleistung für Verletzte. Wird unmittelbarer Zwang angewendet, ist Verletzten, soweit es nötig ist und die Lage es zulässt, Beistand zu leisten und ärztliche Hilfe zu verschaffen.

§ 73 Fesselung von Personen. Eine Person, die nach diesem Gesetz oder anderen Rechtsvorschriften festgehalten wird, kann gefesselt werden, wenn Tatsachen die Annahme rechtfertigen, dass sie

1. Vollzugsdienstkräfte oder Dritte angreifen, Widerstand leisten oder Sachen von nicht geringem Wert beschädigen wird,
2. fliehen wird oder befreit werden soll oder
3. sich töten oder verletzten wird.

§ 74 Zum Schusswaffengebrauch berechtigte Vollzugsdienstkräfte.

[1] Bei der Anwendung unmittelbaren Zwangs ist der Gebrauch von Schusswaffen nur den in § 68 Abs. 1 Nr. 13 bezeichneten Dienstkräften der Gerichte und Staatsanwaltschaften gestattet. [2] Die Vorschriften des Polizeigesetzes[1)] über den Schusswaffengebrauch (§§ 61, 63 bis 65 PolG NRW) finden entsprechend Anwendung.

§ 75 Notwehr und Notstand. Die Vorschriften über Notwehr und Notstand bleiben unberührt.

Dritter Unterabschnitt. Vollzug gegen Behörden

§ 76 Vollzug gegen Behörden. Gegen Behörden und juristische Personen des öffentlichen Rechts sind Zwangsmittel unzulässig, soweit nicht etwas anderes bestimmt ist.

Dritter Abschnitt. Kosten

§ 77[2)] Kosten. (1) [1] Für Amtshandlungen nach diesem Gesetz werden nach näherer Bestimmung einer Ausführungsverordnung VwVG von dem Vollstreckungsschuldner oder dem Pflichtigen Kosten (Gebühren und Auslagen) erhoben. [2] Kostengläubiger ist der Rechtsträger, dessen Behörde die Amtshandlung vornimmt, bei Auslagen auch der Rechtsträger, bei dessen Behörde die Auslagen entstanden sind.

(2) [1] Das für Inneres zuständige Ministerium und das für Finanzen zuständige Ministerium werden ermächtigt, durch Rechtsverordnung die Ausführungsverordnung VwVG[3)] zu erlassen. [2] In der Ausführungsverordnung VwVG sind die gebührenpflichtigen Tatbestände zu bestimmen.
[3] Bei der Vollstreckung von Geldforderungen können Mahn-, Pfändungs-, Wegnahme-, Versteigerungs-, Verwertungs- und Schreibgebühren sowie Gebühren für die Abnahme der Vermögensauskunft vorgesehen werden. [4] Für diese sind feste Gebührensätze und Vomhundertsätze festzulegen.
[5] Für Amtshandlungen im Zusammenhang mit dem Verwaltungszwang, einschließlich der Sicherstellung und Verwahrung, können Verwaltungsgebühren vorgesehen werden. [6] Die Gebühren sind durch feste Sätze oder Rahmensätze zu bestimmen. [7] Im Falle der Ersatzvornahme kann auch eine Pauschale vorgesehen werden. [8] Die Pauschale beträgt zehn vom Hundert des Betrages, der aufgrund des § 59 Abs. 1 dieses Gesetzes vom Pflichtigen zu zahlen ist. [9] Soweit der zu zahlende Betrag über 2 500,- Euro hinaus geht, beträgt die Pauschale für den Mehrbetrag fünf vom Hundert. [10] Für den über 25 000,- Euro hinausgehenden Mehrbetrag beträgt die Pauschale drei vom Hundert und für den über 50 000,- Euro hinausgehenden Mehrbetrag eins vom Hundert.

(3) [1] Bei der Vollstreckung von Geldforderungen sind die Gebührensätze so zu bemessen, dass zwischen der den Verwaltungsaufwand berücksichtigenden Höhe der Gebühr einerseits und der Höhe der Forderung oder anderer Ver-

---

[1)] Nr. **31.22**.

[2)] § 77 Abs. 1 Satz 1, Abs. 2 Sätze 1–3, Abs. 4 Satz 2 und Abs. 5 geänd. mWv 22.11.2012 durch G v. 13.11.2012 (GV. NRW. S. 508); Abs. 2 Satz 1 geänd. mWv 16.7.2016 durch G v. 8.7.2016 (GV. NRW. S. 557); Abs. 2 Satz 1 geänd. mWv 1.7.2021 durch G v. 23.6.2021 (GV. NRW. S. 762).

[3)] Nr. **23.21/1**.

mögensrechte oder des Wertes der Sachen, die gepfändet oder versteigert werden sollen, andererseits ein angemessenes Verhältnis besteht. [2] In den Fällen des Verwaltungszwangs einschließlich der Sicherstellung und Verwahrung berücksichtigen die Gebührentatbestände und die Gebührenfestsetzungen den durchschnittlichen Verwaltungsaufwand.

(4) [1] Die §§ 10, 11, 14, 17 bis 22 des Gebührengesetzes für das Land Nordrhein-Westfalen[1)] vom 23. August 1999 (GV. NRW. S. 524), in der jeweils geltenden Fassung, finden Anwendung. [2] In der Ausführungsverordnung VwVG können abweichend der Umfang der zu erstattenden Auslagen, die Entstehung und Fälligkeit des Gebührenanspruchs oder die Fälligkeit des Auslagenersatzes, die Gebührenberechnung, -befreiung und -ermäßigung, die Kostenhaftung und der Gebührenerlass geregelt werden.

(5) Bei einer Ersatzvornahme, Sicherstellung oder Verwahrung kann in der Ausführungsverordnung VwVG die Herausgabe der Sache von der Zahlung eines Vorschusses oder einer Sicherheitsleistung bis zur voraussichtlichen Höhe der noch festzusetzenden Kosten abhängig gemacht und hierfür die Fälligkeit vorgesehen werden.

Vierter Abschnitt. Vollstreckung gegen juristische Personen des öffentlichen Rechts

§ 78[2)] Vollstreckung gegen juristische Personen des öffentlichen Rechts. (1) Das Zwangsverfahren wegen einer Geldforderung wird auch gegen Gemeinden, Gemeindeverbände sowie Körperschaften, Anstalten und Stiftungen des öffentlichen Rechts, die der Landesaufsicht unterstehen, nach diesem Gesetz, jedoch nach Maßgabe folgender Vorschriften durchgeführt.

(2) [1] Zur Einleitung der Zwangsvollstreckung bedarf es – soweit nicht dingliche Rechte verfolgt werden – einer Zulassungsverfügung der Aufsichtsbehörde. [2] Darin hat diese auf Antrag der Vollstreckungsbehörde die Vermögensgegenstände zu bestimmen, in die eine Zwangsvollstreckung zugelassen wird, und über den Zeitpunkt zu befinden, zu dem sie stattfinden soll.

(3) [1] Die Aufsichtsbehörde darf die Zwangsvollstreckung in Vermögensgegenstände des Schuldners nicht zulassen, wenn dadurch die Erfüllung der öffentlich-rechtlichen Aufgaben des Schuldners gefährdet würde, bei einer Gemeinde oder einem Gemeindeverband auch dann nicht, wenn der geordnete Gang der Verwaltung oder die Versorgung der Bevölkerung gefährdet würde. [2] Ein Insolvenzverfahren findet nicht statt.

(4) [1] Die besonderen Vorschriften der Absätze 2 und 3 gelten nicht für das Zwangsverfahren gegen Kreditanstalten und Versicherungsanstalten des öffentlichen Rechts. [2] Hinsichtlich des Zwangsverfahrens gegen Gemeinden und Gemeindeverbände bleibt § 128 der Gemeindeordnung[3)] in der Fassung der Bekanntmachung vom 14. Juli 1994 (GV. NRW. S. 666), die zuletzt durch Artikel 4 des Gesetzes vom 14. April 2020 (GV. NRW. S. 218b, ber. S. 304a) geändert worden ist, unberührt.

(5) Wegen eines Zwangsverfahrens gegen das Land trifft im Einzelfall das zuständige Fachministerium im Einvernehmen mit dem für Finanzen zuständi-

---

[1)] Nr. **81.12**.
[2)] § 78 Abs. 4 Satz 2 und Abs. 5 geänd. mWv 1.7.2021 durch G v. 23.6.2021 (GV. NRW. S. 762).
[3)] Nr. **22.11**.

gen Ministerium auf Antrag der Vollstreckungsbehörde die näheren Bestimmungen, es sei denn, dass es sich um die Verfolgung dinglicher Rechte handelt.

Fünfter Abschnitt. Übergangs- und Schlussvorschriften

§ 79 Einschränkungen von Grundrechten. Durch dieses Gesetz werden die Grundrechte auf körperliche Unversehrtheit (Artikel 2 Abs. 2 Satz 1 des Grundgesetzes[1]), Freiheit der Person (Artikel 2 Abs. 2 Satz 2 des Grundgesetzes) und auf Unverletzlichkeit der Wohnung (Artikel 13 des Grundgesetzes) eingeschränkt.

§ 80 Bezugnahme auf aufgehobene Vorschriften. (1) Soweit die Vollstreckung in Landesgesetzen abweichend von diesem Gesetz geregelt ist, sind die Bestimmungen dieses Gesetzes anzuwenden; § 3 bleibt unberührt.

(2) Soweit in Gesetzen und Verordnungen auf Vorschriften Bezug genommen ist, die durch dieses Gesetz außer Kraft gesetzt werden, tritt an ihre Stelle die Bezugnahme auf die entsprechenden Vorschriften dieses Gesetzes.

§ 81[2] Durchführung. Die erforderlichen Verwaltungsvorschriften erlassen, soweit es sich um die Beitreibung von Geldbeträgen handelt, das für Finanzen zuständigen Ministerium und das Innenministerium, im Übrigen das für Inneres zuständige Ministerium im Einvernehmen mit dem zuständigen Fachministerium.

§ 82[3] Inkrafttreten, Berichtspflicht. [1] Dieses Gesetz tritt am 1. Januar 1958 in Kraft. [2] Die Änderung durch Artikel 1 des Gesetzes vom 18. Dezember 2002 sowie diese Neufassung treten am Tag nach der Verkündung[4] in Kraft. [3] Die Landesregierung überprüft dieses Gesetz bis zum 31. Dezember 2021 und erstattet dem Landtag hierüber Bericht.

---

[1] Nr. **11.1**.

[2] § 81 geänd. mWv 16.7.2016 durch G v. 8.7.2016 (GV. NRW. S. 557); geänd. mWv 1.7.2021 durch G v. 23.6.2021 (GV. NRW. S. 762).

[3] § 82 neu gef. mWv 16.10.2014 durch G v. 2.10.2014 (GV. NRW. S. 622); Überschrift neu gef., Satz 3 angef. mWv 16.7.2016 durch G v. 8.7.2016 (GV. NRW. S. 557).

[4] Verkündet am 28.3.2003.

23.3. Zivilprozessordnung[1)]

In der Fassung der Bekanntmachung vom 5. Dezember 2005[2)]
(BGBl. I S. 3202, ber. 2006 I S. 431 und 2007 I S. 1781)

FNA 310-4

zuletzt geänd. durch Art. 34 PersonengesellschaftsrechtsmodernisierungsG (MoPeG) v. 10.8.2021 (BGBl. I S. 3436)

– Auszug –

Buch 1. Allgemeine Vorschriften

Abschnitt 3. Verfahren

§§ 128–176 *(nicht abgedruckt)*

§ 177 Ort der Zustellung. Das Schriftstück kann der Person, der zugestellt werden soll, an jedem Ort übergeben werden, an dem sie angetroffen wird.

§ 178[3)] Ersatzzustellung in der Wohnung, in Geschäftsräumen und Einrichtungen. (1) Wird die Person, der zugestellt werden soll, in ihrer Wohnung, in dem Geschäftsraum oder in einer Gemeinschaftseinrichtung, in der sie wohnt, nicht angetroffen, kann das Schriftstück zugestellt werden

1. in der Wohnung einem erwachsenen Familienangehörigen, einer in der Familie beschäftigten Person oder einem erwachsenen ständigen Mitbewohner,
2. in Geschäftsräumen einer dort beschäftigten Person,
3. in Gemeinschaftseinrichtungen dem Leiter der Einrichtung oder einem dazu ermächtigten Vertreter.

(2) Die Zustellung an eine der in Absatz 1 bezeichneten Personen ist unwirksam, wenn diese an dem Rechtsstreit als Gegner der Person, der zugestellt werden soll, beteiligt ist.

§ 179 Zustellung bei verweigerter Annahme. [1] Wird die Annahme des zuzustellenden Schriftstücks unberechtigt verweigert, so ist das Schriftstück in der Wohnung oder in dem Geschäftsraum zurückzulassen. [2] Hat der Zustellungsadressat keine Wohnung oder ist kein Geschäftsraum vorhanden, ist das zuzustellende Schriftstück zurückzusenden. [3] Mit der Annahmeverweigerung gilt das Schriftstück als zugestellt.

§ 180 Ersatzzustellung durch Einlegen in den Briefkasten. [1] Ist die Zustellung nach § 178 Abs. 1 Nr. 1 oder 2 nicht ausführbar, kann das Schriftstück in einen zu der Wohnung oder dem Geschäftsraum gehörenden Brief-

---

1) Die Änderungen durch G v. 5.7.2017 (BGBl. I S. 2208) treten teilweise erst **mWv 1.1.2026** in Kraft, die Änderungen durch G v. 4.5.2021 (BGBl. I S. 882) treten erst **mWv 1.1.2023** in Kraft, die Änderung durch G v. 7.7.2021 (BGBl. I S. 2363) tritt erst **mWv 1.8.2022** in Kraft und die Änderungen durch G v. 10.8.2021 (BGBl. I S. 3436) treten erst **mWv 1.1.2024** in Kraft und sind insoweit im Text noch nicht berücksichtigt.

2) Neubekanntmachung der ZPO idF der Bek. v. 12.9.1950 (BGBl. I S. 533) in der ab 21.10.2005 geltenden Fassung.

3) § 178 Abs. 2 ber. BGBl. 2007 I S. 1781.

kasten oder in eine ähnliche Vorrichtung eingelegt werden, die der Adressat für den Postempfang eingerichtet hat und die in der allgemein üblichen Art für eine sichere Aufbewahrung geeignet ist. [2] Mit der Einlegung gilt das Schriftstück als zugestellt. [3] Der Zusteller vermerkt auf dem Umschlag des zuzustellenden Schriftstücks das Datum der Zustellung.

§ 181 Ersatzzustellung durch Niederlegung. (1) [1] Ist die Zustellung nach § 178 Abs. 1 Nr. 3 oder § 180 nicht ausführbar, kann das zuzustellende Schriftstück auf der Geschäftsstelle des Amtsgerichts, in dessen Bezirk der Ort der Zustellung liegt, niedergelegt werden. [2] Wird die Post mit der Ausführung der Zustellung beauftragt, ist das zuzustellende Schriftstück am Ort der Zustellung oder am Ort des Amtsgerichts bei einer von der Post dafür bestimmten Stelle niederzulegen. [3] Über die Niederlegung ist eine schriftliche Mitteilung auf dem vorgesehenen Formular unter der Anschrift der Person, der zugestellt werden soll, in der bei gewöhnlichen Briefen üblichen Weise abzugeben oder, wenn das nicht möglich ist, an der Tür der Wohnung, des Geschäftsraums oder der Gemeinschaftseinrichtung anzuheften. [4] Das Schriftstück gilt mit der Abgabe der schriftlichen Mitteilung als zugestellt. [5] Der Zusteller vermerkt auf dem Umschlag des zuzustellenden Schriftstücks das Datum der Zustellung.

(2) [1] Das niedergelegte Schriftstück ist drei Monate zur Abholung bereitzuhalten. [2] Nicht abgeholte Schriftstücke sind danach an den Absender zurückzusenden.

§ 182[1)] Zustellungsurkunde. (1) [1] Zum Nachweis der Zustellung nach den §§ 171, 177 bis 181 ist eine Urkunde auf dem hierfür vorgesehenen Formular anzufertigen. [2] Für diese Zustellungsurkunde gilt § 418.

(2) Die Zustellungsurkunde muss enthalten:

1. die Bezeichnung der Person, der zugestellt werden soll,
2. die Bezeichnung der Person, an die der Brief oder das Schriftstück übergeben wurde,
3. im Falle des § 171 die Angabe, dass die Vollmachtsurkunde vorgelegen hat,
4. im Falle der §§ 178, 180 die Angabe des Grundes, der diese Zustellung rechtfertigt und wenn nach § 181 verfahren wurde, die Bemerkung, wie die schriftliche Mitteilung abgegeben wurde,
5. im Falle des § 179 die Erwähnung, wer die Annahme verweigert hat und dass der Brief am Ort der Zustellung zurückgelassen oder an den Absender zurückgesandt wurde,
6. die Bemerkung, dass der Tag der Zustellung auf dem Umschlag, der das zuzustellende Schriftstück enthält, vermerkt ist,
7. den Ort, das Datum und auf Anordnung der Geschäftsstelle auch die Uhrzeit der Zustellung,
8. Name, Vorname und Unterschrift des Zustellers sowie die Angabe des beauftragten Unternehmens oder der ersuchten Behörde.

(3) Die Zustellungsurkunde ist der Geschäftsstelle in Urschrift oder als elektronisches Dokument unverzüglich zurückzuleiten.

§§ 183–221 *(nicht abgedruckt)*

[1)] § 182 Abs. 3 neu gef. mWv 1.7.2014 durch G v. 10.10.2013 (BGBl. I S. 3786).

§ 222 Fristberechnung. (1) Für die Berechnung der Fristen gelten die Vorschriften des Bürgerlichen Gesetzbuchs.[1)]

(2) Fällt das Ende einer Frist auf einen Sonntag, einen allgemeinen Feiertag oder einen Sonnabend, so endet die Frist mit Ablauf des nächsten Werktages.

(3) Bei der Berechnung einer Frist, die nach Stunden bestimmt ist, werden Sonntage, allgemeine Feiertage und Sonnabende nicht mitgerechnet.

§§ 223–252 *(nicht abgedruckt)*

Titel 3. Ladungen, Termine und Fristen

Buch 8. Zwangsvollstreckung

§§ 803-849 *(nicht abgedruckt)*

§ 850 Pfändungsschutz für Arbeitseinkommen. (1) Arbeitseinkommen, das in Geld zahlbar ist, kann nur nach Maßgabe der §§ 850a bis 850i gepfändet werden.

(2) Arbeitseinkommen im Sinne dieser Vorschrift sind die Dienst- und Versorgungsbezüge der Beamten, Arbeits- und Dienstlöhne, Ruhegelder und ähnliche nach dem einstweiligen oder dauernden Ausscheiden aus dem Dienst- oder Arbeitsverhältnis gewährte fortlaufende Einkünfte, ferner Hinterbliebenenbezüge sowie sonstige Vergütungen für Dienstleistungen aller Art, die die Erwerbstätigkeit des Schuldners vollständig oder zu einem wesentlichen Teil in Anspruch nehmen.

(3) Arbeitseinkommen sind auch die folgenden Bezüge, soweit sie in Geld zahlbar sind:

a) Bezüge, die ein Arbeitnehmer zum Ausgleich für Wettbewerbsbeschränkungen für die Zeit nach Beendigung seines Dienstverhältnisses beanspruchen kann;

b) Renten, die auf Grund von Versicherungsverträgen gewährt werden, wenn diese Verträge zur Versorgung des Versicherungsnehmers oder seiner unterhaltsberechtigten Angehörigen eingegangen sind.

(4) Die Pfändung des in Geld zahlbaren Arbeitseinkommens erfasst alle Vergütungen, die dem Schuldner aus der Arbeits- oder Dienstleistung zustehen, ohne Rücksicht auf ihre Benennung oder Berechnungsart.

§ 850a[2)] Unpfändbare Bezüge. Unpfändbar sind

1. zur Hälfte die für die Leistung von Mehrarbeitsstunden gezahlten Teile des Arbeitseinkommens;
2. die für die Dauer eines Urlaubs über das Arbeitseinkommen hinaus gewährten Bezüge, Zuwendungen aus Anlass eines besonderen Betriebsereignisses und Treugelder, soweit sie den Rahmen des Üblichen nicht übersteigen;
3. Aufwandsentschädigungen, Auslösungsgelder und sonstige soziale Zulagen für auswärtige Beschäftigungen, das Entgelt für selbstgestelltes Arbeitsmateri-

---

[1)] Vgl. §§ 187–193 BGB **(Habersack (vormals Schönfelder) Nr. 20)**.

[2)] § 850a Nr. 5 geänd. mWv 26.11.2015 durch G v. 20.11.2015 (BGBl. I S. 2010); Nr. 4 neu gef. mWv 1.1.2022 durch G v. 7.5.2021 (BGBl. I S. 850).

al, Gefahrenzulagen sowie Schmutz- und Erschwerniszulagen, soweit diese Bezüge den Rahmen des Üblichen nicht übersteigen;
4. Weihnachtsvergütungen bis zu der Hälfte des Betrages, dessen Höhe sich nach Aufrundung des monatlichen Freibetrages nach § 850c Absatz 1 in Verbindung mit Absatz 4 auf den nächsten vollen 10-Euro-Betrag ergibt;
5. Geburtsbeihilfen sowie Beihilfen aus Anlass der Eingehung einer Ehe oder Begründung einer Lebenspartnerschaft, sofern die Vollstreckung wegen anderer als der aus Anlass der Geburt, der Eingehung einer Ehe oder der Begründung einer Lebenspartnerschaft entstandenen Ansprüche betrieben wird;
6. Erziehungsgelder, Studienbeihilfen und ähnliche Bezüge;
7. Sterbe- und Gnadenbezüge aus Arbeits- oder Dienstverhältnissen;
8. Blindenzulagen.

§ 850b[1] **Bedingt pfändbare Bezüge.** (1) Unpfändbar sind ferner
1. Renten, die wegen einer Verletzung des Körpers oder der Gesundheit zu entrichten sind;
2. Unterhaltsrenten, die auf gesetzlicher Vorschrift beruhen, sowie die wegen Entziehung einer solchen Forderung zu entrichtenden Renten;
3. fortlaufende Einkünfte, die ein Schuldner aus Stiftungen oder sonst auf Grund der Fürsorge und Freigebigkeit eines Dritten oder auf Grund eines Altenteils oder Auszugsvertrags bezieht;
4. Bezüge aus Witwen-, Waisen-, Hilfs- und Krankenkassen, die ausschließlich oder zu einem wesentlichen Teil zu Unterstützungszwecken gewährt werden, ferner Ansprüche aus Lebensversicherungen, die nur auf den Todesfall des Versicherungsnehmers abgeschlossen sind, wenn die Versicherungssumme 5 400 Euro nicht übersteigt.

(2) Diese Bezüge können nach den für Arbeitseinkommen geltenden Vorschriften gepfändet werden, wenn die Vollstreckung in das sonstige bewegliche Vermögen des Schuldners zu einer vollständigen Befriedigung des Gläubigers nicht geführt hat oder voraussichtlich nicht führen wird und wenn nach den Umständen des Falles, insbesondere nach der Art des beizutreibenden Anspruchs und der Höhe der Bezüge, die Pfändung der Billigkeit entspricht.

(3) Das Vollstreckungsgericht soll vor seiner Entscheidung die Beteiligten hören.

§ 850c[2] **Pfändungsgrenzen für Arbeitseinkommen.** (1) Arbeitseinkommen ist unpfändbar, wenn es, je nach dem Zeitraum, für den es gezahlt wird, nicht mehr als
1. *1 178,59 Euro* monatlich,
2. *271,24 Euro* wöchentlich oder
3. *54,25 Euro* täglich

---

[1] § 850b Abs. 1 Nr. 4 geänd. mWv 1.1.2022 durch G v. 7.5.2021 (BGBl. I S. 850).

[2] § 850c Abs. 2a Satz 2 geänd. mWv 8.9.2015 durch VO v. 31.8.2015 (BGBl. I S. 1474); Abs. 1–3 neu gef., Abs. 4 und 5 eingef., bish. Abs. 4 wird Abs. 6 und geänd. mWv 8.5.2021 durch G v. 22.11. 2020 (BGBl. I S. 2466, geänd. durch G v. 7.5.2021, BGBl. I S. 850).

beträgt.[1)]

(2) [1] Gewährt der Schuldner auf Grund einer gesetzlichen Verpflichtung seinem Ehegatten, einem früheren Ehegatten, seinem Lebenspartner, einem früheren Lebenspartner, einem Verwandten oder nach den §§ 1615l und 1615n des Bürgerlichen Gesetzbuchs[2)] einem Elternteil Unterhalt, so erhöht sich der Betrag nach Absatz 1 für die erste Person, der Unterhalt gewährt wird, und zwar um

1. *443,57 Euro* monatlich,
2. *102,08 Euro* wöchentlich oder
3. *20,42 Euro* täglich.

[2] Für die zweite bis fünfte Person, der Unterhalt gewährt wird, erhöht sich der Betrag nach Absatz 1 um je

1. *247,12 Euro* monatlich,
2. *56,87 Euro* wöchentlich oder
3. *11,37 Euro* täglich.[1)]

(3) [1] Übersteigt das Arbeitseinkommen den Betrag nach Absatz 1, so ist es hinsichtlich des überschießenden Teils in Höhe von drei Zehnteln unpfändbar. [2] Gewährt der Schuldner nach Absatz 2 Unterhalt, so sind für die erste Person weitere zwei Zehntel und für die zweite bis fünfte Person jeweils ein weiteres Zehntel unpfändbar. [3] Der Teil des Arbeitseinkommens, der

1. *3 613,08 Euro* monatlich,
2. *831,50 Euro* wöchentlich oder
3. *166,30 Euro* täglich[3)]

übersteigt, bleibt bei der Berechnung des unpfändbaren Betrages unberücksichtigt.

(4) [1] Das Bundesministerium der Justiz und für Verbraucherschutz macht im Bundesgesetzblatt Folgendes bekannt (Pfändungsfreigrenzenbekanntmachung)[4)]:

1. die Höhe des unpfändbaren Arbeitseinkommens nach Absatz 1,
2. die Höhe der Erhöhungsbeträge nach Absatz 2,
3. die Höhe der in Absatz 3 Satz 3 genannten Höchstbeträge.

[1)] Ab 1.7.2021 geltende Beträge gem. Abs. 4 Satz 1 iVm der Pfändungsfreigrenzenbek. 2021 v. 10.5.2021 (BGBl. I S. 1099, auszugsweise wiedergegeben als nichtamtlicher Anhang zur ZPO):

unpfändbar gem. Abs. 1:	Erhöhungsbetrag für die 1. Person gem. Abs. 2 Satz 1:	Erhöhungsbetrag für die 2.–5. Person gem. Abs. 2 Satz 2:	
1 252,64 Euro	471,44 Euro	262,65 Euro	monatlich
288,28 Euro	108,50 Euro	60,45 Euro	wöchentlich
57,66 Euro	21,70 Euro	12,09 Euro	täglich

[2)] **Habersack (vormals Schönfelder) Nr. 20.**

[3)] Ab 1.7.2021: **3 840,08 Euro** monatlich, **883,74 Euro** wöchentlich, **176,75 Euro** täglich gem. Abs. 4 Satz 1 iVm der Pfändungsfreigrenzenbek. 2021 v. 10.5.2021 (BGBl. I S. 1099, auszugsweise wiedergegeben als nichtamtlicher Anhang zur ZPO).

[4)] Siehe die Pfändungsfreigrenzenbek. 2021 v. 10.5.2021 (BGBl. I S. 1099), auszugsweise wiedergegeben als nichtamtlicher Anhang zur ZPO.

[2]Die Beträge werden jeweils zum 1. Juli eines Jahres entsprechend der im Vergleich zum jeweiligen Vorjahreszeitraum sich ergebenden prozentualen Entwicklung des Grundfreibetrages nach § 32a Absatz 1 Satz 2 Nummer 1 des Einkommensteuergesetzes angepasst; der Berechnung ist die am 1. Januar des jeweiligen Jahres geltende Fassung des § 32a Absatz 1 Satz 2 Nummer 1 des Einkommensteuergesetzes zugrunde zu legen.

(5) [1]Um den nach Absatz 3 pfändbaren Teil des Arbeitseinkommens zu berechnen, ist das Arbeitseinkommen, gegebenenfalls nach Abzug des nach Absatz 3 Satz 3 pfändbaren Betrages, auf eine Zahl abzurunden, die bei einer Auszahlung für

1. Monate bei einer Teilung durch 10 eine natürliche Zahl ergibt,
2. Wochen bei einer Teilung durch 2,5 eine natürliche Zahl ergibt,
3. Tage bei einer Teilung durch 0,5 eine natürliche Zahl ergibt.

[2]Die sich aus der Berechnung nach Satz 1 ergebenden Beträge sind in der Pfändungsfreigrenzenbekanntmachung als Tabelle enthalten. [3]Im Pfändungsbeschluss genügt die Bezugnahme auf die Tabelle.

(6) Hat eine Person, welcher der Schuldner auf Grund gesetzlicher Verpflichtung Unterhalt gewährt, eigene Einkünfte, so kann das Vollstreckungsgericht auf Antrag des Gläubigers nach billigem Ermessen bestimmen, dass diese Person bei der Berechnung des unpfändbaren Teils des Arbeitseinkommens ganz oder teilweise unberücksichtigt bleibt; soll die Person nur teilweise berücksichtigt werden, so ist Absatz 5 Satz 3 nicht anzuwenden.

§ 850d[1)] Pfändbarkeit bei Unterhaltsansprüchen. (1) [1]Wegen der Unterhaltsansprüche, die kraft Gesetzes einem Verwandten, dem Ehegatten, einem früheren Ehegatten, dem Lebenspartner, einem früheren Lebenspartner oder nach §§ 1615l, 1615n des Bürgerlichen Gesetzbuchs[2)] einem Elternteil zustehen, sind das Arbeitseinkommen und die in § 850a Nr. 1, 2 und 4 genannten Bezüge ohne die in § 850c bezeichneten Beschränkungen pfändbar. [2]Dem Schuldner ist jedoch so viel zu belassen, als er für seinen notwendigen Unterhalt und zur Erfüllung seiner laufenden gesetzlichen Unterhaltspflichten gegenüber den dem Gläubiger vorgehenden Berechtigten oder zur gleichmäßigen Befriedigung der dem Gläubiger gleichstehenden Berechtigten bedarf; von den in § 850a Nr. 1, 2 und 4 genannten Bezügen hat ihm mindestens die Hälfte des nach § 850a unpfändbaren Betrages zu verbleiben. [3]Der dem Schuldner hiernach verbleibende Teil seines Arbeitseinkommens darf den Betrag nicht übersteigen, der ihm nach den Vorschriften des § 850c gegenüber nicht bevorrechtigten Gläubigern zu verbleiben hätte. [4]Für die Pfändung wegen der Rückstände, die länger als ein Jahr vor dem Antrag auf Erlass des Pfändungsbeschlusses fällig geworden sind, gelten die Vorschriften dieses Absatzes insoweit nicht, als nach Lage der Verhältnisse nicht anzunehmen ist, dass der Schuldner sich seiner Zahlungspflicht absichtlich entzogen hat.

(2) Mehrere nach Absatz 1 Berechtigte sind mit ihren Ansprüchen in der Reihenfolge nach § 1609 des Bürgerlichen Gesetzbuchs und § 16 des Lebenspartnerschaftsgesetzes[3)] zu berücksichtigen, wobei mehrere gleich nahe Berechtigte untereinander den gleichen Rang haben.

[1)] § 850d Abs. 2 neu gef. mWv 1.1.2008 durch G v. 21.12.2007 (BGBl. I S. 3189).
[2)] **Habersack (vormals Schönfelder) Nr. 20.**
[3)] **Habersack (vormals Schönfelder) ErgBd. Nr. 43.**

(3) Bei der Vollstreckung wegen der in Absatz 1 bezeichneten Ansprüche sowie wegen der aus Anlass einer Verletzung des Körpers oder der Gesundheit zu zahlenden Renten kann zugleich mit der Pfändung wegen fälliger Ansprüche auch künftig fällig werdendes Arbeitseinkommen wegen der dann jeweils fällig werdenden Ansprüche gepfändet und überwiesen werden.

§ 850e[1)] Berechnung des pfändbaren Arbeitseinkommens. Für die Berechnung des pfändbaren Arbeitseinkommens gilt Folgendes:

1. [1] Nicht mitzurechnen sind die nach § 850a der Pfändung entzogenen Bezüge, ferner Beträge, die unmittelbar auf Grund steuerrechtlicher oder sozialrechtlicher Vorschriften zur Erfüllung gesetzlicher Verpflichtungen des Schuldners abzuführen sind. [2] Diesen Beträgen stehen gleich die auf den Auszahlungszeitraum entfallenden Beträge, die der Schuldner
   a) nach den Vorschriften der Sozialversicherungsgesetze zur Weiterversicherung entrichtet oder
   b) an eine Ersatzkasse oder an ein Unternehmen der privaten Krankenversicherung leistet, soweit sie den Rahmen des Üblichen nicht übersteigen.
2. [1] Mehrere Arbeitseinkommen sind auf Antrag vom Vollstreckungsgericht bei der Pfändung zusammenzurechnen. [2] Der unpfändbare Grundbetrag ist in erster Linie dem Arbeitseinkommen zu entnehmen, das die wesentliche Grundlage der Lebenshaltung des Schuldners bildet.

2a. [1] Mit Arbeitseinkommen sind auf Antrag auch Ansprüche auf laufende Geldleistungen nach dem Sozialgesetzbuch zusammenzurechnen, soweit diese der Pfändung unterworfen sind. [2] Der unpfändbare Grundbetrag ist, soweit die Pfändung nicht wegen gesetzlicher Unterhaltsansprüche erfolgt, in erster Linie den laufenden Geldleistungen nach dem Sozialgesetzbuch zu entnehmen. [3] Ansprüche auf Geldleistungen für Kinder dürfen mit Arbeitseinkommen nur zusammengerechnet werden, soweit sie nach § 76 des Einkommensteuergesetzes oder nach § 54 Abs. 5 des Ersten Buches Sozialgesetzbuch[2)] gepfändet werden können.

3. [1] Erhält der Schuldner neben seinem in Geld zahlbaren Einkommen auch Naturalleistungen, so sind Geld- und Naturalleistungen zusammenzurechnen. [2] In diesem Fall ist der in Geld zahlbare Betrag insoweit pfändbar, als der nach § 850c unpfändbare Teil des Gesamteinkommens durch den Wert der dem Schuldner verbleibenden Naturalleistungen gedeckt ist.
4. [1] Trifft eine Pfändung, eine Abtretung oder eine sonstige Verfügung wegen eines der in § 850d bezeichneten Ansprüche mit einer Pfändung wegen eines sonstigen Anspruchs zusammen, so sind auf die Unterhaltsansprüche zunächst die gemäß § 850d der Pfändung in erweitertem Umfang unterliegenden Teile des Arbeitseinkommens zu verrechnen. [2] Die Verrechnung nimmt auf Antrag eines Beteiligten das Vollstreckungsgericht vor. [3] Der Drittschuldner kann, solange ihm eine Entscheidung des Vollstreckungsgerichts nicht zugestellt ist, nach dem Inhalt der ihm bekannten Pfändungsbeschlüsse, Abtretungen und sonstigen Verfügungen mit befreiender Wirkung leisten.

---

1) Siehe hierzu ua das BMI-Rundschreiben v. 25.9.2013 (GMBl S. 1148).
2) Nr. **51.1**.

§ 850f[1)] Änderung des unpfändbaren Betrages. (1) Das Vollstreckungsgericht kann dem Schuldner auf Antrag von dem nach den Bestimmungen der §§ 850c, 850d und 850i pfändbaren Teil seines Arbeitseinkommens einen Teil belassen, wenn

1. der Schuldner nachweist, dass bei Anwendung der Pfändungsfreigrenzen entsprechend § 850c der notwendige Lebensunterhalt im Sinne des Dritten und Vierten Kapitels des Zwölften Buches Sozialgesetzbuch[2)] oder nach Kapitel 3 Abschnitt 2 des Zweiten Buches Sozialgesetzbuch[3)] für sich und für die Personen, denen er gesetzlich zum Unterhalt verpflichtet ist, nicht gedeckt ist,
2. besondere Bedürfnisse des Schuldners aus persönlichen oder beruflichen Gründen oder
3. der besondere Umfang der gesetzlichen Unterhaltspflichten des Schuldners, insbesondere die Zahl der Unterhaltsberechtigten, dies erfordern

und überwiegende Belange des Gläubigers nicht entgegenstehen.

(2) Wird die Zwangsvollstreckung wegen einer Forderung aus einer vorsätzlich begangenen unerlaubten Handlung betrieben, so kann das Vollstreckungsgericht auf Antrag des Gläubigers den pfändbaren Teil des Arbeitseinkommens ohne Rücksicht auf die in § 850c vorgesehenen Beschränkungen bestimmen; dem Schuldner ist jedoch so viel zu belassen, wie er für seinen notwendigen Unterhalt und zur Erfüllung seiner laufenden gesetzlichen Unterhaltspflichten bedarf.

§ 850g Änderung der Unpfändbarkeitsvoraussetzungen. [1] Ändern sich die Voraussetzungen für die Bemessung des unpfändbaren Teils des Arbeitseinkommens, so hat das Vollstreckungsgericht auf Antrag des Schuldners oder des Gläubigers den Pfändungsbeschluss entsprechend zu ändern. [2] Antragsberechtigt ist auch ein Dritter, dem der Schuldner kraft Gesetzes Unterhalt zu gewähren hat. [3] Der Drittschuldner kann nach dem Inhalt des früheren Pfändungsbeschlusses mit befreiender Wirkung leisten, bis ihm der Änderungsbeschluss zugestellt wird.

§ 850h Verschleiertes Arbeitseinkommen. (1) [1] Hat sich der Empfänger der vom Schuldner geleisteten Arbeiten oder Dienste verpflichtet, Leistungen an einen Dritten zu bewirken, die nach Lage der Verhältnisse ganz oder teilweise eine Vergütung für die Leistung des Schuldners darstellen, so kann der Anspruch des Drittberechtigten insoweit auf Grund des Schuldtitels gegen den Schuldner gepfändet werden, wie wenn der Anspruch dem Schuldner zustände. [2] Die Pfändung des Vergütungsanspruchs des Schuldners umfasst ohne weiteres den Anspruch des Drittberechtigten. [3] Der Pfändungsbeschluss ist dem Drittberechtigten ebenso wie dem Schuldner zuzustellen.

(2) [1] Leistet der Schuldner einem Dritten in einem ständigen Verhältnis Arbeiten oder Dienste, die nach Art und Umfang üblicherweise vergütet

---

[1)] § 850f Abs. 3 Satz 4 angef. mWv 1.8.2009 durch G v. 29.7.2009 (BGBl. I S. 2258); Abs. 3 Satz 4 gänd. mWv 8.9.2015 durch VO v. 31.8.2015 (BGBl. I S. 1474); Abs. 1 Buchst. a geänd. mWv 26.11. 2016 durch G v. 21.11.2016 (BGBl. I S. 2591); Abs. 1 Buchst. a wird Nr. 1 und neu gef., Buchst. b und c werden Nr. 2 und 3, Abs. 3 aufgeh. mWv 8.5.2021 durch G v. 22.11.2020 (BGBl. I S. 2466, geänd. durch G v. 7.5.2021, BGBl. I S. 850).

[2)] Nr. **51.2**.

[3)] Nr. **51.4**.

werden, unentgeltlich oder gegen eine unverhältnismäßig geringe Vergütung, so gilt im Verhältnis des Gläubigers zu dem Empfänger der Arbeits- und Dienstleistungen eine angemessene Vergütung als geschuldet. [2] Bei der Prüfung, ob diese Voraussetzungen vorliegen, sowie bei der Bemessung der Vergütung ist auf alle Umstände des Einzelfalles, insbesondere die Art der Arbeits- und Dienstleistung, die verwandtschaftlichen oder sonstigen Beziehungen zwischen dem Dienstberechtigten und dem Dienstverpflichteten und die wirtschaftliche Leistungsfähigkeit des Dienstberechtigten Rücksicht zu nehmen.

§ 850i[1)] Pfändungsschutz für sonstige Einkünfte. (1) [1] Werden nicht wiederkehrend zahlbare Vergütungen für persönlich geleistete Arbeiten oder Dienste oder sonstige Einkünfte, die kein Arbeitseinkommen sind, gepfändet, so hat das Gericht dem Schuldner auf Antrag während eines angemessenen Zeitraums so viel zu belassen, als ihm nach freier Schätzung des Gerichts verbleiben würde, wenn sein Einkommen aus laufendem Arbeits- oder Dienstlohn bestünde. [2] Bei der Entscheidung sind die wirtschaftlichen Verhältnisse des Schuldners, insbesondere seine sonstigen Verdienstmöglichkeiten, frei zu würdigen. [3] Der Antrag des Schuldners ist insoweit abzulehnen, als überwiegende Belange des Gläubigers entgegenstehen.

(2) Die Vorschriften des § 27 des Heimarbeitsgesetzes vom 14. März 1951 (BGBl. I S. 191) bleiben unberührt.

(3) Die Bestimmungen der Versicherungs-, Versorgungs- und sonstigen gesetzlichen Vorschriften über die Pfändung von Ansprüchen bestimmter Art bleiben unberührt.

§ 850k[2)] Einrichtung und Beendigung des Pfändungsschutzkontos.

(1) [1] Eine natürliche Person kann jederzeit von dem Kreditinstitut verlangen, dass ein von ihr dort geführtes Zahlungskonto als Pfändungsschutzkonto geführt wird. [2] Satz 1 gilt auch, wenn das Zahlungskonto zum Zeitpunkt des Verlangens einen negativen Saldo aufweist. [3] Ein Pfändungsschutzkonto darf jedoch ausschließlich auf Guthabenbasis geführt werden.

(2) [1] Ist Guthaben auf dem Zahlungskonto bereits gepfändet worden, kann der Schuldner die Führung dieses Kontos als Pfändungsschutzkonto zum Beginn des vierten auf sein Verlangen folgenden Geschäftstages fordern. [2] Das Vertragsverhältnis zwischen dem Kontoinhaber und dem Kreditinstitut bleibt im Übrigen unberührt.

(3) [1] Jede Person darf nur ein Pfändungsschutzkonto unterhalten. [2] Bei dem Verlangen nach Absatz 1 hat der Kunde gegenüber dem Kreditinstitut zu versichern, dass er kein weiteres Pfändungsschutzkonto unterhält.

(4) [1] Unterhält ein Schuldner entgegen Absatz 3 Satz 1 mehrere Zahlungskonten als Pfändungsschutzkonten, ordnet das Vollstreckungsgericht auf Antrag des Gläubigers an, dass nur das von dem Gläubiger in seinem Antrag bezeichnete Zahlungskonto dem Schuldner als Pfändungsschutzkonto verbleibt. [2] Der Gläubiger hat den Umstand, dass ein Schuldner entgegen Satz 1 mehrere Zahlungskonten als Pfändungsschutzkonten unterhält, durch Vorlage entsprechender Erklärungen der Drittschuldner glaubhaft zu machen. [3] Eine Anhörung

---

[1)] § 850i Überschrift und Abs. 1 neu gef., Abs. 2 aufgeh., bish. Abs. 3 und 4 werden Abs. 2 und 3 mWv 1.7.2010 durch G v. 7.7.2009 (BGBl. I S. 1707).

[2)] § 850k neu gef. mWv 1.12.2021 durch G v. 22.11.2020 (BGBl. I S. 2466).

des Schuldners durch das Vollstreckungsgericht unterbleibt. [4] Die Anordnung nach Satz 1 ist allen Drittschuldnern zuzustellen. [5] Mit der Zustellung der Anordnung an diejenigen Kreditinstitute, deren Zahlungskonten nicht zum Pfändungsschutzkonto bestimmt sind, entfallen die Wirkungen dieser Pfändungsschutzkonten.

(5) [1] Der Kontoinhaber kann mit einer Frist von mindestens vier Geschäftstagen zum Monatsende von dem Kreditinstitut verlangen, dass das dort geführte Pfändungsschutzkonto als Zahlungskonto ohne Pfändungsschutz geführt wird. [2] Absatz 2 Satz 2 gilt entsprechend.

§ 850l[1)] Pfändung des Gemeinschaftskontos. (1) [1] Unterhält der Schuldner, der eine natürliche Person ist, mit einer anderen natürlichen oder mit einer juristischen Person oder mit einer Mehrheit von Personen ein Gemeinschaftskonto und wird Guthaben auf diesem Konto gepfändet, so darf das Kreditinstitut erst nach Ablauf von einem Monat nach Zustellung des Überweisungsbeschlusses aus dem Guthaben an den Gläubiger leisten oder den Betrag hinterlegen. [2] Satz 1 gilt auch für künftiges Guthaben.

(2) [1] Ist der Schuldner eine natürliche Person, kann er innerhalb des Zeitraums nach Absatz 1 Satz 1 von dem Kreditinstitut verlangen, bestehendes oder künftiges Guthaben von dem Gemeinschaftskonto auf ein bei dem Kreditinstitut allein auf seinen Namen lautendes Zahlungskonto zu übertragen. [2] Wird Guthaben nach Satz 1 übertragen und verlangt der Schuldner innerhalb des Zeitraums nach Absatz 1 Satz 1, dass das Zahlungskonto als Pfändungsschutzkonto geführt wird, so gelten für die Einrichtung des Pfändungsschutzkontos § 850k und für das übertragene Guthaben die Regelungen des Buches 8 Abschnitt 4. [3] Für die Übertragung nach Satz 1 ist eine Mitwirkung anderer Kontoinhaber oder des Gläubigers nicht erforderlich. [4] Der Übertragungsbetrag beläuft sich auf den Kopfteil des Schuldners an dem Guthaben. [5] Sämtliche Kontoinhaber und der Gläubiger können sich auf eine von Satz 4 abweichende Aufteilung des Übertragungsbetrages einigen; die Vereinbarung ist dem Kreditinstitut in Textform mitzuteilen.

(3) Absatz 2 Satz 1 und 3 bis 5 ist auf natürliche Personen, mit denen der Schuldner das Gemeinschaftskonto unterhält, entsprechend anzuwenden.

(4) Die Wirkungen von Pfändung und Überweisung von Guthaben auf dem Gemeinschaftskonto setzen sich an dem nach Absatz 2 Satz 1 auf ein Einzelkonto des Schuldners übertragenen Guthaben fort; sie setzen sich nicht an dem Guthaben fort, das nach Absatz 3 übertragen wird.

§ 851 Nicht übertragbare Forderungen. (1) Eine Forderung ist in Ermangelung besonderer Vorschriften der Pfändung nur insoweit unterworfen, als sie übertragbar ist.

(2) Eine nach § 399 des Bürgerlichen Gesetzbuchs[2)] nicht übertragbare Forderung kann insoweit gepfändet und zur Einziehung überwiesen werden, als der geschuldete Gegenstand der Pfändung unterworfen ist.

§ 851a Pfändungsschutz für Landwirte. (1) Die Pfändung von Forderungen, die einem die Landwirtschaft betreibenden Schuldner aus dem Verkauf

---

[1)] § 850l neu gef. mWv 1.12.2021 durch G v. 22.11.2020 (BGBl. I S. 2466); Abs. 2 Satz 2 geänd. mWv 1.12.2021 durch G v. 7.5.2021 (BGBl. I S. 850).

[2)] **Habersack (vormals Schönfelder) Nr. 20.**

von landwirtschaftlichen Erzeugnissen zustehen, ist auf seinen Antrag vom Vollstreckungsgericht insoweit aufzuheben, als die Einkünfte zum Unterhalt des Schuldners, seiner Familie und seiner Arbeitnehmer oder zur Aufrechterhaltung einer geordneten Wirtschaftsführung unentbehrlich sind.

(2) Die Pfändung soll unterbleiben, wenn offenkundig ist, dass die Voraussetzungen für die Aufhebung der Zwangsvollstreckung nach Absatz 1 vorliegen.

§ 851b[1) 2)] **Pfändungsschutz bei Miet- und Pachtzinsen.** (1) [1]Die Pfändung von Miete und Pacht ist auf Antrag des Schuldners vom Vollstreckungsgericht insoweit aufzuheben, als diese Einkünfte für den Schuldner zur laufenden Unterhaltung des Grundstücks, zur Vornahme notwendiger Instandsetzungsarbeiten und zur Befriedigung von Ansprüchen unentbehrlich sind, die bei einer Zwangsvollstreckung in das Grundstück dem Anspruch des Gläubigers nach § 10 des Gesetzes über die Zwangsversteigerung und die Zwangsverwaltung[3)] vorgehen würden. [2]Das Gleiche gilt von der Pfändung von Barmitteln und Guthaben, die aus Miet- oder Pachtzahlungen herrühren und zu den in Satz 1 bezeichneten Zwecken unentbehrlich sind.

(2) [1]Wird der Antrag nicht binnen einer Frist von zwei Wochen gestellt, so ist er ohne sachliche Prüfung zurückzuweisen, wenn das Vollstreckungsgericht der Überzeugung ist, dass der Schuldner den Antrag in der Absicht der Verschleppung oder aus grober Nachlässigkeit nicht früher gestellt hat. [2]Die Frist beginnt mit der Pfändung.

(3) Anordnungen nach Absatz 1 können mehrmals ergehen und, soweit es nach Lage der Verhältnisse geboten ist, auf Antrag aufgehoben oder abgeändert werden.

(4) [1]Vor den in den Absätzen 1 und 3 bezeichneten Entscheidungen ist, soweit dies ohne erhebliche Verzögerung möglich ist, der Gläubiger zu hören. [2]Die für die Entscheidung wesentlichen tatsächlichen Verhältnisse sind glaubhaft zu machen. [3]Die Pfändung soll unterbleiben, wenn offenkundig ist, dass die Voraussetzungen für die Aufhebung der Zwangsvollstreckung nach Absatz 1 vorliegen.

§ 851c[4)] **Pfändungsschutz bei Altersrenten.** (1) Ansprüche auf Leistungen, die auf Grund von Verträgen gewährt werden, dürfen nur wie Arbeitseinkommen gepfändet werden, wenn

1. die Leistung in regelmäßigen Zeitabständen lebenslang und nicht vor Vollendung des 60. Lebensjahres oder nur bei Eintritt der Berufsunfähigkeit gewährt wird,
2. über die Ansprüche aus dem Vertrag nicht verfügt werden darf,
3. die Bestimmung von Dritten mit Ausnahme von Hinterbliebenen als Berechtigte ausgeschlossen ist und

---

1) § 851b Abs. 2 neu gef., Abs. 3 und 4 angef. mWv 1.1.2013 durch G v. 29.7.2009 (BGBl. I S. 2258).

2) Beachte hierzu Übergangsvorschrift in § 39 EGZPO **(Habersack (vormals Schönfelder) Nr. 101)**.

3) **Habersack (vormals Schönfelder) Nr. 108.**

4) § 851c eingef. mWv 31.3.2007 durch G v. 26.3.2007 (BGBl. I S. 368); Abs. 2 Sätze 1 und 2 geänd. mWv 1.1.2013 durch G v. 5.12.2012 (BGBl. I S. 2418); Abs. 2 Sätze 1, 2 neu gef., Satz 4 geänd. mWv 1.1.2022 durch G v. 7.5.2021 (BGBl. I S. 850).

4. die Zahlung einer Kapitalleistung, ausgenommen eine Zahlung für den Todesfall, nicht vereinbart wurde.

(2) [1] Beträge, die der Schuldner anspart, um in Erfüllung eines Vertrages nach Absatz 1 eine angemessene Alterssicherung aufzubauen, unterliegen nicht der Pfändung, soweit sie

1. jährlich nicht mehr betragen als
   a) 6 000 Euro bei einem Schuldner vom 18. bis zum vollendeten 27. Lebensjahr und
   b) 7 000 Euro bei einem Schuldner vom 28. bis zum vollendeten 67. Lebensjahr und
2. einen Gesamtbetrag von 340 000 Euro nicht übersteigen.

[2] Die in Satz 1 genannten Beträge werden jeweils zum 1. Juli eines jeden fünften Jahres entsprechend der Entwicklung auf dem Kapitalmarkt, des Sterblichkeitsrisikos und der Höhe der Pfändungsfreigrenze angepasst und die angepassten Beträge vom Bundesministerium der Justiz und für Verbraucherschutz in der Pfändungsfreigrenzenbekanntmachung im Sinne des § 850c Absatz 4 Satz 1 bekannt gemacht. [3] Übersteigt der Rückkaufwert der Alterssicherung den unpfändbaren Betrag, sind drei Zehntel des überschießenden Betrags unpfändbar. [4] Satz 3 gilt nicht für den Teil des Rückkaufwerts, der den dreifachen Wert des in Satz 1 Nummer 2 genannten Betrags übersteigt.

(3) § 850e Nr. 2 und 2a gilt entsprechend.

§ 851d[1)] Pfändungsschutz bei steuerlich gefördertem Altersvorsorgevermögen. Monatliche Leistungen in Form einer lebenslangen Rente oder monatlicher Ratenzahlungen im Rahmen eines Auszahlungsplans nach § 1 Abs. 1 Satz 1 Nr. 4 des Altersvorsorgeverträge-Zertifizierungsgesetzes aus steuerlich gefördertem Altersvorsorgevermögen sind wie Arbeitseinkommen pfändbar.

§ 852[2)] Beschränkt pfändbare Forderungen. (1) Der Pflichtteilsanspruch ist der Pfändung nur unterworfen, wenn er durch Vertrag anerkannt oder rechtshängig geworden ist.

(2) Das Gleiche gilt für den nach § 528 des Bürgerlichen Gesetzbuchs[3)] dem Schenker zustehenden Anspruch auf Herausgabe des Geschenkes sowie für den Anspruch eines Ehegatten oder Lebenspartners auf den Ausgleich des Zugewinns.

§ 853 Mehrfache Pfändung einer Geldforderung. Ist eine Geldforderung für mehrere Gläubiger gepfändet, so ist der Drittschuldner berechtigt und auf Verlangen eines Gläubigers, dem die Forderung überwiesen wurde, verpflichtet, unter Anzeige der Sachlage und unter Aushändigung der ihm zugestellten Beschlüsse an das Amtsgericht, dessen Beschluss ihm zuerst zugestellt ist, den Schuldbetrag zu hinterlegen.

---

1) § 851d eingef. mWv 31.3.2007 durch G v. 26.3.2007 (BGBl. I S. 368).
2) § 852 Abs. 2 geänd. mWv 26.11.2015 durch G v. 20.11.2015 (BGBl. I S. 2010).
3) **Habersack (vormals Schönfelder) Nr. 20.**

§ 854 Mehrfache Pfändung eines Anspruchs auf bewegliche Sachen.

(1) [1] Ist ein Anspruch, der eine bewegliche körperliche Sache betrifft, für mehrere Gläubiger gepfändet, so ist der Drittschuldner berechtigt und auf Verlangen eines Gläubigers, dem der Anspruch überwiesen wurde, verpflichtet, die Sache unter Anzeige der Sachlage und unter Aushändigung der ihm zugestellten Beschlüsse dem Gerichtsvollzieher herauszugeben, der nach dem ihm zuerst zugestellten Beschluss zur Empfangnahme der Sache ermächtigt ist. [2] Hat der Gläubiger einen solchen Gerichtsvollzieher nicht bezeichnet, so wird dieser auf Antrag des Drittschuldners von dem Amtsgericht des Ortes ernannt, wo die Sache herauszugeben ist.

(2) [1] Ist der Erlös zur Deckung der Forderungen nicht ausreichend und verlangt der Gläubiger, für den die zweite oder eine spätere Pfändung erfolgt ist, ohne Zustimmung der übrigen beteiligten Gläubiger eine andere Verteilung als nach der Reihenfolge der Pfändungen, so hat der Gerichtsvollzieher die Sachlage unter Hinterlegung des Erlöses dem Amtsgericht anzuzeigen, dessen Beschluss dem Drittschuldner zuerst zugestellt ist. [2] Dieser Anzeige sind die Dokumente beizufügen, die sich auf das Verfahren beziehen.

(3) In gleicher Weise ist zu verfahren, wenn die Pfändung für mehrere Gläubiger gleichzeitig bewirkt ist.

(Fortsetzung nächstes Blatt)

24.1. Gesetz zur Regelung des Statusrechts der Beamtinnen und Beamten in den Ländern (Beamtenstatusgesetz – BeamtStG)

Vom 17. Juni 2008
(BGBl. I S. 1010)

FNA 2030-1-9

zuletzt geänd. durch Art. 2 G zur Regelung des Erscheinungsbilds von Beamtinnen und Beamten sowie zur Änd. weiterer dienstrechtl. Vorschriften v. 28.6.2021 (BGBl. I S. 2250)

Der Bundestag hat mit Zustimmung des Bundesrates das folgende Gesetz beschlossen:

Inhaltsübersicht[1]

---

[1] Inhaltsübersicht geänd. mWv 7.12.2018 durch G v. 29.11.2018 (BGBl. I S. 2232); geänd. mWv 7.7.2021 durch G v. 28.6.2021 (BGBl. I S. 2250).

Abschnitt 1. Allgemeine Vorschriften

§ 1 Geltungsbereich. Dieses Gesetz regelt das Statusrecht der Beamtinnen und Beamten der Länder, Gemeinden und Gemeindeverbände sowie der sonstigen der Aufsicht eines Landes unterstehenden Körperschaften, Anstalten und Stiftungen des öffentlichen Rechts.

§ 2 Dienstherrnfähigkeit. Das Recht, Beamtinnen und Beamte zu haben, besitzen

1. Länder, Gemeinden und Gemeindeverbände,
2. sonstige Körperschaften, Anstalten und Stiftungen des öffentlichen Rechts, die dieses Recht im Zeitpunkt des Inkrafttretens dieses Gesetzes besitzen oder denen es durch ein Landesgesetz oder aufgrund eines Landesgesetzes verliehen wird.

Abschnitt 2. Beamtenverhältnis

§ 3 Beamtenverhältnis. (1) Beamtinnen und Beamte stehen zu ihrem Dienstherrn in einem öffentlich-rechtlichen Dienst- und Treueverhältnis (Beamtenverhältnis).

(2) Die Berufung in das Beamtenverhältnis ist nur zulässig zur Wahrnehmung

1. hoheitsrechtlicher Aufgaben oder
2. solcher Aufgaben, die aus Gründen der Sicherung des Staates oder des öffentlichen Lebens nicht ausschließlich Personen übertragen werden dürfen, die in einem privatrechtlichen Arbeitsverhältnis stehen.

§ 4 Arten des Beamtenverhältnisses. (1) [1] Das Beamtenverhältnis auf Lebenszeit dient der dauernden Wahrnehmung von Aufgaben nach § 3 Abs. 2. [2] Es bildet die Regel.

(2) Das Beamtenverhältnis auf Zeit dient

a) der befristeten Wahrnehmung von Aufgaben nach § 3 Abs. 2 oder

b) der zunächst befristeten Übertragung eines Amtes mit leitender Funktion.

(3) Das Beamtenverhältnis auf Probe dient der Ableistung einer Probezeit

a) zur späteren Verwendung auf Lebenszeit oder

b) zur Übertragung eines Amtes mit leitender Funktion.

(4) Das Beamtenverhältnis auf Widerruf dient

a) der Ableistung eines Vorbereitungsdienstes oder

b) der nur vorübergehenden Wahrnehmung von Aufgaben nach § 3 Abs. 2.

§ 5 Ehrenbeamtinnen und Ehrenbeamte. (1) Als Ehrenbeamtin oder Ehrenbeamter kann berufen werden, wer Aufgaben im Sinne des § 3 Abs. 2 unentgeltlich wahrnehmen soll.

(2) Die Rechtsverhältnisse der Ehrenbeamtinnen und Ehrenbeamten können durch Landesrecht abweichend von den für Beamtinnen und Beamte allgemein geltenden Vorschriften geregelt werden, soweit es deren besondere Rechtsstellung erfordert.

(3) Ein Ehrenbeamtenverhältnis kann nicht in ein Beamtenverhältnis anderer Art, ein solches Beamtenverhältnis nicht in ein Ehrenbeamtenverhältnis umgewandelt werden.

§ 6 Beamtenverhältnis auf Zeit. Für die Rechtsverhältnisse der Beamtinnen auf Zeit und Beamten auf Zeit gelten die Vorschriften für Beamtinnen auf Lebenszeit und Beamte auf Lebenszeit entsprechend, soweit durch Landesrecht nichts anderes bestimmt ist.

§ 7[1)] Voraussetzungen des Beamtenverhältnisses. (1) [1] In das Beamtenverhältnis darf nur berufen werden, wer

---

[1)] § 7 Abs. 1 Nr. 1 einl. Satzteil, Buchst. c und Abs. 2 geänd. mWv 7.12.2018 durch G v. 29.11. 2018 (BGBl. I S. 2232); Abs. 1 Satz 2 angef. mWv 7.7.2021 durch G v. 28.6.2021 (BGBl. I S. 2250).

1. Deutsche oder Deutscher im Sinne des Artikels 116 Absatz 1 des Grundgesetzes[1]) ist oder die Staatsangehörigkeit
   a) eines anderen Mitgliedstaates der Europäischen Union oder
   b) eines anderen Vertragsstaates des Abkommens über den Europäischen Wirtschaftsraum oder
   c) eines Drittstaates, dem die Bundesrepublik Deutschland und die Europäische Union vertraglich einen entsprechenden Anspruch auf Anerkennung von Berufsqualifikationen eingeräumt haben,

   besitzt,
2. die Gewähr dafür bietet, jederzeit für die freiheitliche demokratische Grundordnung im Sinne des Grundgesetzes einzutreten, und
3. die nach Landesrecht vorgeschriebene Befähigung besitzt.

[2]In das Beamtenverhältnis darf nicht berufen werden, wer unveränderliche Merkmale des Erscheinungsbilds aufweist, die mit der Erfüllung der Pflichten nach § 34 Absatz 2 nicht vereinbar sind.

(2) Wenn die Aufgaben es erfordern, darf nur eine Deutsche oder ein Deutscher im Sinne des Artikels 116 Absatz 1 des Grundgesetzes in ein Beamtenverhältnis berufen werden.

(3) Ausnahmen von Absatz 1 Nr. 1 und Absatz 2 können nur zugelassen werden, wenn
1. für die Gewinnung der Beamtin oder des Beamten ein dringendes dienstliches Interesse besteht oder
2. bei der Berufung von Hochschullehrerinnen und Hochschullehrern und anderen Mitarbeiterinnen und Mitarbeitern des wissenschaftlichen und künstlerischen Personals in das Beamtenverhältnis andere wichtige Gründe vorliegen.

§ 8 Ernennung. (1) Einer Ernennung bedarf es zur
1. Begründung des Beamtenverhältnisses,
2. Umwandlung des Beamtenverhältnisses in ein solches anderer Art (§ 4),
3. Verleihung eines anderen Amtes mit anderem Grundgehalt oder
4. Verleihung eines anderen Amtes mit anderer Amtsbezeichnung, soweit das Landesrecht dies bestimmt.

(2) [1]Die Ernennung erfolgt durch Aushändigung einer Ernennungsurkunde. [2]In der Urkunde müssen enthalten sein
1. bei der Begründung des Beamtenverhältnisses die Wörter „unter Berufung in das Beamtenverhältnis" mit dem die Art des Beamtenverhältnisses bestimmenden Zusatz „auf Lebenszeit", „auf Probe", „auf Widerruf", „als Ehrenbeamtin" oder „als Ehrenbeamter" oder „auf Zeit" mit der Angabe der Zeitdauer der Berufung,
2. bei der Umwandlung des Beamtenverhältnisses in ein solches anderer Art die diese Art bestimmenden Worte nach Nummer 1 und
3. bei der Verleihung eines Amtes die Amtsbezeichnung.

---

[1]) Nr. 11.1.

(3) Mit der Begründung eines Beamtenverhältnisses auf Probe, auf Lebenszeit und auf Zeit wird gleichzeitig ein Amt verliehen.

(4) Eine Ernennung auf einen zurückliegenden Zeitpunkt ist unzulässig und insoweit unwirksam.

§ 9 Kriterien der Ernennung. Ernennungen sind nach Eignung, Befähigung und fachlicher Leistung ohne Rücksicht auf Geschlecht, Abstammung, Rasse oder ethnische Herkunft, Behinderung, Religion oder Weltanschauung, politische Anschauungen, Herkunft, Beziehungen oder sexuelle Identität vorzunehmen.

§ 10 Voraussetzung der Ernennung auf Lebenszeit. [1]Die Ernennung zur Beamtin auf Lebenszeit oder zum Beamten auf Lebenszeit ist nur zulässig, wenn die Beamtin oder der Beamte sich in einer Probezeit von mindestens sechs Monaten und höchstens fünf Jahren bewährt hat. [2]Von der Mindestprobezeit können durch Landesrecht Ausnahmen bestimmt werden.

§ 11[1)] Nichtigkeit der Ernennung. (1) Die Ernennung ist nichtig, wenn
1. sie nicht der in § 8 Abs. 2 vorgeschriebenen Form entspricht,
2. sie von einer sachlich unzuständigen Behörde ausgesprochen wurde oder
3. zum Zeitpunkt der Ernennung
   a) nach § 7 Absatz 1 Satz 1 Nummer 1 keine Ernennung erfolgen durfte und keine Ausnahme nach § 7 Abs. 3 zugelassen war,
   b) nicht die Fähigkeit zur Bekleidung öffentlicher Ämter vorlag oder
   c) eine ihr zu Grunde liegende Wahl unwirksam ist.

(2) Die Ernennung ist von Anfang an als wirksam anzusehen, wenn
1. im Fall des Absatzes 1 Nr. 1 aus der Urkunde oder aus dem Akteninhalt eindeutig hervorgeht, dass die für die Ernennung zuständige Stelle ein bestimmtes Beamtenverhältnis begründen oder ein bestehendes Beamtenverhältnis in ein solches anderer Art umwandeln wollte, für das die sonstigen Voraussetzungen vorliegen, und die für die Ernennung zuständige Stelle die Wirksamkeit schriftlich bestätigt; das Gleiche gilt, wenn die Angabe der Zeitdauer fehlt, durch Landesrecht aber die Zeitdauer bestimmt ist,
2. im Fall des Absatzes 1 Nr. 2 die sachlich zuständige Behörde die Ernennung bestätigt oder
3. im Fall des Absatzes 1 Nr. 3 Buchstabe a eine Ausnahme nach § 7 Abs. 3 nachträglich zugelassen wird.

§ 12[2)] Rücknahme der Ernennung. (1) Die Ernennung ist mit Wirkung für die Vergangenheit zurückzunehmen, wenn
1. sie durch Zwang, arglistige Täuschung oder Bestechung herbeigeführt wurde,
2. dem Dienstherrn zum Zeitpunkt der Ernennung nicht bekannt war, dass die ernannte Person vor ihrer Ernennung ein Verbrechen oder Vergehen begangen hat, aufgrund dessen sie vor oder nach ihrer Ernennung rechtskräftig zu

---

[1)] § 11 Abs. 1 Nr. 3 Buchst. a geänd. mWv 7.7.2021 durch G v. 28.6.2021 (BGBl. I S. 2250).

[2)] § 12 Abs. 2 Satz 2 geänd. mWv 7.12.2018 durch G v. 29.11.2018 (BGBl. I S. 2232); Abs. 1 Nr. 2 neu gef., Abs. 2 Satz 2 geänd. mWv 7.7.2021 durch G v. 28.6.2021 (BGBl. I S. 2250).

einer Strafe verurteilt worden ist und das sie für die Berufung in das Beamtenverhältnis als unwürdig erscheinen lässt,
3. die Ernennung nach § 7 Abs. 2 nicht erfolgen durfte und eine Ausnahme nach § 7 Abs. 3 nicht zugelassen war und die Ausnahme nicht nachträglich erteilt wird oder
4. eine durch Landesrecht vorgeschriebene Mitwirkung einer unabhängigen Stelle oder einer Aufsichtsbehörde unterblieben ist und nicht nachgeholt wurde.

(2) [1]Die Ernennung soll zurückgenommen werden, wenn nicht bekannt war, dass gegen die ernannte Person in einem Disziplinarverfahren auf Entfernung aus dem Beamtenverhältnis oder auf Aberkennung des Ruhegehalts erkannt worden war. [2]Dies gilt auch, wenn die Entscheidung gegen eine Beamtin oder einen Beamten der Europäischen Union oder eines Staates nach § 7 Absatz 1 Satz 1 Nummer 1 ergangen ist.

Abschnitt 3. Länderübergreifender Wechsel und Wechsel in die Bundesverwaltung

§ 13[1)] Grundsatz. Die Vorschriften dieses Abschnitts gelten nur bei landesübergreifender Abordnung, Versetzung und Umbildung von Körperschaften sowie bei einer Abordnung oder Versetzung aus einem Land in die Bundesverwaltung.

§ 14 Abordnung. (1) Beamtinnen und Beamte können aus dienstlichen Gründen vorübergehend ganz oder teilweise zu einer dem übertragenen Amt entsprechenden Tätigkeit in den Bereich eines Dienstherrn eines anderen Landes oder des Bundes abgeordnet werden.

(2) [1]Aus dienstlichen Gründen ist eine Abordnung vorübergehend ganz oder teilweise auch zu einer nicht dem Amt entsprechenden Tätigkeit zulässig, wenn der Beamtin oder dem Beamten die Wahrnehmung der neuen Tätigkeit aufgrund der Vorbildung oder Berufsausbildung zuzumuten ist. [2]Dabei ist auch die Abordnung zu einer Tätigkeit, die nicht einem Amt mit demselben Grundgehalt entspricht, zulässig.

(3) [1]Die Abordnung bedarf der Zustimmung der Beamtin oder des Beamten. [2]Abweichend von Satz 1 ist die Abordnung auch ohne Zustimmung zulässig, wenn die neue Tätigkeit zuzumuten ist und einem Amt mit demselben Grundgehalt entspricht und die Abordnung die Dauer von fünf Jahren nicht übersteigt.

(4) [1]Die Abordnung wird von dem abgebenden im Einverständnis mit dem aufnehmenden Dienstherrn verfügt. [2]Soweit zwischen den Dienstherren nichts anderes vereinbart ist, sind die für den Bereich des aufnehmenden Dienstherrn geltenden Vorschriften über die Pflichten und Rechte der Beamtinnen und Beamten mit Ausnahme der Regelungen über Diensteid, Amtsbezeichnung, Zahlung von Bezügen, Krankenfürsorgeleistungen und Versorgung entsprechend anzuwenden. [3]Die Verpflichtung zur Bezahlung hat auch der Dienstherr, zu dem die Abordnung erfolgt ist.

---

1) § 13 geänd. mWv 7.12.2018 durch G v. 29.11.2018 (BGBl. I S. 2232).

§ 15 Versetzung. (1) Beamtinnen und Beamte können auf Antrag oder aus dienstlichen Gründen in den Bereich eines Dienstherrn eines anderen Landes oder des Bundes in ein Amt einer Laufbahn versetzt werden, für die sie die Befähigung besitzen.

(2) [1] Eine Versetzung bedarf der Zustimmung der Beamtin oder des Beamten. [2] Abweichend von Satz 1 ist die Versetzung auch ohne Zustimmung zulässig, wenn das neue Amt mit mindestens demselben Grundgehalt verbunden ist wie das bisherige Amt. [3] Stellenzulagen gelten hierbei nicht als Bestandteile des Grundgehalts.

(3) [1] Die Versetzung wird von dem abgebenden im Einverständnis mit dem aufnehmenden Dienstherrn verfügt. [2] Das Beamtenverhältnis wird mit dem neuen Dienstherrn fortgesetzt.

§ 16 Umbildung einer Körperschaft. (1) Beamtinnen und Beamte einer juristischen Person des öffentlichen Rechts mit Dienstherrnfähigkeit (Körperschaft), die vollständig in eine andere Körperschaft eingegliedert wird, treten mit der Umbildung kraft Gesetzes in den Dienst der aufnehmenden Körperschaft über.

(2) [1] Die Beamtinnen und Beamten einer Körperschaft, die vollständig in mehrere andere Körperschaften eingegliedert wird, sind anteilig in den Dienst der aufnehmenden Körperschaften zu übernehmen. [2] Die beteiligten Körperschaften haben innerhalb einer Frist von sechs Monaten nach der Umbildung im Einvernehmen miteinander zu bestimmen, von welchen Körperschaften die einzelnen Beamtinnen und Beamten zu übernehmen sind. [3] Solange eine Beamtin oder ein Beamter nicht übernommen ist, haften alle aufnehmenden Körperschaften für die ihr oder ihm zustehenden Bezüge als Gesamtschuldner.

(3) [1] Die Beamtinnen und Beamten einer Körperschaft, die teilweise in eine oder mehrere andere Körperschaften eingegliedert wird, sind zu einem verhältnismäßigen Teil, bei mehreren Körperschaften anteilig, in den Dienst der aufnehmenden Körperschaften zu übernehmen. [2] Absatz 2 Satz 2 ist entsprechend anzuwenden.

(4) Die Absätze 1 bis 3 gelten entsprechend, wenn eine Körperschaft mit einer oder mehreren anderen Körperschaften zu einer neuen Körperschaft zusammengeschlossen wird, wenn ein oder mehrere Teile verschiedener Körperschaften zu einem oder mehreren neuen Teilen einer Körperschaft zusammengeschlossen werden, wenn aus einer Körperschaft oder aus Teilen einer Körperschaft eine oder mehrere neue Körperschaften gebildet werden, oder wenn Aufgaben einer Körperschaft vollständig oder teilweise auf eine oder mehrere andere Körperschaften übergehen.

§ 17 Rechtsfolgen der Umbildung. (1) Tritt eine Beamtin oder ein Beamter aufgrund des § 16 Abs. 1 kraft Gesetzes in den Dienst einer anderen Körperschaft über oder wird sie oder er aufgrund des § 16 Abs. 2 oder 3 von einer anderen Körperschaft übernommen, wird das Beamtenverhältnis mit dem neuen Dienstherrn fortgesetzt.

(2) Im Fall des § 16 Abs. 1 ist der Beamtin oder dem Beamten von der aufnehmenden oder neuen Körperschaft die Fortsetzung des Beamtenverhältnisses schriftlich zu bestätigen.

(3) [1] In den Fällen des § 16 Abs. 2 und 3 wird die Übernahme von der Körperschaft verfügt, in deren Dienst die Beamtin oder der Beamte treten soll.

[2]Die Verfügung wird mit der Zustellung an die Beamtin oder den Beamten wirksam. [3]Die Beamtin oder der Beamte ist verpflichtet, der Übernahmeverfügung Folge zu leisten. [4]Kommt die Beamtin oder der Beamte der Verpflichtung nicht nach, ist sie oder er zu entlassen.

(4) Die Absätze 1 bis 3 gelten entsprechend in den Fällen des § 16 Abs. 4.

§ 18 Rechtsstellung der Beamtinnen und Beamten. (1) [1]Beamtinnen und Beamten, die nach § 16 in den Dienst einer anderen Körperschaft kraft Gesetzes übertreten oder übernommen werden, soll ein gleich zu bewertendes Amt übertragen werden, das ihrem bisherigen Amt nach Bedeutung und Inhalt ohne Rücksicht auf Dienststellung und Dienstalter entspricht. [2]Wenn eine dem bisherigen Amt entsprechende Verwendung nicht möglich ist, kann ihnen auch ein anderes Amt mit geringerem Grundgehalt übertragen werden. [3]Das Grundgehalt muss mindestens dem des Amtes entsprechen, das die Beamtinnen und Beamten vor dem bisherigen Amt innehatten. [4]In diesem Fall dürfen sie neben der neuen Amtsbezeichnung die des früheren Amtes mit dem Zusatz „außer Dienst" („a.D.") führen.

(2) [1]Die aufnehmende oder neue Körperschaft kann, wenn die Zahl der bei ihr nach der Umbildung vorhandenen Beamtinnen und Beamten den tatsächlichen Bedarf übersteigt, innerhalb einer Frist, deren Bestimmung dem Landesrecht vorbehalten bleibt, Beamtinnen und Beamte im Beamtenverhältnis auf Lebenszeit oder auf Zeit in den einstweiligen Ruhestand versetzen, wenn deren Aufgabengebiet von der Umbildung berührt wurde. [2]Bei Beamtinnen auf Zeit und Beamten auf Zeit, die nach Satz 1 in den einstweiligen Ruhestand versetzt sind, endet der einstweilige Ruhestand mit Ablauf der Amtszeit; sie gelten in diesem Zeitpunkt als dauernd in den Ruhestand versetzt, wenn sie bei Verbleiben im Amt mit Ablauf der Amtszeit in den Ruhestand getreten wären.

§ 19 Rechtsstellung der Versorgungsempfängerinnen und Versorgungsempfänger. (1) Die Vorschriften des § 16 Abs. 1 und 2 und des § 17 gelten entsprechend für die im Zeitpunkt der Umbildung bei der abgebenden Körperschaft vorhandenen Versorgungsempfängerinnen und Versorgungsempfänger.

(2) In den Fällen des § 16 Abs. 3 bleiben die Ansprüche der im Zeitpunkt der Umbildung vorhandenen Versorgungsempfängerinnen und Versorgungsempfänger gegenüber der abgebenden Körperschaft bestehen.

(3) Die Absätze 1 und 2 gelten entsprechend in den Fällen des § 16 Abs. 4.

Abschnitt 4. Zuweisung einer Tätigkeit bei anderen Einrichtungen

§ 20 Zuweisung. (1) Beamtinnen und Beamten kann mit ihrer Zustimmung vorübergehend ganz oder teilweise eine ihrem Amt entsprechende Tätigkeit zugewiesen werden

1. bei einer öffentlichen Einrichtung ohne Dienstherrneigenschaft oder bei einer öffentlich-rechtlichen Religionsgemeinschaft im dienstlichen oder öffentlichen Interesse oder
2. bei einer anderen Einrichtung, wenn öffentliche Interessen es erfordern.

(2) Beamtinnen und Beamten einer Dienststelle, die ganz oder teilweise in eine öffentlich-rechtlich organisierte Einrichtung ohne Dienstherrneigenschaft oder eine privatrechtlich organisierte Einrichtung der öffentlichen Hand umge-

wandelt wird, kann auch ohne ihre Zustimmung ganz oder teilweise eine ihrem Amt entsprechende Tätigkeit bei dieser Einrichtung zugewiesen werden, wenn öffentliche Interessen es erfordern.

(3) Die Rechtsstellung der Beamtinnen und Beamten bleibt unberührt.

Abschnitt 5. Beendigung des Beamtenverhältnisses

§ 21 Beendigungsgründe. Das Beamtenverhältnis endet durch

1. Entlassung,
2. Verlust der Beamtenrechte,
3. Entfernung aus dem Beamtenverhältnis nach den Disziplinargesetzen oder
4. Eintritt oder Versetzung in den Ruhestand.

§ 22[1] Entlassung kraft Gesetzes. (1) Beamtinnen und Beamte sind entlassen, wenn

1. die Voraussetzungen des § 7 Absatz 1 Satz 1 Nummer 1 nicht mehr vorliegen und eine Ausnahme nach § 7 Absatz 3 auch nachträglich nicht zugelassen wird oder
2. sie die Altersgrenze erreichen und das Beamtenverhältnis nicht durch Eintritt in den Ruhestand endet.

(2) [1] Die Beamtin oder der Beamte ist entlassen, wenn ein öffentlich-rechtliches Dienst- oder Amtsverhältnis zu einem anderen Dienstherrn oder zu einer Einrichtung ohne Dienstherrneigenschaft begründet wird, sofern nicht im Einvernehmen mit dem neuen Dienstherrn oder der Einrichtung die Fortdauer des Beamtenverhältnisses neben dem neuen Dienst- oder Amtsverhältnis angeordnet oder durch Landesrecht etwas anderes bestimmt wird. [2] Dies gilt nicht für den Eintritt in ein Beamtenverhältnis auf Widerruf oder als Ehrenbeamtin oder Ehrenbeamter.

(3) Die Beamtin oder der Beamte ist mit der Berufung in ein Beamtenverhältnis auf Zeit aus einem anderen Beamtenverhältnis bei demselben Dienstherrn entlassen, soweit das Landesrecht keine abweichenden Regelungen trifft.

(4) Das Beamtenverhältnis auf Widerruf endet mit Ablauf des Tages der Ablegung oder dem endgültigen Nichtbestehen der für die Laufbahn vorgeschriebenen Prüfung, sofern durch Landesrecht nichts anderes bestimmt ist.

(5) Das Beamtenverhältnis auf Probe in einem Amt mit leitender Funktion endet mit Ablauf der Probezeit oder mit Versetzung zu einem anderen Dienstherrn.

§ 23[2] Entlassung durch Verwaltungsakt. (1) [1] Beamtinnen und Beamte sind zu entlassen, wenn sie

1. den Diensteid oder ein an dessen Stelle vorgeschriebenes Gelöbnis verweigern,
2. nicht in den Ruhestand oder einstweiligen Ruhestand versetzt werden können, weil eine versorgungsrechtliche Wartezeit nicht erfüllt ist,

---

[1] § 22 Abs. 1 Nr. 1 neu gef. mWv 7.12.2018 durch G v. 29.11.2018 (BGBl. I S. 2232); Abs. 1 Nr. 1 geänd. mWv 7.7.2021 durch G v. 28.6.2021 (BGBl. I S. 2250).

[2] § 23 Abs. 2 geänd. mWv 7.12.2018 durch G v. 29.11.2018 (BGBl. I S. 2232).

3. dauernd dienstunfähig sind und das Beamtenverhältnis nicht durch Versetzung in den Ruhestand endet,
4. die Entlassung in schriftlicher Form verlangen oder
5. nach Erreichen der Altersgrenze berufen worden sind.

[2] Im Fall des Satzes 1 Nr. 3 ist § 26 Abs. 2 entsprechend anzuwenden.

(2) Beamtinnen und Beamte können entlassen werden, wenn sie in Fällen des § 7 Abs. 2 die Eigenschaft als Deutsche oder Deutscher im Sinne des Artikels 116 Absatz 1 des Grundgesetzes[1)] verlieren.

(3) [1] Beamtinnen auf Probe und Beamte auf Probe können entlassen werden,

1. wenn sie eine Handlung begehen, die im Beamtenverhältnis auf Lebenszeit mindestens eine Kürzung der Dienstbezüge zur Folge hätte,
2. wenn sie sich in der Probezeit nicht bewährt haben oder
3. wenn ihr Aufgabengebiet bei einer Behörde von der Auflösung dieser Behörde oder einer auf landesrechtlicher Vorschrift beruhenden wesentlichen Änderung des Aufbaus oder Verschmelzung dieser Behörde mit einer anderen oder von der Umbildung einer Körperschaft berührt wird und eine andere Verwendung nicht möglich ist.

[2] Im Fall des Satzes 1 Nr. 2 ist § 26 Abs. 2 bei allein mangelnder gesundheitlicher Eignung entsprechend anzuwenden.

(4) [1] Beamtinnen auf Widerruf und Beamte auf Widerruf können jederzeit entlassen werden. [2] Die Gelegenheit zur Beendigung des Vorbereitungsdienstes und zur Ablegung der Prüfung soll gegeben werden.

§ 24 Verlust der Beamtenrechte. (1) [1] Wenn eine Beamtin oder ein Beamter im ordentlichen Strafverfahren durch das Urteil eines deutschen Gerichts

1. wegen einer vorsätzlichen Tat zu einer Freiheitsstrafe von mindestens einem Jahr oder
2. wegen einer vorsätzlichen Tat, die nach den Vorschriften über Friedensverrat, Hochverrat und Gefährdung des demokratischen Rechtsstaates, Landesverrat und Gefährdung der äußeren Sicherheit oder, soweit sich die Tat auf eine Diensthandlung im Hauptamt bezieht, Bestechlichkeit, strafbar ist, zu einer Freiheitsstrafe von mindestens sechs Monaten

verurteilt wird, endet das Beamtenverhältnis mit der Rechtskraft des Urteils. [2] Entsprechendes gilt, wenn die Fähigkeit zur Bekleidung öffentlicher Ämter aberkannt wird oder wenn die Beamtin oder der Beamte aufgrund einer Entscheidung des Bundesverfassungsgerichts nach Artikel 18 des Grundgesetzes[1)] ein Grundrecht verwirkt hat.

(2) Wird eine Entscheidung, die den Verlust der Beamtenrechte zur Folge hat, in einem Wiederaufnahmeverfahren aufgehoben, gilt das Beamtenverhältnis als nicht unterbrochen.

§ 25 Ruhestand wegen Erreichens der Altersgrenze. Beamtinnen auf Lebenszeit und Beamte auf Lebenszeit treten nach Erreichen der Altersgrenze in den Ruhestand.

[1)] Nr. **11.1**.

§ 26[1] Dienstunfähigkeit. (1) [1] Beamtinnen auf Lebenszeit und Beamte auf Lebenszeit sind in den Ruhestand zu versetzen, wenn sie wegen ihres körperlichen Zustands oder aus gesundheitlichen Gründen zur Erfüllung ihrer Dienstpflichten dauernd unfähig (dienstunfähig) sind. [2] Als dienstunfähig kann auch angesehen werden, wer infolge Erkrankung innerhalb eines Zeitraums von sechs Monaten mehr als drei Monate keinen Dienst getan hat und keine Aussicht besteht, dass innerhalb einer Frist, deren Bestimmung dem Landesrecht vorbehalten bleibt, die Dienstfähigkeit wieder voll hergestellt ist. [3] In den Ruhestand wird nicht versetzt, wer anderweitig verwendbar ist. [4] Für Gruppen von Beamtinnen und Beamten können besondere Voraussetzungen für die Dienstunfähigkeit durch Landesrecht geregelt werden.

(2) [1] Eine anderweitige Verwendung ist möglich, wenn der Beamtin oder dem Beamten ein anderes Amt derselben oder einer anderen Laufbahn übertragen werden kann. [2] In den Fällen des Satzes 1 ist die Übertragung eines anderen Amtes ohne Zustimmung zulässig, wenn das neue Amt zum Bereich desselben Dienstherrn gehört, es mit mindestens demselben Grundgehalt verbunden ist wie das bisherige Amt und wenn zu erwarten ist, dass die gesundheitlichen Anforderungen des neuen Amtes erfüllt werden. [3] Beamtinnen und Beamte, die nicht die Befähigung für die andere Laufbahn besitzen, haben an Qualifizierungsmaßnahmen für den Erwerb der neuen Befähigung teilzunehmen.

(3) Zur Vermeidung der Versetzung in den Ruhestand kann der Beamtin oder dem Beamten unter Beibehaltung des übertragenen Amtes ohne Zustimmung auch eine geringerwertige Tätigkeit im Bereich desselben Dienstherrn übertragen werden, wenn eine anderweitige Verwendung nicht möglich ist und die Wahrnehmung der neuen Aufgabe unter Berücksichtigung der bisherigen Tätigkeit zumutbar ist.

§ 27[2] Begrenzte Dienstfähigkeit. (1) Von der Versetzung in den Ruhestand wegen Dienstunfähigkeit ist abzusehen, wenn die Beamtin oder der Beamte unter Beibehaltung des übertragenen Amtes die Dienstpflichten noch während mindestens der Hälfte der regelmäßigen Arbeitszeit erfüllen kann (begrenzte Dienstfähigkeit).

(2) [1] Die Arbeitszeit ist entsprechend der begrenzten Dienstfähigkeit herabzusetzen. [2] Mit Zustimmung der Beamtin oder des Beamten ist auch eine Verwendung in einer nicht dem Amt entsprechenden Tätigkeit möglich.

§ 28 Ruhestand bei Beamtenverhältnis auf Probe. (1) Beamtinnen auf Probe und Beamte auf Probe sind in den Ruhestand zu versetzen, wenn sie infolge Krankheit, Verwundung oder sonstiger Beschädigung, die sie sich ohne grobes Verschulden bei Ausübung oder aus Veranlassung des Dienstes zugezogen haben, dienstunfähig geworden sind.

(2) Beamtinnen auf Probe und Beamte auf Probe können in den Ruhestand versetzt werden, wenn sie aus anderen Gründen dienstunfähig geworden sind.

(3) § 26 Abs. 1 Satz 3, Abs. 2 und 3 sowie § 27 sind entsprechend anzuwenden.

---

[1] § 26 Abs. 1 Satz 3 neu gef. mWv 7.12.2018 durch G v. 29.11.2018 (BGBl. I S. 2232).
[2] § 27 Abs. 1 geänd. mWv 7.7.2021 durch G v. 28.6.2021 (BGBl. I S. 2250).

§ 29 Wiederherstellung der Dienstfähigkeit. (1) Wird nach der Versetzung in den Ruhestand wegen Dienstunfähigkeit die Dienstfähigkeit wiederhergestellt und beantragt die Ruhestandsbeamtin oder der Ruhestandsbeamte vor Ablauf einer Frist, deren Bestimmung dem Landesrecht vorbehalten bleibt, spätestens zehn Jahre nach der Versetzung in den Ruhestand, eine erneute Berufung in das Beamtenverhältnis, ist diesem Antrag zu entsprechen, falls nicht zwingende dienstliche Gründe entgegenstehen.

(2) [1] Beamtinnen und Beamte, die wegen Dienstunfähigkeit in den Ruhestand versetzt worden sind, können erneut in das Beamtenverhältnis berufen werden, wenn im Dienstbereich des früheren Dienstherrn ein Amt mit mindestens demselben Grundgehalt übertragen werden soll und wenn zu erwarten ist, dass die gesundheitlichen Anforderungen des neuen Amtes erfüllt werden. [2] Beamtinnen und Beamte, die nicht die Befähigung für die andere Laufbahn besitzen, haben an Qualifizierungsmaßnahmen für den Erwerb der neuen Befähigung teilzunehmen. [3] Den wegen Dienstunfähigkeit in den Ruhestand versetzten Beamtinnen und Beamten kann unter Übertragung eines Amtes ihrer früheren Laufbahn nach Satz 1 auch eine geringerwertige Tätigkeit im Bereich desselben Dienstherrn übertragen werden, wenn eine anderweitige Verwendung nicht möglich ist und die Wahrnehmung der neuen Aufgabe unter Berücksichtigung ihrer früheren Tätigkeit zumutbar ist.

(3) Die erneute Berufung in ein Beamtenverhältnis ist auch in den Fällen der begrenzten Dienstfähigkeit möglich.

(4) Beamtinnen und Beamte, die wegen Dienstunfähigkeit in den Ruhestand versetzt worden sind, sind verpflichtet, sich geeigneten und zumutbaren Maßnahmen zur Wiederherstellung ihrer Dienstfähigkeit zu unterziehen; die zuständige Behörde kann ihnen entsprechende Weisungen erteilen.

(5) [1] Die Dienstfähigkeit der Ruhestandsbeamtin oder des Ruhestandsbeamten kann nach Maßgabe des Landesrechts untersucht werden; sie oder er ist verpflichtet, sich nach Weisung der zuständigen Behörde ärztlich untersuchen zu lassen. [2] Die Ruhestandsbeamtin oder der Ruhestandsbeamte kann eine solche Untersuchung verlangen, wenn sie oder er einen Antrag nach Absatz 1 zu stellen beabsichtigt.

(6) Bei einer erneuten Berufung gilt das frühere Beamtenverhältnis als fortgesetzt.

§ 30 Einstweiliger Ruhestand. (1) [1] Beamtinnen auf Lebenszeit und Beamte auf Lebenszeit können jederzeit in den einstweiligen Ruhestand versetzt werden, wenn sie ein Amt bekleiden, bei dessen Ausübung sie in fortdauernder Übereinstimmung mit den grundsätzlichen politischen Ansichten und Zielen der Regierung stehen müssen. [2] Die Bestimmung der Ämter nach Satz 1 ist dem Landesrecht vorbehalten.

(2) Beamtinnen und Beamte, die auf Probe ernannt sind und ein Amt im Sinne des Absatzes 1 bekleiden, können jederzeit entlassen werden.

(3) [1] Für den einstweiligen Ruhestand gelten die Vorschriften über den Ruhestand. [2] § 29 Abs. 2 und 6 gilt entsprechend. [3] Der einstweilige Ruhestand endet bei erneuter Berufung in das Beamtenverhältnis auf Lebenszeit auch bei einem anderen Dienstherrn, wenn den Beamtinnen oder Beamten ein Amt verliehen wird, das derselben oder einer gleichwertigen Laufbahn angehört wie das frühere Amt und mit mindestens demselben Grundgehalt verbunden ist.

(4) Erreichen Beamtinnen und Beamte, die in den einstweiligen Ruhestand versetzt sind, die gesetzliche Altersgrenze, gelten sie mit diesem Zeitpunkt als dauernd in den Ruhestand versetzt.

§ 31 Einstweiliger Ruhestand bei Umbildung und Auflösung von Behörden. (1) [1] Bei der Auflösung einer Behörde oder bei einer auf landesrechtlicher Vorschrift beruhenden wesentlichen Änderung des Aufbaus oder bei Verschmelzung einer Behörde mit einer oder mehreren anderen kann eine Beamtin auf Lebenszeit oder ein Beamter auf Lebenszeit in den einstweiligen Ruhestand versetzt werden, wenn das übertragene Aufgabengebiet von der Auflösung oder Umbildung berührt wird und eine Versetzung nach Landesrecht nicht möglich ist. [2] Zusätzliche Voraussetzungen können geregelt werden.

(2) [1] Die erneute Berufung der in den einstweiligen Ruhestand versetzten Beamtin oder des in den einstweiligen Ruhestand versetzten Beamten in ein Beamtenverhältnis ist vorzusehen, wenn ein der bisherigen Tätigkeit entsprechendes Amt zu besetzen ist, für das sie oder er geeignet ist. [2] Für erneute Berufungen nach Satz 1, die weniger als fünf Jahre vor Erreichen der Altersgrenze (§ 25) wirksam werden, können durch Landesrecht abweichende Regelungen getroffen werden.

(3) § 29 Abs. 6 gilt entsprechend.

§ 32 Wartezeit. Die Versetzung in den Ruhestand setzt die Erfüllung einer versorgungsrechtlichen Wartezeit voraus.

Abschnitt 6. Rechtliche Stellung im Beamtenverhältnis

§ 33 Grundpflichten. (1) [1] Beamtinnen und Beamte dienen dem ganzen Volk, nicht einer Partei. [2] Sie haben ihre Aufgaben unparteiisch und gerecht zu erfüllen und ihr Amt zum Wohl der Allgemeinheit zu führen. [3] Beamtinnen und Beamte müssen sich durch ihr gesamtes Verhalten zu der freiheitlichen demokratischen Grundordnung im Sinne des Grundgesetzes[1)] bekennen und für deren Erhaltung eintreten.

(2) Beamtinnen und Beamte haben bei politischer Betätigung diejenige Mäßigung und Zurückhaltung zu wahren, die sich aus ihrer Stellung gegenüber der Allgemeinheit und aus der Rücksicht auf die Pflichten ihres Amtes ergibt.

§ 34[2)] Wahrnehmung der Aufgaben, Verhalten und Erscheinungsbild. (1) [1] Beamtinnen und Beamte haben sich mit vollem persönlichen Einsatz ihrem Beruf zu widmen. [2] Sie haben die übertragenen Aufgaben uneigennützig nach bestem Gewissen wahrzunehmen. [3] Ihr Verhalten innerhalb und außerhalb des Dienstes muss der Achtung und dem Vertrauen gerecht werden, die ihr Beruf erfordern.

(2) [1] Beamtinnen und Beamte haben bei der Ausübung des Dienstes oder bei einer Tätigkeit mit unmittelbarem Dienstbezug auch hinsichtlich ihres Erscheinungsbilds Rücksicht auf das ihrem Amt entgegengebrachte Vertrauen zu nehmen. [2] Insbesondere das Tragen von bestimmten Kleidungsstücken,

---

[1)] Nr. **11.1**.

[2)] § 34 Satz 4 angef. mWv 15.6.2017 durch G v. 8.6.2017 (BGBl. I S. 1570); Satz 3 neu gef. mWv 7.12.2018 durch G v. 29.11.2018 (BGBl. I S. 2232); Überschr. neu gef., Abs. 1 Satz 4 aufgeh., Abs. 2 angef. mWv 7.7.2021 durch G v. 28.6.2021 (BGBl. I S. 2250).

Schmuck, Symbolen und Tätowierungen im sichtbaren Bereich sowie die Art der Haar- und Barttracht können eingeschränkt oder untersagt werden, soweit die Funktionsfähigkeit der Verwaltung oder die Pflicht zum achtungs- und vertrauenswürdigen Verhalten dies erfordert. [3]Das ist insbesondere dann der Fall, wenn Merkmale des Erscheinungsbilds nach Satz 2 durch ihre über das übliche Maß hinausgehende besonders individualisierende Art geeignet sind, die amtliche Funktion der Beamtin oder des Beamten in den Hintergrund zu drängen. [4]Religiös oder weltanschaulich konnotierte Merkmale des Erscheinungsbilds nach Satz 2 können nur dann eingeschränkt oder untersagt werden, wenn sie objektiv geeignet sind, das Vertrauen in die neutrale Amtsführung der Beamtin oder des Beamten zu beeinträchtigen. [5]Die Einzelheiten nach den Sätzen 2 bis 4 können durch Landesrecht bestimmt werden. [6]Die Verhüllung des Gesichts bei der Ausübung des Dienstes oder bei einer Tätigkeit mit unmittelbarem Dienstbezug ist stets unzulässig, es sei denn, dienstliche oder gesundheitliche Gründe erfordern dies.

§ 35[1)] Folgepflicht. (1) [1]Beamtinnen und Beamte haben ihre Vorgesetzten zu beraten und zu unterstützen. [2]Sie sind verpflichtet, deren dienstliche Anordnungen auszuführen und deren allgemeine Richtlinien zu befolgen. [3]Dies gilt nicht, soweit die Beamtinnen und Beamten nach besonderen gesetzlichen Vorschriften an Weisungen nicht gebunden und nur dem Gesetz unterworfen sind.

(2) Beamtinnen und Beamte haben bei organisatorischen Veränderungen dem Dienstherrn Folge zu leisten.

§ 36[2)] Verantwortung für die Rechtmäßigkeit. (1) Beamtinnen und Beamte tragen für die Rechtmäßigkeit ihrer dienstlichen Handlungen die volle persönliche Verantwortung.

(2) [1]Bedenken gegen die Rechtmäßigkeit dienstlicher Anordnungen haben Beamtinnen und Beamte unverzüglich auf dem Dienstweg geltend zu machen. [2]Wird die Anordnung aufrechterhalten, haben sie sich, wenn die Bedenken fortbestehen, an die nächst höhere Vorgesetzte oder den nächst höheren Vorgesetzten zu wenden. [3]Wird die Anordnung bestätigt, müssen die Beamtinnen und Beamten sie ausführen und sind von der eigenen Verantwortung befreit. [4]Dies gilt nicht, wenn das aufgetragene Verhalten die Würde des Menschen verletzt oder strafbar oder ordnungswidrig ist und die Strafbarkeit oder Ordnungswidrigkeit für die Beamtinnen oder Beamten erkennbar ist. [5]Die Bestätigung hat auf Verlangen schriftlich zu erfolgen.

(3) [1]Wird von den Beamtinnen oder Beamten die sofortige Ausführung der Anordnung verlangt, weil Gefahr im Verzug besteht und die Entscheidung der oder des höheren Vorgesetzten nicht rechtzeitig herbeigeführt werden kann, gilt Absatz 2 Satz 3 und 4 entsprechend. [2]Die Anordnung ist durch die anordnende oder den anordnenden Vorgesetzten schriftlich zu bestätigen, wenn die Beamtin oder der Beamte dies unverzüglich nach Ausführung der Anordnung verlangt.

[1)] § 35 Überschrift neu gef., Abs. 2 angef. mWv 7.12.2018 durch G v. 29.11.2018 (BGBl. I S. 2232).

[2)] § 36 Abs. 3 Satz 2 angef. mWv 7.12.2018 durch G v. 29.11.2018 (BGBl. I S. 2232).

§ 37 Verschwiegenheitspflicht. (1) [1]Beamtinnen und Beamte haben über die ihnen bei oder bei Gelegenheit ihrer amtlichen Tätigkeit bekannt gewordenen dienstlichen Angelegenheiten Verschwiegenheit zu bewahren. [2]Dies gilt auch über den Bereich eines Dienstherrn hinaus sowie nach Beendigung des Beamtenverhältnisses.

(2) [1]Absatz 1 gilt nicht, soweit

1. Mitteilungen im dienstlichen Verkehr geboten sind,
2. Tatsachen mitgeteilt werden, die offenkundig sind oder ihrer Bedeutung nach keiner Geheimhaltung bedürfen, oder
3. gegenüber der zuständigen obersten Dienstbehörde, einer Strafverfolgungsbehörde oder einer durch Landesrecht bestimmten weiteren Behörde oder außerdienstlichen Stelle ein durch Tatsachen begründeter Verdacht einer Korruptionsstraftat nach den §§ 331 bis 337 des Strafgesetzbuches[1)] angezeigt wird.

[2]Im Übrigen bleiben die gesetzlich begründeten Pflichten, geplante Straftaten anzuzeigen und für die Erhaltung der freiheitlichen demokratischen Grundordnung einzutreten, von Absatz 1 unberührt.

(3) [1]Beamtinnen und Beamte dürfen ohne Genehmigung über Angelegenheiten, für die Absatz 1 gilt, weder vor Gericht noch außergerichtlich aussagen oder Erklärungen abgeben. [2]Die Genehmigung erteilt der Dienstherr oder, wenn das Beamtenverhältnis beendet ist, der letzte Dienstherr. [3]Hat sich der Vorgang, der den Gegenstand der Äußerung bildet, bei einem früheren Dienstherrn ereignet, darf die Genehmigung nur mit dessen Zustimmung erteilt werden. [4]Durch Landesrecht kann bestimmt werden, dass an die Stelle des in den Sätzen 2 und 3 genannten jeweiligen Dienstherrn eine andere Stelle tritt.

(4) [1]Die Genehmigung, als Zeugin oder Zeuge auszusagen, darf nur versagt werden, wenn die Aussage dem Wohl des Bundes oder eines deutschen Landes erhebliche Nachteile bereiten oder die Erfüllung öffentlicher Aufgaben ernstlich gefährden oder erheblich erschweren würde. [2]Durch Landesrecht kann bestimmt werden, dass die Verweigerung der Genehmigung zur Aussage vor Untersuchungsausschüssen des Deutschen Bundestages oder der Volksvertretung eines Landes einer Nachprüfung unterzogen werden kann. [3]Die Genehmigung, ein Gutachten zu erstatten, kann versagt werden, wenn die Erstattung den dienstlichen Interessen Nachteile bereiten würde.

(5) [1]Sind Beamtinnen oder Beamte Partei oder Beschuldigte in einem gerichtlichen Verfahren oder soll ihr Vorbringen der Wahrnehmung ihrer berechtigten Interessen dienen, darf die Genehmigung auch dann, wenn die Voraussetzungen des Absatzes 4 Satz 1 erfüllt sind, nur versagt werden, wenn die dienstlichen Rücksichten dies unabweisbar erfordern. [2]Wird sie versagt, ist Beamtinnen oder Beamten der Schutz zu gewähren, den die dienstlichen Rücksichten zulassen.

(6) [1]Beamtinnen und Beamte haben, auch nach Beendigung des Beamtenverhältnisses, auf Verlangen des Dienstherrn oder des letzten Dienstherrn amtliche Schriftstücke, Zeichnungen, bildliche Darstellungen sowie Aufzeichnungen jeder Art über dienstliche Vorgänge, auch soweit es sich um Wiedergaben handelt, herauszugeben. [2]Die gleiche Verpflichtung trifft ihre Hinterbliebenen und Erben.

[1)] **Habersack (vormals Schönfelder) Nr. 85.**

§ 38[1)] Diensteid. (1) [1] Beamtinnen und Beamte haben einen Diensteid zu leisten. [2] Der Diensteid hat eine Verpflichtung auf das Grundgesetz[2)] zu enthalten.

(2) In den Fällen, in denen Beamtinnen und Beamte erklären, dass sie aus Glaubens- oder Gewissensgründen den Eid nicht leisten wollen, kann für diese an Stelle des Eides ein Gelöbnis zugelassen werden.

(3) In den Fällen, in denen nach § 7 Abs. 3 eine Ausnahme von § 7 Absatz 1 Satz 1 Nummer 1 zugelassen worden ist, kann an Stelle des Eides ein Gelöbnis vorgeschrieben werden.

§ 39 Verbot der Führung der Dienstgeschäfte. [1] Beamtinnen und Beamten kann aus zwingenden dienstlichen Gründen die Führung der Dienstgeschäfte verboten werden. [2] Das Verbot erlischt, wenn nicht bis zum Ablauf von drei Monaten gegen die Beamtin oder den Beamten ein Disziplinarverfahren oder ein sonstiges auf Rücknahme der Ernennung oder auf Beendigung des Beamtenverhältnisses gerichtetes Verfahren eingeleitet worden ist.

§ 40 Nebentätigkeit. [1] Eine Nebentätigkeit ist grundsätzlich anzeigepflichtig. [2] Sie ist unter Erlaubnis- oder Verbotsvorbehalt zu stellen, soweit sie geeignet ist, dienstliche Interessen zu beeinträchtigen.

§ 41 Tätigkeit nach Beendigung des Beamtenverhältnisses. [1] Ruhestandsbeamtinnen und Ruhestandsbeamte sowie frühere Beamtinnen mit Versorgungsbezügen und frühere Beamte mit Versorgungsbezügen haben die Ausübung einer Erwerbstätigkeit oder sonstigen Beschäftigung außerhalb des öffentlichen Dienstes, die mit der dienstlichen Tätigkeit innerhalb eines Zeitraums, dessen Bestimmung dem Landesrecht vorbehalten bleibt, im Zusammenhang steht und durch die dienstliche Interessen beeinträchtigt werden können, anzuzeigen. [2] Die Erwerbstätigkeit oder sonstige Beschäftigung ist zu untersagen, wenn zu besorgen ist, dass durch sie dienstliche Interessen beeinträchtigt werden. [3] Das Verbot endet spätestens mit Ablauf von fünf Jahren nach Beendigung des Beamtenverhältnisses.

§ 42[3)] Verbot der Annahme von Belohnungen, Geschenken und sonstigen Vorteilen. (1) [1] Beamtinnen und Beamte dürfen, auch nach Beendigung des Beamtenverhältnisses, keine Belohnungen, Geschenke oder sonstigen Vorteile für sich oder eine dritte Person in Bezug auf ihr Amt fordern, sich versprechen lassen oder annehmen. [2] Ausnahmen bedürfen der Zustimmung ihres gegenwärtigen oder letzten Dienstherrn.

(2) Wer gegen das in Absatz 1 genannte Verbot verstößt, hat das aufgrund des pflichtwidrigen Verhaltens Erlangte auf Verlangen dem Dienstherrn herauszugeben, soweit nicht die Einziehung von Taterträgen angeordnet worden oder es auf andere Weise auf den Staat übergegangen ist.

§ 43 Teilzeitbeschäftigung. Teilzeitbeschäftigung ist zu ermöglichen.

§ 44 Erholungsurlaub. Beamtinnen und Beamten steht jährlicher Erholungsurlaub unter Fortgewährung der Bezüge zu.

[1)] § 38 Abs. 3 geänd. mWv 7.7.2021 durch G v. 28.6.2021 (BGBl. I S. 2250).
[2)] Nr. **11.1**.
[3)] § 42 Abs. 2 geänd. mWv 1.7.2017 durch G v. 13.4.2017 (BGBl. I S. 872).

§ 45 Fürsorge. [1] Der Dienstherr hat im Rahmen des Dienst- und Treueverhältnisses für das Wohl der Beamtinnen und Beamten und ihrer Familien, auch für die Zeit nach Beendigung des Beamtenverhältnisses, zu sorgen. [2] Er schützt die Beamtinnen und Beamten bei ihrer amtlichen Tätigkeit und in ihrer Stellung.

§ 46[1] Mutterschutz und Elternzeit. Effektiver Mutterschutz und Elternzeit sind zu gewährleisten.

§ 47[2] Nichterfüllung von Pflichten. (1) [1] Beamtinnen und Beamte begehen ein Dienstvergehen, wenn sie schuldhaft die ihnen obliegenden Pflichten verletzen. [2] Ein Verhalten außerhalb des Dienstes ist nur dann ein Dienstvergehen, wenn es nach den Umständen des Einzelfalls in besonderem Maße geeignet ist, das Vertrauen in einer für ihr Amt bedeutsamen Weise zu beeinträchtigen.

(2) [1] Bei Ruhestandsbeamtinnen und Ruhestandsbeamten oder früheren Beamtinnen mit Versorgungsbezügen und früheren Beamten mit Versorgungsbezügen gilt es als Dienstvergehen, wenn sie sich gegen die freiheitliche demokratische Grundordnung im Sinne des Grundgesetzes[3] betätigen oder an Bestrebungen teilnehmen, die darauf abzielen, den Bestand oder die Sicherheit der Bundesrepublik Deutschland zu beeinträchtigen, oder wenn sie schuldhaft gegen die in den §§ 37, 41 und 42 bestimmten Pflichten verstoßen. [2] Bei sonstigen früheren Beamtinnen und früheren Beamten gilt es als Dienstvergehen, wenn sie schuldhaft gegen die in den §§ 37, 41 und 42 bestimmten Pflichten verstoßen. [3] Für Beamtinnen und Beamte nach den Sätzen 1 und 2

(Fortsetzung nächstes Blatt)

---

[1] § 46 neu gef. mWv 1.1.2018 durch G v. 23.5.2017 (BGBl. I S. 1228).
[2] § 47 Abs. 2 Satz 1 geänd. mWv 7.12.2018 durch G v. 29.11.2018 (BGBl. I S. 2232).
[3] Nr. **11.1**.

24.11. Gesetz über die Beamtinnen und Beamten des Landes Nordrhein-Westfalen (Landesbeamtengesetz – LBG NRW)[1) 2)]

Vom 14. Juni 2016
(GV. NRW. S. 310)

SGV. NRW. 2030

zuletzt geänd. durch Art. 1 ÄndG v. 8.7.2021 (GV. NRW. S. 894)

Inhaltsübersicht[3)]

---

1) Verkündet als Art. 1 G v. 14.6.2016 (GV. NRW. S. 310, ber. S. 642).

2) Siehe bis zum 30.6.2016 das Landesbeamtengesetz v. 21.4.2009 (GV. NRW. S. 224).

3) Inhaltsübersicht geänd. mWv 22.4.2017 durch G v. 7.4.2017 (GV. NRW. S. 414); geänd. mWv 25.5.2018 durch G v. 17.5.2018 (GV. NRW. S. 244).

Abschnitt 3. Wechsel innerhalb des Landes

§ 24 Abordnung. (1) [1] Eine Abordnung ist die vorübergehende Übertragung einer dem Amt der Beamtin oder des Beamten entsprechenden Tätigkeit bei einer anderen Dienststelle desselben oder eines anderen Dienstherrn unter Beibehaltung der Zugehörigkeit zur bisherigen Dienststelle. [2] Die Abordnung kann ganz oder teilweise erfolgen.

(2) Beamtinnen und Beamte können, wenn hierfür ein dienstlicher Grund besteht, vorübergehend ganz oder teilweise zu einer ihrem Amt entsprechenden Tätigkeit an eine andere Dienststelle eines Dienstherrn im Geltungsbereich dieses Gesetzes abgeordnet werden.

(3) [1] Aus dienstlichen Gründen können Beamtinnen und Beamte vorübergehend ganz oder teilweise auch zu einer nicht ihrem Amt entsprechenden Tätigkeit abgeordnet werden, wenn ihnen die Wahrnehmung der neuen Tätigkeit auf Grund ihrer Vorbildung oder Berufsausbildung zuzumuten ist. [2] Dabei ist auch die Abordnung zu einer Tätigkeit, die nicht ihrem Amt mit demselben Endgrundgehalt entspricht, zulässig. [3] Die Abordnung nach den Sätzen 1 und 2 bedarf der Zustimmung der Beamtin oder des Beamten, wenn sie die Dauer von zwei Jahren übersteigt.

(4) [1] Die Abordnung zu einem anderen Dienstherrn bedarf der Zustimmung der Beamtin oder des Beamten. [2] Abweichend von Satz 1 ist die Abordnung auch ohne Zustimmung der Beamtin oder des Beamten zulässig, wenn die neue Tätigkeit einem Amt mit demselben Endgrundgehalt auch einer gleichwertigen oder anderen Laufbahn entspricht und die Abordnung die Dauer von fünf Jahren nicht übersteigt.

(5) Vor der Abordnung ist die Beamtin oder der Beamte zu hören.

(6) [1] Die Abordnung zu einem anderen Dienstherrn wird von dem abgebenden im Einverständnis mit dem aufnehmenden Dienstherrn verfügt; das Einverständnis ist schriftlich zu erklären. [2] In der Verfügung ist zum Ausdruck zu bringen, dass das Einverständnis vorliegt. [3] Zur Zahlung der der Beamtin oder dem Beamten zustehenden Leistungen ist auch der Dienstherr verpflichtet, zu dem die Beamtin oder der Beamte abgeordnet ist.

§ 25 Versetzung. (1) Eine Versetzung ist die auf Dauer angelegte Übertragung eines anderen Amtes bei einer anderen Dienststelle bei demselben oder einem anderen Dienstherrn.

(2) [1] Beamtinnen und Beamte können in ein anderes Amt einer Laufbahn, für die sie die Befähigung besitzen, versetzt werden, wenn sie es beantragen oder ein dienstliches Bedürfnis besteht. [2] Eine Versetzung bedarf nicht ihrer Zustimmung, wenn das neue Amt zum Bereich desselben Dienstherrn gehört, derselben Laufbahn angehört wie das bisherige Amt und mit mindestens demselben Endgrundgehalt verbunden ist; Stellenzulagen gelten hierbei nicht als Bestandteile des Grundgehaltes. [3] Vor der Versetzung ist die Beamtin oder der Beamte zu hören.

(3) [1] Aus dienstlichen Gründen können Beamtinnen oder Beamte ohne ihre Zustimmung in ein Amt mit demselben Endgrundgehalt auch einer anderen Laufbahn, auch im Bereich eines anderen Dienstherrn, versetzt werden; Stellenzulagen gelten hierbei nicht als Bestandteile des Grundgehaltes. [2] § 22 bleibt unberührt.

(4) Besitzen die Beamtinnen und Beamten nicht die Befähigung für die andere Laufbahn, haben sie an Maßnahmen für den Erwerb der neuen Befähigung teilzunehmen.

(5) [1] Werden die Beamtinnen und Beamten in ein Amt eines anderen Dienstherrn versetzt, wird das Beamtenverhältnis mit dem neuen Dienstherrn fortgesetzt; auf die beamten- und besoldungsrechtliche Stellung der Beamtinnen und Beamten finden die im Bereich des neuen Dienstherrn geltenden Vorschriften Anwendung. [2] Die Versetzung wird von dem abgebenden im Einvernehmen mit dem aufnehmenden Dienstherrn verfügt; das Einverständnis ist schriftlich zu erklären. [3] In die Verfügung ist aufzunehmen, dass das Einverständnis vorliegt.

§ 26 Umbildung, Auflösung und Verschmelzung von Behörden.

(1) [1] Wird eine Behörde aufgelöst oder auf Grund eines Gesetzes oder einer Verordnung der Landesregierung mit einer anderen verschmolzen oder in ihrem Aufbau wesentlich verändert, so können die auf Lebenszeit und auf Zeit ernannten Beamtinnen und Beamten dieser Behörden, deren Aufgabengebiet von der Auflösung oder Umbildung berührt wird, in den einstweiligen Ruhestand versetzt werden, wenn eine Versetzung nach § 25 nicht möglich ist. [2] Die Versetzung in den einstweiligen Ruhestand darf nur innerhalb von sechs Monaten nach Auflösung der Behörde oder nach Inkrafttreten des Gesetzes oder der Verordnung ausgesprochen werden und ist nur innerhalb der Zahl der aus diesem Anlass eingesparten Planstellen zulässig. [3] In dem Gesetz oder in der Verordnung kann ein anderer Zeitpunkt für den Beginn der Frist bestimmt werden.

(2) [1] Ist bei Auflösung oder einer wesentlichen Änderung des Aufbaus oder der Aufgaben einer Behörde oder der Verschmelzung von Behörden eine dem bisherigen Amt entsprechende Verwendung nicht möglich, können Beamtinnen und Beamte, deren Aufgabengebiet davon berührt wird, auch ohne ihre Zustimmung in ein anderes Amt derselben Laufbahn mit geringerem Grundgehalt im Bereich desselben oder eines anderen Dienstherrn im Land Nordrhein-Westfalen versetzt werden. [2] Das Grundgehalt muss mindestens dem des Amtes entsprechen, das sie vor ihrem bisherigen Amt innehatten.

Abschnitt 4. Beendigung des Beamtenverhältnisses

§ 27[1)] Entlassung. (1) Beamtinnen und Beamte sind zu entlassen, wenn sie bei Übertragung eines Amtes, das kraft Gesetzes mit dem Mandat unvereinbar ist, Mitglied des Europäischen Parlaments, des Bundestages oder des Landtags waren und nicht innerhalb der von der obersten Dienstbehörde gesetzten angemessenen Frist ihr Mandat niederlegen.

(2) Beamtinnen und Beamte sind ferner zu entlassen, wenn sie als Beamtinnen und Beamte auf Zeit ihrer Verpflichtung nach § 4 letzter Satz und § 119 Absatz 2 Satz 4 nicht nachkommen.

(3) [1] Das Verlangen, entlassen zu werden, muss schriftlich erklärt werden. [2] Die Erklärung kann, solange die Entlassungsverfügung der Beamtin oder dem Beamten noch nicht zugegangen ist, innerhalb von zwei Wochen nach Zugang

[1)] § 27 Abs. 3 Satz 2 aufgeh., bish. Satz 3 wird Satz 2 mWv 16.7.2021 durch G v. 8.7.2021 (GV. NRW. S. 894).

bei der dienstvorgesetzten Stelle, mit Zustimmung der nach § 28 Absatz 1 Satz 1 zuständigen Stelle auch nach Ablauf dieser Frist, zurückgenommen werden.

(4) [1]Die Entlassung ist für den beantragten Zeitpunkt auszusprechen. [2]Sie kann jedoch solange hinausgeschoben werden, bis die Beamtin oder der Beamte ihre oder seine Amtsgeschäfte ordnungsgemäß erledigt hat; eine Frist von drei Monaten darf dabei nicht überschritten werden.

§ 28[1)] Entlassungsverfahren. (1) [1]Die Entlassung wird von der Stelle verfügt, die nach § 16 Absatz 1 und 2 für die Ernennung der Beamtin oder des Beamten zuständig wäre. [2]Die Entlassung bedarf der Schriftform.

(2) Die Entlassung tritt im Falle des § 23 Absatz 1 Satz 1 Nummer 1 des Beamtenstatusgesetzes[2)] mit der Zustellung der Entlassungsverfügung, im Falle des § 27 Absatz 2 mit dem Ablauf der Amtszeit, im Übrigen mit dem Ende des Monats ein, in dem die Entlassungsverfügung der Beamtin oder dem Beamten zugestellt worden ist.

(3) [1]Nach der Entlassung besteht kein Anspruch auf Leistungen des Dienstherrn, soweit gesetzlich nichts anderes bestimmt ist. [2]Die Amtsbezeichnung und die im Zusammenhang mit dem Amt verliehenen Titel dürfen nur geführt werden, wenn die Erlaubnis nach § 77 Absatz 4 erteilt ist. [3]Tritt die Entlassung im Laufe eines Kalendermonats ein, so können die für den Entlassungsmonat gezahlten Dienst- oder Anwärterbezüge der Beamtin oder dem Beamten belassen werden.

§ 29 Verlust der Beamtenrechte und Wiederaufnahmeverfahren.

(1) [1]Endet das Beamtenverhältnis nach § 24 des Beamtenstatusgesetzes[2)], so haben frühere Beamtinnen und Beamte keinen Anspruch auf Leistungen des Dienstherrn, soweit gesetzlich nichts anderes bestimmt ist. [2]Sie dürfen die Amtsbezeichnung und die im Zusammenhang mit dem Amt verliehenen Titel nicht führen.

(2) [1]Im Fall des § 24 Absatz 2 des Beamtenstatusgesetzes haben Beamtinnen und Beamte, sofern sie die Altersgrenze noch nicht erreicht haben und noch dienstfähig sind, Anspruch auf Übertragung eines Amtes derselben oder einer mindestens gleichwertigen Laufbahn wie ihr bisheriges Amt und mit mindestens demselben Endgrundgehalt (§ 25 Absatz 2 Satz 2). [2]Bis zur Übertragung des neuen Amtes erhalten sie die Leistungen des Dienstherrn, die ihnen aus ihrem bisherigen Amt zugestanden hätten.

(3) [1]Ist auf Grund des im Wiederaufnahmeverfahren festgestellten Sachverhaltes oder auf Grund eines rechtskräftigen Strafurteils, das nach der früheren Entscheidung ergangen ist, ein Disziplinarverfahren mit dem Ziel der Entfernung aus dem Beamtenverhältnis eingeleitet worden, so verliert die Beamtin oder der Beamte die ihr oder ihm nach Absatz 2 zustehenden Ansprüche, wenn auf Entfernung aus dem Beamtenverhältnis erkannt wird. [2]Bis zur rechtskräftigen Entscheidung können die Ansprüche nicht geltend gemacht werden.

(4) Absatz 3 gilt entsprechend in Fällen der Entlassung von Beamtinnen und Beamten auf Probe oder auf Widerruf wegen eines Verhaltens der in § 23 Absatz 3 Nummer 1 des Beamtenstatusgesetzes bezeichneten Art.

[1)] § 28 Abs. 1 Satz 3 aufgeh. mWv 16.7.2021 durch G v. 8.7.2021 (GV. NRW. S. 894).
[2)] Nr. **24.1**.

§ 30 Gnadenerweis. (1) [1]Der Ministerpräsidentin oder dem Ministerpräsidenten steht hinsichtlich des Verlustes der Beamtenrechte das Gnadenrecht zu. [2]Sie oder er kann die Befugnis auf andere Stellen übertragen.

(2) Wird im Gnadenwege der Verlust der Beamtenrechte in vollem Umfang beseitigt, so gilt von diesem Zeitpunkt an § 24 Absatz 2 des Beamtenstatusgesetzes[1)] entsprechend.

§ 31 Ruhestand wegen Erreichens der Altersgrenze. (1) [1]Beamtinnen und Beamte auf Lebenszeit und auf Zeit treten mit dem Ende des Monats in den Ruhestand, in dem sie die für sie jeweils geltende Altersgrenze erreichen. [2]Die Altersgrenze wird in der Regel mit Vollendung des 67. Lebensjahres erreicht (Regelaltersgrenze), soweit nicht gesetzlich eine andere Altersgrenze (besondere Altersgrenze) bestimmt ist. [3]Für Leiterinnen und Leiter und Lehrerinnen und Lehrer an öffentlichen Schulen gilt als Altersgrenze das Ende des Schulhalbjahres, in dem das 67. Lebensjahr vollendet wird.

(2) [1]Beamtinnen und Beamte auf Lebenszeit und auf Zeit, die vor dem 1. Januar 1947 geboren sind, erreichen die Regelaltersgrenze mit Vollendung des 65. Lebensjahres. [2]Für Beamtinnen und Beamte auf Lebenszeit und auf Zeit, die nach dem 31. Dezember 1946 geboren sind, wird die Regelaltersgrenze wie folgt angehoben:

Geburtsjahr	Anhebung um Monate	Altersgrenze	Monate
1947	1	65	1
1948	2	65	2
1949	3	65	3
1950	4	65	4
1951	5	65	5
1952	6	65	6
1953	7	65	7
1954	8	65	8
1955	9	65	9
1956	10	65	10
1957	11	65	11
1958	12	66	0
1959	14	66	2
1960	16	66	4
1961	18	66	6
1962	20	66	8
1963	22	66	10
1964	24	67	0

[3]Leiterinnen und Leiter und Lehrerinnen und Lehrer an öffentlichen Schulen treten mit dem Ende des Schulhalbjahres nach Erreichen der jeweiligen Altersgrenze in den Ruhestand.

---

1) Nr. **24.1**.

(3) Beamtinnen und Beamte auf Zeit treten, soweit sie nicht nach § 27 Absatz 2 entlassen werden, ferner mit Ablauf ihrer Amtszeit in den Ruhestand, wenn sie insgesamt eine mindestens zehnjährige ruhegehaltfähige Dienstzeit abgeleistet haben; andernfalls sind sie entlassen.

(4) Wer die Altersgrenze überschritten hat, darf nicht zur Beamtin oder zum Beamten ernannt werden.

(5) [1] Erreichen die in den einstweiligen Ruhestand versetzten Beamtinnen oder Beamte die Altersgrenze, so gelten sie in dem Zeitpunkt als dauernd in den Ruhestand getreten, in dem sie als Beamtinnen und Beamte auf Lebenszeit oder auf Zeit wegen Erreichens der Altersgrenze in den Ruhestand treten würden. [2] Die in den einstweiligen Ruhestand versetzten Beamtinnen oder Beamte auf Zeit gelten auch mit Ablauf der Amtszeit als dauernd in den Ruhestand getreten.

§ 32 Hinausschieben des Ruhestandeintritts. (1) [1] Der Eintritt in den Ruhestand kann auf Antrag der Beamtin oder des Beamten um bis zu drei Jahre, jedoch nicht über das Ende des Monats, in dem das 70. Lebensjahr vollendet wird hinaus, hinausgeschoben werden, wenn dies im dienstlichen Interesse liegt. [2] Der Antrag ist spätestens sechs Monate vor Eintritt in den Ruhestand zu stellen. [3] Im Verlängerungszeitraum ist die Beamtin oder der Beamte auf ihren oder seinen Antrag hin jederzeit in den Ruhestand zu versetzen; die beantragte Versetzung kann aus zwingenden dienstlichen Gründen um bis zu drei Monate hinausgeschoben werden. [4] Für das Hinausschieben des Ruhestandseintritts nach Satz 1 ist bei den übrigen kommunalen Wahlbeamtinnen und Wahlbeamten im Sinne des § 119 die Zustimmung mit der Mehrheit der gesetzlichen Zahl des betreffenden Wahlgremiums erforderlich.

(2) [1] Wenn dienstliche Gründe im Einzelfall die Fortführung der Dienstgeschäfte erfordern, kann die für die Versetzung in den Ruhestand zuständige Stelle mit Zustimmung der obersten Dienstbehörde und der Beamtin oder des Beamten den Eintritt in den Ruhestand für eine bestimmte Dauer, die jeweils ein Jahr und insgesamt drei Jahre nicht übersteigen darf, hinausschieben. [2] Bei Wahlbeamtinnen und Wahlbeamten bedarf diese Entscheidung einer Zweidrittelmehrheit der gesetzlichen Mitgliederzahl des betreffenden Wahlgremiums.

(3) Die Absätze 1 und 2 gelten bei einer gesetzlich bestimmten besonderen Altersgrenze entsprechend.

§ 33 Dienstunfähigkeit, Antragsruhestand. (1) [1] Bestehen Zweifel über die Dienstunfähigkeit der Beamtin oder des Beamten, so ist sie oder er verpflichtet, sich nach Weisung der dienstvorgesetzten Stelle durch eine Ärztin oder einen Arzt der unteren Gesundheitsbehörde untersuchen und, falls ein Arzt der unteren Gesundheitsbehörde dies für erforderlich hält, auch beobachten zu lassen. [2] Gesetzliche Vorschriften, die für einzelne Beamtengruppen andere Voraussetzungen für die Beurteilung der Dienstunfähigkeit bestimmen, bleiben unberührt. [3] Die Frist nach § 26 Absatz 1 Satz 2 des Beamtenstatusgesetzes[1] beträgt sechs Monate.

(2) [1] Beantragt die Beamtin oder der Beamte, sie oder ihn nach § 26 Absatz 1 Satz 1 des Beamtenstatusgesetzes in den Ruhestand zu versetzen, so hat die dienstvorgesetzte Stelle nach Einholung eines amtlichen Gutachtens der unte-

[1] Nr. **24.1**.

ren Gesundheitsbehörde zu erklären, ob sie sie oder ihn nach pflichtgemäßem Ermessen für dauernd unfähig hält, ihre oder seine Amtspflichten zu erfüllen. [2] Die nach § 36 Absatz 1 zuständige Stelle ist an die Erklärung der dienstvorgesetzten Stelle nicht gebunden, sie kann auch andere Beweise erheben.

(3) [1] Ohne Nachweis der Dienstunfähigkeit kann eine Beamtin oder ein Beamter auf Lebenszeit oder auf Zeit auf ihren oder seinen Antrag in den Ruhestand versetzt werden

1. frühestens mit Vollendung des 63. Lebensjahres,
2. als schwerbehinderter Mensch im Sinne von § 2 Absatz 2 des Neunten Buches Sozialgesetzbuch – Rehabilitation und Teilhabe behinderter Menschen – (Artikel 1 des Gesetzes vom 19. Juni 2001, BGBl. I S. 1046) in der jeweils geltenden Fassung frühestens mit Vollendung des 60. Lebensjahres.

[2] Aus dienstlichen Gründen kann bei Leiterinnen und Leitern und Lehrerinnen und Lehrern an öffentlichen Schulen die Versetzung in den Ruhestand bis zum Ende des laufenden Schuljahres hinausgeschoben werden.

§ 34 Versetzung in den Ruhestand wegen Dienstunfähigkeit. (1) [1] Hält die dienstvorgesetzte Stelle nach Einholung eines amtlichen Gutachtens der unteren Gesundheitsbehörde die Beamtin oder den Beamten für dienstunfähig, so teilt die dienstvorgesetzte Stelle der Beamtin oder dem Beamten oder der Vertreterin oder dem Vertreter unter Angabe der Gründe mit, dass eine Versetzung in den Ruhestand beabsichtigt sei. [2] Die Beamtin oder der Beamte oder die Vertreterin oder der Vertreter kann innerhalb eines Monats gegen die beabsichtigte Maßnahme Einwendungen erheben.

(2) [1] Die Entscheidung über die Zurruhesetzung trifft die nach § 36 Absatz 1 zuständige Stelle. [2] Wird die Dienstfähigkeit der Beamtin oder des Beamten festgestellt, so ist das Verfahren einzustellen. [3] Wird die Dienstunfähigkeit festgestellt, so ist die Beamtin oder der Beamte mit dem Ende des Monats, in dem ihr oder ihm oder der Vertreterin oder dem Vertreter die Verfügung zugestellt worden ist, in den Ruhestand zu versetzen.

(3) [1] Behält die Beamtin oder der Beamte nach der Entscheidung gemäß Absatz 2 Satz 3 wegen eines eingelegten Rechtsmittels Anspruch auf Besoldung, so werden mit dem Ende des Monats, in dem ihr oder ihm oder der Vertreterin oder dem Vertreter die Verfügung zugestellt worden ist, die Dienstbezüge einbehalten, die das Ruhegehalt übersteigen. [2] Hat die Entscheidung gemäß Absatz 2 Satz 3 keinen Bestand, sind die einbehaltenen Beträge nachzuzahlen.

§ 35 Wiederherstellung der Dienstfähigkeit. (1) [1] Die Beamtinnen und Beamten sind verpflichtet, zur Wiederherstellung ihrer Dienstfähigkeit an geeigneten und zumutbaren gesundheitlichen und beruflichen Rehabilitationsmaßnahmen teilzunehmen. [2] Diese Verpflichtung gilt auch zur Vermeidung einer drohenden Dienstunfähigkeit. [3] Vor der Versetzung in den Ruhestand sind sie auf diese Pflicht hinzuweisen, es sei denn, nach den Umständen des Einzelfalls kommt eine erneute Berufung in das Beamtenverhältnis nicht in Betracht. [4] Der Dienstherr hat, sofern keine anderen Ansprüche bestehen, die Kosten für die erforderlichen Maßnahmen nach Satz 1 und Satz 2 zu tragen.

(2) [1] Beantragt die Beamtin oder der Beamte nach Wiederherstellung ihrer oder seiner Dienstfähigkeit, sie oder ihn erneut in das Beamtenverhältnis zu berufen, so ist diesem Antrag zu entsprechen, falls nicht zwingende dienstliche

Gründe entgegenstehen. [2]Der Antrag muss vor Ablauf von fünf Jahren seit Beginn des Ruhestandes und spätestens zwei Jahre vor Erreichen der Altersgrenze gestellt werden.

§ 36[1)] Zuständigkeit, Beginn des Ruhestands. (1) [1]Die Versetzung in den Ruhestand wird, soweit durch Gesetz, Verordnung oder Satzung nichts anderes bestimmt ist, von der Stelle verfügt, die nach § 16 Absatz 1 und 2 für die Ernennung der Beamtin oder des Beamten zuständig wäre. [2]Die Verfügung ist der Beamtin oder dem Beamten mitzuteilen; sie kann bis zum Beginn des Ruhestandes zurückgenommen werden.

(2) [1]Der Ruhestand beginnt, abgesehen von den Fällen des § 31 Absatz 1 Satz 1 und Absatz 3 und der §§ 38, 115 und § 123 Absatz 3, mit dem Ende des Monats, in dem die Verfügung über die Versetzung in den Ruhestand der Beamtin oder dem Beamten zugestellt worden ist. [2]Auf Antrag oder mit ausdrücklicher Zustimmung der Beamtin oder des Beamten kann ein früherer Zeitpunkt festgesetzt werden.

§ 37 Einstweiliger Ruhestand. (1) Die Landesregierung kann jederzeit in den einstweiligen Ruhestand versetzen

1. die Chefin der Staatskanzlei und Staatssekretärin oder den Chef der Staatskanzlei und Staatssekretär sowie Staatsekretärinnen und Staatssekretäre,
2. Regierungspräsidentinnen oder Regierungspräsidenten,
3. die Leiterin oder den Leiter der für den Verfassungsschutz zuständigen Abteilung,
4. die Regierungssprecherin oder den Regierungssprecher,
5. Polizeipräsidentinnen oder Polizeipräsidenten,

soweit sie Beamtinnen oder Beamte auf Lebenszeit sind.

(2) Für die in Absatz 1 bezeichneten Beamtinnen und Beamten entscheidet in den Fällen des § 12 Absatz 3, § 13 Absatz 2, § 14 Absatz 1 Satz 1, § 19 Absatz 5 an Stelle des Landespersonalausschusses die Landesregierung.

§ 38 Beginn des einstweiligen Ruhestands. [1]Der einstweilige Ruhestand beginnt, wenn nicht im Einzelfall ausdrücklich ein späterer Zeitpunkt festgelegt wird, mit dem Zeitpunkt, in dem die Versetzung in den einstweiligen Ruhestand der Beamtin oder dem Beamten bekannt gegeben wird, spätestens jedoch mit dem Ende der drei Monate, die auf den Monat der Bekanntgabe folgen. [2]Die Verfügung kann bis zum Beginn des Ruhestands zurückgenommen werden.

§ 39 Wiederverwendung aus dem einstweiligen Ruhestand. Nach Ablauf von fünf Jahren seit Beginn des einstweiligen Ruhestands ist eine erneute Berufung in das Beamtenverhältnis nur mit Zustimmung der Beamtin oder des Beamten zulässig, wenn sie oder er das 55. Lebensjahr vollendet hat.

§ 40 Einstweiliger Ruhestand bei organisatorischen Veränderungen.

[1]Die Versetzung in den einstweiligen Ruhestand darf in den Fällen des § 31 des Beamtenstatusgesetzes[2)] nur innerhalb von sechs Monaten nach Inkraft-

---

[1)] § 36 Abs. 1 Satz 3 aufgeh. mWv 16.7.2021 durch G v. 8.7.2021 (GV. NRW. S. 894).
[2)] Nr. **24.1**.

treten des Gesetzes oder der Verordnung ausgesprochen werden. [2] In dem Gesetz oder in der Verordnung kann ein anderer Zeitpunkt für den Beginn der Frist bestimmt werden.

§ 41 Voraussetzung für Eintritt in den Ruhestand. [1] Für den Eintritt in den Ruhestand gelten die Vorschriften der §§ 27 bis 40. [2] Sind die Voraussetzungen des § 4 Absatz 1 des Landesbeamtenversorgungsgesetzes[1)] vom 14. Juni 2016 (GV. NRW. S. 310) in der jeweils geltenden Fassung nicht erfüllt, so endet das Beamtenverhältnis statt durch Eintritt in den Ruhestand durch Entlassung.

(Fortsetzung nächstes Blatt)

[1)] Nr. **24.51**.

zur Gewährung von Leistungen verpflichtet ist. [2]Ist eine Versorgungskasse zur Gewährung der Leistung verpflichtet, geht der Anspruch auf sie über. [3]Der Übergang des Anspruchs kann nicht zum Nachteil der Verletzten oder der Hinterbliebenen geltend gemacht werden.

§ 82 Ersatz von Sachschäden. (1) [1]Sind in Ausübung des Dienstes Kleidungsstücke oder sonstige Gegenstände, die üblicherweise im Dienst mitgeführt werden, beschädigt oder zerstört worden oder abhandengekommen, so kann dafür Ersatz geleistet werden. [2]Das Zurücklegen des Weges nach und von der Dienststelle gehört nicht zum Dienst im Sinne des Satzes 1. [3]Anträge auf Gewährung von Sachschadenersatz sind innerhalb einer Ausschlussfrist von drei Monaten zu stellen.

(2) [1]Ersatz kann auch geleistet werden, wenn bei der ordnungsgemäßen Wahrnehmung von Rechten oder bei der Erfüllung von Pflichten nach dem Landespersonalvertretungsgesetz[1)] vom 3. Dezember 1974 (GV. NRW. S. 1514) in der jeweils geltenden Fassung oder dem Neunten Buch Sozialgesetzbuch ein Schaden im Sinne des Absatzes 1 eingetreten ist. [2]Absatz 1 Satz 2 gilt entsprechend.

§ 82a[2)] Zahlung durch den Dienstherrn bei Schmerzensgeldansprüchen. (1) [1]Wird eine Dritte oder ein Dritter durch rechtskräftiges Endurteil eines deutschen Gerichts verurteilt, an eine Beamtin oder einen Beamten wegen eines Schadens, der nicht Vermögensschaden ist, eine billige Entschädigung in Geld (Schmerzensgeld) zu zahlen, so soll der Dienstherr diese Entschädigung auf Antrag ganz oder teilweise bewirken, sofern

1. der Schaden entstanden ist, weil die Dritte oder der Dritte den Körper, die Gesundheit, die Freiheit oder die sexuelle Selbstbestimmung der Beamtin oder des Beamten schuldhaft und im dienstlichen Zusammenhang verletzt hat,
2. trotz des Versuchs der Vollstreckung in das Vermögen der oder des Dritten die Schmerzensgeldforderung der Beamtin oder des Beamten noch in Höhe von mindestens 250 Euro besteht,
3. dem Endurteil kein Verfahren nach §§ 592 bis 600 der Zivilprozessordnung[3)] zugrunde liegt und
4. dies zur Vermeidung einer unbilligen Härte notwendig ist.

[2]Ein vollstreckbarer Vergleich nach § 794 Absatz 1 Nummer 1 der Zivilprozessordnung[3)] über die Zahlung eines Schmerzensgeldes steht einem Endurteil nach Satz 1 gleich, soweit die vereinbarte Höhe der Entschädigung angemessen ist.

(2) Der Dienstherr kann Leistungen nach Absatz 1 ganz oder teilweise ablehnen, wenn auf Grund desselben Sachverhalts eine einmalige Unfallentschädigung oder einmalige Entschädigung (§ 51 des Landesbeamtenversorgungsgesetzes[4)]) oder ein Unfallausgleich (§ 41 des Landesbeamtenversorgungsgesetzes) gezahlt wird.

[1)] Nr. **24.41**.
[2)] § 82a eingef. mWv 22.4.2017 durch G v. 7.4.2017 (GV. NRW. S. 414).
[3)] **Habersack (vormals Schönfelder) Nr. 100.**
[4)] Nr. **24.51**.

(3) [1]Der Antrag nach Absatz 1 ist innerhalb einer Ausschlussfrist von zwei Jahren zu stellen. [2]Die Frist beginnt mit der Rechtskraft des Endurteils und in den Fällen des Absatzes 1 Satz 2 mit der Vollstreckbarkeit des Vergleichs. [3]Dem Antrag ist ein Nachweis des Vollstreckungsversuches beizufügen. [4]Die Entscheidung trifft die oberste Dienstbehörde oder die von ihr bestimmte Stelle. [5]Soweit der Dienstherr die Zahlung übernommen hat, gehen Ansprüche gegen Dritte auf ihn über. [6]Der Übergang der Ansprüche kann nicht zum Nachteil der oder des Geschädigten geltend gemacht werden.

(4) [1]Verletzt eine Dritte oder ein Dritter in den Fällen des §§ 827, 828 des Bürgerlichen Gesetzbuches[1)] im dienstlichen Zusammenhang den Körper, die Gesundheit, die Freiheit oder die sexuelle Selbstbestimmung einer Beamtin oder eines Beamten, ohne für den hieraus entstehenden Schaden verantwortlich zu sein, so kann das Land der Beamtin oder dem Beamten wegen des Schadens, der nicht Vermögensschaden ist, auf Antrag eine eigene Entschädigung leisten, soweit dies zur Vermeidung einer unbilligen Härte geboten ist. [2]Über den Antrag entscheidet eine beim Landesamt für Besoldung und Versorgung Nordrhein-Westfalen eingerichtete Ombudsstelle.

§ 83[2)] Personalakten – allgemein. (1) [1]Für jede Beamtin und jeden Beamten sowie für jede ehemalige Beamtin und jeden ehemaligen Beamten ist eine Personalakte zu führen. [2]Artikel 9 der Verordnung (EU) Nr. 2016/679[3)] des Europäischen Parlaments und des Rates vom 27. April 2016 zum Schutz natürlicher Personen bei der Verarbeitung personenbezogener Daten, zum freien Datenverkehr und zur Aufhebung der Richtlinie 95/46/EG (Datenschutz-Grundverordnung) (ABl. L 119 vom 4.5.2016, S. 1, L 314 vom 22.11. 2016, S. 72, L 127 vom 23.5.2018, S. 2) ist zu beachten. [3]Sie kann in Teilen oder vollständig im Wege des automatisierten Verfahrens geführt werden. [4]Die Personalakte kann nach sachlichen Gesichtspunkten in Grundakte und Teilakten gegliedert werden. [5]Teilakten können bei der für den betreffenden Aufgabenbereich zuständigen Behörde geführt werden. [6]Nebenakten (Unterlagen, die sich auch in der Grundakte oder in Teilakten befinden) dürfen nur geführt werden, wenn die personalverwaltende Behörde nicht zugleich Beschäftigungsbehörde ist oder wenn mehrere personalverwaltende Behörden für die Beamtin oder den Beamten zuständig sind; sie dürfen nur solche Unterlagen enthalten, deren Kenntnis zur rechtmäßigen Aufgabenerledigung der betreffenden Behörde erforderlich ist. [7]In die Grundakte ist ein vollständiges Verzeichnis aller Teil- und Nebenakten aufzunehmen. [8]Wird die Personalakte nicht in Schriftform oder vollständig im Wege des automatisierten Verfahrens geführt, legt die personalverwaltende Stelle jeweils schriftlich fest, welche Teile in welcher Form geführt werden und nimmt dies in das Verzeichnis nach Satz 7 auf. [9]Soweit Personalakten teilweise oder ausschließlich elektronisch geführt werden, werden Papierdokumente in elektronische Dokumente übertragen und in der elektronischen Akte gespeichert. [10]Dabei ist entsprechend dem Stand der Technik sicherzustellen, dass die elektronischen Dokumente mit den Papierdokumenten bildlich und inhaltlich übereinstimmen, wenn sie lesbar

---

[1)] **Habersack (vormals Schönfelder) Nr. 20.**

[2)] § 83 Abs. 1 Satz 2 und 7 geänd., Abs. 4 Satz 1 neu gef. mWv 25.5.2018 durch G v. 17.5.2018 (GV. NRW. S. 244); Abs. 1 Satz 1 geänd., Satz 2 eingef., bish. Sätze 2–7 werden Sätze 3–8, neuer Satz 8 geänd., Sätze 9–12 angef. mWv 16.7.2021 durch G v. 8.7.2021 (GV. NRW. S. 894).

[3)] **Sartorius Nr. 246.**

gemacht werden. [11] Nach der Übertragung in elektronische Dokumente sollen diese Papierdokumente vernichtet werden, sobald ihre weitere Aufbewahrung nicht mehr aus rechtlichen Gründen oder zur Qualitätssicherung des Übertragungsvorgangs erforderlich ist. [12] Liegen Anträgen oder Anschreiben an die personalverwaltenden Dienststellen Originaldokumente bei, die offensichtlich als solche zu erkennen sind, sind sie der Beamtin oder dem Beamten zurückzugeben, es sei denn, der Verbleib der Originaldokumente in der Personalstelle ist aus rechtlichen Gründen zwingend notwendig.

(2) [1] Zugang zur Personalakte dürfen nur Beschäftigte haben, die im Rahmen der Personalverwaltung mit der Bearbeitung von Personalangelegenheiten beauftragt sind, und nur soweit dies zu Zwecken der Personalverwaltung oder der Personalwirtschaft erforderlich ist; dies gilt auch für den Zugang im automatisierten Abrufverfahren. [2] Satz 1 gilt entsprechend für Beauftragte des Dienstherrn, soweit sie zur Wahrnehmung besonderer Belange an Personalentscheidungen zu beteiligen sind. [3] Zugang zur Personalakte haben ferner die mit Angelegenheiten der Innenrevision beauftragten Beschäftigten, soweit sie die zur Durchführung ihrer Aufgaben erforderlichen Erkenntnisse andernfalls nur mit unverhältnismäßigem Aufwand oder unter Gefährdung des Prüfzwecks gewinnen könnten.

(3) [1] Nicht Bestandteil der Personalakte sind Unterlagen, die besonderen, von der Person und dem Dienstverhältnis sachlich zu trennenden Zwecken dienen, insbesondere Prüfungs-, Sicherheits- und Kindergeldakten. [2] Kindergeldakten können mit Besoldungs- und Versorgungsakten verbunden geführt werden, wenn diese von der übrigen Personalakte getrennt sind und von einer von der Personalverwaltung getrennten Organisationseinheit bearbeitet werden. [3] § 35 des Ersten Buches Sozialgesetzbuch[1)] – Allgemeiner Teil – (Artikel I des Gesetzes vom 11. Dezember 1975, BGBl. I S. 3015) in der jeweils geltenden Fassung und die §§ 67 bis 78 des Zehnten Buches Sozialgesetzbuch[2)] – Sozialverwaltungsverfahren und Sozialdatenschutz – in der Fassung der Bekanntmachung vom 18. Januar 2001 (BGBl. I S. 130) in der jeweils geltenden Fassung bleiben unberührt.

(4) [1] Der Dienstherr darf personenbezogene Daten über Bewerberinnen und Bewerber, Beamtinnen und Beamte und ehemalige Beamtinnen und Beamte verarbeiten, soweit dies im Rahmen der Personalverwaltung und der Personalwirtschaft zur Begründung, Durchführung, Beendigung oder Abwicklung des Dienstverhältnisses oder zur Durchführung organisatorischer, personeller und sozialer Maßnahmen erforderlich ist oder eine Rechtsvorschrift oder eine Dienstvereinbarung dies erlaubt oder die betroffene Person eingewilligt hat. [2] Fragebogen, mit denen solche personenbezogenen Daten erhoben werden, bedürfen der Genehmigung durch die zuständige oberste Dienstbehörde.

§ 84[3)] Beihilfeakten. [1] Unterlagen über Beihilfen sind stets als Teilakte zu führen. [2] Diese ist von der übrigen Personalakte getrennt aufzubewahren. [3] Sie soll in einer von der übrigen Personalverwaltung getrennten Organisationseinheit bearbeitet werden; Zugang sollen nur Beschäftigte dieser Organisationseinheit haben. [4] Beihilfedaten dürfen für andere als für Beihilfezwecke nur verwendet oder übermittelt werden, wenn die oder der Beihilfeberechtigte und

---

1) Nr. **51.1**.
2) Nr. **51.9**.
3) § 84 Satz 4 geänd. mWv 25.5.2018 durch G v. 17.5.2018 (GV. NRW. S. 244).

die oder der bei der Beihilfegewährung berücksichtigte Angehörige im Einzelfall einwilligen, die Einleitung oder Durchführung eines im Zusammenhang mit einem Beihilfeantrag stehenden behördlichen oder gerichtlichen Verfahrens dies erfordert oder soweit es zur Abwehr erheblicher Nachteile für das Gemeinwohl, einer sonst unmittelbar drohenden Gefahr für die öffentliche Sicherheit oder einer schwerwiegenden Beeinträchtigung der Rechte einer anderen Person erforderlich ist. [5] Die Sätze 1 bis 4 gelten entsprechend für Unterlagen über Heilfürsorge und Heilverfahren.

§ 85 Anhörung. [1] Die Beamtin oder der Beamte ist zu Beschwerden, Behauptungen und Bewertungen, die für sie oder ihn ungünstig sind oder ihr oder ihm nachteilig werden können, vor deren Aufnahme in die Personalakte zu hören, soweit die Anhörung nicht nach anderen Rechtsvorschriften erfolgt. [2] Die Äußerung der Beamtin oder des Beamten ist zur Personalakte zu nehmen.

§ 86[1)] Auskunftsrecht. (1) [1] Der Anspruch der Beamtinnen und Beamten gemäß Artikel 15 der Verordnung (EU) Nr. 2016/679[2)] auf Auskunft aus ihren Personalakten oder aus anderen Akten, die personenbezogene Daten über sie enthalten und für ihr Dienstverhältnis verarbeitet werden, umfasst auch die Gewährung von Akteneinsicht, soweit gesetzlich nichts anderes bestimmt ist. [2] Beamtinnen und Beamte haben, auch nach Beendigung des Beamtenverhältnisses, ein Recht auf Einsicht in ihre vollständige Personalakte. [3] Die Auskunft aus Sicherheitsakten ist unzulässig. [4] Unzulässig ist die Einsichtnahme in Daten der oder des Betroffenen, die mit Daten Dritter oder geheimhaltungsbedürftigen nichtpersonenbezogenen Daten derart verbunden sind, dass ihre Trennung nicht oder nur mit unverhältnismäßig großem Aufwand möglich ist.

(2) [1] Einer oder einem Bevollmächtigten der Beamtin oder des Beamten ist Auskunft zu gewähren, soweit dienstliche Gründe nicht entgegenstehen. [2] Dies gilt auch für Hinterbliebene und deren Bevollmächtigte, wenn ein berechtigtes Interesse glaubhaft gemacht wird.

(3) [1] Die aktenführende Behörde bestimmt, wo die Einsicht gewährt wird. Soweit wichtige dienstliche Gründe nicht entgegenstehen, werden Auszüge, Abschriften, Ablichtungen oder Ausdrucke gefertigt. [2] Der Beamtin oder dem Beamten ist auf Verlangen ein Ausdruck der zu ihrer oder seiner Person automatisiert gespeicherten Personalaktendaten zu überlassen.

§ 87[3)] Übermittlung an Behörden und Auskunft an nicht betroffene Personen. (1) [1] Ohne Einwilligung der Beamtin oder des Beamten ist es zulässig, die Personalakte für Zwecke der Personalverwaltung oder Personalwirtschaft der obersten Dienstbehörde oder einer im Rahmen der Dienstaufsicht weisungsbefugten Behörde zu übermitteln. [2] Das Gleiche gilt für Behörden im Bereich desselben Dienstherrn, soweit die Übermittlung der Akte zur Vorbereitung oder Durchführung einer Personalentscheidung notwendig ist. [3] Ärztinnen und Ärzten, die im Auftrag der personalverwaltenden Behörde ein medizinisches Gutachten erstellen, darf die Personalakte ebenfalls ohne Einwilligung übermittelt werden. [4] Für Auskünfte aus der Personalakte gelten die

---

[1)] § 86 neu gef. mWv 25.5.2018 durch G v. 17.5.2018 (GV. NRW. S. 244); Abs. 1 Satz 1 und Abs. 3 Satz 1 geänd. mWv 16.7.2021 durch G v. 8.7.2021 (GV. NRW. S. 894).

[2)] **Sartorius Nr. 246.**

[3)] § 87 neu gef. mWv 25.5.2018 durch G v. 17.5.2018 (GV. NRW. S. 244).

Sätze 1 bis 3 entsprechend. [5]Soweit eine Auskunft ausreicht, ist von einer Übermittlung abzusehen.

(2) [1]Auskünfte an nicht betroffene Personen dürfen nur mit Einwilligung der Beamtin oder des Beamten erteilt werden, es sei denn, dass die Abwehr einer erheblichen Beeinträchtigung des Gemeinwohls oder der Schutz berechtigter, höherrangiger Interessen der nicht betroffenen Person die Auskunftserteilung zwingend erfordert. [2]Inhalt und Empfänger der Auskunft sind der Beamtin oder dem Beamten schriftlich mitzuteilen.

(3) Übermittlung und Auskunft sind auf den jeweils erforderlichen Umfang zu beschränken.

§ 88 Entfernung von Personalaktendaten. (1) [1]Unterlagen über Beschwerden, Behauptungen und Bewertungen, auf die die Tilgungsvorschriften des Disziplinarrechts keine Anwendung finden, sind,

1. falls diese sich als unbegründet oder falsch erwiesen haben, mit Zustimmung der Beamtin oder des Beamten unverzüglich aus der Personalakte zu entfernen und zu vernichten oder
2. falls sie für die Beamtin oder den Beamten ungünstig sind oder ihr oder ihm nachteilig werden können, auf Antrag der Beamtin oder des Beamten nach zwei Jahren zu entfernen und zu vernichten. Dies gilt nicht für dienstliche Beurteilungen.

[2]Die Frist nach Satz 1 Nummer 2 wird durch erneute Sachverhalte im Sinne dieser Vorschrift oder durch die Einleitung eines Straf- oder Disziplinarverfahrens unterbrochen. [3]Stellt sich der erneute Vorwurf als unbegründet oder falsch heraus, gilt die Frist als nicht unterbrochen.

(2) [1]Mitteilungen in Strafsachen, soweit sie nicht Bestandteil einer Disziplinarakte sind, sowie Auskünfte aus dem Bundeszentralregister sind mit Zustimmung der Beamtin oder des Beamten nach zwei Jahren zu entfernen und zu vernichten. [2]Absatz 1 Satz 3 und 4 gilt entsprechend.

§ 89[1)] Verarbeitung und Übermittlung von Personalaktendaten. (1) [1]Personalaktendaten dürfen in Dateien nur für Zwecke der Personalverwaltung oder der Personalwirtschaft verarbeitet werden. [2]Ihre Übermittlung ist nur nach Maßgabe des § 87 zulässig. [3]Ein Datenabruf im Wege des automatisierten Verfahrens durch andere Behörden ist unzulässig, soweit durch besondere Rechtsvorschrift nichts anderes bestimmt ist.

(2) Personalaktendaten im Sinne des § 84 dürfen im automatisierten Verfahren im Rahmen ihrer Zweckbestimmung und nur von den übrigen Personaldateien technisch und organisatorisch getrennt und nur nach Maßgabe des § 84 sowie im Fall der Übertragung von Aufgaben der Personalverwaltung im Sinne des § 91 verarbeitet werden.

(3) Von den Unterlagen über medizinische oder psychologische Untersuchungen und Tests dürfen im Rahmen der Personalverwaltung nur die Ergebnisse im Wege des automatisierten Verfahrens verarbeitet werden, soweit sie die Eignung betreffen und ihre Verarbeitung dem Schutz der Beamtin oder des Beamten dient.

[1)] § 89 Abs. 1 Satz 3, Abs. 3 und 4 geänd., Abs. 2 neu gef. mWv 25.5.2018 durch G v. 17.5.2018 (GV. NRW. S. 244).

(4) Beamtenrechtliche Entscheidungen dürfen nicht ausschließlich auf Informationen und Erkenntnisse gestützt werden, die unmittelbar durch Verarbeitung personenbezogener Daten im automatisierten Verfahren gewonnen werden.

(5) [1] Bei erstmaliger Speicherung ist der oder dem Betroffenen die Art der über sie oder ihn gemäß Absatz 1 gespeicherten Daten mitzuteilen, bei wesentlichen Änderungen ist sie oder er zu benachrichtigen. [2] Ferner sind die Verarbeitungsformen automatisierter Personalverwaltungsverfahren zu dokumentieren und einschließlich des jeweiligen Verwendungszweckes sowie der regelmäßigen Empfängerinnen oder Empfänger und des Inhalts automatisierter Datenübermittlung allgemein bekanntzugeben.

§ 90 Aufbewahrung. (1) [1] Personalakten sind nach ihrem Abschluss von der personalaktenführenden Behörde fünf Jahre aufzubewahren. [2] Personalakten sind abgeschlossen,

1. wenn die Beamtin oder der Beamte ohne Versorgungsansprüche aus dem öffentlichen Dienst ausgeschieden ist, mit Ablauf des Jahres der Vollendung der gesetzlichen Altersgrenze, im Falle der Weiterbeschäftigung über die gesetzliche Altersgrenze hinaus mit Ablauf des Jahres, in dem das Beschäftigungsverhältnis geendet hat; in den Fällen des § 24 des Beamtenstatusgesetzes[1)] und des § 10 des Landesdisziplinargesetzes[2)] jedoch erst, wenn mögliche Versorgungsempfängerinnen oder Versorgungsempfänger nicht mehr vorhanden sind,
2. wenn die Beamtin oder der Beamte ohne versorgungsberechtigte Hinterbliebene verstorben ist, mit Ablauf des Todesjahres oder
3. wenn nach der verstorbenen Beamtin oder dem verstorbenen Beamten versorgungsberechtigte Hinterbliebene vorhanden sind, mit Ablauf des Jahres, in dem der letzte Anspruch auf Versorgungsbezüge erloschen ist.

(2) [1] Unterlagen über Beihilfen, Heilfürsorge, Heilverfahren, Unterstützungen, Erholungsurlaub, Erkrankungen, Umzugs- und Reisekosten sind fünf Jahre nach Ablauf des Jahres, in dem die Bearbeitung des einzelnen Vorgangs abgeschlossen wurde, aufzubewahren. [2] Unterlagen, aus denen die Art einer Erkrankung ersichtlich ist, sind unverzüglich zurückzugeben, wenn sie für den Zweck, zu dem sie vorgelegt worden sind, nicht mehr benötigt werden; dies gilt nicht für Unterlagen über Beihilfen, soweit sie in einem elektronischen Verfahren gespeichert werden.

(3) Versorgungsakten sind zehn Jahre nach Ablauf des Jahres, in dem die letzte Versorgungszahlung geleistet worden ist, aufzubewahren; besteht die Möglichkeit eines Wiederauflebens des Anspruchs, sind die Akten mindestens dreißig Jahre aufzubewahren.

(4) [1] Die Personalakten sind nach Ablauf der Aufbewahrungsfristen den zuständigen Archiven anzubieten. [2] Die nicht übernommenen Personalakten sind zu vernichten.

(5) [1] Auf Mikrofilm übernommene Personalakten dürfen vorzeitig vernichtet werden, jedoch frühestens drei Jahre nach Ablauf des Jahres, in dem das

---

[1)] Nr. **24.1**.
[2)] Nr. **24.21**.

Beschäftigungsverhältnis geendet hat. [2] Für die Aufbewahrung und für die Vernichtung von Mikrofilmen gelten die Absätze 1 bis 4 entsprechend.

§ 91[1)] Übertragung von Aufgaben der Personalverwaltung. (1) [1] Der Dienstherr kann Aufgaben der Personalverwaltung zur Durchführung auf eine personalverwaltende Stelle eines anderen Dienstherrn übertragen. [2] Die Aufgabenübertragung kann sich auf die Durchführung von Widerspruchsverfahren und die Vertretung des Dienstherrn in gerichtlichen Verfahren erstrecken. [3] Der Dienstherr darf die zur Aufgabenerfüllung erforderlichen Personalaktendaten an die personalverwaltende Stelle übermitteln.

(2) Die mit der Durchführung beauftragte personalverwaltende Stelle handelt in Vertretung des die Aufgabe übertragenden Dienstherrn.

(3) Für die mit der Durchführung beauftragte personalverwaltende Stelle gelten die Regelungen der §§ 83 bis 90 sowie § 50 des Beamtenstatusgesetzes[2)] entsprechend.

(4) Die Absätze 1 bis 3 gelten entsprechend für die Tätigkeit der kommunalen Versorgungskassen gemäß Gesetz über die kommunalen Versorgungskassen und Zusatzversorgungskassen im Land Nordrhein-Westfalen.

(5) [1] Der Dienstherr kann sich zur Erfüllung seiner Verpflichtungen im Rahmen der Beihilfebearbeitung nach § 75 auch geeigneter Stellen außerhalb des öffentlichen Dienstes bedienen und diesen die zur Beihilfebearbeitung erforderlichen Daten übermitteln. [2] Die beauftragte Stelle darf die Daten, die ihr im Rahmen der Beihilfebearbeitung bekannt werden, nur für diesen Zweck verarbeiten. [3] Die §§ 84 und 89 Absatz 2 sowie Artikel 28 der Verordnung (EU) 2016/679[3)] gelten entsprechend.

§ 91a[4)] Verarbeitung von Personalakten im Auftrag. (1) Die Verarbeitung von Personalaktendaten im Auftrag der personalverwaltenden Behörde ist innerhalb und auch außerhalb des öffentlichen Dienstes zulässig,

1. soweit sie erforderlich ist für die automatisierte Erledigung von Aufgaben und
2. wenn der Verantwortliche die Einhaltung der beamten- und datenschutzrechtlichen Vorschriften durch den Auftragsverarbeiter regelmäßig kontrolliert.

(2) [1] Die Auftragserteilung bedarf der vorherigen Zustimmung der obersten Dienstbehörde. [2] Zu diesem Zweck hat der Verantwortliche der obersten Dienstbehörde rechtzeitig vor der Auftragserteilung schriftlich mitzuteilen:

1. den Auftragsverarbeiter, die von diesem getroffenen technischen und organisatorischen Maßnahmen und die ergänzenden Festlegungen nach Absatz 3,
2. die Aufgabe, zu deren Erfüllung der Auftragsverarbeiter die Daten verarbeiten soll,
3. die Art der Daten, die für den Verantwortlichen verarbeitet werden sollen, und den Kreis der Beschäftigten, auf den sich diese Daten beziehen, sowie

---

[1)] § 91 Abs. 5 Satz 3 neu gef. mWv 25.5.2018 durch G v. 17.5.2018 (GV. NRW. S. 244).
[2)] Nr. **24.1**.
[3)] **Sartorius Nr. 246.**
[4)] § 91a neu gef. mWv 25.5.2018 durch G v. 17.5.2018 (GV. NRW. S. 244); Abs. 1 einl. Satzteil geänd. mWv 16.7.2021 durch G v. 8.7.2021 (GV. NRW. S. 894).

4. die beabsichtigte Erteilung von Unteraufträgen durch den Auftragsverarbeiter.

(3) [1] In dem Auftrag ist insbesondere schriftlich festzulegen:

1. der Gegenstand und die Dauer des Auftrags,
2. der Umfang, die Art und der Zweck der vorgesehenen Datenverarbeitung, die Art der Daten und der Kreis der Betroffenen,
3. die nach § 15 des Datenschutzgesetzes Nordrhein-Westfalen[1)] zu treffenden technischen und organisatorischen Maßnahmen,
4. die Berichtigung, Löschung und Einschränkung der Verarbeitung von Daten und gegebenenfalls die Vernichtung der Papierakte,
5. die von dem Auftragsverarbeiter vorzunehmenden Kontrollen der Datenverarbeitung, insbesondere die Überprüfung, ob das Ergebnis bildlich und inhaltlich mit der Papierakte übereinstimmt,
6. die Kontrollrechte des Verantwortlichen und die entsprechenden Duldungs- und Mitwirkungspflichten des Auftragsverarbeiters,
7. mitzuteilende Verstöße des Auftragsverarbeiters oder der bei ihm beschäftigten Personen gegen Vorschriften zum Schutz personenbezogener Daten oder gegen die im Auftrag getroffenen Festlegungen,
8. der Umfang der Weisungsbefugnisse, die sich der Verantwortliche gegenüber dem Auftragsverarbeiter vorbehält,
9. die Verpflichtung des Auftragsverarbeiters, den Verantwortlichen unverzüglich darauf hinzuweisen, wenn er der Ansicht ist, dass eine Weisung des Verantwortlichen gegen dieses Gesetz oder andere Vorschriften über den Datenschutz verstößt, und
10. die Rückgabe überlassener Datenträger und die Löschung beim Auftragsverarbeiter gespeicherter Daten, sobald diese für die Erfüllung des Auftrags nicht mehr benötigt werden, spätestens nach Beendigung des Auftrags.

[2] Soweit der Auftragsverarbeiter eine nichtöffentliche Stelle ist, ist auch festzulegen, dass der Auftragsverarbeiter die Kontrolle durch die Landesbeauftragte oder den Landesbeauftragten für Datenschutz und Informationsfreiheit zu dulden hat. [3] Diese Kontrolle richtet sich nach den maßgeblichen datenschutzrechtlichen Bestimmungen.

(4) [1] Eine nichtöffentliche Stelle darf nur beauftragt werden, wenn

1. beim Verantwortlichen sonst Störungen im Geschäftsablauf auftreten können oder der Auftragsverarbeiter die übertragenen Aufgaben erheblich kostengünstiger erledigen kann und
2. die beim Auftragsverarbeiter mit der Datenverarbeitung beauftragten Beschäftigten besonders auf den Schutz der Personalaktendaten verpflichtet sind.

[2] Satz 1 Nummer 1 findet keine Anwendung für Gemeinden und Gemeindeverbände.

(5) [1] Der Auftragsverarbeiter darf die Daten nur im Rahmen der Weisungen des Verantwortlichen verarbeiten. [2] Der Auftragsverarbeiter darf die Daten nur für die im Auftrag festgelegten Zwecke verarbeiten und für die im Auftrag festgelegte Dauer speichern.

---

1) Nr. **37.41**.

(6) Die Rechte der betroffenen Person nach dem geltenden Datenschutzrecht sind gegenüber dem Verantwortlichen geltend zu machen.

(7) [1] Unteraufträge dürfen nur mit vorheriger Zustimmung des Verantwortlichen erteilt werden. [2] Für Unterauftragsverarbeiter gelten die für den Auftragsverarbeiter bestehenden Vorgaben entsprechend.

§ 92 Dienstliche Beurteilung, Dienstzeugnis. (1) [1] Eignung, Befähigung und fachliche Leistung der Beamtin oder des Beamten sind mindestens vor Ablauf der Probezeit dienstlich zu beurteilen. [2] Sie sollen ferner in regelmäßigen Zeitabständen und anlässlich einer Versetzung beurteilt werden; die obersten Dienstbehörden bestimmen die Zeitabstände und können Ausnahmen für Gruppen von Beamtinnen und Beamten zulassen. [3] Die Beurteilungen sind mit einem Gesamturteil abzuschließen und sollen einen Vorschlag für die weitere dienstliche Verwendung enthalten. [4] Sie sind zu den Personalakten der Beamtin oder des Beamten zu nehmen. [5] Der Beamtin oder dem Beamten ist Gelegenheit zu geben, von ihrer oder seiner Beurteilung vor Aufnahme in die Personalakten Kenntnis zu nehmen und sie mit der oder dem Vorgesetzten zu besprechen. [6] Eine Gegenäußerung der Beamtin oder des Beamten ist ebenfalls zu den Personalakten zu nehmen. [7] Das Nähere regeln die Laufbahnverordnungen.

(2) [1] Die Landesregierung wird ermächtigt, Vorschriften über eine fiktive Fortschreibung dienstlicher Beurteilungen zu treffen. [2] Sofern in den Fällen des Satzes 1 die Verleihung eines höherwertigen Amtes von einer Erprobung oder einer Probezeit abhängig ist, kann in der Rechtsverordnung vorgesehen und können nähere Regelungen dazu getroffen werden, dass eine Erprobung oder Probezeit für dieses Amt als erfolgreich abgeleistet angesehen werden kann, wenn sich die Beamtin oder der Beamte in der tatsächlich wahrgenommenen Funktion, die von ihren Anforderungen dem Beförderungsamt vergleichbar ist, bewährt hat und dies festgestellt wurde.

(3) [1] Der Beamtin oder dem Beamten wird beim Nachweis eines berechtigten Interesses und nach Beendigung des Beamtenverhältnisses auf ihren oder seinen Antrag ein Dienstzeugnis über Art und Dauer der von ihr oder ihm bekleideten Ämter erteilt. [2] Das Dienstzeugnis muss auf Verlangen der Beamtin oder des Beamten auch über die von ihr oder ihm ausgeübte Tätigkeit und ihre oder seine Leistungen Auskunft geben.

§ 93 Beteiligung der Spitzenorganisationen. (1) [1] Die Entwürfe allgemeiner beamtenrechtlicher Regelungen werden den Spitzenorganisationen der zuständigen Gewerkschaften und Berufsverbände mit einer angemessenen Frist im Rahmen der vertrauensvollen Zusammenarbeit zur Stellungnahme zugeleitet. [2] Die Stellungnahmen sind auf Verlangen zu erörtern. [3] Die Spitzenorganisationen können weiterhin verlangen, dass ihre Vorschläge, die in Gesetzentwürfen keine Berücksichtigung finden, mit Begründung und einer Stellungnahme der Landesregierung dem Landtag mitgeteilt werden.

(2) [1] Jede Spitzenorganisation und das für Inneres zuständige Ministerium sowie das Finanzministerium kommen regelmäßig zu gemeinsamen Gesprächen über allgemeine Regelungen beamtenrechtlicher Verhältnisse zusammen; ist ein anderes Ministerium für eine solche Regelung zuständig, ist

(Fortsetzung nächstes Blatt)

24.12/2. Verordnung über die Laufbahn der Polizeivollzugsbeamtinnen und Polizeivollzugsbeamten des Landes Nordrhein-Westfalen (Laufbahnverordnung der Polizei – LVOPol)

Vom 4. Juni 2021

(GV. NRW. S. 684)

SGV. NRW. 203012

Auf Grund des § 110 Absatz 2 des Landesbeamtengesetzes[1] vom 14. Juni 2016 (GV. NRW. S. 310, ber. S. 642) verordnet das Ministerium des Innern im Einvernehmen mit dem Ministerium der Finanzen:

Inhaltsübersicht

---

[1] Nr. **24.11**.

Abschnitt 1. Gemeinsame Vorschriften

§ 1 Geltungsbereich. (1) Diese Verordnung gilt für die Polizeivollzugsbeamtinnen und Polizeivollzugsbeamten des Landes Nordrhein-Westfalen.

(2) Soweit im Folgenden nichts Abweichendes bestimmt ist, gilt die Laufbahnverordnung[1)] vom 21. Juni 2016 (GV. NRW. S. 461) in der jeweils geltenden Fassung auch für Polizeivollzugsbeamtinnen und Polizeivollzugsbeamte entsprechend.

§ 2 Laufbahn, Ämter, Amtsbezeichnung. (1) [1] Die Laufbahn der Polizeivollzugsbeamtinnen und Polizeivollzugsbeamten ist eine Einheitslaufbahn. [2] Die Einheitslaufbahn gliedert sich in die Laufbahnabschnitte I bis III.

(2) Soweit dienstrechtliche Vorschriften anzuwenden sind, die auf Laufbahngruppen abstellen, gilt der Laufbahnabschnitt I als eine Laufbahn der Laufbahngruppe 1, Ämtergruppe des zweiten Einstiegsamtes, der Laufbahnabschnitt II als eine Laufbahn der Laufbahngruppe 2, Ämtergruppe des ersten Einstiegsamtes und der Laufbahnabschnitt III als eine Laufbahn der Laufbahngruppe 2, Ämtergruppe des zweiten Einstiegsamtes.

(3) Die zur Laufbahn gehörenden Ämter ergeben sich aus der Anlage.

(4) [1] Polizeivollzugsbeamtinnen und Polizeivollzugsbeamte führen ihre Dienst- und Amtsbezeichnung in der auf ihre Verwendung hinweisenden Form. [2] Der Dienstvorgesetzte stellt die zu führende Dienst- und Amtsbezeichnung fest. [3] Einzelheiten regelt das für Inneres zuständige Ministerium.

(5) Zur Laufbahn gehören auch der Vorbereitungsdienst und die Probezeit.

§ 3 Einstellung. (1) In den Polizeivollzugsdienst kann eingestellt werden, wer

1. die Voraussetzungen für die Berufung in das Beamtenverhältnis erfüllt,
2. für den Polizeivollzugsdienst geeignet ist,
3. polizeidiensttauglich ist und
4. die nach dieser Verordnung vorgeschriebenen besonderen Einstellungsvoraussetzungen für den jeweiligen Laufbahnabschnitt erfüllt.

(2) Die Bewerberinnen und Bewerber nehmen vor ihrer Einstellung an einem Auswahlverfahren teil.

§ 4 Befähigung für die Laufbahnabschnitte. (1) Die Anwärterinnen und Anwärter des Polizeivollzugsdienstes erwerben die Befähigung für die Lauf-

---

1) Nr. **24.12/1**.

bahnabschnitte durch das Ableisten des Vorbereitungsdienstes und das Bestehen der Fachprüfung.

(2) [1] Polizeivollzugsbeamtinnen und Polizeivollzugsbeamte, denen bereits ein Amt verliehen wurde, erwerben die Befähigung für den nächsthöheren Laufbahnabschnitt durch das Ableisten der Ausbildung und das Bestehen der nächsthöheren Fachprüfung. [2] Die Fachprüfung für den Laufbahnabschnitt III ist der Masterabschluss an der Deutschen Hochschule der Polizei.

(3) Abweichend von Absatz 2 können die Polizeivollzugsbeamtinnen und Polizeivollzugsbeamten, die die I. Fachprüfung bestanden haben, sich ohne das Ablegen der II. Fachprüfung nach § 7 beruflich entwickeln.

(4) Abweichend von Absatz 2 können die Polizeivollzugsbeamtinnen und Polizeivollzugsbeamten sich ohne das Ablegen der III. Fachprüfung nach § 23 beruflich entwickeln.

(5) Bewerberinnen und Bewerber, für die unmittelbare Einstellung in den Laufbahnabschnitt III müssen die Befähigung für diesen Laufbahnabschnitt gemäß § 22 Absatz 1 Nummer 2 besitzen.

§ 5 Probezeit. (1) Probezeit im Sinne des § 13 des Landesbeamtengesetzes[1)] vom 14. Juni 2016 (GV. NRW. S. 310) in der jeweils geltenden Fassung ist die Zeit im Beamtenverhältnis auf Probe, während der sich Polizeivollzugsbeamtinnen und Polizeivollzugsbeamte nach Erwerb der Befähigung für ihren Laufbahnabschnitt bewähren sollen.

(2) [1] Die regelmäßige Probezeit beträgt drei Jahre. [2] Für die Feststellung der Bewährung gilt ein strenger Maßstab. [3] Als Grundlage für die Entscheidung über die Bewährung während der Probezeit sind mindestens zwei Beurteilungen über Eignung, Befähigung und fachliche Leistung der Polizeivollzugsbeamtin beziehungsweise des Polizeivollzugsbeamten zu erstellen. [4] Die erste Beurteilung soll spätestens zwölf Monate nach Beginn der Probezeit erfolgen. [5] Vor Ablauf der Probezeit wird in einer Beurteilung festgestellt, ob die Polizeivollzugsbeamtin beziehungsweise der Polizeivollzugsbeamte sich in vollem Umfang bewährt hat. [6] Wenn sich die Polizeivollzugsbeamtin beziehungsweise der Polizeivollzugsbeamte wegen besonderer Leistung ausgezeichnet hat, ist dies festzustellen.

(3) [1] Dienstzeiten im öffentlichen Dienst, die nicht bereits auf den Vorbereitungsdienst angerechnet worden sind, sollen auf die Probezeit angerechnet werden, wenn die Tätigkeit nach Art und Bedeutung mindestens der Tätigkeit in einem Amt des Laufbahnabschnitts entsprochen hat. [2] Auf die Probezeit anrechenbare Zeiten setzen eine Beschäftigung mit mindestens der Hälfte der regelmäßigen Arbeitszeit voraus. [3] War während der anrechenbaren Zeiten nach Satz 2 Teilzeitbeschäftigung mit weniger als der Hälfte der regelmäßigen Arbeitszeit bewilligt, ist die Teilzeitbeschäftigung entsprechend ihrem Verhältnis zur hälftigen Beschäftigung zu berücksichtigen.

(4) Die Probezeit beträgt mindestens ein Jahr.

(5) [1] Beurlaubungszeiten ohne Dienstbezüge, Elternzeit, Freistellungszeiten innerhalb einer Teilzeitbeschäftigung im Sinne der §§ 65 und 66 des Landesbeamtengesetzes und Krankheitszeiten von insgesamt mehr als drei Monaten gelten nicht als Probezeit. [2] Wird diese Erheblichkeitsschwelle unter Berück-

[1)] Nr. **24.11**.

sichtigung aller in Satz 1 genannten Zeiten überschritten, ist das Ende der Probezeit unter Einbeziehung des gesamten Ausfallzeitraums neu festzusetzen. [3] Bei der Berechnung der Erheblichkeitsschwelle sind ärztliche Beschäftigungsverbote nach § 16 des Mutterschutzgesetzes[1)] vom 23. Mai 2017 (BGBl. I S. 1228), das durch Artikel 57 Absatz 8 des Gesetzes vom 12. Dezember 2019 (BGBl. I S. 2652) geändert worden ist, nicht zu berücksichtigen. [4] Das gilt auch für Urlaubszeiten, wenn zuvor festgestellt worden ist, dass der Urlaub überwiegend dienstlichen Interessen oder öffentlichen Belangen dient. [5] Absatz 4 bleibt unberührt. [6] Bei der kalendertäglichen Berechnung der Ausfallzeiten wird der Monat zu 30, das Jahr zu 365 Tagen gerechnet.

(6) [1] Bei der Berechnung der Probezeit im Sinne des Absatz 2 und der Neufestsetzung der Probezeit gemäß Absatz 5 zählen die Zeiten einer Teilzeitbeschäftigung mit mindestens der Hälfte der regelmäßigen Arbeitszeit in vollem Umfang. [2] Ist der Polizeivollzugsbeamtin oder dem Polizeivollzugsbeamten während der Probezeit Teilzeitbeschäftigung mit weniger als der Hälfte bewilligt worden, ist die Teilzeitbeschäftigung entsprechend ihrem Verhältnis zur hälftigen Beschäftigung zu berücksichtigen. [3] Die Probezeit ist jedoch nur dann entsprechend zu verlängern, wenn die Auswirkung mehr als drei Monate beträgt.

(7) [1] Kann die Bewährung nach Absatz 2 bis zum Ende der Probezeit noch nicht festgestellt werden, kann die Probezeit um höchstens zwei Jahre verlängert werden, sie darf jedoch fünf Jahre nicht überschreiten. [2] Zum Ablauf der Probezeit ist eine zusammenfassende, auf die gesamte bisherige Probezeit bezogene Beurteilung über die Bewährung oder Nichtbewährung zu erstellen. [3] Die Polizeivollzugsbeamtinnen und Polizeivollzugsbeamten auf Probe, die sich nicht bewähren, sind zu entlassen.

(8) Von Absatz 4 kann das für Inneres zuständige Ministerium im Einvernehmen mit dem für Finanzen zuständige Ministerium Ausnahmen zulassen.

§ 6 Nachteilsausgleich. (1) [1] Hat sich die Einstellung wegen der tatsächlichen Betreuung mindestens eines in häuslicher Gemeinschaft lebenden minderjährigen Kindes verzögert und ist die Bewerbung, die zur Einstellung geführt hat,

1. innerhalb von sechs Monaten nach Beendigung der Kinderbetreuung
2. im Falle fester Einstellungstermine zum nächsten Einstellungstermin, nach Beendigung der Kinderbetreuung oder
3. nach Beendigung der im Anschluss an die Kinderbetreuung begonnenen vorgeschriebenen Ausbildung erfolgt, so ist zum Ausgleich der Verzögerung eine Beförderung bereits während der Probezeit frühestens nach zwei Jahren sowie vor Ablauf eines Jahres nach Beendigung der Probezeit zulässig, sofern die dienstlichen Leistungen eine Beförderung rechtfertigen. Dasselbe gilt, wenn die Polizeivollzugsbeamtin oder der Polizeivollzugsbeamte trotz einer fristgerechten

[2] Bewerbung zunächst nicht eingestellt worden ist, die Bewerbung aber aufrechterhalten oder im Falle fester Einstellungstermine zu jedem Einstellungstermin erneuert wurde. [3] Entsprechendes gilt für Polizeivollzugsbeamtinnen und Polizeivollzugsbeamte, die wegen Kinderbetreuung ohne Anwärter- oder

---

[1)] **Habersack (vormals Schönfelder) ErgBd. Nr. 79.**

Dienstbezüge beurlaubt waren. [4] Zugrunde gelegt wird jeweils der Zeitraum der tatsächlichen Verzögerung durch die Betreuung eines Kindes oder mehrerer Kinder. [5] Insgesamt können höchstens zwei Jahre berücksichtigt werden.

(2) Absatz 1 gilt entsprechend bei der tatsächlichen Pflege eines nach § 7 Absatz 3 des Pflegezeitgesetzes vom 28. Mai 2008 (BGBl. I S. 874, 896) in der jeweils geltenden Fassung pflegebedürftigen nahen Angehörigen, dessen Pflegebedürftigkeit nach § 3 Absatz 2 des Pflegezeitgesetzes nachgewiesen ist.

§ 7 Berufliche Entwicklung in den Laufbahnabschnitt II. (1) Eine berufliche Entwicklung von Polizeivollzugsbeamtinnen und Polizeivollzugsbeamten, die in den Laufbahnabschnitt I eingestellt wurden und die II. Fachprüfung nicht abgelegt haben, aus dem Endamt des Laufbahnabschnitts I in ein Amt der Besoldungsgruppe A 9 des Laufbahnabschnitts II ist nach drei Jahren zulässig.

(2) [1] Eine Beförderung ist bis zur Besoldungsgruppe A 11 möglich. [2] Führungsfunktionen können nicht übernommen werden.

§ 8 Beförderung. (1) Die Beförderungsämter des Polizeivollzugsdienstes in Besoldungsgruppen mit aufsteigenden Gehältern sind regelmäßig zu durchlaufen.

(2) [1] Die Beamtin oder der Beamte darf erst befördert werden, wenn die Eignung für einen höher bewerteten Dienstposten in einer Erprobungszeit festgestellt wurde. [2] Dies gilt nicht, wenn die Beförderung nur darauf beruht, dass sich die Bewertung des Dienstpostens ändert, ohne dass dies mit einer Änderung der Funktion verbunden ist sowie in den Fällen des Aufstiegs nach Bestehen der II. oder der III. Fachprüfung.

(3) [1] Die Erprobungszeit beträgt drei Monate. [2] Für die Berechnung der Probezeit gilt § 5 Absatz 5 und 6 entsprechend ab Fehlzeiten von insgesamt mehr als einem Monat.

(4) Eine Beförderung ist nicht zulässig

1. während der Probezeit,
2. vor Ablauf eines Jahres seit Beendigung der Probezeit,
3. vor Ablauf eines Jahres seit der letzten Beförderung, oder
4. innerhalb von zwei Jahren vor Eintritt in den Ruhestand ist wegen Erreichens der Altersgrenze nur eine Beförderung zulässig.

(5) [1] Eine Beförderung ist abweichend von

1. Absatz 2 Satz 1 Nummern 1 und 2 in den Fällen des Nachteilsausgleiches gemäß § 6,
2. Absatz 4 Satz 1 Nummer 2 nach Beendigung der Probezeit, wenn sich die Polizeivollzugsbeamtin beziehungsweise der Polizeivollzugsbeamte wegen besonderer Leistungen ausgezeichnet hat und dies in einer Beurteilung nach § 5 Absatz 2 Satz 5 festgestellt wurde,
3. Absatz 4 Satz 1 Nummer 3 vor Ablauf eines Jahres seit der letzten Beförderung, wenn das Amt, aus dem befördert wird, nicht regelmäßig zu durchlaufen ist oder
4. Absatz 1 Satz 1 und Absatz 4 Satz 1 Nummer 3 im Falle der beruflichen Entwicklung bei der Verleihung eines Amtes des Laufbahnabschnitts II nach bestandener II. Fachprüfung für die Ämter der Besoldungsgruppen A 8 und A 9 oder bei der Verleihung eines Amtes der Besoldungsgruppe A 13

(Laufbahnabschnitt III) für die Ämter der Besoldungsgruppen A 11 bis A 13 (Laufbahnabschnitt II) zulässig.

[2] Über Abweichungen von Absatz 4 Nummern 1 und 2 entscheidet der Landespersonalausschuss, über Abweichungen von Absatz 2 Nummer 3 entscheidet das für Inneres zuständige Ministerium im Einvernehmen mit dem für Finanzen zuständige Ministerium.

§ 9 Dienstzeiten. (1) [1] Dienstzeiten, die nach dieser Verordnung Voraussetzung für eine Beförderung oder für die berufliche Entwicklung sind, rechnen von dem Zeitpunkt der Beendigung der Probezeit in der Laufbahngruppe oder bei erfolgter beruflicher Entwicklung ab der Verleihung des ersten Amtes in der neuen Laufbahngruppe. [2] In den Fällen des Nachteilsausgleiches ab dem Zeitpunkt der frühestmöglichen Beförderung. [3] Bei der Berechnung der Dienstzeit zählen die Zeiten einer Teilzeitbeschäftigung mit mindestens der Hälfte der regelmäßigen Arbeitszeit in vollem Umfang, Zeiten einer Teilzeitbeschäftigung mit weniger als der Hälfte entsprechend ihrem Verhältnis zur hälftigen Beschäftigung.

(2) [1] Beurlaubungszeiten ohne Dienstbezüge gelten ab der ersten Verleihung eines Amtes in der Laufbahngruppe nicht als Dienstzeiten. [2] Davon abweichend sind anzurechnen

1. bis zur Dauer von insgesamt zwei Jahren die Zeit eines Urlaubs ohne Dienstbezüge, wenn dieser überwiegend dienstlichen Interessen oder öffentlichen Belangen dient und das Vorliegen dieser Voraussetzung von dem für Inneres zuständigen Ministerium mit Zustimmung des für Finanzen zuständige Ministerium festgestellt worden ist,
2. bis zur Dauer von insgesamt fünf Jahren die Zeit eines Urlaubs ohne Dienstbezüge, wenn dieser zur Ausübung einer Tätigkeit bei Fraktionen des Europäischen Parlaments, des Deutschen Bundestages oder einem Landtag als wissenschaftlicher Assistent oder Geschäftsführer erteilt wurde,
3. die Zeit eines Urlaubs ohne Dienstbezüge, wenn dieser zur Ausübung einer Tätigkeit in öffentlichen zwischenstaatlichen oder überstaatlichen Organisationen oder zur Übernahme von Aufgaben der Entwicklungshilfe erteilt wurde und
4. bis zur Dauer von insgesamt zwei Jahren, Urlaubszeiten ohne Dienstbezüge infolge der tatsächlichen Betreuung eines oder mehrerer minderjähriger Kinder. Eine Teilzeitbeschäftigung mit weniger als der Hälfte der regelmäßigen Arbeitszeit während der Beurlaubung steht einer Anrechnung nach Satz 1 nicht entgegen. Entsprechendes gilt, wenn ein nach ärztlichem Gutachten pflegebedürftiger naher Angehöriger, insbesondere aus dem Kreis der Eltern, Schwiegereltern, Eltern der eingetragenen Lebenspartnerin oder des eingetragenen Lebenspartners, Ehegatten, eingetragenen Lebenspartnerinnen oder Lebenspartner, Geschwister sowie volljähriger Kinder tatsächlich gepflegt wurde. Der Ausgleich von Verzögerungen nach den Sätzen 2 und 3 und § 6 Absätze 1 und 2 darf zusammen einen Zeitraum von zwei Jahren nicht überschreiten.

§ 10 Fortbildung, Führungsfortbildung. (1) Die Polizeivollzugsbeamtinnen und Polizeivollzugsbeamten sind verpflichtet, sich fortzubilden, damit sie den Ämtern ihres Laufbahnabschnitts gewachsen sind.

(2) [1] Wird einer Polizeivollzugsbeamtin beziehungsweise einem Polizeivollzugsbeamten, die beziehungsweise der die II. Fachprüfung bereits bestanden hat, eine Führungsfunktion innerhalb des Laufbahnabschnitts II übertragen, hat die Polizeivollzugsbeamtin beziehungsweise der Polizeivollzugsbeamte an einer Führungsfortbildung teilzunehmen. [2] Das Nähere regelt das für Inneres zuständige Ministerium, insbesondere bestimmt es, welche Funktionen Führungsfunktionen im Sinne dieser Vorschrift sind.

Abschnitt 2. Laufbahnabschnitt II
Aufnahme in den Bildungsgang Fachoberschule für Wirtschaft und Verwaltung, Schwerpunkt Polizeivollzugsdienst

§ 11 Praktikum im Bildungsgang Fachoberschule für Wirtschaft und Verwaltung, Schwerpunkt Polizeivollzugsdienst. (1) [1] Die Ausbildung der Schülerinnen und Schüler im Bildungsgang Fachoberschule für Wirtschaft und Verwaltung, Schwerpunkt Polizeivollzugsdienst setzt einen Praktikumsplatz bei der Polizei Nordrhein-Westfalen voraus. [2] Der Bildungsgang dauert in der Regel zwei Jahre und endet mit der Fachhochschulreife. [3] Das Praktikum ist im ersten Jahr des Bildungsgangs abzuleisten.

(2) [1] Nach Erwerb der Fachhochschulreife in dem in Absatz 1 genannten Bildungsgang wird eine verbindliche Einstellungszusage ausgesprochen. [2] Weitere Bestimmungen zur Ausgestaltung des Praktikums und zur Einstellungszusage regelt das für Inneres zuständige Ministerium.

(3) Eine Einstellung in den Vorbereitungsdienst für den Laufbahnabschnitt II erfolgt ohne weitere Teilnahme an einem Auswahlverfahren gemäß § 19.

§ 12 Voraussetzungen für die Vergabe eines Praktikumsplatzes bei der Polizei Nordrhein-Westfalen. Bewerberinnen und Bewerbern kann ein Praktikumsplatz bei der Polizei Nordrhein-Westfalen zugewiesen werden, wenn sie:

1. die Voraussetzungen des § 3 Absatz 1 Nummer 1 bis 3 erfüllen und
2. an einem Auswahlverfahren gemäß § 13 erfolgreich teilgenommen haben.

§ 13 Auswahlverfahren. (1) Der Vergabe eines Praktikumsplatzes bei der Polizei Nordrhein-Westfalen geht ein Auswahlverfahren voraus.

(2) Das Auswahlverfahren stellt fest, ob die Bewerberinnen und Bewerber geeignet sind und legt die Rangfolge der Bewerberinnen und Bewerber für die Vergabe der Praktikumsplätze durch Vergabe eines Rangordnungswerts fest.

(3) Die Einzelheiten des Auswahlverfahrens bestimmt das für Inneres zuständige Ministerium.

§ 14 Vergabe des Praktikumsplatzes und des Schulplatzes. (1) Das für Inneres zuständige Ministerium legt die Anzahl der für den Bildungsgang jeweils zur Verfügung stehenden Praktikumsplätze fest und entscheidet über die Vergabe eines Praktikumsplatzes nach Maßgabe der gemäß § 13 Absatz 2 festgestellten Rangfolge.

(2) [1] Über die Vergabe eines Schulplatzes entscheidet das Berufskolleg. [2] Das Nähere bestimmt das für Schulwesen zuständige Ministerium.

(3) Bewerberinnen und Bewerber, denen ein Praktikumsplatz zugewiesen wurde und die von einem Berufskolleg aufgenommen wurden, erhalten eine vorbehaltliche Einstellungszusage für den Polizeivollzugsdienst für den Einstellungsjahrgang, welcher zeitlich unmittelbar auf das Jahr des erfolgreichen Abschlusses des Bildungsgangs folgt.

Abschnitt 3. Laufbahnabschnitt II

Unterabschnitt 1. Einstellung in den Laufbahnabschnitt II

§ 15 Einstellung. (1) In den Vorbereitungsdienst für den Laufbahnabschnitt II kann eingestellt werden, wer

1. die Voraussetzungen des § 3 erfüllt und
2. eine zu einem Hochschulstudium berechtigende Schulbildung oder einen als gleichwertig anerkannten Bildungsabschluss besitzt.

(2) Die Bewerberinnen und Bewerber werden unter Berufung in das Beamtenverhältnis auf Widerruf zu Kommissaranwärterinnen beziehungsweise Kommissaranwärtern ernannt.

§ 16 Vorbereitungsdienst, II. Fachprüfung. (1) [1]Der Vorbereitungsdienst der Kommissaranwärterinnen und Kommissaranwärter dauert in der Regel drei Jahre. [2]Die Dauer des Vorbereitungsdienstes kann sich verlängern oder insbesondere durch die Anrechnung förderlicher Zeiten verkürzen. [3]Auf Antrag kann das für Inneres zuständige Ministerium bis zu zwölf Monate förderlicher Zeiten auf die Dauer des Vorbereitungsdienstes anrechnen, wenn diese nach Art und Umfang geeignet sind, die Ausbildung in den einzelnen Ausbildungsabschnitten ganz oder teilweise zu ersetzen. [4]Der Vorbereitungsdienst darf 24 Monate nicht unterschreiten. [5]Das Nähere regelt die *Ausbildungs- und Prüfungsverordnung Laufbahnabschnitt III Bachelor*[1)] vom 21. August 2008 (GV. NRW. S. 554), die zuletzt durch Verordnung vom 18.Februar 2021 (GV. NRW. S. 206) geändert worden ist.

(2) [1]Für Kommissaranwärterinnen und Kommissaranwärter, die die II. Fachprüfung endgültig nicht bestehen, endet das Beamtenverhältnis an dem Tage, an dem ihnen das Prüfungsergebnis bekanntgegeben wird. [2]Für Kommissaranwärterinnen und Kommissaranwärter, die die II. Fachprüfung bestehen, endet das Beamtenverhältnis auf Widerruf mit Ablauf des Monats, in dem die Prüfungsergebnisse bekannt gegeben wurden.

Unterabschnitt 2. Zulassung von Beamtinnen und Beamten zur Ausbildung für den Laufbahnabschnitt II

§ 17 Zulassungsvoraussetzungen. (1) Zur Ausbildung für den Laufbahnabschnitt II können Polizeivollzugsbeamtinnen und Polizeivollzugsbeamte des Laufbahnabschnitts I zugelassen werden, wenn sie

1. sich in einer Dienstzeit von drei Jahren nach ihrer Eignung, Leistung und Befähigung hierfür in besonderer Weise bewährt haben und
2. am Zulassungsverfahren (§ 19) erfolgreich teilgenommen haben.

[1)] Richtig wohl: „Ausbildungs- und Prüfungsverordnung Laufbahnabschnitt II Bachelor".

(2) [1] Zeiten des gesetzlichen Mutterschutzes und Zeiten der Beurlaubung ohne Dienstbezüge sind wegen der tatsächlichen Betreuung minderjähriger Kinder auf die Bewährungszeit nach Absatz 1 anzurechnen, bei einem Kind sind bis zu einem Jahr und sechs Monaten, bei mehreren Kindern bis zu zwei Jahren. [2] Der Ausgleich von Verzögerungen nach dieser Vorschrift und der Ausgleich nach § 6 Absatz 1 und 2 dürfen zusammen einen Zeitraum von zwei Jahren nicht überschreiten.

(3) [1] Absatz 2 gilt entsprechend, wenn ein naher Angehöriger im Sinne des § 7 Absatz 3 des Pflegezeitgesetzes vom 8. Mai 2008 (BGBl. I S. 874, 896), das zuletzt durch Artikel 5 des Gesetzes vom 29. März 2021 (BGBl. I S. 370) geändert worden ist, tatsächlich gepflegt wurde. [2] Der Ausgleich nach Satz 1 und nach Absatz 2 darf insgesamt zwei Jahre nicht überschreiten.

§ 18 Zulassungstermin. [1] Den Stichtag für den Beginn der Ausbildung für den Laufbahnabschnitt II bestimmt das für Inneres zuständige Ministerium. [2] Zu diesem Zeitpunkt müssen die in § 13 genannten Voraussetzungen erfüllt sein.

§ 19 Zulassungsverfahren. (1) Der Zulassung geht ein Auswahlverfahren voraus.

(2) Das Auswahlverfahren dient der Feststellung, inwieweit und in welcher Rangfolge die Bewerberinnen und Bewerber für die Zulassung zur Ausbildung für den Laufbahnabschnitt II geeignet sind.

(3) Die Einzelheiten, insbesondere den Zeitpunkt des Auswahlverfahrens und die Bewerbungstermine, bestimmt das für Inneres zuständige Ministerium.

(4) Am Auswahlverfahren können Polizeivollzugsbeamtinnen und Polizeivollzugsbeamte teilnehmen, die zum nächsten Zulassungstermin die Zulassungsvoraussetzungen des § 17 erfüllen.

(5) Das Auswahlverfahren kann einmal wiederholt werden.

§ 20 Zulassung. (1) Erfolgreiche Absolventen des Bildungsganges nach § 11 sind abweichend von Absatz 2 für die Ausbildung für den Laufbahnabschnitt II zuzulassen.

(2) Über die Zulassung zur Ausbildung für den Laufbahnabschnitt II entscheidet das für Inneres zuständige Ministerium nach erfolgreicher Teilnahme am Auswahlverfahren im Rahmen der Ausbildungskapazitäten für den Laufbahnabschnitt II unter Berücksichtigung der im Auswahlverfahren bestimmten Rangfolge.

(3) Werden Umstände bekannt, dass die Anwärterin oder der Anwärter ungeeignet ist, kann die Zulassung zur Ausbildung für den Laufbahnabschnitt II widerrufen werden.

§ 21 Ausbildung, II. Fachprüfung. [1] Die Ausbildung der Bewerberinnen und Bewerber für den Laufbahnabschnitt II dauert in der Regel drei Jahre und endet mit der II. Fachprüfung. [2] Sie setzt für die Zeiten aus, für die hinreichende Kenntnisse und Fähigkeiten vorliegen, die auf die Ausbildung angerechnet werden können.

Abschnitt 4. Laufbahnabschnitt III

Unterabschnitt 1. Einstellung in den Laufbahnabschnitt III

§ 22 Einstellung, Direkteinstieg. (1) In den Laufbahnabschnitt III kann eingestellt werden, wer

1. die Voraussetzungen des § 3 erfüllt und
2. die zweite juristische Staatsprüfung oder die zweite Prüfung (Staatsprüfung) für ein Amt der Laufbahngruppe II, Ämtergruppe des zweiten Einstiegsamtes des allgemeinen Verwaltungsdienstes bestanden hat. Näheres regelt das für Inneres zuständige Ministerium.

(2) Die Bewerberinnen und Bewerber werden unter Berufung in das Beamtenverhältnis auf Probe zur Polizeirätin oder zum Polizeirat beziehungsweise zur Kriminalrätin oder zum Kriminalrat ernannt.

(3) [1] Während der Probezeit erhalten die Polizeivollzugsbeamtinnen und Polizeivollzugsbeamten eine polizeiliche Fortbildung. [2] Sie soll ihre bisherige Ausbildung ergänzen und sie auf ihre künftigen Aufgaben als Polizeivollzugsbeamte beziehungsweise Polizeivollzugsbeamter des Laufbahnabschnitts III vorbereiten. [3] Das für Inneres zuständige Ministerium regelt Dauer und Gestaltung der polizeilichen Fortbildung.

Unterabschnitt 2. Zulassung von Polizeivollzugsbeamtinnen und Polizeivollzugsbeamten zur Ausbildung für den Laufbahnabschnitt III

§ 23 Zulassungsvoraussetzungen. [1] Zur Ausbildung für den Laufbahnabschnitt III des Polizeivollzugsdienstes können Polizeivollzugsbeamtinnen und Polizeivollzugsbeamte zugelassen werden, die die Ausbildung an der Hochschule für Polizei und öffentliche Verwaltung NRW abgeleistet haben, wenn

1. sie sich nach der II. Fachprüfung in einer Dienstzeit von drei Jahren nach ihrer Eignung, Leistung und Befähigung hierfür in besonderer Weise bewährt haben,
2. die Leiterin oder der Leiter der Behörde eine Teilnahme am Auswahlverfahren befürwortet, weil sie unter Berücksichtigung ihrer Persönlichkeit sowie ihrer Eignung, Leistung und Befähigung für den Laufbahnabschnitt III des Polizeivollzugsdienstes geeignet erscheinen,
3. sie die Voraussetzungen des § 109 Absatz 2a des Landesbeamtengesetzes[1)] erfüllen und
4. sie am Auswahlverfahren (§ 20) erfolgreich teilgenommen haben. An dem Auswahlverfahren nehmen auch Polizeivollzugsbeamtinnen und Polizeivollzugsbeamte teil, die sich bereits in einem Laufbahnabschnitt befinden und die für eine höhere Laufbahn erforderliche Berufsausbildung oder Hochschulausbildung nachträglich erworben haben.

[2] Das Nähere regelt das für Inneres zuständige Ministerium.

§ 24 Auswahlverfahren. (1) Die Bewerbungstermine für die Teilnahme am Auswahlverfahren werden von dem für Inneres zuständigen Ministerium bestimmt.

[1)] Nr. **24.11**.

(2) [1] Erfüllen die Bewerberinnen und Bewerber die in § 23 festgelegten Zulassungsvoraussetzungen, legt die Behördenleitung die Bewerbungen um Zulassung zur Ausbildung zum Laufbahnabschnitt III dem für Inneres zuständigen Ministerium vor. [2] Bewerbungen von Polizeivollzugsbeamtinnen und Polizeivollzugsbeamten, welche die Voraussetzungen nicht erfüllen, weist der Dienstvorgesetzte schriftlich zurück.

(3) [1] Zur Feststellung, inwieweit die Bewerberinnen und Bewerber für eine Zulassung zur Ausbildung für den Laufbahnabschnitt III geeignet sind, wird ein mehrstufiges Auswahlverfahren durchgeführt. [2] Hierbei findet die aktuelle dienstliche Beurteilung Berücksichtigung. [3] Das Nähere regelt das für Inneres zuständige Ministerium.

(4) Die Teilnahme am Auswahlverfahren ist in der Personalakte zu dokumentieren.

(5) [1] Die Polizeivollzugsbeamtinnen und Polizeivollzugsbeamten können das Auswahlverfahren zweimal wiederholen. [2] § 23 Satz 1 Nummer 3 ist zu beachten.

§ 25 Zulassung zur Ausbildung. (1) Über die Zulassung zur Ausbildung für den Laufbahnabschnitt III entscheidet das für Inneres zuständige Ministerium im Rahmen des Bedarfs an Polizeivollzugsbeamtinnen und Polizeivollzugsbeamten für den Laufbahnabschnitt III.

(2) [1] Der Stichtag für den Beginn der Ausbildung für den Laufbahnabschnitt III ist der 1. Oktober jeden Jahres. [2] Das für Inneres zuständige Ministerium kann weitere Termine bestimmen. [3] Zu diesem Zeitpunkt müssen die in § 23 genannten Voraussetzungen erfüllt sein.

§ 26 Ausbildung und III. Fachprüfung. (1) [1] Die Ausbildung besteht aus einer zweijährigen Förderphase und dem Masterstudium an der Deutschen Hochschule der Polizei. [2] Die zur Ausbildung zugelassenen Polizeivollzugsbeamtinnen und Polizeivollzugsbeamten haben vor Beginn ihres Masterstudiums die Förderphase erfolgreich zu durchlaufen. [3] Die Förderphase dient der Vermittlung eines umfassenden Einblicks in das polizeiliche Aufgabenspektrum. [4] Sie gliedert sich in Theoriemodule und Praxisabschnitte bei Polizeibehörden und bei einer polizeilichen Aufsichtsbehörde. [5] Die erfolgreiche Teilnahme an den einzelnen Teilen der Förderphase kann von der Erbringung von Leistungsnachweisen abhängig gemacht werden. [6] Das Nähere regelt das für Inneres zuständige Ministerium.

(2) [1] Das Masterstudium für den Laufbahnabschnitt III dauert in der Regel zwei Jahre. [2] Es endet mit dem Masterabschluss der III. Fachprüfung an der Deutschen Hochschule der Polizei.

(3) Die Zulassung zur Ausbildung für den Laufbahnabschnitt III kann widerrufen werden, wenn nachträglich Tatsachen bekannt werden, die die Polizeivollzugsbeamtin beziehungsweise den Polizeivollzugsbeamten für den Laufbahnabschnitt III ungeeignet erscheinen lassen.

Abschnitt 5. Ergänzende Vorschriften

§ 27 Modulare Qualifizierung für den Laufbahnabschnitt III. (1) [1] Polizeivollzugsbeamtinnen und Polizeivollzugsbeamten, die sich in einem Amt der Besoldungsgruppe A 13 der Ämtergruppe des Laufbahnabschnitt II befinden und nicht die III. Fachprüfung abgelegt haben, darf ein Amt der Besoldungsgruppe A 13 der Ämtergruppe des Laufbahnabschnitts III frühestens nach einer Dienstzeit von drei Jahren verliehen werden, wenn sie

1. nach ihrer oder seiner Eignung, Leistung und Befähigung hierfür in besonderer Weise in Betracht kommen,
2. in einem Auswahlverfahren zu einer modularen Qualifizierung zugelassen worden sind,
3. die Qualifizierungsmaßnahmen erfolgreich absolviert haben und
4. sich anschließend in einer mindestens dreimonatigen Erprobung in den neuen Aufgabenbereichen bewährt haben. Zeiten der Bewährung in den neuen Aufgabenreichen, die nach Zulassung, aber vor Abschluss der modularen Qualifizierung abgeleistet wurden, können auf die Erprobungszeit angerechnet werden.

2 Beurlaubungszeiten ohne Dienstbezüge, Freistellungszeiten innerhalb einer Teilzeitbeschäftigung im Sinne der §§ 65 und 66 des Landesbeamtengesetzes[1] und Krankheitszeiten von mehr als drei Monaten gelten nach Maßgabe des § 5 Absatz 5 nicht als Erprobungszeit. 3 Für die Berechnung der Erprobungszeit bei einer Teilzeitbeschäftigung gilt § 5 Absatz 6 entsprechend.

(2) 1 Die Qualifizierungsmaßnahmen müssen geeignet sein, in Verbindung mit den bisher erworbenen Qualifizierungen und den bisherigen beruflichen Tätigkeiten zu einer erfolgreichen Wahrnehmung der Aufgaben des höheren Amtes zu befähigen. 2 Das für Inneres zuständige Ministerium oder die von ihm bestimmte Stelle entscheidet über die Anforderungen an die Qualifizierungsinhalte und die Feststellung des Erfolgs sowie über Ausnahmen von der Teilnahme an einzelnen Modulen, sofern an gleichwertigen Fortbildungen bereits vor der Zulassung zur modularen Qualifizierung teilgenommen wurde oder der Inhalt der dort vermittelten Module bereits im Rahmen der dienstlichen Tätigkeit erlernt wurde. 3 Bevor ein Amt der Besoldungsgruppe A 15 oder höher übertragen wird, müssen die Beamtinnen und Beamten zusätzlich erfolgreich an einer Qualifizierung teilnehmen. 4 Diese muss an die Inhalte des dezentralen Studienabschnitts des Masterstudienganges „Öffentliche Verwaltung – Polizeimanagement" der Deutschen Hochschule der Polizei angelehnt sein. 5 Das Nähere regelt das für Inneres zuständige Ministerium oder die von ihm bestimmte Stelle.

(3) 1 Das für Inneres zuständige Ministerium oder die von ihm bestimmte Stelle entscheidet, ob sie die Möglichkeit einer modularen Qualifizierung anbietet und führt auf der Grundlage aktueller dienstlicher Beurteilungen ein Auswahlverfahren zur Auswahl der am besten geeigneten Polizeivollzugsbeamtinnen oder Polizeivollzugsbeamten durch. 2 Das Auswahlverfahren dient der Feststellung, inwieweit und in welcher Rangfolge die Beamtinnen und Beamten für den Erwerb der Beförderungsvoraussetzungen auf Grundlage einer modularen Qualifizierung geeignet sind. 3 In dem Auswahlverfahren wird, gemessen an dem Anforderungsprofil, das mit der Wahrnehmung eines Amtes des Laufbahnabschnitts III verbunden ist, die Eignung und Befähigung der Polizeivollzugsbeamtinnen und Polizeivollzugsbeamten überprüft.

---

[1] Nr. **24.11**.

§ 28 Übernahme von Beamtinnen und Beamten anderer Laufbahnen.

(1) [1] In den Laufbahnabschnitt II oder den Laufbahnabschnitt III des Polizeivollzugsdienstes können in Einzelfällen durch Anerkennung der Befähigung Beamtinnen und Beamte anderer Laufbahnen der Laufbahngruppe 2, Ämtergruppe des ersten und zweiten Einstiegsamtes übernommen werden, die die Befähigung für eine Laufbahn erworben haben, die dem Laufbahnabschnitt II oder dem Laufbahnabschnitt III des Polizeivollzugsdienstes gleichwertig ist. [2] Die Laufbahnen und Laufbahnabschnitte sind einander gleichwertig, wenn sie zu derselben Laufbahngruppe gehören und die Befähigung aufgrund der bisherigen Vorbildung, Ausbildung und Tätigkeit durch erfolgreiche Unterweisung erworben werden kann.

(2) [1] Die Dauer der Unterweisungszeit legt das für Inneres zuständige Ministerium fest. [2] Sie soll mindestens ein Drittel des für den Laufbahnabschnitt vorgeschriebenen Vorbereitungsdienstes betragen. [3] Während der Unterweisungszeit ist die Beamtin beziehungsweise der Beamte in die Aufgaben des Laufbahnabschnitts einzuführen.

(3) [1] Über die Anerkennung der Befähigung für einen Laufbahnabschnitt entscheidet das für Inneres zuständige Ministerium oder die von ihm bestimmte Stelle. [2] Der Beamtin beziehungsweise dem Beamten darf ein Amt in der Laufbahn der Polizeivollzugsbeamtinnen und Polizeivollzugsbeamten erst nach dem Erwerb der Befähigung verliehen werden.

§ 29 Ernennung früherer Polizeivollzugsbeamtinnen und Polizeivollzugsbeamter und Übernahme von Polizeivollzugsbeamtinnen und Polizeivollzugsbeamten anderer Dienstherren. (1) [1] Bei der Ernennung früherer Polizeivollzugsbeamtinnen und Polizeivollzugsbeamter und der Übernahme von Polizeivollzugsbeamtinnen und Polizeivollzugsbeamten anderer Dienstherren ist diese Verordnung anzuwenden. [2] Dies gilt nicht, wenn die Polizeivollzugsbeamtinnen und Polizeivollzugsbeamten kraft Gesetzes oder auf Grund eines Rechtsanspruchs in ihrer bisherigen Rechtsstellung übernommen werden.

(2) [1] Von der Ableistung einer Probezeit kann abgesehen werden, wenn die Polizeivollzugsbeamtin oder der Polizeivollzugsbeamte eines anderen Dienstherrn oder die frühere Polizeivollzugsbeamtin beziehungsweise der frühere Polizeivollzugsbeamte bereits in das Beamtenverhältnis auf Lebenszeit berufen war. [2] Auf die Probezeit kann eine nicht beendete frühere oder vorhergehende Probezeit angerechnet werden. [3] Dies gilt auch für die Mindestprobezeit.

(3) [1] War bereits ein Beförderungsamt verliehen, so brauchen die darunter liegenden Ämter nicht regelmäßig durchlaufen zu werden. [2] Die im Beförderungsamt verbrachte Zeit darf auf die einjährige Dienstzeit nach § 19 Absatz 2 des Landesbeamtengesetzes[1)] angerechnet werden. [3] Wird von Bewerberinnen oder Bewerbern, denen in einem früheren Beamtenverhältnis bereits ein Beförderungsamt verliehen war, die Ableistung einer Probezeit gefordert, darf ihnen die Amtsbezeichnung eines der Beförderungsämter verliehen werden, die sie nach Satz 1 im Zeitpunkt der erneuten Berufung in das Beamtenverhältnis erreichen durften. [4] In Zweifelsfällen bestimmt das für Inneres zuständige Ministerium im Einvernehmen mit dem für Finanzen zuständige Ministerium, ob Ämter übersprungen werden.

[1)] Nr. **24.11**.

Abschnitt 6. Übergangs- und Schlussvorschriften

§ 30 Übernahme von Führungsaufgaben. Polizeivollzugsbeamtinnen und Polizeivollzugsbeamten, die vor Inkrafttreten der Laufbahnverordnung der Polizei vom 4. Januar 1995 (GV. NRW. S. 42, ber. S. 216 und S. 922), die zuletzt durch Verordnung vom 13. Dezember 2017 (GV. NRW. S. 948, ber. S. 1020) geändert worden ist, die II. Fachprüfung abgelegt haben oder zur beruflichen Entwicklung in ein Amt der Laufbahngruppe 2, Ämtergruppe des ersten Einstiegsamtes (Laufbahnabschnitt II) zugelassen worden sind, können abweichend von § 24 Absatz 2 mit Führungsaufgaben innerhalb des Laufbahnabschnittes II betraut werden.

§ 31 Inkrafttreten, Außerkrafttreten. [1] Diese Verordnung tritt am Tag nach der Verkündung[1)] in Kraft. [2] Gleichzeitig tritt die Laufbahnverordnung der Polizei vom 20. März 2018 (GV. NRW. S. 1 179) außer Kraft.

[1)] Verkündet am 11.6.2021.

24.31. Besoldungsgesetz für das Land Nordrhein-Westfalen (Landesbesoldungsgesetz – LBesG NRW)[1)]

Vom 14. Juni 2016

(GV. NRW. S. 310, 339)

SGV. NRW. 20320

zuletzt geänd. durch Art. 2 G zur Anpassung der Alimentation kinderreicher Familien sowie zur Änd. weiterer dienstrechtlicher Vorschriften v. 14.9.2021 (GV. NRW. S. 1075)

Inhaltsübersicht[2)]

---

1) Verkündet als Art. 2 G v. 14.6.2016 (GV. NRW. S. 310); Inkrafttreten gem. Art. 47 dieses G am 1.7.2016.

2) Inhaltsübersicht geänd. mWv 1.1.2017 durch G v. 14.6.2016 (GV. NRW. S. 310); geänd. mWv 1.1.2017 durch G v. 7.4.2017 (GV. NRW. S. 414); geänd. mWv 1.4.2017 und mWv 1.1.2018 durch G v. 7.4.2017 (GV. NRW. S. 452); geänd. mWv 1.1.2019, mWv 1.1.2020 und 1.1.2021 durch G v. 12.7.2019 (GV. NRW. S. 378).

Abschnitt 1. Allgemeine Vorschriften

§ 1 Geltungsbereich. (1) Dieses Gesetz regelt die Besoldung der Beamtinnen, Beamten, Richterinnen und Richter des Landes und der Beamtinnen und Beamten der Gemeinden, der Gemeindeverbände und der sonstigen der Aufsicht des Landes unterstehenden Körperschaften, Anstalten und Stiftungen des öffentlichen Rechts.

(2) Von diesem Gesetz sind ausgenommen:

1. die Ehrenbeamtinnen und Ehrenbeamten und
2. die ehrenamtlichen Richterinnen und Richter.

(3) Dieses Gesetz gilt nicht für die öffentlich-rechtlichen Religionsgesellschaften und ihre Verbände.

(4) Zur Besoldung gehören folgende Dienstbezüge:

1. Grundgehalt,
2. Leistungsbezüge für Professorinnen und Professoren sowie hauptberufliche Leiterinnen, Leiter und Mitglieder von Leitungsgremien an Hochschulen,
3. Familienzuschlag,
4. Zulagen mit Ausnahme der Leistungsprämien,
5. Vergütungen,
6. Auslandsbesoldung.

(5) Zur Besoldung gehören ferner folgende sonstige Bezüge:

1. Anwärterbezüge,
2. vermögenswirksame Leistungen,
3. Leistungsprämien,
4. Zuschläge.

(6) Dieses Gesetz trifft ferner Regelungen zu Aufwandsentschädigungen (§ 82) und zu dienstordnungsmäßigen Arbeitnehmerinnen und Arbeitnehmern (§ 83).

§ 2 Regelung durch Gesetz. (1) Die Besoldung der Beamtinnen, Beamten, Richterinnen und Richter wird durch Gesetz geregelt.

(2) [1] Zusicherungen, Vereinbarungen und Vergleiche, die eine höhere als die gesetzlich zustehende Besoldung verschaffen sollen, sind unwirksam. [2] Das Gleiche gilt für Versicherungsverträge, die zu diesem Zweck abgeschlossen werden.

(3) Auf die gesetzlich zustehende Besoldung mit Ausnahme der vermögenswirksamen Leistungen kann weder ganz noch teilweise verzichtet werden.

§ 3 Anspruch auf Besoldung. (1) [1] Die Beamtinnen, Beamten, Richterinnen und Richter haben Anspruch auf Besoldung. [2] Der Anspruch entsteht mit dem Tag, an dem ihre Ernennung, Versetzung, Übernahme oder ihr Übertritt in den Dienst eines der in § 1 Absatz 1 genannten Dienstherren wirksam wird. [3] Bedarf es zur Verleihung eines Amtes mit anderem Endgrundgehalt (Grundgehalt) keiner Ernennung oder wird die Beamtin, der Beamte, die Richterin oder der Richter rückwirkend in eine Planstelle eingewiesen, so entsteht der Anspruch mit dem Tag, der in der Einweisungsverfügung bestimmt ist. [4] Wird ein Amt auf Grund einer Regelung nach § 23 Satz 1 eingestuft, so entsteht der Anspruch mit der Maßnahme, die der Einweisungsverfügung entspricht.

(2) Der Anspruch auf Besoldung endet mit Ablauf des Tages des Ausscheidens aus dem Dienstverhältnis, soweit gesetzlich nichts anderes bestimmt ist.

(3) Besteht der Anspruch auf Besoldung nicht für einen vollen Kalendermonat, so wird nur der Teil der Bezüge gezahlt, der auf den Anspruchszeitraum entfällt, soweit gesetzlich nichts anderes bestimmt ist.

(4) [1] Die Dienstbezüge nach § 1 Absatz 4 Nummer 1 bis 3 werden monatlich im Voraus gezahlt. [2] Die anderen Bezüge werden monatlich im Voraus gezahlt, soweit nichts anderes bestimmt ist.

(5) Werden Bezüge nach dem Tag der Fälligkeit gezahlt, so besteht kein Anspruch auf Verzugszinsen.

(6) [1] Bei der Berechnung von Bezügen nach § 1 sind die sich ergebenden Bruchteile eines Cents unter 0,5 abzurunden und Bruchteile von 0,5 und mehr aufzurunden. [2] Zwischenrechnungen werden jeweils auf zwei Dezimalstellen durchgeführt. [3] Jeder Bezügebestandteil ist einzeln zu runden.

(7) Die Beamtin, der Beamte, die Richterin oder der Richter verliert einen Anspruch auf Besoldung, der über die gesetzlich zustehende Besoldung hinaus geht, soweit sie oder er den Anspruch nicht in dem Haushaltsjahr, für das die zusätzliche Besoldung verlangt wird, schriftlich gegenüber der obersten Dienstbehörde oder der nach § 85 Absatz 1 oder 2 bestimmten Stelle geltend macht.

§ 4 Weitergewährung der Besoldung bei Versetzung in den einstweiligen Ruhestand oder bei Abwahl von Wahlbeamtinnen oder Wahlbeamten auf Zeit. (1) [1] In den einstweiligen Ruhestand versetzte Beamtinnen, Beamte, Richterinnen oder Richter erhalten für den Monat, in dem ihnen die Versetzung in den einstweiligen Ruhestand mitgeteilt worden ist, und für die folgenden drei Monate die Bezüge weiter, die ihnen am Tag vor der Versetzung zustanden; Änderungen beim Familienzuschlag sind zu berücksichtigen. [2] Aufwandsentschädigungen werden nur bis zum Beginn des einstweiligen Ruhestandes gezahlt.

(2) [1] Werden Wahlbeamtinnen oder Wahlbeamten auf Zeit abgewählt, so gilt Absatz 1 entsprechend; an die Stelle der Mitteilung über die Versetzung in den einstweiligen Ruhestand tritt die Mitteilung über die Abwahl oder der sonst bestimmte Beendigungszeitpunkt für das Beamtenverhältnis auf Zeit. [2] Satz 1 gilt entsprechend für die Fälle des Eintritts in den einstweiligen Ruhestand kraft Gesetzes.

§ 5 Besoldung bei mehreren Hauptämtern. [1] Hat die Beamtin, der Beamte, die Richterin oder der Richter mit Genehmigung der obersten Dienstbehörde gleichzeitig mehrere besoldete Hauptämter inne, so wird die Besoldung aus dem Amt mit den höchsten Dienstbezügen gewährt, soweit gesetzlich nichts anderes bestimmt ist. [2] Sind für die Ämter Dienstbezüge in gleicher Höhe vorgesehen, so werden die Dienstbezüge aus dem zuerst übertragenen Amt gezahlt, soweit gesetzlich nichts anderes bestimmt ist.

§ 6 Zahlungsweise. [1] Für Zahlungen nach diesem Gesetz hat die Empfängerin oder der Empfänger auf Verlangen der zuständigen Behörde ein Konto anzugeben oder einzurichten, auf das die Überweisung erfolgen kann. [2] Die Übermittlungskosten mit Ausnahme der Kosten für die Gutschrift auf dem Konto trägt der Dienstherr; bei einer Überweisung der Besoldung auf ein außerhalb der Europäischen Union geführtes Konto trägt die Empfängerin oder der Empfänger die Kosten und die Gebühr der Übermittlung sowie die Kosten einer Meldung nach § 67 der Außenwirtschaftsverordnung vom 2. August 2013 (BGBl. I S. 2865) in der jeweils geltenden Fassung. [3] Die Kontoeinrichtungs-, Kontoführungs- oder Buchungsgebühren trägt die Empfängerin oder der Empfänger. [4] Eine Auszahlung auf andere Weise kann nur zugestanden werden, wenn die Einrichtung oder Benutzung eines Kontos aus wichtigem Grund nicht zugemutet werden kann.

§ 7 Verjährung von Ansprüchen. [1] Ansprüche und Rückforderungsansprüche nach diesem Gesetz oder auf der Grundlage dieses Gesetzes verjähren in drei Jahren. [2] Die Verjährung beginnt mit dem Schluss des Jahres, in dem der Anspruch entstanden ist. [3] Im Übrigen finden die §§ 194 bis 218 des Bürgerlichen Gesetzbuches[1)] sowie § 53 des Verwaltungsverfahrensgesetzes für das Land Nordrhein-Westfalen[2)] in der Fassung der Bekanntmachung vom 12. November 1999 (GV. NRW. S. 602) in der jeweils geltenden Fassung entsprechende Anwendung.

§ 8[3)] Besoldung bei Teilzeitbeschäftigung. (1) [1] Bei Teilzeitbeschäftigung wird die Besoldung im gleichen Verhältnis wie die Arbeitszeit gekürzt, soweit nichts anderes bestimmt ist. [2] Dies gilt nicht für Bezüge, die während eines Erholungsurlaubs gezahlt werden, soweit der Urlaubsanspruch in Höhe des unionsrechtlich gewährleisteten Mindesturlaubsanspruchs nach Artikel 7 Absatz 1 der Richtlinie 2003/88/EG des Europäischen Parlaments und des Rates vom 4. November 2003 über bestimmte Aspekte der Arbeitszeitgestaltung (ABl. L 299 vom 18.11.2003, S. 9) vor der Reduzierung des Beschäftigungsumfangs erworben wurde, aber aus den in § 23 Absatz 4 der Freistellungs- und Urlaubsverordnung NRW[4)] vom 10. Januar 2012 (GV. NRW. S. 2, ber. S. 92) in der jeweils geltenden Fassung genannten Gründen während dieser Zeit nicht erfüllt werden konnte.

(2) Bei Altersteilzeit nach § 66 des Landesbeamtengesetzes[5)] vom 14. Juni 2016 (GV. NRW. S. 310) in der jeweils geltenden Fassung wird zusätzlich zu der Besoldung nach Absatz 1 ein Zuschlag nach Maßgabe des § 70 gewährt.

§ 9[6)] Besoldung bei begrenzter Dienstfähigkeit. (1) Bei begrenzter Dienstfähigkeit nach § 27 des Beamtenstatusgesetzes[7)] vom 17. Juni 2008 (BGBl. I S. 1010) in der jeweils geltenden Fassung erhalten Beamtinnen, Beamte, Richterinnen und Richter Besoldung entsprechend § 8 Absatz 1.

(2) Bei begrenzter Dienstfähigkeit wird zusätzlich zu der Besoldung nach Absatz 1 ein Zuschlag nach Maßgabe des § 71 gewährt.

§ 10 Kürzung der Besoldung bei Gewährung einer Versorgung durch eine zwischenstaatliche oder überstaatliche Einrichtung. (1) [1] Erhalten Beamtinnen, Beamte, Richterinnen oder Richter aus der Verwendung im öffentlichen Dienst einer zwischenstaatlichen oder überstaatlichen Einrichtung eine Versorgung, werden ihre Dienstbezüge gekürzt. [2] Die Kürzung beträgt 1,79375 Prozent für jedes im zwischenstaatlichen oder überstaatlichen Dienst vollendete Jahr; ihnen verbleiben jedoch mindestens 40 Prozent ihrer Dienstbezüge. [3] Erhalten sie als Invaliditätspension die Höchstversorgung aus ihrem Amt bei der zwischenstaatlichen oder überstaatlichen Einrichtung, werden die Dienstbezüge um 60 Prozent gekürzt. [4] Der Kürzungsbetrag darf die von der

---

1) **Habersack (vormals Schönfelder) Nr. 20.**

2) Nr. **23.11**.

3) § 8 Abs. 1 Satz 2 angef. mWv 1.1.2017, Abs. 2 aufgeh., bish. Abs. 3 wird Abs. 2 und geänd. mWv 22.4.2017 durch G v. 7.4.2017 (GV. NRW. S. 414).

4) **Rehborn, Gesetze NRW (vormals v. Hippel/Rehborn) Nr. 37a.**

5) Nr. **24.11**.

6) § 9 Abs. 1 Satz 2 aufgeh. mWv 1.1.2021 durch G v. 14.9.2021 (GV. NRW. S. 1075).

7) Nr. **24.1**.

zwischenstaatlichen oder überstaatlichen Einrichtung gewährte Versorgung nicht übersteigen.

(2) [1] Als Zeit im zwischenstaatlichen oder überstaatlichen Dienst wird auch die Zeit gerechnet, in welcher die Beamtinnen, Beamten, Richterinnen oder Richter ohne Ausübung eines Amtes bei einer zwischenstaatlichen oder überstaatlichen Einrichtung einen Anspruch auf Vergütung oder sonstige Entschädigung haben und Ruhegehaltsansprüche erwerben. [2] Entsprechendes gilt für Zeiten nach dem Ausscheiden aus dem Dienst einer zwischenstaatlichen oder überstaatlichen Einrichtung, die dort bei der Berechnung des Ruhegehalts wie Dienstzeiten berücksichtigt werden.

(3) Dienstbezüge im Sinne des Absatzes 1 sind Grundgehalt, Familienzuschlag, Amtszulagen, Strukturzulage und ruhegehaltfähige Stellenzulagen, außerdem ruhegehaltfähige Leistungsbezüge für Professorinnen und Professoren sowie hauptberufliche Leiterinnen und Leiter und Mitglieder von Leitungsgremien an Hochschulen.

§ 11 Verlust der Besoldung bei schuldhaftem Fernbleiben vom Dienst.

(1) [1] Bleiben Beamtinnen, Beamte, Richterinnen oder Richter ohne Genehmigung schuldhaft dem Dienst fern, so verlieren sie für die Zeit des Fernbleibens ihre Bezüge. [2] Dies gilt auch bei einem Fernbleiben vom Dienst für Teile eines Tages. [3] Der Verlust der Bezüge ist durch die dienstvorgesetzte Stelle festzustellen.

(2) [1] Der Vollzug einer Freiheitsstrafe, die rechtskräftig von einem deutschen Gericht verhängt wurde, gilt als schuldhaftes Fernbleiben vom Dienst. [2] Für die Zeit einer Untersuchungshaft wird die Besoldung unter dem Vorbehalt der Rückforderung gezahlt. [3] Die Besoldung ist zurückzuerstatten, wenn die oder der Betroffene wegen des dem Haftbefehl zugrunde liegenden Sachverhalts rechtskräftig zu einer Freiheitsstrafe verurteilt wird.

§ 12[1] Anrechnung anderer Einkünfte auf die Besoldung. (1) [1] Haben Beamtinnen, Beamte, Richterinnen oder Richter Anspruch auf Besoldung für eine Zeit, in der sie nicht zur Dienstleistung verpflichtet waren, kann ein infolge der unterbliebenen Dienstleistung für diesen Zeitraum erzieltes anderes Einkommen auf die Besoldung angerechnet werden. [2] Die Beamtinnen, Beamten, Richterinnen oder Richter sind zur Auskunft verpflichtet. [3] In den Fällen einer vorläufigen Dienstenthebung auf Grund eines Disziplinarverfahrens gelten die besonderen Vorschriften des Disziplinarrechts.

(2) [1] Erhalten Beamtinnen, Beamte, Richterinnen oder Richter aus einer Verwendung nach § 20 des Beamtenstatusgesetzes[2] anderweitig Bezüge, werden diese auf die Besoldung angerechnet. [2] In besonderen Fällen kann die oberste Dienstbehörde im Einvernehmen mit dem für Finanzen zuständigen Ministerium und dem für Inneres zuständigen Ministerium oder – soweit von einer bestehenden Delegationsmöglichkeit Gebrauch gemacht wurde – mit der von ihnen bestimmten Stelle von der Anrechnung ganz oder teilweise absehen.

---

[1] § 12 Abs. 2 Satz 2 geänd. mWv 22.9.2021 durch G v. 14.9.2021 (GV. NRW. S. 1075).
[2] Nr. **24.1**.

§ 13[1)] Anrechnung von Sachbezügen auf die Besoldung. (1) Sachbezüge werden unter Berücksichtigung ihres wirtschaftlichen Wertes mit einem angemessenen Betrag auf die Besoldung angerechnet, soweit nichts anderes bestimmt ist.

(2) Das Nähere regelt das für Finanzen zuständige Ministerium im Einvernehmen mit dem für Inneres zuständigen Ministerium, für die Beamtinnen und Beamten der Gemeinden, der Gemeindeverbände und der sonstigen der Aufsicht des Landes unterstehenden Körperschaften, Anstalten und Stiftungen des öffentlichen Rechts das zuständige Fachministerium im Einvernehmen mit dem für Finanzen zuständigen Ministerium durch Rechtsverordnung.

§ 14 Abtretung von Bezügen, Verpfändung, Aufrechnungs- und Zurückbehaltungsrecht. (1) Wenn gesetzlich nichts anderes bestimmt ist, können Ansprüche auf Bezüge nur abgetreten oder verpfändet werden, soweit sie der Pfändung unterliegen.

(2) [1] Gegenüber Ansprüchen auf Bezüge kann der Dienstherr ein Aufrechnungs- oder Zurückbehaltungsrecht nur in Höhe des pfändbaren Teils der Bezüge geltend machen. [2] Dies gilt nicht, soweit gegen die Beamtin, den Beamten, die Richterin oder den Richter ein Anspruch auf Schadenersatz wegen vorsätzlicher unerlaubter Handlung besteht.

§ 15 Rückforderung von Bezügen. (1) Wird eine Beamtin, ein Beamter, eine Richterin oder ein Richter durch eine gesetzliche Änderung der Bezüge einschließlich der Einreihung des Amtes in die Besoldungsgruppen der Landesbesoldungsordnungen mit rückwirkender Kraft schlechter gestellt, so sind die Unterschiedsbeträge nicht zu erstatten.

(2) [1] Im Übrigen regelt sich die Rückforderung zu viel gezahlter Bezüge nach den Vorschriften des Bürgerlichen Gesetzbuchs[2)] über die Herausgabe einer ungerechtfertigten Bereicherung, soweit gesetzlich nichts anderes bestimmt ist. [2] Der Kenntnis des Mangels des rechtlichen Grundes der Zahlung steht es gleich, wenn der Mangel so offensichtlich war, dass die Empfängerin oder der Empfänger ihn hätte erkennen müssen. [3] Von der Rückforderung kann aus Billigkeitsgründen mit Zustimmung der obersten Dienstbehörde oder der von ihr bestimmten Stelle ganz oder teilweise abgesehen werden.

(3) [1] Geldleistungen, die für die Zeit nach dem Tod der Beamtin, des Beamten, der Richterin oder des Richters auf ein Konto bei einem Geldinstitut überwiesen wurden, gelten als unter Vorbehalt erbracht. [2] Das Geldinstitut hat sie der überweisenden Stelle zurück zu überweisen, wenn diese sie als zu Unrecht erbracht zurückfordert. [3] Eine Verpflichtung zur Rücküberweisung besteht nicht, soweit über den entsprechenden Betrag bei Eingang der Rückforderung bereits anderweitig verfügt wurde, es sei denn, dass die Rücküberweisung aus einem Guthaben erfolgen kann. [4] Das Geldinstitut darf den überwiesenen Betrag nicht zur Befriedigung eigener Forderungen verwenden.

(4) [1] Soweit Geldleistungen für die Zeit nach dem Tod der Beamtin, des Beamten, der Richterin oder des Richters zu Unrecht erbracht worden sind, haben die Personen, welche die Geldleistungen in Empfang genommen oder

---

[1)] § 13 Abs. 2 geänd. mWv 1.7.2016 durch G v. 7.4.2017 (GV. NRW. S. 414); Abs. 2 geänd. mWv 22.9.2021 durch G v. 14.9.2021 (GV. NRW. S. 1075).

[2)] **Habersack (vormals Schönfelder) Nr. 20.**

über den entsprechenden Betrag verfügt haben, diesen Betrag der überweisenden Stelle zu erstatten, sofern er nicht nach Absatz 3 von dem Geldinstitut zurück überwiesen wird. [2] Ein Geldinstitut, das eine Rücküberweisung mit dem Hinweis abgelehnt hat, dass über den entsprechenden Betrag bereits anderweitig verfügt wurde, hat der überweisenden Stelle auf Verlangen Namen und Anschrift der Personen, die über den Betrag verfügt haben, und etwaiger neuer Kontoinhaberinnen oder Kontoinhaber zu benennen. [3] Ein Anspruch gegen die Erbinnen und Erben bleibt unberührt.

§ 16 Anpassung der Besoldung. Die Besoldung wird entsprechend der Entwicklung der allgemeinen wirtschaftlichen und finanziellen Verhältnisse und unter Berücksichtigung der mit den Dienstaufgaben verbundenen Verantwortung durch Gesetz regelmäßig angepasst.

§ 17[1] Anpassung der Besoldung im Jahr 2021. (1) Ab dem 1. Januar 2021 erhöhen sich um 1,4 Prozent

1. die Grundgehaltssätze der Landesbesoldungsordnungen A, B, R und W sowie die auslaufenden Grundgehaltssätze der Landesbesoldungsordnungen C und H,
2. der Familienzuschlag einschließlich der Erhöhungsbeträge,
3. die Amtszulagen,
4. die Strukturzulage,
5. die Stellenzulage nach § 56 Nummer 3,
6. die Ober- und Untergrenzen der Grundgehaltsspannen für den Auslandszuschlag,
7. die Beträge nach § 4 der Verordnung über die Gewährung von Mehrarbeitsvergütung von Beamten in der Fassung der Bekanntmachung vom 3. Dezember 1998 (BGBl. I S. 3494), die zuletzt durch Artikel 2 des Gesetzes vom 9. November 2004 (BGBl. I S. 2774) geändert worden ist, in Verbindung mit § 92 Absatz 1 Nummer 3 dieses Gesetzes,
8. die Zuschüsse und Sonderzuschüsse nach den Vorbemerkungen Nummer 1 und Nummer 2 der fortgeltenden Besoldungsordnung C,
9. die Höchstbeträge für Sondergrundgehälter und Zuschüsse zum Grundgehalt sowie festgesetzte Sondergrundgehälter und Zuschüsse der fortgeltenden Landesbesoldungsordnung H und
10. die Bemessungsgrundlagen der Zulagen, Aufwandsentschädigungen und anderer Bezüge nach Artikel 14 § 5 des Reformgesetzes vom 24. Februar 1997 (BGBl. I S. 322), das durch Artikel 17 des Gesetzes vom 19. Februar 2006 (BGBl. I S. 334) geändert worden ist.

(2) Die sich bei der Berechnung der erhöhten Beträge ergebenden Bruchteile eines Cents sind hinsichtlich der Beträge des Familienzuschlags der Stufe 1 auf den nächsten durch zwei teilbaren Centbetrag aufzurunden und im Übrigen kaufmännisch zu runden.

---

[1] § 17 eingef. mWv 1.4.2017 und Überschrift, Abs. 1 Satz 1 einl. Satzteil geänd., Satz 2 aufgeh., Abs. 2 geänd. mWv 1.1.2018 durch G v. 7.4.2017 (GV. NRW. S. 452); Überschrift, Abs. 1 einl. Satzteil und Abs. 2 geänd. mWv 1.1.2019, Überschrift, Abs. 1 einl. Satzteil geänd., Nr. 5 eingef., bish. Nr. 5–9 werden Nr. 6–10, Abs. 2 und 4 geänd. mWv 1.1.2020, Überschrift und Abs. 1 einl. Satzteil geänd., Abs. 2 aufgeh., bish. Abs. 3 und 4 werden Abs. 2 und 3 mWv 1.1.2021 durch G v. 12.7.2019 (GV. NRW. S. 378); Abs. 3 geänd. mWv 22.9.2021 durch G v. 14.9.2021 (GV. NRW. S. 1075).

(3) Das für Finanzen zuständigen Ministerium wird ermächtigt, die nach Absatz 1 Nummer 7 erhöhten Beträge im Ministerialblatt für das Land Nordrhein-Westfalen bekannt zu machen[1].

§ 18[2] Dienstlicher Wohnsitz. (1) Dienstlicher Wohnsitz der Beamtin, des Beamten, der Richterin oder des Richters ist der Ort, an dem die Behörde oder ständige Dienststelle ihren Sitz hat.

(2) [1] Die oberste Dienstbehörde kann als dienstlichen Wohnsitz anweisen:

1. den Ort, der Mittelpunkt der dienstlichen Tätigkeit der Beamtin, des Beamten, der Richterin oder des Richters ist,
2. den Ort, in dem die Beamtin, der Beamte, die Richterin oder der Richter mit Zustimmung der vorgesetzten Dienststelle wohnt oder
3. einen Ort im Inland, wenn die Beamtin oder der Beamte im Ausland an der deutschen Grenze beschäftigt ist.

[2] Sie kann diese Befugnis auf nachgeordnete Stellen übertragen.

Abschnitt 2. Grundgehalt, Leistungsbezüge an Hochschulen

Unterabschnitt 1. Allgemeine Grundsätze

§ 19 Grundsatz der funktionsgerechten Besoldung. (1) [1] Die Funktionen der Beamtinnen, Beamten, Richterinnen und Richter sind nach den mit ihnen verbundenen Anforderungen sachgerecht zu bewerten und Ämtern zuzuordnen. [2] Eine Zuordnung von Funktionen zu mehreren Ämtern ist zulässig. [3] Die Ämter sind nach ihrer Wertigkeit unter Berücksichtigung der gemeinsamen Belange der in § 1 Absatz 1 genannten Dienstherren den Besoldungsgruppen zuzuordnen.

(2) [1] Bei der Einstufung von Ämtern der Leitungsebene in der Landesbesoldungsordnung B ist zwischen den Behördenleitungen und ihren Stellvertretungen ein Mindestabstand von drei Besoldungsgruppen einzuhalten. [2] Ein geringerer Abstand ist nur dann zulässig, wenn die Wertigkeit des Leitungsamtes unterhalb der Besoldungsgruppe B 5 einzustufen ist oder die besondere Leitungsstruktur eine Abweichung vom Grundsatz des Satzes 1 rechtfertigt.

§ 20[3] Bestimmung des Grundgehalts nach dem Amt. (1) [1] Das Grundgehalt der Beamtin, des Beamten, der Richterin oder des Richters bestimmt sich nach der Besoldungsgruppe des verliehenen Amtes. [2] Ist ein Amt noch nicht in einer Landesbesoldungsordnung enthalten oder ist es mehreren Besoldungsgruppen zugeordnet, bestimmt sich das Grundgehalt nach der Besoldungsgruppe, die in der Einweisungsverfügung bestimmt ist. [3] Die Einweisung bedarf bei Körperschaften, Anstalten und Stiftungen des öffentlichen Rechts in den Fällen, in denen das Amt in einer Landesbesoldungsordnung noch nicht enthalten ist, der Zustimmung der obersten Rechtsaufsichtsbehörde im Einvernehmen mit dem für Finanzen zuständigen Ministerium. [4] Ist der Richterin oder dem Richter noch kein Amt verliehen worden, so bestimmt sich das Grundgehalt nach der Besoldungsgruppe R 1; soweit die Einstellung in einem

---

[1] Siehe hierzu ua:
Beträge nach § 4 der Mehrarbeitsvergütungsverordnung-Bek. v. 5.9.2019 (MBl. NRW. S. 429).

[2] § 18 Abs. 2 Satz 1 Nr. 2 geänd. mWv 22.9.2021 durch G v. 14.9.2021 (GV. NRW. S. 1075).

[3] § 20 Abs. 1 Sätze 3 und 4 geänd. mWv 22.9.2021 durch G v. 14.9.2021 (GV. NRW. S. 1075).

anderen als dem Einstiegsamt erfolgt ist, bestimmt sich das Grundgehalt nach der entsprechenden Besoldungsgruppe.

(2) Ist einem Amt gesetzlich eine Funktion zugeordnet oder richtet sich die Zuordnung eines Amtes zu einer Besoldungsgruppe einschließlich der Gewährung von Amtszulagen nach einem gesetzlich festgelegten Bewertungsmaßstab, insbesondere nach der Zahl der Planstellen, nach der Einwohnerzahl einer Gemeinde oder eines Gemeindeverbandes oder nach der Schülerzahl einer Schule, so gibt die Erfüllung dieser Voraussetzungen allein keinen Anspruch auf die Besoldung aus diesem Amt.

(3) [1] Wird der Beamtin, dem Beamten, der Richterin oder dem Richter ein Amt mit höherem Endgrundgehalt verliehen, so kann die Einweisung in die höhere Planstelle, soweit sie besetzbar war, mit Rückwirkung von dem ersten oder einem sonstigen Tage des Kalendermonats, in dem die Verleihung wirksam wird, erfolgen. [2] In Haushaltsgesetzen oder Haushaltssatzungen kann zugelassen werden, dass Beamtinnen, Beamte, Richterinnen und Richter mit Rückwirkung von höchstens drei Monaten in die höhere Planstelle eingewiesen werden, soweit sie während dieser Zeit die Obliegenheiten des verliehenen oder eines gleichwertigen Amtes tatsächlich wahrgenommen haben und die Planstellen, in die sie eingewiesen werden, besetzbar waren.

(4) Richtet sich die Zuordnung von Ämtern zu den Besoldungsgruppen einschließlich der Gewährung von Amtszulagen nach der Schülerzahl einer Schule, so sind bei einer dadurch eintretenden Änderung der Zuordnung Ernennungen und Einweisungen in Planstellen nicht vorzunehmen und Amtszulagen nicht zu gewähren, wenn abzusehen ist, dass die Änderung nicht länger als für die Dauer eines Schuljahres Bestand haben wird.

§ 21 Besoldung bei Verleihung eines anderen Amtes. (1) [1] Verringert sich während eines Dienstverhältnisses nach § 1 Absatz 1 das Grundgehalt durch Verleihung eines anderen Amtes aus Gründen, die nicht von der Beamtin, dem Beamten, der Richterin oder dem Richter zu vertreten sind, ist abweichend von § 20 Absatz 1 Satz 1 das Grundgehalt zu zahlen, das bei einem Verbleiben in dem bisherigen Amt zugestanden hätte. [2] Satz 1 gilt entsprechend bei einem Wechsel aus einem Beamtenverhältnis in ein Richterverhältnis oder bei einem Wechsel aus einem Richterverhältnis in ein Beamtenverhältnis. [3] Veränderungen in der besoldungsrechtlichen Bewertung des bisherigen Amtes bleiben unberücksichtigt. [4] Die Sätze 1 bis 3 gelten entsprechend für Amtszulagen und die Strukturzulage auch dann, wenn eine andere Funktion übertragen worden ist.

(2) [1] Absatz 1 gilt bei Beamtinnen und Beamten auf Zeit nur für die restliche Amtszeit. [2] Absatz 1 gilt nicht, wenn ein Amt mit leitender Funktion im Beamtenverhältnis auf Probe nicht auf Dauer übertragen wurde oder die Verringerung der in Absatz 1 genannten Dienstbezüge auf einer Disziplinarmaßnahme beruht.

(3) [1] Absatz 1 gilt entsprechend, wenn eine Ruhegehaltempfängerin oder ein Ruhegehaltempfänger erneut in ein Beamten- oder Richterverhältnis berufen wird und das neue Grundgehalt geringer ist als das, das bis zur Zurruhesetzung bezogen wurde. [2] Entsprechendes gilt für Amtszulagen und die Strukturzulage.

Unterabschnitt 2. Vorschriften für Beamtinnen und Beamte

§ 22[1)] Landesbesoldungsordnungen A und B. (1) [1]Die Zuordnung der Ämter der Beamtinnen und Beamten zu den Besoldungsgruppen der Besoldungsordnungen A und B, die Amtsbezeichnungen sowie die Gewährung besonderer Zulagen werden in den Landesbesoldungsordnungen A und B geregelt. [2]§ 23 sowie die §§ 32 und 40 bleiben unberührt.

(2) Die Landesbesoldungsordnung A – aufsteigende Gehälter – und die Landesbesoldungsordnung B – feste Gehälter – sind in den Anlagen 1 und 2 zu diesem Gesetz, – die Grundgehaltssätze der Besoldungsgruppen in den Anlagen 6 und 7 zu diesem Gesetz ausgewiesen.

(3) [1]Die in der Landesbesoldungsordnung A gesperrt gedruckten Amtsbezeichnungen sind Grundamtsbezeichnungen. [2]Den Grundamtsbezeichnungen können Zusätze, die auf

1. den Dienstherrn oder den Verwaltungsbereich,
2. die Laufbahn,
3. die Fachrichtung

hinweisen, beigefügt werden [3]Die Grundamtsbezeichnungen „Rätin, Rat", „Oberrätin, Oberrat", „Direktorin, Direktor" und „Leitende Direktorin, Leitender Direktor" dürfen nur in Verbindung mit einem Zusatz nach Satz 2 verliehen werden. [4]Auf die Amtsbezeichnung „Leitende Direktorin, Leitender Direktor" in den Besoldungsgruppen B 2 und B 3 sind Satz 2 und 3 entsprechend anzuwenden.

(4) Über die Beifügung von Zusätzen zu den Grundamtsbezeichnungen entscheidet für die Beamtinnen und Beamten des Landes das für Finanzen zuständige Ministerium im Einvernehmen mit dem für Inneres zuständigen Ministerium, für die Beamtinnen und Beamten der Gemeinden, Gemeindeverbände und der sonstigen der Aufsicht des Landes unterstehenden Körperschaften, Anstalten und Stiftungen des öffentlichen Rechts die oberste Aufsichtsbehörde im Einvernehmen mit dem für Finanzen zuständigen Ministerium und dem für Inneres zuständigen Ministerium.

§ 23[2)] Hauptamtliche Wahlbeamtinnen und Wahlbeamte auf Zeit im kommunalen Bereich. (1) [1]Das für Kommunales zuständige Ministerium wird ermächtigt, durch Rechtsverordnung im Einvernehmen mit dem für Finanzen zuständigen Ministerium den Besoldungsgruppen der Landesbesoldungsordnungen A und B die folgenden Ämter der hauptamtlichen Wahlbeamtinnen und Wahlbeamten auf Zeit zuzuordnen:

1. der Gemeinden und Kreise unter Berücksichtigung der Zahl der Einwohner und
2. der regionalen Kommunalverbände und anderer überörtlicher kommunaler Einrichtungen unter Berücksichtigung des begrenzten Aufgabeninhaltes im Vergleich zur Einstufung der entsprechenden Ämter der beteiligten Körperschaften im Sinne der Nummer 1.

[1)] § 22 Abs. 3 neu gef. mWv 1.1.2017 durch G v. 7.4.2017 (GV. NRW. S. 414); Abs. 4 geänd. mWv 22.9.2021 durch G v. 14.9.2021 (GV. NRW. S. 1075).

[2)] § 23 Satz 1 geänd. mWv 1.1.2019 durch G v. 18.12.2018 (GV. NRW. S. 759); Abs. 2 und 3 angef. mWv 31.12.2019 durch G v. 3.4.2020 (GV. NRW. S. 284); Abs. 1 Satz 1 einl. Satzteil geänd. mWv 22.9.2021 durch G v. 14.9.2021 (GV. NRW. S. 1075).

[2]Dabei können bei den in Nummer 1 genannten Körperschaften einer Größenklasse höchstens zwei Besoldungsgruppen für ein Amt vorgesehen werden. [3]Für diese Beamtinnen und Beamten können das Aufsteigen in den Stufen und die Festsetzung der Erfahrungsstufe abweichend von den §§ 29 und 30 Absatz 1 bis 3 geregelt werden.

(2) [1]Bürgermeisterinnen (Oberbürgermeisterinnen) und Bürgermeistern (Oberbürgermeistern) sowie Landrätinnen und Landräten kann zu ihrem Grundgehalt nach Ablauf einer vollen Amtszeit ab Beginn einer zweiten Amtszeit eine nicht ruhegehaltfähige Zulage von bis zu 8 Prozent ihres Grundgehalts gewährt werden. [2]Das für Kommunales zuständige Ministerium wird ermächtigt, im Einvernehmen mit dem für Finanzen zuständigen Ministerium das Nähere durch Rechtsverordnung zu bestimmen.

(3) [1]Zur Eingruppierung wird das für Kommunales zuständige Ministerium ermächtigt, im Einvernehmen mit dem für Finanzen zuständigen Ministerium durch Rechtsverordnung nähere Bestimmungen zur maßgebenden Einwohnerzahl nach Absatz 1 Satz 1 Nummer 1 zu regeln, insbesondere die statistische Erhebung der Einwohnerzahl. [2]Der Einwohnerzahl können Personen, die sich im Zusammenhang mit den Stationierungsstreitkräften in den Gemeinden oder Kreisen aufhalten, hinzugerechnet werden. [3]In Gemeinden, die als Heilbad, Kurort oder Erholungsort nach den Vorschriften des Kurortegesetzes[1)] vom 11. Dezember 2007 (GV. NRW. 2008 S. 8), das zuletzt durch Artikel 1 des Gesetzes vom 15. Dezember 2016 (GV. NRW. S. 1150) geändert worden ist, ganz oder teilweise anerkannt sind, kann auch die jährliche Zahl der Fremdenübernachtungen hinzugerechnet werden.

§ 24 Einstiegsämter. Die Einstiegsämter für Beamtinnen und Beamte sind folgenden Besoldungsgruppen zuzuweisen:

1. in der Laufbahngruppe 1 als erstes Einstiegsamt der Besoldungsgruppe A 5,
2. in der Laufbahngruppe 1 als zweites Einstiegsamt der Besoldungsgruppe A 6, in technischen Laufbahnen der Besoldungsgruppe A 6 oder A 7,
3. in der Laufbahngruppe 2 als erstes Einstiegsamt der Besoldungsgruppe A 9, in technischen Laufbahnen der Besoldungsgruppe A 10,
4. in der Laufbahngruppe 2 als zweites Einstiegsamt der Besoldungsgruppe A 13.

§ 25 Einstiegsämter in Sonderlaufbahnen. (1) [1]Die Einstiegsämter für Beamtinnen und Beamte in Sonderlaufbahnen, bei denen im Einstiegsamt Anforderungen gestellt werden, die bei sachgerechter Bewertung zwingend die Zuweisung des Einstiegsamtes zu einer anderen Besoldungsgruppe als nach § 24 erfordern, können der höheren Besoldungsgruppe zugewiesen werden, in die gleichwertige Ämter eingereiht sind. [2]Die Festlegung als Einstiegsamt ist in den Landesbesoldungsordnungen zu kennzeichnen.

(2) Das erste Einstiegsamt in Laufbahnen der Laufbahngruppe 1 kann, wenn die Voraussetzung des Absatzes 1 Satz 1 erfüllt ist, der höheren Besoldungsgruppe zugewiesen werden, in die gleichwertige Ämter eingereiht sind.

§ 26 Beförderungsämter. Beförderungsämter dürfen mit Ausnahme der Fälle des § 19 Absatz 1 Satz 2 nur eingerichtet werden, wenn sie sich von den

---

[1)] **Rehborn, Gesetze NRW (vormals v. Hippel/Rehborn) Nr. 169.**

Ämtern der niedrigeren Besoldungsgruppe nach der Wertigkeit der zugeordneten Funktion wesentlich abheben.

§ 27 Obergrenzen für Beförderungsämter. (1) [1]Die Anteile der Beförderungsämter dürfen nach Maßgabe sachgerechter Bewertung folgende Obergrenzen nicht überschreiten:

1. in der Besoldungsgruppe A 8 30 Prozent,
2. in der Besoldungsgruppe A 9 8 Prozent,
3. in der Besoldungsgruppe A 11 30 Prozent,
4. in der Besoldungsgruppe A 12 16 Prozent,
5. in der Besoldungsgruppe A 13 6 Prozent,
6. in den Besoldungsgruppen A 15, A 16 und B 2 nach Einzelbewertung zusammen 40 Prozent,
7. in den Besoldungsgruppen A 16 und B 2 zusammen 10 Prozent.

[2]Die Prozentsätze beziehen sich

1. für die Besoldungsgruppe A 8 oder A 9 auf die Gesamtzahl der Planstellen für Beamtinnen und Beamte der Besoldungsgruppen A 6 (zweites Einstiegsamt) bis A 9 in der Laufbahngruppe 1 bei einem Dienstherrn,
2. für die Besoldungsgruppe A 11, A 12 oder A 13 auf die Gesamtzahl der Planstellen für Beamtinnen und Beamte der Besoldungsgruppe A 9 bis A 13 (ohne zweites Einstiegsamt) in der Laufbahngruppe 2 bei einem Dienstherrn und
3. für die Besoldungsgruppe A 15, A 16 oder B 2 auf die Gesamtzahl der Planstellen für Beamtinnen und Beamte der Besoldungsgruppen A 13 (zweites Einstiegsamt) bis A 16 und B 2 in der Laufbahngruppe 2 bei einem Dienstherrn.

[3]Die für dauernd beschäftigte Arbeitnehmerinnen und Arbeitnehmer eines Dienstherrn ausgebrachten gleichwertigen Stellen können mit der Maßgabe in die Berechnungsgrundlage einbezogen werden, dass eine entsprechende Anrechnung auf die jeweiligen Stellen für Beförderungsämter erfolgt.

(2) Absatz 1 gilt nicht für

1. die Gemeinden, Gemeindeverbände sowie für die Gemeindeprüfungsanstalt, den Landesverband Lippe und den Regionalverband Ruhr,
2. die obersten Landesbehörden,
3. Lehrerinnen und Lehrer und pädagogisches Hilfspersonal an öffentlichen Schulen und Hochschulen,
4. Lehrkräfte an verwaltungsinternen Fachhochschulen,
5. Laufbahnen, in denen auf Grund des § 25 Absatz 1 das Einstiegsamt einer höheren Besoldungsgruppe zugewiesen worden ist,
6. Bereiche eines Dienstherrn, in denen durch Haushaltsbestimmung die Besoldungsaufwendungen höchstens auf den Betrag festgelegt sind, der sich bei Anwendung des Absatzes 1 und der Rechtsverordnungen zu Absatz 3 ergeben würde.

(3) Die Landesregierung wird ermächtigt, für ihren Bereich unter Berücksichtigung der gemeinsamen Belange aller Dienstherren im Sinne des § 1 Absatz 1 durch Rechtsverordnung zur sachgerechten Bewertung der Funk-

tionen für die Zahl der Beförderungsämter ganz oder teilweise von Absatz 1 abweichende Obergrenzen festzulegen.

(4) [1]Werden in Verwaltungsbereichen bei einer Verminderung oder Verlagerung von Planstellen infolge von Rationalisierungsmaßnahmen nach sachgerechter Bewertung der Beförderungsämter die Obergrenzen gemäß den vorstehenden Absätzen und den dazu erlassenen Rechtsverordnungen überschritten, kann aus personalwirtschaftlichen Gründen die Umwandlung der die Obergrenzen überschreitenden Planstellen für einen Zeitraum von längstens fünf Jahren ausgesetzt und danach auf jede dritte freiwerdende Planstelle beschränkt werden. [2]Dies gilt entsprechend für die Umwandlung von Planstellen, wenn die Obergrenzen nach einer Fußnote zur Landesbesoldungsordnung A aus gleichen Gründen überschritten werden.

§ 28[1)] Leitungsämter an unteren Verwaltungsbehörden, allgemeinbildenden oder beruflichen Schulen und Handwerkskammern, Beförderungsämter an Schulen. (1) Die Leitungsämter an unteren Verwaltungsbehörden mit einem beim jeweiligen Dienstherrn örtlich begrenzten Zuständigkeitsbereich mit Ausnahme der Ämter der Polizeipräsidentinnen und Polizeipräsidenten sowie die Leitungsämter an allgemeinbildenden oder beruflichen Schulen dürfen nur in Besoldungsgruppen der Landesbesoldungsordnung A eingestuft werden.

(2) Bei Anwendung der Obergrenzen des § 27 Absatz 1 auf die übrigen Leitungsämter unterer Verwaltungsbehörden, Mittelbehörden oder Oberbehörden bleiben die mit einer Amtszulage nach § 46 ausgestatteten Planstellen der Besoldungsgruppe A 16 unberücksichtigt.

(3) [1]Die Ämter der Leitung und der ständigen Vertretung der Leitung eines Weiterbildungskollegs mit mindestens zwei Bildungsgängen, darunter dem Bildungsgang Abendrealschule, werden nach Maßgabe der Landesbesoldungsordnung A unabhängig davon verliehen, für welche Lehrerlaufbahn an allgemeinbildenden Schulen die Lehramtsbefähigung besteht. [2]Dabei muss regelmäßig eines der beiden Ämter mit einer Beamtin oder einem Beamten einer Lehrerlaufbahn der Laufbahngruppe 2 mit zweitem Einstiegsamt mit Strukturzulage besetzt werden.

(4) [1]Für die Verleihung der Leitungsämter an den Staatlichen Zentren für schulpraktische Lehrerausbildung ist der Nachweis einer Lehramtsbefähigung nach dem Lehrerausbildungsgesetz vom 12. Mai 2009 (GV. NRW. S. 308) in der jeweils geltenden Fassung Voraussetzung. [2]Die Leitungsämter an den Staatlichen Zentren für schulpraktische Lehrerausbildung werden nach Maßgabe der Landesbesoldungsordnung A unabhängig davon verliehen, für welche Laufbahn die Lehramtsbefähigung besteht.

(5) Die besoldungsrechtliche Einstufung der Leitung einer Förderschule mit Förderschwerpunkt Lernen, die im Verbund mit einer Förderschule mit anderem Förderschwerpunkt geführt wird, richtet sich nach der Schülerzahl des Förderschwerpunktes, in dem überwiegend unterrichtet wird.

(6) [1]Die gesamtschulbezogenen Beförderungsämter und die Beförderungsämter an Schulen im organisatorischen Zusammenschluss nach § 83 Absatz 1

[1)] § 28 Abs. 6 Satz 2 ber. GV. NRW. S. 642; Abs. 6 Satz 1 geänd. mWv 1.7.2016 durch G v. 7.4. 2017 (GV. NRW. S. 414); Abs. 8 geänd. mWv 22.9.2021 durch G v. 14.9.2021 (GV. NRW. S. 1075).

bis 3 des Schulgesetzes NRW[1] vom 15. Februar 2005 (GV. NRW. S. 102) in der Fassung des Gesetzes vom 27. Juni 2006 (GV. NRW. S. 278) werden nach Maßgabe der Landesbesoldungsordnung A unabhängig davon verliehen, für welche Lehrerlaufbahn an allgemeinbildenden oder Förderschulen die Lehramtsbefähigung besteht. [2]Dabei soll regelmäßig die Hälfte der Stellen für gesamtschulbezogene Beförderungsämter mit Beamtinnen und Beamten einer Lehrerlaufbahn der Laufbahngruppe 2 mit zweitem Einstiegsamt mit Strukturzulage besetzt werden; das gilt nicht für die Stellen der Leitungen der Sekundarstufe II.

(7) [1]Planstellen für Beamtinnen und *Beamten*[2)] der Besoldungsgruppe A 15 mit Amtszulage, A 15 und A 14 mit Amtszulage, denen die Funktion der ständigen Vertretung der Leitung einer Gesamtschule oder der didaktischen Leitung einer Gesamtschule übertragen ist, werden, soweit sie für Beamtinnen und Beamte im Sinne des Absatzes 6 Satz 2 vorgesehen sind, auf den haushaltsmäßig festgelegten Stellenanteil nach Fußnote 7 zur Besoldungsgruppe A 15 der Landesbesoldungsordnung A angerechnet. [2]Planstellen für Gesamtschulrektorinnen und Gesamtschulrektoren der Besoldungsgruppen A 14 mit Amtszulage oder A 14 werden, soweit sie für Beamtinnen und Beamte im Sinne des Absatzes 6 Satz 2 vorgesehen und nicht nach Satz 1 anzurechnen sind, auf den haushaltsmäßig festgelegten Stellenanteil für Oberstudienrätinnen und Oberstudienräte angerechnet.

(8) Die in der Landesbesoldungsordnung A ausgebrachten Amtsbezeichnungen für Lehrkräfte an allgemeinbildenden Schulen im Einstiegsamt sowie die Amtsbezeichnungen „Oberstudienrätin, Oberstudienrat" und „Studiendirektorin, Studiendirektor" dürfen auch an Gesamtschulen verwendet werden.

(9) An Gesamtschulen im Aufbau dürfen Ämter für didaktische Leitungen erst eingerichtet werden, wenn mindestens vier Jahrgangsstufen vorhanden sind.

(10) Absatz 6 Satz 1 sowie Absätze 8 und 9 gelten für Sekundarschulen entsprechend.

(11) [1]An Gemeinschaftsschulen im Sinne von Artikel 2 des 6. Schulrechtsänderungsgesetzes vom 25. Oktober 2011 (GV. NRW. S. 540) können die an Sekundarschulen ausgebrachten Ämter verliehen werden, wenn sie nur die Sekundarstufe I umfassen. [2]Absatz 6 Satz 1 sowie Absatz 8 und 9 gelten entsprechend. [3]Umfassen Gemeinschaftsschulen die Sekundarstufen I und II, können die an Gesamtschulen ausgebrachten Ämter verliehen werden. [4]Absätze 6 bis 9 gelten entsprechend.

(12) Die zur Schulleitung gehörenden Ämter an Grundschulen, Hauptschulen und Realschulen können auch Lehrkräften mit der Befähigung zum Lehramt für sonderpädagogische Förderung, zum Lehramt für Sonderpädagogik oder zum Lehramt an Sonderschulen verliehen werden.

(13) [1]Die für den Schulbereich ausgebrachten Beförderungsämter in der Landesbesoldungsordnung A können mit Ausnahme der Ämter für Schulleiterinnen und Schulleiter auch außerhalb von Schulorganisationen verliehen werden. [2]Die Verleihung ist begrenzt auf die Ämter der Laufbahn, für die die Bewerberinnen und Bewerber die Lehramtsbefähigung besitzen.

[1)] **Rehborn, Gesetze NRW (vormals v. Hippel/Rehborn) Nr. 75.**
[2)] Richtig wohl: „Beamte".

(14) [1]Der Hauptgeschäftsführerin oder dem Hauptgeschäftsführer einer Handwerkskammer und der Geschäftsführerin oder dem Geschäftsführer bei einer Handwerkskammer als der ständigen Vertreterin oder dem ständigen Vertreter der Hauptgeschäftsführerin oder des Hauptgeschäftsführers ist mit der Ernennung zunächst das niedrigere der in den Landesbesoldungsordnungen für diese Funktion ausgewiesenen Ämter zu verleihen; Ausnahmen bedürfen der Genehmigung der Aufsichtsbehörde. [2]Über den Zeitpunkt der Verleihung des höheren Amtes entscheidet der Dienstherr im Einvernehmen mit der Aufsichtsbehörde.

§ 29 Bemessung des Grundgehalts. (1) [1]Das Grundgehalt wird, soweit die Landesbesoldungsordnung nicht feste Gehälter vorsieht, nach Stufen (Erfahrungsstufen) bemessen. [2]Dabei erfolgt der Aufstieg in eine nächsthöhere Stufe nach bestimmten Zeiten mit dienstlicher Erfahrung und der Leistung.

(2) [1]Mit der ersten Ernennung in ein Beamtenverhältnis mit Anspruch auf Dienstbezüge im Geltungsbereich dieses Gesetzes wird ein Grundgehalt der ersten mit einem Grundgehaltsbetrag ausgewiesenen Stufe der maßgeblichen Besoldungsgruppe (Anfangsgrundgehalt) festgesetzt, soweit nicht berücksichtigungsfähige Zeiten nach § 30 Absatz 1 anerkannt werden. [2]Die Stufe wird mit Wirkung vom Ersten des Monats festgesetzt, in dem das Beamtenverhältnis begründet wird. [3]Ausgehend von diesem Zeitpunkt beginnt der Stufenaufstieg. [4]Frühere Dienstzeiten mit Anspruch auf Dienstbezüge in einem Beamten-, Richter- oder Soldatenverhältnis bei einem öffentlich-rechtlichen Dienstherrn (§ 31 Absatz 1) im Geltungsbereich des Grundgesetzes[1)] führen zu einer Vorverlegung des Beginns des Stufenaufstiegs auf den Zeitpunkt der ersten Ernennung mit Anspruch auf Dienstbezüge, soweit in § 30 Absatz 4 nichts anderes bestimmt ist; Satz 1 zweiter Halbsatz und die Sätze 2 und 3 gelten entsprechend. [5]Die Stufenfestsetzung ist der Beamtin oder dem Beamten schriftlich mitzuteilen.

(3) [1]Das Grundgehalt steigt bis zur fünften Stufe im Abstand von zwei Jahren, bis zur neunten Stufe im Abstand von drei Jahren und darüber hinaus im Abstand von vier Jahren. [2]Zeiten ohne Anspruch auf Grundgehalt verzögern den Stufenaufstieg, soweit in § 30 Absatz 2 nichts anderes bestimmt ist. [3]Die Zeiten nach Satz 2 werden auf volle Monate abgerundet. [4]Die Sätze 1 bis 3 gelten in den Fällen des Absatzes 2 Satz 4 entsprechend.

(4) [1]Bei dauerhaft herausragenden Leistungen kann für Beamtinnen und Beamte der Landesbesoldungsordnung A die nächsthöhere Stufe als Grundgehalt vorweg festgesetzt werden (Leistungsstufe). [2]Die Zahl der in einem Kalenderjahr bei einem Dienstherrn vergebenen Leistungsstufen darf 15 Prozent der Zahl der bei dem Dienstherrn vorhandenen Beamtinnen und Beamten der Landesbesoldungsordnung A, die das Endgrundgehalt noch nicht erreicht haben, nicht übersteigen. [3]Wird festgestellt, dass die Leistung nicht den mit dem Amt verbundenen durchschnittlichen Anforderungen entspricht, verbleibt die Beamtin oder der Beamte in der bisherigen Stufe, bis die Leistung ein Aufsteigen in die nächsthöhere Stufe rechtfertigt. [4]Eine darüber liegende Stufe, die ohne die Hemmung des Aufstiegs inzwischen erreicht wäre, darf frühestens nach Ablauf eines Jahres als Grundgehalt festgesetzt werden, wenn in diesem Zeitraum anforderungsgerechte Leistungen erbracht worden sind. [5]Die Landes-

[1)] Nr. **11.1**.

regierung wird ermächtigt, zur Gewährung von Leistungsstufen und zur Hemmung des Aufstiegs in den Stufen nähere Regelungen durch Rechtsverordnung zu treffen. [6]In der Rechtsverordnung kann zugelassen werden, dass bei Dienstherren mit weniger als sieben Beamtinnen und Beamten im Sinne des Satzes 2 in jedem Kalenderjahr einer Beamtin oder einem Beamten die Leistungsstufe gewährt wird.

(5) [1]Absatz 4 gilt nicht für Beamtinnen und Beamte im Beamtenverhältnis auf Probe nach § 4 Absatz 3 des Beamtenstatusgesetzes[1)]. [2]Die Entscheidung über die Gewährung einer Leistungsstufe oder über die Hemmung des Aufstiegs trifft die zuständige oberste Dienstbehörde oder die von ihr bestimmte Stelle. [3]Die Entscheidung ist der Beamtin oder dem Beamten schriftlich mitzuteilen. [4]Widerspruch und Anfechtungsklage haben keine aufschiebende Wirkung.

(6) [1]Für die Dauer einer vorläufigen Dienstenthebung verbleibt die Beamtin oder der Beamte in der bisherigen Stufe. [2]Führt ein Disziplinarverfahren nicht zur Entfernung aus dem Beamtenverhältnis oder endet das Beamtenverhältnis nicht durch Entlassung auf Antrag oder infolge strafgerichtlicher Verurteilung, so regelt sich das Aufsteigen im Zeitraum der vorläufigen Dienstenthebung nach Absatz 3.

§ 30[2)] Berücksichtigungsfähige Zeiten. (1) [1]Bei der ersten Stufenfestsetzung nach § 29 Absatz 2 werden als berücksichtigungsfähige Zeiten anerkannt, soweit in Absatz 4 nichts anderes bestimmt ist:

1. Zeiten einer Kinderbetreuung bis zu drei Jahren für jedes Kind,
2. Zeiten der tatsächlichen Pflege von nach ärztlichem Gutachten pflegebedürftigen nahen Angehörigen (Eltern, Schwiegereltern, Eltern von Lebenspartnerinnen und Lebenspartnern nach dem Lebenspartnerschaftsgesetz[3)] vom 16. Februar 2001 (BGBl. I S. 266) in der jeweils geltenden Fassung, Ehegatten, Lebenspartnerinnen und Lebenspartnern nach dem Lebenspartnerschaftsgesetz, Geschwistern oder Kindern) bis zu drei Jahren für jeden nahen Angehörigen,
3. Pflegezeiten nach dem Pflegezeitgesetz vom 28. Mai 2008 (BGBl. I S. 874, 896) in der jeweils geltenden Fassung,
4. Zeiten einer hauptberuflichen Tätigkeit, die nicht Voraussetzung für den Erwerb der Laufbahnbefähigung sind, im Dienst eines öffentlich-rechtlichen Dienstherrn (§ 31) oder im Dienst von öffentlich-rechtlichen Religionsgesellschaften und ihren Verbänden sowie im Dienst eines sonstigen Arbeitgebers, der die im öffentlichen Dienst geltenden Tarifverträge oder Tarifverträge wesentlich gleichen Inhalts anwendet und an dem die öffentliche Hand durch Zahlung von Beiträgen oder Zuschüssen oder in anderer Weise wesentlich beteiligt ist,
5. Zeiten von mindestens vier Monaten bis zu insgesamt zwei Jahren, in denen Wehrdienst, Zivildienst, Bundesfreiwilligendienst, Entwicklungsdienst oder ein freiwilliges soziales oder ökologisches Jahr geleistet wurde,

---

1) Nr. **24.1**.
2) § 30 Abs. 1 Satz 3 geänd. mWv 22.9.2021 durch G v. 14.9.2021 (GV. NRW. S. 1075).
3) **Habersack (vormals Schönfelder) ErgBd. Nr. 43.**

6. Zeiten einer Eignungsübung nach dem Eignungsübungsgesetz in der im Bundesgesetzblatt III, Gliederungsnummer 53-5, veröffentlichten bereinigten Fassung in der jeweils geltenden Fassung, und
7. Verfolgungszeiten nach dem Beruflichen Rehabilitierungsgesetz in der Fassung der Bekanntmachung vom 1. Juli 1977 (BGBl. I S. 1625) in der jeweils geltenden Fassung, soweit eine Erwerbstätigkeit, die einem Dienst bei einem öffentlich-rechtlichen Dienstherrn (§ 31) entspricht, nicht ausgeübt werden konnte.

[2] Weitere hauptberufliche Zeiten, die nicht Voraussetzung für den Erwerb der Laufbahnbefähigung sind, können ganz oder teilweise anerkannt werden, soweit sie für die Verwendung der Beamtin oder des Beamten förderlich sind. [3] Mit Zustimmung des für Finanzen zuständigen Ministeriums kann von Satz 1 Nummer 4 und Satz 2 abgewichen werden, wenn für die Zulassung zu einer Laufbahn besondere Voraussetzungen gelten. [4] Zeiten für zusätzliche Qualifikationen, die nicht im Rahmen einer hauptberuflichen Tätigkeit erworben wurden, können in besonderen Einzelfällen, insbesondere zur Deckung des Personalbedarfs, mit insgesamt bis zu drei Jahren als berücksichtigungsfähige Zeiten anerkannt werden. [5] Die Entscheidung nach den Sätzen 2 bis 4 trifft die oberste Dienstbehörde oder die von ihr bestimmte Stelle. [6] Zeiten nach den Sätzen 1 und 2 werden durch Unterbrechungszeiten nach Absatz 2 nicht vermindert. [7] Die Summe der Zeiten nach den Sätzen 1 bis 4 wird auf volle Monate aufgerundet.

(2) Abweichend von § 29 Absatz 3 Satz 2 wird der Aufstieg in den Stufen durch folgende Zeiten nicht verzögert:

1. Zeiten einer Kinderbetreuung bis zu drei Jahren für jedes Kind,
2. Zeiten der tatsächlichen Pflege von nach ärztlichem Gutachten pflegebedürftigen nahen Angehörigen (Eltern, Schwiegereltern, Eltern von Lebenspartnerinnen und Lebenspartnern nach dem Lebenspartnerschaftsgesetz, Ehegatten, Lebenspartnerinnen und Lebenspartnern nach dem Lebenspartnerschaftsgesetz, Geschwistern oder Kindern) bis zu drei Jahren für jeden nahen Angehörigen,
3. Pflegezeiten in entsprechender Anwendung des Pflegezeitgesetzes,
4. Zeiten einer Beurlaubung ohne Dienstbezüge, wenn die oberste Dienstbehörde oder die von ihr bestimmte Stelle schriftlich anerkannt hat, dass der Urlaub dienstlichen Interessen oder öffentlichen Belangen dient,
5. Zeiten, die nach dem Arbeitsplatzschutzgesetz in der Fassung der Bekanntmachung vom 16. Juli 2009 (BGBl. I S. 2055) in der jeweils geltenden Fassung nicht zu dienstlichen Nachteilen führen dürfen,
6. Zeiten einer Eignungsübung nach dem Eignungsübungsgesetz,
7. Zeiten einer hauptberuflichen Tätigkeit, die nicht Voraussetzung für den Erwerb der Laufbahnbefähigung sind, im Dienst eines öffentlich-rechtlichen Dienstherrn (§ 31) oder im Dienst von öffentlich-rechtlichen Religionsgesellschaften und ihren Verbänden sowie im Dienst eines sonstigen Arbeitgebers, der die im öffentlichen Dienst geltenden Tarifverträge oder Tarifverträge wesentlich gleichen Inhalts anwendet und an dem die öffentliche Hand durch Zahlung von Beiträgen oder Zuschüssen oder in anderer Weise wesentlich beteiligt ist,
8. Zeiten nach Absatz 1 Satz 2 bis 4; Absatz 1 Satz 5 bis 7 gilt entsprechend.

(3) Eine Mehrfachberücksichtigung von Zeiten nach den Absätzen 1 und 2 und § 29 Absatz 2 Satz 4 ist unzulässig.

(4) [1] Für die Vorverlegung des Beginns des Stufenaufstiegs nach § 29 Absatz 2 Satz 4 und für die Anerkennung von Zeiten nach § 30 Absatz 1 Satz 1 Nummer 4 und Satz 2 sind Zeiten einer Tätigkeit für das Ministerium für Staatssicherheit oder das Amt für Nationale Sicherheit der ehemaligen Deutschen Demokratischen Republik nicht zu berücksichtigen. [2] Dies gilt auch für Zeiten, die vor einer solchen Tätigkeit zurückgelegt worden sind. [3] Satz 1 gilt auch für Zeiten einer Tätigkeit als Angehöriger der Grenztruppen der ehemaligen Deutschen Demokratischen Republik. [4] Die Sätze 1 und 2 gelten auch für Zeiten einer Tätigkeit, die auf Grund einer besonderen persönlichen Nähe zum System der ehemaligen Deutschen Demokratischen Republik übertragen war. [5] Das Vorliegen dieser Voraussetzung wird insbesondere widerlegbar vermutet, wenn die Beamtin oder der Beamte

1. vor oder bei Übertragung der Tätigkeit eine hauptamtliche oder hervorgehobene ehrenamtliche Funktion in der Sozialistischen Einheitspartei Deutschlands, dem Freien Deutschen Gewerkschaftsbund, der Freien Deutschen Jugend oder einer vergleichbaren systemunterstützenden Partei oder Organisation innehatte,
2. als mittlere oder obere Führungskraft in zentralen Staatsorganen, als obere Führungskraft beim Rat eines Bezirkes, als Vorsitzender des Rates eines Kreises oder einer kreisfreien Stadt oder in einer vergleichbaren Funktion tätig war,
3. hauptamtlich Lehrende oder Lehrender an den Bildungseinrichtungen der staatstragenden Parteien oder einer Massen- oder gesellschaftlichen Organisation war oder
4. Absolventin oder Absolvent der Akademie für Staat und Recht oder einer vergleichbaren Bildungseinrichtung war.

§ 31 Öffentlich-rechtliche Dienstherren. (1) Öffentlich-rechtliche Dienstherren im Sinne dieses Gesetzes sind der Bund, die Länder, die Gemeinden, die Gemeindeverbände und andere Körperschaften, Anstalten und Stiftungen des öffentlichen Rechts mit Ausnahme der öffentlich-rechtlichen Religionsgesellschaften und ihrer Verbände.

(2) Der Tätigkeit im Dienst eines öffentlich-rechtlichen Dienstherrn stehen gleich:

1. für Staatsangehörige eines Mitgliedstaates der Europäischen Union die ausgeübte gleichartige Tätigkeit im öffentlichen Dienst einer Einrichtung der Europäischen Union oder im öffentlichen Dienst eines Mitgliedstaates der Europäischen Union und
2. die von volksdeutschen Vertriebenen, Spätaussiedlerinnen und Spätaussiedlern ausgeübte gleichartige Tätigkeit im Dienst eines öffentlich-rechtlichen Dienstherrn ihres Herkunftslandes.

Unterabschnitt 3. Vorschriften für Professorinnen und Professoren, Juniorprofessorinnen und Juniorprofessoren sowie hauptamtliche Leitungen und Mitglieder von Leitungsgremien an Hochschulen

§ 32 Landesbesoldungsordnung W. (1) [1] Die Ämter der Professorinnen, Professoren, Hochschuldozentinnen, Hochschuldozenten, Juniorprofessorinnen und Juniorprofessoren und ihre Besoldungsgruppen sind in der Landesbesoldungsordnung W (Anlage 4 zu diesem Gesetz) geregelt. [2]Die Grundgehaltssätze sind in der Anlage 9 zu diesem Gesetz ausgewiesen. [3]Die Sätze 1 und 2 gelten auch für hauptamtliche Leiterinnen und Leiter und Mitglieder von Leitungsgremien an Hochschulen, die nicht Professorinnen oder Professoren sind, soweit ihre Ämter nicht Besoldungsgruppen der Landesbesoldungsordnungen A und B zugewiesen sind.

(2) [1]Die Ämter der Juniorprofessorinnen und Juniorprofessoren sind der Besoldungsgruppe W 1, die Ämter der Professorinnen und Professoren sowie der Hochschuldozentinnen und Hochschuldozenten sind nach Maßgabe sachgerechter Bewertung (§ 19) den Besoldungsgruppen W 2 und W 3 zuzuordnen. [2]An Fachhochschulen darf der Anteil der W 3-Stellen bis zu 10 Prozent betragen. [3]Das Nähere bestimmt der Haushalt.

(3) [1]Die Ämter der hauptberuflichen Mitglieder von Hochschulleitungen und Fachbereichsleitungen werden der Besoldungsgruppe W 3 zugeordnet. [2]Den Amtsbezeichnungen ist ein Zusatz auf die jeweilige Hochschule beizufügen; bei den hauptberuflichen Mitgliedern der Fachbereichsleitungen auch des jeweiligen Fachbereichs.

§ 33[1)] Leistungsbezüge. (1) In den Besoldungsgruppen W 2 und W 3 werden nach Maßgabe der nachfolgenden Vorschriften neben dem als Mindestbezug gewährten Grundgehalt variable Leistungsbezüge vergeben:

1. aus Anlass von Berufungs- und Bleibeverhandlungen (Berufungs- oder Bleibe-Leistungsbezüge),
2. für besondere Leistungen in Forschung, Lehre, Kunst, Weiterbildung und Nachwuchsförderung (besondere Leistungsbezüge) sowie
3. für die Wahrnehmung von Funktionen oder besonderen Aufgaben im Rahmen der Hochschulselbstverwaltung oder der Hochschulleitung (Funktions-Leistungsbezüge).

(2) [1]Leistungsbezüge dürfen den Unterschiedsbetrag zwischen den Grundgehältern der Besoldungsgruppe W 3 und der Besoldungsgruppe B 10 übersteigen, wenn dies erforderlich ist, um die Professorin oder den Professor aus dem Bereich außerhalb der deutschen Hochschulen zu gewinnen oder um die Abwanderung der Professorin oder des Professors in den Bereich außerhalb der deutschen Hochschulen abzuwenden. [2]Leistungsbezüge dürfen diesen Unterschiedsbetrag ferner übersteigen, wenn die Professorin oder der Professor bereits an der bisherigen Hochschule Leistungsbezüge erhält, die diesen Unterschiedsbetrag erreichen oder übersteigen und dies erforderlich ist, um die Professorin oder den Professor für eine nordrhein-westfälische Hochschule zu gewinnen oder die Abwanderung an eine andere deutsche Hochschule zu verhindern. [3]Die Sätze 1 und 2 gelten entsprechend für hauptamtliche Leiterinnen und Leiter und Mitglieder von Leitungsgremien an Hochschulen, die nicht Professorinnen oder Professoren sind.

(3) [1]Die am 1. Januar 2017 zustehenden Leistungsbezüge nach Absatz 1 erhöhen sich um 2,5 Prozent, wenn diese sich nicht nach im Zusammenhang mit der Integration der Sonderzahlung am 1. Januar 2017 erhöhten Bezügen

---

[1)] § 33 Abs. 3 neu gef. mWv 1.7.2016 durch G v. 7.4.2017 (GV. NRW. S. 414).

bemessen. [2] Satz 1 gilt nicht für Leistungsbezüge, die als Einmalzahlung gewährt werden.

§ 34 Berufungs- und Bleibe-Leistungsbezüge. [1] Bei der Entscheidung über Leistungsbezüge nach § 33 Absatz 1 Nummer 1 sind insbesondere die individuelle Qualifikation, vorliegende Evaluationsergebnisse, die Bewerberlage und die Arbeitsmarktsituation in dem jeweiligen Fach zu berücksichtigen. [2] Die Leistungsbezüge werden in der Regel unbefristet und als laufender Bezug vergeben; sie können auch als Einmalzahlung gewährt werden. [3] Es kann vereinbart werden, dass gewährte Berufungs- oder Bleibe-Leistungsbezüge an den regelmäßigen Besoldungsanpassungen teilnehmen. [4] Neue oder höhere Leistungsbezüge nach § 33 Absatz 1 Nummer 1 sollen bei einem neuen Ruf frühestens nach Ablauf von drei Jahren seit der letzten Gewährung zugestanden werden. [5] Die Gewährung von Bleibe-Leistungsbezügen setzt voraus, dass die Professorin oder der Professor den Ruf einer anderen Hochschule oder das Einstellungsangebot einer anderen Arbeitgeberin oder eines anderen Arbeitgebers vorlegt.

§ 35 Besondere Leistungsbezüge. [1] Für besondere Leistungen, die in der Regel über mehrere Jahre in den Bereichen Forschung, Lehre, Kunst, Weiterbildung oder Nachwuchsförderung erbracht werden, können Leistungsbezüge nach § 33 Absatz 1 Nummer 2 gewährt werden. [2] Diese Leistungsbezüge können neben solchen nach § 33 Absatz 1 Nummer 1 gewährt und als Einmalzahlung oder als monatliche Zahlungen für einen Zeitraum von bis zu fünf Jahren befristet vergeben werden. [3] Im Falle einer wiederholten Vergabe können laufende besondere Leistungsbezüge unbefristet vergeben werden. [4] Unbefristete monatliche Bezüge sind mit einem Widerrufsvorbehalt für den Fall des erheblichen Leistungsabfalls zu versehen. [5] Es kann vereinbart werden, dass gewährte besondere Leistungsbezüge an den regelmäßigen Besoldungsanpassungen teilnehmen.

§ 36 Funktions-Leistungsbezüge. [1] Hauptamtlichen Mitgliedern von Hochschulleitungen sowie Mitgliedern von Leitungsgremien an Hochschulen werden für die Dauer der Wahrnehmung dieser Aufgaben Leistungsbezüge nach § 33 Absatz 1 Nummer 3 gewährt. [2] Für die Wahrnehmung besonderer Aufgaben im Rahmen der Hochschulselbstverwaltung oder -leitung können diese Leistungsbezüge für die Dauer der Wahrnehmung ebenfalls gewährt werden. [3] Die Bemessung der Funktions-Leistungsbezüge richtet sich nach § 19, insbesondere sind die im Einzelfall mit den Aufgaben verbundene Verantwortung und Belastung sowie die Größe und Bedeutung der Hochschule zu berücksichtigen. [4] Funktions-Leistungsbezüge können teilweise erfolgsabhängig vereinbart werden, in diesem Fall können sie nach Eintritt des Erfolgs auch als Einmalzahlung gewährt werden. [5] Funktions-Leistungsbezüge nach Satz 1 nehmen an allgemeinen Besoldungsanpassungen teil.

§ 37[1)] Ruhegehaltfähigkeit von Leistungsbezügen. (1) [1] Soweit Leistungsbezüge nach § 33 Absatz 1 Nummer 1 und 2 unbefristet gewährt werden und jeweils mindestens zwei Jahre bezogen worden sind, sind sie vorbehaltlich des Absatzes 2 bis zur Höhe von zusammen 21 Prozent in der Besoldungsgruppe W 2 und 32,5 Prozent in der Besoldungsgruppe W 3 des jeweiligen

---

1) § 37 Abs. 3 Satz 1 geänd. mWv 15.4.2021 durch G v. 25.3.2021 (GV. NRW. S. 331).

Grundgehalts ruhegehaltfähig; dynamisierte Leistungsbezüge sind dabei vorrangig anzusetzen. [2] In den Fällen des § 5 Absatz 6 Satz 2 des Landesbeamtenversorgungsgesetzes[1)] vom 14. Juni 2016 (GV. NRW. S. 310) in der jeweils geltenden Fassung gilt die Zweijahresfrist nicht. [3] Soweit die Leistungsbezüge befristet gewährt werden, können sie vorbehaltlich des Absatzes 2 höchstens bis zur Höhe von 40 Prozent des jeweiligen Grundgehalts in der Höhe für ruhegehaltfähig erklärt werden, in der sie jeweils mindestens für die Dauer von zehn Jahren bezogen wurden. [4] Bei mehreren befristeten Leistungsbezügen, die für ruhegehaltfähig erklärt worden sind, wird der höchste Betrag berücksichtigt. [5] Wurden mehrere solcher befristeten Leistungsbezüge mindestens fünf Jahre nebeneinander gewährt, sind sie in der Summe ruhegehaltfähig. [6] Treffen unbefristete mit befristeten, für ruhegehaltfähig erklärten Leistungsbezügen zusammen, findet Satz 5 entsprechende Anwendung. [7] Im Übrigen können befristete Leistungsbezüge nur insoweit für ruhegehaltfähig erklärt werden, als sie die unbefristeten ruhegehaltfähigen Leistungsbezüge übersteigen.

(2) Leistungsbezüge nach § 33 Absatz 1 Nummer 1 und 2 können zusammen höchstens für

1. 2 Prozent der Inhaberinnen und Inhaber von W 2- oder W 3-Stellen bis zur Höhe von 42 vom Hundert des Grundgehalts,
2. 3 Prozent der Inhaberinnen und Inhaber von W 2- oder W 3-Stellen bis zur Höhe von 52 vom Hundert des Grundgehalts,
3. 2 Prozent der Inhaberinnen und Inhaber von W 2- oder W 3-Stellen bis zur Höhe von 71 vom Hundert des Grundgehalts

für ruhegehaltfähig erklärt werden.

(3) [1] Leistungsbezüge nach § 33 Absatz 1 Nummer 3 an hauptamtliche Mitglieder von Hochschulleitungen sowie Mitglieder von Leitungsgremien an Hochschulen sind ruhegehaltfähig, soweit das Amt mindestens fünf Jahre wahrgenommen wurde und sofern das Mitglied aus dem Beamtenverhältnis auf Zeit oder aus einem Beamtenverhältnis auf Lebenszeit nach § 19 Absatz 2 Satz 3 des Kunsthochschulgesetzes vom 13. März 2008 (GV. NRW. S. 195) in der jeweils geltenden Fassung in den Ruhestand tritt oder versetzt wird. [2] In anderen Fällen erhöhen Leistungsbezüge nach § 33 Absatz 1 Nummer 3 die ruhegehaltfähigen Dienstbezüge aus einem Beamtenverhältnis auf Lebenszeit. [3] In den Fällen des Satzes 2 sind sie ruhegehaltfähig in Höhe eines Viertels, soweit das Amt fünf Jahre und in Höhe der Hälfte, soweit es fünf Jahre und zwei Amtszeiten wahrgenommen wurde. [4] Sie sind in voller Höhe ruhegehaltfähig, soweit das Amt mindestens fünf Jahre wahrgenommen wurde und das Mitglied während seiner Amtszeit wegen Dienstunfähigkeit oder auf Antrag wegen Schwerbehinderung nach Vollendung des 63. Lebensjahres in den Ruhestand versetzt wird oder die Leistungsbezüge nach § 33 Absatz 1 Nummer 3 bis zum Eintritt in den Ruhestand wegen Erreichens der gesetzlichen Altersgrenze oder bei Eintritt oder Versetzung in den Ruhestand nach Erreichen der gesetzlichen Altersgrenze bezogen hat. [5] § 5 Absatz 3 des Landesbeamtenversorgungsgesetzes gilt entsprechend.

(4) Treffen ruhegehaltfähige Leistungsbezüge nach § 33 Absatz 1 Nummer 1 und 2 mit solchen nach § 33 Absatz 1 Nummer 3 zusammen, wird nur der bei

---

1) Nr. **24.51**.

der Berechnung des Ruhegehalts für die Beamtin oder den Beamten günstigere Betrag als ruhegehaltfähiger Dienstbezug berücksichtigt.

(5) Einmalzahlungen sind nicht ruhegehaltfähig.

(6) Im Falle von gemeinsamen Berufungen mit einer außeruniversitären Forschungseinrichtung werden von der Hochschule festgesetzte Leistungsbezüge bei einer Beurlaubung ohne Dienstbezüge nach Maßgabe der vorstehenden Absätze ruhegehaltfähig, soweit dafür ein entsprechender Versorgungszuschlag entrichtet worden ist.

§ 38 Vergaberahmen. Die Organe der Hochschulen tragen dafür Sorge, dass durch die Gewährung von Leistungsbezügen die Funktionsfähigkeit der Hochschulen nicht berührt wird.

§ 39[1] Verordnungsermächtigung. [1]Das für Wissenschaft zuständige Ministerium wird ermächtigt, im Einvernehmen mit dem für Finanzen zuständigen Ministerium durch Rechtsverordnung Grundsätze, Zuständigkeiten und Verfahren für die Vergabe von Leistungsbezügen sowie von Forschungs- und Lehrzulagen nach Maßgabe der §§ 33 bis 38 und § 62 zu regeln. [2]Für die Deutsche Hochschule der Polizei erlässt die Rechtsverordnung nach Satz 1 das für Inneres zuständige Ministerium im Einvernehmen mit dem für Finanzen zuständigen Ministerium. [3]In den Rechtsverordnungen kann bestimmt werden, dass Verfahrensregelungen zur Vergabe der Leistungsbezüge sowie der Forschungs- und Lehrzulagen durch Hochschulordnung festgelegt werden dürfen. [4]Für die Fachhochschulen des Landes, die ausschließlich Ausbildungsgänge für den öffentlichen Dienst anbieten, erlässt die Rechtsverordnung nach Satz 1 das jeweils zuständige Ministerium im Einvernehmen mit dem für Finanzen zuständigen Ministerium.

Unterabschnitt 4. Vorschriften für Richterinnen, Richter, Staatsanwältinnen und Staatsanwälte

§ 40 Landesbesoldungsordnung R. [1]Die Ämter der Richterinnen, Richter, Staatsanwältinnen und Staatsanwälte und ihre Besoldungsgruppen sind in der Landesbesoldungsordnung R (Anlage 3 zu diesem Gesetz) geregelt. [2]Die Grundgehaltssätze der Besoldungsgruppen sind in der Anlage 8 zu diesem Gesetz ausgewiesen.

§ 41 Bemessung des Grundgehalts. [1]Das Grundgehalt wird, soweit die Besoldungsordnung nicht feste Gehälter vorsieht, nach Stufen (Erfahrungsstufen) bemessen. [2]Dabei erfolgt der Aufstieg in eine nächsthöhere Stufe nach bestimmten Zeiten mit dienstlicher Erfahrung. [3]Die §§ 29 bis 31 gelten mit Ausnahme des § 29 Absatz 1, 4 und 5 mit der Maßgabe entsprechend, dass das Grundgehalt im Abstand von zwei Jahren bis zum Erreichen des Endgrundgehalts steigt.

Abschnitt 3. Familienzuschlag

§ 42[2] Grundlage des Familienzuschlags. [1]Der Familienzuschlag wird nach der Anlage 13 zu diesem Gesetz gewährt. [2]Seine Höhe richtet sich nach

---

[1] § 39 Sätze 1, 2 und 4 geänd. mWv 22.9.2021 durch G v. 14.9.2021 (GV. NRW. S. 1075).
[2] § 42 Satz 3 geänd. mWv 22.9.2021 durch G v. 14.9.2021 (GV. NRW. S. 1075).

der Besoldungsgruppe und der Stufe, die den Familienverhältnissen der Beamtin, des Beamten, der Richterin oder des Richters entspricht. [3] Für Anwärterinnen und Anwärter (§ 74 Absatz 1) ist die Besoldungsgruppe des Einstiegsamtes maßgebend, in das sie nach Abschluss des Vorbereitungsdienstes unmittelbar eintreten.

§ 43[1)] Stufen des Familienzuschlags. (1) [1] Zur Stufe 1 gehören

1. Beamtinnen, Beamte, Richterinnen und Richter in einer Ehe oder Lebenspartnerschaft,
2. verwitwete Beamtinnen, Beamte, Richterinnen und Richter sowie hinterbliebene Beamtinnen, Beamte, Richterinnen und Richter einer Lebenspartnerschaft,
3. geschiedene Beamtinnen, Beamte, Richterinnen und Richter sowie Beamtinnen, Beamte, Richterinnen und Richter, deren Ehe oder Lebenspartnerschaft für aufgehoben oder nichtig erklärt ist, wenn sie gegenüber der früheren Ehegattin, dem früheren Ehegatten, der früheren Lebenspartnerin oder dem früheren Lebenspartner aus der letzten Ehe oder Lebenspartnerschaft zum Unterhalt verpflichtet sind und diese Unterhaltsverpflichtung mindestens die Höhe des Betrags der Stufe 1 erreicht,
4. andere Beamtinnen, Beamte, Richterinnen und Richter, die eine andere Person nicht nur vorübergehend in ihre Wohnung aufgenommen haben und ihr Unterhalt gewähren, weil sie gesetzlich oder sittlich dazu verpflichtet sind oder aus beruflichen oder gesundheitlichen Gründen ihrer Hilfe bedürfen. Dies gilt bei gesetzlicher oder sittlicher Verpflichtung zur Unterhaltsgewährung außer in den Fällen des Satzes 3 nicht, wenn für den Unterhalt der aufgenommenen Person Mittel zur Verfügung stehen, die, bei einem Kind einschließlich des kinderbezogenen Teils des Familienzuschlags, das Sechsfache des Betrages der Stufe 1 übersteigen.

[2] Zur Stufe 1 gehören ferner andere Beamtinnen, Beamte, Richterinnen und Richter, die ein Kind nicht nur vorübergehend in ihre Wohnung aufgenommen haben, für das ihnen Kindergeld nach dem Einkommensteuergesetz oder nach dem Bundeskindergeldgesetz[2)] zusteht oder ohne Berücksichtigung der §§ 64 und 65 des Einkommensteuergesetzes oder der §§ 3 und 4 des Bundeskindergeldgesetzes zustehen würde. [3] Als in die Wohnung aufgenommen gilt ein Kind auch dann, wenn die Beamtin, der Beamte, die Richterin oder der Richter es auf ihre oder seine Kosten anderweitig untergebracht hat, ohne dass dadurch die häusliche Verbindung aufgehoben werden soll. [4] Beanspruchen mehrere nach Satz 1 Nummer 4 oder Satz 3 Anspruchsberechtigte, Arbeitnehmerinnen und Arbeitnehmer im öffentlichen Dienst oder auf Grund einer Tätigkeit im öffentlichen Dienst Versorgungsberechtigte wegen der Aufnahme einer Person oder mehrerer Personen in die gemeinsam bewohnte Wohnung oder derselben Person in jeweils ihre Wohnungen einen Familienzuschlag der Stufe 1 oder eine entsprechende Leistung, wird der Betrag der Stufe 1 des für die Beamtin, den Beamten, die Richterin oder den Richter maßgebenden Familienzuschlags nach der Zahl der Berechtigten anteilig gewährt.

(2) [1] Zur Stufe 2 und den folgenden Stufen gehören die Beamtinnen, Beamten, Richterinnen und Richter der Stufe 1, denen Kindergeld nach dem Ein-

[1)] § 43 Abs. 6 Satz 4 geänd. mWv 22.9.2021 durch G v. 14.9.2021 (GV. NRW. S. 1075).
[2)] **Habersack (vormals Schönfelder) ErgBd. Nr. 45b.**

kommensteuergesetz oder nach dem Bundeskindergeldgesetz zusteht oder ohne Berücksichtigung des § 64 oder § 65 des Einkommensteuergesetzes oder des § 3 oder § 4 des Bundeskindergeldgesetzes zustehen würde. [2] Zur Stufe 2 und den folgenden Stufen gehören auch die Beamtinnen, Beamten, Richterinnen und Richter der Stufe 1, die Kinder ihrer Lebenspartnerin oder ihres Lebenspartners in ihren Haushalt aufgenommen haben, wenn andere Beamtinnen, Beamte, Richterinnen oder Richter der Stufe 1 bei sonst gleichem Sachverhalt zur Stufe 2 oder einer der folgenden Stufen gehörten. [3] Die Stufe richtet sich nach der Anzahl der berücksichtigungsfähigen Kinder.

(3) [1] Ledige und geschiedene Beamtinnen, Beamte, Richterinnen und Richter sowie Beamtinnen, Beamte, Richterinnen und Richter, deren Ehe aufgehoben oder für nichtig erklärt ist, denen Kindergeld nach dem Einkommensteuergesetz oder dem Bundeskindergeldgesetz zusteht oder ohne Berücksichtigung des § 64 oder § 65 des Einkommensteuergesetzes oder des § 3 oder § 4 des Bundeskindergeldgesetzes zustehen würde, erhalten zusätzlich zum Grundgehalt den Unterschiedsbetrag zwischen der Stufe 1 und der Stufe des Familienzuschlags, der der Anzahl der berücksichtigungsfähigen Kinder entspricht. [2] Dies gilt auch für Beamtinnen, Beamte, Richterinnen und Richter, deren Lebenspartnerschaft aufgehoben worden ist und die Kinder ihrer früheren Lebenspartnerin oder ihres früheren Lebenspartners in ihren Haushalt aufgenommen haben, wenn Beamtinnen, Beamte, Richterinnen oder Richter, die geschieden sind oder deren Ehe aufgehoben oder für nichtig erklärt ist, bei sonst gleichem Sachverhalt den Unterschiedsbetrag erhielten. [3] Absatz 5 gilt entsprechend.

(4) [1] Steht die Ehegattin, der Ehegatte, die Lebenspartnerin oder der Lebenspartner einer Beamtin, eines Beamten, einer Richterin oder eines Richters als Beamtin, Beamter, Richterin, Richter, Soldatin, Soldat, Arbeitnehmerin oder Arbeitnehmer im öffentlichen Dienst oder ist sie oder er auf Grund einer Tätigkeit im öffentlichen Dienst nach beamtenrechtlichen Grundsätzen versorgungsberechtigt und stünde ihr oder ihm ebenfalls der Familienzuschlag der Stufe 1 oder einer der folgenden Stufen oder eine entsprechende Leistung in Höhe von mindestens der Hälfte des Betrags der Stufe 1 des Familienzuschlags zu, so erhält die Beamtin, der Beamte, die Richterin oder der Richter den Betrag der Stufe 1 des für sie oder ihn maßgebenden Familienzuschlags zur Hälfte; dies gilt auch für die Zeit des Bezugs von Mutterschaftsgeld. [2] Eine Kürzung nach Satz 1 auf die Hälfte des Betrags erfolgt nicht, wenn beide Ehegatten, Lebenspartnerinnen oder Lebenspartner in Teilzeit beschäftigt sind und zusammen nicht die regelmäßige Arbeitszeit einer Vollzeitbeschäftigung erreichen. [3] Auf den halbierten Betrag nach Satz 1 findet § 8 keine Anwendung, wenn eine oder einer der Ehegatten, Lebenspartnerinnen oder Lebenspartner im Sinne des Satzes 1 vollzeitbeschäftigt oder nach beamtenrechtlichen Grundsätzen versorgungsberechtigt ist oder beide in Teilzeit beschäftigt sind und dabei zusammen mindestens die regelmäßige Arbeitszeit bei Vollzeitbeschäftigung erreichen.

(5) [1] Stünde neben der Beamtin, dem Beamten, der Richterin oder dem Richter einer anderen Person, die im öffentlichen Dienst steht oder auf Grund einer Tätigkeit im öffentlichen Dienst nach beamtenrechtlichen Grundsätzen oder nach einer Ruhelohnordnung versorgungsberechtigt ist, der Familienzuschlag nach Stufe 2 oder einer der folgenden Stufen zu, so wird der auf das Kind entfallende Betrag des Familienzuschlags der Beamtin, dem Beamten, der

Richterin oder dem Richter gewährt, wenn und soweit ihr oder ihm das Kindergeld nach dem Einkommensteuergesetz oder nach dem Bundeskindergeldgesetz gewährt wird oder ohne Berücksichtigung des § 65 des Einkommensteuergesetzes oder des § 4 des Bundeskindergeldgesetzes vorrangig zu gewähren wäre; dem Familienzuschlag nach Stufe 2 oder einer der folgenden Stufen stehen eine sonstige entsprechende Leistung oder das Mutterschaftsgeld gleich. [2] Auf das Kind entfällt derjenige Betrag, der sich aus der für die Anwendung des Einkommensteuergesetzes oder des Bundeskindergeldgesetzes maßgebenden Reihenfolge der Kinder ergibt. [3] § 8 findet auf den Betrag keine Anwendung, wenn eine oder einer der Anspruchsberechtigten im Sinne des Satzes 1 vollzeitbeschäftigt oder nach beamtenrechtlichen Grundsätzen versorgungsberechtigt ist oder mehrere Anspruchsberechtigte in Teilzeit beschäftigt sind und dabei zusammen mindestens die regelmäßige Arbeitszeit bei Vollzeitbeschäftigung erreichen.

(6) [1] Öffentlicher Dienst im Sinne der Absätze 1, 4 und 5 ist die Tätigkeit im Dienst des Bundes, eines Landes, einer Gemeinde oder anderer Körperschaften, Anstalten und Stiftungen des öffentlichen Rechts oder der Verbände von solchen; ausgenommen ist die Tätigkeit bei öffentlich-rechtlichen Religionsgesellschaften oder ihren Verbänden, sofern nicht bei organisatorisch selbständigen Einrichtungen, insbesondere bei Schulen, Hochschulen, Krankenhäusern, Kindergärten, Altersheimen die Voraussetzungen des Satzes 3 erfüllt sind. [2] Dem öffentlichen Dienst steht die Tätigkeit im Dienst einer zwischenstaatlichen oder überstaatlichen Einrichtung gleich, an der der Bund oder eine der in Satz 1 bezeichneten Körperschaften oder einer der dort bezeichneten Verbände durch Zahlung von Beiträgen oder Zuschüssen oder in anderer Weise beteiligt ist. [3] Dem öffentlichen Dienst steht ferner gleich die Tätigkeit im Dienst eines sonstigen Arbeitgebers, der die für den öffentlichen Dienst geltenden Tarifverträge oder Tarifverträge wesentlich gleichen Inhalts oder die darin oder in Besoldungsgesetzen über Familienzuschläge getroffenen Regelungen oder vergleichbare Regelungen anwendet, wenn der Bund oder eine oder einer der in Satz 1 bezeichneten Körperschaften oder Verbände durch Zahlung von Beiträgen oder Zuschüssen oder in anderer Weise beteiligt ist. [4] Die Entscheidung, ob die Voraussetzungen erfüllt sind, trifft das für Finanzen zuständige Ministerium oder die von ihm bestimmte Stelle.

(7) Die Bezügestellen des öffentlichen Dienstes (Absatz 6) dürfen die zur Durchführung dieser Vorschrift erforderlichen personenbezogenen Daten erheben und untereinander austauschen.

(8) Lebenspartnerschaft, Lebenspartnerin oder Lebenspartner im Sinne der vorstehenden Absätze definieren sich nach § 1 Absatz 1 des Lebenspartnerschaftsgesetzes[1)].

§ 44[2)] Änderung des Familienzuschlags. [1] Der Familienzuschlag wird vom Ersten des Monats an gezahlt, in den das hierfür maßgebende Ereignis fällt. [2] Er wird nicht mehr gezahlt für den Monat, in dem die Anspruchsvoraussetzungen an keinem Tag vorgelegen haben. [3] Die Sätze 1 und 2 gelten entsprechend für die Zahlungen von Teilbeträgen der Stufen des Familienzuschlags.

---

1) **Habersack (vormals Schönfelder) ErgBd. Nr. 43.**

2) § 44 Satz 2 geänd. mWv 22.9.2021 durch G v. 14.9.2021 (GV. NRW. S. 1075).

Abschnitt 4. Zulagen, Vergütungen, Zuschläge

Unterabschnitt 1. Amtszulagen und Strukturzulage

§ 45 Amtszulagen. (1) [1]Für herausgehobene Funktionen, die dauerhaft wahrzunehmen sind, können Amtszulagen vorgesehen werden. [2]Sie dürfen 75 Prozent des Unterschiedsbetrags zwischen dem Endgrundgehalt der Besoldungsgruppe der Beamtin, des Beamten, der Richterin oder des Richters und dem Endgrundgehalt der nächsthöheren Besoldungsgruppe nicht übersteigen, soweit in diesem Gesetz nichts anderes bestimmt ist.

(2) [1]Amtszulagen sind unwiderruflich und ruhegehaltfähig. [2]Sie gelten als Bestandteil des Grundgehalts.

(3) [1]Die einzelnen Amtszulagen ergeben sich aus § 46 sowie den Landesbesoldungsordnungen. [2]Die Höhe der Amtszulagen ergibt sich aus der Anlage 14 zu diesem Gesetz.

§ 46 Amtszulage für die Leitung von besonders großen und besonders bedeutenden unteren Verwaltungsbehörden sowie von Mittel- und Oberbehörden. [1]Für die Leitung von besonders großen und besonders bedeutenden unteren Verwaltungsbehörden sowie die Leitung von Mittel- oder Oberbehörden können nach Maßgabe des Haushalts Planstellen der Besoldungsgruppe A 16 mit einer Amtszulage ausgestattet werden. [2]Die Zahl der mit einer Amtszulage ausgestatteten Planstellen darf 30 Prozent der Zahl der Planstellen der Besoldungsgruppe A 16 für die Leitung unterer Verwaltungsbehörden, Mittelbehörden oder Oberbehörden nicht überschreiten.

§ 47[1] Strukturzulage. Eine das Grundgehalt ergänzende ruhegehaltfähige Strukturzulage nach der Anlage 14 erhalten

a) Beamtinnen und Beamte der Laufbahngruppe 1 mit dem Einstiegsamt der Besoldungsgruppe A 6 und mit dem Einstiegsamt der Besoldungsgruppe A 7 (technischer Dienst, allgemeiner Vollzugsdienst bei den Justizvollzugsanstalten, Vollzugsdienst in Unterbringungseinrichtungen des Abschiebungshaftvollzugs, technischer Feuerwehrdienst) sowie Gerichtsvollzieherinnen und Gerichtsvollzieher

   aa) in den Besoldungsgruppen A 6 bis A 8,

   bb) in den Besoldungsgruppen A 9 und A 10,

b) Beamtinnen und Beamte der Laufbahngruppe 2 mit dem Einstiegsamt der Besoldungsgruppen A 9 oder A 10 und ihnen gleichgestellte Beamtinnen und Beamte sowie Amtsanwältinnen und Amtsanwälte,

c) Beamtinnen und Beamte des Verwaltungsdienstes der Laufbahngruppe 2 mit dem Einstiegsamt A 13 einschließlich der Beamtinnen und Beamten besonderer Fachrichtungen, Studienrätinnen und Studienräte, Akademische Rätinnen auf Zeit und Akademische Räte auf Zeit sowie Polizeivollzugsbeamtinnen und Polizeivollzugsbeamte in der Besoldungsgruppe A 13.

---

[1] § 47 Buchst. b geänd. mWv 1.1.2019 durch G v. 21.7.2018 (GV. NRW. S. 400).

Unterabschnitt 2. Stellenzulagen

§ 48[1)] Stellenzulagen. (1) [1] Für herausgehobene Funktionen können Stellenzulagen vorgesehen werden. [2] Sie dürfen 75 Prozent des Unterschiedsbetrags zwischen dem Endgrundgehalt der Besoldungsgruppe der Beamtin, des Beamten, der Richterin oder des Richters und dem Endgrundgehalt der nächsthöheren Besoldungsgruppe nicht übersteigen, soweit in diesem Gesetz nichts anderes bestimmt ist.

(2) [1] Stellenzulagen dürfen nur für die Dauer der Wahrnehmung der herausgehobenen Funktionen gewährt werden. [2] Wird der Beamtin, dem Beamten, der Richterin oder dem Richter vorübergehend eine andere Funktion übertragen, die zur Herbeiführung eines im besonderen öffentlichen Interesse liegenden unaufschiebbaren und zeitgebundenen Ergebnisses im Inland wahrgenommen werden muss, wird für die Dauer ihrer Wahrnehmung eine Stellenzulage weiter gewährt; sie wird für höchstens drei Monate auch weiter gewährt, wenn die vorübergehende Übertragung einer anderen Funktion zur Sicherung der Funktionsfähigkeit des Behördenbereichs, in dem die Beamtin, der Beamte, die Richterin oder der Richter eingesetzt wird, dringend erforderlich ist. [3] Daneben wird eine Stellenzulage für diese andere Funktion nur in der Höhe des Mehrbetrages gewährt. [4] Die Entscheidung, ob die Voraussetzungen des Satzes 2 vorliegen, trifft die oberste Dienstbehörde im Einvernehmen mit dem für Finanzen zuständigen Ministerium.

(3) Stellenzulagen nehmen an den regelmäßigen Besoldungsanpassungen nach § 16 nicht teil, soweit gesetzlich nichts anderes bestimmt ist.

(4) Stellenzulagen sind widerruflich und nur ruhegehaltfähig, wenn dies gesetzlich bestimmt ist.

(5) [1] Die Stellenzulagen nach § 55 Absatz 1 Nummer 1, 2 und 4 sind ruhegehaltfähig. [2] Die Stellenzulagen nach den §§ 49 bis 52 und nach § 56 Nummer 1 gehören zu den ruhegehaltfähigen Dienstbezügen, wenn die Beamtin oder der Beamte

1. mindestens zehn Jahre zulagenberechtigend verwendet worden ist oder
2. während einer zulagenberechtigenden Verwendung wegen Dienstunfähigkeit in den Ruhestand versetzt worden oder verstorben ist und diese Verwendung mindestens zwei Jahre gedauert hat oder infolge Krankheit, Verwundung oder sonstiger Beschädigungen, die sie oder er sich ohne grobes Verschulden bei der Ausübung oder aus Veranlassung des Dienstes zugezogen hat, in den Ruhestand versetzt worden oder verstorben ist.

[3] Absatz 6 bleibt unberührt. [4] Der Betrag der ruhegehaltfähigen Zulage ergibt sich aus der im Zeitpunkt des Eintritts oder der Versetzung in den Ruhestand geltenden Anlage 15 zu diesem Gesetz. [5] Die Ausschlussregelungen bei den einzelnen Stellenzulagen gelten entsprechend auch bei den ruhegehaltfähigen Dienstbezügen.

(6) Die Stellenzulage nach § 53 ist für Beamtinnen und Beamte nach § 53 Absatz 1 im Umfang von 50 Prozent ruhegehaltfähig, wenn sie mindestens fünf Jahre bezogen worden ist oder das Dienstverhältnis durch Tod oder Dienstunfähigkeit infolge eines durch die Verwendung erlittenen Dienstunfalls oder

---

1) § 48 Abs. 5 Satz 2 Nr. 1, Sätze 2 und 4 geänd. mWv 1.7.2016 durch G v. 7.4.2017 (GV. NRW. S. 414); Abs. 2 Satz 4 geänd. mWv 22.9.2021 durch G v. 14.9.2021 (GV. NRW. S. 1075).

einer durch die Besonderheiten dieser Verwendung bedingten gesundheitlichen Schädigung beendet worden ist.

(7) [1]Die einzelnen Stellenzulagen ergeben sich aus den §§ 49 bis 56 sowie den Landesbesoldungsordnungen. [2]Die Höhe der Stellenzulagen ergibt sich aus der Anlage 15.

§ 49 Zulage für Beamtinnen und Beamte mit vollzugspolizeilichen Aufgaben. (1) [1]Polizeivollzugsbeamtinnen und –beamte und Beamtinnen und Beamte des Steuerfahndungsdienstes in Ämtern der Landesbesoldungsordnung A erhalten eine Stellenzulage. [2]Die Stellenzulage erhalten unter den gleichen Voraussetzungen auch Anwärterinnen und Anwärter (§ 74 Absatz 1).

(2) Durch die Stellenzulage werden die Besonderheiten des jeweiligen Dienstes, insbesondere der mit dem Posten- und Streifendienst sowie dem Nachtdienst verbundene Aufwand sowie der Aufwand für Verzehr mit abgegolten.

(3) Die Stellenzulage wird nicht neben einer Stellenzulage nach § 56 Nummer 1 gewährt.

§ 50 Zulage für Beamtinnen und Beamte der Feuerwehr. (1) [1]Beamtinnen und Beamte in Ämtern der Landesbesoldungsordnung A im Einsatzdienst der Feuerwehr sowie Beamtinnen und Beamte, die entsprechend verwendet werden, erhalten eine Stellenzulage. [2]Die Stellenzulage erhalten unter den gleichen Voraussetzungen auch Anwärterinnen und Anwärter (§ 74 Absatz 1).

(2) Durch die Stellenzulage werden die Besonderheiten des Einsatzdienstes der Feuerwehr, insbesondere der mit dem Nachtdienst verbundene Aufwand sowie der Aufwand für Verzehr mit abgegolten.

§ 51 Zulage für Beamtinnen und Beamte bei Justizvollzugseinrichtungen, Psychiatrischen Krankenanstalten, in abgeschlossenen Vorführbereichen der Gerichte sowie in Abschiebungshafteinrichtungen.

(1) [1]Beamtinnen und Beamte in Ämtern der Landesbesoldungsordnung A bei Justizvollzugseinrichtungen, in geschlossenen Abteilungen oder Stationen bei Psychiatrischen Krankenanstalten, die ausschließlich dem Vollzug von Maßregeln der Sicherung und Besserung dienen, in abgeschlossenen Vorführbereichen der Gerichte sowie in Abschiebungshafteinrichtungen erhalten eine Stellenzulage. [2]Die Stellenzulage erhalten unter den gleichen Voraussetzungen auch Anwärterinnen und Anwärter (§ 74 Absatz 1).

(2) Für Beamtinnen und Beamte in Abschiebungshafteinrichtungen wird die Stellenzulage nicht neben einer Stellenzulage nach § 49 gewährt.

§ 52 Zulage für Beamtinnen und Beamte im Außendienst der Steuerverwaltung. (1) [1]Die folgenden Beamtinnen und Beamten in der Steuerverwaltung erhalten bis Besoldungsgruppe A 13 für die Zeit ihrer überwiegenden Verwendung im Außendienst der Steuerprüfung eine Stellenzulage

a) der Laufbahngruppe 1 mit dem zweiten Einstiegsamt,

b) der Laufbahngruppe 2 mit dem ersten Einstiegsamt.

[2]Satz 1 gilt auch für die Prüfungsbeamtinnen und Prüfungsbeamte der Finanzgerichte, die überwiegend im Außendienst tätig sind.

(2) Die Stellenzulage wird nicht neben einer Stellenzulage nach § 49 gewährt.

§ 53 Zulage für Beamtinnen und Beamte als fliegendes Personal.

(1) Beamtinnen und Beamte in Ämtern der Landesbesoldungsordnung A erhalten

1. als Luftfahrzeugführerin oder als Luftfahrzeugführer mit der Erlaubnis zum Führen von Luftfahrzeugen oder
2. als sonstige ständige Luftfahrzeugbesatzungsangehörige

eine Stellenzulage, wenn sie entsprechend verwendet werden.

(2) [1] Die zuletzt gewährte Stellenzulage wird nach Beendigung der Verwendung für fünf Jahre weitergewährt, wenn die Beamtin oder der Beamte

1. mindestens fünf Jahre in einer Tätigkeit nach Absatz 1 verwendet worden ist oder
2. bei der Verwendung nach Absatz 1 einen Dienstunfall im Flugdienst oder eine durch die Besonderheiten dieser Verwendung bedingte gesundheitliche Schädigung erlitten hat, welche die weitere Verwendung nach Absatz 1 ausschließen.

[2] Danach verringert sich die Stellenzulage auf 50 Prozent.

(3) [1] Wer einen Anspruch auf eine Stellenzulage nach Absatz 2 hat und in eine weitere Verwendung überwechselt, mit der ein Anspruch auf eine geringere Stellenzulage nach Absatz 1 verbunden ist, erhält zusätzlich zu der geringeren Stellenzulage den Unterschiedsbetrag zu der Stellenzulage nach Absatz 2. [2] Nach Beendigung der weiteren Verwendung wird die Stellenzulage nach Absatz 2 Satz 1 nur weiter gewährt, soweit sie noch nicht vor der weiteren Verwendung bezogen und auch nicht während der weiteren Verwendung durch den Unterschiedsbetrag zwischen der geringeren Stellenzulage und der Stellenzulage nach Absatz 2 abgegolten worden ist. [3] Der Berechnung der Stellenzulage nach Absatz 2 Satz 2 wird die höhere Stellenzulage zugrunde gelegt.

(4) [1] Die Stellenzulage wird neben einer Stellenzulage nach § 56 Nummer 1 nur gewährt, soweit sie diese übersteigt. [2] Abweichend von Satz 1 wird die Stellenzulage nach Absatz 1 neben einer Stellenzulage nach § 56 Nummer 1 gewährt, soweit sie deren Hälfte übersteigt.

§ 54 Zulage für die Verwendung bei obersten Behörden des Bundes oder eines anderen Landes. [1] Beamtinnen, Beamte, Richterinnen und Richter erhalten während ihrer Verwendung bei

1. obersten Behörden oder Gerichtshöfen des Bundes oder
2. obersten Behörden eines anderen Landes, das bei der Verwendung bei diesen Behörden eine Stellenzulage gewährt,

die Stellenzulage in der nach dem Besoldungsrecht des Bundes oder dieses Landes bestimmten Höhe, wenn der Dienstherr, für den die Beamtin, der Beamte, die Richterin oder der Richter tätig ist, diese in vollem Umfang erstattet. [2] Die Stellenzulage wird neben Stellenzulagen nach den §§ 49, 50, 53 und 56 Nummer 1 nur gewährt, soweit sie diese übersteigt. [3] § 57 findet bei Beendigung der Verwendung keine Anwendung.

§ 55[1)] Stellenzulagen für Lehrkräfte. (1) Eine Stellenzulage erhalten

1. Lehrerinnen und Lehrer in der Laufbahngruppe 2 mit dem ersten Einstiegsamt einschließlich Sonderpädagoginnen und Sonderpädagogen mit der Befähigung zu einem schulform- oder schulstufenbezogenem Lehramt, die neben der Unterrichtstätigkeit im Schuldienst Aufgaben als Fachleiterin oder Fachleiter an Zentren für schulpraktische Lehrerausbildung wahrnehmen. Studienrätinnen und Studienräte sowie Oberstudienrätinnen und Oberstudienräte erhalten bei entsprechender Verwendung ebenfalls diese Stellenzulage unter der weiteren Voraussetzung, dass sie als Fachleiterinnen und Fachleiter allgemein auf Stellen der Besoldungsgruppe A 15 geführt werden. Beträgt die Inanspruchnahme als Fachleiterin oder Fachleiter mehr als ein Viertel der regelmäßigen Arbeitszeit, wird die Zulage in voller Höhe gewährt, ansonsten in Höhe von zwei Dritteln. Die Inanspruchnahme bemisst sich nach der Pflichtstundenermäßigung. Die Gewährung der Stellenzulage wird nicht dadurch ausgeschlossen, dass der Einsatz als Fachleiterin oder Fachleiter aus zwingenden organisatorischen Gründen eine Unterrichtstätigkeit im Schuldienst nicht oder nur in geringem Umfang zulässt.
2. Lehrerinnen und Lehrer in der Laufbahngruppe 2 mit dem ersten Einstiegsamt einschließlich Sonderpädagoginnen und Sonderpädagogen mit der Befähigung zu einem schulform- oder schulstufenbezogenem Lehramt, die Aufgaben als Fachleiterin oder Fachleiter in der Lehrerfortbildung auf Bezirksebene wahrnehmen. Studienrätinnen und Studienräte sowie Oberstudienrätinnen und Oberstudienräte erhalten bei entsprechender Verwendung ebenfalls diese Stellenzulage.
3. Studienrätinnen, Studienräte, Oberstudienrätinnen und Oberstudienräte mit zusätzlicher Prüfung für ein sonderpädagogisches Lehramt.
4. Lehrerinnen und Lehrer während der Dauer der Abordnung zu Kommunalen Integrationszentren
   a) als Fachkraft
   b) als Leiterin oder Leiter.

(2) [1]Die Landesregierung wird ermächtigt, durch Rechtsverordnung die Gewährung von Stellenzulagen zu regeln für

1. Beamtinnen und Beamte des Verwaltungs- und Vollzugsdienstes sowie für Richterinnen und Richter, Staatsanwältinnen und Staatsanwälte, die in ihrem Hauptamt mindestens zur Hälfte in der dienstlichen Aus- oder Fortbildung als Lehrkräfte tätig sind,
2. Lehrkräfte, deren Tätigkeit sich aus den ihrer Ausbildung entsprechenden Aufgaben durch eine der folgenden ständigen Funktionen heraushebt:
   a) ausschließlicher Unterricht an Förderschulen sowie Schulen für Kranke, soweit es sich um Lehrkräfte der Besoldungsgruppe A 12 oder niedriger handelt,
   b) Leitung eines Schülerheimes,
   c) fachliche Koordinierung bei Schul- oder Modellversuchen oder neuen Schulformen,
   d) Unterricht im Strafvollzugsdienst,

[1)] § 55 Abs. 2 Satz 1 Nr. 2 Buchst. a geänd., Satz 4 angef. mWv 22.9.2021 durch G v. 14.9.2021 (GV. NRW. S. 1075).

e) Verwendung als Fachberaterin oder Fachberater für Hör- und Sprachgeschädigte bei Gesundheitsämtern,

f) Verwendung an staatlichen Berufsförderungswerken.

[2] Eine Stellenzulage darf nur vorgesehen werden, soweit die Wahrnehmung dieser Funktion nicht durch die Einstufung berücksichtigt ist. [3] Mit der Stellenzulage nach Nummer 1 sind die mit der Tätigkeit verbundenen Erschwernisse und der Aufwand abgegolten. [4] Die Stellenzulagen nach Nummer 2 Buchstabe a und d können für ruhegehaltfähig erklärt werden.

§ 56[1] Weitere Stellenzulagen. Eine Stellenzulage erhalten außerdem:

(Fortsetzung nächstes Blatt)

[1] § 56 Nr. 2 geänd., Nr. 3 aufgeh. mWv 1.7.2018 durch G v. 21.7.2018 (GV. NRW. S. 400); Nr. 2 geänd., Nr. 3 angef. mWv 1.1.2019 durch G v. 12.7.2019 (GV. NRW. S. 378).

Unterabschnitt 4. Vergütungen

§ 66 Mehrarbeitsvergütung. (1) [1]Die Landesregierung wird ermächtigt, durch Rechtsverordnung die Gewährung einer Mehrarbeitsvergütung (§ 61 des Landesbeamtengesetzes[1)]) für Beamtinnen und Beamte zu regeln, soweit die Mehrarbeit nicht durch Dienstbefreiung ausgeglichen wird. [2]Die Vergütung darf nur in Bereichen vorgesehen werden, in denen nach Art der Dienstverrichtung eine Mehrarbeit messbar ist. [3]Die Höhe der Vergütung ist nach dem Umfang der tatsächlich geleisteten Mehrarbeit festzusetzen und unter Zusammenfassung von Besoldungsgruppen zu staffeln.

(2) Teilzeitbeschäftigte Beamtinnen und Beamte erhalten eine Mehrarbeitsvergütung in Höhe der anteiligen Besoldung, soweit die individuelle Arbeitszeit und die geleistete Mehrarbeit die regelmäßige Arbeitszeit der vollbeschäftigten Beamtinnen und Beamten nicht überschreiten.

(3) [1]Besoldung im Sinne des Absatzes 2 ist das Grundgehalt, der Familienzuschlag und die in festen Monatsbeträgen gezahlten Zulagen. [2]Bezüge, die nicht der anteiligen Kürzung nach § 8 Absatz 1 unterliegen, bleiben unberücksichtigt.

(4) Die Landesregierung wird ermächtigt, durch Rechtsverordnung die Gewährung einer Ausgleichszahlung in Höhe der zum Zeitpunkt des Ausgleichsanspruchs geltenden Sätze der Mehrarbeitsvergütung für Beamtinnen und Beamte zu regeln, bei denen ein Arbeitszeitausgleich aus einer langfristigen ungleichmäßigen Verteilung der Arbeitszeit, während der eine von der für sie jeweils geltenden regelmäßigen Arbeitszeit abweichende Arbeitszeit festgelegt wurde, nicht oder nur teilweise möglich ist.

§ 67[2)] Sitzungsvergütung. [1]Das für Kommunales zuständige Ministerium wird ermächtigt, durch Rechtsverordnung im Einvernehmen mit dem für Finanzen zuständigen Ministerium die Gewährung einer Vergütung für Beamtinnen und Beamte der Landesbesoldungsordnung A bei den Gemeinden mit weniger als 40.000 Einwohnern zu regeln, wenn diese als Protokollführerinnen oder Protokollführer regelmäßig an Sitzungen kommunaler Vertretungskörperschaften oder ihrer Ausschüsse außerhalb der regelmäßigen Arbeitszeit teilnehmen. [2]Die Sitzungsvergütung darf den Betrag nach Anlage 15 nicht übersteigen. [3]Sie darf nicht neben einer Aufwandsentschädigung gewährt werden; ein allgemein mit der Sitzungstätigkeit verbundener Aufwand wird mit abgegolten. [4]Die Vergütung entfällt, wenn die Arbeitsleistung durch Dienstbefreiung ausgeglichen werden kann.

§ 68[3)] Vergütung im Vollstreckungsdienst. (1) [1]Die Landesregierung wird ermächtigt, durch Rechtsverordnung die Gewährung einer Vergütung für Gerichtsvollzieherinnen und Gerichtsvollzieher sowie andere im Vollstreckungsdienst tätige Beamtinnen und Beamte zu regeln. [2]Maßstab für die Festsetzung der Vergütung sind die vereinnahmten Gebühren oder Beträge.

(2) [1]Für die Vergütung können Höchstsätze für die einzelnen Vollstreckungsaufträge sowie für das Kalenderjahr festgesetzt werden. [2]Ein Teil der Vergütung kann für ruhegehaltfähig erklärt werden. [3]Es kann bestimmt wer-

---

1) Nr. **24.11**.
2) § 67 Satz 1 geänd. mWv 22.9.2021 durch G v. 14.9.2021 (GV. NRW. S. 1075).
3) § 68 Abs. 2 Satz 4 angef. mWv 1.1.2017 durch G v. 7.4.2017 (GV. NRW. S. 414).

den, inwieweit mit der Vergütung ein besonderer Aufwand der Beamtin oder des Beamten mit abgegolten ist. [4]Ist ein Teil der Vergütung für ruhegehaltfähig erklärt worden, so erhöht sich die Vergütung ab dem 1. Januar 2017 monatlich in den Besoldungsgruppen A 5 und A 6 um einen Betrag von 4,76 Prozent, in den Besoldungsgruppen A 7 und A 8 um einen Betrag von 3,61 Prozent sowie in den übrigen Besoldungsgruppen um einen Betrag von 2,44 Prozent des für ruhegehaltfähig erklärten Teils der Vergütung.

Unterabschnitt 5. Zuschläge

§ 69[1)] Sonderzuschläge zur Sicherung der Funktions- und Wettbewerbsfähigkeit. (1) Zur Sicherung der Funktions- und Wettbewerbsfähigkeit des öffentlichen Dienstes können Beamtinnen und Beamten der Landesbesoldungsordnung A und der Besoldungsgruppe W 1 nicht ruhegehaltfähige Sonderzuschläge gewährt werden, wenn ein bestimmter Dienstposten andernfalls insbesondere im Hinblick auf die fachliche Qualifikation sowie die Bedarfs- und Bewerberlage nicht anforderungsgerecht besetzt werden kann und die Deckung des Personalbedarfs dies im konkreten Fall erfordert.

(2) [1]In der Landesbesoldungsordnung A darf der Sonderzuschlag monatlich 10 Prozent des Anfangsgrundgehalts der entsprechenden Besoldungsgruppe nicht übersteigen; Grundgehalt und Sonderzuschlag dürfen zusammen nicht höher als das Endgrundgehalt sein. [2]Bei Beamtinnen und Beamten der Besoldungsgruppe W 1 darf der Sonderzuschlag monatlich 10 Prozent des Grundgehalts der Besoldungsgruppe nicht übersteigen. [3]Der Sonderzuschlag wird in fünf Schritten um jeweils 20 Prozent seines Ausgangsbetrages jährlich verringert, erstmals ein Jahr nach dem Entstehen des Anspruchs. [4]Abweichend von Satz 3 kann der Sonderzuschlag auch befristet bis zu drei Jahren gewährt werden; ergänzend kann dann festgelegt werden, dass er auf Grund einer Beförderung auch vor Ablauf der Befristung wegfällt. [5]Der Sonderzuschlag kann rückwirkend höchstens für drei Monate gewährt werden. [6]Er kann nach vollständigem Wegfall erneut gewährt werden, wenn die Voraussetzungen des Absatzes 1 wieder oder noch vorliegen. [7]§ 8 Absatz 1 gilt entsprechend.

(3) Die Ausgaben für die Sonderzuschläge eines Dienstherrn dürfen 0,1 Prozent der im jeweiligen Haushaltsplan des Dienstherrn veranschlagten jährlichen Besoldungsausgaben, zuzüglich der im Rahmen einer flexibilisierten Haushaltsführung für diesen Zweck erwirtschafteten Mittel, nicht überschreiten.

(4) Die Entscheidung über die Gewährung von Sonderzuschlägen trifft die oberste Dienstbehörde, im Landesbereich im Einvernehmen mit dem für Finanzen zuständigen Ministerium oder der von ihm bestimmten Stelle.

§ 70[2)] Zuschlag bei Altersteilzeit. (1) Beamtinnen und Beamte in Altersteilzeit nach § 66 des Landesbeamtengesetzes[3)] erhalten zusätzlich zu der Besoldung nach § 8 Absatz 1 einen nicht ruhegehaltfähigen Altersteilzeitzuschlag.

(2) [1]Der Zuschlag wird in Höhe des Unterschiedsbetrags zwischen der Nettobesoldung, die sich aus dem Umfang der Teilzeitbeschäftigung ergibt, und 80 Prozent der Nettobesoldung, die nach der bisherigen Arbeitszeit, die für die Bemessung der ermäßigten Arbeitszeit während der Altersteilzeit zu-

---

[1)] § 69 Abs. 2 Satz 4, Abs. 4 geänd. mWv 22.9.2021 durch G v. 14.9.2021 (GV. NRW. S. 1075).
[2)] § 70 Abs. 1 geänd. mWv 22.4.2017 durch G v. 7.4.2017 (GV. NRW. S. 414).
[3)] Nr. **24.11**.

grunde gelegt worden ist, bei Beamtinnen und Beamten mit begrenzter Dienstfähigkeit (§ 27 des Beamtenstatusgesetzes[1)]) unter Berücksichtigung des § 9 zustehen würde, gewährt. [2] Zur Ermittlung der letztgenannten Nettobesoldung ist die Bruttobesoldung um die Lohnsteuer entsprechend der individuellen Steuerklasse, den Solidaritätszuschlag und um einen Abzug in Höhe von 8 Prozent der Lohnsteuer zu vermindern; Freibeträge oder sonstige individuelle Merkmale bleiben unberücksichtigt.

(3) Brutto- und Nettobesoldung im Sinne des Absatzes 2 sind das Grundgehalt, der Familienzuschlag, die Strukturzulage, Amtszulagen, Stellenzulagen, Zuschüsse zum Grundgehalt für Professorinnen und Professoren der auslaufenden Landesbesoldungsordnung C, Überleitungszulagen und Ausgleichszulagen, die wegen des Wegfalls oder der Verminderung solcher Bezüge zustehen.

(4) Steuerfreie Bezüge, Erschwerniszulagen und Vergütungen werden entsprechend dem Umfang der tatsächlich geleisteten Tätigkeit gewährt.

(5) Wenn eine Altersteilzeit mit ungleichmäßiger Verteilung der Arbeitszeit (Blockmodell) vorzeitig endet und die insgesamt gezahlten Altersteilzeitbezüge geringer sind als die Besoldung, die nach der tatsächlichen Beschäftigung ohne Altersteilzeit zugestanden hätte, ist ein Ausgleich in Höhe des Unterschiedsbetrags zu gewähren.

§ 71[2)] Zuschlag bei begrenzter Dienstfähigkeit. (1) [1] Begrenzt Dienstfähige erhalten zusätzlich zu der Besoldung nach § 9 Absatz 1 einen nicht ruhegehaltfähigen Zuschlag. [2] Der Zuschlag beträgt 50 Prozent des Unterschiedsbetrags zwischen den aufgrund der begrenzten Dienstfähigkeit gekürzten Dienstbezügen und den Dienstbezügen, die sie bei Vollzeitbeschäftigung erhalten würden. [3] Ist oder wird die Arbeitszeit über die begrenzte Dienstfähigkeit hinaus aufgrund einer Teilzeitbeschäftigung ermäßigt, wird der nach Satz 2 errechnete Zuschlag anteilig in Höhe des Quotienten aus der insgesamt ermäßigten Arbeitszeit und der aufgrund der begrenzten Dienstfähigkeit ermäßigten Arbeitszeit gewährt. [4] § 8 Absatz 1 und § 9 Absatz 1 finden auf den Zuschlag keine Anwendung.

(2) Dienstbezüge im Sinne des Absatzes 1 sind:
1. das Grundgehalt,
2. monatlich gewährte Zuschüsse zum Grundgehalt sowie Leistungsbezüge bei Professorinnen und Professoren und bei hauptamtlichen Mitgliedern von Leitungsgremien an Hochschulen,
3. der Familienzuschlag,
4. die Strukturzulage,
5. Amts- und Stellenzulagen und
6. Ausgleichs- und Überleitungszulagen.

§ 71a[3)] Zuschlag bei Hinausschieben des Eintritts in den Ruhestand. (1) [1] Bei einem Hinausschieben des Eintritts in den Ruhestand nach § 32 des Landesbeamtengesetzes[4)] wird ein Zuschlag gewährt. [2] Der Zuschlag wird nicht

[1)] Nr. **24.1**.
[2)] § 71 neu gef. mWv 1.1.2021 durch G v. 14.9.2021 (GV. NRW. S. 1075).
[3)] § 71a Überschrift geänd., Abs. 1 Satz 1 und Abs. 2 Satz 2 neu gef., Abs. 3 aufgeh. mWv 1.1.2017, Abs. 1 Satz 2 geänd. mWv 22.4.2017 durch G v. 7.4.2017 (GV. NRW. S. 414).
[4)] Nr. **24.11**.

neben einem Zuschlag nach § 8 Absatz 2 in Verbindung mit § 70 oder § 91 Absatz 4 gewährt. [3]Der Zuschlag beträgt 10 Prozent des Grundgehalts und ist nicht ruhegehaltfähig. [4]Er wird erst gewährt ab Beginn des Kalendermonats, der auf den Zeitpunkt des Erreichens der gesetzlichen Altersgrenze folgt und wenn der Höchstsatz des Ruhegehalts nach § 16 Absatz 1 des Landesbeamtenversorgungsgesetzes[1)] erreicht ist. [5]Wird der Höchstruhegehaltsatz im Zeitraum des Hinausschiebens erreicht, wird der Zuschlag ab dem Beginn des folgenden Kalendermonats gewährt.

(2) [1]Bei einer Teilzeitbeschäftigung im Zeitraum des Hinausschiebens des Eintritts in den Ruhestand nach § 32 des Landesbeamtengesetzes wird ein nicht ruhegehaltfähiger Zuschlag gewährt, dessen Bemessungsgrundlage das Ruhegehalt ist, das bei Eintritt in den Ruhestand wegen Erreichens der gesetzlichen Altersgrenze zugestanden hätte. [2]Absatz 1 Satz 2 gilt entsprechend. [3]Die Höhe des Zuschlags entspricht dem Teil des erdienten Ruhegehalts, der sich aus dem Verhältnis der Freistellung zur regelmäßigen Arbeitszeit ergibt. [4]Der Zuschlag nach Absatz 1 bleibt hiervon unberührt. [5]Die Sätze 1 bis 4 gelten nicht bei einer Teilzeitbeschäftigung mit ungleichmäßig verteilter Arbeitszeit in einer Freistellungsphase.

Unterabschnitt 6. Sonstiges

§ 72 Andere Zulagen, Vergütungen und Zuschläge. [1]Andere als die in diesem Abschnitt geregelte Zulagen, Vergütungen und Zuschläge dürfen nur gewährt werden, soweit dies in diesem Gesetz bestimmt ist. [2]Vergütungen für Nebentätigkeiten im öffentlichen Dienst bleiben unberührt.

Abschnitt 5. Auslandsbesoldung

§ 73 Auslandsbesoldung. [1]Beamtinnen, Beamte, Richterinnen und Richter, die im Ausland verwendet werden, erhalten neben den Dienstbezügen, die ihnen bei einer Verwendung im Inland zustehen, Auslandsbesoldung in entsprechender Anwendung der für Bundesbesoldungsempfängerinnen und -empfänger jeweils geltenden Vorschriften des Abschnitts 5 des Bundesbesoldungsgesetzes[2)] in der Fassung der Bekanntmachung vom 19. Juni 2009 (BGBl. I S. 1434) in der jeweils geltenden Fassung und der aufgrund dieser erlassenen Rechtsverordnungen. [2]Bei Anwendung des § 54 Absatz 4 Satz 4 Halbsatz 2 des Bundesbesoldungsgesetzes tritt § 8 an die Stelle des § 6 des Bundesbesoldungsgesetzes. [3]Bei Anwendung der Anlage VI zum Bundesbesoldungsgesetz treten an die Stelle der dort dargestellten Beträge zur Grundgehaltsspanne die in Anlage 16 zu diesem Gesetz ausgewiesenen Beträge. [4]Bei Lebenspartnerschaften nach dem Lebenspartnerschaftsgesetz[3)] sind die für Ehegatten geltenden Bestimmungen entsprechend anzuwenden.

Abschnitt 6. Anwärterbezüge

§ 74 Anwärterbezüge. (1) Beamtinnen und Beamte auf Widerruf im Vorbereitungsdienst (Anwärterinnen und Anwärter) erhalten Anwärterbezüge.

[1)] Nr. 24.51.
[2)] **Sartorius Nr. 230.**
[3)] **Habersack (vormals Schönfelder) ErgBd. Nr. 43.**

(2) [1] Zu den Anwärterbezügen gehören der Anwärtergrundbetrag nach Anlage 12 zu diesem Gesetz und die Anwärtersonderzuschläge. [2] Daneben werden der Familienzuschlag sowie die vermögenswirksamen Leistungen gewährt. [3] Zulagen und Vergütungen werden nur gewährt, wenn dies in diesem Gesetz besonders bestimmt ist.

(3) [1] Anwärterinnen und Anwärter, die bei einer von ihnen selbst gewählten Stelle im Ausland ausgebildet werden, erhalten keine Auslandsbesoldung. [2] Die für Bundesbeamtinnen und Bundesbeamte geltenden Bestimmungen über den Kaufkraftausgleich gelten mit der Maßgabe, dass mindestens Bezüge nach Absatz 2 verbleiben.

(4) Für Anwärterinnen und Anwärter, die im Rahmen ihres Vorbereitungsdienstes ein Studium ableisten, kann die Gewährung der Anwärterbezüge von der Erfüllung von Auflagen abhängig gemacht werden.

§ 75 Anwärterbezüge nach Ablegung der Laufbahnprüfung. [1] Endet das Beamtenverhältnis einer Anwärterin oder eines Anwärters mit Ablauf des Tages der erfolgreichen Ablegung oder dem endgültigen Nichtbestehen der Laufbahnprüfung, werden die Anwärterbezüge und der Familienzuschlag für die Zeit nach Ablegung der Prüfung bis zum Ende des laufenden Monats weitergewährt. [2] Wird bereits vor diesem Zeitpunkt ein Anspruch auf Bezüge aus einer hauptberuflichen Tätigkeit bei einem öffentlich-rechtlichen Dienstherrn (§ 31) oder bei einer Ersatzschule erworben, so werden die Anwärterbezüge und der Familienzuschlag nur bis zum Tag vor Beginn dieses Anspruchs belassen.

§ 76[1)] Anwärtersonderzuschläge. (1) [1] Besteht ein erheblicher Mangel an qualifizierten Bewerberinnen und Bewerbern, kann das für Finanzen zuständige Ministerium oder die von ihm bestimmte Stelle Anwärtersonderzuschläge gewähren. [2] Sie dürfen 90 Prozent des Anwärtergrundbetrages nicht übersteigen.

(2) Anspruch auf Anwärtersonderzuschläge besteht nur, wenn die Anwärterin oder der Anwärter

1. nicht vor dem Abschluss des Vorbereitungsdienstes oder wegen schuldhaften Nichtbestehens der Laufbahnprüfung ausscheidet und
2. nach Bestehen der Laufbahnprüfung mindestens fünf Jahre als Beamtin oder Beamter im öffentlichen Dienst (§ 31) in der Laufbahn verbleibt, für welche die Befähigung erworben wurde, oder, wenn das Beamtenverhältnis nach Bestehen der Laufbahnprüfung endet, in derselben Laufbahn in ein neues Beamtenverhältnis im öffentlichen Dienst (§ 31) für mindestens die gleiche Zeit eintritt.

(3) [1] Werden die in Absatz 2 genannten Voraussetzungen aus Gründen, die die Beamtin, der Beamte, die frühere Beamtin oder der frühere Beamte zu vertreten hat, nicht erfüllt, ist der Anwärtersonderzuschlag in voller Höhe zurückzuzahlen. [2] Der Rückzahlungsbetrag vermindert sich für jedes nach Bestehen der Laufbahnprüfung abgeleistete Dienstjahr um jeweils ein Fünftel. [3] § 15 bleibt unberührt.

---

1) § 76 Abs. 1 Satz 2 geänd. mWv 1.4.2017 durch G v. 7.4.2017 (GV. NRW. S. 414); Abs. 1 Satz 1 geänd. mWv 22.9.2021 durch G v. 14.9.2021 (GV. NRW. S. 1075).

§ 77[1)] Unterrichtsvergütung für Lehramtsanwärterinnen und Lehramtsanwärter. [1] Das für Schule zuständige Ministerium wird ermächtigt, im Einvernehmen mit dem für Finanzen zuständigen Ministerium durch Rechtsverordnung die Gewährung einer Unterrichtsvergütung für Lehramtsanwärterinnen und Lehramtsanwärter zu regeln. [2] Die Unterrichtsvergütung darf nur vorgesehen werden, soweit die Anwärterin oder der Anwärter über zehn Wochenstunden Ausbildungsunterricht oder selbständigen Unterricht hinaus selbständig Unterricht erteilt. [3] Die Unterrichtsvergütung darf zusammen mit dem Anwärtergrundbetrag das Grundgehalt der ersten Stufe mit Familienzuschlag des Amtes nicht übersteigen, das nach erfolgreichem Abschluss des Vorbereitungsdienstes und bestandener Prüfung auf Probe übertragen werden soll.

§ 78 Anrechnung anderer Einkünfte. (1) [1] Erhält eine Anwärterin oder ein Anwärter ein Entgelt oder eine Vergütung für eine Nebentätigkeit innerhalb oder für eine genehmigungspflichtige Nebentätigkeit außerhalb des öffentlichen Dienstes, so werden das Entgelt und die Vergütung auf die Anwärterbezüge angerechnet, soweit sie diese übersteigen. [2] Als Anwärtergrundbetrag werden jedoch mindestens 30 Prozent des Anfangsgrundgehaltes der Eingangsbesoldungsgruppe der Laufbahn gewährt.

(2) Hat die Anwärterin oder der Anwärter einen arbeitsrechtlichen Anspruch auf ein Entgelt für eine in den Ausbildungsrichtlinien vorgeschriebene Tätigkeit außerhalb des öffentlichen Dienstes, so wird das Entgelt auf die Anwärterbezüge angerechnet, soweit die Summe von Entgelt, Anwärterbezügen und Familienzuschlag die Summe von Grundgehalt und Familienzuschlag übersteigt, die einer Beamtin oder einem Beamten mit gleichem Familienstand im Einstiegsamt der entsprechenden Laufbahn in der ersten Stufe zusteht.

(3) Übt eine Anwärterin oder ein Anwärter gleichzeitig eine Tätigkeit im öffentlichen Dienst mit mindestens der Hälfte der dafür geltenden regelmäßigen Arbeitszeit aus, gilt § 5 entsprechend.

§ 79 Kürzung der Anwärterbezüge. (1) Die oberste Dienstbehörde oder die von ihr bestimmte Stelle kann den Anwärtergrundbetrag bis auf 30 Prozent des Grundgehalts herabsetzen, das einer Beamtin oder einem Beamten der entsprechenden Laufbahn in der ersten Erfahrungsstufe des Einstiegsamts zusteht, wenn die Anwärterin oder der Anwärter die vorgeschriebene Laufbahnprüfung nicht bestanden hat oder sich die Ausbildung aus einem von ihr oder ihm zu vertretenden Grund verzögert.

(2) Von der Kürzung ist abzusehen

1. bei Verlängerung des Vorbereitungsdienstes infolge genehmigten Fernbleibens oder Rücktritts von der Prüfung oder
2. in besonderen Härtefällen.

(3) Wird eine Zwischenprüfung nicht bestanden oder ein sonstiger Leistungsnachweis nicht erbracht, so ist die Kürzung auf den sich daraus ergebenden Zeitraum der Verlängerung des Vorbereitungsdienstes zu beschränken.

[1)] § 77 Satz 1 geänd. mWv 22.9.2021 durch G v. 14.9.2021 (GV. NRW. S. 1075).

Abschnitt 7. Vermögenswirksame Leistungen

§ 80 Vermögenswirksame Leistungen. (1) [1]Beamtinnen, Beamte, Richterinnen und Richter erhalten vermögenswirksame Leistungen nach dem Fünften Vermögensbildungsgesetz in der Fassung der Bekanntmachung vom 4. März 1994 (BGBl. I S. 406) in der jeweils geltenden Fassung. [2]Dies gilt nicht für Beamtinnen und Beamte der fortgeltenden Landesbesoldungsordnung H.

(2) Vermögenswirksame Leistungen werden für die Kalendermonate gewährt, in denen den Berechtigten Dienstbezüge oder Anwärterbezüge zustehen und sie diese auch erhalten.

(3) [1]Der Anspruch auf die vermögenswirksamen Leistungen entsteht frühestens für den Kalendermonat, in dem die oder der Berechtigte die nach § 81 Absatz 1 erforderlichen Angaben mitteilt, und für die beiden vorangegangenen Monate desselben Kalenderjahres. [2]Die vermögenswirksame Leistung wird im Kalendermonat nur einmal gewährt.

(4) [1]Die vermögenswirksame Leistung beträgt 6,65 Euro monatlich. [2]Anwärterinnen und Anwärter (§ 74 Absatz 1), deren Anwärterbezüge nebst Familienzuschlag der Stufe 1 971,45 Euro monatlich nicht erreichen, erhalten 13,29 Euro monatlich. [3]§ 8 Absatz 1 und § 9 Absatz 1 gelten entsprechend.

(5) [1]Für die Höhe der vermögenswirksamen Leistungen sind die Verhältnisse am Ersten des Kalendermonats maßgebend. [2]Wird das Dienstverhältnis nach dem Ersten des Kalendermonats begründet, ist für diesen Monat der Tag des Beginns des Dienstverhältnisses maßgebend.

(6) Die vermögenswirksame Leistung ist bis zum Ablauf der auf den Monat der Mitteilung nach § 81 Absatz 1 folgenden drei Kalendermonate, danach monatlich im Voraus zu zahlen.

§ 81 Anlage der vermögenswirksamen Leistungen. (1) Die oder der Berechtigte teilt der Dienststelle oder der nach Landesrecht bestimmten Stelle schriftlich die Art der gewählten Anlage mit und gibt hierbei, soweit dies nach der Art der Anlage erforderlich ist, das Unternehmen oder Institut mit der Nummer des Kontos an, auf das die Leistung eingezahlt werden soll.

(2) Der Wechsel der Anlage bedarf im Fall des § 11 Absatz 3 Satz 2 des Fünften Vermögensbildungsgesetzes nicht der Zustimmung der zuständigen Stelle, wenn die berechtigte Person diesen Wechsel aus Anlass der erstmaligen Gewährung der vermögenswirksamen Leistungen verlangt.

Abschnitt 8. Sonstige Leistungen und sonstige Vorschriften

§ 82[1)] Aufwandsentschädigungen. (1) [1]Aufwandsentschädigungen dürfen nur gewährt werden, wenn aus dienstlicher Veranlassung Aufwendungen entstehen, deren Übernahme der Beamtin, dem Beamten, der Richterin oder dem Richter nicht zugemutet werden kann, und der Haushaltsplan Mittel dafür zur Verfügung stellt. [2]Aufwandsentschädigungen in festen Beträgen sind nur zulässig, wenn aufgrund tatsächlicher Anhaltspunkte oder tatsächlicher Erhebungen nachvollziehbar ist, dass und in welcher Höhe dienstbezogene finanzielle Aufwendungen typischerweise entstehen.

[1)] § 82 Abs. 2 Satz 1 geänd. mWv 22.9.2021 durch G v. 14.9.2021 (GV. NRW. S. 1075).

(2) [1]Das zuständige Fachministerium wird ermächtigt, im Einvernehmen mit dem für Finanzen zuständigen Ministerium durch Rechtsverordnung Richtlinien für die Gewährung von Dienstaufwandsentschädigungen an die Beamtinnen und Beamten der Gemeinden, der Gemeindeverbände und der sonstigen der Aufsicht des Landes unterstehenden Körperschaften, Anstalten und Stiftungen des öffentlichen Rechts zu erlassen und dabei Höchstgrenzen festzulegen. [2]Die Richtlinien dürfen von den für die Landesbeamtinnen und Landesbeamten geltenden Bestimmungen nur abweichen, wenn dies wegen der Verschiedenheit der Verhältnisse sachlich notwendig ist.

§ 83[1)] Dienstordnungsmäßige Arbeitnehmerinnen und Arbeitnehmer.

(1) Die unter der Aufsicht des Landes stehenden Körperschaften des öffentlichen Rechts im Bereich der Sozialversicherung haben bei der Aufstellung ihrer Dienstordnungen für Arbeitnehmerinnen und Arbeitnehmer nach den §§ 351 bis 357, § 413 Absatz 2, § 414b der Reichsversicherungsordnung in der im Bundesgesetzblatt Teil III, Gliederungsnummer 820-1, veröffentlichen bereinigten Fassung in der jeweils geltenden Fassung, §§ 144 bis 147 des Siebten Buches Sozialgesetzbuch – Gesetzliche Unfallversicherung – (Artikel 1 des Gesetzes vom 7. August 1996, BGBl. I S. 1254) in der jeweils geltenden Fassung, § 52 des Gesetzes über die Alterssicherung der Landwirte vom 29. Juli 1994 (BGBl. I S. 1890, 1891) in der jeweils geltenden Fassung und § 58 des Zweiten Gesetzes über die Krankenversicherung der Landwirte vom 20. Dezember 1988 (BGBl. I S. 2477, 2557) in der jeweils geltenden Fassung

1. den Rahmen dieses Gesetzes, insbesondere das für die Beamtinnen und Beamten des Landes geltende Besoldungs- und Stellengefüge, einzuhalten,
2. alle weiteren Geldleistungen und geldwerten Leistungen sowie die Versorgung im Rahmen und nach den Grundsätzen der für die Beamtinnen und Beamten des Landes geltenden Bestimmungen zu regeln.

(2) [1]Die besoldungsrechtliche Einstufung der Dienstposten der Geschäftsführerinnen und Geschäftsführer der Träger der Unfallversicherung darf die Besoldungsgruppe B 6 nicht überschreiten. [2]Die stellvertretende Geschäftsführerin oder der stellvertretende Geschäftsführer ist jeweils mindestens eine Besoldungsgruppe niedriger einzustufen.

(3) Das für Soziales zuständige Ministerium wird ermächtigt, durch Rechtsverordnung im Einvernehmen mit dem für Finanzen zuständigen Ministerium nach sachgerechter Bewertung Höchstgrenzen für die besoldungsrechtliche Einstufung der Dienstposten der in Absatz 2 genannten Geschäftsführerinnen und Geschäftsführer festzulegen.

(4) Die Landesregierung wird ermächtigt, Obergrenzen für Beförderungsämter der dienstordnungsmäßigen Arbeitnehmerinnen und Arbeitnehmer durch Rechtsverordnung entsprechend § 27 festzusetzen.

(5) Auf die am 1. Juli 1975 vorhandenen dienstordnungsmäßigen Arbeitnehmerinnen und Arbeitnehmer findet Artikel IX §§ 11 bis 13 des Zweiten Gesetzes zur Vereinheitlichung und Neuregelung des Besoldungsrechtes in Bund und Ländern vom 23. Mai 1975 (BGBl. I S. 1173) entsprechende Anwendung.

[1)] § 83 Abs. 2 Satz 1 ber. GV. NRW. S. 642; Abs. 3 geänd. mWv 22.9.2021 durch G v. 14.9.2021 (GV. NRW. S. 1075).

§ 84 Zuordnung zu Ämtern nach Einwohner- oder Schülerzahlen.

(1) Soweit sich die Einreihung der Ämter in die Besoldungsgruppen nach der Zahl der Einwohnerinnen und Einwohner eines Bezirks bestimmt, ist die zum 30. Juni vom Landesbetrieb Information und Technik ermittelte Wohnbevölkerung jeweils vom Beginn des folgenden Kalenderjahres an maßgebend.

(2) Soweit sich an Schulen die Einreihung der Funktionsämter in die Besoldungsgruppen nach der Schülerzahl bestimmt, sind für das jeweilige Schuljahr die Ergebnisse der amtlichen Schulstatistik maßgebend.

(3) § 20 Absatz 2 bleibt unberührt.

Abschnitt 9. Übergangs- und Schlussvorschriften

§ 85[1] Zuständigkeitsregelungen. (1) [1]Die Landesregierung bestimmt durch Rechtsverordnung die Behörden, welche bei den Beamtinnen und Beamten des Landes das Bestehen oder Nichtbestehen eines Anspruchs auf Besoldung feststellen und die Besoldung festsetzen. [2]Für die Beamtinnen und Beamten der Gemeinden, Gemeindeverbände und der sonstigen der Aufsicht des Landes unterstehenden Körperschaften, Anstalten und Stiftungen des öffentlichen Rechts mit Ausnahme der in Absatz 2 genannten Hochschulen setzt die oberste Dienstbehörde oder die von ihr bestimmte Stelle die Besoldung fest.

(2) [1]Die Besoldung der Beamtinnen und Beamten der Hochschulen im Sinne des § 1 Absatz 2 des Hochschulgesetzes[2] vom 16. September 2014 (GV. NRW. S. 547) in der jeweils geltenden Fassung werden dienstherrenübergreifend von der Stelle festgesetzt, die die Besoldung der Beamtinnen und Beamten des Landes festsetzt. [2]Sie nimmt für die Hochschulen auch die sonstigen Befugnisse auf dem Gebiet des Besoldungsrechts wahr, die ihr bis zum 1. Januar 2007 für die Besoldungsberechtigten durch die Besoldungszuständigkeitsverordnung NRW vom 27. November 1979 (GV. NRW. S. 990) in der jeweils geltenden Fassung übertragen worden sind. [3]Die Stelle nimmt hierbei die Funktion der dienstvorgesetzten Stelle wahr und ist Besoldungsfestsetzungsbehörde; sie erlässt auch den Widerspruchsbescheid. [4]Für die Amtshandlung nach Satz 1 gelten für die handelnde Stelle die §§ 83 bis 90 des Landesbeamtengesetzes[3], dabei ist es abweichend von § 87 Absatz 1 des Landesbeamtengesetzes ohne Einwilligung der Beamtin oder des Beamten zulässig, dass die Hochschule der handelnden Stelle zum Zwecke der Durchführung der Amtshandlung die Personalakte vorlegt. [5]Die Hochschule und die handelnde Stelle nach Satz 1 dürfen einander personenbezogene Daten der Besoldungsberechtigten nach Satz 1 übermitteln und derartige Daten verarbeiten, wenn dies zur rechtmäßigen Erfüllung der der übermittelnden Stelle oder dem Empfänger obliegenden Aufgaben erforderlich ist; § 89 Absatz 1 Satz 2 und 3 des Landesbeamtengesetzes gelten insofern nicht. [6]Das Nähere über Art, Umfang und Behandlung der zu übermittelnden und zu verarbeitenden personenbezogenen Daten regelt die Hochschule in einer Ordnung.

---

[1] § 85 Abs. 3 geänd. mWv 22.9.2021 durch G v. 14.9.2021 (GV. NRW. S. 1075).
[2] **Rehborn, Gesetze NRW (vormals v. Hippel/Rehborn) Nr. 240.**
[3] Nr. **24.11**.

(3) Soweit gesetzlich nichts anderes bestimmt ist, erlässt die zur Durchführung dieses Gesetzes erforderlichen allgemeinen Verwaltungsvorschriften das für Finanzen zuständige Ministerium.

§ 86[1)] Überleitung in die Landesbesoldungsordnungen A, B, R und W. (1) [1] Bei Beamtinnen und Beamten sowie Richterinnen und Richtern, deren Ämter in den Bundesbesoldungsordnungen A, B, R oder W des Übergeleiteten Besoldungsgesetzes für das Land Nordrhein-Westfalen vom 16. Mai 2013 (GV. NRW. S. 234) in der bis zum Inkrafttreten dieses Gesetzes geltenden Fassung oder in den Landesbesoldungsordnungen A oder B des Landesbesoldungsgesetzes in der Fassung der Bekanntmachung vom 17. Februar 2005 (GV. NRW. S. 154) in der bis zum Inkrafttreten dieses Gesetzes geltenden Fassung ausgebracht waren, werden die bisherigen Ämter in die entsprechenden Ämter und Besoldungsgruppen der Anlagen 1 bis 5 übergeleitet, soweit sich durch dieses Gesetz keine Änderungen bei der Amtsbezeichnung und der Besoldungsgruppe ergeben. [2] Dies gilt auch für die in der Bundesbesoldungsordnung A des Übergeleiteten Besoldungsgesetzes für das Land Nordrhein-Westfalen ausgebrachten Grundamtsbezeichnungen, gegebenenfalls mit den Zusätzen zu den Grundamtsbezeichnungen nach § 22 Absatz 3 und Absatz 4. [3] Redaktionelle Änderungen im Sinne einer geschlechtsneutralen Sprache sind keine Änderungen im Sinne dieser Vorschrift.

(2) Die am 30. Juni 2016 vorhandenen Beamtinnen und Beamten der bisherigen Besoldungsgruppen A 3 und A 4 der Bundesbesoldungsordnung A des Übergeleiteten Besoldungsgesetzes für das Land Nordrhein-Westfalen und der Landesbesoldungsordnung A des Landesbesoldungsgesetzes werden zum 1. Juli 2016 in die Besoldungsgruppe A 5 der Landesbesoldungsordnung A übergeleitet und in eine entsprechende Planstelle der Besoldungsgruppe A 5 der Landesbesoldungsordnung A eingewiesen.

(3) [1] Soweit sich durch dieses Gesetz unmittelbar die Einstufung, Amtsbezeichnungen, Amtszulagen oder Funktionszusätze ändern, werden die Beamtinnen, Beamten, Richterinnen und Richter nach Maßgabe der Anlage 17 zu diesem Gesetz in die entsprechenden Ämter und Besoldungsgruppen der Anlagen 1 bis 5 übergeleitet. [2] Als bisherige Besoldungsgruppe gilt die Besoldungsgruppe, der die Beamtinnen und Beamten sowie Richterinnen und Richter am Tag vor dem Inkrafttreten dieses Gesetzes angehörten. [3] Die Beamtinnen, Beamten, Richterinnen und Richter führen die neue Amtsbezeichnung.

(4) Beamtinnen und Richterinnen, die am Tag vor dem Inkrafttreten dieses Gesetzes eine männliche Amtsbezeichnung führen, sind berechtigt, die Amtsbezeichnung auch künftig in der männlichen Form zu führen.

§ 87[2)] Übergangsregelungen für Professorinnen und Professoren, Rektorinnen und Rektoren, Kanzlerinnen und Kanzler. (1) [1] Für die am 1. Januar 2005 im Amt befindlichen Professorinnen und Professoren der mit Artikel 1 Nummer 1 des Dienstrechtsanpassungsgesetzes für das Land Nordrhein-Westfalen vom 16. Mai 2013 in Landesrecht übergeleiteten Bundesbesoldungsordnung C, die noch in dieser Landesbesoldungsordnung vorhanden sind,

---

[1)] § 86 Abs. 3 Satz 4 aufgeh. mWv 1.1.2017 durch G v. 7.4.2017 (GV. NRW. S. 414).

[2)] § 87 Abs. 4 Satz 2 geänd, Sätze 3 und 4 und Abs. 6 angef. mWv 1.7.2016 durch G v. 7.4.2017 (GV. NRW. S. 414).

finden § 1 Absatz 2 Nummer 2, § 8 Absatz 3, § 13 Absatz 1 Satz 5 und Absatz 4 Satz 1, der Abschnitt 2, Unterabschnitt 3, die §§ 43 und 50, die Anlagen I und II des Bundesbesoldungsgesetzes[1] und die Hochschulleitungs-Stellenzulagenverordnung vom 3. August 1977 (BGBl. I S. 1527), jeweils in der bis zum 22. Februar 2002 geltenden Fassung, sowie die Anlagen IV und IX des Bundesbesoldungsgesetzes nach Maßgabe des Bundesbesoldungs- und –versorgungsanpassungsgesetzes 2000 vom 19. April 2001 (BGBl. I S. 618) sowie unter Berücksichtigung der weiteren Anpassungen der Besoldung nach § 14 des Bundesbesoldungsgesetzes in der am 31. August 2006 geltenden Fassung, nach § 14 des Übergeleiteten Besoldungsgesetzes für das Land Nordrhein-Westfalen und nach § 16 Anwendung; eine Erhöhung von Dienstbezügen durch die Gewährung von Zuschüssen nach § 1 Absatz 2 Nummer 2 des Bundesbesoldungsgesetzes in der bis zum 22. Februar 2002 geltenden Fassung ist ausgeschlossen. [2]Abweichend von Satz 1 wird im Fall einer Berufung auf eine höherwertige Professur an der gleichen Hochschule oder einer Berufung an eine andere nordrhein-westfälische Hochschule, bei erstmaliger Annahme eines Rufes in Nordrhein-Westfalen oder auf Antrag Professorinnen und Professoren der Besoldungsgruppe C 4 ein Amt der Besoldungsgruppe W 3 übertragen. [3]Professorinnen und Professoren der Besoldungsgruppen C 2 und C 3 wird im Falle des Wechsels auf Antrag ein Amt der Besoldungsgruppe W 2, in den übrigen Fällen des Satzes 2 ein Amt der Besoldungsgruppen W 2 oder W 3 übertragen. [4]Anträge auf Wechsel sind unwiderruflich. [5]In den Fällen der Sätze 2 und 3 finden § 21 Absatz 1, § 57 und § 61 keine Anwendung. [6]Beamtinnen und Beamte, die die Übertragung eines Amtes der Landesbesoldungsordnung W beantragt haben, können abweichend von § 35 Satz 2 und Satz 3 besondere Leistungsbezüge bereits bei erstmaliger Vergabe unbefristet gewährt werden.

(2) Für die am 1. Januar 2005 im Amt befindlichen Hochschuldozentinnen, Hochschuldozenten, Oberassistentinnen, Oberassistenten, Oberingenieurinnen, Oberingenieure sowie wissenschaftlichen und künstlerischen Assistentinnen und Assistenten sind der Abschnitt 2, Unterabschnitt 3 sowie die Anlage II des Bundesbesoldungsgesetzes in der bis zum 22. Februar 2002 geltenden Fassung sowie die Anlagen IV und IX des Bundesbesoldungsgesetzes nach Maßgabe des Bundesbesoldungs- und –versorgungsanpassungsgesetzes 2000 vom 19. April 2001 (BGBl. I S. 618) sowie unter Berücksichtigung der weiteren Anpassungen der Besoldung nach § 14 des Bundesbesoldungsgesetzes in der am 31. August 2006 geltenden Fassung, nach § 14 des Übergeleiteten Besoldungsgesetzes für das Land Nordrhein-Westfalen und nach § 16 anzuwenden.

(3) [1]Rektorinnen und Rektoren einer Hochschule, deren Besoldung sich nach einem der in Anlage 5 zu diesem Gesetz unter „Künftig wegfallende Ämter" aufgeführten Amt bestimmt und die bis zu ihrer Ernennung als Professorin oder Professor der Besoldungsgruppe C 4 ein höheres Grundgehalt zuzüglich der Zuschüsse nach den Nummern 1 und 2 der Vorbemerkungen zu der Bundesbesoldungsordnung C bezogen haben, erhalten eine Ausgleichszulage. [2]Diese wird in Höhe des jeweiligen Unterschiedsbetrags zwischen dem Grundgehalt als Rektorin oder Rektor und dem Gesamtbetrag des Grundgehalts und der Zuschüsse gewährt, der in dem Amt als Professorin oder

[1] **Sartorius Nr. 230.**

Professor jeweils zugestanden hätte. [3]Die Ausgleichszulage ist ruhegehaltfähig, soweit sie zum Ausgleich eines ruhegehaltfähigen Zuschusses dient.

(4) [1]Die Ämter für die in Absatz 1 Satz 1 und Absatz 2 genannten Amtsinhaberinnen und Amtsinhaber werden als künftig wegfallende Ämter in der Anlage 5 fortgeführt. [2]Die sich aus Absatz 1 Satz 1 und Absatz 2 ergebenden Grundgehaltssätze sind in der Anlage 10 zu diesem Gesetz ausgewiesen. [3]Die allgemeine Stellenzulage nach Nummer 2b der Vorbemerkungen zu der Bundesbesoldungsordnung C für wissenschaftliche und künstlerische Assistentinnen und Assistenten in der Besoldungsgruppe C 1 wird zur Strukturzulage. [4]Ihre Höhe ergibt sich aus Anlage 14.

(5) Rektorinnen und Rektoren sowie Kanzlerinnen und Kanzler einer Hochschule in einem Amt der Landesbesoldungsordnungen A oder B wird auf Antrag ein Amt der Besoldungsgruppe W 3 übertragen.

(6) Die am 1. Januar 2017 zustehenden Stellenzulagen nach der Hochschulleitungs-Stellenzulagenverordnung vom 3. August 1977 (BGBl. I S. 1527) in der bis zum 22. Februar 2002 geltenden Fassung sowie die Zuschüsse zum Grundgehalt für Professorinnen und Professoren an Hochschulen nach den Nummern 1 und 2 und die Zulage nach Nummer 5 der Vorbemerkungen zur Landesbesoldungsordnung C, soweit sie nach Absatz 1 fortgelten, erhöhen sich um 2,5 Prozent.

§ 88 Grundgehaltssätze der fortgeltenden Landesbesoldungsordnung H. Die Grundgehaltssätze der fortgeltenden Landesbesoldungsordnung H sind in der Anlage 11 zu diesem Gesetz ausgewiesen.

§ 89 Künftig wegfallende Ämter. Die als künftig wegfallend bezeichneten Ämter (Anlage 5) dürfen nicht mehr verliehen werden, soweit nicht etwas anderes bestimmt ist.

§ 90 Übergangsregelung durch die Neuregelung der Auslandsbesoldung. Auslandsdienstbezüge, die vor dem Inkrafttreten dieses Gesetzes nach dem Abschnitt 5 des Übergeleiteten Besoldungsgesetzes für das Land Nordrhein-Westfalen gewährt wurden, werden bei einer unveränderten Auslandsverwendung in der bisherigen Höhe weitergewährt, soweit sie die Auslandsbesoldung nach § 73 übersteigen.

§ 91[1)] Sonstige Übergangsregelungen. (1) [1]Verringert sich die Besoldung durch die Anwendung der Vorschriften dieses Gesetzes, wird eine Ausgleichszulage in Höhe des Unterschiedsbetrags zwischen der Besoldung, die am Tag vor dem Inkrafttreten dieses Gesetzes zugestanden hat, und der Besoldung, die ab dem Inkrafttreten dieses Gesetzes zusteht, gewährt, soweit in diesem Gesetz nichts anderes bestimmt ist. [2]Diese Ausgleichszulage vermindert sich bei jeder Erhöhung der Dienstbezüge um den Erhöhungsbetrag. [3]Verringert sich die Stellenzulage für eine Beamtin oder einen Beamten in einem Amt der Landesbesoldungsordnung A bei Justizvollzugseinrichtungen, in geschlossenen Abteilungen oder Stationen bei Psychiatrischen Krankenanstalten, die ausschließlich dem Vollzug von Maßregeln der Sicherung und Besserung dienen, in abge-

---

[1)] § 91 Abs. 6 Satz 1 geänd., Satz 2 eingef., bish. Satz 2 wird Satz 3 und geänd., bish. Satz 3 wird Satz 4, Abs. 9 Satz 1 geänd., Sätze 4, 5 angef., Abs. 11 Sätze 1 und 2 neu gef., Sätze 3 und 5 geänd. mWv 1.7.2016 durch G v. 7.4.2017 (GV. NRW. S. 414); Abs. 12 neu gef. mWv 1.1.2021 durch G v. 14.9.2021 (GV. NRW. S. 1075).

schlossenen Vorführbereichen der Gerichte sowie in Abschiebungshafteinrichtungen durch die Anwendung dieses Gesetzes, wird bei unveränderter Verwendung bis zu einer Dienstzeit von zwei Jahren eine Ausgleichszulage in Höhe des Unterschiedsbetrags zwischen der Zulage, die am Tag vor dem Inkrafttreten dieses Gesetzes nach Vorbemerkung Nummer 12 zu den Besoldungsordnungen A und B in der Fassung des Übergeleiteten Besoldungsgesetzes für das Land Nordrhein-Westfalen zugestanden hat, und der Zulage nach § 51 gewährt. [4]Die Ausgleichszulage wird Beamtinnen und Beamten in Abschiebungshafteinrichtungen nicht neben einer Stellenzulage nach § 49 gewährt. [5]Die Sätze 3 und 4 gelten unter den gleichen Voraussetzungen auch für Anwärterinnen und Anwärter nach § 74 Absatz 1.

(2) [1]Werden am Tag vor dem Inkrafttreten dieses Gesetzes Ausgleichs- oder Überleitungszulagen nach früherem Recht gewährt, sind diese, solange die bisherigen Anspruchsvoraussetzungen erfüllt sind, außer in den Fällen des Satzes 5 als Ausgleichs- oder Überleitungszulage in Höhe der am Tag vor dem Inkrafttreten dieses Gesetzes zustehenden Höhe fortzuzahlen. [2]Soweit sie für die Verringerung von Dienstbezügen einschließlich von Stellenzulagen bei Dienstherrenwechseln in den Geltungsbereich dieses Gesetzes zustehen, sind sie nach Maßgabe des § 61 Absatz 1 Satz 4 zu vermindern. [3]Soweit sie in anderen Fällen als bei Dienstherrenwechseln in den Geltungsbereich dieses Gesetzes für den Wegfall von Stellenzulagen zustehen, sind sie nach Maßgabe des § 57 Absatz 1 Satz 3 zu vermindern. [4]Soweit sie aufgrund von § 3 Absatz 1 des Gesetzes zur Überleitung der vorhandenen Beamtinnen, Beamten, Richterinnen, Richter, Versorgungsempfängerinnen und Versorgungsempfänger in die neuen Grundgehaltstabellen zustehen, sind sie nach Absatz 1 Satz 2 zu vermindern. [5]Soweit sie in anderen Fällen als bei Dienstherrenwechseln in den Geltungsbereich dieses Gesetzes für die Verringerung des Grundgehalts einschließlich von Amtszulagen sowie der Zulage nach Vorbemerkung Nummer 27 der Anlage I des Übergeleiteten Besoldungsgesetzes für das Land Nordrhein-Westfalen gewährt werden, gilt ab dem Tag des Inkrafttretens dieses Gesetzes § 21 entsprechend.

(3) [1]Beamtinnen und Beamten, die am Tag vor dem Inkrafttreten dieses Gesetzes aufgrund von § 3 Absatz 2 Satz 1 des Gesetzes zur Überleitung der vorhandenen Beamtinnen, Beamten, Richterinnen, Richter, Versorgungsempfängerinnen und Versorgungsempfänger in die neuen Grundgehaltstabellen oder aufgrund von § 27 Absatz 4 Satz 1 des Übergeleiteten Besoldungsgesetzes für das Land Nordrhein-Westfalen die nächsthöhere Stufe als Grundgehalt erhalten, wird diese weiterhin in der bisherigen Höhe gewährt, bis sie regulär die nächste Stufe des Grundgehalts erreichen. [2]Leistungszulagen aufgrund von § 3 Absatz 2 Satz 2 des Gesetzes zur Überleitung der vorhandenen Beamtinnen, Beamten, Richterinnen, Richter, Versorgungsempfängerinnen und Versorgungsempfänger in die neuen Grundgehaltstabellen oder aufgrund von § 42a des Übergeleiteten Besoldungsgesetzes für das Land Nordrhein-Westfalen sind, solange die bisherigen Voraussetzungen vorliegen, bis zum Ablauf der Befristung fortzuzahlen.

(4) Wurde Altersteilzeit vor dem Inkrafttreten dieses Gesetzes angetreten, erfolgt die Berechnung des Zuschlags abweichend von § 70 Absatz 2 nach § 6 Absatz 2 des Übergeleiteten Besoldungsgesetzes für das Land Nordrhein-Westfalen in Verbindung mit der Altersteilzeitzuschlagsverordnung in der Fassung der Bekanntmachung vom 23. August 2001 (BGBl. I S. 2239), die zuletzt

durch Artikel 9 des Gesetzes vom 16. Mai 2013 (GV. NRW. S. 234) geändert worden ist.

(5) [1] Hat die regelmäßige Verjährungsfrist von Ansprüchen auf Besoldung und auf Rückforderung von zu viel gezahlter Besoldung, die vor Inkrafttreten dieses Gesetzes entstanden sind, zum Zeitpunkt des Inkrafttretens dieses Gesetzes noch nicht begonnen, wird die Frist nach § 7 vom Tag des Inkrafttretens dieses Gesetzes an berechnet. [2] Die Verjährung tritt spätestens mit Ablauf der bisherigen Höchstfrist ein, die ohne Rücksicht auf Kenntnis oder grob fahrlässige Unkenntnis begonnen hat. [3] Hat die Verjährungsfrist vor dem Inkrafttreten begonnen, ist für den Fristablauf das bis dahin geltende Recht maßgebend.

(6) [1] Die Ruhegehaltfähigkeit der Zulagen nach den Nummern 8, 9, 10, 12 und 26 der Vorbemerkungen zu den Bundesbesoldungsordnungen A und B in der Fassung des Übergeleiteten Besoldungsgesetzes für das Land Nordrhein-Westfalen, die durch das Versorgungsreformgesetz 1998 vom 29. Juni 1998 (BGBl. I S. 1666) weggefallen ist, wird für Empfängerinnen und Empfänger von Dienstbezügen, die bis zum Inkrafttreten dieses Gesetzes in den Ruhestand getreten sind oder versetzt worden sind und die bei Eintritt oder Versetzung in den Ruhestand die Voraussetzungen der Nummer 3a Absatz 1 Satz 1 und Satz 4 sowie Absatz 2 der Vorbemerkungen zu den Bundesbesoldungsordnungen A und B zum Bundesbesoldungsgesetz[1)] in der bis zum 31. Dezember 1998 geltenden Fassung erfüllt haben, ab dem Inkrafttreten dieses Gesetzes wieder hergestellt. [2] Ab dem Inkrafttreten dieses Gesetzes wieder ruhegehaltfähig sind auch Ausgleichszulagen, soweit sie als Ausgleich für den Wegfall nach Satz 1 wieder ruhegehaltfähiger Stellenzulagen gewährt wurden. [3] Für die Höhe der Ruhegehaltfähigkeit der Zulagen nach den Sätzen 1 und 2 ist der Zeitpunkt des Eintritts oder der Versetzung in den Ruhestand maßgebend. [4] Eine Nachzahlung für Zeiträume vor dem Inkrafttreten dieses Gesetzes erfolgt nicht.

(7) Bei Anwärterinnen und Anwärtern (§ 74 Absatz 1), die sich am 31. Mai 2013 im Vorbereitungsdienst bei einem Dienstherrn nach § 1 Absatz 1 befunden haben und die nach Abschluss des Vorbereitungsdienstes in ein Amt der Besoldungsgruppe bis höchstens A 11 eintreten, richtet sich die Festsetzung der Stufe des Grundgehalts abweichend von § 29 Absatz 2 entsprechend nach § 27 und § 28 des Bundesbesoldungsgesetzes in der am 31. August 2006 geltenden Fassung.

(8) [1] Bis zum 31. Dezember 2016 gehört die jährliche Sonderzahlung nach dem Sonderzahlungsgesetz-NRW vom 20. November 2003 (GV. NRW. S. 696) in der jeweils geltenden Fassung als sonstiger Bezug zur Besoldung nach § 1 Absatz 5 sowie zur Brutto- und Nettobesoldung im Sinne des § 70 Absatz 2 nach § 70 Absatz 3. [2] Zum 1. Januar 2017 wird die jährliche Sonderzahlung in die monatlichen Bezüge integriert.

(9) [1] Am 1. Januar 2017 zustehende Ausgleichs- oder Überleitungszulagen erhöhen sich für die Beamtinnen und Beamten der Besoldungsgruppen A 5 und A 6 um 5 Prozent, für die Beamtinnen und Beamten der Besoldungsgruppen A 7 und A 8 sowie für die Anwärterinnen und Anwärter um 3,75 Prozent und für die übrigen Beamtinnen und Beamten sowie die Richterinnen und Richter um 2,5 Prozent. [2] Für die Bemessungsgrundlagen der Zulagen, Aufwandsentschädigungen und anderer Bezüge nach Artikel 14 § 5

---

1) **Sartorius Nr. 230.**

des Reformgesetzes vom 24. Februar 1997 (BGBl. I S. 322), das durch Artikel 17 des Gesetzes vom 19. Februar 2006 (BGBl. I S. 334) geändert worden ist, gilt Satz 1 entsprechend. [3] Soweit am 1. Januar 2017 Ausgleichs- und Überleitungszulagen erhöht werden, die der Verminderung unterliegen, erhöhen die Erhöhungsbeträge nach Satz 1 die Bemessungsgrundlagen für die Verminderung. [4] Am 1. Januar 2017 zustehende Sondergrundgehälter und Zuschüsse, am 1. Januar 2017 bestehende Höchstbeträge für Sondergrundgehälter und Zuschüsse zum Grundgehalt sowie am 1. Januar 2017 zugesicherte Kolleggeldpauschalen nach der fortgeltenden Landesbesoldungsordnung H erhöhen sich um 2,5 Prozent. [5] Der als ruhegehaltfähig zu berücksichtigende Monatsbetrag der Kolleggeldpauschale wird ab dem 1. Januar 2017 um 2,5 Prozent erhöht.

(10) Die Erhöhungen der Besoldung zum 1. Januar 2017, die auf die Integration der jährlichen Sonderzahlung in die monatlich zu zahlenden Bezüge zurückzuführen sind, gelten nicht als Erhöhung der Dienstbezüge im Hinblick auf Ausgleichs- und Überleitungszulagen und auch nicht als Anpassung im Sinne des § 17 Absatz 2 Satz 1.

(11) [1] Beamtinnen und Beamte, die sich am Tag vor dem Inkrafttreten dieses Gesetzes in Erfahrungsstufe 7 der Besoldungsgruppen A 3 oder A 4 befinden, werden der Erfahrungsstufe 8 der Besoldungsgruppe A 5 zugeordnet, wenn die bis zum Inkrafttreten dieses Gesetzes in der Erfahrungsstufe 7 der Besoldungsgruppen A 3 oder A 4 nach den §§ 27 und 28 des Übergeleiteten Besoldungsgesetzes für das Land Nordrhein-Westfalen zu berücksichtigenden Erfahrungszeiten mehr als drei Jahre bis zu sechs Jahren, der Erfahrungsstufe 9 der Besoldungsgruppe A 5, wenn diese Zeiten mehr als sechs Jahre bis zu zehn Jahren und der Erfahrungsstufe 10 der Besoldungsgruppe A 5, wenn diese Zeiten mehr als zehn Jahre betragen. [2] Für den weiteren Stufenaufstieg von der Erfahrungsstufe 8 in die Erfahrungsstufe 9 und von der Erfahrungsstufe 9 in die Erfahrungsstufe 10, jeweils der Besoldungsgruppe A 5, gelten die vor dem Inkrafttreten dieses Gesetzes in Erfahrungsstufe 7 der Besoldungsgruppen A 3 oder A 4 erbrachten Zeiten, soweit sie mehr als drei Jahre bis zu sechs Jahren betragen, als in Erfahrungsstufe 8 der Besoldungsgruppe A 5 und, soweit sie mehr als sechs bis zu zehn Jahren betragen, als in Erfahrungsstufe 9 der Besoldungsgruppe A 5 erbracht. [3] Beamtinnen und Beamte, die sich am Tag vor dem Inkrafttreten dieses Gesetzes in Erfahrungsstufe 8 der Besoldungsgruppe A 5 befinden, werden der Erfahrungsstufe 9 zugeordnet, wenn die bis zum Inkrafttreten dieses Gesetzes in der Erfahrungsstufe 8 nach den §§ 27 und 28 des Übergeleiteten Besoldungsgesetzes für das Land Nordrhein-Westfalen zu berücksichtigenden Erfahrungszeiten mehr als drei Jahre bis zu sieben Jahren und der Erfahrungsstufe 10, wenn diese Zeiten mehr als sieben Jahre betragen. [4] Für den weiteren Stufenaufstieg von der Erfahrungsstufe 9 in die Erfahrungsstufe 10 gelten die vor dem Inkrafttreten dieses Gesetzes in Erfahrungsstufe 8 erbrachten Zeiten, soweit sie mehr als drei Jahre betragen, als in Erfahrungsstufe 9 erbracht. [5] Beamtinnen und Beamte, die sich am Tag vor dem Inkrafttreten dieses Gesetzes in Erfahrungsstufe 9 der Besoldungsgruppe A 6 befinden, werden der Erfahrungsstufe 10 zugeordnet, wenn die bis zum Inkrafttreten dieses Gesetzes in der Erfahrungsstufe 9 nach den §§ 27 und 28 des Übergeleiteten Besoldungsgesetzes für das Land Nordrhein-Westfalen zu berücksichtigenden Erfahrungszeiten mehr als vier Jahre betragen.

(12) [1] Die §§ 9 und 71 finden auch in den Fällen Anwendung, in denen vor dem 1. Januar 2021 ein höherer Zuschlag bei begrenzter Dienstfähigkeit als der

nach den Regeln der §§ 9 und 71 in der Fassung vom 14. Juni 2016 (GV. NRW S. 310, ber. S. 642) oder als der nach den Regeln der Verordnung über die Gewährung eines Zuschlags zu den Dienstbezügen bei begrenzter Dienstfähigkeit vom 9. Oktober 2007 (GV. NRW. S. 407), die durch Verordnung vom 28. August 2012 (GV. NRW. S. 385) geändert worden ist, beantragt worden ist. [2]Ein Antrag in diesem Sinne setzt nicht voraus, dass ein bezifferter Anspruch, etwa ein konkreter Zuschlagsbetrag, geltend gemacht wurde. [3]Über den geltend gemachten Anspruch darf noch nicht abschließend entschieden worden sein. [4]Der Zuschlag nach § 71 ist ab dem Monat Januar des Jahres der Antragstellung, frühestens jedoch ab dem Monat, in dem alle Tatbestandsvoraussetzungen vorliegen, zu zahlen. [5]Verringert sich die Besoldung bei begrenzter Dienstfähigkeit, die einer Beamtin, einem Beamten, einer Richterin oder einem Richter am 31. Dezember 2020 zustand, durch die Anwendung der §§ 9 und 71, ist eine Ausgleichszulage zu gewähren. [6]Die Ausgleichszulage bemisst sich in Höhe des Unterschiedsbetrags, der sich zwischen der Besoldung bei begrenzter Dienstfähigkeit am 31. Dezember 2020 und der Besoldung bei begrenzter Dienstfähigkeit am 1. Januar 2021 ergibt. [7]Die Ausgleichszulage vermindert sich bei jeder Erhöhung der Besoldung der Beamtin, des Beamten, der Richterin oder des Richters um den Erhöhungsbetrag.

(13) [1]Anstelle der Stufenzuordnung durch §§ 1 bis 3 des Gesetzes zur Überleitung der vorhandenen Beamtinnen, Beamten, Richterinnen, Richter, Versorgungsempfängerinnen und Versorgungsempfänger in die neuen Grundgehaltstabellen vom 16. Mai 2013 (GV. NRW. S. 234) wird die Erfahrungsstufe auf Antrag nach den §§ 29 bis 31 und 41 festgesetzt. [2]Die Stufenfestsetzung erfolgt frühestens mit Wirkung vom ersten Tag des Kalenderjahres, in dem der Antrag gestellt wird. [3]Das Antragsrecht nach Satz 1 erlischt mit Ablauf des 30. Juni 2017.

§ 92[1)] Fortgeltung von Rechtsverordnungen. (1) Folgende durch § 1 Absatz 2 Nummer 2 des Landesbesoldungsgesetzes in der Fassung vom 16. Mai 2013 (GV. NRW. S. 234) in Landesrecht übergeleitete, auf Grund des Bundesbesoldungsgesetzes[2)] erlassene Rechtsverordnungen des Bundes jeweils in der am 31. August 2006 geltenden Fassung gelten bis zum Inkrafttreten jeweiliger neuer Rechtsverordnungen fort, soweit sich aus diesem Gesetz oder auf Grund sonstiger landesrechtlicher Bestimmungen nichts anderes ergibt; unberührt bleiben landesrechtliche Bestimmungen, die seit dem 1. September 2006 erlassen wurden:

1. Zweite Besoldungs-Übergangsverordnung in der Fassung der Bekanntmachung vom 27. November 1997 (BGBl. I S. 2764), die zuletzt durch Artikel 258 der Verordnung vom 25. November 2003 (BGBl. I S. 2304) geändert worden ist,
2. Erschwerniszulagenverordnung in der Fassung der Bekanntmachung vom 3. Dezember 1998 (BGBl. I S. 3497), die zuletzt durch Artikel 67 des Gesetzes vom 21. Juni 2005 (BGBl. I S. 1818) geändert worden ist,
3. Verordnung über die Gewährung von Mehrarbeitsvergütung für Beamte in der Fassung der Bekanntmachung vom 3. Dezember 1998 (BGBl. I

---

1) § 92 Abs. 1 Nr. 1–3, 7 und 12 geänd. mWv 1.7.2016 durch G v. 7.4.2017 (GV. NRW. S. 414).
2) **Sartorius Nr. 230.**

S. 3494), die zuletzt durch Artikel 2 des Gesetzes vom 9. November 2004 (BGBl. I S. 2774) geändert worden ist,
4. Vollstreckungsvergütungsverordnung in der Fassung der Bekanntmachung vom 6. Januar 2003 (BGBl. I S. 8),
5. Verordnung über die Gewährung einer Unterrichtsvergütung für Lehramtsanwärter vom 18. Juli 1976 (BGBl. I S. 1828), die durch Artikel 6 der Verordnung vom 8. August 2002 (BGBl. I S. 3177) geändert worden ist,
6. Übergangszahlungsverordnung vom 23. Juli 1975 (BGBl. I S. 1982), die durch Artikel 14 des Gesetzes vom 23. Dezember 2003 (BGBl. I S. 2848) geändert worden ist,
7. Kommunalbesoldungsverordnung des Bundes vom 7. April 1978 (BGBl. I S. 468), die zuletzt durch Verordnung vom 19. Oktober 2001 (BGBl. I S. 2697) geändert worden ist,
8. Sparkassenbesoldungsverordnung des Bundes vom 16. Juni 1976 (BGBl. I S. 1588), die durch Verordnung vom 22. Juni 1983 (BGBl. I S. 732) geändert worden ist,
9. Werkleiterbesoldungsverordnung des Bundes vom 16. Juni 1976 (BGBl. I S. 1585), die durch Verordnung vom 22. Juni 1983 (BGBl. I S. 731) geändert worden ist,
10. Verordnung zu § 26 Abs. 4 Nr. 4 des Bundesbesoldungsgesetzes vom 8. Juni 1976 (BGBl. I S. 1468),
11. Hochschulleitungs-Stellenzulagenverordnung vom 3. August 1977 (BGBl. I S. 1527) und die
12. Verordnung zur Überleitung in die im Zweiten Gesetz zur Vereinheitlichung und Neuregelung des Besoldungsrechts in Bund und Ländern geregelten Ämter und über die künftig wegfallenden Ämter vom 1. Oktober 1975 (BGBl. I S. 2608), die zuletzt durch Gesetz vom 25. September 1990 (BGBl. I S. 2106) geändert worden ist.

(2) Soweit nach diesem Gesetz die Landesregierung oder eine andere Stelle ermächtigt ist, durch Rechtsverordnung bestimmte Bereiche zu regeln, bleiben die bisherigen Rechtsverordnungen der Landesregierung oder einer anderen Stelle des Landes bis zum Inkrafttreten der jeweiligen neuen Rechtsverordnung in Kraft.

§ 93 Inkrafttreten, Außerkrafttreten. [1]Dieses Gesetz tritt am 1. Juli 2016 in Kraft. [2]Gleichzeitig tritt das Landesbesoldungsgesetz in der Fassung der Bekanntmachung vom 17. Februar 2005 (GV. NRW. S. 154), das zuletzt durch Artikel 2 des Gesetzes vom 2. Oktober 2014 (GV. NRW. S. 624) geändert worden ist, außer Kraft.

Anlage 1[1)]

Landesbesoldungsordnung A

Besoldungsgruppe A 5

Oberwachtmeisterin, Oberwachtmeister[*1)]

[1)] Anl. 1 ber. GV. NRW. S. 642; geänd. mWv 1.7.2016 und mWv 1.1.2017 durch G v. 7.4.2017 (GV. NRW. S. 414); geänd. mWv 1.5.2017 durch G v. 7.4.2017 (GV. NRW. S. 452); geänd. mWv 1.1. 2018 durch G v. 23.1.2018 (GV. NRW. S. 94); geänd. mWv 1.1.2019 durch G v. 18.12.2018 (GV. →

Erste Hauptwachtmeisterin, Erster Hauptwachtmeister*1) *2)

Hauptwartin, Hauptwart*1) *2)

Justizoberwachtmeisterin, Justizoberwachtmeister*3)

Landgestüthauptwärterin, Landgestüthauptwärter

Oberamtsmeisterin, Oberamtsmeister*4)

Sattelmeisterin, Sattelmeister

---

*1) **Amtl. Anm.:** Erhält eine Amtszulage nach Anlage 14.

*2) **Amtl. Anm.:** Soweit nicht in der Besoldungsgruppe A 6.

*3) **Amtl. Anm.:** Erhält in der Laufbahn des Justizwachtmeisterdienstes eine Amtszulage nach Anlage 14. Neben der Amtszulage steht eine Amtszulage nach der Fußnote 1) nicht zu.

*4) **Amtl. Anm.:** Erhält eine Amtszulage nach Anlage 14, wenn im Sitzungsdienst der Gerichte eingesetzt.

Besoldungsgruppe A 6

Erste Hauptwachtmeisterin, Erster Hauptwachtmeister*1)

Hauptwartin, Hauptwart*1)

Justizhauptwachtmeisterin, Justizhauptwachtmeister*2)

Landgestüthauptwärterin, Landgestüthauptwärter*3)

Obersattelmeisterin, Obersattelmeister*4)

Sekretärin, Sekretär*5) *6)

Werkmeisterin, Werkmeister

---

*1) **Amtl. Anm.:** Soweit nicht in der Besoldungsgruppe A 5. Für bis zu 20 Prozent der Gesamtzahl der Planstellen der Laufbahngruppe 1, erstes Einstiegsamt.

*2) **Amtl. Anm.:** Erhält in der Laufbahn des Justizwachtmeisterdienstes eine Amtszulage nach Anlage 14.

*3) **Amtl. Anm.:** Soweit nicht in der Besoldungsgruppe A 5. Für bis zu 20 Prozent der Gesamtzahl der Planstellen im Gestütwärterdienst.

*4) **Amtl. Anm.:** Soweit nicht in der Besoldungsgruppe A 7.

*5) **Amtl. Anm.:** Als Einstiegsamt für Laufbahnen der Laufbahngruppe 1, zweites Einstiegsamt sowie als Beförderungsamt für Laufbahnen der Laufbahngruppe 1, erstes Einstiegsamt.

*6) **Amtl. Anm.:** In der Laufbahngruppe 1, erstes Einstiegsamt für bis zu 20 Prozent der Gesamtzahl der Planstellen.

Besoldungsgruppe A 7

Brandmeisterin, Brandmeister*1)

Erste Justizhauptwachtmeisterin, Erster Justizhauptwachtmeister*2)

– als Leiterin oder Leiter einer Justizwachtmeisterei –

Krankenschwester, Krankenpfleger*1)

Obersattelmeisterin, Obersattelmeister*3)

Obersekretärin, Obersekretär*4) *5)

Oberwerkmeisterin, Oberwerkmeister*6) *7)

(Fortsetzung der Anm. von voriger Seite)
NRW. S. 818); geänd. mWv 14.12.2019 durch G v. 3.12.2019 (GV. NRW. S. 878); geänd. mWv 1.8. 2021 und mWv 22.9.2021 durch G v. 14.9.2021 (GV. NRW. S. 1075).

Stationsschwester, Stationspfleger*8)

*1) **Amtl. Anm.:** Als Einstiegsamt.

*2) **Amtl. Anm.:** Als Beförderungsamt der Laufbahngruppe 1, erstes Einstiegsamt für die Laufbahn des Justizwachtmeisterdienstes. Nur in Fällen von besonderer Bedeutung. Erhält eine Amtszulage nach Anlage 14.

*3) **Amtl. Anm.:** Soweit nicht in der Besoldungsgruppe A 6.

*4) **Amtl. Anm.:** Auch als Einstiegsamt für Laufbahnen der Laufbahngruppe 1, zweites Einstiegsamt der technischen Dienste.

*5) **Amtl. Anm.:** Als Einstiegsamt der Laufbahngruppe 1, zweites Einstiegsamt für die Laufbahn des allgemeinen Vollzugsdienstes bei den Justizvollzugsanstalten. Auch als Einstiegsamt der Laufbahngruppe 1, zweites Einstiegsamt für die Laufbahn des allgemeinen Vollzugsdienstes in besonderen Abschiebungshafteinrichtungen.

*6) **Amtl. Anm.:** Auch als Einstiegsamt.

*7) **Amtl. Anm.:** Als Einstiegsamt für die Laufbahn des Werkdienstes bei den Justizvollzugsanstalten.

*8) **Amtl. Anm.:** Erhält eine Amtszulage nach Anlage 14.

Besoldungsgruppe A 8

Abteilungsschwester, Abteilungspfleger

Gerichtsvollzieherin, Gerichtsvollzieher*1)

Hauptsattelmeisterin, Hauptsattelmeister

Hauptsekretärin, Hauptsekretär

Hauptwerkmeisterin, Hauptwerkmeister

Oberbrandmeisterin, Oberbrandmeister

*1) **Amtl. Anm.:** Als Einstiegsamt.

Besoldungsgruppe A 9

Amtsinspektorin, Amtsinspektor*1)

Betriebsinspektorin, Betriebsinspektor*1)

Erste Hauptsattelmeisterin, Erster Hauptsattelmeister

Fachlehrerin, Fachlehrer mit der Befähigung für die Laufbahn*2) *3)

– der Fachlehrerin oder des Fachlehrers an Berufskollegs –

– der Fachlehrerin oder des Fachlehrers an Förderschulen –

– der Werkstattlehrerin oder des Werkstattlehrers –

Hauptbrandmeisterin, Hauptbrandmeister*1)

Inspektorin, Inspektor

Kriminalkommissarin, Kriminalkommissar

Obergerichtsvollzieherin, Obergerichtsvollzieher*1)

Oberin, Pflegevorsteher*4) *5)

Oberschwester, Oberpfleger*5)

Polizeikommissarin, Polizeikommissar

*1) **Amtl. Anm.:** Für Funktionen, die sich von denen der Besoldungsgruppe A 9 abheben, können nach Maßgabe sachgerechter Bewertung jeweils bis zu 35 Prozent der Stellen mit einer Amtszulage nach Anlage 14 ausgestattet werden.

*2) **Amtl. Anm.:** Als Einstiegsamt.

*3) **Amtl. Anm.:** Ohne Strukturzulage nach § 47.

*4) **Amtl. Anm.:** Erhält eine Amtszulage nach Anlage 14.

*5) **Amtl. Anm.:** Erhält bei Bestellung zum Mitglied einer Krankenhausbetriebsleitung für die Dauer dieser Tätigkeit eine Stellenzulage nach Anlage 15.

Besoldungsgruppe A 10

Fachlehrerin, Fachlehrer mit der Befähigung für die Laufbahn
– der Fachlehrerin oder des Fachlehrers an allgemeinbildenden Schulen –[*1)]
– der Fachlehrerin oder des Fachlehrers an Berufskollegs –[*1)] [*2)]
– der Fachlehrerin oder des Fachlehrers an Förderschulen –[*1)] [*2)]
– der Technischen Lehrerin oder des Technischen Lehrers an Berufskollegs –[*1)] [*3)] [*4)]
– der Werkstattlehrerin oder des Werkstattlehrers –[*1)] [*2)]
Kriminaloberkommissarin, Kriminaloberkommissar
Oberinspektorin, Oberinspektor[*5)] [*6)] [*7)] [*8)] [*9)]
Polizeioberkommissarin, Polizeioberkommissar

[*1)] **Amtl. Anm.:** Ohne Strukturzulage nach § 47.

[*2)] **Amtl. Anm.:** Soweit nicht in Besoldungsgruppe A 11.

[*3)] **Amtl. Anm.:** Als Einstiegsamt.

[*4)] **Amtl. Anm.:** Nur für Beamtinnen und Beamte ohne Fachhochschul- oder Ingenieurschulabschluss.

[*5)] **Amtl. Anm.:** Als erstes Einstiegsamt in der Laufbahngruppe 2 in technischen Laufbahnen.

[*6)] **Amtl. Anm.:** Als Beförderungsamt der Laufbahngruppe 1, zweites Einstiegsamt für die Laufbahn des allgemeinen Vollzugsdienstes bei den Justizvollzugsanstalten oder der Laufbahn des Werkdienstes bei den Justizvollzugsanstalten. Das Amt kann nur Beamtinnen und Beamten verliehen werden, die eine mindestens vierjährige Dienstzeit in der Besoldungsgruppe A 9 verbracht haben.

[*7)] **Amtl. Anm.:** Das Amt kann nur Beamtinnen und Beamten, denen die Leitung des allgemeinen Justizvollzugsdienstes oder des Werkdienstes in einer Justizvollzugsanstalt übertragen worden ist, verliehen werden. Nur in Stellen von besonderer Bedeutung.

[*8)] **Amtl. Anm.:** Das Amt kann auch Beamtinnen und Beamten als ständige Vertreterin oder ständiger Vertreter einer in die Besoldungsgruppe A 11 eingestuften Leitung des allgemeinen Vollzugsdienstes oder des Werkdienstes in einer Justizvollzugsanstalt verliehen werden. Nur in Stellen von besonderer Bedeutung.

[*9)] **Amtl. Anm.:** Das Amt kann auch Beamtinnen und Beamten, denen die Leitung des Krankenpflegedienstes in dem Justizvollzugskrankenhaus Nordrhein-Westfalen übertragen worden ist, oder als ständige Vertreterin oder ständiger Vertreter einer in Besoldungsgruppe A 11 eingestuften Leitung des Krankenpflegedienstes in dem Justizvollzugskrankenhaus Nordrhein-Westfalen verliehen werden.

Besoldungsgruppe A 11

Amtfrau, Amtmann
Amtfrau, Amtmann[*1)] [*2)] [*3)]
Fachlehrerin, Fachlehrer – an einer Fachhochschule oder in einem Fachhochschulstudiengang an einer Universität mit der Befähigung für die Laufbahn
– der Lehrerin oder des Lehrers für Sozialarbeit –[*4)]
– der Lehrerin oder des Lehrers für Sozialpädagogik –[*4)]
– der Technischen Lehrerin oder des Technischen Lehrers –[*4)]
Fachlehrerin, Fachlehrer mit der Befähigung für die Laufbahn
– der Fachlehrerin oder des Fachlehrers an Berufskollegs –[*5)] [*9)]
– der Fachlehrerin oder des Fachlehrers an Berufskollegs als Fachberaterin oder Fachberater –[*5)] [*6)]
– der Fachlehrerin oder des Fachlehrers an Förderschulen –[*5)] [*9)]
– der Technischen Lehrerin oder des Technischen Lehrers an Berufskollegs –[*5)] [*7)] [*8)]
– der Werkstattlehrerin oder des Werkstattlehrers –[*5)] [*9)]
Kriminalhauptkommissarin, Kriminalhauptkommissar[*6)]

Polizeihauptkommissarin, Polizeihauptkommissar*[6)]

---

*[1)] **Amtl. Anm.:** Als Beförderungsamt der Laufbahngruppe 1, zweites Einstiegsamt für die Laufbahn des allgemeinen Vollzugsdienstes bei den Justizvollzugsanstalten, der Laufbahn des Werkdienstes bei den Justizvollzugsanstalten oder der Laufbahn des allgemeinen Vollzugsdienstes in besonderen Abschiebungshafteinrichtungen. Das Amt kann nur Beamtinnen und Beamten verliehen werden, die eine mindestens zweijährige Dienstzeit in der Besoldungsgruppe A 10 verbracht haben.

*[2)] **Amtl. Anm.:** Das Amt kann nur Beamtinnen und Beamten, denen die Leitung des allgemeinen Vollzugsdienstes in einer Justizvollzugsanstalt oder in einer besonderen Abschiebungshafteinrichtung oder des Werkdienstes in einer Justizvollzugsanstalt übertragen worden ist, verliehen werden. Nur in Stellen von besonderer Bedeutung.

*[3)] **Amtl. Anm.:** Das Amt kann auch Beamtinnen und Beamten, denen die Leitung des Krankenpflegedienstes in dem Justizvollzugskrankenhaus Nordrhein-Westfalen übertragen worden ist, verliehen werden.

*[4)] **Amtl. Anm.:** Nur für Beamtinnen und Beamte ohne Fachhochschul- oder Ingenieurschulabschluss.

*[5)] **Amtl. Anm.:** Ohne Strukturzulage nach § 47.

*[6)] **Amtl. Anm.:** Soweit nicht in der Besoldungsgruppe A 12.

*[7)] **Amtl. Anm.:** Als Einstiegsamt nur für Beamtinnen und Beamte mit Fachhochschul- oder Ingenieurschulabschluss.

*[8)] **Amtl. Anm.:** Als Beförderungsamt für Beamtinnen und Beamte, die nach Abschluss der Ausbildung eine achtjährige Lehrtätigkeit ausgeübt oder seit der Beendigung der Probezeit eine vierjährige Dienstzeit in einem Amt ihrer Laufbahn oder einer gleichwertigen Laufbahn in der Besoldungsgruppe A 10 verbracht haben.

*[9)] **Amtl. Anm.:** Soweit nicht in Besoldungsgruppe A 10. Für bis zu 20 Prozent der Gesamtzahl der für diese Lehrkräftegruppen ausgebrachten Planstellen.

Besoldungsgruppe A 12

Amtsanwältin, Amtsanwalt*[1)]

A m t s r ä t i n , A m t s r a t

Fachlehrerin, Fachlehrer – an einer Fachhochschule oder in einem Fachhochschulstudiengang an einer Universität mit der Befähigung für die Laufbahn

– der Lehrerin oder des Lehrers für Sozialarbeit –*[2)]

– der Lehrerin oder des Lehrers für Sozialpädagogik –*[2)]

– der Technischen Lehrerin oder des Technischen Lehrers –*[2)]

Fachlehrerin, Fachlehrer mit der Befähigung für die Laufbahn

– der Fachlehrerin oder des Fachlehrers an Berufskollegs als Fachberaterin oder Fachberater –*[3)]

– der Technischen Lehrerin oder des Technischen Lehrers an Berufskollegs –*[4)]

Kriminalhauptkommissarin, Kriminalhauptkommissar*[3)]

Lehrerin, Lehrer

– mit der Befähigung für das Lehramt an Grundschulen –*[1)] *[5)]

– mit der Befähigung für das Lehramt an Haupt-, Real-, Sekundar- und Gesamtschulen –*[1)] *[5)]

– mit der Befähigung für das Lehramt an Grund-, Haupt- und Realschulen und den entsprechenden Jahrgangsstufen der Gesamtschulen –*[1)] *[5)]

Polizeihauptkommissarin, Polizeihauptkommissar*[3)]

Sportlehrerin, Sportlehrer

– an einer allgemeinbildenden Schule, an einem Berufskolleg oder an einer Förderschule –

---

*1) **Amtl. Anm.:** Als Einstiegsamt.

*2) **Amtl. Anm.:** Nur für Beamtinnen und Beamte ohne Fachhochschul- oder Ingenieurschulabschluss. Das Amt kann nur Beamtinnen und Beamten verliehen werden, die nach Abschluss der Ausbildung eine achtjährige Lehrtätigkeit ausgeübt oder seit der Beendigung der Probezeit eine vierjährige Dienstzeit in einem Amt ihrer Laufbahn oder einer gleichwertigen Laufbahn in der Besoldungsgruppe A 11 verbracht haben.

*3) **Amtl. Anm.:** Soweit nicht in der Besoldungsgruppe A 11.

*4) **Amtl. Anm.:** Als Beförderungsamt für Beamtinnen und Beamte mit Fachhochschul- oder Ingenieurschulabschluss, die eine achtjährige Lehrtätigkeit ausgeübt oder eine dreijährige Dienstzeit seit der Beendigung der Probezeit als Fachlehrerin oder Fachlehrer in der Besoldungsgruppe A 11 verbracht haben.

*5) **Amtl. Anm.:** Soweit nicht in der Besoldungsgruppe A 13.

Besoldungsgruppe A 13

Ärztin, Arzt*1)

Akademische Rätin, Akademischer Rat

– als wissenschaftliche oder künstlerische Mitarbeiterin, als wissenschaftlicher oder künstlerischer Mitarbeiter an einer Hochschule –

Erste Kriminalhauptkommissarin, Erster Kriminalhauptkommissar

Erste Polizeihauptkommissarin, Erster Polizeihauptkommissar

Gesamtschulrektorin, Gesamtschulrektor

– als Koordinatorin oder Koordinator –*2)

Geschäftsführerin, Geschäftsführer bei einer Handwerkskammer*3)

Konrektorin, Konrektor

– einer Grundschule –*4)

– einer Hauptschule mit mehr als 180 Schülerinnen und Schülern –*4)

– als Fachleiterin oder Fachleiter in der Lehrerfortbildung auf Bezirksebene –*1)

– einer Schule im organisatorischen Zusammenschluss mit mehr als 180 und bis zu 360 Schülerinnen und Schülern –*4)

– einer Schule im organisatorischen Zusammenschluss mit mehr als 360 Schülerinnen und Schülern –*5)

Konservatorin, Konservator

Kustodin, Kustos

Lehrerin, Lehrer

– mit der Befähigung für das Lehramt für sonderpädagogische Förderung –*6)

– mit der Befähigung für das Lehramt für Sonderpädagogik –*6)

– mit der Befähigung für das Lehramt an Grundschulen –*7)

– mit der Befähigung für das Lehramt an Haupt-, Real-, Sekundar- und Gesamtschulen –*7)

– mit der Befähigung für das Lehramt an Grund-, Haupt- und Realschulen und den entsprechenden Jahrgangsstufen der Gesamtschulen –*7)

Oberamtsanwältin, Oberamtsanwalt*8)

Oberlehrerin, Oberlehrer – an einer Justizvollzugsanstalt –

Pfarrerin, Pfarrer*1)

Rätin, Rat[*9)] [*10)] [*11)]

Sekundarschulrektorin, Sekundarschulrektor

– als didaktische Leiterin oder didaktischer Leiter an einer noch nicht voll ausgebauten Sekundarschule mit weniger als vier Zügen in vier Jahrgangsstufen –[*12)]

– als Koordinatorin oder Koordinator lernbereichs- und abteilungsübergreifender Aufgaben –[*12)] [*13)]

– als Leiterin oder Leiter einer Abteilung mit mehr als 180 bis zu 360 Schülerinnen und Schülern einer Sekundarschule –[*12)]

Studienrätin, Studienrat

– im Hochschuldienst –

– mit der Befähigung für das Lehramt an Berufskollegs –

– mit der Befähigung für das Lehramt an Gymnasien und Gesamtschulen –[*14)]

Verwaltungsdirektorin, Verwaltungsdirektor einer Hochschule[*1)]

Zweite Konrektorin, Zweiter Konrektor – einer Grundschule oder Hauptschule mit mehr als 540 Schülerinnen und Schülern –[*4)]

[*1)] **Amtl. Anm.:** Soweit nicht in der Besoldungsgruppe A 14.

[*2)] **Amtl. Anm.:** Nur an einer Gesamtschule mit mindestens vier Zügen in drei Jahrgangsstufen. An einer Gesamtschule mit mindestens sechs Zügen in drei Jahrgangsstufen dürfen zwei Stellen für das Amt vorgesehen werden.

[*3)] **Amtl. Anm.:** Soweit nicht in den Besoldungsgruppen A 14, A 15, A 16.

[*4)] **Amtl. Anm.:** Erhält eine Amtszulage nach Anlage 14.

[*5)] **Amtl. Anm.:** Erhält eine Amtszulage nach Anlage 14.

[*6)] **Amtl. Anm.:** Als Einstiegsamt.

[*7)] **Amtl. Anm.:** Für dieses Amt dürfen höchstens 5 Prozent der Stellen für planmäßige „Lehrerinnen und Lehrer" in der Primarstufe (Klassen 1 bis 4) der für diese Beamtinnen und Beamten an Grundschulen vorhandenen Stellen ausgewiesen werden. Es dürfen höchstens 40 Prozent der Stellen für planmäßige „Lehrerinnen und Lehrer" in der Sekundarstufe I (Klassen 5 bis 10), davon an Hauptschulen höchstens 10 Prozent der für diese Beamtinnen und Beamten an Hauptschulen vorhandenen Stellen, ausgewiesen werden. Der Amtsinhaberin oder dem Amtsinhaber kann bei Übertragung der Funktion der Schulleitung, der ständigen Vertretung der Schulleitung oder der Zweiten Konrektorin, des Zweiten Konrektors die entsprechende Amtsbezeichnung verliehen werden.

[*8)] **Amtl. Anm.:** Für Funktionen einer Amtsanwältin oder eines Amtsanwalts bei einer Staatsanwaltschaft, die sich von denen der Besoldungsgruppe A 13 abheben, können nach Maßgabe sachgerechter Bewertung bis zu 25 Prozent der Stellen für Oberamtsanwältinnen und Oberamtsanwälte mit einer Amtszulage nach Anlage 14 ausgestattet werden.

[*9)] **Amtl. Anm.:** Als zweites Einstiegsamt für Laufbahnen der Laufbahngruppe 2 sowie als Beförderungsamt für Laufbahnen der Laufbahngruppe 2, erstes Einstiegsamt.

[*10)] **Amtl. Anm.:** Für Beamtinnen und Beamte der Laufbahngruppe 2, erstes Einstiegsamt der technischen Dienste können für Funktionen, die sich von denen der Besoldungsgruppe A 13 abheben, nach Maßgabe sachgerechter Bewertung bis zu 25 Prozent der für technische Beamtinnen und Beamte ausgebrachten Stellen der Besoldungsgruppe A 13 mit einer Amtszulage nach Anlage 14 ausgestattet werden.

[*11)] **Amtl. Anm.:** Für Beamtinnen und Beamte der Rechtspflegerlaufbahn können für Funktionen der Rechtspflegerinnen und Rechtspfleger bei Gerichten, Notariaten und Staatsanwaltschaften, die sich von denen der Besoldungsgruppe A 13 abheben, nach Maßgabe sachgerechter Bewertung bis zu 25 Prozent der für Rechtspflegerinnen und Rechtspfleger ausgebrachten Stellen der Besoldungsgruppe A 13 mit einer Amtszulage nach Anlage 14 ausgestattet werden.

[*12)] **Amtl. Anm.:** Erhält eine Amtszulage nach Anlage 14.

[*13)] **Amtl. Anm.:** Nur an einer Sekundarschule mit mindestens fünf Zügen. An einer Sekundarschule mit acht und mehr Zügen dürfen zwei Stellen für das Amt vorgesehen werden.

[*14)] **Amtl. Anm.:** Für dieses Amt dürfen an Gesamtschulen höchstens 33 Prozent der Planstellen für die Sekundarstufe I und an Sekundarschulen höchstens 16,5 Prozent der Planstellen ausgewiesen werden.

Besoldungsgruppe A 14

Ä r z t i n , A r z t*1)

Akademische Oberrätin, Akademischer Oberrat

– als wissenschaftliche oder künstlerische Mitarbeiterin, als wissenschaftlicher oder künstlerischer Mitarbeiter an einer Hochschule –

Chefärztin, Chefarzt*2)

Förderschulkonrektorin, Förderschulkonrektor

– einer Förderschule, deren Leitung in Besoldungsgruppe A 14 mit Amtszulage eingestuft ist –

– einer Förderschule, deren Leitung mindestens in Besoldungsgruppe A 15 eingestuft ist –*3)

Förderschulrektorin, Förderschulrektor

– einer Förderschule mit Förderschwerpunkt Lernen mit bis zu 100 Schülerinnen und Schülern oder einer sonstigen Förderschule mit bis zu 60 Schülerinnen und Schülern –

– einer Förderschule mit Förderschwerpunkt Lernen mit 101 bis 200 Schülerinnen und Schülern oder einer sonstigen Förderschule mit 61 bis 120 Schülerinnen und Schülern –*3)

Gesamtschulrektorin, Gesamtschulrektor

– als didaktische Leiterin oder didaktischer Leiter an einer Gesamtschule mit noch nicht voll ausgebauter Sekundarstufe I –*4)

– als ständige Vertreterin oder ständiger Vertreter der Leitung einer Gesamtschule, bei der die Voraussetzungen der Fußnote 6 zur Besoldungsgruppe A 15 nicht erfüllt sind –*3)

– als Koordinatorin oder Koordinator lernbereichs- und abteilungsübergreifender Aufgaben –*5)

(Fortsetzung nächstes Blatt)

*7) **Amtl. Anm.:** Bei Schulen mit Teilzeitklassen rechnen 2,5 Unterrichtsteilnehmerinnen oder Unterrichtsteilnehmer mit Teilzeitunterricht als eine oder einer.

*8) **Amtl. Anm.:** Dieses Amt kann nur Beamtinnen und Beamten mit der Befähigung für ein sonderpädagogisches Lehramt, für das Lehramt an Gymnasien und Gesamtschulen oder Berufskollegs verliehen werden.

*9) **Amtl. Anm.:** Soweit nicht in der Besoldungsgruppe B 2, B 4 oder B 5.

Anlage 2[1)]

Landesbesoldungsordnung B

Besoldungsgruppe B 2

Abteilungsdirektorin, Abteilungsdirektor

– als die ständige Vertretung der Direktorin oder des Direktors des Landesamtes für Finanzen –

– als die ständige Vertretung der Direktorin oder des Direktors des Landesbetriebs Geologischer Dienst –

– als die ständige Vertretung der Direktorin oder des Direktors der Qualitäts- und UnterstützungsAgentur – Landesinstitut für Schule – –

– als Leitung eines Geschäftsbereichs beim Bau- und Liegenschaftsbetrieb –

Abteilungsdirektorin, Abteilungsdirektor oder Abteilungspräsidentin, Abteilungspräsident

– als Leitung einer großen und bedeutenden Abteilung

bei einer Mittel- oder Oberbehörde des Landes –

bei einer sonstigen Dienststelle oder Einrichtung, wenn deren Leitung mindestens in Besoldungsgruppe B 5 eingestuft ist –

– als Leitung einer großen und bedeutsamen Gruppe bei der Oberfinanzdirektion, sofern sie für ihre und mindestens eine weitere Gruppe die Vertretung der Finanzpräsidentin oder des Finanzpräsidenten ist –

Direktorin, Direktor der Akademie für öffentliches Gesundheitswesen

Direktorin, Direktor der Berufsfeuerwehr

– bei einer Stadt mit mehr als 600 000 Einwohnern –*1)

Direktorin, Direktor des Hochschulbibliothekszentrums

Direktorin, Direktor des Instituts der Feuerwehr

Direktorin, Direktor des Landesmuseums für Kunst und Kulturgeschichte in Münster *1)

Direktorin, Direktor des Landesprüfungsamtes für Lehrämter an Schulen

Direktorin, Direktor des Rheinischen Industriemuseums

Direktorin, Direktor des Rheinischen Landesmuseums in Bonn*1)

1) Anl. 2 ber. GV. NRW. S. 642; geänd. mWv 1.7.2016 durch G v. 7.4.2017 (GV. NRW. S. 414); geänd. mWv 1.1.2019 durch G v. 18.12.2018 (GV. NRW. S. 803); geänd. mWv 1.1.2019 durch G v. 18.12.2018 (GV. NRW. S. 818); geänd. mWv 14.12.2019 durch G v. 3.12.2019 (GV. NRW. S. 878); geänd. mWv 31.12.2019 durch G v. 19.12.2019 (GV. NRW. S. 1001); geänd. mWv 1.1.2021 durch G v. 17.12.2020 (GV. NRW. S. 1238); geänd. mWv 22.9.2021 durch G v. 14.9.2021 (GV. NRW. S. 1075).

Direktorin, Direktor des Römisch-Germanischen Museums in Köln (soweit nicht gleichzeitig Generaldirektorin, Generaldirektor der Museen der Stadt Köln)*1)

Direktorin, Direktor des Wallraf-Richartz-Museums in Köln (soweit nicht gleichzeitig Generaldirektorin, Generaldirektor der Museen der Stadt Köln)*1)

Direktorin, Direktor des Westfälischen Industriemuseums

Direktorin und Professorin, Direktor und Professor

– als Leitung einer wissenschaftlichen Forschungseinrichtung –*2)

– bei einer wissenschaftlichen Forschungseinrichtung oder in einem wissenschaftlichen Forschungsbereich als Leitung einer Abteilung, eines Fachbereichs, eines Instituts sowie einer großen oder bedeutenden Gruppe (Unterabteilung) oder eines großen oder bedeutenden Laboratoriums, soweit seine Leitung nicht einer Unterabteilungsleiterin oder Gruppenleiterin/einem Unterabteilungsleiter oder Gruppenleiter unmittelbar unterstellt ist –

Geschäftsführerin, Geschäftsführer bei der Handwerkskammer Bielefeld, Dortmund, Köln, Münster

– als die ständige Vertretung der Hauptgeschäftsführerin oder des Hauptgeschäftsführers –*3)

Geschäftsführerin, Geschäftsführer eines Medizinischen Dienstes der Krankenversicherung in Nordrhein-Westfalen*4)

Kanzlerin, Kanzler der Hochschule für Polizei und öffentliche Verwaltung

Leitende Direktorin, Leitender Direktor*1)

– als die ständige Vertretung der Finanzpräsidentin oder des Finanzpräsidenten –

– als Leitung einer besonders großen und besonders bedeutenden Organisationseinheit in der Zentralverwaltung eines Landschaftsverbandes –

– als Leitung einer großen und bedeutenden Organisationseinheit einer Kreisverwaltung –

– als Leitung eines großen und bedeutenden Amtes der Verwaltung einer Stadt mit mehr als 100 000 Einwohnern –

– als Geschäftsleitung eines großen und bedeutenden Zweckverbandes mit einer Gesamtzahl von mehr als 100 000 Einwohnern der dem Zweckverband zugehörigen Gemeinden und Gemeindeverbände –

Leitende Direktorin, Leitender Direktor

– als Leitung eines Landeskrankenhauses (Fachklinik für Psychiatrie) mit mehr als 800 Betten –

Leitende Kriminaldirektorin, Leitender Kriminaldirektor*5)

Leitende Polizeidirektorin, Leitender Polizeidirektor*5)

Ministerialrätin, Ministerialrat*6) *7)

– bei einer obersten Landesbehörde –

– als Leitung eines Referates beim Landesbeauftragten für Datenschutz und Informationsfreiheit –*4)

Polizeipräsidentin, Polizeipräsident

– in einem Polizeibereich mit mehr als 175 000 bis zu 300 000 Einwohnern –

Vizepräsidentin, Vizepräsident*8)

– als die ständige Vertretung einer in Besoldungsgruppe B 5 eingestuften Leitung einer Dienststelle oder sonstigen Einrichtung –

Vizepräsidentin, Vizepräsident des Landesamtes für Natur, Umwelt und Verbraucherschutz

---

*1) **Amtl. Anm.:** Nach Maßgabe des Stellenplans. Für die Wahrnehmung der diesem Amt zugewiesenen Funktionen kann auch das Amt „Leitende Direktorin, Leitender Direktor" in der Besoldungsgruppe A 16 verliehen werden.

*2) **Amtl. Anm.:** Soweit die Funktion nicht einem in eine höhere oder niedrigere Besoldungsgruppe eingestuften Amt zugeordnet ist. Ist in einer kollegial organisierten Forschungseinrichtung zusätzlich zu den sonstigen Funktionen die Leitung der Forschungseinrichtung mit zeitlicher Begrenzung übertragen, so wird für die Dauer der Wahrnehmung dieser Funktionen eine Stellenzulage nach Anlage 15 gewährt.

*3) **Amtl. Anm.:** Soweit nicht in der Besoldungsgruppe A 16.

*4) **Amtl. Anm.:** Soweit nicht in der Besoldungsgruppe B 3.

*5) **Amtl. Anm.:** Nur beim für Inneres zuständigen Ministerium, soweit nicht in der Besoldungsgruppe A 16. Die Inhaberinnen oder Inhaber dieses Amtes sind im Rahmen der Fußnote 7) wie Ministerialrätinnen und Ministerialräte zu berücksichtigen.

*6) **Amtl. Anm.:** Soweit nicht in den Besoldungsgruppen A 16, B 3.

*7) **Amtl. Anm.:** Die Zahl der Planstellen für Leitende Ministerialrätinnen oder Leitende Ministerialräte in der Besoldungsgruppe B 3 und für Ministerialrätinnen oder Ministerialräte in den Besoldungsgruppen B 2 und B 3 darf zusammen 60 Prozent der Gesamtzahl der für Leitende Ministerialrätinnen und Leitende Ministerialräte in der Besoldungsgruppe B 3 und für Ministerialrätinnen und Ministerialräte ausgebrachten Planstellen nicht überschreiten.

*8) **Amtl. Anm.:** Der Amtsbezeichnung kann ein Zusatz beigefügt werden, der auf die Dienststelle oder sonstige Einrichtung hinweist, der die Amtsinhaberin oder der Amtsinhaber angehört. Der Zusatz „und Professorin" oder „und Professor" darf beigefügt werden, wenn die Leitung der Dienststelle oder sonstigen Einrichtung diesen Zusatz in der Amtsbezeichnung führt.

Besoldungsgruppe B 3

Abteilungsdirektorin, Abteilungsdirektor

– als Leitung einer besonders großen oder besonders bedeutenden Abteilung bei einer Bezirksregierung –

Abteilungsdirektorin, Abteilungsdirektor der Landwirtschaftskammer Nordrhein-Westfalen

– als die ständige Vertretung der Direktorin oder des Direktors der Landwirtschaftskammer –

Abteilungsdirektorin und Vertreterin, Abteilungsdirektor und Vertreter der Direktorin oder des Direktors des Landesbetriebes Straßenbau NRW

Direktorin, Direktor der Hochschule für Finanzen

Direktorin, Direktor der Fachhochschule für Rechtspflege

Direktorin, Direktor der Qualitäts- und UnterstützungsAgentur – Landesinstitut für Schule –

Direktorin, Direktor der Zentralstelle für die Vergabe von Studienplätzen

Direktorin, Direktor des Instituts für Landes- und Stadtentwicklungsforschung und Bauwesen

Direktorin, Direktor des Landesamtes für Ausbildung, Fortbildung und Personalangelegenheiten der Polizei

Direktorin, Direktor des Landesamtes für Zentrale Polizeiliche Dienste

Direktorin, Direktor des Landeskriminalamts

Direktorin und Professorin, Direktor und Professor

– als Leitung einer wissenschaftlichen Forschungseinrichtung –[*1)]
– bei einer wissenschaftlichen Forschungseinrichtung oder in einem wissenschaftlichen Forschungsbereich als Leitung einer großen Abteilung, eines großen Fachbereichs oder eines großen Instituts –

Finanzpräsidentin, Finanzpräsident[*2) *3)]

Geschäftsführerin, Geschäftsführer bei der Handwerkskammer Düsseldorf
– als die ständige Vertretung der Hauptgeschäftsführerin oder des Hauptgeschäftsführers –[*3)]

Geschäftsführerin, Geschäftsführer eines Medizinischen Dienstes der Krankenversicherung in Nordrhein-Westfalen[*4)]

Hauptgeschäftsführerin, Hauptgeschäftsführer der Handwerkskammern Aachen, Arnsberg[*3)]

Leitende Direktorin, Leitender Direktor
– als Leitung eines besonders großen und besonders bedeutenden Amtes der Verwaltung einer Stadt mit mehr als 600 000 Einwohnern sowie der Landeshauptstadt Düsseldorf –[*5)]
– als Geschäftsleitung eines großen und bedeutenden Zweckverbandes mit einer Gesamtzahl von mehr als 600 000 Einwohnern der dem Zweckverband zugehörigen Gemeinden und Gemeindeverbände –

Leitende Ministerialrätin, Leitender Ministerialrat[*6)]
– bei einer obersten Landesbehörde
als Leitung einer Abteilung –[*7)]
als Leitung einer Unterabteilung oder als Leitung einer auf Dauer eingerichteten Gruppe von Referaten –[*7)]
als ständige Vertretung einer Abteilungsleitung, soweit keine Unterabteilungsleitung oder Gruppenleitung vorhanden ist –[*7) *8)]

Leiterin, Leiter des Rechenzentrums der Finanzverwaltung

Ministerialrätin, Ministerialrat
– bei einer obersten Landesbehörde, soweit nicht einer in Besoldungsgruppe B 3 oder B 4 eingestuften Gruppenleitung unterstellt –[*6) *9)]

Präsidentin, Präsident des Landesinstituts für Arbeitsgestaltung

Präsidentin, Präsident des Landesarchivs

Ständige Vertreterin, Ständiger Vertreter der Direktorin oder des Direktors des Landesbetriebs Straßenbau

Vizepräsidentin als ständige Vertreterin, Vizepräsident als ständiger Vertreter der Präsidentin oder des Präsidenten der Hochschule für Polizei und öffentliche Verwaltung

---

[*1)] **Amtl. Anm.:** Soweit die Funktion nicht einem in eine niedrigere Besoldungsgruppe eingestuften Amt zugeordnet ist. Ist in einer kollegial organisierten Forschungseinrichtung zusätzlich zu den sonstigen Funktionen die Leitung der Forschungseinrichtung mit zeitlicher Begrenzung übertragen, so wird für die Dauer der Wahrnehmung dieser Funktionen eine Stellenzulage nach Anlage 15 gewährt.

[*2)] **Amtl. Anm.:** Als Vertreterin oder Vertreter der Oberfinanzpräsidentin oder des Oberfinanzpräsidenten in Besoldungsgruppe B 7.

[*3)] **Amtl. Anm.:** Soweit nicht in der Besoldungsgruppe B 4.

[*4)] **Amtl. Anm.:** Soweit nicht in der Besoldungsgruppe B 2.

[*5)] **Amtl. Anm.:** Nach näherer Bestimmung durch den Stellenplan in höchstens drei Stellen.

*6) **Amtl. Anm.:** Die Zahl der Planstellen für Leitende Ministerialrätinnen oder Leitende Ministerialräte in der Besoldungsgruppe B 3 und für Ministerialrätinnen oder Ministerialräte in den Besoldungsgruppen B 2 und B 3 darf zusammen 60 Prozent der Gesamtzahl der für Leitende Ministerialrätinnen und Leitende Ministerialräte in der Besoldungsgruppe B 3 und für Ministerialrätinnen und Ministerialräte ausgebrachten Planstellen nicht überschreiten.

*7) **Amtl. Anm.:** Soweit die Funktion nicht einem in eine höhere oder niedrigere Besoldungsgruppe eingestuften Amt zugeordnet ist.

*8) **Amtl. Anm.:** Dieses Amt kann auch mehr als einer Beamtin oder einem Beamten übertragen werden, soweit es in großen und bedeutenden Abteilungen erforderlich ist, die Stellvertreterfunktion aufzuteilen.

*9) **Amtl. Anm.:** Soweit nicht in der Besoldungsgruppen A 16, B 2.

Besoldungsgruppe B 4

Direktorin, Direktor des Landesamtes für Besoldung und Versorgung

Direktorin, Direktor des Landesamtes für Finanzen

Direktorin, Direktor des Landesbetriebs Geologischer Dienst

Direktorin, Direktor des Landeszentrums Gesundheit

Direktorin, Direktor des Materialprüfungsamts

Finanzpräsidentin, Finanzpräsident*1) *2)

Geschäftsführerin, Geschäftsführer bei der Handwerkskammer Düsseldorf
– als die ständige Vertretung der Hauptgeschäftsführerin oder des Hauptgeschäftsführers –*2)

Hauptgeschäftsführerin, Hauptgeschäftsführer der Handwerkskammer Aachen, Arnsberg*2)

Hauptgeschäftsführerin, Hauptgeschäftsführer der Handwerkskammer Bielefeld, Dortmund, Köln, Münster*3)

Inspekteurin, Inspekteur der Polizei

Landeskriminaldirektorin, Landeskriminaldirektor
– beim für Inneres zuständigen Ministerium –

Leitende Ministerialrätin, Leitender Ministerialrat
– als geschäftsführende Vertretung der Präsidentin oder des Präsidenten des Landesjustizprüfungsamts –
– als Landesschlichterin oder Landesschlichter –
– als Leitung des Arbeitsstabs EPOS.NRW –
– als Leitung der Stabsstelle und Vertretung des Beauftragten der Landesregierung Nordrhein-Westfalen für Informationstechnik (CIO) –
– als Mitglied des Landesrechnungshofs –
– als die ständige Vertretung der oder des Landesbeauftragten für Datenschutz und Informationsfreiheit –
– als Vertreterin oder Vertreter des für Finanzen zuständigen Ministeriums in der Tarifgemeinschaft deutscher Länder –

Leitende Ministerialrätin, Leitender Ministerialrat
– bei einer obersten Landesbehörde
als Leitung einer Abteilung –*4)
als Leitung einer Unterabteilung oder als Leitung einer auf Dauer eingerichteten Gruppe von Referaten unter einer oder einem in Besoldungsgruppe B 7 eingestuften Beamtin oder Beamten –*5)

als die ständige Vertretung einer oder eines in Besoldungsgruppe B 7 eingestuften Beamtin oder Beamten, soweit keine Unterabteilungsleitung oder Gruppenleitung vorhanden ist –*5)

Polizeipräsidentin, Polizeipräsident – in einem Polizeibereich mit mehr als 300 000 Einwohnern – oder mit 1 000 bis 3 500 Mitarbeiterinnen und Mitarbeitern

Präsidentin, Präsident der Hochschule für Polizei und öffentliche Verwaltung

Präsidentin, Präsident der Deutschen Hochschule der Polizei*6)

Regierungsvizepräsidentin, Regierungsvizepräsident

– als die ständige Vertretung einer oder eines in Besoldungsgruppe B 8 eingestuften Regierungspräsidentin oder Regierungspräsidenten –

Stellvertretende Geschäftsführerin, Stellvertretender Geschäftsführer der Unfallkasse Nordrhein-Westfalen

Stellvertreterin, Stellvertreter der Präsidentin oder des Präsidenten der Gemeindeprüfungsanstalt

Verbandsvorsteherin, Verbandsvorsteher des Landesverbandes Lippe*3)

---

*1) **Amtl. Anm.:** Als Vertretung der Oberfinanzpräsidentin oder des Oberfinanzpräsidenten in Besoldungsgruppe B 7.

*2) **Amtl. Anm.:** Soweit nicht in der Besoldungsgruppe B 3.

*3) **Amtl. Anm.:** Soweit nicht in der Besoldungsgruppe B 5.

*4) **Amtl. Anm.:** Soweit die Funktion nicht einem in eine höhere oder niedrigere Besoldungsgruppe eingestuften Amt zugeordnet ist.

*5) **Amtl. Anm.:** Soweit die Funktion nicht einem in eine niedrigere Besoldungsgruppe eingestuften Amt zugeordnet ist.

*6) **Amtl. Anm.:** Soweit nicht in der Besoldungsgruppe W 3.

Besoldungsgruppe B 5

Direktorin, Direktor bei einem Regionalträger der gesetzlichen Rentenversicherung – als stellvertretende Geschäftsführerin oder stellvertretender Geschäftsführer oder Mitglied der Geschäftsführung, wenn die Erste Direktorin oder der Erste Direktor in Besoldungsgruppe B 6 eingestuft ist –

Direktorin, Direktor beim Landesrechnungshof

Direktorin, Direktor der Landwirtschaftskammer

Direktorin, Direktor der Unfallkasse Nordrhein-Westfalen

Generaldirektorin, Generaldirektor der Museen der Stadt Köln – gleichzeitig als Direktorin, Direktor des Wallraf-Richartz-Museums oder als Direktorin, Direktor des Römisch-Germanischen Museums –

Hauptgeschäftsführerin, Hauptgeschäftsführer der Handwerkskammer Bielefeld, Dortmund, Köln, Münster*1)

Leiterin, Leiter des Landesbetriebs Wald und Holz

Anlage 5[1)]

Künftig wegfallende (kw) Ämter

A 7

Polizeimeisterin/Polizeimeister[*1)]
Kriminalmeisterin/Kriminalmeister[*1)]

[*1)] **Amtl. Anm.:** Als Eingangsamt.

A 8

Polizeiobermeisterin/Polizeiobermeister
Kriminalobermeisterin/Kriminalobermeister

A 9

Polizeihauptmeisterin/Polizeihauptmeister[*1)]
Kriminalhauptmeisterin/Kriminalhauptmeister[*1)]

[*1)] **Amtl. Anm.:** Für Funktionen, die sich von denen der Besoldungsgruppe A 9 abheben, können nach Maßgabe sachgerechter Bewertung bis zu 30 Prozent der Stellen mit einer Amtszulage nach Anlage 14 ausgestattet werden.

A 12

Lehrer
– an allgemeinbildenden Schulen, soweit nicht anderweitig eingereiht –[*1)]

Lehrer
– mit der Befähigung für das Lehramt der Primarstufe bei entsprechender Verwendung –[*1)]

Lehrer
– mit der Befähigung für das Lehramt der Sekundarstufe I bei entsprechender Verwendung –[*1)] [*2)]

Lehrer
– mit der Befähigung für das Lehramt der Primarstufe und die Sekundarstufe I bei entsprechender Verwendung –[*1)] [*3)]

Lehrer
– mit der Befähigung für das Lehramt für die Sekundarstufe I und die Sekundarstufe II bei entsprechender Verwendung –[*1)] [*3)] [*4)]

Lehrer
– als Fachleiter in der Lehrerfortbildung auf Bezirksebene –[*5)]

[*1)] **Amtl. Anm.:** Als Eingangsamt.
[*2)] **Amtl. Anm.:** Lehrer mit der Befähigung für ein Lehramt der Sekundarstufe I erhalten, solange sie an Realschulen, an Gymnasien, an Zweigen dieser beiden Schulformen oder an schulformunabhängigen Gesamtschulen oder schulformunabhängigen Orientierungsstufen verwendet werden, eine nicht ruhegehaltfähige Stellenzulage in Höhe des jeweiligen Unterschiedsbetrages zum Grundgehalt der Besoldungsgruppe A 13, wenn ihnen eine solche bereits am 31. Mai 1990 nach § 77 Absatz 2 des

[1)] Anl. 5 geänd. mWv 1.7.2016 und mWv 1.1.2017 durch G v. 7.4.2017 (GV. NRW. S. 414); geänd. mWv 22.9.2021 durch G v. 14.9.2021 (GV. NRW. S. 1075).

Bundesbesoldungsgesetzes *[Sartorius Nr. 230]* in der am 31. Dezember 1983 geltenden Fassung zugestanden hat.

*3) **Amtl. Anm.:** Soweit nicht in der Besoldungsgruppe A 13.

*4) **Amtl. Anm.:** Soweit nicht im Amt des Studienrats.

*5) **Amtl. Anm.:** Erhält eine ruhegehaltfähige Stellenzulage nach Anlage 15.

A 13

Konrektorin/Konrektor

– als der ständige Vertreter des Leiters eines Studienseminars für das Lehramt für die Primarstufe oder eines Studienseminars für das Lehramt für die Sekundarstufe I –

Lehrer

– mit der Befähigung für das Lehramt der Sekundarstufe I bei entsprechender Verwendung –*1)
– mit der Befähigung für das Lehramt der Sekundarstufe I als Fachleiter in der Lehrerfortbildung auf Bezirksebene –*2)
– mit der Befähigung für das Lehramt für Sonderpädagogik als Fachlehrer in der Lehrerfortbildung auf Bezirksebene –*2)
– mit der Lehramtsbefähigung für die Primarstufe und die Sekundarstufe I bei überwiegender Verwendung in der Sekundarstufe I –*3)
– mit der Lehramtsbefähigung für die Sekundarstufe I und die Sekundarstufe II bei entsprechender Verwendung –*3) *4)

Realschullehrerin/Realschullehrer

– als Fachleiterin/Fachleiter in der Lehrerfortbildung auf Bezirksebene –*2)
– mit der Befähigung für das Lehramt an Realschulen bei einer dieser Befähigung entsprechenden Verwendung –*5)
– mit zusätzlicher Prüfung für das Lehramt an Sonderschulen bei entsprechender Verwendung –*6)

Sonderschullehrerin/Sonderschullehrer*7)

Studienrätin/Studienrat

– als Lehrer für Fremdsprachen an einer Fachhochschule oder in einem Fachhochschulstudiengang an einer Universität –
– als Lehrer für Medienpädagogik an einer Fachhochschule oder in einem Fachhochschulstudiengang an einer Universität –
– mit der Befähigung für das Lehramt der Sekundarstufe II bei entsprechender Verwendung –
– mit der Lehramtsbefähigung für die Sekundarstufe I und die Sekundarstufe II bei Verwendung an beruflichen Schulen oder an Schulen mit dem Bildungsgang zum Erwerb der allgemeinen Hochschulreife –*8)
– mit zusätzlicher Prüfung für das Lehramt an Sonderschulen oder das Lehramt für Sonderpädagogik bei entsprechender Verwendung –*9)

---

*1) **Amtl. Anm.:** Für dieses Amt dürfen höchstens 40 v.H. der Planstellen für stufenbezogen ausgebildete planmäßige „Lehrer" in der Sekundarstufe I (Klassen 5 bis 10), davon an Hauptschulen höchsten 10 v.H. der für diese Beamten an Hauptschulen vorgesehenen Stellen, ausgewiesen werden. Dem Amtsinhaber kann bei Übertragung der Funktion des Schulleiters, des ständigen Vertreters des Schulleiters oder des Zweiten Konrektors die entsprechende Amtsbezeichnung verliehen werden.

*2) **Amtl. Anm.:** Erhält eine ruhegehaltfähige Stellenzulage nach Anlage 15.

*3) **Amtl. Anm.:** Für dieses Amt dürfen höchstens 40 v.H. der Planstellen für die genannten Lehrer, davon im Hauptschulbereich oder in entsprechenden schulischen Bildungsgängen höchstens 10 v.H. der dort für diese Lehrer vorgesehenen Planstellen ausgewiesen werden.

*4) **Amtl. Anm.:** Soweit nicht im Amt des Studienrats.

*5) **Amtl. Anm.:** Als Eingangsamt.

*6) **Amtl. Anm.:** Erhält eine Stellenzulage nach Anlage 15.

*7) **Amtl. Anm.:** Erhält als Fachleiterin oder Fachleiter in der Lehrerfortbildung auf Bezirksebene eine ruhegehaltfähige Stellenzulage nach Anlage 15.

*8) **Amtl. Anm.:** Für dieses Amt dürfen höchstens 33 v.H. der Planstellen für die Sekundarstufe I an Gesamtschulen ausgewiesen werden.

*9) **Amtl. Anm.:** Erhält eine Stellenzulage nach Anlage 15.

A 14

Fachoberschullehrer

– als der ständige Vertreter des Direktors einer Fachschule –

Oberstudienrätin/Oberstudienrat

– als Fachleiterin/Fachleiter in der Lehrerfortbildung auf Bezirksebene –*1)

– als Lehrerin/Lehrer für Medienpädagogik an einer Fachhochschule oder in einem Fachhochschulstudiengang an einer Universität –

– mit der Befähigung für das Lehramt an Gymnasien, mit der Befähigung für das Lehramt an Gymnasien und Gesamtschulen und mit den Lehramtsbefähigungen für die Sekundarstufe I und die Sekundarstufe II (Doppelbefähigung) – bei Verwendung an einer Sekundarschule –*2)

– mit der Befähigung für das Lehramt der Sekundarstufe II bei entsprechender Verwendung –

– mit der Lehramtsbefähigung für die Sekundarstufe I und die Sekundarstufe II bei Verwendung an beruflichen Schulen oder an Schulen mit dem Bildungsgang zum Erwerb der allgemeinen Hochschulreife –*3)

– mit zusätzlicher Prüfung für das Lehramt an Sonderschulen oder das Lehramt für Sonderpädagogik bei entsprechender Verwendung –*4)

Realschulkonrektor

– als der ständige Vertreter des Leiters eines Studienseminars für das Lehramt für die Sekundarstufe I –*5)

Rektor

– als Leiter eines Studienseminars für das Lehramt für die Primarstufe oder eines Studienseminars für das Lehramt für die Sekundarstufe I –

Sonderschulkonrektor

– als der ständige Vertreter des Leiters eines Studienseminars für das Lehramt für Sonderpädagogik –*2)

---

*1) **Amtl. Anm.:** Erhält eine ruhegehaltfähige Stellenzulage nach Anlage 15.

*2) **Amtl. Anm.:** Durch die Inanspruchnahme dieses Amtes darf die Zahl der Planstellen gemäß Fußnote 14) zur Besoldungsgruppe A 13 nicht überschritten werden.

*3) **Amtl. Anm.:** Durch die Inanspruchnahme dieses Amtes darf die Zahl der Planstellen gemäß Fußnote 8) zur Besoldungsgruppe A 13 kw nicht überschritten werden.

*4) **Amtl. Anm.:** Erhält eine Stellenzulage nach Anlage 15.

*5) **Amtl. Anm.:** Erhält eine Amtszulage nach Anlage 14.

A 15

Kanzler

– einer Fachhochschule – (soweit nicht in den Besoldungsgruppen A 16, B 2)
– einer Kunsthochschule –

Realschulrektor
– als Leiter eines Studienseminars für das Lehramt für die Sekundarstufe I –

Regierungsschuldirektor
– als hauptamtlicher Geschäftsführer an einem Prüfungsamt für Erste oder Zweite Staatsprüfungen für Lehrämter an Schulen –*[1)]
– im Polizeischuldienst –

Sonderschulrektor
– als Leiter eines Studienseminars für das Lehramt für Sonderpädagogik –

Studiendirektor
– als der ständige Vertreter des Leiters eines Studienseminars für das Lehramt für die Sekundarstufe II –*[1)]
– als hauptamtlicher Geschäftsführer eines Prüfungsamtes für die Ersten Staatsprüfungen für das Lehramt am Gymnasium oder an beruflichen Schulen –*[1)]

*[1)] **Amtl. Anm.:** Erhält eine Amtszulage nach Anlage 14.

A 16

Kanzler
– der Deutschen Sporthochschule Köln –
– einer Fachhochschule – (soweit nicht in den Besoldungsgruppen A 15, B 2)

Leitender Regierungsschuldirektor
– als Leiter eines Prüfungsamtes für Erste oder Zweite Staatsprüfungen für Lehrämter an Schulen –

Leitender Schulamtsdirektor
– als leitender Schulaufsichtsbeamter, dem ausschließlich die Aufsicht über Gymnasien, Gesamtschulen mit Oberstufe oder beruflichen Schulen obliegt –

Oberstudiendirektor
– als Leiter eines Studienseminars für das Lehramt für die Sekundarstufe II –

B 2

Abteilungsdirektorin als ständige Vertreterin/Abteilungsdirektor als ständiger Vertreter der Leiterin/des Leiters der Fachhochschule für öffentliche Verwaltung

Direktorin/Direktor des Landesinstituts für den öffentlichen Gesundheitsdienst

Kanzlerin/Kanzler
– der Fachhochschule Köln –

B 3

Kanzlerin/Kanzler
– der Fernuniversität – in Hagen –
– der Universität Bielefeld, Dortmund, Paderborn, Siegen, Wuppertal –

Leitende Verwaltungsdirektorin/Leitender Verwaltungsdirektor

– als Leitung der Personal- und Wirtschaftsverwaltung der Medizinischen Einrichtungen der Technischen Hochschule Aachen, der Universität Bonn, der Universität Düsseldorf, der Universität Köln, der Universität Münster, der Universität-Gesamthochschule Essen –

Präsidentin/Präsident des Landesinstituts für Gesundheit und Arbeit

Rektorin/Rektor der Fachhochschule Aachen, Bielefeld, Bochum, Dortmund, Düsseldorf, Gelsenkirchen, Südwestfalen in Iserlohn, Lippe und Höxter in Lemgo, Münster, Niederrhein in Krefeld und Mönchengladbach, Bonn-Rhein-Sieg in Sankt Augustin

Rektorin/Rektor

– einer Kunsthochschule –

B 4

Kanzlerin/Kanzler

– der Technischen Hochschule Aachen –

– der Universität Bochum, Bonn, Düsseldorf, Duisburg-Essen, Köln, Münster –

Rektorin/Rektor der Deutschen Sporthochschule Köln

Rektorin/Rektor der Fachhochschule Köln

B 5

Direktorin/Direktor des Landesbetriebs Geologischer Dienst

Rektorin/Rektor der Universität Bielefeld, Dortmund, Paderborn, Siegen, Wuppertal

B 6

Rektorin/Rektor

– der Fernuniversität – in Hagen –

– der Technischen Hochschule Aachen –

– der Universität Bochum, Bonn, Düsseldorf, Duisburg-Essen, Köln, Münster –

C 1

Künstlerische Assistentin/Künstlerischer Assistent

Wissenschaftliche Assistentin/Wissenschaftlicher Assistent

C 2

Hochschuldozentin/Hochschuldozent*[1)]

Oberassistentin/Oberassistent*[1)]

Oberingenieurin/Oberingenieur

Professorin/Professor*[2)]

– an einer Fachhochschule –

– an einer wissenschaftlichen Hochschule mit Fachhochschulstudiengängen, soweit überwiegend in diesen tätig –

Professorin/Professor an einer Kunsthochschule*[3)]

Professorin/Professor an einer wissenschaftlichen Hochschule*3)
– an einer künstlerisch-wissenschaftlichen Hochschule –
– soweit überwiegend in Studiengängen tätig, in denen Aufgaben der wissenschaftlichen Hochschulen und der Fachhochschulen miteinander verbunden werden –*4)

Universitätsprofessorin/Universitätsprofessor*3)
– an einer künstlerisch-wissenschaftlichen Hochschule –*5)

---

*1) **Amtl. Anm.:** Erhält eine Stellenzulage nach Anlage 15, soweit als Oberärztin/Oberarzt einer Hochschulklinik tätig.
*2) **Amtl. Anm.:** Soweit nicht in der Besoldungsgruppe C 3.
*3) **Amtl. Anm.:** Soweit nicht in der Besoldungsgruppe C 3 oder C 4.
*4) **Amtl. Anm.:** Nur an einer wissenschaftlichen Hochschule, die nach Landesrecht weder Universität ist noch einer Universität gleichgestellt ist.
*5) **Amtl. Anm.:** Soweit die Hochschule das Recht zur Promotion und Habilitation besitzt.

C 3

Professorin/Professor*1)
– an einer Fachhochschule –
– an einer wissenschaftlichen Hochschule mit Fachhochschulstudiengängen, soweit überwiegend in diesen tätig –*2)

Professorin/Professor an einer wissenschaftlichen Hochschule*2) *3)
Universitätsprofessorin/Universitätsprofessor*2) *4)

---

*1) **Amtl. Anm.:** Soweit nicht in der Besoldungsgruppe C 2.
*2) **Amtl. Anm.:** Soweit nicht in der Besoldungsgruppe C 2 oder C 4.
*3) **Amtl. Anm.:** Nur an einer wissenschaftlichen Hochschule, die nach Landesrecht weder Universität ist noch einer Universität gleichgestellt ist.
*4) **Amtl. Anm.:** Auch an einer künstlerisch-wissenschaftlichen Hochschule, soweit die Hochschule das Recht zur Promotion und Habilitation besitzt.

C 4

Professorin/Professor an einer Kunsthochschule*1)
Professorin/Professor an einer wissenschaftlichen Hochschule*1) *2)
Universitätsprofessorin/Universitätsprofessor*1) *3)

---

*1) **Amtl. Anm.:** Soweit nicht in den Besoldungsgruppen C 2, C 3.
*2) **Amtl. Anm.:** Nur an einer wissenschaftlichen Hochschule, die nach Landesrecht weder Universität ist noch einer Universität gleichgestellt ist.
*3) **Amtl. Anm.:** Auch an einer künstlerisch-wissenschaftlichen Hochschule, soweit die Hochschule das Recht zur Promotion und Habilitation besitzt.

H 1

Akademische Rätin/Akademischer Rat*1)
Dozentin/Dozent*2)
Lektorin/Lektor*3)
Wissenschaftliche Assistentin/Wissenschaftlicher Assistent*4)

---

*1) **Amtl. Anm.:** An einer wissenschaftlichen Hochschule. Akademische Rätinnen/Akademische Räte mit Lehraufgaben erhalten eine Lehrvergütung von höchstens [*fehlender Betrag amtlich*] jährlich; die näheren Bestimmungen erlässt das für Wissenschaft zuständige Ministerium im Einvernehmen mit dem für Finanzen zuständigen Ministerium.

*2) **Amtl. Anm.:** An einer Pädagogischen Hochschule oder der Deutschen Sporthochschule Köln, soweit nicht in der Besoldungsgruppe H 2. Erhält für die Lehrtätigkeit eine Kolleggeldpauschale von 786,11 Euro jährlich.

*3) **Amtl. Anm.:** An einer wissenschaftlichen Hochschule. Erhält für die Lehrtätigkeit eine Kolleggeldpauschale von 628,89 Euro jährlich.

*4) **Amtl. Anm.:** An einer wissenschaftlichen Hochschule. Wissenschaftliche Assistentinnen/Wissenschaftliche Assistenten, denen Lehraufgaben übertragen sind, erhalten eine Lehrvergütung von höchstens 766,94 Euro jährlich; die näheren Bestimmungen erlässt das für Wissenschaft zuständige Ministerium im Einvernehmen mit dem für Finanzen zuständigen Ministerium.

H 2

Akademische Rätin/Akademischer Rat*1)

Dozentin/Dozent*2)

Fachhochschullehrerin/Fachhochschullehrer

Oberärztin/Oberarzt*2)

Oberassistentin/Oberassistent*2)

Oberingenieurin/Oberingenieur*2)

*1) **Amtl. Anm.:** An einer wissenschaftlichen Hochschule. Akademische Oberrätinnen/Akademische Oberräte mit Lehraufgaben erhalten eine Lehrvergütung von höchstens 1.533,88 Euro jährlich; die näheren Bestimmungen erlässt das für Wissenschaft zuständige Ministerium im Einvernehmen mit dem für Finanzen zuständigen Ministerium.

*2) **Amtl. Anm.:** An einer wissenschaftlichen Hochschule, soweit nicht in der Besoldungsgruppe H 1. Erhält für die Lehrtätigkeit eine Kolleggeldpauschale von 786,11 Euro jährlich. Die Kolleggeldpauschale erhöht sich auf 1 572,23 Euro jährlich für Beamtinnen und Beamte, die die Stellung einer/eines außerplanmäßigen Professorin/Professors haben.

H 3

Akademische Direktorin/Akademischer Direktor

Außerordentliche Professorin/Außerordentlicher Professor*1)

Direktorin/Direktor des Instituts für Leibesübungen an einer wissenschaftlichen Hochschule*2)

Fachhochschullehrerin/Fachhochschullehrer*4) *5) *6)

Professorin/Professor*3)

Wissenschaftliche Rätin und Professorin/Wissenschaftlicher Rat und Professor*2)

Studienprofessorin/Studienprofessor

*1) **Amtl. Anm.:** An einer wissenschaftlichen Hochschule. Erhält für seine Lehrtätigkeit eine Kolleggeldpauschale von mindestens 1 572,23 Euro, höchstens 9 433,33 Euro jährlich; eine Kolleggeldpauschale von mehr als 1 572,23 Euro jährlich bedarf der Zustimmung des für Finanzen zuständigen Ministeriums.

*2) **Amtl. Anm.:** An einer wissenschaftlichen Hochschule. Erhält für die Lehrtätigkeit eine Kolleggeldpauschale von 1 572,23 Euro jährlich.

*3) **Amtl. Anm.:** An einer Kunsthochschule oder der Sozialakademie Dortmund, soweit nicht in der Besoldungsgruppe H 4. Erhält als Leitung der Sozialakademie Dortmund für die Dauer dieser Amtstätigkeit eine widerrufliche, nicht ruhegehaltfähige Zulage, deren Höhe das für Wissenschaft zuständige Ministerium im Einvernehmen mit dem für Finanzen zuständigen Ministerium bestimmt.

*4) **Amtl. Anm.:** Beamtinnen und Beamte, die am 31. Juli 1971 als Oberbaudirektorinnen/Oberbaudirektoren – als Leitung einer Ingenieurschule mit mindestens 18 Semesterklassen – oder als Oberbaudirektorinnen/Oberstudiendirektoren – als Leitung einer berufsbildenden Schule, Höheren Fachschule oder Höheren Wirtschaftsfachschule mit mindestens 18 Klassen oder 18 Semesterklassen – in die Besoldungsgruppe A 16 eingereiht waren, erhalten für ihre Person Bezüge nach Besoldungsgruppe A 16.

*5) **Amtl. Anm.:** Beamtinnen und Beamte, die am 31. Juli 1971 als Oberbaudirektorinnen/Oberbaudirektoren – als Leitung einer Ingenieurschule mit weniger als 18 Semesterklassen – oder als Oberstudiendirektorinnen/Oberstudiendirektoren – als Leitung einer berufsbildenden Schule, Höheren Fachschule oder Höheren Wirtschaftsfachschule mit weniger als 18 Klassen oder 18 Semesterklassen – in die Besoldungsgruppe A 15 eingereiht waren und eine Amtszulage nach Fußnote 5 erhielten, behalten diese Zulage.

*6) **Amtl. Anm.:** Beamtinnen und Beamte, die am 31. Juli 1971 als Baudirektorinnen/Baudirektoren – im Ingenieurschuldienst (als ständige Vertretung einer Oberbaudirektorin/eines Oberbaudirektors der Besoldungsgruppe A 16) – oder als ständige Vertretung einer Oberstudiendirektorin/eines Oberstudiendirektors der Besoldungsgruppe A 16 – in die Besoldungsgruppe A 15 eingereiht waren und eine Amtszulage nach Fußnote 13 erhielten, behalten diese Amtszulage.

H 4

Ordentliche Professorin/Ordentlicher Professor*1)
Professorin/Professor*2)

*1) **Amtl. Anm.:** An einer wissenschaftlichen Hochschule. Erhält für seine Lehrtätigkeit eine Kolleggeldpauschale von mindestens 1 572,23 Euro, höchstens 9 433,33 Euro jährlich; eine Kolleggeldpauschale von mehr als 1 572,23 Euro jährlich bedarf der Zustimmung des für Finanzen zuständigen Ministeriums.

*2) **Amtl. Anm.:** An einer Kunsthochschule oder der Sozialakademie Dortmund, soweit nicht in der Besoldungsgruppe H 3. Erhält als Leitung der Sozialakademie Dortmund für die Dauer dieser Amtstätigkeit eine widerrufliche, nicht ruhegehaltfähige Zulage, deren Höhe das für Wissenschaft zuständige Ministerium im Einvernehmen mit dem für Finanzen zuständigen Ministerium bestimmt.

H 5

Professorin als Direktorin einer Kunsthochschule/Professor als Direktor einer Kunsthochschule

(Fortsetzung nächstes Blatt)

Anlage 12[1)]
Gültig ab 1. Januar 2020

Anwärtergrundbetrag
(Monatsbeträge in Euro)

Besoldungsgruppe des Einstiegsamtes, in das die Anwärterin oder der Anwärter nach Abschluss des Vorbereitungsdienstes unmittelbar eintritt	Grundbetrag
A 5 bis A 8	1299,78
A 9 bis A 11	1355,68
A 12	1500,37
A 13	1533,28
A 13 mit Zulage nach § 47 Buchstabe c	1569,43

Anlage 13[2)]
Gültig ab 1. Januar 2021

Familienzuschlag für Beamtinnen und Beamte
(Monatsbeträge in Euro)

	Stufe 1 (§ 43 Absatz 1)	Stufe 2 (§ 43 Absatz 2)
Besoldungsgruppen A 5 und A 6	144,88	277,30
Besoldungsgruppen A 7 und A 8	143,16	274,03
übrige Besoldungsgruppen	148,52	277,84

Bei mehr als einem Kind erhöht sich der Familienzuschlag für das zweite zu berücksichtigende Kind

in den Besoldungsgruppen A 5 und A 6 um 132,42 Euro,
in den Besoldungsgruppen A 7 und A 8 um 130,87 Euro,
in den übrigen Besoldungsgruppen um 129,32 Euro.

Für das dritte zu berücksichtigende Kind erhöht sich der Familienzuschlag

in den Besoldungsgruppen A 5 und A 6 um 816,79 Euro,
in den Besoldungsgruppen A 7 und A 8 um 811,95 Euro,
in den übrigen Besoldungsgruppen um 807,15 Euro.

Für das vierte zu berücksichtigende Kind erhöht sich der Familienzuschlag

in den Besoldungsgruppen A 5 und A 6 um 772,05 Euro,
in den Besoldungsgruppen A 7 und A 8 um 767,21 Euro,

1) Anl. 12 neu gef. mWv 1.1.2020 durch G v. 12.7.2019 (GV. NRW. S. 378).
2) Anl. 13 neu gef. mWv 1.1.2021 durch G v. 14.9.2021 (GV. NRW. S. 1075).

in den übrigen Besoldungsgruppen um 762,41 Euro.

Für das fünfte und jedes weitere zu berücksichtigende Kind erhöht sich der Familienzuschlag

in den Besoldungsgruppen A 5 und A 6 um 778,86 Euro,
in den Besoldungsgruppen A 7 und A 8 um 774,02 Euro,
in den übrigen Besoldungsgruppen um 769,22 Euro.

Erhöhungsbetrag für die Besoldungsgruppe A 5:

Der Familienzuschlag der Stufe 2 erhöht sich für das erste zu berücksichtigende Kind in der Besoldungsgruppe A 5 um 7,39 Euro, ab Stufe 3 für jedes weitere zu berücksichtigende Kind in der Besoldungsgruppe A 5 um 22,16 Euro.

Soweit dadurch im Einzelfall die Besoldung hinter derjenigen aus einer niedrigeren Besoldungsgruppe zurückbleibt, wird der Unterschiedsbetrag zusätzlich gewährt.

Familienzuschlag für Anwärterinnen und Anwärter[1)]
(Monatsbeträge in Euro)

	Stufe 1 (§ 43 Absatz 1)	Stufe 2 (§ 43 Absatz 2)
Besoldungsgruppen A 5 bis A 8	143,16	274,03
übrige Besoldungsgruppen	150,32	281,19

Bei mehr als einem Kind erhöht sich der Familienzuschlag für das zweite zu berücksichtigende Kind um 130,87 Euro, für das dritte zu berücksichtigende Kind um 811,95 Euro, für das vierte zu berücksichtigende Kind um 767,21 Euro und für jedes weitere zu berücksichtigende Kind um 774,02 Euro.

Erhöhungsbetrag für die Besoldungsgruppe A 5:

Der Familienzuschlag der Stufe 2 erhöht sich für das erste zu berücksichtigende Kind in der Besoldungsgruppe A 5 um 7,30 Euro, ab Stufe 3 für jedes weitere zu berücksichtigende Kind in der Besoldungsgruppe A 5 um 21,89 Euro.

Soweit dadurch im Einzelfall die Besoldung hinter derjenigen aus einer niedrigeren Besoldungsgruppe zurückbleibt, wird der Unterschiedsbetrag zusätzlich gewährt.

[1)] **Amtl. Anm.:** Soweit in dieser Tabelle der Begriff „Besoldungsgruppe" verwendet wird, ist darunter die Besoldungsgruppe des Einstiegsamtes, in das die Anwärterin oder der Anwärter nach Abschluss des Vorbereitungsdienstes unmittelbar eintritt, zu verstehen.

24.41. Personalvertretungsgesetz für das Land Nordrhein-Westfalen – Landespersonalvertretungsgesetz – LPVG –

Vom 3. Dezember 1974
(GV. NW. S. 1514)

SGV. NRW. 2035

zuletzt geänd. durch Art. 1 G zur Änd. des LandespersonalvertretungsG und des Landesrichter- und StaatsanwälteG v. 1.6.2021 (GV. NRW. S. 690)

Der Landtag hat das folgende Gesetz beschlossen, das hiermit verkündet wird:

Inhaltsübersicht[1) 2)]

Erstes Kapitel. Allgemeine Vorschriften

§ 1[3)] **[Bildung von Personalvertretungen]** (1) Bei den Dienststellen des Landes, der Gemeinden, der Gemeindeverbände und der sonstigen der Aufsicht

---

[1)] Die Inhaltsübersicht wurde nichtamtlich an die nachträglichen Änderungen angepasst.

[2)] Inhaltsübersicht geänd. mWv 17.10.2007 durch G v. 9.10.2007 (GV. NRW. S. 394); geänd. mWv 16.7.2011 durch G v. 5.7.2011 (GV. NRW. S. 348); geänd. mWv 1.7.2016 durch G v. 8.12.2015 (GV. NRW. S. 812).

des Landes unterstehenden Körperschaften, Anstalten und Stiftungen des öffentlichen Rechts werden Personalvertretungen gebildet.

(2) Dienststellen im Sinne dieses Gesetzes sind, soweit nicht im Zehnten Kapitel etwas anderes bestimmt ist, die Behörden, Einrichtungen und Betriebe des Landes sowie die Kunsthochschulen des Landes, die Schulen und die Gerichte; bei den Gemeinden, den Gemeindeverbänden und den sonstigen der Aufsicht des Landes unterstehenden Körperschaften, Anstalten und Stiftungen des öffentlichen Rechts bilden die Verwaltungen, die Eigenbetriebe und die Schulen gemeinsam eine Dienststelle.

(3) Nebenstellen oder Teile einer Dienststelle können von der obersten Dienstbehörde zu selbständigen Dienststellen im Sinne dieses Gesetzes erklärt werden, sofern der Nebenstelle oder dem Teil einer Dienststelle eine selbständige Regelungskompetenz im personellen und sachlichen Bereich zusteht.

§ 2 [Zusammenarbeit, Friedenspflicht] (1) Dienststelle und Personalvertretung arbeiten zur Erfüllung der dienstlichen Aufgaben und zum Wohle der Beschäftigten im Rahmen der Gesetze und Tarifverträge vertrauensvoll zusammen; hierbei wirken sie mit den in der Dienststelle vertretenen Gewerkschaften und Arbeitgebervereinigungen zusammen.

(2) [1] Dienststelle und Personalvertretung haben alles zu unterlassen, was geeignet ist, die Arbeit und den Frieden der Dienststelle zu beeinträchtigen. [2] Insbesondere dürfen Dienststelle und Personalvertretung keine Maßnahmen des Arbeitskampfes gegeneinander durchführen. [3] Arbeitskämpfe tariffähiger Parteien werden hierdurch nicht berührt.

(3) [1] Außenstehende Stellen dürfen erst angerufen werden, wenn eine Einigung in der Dienststelle nicht erzielt worden ist. [2] Dies gilt nicht für Gewerkschaften, Berufsverbände und Arbeitgeberverbände.

§ 3[1)] [Neutralität] (1) Die Dienststelle und die Personalvertretung in der Dienststelle haben jede parteipolitische Betätigung zu unterlassen; die Behandlung von Tarif-, Besoldungs- und Sozialangelegenheiten wird hierdurch nicht berührt.

[3)] § 1 Abs. 2 und 3 geänd. mWv 17.10.2007 durch G v. 9.10.2007 (GV. NRW. S. 394); Abs. 3 neu gef. mWv 16.7.2011 durch G v. 5.7.2011 (GV. NRW. S. 348).

[1)] § 3 Abs. 1 neu gef., Abs. 4 geänd. mWv 16.7.2011 durch G v. 5.7.2011 (GV. NRW. S. 348).

§ 27[1] **[Ruhen der Mitgliedschaft]** (1) Die Mitgliedschaft einer Beamtin oder eines Beamten im Personalrat ruht, solange ihr oder ihm die Führung der Dienstgeschäfte verboten oder sie oder er wegen eines gegen sie oder ihn schwebenden Disziplinarverfahrens vorläufig des Dienstes enthoben ist.

(2) In den Fällen des § 26 Abs. 1 Buchstaben d und e ruht die Mitgliedschaft im Personalrat bis zur Rechtskraft der Entscheidung.

§ 28[2] **[Ersatzmitgliedschaft]** (1) [1] Scheidet ein Mitglied aus dem Personalrat aus, so tritt ein Ersatzmitglied ein. [2] Ist ein Mitglied zeitweilig verhindert oder ruht seine Mitgliedschaft, so tritt ein Ersatzmitglied für die Zeit der Verhinderung oder des Ruhens ein.

(2) [1] Die Ersatzmitglieder werden der Reihe nach aus den nicht gewählten Beschäftigten derjenigen Vorschlagslisten entnommen, denen die zu ersetzenden Mitglieder angehören. [2] Ist das zu ersetzende Mitglied mit einfacher Stimmenmehrheit gewählt, so tritt die oder der nicht gewählte Beschäftigte mit der nächsthöheren Stimmenzahl als Ersatzmitglied ein.

(3) § 26 Abs. 3 gilt entsprechend bei einem Wechsel der Gruppenzugehörigkeit vor dem Eintritt des Ersatzmitglieds in den Personalrat.

(4) Im Falle des § 24 Abs. 1 Satz 1 Buchstaben d und e treten Ersatzmitglieder nicht ein.

Dritter Abschnitt. Geschäftsführung

§ 29[3] **[Vorstand, Vorsitz, Stellvertretung]** (1) [1] Der Personalrat wählt aus seiner Mitte die vorsitzende Person und Stellvertreterinnen oder Stellvertreter. [2] Die Reihenfolge der Stellvertretung bestimmt der Personalrat. [3] Sofern im Personalrat Beamtinnen und Beamte sowie Arbeitnehmerinnen und Arbeitnehmer vertreten sind, darf die erste Stellvertreterin oder der erste Stellvertreter nicht derselben Gruppe angehören wie die vorsitzende Person.

(2) Die vorsitzende Person führt die laufenden Geschäfte und vertritt den Personalrat im Rahmen der von diesem gefassten Beschlüsse.

§ 30[4] **[Einberufung]** (1) Spätestens eine Woche nach dem Wahltag hat der Wahlvorstand die Mitglieder des Personalrats zur Vornahme der vorgeschriebenen Wahlen einzuberufen und die Sitzung zu leiten.

(2) [1] Die weiteren Sitzungen beraumt die vorsitzende Person des Personalrats an. [2] Sie setzt die Tagesordnung fest und leitet die Verhandlung. [3] Die vorsitzende Person hat die Mitglieder des Personalrats und die in § 36 genannten Personen zu den Sitzungen rechtzeitig unter Mitteilung der Tagesordnung zu laden.

(3) Auf Antrag eines Viertels der Mitglieder des Personalrats, der Mehrheit der Mitglieder einer Gruppe, der Dienststelle in Angelegenheiten, die besonders schwerbehinderte Beschäftigte betreffen, der Schwerbehindertenvertretung oder in Angelegenheiten, die besonders Beschäftigte im Sinne von § 55 Abs. 1 betreffen, der Mehrheit der Mitglieder der Jugend- und Auszubilden-

---

[1] § 27 Abs. 1 neu gef. mWv 16.7.2011 durch G v. 5.7.2011 (GV. NRW. S. 348).

[2] § 28 Abs. 2 Satz 2 geänd. mWv 16.7.2011 durch G v. 5.7.2011 (GV. NRW. S. 348).

[3] § 29 neu gef. mWv 16.7.2011 durch G v. 5.7.2011 (GV. NRW. S. 348).

[4] § 30 Abs. 3 geänd. mWv 17.10.2007 durch G v. 9.10.2007 (GV. NRW. S. 394); Abs. 2 Satz 1, 2 und 3, Abs. 3, Abs. 4 Satz 1 und 2 geänd. mWv 16.7.2011 durch G v. 5.7.2011 (GV. NRW. S. 348).

denvertretung, hat die vorsitzende Person eine Sitzung anzuberaumen und den Gegenstand, dessen Beratung beantragt ist, auf die Tagesordnung zu setzen.

(4) [1]Die Dienststelle nimmt an den Sitzungen teil, die auf ihren Antrag anberaumt sind oder zu denen sie ausdrücklich eingeladen ist. [2]Sie kann ein Mitglied der Arbeitgebervereinigung, der die Dienststelle angehört, hinzuziehen.

§ 31[1)] [Sitzungen] (1) [1]Die Sitzungen des Personalrats finden in der Regel während der Arbeitszeit statt. [2]Der Personalrat hat bei der Anberaumung seiner Sitzungen die dienstlichen Erfordernisse zu berücksichtigen. [3]Die Dienststelle ist vom Zeitpunkt der Sitzung rechtzeitig zu verständigen.

(2) [1]Die Sitzungen des Personalrats sind nicht öffentlich. [2]Der Personalrat kann die Teilnahme des ihm nach § 40 Abs. 3 zur Verfügung gestellten Büropersonals sowie sachkundiger Personen gestatten.

§ 32 [Teilnahme von Gewerkschafts- und Stufenvertretern] (1) Auf Antrag von einem Viertel der Mitglieder oder der Mehrheit einer Gruppe des Personalrats können Beauftragte einer im Personalrat vertretenen Gewerkschaft an den Sitzungen beratend teilnehmen.

(2) Der Personalrat kann beschließen, daß beauftragte Mitglieder der Stufenvertretungen, die bei übergeordneten Dienststellen bestehen, sowie des Gesamtpersonalrats berechtigt sind, mit beratender Stimme an seinen Sitzungen teilzunehmen.

§ 33[2)] [Beschlußfassung] (1) [1]Die Beschlüsse des Personalrats werden mit einfacher Stimmenmehrheit der anwesenden Mitglieder gefaßt. [2]Stimmenthaltungen bleiben bei der Ermittlung der Mehrheit außer Betracht. [3]Bei Stimmengleichheit ist ein Antrag abgelehnt.

(2) Der Personalrat ist nur beschlußfähig, wenn mindestens die Hälfte seiner Mitglieder anwesend ist; Stellvertretung durch Ersatzmitglieder ist zulässig.

(3) Längstens bis zum 31. Dezember 2021 gilt abweichend, dass Beschlüsse auch wirksam sind, wenn sie mittels Umlaufverfahren oder elektronischer Abstimmung erfolgt sind.

§ 34[3)] [Gemeinsame Angelegenheiten] (1) [1]Über die gemeinsamen Angelegenheiten der Gruppen wird vom Personalrat gemeinsam beraten und beschlossen. [2]Die in § 72 Absatz 2 bezeichneten Angelegenheiten gelten auch dann als gemeinsame Angelegenheiten, wenn sie nur einzelne Beschäftigte betreffen.

(2) [1]Über Angelegenheiten, die lediglich die Angehörigen einer Gruppe betreffen, wird nach gemeinsamer Beratung vom Personalrat beschlossen, sofern die Mehrheit der Mitglieder der betreffenden Gruppe nicht widerspricht; bei Widerspruch beschließen nur die Mitglieder der Gruppe. [2]Satz 1

[1)] § 31 Abs. 1 Satz 3 geänd. mWv 16.7.2011 durch G v. 5.7.2011 (GV. NRW. S. 348).

[2)] § 33 Abs. 3 angef. mWv 15.4.2020 durch G v. 14.4.2020 (GV. NRW. S. 218b); Abs. 3 geänd. mWv 1.7.2021 durch G v. 1.6.2021 (GV. NRW. S. 690).

[3)] § 34 Abs. 1 Satz 1 geänd. mWv 17.10.2007 durch G v. 9.10.2007 (GV. NRW. S. 394); Abs. 1 Satz 2 neu gef., Abs. 2 Satz 1 Halbs.1 und 2 geänd. mWv 16.7.2011 durch G v. 5.7.2011 (GV. NRW. S. 348).

gilt entsprechend für Angelegenheiten, die lediglich die Angehörigen von zwei Gruppen betreffen.

§ 35[1] **[Beschlußaussetzung auf Antrag einer Gruppe]** (1) [1]Erachtet die Mehrheit der Mitglieder einer Gruppe oder der Jugend- und Auszubildendenvertretung einen Beschluß des Personalrats als eine erhebliche Beeinträchtigung wichtiger Interessen der durch sie vertretenen Beschäftigten, so ist auf ihren Antrag der Beschluß auf die Dauer einer Woche vom Zeitpunkt der Beschlußfassung an auszusetzen. [2]In dieser Frist soll, gegebenenfalls mit Hilfe der unter den Mitgliedern des Personalrats oder der Jugend- und Auszubildendenvertretung vertretenen Gewerkschaften, eine Verständigung versucht werden.

(2) [1]Die Antragsteller können verlangen, daß an der nach Ablauf der Aussetzungsfrist stattfindenden Sitzung des Personalrats, in der über die Angelegenheit neu zu beschließen ist, eine beauftragte Person der von ihnen benannten und unter den Mitgliedern des Personalrats vertretenen Gewerkschaft mit beratender Stimme teilnimmt. [2]Wird der erste Beschluß bestätigt, so kann der Antrag auf Aussetzung nicht wiederholt werden.

(3) Die Absätze 1 und 2 gelten entsprechend, wenn die Schwerbehindertenvertretung einen Beschluß des Personalrats als eine erhebliche Beeinträchtigung wichtiger Interessen der schwerbehinderten Beschäftigten erachtet.

§ 36 [Teilnahme von Gruppenvertretern] (1) [1]Ein Mitglied der Jugend- und Auszubildendenvertretung, das von dieser benannt wird, und die Schwerbehindertenvertretung können an allen Sitzungen des Personalrats beratend teilnehmen; auf Beschluß des Personalrats können weitere Mitglieder teilnehmen. [2]Der Vertrauensmann der Zivildienstleistenden kann an Sitzungen beratend teilnehmen, wenn Angelegenheiten behandelt werden, die auch die Dienstleistenden betreffen.

(2) Die gesamte Jugend- und Auszubildendenvertretung kann an Sitzungen des Personalrats, in denen Angelegenheiten behandelt werden, die besonders Beschäftigte im Sinne von § 55 Abs. 1 betreffen, teilnehmen und bei Beschlüssen mitstimmen.

§ 37[2] **[Niederschrift]** (1) [1]Über jede Verhandlung des Personalrats ist eine Niederschrift aufzunehmen, die mindestens den Wortlaut der Beschlüsse und die Stimmenmehrheit, mit der sie gefaßt sind, enthält. [2]Die Niederschrift ist von der vorsitzenden Person und einem weiteren Mitglied zu unterzeichnen und dem Personalrat in der nächsten Sitzung zur Genehmigung vorzulegen. [3]Der Niederschrift ist eine Anwesenheitsliste beizufügen, in die sich jede Teilnehmerin und jeder Teilnehmer eigenhändig einzutragen hat. [4]Erfolgt eine Beschlussfassung des Personalrats gemäß § 33 Absatz 3, stellt die vorsitzende Person vor Beginn der Beratung die zugeschalteten Personalratsmitglieder fest und trägt sie in die Anwesenheitsliste ein.

(2) [1]Hat die Dienststelle an der Sitzung teilgenommen, so ist ihr der entsprechende Teil der Niederschrift in Abschrift zuzuleiten. [2]Das gleiche gilt für Beauftragte von Gewerkschaften, die an der Sitzung teilgenommen haben.

[1] § 35 Abs. 3 geänd. mWv 17.10.2007 durch G v. 9.10.2007 (GV. NRW. S. 394); Abs. 1 Satz 1 und Abs. 2 Satz 1 geänd. mWv 16.7.2011 durch G v. 5.7.2011 (GV. NRW. S. 348).

[2] § 37 Abs. 1 Satz 2 und 3, Abs. 2 Satz 1 geänd. mWv 16.7.2011 durch G v. 5.7.2011 (GV. NRW. S. 348); Abs. 1 Satz 4 angef. mWv 1.7.2021 durch G v. 1.6.2021 (GV. NRW. S. 690).

[3] Einwendungen gegen die Niederschrift sind unverzüglich schriftlich zu erheben und der Niederschrift beizufügen.

§ 38 [Geschäftsordnung] Sonstige Bestimmungen über die Geschäftsführung können in einer Geschäftsordnung getroffen werden, die der Personalrat mit der Mehrheit der Stimmen seiner Mitglieder beschließt.

§ 39[1)] [Sprechstunden] (1) [1] Der Personalrat kann Sprechstunden während der Arbeitszeit einrichten. [2] Die Zeit und den Ort bestimmt er im Benehmen mit der Dienststelle.

(2) Versäumnis von Arbeitszeit, die zur Inanspruchnahme des Personalrats erforderlich ist, hat keine Minderung der Bezüge oder des Arbeitsentgelts zur Folge.

§ 40[2)] [Kosten] (1) [1] Die durch die Tätigkeit des Personalrats entstehenden Kosten trägt die Dienststelle. [2] Reisen, die zur Erfüllung von Aufgaben des Personalrats notwendig sind, sind der Dienststelle rechtzeitig vorher anzuzeigen. [3] Mitglieder des Personalrats erhalten bei solchen Reisen Reisekostenvergütungen nach dem Landesreisekostengesetz[3)]. [4] Bei Fahrten zu der Stelle, bei der der Personalrat gebildet worden ist, und bei Fahrten zu regelmäßigen Sitzungen bei einer anderen Stelle und täglicher Rückkehr zum Wohnort finden die Bestimmungen des Trennungsentschädigungsrechts keine Anwendung. [5] Dienststelle und Personalrat können sich im Rahmen eines Budgets über die voraussichtlich anfallenden notwendigen Kosten verständigen; der Personalrat entscheidet im Rahmen des Budgets eigenverantwortlich.

(2) [1] Zur Deckung der dem Personalrat als Aufwand entstehenden Kosten sind ihm Haushaltsmittel zur Verfügung zu stellen. [2] Ihre Höhe ist unter Berücksichtigung der Zahl der in der Regel vorhandenen Beschäftigten zu bemessen; sie wird durch Rechtsverordnung[4)] der Landesregierung festgesetzt. [3] Über die Verwendung der Mittel beschließt der Personalrat. [4] Er hat sie auf Verlangen gegenüber der für die Rechnungsprüfung zuständigen Stelle nachzuweisen.

(3) Für die Sitzungen, die Sprechstunden und die laufende Geschäftsführung hat die Dienststelle im erforderlichen Umfang Räume, den Geschäftsbedarf und Büropersonal zur Verfügung zu stellen.

(4) [1] Der Personalrat ist im Rahmen seiner Aufgaben nach diesem Gesetz berechtigt, die Beschäftigten über Angelegenheiten, die sie unmittelbar betreffen, schriftlich oder elektronisch zu unterrichten. [2] Ihm sind in allen Dienststellen geeignete Plätze für Bekanntmachungen zur Verfügung zu stellen und die Möglichkeit einer elektronischen Bekanntmachung zu eröffnen.

§ 41 [Keine Beiträge] Der Personalrat darf für seine Zwecke von den Beschäftigten keine Beiträge erheben oder annehmen.

---

1) § 39 Abs. 1 Satz 2 geänd. mWv 17.10.2007 durch G v. 9.10.2007 (GV. NRW. S. 394); Abs. 1 Satz 2 geänd. mWv 16.7.2011 durch G v. 5.7.2011 (GV. NRW. S. 348).

2) § 40 Abs. 1 Satz 3 geänd., Satz 5 angef., Abs. 4 Sätze 1 und 2 geänd. mWv 17.10.2007 durch G v. 9.10.2007 (GV. NRW. S. 394); Abs. 1 Satz 2 geänd. mWv 16.7.2011 durch G v. 5.7.2011 (GV. NRW. S. 348).

3) **Rehborn, Gesetze NRW (vormals v. Hippel/Rehborn) Nr. 46.**

4) Siehe Aufwandsdeckungsverordnung v. 25.2.1976 (GV. NRW. S. 89), zuletzt geänd. durch VO v. 28.4.2015 (GV. NRW. S. 430).

24.51. Beamtenversorgungsgesetz für das Land Nordrhein-Westfalen (Landesbeamtenversorgungsgesetz – LBeamtVG NRW)[1) 2)]

Vom 14. Juni 2016

(GV. NRW. S. 310, 387)

SGV. NRW. 20320

zuletzt geänd. durch Art. 3 G zur Anpassung der Alimentation kinderreicher Familien sowie zur Änd. weiterer dienstrechtlicher Vorschriften v. 14.9.2021 (GV. NRW. S. 1075)

Inhaltsübersicht[3)]

---

1) Verkündet als Art. 3 G v. 14.6.2016 (GV. NRW. S. 310, ber. S. 642); Inkrafttreten gem. Art. 47 Satz 1 dieses G am 1.7.2016, mit Ausnahme von § 5 Abs. 1 Sätze 3 und 4, § 66 Abs. 2 Satz 2 und § 85 Abs. 6, die gem. Art. 47 Satz 3 am 1.1.2017 in Kraft treten.

2) Siehe bis zum 30.6.2016 das LandesbeamtenversorgungsG v. 16.5.2013 (GV. NRW. S. 234, 238).

3) Inhaltsübersicht geänd. mWv 16.7.2016 durch G v. 8.7.2016 (GV. NRW. S. 619); geänd. mWv 14.12.2019 durch G v. 3.12.2019 (GV. NRW. S. 878).

[3] Zeiten, die kraft gesetzlicher Vorschrift als ruhegehaltfähig gelten oder nach § 9 als ruhegehaltfähige Dienstzeit berücksichtigt werden, sind einzurechnen. [4] Satz 3 gilt nicht für Zeiten, die die Beamtin oder der Beamte vor dem 3. Oktober 1990 in dem in Artikel 3 des Einigungsvertrages vom 31. August 1990 (BGBl. 1990 II S. 889) genannten Gebiet zurückgelegt hat.

(2) [1] Der Anspruch auf Ruhegehalt entsteht mit dem Beginn des Ruhestandes. [2] Im Fall des § 4 des Landesbesoldungsgesetzes[1)] vom 14. Juni 2016 (GV. NRW. S. 310) in der jeweils geltenden Fassung entsteht der Anspruch auf Ruhegehalt abweichend von Satz 1 nach Ablauf der Zeit, für die Dienstbezüge gewährt werden.

(3) Das Ruhegehalt wird auf der Grundlage der ruhegehaltfähigen Dienstbezüge und der ruhegehaltfähigen Dienstzeit berechnet.

§ 5[2) 3)] Ruhegehaltfähige Dienstbezüge. (1) [1] Ruhegehaltfähige Dienstbezüge sind

1. das Grundgehalt,
2. der Familienzuschlag (§ 58 Absatz 1) der Stufe 1,
3. sonstige Dienstbezüge, die im Besoldungsrecht als ruhegehaltfähig bezeichnet sind und
4. Leistungsbezüge, die nach § 37 des Landesbesoldungsgesetzes[1)] ruhegehaltfähig sind,

die der Beamtin oder dem Beamten in den Fällen der Nummern 1 und 3 zuletzt zugestanden haben oder in den Fällen der Nummer 2 nach dem Besoldungsrecht zustehen würden. [2] Bei Teilzeitbeschäftigung und Beurlaubung ohne Dienstbezüge (Freistellung) sowie bei eingeschränkter Verwendung einer Beamtin oder eines Beamten wegen begrenzter Dienstfähigkeit nach § 27 des Beamtenstatusgesetzes[4)] vom 17. Juni 2008 (BGBl. I S. 1010) in der jeweils geltenden Fassung gelten als ruhegehaltfähige Dienstbezüge die dem letzten Amt entsprechenden vollen ruhegehaltfähigen Dienstbezüge. [3] Die ruhegehaltfähigen Dienstbezüge in den Besoldungsgruppen A 7 und A 8 sind mit dem Faktor 0,99518 und in den übrigen Besoldungsgruppen, mit Ausnahme der Besoldungsgruppen A 5 und A 6 sowie in den weggefallenen Besoldungsgruppen A 2 bis A 4, mit dem Faktor 0,99349 zu vervielfältigen. [4] Bei Versorgungsempfängerinnen und Versorgungsempfängern, die einen Unterhaltsbeitrag nach § 27 Absatz 1 bis 3, durch Gnadenerweis oder in Folge Disziplinarentscheidung oder eine Versorgung auf Grund einer Entscheidung im Dienstordnungsverfahren nach früherem Recht erhalten, sind die ruhegehaltfähigen Dienstbezüge in den Besoldungsgruppen A 5 und A 6 sowie in den weggefallenen Besoldungsgruppen A 2 bis A 4 mit dem Faktor 0,95238, in den Besoldungsgruppen A 7 und A 8 mit dem Faktor 0,96385 und in den übrigen Besoldungsgruppen mit dem Faktor 0,9756 zu vervielfältigen.

(2) Ist die Beamtin oder der Beamte wegen Dienstunfähigkeit auf Grund eines Dienstunfalls nach § 36 in den Ruhestand versetzt worden, so ist das Grundgehalt der nach Absatz 1 Satz 1 Nummer 1, Absatz 3 bis 5 maßgebenden Besoldungsgruppe nach der Erfahrungsstufe zugrunde zu legen, die sie oder er

---

[1)] Nr. **24.31**.
[2)] § 5 Abs. 1 Sätze 3 und 4 treten am 1.1.2017 in Kraft; vgl. Anm. zum Titel.
[3)] § 5 Abs. 1 Satz 4 geänd. mWv 1.1.2017 durch G v. 7.4.2017 (GV. NRW. S. 414).
[4)] Nr. **24.1**.

bis zum Eintritt in den Ruhestand wegen Erreichens der Altersgrenze hätte erreichen können.

(3) [1] Ist die Beamtin oder der Beamte aus einem Amt in den Ruhestand getreten oder versetzt worden, das nicht der Besoldungsgruppe ihres oder seines Einstiegsamtes der Laufbahngruppe oder das keiner Laufbahn angehört, und hat sie oder er die Dienstbezüge dieses oder eines mindestens gleichwertigen Amtes vor dem Eintritt oder der Versetzung in den Ruhestand nicht mindestens zwei Jahre erhalten, sind ruhegehaltfähig nur die Bezüge des vorher bekleideten Amtes. [2] Hat die Beamtin oder der Beamte vorher ein Amt nicht bekleidet, setzt die oberste Dienstbehörde im Einvernehmen mit dem Finanzministerium die ruhegehaltfähigen Dienstbezüge bis zur Höhe der ruhegehaltfähigen Dienstbezüge der nächst niedrigeren Besoldungsgruppe der Laufbahn fest, mindestens jedoch bis zur Höhe der ruhegehaltfähigen Dienstbezüge aus der Besoldungsgruppe des Einstiegsamtes der Laufbahngruppe.

(4) Das Ruhegehalt von Beamtinnen und Beamten, die früher ein höher besoldetes Amt bekleidet und diese Bezüge mindestens zwei Jahre erhalten haben, wird nach den höheren ruhegehaltfähigen Dienstbezügen des früheren Amtes und der gesamten ruhegehaltfähigen Dienstzeit berechnet, wenn der Übertritt in das niedriger besoldete Amt nicht lediglich aus eigenem Interesse der Beamtin oder des Beamten auf ihren oder seinen Antrag hin erfolgte.

(5) [1] Verringern sich bei einem Wechsel in ein Amt der Besoldungsordnung W die ruhegehaltfähigen Dienstbezüge, berechnet sich das Ruhegehalt aus den ruhegehaltfähigen Dienstbezügen des früheren Amtes und der gesamten ruhegehaltfähigen Dienstzeit, sofern die Beamtin oder der Beamte die Dienstbezüge des früheren Amtes mindestens zwei Jahre erhalten hat. [2] Ruhegehaltfähig ist die zum Zeitpunkt des Wechsels erreichte Erfahrungsstufe des Grundgehalts. [3] Auf die Zweijahresfrist wird der Zeitraum angerechnet, in dem die Beamtin oder der Beamte Dienstbezüge aus einem Amt der Besoldungsordnung W erhalten hat.

(6) [1] In die Zweijahresfrist nach den Absätzen 3 bis 5 ist die innerhalb dieser Frist liegende, als ruhegehaltfähige Dienstzeit berücksichtigte Zeit einer Beurlaubung ohne Dienstbezüge einzurechnen. [2] Die Zweijahresfrist kommt nicht zur Anwendung, wenn die Beamtin oder der Beamte vor Ablauf der Frist infolge von Krankheit, Verwundung oder sonstiger Beschädigung, die sie oder er sich ohne grobes Verschulden bei Ausübung oder aus Veranlassung des Dienstes zugezogen hat, in den Ruhestand versetzt wurde oder verstarb.

(7) Das Ruhegehalt nach einem früheren Amt darf die ruhegehaltfähigen Dienstbezüge des letzten Amtes nicht übersteigen.

§ 6[1)] Regelmäßige ruhegehaltfähige Dienstzeit. (1) [1] Ruhegehaltfähig ist die Dienstzeit, welche die Beamtin oder der Beamte ab dem Tag ihrer oder seiner ersten Berufung in das Beamtenverhältnis im Dienst eines inländischen öffentlich-rechtlichen Dienstherrn im Beamtenverhältnis zurückgelegt hat. [2] Dies gilt nicht für die Zeit

1. im Beamtenverhältnis auf Widerruf im Sinne des § 4 Absatz 4 Buchstabe b des Beamtenstatusgesetzes[2)],

---

[1)] § 6 Abs. 4 Nr. 2 und Nr. 3 geänd. mWv 16.7.2016 durch G v. 8.7.2016 (GV. NRW. S. 619); Abs. 4 Nr. 6 geänd. mWv 22.9.2021 durch G v. 14.9.2021 (GV. NRW. S. 1075).

[2)] Nr. **24.1**.

2. in einem Amt, das die Arbeitskraft der Beamtin oder des Beamten nur nebenbei beansprucht,
3. einer Tätigkeit, aus der ohne Ruhegehaltsberechtigung nur Gebühren bezogen werden,
4. einer Beurlaubung ohne Dienstbezüge; die Zeit einer Beurlaubung ohne Dienstbezüge kann berücksichtigt werden, wenn spätestens bei Beendigung des Urlaubs schriftlich zugestanden worden ist, dass er öffentlichen Belangen oder dienstlichen Interessen dient,
5. eines schuldhaften Fernbleibens vom Dienst unter Verlust der Dienstbezüge,
6. für die eine Abfindung aus öffentlichen Mitteln gewährt wurde oder
7. einer ehrenamtlichen Tätigkeit.

(2) [1] Die Berücksichtigung der Zeit einer Beurlaubung (Absatz 1 Satz 2 Nummer 4) als ruhegehaltfähige Dienstzeit setzt die Zahlung eines Versorgungszuschlags für die Dauer der Beurlaubung voraus. [2] Der Versorgungszuschlag beträgt 30 Prozent der ohne Beurlaubung zustehenden ruhegehaltfähigen Bezüge. [3] Die ruhegehaltfähigen Bezüge bemessen sich bei Teilbeurlaubung nach dem Umfang der Beurlaubung. [4] Unbefristete und befristete Hochschulleistungsbezüge, die dem Grunde nach ruhegehaltfähig sind, sind von Anfang an in voller Höhe zu berücksichtigen. [5] Das Finanzministerium kann Ausnahmen zulassen.

(3) [1] Nicht ruhegehaltfähig sind Dienstzeiten

1. in einem Beamtenverhältnis, das durch eine Entscheidung der in § 24 Absatz 1 des Beamtenstatusgesetzes bezeichneten Art oder durch Disziplinarurteil beendet wurde,
2. in einem Beamtenverhältnis auf Probe oder auf Widerruf, wenn die Beamtin oder der Beamte entlassen wurde, weil er eine Handlung begangen hat, die bei einer Beamtin oder einem Beamten auf Lebenszeit mindestens eine Kürzung der Dienstbezüge zur Folge hätte,
3. in einem Beamtenverhältnis, das durch Entlassung auf Antrag der Beamtin oder des Beamten beendet wurde,
   a) wenn ihr oder ihm ein Verfahren mit der Folge des Verlustes der Beamtenrechte oder der Entfernung aus dem Dienst drohte oder
   b) wenn die Beamtin oder der Beamte den Antrag gestellt hat, um einer drohenden Entlassung nach Nummer 2 zuvorzukommen.

[2] Die oberste Dienstbehörde kann im Einvernehmen mit dem Finanzministerium Ausnahmen zulassen.

(4) Der im Beamtenverhältnis zurückgelegten Dienstzeit stehen gleich

1. die im Richterverhältnis zurückgelegte Dienstzeit,
2. die Zeit als Mitglied der Bundesregierung oder einer Landesregierung, soweit diese Zeit nicht im Rahmen eines aus diesem Amtsverhältnis zustehenden Anspruchs auf Ruhegehalt oder einer ruhegehaltähnlichen Versorgung berücksichtigt wird und noch kein Ruhegehalt aus dem Amtsverhältnis gezahlt wird,
3. die Zeit der Bekleidung des Amtes einer Parlamentarischen Staatssekretärin oder eines Parlamentarischen Staatssekretärs bei einem Mitglied der Bundesregierung oder bei einem Mitglied einer Landesregierung, soweit entsprechende Voraussetzungen vorliegen und diese Zeit nicht im Rahmen eines

aus diesem Amtsverhältnis zustehenden Anspruchs auf Ruhegehalt oder einer ruhegehaltähnlichen Versorgung berücksichtigt wird und noch kein Ruhegehalt aus dem Amtsverhältnis gezahlt wird,

4. die Zeit des vorgeschriebenen Vorbereitungsdienstes im öffentlich-rechtlichen Ausbildungsverhältnis,
5. die im öffentlichen Dienst einer zwischenstaatlichen oder überstaatlichen Einrichtung zurückgelegte Dienstzeit; Absatz 1 Satz 2 Nummer 6 findet keine Anwendung und
6. die in einem Dienstordnungsverhältnis bei einem Sozialversicherungsträger zurückgelegte Dienstzeit; soweit für diese Zeit eine unverfallbare Anwartschaft auf eine Betriebsrente erworben wurde, findet § 13 Absatz 4 entsprechend Anwendung.

§ 7 Erhöhung der ruhegehaltfähigen Dienstzeit. [1] Die ruhegehaltfähige Dienstzeit nach § 6 erhöht sich um die Zeit, welche die Ruhestandsbeamtin oder der Ruhestandsbeamte

1. in einer die Arbeitskraft voll beanspruchenden entgeltlichen Beschäftigung als Beamtin oder Beamter, Richterin oder Richter, Berufssoldatin oder Berufssoldat oder in einem Amtsverhältnis im Sinne des § 6 Absatz 4 Nummer 2 und 3 zurückgelegt hat, ohne daraus einen Versorgungsanspruch zu erlangen oder
2. in einer Tätigkeit im Sinne des § 6 Absatz 4 Nummer 5 zurückgelegt hat.

[2] § 6 Absatz 1 Satz 2 Nummer 4 und 5, Absatz 2 und Absatz 3 gilt entsprechend, für die Anwendung des Satzes 1 Nummer 1 gilt außerdem § 6 Absatz 1 Satz 2 Nummer 6 entsprechend.

§ 8 Wehrdienst und vergleichbare Zeiten. (1) Als ruhegehaltfähig gilt die Dienstzeit, in der die Beamtin oder der Beamte berufsmäßig im Dienst der Bundeswehr, der Nationalen Volksarmee der ehemaligen Deutschen Demokratischen Republik oder im Vollzugsdienst der Polizei gestanden hat.

(2) Als ruhegehaltfähig gilt auch die Zeit, während der die Beamtin oder der Beamte

1. nichtberufsmäßigen Wehrdienst in der Bundeswehr oder der Nationalen Volksarmee der ehemaligen Deutschen Demokratischen Republik oder einen vergleichbaren zivilen Ersatzdienst oder Polizeivollzugsdienst geleistet hat oder
2. sich auf Grund einer Krankheit oder Verwundung als Folge eines Dienstes nach Nummer 1 oder Absatz 1 im Anschluss an die Entlassung arbeitsunfähig in einer Heilbehandlung befunden hat.

(3) Für die Anwendung des Absatzes 1 gilt § 6 Absatz 1 Satz 2 Nummer 4 bis 6 und Absatz 3 und für die Anwendung des Absatzes 2 § 6 Absatz 1 Satz 2 Nummer 2, 4 bis 6 und Absatz 3 entsprechend.

§ 9 Zeiten im privatrechtlichen Arbeitsverhältnis im öffentlichen Dienst. [1] Als ruhegehaltfähig sollen auch folgende Zeiten berücksichtigt werden, in denen die Beamtin oder der Beamte im privatrechtlichen Arbeitsverhältnis im Dienst eines öffentlich-rechtlichen Dienstherrn ohne von der Beamtin oder dem Beamten zu vertretende Unterbrechung tätig gewesen ist, sofern diese Tätigkeit zu der Ernennung geführt hat:

1. Zeiten einer hauptberuflichen, in der Regel einer Beamtin oder einem Beamten obliegenden oder später einer Beamtin oder einem Beamten übertragenen entgeltlichen Beschäftigung, sofern bei Beginn der Tätigkeit die Laufbahnbefähigung vorgelegen hat, oder
2. Zeiten einer für die Laufbahn der Beamtin oder des Beamten förderlichen Tätigkeit.

[2]Der Tätigkeit im Dienst eines öffentlich-rechtlichen Dienstherrn steht die Tätigkeit im Dienst von Einrichtungen gleich, die von mehreren der in Satz 1 bezeichneten Dienstherren durch Staatsvertrag oder Verwaltungsabkommen zur Erfüllung oder Koordinierung ihnen obliegender hoheitsrechtlicher Aufgaben geschaffen worden sind.

§ 10 Sonstige Zeiten. [1]Die Zeit, während der eine Beamtin oder ein Beamter

1. a) hauptberuflich im Dienst öffentlich-rechtlicher Religionsgesellschaften oder ihrer Verbände (Artikel 140 des Grundgesetzes[1]) oder im öffentlichen oder nichtöffentlichen Schuldienst nach Erwerb der Lehrbefähigung,
   b) hauptberuflich im Dienst der Fraktionen des Bundestages oder der Landtage oder kommunaler Vertretungskörperschaften oder
   c) hauptberuflich im Dienst von kommunalen Spitzenverbänden oder ihren Landesverbänden sowie von Spitzenverbänden der Sozialversicherung oder ihren Landesverbänden

   tätig gewesen ist,
2. hauptberuflich im ausländischen öffentlichen Dienst gestanden hat oder
3. a) auf wissenschaftlichem, künstlerischem, technischem oder wirtschaftlichem Gebiet besondere Fachkenntnisse erworben hat, die die notwendige Voraussetzung für die Wahrnehmung ihres oder seines Amtes bilden, oder
   b) als Entwicklungshelferin oder Entwicklungshelfer im Sinne des Entwicklungshelfer-Gesetzes vom 18. Juni 1969 (BGBl. I S. 549) in der jeweils geltenden Fassung tätig gewesen ist, kann als ruhegehaltfähige Dienstzeit berücksichtigt werden.

[2]In den Fällen der Nummer 1 gilt dies nur, wenn ein innerer Zusammenhang zwischen dieser Tätigkeit und dem ersten im Beamtenverhältnis übertragenen Amt bestanden hat. [3]Die Zeit nach Satz 1 Nummer 3 kann jedoch höchstens bis zur Hälfte und nicht über zehn Jahre hinaus berücksichtigt werden.

§ 11 Ausbildungszeiten. (1) [1]Die Mindestzeit

1. der außer der allgemeinen Schulbildung vorgeschriebenen Ausbildung (Fachschul-, Hochschul- und praktische Ausbildung, Vorbereitungsdienst, übliche Prüfungszeit) oder
2. einer praktischen hauptberuflichen Tätigkeit, die für die Übernahme in das Beamtenverhältnis vorgeschrieben war,

kann als ruhegehaltfähige Dienstzeit berücksichtigt werden. [2]Die Zeit einer Fachschulausbildung einschließlich der Prüfungszeit kann dabei bis zu 1095 Tagen und die Zeit einer Hochschulausbildung einschließlich der Prüfungszeit

---

[1] Nr. **11.1**.

bis zu 855 Tagen, insgesamt höchstens bis zu 1095 Tagen, anerkannt werden. [3] Wurde die allgemeine Schulbildung durch eine andere Art der Ausbildung ersetzt, so steht diese der Schulbildung gleich.

(2) [1] Für die Beamtinnen und Beamten des Vollzugsdienstes und des Einsatzdienstes der Feuerwehr können Zeiten einer praktischen Ausbildung und einer praktischen hauptberuflichen Tätigkeit anstelle einer Berücksichtigung nach Absatz 1 bis zu einer Gesamtzeit von fünf Jahren als ruhegehaltfähige Dienstzeit berücksichtigt werden, wenn sie für die Wahrnehmung des Amtes förderlich gewesen sind. [2] Absatz 1 Satz 3 gilt entsprechend.

(3) [1] Bei anderen als Laufbahnbewerberinnen und -bewerbern können Zeiten nach Absatz 1 als ruhegehaltfähig berücksichtigt werden, wenn und soweit sie für Laufbahnbewerberinnen und -bewerber vorgeschrieben sind. [2] Ist eine Laufbahn der Fachrichtung der Beamtin oder des Beamten bei einem Dienstherrn noch nicht gestaltet, so gilt das gleiche für solche Zeiten, die bei Gestaltung der Laufbahn mindestens vorgeschrieben werden müssen.

§ 12 Zeiten in dem in Artikel 3 des Einigungsvertrages genannten Gebiet. (1) [1] Wehrdienstzeiten und vergleichbare Zeiten nach § 8, Beschäftigungszeiten nach § 9 und sonstige Zeiten nach den §§ 10, 81 Absatz 8 und § 82 Absatz 2, die die Beamtin oder der Beamte vor dem 3. Oktober 1990 in dem in Artikel 3 des Einigungsvertrages genannten Gebiet zurückgelegt hat, werden nicht als ruhegehaltfähige Dienstzeit berücksichtigt, sofern die allgemeine Wartezeit für die gesetzliche Rentenversicherung erfüllt ist und diese Zeiten als rentenrechtliche Zeiten berücksichtigungsfähig sind. [2] Ausbildungszeiten nach den §§ 11 und 81 Absatz 8 sind nicht ruhegehaltfähig, soweit die allgemeine Wartezeit für die gesetzliche Rentenversicherung erfüllt ist.

(2) Sofern die allgemeine Wartezeit für die gesetzliche Rentenversicherung nicht erfüllt ist, können die in Absatz 1 genannten Zeiten im Rahmen der dort genannten Vorschriften insgesamt höchstens bis zu fünf Jahren als ruhegehaltfähig berücksichtigt werden.

§ 13[1)] Allgemeine Bestimmungen zur Berücksichtigung ruhegehaltfähiger Dienstzeiten. (1) [1] Zeiten einer Teilzeitbeschäftigung und einer eingeschränkten Verwendung wegen begrenzter Dienstfähigkeit sind nur zu dem Teil ruhegehaltfähig, der dem Verhältnis der ermäßigten zur regelmäßigen Arbeitszeit entspricht. [2] Zeiten der eingeschränkten Verwendung einer Beamtin oder eines Beamten wegen begrenzter Dienstfähigkeit nach § 27 des Beamtenstatusgesetzes[2)] sind mindestens im Umfang der Zurechnungszeit nach § 15 Absatz 1 Satz 1 ruhegehaltfähig. [3] Zeiten einer Altersteilzeit nach § 66 des Landesbeamtengesetzes[3)] vom 14. Juni 2016 (GV. NRW. S. 310) in der jeweils geltenden Fassung sind zu acht Zehnteln der Arbeitszeit ruhegehaltfähig, die der Bemessung der ermäßigten Arbeitszeit während der Altersteilzeit zugrunde gelegt worden ist.

(2) Zeiten im Sinne der §§ 8 bis 12 werden nur berücksichtigt, wenn sie vor der Berufung in das Beamtenverhältnis zurückgelegt wurden.

[1)] § 13 Abs. 1 Satz 3 ber. GV. NRW. S. 642; Abs. 4 Satz 1 geänd., Satz 2 angef. mWv 22.9.2021 *durch G v. 14.9.2021 (GV. NRW. S. 1075).*

[2)] Nr. **24.1**.

[3)] Nr. **24.11**.

(3) Hauptberuflich ist eine Tätigkeit, wenn sie gegen Entgelt erbracht wird, den Schwerpunkt der beruflichen Tätigkeit darstellt, dem durch Ausbildung und Berufswahl geprägten Berufsbild entspricht und deren Beschäftigungsumfang im gleichen Zeitraum im Beamtenverhältnis zulässig gewesen wäre.

(4) [1] Zeiten nach den §§ 10, 11, § 81 Absatz 8, § 82 Absatz 2 und § 87 Absatz 1 Nummer 4 dürfen nur insoweit berücksichtigt werden, als die Versorgungsbezüge nach diesem Gesetz zusammen mit aus den in diesen Vorschriften genannten Tätigkeiten erworbenen Versorgungsansprüchen oder Rentenansprüchen, soweit es sich nicht um Renten im Sinne des § 68 handelt, die Höchstgrenze nach § 68 Absatz 2 nicht übersteigen. [2] Bei dieser Berechnung sind Renten im Sinne von § 68 einzubeziehen.

§ 14 Ausschlusszeiten. Zeiten, die nach § 30 Absatz 4 des Landesbesoldungsgesetzes[1)] nicht berücksichtigt werden, sind nicht ruhegehaltfähig.

§ 15 Zurechnungszeit und Zeit gesundheitsschädigender Verwendung. (1) [1] Ist die Beamtin oder der Beamte vor Vollendung des 60. Lebensjahres wegen Dienstunfähigkeit in den Ruhestand versetzt worden, wird die Zeit von der Versetzung in den Ruhestand bis zum Ablauf des Monats der Vollendung des 60. Lebensjahres für die Berechnung des Ruhegehalts der ruhegehaltfähigen Dienstzeit zu zwei Dritteln hinzugerechnet, soweit sie nicht nach anderen Vorschriften als ruhegehaltfähig berücksichtigt wird (Zurechnungszeit). [2] Ist die Beamtin oder der Beamte nach § 29 des Beamtenstatusgesetzes[2)] erneut in das Beamtenverhältnis berufen worden, so wird eine der Berechnung des früheren Ruhegehalts zugrunde gelegene Zurechnungszeit insoweit berücksichtigt, als die Zahl der dem neuen Ruhegehalt zugrunde liegenden Dienstjahre hinter der Zahl der dem früheren Ruhegehalt zugrunde gelegenen Dienstjahre zurückbleibt.

(2) [1] Die Zeit der Verwendung einer Beamtin oder eines Beamten in Ländern, in denen sie oder er gesundheitsschädigenden klimatischen Einflüssen ausgesetzt war, kann bis zum Doppelten als ruhegehaltfähige Dienstzeit berücksichtigt werden, wenn sie ununterbrochen mindestens ein Jahr gedauert hat. [2] Entsprechendes gilt für Beurlaubungen, wenn die Tätigkeit in den in Satz 1 genannten Gebieten öffentlichen Belangen oder dienstlichen Interessen diente und dies spätestens bei Beendigung des Urlaubs anerkannt worden ist. [3] Zeiten einer besonderen Verwendung im Ausland nach § 37 Absatz 1 können bis zum Doppelten als ruhegehaltfähige Dienstzeit berücksichtigt werden, wenn sie einzeln ununterbrochen mindestens 30 Tage und insgesamt mindestens 180 Tage gedauert haben.

(3) Sind sowohl die Voraussetzungen des Absatzes 1 als auch die des Absatzes 2 erfüllt, findet nur die günstigere Vorschrift Anwendung.

§ 16[3)] Höhe des Ruhegehalts. (1) [1] Das Ruhegehalt beträgt für jedes Jahr ruhegehaltfähiger Dienstzeit 1,79375 Prozent der ruhegehaltfähigen Dienstbezüge (§ 5), insgesamt jedoch höchstens 71,75 Prozent. [2] Der Ruhegehaltssatz ist auf zwei Dezimalstellen auszurechnen. [3] Dabei ist die zweite Dezimalstelle

---

[1)] Nr. **24.31**.

[2)] Nr. **24.1**.

[3)] § 16 Abs. 2 Satz 7, Abs. 4 Satz 3 geänd. mWv 1.7.2016 durch G v. 7.4.2017 (GV. NRW. S. 414); Abs. 2 Satz 9 geänd. mWv 22.9.2021 durch G v. 14.9.2021 (GV. NRW. S. 1075).

um eins zu erhöhen, wenn in der dritten Stelle eine der Ziffern fünf bis neun verbleiben würde. [4] Zur Ermittlung der gesamten ruhegehaltfähigen Dienstjahre sind etwa anfallende Tage unter Benutzung des Nenners 365 umzurechnen; die Sätze 2 und 3 gelten entsprechend.

(2) [1] Das Ruhegehalt vermindert sich um 3,6 Prozent für jedes Jahr, um das die Beamtin oder der Beamte

1. vor Ablauf des Monats, in dem sie oder er das 63. Lebensjahr vollendet, nach § 33 Absatz 3 Satz 1 Nummer 2 des Landesbeamtengesetzes[1)] in den Ruhestand versetzt wird,
2. vor Ablauf des Monats, in dem sie oder er die für sie oder ihn geltende gesetzliche Altersgrenze erreicht, nach § 33 Absatz 3 Satz 1 Nummer 1, § 114 Absatz 3 oder § 117 Absatz 2 des Landesbeamtengesetzes in den Ruhestand versetzt wird oder
3. vor Ablauf des Monats, in dem sie oder er das 65. Lebensjahr vollendet, wegen Dienstunfähigkeit, die nicht auf einem Dienstunfall beruht, in den Ruhestand versetzt wird.

[2] Die Minderung des Ruhegehalts darf 10,8 Prozent in den Fällen der Nummern 1 und 3 und 14,4 Prozent in den Fällen der Nummer 2 nicht übersteigen. [3] Absatz 1 Satz 2 bis 4 gilt entsprechend. [4] Gilt für die Beamtin oder den Beamten eine vor der Vollendung des 63. Lebensjahres liegende Altersgrenze, tritt sie in den Fällen des Satzes 1 Nummer 1 an die Stelle des 63. Lebensjahres. [5] Gilt für die Beamtin oder den Beamten eine vor Vollendung des 65. Lebensjahres liegende Altersgrenze, tritt sie in den Fällen des Satzes 1 Nummer 3 an die Stelle des 65. Lebensjahres. [6] Gilt für die Beamtin oder den Beamten eine nach Vollendung des 67. Lebensjahres liegende Altersgrenze, wird in den Fällen des Satzes 1 Nummer 2 nur die Zeit bis zum Ablauf des Monats berücksichtigt, in dem die Beamtin oder der Beamte das 67. Lebensjahr vollendet. [7] In den Fällen des Satzes 1 Nummer 2 ist das Ruhegehalt nicht zu vermindern, wenn die Beamtin oder der Beamte zum Zeitpunkt der Versetzung in den Ruhestand das 65. Lebensjahr vollendet und mindestens 45 Jahre mit ruhegehaltfähigen Dienstzeiten nach §§ 6, 8 und 9 und nach § 17 Absatz 2 Satz 1 berücksichtigungsfähigen Pflichtbeitragszeiten, soweit sie nicht im Zusammenhang mit Arbeitslosigkeit stehen, und Zeiten einer der Beamtin oder dem Beamten zuzuordnenden Erziehung eines Kindes bis zu dessen vollendetem zehnten Lebensjahr sowie Zeiten nach § 61 zurückgelegt hat. [8] In den Fällen des Satzes 1 Nummer 3 ist das Ruhegehalt nicht zu vermindern, wenn die Beamtin oder der Beamte zum Zeitpunkt der Versetzung in den Ruhestand das 63. Lebensjahr vollendet und mindestens 40 Jahre mit in Satz 7 genannten Zeiten zurückgelegt hat. [9] In den Fällen des Satzes 1 Nummer 3 ist das Ruhegehalt nicht zu vermindern, wenn die Beamtin oder der Beamte zum Zeitpunkt der Versetzung in den Ruhestand schwerbehindert im Sinne von § 2 Absatz 2 des Neunten Buches Sozialgesetzbuch vom 23. Dezember 2016 (BGBL I S. 3234) in der jeweils geltenden Fassung ist und das 63. Lebensjahr vollendet hat. [10] § 13 Absatz 1 findet keine Anwendung. [11] Soweit sich bei der Berechnung nach den Sätzen 7 und 8 Zeiten überschneiden, sind diese nur einmal zu berücksichtigen.

[1)] Nr. **24.11**.

§ 25 Witwenabfindung, Witwerabfindung. (1) Witwen oder Witwer mit Anspruch auf Witwen- oder Witwergeld oder Unterhaltsbeitrag erhalten im Fall einer Wiederverheiratung eine Abfindung.

(2) [1]Die Abfindung beträgt das 24fache des für den Monat, in dem die Wiederverheiratung erfolgt ist, nach Anwendung der Anrechnungs-, Kürzungs- und Ruhensvorschriften zu zahlenden Betrages des Versorgungsbezuges. [2]Eine Kürzung nach § 30 und die Anwendung der §§ 66 und 67 Absatz 1 Nummer 3 bleiben außer Betracht. [3]Die Abfindung ist in einer Summe zu zahlen.

(3) Lebt der Anspruch auf Witwengeld, Witwergeld oder Unterhaltsbeitrag nach § 33 Absatz 5 wieder auf, so ist die Abfindung in angemessenen monatlichen Teilbeträgen von dem zu zahlenden Betrag des Versorgungsbezuges einzubehalten, soweit sie für einen nach dem Wiederaufleben liegenden Zeitraum berechnet ist.

§ 26[1)] Unterhaltsbeitrag für nicht witwengeldberechtigte Witwen und nicht witwergeldberechtigte Witwer. (1) [1]In den Fällen des § 23 Absatz 1 Satz 3 Nummer 3 ist ein Unterhaltsbeitrag in Höhe des Witwengeldes oder Witwergeldes zu gewähren, sofern die besonderen Umstände des Falls keine volle oder teilweise Versagung nach Maßgabe des Absatzes 2 rechtfertigen. [2]Erwerbseinkommen und Erwerbsersatzeinkommen sind in angemessenem Umfang anzurechnen. [3]Wird ein Erwerbsersatzeinkommen nicht beantragt oder wird auf ein Erwerbs- oder Erwerbsersatzeinkommen verzichtet oder wird an deren Stelle eine Kapitalleistung, Abfindung oder Beitragserstattung gezahlt, ist der Betrag zu berücksichtigen, der ansonsten zu zahlen wäre.

(2) [1]Ein Unterhaltsbeitrag ist vollständig zu versagen, wenn

1. die Ehe zwar ein Jahr oder länger bestanden hat, nach den gegebenen Umständen aber anzunehmen ist, dass die Eheschließung in erster Linie dem Zweck diente, der Witwe oder dem Witwer eine Versorgung zu verschaffen, sofern nicht besondere Billigkeitsgründe vorliegen, oder
2. der Witwe oder dem Witwer im Hinblick auf ihr oder sein Lebensalter zugemutet werden kann, den Lebensunterhalt selbst zu bestreiten.

[2]Eine teilweise Versagung kommt insbesondere in Betracht, wenn

1. die Ruhestandsbeamtin oder der Ruhestandsbeamte im Zeitpunkt der Eheschließung bereits das 80. Lebensjahr vollendet hatte oder
2. die Ehe weniger als fünf Jahre bestanden hat.

§ 27 Unterhaltsbeitrag für frühere Ehefrauen und frühere Ehemänner.

(1) [1]Der geschiedenen Ehefrau eines verstorbenen Beamten oder Ruhestandsbeamten oder dem geschiedenen Ehemann einer verstorbenen Beamtin oder Ruhestandsbeamtin, die oder der im Fall des Fortbestehens der Ehe Witwengeld oder Witwergeld erhalten hätte, ist auf Antrag ein Unterhaltsbeitrag insoweit zu gewähren, als sie oder er im Zeitpunkt des Todes des Beamten, der Beamtin, des Ruhestandsbeamten oder der Ruhestandsbeamtin gegen diesen oder diese einen Anspruch auf schuldrechtlichen Versorgungsausgleich nach § 1587f Nummer 2 des Bürgerlichen Gesetzbuches[2)] in der bis

---

[1)] § 26 Abs. 1 Satz 1 geänd. mWv 22.9.2021 durch G v. 14.9.2021 (GV. NRW. S. 1075).
[2)] **Habersack (vormals Schönfelder) Nr. 20.**

zum 31. August 2009 geltenden Fassung wegen einer Anwartschaft oder eines Anspruchs nach § 1587a Absatz 2 Nummer 1 des Bürgerlichen Gesetzbuches in der bis zum 31. August 2009 geltenden Fassung hatte. [2]Der Unterhaltsbeitrag wird jedoch nur gewährt,

1. solange die geschiedene Ehefrau oder der geschiedene Ehemann erwerbsgemindert im Sinne des Sechsten Buches Sozialgesetzbuch – Gesetzliche Rentenversicherung – in der Fassung der Bekanntmachung vom 19. Februar 2002 (BGBl. I S. 754, 1404, 3384) in der jeweils geltenden Fassung ist oder mindestens ein waisengeldberechtigtes Kind erzieht oder die Sorge für ein waisengeldberechtigtes Kind mit körperlichen oder geistigen Gebrechen hat oder
2. wenn sie oder er das 60. Lebensjahr vollendet hat.

[3]Der nach Satz 1 festgestellte Betrag ist in einem Prozentsatz des Witwengeldes oder Witwergeldes festzusetzen; der Unterhaltsbeitrag darf fünf Sechstel des entsprechend § 72 gekürzten Witwengeldes oder Witwergeldes nicht übersteigen. [4]§ 25 gilt entsprechend.

(2) Absatz 1 gilt entsprechend für die frühere Ehefrau eines verstorbenen Beamten oder Ruhestandsbeamten und für den früheren Ehemann einer verstorbenen Beamtin oder Ruhestandsbeamtin, deren oder dessen Ehe mit dem Verstorbenen oder der Verstorbenen aufgehoben oder für nichtig erklärt war.

(3) Wenn das Scheidungsverfahren bis zum 31. Juli 1989 rechtshängig geworden ist oder die Parteien bis zu diesem Zeitpunkt eine Vereinbarung nach § 1587o des Bürgerlichen Gesetzbuches in der bis zum 31. Juli 1989 jeweils geltenden Fassung getroffen haben, ist ein Unterhaltsbeitrag nach Absatz 1 auch insoweit zu gewähren, als ein Anspruch auf schuldrechtlichen Versorgungsausgleich besteht, weil

1. die Begründung von Rentenanwartschaften in einer gesetzlichen Rentenversicherung mit Rücksicht auf die Vorschrift des § 1587b Absatz 3 Satz 1 Halbsatz 2 des Bürgerlichen Gesetzbuches in der bis zum 31. Juli 1989 jeweils geltenden Fassung nicht möglich war,
2. die ausgleichspflichtige Ehefrau oder der ausgleichspflichtige Ehemann die ihr oder ihm nach § 1587b Absatz 3 Satz 1 Halbsatz 1 des Bürgerlichen Gesetzbuches in der bis zum 31. Juli 1989 jeweils geltenden Fassung auferlegten Zahlungen zur Begründung von Rentenanwartschaften in einer gesetzlichen Rentenversicherung nicht erbracht hat,
3. in den Ausgleich Leistungen der betrieblichen Altersversorgung aufgrund solcher Anwartschaften oder Aussichten einzubeziehen sind, die im Zeitpunkt des Erlasses der Entscheidung noch nicht unverfallbar waren, oder
4. das Familiengericht nach § 1587b Absatz 4 des Bürgerlichen Gesetzbuches in der bis zum 31. Juli 1989 jeweils geltenden Fassung eine Regelung in der Form des schuldrechtlichen Versorgungsausgleichs getroffen hat oder die Eheleute nach § 1587o des Bürgerlichen Gesetzbuches in der bis zum 31. Juli 1989 jeweils geltenden Fassung den schuldrechtlichen Versorgungsausgleich vereinbart haben.

einer Beurlaubung ohne Dienstbezüge liegende Beschäftigungszeit wird mit berücksichtigt. [2]Zeiten mit einer Ermäßigung der regelmäßigen Arbeitszeit sind nur zu dem Teil anzurechnen, der dem Verhältnis der ermäßigten zur regelmäßigen Arbeitszeit entspricht.

(3) Das Übergangsgeld wird nicht gewährt, wenn

1. die Beamtin oder der Beamte wegen eines Verhaltens im Sinne des § 22 Absatz 1 Nummer 1 und Absatz 2 oder des § 23 Absatz 1 Nummer 1, Absatz 2 und Absatz 3 Nummer 1 des Beamtenstatusgesetzes[1)] entlassen wird,
2. ein Unterhaltsbeitrag nach § 18 bewilligt wird,
3. die Beschäftigungszeit als ruhegehaltfähige Dienstzeit angerechnet wird oder
4. die Beamtin oder der Beamte mit der Berufung in ein Richterverhältnis oder mit der Ernennung zur Beamtin oder zum Beamten auf Zeit entlassen wird.

(4) [1]Das Übergangsgeld wird in Monatsbeträgen für die der Entlassung folgende Zeit wie die Besoldung gezahlt. [2]Es ist längstens bis zum Ende des Monats zu zahlen, in dem die entlassene Beamtin oder der entlassene Beamte die für ihr oder sein Beamtenverhältnis bestimmte gesetzliche Altersgrenze erreicht hat. [3]Beim Tode der oder des Berechtigten ist der noch nicht ausgezahlte Betrag den Hinterbliebenen in einer Summe zu zahlen.

(5) Erwerbs- oder Erwerbsersatzeinkommen (§ 66 Absatz 5) ist in voller Höhe auf das Übergangsgeld anzurechnen.

(6) [1]Eine Beamtin oder ein Beamter, die oder der aus einem Amt im Sinne des § 37 des Landesbeamtengesetzes[2)] nicht auf eigenen Antrag entlassen wird, erhält ein Übergangsgeld in Höhe von 71,75 Prozent der ruhegehaltfähigen Dienstbezüge aus der Endstufe der Besoldungsgruppe, in der sie oder er sich zur Zeit der Entlassung befunden hat. [2]§ 4 des Landesbesoldungsgesetzes und § 4 Absatz 2 Satz 2 gelten entsprechend. [3]Für die Dauer der Gewährung des Übergangsgeldes gilt § 16 Absatz 5 Satz 1 entsprechend. [4]Die Absätze 3 und 4 gelten entsprechend. [5]Im Fall des Bezugs von Erwerbs- oder Erwerbsersatzeinkommen (§ 66 Absatz 5) verringern sich die in entsprechender Anwendung des § 4 des Landesbesoldungsgesetzes fortgezahlten Bezüge und das Übergangsgeld um den Betrag dieser Einkünfte. [6]§ 77 Nummer 11 findet keine Anwendung.

§ 56a Ausgleich bei besonderen Altersgrenzen. (1) [1]Beamtinnen und Beamte des Vollzugsdienstes und Beamtinnen und Beamte des Einsatzdienstes der Feuerwehr, die vor Vollendung des 65. Lebensjahres wegen Erreichens der für sie geltenden besonderen Altersgrenze nach §§ 114 Absatz 1 und 2, 116 Absatz 3 oder § 117 Absatz 1 des Landesbeamtengesetzes[2)] in den Ruhestand treten, erhalten neben dem Ruhegehalt einen einmaligen Ausgleich in Höhe von 4091 Euro. [2]Der Ausgleich verringert sich jeweils um ein Fünftel für jedes Jahr, das über das vollendete 60. Lebensjahr hinaus Dienst geleistet wird. [3]Der Ausgleich ist bei Eintritt in den Ruhestand in einer Summe zu zahlen.

(2) Der Ausgleich wird nicht neben einer einmaligen Unfallentschädigung oder einmaligen Entschädigung nach § 51 sowie im Fall der Bewilligung von Urlaub nach § 70 Absatz 1 Nummer 2 des Landesbeamtengesetzes gewährt.

[1)] Nr. **24.1**.
[2)] Nr. **24.11**.

(3) [1]Schwebt zum Zeitpunkt des Eintritts in den Ruhestand gegen die Beamtin oder den Beamten ein Verfahren auf Rücknahme der Ernennung oder nach § 24 Absatz 1 des Beamtenstatusgesetzes[1)], das zum Verlust der Beamtenrechte führen könnte, oder ist gegen die Beamtin oder den Beamten Disziplinarklage erhoben worden, darf der Ausgleich erst nach dem rechtskräftigen Abschluss des Verfahrens gewährt werden, wenn kein Verlust der Versorgungsbezüge eingetreten ist. [2]Die disziplinarrechtlichen Vorschriften bleiben unberührt.

Abschnitt 6. Gemeinsame Vorschriften

§ 57[2)] Festsetzung und Zahlung der Versorgungsbezüge, Versorgungsauskunft. (1) Die oberste Dienstbehörde setzt die Versorgungsbezüge fest, bestimmt die Person der Zahlungsempfängerin oder des Zahlungsempfängers und entscheidet über die Berücksichtigung von Zeiten als ruhegehaltfähige Dienstzeiten sowie über die Bewilligung von Versorgungsbezügen auf Grund von Kann-Vorschriften.

(2) Die in diesem Gesetz genannten Befugnisse der obersten Dienstbehörden können für die Versorgungsberechtigten des Landes durch Rechtsverordnung der Landesregierung auf andere Stellen übertragen werden.

(3) [1]Für die Versorgungsberechtigten der Gemeinden, der Gemeindeverbände und der sonstigen der Aufsicht des Landes unterstehenden Körperschaften, Anstalten und Stiftungen des öffentlichen Rechts können die in diesem Gesetz genannten Befugnisse der obersten Dienstbehörden durch diese übertragen werden, soweit gesetzlich nichts anderes bestimmt ist. [2]Im Fall des § 78 Absatz 1 tritt an die Stelle der obersten Dienstbehörde die oberste Aufsichtsbehörde.

(4) [1]Abweichend von Absatz 3 Satz 1 werden die Versorgungsbezüge der Versorgungsberechtigten der Hochschulen im Sinne des § 1 Absatz 2 des Hochschulgesetzes[3)] vom 16. September 2014 (GV. NRW. S. 547) in der jeweils geltenden Fassung sowie der Emeriti von der Stelle festgesetzt, die die Versorgungsbezüge der Versorgungsberechtigten des Landes festsetzt. [2]Sie nimmt für die Hochschulen auch die sonstigen Befugnisse auf dem Gebiet des Versorgungsrechts wahr, die ihr durch die Verordnung nach Absatz 2 übertragen werden. [3]Die Stelle nimmt hierbei die Funktion der dienstvorgesetzten Stelle wahr und ist Pensionsfestsetzungsbehörde; sie erlässt auch den Widerspruchsbescheid. [4]Für die Amtshandlung nach Satz 1 gelten für die handelnde Stelle die §§ 83 bis 90 des Landesbeamtengesetzes[4)]; dabei ist es abweichend von § 87 Absatz 1 des Landesbeamtengesetzes ohne Einwilligung des Beamten zulässig, dass die Hochschule der handelnden Stelle zum Zwecke der Durchführung der Amtshandlung die Personalakte vorlegt. [5]Die Hochschule und die Stelle nach Satz 1 dürfen einander personenbezogene Daten der Versorgungsberechtigten sowie der Emeriti nach Satz 1 übermitteln und derartige Daten verarbeiten, wenn dies zur rechtmäßigen Erfüllung der der übermittelnden Stelle oder dem Empfänger obliegenden Aufgaben erforderlich ist; § 89 Absatz 1 Satz 2 und 3 des Landesbeamtengesetzes gilt insofern nicht. [6]Das Nähere über Art, Umfang

---

[1)] Nr. **24.1**.

[2)] § 57 Abs. 8 Satz 2 geänd. mWv 22.9.2021 durch G v. 14.9.2021 (GV. NRW. S. 1075).

[3)] **Rehborn, Gesetze NRW (vormals v. Hippel/Rehborn) Nr. 240.**

[4)] Nr. **24.11**.

und Behandlung der zu übermittelnden und zu verarbeitenden personenbezogenen Daten regelt die Hochschule in einer Ordnung.

(5) [1]Entscheidungen über die Bewilligung von Versorgungsbezügen auf Grund von Kann-Vorschriften dürfen erst beim Eintritt des Versorgungsfalls getroffen werden; vorherige Zusicherungen sind unwirksam. [2]Ob Zeiten auf Grund der §§ 9 bis 11 und § 82 Absatz 2 als ruhegehaltfähige Dienstzeiten zu berücksichtigen sind, soll in der Regel bei der Berufung in das Beamtenverhältnis entschieden werden; diese Entscheidungen stehen unter dem Vorbehalt des Gleichbleibens der ihnen zugrunde liegenden Rechtslage.

(6) Entscheidungen in versorgungsrechtlichen Angelegenheiten, die eine grundsätzliche, über den Einzelfall hinausgehende Bedeutung haben, sind vom Finanzministerium zu treffen.

(7) Hat eine Versorgungsempfängerin oder ein Versorgungsempfänger ihren oder seinen Wohnsitz oder dauernden Aufenthalt außerhalb der Bundesrepublik Deutschland, kann die oberste Dienstbehörde oder die von ihr bestimmte Stelle die Zahlung der Versorgungsbezüge von der Bestellung einer oder eines Empfangsbevollmächtigten in der Bundesrepublik Deutschland abhängig machen.

(8) [1]Für die Zahlung der Versorgungsbezüge hat die Empfängerin oder der Empfänger auf Verlangen der zuständigen Stelle ein Konto anzugeben oder einzurichten, auf das die Überweisung erfolgen kann. [2]Die Übermittlungskosten mit Ausnahme der Kosten für die Konto-Gutschrift trägt die auszahlende Stelle; bei einer Überweisung der Versorgungsbezüge auf ein außerhalb des einheitlichen Euro-Zahlungsverkehrsraums Single Euro Payment Area (SEPA) geführtes Konto trägt die Versorgungsempfängerin oder der Versorgungsempfänger die Kosten und die Gefahr der Übermittlung der Versorgungsbezüge sowie die Kosten einer Meldung nach § 11 Absatz 2 des Außenwirtschaftsgesetzes vom 6. Juni 2013 (BGBl. I S. 1482) in der jeweils geltenden Fassung in Verbindung mit einer auf Grund dieser Vorschrift erlassenen Rechtsverordnung. [3]Kontoeinrichtungs-, Kontoführungs- oder Buchungsgebühren trägt die Empfängerin oder der Empfänger. [4]Eine Auszahlung auf andere Weise kann nur zugestanden werden, wenn der Empfängerin oder dem Empfänger die Einrichtung oder Benutzung eines Kontos aus wichtigem Grund nicht zugemutet werden kann.

(9) [1]Die Versorgungsbezüge sind, soweit nichts anderes bestimmt ist, für die gleichen Zeiträume und im gleichen Zeitpunkt zu zahlen wie die Besoldung der Beamtinnen und Beamten. [2]Werden sie nach dem Tag der Fälligkeit gezahlt, besteht kein Anspruch auf Verzugszinsen. [3]Bei der Berechnung von Versorgungsbezügen sind die sich ergebenden Bruchteile eines Cents unter 0,5 abzurunden und ab 0,5 aufzurunden. [4]Zwischenrechnungen werden jeweils auf zwei Dezimalstellen durchgeführt. [5]Jeder Versorgungsbestandteil ist einzeln zu runden. [6]Beträge von weniger als fünf Euro sind nur auf Verlangen der oder des Empfangsberechtigten auszuzahlen.

(10) [1]Die für die Festsetzung der Versorgungsbezüge zuständige Behörde hat ab dem 1. Januar 2021 Beamtinnen und Beamten, die das 55. Lebensjahr vollendet haben, auf Antrag eine Auskunft zum Anspruch auf Versorgungsbezüge nach der Sach- und Rechtslage zum Zeitpunkt der Antragsstellung zu erteilen. [2]Ein wiederholter Antrag ist frühestens nach drei Jahren möglich. [3]In besonders begründeten Fällen ist eine solche Auskunft auch vor Vollendung des 55. Lebensjahres und in kürzerem Zeitabstand zu erteilen. [4]Die Auskunft steht

unter dem Vorbehalt künftiger Sach- und Rechtsänderungen sowie der Richtigkeit und Vollständigkeit der zugrunde liegenden Daten. [5]Die Beamtin oder der Beamte ist verpflichtet, bei Erstellung der Versorgungsauskunft mitzuwirken. [6]Die personalverwaltenden Dienststellen der Beamtinnen und Beamten des Landes sowie der Hochschulen im Sinne des § 1 Absatz 2 des Hochschulgesetzes stellen die geprüften, erforderlichen Daten elektronisch zur Verfügung. [7]Über die Erfahrungen mit der Vorschrift ist der Landesregierung bis zum 31. Dezember 2023 zu berichten, soweit die Beamtinnen und Beamte des Landes sowie der Hochschulen im Sinne des § 1 Absatz 2 des Hochschulgesetzes davon betroffen sind.

§ 58[1)] Familienzuschlag, Ausgleichsbetrag. (1) [1]Auf den Familienzuschlag finden die geltenden Vorschriften des Besoldungsrechts Anwendung. [2]Der Unterschiedsbetrag zwischen der Stufe 1 und der nach dem Besoldungsrecht in Betracht kommenden Stufe des Familienzuschlags wird neben dem Ruhegehalt gezahlt. [3]Er wird unter Berücksichtigung der nach den Verhältnissen der Beamtin, des Beamten, der Ruhestandsbeamtin oder des Ruhestandsbeamten für die Stufen des Familienzuschlags in Betracht kommenden Kinder neben dem Witwen- oder Witwergeld gezahlt, soweit die Witwe oder der Witwer Anspruch auf Kindergeld für diese Kinder hat oder ohne Berücksichtigung der §§ 64 und 65 des Einkommensteuergesetzes in der Fassung der Bekanntmachung vom 8. Oktober 2009 (BGBl. I S. 3366, 3862) in der jeweils geltenden Fassung oder der §§ 3 und 4 des Bundeskindergeldgesetzes[2)] in der Fassung der Bekanntmachung vom 28. Januar 2009 (BGBl. I S. 142, 3177) in der jeweils geltenden Fassung haben würde. [4]Soweit hiernach kein Anspruch auf den Unterschiedsbetrag besteht, wird er neben dem Waisengeld gezahlt, wenn die Waise bei den Stufen des Familienzuschlags zu berücksichtigen ist oder zu berücksichtigen wäre, wenn die Beamtin, der Beamte, die Ruhestandsbeamtin oder der Ruhestandsbeamte noch lebte. [5]Sind mehrere Anspruchsberechtigte vorhanden, wird der Unterschiedsbetrag auf die Anspruchsberechtigten nach der Zahl der auf sie entfallenden Kinder zu gleichen Teilen aufgeteilt. [6]Bei Ruhestandsbeamtinnen und Ruhestandsbeamten, die ein Mindestruhegehalt nach § 16 Absatz 3 Satz 2 oder ein Mindestunfallruhegehalt nach § 42 Absatz 3 Satz 3 beziehen, erhöht sich der Unterschiedsbetrag für das zweite und jedes weitere zu berücksichtigende Kind zusätzlich um einen Betrag von 7,38 Euro. [7]Satz 6 gilt entsprechend für Empfängerinnen und Empfänger von Versorgungsbezügen, deren Berechnung ein Mindestruhegehalt nach § 16 Absatz 3 Satz 2 oder ein Mindestunfallruhegehalt nach § 42 Absatz 3 Satz 3 zugrunde liegt.

(2) [1]Neben dem Waisengeld wird ein Ausgleichsbetrag gezahlt, der dem Betrag für das erste Kind nach § 66 Absatz 1 des Einkommensteuergesetzes entspricht, wenn

1. in der Person der Waise die Voraussetzungen des § 32 Absatz 1 bis 5 des Einkommensteuergesetzes erfüllt sind,
2. Ausschlussgründe nach § 65 des Einkommensteuergesetzes nicht vorliegen,

---

[1)] § 58 Abs. 1 Satz 6 geänd. mWv 1.8.2016 und mWv 1.1.2017 durch G v. 7.4.2017 (GV. NRW. S. 414); Abs. 1 Satz 6 geänd. mWv 1.4.2017 und mWv 1.1.2018 durch G v. 7.4.2017 (GV. NRW. S. 452); Abs. 1 Satz 6 geänd. mWv 1.1.2019 und mWv 1.1.2020 sowie mWv 1.1.2021 durch G v. 12.7.2019 (GV. NRW. S. 378).

[2)] **Habersack (vormals Schönfelder) ErgBd. Nr. 45b.**

[3] Im Übrigen finden die §§ 194 bis 218 des Bürgerlichen Gesetzbuches[1] sowie § 53 des Verwaltungsverfahrensgesetzes für das Land Nordrhein-Westfalen[2] in der Fassung der Bekanntmachung vom 12. November 1999 (GV. NRW. S. 602) in der jeweils geltenden Fassung entsprechende Anwendung.

§ 66[3) 4)] Zusammentreffen von Versorgungsbezügen mit Erwerbs- und Erwerbsersatzeinkommen. (1) Bezieht eine Versorgungsempfängerin oder ein Versorgungsempfänger Erwerbs- oder Erwerbsersatzeinkommen (Absatz 5), erhält sie oder er daneben ihre oder seine Versorgungsbezüge nur bis zum Erreichen der in Absatz 2 bezeichneten Höchstgrenze.

(2) [1] Als Höchstgrenze gelten

1. für Ruhestandsbeamtinnen, Ruhestandsbeamte, Witwen und Witwer die ruhegehaltfähigen Dienstbezüge aus der Endstufe der Besoldungsgruppe, aus der sich das Ruhegehalt berechnet, mindestens ein Betrag in Höhe des 1,39-fachen der jeweils ruhegehaltfähigen Dienstbezüge aus der Endstufe der Besoldungsgruppe A 5,
2. für Waisen 40 Prozent des Betrages, der sich nach Nummer 1 ergibt,
3. für Ruhestandsbeamtinnen und Ruhestandsbeamte, die wegen Dienstunfähigkeit, die nicht auf einem Dienstunfall beruht, oder nach § 33 Absatz 3 Nummer 2 des Landesbeamtengesetzes[5] in den Ruhestand versetzt worden sind, bis zum Ablauf des Monats, in dem sie die Regelaltersgrenze nach § 31 Absatz 1 oder 2 des Landesbeamtengesetzes erreichen, 71,75 Prozent der ruhegehaltfähigen Dienstbezüge aus der Endstufe der Besoldungsgruppe, aus der sich das Ruhegehalt berechnet, mindestens ein Betrag in Höhe von 71,75 Prozent des 1,39-fachen der jeweils ruhegehaltfähigen Dienstbezüge aus der Endstufe der Besoldungsgruppe A 5, zuzüglich 525 Euro.

[2] Bei der Berechnung der Höchstgrenze nach den Nummern 1 und 2 findet § 5 Absatz 1 Satz 3 und 4 keine Anwendung. [3] Die Höchstgrenze erhöht sich um den jeweils zustehenden Unterschiedsbetrag nach § 58 Absatz 1.

(3) [1] Der Versorgungsempfängerin oder dem Versorgungsempfänger ist mindestens ein Betrag in Höhe von 20 Prozent des Versorgungsbezuges zu belassen. [2] Dies gilt nicht bei Bezug von Verwendungseinkommen aus einer den ruhegehaltfähigen Bezügen mindestens vergleichbaren Besoldungs- oder Entgeltgruppe oder sonstigem, in der Höhe vergleichbarem Verwendungseinkommen.

(4) [1] Bei der Ruhensberechnung für eine frühere Beamtin, einen früheren Beamten, eine frühere Ruhestandsbeamtin oder einen früheren Ruhestandsbeamten mit Anspruch auf Versorgung nach § 44, ist mindestens ein Betrag als Versorgung zu belassen, der unter Berücksichtigung des Grades der Schädigungsfolgen infolge des Dienstunfalls dem Unfallausgleich entspricht. [2] Dies gilt nicht, wenn wegen desselben Unfalls Grundrente nach dem Bundesversorgungsgesetz zusteht.

---

[1] **Habersack (vormals Schönfelder) Nr. 20.**

[2] Nr. **23.11**.

[3] § 66 Abs. 2 Satz 2 tritt am 1.1.2017 in Kraft; vgl. Anm. zum Titel.

[4] § 66 Abs. 13 angef. mWv 1.1.2017 durch G v. 7.4.2017 (GV. NRW. S. 414); Abs. 13 Satz 1 abschl. Satzteil geänd. mWv 1.1.2020 durch G v. 3.12.2019 (GV. NRW. S. 878); Abs. 2 Satz 2 neu gef., Abs. 13 Satz 1 einl. Satzteil geänd. mWv 22.9.2021 durch G v. 14.9.2021 (GV. NRW. S. 1075).

[5] Nr. **24.11**.

(5) [1]Erwerbseinkommen sind Einkünfte aus nichtselbständiger Arbeit einschließlich Abfindungen, aus selbständiger Arbeit, aus gewerblicher sowie aus land- und forstwirtschaftlicher Betätigung, abzüglich der Werbungskosten und Betriebsausgaben. [2]Als Erwerbseinkommen gelten auch Gewinne aus Kapitalgesellschaften, in denen die Versorgungsempfängerin oder der Versorgungsempfänger ohne angemessene Vergütung tätig ist, soweit die Gewinne auf diese Tätigkeit entfallen. [3]Im Übrigen bleiben Einkünfte aus Kapitalvermögen unberücksichtigt. [4]Ein Verlustausgleich zwischen einzelnen Einkunftsarten ist nicht vorzunehmen. [5]Nicht als Erwerbseinkommen gelten

1. Aufwandsentschädigungen, soweit sie keine Vergütungseigenschaft haben,
2. Jubiläumszuwendungen,
3. ein Unfallausgleich (§ 41),
4. steuerfreie Einnahmen für Leistungen zur Grundpflege oder hauswirtschaftlichen Versorgung sowie
5. Einkünfte aus Nebentätigkeiten im Sinne von § 51 Absatz 1 Nummer 2 des Landesbeamtengesetzes.

[6]Erwerbsersatzeinkommen sind Leistungen, die auf Grund oder in entsprechender Anwendung öffentlich-rechtlicher Vorschriften kurzfristig erbracht werden, um Erwerbseinkommen zu ersetzen. [7]Die Berücksichtigung des Erwerbs- und Erwerbsersatzeinkommens erfolgt monatsbezogen. [8]Wird Einkommen nicht in Monatsbeträgen erzielt, ist es je Kalendermonat mit einem Zwölftel des Jahreseinkommens anzusetzen. [9]Wurde die Erwerbstätigkeit keine zwölf Monate ausgeübt, ist das Gesamteinkommen zu gleichen Teilen auf die Monate der Erwerbstätigkeit umzulegen.

(6) [1]Nach Ablauf des Monats, in dem die Versorgungsempfängerin oder der Versorgungsempfänger die Regelaltersgrenze nach § 31 Absatz 1 oder 2 des Landesbeamtengesetzes erreicht, gelten die Absätze 1 bis 5 nur für Erwerbseinkommen aus einer Verwendung im öffentlichen Dienst (Verwendungseinkommen). [2]Dies ist jede Beschäftigung im Dienst von Körperschaften, Anstalten und Stiftungen des deutschen öffentlichen Rechts oder ihrer Verbände; ausgenommen ist die Beschäftigung bei öffentlich-rechtlichen Religionsgesellschaften oder ihren Verbänden. [3]Der Verwendung im öffentlichen Dienst stehen gleich

1. die Verwendung im öffentlichen Dienst einer zwischenstaatlichen oder überstaatlichen Einrichtung, an der eine Körperschaft oder ein Verband im Sinne des Satzes 2 durch Zahlung von Beiträgen oder Zuschüssen oder in anderer Weise beteiligt ist, sowie
2. die Beschäftigung im inländischen nichtöffentlichen Schuldienst.

[4]Ob die Voraussetzungen des Satzes 3 Nummer 1 zutreffen, entscheidet auf Antrag der zuständigen Stelle oder der Versorgungsberechtigten das Finanzministerium.

(7) Erhält die Beamtin oder der Beamte Bezüge nach § 4 des Landesbesoldungsgesetzes[1)] und bezieht sie oder er zugleich Verwendungseinkommen (Absatz 6), werden die Bezüge um das Verwendungseinkommen verringert.

(8) [1]Bezieht eine Beamtin oder ein Beamter im einstweiligen Ruhestand Erwerbs- oder Erwerbsersatzeinkommen nach Absatz 5, das nicht Verwen-

---

[1)] Nr. **24.31**.

dungseinkommen im Sinne des Absatzes 6 ist, so ruhen die Versorgungsbezüge um 50 Prozent des Betrages, um den sie und das Einkommen die Höchstgrenze übersteigen. [2]Satz 1 gilt für Wahlbeamtinnen und Wahlbeamte auf Zeit im Ruhestand entsprechend.

(9) [1]Beziehen Wahlbeamtinnen und Wahlbeamte auf Zeit im Ruhestand neben ihren Versorgungsbezügen Verwendungseinkommen nach Absatz 6, ist Absatz 3 nicht anzuwenden. [2]Für Wahlbeamtinnen und Wahlbeamte auf Zeit im Ruhestand, die wegen Dienstunfähigkeit, die nicht auf einem Dienstunfall beruht, oder nach § 33 Absatz 3 Nummer 2 des Landesbeamtengesetzes in den Ruhestand versetzt worden sind und Verwendungseinkommen beziehen, bestimmt sich die Höchstgrenze nach Absatz 2 Satz 1 Nummer 1.

(10) Werden Versorgungsberechtigte im Rahmen der Mithilfe bei der Betreuung von Flüchtlingen im öffentlichen Dienst verwendet (Absatz 6 Satz 2 und 3), so gelten die hieraus bis zum Ablauf des Jahres 2018 erzielten Einkünfte nicht als Erwerbseinkommen.

(11) Der Zuschlag nach § 71a des Landesbesoldungsgesetzes gilt nicht als Erwerbseinkommen im Sinne des Absatzes 5.

(12) Werden Versorgungsberechtigte bei Behörden im Sinne des § 2 des Polizeiorganisationsgesetzes[1)] in der Fassung der Bekanntmachung vom 5. Juli 2002 (GV. NRW. S. 308; ber. S. 629) in der jeweils geltenden Fassung im öffentlichen Dienst verwendet (Absatz 6 Satz 2 und 3), so gelten die hieraus erzielten Einkünfte bis zum Ablauf des Jahres 2019 nicht als Erwerbseinkommen.

(13) [1]Werden Versorgungsberechtigte im öffentlichen Dienst verwendet (Absatz 6 Satz 2 und 3), gelten die hieraus erzielten Einkünfte nach Ablauf des Monats, in dem

1. Ruhestandsbeamtinnen und Ruhestandsbeamte die für sie geltende gesetzliche Altersgrenze für den Eintritt in den Ruhestand
2. Hinterbliebene die Regelaltersgrenze nach § 31 Absatz 1 und 2 des Landesbeamtengesetzes

erreichen, bis zum Ablauf des Jahres 2024 nicht als Erwerbseinkommen. [2]Ist die Hinterbliebene oder der Hinterbliebene zugleich Ruhestandsbeamtin oder Ruhestandsbeamter gilt abweichend von Satz 1 Nummer 2 der in Satz 1 Nummer 1 bezeichnete Zeitpunkt.

§ 67 Zusammentreffen mehrerer Versorgungsbezüge und von Versorgungsbezügen mit Alters- und Hinterbliebenengeld. (1) [1]Erhält aus einer Verwendung im öffentlichen Dienst (§ 66 Absatz 6)

1. eine Ruhestandsbeamtin oder ein Ruhestandsbeamter Ruhegehalt oder eine ähnliche Versorgung,
2. eine Witwe, ein Witwer oder eine Waise Witwengeld, Witwergeld, Waisengeld oder eine ähnliche Versorgung,
3. eine Witwe oder ein Witwer Ruhegehalt oder eine ähnliche Versorgung,

als weiteren Versorgungsbezug (neuer Versorgungsbezug), sind neben diesem frühere Versorgungsbezüge nur bis zum Erreichen der in Absatz 2 bezeichneten Höchstgrenze zu zahlen. [2]Dabei darf die Gesamtversorgung nicht hinter der

[1)] Nr. **31.21**.

früheren Versorgung zurückbleiben. [3]Beim neuen Versorgungsbezug sind Kürzungen auf Grund eines Versorgungsausgleichs nach § 72 oder vergleichbaren Vorschriften nicht zu berücksichtigen.

(2) [1]Als Höchstgrenze gelten

1. in den Fällen des Absatzes 1 Nummer 1 das Ruhegehalt, das sich unter Zugrundelegung der gesamten ruhegehaltfähigen Dienstzeit und der ruhegehaltfähigen Dienstbezüge aus der Endstufe der Besoldungsgruppe, aus der sich das frühere Ruhegehalt berechnet, ergibt,
2. in den Fällen des Absatzes 1 Nummer 2 das Witwen-, Witwer- oder Waisengeld, das sich aus dem Ruhegehalt nach Nummer 1 ergibt,
3. in den Fällen des Absatzes 1 Nummer 3 71,75 Prozent, in den Fällen des § 42 75 Prozent und in den Fällen des § 43 80 Prozent der ruhegehaltfähigen Dienstbezüge aus der Endstufe der Besoldungsgruppe, aus der sich das dem Witwen- oder Witwergeld zugrunde liegende Ruhegehalt bemisst.

[2]Die Höchstgrenze erhöht sich um den jeweils zustehenden Unterschiedsbetrag nach § 58 Absatz 1. [3]Ist bei einem an der Ruhensregelung nach Satz 1 Nummer 1 oder 2 beteiligten Versorgungsbezug das Ruhegehalt um einen Versorgungsabschlag gemindert oder um einen Versorgungsaufschlag erhöht, ist das für die Höchstgrenze maßgebende Ruhegehalt entsprechend festzusetzen. [4]In den Fällen des Satzes 1 Nummer 3 ist Satz 3 entsprechend anzuwenden, wenn das dem Witwen- oder Witwergeld zugrunde liegende Ruhegehalt um einen Versorgungsabschlag gemindert oder um einen Versorgungsaufschlag erhöht ist.

(3) Im Fall des Absatzes 1 Nummer 3 ist neben dem Ruhegehalt oder der ähnlichen Versorgung mindestens ein Betrag in Höhe von 20 Prozent des Witwen- oder Witwergeldes zu belassen.

(4) [1]Erwirbt eine Ruhestandsbeamtin oder ein Ruhestandsbeamter einen Anspruch auf Witwengeld, Witwergeld oder eine ähnliche Versorgung, so wird daneben das Ruhegehalt zuzüglich des Unterschiedsbetrages nach § 58 Absatz 1 nur bis zum Erreichen der in Absatz 2 Satz 1 Nummer 3 und Satz 4 bezeichneten Höchstgrenze gezahlt. [2]Sofern das Witwen- oder Witwergeld oder eine ähnliche Versorgung auf Grund Bundes- oder anderen Landesrechts gezahlt wird, sind bei der Ermittlung der Höchstgrenze die entsprechenden Regelungen des Bundes- oder anderen Landesrechts anzuwenden. [3]Absatz 1 Satz 3 gilt entsprechend. [4]Die Gesamtbezüge dürfen nicht hinter dem Ruhegehalt zuzüglich des Unterschiedsbetrages nach § 58 Absatz 1 sowie eines Betrages in Höhe von 20 Prozent des Witwen- oder Witwergeldes zurückbleiben.

(5) [1]Bezieht eine Versorgungsempfängerin oder ein Versorgungsempfänger Altersgeld oder eine dem Altersgeld entsprechende Alterssicherung, ruhen die Versorgungsbezüge in Höhe des Altersgeldes oder in Höhe einer dem Altersgeld entsprechenden Alterssicherung. [2]Entsprechendes gilt beim Zusammentreffen von Hinterbliebenenversorgung und Hinterbliebenengeld. [3]Absatz 1 Satz 3 und § 68 Absatz 4 gelten entsprechend.

(6) § 66 Absatz 4 gilt entsprechend.

§ 68[1)] Zusammentreffen von Versorgungsbezügen mit Renten.

(1) [1] Versorgungsbezüge werden neben Renten nur bis zum Erreichen der in Absatz 2 bezeichneten Höchstgrenze gezahlt. [2] Als Renten gelten

1. Renten aus den gesetzlichen Rentenversicherungen,
2. Renten aus einer zusätzlichen Alters- oder Hinterbliebenenversorgung für Angehörige des öffentlichen Dienstes,
3. Renten nach dem Gesetz über die Alterssicherung der Landwirte vom 29. Juli 1994 (BGBl. I S. 1890, 1891) in der jeweils geltenden Fassung,
4. Renten aus der gesetzlichen Unfallversicherung, wobei für Empfängerinnen und Empfänger von Ruhegehalt ein dem Unfallausgleich (§ 41) entsprechender Betrag unberücksichtigt bleibt; ab einem Grad der Schädigungsfolgen von 20 bleiben zwei Drittel der Mindestgrundrente und ab einem Grad der Schädigungsfolgen von 10 ein Drittel der Mindestgrundrente nach § 31 des Bundesversorgungsgesetzes unberücksichtigt,
5. Leistungen aus einer berufsständischen Versorgungseinrichtung oder aus einer befreienden Lebensversicherung, zu denen der Arbeitgeber auf Grund eines Beschäftigungsverhältnisses im öffentlichen Dienst mindestens die Hälfte der Beiträge oder Zuschüsse in dieser Höhe geleistet hat.

[3] Zu den Renten und Leistungen nach Satz 2 rechnen nicht der Kinderzuschuss und der Zuschlag zur Waisenrente. [4] Renten, Rentenerhöhungen und Rentenminderungen, die auf § 1587b des Bürgerlichen Gesetzbuches[2)] in der jeweils bis zum 31. August 2009 geltenden Fassung, § 1 des Versorgungsausgleichs-Härteregelungsgesetzes vom 21. Februar 1983 (BGBl. I S. 105) in der jeweils bis zum 31. August 2009 geltenden Fassung oder § 1 des Versorgungsausgleichsgesetzes[3)] vom 3. April 2009 (BGBl. I S. 700) in der jeweils geltenden Fassung beruhen, sowie Zuschläge oder Abschläge beim Rentensplitting nach § 76c des Sechsten Buches Sozialgesetzbuch bleiben unberücksichtigt.

(2) [1] Als Höchstgrenze gelten

1. für Ruhestandsbeamtinnen und Ruhestandsbeamte der Betrag, der sich als Ruhegehalt ergeben würde, wenn der Berechnung zugrunde gelegt werden
   a) bei den ruhegehaltfähigen Dienstbezügen die Endstufe der Besoldungsgruppe, aus der sich das Ruhegehalt berechnet,
   b) als ruhegehaltfähige Dienstzeit die Zeit vom vollendeten 17. Lebensjahr bis zum Eintritt des Versorgungsfalls abzüglich von Zeiten nach § 14, zuzüglich ruhegehaltfähiger Dienstzeiten vor Vollendung des 17. Lebensjahres sowie der Zeiten, um die sich die ruhegehaltfähige Dienstzeit erhöht, und der bei der Rente berücksichtigten Zeiten einer rentenversicherungspflichtigen Beschäftigung oder Tätigkeit nach Eintritt des Versorgungsfalls und
2. für Witwen, Witwer und Waisen der Betrag, der sich als Witwen-, Witwer- oder Waisengeld aus dem Ruhegehalt nach Nummer 1 ergeben würde.

[2] Die Höchstgrenze erhöht sich um den jeweils zustehenden Unterschiedsbetrag nach § 58 Absatz 1. [3] Ist bei einem an der Ruhensregelung beteiligten Versorgungsbezug das Ruhegehalt um einen Versorgungsabschlag gemindert,

---

1) § 68 Abs. 7 Satz 2 angef. mWv 22.9.2021 durch G v. 14.9.2021 (GV. NRW. S. 1075).
2) **Habersack (vormals Schönfelder) Nr. 20.**
3) **Habersack (vormals Schönfelder) Nr. 48.**

ist das für die Höchstgrenze maßgebende Ruhegehalt entsprechend festzusetzen.

(3) Als Renten im Sinne des Absatzes 1 gelten nicht

1. bei Ruhestandsbeamtinnen und Ruhestandsbeamten Hinterbliebenenrenten aus einer Beschäftigung oder Tätigkeit der Ehegattin oder des Ehegatten,
2. bei Witwen, Witwern und Waisen Renten auf Grund einer eigenen Beschäftigung oder Tätigkeit.

(4) [1] Wird eine Rente im Sinne des Absatzes 1 Satz 2 nicht beantragt oder auf sie verzichtet oder wird an deren Stelle eine Kapitalleistung, Beitragserstattung oder Abfindung gezahlt, so tritt an die Stelle der Rente der Betrag, der vom Leistungsträger ansonsten zu zahlen wäre. [2] Bei Zahlung einer Abfindung, Beitragserstattung oder eines sonstigen Kapitalbetrages ist der sich bei einer Verrentung ergebende Betrag zugrunde zu legen. [3] Dies gilt nicht, wenn die Ruhestandsbeamtin oder der Ruhestandsbeamte innerhalb von drei Monaten nach Zufluss den Kapitalbetrag zuzüglich der hierauf gewährten Zinsen an den Dienstherrn abführt. [4] Die Kapitalbeträge nach Satz 2 sind um die Prozentsätze der allgemeinen Anpassungen nach § 84 zu erhöhen oder zu vermindern, die sich nach dem Zeitpunkt der Entstehung des Anspruchs auf die Kapitalbeträge bis zur Gewährung von Versorgungsbezügen ergeben. [5] Der Verrentungsbetrag nach Satz 2 errechnet sich bezogen auf den Monat aus dem Verhältnis zwischen dem nach Satz 4 dynamisierten Kapitalbetrag und dem Verrentungsfaktor, der sich aus dem zwölffachen Betrag des Kapitalwertes nach der vom Bundesministerium der Finanzen zu § 14 Absatz 1 des Bewertungsgesetzes in der Fassung der Bekanntmachung vom 1. Februar 1991 (BGBl. I S. 230) in der jeweils geltenden Fassung im Bundessteuerblatt Teil I veröffentlichten Tabelle ergibt.

(5) [1] Bei Anwendung der Absätze 1 und 2 bleibt der Teil der Rente außer Ansatz, der

1. dem Verhältnis der Versicherungsjahre auf Grund freiwilliger Weiterversicherung oder Selbstversicherung zu den gesamten Versicherungsjahren oder, wenn sich die Rente nach Werteinheiten berechnet, dem Verhältnis der Werteinheiten für freiwillige Beiträge zu der Summe der Werteinheiten für freiwillige Beiträge, Pflichtbeiträge, Ersatzzeiten und Ausfallzeiten oder, wenn sich die Rente nach Entgeltpunkten berechnet, dem Verhältnis der Entgeltpunkte für freiwillige Beiträge zu der Summe der Entgeltpunkte für freiwillige Beiträge, Pflichtbeiträge, Ersatzzeiten, Zurechnungszeiten und Anrechnungszeiten entspricht oder
2. auf einer Höherversicherung beruht.

[2] Dies gilt nicht, soweit der Arbeitgeber mindestens die Hälfte der Beiträge oder Zuschüsse in dieser Höhe geleistet hat.

(6) Den in Absatz 1 bezeichneten Renten stehen entsprechende wiederkehrende Geldleistungen gleich, die auf Grund der Zugehörigkeit zu Zusatz- oder Sonderversorgungssystemen der ehemaligen Deutschen Demokratischen Republik geleistet werden oder die von einem ausländischen Versicherungsträger nach einem für die Bundesrepublik Deutschland wirksamen zwischen- oder überstaatlichen Abkommen gewährt werden.

(7) [1] § 66 Absatz 4 gilt entsprechend. [2] Für die Umrechnung von Renten ausländischer Versorgungsträger gilt § 17a Absatz 1 des Vierten Buches Sozial-

gesetzbuch – Gemeinsame Vorschriften für die Sozialversicherung – in der Fassung der Bekanntmachung vom 12. November 2009 (BGBl. I S. 3710, 3973; 2011 I S. 363) in der jeweils geltenden Fassung entsprechend.

§ 69 Zusammentreffen von Versorgungsbezügen mit Versorgung aus zwischenstaatlicher und überstaatlicher Verwendung. (1) [1] Erhalten Ruhestandsbeamtinnen und Ruhestandsbeamte aus der Verwendung im öffentlichen Dienst einer zwischenstaatlichen oder überstaatlichen Einrichtung eine Versorgung, ruht das Ruhegehalt nach diesem Gesetz nach Anwendung von § 16 Absatz 2 in Höhe des Betrages, um den die Summe aus der genannten Versorgung und dem Ruhegehalt nach diesem Gesetz die in Absatz 2 genannte Höchstgrenze übersteigt, mindestens jedoch in Höhe des

(Fortsetzung nächstes Blatt)

31.11. Gesetz über Aufbau und Befugnisse der Ordnungsbehörden – Ordnungsbehördengesetz (OBG) –[1)]

In der Fassung der Bekanntmachung vom 13. Mai 1980[2)] (GV. NRW. S. 528)

SGV. NRW. 2060

zuletzt geänd. durch Art. 7 G zur Änd. des Verwaltungsvollstreckungsgesetzes NRW und zur Änd. weiterer Gesetze v. 23.6.2021 (GV. NRW. S. 762)

Inhaltsverzeichnis[3)]

---

1) Änderungen vor dem 16.11.2004 sind nicht in Fußnoten nachgewiesen.

2) Neubekanntmachung des Ordnungsbehördengesetzes v. 28.10.1969 (GV. NW. S. 732) in der ab 1.7.1980 geltenden Fassung.

3) Die Inhaltsübersicht wurde nichtamtlich an die nachträglichen Änderungen angepasst; geänd. mWv 16.12.2009 durch G v. 8.12.2009 (GV. NRW. S. 765, ber. S. 793); geänd. mWv 29.12.2018 durch G v. 18.12.2018 (GV. NRW. S. 741).

Teil I. Aufgaben und Organisation der Ordnungsbehörden

§ 1 Aufgaben der Ordnungsbehörden. (1) Die Ordnungsbehörden haben die Aufgabe, Gefahren für die öffentliche Sicherheit oder Ordnung abzuwehren (Gefahrenabwehr).

(2) [1] Die Ordnungsbehörden führen diese Aufgaben nach den hierfür erlassenen besonderen Gesetzen und Verordnungen durch. [2] Soweit gesetzliche Vorschriften fehlen oder eine abschließende Regelung nicht enthalten, treffen die Ordnungsbehörden die notwendigen Maßnahmen zur Gefahrenabwehr nach diesem Gesetz.

(3) Andere Aufgaben nehmen die Ordnungsbehörden nach den Vorschriften dieses Gesetzes insoweit wahr, als es durch Gesetz oder Verordnung bestimmt ist.

§ 2 Vollzugshilfe der Polizei. Die Polizei leistet den Ordnungsbehörden Vollzugshilfe nach den Vorschriften der §§ 47 bis 49 des Polizeigesetzes des Landes Nordrhein-Westfalen (PolG NW)[1)].

[1)] Nr. **31.22**.

tronische Ordnungsverfügungen müssen eine Rechtsmittelbelehrung enthalten.

§ 21[1)] **Wahl der Mittel.** [1]Kommen zur Abwehr einer Gefahr mehrere Mittel in Betracht, so genügt es, wenn eines davon bestimmt wird. [2]Der betroffenen Person ist auf Antrag zu gestatten, ein anderes ebenso wirksames Mittel anzuwenden, sofern die Allgemeinheit dadurch nicht stärker beeinträchtigt wird. [3]Der Antrag kann nur bis zum Ablauf einer der betroffenen Person für die Ausführung der Verfügung gesetzten Frist, anderenfalls bis zum Ablauf der Klagefrist, gestellt werden.

§ 22[2)] **Fortfall der Voraussetzungen.** [1]Fallen die Voraussetzungen einer Ordnungsverfügung, die fortdauernde Wirkung ausübt, fort, so kann die betroffene Person verlangen, daß die Verfügung aufgehoben wird. [2]Die Ablehnung der Aufhebung gilt als Ordnungsverfügung.

§ 23[3)] **Versagung ordnungsbehördlicher Erlaubnisse.** [1]Die Ordnungsbehörde darf eine Erlaubnis oder Bescheinigung, auf die die antragstellende Person unter bestimmten Voraussetzungen einen Rechtsanspruch hat (gebundene Erlaubnis), nur versagen, wenn diese Voraussetzungen nicht vorliegen. [2]Sie darf eine Erlaubnis oder Bescheinigung, deren Erteilung in das pflichtgemäße Ermessen der Ordnungsbehörde gestellt ist (freie Erlaubnis), vorbehaltlich anderer gesetzlicher Vorschriften nur versagen, wenn dies der Erfüllung ordnungsbehördlicher Aufgaben dient.

§ 24[4)] **Geltung des Polizeigesetzes, Datenschutz.** (1) Folgende Vorschriften des Polizeigesetzes des Landes Nordrhein-Westfalen[5)] gelten entsprechend für die Ordnungsbehörden, soweit dies zur Erfüllung ihrer Aufgaben erforderlich ist:

1. § 9 mit Ausnahme des Absatzes 1,
2. § 10 mit Ausnahme des Absatzes 1 Nr. 2 und des Absatzes 3 Satz 1 Nr. 2,
3. § 11,
4. § 12 mit Ausnahme des Absatzes 1 Nr. 4,
5. § 13,
6. § 15 mit Ausnahme des Absatzes 2, § 15b mit Ausnahme von Satz 5, § 15c mit Ausnahme der Absätze 7 und 8 Satz 2,
7. § 22 mit Ausnahme des Absatzes 2 Sätze 5 bis 7 sowie der Absätze 3 und 5,
8. § 23 mit Ausnahme des Absatzes 1 Satz 3, des Absatzes 2 Satz 3 und 5, des Absatzes 3 Satz 2 und des Absatzes 6,
9. § 26 mit Ausnahme des Absatzes 1 Satz 2, des Absatzes 4, des Absatzes 6, soweit die Datenübermittlung nach § 29 betroffen ist, und des Absatzes 7,
10. §§ 27 und 28,

---

1) § 21 Sätze 2, 3 geänd. mWv 16.12.2009 durch G v. 8.12.2009 (GV. NRW. S. 765).

2) § 22 Satz 1 geänd. mWv 16.12.2009 durch G v. 8.12.2009 (GV. NRW. S. 765).

3) § 23 Satz 1 geänd. mWv 16.12.2009 durch G v. 8.12.2009 (GV. NRW. S. 765).

4) § 24 Überschrift, Abs. 1 Nr. 1, 6 und 9 geänd., Nr. 7, 8, 10 und 11 neu gef., Nr. 12 aufgeh., bish. Nr. 13 wird Nr. 12, Abs. 2 angef. mWv 29.12.2018 durch G v. 18.12.2018 (GV. NRW. S. 741, ber. 2019 S. 23); Abs. 1 Nr. 12 geänd. mWv 31.12.2019 durch G v. 19.12.2019 (GV. NRW. S. 995); Abs. 1 Nr. 6 geänd. mWv 1.7.2021 durch G v. 23.6.2021 (GV. NRW. S. 762).

5) Nr. **31.22**.

11. § 30 mit Ausnahme des Absatzes 3 Satz 2 und
12. § 34 mit Ausnahme von Absatz 2, § 35 mit Ausnahme von Absatz 1 Nr. 4, § 36, § 37 mit Ausnahme der Absätze 4 und 5, §§ 38 bis 46.

(2) Für die Verarbeitung personenbezogener Daten durch die Ordnungsbehörden zur Erfüllung ihrer Aufgaben nach diesem Gesetz gilt im Übrigen die Verordnung (EU) 2016/679[1] des Europäischen Parlaments und des Rates vom 27. April 2016 zum Schutz natürlicher Personen bei der Verarbeitung personenbezogener Daten, zum freien Datenverkehr und zur Aufhebung der Richtlinie 95/46/EG (ABl. L 119 vom 4.5.2016, S. 1, L 314 vom 22.11.2016, S. 72) und ergänzend Teil 1 und Teil 2 des Datenschutzgesetzes Nordrhein-Westfalen[2] vom 17. Mai 2018 (GV. NRW. S. 244, ber. S. 278 und S. 404) in der jeweils geltenden Fassung.

Abschnitt 2. Ordnungsbehördliche Verordnungen

§ 25 Allgemeines. [1]Ordnungsbehördliche Verordnungen sind die auf Grund der Ermächtigung in den §§ 26 und 27 erlassenen Gebote oder Verbote, die für eine unbestimmte Anzahl von Fällen an eine unbestimmte Anzahl von Personen gerichtet sind. [2]Die Vorschriften dieses Gesetzes über ordnungsbehördliche Verordnungen finden auch dann Anwendung, wenn besondere Gesetze zum Erlaß ordnungsbehördlicher Verordnungen ermächtigen und nichts anderes vorsehen.

§ 26 Verordnungsrecht der Ministerien. (1) Das Innenministerium und im Benehmen mit ihm die zuständigen Ministerien können innerhalb ihres Geschäftsbereichs ordnungsbehördliche Verordnungen zur Abwehr von Gefahren für die öffentliche Sicherheit oder Ordnung erlassen.

(2) Die Ministerien dürfen Verordnungen nach Absatz 1 nur erlassen, wenn eine einheitliche Regelung für das ganze Land oder für Landesteile, die mehr als einen Regierungsbezirk umfassen, geboten ist.

(3) [1]Die von den Ministerien erlassenen Verordnungen sind unverzüglich dem Landtag vorzulegen. [2]Sie sind auf Verlangen des Landtags aufzuheben. [3]Die Aufhebung wird mit ihrer Veröffentlichung gemäß § 33 rechtswirksam.

§ 27[3] Verordnungsrecht der Ordnungsbehörden. (1) Die Ordnungsbehörden können zur Abwehr von Gefahren für die öffentliche Sicherheit oder Ordnung Verordnungen erlassen.

(2) Die Landesordnungsbehörden dürfen Verordnungen nur erlassen, wenn eine einheitliche Regelung für den ganzen Regierungsbezirk oder für Gebiete, die mehr als einen Kreis oder eine kreisfreie Stadt umfassen, geboten ist.

---

[1] **Sartorius Nr. 246.**
[2] Nr. **37.41**.
[3] § 27 Abs. 4 Satz 2 geänd. mWv 16.12.2009 durch G v. 8.12.2009 (GV. NRW. S. 765).

31.31. Gesetz über den Brandschutz, die Hilfeleistung und den Katastrophenschutz (BHKG)[1)]

Vom 17. Dezember 2015
(GV. NRW. S. 886)

SGV. NRW. 213

zuletzt geänd. durch Art. 6 G zur Änd. des Verwaltungsvollstreckungsgesetzes NRW und zur Änd. weiterer Gesetze v. 23.6.2021 (GV. NRW. S. 762)

Inhaltsübersicht

[1)] Verkündet als Art. 1 G v. 17.12.2015 (GV. NRW. S. 886).

Teil 1. Ziel und Anwendungsbereich, Aufgaben und Träger

§ 1[1] Ziel und Anwendungsbereich. (1) Ziel dieses Gesetzes ist es, zum Schutz der Bevölkerung vorbeugende und abwehrende Maßnahmen zu gewährleisten

1. bei Brandgefahren (Brandschutz),

[1] § 1 Abs. 2 Satz 1 Nr. 1 geänd. mWv 1.7.2021 durch G v. 23.6.2021 (GV. NRW. S. 762).

2. bei Unglücksfällen oder solchen öffentlichen Notständen, die durch Naturereignisse, Explosionen oder ähnliche Vorkommnisse verursacht werden (Hilfeleistung) und
3. bei Großeinsatzlagen und Katastrophen (Katastrophenschutz).

(2) Im Sinne von Absatz 1 Nummer 3 ist:

1. eine Großeinsatzlage ein Geschehen, in dem Leben oder Gesundheit zahlreicher Menschen, Tiere oder erhebliche Sachwerte gefährdet sind und aufgrund eines erheblichen Koordinierungsbedarfs eine rückwärtige Unterstützung der Einsatzkräfte erforderlich ist, die von einer kreisangehörigen Gemeinde nicht mehr gewährleistet werden kann, vergleichbare Ereignisse in kreisfreien Städten gelten ebenfalls als Großeinsatzlage;
2. eine Katastrophe ein Schadensereignis, welches das Leben, die Gesundheit oder die lebensnotwendige Versorgung zahlreicher Menschen, Tiere, natürliche Lebensgrundlagen oder erhebliche Sachwerte in so ungewöhnlichem Ausmaß gefährdet oder wesentlich beeinträchtigt, dass der sich hieraus ergebenden Gefährdung der öffentlichen Sicherheit nur wirksam begegnet werden kann, wenn die zuständigen Behörden und Dienststellen, Organisationen und eingesetzten Kräfte unter einer einheitlichen Gesamtleitung der zuständigen Katastrophenschutzbehörde zusammenwirken.

(3) [1] Dieses Gesetz gilt nicht, soweit vorbeugende und abwehrende Maßnahmen nach Absatz 1 aufgrund anderer Rechtsvorschriften gewährleistet sind. [2] Bis zum Eingreifen der danach zuständigen Stelle treffen die in § 2 Absatz 1 genannten Aufgabenträger unter Beachtung ihrer Aufgaben nach Absatz 1 im Wege des ersten Zugriffs bei bestehender oder unmittelbar bevorstehender konkreter Gefährdung von Leben, Tieren, Gesundheit, natürlichen Lebensgrundlagen oder Sachen die erforderlichen Maßnahmen.

(4) Der Brandschutz, die Hilfeleistung und der Katastrophenschutz bauen auf der Selbsthilfefähigkeit der Bevölkerung auf und ergänzen diese um die im öffentlichen Interesse gebotenen Maßnahmen.

§ 2 Aufgabenträger. (1) Aufgabenträger sind

1. die Gemeinden für den Brandschutz und die Hilfeleistung,
2. die Kreise für den Brandschutz und die Hilfeleistung, soweit ein überörtlicher Bedarf besteht,
3. die Kreise und die kreisfreien Städte für den Katastrophenschutz und
4. das Land für die zentralen Aufgaben des Brandschutzes, der Hilfeleistung und des Katastrophenschutzes.

(2) Die Gemeinden und Kreise nehmen die Aufgaben nach diesem Gesetz als Pflichtaufgaben zur Erfüllung nach Weisung wahr.

(3) [1] Gemeinden und Kreise können zur Wahrnehmung einzelner Aufgaben nach diesem Gesetz öffentlich-rechtliche Vereinbarungen gemäß den Regelungen des Gesetzes über kommunale Gemeinschaftsarbeit[1)] in der Fassung der Bekanntmachung vom 1. Oktober 1979 (GV. NRW. S. 621) in der jeweils geltenden Fassung abschließen. [2] Dabei sind die Belange der ehrenamtlichen Feuerwehrangehörigen besonders zu berücksichtigen.

[1)] Nr. **22.41**.

§ 3 Aufgaben der Gemeinden. (1) [1] Für den Brandschutz und die Hilfeleistung unterhalten die Gemeinden den örtlichen Verhältnissen entsprechende leistungsfähige Feuerwehren als gemeindliche Einrichtungen. [2] Sie sind im Katastrophenschutz und bei der Umsetzung der von dem für Inneres zuständigen Ministerium ergangenen Vorgaben zur landesweiten Hilfe unter Federführung des Kreises zur Mitwirkung verpflichtet und gemeinsam mit dem Kreis für die Warnung der Bevölkerung verantwortlich.

(2) [1] Die Gemeinden treffen Maßnahmen zur Verhütung von Bränden. [2] Sie stellen eine den örtlichen Verhältnissen angemessene Löschwasserversorgung sicher. [3] Stellt die Bauaufsichtsbehörde auf der Grundlage einer Stellungnahme der zuständigen Brandschutzdienststelle fest, dass im Einzelfall wegen einer erhöhten Brandlast oder Brandgefährdung eine besondere Löschwasserversorgung und -rückhaltung erforderlich ist, hat hierfür die Eigentümerin oder der Eigentümer, die Besitzerin oder der Besitzer oder ein sonstiger Nutzungsberechtigter Sorge zu tragen.

(3) Die Gemeinden haben unter Beteiligung ihrer Feuerwehr Brandschutzbedarfspläne und Pläne für den Einsatz der öffentlichen Feuerwehr aufzustellen, umzusetzen und spätestens alle fünf Jahre fortzuschreiben.

(4) Die Gemeinden sorgen nach Maßgabe des § 32 für die Aus- und Fortbildung der Angehörigen ihrer Feuerwehr.

(5) Die Gemeinden sollen ihre Einwohner über die Verhütung von Bränden, den sachgerechten Umgang mit Feuer, das Verhalten bei Bränden (Brandschutzerziehung und Brandschutzaufklärung) und über Möglichkeiten der Selbsthilfe aufklären.

(6) [1] Die Bezirksregierung kann den Gemeinden nach Beteiligung der Kreise zusätzliche Einsatzbereiche für ihre Feuerwehr auf Bundesautobahnen, autobahnähnlichen Straßen sowie Wasserstraßen und Eisenbahnstrecken zuweisen. [2] Berührt ein Einsatzbereich mehrere Regierungsbezirke, so entscheidet das für Inneres zuständige Ministerium.

(7) Für die kreisfreien Städte gilt § 4 Absatz 2 bis 6 entsprechend.

§ 4 Aufgaben der Kreise. (1) [1] Die Kreise unterhalten Einheiten und Einrichtungen für den Brandschutz und die Hilfeleistung, soweit ein überörtlicher Bedarf besteht. [2] Sie beraten und unterstützen die kreisangehörigen Gemeinden in der Wahrnehmung der ihnen obliegenden Aufgaben, soweit dafür ein Bedarf besteht. [3] Nach Maßgabe des § 32 sorgen sie für die weitergehende Aus- und Fortbildung der Feuerwehrangehörigen ihrer kreisangehörigen Gemeinden. [4] Gemeinsam mit ihren kreisangehörigen Gemeinden sind sie für die Warnung der Bevölkerung verantwortlich.

(2) [1] Die Kreise treffen die erforderlichen Maßnahmen zur Vorbereitung der Bekämpfung von Großeinsatzlagen und Katastrophen. [2] Sie leiten und koordinieren den Einsatz zur Gefahrenabwehr. [3] Hierfür halten sie Einheiten sowie Einrichtungen vor.

(3) [1] Die Kreise haben Pläne für Großeinsatzlagen und Katastrophen (Katastrophenschutzpläne) sowie Sonderschutzpläne für besonders gefährliche Objekte (§ 29 Absatz 1), Betriebsbereiche mit erweiterten Pflichten (§ 30) und bergbauliche Abfallentsorgungseinrichtungen (§ 31) aufzustellen. [2] Diese sind, soweit nicht anders geregelt, spätestens alle fünf Jahre fortzuschreiben. [3] Die kreisangehörigen Gemeinden sind zu beteiligen.

(4) Die Kreise unterhalten nach Maßgabe des § 28 eine einheitliche Leitstelle für den Brandschutz, die Hilfeleistung, den Katastrophenschutz und den Rettungsdienst sowie nach Maßgabe des § 38 eine Auskunftsstelle.

(5) Die Kreise unterrichten sich gegenseitig, soweit eine Gefährdung benachbarter Gebietskörperschaften nicht sicher auszuschließen ist sowie in den Fällen, in denen im eigenen Zuständigkeitsbereich die Warnung und Information der Bevölkerung durchgeführt wurde.

(6) Die Kreise legen fest, wann die Mittel zur Bewältigung von Großeinsatzlagen und Katastrophen auch zu Zwecken eingesetzt werden, die keine Ereignisse nach § 1 Absatz 2 sind.

§ 5 Aufgaben des Landes. (1) [1]Das Land fördert den Brandschutz, die Hilfeleistung und den Katastrophenschutz durch Zuwendungen an die Gemeinden und Kreise, durch Beschaffungen und eigene organisatorische und konzeptionelle Maßnahmen insbesondere für landesweit koordinierte Hilfe. [2]Die Bezirksregierungen stellen für die landesweit koordinierte Hilfe in Absprache mit den Aufgabenträgern Alarm- und Einsatzpläne auf, die spätestens alle fünf Jahre fortzuschreiben und ereignisbezogen anzupassen sind.

(2) Das Land hält beim für Inneres zuständigen Ministerium einen Krisenstab der Landesregierung und bei den Bezirksregierungen Krisenstäbe vor, die bei Bedarf zu aktivieren sind.

(3) Das Land unterhält eine zentrale Aus- und Fortbildungsstätte mit Kompetenzzentren zur Verbesserung und Weiterentwicklung des Brandschutzes, der Hilfeleistung und des Katastrophenschutzes.

(4) Das Land unterstützt die Sicherheitsforschung und -normung im Anwendungsbereich dieses Gesetzes.

(5) [1]Das Land trifft die erforderlichen zentralen Maßnahmen. [2]Es kann den Einsatz der Feuerwehren und der weiteren Einheiten des Katastrophenschutzes sowie Übungen anordnen.

§ 6 Brandschutz, Hilfeleistung und Katastrophenschutz auf dem Rhein. (1) [1]Für den Brandschutz, die Hilfeleistung und den Katastrophenschutz auf dem Rhein (Gefahrenabwehr auf dem Rhein) werden Löschboote mit regionalen Einsatzbereichen vorgehalten. [2]Der Betrieb der Löschboote ist Aufgabe der örtlich zuständigen Aufgabenträger des Brandschutzes, der Hilfeleistung und des Katastrophenschutzes im regelmäßigen Einsatzbereich eines Löschbootes.

(2) [1]Das für Inneres zuständige Ministerium bestimmt die Organisation der Gefahrenabwehr auf dem Rhein. [2]Es legt nach Anhörung der kommunalen Spitzenverbände die Einsatzbereiche der Löschboote fest.

(3) [1]Die Aufgabenträger nach Absatz 1 Satz 2 im regelmäßigen Einsatzbereich eines Löschbootes regeln nach Festlegung des regelmäßigen Einsatzbereichs den Betrieb des Löschbootes durch eine öffentlich-rechtliche Vereinbarung nach dem Gesetz über kommunale Gemeinschaftsarbeit[1)] als Pflichtregelung. [2]Solange die Aufgabenträger nach Satz 1 keine anderweitige Vereinbarung treffen, bilden sie eine Trägergemeinschaft. [3]In der Trägergemeinschaft übernimmt einer von ihnen die Aufgabe der Gefahrenabwehr auf dem Rhein im Bereich der Trägergemeinschaft in seine Zuständig-

---

[1)] Nr. **22.41**.

keit (Kernträger). [4] Soweit keine anderweitige Vereinbarung getroffen wird, ist dies der Träger, in dessen Gebiet das Löschboot stationiert ist.

Teil 2. Organisation

Kapitel 1: Feuerwehr

§ 7 Arten. (1) Feuerwehren im Sinne dieses Gesetzes sind öffentliche Feuerwehren (Berufsfeuerwehren, Freiwillige Feuerwehren, Pflichtfeuerwehren) und betriebliche Feuerwehren (Betriebsfeuerwehren, Werkfeuerwehren).

(2) [1] Freiwillige Feuerwehr und Berufsfeuerwehr sind die Feuerwehr der Gemeinde. [2] Dies gilt auch für die Pflichtfeuerwehr.

(3) Bei den Feuerwehren sind die besonderen Belange der Menschen mit Behinderung angemessen zu berücksichtigen.

§ 8 Berufsfeuerwehren. (1) [1] Große kreisangehörige Gemeinden können neben einer Freiwilligen Feuerwehr eine Berufsfeuerwehr einrichten. [2] Die kreisfreien Städte sind hierzu verpflichtet.

(2) Das Einsatzpersonal der Berufsfeuerwehren wird aus hauptamtlichen Kräften gebildet, die zu Beamtinnen und Beamten des feuerwehrtechnischen Dienstes zu ernennen sind.

§ 9 Ehrenamtliche Angehörige der Feuerwehr. (1) [1] Die im Einsatzdienst tätigen Angehörigen der Freiwilligen Feuerwehr (Einsatzabteilung) sind freiwillig und ehrenamtlich im Dienst der Gemeinde tätig. [2] Sie werden durch die Leiterin oder den Leiter der Feuerwehr aufgenommen, befördert und entlassen; die Leiterin oder der Leiter der Feuerwehr ist zugleich Vorgesetzte oder Vorgesetzter. [3] Mit dem Eintritt in die Feuerwehr entsteht für die Angehörigen der Freiwilligen Feuerwehr die Verpflichtung zur Teilnahme am Einsatz-, Übungs-, Ausbildungs- und Fortbildungsdienst sowie an sonstigen Veranstaltungen im Aufgabenbereich dieses Gesetzes auf Anforderung der Leiterin oder des Leiters der Feuerwehr.

(2) [1] Einer Freiwilligen Feuerwehr können auch Personen angehören, die freiwillig und ehrenamtlich zur Erfüllung der Aufgaben der Feuerwehr nach diesem Gesetz auf andere Weise als durch die Mitwirkung im Einsatzdienst beitragen. [2] Absatz 1 findet entsprechende Anwendung.

(3) Die Aufgabenträger des Brandschutzes fördern die Tätigkeit im Ehrenamt und widmen dem Ehrenamt zur Erhaltung einer leistungsfähigen Feuerwehr besondere Aufmerksamkeit.

§ 10 Hauptamtliche Kräfte der Freiwilligen Feuerwehr. [1] Für den Betrieb einer ständig besetzten Feuerwache der Freiwilligen Feuerwehr kann die Gemeinde hauptamtliche Kräfte einstellen, die zu Beamtinnen und Beamten des feuerwehrtechnischen Dienstes zu ernennen sind. [2] Große kreisangehörige Städte und Mittlere kreisangehörige Städte sind hierzu verpflichtet. [3] Die Bezirksregierung kann Ausnahmen zulassen, wenn der Brandschutz und die Hilfeleistung in der Kommune gewährleistet sind.

§ 11[1)] Leitung der Freiwilligen Feuerwehr. (1) [1]Der Rat bestellt auf Vorschlag der Kreisbrandmeisterin oder des Kreisbrandmeisters und nach Anhörung der Feuerwehr durch die Gemeinde, eine Leiterin oder einen Leiter der Feuerwehr und bis zu zwei Stellvertreterinnen oder Stellvertreter (stellvertretende Leiterin der Feuerwehr, stellvertretender Leiter der Feuerwehr). [2]Sie werden durch die Bürgermeisterin oder den Bürgermeister ernannt. [3]Soweit die Leiterin oder der Leiter der Feuerwehr ehrenamtlich tätig ist, ist sie oder er ebenso wie ehrenamtliche Stellvertreterinnen und Stellvertreter in ein Ehrenbeamtenverhältnis auf Zeit zu berufen. [4]Bei der Anhörung nach Satz 1 ist die Kreisbrandmeisterin oder der Kreisbrandmeister zu beteiligen.

(2) [1]Verfügt die Freiwillige Feuerwehr über eine ständig mit mindestens sechs hauptamtlichen Funktionen für den Brandschutz und die Hilfeleistung besetzte Feuerwache, übernimmt deren Leiterin oder Leiter zugleich entweder die Funktion der Leiterin oder des Leiters der Feuerwehr oder die Funktion der stellvertretenden Leiterin oder des stellvertretenden Leiters der Feuerwehr. [2]Für die Wahrnehmung dieser Aufgabe gelten die Regelungen zur ehrenamtlichen Leiterin der Feuerwehr, zum ehrenamtlichen Leiter der Feuerwehr und deren Vertreterinnen und Vertreter entsprechend.

(3) [1]Die Amtszeit der ehrenamtlichen Leiterin der Feuerwehr, des ehrenamtlichen Leiters der Feuerwehr, der stellvertretenden Leiterinnen der Feuerwehr und der stellvertretenden Leiter der Feuerwehr beträgt sechs Jahre. [2]Sie müssen für ihr Amt persönlich und fachlich geeignet sein und haben dieses, sofern eine Vertretung nicht möglich ist, so lange fortzuführen, bis eine Nachfolgerin oder ein Nachfolger bestellt ist. [3]Sie können von ihrem Amt aus persönlichen Gründen vorzeitig zurücktreten. [4]Die für Bedienstete der Gemeinde geltenden Bestimmungen des § 73 der Gemeindeordnung für das Land Nordrhein-Westfalen[2)] in der Fassung der Bekanntmachung vom 14. Juli 1994 (GV. NRW. S. 666), die zuletzt durch Gesetz vom 3. Februar 2015 (GV. NRW. S. 208) geändert worden ist, finden Anwendung.

(4) [1]Eine Freiwillige Feuerwehr, die neben einer Berufsfeuerwehr besteht, wird von der Leiterin oder dem Leiter der Berufsfeuerwehr geführt. [2]Die Mitglieder der Freiwilligen Feuerwehr, die das 16. Lebensjahr vollendet haben, wählen aus ihren Reihen für die Dauer von sechs Jahren eine Sprecherin oder einen Sprecher sowie bis zu zwei Stellvertreterinnen oder Stellvertreter, die die Belange der Freiwilligen Feuerwehr gegenüber der Leiterin oder dem Leiter der Berufsfeuerwehr vertreten. [3]Wählbar ist, wer über eine ausreichende Führungsausbildung in der Freiwilligen Feuerwehr verfügt. [4]Die Sprecherin oder der Sprecher der Freiwilligen Feuerwehr ist in alle wesentlichen Entscheidungen, die ihre oder seine Aufgabe betreffen, einzubeziehen.

(5) [1]Die Mitglieder der Freiwilligen Feuerwehr wählen in jeder Einheit eine Vertrauensperson. [2]Vertrauenspersonen sollen die Einheitsleiterin oder den Einheitsleiter bei der Wahrnehmung der Führungsaufgaben unterstützen, indem sie den Zusammenhalt fördern, zur Integration des Einzelnen in die Einheit beitragen, Konflikten vorbeugen und an der Bewältigung bestehender Konflikte mitwirken. [3]Vertrauenspersonen haben ein jederzeitiges unmittelbares Vortragsrecht bei der Einheitsleiterin oder dem Einheitsleiter und im Ausnahmefall bei der Leiterin oder dem Leiter der Feuerwehr, deren Stell-

---

[1)] § 11 Abs. 1 Satz 3 geänd. mWv 1.7.2021 durch G v. 23.6.2021 (GV. NRW. S. 762).
[2)] Nr. **22.11**.

vertreterinnen und Stellvertretern. [4]Bei einer Freiwilligen Feuerwehr, die neben einer Berufsfeuerwehr besteht, tritt die Sprecherin oder der Sprecher nach Absatz 4 Satz 2 bis 4 an die Stelle der Leiterin oder des Leiters der Feuerwehr. [5]Die Amtszeit einer Vertrauensperson beträgt sechs Jahre. [6]Ein vorzeitiger Rücktritt vom Amt ist möglich.

(6) Für Leiterinnen, Leiter, stellvertretende Leiterinnen und stellvertretende Leiter der Feuerwehr gelten § 12 Absatz 7 und §§ 20 bis 22 entsprechend.

§ 12[1)] Kreisbrandmeisterinnen und Kreisbrandmeister, Bezirksbrandmeisterinnen und Bezirksbrandmeister. (1) [1]Die Kreisbrandmeisterin oder der Kreisbrandmeister unterstützt die Landrätin oder den Landrat bei der Aufsicht über die öffentlichen Feuerwehren und bei der Durchführung der dem Kreis übertragenen Aufgaben. [2]Bei Freiwilligen Feuerwehren und Pflichtfeuerwehren kann die Kreisbrandmeisterin oder der Kreisbrandmeister die Leitung des Einsatzes übernehmen.

(2) [1]Der Kreistag bestellt auf Vorschlag der Landrätin oder des Landrats, die oder der zuvor die Leiterinnen und Leiter der Feuerwehren und Berufsfeuerwehren im Kreis sowie die Bezirksbrandmeisterin oder den Bezirksbrandmeister angehört hat, eine Kreisbrandmeisterin oder einen Kreisbrandmeister und bis zu zwei ehrenamtliche Stellvertreterinnen oder Stellvertreter. [2]Der Kreistag entscheidet zugleich, ob die Kreisbrandmeisterin oder der Kreisbrandmeister die Tätigkeit im Ehren- oder im Hauptamt wahrnimmt. [3]Die Kreisbrandmeisterin, der Kreisbrandmeister und die Vertreterinnen und Vertreter werden durch die Landrätin oder den Landrat ernannt. [4]Kreisbrandmeisterinnen und Kreisbrandmeister dürfen nicht gleichzeitig der Leitung der Feuerwehr einer kreisangehörigen Gemeinde angehören.

(3) [1]Die ehrenamtliche Kreisbrandmeisterin oder der ehrenamtliche Kreisbrandmeister und die ehrenamtlichen Stellvertreterinnen und Stellvertreter sind in ein Ehrenbeamtenverhältnis zu berufen. [2]Ihre Dienstzeit endet spätestens mit Erreichen der Höchstaltersgrenze für die Mitwirkung im aktiven Feuerwehrdienst (§ 9 Absatz 1 Satz 1). [3]Sie müssen für ihr Amt persönlich und fachlich geeignet sein und haben dieses, sofern eine Vertretung nicht möglich ist, so lange fortzuführen, bis eine Nachfolgerin oder ein Nachfolger bestellt ist. [4]Sie können von ihrem Amt aus persönlichen Gründen vorzeitig zurücktreten. [5]Die für Bedienstete des Kreises geltenden Bestimmungen des § 49 Kreisordnung für das Land Nordrhein-Westfalen[2)] in der Fassung der Bekanntmachung vom 14. Juli 1994 (GV. NRW. S. 646), zuletzt geändert durch Artikel 2 des Gesetzes vom 9. April 2013 (GV. NRW. S. 194), in Kraft getreten am 26. Mai 2014, finden Anwendung.

(4) [1]Die hauptamtliche Kreisbrandmeisterin oder der hauptamtliche Kreisbrandmeister muss mindestens über eine der Befähigung für die Laufbahn des ersten Einstiegsamtes der Laufbahngruppe 2 des feuerwehrtechnischen Dienstes vergleichbare feuerwehrtechnische Qualifikation sowie über die Qualifikation zur Leiterin oder zum Leiter der Feuerwehr verfügen. [2]Ausnahmsweise genügt es, wenn sichergestellt ist, dass die betreffende Person die Qualifikation in angemessener Frist erwerben wird.

[1)] § 12 Abs. 3 Sätze 1 und 2 und Abs. 4 Satz 1 geänd. mWv 1.7.2021 durch G v. 23.6.2021 (GV. NRW. S. 762).

[2)] Nr. **22.21**.

(5) [1] Die Bezirksregierung ernennt nach Anhörung der Kreisbrandmeisterinnen und Kreisbrandmeister im Bezirk eine Bezirksbrandmeisterin oder einen Bezirksbrandmeister und eine Stellvertreterin oder einen Stellvertreter. [2] Sie sind in ein Ehrenbeamtenverhältnis auf Zeit zu berufen. [3] Die Bezirksbrandmeisterin oder der Bezirksbrandmeister sowie die Stellvertreterin oder der Stellvertreter unterstützen die Bezirksregierung bei der Aufsicht über die Freiwilligen Feuerwehren und über die Pflichtfeuerwehren in Gemeinden ohne Berufsfeuerwehr.

(6) [1] Die Amtszeit der Bezirksbrandmeisterin oder des Bezirksbrandmeisters und der Stellvertreterin oder des Stellvertreters beträgt sechs Jahre. [2] Sie müssen für ihr Amt persönlich und fachlich geeignet sein und haben dies, sofern eine Vertretung nicht möglich ist, so lange fortzuführen, bis eine Nachfolgerin oder ein Nachfolger bestellt ist. [3] Sie können von ihrem Amt aus persönlichen Gründen vorzeitig zurücktreten oder aus wichtigem Grund vor Ablauf ihrer Amtszeit abberufen werden.

(7) [1] Bezirksbrandmeisterin, Bezirksbrandmeister, ehrenamtliche Kreisbrandmeisterin, ehrenamtlicher Kreisbrandmeister sowie ihre Stellvertreterinnen und Stellvertreter erhalten eine Reisekostenpauschale und eine Aufwandsentschädigung. [2] Werden die vorgenannten Funktionen hauptamtlich wahrgenommen, kann eine Aufwandsentschädigung gezahlt werden. [3] Die Höhe der Beträge ist für Kreisbrandmeisterinnen, Kreisbrandmeister sowie ihre Stellvertreterinnen und Stellvertreter von den Kreisen und für Bezirksbrandmeisterinnen und Bezirksbrandmeister, ihre Stellvertreterinnen und Stellvertreter von dem für Inneres zuständigen Ministerium festzusetzen. [4] Für die in ihrem Amt wahrzunehmenden Aufgaben gelten § 20 Absatz 2, § 21, § 22 Absatz 1 Satz 2 und 3 sowie Absatz 3 und 4 entsprechend mit der Maßgabe, dass an die Stelle der Gemeinde bei der ehrenamtlichen Kreisbrandmeisterin und dem ehrenamtlichen Kreisbrandmeister sowie ihren Stellvertreterinnen und Stellvertretern der Kreis und bei der Bezirksbrandmeisterin und dem Bezirksbrandmeister und der Stellvertreterin oder dem Stellvertreter das Land tritt. [5] Der Regelstundensatz (§ 21 Absatz 3 Satz 6) und der Höchstbetrag (§ 21 Absatz 3 Satz 8) für Bezirksbrandmeisterinnen und Bezirksbrandmeister und ihre Stellvertreterinnen und Stellvertreter, soweit sie beruflich selbstständig sind, werden von dem für Inneres zuständigen Ministerium festgesetzt. [6] Die örtliche Bestimmung der Höhe der Aufwandsentschädigung für kommunale Funktionsträger erfolgt in Orientierung an den Bestimmungen der Entschädigungsverordnung[1)] vom 5. Mai 2014 (GV. NRW. S. 276) in der jeweils geltenden Fassung.

§ 13[2)] Kinderfeuerwehren, Jugendfeuerwehren. (1) [1] Die Gemeinde soll in der Freiwilligen Feuerwehr die Bildung einer Jugendfeuerwehr fördern. [2] Angehörige einer Jugendfeuerwehr müssen das zehnte Lebensjahr vollendet haben. [3] Die Leiterin oder der Leiter der Feuerwehr bestellt eine Jugendfeuerwehrwartin oder einen Jugendfeuerwehrwart. [4] Als Jugendfeuerwehrwartin oder Jugendfeuerwehrwart darf nur tätig werden, wer die hierfür erforderliche Eignung und Befähigung hat. [5] Angehörige der Jugendfeuerwehr dürfen nur an den für sie angesetzten Übungen und Ausbildungsveranstaltungen teilnehmen. [6] Mit Zustimmung der Erziehungsberechtigten dürfen sie ab dem vollendeten 16. Lebensjahr auch außerhalb der Jugendfeuerwehr zu Ausbildungsveranstal-

---

[1)] Nr. **22.71/1.**

[2)] § 13 Abs. 1 Satz 6 geänd. mWv 1.7.2021 durch G v. 23.6.2021 (GV. NRW. S. 762).

tungen und im Einsatz zu Tätigkeiten außerhalb des Gefahrenbereichs herangezogen werden.

(2) [1] In der Freiwilligen Feuerwehr können für Kinder vom vollendeten sechsten Lebensjahr bis zum vollendeten zwölften Lebensjahr Kinderfeuerwehren gebildet werden. [2] Die Leiterin oder der Leiter der Kinderfeuerwehr wird von der Leiterin oder dem Leiter der Feuerwehr bestellt. [3] Als Leiterin oder Leiter in einer Kinderfeuerwehr darf nur tätig werden, wer die hierfür erforderliche Eignung und Befähigung hat.

(3) [1] Kinder- und Jugendfeuerwehren haben insbesondere die Aufgabe, Kinder und Jugendliche an eine ehrenamtliche Tätigkeit in der örtlichen Gemeinschaft heranzuführen, den Erwerb sozialer Kompetenzen zu fördern sowie den Nachwuchs der Freiwilligen Feuerwehren zu gewinnen und heranzubilden. [2] Die Gemeinden sollen ihnen im Rahmen ihrer Möglichkeiten besondere Aufmerksamkeit widmen und sie fördern.

(4) Die Angehörigen der Kinder- und der Jugendfeuerwehr sowie die zu ihrer Betreuung und die zur Leitung einer Kinder- oder Jugendfeuerwehr eingesetzten Personen sind den übrigen ehrenamtlichen Angehörigen der Feuerwehr gleichgestellt.

§ 14 Pflichtfeuerwehren. (1) Die Gemeinde hat eine Pflichtfeuerwehr einzurichten, wenn eine Freiwillige Feuerwehr nicht zustande kommt oder die bestehende öffentliche Feuerwehr einen ausreichenden Brandschutz nicht gewährleisten kann.

(2) [1] Zur Pflichtfeuerwehr können alle Einwohnerinnen und Einwohner vom vollendeten 18. bis zum vollendeten 60. Lebensjahr herangezogen werden, falls die Heranziehung nicht aus einem wichtigen Grund abgelehnt werden kann. [2] Ob ein wichtiger Grund vorliegt, entscheidet der Rat, sofern er nicht die Entscheidung auf die Bürgermeisterin oder den Bürgermeister oder einen Ausschuss übertragen hat. [3] Polizeivollzugsbeamtinnen

(Fortsetzung nächstes Blatt)

Ersatz erlangt werden kann. [3]Für die Erstattung gilt Absatz 2 Satz 4. [4]Die regelmäßige Arbeitszeit ist individuell zu ermitteln. [5]Verdienst, der außerhalb der regelmäßigen Arbeitszeit hätte erzielt werden können, bleibt außer Betracht. [6]Als Ersatz des Verdienstausfalls wird mindestens ein durch gemeindliche Satzung festzulegender Regelstundensatz gezahlt, es sei denn, dass ersichtlich keine finanziellen Nachteile entstanden sind. [7]Auf Antrag ist anstelle des Regelstundensatzes eine Verdienstausfallpauschale je Stunde zu zahlen, die im Einzelfall auf Grundlage des glaubhaft gemachten Einkommens nach billigem Ermessen festgesetzt wird. [8]Durch gemeindliche Satzung ist ein Höchstbetrag festzulegen, der bei dem Ersatz des Verdienstausfalls je Stunde nicht überschritten werden darf.

(4) [1]Für die ehrenamtlichen Helferinnen und Helfer der anerkannten Hilfsorganisationen gelten bei Einsätzen, Übungs-, Aus- und Fortbildungsveranstaltungen sowie sonstigen Veranstaltungen, die nach diesem Gesetz angeordnet werden, und einer Arbeitsunfähigkeit infolge einer durch diesen Dienst verursachten Krankheit, die Absätze 1 bis 3 mit der Maßgabe, dass der Kreis an die Stelle der kreisangehörigen Gemeinde tritt. [2]Im Übrigen richten sich die Rechtsverhältnisse der Helferinnen und Helfer der anerkannten Hilfsorganisationen nach den Vorschriften der Organisation, der sie angehören.

§ 22 Auslagenersatz, Aufwandsentschädigung, Ersatz von Schäden.

(1) [1]Die ehrenamtlichen Angehörigen der Feuerwehr und die ehrenamtlichen Helferinnen und Helfer der anerkannten Hilfsorganisationen haben Anspruch auf Ersatz ihrer Auslagen durch den anfordernden Aufgabenträger. [2]Nachgewiesene Kinderbetreuungskosten werden auf Antrag ersetzt, sofern eine entgeltliche Betreuung während der durch die Teilnahmen an Einsätzen, Übungen, Aus- und Fortbildungen sowie der Teilnahme an sonstigen Veranstaltungen bedingten Abwesenheit vom Haushalt oder während einer Arbeitsunfähigkeit infolge einer Krankheit, die durch die Teilnahme an Einsätzen, Übungen, Aus- und Fortbildungen sowie der Teilnahme an sonstigen Veranstaltungen verursacht wurde, erforderlich ist. [3]Kinderbetreuungskosten werden nicht für Zeiträume ersetzt, für die nach den §§ 20 und 21 Arbeitsentgelte oder Dienstbezüge fortgezahlt oder Verdienstausfall ersetzt wurden.

(2) Ehrenamtliche Angehörige der Feuerwehr, die regelmäßig über das übliche Maß hinaus Feuerwehrdienst leisten, können anstelle eines Auslagenersatzes nach Absatz 1 Satz 1 eine Aufwandsentschädigung von der Gemeinde erhalten.

(3) [1]Schäden, mit Ausnahme von Personenschäden und entgangenem Gewinn, die ehrenamtlichen Angehörigen der Feuerwehr oder ehrenamtlichen Helferinnen oder Helfern der anerkannten Hilfsorganisationen bei der Ausübung ihres Dienstes erwachsen, sind von dem jeweiligen Aufgabenträger zu ersetzen. [2]Bei Vorsatz oder grober Fahrlässigkeit des Geschädigten entfällt der Anspruch auf Schadensersatz.

(4) [1]Verletzen Angehörige der Feuerwehr oder Helferinnen oder Helfer der anerkannten Hilfsorganisationen in Ausübung des auf Anforderung durch den Aufgabenträger geleisteten Dienstes vorsätzlich oder grob fahrlässig ihre Pflichten, so kann der Aufgabenträger Ersatz für den dadurch verursachten Schaden verlangen. [2]Hinsichtlich der Haftung bei der Verletzung von Dienstpflichten finden die beamtenrechtlichen Bestimmungen mit der Maßgabe entsprechende

Anwendung, dass die Geltendmachung des Ersatzes im Ermessen des Aufgabenträgers steht.

Teil 3. Gesundheitswesen

§ 23 Einsatz im Rettungsdienst. Die Feuerwehren wirken nach Maßgabe des Rettungsgesetzes NRW[1] vom 24. November 1992 (GV. NRW. S. 458) in der jeweils geltenden Fassung im Rettungsdienst mit.

§ 24 Zusammenarbeit im Gesundheitswesen. (1) Die Aufgabenträger nach § 2 Absatz 1 Nummer 1 bis 3 arbeiten mit den im Gesundheitswesen tätigen Rettungsdiensten, den Krankenhäusern und dem öffentlichen Gesundheitsdienst zusammen.

(2) In die Katastrophenschutzplanung nach § 4 Absatz 3 sind diese Personen und Stellen einzubeziehen, soweit dies erforderlich ist.

(3) [1]Die Träger der Krankenhäuser sind verpflichtet, zur Mitwirkung im Katastrophenschutz nach Maßgabe des Krankenhausgestaltungsgesetzes für das Land Nordrhein-Westfalen[2] vom 11. Dezember 2007 (GV. NRW. S. 702, ber. 2008 S. 157) in der jeweils geltenden Fassung, Einsatz- und Alarmpläne aufzustellen und fortzuschreiben, die mit den Katastrophenschutzplanungen nach § 4 Absatz 3 in Einklang stehen, sowie Übungen durchzuführen. [2]Benachbarte Krankenhäuser haben sich gegenseitig zu unterstützen und ihre Planungen aufeinander abzustimmen.

(4) Die Regelungen des Zivilschutz- und Katastrophenhilfegesetzes[3] und des Rettungsgesetzes NRW[1] bleiben unberührt.

Teil 4. Einrichtungen, vorbeugende und vorbereitende Maßnahmen

Kapitel 1: Vorbeugender Brandschutz

§ 25[4] Brandschutzdienststelle. [1]Brandschutzdienststelle ist die Gemeinde, deren Feuerwehr über geeignete hauptamtliche Kräfte in ausreichender Anzahl verfügt, im Übrigen der Kreis. [2]Aufgabe der Brandschutzdienststelle ist es, Belange des Brandschutzes sowohl in Genehmigungsverfahren als auch nach Maßgabe baurechtlicher Vorschriften wahrzunehmen. [3]Die Durchführung ist Bediensteten zu übertragen, die mindestens über eine Befähigung für die Laufbahn des ersten Einstiegsamtes der Laufbahngruppe 2 des feuerwehrtechnischen Dienstes und zusätzlich über ausreichende Kenntnisse für die Wahrnehmung dieser Aufgabe verfügen. [4]Ihnen gleichgestellt sind Architektinnen und Architekten sowie Bauingenieurinnen und Bauingenieure, die mindestens über eine erfolgreich abgeschlossene feuerwehrtechnische Zugführerausbildung verfügen und durch Fortbildung entsprechende Qualifikationen im Brandschutz erworben haben.

---

[1] **Rehborn, Gesetze NRW (vormals v. Hippel/Rehborn) Nr. 59.**
[2] **Rehborn, Gesetze NRW (vormals v. Hippel/Rehborn) Nr. 169c.**
[3] **Sartorius Nr. 680.**
[4] § 25 Satz 3 geänd. mWv 1.7.2021 durch G v. 23.6.2021 (GV. NRW. S. 762).

§ 26 Brandverhütungsschau. (1) [1]Gebäude, Betriebe und Einrichtungen, die in erhöhtem Maße brand- oder explosionsgefährdet sind oder in denen bei Ausbruch eines Brandes oder bei einer Explosion eine große Anzahl von Personen oder bedeutende Sachwerte gefährdet werden können, sind im Hinblick auf die Belange des Brandschutzes zu überprüfen. [2]Die Brandverhütungsschau dient der Feststellung brandschutztechnischer Mängel und Gefahrenquellen sowie der Veranlassung von Maßnahmen, die der Entstehung eines Brandes und der Ausbreitung von Feuer und Rauch vorbeugen und bei einem Brand oder Unglücksfall die Rettung von Menschen und Tieren, den Schutz von Sachwerten sowie wirksame Löscharbeiten ermöglichen. [3]Die Regelungen aufgrund anderer Rechtsvorschriften bleiben unberührt. [4]Die Brandverhütungsschau ist beginnend mit der Nutzung oder Inbetriebnahme je nach Gefährdungsgrad in Zeitabständen von längstens sechs Jahren durchzuführen.

(2) [1]Die Brandverhütungsschau ist eine Aufgabe der Gemeinde. [2]Sie wird von Personen durchgeführt, die mindestens über eine Gruppenführerausbildung und die Qualifikation zur Brandschutztechnikerin oder zum Brandschutztechniker verfügen. [3]Die Qualifikation ist durch eine erfolgreiche Teilnahme an einem Lehrgang für Brandschutztechnikerinnen und Brandschutztechniker an der zentralen Aus- und Fortbildungsstätte des Landes oder einer vergleichbaren Einrichtung eines anderen Landes nachzuweisen. [4]Kreisangehörige Gemeinden können die Wahrnehmung der Aufgabe der Brandverhütungsschau durch öffentlich-rechtliche Vereinbarung nach dem Gesetz über kommunale Gemeinschaftsarbeit auf den Kreis übertragen.

(3) [1]Die Kreise stellen Gemeinden, in denen die Brandverhütungsschau ausschließlich von Brandschutztechnikerinnen und Brandschutztechnikern durchgeführt wird, in besonderen Fällen ihre nach § 25 vorzuhaltenden Bediensteten zur Verfügung. [2]Der Feuerwehr der Gemeinde ist Gelegenheit zur Teilnahme an der Brandverhütungsschau zu geben. [3]Die Gemeinde ist über das Ergebnis und die zur Mängelbeseitigung veranlassten Maßnahmen zu unterrichten.

(4) Soweit sachlich geboten, ist weiteren zuständigen Dienststellen Gelegenheit zur Teilnahme an der Brandverhütungsschau zu geben.

§ 27 Brandsicherheitswachen. (1) [1]Veranstaltungen, bei denen eine erhöhte Brandgefahr besteht und bei Ausbruch eines Brandes eine große Anzahl von Personen gefährdet ist, sind der Gemeinde rechtzeitig anzuzeigen. [2]Die Gemeinde entscheidet darüber, ob eine Brandsicherheitswache erforderlich ist. [3]Sie kann bei Bedarf Auflagen erteilen. [4]Baurechtliche Vorschriften bleiben unberührt.

(2) [1]Ist die Veranstalterin oder der Veranstalter in der Lage, eine den Anforderungen genügende Brandsicherheitswache zu stellen, hat die Gemeinde ihr oder ihm diese Aufgabe zu übertragen. [2]In allen anderen Fällen stellt die Gemeinde die Brandsicherheitswache.

(3) Angehörige einer Brandsicherheitswache können Anordnungen treffen, um Brände zu verhüten oder zu bekämpfen und um Rettungs- und Angriffswege zu sichern.

Kapitel 2: Einrichtungen und vorbereitende Maßnahmen für Schadens- und Großeinsatzlagen sowie Katastrophen

§ 28[1)] Einheitliche Leitstelle für den Brandschutz, die Hilfeleistung, den Katastrophenschutz und den Rettungsdienst. (1) [1] Die ständig besetzte Leitstelle für den Brandschutz, die Hilfeleistung und den Katastrophenschutz ist mit der Leitstelle für den Rettungsdienst zusammenzufassen. [2] Die Leitstelle muss auch Großeinsatzlagen und Katastrophen bewältigen können. [3] Es müssen Maßnahmen ergriffen werden, durch die ihre Aufgabenerfüllung auch bei Ausfall sichergestellt wird.

(2) [1] Der Leitstelle sind alle Einsätze der Feuerwehr, der im Katastrophenschutz mitwirkenden anerkannten Hilfsorganisationen und der Regieeinheiten zu melden. [2] Schriftliche Vereinbarungen zwischen dem Träger der Leitstelle und Werkfeuerwehren über den Umfang der Meldepflicht sind möglich. [3] Im Bedarfsfall können über die Leitstelle Einsätze gelenkt werden. [4] Bei Großeinsatzlagen und Katastrophen unterstützt die Leitstelle die Einsatzleitung und den Krisenstab.

(3) [1] Das in der Leitstelle eingesetzte Personal muss über eine feuerwehrtechnische Führungsausbildung sowie eine ergänzende Ausbildung für Leitstellendisponentinnen und Leitstellendisponenten verfügen. [2] Das Personal ist zu Beamten zu ernennen. [3] Die Wahrnehmung der Aufgaben nach dem Rettungsgesetz NRW[2)] bleibt hiervon unberührt.

(4) [1] Die Gemeinden veranlassen die Einrichtung des Notrufs 112 und gewährleisten die Alarmierung der Einsatzkräfte. [2] Der Notruf 112 ist auf die einheitliche Leitstelle aufzuschalten. [3] Die Aufschaltung des Notrufs 112 auf ständig besetzte Feuerwachen von Mittleren kreisangehörigen Städten und Großen kreisangehörigen Städten ist zulässig, wenn diese die Aufgaben einer Rettungswache wahrnehmen. [4] In diesem Fall muss durch Koppelung der ständig besetzten Feuerwache an das jeweilige System der Leitstelle die zeitgleiche Kenntnis der Leitstelle über die eingehenden Notrufe, deren Abfrage und die örtliche wie qualitative Verfügbarkeit der Einsatzmittel und des Einsatzpersonals gewährleistet sein.

(5) [1] Eingehende Sprachanrufe und andere Notrufe sind zum Zwecke der Abwicklung des Einsatzauftrages, zur Beweissicherung und zum Beschwerdemanagement automatisch aufzuzeichnen. [2] Gleiches gilt für Anrufe auf Anschlüssen zu anderen Aufgabenträgern der Gefahrenabwehr und für den Funkverkehr. [3] Auf weiteren Anschlüssen eingehende Anrufe dürfen nur nach vorheriger Einwilligung aufgezeichnet werden. [4] Die Sätze 1 bis 3 gelten auch für Betriebe oder Einrichtungen mit Werkfeuerwehren.

§ 29 Pflichten der Betreiberinnen und Betreiber von Anlagen oder Einrichtungen, von denen besondere Gefahren ausgehen. (1) Betreiberinnen und Betreiber von Anlagen oder Einrichtungen, bei denen Störungen von Betriebsabläufen für eine nicht unerhebliche Personenzahl zu schwerwiegenden Gesundheitsbeeinträchtigungen führen können (besonders gefährliche Objekte), sind verpflichtet, den Gemeinden auf Verlangen die für die Brandschutzbedarfs-, Alarm- und Einsatzplanung erforderlichen Angaben zu machen.

[1)] § 28 Abs. 5 Satz 1 geänd. mWv 1.7.2021 durch G v. 23.6.2021 (GV. NRW. S. 762).
[2)] **Rehborn, Gesetze NRW (vormals v. Hippel/Rehborn) Nr. 59.**

(2) [1] Die Betreiberinnen und Betreiber sind verpflichtet, die Aufgabenträger des Brandschutzes, der Hilfeleistung und des Katastrophenschutzes bei deren vorbereitenden und abwehrenden Maßnahmen zu unterstützen. [2] Auf deren Verlangen haben sie im Einzelfall insbesondere

1. personelle und sächliche Vorkehrungen zu treffen, soweit die besonderen Gefahren mit der üblichen Ausstattung der Feuerwehr nicht abgewendet werden können. Ersatzweise kann der jeweils zuständige Aufgabenträger des Brandschutzes, der Hilfeleistung und des Katastrophenschutzes von den Betreiberinnen und Betreibern verlangen, dass sie die Mittel bereitstellen, die benötigt werden für Beschaffung, Installation, Erprobung der Betriebsbereitschaft, Unterhaltung und Ersatz von technischen Geräten sowie von Ausstattungs- und Ausrüstungsgegenständen, die in besonderer Weise vor den Gefährdungen aus ihrer Anlage schützen;
2. unbeschadet weitergehender Vereinbarungen die unverzügliche Meldung von Störungen in der Anlage oder Einrichtung, die ohne das Wirksamwerden aktiver Sicherheitseinrichtungen zu schwerwiegenden Gesundheitsbeeinträchtigen führen können, an die Leitstelle für den Brandschutz, die Hilfeleistung, den Katastrophenschutz und den Rettungsdienst sicherzustellen. Dies gilt auch, wenn der Zustand oder das Emissionsverhalten einer Anlage oder Einrichtung während einer Störung nicht beurteilt werden kann;
3. gegen Missbrauch geschützte Verbindungen einzurichten und zu unterhalten, welche die Kommunikation zwischen der Leitstelle für den Brandschutz, die Hilfeleistung, den Katastrophenschutz und den Rettungsdienst sowie Personen oder Stellen, die für die Meldung nach Nummer 2 oder für die Leitung der betrieblichen Abwehrmaßnahmen eingesetzt werden, auch bei Ausfall des öffentlichen Fernmeldenetzes sicherzustellen;
4. entsprechend den örtlichen Erfordernissen eine Gebäudefunkanlage einzurichten, zu unterhalten und auf dem Stand der Technik zu halten;
5. sich an Übungen und Ausbildungsveranstaltungen der Aufgabenträger des Brandschutzes, der Hilfeleistung und des Katastrophenschutzes nach § 32 Absatz 3, die einen Unfall in der betreffenden Anlage zum Gegenstand haben, auf eigene Kosten zu beteiligen.

(3) Der für den Katastrophenschutz zuständige Kreis oder die kreisfreie Stadt kann die Betreiberinnen und Betreiber von Anlagen oder Einrichtungen nach Absatz 1 verpflichten, betriebliche Alarm- und Gefahrenabwehrpläne zu erstellen und fortzuschreiben.

(4) Für Betreiber regierungsbezirksübergreifender Eisenbahnstrecken tritt an die Stelle der für die Gefahrenabwehr zuständigen Behörde das für Inneres zuständige Ministerium oder die von ihm bestimmte Bezirksregierung.

§ 30[1)] Externe Notfallpläne für schwere Unfälle mit gefährlichen Stoffen. (1) [1] Für Betriebsbereiche im Sinne der Störfall-Verordnung[2)] in der Fassung der Bekanntmachung vom15. März 2017 (BGBl. I S. 483) in der jeweils geltenden Fassung, für die ein Sicherheitsbericht zu erstellen ist, haben die für den Katastrophenschutz zuständigen Kreise und kreisfreien Städte innerhalb

---

[1)] § 30 Abs. 3 Satz 2 geänd. mWv 25.5.2018 durch G v. 17.5.2018 (GV. NRW. S. 244); Abs. 1 Satz 1 geänd., Abs. 5 und 6 angef. mWv 1.7.2021 durch G v. 23.6.2021 (GV. NRW. S. 762).

[2)] **Sartorius ErgBd. Nr. 296/12.**

von zwei Jahren nach Erhalt der erforderlichen Informationen von der Betreiberin oder vom Betreiber einen externen Notfallplan als Sonderschutzplan unter ihrer oder seiner Beteiligung und unter Berücksichtigung des internen Notfallplans (betrieblicher Alarm- und Gefahrenabwehrplan) zu erstellen, um

1. Schadensfälle einzudämmen und unter Kontrolle zu bringen, so dass die Auswirkungen möglichst gering gehalten und Schädigungen der menschlichen Gesundheit, der Umwelt und von Sachwerten begrenzt werden können,
2. die erforderlichen Maßnahmen zum Schutz der menschlichen Gesundheit und der Umwelt vor den Auswirkungen schwerer Unfälle einzuleiten,
3. notwendige Informationen an die Öffentlichkeit sowie betroffene Behörden oder Dienststellen in dem betreffenden Gebiet weiterzugeben und
4. Aufräumarbeiten und Maßnahmen zur Wiederherstellung der Umwelt nach einem schweren Unfall einzuleiten.

[2] Die zuständigen Kreise und kreisfreien Städte können aufgrund der Informationen in dem Sicherheitsbericht entscheiden, dass sich die Erstellung eines externen Notfallplans erübrigt; die Entscheidung ist zu begründen.

(2) [1] Externe Notfallpläne müssen Angaben enthalten über

1. Namen oder Stellung der Personen, die zur Einleitung von Notfallmaßnahmen sowie zur Durchführung und Koordinierung von Maßnahmen außerhalb des Betriebsgeländes ermächtigt sind,
2. Vorkehrungen zur Entgegennahme von Frühwarnungen sowie zur Alarmauslösung und zur Benachrichtigung der Einsatzkräfte,
3. Vorkehrungen zur Koordinierung der zur Umsetzung des externen Notfallplans notwendigen Einsatzmittel,
4. Vorkehrungen zur Unterstützung von Abhilfemaßnahmen auf dem Betriebsgelände,
5. Vorkehrungen für Abhilfemaßnahmen außerhalb des Betriebsgeländes, einschließlich Reaktionsmaßnahmen auf Szenarien schwerer Unfälle, wie im Sicherheitsbericht beschrieben, unter Berücksichtigung möglicher Domino-Effekte, einschließlich solcher, die Auswirkungen auf die Umwelt haben,
6. Vorkehrungen zur Unterrichtung der Öffentlichkeit und aller benachbarten Betriebe oder Betriebsstätten, die nicht in den Anwendungsbereich der Störfall-Verordnung fallen, über den Unfall sowie über das richtige Verhalten und
7. Vorkehrungen zur Unterrichtung der Einsatzkräfte ausländischer Staaten bei einem schweren Unfall mit möglichen grenzüberschreitenden Folgen.

[2] Die Betreiberin oder der Betreiber eines Betriebsbereichs hat dem zuständigen Kreis oder der zuständigen kreisfreien Stadt die für die Erstellung externer Notfallpläne erforderlichen Informationen unverzüglich, spätestens jedoch bis zum Ablauf eines Jahres nach dem Zeitpunkt, zu dem der Betriebsbereich dem Anwendungsbereich der Störfall-Verordnung unterfällt, zu übermitteln.

(3) [1] Die Entwürfe der externen Notfallpläne sind zur Anhörung der Öffentlichkeit für die Dauer eines Monats öffentlich auszulegen. [2] Die geheimhaltungsbedürftigen Teile der externen Notfallpläne, insbesondere dem Datenschutz unterliegende personenbezogene Daten, verdeckte Telefonnummern oder interne Anweisungen, sind hiervon ausgenommen. [3] Ort und Dauer der Auslegung sind vorher öffentlich bekanntzumachen mit dem Hinweis, dass

Bedenken und Anregungen während der Auslegungsfrist vorgebracht werden können. [4] Die fristgemäß vorgebrachten Bedenken und Anregungen sind zu prüfen; das Ergebnis ist mitzuteilen. [5] Haben mehr als 50 Personen Bedenken und Anregungen mit im Wesentlichen gleichem Inhalt vorgebracht, kann die Mitteilung des Ergebnisses der Prüfung dadurch ersetzt werden, dass diesen Personen die Einsicht in das Ergebnis ermöglicht wird. [6] Die Stelle, bei der das Ergebnis der Prüfung während der Dienststunden eingesehen werden kann, ist öffentlich bekanntzumachen. [7] Wird der Entwurf des externen Notfallplans nach der Auslegung geändert oder ergänzt, ist er erneut auszulegen. [8] Bei der erneuten Auslegung kann bestimmt werden, dass Bedenken oder Anregungen nur zu den geänderten oder ergänzten Teilen vorgebracht werden können. [9] Werden durch die Änderung oder Ergänzung des Entwurfs die Grundzüge der Planung nicht berührt oder sind Änderungen oder Ergänzungen im Umfang geringfügig oder von geringer Bedeutung, kann von einer erneuten öffentlichen Auslegung abgesehen werden.

(4) [1] Die Kreise und kreisfreien Städte haben die von ihnen erstellten externen Notfallpläne in angemessenen Abständen von höchstens drei Jahren unter Beteiligung der Betreiberin oder des Betreibers und unter Berücksichtigung des internen Notfallplans zu überprüfen, zu erproben und erforderlichenfalls zu überarbeiten und auf den neuesten Stand zu bringen. [2] Bei dieser Überprüfung sind Veränderungen in den Betrieben und den Notdiensten, neue technische Erkenntnisse und Erkenntnisse darüber, wie bei schweren Unfällen zu handeln ist, zu berücksichtigen. [3] Werden externe Notfallpläne nach der Überprüfung geändert oder aktualisiert, sind sie erneut gemäß Absatz 3 auszulegen.

(5) [1] Externe Notfallpläne sind von dem zuständigen Kreis oder der zuständigen kreisfreien Stadt unverzüglich anzuwenden, wenn es zu einem schweren Unfall gekommen oder ein solcher zu erwarten ist. [2] In diesen Fällen arbeiten die Betreiberin oder der Betreiber und der zuständige Kreis oder die zuständige kreisfreie Stadt eng zusammen.

(6) [1] Könnte ein anderer Mitgliedstaat der Europäischen Union von den grenzüberschreitenden Wirkungen eines schweren Unfalls in einem Betriebsbereich im Sinne von Absatz 1 Satz 1 betroffen werden, macht der zuständige Kreis oder die kreisfreie Stadt der von dem Mitgliedstaat benannten Behörde die für die Erstellung eines externen Notfallplans erforderlichen Informationen zugänglich. [2] Der zuständige Kreis oder die kreisfreie Stadt unterrichtet die von dem Mitgliedstaat benannte Behörde über Entscheidungen gemäß Absatz 1 Satz 2. [3] Wenn der andere Mitgliedstaat die zu beteiligenden Behörden nicht benannt hat, ist die oberste für Katastrophenschutz zuständige Behörde des anderen Mitgliedstaats zu unterrichten.

§ 31[1)] Externe Notfallpläne für bergbauliche Abfallentsorgungseinrichtungen. Für die Erstellung externer Notfallpläne bei Abfallentsorgungseinrichtungen der Kategorie A im Sinne von § 22a der Allgemeinen Bundesbergverordnung vom 23. Oktober 1995 (BGBl. I S. 1466), die zuletzt durch Artikel 4 der Verordnung vom 18. Oktober 2017 (BGBl. I S. 3584) geändert worden ist, gilt § 30 entsprechend mit der Maßgabe, dass

1. § 30 Absatz 1 Satz 2, Absatz 5 und 6 nicht anwendbar ist und

---

[1)] § 31 neu gef. mWv 1.7.2021 durch G v. 23.6.2021 (GV. NRW. S. 762).

2. die Unternehmerin oder der Unternehmer vor Inbetriebnahme einer Abfallentsorgungseinrichtung die zur Erstellung externer Notfallpläne erforderlichen Informationen an den zuständigen Kreis oder die zuständige kreisfreie Stadt zu übermitteln hat.

§ 32 Ausbildung, Fortbildung und Übungen. (1) [1]Die Gemeinden führen die Grundausbildung der Angehörigen öffentlicher Feuerwehren durch und bilden diese fort. [2]Die weitergehende Aus- und Fortbildung der Angehörigen öffentlicher Feuerwehren obliegt den Kreisen und kreisfreien Städten. [3]Die Führungsausbildung und -fortbildung sowie die Vermittlung spezieller Fachkenntnisse erfolgt durch die zentrale Aus- und Fortbildungsstätte des Landes.

(2) Für die Aus- und Fortbildung ihrer Einsatz- und Führungskräfte sind die anerkannten Hilfsorganisationen verantwortlich.

(3) [1]Die Leistungsfähigkeit des Brandschutzes, der Hilfeleistung und des Katastrophenschutzes ist durch Übungen und andere Aus- und Fortbildungsveranstaltungen zu erproben und zu stärken. [2]Das Land unterstützt die kreisfreien Städte und Kreise bei der Aus- und Fortbildung der Angehörigen der Krisenstäbe und Einsatzleitungen bei Großeinsatzlagen und Katastrophen sowie die darüber hinaus dabei mitwirkenden Personen durch geeignete Veranstaltungen.

(4) [1]Die Ausbildungseinrichtungen der Gemeinden, der Kreise und des Landes stehen Dritten gegen Kostenerstattung zur Verfügung. [2]Den anerkannten Hilfsorganisationen kann eine kostenfreie Nutzung ermöglicht werden.

(5) Angehörige der Feuerwehr haben jährlich eine fachbezogene feuerwehrtechnische Fortbildung zu absolvieren.

Teil 5. Durchführung der Abwehrmaßnahmen

Kapitel 1: Einsatzleitung

§ 33 Einsatzleitung. [1]Die zur Erfüllung der Aufgaben nach diesem Gesetz erforderlichen Abwehrmaßnahmen werden von der durch die Gemeinde bestellten Einsatzleiterin oder dem durch die Gemeinde bestellten Einsatzleiter geleitet. [2]Bis zur Übernahme der Einsatzleitung durch die bestellte Einsatzleiterin oder den bestellten Einsatzleiter, leitet die oder der zuerst am Einsatzort eintreffende oder bisher dort tätige Einheitsführerin oder Einheitsführer den Einsatz. [3]Bei Großeinsatzlagen oder Katastrophen ist § 37 zu beachten.

§ 34 Befugnisse der Einsatzleitung. (1) [1]Die Einsatzleitung ist befugt, den Einsatz der Feuerwehren sowie der Einheiten des Katastrophenschutzes zu regeln, erforderliche Einsatzmaßnahmen zu treffen und zusätzliche Einsatzmittel und Einsatzkräfte über die Leitstelle anzufordern. [2]Gemeinsame Einsätze von Feuerwehr, Rettungsdienst und des Katastrophenschutzes sind so zu organisieren, dass ein abgestimmtes Handeln unter einheitlicher Leitung gewährleistet ist.

(2) [1]Die Einsatzleitung veranlasst nach pflichtgemäßem Ermessen die zur Erfüllung der Aufgaben nach diesem Gesetz an der Einsatzstelle notwendigen Maßnahmen, soweit die Polizei oder andere Stellen nicht in der Lage sind, in eigener Zuständigkeit entsprechende Maßnahmen zu treffen. [2]Sie hat insoweit die Befugnisse nach dem Gesetz über Aufbau und Befugnisse der Ordnungs-

behörden[1)] vom 13. Mai 1980 (GV. NRW. S. 528) in der jeweils geltenden Fassung. [3]Soweit dies zur Abwehr von Gefahren nach § 1 Absatz 1 erforderlich ist, kann die Einsatzleitung insbesondere das Betreten des Einsatzgebietes oder einzelner Einsatzbereiche verbieten, Personen von dort verweisen, das Einsatzgebiet oder einzelne Einsatzbereiche sperren und räumen lassen.

(3) [1]Die Polizei nimmt eigene Aufgaben nach § 1 des Polizeigesetzes des Landes Nordrhein-Westfalen[2)] in der Fassung der Bekanntmachung vom 25. Juli 2003 (GV. NRW. S. 441) in der jeweils geltenden Fassung wahr. [2]Die Polizei leistet den für die Gefahrenabwehr nach diesem Gesetz zuständigen Behörden Vollzugshilfe gemäß den §§ 47 bis 49 des Polizeigesetzes und Amtshilfe gemäß den §§ 4 bis 8 des Verwaltungsverfahrensgesetzes für das Land Nordrhein-Westfalen[3)] vom 12. November 1999 (GV. NRW. S. 602), in der jeweils geltenden Fassung.

(4) Maßnahmen der Einsatzleitung, der Polizei oder anderer zuständiger Stellen sollen im gegenseitigen Einvernehmen angeordnet oder aufgehoben werden.

(5) Kann die Einsatzleitung die notwendigen Maßnahmen nicht selber veranlassen, stehen die Befugnisse nach Absatz 2 den von ihr hiermit beauftragten Personen zu.

Kapitel 2: Krisenmanagement

§ 35 Grundsätze für das Krisenmanagement. (1) [1]Bei Großeinsatzlagen und Katastrophen leiten und koordinieren die kreisfreien Städte und Kreise die Abwehrmaßnahmen. [2]Sie richten Krisenstäbe und Einsatzleitungen ein.

(2) Krisenstab und Einsatzleitung arbeiten sich unter der Führung der Oberbürgermeisterin oder des Oberbürgermeisters, der Landrätin oder des Landrats in getrennten Stäben gegenseitig zu.

(3) [1]Sobald ein Kreis die Leitung und Koordinierung übernimmt, teilt er dies den kreisangehörigen Gemeinden mit und veranlasst unverzüglich alle weiteren Maßnahmen. [2]Die Beendigung der Leitung und Koordinierung ist ebenfalls mitzuteilen.

(4) [1]Die Mitglieder des Krisenstabs und der Einsatzleitung sind laufend aus- und fortzubilden. [2]Übungen sind regelmäßig durchzuführen.

(5) [1]Kreise und kreisangehörige Gemeinden stimmen ihre Gefahrenabwehrmaßnahmen ab. [2]Dazu können die kreisangehörigen Gemeinden Stäbe für außergewöhnliche Ereignisse (SAE) bilden.

§ 36 Krisenstab bei Großeinsatzlagen und Katastrophen. (1) [1]Der Krisenstab des Kreises oder der kreisfreien Stadt koordiniert und trifft alle im Zusammenhang mit dem Schadensereignis stehenden und zur Gefahrenabwehr erforderlichen administrativ-organisatorischen Maßnahmen. [2]Er stellt insbesondere ein geordnetes Melde- und Berichtswesen sicher.

(2) Der Krisenstab des Kreises oder der kreisfreien Stadt kann allen für den Einsatzbereich zuständigen unteren Landesbehörden Weisungen erteilen.

(3) Das Weisungsrecht übergeordneter Fachbehörden bleibt unberührt.

[1)] Nr. **31.11**.
[2)] Nr. **31.22**.
[3)] Nr. **23.11**.

§ 37 Einsatzleitung bei Großeinsatzlagen und Katastrophen. (1) Die Einsatzleitung veranlasst alle operativ-taktischen Maßnahmen zur Abwehr der Gefahren und zur Begrenzung der Schäden durch Führung und Leitung der Einsatzkräfte und Einheiten.

(2) [1] Die Kreise und kreisfreien Städte bestellen vorbereitend Einsatzleiterinnen oder Einsatzleiter sowie Vertreterinnen und Vertreter. [2] Diese leiten im Rahmen ihres Auftrages und der ihnen erteilten Weisungen alle Einsatzmaßnahmen und können allen eingesetzten Kräften Weisungen erteilen. [3] Das Gleiche gilt für die Hilfe leistenden Kräfte des Bundes oder anderer Länder für die Dauer der Hilfeleistung. [4] Bis zur Übernahme der Einsatzleitung durch die bestellte Einsatzleiterin oder den bestellten Einsatzleiter werden ihre oder seine Aufgaben von der oder dem zuerst am Einsatzort eintreffenden oder dort bisher tätigen Einheitsführerin oder Einheitsführer wahrgenommen.

§ 38 Auskunftsstelle. (1) Die Kreise und kreisfreien Städte aktivieren bei Bedarf Auskunftsstellen, deren Aufgaben auch einer anerkannten Hilfsorganisation übertragen werden können.

(2) [1] Das Land stellt eine zentrale Auskunftsstelle bereit. [2] Diese unterstützt bei Bedarf auf Anforderung die aktivierte Auskunftsstelle des Kreises oder der kreisfreien Stadt.

(3) [1] In Auskunftsstellen dürfen personenbezogene Daten zum Zwecke der Vermisstensuche und der Familienzusammenführung verarbeitet werden. [2] Sie dürfen Angehörigen oder sonstigen Personen übermittelt werden, bei denen aufgrund ihrer Angaben offensichtlich ist, dass die Datenübermittlung im Interesse der betroffenen Person liegt und sie in Kenntnis der Sachlage ihre Einwilligung hierzu erteilen würde.

Kapitel 3: Überörtliche Hilfeleistung

§ 39 Gegenseitige und landesweite Hilfe. (1) [1] Gemeinden und Kreise sind einander zur Hilfeleistung verpflichtet, wenn nicht die Wahrnehmung dringender eigener Aufgaben vorrangig ist. [2] Hilfe leisten zudem

1. die Landesbehörden und Einrichtungen des Landes,
2. die sonstigen der Aufsicht des Landes unterstehenden Körperschaften, Anstalten und Stiftungen des öffentlichen Rechts sowie
3. die anerkannten Hilfsorganisationen.

(2) [1] Die Hilfe ist nur auf Anforderung zu leisten. [2] Die Anforderung erfolgt über die einheitliche Leitstelle. [3] Landesweit koordinierte Hilfeleistungen sind über die obere Aufsichtsbehörde (§ 53 Absatz 2) anzufordern. [4] Die Anforderung der landesweit koordinierten Hilfeleistungen erfolgt auf der Grundlage der von dem für Inneres zuständigen Ministerium ergangenen Vorgaben zur landesweiten Hilfe. [5] Die Hilfeleistung unmittelbar angrenzender Gemeinden und Kreise sowie innerhalb der Kreise wird direkt angefordert.

(3) [1] Für die Hilfeleistung der Behörden und Einrichtungen des Bundes und der übrigen Länder gelten die Grundsätze der Amtshilfe (Artikel 35 des Grundgesetzes[1)]). [2] Besondere Regelungen bleiben unberührt. [3] Die Mitwirkung der Bundesanstalt Technisches Hilfswerk erfolgt gemäß ihrer Aufgabenzuweisung

---

[1)] Nr. **11.1**.

nach dem THW-Gesetz vom 22. Januar 1990 (BGBl. I S. 118) in der jeweils geltenden Fassung.

(4) Mit Ausnahme der Kosten für besondere Sachaufwendungen haben die Feuerwehren unmittelbar angrenzender Gemeinden bei Schadenfeuer unentgeltlich Hilfe zu leisten.

(5) [1] Die Betriebsfeuerwehren und die Werkfeuerwehren sind zur Hilfe außerhalb des Betriebes oder der Einrichtung verpflichtet. [2] Dies gilt nicht, wenn die besondere Eigenart des Betriebes die ständige Anwesenheit der angeforderten Einheiten der Werkfeuerwehr erfordert.

§ 40 Auswärtige Hilfe. (1) Außerhalb des Landes sollen Gemeinden und Kreise, einschließlich der in ihrem Auftrag tätigen anerkannten Hilfsorganisationen, auf Anforderung Hilfe leisten, soweit dadurch nicht dringende eigene Aufgaben wesentlich beeinträchtigt werden.

(2) Einsätze außerhalb des Landes bedürfen der unverzüglichen Anzeige bei der obersten Aufsichtsbehörde, sofern der Einsatz nicht in Erfüllung einer Vereinbarung zur Hilfeleistung unmittelbar angrenzender Gemeinden anderer Länder durchgeführt wird.

(3) [1] Einsätze im Ausland bedürfen der vorherigen Zustimmung der obersten Aufsichtsbehörde, sofern der Einsatz nicht in Erfüllung einer Vereinbarung zur Hilfeleistung im benachbarten Ausland oder der Hilfe unmittelbar angrenzender Gemeinden anderer Länder durchzuführen ist. [2] Die unmittelbare Aufsichtsbehörde kann dem Einsatz im benachbarten Grenzgebiet vorläufig zustimmen, wenn die sofortige Hilfeleistung angefordert wurde und geboten erscheint. [3] Bei Einsätzen im Ausland bestimmt die dem Einsatz zustimmende Behörde, welcher deutschen Stelle die eingesetzten Kräfte unterstehen.

(4) [1] Die oberste Aufsichtsbehörde kann Einsätze außerhalb des Landes anordnen. [2] Sofern das Land für einen Einsatz die zentrale Koordinierung übernommen hat, dürfen Hilfeleistungen nur nach Anordnung oder Zustimmung durch das Land erfolgen.

Teil 6. Rechte und Pflichten der Bevölkerung

§ 41 Vermeidung von Gefahren. [1] Jede Person hat die Pflicht, sich so zu verhalten, dass Menschen und erhebliche Sachwerte nicht gefährdet werden. [2] Soweit erforderlich und den Umständen nach zumutbar, sind bestehende Gefahren zu bekämpfen.

§ 42 Meldepflicht. [1] Die Person, die ein Schadenfeuer, einen Unglücksfall oder ein anderes Ereignis bemerkt, durch das Menschen oder erhebliche Sachwerte gefährdet sind, ist verpflichtet, unverzüglich die Feuerwehr oder die Polizei zu benachrichtigen, sofern sie die Gefahr nicht selbst beseitigt oder beseitigen kann. [2] Eine Person, die um Übermittlung einer Gefahrenmeldung ersucht wird, ist im Rahmen ihrer Möglichkeiten hierzu verpflichtet, wenn die ersuchende Person zur Gefahrenmeldung nicht selbst imstande ist.

§ 43[1)] Hilfeleistungspflichten. (1) Personen, die das 18. Lebensjahr vollendet haben, sind bei Bränden, Unglücksfällen oder öffentlichen Notständen

---

[1)] § 43 Abs. 1 geänd. mWv 1.7.2021 durch G v. 23.6.2021 (GV. NRW. S. 762).

unter den Voraussetzungen des § 19 des Ordnungsbehördengesetzes[1] auf Anordnung der Einsatzleitung zur Hilfeleistung verpflichtet.

(2) Dringend benötigte Hilfsmittel, insbesondere Fahrzeuge oder Geräte, sind unter den Voraussetzungen des § 19 des Ordnungsbehördengesetzes auf Anordnung der Einsatzleitung von jedermann zur Verfügung zu stellen.

(3) Eigentümerinnen und Eigentümer sowie Besitzerinnen und Besitzer von Gegenständen, durch die der Einsatz behindert wird, sind verpflichtet, diese auf Weisung der Einsatzkräfte wegzuräumen oder ihre Entfernung zu dulden.

(4) Die Absätze 1 bis 3 gelten für Übungen entsprechend, soweit dies zur Erreichung des Übungsziels dringend erforderlich ist.

(5) [1] Personen, die an den Hilfsmaßnahmen oder Übungen nicht beteiligt sind, dürfen diese nicht stören oder andere gefährden. [2] Sie sind verpflichtet, die Anweisungen der Einsatzleitung, insbesondere Platzverweise und Sperrungen von Einsatzgebieten sowie die Aufforderung zur Beseitigung störender Gegenstände unverzüglich zu befolgen.

§ 44 Pflichten der Grundstückseigentümerinnen und -eigentümer, Grundstücksbesitzerinnen und -besitzer. (1) [1] Eigentümerinnen und Eigentümer sowie Besitzerinnen und Besitzer von Gebäuden und Grundstücken sind verpflichtet, die Brandverhütungsschau und die Anbringung von Feuermelde- und Alarmeinrichtungen, Kommunikationseinrichtungen für Zwecke des Brandschutzes, der Hilfeleistung und des Katastrophenschutzes sowie von Hinweisschildern zur Gefahrenbekämpfung ohne Entschädigung zu dulden. [2] Eine Entschädigung ist nur dann zu leisten, wenn die Eigentümerin oder der Eigentümer, die Besitzerin oder der Besitzer das Gebäude oder Grundstück gewerblich zur Vermietung von Kommunikationsflächen nutzt.

(2) [1] Eigentümerinnen und Eigentümer sowie Besitzerinnen und Besitzer der von Schadenfeuern, Unglücksfällen oder öffentlichen Notständen betroffenen Grundstücke, Gebäude oder Schiffe sind verpflichtet, den beim Einsatz tätigen Kräften Zutritt zu gestatten und Arbeiten zur Abwendung der Gefahr zu dulden. [2] Sie haben Wasservorräte, die sich in ihrem Besitz befinden oder auf ihren Grundstücken gewonnen werden können, sowie sonstige Hilfsmittel, insbesondere für die Schadensbekämpfung verwendbare

(Fortsetzung nächstes Blatt)

[1] Nr. **31.11**.

5. die Struktur, Stärke und Ausstattung der nach diesem Gesetz mitwirkenden Einheiten

zu erlassen.

(2) Die Unfallkasse Nordrhein-Westfalen wird ermächtigt, durch Satzungsbeschluss freiwillige Unterstützungsleistungen für ehrenamtliche Angehörige der Feuerwehren in Nordrhein-Westfalen zu erbringen.

§ 57[1)] Anhörung von Verbänden. Vor wichtigen allgemeinen Entscheidungen mit landesweiter Bedeutung in Fragen des Brandschutzes, der Hilfeleistung und des Katastrophenschutzes soll den auf Landesebene tätigen Feuerwehrverbänden, den Spitzenorganisationen nach § 93 des Landesbeamtengesetzes[2)] vom 14. Juni 2016 (GV. NRW. S. 310, ber. S. 642), das zuletzt durch Artikel 7 des Gesetzes vom 17. Mai 2018 (GV. NRW. S. 244) geändert worden ist, den kommunalen Spitzenverbänden sowie den mitwirkenden anerkannten Hilfsorganisationen Gelegenheit zur Stellungnahme gegeben werden.

§ 58[3)] Übergangsbestimmungen. (1) Bedienstete, welche die in § 25 Satz 2 und § 26 Absatz 1 genannten Aufgaben bereits nach § 22 und § 23 Absatz 1 des Gesetzes über den Feuerschutz und die Hilfeleistung in der Fassung vom 25. Februar 1975 (GV. NRW. S. 182), zuletzt geändert durch Gesetz vom 14. März 1989 (GV. NRW. S. 102), durchgeführt haben und keine Ausbildung für die Laufbahn des ersten oder zweiten Einstiegsamtes der Laufbahngruppe 2 des feuerwehrtechnischen Dienstes besitzen, können diese Aufgaben auch weiterhin wahrnehmen.

(2) Die Gemeinden können hauptberufliche Kräfte der Freiwilligen Feuerwehren, die bei Inkrafttreten des Gesetzes über den Feuerschutz und die Hilfeleistung in der Fassung vom 10. Februar 1998 (GV. NRW. S. 122) nicht Beamte des feuerwehrtechnischen Dienstes waren, auch nach Inkrafttreten dieses Gesetzes weiter im Brandschutz, bei der Hilfeleistung und im Katastrophenschutz einsetzen.

(3) Bis zum Ablauf der laufenden Amtszeit der bei Inkrafttreten des Gesetzes bereits bestellten Leiterin oder des Leiters der Feuerwehr und ihrer Stellvertreterinnen und Stellvertreter kann abweichend von § 11 Absatz 1 eine dritte Stellvertreterin oder ein dritter Stellvertreter in die Leitung der Feuerwehr berufen werden, soweit dies notwendig ist, um die Leiterin oder den Leiter einer ständig besetzten Feuerwache gemäß § 11 Absatz 2 in die Feuerwehrleitung zu berufen.

§ 59 Inkrafttreten, Außerkrafttreten. [1]Dieses Gesetz tritt am 1. Januar 2016 in Kraft. [2]Zum gleichen Zeitpunkt tritt das Gesetz über den Feuerschutz und die Hilfeleistung vom 10. Februar 1998 (GV. NRW. S. 122), das zuletzt durch Artikel 9 des Gesetzes vom 23. Oktober 2012 (GV. NRW. S. 474) geändert worden ist, außer Kraft.

---

1) § 57 geänd. mWv 1.7.2021 durch G v. 23.6.2021 (GV. NRW. S. 762).

2) Nr. **24.11**.

3) § 58 Abs. 1 und 2 geänd. mWv 1.7.2021 durch G v. 23.6.2021 (GV. NRW. S. 762).

32.1. Gesetz zum Schutz vor schädlichen Umwelteinwirkungen durch Luftverunreinigungen, Geräusche, Erschütterungen und ähnliche Vorgänge (Bundes-Immissionsschutzgesetz – BImSchG)[1) 2)]

In der Fassung der Bekanntmachung vom 17. Mai 2013[3)]
(BGBl. I S. 1274, ber. 2021 S. 123)

FNA 2129-8

geänd. durch Art. 1 Elftes ÄndG v. 2.7.2013 (BGBl. I S. 1943), Art. 1 Zwölftes ÄndG v. 20.11.2014 (BGBl. I S. 1740), Art. 76 Zehnte ZuständigkeitsanpassungsVO v. 31.8.2015 (BGBl. I S. 1474), Art. 3 G zur Änd. des UmweltstatistikG, des HochbaustatistikG sowie bestimmter immissionsschutz- und wasserrechtlicher Vorschriften v. 26.7.2016 (BGBl. I S. 1839), Art. 1 G zur Umsetzung der RL 2012/

[1)] **Amtl. Anm.:** Dieses Gesetz dient der Umsetzung folgender Richtlinien:
- Richtlinie 96/82/EG des Rates vom 9. Dezember 1996 zur Beherrschung der Gefahren bei schweren Unfällen mit gefährlichen Stoffen (ABl. L 345 vom 31.12.2003, S. 97), die zuletzt durch die Richtlinie 2012/18/EU (ABl. L 197 vom 24.7.2012, S. 1) geändert worden ist;
- Richtlinie 97/68/EG des Europäischen Parlaments und des Rates vom 16. Dezember 1997 zur Angleichung der Rechtsvorschriften der Mitgliedstaaten über Maßnahmen zur Bekämpfung der Emission von gasförmigen Schadstoffen und luftverunreinigenden Partikeln aus Verbrennungsmotoren für mobile Maschinen und Geräte (ABl. L 59 vom 27.2.1998, S. 1), die zuletzt durch die Richtlinie 2012/46/EU (ABl. L 353 vom 21.12.2012, S. 80) geändert worden ist;
- Richtlinie 98/70/EG des Europäischen Parlaments und des Rates vom 13. Oktober 1998 über die Qualität von Otto- und Dieselkraftstoffen und zur Änderung der Richtlinie 93/12/EWG des Rates (ABl. L 350 vom 28.12.1998, S. 58), die zuletzt durch die Richtlinie 2009/30/EG (ABl. L 140 vom 5.6.2009, S. 88) geändert worden ist;
- Richtlinie 1999/32/EG des Rates vom 26. April 1999 über eine Verringerung des Schwefelgehalts bestimmter flüssiger Kraft- oder Brennstoffe und zur Änderung der Richtlinie 93/12/EWG (ABl. L 121 vom 11.5.1999, S. 13), die zuletzt durch die Richtlinie 2009/30/EG (ABl. L 140 vom 5.6.2009, S. 88) geändert worden ist;
- Richtlinie 2000/25/EG des Europäischen Parlaments und des Rates vom 22. Mai 2000 über Maßnahmen zur Bekämpfung der Emission gasförmiger Schadstoffe und luftverunreinigender Partikel aus Motoren, die für den Antrieb von land- und forstwirtschaftlichen Zugmaschinen bestimmt sind, und zur Änderung der Richtlinie 74/150/EWG des Rates (ABl. L 173 vom 12.7.2000, S. 1), die zuletzt durch die Richtlinie 2011/87/EU (ABl. L 301 vom 18.11.2011, S. 1) geändert worden ist;
- Richtlinie 2002/49/EG des Europäischen Parlaments und des Rates vom 25. Juni 2002 über die Bewertung und Bekämpfung von Umgebungslärm (ABl. L 189 vom 18.7.2002, S. 12);
- Richtlinie 2003/35/EG des Europäischen Parlaments und des Rates vom 26. Mai 2003 über die Beteiligung der Öffentlichkeit bei der Ausarbeitung bestimmter umweltbezogener Pläne und Programme und zur Änderung der Richtlinien 85/337/EWG und 96/61/EG des Rates in Bezug auf die Öffentlichkeitsbeteiligung und den Zugang zu Gerichten (ABl. L 156 vom 25.6.2003, S. 17), die zuletzt durch die Richtlinie 2011/92/EU (ABl. L 26 vom 28.1.2012, S. 1) geändert worden ist;
- Richtlinie 2008/50/EG des Europäischen Parlaments und des Rates vom 21. Mai 2008 über Luftqualität und saubere Luft für Europa (ABl. L 152 vom 11.6.2008, S. 1);
- Richtlinie 2008/98/EG des Europäischen Parlaments und des Rates vom 19. November 2008 über Abfälle und zur Aufhebung bestimmter Richtlinien (ABl. L 312 vom 22.11.2008, S. 3, L 127 vom 26.5.2009, S. 24);
- Richtlinie 2009/28/EG des Europäischen Parlaments und des Rates vom 23. April 2009 zur Förderung der Nutzung von Energie aus erneuerbaren Quellen und zur Änderung und anschließenden Aufhebung der Richtlinien 2001/77/EG und 2003/30/EG (ABl. L 140 vom 5.6.2009, S. 16);
- Richtlinie 2010/75/EU des Europäischen Parlaments und des Rates vom 24. November 2010 über Industrieemissionen (integrierte Vermeidung und Verminderung der Umweltverschmutzung) (Neufassung) (ABl. L 334 vom 17.12.2010, S. 17).

[2)] Die Änderung durch G v. 10.8.2021 (BGBl. I S. 3436) tritt erst **mWv 1.1.2024** in Kraft und ist im Text noch nicht berücksichtigt.

[3)] Neubekanntmachung des BImSchG idF der Bek. v. 26.9.2002 (BGBl. I S. 3830) in der ab 2.5. 2013 geltenden Fassung.

18/EU zur Beherrschung der Gefahren schwerer Unfälle mit gefährlichen Stoffen, zur Änd. und anschließenden Aufh. der RL 96/82/EG des Rates v. 30.11.2016 (BGBl. I S. 2749), Art. 55 G zum Abbau verzichtbarer Anordnungen der Schriftform im Verwaltungsrecht des Bundes v. 29.3.2017 (BGBl. I S. 626), Art. 3 G zur Anpassung des Umwelt-RechtsbehelfsG und anderer Vorschriften an europa- und völkerrechtliche Vorgaben v. 29.5.2017 (BGBl. I S. 1298), Art. 3 G zur Einführung einer wasserrechtlichen Genehmigung für Behandlungsanlagen für Deponiesickerwasser, zur Änd. der Vorschriften zur Eignungsfeststellung für Anlagen zum Lagern, Abfüllen oder Umschlagen wassergefährdender Stoffe und zur Änd. des Bundes-ImmissionsschutzG v. 18.7.2017 (BGBl. I S. 2771), Art. 1 13. ÄndG v. 8.4.2019 (BGBl. I S. 432), Art. 103 Elfte ZuständigkeitsanpassungsVO v. 19.6.2020 (BGBl. I S. 1328), Art. 3 Investitionen-BeschleunigungsG v. 3.12.2020 (BGBl. I S. 2694), Art. 2 Abs. 1 Erstes G zur Änd. des G zur Ausführung des Protokolls über Schadstofffreisetzungs- und -verbringungsregister vom 21. Mai 2003 sowie zur Durchführung der VO (EG) Nr. 166/2006 v. 9.12.2020 (BGBl. I S. 2873), Art. 10 G zur Anpassung des ProduktsicherheitsG und zur Neuordnung des Rechts der überwachungsbedürftigen Anlagen v. 27.7.2021 (BGBl. I S. 3146), Art. 14 PersonengesellschaftsrechtsmodernisierungsG (MoPeG) v. 10.8.2021 (BGBl. I S. 3436), Art. 1 G zur Umsetzung von Vorgaben der RL (EU) 2018/2001 für Zulassungsverfahren nach dem Bundes-ImmissionsschutzG, dem WasserhaushaltsG und dem BundeswasserstraßenG v. 18.8.2021 (BGBl. I S. 3901) und Art. 1 G zur Weiterentwicklung der Treibhausgasminderungs-Quote v. 24.9.2021 (BGBl. I S. 4458)

Zum BImSchG wurden ua folgende Durchführungsvorschriften erlassen:

– VO über kleine und mittlere Feuerungsanlagen – 1. BImSchV[1]

– VO zur zur Emissionsbegrenzung von leichtflüchtigen halogenierten organischen Verbindungen – 2. BImSchV

– VO über genehmigungsbedürftige Anlagen – 4. BImSchV[2]

– VO über Immissionsschutz- und Störfallbeauftragte – 5. BImSchV[3]

– VO zur Auswurfbegrenzung von Holzstaub – 7. BImSchV

– VO über das Genehmigungsverfahren – 9. BImSchV[4]

– VO über die Beschaffenheit und die Auszeichnung der Qualitäten von Kraft- und Brennstoffen – 10. BImSchV[5]

– VO über Emissionserklärungen – 11. BImSchV[6]

– Störfall-VO – 12. BImSchV[7]

– VO über Großfeuerungs-, Gasturbinen- und Verbrennungsmotoranlagen – 13. BImSchV[8]

– VO über Anlagen der Landesverteidigung – 14. BImSchV

– VerkehrslärmschutzVO – 16. BImSchV[9]

– VO über die Verbrennung und die Mitverbrennung von Abfällen – 17. BImSchV[10]

– SportanlagenlärmschutzVO – 18. BImSchV[11]

– VO zur Begrenzung der Emissionen flüchtiger organischer Verbindungen beim Umfüllen und Lagern von Ottokraftstoffen – 20. BImSchV

– VO zur Begrenzung der Kohlenwasserstoffemissionen bei der Betankung von Kraftfahrzeugen – 21. BImSchV

– Verkehrswege-SchallschutzmaßnahmenVO – 24. BImSchV[12]

– VO zur Begrenzung von Emissionen aus der Titandioxid-Industrie – 25. BImSchV

---

[1] **Sartorius ErgBd. Nr. 296/1.**
[2] **Sartorius Nr. 296a.**
[3] **Sartorius ErgBd. Nr. 296/5.**
[4] **Sartorius Nr. 296b.**
[5] **Sartorius ErgBd. Nr. 296/10.**
[6] **Sartorius ErgBd. Nr. 296/11.**
[7] **Sartorius ErgBd. Nr. 296/12.**
[8] **Sartorius ErgBd. Nr. 296/13.**
[9] **Sartorius ErgBd. Nr. 296/16.**
[10] **Sartorius ErgBd. Nr. 296/17.**
[11] **Sartorius ErgBd. Nr. 296/18.**
[12] **Sartorius ErgBd. Nr. 296/24.**

– VO über elektromagnetische Felder – 26. BImSchV[1]

– VO über Anlagen zur Feuerbestattung – 27. BImSchV

– VO zur Durchführung der unionsrechtlichen Verordnung über Emissionsgrenzwerte und die Typgenehmigung für Verbrennungsmotoren für nicht für den Straßenverkehr bestimmte mobile Maschinen und Geräte – 28. BImSchV[2]

– GebührenO für Maßnahmen bei Typprüfungen von Verbrennungsmotoren – 29. BImSchV

– VO über Anlagen zur biologischen Behandlung von Abfällen – 30. BImSchV[3]

– VO zur Begrenzung der Emissionen flüchtiger organischer Verbindungen bei der Verwendung organischer Lösemittel in bestimmten Anlagen – 31. BImSchV

– Geräte- und MaschinenlärmschutzVO – 32. BImSchV[4]

– VO über die Lärmkartierung – 34. BImSchV[5]

– VO zur Kennzeichnung der Kraftfahrzeuge mit geringem Beitrag zur Schadstoffbelastung – 35. BImSchV[6]

– VO zur Durchführung der Regelungen der Biokraftstoffquote – 36. BImSchV

– VO zur Anrechnung von strombasierten Kraftstoffen und mitverarbeiteten biogenen Ölen auf die Treibhausgasquote – 37. BImSchV

– VO über Luftqualitätsstandards und Emissionshöchstmengen – 39. BImSchV[7]

– BekanntgabeVO – 41. BImSchV

– VO über Verdunstungskühlanlagen, Kühltürme und Nassabscheider – 42. BImSchV

– VO über nationale Verpflichtungen zur Reduktion der Emissionen bestimmter Luftschadstoffe – 43. BImSchV

– VO über mittelgroße Feuerungs-, Gasturbinen- und Verbrennungsmotoranlagen – 44. BImSchV

– AltholzVO

– AltölVO

– Biokraftstoff-NachhaltigkeitsVO – Biokraft-NachV

– DeponieVO[8]

– EMAS-Privilegierungs-VO – EMASPrivilegV[9]

– VO über die Entsorgung gebrauchter halogenierter Lösemittel

– GefahrstoffVO – GefStoffV

– KWK-Kosten-Nutzen-Vergleich-VO – KNV-V

– Magnetschwebebahn-Bau- und Betriebsordnung – MbBO

– Technische Anleitung zur Reinhaltung der Luft – TA Luft[10]

– Technische Anleitung zum Schutz gegen Lärm – TA Lärm[11]

– Upstream-Emissionsminderungs-VO

Zur Ausführung und Durchführung des BImSchG haben die **Länder** ua folgende Vorschriften erlassen:

– **Baden-Württemberg:** Immissionsschutz-ZuständigkeitsVO

– **Bayern:** Bayerisches ImmissionsschutzG

– **Berlin:** Landes-Immissionsschutzgesetz Berlin (LImSchG Bln)

– **Brandenburg:** LandesimmissionsschutzG; ImmissionsschutzzuständigkeitsVO

---

[1] **Sartorius ErgBd. Nr. 296/26.**
[2] **Sartorius ErgBd. Nr. 296/28.**
[3] **Sartorius ErgBd. Nr. 296/30.**
[4] **Sartorius ErgBd. Nr. 296/32.**
[5] **Sartorius ErgBd. Nr. 296/34.**
[6] **Sartorius ErgBd. Nr. 296/35.**
[7] **Sartorius ErgBd. Nr. 296/39.**
[8] **Sartorius ErgBd. Nr. 298h.**
[9] **Sartorius ErgBd. Nr. 297.**
[10] **Sartorius ErgBd. Nr. 296/101.**
[11] **Sartorius ErgBd. Nr. 296/100.**

– **Bremen:** Bremisches ImmissionsschutzG; VO über die Zuständigkeit für die Verfolgung und Ahndung von Ordnungswidrigkeiten nach dem Bundes-ImmissionsschutzG
– **Hamburg:** Hamburgisches KlimaschutzG
– **Hessen:** VO über immissionsschutzrechtliche Zuständigkeiten, zur Bestimmung der federführenden Behörde nach dem G über die Umweltverträglichkeitsprüfung und über Zuständigkeiten nach dem BenzinbleiG
– **Mecklenburg-Vorpommern:** Immissionsschutz-ZuständigkeitsVO; Immissionsschutz-KostenVO
– **Niedersachsen:** ZustVO-Umwelt-Arbeitsschutz
– **Nordrhein-Westfalen:** Landes-ImmissionsschutzG[1]; Untersuchungsgebiets-VO
– **Rheinland-Pfalz:** Landes-ImmissionsschutzG; LandesVO über Zuständigkeiten auf dem Gebiet des Immissionsschutzes
– **Saarland:** VO über die Zuständigkeiten nach dem Bundes-ImmissionsschutzG und nach dem Treibhausgas-EmissionshandelsG
– **Sachsen:** Immissionsschutz-ZuständigkeitsVO
– **Sachsen-Anhalt:** Immissionsschutz-ZuständigkeitsVO
– **Schleswig-Holstein:** LandesVO über die zuständigen Behörden nach dem Bundes-ImmissionsschutzG
– **Thüringen:** Thüringer VO zur Regelung von Zuständigkeiten und zur Übertragung von Ermächtigungen auf den Gebieten des Immissionsschutzes und des Treibhausgas-Emissionshandels

Inhaltsübersicht[2]

---

[1] Nr. **32.11**.

[2] Inhaltsübersicht geänd. mWv 1.1.2015 durch G v. 20.11.2014 (BGBl. I S. 1740); sie wurde nichtamtlich an weitere Änderungen durch dieses Gesetz angepasst; geänd. mWv 7.12.2016 durch G *v. 30.11.2016 (BGBl. I S. 2749)*; geänd. mWv 10.12.2020 durch G v. 3.12.2020 (BGBl. I S. 2694); geänd. mWv 31.8.2021 durch G v. 18.8.2021 (BGBl. I S. 3901); geänd. mWv 1.10.2021 durch G v. 24.9.2021 (BGBl. I S. 4458).

Erster Teil. Allgemeine Vorschriften

§ 1 Zweck des Gesetzes. (1) Zweck dieses Gesetzes ist es, Menschen, Tiere und Pflanzen, den Boden, das Wasser, die Atmosphäre sowie Kultur- und

(Fortsetzung nächstes Blatt)

Belästigungen für die Allgemeinheit und die Nachbarschaft hervorgerufen werden können,

2. vorhandene Abfälle ordnungsgemäß und schadlos verwertet oder ohne Beeinträchtigung des Wohls der Allgemeinheit beseitigt werden und
3. die Wiederherstellung eines ordnungsgemäßen Zustandes des Anlagengrundstücks gewährleistet ist.

(4) [1] Wurden nach dem 7. Januar 2013 auf Grund des Betriebs einer Anlage nach der Industrieemissions-Richtlinie erhebliche Bodenverschmutzungen oder erhebliche Grundwasserverschmutzungen durch relevante gefährliche Stoffe im Vergleich zu dem im Bericht über den Ausgangszustand angegebenen Zustand verursacht, so ist der Betreiber nach Einstellung des Betriebs der Anlage verpflichtet, soweit dies verhältnismäßig ist, Maßnahmen zur Beseitigung dieser Verschmutzung zu ergreifen, um das Anlagengrundstück in jenen Ausgangszustand zurückzuführen. [2] Die zuständige Behörde hat der Öffentlichkeit relevante Informationen zu diesen vom Betreiber getroffenen Maßnahmen zugänglich zu machen, und zwar auch über das Internet. [3] Soweit Informationen Geschäfts- oder Betriebsgeheimnisse enthalten, gilt § 10 Absatz 2 entsprechend.

§ 6 Genehmigungsvoraussetzungen. (1) Die Genehmigung ist zu erteilen, wenn

1. sichergestellt ist, dass die sich aus § 5 und einer auf Grund des § 7 erlassenen Rechtsverordnung ergebenden Pflichten erfüllt werden, und
2. andere öffentlich-rechtliche Vorschriften und Belange des Arbeitsschutzes der Errichtung und dem Betrieb der Anlage nicht entgegenstehen.

(2) Bei Anlagen, die unterschiedlichen Betriebsweisen dienen oder in denen unterschiedliche Stoffe eingesetzt werden (Mehrzweck- oder Vielstoffanlagen), ist die Genehmigung auf Antrag auf die unterschiedlichen Betriebsweisen und Stoffe zu erstrecken, wenn die Voraussetzungen nach Absatz 1 für alle erfassten Betriebsweisen und Stoffe erfüllt sind.

(3) Eine beantragte Änderungsgenehmigung darf auch dann nicht versagt werden, wenn zwar nach ihrer Durchführung nicht alle Immissionswerte einer Verwaltungsvorschrift nach § 48 oder einer Rechtsverordnung nach § 48a eingehalten werden, wenn aber

1. der Immissionsbeitrag der Anlage unter Beachtung des § 17 Absatz 3a Satz 3 durch das Vorhaben deutlich und über das durch nachträgliche Anordnungen nach § 17 Absatz 1 durchsetzbare Maß reduziert wird,
2. weitere Maßnahmen zur Luftreinhaltung, insbesondere Maßnahmen, die über den Stand der Technik bei neu zu errichtenden Anlagen hinausgehen, durchgeführt werden,
3. der Antragsteller darüber hinaus einen Immissionsmanagementplan zur Verringerung seines Verursacheranteils vorlegt, um eine spätere Einhaltung der Anforderungen nach § 5 Absatz 1 Nummer 1 zu erreichen, und
4. die konkreten Umstände einen Widerruf der Genehmigung nicht erfordern.

§ 7[1)] Rechtsverordnungen über Anforderungen an genehmigungsbedürftige Anlagen. (1) [1]Die Bundesregierung wird ermächtigt, nach Anhörung der beteiligten Kreise (§ 51) durch Rechtsverordnung[2)] mit Zustimmung des Bundesrates vorzuschreiben, dass die Errichtung, die Beschaffenheit, der Betrieb, der Zustand nach Betriebseinstellung und die betreibereigene Überwachung genehmigungsbedürftiger Anlagen zur Erfüllung der sich aus § 5 ergebenden Pflichten bestimmten Anforderungen genügen müssen, insbesondere, dass

1. die Anlagen bestimmten technischen Anforderungen entsprechen müssen,
2. die von Anlagen ausgehenden Emissionen bestimmte Grenzwerte nicht überschreiten dürfen oder Anlagen äquivalenten Parametern oder äquivalenten technischen Maßnahmen entsprechen müssen,

2a. der Einsatz von Energie bestimmten Anforderungen entsprechen muss,

3. die Betreiber von Anlagen Messungen von Emissionen und Immissionen nach in der Rechtsverordnung näher zu bestimmenden Verfahren vorzunehmen haben oder vornehmen lassen müssen,
4. die Betreiber von Anlagen bestimmte sicherheitstechnische Prüfungen sowie bestimmte Prüfungen von sicherheitstechnischen Unterlagen nach in der Rechtsverordnung näher zu bestimmenden Verfahren
   a) während der Errichtung oder sonst vor der Inbetriebnahme der Anlage,
   b) nach deren Inbetriebnahme oder einer Änderung im Sinne des § 15 oder des § 16,
   c) in regelmäßigen Abständen oder
   d) bei oder nach einer Betriebseinstellung

   durch einen Sachverständigen nach § 29a vornehmen lassen müssen, soweit solche Prüfungen nicht gemäß § 7 Absatz 1 in Verbindung mit einer Rechtsverordnung gemäß § 31 Satz 2 Nummer 4 des Gesetzes über überwachungsbedürftige Anlagen vorgeschrieben sind, und
5. die Rückführung in den Ausgangszustand nach § 5 Absatz 4 bestimmten Anforderungen entsprechen muss, insbesondere in Bezug auf den Ausgangszustandsbericht und die Feststellung der Erheblichkeit von Boden- und Grundwasserverschmutzungen.

[2]Bei der Festlegung der Anforderungen nach Satz 1 sind insbesondere mögliche Verlagerungen von nachteiligen Auswirkungen von einem Schutzgut auf ein anderes zu berücksichtigen; ein hohes Schutzniveau für die Umwelt insgesamt ist zu gewährleisten.

(1a) [1]Nach jeder Veröffentlichung einer BVT-Schlussfolgerung ist unverzüglich zu gewährleisten, dass für Anlagen nach der Industrieemissions-Richtlinie bei der Festlegung von Emissionsgrenzwerten nach Absatz 1 Satz 1 Nummer 2 die Emissionen unter normalen Betriebsbedingungen die in den BVT-Schlussfolgerungen genannten Emissionsbandbreiten nicht überschreiten. [2]Im Hinblick auf bestehende Anlagen ist

---

[1)] § 7 Abs. 1 Satz 1 Nr. 4 Buchst. d ber. gem. BGBl. 2013 I S. 3753; Abs. 1 Satz 1 Nr. 2 und 3, Satz 2 ber. 2021 S. 123; Abs. 1 Satz 1 Nr. 4 abschl. Satzteil geänd. mWv 16.7.2021 durch G v. 27.7. 2021 (BGBl. I S. 3146).

[2)] Siehe Anmerkung zum Titel.

§ 8a Zulassung vorzeitigen Beginns. (1) In einem Verfahren zur Erteilung einer Genehmigung soll die Genehmigungsbehörde auf Antrag vorläufig zulassen, dass bereits vor Erteilung der Genehmigung mit der Errichtung einschließlich der Maßnahmen, die zur Prüfung der Betriebstüchtigkeit der Anlage erforderlich sind, begonnen wird, wenn

1. mit einer Entscheidung zugunsten des Antragstellers gerechnet werden kann,
2. ein öffentliches Interesse oder ein berechtigtes Interesse des Antragstellers an dem vorzeitigen Beginn besteht und
3. der Antragsteller sich verpflichtet, alle bis zur Entscheidung durch die Errichtung der Anlage verursachten Schäden zu ersetzen und, wenn das Vorhaben nicht genehmigt wird, den früheren Zustand wiederherzustellen.

(2) [1] Die Zulassung kann jederzeit widerrufen werden. [2] Sie kann mit Auflagen verbunden oder unter dem Vorbehalt nachträglicher Auflagen erteilt werden. [3] Die zuständige Behörde kann die Leistung einer Sicherheit verlangen, soweit dies erforderlich ist, um die Erfüllung der Pflichten des Antragstellers zu sichern.

(3) In einem Verfahren zur Erteilung einer Genehmigung nach § 16 Absatz 1 kann die Genehmigungsbehörde unter den in Absatz 1 genannten Voraussetzungen auch den Betrieb der Anlage vorläufig zulassen, wenn die Änderung der Erfüllung einer sich aus diesem Gesetz oder einer auf Grund dieses Gesetzes erlassenen Rechtsverordnung ergebenden Pflicht dient.

§ 9 Vorbescheid. (1) Auf Antrag soll durch Vorbescheid über einzelne Genehmigungsvoraussetzungen sowie über den Standort der Anlage entschieden werden, sofern die Auswirkungen der geplanten Anlage ausreichend beurteilt werden können und ein berechtigtes Interesse an der Erteilung eines Vorbescheides besteht.

(2) Der Vorbescheid wird unwirksam, wenn der Antragsteller nicht innerhalb von zwei Jahren nach Eintritt der Unanfechtbarkeit die Genehmigung beantragt; die Frist kann auf Antrag bis auf vier Jahre verlängert werden.

(3) Die Vorschriften der §§ 6 und 21 gelten sinngemäß.

§ 10[1)] Genehmigungsverfahren. (1) [1] Das Genehmigungsverfahren setzt einen schriftlichen oder elektronischen Antrag voraus. [2] Dem Antrag sind die zur Prüfung nach § 6 erforderlichen Zeichnungen, Erläuterungen und sonstigen Unterlagen beizufügen. [3] Reichen die Unterlagen für die Prüfung nicht aus, so hat sie der Antragsteller auf Verlangen der zuständigen Behörde innerhalb einer angemessenen Frist zu ergänzen. [4] Erfolgt die Antragstellung elektronisch, kann die zuständige Behörde Mehrfertigungen sowie die Übermittlung der dem Antrag beizufügenden Unterlagen auch in schriftlicher Form verlangen.

(1a) [1] Der Antragsteller, der beabsichtigt, eine Anlage nach der Industrieemissions-Richtlinie zu betreiben, in der relevante gefährliche Stoffe verwendet, erzeugt oder freigesetzt werden, hat mit den Unterlagen nach Absatz 1

[1)] § 10 Abs. 11 geänd. mWv 8.9.2015 durch VO v. 31.8.2015 (BGBl. I S. 1474); Abs. 1 Sätze 1 und 4, Abs. 3 Satz 4 und Abs. 8 Satz 6 geänd. mWv 5.4.2017 durch G v. 29.3.2017 (BGBl. I S. 626); Abs. 3 Sätze 4 und 5 geänd., Abs. 3a eingef. mWv 2.6.2017 durch G v. 29.5.2017 (BGBl. I S. 1298); Abs. 11 geänd. mWv 27.6.2020 durch VO v. 19.6.2020 (BGBl. I S. 1328); Abs. 5 Sätze 2 und 3 eingef., bish. Satz 2 wird Satz 4, Abs. 5a eingef. mWv 31.8.2021 durch G v. 18.8.2021 (BGBl. I S. 3901).

einen Bericht über den Ausgangszustand vorzulegen, wenn und soweit eine Verschmutzung des Bodens oder des Grundwassers auf dem Anlagengrundstück durch die relevanten gefährlichen Stoffe möglich ist. [2] Die Möglichkeit einer Verschmutzung des Bodens oder des Grundwassers besteht nicht, wenn auf Grund der tatsächlichen Umstände ein Eintrag ausgeschlossen werden kann.

(2) [1] Soweit Unterlagen Geschäfts- oder Betriebsgeheimnisse enthalten, sind die Unterlagen zu kennzeichnen und getrennt vorzulegen. [2] Ihr Inhalt muss, soweit es ohne Preisgabe des Geheimnisses geschehen kann, so ausführlich dargestellt sein, dass es Dritten möglich ist, zu beurteilen, ob und in welchem Umfang sie von den Auswirkungen der Anlage betroffen werden können.

(3) [1] Sind die Unterlagen des Antragstellers vollständig, so hat die zuständige Behörde das Vorhaben in ihrem amtlichen Veröffentlichungsblatt und außerdem entweder im Internet oder in örtlichen Tageszeitungen, die im Bereich des Standortes der Anlage verbreitet sind, öffentlich bekannt zu machen. [2] Der Antrag und die vom Antragsteller vorgelegten Unterlagen, mit Ausnahme der Unterlagen nach Absatz 2 Satz 1, sowie die entscheidungserheblichen Berichte und Empfehlungen, die der Behörde im Zeitpunkt der Bekanntmachung vorliegen, sind nach der Bekanntmachung einen Monat zur Einsicht auszulegen. [3] Weitere Informationen, die für die Entscheidung über die Zulässigkeit des Vorhabens von Bedeutung sein können und die der zuständigen Behörde erst nach Beginn der Auslegung vorliegen, sind der Öffentlichkeit nach den Bestimmungen über den Zugang zu Umweltinformationen zugänglich zu machen. [4] Bis zwei Wochen nach Ablauf der Auslegungsfrist kann die Öffentlichkeit gegenüber der zuständigen Behörde schriftlich oder elektronisch Einwendungen erheben; bei Anlagen nach der Industrieemissions-Richtlinie gilt eine Frist von einem Monat. [5] Mit Ablauf der Einwendungsfrist sind für das Genehmigungsverfahren alle Einwendungen ausgeschlossen, die nicht auf besonderen privatrechtlichen Titeln beruhen. [6] Einwendungen, die auf besonderen privatrechtlichen Titeln beruhen, sind auf den Rechtsweg vor den ordentlichen Gerichten zu verweisen.

(3a) Nach dem Umwelt-Rechtsbehelfsgesetz[1)] anerkannte Vereinigungen sollen die zuständige Behörde in einer dem Umweltschutz dienenden Weise unterstützen.

(4) In der Bekanntmachung nach Absatz 3 Satz 1 ist

1. darauf hinzuweisen, wo und wann der Antrag auf Erteilung der Genehmigung und die Unterlagen zur Einsicht ausgelegt sind;
2. dazu aufzufordern, etwaige Einwendungen bei einer in der Bekanntmachung zu bezeichnenden Stelle innerhalb der Einwendungsfrist vorzubringen; dabei ist auf die Rechtsfolgen nach Absatz 3 Satz 5 hinzuweisen;
3. ein Erörterungstermin zu bestimmen und darauf hinzuweisen, dass er auf Grund einer Ermessensentscheidung der Genehmigungsbehörde nach Absatz 6 durchgeführt wird und dass dann die formgerecht erhobenen Einwendungen auch bei Ausbleiben des Antragstellers oder von Personen, die Einwendungen erhoben haben, erörtert werden;
4. darauf hinzuweisen, dass die Zustellung der Entscheidung über die Einwendungen durch öffentliche Bekanntmachung ersetzt werden kann.

[1)] **Sartorius Nr. 293.**

(5) [1]Die für die Erteilung der Genehmigung zuständige Behörde (Genehmigungsbehörde) holt die Stellungnahmen der Behörden ein, deren Aufgabenbereich durch das Vorhaben berührt wird. [2]Hat eine zu beteiligende Behörde bei einem Verfahren zur Genehmigung einer Anlage zur Nutzung erneuerbarer Energien innerhalb einer Frist von einem Monat keine Stellungnahme abgegeben, so ist davon auszugehen, dass die beteiligte Behörde sich nicht äußern will. [3]Die zuständige Behörde hat die Entscheidung in diesem Fall auf Antrag auf der Grundlage der geltenden Sach- und Rechtslage zum Zeitpunkt des Ablaufs der Monatsfrist zu treffen. [4]Soweit für das Vorhaben selbst oder für weitere damit unmittelbar in einem räumlichen oder betrieblichen Zusammenhang stehende Vorhaben, die Auswirkungen auf die Umwelt haben können und die für die Genehmigung Bedeutung haben, eine Zulassung nach anderen Gesetzen vorgeschrieben ist, hat die Genehmigungsbehörde eine vollständige Koordinierung der Zulassungsverfahren sowie der Inhalts- und Nebenbestimmungen sicherzustellen.

(5a) Betrifft das Vorhaben eine Anlage, die in den Anwendungsbereich der Richtlinie (EU) 2018/2001 des Europäischen Parlaments und des Rates vom 11. Dezember 2018 zur Förderung der Nutzung von Energie aus erneuerbaren Quellen (Neufassung) (ABl. L 328 vom 21.12.2018, S. 82) fällt, gilt ergänzend Folgendes:

1. Auf Antrag des Trägers des Vorhabens wird das Genehmigungsverfahren sowie alle sonstigen Zulassungsverfahren, die für die Durchführung des Vorhabens nach Bundes- oder Landesrecht erforderlich sind, über eine einheitliche Stelle abgewickelt.
2. [1]Die einheitliche Stelle nach Nummer 1 stellt ein Verfahrenshandbuch für Träger von Vorhaben bereit und macht diese Informationen auch im Internet zugänglich. [2]Dabei geht sie gesondert auch auf kleinere Vorhaben und Vorhaben zur Eigenversorgung mit Elektrizität ein, soweit sich das Genehmigungserfordernis nach § 1 Absatz 2 der Verordnung über genehmigungsbedürftige Anlagen[1)] darauf erstreckt. [3]In den im Internet veröffentlichten Informationen weist die einheitliche Stelle auch darauf hin, für welche Vorhaben sie zuständig ist und welche weiteren einheitlichen Stellen im jeweiligen Land für Vorhaben nach Satz 1 zuständig sind.
3. [1]Die zuständige und die zu beteiligenden Behörden sollen die zur Prüfung des Antrags zusätzlich erforderlichen Unterlagen in einer einmaligen Mitteilung an den Antragsteller zusammenfassen. [2]Nach Eingang der vollständigen Antragsunterlagen erstellt die Genehmigungsbehörde einen Zeitplan für das weitere Verfahren und teilt diesen Zeitplan in den Fällen der Nummer 1 der einheitlichen Stelle, andernfalls dem Antragsteller mit.

(6) Nach Ablauf der Einwendungsfrist kann die Genehmigungsbehörde die rechtzeitig gegen das Vorhaben erhobenen Einwendungen mit dem Antragsteller und denjenigen, die Einwendungen erhoben haben, erörtern.

(6a) [1]Über den Genehmigungsantrag ist nach Eingang des Antrags und der nach Absatz 1 Satz 2 einzureichenden Unterlagen innerhalb einer Frist von sieben Monaten, in vereinfachten Verfahren innerhalb einer Frist von drei Monaten, zu entscheiden. [2]Die zuständige Behörde kann die Frist um jeweils drei Monate verlängern, wenn dies wegen der Schwierigkeit der Prüfung oder

---

[1)] **Sartorius Nr. 296a.**

aus Gründen, die dem Antragsteller zuzurechnen sind, erforderlich ist. [3]Die Fristverlängerung soll gegenüber dem Antragsteller begründet werden.

(7) [1]Der Genehmigungsbescheid ist schriftlich zu erlassen, schriftlich zu begründen und dem Antragsteller und den Personen, die Einwendungen erhoben haben, zuzustellen. [2]Er ist, soweit die Zustellung nicht nach Absatz 8 erfolgt, öffentlich bekannt zu machen. [3]Die öffentliche Bekanntmachung erfolgt nach Maßgabe des Absatzes 8.

(8) [1]Die Zustellung des Genehmigungsbescheids an die Personen, die Einwendungen erhoben haben, kann durch öffentliche Bekanntmachung ersetzt werden. [2]Die öffentliche Bekanntmachung wird dadurch bewirkt, dass der verfügende Teil des Bescheides und die Rechtsbehelfsbelehrung in entsprechender Anwendung des Absatzes 3 Satz 1 bekannt gemacht werden; auf Auflagen ist hinzuweisen. [3]In diesem Fall ist eine Ausfertigung des gesamten Bescheides vom Tage nach der Bekanntmachung an zwei Wochen zur Einsicht auszulegen. [4]In der öffentlichen Bekanntmachung ist anzugeben, wo und wann der Bescheid und seine Begründung eingesehen und nach Satz 6 angefordert werden können. [5]Mit dem Ende der Auslegungsfrist gilt der Bescheid auch gegenüber Dritten, die keine Einwendung erhoben haben, als zugestellt; darauf ist in der Bekanntmachung hinzuweisen. [6]Nach der öffentlichen Bekanntmachung können der Bescheid und seine Begründung bis zum Ablauf der Widerspruchsfrist von den Personen, die Einwendungen erhoben haben, schriftlich oder elektronisch angefordert werden.

(8a) [1]Unbeschadet der Absätze 7 und 8 sind bei Anlagen nach der Industrieemissions-Richtlinie folgende Unterlagen im Internet öffentlich bekannt zu machen:

1. der Genehmigungsbescheid mit Ausnahme in Bezug genommener Antragsunterlagen und des Berichts über den Ausgangszustand sowie
2. die Bezeichnung des für die betreffende Anlage maßgeblichen BVT-Merkblatts.

[2]Soweit der Genehmigungsbescheid Geschäfts- oder Betriebsgeheimnisse enthält, sind die entsprechenden Stellen unkenntlich zu machen. [3]Absatz 8 Satz 3, 5 und 6 gilt entsprechend.

(9) Die Absätze 1 bis 8 gelten entsprechend für die Erteilung eines Vorbescheides.

(10) [1]Die Bundesregierung wird ermächtigt, durch Rechtsverordnung[1)] mit Zustimmung des Bundesrates das Genehmigungsverfahren zu regeln; in der Rechtsverordnung kann auch das Verfahren bei Erteilung einer Genehmigung im vereinfachten Verfahren (§ 19) sowie bei der Erteilung eines Vorbescheides (§ 9), einer Teilgenehmigung (§ 8) und einer Zulassung vorzeitigen Beginns (§ 8a) geregelt werden. [2]In der Verordnung ist auch näher zu bestimmen, welchen Anforderungen das Genehmigungsverfahren für Anlagen genügen muss, für die nach dem Gesetz über die Umweltverträglichkeitsprüfung[2)] eine Umweltverträglichkeitsprüfung durchzuführen ist.

(11) Das Bundesministerium der Verteidigung wird ermächtigt, im Einvernehmen mit dem Bundesministerium für Umwelt, Naturschutz und nukleare

[1)] Siehe die VO über das Genehmigungsverfahren – 9. BImSchV **(Sartorius Nr. 296b)** und die UVP-Portale-VO v. 11.11.2020 (BGBl. I S. 2428).

[2)] Nr. **32.4**.

Sicherheit durch Rechtsverordnung[1] mit Zustimmung des Bundesrates das Genehmigungsverfahren für Anlagen, die der Landesverteidigung dienen, abweichend von den Absätzen 1 bis 9 zu regeln.

§ 11 Einwendungen Dritter bei Teilgenehmigung und Vorbescheid. Ist eine Teilgenehmigung oder ein Vorbescheid erteilt worden, können nach Eintritt ihrer Unanfechtbarkeit im weiteren Verfahren zur Genehmigung der Errichtung und des Betriebs der Anlage Einwendungen nicht mehr auf Grund von Tatsachen erhoben werden, die im vorhergehenden Verfahren fristgerecht vorgebracht worden sind oder nach den ausgelegten Unterlagen hätten vorgebracht werden können.

§ 12[2] Nebenbestimmungen zur Genehmigung. (1) [1]Die Genehmigung kann unter Bedingungen erteilt und mit Auflagen verbunden werden, soweit dies erforderlich ist, um die Erfüllung der in § 6 genannten Genehmigungsvoraussetzungen sicherzustellen. [2]Zur Sicherstellung der Anforderungen nach § 5 Absatz 3 soll bei Abfallentsorgungsanlagen im Sinne des § 4 Absatz 1 Satz 1 auch eine Sicherheitsleistung auferlegt werden.

(1a) Für den Fall, dass eine Verwaltungsvorschrift nach § 48 für die jeweilige Anlagenart keine Anforderungen vorsieht, ist bei der Festlegung von Emissionsbegrenzungen für Anlagen nach der Industrieemissions-Richtlinie in der Genehmigung sicherzustellen, dass die Emissionen unter normalen Betriebsbedingungen die in den BVT-Schlussfolgerungen genannten Emissionsbandbreiten nicht überschreiten.

(1b) [1]Abweichend von Absatz 1a kann die zuständige Behörde weniger strenge Emissionsbegrenzungen festlegen, wenn

1. eine Bewertung ergibt, dass wegen technischer Merkmale der Anlage die Anwendung der in den BVT-Schlussfolgerungen genannten Emissionsbandbreiten unverhältnismäßig wäre, oder
2. in Anlagen Zukunftstechniken für einen Gesamtzeitraum von höchstens neun Monaten erprobt oder angewendet werden sollen, sofern nach dem festgelegten Zeitraum die Anwendung der betreffenden Technik beendet wird oder in der Anlage mindestens die mit den besten verfügbaren Techniken assoziierten Emissionsbandbreiten erreicht werden.

[2]Bei der Festlegung der Emissionsbegrenzungen nach Satz 1 sind insbesondere mögliche Verlagerungen von nachteiligen Auswirkungen von einem Schutzgut auf ein anderes zu berücksichtigen; ein hohes Schutzniveau für die Umwelt insgesamt ist zu gewährleisten. [3]Emissionsbegrenzungen nach Satz 1 dürfen die in den Anhängen der Richtlinie 2010/75/EU festgelegten Emissionsgrenzwerte nicht überschreiten und keine schädlichen Umwelteinwirkungen hervorrufen.

(2) [1]Die Genehmigung kann auf Antrag für einen bestimmten Zeitraum erteilt werden. [2]Sie kann mit einem Vorbehalt des Widerrufs erteilt werden, wenn die genehmigungsbedürftige Anlage lediglich Erprobungszwecken dienen soll.

---

[1] Siehe die VO über Anlagen der Landesverteidigung – 14. BImSchV v. 9.4.1986 (BGBl. I S. 380).
[2] § 12 Abs. 1a geänd. mWv 7.12.2016 durch G v. 30.11.2016 (BGBl. I S. 2749).

(2a) [1]Die Genehmigung kann mit Einverständnis des Antragstellers mit dem Vorbehalt nachträglicher Auflagen erteilt werden, soweit hierdurch hinreichend bestimmte, in der Genehmigung bereits allgemein festgelegte Anforderungen an die Errichtung oder den Betrieb der Anlage in einem Zeitpunkt nach Erteilung der Genehmigung näher festgelegt werden sollen. [2]Dies gilt unter den Voraussetzungen des Satzes 1 auch für den Fall, dass eine beteiligte Behörde sich nicht rechtzeitig äußert.

(2b) Im Falle des § 6 Absatz 2 soll der Antragsteller durch eine Auflage verpflichtet werden, der zuständigen Behörde unverzüglich die erstmalige Herstellung oder Verwendung eines anderen Stoffes innerhalb der genehmigten Betriebsweise mitzuteilen.

(2c) [1]Der Betreiber kann durch Auflage verpflichtet werden, den Wechsel eines im Genehmigungsverfahren dargelegten Entsorgungswegs von Abfällen der zuständigen Behörde anzuzeigen. [2]Das gilt ebenso für in Abfallbehandlungsanlagen erzeugte Abfälle. [3]Bei Abfallbehandlungsanlagen können außerdem Anforderungen an die Qualität und das Schadstoffpotential der angenommenen Abfälle sowie der die Anlage verlassenden Abfälle gestellt werden.

(3) Die Teilgenehmigung kann für einen bestimmten Zeitraum oder mit dem Vorbehalt erteilt werden, dass sie bis zur Entscheidung über die Genehmigung widerrufen oder mit Auflagen verbunden werden kann.

§ 13 Genehmigung und andere behördliche Entscheidungen. Die Genehmigung schließt andere die Anlage betreffende behördliche Entscheidungen ein, insbesondere öffentlich-rechtliche Genehmigungen, Zulassungen, Verleihungen, Erlaubnisse und Bewilligungen mit Ausnahme von Planfeststellungen, Zulassungen bergrechtlicher Betriebspläne, behördlichen Entscheidungen auf Grund atomrechtlicher Vorschriften und wasserrechtlichen Erlaubnissen und Bewilligungen nach § 8 in Verbindung mit § 10 des Wasserhaushaltsgesetzes[1)].

§ 14 Ausschluss von privatrechtlichen Abwehransprüchen. [1]Auf Grund privatrechtlicher, nicht auf besonderen Titeln beruhender Ansprüche zur Abwehr benachteiligender Einwirkungen von einem Grundstück auf ein benachbartes Grundstück kann nicht die Einstellung des Betriebs einer Anlage verlangt werden, deren Genehmigung unanfechtbar ist; es können nur Vorkehrungen verlangt werden, die die benachteiligenden Wirkungen ausschließen. [2]Soweit solche Vorkehrungen nach dem Stand der Technik nicht durchführbar oder wirtschaftlich nicht vertretbar sind, kann lediglich Schadensersatz verlangt werden.

§ 14a Vereinfachte Klageerhebung. Der Antragsteller kann eine verwaltungsgerichtliche Klage erheben, wenn über seinen Widerspruch nach Ablauf von drei Monaten seit der Einlegung nicht entschieden ist, es sei denn, dass wegen besonderer Umstände des Falles eine kürzere Frist geboten ist.

§ 15[2)] Änderung genehmigungsbedürftiger Anlagen. (1) [1]Die Änderung der Lage, der Beschaffenheit oder des Betriebs einer genehmigungsbedürftigen Anlage ist, sofern eine Genehmigung nicht beantragt wird, der

---

[1)] Nr. **43.1**.

[2)] § 15 Abs. 1 Satz 4 geänd., Abs. 2a eingef. mWv 7.12.2016 durch G v. 30.11.2016 (BGBl. I S. 2749); Abs. 1 Sätze 1 und 3 geänd. mWv 5.4.2017 durch G v. 29.3.2017 (BGBl. I S. 626).

zuständigen Behörde mindestens einen Monat, bevor mit der Änderung begonnen werden soll, schriftlich oder elektronisch anzuzeigen, wenn sich die Änderung auf in § 1 genannte Schutzgüter auswirken kann. [2]Der Anzeige sind Unterlagen im Sinne des § 10 Absatz 1 Satz 2 beizufügen, soweit diese für die Prüfung erforderlich sein können, ob das Vorhaben genehmigungsbedürftig ist. [3]Die zuständige Behörde hat dem Träger des Vorhabens den Eingang der Anzeige und der beigefügten Unterlagen unverzüglich schriftlich oder elektronisch zu bestätigen; sie kann bei einer elektronischen Anzeige Mehrausfertigungen sowie die Übermittlung der Unterlagen, die der Anzeige beizufügen sind, auch in schriftlicher Form verlangen. [4]Sie teilt dem Träger des Vorhabens nach Eingang der Anzeige unverzüglich mit, welche zusätzlichen Unterlagen sie zur Beurteilung der Voraussetzungen des § 16 Absatz 1 und des § 16a benötigt. [5]Die Sätze 1 bis 4 gelten entsprechend für eine Anlage, die nach § 67 Absatz 2 oder § 67a Absatz 1 anzuzeigen ist oder vor Inkrafttreten dieses Gesetzes nach § 16 Absatz 4 der Gewerbeordnung[1)] anzuzeigen war.

(2) [1]Die zuständige Behörde hat unverzüglich, spätestens innerhalb eines Monats nach Eingang der Anzeige und der nach Absatz 1 Satz 2 erforderlichen Unterlagen, zu prüfen, ob die Änderung einer Genehmigung bedarf. [2]Der Träger des Vorhabens darf die Änderung vornehmen, sobald die zuständige Behörde ihm mitteilt, dass die Änderung keiner Genehmigung bedarf, oder sich innerhalb der in Satz 1 bestimmten Frist nicht geäußert hat. [3]Absatz 1 Satz 3 gilt für nachgereichte Unterlagen entsprechend.

(2a) [1]Bei einer störfallrelevanten Änderung einer genehmigungsbedürftigen Anlage, die Betriebsbereich oder Bestandteil eines Betriebsbereichs ist, hat die zuständige Behörde unverzüglich, spätestens innerhalb von zwei Monaten nach Eingang der Anzeige und der nach Absatz 1 Satz 2 erforderlichen Unterlagen zu prüfen, ob diese Änderung einer Genehmigung bedarf. [2]Soweit es zur Ermittlung des angemessenen Sicherheitsabstands erforderlich ist, kann die zuständige Behörde ein Gutachten zu den Auswirkungen verlangen, die bei schweren Unfällen durch die Anlage hervorgerufen werden können. [3]Der Träger des Vorhabens darf die störfallrelevante Änderung vornehmen, sobald ihm die zuständige Behörde mitteilt, dass sie keiner Genehmigung bedarf.

(3) [1]Beabsichtigt der Betreiber, den Betrieb einer genehmigungsbedürftigen Anlage einzustellen, so hat er dies unter Angabe des Zeitpunktes der Einstellung der zuständigen Behörde unverzüglich anzuzeigen. [2]Der Anzeige sind Unterlagen über die vom Betreiber vorgesehenen Maßnahmen zur Erfüllung der sich aus § 5 Absatz 3 und 4 ergebenden Pflichten beizufügen. [3]Die Sätze 1 und 2 gelten für die in Absatz 1 Satz 5 bezeichneten Anlagen entsprechend.

(4) In der Rechtsverordnung nach § 10 Absatz 10 können die näheren Einzelheiten für das Verfahren nach den Absätzen 1 bis 3 geregelt werden.

§ 16 Wesentliche Änderung genehmigungsbedürftiger Anlagen.

(1) [1]Die Änderung der Lage, der Beschaffenheit oder des Betriebs einer genehmigungsbedürftigen Anlage bedarf der Genehmigung, wenn durch die Änderung nachteilige Auswirkungen hervorgerufen werden können und diese für die Prüfung nach § 6 Absatz 1 Nummer 1 erheblich sein können (wesentliche Änderung); eine Genehmigung ist stets erforderlich, wenn die Änderung oder Erweiterung des Betriebs einer genehmigungsbedürftigen Anlage für sich

---

[1)] Nr. **34.1**.

genommen die Leistungsgrenzen oder Anlagengrößen des Anhangs zur Verordnung über genehmigungsbedürftige Anlagen[1] erreichen. [2]Eine Genehmigung ist nicht erforderlich, wenn durch die Änderung hervorgerufene nachteilige Auswirkungen offensichtlich gering sind und die Erfüllung der sich aus § 6 Absatz 1 Nummer 1 ergebenden Anforderungen sichergestellt ist.

(2) [1]Die zuständige Behörde soll von der öffentlichen Bekanntmachung des Vorhabens sowie der Auslegung des Antrags und der Unterlagen absehen, wenn der Träger des Vorhabens dies beantragt und erhebliche nachteilige Auswirkungen auf in § 1 genannte Schutzgüter nicht zu besorgen sind. [2]Dies ist insbesondere dann der Fall, wenn erkennbar ist, dass die Auswirkungen durch die getroffenen oder vom Träger des Vorhabens vorgesehenen Maßnahmen ausgeschlossen werden oder die Nachteile im Verhältnis zu den jeweils vergleichbaren Vorteilen gering sind. [3]Betrifft die wesentliche Änderung eine in einem vereinfachten Verfahren zu genehmigende Anlage, ist auch die wesentliche Änderung im vereinfachten Verfahren zu genehmigen. [4]§ 19 Absatz 3 gilt entsprechend.

(3) [1]Über den Genehmigungsantrag ist innerhalb einer Frist von sechs Monaten, im Falle des Absatzes 2 in drei Monaten zu entscheiden. [2]Im Übrigen gilt § 10 Absatz 6a Satz 2 und 3 entsprechend.

(4) [1]Für nach § 15 Absatz 1 anzeigebedürftige Änderungen kann der Träger des Vorhabens eine Genehmigung beantragen. [2]Diese ist im vereinfachten Verfahren zu erteilen; Absatz 3 und § 19 Absatz 3 gelten entsprechend.

(5) Einer Genehmigung bedarf es nicht, wenn eine genehmigte Anlage oder Teile einer genehmigten Anlage im Rahmen der erteilten Genehmigung ersetzt oder ausgetauscht werden sollen.

§ 16a[2] Störfallrelevante Änderung genehmigungsbedürftiger Anlagen. [1]Die störfallrelevante Änderung einer genehmigungsbedürftigen Anlage, die Betriebsbereich oder Bestandteil eines Betriebsbereichs ist, bedarf der Genehmigung, wenn durch die störfallrelevante Änderung der angemessene Sicherheitsabstand zu benachbarten Schutzobjekten erstmalig unterschritten wird, der bereits unterschrittene Sicherheitsabstand räumlich noch weiter unterschritten wird oder eine erhebliche Gefahrenerhöhung ausgelöst wird und die Änderung nicht bereits durch § 16 Absatz 1 Satz 1 erfasst ist. [2]Einer Genehmigung bedarf es nicht, soweit dem Gebot, den angemessenen Sicherheitsabstand zu wahren, bereits auf Ebene einer raumbedeutsamen Planung oder Maßnahme durch verbindliche Vorgaben Rechnung getragen worden ist.

§ 16b[3] Repowering von Anlagen zur Erzeugung von Strom aus erneuerbaren Energien. (1) Wird eine Anlage zur Erzeugung von Strom aus erneuerbaren Energien modernisiert (Repowering), müssen auf Antrag des Vorhabenträgers im Rahmen des Änderungsgenehmigungsverfahrens nur Anforderungen geprüft werden, soweit durch das Repowering im Verhältnis zum gegenwärtigen Zustand unter Berücksichtigung der auszutauschenden Anlage nachteilige Auswirkungen hervorgerufen werden und diese für die Prüfung nach § 6 erheblich sein können.

---

[1] **Sartorius Nr. 296a.**

[2] § 16a eingef. mWv 7.12.2016 durch G v. 30.11.2016 (BGBl. I S. 2749); Satz 1 geänd. mWv 29.7.2017 durch G v. 18.7.2017 (BGBl. I S. 2771).

[3] § 16b eingef. mWv 31.8.2021 durch G v. 18.8.2021 (BGBl. I S. 3901).

(2) [1]Die Modernisierung umfasst den vollständigen oder teilweisen Austausch von Anlagen oder Betriebssystemen und -geräten zum Austausch von Kapazität oder zur Steigerung der Effizienz oder der Kapazität der Anlage. [2]Bei einem vollständigen Austausch der Anlage sind zusätzlich folgende Anforderungen einzuhalten:

1. Die neue Anlage wird innerhalb von 24 Monaten nach dem Rückbau der Bestandsanlage errichtet und
2. der Abstand zwischen der Bestandsanlage und der neuen Anlage beträgt höchstens das Zweifache der Gesamthöhe der neuen Anlage.

(3) Die Genehmigung einer Windenergieanlage im Rahmen einer Modernisierung nach Absatz 2 darf nicht versagt werden, wenn nach der Modernisierung nicht alle Immissionsrichtwerte der technischen Anleitung zum Schutz gegen Lärm eingehalten werden, wenn aber

1. der Immissionsbeitrag der Windenergieanlage nach der Modernisierung niedriger ist als der Immissionsbeitrag der durch sie ersetzten Windenergieanlagen und
2. die Windenergieanlage dem Stand der Technik entspricht.

(4) [1]Der Umfang der artenschutzrechtlichen Prüfung wird durch das Änderungsgenehmigungsverfahren nach Absatz 1 nicht berührt. [2]Die Auswirkungen der zu ersetzenden Bestandsanlage müssen bei der artenschutzrechtlichen Prüfung als Vorbelastung berücksichtigt werden. [3]Bei der Festsetzung einer Kompensation aufgrund einer Beeinträchtigung des Landschaftsbildes ist die für die zu ersetzende Bestandsanlage bereits geleistete Kompensation abzuziehen.

(5) Die Prüfung anderer öffentlich-rechtlicher Vorschriften, insbesondere des Raumordnungs-, Bauplanungs- und Bauordnungsrechts, und der Belange des Arbeitsschutzes nach § 6 Absatz 1 Nummer 2 bleibt unberührt.

(6) Auf einen Erörterungstermin soll verzichtet werden, wenn nicht der Antragsteller diesen beantragt.

(7) [1]§ 19 findet auf Genehmigungsverfahren im Sinne von Absatz 1 für das Repowering von bis zu 19 Windenergieanlagen Anwendung. [2]§ 2 Absatz 1 Satz 1 Nummer 1 Buchstabe c der Verordnung über genehmigungsbedürftige Anlagen[1)] bleibt unberührt. [3]Im vereinfachten Verfahren ist die Genehmigung auf Antrag des Trägers des Vorhabens öffentlich bekannt zu machen. [4]In diesem Fall gilt § 10 Absatz 8 Satz 2 bis 6 entsprechend.

§ 17[2)] Nachträgliche Anordnungen. (1) [1]Zur Erfüllung der sich aus diesem Gesetz und der auf Grund dieses Gesetzes erlassenen Rechtsverordnungen ergebenden Pflichten können nach Erteilung der Genehmigung sowie nach einer nach § 15 Absatz 1 angezeigten Änderung Anordnungen getroffen werden. [2]Wird nach Erteilung der Genehmigung sowie nach einer nach § 15 Absatz 1 angezeigten Änderung festgestellt, dass die Allgemeinheit oder die Nachbarschaft nicht ausreichend vor schädlichen Umwelteinwirkungen oder sonstigen Gefahren, erheblichen Nachteilen oder erheblichen Belästigungen geschützt ist, soll die zuständige Behörde nachträgliche Anordnungen treffen.

---

1) **Sartorius Nr. 296a.**

2) § 17 Abs. 1b eingef., Abs. 4 Satz 2 angef. mWv 7.12.2016 durch G v. 30.11.2016 (BGBl. I S. 2749).

(1a) [1] Bei Anlagen nach der Industrieemissions-Richtlinie ist vor dem Erlass einer nachträglichen Anordnung nach Absatz 1 Satz 2, durch welche Emissionsbegrenzungen neu festgelegt werden sollen, der Entwurf der Anordnung öffentlich bekannt zu machen. [2] § 10 Absatz 3 und 4 Nummer 1 und 2 gilt für die Bekanntmachung entsprechend. [3] Einwendungsbefugt sind Personen, deren Belange durch die nachträgliche Anordnung berührt werden, sowie Vereinigungen, welche die Anforderungen von § 3 Absatz 1 oder § 2 Absatz 2 des Umwelt-Rechtsbehelfsgesetzes[1)] erfüllen. [4] Für die Entscheidung über den Erlass der nachträglichen Anordnung gilt § 10 Absatz 7 bis 8a entsprechend.

(1b) Absatz 1a gilt für den Erlass einer nachträglichen Anordnung entsprechend, bei der von der Behörde auf Grundlage einer Verordnung nach § 7 Absatz 1b oder einer Verwaltungsvorschrift nach § 48 Absatz 1b weniger strenge Emissionsbegrenzungen festgelegt werden sollen.

(2) [1] Die zuständige Behörde darf eine nachträgliche Anordnung nicht treffen, wenn sie unverhältnismäßig ist, vor allem wenn der mit der Erfüllung der Anordnung verbundene Aufwand außer Verhältnis zu dem mit der Anordnung angestrebten Erfolg steht; dabei sind insbesondere Art, Menge und Gefährlichkeit der von der Anlage ausgehenden Emissionen und der von ihr verursachten Immissionen sowie die Nutzungsdauer und technische Besonderheiten der Anlage zu berücksichtigen. [2] Darf eine nachträgliche Anordnung wegen Unverhältnismäßigkeit nicht getroffen werden, soll die zuständige Behörde die Genehmigung unter den Voraussetzungen des § 21 Absatz 1 Nummer 3 bis 5 ganz oder teilweise widerrufen; § 21 Absatz 3 bis 6 sind anzuwenden.

(2a) § 12 Absatz 1a gilt für Anlagen nach der Industrieemissions-Richtlinie entsprechend.

(2b) [1] Abweichend von Absatz 2a kann die zuständige Behörde weniger strenge Emissionsbegrenzungen festlegen, wenn

1. wegen technischer Merkmale der Anlage die Anwendung der in den BVT-Schlussfolgerungen genannten Emissionsbandbreiten unverhältnismäßig wäre und die Behörde dies begründet oder
2. in Anlagen Zukunftstechniken für einen Gesamtzeitraum von höchstens neun Monaten erprobt oder angewendet werden sollen, sofern nach dem festgelegten Zeitraum die Anwendung der betreffenden Technik beendet wird oder in der Anlage mindestens die mit den besten verfügbaren Techniken assoziierten Emissionsbandbreiten erreicht werden.

[2] § 12 Absatz 1b Satz 2 und 3 gilt entsprechend. [3] Absatz 1a gilt entsprechend.

[1)] **Sartorius Nr. 293.**

chend gelten. [3] Für Anlagen, die nicht gewerblichen Zwecken dienen und nicht im Rahmen wirtschaftlicher Unternehmungen Verwendung finden, gilt die Verpflichtung des Satzes 1 nur, soweit sie auf die Verhinderung oder Beschränkung von schädlichen Umwelteinwirkungen durch Luftverunreinigungen, Geräusche oder von Funkanlagen ausgehende nichtionisierende Strahlen gerichtet ist.

(1a) [1] Geräuscheinwirkungen, die von Kindertageseinrichtungen, Kinderspielplätzen und ähnlichen Einrichtungen wie beispielsweise Ballspielplätzen durch Kinder hervorgerufen werden, sind im Regelfall keine schädliche Umwelteinwirkung. [2] Bei der Beurteilung der Geräuscheinwirkungen dürfen Immissionsgrenz- und -richtwerte nicht herangezogen werden.

(2) Weitergehende öffentlich-rechtliche Vorschriften bleiben unberührt.

§ 23[1)] Anforderungen an die Errichtung, die Beschaffenheit und den Betrieb nicht genehmigungsbedürftiger Anlagen. (1) [1] Die Bundesregierung wird ermächtigt, nach Anhörung der beteiligten Kreise (§ 51) durch Rechtsverordnung[2)] mit Zustimmung des Bundesrates vorzuschreiben, dass die Errichtung, die Beschaffenheit und der Betrieb nicht genehmigungsbedürftiger Anlagen bestimmten Anforderungen zum Schutz der Allgemeinheit und der Nachbarschaft vor schädlichen Umwelteinwirkungen und, soweit diese Anlagen gewerblichen Zwecken dienen oder im Rahmen wirtschaftlicher Unternehmungen Verwendung finden und Betriebsbereiche oder Bestandteile von Betriebsbereichen sind, vor sonstigen Gefahren zur Verhütung schwerer Unfälle im Sinne des Artikels 3 Nummer 13 der Richtlinie 2012/18/EU und zur Begrenzung der Auswirkungen derartiger Unfälle für Mensch und Umwelt sowie zur Vorsorge gegen schädliche Umwelteinwirkungen genügen müssen, insbesondere dass

1. die Anlagen bestimmten technischen Anforderungen entsprechen müssen,
2. die von Anlagen ausgehenden Emissionen bestimmte Grenzwerte nicht überschreiten dürfen,
3. die Betreiber von Anlagen Messungen von Emissionen und Immissionen nach in der Rechtsverordnung näher zu bestimmenden Verfahren vorzunehmen haben oder von einer in der Rechtsverordnung zu bestimmenden Stelle vornehmen lassen müssen,
4. die Betreiber bestimmter Anlagen der zuständigen Behörde unverzüglich die Inbetriebnahme oder eine Änderung einer Anlage, die für die Erfüllung von in der Rechtsverordnung vorgeschriebenen Pflichten von Bedeutung sein kann, anzuzeigen haben,

4a. die Betreiber von Anlagen, die Betriebsbereiche oder Bestandteile von Betriebsbereichen sind, innerhalb einer angemessenen Frist vor Errichtung, vor Inbetriebnahme oder vor einer Änderung dieser Anlagen, die für die Erfüllung von in der Rechtsverordnung vorgeschriebenen Pflichten von Bedeutung sein kann, dies der zuständigen Behörde anzuzeigen haben und

5. bestimmte Anlagen nur betrieben werden dürfen, nachdem die Bescheinigung eines von der nach Landesrecht zuständigen Behörde bekannt gegebenen Sachverständigen vorgelegt worden ist, dass die Anlage den Anforde-

---

1) § 23 Abs. 1 Satz 1 geänd. mWv 7.12.2016 durch G v. 30.11.2016 (BGBl. I S. 2749).

2) Siehe Anmerkung zum Titel.

rungen der Rechtsverordnung oder einer Bauartzulassung nach § 33 entspricht.

[2] In der Rechtsverordnung nach Satz 1 können auch die Anforderungen bestimmt werden, denen Sachverständige hinsichtlich ihrer Fachkunde, Zuverlässigkeit und gerätetechnischen Ausstattung genügen müssen. [3] Wegen der Anforderungen nach Satz 1 Nummer 1 bis 3 gilt § 7 Absatz 5 entsprechend.

(1a) [1] Für bestimmte nicht genehmigungsbedürftige Anlagen kann durch Rechtsverordnung nach Absatz 1 vorgeschrieben werden, dass auf Antrag des Trägers des Vorhabens ein Verfahren zur Erteilung einer Genehmigung nach § 4 Absatz 1 Satz 1 in Verbindung mit § 6 durchzuführen ist. [2] Im Falle eines Antrags nach Satz 1 sind für die betroffene Anlage an Stelle der für nicht genehmigungsbedürftige Anlagen geltenden Vorschriften die Vorschriften über genehmigungsbedürftige Anlagen anzuwenden. [3] Für das Verfahren gilt § 19 Absatz 2 und 3 entsprechend.

(2) [1] Soweit die Bundesregierung von der Ermächtigung keinen Gebrauch macht, sind die Landesregierungen ermächtigt, durch Rechtsverordnung Vorschriften im Sinne des Absatzes 1 zu erlassen. [2] Die Landesregierungen können die Ermächtigung auf eine oder mehrere oberste Landesbehörden übertragen.

§ 23a[1)] Anzeigeverfahren für nicht genehmigungsbedürftige Anlagen, die Betriebsbereich oder Bestandteil eines Betriebsbereichs sind.

(1) [1] Die störfallrelevante Errichtung und der Betrieb oder die störfallrelevante Änderung einer nicht genehmigungsbedürftigen Anlage, die Betriebsbereich oder Bestandteil eines Betriebsbereichs ist, ist der zuständigen Behörde vor ihrer Durchführung schriftlich oder elektronisch anzuzeigen, sofern eine Genehmigung nach Absatz 3 in Verbindung mit § 23b nicht beantragt wird. [2] Der Anzeige sind alle Unterlagen beizufügen, die für die Feststellung nach Absatz 2 erforderlich sein können; die zuständige Behörde kann bei einer elektronischen Anzeige Mehrausfertigungen sowie die Übermittlung der der Anzeige beizufügenden Unterlagen auch in schriftlicher Form verlangen. [3] Soweit es zur Ermittlung des angemessenen Sicherheitsabstands erforderlich ist, kann die zuständige Behörde ein Gutachten zu den Auswirkungen verlangen, die bei schweren Unfällen durch die Anlage hervorgerufen werden können. [4] Die zuständige Behörde hat dem Träger des Vorhabens den Eingang der Anzeige und der beigefügten Unterlagen unverzüglich schriftlich oder elektronisch zu bestätigen. [5] Sie teilt dem Träger des Vorhabens nach Eingang der Anzeige unverzüglich mit, welche zusätzlichen Unterlagen sie für die Feststellung nach Absatz 2 benötigt.

(2) [1] Die zuständige Behörde hat festzustellen, ob durch die störfallrelevante Errichtung und den Betrieb oder die störfallrelevante Änderung der Anlage der angemessene Sicherheitsabstand zu benachbarten Schutzobjekten erstmalig unterschritten wird, räumlich noch weiter unterschritten wird oder eine erhebliche Gefahrenerhöhung ausgelöst wird. [2] Diese Feststellung ist dem Träger des Vorhabens spätestens zwei Monate nach Eingang der Anzeige und der erforderlichen Unterlagen bekannt zu geben und der Öffentlichkeit nach den Bestimmungen des Bundes und der Länder über den Zugang zu Umweltinformationen zugänglich zu machen. [3] Wird kein Genehmigungsverfahren nach § 23b

---

[1)] § 23a eingef. mWv 7.12.2016 durch G v. 30.11.2016 (BGBl. I S. 2749); Abs. 1 Sätze 1, 2 und 4 geänd. mWv 5.4.2017 durch G v. 29.3.2017 (BGBl. I S. 626).

durchgeführt, macht die zuständige Behörde dies in ihrem amtlichen Veröffentlichungsblatt und entweder im Internet oder in örtlichen Tageszeitungen, die im Bereich des Standortes des Betriebsbereichs verbreitet sind, öffentlich bekannt. [4]Der Träger des Vorhabens darf die Errichtung und den Betrieb oder die Änderung vornehmen, sobald die zuständige Behörde ihm mitteilt, dass sein Vorhaben keiner Genehmigung bedarf.

(3) Auf Antrag des Trägers des Vorhabens führt die zuständige Behörde das Genehmigungsverfahren nach § 23b auch ohne die Feststellung nach Absatz 2 Satz 1 durch.

§ 23b[1)] Störfallrechtliches Genehmigungsverfahren. (1) [1]Ergibt die Feststellung nach § 23a Absatz 2 Satz 1, dass der angemessene Sicherheitsabstand erstmalig unterschritten wird, räumlich noch weiter unterschritten wird oder eine erhebliche Gefahrenerhöhung ausgelöst wird, bedarf die störfallrelevante Errichtung und der Betrieb oder die störfallrelevante Änderung einer nicht genehmigungsbedürftigen Anlage, die Betriebsbereich oder Bestandteil eines Betriebsbereichs ist, einer störfallrechtlichen Genehmigung. [2]Dies gilt nicht, soweit dem Gebot, den angemessenen Sicherheitsabstand zu wahren, bereits auf Ebene einer raumbedeutsamen Planung oder Maßnahme durch verbindliche Vorgaben Rechnung getragen worden ist. [3]Die Genehmigung setzt einen schriftlichen oder elektronischen Antrag voraus. [4]§ 10 Absatz 1 Satz 4 und Absatz 2 gilt entsprechend. [5]Die Genehmigung ist zu erteilen, wenn sichergestellt ist, dass die Anforderungen des § 22 und der auf Grundlage des § 23 erlassenen Rechtsverordnungen eingehalten werden und andere öffentlich-rechtliche Vorschriften und Belange des Arbeitsschutzes nicht entgegenstehen. [6]Die Genehmigung kann unter Bedingungen erteilt und mit Auflagen verbunden werden, soweit dies erforderlich ist, um die Erfüllung der Genehmigungsvoraussetzungen sicherzustellen. [7]Die Genehmigung schließt andere die Anlage betreffende behördliche Entscheidungen ein mit Ausnahme von Planfeststellungen, Zulassungen bergrechtlicher Betriebspläne, behördlichen Entscheidungen auf Grund atomrechtlicher Vorschriften und wasserrechtlichen Erlaubnissen und Bewilligungen nach § 8 in Verbindung mit § 10 des Wasserhaushaltsgesetzes[2)]. [8]Die §§ 8, 8a, 9 und 18 gelten entsprechend.

(2) [1]Im Genehmigungsverfahren ist die Öffentlichkeit zu beteiligen. [2]Dazu macht die zuständige Behörde das Vorhaben öffentlich bekannt und legt den Antrag, die vom Antragsteller vorgelegten Unterlagen mit Ausnahme der Unterlagen nach Absatz 1 Satz 4 sowie die entscheidungserheblichen Berichte und Empfehlungen, die der Behörde im Zeitpunkt der Bekanntmachung vorliegen, einen Monat zur Einsicht aus. [3]Personen, deren Belange durch das Vorhaben berührt werden sowie Vereinigungen, welche die Anforderungen von § 3 Absatz 1 oder § 2 Absatz 2 des Umwelt-Rechtsbehelfsgesetzes[3)] erfüllen, können innerhalb der in § 10 Absatz 3 Satz 4 erster Halbsatz genannten Frist gegenüber der zuständigen Behörde schriftlich oder elektronisch Einwendungen erheben. [4]§ 10 Absatz 3 Satz 5 und Absatz 3a gilt entsprechend.

[1)] § 23b eingef. mWv 7.12.2016 durch G v. 30.11.2016 (BGBl. I S. 2749); Abs. 1 Satz 3 geänd., Satz 4 neu gef., Abs. 2 Satz 3 geänd. mWv 5.4.2017 durch G v. 29.3.2017 (BGBl. I S. 626); Abs. 2 Satz 3 geänd., Satz 4 eingef., bish. Satz 4 wird Satz 5 mWv 2.6.2017 durch G v. 29.5.2017 (BGBl. I S. 1298); Abs. 3a eingef. mWv 31.8.2021 durch G v. 18.8.2021 (BGBl. I S. 3901).

[2)] Nr. **43.1**.

[3)] **Sartorius Nr. 293.**

[5] Einwendungen, die auf besonderen privatrechtlichen Titeln beruhen, sind auf den Rechtsweg vor den ordentlichen Gerichten zu verweisen.

(3) [1] Die Genehmigungsbehörde holt die Stellungnahmen der Behörden ein, deren Aufgabenbereich durch das Vorhaben berührt wird. [2] Soweit für das Vorhaben selbst oder für weitere damit unmittelbar in Zusammenhang stehende Vorhaben, die Auswirkungen auf die Umwelt haben können und die für die Genehmigung Bedeutung haben, eine Zulassung nach anderen Gesetzen vorgeschrieben ist, hat die Genehmigungsbehörde eine vollständige Koordinierung der Zulassungsverfahren sowie der Inhalts- und Nebenbestimmungen sicherzustellen.

(3a) Betrifft das Vorhaben eine Anlage, die in den Anwendungsbereich der Richtlinie (EU) 2018/2001 des Europäischen Parlaments und des Rates vom 11. Dezember 2018 zur Förderung der Nutzung von Energie aus erneuerbaren Quellen (Neufassung) (ABl. L 328 vom 21.12.2018, S. 82) fällt, gilt ergänzend Folgendes:

1. Auf Antrag des Trägers des Vorhabens wird das störfallrechtliche Genehmigungsverfahren sowie alle sonstigen Zulassungsverfahren, die für die Durchführung des Vorhabens nach Bundes- oder Landesrecht erforderlich sind, über eine einheitliche Stelle abgewickelt.
2. [1] Die einheitliche Stelle nach Nummer 1 stellt ein Verfahrenshandbuch für Träger von Vorhaben bereit und macht diese Informationen auch im Internet zugänglich. [2] In den im Internet veröffentlichten Informationen weist die einheitliche Stelle auch darauf hin, für welche Vorhaben sie zuständig ist und welche weiteren einheitlichen Stellen im jeweiligen Land für Vorhaben nach Satz 1 zuständig sind.
3. [1] Die zuständige und die zu beteiligenden Behörden sollen die zur Prüfung des Antrags zusätzlich erforderlichen Unterlagen in einer einmaligen Mitteilung an den Antragsteller zusammenfassen. [2] Nach Eingang der vollständigen Antragsunterlagen erstellt die zuständige Behörde einen Zeitplan für das weitere Verfahren und teilt diesen Zeitplan in den Fällen der Nummer 1 der einheitlichen Stelle, andernfalls dem Antragsteller mit.
4. § 16b ist entsprechend anzuwenden.

(4) [1] Über den Antrag auf störfallrelevante Errichtung und Betrieb einer Anlage hat die zuständige Behörde innerhalb einer Frist von sieben Monaten nach Eingang des Antrags und der erforderlichen Unterlagen zu entscheiden. [2] Über den Antrag auf störfallrelevante Änderung einer Anlage ist innerhalb einer Frist von sechs Monaten nach Eingang des Antrags und der erforderlichen Unterlagen zu entscheiden. [3] Die zuständige Behörde kann die jeweilige Frist um drei Monate verlängern, wenn dies wegen der Schwierigkeit der Prüfung oder aus Gründen, die dem Antragsteller zuzurechnen sind, erforderlich ist. [4] Die Fristverlängerung soll gegenüber dem Antragsteller begründet werden. [5] § 10 Absatz 7 Satz 1 gilt entsprechend.

(5) Die Bundesregierung wird ermächtigt, durch Rechtsverordnung mit Zustimmung des Bundesrates weitere Einzelheiten des Verfahrens nach den Absätzen 1 bis 4 zu regeln, insbesondere

1. Form und Inhalt des Antrags,
2. Verfahren und Inhalt der Bekanntmachung und Auslegung des Vorhabens durch die zuständige Behörde sowie
3. Inhalt und Bekanntmachung des Genehmigungsbescheids.

§ 23c[1)] Betriebsplanzulassung nach dem Bundesberggesetz. [1]Die §§ 23a und 23b Absatz 1, 3 und 4 gelten nicht für die störfallrelevante Errichtung und den Betrieb oder die störfallrelevante Änderung einer nicht genehmigungsbedürftigen Anlage, die Betriebsbereich oder Bestandteil eines Betriebsbereichs ist, wenn für die Errichtung und den Betrieb oder die Änderung eine Betriebsplanzulassung nach dem Bundesberggesetz erforderlich ist. [2]§ 23b Absatz 2 ist für die in Satz 1 genannten Vorhaben unter den in § 57d des Bundesberggesetzes genannten Bedingungen entsprechend anzuwenden. [3]Die Regelungen, die auf Grundlage des § 23b Absatz 5 durch Rechtsverordnung getroffen werden, gelten für die in Satz 1 genannten Vorhaben, soweit § 57d des Bundesberggesetzes dies anordnet.

§ 24 Anordnungen im Einzelfall. [1]Die zuständige Behörde kann im Einzelfall die zur Durchführung des § 22 und der auf dieses Gesetz gestützten Rechtsverordnungen erforderlichen Anordnungen treffen. [2]Kann das Ziel der Anordnung auch durch eine Maßnahme zum Zwecke des Arbeitsschutzes erreicht werden, soll diese angeordnet werden.

§ 25[2)] Untersagung. (1) Kommt der Betreiber einer Anlage einer vollziehbaren behördlichen Anordnung nach § 24 Satz 1 nicht nach, so kann die zuständige Behörde den Betrieb der Anlage ganz oder teilweise bis zur Erfüllung der Anordnung untersagen.

(1a) [1]Die zuständige Behörde hat die Inbetriebnahme oder Weiterführung einer nicht genehmigungsbedürftigen Anlage, die Betriebsbereich oder Bestandteil eines Betriebsbereichs ist und gewerblichen Zwecken dient oder im Rahmen wirtschaftlicher Unternehmungen Verwendung findet, ganz oder teilweise zu untersagen, solange und soweit die von dem Betreiber getroffenen Maßnahmen zur Verhütung schwerer Unfälle im Sinne des Artikels 3 Nummer 13 der Richtlinie 2012/18/EU oder zur Begrenzung der Auswirkungen derartiger Unfälle eindeutig unzureichend sind. [2]Bei der Entscheidung über eine Untersagung berücksichtigt die zuständige Behörde auch schwerwiegende Unterlassungen in Bezug auf erforderliche Folgemaßnahmen, die in einem Überwachungsbericht nach § 16 Absatz 2 Nummer 1 der Störfall-Verordnung[3)] festgelegt worden sind. [3]Die zuständige Behörde kann die Inbetriebnahme oder die Weiterführung einer Anlage im Sinne des Satzes 1 außerdem ganz oder teilweise untersagen, wenn der Betreiber

1. die in einer zur Umsetzung der Richtlinie 2012/18/EU erlassenen Rechtsverordnung vorgeschriebenen Mitteilungen, Berichte oder sonstige Informationen nicht fristgerecht übermittelt oder
2. eine nach § 23a erforderliche Anzeige nicht macht oder die Anlage ohne die nach § 23b erforderliche Genehmigung störfallrelevant errichtet, betreibt oder störfallrelevant ändert.

(2) Wenn die von einer Anlage hervorgerufenen schädlichen Umwelteinwirkungen das Leben oder die Gesundheit von Menschen oder bedeutende Sachwerte gefährden, soll die zuständige Behörde die Errichtung oder den Betrieb

---

[1)] § 23c eingef. mWv 7.12.2016 durch G v. 30.11.2016 (BGBl. I S. 2749).

[2)] § 25 Abs. 1a Satz 1 geänd., Satz 2 eingef., bish. Satz 2 wird Satz 3 und neu gef. mWv 7.12.2016 durch G v. 30.11.2016 (BGBl. I S. 2749).

[3)] **Sartorius ErgBd. Nr. 296/12.**

der Anlage ganz oder teilweise untersagen, soweit die Allgemeinheit oder die Nachbarschaft nicht auf andere Weise ausreichend geschützt werden kann.

§ 25a[1)] Stilllegung und Beseitigung nicht genehmigungsbedürftiger Anlagen, die Betriebsbereich oder Bestandteil eines Betriebsbereichs sind. [1]Die zuständige Behörde kann anordnen, dass eine Anlage, die Betriebsbereich oder Bestandteil eines Betriebsbereichs ist und ohne die erforderliche Genehmigung nach § 23b störfallrelevant errichtet oder geändert wird, ganz oder teilweise stillzulegen oder zu beseitigen ist. [2]Sie soll die Beseitigung anordnen, wenn die Allgemeinheit oder die Nachbarschaft nicht auf andere Weise ausreichend geschützt werden kann.

Dritter Abschnitt. Ermittlung von Emissionen und Immissionen, sicherheitstechnische Prüfungen

§ 26 Messungen aus besonderem Anlass. [1]Die zuständige Behörde kann anordnen, dass der Betreiber einer genehmigungsbedürftigen Anlage oder, soweit § 22 Anwendung findet, einer nicht genehmigungsbedürftigen Anlage Art und Ausmaß der von der Anlage ausgehenden Emissionen sowie die Immissionen im Einwirkungsbereich der Anlage durch eine der von der zuständigen Behörde eines Landes bekannt gegebenen Stellen ermitteln lässt, wenn zu befürchten ist, dass durch die Anlage schädliche Umwelteinwirkungen hervorgerufen werden. [2]Die zuständige Behörde ist befugt, Einzelheiten über Art und Umfang der Ermittlungen sowie über die Vorlage des Ermittlungsergebnisses vorzuschreiben.

§ 27[2)] Emissionserklärung. (1) [1]Der Betreiber einer genehmigungsbedürftigen Anlage ist verpflichtet, der zuständigen Behörde innerhalb einer von ihr zu setzenden Frist oder zu dem in der Rechtsverordnung nach Absatz 4 festgesetzten Zeitpunkt Angaben zu machen über Art, Menge, räumliche und zeitliche Verteilung der Luftverunreinigungen, die von der Anlage in einem bestimmten Zeitraum ausgegangen sind, sowie über die Austrittsbedingungen (Emissionserklärung); er hat die Emissionserklärung nach Maßgabe der Rechtsverordnung nach Absatz 4 entsprechend dem neuesten Stand zu ergänzen. [2]§ 52 Absatz 5 gilt sinngemäß. [3]Satz 1 gilt nicht für Betreiber von Anlagen, von denen nur in geringem Umfang Luftverunreinigungen ausgehen können.

(2) [1]Auf die nach Absatz 1 erlangten Kenntnisse und Unterlagen sind die §§ 93, 97, 105 Absatz 1, § 111 Absatz 5 in Verbindung mit § 105 Absatz 1 sowie § 116 Absatz 1 der Abgabenordnung nicht anzuwenden. [2]Dies gilt nicht, soweit die Finanzbehörden die Kenntnisse für die Durchführung eines Verfahrens wegen einer Steuerstraftat sowie eines damit zusammenhängenden Besteuerungsverfahrens benötigen, an deren Verfolgung ein zwingendes öffentliches Interesse besteht, oder soweit es sich um vorsätzlich falsche Angaben des Auskunftspflichtigen oder der für ihn tätigen Personen handelt.

(3) [1]Der Inhalt der Emissionserklärung ist Dritten auf Antrag bekannt zu geben. [2]Einzelangaben der Emissionserklärung dürfen nicht veröffentlicht oder Dritten bekannt gegeben werden, wenn aus diesen Rückschlüsse auf Betriebs- oder Geschäftsgeheimnisse gezogen werden können. [3]Bei Abgabe der Emis-

---

1) § 25a eingef. mWv 7.12.2016 durch G v. 30.11.2016 (BGBl. I S. 2749).

2) § 27 Abs. 4 Satz 3 geänd. mWv 8.9.2015 durch VO v. 31.8.2015 (BGBl. I S. 1474); Abs. 4 Satz 3 geänd. mWv 27.6.2020 durch VO v. 19.6.2020 (BGBl. I S. 1328).

sionserklärung hat der Betreiber der zuständigen Behörde mitzuteilen und zu begründen, welche Einzelangaben der Emissionserklärung Rückschlüsse auf Betriebs- oder Geschäftsgeheimnisse erlauben.

(4) [1] Die Bundesregierung wird ermächtigt, durch Rechtsverordnung[1)] mit Zustimmung des Bundesrates Inhalt, Umfang, Form und Zeitpunkt der Abgabe der Emissionserklärung, das bei der Ermittlung der Emissionen einzuhaltende Verfahren und den Zeitraum, innerhalb dessen die Emissionserklärung zu ergänzen ist, zu regeln. [2] In der Rechtsverordnung wird auch bestimmt, welche Betreiber genehmigungsbedürftiger Anlagen nach Absatz 1 Satz 3 von der Pflicht zur Abgabe einer Emissionserklärung befreit sind. [3] Darüber hinaus kann zur Erfüllung der Pflichten aus bindenden Rechtsakten der Europäischen Gemeinschaften oder der Europäischen Union in der Rechtsverordnung vorgeschrieben werden, dass die zuständigen Behörden über die nach Landesrecht zuständige Behörde dem Bundesministerium für Umwelt, Naturschutz und nukleare Sicherheit zu einem festgelegten Zeitpunkt Emissionsdaten zur Verfügung stellen, die den Emissionserklärungen zu entnehmen sind.

§ 28 Erstmalige und wiederkehrende Messungen bei genehmigungsbedürftigen Anlagen. [1] Die zuständige Behörde kann bei genehmigungsbedürftigen Anlagen

1. nach der Inbetriebnahme oder einer Änderung im Sinne des § 15 oder des § 16 und sodann
2. nach Ablauf eines Zeitraums von jeweils drei Jahren

Anordnungen nach § 26 auch ohne die dort genannten Voraussetzungen treffen. [2] Hält die Behörde wegen Art, Menge und Gefährlichkeit der von der Anlage ausgehenden Emissionen Ermittlungen auch während des in Nummer 2 genannten Zeitraums für erforderlich, so soll sie auf Antrag des Betreibers zulassen, dass diese Ermittlungen durch den Immissionsschutzbeauftragten durchgeführt werden, wenn dieser hierfür die erforderliche Fachkunde, Zuverlässigkeit und gerätetechnische Ausstattung besitzt.

§ 29 Kontinuierliche Messungen. (1) [1] Die zuständige Behörde kann bei genehmigungsbedürftigen Anlagen anordnen, dass statt durch Einzelmessungen nach § 26 oder § 28 oder neben solchen Messungen bestimmte Emissionen oder Immissionen unter Verwendung aufzeichnender Messgeräte fortlaufend ermittelt werden. [2] Bei Anlagen mit erheblichen Emissionsmassenströmen luftverunreinigender Stoffe sollen unter Berücksichtigung von Art und Gefährlichkeit dieser Stoffe Anordnungen nach Satz 1 getroffen werden, soweit eine Überschreitung der in Rechtsvorschriften, Auflagen oder Anordnungen festgelegten Emissionsbegrenzungen nach der Art der Anlage nicht ausgeschlossen werden kann.

(2) Die zuständige Behörde kann bei nicht genehmigungsbedürftigen Anlagen, soweit § 22 anzuwenden ist, anordnen, dass statt durch Einzelmessungen nach § 26 oder neben solchen Messungen bestimmte Emissionen oder Immissionen unter Verwendung aufzeichnender Messgeräte fortlaufend ermittelt werden, wenn dies zur Feststellung erforderlich ist, ob durch die Anlage schädliche Umwelteinwirkungen hervorgerufen werden.

[1)] Siehe die Anmerkung zum Titel.

§ 29a[1)] Anordnung sicherheitstechnischer Prüfungen. (1) [1] Die zuständige Behörde kann anordnen, dass der Betreiber einer genehmigungsbedürftigen Anlage oder einer Anlage innerhalb eines Betriebsbereichs nach § 3 Absatz 5a einen der von der zuständigen Behörde eines Landes bekannt gegebenen Sachverständigen mit der Durchführung bestimmter sicherheitstechnischer Prüfungen sowie Prüfungen von sicherheitstechnischen Unterlagen beauftragt. [2] In der Anordnung kann die Durchführung der Prüfungen durch den Störfallbeauftragten (§ 58a), eine zugelassene Überwachungsstelle nach § 2 Nummer 4 des Gesetzes über überwachungsbedürftige Anlagen oder einen in einer für Anlagen nach § 2 Nummer 1 des Gesetzes über überwachungsbedürftige Anlagen erlassenen Rechtsverordnung genannten Sachverständigen gestattet werden, wenn diese die Anforderungen nach § 29b Absatz 2 Satz 2 und 3 erfüllen; das Gleiche gilt für einen nach § 36 Absatz 1 der Gewerbeordnung[2)] bestellten Sachverständigen oder für Sachverständige, die im Rahmen von § 13a der Gewerbeordnung ihre gewerbliche Tätigkeit nur vorübergehend und gelegentlich im Inland ausüben wollen, soweit eine besondere Sachkunde im Bereich sicherheitstechnischer Prüfungen nachgewiesen wird. [3] Die zuständige Behörde ist befugt, Einzelheiten über Art und Umfang der sicherheitstechnischen Prüfungen sowie über die Vorlage des Prüfungsergebnisses vorzuschreiben.

(2) [1] Prüfungen können angeordnet werden

1. für einen Zeitpunkt während der Errichtung oder sonst vor der Inbetriebnahme der Anlage,
2. für einen Zeitpunkt nach deren Inbetriebnahme,
3. in regelmäßigen Abständen,
4. im Falle einer Betriebseinstellung oder
5. wenn Anhaltspunkte dafür bestehen, dass bestimmte sicherheitstechnische Anforderungen nicht erfüllt werden.

[2] Satz 1 gilt entsprechend bei einer Änderung im Sinne des § 15 oder des § 16.

(3) Der Betreiber hat die Ergebnisse der sicherheitstechnischen Prüfungen der zuständigen Behörde spätestens einen Monat nach Durchführung der Prüfungen vorzulegen; er hat diese Ergebnisse unverzüglich vorzulegen, sofern dies zur Abwehr gegenwärtiger Gefahren erforderlich ist.

§ 29b[3)] Bekanntgabe von Stellen und Sachverständigen. (1) Die Bekanntgabe von Stellen im Sinne von § 26, von Stellen im Sinne einer auf Grund dieses Gesetzes erlassenen Rechtsverordnung oder von Sachverständigen im Sinne von § 29a durch die zuständige Behörde eines Landes berechtigt die bekannt gegebenen Stellen und Sachverständigen, die in der Bekanntgabe festgelegten Ermittlungen oder Prüfungen auf Antrag eines Anlagenbetreibers durchzuführen.

(2) [1] Die Bekanntgabe setzt einen Antrag bei der zuständigen Behörde des Landes voraus. [2] Sie ist zu erteilen, wenn der Antragsteller oder die Antragstellerin über die erforderliche Fachkunde, Unabhängigkeit, Zuverlässigkeit und gerätetechnische Ausstattung verfügt sowie die für die Aufgabenerfüllung er-

[1)] § 29a Abs. 1 Satz 2 geänd. mWv 16.7.2021 durch G v. 27.7.2021 (BGBl. I S. 3146).
[2)] Nr. **34.1**.
[3)] § 29b Abs. 3 Satz 2 Nr. 3 ber. gem. BGBl. 2013 I S. 3753.

forderlichen organisatorischen Anforderungen erfüllt. [3] Sachverständige im Sinne von § 29a müssen über eine Haftpflichtversicherung verfügen.

(3) [1] Die Bundesregierung wird ermächtigt, nach Anhörung der beteiligten Kreise (§ 51) durch Rechtsverordnung[1)] mit Zustimmung des Bundesrates Anforderungen an die Bekanntgabe von Stellen und Sachverständigen sowie an bekannt gegebene Stellen und Sachverständige zu regeln. [2] In der Rechtsverordnung nach Satz 1 können insbesondere

1. Anforderungen an die Gleichwertigkeit nicht inländischer Anerkennungen und Nachweise bestimmt werden,
2. Anforderungen an das Verfahren der Bekanntgabe und ihrer Aufhebung bestimmt werden,
3. Anforderungen an den Inhalt der Bekanntgabe bestimmt werden, insbesondere, dass sie mit Nebenbestimmungen versehen und für das gesamte Bundesgebiet erteilt werden kann,
4. Anforderungen an die Organisationsform der bekannt zu gebenden Stellen bestimmt werden,
5. Anforderungen an die Struktur bestimmt werden, die die Sachverständigen der Erfüllung ihrer Aufgaben zugrunde legen,

(Fortsetzung nächstes Blatt)

---

1) Siehe die Anmerkung zum Titel.

§ 37[1)] Erfüllung von zwischenstaatlichen Vereinbarungen und Rechtsakten der Europäischen Gemeinschaften oder der Europäischen Union. [1] Zur Erfüllung von Verpflichtungen aus zwischenstaatlichen Vereinbarungen oder von bindenden Rechtsakten der Europäischen Gemeinschaften oder der Europäischen Union kann die Bundesregierung zu dem in § 1 genannten Zweck durch Rechtsverordnung[2)] mit Zustimmung des Bundesrates bestimmen, dass Anlagen, Stoffe, Erzeugnisse, Brennstoffe oder Treibstoffe gewerbsmäßig oder im Rahmen wirtschaftlicher Unternehmungen nur in den Verkehr gebracht werden dürfen, wenn sie nach Maßgabe der §§ 32 bis 35 bestimmte Anforderungen erfüllen. [2] In einer Rechtsverordnung nach Satz 1, die der Erfüllung bindender Rechtsakte der Europäischen Gemeinschaften oder der Europäischen Union über Maßnahmen zur Bekämpfung der Emission von gasförmigen Schadstoffen und luftverunreinigenden Partikeln aus Verbrennungsmotoren für mobile Maschinen und Geräte dient, kann das Kraftfahrt-Bundesamt als Genehmigungsbehörde bestimmt und insoweit der Fachaufsicht des Bundesministeriums für Umwelt, Naturschutz und nukleare Sicherheit unterstellt werden.

Zweiter Abschnitt.[3)] Treibhausgasminderung bei Kraftstoffen

§ 37a[4)] Pflichten für Inverkehrbringer von Kraftstoffen. (1) [1] Wer gewerbsmäßig oder im Rahmen wirtschaftlicher Unternehmungen nach § 2 Absatz 1 Nummer 1 und 4 des Energiesteuergesetzes zu versteuernde Otto- oder Dieselkraftstoffe in Verkehr bringt, hat sicherzustellen, dass für die gesamte im Lauf eines Kalenderjahres (Verpflichtungsjahr) von ihm in Verkehr gebrachte Menge Kraftstoffs die Vorgaben des Absatzes 4 eingehalten werden. [2] Kraftstoff gilt mit dem Entstehen der Energiesteuer nach § 8 Absatz 1, § 9 Absatz 1, § 9a Absatz 4, § 15 Absatz 1 oder Absatz 2, auch jeweils in Verbindung mit § 15 Absatz 4, § 19b Absatz 1, § 22 Absatz 1 oder § 23 Absatz 1 oder Absatz 2, § 38 Absatz 1, § 42 Absatz 1 oder § 43 Absatz 1 des Energiesteuergesetzes als in Verkehr gebracht. [3] Die Abgabe von fossilem Otto- und fossilem Dieselkraftstoff an die Bundeswehr zu Zwecken der Verteidigung oder der Erfüllung zwischenstaatlicher Verpflichtungen gilt nicht als Inverkehrbringen im Sinne der Sätze 1 und 2. [4] Dies gilt auch für den Erwerb von fossilem Otto- und fossilem Dieselkraftstoff durch die Bundeswehr zu einem in Satz 3 genannten Zweck. [5] Der Bundeswehr gleichgestellt sind auf Grund völkerrechtlicher Verträge in der Bundesrepublik Deutschland befindliche Truppen sowie Einrichtungen, die die Bundeswehr oder diese Truppen zur Erfüllung ihrer jeweiligen Aufgaben einsetzt oder einsetzen. [6] Die Abgabe von Kraftstoff im Eigentum des Erdölbevorratungsverbandes auf Grund einer Freigabe nach § 12 Absatz 1 des Erdölbevor-

---

[1)] § 37 Satz 2 geänd. mWv 8.9.2015 durch VO v. 31.8.2015 (BGBl. I S. 1474); Satz 2 geänd. mWv 27.6.2020 durch VO v. 19.6.2020 (BGBl. I S. 1328).

[2)] Siehe die Anmerkung zum Titel.

[3)] Dritter Teil Zweiter Abschnitt Überschrift neu gef. mWv 1.1.2015 durch G v. 20.11.2014 (BGBl. I S. 1740).

[4)] § 37a Abs. 1 Sätze 2 und 3 ber. 2021 S. 123; Abs. 1 Satz 1 neu gef., Sätze 2–4 und 8 geänd., Abs. 3 Sätze 5 und 6 neu gef., bish. Abs. 3a wird Abs. 4 und neu gef., bish. Abs. 4 wird Abs. 5 und neu gef., Abs. 6–8 angef. mWv 1.1.2015 durch G v. 20.11.2014 (BGBl. I S. 1740); Abs. 5 Satz 3 angef. mWv 30.7.2016 durch G v. 26.7.2016 (BGBl. I S. 1839); Überschrift neu gef., Abs. 1 Satz 1 geänd., Abs. 2 eingef., bish. Abs. 2 wird Abs. 3 und Sätze 4 und 5 angef., bish. Abs. 3 aufgeh., Abs. 4 Satz 1 geänd., Sätze 2–5, Satz 7 Nr. 5 und Satz 9 neu gef., Abs. 4a eingef., Abs. 5–8 neu gef. mWv 1.10.2021 durch G v. 24.9.2021 (BGBl. I S. 4458).

ratungsgesetzes durch den Erdölbevorratungsverband, Mitglieder des Erdölbevorratungsverbandes oder Dritte sowie nachfolgende Abgaben gelten nicht als Inverkehrbringen im Sinne der Sätze 1 und 2. 7 Dies gilt auch für die Abgabe von Kraftstoff in den in Satz 6 genannten Fällen im Rahmen von Delegationen nach § 7 Absatz 1 des Erdölbevorratungsgesetzes durch Mitglieder des Erdölbevorratungsverbandes oder Dritte sowie für nachfolgende Abgaben. 8 Die Abgabe von Ausgleichsmengen an unterversorgte Unternehmen zum Versorgungsausgleich im Sinne von § 1 Absatz 1 der Mineralölausgleichs-Verordnung vom 13. Dezember 1985 (BGBl. I S. 2267), die zuletzt durch Artikel 5 Absatz 3 des Gesetzes vom 26. Juni 2013 (BGBl. I S. 1738) geändert worden ist, in der jeweils geltenden Fassung gilt nicht als Inverkehrbringen im Sinne der Sätze 1 und 2. 9 Ein Inverkehrbringen im Sinne der Sätze 1 und 2 liegt ebenfalls nicht vor, wenn der Erdölbevorratungsverband Kraftstoff aus seinem Eigentum abgibt und dieser Abgabe keine Rücklieferung am Abgabeort gegenüber steht oder er dafür Mineralölprodukte erwirbt, die nicht unter die Vorschrift des Satzes 1 fallen. 10 Satz 9 gilt auch für die nachfolgenden Abgaben des Kraftstoffs.

(2) 1 Wer gewerbsmäßig oder im Rahmen wirtschaftlicher Unternehmungen nach § 27 Absatz 2 und 3 des Energiesteuergesetzes steuerbefreiten oder nach § 2 Absatz 1 Nummer 3 des Energiesteuergesetzes zu versteuernden Flugturbinenkraftstoff der Unterposition 2710 19 21 der Kombinierten Nomenklatur in Verkehr bringt, hat sicherzustellen, dass die im gesamten Verpflichtungsjahr von ihm in Verkehr gebrachte Menge Kraftstoffs die Vorgaben des Absatzes 4a eingehalten werden. 2 Als in Verkehr gebracht gilt Flugturbinenkraftstoff mit dem Entstehen der Energiesteuer nach § 8 Absatz 1, § 9a Absatz 4, § 15 Absatz 1 und § 19b Absatz 1 des Energiesteuergesetzes; dies gilt auch, wenn sich an die Entnahme ein Verfahren der Steuerbefreiung nach § 24 in Verbindung mit § 27 Absatz 2 und 3 des Energiesteuergesetzes anschließt. 3 Absatz 1 Satz 3 bis 10 gilt entsprechend.

(3) 1 Verpflichteter nach Absatz 1 Satz 1 und 2 ist der jeweilige Steuerschuldner im Sinne des Energiesteuergesetzes. 2 Abweichend von Satz 1 ist in den Fällen des § 7 Absatz 4 Satz 1 des Energiesteuergesetzes der Dritte (Einlagerer) Verpflichteter. 3 In den Fällen des § 22 Absatz 1 des Energiesteuergesetzes gilt allein derjenige als Verpflichteter im Sinne von Satz 1, der eine der dort jeweils genannten Handlungen zuerst vornimmt. 4 Verpflichteter nach Absatz 2 Satz 1 und 2 ist der jeweilige Steuerschuldner im Sinne des Energiesteuergesetzes oder der Steuerlagerinhaber, der Flugturbinenkraftstoff zu steuerfreien Zwecken nach § 27 Absatz 2 und 3 des Energiesteuergesetzes abgibt. 5 Verpflichteter ist abweichend von Satz 4

1. in den Fällen des § 7 Absatz 4 Satz 1 des Energiesteuergesetzes der Einlagerer,
2. in den Fällen des § 7 Absatz 6 des Energiesteuergesetzes derjenige, der die Betankung kaufmännisch veranlasst hat.

(4) 1 Verpflichtete nach Absatz 1 haben sicherzustellen, dass die Treibhausgasemissionen der von ihnen in Verkehr gebrachten fossilen Otto- und fossilen Dieselkraftstoffe zuzüglich der Treibhausgasemissionen der von ihnen eingesetzten Erfüllungsoptionen um einen festgelegten Prozentsatz gegenüber dem Referenzwert nach Satz 3 gemindert werden. 2 Die Höhe des in Satz 1 genannten Prozentsatzes beträgt

1. ab dem Kalenderjahr 2020 6 Prozent,
2. ab dem Kalenderjahr 2022 7 Prozent,
3. ab dem Kalenderjahr 2023 8 Prozent,
4. ab dem Kalenderjahr 2024 9,25 Prozent,
5. ab dem Kalenderjahr 2025 10,5 Prozent,
6. ab dem Kalenderjahr 2026 12 Prozent,
7. ab dem Kalenderjahr 2027 14,5 Prozent,
8. ab dem Kalenderjahr 2028 17,5 Prozent,
9. ab dem Kalenderjahr 2029 21 Prozent,
10. ab dem Kalenderjahr 2030 25 Prozent.

[3] Der Referenzwert, gegenüber dem die Treibhausgasminderung zu erfolgen hat, berechnet sich durch Multiplikation des Basiswertes mit der vom Verpflichteten in Verkehr gebrachten energetischen Menge an fossilen Otto- und fossilen Dieselkraftstoffen zuzüglich der energetischen Menge an eingesetzten Erfüllungsoptionen. [4] Der Basiswert wird festgelegt durch eine Verordnung nach § 37d Absatz 2 Satz 1 Nummer 6. [5] Die Treibhausgasemissionen von fossilen Otto- und fossilen Dieselkraftstoffen berechnen sich durch Multiplikation der Werte, die durch eine Verordnung nach § 37d Absatz 2 Satz 1 Nummer 9 festgelegt werden, mit der vom Verpflichteten in Verkehr gebrachten energetischen Menge fossilen Otto- und fossilen Dieselkraftstoffs. [6] Die Treibhausgasemissionen von Biokraftstoffen berechnen sich durch Multiplikation der in den anerkannten Nachweisen nach § 14 der Biokraftstoff-Nachhaltigkeitsverordnung vom 30. September 2009 (BGBl. I S. 3182), die zuletzt durch Artikel 2 der Verordnung vom 26. November 2012 (BGBl. I S. 2363) geändert worden ist, in der jeweils geltenden Fassung ausgewiesenen Treibhausgasemissionen in Kilogramm Kohlenstoffdioxid-Äquivalent pro Gigajoule mit der vom Verpflichteten in Verkehr gebrachten energetischen Menge Biokraftstoffs. [7] Biokraftstoffe werden wie fossile Otto- oder fossile Dieselkraftstoffe behandelt, sofern

1. für die Biokraftstoffe anerkannte Nachweise nach § 14 der Biokraftstoff-Nachhaltigkeitsverordnung nicht vorgelegt werden,
2. für die Biokraftstoffe anerkannte Nachweise nach § 14 der Biokraftstoff-Nachhaltigkeitsverordnung vorgelegt werden, die keine Treibhausgasemissionen ausweisen,
3. für die Biokraftstoffe anerkannte Nachweise nach § 14 der Biokraftstoff-Nachhaltigkeitsverordnung vorgelegt werden, die unwirksam im Sinne der Biokraftstoff-Nachhaltigkeitsverordnung sind und nicht anerkannt werden dürfen,
4. die Biokraftstoffe nach § 37b Absatz 8 Satz 1 von der Anrechenbarkeit ausgeschlossen sind oder
5. die Europäische Kommission nach Artikel 30 Absatz 10 der Richtlinie (EU) 2018/2001 des Europäischen Parlaments und des Rates vom 11. Dezember 2018 zur Förderung der Nutzung von Energie aus erneuerbaren Quellen (ABl. L 328 vom 21.12.2018, S. 82; L 311 vom 25.9.2020, S. 11) in der jeweils geltenden Fassung oder nach Artikel 7c Absatz 8 der Richtlinie 98/70/EG des Europäischen Parlaments und des Rates vom 13. Oktober 1998 über die Qualität von Otto- und Dieselkraftstoffen und zur Änderung der Richtlinie 93/12/EWG des Rates (ABl. L 350 vom 28.12.1998, S. 58), die

zuletzt durch die Verordnung (EU) 2018/1999 (ABl. L 328 vom 21.12.2018, S. 1) geändert worden ist, in der jeweils geltenden Fassung entschieden hat, dass die Bundesrepublik Deutschland den Biokraftstoff für die in Artikel 25 Absatz 1 Unterabsatz 1 und 4 der Richtlinie (EU) 2018/2001 oder für die in Artikel 7a der Richtlinie 98/70/EG genannten Zwecke nicht berücksichtigen darf.

[8] Satz 7 erster Halbsatz gilt entsprechend für die in § 37b Absatz 2 bis 6 genannten Energieerzeugnisse, wenn diese keine Biokraftstoffe im Sinne dieses Gesetzes sind. [9] Bei der Berechnung des Referenzwertes nach den Sätzen 3 und 4 sowie der Treibhausgasemissionen nach den Sätzen 5 und 6 sind Kraftstoffmengen, für die dem Verpflichteten eine Steuerentlastung nach § 8 Absatz 7, nach § 46 Absatz 1 Satz 1 Nummer 1 oder Nummer 3 oder nach § 47 Absatz 1 Nummer 1, 2 oder Nummer 6 des Energiesteuergesetzes gewährt wurde oder wird, nicht zu berücksichtigen. [10] In den Fällen des Absatzes 5 Satz 1 Nummer 2 und 3 gilt Satz 9 unabhängig von der Person des Entlastungsberechtigten.

(4a) [1] Verpflichtete nach Absatz 2 haben einen Mindestanteil an Kraftstoff, der Flugturbinenkraftstoff ersetzt, aus erneuerbaren Energien nicht-biogenen Ursprungs sicherzustellen. [2] Die Höhe des in Satz 1 genannten Anteils beträgt

1. ab dem Kalenderjahr 2026 0,5 Prozent,
2. ab dem Kalenderjahr 2028 1 Prozent,
3. ab dem Kalenderjahr 2030 2 Prozent.

[3] Die Mindestanteile von Kraftstoff aus erneuerbaren Energien nicht-biogenen Ursprungs beziehen sich jeweils auf den Energiegehalt der Menge fossilen Flugturbinenkraftstoffs zuzüglich des Energiegehalts an Kraftstoff aus erneuerbaren Energien nicht-biogenen Ursprungs. [4] Anforderungen an diese Kraftstoffe regelt eine Rechtsverordnung nach § 37d Absatz 2 Satz 1.

(5) [1] Die Verpflichtungen nach Absatz 1 Satz 1 und 2 in Verbindung mit dem Absatz 4 können von Verpflichteten erfüllt werden durch folgende Optionen (Erfüllungsoptionen):

1. Inverkehrbringen von Biokraftstoff, der fossilem Otto- oder fossilem Dieselkraftstoff, welcher nach § 2 Absatz 1 Nummer 1 und 4 des Energiesteuergesetzes zu versteuern ist, beigemischt wurde,
2. Inverkehrbringen von reinem Biokraftstoff, der nach § 2 Absatz 1 Nummer 1 und 4 des Energiesteuergesetzes zu versteuern ist,
3. Inverkehrbringen von
   a) Biokraftstoff nach § 37b Absatz 6, der fossilem Erdgaskraftstoff, welcher nach § 2 Absatz 1 Nummer 7 oder Absatz 2 Nummer 1 des Energiesteuergesetzes zu versteuern ist, zugemischt wurde, und
   b) reinem Biokraftstoff nach § 37b Absatz 6, der nach § 2 Absatz 1 Nummer 7 oder Absatz 2 Nummer 1 des Energiesteuergesetzes zu versteuern ist,
4. elektrischen Strom zur Verwendung in Straßenfahrzeugen, soweit eine Rechtsverordnung der Bundesregierung nach § 37d Absatz 2 Satz 1 Nummer 11 dies zulässt und gegenüber der zuständigen Stelle nachgewiesen wird, dass der Strom ordnungsgemäß gemessen und überwacht wurde,
5. bis zum Verpflichtungsjahr 2026 Upstream-Emissionsminderungen, soweit eine Rechtsverordnung der Bundesregierung nach § 37d Absatz 2 Satz 1 Nummer 13 dies zulässt,

6. flüssige oder gasförmige erneuerbare Kraftstoffe nicht-biogenen Ursprungs, soweit eine Rechtsverordnung der Bundesregierung nach § 37d Absatz 2 Satz 1 Nummer 13 dies zulässt,
7. flüssige oder gasförmige erneuerbare Kraftstoffe nicht-biogenen Ursprungs, wenn sie als Zwischenprodukt zur Produktion konventioneller Kraftstoffe verwendet werden, soweit eine Rechtsverordnung der Bundesregierung nach § 37d Absatz 2 Satz 1 Nummer 13 dies zulässt,
8. flüssige oder gasförmige erneuerbare Kraftstoffe nicht-biogenen Ursprungs, die in einem raffinerietechnischen Verfahren gemeinsam mit mineralölstämmigen Ölen verarbeitet werden, wenn eine Rechtsverordnung der Bundesregierung nach § 37d Absatz 2 Satz 1 Nummer 13 dies zulässt,
9. andere Kraftstoffe, soweit eine Rechtsverordnung der Bundesregierung nach § 37d Absatz 2 Satz 1 Nummer 13 dies zulässt.

[2] Erfüllungsoptionen nach Satz 1 Nummer 6 bis 8 werden mindestens mit dem Doppelten ihres Energiegehaltes auf die Erfüllung der Verpflichtungen nach Absatz 1 Satz 1 und 2 in Verbindung mit dem Absatz 4 angerechnet. [3] Die Verpflichtung nach Absatz 2 in Verbindung mit Absatz 4a wird von Verpflichteten durch das Inverkehrbringen von flüssigen oder gasförmigen erneuerbaren Kraftstoffen nicht-biogenen Ursprungs erfüllt, soweit eine Rechtsverordnung der Bundesregierung nach § 37d Absatz 2 Satz 1 Nummer 13 dies zulässt.

(6) [1] Die Erfüllung von Verpflichtungen

1. nach Absatz 1 Satz 1 und 2 in Verbindung mit Absatz 4 und
2. nach Absatz 2 in Verbindung mit Absatz 4a

kann durch Vertrag, der der Schriftform bedarf, auf einen Dritten, der nicht selbst Verpflichteter ist, übertragen werden. [2] Der Vertrag muss mengenmäßige Angaben zum Umfang der vom Dritten gegenüber dem Verpflichteten eingegangenen Verpflichtung enthalten sowie Angaben, für welche Erfüllungsoptionen die Übertragung gilt. [3] Außerdem muss der Vertrag Angaben zu den Treibhausgasemissionen der Kraftstoffe in Kilogramm Kohlenstoffdioxid-Äquivalent enthalten. [4] Der Dritte kann den Vertrag ausschließlich durch Erfüllungsoptionen erfüllen, die er im Verpflichtungsjahr einsetzt oder eingesetzt hat. [5] Abweichend von Satz 4 kann der Dritte Verträge nach Satz 3 auch durch Erfüllungsoptionen erfüllen, die er bereits im Vorjahr des Verpflichtungsjahres in Verkehr gebracht hat, wenn die Erfüllungsoptionen nicht bereits Gegenstand eines Vertrages nach Satz 1 waren und der Dritte im Vorjahr des Verpflichtungsjahres nicht selbst Verpflichteter gewesen ist. [6] Absatz 1 Satz 2, Absatz 2 Satz 2, Absatz 5 Satz 1 und 2 gelten entsprechend. [7] Bei Vorliegen der Voraussetzungen nach den Sätzen 1 bis 6 ist der Verpflichtete so zu behandeln, als hätte er die vom Dritten eingesetzten Erfüllungsoptionen im Verpflichtungsjahr selbst in Verkehr gebracht. [8] Absatz 4 Satz 3 bis 10 gelten entsprechend. [9] Die vom Dritten zur Erfüllung einer nach Satz 1 übertragenen Verpflichtung eingesetzten Erfüllungsoptionen können nicht zur Erfüllung der Verpflichtung eines weiteren Verpflichteten eingesetzt werden.

(7) [1] Die Erfüllung von Verpflichtungen

1. nach Absatz 1 Satz 1 und 2 in Verbindung mit Absatz 4 und
2. nach Absatz 2 in Verbindung mit Absatz 4a

kann durch Vertrag, der der Schriftform bedarf, auf einen Dritten, der selbst Verpflichteter ist, übertragen werden. [2] Absatz 6 Satz 2 gilt entsprechend. [3] Der

Vertrag zur Erfüllung von Verpflichtungen nach Absatz 1 Satz 1 und 2 in Verbindung mit Absatz 4 muss Angaben zum Umfang der vom Dritten im Verpflichtungsjahr sicherzustellenden Treibhausgasminderungsmenge in Kilogramm Kohlenstoffdioxid-Äquivalent enthalten. [4]Der Vertrag zur Erfüllung von Verpflichtungen nach Absatz 2 Satz 1 und 2 in Verbindung mit Absatz 4a muss Angaben zum Umfang der vom Dritten im Verpflichtungsjahr sicherzustellenden energetischen Menge erneuerbarer Kraftstoffe nicht-biogenen Ursprungs nach Absatz 5 Satz 2 in Gigajoule enthalten. [5]Der Dritte kann Verträge ausschließlich durch Erfüllungsoptionen erfüllen, die er im Verpflichtungsjahr einsetzt oder eingesetzt hat. [6]Absatz 1 Satz 2, Absatz 2 Satz 2, Absatz 5 Satz 1 und 2 gelten entsprechend. [7]Bei Vorliegen der Voraussetzungen nach den Sätzen 1 bis 5 werden zugunsten des Verpflichteten berücksichtigt

1. im Fall des Absatzes 1 Satz 1 und 2 in Verbindung mit Absatz 4 die vom Dritten erreichte Treibhausgasminderungsmenge ausschließlich bei der Berechnung der Treibhausgasemissionen nach Absatz 4 Satz 5 und 6 und
2. im Fall des Absatzes 2 in Verbindung mit Absatz 4a die vom Dritten eingesetzten Erfüllungsoptionen ausschließlich bei der Ermittlung der Mindestanteile von erneuerbaren Kraftstoffen nicht-biogenen Ursprungs nach Absatz 4a Satz 3.

[8]Im Fall des Satzes 6 Nummer 1 berechnet sich die Treibhausgasminderungsmenge in entsprechender Anwendung des Absatzes 4 Satz 3 bis 10. [9]Die vom Dritten zur Erfüllung einer nach Satz 1 übertragenen Verpflichtung eingesetzten Treibhausgasminderungs- und Kraftstoffmengen können nicht zur Erfüllung der eigenen Verpflichtung des Dritten oder der Verpflichtung eines weiteren Verpflichteten eingesetzt werden.

(8) Treibhausgasminderungs- oder Kraftstoffmengen, die den nach den Absätzen 4 oder 4a vorgeschriebenen Prozentsatz oder Mindestanteil für ein bestimmtes Verpflichtungsjahr übersteigen, werden auf Antrag des Verpflichteten auf den Prozentsatz oder Mindestanteil des folgenden Kalenderjahres angerechnet.

§ 37b[1)] Begriffsbestimmungen und Anrechenbarkeit von Biokraftstoffen. (1) [1]Biokraftstoffe sind unbeschadet der Absätze 2 bis 6 Energieerzeugnisse ausschließlich aus Biomasse im Sinne der Biomasseverordnung vom 21. Juni 2001 (BGBl. I S. 1234), die zuletzt durch Artikel 12 des Gesetzes vom 21. Juli 2014 (BGBl. I S. 1066) geändert worden ist, in der jeweils geltenden Fassung. [2]Energieerzeugnisse, die anteilig aus Biomasse hergestellt werden, gelten in Höhe dieses Anteils als Biokraftstoff.

(2) [1]Fettsäuremethylester (Biodiesel) sind abweichend von Absatz 1 nur dann Biokraftstoffe, wenn sie aus biogenen Ölen oder Fetten gewonnen werden, die selbst Biomasse im Sinne der Biomasseverordnung sind, und wenn ihre Eigenschaften mindestens den Anforderungen für Biodiesel nach § 5 der Verordnung über die Beschaffenheit und die Auszeichnung der Qualitäten von Kraft- und Brennstoffen[2)] vom 8. Dezember 2010 (BGBl. I S. 1849), die durch Artikel 8

[1)] § 37b neu gef. mWv 1.1.2015 durch G v. 20.11.2014 (BGBl. I S. 1740); Abs. 9 geänd. mWv 27.6.2020 durch VO v. 19.6.2020 (BGBl. I S. 1328); Abs. 3 Satz 1 aufgeh., bish. Sätze 2–4 werden Sätze 1–3, neue Sätze 1 und 3, Abs. 8 Satz 1 einl. Satzteil geänd., Nr. 4 und Satz 2 neu gef., Sätze 3–5 angef. mWv 1.10.2021 durch G v. 24.9.2021 (BGBl. I S. 4458).

[2)] **Sartorius ErgBd. Nr. 296/10.**

Absatz 1 der Verordnung vom 2. Mai 2013 (BGBl. I S. 1021) geändert worden ist, in der jeweils geltenden Fassung entsprechen. [2]Biodiesel ist unter diesen Voraussetzungen in vollem Umfang als Biokraftstoff zu behandeln.

(3) [1]Im Fall von Bioethanol, das fossilem Ottokraftstoff beigemischt wird, müssen die Eigenschaften des Bioethanols mindestens den Anforderungen der DIN EN 15376, Ausgabe März 2008 oder Ausgabe November 2009 oder Ausgabe April 2011, entsprechen. [2]Im Fall von Bioethanol, das im Ethanolkraftstoff (E85) enthalten ist, müssen die Eigenschaften des Ethanolkraftstoffs (E85) außerdem mindestens den Anforderungen für Ethanolkraftstoff (E85) nach § 6 der Verordnung über die Beschaffenheit und die Auszeichnung der Qualitäten von Kraft- und Brennstoffen entsprechen. [3]Für Energieerzeugnisse, die anteilig aus Bioethanol hergestellt werden, gilt für den Bioethanolanteil Satz 1 entsprechend.

(4) Pflanzenöl ist abweichend von Absatz 1 nur dann Biokraftstoff, wenn seine Eigenschaften mindestens den Anforderungen für Pflanzenölkraftstoff nach § 9 der Verordnung über die Beschaffenheit und die Auszeichnung der Qualitäten von Kraft- und Brennstoffen entsprechen.

(5) [1]Hydrierte biogene Öle sind abweichend von Absatz 1 nur dann Biokraftstoffe, wenn sie aus biogenen Ölen oder Fetten gewonnen werden, die selbst Biomasse im Sinne der Biomasseverordnung sind, und wenn die Hydrierung nicht in einem raffinerietechnischen Verfahren gemeinsam mit mineralölstämmigen Ölen erfolgt ist. [2]Hydrierte biogene Öle sind unter diesen Voraussetzungen in vollem Umfang als Biokraftstoff zu behandeln.

(6) Biomethan ist abweichend von Absatz 1 nur dann Biokraftstoff, wenn es den Anforderungen für Erdgas nach § 8 der Verordnung über die Beschaffenheit und die Auszeichnung der Qualitäten von Kraft- und Brennstoffen entspricht.

(7) [1]Für die Kraftstoffe nach den Absätzen 1 bis 6 gilt § 11 der Verordnung über die Beschaffenheit und die Auszeichnung der Qualitäten von Kraft- und Brennstoffen entsprechend. [2]Die in Satz 1 sowie den Absätzen 2 bis 4 und 6 genannten oder in Bezug genommenen Normen sind im Beuth Verlag GmbH, Berlin, erschienen und bei der Deutschen Nationalbibliothek archivmäßig gesichert niedergelegt.

(8) [1]Nicht auf die Erfüllung von Verpflichtungen nach § 37a Absatz 1 Satz 1 und 2 in Verbindung mit § 37a Absatz 4 angerechnet werden können

1. biogene Öle, die in einem raffinerietechnischen Verfahren gemeinsam mit mineralölstämmigen Ölen hydriert wurden,
2. der Biokraftstoffanteil von Energieerzeugnissen mit einem Bioethanolanteil von weniger als 70 Volumenprozent, denen Bioethanol enthaltende Waren der Unterposition 3824 90 99 der Kombinierten Nomenklatur zugesetzt wurden,
3. Biokraftstoffe, die vollständig oder teilweise aus tierischen Ölen oder Fetten hergestellt wurden, und
4. Wasserstoff aus biogenen Quellen.

[2]Abweichend von Satz 1 Nummer 3 und Absatz 1 Satz 1 können Biokraftstoffe, die vollständig oder teilweise aus tierischen Fetten und Ölen der Kategorie 1 und 2 gemäß Artikel 8 und 9 der Verordnung (EG) Nr. 1069/2009 des Europäischen Parlaments und des Rates vom 21. Oktober 2009 mit Hygiene-

vorschriften für nicht für den menschlichen Verzehr bestimmte tierische Nebenprodukte und zur Aufhebung der Verordnung (EG) Nr. 1774/2002 (ABl. L 300 vom 14.11.2009, S. 1), die zuletzt durch die Verordnung (EU) 2019/1009 (ABl. L 170 vom 25.6.2019, S. 1) geändert worden ist, in ihrer jeweils geltenden Fassung bestehen, auf die Erfüllung von Verpflichtungen nach § 37a Absatz 1 Satz 1 und 2 in Verbindung mit § 37a Absatz 4 angerechnet werden. [3]Abweichend von Satz 1 Nummer 4 und Absatz 1 Satz 1 wird Wasserstoff aus biogenen Quellen des Anhangs IX Teil A der Richtlinie (EU) 2018/2001, der in Straßenfahrzeugen eingesetzt wird, ab dem 1. Juli 2023 auf die Erfüllung nach § 37a Absatz 1 Satz 1 und 2 in Verbindung mit § 37a Absatz 4 angerechnet; eine Rechtsverordnung der Bundesregierung nach § 37d Absatz 2 Satz 1 Nummer 19 regelt weitere Bestimmungen. [4]Ab dem Kalenderjahr 2023 wird für die Treibhausgasemissionen von Biokraftstoffen aus Rohstoffen mit hohem Risiko indirekter Landnutzungsänderung nach Artikel 3 der Verordnung (EU) 2019/807 der Basiswert zugrunde gelegt. [5]Der Rechenfaktor nach § 37d Absatz 2 Satz 1 Nummer 2 für Biokraftstoffe aus Abwasser aus Palmölmühlen und leeren Palmfruchtbündeln beträgt eins.

(9) Das Bundesministerium für Umwelt, Naturschutz und nukleare Sicherheit gibt den Energiegehalt der verschiedenen Kraftstoffe sowie Änderungen ihres Energiegehaltes im Bundesanzeiger bekannt.[1)]

§ 37c[2)] Mitteilungs- und Abgabepflichten. (1) [1]Verpflichtete haben der zuständigen Stelle jeweils bis zum Ablauf des 15. April des auf das Verpflichtungsjahr folgenden Kalenderjahres schriftlich mitzuteilen

1. die im Verpflichtungsjahr von ihnen in Verkehr gebrachte Menge fossilen Otto- und fossilen Dieselkraftstoffs oder fossilen Flugturbinenkraftstoffs,
2. die im Verpflichtungsjahr von ihnen eingesetzte Menge an Erfüllungsoptionen, bezogen auf die verschiedenen jeweils betroffenen Erfüllungsoptionen, und
3. die Treibhausgasemissionen in Kilogramm Kohlenstoffdioxid-Äquivalent der jeweiligen Mengen.

[2]In der Mitteilung sind darüber hinaus die Firma des Verpflichteten, der Ort der für das Inverkehrbringen verantwortlichen Niederlassung oder der Sitz des Unternehmens, die jeweils zugehörige Anschrift sowie der Name und die Anschrift des Vertretungsberechtigten anzugeben. [3]Soweit die Erfüllung von Verpflichtungen nach § 37a Absatz 6 Satz 1 oder nach § 37a Absatz 7 Satz 1 vertraglich auf Dritte übertragen wurde, haben Verpflichtete der zuständigen Stelle zusätzlich die Angaben nach § 37a Absatz 6 Satz 2 oder Satz 3 oder § 37a Absatz 7 Satz 2 oder Satz 3 schriftlich mitzuteilen und eine Kopie des Vertrags mit dem Dritten vorzulegen. [4]Im Fall des § 37a Absatz 6 hat der Dritte der zuständigen Stelle schriftlich mitzuteilen

---

[1)] Siehe hierzu ua Treibhausgasminderungsquote-Bek. 2018 v. 23.11.2018 (BAnz AT 10.12.2018 B6) und Treibhausgasminderungsquote-Bek. 2020 v. 6.4.2020 (BAnz AT 07.05.2020 B5).

[2)] § 37c Abs. 1 und 2 Satz 1 neu gef., Satz 2 eingef., bish. Sätze 2–6 werden Sätze 3–7, neue Sätze 5 und 7 geänd., neuer Satz 6 neu gef., Abs. 3 Sätze 1–5 und Abs. 4 geänd., Abs. 5 Satz 3 eingef., bish. Satz 3 wird Satz 4 mWv 1.1.2015 durch G v. 20.11.2014 (BGBl. I S. 1740); Abs. 1 Sätze 1 und 4 neu gef., Satz 5 geänd., Satz 6 und Abs. 2 neu gef., Abs. 3 Sätze 1–3 und 5 geänd., Abs. 4 neu gef. mWv 1.10.2021 durch G v. 24.9.2021 (BGBl. I S. 4458).

1. die auf Grund seiner vertraglichen Verpflichtung von ihm im Verpflichtungsjahr in Verkehr gebrachte Menge Kraftstoff, bezogen auf die verschiedenen jeweils betroffenen Erfüllungsoptionen, und
2. die Treibhausgasemissionen in Kilogramm Kohlenstoffdioxid-Äquivalent der jeweiligen Mengen.

[5] Im Fall des § 37a Absatz 6 Satz 5 gilt dies entsprechend für die im Vorjahr des Verpflichtungsjahres vom Dritten *eingesetzte*[1)] Erfüllungsoptionen. [6] Im Fall des § 37a Absatz 7 hat der Dritte der zuständigen Stelle die auf Grund seiner vertraglichen Verpflichtung von ihm im Verpflichtungsjahr in Verkehr gebrachte Menge Kraftstoff, bezogen auf die verschiedenen jeweils betroffenen Erfüllungsoptionen, und die auf Grund seiner vertraglichen Verpflichtung im Verpflichtungsjahr sichergestellte Treibhausgasminderungsmenge in Kilogramm Kohlenstoffdioxid-Äquivalent schriftlich mitzuteilen. [7] Die zuständige Stelle erteilt jedem Verpflichteten eine Registriernummer und führt ein elektronisches Register, das für alle Verpflichteten die nach den Sätzen 1 bis 6 erforderlichen Angaben enthält.

(2) [1] Soweit Verpflichtete einer Verpflichtung nach § 37a Absatz 1 Satz 1 und 2 in Verbindung mit § 37a Absatz 4 oder nach § 37a Absatz 2 Satz 1 und 2 in Verbindung mit § 37a Absatz 4a nicht nachkommen, setzt die zuständige Stelle eine Abgabe fest

1. in den Fällen des § 37a Absatz 4 für die Fehlmenge der zu mindernden Treibhausgasemissionen oder
2. in den Fällen des § 37a Absatz 4a für die nach dem Energiegehalt berechnete Fehlmenge Kraftstoffs.

[2] Die Abgabenschuld des Verpflichteten entsteht mit Ablauf des 15. Aprils des auf das Verpflichtungsjahr folgenden Kalenderjahres. [3] In den Fällen, in denen ein Verpflichteter durch eine Rechtsverordnung der Bundesregierung nach § 37d Absatz 2 Satz 1 Nummer 8 einen Mindestanteil bestimmter Biokraftstoffe oder anderer erneuerbarer Kraftstoffe in Verkehr zu bringen hat, setzt die zuständige Stelle bis einschließlich zum Verpflichtungsjahr 2021 eine Abgabe in Höhe von 19 Euro pro Gigajoule und ab dem Verpflichtungsjahr 2022 eine Abgabe in Höhe von 45 Euro pro Gigajoule fest. [4] In den Fällen des § 37a Absatz 4a beträgt die Höhe der Abgabe 70 Euro pro Gigajoule. [5] In den Fällen des § 37a Absatz 4 wird die Abgabe nach der Fehlmenge der zu mindernden Treibhausgasemissionen berechnet und beträgt bis einschließlich zum Verpflichtungsjahr 2021 0,47 Euro pro Kilogramm Kohlenstoffdioxid-Äquivalent und ab dem Verpflichtungsjahr 2022 0,60 Euro pro Kilogramm Kohlenstoffdioxid-Äquivalent. [6] Soweit im Falle des § 37a Absatz 6 Satz 1 oder des § 37a Absatz 7 Satz 1 der Dritte seine vertragliche Verpflichtung nicht erfüllt, setzt die zuständige Stelle die Abgabe gegen den Verpflichteten fest.

(3) [1] Soweit der Verpflichtete der zuständigen Stelle die nach Absatz 1 Satz 1 und 3 erforderlichen Angaben nicht oder nicht ordnungsgemäß mitgeteilt hat, schätzt die zuständige Stelle die vom Verpflichteten im Verpflichtungsjahr in Verkehr gebrachten Mengen an Kraftstoffen und die Treibhausgasminderung. [2] Die Schätzung ist unwiderlegliche Basis für die Verpflichtung nach § 37a Absatz 1 Satz 1 und 2 in Verbindung mit § 37a Absatz 4 sowie nach § 37a Absatz 2 Satz 1 und 2 in Verbindung mit § 37a Absatz 4a. [3] Die Schätzung

---

[1)] Richtig wohl: „eingesetzten".

unterbleibt, soweit der Verpflichtete im Rahmen der Anhörung zum Festsetzungsbescheid nach Absatz 2 Satz 1 in Verbindung mit Absatz 2 Satz 3, 4 oder Satz 5 die Mitteilung nachholt. [4] Soweit ein Dritter die nach Absatz 1 Satz 4 bis 6 erforderlichen Angaben nicht ordnungsgemäß mitgeteilt hat, geht die zuständige Stelle davon aus, dass der Dritte die von ihm eingegangene Verpflichtung nicht erfüllt hat. [5] Satz 4 gilt nicht, soweit der Dritte im Rahmen der Anhörung zum Festsetzungsbescheid gegen den Verpflichteten nach Absatz 2 Satz 6 diese Mitteilung nachholt.

(4) [1] In den Fällen des § 37a Absatz 3 Satz 2 hat der Steuerlagerinhaber dem zuständigen Hauptzollamt mit der monatlichen Energiesteueranmeldung die für jeden Verpflichteten in Verkehr gebrachte Menge an Energieerzeugnissen schriftlich mitzuteilen. [2] In den Fällen des § 37a Absatz 3 Satz 4 hat der Steuerlagerinhaber der zuständigen Stelle die in einem Verpflichtungsjahr für jeden Verpflichteten in Verkehr gebrachte Menge an Energieerzeugnissen zum Ablauf des 1. Februar des folgenden Kalenderjahres schriftlich mitzuteilen. [3] Im Falle des § 37a Absatz 3 Satz 5 hat der Erlaubnisinhaber der zuständigen Stelle die in einem Verpflichtungsjahr für den Vertragspartner in Verkehr gebrachten Mengen zum Ablauf des 1. Februar des folgenden Kalenderjahres schriftlich mitzuteilen.

(5) [1] Hinsichtlich der Absätze 1 bis 4 finden die für die Verbrauchsteuern geltenden Vorschriften der Abgabenordnung entsprechende Anwendung. [2] Die Mitteilungen nach Absatz 1 und Absatz 4 gelten als Steueranmeldungen im Sinne der Abgabenordnung. [3] § 170 Absatz 2 Satz 1 Nummer 1 der Abgabenordnung findet Anwendung. [4] In den Fällen des Absatzes 2 ist der Verpflichtete vor der Festsetzung der Abgabe anzuhören.

§ 37d[1)] Zuständige Stelle, Rechtsverordnungen. (1) [1] Innerhalb der Bundesverwaltung werden eine oder mehrere Stellen errichtet, denen die Aufgaben übertragen werden, die Erfüllung der Verpflichtungen nach § 37a zu überwachen, die in § 37c geregelten Aufgaben zu erfüllen und die Berichte nach § 37f zu überprüfen. [2] Die Bundesregierung wird ermächtigt, die jeweils zuständige Stelle durch Rechtsverordnung[2)] ohne Zustimmung des Bundesrates zu bestimmen.

(2) [1] Die Bundesregierung wird ermächtigt, nach Anhörung der beteiligten Kreise (§ 51) durch Rechtsverordnung[3)] ohne Zustimmung des Bundesrates

---

[1)] § 37d Abs. 1 und 2 neu gef., Abs. 3 einl. Satzteil und Nr. 1 geänd., Nr. 2 eingef., bish. Nr. 2 und 3 werden Nr. 3 und 4, neue Nr. 4 geänd. mWv 1.1.2015 durch G v. 20.11.2014 (BGBl. I S. 1740); Abs. 1 Satz 1 neu gef., Satz 2 aufgeh., bish. Satz 3 wird Satz 2, Abs. 2 Satz 1 Nr. 8 und 17 geänd., Nr. 18 angef. mWv 30.7.2016 durch G v. 26.7.2016 (BGBl. I S. 1839); Abs. 2 Satz 1 Nr. 1 Buchst. c und Nr. 13 Buchst. b geänd., Satz 2 eingef., bish. Sätze 2–4 werden Sätze 3–5, neuer Satz 5 geänd. mWv 29.7.2017 durch G v. 18.7.2017 (BGBl. I S. 2771); Abs. 2 Satz 1 Nr. 1 Buchst. c–e geänd., Nr. 2 neu gef., Nr. 3, 6–9, 11 einl. Satzteil und Buchst. b geänd., Buchst. c angef., Nr. 13 neu gef., Nr. 18 geänd., Nr. 19 angef., Abs. 2 Satz 4 neu gef., Abs. 3 Nr. 4 geänd. mWv 1.10.2021 durch G v. 24.9. 2021 (BGBl. I S. 4458).

[2)] Siehe die Anmerkung zum Titel.

[3)] Siehe die VO zur Durchführung der Regelungen der Biokraftstoffquote – 36. BImSchV v. 29.1. 2007 (BGBl. I S. 60), zuletzt geänd. durch VO v. 4.4.2016 (BGBl. I S. 590), die VO zur Anrechnung von strombasierten Kraftstoffen und mitverarbeiteten biogenen Ölen auf die Treibhausgasquote – 37. BImSchV v. 15.5.2017 (BGBl. I S. 1195), geänd. durch G v. 21.12.2020 (BGBl. I S. 3138), die VO zur Festlegung weiterer Bestimmungen zur Treibhausgasminderung bei Kraftstoffen – 38. BImSchV v. 8.12.2017 (BGBl. I S. 3892), geänd. durch VO v. 21.5.2019 (BGBl. I S. 742), die Upstream-Emissionsminderungs-VO v. 22.1.2018 (BGBl. I S. 169), zuletzt geänd. durch VO v. 30.6. →

1. unter Berücksichtigung der technischen Entwicklung
   a) auch in Abweichung von § 37b Absatz 1 bis 6 Energieerzeugnisse als Biokraftstoffe zu bestimmen,
   b) in Abweichung von § 37b Absatz 1 bis 6 festzulegen, dass bestimmte Energieerzeugnisse nicht oder nicht mehr in vollem Umfang als Biokraftstoffe gelten,
   c) die Anrechenbarkeit von biogenen Ölen aus Rohstoffen des Anhangs IX Teil A der Richtlinie (EU) 2018/2001 im Sinne von § 37b Absatz 8 Satz 1 Nummer 1 auf die Erfüllung von Verpflichtungen nach § 37a Absatz 1 Satz 1 und 2 in Verbindung mit § 37a Absatz 4 abweichend von § 37b Absatz 8 Satz 1 Nummer 1 zu regeln, soweit landwirtschaftliche Rohstoffe, Abfälle oder Reststoffe, die bei der Herstellung von biogenen Ölen verwendet werden sollen, nachhaltig erzeugt worden sind,
   d) die Anrechenbarkeit von Biomethan auf die Erfüllung von Verpflichtungen nach § 37a Absatz 1 Satz 1 und 2 in Verbindung mit § 37a Absatz 4 zu konkretisieren,
   e) die Anrechenbarkeit von Biomethan, das in das Erdgasnetz eingespeist wird, auf die Erfüllung von Verpflichtungen nach § 37a Absatz 1 Satz 1 und 2 in Verbindung mit § 37a Absatz 4 näher zu regeln,
   f) zu bestimmen, wie im Falle der Einspeisung von Biomethan in das Erdgasnetz der Nachweis über die Treibhausgasemissionen zu führen ist, sowie
   g) das Nachweisverfahren für die Anrechenbarkeit von Biomethan insgesamt näher zu regeln,
2. zu bestimmen, dass der Anteil an bestimmten Erfüllungsoptionen im Rahmen der Erfüllung von Verpflichtungen nach § 37a Absatz 1 Satz 1 und 2 in Verbindung mit § 37a Absatz 4 nach Maßgabe einer Multiplikation der tatsächlich in Verkehr gebrachten energetischen Menge der jeweiligen Erfüllungsoption mit einem bestimmten Rechenfaktor zu berechnen ist,
3. vorzuschreiben, dass Biokraftstoffe nur dann auf die Erfüllung von Verpflichtungen nach § 37a Absatz 1 Satz 1 und 2 in Verbindung mit § 37a Absatz 4 angerechnet werden, wenn bei der Erzeugung der eingesetzten Biomasse nachweislich bestimmte ökologische und soziale Anforderungen an eine nachhaltige Produktion der Biomasse sowie zum Schutz natürlicher Lebensräume erfüllt werden und wenn der Biokraftstoff eine bestimmte Treibhausgasminderung aufweist,
4. die Anforderungen im Sinne der Nummer 3 festzulegen,
5. die Höhe der Abgabe nach § 37c Absatz 2 Satz 3, 4 oder Satz 6 zu ändern, um im Fall von Änderungen des Preisniveaus für Kraftstoffe eine vergleichbare wirtschaftliche Belastung aller Verpflichteten sicherzustellen,
6. den Basiswert im Sinne des § 37a Absatz 4 Satz 4 zu bestimmen,
7. die Anrechenbarkeit bestimmter Biokraftstoffe auf die Verpflichtungen nach § 37a Absatz 1 Satz 1 und 2 in Verbindung mit § 37a Absatz 4 zu begrenzen, sofern die Richtlinie (EU) 2018/2001 eine Begrenzung der Anrechenbar-

---

(Fortsetzung der Anm. von voriger Seite)
2021 (BGBl. I S. 2334) und die Biokraftstoff-NachhaltigkeitsVO v. 30.9.2009 (BGBl. I S. 3182), zuletzt geänd. durch VO v. 19.6.2020 (BGBl. I S. 1328).

keit dieser Biokraftstoffe auf das Ziel von Artikel 25 Absatz 1 der Richtlinie (EU) 2018/2001 vorsieht, sowie das Nachweisverfahren zu regeln,

8. einen Mindestanteil bestimmter Biokraftstoffe oder anderer erneuerbarer Kraftstoffe zur Erfüllung der Verpflichtungen nach § 37a Absatz 1 Satz 1 und 2 in Verbindung mit § 37a Absatz 4 festzulegen sowie das Nachweisverfahren zu regeln,
9. das Berechnungsverfahren für die Treibhausgasemissionen von fossilen Otto- und fossilen Dieselkraftstoffen im Sinne des § 37a Absatz 4 Satz 5 festzulegen und das Nachweisverfahren zu regeln,
10. das Berechnungsverfahren für die Treibhausgasemissionen von Biokraftstoffen abweichend von § 37a Absatz 4 Satz 6 festzulegen und das Nachweisverfahren zu regeln,
11. die Anrechenbarkeit von elektrischem Strom zur Verwendung in Straßenfahrzeugen gemäß § 37a Absatz 5 Satz 1 Nummer 4 zu regeln und dabei insbesondere
    a) das Berechnungsverfahren für die Treibhausgasemissionen der eingesetzten Mengen elektrischen Stroms festzulegen und
    b) das Nachweisverfahren zu regeln und
    c) die erzeugten Treibhausgasminderungsmengen der energetischen Menge elektrischen Stroms, die nicht von Dritten der zuständigen Stelle mitgeteilt werden, zu versteigern und das erforderliche Verfahren zu regeln,
12. unter Berücksichtigung der technischen Entwicklung den Anwendungsbereich in § 37a Absatz 1 Satz 1 auf weitere Kraftstoffe auszudehnen und dabei insbesondere
    a) das Berechnungsverfahren für die Treibhausgasemissionen dieser Kraftstoffe festzulegen und
    b) das Nachweisverfahren zu regeln,
13. unter Berücksichtigung der technischen Entwicklung weitere Erfüllungsoptionen zu ergänzen und dabei insbesondere
    a) das Berechnungsverfahren für die Treibhausgasemissionen dieser Maßnahmen festzulegen,
    b) das Nachweisverfahren sowie die Übertragbarkeit der Nachweise zu regeln,
    c) Methoden zur Einhaltung der Anforderungen der Richtlinie (EU) 2018/2001 für den Bezug des elektrischen Stroms zur Produktion von Kraftstoffen festzulegen und
    d) Mindestwerte für die Treibhausgaseinsparung von Kraftstoffen festzulegen,
14. die Berichtspflicht nach § 37f Absatz 1 insbesondere zu Art, Form und Inhalt des Berichts näher auszugestalten sowie die zur Sicherstellung einer ordnungsgemäßen Berichterstattung erforderlichen Anordnungen der zuständigen Stelle zu regeln,
15. ein Nachweisverfahren festzulegen für die Voraussetzungen
    a) nach § 37a Absatz 4 Satz 7 Nummer 5,
    b) nach § 37b Absatz 1 bis 7, gegebenenfalls in Verbindung mit der Verordnung nach Nummer 1 Buchstabe a oder Buchstabe b,
    c) nach § 37b Absatz 8 Satz 1,
    d) der Verordnung nach Nummer 1 Buchstabe c und

e) der Verordnung nach den Nummern 2 bis 4,

16. Ausnahmen von den Vorgaben nach § 37b Absatz 8 Satz 1 Nummer 3 festzulegen, sofern dies dem Sinn und Zweck der Regelung nicht entgegensteht,
17. von § 37c Absatz 1 und 3 bis 5 abweichende Verfahrensregelungen zu treffen,
18. Ausnahmen von der in § 37a Absatz 6 Satz 5 und Absatz 8 Satz 1 vorgesehenen Möglichkeit der Anrechnung von Übererfüllungen auf den Mindestanteil des Folgejahres festzulegen, sofern dies zur Einhaltung von Zielvorgaben aus bindenden Rechtsakten der Europäischen Gemeinschaften oder der Europäischen Union erforderlich ist,
19. unter Berücksichtigung der technischen Entwicklung Kriterien für die Anrechenbarkeit von Wasserstoff aus biogenen Quellen gemäß § 37b Absatz 8 Satz 3 festzulegen und dabei insbesondere
    a) das Berechnungsverfahren für die Treibhausgasemissionen,
    b) das Nachweisverfahren sowie die Übertragbarkeit der Nachweise und
    c) die Anforderungen an die erneuerbaren Energiequellen zur Erzeugung des Wasserstoffs.

[2] In Rechtsverordnungen nach Satz 1 kann die Zuständigkeit zur Durchführung einer in einer Rechtsverordnung nach Absatz 1 Satz 2 bestimmten Stelle übertragen werden. [3] Rechtsverordnungen nach Satz 1 Nummer 1 Buchstabe c bedürfen der Zustimmung des Deutschen Bundestages. [4] Rechtsverordnungen nach Satz 1 Nummer 13 oder 19 bedürfen der Zustimmung des Deutschen Bundestages, sofern Regelungen zu strombasierten Kraftstoffen oder Wasserstoff aus biogenen Quellen getroffen werden. [5] Hat sich der Deutsche Bundestag nach Ablauf von vier Sitzungswochen seit Eingang der Rechtsverordnung nach Satz 3 oder 4 nicht mit ihr befasst, gilt die Zustimmung zu der unveränderten Rechtsverordnung als erteilt.

(3) Die Bundesregierung wird ermächtigt, durch Rechtsverordnung[1] ohne Zustimmung des Bundesrates nähere Bestimmungen zur Durchführung der §§ 37a bis 37c sowie der auf Absatz 2 beruhenden Rechtsverordnungen zu erlassen und darin insbesondere

1. das Verfahren zur Sicherung und Überwachung der Erfüllung der Quotenverpflichtung in den Fällen des § 37a Absatz 6 und 7 und hinsichtlich der für die Ermittlung der Mindestanteile an Biokraftstoff oder der Treibhausgasminderung benötigten Daten näher zu regeln,
2. zur Sicherung und Überwachung der Erfüllung der Quotenverpflichtung abweichende Bestimmungen zu § 37a Absatz 4 Satz 9 und 10 sowie zu § 37a Absatz 6 und 7 zu erlassen,
3. die erforderlichen Nachweise und die Überwachung der Einhaltung der Anforderungen an Biokraftstoffe sowie die hierfür erforderlichen Probenahmen näher zu regeln,
4. zu bestimmen, dass das Entstehen von Verpflichtungen nach § 37a Absatz 1 Satz 1 und 2 in Verbindung mit § 37a Absatz 4 an das Inverkehrbringen einer bestimmten Mindestmenge an Kraftstoff geknüpft wird.

---

[1] Siehe die Anmerkung zum Titel.

§ 37e[1)] Gebühren und Auslagen; Verordnungsermächtigung. (1) Für Amtshandlungen, die auf Rechtsverordnungen beruhen

1. die auf der Grundlage des § 37d Absatz 2 Satz 1 Nummer 3 und 4 erlassen worden sind oder
2. die auf der Grundlage des § 37d Absatz 2 Satz 1 Nummer 13 erlassen worden sind,

werden zur Deckelung des Verwaltungsaufwands Gebühren und Auslagen erhoben.

(2) [1]Das Bundesministerium für Ernährung und Landwirtschaft wird ermächtigt, im Einvernehmen mit dem Bundesministerium für Umwelt, Naturschutz und nukleare Sicherheit und dem Bundesministerium der Finanzen durch Rechtsverordnung ohne Zustimmung des Bundesrates die gebührenpflichtigen Tatbestände und Gebührensätze für Amtshandlungen im Sinne von Absatz 1 Nummer 1 zu bestimmen und dabei feste Sätze, auch in Form von Zeitgebühren oder Rahmensätzen, vorzusehen. [2]In der Rechtsverordnung kann die Erstattung von Auslagen abweichend vom Verwaltungskostengesetz in der bis zum 14. August 2013 geltenden Fassung oder von § 12 Absatz 1 des Bundesgebührengesetzes[2)] vom 7. August 2013 (BGBl. I S. 3154), das zuletzt durch Artikel 3 des Gesetzes vom 31. März 2016 (BGBl. I S. 518) geändert worden ist, geregelt werden.

(3) [1]Das Bundesministerium für Umwelt, Naturschutz und nukleare Sicherheit wird ermächtigt, durch Rechtsverordnung[3)] ohne Zustimmung des Bundesrates die gebührenpflichtigen Tatbestände und Gebührensätze für Amtshandlungen im Sinne von Absatz 1 Nummer 2 zu bestimmen und dabei feste Sätze, auch in Form von Zeitgebühren oder Rahmensätzen, vorzusehen. [2]In der Rechtsverordnung kann die Erstattung von Auslagen auch abweichend von § 12 Absatz 1 des Bundesgebührengesetzes geregelt werden.

§ 37f[4)] Berichte über Kraftstoffe und Energieerzeugnisse. (1) [1]Verpflichtete haben der zuständigen Stelle jährlich bis zum 31. März einen Bericht über die im vorangegangenen Verpflichtungsjahr in Verkehr gebrachten Kraftstoffe und Energieerzeugnisse vorzulegen, sofern eine Rechtsverordnung nach § 37d Absatz 2 Satz 1 Nummer 14 dies vorsieht. [2]Der Bericht enthält zumindest folgende Angaben:

1. die Gesamtmenge jedes Typs von in Verkehr gebrachten Kraftstoffen und Energieerzeugnissen unter Angabe des Erwerbsortes und des Ursprungs und
2. die Treibhausgasemissionen pro Energieeinheit.

(2) [1]Die zuständige Stelle überprüft die Berichte. [2]Der Verpflichtete hat der zuständigen Stelle auf Verlangen die Auskünfte zu erteilen und die Unterlagen vorzulegen, die zur Überprüfung der Berichte erforderlich sind.

[1)] § 37e neu gef. mWv 30.7.2016 durch G v. 26.7.2016 (BGBl. I S. 1839); Abs. 2 Satz 1 und Abs. 3 Satz 1 geänd. mWv 27.6.2020 durch VO v. 19.6.2020 (BGBl. I S. 1328).

[2)] **Sartorius Nr. 120.**

[3)] Siehe die Upstream-Emissionsminderungs-VO v. 22.1.2018 (BGBl. I S. 169), zuletzt geänd. durch VO v. 30.6.2021 (BGBl. I S. 2334).

[4)] § 37f neu gef. mWv 1.1.2015 durch G v. 20.11.2014 (BGBl. I S. 1740).

§ 37g[1)] Bericht der Bundesregierung. [1] Nachdem der Bericht nach Artikel 22 der Richtlinie 2009/28/EG der Europäischen Kommission vorgelegt wurde, übermittelt die Bundesregierung den Bericht nach § 64 der Biokraftstoff-Nachhaltigkeitsverordnung dem Deutschen Bundestag und dem Bundesrat. [2] Die Bundesregierung evaluiert die §§ 37a bis 37f dieses Gesetzes sowie die auf Grund dieser Regelungen erlassenen Verordnungen, insbesondere die Verordnung zur Durchführung der Regelungen der Biokraftstoffquote, die Verordnung zur Anrechnung von strombasierten Kraftstoffen und mitverarbeiteten biogenen Ölen auf die Treibhausgasquote, die Verordnung zur Festlegung weiterer Bestimmungen zur Treibhausgasminderung bei Kraftstoffen sowie die Biokraftstoff-Nachhaltigkeitsverordnung und legt dem Deutschen Bundestag bis zum 31. März 2024 und dann alle zwei Jahre einen Erfahrungsbericht vor. [3] Der Bericht enthält insbesondere Angaben über

1. die Entwicklung des nachhaltigen Rohstoffpotenzials für die unterschiedlichen Erfüllungsoptionen,
2. den Stand der technischen Entwicklung und Kosten unterschiedlicher Herstellungstechnologien für Biokraftstoffe, Wasserstoff, strombasierte Kraftstoffe und anderer Erfüllungsoptionen,
3. die Produktionskapazitäten unterschiedlicher Erfüllungsoptionen, insbesondere der Mengen an Wasserstoff und strombasierten Kraftstoffen, die durch dieses Gesetz angereizt werden,
4. die Einhaltung der Nachhaltigkeitskriterien und Auswirkungen der ansteigenden Treibhausgasminderungs-Quote auf Natur, Umwelt und Artenvielfalt,
5. die Angemessenheit der Höhe der unterschiedlichen Anrechnungsfaktoren der betreffenden Erfüllungsoptionen und der Höhe der Ausgleichsabgaben.

[4] Der Bericht gibt auch Empfehlungen zur Weiterentwicklung des Regelwerkes.

§ 37h[2)] Mechanismus zur Anpassung der Treibhausgasminderungs-Quote; Verordnungsermächtigung. (1) Das Bundesministerium für Umwelt, Naturschutz und nukleare Sicherheit gibt die Summe der für ein Verpflichtungsjahr an die zuständige Stelle (§ 37d Absatz 1) gemeldeten Mengen an elektrischem Strom zur Verwendung in Straßenfahrzeugen im Bundesanzeiger bekannt.

(2) [1] Übersteigt die Summe der nach Absatz 1 bekannt gemachten Menge elektrischen Stroms

1. im Kalenderjahr 2022 5 Petajoule,
2. im Kalenderjahr 2023 9 Petajoule,
3. im Kalenderjahr 2024 13 Petajoule,
4. im Kalenderjahr 2025 19 Petajoule,
5. im Kalenderjahr 2026 25 Petajoule,
6. im Kalenderjahr 2027 38 Petajoule,
7. im Kalenderjahr 2028 53 Petajoule,

---

1) § 37g eingef. mWv 1.1.2015 durch G v. 20.11.2014 (BGBl. I S. 1740); Sätze 2–4 angef. mWv 1.10.2021 durch G v. 24.9.2021 (BGBl. I S. 4458).

2) § 37h eingef. mWv 1.10.2021 durch G v. 24.9.2021 (BGBl. I S. 4458).

8. im Kalenderjahr 2029 71 Petajoule,
9. im Kalenderjahr 2030 88 Petajoule,

erhöht die Bundesregierung den Prozentsatz nach § 37a Absatz 4 Satz 2 durch Rechtsverordnung ohne Zustimmung des Bundesrates für alle nachfolgenden Verpflichtungsjahre. [2] Eine Erhöhung durch eine Rechtsverordnung nach Satz 1 erfolgt für das übernächste Verpflichtungsjahr. [3] Die Erhöhung hat sicherzustellen, dass andere Erfüllungsoptionen in gleichem Maße zur Erfüllung der Verpflichtung nach § 37a Absatz 1 Satz 1 und 2 in Verbindung mit Absatz 4 eingesetzt werden können. [4] Die Erhöhung hat der halben bis eineinhalbfachen Treibhausgasminderung durch die Menge an elektrischem Strom, die die Menge nach Satz 1 übersteigt, gegenüber der Summe der Referenzwerte aller Verpflichteten zu entsprechen.

Vierter Teil. Beschaffenheit und Betrieb von Fahrzeugen, Bau und Änderung von Straßen und Schienenwegen

§ 38[1)] Beschaffenheit und Betrieb von Fahrzeugen. (1) [1] Kraftfahrzeuge und ihre Anhänger, Schienen-, Luft- und Wasserfahrzeuge sowie Schwimmkörper und schwimmende Anlagen müssen so beschaffen sein, dass ihre durch die Teilnahme am Verkehr verursachten Emissionen bei bestimmungsgemäßem Betrieb die zum Schutz vor schädlichen Umwelteinwirkungen einzuhaltenden Grenzwerte nicht überschreiten. [2] Sie müssen so betrieben werden, dass vermeidbare Emissionen verhindert und unvermeidbare Emissionen auf ein Mindestmaß beschränkt bleiben.

(2) [1] Das Bundesministerium für Verkehr und digitale Infrastruktur und das Bundesministerium für Umwelt, Naturschutz und nukleare Sicherheit bestimmen nach Anhörung der beteiligten Kreise (§ 51) durch Rechtsverordnung[2)] mit Zustimmung des Bundesrates die zum Schutz vor schädlichen Umwelteinwirkungen notwendigen Anforderungen an die Beschaffenheit, die Ausrüstung, den Betrieb und die Prüfung der in Absatz 1 Satz 1 genannten Fahrzeuge und Anlagen, auch soweit diese den verkehrsrechtlichen Vorschriften des Bundes unterliegen. [2] Dabei können Emissionsgrenzwerte unter Berücksichtigung der technischen Entwicklung auch für einen Zeitpunkt nach Inkrafttreten der Rechtsverordnung festgesetzt werden.

(3) Wegen der Anforderungen nach Absatz 2 gilt § 7 Absatz 5 entsprechend.

§ 39[3)] Erfüllung von zwischenstaatlichen Vereinbarungen und Rechtsakten der Europäischen Gemeinschaften oder der Europäischen Union. [1] Zur Erfüllung von Verpflichtungen aus zwischenstaatlichen Vereinbarungen oder von bindenden Rechtsakten der Europäischen Gemeinschaften oder der Europäischen Union können zu dem in § 1 genannten Zweck das Bundesministerium für Verkehr und digitale Infrastruktur und das Bundesministerium für Umwelt, Naturschutz und nukleare Sicherheit durch Rechtsverordnung mit Zustimmung des Bundesrates bestimmen, dass die in § 38 genannten Fahr-

---

[1)] § 38 Abs. 2 Satz 1 geänd. mWv 8.9.2015 durch VO v. 31.8.2015 (BGBl. I S. 1474); Abs. 2 Satz 1 geänd. mWv 27.6.2020 durch VO v. 19.6.2020 (BGBl. I S. 1328).

[2)] Siehe die Anmerkung zum Titel.

[3)] § 39 Satz 1 geänd. mWv 8.9.2015 durch VO v. 31.8.2015 (BGBl. I S. 1474); Satz 1 geänd. mWv 27.6.2020 durch VO v. 19.6.2020 (BGBl. I S. 1328).

zeuge bestimmten Anforderungen an Beschaffenheit, Ausrüstung, Prüfung und Betrieb genügen müssen. [2]Wegen der Anforderungen nach Satz 1 gilt § 7 Absatz 5 entsprechend.

§ 40 Verkehrsbeschränkungen. (1) [1]Die zuständige Straßenverkehrsbehörde beschränkt oder verbietet den Kraftfahrzeugverkehr nach Maßgabe der straßenverkehrsrechtlichen Vorschriften, soweit ein Luftreinhalteplan oder ein Plan für kurzfristig zu ergreifende Maßnahmen nach § 47 Absatz 1 oder 2 dies vorsehen. [2]Die Straßenverkehrsbehörde kann im Einvernehmen mit der für den Immissionsschutz zuständigen Behörde Ausnahmen von Verboten oder Beschränkungen des Kraftfahrzeugverkehrs zulassen, wenn unaufschiebbare und überwiegende Gründe des Wohls der Allgemeinheit dies erfordern.

(2) [1]Die zuständige Straßenverkehrsbehörde kann den Kraftfahrzeugverkehr nach Maßgabe der straßenverkehrsrechtlichen Vorschriften auf bestimmten Straßen oder in bestimmten Gebieten verbieten oder beschränken, wenn der Kraftfahrzeugverkehr zur Überschreitung von in Rechtsverordnungen nach § 48a Absatz 1a festgelegten Immissionswerten beiträgt und soweit die für den Immissionsschutz zuständige Behörde dies im Hinblick auf die örtlichen Verhältnisse für geboten hält, um schädliche Umwelteinwirkungen durch Luftverunreinigungen zu vermindern oder deren Entstehen zu vermeiden. [2]Hierbei sind die Verkehrsbedürfnisse und die städtebaulichen Belange zu berücksichtigen. [3]§ 47 Absatz 6 Satz 1 bleibt unberührt.

(3) [1]Die Bundesregierung wird ermächtigt, nach Anhörung der beteiligten Kreise (§ 51) durch Rechtsverordnung[1)] mit Zustimmung des Bundesrates zu regeln, dass Kraftfahrzeuge mit geringem Beitrag zur Schadstoffbelastung von Verkehrsverboten ganz oder teilweise ausgenommen sind oder ausgenommen werden können, sowie die hierfür maßgebenden Kriterien und die amtliche Kennzeichnung der Kraftfahrzeuge festzulegen. [2]Die Verordnung kann auch regeln, dass bestimmte Fahrten oder Personen ausgenommen sind oder ausgenommen werden können, wenn das Wohl der Allgemeinheit oder unaufschiebbare und überwiegende Interessen des Einzelnen dies erfordern.

§ 41 Straßen und Schienenwege. (1) Bei dem Bau oder der wesentlichen Änderung öffentlicher Straßen sowie von Eisenbahnen, Magnetschwebebahnen und Straßenbahnen ist unbeschadet des § 50 sicherzustellen, dass durch diese keine schädlichen Umwelteinwirkungen durch Verkehrsgeräusche hervorgerufen werden können, die nach dem Stand der Technik vermeidbar sind.

(2) Absatz 1 gilt nicht, soweit die Kosten der Schutzmaßnahme außer Verhältnis zu dem angestrebten Schutzzweck stehen würden.

§ 42 Entschädigung für Schallschutzmaßnahmen. (1) [1]Werden im Falle des § 41 die in der Rechtsverordnung nach § 43 Absatz 1 Satz 1 Nummer 1 festgelegten Immissionsgrenzwerte überschritten, hat der Eigentümer einer betroffenen baulichen Anlage gegen den Träger der Baulast einen Anspruch auf angemessene Entschädigung in Geld, es sei denn, dass die Beeinträchtigung wegen der besonderen Benutzung der Anlage zumutbar ist. [2]Dies gilt auch bei baulichen Anlagen, die bei Auslegung der Pläne im Planfeststellungsverfahren oder bei Auslegung des Entwurfs der Bauleitpläne mit ausgewiesener Wegeplanung bauaufsichtlich genehmigt waren.

[1)] Siehe die Anmerkung zum Titel.

(2) [1]Die Entschädigung ist zu leisten für Schallschutzmaßnahmen an den baulichen Anlagen in Höhe der erbrachten notwendigen Aufwendungen, soweit sich diese im Rahmen der Rechtsverordnung nach § 43 Absatz 1 Satz 1 Nummer 3 halten. [2]Vorschriften, die weitergehende Entschädigungen gewähren, bleiben unberührt.

(3) [1]Kommt zwischen dem Träger der Baulast und dem Betroffenen keine Einigung über die Entschädigung zustande, setzt die nach Landesrecht zuständige Behörde auf Antrag eines der Beteiligten die Entschädigung durch schriftlichen Bescheid fest. [2]Im Übrigen gelten für das Verfahren die Enteignungsgesetze der Länder entsprechend.

(Fortsetzung nächstes Blatt)

§ 51 Anhörung beteiligter Kreise. Soweit Ermächtigungen zum Erlass von Rechtsverordnungen und allgemeinen Verwaltungsvorschriften die Anhörung der beteiligten Kreise vorschreiben, ist ein jeweils auszuwählender Kreis von Vertretern der Wissenschaft, der Betroffenen, der beteiligten Wirtschaft, des beteiligten Verkehrswesens und der für den Immissionsschutz zuständigen obersten Landesbehörden zu hören.

§ 51a[1] Kommission für Anlagensicherheit. (1) Beim Bundesministerium für Umwelt, Naturschutz und nukleare Sicherheit wird zur Beratung der Bundesregierung oder des zuständigen Bundesministeriums eine Kommission für Anlagensicherheit[2] gebildet.

(2) [1] Die Kommission für Anlagensicherheit soll gutachtlich in regelmäßigen Zeitabständen sowie aus besonderem Anlass Möglichkeiten zur Verbesserung der Anlagensicherheit aufzeigen. [2] Sie schlägt darüber hinaus dem Stand der Sicherheitstechnik entsprechende Regeln (sicherheitstechnische Regeln) unter Berücksichtigung der für andere Schutzziele vorhandenen Regeln vor. [3] Nach Anhörung der für die Anlagensicherheit zuständigen obersten Landesbehörden kann das Bundesministerium für Umwelt, Naturschutz und nukleare Sicherheit diese Regeln im Bundesanzeiger veröffentlichen. [4] Die Kommission für Anlagensicherheit überprüft innerhalb angemessener Zeitabstände, spätestens nach jeweils fünf Jahren, ob die veröffentlichten sicherheitstechnischen Regeln weiterhin dem Stand der Sicherheitstechnik entsprechen.

(3) In die Kommission für Anlagensicherheit sind im Einvernehmen mit dem Bundesministerium für Arbeit und Soziales neben Vertreterinnen oder Vertretern der beteiligten Bundesbehörden sowie der für den Immissions- und Arbeitsschutz zuständigen Landesbehörden insbesondere Vertreterinnen oder Vertreter der Wissenschaft, der Umweltverbände, der Gewerkschaften, der Sachverständigen nach § 29a und der zugelassenen Überwachungsstellen nach § 2 Nummer 4 des Gesetzes über überwachungsbedürftige Anlagen, der Berufsgenossenschaften, der beteiligten Wirtschaft sowie Vertreterinnen oder Vertreter der nach § 24 der Betriebssicherheitsverordnung[3] und § 21 der Gefahrstoffverordnung eingesetzten Ausschüsse zu berufen.

(4) [1] Die Kommission für Anlagensicherheit wählt aus ihrer Mitte eine Vorsitzende oder einen Vorsitzenden und gibt sich eine Geschäftsordnung. [2] Die Wahl der oder des Vorsitzenden und die Geschäftsordnung bedürfen der im Einvernehmen mit dem Bundesministerium für Arbeit und Soziales zu erteilenden Zustimmung des Bundesministeriums für Umwelt, Naturschutz und nukleare Sicherheit.

(Fortsetzung nächstes Blatt)

---

[1] § 51a Abs. 1, 2 Satz 3 und Abs. 4 Satz 2 geänd. mWv 8.9.2015 durch VO v. 31.8.2015 (BGBl. I S. 1474); Abs. 1, 2 Satz 3 und Abs. 4 Satz 2 geänd. mWv 27.6.2020 durch VO v. 19.6.2020 (BGBl. I S. 1328); Abs. 3 geänd. mWv 16.7.2021 durch G v. 27.7.2021 (BGBl. I S. 3146).

[2] Siehe hierzu die GO KAS idF der Bek. v. 26.2.2015 (BAnz AT 16.04.2015 B3).

[3] **Sartorius ErgBd. Nr. 801c.**

§ 58d Verbot der Benachteiligung des Störfallbeauftragten, Kündigungsschutz. § 58 gilt für den Störfallbeauftragten entsprechend.

§ 58e Erleichterungen für auditierte Unternehmensstandorte.

(1) Die Bundesregierung wird ermächtigt, zur Förderung der privaten Eigenverantwortung für EMAS-Standorte durch Rechtsverordnung[1] mit Zustimmung des Bundesrates Erleichterungen zum Inhalt der Antragsunterlagen im Genehmigungsverfahren sowie überwachungsrechtliche Erleichterungen vorzusehen, soweit die entsprechenden Anforderungen der Verordnung (EG) Nr. 1221/2009 gleichwertig mit den Anforderungen sind, die zur Überwachung und zu den Antragsunterlagen nach diesem Gesetz oder nach den auf Grund dieses Gesetzes erlassenen Rechtsverordnungen vorgesehen sind oder soweit die Gleichwertigkeit durch die Rechtsverordnung nach dieser Vorschrift sichergestellt wird.

(2) Durch Rechtsverordnung nach Absatz 1 können weitere Voraussetzungen für die Inanspruchnahme und die Rücknahme von Erleichterungen oder die vollständige oder teilweise Aussetzung von Erleichterungen für Fälle festgelegt werden, in denen die Voraussetzungen für deren Gewährung nicht mehr vorliegen.

(3) [1]Durch Rechtsverordnung nach Absatz 1 können ordnungsrechtliche Erleichterungen gewährt werden, wenn der Umweltgutachter oder die Umweltgutachterorganisation die Einhaltung der Umweltvorschriften geprüft hat, keine Abweichungen festgestellt hat und dies in der Validierung bescheinigt. [2]Dabei können insbesondere Erleichterungen vorgesehen werden zu

1. Kalibrierungen, Ermittlungen, Prüfungen und Messungen,
2. Messberichten sowie sonstigen Berichten und Mitteilungen von Ermittlungsergebnissen,
3. Aufgaben des Immissionsschutz- und Störfallbeauftragten,
4. Mitteilungspflichten zur Betriebsorganisation und
5. der Häufigkeit der behördlichen Überwachung.

§ 59 Zuständigkeit bei Anlagen der Landesverteidigung. Die Bundesregierung wird ermächtigt, durch Rechtsverordnung[2] mit Zustimmung des Bundesrates zu bestimmen, dass der Vollzug dieses Gesetzes und der auf dieses Gesetz gestützten Rechtsverordnungen bei Anlagen, die der Landesverteidigung dienen, Bundesbehörden obliegt.

§ 60 Ausnahmen für Anlagen der Landesverteidigung. (1) [1]Das Bundesministerium der Verteidigung kann für Anlagen nach § 3 Absatz 5 Nummer 1 und 3, die der Landesverteidigung dienen, in Einzelfällen, auch für bestimmte Arten von Anlagen, Ausnahmen von diesem Gesetz und von den auf dieses Gesetz gestützten Rechtsverordnungen zulassen, soweit dies zwingende Gründe der Verteidigung oder die Erfüllung zwischenstaatlicher Verpflichtungen erfordern. [2]Dabei ist der Schutz vor schädlichen Umwelteinwirkungen zu berücksichtigen.

(2) [1]Die Bundeswehr darf bei Anlagen nach § 3 Absatz 5 Nummer 2, die ihrer Bauart nach ausschließlich zur Verwendung in ihrem Bereich bestimmt

---

[1] Siehe die Anmerkung zum Titel.
[2] Siehe die VO über Anlagen der Landesverteidigung – 14. BImSchV v. 9.4.1986 (BGBl. I S. 380).

sind, von den Vorschriften dieses Gesetzes und der auf dieses Gesetz gestützten Rechtsverordnungen abweichen, soweit dies zur Erfüllung ihrer besonderen Aufgaben zwingend erforderlich ist. 2 Die auf Grund völkerrechtlicher Verträge in der Bundesrepublik Deutschland stationierten Truppen dürfen bei Anlagen nach § 3 Absatz 5 Nummer 2, die zur Verwendung in deren Bereich bestimmt sind, von den Vorschriften dieses Gesetzes und der auf dieses Gesetz gestützten Rechtsverordnungen abweichen, soweit dies zur Erfüllung ihrer besonderen Aufgaben zwingend erforderlich ist.

§ 61[1)] Berichterstattung an die Europäische Kommission. (1) 1 Die Länder übermitteln dem Bundesministerium für Umwelt, Naturschutz und nukleare Sicherheit nach dessen Vorgaben Informationen über die Umsetzung der Richtlinie 2010/75/EU, insbesondere über repräsentative Daten über Emissionen und sonstige Arten von Umweltverschmutzung, über Emissionsgrenzwerte und darüber, inwieweit der Stand der Technik angewendet wird. 2 Die Länder stellen diese Informationen auf elektronischem Wege zur Verfügung. 3 Art und Form der von den Ländern zu übermittelnden Informationen sowie der Zeitpunkt ihrer Übermittlung richten sich nach den Anforderungen, die auf der Grundlage von Artikel 72 Absatz 2 der Richtlinie 2010/75/EU festgelegt werden. 4 § 5 Absatz 1 Satz 2 und Absatz 2 bis 6 des Gesetzes zur Ausführung des Protokolls über Schadstofffreisetzungs- und -verbringungsregister vom 21. Mai 2003 sowie zur Durchführung der Verordnung (EG) Nr. 166/2006 vom 6. Juni 2007 (BGBl. I S. 1002), das durch Artikel 1 des Gesetzes vom 9. Dezember 2020 (BGBl. I S. 2873) geändert worden ist, gilt entsprechend.

(2) 1 Die Länder übermitteln dem Bundesministerium für Umwelt, Naturschutz und nukleare Sicherheit nach dessen Vorgaben Informationen über die Umsetzung der Richtlinie 2012/18/EU sowie über die unter diese Richtlinie fallenden Betriebsbereiche. 2 Art und Form der von den Ländern zu übermittelnden Informationen sowie der Zeitpunkt ihrer Übermittlung richten sich nach den Anforderungen, die auf der Grundlage von Artikel 21 Absatz 5 der Richtlinie 2012/18/EU festgelegt werden. 3 Absatz 1 Satz 2 und 4 gilt entsprechend.

§ 62[2)] Ordnungswidrigkeiten. (1) Ordnungswidrig handelt, wer vorsätzlich oder fahrlässig

1. eine Anlage ohne die Genehmigung nach § 4 Absatz 1 errichtet,
2. einer auf Grund des § 7 erlassenen Rechtsverordnung oder auf Grund einer solchen Rechtsverordnung erlassenen vollziehbaren Anordnung zuwiderhandelt, soweit die Rechtsverordnung für einen bestimmten Tatbestand auf diese Bußgeldvorschrift verweist,

---

1) § 61 Satz 1 geänd. mWv 8.9.2015 durch VO v. 31.8.2015 (BGBl. I S. 1474); Abs. 1 Satz 1 geänd., Abs. 2 angef. mWv 7.12.2016 durch G v. 30.11.2016 (BGBl. I S. 2749); Abs. 1 Satz 1 und Abs. 2 Satz 1 geänd. mWv 27.6.2020 durch VO v. 19.6.2020 (BGBl. I S. 1328); Abs. 1 Satz 4 neu gef. mWv 15.12.2020 durch G v. 9.12.2020 (BGBl. I S. 2873).

2) § 62 Abs. 1 Nr. 10 geänd., Nr. 11 angef., Abs. 5 geänd. mWv 1.1.2015 durch G v. 20.11.2014 (BGBl. I S. 1740); Abs. 3 Satz 2 geänd. mWv 8.9.2015 durch VO v. 31.8.2015 (BGBl. I S. 1474); Abs. 1 Nr. 4a, Abs. 2 Nr. 1b eingef. mWv 7.12.2016 durch G v. 30.11.2016 (BGBl. I S. 2749); Abs. 3 Satz 2 geänd. mWv 27.6.2020 durch VO v. 19.6.2020 (BGBl. I S. 1328); Abs. 2 Nr. 3b eingef. mWv 1.10.2021 durch G v. 24.9.2021 (BGBl. I S. 4458).

3. eine vollziehbare Auflage nach § 8a Absatz 2 Satz 2 oder § 12 Absatz 1 nicht, nicht richtig, nicht vollständig oder nicht rechtzeitig erfüllt,
4. die Lage, die Beschaffenheit oder den Betrieb einer genehmigungsbedürftigen Anlage ohne die Genehmigung nach § 16 Absatz 1 wesentlich ändert,
4a. ohne Genehmigung nach § 16a Satz 1 oder § 23b Absatz 1 Satz 1 eine dort genannte Anlage störfallrelevant ändert oder störfallrelevant errichtet,
5. einer vollziehbaren Anordnung nach § 17 Absatz 1 Satz 1 oder 2, jeweils auch in Verbindung mit Absatz 5, § 24 Satz 1, § 26, § 28 Satz 1 oder § 29 nicht, nicht richtig, nicht vollständig oder nicht rechtzeitig nachkommt,
6. eine Anlage entgegen einer vollziehbaren Untersagung nach § 25 Absatz 1 betreibt,
7. einer auf Grund der §§ 23, 32, 33 Absatz 1 Nummer 1 oder 2, §§ 34, 35, 37, 38 Absatz 2, § 39 oder § 48a Absatz 1 Satz 1 oder 2, Absatz 1a oder 3 erlassenen Rechtsverordnung oder einer auf Grund einer solchen Rechtsverordnung ergangenen vollziehbaren Anordnung zuwiderhandelt, soweit die Rechtsverordnung für einen bestimmten Tatbestand auf diese Bußgeldvorschrift verweist,
7a. entgegen § 38 Absatz 1 Satz 2 Kraftfahrzeuge und ihre Anhänger, die nicht zum Verkehr auf öffentlichen Straßen zugelassen sind, Schienen-, Luft- und Wasserfahrzeuge sowie Schwimmkörper und schwimmende Anlagen nicht so betreibt, dass vermeidbare Emissionen verhindert und unvermeidbare Emissionen auf ein Mindestmaß beschränkt bleiben oder
8. entgegen einer Rechtsverordnung nach § 49 Absatz 1 Nummer 2 oder einer auf Grund einer solchen Rechtsverordnung ergangenen vollziehbaren Anordnung eine ortsfeste Anlage errichtet, soweit die Rechtsverordnung für einen bestimmten Tatbestand auf diese Bußgeldvorschrift verweist,
9. entgegen § 37c Absatz 1 Satz 1 bis 3 der zuständigen Stelle die dort genannten Angaben nicht, nicht richtig, nicht vollständig oder nicht rechtzeitig mitteilt oder nicht oder nicht rechtzeitig eine Kopie des Vertrages mit dem Dritten vorlegt,
10. entgegen § 37c Absatz 1 Satz 4, auch in Verbindung mit Satz 5, oder Satz 6 der zuständigen Stelle die dort genannten Angaben nicht richtig mitteilt,
11. entgegen § 37f Absatz 1 Satz 1, auch in Verbindung mit einer Rechtsverordnung nach § 37d Absatz 2 Satz 1 Nummer 14, der zuständigen Stelle einen Bericht nicht, nicht richtig, nicht vollständig oder nicht rechtzeitig vorlegt.

(2) Ordnungswidrig handelt ferner, wer vorsätzlich oder fahrlässig

1. entgegen § 15 Absatz 1 oder 3 eine Anzeige nicht, nicht richtig, nicht vollständig oder nicht rechtzeitig macht,
1a. entgegen § 15 Absatz 2 Satz 2 eine Änderung vornimmt,
1b. entgegen § 23a Absatz 1 Satz 1 eine Anzeige nicht, nicht richtig, nicht vollständig oder nicht rechtzeitig macht,
2. entgegen § 27 Absatz 1 Satz 1 in Verbindung mit einer Rechtsverordnung nach Absatz 4 Satz 1 eine Emissionserklärung nicht, nicht richtig, nicht vollständig oder nicht rechtzeitig abgibt oder nicht, nicht richtig, nicht vollständig oder nicht rechtzeitig ergänzt,

3. entgegen § 31 Absatz 1 Satz 1 eine dort genannte Zusammenfassung oder dort genannte Daten nicht, nicht richtig, nicht vollständig oder nicht rechtzeitig vorlegt,
3a. entgegen § 31 Absatz 5 Satz 1 eine Mitteilung nicht, nicht richtig, nicht vollständig oder nicht rechtzeitig macht,
3b. einer Rechtsverordnung nach § 37d Absatz 3 Nummer 3 oder einer vollziehbaren Anordnung auf Grund einer solchen Rechtsverordnung zuwiderhandelt, soweit die Rechtsverordnung für einen bestimmten Tatbestand auf diese Bußgeldvorschrift verweist,
4. entgegen § 52 Absatz 2 Satz 1, 3 oder 4, auch in Verbindung mit Absatz 3 Satz 1 oder Absatz 6 Satz 1 Auskünfte nicht, nicht richtig, nicht vollständig oder nicht rechtzeitig erteilt, eine Maßnahme nicht duldet, Unterlagen nicht vorlegt, beauftragte Personen nicht hinzuzieht oder einer dort sonst genannten Verpflichtung zuwiderhandelt,
5. entgegen § 52 Absatz 3 Satz 2 die Entnahme von Stichproben nicht gestattet,
6. eine Anzeige nach § 67 Absatz 2 Satz 1 nicht, nicht richtig, nicht vollständig oder nicht rechtzeitig erstattet oder
7. entgegen § 67 Absatz 2 Satz 2 Unterlagen nicht, nicht richtig, nicht vollständig oder nicht rechtzeitig vorlegt.

(3) [1] Ordnungswidrig handelt, wer vorsätzlich oder fahrlässig

1. einer unmittelbar geltenden Vorschrift in Rechtsakten der Europäischen Union zuwiderhandelt, die inhaltlich
   a) einem in Absatz 1 Nummer 1, 3, 4, 5, 6, 7a, 9 oder Nummer 10 oder
   b) einem in Absatz 2

   bezeichneten Gebot oder Verbot entspricht, soweit eine Rechtsverordnung nach Satz 2 für einen bestimmten Tatbestand auf diese Bußgeldvorschrift verweist, oder
2. einer unmittelbar geltenden Vorschrift in Rechtsakten der Europäischen Union zuwiderhandelt, die inhaltlich einer Regelung entspricht, zu der die in Absatz 1 Nummer 2, 7 oder Nummer 8 genannten Vorschriften ermächtigen, soweit eine Rechtsverordnung nach Satz 2 für einen bestimmten Tatbestand auf diese Bußgeldvorschrift verweist.

[2] Das Bundesministerium für Umwelt, Naturschutz und nukleare Sicherheit wird ermächtigt, soweit dies zur Durchsetzung der Rechtsakte der Europäischen Union erforderlich ist, durch Rechtsverordnung mit Zustimmung des Bundesrates die Tatbestände zu bezeichnen, die als Ordnungswidrigkeit geahndet werden können.

(4) Die Ordnungswidrigkeit kann in den Fällen der Absätze 1 und 3 Nummer 1 Buchstabe a und Nummer 2 mit einer Geldbuße bis zu fünfzigtausend Euro und in den übrigen Fällen mit einer Geldbuße bis zu zehntausend Euro geahndet werden.

(5) Verwaltungsbehörde im Sinne des § 36 Absatz 1 Nummer 1 des Gesetzes über Ordnungswidrigkeiten[1)] ist in den Fällen des Absatzes 1 Nummer 9 bis 11 die zuständige Stelle.

---

1) Nr. **72.2.**

§ 63[1] **Entfall der aufschiebenden Wirkung.** Widerspruch und Anfechtungsklage eines Dritten gegen die Zulassung einer Windenergieanlage an Land mit einer Gesamthöhe von mehr als 50 Metern haben keine aufschiebende Wirkung.

§§ 64 bis 65 (weggefallen)

Achter Teil. Schlussvorschriften

§ 66 Fortgeltung von Vorschriften. (1) (weggefallen)

(2) Bis zum Inkrafttreten von entsprechenden Rechtsverordnungen oder allgemeinen Verwaltungsvorschriften nach diesem Gesetz ist die Allgemeine Verwaltungsvorschrift zum Schutz gegen Baulärm – Geräuschimmissionen – vom 19. August 1970 (Beilage zum BAnz. Nr. 160 vom 1. September 1970) maßgebend.

§ 67[2] **Übergangsvorschrift.** (1) Eine Genehmigung, die vor dem Inkrafttreten dieses Gesetzes nach § 16 oder § 25 Absatz 1 der Gewerbeordnung[3] erteilt worden ist, gilt als Genehmigung nach diesem Gesetz fort.

(2) [1] Eine genehmigungsbedürftige Anlage, die bei Inkrafttreten der Verordnung nach § 4 Absatz 1 Satz 3 errichtet oder wesentlich geändert ist oder mit deren Errichtung oder wesentlichen Änderung begonnen worden ist, muss innerhalb eines Zeitraums von drei Monaten nach Inkrafttreten der Verordnung der zuständigen Behörde angezeigt werden, sofern die Anlage nicht nach § 16 Absatz 1 oder § 25 Absatz 1 der Gewerbeordnung genehmigungsbedürftig war oder nach § 16 Absatz 4 der Gewerbeordnung angezeigt worden ist. [2] Der zuständigen Behörde sind innerhalb eines Zeitraums von zwei Monaten nach Erstattung der Anzeige Unterlagen gemäß § 10 Absatz 1 über Art, Lage, Umfang und Betriebsweise der Anlage im Zeitpunkt des Inkrafttretens der Verordnung nach § 4 Absatz 1 Satz 3 vorzulegen.

(3) Die Anzeigepflicht nach Absatz 2 gilt nicht für ortsveränderliche Anlagen, die im vereinfachten Verfahren (§ 19) genehmigt werden können.

(4) Bereits begonnene Verfahren sind nach den Vorschriften dieses Gesetzes und der auf dieses Gesetz gestützten Rechts- und Verwaltungsvorschriften zu Ende zu führen.

(5) [1] Soweit durch das Gesetz zur Umsetzung der Richtlinie über Industrieemissionen vom 8. April 2013 (BGBl. I S. 734) neue Anforderungen festgelegt worden sind, sind diese Anforderungen von Anlagen nach der Industrieemissions-Richtlinie erst ab dem 7. Januar 2014 zu erfüllen, wenn vor dem 7. Januar 2013

1. die Anlage sich im Betrieb befand oder
2. eine Genehmigung für die Anlage erteilt wurde oder vom Vorhabenträger ein vollständiger Genehmigungsantrag gestellt wurde.

---

[1] § 63 neu gef. mWv 10.12.2020 durch G v. 3.12.2020 (BGBl. I S. 2694).

[2] § 67 Abs. 5 Satz 2 ber. gem. BGBl. 2013 I S. 3753; Abs. 11 angef. mWv 1.1.2015 durch G v. 20.11.2014 (BGBl. I S. 1740); Abs. 11 aufgeh. mWv 1.10.2021 durch G v. 24.9.2021 (BGBl. I S. 4458).

[3] Nr. **34.1**.

[2] Bestehende Anlagen nach Satz 1, die nicht von Anhang I der Richtlinie 2008/1/EG des Europäischen Parlaments und des Rates vom 15. Januar 2008 über die integrierte Vermeidung und Verminderung der Umweltverschmutzung (kodifizierte Fassung) (ABl. L 24 vom 29.1.2008, S. 8), die durch die Richtlinie 2009/31/EG (ABl. L 140 vom 5.6.2009, S. 114) geändert worden ist, erfasst wurden, haben abweichend von Satz 1 die dort genannten Anforderungen ab dem 7. Juli 2015 zu erfüllen.

(6) [1] Eine nach diesem Gesetz erteilte Genehmigung für eine Anlage zum Umgang mit

1. gentechnisch veränderten Mikroorganismen,
2. gentechnisch veränderten Zellkulturen, soweit sie nicht dazu bestimmt sind, zu Pflanzen regeneriert zu werden,
3. Bestandteilen oder Stoffwechselprodukten von Mikroorganismen nach Nummer 1 oder Zellkulturen nach Nummer 2, soweit sie biologisch aktive, rekombinante Nukleinsäure enthalten,

ausgenommen Anlagen, die ausschließlich Forschungszwecken dienen, gilt auch nach dem Inkrafttreten eines Gesetzes zur Regelung von Fragen der Gentechnik[1] fort. [2] Absatz 4 gilt entsprechend.

(7) [1] Eine Planfeststellung oder Genehmigung nach dem Abfallgesetz gilt als Genehmigung nach diesem Gesetz fort. [2] Eine Anlage, die nach dem Abfallgesetz angezeigt wurde, gilt als nach diesem Gesetz angezeigt. [3] Abfallentsorgungsanlagen, die weder nach dem Abfallgesetz planfestgestellt oder genehmigt noch angezeigt worden sind, sind unverzüglich bei der zuständigen Behörde anzuzeigen. [4] Absatz 2 Satz 2 gilt entsprechend.

(8) Für die für das Jahr 1996 abzugebenden Emissionserklärungen ist § 27 in der am 14. Oktober 1996 geltenden Fassung weiter anzuwenden.

(9) [1] Baugenehmigungen für Windkraftanlagen mit einer Gesamthöhe von mehr als 50 Metern, die bis zum 1. Juli 2005 erteilt worden sind, gelten als Genehmigungen nach diesem Gesetz. [2] Nach diesem Gesetz erteilte Genehmigungen für Windfarmen gelten als Genehmigungen für die einzelnen Windkraftanlagen. [3] Verfahren auf Erteilung einer Baugenehmigung für Windkraftanlagen, die vor dem 1. Juli 2005 rechtshängig geworden sind, werden nach den Vorschriften der Verordnung über genehmigungsbedürftige Anlagen und der Anlage 1 des Gesetzes über die Umweltverträglichkeitsprüfung[2] in der bisherigen Fassung abgeschlossen; für die in diesem Zusammenhang erteilten Baugenehmigungen gilt Satz 1 entsprechend. [4] Sofern ein Verfahren nach Satz 3 in eine Klage auf Erteilung einer Genehmigung nach diesem Gesetz geändert wird, gilt diese Änderung als sachdienlich.

(10) § 47 Absatz 5a gilt für die Verfahren zur Aufstellung oder Änderung von Luftreinhalteplänen nach § 47, die nach dem 25. Juni 2005 eingeleitet worden sind.

§ 67a Überleitungsregelung aus Anlass der Herstellung der Einheit Deutschlands. (1) [1] In dem in Artikel 3 des Einigungsvertrages genannten Gebiet muss eine genehmigungsbedürftige Anlage, die vor dem 1. Juli 1990 errichtet worden ist oder mit deren Errichtung vor diesem Zeitpunkt begon-

[1] Siehe die Anmerkung zum Titel.
[2] Nr. **32.4**.

32.2. Gesetz zur Förderung der Kreislaufwirtschaft und Sicherung der umweltverträglichen Bewirtschaftung von Abfällen (Kreislaufwirtschaftsgesetz – KrWG)[1) 2) 3)]

Vom 24. Februar 2012
(BGBl. I S. 212)

FNA 2129-56

geänd. durch Art. 3 G zur Umsetzung der RL über Industrieemissionen v. 8.4.2013 (BGBl. I S. 734, ber. S. 3753), § 44 Abs. 4 TiergesundheitsG v. 22.5.2013 (BGBl. I S. 1324), Art. 4 G zur Neuordnung des Rechts über das Inverkehrbringen, die Rücknahme und die umweltverträgliche Entsorgung von Elektro- und Elektronikgeräten v. 20.10.2015 (BGBl. I S. 1739), Art. 1a Erstes G zur Änd. des BatterieG und des KreislaufwirtschaftsG v. 20.11.2015 (BGBl. I S. 2071), Art. 4 G zur Umsetzung der RL über Tabakerzeugnisse und verwandte Erzeugnisse v. 4.4.2016 (BGBl. I S. 569), Art. 1 G zur Änd. des KreislaufwirtschaftsG und des Elektro- und ElektronikgeräteG v. 27.3.2017 (BGBl. I S. 567), Art. 15 G zur Neuordnung des Rechts zum Schutz vor der schädlichen Wirkung ionisierender Strahlung v. 27.6.2017 (BGBl. I S. 1966), Art. 2 Abs. 9 G zur Modernisierung des Rechts der Umweltverträglichkeitsprüfung v. 20.7.2017 (BGBl. I S. 2808), Art. 1 G zur Umsetzung der Abfallrahmenrichtlinie der Europäischen Union v. 23.10.2020 (BGBl. I S. 2232), Art. 2 Abs. 2 Erstes G zur Änd. des G zur Ausführung des Protokolls über Schadstofffreisetzungs- und -verbringungsregister vom 21. Mai 2003 sowie zur Durchführung der VO (EG) Nr. 166/2006 v. 9.12.2020 (BGBl. I S. 2873), Art. 2 G zur Umsetzung von Vorgaben der EinwegkunststoffRL und der AbfallrahmenRL im VerpackungsG und in anderen Gesetzen v. 9.6.2021 (BGBl. I S. 1699), Art. 15 G zur Anpassung des ProduktsicherheitsG und zur Neuordnung des Rechts der überwachungsbedürftigen Anlagen v. 27.7.2021 (BGBl. I S. 3146) und Art. 20 PersonengesellschaftsrechtsmodernisierungsG (MoPeG) v. 10.8.2021 (BGBl. I S. 3436)

Zum KrWG (bzw. vormals KrW-/AbfG) wurden ua folgende Vorschriften erlassen:
- AbfallbeauftragtenVO v. 2.12.2016 (BGBl. I S. 2770, 2789), geänd. durch G v. 5.7.2017 (BGBl. I S. 2234)
- AbfallverbringungsG – AbfVerbrG v. 19.7.2007 (BGBl. I S. 1462), zuletzt geänd. durch VO v. 19.6.2020 (BGBl. I S. 1328)
- Abfallverzeichnis-VO – AVV **(Sartorius ErgBd. Nr. 298a)**
- Altfahrzeug-VO – AltfahrzeugV **(Sartorius ErgBd. Nr. 298b)**
- AltholzVO – AltholzV v. 15.8.2002 (BGBl. I S. 3302), zuletzt geänd. durch VO v. 19.6.2020 (BGBl. I S. 1328)
- AltölVO – AltölV idF der Bek. v. 16.4.2002 (BGBl. I S. 1368), zuletzt geänd. durch VO v. 5.10.2020 (BGBl. I S. 2091)
- VO über Anlagen zur biologischen Behandlung von Abfällen **(Sartorius ErgBd. Nr. 296/30)**
- Anzeige- und ErlaubnisVO v. 5.12.2013 (BGBl. I S. 4043), zuletzt geänd. durch VO v. 3.7.2018 (BGBl. I S. 1084)

[1)] **Amtl. Anm. zum ArtikelG:**

Dieses Gesetz dient der Umsetzung der Richtlinie 2008/98/EG des Europäischen Parlaments und des Rates vom 19. November 2008 über Abfälle und zur Aufhebung bestimmter Richtlinien (ABl. L 312 vom 22.11.2008, S. 3, L 127 vom 26.5.2009, S. 24). Die Verpflichtung aus der Richtlinie 98/34/EG des Europäischen Parlaments und des Rates vom 22. Juni 2008 über ein Informationsverfahren auf dem Gebiet der technischen Vorschriften und der Vorschriften für die Dienste der Informationsgesellschaft (ABl. L 204 vom 21.7.1998, S. 37), die zuletzt durch die Richtlinie 2006/96/EG vom 20. November 2006 (ABl. L 363 vom 20.12.2006, S. 81) geändert worden ist, sind beachtet worden.

[2)] Verkündet als Art. 1 G zur Neuordnung des Kreislaufwirtschafts- und Abfallrechts v. 24.2.2012 (BGBl. I S. 212, ber. S. 1474); Inkrafttreten gem. Art. 6 Abs. 1 Satz 1 dieses G am 1.6.2012. § 4 Abs. 2, § 5 Abs. 2, § 8 Abs. 2, § 10, § 11 Abs. 2 und 3, § 12 Abs. 7, § 16, § 23 Abs. 4, § 24, § 25, § 26 Abs. 1, § 36 Abs. 4 Satz 4, § 38 Abs. 1 Satz 2, § 41 Abs. 2, § 43, § 48 Satz 2, § 52, § 53 Abs. 6, § 54 Abs. 7, § 55 Abs. 2, § 57, § 59 Abs. 1 Satz 2, § 60 Abs. 3, § 61, § 65, § 67 und § 68 treten gem. Art. 6 Abs. 2 dieses G am 1.3.2012 in Kraft.

[3)] Die Änderungen durch G v. 10.8.2021 (BGBl. I S. 3436) treten erst **mWv 1.1.2024** in Kraft und sind im Text noch nicht berücksichtigt.

– BatterieG – BattG v. 25.6.2009 (BGBl. I S. 1582), zuletzt geänd. durch G v. 3.11.2020 (BGBl. I S. 2280)
– BioabfallVO – BioAbfV idF der Bek. v. 4.4.2013 (BGBl. I S. 658), zuletzt geänd. durch VO v. 27.9.2017 (BGBl. I S. 3465)
– Chemikalien-KlimaschutzVO v. 2.7.2008 (BGBl. I S. 1139), zuletzt geänd. durch VO v. 19.6.2020 (BGBl. I S. 1328)
– Chemikalien-OzonschichtVO idF der Bek. v. 15.2.2012 (BGBl. I S. 409), zuletzt geänd. durch VO v. 19.6.2020 (BGBl. I S. 1328)
– DepV **(Sartorius ErgBd. Nr. 298h)**
– Elektro- und ElektronikgeräteG – ElektroG v. 20.10.2015 (BGBl. I S. 1739), zuletzt geänd. durch G v. 10.8.2021 (BGBl. I S. 3436)
– Elektro- und Elektronikgeräte-Stoff-VO v. 19.4.2013 (BGBl. I S. 1111), zuletzt geänd. durch G v. 10.8.2021 (BGBl. I S. 3436)
– EMAS-Privilegierungs-VO – EMASPrivilegV **(Sartorius ErgBd. Nr. 297)**
– EntsorgungsfachbetriebeVO – EfbV v. 2.12.2016 (BGBl. I S. 2770), zuletzt geänd. durch G v. 20.5.2021 (BGBl. I S. 1145)
– VO über die Entsorgung gebrauchter halogenierter Lösemittel – HKWAbfV v. 23.10.1989 (BGBl. I S. 1918), geänd. durch VO v. 20.10.2006 (BGBl. I S. 2298)
– GewinnungsabfallVO **(Sartorius ErgBd. Nr. 298g)**
– GewerbeabfallVO – GewAbfV **(Sartorius ErgBd. Nr. 298e)**
– KlärschlammVO – AbfKlärV v. 27.9.2017 (BGBl. I S. 3465), zuletzt geänd. durch VO v. 19.6.2020 (BGBl. I S. 1328)
– NachweisVO – NachwV v. 20.10.2006 (BGBl. I S. 2298), zuletzt geänd. durch G v. 23.10.2020 (BGBl. I S. 2232)
– PCB/PCT-AbfallVO – PCBAbfallV v. 26.6.2000 (BGBl. I S. 932), zuletzt geänd. durch G v. 24.2.2012 (BGBl. I S. 212)
– POP-Abfall-Überwachungs-Verordnung – POP-Abfall-ÜberwV v. 17.7.2017 (BGBl. I S. 2644), geänd. durch G v. 23.10.2020 (BGBl. I S. 2232)
– Tierische Nebenprodukte-BeseitigungsVO v. 27.7.2006 (BGBl. I S. 1735), zuletzt geänd. durch G v. 4.12.2018 (BGBl. I S. 2254)
– VersatzVO – VersatzV v. 24.7.2002 (BGBl. I S. 2833), zuletzt geänd. durch G v. 24.2.2012 (BGBl. I S. 212)

Zur Ausführung und Durchführung des KrWG haben die **Länder** ua folgende Vorschriften erlassen:

– **Hessen:** Hessisches KrWG-AusführungsG v. 6.3.2013 (GVBl. S. 80), zuletzt geänd. durch G v. 3.5.2018 (GVBl. S. 82)
– **Rheinland-Pfalz:** LandeskreislaufwirtschaftsG v. 22.11.2013 (GVBl. S. 459), zuletzt geänd. durch G v. 19.12.2018 (GVBl. S. 469)
– **Thüringen:** Thüringer KrWG-AusführungsG v. 23.11.2017 (GVBl. S. 246), geänd. durch G v. 18.12.2018 (GVBl. S. 731)

von Mensch und Umwelt bei der Erzeugung und Bewirtschaftung von Abfällen sicherzustellen.

(2) Mit diesem Gesetz soll außerdem das Erreichen der europarechtlichen Zielvorgaben der Richtlinie 2008/98/EG des Europäischen Parlaments und des Rates vom 19. November 2008 über Abfälle und zur Aufhebung bestimmter Richtlinien (ABl. L 312 vom 22.11.2008, S. 3; L 127 vom 26.5.2009, S. 24; L 297 vom 13.11.2015, S. 9; L 42 vom 18.2.2017, S. 43), die zuletzt durch die Richtlinie (EU) 2018/851 (ABl. L 150 vom 14.6.2018, S. 109) geändert worden ist, gefördert werden.

§ 2[1)] Geltungsbereich. (1) Die Vorschriften dieses Gesetzes gelten für
1. die Vermeidung von Abfällen sowie
2. die Verwertung von Abfällen,
3. die Beseitigung von Abfällen und
4. die sonstigen Maßnahmen der Abfallbewirtschaftung.

(2) Die Vorschriften dieses Gesetzes gelten nicht für
1. Stoffe, die zu entsorgen sind
   a) nach dem Lebensmittel- und Futtermittelgesetzbuch[2)] in der Fassung der Bekanntmachung vom 22. August 2011 (BGBl. I S. 1770) in der jeweils geltenden Fassung, soweit es für Lebensmittel, Lebensmittel-Zusatzstoffe, kosmetische Mittel, Bedarfsgegenstände und mit Lebensmitteln verwechselbare Produkte gilt,
   b) nach dem Tabakerzeugnisgesetz[3)] vom 4. April 2016 (BGBl. I S. 569) in der jeweils geltenden Fassung,
   c) nach dem Milch- und Margarinegesetz vom 25. Juli 1990 (BGBl. I S. 1471), das zuletzt durch Artikel 2 des Gesetzes vom 18. Januar 2019 (BGBl. I S. 33) geändert worden ist, in der jeweils geltenden Fassung,
   d) nach dem Tiergesundheitsgesetz[4)] vom 22. Mai 2013 (BGBl. I S. 1324),
   e) nach dem Pflanzenschutzgesetz[5)] in der Fassung der Bekanntmachung vom 14. Mai 1998 (BGBl. I S. 971, 1527, 3512), das zuletzt durch Artikel 278 der Verordnung vom 19. Juni 2020 (BGBl. I S. 1328) geändert worden ist, in der jeweils geltenden Fassung sowie
   f) nach den auf Grund der in den Buchstaben a bis e genannten Gesetze erlassenen Rechtsverordnungen,
2. tierische Nebenprodukte, soweit diese nach der Verordnung (EG) Nr. 1069/2009 des Europäischen Parlaments und des Rates vom 21. Oktober 2009 mit Hygienevorschriften für nicht für den menschlichen Verzehr bestimmte tierische Nebenprodukte und zur Aufhebung der Verordnung (EG) Nr. 1774/2002 (Verordnung über tierische Nebenprodukte) (ABl. L

[1)] § 2 Abs. 2 Nr. 1 Buchst. d neu gef. mWv 1.5.2014 durch G v. 22.5.2013 (BGBl. I S. 1324); Abs. 2 Nr. 1 Buchst. b neu gef. mWv 20.5.2016 durch G v. 4.4.2016 (BGBl. I S. 569); Abs. 2 Nr. 5 geänd., Nr. 6 aufgeh., Abs. 3 angef. mWv 1.10.2017 durch G v. 27.6.2017 (BGBl. I S. 1966); Abs. 2 Nr. 3 eingef., bish. Nr. 3–5 werden Nr. 4–6 mWv 29.10.2020 durch G v. 23.10.2020 (BGBl. I S. 2232); Abs. 2 Nr. 1 Buchst. c und e neu gef., Nr. 2 geänd., Nr. 7 neu gef. mWv 3.7.2021 durch G v. 9.6. 2021 (BGBl. I S. 1699).

[2)] Nr. **35.2**.

[3)] **Sartorius ErgBd. Nr. 861.**

[4)] **Sartorius Nr. 870.**

[5)] **Sartorius Nr. 863.**

300 vom 14.11.2009, S. 1) in der jeweils geltenden Fassung, nach den zu ihrer Durchführung ergangenen Rechtsakten der Europäischen Union, nach dem Tierische Nebenprodukte-Beseitigungsgesetz vom 25. Januar 2004 (BGBl. I S. 82), das zuletzt durch Artikel 279 der Verordnung vom 19. Juni 2020 (BGBl. I S. 1328) geändert worden ist, in der jeweils geltenden Fassung, oder nach den auf Grund des Tierische Nebenprodukte-Beseitigungsgesetzes erlassenen Rechtsverordnungen abzuholen, zu sammeln, zu befördern, zu lagern, zu behandeln, zu verarbeiten, zu verwenden, zu beseitigen oder in Verkehr zu bringen sind, mit Ausnahme derjenigen tierischen Nebenprodukte, die zur Verbrennung, Lagerung auf einer Deponie oder Verwendung in einer Biogas- oder Kompostieranlage bestimmt sind,

3. Stoffe, die

   a) bestimmt sind für die Verwendung als Einzelfuttermittel gemäß Artikel 3 Absatz 2 Buchstabe g der Verordnung (EG) Nr. 767/2009 des Europäischen Parlaments und des Rates vom 13. Juli 2009 über das Inverkehrbringen und die Verwendung von Futtermitteln, zur Änderung der Verordnung (EG) Nr. 1831/2003 des Europäischen Parlaments und des Rates und zur Aufhebung der Richtlinien 79/373/EWG des Rates, 80/511/EWG der Kommission, 82/471/EWG des Rates, 83/228/EWG des Rates, 93/74/EWG des Rates, 93/113/EG des Rates und 96/25/EG des Rates und der Entscheidung 2004/217/EG der Kommission (ABl. L 229 vom 1.9.2009, S. 1; L 192 vom 22.7.2011, S. 71), die zuletzt durch die Verordnung (EU) 2018/1903 (ABl. L 310 vom 6.12.2018, S. 22) geändert worden ist, und

   b) weder aus tierischen Nebenprodukten bestehen noch tierische Nebenprodukte enthalten,

4. Körper von Tieren, die nicht durch Schlachtung zu Tode gekommen sind, einschließlich von solchen Tieren, die zur Tilgung von Tierseuchen getötet wurden, soweit diese Tierkörper nach den in Nummer 2 genannten Rechtsvorschriften zu beseitigen oder zu verarbeiten sind,

5. Fäkalien, soweit sie nicht durch Nummer 2 erfasst werden, Stroh und andere natürliche nicht gefährliche land- oder forstwirtschaftliche Materialien, die in der Land- oder Forstwirtschaft oder zur Energieerzeugung aus einer solchen Biomasse durch Verfahren oder Methoden verwendet werden, die die Umwelt nicht schädigen oder die menschliche Gesundheit nicht gefährden,

6. Kernbrennstoffe und sonstige radioaktive Stoffe im Sinne des Atomgesetzes[1] oder des Strahlenschutzgesetzes,

7. Abfälle, die unmittelbar beim Aufsuchen, Gewinnen und Aufbereiten sowie bei der damit zusammenhängenden Lagerung von Bodenschätzen in Betrieben anfallen, die der Bergaufsicht unterstehen und die nach dem Bundesberggesetz vom 13. August 1980 (BGBl. I S. 1310), das zuletzt durch Artikel 237 der Verordnung vom 19. Juni 2020 (BGBl. I S. 1328) geändert worden ist, in der jeweils geltenden Fassung und den auf Grund des Bundesberggesetzes erlassenen Rechtsverordnungen unter Bergaufsicht entsorgt werden,

---

[1] **Sartorius Nr. 835.**

gern im Sinne des § 20 die Mitbenutzung der Abfallbeseitigungsanlage gegen angemessenes Entgelt zu gestatten, soweit diese auf eine andere Weise den Abfall nicht zweckmäßig oder nur mit erheblichen Mehrkosten beseitigen können und die Mitbenutzung für den Betreiber zumutbar ist. [2]Kommt eine Einigung über das Entgelt nicht zustande, wird es auf Antrag durch die zuständige Behörde festgesetzt. [3]Auf Antrag des nach Satz 1 Verpflichteten kann der durch die Gestattung Begünstigte statt zur Zahlung eines angemessenen Entgelts dazu verpflichtet werden, nach dem Wegfall der Gründe für die Zuweisung Abfälle gleicher Art und Menge zu übernehmen. [4]Die Verpflichtung zur Gestattung darf nur erfolgen, wenn Rechtsvorschriften dieses Gesetzes nicht entgegenstehen; die Erfüllung der Grundpflichten gemäß § 15 muss sichergestellt sein. [5]Die zuständige Behörde hat von demjenigen Beseitigungspflichtigen, der durch die Gestattung begünstigt werden soll, die Vorlage eines Abfallwirtschaftskonzepts zu verlangen und dieses ihrer Entscheidung zugrunde zu legen.

(2) [1]Die zuständige Behörde kann dem Betreiber einer Abfallbeseitigungsanlage, der Abfälle wirtschaftlicher als die öffentlich-rechtlichen Entsorgungsträger beseitigen kann, auf seinen Antrag die Beseitigung dieser Abfälle übertragen. [2]Die Übertragung kann insbesondere mit der Auflage verbunden werden, dass der Antragsteller alle Abfälle, die in dem von den öffentlich-rechtlichen Entsorgungsträgern erfassten Gebiet angefallen sind, gegen Erstattung der Kosten beseitigt, wenn die öffentlich-rechtlichen Entsorgungsträger die verbleibenden Abfälle nicht oder nur mit unverhältnismäßigem Aufwand beseitigen können; dies gilt nicht, wenn der Antragsteller darlegt, dass es unzumutbar ist, die Beseitigung auch dieser verbleibenden Abfälle zu übernehmen.

(3) [1]Die zuständige Behörde kann den Abbauberechtigten oder den Unternehmer eines Mineralgewinnungsbetriebs sowie den Eigentümer, Besitzer oder in sonstiger Weise Verfügungsberechtigten eines zur Mineralgewinnung genutzten Grundstücks verpflichten, die Beseitigung von Abfällen in freigelegten Bauen in seiner Anlage oder innerhalb seines Grundstücks zu dulden, während der üblichen Betriebs- oder Geschäftszeiten den Zugang zu ermöglichen und dabei, soweit dies unumgänglich ist, vorhandene Betriebsanlagen oder Einrichtungen oder Teile derselben zur Verfügung zu stellen. [2]Die dem Verpflichteten nach Satz 1 entstehenden Kosten hat der Beseitigungspflichtige zu erstatten. [3]Kommt eine Einigung über die Erstattung der Kosten nicht zustande, werden sie auf Antrag durch die zuständige Behörde festgesetzt. [4]Der Vorrang der Mineralgewinnung gegenüber der Abfallbeseitigung darf nicht beeinträchtigt werden. [5]Für die aus der Abfallbeseitigung entstehenden Schäden haftet der Duldungspflichtige nicht.

(4) [1]Das Einbringen von Abfällen in die Hohe See sowie die Verbrennung von Abfällen auf Hoher See ist nach Maßgabe des Hohe-See-Einbringungsgesetzes vom 25. August 1998 (BGBl. I S. 2455), das zuletzt durch Artikel 72 der Verordnung vom 31. Oktober 2006 (BGBl. I S. 2407) geändert worden ist, verboten. [2]Baggergut darf nach Maßgabe des in Satz 1 genannten Gesetzes unter Berücksichtigung der jeweiligen Inhaltsstoffe in die Hohe See eingebracht werden.

Abschnitt 2. Abfallwirtschaftspläne und Abfallvermeidungsprogramme

§ 30[1)] Abfallwirtschaftspläne. (1) [1] Die Länder stellen für ihr Gebiet Abfallwirtschaftspläne nach überörtlichen Gesichtspunkten auf. [2] Die Abfallwirtschaftspläne stellen Folgendes dar:

1. die Ziele der Abfallvermeidung, der Abfallverwertung, insbesondere der Vorbereitung zur Wiederverwendung und des Recyclings, sowie der Abfallbeseitigung,
2. die getroffenen Maßnahmen zur Abfallvermeidung und die bestehende Situation der Abfallbewirtschaftung,
3. die erforderlichen Maßnahmen zur Verbesserung der Abfallverwertung und Abfallbeseitigung einschließlich einer Bewertung ihrer Eignung zur Zielerreichung sowie
4. die Abfallentsorgungsanlagen, die zur Sicherung der Beseitigung von Abfällen sowie der Verwertung von gemischten Abfällen aus privaten Haushaltungen einschließlich solcher, die dabei auch in anderen Herkunftsbereichen gesammelt werden, im Inland erforderlich sind.

[3] Die Abfallwirtschaftspläne weisen Folgendes aus:

1. die zugelassenen Abfallentsorgungsanlagen im Sinne des Satzes 2 Nummer 4 sowie
2. die Flächen, die für Deponien, für sonstige Abfallbeseitigungsanlagen sowie für Abfallentsorgungsanlagen im Sinne des Satzes 2 Nummer 4 geeignet sind.

[4] Die Abfallwirtschaftspläne können ferner bestimmen, welcher Entsorgungsträger vorgesehen ist und welcher Abfallentsorgungsanlage im Sinne des Satzes 2 Nummer 4 sich die Entsorgungspflichtigen zu bedienen haben.

(2) [1] Bei der Darstellung des Bedarfs sind zukünftige, innerhalb eines Zeitraums von mindestens zehn Jahren zu erwartende Entwicklungen zu berücksichtigen. [2] Soweit dies zur Darstellung des Bedarfs erforderlich ist, sind Abfallwirtschaftskonzepte und Abfallbilanzen auszuwerten.

(3) [1] Eine Fläche kann als geeignet im Sinne des Absatzes 1 Satz 3 Nummer 2 angesehen werden, wenn ihre Lage, Größe und Beschaffenheit im Hinblick auf die vorgesehene Nutzung mit den abfallwirtschaftlichen Zielsetzungen im Plangebiet übereinstimmen und Belange des Wohls der Allgemeinheit der Eignung der Fläche nicht offensichtlich entgegenstehen. [2] Die Flächenausweisung nach Absatz 1 Satz 3 Nummer 2 ist keine Voraussetzung für die Planfeststellung oder Genehmigung der in § 35 aufgeführten Abfallbeseitigungsanlagen.

(4) Die Ausweisungen im Sinne des Absatzes 1 Satz 3 Nummer 2 und Satz 4 können für die Entsorgungspflichtigen für verbindlich erklärt werden.

[1)] § 30 Abs. 1 Satz 2 Nr. 2, Abs. 5 Satz 2 geänd., Abs. 6 Nr. 2 und 3 neu gef., Nr. 4 und 5 eingef., bish. Nr. 4 wird Nr. 6, bish. Nr. 5 wird Nr. 7 und geänd., Nr. 8 und 9 angef. mWv 29.10.2020 durch G v. 23.10.2020 (BGBl. I S. 2232); Abs. 6 Nr. 9 Buchst. b geänd., Nr. 10 angef. mWv 3.7.2021 durch G v. 9.6.2021 (BGBl. I S. 1699).

(5) [1]Bei der Abfallwirtschaftsplanung sind die Ziele der Raumordnung zu beachten und die Grundsätze und sonstigen Erfordernisse der Raumordnung zu berücksichtigen. [2]§ 7 Absatz 4 des Raumordnungsgesetzes[1)] bleibt unberührt.

(6) Die Abfallwirtschaftspläne enthalten mindestens

1. Angaben über Art, Menge und Herkunft der im Gebiet erzeugten Abfälle und der Abfälle, die voraussichtlich aus dem oder in das deutsche Hoheitsgebiet verbracht werden, sowie eine Abschätzung der zukünftigen Entwicklung der Abfallströme,
2. Angaben über
   a) bestehende Abfallsammelsysteme und bedeutende Beseitigungs- und Verwertungsanlagen, einschließlich spezieller Vorkehrungen für Altöl, für gefährliche Abfälle und für Abfälle, die erhebliche Mengen kritischer Rohstoffe enthalten, oder
   b) Abfallströme, für die besondere Bestimmungen nach diesem Gesetz oder auf Grund dieses Gesetzes erlassener Rechtsverordnungen gelten,
   c) Abfallströme, für die besondere Gesetze über das Inverkehrbringen und die Rücknahme bestimmter Abfallströme oder auf Grund dieser Gesetze erlassener Rechtsverordnungen gelten,
3. eine Beurteilung der Notwendigkeit der Stilllegung bestehender oder der Errichtung zusätzlicher Abfallentsorgungsanlagen nach Absatz 1 Satz 3 Nummer 1; die Länder stellen sicher, dass die Investitionen und andere Finanzmittel, auch für die zuständigen Behörden, bewertet werden, die für die im Einklang mit dem ersten Halbsatz ermittelten notwendigen Maßnahmen benötigt werden; die Bewertung wird in die entsprechenden Abfallwirtschaftspläne oder andere für das jeweilige Land geltende strategische Dokumente aufgenommen,
4. Informationen über die Maßnahmen zur Erreichung der Zielvorgaben entsprechend Artikel 5 Absatz 3a der Richtlinie 1999/31/EG des Rates vom 26. April 1999 über Abfalldeponien (ABl. L 182 vom 16.7.1999, S. 1), die zuletzt durch die Richtlinie (EU) 2018/850 (ABl. L 150 vom 14.6.2018, S. 100) geändert worden ist, oder die in anderen für das jeweilige Land geltenden strategischen Dokumenten festgelegt sind,
5. eine Beurteilung
   a) der bestehenden Abfallsammelsysteme, einschließlich der Abfälle, die getrennt gesammelt werden, der geografischen Gebiete, in denen die getrennte Sammlung erfolgt, und der Maßnahmen zur Verbesserung der getrennten Sammlung,
   b) der Darlegung der Voraussetzungen nach § 9 Absatz 3, sofern keine getrennte Sammlung erfolgt, und
   c) der Notwendigkeit neuer Sammelsysteme,
6. ausreichende Informationen über die Ansiedlungskriterien zur Standortbestimmung und über die Kapazität künftiger Beseitigungsanlagen oder bedeutender Verwertungsanlagen,

---

[1)] Nr. **41.1**.

7. allgemeine Abfallbewirtschaftungsstrategien, einschließlich geplanter Abfallbewirtschaftungstechnologien und -verfahren, oder Strategien für Abfälle, die besondere Bewirtschaftungsprobleme aufwerfen,
8. Maßnahmen zur Bekämpfung und Verhinderung jeglicher Form von Vermüllung sowie zur Reinigung der Umwelt von Abfällen jeder Art,
9. geeignete qualitative und quantitative Indikatoren und Zielvorgaben, auch in Bezug auf
   a) die Menge des anfallenden Abfalls und seine Behandlung und
   b) die Siedlungsabfälle, die energetisch verwertet oder beseitigt werden,
10. Maßnahmen, die zur Umsetzung der Artikel 4 bis 10 der Richtlinie (EU) 2019/904 getroffen wurden.

(7) Abfallwirtschaftspläne können weiterhin enthalten
1. Angaben über organisatorische Aspekte der Abfallbewirtschaftung, einschließlich einer Beschreibung der Aufteilung der Verantwortlichkeiten zwischen öffentlichen und privaten Akteuren, die die Abfallbewirtschaftung durchführen,
2. eine Bewertung von Nutzen und Eignung des Einsatzes wirtschaftlicher und anderer Instrumente zur Bewältigung verschiedener Abfallprobleme unter Berücksichtigung der Notwendigkeit, ein reibungsloses Funktionieren des Binnenmarkts aufrechtzuerhalten,
3. den Einsatz von Sensibilisierungskampagnen sowie Informationen für die Öffentlichkeit oder eine bestimmte Verbrauchergruppe,
4. Angaben über geschlossene kontaminierte Abfallbeseitigungsstandorte und Maßnahmen für deren Sanierung.

§ 31 Aufstellung von Abfallwirtschaftsplänen. (1) [1]Die Länder sollen ihre Abfallwirtschaftsplanungen aufeinander und untereinander abstimmen. [2]Ist eine die Grenze eines Landes überschreitende Planung erforderlich, sollen die betroffenen Länder bei der Aufstellung der Abfallwirtschaftspläne die Erfordernisse und Maßnahmen in gegenseitigem Benehmen miteinander festlegen.

(2) Bei der Aufstellung der Abfallwirtschaftspläne sind die Gemeinden und die Landkreise sowie ihre jeweiligen Zusammenschlüsse und die öffentlich-rechtlichen Entsorgungsträger zu beteiligen.

(3) Die öffentlich-rechtlichen Entsorgungsträger haben die von ihnen zu erstellenden und fortzuschreibenden Abfallwirtschaftskonzepte und Abfallbilanzen auf Verlangen der zuständigen Behörde zur Auswertung für die Abfallwirtschaftsplanung vorzulegen.

(4) [1]Die Länder regeln das Verfahren zur Aufstellung der Pläne und zu deren Verbindlicherklärung. [2]Die Absätze 1 bis 3 und § 32 bleiben unberührt.

(5) Die Pläne sind mindestens alle sechs Jahre auszuwerten und bei Bedarf fortzuschreiben.

§ 32 Beteiligung der Öffentlichkeit bei der Aufstellung von Abfallwirtschaftsplänen, Unterrichtung der Öffentlichkeit. (1) [1]Bei der Aufstellung oder Änderung von Abfallwirtschaftplänen nach § 30, einschließlich besonderer Kapitel oder gesonderter Teilpläne, insbesondere über die Entsorgung von gefährlichen Abfällen, Altbatterien und Akkumulatoren oder Verpackungen und Verpackungsabfällen, ist die Öffentlichkeit durch die zuständige

Behörde zu beteiligen. [2] Die Aufstellung oder Änderung eines Abfallwirtschaftsplans sowie Informationen über das Beteiligungsverfahren sind in einem amtlichen Veröffentlichungsblatt und auf andere geeignete Weise bekannt zu machen.

(2) [1] Der Entwurf des neuen oder geänderten Abfallwirtschaftsplans sowie die Gründe und Erwägungen, auf denen der Entwurf beruht, sind einen Monat zur Einsicht auszulegen. [2] Bis zwei Wochen nach Ablauf der Auslegungsfrist kann gegenüber der zuständigen Behörde schriftlich Stellung genommen werden. [3] Der Zeitpunkt des Fristablaufs ist bei der Bekanntmachung nach Absatz 1 Satz 2 mitzuteilen. [4] Fristgemäß eingegangene Stellungnahmen werden von der zuständigen Behörde bei der Entscheidung über die Annahme des Plans angemessen berücksichtigt.

(3) [1] Die Annahme des Plans ist von der zuständigen Behörde in einem amtlichen Veröffentlichungsblatt und auf einer öffentlich zugänglichen Webseite öffentlich bekannt zu machen; dabei ist in zusammengefasster Form über den Ablauf des Beteiligungsverfahrens und über die Gründe und Erwägungen, auf denen die getroffene Entscheidung beruht, zu unterrichten. [2] Der angenommene Plan ist zur Einsicht für die Öffentlichkeit auszulegen, hierauf ist in der öffentlichen Bekanntmachung nach Satz 1 hinzuweisen.

(4) Die Absätze 1 bis 3 finden keine Anwendung, wenn es sich bei dem Abfallwirtschaftsplan um einen Plan handelt, für den nach dem Gesetz über die Umweltverträglichkeitsprüfung[1)] eine Strategische Umweltprüfung durchzuführen ist.

(5) [1] Unbeschadet der Beteiligung der Öffentlichkeit nach den Absätzen 1 bis 4 unterrichten die Länder die Öffentlichkeit über den Stand der Abfallwirtschaftsplanung. [2] Die Unterrichtung enthält unter Beachtung der bestehenden Geheimhaltungsvorschriften eine zusammenfassende Darstellung und Bewertung der Abfallwirtschaftspläne, einen Vergleich zum vorangegangenen sowie eine Prognose für den folgenden Unterrichtungszeitraum.

§ 33[2)] Abfallvermeidungsprogramme. (1) [1] Der Bund erstellt ein Abfallvermeidungsprogramm. [2] Die Länder können sich an der Erstellung des Abfallvermeidungsprogramms beteiligen. [3] In diesem Fall leisten sie für ihren jeweiligen Zuständigkeitsbereich eigenverantwortliche Beiträge; diese Beiträge werden in das Abfallvermeidungsprogramm des Bundes aufgenommen.

(2) Soweit die Länder sich nicht an einem Abfallvermeidungsprogramm des Bundes beteiligen, erstellen sie eigene Abfallvermeidungsprogramme.

(3) Das Abfallvermeidungsprogramm

1. legt die Abfallvermeidungsziele fest; die Ziele sind darauf gerichtet, das Wirtschaftswachstum und die mit der Abfallerzeugung verbundenen Auswirkungen auf Mensch und Umwelt zu entkoppeln,
2. sieht mindestens die folgenden Abfallvermeidungsmaßnahmen vor:
   a) die Förderung und Unterstützung nachhaltiger Produktions- und Konsummodelle,

---

1) Nr. **32.4**.

2) § 33 Abs. 5 Satz 3 geänd. mWv 24.10.2015 durch G v. 20.10.2015 (BGBl. I S. 1739); Abs. 3 Nr. 2 neu gef., Abs. 4–7 eingef., bish. Abs. 4 wird Abs. 8, bish. Abs. 5 wird Abs. 9 und Satz 1 neu gef., Satz 3 geänd. mWv 29.10.2020 durch G v. 23.10.2020 (BGBl. I S. 2232); Abs. 3 Nr. 2 Buchst. l und m geänd., Buchst. n angef. mWv 3.7.2021 durch G v. 9.6.2021 (BGBl. I S. 1699).

b) die Förderung der Entwicklung, der Herstellung und der Verwendung von Produkten, die ressourceneffizient und auch in Bezug auf ihre Lebensdauer und den Ausschluss geplanter Obsoleszenz langlebig, reparierbar sowie wiederverwendbar oder aktualisierbar sind,

c) die gezielte Identifizierung von Produkten, die kritische Rohstoffe enthalten, um zu verhindern, dass diese Materialien zu Abfall werden,

d) die Unterstützung der Wiederverwendung von Produkten und der Schaffung von Systemen zur Förderung von Tätigkeiten zur Reparatur und Wiederverwendung, insbesondere von Elektro- und Elektronikgeräten, Textilien, Möbeln, Verpackungen sowie Baumaterialien und -produkten,

e) unbeschadet der Rechte des geistigen Eigentums die Förderung der Verfügbarkeit von Ersatzteilen, Bedienungsanleitungen, technischen Informationen oder anderen Mitteln und Geräten sowie Software, die es ermöglichen, Produkte ohne Beeinträchtigung ihrer Qualität und Sicherheit zu reparieren und wiederzuverwenden,

f) die Verringerung der Abfallerzeugung bei Prozessen im Zusammenhang mit der industriellen Produktion, bei der Gewinnung von Mineralien, bei der Herstellung, bei Bau- und Abbruchtätigkeiten, jeweils unter Berücksichtigung der besten verfügbaren Techniken,

g) die Verringerung der Verschwendung von Lebensmitteln in der Primärerzeugung, Verarbeitung und Herstellung, im Einzelhandel und bei anderen Formen des Vertriebs von Lebensmitteln, in Gaststätten und bei Verpflegungsdienstleistungen sowie in privaten Haushaltungen, um zu dem Ziel der Vereinten Nationen für nachhaltige Entwicklung beizutragen, bis 2030 die weltweit im Einzelhandel und bei den Verbrauchern pro Kopf anfallenden Lebensmittelabfälle zu halbieren und die Verluste von Lebensmitteln entlang der Produktions- und Lieferkette einschließlich Nachernteverlusten zu reduzieren,

h) die Förderung

aa) von Lebensmittelspenden und anderen Formen der Umverteilung von Lebensmitteln für den menschlichen Verzehr, damit der Verzehr durch den Menschen Vorrang gegenüber dem Einsatz als Tierfutter und der Verarbeitung zu sonstigen Erzeugnissen hat,

bb) von Sachspenden,

i) die Förderung der Senkung des Gehalts an gefährlichen Stoffen in Materialien und Produkten,

j) die Reduzierung der Entstehung von Abfällen, insbesondere von Abfällen, die sich nicht für die Vorbereitung zur Wiederverwendung oder für das Recycling eignen,

k) die Ermittlung von Produkten, die Hauptquellen der Vermüllung insbesondere der Natur und der Meeresumwelt sind, und die Durchführung geeigneter Maßnahmen zur Vermeidung und Reduzierung des durch diese Produkte verursachten Müllaufkommens,

l) die Vermeidung und deutliche Reduzierung von Meeresmüll als Beitrag zu dem Ziel der Vereinten Nationen für nachhaltige Entwicklung, jegliche Formen der Meeresverschmutzung zu vermeiden und deutlich zu reduzieren,

m) die Entwicklung und Unterstützung von Informationskampagnen, in deren Rahmen für Abfallvermeidung und Vermüllung sensibilisiert wird, sowie

n) Maßnahmen, die zur Umsetzung der Artikel 4 bis 10 der Richtlinie (EU) 2019/904 getroffen wurden,

3. legt, soweit erforderlich, weitere Abfallvermeidungsmaßnahmen fest und
4. gibt zweckmäßige, spezifische, qualitative oder quantitative Maßstäbe für festgelegte Abfallvermeidungsmaßnahmen vor, anhand derer die bei den Maßnahmen erzielten Fortschritte überwacht und bewertet werden; als Maßstab können Indikatoren oder andere geeignete spezifische qualitative oder quantitative Ziele herangezogen werden.

(4) Bei der Festlegung der Abfallvermeidungsmaßnahmen ist Folgendes zu berücksichtigen:

1. die Verhältnismäßigkeit der Maßnahmen entsprechend § 7 Absatz 4,
2. andere Rechtsvorschriften zur Verwendung von Erzeugnissen, zur Produktverantwortung sowie zum Schutz von Mensch und Umwelt und
3. Festlegungen des Unionsrechts über den freien Warenverkehr.

(5) Bei der Erstellung des Abfallvermeidungsprogramms

1. sind die bestehenden Abfallvermeidungsmaßnahmen und ihr Beitrag zur Abfallvermeidung zu beschreiben,
2. ist die Zweckmäßigkeit der in der Anlage 4 angegebenen oder anderer geeigneter Abfallvermeidungsmaßnahmen zu bewerten und
3. ist, soweit relevant, der Beitrag zu beschreiben, den die in der Anlage 5 aufgeführten Instrumente und Maßnahmen zur Abfallvermeidung leisten.

(6) Das Abfallvermeidungsprogramm nimmt auf spezielle Programme zur Vermeidung von Lebensmittelabfällen Bezug und gibt deren Abfallvermeidungsziele und -maßnahmen an.

(7) [1] Das Abfallvermeidungsprogramm kann sich auf andere umweltpolitische Programme oder stoffstromspezifische Programme beziehen. [2] Wird auf ein solches Programm Bezug genommen, sind dessen Abfallvermeidungsziele und -maßnahmen im Abfallvermeidungsprogramm deutlich auszuweisen.

(8) [1] Beiträge der Länder nach Absatz 1 oder Abfallvermeidungsprogramme der Länder nach Absatz 2 können in die Abfallwirtschaftspläne nach § 30 aufgenommen oder als eigenständiges umweltpolitisches Programm oder Teil eines solchen erstellt werden. [2] Wird ein Beitrag oder ein Abfallvermeidungsprogramm in den Abfallwirtschaftsplan oder in ein anderes Programm aufgenommen, sind die Abfallvermeidungsmaßnahmen deutlich auszuweisen.

(9) [1] Bestehende Abfallvermeidungsprogramme sind bis zum Ablauf des 12. Dezember 2025 an die Anforderungen nach Absatz 3 Nummer 2, den Absätzen 4 und 5 anzupassen, alle sechs Jahre auszuwerten und bei Bedarf fortzuschreiben. [2] Bei der Aufstellung oder Änderung von Abfallvermeidungsprogrammen ist die Öffentlichkeit von der zuständigen Behörde entsprechend § 32 Absatz 1 bis 4 zu beteiligen. [3] Zuständig für die Erstellung des Abfallvermeidungsprogramms des Bundes ist das Bundesministerium für Umwelt, Naturschutz und nukleare Sicherheit oder eine von diesem zu bestimmende Behörde. [4] Das Abfallvermeidungsprogramm des Bundes wird im Einvernehmen mit den fachlich betroffenen Bundesministerien erstellt.

Abschnitt 3. Zulassung von Anlagen, in denen Abfälle entsorgt werden

§ 34 Erkundung geeigneter Standorte. (1) [1]Eigentümer und Nutzungsberechtigte von Grundstücken haben zu dulden, dass Beauftragte der zuständigen Behörde und der öffentlich-rechtlichen Entsorgungsträger zur Erkundung geeigneter Standorte für Deponien und öffentlich zugängliche Abfallbeseitigungsanlagen Grundstücke mit Ausnahme von Wohnungen betreten und Vermessungen, Boden- und Grundwasseruntersuchungen sowie ähnliche Maßnahmen durchführen. [2]Die Absicht, Grundstücke zu betreten und solche Maßnahmen durchzuführen, ist den Eigentümern und Nutzungsberechtigten der Grundstücke rechtzeitig vorher bekannt zu geben.

(2) [1]Die zuständige Behörde und die öffentlich-rechtlichen Entsorgungsträger haben nach Abschluss der Maßnahmen den vorherigen Zustand unverzüglich wiederherzustellen. [2]Sie können anordnen, dass bei der Erkundung geschaffene Einrichtungen aufrechtzuerhalten sind. [3]Die Einrichtungen sind zu beseitigen, wenn sie für die Erkundung nicht mehr benötigt werden oder wenn eine Entscheidung darüber nicht innerhalb von zwei Jahren nach Schaffung der Einrichtung getroffen worden ist und der Eigentümer oder Nutzungsberechtigte dem weiteren Verbleib der Einrichtung gegenüber der Behörde widersprochen hat.

(Fortsetzung nächstes Blatt)

§ 44 Kosten der Ablagerung von Abfällen. (1) [1]Die vom Betreiber für die Ablagerung von Abfällen in Rechnung zu stellenden privatrechtlichen Entgelte müssen alle Kosten für die Errichtung und den Betrieb der Deponie, einschließlich der Kosten einer vom Betreiber zu leistenden Sicherheit im Sinne von § 232 des Bürgerlichen Gesetzbuchs[1)] oder eines zu erbringenden gleichwertigen Sicherungsmittels, sowie die geschätzten Kosten für die Stilllegung und die Nachsorge für mindestens 30 Jahre abdecken. [2]Soweit dies nach Satz 1 durch Freistellungen nach Artikel 4 § 3 des Umweltrahmengesetzes vom 29. Juni 1990 (GBl. I Nr. 42 S. 649), das durch Artikel 12 des Gesetzes vom 22. März 1991 (BGBl. I S. 766, 1928) geändert worden ist, gewährleistet ist, entfällt eine entsprechende Veranlagung der Kosten für die Stilllegung und die Nachsorge sowie der Kosten der Sicherheitsleistung bei der Berechnung der Entgelte.

(2) Der Betreiber hat die in Absatz 1 genannten Kosten zu erfassen und der zuständigen Behörde innerhalb einer von ihr zu setzenden Frist Übersichten über die Kosten und die erhobenen Entgelte zur Verfügung zu stellen.

(3) Die Gebühren der öffentlich-rechtlichen Entsorgungsträger richten sich nach Landesrecht.

(4) Die Absätze 1 bis 3 gelten entsprechend für die Abdeckung der Kosten von genehmigungsbedürftigen Anlagen zum Lagern von Abfällen im Sinne des Bundes-Immissionsschutzgesetzes[2)], soweit in diesen Anlagen Abfälle vor deren Beseitigung jeweils über einen Zeitraum von mehr als einem Jahr oder Abfälle vor deren Verwertung jeweils über einen Zeitraum von mehr als drei Jahren gelagert werden.

Teil 5. Absatzförderung und Abfallberatung

§ 45[3)] Pflichten der öffentlichen Hand. (1) Die Behörden des Bundes sowie die der Aufsicht des Bundes unterstehenden juristischen Personen des öffentlichen Rechts, Sondervermögen und sonstigen Stellen sind verpflichtet, durch ihr Verhalten zur Erfüllung des Zweckes des § 1 beizutragen.

(2) [1]Die Verpflichteten nach Absatz 1 haben, insbesondere unter Berücksichtigung der §§ 6 bis 8, bei der Gestaltung von Arbeitsabläufen, bei der Beschaffung oder Verwendung von Material und Gebrauchsgütern, bei Bauvorhaben und sonstigen Aufträgen, ohne damit Rechtsansprüche Dritter zu begründen, Erzeugnissen den Vorzug zu geben, die

1. in rohstoffschonenden, energiesparenden, wassersparenden, schadstoffarmen oder abfallarmen Produktionsverfahren hergestellt worden sind,
2. durch Vorbereitung zur Wiederverwendung oder durch Recycling von Abfällen, insbesondere unter Einsatz von Rezyklaten, oder aus nachwachsenden Rohstoffen hergestellt worden sind,
3. sich durch Langlebigkeit, Reparaturfreundlichkeit, Wiederverwendbarkeit und Recyclingfähigkeit auszeichnen oder

---

1) **Habersack (vormals Schönfelder) Nr. 20.**

2) Nr. **32.1**.

3) § 45 Abs. 1 Satz 2 aufgeh., Abs. 2 eingef., bish. Abs. 2 und 3 werden Abs. 3 und 4 und neu gef. mWv 29.10.2020 durch G v. 23.10.2020 (BGBl. I S. 2232).

4. im Vergleich zu anderen Erzeugnissen zu weniger oder schadstoffärmeren Abfällen führen oder sich besser zur umweltverträglichen Abfallbewirtschaftung eignen.

[2] Die Pflicht des Satzes 1 gilt, soweit die Erzeugnisse für den vorgesehenen Verwendungszweck geeignet sind, durch ihre Beschaffung oder Verwendung keine unzumutbaren Mehrkosten entstehen, ein ausreichender Wettbewerb gewährleistet wird und keine anderen Rechtsvorschriften entgegenstehen. [3] Soweit vergaberechtliche Bestimmungen anzuwenden sind, sind diese zu beachten. [4] § 7 der Bundeshaushaltsordnung[1)] bleibt unberührt. [5] Abweichend von der Pflicht des Satzes 1 ist bei der Beschaffung oder Verwendung von Material und Gebrauchsgütern und bei Bauvorhaben sowie sonstigen Aufträgen, die verteidigungs- oder sicherheitsspezifische Aufträge sind oder die Verteidigungs- und Sicherheitsaspekte umfassen sowie bei sonstigen Aufträgen, soweit diese für die Einsatzfähigkeit der Bundeswehr erforderlich sind, zu prüfen, ob und in welchem Umfang die in Satz 1 genannten Erzeugnisse eingesetzt werden können.

(3) Die Verpflichteten nach Absatz 1 wirken im Rahmen ihrer Möglichkeiten darauf hin, dass die Gesellschaften des privaten Rechts, an denen sie beteiligt sind, die Verpflichtungen nach den Absätzen 1 und 2 beachten.

(4) Die öffentliche Hand hat im Rahmen ihrer Pflichten nach den Absätzen 1 bis 3 Regelungen für die Verwendung von Erzeugnissen oder Materialien sowie zum Schutz von Mensch und Umwelt nach anderen Rechtsvorschriften zu berücksichtigen.

§ 46[2)] Abfallberatungspflicht. (1) [1] Die öffentlich-rechtlichen Entsorgungsträger im Sinne des § 20 sind im Rahmen der ihnen übertragenen Aufgaben in Selbstverwaltung zur Information und Beratung über Möglichkeiten der Vermeidung, Verwertung und Beseitigung von Abfällen verpflichtet. [2] Zur Beratung verpflichtet sind auch die Industrie- und Handelskammern, Handwerkskammern und Landwirtschaftskammern.

(2) [1] Für die Beratung über Möglichkeiten der Abfallvermeidung sind insbesondere die in § 33 Absatz 3 Nummer 2 genannten Vermeidungsmaßnahmen und die Festlegungen des geltenden Abfallvermeidungsprogramms des Bundes und des jeweiligen Landes zugrunde zu legen. [2] Bei der Beratung ist insbesondere hinzuweisen auf

1. die Einrichtungen des öffentlich-rechtlichen Entsorgungsträgers und, soweit möglich, auf die Einrichtungen sonstiger natürlicher oder juristischer Personen, durch die Erzeugnisse, die kein Abfall sind, erfasst und einer Wiederverwendung zugeführt werden, und
2. die Verfügbarkeit von Mehrwegprodukten, insbesondere als Alternative zu den Einwegkunststoffprodukten nach Artikel 3 Nummer 2 der Richtlinie (EU) 2019/904.

(3) [1] Im Rahmen der Beratung über die Abfallverwertung ist insbesondere auf die Pflicht zur getrennten Sammlung von Abfällen und die Rücknahmepflichten hinzuweisen. [2] Die Beratung umfasst auch

---

[1)] **Sartorius Nr. 700.**

[2)] § 46 Abs. 2 und 3 eingef., bish. Abs. 2 wird Abs. 4 mWv 29.10.2020 durch G v. 23.10.2020 (BGBl. I S. 2232); Abs. 2 Satz 2, Abs. 3 Satz 2 neu gef. mWv 3.7.2021 durch G v. 9.6.2021 (BGBl. I S. 1699).

1. die Beratung über die möglichst ressourcenschonende Bereitstellung von Sperrmüll,
2. die Information über die Auswirkungen einer Vermüllung oder einer sonstigen nicht ordnungsgemäßen Verwertung und Beseitigung von Abfällen auf die Umwelt, insbesondere die Meeresumwelt, und die Beratung über Maßnahmen zur Vermeidung dieser Vermüllung sowie
3. die Information über die Auswirkungen einer nicht ordnungsgemäßen Verwertung und Beseitigung von Abfällen auf Abwasseranlagen.

(4) Die zuständige Behörde hat den nach diesem Gesetz zur Beseitigung Verpflichteten Auskunft über geeignete Abfallbeseitigungsanlagen zu erteilen.

Teil 6. Überwachung

§ 47[1)] Allgemeine Überwachung. (1) [1]Die Vermeidung nach Maßgabe der auf Grund der §§ 24 und 25 erlassenen Rechtsverordnungen und die Abfallbewirtschaftung unterliegen der Überwachung durch die zuständige Behörde. [2]Für den Vollzug der nach den §§ 24 und 25 ergangenen Rechtsverordnungen sind die §§ 6, 7 Absatz 1 bis 3, § 8 Absatz 2 und die §§ 9 und 10 des Marktüberwachungsgesetzes vom 9. Juni 2021 (BGBl. I S. 1723) entsprechend anzuwenden. [3]Die nach Satz 2 verpflichteten Personen sind verpflichtet, das Betreten von Geschäfts- und Betriebsgrundstücken und -räumen außerhalb der üblichen Geschäftszeiten sowie das Betreten von Wohnräumen zu gestatten, wenn dies zur Verhütung dringender Gefahren für die öffentliche Sicherheit oder Ordnung erforderlich ist. [4]Das Grundrecht auf Unverletzlichkeit der Wohnung (Artikel 13 Absatz 1 des Grundgesetzes[2)]) wird insoweit eingeschränkt.

(2) [1]Die zuständige Behörde überprüft in regelmäßigen Abständen und in angemessenem Umfang Erzeuger von gefährlichen Abfällen, Anlagen und Unternehmen, die Abfälle entsorgen, sowie Sammler, Beförderer, Händler und Makler von Abfällen. [2]Die Überprüfung der Tätigkeiten der Sammler und Beförderer von Abfällen erstreckt sich auch auf den Ursprung, die Art, die Menge und den Bestimmungsort der gesammelten und beförderten Abfälle.

(3) [1]Auskunft über Betrieb, Anlagen, Einrichtungen und sonstige der Überwachung unterliegende Gegenstände haben den Bediensteten und Beauftragten der zuständigen Behörde auf Verlangen zu erteilen

1. Erzeuger und Besitzer von Abfällen,
2. zur Abfallentsorgung Verpflichtete,
3. Betreiber sowie frühere Betreiber von Unternehmen oder Anlagen, die Abfälle entsorgen oder entsorgt haben, auch wenn diese Anlagen stillgelegt sind, sowie
4. Sammler, Beförderer, Händler und Makler von Abfällen.

[1)] § 47 Abs. 7–9 angef. mWv 13.4.2013 durch G v. 8.4.2013 (BGBl. I S. 734); Abs. 8 Satz 1, Abs. 9 Satz 1 geänd. mWv 24.10.2015 durch G v. 20.10.2015 (BGBl. I S. 1739); Abs. 8 Satz 1 geänd. mWv 29.10.2020 durch G v. 23.10.2020 (BGBl. I S. 2232); Abs. 8 Satz 4, Abs. 9 Satz 2 neu gef. mWv 15.12.2020 durch G v. 9.12.2020 (BGBl. I S. 2873); Abs. 1 Satz 2 neu gef. mWv 16.7.2021 durch G v. 27.7.2021 (BGBl. I S. 3146).

[2)] Nr. **11.1**.

[2]Die nach Satz 1 zur Auskunft verpflichteten Personen haben den Bediensteten und Beauftragten der zuständigen Behörde zur Prüfung der Einhaltung ihrer Verpflichtungen nach den §§ 7 und 15 das Betreten der Grundstücke sowie der Geschäfts- und Betriebsräume zu den üblichen Geschäftszeiten, die Einsicht in Unterlagen und die Vornahme von technischen Ermittlungen und Prüfungen zu gestatten. [3]Die nach Satz 1 zur Auskunft verpflichteten Personen sind ferner verpflichtet, zu diesen Zwecken das Betreten von Geschäfts- und Betriebsgrundstücken und -räumen außerhalb der üblichen Geschäftszeiten sowie das Betreten von Wohnräumen zu gestatten, wenn dies zur Verhütung dringender Gefahren für die öffentliche Sicherheit oder Ordnung erforderlich ist. [4]Das Grundrecht auf Unverletzlichkeit der Wohnung (Artikel 13 Absatz 1 des Grundgesetzes) wird insoweit eingeschränkt.

(4) Betreiber von Verwertungs- und Abfallbeseitigungsanlagen oder von Anlagen, in denen Abfälle mitverwertet oder mitbeseitigt werden, haben diese Anlagen den Bediensteten oder Beauftragten der zuständigen Behörde zugänglich zu machen, die zur Überwachung erforderlichen Arbeitskräfte, Werkzeuge und Unterlagen zur Verfügung zu stellen und nach Anordnung der zuständigen Behörde Zustand und Betrieb der Anlage auf eigene Kosten prüfen zu lassen.

(5) Für die nach dieser Vorschrift zur Auskunft verpflichteten Personen gilt § 55 der Strafprozessordnung[1]) entsprechend.

(6) Die behördlichen Überwachungsbefugnisse nach den Absätzen 1 bis 5 erstrecken sich auch auf die Prüfung, ob bestimmte Stoffe oder Gegenstände gemäß den Voraussetzungen der §§ 4 und 5 nicht oder nicht mehr als Abfall anzusehen sind.

(7) [1]Für alle zulassungspflichtigen Deponien stellen die zuständigen Behörden in ihrem Zuständigkeitsbereich Überwachungspläne und Überwachungsprogramme zur Durchführung der Absätze 1 bis 4 auf. [2]Satz 1 gilt nicht für Deponien für Inertabfälle und Deponien, die eine Aufnahmekapazität von 10 Tonnen oder weniger je Tag und eine Gesamtkapazität von 25 000 Tonnen oder weniger haben. [3]Zur Überwachung nach Satz 1 gehören insbesondere auch die Überwachung der Errichtung, Vor-Ort-Besichtigungen, die Überwachung der Emissionen und die Überprüfung interner Berichte, Folgedokumente sowie Messungen und Kontrollen, die Überprüfung der Eigenkontrolle, die Prüfung der angewandten Techniken und der Eignung des Umweltmanagements der Deponie. [4]Die Bundesregierung wird ermächtigt, nach Anhörung der beteiligten Kreise (§ 68) durch Rechtsverordnung mit Zustimmung des Bundesrates die Einzelheiten zum Inhalt der Überwachungspläne und Überwachungsprogramme nach Satz 1 zu bestimmen.

(8) [1]Die Länder übermitteln dem Bundesministerium für Umwelt, Naturschutz und nukleare Sicherheit nach Anforderung Informationen über die Umsetzung der Richtlinie 2010/75/EU des Europäischen Parlaments und des Rates vom 24. November 2010 über Industrieemissionen (integrierte Vermeidung und Verminderung der Umweltverschmutzung) (Neufassung) (ABl. L 334 vom 17.12.2010, S. 17), insbesondere über repräsentative Daten über Emissionen und sonstige Arten von Umweltverschmutzung, über Emissionsgrenzwerte sowie über die Anwendung des Standes der Technik. [2]Die Länder stellen diese Informationen auf elektronischem Wege zur Verfügung. [3]Art und Form der von den Ländern zu übermittelnden Informationen sowie der Zeit-

---

[1]) **Habersack (vormals Schönfelder) Nr. 90.**

punkt ihrer Übermittlung richten sich nach den Anforderungen, die auf der Grundlage von Artikel 72 Absatz 2 der Richtlinie 2010/75/EU festgelegt werden. [4] § 5 Absatz 1 Satz 3 und Absatz 2 bis 6 des Gesetzes zur Ausführung des Protokolls über Schadstofffreisetzungs- und -verbringungsregister vom 21. Mai 2003 sowie zur Durchführung der Verordnung (EG) Nr. 166/2006 vom 6. Juni 2007 (BGBl. I S. 1002), das durch Artikel 1 des Gesetzes vom 9. Dezember 2020 (BGBl. I S. 2873) geändert worden ist, gilt entsprechend.

(9) [1] Die zuständige Behörde kann anordnen, dass der Betreiber einer Deponie ihr Daten zu übermitteln hat, die in einem Durchführungsrechtsakt nach Artikel 72 Absatz 2 der Richtlinie 2010/75/EU aufgeführt sind und die zur Erfüllung der Berichtspflicht nach Absatz 8 erforderlich sind, soweit der zuständigen Behörde solche Daten nicht bereits auf Grund anderer Vorschriften

(Fortsetzung nächstes Blatt)

oder Erstattung von Anzeigen nach diesem Gesetz oder nach einer auf Grund dieses Gesetzes erlassenen Rechtsverordnung regeln.

§ 66[1] Vollzug im Bereich der Bundeswehr. (1) Im Geschäftsbereich des Bundesministeriums der Verteidigung obliegt der Vollzug des Gesetzes und der auf Grund dieses Gesetzes erlassenen Rechtsverordnungen für Material, das zur Verwendung für militärische Zwecke bestimmt ist, sowie für die Verwertung und Beseitigung militäreigentümlicher Abfälle sowie von Abfällen, für die ein besonderes militärisches Sicherheitsinteresse besteht, dem Bundesministerium der Verteidigung und den von ihm bestimmten Stellen.

(2) Das Bundesministerium der Verteidigung wird ermächtigt, für Material, das zur Verwendung für militärische Zwecke bestimmt ist, sowie für die Verwertung oder die Beseitigung von Abfällen im Sinne des Absatzes 1 aus dem Bereich der Bundeswehr Ausnahmen von diesem Gesetz und den auf Grund dieses Gesetzes erlassenen Rechtsverordnungen zuzulassen, soweit zwingende Gründe der Verteidigung oder die Erfüllung zwischenstaatlicher Pflichten dies erfordern.

§ 67 Beteiligung des Bundestages beim Erlass von Rechtsverordnungen. [1] Rechtsverordnungen nach § 8 Absatz 2, § 10 Absatz 1 Nummer 1 und 4, den §§ 24, 25 und 65 sind dem Bundestag zuzuleiten. [2] Die Zuleitung erfolgt vor der Zuleitung an den Bundesrat. [3] Die Rechtsverordnungen können durch Beschluss des Bundestages geändert oder abgelehnt werden. [4] Der Beschluss des Bundestages wird der Bundesregierung zugeleitet. [5] Hat sich der Bundestag nach Ablauf von drei Sitzungswochen seit Eingang der Rechtsverordnung nicht mit ihr befasst, so wird die unveränderte Rechtsverordnung dem Bundesrat zugeleitet.

§ 68 Anhörung beteiligter Kreise. Soweit Ermächtigungen zum Erlass von Rechtsverordnungen und allgemeinen Verwaltungsvorschriften die Anhörung der beteiligten Kreise vorschreiben, ist ein jeweils auszuwählender Kreis von Vertretern der Wissenschaft, der Betroffenen, der beteiligten Wirtschaft, der für die Abfallwirtschaft zuständigen obersten Landesbehörden, der Gemeinden und Gemeindeverbände zu hören.

§ 69[2] Bußgeldvorschriften. (1) Ordnungswidrig handelt, wer vorsätzlich oder fahrlässig

1. entgegen § 9a Absatz 1 gefährliche Abfälle vermischt,

1a. entgegen § 9a Absatz 3 Abfälle nicht oder nicht rechtzeitig trennt oder nicht oder nicht rechtzeitig behandelt,

1b. entgegen § 12 Absatz 4 oder § 56 Absatz 4 Satz 2 ein dort genanntes Zeichen führt,

2. entgegen § 28 Absatz 1 Satz 1 Abfälle zur Beseitigung behandelt, lagert oder ablagert,

---

[1] § 66 Abs. 1 und 2 geänd. mWv 29.10.2020 durch G v. 23.10.2020 (BGBl. I S. 2232).

[2] § 69 Abs. 1 Nr. 8, Abs. 2 Nr. 7 geänd. mWv 2.5.2013 durch G v. 8.4.2013 (BGBl. I S. 734); Abs. 2 Nr. 1, 14 und 15 geänd. mWv 24.10.2015 durch G v. 20.10.2015 (BGBl. I S. 1739); Abs. 1 Nr. 1 und 1a eingef., bish. Nr. 1 wird Nr. 1b, Nr. 8, Abs. 2 Nr. 15 geänd. mWv 29.10.2020 durch G v. 23.10.2020 (BGBl. I S. 2232); Abs. 1 Nr. 4, Abs. 2 Nr. 4 geänd. mWv 3.7.2021 durch G v. 9.6. 2021 (BGBl. I S. 1699).

3. ohne Planfeststellungsbeschluss nach § 35 Absatz 2 Satz 1 oder ohne Plangenehmigung nach § 35 Absatz 3 Satz 1 eine Deponie errichtet oder wesentlich ändert,
4. einer vollziehbaren Auflage nach § 36 Absatz 4 Satz 1 oder Satz 3, § 39 Absatz 1 Satz 1 oder Absatz 2 Satz 1, § 53 Absatz 3 Satz 1 oder § 54 Absatz 2 zuwiderhandelt,
5. einer mit einer Zulassung nach § 37 Absatz 1 Satz 1 verbundenen vollziehbaren Auflage zuwiderhandelt,
6. einer vollziehbaren Untersagung nach § 53 Absatz 3 Satz 3 zuwiderhandelt,
7. ohne Erlaubnis nach § 54 Absatz 1 Satz 1 gefährliche Abfälle sammelt, befördert, mit ihnen Handel treibt oder diese makelt oder
8. einer Rechtsverordnung nach § 4 Absatz 2, § 5 Absatz 2, § 10 Absatz 1 oder 4 Nummer 2, § 11 Absatz 2 Satz 1 oder 2 oder Absatz 3 Satz 1 Nummer 1 bis 3 oder Satz 2 Nummer 2, § 12 Absatz 7, § 16 Satz 1 Nummer 1 oder Nummer 2, § 24, § 25 Absatz 1 Nummer 1 bis 3 oder 5 oder Absatz 2 Nummer 5 bis 7 oder 10, § 28 Absatz 3 Satz 2, § 43 Absatz 1 Satz 1 Nummer 2 bis 5, 7 oder Nummer 8 oder § 57 Satz 2 Nummer 1 bis 7 oder Nummer 8 oder einer vollziehbaren Anordnung auf Grund einer solchen Rechtsverordnung zuwiderhandelt, soweit die Rechtsverordnung für einen bestimmten Tatbestand auf diese Bußgeldvorschrift verweist.

(2) Ordnungswidrig handelt, wer vorsätzlich oder fahrlässig

1. entgegen § 18 Absatz 1, § 26 Absatz 2, § 40 Absatz 1 Satz 1 oder § 53 Absatz 1 Satz 1 eine Anzeige nicht, nicht richtig, nicht vollständig oder nicht rechtzeitig erstattet,
2. entgegen § 34 Absatz 1 Satz 1 das Betreten eines Grundstücks oder eine dort genannte Maßnahme nicht duldet,
3. entgegen § 41 Absatz 1 Satz 1 in Verbindung mit einer Rechtsverordnung nach § 41 Absatz 2 Satz 1 eine Emissionserklärung nicht, nicht richtig, nicht vollständig oder nicht rechtzeitig abgibt oder nicht, nicht richtig, nicht vollständig oder nicht rechtzeitig ergänzt,
4. entgegen § 47 Absatz 3 Satz 1 eine Auskunft nicht, nicht richtig, nicht vollständig oder nicht rechtzeitig erteilt,
5. entgegen § 47 Absatz 3 Satz 2 oder Satz 3 das Betreten eines Grundstücks oder eines Wohn-, Geschäfts- oder Betriebsraumes, die Einsicht in eine Unterlage oder die Vornahme einer technischen Ermittlung oder Prüfung nicht gestattet,
6. entgegen § 47 Absatz 4 eine dort genannte Anlage nicht zugänglich macht oder eine Arbeitskraft, ein Werkzeug oder eine Unterlage nicht zur Verfügung stellt,
7. einer vollziehbaren Anordnung nach § 47 Absatz 4 oder Absatz 9 Satz 1, § 51 Absatz 1 Satz 1 oder § 59 Absatz 2 zuwiderhandelt,
8. entgegen § 49 Absatz 1, auch in Verbindung mit § 49 Absatz 3 oder einer Rechtsverordnung nach § 10 Absatz 2 Nummer 1 Buchstabe b oder § 52 Absatz 1 Satz 1 oder Satz 2 Nummer 3 oder Nummer 5, ein Register nicht, nicht richtig oder nicht vollständig führt,
9. entgegen § 49 Absatz 2 in Verbindung mit einer Rechtsverordnung nach § 52 Absatz 1 Satz 1 eine Angabe nicht, nicht richtig, nicht vollständig oder nicht rechtzeitig verzeichnet,

10. entgegen § 49 Absatz 4, auch in Verbindung mit einer Rechtsverordnung nach § 10 Absatz 2 Nummer 1 Buchstabe b oder § 52 Absatz 1 Satz 1 oder Satz 2 Nummer 3, ein Register nicht, nicht richtig, nicht vollständig oder nicht rechtzeitig vorlegt oder eine Mitteilung nicht, nicht richtig, nicht vollständig oder nicht rechtzeitig macht,
11. entgegen § 49 Absatz 5, auch in Verbindung mit einer Rechtsverordnung nach § 52 Absatz 1 Satz 2 Nummer 6, eine Angabe oder einen Beleg nicht oder nicht für die vorgeschriebene Dauer aufbewahrt,
12. entgegen § 50 Absatz 1 in Verbindung mit einer Rechtsverordnung nach § 52 Absatz 1 Satz 1, jeweils auch in Verbindung mit einer Rechtsverordnung nach § 10 Absatz 2 Nummer 1 Buchstabe b oder § 52 Absatz 1 Satz 2 Nummer 3, einen Nachweis nicht, nicht richtig, nicht vollständig oder nicht rechtzeitig führt,
13. entgegen § 55 Absatz 1 Satz 1 ein Fahrzeug nicht, nicht richtig, nicht vollständig oder nicht rechtzeitig mit Warntafeln versieht,
14. entgegen § 59 Absatz 1 Satz 1 in Verbindung mit einer Rechtsverordnung nach § 59 Absatz 1 Satz 2 und 3 einen Abfallbeauftragten nicht oder nicht rechtzeitig bestellt oder
15. einer Rechtsverordnung nach § 10 Absatz 2 Nummer 1 Buchstabe a, Nummer 2 bis 7 oder Nummer 8, jeweils auch in Verbindung mit § 11 Absatz 3 Satz 1 Nummer 4, § 16 Satz 1 Nummer 3 oder § 43 Absatz 5, nach § 10 Absatz 4 Nummer 1, § 11 Absatz 3 Satz 2 Nummer 1, § 25 Absatz 1 Nummer 7 oder 8 oder Absatz 2 Nummer 3, 9 oder 11, § 43 Absatz 1 Satz 1 Nummer 6 oder Nummer 9, § 52 Absatz 1 Satz 1 und Absatz 2 Nummer 2 oder Nummer 3, § 53 Absatz 6 Nummer 1, 2, 4 oder Nummer 5, § 54 Absatz 7 Nummer 1, 2, 4 oder Nummer 5 oder § 57 Satz 2 Nummer 9 oder einer vollziehbaren Anordnung auf Grund einer solchen Rechtsverordnung zuwiderhandelt, soweit die Rechtsverordnung für einen bestimmten Tatbestand auf diese Vorschrift verweist.

(3) Die Ordnungswidrigkeit nach Absatz 1 kann mit einer Geldbuße bis zu hunderttausend Euro, die Ordnungswidrigkeit nach Absatz 2 mit einer Geldbuße bis zu zehntausend Euro geahndet werden.

(4) Verwaltungsbehörde im Sinne des § 36 Absatz 1 Nummer 1 des Gesetzes über Ordnungswidrigkeiten[1)] ist das Bundesamt für Güterverkehr, soweit es sich um Ordnungswidrigkeiten nach Absatz 1 Nummer 6 bis 8 oder nach Absatz 2 Nummer 1, 7, 8, 10 bis 13 und 15 handelt und die Zuwiderhandlung im Zusammenhang mit der Beförderung von Abfällen durch Fahrzeuge zur Güterbeförderung auf der Straße in einem Unternehmen begangen wird, das im Inland weder seinen Sitz noch eine geschäftliche Niederlassung hat, und soweit die betroffene Person im Inland keinen Wohnsitz hat.

§ 70 Einziehung. [1] Ist eine Ordnungswidrigkeit nach § 69 Absatz 1 Nummer 2 bis 7 oder Nummer 8 begangen worden, so können Gegenstände eingezogen werden,
1. auf die sich die Ordnungswidrigkeit bezieht oder
2. die zu ihrer Begehung oder Vorbereitung gebraucht worden oder bestimmt gewesen sind.

[1)] Nr. **72.2.**

[2] § 23 des Gesetzes über Ordnungswidrigkeiten[1)] ist anzuwenden.

§ 71 Ausschluss abweichenden Landesrechts. Von den in diesem Gesetz oder auf Grund dieses Gesetzes getroffenen Regelungen des Verwaltungsverfahrens kann durch Landesrecht nicht abgewichen werden.

§ 72[2)] Übergangsvorschrift. (1) [1] Pflichtenübertragungen nach § 16 Absatz 2, § 17 Absatz 3 oder § 18 Absatz 2 des Kreislaufwirtschafts- und Abfallgesetzes vom 27. September 1994 (BGBl. I S. 2705), das zuletzt durch Artikel 5 des Gesetzes vom 6. Oktober 2011 (BGBl. I S. 1986) geändert worden ist, gelten fort. [2] Die zuständige Behörde kann bestehende Pflichtenübertragungen nach Maßgabe des § 13 Absatz 2 und der §§ 16 bis 18 des Kreislaufwirtschafts- und Abfallgesetzes vom 27. September 1994 (BGBl. I S. 2705), das zuletzt durch Artikel 5 des Gesetzes vom 6. Oktober 2011 (BGBl. I S. 1986) geändert worden ist, verlängern.

(2) [1] Für Verfahren zur Aufstellung von Abfallwirtschaftsplänen, die bis zum Ablauf des 5. Juli 2020 eingeleitet worden sind, ist § 30 des Kreislaufwirtschaftsgesetzes vom 24. Februar 2012 (BGBl. I S. 212) in der bis zum 28. Oktober 2020 geltenden Fassung anzuwenden. [2] Für Verfahren zur Aufstellung von Abfallwirtschaftsplänen, die bis zum Ablauf des 3. Juli 2021 eingeleitet worden sind, ist § 30 des Kreislaufwirtschaftsgesetzes vom 24. Februar 2012 (BGBl. I S. 212) in der bis zum Ablauf des 3. Juli 2021 geltenden Fassung anzuwenden.

(3) Eine Transportgenehmigung nach § 49 Absatz 1 des Kreislaufwirtschafts- und Abfallgesetzes vom 27. September 1994 (BGBl. I S. 2705), das zuletzt durch Artikel 5 des Gesetzes vom 6. Oktober 2011 (BGBl. I S. 1986) geändert worden ist, auch in Verbindung mit § 1 der Transportgenehmigungsverordnung vom 10. September 1996 (BGBl. I S. 1411; 1997 I S. 2861), die zuletzt durch Artikel 5 des Gesetzes vom 19. Juli 2007 (BGBl. I S. 1462) geändert worden ist, gilt bis zum Ende ihrer Befristung als Erlaubnis nach § 54 Absatz 1 fort.

(4) Eine Genehmigung für Vermittlungsgeschäfte nach § 50 Absatz 1 des Kreislaufwirtschafts- und Abfallgesetzes vom 27. September 1994 (BGBl. I S. 2705), das zuletzt durch Artikel 5 des Gesetzes vom 6. Oktober 2011 (BGBl. I S. 1986) geändert worden ist, gilt bis zum Ende ihrer Befristung als Erlaubnis nach § 54 Absatz 1 fort.

[1)] Nr. **72.2**.

[2)] *§ 72 Abs. 2 neu gef., Abs. 3 und 4 aufgeh., bish. Abs. 5 und 6 werden Abs. 3 und 4 mWv 29.10. 2020 durch G v. 23.10.2020 (BGBl. I S. 2232); Abs. 2 Satz 2 angef. mWv 3.7.2021 durch G v. 9.6. 2021 (BGBl. I S. 1699).*

32.4. Gesetz über die Umweltverträglichkeitsprüfung (UVPG)[1) 2) 3)]

In der Fassung der Bekanntmachung vom 18. März 2021[4)]
(BGBl. I S. 540)

FNA 2129-20

geänd. durch Art. 14 AufbauhilfeG 2021 v. 10.9.2021 (BGBl. I S. 4147)

Zum UVPG wurden ua folgende Vorschriften erlassen:
- UmweltverträglichkeitsprüfungsVO Bergbau v. 13.7.1990 (BGBl. I S. 1420), zuletzt geänd. durch VO v. 8.11.2019 (BGBl. I S. 1581)
- RohrfernleitungsVO **(Sartorius Nr. 295a)**
- KWK-Kosten-Nutzen-Vergleich-VO – KNV-V v. 28.4.2015 (BGBl. I S. 670), zuletzt geänd. durch VO v. 6.7.2021 (BGBl. I S. 2514)
- Allg. VwV zur Ausführung des G über die Umweltverträglichkeitsprüfung – UVPVwV v. 18.9.1995 (GMBl S. 671)
- UVP-Portale-VO v. 11.11.2020 (BGBl. I S. 2428)

Inhaltsübersicht

[1)] **Amtl. Anm.:** Dieses Gesetz dient der Umsetzung der Richtlinie 2011/92/EU des Europäischen Parlaments und des Rates vom 13. Dezember 2011 über die Umweltverträglichkeitsprüfung bei bestimmten öffentlichen und privaten Projekten in der Fassung der Richtlinie 2014/52/EU (ABl. L 124 vom 25.4.2014, S. 1) und der Richtlinie 2001/42/EG des Europäischen Parlaments und des Rates vom 27. Juni 2001 über die Prüfung der Umweltauswirkungen bestimmter Pläne und Programme (ABl. L 197 vom 21.7.2001, S. 30).

[2)] Zu abweichendem Landesrecht siehe:
- **Niedersachsen:** Abweichungen im Nds. UVPG mWv 1.3.2010, vgl. Hinweis v. 26.7.2010 (BGBl. I S. 970); mWv 28.12.2019, vgl. Hinweis v. 29.1.2020 (BGBL. I S. 114);
- **Schleswig-Holstein:** Abweichungen im Landes-UVPG mWv 29.12.2010, vgl. Hinweis v. 11.2. 2011 (BGBl. I S. 244).

[3)] Zur Sicherstellung ordnungsgemäßer Planungs- und Genehmigungsverfahren während der COVID-19-Pandemie siehe das PlanungssicherstellungsG v. 20.5.2020 (BGBl. I S. 1041), zuletzt geänd. durch G v. 18.3.2021 (BGBl. I S. 353).

[4)] Neubekanntmachung des UVPG idF der Bek. v. 24.2.2010 (BGBl. I S. 94) in der ab 4.3.2021 geltenden Fassung.

2. die allgemeine Vorprüfung durchzuführen, wenn die kumulierenden Vorhaben zusammen die Prüfwerte für die allgemeine Vorprüfung erstmals oder erneut erreichen oder überschreiten, oder
3. die standortbezogene Vorprüfung durchzuführen, wenn die kumulierenden Vorhaben zusammen die Prüfwerte für die standortbezogene Vorprüfung erstmals oder erneut erreichen oder überschreiten.

[2] Für die Vorprüfung gilt § 7 entsprechend. [3] Für das frühere Vorhaben besteht keine UVP-Pflicht und keine Pflicht zur Durchführung einer Vorprüfung.

(3) [1] Wenn für das frühere Vorhaben zum Zeitpunkt der Antragstellung für das hinzutretende kumulierende Vorhaben noch keine Zulassungsentscheidung getroffen worden ist, so ist für den Fall, dass für das frühere Vorhaben allein keine UVP-Pflicht besteht und die Antragsunterlagen für dieses Zulassungsverfahren noch nicht vollständig eingereicht sind, für die kumulierenden Vorhaben jeweils

1. eine Umweltverträglichkeitsprüfung durchzuführen, wenn die kumulierenden Vorhaben zusammen die maßgeblichen Größen- oder Leistungswerte nach § 6 erreichen oder überschreiten,
2. eine allgemeine Vorprüfung durchzuführen, wenn die kumulierenden Vorhaben zusammen die Prüfwerte für eine allgemeine Vorprüfung erstmals oder erneut erreichen oder überschreiten, oder
3. eine standortbezogene Vorprüfung durchzuführen, wenn die kumulierenden Vorhaben zusammen die Prüfwerte für eine standortbezogene Vorprüfung erstmals oder erneut erreichen oder überschreiten.

[2] Für die Vorprüfung gilt § 7 entsprechend. [3] Bei einem Vorhaben, das einer Betriebsplanpflicht nach § 51 des Bundesberggesetzes unterliegt, besteht für das frühere Vorhaben keine Verpflichtung zur Durchführung einer Umweltverträglichkeitsprüfung oder einer Vorprüfung nach den Sätzen 1 und 2, wenn für das frühere Vorhaben zum Zeitpunkt der Antragstellung für das hinzutretende kumulierende Vorhaben ein zugelassener Betriebsplan besteht.

(4) [1] Erreichen oder überschreiten in den Fällen des Absatzes 2 oder Absatzes 3 die kumulierenden Vorhaben zwar zusammen die maßgeblichen Größen- oder Leistungswerte nach § 6, werden jedoch für das hinzutretende kumulierende Vorhaben weder der Prüfwert für die standortbezogene Vorprüfung noch der Prüfwert für die allgemeine Vorprüfung erreicht oder überschritten, so besteht für das hinzutretende kumulierende Vorhaben die UVP-Pflicht nur, wenn die allgemeine Vorprüfung ergibt, dass durch sein Hinzutreten zusätzliche erhebliche nachteilige oder andere erhebliche nachteilige Umweltauswirkungen hervorgerufen werden können. [2] Für die allgemeine Vorprüfung gilt § 7 Absatz 1 und 3 bis 7 entsprechend. [3] Im Fall des Absatzes 3 sind die Sätze 1 und 2 für das frühere Vorhaben entsprechend anzuwenden.

(5) Das frühere Vorhaben und das hinzutretende kumulierende Vorhaben sind in der Vorprüfung für das jeweils andere Vorhaben als Vorbelastung zu berücksichtigen.

(6) Der in den jeweiligen Anwendungsbereich der Richtlinien 85/337/EWG und 97/11/EG fallende, aber vor Ablauf der jeweiligen Umsetzungsfristen erreichte Bestand bleibt hinsichtlich des Erreichens oder Überschreitens der Größen- oder Leistungswerte und der Prüfwerte unberücksichtigt.

§ 13 Ausnahme von der UVP-Pflicht bei kumulierenden Vorhaben. Für die in Anlage 1 Nummer 18.5, 18.7 und 18.8 aufgeführten Industriezonen und Städtebauprojekte gelten die §§ 10 bis 12 nicht.

§ 14 Entwicklungs- und Erprobungsvorhaben. (1) [1] Sofern ein in Anlage 1 Spalte 1 mit einem „X" gekennzeichnetes Vorhaben ein Entwicklungs- und Erprobungsvorhaben ist und nicht länger als zwei Jahre durchgeführt wird, besteht für dieses Vorhaben eine UVP-Pflicht abweichend von § 6 nur, wenn sie durch die allgemeine Vorprüfung festgestellt wird. [2] Für die Vorprüfung gilt § 7 Absatz 1 und 3 bis 7 entsprechend. [3] Bei der allgemeinen Vorprüfung ist die Durchführungsdauer besonders zu berücksichtigen.

(2) Ein Entwicklungs- und Erprobungsvorhaben ist ein Vorhaben, das ausschließlich oder überwiegend der Entwicklung und Erprobung neuer Verfahren oder Erzeugnisse dient.

§ 14a[1)] Besondere Änderungen zur Modernisierung und Digitalisierung von Schienenwegen. (1) Keiner Umweltverträglichkeitsprüfung bedarf die Änderung eines Schienenwegs oder einer sonstigen Bahnbetriebsanlage nach den Nummern 14.7, 14.8 und 14.11 der Anlage 1, soweit sie lediglich aus den folgenden Einzelmaßnahmen besteht:

1. der Ausstattung einer bestehenden Bahnstrecke im Zuge des Wiederaufbaus nach einer Naturkatastrophe mit einer Oberleitung einschließlich dafür notwendiger räumlich begrenzter baulicher Anpassungen, insbesondere von Tunneln mit geringer Länge oder von Kreuzungsbauwerken,
2. den im Rahmen der Digitalisierung einer Bahnstrecke erforderlichen Baumaßnahmen, insbesondere der Ausstattung einer Bahnstrecke mit Signal- und Sicherungstechnik des Standards European Rail Traffic Management System (ERTMS),
3. dem barrierefreien Umbau oder der Erhöhung oder Verlängerung eines Bahnsteigs,
4. der technischen Sicherung eines Bahnübergangs,
5. der Erneuerung eines Eisenbahnübergangs,
6. der Erneuerung und Änderung eines Durchlasses sowie
7. der Herstellung von Überleitstellen für Gleiswechselbetriebe.

(2) Eine standortbezogene Vorprüfung entsprechend § 7 Absatz 2 wird zur Feststellung der UVP-Pflicht durchgeführt für

1. die Ausstattung einer bestehenden Bahnstrecke mit einer Oberleitung auf einer Länge von weniger als 15 Kilometern einschließlich dafür notwendiger räumlich begrenzter baulicher Anpassungen, insbesondere von Tunneln mit geringer Länge oder von Kreuzungsbauwerken,
2. die Errichtung einer Lärmschutzwand zur Lärmsanierung,
3. die Erweiterung einer Bahnbetriebsanlage mit einer Flächeninanspruchnahme von weniger als 5 000 Quadratmetern.

(3) Eine allgemeine Vorprüfung entsprechend § 7 Absatz 1 wird zur Feststellung der UVP-Pflicht durchgeführt für

---

[1)] § 14a Abs. 1 Nr. 1 eingef., bish. Nr. 1–6 werden Nr. 2–7 mWv 15.9.2021 durch G v. 10.9.2021 (BGBl. I S. 4147).

1. die Ausstattung einer bestehenden Bahnstrecke mit einer Oberleitung, soweit nicht durch Absatz 2 Nummer 1 erfasst,
2. die Erweiterung einer Bahnbetriebsanlage nach Nummer 14.8.3.1 der Anlage 1 mit einer Flächeninanspruchnahme von 5 000 Quadratmetern oder mehr,

(Fortsetzung nächstes Blatt)

34.1. Gewerbeordnung[1)]

In der Fassung der Bekanntmachung vom 22. Februar 1999[2)]

(BGBl. I S. 202)

FNA 7100-1

zuletzt geänd. durch Art. 9 G zur Vereinfachung und Anpassung statistischer Rechtsvorschriften v. 17.3.2008 (BGBl. I S. 399), Art. 11 Abs. 5 UnfallversicherungsmodernisierungsG v. 30.10.2008 (BGBl. I S. 2130), Art. 1 G zur Umsetzung der RL 2005/36/EG über die Anerkennung von Berufsqualifikationen in der GewerbeO v. 12.12.2008 (BGBl. I S. 2423), Art. 92 FGG-ReformG v. 17.12.2008 (BGBl. I S. 2586), Art. 9 Drittes MittelstandsentlastungsG v. 17.3.2009 (BGBl. I S. 550), Art. 7 ELENA-VerfahrensG v. 28.3.2009 (BGBl. I S. 634), Art. 3 Erstes G zur Änd. des G über die Festsetzung von Mindestarbeitsbedingungen v. 22.4.2009 (BGBl. I S. 818), Art. 1 G zur Umsetzung der DienstleistungsRL im Gewerberecht und in weiteren Rechtsvorschriften v. 17.7.2009 (BGBl. I S. 2091), Art. 4 Abs. 14 G zur Reform der Sachaufklärung in der Zwangsvollstreckung v. 29.7.2009 (BGBl. I S. 2258), Art. 1 G zur Änd. gewerberechtl. Vorschriften v. 11.7.2011 (BGBl. I S. 1341), Art. 8 G zur Änd. des BeherbergungsstatistikG und des HandelsstatistikG sowie zur Aufhebung von Vorschriften zum Verfahren des elektronischen Entgeltnachweises v. 23.11.2011 (BGBl. I S. 2298), Art. 7 G zur Umsetzung der RL 2010/78/EU im Hinblick auf die Errichtung des Europäischen Finanzaufsichtssystems v. 4.12.2011 (BGBl. I S. 2427), Art. 5 G zur Novellierung des Finanzanlagenvermittler- und Vermögensanlagenrechts v. 6.12.2011 (BGBl. I S. 2481), Art. 4 G zur Verbesserung der Feststellung und Anerkennung im Ausland erworbener Berufsqualifikationen v. 6.12.2011 (BGBl. I S. 2515), Art. 3 G zur Verbesserung des Austauschs von strafregisterrechtl. Daten zwischen den Mitgliedstaaten der Europäischen Union und zur Änd. registerrechtl. Vorschriften v. 15.12.2011 (BGBl. I S. 2714), Art. 1 G zur Änd. der Gewerbeordnung und anderer G v. 5.12.2012 (BGBl. I S. 2415), Art. 1 G zur Einführung eines Zulassungsverfahrens für Bewachungsunternehmen auf Seeschiffen v. 4.3.2013 (BGBl. I S. 362, geänd. durch Art. 2 G v. 24.4.2013, BGBl. I S. 930), Art. 3 G über konjunkturstatistische Erhebungen in bestimmten Dienstleistungsbereichen und zur Änd. von Vorschriften des Zulassungsverfahrens für Bewachungsunternehmen auf Seeschiffen v. 24.4.2013 (BGBl. I S. 930), Art. 5 Abs. 6 Achtes G zur Änd. des GWB v. 26.6.2013 (BGBl. I S. 1738), Art. 17 AIFM-UmsetzungsG v. 4.7.2013 (BGBl. I S. 1981), Art. 3 HonoraranlageberatungsG v. 15.7.2013 (BGBl. I S. 2390), Art. 9 G zur Neuregelung des gesetzlichen Messwesens v. 25.7.2013 (BGBl. I S. 2722), Art. 18 G zur Förderung der elektronischen Verwaltung sowie zur Änd. weiterer Vorschriften v. 25.7.2013 (BGBl. I S. 2749), Art. 2 Abs. 79, Art. 3 Abs. 11 und Art. 4 Abs. 61 G zur Strukturreform des Gebührenrechts des Bundes v. 7.8.2013 (BGBl. I S. 3154, geänd. durch G v. 18.7.2016, BGBl. I S. 1666), Art. 6 Fünftes G zur Änd. des StraßenverkehrsG und anderer Gesetze v. 28.8.2013 (BGBl. I S. 3313), Art. 2 G zur Änd. des BundeszentralregisterG und anderer registerrechtlicher Vorschriften v. 6.9.2013 (BGBl. I S. 3556), Art. 11 G zur Anpassung von Gesetzen auf dem Gebiet des Finanzmarktes v. 15.7.2014 (BGBl. I S. 934), Art. 11 TarifautonomiestärkungsG v. 11.8.2014 (BGBl. I S. 1348), Art. 2 G zur Änd. des StraßenverkehrsG, der GewerbeO und des BundeszentralregisterG v. 28.11.2014 (BGBl. I S. 1802), Art. 2 Abs. 33 G zur Modernisierung der Finanzaufsicht über Versicherungen v. 1.4.2015 (BGBl. I S. 434), Art. 10 Fünftes G zur Änd. des Vierten Buches Sozialgesetzbuch und anderer G v. 15.4.2015 (BGBl. I S. 583), Art. 11 KleinanlegerschutzG v. 3.7.2015 (BGBl. I S. 1114), Art. 275, Art. 625 und Art. 626 Abs. 3 Zehnte ZuständigkeitsanpassungsVO v. 31.8.2015 (BGBl. I S. 1474, geänd. durch G v. 18.7.2016, BGBl. I S. 1666), Art. 2 G zur Änd. des BerufsqualifikationsfeststellungsG und anderer Gesetze v. 22.12.2015 (BGBl. I S. 2572), Art. 2 Abs. 7 VergaberechtsmodernisierungsG v. 17.2.2016 (BGBl. I S. 203), Art. 10 G zur Umsetzung der WohnimmobilienkreditRL und zur Änd. handelsrechtlicher Vorschriften v. 11.3.2016 (BGBl. I S. 396), Art. 13 Erstes FinanzmarktnovellierungsG v. 30.6.2016 (BGBl. I S. 1514), Art. 2, Art. 3 Abs. 10, Art. 4 Abs. 58, Art. 5 Abs. 9 G zur Aktualisierung der Strukturreform des Gebührenrechts des Bundes v. 18.7.2016 (BGBl. I S. 1666), Art. 9 G zur Neuregelung des Kulturgutschutz-

---

[1)] Die Änderungen durch G v. 18.7.2017 (BGBl. I S. 2739, geänd. durch Art. 11 G v. 18.1.2021, BGBl. I S. 2) treten erst **mit noch unbestimmtem Datum** in Kraft, die Änderung durch G v. 3.6. 2021 (BGBl. I S. 1568) tritt erst **mWv 1.7.2022** in Kraft, die Änderung durch G v. 7.7.2021 (BGBl. I S. 2363) tritt erst **mWv 1.8.2022** in Kraft und die Änderung durch G v. 10.8.2021 (BGBl. I S. 3504) tritt erst **mWv 28.5.2022** in Kraft und sind im Text noch nicht berücksichtigt.

[2)] Neubekanntmachung der GewO idF der Bek. v. 1.1.1987 (BGBl. I S. 425) in der ab 1.1.1999 geltenden Fassung.

rechts v. 31.7.2016 (BGBl. I S. 1914), Art. 5 G zur Regulierung des Prostitutionsgewerbes v. 21.10. 2016 (BGBl. I S. 2372), Art. 1 G zur Änd. bewachungsrechtlicher Vorschriften v. 4.11.2016 (BGBl. I S. 2456, geänd. durch G v. 29.11.2018, BGBl. I S. 2666), Art. 16 6. SGB IV-ÄnderungsG v. 11.11. 2016 (BGBl. I S. 2500), Art. 97 G zum Abbau verzichtbarer Anordnungen der Schriftform im Verwaltungsrecht des Bundes v. 29.3.2017 (BGBl. I S. 626), Art. 2 Abs. 3 52. G zur Änd. des StGB – Stärkung des Schutzes von Vollstreckungsbeamten und Rettungskräften v. 23.5.2017 (BGBl. I S. 1226), Art. 20 Zweites FinanzmarktnovellierungsG v. 23.6.2017 (BGBl. I S. 1693), Art. 16 G zur Umsetzung der Vierten EU-GeldwäscheRL, zur Ausführung der EU-GeldtransferVO und zur Neuorganisation der Zentralstelle für Finanztransaktionsuntersuchungen v. 23.6.2017 (BGBl. I S. 1822), Art. 4 Drittes G zur Änd. reiserechtlicher Vorschriften v. 17.7.2017 (BGBl. I S. 2394), Art. 3 Siebtes G zur Änd. des BundeszentralregisterG v. 18.7.2017 (BGBl. I S. 2732, ber. S. 3431, geänd. durch Art. 53 G v. 20.11.2019, BGBl. I S. 1626), Art. 2 Abs. 3 G zur Einführung eines Wettbewerbsregisters und zur Änd. des G gegen Wettbewerbsbeschränkungen v. 18.7.2017 (BGBl. I S. 2739, geänd. durch G v. 18.1.2021, BGBl. I S. 2)), Art. 1 G zur Umsetzung der Richtlinie (EU) 2016/97 über Versicherungsvertrieb und zur Änd. weiterer Gesetze v. 20.7.2017 (BGBl. I S. 2789), Art. 1 G zur Einführung einer Berufszulassungsregelung für gewerbliche Immobilienmakler und Wohnimmobilienverwalter v. 17.10.2017 (BGBl. I S. 3562), Art. 2 G zur Änd. des AkkreditierungsstellenG und der GewerbeO v. 11.12.2018 (BGBl. I S. 2354), Art. 1, 2 Zweites G zur Änd. bewachungsrechtlicher Vorschriften v. 29.11.2018 (BGBl. I S. 2666), Art. 5 Abs. 11 G zur Einführung einer Karte für Unionsbürger und Angehörige des Europäischen Wirtschaftsraums mit Funktion zum elektronischen Identitätsnachweis sowie zur Änd. des PersonalausweisG und weiterer Vorschriften[1] v. 21.6.2019 (BGBl. I S. 846), Art. 81 Zweites Datenschutz-Anpassungs- und UmsetzungsG EU v. 20.11.2019 (BGBl. I S. 1626), Art. 15 Drittes BürokratieentlastungsG v. 22.11.2019 (BGBl. I S. 1746), Art. 19 Siebtes G zur Änd. des Vierten Buches SGB und anderer Gesetze v. 12.6.2020 (BGBl. I S. 1248), Art. 222, 360 Abs. 3 Elfte ZuständigkeitsanpassungsVO v. 19.6.2020 (BGBl. I S. 1328), Art. 5 G zur Umsetzung der VerhältnismäßigkeitsRL (RL (EU) 2018/958) im Bereich öffentlich-rechtlicher Körperschaften v. 19.6.2020 (BGBl. I S. 1403), Art. 20 Sanierungs- und InsolvenzrechtsfortentwicklungsG v. 22.12.2020 (BGBl. I S. 3256), Art. 9 G zur Verbesserung des Verbraucherschutzes im Inkassorecht und zur Änd. weiterer Vorschriften v. 22.12.2020 (BGBl. I S. 3320), Art. 13 G zur weiteren Verkürzung des Restschuldbefreiungsverfahrens und zur Anpassung pandemiebedingter Vorschriften im Gesellschafts-, Genossenschafts-, Vereins- und Stiftungsrecht sowie im Miet- und Pachtrecht v. 22.12.2020 (BGBl. I S. 3328), Art. 9b ArbeitsschutzkontrollG v. 22.12.2020 (BGBl. I S. 3334), Art. 3 GWB-DigitalisierungsG v. 18.1.2021 (BGBl. I S. 2), Art. 5 Abs. 4 G zur Verbesserung der strafrechtlichen Bekämpfung der Geldwäsche v. 9.3.2021 (BGBl. I S. 327), Art. 7 Abs. 25 G zur Umsetzung der RL (EU) 2019/2034 über die Beaufsichtigung von Wertpapierinstituten v. 12.5.2021 (BGBl. I S. 990), Art. 26 Abs. 4 FinanzmarktintegritätsstärkungsG v. 3.6.2021 (BGBl. I S. 1534), Art. 22 G zur begleitenden Ausführung der VO (EU) 2020/1503 und der Umsetzung der RL EU 2020/1504 v. 3.6.2021 (BGBl. I S. 1568), Art. 4 G über die Insolvenzsicherung durch Reisesicherungsfonds und zur Änd. reiserechtlicher Vorschriften v. 25.6.2021 (BGBl. I S. 2114), Art. 34 G zur Neuregelung des Berufsrechts der anwaltlichen und steuerberatenden Berufsausübungsgesellschaften sowie zur Änd. weiterer Vorschriften im Bereich der rechtsberatenden Berufe v. 7.7.2021 (BGBl. I S. 2363), Art. 10 Abs. 6 Viertes G zur Änd. des Lebensmittel- und Futtermittelgesetzbuches sowie anderer Vorschriften v. 27.7.2021 (BGBl. I S. 3274), Art. 3 G zur Durchführung der VO (EU) 2019/816 sowie zur Änd. weiterer Vorschriften v. 10.8.2021 (BGBl. I S. 3420) und Art. 2 G zur Stärkung des Verbraucherschutzes im Wettbewerbs- und Gewerberecht v. 10.8.2021 (BGBl. I S. 3504)

Inhaltsübersicht[2)]

Titel I. Allgemeine Bestimmungen

[1)] Die Änd. des Inkrafttretens dieses G durch Art. 154a G v. 20.11.2019 (BGBl. I S. 1626) ist unbeachtlich, da das G bei Erlass des ÄndG bereits in Kraft getreten war.

[2)] Inhaltsübersicht geänd. mWv 1.1.2003 durch G v. 24.8.2002 (BGBl. I S. 3412); mWv 1.7.2005 durch G v. 21.6.2005 (BGBl. I S. 1666); mWv 22.5.2007 durch G v. 19.12.2006 (BGBl. I S. 3232); mWv 1.11.2007 durch G v. 16.7.2007 (BGBl. I S. 1330); mWv 14.9.2007 durch G v. 7.9.2007 (BGBl. I S. 2246); mWv 18.12.2008 durch G v. 12.12.2008 (BGBl. I S. 2423); mWv 25.3.2009 durch G v. 17.3.2009 (BGBl. I S. 550); mWv 25.7.2009 durch G v. 17.7.2009 (BGBl. I S. 2091); mWv 28.12.2009 durch G v. 17.7.2009 (BGBl. I S. 2091); mWv 15.7.2011 durch G v. 11.7.2011 (BGBl. I S. 1341); mWv 1.1.2013 durch G v. 6.12.2011 (BGBl. I S. 2481); mWv 1.4.2012 durch G v. 6.12. 2011 (BGBl. I S. 2515); mWv 27.4.2012 durch G v. 15.12.2011 (BGBl. I S. 2714); mWv 1.12.2013 →

(Fortsetzung der Anm. von voriger Seite)
durch G v. 4.3.2013 (BGBl. I S. 362, geänd. durch G v. 24.4.2013, BGBl. I S. 930); mWv 1.8.2014 durch G v. 15.7.2013 (BGBl. I S. 2390); mWv 1.9.2014 durch G v. 6.9.2013 (BGBl. I S. 3556); mWv 18.1.2016 durch G v. 22.12.2015 (BGBl. I S. 2572); mWv 21.3.2016 durch G v. 11.3.2016 (BGBl. I S. 396); mWv 1.12.2016 durch G v. 4.11.2016 (BGBl. I S. 2456); mWv 1.7.2018 durch G v. 17.7. 2017 (BGBl. I S. 2394); mWv 29.7.2017 durch G v. 18.7.2017 (BGBl. I S. 2732); mWv 23.2.2018 durch G v. 20.7.2017 (BGBl. I S. 2789); mWv 1.8.2018 durch G v. 17.10.2017 (BGBl. I S. 3562); mWv 15.12.2018 durch G v. 11.12.2018 (BGBl. I S. 2354); mWv 1.1.2019 durch G v. 29.11.2018 (BGBl. I S. 2666); mWv 26.11.2019 durch G v. 20.11.2019 (BGBl. I S. 1626); mWv 1.1.2021 durch G v. 22.12.2020 (BGBl. I S. 3256); mWv 1.7.2021 durch G v. 25.6.2021 (BGBl. I S. 2114); mWv 18.8.2021 durch G v. 10.8.2021 (BGBl. I S. 3420); sie wurde nichtamtlich an die Änderungen durch G v. 23.4.2002 (BGBl. I S. 1406) und G v. 23.12.2003 (BGBl. I S. 2848) angepasst.

[1)] Wortlaut weicht amtlich von der gleichzeitigen Änderung der Überschrift des § 6b ab.

Titel I. Allgemeine Bestimmungen

§ 1 Grundsatz der Gewerbefreiheit (1) Der Betrieb eines Gewerbes ist jedermann gestattet, soweit nicht durch dieses Gesetz Ausnahmen oder Beschränkungen vorgeschrieben oder zugelassen sind.

(2) Wer gegenwärtig zum Betrieb eines Gewerbes berechtigt ist, kann von demselben nicht deshalb ausgeschlossen werden, weil er den Erfordernissen dieses Gesetzes nicht genügt.

§ 2 (weggefallen)

§ 33d[1] **Andere Spiele mit Gewinnmöglichkeit.** (1) [1]Wer gewerbsmäßig ein anderes Spiel mit Gewinnmöglichkeit veranstalten will, bedarf der Erlaubnis der zuständigen Behörde. [2]Die Erlaubnis kann mit einer Befristung erteilt und mit Auflagen verbunden werden, soweit dies zum Schutze der Allgemeinheit, der Gäste oder der Bewohner des Betriebsgrundstücks oder der Nachbargrundstücke oder im Interesse des Jugendschutzes erforderlich ist; unter denselben Voraussetzungen ist auch die nachträgliche Aufnahme, Änderung und Ergänzung von Auflagen zulässig.

(2) Die Erlaubnis darf nur erteilt werden, wenn der Antragsteller im Besitz einer von dem Bundeskriminalamt erteilten Unbedenklichkeitsbescheinigung oder eines Abdruckes der Unbedenklichkeitsbescheinigung ist.

(3) [1]Die Erlaubnis ist zu versagen, wenn Tatsachen die Annahme rechtfertigen, daß der Antragsteller oder der Gewerbetreibende, in dessen Betrieb das Spiel veranstaltet werden soll, die für die Veranstaltung von anderen Spielen erforderliche Zuverlässigkeit nicht besitzt. [2]§ 33c Absatz 2 Nummer 1 zweiter Halbsatz gilt entsprechend.

(4) [1]Die Erlaubnis ist zurückzunehmen, wenn bei ihrer Erteilung nicht bekannt war, daß Tatsachen der in Absatz 3 bezeichneten Art vorlagen. [2]Die Erlaubnis ist zu widerrufen, wenn

1. nach ihrer Erteilung Tatsachen der in Absatz 3 bezeichneten Art eingetreten sind,
2. das Spiel abweichend von den genehmigten Bedingungen veranstaltet wird oder
3. die Unbedenklichkeitsbescheinigung zurückgenommen oder widerrufen worden ist.

(5) Die Erlaubnis kann widerrufen werden, wenn bei der Veranstaltung des Spieles eine der in der Erlaubnis enthaltenen Auflagen nicht beachtet oder gegen § 6 des Jugendschutzgesetzes[2] verstoßen worden ist.

§ 33e[3] **Bauartzulassung und Unbedenklichkeitsbescheinigung.** (1) [1]Die Zulassung der Bauart eines Spielgerätes oder ihrer Nachbaugeräte und die Unbedenklichkeitsbescheinigung für andere Spiele (§§ 33c und 33d) sind zu versagen, wenn die Gefahr besteht, daß der Spieler unangemessen hohe Verluste in kurzer Zeit erleidet. [2]Für andere Spiele im Sinne des § 33d kann die Unbedenklichkeitsbescheinigung auch versagt werden, wenn das Spiel durch Veränderung der Spielbedingungen oder durch Veränderung der Spieleinrichtung mit einfachen Mitteln als Glücksspiel im Sinne des § 284 des Strafgesetzbuches[4] veranstaltet werden kann. [3]Ein Versagungsgrund im Sinne des Satzes 2 liegt insbesondere dann vor, wenn

1. es sich um ein Karten-, Würfel- oder Kugelspiel handelt, das von einem Glücksspiel im Sinne des § 284 des Strafgesetzbuches abgeleitet ist, oder
2. das Spiel nach den zur Prüfung eingereichten Bedingungen nicht wirtschaftlich betrieben werden kann.

---

[1] § 33d Abs. 5 geänd. mWv 12.12.2012, Abs. 3 Satz 2 geänd. mWv 1.9.2013 durch G v. 5.12.2012 (BGBl. I S. 2415).

[2] **Sartorius Nr. 400.**

[3] § 33e Abs. 2 geänd. mWv 12.12.2012 durch G v. 5.12.2012 (BGBl. I S. 2415).

[4] **Habersack (vormals Schönfelder) Nr. 85.**

(2) Die Zulassung ist ganz oder teilweise, die Unbedenklichkeitsbescheinigung ist ganz zurückzunehmen oder zu widerrufen, wenn Tatsachen bekannt werden, die ihre Versagung rechtfertigen würden, oder wenn der Antragsteller zugelassene Spielgeräte an den in dem Zulassungsschein bezeichneten Merkmalen verändert oder ein für unbedenklich erklärtes Spiel unter nicht genehmigten Bedingungen veranstaltet.

(3) Die Zulassung und die Unbedenklichkeitsbescheinigung können mit einer Befristung erteilt und mit Auflagen verbunden werden.

(4) Bei serienmäßig hergestellten Spielen nach § 33d genügt es, wenn die Unbedenklichkeitsbescheinigung für das eingereichte Spiel und für Nachbauten ein Abdruck der Unbedenklichkeitsbescheinigung erteilt wird.

§ 33f[1] Ermächtigung zum Erlaß von Durchführungsvorschriften.

(1) Das Bundesministerium für Wirtschaft und Energie kann zur Durchführung der §§ 33c, 33d, 33e und 33i im Einvernehmen mit dem Bundesministerium des Innern, für Bau und Heimat, dem Bundesministerium für Gesundheit und dem Bundesministerium für Familie, Senioren, Frauen und Jugend und mit Zustimmung des Bundesrates durch Rechtsverordnung[2] zur Eindämmung der Betätigung des Spieltriebs, zum Schutze der Allgemeinheit und der Spieler sowie im Interesse des Jugendschutzes

1. die Aufstellung von Spielgeräten oder die Veranstaltung von anderen Spielen auf bestimmte Gewerbezweige, Betriebe oder Veranstaltungen beschränken und die Zahl der jeweils in einem Betrieb aufgestellten Spielgeräte oder veranstalteten anderen Spiele begrenzen,
2. Vorschriften über den Umfang der Befugnisse und Verpflichtungen bei der Ausübung des Gewerbes erlassen,
3. für die Zulassung oder die Erteilung der Unbedenklichkeitsbescheinigung bestimmte Anforderungen stellen an
   a) die Art und Weise des Spielvorgangs,
   b) die Art des Gewinns,
   c) den Höchsteinsatz und den Höchstgewinn,
   d) das Verhältnis der Anzahl der gewonnenen Spiele zur Anzahl der verlorenen Spiele,
   e) das Verhältnis des Einsatzes zum Gewinn bei einer bestimmten Anzahl von Spielen,
   f) die Mindestdauer eines Spiels,
   g) die technische Konstruktion und die Kennzeichnung der Spielgeräte,

---

[1] § 33f Abs. 1, Abs. 2 Nr. 1 und 2 geänd. mWv 7.11.2001 durch VO v. 29.10.2001 (BGBl. I S. 2785); Abs. 1 und Abs. 2 Nr. 1 und 2 geänd. mWv 28.11.2003 durch VO v. 25.11.2003 (BGBl. I S. 2304); Abs. 1, Abs. 2 Nr. 1 und 2 geänd. mWv 8.11.2006 durch VO v. 31.10.2006 (BGBl. I S. 2407); Abs. 1 einl. Satzteil und Nr. 4 geänd., Nr. 3 neu gef., Nr. 5 angef. mWv 12.12.2012 durch G v. 5.12.2012 (BGBl. I S. 2415); Abs. 2 Nr. 1 Buchst. b, Nr. 2 Buchst. b neu gef. mWv 15.8.2013 durch G v. 7.8.2013 (BGBl. I S. 3154, geänd. durch G v. 18.7.2016, BGBl. I S. 1666); Abs. 1 einl. Satzteil, Abs. 2 Nr. 1 und 2 geänd. mWv 8.9.2015 durch VO v. 31.8.2015 (BGBl. I S. 1474, geänd. durch G v. 18.7.2016, BGBl. I S. 1666); Abs. 2 Nr. 2 neu gef. mWv 1.10.2019; Abs. 2 Nr. 1 neu gef. mWv 1.10.2021 durch G v. 18.7.2016 (BGBl. I S. 1666); Abs. 1 einl. Satzteil, Abs. 2 Nr. 1 einl. Satzteil und Nr. 2 geänd. mWv 27.6.2020; Abs. 2 Nr. 1 geänd. mWv 1.10.2021 durch VO v. 19.6. *2020 (BGBl. I S. 1328).*

[2] Siehe die SpielVO idF der Bek. v. 27.1.2006 (BGBl. I S. 280), zuletzt geänd. durch G v. 18.7. 2016 (BGBl. I S. 1666).

h) personenungebundene Identifikationsmittel, die der Spieler einsetzen muss, um den Spielbetrieb an einem Spielgerät zu ermöglichen, insbesondere an deren Ausgabe, Aktivierung, Gültigkeit und Sicherheitsmerkmale,

i) die Bekanntgabe der Spielregeln und des Gewinnplans sowie die Bereithaltung des Zulassungsscheines oder des Abdruckes des Zulassungsscheines, des Zulassungsbeleges, der Unbedenklichkeitsbescheinigung oder des Abdruckes der Unbedenklichkeitsbescheinigung,

4. Vorschriften über den Umfang der Verpflichtungen des Gewerbetreibenden erlassen, in dessen Betrieb das Spielgerät aufgestellt oder das Spiel veranstaltet werden soll,

5. die Anforderungen an den Unterrichtungsnachweis nach § 33c Absatz 2 Nummer 2 und das Verfahren für diesen Nachweis sowie Ausnahmen von der Nachweispflicht festlegen.

(2) Durch Rechtsverordnung[1] können ferner

1. das Bundesministerium für Wirtschaft und Energie im Einvernehmen mit dem Bundesministerium des Innern, für Bau und Heimat und mit Zustimmung des Bundesrates das Verfahren der Physikalisch-Technischen Bundesanstalt bei der Prüfung und Zulassung der Bauart von Spielgeräten sowie bei der Verlängerung der Aufstelldauer von Warenspielgeräten, die auf Volksfesten, Schützenfesten oder ähnlichen Veranstaltungen aufgestellt werden sollen, und die ihrer Konstruktion nach keine statistischen Prüfmethoden erforderlich machen, regeln.

2. das Bundesministerium des Innern, für Bau und Heimat im Einvernehmen mit dem Bundesministerium für Wirtschaft und Energie und mit Zustimmung des Bundesrates das Verfahren des Bundeskriminalamtes bei der Erteilung von Unbedenklichkeitsbescheinigungen regeln.

§ 33g[2] Einschränkung und Ausdehnung der Erlaubnispflicht. Das Bundesministerium für Wirtschaft und Energie kann im Einvernehmen mit den Bundesministerien des Innern, für Bau und Heimat und für Familie, Senioren, Frauen und Jugend mit Zustimmung des Bundesrates durch Rechtsverordnung bestimmen, daß

1. für die Veranstaltung bestimmter anderer Spiele im Sinne des § 33d Abs. 1 Satz 1 eine Erlaubnis nicht erforderlich ist, wenn diese Spiele überwiegend der Unterhaltung dienen und kein öffentliches Interesse an einer Erlaubnispflicht besteht,

2. die Vorschriften der §§ 33c und 33d auch für die nicht gewerbsmäßige Aufstellung von Spielgeräten und für die nicht gewerbsmäßige Veranstaltung anderer Spiele in Vereinen und geschlossenen Gesellschaften gelten, in denen gewohnheitsmäßig gespielt wird, wenn für eine solche Regelung ein öffentliches Interesse besteht.

---

[1] Siehe die VO zur Erteilung von Unbedenklichkeitsbescheinigungen idF der Bek. v. 10.4.1995 (BGBl. I S. 510), zuletzt geänd. durch VO v. 19.6.2020 (BGBl. I S. 1328).

[2] § 33g geänd. mWv 7.11.2001 durch VO v. 29.10.2001 (BGBl. I S. 2785); geänd. mWv 28.11. 2003 durch VO v. 25.11.2003 (BGBl. I S. 2304); geänd. mWv 8.11.2006 durch VO v. 31.10.2006 (BGBl. I S. 2407); geänd. mWv 8.9.2015 durch VO v. 31.8.2015 (BGBl. I S. 1474); einl. Satzteil geänd. mWv 27.6.2020 durch VO v. 19.6.2020 (BGBl. I S. 1328).

§ 33h Spielbanken, Lotterien, Glücksspiele. Die §§ 33c bis 33g finden keine Anwendung auf

1. die Zulassung und den Betrieb von Spielbanken,
2. die Veranstaltung von Lotterien und Ausspielungen, mit Ausnahme der gewerbsmäßig betriebenen Ausspielungen auf Volksfesten, Schützenfesten oder ähnlichen Veranstaltungen, bei denen der Gewinn in geringwertigen Gegenständen besteht,
3. die Veranstaltung anderer Spiele im Sinne des § 33d Abs. 1 Satz 1, die Glücksspiele im Sinne des § 284 des Strafgesetzbuches[1] sind.

§ 33i[2)] [3)] **Spielhallen und ähnliche Unternehmen.** (1) [1] Wer gewerbsmäßig eine Spielhalle oder ein ähnliches Unternehmen betreiben will, das ausschließlich oder überwiegend der Aufstellung von Spielgeräten oder der Veranstaltung anderer Spiele im Sinne des § 33c Abs. 1 Satz 1 oder des § 33d Abs. 1 Satz 1 dient, bedarf der Erlaubnis der zuständigen Behörde. [2] Die Erlaubnis kann mit einer Befristung erteilt und mit Auflagen verbunden werden, soweit dies zum Schutze der Allgemeinheit, der Gäste oder der Bewohner des Betriebsgrundstücks oder der Nachbargrundstücke vor Gefahren, erheblichen Nachteilen oder erheblichen Belästigungen erforderlich ist; unter denselben Voraussetzungen ist auch die nachträgliche Aufnahme, Änderung und Ergänzung von Auflagen zulässig.

[1)] **Habersack (vormals Schönfelder) Nr. 85.**

[2)] § 33i Abs. 1 Satz 1 geänd. mWv 12.12.2012, Abs. 2 Nr. 1 geänd. mWv 1.9.2013 durch G v. 5.12. 2012 (BGBl. I S. 2415).

[3)] Das Recht der Spielhallen ist seit der am 1.9.2006 in Kraft getretenen Föderalismusreform Gegenstand der Gesetzgebungskompetenz der Länder. Ua haben folgende Länder hierzu eigene Regelungen erlassen:

Baden-Württemberg: Landesglücksspielgesetz (LGlüG) v. 20.11.2012 (GBl. S. 604), zuletzt geänd. durch G v. 4.2.2021 (GBl. S. 174),

Berlin: G zur Regelung des Rechts der Spielhallen im Land Berlin (SpielhallenG Berlin – SpielhG Bln) v. 20.5.2011 (GVBl. S. 223), zuletzt geänd. durch G v. 27.9.2021 (GVBl. S. 1117),

Brandenburg: Brandenburgisches SpielhallenG (BbgSpielhG) v. 23.6.2021 (GVBl. I Nr. 22),

Bremen: Bremisches SpielhallenG (BremSpielhG) v. 17.5.2011 (Brem.GBl. S. 327), zuletzt geänd. durch Bek. v. 20.10.2020 (Brem.GBl. S. 1172),

Hamburg: Gesetz zur Regelung des Rechts der Spielhallen im Land Hamburg (Hamburgisches Spielhallengesetz – HmbSpielhG) v. 4.12.2012 (HmbGVBl. S. 505), zuletzt geänd. durch G v. 17.2. 2021 (HmbGVBl. S. 75),

Hessen: Hessisches SpielhallenG v. 28.6.2012 (GVBl. S. 213), zuletzt geänd. durch G v. 17.6.2021 (GVBl. S. 302),

Saarland: Saarländisches SpielhallenG (SSpielhG) v. 20.6.2012 (Amtsbl. I S. 156),

Sachsen-Anhalt: G zur Regelung des Rechts der Spielhallen im Land Sachsen-Anhalt (SpielhallenG Sachsen-Anhalt – SpielhG LSA) v. 25.6.2012 (GVBl. LSA S. 204), geänd. durch G v. 23.9.2020 (GVBl. LSA S. 541),

Schleswig-Holstein: G zur Errichtung und zum Betrieb von Spielhallen (SpielhallenG – SpielhG) v. 17.4.2012 (GVOBl. Schl.-H. S. 431), zuletzt geänd. durch G v. 12.11.2014 (GVOBl. Schl.-H. S. 328),

Thüringen: Thüringer G zur Regelung des gewerblichen Spiels (Thüringer SpielhallenG – ThürSpielhallenG –) v. 21.6.2012 (GVBl. S. 153, 159), geänd. durch G v. 14.7.2021 (GVBl. S. 373).

satz 3, des § 34e sowie der §§ 34g und 34j erlassenen Rechtsvorschriften entsprechend. [2] Die zuständige Behörde kann für die Versteigerung leicht verderblicher Waren für ihren Bezirk Ausnahmen zulassen.

§§ 62, 63 (weggefallen)

Titel IV. Messen, Ausstellungen, Märkte

§ 64 Messe. (1) Eine Messe ist eine zeitlich begrenzte, im allgemeinen regelmäßig wiederkehrende Veranstaltung, auf der eine Vielzahl von Ausstellern das wesentliche Angebot eines oder mehrerer Wirtschaftszweige ausstellt und überwiegend nach Muster an gewerbliche Wiederverkäufer, gewerbliche Verbraucher oder Großabnehmer vertreibt.

(2) Der Veranstalter kann in beschränktem Umfang an einzelnen Tagen während bestimmter Öffnungszeiten Letztverbraucher zum Kauf zulassen.

§ 65 Ausstellung. Eine Ausstellung ist eine zeitlich begrenzte Veranstaltung, auf der eine Vielzahl von Ausstellern ein repräsentatives Angebot eines oder mehrerer Wirtschaftszweige oder Wirtschaftsgebiete ausstellt und vertreibt oder über dieses Angebot zum Zweck der Absatzförderung informiert.

§ 66 Großmarkt. Ein Großmarkt ist eine Veranstaltung, auf der eine Vielzahl von Anbietern bestimmte Waren oder Waren aller Art im wesentlichen an gewerbliche Wiederverkäufer, gewerbliche Verbraucher oder Großabnehmer vertreibt.

§ 67[1] Wochenmarkt. (1) Ein Wochenmarkt ist eine regelmäßig wiederkehrende, zeitlich begrenzte Veranstaltung, auf der eine Vielzahl von Anbietern eine oder mehrere der folgenden Warenarten feilbietet:

1. Lebensmittel im Sinne des Artikels 2 der Verordnung (EG) Nr. 178/2002[2] des Europäischen Parlaments und des Rates zur Festlegung der allgemeinen Grundsätze und Anforderungen des Lebensmittelrechts, zur Errichtung der Europäischen Behörde für Lebensmittelsicherheit und zur Festlegung von Verfahren zur Lebensmittelsicherheit (ABl. L 31 vom 1.2.2002, S. 1) die zuletzt durch die Verordnung (EU) 2019/1381 (ABl. L 231 vom 6.9.2019, S. 1) geändert worden ist, mit Ausnahme alkoholischer Getränke; zugelassen sind alkoholische Getränke, soweit sie aus selbstgewonnenen Erzeugnissen des Weinbaus, der Landwirtschaft oder des Obst- und Gartenbaues hergestellt wurden; der Zukauf von Alkohol zur Herstellung von Likören und Geisten aus Obst, Pflanzen und anderen landwirtschaftlichen Ausgangserzeugnissen, bei denen die Ausgangsstoffe nicht selbst vergoren werden, durch den Urproduzenten ist zulässig;
2. Produkte des Obst- und Gartenbaues, der Land- und Forstwirtschaft und der Fischerei;
3. rohe Naturerzeugnisse mit Ausnahme des größeren Viehs.

---

[1] § 67 Abs. 1 Nr. 1 geänd. mWv 1.1.2003 durch G v. 24.8.2002 (BGBl. I S. 3412); Abs. 1 Nr. 1 geänd. mWv 12.12.2012 durch G v. 5.12.2012 (BGBl. I S. 2415); Abs. 1 Nr. 1 geänd. mWv 10.8. 2021 durch G v. 27.7.2021 (BGBl. I S. 3274).

[2] **Sartorius ErgBd. Nr. 860.**

(2) Die Landesregierungen können zur Anpassung des Wochenmarktes an die wirtschaftliche Entwicklung und die örtlichen Bedürfnisse der Verbraucher durch Rechtsverordnung bestimmen, daß über Absatz 1 hinaus bestimmte Waren des täglichen Bedarfs auf allen oder bestimmten Wochenmärkten feilgeboten werden dürfen.

§ 68 Spezialmarkt und Jahrmarkt. (1) Ein Spezialmarkt ist eine im allgemeinen regelmäßig in größeren Zeitabständen wiederkehrende, zeitlich begrenzte Veranstaltung, auf der eine Vielzahl von Anbietern bestimmte Waren feilbietet.

(2) Ein Jahrmarkt ist eine im allgemeinen regelmäßig in größeren Zeitabständen wiederkehrende, zeitlich begrenzte Veranstaltung, auf der eine Vielzahl von Anbietern Waren aller Art feilbietet.

(3) Auf einem Spezialmarkt oder Jahrmarkt können auch Tätigkeiten im Sinne des § 60b Abs. 1 ausgeübt werden; die §§ 55 bis 60a und 60c bis 61a bleiben unberührt.

§ 68a Verabreichen von Getränken und Speisen. [1]Auf Märkten dürfen alkoholfreie Getränke und zubereitete Speisen, auf anderen Veranstaltungen im Sinne der §§ 64 bis 68 Kostproben zum Verzehr an Ort und Stelle verabreicht werden. [2]Im übrigen gelten für das Verabreichen von Getränken und zubereiteten Speisen zum Verzehr an Ort und Stelle die allgemeinen Vorschriften.

§ 69[1)] Festsetzung. (1) [1]Die zuständige Behörde hat auf Antrag des Veranstalters eine Veranstaltung, die die Voraussetzungen der §§ 64, 65, 66, 67 oder 68 erfüllt, nach Gegenstand, Zeit, Öffnungszeiten und Platz für jeden Fall der Durchführung festzusetzen. [2]Auf Antrag können, sofern Gründe des öffentlichen Interesses nicht entgegenstehen, Volksfeste, Großmärkte, Wochenmärkte, Spezialmärkte und Jahrmärkte für einen längeren Zeitraum oder auf Dauer, Messen und Ausstellungen für die innerhalb von zwei Jahren vorgesehenen Veranstaltungen festgesetzt werden.

(2) Die Festsetzung eines Wochenmarktes, eines Jahrmarktes oder eines Spezialmarktes verpflichtet den Veranstalter zur Durchführung der Veranstaltung.

(3) Wird eine festgesetzte Messe oder Ausstellung oder ein festgesetzter Großmarkt nicht oder nicht mehr durchgeführt, so hat der Veranstalter dies der zuständigen Behörde unverzüglich anzuzeigen.

§ 69a Ablehnung der Festsetzung, Auflagen. (1) Der Antrag auf Festsetzung ist abzulehnen, wenn

1. die Veranstaltung nicht die in den §§ 64, 65, 66, 67 oder 68 aufgestellten Voraussetzungen erfüllt,
2. Tatsachen die Annahme rechtfertigen, daß der Antragsteller oder eine der mit der Leitung der Veranstaltung beauftragten Personen die für die Durchführung der Veranstaltung erforderliche Zuverlässigkeit nicht besitzt,
3. die Durchführung der Veranstaltung dem öffentlichen Interesse widerspricht, insbesondere der Schutz der Veranstaltungsteilnehmer vor Gefahren für Le-

---

1) § 69 Abs. 3 geänd. mWv 5.4.2017 durch G v. 29.3.2017 (BGBl. I S. 626).

§ 147a[1] Verbotener Erwerb von Edelmetallen und Edelsteinen.

(1) Es ist verboten, von Minderjährigen gewerbsmäßig

1. Edelmetalle (Gold, Silber, Platin und Platinbeimetalle), edelmetallhaltige Legierungen sowie Waren aus Edelmetall oder edelmetallhaltigen Legierungen oder
2. Edelsteine, Schmucksteine, synthetische Steine oder Perlen

zu erwerben.

(2) [1] Ordnungswidrig handelt, wer vorsätzlich oder fahrlässig Gegenstände der in Absatz 1 bezeichneten Art von Minderjährigen gewerbsmäßig erwirbt. [2] Die Ordnungswidrigkeit kann mit einer Geldbuße bis zu fünftausend Euro geahndet werden.

§ 147b[2] Verletzung von Vorschriften über die Insolvenzsicherung bei Pauschalreisen und verbundenen Reiseleistungen. (1) Ordnungswidrig handelt, wer

1. entgegen § 651t Nummer 1, auch in Verbindung mit § 651u Absatz 1 Satz 1 oder § 651w Absatz 3 Satz 4, oder
2. entgegen § 651t Nummer 2, auch in Verbindung mit § 651u Absatz 1 Satz 1, § 651v Absatz 2 Satz 1 oder § 651w Absatz 3 Satz 4,

des Bürgerlichen Gesetzbuchs[3] eine Rückbeförderung vereinbart oder eine Zahlung fordert oder annimmt.

(2) Die Ordnungswidrigkeit kann in den Fällen des Absatzes 1 Nummer 1 mit einer Geldbuße bis zu dreißigtausend Euro, in den Fällen des Absatzes 1 Nummer 2 mit einer Geldbuße bis zu fünftausend Euro geahndet werden.

§ 147c[4] Verstoß gegen Wohlverhaltenspflichten bei der Vermittlung von Versicherungsanlageprodukten. (1) Ordnungswidrig handelt, wer bei der Vermittlung eines Versicherungsanlageproduktes im Sinne des Artikels 2 Absatz 1 Nummer 17 der Richtlinie (EU) 2016/97 des Europäischen Parlaments und des Rates vom 20. Januar 2016 über Versicherungsvertrieb (Neufassung) (ABl. L 26 vom 2.2.2016, S. 19)

1. entgegen § 59 Absatz 1 Satz 2 in Verbindung mit § 7c Absatz 1 Satz 1 des Versicherungsvertragsgesetzes[5] eine Information nicht, nicht richtig, nicht vollständig oder nicht rechtzeitig erfragt oder
2. entgegen § 59 Absatz 1 Satz 2 in Verbindung mit § 7c Absatz 1 Satz 2 des Versicherungsvertragsgesetzes ein Versicherungsanlageprodukt empfiehlt.

(2) [1] Die Ordnungswidrigkeit kann mit einer Geldbuße bis zu fünfhunderttausend Euro geahndet werden. [2] § 30 Absatz 2 Satz 3 des Gesetzes über Ordnungswidrigkeiten[6] ist anzuwenden.

---

[1] § 147a Abs. 2 Satz 2 geänd. mWv 1.1.2002 durch G v. 10.11.2001 (BGBl. I S. 2992).

[2] § 147b neu gef. mWv 1.7.2018 durch G v. 17.7.2017 (BGBl. I S. 2394); Überschrift neu gef., Abs. 1 abschl. Satzteil geänd. mWv 1.7.2021 durch G v. 25.6.2021 (BGBl. I S. 2114).

[3] **Habersack (vormals Schönfelder) Nr. 20.**

[4] § 147c eingef. mWv 23.2.2018 durch G v. 20.7.2017 (BGBl. I S. 2789).

[5] **Habersack (vormals Schönfelder) Nr. 62.**

[6] Nr. **72.2.**

§ 148[1)] Strafbare Verletzung gewerberechtlicher Vorschriften. Mit Freiheitsstrafe bis zu einem Jahr oder mit Geldstrafe wird bestraft, wer

1. eine in § 144 Abs. 1, § 145 Abs. 1, 2 Nr. 2 oder 6 oder § 146 Abs. 1 bezeichnete Zuwiderhandlung beharrlich wiederholt oder
2. durch eine in § 144 Abs. 1 Nr. 1 Buchstabe b, Absatz 2 Nummer 1a oder Nummer 1b, § 145 Abs. 1, 2 Nr. 1 oder 2, oder § 146 Abs. 1 bezeichnete Zuwiderhandlung Leben oder Gesundheit eines anderen oder fremde Sachen von bedeutendem Wert gefährdet.

§ 148a Strafbare Verletzung von Prüferpflichten. (1) Mit Freiheitsstrafe bis zu drei Jahren oder mit Geldstrafe wird bestraft, wer als Prüfer oder als Gehilfe eines Prüfers über das Ergebnis einer Prüfung nach § 16 Abs. 1 oder 2 der Makler- und Bauträgerverordnung[2)] falsch berichtet oder erhebliche Umstände im Bericht verschweigt.

(2) Handelt der Täter gegen Entgelt oder in der Absicht, sich oder einen anderen zu bereichern oder einen anderen zu schädigen, so ist die Strafe Freiheitsstrafe bis zu fünf Jahren oder Geldstrafe.

§ 148b Fahrlässige Hehlerei von Edelmetallen und Edelsteinen. Wer gewerbsmäßig mit den in § 147a Abs. 1 bezeichneten Gegenständen Handel treibt oder gewerbsmäßig Edelmetalle und edelmetallhaltige Legierungen und Rückstände hiervon schmilzt, probiert oder scheidet oder aus den Gemengen und Verbindungen von Edelmetallabfällen mit Stoffen anderer Art Edelmetalle wiedergewinnt und beim Betrieb eines derartigen Gewerbes einen der in § 147a Abs. 1 bezeichneten Gegenstände, von dem er fahrlässig nicht erkannt hat, daß ihn ein anderer gestohlen oder sonst durch eine gegen ein fremdes Vermögen gerichtete rechtswidrige Tat erlangt hat, ankauft oder sich oder einem Dritten verschafft, ihn absetzt oder absetzen hilft, um sich oder einen anderen zu bereichern, wird mit Freiheitsstrafe bis zu einem Jahr oder mit Geldstrafe bestraft.

Titel XI. Gewerbezentralregister

§ 149[3)] Einrichtung eines Gewerbezentralregisters. (1) Das Bundesamt für Justiz (Registerbehörde) führt ein Gewerbezentralregister.

(2) [1] In das Register sind einzutragen

1. die vollziehbaren und die nicht mehr anfechtbaren Entscheidungen einer Verwaltungsbehörde, durch die wegen Unzuverlässigkeit oder Ungeeignetheit

---

[1)] § 148 Nr. 2 geänd. mWv 1.1.2003 durch G v. 24.8.2002 (BGBl. I S. 3412); Nr. 1 geänd. mWv 1.1.2004 durch G v. 24.12.2003 (BGBl. I S. 2934); Nr. 2 geänd. mWv 13.3.2013 durch G v. 4.3.2013 (BGBl. I S. 362).

[2)] **Habersack (vormals Schönfelder) ErgBd. Nr. 32a.**

[3)] § 149 Abs. 2 Satz 1 Nr. 3 geänd. mWv 1.1.2002 durch G v. 13.12.2001 (BGBl. I S. 3584); Abs. 2 Satz 1 Nr. 3 geänd. mWv 1.1.2003 durch G v. 24.8.2002 (BGBl. I S. 3412); Abs. 2 Satz 1 Nr. 3 geänd., Nr. 4 angef. mWv 1.4.2004 durch G v. 23.12.2003 (BGBl. I S. 2848); Abs. 2 Satz 1 Nr. 4 geänd. mWv 1.8.2004 durch G v. 23.7.2004 (BGBl. I S. 1842); Abs. 1 neu gef. mWv 1.1.2007 durch G v. 17.12.2006 (BGBl. I S. 3171); Abs. 2 Satz 2 geänd. mWv 1.5.2014 durch G v. 28.8.2013 (BGBl. I S. 3313); Abs. 2 Satz 1 Nr. 1 Buchst. c und d geänd., Buchst. e angef. mWv 5.12.2014 durch G v. 28.11.2014 (BGBl. I S. 1802); Abs. 2 Satz 1 Nr. 2 und Nr. 3 einl. und abschl. Satzteil geänd. mWv 29.7.2017; Abs. 3 und 4 angef. mWv 31.8.2020 durch G v. 18.7.2017 (BGBl. I S. 2732).

a) ein Antrag auf Zulassung (Erlaubnis, Genehmigung, Konzession, Bewilligung) zu einem Gewerbe oder einer sonstigen wirtschaftlichen Unternehmung abgelehnt oder eine erteilte Zulassung zurückgenommen oder widerrufen,

b) die Ausübung eines Gewerbes, die Tätigkeit als Vertretungsberechtigter einer Gewerbetreibenden oder als mit der Leitung eines Gewerbebetriebes beauftragte Person oder der Betrieb oder die Leitung einer sonstigen wirtschaftlichen Unternehmung untersagt,

c) ein Antrag auf Erteilung eines Befähigungsscheines nach § 20 des Sprengstoffgesetzes[1] abgelehnt oder ein erteilter Befähigungsschein entzogen,

d) im Rahmen eines Gewerbebetriebes oder einer sonstigen wirtschaftlichen Unternehmung die Befugnis zur Einstellung oder Ausbildung von Auszubildenden entzogen oder die Beschäftigung, Beaufsichtigung, Anweisung oder Ausbildung von Kindern und Jugendlichen verboten oder

e) die Führung von Kraftverkehrsgeschäften untersagt

wird,

2. Verzichte auf eine Zulassung zu einem Gewerbe oder einer sonstigen wirtschaftlichen Unternehmung während eines Rücknahme- oder Widerrufsverfahrens wegen Unzuverlässigkeit oder Ungeeignetheit,

3. rechtskräftige Bußgeldentscheidungen, insbesondere auch solche wegen einer Steuerordnungswidrigkeit, die aufgrund von Taten ergangen sind, die

a) bei oder in Zusammenhang mit der Ausübung eines Gewerbes oder dem Betrieb einer sonstigen wirtschaftlichen Unternehmung oder

b) bei der Tätigkeit in einem Gewerbe oder einer sonstigen wirtschaftlichen Unternehmung von einem Vertreter oder Beauftragten im Sinne des § 9 des Gesetzes über Ordnungswidrigkeiten[2] oder von einer Person, die in einer Rechtsvorschrift ausdrücklich als Verantwortlicher bezeichnet ist,

begangen worden sind, wenn die Geldbuße mehr als 200 Euro beträgt,

4. rechtskräftige strafgerichtliche Verurteilungen wegen einer Straftat nach den §§ 10 und 11 des Schwarzarbeitsbekämpfungsgesetzes[3], nach den §§ 15 und 15a des Arbeitnehmerüberlassungsgesetzes[4] oder nach § 266a Abs. 1, 2 und 4 des Strafgesetzbuches[5], die bei oder im Zusammenhang mit der Ausübung eines Gewerbes oder dem Betrieb einer sonstigen wirtschaftlichen Unternehmung begangen worden ist, wenn auf Freiheitsstrafe von mehr als drei Monaten oder Geldstrafe von mehr als 90 Tagessätzen erkannt worden ist.

²Von der Eintragung sind Entscheidungen und Verzichte ausgenommen, die nach § 28 des Straßenverkehrsgesetzes[6] in das Fahreignungsregister einzutragen sind.

(3) ¹Gerichte und Behörden teilen der Registerbehörde die in Absatz 2 genannten Entscheidungen und Tatsachen mit. ²Stellen sie fest, dass die mitgeteilten Daten unrichtig sind, haben sie der Registerbehörde dies und, soweit

---

[1] **Sartorius ErgBd. Nr. 822.**
[2] Nr. **72.2.**
[3] **Habersack (vormals Schönfelder) ErgBd. Nr. 94b.**
[4] **Habersack (vormals Schönfelder) ErgBd. Nr. 84a.**
[5] **Habersack (vormals Schönfelder) Nr. 85.**
[6] Nr. **42.5.**

und sobald sie bekannt sind, die richtigen Daten unverzüglich anzugeben. [3]Stellt die Registerbehörde eine Unrichtigkeit fest, hat sie die richtigen Daten der mitteilenden Stelle zu übermitteln oder die mitteilende Stelle zu ersuchen, die richtigen Daten mitzuteilen. [4]In beiden Fällen hat die Registerbehörde die unrichtige Eintragung zu berichtigen. [5]Die mitteilende Stelle sowie Stellen, denen nachweisbar eine unrichtige Auskunft erteilt worden ist, sind hiervon zu unterrichten, sofern es sich nicht um eine offenbare Unrichtigkeit handelt. [6]Die Unterrichtung der mitteilenden Stelle unterbleibt, wenn seit Eingang der Mitteilung nach Satz 1 mehr als fünf Jahre verstrichen sind. [7]Die Frist verlängert sich bei Verurteilungen zu Freiheitsstrafe um deren Dauer.

(4) [1]Legt die betroffene Person schlüssig dar, dass eine Eintragung unrichtig ist, hat die Registerbehörde die Eintragung mit einem Sperrvermerk zu versehen, solange sich weder die Richtigkeit noch die Unrichtigkeit der Eintragung feststellen lassen. [2]Die Daten dürfen außer zur Prüfung der Richtigkeit und außer zur Auskunftserteilung in den Fällen des § 150a Absatz 2 Nummer 1 und 2 ohne Einwilligung der betroffenen Person nicht verarbeitet oder genutzt werden. [3]In der Auskunft nach Satz 2 ist auf den Sperrvermerk hinzuweisen. [4]Im Übrigen wird nur auf den Sperrvermerk hingewiesen.

§ 150[1)] Auskunft auf Antrag der betroffenen Person. (1) [1]Auf Antrag erteilt die Registerbehörde einer Person Auskunft über den sie betreffenden Inhalt des Registers. [2]Das Auskunftsrecht nach Artikel 15 der Verordnung (EU) 2016/679[2)] wird dadurch gewährleistet, dass die Registerbehörde der betroffenen Person einen formlosen kostenfreien Auszug über den sie betreffenden Inhalt des Registers erteilt.

(2) [1]Wohnt der Antragsteller innerhalb des Geltungsbereichs dieses Gesetzes, ist der Antrag bei der nach § 155 Absatz 2 zuständigen Behörde zu stellen; sofern der Antragsteller nicht persönlich erscheint, ist eine schriftliche Antragstellung mit amtlich oder öffentlich beglaubigter Unterschrift des Antragstellers zulässig. [2]Der Antragsteller hat seine Identität und, wenn er als gesetzlicher Vertreter handelt, seine Vertretungsmacht nachzuweisen; er kann sich bei der Antragstellung durch einen Bevollmächtigten oder eine Bevollmächtigte nur vertreten lassen, wenn die Bevollmächtigung im Handels- oder Genossenschaftsregister eingetragen ist. [3]Die Behörde nimmt die Gebühr für die Auskunft entgegen, behält davon drei Achtel ein und führt den Restbetrag an die Bundeskasse ab.

(3) [1]Wohnt der Antragsteller außerhalb des Geltungsbereichs dieses Gesetzes, so kann er den Antrag unmittelbar bei der Registerbehörde stellen. [2]Absatz 2 Satz 2 gilt entsprechend.

(4) Die Übersendung der Auskunft an eine andere Person als die betroffene Person ist nicht zulässig.

(5) [1]Für die Vorbereitung der Entscheidung über einen Antrag auf Zulassung zu einem Gewerbe oder einer sonstigen wirtschaftlichen Unternehmung, auf

[1)] § 150 Abs. 5 Satz 1 geänd. mWv 12.12.2012 durch G v. 5.12.2012 (BGBl. I S. 2415); Abs. 2 Satz 1 neu gef. mWv 14.9.2013 durch G v. 6.9.2013 (BGBl. I S. 3556); Überschrift geänd. mWv 29.7.2017 durch G v. 18.7.2017 (BGBl. I S. 2732, geänd. mWv 26.11.2019 durch G v. 20.11.2019, BGBl. I S. 1626); Überschrift neu gef., Abs. 1 Satz 2 angef., Abs. 4 geänd., Abs. 5 Satz 3 aufgeh. mWv 26.11.2019 durch G v. 20.11.2019 (BGBl. I S. 1626); Abs. 2 Satz 2 geänd. mWv 1.1.2022 durch G v. 10.8.2021 (BGBl. I S. 3420).

[2)] **Sartorius Nr. 246.**

öffentliche Bestellung und Vereidigung nach § 36, auf Erteilung eines Befähigungsscheins nach § 20 des Sprengstoffgesetzes[1] oder zur Überprüfung der Zuverlässigkeit nach § 38 Abs. 1 kann die Auskunft auch zur Vorlage bei einer Behörde beantragt werden. [2] Wird die Auskunft zur Vorlage bei einer Behörde beantragt, ist sie der Behörde unmittelbar zu übersenden.

§ 150a[2] Auskunft an Behörden oder öffentliche Auftraggeber.

(1) [1] Auskünfte aus dem Register werden für

1. die Verfolgung wegen einer
   a) in § 148 Nr. 1,
   b) in § 404 Abs. 1, 2 Nr. 3 des Dritten Buches Sozialgesetzbuch, in § 8 Abs. 1 des Schwarzarbeitsbekämpfungsgesetzes[3], § 21 Absatz 1 und 2 des Mindestlohngesetzes[4],[5] in § 23 Abs. 1 und 2 des Arbeitnehmer-Entsendegesetzes und in § 16 Abs. 1 bis 2 des Arbeitnehmerüberlassungsgesetzes[6]

   bezeichneten Ordnungswidrigkeit,
2. die Vorbereitung
   a) der Entscheidung über die in § 149 Absatz 2 Satz 1 Nr. 1 Buchstabe a und c bezeichneten Anträge,
   b) der übrigen in § 149 Absatz 2 Satz 1 Nr. 1 Buchstabe a bis e bezeichneten Entscheidungen,
   c) von Verwaltungsentscheidungen auf Grund des Straßenverkehrsgesetzes[7], des Fahrlehrergesetzes, des Fahrpersonalgesetzes, des Binnenschiffahrtsaufgabengesetzes oder der auf Grund dieser Gesetze erlassenen Rechtsvorschriften über Eintragungen, die das Personenbeförderungsgesetz[8] oder das Güterkraftverkehrsgesetz[9] betreffen,
3. die Vorbereitung von Rechtsvorschriften und allgemeinen Verwaltungsvorschriften, insoweit nur in anonymisierter Form,

---

[1] **Sartorius ErgBd. Nr. 822.**

[2] § 150a Abs. 2 Nr. 3 geänd. mWv 1.1.2002 durch G v. 13.12.2001 (BGBl. I S. 3584); Abs. 1 Satz 1 Nr. 1 Buchst. b geänd. und Nr. 4 angef. mWv 1.8.2002 durch G v. 23.7.2002 (BGBl. I S. 2787); Überschrift neu gef., Abs. 1 Satz 1 Nr. 4 und Satz 2 geänd. mWv 1.4.2004 durch G v. 23.12.2003 (BGBl. I S. 2848); Abs. 5 neu gef. mWv 1.4.2004 durch G v. 24.12.2003 (BGBl. I S. 2954); Abs. 1 Satz 1 Nr. 1 Buchst. b neu gef. und Nr. 4 geänd. mWv 1.8.2004 durch G v. 23.7.2004 (BGBl. I S. 1842); Abs. 2 Nr. 1 geänd. mWv 1.1.2005 durch G v. 30.7.2004 (BGBl. I S. 1950); Abs. 2 Nr. 4 angef. mWv 1.7.2005 durch G v. 7.7.2005 (BGBl. I S. 1954); Abs. 1 Satz 1 Nr. 1 Buchst. b und Nr. 4 geänd. mWv 28.4.2009 durch G v. 22.4.2009 (BGBl. I S. 818); Abs. 1 Satz 1 Nr. 4 geänd. mWv 27.4. 2012 durch G v. 15.12.2011 (BGBl. I S. 2714); Abs. 2 Nr. 1 geänd. mWv 12.12.2012 durch G v. 5.12.2012 (BGBl. I S. 2415); Abs. 1 Satz 1 Nr. 4 geänd. mWv 30.6.2013 durch G v. 26.6.2013 (BGBl. I S. 1738); Abs. 1 Satz 1 Nr. 1 Buchst. b und Nr. 4 geänd. mWv 16.8.2014 durch G v. 11.8. 2014 (BGBl. I S. 1348); Abs. 1 Satz 1 Nr. 2 Buchst. b geänd. mWv 5.12.2014 durch G v. 28.11.2014 (BGBl. I S. 1802); Abs. 1 Satz 2 geänd. mWv 18.4.2016 durch G v. 17.2.2016 (BGBl. I S. 203); Abs. 2 Nr. 5 angef. mWv 26.6.2017 durch G v. 23.6.2017 (BGBl. I S. 1822); Abs. 1 Satz 1 Nr. 2 Buchst. a und b, Abs. 2 Nr. 1–4 und Abs. 3 geänd., Abs. 7 angef. mWv 29.7.2017; Abs. 2 Nr. 6 eingef. mWv 31.8.2020 durch G v. 18.7.2017 (BGBl. I S. 2732, ber. S. 3431); Abs. 5 aufgeh., bish. Abs. 6 und 7 werden Abs. 5 und 6 mWv 26.11.2019 durch G v. 20.11.2019 (BGBl. I S. 1626); Abs. 2 Nr. 4 geänd. mWv 19.1.2021 durch G v. 18.1.2021 (BGBl. I S. 2).

[3] **Habersack (vormals Schönfelder) ErgBd. Nr. 94b.**

[4] **Habersack (vormals Schönfelder) ErgBd. Nr. 80c.**

[5] Komma fehlt in amtlicher Vorlage.

[6] **Habersack (vormals Schönfelder) ErgBd. Nr. 84a.**

[7] Nr. 42.5.

[8] **Sartorius Nr. 950.**

[9] **Sartorius Nr. 952.**

4. die Vorbereitung von vergaberechtlichen Entscheidungen über strafgerichtliche Verurteilungen und Bußgeldentscheidungen nach § 21 Abs. 1 des Schwarzarbeitsbekämpfungsgesetzes, § 21 Absatz 1 und 2 des Mindestlohngesetzes,[1] § 5 Absatz 1 oder 2 des Arbeitnehmer-Entsendegesetzes in der bis zum 23. April 2009 geltenden Fassung, § 23 Abs. 1 und 2 des Arbeitnehmer-Entsendegesetzes,,[2] und § 81 Absatz 1 bis 3 des Gesetzes gegen Wettbewerbsbeschränkungen[3],

erteilt. [2] Auskunftsberechtigt sind die Behörden und öffentlichen Auftraggeber im Sinne des § 99 des Gesetzes gegen Wettbewerbsbeschränkungen, denen die in Satz 1 bezeichneten Aufgaben obliegen.

(2) Auskünfte aus dem Register werden ferner

1. den Gerichten und Staatsanwaltschaften über die in § 149 Absatz 2 Satz 1 Nr. 1 und 2 bezeichneten Eintragungen für Zwecke der Rechtspflege, zur Verfolgung von Straftaten nach § 148 Nr. 1, nach § 95 Abs. 1 Nr. 4 des Aufenthaltsgesetzes[4] und § 27 Absatz 2 Nummer 2 des Jugendschutzgesetzes[5] auch über die in § 149 Absatz 2 Satz 1 Nr. 3 bezeichneten Eintragungen,
2. den Kriminaldienst verrichtenden Dienststellen der Polizei für Zwecke der Verhütung und Verfolgung der in § 74c Abs. 1 Nr. 1 bis 6 des Gerichtsverfassungsgesetzes[6] aufgeführten Straftaten über die in § 149 Absatz 2 Satz 1 Nr. 1 und 2 bezeichneten Eintragungen,
3. den zuständigen Behörden für die Aufhebung der in § 149 Absatz 2 Satz 1 Nr. 3 bezeichneten Bußgeldentscheidungen, auch wenn die Geldbuße weniger als 200 Euro beträgt,
4. den nach § 82 Absatz 1 des Gesetzes gegen Wettbewerbsbeschränkungen zuständigen Behörden zur Verfolgung von Ordnungswidrigkeiten nach § 81 Abs. 1 bis 3 des Gesetzes gegen Wettbewerbsbeschränkungen über die in § 149 Abs. 2 Satz 1 Nr. 3 bezeichneten Eintragungen,
5. der Zentralstelle für Finanztransaktionsuntersuchungen zur Erfüllung ihrer Aufgaben nach dem Geldwäschegesetz[7],
6. den Verfassungsschutzbehörden des Bundes und der Länder, dem Bundesnachrichtendienst und dem Militärischen Abschirmdienst für die diesen Behörden übertragenen Sicherheitsaufgaben nach dem Sicherheitsüberprüfungsgesetz des Bundes

erteilt.

(3) Auskünfte über Bußgeldentscheidungen wegen einer Steuerordnungswidrigkeit dürfen nur in den in Absatz 1 Satz 1 Nr. 1 und 2 genannten Fällen erteilt werden.

(4) Die auskunftsberechtigten Stellen haben den Zweck anzugeben, für den die Auskunft benötigt wird.

---

[1] Komma fehlt in amtlicher Vorlage.
[2] Zeichensetzung amtlich.
[3] **Habersack (vormals Schönfelder) Nr. 74.**
[4] **Sartorius Nr. 565.**
[5] **Sartorius Nr. 400.**
[6] Nr. **6.1**.
[7] **Habersack (vormals Schönfelder) ErgBd. Nr. 88a.**

(5) Die Auskünfte aus dem Register dürfen nur den mit der Entgegennahme oder Bearbeitung betrauten Bediensteten zur Kenntnis gebracht werden.

(6) Soweit eine Auskunft nach den Absätzen 1 und 2 nur für eingeschränkte Zwecke erteilt wird, darf die auskunftsberechtigte Stelle nicht die Vorlage einer Auskunft nach § 150 Absatz 1 verlangen.

§ 150b[1)] Auskunft für die wissenschaftliche Forschung. (1) Die Registerbehörde kann Hochschulen, anderen Einrichtungen, die wissenschaftliche Forschung betreiben, und öffentlichen Stellen Auskunft aus dem Register erteilen, soweit diese für die Durchführung bestimmter wissenschaftlicher Forschungsarbeiten erforderlich ist.

(2) Die Auskunft ist zulässig, soweit das öffentliche Interesse an der Forschungsarbeit das schutzwürdige Interesse der betroffenen Person an dem Ausschluß der Auskunft erheblich überwiegt.

(3) Die Auskunft wird in anonymisierter Form erteilt, wenn der Zweck der Forschungsarbeit unter Verwendung solcher Informationen erreicht werden kann.

(4) [1] Vor Erteilung der Auskunft wird von der Registerbehörde zur Geheimhaltung verpflichtet, wer nicht Amtsträger oder für den öffentlichen Dienst besonders Verpflichteter ist. [2] § 1 Abs. 2 und 3 des Verpflichtungsgesetzes findet entsprechende Anwendung.

(5) Die Übermittlung für Forschungsarbeiten Dritter im Sinne des Artikels 4 Nummer 10 der Verordnung (EU) 2016/679[2)] richtet sich nach den Absätzen 1 bis 4 und bedarf der Zustimmung der Registerbehörde.

(6) [1] Die Informationen sind gegen unbefugte Kenntnisnahme durch Dritte zu schützen. [2] Die wissenschaftliche Forschung betreibende Stelle hat dafür zu sorgen, daß die Verarbeitung der personenbezogenen Informationen räumlich und organisatorisch getrennt von der Erfüllung solcher Verwaltungsaufgaben oder Geschäftszwecke erfolgt, für die diese Informationen gleichfalls von Bedeutung sein können.

(7) [1] Sobald der Forschungszweck es erlaubt, sind die personenbezogenen Informationen zu anonymisieren. [2] Solange dies noch nicht möglich ist, sind die Merkmale gesondert aufzubewahren, mit denen Einzelangaben über persönliche oder sachliche Verhältnisse einer bestimmten oder bestimmbaren Person zugeordnet werden können. [3] Sie dürfen mit den Einzelangaben nur zusammengeführt werden, soweit der Forschungszweck dies erfordert.

(8) Wer nach den Absätzen 1 bis 3 personenbezogene Informationen erhalten hat, darf diese nur veröffentlichen, wenn dies für die Darstellung von Forschungsergebnissen über Ereignisse der Zeitgeschichte unerläßlich ist.

(9) Ist der Empfänger eine nichtöffentliche Stelle, finden die Vorschriften der Verordnung (EU) 2016/679 auch Anwendung für die nichtautomatisierte Verarbeitung personenbezogener Daten, die nicht in einem Dateisystem gespeichert sind oder gespeichert werden sollen.

---

1) § 150b Abs. 1 neu gef., Abs. 4 Satz 1 und Abs. 5 Satz 2 geänd. mWv 1.1.2007 durch G v. 17.12. 2006 (BGBl. I S. 3171); Abs. 2 und 6 Satz 2 geänd., Abs. 5 und 9 neu gef. mWv 26.11.2019 durch G v. 20.11.2019 (BGBl. I S. 1626).

2) **Sartorius Nr. 246.**

§ 150c[1] Auskunft an ausländische sowie über- und zwischenstaatliche Stellen. (1) [1] Ersuchen von Stellen eines anderen Staates sowie von über- und zwischenstaatlichen Stellen um Erteilung einer Auskunft aus dem Register werden nach den hierfür geltenden völkerrechtlichen Verträgen, soweit an ihnen nach Artikel 59 Absatz 2 Satz 1 des Grundgesetzes[2] die gesetzgebenden Körperschaften mitgewirkt haben, von der Registerbehörde ausgeführt und mit Zustimmung des Bundesministeriums der Justiz und für Verbraucherschutz bewilligt. [2] Die Übermittlung personenbezogener Daten muss im Einklang mit Kapitel V der Verordnung (EU) 2016/679[3] und den sonstigen allgemeinen datenschutzrechtlichen Vorschriften stehen.

(2) [1] Ersuchen eines anderen Mitgliedstaates der Europäischen Union um Erteilung einer Auskunft werden von der Registerbehörde ausgeführt und bewilligt. [2] Die Auskunft kann, soweit kein völkerrechtlicher Vertrag im Sinne des Absatzes 1 vorliegt, dem ersuchenden Mitgliedstaat für die gleichen Zwecke und in gleichem Umfang wie gegenüber vergleichbaren deutschen Stellen erteilt werden. [3] Der ausländische Empfänger ist darauf hinzuweisen, dass er die Auskunft nur zu dem Zweck verwenden darf, für den sie erteilt worden ist. [4] Die Auskunftserteilung unterbleibt, wenn sie in Widerspruch zur Charta der Grundrechte der Europäischen Union[4] steht.

(3) [1] Ersuchen eines anderen Mitgliedstaates um Erteilung einer Auskunft aus dem Register für nichtstrafrechtliche Zwecke, deren Art oder Umfang in diesem Gesetz nicht vorgesehen ist, erledigt die Registerbehörde, soweit die Erteilung nach Maßgabe eines Rechtsaktes der Europäischen Union geboten ist, es sei denn, dass eine besondere fachliche Bewertung zur Beschränkung der Auskunft erforderlich ist. [2] Ist eine solche Bewertung erforderlich, erhält die für die internationale Amtshilfe zuständige Behörde eine Auskunft aus dem Register. [3] Absatz 2 Satz 2 und 3 und § 8e des Verwaltungsverfahrensgesetzes[5] gelten entsprechend.

(4) Die Verantwortung für die Zulässigkeit der Übermittlung trägt die übermittelnde Stelle.

§ 150d[6] Protokollierungen. (1) Die Registerbehörde fertigt zu den von ihr erteilten Auskünften Protokolle, die folgende Daten enthalten:

1. die Vorschrift des Gesetzes, auf der die Auskunft beruht,
2. die in der Anfrage und der Auskunft verwendeten Daten der betroffenen Person,
3. die Bezeichnung der Stelle, die um Erteilung der Auskunft ersucht hat, sowie die Bezeichnung der empfangenden Stelle,
4. den Zeitpunkt der Auskunftserteilung,

---

[1] § 150c eingef. mWv 22.12.2011 durch G v. 15.12.2011 (BGBl. I S. 2714); Abs. 1 geänd. mWv 8.9.2015 durch VO v. 31.8.2015 (BGBl. I S. 1474); Abs. 1 Satz 2 angef. mWv 26.11.2019 durch G v. 20.11.2019 (BGBl. I S. 1626).

[2] Nr. **11.1.**

[3] **Sartorius Nr. 246.**

[4] **Sartorius Nr. 1002.**

[5] **Sartorius Nr. 100.**

[6] § 150d eingef. mWv 27.4.2012 durch G v. 15.12.2011 (BGBl. I S. 2714); Abs. 3 angef. mWv 31.8.2020 durch G v. 18.7.2017 (BGBl. I S. 2732, aufgeh. mWv 26.11.2019 durch G v. 20.11.2019, BGBl. I S. 1626); Abs. 2 Satz 1 geänd., Abs. 3 angef. mWv 26.11.2019 durch G v. 20.11.2019 (BGBl. I S. 1626).

5. den Namen der Person, die die Auskunft erteilt hat,
6. das Aktenzeichen oder den Zweck, wenn keine Auskunft nach § 150 Absatz 1 vorliegt.

(2) [1]Die Protokolldaten dürfen nur zu internen Prüfzwecken, zur Datenschutzkontrolle und zur Auskunft aus Protokolldaten entsprechend Absatz 3 verarbeitet werden. [2]Sie sind durch geeignete Vorkehrungen gegen Missbrauch zu schützen. [3]Die Protokolldaten sind nach einem Jahr zu löschen, es sei denn, sie werden weiterhin für Zwecke nach Satz 1 benötigt. [4]Danach sind sie unverzüglich zu löschen.

(3) [1]Soweit sich das Auskunftsrecht der betroffenen Person nach Artikel 15 der Verordnung (EU) 2016/679[1)] auf Auskünfte bezieht, die einer Stelle nach § 150a Absatz 1 Satz 2 oder Absatz 2 erteilt wurden, entscheidet die Registerbehörde über die Beschränkung des Auskunftsrechts nach Maßgabe des Bundesdatenschutzgesetzes im Einvernehmen mit dieser Stelle. [2]Für die Antragsberechtigung und das Verfahren gilt § 150 Absatz 2 bis 4 entsprechend.

§ 150e[2)] Elektronische Antragstellung. (1) [1]Erfolgt die Antragstellung abweichend von § 150 Absatz 2 oder Absatz 3 elektronisch, ist der Antrag unter Nutzung des im Internet angebotenen Zugangs unmittelbar bei der Registerbehörde zu stellen. [2]Der Antragsteller kann sich bei der Antragstellung nicht durch einen Bevollmächtigten vertreten lassen. [3]Handelt der Antragsteller als gesetzlicher Vertreter, hat er seine Vertretungsmacht nachzuweisen.

(2) [1]Der elektronische Identitätsnachweis nach § 18 des Personalausweisgesetzes[3)], nach § 12 des eID-Karte-Gesetzes oder nach § 78 Absatz 5 des Aufenthaltsgesetzes[4)] ist zu führen. [2]Dabei müssen aus dem elektronischen Speicher- und Verarbeitungsmedium des Personalausweises, der eID-Karte oder des elektronischen Aufenthaltstitels an die Registerbehörde übermittelt werden:

1. die Daten nach § 18 Absatz 3 Satz 1 des Personalausweisgesetzes, nach § 12 Absatz 3 Satz 2 des eID-Karte-Gesetzes in Verbindung mit § 18 Absatz 3 Satz 1 des Personalausweisgesetzes oder nach § 78 Absatz 5 Satz 2 des Aufenthaltsgesetzes in Verbindung mit § 18 Absatz 3 Satz 1 des Personalausweisgesetzes und
2. Familienname, Geburtsname, Vornamen, Geburtsort sowie Geburtsdatum, Staatsangehörigkeit und Anschrift.

[3]Lässt das elektronische Speicher- und Verarbeitungsmedium die Übermittlung des Geburtsnamens nicht zu, ist der Geburtsname im Antrag anzugeben und nachzuweisen. [4]Bei der Datenübermittlung ist ein dem jeweiligen Stand der Technik entsprechendes sicheres Verfahren zu verwenden, das die Vertraulichkeit und Integrität des elektronisch übermittelten Datensatzes gewährleistet.

(3) [1]Vorzulegende Nachweise sind gleichzeitig mit dem Antrag elektronisch einzureichen und ihre Echtheit sowie inhaltliche Richtigkeit sind an Eides statt zu versichern. [2]Bei vorzulegenden Schriftstücken kann die Registerbehörde im Einzelfall die Vorlage des Originals verlangen.

[1)] **Sartorius Nr. 246.**

[2)] § 150e eingef. mWv 1.9.2014 durch G v. 6.9.2013 (BGBl. I S. 3556); Abs. 2 Satz 1, Satz 2 einl. Satzteil und Nr. 1 geänd. mWv 1.11.2019 durch G v. 21.6.2019 (BGBl. I S. 846).

[3)] Nr. **36.3.**

[4)] **Sartorius Nr. 565.**

(4) [1]Die näheren Einzelheiten des elektronischen Verfahrens regelt die Registerbehörde. [2]Im Übrigen gilt § 150 entsprechend.

§ 150f[1]) Automatisiertes Auskunftsverfahren. [1]Die Einrichtung eines automatisierten Anfrage- und Auskunftsverfahrens für die Übermittlung personenbezogener Daten ist zulässig, soweit diese Form der Datenübermittlung unter Berücksichtigung der schutzwürdigen Interessen der betroffenen Personen wegen der Vielzahl der Übermittlungen oder wegen ihrer besonderen Eilbedürftigkeit angemessen ist und wenn gewährleistet ist, dass die Daten gegen den unbefugten Zugriff Dritter bei der Übermittlung wirksam geschützt werden. [2]§ 493 Absatz 2 und 3 Satz 1 und 2 der Strafprozessordnung[2]) gilt entsprechend.

§ 151[3]) Eintragungen in besonderen Fällen. (1) In den Fällen des § 149 Absatz 2 Satz 1 Nr. 1 Buchstabe a und b ist die Eintragung auch bei

1. dem Vertretungsberechtigten einer juristischen Person,
2. der mit der Leitung des Betriebs oder einer Zweigniederlassung beauftragten Person,

die unzuverlässig oder ungeeignet sind, vorzunehmen, in den Fällen des § 149 Absatz 2 Satz 1 Nr. 1 Buchstabe b jedoch nur, sofern der betroffenen Person die Ausübung eines Gewerbes oder die Tätigkeit als Vertretungsberechtigter eines Gewerbetreibenden oder als mit der Leitung eines Gewerbebetriebes beauftragte Person nicht selbst untersagt worden ist.

(2) Wird eine nach § 149 Absatz 2 Satz 1 Nr. 1 eingetragene vollziehbare Entscheidung unanfechtbar, so ist dies in das Register einzutragen.

(3) Sind in einer Bußgeldentscheidung mehrere Geldbußen festgesetzt (§ 20 des Gesetzes über Ordnungswidrigkeiten[4])), von denen nur ein Teil einzutragen ist, so sind lediglich diese einzutragen.

(4) In das Register ist der rechtskräftige Beschluß einzutragen, durch den das Gericht hinsichtlich einer eingetragenen Bußgeldentscheidung die Wiederaufnahme des Verfahrens anordnet (§ 85 Abs. 1 des Gesetzes über Ordnungswidrigkeiten).

(5) [1]Wird durch die endgültige Entscheidung in dem Wiederaufnahmeverfahren die frühere Entscheidung aufrechterhalten, so ist dies in das Register einzutragen. [2]Andernfalls wird die Eintragung nach Absatz 4 aus dem Register entfernt. [3]Enthält die neue Entscheidung einen einzutragenden Inhalt, so ist dies mitzuteilen.

§ 152[5]) Entfernung von Eintragungen. (1) Wird eine nach § 149 Absatz 2 Satz 1 Nr. 1 eingetragene Entscheidung aufgehoben oder eine solche Entscheidung oder ein nach § 149 Absatz 2 Satz 1 Nr. 2 eingetragener Verzicht durch eine spätere Entscheidung gegenstandslos, so wird die Entscheidung oder der Verzicht aus dem Register entfernt.

---

[1]) § 150f eingef. mWv 18.8.2021 durch G v. 10.8.2021 (BGBl. I S. 3420).

[2]) **Habersack (vormals Schönfelder) Nr. 90.**

[3]) § 151 Abs. 1 einl. und abschl. Satzteil und Abs. 2 geänd. mWv 29.7.2017 durch G v. 18.7.2017 (BGBl. I S. 2732); Abs. 1 abschl. Satzteil geänd. mWv 26.11.2019 durch G v. 20.11.2019 (BGBl. I S. 1626).

[4]) Nr. **72.2.**

[5]) § 152 Abs. 1, 3 und 7 Satz 1 geänd. mWv 29.7.2017 durch G v. 18.7.2017 (BGBl. I S. 2732).

(2) Ebenso wird verfahren, wenn die Behörde eine befristete Entscheidung erlassen hat oder in der Mitteilung an das Register bestimmt hat, daß die Entscheidung nur für eine bestimmte Frist eingetragen werden soll, und diese Frist abgelaufen ist.

(3) Das gleiche gilt, wenn die Vollziehbarkeit einer nach § 149 Absatz 2 Satz 1 Nr. 1 eingetragenen Entscheidung auf Grund behördlicher oder gerichtlicher Entscheidung entfällt.

(4) Eintragungen, die eine über 80 Jahre alte Person betreffen, werden aus dem Register entfernt.

(5) Wird ein Bußgeldbescheid in einem Strafverfahren aufgehoben (§ 86 Abs. 1, § 102 Abs. 2 des Gesetzes über Ordnungswidrigkeiten[1]), so wird die Eintragung aus dem Register entfernt.

(6) [1] Eintragungen über Personen, deren Tod der Registerbehörde amtlich mitgeteilt worden ist, werden ein Jahr nach dem Eingang der Mitteilung aus dem Register entfernt. [2] Während dieser Zeit darf über die Eintragungen keine Auskunft erteilt werden.

(7) [1] Eintragungen über juristische Personen und Personenvereinigungen nach § 149 Absatz 2 Satz 1 Nr. 1 und 2 werden nach Ablauf von zwanzig Jahren seit dem Tag der Eintragung aus dem Register entfernt. [2] Enthält das Register mehrere Eintragungen, so ist die Entfernung einer Eintragung erst zulässig, wenn für alle Eintragungen die Voraussetzungen der Entfernung vorliegen.

§ 153[2] Tilgung von Eintragungen. (1) Die Eintragungen nach § 149 Absatz 2 Satz 1 Nr. 3 sind nach Ablauf einer Frist

1. von drei Jahren, wenn die Höhe der Geldbuße nicht mehr als 300 Euro beträgt,
2. von fünf Jahren in den übrigen Fällen

zu tilgen.

(2) [1] Eintragungen nach § 149 Absatz 2 Satz 1 Nr. 4 sind nach Ablauf einer Frist von fünf Jahren zu tilgen. [2] Ohne Rücksicht auf den Lauf der Frist nach Satz 1 wird eine Eintragung getilgt, wenn die Eintragung im Zentralregister getilgt ist.

(3) [1] Der Lauf der Frist beginnt bei Eintragungen nach Absatz 1 mit der Rechtskraft der Entscheidung, bei Eintragungen nach Absatz 2 mit dem Tag des ersten Urteils. [2] Dieser Zeitpunkt bleibt auch maßgebend, wenn eine Entscheidung im Wiederaufnahmeverfahren rechtskräftig abgeändert worden ist.

(4) Enthält das Register mehrere Eintragungen, so ist die Tilgung einer Eintragung erst zulässig, wenn bei allen Eintragungen die Frist des Absatzes 1 oder 2 abgelaufen ist.

(5) [1] Eine zu tilgende Eintragung wird ein Jahr nach Eintritt der Voraussetzungen für die Tilgung aus dem Register entfernt. [2] Während dieser Zeit darf über die Eintragung keine Auskunft erteilt werden.

---

[1] Nr. **72.2**.

[2] § 153 neu gef. mWv 1.4.2004 durch G v. 23.12.2003 (BGBl. I S. 2848); Abs. 2 Satz 2 geänd. mWv 27.4.2012 durch G v. 15.12.2011 (BGBl. I S. 2714); Abs. 1 einl. Satzteil, Abs. 2 Satz 1 und Abs. 7 geänd. mWv 29.7.2017 durch G v. 18.7.2017 (BGBl. I S. 2732); Abs. 6 Sätze 1 und 2 geänd. mWv 26.11.2019 durch G v. 20.11.2019 (BGBl. I S. 1626).

(6) [1]Ist die Eintragung im Register getilgt worden oder ist sie zu tilgen, so dürfen die Ordnungswidrigkeit und die Bußgeldentscheidung nicht mehr zum Nachteil der betroffenen Person verwertet werden. [2]Dies gilt nicht, wenn die betroffene Person die Zulassung zu einem Gewerbe oder einer sonstigen wirtschaftlichen Unternehmung beantragt, falls die Zulassung sonst zu einer erheblichen Gefährdung der Allgemeinheit führen würde, oder die betroffene Person die Aufhebung einer die Ausübung des Gewerbes oder einer sonstigen wirtschaftlichen Unternehmung untersagenden Entscheidung beantragt. [3]Hinsichtlich einer getilgten oder zu tilgenden strafgerichtlichen Verurteilung gelten die §§ 51 und 52 des Bundeszentralregistergesetzes[1)].

(7) Absatz 6 ist entsprechend anzuwenden auf rechtskräftige Bußgeldentscheidungen wegen Ordnungswidrigkeiten im Sinne des § 149 Absatz 2 Satz 1 Nr. 3, bei denen die Geldbuße nicht mehr als 200 Euro beträgt, sofern seit dem Eintritt der Rechtskraft der Entscheidung mindestens drei Jahre vergangen sind.

§ 153a[2)] Mitteilungen zum Gewerbezentralregister. (1) [1]Die Behörden und die Gerichte teilen dem Gewerbezentralregister die einzutragenden Entscheidungen, Feststellungen und Tatsachen mit. [2]§ 30 der Abgabenordnung steht den Mitteilungen von Entscheidungen im Sinne des § 149 Absatz 2 Satz 1 Nr. 3 nicht entgegen.

(2) Erhält die Registerbehörde eine Mitteilung über die Änderung des Geburtsnamens, des Familiennamens, eines Vornamens oder des Geburtsdatums einer Person, über die das Register eine Eintragung enthält, so ist die geänderte Angabe bei der Eintragung zu vermerken.

§ 153b[3)] Identifizierungsverfahren. [1]Soweit dies zur Durchführung der Aufgaben der Registerbehörde, insbesondere nach diesem Gesetz erforderlich ist, darf die Registerbehörde bei Zweifeln an der Identität einer Person, für die eine Eintragung im Gewerbezentralregister gespeichert ist, ausschließlich zur Feststellung der Identität dieser Person, allein oder nebeneinander, insbesondere Auskünfte von folgenden öffentlichen Stellen einholen:

1. aus dem Melderegister,
2. aus dem Ausländerzentralregister sowie
3. von Ausländerbehörden und Standesämtern.

[2]Im Rahmen eines solchen Auskunftsersuchens darf die Registerbehörde den ersuchten öffentlichen Stellen die hierzu erforderlichen personenbezogenen Daten übermitteln. [3]Die ersuchten öffentlichen Stellen haben die von der Registerbehörde übermittelten personenbezogenen Daten spätestens nach Erteilung der Auskunft unverzüglich zu löschen.

§ 153c[4)] Verwaltungsvorschriften. [1]Die näheren Bestimmungen über den Aufbau des Registers trifft das Bundesministerium der Justiz und für Verbraucherschutz im Einvernehmen mit dem Bundesministerium für Wirtschaft und

---

[1)] **Habersack (vormals Schönfelder) Nr. 92.**

[2)] § 153a Abs. 1 Satz 2 geänd. mWv 29.7.2017 durch G v. 18.7.2017 (BGBl. I S. 2732); Abs. 2 neu gef. mWv 18.8.2021 durch G v. 10.8.2021 (BGBl. I S. 3420).

[3)] § 153b eingef. mWv 18.8.2021 durch G v. 10.8.2021 (BGBl. I S. 3420).

[4)] Früherer § 153b neu gef. mWv 30.4.2002 durch G v. 23.4.2002 (BGBl. I S. 1406); Satz 1 geänd. mWv 28.11.2003 durch VO v. 25.11.2003 (BGBl. I S. 2304); Satz 1 geänd. mWv 8.11.2006 durch →

Energie. [2] Soweit die Bestimmungen die Erfassung und Aufbereitung der Daten sowie die Auskunftserteilung betreffen, werden sie von der Bundesregierung mit Zustimmung des Bundesrates getroffen.

Schlußbestimmungen

§§ 154, 154a[1] *(aufgehoben)*

§ 155[2] **Landesrecht, Zuständigkeiten.** (1) Wo in diesem Gesetz auf die Landesgesetze verwiesen ist, sind unter den letzteren auch die verfassungs- oder gesetzmäßig erlassenen Rechtsverordnungen zu verstehen.

(2) Die Landesregierungen oder die von ihnen bestimmten Stellen bestimmen die für die Ausführung dieses Gesetzes und der nach diesem Gesetz ergangenen Rechtsverordnungen zuständigen Behörden, soweit in diesem Gesetz nichts anderes bestimmt ist.

(3) Die Landesregierungen werden ermächtigt, ihre Befugnis zum Erlaß von Rechtsverordnungen auf oberste Landesbehörden und auf andere Behörden zu übertragen und dabei zu bestimmen, daß diese ihre Befugnis durch Rechtsverordnung auf nachgeordnete oder ihrer Aufsicht unterstehende Behörden weiter übertragen können.

(4) (weggefallen)

(5) Die Senate der Länder Berlin, Bremen und Hamburg werden ermächtigt, zuständige öffentliche Stellen oder zuständige Behörden von mehreren Verwaltungseinheiten für Zwecke der Datenverarbeitung als einheitliche Stelle oder Behörde zu bestimmen.

§ 155a[3] **Versagung der Auskunft zu Zwecken des Zeugenschutzes.** Für die Versagung der Auskunft zu Zwecken des Zeugenschutzes gilt § 44a des Bundeszentralregistergesetzes[4] entsprechend.

§ 156[5] **Übergangsregelungen zu den §§ 34d und 34e.** (1) [1] Eine vor dem 23. Februar 2018 erteilte Erlaubnis als Versicherungsberater nach § 34e Absatz 1 Satz 1 in der bis zum Ablauf des 22. Februar 2018 geltenden Fassung gilt als Erlaubnis als Versicherungsberater nach § 34d Absatz 2 Satz 1. [2] Die Bezeichnung der Erlaubnis im Register nach § 34d Absatz 10 Satz 1 in Verbindung mit § 11a Absatz 1 Satz 1 wird von der Registerbehörde aktualisiert.

(2) [1] Wird die Erlaubnis nach § 34d Absatz 2 Satz 1 unter Vorlage der Erlaubnisurkunde nach § 34d Absatz 1 Satz 1 in der bis zum Ablauf des 22. Februar 2018 geltenden Fassung beantragt, so erfolgt keine Prüfung der Zuverlässigkeit, der Vermögensverhältnisse und der Sachkunde. [2] Die Erlaubnis nach § 34d Absatz 1 Satz 1 in der bis zum Ablauf des 22. Februar 2018 geltenden Fassung erlischt mit Erteilung der Erlaubnis nach Satz 1.

(Fortsetzung der Anm. von voriger Seite)
VO v. 31.10.2006 (BGBl. I S. 2407); Satz 1 geänd. mWv 8.9.2015 durch VO v. 31.8.2015 (BGBl. I S. 1474); bish. § 153b wird § 153c mWv 18.8.2021 durch G v. 10.8.2021 (BGBl. I S. 3420).

[1] §§ 154 und 154a aufgeh. mWv 1.1.2003 durch G v. 24.8.2002 (BGBl. I S. 3412).

[2] § 155 Abs. 3 geänd., Abs. 5 neu gef. mWv 1.1.2003 durch G v. 24.8.2002 (BGBl. I S. 3412).

[3] § 155a eingef. mWv 30.4.2002 durch G v. 23.4.2002 (BGBl. I S. 1406).

[4] **Habersack (vormals Schönfelder) Nr. 92.**

[5] § 156 neu gef. mWv 23.2.2018 durch G v. 20.7.2017 (BGBl. I S. 2789).

(3) Versicherungsberater nach § 34d Absatz 2 Satz 1 dürfen abweichend von § 34d Absatz 2 Satz 4 Zuwendungen eines Versicherungsunternehmens auf Grund einer Vermittlung annehmen, die bis zur Erteilung der Erlaubnis nach § 34d Absatz 2 Satz 1 erfolgt ist.

§ 157[1)] Übergangsregelungen zu den §§ 34c und 34f. (1) Für einen Gewerbetreibenden, der am 1. November 2007 eine Erlaubnis für die Vermittlung des Abschlusses von Verträgen im Sinne des § 34c Absatz 1 Satz 1 Nummer 1 Buchstabe b in der bis zum 31. Oktober 2007 geltenden Fassung hat, gilt die Erlaubnis für die Anlageberatung im Sinne des § 34c Abs. 1 Satz 1 Nr. 3 in der ab dem 1. November 2007 geltenden Fassung als zu diesem Zeitpunkt erteilt.

(2) [1] Gewerbetreibende, die am 1. Januar 2013 eine Erlaubnis für die Vermittlung des Abschlusses von Verträgen im Sinne des § 34c Absatz 1 Satz 1 Nummer 2 oder für die Anlageberatung nach § 34c Absatz 1 Satz 1 Nummer 3 haben und diese Tätigkeit nach dem 1. Januar 2013 weiterhin ausüben wollen, sind verpflichtet, bis zum 1. Juli 2013 eine Erlaubnis als Finanzanlagenvermittler nach § 34f Absatz 1 zu beantragen und sich selbst sowie die nach § 34f Absatz 6 einzutragenden Personen nach Erteilung der Erlaubnis gemäß § 34f Absatz 5 registrieren zu lassen. [2] Die für die Erlaubniserteilung zuständige Stelle übermittelt dazu die erforderlichen Informationen an die Registerbehörde. [3] Wird die Erlaubnis unter Vorlage der bisherigen Erlaubnisurkunde gemäß § 34c Absatz 1 Satz 1 Nummer 2 oder Nummer 3 beantragt, so erfolgt keine Prüfung der Zuverlässigkeit und der Vermögensverhältnisse nach § 34f Absatz 2 Nummer 1 und 2. [4] Für den Nachweis der nach § 34f Absatz 2 Nummer 4 erforderlichen Sachkunde gilt Absatz 3. [5] Die Erlaubnis nach § 34c Absatz 1 Satz 1 Nummer 2 oder Nummer 3 erlischt mit der bestandskräftigen Entscheidung über den Erlaubnisantrag nach § 34f Absatz 1 Satz 1, spätestens aber mit Ablauf der in Satz 1 genannten Frist. [6] Bis zu diesem Zeitpunkt gilt die Erlaubnis nach § 34c Absatz 1 Satz 1 Nummer 2 oder Nummer 3 als Erlaubnis nach § 34f Absatz 1 Satz 1.

(3) [1] Gewerbetreibende im Sinne des Absatzes 2 sind verpflichtet, bis zum 1. Januar 2015 einen Sachkundenachweis nach § 34f Absatz 2 Nummer 4 gegenüber der zuständigen Behörde zu erbringen. [2] Die Erlaubnis nach § 34f Absatz 1 Satz 1 erlischt, wenn der erforderliche Sachkundenachweis nach § 34f Absatz 2 Nummer 4 nicht bis zum Ablauf dieser Frist erbracht wird. [3] Beschäftigte im Sinne des § 34f Absatz 4 sind verpflichtet, bis zum 1. Januar 2015 einen Sachkundenachweis nach § 34f Absatz 2 Nummer 4 zu erwerben. [4] Personen, die seit dem 1. Januar 2006 ununterbrochen unselbstständig oder selbstständig als Anlagevermittler oder Anlageberater gemäß § 34c Absatz 1 Satz 1 Nummer 2 oder Nummer 3 in der bis zum 31. Dezember 2012 geltenden Fassung tätig waren, bedürfen keiner Sachkundeprüfung für die Produktkategorien der Erlaubnis nach § 34f Absatz 1, die bis zum 1. Januar 2015 beantragt wurde. [5] Selbstständig tätige Anlagevermittler oder Anlageberater haben die ununterbrochene Tätigkeit durch Vorlage der erteilten Erlaubnis und die lückenlose

---

1) § 157 angef. mWv 25.3.2009 durch G v. 17.3.2009 (BGBl. I S. 550); Überschr. geänd., Abs. 2 und 3 angef., bish. Wortlaut wird Abs. 1 mWv 1.1.2013 durch G v. 6.12.2011 (BGBl. I S. 2481); Abs. 4 angef. mWv 19.7.2014 durch G v. 15.7.2014 (BGBl. I S. 934); Abs. 5–7 angef. mWv 10.7. 2015 durch G v. 3.7.2015 (BGBl. I S. 1114); Abs. 3 Satz 4 geänd. mWv 21.3.2016 durch G v. 11.3. 2016 (BGBl. I S. 396); Abs. 8 angef. mWv 1.7.2021 durch G v. 3.6.2021 (BGBl. I S. 1534).

Vorlage der Prüfungsberichte nach § 16 Absatz 1 Satz 1 der Makler- und Bauträgerverordnung[1)] in der am 31. Dezember 2012 geltenden Fassung nachzuweisen.

(4) [1] Für einen Gewerbetreibenden, der am 21. Juli 2013 eine Erlaubnis für die Anlageberatung oder die Vermittlung des Abschlusses von Verträgen gemäß § 34f Absatz 1 Satz 1 Nummer 1, 2 oder Nummer 3 in der bis zum 21. Juli 2013 geltenden Fassung hat, gilt die Erlaubnis für die Anlageberatung oder die Vermittlung des Abschlusses von Verträgen gemäß § 34f Absatz 1 Satz 1 in der ab dem 22. Juli 2013 geltenden Fassung als zu diesem Zeitpunkt erteilt. [2] Für einen Gewerbetreibenden, der am 18. Juli 2014 eine Erlaubnis für die Anlageberatung oder die Vermittlung des Abschlusses von Verträgen gemäß § 34f Absatz 1 Satz 1 in der bis zum 19. Juli 2014 geltenden Fassung hat, gilt die Erlaubnis als für die Anlageberatung oder Anlagevermittlung gemäß § 34f Absatz 1 Satz 1 als zu diesem Zeitpunkt erteilt. [3] Die Absätze 2 und 3 bleiben unberührt. [4] Die Bezeichnungen der Erlaubnisse im Register nach § 34f Absatz 5 in Verbindung mit § 11a Absatz 1 werden von Amts wegen aktualisiert.

(5) [1] Gewerbetreibende, die am 10. Juli 2015 eine Erlaubnis nach § 34c Absatz 1 Satz 1 Nummer 2 für die Vermittlung von Darlehensverträgen oder die Gelegenheit zum Nachweis solcher Verträge haben und damit partiarische Darlehen oder Nachrangdarlehen vermitteln und die diese Tätigkeit nach dem 10. Juli 2015 weiterhin ausüben wollen, sind verpflichtet, bis zum 1. Januar 2016 eine Erlaubnis als Finanzanlagenvermittler nach § 34f Absatz 1 Satz 1 Nummer 3 zu beantragen und sich selbst sowie die nach § 34f Absatz 6 Satz 1 einzutragenden Personen nach Erteilung der Erlaubnis nach § 34f Absatz 5 und 6 registrieren zu lassen. [2] Die für die Erlaubniserteilung zuständige Stelle übermittelt dazu die erforderlichen Informationen an die Registerbehörde. [3] Wird die Erlaubnis unter Vorlage der bisherigen Erlaubnisurkunde nach § 34c Absatz 1 Satz 1 Nummer 2 beantragt, erfolgt keine Prüfung der Zuverlässigkeit und der Vermögensverhältnisse nach § 34f Absatz 2 Nummer 1 und 2. [4] Die Erlaubnis ist auf die Vermittlung von partiarischen Darlehen und Nachrangdarlehen beschränkt. [5] Für den Nachweis der nach § 34f Absatz 2 Nummer 4 erforderlichen Sachkunde ist Absatz 6 anzuwenden. [6] Die Erlaubnis nach § 34c Absatz 1 Satz 1 Nummer 2 erlischt hinsichtlich der Vermittlung von partiarischen Darlehen oder Nachrangdarlehen mit der bestandskräftigen Entscheidung über den Erlaubnisantrag nach § 34f Absatz 1 Satz 1 Nummer 3, spätestens aber mit Ablauf der in Satz 1 genannten Frist. [7] Bis zu diesem Zeitpunkt gilt die Erlaubnis nach § 34c Absatz 1 Satz 1 Nummer 2 als Erlaubnis nach § 34f Absatz 1 Satz 1 Nummer 3 für die Vermittlung partiarischer Darlehen und Nachrangdarlehen.

(6) [1] Gewerbetreibende im Sinne des Absatzes 5 sind verpflichtet, bis zum 1. Juli 2016 einen Sachkundenachweis nach § 34f Absatz 2 Nummer 4 gegenüber der zuständigen Behörde zu erbringen. [2] Die nach Absatz 5 erteilte Erlaubnis erlischt, wenn der erforderliche Sachkundenachweis nicht bis zum Ablauf dieser Frist erbracht wird. [3] Nach Erbringung des Sachkundenachweises ist dem Erlaubnisinhaber eine unbeschränkte Erlaubnis nach § 34f Absatz 1 Satz 1 Nummer 3 zu erteilen. [4] Beschäftigte dieses Erlaubnisinhabers im Sinne des § 34f Absatz 4 Satz 1 sind verpflichtet, bis zum 1. Juli 2016 einen Sachkundenachweis nach § 34f Absatz 2 Nummer 4 zu erwerben.

[1)] **Habersack (vormals Schönfelder) ErgBd. Nr. 32a.**

(7) Gewerbetreibende, die zu Vermögensanlagen im Sinne des § 1 Absatz 2 Nummer 7 des Vermögensanlagengesetzes Anlagevermittlung im Sinne des § 1 Absatz 1a Nummer 1 des Kreditwesengesetzes[1] oder Anlageberatung im Sinne des § 1 Absatz 1a Nummer 1a des Kreditwesengesetzes erbringen wollen, bedürfen bis zum 15. Oktober 2015 keiner Erlaubnis nach § 34f Absatz 1 Satz 1 Nummer 3.

(8) Gewerbetreibende, die zu Vermögensanlagen im Sinne des § 1 Absatz 2 Nummer 8 des Vermögensanlagengesetzes Anlagevermittlung im Sinne des § 1 Absatz 1a Nummer 1 des Kreditwesengesetzes oder Anlageberatung im Sinne des § 1 Absatz 1a Nummer 1a des Kreditwesengesetzes erbringen wollen, bedürfen bis zum 31. Dezember 2021 keiner Erlaubnis nach § 34f Absatz 1 Satz 1 Nummer 3.

§ 158[2] Übergangsregelung zu § 14. Bis zum Inkrafttreten der in § 14 Absatz 14 genannten Rechtsverordnung[3] sind die §§ 14, 55c Satz 2, § 146 Absatz 2 Nummer 2 sowie die Anlagen 1 bis 3 (zu § 14 Absatz 4) in der bis zum 14. Juli 2011 gültigen Fassung anzuwenden.

§ 159[4] Übergangsregelung zu § 34a. (1) Bis zum Ablauf des 31. Mai 2019 ist § 34a Absatz 1 bis 5 in der am 31. Dezember 2018 geltenden Fassung anzuwenden.

(2) Gewerbetreibende sind verpflichtet, bis zum Ablauf des 30. Juni 2019 die in § 11b Absatz 2 Nummer 1, 10 und 11 aufgeführten Daten zu den mit der Leitung des Betriebes oder einer Zweigniederlassung beauftragten Personen und zu den in § 11b Absatz 2 Nummer 3, 10 und 11 aufgeführten Daten zu Wachpersonen der für den Vollzug des § 34a zuständigen Behörde über das Bewacherregister mitzuteilen.

(3) Zur Überprüfung der Zuverlässigkeit von Wachpersonen, die ab dem 1. Juni 2019 mit Aufgaben nach § 34a Absatz 1a Satz 5 beauftragt sind oder werden sollen, fragt die zuständige Behörde bis zum Ablauf des 30. September 2019 eine Stellungnahme nach § 34a Absatz 1a Satz 5 in Verbindung mit Absatz 1 Satz 5 Nummer 4 ab.

§ 160[5] Übergangsregelungen zu den §§ 34c und 34i. (1) Gewerbetreibende, die am 21. März 2016 eine Erlaubnis nach § 34c Absatz 1 Satz 1 haben, welche zur Vermittlung des Abschlusses von Darlehensverträgen berechtigt, und die Verträge über Immobiliardarlehen im Sinne des § 34i Absatz 1 weiterhin vermitteln wollen, müssen bis zum 21. März 2017 eine Erlaubnis als Immobiliardarlehensvermittler nach § 34i Absatz 1 erworben haben und sich selbst sowie die nach § 34i Absatz 8 Nummer 2 einzutragenden Personen registrieren lassen.

(2) Wird die Erlaubnis unter Vorlage der bisherigen Erlaubnisurkunde beantragt, so erfolgt keine Prüfung der Zuverlässigkeit und der Vermögensverhältnisse nach § 34i Absatz 2 Nummer 1 und 2.

---

[1] **Sartorius ErgBd. Nr. 856.**

[2] § 158 angef. mWv 15.7.2011 durch G v. 11.7.2011 (BGBl. I S. 1341).

[3] Siehe die GewerbeanzeigeVO v. 22.7.2014 (BGBl. I S. 1208), zuletzt geänd. durch VO v. 3.7. 2019 (BGBl. I S. 916).

[4] § 159 neu gef. mWv 1.1.2019 durch G v. 29.11.2018 (BGBl. I S. 2666).

[5] § 160 angef. mWv 21.3.2016 durch G v. 11.3.2016 (BGBl. I S. 396).

(3) Personen, die seit dem 21. März 2011 ununterbrochen unselbständig oder selbständig eine Tätigkeit im Sinne des § 34i Absatz 1 Satz 1 ausüben, bedürfen keiner Sachkundeprüfung nach § 34i Absatz 2 Nummer 4, wenn sie bei Beantragung der Erlaubnis nach § 34i Absatz 1 die ununterbrochene Tätigkeit nachweisen können.

(4) [1] Die Erlaubnisse nach § 34c Absatz 1 Satz 1, die zur Vermittlung des Abschlusses von Darlehensverträgen berechtigen, erlöschen für die Vermittlung von Verträgen im Sinne des § 34i Absatz 1 Satz 1 mit der Erteilung der Erlaubnis nach § 34i Absatz 1 Satz 1, spätestens aber zum 21. März 2017. [2] Bis zu diesem Zeitpunkt gelten diese Erlaubnisse als Erlaubnis nach § 34i Absatz 1 Satz 1.

(5) [1] Beschäftigte im Sinne des § 34i Absatz 6 sind verpflichtet, bis zum 21. März 2017 einen Sachkundenachweis nach § 34i Absatz 2 Nummer 4 zu erwerben. [2] Absatz 3 ist entsprechend anzuwenden.

(6) Bis zur Erteilung der Erlaubnis nach § 34i Absatz 1 findet das Verfahren des § 11a Absatz 4 auf Gewerbetreibende im Sinne des Absatzes 1 keine Anwendung.

§ 161[1)] Übergangsregelung zu § 34c Absatz 1 Satz 1 Nummer 4. Gewerbetreibende, die vor dem 1. August 2018 Wohnimmobilien verwaltet haben und diese Tätigkeit nach dem 1. August 2018 weiterhin ausüben wollen, sind verpflichtet, bis zum 1. März 2019 eine Erlaubnis nach § 34c Absatz 1 Satz 1 Nummer 4 zu beantragen.

Anl. 1–3.[2)] *(aufgehoben)*

[1)] § 161 angef. mWv 1.8.2018 durch G v. 17.10.2017 (BGBl. I S. 3562).
[2)] Anl. 1–3 aufgeh. mWv 15.7.2011 durch G v. 11.7.2011 (BGBl. I S. 1341).

35.1. Gesetz zur Verhütung und Bekämpfung von Infektionskrankheiten beim Menschen (Infektionsschutzgesetz – IfSG)[1) 2) 3)]

Vom 20. Juli 2000
(BGBl. I S. 1045)

FNA 2126-13

zuletzt geänd. durch Art. 2b Vierzehntes G zur Änd. des ArzneimittelG v. 29.8.2005 (BGBl. I S. 2570), § 3 Abs. 4 G über den Übergang auf das neue Lebensmittel- und Futtermittelrecht v. 1.9.2005 (BGBl. I S. 2618), Art. 9 G zur Förderung ganzjähriger Beschäftigung v. 24.4.2006 (BGBl. I S. 926), Art. 5 G zur Änd. von Vorschriften des Sozialen Entschädigungsrechts und des G über einen Ausgleich für Dienstbeschädigungen im Beitrittsgebiet v. 19.6.2006 (BGBl. I S. 1305), Art. 57 Neunte ZuständigkeitsanpassungsVO v. 31.10.2006 (BGBl. I S. 2407), Art. 6 Abs. 1 GewebeG v. 20.7.2007 (BGBl. I S. 1574), Art. 3 G zu den Internationalen Gesundheitsvorschriften (2005) (IGV) v. 20.7.2007 (BGBl. II S. 930 iVm Bek. v. 1.10.2007, BGBl. II S. 1528), Art. 2 G zur Änd. des BundesversorgungsG und anderer Vorschriften des Sozialen Entschädigungsrechts v. 13.12.2007 (BGBl. I S. 2904), Art. 16 FGG-ReformG v. 17.12.2008 (BGBl. I S. 2586), Art. 13 G zur Änd. arzneimittelrechtlicher und anderer Vorschriften v. 17.7.2009 (BGBl. I S. 1990), Art. 2a G zur Umsetzung der DienstleistungsRL im Gewerberecht und in weiteren Rechtsvorschriften v. 17.7.2009 (BGBl. I S. 2091), Art. 5 G zur Änd. des BundesversorgungsG und anderer Vorschriften v. 20.6.2011 (BGBl. I S. 1114), Art. 1 G zur Änd. des InfektionsschutzG und weiterer Gesetze v. 28.7.2011 (BGBl. I S. 1622, geänd. durch G v. 10.12. 2015, BGBl. I S. 2229), Art. 3 Gesetz zur Durchführung der Internationalen Gesundheitsvorschriften (2005) und zur Änd. weiterer Gesetze v. 21.3.2013 (BGBl. I S. 566), Art. 5 Abs. 2 G zur Umsetzung des Seearbeitsübereinkommens 2006 der Internationalen Arbeitsorganisation v. 20.4.2013 (BGBl. I S. 868), Art. 2 Abs. 36, Art. 4 Abs. 21 G zur Strukturreform des Gebührenrechts des Bundes v. 7.8.2013 (BGBl. I S. 3154, Art. 4 Abs. 21 dieses G aufgeh. durch Art. 2 G v. 18.7.2016, BGBl. I S. 1666), Art. 8 PräventionsG v. 17.7.2015 (BGBl. I S. 1368), Art. 70 Zehnte ZuständigkeitsanpassungsVO v. 31.8. 2015 (BGBl. I S. 1474), Art. 6a KrankenhausstrukturG v. 10.12.2015 (BGBl. I S. 2229), Art. 41 Zweites G über die weitere Bereinigung von Bundesrecht v. 8.7.2016 (BGBl. I S. 1594), Art. 4 Abs. 20 G zur Aktualisierung der Strukturreform des Gebührenrechts des Bundes v. 18.7.2016 (BGBl. I S. 1666, geänd. durch G v. 17.7.2017, BGBl. I S. 2615), Art. 1 G zur Modernisierung der epidemiologischen Überwachung übertragbarer Krankheiten v. 17.7.2017 (BGBl. I S. 2615), Art. 6 Pflegepersonal-StärkungsG v. 11.12.2018 (BGBl. I S. 2394), Art. 14b Terminservice- und VersorgungsG v. 6.5.2019 (BGBl. I S. 646), Art. 31 Bundeswehr-EinsatzbereitschaftsstärkungsG v. 4.8.2019 (BGBl. I S. 1147), Art. 18a G für mehr Sicherheit in der Arzneimittelversorgung v. 9.8.2019 (BGBl. I S. 1202), Art. 30 Zweites Datenschutz-Anpassungs- und UmsetzungsG EU v. 20.11.2019 (BGBl. I S. 1626), Art. 46 G zur Regelung des Sozialen Entschädigungsrechts v. 12.12.2019 (BGBl. I S. 2652), Art. 1 MasernschutzG v. 10.2.2020 (BGBl. I S. 148), Art. 1, 2, 3 G zum Schutz der Bevölkerung bei einer epidemischen Lage von nationaler Tragweite v. 27.3.2020 (BGBl. I S. 587, geänd. durch G v. 18.11.2020, BGBl. I S. 2397, geänd. durch G v. 29.3.2021 BGBl. I S. 370), Art. 1, 2 Zweites G zum Schutz der Bevölkerung bei einer epidemischen Lage von nationaler Tragweite v. 19.5.2020 (BGBl. I S. 1018, geänd. durch G v. 18.11. 2020, BGBl. I S. 2397), Art. 98 Elfte ZuständigkeitsanpassungsVO v. 19.6.2020 (BGBl. I S. 1328), Art. 5 Corona-SteuerhilfeG v. 19.6.2020 (BGBl. I S. 1385), Art. 1, 2 Drittes G zum Schutz der Bevölkerung bei einer epidemischen Lage von nationaler Tragweite v. 18.11.2020 (BGBl. I S. 2397, geänd. durch G v. 29.3.2021 BGBl. I S. 370), Art. 4a G über eine einmalige Sonderzahlung aus Anlass der COVID-19-

---

[1)] Verkündet als Art. 1 SeuchenrechtsneuordnungsG v. 20.7.2000 (BGBl. I S. 1045); Inkrafttreten gem. Art. 5 Abs. 1 Satz 1 dieses G am 1.1.2001 mit Ausnahme von §§ 37 und 38, die gem. Art. 5 Abs. 2 dieses G am 26.7.2000 in Kraft getreten sind.

[2)] Die Änderungen durch G v. 12.12.2019 (BGBl. I S. 2652) treten erst **mWv 1.1.2024** in Kraft und die Änderungen durch G v. 27.9.2021 (BGBl. I S. 4530) treten erst **mWv 28.1.2022** in Kraft und sind im Text noch nicht berücksichtigt.

[3)] Zu abweichendem Landesrecht siehe:
– **Baden-Württemberg:** Abweichungen im PolizeiG mWv 29.11.2012; vgl. Hinweis v. 21.12.2012 (BGBl. I S. 2726)
– **Bremen:** Abweichungen im Infektionskrankheiten-BehandlungsG mWv 26.3.2015; vgl. Hinweis v. 18.5.2015 (BGBl. I S. 700).

Pandemie an Besoldungs- und Wehrsoldempfänger v. 21.12.2020 (BGBl. I S. 3136), Art. 1 G zur Fortgeltung der die epidemische Lage von nationaler Tragweite betreffenden Regelungen v. 29.3.2021 (BGBl. I S. 370), Art. 1 Viertes G zum Schutz der Bevölkerung bei einer epidemischen Lage von nationaler Tragweite v. 22.4.2021 (BGBl. I S. 802), Art. 6 G zur Verbesserung des Schutzes von Gerichtsvollziehern vor Gewalt sowie zur Änd. weiterer zwangsvollstreckungsrechtlicher Vorschriften und zur Änd. des InfektionsschutzG v. 7.5.2021 (BGBl. I S. 850), Art. 1 Zweites G zur Änd. des InfektionsschutzG und weiterer Gesetze v. 28.5.2021 (BGBl. I S. 1174), Art. 9 G zur Vereinheitlichung des Stiftungsrechts und zur Änd. des InfektionsschutzG v. 16.7.2021 (BGBl. I S. 2947), Art. 6 Viertes G zur Änd. des Lebensmittel- und Futtermittelgesetzbuches sowie anderer Vorschriften v. 27.7.2021 (BGBl. I S. 3274), Art. 12 AufbauhilfeG 2021 v. 10.9.2021 (BGBl. I S. 4147) und Art. 8 Abs. 8 G zum Erlass eines Tierarzneimittelgesetzes und zur Anpassung arzneimittelrechtlicher und anderer Vorschriften v. 27.9.2021 (BGBl. I S. 4530)

Inhaltsübersicht[1]

---

[1] Inhaltsübersicht geänd. mWv 1.8.2007 durch G v. 20.7.2007 (BGBl. I S. 1574); mWv 28.12.2009 durch G v. 17.7.2009 (BGBl. I S. 2091); mWv 4.8.2011 durch G v. 28.7.2011 (BGBl. I S. 1622); mWv 29.3.2013 durch G v. 21.3.2013 (BGBl. I S. 566); mWv 1.8.2013 durch G v. 20.4.2013 (BGBl. I S. 868); mWv 15.8.2013 durch G v. 7.8.2013 (BGBl. I S. 3154); mWv 25.7.2015 durch G v. 17.7.2015 (BGBl. I S. 1368); geänd. mWv 1.10.2021 durch G v. 18.7.2016 (BGBl. I S. 1666, geänd. durch G v. 17.7.2017, BGBl. I S. 2615); geänd. mWv 25.7.2017 durch G v. 17.7.2017 (BGBl. I S. 2615); geänd. mWv 26.11. 2019 durch G v. 20.11.2019 (BGBl. I S. 1626); geänd. mWv 1.3.2020 durch G v. 10.2.2020 (BGBl. I S. 148); geänd. mWv 28.3.2020 durch G v. 27.3.2020 (BGBl. I S. 587); geänd. mWv 23.5.2020 durch G v. 19.5.2020 (BGBl. I S. 1018); geänd. mWv 19.11.2020 durch G v. 18.11.2020 (BGBl. I S. 2397); geänd. mWv 31.3.2021 durch G v. 29.3.2021 (BGBl. I S. 370); geänd. mWv 23.4.2021 durch G v. 22.4. 2021 (BGBl. I S. 802); geänd. mWv 1.6.2021 durch G v. 28.5.2021 (BGBl. I S. 1174); sie wurde nichtamtlich an die Änderungen durch G v. 11.12.2018 (BGBl. I S. 2394) angepasst.

2. Infektion
die Aufnahme eines Krankheitserregers und seine nachfolgende Entwicklung oder Vermehrung im menschlichen Organismus,
3. übertragbare Krankheit
eine durch Krankheitserreger oder deren toxische Produkte, die unmittelbar oder mittelbar auf den Menschen übertragen werden, verursachte Krankheit,
3a. bedrohliche übertragbare Krankheit
eine übertragbare Krankheit, die auf Grund klinisch schwerer Verlaufsformen oder ihrer Ausbreitungsweise eine schwerwiegende Gefahr für die Allgemeinheit verursachen kann,
4. Kranker
eine Person, die an einer übertragbaren Krankheit erkrankt ist,
5. Krankheitsverdächtiger
eine Person, bei der Symptome bestehen, welche das Vorliegen einer bestimmten übertragbaren Krankheit vermuten lassen,
6. Ausscheider
eine Person, die Krankheitserreger ausscheidet und dadurch eine Ansteckungsquelle für die Allgemeinheit sein kann, ohne krank oder krankheitsverdächtig zu sein,
7. Ansteckungsverdächtiger
eine Person, von der anzunehmen ist, dass sie Krankheitserreger aufgenommen hat, ohne krank, krankheitsverdächtig oder Ausscheider zu sein,
8. nosokomiale Infektion
eine Infektion mit lokalen oder systemischen Infektionszeichen als Reaktion auf das Vorhandensein von Erregern oder ihrer Toxine, die im zeitlichen Zusammenhang mit einer stationären oder einer ambulanten medizinischen Maßnahme steht, soweit die Infektion nicht bereits vorher bestand,
9. Schutzimpfung
die Gabe eines Impfstoffes mit dem Ziel, vor einer übertragbaren Krankheit zu schützen,
10. andere Maßnahme der spezifischen Prophylaxe
die Gabe von Antikörpern (passive Immunprophylaxe) oder die Gabe von Medikamenten (Chemoprophylaxe) zum Schutz vor Weiterverbreitung bestimmter übertragbarer Krankheiten,
11. Impfschaden
die gesundheitliche und wirtschaftliche Folge einer über das übliche Ausmaß einer Impfreaktion hinausgehenden gesundheitlichen Schädigung durch die Schutzimpfung; ein Impfschaden liegt auch vor, wenn mit vermehrungsfähigen Erregern geimpft wurde und eine andere als die geimpfte Person geschädigt wurde,
12. Gesundheitsschädling
ein Tier, durch das Krankheitserreger auf Menschen übertragen werden können,
13. Sentinel-Erhebung
eine epidemiologische Methode zur stichprobenartigen Erfassung der Verbreitung bestimmter übertragbarer Krankheiten und der Immunität gegen bestimmte übertragbare Krankheiten in ausgewählten Bevölkerungsgruppen,
14. Gesundheitsamt

die nach Landesrecht für die Durchführung dieses Gesetzes bestimmte und mit einem Amtsarzt besetzte Behörde,

15. Leitung der Einrichtung
die Person, die mit den Leitungsaufgaben in der jeweiligen Einrichtung beauftragt ist; das betrifft auch
    a) die selbständig tätige Person für ihren Zuständigkeitsbereich selbst,
    b) die Person, die einrichtungsübergreifend mit den Leitungsaufgaben beauftragt ist,
16. personenbezogene Angabe
Name und Vorname, Geschlecht, Geburtsdatum, Anschrift der Hauptwohnung oder des gewöhnlichen Aufenthaltsortes und, falls abweichend, Anschrift des derzeitigen Aufenthaltsortes der betroffenen Person sowie, soweit vorliegend, Telefonnummer und E-Mail-Adresse,
17. Risikogebiet
ein Gebiet außerhalb der Bundesrepublik Deutschland, für das vom Bundesministerium für Gesundheit im Einvernehmen mit dem Auswärtigen Amt und dem Bundesministerium des Innern, für Bau und Heimat ein erhöhtes Risiko für eine Infektion mit einer bestimmten bedrohlichen übertragbaren Krankheit festgestellt wurde; die Einstufung als Risikogebiet erfolgt erst mit Ablauf des ersten Tages nach Veröffentlichung der Feststellung durch das Robert Koch-Institut im Internet unter der Adresse https://www.rki.de/risikogebiete.

§ 3 Prävention durch Aufklärung. [1]Die Information und Aufklärung der Allgemeinheit über die Gefahren übertragbarer Krankheiten und die Möglichkeiten zu deren Verhütung sind eine öffentliche Aufgabe. [2]Insbesondere haben die nach Landesrecht zuständigen Stellen über Möglichkeiten des allgemeinen und individuellen Infektionsschutzes sowie über Beratungs-, Betreuungs- und Versorgungsangebote zu informieren.

2. Abschnitt.[1)] Koordinierung und epidemische Lage von nationaler Tragweite

§ 4[2)] Aufgaben des Robert Koch-Institutes. (1) [1]Das Robert Koch-Institut ist die nationale Behörde zur Vorbeugung übertragbarer Krankheiten sowie zur frühzeitigen Erkennung und Verhinderung der Weiterverbreitung von Infektionen. [2]Dies schließt die Entwicklung und Durchführung epidemiologischer und laborgestützter Analysen sowie Forschung zu Ursache, Diagnostik und Prävention übertragbarer Krankheiten ein. [3]Es arbeitet mit den jeweils zuständigen Bundesbehörden, den zuständigen Landesbehörden, den nationalen Referenzzentren, weiteren wissenschaftlichen Einrichtungen und Fachgesellschaften zu-

---

[1)] 2. Abschnitt Überschrift neu gef. mWv 28.3.2020 durch G v. 27.3.2020 (BGBl. I S. 587).

[2)] § 4 Abs. 1 Satz 3 geänd. mWv 1.11.2002 durch G v. 6.8.2002 (BGBl. I S. 3082); Abs. 1 Satz 4 geänd. mWv 6.9.2005 durch G v. 29.8.2005 (BGBl. I S. 2570); Abs. 2 Nr. 2 Buchst. b neu gef. mWv 4.8.2011 durch G v. 28.7.2011 (BGBl. I S. 1622); Abs. 1 Satz 5 geänd., Abs. 2 Nr. 2–5 neu gef., Abs. 3 angef. mWv 25.7.2017 durch G v. 17.7.2017 (BGBl. I S. 2615); Abs. 1 Sätze 3–5 neu gef., Satz 6 angef., Abs. 3 neu gef. mWv 1.3.2020 durch G v. 10.2.2020 (BGBl. I S. 148); Abs. 1 neu gef., Abs. 1a eingef. *mWv 28.3.2020 durch G v. 27.3.2020* (BGBl. I S. 587); Abs. 1 Satz 7 angef. mWv 23.5.2020 durch G v. 19.5.2020 (BGBl. I S. 1018); Abs. 1 Satz 7 und Abs. 3 Satz 4 geänd. mWv 19.11.2020 durch G v. 18.11.2020 (BGBl. I S. 2397); Abs. 1 Satz 4 geänd. mWv 10.8.2021 durch G v. 27.7.2021 (BGBl. I S. 3274).

sammen. [4] Auf dem Gebiet der Zoonosen und mikrobiell bedingten Lebensmittelvergiftungen sind das Bundesamt für Verbraucherschutz und Lebensmittelsicherheit, das Bundesinstitut für Risikobewertung, sofern es sich um Aufgaben der Risikobewertung handelt, und das Friedrich-Loeffler-Institut zu beteiligen. [5] Auf Ersuchen der zuständigen obersten Landesgesundheitsbehörde kann das Robert Koch-Institut den zuständigen Stellen bei Maßnahmen zur Überwachung, Verhütung und Bekämpfung von bedrohlichen übertragbaren Krankheiten, auf Ersuchen mehrerer zuständiger oberster Landesgesundheitsbehörden auch länderübergreifend, Amtshilfe leisten. [6] Soweit es zur Erfüllung dieser Amtshilfe erforderlich ist, darf es personenbezogene Daten verarbeiten. [7] Beim Robert Koch-Institut wird eine Kontaktstelle für den öffentlichen Gesundheitsdienst der Länder eingerichtet, die die Amtshilfe nach Satz 5 und die Zusammenarbeit mit den zuständigen Landesbehörden und die Zusammenarbeit bei der Umsetzung des elektronischen Melde- und Informationssystems nach § 14 innerhalb der vom gemeinsamen Planungsrat nach § 14 Absatz 1 Satz 7 getroffenen Leitlinien koordiniert.

(1a) [1] Das Bundesministerium für Gesundheit legt dem Deutschen Bundestag nach Beteiligung des Bundesrates bis spätestens zum 31. März 2021 einen Bericht zu den Erkenntnissen aus der durch das neuartige Coronavirus SARS-CoV-2 verursachten Epidemie vor. [2] Der Bericht beinhaltet Vorschläge zur gesetzlichen, infrastrukturellen und personellen Stärkung des Robert Koch-Instituts sowie gegebenenfalls zusätzlicher Behörden zur Erreichung des Zwecks dieses Gesetzes.

(2) Das Robert Koch-Institut

1. erstellt im Benehmen mit den jeweils zuständigen Bundesbehörden für Fachkreise als Maßnahme des vorbeugenden Gesundheitsschutzes Richtlinien, Empfehlungen, Merkblätter und sonstige Informationen zur Vorbeugung, Erkennung und Verhinderung der Weiterverbreitung übertragbarer Krankheiten,
2. wertet die Daten zu meldepflichtigen Krankheiten und meldepflichtigen Nachweisen von Krankheitserregern, die ihm nach diesem Gesetz und nach § 11 Absatz 5, § 16 Absatz 4 des IGV-Durchführungsgesetzes übermittelt worden sind, infektionsepidemiologisch aus,
3. stellt die Ergebnisse der infektionsepidemiologischen Auswertungen den folgenden Behörden und Institutionen zur Verfügung:
   a) den jeweils zuständigen Bundesbehörden,
   b) dem Kommando Sanitätsdienst der Bundeswehr,
   c) den obersten Landesgesundheitsbehörden,
   d) den Gesundheitsämtern,
   e) den Landesärztekammern,
   f) dem Spitzenverband Bund der Krankenkassen,
   g) der Kassenärztlichen Bundesvereinigung,
   h) dem Institut für Arbeitsschutz der Deutschen Gesetzlichen Unfallversicherung und
   i) der Deutschen Krankenhausgesellschaft,
4. veröffentlicht die Ergebnisse der infektionsepidemiologischen Auswertungen periodisch und

5. unterstützt die Länder und sonstigen Beteiligten bei ihren Aufgaben im Rahmen der epidemiologischen Überwachung nach diesem Gesetz.

(3) [1]Das Robert Koch-Institut arbeitet zu den in § 1 Absatz 1 genannten Zwecken mit ausländischen Stellen und supranationalen Organisationen sowie mit der Weltgesundheitsorganisation und anderen internationalen Organisationen zusammen. [2]Im Rahmen dieser Zusammenarbeit stärkt es deren Fähigkeiten, insbesondere einer möglichen grenzüberschreitenden Ausbreitung von übertragbaren Krankheiten vorzubeugen, entsprechende Gefahren frühzeitig zu erkennen und Maßnahmen zur Verhinderung einer möglichen grenzüberschreitenden Weiterverbreitung einzuleiten. [3]Die Zusammenarbeit kann insbesondere eine dauerhafte wissenschaftliche Zusammenarbeit mit Einrichtungen in Partnerstaaten, die Ausbildung von Personal der Partnerstaaten sowie Unterstützungsleistungen im Bereich der epidemiologischen Lage- und Risikobewertung und des Krisenmanagements umfassen, auch verbunden mit dem Einsatz von Personal des Robert Koch-Institutes im Ausland. [4]Soweit es zur Abwendung von Gefahren von Dritten und zum Schutz von unmittelbar Betroffenen im Rahmen der frühzeitigen Erkennung und Verhinderung der Weiterverbreitung von bedrohlichen übertragbaren Krankheiten, der Unterstützung bei der Ausbruchsuntersuchung und -bekämpfung, der Kontaktpersonennachverfolgung oder der medizinischen Evakuierung von Erkrankten und Ansteckungsverdächtigen erforderlich ist, darf das Robert Koch-Institut im Rahmen seiner Aufgaben nach den Sätzen 1 bis 3 personenbezogene Daten verarbeiten.

§ 5[1)] [2)] Epidemische Lage von nationaler Tragweite. (1) [1]Der Deutsche Bundestag kann eine epidemische Lage von nationaler Tragweite feststellen, wenn die Voraussetzungen nach Satz 6 vorliegen. [2]Der Deutsche Bundestag hebt die Feststellung der epidemischen Lage von nationaler Tragweite wieder auf, wenn die Voraussetzungen nach Satz 6 nicht mehr vorliegen. [3]Die Feststellung nach Satz 1 gilt als nach Satz 2 aufgehoben, sofern der Deutsche Bundestag nicht spätestens drei Monate nach der Feststellung nach Satz 1 das Fortbestehen der epidemischen Lage von nationaler Tragweite feststellt; dies gilt entsprechend, sofern der Deutsche Bundestag nicht spätestens drei Monate nach der Feststellung des Fortbestehens der epidemischen Lage von nationaler Tragweite das Fortbestehen erneut feststellt. [4]Die Feststellung des Fortbestehens

---

[1)] § 5 neu gef. mWv 28.3.2020 durch G v. 27.3.2020 (BGBl. I S. 587); Abs. 2 Satz 1 Nr. 4 einl. Satzteil neu gef., Buchst. f geänd., Nr. 6 neu gef., Nr. 7 Buchst. b geänd., Buchst. c und d angef., Nr. 8 Buchst. c geänd., Nr. 9, 10 und Satz 2 angef., Abs. 3 Sätze 3 und 4 eingef., bish. Satz 3 wird Satz 5, Abs. 4 Satz 2 neu gef., Satz 3 eingef., bish. Sätze 3 und 4 werden Sätze 4 und 5, Abs. 7 Satz 3 angef. mWv 23.5. 2020 durch G v. 19.5.2020 (BGBl. I S. 1018); Abs. 1 neu gef., Abs. 2 Satz 1 Nr. 1–3 aufgeh., Nr. 9 geänd., Abs. 8 angef. mWv 19.11.2020 durch G v. 18.11.2020 (BGBl. I S. 2397); Abs. 1 Sätze 1, 2 geänd., Sätze 3, 4 eingef., bish. Sätze 3–5 werden Sätze 5–7, Abs. 2 Satz 1 Nr. 4 einl. Satzteil, Buchst. f, Nr. 7 einl. Satzteil, Buchst. b, c, d geänd., Buchst. e, f angef., Nr. 8 einl. Satzteil, Nr. 10 einl. Satzteil geänd., Buchst. b neu gef., Buchst. c eingef., bish. Buchst. c–e werden Buchst. d–f, Abs. 3 Satz 1 aufgeh., bish. Sätze 2–4 werden Sätze 1–3, bish Satz 5 wird Satz 4 und geänd., Abs. 4 Sätze 1–4 geänd., Abs. 9 angef. mWv 31.3.2021 durch G v. 29.3.2021 (BGBl. I S. 370); Abs. 2 Satz 1 Nr. 4 Buchst. a, Nr. 7 Buchst. f geänd., Buchst. g angef., Abs. 4 neu gef. mWv 1.6.2021 durch G v. 28.5.2021 (BGBl. I S. 1174).

[2)] Siehe hierzu ua:

AnO gemäß § 5 InfektionsschutzG nach Feststellung einer epidemischen Lage von nationaler Tragweite durch den Deutschen Bundestag v. 8.4.2020 (BAnz AT 09.04.2020 B7), aufgeh. durch AO v. 6.8.2020 (BAnz AT 07.08.2020 B5).

1. das Auftreten der übertragbaren Krankheit, Tatsachen, die auf das Auftreten der übertragbaren Krankheit hinweisen, oder Tatsachen, die zum Auftreten der übertragbaren Krankheit führen können,
2. die getroffenen Maßnahmen und
3. sonstige Informationen, die für die Bewertung der Tatsachen und für die Verhütung und Bekämpfung der übertragbaren Krankheit von Bedeutung sind.

[2] Die zuständige Behörde darf im Rahmen dieser Vorschrift die folgenden personenbezogenen Daten übermitteln

1. zur betroffenen Person:
   a) den Namen und Vornamen,
   b) Tag der Geburt und
   c) Anschrift der Hauptwohnung oder des gewöhnlichen Aufenthaltsortes und
2. den Namen des Meldenden.

[3] Die zuständige Landesbehörde übermittelt die in den Sätzen 1 und 2 genannten Angaben unverzüglich dem Robert Koch-Institut. [4] Darüber hinaus übermittelt die zuständige Landesbehörde dem Robert Koch-Institut auf dessen Anforderung unverzüglich alle ihr vorliegenden Informationen, die für Mitteilungen an die Weltgesundheitsorganisation im Sinne der Artikel 6 bis 12 und 19 Buchstabe c der Internationalen Gesundheitsvorschriften (2005) erforderlich sind. [5] Für die Übermittlungen von den zuständigen Landesbehörden an das Robert Koch-Institut kann das Robert Koch-Institut die technischen Übermittlungsstandards bestimmen. [6] Das Robert Koch-Institut bewertet die ihm übermittelten Angaben nach der Anlage 2 der Internationalen Gesundheitsvorschriften (2005) und nimmt die Aufgaben nach § 4 Absatz 1 Nummer 1 des IGV-Durchführungsgesetzes wahr.

(2) [1] Im Hinblick auf Gefahren biologischen oder unbekannten Ursprungs nach Artikel 2 Absatz 1 Buchstabe a oder d des Beschlusses Nr. 1082/2013/EU des Europäischen Parlaments und des Rates vom 22. Oktober 2013 zu schwerwiegenden grenzüberschreitenden Gesundheitsgefahren und zur Aufhebung der Entscheidung Nr. 2119/98/EG (ABl. L 293 vom 5.11.2013, S. 1; L 231 vom 4.9.2015, S. 16) übermittelt die zuständige Behörde der zuständigen Landesbehörde unverzüglich alle Angaben, die für Übermittlungen nach den Artikeln 6 bis 9 des Beschlusses Nr. 1082/2013/EU erforderlich sind. [2] Die zuständige Landesbehörde übermittelt diese Angaben unverzüglich dem Robert Koch-Institut. [3] Für die Übermittlung an das Robert Koch-Institut kann das Robert Koch-Institut die technischen Übermittlungsstandards bestimmen. [4] Das Robert Koch-Institut ist in dem in Satz 1 genannten Bereich der Gefahren biologischen oder unbekannten Ursprungs die zuständige nationale Behörde im Sinne der Artikel 6 und 8 bis 10 des Beschlusses Nr. 1082/2013/EU.

(3) Abweichungen von den Regelungen des Verwaltungsverfahrens in Absatz 1 Satz 1 bis 5 und Absatz 2 Satz 1 bis 3 durch Landesrecht sind ausgeschlossen.

§ 13[1)] Weitere Formen der epidemiologischen Überwachung; Verordnungsermächtigung. (1) [1] Zur Überwachung übertragbarer Krankheiten können der Bund und die Länder weitere Formen der epidemiologischen Überwachung durchführen. [2] Bei Erhebungen des Bundes ist den jeweils zuständigen Landesbehörden Gelegenheit zu geben, sich zu beteiligen. [3] Das Bundesministerium für Gesundheit kann im Benehmen mit den jeweils zuständigen obersten Landesgesundheitsbehörden festlegen, welche Krankheiten und Krankheitserreger durch Erhebungen nach Satz 1 überwacht werden.

(2) [1] Das Robert Koch-Institut kann insbesondere nach Absatz 1 zur Überwachung übertragbarer Krankheiten in Zusammenarbeit mit ausgewählten Einrichtungen der Gesundheitsvorsorge oder -versorgung Sentinel-Erhebungen zu Personen, die diese Einrichtungen unabhängig von der Erhebung in Anspruch nehmen, koordinieren und durchführen zur Ermittlung

1. der Verbreitung übertragbarer Krankheiten, wenn diese Krankheiten von großer gesundheitlicher Bedeutung für das Gemeinwohl sind, und
2. des Anteils der Personen, der gegen bestimmte Erreger nicht immun ist, sofern dies notwendig ist, um die Gefährdung der Bevölkerung durch diese Krankheitserreger zu bestimmen.

[2] Die Sentinel-Erhebungen können auch über anonyme unverknüpfbare Testungen an Restblutproben oder anderem geeigneten Material erfolgen. [3] Werden personenbezogene Daten verwendet, die bereits bei der Vorsorge oder Versorgung erhoben wurden, sind diese zu anonymisieren. [4] Daten, die eine Identifizierung der in die Untersuchung einbezogenen Personen erlauben, dürfen nicht erhoben werden. [5] Die obersten Landesgesundheitsbehörden können zusätzliche Sentinel-Erhebungen durchführen.

(3) [1] Für Zwecke weiterer Untersuchungen und der Verwahrung können die in § 23 Absatz 3 Satz 1 genannten Einrichtungen sowie Laboratorien Untersuchungsmaterial und Isolate von Krankheitserregern an bestimmte Einrichtungen der Spezialdiagnostik abliefern, insbesondere an nationale Referenzzentren, an Konsiliarlaboratorien, an das Robert Koch-Institut und an fachlich unabhängige Landeslaboratorien. [2] Die Einrichtungen der Spezialdiagnostik können Untersuchungsmaterial und Isolate von Krankheitserregern für den gleichen Zweck untereinander abliefern. [3] Gemeinsam mit dem abgelieferten Material können pseudonymisierte Falldaten übermittelt werden. [4] Die Ergebnisse der Untersuchungen können an die abliefernden Einrichtungen übermittelt werden sowie pseudonymisiert einem nach § 7 gemeldeten Fall zugeordnet werden. [5] Eine Wiederherstellung des Personenbezugs der übermittelten pseudonymisierten Daten ist für die Einrichtungen der Spezialdiagnostik auszuschließen. [6] Enthält das Untersuchungsmaterial humangenetische Bestandteile, sind angemessene Maßnahmen zu treffen, die eine Identifizierung betroffener Personen verhindern. [7] Humangenetische Analysen des Untersuchungsmaterials sind verboten. [8] Das Bundesministerium für Gesundheit wird ermäch-

---

[1)] § 13 neu gef. mWv 25.7.2017 durch G v. 17.7.2017 (BGBl. I S. 2615); Abs. 2 Satz 4 neu gef. mWv 26.11.2019 durch G v. 20.11.2019 (BGBl. I S. 1626); Abs. 3 neu gef., Abs. 4 und 5 angef. mWv 1.3.2020, Abs. 6 angef. mWv 1.11.2021 durch G v. 10.2.2020 (BGBl. I S. 148); Abs. 3 Satz 4 geänd., Abs. 4 Sätze 2 und 3 eingef., bish. Satz 2 wird Satz 4 und geänd. mWv 23.5.2020 durch G v. 19.5.2020 (BGBl. I S. 1018); Abs. 3 Satz 8 neu gef., Satz 11 geänd., Abs. 4 Satz 2 und Abs. 5 Satz 1 neu gef., Sätze 2 und 3 geänd. mWv 19.11.2020 durch G v. 18.11.2020 (BGBl. I S. 2397); Abs. 3 Satz 8 geänd., Abs. 5 Sätze 2, 3 eingef., bish. Sätze 2, 3 werden Sätze 4, 5 mWv 31.3.2021 durch G v. 29.3.2021 (BGBl. I S. 370).

tigt, durch Rechtsverordnung ohne Zustimmung des Bundesrates festzulegen, dass die Träger der in § 8 Absatz 1 Nummer 2 und 3 genannten Einrichtungen sowie Einrichtungen des öffentlichen Gesundheitsdienstes, in denen Untersuchungsmaterial und Isolate von Krankheitserregern untersucht werden, verpflichtet sind, Untersuchungsmaterial und Isolate von Krankheitserregern zum Zwecke weiterer Untersuchungen und der Verwahrung an bestimmte Einrichtungen der Spezialdiagnostik abzuliefern (molekulare und virologische Surveillance). [9] Die Sätze 3 bis 7 gelten entsprechend. [10] In der Rechtsverordnung nach Satz 8 kann insbesondere bestimmt werden,

1. in welchen Fällen die Ablieferung zu erfolgen hat,
2. welche Verfahren bei der Bildung der Pseudonymisierung nach Satz 3 und bei den Maßnahmen nach Satz 6 anzuwenden sind,
3. dass Angaben zu Art und Herkunft des Untersuchungsmaterials sowie zu Zeitpunkt und Umständen der Probennahme zu übermitteln sind und
4. in welchem Verfahren und in welcher Höhe die durch die Ablieferungspflicht entstehenden Kosten für die Vorbereitung, die Verpackung und den Versand der Proben erstattet werden und welcher Kostenträger diese Kosten übernimmt.

[11] Die Länder können zusätzliche Maßnahmen der molekularen und virologischen Surveillance treffen.

(4) [1] Für Zwecke der Überwachung der Verbreitung von Krankheitserregern, insbesondere solcher mit Resistenzen, und der entsprechenden Therapie- und Bekämpfungsmaßnahmen können die in Absatz 3 Satz 1 genannten Einrichtungen untereinander pseudonymisierte Falldaten übermitteln. [2] Das Bundesministerium für Gesundheit wird ermächtigt, durch Rechtsverordnung ohne Zustimmung des Bundesrates festzulegen, dass bestimmte in Absatz 3 Satz 1 genannte Einrichtungen verpflichtet sind, dem Robert Koch-Institut in pseudonymisierter Form einzelfallbezogen folgende Angaben zu übermitteln:

1. Angaben über von ihnen untersuchte Proben in Bezug auf bestimmte Krankheitserreger (Krankheitserregersurveillance) oder
2. Angaben über das gemeinsame Vorliegen von verschiedenen Krankheitszeichen (syndromische Surveillance).

[3] In der Rechtsverordnung kann insbesondere bestimmt werden,

1. welche Angaben innerhalb welcher Fristen zu übermitteln sind,
2. welche Verfahren bei der Bildung der Pseudonymisierung anzuwenden sind und
3. in welchem Verfahren und in welcher Höhe die durch die Übermittlungspflicht entstehenden Kosten erstattet werden und wer diese Kosten trägt.

[4] Eine Wiederherstellung des Personenbezugs der nach Satz 1 oder der auf Grund der Rechtsverordnung nach Satz 2 übermittelten pseudonymisierten Daten ist für den jeweiligen Empfänger der Daten auszuschließen.

(5) [1] Die Kassenärztlichen Vereinigungen und, soweit die Angaben bei ihnen vorliegen, die für die Durchführung von Impfleistungen eingerichteten Impfzentren haben für Zwecke der Feststellung der Inanspruchnahme von Schutzimpfungen und von Impfeffekten (Impfsurveillance) dem Robert Koch-Institut und für Zwecke der Überwachung der Sicherheit von Impfstoffen (Pharmako-

vigilanz) dem Paul-Ehrlich-Institut in von diesen festgelegten Zeitabständen folgende Angaben zu übermitteln:

1. Patienten-Pseudonym,
2. Geburtsmonat und -jahr,
3. Geschlecht,
4. fünfstellige Postleitzahl und Landkreis des Patienten,
5. Landkreis des behandelnden Arztes oder des Impfzentrums,
6. Fachrichtung des behandelnden Arztes,
7. Datum der Schutzimpfung, der Vorsorgeuntersuchung, des Arzt-Patienten-Kontaktes und Quartal der Diagnose,
8. antigenspezifische Dokumentationsnummer der Schutzimpfung, bei Vorsorgeuntersuchungen die Leistung nach dem einheitlichen Bewertungsmaßstab,
9. Diagnosecode nach der Internationalen statistischen Klassifikation der Krankheiten und verwandter Gesundheitsprobleme (ICD), Diagnosesicherheit und Diagnosetyp im Sinne einer Akut- oder Dauerdiagnose,
10. bei Schutzimpfungen gegen Severe-Acute-Respiratory-Syndrome-Coronavirus-2 (SARS-CoV-2) zusätzlich die impfstoffspezifische Dokumentationsnummer, die Chargennummer, die Indikation sowie den Beginn oder den Abschluss der Impfserie.

[2] Das Bundesministerium für Gesundheit wird ermächtigt, durch Rechtsverordnung ohne Zustimmung des Bundesrates zu bestimmen, dass Personen oder Einrichtungen, die für die Durchführung von Schutzimpfungen verantwortlich sind, bestimmte Angaben nach Satz 1 zu von ihnen durchgeführten Schutzimpfungen für Zwecke der Impfsurveillance und der Pharmakovigilanz an das Robert Koch-Institut, an das Paul-Ehrlich-Institut oder an die zuständige Kassenärztliche Vereinigung zu übermitteln haben. [3] Die Kassenärztlichen Vereinigungen sind befugt, die ihnen nach Satz 2 übermittelten Daten zu verarbeiten, soweit es erforderlich ist, um ihre Verpflichtung nach Satz 1 zu erfüllen. [4] Das Robert Koch-Institut bestimmt die technischen Übermittlungsstandards für die im Rahmen der Impfsurveillance und der Pharmakovigilanz zu übermittelnden Daten sowie das Verfahren zur Bildung des Patienten-Pseudonyms nach Satz 1 Nummer 1. [5] Eine Wiederherstellung des Personenbezugs der übermittelten pseudonymisierten Daten ist für das Robert Koch-Institut und das Paul-Ehrlich-Institut auszuschließen.

(6) [1] Für Zwecke der Feststellung einer überdurchschnittlichen Sterblichkeit hat das zuständige Standesamt der zuständigen Landesbehörde spätestens am dritten Arbeitstag nach der Eintragung in das Sterberegister und hat die zuständige Landesbehörde am folgenden Arbeitstag dem Robert Koch-Institut anonymisiert den Tod, die Todeserklärung oder die gerichtliche Feststellung der Todeszeit einer im Inland verstorbenen Person mit folgenden Angaben zu übermitteln (Mortalitätssurveillance):

1. Daten zum übermittelnden Standesamt,
2. Geschlecht der verstorbenen Person,
3. Jahr und Monat der Geburt der verstorbenen Person,
4. Todestag oder Todeszeitraum,
5. Sterbeort,

6. Landkreis oder kreisfreie Stadt des letzten Wohnsitzes der verstorbenen Person.

[2] Für die Übermittlungen von den zuständigen Landesbehörden an das Robert Koch-Institut bestimmt das Robert Koch-Institut die technischen Übermittlungsstandards. [3] Die im Rahmen der Mortalitätssurveillance übermittelten Daten können durch das Robert Koch-Institut anderen obersten und oberen Bundesbehörden für den gleichen Zweck übermittelt werden.

§ 14[1)] Elektronisches Melde- und Informationssystem; Verordnungsermächtigung. (1) [1] Für die Erfüllung der Aufgaben nach Maßgabe der Zwecke dieses Gesetzes richtet das Robert Koch-Institut nach Weisung des Bundesministeriums für Gesundheit und nach Maßgabe der technischen Möglich-

(Fortsetzung nächstes Blatt)

[1)] § 14 neu gef. mWv 25.7.2017 durch G v. 17.7.2017 (BGBl. I S. 2615); Abs. 1 Satz 2 geänd., Abs. 2 Nr. 1 neu gef., Abs. 3 einl. Satzteil, Abs. 4, Abs. 8 Satz 1 Nr. 2 geänd., Nr. 3 neu gef., Satz 2 eingef., bish. Sätze 2, 3 werden Sätze 3, 4 mWv 16.8.2019 durch G v. 9.8.2019 (BGBl. I S. 1202); Abs. 2 einl. Satzteil, Abs. 3 Nr. 2, 4, Abs. 8 Satz 1 Nr. 7 geänd. mWv 26.11.2019 durch G v. 20.11. 2019 (BGBl. I S. 1626); Abs. 1 Satz 3 neu gef., Sätze 4–6 eingef., bish. Satz 4 wird Satz 7, Abs. 8 Sätze 2 und 3 eingef., bish. Sätze 2–4 werden neue Sätze 4–6 mWv 23.5.2020 durch G v. 19.5.2020 (BGBl. I S. 1018); Abs. 1 Satz 2 eingef., bish. Sätze 2–7 werden Sätze 3–8, Abs. 2 Nr. 1 und 2 geänd., Abs. 6 Satz 5 angef., Abs. 8 und 9 neu gef., Abs. 10 angef. mWv 19.11.2020, Abs. 1 Sätze 5 und 6 neu gef. mWv 1.4.2021 durch G v. 18.11.2020 (BGBl. I S. 2397).

(4) [1]Die Landesregierungen werden ermächtigt, unter den nach § 16 sowie nach Absatz 1 maßgebenden Voraussetzungen durch Rechtsverordnung entsprechende Gebote und Verbote zur Verhütung übertragbarer Krankheiten zu erlassen. [2]Sie können die Ermächtigung durch Rechtsverordnung auf andere Stellen übertragen.

(5) [1]Die Landesregierungen können zur Verhütung und Bekämpfung übertragbarer Krankheiten Rechtsverordnungen über die Feststellung und die Bekämpfung von Gesundheitsschädlingen, Krätzmilben und Kopfläusen erlassen. [2]Sie können die Ermächtigung durch Rechtsverordnung auf andere Stellen übertragen. [3]Die Rechtsverordnungen können insbesondere Bestimmungen treffen über

1. die Verpflichtung der Eigentümer von Gegenständen, der Nutzungsberechtigten oder der Inhaber der tatsächlichen Gewalt an Gegenständen sowie der zur Unterhaltung von Gegenständen Verpflichteten,
   a) den Befall mit Gesundheitsschädlingen festzustellen oder feststellen zu lassen und der zuständigen Behörde anzuzeigen,
   b) Gesundheitsschädlinge zu bekämpfen oder bekämpfen zu lassen,
2. die Befugnis und die Verpflichtung der Gemeinden oder der Gemeindeverbände, Gesundheitsschädlinge, auch am Menschen, festzustellen, zu bekämpfen und das Ergebnis der Bekämpfung festzustellen,
3. die Feststellung und Bekämpfung, insbesondere über
   a) die Art und den Umfang der Bekämpfung,
   b) den Einsatz von Fachkräften,
   c) die zulässigen Bekämpfungsmittel und -verfahren,
   d) die Minimierung von Rückständen und die Beseitigung von Bekämpfungsmitteln und
   e) die Verpflichtung, Abschluss und Ergebnis der Bekämpfung der zuständigen Behörde mitzuteilen und das Ergebnis durch Fachkräfte feststellen zu lassen,
4. die Mitwirkungs- und Duldungspflichten, insbesondere im Sinne des § 16 Abs. 2, die den in Nummer 1 genannten Personen obliegen.

(6) § 16 Abs. 5 bis 8 gilt entsprechend.

(7) Die Grundrechte der Freiheit der Person (Artikel 2 Abs. 2 Satz 2 Grundgesetz[1]), der Freizügigkeit (Artikel 11 Abs. 1 Grundgesetz), der Versammlungsfreiheit (Artikel 8 Grundgesetz) und der Unverletzlichkeit der Wohnung (Artikel 13 Abs. 1 Grundgesetz) werden im Rahmen der Absätze 1 bis 5 eingeschränkt.

[1] Nr. **11.1**.

§ 18[1)] Behördlich angeordnete Maßnahmen zur Desinfektion und zur Bekämpfung von Gesundheitsschädlingen, Krätzmilben und Kopfläusen; Verordnungsermächtigung. (1) [1] Zum Schutz des Menschen vor übertragbaren Krankheiten dürfen bei behördlich angeordneten Maßnahmen zur

1. Desinfektion und
2. Bekämpfung von Gesundheitsschädlingen, Krätzmilben oder Kopfläusen

nur Mittel und Verfahren verwendet werden, die von der zuständigen Bundesoberbehörde anerkannt worden sind. [2] Bei Maßnahmen nach Satz 1 Nummer 2 kann die anordnende Behörde mit Zustimmung der zuständigen Bundesoberbehörde zulassen, dass andere Mittel oder Verfahren als die behördlich anerkannten verwendet werden.

(2) Die Mittel und Verfahren werden von der zuständigen Bundesoberbehörde auf Antrag oder von Amts wegen nur anerkannt, wenn sie hinreichend wirksam sind und keine unvertretbaren Auswirkungen auf die menschliche Gesundheit und die Umwelt haben.

(3) [1] Zuständige Bundesoberbehörde für die Anerkennung von Mitteln und Verfahren zur Desinfektion ist das Robert Koch-Institut. [2] Im Anerkennungsverfahren prüft:

1. die Wirksamkeit der Mittel und Verfahren das Robert Koch-Institut,
2. die Auswirkungen der Mittel und Verfahren auf die menschliche Gesundheit das Bundesinstitut für Arzneimittel und Medizinprodukte und
3. die Auswirkungen der Mittel und Verfahren auf die Umwelt das Umweltbundesamt.

[3] Das Robert Koch-Institut erteilt die Anerkennung im Einvernehmen mit dem Bundesinstitut für Arzneimittel und Medizinprodukte und mit dem Umweltbundesamt.

(4) [1] Zuständige Bundesoberbehörde für die Anerkennung von Mitteln und Verfahren zur Bekämpfung von Gesundheitsschädlingen, Krätzmilben und Kopfläusen ist das Umweltbundesamt. [2] Im Anerkennungsverfahren prüft:

1. die Wirksamkeit der Mittel und Verfahren sowie deren Auswirkungen auf die Umwelt das Umweltbundesamt,
2. die Auswirkungen der Mittel und Verfahren auf die menschliche Gesundheit das Bundesinstitut für Arzneimittel und Medizinprodukte, soweit es nach § 77 Absatz 1 des Arzneimittelgesetzes[2)] für die Zulassung zuständig ist,
3. die Auswirkungen der Mittel und Verfahren auf die Gesundheit von Beschäftigten als Anwender die Bundesanstalt für Arbeitsschutz und Arbeitsmedizin,

---

[1)] § 18 Abs. 2 Satz 1 Nr. 2 neu gef., Abs. 2 Satz 3 und Abs. 3 geänd. sowie Abs. 4 Satz 2 und Abs. 5 Satz 2 angef., Abs. 4 Satz 1 und Abs. 5 Satz 1 geänd. mWv 1.11.2002 durch G v. 6.8.2002 (BGBl. I S. 3082); Abs. 4 Satz 1 und Abs. 5 Satz 1 geänd. mWv 28.11.2003 durch VO v. 25.11.2003 (BGBl. I S. 2304); Abs. 4 Sätze 1 und 2 sowie Abs. 5 Sätze 1 und 2 geänd. mWv 8.11.2006 durch VO v. 31.10.2006 (BGBl. I S. 2407); Überschrift geänd., Abs. 3 neu gef., Abs. 4 Sätze 1 und 2 geänd. mWv 15.8.2013 durch G v. 7.8.2013 (BGBl. I S. 3154); Abs. 4 Sätze 1 und 2, Abs. 5 Sätze 1 und 2 geänd. mWv 8.9.2015 durch VO v. 31.8.2015 (BGBl. I S. 1474); Überschrift geänd., Abs. 8 und 9 aufgeh., bish. Abs. 10 wird Abs. 8 mWv 1.10.2021 durch G v. 18.7.2016 (BGBl. I S. 1666; geänd. durch G v. 17.7.2017, BGBl. I S. 2615); Überschrift, Abs. 1 und 2 neu gef., Abs. 3–7 eingef., bish. Abs. 3 wird Abs. 8 und geänd., bish. Abs. 4 wird Abs. 9 und Satz 1 geänd., Satz 2 aufgeh., bish. Abs. 5 wird Abs. 10 und Satz 1 geänd., Satz 2 aufgeh. mWv 25.7.2017 durch G v. 17.7.2017 (BGBl. I S. 2615); Abs. 9, 10 geänd. mWv 27.6.2020 durch VO v. 19.6.2020 (BGBl. I S. 1328).

[2)] **Sartorius ErgBd. Nr. 272.**

wenn die Prüfung nicht nach Nummer 2 dem Bundesinstitut für Arzneimittel und Medizinprodukte zugewiesen ist, und

4. die Auswirkungen der Mittel und Verfahren auf die Gesundheit von anderen als den in Nummer 3 genannten Personen das Bundesinstitut für Risikobewertung, wenn die Prüfung nicht nach Nummer 2 dem Bundesinstitut für Arzneimittel und Medizinprodukte zugewiesen ist.

[3] Das Umweltbundesamt erteilt die Anerkennung im Einvernehmen mit den nach Satz 2 Nummer 2 bis 4 prüfenden Behörden. [4] Sofern Mittel Wirkstoffe enthalten, die in zugelassenen Pflanzenschutzmitteln oder in der Zulassungsprüfung befindlichen Pflanzenschutzmitteln enthalten sind, erfolgt die Anerkennung zusätzlich im Benehmen mit dem Bundesamt für Verbraucherschutz und Lebensmittelsicherheit.

(5) Die Prüfungen können durch eigene Untersuchungen der zuständigen Bundesbehörde oder auf der Grundlage von Sachverständigengutachten, die im Auftrag der zuständigen Bundesbehörde durchgeführt werden, erfolgen.

(6) [1] Die Prüfung der Wirksamkeit der Mittel und Verfahren nach Absatz 1 Satz 1 Nummer 2 ist an den betreffenden Schädlingen unter Einbeziehung von Wirtstieren bei parasitären Nichtwirbeltieren vorzunehmen. [2] Die Prüfung der Wirksamkeit von Mitteln nach Absatz 1 Satz 1 Nummer 2 unterbleibt, sofern die Mittel nach einer der folgenden Vorschriften nach dem Tilgungsprinzip gleichwertig geprüft und zugelassen sind:

1. Verordnung (EU) Nr. 528/2012 des Europäischen Parlaments und des Rates vom 22. Mai 2012 über die Bereitstellung auf dem Markt und die Verwendung von Biozidprodukten (ABl. L 167 vom 27.6.2012, S. 1; L 303 vom 20.11.2015, S. 109), die zuletzt durch die Verordnung (EU) Nr. 334/2014 (ABl. L 103 vom 5.4.2014, S. 22) geändert worden ist,
2. Verordnung (EG) Nr. 1107/2009 des Europäischen Parlaments und des Rates vom 21. Oktober 2009 über das Inverkehrbringen von Pflanzenschutzmitteln und zur Aufhebung der Richtlinien 79/117/EWG und 91/414/EWG des Rates (ABl. L 309 vom 24.11.2009, S. 1), die zuletzt durch die Verordnung (EU) Nr. 652/2014 (ABl. L 189 vom 27.6.2014, S. 1) geändert worden ist, oder
3. Arzneimittelgesetz.

[3] Die Prüfung der Auswirkungen von Mitteln nach Absatz 1 Satz 1 Nummer 1 und 2 auf die menschliche Gesundheit und die Prüfung ihrer Auswirkungen auf die Umwelt unterbleibt, sofern die Mittel oder ihre Biozidwirkstoffe nach einer der in Satz 2 genannten Vorschriften geprüft und zugelassen sind.

(7) [1] Die Anerkennung ist zu widerrufen, wenn die zuständige Bundesoberbehörde davon Kenntnis erlangt, dass eine nach anderen Gesetzen erforderliche Verkehrsfähigkeit für das Mittel oder Verfahren nicht mehr besteht. [2] Sie kann widerrufen werden, insbesondere wenn nach aktuellen Erkenntnissen und Bewertungsmaßstäben die Voraussetzungen nach Absatz 2 nicht mehr erfüllt sind. [3] Die zuständige Bundesoberbehörde führt die jeweils anerkannten Mittel und Verfahren in einer Liste und veröffentlicht die Liste.

(8) Das Bundesministerium für Gesundheit wird ermächtigt, im Einvernehmen mit dem Bundesministerium für Umwelt, Naturschutz und nukleare Sicherheit durch Rechtsverordnung ohne Zustimmung des Bundesrates Einzelheiten des Anerkennungsverfahrens festzulegen.

§ 19[1)] Aufgaben des Gesundheitsamtes in besonderen Fällen. (1) [1]Das Gesundheitsamt bietet bezüglich sexuell übertragbarer Krankheiten und Tuberkulose Beratung und Untersuchung an oder stellt diese in Zusammenarbeit mit anderen medizinischen Einrichtungen sicher. [2]In Bezug auf andere übertragbare Krankheiten kann das Gesundheitsamt Beratung und Untersuchung anbieten oder diese in Zusammenarbeit mit anderen medizinischen Einrichtungen sicherstellen. [3]Die Beratung und Untersuchung sollen für Personen, deren Lebensumstände eine erhöhte Ansteckungsgefahr für sich oder andere mit sich bringen, auch aufsuchend angeboten werden. [4]Im Einzelfall können die Beratung und Untersuchung nach Satz 1 bezüglich sexuell übertragbarer Krankheiten und Tuberkulose die ambulante Behandlung durch eine Ärztin oder einen Arzt umfassen, soweit dies zur Verhinderung der Weiterverbreitung der übertragbaren Krankheit erforderlich ist. [5]Die Angebote können bezüglich sexuell übertragbarer Krankheiten anonym in Anspruch genommen werden, soweit hierdurch die Geltendmachung von Kostenerstattungsansprüchen nicht gefährdet wird. [6]Die zuständigen Behörden können mit den Maßnahmen nach den Sätzen 1 bis 4 Dritte beauftragen.

(2) [1]Soweit die von der Maßnahme betroffene Person gegen einen anderen Kostenträger einen Anspruch auf entsprechende Leistungen hat oder einen Anspruch auf Erstattung der Aufwendungen für entsprechende Leistungen hätte, ist dieser zur Tragung der Sachkosten verpflichtet. [2]Wenn Dritte nach Absatz 1 Satz 6 beauftragt wurden, ist der andere Kostenträger auch zur Tragung dieser Kosten verpflichtet, soweit diese angemessen sind.

§ 20[2)] Schutzimpfungen und andere Maßnahmen der spezifischen Prophylaxe. (1) [1]Die Bundeszentrale für gesundheitliche Aufklärung, die obersten Landesgesundheitsbehörden und die von ihnen beauftragten Stellen sowie die Gesundheitsämter informieren die Bevölkerung zielgruppenspezifisch über die Bedeutung von Schutzimpfungen und andere Maßnahmen der

---

[1)] § 19 Abs. 1 Satz 3 geänd., Abs. 2 neu gef. mWv 11.5.2019 durch G v. 6.5.2019 (BGBl. I S. 646); Abs. 1 neu gef., Abs. 2 Satz 2 angef. mWv 14.5.2020 durch G v. 19.5.2020 (BGBl. I S. 1018).

[2)] § 20 Abs. 2 Sätze 2, 4 und 5, Abs. 4 Satz 1, Abs. 6 Satz 1 und Abs. 7 Satz 1 geänd. mWv 28.11. 2003 durch VO v. 25.11.2003 (BGBl. I S. 2304); Abs. 2 Sätze 2, 4 und 5, Abs. 4 Satz 1, Abs. 6 Satz 1 und Abs. 7 Satz 1 geänd. mWv 8.11.2006 durch VO v. 31.10.2006 (BGBl. I S. 2407); Abs. 5 Sätze 2–4 angef. mWv 11.5.2019 durch G v. 6.5.2019 (BGBl. I S. 646); Abs. 4 aufgeh. mWv 16.8.2019 durch G v. 9.8.2019 (BGBl. I S. 1202); Abs. 1, 4, 6 Satz 2 neu gef., Abs. 6 Satz 3 aufgeh., bish. Satz 4 wird Satz 3, Abs. 7 Satz 3 aufgeh., Abs. 8–14 angef. mWv 1.3.2020 durch G v. 10.2.2020 (BGBl. I S. 148); Abs. 12 Satz 5 geänd. mWv 19.11.2020 durch G v. 18.11.2020 (BGBl. I S. 2397); Abs. 2a eingef., Abs. 10 Sätze 1, 2, Abs. 11 Satz 1 Nr. 2 geänd. mWv 31.3.2021 durch G v. 29.3.2021 (BGBl. I S. 370).

gungen zu betreten. [2] Unter den Voraussetzungen von Satz 1 kann die zuständige Behörde Veranstaltungen oder sonstige Ansammlungen von Menschen beschränken oder verbieten und Badeanstalten oder in § 33 genannte Gemeinschaftseinrichtungen oder Teile davon schließen. [3] Eine Heilbehandlung darf nicht angeordnet werden. [4] Die Grundrechte der körperlichen Unversehrtheit (Artikel 2 Absatz 2 Satz 1 des Grundgesetzes[1)]), der Freiheit der Person (Artikel 2 Absatz 2 Satz 2 des Grundgesetzes), der Versammlungsfreiheit (Artikel 8 des Grundgesetzes), der Freizügigkeit (Artikel 11 Absatz 1 des Grundgesetzes) und der Unverletzlichkeit der Wohnung (Artikel 13 Absatz 1 des Grundgesetzes) werden insoweit eingeschränkt.

(2) Wird festgestellt, dass eine Person in einer Gemeinschaftseinrichtung an Masern erkrankt, dessen verdächtig oder ansteckungsverdächtig ist, kann die zuständige Behörde Personen, die weder einen Impfschutz, der den Empfehlungen der Ständigen Impfkommission entspricht, noch eine Immunität gegen Masern durch ärztliches Zeugnis nachweisen können, die in § 34 Absatz 1 Satz 1 und 2 genannten Verbote erteilen, bis eine Weiterverbreitung der Krankheit in der Gemeinschaftseinrichtung nicht mehr zu befürchten ist.

(3) Für Maßnahmen nach den Absätzen 1 und 2 gilt § 16 Abs. 5 bis 8, für ihre Überwachung außerdem § 16 Abs. 2 entsprechend.

§ 28a[2)] Besondere Schutzmaßnahmen zur Verhinderung der Verbreitung der Coronavirus-Krankheit-2019 (COVID-19) (1) Notwendige Schutzmaßnahmen im Sinne des § 28 Absatz 1 Satz 1 und 2 zur Verhinderung der Verbreitung der Coronavirus-Krankheit-2019 (COVID-19) können für die Dauer der Feststellung einer epidemischen Lage von nationaler Tragweite nach § 5 Absatz 1 Satz 1 durch den Deutschen Bundestag insbesondere sein

1. Anordnung eines Abstandsgebots im öffentlichen Raum,
2. Verpflichtung zum Tragen einer Mund-Nasen-Bedeckung (Maskenpflicht),

2a. Verpflichtung zur Vorlage eines Impf-, Genesenen- oder Testnachweises.[3)]

3. Ausgangs- oder Kontaktbeschränkungen im privaten sowie im öffentlichen Raum,
4. Verpflichtung zur Erstellung und Anwendung von Hygienekonzepten für Betriebe, Einrichtungen oder Angebote mit Publikumsverkehr,
5. Untersagung oder Beschränkung von Freizeitveranstaltungen und ähnlichen Veranstaltungen,
6. Untersagung oder Beschränkung des Betriebs von Einrichtungen, die der Freizeitgestaltung zuzurechnen sind,
7. Untersagung oder Beschränkung von Kulturveranstaltungen oder des Betriebs von Kultureinrichtungen,
8. Untersagung oder Beschränkung von Sportveranstaltungen und der Sportausübung,

---

1) Nr. **11.1**.

2) § 28a eingef. mWv 19.11.2020 durch G v. 18.11.2020 (BGBl. I S. 2397); Abs. 3 Sätze 1, 8 geänd., Satz 12 eingef., bish. Satz 12 wird Satz 13 mWv 31.3.2021 durch G v. 29.3.2021 (BGBl. I S. 370); Abs. 1 Nr. 2a eingef., Abs. 3 Sätze 2–8 neu gef., Sätze 9–13 aufgeh., Abs. 7 Satz 1 geänd., Satz 2 angef. mWv 15.9.2021 durch G v. 10.9.2021 (BGBl. I S. 4147).

3) Zeichensetzung amtlich.

9. umfassendes oder auf bestimmte Zeiten beschränktes Verbot der Alkoholabgabe oder des Alkoholkonsums auf bestimmten öffentlichen Plätzen oder in bestimmten öffentlich zugänglichen Einrichtungen,
10. Untersagung von oder Erteilung von Auflagen für das Abhalten von Veranstaltungen, Ansammlungen, Aufzügen, Versammlungen sowie religiösen oder weltanschaulichen Zusammenkünften,
11. Untersagung oder Beschränkung von Reisen; dies gilt insbesondere für touristische Reisen,
12. Untersagung oder Beschränkung von Übernachtungsangeboten,
13. Untersagung oder Beschränkung des Betriebs von gastronomischen Einrichtungen,
14. Schließung oder Beschränkung von Betrieben, Gewerben, Einzel- oder Großhandel,
15. Untersagung oder Beschränkung des Betretens oder des Besuchs von Einrichtungen des Gesundheits- oder Sozialwesens,
16. Schließung von Gemeinschaftseinrichtungen im Sinne von § 33, Hochschulen, außerschulischen Einrichtungen der Erwachsenenbildung oder ähnlichen Einrichtungen oder Erteilung von Auflagen für die Fortführung ihres Betriebs oder
17. Anordnung der Verarbeitung der Kontaktdaten von Kunden, Gästen oder Veranstaltungsteilnehmern, um nach Auftreten einer Infektion mit dem Coronavirus SARS-CoV-2 mögliche Infektionsketten nachverfolgen und unterbrechen zu können.

(2) [1]Die Anordnung der folgenden Schutzmaßnahmen nach Absatz 1 in Verbindung mit § 28 Absatz 1 ist nur zulässig, soweit auch bei Berücksichtigung aller bisher getroffenen anderen Schutzmaßnahmen eine wirksame Eindämmung der Verbreitung der Coronavirus-Krankheit-2019 (COVID-19) erheblich gefährdet wäre:

1. Untersagung von Versammlungen oder Aufzügen im Sinne von Artikel 8 des Grundgesetzes[1)] und von religiösen oder weltanschaulichen Zusammenkünften nach Absatz 1 Nummer 10,
2. Anordnung einer Ausgangsbeschränkung nach Absatz 1 Nummer 3, nach der das Verlassen des privaten Wohnbereichs nur zu bestimmten Zeiten oder zu bestimmten Zwecken zulässig ist, und
3. Untersagung des Betretens oder des Besuchs von Einrichtungen im Sinne von Absatz 1 Nummer 15, wie zum Beispiel Alten- oder Pflegeheimen, Einrichtungen der Behindertenhilfe, Entbindungseinrichtungen oder Krankenhäusern für enge Angehörige von dort behandelten, gepflegten oder betreuten Personen.

[2]Schutzmaßnahmen nach Absatz 1 Nummer 15 dürfen nicht zur vollständigen Isolation von einzelnen Personen oder Gruppen führen; ein Mindestmaß an sozialen Kontakten muss gewährleistet bleiben.

(3) [1]Entscheidungen über Schutzmaßnahmen zur Verhinderung der Verbreitung der Coronavirus-Krankheit-2019 (COVID-19) nach Absatz 1 in Verbindung mit § 28 Absatz 1, nach § 28 Absatz 1 Satz 1 und 2 und den §§ 29 bis 32 sind insbesondere an dem Schutz von Leben und Gesundheit und der

---

[1)] Nr. **11.1**.

Funktionsfähigkeit des Gesundheitssystems auszurichten; dabei sind absehbare Änderungen des Infektionsgeschehens durch ansteckendere, das Gesundheitssystem stärker belastende Virusvarianten zu berücksichtigen. [2] Zum präventiven Infektionsschutz können insbesondere die in Absatz 1 Nummer 1, 2, 2a, 4 und 17 genannten Schutzmaßnahmen ergriffen werden. [3] Weitergehende Schutzmaßnahmen sollen unter Berücksichtigung des jeweiligen regionalen und überregionalen Infektionsgeschehens mit dem Ziel getroffen werden, eine drohende Überlastung der regionalen und überregionalen stationären Versorgung zu vermeiden. [4] Wesentlicher Maßstab für die weitergehenden Schutzmaßnahmen ist insbesondere die Anzahl der in Bezug auf die Coronavirus-Krankheit-2019 (COVID-19) in ein Krankenhaus aufgenommenen Personen je 100 000 Einwohner innerhalb von sieben Tagen. [5] Weitere Indikatoren wie die unter infektionsepidemiologischen Aspekten differenzierte Anzahl der Neuinfektionen mit dem Coronavirus SARS-CoV-2 je 100 000 Einwohner innerhalb von sieben Tagen, die verfügbaren intensivmedizinischen Behandlungskapazitäten und die Anzahl der gegen die Coronavirus-Krankheit-2019 (COVID-19) geimpften Personen sollen bei der Bewertung des Infektionsgeschehens berücksichtigt werden. [6] Die Landesregierungen können im Rahmen der Festlegung der Schutzmaßnahmen unter Berücksichtigung der jeweiligen stationären Versorgungskapazitäten in einer Rechtsverordnung nach § 32 Schwellenwerte für die Indikatoren nach den Sätzen 4 und 5 festsetzen; entsprechend können die Schutzmaßnahmen innerhalb eines Landes regional differenziert werden. [7] Das Robert Koch-Institut veröffentlicht im Internet unter https://www.rki.de/covid-19-trends werktäglich nach Altersgruppen differenzierte und mindestens auf einzelne Länder und auf das Bundesgebiet bezogene Daten zu Indikatoren nach den Sätzen 4 und 5. [8] Die Länder können die Indikatoren nach den Sätzen 4 und 5 landesweit oder regional differenziert auch statt bezogen auf 100 000 Einwohner bezogen auf das Land oder die jeweilige Region als Maßstab verwenden.

(4) [1] Im Rahmen der Kontaktdatenerhebung nach Absatz 1 Nummer 17 dürfen von den Verantwortlichen nur personenbezogene Angaben sowie Angaben zum Zeitraum und zum Ort des Aufenthaltes erhoben und verarbeitet werden, soweit dies zur Nachverfolgung von Kontaktpersonen zwingend notwendig ist. [2] Die Verantwortlichen haben sicherzustellen, dass eine Kenntnisnahme der erfassten Daten durch Unbefugte ausgeschlossen ist. [3] Die Daten dürfen nicht zu einem anderen Zweck als der Aushändigung auf Anforderung an die nach Landesrecht für die Erhebung der Daten zuständigen Stellen verwendet werden und sind vier Wochen nach Erhebung zu löschen. [4] Die zuständigen Stellen nach Satz 3 sind berechtigt, die erhobenen Daten anzufordern, soweit dies zur Kontaktnachverfolgung nach § 25 Absatz 1 erforderlich ist. [5] Die Verantwortlichen nach Satz 1 sind in diesen Fällen verpflichtet, den zuständigen Stellen nach Satz 3 die erhobenen Daten zu übermitteln. [6] Eine Weitergabe der übermittelten Daten durch die zuständigen Stellen nach Satz 3 oder eine Weiterverwendung durch diese zu anderen Zwecken als der Kontaktnachverfolgung ist ausgeschlossen. [7] Die den zuständigen Stellen nach Satz 3 übermittelten Daten sind von diesen unverzüglich irreversibel zu löschen, sobald die Daten für die Kontaktnachverfolgung nicht mehr benötigt werden.

(5) [1] Rechtsverordnungen, die nach § 32 in Verbindung mit § 28 Absatz 1 und § 28a Absatz 1 erlassen werden, sind mit einer allgemeinen Begründung zu

versehen und zeitlich zu befristen. [2]Die Geltungsdauer beträgt grundsätzlich vier Wochen; sie kann verlängert werden.

(6) [1]Schutzmaßnahmen nach Absatz 1 in Verbindung mit § 28 Absatz 1, nach § 28 Absatz 1 Satz 1 und 2 und nach den §§ 29 bis 31 können auch kumulativ angeordnet werden, soweit und solange es für eine wirksame Verhinderung der Verbreitung der Coronavirus-Krankheit-2019 (COVID-19) erforderlich ist. [2]Bei Entscheidungen über Schutzmaßnahmen zur Verhinderung der Verbreitung der Coronavirus-Krankheit-2019 (COVID-19) sind soziale, gesellschaftliche und wirtschaftliche Auswirkungen auf den Einzelnen und die Allgemeinheit einzubeziehen und zu berücksichtigen, soweit dies mit dem Ziel einer wirksamen Verhinderung der Verbreitung der Coronavirus-Krankheit-2019 (COVID-19) vereinbar ist. [3]Einzelne soziale, gesellschaftliche oder wirtschaftliche Bereiche, die für die Allgemeinheit von besonderer Bedeutung sind, können von den Schutzmaßnahmen ausgenommen werden, soweit ihre Einbeziehung zur Verhinderung der Verbreitung der Coronavirus-Krankheit-2019 (COVID-19) nicht zwingend erforderlich ist.

(7) [1]Nach dem Ende einer durch den Deutschen Bundestag nach § 5 Absatz 1 Satz 1 festgestellten epidemischen Lage von nationaler Tragweite können die Absätze 1 bis 6 auch angewendet werden, soweit und solange die konkrete Gefahr der epidemischen Ausbreitung der Coronavirus-Krankheit-2019 (COVID-19) in einem Land besteht und das Parlament in dem betroffenen Land die Anwendbarkeit der Absätze 1 bis 6 für das Land feststellt. [2]Die Feststellung nach Satz 1 gilt als aufgehoben, sofern das Parlament in dem betroffenen Land nicht spätestens drei Monate nach der Feststellung nach Satz 1 die weitere Anwendbarkeit der Absätze 1 bis 6 für das Land feststellt; dies gilt entsprechend, sofern das Parlament in dem betroffenen Land nicht spätestens drei Monate nach der Feststellung der weiteren Anwendbarkeit der Absätze 1 bis 6 die weitere Anwendbarkeit der Absätze 1 bis 6 erneut feststellt.

§ 28b[1)] Bundesweit einheitliche Schutzmaßnahmen zur Verhinderung der Verbreitung der Coronavirus-Krankheit-2019 (COVID-19) bei besonderem Infektionsgeschehen, Verordnungsermächtigung. (1) [1]Überschreitet in einem Landkreis oder einer kreisfreien Stadt an drei aufeinander folgenden Tagen die durch das Robert Koch-Institut veröffentlichte Anzahl der Neuinfektionen mit dem Coronavirus SARS-CoV-2 je 100 000 Einwohner innerhalb von sieben Tagen (Sieben-Tage-Inzidenz) den Schwellenwert von 100, so gelten dort ab dem übernächsten Tag die folgenden Maßnahmen

1. private Zusammenkünfte im öffentlichen oder privaten Raum sind nur gestattet, wenn an ihnen höchstens die Angehörigen eines Haushalts und eine weitere Person einschließlich der zu ihrem Haushalt gehörenden Kinder bis zur Vollendung des 14. Lebensjahres teilnehmen; Zusammenkünfte, die ausschließlich zwischen den Angehörigen desselben Haushalts,

---

[1)] § 28b eingef. mWv 23.4.2021 durch G v. 22.4.2021 (BGBl. I S. 802); Abs. 3 neu gef., Abs. 9 Satz 3 angef. mWv 4.5.2021 durch G v. 28.5.2021 (BGBl. I S. 1174).
Zur begrenzten zeitlichen Geltung beachte Abs. 10.

§ 36[1)] Infektionsschutz bei bestimmten Einrichtungen, Unternehmen und Personen; Verordnungsermächtigung. (1) Folgende Einrichtungen und Unternehmen müssen in Hygieneplänen innerbetriebliche Verfahrensweisen zur Infektionshygiene festlegen und unterliegen der infektionshygienischen Überwachung durch das Gesundheitsamt:

1. die in § 33 genannten Gemeinschaftseinrichtungen mit Ausnahme der Gemeinschaftseinrichtungen nach § 33 Nummer 2,
2. nicht unter § 23 Absatz 5 Satz 1 fallende voll- oder teilstationäre Einrichtungen zur Betreuung und Unterbringung älterer, behinderter oder pflegebedürftiger Menschen oder vergleichbare Einrichtungen,
3. Obdachlosenunterkünfte,
4. Einrichtungen zur gemeinschaftlichen Unterbringung von Asylbewerbern, vollziehbar Ausreisepflichtigen, Flüchtlingen und Spätaussiedlern,
5. sonstige Massenunterkünfte,
6. Justizvollzugsanstalten sowie
7. nicht unter § 23 Absatz 5 Satz 1 fallende ambulante Pflegedienste und Unternehmen, die den Einrichtungen nach Nummer 2 vergleichbare Dienstleistungen anbieten; Angebote zur Unterstützung im Alltag im Sinne von § 45a Absatz 1 Satz 2 des Elften Buches Sozialgesetzbuch zählen nicht zu den Dienstleistungen, die mit Angeboten in Einrichtungen nach Nummer 2 vergleichbar sind.

(2) Einrichtungen und Unternehmen, bei denen die Möglichkeit besteht, dass durch Tätigkeiten am Menschen durch Blut Krankheitserreger übertragen werden, sowie Gemeinschaftseinrichtungen nach § 33 Nummer 2 können durch das Gesundheitsamt infektionshygienisch überwacht werden.

(3) [1] Sofern der Deutsche Bundestag nach § 5 Absatz 1 Satz 1 eine epidemische Lage von nationaler Tragweite festgestellt hat und soweit dies zur Verhinderung der Verbreitung der Coronavirus-Krankheit-2019 (COVID-19) erforderlich ist, darf der Arbeitgeber in den in den Absätzen 1 und 2 genannten Einrichtungen und Unternehmen personenbezogene Daten eines Beschäftigten über dessen Impf- und Serostatus in Bezug auf die Coronavirus-Krankheit-2019 (COVID-19) verarbeiten, um über die Begründung eines Beschäftigungsverhältnisses oder über die Art und Weise einer Beschäftigung zu entscheiden. [2] Im Übrigen gelten die Bestimmungen des allgemeinen Datenschutzrechts.

[1)] § 36 Abs. 1 Satz 1 und Abs. 4 Satz 1 geänd. mWv 1.1.2002 durch G v. 5.11.2001 (BGBl. I S. 2960); Abs. 1–3 neu gef. und Abs. 5 geänd. mWv 4.8.2011 durch G v. 28.7.2011 (BGBl. I S. 1622); Überschrift, Abs. 1 und 2 neu gef., Abs. 3a eingef., Abs. 4 neu gef., Abs. 5 und 6 eingef., bish. Abs. 5 wird Abs. 7 und neu gef. mWv 25.7.2017 durch G v. 17.7.2017 (BGBl. I S. 2615); Abs. 1 Nr. 7 geänd., Abs. 3 aufgeh., Abs. 4 Satz 3 geänd., Abs. 6 eingef., bish. Abs. 6 wird Abs. 7, Abs. 8 eingef., bish. Abs. 7 wird Abs. 9 und neu gef. mWv 1.1.2019 durch G v. 11.12.2018 (BGBl. I S. 2394); Abs. 1 Nr. 1 und Abs. 2 neu gef. mWv 1.3.2020 durch G v. 10.2.2020 (BGBl. I S. 148); Abs. 1 Nr. 2, Abs. 6 Sätze 1, 2 und Satz 3 Nr. 1 und Abs. 7 Sätze 1, 2 geänd., Abs. 8 und 9 neu gef., Abs. 10–13 angef. mWv 19.11.2020 durch G v. 18.11.2020 (BGBl. I S. 2397); Abs. 8 Satz 1 neu gef., Satz 2 geänd., Satz 3 eingef., bish. Sätze 3, 4 werden Sätze 4, 5 und geänd., Abs. 9 Satz 3 geänd., Satz 5 angef., Abs. 10 Satz 1 einl. Satzteil und Nr. 1 Buchst. a, Abs. 12, 13 geänd. mWv 31.3.2021 durch G v. 29.3.2021 (BGBl. I S. 370); Abs. 10 Satz 1 Nr. 1a eingef., Nr. 2 einl. Satzteil, Buchst. a, b und Satz 3 geänd. mWv 1.6.2021 durch G v. 28.5.2021 (BGBl. I S. 1174); Abs. 12 neu gef. mWv 23.7.2021 durch G v. 16.7.2021 (BGBl. I S. 2947); Abs. 3, Abs. 10 Satz 1 Nr. 1a neu gef., Satz 2 geänd., Abs. 11 Satz 4 eingef., bish. Sätze 4, 5 werden Sätze 5, 6, bish. Satz 6 wird Satz 7 und geänd. mWv 15.9.2021 durch G v. 10.9.2021 (BGBl. I S. 4147).

(3a) Die Leiter von in Absatz 1 Nummer 2 bis 6 genannten Einrichtungen haben das Gesundheitsamt, in dessen Bezirk sich die Einrichtung befindet, unverzüglich zu benachrichtigen und die nach diesem Gesetz erforderlichen krankheits- und personenbezogenen Angaben zu machen, wenn eine in der Einrichtung tätige oder untergebrachte Person an Skabies erkrankt ist oder bei ihr der Verdacht besteht, dass sie an Skabies erkrankt ist.

(4) [1] Personen, die in eine Einrichtung nach Absatz 1 Nummer 2 bis 4 aufgenommen werden sollen, haben der Leitung der Einrichtung vor oder unverzüglich nach ihrer Aufnahme ein ärztliches Zeugnis darüber vorzulegen, dass bei ihnen keine Anhaltspunkte für das Vorliegen einer ansteckungsfähigen Lungentuberkulose vorhanden sind. [2] Bei der erstmaligen Aufnahme darf die Erhebung der Befunde, die dem ärztlichen Zeugnis zugrunde liegt, nicht länger als sechs Monate zurückliegen, bei einer erneuten Aufnahme darf sie nicht länger als zwölf Monate zurückliegen. [3] Bei Personen, die in eine Einrichtung nach Absatz 1 Nummer 4 aufgenommen werden sollen, muss sich das Zeugnis auf eine im Geltungsbereich dieses Gesetzes erstellte Röntgenaufnahme der Lunge oder auf andere von der obersten Landesgesundheitsbehörde oder der von ihr bestimmten Stelle zugelassene Befunde stützen. [4] Bei Personen, die das 15. Lebensjahr noch nicht vollendet haben, sowie bei Schwangeren ist von der Röntgenaufnahme abzusehen; stattdessen ist ein ärztliches Zeugnis vorzulegen, dass nach sonstigen Befunden eine ansteckungsfähige Lungentuberkulose nicht zu befürchten ist. [5] § 34 Absatz 4 gilt entsprechend. [6] Satz 1 gilt nicht für Obdachlose, die weniger als drei Tage in eine Einrichtung nach Absatz 1 Nummer 3 aufgenommen werden.

(5) [1] Personen, die in eine Einrichtung nach Absatz 1 Nummer 4 aufgenommen werden sollen, sind verpflichtet, eine ärztliche Untersuchung auf Ausschluss einer ansteckungsfähigen Lungentuberkulose einschließlich einer Röntgenaufnahme der Atmungsorgane zu dulden. [2] Dies gilt nicht, wenn die betroffenen Personen ein ärztliches Zeugnis nach Absatz 4 vorlegen oder unmittelbar vor ihrer Aufnahme in einer anderen Einrichtung nach Absatz 1 Nummer 4 untergebracht waren und die entsprechenden Untersuchungen bereits dort durchgeführt wurden. [3] Personen, die in eine Justizvollzugsanstalt aufgenommen werden, sind verpflichtet, eine ärztliche Untersuchung auf übertragbare Krankheiten einschließlich einer Röntgenaufnahme der Lunge zu dulden. [4] Für Untersuchungen nach den Sätzen 1 und 3 gilt Absatz 4 Satz 4 entsprechend. [5] Widerspruch und Anfechtungsklage gegen Anordnungen nach den Sätzen 1 und 3 haben keine aufschiebende Wirkung.

(6) [1] Die Landesregierungen werden ermächtigt, durch Rechtsverordnung festzulegen, dass Personen, die nach dem 31. Dezember 2018 in die Bundesrepublik Deutschland eingereist sind und die auf Grund ihrer Herkunft oder ihrer Lebenssituation wahrscheinlich einem erhöhten Infektionsrisiko für bestimmte bedrohliche übertragbare Krankheiten ausgesetzt waren, nach ihrer Einreise ein ärztliches Zeugnis darüber vorzulegen haben, dass bei ihnen keine Anhaltspunkte für das Vorliegen solcher bedrohlicher übertragbarer Krankheiten vorhanden sind, sofern dies zum Schutz der Bevölkerung vor einer Gefährdung durch bedrohliche übertragbare Krankheiten erforderlich ist; § 34 Absatz 4 gilt entsprechend. [2] Personen, die kein auf Grund der Rechtsverordnung erforderliches ärztliches Zeugnis vorlegen, sind verpflichtet, eine ärztliche Untersuchung auf Ausschluss bedrohlicher übertragbarer Krankheiten im Sinne des

Satzes 1 zu dulden; Absatz 5 Satz 5 gilt entsprechend. [3] In der Rechtsverordnung nach Satz 1 ist zu bestimmen:

1. das jeweils zugrunde liegende erhöhte Infektionsrisiko im Hinblick auf bestimmte bedrohliche übertragbare Krankheiten,
2. die jeweils betroffenen Personengruppen unter Berücksichtigung ihrer Herkunft oder ihrer Lebenssituation,
3. Anforderungen an das ärztliche Zeugnis nach Satz 1 und zu der ärztlichen Untersuchung nach Satz 2 sowie
4. die Frist, innerhalb der das ärztliche Zeugnis nach der Einreise in die Bundesrepublik Deutschland vorzulegen ist.

[4] Das Robert Koch-Institut kann zu den Einzelheiten nach Satz 3 Nummer 1 Empfehlungen abgeben. [5] Die Landesregierungen können die Ermächtigung nach Satz 1 durch Rechtsverordnung auf andere Stellen übertragen.

(7) [1] Das Bundesministerium für Gesundheit wird ermächtigt, durch Rechtsverordnung mit Zustimmung des Bundesrates festzulegen, dass Personen, die in die Bundesrepublik Deutschland einreisen wollen oder eingereist sind und die wahrscheinlich einem erhöhten Infektionsrisiko für eine bestimmte bedrohliche übertragbare Krankheit ausgesetzt waren, vor oder nach ihrer Einreise ein ärztliches Zeugnis darüber vorzulegen haben, dass bei ihnen keine Anhaltspunkte für das Vorliegen einer solchen bedrohlichen übertragbaren Krankheit vorhanden sind, sofern dies zum Schutz der Bevölkerung vor einer Gefährdung durch bedrohliche übertragbare Krankheiten erforderlich ist; § 34 Absatz 4 gilt entsprechend. [2] Personen, die kein auf Grund der Rechtsverordnung erforderliches ärztliches Zeugnis vorlegen, sind verpflichtet, eine ärztliche Untersuchung auf Ausschluss einer bedrohlichen übertragbaren Krankheit im Sinne des Satzes 1 zu dulden; Absatz 5 Satz 5 gilt entsprechend. [3] In der Rechtsverordnung können nähere Einzelheiten insbesondere zu den betroffenen Personengruppen und zu den Anforderungen an das ärztliche Zeugnis nach Satz 1 und zu der ärztlichen Untersuchung nach Satz 2 bestimmt werden. [4] Das Robert Koch-Institut kann zu den Einzelheiten nach Satz 3 Empfehlungen abgeben. [5] In dringenden Fällen kann zum Schutz der Bevölkerung die Rechtsverordnung ohne Zustimmung des Bundesrates erlassen werden. [6] Eine auf der Grundlage des Satzes 5 erlassene Verordnung tritt ein Jahr nach ihrem Inkrafttreten außer Kraft; ihre Geltungsdauer kann mit Zustimmung des Bundesrates verlängert werden.

(8) [1] Die Bundesregierung wird, sofern der Deutsche Bundestag nach § 5 Absatz 1 Satz 1 eine epidemische Lage von nationaler Tragweite festgestellt hat, ermächtigt, durch Rechtsverordnung ohne Zustimmung des Bundesrates festzulegen, dass Personen, die in die Bundesrepublik Deutschland einreisen wollen oder eingereist sind und bei denen die Möglichkeit besteht, dass sie einem erhöhten Infektionsrisiko für die Krankheit ausgesetzt waren, die zur Feststellung der epidemischen Lage von nationaler Tragweite geführt hat, insbesondere, weil sie sich in einem entsprechenden Risikogebiet aufgehalten haben, ausschließlich zur Feststellung und Verhinderung der Verbreitung dieser Krankheit verpflichtet sind,

1. sich unverzüglich nach der Einreise für einen bestimmten Zeitraum in geeigneter Weise auf eigene Kosten abzusondern sowie

2. der zuständigen Behörde durch Nutzung des vom Robert Koch-Institut nach Absatz 9 eingerichteten elektronischen Melde- und Informationssystems folgende Angaben mitzuteilen:
   a) ihre personenbezogenen Angaben,
   b) das Datum ihrer voraussichtlichen Einreise,
   c) ihre Aufenthaltsorte bis zu zehn Tage vor und nach der Einreise,
   d) das für die Einreise genutzte Reisemittel und vorliegende Informationen zum Sitzplatz,
   e) Angaben, ob eine Impfdokumentation hinsichtlich der Krankheit vorliegt, die zur Feststellung der epidemischen Lage von nationaler Tragweite geführt hat,
   f) Angaben, ob ein ärztliches Zeugnis oder ein Testergebnis hinsichtlich des Nichtvorliegens der Krankheit vorliegt, die zur Feststellung der epidemischen Lage von nationaler Tragweite geführt hat, und
   g) Angaben, ob bei ihr Anhaltspunkte für die Krankheit vorliegen, die zur Feststellung der epidemischen Lage von nationaler Tragweite geführt hat;

in der Rechtsverordnung kann auch festgelegt werden, dass eine Impfdokumentation im Sinne des Buchstabens e oder ein ärztliches Zeugnis oder ein Testergebnis im Sinne des Buchstabens f über das nach Absatz 9 eingerichtete Melde- und Informationssystem der zuständigen Behörde zu übermitteln sind. [2]In der Rechtsverordnung ist auch zu bestimmen, in welchen Fällen Ausnahmen von den Verpflichtungen nach Satz 1 bestehen. [3]Personen nach Satz 1 können einer Beobachtung nach § 29 unterworfen werden, auch wenn die in § 29 Absatz 1 genannten Voraussetzungen nicht vorliegen. [4]Es kann festgelegt werden, in welchen Fällen anstelle der Nutzung des vom Robert Koch-Institut nach Absatz 9 eingerichteten elektronischen Melde- und Informationssystems eine schriftliche Ersatzmitteilung gegenüber der zuständigen Behörde vorzunehmen ist. [5]§ 34 Absatz 4 gilt für die durch die Rechtsverordnung nach den Sätzen 1 und 4 festgelegten Verpflichtungen entsprechend.

(9) [1]Das Robert Koch-Institut richtet für die Zwecke des Absatzes 8 Satz 1 ein elektronisches Melde- und Informationssystem ein und ist verantwortlich für dessen technischen Betrieb. [2]Das Robert Koch-Institut kann einen IT-Dienstleister mit der technischen Umsetzung beauftragen. [3]Die aufgrund einer Rechtsverordnung nach Absatz 8 Satz 1 erhobenen Daten dürfen von der zuständigen Behörde nur für Zwecke der Erfüllung und Überwachung der Verpflichtungen, die sich aus der Rechtsverordnung nach Absatz 8 Satz 1 ergeben, und der Kontaktnachverfolgung verarbeitet werden. [4]Sie sind spätestens 14 Tage nach dem mitgeteilten Datum der Einreise der jeweils betroffenen Person zu löschen. [5]Eine Übermittlung der auf Grund einer Rechtsverordnung nach Absatz 8 Satz 1 Nummer 2 erhobenen Daten durch die zuständigen Behörden an andere Stellen oder eine Weiterverwendung dieser Daten durch die zuständigen Behörden zu anderen als den in Satz 3 genannten Zwecken ist unzulässig.

(10) [1]Die Bundesregierung wird, sofern der Deutsche Bundestag nach § 5 Absatz 1 Satz 1 eine epidemische Lage von nationaler Tragweite festgestellt hat, ermächtigt, durch Rechtsverordnung ohne Zustimmung des Bundesrates festzulegen,

1. dass die in einer Rechtsverordnung nach Absatz 8 Satz 1 genannten Personen verpflichtet sind, gegenüber den Beförderern, gegenüber der zustän-

digen Behörde oder gegenüber den diese Behörde nach Maßgabe des Absatzes 11 Satz 1 unterstützenden, mit der polizeilichen Kontrolle des grenzüberschreitenden Verkehrs beauftragten Behörden

a) einen Nachweis über die Erfüllung der in einer Rechtsverordnung nach Absatz 8 Satz 1 Nummer 2 festgelegten Verpflichtungen oder die Ersatzmitteilung nach Absatz 8 Satz 4 vorzulegen oder auszuhändigen,

b) eine Impfdokumentation hinsichtlich der in Absatz 8 Satz 1 genannten Krankheit vorzulegen,

c) ein ärztliches Zeugnis oder ein Testergebnis hinsichtlich des Nichtvorliegens der in Absatz 8 Satz 1 genannten Krankheit vorzulegen,

d) Auskunft darüber zu geben, ob bei ihnen Anhaltspunkte für die in Absatz 8 Satz 1 genannte Krankheit vorhanden sind;

1a. dass auf Grund eines bei Reisen allgemein gesteigerten Infektionsrisikos in Bezug auf die Krankheit, die zur Feststellung der epidemischen Lage von nationaler Tragweite geführt hat, alle Personen, die in die Bundesrepublik Deutschland einreisen wollen oder eingereist sind, ausschließlich zur Feststellung und Verhinderung der Verbreitung der Krankheit, die zur Feststellung der epidemischen Lage von nationaler Tragweite geführt hat, verpflichtet sind, über einen Nachweis oder ein Dokument nach Nummer 1 Buchstabe b oder Buchstabe c zu verfügen und den Nachweis oder das Dokument gegenüber den Beförderern oder den in Nummer 1 genannten Behörden vorzulegen;

2. dass Unternehmen, die im Eisenbahn-, Bus-, Schiffs- oder Flugverkehr Reisende befördern, Betreiber von Flugplätzen, Häfen, Personenbahnhöfen und Omnibusbahnhöfen im Rahmen ihrer betrieblichen und technischen Möglichkeiten ausschließlich zur Feststellung und Verhinderung der Verbreitung der in Absatz 8 Satz 1 genannten Krankheit, bei der Durchführung der Rechtsverordnung nach Nummer 1 oder Nummer 1a mitzuwirken haben, und verpflichtet sind,

a) Beförderungen im Fall eines erhöhten Infektionsrisikos im Sinne von Absatz 8 Satz 1 in die Bundesrepublik Deutschland zu unterlassen, sofern eine Rückreise von Personen mit Wohnsitz in Deutschland weiterhin möglich ist, deren Einreise nicht aus aufenthaltsrechtlichen Gründen zu untersagen ist,

b) Beförderungen in die Bundesrepublik Deutschland nur dann durchzuführen, wenn die zu befördernden Personen den nach Nummer 1 oder Nummer 1a auferlegten Verpflichtungen vor der Beförderung nachgekommen sind,

c) Reisende über die geltenden Einreise- und Infektionsschutzbestimmungen und -maßnahmen in der Bundesrepublik Deutschland und die Gefahren der in Absatz 8 Satz 1 genannten Krankheit sowie die Möglichkeiten zu deren Verhütung und Bekämpfung barrierefrei zu informieren und in diesem Rahmen auf die Reise- und Sicherheitshinweise des Auswärtigen Amts hinzuweisen,

d) die zur Identifizierung einer Person oder zur Früherkennung von Kranken, Krankheitsverdächtigen, Ansteckungsverdächtigen und Ausscheidern notwendigen personenbezogenen Angaben zu erheben und an die für den Aufenthaltsort der betreffenden Person nach diesem Gesetz zuständige Behörde zu übermitteln,

e) bestimmte Schutzmaßnahmen zur Verhinderung der Übertragung der in Absatz 8 Satz 1 genannten Krankheit im Rahmen der Beförderung vorzunehmen,

f) die Beförderung von Kranken, Krankheitsverdächtigen, Ansteckungsverdächtigen und Ausscheidern der zuständigen Behörde zu melden,

g) Passagierlisten und Sitzpläne auf Nachfrage der zuständigen Behörde zu übermitteln,

h) den Transport von Kranken, Krankheitsverdächtigen, Ansteckungsverdächtigen oder Ausscheidern, in ein Krankenhaus oder in eine andere geeignete Einrichtung durch Dritte zu ermöglichen,

i) gegenüber dem Robert Koch-Institut eine für Rückfragen der zuständigen Behörden erreichbare Kontaktstelle zu benennen;

3. dass Anbieter von Telekommunikationsdiensten und Betreiber öffentlicher Mobilfunknetze verpflichtet sind, Einreisende barrierefrei über elektronische Nachrichten über die geltenden Einreise- und Infektionsschutzbestimmungen und -maßnahmen in der Bundesrepublik Deutschland zu informieren.

[2] Personen, die keinen auf Grund der Rechtsverordnung nach Satz 1 Nummer 1 und 1a erforderlichen Nachweis oder kein auf Grund der Rechtsverordnung nach Satz 1 Nummer 1 und 1a erforderliches Dokument vorlegen, sind verpflichtet, eine ärztliche Untersuchung auf Ausschluss der in Absatz 8 Satz 1 genannten Krankheit zu dulden. [3] § 34 Absatz 4 gilt für die durch die Rechtsverordnung nach Satz 1 Nummer 1 oder Nummer 1a festgelegten Verpflichtungen entsprechend.

(11) [1] Die mit der polizeilichen Kontrolle des grenzüberschreitenden Verkehrs beauftragten Behörden können anlässlich der grenzpolizeilichen Aufgabenwahrnehmung als unterstützende Behörde nach Absatz 10 Satz 1 Nummer 1 stichprobenhaft von den in der Rechtsverordnung nach Absatz 8 Satz 1 genannten Personen verlangen, dass sie ihnen die in Absatz 10 Satz 1 Nummer 1 Buchstabe a bis c genannten Nachweise oder Dokumente vorlegen oder ihnen Auskunft nach Absatz 10 Satz 1 Nummer 1 Buchstabe d erteilen. [2] Die unterstützenden Behörden nach Absatz 10 Satz 1 Nummer 1 unterrichten bei Kenntnis unverzüglich die zuständigen Behörden über die Einreise der in der Rechtsverordnung nach Absatz 8 Satz 1 genannten Personen, soweit diese ihren den unterstützenden Behörden gegenüber bestehenden in der Rechtsverordnung nach Absatz 10 Satz 1 Nummer 1 festgelegten Verpflichtungen bei der Einreise nicht nachkommen. [3] Zu diesem Zweck dürfen bei den in der Rechtsverordnung nach Absatz 8 Satz 1 genannten Personen ihre personenbezogenen Angaben, Angaben zu ihren Aufenthaltsorten bis zu zehn Tage vor und nach der Einreise und Angaben zu dem von ihnen genutzten Reisemittel erhoben und der zuständigen Behörde übermittelt werden. [4] Die Sätze 1 bis 3 gelten in Bezug auf die in der Rechtsverordnung nach Absatz 10 Satz 1 Nummer 1a genannten Personen mit den Maßgaben entsprechend, dass nur die in Absatz 10 Satz 1 Nummer 1a genannten Nachweise oder Dokumente vorgelegt werden müssen und nur die personenbezogenen Angaben erhoben und übermittelt werden dürfen. [5] Die nach § 71 Absatz 1 Satz 1 des Aufenthaltsgesetzes[1] zuständigen Behörden und die unterstützenden Behörden nach Absatz 10 Satz 1

[1] **Sartorius Nr. 565.**

Nummer 1 unterrichten bei Kenntnis unverzüglich die zuständigen Behörden über die Einreise der in der Rechtsverordnung nach Absatz 6 Satz 1 oder nach Absatz 7 Satz 1 genannten Personen. [6] Zu diesem Zweck dürfen bei diesen Personen ihre personenbezogenen Angaben erhoben und der zuständigen Behörde übermittelt werden. [7] Die von den Behörden nach den Sätzen 1, 3, 4 und 6 erhobenen Daten dürfen mit den Daten vorgelegter Reisedokumente abgeglichen werden.

(12) [1] Eine aufgrund des Absatzes 8 Satz 1 oder des Absatzes 10 Satz 1 erlassene Rechtsverordnung tritt spätestens ein Jahr nach der Aufhebung der Feststellung der epidemischen Lage von nationaler Tragweite durch den Deutschen Bundestag nach § 5 Absatz 1 Satz 2 außer Kraft. [2] Bis zu ihrem Außerkrafttreten kann eine aufgrund des Absatzes 8 Satz 1 oder des Absatzes 10 Satz 1 erlassene Rechtsverordnung auch nach Aufhebung der epidemischen Lage von nationaler Tragweite geändert werden.

(13) Durch die Absätze 4 bis 8 und 10 werden die Grundrechte der körperlichen Unversehrtheit (Artikel 2 Absatz 2 Satz 1 des Grundgesetzes[1]), der Freiheit der Person (Artikel 2 Absatz 2 Satz 2 des Grundgesetzes), der Freizügigkeit der Person (Artikel 11 Absatz 1 des Grundgesetzes) und der Unverletzlichkeit der Wohnung (Artikel 13 Absatz 1 des Grundgesetzes) eingeschränkt.

(Fortsetzung nächstes Blatt)

[1] Nr. **11.1**.

14. Abschnitt.[1] Straf- und Bußgeldvorschriften

§ 73[2] Bußgeldvorschriften. (1) *(aufgehoben)*

(1a) Ordnungswidrig handelt, wer vorsätzlich oder fahrlässig

1. einer vollziehbaren Anordnung nach § 5 Absatz 2 Satz 1 Nummer 6 Buchstabe b zuwiderhandelt,
2. entgegen § 6 oder § 7, jeweils auch in Verbindung mit § 14 Absatz 8 Satz 2, 3, 4 oder 5 oder einer Rechtsverordnung nach § 15 Absatz 1 oder 3, eine Meldung nicht, nicht richtig, nicht vollständig, nicht in der vorgeschriebenen Weise oder nicht rechtzeitig macht,
3. entgegen § 15a Absatz 2 Satz 1, § 16 Absatz 2 Satz 3, auch in Verbindung mit § 25 Absatz 2 Satz 1 oder 2 zweiter Halbsatz oder einer Rechtsverordnung nach § 17 Absatz 4 Satz 1, oder entgegen § 29 Absatz 2 Satz 3, auch in Verbindung mit einer Rechtsverordnung nach § 32 Satz 1, eine Auskunft nicht, nicht richtig, nicht vollständig oder nicht rechtzeitig erteilt,
4. entgegen § 15a Absatz 2 Satz 1, § 16 Absatz 2 Satz 3, auch in Verbindung mit § 25 Absatz 2 Satz 1 oder 2 zweiter Halbsatz oder einer Rechtsverordnung nach § 17 Absatz 4 Satz 1, eine Unterlage nicht, nicht richtig, nicht vollständig oder nicht rechtzeitig vorlegt,
5. entgegen § 15a Absatz 3 Satz 2, § 16 Absatz 2 Satz 2, auch in Verbindung mit § 25 Absatz 2 Satz 1 oder einer Rechtsverordnung nach § 17 Absatz 4 Satz 1, oder entgegen § 51 Satz 2 ein Grundstück, einen Raum, eine Anlage, eine Einrichtung, ein Verkehrsmittel oder einen sonstigen Gegenstand nicht zugänglich macht,
6. einer vollziehbaren Anordnung nach § 17 Abs. 1, auch in Verbindung mit einer Rechtsverordnung nach Abs. 4 Satz 1, § 17 Abs. 3 Satz 1, § 25 Absatz 3 Satz 1 oder 2, auch in Verbindung mit § 29 Abs. 2 Satz 2, dieser auch in Verbindung mit einer Rechtsverordnung nach § 32 Satz 1, § 25 Absatz 4 Satz 2, § 28 Absatz 1 Satz 1 oder Satz 2, § 30 Absatz 1 Satz 2 oder § 31, jeweils auch in Verbindung mit einer Rechtsverordnung nach § 32 Satz 1, oder § 34 Abs. 8 oder 9 zuwiderhandelt,
7. entgegen § 18 Abs. 1 Satz 1 ein Mittel oder ein Verfahren anwendet,

---

[1] 14. Abschnitt (§§ 70–72) aufgeh., bish. 15. Abschnitt wird 14. Abschnitt und Überschrift neu gef. mWv 23.5.2020 durch G v. 19.5.2020 (BGBl. I S. 1018).

[2] § 73 Abs. 1 Nr. 9 neu gef., Nr. 9a und 9b eingef., Nr. 10 geänd., Nr. 10a eingef., Nr. 24 und Abs. 2 geänd. mWv 4.8.2011 durch G v. 28.7.2011 (BGBl. I S. 1622); Abs. 1 Nr. 3–6 und Nr. 11 geänd. mWv 29.3.2013 durch G v. 21.3.2013 (BGBl. I S. 566); Abs. 1 Nr. 11a und 17a eingef., Abs. 2 geänd. mWv 25.7.2015 durch G v. 17.7.2015 (BGBl. I S. 1368); Abs. 1 eingef., bish. Abs. 1 wird Abs. 1a und Nr. 1 neu gef., Nr. 2 aufgeh., Nr. 13 geänd., Nr. 16a eingef., Nr. 17 und 19 geänd., Nr. 22a eingef., Nr. 24 und Abs. 2 geänd. mWv 25.7.2017 durch G v. 17.7.2017 (BGBl. I S. 2615); Abs. 1a Nr. 3 bis 5 neu gef., Nr. 19 geänd. mWv 1.1.2019 durch G v. 11.12.2018 (BGBl. I S. 2394); Abs. 1a Nr. 7a–7d eingef., Abs. 2 geänd. mWv 1.3.2020 durch G v. 10.2.2020 (BGBl. I S. 148); Abs. 1a Nr. 1 eingef., bish. Nr. 1 wird Nr. 2, Nr. 24 geänd. mWv 28.3.2020 durch G v. 27.3.2020 (BGBl. I S. 587); Abs. 1a Nr. 1, 6 und 24 geänd. mWv 23.5.2020 durch G v. 19.5.2020 (BGBl. I S. 1018); Abs. 1a Nr. 1, 2 geänd., Nr. 8 aufgeh., Nr. 19 neu gef., Nr. 24 geänd. mWv 19.11.2020 durch G v. 18.11.2020 (BGBl. I S. 2397); Abs. 1 aufgeh., Abs. 1a Nr. 8 neu gef., Nr. 22b eingef., Nr. 24 geänd. mWv 31.3.2021 durch G v. 29.3.2021 (BGBl. I S. 370); Abs. 1a Nr. 11b–11m eingef., Nr. 24 geänd. mWv 23.4.2021 durch G v. 22.4.2021 (BGBl. I S. 802); Abs. 1a Nr. 24 geänd. mWv 15.9.2021 durch G v. 10.9.2021 (BGBl. I S. 4147).

7a. entgegen § 20 Absatz 9 Satz 4 Nummer 1, auch in Verbindung mit Absatz 10 Satz 2 oder Absatz 11 Satz 2 eine Benachrichtigung nicht, nicht richtig, nicht vollständig oder nicht rechtzeitig vornimmt,
7b. entgegen § 20 Absatz 9 Satz 6 oder Satz 7 eine Person betreut oder beschäftigt oder in einer dort genannten Einrichtung tätig wird,
7c. entgegen § 20 Absatz 12 Satz 1, auch in Verbindung mit § 20 Absatz 13 Satz 1 oder Satz 2, einen Nachweis nicht, nicht richtig, nicht vollständig oder nicht rechtzeitig vorlegt,
7d. einer vollziehbaren Anordnung nach § 20 Absatz 12 Satz 3, auch in Verbindung mit § 20 Absatz 13 Satz 1 oder Satz 2, zuwiderhandelt,
8. entgegen § 22 Absatz 1 eine Schutzimpfung nicht, nicht richtig, nicht vollständig oder nicht rechtzeitig dokumentiert,
9. entgegen § 23 Absatz 4 Satz 1 nicht sicherstellt, dass die dort genannten Infektionen und das Auftreten von Krankheitserregern aufgezeichnet oder die Präventionsmaßnahmen mitgeteilt oder umgesetzt werden,
9a. entgegen § 23 Absatz 4 Satz 2 nicht sicherstellt, dass die dort genannten Daten aufgezeichnet oder die Anpassungen mitgeteilt oder umgesetzt werden,
9b. entgegen § 23 Absatz 4 Satz 3 eine Aufzeichnung nicht oder nicht mindestens zehn Jahre aufbewahrt,
10. entgegen § 23 Absatz 4 Satz 4 Einsicht nicht gewährt,
10a. entgegen § 23 Absatz 5 Satz 1, auch in Verbindung mit einer Rechtsverordnung nach § 23 Absatz 5 Satz 2, nicht sicherstellt, dass die dort genannten Verfahrensweisen festgelegt sind,
11. entgegen § 25 Absatz 4 Satz 1 eine Untersuchung nicht gestattet,
11a. einer vollziehbaren Anordnung nach § 28 Absatz 2, auch in Verbindung mit einer Rechtsverordnung nach § 32 Satz 1, zuwiderhandelt,
11b. entgegen § 28b Absatz 1 Satz 1 Nummer 1 erster Halbsatz an einer Zusammenkunft teilnimmt,
11c. entgegen § 28b Absatz 1 Satz 1 Nummer 2 erster Halbsatz sich außerhalb einer Wohnung, einer Unterkunft oder des jeweils dazugehörigen befriedeten Besitztums aufhält,
11d. entgegen § 28b Absatz 1 Satz 1 Nummer 3 eine dort genannte Einrichtung öffnet,
11e. entgegen § 28b Absatz 1 Satz 1 Nummer 4 erster Halbsatz ein Ladengeschäft oder einen Markt öffnet,
11f. entgegen § 28b Absatz 1 Satz 1 Nummer 5 erster Halbsatz, auch in Verbindung mit Nummer 5 zweiter Halbsatz, eine dort genannte Einrichtung öffnet oder eine Veranstaltung durchführt,
11g. entgegen § 28b Absatz 1 Satz 1 Nummer 6 erster Halbsatz Sport ausübt,
11h. entgegen § 28b Absatz 1 Satz 1 Nummer 7 erster Halbsatz, auch in Verbindung mit Nummer 7 zweiter Halbsatz, eine Gaststätte öffnet,
11i. entgegen § 28b Absatz 1 Satz 1 Nummer 7 fünfter Halbsatz eine Speise oder ein Getränk verzehrt,
11j. entgegen § 28b Absatz 1 Satz 1 Nummer 7 sechster Halbsatz eine Speise oder ein Getränk abverkauft,
11k. entgegen § 28b Absatz 1 Satz 1 Nummer 8 erster Halbsatz eine Dienstleistung ausübt oder in Anspruch nimmt,

11l. entgegen § 28b Absatz 1 Satz 1 Nummer 9 erster oder dritter Halbsatz eine dort genannte Atemschutzmaske oder Gesichtsmaske nicht trägt,

11m. entgegen § 28b Absatz 1 Satz 1 Nummer 10 ein Übernachtungsangebot zur Verfügung stellt,

12. entgegen § 29 Abs. 2 Satz 3, auch in Verbindung mit einer Rechtsverordnung nach § 32 Satz 1, Zutritt nicht gestattet,

13. entgegen § 29 Abs. 2 Satz 3, auch in Verbindung mit Satz 4 oder einer Rechtsverordnung nach § 32 Satz 1, § 49 Absatz 1 Satz 1, § 50 Satz 1 oder 2 oder § 50a Absatz 1 Satz 1 eine Anzeige nicht, nicht richtig, nicht vollständig oder nicht rechtzeitig erstattet,

14. entgegen § 34 Abs. 1 Satz 1, auch in Verbindung mit Satz 2 oder Abs. 3, eine dort genannte Tätigkeit ausübt, einen Raum betritt, eine Einrichtung benutzt oder an einer Veranstaltung teilnimmt,

15. ohne Zustimmung nach § 34 Abs. 2 einen Raum betritt, eine Einrichtung benutzt oder an einer Veranstaltung teilnimmt,

16. entgegen § 34 Abs. 4 für die Einhaltung der dort genannten Verpflichtungen nicht sorgt,

16a. entgegen § 34 Absatz 5 Satz 1 oder § 43 Absatz 2 eine Mitteilung nicht, nicht richtig, nicht vollständig oder nicht rechtzeitig macht,

17. entgegen § 34 Abs. 6 Satz 1, auch in Verbindung mit Satz 2, oder § 36 Absatz 3a das Gesundheitsamt nicht, nicht richtig, nicht vollständig oder nicht rechtzeitig benachrichtigt,

17a. entgegen § 34 Absatz 10a Satz 1 einen Nachweis nicht oder nicht rechtzeitig erbringt,

18. entgegen § 35 Satz 1 oder § 43 Abs. 4 Satz 1 eine Belehrung nicht, nicht richtig, nicht vollständig oder nicht rechtzeitig durchführt,

19. entgegen § 36 Absatz 5 Satz 1 oder Satz 3, Absatz 6 Satz 2 erster Halbsatz, Absatz 7 Satz 2 erster Halbsatz oder Absatz 10 Satz 2 eine ärztliche Untersuchung nicht duldet,

20. entgegen § 43 Abs. 1 Satz 1, auch in Verbindung mit einer Rechtsverordnung nach Abs. 7, eine Person beschäftigt,

21. entgegen § 43 Abs. 5 Satz 2 einen Nachweis oder eine Bescheinigung nicht oder nicht rechtzeitig vorlegt,

22. einer vollziehbaren Auflage nach § 47 Abs. 3 Satz 1 zuwiderhandelt,

22a. entgegen § 50a Absatz 2, auch in Verbindung mit einer Rechtsverordnung nach § 50a Absatz 4 Nummer 1, Polioviren oder dort genanntes Material nicht oder nicht rechtzeitig vernichtet,

22b entgegen § 50a Absatz 3 Satz 1, auch in Verbindung mit einer Rechtsverordnung nach § 50a Absatz 4 Nummer 2, Polioviren oder dort genanntes Material besitzt,

23. entgegen § 51 Satz 2 ein Buch oder eine sonstige Unterlage nicht oder nicht rechtzeitig vorlegt, Einsicht nicht gewährt oder eine Prüfung nicht duldet oder

24. einer Rechtsverordnung nach § 5 Absatz 2 Satz 1 Nummer 4 Buchstabe c bis f oder g oder Nummer 8 Buchstabe c, § 13 Absatz 3 Satz 8 oder Absatz 4 Satz 2, § 17 Absatz 4 Satz 1 oder Absatz 5 Satz 1, § 20 Abs. 6 Satz 1 oder Abs. 7 Satz 1, § 23 Absatz 8 Satz 1 oder Satz 2, § 28b Absatz 6 Satz 1 Nummer 1, § 32 Satz 1, § 36 Absatz 8 Satz 1 oder Satz 4, jeweils

auch in Verbindung mit Satz 5, Absatz 10 Satz 1 Nummer 1 oder Nummer 1a, jeweils auch in Verbindung mit Satz 3, Nummer 2 oder Nummer 3, § 38 Abs. 1 Satz 1 Nr. 3 oder Abs. 2 Nr. 3 oder 5 oder § 53 Abs. 1 Nr. 2 oder einer vollziehbaren Anordnung auf Grund einer solchen Rechtsverordnung zuwiderhandelt, soweit die Rechtsverordnung für einen bestimmten Tatbestand auf diese Bußgeldvorschrift verweist.

(2) Die Ordnungswidrigkeit kann in den Fällen des Absatzes 1a Nummer 7a bis 7d, 8, 9b, 11a, 17a und 21 mit einer Geldbuße bis zu zweitausendfünfhundert Euro, in den übrigen Fällen mit einer Geldbuße bis zu fünfundzwanzigtausend Euro geahndet werden.

§ 74[1] Strafvorschriften. (1) Mit Freiheitsstrafe bis zu fünf Jahren oder mit Geldstrafe wird bestraft, wer eine in § 73 Absatz 1 oder Absatz 1a Nummer 1 bis 7, 11 bis 20, 22, 22a, 23 oder 24 bezeichnete vorsätzliche Handlung begeht und dadurch eine in § 6 Absatz 1 Satz 1 Nummer 1 genannte Krankheit, einen in § 7 genannten Krankheitserreger oder eine in einer Rechtsverordnung nach § 15 Absatz 1 oder Absatz 3 genannte Krankheit oder einen dort genannten Krankheitserreger verbreitet.

(2) Mit Freiheitsstrafe bis zu zwei Jahren oder mit Geldstrafe wird bestraft, wer eine in § 73 Absatz 1a Nummer 8 bezeichnete Handlung begeht, indem er wissentlich eine Schutzimpfung gegen das Coronavirus SARS-CoV-2 zur Täuschung im Rechtsverkehr nicht richtig dokumentiert.

§ 75[2] Weitere Strafvorschriften. (1) Mit Freiheitsstrafe bis zu zwei Jahren oder mit Geldstrafe wird bestraft, wer

1. einer vollziehbaren Anordnung nach § 30 Absatz 1 Satz 1, auch in Verbindung mit einer Rechtsverordnung nach § 32 Satz 1, zuwiderhandelt,
2. entgegen § 42 Abs. 1 Satz 1, auch in Verbindung mit Satz 2, jeweils auch in Verbindung mit einer Rechtsverordnung nach § 42 Abs. 5 Satz 1, oder § 42 Abs. 3 eine Person beschäftigt oder eine Tätigkeit ausübt,
3. ohne Erlaubnis nach § 44 Krankheitserreger verbringt, ausführt, aufbewahrt, abgibt oder mit ihnen arbeitet oder
4. entgegen § 52 Satz 1 Krankheitserreger oder Material abgibt.

(2) Ebenso wird bestraft, wer einer Rechtsverordnung nach § 38 Abs. 1 Satz 1 Nr. 5 oder Abs. 2 Nr. 4 oder einer vollziehbaren Anordnung auf Grund einer solchen Rechtsverordnung zuwiderhandelt, soweit die Rechtsverordnung für einen bestimmten Tatbestand auf diese Strafvorschrift verweist.

(3) Wer durch eine in Absatz 1 bezeichnete Handlung eine in § 6 Abs. 1 Nr. 1 genannte Krankheit oder einen in § 7 genannten Krankheitserreger verbreitet, wird mit Freiheitsstrafe von drei Monaten bis zu fünf Jahren bestraft, soweit nicht die Tat in anderen Vorschriften mit einer schwereren Strafe bedroht ist.

(4) Handelt der Täter in den Fällen der Absätze 1 oder 2 fahrlässig, so ist die Strafe Freiheitsstrafe bis zu einem Jahr oder Geldstrafe.

---

[1] § 74 neu gef. mWv 25.7.2017 durch G v. 17.7.2017 (BGBl. I S. 2615); geänd. mWv 19.11.2020 durch G v. 18.11.2020 (BGBl. I S. 2397); Abs. 2 angef. mWv 1.6.2021 durch G v. 28.5.2021 (BGBl. I S. 1174).

[2] § 75 Abs. 1 Nr. 1 geänd. mWv 23.5.2020 durch G v. 19.5.2020 (BGBl. I S. 1018).

35.2. Lebensmittel-, Bedarfsgegenstände- und Futtermittelgesetzbuch (Lebensmittel- und Futtermittelgesetzbuch – LFGB)[1) 2) 3) 4)]

In der Fassung der Bekanntmachung vom 15. September 2021[5)]

(BGBl. I S. 4253)

FNA 2125-44

geänd. durch Art. 4 Abs. 2 G zur Aktualisierung der Strukturreform des Gebührenrechts des Bundes v. 18.7.2016 (BGBl. I S. 1666), Art. 10 G zur Änd. des Medizinprodukterecht-DurchführungsG und weiterer Gesetze v. 12.5.2021 (BGBl. I S. 1087), Art. 1, 2 Viertes G zur Änd. des Lebensmittel- und Futtermittelgesetzbuches sowie anderer Vorschriften v. 27.7.2021 (BGBl. I S. 3274), Art. 13 PersonengesellschaftsrechtsmodernisierungsG (MoPeG) v. 10.8.2021 (BGBl. I S. 3436) und Art. 7 G zum Erlass eines Tierarzneimittelgesetzes und zur Anpassung arzneimittelrechtlicher und anderer Vorschriften v. 27.9.2021 (BGBl. I S. 4530)

Siehe hierzu auch folgende Durchführungsvorschriften:

– *BedarfsgegenständeVO,*
– *DiätVO,*
– *FertigpackungsVO,*
– *FruchtsaftVO,*
– *HonigVO,*
– *KakaoVO,*
– *KonfitürenVO,*
– *Kontaminanten-VO,*
– *Kosmetik-VO,*
– *Lebensmitteleinfuhr-VO,*
– *Lebensmittelhygiene-VO,*
– *Lebensmittelinformations-Durchführungsverordnung,*
– *Lebensmittelkontrolleur-VO,*
– *Lebensmittelrechtl. Straf- und BußgeldVO,*
– *Los-Kennzeichnungs-VO,*
– *NahrungsergänzungsmittelVO,*
– *Rückstands-HöchstmengenVO,*
– *ZuckerartenVO,*
– *Zusatzstoff-ZulassungsVO.*

[1)] **Amtl. Anm.:** Das Gesetz dient der Umsetzung der in der Anlage zu Fußnote [1)] des Gesetzes zur Neuordnung des Lebensmittel- und des Futtermittelrechts vom 1. September 2005 (BGBl. I S. 2618, 3007) in den Nummern 1 bis 72 und 75 aufgeführten Rechtsakte.

[2)] **Amtl. Anm.:** Die Verpflichtungen aus der Richtlinie 98/34/EG des Europäischen Parlaments und des Rates vom 22. Juni 1998 über ein Informationsverfahren auf dem Gebiet der Normen und technischen Vorschriften und der Vorschriften für die Dienste der Informationsgesellschaft (ABl. L 204 vom 21.7.1998, S. 37), die zuletzt durch die Richtlinie 2006/96/EG (ABl. L 363 vom 20.12.2006, S. 81) geändert worden ist, sind beachtet worden.

[3)] **Amtl. Anm.:** Das Gesetz dient der Umsetzung der Richtlinie 2008/112/EG des Europäischen Parlaments und des Rates vom 16. Dezember 2008 zur Änderung der Richtlinien 76/768/EWG, 88/378/EWG und 1999/13/EG des Rates sowie der Richtlinien 2000/53/EG, 2002/96/EG und 2004/42/EG des Europäischen Parlaments und des Rates zwecks ihrer Anpassung an die Verordnung (EG) Nr. 1272/2008 über die Einstufung, Kennzeichnung und Verpackung von Stoffen und Gemischen (ABl. L 345 vom 23.12.2008, S. 68).

[4)] Die Änderung durch G v. 10.8.2021 (BGBl. I S. 3436) tritt erst **mWv 1.1.2024** in Kraft und ist im Text noch nicht berücksichtigt.

[5)] Neubekanntmachung des LFGB v. 3.6.2013 (BGBl. I S. 1426) in der ab 10.8.2021 geltenden Fassung.

Inhaltsübersicht[1]

[1] Inhaltsübersicht geänd. mWv 1.10.2021 durch G v. 18.7.2016 (BGBl. I S. 1666).

Abschnitt 1. Allgemeine Bestimmungen

§ 1 Zweck des Gesetzes. (1) Zweck des Gesetzes ist es,

1. vorbehaltlich der Absätze 2 und 4 bei Lebensmitteln, Futtermitteln, Mitteln zum Tätowieren, kosmetischen Mitteln und Bedarfsgegenständen den Schutz

der Endverbraucher durch Vorbeugung gegen eine oder Abwehr einer Gefahr für die menschliche Gesundheit sicherzustellen,

2. beim Verkehr mit Lebensmitteln, Futtermitteln, Mitteln zum Tätowieren, kosmetischen Mitteln und Bedarfsgegenständen vor Täuschung zu schützen,
3. die Unterrichtung sicherzustellen
   a) der Wirtschaftsbeteiligten,
   b) der Endverbraucher beim Verkehr mit Lebensmitteln, Mitteln zum Tätowieren, kosmetischen Mitteln und Bedarfsgegenständen und
   c) der Verwenderinnen und Verwender beim Verkehr mit Futtermitteln,
4. a) bei Futtermitteln
      aa) den Schutz von Tieren durch Vorbeugung gegen eine oder Abwehr einer Gefahr für die tierische Gesundheit sicherzustellen,
      bb) vor einer Gefahr für den Naturhaushalt durch in tierischen Ausscheidungen vorhandene unerwünschte Stoffe, die ihrerseits bereits in Futtermitteln vorhanden gewesen sind, zu schützen,
   b) durch Futtermittel die tierische Erzeugung so zu fördern, dass
      aa) die Leistungsfähigkeit der Nutztiere erhalten und verbessert wird und
      bb) die von Nutztieren gewonnenen Lebensmittel und sonstigen Produkte den an sie gestellten qualitativen Anforderungen, auch im Hinblick auf ihre Unbedenklichkeit für die menschliche Gesundheit, entsprechen.

(1a) Absatz 1 Nummer 2 erfasst auch den Schutz

1. vor Täuschung im Falle zum Verzehr ungeeigneter Lebensmittel im Sinne des Artikels 14 Absatz 2 Buchstabe b und Absatz 5 der Verordnung (EG) Nr. 178/2002[1)] des Europäischen Parlaments und des Rates vom 28. Januar 2002 zur Festlegung der allgemeinen Grundsätze und Anforderungen des Lebensmittelrechts, zur Errichtung der Europäischen Behörde für Lebensmittelsicherheit und zur Festlegung von Verfahren zur Lebensmittelsicherheit (ABl. L 31 vom 1.2.2002, S. 1), die zuletzt durch die Verordnung (EU) 2019/1381 (ABl. L 231 vom 6.9.2019, S. 1) geändert worden ist, oder
2. vor Verwendung ungeeigneter Bedarfsgegenstände im Sinne des § 2 Absatz 6 Satz 1 Nummer 1.

(2) Zweck dieses Gesetzes ist es, den Schutz der menschlichen Gesundheit im privaten häuslichen Bereich durch Vorbeugung gegen eine oder Abwehr einer Gefahr, die von Erzeugnissen ausgeht oder ausgehen kann, sicherzustellen, soweit dies in diesem Gesetz angeordnet ist.

(3) Dieses Gesetz dient ferner der Umsetzung und Durchführung von Rechtsakten der Europäischen Gemeinschaft oder der Europäischen Union, die Sachbereiche dieses Gesetzes betreffen, insbesondere der Verordnung (EG) Nr. 178/2002.

(4) Abschnitt 9a

1. bezweckt, bei Erzeugnissen, die radioaktiv kontaminiert sind oder kontaminiert sein können, den Schutz der Endverbraucher und von Tieren durch Vorbeugung gegen eine oder Abwehr einer Gefahr für die menschliche oder tierische Gesundheit sicherzustellen,

---

[1)] **Sartorius ErgBd. Nr. 860.**

2. dient ferner der Umsetzung und Durchführung von Rechtsakten der Europäischen Gemeinschaft, der Europäischen Union oder der Europäischen Atomgemeinschaft, die Sachbereiche der Nummer 1 betreffen, insbesondere der Verordnung (Euratom) 2016/52 des Rates vom 15. Januar 2016 zur Festlegung von Höchstwerten an Radioaktivität in Lebens- und Futtermitteln im Falle eines nuklearen Unfalls oder eines anderen radiologischen Notfalls und zur Aufhebung der Verordnung (Euratom) Nr. 3954/87 des Rates und der Verordnungen (Euratom) Nr. 944/89 und (Euratom) Nr. 770/90 der Kommission (ABl. L 13 vom 20.1.2016, S. 2).

§ 2 Begriffsbestimmungen. (1) Erzeugnisse sind Lebensmittel, einschließlich Lebensmittelzusatzstoffen, Futtermittel, Mittel zum Tätowieren, kosmetische Mittel und Bedarfsgegenstände.

(2)–(5) (weggefallen)

(6) [1] Bedarfsgegenstände sind

1. Materialien und Gegenstände im Sinne des Artikels 1 Absatz 2 der Verordnung (EG) Nr. 1935/2004 des Europäischen Parlaments und des Rates vom 27. Oktober 2004 über Materialien und Gegenstände, die dazu bestimmt sind, mit Lebensmitteln in Berührung zu kommen und zur Aufhebung der Richtlinien 80/590/EWG und 89/109/EWG (ABl. L 338 vom 13.11.2004, S. 4), die durch die Verordnung (EG) Nr. 596/2009 (ABl. L 188 vom 18.7. 2009, S. 14) geändert worden ist,
2. Packungen, Behältnisse oder sonstige Umhüllungen, die dazu bestimmt sind, mit kosmetischen Mitteln in Berührung zu kommen,
3. Gegenstände, die dazu bestimmt sind, mit den Schleimhäuten des Mundes in Berührung zu kommen,
4. Gegenstände, die zur Körperpflege bestimmt sind,
5. Spielwaren und Scherzartikel,
6. Gegenstände, die dazu bestimmt sind, nicht nur vorübergehend mit dem menschlichen Körper in Berührung zu kommen, wie Bekleidungsgegenstände, Bettwäsche, Masken, Perücken, Haarteile, künstliche Wimpern, Armbänder,
7. Reinigungs- und Pflegemittel, die für den häuslichen Bedarf oder für Bedarfsgegenstände im Sinne der Nummer 1 bestimmt sind,
8. Imprägnierungsmittel und sonstige Ausrüstungsmittel für Bedarfsgegenstände im Sinne der Nummer 6, die für den häuslichen Bedarf bestimmt sind,
9. Mittel und Gegenstände zur Geruchsverbesserung in Räumen, die zum Aufenthalt von Menschen bestimmt sind.

[2] Bedarfsgegenstände sind nicht

1. Gegenstände, die
   a) nach § 2 Absatz 2 des Arzneimittelgesetzes[1)] als Arzneimittel gelten,
   b)[2)] nach Artikel 2 Nummer 1 und 2 der Verordnung (EU) 2017/745 des Europäischen Parlaments und des Rates vom 5. April 2017 über Medi-

---

[1)] **Sartorius ErgBd. Nr. 272.**

[2)] **Amtl. Anm.:** Gemäß Artikel 10 in Verbindung mit Artikel 20 Absatz 5 des Gesetzes vom 12. Mai 2021 (BGBl. I S. 1087) werden am 26. Mai 2022 die Wörter „des § 3 Nummer 4 und 9 des Medizinproduktegesetzes in der bis einschließlich 25. Mai 2021 geltenden Fassung" durch die Wörter „von Artikel 2 Nummer 2 und 4 der Verordnung (EU) 2017/746 des Europäischen Parlaments und →

zinprodukte, zur Änderung der Richtlinie 2001/83/EG, der Verordnung (EG) Nr. 178/2002 und der Verordnung (EG) Nr. 1223/2009 und zur Aufhebung der Richtlinien 90/385/EWG und 93/42/EWG des Rates (ABl. L 117 vom 5.5.2017, S. 1; L 117 vom 3.5.2019, S. 9; L 334 vom 27.12.2019, S. 165), die durch die Verordnung (EU) 2020/561 (ABl. L 130 vom 24.4.2020, S. 18) geändert worden ist, in der jeweils geltenden Fassung und im Sinne des § 3 Nummer 4 und 9 des Medizinproduktegesetzes in der bis einschließlich 25. Mai 2021 geltenden Fassung als Medizinprodukte oder als Zubehör für Medizinprodukte gelten,

c) nach Artikel 3 Absatz 1 Buchstabe a der Verordnung (EU) Nr. 528/2012 des Europäischen Parlaments und des Rates vom 22. Mai 2012 über die Bereitstellung auf dem Markt und die Verwendung von Biozidprodukten (ABl. L 167 vom 27.6.2012, S. 1; L 303 vom 20.11.2015, S. 109; L 280 vom 28.10.2017, S. 57), die zuletzt durch die Verordnung (EU) Nr. 334/2014 (ABl. L 103 vom 5.4.2014, S. 22; L 305 vom 21.11.2015, S. 55) geändert worden ist, Biozid-Produkte sind,

2. die in Artikel 1 Absatz 3 der Verordnung (EG) Nr. 1935/2004 genannten Materialien und Gegenstände, Überzugs- und Beschichtungsmaterialien und Wasserversorgungsanlagen.

§ 3 Weitere Begriffsbestimmungen. (1) Im Sinne dieses Gesetzes sind:

1. Herstellen: das Gewinnen, einschließlich des Schlachtens oder Erlegens lebender Tiere, deren Fleisch als Lebensmittel zu dienen bestimmt ist, das Herstellen, das Zubereiten, das Be- und Verarbeiten und das Mischen,
2. Behandeln: das Wiegen, Messen, Um- und Abfüllen, Stempeln, Bedrucken, Verpacken, Kühlen, Gefrieren, Tiefgefrieren, Auftauen, Lagern, Aufbewahren, Befördern sowie jede sonstige Tätigkeit, die nicht als Herstellen oder Inverkehrbringen anzusehen ist,
3. Verzehren: das Aufnehmen von Lebensmitteln durch den Menschen durch Essen, Kauen, Trinken sowie durch jede sonstige Zufuhr von Stoffen in den Magen,
4. Auslösewert: Grenzwert für den Gehalt an einem gesundheitlich nicht erwünschten Stoff, der in oder auf einem Lebensmittel enthalten ist, bei dessen Überschreitung Untersuchungen vorgenommen werden müssen, um die Ursachen für das Vorhandensein des jeweiligen Stoffs mit dem Ziel zu ermitteln, Maßnahmen zu seiner Verringerung oder Beseitigung einzuleiten,
5. mit Lebensmitteln verwechselbare Produkte: Produkte, die zwar keine Lebensmittel sind, bei denen jedoch aufgrund ihrer Form, ihres Geruchs, ihrer Farbe, ihres Aussehens, ihrer Aufmachung, ihrer Kennzeichnung, ihres Volumens oder ihrer Größe vorhersehbar ist, dass sie von den Endverbrauchern, insbesondere von Kindern, mit Lebensmitteln verwechselt werden und deshalb zum Mund geführt, gelutscht oder geschluckt werden, wodurch insbesondere die Gefahr des Erstickens, der Vergiftung, der Perforation oder des Verschlusses des Verdauungskanals entstehen kann; ausgenom-

(Fortsetzung der Anm. von voriger Seite)
des Rates vom 5. April 2017 über In-vitro-Diagnostika und zur Aufhebung der Richtlinie 98/79/EG und des Beschlusses 2010/227/EU der Kommission (ABl. L 117 vom 5.5.2017, S. 176; L 117 vom 3.5.2019, S. 11; L 334 vom 27.12.2019, S. 167) in der jeweils geltenden Fassung" ersetzt.

men sind Arzneimittel, die einem Zulassungs- oder Registrierungsverfahren unterliegen,

6. unerwünschte Stoffe: Stoffe – außer Tierseuchenerregern –, die in oder auf Futtermitteln enthalten sind und
   a) als Rückstände in von Nutztieren gewonnenen Lebensmitteln oder sonstigen Produkten eine Gefahr für die menschliche Gesundheit darstellen,
   b) eine Gefahr für die tierische Gesundheit darstellen,
   c) vom Tier ausgeschieden werden und als solche eine Gefahr für den Naturhaushalt darstellen oder
   d) die Leistung von Nutztieren oder als Rückstände in von Nutztieren gewonnenen Lebensmitteln oder sonstigen Produkten die Qualität dieser Lebensmittel oder Produkte nachteilig beeinflussen

   können,
7. Mittelrückstände: Rückstände an Pflanzenschutzmitteln im Sinne des Pflanzenschutzgesetzes[1], Vorratsschutzmitteln oder Schädlingsbekämpfungsmitteln, soweit sie in Rechtsakten der Europäischen Gemeinschaft oder der Europäischen Union im Anwendungsbereich dieses Gesetzes aufgeführt sind und die in oder auf Futtermitteln vorhanden sind,
8. Naturhaushalt: seine Bestandteile Boden, Wasser, Luft, Klima, Tiere und Pflanzen sowie das Wirkungsgefüge zwischen ihnen,
9. Nutztiere: Tiere einer Art, die üblicherweise zum Zweck der Gewinnung von Lebensmitteln oder sonstigen Produkten gehalten wird, sowie Pferde,
10. Aktionsgrenzwert: Grenzwert für den Gehalt an einem unerwünschten Stoff, bei dessen Überschreitung Untersuchungen vorgenommen werden müssen, um die Ursachen für das Vorhandensein des unerwünschten Stoffs mit dem Ziel zu ermitteln, Maßnahmen zu seiner Verringerung oder Beseitigung einzuleiten.

(2) Im Anwendungsbereich dieses Gesetzes umfasst der Begriff des Verwendens eines Mittels zum Tätowieren auch die Tätigkeit des Tätowierens.

(3) Im Anwendungsbereich dieses Gesetzes gelten die Begriffsbestimmungen der Verordnung (EG) Nr. 178/2002[2] mit den Maßgaben, dass

1. Futtermittelunternehmen im Sinne des Artikels 3 Nummer 5 der Verordnung (EG) Nr. 178/2002 auch Unternehmen sind, deren Tätigkeit sich auf Futtermittel bezieht, die zur oralen Tierfütterung von nicht der Lebensmittelgewinnung dienenden Tieren bestimmt sind,
2. Futtermittelunternehmer im Sinne des Artikels 3 Nummer 6 der Verordnung (EG) Nr. 178/2002 auch derjenige ist, dessen Verantwortung sich auf Futtermittel bezieht, die zur oralen Tierfütterung von nicht der Lebensmittelgewinnung dienenden Tieren bestimmt sind,
3. für das Inverkehrbringen von Mitteln zum Tätowieren, Bedarfsgegenständen und mit Lebensmitteln verwechselbaren Produkten Artikel 3 Nummer 8 der Verordnung (EG) Nr. 178/2002 entsprechend gilt,
4. Endverbraucher im Sinne von Artikel 3 Nummer 18 der Verordnung (EG) Nr. 178/2002 auch eine Person ist, an die ein Mittel zum Tätowieren oder ein Bedarfsgegenstand zur persönlichen Verwendung oder zur Verwendung

---

[1] **Sartorius Nr. 863.**
[2] **Sartorius ErgBd. Nr. 860.**

im eigenen Haushalt abgegeben wird, wobei Gewerbetreibende, soweit sie ein Mittel zum Tätowieren oder einen Bedarfsgegenstand zum Verbrauch innerhalb ihrer Betriebsstätte beziehen, dem Endverbraucher gleichstehen.

(4) Im Anwendungsbereich dieses Gesetzes gelten Verpflegungseinrichtungen der Bundeswehr auch dann, wenn sie nicht gewerblich tätig sind, als Anbieter von Gemeinschaftsverpflegung im Sinne des Artikels 2 Absatz 2 Buchstabe d der Verordnung (EU) Nr. 1169/2011 des Europäischen Parlaments und des Rates vom 25. Oktober 2011 betreffend die Information der Verbraucher über Lebensmittel und zur Änderung der Verordnungen (EG) Nr. 1924/2006 und (EG) Nr. 1925/2006 des Europäischen Parlaments und des Rates und zur Aufhebung der Richtlinie 87/250/EWG der Kommission, der Richtlinie 90/496/EWG des Rates, der Richtlinie 1999/10/EG der Kommission, der Richtlinie 2000/13/EG des Europäischen Parlaments und des Rates, der Richtlinien 2002/67/EG und 2008/5/EG der Kommission und der Verordnung (EG) Nr. 608/2004 der Kommission (ABl. L 304 vom 22.11.2011, S. 18; L 331 vom 18.11.2014, S. 41; L 50 vom 21.2.2015, S. 48; L 266 vom 30.9.2016, S. 7), die zuletzt durch die Verordnung (EU) 2015/2283 (ABl. L 327 vom 11.12.2015, S. 1) geändert worden ist.

§ 4 Vorschriften und Ermächtigungen zum Geltungsbereich. (1) Die Vorschriften dieses Gesetzes

1. für Lebensmittel gelten auch für lebende Tiere, die der Gewinnung von Lebensmitteln dienen, soweit dieses Gesetz dies bestimmt,
2. über das Inverkehrbringen von kosmetischen Mitteln gelten entsprechend für deren Bereitstellung auf dem Markt,
3. für Mittel zum Tätowieren gelten auch für vergleichbare Stoffe und Gemische aus Stoffen, die dazu bestimmt sind, zur Beeinflussung des Aussehens in oder unter die menschliche Haut eingebracht zu werden und dort, auch vorübergehend, zu verbleiben,
4. und der aufgrund dieses Gesetzes erlassenen Rechtsverordnungen gelten nicht für Erzeugnisse im Sinne des Weingesetzes – ausgenommen die in § 1 Absatz 2 des Weingesetzes genannten Erzeugnisse –; sie gelten jedoch, soweit das Weingesetz oder aufgrund des Weingesetzes erlassene Rechtsverordnungen auf Vorschriften dieses Gesetzes oder der aufgrund dieses Gesetzes erlassenen Rechtsverordnungen verweisen.

(2) In Rechtsverordnungen nach diesem Gesetz können

1. Anbieter von Gemeinschaftsverpflegung sowie Gewerbetreibende, soweit sie Lebensmittel oder Bedarfsgegenstände zum Verbrauch innerhalb ihrer Betriebsstätte beziehen, dem Endverbraucher gleichgestellt werden,
2. weitere als in den §§ 2 und 3 genannte Begriffsbestimmungen oder davon abweichende Begriffsbestimmungen vorgesehen werden, soweit dadurch der Anwendungsbereich dieses Gesetzes nicht erweitert wird.

(3) Das Bundesministerium für Ernährung und Landwirtschaft (Bundesministerium) wird ermächtigt, im Einvernehmen mit dem Bundesministerium für Wirtschaft und Energie durch Rechtsverordnung mit Zustimmung des Bundesrates, soweit es zur Erfüllung der in § 1 Absatz 1 Nummer 1, auch in Verbindung mit § 1 Absatz 3, genannten Zwecke erforderlich ist, den Bedarfsgegenständen andere Gegenstände und Mittel des persönlichen oder häuslichen Bedarfs gleichzustellen, wenn von diesen Gegenständen und Mitteln des per-

sönlichen oder häuslichen Bedarfs bei bestimmungsgemäßem oder vorauszusehendem Gebrauch aufgrund ihrer stofflichen Zusammensetzung, insbesondere durch toxikologisch wirksame Stoffe oder durch Verunreinigungen, gesundheitsgefährdende Einwirkungen auf den menschlichen Körper ausgehen können.

Abschnitt 2. Verkehr mit Lebensmitteln

§ 5 Verbote zum Schutz der Gesundheit. (1) [1] Es ist verboten, Lebensmittel für andere derart herzustellen oder zu behandeln, dass ihr Verzehr gesundheitsschädlich im Sinne des Artikels 14 Absatz 2 Buchstabe a der Verordnung (EG) Nr. 178/2002[1)] ist. [2] Unberührt bleiben

1. das Verbot des Artikels 14 Absatz 1 in Verbindung mit Absatz 2 Buchstabe a der Verordnung (EG) Nr. 178/2002 über das Inverkehrbringen gesundheitsschädlicher Lebensmittel und
2. Regelungen in Rechtsverordnungen aufgrund des § 13 Absatz 1 Nummer 3 und 4, soweit sie für den privaten häuslichen Bereich gelten.

(2) Es ist ferner verboten,

1. Stoffe, die keine Lebensmittel sind und deren Verzehr gesundheitsschädlich im Sinne des Artikels 14 Absatz 2 Buchstabe a der Verordnung (EG) Nr. 178/2002 ist, als Lebensmittel in den Verkehr zu bringen,
2. mit Lebensmitteln verwechselbare Produkte für andere herzustellen, zu behandeln oder in den Verkehr zu bringen.

§ 6 (weggefallen)

§ 7 Ermächtigungen zum Schutz der Gesundheit und vor Täuschung.

(1) Das Bundesministerium wird ermächtigt, im Einvernehmen mit dem Bundesministerium für Wirtschaft und Energie durch Rechtsverordnung mit Zustimmung des Bundesrates, soweit es zur Erfüllung der in § 1 Absatz 1 Nummer 1 oder 2, jeweils auch in Verbindung mit § 1 Absatz 3, genannten Zwecke erforderlich ist,

1. im Rahmen des Artikels 20 in Verbindung mit Anhang IV der Verordnung (EG) Nr. 1333/2008 des Europäischen Parlaments und des Rates vom 16. Dezember 2008 über Lebensmittelzusatzstoffe (ABl. L 354 vom 31.12. 2008, S. 16; L 105 vom 27.4.2010, S. 114; L 322 vom 21.11.2012, S. 8; L 123 vom 19.5.2015, S. 122), die zuletzt durch die Verordnung (EU) 2020/ 771 (ABl. L 184 vom 12.6.2020, S. 25) geändert worden ist, oder
2. soweit es zur Umsetzung oder Durchführung von Rechtsakten der Europäischen Gemeinschaft oder der Europäischen Union im Anwendungsbereich dieses Gesetzes erforderlich ist,

beim Herstellen oder Behandeln von bestimmten Lebensmitteln die Verwendung von Lebensmittelzusatzstoffen oder Verarbeitungshilfsstoffen zu verbieten oder zu beschränken.

(2) Das Bundesministerium wird ferner ermächtigt, im Einvernehmen mit dem Bundesministerium für Wirtschaft und Energie durch Rechtsverordnung mit Zustimmung des Bundesrates, soweit es insbesondere unter Berücksichti-

---

[1)] **Sartorius ErgBd. Nr. 860.**

gung ernährungsphysiologischer Erfordernisse zur Erfüllung der in § 1 Absatz 1 Nummer 1 oder 2, jeweils auch in Verbindung mit § 1 Absatz 3, genannten Zwecke erforderlich ist,

1. beim Herstellen oder Behandeln von Lebensmitteln den Zusatz von bestimmten Vitaminen, Mineralstoffen, Aminosäuren und deren Derivaten sowie anderen Stoffen mit ernährungsbezogener oder physiologischer Wirkung zu verbieten oder zu beschränken,
2. Höchstmengen oder Mindestmengen für den Gehalt an in Nummer 1 genannten Stoffen in Lebensmitteln und Reinheitsanforderungen für in Nummer 1 genannte Stoffe festzusetzen.

(3) Lebensmittel, die einer nach Absatz 1 oder Absatz 2 erlassenen Rechtsverordnung nicht entsprechen, dürfen nicht in den Verkehr gebracht werden.

§ 8 Bestrahlungsverbot und Zulassungsermächtigung. (1) Es ist verboten,

1. bei Lebensmitteln eine Bestrahlung mit ultravioletten oder ionisierenden Strahlen anzuwenden, die nicht zugelassen ist
   a) durch eine aufgrund dieses Gesetzes erlassene Rechtsverordnung, oder
   b) durch unmittelbar geltende Rechtsvorschriften der Europäischen Gemeinschaft oder der Europäischen Union, insbesondere durch die Verordnung (EU) 2015/2283 des Europäischen Parlaments und des Rates vom 25. November 2015 über neuartige Lebensmittel, zur Änderung der Verordnung (EU) Nr. 1169/2011 des Europäischen Parlaments und des Rates und zur Aufhebung der Verordnung (EG) Nr. 258/97 des Europäischen Parlaments und des Rates und der Verordnung (EG) Nr. 1852/2001 der Kommission (ABl. L 327 vom 11.12.2015, S. 1), die durch die Verordnung (EU) 2019/1381 (ABl. L 231 vom 6.9.2019, S. 1) geändert worden ist, in Verbindung mit der Durchführungsverordnung (EU) 2017/2470 der Kommission vom 20. Dezember 2017 zur Erstellung der Unionsliste der neuartigen Lebensmittel gemäß der Verordnung (EU) 2015/2283 des Europäischen Parlaments und des Rates über neuartige Lebensmittel (ABl. L 351 vom 30.12.2017, S. 72), die zuletzt durch die Durchführungsverordnung (EU) 2020/1163 (ABl. L 258 vom 7.8.2020, S. 1) geändert worden ist, in der jeweils geltenden Fassung,
2. Lebensmittel in den Verkehr zu bringen, die entgegen dem Verbot der Nummer 1 bestrahlt sind.

(2) Das Bundesministerium wird ermächtigt, im Einvernehmen mit den Bundesministerien für Bildung und Forschung und für Umwelt, Naturschutz und nukleare Sicherheit durch Rechtsverordnung mit Zustimmung des Bundesrates,

1. soweit es mit den Zwecken des § 1 Absatz 1 Nummer 1 oder 2, jeweils auch in Verbindung mit § 1 Absatz 3, vereinbar ist, eine solche Bestrahlung allgemein oder für bestimmte Lebensmittel oder für bestimmte Verwendungszwecke zuzulassen,
2. soweit es zur Erfüllung der in § 1 Absatz 1 Nummer 1 oder 2, jeweils auch in Verbindung mit § 1 Absatz 3, genannten Zwecke erforderlich ist, bestimmte technische Verfahren für zugelassene Bestrahlungen vorzuschreiben.

§ 9 Pflanzenschutz- oder sonstige Mittel. (1) [1]Es ist verboten, Lebensmittel in den Verkehr zu bringen,

1. wenn in oder auf ihnen Pflanzenschutzmittel im Sinne des Pflanzenschutzgesetzes[1)], Düngemittel im Sinne des Düngegesetzes, andere Pflanzen- oder Bodenbehandlungsmittel, Biozid-Produkte im Sinne des Chemikaliengesetzes, soweit sie dem Vorratsschutz, der Schädlingsbekämpfung oder dem Schutz von Lebensmitteln dienen (Pflanzenschutz- oder sonstige Mittel) oder deren Umwandlungs- oder Reaktionsprodukte vorhanden sind, die nach Absatz 2 Nummer 1 Buchstabe a festgesetzte Höchstmengen überschreiten,
2. wenn in oder auf ihnen Pflanzenschutzmittel im Sinne des Pflanzenschutzgesetzes vorhanden sind, die nicht zugelassen sind oder die bei den Lebensmitteln oder deren Ausgangsstoffen nicht angewendet werden dürfen,
3. die den Anforderungen nach Artikel 18 Absatz 1, auch in Verbindung mit Artikel 20 Absatz 1, der Verordnung (EG) Nr. 396/2005 des Europäischen Parlaments und des Rates vom 23. Februar 2005 über Höchstgehalte an Pestizidrückständen in oder auf Lebens- und Futtermitteln pflanzlichen und tierischen Ursprungs und zur Änderung der Richtlinie 91/414/EWG des Rates (ABl. L 70 vom 16.3.2005, S. 1), die zuletzt durch die Verordnung (EU) 2020/192 (ABl. L 40 vom 13.2.2020, S. 4) geändert worden ist, nicht entsprechen.

[2]Satz 1 Nummer 2 gilt nicht, soweit für die dort genannten Mittel Rückstandshöchstgehalte nach Artikel 18 Absatz 1, auch in Verbindung mit Artikel 20 Absatz 1, der Verordnung (EG) Nr. 396/2005 oder Höchstmengen nach Absatz 2 Nummer 1 Buchstabe a festgesetzt sind.

(2) Das Bundesministerium wird ermächtigt, im Einvernehmen mit dem Bundesministerium für Wirtschaft und Energie durch Rechtsverordnung mit Zustimmung des Bundesrates,

1. soweit es zur Erfüllung der in § 1 Absatz 1 Nummer 1 oder 2, jeweils auch in Verbindung mit § 1 Absatz 3, genannten Zwecke erforderlich ist,
   a) für Pflanzenschutz- oder sonstige Mittel oder deren Umwandlungs- und Reaktionsprodukte Höchstmengen festzusetzen, die in oder auf Lebensmitteln beim Inverkehrbringen nicht überschritten sein dürfen,
   b) das Inverkehrbringen von Lebensmitteln, bei denen oder bei deren Ausgangsstoffen bestimmte Stoffe als Pflanzenschutz- oder sonstige Mittel angewendet worden sind, zu verbieten,
   c) Maßnahmen zur Entwesung, Entseuchung oder Entkeimung von Räumen oder Geräten, in denen oder mit denen Lebensmittel hergestellt, behandelt oder in den Verkehr gebracht werden, von einer Genehmigung oder Anzeige abhängig zu machen sowie die Anwendung bestimmter Mittel, Geräte oder Verfahren bei solchen Maßnahmen vorzuschreiben, zu verbieten oder zu beschränken,
2. soweit es mit den in § 1 Absatz 1 Nummer 1 oder Nummer 2, jeweils auch in Verbindung mit § 1 Absatz 3, genannten Zwecken vereinbar ist, Ausnahmen von dem Verbot
   a) des Absatzes 1 Satz 1 Nummer 2 oder

[1)] **Sartorius Nr. 863.**

b) des Absatzes 1 Satz 1 Nummer 3 oder des Artikels 18 Absatz 1 der Verordnung (EG) Nr. 396/2005

zuzulassen.

§ 10 Stoffe mit pharmakologischer Wirkung. (1) [1] Es ist verboten, vom Tier gewonnene Lebensmittel in den Verkehr zu bringen, wenn in oder auf ihnen Stoffe mit pharmakologischer Wirkung oder deren Umwandlungsprodukte vorhanden sind. [2] Satz 1 gilt nicht, wenn

1. die für die in Satz 1 bezeichneten Stoffe oder deren Umwandlungsprodukte in einem unmittelbar geltenden Rechtsakt der Europäischen Gemeinschaft oder der Europäischen Union, insbesondere
   a) im Anhang der Verordnung (EU) Nr. 37/2010 der Kommission vom 22. Dezember 2009 über pharmakologisch wirksame Stoffe und ihre Einstufung hinsichtlich der Rückstandshöchstmengen in Lebensmitteln tierischen Ursprungs (ABl. L 15 vom 20.1.2010, S. 1; L 293 vom 11.11.2010, S. 72), die zuletzt durch die Durchführungsverordnung (EU) 2020/43 (ABl. L 15 vom 20.1.2020, S. 5) geändert worden ist, in der jeweils geltenden Fassung,
   b) in einem auf Artikel 14 der Verordnung (EG) Nr. 470/2009 des Europäischen Parlaments und des Rates vom 6. Mai 2009 über die Schaffung eines Gemeinschaftsverfahrens für die Festsetzung von Höchstmengen für Rückstände pharmakologisch wirksamer Stoffe in Lebensmitteln tierischen Ursprungs, zur Aufhebung der Verordnung (EWG) Nr. 2377/90 des Rates und zur Änderung der Richtlinie 2001/82/EG des Europäischen Parlaments und des Rates und der Verordnung (EG) Nr. 726/2004 des Europäischen Parlaments und des Rates (ABl. L 152 vom 16.6.2009, S. 11, L 154 vom 19.6.2015, S. 28) gestützten unmittelbar geltenden Rechtsakt der Europäischen Union oder
   c) in einem auf die Verordnung (EG) Nr. 1831/2003 des Europäischen Parlaments und des Rates vom 22. September 2003 über Zusatzstoffe zur Verwendung in der Tierernährung (ABl. L 268 vom 18.10.2003, S. 29; L 192 vom 29.5.2004, S. 34; L 98 vom 13.4.2007, S. 29), die zuletzt durch die Verordnung (EU) 2019/1381 (ABl. L 231 vom 6.9.2019, S. 1) geändert worden ist, gestützten unmittelbar geltenden Rechtsakt der Europäischen Gemeinschaft oder der Europäischen Union,

   festgesetzten Höchstmengen nicht überschritten werden,
2. die in Satz 1 bezeichneten Stoffe oder deren Umwandlungsprodukte
   a) im Anhang der Verordnung (EU) Nr. 37/2010 oder
   b) in einem auf Artikel 14 der Verordnung (EG) Nr. 470/2009 gestützten unmittelbar geltenden Rechtsakt der Europäischen Union

   als Stoffe aufgeführt sind, für die eine Festlegung von Höchstmengen nicht erforderlich ist,
3. für die in Satz 1 bezeichneten Stoffe oder deren Umwandlungsprodukte Referenzwerte in einem auf Artikel 18 der Verordnung (EG) Nr. 470/2009 gestützten unmittelbar geltenden Rechtsakt der Europäischen Union festgelegt worden sind und diese unterschritten werden,
4. die in Satz 1 bezeichneten Stoffe als Futtermittelzusatzstoffe für das Tier, von dem die Lebensmittel stammen, zugelassen sind und dabei für diese Stoffe

oder deren Umwandlungsprodukte keine Rückstandshöchstmengen in Lebensmitteln festgesetzt worden sind, oder

5. nach Absatz 4 Nummer 1 Buchstabe a festgesetzte Höchstmengen nicht überschritten werden.

[3] Die Verordnung (EG) Nr. 396/2005 bleibt unberührt.

(2) Es ist ferner verboten, lebende Tiere im Sinne des § 4 Absatz 1 Nummer 1 in den Verkehr zu bringen, wenn in oder auf ihnen Stoffe mit pharmakologischer Wirkung oder deren Umwandlungsprodukte vorhanden sind, die

1. im Anhang Tabelle 2 der Verordnung (EU) Nr. 37/2010 als verbotene Stoffe aufgeführt sind,
2. nicht als Arzneimittel zur Anwendung bei diesen Tieren zugelassen oder registriert sind oder, ohne entsprechende Zulassung oder Registrierung, nicht aufgrund sonstiger arzneimittelrechtlicher Vorschriften bei diesen Tieren angewendet werden dürfen oder
3. nicht als Futtermittelzusatzstoffe für diese Tiere zugelassen sind.

(3) Sind Stoffe mit pharmakologischer Wirkung, die als Arzneimittel zugelassen oder registriert sind oder als Futtermittelzusatzstoffe zugelassen sind, einem lebenden Tier zugeführt worden, so dürfen

1. diese Tiere nur zur Schlachtung abgegeben werden,
2. von dem Tier Lebensmittel nur gewonnen werden,
3. von dem Tier gewonnene Lebensmittel nur in den Verkehr gebracht werden,

wenn die festgesetzten Wartezeiten eingehalten worden sind.

(4) Das Bundesministerium wird ermächtigt, durch Rechtsverordnung mit Zustimmung des Bundesrates,

1. soweit es zur Erfüllung der in § 1 Absatz 1 Nummer 1 oder 2, jeweils auch in Verbindung mit § 1 Absatz 3, genannten Zwecke erforderlich ist,
   a) für Stoffe mit pharmakologischer Wirkung oder deren Umwandlungsprodukte Höchstmengen festzusetzen, die in oder auf Lebensmitteln beim Inverkehrbringen nicht überschritten sein dürfen,
   b) bestimmte Stoffe mit pharmakologischer Wirkung, ausgenommen Stoffe, die als Futtermittel-Zusatzstoffe in den Verkehr gebracht oder verwendet werden dürfen, von der Anwendung bei Tieren ganz oder für bestimmte Verwendungszwecke oder innerhalb bestimmter Wartezeiten auszuschließen und zu verbieten, dass entgegen solchen Vorschriften gewonnene Lebensmittel oder für eine verbotene Anwendung bestimmte Stoffe in den Verkehr gebracht werden,
   c) bestimmte Stoffe oder Gruppen von Stoffen, ausgenommen Stoffe, die als Einzelfuttermittel oder Mischfuttermittel oder Futtermittel-Zusatzstoffe in den Verkehr gebracht oder verwendet werden dürfen, den Stoffen mit pharmakologischer Wirkung gleichzustellen, sofern Tatsachen die Annahme rechtfertigen, dass diese Stoffe in von Tieren gewonnene Lebensmittel übergehen,
   d) das Inverkehrbringen von Lebensmitteln, in oder auf denen Stoffe mit pharmakologischer Wirkung oder deren Umwandlungsprodukte vorhanden sind, zu verbieten oder zu beschränken,

e) das Herstellen oder das Behandeln von in Buchstabe d bezeichneten Lebensmitteln zu verbieten oder zu beschränken,

2. soweit es zur Erfüllung der in § 1 Absatz 1 Nummer 1 oder 2, jeweils auch in Verbindung mit § 1 Absatz 3, genannten Zwecke erforderlich ist, die Regelungen des Absatzes 1 Satz 1 auf andere als die dort genannten Lebensmittel ganz oder teilweise zu erstrecken,
3. soweit es mit den in § 1 Absatz 1 Nummer 1 oder 2 genannten Zwecken vereinbar ist, Ausnahmen von dem Verbot des Absatzes 3 zuzulassen.

(5) Solange und soweit eine Anordnung nach Artikel 4 Absatz 4 Buchstabe b erster oder zweiter Spiegelstrich der Delegierten Verordnung (EU) 2019/2090 der Kommission vom 19. Juni 2019 zur Ergänzung der Verordnung (EU) 2017/625 des Europäischen Parlaments und des Rates in Bezug auf mutmaßliche oder festgestellte Verstöße gegen Unionsvorschriften über die Verwendung oder über Rückstände pharmakologisch wirksamer Stoffe, die in Tierarzneimitteln oder als Futtermittelzusatzstoffe zugelassen sind, bzw. gegen Unionsvorschriften über die Verwendung oder über Rückstände verbotener oder nicht zugelassener pharmakologisch wirksamer Stoffe (ABl. L 317 vom 9.12. 2019, S. 28) wirksam ist, sind die Absätze 1 bis 3 nicht anzuwenden.

§ 11 Vorschriften zum Schutz vor Täuschung. (1) Es ist verboten, als Verantwortlicher nach Artikel 8 Absatz 1 der Verordnung (EU) Nr. 1169/2011 Lebensmittel mit Informationen über Lebensmittel, die den Anforderungen

1. des Artikels 7 Absatz 1, auch in Verbindung mit Absatz 4, der Verordnung (EU) Nr. 1169/2011,
2. des Artikels 7 Absatz 3, auch in Verbindung mit Absatz 4, der Verordnung (EU) Nr. 1169/2011 oder
3. des Artikels 36 Absatz 2 Buchstabe a in Verbindung mit Artikel 7 Absatz 1 oder Absatz 3, jeweils auch in Verbindung mit Artikel 7 Absatz 4, der Verordnung (EU) Nr. 1169/2011

nicht entsprechen, in den Verkehr zu bringen oder allgemein oder im Einzelfall dafür zu werben.

(2) Es ist ferner verboten, als Verantwortlicher nach Artikel 8 Absatz 8 der Verordnung (EU) Nr. 1169/2011 Lebensmittel mit Informationen über Lebensmittel, die den Anforderungen

1. des Artikels 7 Absatz 1, auch in Verbindung mit Absatz 4, der Verordnung (EU) Nr. 1169/2011,
2. des Artikels 7 Absatz 3, auch in Verbindung mit Absatz 4, der Verordnung (EU) Nr. 1169/2011 oder
3. des Artikels 36 Absatz 2 Buchstabe a in Verbindung mit Artikel 7 Absatz 1 oder Absatz 3, jeweils auch in Verbindung mit Artikel 7 Absatz 4, der Verordnung (EU) Nr. 1169/2011

nicht entsprechen, an andere Lebensmittelunternehmer zu liefern.

(3) Absatz 1 Nummer 2 und Absatz 2 Nummer 2 gelten nicht für nach Artikel 14 Absatz 1 der Verordnung (EG) Nr. 1924/2006 des Europäischen Parlaments und des Rates vom 20. Dezember 2006 über nährwert- und gesundheitsbezogene Angaben über Lebensmittel (ABl. L 404 vom 30.12.2006, S. 9, L 12 vom 18.1.2007, S. 3, L 86 vom 28.3.2008, S. 34, L 198 vom 30.7. 2009, S. 87, L 160 vom 12.6.2013, S. 15), die zuletzt durch die Verordnung

(EU) Nr. 1047/2012 (ABl. L 310 vom 9.11.2012, S. 36) geändert worden ist, zugelassene Angaben.

§ 12 Weitere Verbote. Es ist verboten, andere als dem Verbot des Artikels 14 Absatz 1 in Verbindung mit Absatz 2 Buchstabe b der Verordnung (EG) Nr. 178/2002[1] unterliegende Lebensmittel, die für den Verzehr durch den Menschen ungeeignet sind, in den Verkehr zu bringen.

§ 13 Ermächtigungen zum Schutz der Gesundheit und vor Täuschung. (1) Das Bundesministerium wird ermächtigt, in den Fällen der Nummern 1 und 2 im Einvernehmen mit dem Bundesministerium für Wirtschaft und Energie, durch Rechtsverordnung mit Zustimmung des Bundesrates, soweit es zur Erfüllung der in § 1 Absatz 1 Nummer 1, in den Fällen der Nummer 3, soweit diese zu Regelungen über das Herstellen oder Behandeln ermächtigt, und Nummer 4 auch zur Erfüllung der in § 1 Absatz 2, stets jeweils auch in Verbindung mit § 1 Absatz 3, genannten Zwecke erforderlich ist,

1. bei dem Herstellen oder Behandeln von Lebensmitteln
   a) die Verwendung bestimmter Stoffe oder Gemische aus Stoffen, Gegenstände oder Verfahren zu verbieten oder zu beschränken,
   b) die Anwendung bestimmter Verfahren vorzuschreiben,
2. für bestimmte Lebensmittel Anforderungen an das Herstellen, das Behandeln oder das Inverkehrbringen zu stellen,
3. das Herstellen, das Behandeln oder das Inverkehrbringen von
   a) bestimmten Lebensmitteln,
   b) lebenden Tieren im Sinne des § 4 Absatz 1 Nummer 1
   von einer amtlichen Untersuchung abhängig zu machen,
4. vorzuschreiben, dass bestimmte Lebensmittel nach dem Gewinnen amtlich zu untersuchen sind,
5. das Herstellen oder das Behandeln von bestimmten Stoffen oder Gemischen aus Stoffen, die im Sinne des Artikels 14 Absatz 2 Buchstabe a der Verordnung (EG) Nr. 178/2002[1] gesundheitsschädlich sind, in Lebensmittelunternehmen sowie das Verbringen in diese zu verbieten oder zu beschränken,
6. für bestimmte Lebensmittel Warnhinweise, sonstige warnende Aufmachungen oder Sicherheitsvorkehrungen vorzuschreiben,
7. vorbehaltlich des Absatzes 5 Satz 1 Nummer 2 Auslösewerte für einen gesundheitlich nicht erwünschten Stoff, der in oder auf einem Lebensmittel enthalten ist, festzusetzen.

(2) Lebensmittel, die entgegen einer nach Absatz 1 Nummer 1 erlassenen Rechtsverordnung hergestellt oder behandelt sind, dürfen nicht in den Verkehr gebracht werden.

(3) [1]Das Bundesministerium wird ferner ermächtigt, durch Rechtsverordnung mit Zustimmung des Bundesrates, soweit es zur Erfüllung der in § 1 Absatz 1 Nummer 1 oder 2, jeweils auch in Verbindung mit § 1 Absatz 3, genannten Zwecke erforderlich ist,

1. vorzuschreiben, dass
   a) der Gehalt der Lebensmittel

---

[1] **Sartorius ErgBd. Nr. 860.**

aa) an den in einer Rechtsverordnung nach § 7 Absatz 1 genannten Lebensmittelzusatzstoffen oder Verarbeitungshilfsstoffen,

bb) an den in einer Rechtsverordnung nach § 7 Absatz 2 Nummer 1 genannten Stoffen,

cc) an den Stoffen, für die Höchstmengen oder Mindestmengen in einer Rechtsverordnung nach § 7 Absatz 2 Nummer 2 festgesetzt wurden und

b) die Anwendung der in Rechtsverordnungen nach § 8 Absatz 2 Nummer 1 zugelassenen Behandlung oder Bestrahlung

kenntlich zu machen sind und dabei die Art der Kenntlichmachung zu regeln,

2. Vorschriften über die Kenntlichmachung der in oder auf Lebensmitteln vorhandenen Stoffe im Sinne der §§ 9 und 10 zu erlassen.

[2] Rechtsverordnungen nach Satz 1 Nummer 2 bedürfen des Einvernehmens mit dem Bundesministerium für Wirtschaft und Energie.

(4) Das Bundesministerium wird weiter ermächtigt, im Einvernehmen mit dem Bundesministerium für Wirtschaft und Energie durch Rechtsverordnung mit Zustimmung des Bundesrates, soweit es zur Erfüllung der in § 1 Absatz 1 Nummer 2, auch in Verbindung mit § 1 Absatz 3, genannten Zwecke erforderlich ist,

1. vorzuschreiben, dass

a) Lebensmittel unter bestimmten Bezeichnungen nur in den Verkehr gebracht werden dürfen, wenn sie bestimmten Anforderungen an die Herstellung, Zusammensetzung oder Beschaffenheit entsprechen,

b) Lebensmittel, die bestimmten Anforderungen an die Herstellung, Zusammensetzung oder Beschaffenheit nicht entsprechen oder sonstige Lebensmittel von bestimmter Art oder Beschaffenheit nicht, nur mit bestimmten Informationen über Lebensmittel, nur unter ausreichender Kenntlichmachung oder nur unter bestimmten Bezeichnungen, sonstigen Angaben oder Aufmachungen in den Verkehr gebracht werden dürfen, und die Einzelheiten hierfür zu bestimmen,

c) Lebensmittel mit bestimmten zur Irreführung geeigneten Informationen über Lebensmittel, insbesondere mit zur Irreführung geeigneten Bezeichnungen, Angaben oder Aufmachungen, nicht in den Verkehr gebracht werden dürfen und dass für Lebensmittel nicht mit zur Irreführung geeigneten Informationen über Lebensmittel, insbesondere nicht mit zur Irreführung geeigneten Darstellungen oder sonstigen Aussagen geworben werden darf,

d) Lebensmittel, bei denen bestimmte Verfahren angewendet worden sind, nur unter bestimmten Voraussetzungen in den Verkehr gebracht werden dürfen,

e) Lebensmitteln zur vereinfachten Feststellung ihrer Beschaffenheit bestimmte Indikatoren zugesetzt werden müssen,

f) Lebensmittel nur in bestimmten Einheiten in den Verkehr gebracht werden dürfen,

g) bestimmten Lebensmitteln bestimmte Angaben oder Informationen über Lebensmittel, insbesondere über die Anwendung von Stoffen oder über die weitere Verarbeitung der Erzeugnisse, beizufügen sind,

2. zu verbieten, dass Gegenstände oder Stoffe, die bei dem Herstellen oder dem Behandeln von Lebensmitteln nicht verwendet werden dürfen, für diese Zwecke hergestellt oder in den Verkehr gebracht werden, auch wenn die Verwendung nur für den eigenen Bedarf des Abnehmers erfolgen soll.

(5) [1]Das Bundesministerium für Umwelt, Naturschutz und nukleare Sicherheit wird ermächtigt, durch Rechtsverordnung mit Zustimmung des Bundesrates, soweit es zur Erfüllung der in § 1 Absatz 1 Nummer 1, auch in Verbindung mit § 1 Absatz 3, genannten Zwecke erforderlich ist,

1. das Inverkehrbringen von Lebensmitteln, die einer Einwirkung durch Verunreinigungen der Luft, des Wassers oder des Bodens ausgesetzt waren, zu verbieten oder zu beschränken,
2. Auslösewerte für einen gesundheitlich nicht erwünschten Stoff, der in oder auf einem Lebensmittel, das einer Einwirkung durch Verunreinigungen der Luft, des Wassers oder des Bodens ausgesetzt war, enthalten ist, festzusetzen.

[2]Rechtsverordnungen nach Satz 1 bedürfen des Einvernehmens mit dem Bundesministerium und dem Bundesministerium für Wirtschaft und Energie.

§ 14 Weitere Ermächtigungen. (1) Das Bundesministerium wird ermächtigt, durch Rechtsverordnung mit Zustimmung des Bundesrates, soweit dies zur Erfüllung der in § 1 Absatz 1 Nummer 1 oder 2, in den Fällen der Nummern 3 und 6 auch zur Erfüllung der in Absatz 2, stets jeweils auch in Verbindung mit § 1 Absatz 3, genannten Zwecke erforderlich ist,

1. das Inverkehrbringen von vom Tier gewonnenen Lebensmitteln davon abhängig zu machen, dass sie von einer Genusstauglichkeitsbescheinigung, von einer vergleichbaren Urkunde oder von sonstigen Dokumenten begleitet werden sowie Inhalt, Form und Ausstellung dieser Urkunden oder Dokumente zu regeln,
2. das Herstellen, das Behandeln, das Inverkehrbringen oder das Erwerben von vom Tier gewonnenen Lebensmitteln von einer Kennzeichnung, amtlichen Kennzeichnung oder amtlichen Anerkennung oder das Inverkehrbringen von natürlichen Mineralwässern von einer amtlichen Anerkennung abhängig zu machen sowie Inhalt, Art und Weise und das Verfahren einer solchen Kennzeichnung, amtlichen Kennzeichnung oder amtlichen Anerkennung zu regeln,
3. die Voraussetzungen zu bestimmen, unter denen vom Tier gewonnene Lebensmittel als mit infektiösem Material verunreinigt anzusehen sind, sowie die erforderlichen Maßnahmen, insbesondere die Sicherstellung und unschädliche Beseitigung zu regeln,
4. zu bestimmen, unter welchen Voraussetzungen milchwirtschaftliche Unternehmen bestimmte Bezeichnungen führen dürfen,
5. vorzuschreiben, dass Sendungen bestimmter Lebensmittel aus anderen Mitgliedstaaten oder anderen Vertragsstaaten des Abkommens über den Europäischen Wirtschaftsraum, auch während der Beförderung, daraufhin überprüft oder untersucht werden können, ob sie von den vorgeschriebenen Urkunden begleitet werden und den Vorschriften dieses Gesetzes, der aufgrund dieses Gesetzes erlassenen Rechtsverordnungen oder der unmittelbar geltenden Rechtsakte der Europäischen Gemeinschaft oder der Europäischen Union im Anwendungsbereich dieses Gesetzes entsprechen,

6. das Verfahren für die amtliche Untersuchung nach § 13 Absatz 1 Nummer 3 und 4 zu regeln.

(2) Das Bundesministerium wird ferner ermächtigt, durch Rechtsverordnung mit Zustimmung des Bundesrates, soweit dies zur Erfüllung der in § 1 Absatz 1 Nummer 1, auch in Verbindung mit § 1 Absatz 3, genannten Zwecke erforderlich ist,

1. und sofern die Voraussetzungen für eine Regelung durch Rechtsverordnungen nach § 13 Absatz 1 oder § 34 Absatz 1 dieses Gesetzes oder nach § 38 des Infektionsschutzgesetzes[1] nicht erfüllt sind, Vorschriften zu erlassen, die eine einwandfreie Beschaffenheit der Lebensmittel von ihrer Herstellung bis zur Abgabe an den Endverbraucher sicherstellen und dabei auch zu bestimmen, welche gesundheitlichen oder hygienischen Anforderungen lebende Tiere im Sinne des § 4 Absatz 1 Nummer 1, die Lebensmittelunternehmen oder die dort beschäftigten Personen hinsichtlich der Gewinnung bestimmter Lebensmittel erfüllen müssen, um eine nachteilige Beeinflussung dieser Lebensmittel zu vermeiden,
2. und sofern die Voraussetzungen für eine Regelung durch Rechtsverordnung nach § 6 Absatz 1 Nummer 3 Buchstabe b oder § 38 Absatz 9 oder 10 des Tiergesundheitsgesetzes[2] nicht erfüllt sind, vorzuschreiben, dass und in welcher Weise Räume, Anlagen oder Einrichtungen, in denen lebende Tiere im Sinne des § 4 Absatz 1 Nummer 1 gehalten werden, gereinigt, desinfiziert oder sonst im Hinblick auf die Einhaltung hygienischer Anforderungen behandelt werden müssen, sowie die Führung von Nachweisen zu regeln,
3. vorzuschreiben, dass über die Reinigung, die Desinfektion oder sonstige Behandlungsmaßnahmen im Hinblick auf die Einhaltung der hygienischen Anforderungen von Räumen, Anlagen, Einrichtungen oder Beförderungsmitteln, in denen Lebensmittel hergestellt, behandelt oder in den Verkehr gebracht werden, Nachweise zu führen sind,
4. das Nähere über Art, Form und Inhalt der Nachweise nach den Nummern 2 und 3 sowie über die Dauer ihrer Aufbewahrung zu regeln,
5. das Verfahren für die Überwachung der Einhaltung der hygienischen Anforderungen nach Nummer 1 zu regeln.

(3) Das Bundesministerium wird weiter ermächtigt, im Einvernehmen mit dem Bundesministerium für Wirtschaft und Energie durch Rechtsverordnung mit Zustimmung des Bundesrates, soweit dies zur Erfüllung der in § 1 Absatz 1 Nummer 1, 2 oder 3 Buchstabe a, jeweils auch in Verbindung mit § 1 Absatz 3, genannten Zwecke erforderlich ist, Vorschriften über die Werbung für Säuglingsanfangsnahrung und Folgenahrung zu erlassen.

§ 15 Deutsches Lebensmittelbuch. (1) Das Deutsche Lebensmittelbuch ist eine Sammlung von Leitsätzen, in denen Herstellung, Beschaffenheit oder sonstige Merkmale von Lebensmitteln, die für die Verkehrsfähigkeit der Lebensmittel von Bedeutung sind, beschrieben werden.

(2) Die Leitsätze werden von der Deutschen Lebensmittelbuch-Kommission unter Berücksichtigung des von der Bundesregierung anerkannten internationalen Lebensmittelstandards beschlossen.

---

[1] **Nr. 35.1.**
[2] **Sartorius Nr. 870.**

(3) [1]Die Leitsätze werden vom Bundesministerium im Einvernehmen mit dem Bundesministerium für Wirtschaft und Energie veröffentlicht. [2]Die Veröffentlichung von Leitsätzen kann aus rechtlichen oder fachlichen Gründen abgelehnt oder rückgängig gemacht werden.

§ 16 Deutsche Lebensmittelbuch-Kommission. (1) Die Deutsche Lebensmittelbuch-Kommission wird beim Bundesministerium gebildet.

(2) [1]Das Bundesministerium beruft im Einvernehmen mit dem Bundesministerium für Wirtschaft und Energie die Mitglieder der Kommission aus den Kreisen der Wissenschaft, der Lebensmittelüberwachung, der Verbraucherschaft und der Lebensmittelwirtschaft in zahlenmäßig gleichem Verhältnis. [2]Das Bundesministerium bestellt den Vorsitzenden der Kommission und seine Stellvertreter und erlässt nach Anhörung der Kommission eine Geschäftsordnung.

(3) [1]Die Kommission soll über die Leitsätze grundsätzlich einstimmig beschließen. [2]Beschlüsse, denen nicht mehr als drei Viertel der Mitglieder der Kommission zugestimmt haben, sind unwirksam. [3]Das Nähere regelt die Geschäftsordnung.

Abschnitt 3. Verkehr mit Futtermitteln

§ 17 Verbote. (1) [1]Es ist verboten, Futtermittel derart herzustellen oder zu behandeln, dass bei ihrer bestimmungsgemäßen und sachgerechten Verfütterung die von der Lebensmittelgewinnung dienenden *Tieren*[1)] für andere gewonnenen Lebensmittel

1. die menschliche Gesundheit beeinträchtigen können,
2. für den Verzehr durch den Menschen ungeeignet sind.

[2]Die Verbote des Artikels 15 Absatz 1 in Verbindung mit Absatz 2 der Verordnung (EG) Nr. 178/2002[2)] über das

1. Inverkehrbringen,
2. Verfüttern an der Lebensmittelgewinnung dienende Tiere

von nicht sicheren Futtermitteln bleiben unberührt.

(2) Es ist ferner verboten,

1. Futtermittel
   a) für andere derart herzustellen oder zu behandeln, dass sie bei bestimmungsgemäßer und sachgerechter Verwendung geeignet sind, die tierische Gesundheit zu schädigen,
   b) derart herzustellen oder zu behandeln, dass sie bei bestimmungsgemäßer und sachgerechter Verwendung geeignet sind,
      aa) die Qualität der von Nutztieren gewonnenen Lebensmittel oder sonstigen Produkte zu beeinträchtigen,
      bb) durch in tierischen Ausscheidungen vorhandene unerwünschte Stoffe, die ihrerseits bereits in Futtermitteln enthalten gewesen sind, den Naturhaushalt zu gefährden,
2. Futtermittel in den Verkehr zu bringen, wenn sie bei bestimmungsgemäßer und sachgerechter Verwendung geeignet sind,

---

1) Richtig wohl: „Tiere".
2) **Sartorius ErgBd. Nr. 860.**

a) die Qualität der von Nutztieren gewonnenen Lebensmittel oder sonstigen Produkte zu beeinträchtigen,

b) durch in tierischen Ausscheidungen vorhandene unerwünschte Stoffe, die ihrerseits bereits in Futtermitteln enthalten gewesen sind, den Naturhaushalt zu gefährden,

3. Futtermittel zu verfüttern, die geeignet sind,

a) die Qualität der von Nutztieren gewonnenen Lebensmittel oder sonstigen Produkte zu beeinträchtigen,

b) durch in tierischen Ausscheidungen vorhandene unerwünschte Stoffe, die ihrerseits bereits in Futtermitteln enthalten gewesen sind, den Naturhaushalt zu gefährden.

§ 17a Versicherung. (1) [1] Ein Futtermittelunternehmer mit mindestens einem im Inland zugelassenen oder registrierten Betrieb, der dort in einem Kalenderjahr voraussichtlich mehr als 500 Tonnen Mischfuttermittel für der Lebensmittelgewinnung dienende Tiere herstellt und diese ganz oder teilweise an andere abgibt, hat für den Fall, dass das Futtermittel den futtermittelrechtlichen Anforderungen nicht entspricht und seine Verfütterung deswegen Schäden verursacht, nach Maßgabe der Sätze 2 und 3 dafür Sorge zu tragen, dass eine Versicherung zur Deckung dieser Schäden besteht. [2] Die Versicherung muss bei einem im Inland zum Geschäftsbetrieb zugelassenen Versicherungsunternehmen abgeschlossen worden sein. [3] Die Mindestversicherungssumme beträgt

1. zwei Millionen Euro, wenn der Futtermittelunternehmer in einem Kalenderjahr voraussichtlich mehr als 500 Tonnen und nicht mehr als 5000 Tonnen Mischfuttermittel herstellt,
2. fünf Millionen Euro, wenn der Futtermittelunternehmer in einem Kalenderjahr voraussichtlich mehr als 5000 Tonnen und nicht mehr als 50 000 Tonnen Mischfuttermittel herstellt, und
3. zehn Millionen Euro, wenn der Futtermittelunternehmer in einem Kalenderjahr voraussichtlich mehr als 50 000 Tonnen Mischfuttermittel herstellt,

jeweils für alle Versicherungsfälle eines Versicherungsjahres.

(2) Vom Versicherungsschutz können Ersatzansprüche ausgeschlossen werden, deren Ausschluss im Rahmen bestehender Betriebs- und Produkthaftpflichtversicherungen im Mischfuttermittelbereich marktüblich ist.

(3) [1] In den Fällen des Absatzes 1 Satz 3 Nummer 2 und 3 beträgt die Mindestversicherungssumme zwei Millionen Euro, wenn die abgeschlossene Versicherung durch eine andere Versicherung nach Maßgabe des Satzes 2 ergänzt wird. [2] Die in der ergänzenden Versicherung vereinbarte Versicherungssumme muss für die Futtermittelunternehmer, zu deren Gunsten diese Versicherung besteht, insgesamt mindestens dreißig Millionen Euro für alle Versicherungsfälle eines Versicherungsjahres betragen.

(4) [1] Absatz 1 Satz 1 gilt nicht für einen Betrieb, soweit er das Mischfuttermittel

1. ausschließlich aus selbst gewonnenen Erzeugnissen pflanzlichen Ursprungs ohne Verwendung von Futtermittelzusatzstoffen oder von Vormischungen herstellt und
2. an einen Betrieb abgibt, der

a) Tiere mit dem Ziel hält, von ihnen Lebensmittel zu gewinnen, und

b) dieses Mischfuttermittel im eigenen Betrieb verfüttert.

[2]Ein Fall des Satzes 1 Nummer 1 liegt auch dann noch vor, wenn das Mischfuttermittel unter Verwendung von Ergänzungsfuttermitteln hergestellt worden ist.

(5) [1]Der Versicherer hat der nach § 38 Absatz 1 Satz 1 zuständigen Behörde, in deren Bezirk der Versicherte seinen Sitz oder, soweit der Versicherte keinen Sitz im Inland hat, seinen Betrieb hat, den Beginn und die Beendigung oder Kündigung des Versicherungsvertrages sowie jede Änderung des Versicherungsvertrages, die den vorgeschriebenen Versicherungsschutz beeinträchtigt, unverzüglich mitzuteilen. [2]Die zuständige Behörde nach Satz 1 erteilt Dritten zur Geltendmachung von Schadensersatzansprüchen auf Antrag Auskunft über den Namen und die Adresse der Versicherung des Futtermittelunternehmers sowie die Versicherungsnummer, soweit der Futtermittelunternehmer kein überwiegendes schutzwürdiges Interesse an der Nichterteilung der Auskunft hat.

(6) Zuständige Stelle im Sinne des § 117 Absatz 2 des Versicherungsvertragsgesetzes[1)] ist die in Absatz 5 Satz 1 bezeichnete Behörde.

§ 18 (weggefallen)

§ 19 Verbote zum Schutz vor Täuschung. Es ist verboten, als Verantwortlicher nach Artikel 12 Absatz 2 der Verordnung (EG) Nr. 767/2009 des Europäischen Parlaments und des Rates vom 13. Juli 2009 über das Inverkehrbringen und die Verwendung von Futtermitteln, zur Änderung der Verordnung (EG) Nr. 1831/2003 des Europäischen Parlaments und des Rates und zur Aufhebung der Richtlinien 79/373/EWG des Rates, 80/511/EWG der Kommission, 82/471/EWG des Rates, 83/228/EWG des Rates, 93/74/EWG des Rates, 93/113/EG des Rates und 96/25/EG des Rates und der Entscheidung 2004/217/EG der Kommission (ABl. L 229 vom 1.9.2009, S. 1; L 192 vom 22.7.2011, S. 71; L 296 vom 15.11.2019, S. 64), die zuletzt durch die Verordnung (EU) 2018/1903 (ABl. L 310 vom 6.12.2018, S. 22) geändert worden ist, Futtermittel, deren Kennzeichnung oder Aufmachung den Anforderungen

1. des Artikels 11 Absatz 1 Buchstabe a der Verordnung (EG) Nr. 767/2009,
2. des Artikels 11 Absatz 1 Buchstabe b der Verordnung (EG) Nr. 767/2009 oder
3. des Artikels 11 Absatz 1 Buchstabe c der Verordnung (EG) Nr. 767/2009 in Verbindung mit Anhang Teil C der Verordnung (EU) Nr. 68/2013 der Kommission vom 16. Januar 2013 zum Katalog der Einzelfuttermittel (ABl. L 29 vom 30.1.2013, S. 1; L 320 vom 30.11.2013, S. 82; L 91 vom 27.3.2014, S. 50), die zuletzt durch die Verordnung (EU) 2020/764 (ABl. L 183 vom 11.6.2020, S. 1) geändert worden ist,

nicht entspricht, in den Verkehr zu bringen oder für solche Futtermittel allgemein oder im Einzelfall zu werben.

§ 20 Verbot der krankheitsbezogenen Werbung. (1) Es ist verboten, beim Verkehr mit Futtermittelzusatzstoffen oder Vormischungen oder in der Werbung für sie allgemein oder im Einzelfall Aussagen zu verwenden, die sich

---

[1)] **Habersack (vormals Schönfelder) Nr. 62.**

1. auf die Beseitigung oder Linderung von Krankheiten oder
2. auf die Verhütung solcher Krankheiten, die nicht Folge mangelhafter Ernährung sind,

beziehen.

(2) Das Verbot nach Absatz 1 Nummer 2 bezieht sich nicht auf Aussagen über Futtermittelzusatzstoffe oder Vormischungen, soweit diese Aussagen der Zweckbestimmung dieser Stoffe entsprechen.

(3) Artikel 13 Absatz 3 der Verordnung (EG) Nr. 767/2009 bleibt unberührt.

§ 21 Weitere Verbote sowie Beschränkungen. (1) Vormischungen dürfen nicht in den Verkehr gebracht werden, wenn sie einer durch Rechtsverordnung aufgrund von Ermächtigungen nach diesem Abschnitt festgesetzten Anforderung nicht entsprechen.

(2) Einzelfuttermittel oder Mischfuttermittel dürfen nicht in den Verkehr gebracht werden, wenn sie einer durch Rechtsverordnung aufgrund von Ermächtigungen nach diesem Abschnitt festgesetzten Anforderung nicht entsprechen.

(3) [1] Soweit in Satz 2 nichts anderes bestimmt ist, dürfen Futtermittel,

1. bei deren Herstellen oder Behandeln
   a) ein Futtermittelzusatzstoff der in Artikel 6 Absatz 1 Buchstabe e der Verordnung (EG) Nr. 1831/2003 genannten Kategorie der Kokzidiostatika und Histomonostatika oder
   b) ein Futtermittelzusatzstoff einer anderen als der in Artikel 6 Absatz 1 Buchstabe e der Verordnung (EG) Nr. 1831/2003 genannten Kategorie

   verwendet worden ist,
2. die einer durch
   a) eine Rechtsverordnung nach § 23 Nummer 1,
   b) eine Rechtsverordnung nach § 23a Nummer 1,
   c) eine Rechtsverordnung nach § 23a Nummer 3,
   d) eine Rechtsverordnung nach § 23a Nummer 11

   festgesetzten Anforderung nicht entsprechen, oder
3. die den Anforderungen nach Artikel 18 Absatz 1, auch in Verbindung mit Artikel 20 Absatz 1, der Verordnung (EG) Nr. 396/2005 nicht entsprechen,

nicht in Verkehr gebracht und nicht verfüttert werden. [2] Satz 1 Nummer 1 gilt nicht, wenn der verwendete Futtermittelzusatzstoff durch einen unmittelbar geltenden Rechtsakt der Europäischen Gemeinschaft oder der Europäischen Union zugelassen ist und der verwendete Futtermittelzusatzstoff oder das Futtermittel einer im Rahmen dieses unmittelbar geltenden Rechtsaktes oder in der Verordnung (EG) Nr. 1831/2003 festgesetzten Anforderung entspricht, sofern eine solche Anforderung dort festgesetzt worden ist. [3] Abweichend von Satz 1 dürfen Futtermittel in den Fällen des Satzes 1

1. Nummer 2 Buchstabe b und
2. Nummer 2 Buchstabe c, soweit ein nach § 23a Nummer 3 festgesetzter Mindestgehalt unterschritten wird,

verfüttert werden. [4] Das Bundesministerium wird ermächtigt, durch Rechtsverordnung mit Zustimmung des Bundesrates, soweit es mit den in § 1 Absatz 1

Nummer 1, 2 oder Nummer 4, jeweils auch in Verbindung mit § 1 Absatz 3, genannten Zwecken vereinbar ist,

1. abweichend von Satz 1 Nummer 2 Buchstabe a und b die Abgabe von Futtermitteln in bestimmten Fällen oder zu bestimmten Zwecken zuzulassen und, soweit erforderlich, von einer Genehmigung abhängig zu machen,
2. Ausnahmen von dem Verbot des Satzes 1 Nummer 3 oder Artikels 18 Absatz 1 der Verordnung (EG) Nr. 396/2005 zuzulassen.

§ 22 Ermächtigungen zum Schutz der Gesundheit. Das Bundesministerium wird ermächtigt, durch Rechtsverordnung[1] mit Zustimmung des Bundesrates, soweit es zur Erfüllung der in § 1 Absatz 1 Nummer 1, auch in Verbindung mit Absatz 3, genannten Zwecke erforderlich ist, bei dem Herstellen oder dem Behandeln von Futtermitteln die Verwendung bestimmter Stoffe oder Verfahren vorzuschreiben, zu verbieten oder zu beschränken.

§ 23 Weitere Ermächtigungen zum Schutz der Gesundheit. Das Bundesministerium wird ermächtigt, durch Rechtsverordnung mit Zustimmung des Bundesrates, soweit es zur Erfüllung der in § 1 Absatz 1 Nummer 1, 2, 3 Buchstabe b oder Nummer 4, jeweils auch in Verbindung mit § 1 Absatz 3, genannten Zwecke erforderlich ist,

1. den Höchstgehalt an unerwünschten Stoffen festzusetzen,
2. die hygienischen Anforderungen zu erlassen, die eine einwandfreie Beschaffenheit der Futtermittel von ihrer Herstellung bis zur Verfütterung sicherstellen,
3. Anforderungen an die Beschaffenheit und Ausstattung von Räumen, Anlagen und Behältnissen zu stellen, in denen Futtermittel hergestellt oder behandelt werden,
4. die Ausstattung, Reinigung oder Desinfektion der in Nummer 3 bezeichneten Räume, Anlagen oder Behältnisse, der zur Beförderung von Futtermitteln dienenden Transportmittel, der bei einer solchen Beförderung benutzten Behältnisse und Gerätschaften und der Ladeplätze sowie die Führung von Nachweisen über die Reinigung und Desinfektion zu regeln,
5. das Verwenden oder das Inverkehrbringen von Gegenständen zu verbieten oder zu beschränken, die dazu bestimmt sind, bei dem Herstellen, Behandeln, Inverkehrbringen oder Verfüttern von Futtermitteln verwendet zu werden und dabei mit Futtermitteln in Berührung kommen oder auf diese einwirken, wenn zu befürchten ist, dass gesundheitlich nicht unbedenkliche Anteile eines Stoffs in ein Futtermittel übergehen,
6. das Verwenden oder das Inverkehrbringen von Materialien oder Gegenständen zu verbieten oder zu beschränken, die dazu bestimmt sind, beim Halten von Tieren, die der Lebensmittelgewinnung dienen, verwendet zu werden und dabei mit diesen Tieren in Berührung zu kommen und bei denen nicht ausgeschlossen werden kann, dass sie von Tieren aufgenommen werden, wenn zu befürchten ist, dass gesundheitlich nicht unbedenkliche Anteile eines Stoffs

[1] Siehe die FuttermittelVO idF der Bek. v. 29.8.2016 (BGBl. I S. 2004), zuletzt geänd. durch VO v. 16.7.2020 (BGBl. I S. 1700).

a) in das Tier übergehen und dies für die von diesen Tieren gewonnenen Lebensmittel ein Verkehrsverbot zur Folge haben kann, oder
b) auf das Tier einwirken und dies eine Schädigung der Gesundheit des Tieres zur Folge haben kann.

§ 23a Ermächtigungen zum Schutz der tierischen Gesundheit und zur Förderung der tierischen Erzeugung. Das Bundesministerium wird ermächtigt, durch Rechtsverordnung mit Zustimmung des Bundesrates, soweit es zur Erfüllung der in § 1 Absatz 1 Nummer 2, 3 Buchstabe b oder Nummer 4, jeweils auch in Verbindung mit § 1 Absatz 3, genannten Zwecke erforderlich ist,

1. den Höchstgehalt an Mittelrückständen festzusetzen,
2. Aktionsgrenzwerte für unerwünschte Stoffe festzusetzen,
3. den Gehalt oder den Höchstgehalt an Futtermittelzusatzstoffen in Einzelfuttermitteln oder Mischfuttermitteln festzusetzen,
4. Verwendungszwecke für Diätfuttermittel festzusetzen,
5. Futtermittelzusatzstoffe für bestimmte andere Futtermittel zuzulassen, soweit Futtermittelzusatzstoffe nach anderen Vorschriften einer Zulassung bedürfen,
6. Stoffe, die zur Verhütung bestimmter, verbreitet auftretender Krankheiten von Tieren bestimmt sind, als Futtermittelzusatzstoffe zuzulassen,
7. vorzuschreiben, dass bestimmte Stoffe als Einzelfuttermittel oder Mischfuttermittel nicht in den Verkehr gebracht und nicht verfüttert werden dürfen,
8. das Herstellen, das Verfüttern, das Inverkehrbringen oder die Verwendung von bestimmten Futtermitteln oder die Verwendung von Stoffen für die Herstellung von Futtermitteln
   a) zu verbieten,
   b) zu beschränken,
   c) von einer Zulassung abhängig zu machen sowie die Voraussetzungen und das Verfahren für die Zulassung einschließlich des Ruhens der Zulassung zu regeln,
   d) von Anforderungen an bestimmte Futtermittel hinsichtlich ihrer Auswirkungen auf andere Futtermittel und die tierische Erzeugung abhängig zu machen, insbesondere hinsichtlich ihrer Wirksamkeit, Reinheit, Haltbarkeit, Zusammensetzung und technologischen Beschaffenheit, ihres Gehaltes an bestimmten Inhaltsstoffen, ihres Energiewertes, ihrer Beschaffenheit oder ihrer Zusammensetzung,
9. für bestimmte Einzelfuttermittel oder Mischfuttermittel eine Wartezeit festzusetzen und vorzuschreiben, dass innerhalb dieser Wartezeit tierische Produkte als Lebensmittel nicht gewonnen werden dürfen,
10. Anforderungen an
    a) Futtermittelzusatzstoffe oder Vormischungen hinsichtlich ihrer Auswirkungen auf die Einzelfuttermittel oder Mischfuttermittel und die tierische Erzeugung, insbesondere hinsichtlich ihrer Wirksamkeit, Reinheit, Haltbarkeit, Zusammensetzung und technologischen Beschaffenheit,
    b) Einzelfuttermittel oder Mischfuttermittel hinsichtlich ihres Gehaltes an bestimmten Inhaltsstoffen, ihres Energiewertes, ihrer Beschaffenheit und ihrer Zusammensetzung

festzusetzen,

11. bei dem Herstellen oder Behandeln von Futtermitteln die Verwendung bestimmter Stoffe oder Gegenstände oder die Anwendung bestimmter Verfahren vorzuschreiben, zu verbieten, zu beschränken oder von einer Zulassung abhängig zu machen.

§ 24 Gewähr für bestimmte Anforderungen. Der Verkäufer eines Futtermittels übernimmt die Gewähr dafür, dass das Futtermittel die in Artikel 4 Absatz 2 Unterabsatz 1 Buchstabe a der Verordnung (EG) Nr. 767/2009 bezeichneten Anforderungen erfüllt.

§ 25 Mitwirkung bestimmter Behörden. Das Bundesministerium wird ermächtigt, durch Rechtsverordnung, die nicht der Zustimmung des Bundesrates bedarf, soweit es zur Erfüllung der in § 1 Absatz 1 Nummer 1 oder 4, jeweils auch in Verbindung mit § 1 Absatz 3, genannten Zwecke erforderlich ist, die Mitwirkung des Bundesamtes für Verbraucherschutz und Lebensmittelsicherheit oder des Bundesinstitutes für Risikobewertung sowie Art und Umfang dieser Mitwirkung bei der in Rechtsakten der Europäischen Gemeinschaft oder der Europäischen Union vorgesehenen

1. Aufnahme eines Futtermittels in einen Anhang eines Rechtsaktes der Europäischen Gemeinschaft oder der Europäischen Union,
2. Festsetzung eines Verwendungszwecks für Futtermittel,
3. Durchführung gemeinschaftlicher oder unionsrechtlicher Untersuchungs- oder Erhebungsprogramme

zu regeln.

Abschnitt 4. Verkehr mit Mitteln zum Tätowieren und kosmetischen Mitteln

§ 26 Verbote zum Schutz der Gesundheit. [1] Es ist verboten,

1. Mittel zum Tätowieren für andere derart herzustellen oder zu behandeln, dass sie bei bestimmungsgemäßem oder vorauszusehendem Gebrauch geeignet sind, die Gesundheit zu schädigen,
2. Stoffe oder Gemische aus Stoffen, die bei bestimmungsgemäßem oder vorauszusehendem Gebrauch geeignet sind, die Gesundheit zu schädigen, als Mittel zum Tätowieren in den Verkehr zu bringen.

[2] Der bestimmungsgemäße oder vorauszusehende Gebrauch beurteilt sich insbesondere unter Heranziehung der in Satz 1 genannten Mittel, Stoffe und Gemische aus Stoffen, anhand ihrer Kennzeichnung, soweit erforderlich, anhand der Hinweise für ihre Verwendung sowie anhand aller sonstigen die Mittel, die Stoffe oder die Gemische aus Stoffen begleitenden Angaben oder Informationen seitens des Herstellers oder des für das Inverkehrbringen der Mittel zum Tätowieren Verantwortlichen.

§ 27 Vorschriften zum Schutz vor Täuschung. [1] Es ist verboten, Mittel zum Tätowieren unter irreführender Bezeichnung, Angabe oder Aufmachung in den Verkehr zu bringen oder für Mittel zum Tätowieren allgemein oder im Einzelfall mit irreführenden Darstellungen oder sonstigen Aussagen zu werben. [2] Eine Irreführung liegt insbesondere dann vor, wenn

1. zur Täuschung geeignete Bezeichnungen, Angaben, Aufmachungen, Darstellungen oder sonstige Aussagen über Art, Beschaffenheit, Zusammensetzung, Menge, Haltbarkeit, Herkunft oder Art der Herstellung verwendet werden, oder
2. ein Mittel zum Tätowieren für die vorgesehene Verwendung nicht geeignet ist.

§ 28 Ermächtigungen zum Schutz der Gesundheit. (1) Das Bundesministerium wird ermächtigt, im Einvernehmen mit dem Bundesministerium für Wirtschaft und Energie durch Rechtsverordnung mit Zustimmung des Bundesrates, soweit es zur Erfüllung der in § 1 Absatz 1 Nummer 1, auch in Verbindung mit § 1 Absatz 3, genannten Zwecke erforderlich ist,

1. Anforderungen an die mikrobiologische Beschaffenheit bestimmter Mittel zum Tätowieren oder bestimmter kosmetischer Mittel zu stellen,
2. für Mittel zum Tätowieren oder für kosmetische Mittel Vorschriften zu erlassen, die den in § 32 Absatz 1 Nummer 1 bis 5 und 8 für Bedarfsgegenstände vorgesehenen Regelungen entsprechen.

(2) Mittel zum Tätowieren oder kosmetische Mittel, die einer nach Absatz 1 Nummer 1 oder nach Absatz 1 Nummer 2 in Verbindung mit § 32 Absatz 1 Nummer 1 bis 4 Buchstabe a oder Nummer 5 erlassenen Rechtsverordnung nicht entsprechen, dürfen nicht in den Verkehr gebracht werden.

(3) [1] Das Bundesministerium wird ermächtigt, im Einvernehmen mit dem Bundesministerium für Wirtschaft und Energie durch Rechtsverordnung mit Zustimmung des Bundesrates, soweit es für eine medizinische Behandlung bei gesundheitlichen Beeinträchtigungen, die auf die Einwirkung von Mitteln zum Tätowieren oder von kosmetischen Mitteln zurückgehen können, erforderlich ist,

1. vorzuschreiben, dass von dem Hersteller oder demjenigen, der das Mittel zum Tätowieren oder das kosmetische Mittel in den Verkehr bringt, dem Bundesamt für Verbraucherschutz und Lebensmittelsicherheit bestimmte Angaben über das Mittel zum Tätowieren oder das kosmetische Mittel, insbesondere Angaben zu seiner Identifizierung, über seine Verwendungszwecke, über die darin enthaltenen Stoffe und deren Menge sowie jede Veränderung dieser Angaben mitzuteilen sind, und die Einzelheiten über Form, Inhalt, Ausgestaltung und Zeitpunkt der Mitteilung zu bestimmen,
2. zu bestimmen, dass das Bundesamt für Verbraucherschutz und Lebensmittelsicherheit die Angaben nach Nummer 1 an die von den Ländern zu bezeichnenden medizinischen Einrichtungen, die Erkenntnisse über die gesundheitlichen Auswirkungen von Mitteln zum Tätowieren oder von kosmetischen Mitteln sammeln und auswerten und bei Stoff bezogenen gesundheitlichen Beeinträchtigungen durch Beratung und Behandlung Hilfe leisten (Informations- und Behandlungszentren für Vergiftungen), weiterleiten kann,
3. zu bestimmen, dass die Informations- und Behandlungszentren für Vergiftungen dem Bundesamt für Verbraucherschutz und Lebensmittelsicherheit über Erkenntnisse aufgrund ihrer Tätigkeit berichten, die für die Beratung bei und die Behandlung von Stoff bezogenen gesundheitlichen Beeinträchtigungen von allgemeiner Bedeutung sind.

[2] Die Angaben nach Satz 1 Nummer 1 und 2 sind vertraulich zu behandeln und dürfen nur zu dem Zweck verwendet werden, Anfragen zur Behandlung von

gesundheitlichen Beeinträchtigungen zu beantworten. [3] In Rechtsverordnungen nach Satz 1 Nummer 1 und 2 können nähere Bestimmungen über die vertrauliche Behandlung und die Zweckbindung nach Satz 2 erlassen werden.

§ 29 Weitere Ermächtigungen. (1) Das Bundesministerium wird ermächtigt, im Einvernehmen mit dem Bundesministerium für Wirtschaft und Energie durch Rechtsverordnung mit Zustimmung des Bundesrates, soweit es zur Erfüllung der in § 1 Absatz 1 Nummer 1 oder 2, jeweils auch in Verbindung mit § 1 Absatz 3, genannten Zwecke erforderlich ist,

1. vorzuschreiben, dass von dem Hersteller oder dem Einführer bestimmte Angaben, insbesondere über das Herstellen, das Inverkehrbringen oder die Zusammensetzung von Mitteln zum Tätowieren oder von kosmetischen Mitteln, über die hierbei verwendeten Stoffe, über die Wirkungen von Mitteln zum Tätowieren oder kosmetischen Mitteln sowie über die Bewertungen, aus denen sich die gesundheitliche Beurteilung von Mitteln zum Tätowieren oder von kosmetischen Mitteln ergibt, und über den für die Bewertung Verantwortlichen für die für die Überwachung des Verkehrs mit Mitteln zum Tätowieren oder kosmetischen Mitteln zuständigen Behörden bereitgehalten werden müssen sowie den Ort und die Einzelheiten über die Art und Weise des Bereithaltens zu bestimmen,
2. vorzuschreiben, dass der Hersteller oder der Einführer den für die Überwachung des Verkehrs mit Mitteln zum Tätowieren oder mit kosmetischen Mitteln zuständigen Behörden bestimmte Angaben nach Nummer 1 mitzuteilen hat,
3. bestimmte Anforderungen und Untersuchungsverfahren, nach denen die gesundheitliche Unbedenklichkeit von Mitteln zum Tätowieren oder von kosmetischen Mitteln zu bestimmen und zu beurteilen ist, festzulegen und das Herstellen, das Behandeln und das Inverkehrbringen von Mitteln zum Tätowieren oder von kosmetischen Mitteln hiervon abhängig zu machen,
4. vorzuschreiben, dass der Hersteller oder der Einführer bestimmte Angaben über
   a) die mengenmäßige oder inhaltliche Zusammensetzung von Mitteln zum Tätowieren oder von kosmetischen Mitteln oder
   b) Nebenwirkungen von Mitteln zum Tätowieren oder von kosmetischen Mitteln auf die menschliche Gesundheit

   auf geeignete Art und Weise der Öffentlichkeit leicht zugänglich zu machen hat, soweit die Angaben nicht Betriebs- oder Geschäftsgeheimnisse betreffen.

(2) Das Bundesministerium wird ferner ermächtigt, im Einvernehmen mit dem Bundesministerium für Wirtschaft und Energie durch Rechtsverordnung mit Zustimmung des Bundesrates, soweit es

1. zur Erfüllung der in § 1 Absatz 1 Nummer 2, auch in Verbindung mit § 1 Absatz 3, genannten Zwecke erforderlich ist, vorzuschreiben, dass Mittel zum Tätowieren oder kosmetische Mittel unter bestimmten zur Irreführung geeigneten Bezeichnungen, Angaben oder Aufmachungen nicht in den Verkehr gebracht werden dürfen und dass für sie mit bestimmten zur Irreführung geeigneten Darstellungen oder sonstigen Aussagen nicht geworben werden darf,
2. zur Erfüllung der in § 1 Absatz 1 Nummer 1, 2 oder 3 Buchstabe a, jeweils auch in Verbindung mit § 1 Absatz 3, genannten Zwecke erforderlich ist, das

Inverkehrbringen von Mitteln zum Tätowieren oder von kosmetischen Mitteln zu verbieten oder zu beschränken.

Abschnitt 5. Verkehr mit sonstigen Bedarfsgegenständen

§ 30 Verbote zum Schutz der Gesundheit. Es ist verboten,

1. Bedarfsgegenstände für andere derart herzustellen oder zu behandeln, dass sie bei bestimmungsgemäßem oder vorauszusehendem Gebrauch geeignet sind, die Gesundheit durch ihre stoffliche Zusammensetzung, insbesondere durch toxikologisch wirksame Stoffe oder durch Verunreinigungen, zu schädigen,
2. Gegenstände oder Mittel, die bei bestimmungsgemäßem oder vorauszusehendem Gebrauch geeignet sind, die Gesundheit durch ihre stoffliche Zusammensetzung, insbesondere durch toxikologisch wirksame Stoffe oder durch Verunreinigungen, zu schädigen, als Bedarfsgegenstände in den Verkehr zu bringen,
3. Bedarfsgegenstände im Sinne des § 2 Absatz 6 Satz 1 Nummer 1 bei dem Herstellen oder Behandeln von Lebensmitteln so zu verwenden, dass die Bedarfsgegenstände geeignet sind, bei der Aufnahme der Lebensmittel die Gesundheit zu schädigen.

§ 31 Übergang von Stoffen auf Lebensmittel. (1) Es ist verboten, Materialien oder Gegenstände im Sinne des § 2 Absatz 6 Satz 1 Nummer 1, die den in Artikel 3 Absatz 1 der Verordnung (EG) Nr. 1935/2004 festgesetzten Anforderungen an ihre Herstellung nicht entsprechen, als Bedarfsgegenstände zu verwenden oder in den Verkehr zu bringen.

(2) [1] Das Bundesministerium wird ermächtigt, durch Rechtsverordnung mit Zustimmung des Bundesrates, soweit es zur Erfüllung der in § 1 Absatz 1 Nummer 1 oder 2, jeweils auch in Verbindung mit § 1 Absatz 3, genannten Zwecke erforderlich ist,

1. vorzuschreiben, dass Materialien oder Gegenstände als Bedarfsgegenstände im Sinne des § 2 Absatz 6 Satz 1 Nummer 1 nur so hergestellt werden dürfen, dass sie unter den üblichen oder vorhersehbaren Bedingungen ihrer Verwendung keine Stoffe auf Lebensmittel oder deren Oberfläche in Mengen abgeben, die geeignet sind,
   a) die menschliche Gesundheit zu gefährden,
   b) die Zusammensetzung oder Geruch, Geschmack oder Aussehen der Lebensmittel zu beeinträchtigen,
2. für bestimmte Stoffe in Bedarfsgegenständen festzulegen, ob und in welchen bestimmten Anteilen die Stoffe auf Lebensmittel übergehen dürfen.

[2] Materialien oder Gegenstände, die den Anforderungen des Satzes 1 Nummer 2 nicht entsprechen, dürfen nicht als Bedarfsgegenstände im Sinne des § 2 Absatz 6 Satz 1 Nummer 1 verwendet oder in den Verkehr gebracht werden.

(3) Es ist verboten, Lebensmittel, die unter Verwendung eines in Absatz 1 genannten Bedarfsgegenstandes hergestellt oder behandelt worden sind, als Lebensmittel in den Verkehr zu bringen.

§ 32 Ermächtigungen zum Schutz der Gesundheit. (1) Das Bundesministerium wird ermächtigt, im Einvernehmen mit dem Bundesministerium für Wirtschaft und Energie durch Rechtsverordnung mit Zustimmung des

Bundesrates, soweit es zur Erfüllung der in § 1 Absatz 1 Nummer 1, auch in Verbindung mit § 1 Absatz 3, genannten Zwecke erforderlich ist,

1. die Verwendung bestimmter Stoffe, Stoffgruppen oder Stoffgemische bei dem Herstellen oder Behandeln von bestimmten Bedarfsgegenständen zu verbieten oder zu beschränken,
2. vorzuschreiben, dass für das Herstellen bestimmter Bedarfsgegenstände oder einzelner Teile von ihnen nur bestimmte Stoffe verwendet werden dürfen,
3. die Anwendung bestimmter Verfahren bei dem Herstellen von bestimmten Bedarfsgegenständen zu verbieten oder zu beschränken,
4. Höchstmengen für Stoffe festzusetzen, die
   a) aus bestimmten Bedarfsgegenständen auf Endverbraucher einwirken oder übergehen können oder
   b) die beim Herstellen, Behandeln oder Inverkehrbringen von bestimmten Bedarfsgegenständen in oder auf diesen vorhanden sein dürfen,
5. Reinheitsanforderungen für bestimmte Stoffe festzusetzen, die bei dem Herstellen bestimmter Bedarfsgegenstände verwendet werden,
6. Vorschriften über die Wirkungsweise von Bedarfsgegenständen im Sinne des § 2 Absatz 6 Satz 1 Nummer 1 zu erlassen,
7. vorzuschreiben, dass bestimmte Bedarfsgegenstände im Sinne des § 2 Absatz 6 Satz 1 Nummer 3 bis 6 nur in den Verkehr gebracht werden dürfen, wenn bestimmte Anforderungen an ihre mikrobiologische Beschaffenheit eingehalten werden,
8. beim Verkehr mit bestimmten Bedarfsgegenständen Warnhinweise, sonstige warnende Aufmachungen, Sicherheitsvorkehrungen oder Anweisungen für das Verhalten bei Unglücksfällen vorzuschreiben.

(2) Bedarfsgegenstände, die einer nach Absatz 1 Nummer 1 bis 4 Buchstabe a, Nummer 5 oder 6 erlassenen Rechtsverordnung nicht entsprechen, dürfen nicht in den Verkehr gebracht werden.

§ 33 Vorschriften zum Schutz vor Täuschung. (1) Es ist verboten, Materialien oder Gegenstände im Sinne des § 2 Absatz 6 Satz 1 Nummer 1 unter irreführender Bezeichnung, Angabe oder Aufmachung in den Verkehr zu bringen oder beim Verkehr mit solchen Bedarfsgegenständen hierfür allgemein oder im Einzelfall mit irreführenden Darstellungen oder sonstigen Aussagen zu werben.

(2) Das Bundesministerium wird ermächtigt, im Einvernehmen mit dem Bundesministerium für Wirtschaft und Energie durch Rechtsverordnung mit Zustimmung des Bundesrates, soweit es zur Erfüllung der in § 1 Absatz 1 Nummer 2, auch in Verbindung mit § 1 Absatz 3, genannten Zwecke erforderlich ist, vorzuschreiben, dass andere als in Absatz 1 genannte Bedarfsgegenstände nicht unter irreführender Bezeichnung, Angabe oder Aufmachung in den Verkehr gebracht werden dürfen oder für solche Bedarfsgegenstände allgemein oder im Einzelfall nicht mit irreführenden Darstellungen oder sonstigen Aussagen geworben werden darf und die Einzelheiten dafür zu bestimmen.

Abschnitt 6. Gemeinsame Vorschriften für alle Erzeugnisse

§ 34 Ermächtigungen zum Schutz der Gesundheit. [1]Das Bundesministerium wird ermächtigt, im Einvernehmen mit dem Bundesministerium für Wirtschaft und Energie durch Rechtsverordnung mit Zustimmung des Bundesrates, soweit es zur Erfüllung der in § 1 Absatz 1 Nummer 1, auch in Verbindung mit § 1 Absatz 3, genannten Zwecke erforderlich ist, das Herstellen, das Behandeln, das Verwenden oder, vorbehaltlich des § 13 Absatz 5 Satz 1, das Inverkehrbringen von bestimmten Erzeugnissen

1. zu verbieten sowie die hierfür erforderlichen Maßnahmen, insbesondere die Sicherstellung und unschädliche Beseitigung, zu regeln,
2. zu beschränken sowie die hierfür erforderlichen Maßnahmen vorzuschreiben; hierbei kann insbesondere vorgeschrieben werden, dass die Erzeugnisse nur von bestimmten Betrieben oder unter Einhaltung bestimmter gesundheitlicher Anforderungen hergestellt, behandelt oder in den Verkehr gebracht werden dürfen,
3. von einer Zulassung, einer Registrierung oder einer Genehmigung abhängig zu machen,
4. von einer Anzeige abhängig zu machen,
5. die Voraussetzungen und das Verfahren für die Zulassung, die Registrierung und die Genehmigung nach Nummer 3 einschließlich des Ruhens der Zulassung, der Registrierung oder der Genehmigung zu regeln,
6. das Verfahren für die Anzeige nach Nummer 4 und für die Überprüfung bestimmter Anforderungen des Erzeugnisses zu regeln sowie die Maßnahmen zu regeln, die zu ergreifen sind, wenn das Erzeugnis den Anforderungen dieses Gesetzes oder der aufgrund dieses Gesetzes erlassenen Rechtsverordnungen nicht entspricht,
7. von dem Nachweis bestimmter Fachkenntnisse abhängig zu machen; dies gilt auch für die Durchführung von Bewertungen, aus denen sich die gesundheitliche Beurteilung eines Erzeugnisses ergibt.

[2]In einer Rechtsverordnung nach Satz 1 Nummer 5 oder 6 kann bestimmt werden, dass die zuständige Behörde für die Durchführung eines Zulassungs-, Genehmigungs-, Registrierungs- oder Anzeigeverfahrens das Bundesamt für Verbraucherschutz und Lebensmittelsicherheit ist.

§ 35 Ermächtigungen zum Schutz vor Täuschung und zur Unterrichtung. Das Bundesministerium wird ermächtigt, im Einvernehmen mit dem Bundesministerium für Wirtschaft und Energie durch Rechtsverordnung mit Zustimmung des Bundesrates, soweit es zur Erfüllung der in § 1 Absatz 1 Nummer 2 oder 3, jeweils auch in Verbindung mit § 1 Absatz 3, genannten Zwecke erforderlich ist,

1. Inhalt, Art und Weise und Umfang der Kennzeichnung von Erzeugnissen bei deren Inverkehrbringen oder Behandeln zu regeln und dabei insbesondere
   a) die Angabe der Bezeichnung, der Masse oder des Volumens sowie
   b) Angaben über
      aa) den Inhalt, insbesondere über die Zusammensetzung, die Beschaffenheit, Inhaltsstoffe oder Energiewerte,

bb) den Hersteller, den für das Inverkehrbringen Verantwortlichen, die Anwendung von Verfahren, den Zeitpunkt oder die Art und Weise der Herstellung, die Haltbarkeit, die Herkunft, die Zubereitung, den Verwendungszweck oder, für bestimmte Erzeugnisse, eine Wartezeit

vorzuschreiben,

1a. Inhalt, Art und Weise sowie Umfang von anderen als über die Kennzeichnung vermittelten Informationen über Lebensmittel sowie von im Geschäftsverkehr zwischen Lebensmittelunternehmern relevante Informationen, bei denen es sich nicht um an den Endverbraucher gerichtete Informationen über Lebensmittel handelt, zu regeln,

2. für bestimmte Erzeugnisse vorzuschreiben, dass
   a) sie nur in Packungen, Behältnissen oder sonstigen Umhüllungen, auch verschlossen oder von bestimmter Art, in den Verkehr gebracht werden dürfen und dabei die Art oder Sicherung eines Verschlusses zu regeln,
   b) an den Vorratsgefäßen oder ähnlichen Behältnissen, in denen Erzeugnisse feilgehalten oder sonst zum Verkauf vorrätig gehalten werden, der Inhalt anzugeben ist,
   c) für sie bestimmte Lagerungsbedingungen anzugeben sind,
3. für bestimmte Erzeugnisse Vorschriften über das Herstellen oder das Behandeln zu erlassen,
4. für bestimmte Erzeugnisse duldbare Abweichungen bei bestimmten vorgeschriebenen Angaben festzulegen,
5. vorzuschreiben, dass derjenige, der bestimmte Erzeugnisse herstellt, behandelt, einführt oder in den Verkehr bringt, bestimmte Informationen, insbesondere über die Verwendung der Erzeugnisse, bereitzuhalten oder der zuständigen Behörde auf Aufforderung zu übermitteln hat, sowie Inhalt, Art und Weise und Beschränkungen des Bereithaltens zu regeln.

§ 36 Ermächtigungen für betriebseigene Kontrollen und Maßnahmen. [1] Das Bundesministerium wird ermächtigt, im Einvernehmen mit dem Bundesministerium für Wirtschaft und Energie durch Rechtsverordnung mit Zustimmung des Bundesrates, soweit es zur Erfüllung der in § 1 Absatz 1 Nummer 1 oder 4 Buchstabe a Doppelbuchstabe aa, auch in Verbindung mit § 1 Absatz 3, genannten Zwecke erforderlich ist,

1. vorzuschreiben, dass Betriebe, die bestimmte Erzeugnisse herstellen, behandeln oder in den Verkehr bringen, bestimmte betriebseigene Kontrollen und Maßnahmen sowie Unterrichtungen oder Schulungen von Personen in der erforderlichen Hygiene durchzuführen und darüber Nachweise zu führen haben, sowie dass Betriebe bestimmten Prüfungs- und Mitteilungspflichten unterliegen,
2. das Nähere über Art, Umfang und Häufigkeit der betriebseigenen Kontrollen und Maßnahmen nach Nummer 1 sowie die Auswertung und Mitteilung der Kontrollergebnisse zu regeln,
3. das Nähere über Art, Form und Inhalt der Nachweise nach Nummer 1 sowie über die Dauer ihrer Aufbewahrung zu regeln,
4. vorzuschreiben, dass Betriebe, die bestimmte Erzeugnisse herstellen, behandeln oder in den Verkehr bringen, oder von diesen Betrieben beauftragte Labors, bei der Durchführung mikrobiologischer Untersuchungen im Rahmen der betriebseigenen Kontrollen nach Nummer 1 bestimmtes Unter-

suchungsmaterial aufzubewahren und der zuständigen Behörde auf Verlangen auszuhändigen haben sowie die geeignete Art und Weise und die Dauer der Aufbewahrung und die Verwendung des ausgehändigten Untersuchungsmaterials zu regeln.

[2] Satz 1 gilt entsprechend für Lebensmittelunternehmen, in denen lebende Tiere im Sinne des § 4 Absatz 1 Nummer 1 gehalten werden. [3] Eine Mitteilung aufgrund einer Rechtsverordnung nach Satz 1 Nummer 2 oder eine Aushändigung von Untersuchungsmaterial aufgrund einer Rechtsverordnung nach Satz 1 Nummer 4 darf nicht zur strafrechtlichen Verfolgung des Mitteilenden oder Aushändigenden oder für ein Verfahren nach dem Gesetz über Ordnungswidrigkeiten[1)] gegen den Mitteilenden oder Aushändigenden verwendet werden.

§ 37 Weitere Ermächtigungen. (1) Das Bundesministerium wird ermächtigt, im Einvernehmen mit dem Bundesministerium für Wirtschaft und Energie durch Rechtsverordnung mit Zustimmung des Bundesrates, soweit es zur Erfüllung der in § 1 Absatz 1 Nummer 1, 2 oder 4, jeweils auch in Verbindung mit § 1 Absatz 3, genannten Zwecke erforderlich ist,

1. vorzuschreiben, dass Betriebe, die bestimmte Erzeugnisse herstellen, behandeln, in den Verkehr bringen oder verwenden, anerkannt, zugelassen oder registriert sein müssen sowie das Verfahren für die Anerkennung, Zulassung oder Registrierung einschließlich des Ruhens der Anerkennung oder Zulassung zu regeln,
2. die Voraussetzungen festzulegen, unter denen eine Anerkennung, Zulassung oder Registrierung zu erteilen ist.

(2) In der Rechtsverordnung nach Absatz 1 Nummer 2 können an das Herstellen, das Behandeln, das Inverkehrbringen oder das Verwenden des jeweiligen Erzeugnisses Anforderungen insbesondere über

1. die bauliche Gestaltung der Anlagen und Einrichtungen, insbesondere hinsichtlich der für die betroffene Tätigkeit einzuhaltenden hygienischen Anforderungen,
2. die Gewährleistung der von den betroffenen Betrieben nach der Anerkennung, Zulassung, Registrierung oder Zertifizierung einzuhaltenden Vorschriften dieses Gesetzes und der aufgrund dieses Gesetzes erlassenen Rechtsverordnungen,
3. die Einhaltung der Vorschriften über den Arbeitsschutz,
4. das Vorliegen der im Hinblick auf die betroffene Tätigkeit erforderlichen Zuverlässigkeit der Betriebsinhaberin oder des Betriebsinhabers oder der von der Betriebsinhaberin oder vom Betriebsinhaber bestellten verantwortlichen Person,
5. die im Hinblick auf die betroffene Tätigkeit erforderliche Sachkunde der Betriebsinhaberin oder des Betriebsinhabers oder der von der Betriebsinhaberin oder vom Betriebsinhaber bestellten verantwortlichen Person,
6. die Anfertigung von Aufzeichnungen und ihre Aufbewahrung

festgelegt werden.

---

1) Nr. 72.2.

Abschnitt 7. Überwachung

§ 38 Zuständigkeit, Aufgabe und gegenseitige Information. (1) [1]Die Zuständigkeit für die Überwachungsmaßnahmen nach diesem Gesetz, den aufgrund dieses Gesetzes erlassenen Rechtsverordnungen und den unmittelbar geltenden Rechtsakten der Europäischen Gemeinschaft oder der Europäischen Union im Anwendungsbereich dieses Gesetzes richtet sich nach Landesrecht, soweit in diesem Gesetz nichts anderes bestimmt ist. [2]§ 55 bleibt unberührt.

(2) [1]Im Geschäftsbereich des Bundesministeriums der Verteidigung obliegt die Durchführung dieses Gesetzes, der aufgrund dieses Gesetzes erlassenen Rechtsverordnungen und der unmittelbar geltenden Rechtsakte der Europäischen Gemeinschaft oder der Europäischen Union im Anwendungsbereich dieses Gesetzes den zuständigen Stellen und Sachverständigen der Bundeswehr. [2]Das Bundesministerium der Verteidigung kann für seinen Geschäftsbereich im Einvernehmen mit dem Bundesministerium Ausnahmen von diesem Gesetz und aufgrund dieses Gesetzes erlassenen Rechtsverordnungen zulassen, wenn dies zur Durchführung der besonderen Aufgaben der Bundeswehr gerechtfertigt ist und der vorbeugende Gesundheitsschutz gewahrt bleibt.

(2a) [1]Die Überwachung der Einhaltung der Vorschriften dieses Gesetzes, der aufgrund dieses Gesetzes erlassenen Rechtsverordnungen und der unmittelbar geltenden Rechtsakte der Europäischen Gemeinschaft oder der Europäischen Union im Anwendungsbereich dieses Gesetzes über Erzeugnisse und lebende Tiere im Sinne des § 4 Absatz 1 Nummer 1 ist Aufgabe der zuständigen Behörden. [2]Dazu haben sie sich durch regelmäßige Überprüfungen und Probenahmen davon zu überzeugen, dass die Vorschriften eingehalten werden.

(3) Die für die Durchführung dieses Gesetzes zuständigen Behörden und Stellen des Bundes und der Länder haben sich gegenseitig

1. die für den Vollzug des Gesetzes zuständigen Stellen mitzuteilen und
2. bei der Ermittlungstätigkeit zu unterstützen.

(4) Die für die Überwachung von Lebensmitteln, Futtermitteln und Bedarfsgegenständen im Sinne von § 2 Absatz 6 Satz 1 Nummer 1 zuständigen Behörden arbeiten nach Maßgabe der Artikel 104 bis 107 der Verordnung (EU) 2017/625 des Europäischen Parlaments und des Rates vom 15. März 2017 über amtliche Kontrollen und andere amtliche Tätigkeiten zur Gewährleistung der Anwendung des Lebens- und Futtermittelrechts und der Vorschriften über Tiergesundheit und Tierschutz, Pflanzengesundheit und Pflanzenschutzmittel, zur Änderung der Verordnungen (EG) Nr. 999/2001, (EG) Nr. 396/2005, (EG) Nr. 1069/2009, (EG) Nr. 1107/2009, (EU) Nr. 1151/2012, (EU) Nr. 652/2014, (EU) 2016/429 und (EU) 2016/2031 des Europäischen Parlaments und des Rates, der Verordnungen (EG) Nr. 1/2005 und (EG) Nr. 1099/2009 des Rates sowie der Richtlinien 98/58/EG, 1999/74/EG, 2007/43/EG, 2008/119/EG und 2008/120/EG des Rates und zur Aufhebung der Verordnungen (EG) Nr. 854/2004 und (EG) Nr. 882/2004 des Europäischen Parlaments und des Rates, der Richtlinien 89/608/EWG, 89/662/EWG, 90/425/EWG, 91/496/EEG, 96/23/EG, 96/93/EG und 97/78/EG des Rates und des Beschlusses 92/438/EWG des Rates (Verordnung über amtliche Kontrollen) (ABl. L 95 vom 7.4.2017, S. 1; L 137 vom 24.5.2017, S. 40; L 48 vom 21.2.2018, S. 44; L 322 vom 18.12.2018, S. 85), die zuletzt durch die Delegierte Verordnung (EU) 2019/2127 (ABl. L 321 vom 12.12.

2019, S. 111) geändert worden ist, mit den zuständigen Behörden anderer Mitgliedstaaten zusammen.

(5) Hat die nach Absatz 2a Satz 1 für die Einhaltung der Vorschriften über den Verkehr mit Futtermitteln zuständige Behörde Grund zu der Annahme, dass Futtermittel, die geeignet sind, die von Nutztieren gewonnenen Erzeugnisse im Hinblick auf ihre Unbedenklichkeit für die menschliche Gesundheit zu beeinträchtigen, verfüttert worden sind, so unterrichtet sie die für die Durchführung der Delegierten Verordnung (EU) 2019/2090 zuständige Behörde über die ihr bekannten Tatsachen.

(6) Die für die Überwachung von Mitteln zum Tätowieren, kosmetischen Mitteln und Bedarfsgegenständen im Sinne von § 2 Absatz 6 Satz 1 Nummer 2 bis 9 zuständigen Behörden

1. erteilen der zuständigen Behörde eines anderen Mitgliedstaates auf begründetes Ersuchen Auskünfte und übermitteln die erforderlichen Urkunden und Schriftstücke, damit die zuständige Behörde des anderen Mitgliedstaates überwachen kann, ob die Vorschriften, die für diese Erzeugnisse und für mit Lebensmitteln verwechselbare Produkte gelten, eingehalten werden,
2. überprüfen alle von der ersuchenden Behörde eines anderen Mitgliedstaates mitgeteilten Sachverhalte, teilen ihr das Ergebnis der Prüfung mit und unterrichten das Bundesministerium darüber,
3. teilen den zuständigen Behörden eines anderen Mitgliedstaates alle Tatsachen und Sachverhalte mit, die für die Überwachung der Einhaltung der für diese Erzeugnisse und für mit Lebensmitteln verwechselbare Produkte geltenden Vorschriften in diesem Mitgliedstaat erforderlich sind, insbesondere bei Zuwiderhandlungen und bei Verdacht auf Zuwiderhandlungen gegen für diese Erzeugnisse und für mit Lebensmitteln verwechselbare Produkte geltende Vorschriften.

(7) Die zuständigen Behörden können, soweit dies zur Einhaltung der Anforderungen dieses Gesetzes oder der aufgrund dieses Gesetzes erlassenen Rechtsverordnungen erforderlich oder durch Rechtsakte der Europäischen Gemeinschaft oder der Europäischen Union vorgeschrieben ist, Daten, die sie im Rahmen der Überwachung gewonnen haben, anderen zuständigen Behörden desselben Landes, den zuständigen Behörden anderer Länder, des Bundes oder anderer Mitgliedstaaten oder der Europäischen Kommission mitteilen.

(8) Auskünfte, Mitteilungen und Übermittlung von Urkunden und Schriftstücken über lebensmittel- und futtermittelrechtliche Kontrollen nach den Absätzen 4, 6 und 7 erfolgen, sofern sie andere Vertragsstaaten des Abkommens über den Europäischen Wirtschaftsraum als Mitgliedstaaten betreffen, an die Europäische Kommission.

§ 38a Übermittlung von Daten über den Internethandel. (1) [1] Das Bundeszentralamt für Steuern übermittelt nach Maßgabe des Satzes 2 oder 3 zur Unterstützung der den Ländern obliegenden Überwachung der Einhaltung der Vorschriften

1. dieses Gesetzes,
2. der aufgrund dieses Gesetzes erlassenen Rechtsverordnungen und
3. der unmittelbar geltenden Rechtsakte der Europäischen Gemeinschaft oder der Europäischen Union im Anwendungsbereich dieses Gesetzes

den zuständigen Behörden der Länder auf deren Anforderung die ihm aus der Beobachtung elektronisch angebotener Dienstleistungen nach § 5 Absatz 1 Nummer 17 des Finanzverwaltungsgesetzes[1)] vorliegenden Daten über Unternehmen, die diesem Gesetz unterliegende Erzeugnisse oder mit Lebensmitteln verwechselbare Produkte im Internet anbieten. [2]Die Anforderungen sind über das Bundesamt für Verbraucherschutz und Lebensmittelsicherheit an das Bundeszentralamt für Steuern zu richten; das Bundeszentralamt für Steuern übermittelt die Daten an das Bundesamt für Verbraucherschutz und Lebensmittelsicherheit, das die Daten den anfordernden Behörden weiterleitet. [3]Soweit die Länder für den Zweck des Satzes 1 eine gemeinsame Stelle einrichten, ergeht die Anforderung durch diese Stelle und sind die in Satz 1 bezeichneten Daten dieser Stelle zu übermitteln; diese Stelle leitet die übermittelten Daten den zuständigen Behörden weiter.

(2) Daten im Sinne des Absatzes 1 Satz 1 sind

1. der Name, die Anschrift und die Telekommunikationsinformationen des Unternehmens,
2. das eindeutige Ordnungsmerkmal, die Domaininformationen und die Landzuordnung,
3. die betroffenen Erzeugnisse oder mit Lebensmitteln verwechselbare Produkte.

(3) [1]Das Bundesamt für Verbraucherschutz und Lebensmittelsicherheit hat die ihm übermittelten Daten unverzüglich nach der Weiterleitung an die zuständigen Behörden zu löschen. [2]Die zuständigen Behörden und die Stelle im Sinne des Absatzes 1 Satz 3 haben die Daten zu löschen, soweit sie nicht mehr erforderlich sind, spätestens jedoch mit Ablauf des dritten Jahres nach der Übermittlung an sie. [3]Die Frist des Satzes 2 gilt nicht, wenn wegen eines anhängigen Bußgeldverfahrens, staatsanwaltlichen Ermittlungsverfahrens oder gerichtlichen Verfahrens eine längere Aufbewahrung erforderlich ist; in diesem Falle sind die Daten mit rechtskräftigem Abschluss des Verfahrens zu löschen.

(4) Das Bundesministerium wird ermächtigt, im Einvernehmen mit dem Bundesministerium der Finanzen durch Rechtsverordnung mit Zustimmung des Bundesrates die Einzelheiten des Verfahrens der Datenübermittlung zu regeln.

§ 38b Unterrichtung von Telemediendiensteanbietern. (1) Erfolgt zu einem Erzeugnis, das im Inland in den Verkehr gebracht worden ist, eine Meldung

1. nach Artikel 50 der Verordnung (EG) Nr. 178/2002[2)] oder
2. nach Artikel 11 oder 12 der Richtlinie 2001/95/EG des Europäischen Parlaments und des Rates vom 3. Dezember 2001 über die allgemeine Produktsicherheit (ABl. L 11 vom 15.1.2002, S. 4), die zuletzt durch die Verordnung (EG) Nr. 596/2009 (ABl. L 188 vom 18.7.2009, S. 14) geändert worden ist,

so kann die zuständige Behörde denjenigen Diensteanbietern nach § 2 Satz 1 Nummer 1 des Telemediengesetzes[3)] vom 26. Februar 2007 (BGBl. I S. 179),

[1)] **Sartorius ErgBd. Nr. 698.**
[2)] **Sartorius ErgBd. Nr. 860.**
[3)] **Sartorius ErgBd. Nr. 922.**

das zuletzt durch Artikel 2 des Gesetzes vom 3. Juni 2021 (BGBl. I S. 1436) geändert worden ist, deren Dienste für den Vertrieb des Erzeugnisses genutzt werden, die zur Identifizierung des Erzeugnisses sowie des Herstellers oder Inverkehrbringers erforderlichen Informationen sowie den Grund der Meldung übermitteln.

(2) [1] Zuständige Behörde nach Absatz 1 ist die Behörde, in deren Bezirk der Diensteanbieter nach § 2a des Telemediengesetzes seinen Sitz hat. [2] Hat der Diensteanbieter keinen Sitz im Inland, so ist das Bundesamt für Verbraucherschutz und Lebensmittelsicherheit zuständige Behörde.

(3) [1] Bevor die zuständige Behörde Angaben nach Absatz 1 übermittelt, hat sie den Hersteller oder Inverkehrbringer anzuhören. [2] Satz 1 gilt nicht, sofern hierdurch die Erreichung des mit der Maßnahme verfolgten Zwecks gefährdet wird.

(4) Die Länder können für die Zwecke des Absatzes 1 eine gemeinsame Stelle einrichten.

§ 39 Maßnahmen der für die Überwachung von Lebensmitteln, Futtermitteln und Bedarfsgegenständen im Sinne von § 2 Absatz 6 Satz 1 Nummer 1 zuständigen Behörden. (1) Die für die Überwachung von Lebensmitteln, Futtermitteln und Bedarfsgegenständen im Sinne von § 2 Absatz 6 Satz 1 Nummer 1 zuständigen Behörden treffen die Maßnahmen, die nach den Artikeln 137 und 138 der Verordnung (EU) 2017/625 erforderlich sind zur Überwachung der Einhaltung der Vorschriften dieses Gesetzes, der aufgrund dieses Gesetzes erlassenen Rechtsverordnungen und der unmittelbar geltenden Rechtsakte der Europäischen Gemeinschaft oder der Europäischen Union im Anwendungsbereich dieses Gesetzes.

(2) Unbeschadet des Artikels 137 Absatz 2 und 3 der Verordnung (EU) 2017/625 können die für die Überwachung von Lebensmitteln, Futtermitteln und Bedarfsgegenständen im Sinne von § 2 Absatz 6 Satz 1 Nummer 1 zuständigen Behörden zur Feststellung oder zur Ausräumung eines hinreichenden Verdachts eines Verstoßes

1. anordnen, dass derjenige, der ein in Absatz 1 genanntes Erzeugnis hergestellt, behandelt oder in den Verkehr gebracht hat oder dies beabsichtigt,
   a) eine Prüfung durchführt oder durchführen lässt und das Ergebnis der Prüfung der zuständigen Behörde mitteilt und
   b) der zuständigen Behörde den Eingang eines solchen Erzeugnisses anzeigt, wenn Grund zu der Annahme besteht, dass dieses Erzeugnis den Vorschriften nach Absatz 1 nicht entspricht, oder
2. vorübergehend verbieten, dass ein in Absatz 1 genanntes Erzeugnis in den Verkehr gebracht wird, bis das Ergebnis einer entnommenen Probe oder einer nach Nummer 1 angeordneten Prüfung vorliegt.

(3) Maßnahmen im Sinne von Artikel 138 Absatz 2 Buchstabe d und g der Verordnung (EU) 2017/625 können entsprechend auch in Bezug auf das Verfüttern eines Futtermittels ergehen.

(4) Maßnahmen im Sinne von Artikel 138 Absatz 2 können entsprechend auch zur Verhütung eines künftigen Verstoßes sowie zum Schutz vor Gefahren für die Gesundheit oder vor Täuschung ergehen.

(5) [1] Zum Zweck der Verringerung oder Beseitigung der Ursachen für einen gesundheitlich nicht erwünschten Stoff, der in oder auf einem Lebensmittel

enthalten ist, führen die zuständigen Behörden, wenn eine Überschreitung von durch Rechtsverordnung nach § 13 Absatz 1 Nummer 7 oder § 13 Absatz 5 Satz 1 Nummer 2 festgesetzten Auslösewerten festgestellt wird, Untersuchungen mit dem Ziel durch, die Ursachen für das Vorhandensein des gesundheitlich nicht erwünschten Stoffs zu ermitteln. [2] Soweit es erforderlich ist, kann die zuständige Behörde die zur Verringerung oder Beseitigung der Ursachen für das Vorhandensein des gesundheitlich nicht erwünschten Stoffs erforderlichen Maßnahmen anordnen. [3] Dabei kann sie auch anordnen, dass der Wirtschaftsbeteiligte selbst eine Untersuchung durchführt oder durchführen lässt und das Ergebnis der Untersuchung mitteilt. [4] Die zuständigen Behörden informieren das Bundesministerium, im Fall einer Rechtsverordnung nach § 13 Absatz 5 Satz 1 Nummer 2 auch das Bundesministerium für Umwelt, Naturschutz und nukleare Sicherheit, oder im Fall einer Rechtsverordnung nach § 72 Satz 2 das Bundesamt für Verbraucherschutz und Lebensmittelsicherheit unverzüglich über ermittelte Ursachen für das Vorhandensein des gesundheitlich nicht erwünschten Stoffs und die zur Verringerung oder Beseitigung dieser Ursachen angeordneten Maßnahmen zum Zweck der Information der Kommission und der anderen Mitgliedstaaten.

(6) [1] Zum Zweck der Verringerung oder Beseitigung der Ursachen für unerwünschte Stoffe in Futtermitteln führen die zuständigen Behörden, wenn eine Überschreitung von festgesetzten Höchstgehalten an unerwünschten Stoffen oder Aktionsgrenzwerten festgestellt wird, Untersuchungen mit dem Ziel durch, die Ursachen für das Vorhandensein unerwünschter Stoffe zu ermitteln. [2] Soweit es erforderlich ist, kann die zuständige Behörde die zur Verringerung oder Beseitigung der Ursachen für das Vorhandensein unerwünschter Stoffe erforderlichen Maßnahmen anordnen. [3] Dabei kann sie auch anordnen, dass der Wirtschaftsbeteiligte selbst eine Untersuchung durchführt oder durchführen lässt und das Ergebnis der Untersuchung mitteilt. [4] Die zuständigen Behörden informieren das Bundesministerium oder im Fall einer Rechtsverordnung nach § 72 Satz 2 das Bundesamt für Verbraucherschutz und Lebensmittelsicherheit unverzüglich über ermittelte Ursachen für das Vorhandensein unerwünschter Stoffe und die zur Verringerung oder Beseitigung dieser Ursachen angeordneten Maßnahmen zum Zweck der Information der Kommission und der anderen Mitgliedstaaten.

(7) Widerspruch und Anfechtungsklage gegen Anordnungen, die der Durchführung von Verboten nach

1. Artikel 14 Absatz 1 in Verbindung mit Absatz 2 Buchstabe a der Verordnung (EG) Nr. 178/2002[1)],
2. Artikel 15 Absatz 1 in Verbindung mit Absatz 2 erster Anstrich der Verordnung (EG) Nr. 178/2002,
3. Artikel 4 Absatz 4 Buchstabe b erster oder zweiter Spiegelstrich der Delegierten Verordnung (EU) 2019/2090 oder
4. § 5 Absatz 1 Satz 1 oder Absatz 2 oder § 17 Absatz 1 Satz 1 Nummer 1

dienen, haben keine aufschiebende Wirkung.

(7a) Soweit im Einzelfall eine notwendige Anordnung oder eine sonstige notwendige Maßnahme nicht aufgrund der Absätze 1 bis 4 getroffen werden kann, bleiben weitergehende Regelungen der Länder, einschließlich der Re-

---

[1)] **Sartorius ErgBd. Nr. 860.**

gelungen auf dem Gebiet des Polizeirechts, aufgrund derer eine solche Anordnung oder Maßnahme getroffen werden kann, anwendbar.

§ 39a Maßnahmen der für die Überwachung von Mitteln zum Tätowieren, kosmetischen Mitteln und Bedarfsgegenständen im Sinne von § 2 Absatz 6 Satz 1 Nummer 2 bis 9 zuständigen Behörden. (1) [1] Die für die Überwachung von Mitteln zum Tätowieren, kosmetischen Mitteln und Bedarfsgegenständen im Sinne von § 2 Absatz 6 Satz 1 Nummer 2 bis 9 zuständigen Behörden treffen die notwendigen Anordnungen und Maßnahmen, die erforderlich sind

1. zur Feststellung oder zur Ausräumung eines hinreichenden Verdachts eines Verstoßes gegen Vorschriften dieses Gesetzes, der aufgrund dieses Gesetzes erlassenen Rechtsverordnungen und der unmittelbar geltenden Rechtsakte der Europäischen Gemeinschaft oder der Europäischen Union im Anwendungsbereich dieses Gesetzes,
2. zur Beseitigung festgestellter Verstöße,
3. zur Verhütung künftiger Verstöße oder
4. zum Schutz vor Gefahren für die Gesundheit oder vor Täuschung.

[2] Die zuständigen Behörden können insbesondere

1. anordnen, dass derjenige, der ein in Satz 1 genanntes Erzeugnis hergestellt, behandelt oder in den Verkehr gebracht hat oder dies beabsichtigt,
   a) eine Prüfung durchführt oder durchführen lässt und das Ergebnis der Prüfung der zuständigen Behörde mitteilt,
   b) der zuständigen Behörde den Eingang eines solchen Erzeugnisses anzeigt,

   wenn Grund zu der Annahme besteht, dass ein solches Erzeugnis den Vorschriften dieses Gesetzes, der aufgrund dieses Gesetzes erlassenen Rechtsverordnungen oder der unmittelbar geltenden Rechtsakte der Europäischen Gemeinschaft oder der Europäischen Union im Anwendungsbereich dieses Gesetzes nicht entspricht,
2. vorübergehend verbieten, dass ein in Satz 1 genanntes Erzeugnis in den Verkehr gebracht wird, bis das Ergebnis einer entnommenen Probe oder einer nach Nummer 1 angeordneten Prüfung vorliegt,
3. das Herstellen, Behandeln oder Inverkehrbringen von in Satz 1 genannten Erzeugnissen verbieten oder beschränken,
4. eine Maßnahme überwachen oder, falls erforderlich, anordnen,
   a) mit der verhindert werden soll, dass ein in Satz 1 genanntes Erzeugnis, das den Endverbraucher noch nicht erreicht hat, auch durch andere Wirtschaftsbeteiligte weiter in den Verkehr gebracht wird (Rücknahme), oder
   b) die auf die Rückgabe eines in den Verkehr gebrachten Erzeugnisses abzielt, das den Endverbraucher oder den Verwender bereits erreicht hat oder erreicht haben könnte (Rückruf),
5. in Satz 1 genannte Erzeugnisse, auch vorläufig, sicherstellen und, soweit dies zum Erreichen der in § 1 Absatz 1 Nummer 1 oder 4 Buchstabe a Doppelbuchstabe aa oder Absatz 2, stets jeweils auch in Verbindung mit § 1 Absatz 3, genannten Zwecke erforderlich ist, die unschädliche Beseitigung dieser Erzeugnisse veranlassen,
6. das Verbringen von in Satz 1 genannten Erzeugnissen in das Inland im Einzelfall vorübergehend verbieten oder beschränken, wenn

a) die Bundesrepublik Deutschland von der Kommission hierzu ermächtigt worden ist und das Bundesministerium dies im Bundesanzeiger bekannt gemacht hat oder

b) Tatsachen vorliegen, die darauf schließen lassen, dass diese Erzeugnisse ein Risiko für die Gesundheit von Mensch oder Tier mit sich bringen,

7. anordnen, dass diejenigen, die einer Gefahr, die von einem in Verkehr gebrachten Erzeugnis nach Satz 1 ausgeht, ausgesetzt sein können, rechtzeitig in geeigneter Form auf diese Gefahr hingewiesen werden und

8. die Öffentlichkeit nach Maßgabe von § 40 informieren.

Die Artikel 25 bis 27 der Verordnung (EU) Nr. 1223/2009 des Europäischen Parlaments und des Rates vom 30. November 2009 über kosmetische Mittel (ABl. L 342 vom 22.12.2009, S. 59; L 318 vom 15.11.2012, S. 74; L 72 vom 15.3.2013, S. 16; L 142 vom 29.5.2013, S. 10; L 254 vom 28.8.2014, S. 39; L 17 vom 21.1.2017, S. 52; L 326 vom 9.12.2017, S. 55; L 183 vom 19.7. 2018, S. 27; L 324 vom 13.12.2019, S. 80; L 76 vom 12.3.2020, S. 36), die zuletzt durch die Verordnung (EU) 2019/1966 (ABl. L 307 vom 28.11.2019, S. 15) geändert worden ist, bleiben unberührt.

(2) Absatz 1 und § 40 gelten für mit Lebensmitteln verwechselbare Produkte entsprechend.

(3) Widerspruch und Anfechtungsklage gegen Anordnungen, die der Durchführung von Verboten nach § 26 Satz 1 oder § 30 oder Geboten nach Artikel 5 Absatz 1 in Verbindung mit Artikel 3 Satz 1 Buchstabe a, b oder c der Verordnung (EU) Nr. 1223/2009 dienen, haben keine aufschiebende Wirkung.

(4) Soweit im Einzelfall eine notwendige Anordnung oder eine sonstige notwendige Maßnahme nicht aufgrund der Absätze 1 oder 2 getroffen werden kann, bleiben weitergehende Regelungen der Länder, einschließlich der Regelungen auf dem Gebiet des Polizeirechts, aufgrund derer eine solche Anordnung getroffen werden kann, anwendbar.

§ 40 Information der Öffentlichkeit. (1) [1] Die zuständige Behörde soll die Öffentlichkeit unter Nennung der Bezeichnung des Lebensmittels oder Futtermittels und des Lebensmittel- oder Futtermittelunternehmens, unter dessen Namen oder Firma das Lebensmittel oder Futtermittel hergestellt oder behandelt wurde oder in den Verkehr gelangt ist, und, wenn dies zur Gefahrenabwehr geeigneter ist, auch unter Nennung des Inverkehrbringers, nach Maßgabe des Artikels 10 der Verordnung (EG) Nr. 178/2002[1)] informieren. [2] Eine Information der Öffentlichkeit in der in Satz 1 genannten Art und Weise soll vorbehaltlich des Absatzes 1a auch erfolgen, wenn

1. der hinreichende Verdacht besteht, dass ein Mittel zum Tätowieren, ein kosmetisches Mittel oder ein Bedarfsgegenstand ein Risiko für die menschliche Gesundheit mit sich bringen kann,
2. der hinreichende Verdacht besteht, dass gegen Vorschriften im Anwendungsbereich dieses Gesetzes, die dem Schutz der Endverbraucher vor Gesundheitsgefährdungen dienen, verstoßen wurde,
3. im Einzelfall hinreichende Anhaltspunkte dafür vorliegen, dass von einem Erzeugnis eine Gefährdung für die Sicherheit und Gesundheit ausgeht oder ausgegangen ist und aufgrund unzureichender wissenschaftlicher Erkenntnis

[1)] **Sartorius ErgBd. Nr. 860.**

oder aus sonstigen Gründen die Unsicherheit nicht innerhalb der gebotenen Zeit behoben werden kann,

4. ein nicht gesundheitsschädliches, aber zum Verzehr ungeeignetes, insbesondere ekelerregendes Lebensmittel in nicht unerheblicher Menge in den Verkehr gelangt oder gelangt ist oder wenn ein solches Lebensmittel wegen seiner Eigenart zwar nur in geringen Mengen, aber über einen längeren Zeitraum in den Verkehr gelangt ist,

4a. der durch Tatsachen hinreichend begründete Verdacht besteht, dass gegen Vorschriften im Anwendungsbereich dieses Gesetzes, die dem Schutz der Endverbraucher vor Täuschung dienen, in nicht nur unerheblichem Ausmaß verstoßen wurde,

5. Umstände des Einzelfalles die Annahme begründen, dass ohne namentliche Nennung des zu beanstandenden Erzeugnisses und erforderlichenfalls des Wirtschaftsbeteiligten oder des Inverkehrbringers, unter dessen Namen oder Firma das Erzeugnis hergestellt oder behandelt wurde oder in den Verkehr gelangt ist, erhebliche Nachteile für die Hersteller oder Vertreiber gleichartiger oder ähnlicher Erzeugnisse nicht vermieden werden können.

[3] In den Fällen des Satzes 2 Nummer 3 bis 5 ist eine Information der Öffentlichkeit zulässig nach Abwägung der Belange der Betroffenen mit den Interessen der Öffentlichkeit an der Veröffentlichung.

(1a) [1] Die zuständige Behörde informiert die Öffentlichkeit unverzüglich unter Nennung der Bezeichnung des Lebensmittels oder Futtermittels sowie unter Nennung des Lebensmittel- oder Futtermittelunternehmens, unter dessen Namen oder Firma das Lebensmittel oder Futtermittel hergestellt oder behandelt oder in den Verkehr gelangt ist, wenn der durch Tatsachen, im Falle von Proben nach § 38 Absatz 2a Satz 2 auf der Grundlage von mindestens zwei Untersuchungen durch eine Stelle nach Artikel 37 Absatz 4 Buchstabe e der Verordnung (EU) 2017/625, hinreichend begründete Verdacht besteht, dass

1. in Vorschriften im Anwendungsbereich dieses Gesetzes festgelegte zulässige Grenzwerte, Höchstgehalte oder Höchstmengen überschritten wurden oder
2. ein nach Vorschriften im Anwendungsbereich dieses Gesetzes nicht zugelassener oder verbotener Stoff in dem Lebensmittel oder Futtermittel vorhanden ist oder
3. gegen sonstige Vorschriften im Anwendungsbereich dieses Gesetzes, die dem Schutz der Endverbraucher vor Gesundheitsgefährdungen oder vor Täuschung oder der Einhaltung hygienischer Anforderungen dienen, in nicht nur unerheblichem Ausmaß oder wiederholt verstoßen worden ist und die Verhängung eines Bußgeldes von mindestens dreihundertfünfzig Euro zu erwarten ist oder eine Sanktionierung wegen einer Straftat zu erwarten ist und deswegen gemäß § 41 des Gesetzes über Ordnungswidrigkeiten[1] eine Abgabe an die Staatsanwaltschaft erfolgt ist.

[2] Verstöße gegen bauliche Anforderungen, die keine Gefahr einer nachteiligen Beeinflussung von Lebensmitteln bewirken, sowie Aufzeichnungs- oder Mitteilungspflichten, die keine Gefahr einer nachteiligen Beeinflussung von Lebensmitteln bewirken, bleiben nach Satz 1 Nummer 3 außer Betracht. [3] Bei Verstößen gegen hygienische Anforderungen kann abweichend von Satz 1 in der Information der Name des Lebensmittel- oder Futtermittelunternehmers

[1] Nr. **72.2.**

sowie der Betrieb, in dem der Verstoß festgestellt wurde, genannt werden. [4] Während eines laufenden strafrechtlichen Ermittlungsverfahrens dürfen Informationen nach Satz 1 nur im Benehmen mit der zuständigen Staatsanwaltschaft herausgegeben werden, wenn hierdurch nicht der mit dem Verfahren verfolgte Untersuchungszweck gefährdet wird.

(2) [1] Eine Information der Öffentlichkeit nach Absatz 1 durch die Behörde ist nur zulässig, wenn andere ebenso wirksame Maßnahmen, insbesondere eine Information der Öffentlichkeit durch den Lebensmittel- oder Futtermittelunternehmer oder den Wirtschaftsbeteiligten, nicht oder nicht rechtzeitig getroffen werden oder die Endverbraucher nicht erreichen. [2] Unbeschadet des Satzes 1 kann die Behörde ihrerseits die Öffentlichkeit auf

1. eine Information der Öffentlichkeit oder
2. eine Rücknahme- oder Rückrufaktion

durch den Lebensmittel- oder Futtermittelunternehmer oder den sonstigen Wirtschaftsbeteiligten hinweisen. [3] Die Behörde kann unter den Voraussetzungen des Satzes 1 auch auf eine Information der Öffentlichkeit einer anderen Behörde hinweisen, soweit berechtigte Interessen der *Endverbraucherin*[1)] ihrem eigenen Zuständigkeitsbereich berührt sind.

(3) [1] Bevor die Behörde die Öffentlichkeit nach den Absätzen 1 und 1a informiert, hat sie den Hersteller oder den Inverkehrbringer anzuhören, sofern hierdurch die Erreichung des mit der Maßnahme verfolgten Zwecks nicht gefährdet wird. [2] Satz 1 gilt nicht in einem Fall des Absatzes 2 Satz 2 oder 3.

(4) [1] Stellen sich die von der Behörde an die Öffentlichkeit gegebenen Informationen im Nachhinein als falsch oder die zu Grunde liegenden Umstände als unrichtig wiedergegeben heraus, so ist dies unverzüglich öffentlich bekannt zu machen, sofern der betroffene Wirtschaftsbeteiligte dies beantragt oder dies zur Wahrung erheblicher Belange des Gemeinwohls erforderlich ist. [2] Sobald der der Veröffentlichung zu Grunde liegende Mangel beseitigt worden ist, ist in der Information der Öffentlichkeit unverzüglich hierauf hinzuweisen. [3] Die Bekanntmachungen nach Satz 1 und Satz 2 sollen in derselben Weise erfolgen, in der die Information der Öffentlichkeit ergangen ist.

(4a) Die Information nach Absatz 1a ist einschließlich zusätzlicher Informationen nach Absatz 4 sechs Monate nach der Veröffentlichung zu entfernen.

(5) [1] Abweichend von Absatz 1 ist das Bundesamt für Verbraucherschutz und Lebensmittelsicherheit zuständige Behörde, soweit ein nicht im Inland hergestelltes Erzeugnis erkennbar nicht im Inland in den Verkehr gebracht worden ist und

1. ein Fall des Absatzes 1 Satz 1 vorliegt aufgrund
   a) einer Meldung nach Artikel 50 der Verordnung (EG) Nr. 178/2002 eines anderen Mitgliedstaates oder der Europäischen Kommission oder
   b) einer sonstigen Mitteilung eines anderen Mitgliedstaates, eines Drittlandes oder einer internationalen Organisation oder
2. ein Fall des Absatzes 1 Satz 2 Nummer 1 vorliegt aufgrund einer sonstigen Mitteilung eines anderen Mitgliedstaates, der Europäischen Kommission, eines Drittlandes oder einer internationalen Organisation.

[2] Satz 1 gilt entsprechend, wenn

---

1) Richtig wohl: „Endverbraucher in".

1. ein Erzeugnis, das durch Einsatz von Fernkommunikationsmitteln im Sinne von § 312c Absatz 2 des Bürgerlichen Gesetzbuchs[1)] angeboten wird, nicht erkennbar im Inland hergestellt wurde und
2. ein Inverkehrbringer mit Sitz im Inland nicht erkennbar ist.

§ 41 (weggefallen)

§ 42 Durchführung der Überwachung. (1) [1]Die Überwachung der Einhaltung dieses Gesetzes, der aufgrund dieses Gesetzes erlassenen Rechtsverordnungen und der unmittelbar geltenden Rechtsakte der Europäischen Gemeinschaft oder der Europäischen Union im Anwendungsbereich dieses Gesetzes ist durch fachlich ausgebildete Personen durchzuführen. [2]Das Bundesministerium wird ermächtigt, durch Rechtsverordnung mit Zustimmung des Bundesrates

1. vorzuschreiben, dass bestimmte Überwachungsmaßnahmen einer wissenschaftlich ausgebildeten Person obliegen und dabei andere fachlich ausgebildete Personen nach Weisung der zuständigen Behörde und unter der fachlichen Aufsicht einer wissenschaftlich ausgebildeten Person eingesetzt werden können,
2. vorzuschreiben, dass abweichend von Satz 1 bestimmte Überwachungsmaßnahmen von sachkundigen Personen durchgeführt werden können,
3. Vorschriften zu erlassen über
   a) die Anforderungen an die Sachkunde, die an die in Nummer 1 genannte wissenschaftlich ausgebildete Person und die in Nummer 2 genannten sachkundigen Personen zu stellen sind und
   b) die fachlichen Anforderungen, die an die in Satz 1 genannten Personen zu stellen sind,

   sowie das Verfahren des Nachweises der Sachkunde und der Erfüllung der fachlichen Anforderungen zu regeln.

[3]Die Landesregierungen werden ermächtigt, Rechtsverordnungen nach Satz 2 Nummer 3 zu erlassen, soweit das Bundesministerium von seiner Befugnis keinen Gebrauch macht. [4]Die Landesregierungen sind befugt, die Ermächtigung durch Rechtsverordnung auf andere Behörden zu übertragen.

(2) [1]Soweit es zur Überwachung der Einhaltung der Rechtsakte der Europäischen Gemeinschaft oder der Europäischen Union, dieses Gesetzes und der aufgrund dieses Gesetzes erlassenen Rechtsverordnungen erforderlich ist, sind die mit der Überwachung beauftragten Personen, bei Gefahr im Verzug auch alle Beamten der Polizei, befugt,

1. Grundstücke, Betriebsräume und Transportmittel, in oder auf denen
   a) Erzeugnisse hergestellt, behandelt oder in den Verkehr gebracht werden,
   b) sich lebende Tiere im Sinne des § 4 Absatz 1 Nummer 1 befinden oder
   c) Futtermittel verfüttert werden,

   sowie die dazugehörigen Geschäftsräume während der üblichen Betriebs- oder Geschäftszeit zu betreten;
2. zur Verhütung dringender Gefahren für die öffentliche Sicherheit und Ordnung

[1)] **Habersack (vormals Schönfelder) Nr. 20.**

a) die in Nummer 1 bezeichneten Grundstücke, Betriebsräume und Räume auch außerhalb der dort genannten Zeiten zu betreten,

b) Wohnräume der nach Nummer 5 zur Auskunft Verpflichteten zu betreten; das Grundrecht der Unverletzlichkeit der Wohnung (Artikel 13 des Grundgesetzes[1]) wird insoweit eingeschränkt;

3. alle geschäftlichen Schrift- und Datenträger, insbesondere Aufzeichnungen, Frachtbriefe, Herstellungsbeschreibungen und Unterlagen über die bei der Herstellung verwendeten Stoffe, einzusehen und hieraus Abschriften, Auszüge, Ausdrucke oder sonstige Vervielfältigungen, auch von Datenträgern, anzufertigen oder Ausdrucke von elektronisch gespeicherten Daten zu verlangen sowie Mittel, Einrichtungen und Geräte zur Beförderung von Erzeugnissen oder lebenden Tieren im Sinne des § 4 Absatz 1 Nummer 1 zu besichtigen;
4. von Mitteln, Einrichtungen oder Geräten zur Beförderung von Erzeugnissen oder lebenden Tieren im Sinne des § 4 Absatz 1 Nummer 1 sowie von den in Nummer 1 bezeichneten Grundstücken, Betriebsräumen oder Räumen Bildaufnahmen oder -aufzeichnungen anzufertigen;
5. von natürlichen und juristischen Personen und nicht rechtsfähigen Personenvereinigungen alle erforderlichen Auskünfte, insbesondere solche über die Herstellung, das Behandeln, die zur Verarbeitung gelangenden Stoffe und deren Herkunft, das Inverkehrbringen und das Verfüttern zu verlangen;
6. entsprechend § 43 oder § 43a Proben zu fordern oder zu entnehmen.

[2] Im Falle des Satzes 1 Nummer 4 dürfen folgende personenbezogene Daten aufgenommen oder aufgezeichnet werden, soweit dies zur Sicherung von Beweisen erforderlich ist:

1. Name, Anschrift und Markenzeichen des Unternehmers,
2. Namen von Beschäftigten.

[3] Die Aufnahmen oder Aufzeichnungen sind zu vernichten, soweit sie nicht mehr erforderlich sind, spätestens jedoch mit Ablauf des dritten Jahres nach ihrer Aufnahme oder Aufzeichnung. [4] Die Frist des Satzes 3 gilt nicht, wenn wegen eines anhängigen Bußgeldverfahrens, staatsanwaltlichen Ermittlungsverfahrens oder gerichtlichen Verfahrens eine längere Aufbewahrung erforderlich ist, in diesem Falle sind die Aufnahmen oder Aufzeichnungen mit rechtskräftigem Abschluss des Verfahrens zu vernichten.

(3) [1] Erhält eine für die Überwachung nach § 38 Absatz 1 Satz 1 zuständige Behörde von Tatsachen Kenntnis, die Grund zu der Annahme geben, dass durch das Verzehren eines Lebensmittels, das in den Verkehr gebracht worden ist, eine übertragbare Krankheit im Sinne des § 2 Nummer 3 des Infektionsschutzgesetzes[2]) verursacht werden kann oder verursacht worden ist, so unterrichtet die nach § 38 Absatz 1 Satz 1 zuständige Behörde unverzüglich die für Ermittlungen nach § 25 Absatz 1 des Infektionsschutzgesetzes zuständige Behörde. [2] Dabei stellt die nach § 38 Absatz 1 Satz 1 zuständige Behörde der nach § 25 des Infektionsschutzgesetzes zuständigen Behörde die Angaben

1. zu dem Lebensmittel,
2. zu der an Endverbraucher abgegebenen Menge des Lebensmittels,

---

[1]) Nr. **11.1**.
[2]) Nr. **35.1**.

3. zu dem Namen oder der Firma und der Anschrift sowie zu den Kontaktdaten
   a) des Lebensmittelunternehmers, unter dessen Namen oder Firma das Lebensmittel hergestellt oder behandelt worden oder in den Verkehr gelangt ist, und
   b) der in § 4 Absatz 2 Nummer 1 bezeichneten Unternehmen oder Personen, an die das Lebensmittel geliefert wurde,
   c) der Endverbraucher, die das Lebensmittel verzehrt haben und der zuständigen Behörde von einer möglichen Erkrankung Mitteilung gemacht haben,
4. zu dem Ort unter Angabe der Anschrift und zu dem Zeitraum der Abgabe sowie
5. zu dem festgestellten Krankheitserreger

zur Verfügung. [3]Die Angaben nach Satz 2 sind um die Proben, Isolate und Nachweise über die Feststellung des Krankheitserregers zu ergänzen und nur mitzuteilen, sofern sie

1. der nach § 38 Absatz 1 Satz 1 zuständigen Behörde vorliegen und
2. für die Behörde, die für die Ermittlungen nach § 25 Absatz 1 des Infektionsschutzgesetzes zuständig ist, erforderlich sind.

(4) [1]Soweit es zur Durchführung von Vorschriften, die durch Rechtsakte der Europäischen Gemeinschaft oder der Europäischen Union, dieses Gesetz oder durch aufgrund dieses Gesetzes erlassene Rechtsverordnungen geregelt sind, erforderlich ist, sind auch die Sachverständigen der Mitgliedstaaten, der Kommission und der EFTA-Überwachungsbehörde in Begleitung der mit der Überwachung beauftragten Personen berechtigt, Befugnisse nach Absatz 2 Nummer 1, 3, 4 und 5 wahrzunehmen und Proben nach Maßgabe des § 43 Absatz 1 Satz 1 und Absatz 4 zu entnehmen. [2]Die Befugnisse nach Absatz 2 Nummer 1, 3 und 4 gelten auch für diejenigen, die sich in der Ausbildung zu einer die Überwachung durchführenden Person befinden.

(5) Die Zollbehörden können den Verdacht von Verstößen gegen Verbote und Beschränkungen dieses Gesetzes oder der nach diesem Gesetz erlassenen Rechtsverordnungen, der sich bei der Durchführung des Alkoholsteuergesetzes ergibt, den zuständigen Verwaltungsbehörden mitteilen.

(6) [1]Die Staatsanwaltschaft hat die nach § 38 Absatz 1 Satz 1 zuständige Behörde unverzüglich über die Einleitung des Strafverfahrens, soweit es sich auf Verstöße gegen Verbote und Beschränkungen dieses Gesetzes, der nach diesem Gesetz erlassenen Rechtsverordnungen oder der unmittelbar geltenden Rechtsakte der Europäischen Gemeinschaft oder der Europäischen Union im Anwendungsbereich dieses Gesetzes bezieht, unter Angabe der Rechtsvorschriften zu unterrichten. [2]Satz 1 gilt nicht, wenn das Verfahren aufgrund einer Abgabe der Verwaltungsbehörde nach § 41 Absatz 1 des Gesetzes über Ordnungswidrigkeiten[1)] eingeleitet worden ist. [3]Eine Übermittlung personenbezogener Daten nach Satz 1 unterbleibt, wenn ihr besondere bundesgesetzliche oder entsprechende landesgesetzliche Verwendungsregelungen entgegenstehen; eine Übermittlung nach Satz 1 unterbleibt ferner in der Regel, solange und soweit ihr Zwecke des Strafverfahrens entgegenstehen.

[1)] Nr. **72.2**.

(7) Absatz 2 Nummer 1 gilt nicht für Wohnräume.

§ 43 Probenahme. (1) [1]Die mit der Überwachung beauftragten Personen und, bei Gefahr im Verzug, die Beamten der Polizei sind befugt, gegen Empfangsbescheinigung Proben nach ihrer Auswahl zum Zweck der Untersuchung zu fordern oder zu entnehmen. [2]Soweit in unmittelbar geltenden Rechtsakten der Europäischen Gemeinschaft oder der Europäischen Union oder in Rechtsverordnungen nach diesem Gesetz nichts anderes bestimmt ist, ist ein Teil der Probe oder, sofern die Probe nicht oder ohne Gefährdung des Untersuchungszwecks nicht in Teile von gleicher Beschaffenheit teilbar ist, ein zweites Stück der gleichen Art und, soweit vorhanden aus demselben Los, und von demselben Hersteller wie das als Probe entnommene, zurückzulassen, um das Recht des Unternehmers auf ein zweites Sachverständigengutachten zu gewährleisten; der Hersteller kann auf die Zurücklassung einer Probe verzichten.

(2) [1]Zurückzulassende Proben sind amtlich zu verschließen oder zu versiegeln. [2]Sie sind mit dem Datum der Probenahme und dem Datum des Tages zu versehen, nach dessen Ablauf der Verschluss oder die Versiegelung als aufgehoben gilt.

(3) Derjenige, bei dem die Probe zurückgelassen worden ist und der nicht der Hersteller ist, hat die Probe sachgerecht zu lagern und aufzubewahren und sie auf Verlangen des Herstellers auf dessen Kosten und Gefahr dem Hersteller oder einer vom Hersteller beauftragten Person zur anschließenden Untersuchung durch einen nach lebensmittelrechtlichen Vorschriften zugelassenen privaten Sachverständigen auszuhändigen.

(4) [1]Für Proben, die im Rahmen der amtlichen Überwachung nach diesem Gesetz entnommen werden, wird grundsätzlich keine Entschädigung geleistet. [2]Im Einzelfall ist eine Entschädigung bis zur Höhe des Verkaufspreises zu leisten, wenn andernfalls eine unbillige Härte eintreten würde.

(5) Absatz 1 Satz 2 und die Absätze 2 und 3 gelten nicht für Proben von Futtermitteln.

§ 43a Probenahme bei Erzeugnissen, die unter Verwendung von Fernkommunikationsmitteln angeboten werden. (1) Im Fall von Erzeugnissen, die unter Verwendung von Fernkommunikationsmitteln im Sinne von § 312c Absatz 2 des Bürgerlichen Gesetzbuchs[1)] angeboten werden, sind die mit der Überwachung beauftragten Personen befugt, solche Erzeugnisse für eine Probenahme zu bestellen, ohne sich zu erkennen zu geben und ohne ihre behördliche Identität offenzulegen.

(2) [1]Sofern in unmittelbar geltenden Rechtsakten der Europäischen Gemeinschaft oder der Europäischen Union oder in Rechtsverordnungen nach diesem Gesetz nichts anderes bestimmt ist, ist ein Teil der Probe nach Eingang amtlich zu verschließen oder zu versiegeln, um das Recht des Unternehmers auf ein zweites Sachverständigengutachten zu gewährleisten. [2]Sofern die Probe nicht oder nicht ohne Gefährdung des Untersuchungszwecks in Teile von gleicher Beschaffenheit teilbar ist, ist ein zweites Stück der gleichen Art und nach Möglichkeit aus demselben Los und von demselben Hersteller wie das als Probe bestellte nach Eingang amtlich zu verschließen oder zu versiegeln. [3]§ 43 Absatz 2 Satz 2 gilt entsprechend.

[1)] **Habersack (vormals Schönfelder) Nr. 20.**

(3) [1]Die zuständige Behörde oder die von ihr beauftragte Stelle hat den Unternehmer, bei dem das Erzeugnis bestellt wurde, nach Erhalt der Ware über die Durchführung der Probenahme zu unterrichten. [2]Soweit bekannt, unterrichtet sie auch den Hersteller des Erzeugnisses.

(4) Auf Verlangen des Herstellers und auf dessen Kosten und Gefahr hat die zuständige Behörde oder die von ihr beauftragte Stelle die nach Absatz 2 verschlossene oder versiegelte Probe dem Hersteller oder einer vom Hersteller beauftragten Person zur anschließenden Untersuchung durch einen nach lebensmittelrechtlichen Vorschriften zugelassenen privaten Sachverständigen auszuhändigen.

(5) Der Unternehmer, bei dem das Erzeugnis nach Absatz 1 bestellt wurde, hat der zuständigen Behörde auf deren Verlangen den Kaufpreis sowie angefallene Versandkosten zu erstatten.

(6) Die Absätze 2, 3 Satz 2 und Absatz 4 gelten nicht für Proben von Futtermitteln.

§ 44 Duldungs-, Mitwirkungs- und Übermittlungspflichten. (1) Die Inhaberinnen oder Inhaber der in § 42 Absatz 2 bezeichneten Grundstücke, Räume, Einrichtungen und Geräte und die von ihnen bestellten Vertreter sind verpflichtet, die Maßnahmen nach den §§ 42 bis 43a sowie der Delegierten Verordnung (EU) 2019/2090 zu dulden und die in der Überwachung tätigen Personen bei der Erfüllung ihrer Aufgabe zu unterstützen, insbesondere ihnen auf Verlangen

1. die Räume und Geräte zu bezeichnen,
2. Räume und Behältnisse zu öffnen und
3. die Entnahme der Proben zu ermöglichen.

(2) [1]Die in § 42 Absatz 2 Nummer 5 genannten Personen und Personenvereinigungen sind verpflichtet, den in der Überwachung tätigen Personen auf Verlangen unverzüglich die dort genannten Auskünfte zu erteilen. [2]Vorbehaltlich des Absatzes 3 kann der zur Auskunft Verpflichtete die Auskunft auf solche Fragen verweigern, deren Beantwortung ihn selbst oder einen der in § 383 Absatz 1 Nummer 1 bis 3 der Zivilprozessordnung[1)] bezeichneten Angehörigen der Gefahr strafgerichtlicher Verfolgung oder eines Verfahrens nach dem Gesetz über Ordnungswidrigkeiten[2)] aussetzen würde.

(3)[3) 4)] [1]Ein Lebensmittelunternehmer oder ein Futtermittelunternehmer ist verpflichtet, den in der Überwachung tätigen Personen auf Verlangen Informationen, die

---

[1)] **Habersack (vormals Schönfelder) Nr. 100.**

[2)] Nr. **72.2.**

[3)] **Amtl. Anm.:** § 44 Absatz 3 gilt gemäß Artikel 1 Nummer 33 Buchstabe b in Verbindung mit Artikel 12 Absatz 2 des Gesetzes vom 27. Juli 2021 (BGBl. I S. 3274) ab 1. September 2022 in folgender Fassung:

„(3) Ein Lebensmittelunternehmer oder ein Futtermittelunternehmer ist verpflichtet, den in der Überwachung tätigen Personen auf Verlangen Informationen, die

1. er aufgrund eines nach Artikel 18 Absatz 2 Unterabsatz 2 der Verordnung (EG) Nr. 178/2002 ***[Sartorius ErgBd. Nr. 860]***, auch in Verbindung mit Artikel 5 Absatz 1 der Verordnung (EG) Nr. 767/2009, eingerichteten Systems oder Verfahrens besitzt und
2. zur Rückverfolgbarkeit bestimmter Lebensmittel oder Futtermittel erforderlich sind,

zu übermitteln. Die in
1. Satz 1 oder

→

1. er aufgrund eines nach Artikel 18 Absatz 2 Unterabsatz 2 der Verordnung (EG) Nr. 178/2002[1)], auch in Verbindung mit Artikel 5 Absatz 1 der Verordnung (EG) Nr. 767/2009, eingerichteten Systems oder Verfahrens besitzt und
2. zur Rückverfolgbarkeit bestimmter Lebensmittel oder Futtermittel erforderlich sind,

zu übermitteln. [2] Sind die in

1. Satz 1 oder
2. Artikel 18 Absatz 3 Satz 2 der Verordnung (EG) Nr. 178/2002, auch in Verbindung mit Artikel 5 Absatz 1 der Verordnung (EG) Nr. 767/2009,

genannten Informationen in elektronischer Form verfügbar, sind sie elektronisch zu übermitteln.

(4) [1] Ergänzend zu Artikel 19 Absatz 1 Satz 1 der Verordnung (EG) Nr. 178/2002 hat ein Lebensmittelunternehmer, der Grund zu der Annahme hat, dass

1. ein ihm angeliefertes Lebensmittel oder
2. ein von ihm erworbenes Lebensmittel, über das er die tatsächliche unmittelbare Sachherrschaft erlangt hat,

einem Verkehrsverbot nach Artikel 14 Absatz 1 der Verordnung (EG) Nr. 178/2002 unterliegt, unverzüglich die zuständige Behörde schriftlich oder elektronisch unter Angabe seines Namens und seiner Anschrift darüber unter Angabe des Namens und der Anschrift desjenigen, von dem ihm das Lebensmittel angeliefert worden ist oder von dem er das Lebensmittel erworben hat, und des Datums der Anlieferung oder des Erwerbs zu unterrichten. [2] Er unterrichtet dabei auch über von ihm hinsichtlich des Lebensmittels getroffene oder beabsichtigte Maßnahmen. [3] Eine Unterrichtung nach Satz 1 ist nicht erforderlich bei einem Lebensmittel pflanzlicher Herkunft, das der Lebensmittelunternehmer

1. unschädlich beseitigt hat oder
2. so hergestellt oder behandelt hat oder nachvollziehbar so herzustellen oder zu behandeln beabsichtigt, dass es einem Verkehrsverbot nach Artikel 14 Absatz 1 der Verordnung (EG) Nr. 178/2002 nicht mehr unterliegt.

(4a) [1] Hat der Verantwortliche eines Labors, das Analysen bei Lebensmitteln durchführt, aufgrund einer von dem Labor erstellten Analyse einer im Inland von einem Lebensmittel gezogenen Probe Grund zu der Annahme, dass das Lebensmittel einem Verkehrsverbot nach Artikel 14 Absatz 1 der Verordnung (EG) Nr. 178/2002 unterliegen würde, so hat er die zuständige Behörde von

---

(Fortsetzung der Anm. von voriger Seite)

2. Artikel 18 Absatz 3 Satz 2 der Verordnung (EG) Nr. 178/2002 ***[Sartorius ErgBd. Nr. 860]***, auch in Verbindung mit Artikel 5 Absatz 1 der Verordnung (EG) Nr. 767/2009,

genannten Informationen sind so vorzuhalten, dass sie der zuständigen Behörde spätestens 24 Stunden nach Aufforderung elektronisch übermittelt werden können. Die zuständige Behörde kann im Einzelfall Ausnahmen von den Anforderungen des Satzes 2 zulassen, soweit dies zur Vermeidung unbilliger Härten für den Lebensmittel- oder Futtermittelunternehmer geboten erscheint und es mit den in § 1 Absatz 1 Nummer 1 genannten Zwecken vereinbar ist."

[4)] **Amtl. Anm.:** Gemäß Artikel 2 in Verbindung mit Artikel 12 Absatz 3 des Gesetzes vom 27. Juli 2021 (BGBl. I S. 3274) werden am 31. Dezember 2022 in § 44 Absatz 3 Satz 2 nach dem Wort „Aufforderung" die Wörter „in einem strukturierten, gängigen und maschinenlesbaren Format" eingefügt.

[1)] **Sartorius ErgBd. Nr. 860.**

dem Zeitpunkt und dem Ergebnis der Analyse, der angewandten Analysenmethode und dem Auftraggeber der Analyse unverzüglich schriftlich oder elektronisch zu unterrichten. [2]Die Befugnisse nach § 42 Absatz 2 gelten auch im Fall des Satzes 1.

(5) [1]Ergänzend zu Artikel 20 Absatz 1 Satz 1 der Verordnung (EG) Nr. 178/2002, auch in Verbindung mit Artikel 5 Absatz 1 der Verordnung (EG) Nr. 767/2009, hat ein Futtermittelunternehmer, der Grund zu der Annahme hat, dass

1. ein ihm angeliefertes Futtermittel oder
2. ein von ihm erworbenes Futtermittel, über das er die tatsächliche unmittelbare Sachherrschaft erlangt hat,

einem Verkehrsverbot nach Artikel 15 Absatz 1 der Verordnung (EG) Nr. 178/2002, auch in Verbindung mit Artikel 4 Absatz 1 Unterabsatz 2 der Verordnung (EG) Nr. 767/2009, unterliegt, unverzüglich die zuständige Behörde schriftlich oder elektronisch unter Angabe seines Namens und seiner Anschrift darüber unter Angabe des Namens und der Anschrift desjenigen, von dem ihm das Futtermittel angeliefert worden ist oder von dem er das Futtermittel erworben hat, und des Datums der Anlieferung oder des Erwerbs zu unterrichten. [2]Er unterrichtet dabei auch über von ihm hinsichtlich des Futtermittels getroffene oder beabsichtigte Maßnahmen. [3]Eine Unterrichtung nach Satz 1 ist nicht erforderlich bei

1. einem Futtermittel, das der Futtermittelunternehmer unschädlich beseitigt hat,
2. einem Futtermittel pflanzlicher Herkunft, das der Futtermittelunternehmer so hergestellt oder behandelt hat oder nachvollziehbar so herzustellen oder zu behandeln beabsichtigt, dass es einem Verkehrsverbot nach Artikel 15 Absatz 1 der Verordnung (EG) Nr. 178/2002, auch in Verbindung mit Artikel 4 Absatz 1 Unterabsatz 2 der Verordnung (EG) Nr. 767/2009, nicht mehr unterliegt.

(5a) [1]Hat der Verantwortliche eines Labors, das Analysen bei Futtermitteln durchführt, aufgrund einer von dem Labor erstellten Analyse einer im Inland von einem Futtermittel gezogenen Probe Grund zu der Annahme, dass das Futtermittel einem Verbot nach Artikel 15 Absatz 1 der Verordnung (EG) Nr. 178/2002 unterliegen würde, so hat er die zuständige Behörde von dem Zeitpunkt und dem Ergebnis der Analyse, der angewandten Analysenmethode und dem Auftraggeber der Analyse unverzüglich schriftlich oder elektronisch zu unterrichten. [2]Die Befugnisse nach § 42 Absatz 2 gelten auch im Fall des Satzes 1.

(6) [1]Eine

1. Unterrichtung nach Artikel 19 Absatz 1 oder 3 Satz 1 der Verordnung (EG) Nr. 178/2002 oder Artikel 20 Absatz 1 oder 3 Satz 1 der Verordnung (EG) Nr. 178/2002, auch in Verbindung mit Artikel 5 Absatz 1 der Verordnung (EG) Nr. 767/2009, oder nach Absatz 4a oder Absatz 5a,
2. Übermittlung nach Absatz 3 Satz 1 oder nach Artikel 18 Absatz 3 Satz 2 der Verordnung (EG) Nr. 178/2002, auch in Verbindung mit Artikel 5 Absatz 1 der Verordnung (EG) Nr. 767/2009,
3. *Übermittlung* nach Artikel 17 Absatz 2 Satz 2 der Verordnung (EG) Nr. 1935/2004

darf nicht zur strafrechtlichen Verfolgung des Unterrichtenden oder Übermittelnden oder für ein Verfahren nach dem Gesetz über Ordnungswidrigkeiten gegen den Unterrichtenden oder Übermittelnden verwendet werden. [2] Satz 1 Nummer 1 gilt auch, wenn der Unterrichtung eine Unterrichtung nach Absatz 4 Satz 1 oder Absatz 5 Satz 1 vorausgegangen ist. [3] Die durch eine Unterrichtung nach Artikel 19 Absatz 1 oder 3 Satz 1 oder Artikel 20 Absatz 1 oder 3 Satz 1 der Verordnung (EG) Nr. 178/2002, auch in Verbindung mit Artikel 5 Absatz 1 der Verordnung (EG) Nr. 767/2009, erlangten Informationen dürfen von der für die Überwachung zuständigen Behörde nur für Maßnahmen zur Erfüllung der in

1. § 1 Absatz 1 Nummer 1,
2. § 1 Absatz 1 Nummer 2, soweit ein Fall des § 1 Absatz 1a Nummer 1 vorliegt,
3. § 1 Absatz 1 Nummer 4 Buchstabe a Doppelbuchstabe aa oder
4. § 1 Absatz 2

genannten Zwecke verwendet werden.

§ 44a Mitteilungs- und Übermittlungspflichten über Untersuchungsergebnisse zu gesundheitlich nicht erwünschten Stoffen. (1) [1] Ein Lebensmittelunternehmer oder ein Futtermittelunternehmer ist verpflichtet, unter Angabe seines Namens und seiner Anschrift ihm vorliegende Untersuchungsergebnisse über Gehalte an gesundheitlich nicht erwünschten Stoffen wie Pflanzenschutzmitteln, Stoffen mit pharmakologischer Wirkung, Schwermetallen, Mykotoxinen und Mikroorganismen in und auf Lebensmitteln oder Futtermitteln nach näherer Bestimmung einer Rechtsverordnung nach Absatz 3 den zuständigen Behörden mitzuteilen, sofern sich eine solche Verpflichtung nicht bereits aus anderen Rechtsvorschriften ergibt. [2] Nicht nach Satz 1 mitzuteilen sind Untersuchungsergebnisse,

1. die aus einer Untersuchung stammen, die der Lebensmittelunternehmer oder Futtermittelunternehmer weder selbst durchgeführt noch veranlasst hat, oder
2. die, soweit im Rahmen der Untersuchung der Gehalt eines in Satz 1 genannten Stoffs quantitativ bestimmt werden kann, keinen quantitativ bestimmten Gehalt eines in Satz 1 genannten Stoffs aufweisen, wobei, soweit ein solcher Gehalt einem Summenwert entspricht, kein einziger Beitrag zu diesem Summenwert quantitativ bestimmt worden sein darf.

[3] Nicht als Untersuchung, in deren Rahmen der Gehalt eines in Satz 1 genannten Stoffs quantitativ bestimmt werden kann, ist dabei insbesondere eine Untersuchung anzusehen, die durchgeführt wird mit einem Screening-Verfahren im Sinne des Anhangs V Teil B Kapitel I Nummer 1 Unterabsatz 3 der Verordnung (EG) Nr. 152/2009 der Kommission vom 27. Januar 2009 zur Festlegung der Probenahmeverfahren und Analysemethoden für die amtliche Untersuchung von Futtermitteln (ABl. L 54 vom 26.2.2009, S. 1), die zuletzt durch die Verordnung (EU) 2017/771 (ABl. L 115 vom 4.5.2017, S. 22) geändert worden ist, oder des Anhangs I Kapitel I Nummer 1.2 der Verordnung (EU) 2017/644 der Kommission vom 5. April 2017 zur Festlegung der Probenahmeverfahren und Analysemethoden für die Kontrolle der Gehalte an Dioxinen, dioxinähnlichen PCB und nicht dioxinähnlichen PCB in bestimmten Lebensmitteln sowie zur Aufhebung der Verordnung (EU) Nr. 589/2014 (ABl. L 92 vom 6.4. 2017, S. 9). [4] Eine Mitteilung nach Satz 1 darf nicht zur strafrechtlichen Ver-

folgung des Mitteilenden oder für ein Verfahren nach dem Gesetz über Ordnungswidrigkeiten gegen den Mitteilenden verwendet werden.

(2) [1] Die zuständigen Behörden der Länder übermitteln nach näherer Bestimmung einer Rechtsverordnung nach Absatz 3 in anonymisierter Form die ihnen vorliegenden Untersuchungsergebnisse über Gehalte an gesundheitlich nicht erwünschten Stoffen in oder auf Lebensmitteln oder Futtermitteln an das Bundesamt für Verbraucherschutz und Lebensmittelsicherheit, sofern sich eine solche Verpflichtung nicht bereits aufgrund anderer Rechtsvorschriften ergibt. [2] Nicht nach Satz 1 zu übermitteln sind Untersuchungsergebnisse, die, soweit im Rahmen der Untersuchung der Gehalt eines in Satz 1 genannten Stoffs quantitativ bestimmt werden kann, keinen quantitativ bestimmten Gehalt eines in Satz 1 genannten Stoffs aufweisen, wobei, soweit ein solcher Gehalt einem Summenwert entspricht, kein einziger Beitrag zu diesem Summenwert quantitativ bestimmt worden sein darf. [3] Nicht als Untersuchung, in deren Rahmen der Gehalt eines in Satz 1 genannten Stoffs quantitativ bestimmt werden kann, ist dabei insbesondere eine Untersuchung anzusehen, die durchgeführt wird mit einem Screening-Verfahren im Sinne des Anhangs V Teil B Kapitel I Nummer 1 Unterabsatz 3 der Verordnung (EG) Nr. 152/2009 oder des Anhangs I Kapitel I Nummer 1.2 der Verordnung (EU) 2017/644. [4] Das Bundesamt für Verbraucherschutz und Lebensmittelsicherheit erstellt vierteljährlich einen Bericht über Gehalte an gesundheitlich nicht erwünschten Stoffen in oder auf Lebensmitteln oder Futtermitteln.

(3) Das Bundesministerium wird ermächtigt, im Einvernehmen mit dem Bundesministerium für Umwelt, Naturschutz und nukleare Sicherheit durch Rechtsverordnung mit Zustimmung des Bundesrates, soweit es zur Erfüllung der in § 1 Absatz 1 Nummer 1 oder 4 Buchstabe a Doppelbuchstabe aa, auch in Verbindung mit § 1 Absatz 3, genannten Zwecke erforderlich ist,

1. die Stoffe zu bestimmen, für die die Mitteilungspflicht nach Absatz 1 besteht,
2. das Nähere über Zeitpunkt, Art, Form und Inhalt der Mitteilung nach Absatz 1 und der Übermittlung nach Absatz 2 zu regeln.

§ 45 Schiedsverfahren. (1) [1] Ist eine von der zuständigen Behörde getroffene Maßnahme, die sich auf Sendungen von Lebensmitteln tierischer Herkunft aus anderen Mitgliedstaaten bezieht, zwischen ihr und dem Verfügungsberechtigten streitig, so können beide Parteien einvernehmlich den Streit durch den Schiedsspruch eines Sachverständigen schlichten lassen. [2] Die Streitigkeit ist binnen eines Monats nach Bekanntgabe der Maßnahme einem Sachverständigen zu unterbreiten, der in einem von der Kommission aufgestellten Verzeichnis aufgeführt ist. [3] Der Sachverständige hat das Gutachten binnen 72 Stunden zu erstatten.

(2) [1] Auf den Schiedsvertrag und das schiedsrichterliche Verfahren finden die Vorschriften der §§ 1025 bis 1065 der Zivilprozessordnung[1)] entsprechende Anwendung. [2] Gericht im Sinne des § 1062 der Zivilprozessordnung[1)] ist das zuständige Verwaltungsgericht, Gericht im Sinne des § 1065 der Zivilprozessordnung[1)] das zuständige Oberverwaltungsgericht. [3] Abweichend von § 1059 Absatz 3 Satz 1 der Zivilprozessordnung[1)] muss der Aufhebungsantrag innerhalb eines Monats bei Gericht eingereicht werden.

[1)] **Habersack (vormals Schönfelder) Nr. 100.**

§ 46 Ermächtigungen. (1) [1]Das Bundesministerium wird ermächtigt, zur Erfüllung der in § 1 genannten Zwecke, insbesondere um eine einheitliche Durchführung der Überwachung zu fördern, durch Rechtsverordnung mit Zustimmung des Bundesrates

1. Vorschriften über
   a) die personelle, apparative und sonstige technische Mindestausstattung von Einrichtungen, die amtliche Untersuchungen durchführen,
   b) die Voraussetzungen und das Verfahren für die Zulassung privater Sachverständiger, die zur Untersuchung von amtlichen oder amtlich zurückgelassenen Proben befugt sind,

   zu erlassen; in der Rechtsverordnung nach Buchstabe b kann vorgesehen werden, dass private Sachverständige sich nur solcher Dritter zur Untersuchung von amtlichen oder amtlich zurückgelassenen Proben bedienen dürfen, die zugelassen oder registriert sind,
2. Vorschriften
   a) über die Art und Weise der Untersuchung oder Verfahren zur Untersuchung von Erzeugnissen, einschließlich lebender Tiere im Sinne des § 4 Absatz 1 Nummer 1, auch in den Fällen der Nummer 1 Buchstabe b, einschließlich der Probenahmeverfahren und der Analysemethoden, zu erlassen,
   b) über die Art und Weise der Probenahme, auch im Falle des Fernabsatzes von Erzeugnissen, zu treffen und die Einzelheiten des Verfahrens hierfür zu regeln,
3. die Verkehrsfähigkeit einer gleichartigen Partie von bestimmten Erzeugnissen vom Ergebnis der Stichprobenuntersuchung dieser Partie abhängig zu machen,
4. Vorrichtungen für die amtliche Entnahme von Proben in Herstellungsbetrieben und an Behältnissen vorzuschreiben,
5. vorzuschreiben, dass, zu welchem Zeitpunkt, in welcher Art und Weise und von wem der Hersteller eines Erzeugnisses oder eines mit einem Lebensmittel verwechselbaren Produkts oder ein anderer für ein Erzeugnis oder für ein mit einem Lebensmittel verwechselbaren Produkt nach diesem Gesetz, den aufgrund dieses Gesetzes erlassenen Rechtsverordnungen oder den unmittelbar geltenden Rechtsakten der Europäischen Gemeinschaft oder der Europäischen Union im Anwendungsbereich dieses Gesetzes Verantwortlicher über eine zurückgelassene Probe, die zum Zweck der Untersuchung entnommen wurde, oder eine Probenahme zu unterrichten ist.

[2]Soweit in den Fällen des Satzes 1 Nummer 1 bis 4 Rechtsverordnungen nach § 13 Absatz 5 Satz 1 betroffen sind, tritt an die Stelle des Bundesministeriums das Bundesministerium für Umwelt, Naturschutz und nukleare Sicherheit im Einvernehmen mit dem Bundesministerium.

(2) [1]Das Bundesministerium wird ferner ermächtigt, durch Rechtsverordnung mit Zustimmung des Bundesrates, zur Sicherung einer ausreichenden oder gleichmäßigen Überwachung,

1. vorzuschreiben,
   a) dass über das Herstellen, das Behandeln, das Inverkehrbringen, das Verbringen in das Inland oder das Verbringen aus dem Inland von Erzeugnissen oder zu ihrer Herstellung oder Behandlung bestimmten Stoffe und

das Verfüttern von Futtermitteln Buch zu führen ist und die zugehörigen Unterlagen aufzubewahren sind,

b) dass Erzeugnisse oder zu ihrer Herstellung oder Behandlung bestimmte Stoffe nur mit einem Begleitpapier in den Verkehr gebracht, in das Inland oder aus dem Inland verbracht werden dürfen,

c) dass und in welcher Weise

aa) Vorhaben, Futtermittel zu behandeln, herzustellen, in den Verkehr zu bringen oder zu verfüttern,

bb) das Überlassen von ortsfesten oder beweglichen Anlagen zum Behandeln, Herstellen, Inverkehrbringen oder Verfüttern von Futtermitteln und der Einsatz solcher Anlagen

anzuzeigen sind,

2. Vorschriften zu erlassen über die Führung von Nachweisen über die Feststellung von oder über die Übermittlung von Informationen über

a) Art, Menge, Herkunft und Beschaffenheit der Erzeugnisse oder der lebenden Tiere im Sinne des § 4 Absatz 1 Nummer 1, die Betriebe von anderen Betrieben beziehen oder an andere Betriebe abgeben,

b) Name und Anschrift der Lieferanten und der Abnehmer der in Buchstabe a genannten Erzeugnisse und lebenden Tiere,

3. Vorschriften zu erlassen über Art, Umfang und Häufigkeit von amtlichen Untersuchungen oder Probenahmen bei Erzeugnissen, einschließlich lebender Tiere im Sinne des § 4 Absatz 1 Nummer 1,

4. Vorschriften zu erlassen über die Durchführung der Überwachung, die Handhabung der Kontrollen in Betrieben und die Zusammenarbeit der Überwachungsbehörden,

5. vorzuschreiben, dass und in welcher Art und Weise Betriebe Rückstellproben zu bilden haben und die Dauer ihrer Aufbewahrung zu regeln,

6. das Herstellen, das Behandeln oder das Inverkehrbringen von bestimmten Erzeugnissen von einer Anzeige abhängig zu machen sowie das Nähere über Art, Inhalt und Verfahren der Anzeige sowie des für die Anzeige Verantwortlichen zu regeln.

[2] In Rechtsverordnungen nach Satz 1 Nummer 6 kann bestimmt werden, dass

1. Unternehmen und Betriebe, die bestimmte Erzeugnisse herstellen, behandeln oder in den Verkehr bringen, anzuzeigen sind,

2. die zuständige Behörde für die Durchführung des Anzeigeverfahrens, einschließlich einer Weiterleitung von Anzeigen an die zuständigen Behörden der Länder und das Bundesministerium, das Bundesamt für Verbraucherschutz und Lebensmittelsicherheit ist.

[3] In Rechtsverordnungen nach Satz 1 Nummer 4 kann bestimmt werden, dass die zuständige Behörde für die Durchführung des Anzeigeverfahrens, einschließlich einer Weiterleitung von Anzeigen an die zuständigen Behörden der Länder und das Bundesministerium, das Bundesamt für Verbraucherschutz und Lebensmittelsicherheit ist.

§ 47 Weitere Ermächtigungen. (1) [1] Das Bundesministerium wird ferner ermächtigt, um eine einheitliche Durchführung im Hinblick auf die Zulassung von neuartigen Lebensmitteln und neuartigen Lebensmittelzutaten zu fördern, durch Rechtsverordnung mit Zustimmung des Bundesrates

1. das Bundesamt für Verbraucherschutz und Lebensmittelsicherheit oder eine andere Bundesoberbehörde als zuständige Behörde bei Anzeige-, Genehmigungs- oder Zulassungsverfahren von neuartigen Lebensmitteln und Lebensmittelzutaten zu bestimmen sowie
2. das Verfahren, insbesondere die Beteiligung der nach § 38 Absatz 1 zuständigen Behörden sowie die Beteiligung des Bundesinstitutes für Risikobewertung, zu regeln.

[2]Rechtsverordnungen nach Satz 1 Nummer 2 bedürfen des Einvernehmens mit dem Bundesministerium für Wirtschaft und Energie. [3]§ 38 Absatz 7 gilt für bei der Durchführung der in Satz 1 genannten Verfahren gewonnene Daten entsprechend.

(2) [1]Das Bundesministerium wird ermächtigt, abweichend von § 38 Absatz 2a Satz 1 durch Rechtsverordnung mit Zustimmung des Bundesrates, soweit es mit den in § 1 Absatz 1 Nummer 1 und Absatz 2, jeweils auch in Verbindung mit § 1 Absatz 3, genannten Zwecken vereinbar ist, zu bestimmen, dass die zuständige Behörde im Fall erlegter Wildschweine oder anderer Tierarten die zwar Träger von Trichinen sein können, bei denen jedoch keine Merkmale festgestellt werden, die das Fleisch als bedenklich für den Verzehr erscheinen lassen, die Entnahme von Proben zur Untersuchung auf Trichinen und die Kennzeichnung übertragen kann auf

1. einen Jagdausübungsberechtigten für seinen Jagdbezirk oder
2. einen Jäger, dem die Jagd vom Jagdausübungsberechtigten gestattet worden ist,

sofern die Person nach Nummer 1 oder Nummer 2 die Voraussetzungen des Artikels 1 Absatz 3 Buchstabe a oder Buchstabe e der Verordnung (EG) Nr. 853/2004 des Europäischen Parlaments und des Rates vom 29. April 2004 mit spezifischen Hygienevorschriften für Lebensmittel tierischen Ursprungs (ABl. L 139 vom 30.4.2004, S. 55; L 226 vom 25.6.2004, S. 22; L 46 vom 21.2.2008, S. 50; L 119 vom 13.5.2010, S. 26; L 160 vom 12.6.2013, S. 15; L 13 vom 16.1.2019, S. 12), die zuletzt durch die Verordnung (EU) 2019/1243 (ABl. L 198 vom 25.7.2019, S. 241) geändert worden ist, erfüllt. [2]In der Rechtsverordnung nach Satz 1 sind die Voraussetzungen und das Verfahren für die Übertragung und die Überwachung der Einhaltung der Vorschriften zu regeln.

§ 48 Landesrechtliche Bestimmungen. Die Länder können zur Durchführung der Überwachung weitere Vorschriften erlassen.

§ 49 Erstellung eines Lagebildes, Verwendung bestimmter Daten.

(1) [1]Das Bundesministerium kann

1. in den in § 40 Absatz 1 Satz 1 oder Satz 2 Nummer 1 genannten Fällen oder
2. in Fällen, in denen ein nicht gesundheitsschädliches, aber zum Verzehr ungeeignetes, insbesondere ekelerregendes Lebensmittel in den Verkehr gelangt oder gelangt ist,

ein länderübergreifendes Lagebild erstellen, soweit hinreichender Grund zu der Annahme besteht, dass der jeweils zu Grunde liegende Sachverhalt eine die Grenze eines Landes überschreitende Wirkung hat. [2]Das Lagebild dient der Einschätzung eines sich insbesondere zur Erfüllung der in § 1 Absatz 1 Nummer 1 genannten Zwecke ergebenden Handlungsbedarfs durch das Bundesministerium sowie, soweit erforderlich, zur Unterrichtung insbesondere des Deutschen Bundestages. [3] Das Bundesamt für Verbraucherschutz und Lebensmittelsicherheit wirkt bei der Erstellung des Lagebildes mit. [4] Eine die Grenze eines Landes überschreitende Wirkung nach Satz 1 liegt insbesondere vor, wenn Grund zu der Annahme besteht, dass ein Erzeugnis aus dem Land, in dem der maßgebliche Sachverhalt festgestellt worden ist, in zumindest ein anderes Land verbracht worden ist.

(2) [1] Die zuständigen obersten Landesbehörden übermitteln dem Bundesministerium auf Anforderung die zur Erstellung eines in Absatz 1 Satz 1 genannten Lagebildes erforderlichen Daten, die sie im Rahmen der Überwachung gewonnen haben. [2] Die Aufbereitung dieser Daten erfolgt durch das Bundesministerium.

(3) [1] Einer Übermittlung von Daten nach Absatz 2 Satz 1 bedarf es nicht, soweit

1. dem Bundesamt für Verbraucherschutz und Lebensmittelsicherheit die zur Erstellung eines Lagebildes notwendigen Daten bereits aufgrund einer Vorschrift in Rechtsakten der Europäischen Gemeinschaft oder der Europäischen Union gemeldet oder übermittelt worden sind oder
2. dem Bundesamt für Verbraucherschutz und Lebensmittelsicherheit elektronisch Zugriff auf die zur Erstellung eines Lagebildes notwendigen Daten gewährt wird.

[2] Daten, die dem Bundesamt für Verbraucherschutz und Lebensmittelsicherheit aufgrund einer in Satz 1 genannten Vorschrift übermittelt worden sind oder auf die ihm elektronisch Zugriff gewährt worden ist, dürfen auch für die Erstellung eines Lagebildes oder die Mitwirkung daran verwendet werden. [3] Das Bundesamt für Verbraucherschutz und Lebensmittelsicherheit hat die Daten unverzüglich dem Bundesministerium zur Verfügung zu stellen.

(4) [1] Die nach § 26 der Viehverkehrsverordnung zuständigen Behörden übermitteln auf Ersuchen der nach § 38 Absatz 2a Satz 1 für die Einhaltung der Vorschriften über Lebensmittel und Futtermittel jeweils zuständigen Behörde die zu deren Aufgabenerfüllung erforderlichen Daten. [2] Die Daten nach Satz 1 können auch durch ein automatisiertes Abrufverfahren übermittelt werden, sofern die beteiligten Stellen gewährleisten, dass das Abrufverfahren kontrolliert werden kann und die technischen und organisatorischen Maßnahmen, die nach der Verordnung (EU) 2016/679[1)] des Europäischen Parlaments und des Rates vom 27. April 2016 zum Schutz natürlicher Personen bei der Verarbeitung personenbezogener Daten, zum freien Datenverkehr und zur Aufhebung der Richtlinie 95/46/EG (Datenschutz-Grundverordnung) (ABl. L 119 vom 4.5. 2016, S. 1; L 314 vom 22.11.2016, S. 72; L 127 vom 23.5.2018, S. 2) in der jeweils geltenden Fassung erforderlich sind, schriftlich festgelegt sind. [3] Die Verantwortung für die Zulässigkeit des einzelnen Abrufs trägt die abrufende Stelle. [4] Die speichernde Stelle prüft die Zulässigkeit der Abrufe nur, wenn dazu Anlass besteht. [5] Die speichernde Stelle hat zu gewährleisten, dass die Übermittlung personenbezogener Daten zumindest durch geeignete Stichprobenverfahren festgestellt und überprüft werden kann. [6] Wird ein Gesamtbestand personenbezogener Daten abgerufen oder übermittelt, so bezieht sich die Gewähr-

---

[1)] **Sartorius Nr. 246.**

leistung der Feststellung und Überprüfung nur auf die Zulässigkeit des Abrufs oder der Übermittlung des Gesamtbestandes.

(5) [1] Für die Zwecke des Artikels 44 Absatz 1 der Verordnung (EU) 2017/625 übermitteln die nach § 55 Absatz 1 Satz 1 zuständigen Zollbehörden auf Ersuchen der nach § 38 Absatz 2a Satz 1 zuständigen Behörden diesen die zur Überwachung erforderlichen Daten über das Eintreffen oder den voraussichtlichen Zeitpunkt des Eintreffens eines bestimmten, durch Risikoanalyse der ersuchenden Behörden ermittelten

1. Lebensmittels nicht tierischen Ursprungs oder

2. Futtermittels nicht tierischen Ursprungs.

[2] Insbesondere die Daten über die Menge, das Herkunftsland, den Einführer, den Hersteller oder einen anderen aufgrund dieses Gesetzes, der aufgrund dieses Gesetzes erlassenen Rechtsverordnungen oder der unmittelbar geltenden Rechtsakte der Europäischen Gemeinschaft oder der Europäischen Union Verantwortlichen (sonstiger Verantwortlicher) und über das Transportunternehmen sind zu übermitteln. [3] Die Daten der Einführer, Hersteller und sonstigen Verantwortlichen und des Transportunternehmens umfassen deren Name, Anschrift und Telekommunikationsinformationen, soweit der ersuchten Behörde die Daten im Rahmen ihrer Mitwirkung bei der Überwachung vorliegen. [4] Die Einzelheiten des Verfahrens zur Durchführung der Sätze 1 und 2 werden durch das Bundesministerium im Einvernehmen mit dem Bundesministerium der Finanzen durch Rechtsverordnung mit Zustimmung des Bundesrates geregelt.

(6) [1] Die Daten dürfen nur zu dem Zweck verwendet und genutzt werden, zu dem sie übermittelt worden sind. [2] Sie dürfen höchstens für die Dauer von drei Jahren aufbewahrt werden. [3] Die Frist beginnt mit Ablauf desjenigen Jahres, in dem die Daten übermittelt worden sind. [4] Nach Ablauf der Aufbewahrungsfrist sind die Daten zu löschen, sofern nicht aufgrund anderer Vorschriften die Befugnis zur längeren Speicherung besteht.

§ 49a Zusammenarbeit von Bund und Ländern. [1] Bund und Länder wirken im Rahmen ihrer Zuständigkeiten und Befugnisse zur Gewährleistung der Sicherheit der Erzeugnisse zusammen. [2] Nähere Einzelheiten können in Vereinbarungen geregelt werden; hierbei können insbesondere besondere Gremien für das Zusammenwirken vorgesehen werden.

Abschnitt 8. Monitoring

§ 50 Monitoring. Monitoring ist ein System wiederholter Beobachtungen, Messungen und Bewertungen von Gehalten an gesundheitlich nicht erwünschten Stoffen wie Pflanzenschutzmitteln, Stoffen mit pharmakologischer Wirkung, Schwermetallen, Mykotoxinen und Mikroorganismen in und auf Erzeugnissen, einschließlich lebender Tiere im Sinne des § 4 Absatz 1 Nummer 1, die zum frühzeitigen Erkennen von Gefahren für die menschliche Gesundheit unter Verwendung repräsentativer Proben einzelner Erzeugnisse oder Tiere, der Gesamtnahrung oder einer anderen Gesamtheit desselben Erzeugnisses durchgeführt werden.

§ 51 Durchführung des Monitorings. (1) Die zuständigen Behörden der Länder ermitteln den Gehalt an Stoffen im Sinne des § 50 in und auf Erzeugnissen, soweit dies durch allgemeine Verwaltungsvorschriften vorgesehen ist, auf deren Grundlage.

(2) [1]Das Monitoring ist durch fachlich geeignete Personen durchzuführen. [2]Soweit es zur Durchführung des Monitorings erforderlich ist, sind die Behörden nach Absatz 1 befugt, Proben zum Zweck der Untersuchung zu fordern oder zu entnehmen. [3]§ 43 Absatz 4 findet Anwendung.

(3) [1]Soweit es zur Durchführung des Monitorings erforderlich ist, sind die mit der Durchführung beauftragten Personen befugt, Grundstücke und Betriebsräume, in oder auf denen Erzeugnisse hergestellt, behandelt oder in den Verkehr gebracht werden, sowie die dazugehörigen Geschäftsräume während der üblichen Betriebs- oder Geschäftszeiten zu betreten. [2]Die Inhaberinnen oder Inhaber der in Satz 1 bezeichneten Grundstücke und Räume und die von ihnen bestellten Vertreter sind verpflichtet, die Maßnahmen nach Satz 1 sowie die Entnahme der Proben zu dulden und die in der Durchführung des Monitorings tätigen Personen bei der Erfüllung ihrer Aufgaben zu unterstützen, insbesondere ihnen auf Verlangen die Räume und Einrichtungen zu bezeichnen, Räume und Behältnisse zu öffnen und die Entnahme der Proben zu ermöglichen. [3]Die in Satz 2 genannten Personen sind über den Zweck der Entnahme zu unterrichten; abgesehen von Absatz 4 sind sie auch darüber zu unterrichten, dass die Überprüfung der Probe eine anschließende Durchführung der Überwachung nach den Artikeln 137 und 138 der Verordnung (EU) 2017/625 sowie nach § 38 Absatz 2a Satz 1, § 39 Absatz 2 und § 39a Absatz 1 Satz 1 zur Folge haben kann.

(4) [1]Proben, die zur Durchführung der Überwachung nach den Artikeln 137 und 138 der Verordnung (EU) 2017/625 sowie nach § 38 Absatz 2a Satz 1, § 39 Absatz 2 und § 39a Absatz 1 Satz 1, und Proben, die zur Durchführung des Monitorings entnommen werden, können jeweils auch für den anderen Zweck verwendet werden. [2]In diesem Fall sind die für beide Maßnahmen geltenden Anforderungen einzuhalten.

(5) [1]Die zuständigen Behörden übermitteln die bei der Durchführung des Monitorings erhobenen Daten an das Bundesamt für Verbraucherschutz und Lebensmittelsicherheit zur Aufbereitung, Zusammenfassung, Dokumentation und Erstellung von Berichten; das Bundesamt für Verbraucherschutz und Lebensmittelsicherheit übermittelt dem Bundesinstitut für Risikobewertung die bei der Durchführung des Monitorings erhobenen Daten zur Bewertung. [2]Personenbezogene Daten dürfen nicht übermittelt werden; sie sind zu löschen, soweit sie nicht zur Durchführung der Überwachung nach den Artikeln 137 und 138 der Verordnung (EU) 2017/625 sowie nach § 38 Absatz 2a Satz 1, § 39 Absatz 2 und § 39a Absatz 1 Satz 1 oder zur Durchführung des Monitorings erforderlich sind. [3]Sofern die übermittelten Angaben die Gemeinde bezeichnen, in der die Probe entnommen worden ist, darf das Bundesamt für Verbraucherschutz und Lebensmittelsicherheit diese Angabe nur in Berichte aufnehmen, die für das Bundesministerium, für das Bundesministerium für Umwelt, Naturschutz und nukleare Sicherheit sowie für die zuständigen Behörden des Landes bestimmt sind, das die Angaben übermittelt hat. [4]In den Berichten an die Länder sind außerdem die Besonderheiten des jeweiligen Landes angemessen zu berücksichtigen. [5]Das Bundesamt für Verbraucherschutz

und Lebensmittelsicherheit veröffentlicht jährlich einen Bericht über die Ergebnisse des Monitorings.

§ 52 Erlass von Verwaltungsvorschriften. [1] Die zur Durchführung des Monitorings erforderlichen Vorschriften, insbesondere die Monitoringpläne, werden in Verwaltungsvorschriften geregelt, die im Benehmen mit einem Ausschuss aus Vertretern der Länder vorbereitet werden. [2] Das Bundesamt für Verbraucherschutz und Lebensmittelsicherheit beruft die Mitglieder des Ausschusses auf Vorschlag der Länder.

Abschnitt 9. Verbringen in das und aus dem Inland

§ 53 Verbringungsverbote. (1) [1] Erzeugnisse und mit Lebensmitteln verwechselbare Produkte, die nicht den im Inland geltenden Bestimmungen dieses Gesetzes, der aufgrund dieses Gesetzes erlassenen Rechtsverordnungen und der unmittelbar geltenden Rechtsakte der Europäischen Gemeinschaft oder der Europäischen Union im Anwendungsbereich dieses Gesetzes entsprechen, dürfen nicht in das Inland verbracht werden. [2] Dies gilt nicht für die Durchfuhr unter zollamtlicher Überwachung. [3] Das Verbot nach Satz 1 steht der zollamtlichen Abfertigung nicht entgegen, soweit sich aus den auf § 56 gestützten Rechtsverordnungen über das Verbringen der in Satz 1 genannten Erzeugnisse oder der mit Lebensmitteln verwechselbaren Produkte nichts anderes ergibt.

(2) Das Bundesministerium wird ermächtigt, im Einvernehmen mit dem Bundesministerium der Finanzen durch Rechtsverordnung mit Zustimmung des Bundesrates, soweit es zur Erfüllung der in § 1 genannten Zwecke erforderlich oder mit diesen Zwecken vereinbar ist, abweichend von Absatz 1 Satz 1 das Verbringen von bestimmten Erzeugnissen oder von mit Lebensmitteln verwechselbaren Produkten in das Inland zuzulassen sowie die Voraussetzungen und das Verfahren hierfür einschließlich der Festlegung mengenmäßiger Beschränkungen zu regeln und dabei Vorschriften nach § 56 Absatz 1 Satz 1 Nummer 2 und Satz 2 zu erlassen; § 56 Absatz 1 Satz 3 gilt entsprechend.

§ 54 Bestimmte Erzeugnisse aus anderen Mitgliedstaaten oder anderen Vertragsstaaten des Abkommens über den Europäischen Wirtschaftsraum. (1) [1] Abweichend von § 53 Absatz 1 Satz 1 dürfen Lebensmittel, Mittel zum Tätowieren, kosmetische Mittel oder Bedarfsgegenstände, die

1. in einem anderen Mitgliedstaat der Europäischen Union oder einem anderen Vertragsstaat des Abkommens über den Europäischen Wirtschaftsraum rechtmäßig hergestellt oder rechtmäßig in den Verkehr gebracht werden oder
2. aus einem Drittland stammen und sich in einem Mitgliedstaat der Europäischen Union oder einem anderen Vertragsstaat des Abkommens über den Europäischen Wirtschaftsraum rechtmäßig im Verkehr befinden,

in das Inland verbracht und hier in den Verkehr gebracht werden, auch wenn sie den in der Bundesrepublik Deutschland geltenden Vorschriften für Lebensmittel, Mittel zum Tätowieren, kosmetische Mittel oder Bedarfsgegenstände nicht entsprechen. [2] Satz 1 gilt nicht für die dort genannten Erzeugnisse, die

1. den Verboten des § 5 Absatz 1 Satz 1, des § 26 oder des § 30, des Artikels 14 Absatz 2 Buchstabe a der Verordnung (EG) Nr. 178/2002[1] oder des Arti-

---

[1] **Sartorius ErgBd. Nr. 860.**

kels 3 Absatz 1 Buchstabe a der Verordnung (EG) Nr. 1935/2004 oder den Geboten des Artikels 5 Absatz 1 in Verbindung mit Artikel 3 Satz 1 Buchstabe a, b oder c der Verordnung (EG) Nr. 1223/2009 nicht entsprechen oder

2. anderen zum Zweck des § 1 Absatz 1 Nummer 1, auch in Verbindung mit § 1 Absatz 3, erlassenen Rechtsvorschriften nicht entsprechen, soweit nicht die Verkehrsfähigkeit der Erzeugnisse in der Bundesrepublik Deutschland nach Absatz 2 durch eine Allgemeinverfügung des Bundesamtes für Verbraucherschutz und Lebensmittelsicherheit im Bundesanzeiger bekannt gemacht worden ist.

(2) [1] Allgemeinverfügungen nach Absatz 1 Satz 2 Nummer 2 werden vom Bundesamt für Verbraucherschutz und Lebensmittelsicherheit im Einvernehmen mit dem Bundesamt für Wirtschaft und Ausfuhrkontrolle erlassen, soweit nicht zwingende Gründe des Gesundheitsschutzes entgegenstehen. [2] Sie sind von demjenigen zu beantragen, der als Erster die Erzeugnisse in das Inland zu verbringen beabsichtigt. [3] Bei der Beurteilung der gesundheitlichen Gefahren eines Erzeugnisses sind die Erkenntnisse der internationalen Forschung sowie bei Lebensmitteln die Ernährungsgewohnheiten in der Bundesrepublik Deutschland zu berücksichtigen. [4] Allgemeinverfügungen nach Satz 1 wirken zugunsten aller Einführer der betreffenden Erzeugnisse aus Mitgliedstaaten der Europäischen Union oder anderen Vertragsstaaten des Abkommens über den Europäischen Wirtschaftsraum.

(3) [1] Dem Antrag sind eine genaue Beschreibung des Erzeugnisses sowie die für die Entscheidung erforderlichen verfügbaren Unterlagen beizufügen. [2] Über den Antrag ist in angemessener Frist zu entscheiden. [3] Sofern innerhalb von 90 Tagen eine endgültige Entscheidung über den Antrag noch nicht möglich ist, ist der Antragsteller über die Gründe zu unterrichten.

(4) Weichen Lebensmittel von den Vorschriften dieses Gesetzes oder der aufgrund dieses Gesetzes erlassenen Rechtsverordnungen ab, sind die Abweichungen angemessen kenntlich zu machen, soweit dies zum Schutz der Endverbraucher erforderlich ist.

§ 55 Mitwirkung der Zollbehörden. (1) [1] Die Zollbehörden wirken, vorbehaltlich der Absätze 2 und 3, bei der Überwachung des Verbringens von Erzeugnissen aus einem Drittland in die Europäische Union, des Verbringens aus dem Inland in ein Drittland oder bei der Durchfuhr mit. [2] Die Zollbehörden können

1. Sendungen von Erzeugnissen sowie deren Beförderungsmittel, Behälter, Lade- und Verpackungsmittel bei dem Verbringen aus einem Drittland in die Europäische Union oder dem Verbringen aus dem Inland in ein Drittland oder bei der Durchfuhr zur Überwachung anhalten,
2. den Verdacht von Verstößen gegen Verbote und Beschränkungen dieses Gesetzes, der nach diesem Gesetz erlassenen Rechtsverordnungen oder der unmittelbar geltenden Rechtsakte der Europäischen Gemeinschaft oder der Europäischen Union im Anwendungsbereich dieses Gesetzes, der sich bei der Abfertigung ergibt, den nach § 38 Absatz 1 Satz 1 zuständigen Behörden mitteilen,
3. in den Fällen der Nummer 2 anordnen, dass die Sendungen von Erzeugnissen auf Kosten und Gefahr des Verfügungsberechtigten einer für die Überwachung jeweils zuständigen Behörde vorgeführt werden.

(2) Bei Sendungen von Lebensmitteln, Futtermitteln oder Bedarfsgegenständen im Sinne des § 2 Absatz 6 Satz 1 Nummer 1, die keinen besonderen Grenzkontrollen unterliegen, wirken die Zollbehörden gemäß Artikel 76 der Verordnung (EU) 2017/625 mit.

(3) [1] Bei Mitteln zum Tätowieren, kosmetischen Mitteln, Bedarfsgegenständen im Sinne von § 2 Absatz 6 Satz 1 Nummer 2 bis 9 dieses Gesetzes oder mit Lebensmitteln verwechselbaren Produkten wirken die Zollbehörden gemäß Artikel 2 Absatz 2 in Verbindung mit den Artikeln 25 bis 28 der Verordnung (EU) 2019/1020 des Europäischen Parlaments und des Rates vom 20. Juni 2019 über Marktüberwachung und die Konformität von Produkten sowie zur Änderung der Richtlinie 2004/42/EG und der Verordnungen (EG) Nr. 765/2008 und (EU) Nr. 305/2011 (ABl. L 169 vom 25.6.2019, S. 1) mit. [2] Die Zollbehörden melden die Aussetzung der Überlassung nach Artikel 26 der Verordnung (EU) 2019/1020 unverzüglich der zuständigen Behörde, in deren Zuständigkeitsbereich die Zollbehörde gelegen ist.

(4) [1] Das Bundesministerium der Finanzen regelt im Einvernehmen mit dem Bundesministerium durch Rechtsverordnung ohne Zustimmung des Bundesrates die Einzelheiten des Verfahrens nach Absatz 1. [2] Es kann dabei insbesondere Pflichten zu Anzeigen, Anmeldungen, Auskünften und zur Leistung von Hilfsdiensten bei der Durchführung von Überwachungsmaßnahmen sowie zur Duldung der Einsichtnahme in Geschäftspapiere und sonstige Unterlagen und zur Duldung von Besichtigungen und von Entnahmen unentgeltlicher Muster und Proben vorsehen. [3] Soweit Rechtsverordnungen nach § 13 Absatz 5 Satz 1 betroffen sind, bedürfen die Rechtsverordnungen nach Satz 1 auch des Einvernehmens mit dem Bundesministerium für Umwelt, Naturschutz und nukleare Sicherheit.

§ 56 Ermächtigungen. (1) [1] Das Bundesministerium wird ermächtigt, im Einvernehmen mit dem Bundesministerium der Finanzen durch Rechtsverordnung mit Zustimmung des Bundesrates, soweit es zur Erfüllung der in § 1 Absatz 1 Nummer 1 oder Nummer 4 oder Absatz 2, stets jeweils auch in Verbindung mit § 1 Absatz 3, genannten Zwecke erforderlich ist, das Verbringen von Erzeugnissen, einschließlich lebender Tiere im Sinne des § 4 Absatz 1 Nummer 1, in das Inland oder die Europäische Union, auch in ein Lagerhaus

1. auf Dauer oder vorübergehend zu verbieten oder zu beschränken,
2. abhängig zu machen von
   a) der Tauglichkeit bestimmter Lebensmittel zum Genuss für den Menschen,
   b) der Registrierung, Erlaubnis, Anerkennung, Zulassung oder Bekanntgabe von Betrieben oder Ländern, in denen die Erzeugnisse hergestellt oder behandelt werden, und die Einzelheiten dafür festzulegen,
   c) einer Zulassung, einer Registrierung, einer Genehmigung oder einer Anzeige sowie die Voraussetzungen und das Verfahren für die Zulassung, die Registrierung, die Genehmigung und die Anzeige einschließlich des Ruhens der Zulassung, der Registrierung oder der Genehmigung zu regeln,
   d) der Anmeldung oder Vorführung bei der zuständigen Behörde und die Einzelheiten dafür festzulegen,
   e) einer Dokumentenprüfung, einer Nämlichkeitskontrolle oder einer Warenuntersuchung und deren Einzelheiten, insbesondere deren Häufigkeit

und Verfahren, festzulegen sowie Vorschriften über die Beurteilung im Rahmen solcher Untersuchungen zu erlassen,

f) der Begleitung durch

aa) eine Genusstauglichkeitsbescheinigung oder durch eine vergleichbare Urkunde oder durch Vorlage zusätzlicher Bescheinigungen sowie Inhalt, Form, Ausstellung und Bekanntgabe dieser Bescheinigungen oder Urkunde zu regeln,

bb) Nachweise über die Art des Herstellens, der Zusammensetzung oder der Beschaffenheit sowie das Nähere über Art, Form und Inhalt der Nachweise, über das Verfahren ihrer Erteilung oder die Dauer ihrer Geltung und Aufbewahrung zu regeln,

g) einer Kennzeichnung, amtlichen Kennzeichnung oder amtlichen Anerkennung sowie Inhalt, Art und Weise und das Verfahren einer solchen Kennzeichnung, amtlichen Kennzeichnung oder amtlichen Anerkennung zu regeln,

h) der Beibringung eines amtlichen Untersuchungszeugnisses oder einer amtlichen Gesundheitsbescheinigung oder der Vorlage einer vergleichbaren Urkunde,

i) der Vorlage einer, auch amtlichen, oder der Begleitung durch eine, auch amtliche, Bescheinigung und deren Verwendung über Art, Umfang oder Ergebnis durchgeführter Überprüfungen und dabei das Nähere über Art, Form und Inhalt der Bescheinigung, über das Verfahren ihrer Erteilung oder die Dauer ihrer Geltung und Aufbewahrung zu regeln,

j) der Dauer einer Lagerung oder dem Verbot oder der Erlaubnis der zuständigen Behörde zur Beförderung zwischen zwei Lagerstätten sowie der Festlegung bestimmter Lagerungszeiten und von Mitteilungspflichten über deren Einhaltung sowie über den Verbleib der Erzeugnisse und dabei das Nähere über Art, Form und Inhalt der Mitteilungspflichten zu regeln.

[2] In Rechtsverordnungen nach Satz 1 kann vorgeschrieben werden, dass

1. die Dokumentenprüfung, die Nämlichkeitskontrolle sowie die Warenuntersuchung in oder bei einer Grenzkontrollstelle oder anderen Kontrollstelle oder von einer oder unter Mitwirkung einer Zolldienststelle,
2. die Anmeldung oder Vorführung in oder bei einer Grenzkontrollstelle oder anderen Kontrollstelle

vorzunehmen sind. [3] Soweit die Einhaltung von Rechtsverordnungen nach § 13 Absatz 5 Satz 1 betroffen ist, tritt an die Stelle des Bundesministeriums das Bundesministerium für Umwelt, Naturschutz und nukleare Sicherheit im Einvernehmen mit den in § 13 Absatz 5 Satz 2 genannten Bundesministerien.

(2) Das Bundesministerium wird ferner ermächtigt, im Einvernehmen mit dem Bundesministerium der Finanzen durch Rechtsverordnung mit Zustimmung des Bundesrates, soweit es zur Erfüllung der in § 1 genannten Zwecke erforderlich ist,

1. Vorschriften zu erlassen über die zollamtliche Überwachung von Erzeugnissen oder deren Überwachung durch die zuständige Behörde bei dem Verbringen in das Inland,
2. Vorschriften zu erlassen über die Maßnahmen, die zu ergreifen sind, wenn zum Verbringen in das Inland bestimmte Erzeugnisse unmittelbar geltenden Rechtsakten der Europäischen Gemeinschaft oder der Europäischen Union,

diesem Gesetz oder einer aufgrund dieses Gesetzes erlassenen Rechtsverordnung nicht entsprechen,

3. die Anforderungen an die Beförderung von Erzeugnissen bei dem Verbringen in das Inland zu regeln,
4. vorzuschreiben, dass Betriebe, die bestimmte Erzeugnisse in das Inland verbringen, bestimmte betriebseigene Kontrollen und Maßnahmen sowie Unterrichtungen oder Schulungen von Personen in der Lebensmittelhygiene durchzuführen und darüber Nachweise zu führen haben, sowie bestimmten Prüfungs- und Mitteilungspflichten unterliegen,
5. vorzuschreiben, dass über das Verbringen bestimmter Erzeugnisse in das Inland oder über
   a) die Reinigung,
   b) die Desinfektion oder
   c) sonstige Behandlungsmaßnahmen im Hinblick auf die Einhaltung der hygienischen Anforderungen

   von Räumen, Anlagen, Einrichtungen oder Beförderungsmitteln, in denen Erzeugnisse in das Inland verbracht werden, Nachweise zu führen sind,
6. Vorschriften zu erlassen über Umfang und Häufigkeit der Kontrollen nach Nummer 4 sowie das Nähere über Art, Form und Inhalt der Nachweise nach Nummer 5 und über die Dauer ihrer Aufbewahrung zu regeln,
7. die hygienischen Anforderungen festzusetzen, unter denen bestimmte Lebensmittel in das Inland verbracht werden dürfen,
8. das Verfahren für die Überwachung der Einhaltung von gesundheitlichen, insbesondere hygienischen Anforderungen beim Verbringen von Lebensmitteln in das Inland zu regeln.

(3) [1] In der Rechtsverordnung nach Absatz 1 Satz 1 kann angeordnet werden, dass bestimmte Erzeugnisse, einschließlich lebender Tiere im Sinne des § 4 Absatz 1 Nummer 1, nur über bestimmte Zollbehörden oder Grenzkontrollstellen in das Inland verbracht werden dürfen und solche Stellen von einer wissenschaftlich ausgebildeten Person geleitet werden. [2] Das Bundesamt für Verbraucherschutz und Lebensmittelsicherheit gibt die in Satz 1 genannten Stellen im Einvernehmen mit dem Bundesministerium der Finanzen im Bundesanzeiger bekannt, soweit diese Stellen nicht im Amtsblatt der Europäischen Union bekannt gegeben sind oder nicht in Rechtsakten der Europäischen Union eine Bekanntgabe durch die Europäische Kommission vorgesehen ist. [3] Das Bundesministerium der Finanzen kann die Erteilung des Einvernehmens nach Satz 2 auf die Generalzolldirektion übertragen.

(4) Das Bundesministerium wird ferner ermächtigt, im Einvernehmen mit dem Bundesministerium der Finanzen durch Rechtsverordnung mit Zustimmung des Bundesrates, soweit es zur Erfüllung der in § 1 Absatz 1 Nummer 1 oder 4, jeweils auch in Verbindung mit § 1 Absatz 3, genannten Zwecke erforderlich ist,

1. die Durchfuhr von Erzeugnissen, einschließlich lebender Tiere im Sinne des § 4 Absatz 1 Nummer 1, oder von mit Lebensmitteln verwechselbaren Produkten sowie deren Lagerung in Lagerhäusern abhängig zu machen von
   a) einer Erlaubnis der zuständigen Behörde und dabei das Nähere über Art, Form und Inhalt der Erlaubnis, über das Verfahren ihrer Erteilung oder die Dauer ihrer Geltung und Aufbewahrung zu regeln,

b) Anforderungen an die Beförderung und Lagerung im Inland,

c) dem Verbringen aus dem Inland, auch innerhalb bestimmter Fristen, über bestimmte Grenzkontrollstellen und die Einzelheiten hierfür festzulegen,

d) einer Kontrolle bei dem Verbringen aus dem Inland unter Mitwirkung einer Zollbehörde,

e) einer zollamtlichen Überwachung oder einer Überwachung durch die zuständige Behörde,

f) einer Anerkennung der Lagerhäuser durch die zuständige Behörde dabei das Nähere über Art, Form und Inhalt der Anerkennung, über das Verfahren ihrer Erteilung oder die Dauer ihrer Geltung zu regeln,

2. für die Durchfuhr Vorschriften nach Absatz 1 oder 2 zu erlassen.

§ 57 Ausfuhr; sonstiges Verbringen aus dem Inland. (1) Für die Ausfuhr und Wiederausfuhr von Mitteln zum Tätowieren, kosmetischen Mitteln, Bedarfsgegenständen und mit Lebensmitteln verwechselbaren Produkten gilt Artikel 12 der Verordnung (EG) Nr. 178/2002[1)] mit der Maßgabe, dass an die Stelle der dort genannten Anforderungen des Lebensmittelrechts die für diese Erzeugnisse und die für mit Lebensmitteln verwechselbaren Produkte geltenden Vorschriften dieses Gesetzes, der aufgrund dieses Gesetzes erlassenen Rechtsverordnungen und der unmittelbar geltenden Rechtsakte der Europäischen Gemeinschaft oder der Europäischen Union im Anwendungsbereich dieses Gesetzes treten.

(2) [1] Es ist verboten, Futtermittel auszuführen, die

1. wegen ihres Gehalts an unerwünschten Stoffen nach § 17 nicht hergestellt, behandelt, in den Verkehr gebracht oder verfüttert werden dürfen,
2. einer durch Rechtsverordnung nach § 23 Nummer 1 festgesetzten Anforderung nicht entsprechen oder
3. den in Anhang I der Richtlinie 2002/32/EG des Europäischen Parlaments und des Rates vom 7. Mai 2002 über unerwünschte Stoffe in der Tierernährung (ABl. L 140 vom 30.5.2002, S. 10), die zuletzt durch die Verordnung (EU) 2019/1869 (ABl. L 289 vom 8.11.2019, S. 32) geändert worden ist, festgesetzten Höchstgehalt an einem unerwünschten Stoff überschreiten.

[2] Nach Maßgabe des Artikels 12 der Verordnung (EG) Nr. 178/2002 dürfen

1. abweichend von Satz 1 dort genannte Futtermittel, die eingeführt worden sind, ausgeführt werden,
2. in Satz 1 genannte Futtermittel wieder ausgeführt werden.

(3) Lebensmittel, Einzelfuttermittel oder Mischfuttermittel, die vor der Ausfuhr behandelt worden sind und im Fall von Lebensmitteln höhere Gehalte an Rückständen von Pflanzenschutz- oder sonstigen Mitteln als durch Rechtsverordnung nach § 9 Absatz 2 Nummer 1 Buchstabe a oder im Fall von Einzelfuttermitteln oder Mischfuttermitteln höhere Gehalte an Mittelrückständen als durch Rechtsverordnung nach § 23a Nummer 1 festgesetzt aufweisen, dürfen in einen Staat, der der Europäischen Union nicht angehört, nur verbracht werden, sofern nachgewiesen wird, dass

---

[1)] **Sartorius ErgBd. Nr. 860.**

1. das Bestimmungsland eine besondere Behandlung mit den Mitteln verlangt, um die Einschleppung von Schadorganismen in seinem Hoheitsgebiet vorzubeugen, oder
2. die Behandlung notwendig ist, um die Erzeugnisse während des Transports nach dem Bestimmungsland und der Lagerung in diesem Land vor Schadorganismen zu schützen.

(4) Erzeugnisse und mit Lebensmitteln verwechselbare Produkte, die nach Maßgabe des Absatzes 1 oder 2 den Vorschriften dieses Gesetzes, der aufgrund dieses Gesetzes erlassenen Rechtsverordnungen oder der unmittelbar geltenden Rechtsakte der Europäischen Gemeinschaft oder der Europäischen Union im Anwendungsbereich dieses Gesetzes nicht entsprechen, müssen von Erzeugnissen, die für das Inverkehrbringen im Inland oder in anderen Mitgliedstaaten bestimmt sind, getrennt gehalten und kenntlich gemacht werden.

(5) Für Erzeugnisse und für mit Lebensmitteln verwechselbare Produkte, die zur Lieferung in einen anderen Mitgliedstaat bestimmt sind, gilt Artikel 12 der Verordnung (EG) Nr. 178/2002 mit der Maßgabe, dass an die Stelle der dort genannten Anforderungen des Lebensmittelrechts die für diese Erzeugnisse und die für mit Lebensmitteln verwechselbaren Produkte geltenden Vorschriften dieses Gesetzes, der aufgrund dieses Gesetzes erlassenen Rechtsverordnungen und der unmittelbar geltenden Rechtsakte der Europäischen Gemeinschaft oder der Europäischen Union im Anwendungsbereich dieses Gesetzes treten.

(6) Die Vorschriften dieses Gesetzes und der aufgrund dieses Gesetzes erlassenen Rechtsverordnungen finden mit Ausnahme der §§ 5 und 17 Absatz 1 Satz 1 Nummer 1 und der §§ 26 und 30 auf Erzeugnisse, die für die Ausrüstung von Schiffen bestimmt sind, die das Gebiet der Europäischen Union verlassen, keine Anwendung.

(7) [1] Das Bundesministerium wird ermächtigt, durch Rechtsverordnung mit Zustimmung des Bundesrates

1. weitere Vorschriften dieses Gesetzes sowie aufgrund dieses Gesetzes erlassene Rechtsverordnungen auf Erzeugnisse, die für die Ausrüstung von Schiffen bestimmt sind, die das Gebiet der Europäischen Union verlassen, für anwendbar zu erklären, soweit es zur Erfüllung der in § 1 genannten Zwecke erforderlich ist,
2. abweichende oder zusätzliche Vorschriften für Erzeugnisse zu erlassen, die für die Ausrüstung von Schiffen bestimmt sind, die das Gebiet der Europäischen Union verlassen, soweit es mit den in § 1 genannten Zwecken vereinbar ist,
3. soweit es zur Erfüllung der in § 1 genannten Zwecke erforderlich ist,
   a) die Lagerung von Erzeugnissen, die für die Ausrüstung von Schiffen bestimmt sind, die das Gebiet der Europäischen Union verlassen, in Lagerhäusern abhängig zu machen von
      aa) einer Erlaubnis der zuständigen Behörde und dabei das Nähere über Art, Form und Inhalt der Erlaubnis, über das Verfahren ihrer Erteilung oder die Dauer ihrer Geltung und Aufbewahrung zu regeln,
      bb) Anforderungen an die Beförderung und Lagerung im Inland,
      cc) dem Verbringen aus dem Inland, auch innerhalb bestimmter Fristen, über bestimmte Grenzkontrollstellen und die Einzelheiten hierfür festzulegen,

dd) einer Kontrolle bei dem Verbringen aus dem Inland unter Mitwirkung einer Zollbehörde,

ee) einer zollamtlichen Überwachung oder einer Überwachung durch die zuständige Behörde,

ff) einer Anerkennung der Lagerhäuser durch die zuständige Behörde und dabei das Nähere über Art, Form und Inhalt der Anerkennung, über das Verfahren ihrer Erteilung oder die Dauer ihrer Geltung zu regeln,

b) für Erzeugnisse, die für die Ausrüstung von Schiffen bestimmt sind, die das Gebiet der Europäischen Union verlassen, Vorschriften nach § 56 Absatz 1 oder 2 zu erlassen.

[2] Soweit Rechtsverordnungen nach § 13 Absatz 5 Satz 1 betroffen sind, tritt an die Stelle des Bundesministeriums das Bundesministerium für Umwelt, Naturschutz und nukleare Sicherheit im Einvernehmen mit dem Bundesministerium.

(8) Das Bundesministerium wird ferner ermächtigt, durch Rechtsverordnung mit Zustimmung des Bundesrates,

1. soweit es zur Erfüllung der in § 1 genannten Zwecke erforderlich ist, das Verbringen von
   a) lebenden Tieren im Sinne des § 4 Absatz 1 Nummer 1,
   b) Erzeugnissen oder
   c) mit Lebensmitteln verwechselbaren Produkten

   aus dem Inland zu verbieten oder zu beschränken,
2. soweit es zur Erleichterung des Handelsverkehrs beiträgt und die in § 1 genannten Zwecke nicht entgegenstehen, bei der Ausfuhr von Erzeugnissen bestimmten Betrieben auf Antrag eine besondere Kontrollnummer zu erteilen, wenn die Einfuhr vom Bestimmungsland von der Erteilung einer solchen Kontrollnummer abhängig gemacht wird und die zuständige Behörde den Betrieb für die Ausfuhr in dieses Land zugelassen hat, sowie die Voraussetzungen und das Verfahren für die Erteilung der besonderen Kontrollnummer zu regeln.

Abschnitt 9a. Besondere Regelungen zum Schutz vor ionisierender Strahlung

§ 57a Ermächtigungen zum Schutz der Gesundheit vor ionisierender Strahlung. (1) Das Bundesministerium wird ermächtigt, soweit es zur Erfüllung der in § 1 Absatz 4 Nummer 1, auch in Verbindung mit § 1 Absatz 4 Nummer 2, genannten Zwecke erforderlich ist, zur Einhaltung von nach § 94 Absatz 2 Nummer 3 des Strahlenschutzgesetzes bestimmten Kontaminationswerten durch Rechtsverordnung mit Zustimmung des Bundesrates Folgendes zu verbieten oder zu beschränken:

1. das Inverkehrbringen von Lebensmitteln, Bedarfsgegenständen, Mitteln zum Tätowieren und kosmetischen Mitteln,
2. das Verfüttern oder Inverkehrbringen von Futtermitteln,
3. das Verbringen von Erzeugnissen in den, durch den oder aus dem Geltungsbereich dieses Gesetzes.

(2) Rechtsverordnungen nach Absatz 1 bedürfen des Einvernehmens mit den Bundesministerien für Umwelt, Naturschutz und nukleare Sicherheit und für Wirtschaft und Energie.

(3) [1] Bei Eilbedürftigkeit nach Eintritt eines Notfalls nach § 5 Absatz 26 des Strahlenschutzgesetzes können Rechtsverordnungen nach Absatz 1 ohne Zustimmung des Bundesrates und ohne das Einvernehmen mit den zu beteiligenden Bundesministerien erlassen werden; sie treten spätestens sechs Monate nach ihrem Inkrafttreten außer Kraft. [2] Ihre Geltungsdauer kann durch Rechtsverordnung mit Zustimmung des Bundesrates und im Einvernehmen mit den zu beteiligenden Bundesministerien verlängert werden.

§ 57b Weitere Ermächtigungen in radiologischen Notfällen. (1) [1] Nach Eintritt eines Notfalls nach § 5 Absatz 26 des Strahlenschutzgesetzes können Rechtsverordnungen, die nach den Vorschriften der Abschnitte 2 bis 9 dieses Gesetzes zur Erfüllung der in § 1 Absatz 1 Nummer 1 oder Nummer 4 Buchstabe a Doppelbuchstabe aa genannten Zwecke erlassen werden können, auch zur Erfüllung der in § 1 Absatz 4 genannten Zwecke erlassen werden. [2] Satz 1 gilt nicht für § 13 Absatz 5.

(2) § 57a Absatz 2 und 3 gilt entsprechend.

§ 57c Überwachung. [1] Die §§ 38 bis 49a gelten für die Überwachungsmaßnahmen nach den aufgrund des § 57a oder nach § 57b erlassenen Rechtsverordnungen und den unmittelbar geltenden Rechtsakten der Europäischen Gemeinschaft, der Europäischen Union oder der Europäischen Atomgemeinschaft im Anwendungsbereich dieses Abschnitts entsprechend. [2] § 55 gilt für die Überwachung der aufgrund des § 57a oder nach § 57b erlassenen Rechtsverordnungen sowie der unmittelbar geltenden Rechtsakte der Europäischen Gemeinschaft, der Europäischen Union oder der Europäischen Atomgemeinschaft im Anwendungsbereich dieses Abschnitts entsprechend.

§ 57d Ausführung durch die Länder im Auftrag des Bundes. [1] Die aufgrund des § 57a oder nach § 57b erlassenen Rechtsverordnungen sowie die unmittelbar geltenden Rechtsakte der Europäischen Gemeinschaft, der Europäischen Union oder der Europäischen Atomgemeinschaft im Anwendungsbereich dieses Abschnitts werden von den Ländern im Auftrag des Bundes ausgeführt, soweit nicht bundeseigene Verwaltung vorgesehen ist. [2] Im Geschäftsbereich des Bundesministeriums der Verteidigung obliegt die Durchführung der aufgrund des § 57a oder nach § 57b erlassenen Rechtsverordnungen sowie der unmittelbar geltenden Rechtsakte der Europäischen Gemeinschaft, der Europäischen Union oder der Europäischen Atomgemeinschaft im Anwendungsbereich dieses Abschnitts den zuständigen Stellen und Sachverständigen der Bundeswehr.

Abschnitt 10. Straf- und Bußgeldvorschriften

§ 58 Strafvorschriften. (1) Mit Freiheitsstrafe bis zu drei Jahren oder mit Geldstrafe wird bestraft, wer

1. entgegen § 5 Absatz 1 Satz 1 ein Lebensmittel herstellt oder behandelt,
2. entgegen § 5 Absatz 2 Nummer 1 einen Stoff als Lebensmittel in den Verkehr bringt,

3. entgegen § 5 Absatz 2 Nummer 2 ein mit Lebensmitteln verwechselbares Produkt herstellt, behandelt oder in den Verkehr bringt,
4. entgegen § 10 Absatz 1 Satz 1, auch in Verbindung mit einer Rechtsverordnung nach § 10 Absatz 4 Nummer 2, oder entgegen § 10 Absatz 3 Nummer 3 ein Lebensmittel in den Verkehr bringt,
5. entgegen § 10 Absatz 2 ein Tier in den Verkehr bringt,
5a. entgegen § 10 Absatz 3 Nummer 1 ein Tier zur Schlachtung abgibt,
6. entgegen § 10 Absatz 3 Nummer 2 Lebensmittel von einem Tier gewinnt,
7. entgegen § 13 Absatz 2 in Verbindung mit einer Rechtsverordnung nach Absatz 1 Nummer 1 ein Lebensmittel in den Verkehr bringt,
8. entgegen § 17 Absatz 1 Satz 1 Nummer 1 ein Futtermittel herstellt oder behandelt,
9. (weggefallen)
10. (weggefallen)
11. entgegen
    a) § 26 Satz 1 Nummer 1 ein Mittel zum Tätowieren herstellt oder behandelt oder
    b) § 26 Satz 1 Nummer 2 einen Stoff oder ein Gemisch aus Stoffen als Mittel zum Tätowieren in den Verkehr bringt,
12. entgegen § 28 Absatz 2 in Verbindung mit einer Rechtsverordnung nach § 28 Absatz 1 Nummer 2 oder § 32 Absatz 1 Nummer 1, 2 oder 3 ein dort genanntes Mittel in den Verkehr bringt,
13. entgegen § 30 Nummer 1 einen Bedarfsgegenstand herstellt oder behandelt,
14. entgegen § 30 Nummer 2 einen Gegenstand oder ein Mittel als Bedarfsgegenstand in den Verkehr bringt,
15. entgegen § 30 Nummer 3 einen Bedarfsgegenstand verwendet,
16. entgegen § 32 Absatz 2 in Verbindung mit einer Rechtsverordnung nach Absatz 1 Nummer 1, 2 oder 3 einen Bedarfsgegenstand in den Verkehr bringt,
17. einer vollziehbaren Anordnung nach § 39a Absatz 1 Satz 1, auch in Verbindung mit Absatz 2, die der Durchführung eines in § 39a Absatz 3 bezeichneten Verbots oder Gebots dient, zuwiderhandelt oder
18. einer Rechtsverordnung nach § 10 Absatz 4 Nummer 1 Buchstabe b, d oder Buchstabe e, § 13 Absatz 1 Nummer 1 oder 2, § 22, § 32 Absatz 1 Nummer 1, 2 oder 3, jeweils auch in Verbindung mit § 28 Absatz 1 Nummer 2, oder § 34 Satz 1 Nummer 1 oder 2 oder einer vollziehbaren Anordnung aufgrund einer solchen Rechtsverordnung zuwiderhandelt, soweit die Rechtsverordnung für einen bestimmten Tatbestand auf diese Strafvorschrift verweist.

(2) Ebenso wird bestraft, wer gegen die Verordnung (EG) Nr. 178/2002[1] des Europäischen Parlaments und des Rates vom 28. Januar 2002 zur Festlegung der allgemeinen Grundsätze und Anforderungen des Lebensmittelrechts, zur Errichtung der Europäischen Behörde für Lebensmittelsicherheit und zur Festlegung von Verfahren zur Lebensmittelsicherheit (ABl. L 31 vom

[1] **Sartorius ErgBd. Nr. 860.**

1.2.2002, S. 1), die zuletzt durch die Verordnung (EU) 2019/1381 (ABl. L 231 vom 6.9.2019, S. 1) geändert worden ist, verstößt, indem er

1. entgegen Artikel 14 Absatz 1 in Verbindung mit Absatz 2 Buchstabe a ein Lebensmittel in den Verkehr bringt oder
2. entgegen Artikel 15 Absatz 1 in Verbindung mit Absatz 2 Spiegelstrich 1, soweit sich dieser auf die Gesundheit des Menschen bezieht, jeweils auch in Verbindung mit Artikel 4 Absatz 1 Unterabsatz 2 der Verordnung (EG) Nr. 767/2009 des Europäischen Parlaments und des Rates vom 13. Juli 2009 über das Inverkehrbringen und die Verwendung von Futtermitteln, zur Änderung der Verordnung (EG) Nr. 1831/2003 des Europäischen Parlaments und des Rates und zur Aufhebung der Richtlinien 79/373/EWG des Rates, 80/511/EWG der Kommission, 82/471/EWG des Rates, 83/228/EWG des Rates, 93/74/EWG des Rates, 93/113/EG des Rates und 96/25/EG des Rates und der Entscheidung 2004/217/EG der Kommission (ABl. L 229 vom 1.9.2009, S. 1, L 192 vom 22.7.2011, S. 71; L 296 vom 15.11.2019, S. 64), die zuletzt durch die Verordnung (EU) 2018/1903 (ABl. L 310 vom 6.12.2018, S. 22) geändert worden ist, ein Futtermittel in den Verkehr bringt oder verfüttert.

(2a) Ebenso wird bestraft, wer

1. gegen die Verordnung (EG) Nr. 1334/2008 des Europäischen Parlaments und des Rates vom 16. Dezember 2008 über Aromen und bestimmte Lebensmittelzutaten mit Aromaeigenschaften zur Verwendung in und auf Lebensmitteln sowie zur Änderung der Verordnung (EWG) Nr. 1601/91 des Rates, der Verordnungen (EG) Nr. 2232/96 und (EG) Nr. 110/2008 und der Richtlinie 2000/13/EG (ABl. L 354 vom 31.12.2008, S. 34, L 105 vom 27.4.2010, S. 115), die zuletzt durch die Verordnung (EU) 2019/799 (ABl. L 132 vom 20.5.2019, S. 12) geändert worden ist, verstößt, indem er
   a) entgegen Artikel 5 in Verbindung mit Anhang III oder Anhang IV ein Aroma oder ein Lebensmittel in den Verkehr bringt,
   b) entgegen Artikel 6 Absatz 1 einen dort bezeichneten Stoff zusetzt,
   c) entgegen Artikel 7 einen Ausgangsstoff, ein Aroma oder eine Lebensmittelzutat verwendet,
2. entgegen Artikel 5 Absatz 1 in Verbindung mit Artikel 3 Satz 1 Buchstabe a, b oder c der Verordnung (EG) Nr. 1223/2009 des Europäischen Parlaments und des Rates vom 30. November 2009 über kosmetische Mittel (ABl. L 342 vom 22.12.2009, S. 59; L 318 vom 15.11.2012, S. 74; L 72 vom 15.3.2013, S. 16; L 142 vom 29.5.2013, S. 10; L 254 vom 28.8.2014, S. 39; L 17 vom 21.1.2017, S. 52; L 326 vom 9.12.2017, S. 55; L 183 vom 19.7.2018, S. 27; L 324 vom 13.12.2019, S. 80; L 76 vom 12.3.2020, S. 36), die zuletzt durch die Verordnung (EU) 2019/1966 (ABl. L 307 vom 28.11.2019, S. 15) geändert worden ist, nicht dafür sorgt, dass ein auf dem Markt bereitgestelltes kosmetisches Mittel für die menschliche Gesundheit sicher ist,
3. gegen die Verordnung (EU) Nr. 10/2011 der Kommission vom 14. Januar 2011 über Materialien und Gegenstände aus Kunststoff, die dazu bestimmt sind, mit Lebensmitteln in Berührung zu kommen (ABl. L 12 vom 15.1.2011, S. 1, L 278 vom 25.10.2011, S. 13), die zuletzt durch die Verordnung (EU) 2019/1338 (ABl. L 209 vom 9.8.2019, S. 5) geändert worden ist, verstößt, indem er

a) entgegen Artikel 4 Buchstabe e in Verbindung mit Artikel 5 Absatz 1 oder Artikel 9 Absatz 1 Buchstabe c, jeweils auch in Verbindung mit Artikel 13 Absatz 1 oder Artikel 14 Absatz 1, ein Material oder einen Gegenstand aus Kunststoff in Verkehr bringt oder

b) entgegen Artikel 5 Absatz 1 in Verbindung mit Artikel 13 Absatz 1 oder Artikel 14 Absatz 1 bei der Herstellung einer Kunststoffschicht in einem Material oder einem Gegenstand aus Kunststoff einen nicht zugelassenen Stoff verwendet oder

4. einer vollziehbaren Anordnung nach Artikel 138 Absatz 2 der Verordnung (EU) 2017/625 des Europäischen Parlaments und des Rates vom 15. März 2017 über amtliche Kontrollen und andere amtliche Tätigkeiten zur Gewährleistung der Anwendung des Lebens- und Futtermittelrechts und der Vorschriften über Tiergesundheit und Tierschutz, Pflanzengesundheit und Pflanzenschutzmittel, zur Änderung der Verordnungen (EG) Nr. 999/2001, (EG) Nr. 396/2005, (EG) Nr. 1069/2009, (EG) Nr. 1107/2009, (EU) Nr. 1151/2012, (EU) Nr. 652/2014, (EU) 2016/429 und (EU) 2016/2031 des Europäischen Parlaments und des Rates, der Verordnungen (EG) Nr. 1/2005 und (EG) Nr. 1099/2009 des Rates sowie der Richtlinien 98/58/EG, 1999/74/EG, 2007/43/EG, 2008/119/EG und 2008/120/EG des Rates und zur Aufhebung der Verordnungen (EG) Nr. 854/2004 und (EG) Nr. 882/2004 des Europäischen Parlaments und des Rates, der Richtlinien 89/608/EWG, 89/662/EWG, 90/425/EWG, 91/496/EEG, 96/23/EG, 96/93/EG und 97/78/EG des Rates und des Beschlusses 92/438/EWG des Rates (Verordnung über amtliche Kontrollen) (ABl. L 95 vom 7.4.2017, S. 1; L 137 vom 24.5.2017, S. 40; L 48 vom 21.2.2018, S. 44; L 322 vom 18.12.2018, S. 85; L 126 vom 15.5.2019, S. 73), die durch die Delegierte Verordnung (EU) 2019/2127 (ABl. L 321 vom 12.12.2019, S. 111) geändert worden ist, die der Durchführung eines in § 39 Absatz 7 bezeichneten Verbots dient, zuwiderhandelt.

(3) Ebenso wird bestraft, wer

1. einer unmittelbar geltenden Vorschrift in Rechtsakten der Europäischen Gemeinschaft oder der Europäischen Union zuwiderhandelt, die inhaltlich einem in Absatz 1 Nummer 1 bis 17 genannten Gebot oder Verbot entspricht, soweit eine Rechtsverordnung nach § 62 Absatz 1 Nummer 1 für einen bestimmten Tatbestand auf diese Strafvorschrift verweist oder
2. einer anderen als in Absatz 2 oder 2a genannten unmittelbar geltenden Vorschrift in Rechtsakten der Europäischen Gemeinschaft oder der Europäischen Union zuwiderhandelt, die inhaltlich einer Regelung entspricht, zu der die in Absatz 1 Nummer 18 genannten Vorschriften ermächtigen, soweit eine Rechtsverordnung nach § 62 Absatz 1 Nummer 1 für einen bestimmten Straftatbestand auf diese Strafvorschrift verweist.

(4) Der Versuch ist strafbar.

(5) [1] In besonders schweren Fällen ist die Strafe Freiheitsstrafe von sechs Monaten bis zu fünf Jahren. [2] Ein besonders schwerer Fall liegt in der Regel vor, wenn der Täter durch eine der in Absatz 1, 2, 2a oder 3 bezeichneten Handlungen

1. die Gesundheit einer großen Zahl von Menschen gefährdet,
2. einen anderen in die Gefahr des Todes oder einer schweren Schädigung an Körper oder Gesundheit bringt oder

3. aus grobem Eigennutz für sich oder einen anderen Vermögensvorteile großen Ausmaßes erlangt.

(6) Wer eine der in Absatz 1, 2, 2a oder 3 bezeichneten Handlungen fahrlässig begeht, wird mit Freiheitsstrafe bis zu einem Jahr oder mit Geldstrafe bestraft.

§ 59 Strafvorschriften. (1) Mit Freiheitsstrafe bis zu einem Jahr oder mit Geldstrafe wird bestraft, wer

1. (weggefallen)
2. (weggefallen)
3. entgegen § 7 Absatz 3 in Verbindung mit einer Rechtsverordnung nach § 7 Absatz 1 oder 2 ein Lebensmittel in den Verkehr bringt,
4. entgegen § 8 Absatz 1 Nummer 1 Buchstabe a in Verbindung mit einer Rechtsverordnung nach § 8 Absatz 2 Nummer 1 oder entgegen § 8 Absatz 1 Nummer 1 Buchstabe b eine nicht zugelassene Bestrahlung anwendet,
5. entgegen § 8 Absatz 1 Nummer 2 ein Lebensmittel in den Verkehr bringt,
6. entgegen § 9 Absatz 1 Satz 1 Nummer 1 in Verbindung mit einer Rechtsverordnung nach Absatz 2 Nummer 1 Buchstabe a oder entgegen § 9 Absatz 1 Satz 1 Nummer 2 oder Nummer 3 ein Lebensmittel in den Verkehr bringt,
7. entgegen § 11 Absatz 1 ein Lebensmittel in den Verkehr bringt oder für ein Lebensmittel wirbt,
8. entgegen § 11 Absatz 2 ein Lebensmittel liefert,
9. entgegen § 12 ein Lebensmittel in den Verkehr bringt,
10. entgegen § 17 Absatz 1 Satz 1 Nummer 2 ein Futtermittel herstellt oder behandelt,

10a. entgegen § 17a Absatz 1 Satz 1 nicht dafür Sorge trägt, dass eine dort genannte Versicherung besteht,

11. entgegen § 19 ein Futtermittel in den Verkehr bringt oder für ein Futtermittel wirbt,
12. entgegen § 21 Absatz 3 Satz 1 Nummer 1 Buchstabe a ein Futtermittel in den Verkehr bringt oder verfüttert,
13. entgegen § 27 Absatz 1 Satz 1 ein Mittel zum Tätowieren unter einer irreführenden Bezeichnung, Angabe oder Aufmachung in den Verkehr bringt oder mit einer irreführenden Darstellung oder Aussage wirbt,
14. entgegen § 28 Absatz 2 ein dort genanntes Mittel in den Verkehr bringt, das einer Rechtsverordnung nach § 28 Absatz 1 Nummer 1 oder 2 in Verbindung mit § 32 Absatz 1 Nummer 4 Buchstabe a oder Nummer 5 nicht entspricht,
15. entgegen § 31 Absatz 1 oder 2 Satz 2 ein Material oder einen Gegenstand als Bedarfsgegenstand verwendet oder in den Verkehr bringt,
16. entgegen § 31 Absatz 3 ein Lebensmittel in den Verkehr bringt,
17. entgegen § 32 Absatz 2 in Verbindung mit einer Rechtsverordnung nach Absatz 1 Nummer 4 Buchstabe a oder Nummer 5 einen Bedarfsgegenstand in den Verkehr bringt,

18. entgegen § 33 Absatz 1 ein Material oder einen Gegenstand unter einer irreführenden Bezeichnung, Angabe oder Aufmachung in den Verkehr bringt oder mit einer irreführenden Darstellung oder Aussage wirbt,
19. entgegen § 53 Absatz 1 Satz 1 in Verbindung mit
    a) § 17 Absatz 1 Satz 1 Nummer 1 Futtermittel,
    b) § 26 Satz 1 ein Mittel zum Tätowieren, einen Stoff oder ein Gemisch,
    c) § 30 einen Bedarfsgegenstand, einen Gegenstand oder ein Mittel,
    d) Artikel 14 Absatz 2 Buchstabe a der Verordnung (EG) Nr. 178/2002[1] ein gesundheitsschädliches Lebensmittel oder
    e) Artikel 5 Absatz 1 in Verbindung mit Artikel 3 Satz 1 Buchstabe a, b oder c der Verordnung (EG) Nr. 1223/2009 ein kosmetisches Mittel

    in das Inland verbringt,
20. (weggefallen)
21. einer Rechtsverordnung nach
    a) § 8 Absatz 2 Nummer 2, § 9 Absatz 2 Nummer 1 Buchstabe b, § 13 Absatz 1 Nummer 4, 5 oder Nummer 6, Absatz 3 Satz 1 oder Absatz 4 Nummer 1 Buchstabe a, b oder c oder Nummer 2, § 29 Absatz 1 Nummer 3, § 31 Absatz 2 Satz 1, § 32 Absatz 1 Nummer 4 Buchstabe b, auch in Verbindung mit § 28 Absatz 1 Nummer 2, § 32 Absatz 1 Nummer 7, § 33 Absatz 2, § 34 Satz 1 Nummer 3 oder 4, § 56 Absatz 1 Satz 1 Nummer 1 oder Absatz 4 Nummer 2 in Verbindung mit Absatz 1 Satz 1 Nummer 1 oder § 57 Absatz 7 Satz 1 Nummer 3 Buchstabe c in Verbindung mit § 56 Absatz 1 Satz 1 Nummer 1, § 57a Absatz 1 oder
    b) § 13 Absatz 5 Satz 1 Nummer 1

    oder einer vollziehbaren Anordnung aufgrund einer solchen Rechtsverordnung zuwiderhandelt, soweit die Rechtsverordnung für einen bestimmten Tatbestand auf diese Strafvorschrift verweist.

(2) Ebenso wird bestraft, wer

1. entgegen Artikel 2 der Verordnung (EWG) Nr. 2219/89 des Rates vom 18. Juli 1989 über besondere Bedingungen für die Ausfuhr von Nahrungsmitteln und Futtermitteln im Falle eines nuklearen Unfalls oder einer anderen radiologischen Notstandssituation (ABl. L 211 vom 22.7.1989, S. 4) ein Nahrungsmittel oder Futtermittel ausführt, dessen radioaktive Kontamination über einem Höchstwert liegt, der durch eine Verordnung nach Artikel 3 Absatz 1 der Verordnung (Euratom) 2016/52 des Rates vom 15. Januar 2016 zur Festlegung von Höchstwerten an Radioaktivität in Lebens- und Futtermitteln im Falle eines nuklearen Unfalls oder eines anderen radiologischen Notfalls und zur Aufhebung der Verordnung (Euratom) Nr. 3954/87 des Rates und der Verordnungen (Euratom) Nr. 944/89 und (Euratom) Nr. 770/90 der Kommission (ABl. L 13 vom 20.1.2016, S. 2) festgelegt wird,

1a. gegen die Verordnung (EG) Nr. 178/2002 verstößt, indem er
    a) entgegen Artikel 14 Absatz 1 in Verbindung mit Absatz 2 Buchstabe b ein Lebensmittel in den Verkehr bringt,
    b) entgegen Artikel 15 Absatz 1 in Verbindung mit Absatz 2 Spiegelstrich 2 ein Futtermittel in den Verkehr bringt oder verfüttert,

---

[1] **Sartorius ErgBd. Nr. 860.**

c) entgegen Artikel 19 Absatz 1 Satz 1 ein Verfahren nicht, nicht vollständig oder nicht rechtzeitig einleitet, um ein Lebensmittel vom Markt zu nehmen, oder

d) entgegen Artikel 20 Absatz 1 Satz 1 ein Verfahren nicht, nicht vollständig oder nicht rechtzeitig einleitet, um ein Futtermittel für Tiere, die der Lebensmittelgewinnung dienen, vom Markt zu nehmen,

2. entgegen Artikel 19 der Verordnung (EG) Nr. 396/2005 des Europäischen Parlaments und des Rates vom 23. Februar 2005 über Höchstgehalte an Pestizidrückständen in oder auf Lebens- und Futtermitteln pflanzlichen und tierischen Ursprungs und zur Änderung der Richtlinie 91/414/EWG des Rates (ABl. L 70 vom 16.3.2005, S. 1), die zuletzt durch die Verordnung (EU) 2020/192 (ABl. L 40 vom 13.2.2020, S. 4) geändert worden ist, ein Erzeugnis, soweit es sich dabei um ein Lebensmittel handelt, verarbeitet oder mit einem anderen Erzeugnis, soweit es sich dabei um ein Lebensmittel handelt, mischt,

3. gegen die Verordnung (EG) Nr. 1924/2006 des Europäischen Parlaments und des Rates vom 20. Dezember 2006 über nährwert- und gesundheitsbezogene Angaben über Lebensmittel (ABl. L 404 vom 30.12.2006, S. 9, L 12 vom 18.1.2007, S. 3, L 86 vom 28.3.2008, S. 34, L 198 vom 30.7.2009, S. 87, L 160 vom 12.6.2013, S. 15), die zuletzt durch die Verordnung (EU) Nr. 1047/2012 (ABl. L 310 vom 9.11.2012, S. 36) geändert worden ist, verstößt, indem er entgegen Artikel 3 Unterabsatz 1 in Verbindung mit

a) Artikel 3 Unterabsatz 2 Buchstabe a bis c, d Satz 1 oder Buchstabe e,

b) Artikel 4 Absatz 3,

c) Artikel 5 Absatz 1 Buchstabe a bis d oder Absatz 2,

d) Artikel 8 Absatz 1,

e) Artikel 9 Absatz 2,

f) Artikel 10 Absatz 1, 2 oder Absatz 3 oder

g) Artikel 12

eine nährwert- oder gesundheitsbezogene Angabe bei der Kennzeichnung oder Aufmachung eines Lebensmittels oder bei der Werbung verwendet,

3a. (weggefallen)

4. entgegen Artikel 4 der Verordnung (EG) Nr. 1332/2008 des Europäischen Parlaments und des Rates vom 16. Dezember 2008 über Lebensmittelenzyme und zur Änderung der Richtlinie 83/417/EWG des Rates, der Verordnung (EG) Nr. 1493/1999 des Rates, der Richtlinie 2000/13/EG des Rates sowie der Verordnung (EG) Nr. 258/97 (ABl. L 354 vom 31.12.2008, S. 7), die durch die Verordnung (EU) Nr. 1056/2012 (ABl. L 313 vom 13.11.2012, S. 9) geändert worden ist, ein Lebensmittelenzym als solches in den Verkehr bringt oder in Lebensmitteln verwendet,

5. gegen die Verordnung (EG) Nr. 1333/2008 des Europäischen Parlaments und des Rates vom 16. Dezember 2008 über Lebensmittelzusatzstoffe (ABl. L 354 vom 31.12.2008, S. 16, L 105 vom 27.4.2010, S. 114, L 322 vom 21.11.2012, S. 8, L 123 vom 19.5.2015, S. 122), die zuletzt durch die Verordnung (EU) 2020/771 (ABl. L 184 vom 12.6.2020, S. 25) geändert worden ist, verstößt, indem er

a) entgegen Artikel 4 Absatz 1 einen Lebensmittelzusatzstoff als solchen in den Verkehr bringt oder in Lebensmitteln verwendet,

b) entgegen Artikel 4 Absatz 2 einen Lebensmittelzusatzstoff in Lebensmittelzusatzstoffen, -enzymen oder -aromen verwendet oder

c) entgegen Artikel 5 in Verbindung mit

aa) Artikel 15,

bb) Artikel 16,

cc) Artikel 17 oder

dd) Artikel 18

einen Lebensmittelzusatzstoff oder ein Lebensmittel in den Verkehr bringt,

6. gegen die Verordnung (EG) Nr. 1334/2008 verstößt, indem er

a) entgegen Artikel 5 in Verbindung mit Artikel 4 ein Aroma oder ein Lebensmittel in Verkehr bringt, wenn die Tat nicht in § 58 Absatz 2a Nummer 1 Buchstabe a mit Strafe bedroht ist, oder

b) entgegen Artikel 10 ein Aroma oder einen Ausgangsstoff verwendet,

7. entgegen Artikel 12 Absatz 4 der Verordnung (EG) Nr. 767/2009 ein Futtermittel liefert, dessen Kennzeichnung einer Anforderung des

a) Artikels 11 Absatz 1 Buchstabe a oder b der Verordnung (EG) Nr. 767/2009 oder

b) Artikels 11 Absatz 1 Buchstabe c der Verordnung (EG) Nr. 767/2009 in Verbindung mit Anhang Teil C der Verordnung (EU) Nr. 68/2013 der Kommission vom 16. Januar 2013 zum Katalog der Einzelfuttermittel (ABl. L 29 vom 30.1.2013, S. 1; L 320 vom 30.11.2013, S. 82; L 91 vom 27.3.2014, S. 50), die zuletzt durch die Verordnung (EU) 2020/764 (ABl. L 183 vom 11.6.2020, S. 1) geändert worden ist,

nicht entspricht,

8. entgegen Artikel 20 Absatz 1 der Verordnung (EG) Nr. 1223/2009 einen Text, eine Bezeichnung, ein Warenzeichen, eine Abbildung oder ein dort genanntes Zeichen verwendet,

9. gegen die Verordnung (EU) Nr. 10/2011 verstößt, indem er

a) entgegen Artikel 4 Buchstabe e in Verbindung mit Artikel 10, auch in Verbindung mit Artikel 13 Absatz 1, ein Material oder einen Gegenstand aus Kunststoff in Verkehr bringt, oder

b) entgegen Artikel 4 Buchstabe e in Verbindung mit Artikel 11 Absatz 1 Satz 1 oder Absatz 2 oder Artikel 12, jeweils auch in Verbindung mit Artikel 13 Absatz 1 oder Absatz 5, ein Material oder einen Gegenstand aus Kunststoff in Verkehr bringt,

10. gegen die Verordnung (EU) Nr. 1169/2011 des Europäischen Parlaments und des Rates vom 25. Oktober 2011 betreffend die Information der Verbraucher über Lebensmittel und zur Änderung der Verordnungen (EG) Nr. 1924/2006 und (EG) Nr. 1925/2006 des Europäischen Parlaments und des Rates und zur Aufhebung der Richtlinie 87/250/EWG der Kommission, der Richtlinie 90/496/EWG des Rates, der Richtlinie 1999/10/EG der Kommission, der Richtlinie 2000/13/EG des Europäischen Parlaments und des Rates, der Richtlinien 2002/67/EG und 2008/5/EG der Kommission und der Verordnung (EG) Nr. 608/2004 der Kommission (ABl. L 304 vom 22.11.2011, S. 18; L 331 vom 18.11.2014, S. 41; L 50 vom 21.2.2015, S. 48; L 266 vom 30.9.2016, S. 7), die zuletzt durch die Verordnung (EU)

2015/2283 (ABl. L 327 vom 11.12.2015, S. 1) geändert worden ist, verstößt, indem er

a) entgegen Artikel 8 Absatz 3 ein Lebensmittel abgibt, das einer Anforderung des

aa) Artikels 7 Absatz 1 oder 3, jeweils auch in Verbindung mit Absatz 4,

bb) Artikels 36 Absatz 2 Buchstabe a in Verbindung mit Absatz 1

nicht entspricht, oder

b) entgegen Artikel 8 Absatz 4 Satz 1 eine Änderung einer dort genannten Information vornimmt, oder

11. entgegen Artikel 4 Absatz 1 der Verordnung (Euratom) 2016/52 ein Lebensmittel oder Futtermittel in Verkehr bringt, bei dem ein Höchstwert überschritten wird, der durch eine Verordnung nach Artikel 3 Absatz 1 der Verordnung (Euratom) 2016/52 festgelegt wird oder

12. einer vollziehbaren Anordnung nach Artikel 4 Absatz 4 Buchstabe b erster oder zweiter Gedankenstrich oder Artikel 6 Absatz 2 dritter oder vierter Gedankenstrich, jeweils auch in Verbindung mit Absatz 3, der Delegierten Verordnung (EU) 2019/2090 der Kommission vom 19. Juni 2019 zur Ergänzung der Verordnung (EU) 2017/625 des Europäischen Parlaments und des Rates in Bezug auf mutmaßliche oder festgestellte Verstöße gegen Unionsvorschriften über die Verwendung oder über Rückstände pharmakologisch wirksamer Stoffe, die in Tierarzneimitteln oder als Futtermittelzusatzstoffe zugelassen sind, bzw. gegen Unionsvorschriften über die Verwendung oder über Rückstände verbotener oder nicht zugelassener pharmakologisch wirksamer Stoffe (ABl. L 317 vom 9.12.2019, S. 28) zuwiderhandelt,

13. entgegen Artikel 3 Absatz 1 in Verbindung mit Absatz 2 der Durchführungsverordnung (EU) 2020/1158 der Kommission vom 5. August 2020 über die Einfuhrbedingungen für Lebens- und Futtermittel mit Ursprung in Drittländern nach dem Unfall im Kernkraftwerk Tschernobyl (ABl. L 257 vom 6.8.2020, S. 1) ein dort genanntes Erzeugnis einführt.

(3) Ebenso wird bestraft, wer

1. einer unmittelbar geltenden Vorschrift in Rechtsakten der Europäischen Gemeinschaft, der Europäischen Union oder der Europäischen Atomgemeinschaft zuwiderhandelt, die inhaltlich einem in Absatz 1 Nummer 1 bis 19 bezeichneten Gebot oder Verbot entspricht, soweit eine Rechtsverordnung nach § 62 Absatz 1 Nummer 1 für einen bestimmten Tatbestand auf diese Strafvorschrift verweist oder

2. einer anderen als in Absatz 2 genannten unmittelbar geltenden Vorschrift in Rechtsakten der Europäischen Gemeinschaft, der Europäischen Union oder der Europäischen Atomgemeinschaft zuwiderhandelt, die inhaltlich einer Regelung entspricht, zu der die in

a) Absatz 1 Nummer 21 Buchstabe a genannten Vorschriften ermächtigen, soweit eine Rechtsverordnung nach § 62 Absatz 1 Nummer 1 für einen bestimmten Straftatbestand auf diese Strafvorschrift verweist,

b) Absatz 1 Nummer 21 Buchstabe b genannten Vorschriften ermächtigen, soweit eine Rechtsverordnung nach § 62 Absatz 2 für einen bestimmten Straftatbestand auf diese Strafvorschrift verweist.

(4) Mit Freiheitsstrafe bis zu zwei Jahren oder mit Geldstrafe wird bestraft, wer

1. durch eine in Absatz 1 Nummer 8 oder Nummer 10 oder in Absatz 2 Nummer 1a Buchstabe a oder Buchstabe b bezeichnete Handlung aus grobem Eigennutz für sich oder einen anderen Vermögensvorteile großen Ausmaßes erlangt oder
2. eine in Absatz 1 Nummer 8 oder Nummer 10 oder in Absatz 2 Nummer 1a Buchstabe a oder Buchstabe b bezeichnete Handlung beharrlich wiederholt.

§ 60 Bußgeldvorschriften. (1) Ordnungswidrig handelt, wer eine der in

1. § 59 Absatz 1 Nummer 9 oder Nummer 10 oder Absatz 2 Nummer 1a Buchstabe a oder Buchstabe b oder
2. § 59 Absatz 1 Nummer 3 bis 8, 10a, 11 bis 21, Absatz 2 Nummer 1, 1a Buchstabe c oder d, Nummer 2 bis 13 oder Absatz 3

bezeichneten Handlung fahrlässig begeht.

(2) Ordnungswidrig handelt, wer vorsätzlich oder fahrlässig

1. (weggefallen)
2. entgegen § 17 Absatz 2 Nummer 1 Futtermittel herstellt oder behandelt,
3. entgegen § 17 Absatz 2 Nummer 2 Futtermittel in den Verkehr bringt,
4. entgegen § 17 Absatz 2 Nummer 3 Futtermittel verfüttert,
5. entgegen § 20 Absatz 1 eine dort genannte Angabe verwendet,
6. entgegen § 21 Absatz 1 in Verbindung mit einer Rechtsverordnung nach § 23a Nummer 10 Buchstabe a eine Vormischung in den Verkehr bringt,
7. entgegen § 21 Absatz 2 in Verbindung mit einer Rechtsverordnung nach § 23a Nummer 10 Buchstabe b Einzelfuttermittel oder Mischfuttermittel in den Verkehr bringt,
8. entgegen § 21 Absatz 3 Satz 1 Nummer 1 Buchstabe b Futtermittel in den Verkehr bringt oder verfüttert,
9. entgegen § 21 Absatz 3 Satz 1 Nummer 2 Buchstabe a in Verbindung mit einer Rechtsverordnung nach § 23 Nummer 1 Futtermittel in den Verkehr bringt oder verfüttert,
10. entgegen § 21 Absatz 3 Satz 1 Nummer 2 Buchstabe b in Verbindung mit einer Rechtsverordnung nach § 23a Nummer 1 Futtermittel in den Verkehr bringt,
11. entgegen § 21 Absatz 3 Satz 1 Nummer 2 Buchstabe c in Verbindung mit einer Rechtsverordnung nach § 23a Nummer 3 Futtermittel in den Verkehr bringt oder verfüttert,
12. entgegen § 21 Absatz 3 Satz 1 Nummer 2 Buchstabe d in Verbindung mit einer Rechtsverordnung nach § 23a Nummer 11 Futtermittel in den Verkehr bringt oder verfüttert,
13. entgegen § 21 Absatz 3 Satz 1 Nummer 3 Futtermittel in den Verkehr bringt oder verfüttert,
14. (weggefallen)
15. (weggefallen)
16. (weggefallen)
17. (weggefallen)

18. entgegen § 32 Absatz 2 in Verbindung mit einer Rechtsverordnung nach Absatz 1 Nummer 6 einen Bedarfsgegenstand in den Verkehr bringt,
19. entgegen § 44 Absatz 1 eine Maßnahme nach § 42 Absatz 2 Nummer 1 oder 2 oder eine Probenahme nach § 43 Absatz 1 Satz 1 nicht duldet oder eine in der Überwachung tätige Person nicht unterstützt,
20. entgegen § 44 Absatz 2 Satz 1 eine Auskunft nicht, nicht richtig, nicht vollständig oder nicht rechtzeitig erteilt,
21. entgegen § 44 Absatz 3 Satz 1, auch in Verbindung mit Satz 2, eine Information nicht, nicht richtig, nicht vollständig oder nicht rechtzeitig übermittelt,
22. entgegen § 44 Absatz 4 Satz 1 oder Satz 2, Absatz 4a oder Absatz 5 Satz 1 oder Satz 2 oder Absatz 5a die zuständige Behörde nicht, nicht richtig, nicht vollständig oder nicht rechtzeitig unterrichtet,
22a. entgegen § 44a Absatz 1 Satz 1 in Verbindung mit einer Rechtsverordnung nach § 44a Absatz 3 eine Mitteilung nicht, nicht richtig, nicht vollständig oder nicht rechtzeitig macht,
23. entgegen § 51 Absatz 3 Satz 2 eine dort genannte Maßnahme oder die Entnahme einer Probe nicht duldet oder eine in der Durchführung des Monitorings tätige Person nicht unterstützt,
24. in anderen als den in § 59 Absatz 1 Nummer 19 bezeichneten Fällen entgegen § 53 Absatz 1 Satz 1 ein Erzeugnis in das Inland verbringt,
25. entgegen § 57 Absatz 2 Satz 1 Nummer 2 in Verbindung mit einer Rechtsverordnung nach § 23 Nummer 1 oder entgegen § 57 Absatz 2 Satz 1 Nummer 3 ein Futtermittel ausführt,
26. einer Rechtsverordnung nach
    a) § 13 Absatz 1 Nummer 3 oder Absatz 4 Nummer 1 Buchstabe d, e, f oder Buchstabe g, § 14 Absatz 1 Nummer 1, 3 oder 5, Absatz 2 oder 3, § 23 Nummer 2 bis 6, § 23a Nummer 5 bis 9, § 28 Absatz 3 Satz 1 Nummer 1 oder 3, § 29 Absatz 1 Nummer 1, 2 oder 4 oder Absatz 2, § 32 Absatz 1 Nummer 8, auch in Verbindung mit § 28 Absatz 1 Nummer 2, § 34 Satz 1 Nummer 7, § 35 Nummer 1, 1a oder Nummer 5, § 36 Satz 1, auch in Verbindung mit Satz 2, § 37 Absatz 1 oder § 46 Absatz 2 oder
    b) § 9 Absatz 2 Nummer 1 Buchstabe c, § 14 Absatz 1 Nummer 2 oder 4, § 35 Nummer 2 oder 3, § 46 Absatz 1 Satz 1 Nummer 5, § 55 Absatz 3 Satz 1 oder 2, § 56 Absatz 1 Satz 1 Nummer 2, Absatz 2, 3 Satz 1 oder Absatz 4 Nummer 1 oder 2 in Verbindung mit Absatz 1 Satz 1 Nummer 2 oder Absatz 2, oder § 57 Absatz 7 Satz 1 Nummer 1, 2 oder 3 Buchstabe a, b oder c in Verbindung mit § 56 Absatz 1 Satz 1 Nummer 2 oder Absatz 2, oder § 57 Absatz 8 Nummer 1

    oder einer vollziehbaren Anordnung aufgrund einer solchen Rechtsverordnung zuwiderhandelt, soweit die Rechtsverordnung für einen bestimmten Tatbestand auf diese Bußgeldvorschrift verweist.

(3) Ordnungswidrig handelt, wer

1. gegen die Verordnung (EG) Nr. 178/2002[1] verstößt, indem er vorsätzlich oder fahrlässig

---

[1] **Sartorius ErgBd. Nr. 860.**

a) entgegen Artikel 15 Absatz 1 in Verbindung mit Absatz 2 Spiegelstrich 1, soweit sich dieser auf die Gesundheit des Tieres bezieht, jeweils auch in Verbindung mit Artikel 4 Absatz 1 Unterabsatz 2 der Verordnung (EG) Nr. 767/2009, ein Futtermittel in den Verkehr bringt oder verfüttert,

b) entgegen Artikel 18 Absatz 2 Unterabsatz 2 oder Absatz 3 Satz 1, jeweils auch in Verbindung mit Artikel 5 Absatz 1 der Verordnung (EG) Nr. 767/2009, ein System oder Verfahren nicht, nicht richtig oder nicht vollständig einrichtet,

c) entgegen Artikel 18 Absatz 3 Satz 2, auch in Verbindung mit Artikel 5 Absatz 1 der Verordnung (EG) Nr. 767/2009, eine Information nicht, nicht richtig, nicht vollständig oder nicht rechtzeitig zur Verfügung stellt,

d) entgegen Artikel 19 Absatz 1 Satz 1 ein Verfahren nicht, nicht vollständig oder nicht rechtzeitig einleitet, um die zuständigen Behörden zu unterrichten,

e) entgegen Artikel 19 Absatz 1 Satz 2 einen Verbraucher nicht, nicht richtig, nicht vollständig oder nicht rechtzeitig unterrichtet,

f) entgegen Artikel 19 Absatz 3 Satz 1 oder Artikel 20 Absatz 3 Satz 1, auch in Verbindung mit Artikel 5 Absatz 1 der Verordnung (EG) Nr. 767/2009, eine Mitteilung nicht, nicht richtig, nicht vollständig oder nicht rechtzeitig macht,

g) entgegen Artikel 19 Absatz 3 Satz 2 oder Artikel 20 Absatz 3 Satz 2, auch in Verbindung mit Artikel 5 Absatz 1 der Verordnung (EG) Nr. 767/2009, die Behörde nicht, nicht richtig oder nicht vollständig unterrichtet,

h) entgegen Artikel 20 Absatz 1 Satz 1 in Verbindung mit Artikel 5 Absatz 1 der Verordnung (EG) Nr. 767/2009 ein Verfahren nicht, nicht richtig oder nicht rechtzeitig einleitet, um ein Futtermittel für Tiere, die nicht der Lebensmittelgewinnung dienen, vom Markt zu nehmen oder

i) entgegen Artikel 20 Absatz 1 Satz 1, auch in Verbindung mit Artikel 5 Absatz 1 der Verordnung (EG) Nr. 767/2009, die Behörde nicht, nicht richtig, nicht vollständig oder nicht rechtzeitig unterrichtet,

2. vorsätzlich oder fahrlässig entgegen Artikel 19 der Verordnung (EG) Nr. 396/2005 ein Erzeugnis, soweit es sich dabei um ein Futtermittel handelt, verarbeitet oder mit einem anderen Erzeugnis mischt oder

3. gegen die Verordnung (EU) Nr. 10/2011 verstößt, indem er

a) vorsätzlich oder fahrlässig entgegen Artikel 4 Buchstabe e in Verbindung mit Artikel 15 Absatz 1 oder Absatz 2 ein Material oder einen Gegenstand aus Kunststoff, ein Produkt aus einer Zwischenstufe ihrer Herstellung oder einen zur Herstellung dieser Materialien und Gegenstände bestimmten Stoff in Verkehr bringt, ohne eine schriftliche Erklärung zur Verfügung zu stellen, oder

b) entgegen Artikel 16 Absatz 1 eine Unterlage nicht, nicht richtig, nicht vollständig oder nicht rechtzeitig zur Verfügung stellt.

(4) Ordnungswidrig handelt, wer vorsätzlich oder fahrlässig

1. einer unmittelbar geltenden Vorschrift in Rechtsakten der Europäischen Gemeinschaft, der Europäischen Union oder der Europäischen Atomgemeinschaft zuwiderhandelt, die inhaltlich einem in Absatz 2

a) Nummer 1 bis 13, 18, 24 oder Nummer 25 bezeichneten Gebot oder Verbot entspricht, soweit eine Rechtsverordnung nach § 62 Absatz 1

Nummer 2 Buchstabe a für einen bestimmten Tatbestand auf diese Bußgeldvorschrift verweist,

b) Nummer 19 bis 22a oder Nummer 23 bezeichneten Gebot oder Verbot entspricht, soweit eine Rechtsverordnung nach § 62 Absatz 1 Nummer 2 Buchstabe b für einen bestimmten Tatbestand auf diese Bußgeldvorschrift verweist, oder

2. einer anderen als in Absatz 3 genannten unmittelbar geltenden Vorschrift in Rechtsakten der Europäischen Gemeinschaft, der Europäischen Union oder der Europäischen Atomgemeinschaft zuwiderhandelt, die inhaltlich einer Regelung entspricht, zu der die in Absatz 2

a) Nummer 26 Buchstabe a genannten Vorschriften ermächtigen, soweit eine Rechtsverordnung nach § 62 Absatz 1 Nummer 2 Buchstabe a für einen bestimmten Tatbestand auf diese Bußgeldvorschrift verweist,

b) Nummer 26 Buchstabe b genannten Vorschriften ermächtigen, soweit eine Rechtsverordnung nach § 62 Absatz 1 Nummer 2 Buchstabe b für einen bestimmten Tatbestand auf diese Bußgeldvorschrift verweist.

(5) Die Ordnungswidrigkeit kann

1. in den Fällen des Absatzes 1 Nummer 1 mit einer Geldbuße bis zu hunderttausend Euro,
2. in den Fällen des Absatzes 1 Nummer 2, des Absatzes 2 Nummer 1 bis 13, 18, 24, 25 und 26 Buchstabe a, des Absatzes 3 Nummer 1 und 3 sowie des Absatzes 4 Nummer 1 Buchstabe a und Nummer 2 Buchstabe a mit einer Geldbuße bis zu fünfzigtausend Euro,
3. in den übrigen Fällen mit einer Geldbuße bis zu zwanzigtausend Euro

geahndet werden.

§ 61 Einziehung. [1] Gegenstände, auf die sich eine Straftat nach § 58 oder § 59 oder eine Ordnungswidrigkeit nach § 60 bezieht, können eingezogen werden. [2] § 74a des Strafgesetzbuches[1)] und § 23 des Gesetzes über Ordnungswidrigkeiten[2)] sind anzuwenden.

§ 62 Ermächtigungen. (1) Das Bundesministerium wird ermächtigt, soweit dies zur Durchsetzung der Rechtsakte der Europäischen Gemeinschaft, der Europäischen Union oder der Europäischen Atomgemeinschaft erforderlich ist, durch Rechtsverordnung ohne Zustimmung des Bundesrates die Tatbestände zu bezeichnen, die

1. als Straftat nach § 58 Absatz 3 oder § 59 Absatz 3 Nummer 1 oder 2 Buchstabe a zu ahnden sind oder
2. als Ordnungswidrigkeit nach
   a) § 60 Absatz 4 Nummer 1 Buchstabe a oder Nummer 2 Buchstabe a oder
   b) § 60 Absatz 4 Nummer 1 Buchstabe b oder Nummer 2 Buchstabe b

   geahndet werden können.

(2) Das Bundesministerium für Umwelt, Naturschutz und nukleare Sicherheit wird ermächtigt, soweit dies zur Durchsetzung der Rechtsakte der Europäischen Gemeinschaft, der Europäischen Union oder der Europäischen Atom-

---

[1)] **Habersack (vormals Schönfelder) Nr. 85.**
[2)] Nr. **72.2.**

gemeinschaft erforderlich ist, durch Rechtsverordnung ohne Zustimmung des Bundesrates die Tatbestände zu bezeichnen, die als Straftat nach § 59 Absatz 3 Nummer 2 Buchstabe b zu ahnden sind.

Abschnitt 11. Schlussbestimmungen

§ 63[1] *(aufgehoben)*

§ 64 Amtliche Sammlung von Untersuchungsverfahren; Bekanntmachungen. (1) [1]Das Bundesamt für Verbraucherschutz und Lebensmittelsicherheit veröffentlicht eine amtliche Sammlung von Verfahren zur Probenahme und Untersuchung von den in § 2 Absatz 1 genannten Erzeugnissen mit Ausnahme von Futtermitteln sowie von mit Lebensmitteln verwechselbaren Produkten. [2]Die Verfahren werden unter Mitwirkung von Sachkennern aus den Bereichen der Überwachung, der Wissenschaft und der beteiligten Wirtschaft festgelegt. [3]Die Sammlung ist laufend auf dem neuesten Stand zu halten.

(2) [1]Das Bundesamt für Verbraucherschutz und Lebensmittelsicherheit veröffentlicht eine amtliche Sammlung von Verfahren zur Probenahme und von Analysemethoden für die Untersuchung von Futtermitteln. [2]Vor deren Veröffentlichung soll ein jeweils auszuwählender Kreis von Vertretern der Wissenschaft, der Fütterungsberatung, der Futtermitteluntersuchung, der Futtermittelüberwachung, der Landwirtschaft und der sonst beteiligten Wirtschaft angehört werden.

(3) Zulassungen, Registrierungen, Genehmigungen und Anzeigen werden vom Bundesamt für Verbraucherschutz und Lebensmittelsicherheit im Bundesanzeiger bekannt gemacht, soweit dies durch dieses Gesetz oder eine aufgrund dieses Gesetzes erlassene Rechtsverordnung bestimmt ist.

§ 65 Aufgabendurchführung. [1]Das Bundesministerium wird ermächtigt,

1. durch Rechtsverordnung ohne Zustimmung des Bundesrates, soweit es zur Erfüllung der in § 1 genannten Zwecke erforderlich ist, dem Bundesamt für Verbraucherschutz und Lebensmittelsicherheit, dem Bundesinstitut für Risikobewertung oder dem Max Rubner-Institut, Bundesforschungsinstitut für Ernährung und Lebensmittel, die Funktion eines gemeinschaftlichen oder nationalen Referenzlabors mit den dazugehörigen Aufgaben zuzuweisen,
2. um eine einheitliche Durchführung im Hinblick auf Berichtspflichten, die sich aus Rechtsakten der Europäischen Gemeinschaft oder Europäischen Union ergeben und gegenüber den Organen der Europäischen Union bestehen, zu fördern, durch Rechtsverordnung mit Zustimmung des Bundesrates zu bestimmen, dass die zuständigen Behörden der Länder die zur Erfüllung dieser Berichtspflichten erforderlichen Daten dem Bundesamt für Verbraucherschutz und Lebensmittelsicherheit oder dem Bundesinstitut für Risikobewertung zu übermitteln haben,
3. durch Rechtsverordnung mit Zustimmung des Bundesrates
   a) das Bundesamt für Verbraucherschutz und Lebensmittelsicherheit im Rahmen der ihm durch § 2 Absatz 1 des BVL-Gesetzes zugewiesenen Tätigkeiten,

---

[1] § 63 aufgeh. mWv 1.10.2021 durch G v. 18.7.2016 (BGBl. I S. 1666).

b) das Bundesinstitut für Risikobewertung im Rahmen der ihm durch § 2 Absatz 1 des BfR-Gesetzes zugewiesenen Tätigkeiten oder

c) die Bundesanstalt für Landwirtschaft und Ernährung im Rahmen der ihr durch § 2 Absatz 1 Nummer 1 bis 7 des Gesetzes über die Errichtung einer Bundesanstalt für Landwirtschaft und Ernährung zugewiesenen Aufgaben

als zuständige Stelle für die Durchführung von Rechtsakten der Europäischen Gemeinschaft oder der Europäischen Union im Anwendungsbereich dieses Gesetzes zu bestimmen, soweit dies zur einheitlichen Durchführung von Rechtsakten der Europäischen Gemeinschaft oder der Europäischen Union erforderlich ist.

[2]Soweit im Fall des Satzes 1 Nummer 2 der Anwendungsbereich des § 13 Absatz 5 Satz 1 betroffen ist, tritt an die Stelle des Bundesministeriums das Bundesministerium für Umwelt, Naturschutz und nukleare Sicherheit im Einvernehmen mit dem Bundesministerium.

§ 66 Statistik. (1) Über die Schlachttier- und Fleischuntersuchung und deren Ergebnis ist eine Statistik zu führen, die vom Statistischen Bundesamt zu erheben und aufzubereiten ist.

(2) Das Bundesministerium wird ermächtigt, durch Rechtsverordnung mit Zustimmung des Bundesrates zur Erlangung einer umfassenden Übersicht

1. das Nähere über Art und Inhalt der Statistik nach Absatz 1 zu regeln,
2. Meldungen über die Ergebnisse bestimmter Untersuchungen vorzuschreiben; auskunftspflichtig sind die zuständigen Behörden.

§ 67 Ausnahmeermächtigungen für Krisenzeiten. (1) [1]Das Bundesministerium wird ermächtigt, im Einvernehmen mit dem Bundesministerium für Wirtschaft und Energie durch Rechtsverordnung ohne Zustimmung des Bundesrates Ausnahmen von den Vorschriften dieses Gesetzes und der aufgrund dieses Gesetzes erlassenen Rechtsverordnungen zuzulassen, wenn die lebensnotwendige Versorgung der Bevölkerung mit Lebensmitteln, kosmetischen Mitteln oder Bedarfsgegenständen sonst ernstlich gefährdet wäre. [2]Satz 1 gilt nicht für die Verbote der §§ 5 und 30 sowie für nach § 13 Absatz 1 Nummer 1 bis 4 und Absatz 5 Satz 1 und nach § 34 für Lebensmittel erlassenen Rechtsverordnungen. [3]Ausnahmen von dem Verbot des § 8 bedürfen zusätzlich des Einvernehmens mit den in § 8 Absatz 2 genannten Bundesministerien.

(2) [1]Das Bundesministerium wird ferner ermächtigt, durch Rechtsverordnung ohne Zustimmung des Bundesrates Ausnahmen von den Vorschriften dieses Gesetzes und der aufgrund dieses Gesetzes erlassenen Rechtsverordnungen zuzulassen, wenn die lebensnotwendige Versorgung der Tiere mit Futtermitteln oder die Produktion tierischer Erzeugnisse oder sonstiger Produkte sonst ernstlich gefährdet wäre. [2]Satz 1 gilt nicht für die Verbote der §§ 17 bis 20.

(3) Die Geltungsdauer von Rechtsverordnungen nach Absatz 1 oder 2 ist zu befristen; Rechtsverordnungen nach Absatz 1 oder 2 sind aufzuheben, wenn die Gefahr, die Anlass für die angeordneten Ausnahmen war, beendet ist.

§ 68 Zulassung von Ausnahmen. (1) [1] Von den Vorschriften dieses Gesetzes und der aufgrund dieses Gesetzes erlassenen Rechtsverordnungen können im Einzelfall auf Antrag Ausnahmen nach Maßgabe der Absätze 2 und 3 zugelassen werden. [2] Satz 1 gilt nicht für

1. die Verbote der §§ 5 und 17 Absatz 1 Satz 1 Nummer 1 und der §§ 20, 26 und 30 und
2. nach § 13 Absatz 1 Nummer 1 bis 4 und Absatz 5 Satz 1, § 14 Absatz 2 Nummer 1 und § 34 erlassene Rechtsverordnungen.

(2) Ausnahmen dürfen nur zugelassen werden

1. für das Herstellen, Behandeln und Inverkehrbringen bestimmter Lebensmittel, Mittel zum Tätowieren, kosmetischer Mittel oder Bedarfsgegenstände, sofern Ergebnisse zu erwarten sind, die für eine Änderung oder Ergänzung der für Lebensmittel, Mittel zum Tätowieren, kosmetische Mittel oder Bedarfsgegenstände geltenden Vorschriften von Bedeutung sein können, unter amtlicher Beobachtung oder sofern eine Angleichung der Rechtsvorschriften an Rechtsakte der Europäischen Gemeinschaft oder der Europäischen Union noch nicht erfolgt ist; dabei sollen die schutzwürdigen Interessen des Einzelnen sowie alle Faktoren, die die allgemeine Wettbewerbslage des betreffenden Industriezweiges beeinflussen können, angemessen berücksichtigt werden,
2. für das Herstellen, Behandeln und Inverkehrbringen bestimmter Lebensmittel als Sonderverpflegung für Angehörige
   a) der Bundeswehr und verbündeter Streitkräfte,
   b) der Bundespolizei und der Polizei,
   c) des Katastrophenschutzes, des Warn- und Alarmdienstes und der sonstigen Hilfs- und Notdienste

   einschließlich der hierfür erforderlichen Versuche sowie der Abgabe solcher Lebensmittel an andere, wenn dies zur ordnungsgemäßen Vorratshaltung erforderlich ist,
3. für das Herstellen, den Vertrieb und die Ausgabe bestimmter Lebensmittel als Notrationen für die Bevölkerung,
4. in sonstigen Fällen, in denen besondere Umstände, insbesondere der drohende Verderb von Lebensmitteln oder Einzelfuttermitteln oder Mischfuttermitteln, dies zur Vermeidung unbilliger Härten geboten erscheinen lassen; das Bundesministerium ist von den getroffenen Maßnahmen zu unterrichten.

(3) Ausnahmen dürfen nur zugelassen werden, wenn Tatsachen die Annahme rechtfertigen, dass eine Gefahr für die menschliche oder tierische Gesundheit nicht zu erwarten ist; Ausnahmen dürfen nicht zugelassen werden

1. in den Fällen des Absatzes 2 Nummer 1 und 4 von den Rechtsvorschriften über ausreichende Kenntlichmachung,
2. in den Fällen des Absatzes 2 Nummer 4 von den Verboten der §§ 8 und 10.

(4) [1] Zuständig für die Zulassung von Ausnahmen nach Absatz 2 Nummer 1 und 3 ist das Bundesamt für Verbraucherschutz und Lebensmittelsicherheit im Einvernehmen mit dem Bundesamt für Wirtschaft und Ausfuhrkontrolle, im Fall des Absatzes 2 Nummer 3 auch im Einvernehmen mit der Bundesanstalt Technisches Hilfswerk. [2] In den Fällen des Absatzes 2 Nummer 2 ist hinsichtlich der Organisationen des Bundes und der verbündeten Streitkräfte das Bundes-

ministerium im Einvernehmen mit dem für diese fachlich zuständigen Bundesministerium zuständig. [3]In den übrigen Fällen des Absatzes 2 Nummer 2 sowie in den Fällen des Absatzes 2 Nummer 4 sind die von den Landesregierungen bestimmten Behörden zuständig. [4]Die Zulassung kann mit Auflagen versehen werden.

(5) [1]Die Zulassung einer Ausnahme nach Absatz 2 ist auf längstens drei Jahre zu befristen. [2]In den Fällen des Absatzes 2 Nummer 1 kann sie auf Antrag dreimal, in den Fällen des Absatzes 2 Nummer 2 und 3 wiederholt um jeweils längstens 3 Jahre verlängert werden, sofern die Voraussetzungen für die Zulassung fortdauern.

(6) [1]Die Zulassung einer Ausnahme kann jederzeit aus wichtigem Grund widerrufen werden. [2]Hierauf ist bei der Zulassung hinzuweisen.

(7) Das Bundesministerium wird ermächtigt, durch Rechtsverordnung mit Zustimmung des Bundesrates in den Fällen des Absatzes 2 Nummer 1, 2, soweit es sich um Organisationen des Bundes oder um verbündete Streitkräfte handelt, und Nummer 3 Vorschriften über das Verfahren bei der Zulassung von Ausnahmen, insbesondere über Art und Umfang der vom Antragsteller beizubringenden Nachweise und sonstigen Unterlagen sowie über die Veröffentlichung von Anträgen oder erteilten Ausnahmen zu erlassen.

§ 69 Zulassung weiterer Ausnahmen. [1]Die nach Landesrecht zuständige Behörde kann im Einzelfall

1. zeitlich befristete Ausnahmen von § 21 Absatz 1 und 2 und den durch Rechtsverordnung nach § 23a Nummer 8 und 9 erlassenen Vorschriften für entsprechend gekennzeichnete Futtermittel zu Forschungs- und Untersuchungszwecken zulassen, wenn das Vorhaben unter wissenschaftlicher Leitung oder Aufsicht steht; sie unterrichtet das Bundesministerium von den getroffenen Maßnahmen,
2. zeitlich befristete Ausnahmen von § 21 Absatz 2 und den für Futtermittel nach § 35 Nummer 1 und 2 Buchstabe a erlassenen Rechtsverordnungen zulassen, soweit besondere Umstände, insbesondere Naturereignisse oder Unfälle, dies zur Vermeidung unbilliger Härten geboten erscheinen lassen und es mit den in § 1 genannten Zwecken vereinbar ist; sie sorgt für eine entsprechende Kennzeichnung und unterrichtet das Bundesministerium von den getroffenen Maßnahmen,
3. Ausnahmen von § 53 Absatz 1 Satz 1 hinsichtlich Futtermitteln zur Fütterung von Tieren, die zur Teilnahme an Tierschauen oder ähnlichen Veranstaltungen aus einem Drittland in die Europäische Union verbracht worden sind, sowie für Forschungs- und Untersuchungszwecke zulassen,
4. Ausnahmen von den Vorschriften der Verordnung (EG) Nr. 767/2009 nach Maßgabe des Artikels 21 Absatz 8 der Verordnung (EG) Nr. 767/2009 zulassen; sie unterrichtet unverzüglich das Bundesministerium von den getroffenen Maßnahmen.

[2]Die nach Landesrecht zuständige Behörde kann darüber hinaus

1. Stoffe als Futtermittelzusatzstoffe nach Maßgabe des Artikels 3 der Verordnung (EG) Nr. 1831/2003 in der jeweils geltenden Fassung,
2. in den Fällen der Nummer 1 Ausnahmen von § 21 Absatz 3 Satz 1

zulassen.

§ 70 Rechtsverordnungen in bestimmten Fällen. (1) Rechtsverordnungen nach diesem Gesetz, die der Zustimmung des Bundesrates bedürfen, können bei Gefahr im Verzuge oder wenn ihr unverzügliches Inkrafttreten zur Durchführung von Rechtsakten der Europäischen Gemeinschaft oder der Europäischen Union erforderlich ist, ohne Zustimmung des Bundesrates erlassen werden.

(2) Das Bundesministerium kann ferner ohne Zustimmung des Bundesrates Rechtsverordnungen nach § 7, § 8 Absatz 2, § 9 Absatz 2 oder § 10 Absatz 4 ändern, soweit unvorhergesehene gesundheitliche Bedenken eine sofortige Änderung einer Rechtsverordnung erfordern.

(3) Bei Gefahr im Verzuge und soweit dies nach gemeinschaftsrechtlichen oder unionsrechtlichen Vorschriften zulässig ist, kann das Bundesministerium durch Rechtsverordnung ohne Zustimmung des Bundesrates zum Zweck des § 1 Absatz 1 Nummer 1 oder 4 Buchstabe a die Anwendung eines unmittelbar geltenden Rechtsaktes der Europäischen Gemeinschaft oder der Europäischen Union aussetzen oder beschränken.

(4) [1] Rechtsverordnungen nach den Absätzen 1 bis 3 bedürfen nicht des Einvernehmens mit den jeweils zu beteiligenden Bundesministerien. [2] Die Rechtsverordnungen treten spätestens sechs Monate nach ihrem Inkrafttreten außer Kraft. [3] Ihre Geltungsdauer kann nur mit Zustimmung des Bundesrates verlängert werden.

(5) Rechtsverordnungen nach diesem Gesetz, die ausschließlich der Umsetzung verbindlicher technischer Vorschriften aus Richtlinien oder Entscheidungen der Europäischen Gemeinschaft oder aus Richtlinien, Beschlüssen oder Entscheidungen der Europäischen Union dienen, können ohne Zustimmung des Bundesrates erlassen werden.

(6) Das Bundesministerium wird ermächtigt, durch Rechtsverordnung ohne Zustimmung des Bundesrates Verweisungen auf Vorschriften in Rechtsakten der Europäischen Gemeinschaft oder der Europäischen Union in diesem Gesetz oder in aufgrund dieses Gesetzes erlassenen Rechtsverordnungen zu ändern, soweit es zur Anpassung an Änderungen dieser Vorschriften erforderlich ist.

(7) Das Bundesministerium wird ermächtigt, durch Rechtsverordnung ohne Zustimmung des Bundesrates Vorschriften dieses Gesetzes oder der aufgrund dieses Gesetzes erlassenen Rechtsverordnungen zu streichen oder in ihrem Wortlaut einem verbleibenden Anwendungsbereich anzupassen, soweit sie durch den Erlass entsprechender Vorschriften in unmittelbar geltenden Rechtsakten der Europäischen Gemeinschaft oder der Europäischen Union im Anwendungsbereich dieses Gesetzes unanwendbar geworden sind.

(8) Soweit es zur besseren Lesbarkeit erforderlich ist, wird das Bundesministerium ermächtigt, durch Rechtsverordnung ohne Zustimmung des Bundesrates in aufgrund dieses Gesetzes erlassenen Rechtsverordnungen die Einzelvorschriften, deren Untergliederungen und die Anlagen mit neuen Ordnungszeichen zu versehen und die übrigen Gliederungseinheiten entsprechend anzupassen; inhaltliche Änderungen dürfen dabei nicht vorgenommen werden.

(9) Die Rechtsverordnungen nach Absatz 6, 7 und 8 werden vom Bundesministerium für Umwelt, Naturschutz und nukleare Sicherheit im Einvernehmen mit dem Bundesministerium erlassen, soweit Rechtsverordnungen aufgrund des § 13 Absatz 5 oder des § 62 Absatz 2 betroffen sind.

(10) Soweit Rechtsverordnungen nach diesem Gesetz für Lebensmittel erlassen werden können, können solche Rechtsverordnungen auch für lebende Tiere im Sinne des § 4 Absatz 1 Nummer 1 erlassen werden.

(11) Soweit für das Verbringen von Erzeugnissen, einschließlich lebender Tiere nach § 4 Absatz 1 Nummer 1, Rechtsverordnungen nach diesem Gesetz erlassen werden können, können solche Rechtsverordnungen auch für

1. das Verbringen von Erzeugnissen, einschließlich lebender Tiere im Sinne des § 4 Absatz 1 Nummer 1, unter Abfertigung zum freien Verkehr oder
2. das Verbringen von Erzeugnissen, einschließlich lebender Tiere im Sinne des § 4 Absatz 1 Nummer 1, mit dem Ziel der Abfertigung zum freien Verkehr

erlassen werden, soweit dies zur Erfüllung der in § 1 genannten Zwecke erforderlich ist.

(12) [1] Abweichend von § 9 Absatz 2 oder § 21 Absatz 3 Satz 4 bedürfen Rechtsverordnungen nach § 9 Absatz 2 Nummer 2 Buchstabe b oder nach § 21 Absatz 3 Satz 4 Nummer 2 nicht der Zustimmung des Bundesrates und, in den Fällen des § 9 Absatz 2 Nummer 2 Buchstabe b, nicht des Einvernehmens des Bundesministeriums für Wirtschaft und Energie. [2] Das Bundesministerium wird ermächtigt, durch Rechtsverordnung ohne Zustimmung des Bundesrates die Befugnis zum Erlass von Rechtsverordnungen nach § 9 Absatz 2 Nummer 2 Buchstabe b oder nach § 21 Absatz 3 Satz 4 Nummer 2 ganz oder teilweise auf das Bundesamt für Verbraucherschutz und Lebensmittelsicherheit zu übertragen. [3] Rechtsverordnungen des Bundesamtes für Verbraucherschutz und Lebensmittelsicherheit aufgrund einer Rechtsverordnung nach Satz 2 bedürfen nicht der Zustimmung des Bundesrates und, in den Fällen des § 9 Absatz 2 Nummer 2 Buchstabe b, nicht des Einvernehmens des Bundesministeriums für Wirtschaft und Energie.

(13) [1] In den Rechtsverordnungen aufgrund dieses Gesetzes kann die jeweilige Ermächtigung ganz oder teilweise auf die Landesregierungen übertragen werden. [2] Soweit eine nach Satz 1 erlassene Rechtsverordnung die Landesregierungen zum Erlass von Rechtsverordnungen ermächtigt, sind diese befugt, die Ermächtigung durch Rechtsverordnung ganz oder teilweise auf andere Behörden zu übertragen.

(14) [1] Die Landesregierungen werden ermächtigt, Rechtsverordnungen nach § 14 Absatz 1 Nummer 4 hinsichtlich der Voraussetzungen, unter denen milchwirtschaftliche Unternehmen bestimmte Bezeichnungen wie Molkerei, Meierei, Sennerei oder Käserei führen dürfen, zu erlassen, solange der Bund von seiner Ermächtigung nach § 14 Absatz 1 Nummer 4 insoweit keinen Gebrauch gemacht hat oder sich in einer Rechtsverordnung die Regelung bestimmter Gegenstände nicht ausdrücklich vorbehält. [2] Die Landesregierungen sind befugt, die Ermächtigung durch Rechtsverordnung ganz oder teilweise auf andere Behörden zu übertragen.

§ 71 Beteiligung der Öffentlichkeit. [1] Vor Erlass von Rechtsverordnungen nach diesem Gesetz ist die in Artikel 9 der Verordnung (EG) Nr. 178/2002[1)] vorgesehene Beteiligung der Öffentlichkeit durchzuführen. [2] Dies gilt nicht für Rechtsverordnungen nach den §§ 46, 55 und 70 Absatz 1 bis 3 und 5 bis 9.

[1)] **Sartorius ErgBd. Nr. 860.**

§ 72 Außenverkehr. [1]Der Verkehr mit den zuständigen Behörden anderer Mitgliedstaaten und anderen Vertragsstaaten des Abkommens über den Europäischen Wirtschaftsraum sowie mit der Europäischen Kommission, Einrichtungen der Europäischen Union und der EFTA-Überwachungsbehörde obliegt dem Bundesministerium. [2]Es kann diese Befugnis durch Rechtsverordnung ohne Zustimmung des Bundesrates auf Bundesoberbehörden oder bundesunmittelbare rechtsfähige Anstalten des öffentlichen Rechts, durch Rechtsverordnung mit Zustimmung des Bundesrates auf die zuständigen obersten Landesbehörden übertragen. [3]Ferner kann es im Einzelfall im Benehmen mit der zuständigen obersten Landesbehörde dieser die Befugnis übertragen. [4]Die obersten Landesbehörden können die Befugnisse nach den Sätzen 2 und 3 auf andere Behörden übertragen.

§ 73 Verkündung von Rechtsverordnungen. [1]Rechtsverordnungen nach diesem Gesetz können abweichend von § 2 Absatz 1 des Verkündungs- und Bekanntmachungsgesetzes[1)] im Bundesanzeiger verkündet werden.

§ 74 Geltungsbereich bestimmter Vorschriften. § 9 Absatz 1 Satz 1 Nummer 3, § 21 Absatz 3 Satz 1 Nummer 3, § 59 Absatz 1 Nummer 6, soweit er auf § 9 Absatz 1 Satz 1 Nummer 3 verweist, und Absatz 2 Nummer 2 und § 60 Absatz 2 Nummer 8, soweit er auf § 21 Absatz 3 Satz 1 Nummer 3 verweist, und Absatz 3 Nummer 2 gelten nicht für Erzeugnisse, für die nach Maßgabe des Artikels 49 Absatz 1 der Verordnung (EG) Nr. 396/2005 die Anforderungen des Kapitels III der vorgenannten Verordnung nicht gelten.

§ 75[2)] Übergangsregelungen. (1) Hinsichtlich der Verfolgung von Straftaten sind auf Sachverhalte, die vor dem 4. August 2011 entstanden sind, § 10 Absatz 1 Satz 1, Absatz 3 Nummer 2 und § 58 Absatz 1 Nummer 4 in der bis zum 3. August 2011 geltenden Fassung weiter anzuwenden.

(2) [1]Für Sachverhalte, die bis zu dem Tag, der dem Datum des Tages 18 Monate nach dem Tag der Anwendung der Gemeinschaftsliste[3)] nach Artikel 30 Unterabsatz 3 der Verordnung (EG) Nr. 1334/2008 entspricht, entstanden sind, gilt Satz 2. [2]Als Lebensmittelzusatzstoffe gelten nicht zur Verwendung in Lebensmitteln bestimmte Aromen, ausgenommen künstliche Aromastoffe im Sinne des Artikels 1 Absatz 2 Buchstabe b Unterbuchstabe iii der Richtlinie 88/388/EWG des Rates vom 22. Juni 1988 zur Angleichung der Rechtsvorschriften der Mitgliedstaaten über Aromen zur Verwendung in Lebensmitteln und über Ausgangsstoffe für ihre Herstellung (ABl. L 184 vom 15.7.1988, S. 61,

---

[1)] Nr. **11.9**.

[2)] Beachte hierzu Maßgabe gem. § 4 der MitÜbermitV v. 28.12.2011 (BGBl. 2012 I S. 58) (BGBl I 2012 S. 58) zu Abs. 4 Satz 1 mWv. 1. Mai 2012.

[3)] Nach Artikel 10 Satz 2 der Verordnung (EU) Nr. 872/2012 v. 1.10.2012 (ABl. L 267 S. 1) der Kommission vom 1. Oktober 2012 zur Festlegung der Liste der Aromastoffe gemäß der Verordnung (EG) Nr. 2232/96 v. 28.10.1996 (ABl. L 299 S. 1), zuletzt geänd. durch VO v. 29.9.2003 (ABl. L 284 S. 1) des Europäischen Parlaments und des Rates, zur Aufnahme dieser Liste in Anhang I der Verordnung (EG) Nr. 1334/2008 v. 16.12.2008 (ABl. L 354 S. 34, ber. ABl. 2010 L 105 S. 115, ABl. 2020 L 406 S. 67), zuletzt geänd. durch VO v. 17.9.2021 (ABl. Nr. L 330 S. 69) des Europäischen Parlaments und des Rates sowie zur Aufhebung der Verordnung (EG) Nr. 1565/2000 der Kommission und der Entscheidung 1999/217/EG der Kommission (ABl. L 267 vom 2.10.2012, S. 1) ist die in § 75 Absatz 2 Satz 1 bezeichnete Gemeinschaftsliste ab dem 22. April 2013 anzuwenden.

Die in § 75 Absatz 2 Satz 2 bezeichneten Vorschriften sind bis zum Ablauf des 21. Oktober 2014 anzuwenden.

L 345 vom 14.12.1988, S. 29), die zuletzt durch die Verordnung (EG) Nr. 1882/2003 (ABl. L 284 vom 31.10.2003, S. 1) geändert worden ist. [3]Das Bundesministerium macht den Tag nach Satz 1 im Bundesgesetzblatt bekannt.

(3) Es sind anzuwenden:

1. § 59 Absatz 2 Nummer 5 Buchstabe a und c Doppelbuchstabe aa, bb und cc im Hinblick auf Artikel 4 Absatz 1 und Artikel 5 der Verordnung (EG) Nr. 1333/2008 ab dem Tag der Anwendung der Gemeinschaftsliste nach Artikel 4 Absatz 1 der Verordnung (EG) Nr. 1333/2008,
2. § 59 Absatz 2 Nummer 5 Buchstabe b im Hinblick auf Artikel 4 Absatz 2 der Verordnung (EG) Nr. 1333/2008 ab dem Tag der Anwendung der Gemeinschaftsliste nach Artikel 4 Absatz 2 der Verordnung (EG) Nr. 1333/2008,
3. § 59 Absatz 2 Nummer 6 Buchstabe b ab dem Tag, der dem Datum des Tages 18 Monate nach dem Tag der Anwendung der Gemeinschaftsliste[1)] nach Artikel 30 Unterabsatz 3 der Verordnung (EG) Nr. 1334/2008 entspricht,
4. § 59 Absatz 2 Nummer 4 ab dem Tag der Anwendung der Gemeinschaftsliste nach Artikel 24 Absatz 2 der Verordnung (EG) Nr. 1332/2008.

(4) [1]Hinsichtlich der Verfolgung von Straftaten sind auf Sachverhalte, die vor dem 10. August 2021 entstanden sind, § 2 Absatz 3 Satz 2 Nummer 1 und 3 jeweils in Verbindung mit § 4 Absatz 1 Nummer 2 und § 6 Absatz 1, § 11 Absatz 2 Nummer 2, § 19, §§ 26 bis 29, § 39 Absatz 1, 2 und 7 sowie § 58 Absatz 1 Nummer 11, 12 und 17 Buchstabe a und b, Absatz 2a Nummer 2, § 59 Absatz 1 Nummer 1 bis 5, 8, 9, 13, 14, 19 Buchstabe b, Nummer 20 und 21 Buchstabe a und § 60 Absatz 1 Nummer 2, Absatz 2 Nummer 22a und 26a in der bis zum 9. August 2021 geltenden Fassung weiter anzuwenden. [2]Hinsichtlich der Verfolgung von Straftaten ist auf Sachverhalte, die vor dem 1. April 2020 entstanden sind, § 59 Absatz 2 Nummer 3a in der bis zum 9. August 2021 geltenden Fassung weiter anzuwenden.

(5) Soweit durch Änderungen dieses Gesetzes Ermächtigungen zum Erlass von Rechtsverordnungen des Bundes weggefallen sind, können Vorschriften, die auf solche Ermächtigungen gestützt sind, durch Rechtsverordnung des Bundesministeriums mit Zustimmung des Bundesrates aufgehoben werden.

(5a) Soweit durch Änderungen dieses Gesetzes oder durch Änderung von aufgrund dieses Gesetzes erlassenen Rechtsverordnungen Ermächtigungen zum Erlass von Rechtsverordnungen der Länder weggefallen sind, können Vorschriften, die auf solche Ermächtigungen gestützt sind, durch Rechtsverordnung der Landesregierungen aufgehoben werden.

(6) Das Bundesministerium für Ernährung und Landwirtschaft macht jeweils die Tage, ab denen die in Absatz 3 bezeichneten Vorschriften anzuwenden sind, im Bundesgesetzblatt bekannt.

[1)] Nach Artikel 10 Satz 2 der Verordnung (EU) Nr. 872/2012 v. 1.10.2012 (ABl. L 267 S. 1) ist die in § 75 Absatz 3 Nummer 3 bezeichnete Gemeinschaftsliste ab dem 22. April 2013 anzuwenden.
Die in § 75 Absatz 3 Nummer 3 bezeichnete Vorschrift ist ab dem 22. Oktober 2014 anzuwenden.

36.2. Paßgesetz (PaßG)[1] [2] [3] [4]

Vom 19. April 1986
(BGBl. I S. 537)

FNA 210-5

geänd. durch Art. 7 BetreuungsG v. 12.9.1990 (BGBl. I S. 2002), Art. 2 G zur Änd. des G über Personalausweise und des PaßG v. 30.7.1996 (BGBl. I S. 1182), Art. 2 G zur Reform des Staatsangehörigkeitsrechts v. 15.7.1999 (BGBl. I S. 1618), Art. 1 G zur Änd. des Pass- und Personalausweisrechts v. 1.5.2000 (BGBl. I S. 626), Art. 25 Sechstes Euro-EinführungsG v. 3.12.2001 (BGBl. I S. 3306), Art. 7 TerrorismusbekämpfungsG v. 9.1.2002 (BGBl. I S. 361), Art. 4 MelderechtsrahmenG-ÄndG v. 25.3.2002 (BGBl. I S. 1186), Art. 13 Drittes VerwaltungsverfahrensrechtsÄndG v. 21.8.2002 (BGBl. I S. 3322), Art. 13 G zur Umbenennung des Bundesgrenzschutzes in Bundespolizei v. 21.6.2005 (BGBl. I S. 1818), Art. 7b TerrorismusbekämpfungsergänzungsG v. 5.1.2007 (BGBl. I S. 2), Art. 1 ÄndG v. 20.7.2007 (BGBl. I S. 1566, ber. S. 2317), Art. 11 G zur Änd. des BundespolizeiG und anderer Gesetze v. 26.2.2008 (BGBl. I S. 215), Art. 2 G über Personalausweise und den elektronischen Identitätsnachweis sowie zur Änd. weiterer Vorschriften v. 18.6.2009 (BGBl. I S. 1346), Art. 4 Abs. 2 G zur Verfolgung der Vorbereitung von schweren staatsgefährdenden Gewalttaten v. 30.7.2009 (BGBl. I S. 2437), Art. 2 Abs. 4 G zur Fortentwicklung des Meldewesens v. 3.5.2013 (BGBl. I S. 1084, geänd. durch G v. 20.11.2014, BGBl. I S. 1738), Art. 8 G zur Förderung der elektronischen Verwaltung sowie zur Änd. weiterer Vorschriften v. 25.7.2013 (BGBl. I S. 2749), Art. 2 G zur Änd. des PersonalausweisG zur Einführung eines Ersatz-Personalausweises und zur Änd. des PassG v. 20.6.2015 (BGBl. I S. 970), Art. 3 G zur Förderung des elektronischen Identitätsnachweises v. 7.7.2017 (BGBl. I S. 2310), Art. 4 G zur Einführung einer Karte für Unionsbürger und Angehörige des Europäischen Wirtschaftsraums mit Funktion zum elektronischen Identitätsnachweis sowie zur Änd. des PersonalausweisG und weiterer Vorschriften v. 21.6.2019 (BGBl. I S. 846), Art. 78 Elfte ZuständigkeitsanpassungsVO v. 19.6.2020 (BGBl. I S. 1328), Art. 1, Art. 12 G zur Stärkung der Sicherheit im Pass-, Ausweis- und ausländerrechtlichen Dokumentenwesen v. 3.12.2020 (BGBl. I S. 2744), Art. 7 RegistermodernisierungsG[5] v. 28.3.2021 (BGBl. I S. 591) und Art. 1 G zur Einführung eines elektronischen Identitätsnachweises mit einem mobilen Endgerät v. 5.7.2021 (BGBl. I S. 2281)

---

[1] Verkündet als Art. 1 PassG und G zur Änd. der StrafprozessO v. 19.4.1986 (BGBl. I S. 537); Inkrafttreten gem. Art. 4 Abs. 1 Satz 1 dieses G am 1.1.1988.

[2] Siehe hierzu auch die AVwV über die Ausstellung amtl. Pässe der Bundesrepublik Deutschland v. 11.11.2003 (BAnz. Nr. 229 S. 25181), aufgeh. durch VwV v. 27.6.2014 (BAnz AT 14.07.2014 B1). Für Ausländer siehe das AufenthaltsG **(Sartorius Nr. 565)** und die AufenthaltsVO **(Sartorius Nr. 566)**.

[3] Die Änderungen durch G v. 3.12.2020 (BGBl. I S. 2744) treten teilweise erst **mWv 1.5.2025** in Kraft und die Änderungen durch G v. 28.3.2021 (BGBl. I S. 591) treten teilweise erst **mit noch unbestimmtem Datum** in Kraft und sind insoweit im Text noch nicht berücksichtigt.

[4] Zur Ausführung und Durchführung des PassG haben die Länder ua folgende Vorschriften erlassen:
- **Bayern:** G zur Ausführung des Paß- und PersonalausweisG v. 7.5.2013 (GVBl. S. 249), zuletzt geänd. durch V v. 26.3.2019 (GVBl. S. 98);
- **Berlin:** PassausführungsG v. 8.12.2000 (GVBl. S. 515), aufgeh. durch G v. 17.12.2020 (GVBl. S. 1485);
- **Hessen:** Hess. Ausweisrecht-AusführungsG v. 8.10.2020 (GVBl. S. 713);
- **Nordrhein-Westfalen:** Ausführungsanweisung zum PaßG v. 13.4.2010 (MBl. NRW. S. 322);
- **Rheinland-Pfalz:** G zur Ausführung des Pass- und PersonalausweisG v. 21.10.2015 (GVBl. S. 365, 368), geänd. durch G v. 23.9.2020 (GVBl. S. 535);
- **Sachsen:** Pass- und PersonalausweisG AusführungsG v. 29.9.2010 (SächsGVBl. S. 263), geänd. durch G v. 11.5.2019 (SächsGVBl. S. 358).

[5] Die Änderungen durch Art. 7 Nr. 1 und 2 RegistermodernisierungsG treten gem. Art. 22 Satz 3 dieses Gesetzes „an dem Tag in Kraft, an dem das Bundesministerium des Innern, für Bau und Heimat im Bundesgesetzblatt [...] bekannt gibt, dass die technischen Voraussetzungen für die Verarbeitung der Identifikationsnummer nach § 139b der Abgabenordnung [...] vorliegen".

Der Bundestag hat mit Zustimmung des Bundesrates das folgende Gesetz beschlossen:

Erster Abschnitt. Paßvorschriften

§ 1[1)] Passpflicht. (1) [1]Deutsche im Sinne des Artikels 116 Abs. 1 des Grundgesetzes[2)], die aus dem Geltungsbereich dieses Gesetzes aus- oder in ihn einreisen, sind verpflichtet, einen gültigen Pass mitzuführen und sich damit über ihre Person auszuweisen. [2]Der Passpflicht wird durch Vorlage eines Passes der Bundesrepublik Deutschland im Sinne des Absatzes 2 genügt.

(2) Als Pass im Sinne dieses Gesetzes gelten:

1. Reisepass,
2. Kinderreisepass,
3. vorläufiger Reisepass,
4. amtlicher Pass
   a) Dienstpass,
   b) Diplomatenpass,
   c) vorläufiger Dienstpass,
   d) vorläufiger Diplomatenpass.

(3) Niemand darf mehrere Pässe der Bundesrepublik Deutschland besitzen, sofern nicht ein berechtigtes Interesse an der Ausstellung mehrerer Pässe nachgewiesen wird.

(4) [1]Der Pass darf nur Deutschen im Sinne des Artikels 116 Abs. 1 des Grundgesetzes ausgestellt werden; er ist Eigentum der Bundesrepublik Deutschland. [2]Der amtliche Pass kann auch

1. Diplomaten im Sinne des Wiener Übereinkommens über diplomatische Beziehungen vom 18. April 1961 (BGBl. 1964 II S. 959) und Konsularbeamten im Sinne des Wiener Übereinkommens über konsularische Beziehungen vom 24. April 1963 (BGBl. 1969 II S. 1587) und deren Familienangehörigen sowie
2. sonstigen Personen, die im amtlichen Auftrag der Bundesrepublik Deutschland im Ausland tätig sind und deren Familienangehörigen, ausgestellt werden,

wenn diese nicht Deutsche im Sinne des Artikels 116 Abs. 1 des Grundgesetzes sind.

(5) [1]Das Bundesministerium des Innern, für Bau und Heimat bestimmt den Passhersteller sowie den Lieferanten von Geräten zur Aufnahme und elektronischen Erfassung von Lichtbildern, sofern diese durch die Passbehörde gefertigt werden, und von Fingerabdrücken und macht deren Namen im Bundesanzeiger bekannt. [2]Dies gilt nicht für Geräte zur Aufnahme und elektronischen Erfassung von Lichtbildern, die im Rahmen einer Antragstellung beim Auswärtigen Amt gefertigt werden.

[1)] § 1 neu gef. mWv 1.11.2007 durch G v. 20.7.2007 (BGBl. I S. 1566); Abs. 5 geänd. mWv 27.6.2020 durch VO v. 19.6.2020 (BGBl. I S. 1328); Abs. 5 neu gef. mWv 12.12.2020 durch G v. 3.12.2020 (BGBl. I S. 2744).

[2)] Nr. **11.1**.

(5) In den Fällen der Absätze 2 und 3 kann der Versuch der Ordnungswidrigkeit geahndet werden.

(6) In den Fällen des Absatzes 2 Nummer 2 und 4 kann die Tat auch dann geahndet werden, wenn sie im Ausland begangen wird.

§ 26[1)] Bußgeldbehörden. Verwaltungsbehörden im Sinne des § 36 Abs. 1 Nr. 1 des Gesetzes über Ordnungswidrigkeiten[2)] sind

1. für die Auslandsvertretungen der Bundesrepublik Deutschland das Auswärtige Amt oder die vom Auswärtigen Amt im Benehmen mit dem Bundesministerium des Innern, für Bau und Heimat durch Rechtsverordnung bestimmte Behörde des Bundes; die Rechtsverordnung bedarf nicht der Zustimmung des Bundesrates;
2. die in der Rechtsverordnung nach § 58 Abs. 1 des Bundespolizeigesetzes[3)] bestimmten Bundespolizeibehörden, soweit nicht die Länder im Einvernehmen mit dem Bund Aufgaben des grenzpolizeilichen Einzeldienstes mit eigenen Kräften wahrnehmen.

Dritter Abschnitt. Schlußvorschriften

§ 27[4)] Allgemeine Verwaltungsvorschriften. Das Auswärtige Amt erlässt im Benehmen mit dem Bundesministerium des Innern, für Bau und Heimat allgemeine Verwaltungsvorschriften über das Ausstellen amtlicher Pässe.

§ 27a[5)] Regelungsbefugnisse der Länder. [1] Durch Landesrecht können zentrale Passregisterdatenbestände zur Speicherung des Lichtbilds und der Unterschrift für die Durchführung eines automatisierten Abrufs des Lichtbilds nach § 22a Absatz 2 Satz 1 und 5 sowie eines automatisierten Abrufs des Lichtbilds und der Unterschrift nach § 22a Absatz 2 Satz 6 eingerichtet werden. [2] In diesem Fall gelten § 4 Absatz 3 Satz 3, § 21 Absatz 4 und § 22a Absatz 2 Satz 6 bis 9 entsprechend. [3] Macht ein Land von der Regelungsbefugnis Gebrauch, hat es technisch sicherzustellen, dass die Lichtbilder und Unterschriften vor unbefugtem Zugriff geschützt sind. [4] Die Lichtbilder und Unterschriften dürfen nur so gespeichert werden, dass keine Verknüpfung mit anderen als für den automatisierten Abruf benötigten Daten ermöglicht wird.

§ 28[6)] Übergangsregelungen. (1) [1] Als Pass im Sinne dieses Gesetzes gelten auch Kinderreisepässe, die vor dem 1. November 2007 auf Grund einer Rechtsverordnung nach § 2 Abs. 1 Nr. 2 als Passersatz ausgestellt worden sind, wenn diese maschinenlesbar und mit einem digitalen Lichtbild versehen sind. [2] Abweichend von § 1 Abs. 3 ist der Besitz eines Kinderreisepasses im Sinne des

---

[1)] § 26 Nr. 2 geänd. mWv 1.7.2005 durch G v. 21.6.2005 (BGBl. I S. 1818); Nr. 1 geänd. mWv 1.11.2007 durch G v. 20.7.2007 (BGBl. I S. 1566); Nr. 2 geänd. mWv 1.3.2008 durch G v. 26.2.2008 (BGBl. I S. 215); Nr. 1 geänd. mWv 27.6.2020 durch VO v. 19.6.2020 (BGBl. I S. 1328).

[2)] Nr. **72.2**.

[3)] **Sartorius Nr. 90.**

[4)] § 27 neu gef. mWv 11.5.2000 durch G v. 1.5.2000 (BGBl. I S. 626); geänd. mWv 1.11.2007 durch G v. 20.7.2007 (BGBl. I S. 1566); geänd. mWv 27.6.2020 durch VO v. 19.6.2020 (BGBl. I S. 1328).

[5)] § 27a eingef. mWv 1.9.2021 durch G v. 5.7.2021 (BGBl. I S. 2281).

[6)] § 28 angef. mWv 1.11.2007 durch G v. 20.7.2007 (BGBl. I S. 1566); Abs. 3 angef. mWv 12.12.2020 durch G v. 3.12.2020 (BGBl. I S. 2744).

Satzes 1 neben einem Reisepass zulässig, soweit der Reisepass vor Inkrafttreten dieses Gesetzes ausgestellt wurde.

(2) [1] Liegen bei der Passbehörde die technischen Voraussetzungen für die Datenübertragung noch nicht vor, ist bis zum 30. Juni 2008 abweichend von § 6a Abs. 1 Satz 1 und 2 die Datenübermittlung zwischen Passbehörden und Vermittlungsstellen statt durch Datenübertragung auch auf automatisiert verarbeitbaren Datenträgern zulässig. [2] § 6a Abs. 1 Satz 3 erster Halbsatz gilt entsprechend.

(3) [1] Für Kinderpässe, die vor dem 1. Januar 2021 beantragt worden sind, ist § 5 Absatz 2 in der bis einschließlich 31. Dezember 2020 geltenden Fassung weiterhin anzuwenden. [2] Für deren Verlängerung gilt § 5 Absatz 4 Satz 2 und 3 in der ab dem 1. Januar 2021 geltenden Fassung.

36.3. Gesetz über Personalausweise und den elektronischen Identitätsnachweis (Personalausweisgesetz – PAuswG)[1) 2)]

Vom 18. Juni 2009

(BGBl. I S. 1346)

FNA 210-6

geänd. durch Art. 4 G zur Optimierung der Geldwäscheprävention v. 22.12.2011 (BGBl. I S. 2959), Art. 2 Abs. 5 G zur Fortentwicklung des Meldewesens v. 3.5.2013 (BGBl. I S. 1084, geänd. durch G v. 20.11.2014, BGBl. I S. 1738), Art. 9 G zur Förderung der elektronischen Verwaltung sowie zur Änd. weiterer Vorschriften v. 25.7.2013 (BGBl. I S. 2749), Art. 2 Abs. 13, Art. 4 Abs. 1 G zur Strukturreform des Gebührenrechts des Bundes v. 7.8.2013 (BGBl. I S. 3154, Art. 4 Abs. 1 dieses G aufgeh. durch Art. 2 G v. 18.7.2016, BGBl. I S. 1666), Art. 1 G zur Änd. des PersonalausweisG zur Einführung eines Ersatz-Personalausweises und zur Änd. des PassG v. 20.6.2015 (BGBl. I S. 970), Art. 4 Abs. 1 G zur Aktualisierung der Strukturreform des Gebührenrechts des Bundes v. 18.7.2016 (BGBl. I S. 1666), Art. 6 G zu bereichsspezifischen Regelungen der Gesichtsverhüllung und zur Änd. weiterer dienstrechtlicher Vorschriften v. 8.6.2017 (BGBl. I S. 1570), Art. 1, 2 G zur Förderung des elektronischen Identitätsnachweises v. 7.7.2017 (BGBl. I S. 2310), Art. 4 eIDAS-DurchführungsG v. 18.7.2017 (BGBl. I S. 2745), Art. 2, 3 G zur Einführung einer Karte für Unionsbürger und Angehörige des Europäischen Wirtschaftsraums mit Funktion zum elektronischen Identitätsnachweis sowie zur Änd. des PersonalausweisG und weiterer Vorschriften v. 21.6.2019 (BGBl. I S. 846), Art. 80 Elfte ZuständigkeitsanpassungsVO v. 19.6.2020 (BGBl. I S. 1328), Art. 2, 11, 13 G zur Stärkung der Sicherheit im Pass-, Ausweis- und ausländerrechtlichen Dokumentenwesen v. 3.12.2020 (BGBl. I S. 2744), Art. 2 Zweites G zur Änd. des BundesmeldeG v. 15.1.2021 (BGBl. I S. 530), Art. 8 RegistermodernisierungsG v. 28.3.2021 (BGBl. I S. 591) und Art. 2 G zur Einführung eines elektronischen Identitätsnachweises mit einem mobilen Endgerät v. 5.7.2021 (BGBl. I S. 2281)

Inhaltsübersicht[3)]

Abschnitt 1. Allgemeine Vorschriften

Abschnitt 2. Ausstellung und Sperrung des Ausweises; elektronischer Identitätsnachweis

---

[1)] Verkündet als Art. 1 G über Personalausweise und den elektronischen Identitätsnachweis sowie zur Änderung weiterer Vorschriften v. 18.6.2009 (GVBl. S. 1346); Inkrafttreten gem. Art. 7 dieses G am 1.11.2010.

[2)] Die Änderungen durch G v. 3.12.2020 (BGBl. I S. 2744) treten teilweise erst **mWv 1.5.2025** in Kraft und die Änderungen durch G v. 28.3.2021 (BGBl. I S. 591) treten teilweise erst **mit noch unbestimmtem Datum** in Kraft und sind insoweit im Text noch nicht berücksichtigt.

[3)] Inhaltsübersicht geänd. mWv 30.6.2015 durch G v. 20.6.2015 (BGBl. I S. 970); geänd. mWv 15.7.2017 durch G v. 7.7.2017 (BGBl. I S. 2310); geänd. mWv 1.7.2021 durch G v. 15.1.2021 (BGBl. I S. 530); geänd. mWv 1.9.2021 durch G v. 5.7.2021 (BGBl. I S. 2281).

Abschnitt 1. Allgemeine Vorschriften

§ 1[1)] Ausweispflicht; Ausweisrecht. (1) [1]Deutsche im Sinne des Artikels 116 Abs. 1 des Grundgesetzes[2)] sind verpflichtet, einen gültigen Ausweis zu besitzen, sobald sie 16 Jahre alt sind und der allgemeinen Meldepflicht unterliegen oder, ohne ihr zu unterliegen, sich überwiegend in Deutschland aufhalten. [2]Sie müssen ihn auf Verlangen einer zur Feststellung der Identität berechtigten Behörde vorlegen und es ihr ermöglichen, ihr Gesicht mit dem Lichtbild des Ausweises abzugleichen. [3]Vom Ausweisinhaber darf nicht verlangt werden, den Personalausweis zu hinterlegen oder in sonstiger Weise den Gewahrsam aufzugeben. [4]Dies gilt nicht für zur Identitätsfeststellung berechtigte Behörden sowie in den Fällen der Einziehung und Sicherstellung.

[1)] § 1 Abs. 2 Satz 1 geänd. mWv 1.11.2015 durch G v. 3.5.2013 (BGBl. I S. 1084, geänd. durch G v. 20.11.2014, BGBl. I S. 1738); Abs. 1 Satz 2 geänd., Abs. 2 Satz 3 neu gef. mWv 15.6.2017 durch G v. 8.6.2017 *(BGBl. I S. 1570); Abs. 1 Satz 1* geänd. mWv 15.7.2017 durch G v. 7.7.2017 (BGBl. I *S. 2310)*; Abs. 2 Satz 2 geänd. mWv 12.12.2020 durch G v. 3.12.2020 (BGBl. I S. 2744).

[2)] Nr. **11.1**.

(2) [1] Die Ausweispflicht gilt auch für Personen, die als Binnenschiffer oder Seeleute nach dem Bundesmeldegesetz[1)] einer besonderen Meldepflicht unterliegen. [2] Sie gilt nicht für Personen, gegen die eine Freiheitsstrafe vollzogen wird, wenn deren Vollzug noch länger als drei Monate andauert. [3] Die Ausweispflicht nach Absatz 1 Satz 1 und 2 erfüllt auch, wer einen gültigen Pass im Sinne des § 1 Absatz 2 des Passgesetzes[2)] besitzt, ihn auf Verlangen vorlegt und den Lichtbildabgleich ermöglicht.

(3) Die zuständige Personalausweisbehörde nach § 7 Abs. 1 und 2 kann Personen von der Ausweispflicht befreien,

1. für die ein Betreuer oder eine Betreuerin nicht nur durch einstweilige Anordnung bestellt ist oder die handlungs- oder einwilligungsunfähig sind und von einem oder von einer mit öffentlich beglaubigter Vollmacht Bevollmächtigten vertreten werden,
2. die voraussichtlich dauerhaft in einem Krankenhaus, einem Pflegeheim oder einer ähnlichen Einrichtung untergebracht sind oder
3. die sich wegen einer dauerhaften Behinderung nicht allein in der Öffentlichkeit bewegen können.

(4) Auf Antrag ist ein Ausweis auch auszustellen, wenn Personen

1. noch nicht 16 Jahre alt sind oder
2. Deutsche im Sinne des Artikels 116 Abs. 1 des Grundgesetzes sind, die der Meldepflicht deswegen nicht unterliegen, weil sie keine Wohnung in Deutschland haben.

§ 2[3)] Begriffsbestimmungen. (1) Ausweise im Sinne dieses Gesetzes sind der Personalausweis, der vorläufige Personalausweis und der Ersatz-Personalausweis.

(2) Zur Identitätsfeststellung berechtigte Behörden im Sinne dieses Gesetzes sind öffentliche Stellen, die befugt sind, zur Erfüllung ihrer gesetzlichen Aufgaben als hoheitliche Maßnahme die Identität von Personen festzustellen.

(3) Diensteanbieter sind natürliche und juristische Personen, die zur Wahrnehmung von Aufgaben der öffentlichen Verwaltung oder zur Erfüllung eigener Geschäftszwecke den Nachweis der Identität oder einzelner Identitätsmerkmale des Ausweisinhabers benötigen und ihren Wohn-, Geschäfts- oder Dienstsitz innerhalb der Europäischen Union sowie in Staaten, in denen ein vergleichbarer Datenschutzstandard besteht, haben.

(3a) Identifizierungsdiensteanbieter sind Diensteanbieter, deren Dienst darin besteht, für einen Dritten eine einzelfallbezogene Identifizierungsdienstleistung mittels des elektronischen Identitätsnachweises nach § 18 zu erbringen.

(4) Ein Berechtigungszertifikat ist eine elektronische Bescheinigung, die es einem Diensteanbieter ermöglicht,

---

[1)] **Sartorius Nr. 256.**

[2)] **Nr. 36.2.**

[3)] § 2 Abs. 6a eingef. mWv 1.8.2013 durch G v. 25.7.2013 (BGBl. I S. 2749); Abs. 1 und 8 Satz 3 geänd. mWv 30.6.2015 durch G v. 20.6.2015 (BGBl. I S. 970); Abs. 3a eingef., Abs. 6 neu gef. mWv 15.7.2017 durch G v. 7.7.2017 (BGBl. I S. 2310); Abs. 3 geänd., Abs. 4 Satz 4 angef. mWv 5.8.2019 durch G v. 21.6.2019 (BGBl. I S. 846); Abs. 4 Sätze 2–4 aufgeh. mWv 1.7.2021 durch G v. 15.1.2021 (BGBl. I S. 530); Abs. 5–7 neu gef., Abs. 10 geänd., Abs. 13 angef. mWv 1.9.2021 durch G v. 5.7.2021 (BGBl. I S. 2281).

1. seine Identität dem Personalausweisinhaber nachzuweisen und
2. die Übermittlung personen- und ausweisbezogener Daten aus dem Personalausweis anzufragen.

(5) [1] Ein dienste- und kartenspezifisches Kennzeichen ist eine Zeichenfolge, die im Speicher- und Verarbeitungsmedium des Personalausweises oder eines mobilen Endgeräts berechnet wird. [2] Es dient der eindeutigen elektronischen Wiedererkennung eines elektronischen Identitätsnachweises mit dem Personalausweis oder mit einem mobilen Endgerät durch den Diensteanbieter, für den es errechnet wurde, ohne dass weitere personenbezogene Daten übermittelt werden müssen.

(6) Das Sperrkennwort ist eine Zeichenfolge, die ausschließlich der Sperrung eines elektronischen Identitätsnachweises dient.

(6a) [1] Die Sperrsumme ist ein eindeutiges Merkmal, das aus dem Sperrkennwort, dem Familiennamen, den Vornamen und dem Tag der Geburt eines Ausweisinhabers errechnet wird. [2] Es dient der Übermittlung einer Sperrung vom Sperrnotruf oder einer Personalausweisbehörde an den Sperrlistenbetreiber. [3] Mithilfe der Sperrsumme ermittelt der Sperrlistenbetreiber anhand der Referenzliste den Sperrschlüssel eines zu sperrenden elektronischen Identitätsnachweises.

(7) Sperrmerkmale eines elektronischen Identitätsnachweises mit dem Personalausweis oder mit einem mobilen Endgerät sind dienste- und kartenspezifische Zeichenfolgen, die ausschließlich der Erkennung abhandengekommener Personalausweise oder mobiler Endgeräte durch den Diensteanbieter dienen, für den sie errechnet wurden.

(8) [1] Jeder Ausweis erhält eine neue Seriennummer. [2] Die Seriennummer eines Personalausweises setzt sich aus einer vierstelligen Behördenkennzahl und einer fünfstelligen, zufällig vergebenen Nummer zusammen und kann Ziffern und Buchstaben enthalten. [3] Die Seriennummer des vorläufigen Personalausweises und des Ersatz-Personalausweises besteht aus einem Buchstaben und sieben Ziffern.

(9) Die Prüfziffern werden aus den Daten des maschinenlesbaren Bereichs errechnet und dienen zur Feststellung seiner Unversehrtheit.

(10) Die Geheimnummer besteht aus einer sechsstelligen Ziffernfolge und dient der Freigabe der Datenübermittlung aus dem Personalausweis oder aus einem mobilen Endgerät im Rahmen des elektronischen Identitätsnachweises.

(11) Die Zugangsnummer ist eine zufällig erzeugte, ausschließlich auf der Karte sichtbar aufgebrachte sechsstellige Ziffernfolge, die zur Absicherung gegen unberechtigten Zugriff auf die Kommunikation zwischen Personalausweis und Lesegeräten dient.

(12) Die Entsperrnummer ist eine zufällig erzeugte Ziffernfolge, die die Freischaltung der Geheimnummer ermöglicht, wenn diese nach dreimaliger Fehleingabe gesperrt worden ist.

(13) Im Sinne dieses Gesetzes ist ein mobiles Endgerät ein solches Gerät, das dem Stand der Technik entspricht, um einen elektronischen Identitätsnachweis nach § 18 Absatz 2 Satz 1 Nummer 2 durchführen zu können.

§ 3 Vorläufiger Personalausweis. (1) Macht die antragstellende Person glaubhaft, dass sie sofort einen Ausweis benötigt, ist ihr ein vorläufiger Personalausweis auszustellen.

(2) Hierfür sind ausschließlich die in § 7 Abs. 1 genannten Behörden zuständig.

§ 4[1] Eigentum am Ausweis; Ausweishersteller; Vergabestelle für Berechtigungszertifikate. (1) Niemand darf mehr als einen auf seine Person ausgestellten gültigen Ausweis der Bundesrepublik Deutschland besitzen.

(2) Ausweise sind Eigentum der Bundesrepublik Deutschland.

(3) [1] Das Bundesministerium des Innern, für Bau und Heimat bestimmt

1. den Ausweishersteller,
2. den Lieferanten von Geräten zur Aufnahme und elektronischen Erfassung von Lichtbildern, sofern diese durch die Personalausweisbehörde gefertigt werden, und von Fingerabdrücken,
3. die Vergabestelle für Berechtigungszertifikate sowie
4. den Sperrlistenbetreiber

und macht deren Namen jeweils im Bundesanzeiger bekannt. [2] Dies gilt nicht für Geräte zur Aufnahme und elektronischen Erfassung von Lichtbildern nach Satz 1 Nummer 2, die im Rahmen einer Antragstellung beim Auswärtigen Amt gefertigt werden.

§ 5[2] Ausweismuster; gespeicherte Daten. (1) Ausweise sind nach einheitlichen Mustern auszustellen.

(2) Der Personalausweis enthält neben der Angabe der ausstellenden Behörde, dem Tag der Ausstellung, dem letzten Tag der Gültigkeitsdauer, der Zugangsnummer und den in Absatz 4 Satz 2 genannten Daten ausschließlich folgende sichtbar aufgebrachte Angaben über den Ausweisinhaber:

1. Familienname und Geburtsname,
2. Vornamen,
3. Doktorgrad,
4. Tag und Ort der Geburt,
5. Lichtbild,
6. Unterschrift,
7. Größe,
8. Farbe der Augen,
9. Anschrift; hat der Ausweisinhaber keine Wohnung in Deutschland, kann die Angabe „keine Wohnung in Deutschland" eingetragen werden,
10. Staatsangehörigkeit,
11. Seriennummer und
12. Ordensname, Künstlername.

---

[1] § 4 Abs. 3 geänd. mWv 27.6.2020 durch VO v. 19.6.2020 (BGBl. I S. 1328); Abs. 3 neu gef. mWv 12.12.2020 durch G v. 3.12.2020 (BGBl. I S. 2744).

[2] § 5 Abs. 3 geänd., Abs. 3a eingef., Abs. 4 Satz 2 Nr. 1 Buchst. a und b geänd., Buchst. c angef. mWv 30.6.2015 durch G v. 20.6.2015 (BGBl. I S. 970); Abs. 2 Nr. 9 geänd. mWv 15.5.2018 durch G v. 7.7.2017 (BGBl. I S. 2310); Abs. 2 Nr. 9 neu gef. mWv 1.11.2019 durch G v. 21.6.2019 (BGBl. I S. 846); Abs. 3a Satz 2 geänd. mWv 12.12.2020 und Abs. 4 Satz 2 Nr. 7a eingef., Abs. 9 Satz 1 neu gef. mWv 2.8.2021 durch G v. 3.12.2020 (BGBl. I S. 2744); Abs. 9 Satz 2 aufgeh., bish. Sätze 3 und 4 werden Sätze 2 und 3 mWv 2.8.2021 durch G v. 15.1.2021 (BGBl. I S. 530); Abs. 5 Nr. 1 neu gef., Nr. 1a eingef., Abs. 5a eingef., Abs. 10 geänd. mWv 1.9.2021 durch G v. 5.7.2021 (BGBl. I S. 2281).

(3) Der vorläufige Personalausweis enthält die in Absatz 2 Nr. 1 bis 12 und die in Absatz 4 Satz 2 genannten Angaben sowie die Angabe der ausstellenden Behörde, den Tag der Ausstellung und den letzten Tag der Gültigkeitsdauer.

(3a) [1] Der Ersatz-Personalausweis enthält die in Absatz 2 Nummer 1 bis 12 und die in Absatz 4 Satz 2 genannten Angaben sowie die Angabe der ausstellenden Behörde, den Tag der Ausstellung, den letzten Tag der Gültigkeitsdauer und den Vermerk, dass der Ersatz-Personalausweis nicht zum Verlassen Deutschlands berechtigt. [2] Abweichend von Absatz 2 Nummer 9 ist die Eintragung „keine Wohnung in Deutschland" nicht zulässig.

(4) [1] Ausweise haben einen Bereich für das automatisierte Auslesen. [2] Dieser darf ausschließlich die folgenden sichtbar aufgedruckten Angaben enthalten:

1. Abkürzungen
   a) „IDD" für Personalausweis der Bundesrepublik Deutschland,
   b) „ITD" für vorläufigen Personalausweis der Bundesrepublik Deutschland oder
   c) „IXD" für Ersatz-Personalausweis der Bundesrepublik Deutschland,
2. Familienname,
3. Vornamen,
4. Seriennummer,
5. Abkürzung „D" für deutsche Staatsangehörigkeit,
6. Tag der Geburt,
7. letzter Tag der Gültigkeitsdauer,
7a. Versionsnummer des Ausweismusters,
8. Prüfziffern und
9. Leerstellen.

[3] Bei einer Identitätsüberprüfung nach § 17 darf auch die aufgedruckte Zugangsnummer automatisiert gelesen werden.

(5) Der Personalausweis enthält ein elektronisches Speicher- und Verarbeitungsmedium, auf dem folgende Daten gespeichert werden:

1. die Daten nach Absatz 2 Nummer 1 bis 5, 9, 10 und 12,
1a. der im amtlichen Gemeindeverzeichnis verwendete eindeutige Gemeindeschlüssel,
2. die Daten des maschinenlesbaren Bereichs nach Absatz 4 Satz 2 und
3. die Fingerabdrücke nach Absatz 9, die Bezeichnung der erfassten Finger, die Angaben zur Qualität der Abdrücke.

(5a) Zur Einrichtung eines elektronischen Identitätsnachweises nach § 10a Absatz 1 Satz 1 dürfen auf einem elektronischen Speicher- und Verarbeitungsmedium in einem mobilen Endgerät folgende Daten gespeichert werden:

1. die Daten nach Absatz 2 Nummer 1 bis 4, 9, 10 und 12,
2. die Dokumentenart,
3. der letzte Tag der Gültigkeitsdauer des elektronischen Identitätsnachweises,
4. die Abkürzung „D" für Bundesrepublik Deutschland und
5. der im amtlichen Gemeindeverzeichnis verwendete eindeutige Gemeindeschlüssel.

(6) Die gespeicherten Daten sind gegen unbefugtes Verändern, Löschen und Auslesen zu sichern.

(7) Abweichend von Absatz 5 erhalten Kinder, solange sie noch nicht sechs Jahre alt sind, einen Personalausweis mit einem elektronischen Speicher- und Verarbeitungsmedium, auf dem nur das Lichtbild und die Daten des maschinenlesbaren Bereichs nach Absatz 4 Satz 2 gespeichert sind.

(8) Die Seriennummer, die Prüfziffern, das Sperrkennwort und Sperrmerkmale dürfen keine Daten über die Person des Ausweisinhabers oder Hinweise auf solche Daten enthalten.

(9) [1]Die auf Grund der Verordnung (EU) 2019/1157 des Europäischen Parlaments und des Rates vom 20. Juni 2019 zur Erhöhung der Sicherheit der Personalausweise von Unionsbürgern und der Aufenthaltsdokumente, die Unionsbürgern und deren Familienangehörigen ausgestellt werden, die ihr Recht auf Freizügigkeit ausüben (ABl. L 188 vom 12.7.2019, S. 67), auf dem elektronischen Speichermedium zu speichernden zwei Fingerabdrücke der antragstellenden Person werden in Form des flachen Abdrucks des linken und rechten Zeigefingers im elektronischen Speicher- und Verarbeitungsmedium des Personalausweises gespeichert. [2]Bei Fehlen eines Zeigefingers, ungenügender Qualität des Fingerabdrucks oder Verletzungen der Fingerkuppe wird ersatzweise der flache Abdruck entweder des Daumens, des Mittelfingers oder des Ringfingers gespeichert. [3]Fingerabdrücke sind nicht zu speichern, wenn die Abnahme der Fingerabdrücke aus medizinischen Gründen, die nicht nur vorübergehender Art sind, unmöglich ist.

(10) Die im elektronischen Speicher- und Verarbeitungsmedium des Personalausweises oder eines mobilen Endgeräts gespeicherten Daten ermöglichen auch die Funktion des elektronischen Identitätsnachweises nach § 18.

§ 6[1)] Gültigkeitsdauer des Ausweises; vorzeitige Beantragung; räumliche Beschränkungen. (1) Personalausweise werden für eine Gültigkeitsdauer von zehn Jahren ausgestellt.

(2) Vor Ablauf der Gültigkeit eines Personalausweises kann ein neuer Personalausweis beantragt werden, wenn ein berechtigtes Interesse an der Neuausstellung dargelegt wird.

(3) Bei Personen, die noch nicht 24 Jahre alt sind, beträgt die Gültigkeitsdauer des Personalausweises sechs Jahre.

(4) Die Gültigkeitsdauer eines vorläufigen Personalausweises ist unter Berücksichtigung des Nutzungszwecks festzulegen; sie darf einen Zeitraum von drei Monaten nicht überschreiten.

(4a) Die Gültigkeitsdauer des Ersatz-Personalausweises ist auf den Zeitraum zu beschränken, der für das Erreichen des Zweckes nach § 6a erforderlich ist; sie darf einen Zeitraum von drei Jahren nicht überschreiten.

(5) Eine Verlängerung der Gültigkeitsdauer ist nicht zulässig.

(6) Die Gültigkeitsdauer eines Ausweises darf in den Fällen des § 29 des Staatsangehörigkeitsgesetzes[2)] den Zeitpunkt der Vollendung des 23. Lebens-

---

[1)] § 6 Abs. 4a eingef. mWv 30.6.2015 durch G v. 20.6.2015 (BGBl. I S. 970); Überschrift geänd. mWv 1.9.2021 durch G v. 5.7.2021 (BGBl. I S. 2281).

[2)] Nr. **12.1**.

jahres des Inhabers so lange nicht überschreiten, bis die zuständige Behörde den Fortbestand der deutschen Staatsangehörigkeit festgestellt hat.

(7) Unter den Voraussetzungen des § 7 Abs. 1 des Passgesetzes[1)] kann die zuständige Behörde im Einzelfall anordnen, dass der Ausweis nicht zum Verlassen Deutschlands berechtigt.

(8) Anordnungen nach Absatz 7 dürfen im polizeilichen Grenzfahndungsbestand gespeichert werden.

§ 6a[2)] Versagung und Entziehung; Ersatz-Personalausweis. (1) [1]Ein Personalausweis oder ein vorläufiger Personalausweis kann unter den Voraussetzungen des § 7 Absatz 1 Nummer 1 oder Nummer 10 des Passgesetzes[1)] versagt werden. [2]Im Falle des § 7 Absatz 1 Nummer 1 des Passgesetzes gilt dies nur, wenn die Gefährdung darin besteht, dass bestimmte Tatsachen die Annahme begründen, dass der Ausweisbewerber

1. einer terroristischen Vereinigung nach § 129a des Strafgesetzbuchs[3)] oder einer terroristischen Vereinigung nach § 129a in Verbindung mit § 129b Absatz 1 Satz 1 des Strafgesetzbuchs mit Bezug zur Bundesrepublik Deutschland angehört oder diese unterstützt oder
2. rechtswidrig Gewalt gegen Leib oder Leben als Mittel zur Durchsetzung international ausgerichteter politischer oder religiöser Belange anwendet oder eine solche Gewaltanwendung unterstützt oder vorsätzlich hervorruft.

(2) [1]Dem Ausweisinhaber kann ein Personalausweis oder ein vorläufiger Personalausweis entzogen werden, wenn gegen ihn eine vollziehbare Anordnung nach § 6 Absatz 7 in Verbindung mit § 7 Absatz 1 Nummer 1 oder Nummer 10 des Passgesetzes besteht. [2]Im Falle einer Anordnung nach § 6 Absatz 7 in Verbindung mit § 7 Absatz 1 Nummer 1 des Passgesetzes gilt dies nur, wenn die Gefährdung darin besteht, dass bestimmte Tatsachen die Annahme begründen, dass der Ausweisinhaber

1. einer terroristischen Vereinigung nach § 129a des Strafgesetzbuchs oder einer terroristischen Vereinigung nach § 129a in Verbindung mit § 129b Absatz 1 Satz 1 des Strafgesetzbuchs mit Bezug zur Bundesrepublik Deutschland angehört oder diese unterstützt oder
2. rechtswidrig Gewalt gegen Leib oder Leben als Mittel zur Durchsetzung international ausgerichteter politischer oder religiöser Belange anwendet oder eine solche Gewaltanwendung unterstützt oder vorsätzlich hervorruft.

(3) Ist ein Personalausweis oder vorläufiger Personalausweis versagt oder entzogen worden, ist ein Ersatz-Personalausweis auszustellen.

(4) Liegen die Voraussetzungen des Absatzes 1 oder des Absatzes 2 nicht mehr vor, ist dies dem Inhaber eines Ersatz-Personalausweises unverzüglich mitzuteilen und ihm auf Antrag ein Personalausweis oder ein vorläufiger Personalausweis auszustellen.

(5) Für Maßnahmen nach den Absätzen 1 bis 3 sowie Mitteilungen nach Absatz 4 sind ausschließlich die in § 7 Absatz 1 genannten Behörden zuständig.

---

1) Nr. **36.2.**
2) § 6a eingef. mWv 30.6.2015 durch G v. 20.6.2015 (BGBl. I S. 970).
3) **Habersack (vormals Schönfelder) Nr. 85.**

§ 7[1)] Sachliche Zuständigkeit. (1) Für Ausweisangelegenheiten in Deutschland sind die von den Ländern bestimmten Behörden zuständig (Personalausweisbehörden).

(2) Für Personalausweisangelegenheiten im Ausland ist das Auswärtige Amt mit den von ihm bestimmten Auslandsvertretungen zuständig (Personalausweisbehörde).

(3) Für die Einziehung nach § 29 Abs. 1 und die Sicherstellung nach § 29 Abs. 2 sind die Personalausweisbehörden, die Auslandsvertretungen und die zur hoheitlichen Identitätsfeststellung berechtigten Behörden zuständig.

(3a) Für das elektronisch beantragte Neusetzen der Geheimnummer sowie für die elektronische Beantragung des nachträglichen Einschaltens der Funktion zum elektronischen Identitätsnachweis ist der Ausweishersteller zuständig.

(3b) Für die Übermittlung von Daten nach § 5 Absatz 5a aus dem elektronischen Speicher- und Verarbeitungsmedium des Personalausweises auf ein elektronisches Speicher- und Verarbeitungsmedium in einem mobilen Endgerät nach § 10a Absatz 1 sowie für die Auskunft nach § 10a Absatz 5 ist der Ausweishersteller zuständig.

(4) [1] Für die Erteilung und Aufhebung von Berechtigungen nach § 21 ist die Vergabestelle für Berechtigungszertifikate nach § 4 Abs. 3 zuständig. [2] Für das Führen einer Sperrliste nach § 10 Abs. 4 Satz 1 ist der Sperrlistenbetreiber nach § 4 Abs. 3 zuständig.

(5) [1] Für Diensteanbieter in Deutschland sind die für die Einhaltung der Vorgaben des Datenschutzes zuständigen Stellen zuständig. [2] Haben Diensteanbieter ihren Wohn-, Geschäfts- oder Dienstsitz nicht in Deutschland, so ist der Bundesbeauftragte für den Datenschutz und die Informationsfreiheit zuständige Datenschutzaufsichtsbehörde im Sinne des § 21 Absatz 4 Satz 3.

§ 8 Örtliche Zuständigkeit; Tätigwerden bei örtlicher Unzuständigkeit. (1) [1] In Deutschland ist die Personalausweisbehörde zuständig, in deren Bezirk die antragstellende Person oder der Ausweisinhaber für seine Wohnung, bei mehreren Wohnungen für seine Hauptwohnung, meldepflichtig ist. [2] Hat die antragstellende Person keine Wohnung, so ist die Personalausweisbehörde zuständig, in deren Bezirk sie sich vorübergehend aufhält.

(2) [1] Im Ausland sind die vom Auswärtigen Amt bestimmten Auslandsvertretungen zuständig, in deren Bezirk sich die antragstellende Person oder der Ausweisinhaber gewöhnlich aufhält. [2] Der Ausweisinhaber hat den Nachweis über den gewöhnlichen Aufenthaltsort zu erbringen.

(3) Für Binnenschiffer, die keine Wohnung in Deutschland haben, ist die Personalausweisbehörde am Heimatort des Binnenschiffes, für Seeleute, die keine Wohnung in Deutschland haben, die Personalausweisbehörde am Sitz des Reeders zuständig.

(4) [1] Der Antrag auf Ausstellung eines Ausweises muss auch von einer örtlich nicht zuständigen Personalausweisbehörde bearbeitet werden, wenn ein wichtiger Grund dargelegt wird. [2] Ein Ausweis darf nur mit Ermächtigung der örtlich zuständigen Personalausweisbehörde ausgestellt werden.

[1)] § 7 Abs. 5 Satz 2 geänd. mWv 5.8.2019 durch G v. 21.6.2019 (BGBl. I S. 846); Abs. 3a eingef. mWv 1.7.2021 durch G v. 15.1.2021 (BGBl. I S. 530); Abs. 3b eingef. mWv 1.9.2021 durch G v. 5.7. 2021 (BGBl. I S. 2281).

Abschnitt 2.[1] Ausstellung und Sperrung des Ausweises; elektronischer Identitätsnachweis

§ 9[2] Ausstellung des Ausweises. (1) [1] Personalausweise und vorläufige Personalausweise werden auf Antrag für Deutsche im Sinne des Artikels 116 Abs. 1 des Grundgesetzes[3] ausgestellt. [2] § 3a Abs. 1 des Verwaltungsverfahrensgesetzes[4] ist nicht anzuwenden. [3] Im Antragsverfahren nachzureichende Erklärungen können mittels Datenübertragung abgegeben werden. [4] Die antragstellende Person und ihr gesetzlicher Vertreter können sich bei der Stellung des Antrags nicht durch einen Bevollmächtigten vertreten lassen. [5] Dies gilt nicht für eine handlungs- oder einwilligungsunfähige antragstellende Person, wenn eine für diesen Fall erteilte, öffentlich beglaubigte oder beurkundete Vollmacht vorliegt. [6] Die antragstellende Person und ihr gesetzlicher oder bevollmächtigter Vertreter sollen persönlich erscheinen.

(2) [1] Für Minderjährige, die noch nicht 16 Jahre alt sind, und für Personen, die geschäftsunfähig sind und sich nicht nach Absatz 1 Satz 5 durch einen Bevollmächtigten vertreten lassen, kann nur diejenige Person den Antrag stellen, die sorgeberechtigt ist oder als Betreuer ihren Aufenthalt bestimmen darf. [2] Sie ist verpflichtet, für Jugendliche, die 16, aber noch nicht 18 Jahre alt sind, innerhalb von sechs Wochen, nachdem der Jugendliche 16 Jahre alt geworden ist, den Antrag auf Ausstellung eines Ausweises zu stellen, falls dies der Jugendliche unterlässt. [3] Jugendliche, die mindestens 16 Jahre alt sind, dürfen Verfahrenshandlungen nach diesem Gesetz vornehmen.

(3) [1] In dem Antrag sind alle Tatsachen anzugeben, die zur Feststellung der Person des Antragstellers und seiner Eigenschaft als Deutscher notwendig sind. [2] Die Angaben zum Doktorgrad und zu den Ordens- und Künstlernamen sind freiwillig. [3] Die antragstellende Person hat die erforderlichen Nachweise zu erbringen. [4] Fingerabdrücke von Kindern sind nicht abzunehmen, solange die Kinder noch nicht sechs Jahre alt sind.

(4) [1] Bestehen Zweifel über die Person des Antragstellers, sind die zur Feststellung seiner Identität erforderlichen Maßnahmen zu treffen. [2] Die Personalausweisbehörde kann die Durchführung erkennungsdienstlicher Maßnahmen veranlassen, wenn die Identität der antragstellenden Person auf andere Weise nicht oder nur unter erheblichen Schwierigkeiten festgestellt werden kann. [3] Ist die Identität festgestellt, so sind die im Zusammenhang mit der Feststellung angefallenen Unterlagen zu vernichten. [4] Die Vernichtung ist zu protokollieren.

(5) Die Unterschrift durch ein Kind ist zu leisten, wenn es zum Zeitpunkt der Beantragung des Ausweises zehn Jahre oder älter ist.

(6) [1] Für Deutsche im Sinne des Artikels 116 Absatz 1 des Grundgesetzes werden nach Maßgabe des § 6a Ersatz-Personalausweise von Amts wegen ausgestellt. [2] Absatz 1 Satz 2 bis 6, Absatz 2 Satz 3, Absatz 3 Satz 1 bis 3 sowie die Absätze 4 und 5 gelten entsprechend.

---

[1] Abschnitt 2 Überschrift neu gef. mWv 1.9.2021 durch G v. 5.7.2021 (BGBl. I S. 2281).

[2] § 9 Abs. 3 Sätze 4 und 6 geänd. mWv 1.8.2013 durch G v. 25.7.2013 (BGBl. I S. 2749); Abs. 1 Satz 1 geänd., Abs. 6 angef. mWv 30.6.2015 durch G v. 20.6.2015 (BGBl. I S. 970); Abs. 3 Sätze 4–7 aufgeh., bish. Satz 8 wird Satz 4 mWv 2.8.2021.

[3] Nr. **11.1.**

[4] **Sartorius Nr. 100.**

§ 10[1] Einschaltung, Sperrung und Entsperrung der Funktion des elektronischen Identitätsnachweises mit dem Personalausweis.

(1) Der Personalausweis wird mit einer Funktion zum elektronischen Identitätsnachweis nach § 18 ausgegeben.

(2) Der Ausweishersteller schaltet die Funktion aus, wenn die antragstellende Person zum Zeitpunkt der Antragstellung noch nicht 16 Jahre alt ist.

(3) Auf Antrag des Ausweisinhabers und unter Vorlage des Personalausweises kann ein ausgeschalteter elektronischer Identitätsnachweis während der Gültigkeitsdauer des Personalausweises eingeschaltet werden, wenn der Ausweisinhaber zum Zeitpunkt der Antragstellung bereits 16 Jahre alt ist.

(4) [1] Der Sperrlistenbetreiber nach § 7 Abs. 4 Satz 2 stellt jedem Diensteanbieter über jederzeit öffentlich erreichbare Kommunikationsverbindungen eine für ihn errechnete, aktuelle Liste bereit, die ausschließlich die Sperrmerkmale von Personalausweisen mit gesperrtem elektronischen Identitätsnachweis enthält (Sperrliste). [2] Die Diensteanbieter rufen die für sie errechnete Sperrliste regelmäßig ab und gleichen sie im Rahmen des elektronischen Identitätsnachweises lokal mit zu akzeptierenden Personalausweisen ab.

(5) Die zuständige Personalausweisbehörde hat unverzüglich zur Aktualisierung der Sperrliste die Sperrsumme des Personalausweises an den Sperrlistenbetreiber nach § 7 Absatz 4 Satz 2 zu übermitteln, wenn sie Kenntnis erlangt von

1. dem Abhandenkommen eines Personalausweises mit elektronischem Identitätsnachweis,
2. dem Versterben eines Ausweisinhabers oder
3. der Ungültigkeit eines nicht im Besitz der Behörde befindlichen Ausweises nach § 28 Absatz 1 oder Absatz 2.

(6) [1] Der Personalausweisinhaber kann durch Mitteilung des Sperrkennworts an den Sperrlistenbetreiber nach § 7 Abs. 4 Satz 2 eine sofortige Sperrung des elektronischen Identitätsnachweises veranlassen. [2] Davon unberührt bleibt die Pflicht, den Verlust oder das Abhandenkommen des Personalausweises der Personalausweisbehörde nach § 27 Abs. 1 Nr. 3 anzuzeigen.

(7) Der Sperrlistenbetreiber nach § 7 Abs. 4 Satz 2 stellt den Personalausweisbehörden für die Fälle nach Absatz 5 und den Personalausweisinhabern für die Fälle nach Absatz 6 einen Sperrdienst über jederzeit öffentlich erreichbare Kommunikationsverbindungen zur Verfügung.

(8) [1] Teilt nach erfolgter Sperrung nach Absatz 5 der Personalausweisinhaber das Wiederauffinden seines Personalausweises unter den Voraussetzungen des § 9 Absatz 1 Satz 6 und unter Vorlage seines Personalausweises mit oder bittet er nach einer Sperrung nach Absatz 6 unter den Voraussetzungen des § 9 Absatz 1 Satz 6 und unter Vorlage seines Personalausweises um Entsperrung, so ersucht die Personalausweisbehörde den Sperrlistenbetreiber nach § 7 Absatz 4 Satz 2 um Löschung des Sperreintrags zu diesem Personalausweis. [2] Die Pflicht

---

[1] § 10 Abs. 1 Sätze 1 und 2, Abs. 5 abschl. Satzteil geänd. mWv 1.8.2013 durch G v. 25.7.2013 (BGBl. I S. 2749); Überschrift geänd., Abs. 1 neu gef., Abs. 2 Satz 1 geänd., Satz 2 aufgeh., Abs. 3 Satz 2 aufgeh., Abs. 4 Satz 1, Abs. 5 Nr. 1, Abs. 6 Satz 1 geänd., Abs. 8 Satz 1 neu gef. mWv 15.7.2017 durch G v. 7.7.2017 (BGBl. I S. 2310); Abs. 5 neu gef. mWv 5.8.2019 durch G v. 21.6.2019 (BGBl. I S. 846); Überschrift geänd. mWv 1.9.2021 durch G v. 5.7.2021 (BGBl. I S. 2281).

des Personalausweisinhabers, den Ausweis bei Wiederauffinden nach § 27 Abs. 1 Nr. 3 vorzulegen, bleibt hiervon unberührt.

(9) Der Zeitpunkt der Meldung des Abhandenkommens eines Ausweises ist von der Personalausweisbehörde oder Polizeibehörde zu dokumentieren und der ausstellenden Personalausweisbehörde mitzuteilen.

§ 10a[1)] Einrichtung des elektronischen Identitätsnachweises mit einem mobilen Endgerät. (1) [1] Auf elektronische Veranlassung durch den Ausweisinhaber übermittelt der Ausweishersteller die Daten nach § 5 Absatz 5a aus dem elektronischen Speicher- und Verarbeitungsmedium des Personalausweises in einem sicheren Verfahren auf ein elektronisches Speicher- und Verarbeitungsmedium in einem mobilen Endgerät. [2] Der Ausweisinhaber weist seine Identität gegenüber dem Ausweishersteller mit einem elektronischen Identitätsnachweis nach § 18 nach. [3] Ferner hat der Ausweishersteller Maßnahmen gegen eine missbräuchliche Verwendung der Daten im Anschluss an die Übermittlung der Daten auf das elektronische Speicher- und Verarbeitungsmedium in dem mobilen Endgerät vorzusehen. [4] Der Ausweisinhaber ist auf seine Pflichten nach § 27 Absatz 2 sowie darauf hinzuweisen, dass das mobile Endgerät hinsichtlich der in seinem elektronischen Speicher- und Verarbeitungsmedium nach Absatz 1 gespeicherten Daten mit besonderer Sorgfalt zu behandeln ist.

(2) [1] Die Gültigkeitsdauer eines elektronischen Identitätsnachweises nach § 18 Absatz 2 Satz 1 Nummer 2 auf Grundlage einer Übermittlung der Daten nach Absatz 1 beträgt fünf Jahre. [2] Eine Verlängerung der Gültigkeitsdauer ist nicht zulässig. [3] Durch Rechtsverordnung nach § 34 Satz 1 Nummer 8a kann eine kürzere Gültigkeitsdauer festgelegt werden. [4] Eine Übermittlung nach Absatz 1 Satz 1 kann mehrfach durchgeführt werden.

(3) [1] Im Zuge der Übermittlung nach Absatz 1 Satz 1 erzeugt der Ausweishersteller einen neuen Sperrschlüssel sowie eine neue Sperrsumme und übermittelt diese Daten sowie den letzten Tag der Gültigkeit an den Sperrlistenbetreiber. [2] § 10 Absatz 4 und Absatz 6 Satz 1 gilt entsprechend. [3] Der Ausweisinhaber kann die Daten auf dem mobilen Endgerät selbst löschen.

(4) [1] Werden die auf das elektronische Speicher- und Verarbeitungsmedium des mobilen Endgeräts übermittelten Daten nach Absatz 1 Satz 1 unrichtig, darf ein elektronischer Identitätsnachweis nach § 18 Absatz 2 Satz 1 Nummer 2 nicht durchgeführt werden. [2] Vor einer weiteren Nutzung ist erneut eine Übermittlung nach Absatz 1 unter Verwendung des elektronischen Speicher- und Verarbeitungsmediums des Personalausweises mit den richtigen Daten durchzuführen.

(5) [1] Auf elektronischen Antrag des Ausweisinhabers hat der Ausweishersteller diesem Auskunft zu erteilen darüber, jeweils zu welchem Datum und zu welcher Uhrzeit eine Übermittlung nach Absatz 1 Satz 1 der Daten des Personalausweises des Ausweisinhabers auf ein elektronisches Speicher- und Verarbeitungsmedium in einem mobilen Endgerät durchgeführt wurde, sowie über jeweils den letzten Tag der Gültigkeitsdauer, das Sperrkennwort und den Hersteller und die Modellbezeichnung des mobilen Endgeräts. [2] Zur Identifizierung der antragstellenden Person hat der Ausweishersteller zur Person des Ausweisinhabers einen elektronischen Identitätsnachweis nach § 18 durchzuführen.

[1)] § 10a eingef. mWv 1.9.2021 durch G v. 5.7.2021 (BGBl. I S. 2281).

§ 11[1] Informationspflichten. (1) Auf Verlangen des Personalausweisinhabers hat die Personalausweisbehörde ihm Einsicht in die im elektronischen Speicher- und Verarbeitungsmedium des Personalausweises gespeicherten auslesbaren Daten zu gewähren.

(2) *(aufgehoben)*

(3) [1] Die Personalausweisbehörde hat die antragstellende Person bei Antragstellung über den elektronischen Identitätsnachweis nach § 18, einschließlich des elektronischen Identitätsnachweises mit einem mobilen Endgerät, und das Vor-Ort-Auslesen nach § 18a sowie über Maßnahmen zu unterrichten, die erforderlich sind, um die Sicherheit der Nutzung des elektronischen Identitätsnachweises zu gewährleisten. [2] Sie hat der antragstellenden Person die Übergabe von entsprechendem Informationsmaterial anzubieten, in dem auch auf die Möglichkeit einer Sperrung nach § 10 Absatz 6 hingewiesen wird.

(4) *(aufgehoben)*

(5) [1] Personalausweisbehörden, die Kenntnis von dem Abhandenkommen eines Ausweises erlangen, haben die zuständige Personalausweisbehörde, die ausstellende Personalausweisbehörde und eine Polizeibehörde unverzüglich in Kenntnis zu setzen; eine Polizeibehörde, die anderweitig Kenntnis vom Abhandenkommen eines Ausweises erlangt, hat die zuständige und die ausstellende Personalausweisbehörde unverzüglich zu unterrichten. [2] Dabei sollen Angaben zum Familiennamen, den Vornamen, zur Seriennummer, zur ausstellenden Personalausweisbehörde, zum Ausstellungsdatum und zur Gültigkeitsdauer des Ausweises übermittelt werden. [3] Die Polizeibehörde hat die Einstellung in die polizeiliche Sachfahndung vorzunehmen.

(6) Stellt eine nicht zuständige Personalausweisbehörde nach § 8 Abs. 4 einen Ausweis aus, so hat sie der zuständigen Personalausweisbehörde den Familiennamen, die Vornamen, den Tag und Ort der Geburt, die ausstellende Personalausweisbehörde, das Ausstellungsdatum, die Gültigkeitsdauer und die Seriennummer des Ausweises zu übermitteln.

(7) [1] Schaltet eine Personalausweisbehörde den elektronischen Identitätsnachweis eines Personalausweises ein, so hat sie unverzüglich die ausstellende Personalausweisbehörde davon in Kenntnis zu setzen. [2] Das Gleiche gilt für den Ausweishersteller im Falle der elektronischen Beantragung des nachträglichen Einschaltens der Funktion zum elektronischen Identitätsnachweis.

§ 12[2] Form und Verfahren der Datenerfassung, -prüfung und -übermittlung. (1) [1] Die Datenübermittlung von den Personalausweisbehörden an den Ausweishersteller zum Zweck der Ausweisherstellung, insbesondere die Übermittlung sämtlicher Ausweisantragsdaten, erfolgt durch Datenübertragung. [2] Die Datenübertragung kann auch über Vermittlungsstellen erfolgen. [3] Die beteiligten Stellen haben dem jeweiligen Stand der Technik entsprechende Maßnahmen zur Sicherstellung von Datenschutz und Datensicherheit zu treffen, die insbesondere die Vertraulichkeit und Unversehrtheit der Daten sowie die Feststellbarkeit der übermittelnden Stelle gewährleisten; im Falle der

---

[1] § 11 Abs. 2 geänd., Abs. 4 aufgeh. mWv 1.8.2013 durch G v. 25.7.2013 (BGBl. I S. 2749); Abs. 2 aufgeh., Abs. 3 neu gef., Abs. 7 geänd. mWv 15.7.2017 durch G v. 7.7.2017 (BGBl. I S. 2310); Abs. 7 Satz 2 angef. mWv 1.7.2021 durch G v. 15.1.2021 (BGBl. I S. 530); Abs. 1, Abs. 3 Satz 1 geänd. mWv 1.9.2021 durch G v. 5.7.2021 (BGBl. I S. 2281).

[2] § 12 Abs. 2 Satz 1 geänd. mWv 5.8.2019 durch G v. 21.6.2019 (BGBl. I S. 846); Abs. 2 Sätze 1, 2 geänd. mWv 1.9.2021 durch G v. 5.7.2021 (BGBl. I S. 2281).

Nutzung allgemein zugänglicher Netze sind Verschlüsselungsverfahren anzuwenden, die dem jeweiligen Stand der Technik entsprechen.

(2) [1] Zur elektronischen Erfassung, Echtheitsbewertung und Qualitätssicherung des Lichtbildes und der Fingerabdrücke sowie zur Übermittlung der Ausweisdaten von der Personalausweisbehörde an den Ausweishersteller dürfen ausschließlich solche technischen Systeme und Bestandteile eingesetzt werden, die den Anforderungen der Rechtsverordnung nach § 34 Satz 1 Nummer 3 entsprechen. [2] Die Einhaltung der Anforderungen ist vom Bundesamt für Sicherheit in der Informationstechnik gemäß der Rechtsverordnung nach § 34 Satz 1 Nummer 4 festzustellen.

§ 13[1)] Übermittlung von Geheimnummer, Entsperrnummer und Sperrkennwort. [1] Der Ausweishersteller übersendet antragstellenden Personen zum Zweck der Verwendung, Sperrung und Entsperrung des elektronischen Identitätsnachweises mit dem Personalausweis die Geheimnummer, die Entsperrnummer und das Sperrkennwort. [2] Die Geheimnummer wird auf einer von den sonstigen Unterlagen gesonderten Seite übermittelt. [3] Soweit die antragstellende Person berechtigte Gründe darlegt, werden die Unterlagen nach Satz 1 an die Personalausweisbehörde übersandt, die den Personalausweis aushändigt. [4] Diese stellt dem Ausweisinhaber die Unterlagen zur Verfügung. [5] Die Personalausweisbehörde hat den Ausweisinhaber bei Antragstellung auf die Risiken dieses Verfahrens hinzuweisen.

Abschnitt 3. Umgang mit personenbezogenen Daten

§ 14 Erhebung und Verwendung personenbezogener Daten. Die Erhebung und Verwendung personenbezogener Daten aus dem Ausweis oder mithilfe des Ausweises darf ausschließlich erfolgen durch

1. zur Identitätsfeststellung berechtigte Behörden nach Maßgabe der §§ 15 bis 17,
2. öffentliche Stellen und nichtöffentliche Stellen nach Maßgabe der §§ 18 bis 20.

§ 15 Automatisierter Abruf und automatisierte Speicherung durch zur Identitätsfeststellung berechtigte Behörden. (1) [1] Zur Identitätsfeststellung berechtigte Behörden dürfen den Ausweis nicht zum automatisierten Abruf personenbezogener Daten verwenden. [2] Abweichend von Satz 1 dürfen Polizeibehörden und -dienststellen des Bundes und der Länder, die Behörden der Zollverwaltung sowie die Steuerfahndungsstellen der Länder den Ausweis im Rahmen ihrer Aufgaben und Befugnisse zum automatisierten Abruf personenbezogener Daten verwenden, die zu folgenden Zwecken im polizeilichen Fahndungsbestand gespeichert sind:

1. Grenzkontrolle,
2. Fahndung oder Aufenthaltsfeststellung zum Zweck der Strafverfolgung, Strafvollstreckung oder der Abwehr von Gefahren für die öffentliche Sicherheit oder
3. der zollamtlichen Überwachung im Rahmen der polizeilichen Beobachtung.

[1)] § 13 Satz 1 geänd. mWv 1.9.2021 durch G v. 5.7.2021 (BGBl. I S. 2281).

[3] Über Abrufe, die zu keiner Feststellung geführt haben, dürfen, vorbehaltlich gesetzlicher Regelungen, die gemäß Absatz 2 erlassen werden, keine personenbezogenen Aufzeichnungen gefertigt werden.

(2) In den Fällen des Absatzes 1 dürfen personenbezogene Daten, soweit gesetzlich nichts anderes bestimmt ist, beim automatisierten Lesen des Ausweises nicht in Dateien gespeichert werden; dies gilt auch für Abrufe aus dem polizeilichen Fahndungsbestand, die zu einer Feststellung geführt haben.

§ 16[1)] *(aufgehoben)*

§ 17 Identitätsüberprüfung anhand der im elektronischen Speicher- und Verarbeitungsmedium gespeicherten Daten durch zur Identitätsfeststellung berechtigte Behörden. [1] Zur Identitätsfeststellung berechtigte Behörden dürfen die im elektronischen Speicher- und Verarbeitungsmedium des Personalausweises gespeicherten Daten nur zum Zweck der Überprüfung der Echtheit des Dokumentes oder der Identität des Ausweisinhabers und nur nach Maßgabe der Sätze 3 und 4 auslesen und verwenden. [2] Echtheits- oder Identitätskontrollen über öffentliche Kommunikationswege sind unzulässig. [3] Soweit die Polizeivollzugsbehörden, die Zollverwaltung, die Steuerfahndungsstellen der Länder sowie die Personalausweis-, Pass- und Meldebehörden die Echtheit des Personalausweises oder die Identität des Inhabers überprüfen dürfen, sind sie befugt, die auf dem elektronischen Speicher- und Verarbeitungsmedium des Personalausweises gespeicherten biometrischen und sonstigen Daten auszulesen, die benötigten biometrischen Daten beim Personalausweisinhaber zu erheben und die biometrischen Daten miteinander zu vergleichen. [4] Die nach Satz 3 erhobenen Daten sind unverzüglich zu löschen, wenn die Prüfung der Echtheit des Personalausweises oder der Identität des Inhabers beendet ist.

§ 18[2)] Elektronischer Identitätsnachweis. (1) [1] Der Personalausweisinhaber, der mindestens 16 Jahre alt ist, kann den elektronischen Identitätsnachweis dazu verwenden, seine Identität gegenüber öffentlichen und nichtöffentlichen Stellen elektronisch nachzuweisen. [2] Dies gilt auch dann, wenn er für eine andere Person, ein Unternehmen oder eine Behörde handelt. [3] Abweichend von Satz 1 ist der elektronische Identitätsnachweis ausgeschlossen, wenn die Voraussetzungen des § 3a Abs. 1 des Verwaltungsverfahrensgesetzes[3)], des § 87a Abs. 1 Satz 1 der Abgabenordnung oder des § 36a Abs. 1 des Ersten Buches Sozialgesetzbuch[4)] nicht vorliegen.

(2) [1] Der elektronische Identitätsnachweis erfolgt durch Übermittlung von Daten

---

[1)] § 16 aufgeh. mWv 12.12.2020 durch G v. 3.12.2020 (BGBl. I S. 2744).

[2)] § 18 Abs. 3 Satz 2 Nr. 1a eingef. mWv 1.8.2013 durch G v. 25.7.2013 (BGBl. I S. 2749); Abs. 3 Satz 2 Nr. 7a eingef., Abs. 4 Satz 2 einl. Satzteil geänd., Nr. 3, Abs. 5 Satz 2 aufgeh. mWv 15.7.2017 durch G v. 7.7.2017 (BGBl. I S. 2310); Abs. 1 Satz 2 eingef., bish. Satz 2 wird Satz 3, Abs. 3 Satz 2 Nr. 6a eingef. mWv 5.8.2019 durch G v. 21.6.2019 (BGBl. I S. 846); Abs. 6 angef. mWv 1.7.2021 durch G v. 15.1.2021 (BGBl. I S. 530); Abs. 1 Satz 1 geänd., Abs. 2 Satz 1 neu gef., Abs. 3 Sätze 1, 2 Nr. 6a neu gef., Nr. 6b eingef., Abs. 4 Sätze 1 und 2 geänd. mWv 1.9.2021 durch G v. 5.7.2021 (BGBl. I S. 2281).

[3)] **Sartorius Nr. 100.**

[4)] Nr. **51.1**.

1. aus dem elektronischen Speicher- und Verarbeitungsmedium des Personalausweises oder
2. aus einem elektronischen Speicher- und Verarbeitungsmedium in einem mobilen Endgerät.

[2] Dabei sind dem jeweiligen Stand der Technik entsprechende Maßnahmen zur Sicherstellung von Datenschutz und Datensicherheit zu treffen, die insbesondere die Vertraulichkeit und Unversehrtheit der Daten gewährleisten. [3] Im Falle der Nutzung allgemein zugänglicher Netze sind Verschlüsselungsverfahren anzuwenden. [4] Die Nutzung des elektronischen Identitätsnachweises durch eine andere Person als den Personalausweisinhaber ist unzulässig.

(3) [1] Das Sperrmerkmal und die Angabe, ob der elektronische Identitätsnachweis gültig ist, sind zur Überprüfung, ob ein gesperrter oder abgelaufener elektronischer Identitätsnachweis vorliegt, immer zu übermitteln. [2] Folgende weitere Daten können übermittelt werden:

1. Familienname,
1a. Geburtsname,
2. Vornamen,
3. Doktorgrad,
4. Tag der Geburt,
5. Ort der Geburt,
6. Anschrift,
6a. im amtlichen Gemeindeverzeichnis verwendeter eindeutiger Gemeindeschlüssel,
6b. Staatsangehörigkeit,
7. Dokumentenart,
7a. letzter Tag der Gültigkeitsdauer,
8. dienste- und kartenspezifisches Kennzeichen,
9. Abkürzung „D“ für Bundesrepublik Deutschland,
10. Angabe, ob ein bestimmtes Alter über- oder unterschritten wird,
11. Angabe, ob ein Wohnort dem abgefragten Wohnort entspricht, und
12. Ordensname, Künstlername.

(4) [1] Die Daten werden nur übermittelt, wenn der Diensteanbieter ein gültiges Berechtigungszertifikat an den Inhaber des elektronischen Identitätsnachweises übermittelt und dieser in der Folge seine Geheimnummer eingibt. [2] Der Diensteanbieter muss dem Inhaber des elektronischen Identitätsnachweises vor dessen Eingabe der Geheimnummer die Gelegenheit bieten, die folgenden Daten einzusehen:

1. Name, Anschrift und E-Mail-Adresse des Diensteanbieters,
2. Kategorien der zu übermittelnden Daten nach Absatz 3 Satz 2,
3. *(aufgehoben)*
4. Hinweis auf die für den Diensteanbieter zuständigen Stellen, die die Einhaltung der Vorschriften zum Datenschutz kontrollieren,
5. letzter Tag der Gültigkeitsdauer des Berechtigungszertifikats.

(5) Die Übermittlung ist auf die im Berechtigungszertifikat genannten Datenkategorien beschränkt.

(6) Personalausweisbehörden dürfen im Rahmen der Änderung der Anschrift auf dem elektronischen Speicher- und Verarbeitungsmedium nach einer elektronischen Anmeldung gemäß § 23a des Bundesmeldegesetzes[1] einen elektronischen Identitätsnachweis durchführen und hierzu ein hoheitliches Berechtigungszertifikat verwenden.

§ 18a[2] Vor-Ort-Auslesen von Ausweisdaten unter Anwesenden.

(1) Der Ausweisinhaber kann seinen Personalausweis ferner dazu verwenden, die in § 18 Absatz 3 Satz 2 genannten Daten zum Zwecke der medienbruchfreien Übernahme von Formulardaten unter Anwesenden zu übermitteln.

(2) [1] Vor dem Vor-Ort-Auslesen der Daten ist der Vor-Ort-Diensteanbieter verpflichtet, anhand des Personalausweises per Lichtbildabgleich zu prüfen, ob die den Personalausweis vorlegende Person der Ausweisinhaber ist. [2] Die Daten werden nur übermittelt, wenn der Vor-Ort-Anbieter mit Einverständnis des Ausweisinhabers die Zugangsnummer ausliest und diese zusammen mit einem gültigen Vor-Ort-Zertifikat an das Speicher- und Verarbeitungsmedium des Personalausweises übermittelt.

§ 19[3] Speicherung im Rahmen des elektronischen Identitätsnachweises. (1) Die Speicherung eines Sperrmerkmals ist ausschließlich zulässig

1. in der Sperrliste nach § 10 Abs. 4 Satz 1 oder
2. vorübergehend beim Diensteanbieter zur Prüfung, ob der Personalausweis in den Sperrlisten nach § 10 Abs. 4 Satz 1 aufgeführt ist; die Daten sind nach der Prüfung unverzüglich zu löschen. Zur Ermöglichung auch wiederholter Prüfungen, ob der Personalausweis in den Sperrlisten nach § 10 Absatz 4 Satz 1 aufgeführt ist, erfolgt bei einem Diensteanbieter, der eine Identifizierung nach dem Geldwäschegesetz[4], der Verordnung (EU) Nr. 910/2014 des Europäischen Parlaments und des Rates vom 23. Juli 2014 über elektronische Identifizierung und Vertrauensdienste für elektronische Transaktionen im Binnenmarkt und zur Aufhebung der Richtlinie 1999/93/EG (ABl. L 257 vom 28.8.2014, S. 73), dem Vertrauensdienstegesetz[5] oder dem Telekommunikationsgesetz[6] durchführt, abweichend hiervon die Löschung eines gespeicherten Sperrmerkmals erst nach Ablauf einer Frist von einer Woche ab dem Speicherbeginn.

(2) [1] Der Ausweishersteller speichert zur Durchführung des Auskunftsanspruchs nach § 10a Absatz 5 Satz 1 zu jeder Übermittlung nach § 10a Absatz 1 Satz 1 das dienste- und kartenspezifische Kennzeichen jeweils für das elektronische Speicher- und Verarbeitungsmedium des Personalausweises und des mobilen Endgeräts sowie das Datum und die Uhrzeit der Einrichtung, den letzten Tag der Gültigkeitsdauer, die Sperrsumme, das Sperrkennwort und den

---

[1] **Sartorius Nr. 256.**
[2] § 18a eingef. mWv 15.7.2017 durch G v. 7.7.2017 (BGBl. I S. 2310).
[3] § 19 Abs. 1 Nr. 2 Satz 2 angef. mWv 29.12.2011 durch G v. 22.12.2011 (BGBl. I S. 2959); Abs. 2 geänd. mWv 1.11.2015 durch G v. 3.5.2013 (BGBl. I S. 1084, geänd. durch G v. 20.11.2014, BGBl. I S. 1738); Abs. 2 geänd. mWv 1.8.2013 durch G v. 25.7.2013 (BGBl. I S. 2749); Abs. 1 Nr. 1 geänd., Abs. 5 und 6 angef. mWv 15.7.2017 durch G v. 7.7.2017 (BGBl. I S. 2310); Abs. 1 Nr. 2 geänd. mWv 29.7.2017 durch G v. 18.7.2017 (BGBl. I S. 2745); Abs. 2 neu gef. mWv 1.9.2021 durch G v. 5.7.2021 (BGBl. I S. 2281).
[4] **Habersack (vormals Schönfelder) ErgBd. Nr. 88a.**
[5] **Sartorius ErgBd. Nr. 924.**
[6] **Sartorius ErgBd. Nr. 920.**

Hersteller und die Modellbezeichnung des mobilen Endgeräts. [2]Die in Satz 1 genannten Daten sind spätestens einen Monat nach Ablauf der Gültigkeitsdauer des elektronischen Identitätsnachweises mit einem mobilen Endgerät zu löschen. [3]Im Übrigen ist eine Speicherung des Sperrkennworts und der Sperrsumme zum elektronischen Identitätsnachweis mit dem Personalausweis ausschließlich im Personalausweisregister nach § 23 Absatz 3 Nummer 12 und im Melderegister zulässig.

(3) Eine zentrale, alle Sperrkennwörter oder alle Sperrmerkmale umfassende Speicherung ist unzulässig.

(4) [1]Daten, die im Rahmen der Durchführung des elektronischen Identitätsnachweises aus technischen Gründen oder zum Abgleich mit der Sperrliste an den Diensteanbieter übermittelt werden, dürfen nur für den Zeitraum der Übermittlung gespeichert werden. [2]Die Verarbeitung der Daten nach § 18 Abs. 3 Satz 2 bleibt hiervon unberührt.

(5) Die Speicherung der nach § 18 Absatz 3 Satz 2 oder nach § 18a übermittelten Daten ist zulässig zum Zwecke der Anlegung oder Änderung eines elektronischen Benutzerkontos.

(6) [1]Die Übernahme der nach § 18 Absatz 3 Satz 2 oder nach § 18a übermittelten Daten in ein elektronisches Formular und deren Speicherung sind zulässig, soweit und solange die Speicherung zur Wahrnehmung der Geschäftszwecke des Diensteanbieters erforderlich ist. [2]Zulässig ist auch, das Formular mit einem dauerhaften elektronischen Vermerk des Inhalts zu versehen, dass sich der Ausweisinhaber beim Ausfüllen des Formulars nach § 18 oder nach § 18a identifiziert hat.

§ 19a[1)] Speicherung durch Identifizierungsdiensteanbieter. (1) [1]Ein Identifizierungsdiensteanbieter darf die personenbezogenen Daten des Ausweisinhabers ausschließlich zum Zwecke der bei ihm in Auftrag gegebenen Identifizierung sowie nach § 19 Absatz 6 zum Ausfüllen eines elektronischen Formulars verwenden, das ihm hierfür von seinem Auftraggeber zur Verfügung gestellt wurde. [2]Das Anbringen eines elektronischen Vermerks nach § 19 Absatz 6 Satz 2 ist zulässig. [3]Gesetzliche Aufzeichnungspflichten bleiben unberührt.

(2) Der Identifizierungsdiensteanbieter hat die personenbezogenen Daten des Ausweisinhabers zu löschen, sobald die Identifizierung abgeschlossen und gegebenenfalls das elektronische Formular sowie die auf Grund gesetzlicher Aufzeichnungspflichten aufgezeichneten Daten an den Auftraggeber übermittelt wurden.

§ 20[2)] Verwendung durch öffentliche und nichtöffentliche Stellen.

(1) Der Inhaber kann den Ausweis bei öffentlichen und nichtöffentlichen Stellen als Identitätsnachweis und Legitimationspapier verwenden.

(2) [1]Der Ausweis darf nur vom Ausweisinhaber oder von anderen Personen mit Zustimmung des Ausweisinhabers in der Weise abgelichtet werden, dass die Ablichtung eindeutig und dauerhaft als Kopie erkennbar ist. [2]Andere Personen als der Ausweisinhaber dürfen die Kopie nicht an Dritte weitergeben. [3]Werden

---

1) § 19a eingef. mWv 15.7.2017 durch G v. 7.7.2017 (BGBl. I S. 2310).

2) § 20 Abs. 4 angef. mWv 30.6.2015 durch G v. 20.6.2015 (BGBl. I S. 970); Abs. 2 neu gef., Abs. 5 angef. mWv 15.7.2017 durch G v. 7.7.2017 (BGBl. I S. 2310); Abs. 3 neu gef. mWv 12.12.2020 durch G v. 3.12.2020 (BGBl. I S. 2744).

durch Ablichtung personenbezogene Daten aus dem Personalausweis erhoben oder verarbeitet, so darf die datenerhebende oder -verarbeitende Stelle dies nur mit Einwilligung des Ausweisinhabers tun. [4] Die Vorschriften des allgemeinen Datenschutzrechts über die Erhebung und Verwendung personenbezogener Daten bleiben unberührt.

(3) [1] Die Seriennummern dürfen nicht mit Hilfe automatisierter Verfahren zum Abruf oder zur Verknüpfung personenbezogener Daten verwendet werden. [2] Abweichend hiervon dürfen die Seriennummern mit Hilfe automatisierter Verfahren zum Abruf verwenden

1. die Personalausweisbehörden zur Erfüllung ihrer Aufgaben,
2. die Polizeibehörden des Bundes und der Länder, der Militärische Abschirmdienst, der Bundesnachrichtendienst, die Verfassungsschutzbehörden des Bundes und der Länder, die Steuerfahndungsdienststellen der Länder, der Zollfahndungsdienst und die Hauptzollämter zur Klärung,
   a) wer Inhaber des Personalausweises ist für den Fall, dass eine ausländische öffentliche Stelle die Seriennummer des Personalausweises übermittelt hat und anhand der übrigen von der ausländischen Stelle übermittelten Daten eine Feststellung des Ausweisinhabers nicht möglich ist,
   b) ob der Personalausweis durch einen Nichtberechtigten genutzt wird oder
   c) ob der Personalausweis für ungültig erklärt oder abhandengekommen ist.

[3] Der Ausweishersteller hat öffentlichen Stellen auf deren Verlangen die ausstellende Behörde mitzuteilen. [4] Nichtöffentliche Stellen dürfen die Seriennummern, die Sperrkennwörter und die Sperrmerkmale nicht so verwenden, dass mit ihrer Hilfe ein automatisierter Abruf personenbezogener Daten oder eine Verknüpfung von Dateien möglich ist. [5] Dies gilt nicht für den Abgleich von Sperrmerkmalen durch Diensteanbieter zum Zweck der Überprüfung, ob ein elektronischer Identitätsnachweis gesperrt ist.

(4) [1] Beförderungsunternehmen dürfen personenbezogene Daten aus der maschinenlesbaren Zone des Personalausweises elektronisch nur auslesen und verarbeiten, soweit sie auf Grund internationaler Abkommen oder Einreisebestimmungen zur Mitwirkung an Kontrolltätigkeiten im internationalen Reiseverkehr und zur Übermittlung personenbezogener Daten verpflichtet sind. [2] Biometrische Daten dürfen nicht ausgelesen werden. [3] Die Daten sind unverzüglich zu löschen, wenn sie für die Erfüllung dieser Pflichten nicht mehr erforderlich sind.

(5) [1] Zum Zwecke des Jugendschutzes und mit Einwilligung des Ausweisinhabers dürfen die in § 5 Absatz 4 Satz 2 Nummer 6 und 7 genannten Daten aus der maschinenlesbaren Zone des Personalausweises erhoben werden, um das Alter des Ausweisinhabers und die Gültigkeit des Ausweises zu überprüfen. [2] Eine Speicherung der Daten ist unzulässig.

Abschnitt 4.[1)] Hoheitliche Berechtigungszertifikate; Berechtigungen; elektronische Signaturen

§ 20a[2)] Hoheitliche Berechtigungszertifikate. (1) Zur Identitätsfeststellung berechtigte Behörden erhalten hoheitliche Berechtigungszertifikate, die

[1)] Abschnitt 4 Überschrift neu gef. mWv 1.7.2021 durch G v. 15.1.2021 (BGBl. I S. 530).
[2)] § 20a eingef. mWv 1.7.2021 durch G v. 15.1.2021 (BGBl. I S. 530).

ausschließlich für die hoheitliche Tätigkeit der Identitätsfeststellung zu verwenden sind.

(2) [1] Personalausweisbehörden und der Ausweishersteller erhalten hoheitliche Berechtigungszertifikate. [2] Umfang und Inhalt der in Satz 1 genannten hoheitlichen Berechtigungszertifikate bestimmen sich durch die auf Grund dieses Gesetzes den Personalausweisbehörden und dem Ausweishersteller jeweils zugewiesenen Zuständigkeiten.

(3) Das Bundesamt für Sicherheit in der Informationstechnik erhält hoheitliche Berechtigungszertifikate zur Qualitätssicherung anhand von Testausweisen.

§ 21[1)] Berechtigungen für Diensteanbieter. (1) [1] Um Daten im Wege des elektronischen Identitätsnachweises anzufragen, benötigen Diensteanbieter eine Berechtigung. [2] Die Berechtigung lässt datenschutzrechtliche Vorschriften unberührt. [3] Das Vorliegen einer Berechtigung ist durch die Vergabe von Berechtigungszertifikaten technisch abzusichern.

(2) [1] Die Berechtigung wird auf Antrag erteilt. [2] Die antragstellende Person muss die Daten nach § 18 Absatz 4 Satz 2 Nummer 1, 2 und 4 angeben. [3] Die Berechtigung ist zu erteilen, wenn

1. der Diensteanbieter seine Identität gegenüber der Vergabestelle für Berechtigungszertifikate nachweist,
2. der Diensteanbieter das dem Antrag zu Grunde liegende Interesse an einer Berechtigung, insbesondere zur geplanten organisationsbezogenen Nutzung, darlegt,
3. der Diensteanbieter die Einhaltung des betrieblichen Datenschutzes versichert und
4. der Vergabestelle für Berechtigungszertifikate keine Anhaltspunkte für eine missbräuchliche Verwendung der Daten vorliegen.

(3) [1] Die Berechtigung ist zu befristen. [2] Die Gültigkeitsdauer darf einen Zeitraum von drei Jahren nicht überschreiten. [3] Die Berechtigung darf nur von dem im Berechtigungszertifikat angegebenen Diensteanbieter verwendet werden. [4] Sie wird auf Antrag wiederholt erteilt.

(4) [1] Die Berechtigung ist zurückzunehmen, wenn der Diensteanbieter diese durch Angaben erwirkt hat, die in wesentlicher Beziehung unrichtig oder unvollständig waren. [2] Sie ist zu widerrufen, wenn sie nicht oder nicht im gleichen Umfang hätte erteilt werden dürfen. [3] Die Berechtigung soll zurückgenommen oder widerrufen werden, wenn die für den Diensteanbieter zuständige Datenschutzaufsichtsbehörde die Rücknahme oder den Widerruf verlangt, weil Tatsachen die Annahme rechtfertigen, dass der Diensteanbieter die auf Grund der Nutzung des Berechtigungszertifikates erhaltenen personenbezogenen Daten in unzulässiger Weise verarbeitet oder nutzt.

(5) [1] Mit Bekanntgabe der Rücknahme oder des Widerrufs der Berechtigung darf der Diensteanbieter vorhandene Berechtigungszertifikate nicht mehr verwenden. [2] Dies gilt nicht, solange und soweit die sofortige Vollziehung (§ 30) ausgesetzt worden ist.

[1)] § 21 Abs. 2 Satz 1 Nr. 2a eingef. mWv 1.8.2013 durch G v. 25.7.2013 (BGBl. I S. 2749); Überschrift geänd., Abs. 1 und 2 neu gef., Abs. 3 Satz 3 geänd., Satz 4 neu gef., Abs. 4 aufgeh., bish. Abs. 5 und 6 werden Abs. 4 und 5, Abs. 6–8 angef. mWv 15.7.2017 durch G v. 7.7.2017 (BGBl. I S. 2310).

(6) Der Diensteanbieter hat Änderungen der Angaben nach § 18 Absatz 4 Satz 2 Nummer 1 und 4 der Vergabestelle für Berechtigungszertifikate unverzüglich mitzuteilen.

(7) Öffentliche Stellen anderer Mitgliedstaaten der Europäischen Union sind berechtigt, Daten im Wege des elektronischen Identitätsnachweises anzufragen.

(8) Die Vergabestelle für Berechtigungszertifikate führt ein Register über die erteilten Berechtigungen.

§ 21a[1] Vor-Ort-Berechtigung für Vor-Ort-Diensteanbieter. [1]Um Ausweisdaten nach § 18a unter Anwesenden vor Ort auslesen zu dürfen, benötigen Vor-Ort-Diensteanbieter eine Vor-Ort-Berechtigung einschließlich eines Vor-Ort-Zertifikats. [2]§ 21 gilt hierfür entsprechend.

§ 21b[2] Berechtigung für Identifizierungsdiensteanbieter. (1) Wer als Identifizierungsdiensteanbieter die Funktion des elektronischen Identitätsnachweises nach § 18 Absatz 2 Satz 1 in Verbindung mit § 19 Absatz 6 nutzen möchte, um Identifizierungsdienstleistungen für Dritte zu erbringen, bedarf einer Berechtigung.

(2) [1]Die Berechtigung ist zu erteilen, wenn der Identifizierungsdiensteanbieter

1. durch technisch-organisatorische Maßnahmen die Einhaltung der in § 19a enthaltenen Vorgaben gewährleistet und
2. die weiteren Anforderungen an Datenschutz und Datensicherheit nach der Rechtsverordnung nach § 34 Satz 1 Nummer 7 erfüllt.

[2]Im Übrigen gilt § 21 entsprechend.

§ 22[3] Elektronische Signatur. [1]Der Personalausweis kann als qualifizierte elektronische Signaturerstellungseinheit im Sinne des Artikels 3 Nummer 23 der Verordnung (EU) Nr. 910/2014 ausgestaltet werden. [2]Die Zertifizierung nach Artikel 30 der Verordnung (EU) Nr. 910/2014 erfolgt durch das Bundesamt für Sicherheit in der Informationstechnik. [3]Die Vorschriften des Vertrauensdienstegesetzes[4] bleiben unberührt.

Abschnitt 5. Personalausweisregister; Speicherungsvorschriften

§ 23[5] Personalausweisregister. (1) Die Personalausweisbehörden führen Personalausweisregister.

(2) Das Personalausweisregister dient der Durchführung dieses Gesetzes, insbesondere

1. der Ausstellung der Ausweise und der Feststellung ihrer Echtheit und

---

[1] § 21a eingef. mWv 15.7.2017 durch G v. 7.7.2017 (BGBl. I S. 2310).

[2] § 21b eingef. mWv 15.7.2017 durch G v. 7.7.2017 (BGBl. I S. 2310); Abs. 2 Satz 1 Nr. 2 geänd. mWv 1.9.2021 durch G v. 5.7.2021 (BGBl. I S. 2281).

[3] § 22 neu gef. mWv 29.7.2017 durch G v. 18.7.2017 (BGBl. I S. 2745).

[4] **Sartorius ErgBd. Nr. 924.**

[5] § 23 Abs. 3 Nr. 12 geänd. mWv 1.8.2013 durch G v. 25.7.2013 (BGBl. I S. 2749); Abs. 3 Nr. 15 neu gef. mWv 15.7.2017 durch G v. 7.7.2017 (BGBl. I S. 2310); Abs. 3 Nr. 17 neu gef. mWv 1.9. 2021 durch G v. 5.7.2021 (BGBl. I S. 2281).

2. der Identitätsfeststellung der Person, die den Ausweis besitzt oder für die er ausgestellt ist.

(3) Das Personalausweisregister darf neben dem Lichtbild, der Unterschrift des Ausweisinhabers und verfahrensbedingten Bearbeitungsvermerken ausschließlich folgende Daten enthalten:

1. Familienname und Geburtsname,
2. Vornamen,
3. Doktorgrad,
4. Tag der Geburt,
5. Ort der Geburt,
6. Größe,
7. Farbe der Augen,
8. Anschrift,
9. Staatsangehörigkeit,
10. Familienname, Vornamen, Tag der Geburt und Unterschrift des gesetzlichen Vertreters,
11. Seriennummer,
12. Sperrkennwort und Sperrsumme,
13. letzter Tag der Gültigkeitsdauer,
14. ausstellende Behörde,
15. Vermerke über Anordnungen nach § 6 Absatz 7 und Maßnahmen nach § 6a Absatz 1 bis 3,
16. Angaben zur Erklärungspflicht des Ausweisinhabers nach § 29 des Staatsangehörigkeitsgesetzes[1],
17. die Tatsache, dass die Funktion zum elektronischen Identitätsnachweis mit Personalausweis ausgeschaltet wurde oder in die Sperrliste eingetragen ist,
18. Ordensname, Künstlername und
19. den Nachweis über eine erteilte Ermächtigung nach § 8 Abs. 4 Satz 2.

(4) [1] Personenbezogene Daten im Personalausweisregister sind mindestens bis zur Ausstellung eines neuen Ausweises, höchstens jedoch bis zu fünf Jahre nach dem Ablauf der Gültigkeit des Ausweises, auf den sie sich beziehen, zu speichern und dann zu löschen. [2] Für die Personalausweisbehörde nach § 7 Abs. 2 bei der Wahrnehmung konsularischer Aufgaben beträgt die Frist 30 Jahre.

(5) Die zuständige Personalausweisbehörde führt den Nachweis über Personalausweise, für die sie eine Ermächtigung nach § 8 Abs. 4 Satz 2 erteilt hat.

§ 24[2] Verwendung im Personalausweisregister gespeicherter Daten.

(1) Die Personalausweisbehörden dürfen personenbezogene Daten nur nach Maßgabe dieses Gesetzes, anderer Gesetze oder Rechtsverordnungen erheben oder verwenden.

(2) [1] Die Personalausweisbehörden dürfen anderen Behörden auf deren Ersuchen Daten aus dem Personalausweisregister übermitteln, wenn

---

[1] Nr. **12.1**.

[2] § 24 Abs. 2 Satz 2 geänd. mWv 1.11.2015 durch G v. 3.5.2013 (BGBl. I S. 1084, geänd. durch G v. 20.11.2014, BGBl. I S. 1738).

1. die ersuchende Behörde auf Grund von Gesetzen oder Rechtsverordnungen berechtigt ist, solche Daten zu erhalten,
2. die ersuchende Behörde ohne Kenntnis der Daten nicht in der Lage wäre, eine ihr obliegende Aufgabe zu erfüllen, und
3. die ersuchende Behörde die Daten bei dem Betroffenen nicht oder nur mit unverhältnismäßig hohem Aufwand erheben kann oder wenn nach der Art der Aufgabe, zu deren Erfüllung die Daten erforderlich sind, von einer solchen Datenerhebung abgesehen werden muss.

2 Hinsichtlich der Daten, die auch im Melderegister gespeichert sind, müssen die im Bundesmeldegesetz[1)] enthaltenen Beschränkungen beachtet werden.

(3) 1 Die ersuchende Behörde trägt die Verantwortung dafür, dass die Voraussetzungen des Absatzes 2 vorliegen. 2 Ein Ersuchen nach Absatz 2 darf nur von Bediensteten gestellt werden, die vom Behördenleiter dazu besonders ermächtigt sind. 3 Die ersuchende Behörde hat den Anlass des Ersuchens und die Herkunft der übermittelten Daten und Unterlagen zu dokumentieren. 4 Wird die Personalausweisbehörde vom Bundesamt für Verfassungsschutz, den Landesbehörden für Verfassungsschutz, dem Militärischen Abschirmdienst, dem Bundesnachrichtendienst, dem Bundeskriminalamt oder dem Generalbundesanwalt oder der Generalbundesanwältin um die Übermittlung von Daten ersucht, so hat die ersuchende Behörde den Familiennamen, die Vornamen und die Anschrift des Betroffenen unter Hinweis auf den Anlass der Übermittlung aufzuzeichnen. 5 Die Aufzeichnungen sind gesondert aufzubewahren, durch technische und organisatorische Maßnahmen zu sichern und am Ende des Kalenderjahres, das dem Jahr der Übermittlung folgt, zu vernichten.

(4) Die Daten des Personalausweisregisters und des Melderegisters dürfen zur Berichtigung des jeweils anderen Registers verwendet werden.

§ 25[2)] Datenübertragung und automatisierter Abruf von Lichtbildern.

(1) 1 In den Fällen des § 24 Abs. 2 dürfen personenbezogene Daten auch durch Datenübertragung übermittelt werden. 2 § 12 Abs. 1 Satz 3 gilt entsprechend.

(2) 1 Die Ordnungsbehörden dürfen das Lichtbild zum Zweck der Verfolgung von Verkehrsordnungswidrigkeiten im automatisierten Verfahren abrufen, wenn die Personalausweisbehörde auf andere Weise nicht erreichbar ist und ein weiteres Abwarten den Ermittlungszweck gefährden würde. 2 Zuständig für den Abruf sind die Polizeivollzugsbehörden auf Ebene der Landkreise und kreisfreien Städte, die durch Landesrecht bestimmt werden. 3 Die abrufende Behörde trägt die Verantwortung dafür, dass die Voraussetzungen der Absätze 1 und 2 Satz 1 vorliegen. 4 Die Polizeibehörden des Bundes und der Länder, der Militärische Abschirmdienst, der Bundesnachrichtendienst, die Verfassungsschutzbehörden des Bundes und der Länder, Steuerfahndungsdienststellen der Länder, der Zollfahndungsdienst und die Hauptzollämter dürfen das Lichtbild zur Erfüllung ihrer Aufgaben im automatisierten Verfahren abrufen. 5 Ferner dürfen die zur Ausstellung

[1)] **Sartorius Nr. 256.**

[2)] § 25 Abs. 2 Satz 1 geänd., Sätze 4 und 5 eingef., bish. Satz 4 wird Satz 6, Satz 7 eingef., bish. Sätze 5 und 6 werden Sätze 8 und 9 mWv 15.7.2017 durch G v. 7.7.2017 (BGBl. I S. 2310); Abs. 2 Satz 5 eingef., bish. Sätze 5–9 werden Sätze 6–10, neuer Satz 8 geänd. mWv 7.4.2021 durch G v. 28.3.2021 (BGBl. I S. 591).

1. des Führerscheins,
2. des Fahrerqualifizierungsnachweises oder
3. der Fahrerkarte

zuständigen Behörden das Lichtbild sowie die Unterschrift der antragstellenden Person im automatisierten Verfahren abrufen, wenn die antragstellende Person zuvor im Rahmen der Online-Beantragung in die elektronische Übermittlung eingewilligt hat. [6]Die abrufende Behörde trägt die Verantwortung dafür, dass die Voraussetzungen des Absatzes 1 vorliegen. [7]Alle Abrufe sind von den beteiligten Behörden so zu protokollieren, dass eine Kontrolle der Zulässigkeit der Abrufe möglich ist. [8]Abrufe nach den Sätzen 4 und 5 werden nur von der abrufenden Behörde protokolliert. [9]Die Protokolle enthalten:

1. Familienname, Vornamen sowie Tag und Ort der Geburt der Person, deren Lichtbild abgerufen wurde,
2. Tag und Uhrzeit des Abrufs,
3. die Bezeichnung der am Abruf beteiligten Stellen,
4. die Angabe der abrufenden und der den Abruf anordnenden Person sowie
5. das Aktenzeichen.

[10]§ 24 Abs. 3 Satz 5 gilt entsprechend.

§ 26[1)] Sonstige Speicherung personenbezogener Daten. (1) [1]Beantragung, Ausstellung und Aushändigung von Ausweisen dürfen nicht zum Anlass genommen werden, die dafür erforderlichen Angaben und biometrischen Merkmale außer bei den ausstellenden Personalausweisbehörden nach § 7 Abs. 1 und 2 nach den Vorgaben der §§ 23 bis 25 zu speichern. [2]Entsprechendes gilt für die zur Ausstellung des Ausweises erforderlichen Antragsunterlagen sowie für personenbezogene Datenträger.

(2) Die bei der Personalausweisbehörde gespeicherten Fingerabdrücke sind spätestens nach Aushändigung des Personalausweises an die antragstellende Person zu löschen.

(3) [1]Eine zentrale, alle Seriennummern umfassende Speicherung darf nur bei dem Ausweishersteller und ausschließlich zum Nachweis des Verbleibs der Ausweise erfolgen. [2]Abgesehen von der Sperrsumme und dem letzten Tag der Gültigkeit der jeweiligen elektronischen Identitätsnachweise sowie den weiteren in § 19 Absatz 2 genannten Daten ist die Speicherung sonstiger personenbezogener Daten der antragstellenden Person bei dem Ausweishersteller unzulässig, soweit sie nicht ausschließlich und vorübergehend der Herstellung des Ausweises dient; die Angaben sind anschließend zu löschen.

(4) Eine bundesweite Datenbank der biometrischen Merkmale wird nicht errichtet.

Abschnitt 6. Pflichten des Ausweisinhabers; Ungültigkeit und Entziehung des Ausweises

§ 27[2)] Pflichten des Ausweisinhabers. (1) Der Ausweisinhaber ist verpflichtet, der Personalausweisbehörde unverzüglich

---

[1)] § 26 Abs. 3 Satz 2 geänd. mWv 1.9.2021 durch G v. 5.7.2021 (BGBl. I S. 2281).

[2)] § 27 Abs. 1 Nr. 3, Abs. 2 Satz 3 geänd. mWv 15.7.2017 durch G v. 7.7.2017 (BGBl. I S. 2310); Abs. 2 Satz 2 geänd., Satz 4 angef. mWv 1.9.2021 durch G v. 5.7.2021 (BGBl. I S. 2281).

1. den Ausweis vorzulegen, wenn eine Eintragung unrichtig ist,
2. auf Verlangen den alten Ausweis beim Empfang eines neuen Ausweises abzugeben,
3. den Verlust des Ausweises und sein Wiederauffinden anzuzeigen und im Falle des Wiederauffindens diesen vorzulegen,
4. den Erwerb einer ausländischen Staatsangehörigkeit anzuzeigen und
5. anzuzeigen, wenn er auf Grund freiwilliger Verpflichtung in die Streitkräfte oder einen vergleichbaren bewaffneten Verband eines ausländischen Staates, dessen Staatsangehörigkeit er besitzt, eingetreten ist.

(2) [1] Der Personalausweisinhaber hat zumutbare Maßnahmen zu treffen, damit keine andere Person Kenntnis von der Geheimnummer erlangt. [2] Die Geheimnummer darf insbesondere nicht auf dem Personalausweis vermerkt oder in anderer Weise zusammen mit diesem aufbewahrt sowie im Fall des elektronischen Identitätsnachweises mit einem mobilen Endgerät nicht auf diesem gespeichert werden. [3] Ist dem Personalausweisinhaber bekannt, dass die Geheimnummer Dritten zur Kenntnis gelangt ist, soll er diese unverzüglich ändern oder die Funktion des elektronischen Identitätsnachweises sperren lassen. [4] Satz 3 gilt entsprechend für den Fall, dass dem Personalausweisinhaber bekannt wird, dass die Geheimnummer eines elektronischen Identitätsnachweises mit einem mobilen Endgerät Dritten zur Kenntnis gelangt ist.

(3) [1] Der Personalausweisinhaber soll durch technische und organisatorische Maßnahmen gewährleisten, dass der elektronische Identitätsnachweis gemäß § 18 nur in einer Umgebung eingesetzt wird, die nach dem jeweiligen Stand der Technik als sicher anzusehen ist. [2] Dabei soll er insbesondere solche technischen Systeme und Bestandteile einsetzen, die vom Bundesamt für Sicherheit in der Informationstechnik als für diesen Einsatzzweck sicher bewertet werden.

§ 28[1)] Ungültigkeit. (1) Ein Ausweis ist ungültig, wenn

1. er eine einwandfreie Feststellung der Identität des Ausweisinhabers nicht zulässt oder verändert worden ist,
2. Eintragungen nach diesem Gesetz fehlen oder – mit Ausnahme der Angaben über die Anschrift oder Größe – unzutreffend sind,
3. die Gültigkeitsdauer abgelaufen ist oder
4. gegen den Ausweisinhaber eine Anordnung im Sinne des § 6a Absatz 2 ergangen ist und er den Geltungsbereich dieses Gesetzes verlassen hat.

(2) Eine Personalausweisbehörde hat einen Ausweis für ungültig zu erklären, wenn die Voraussetzungen für seine Erteilung nicht vorgelegen haben oder nachträglich weggefallen sind.

(3) Störungen der Funktionsfähigkeit des elektronischen Speicher- und Verarbeitungsmediums berühren nicht die Gültigkeit des Personalausweises.

§ 29[2)] Sicherstellung und Einziehung. (1) Ein nach § 28 Abs. 1 oder Abs. 2 ungültiger Ausweis kann eingezogen werden.

(2) Ein Ausweis kann sichergestellt werden, wenn

1. eine Person ihn unberechtigt besitzt oder

[1)] § 28 Abs. 1 Nr. 2 und 3 geänd., Nr. 4 angef. mWv 30.6.2015 durch G v. 20.6.2015 (BGBl. I S. 970).

[2)] § 29 Abs. 2 Nr. 2 geänd., Nr. 3 angef. mWv 30.6.2015 durch G v. 20.6.2015 (BGBl. I S. 970).

2. Tatsachen die Annahme rechtfertigen, dass die Voraussetzungen für eine Einziehung nach Absatz 1 vorliegen, oder
3. eine Entziehung im Sinne des § 6a Absatz 2 ergangen ist oder Tatsachen die Annahme rechtfertigen, dass ein Entziehungsgrund im Sinne des § 6a Absatz 2 vorliegt.

(3) Eine Sicherstellung oder Einziehung ist schriftlich zu bestätigen.

§ 30[1] **Sofortige Vollziehung.** Widerspruch und Anfechtungsklage gegen die Anordnung, dass der Ausweis nicht zum Verlassen Deutschlands berechtigt (§ 6 Abs. 7), gegen die Entziehung des Ausweises und die Ausstellung eines Ersatz-Personalausweises (§ 6a), gegen die Aufhebung der Berechtigung (§ 21 Abs. 5), gegen die Einziehung (§ 29 Abs. 1) und gegen die Sicherstellung des Ausweises (§ 29 Abs. 2) haben keine aufschiebende Wirkung.

Abschnitt 7. Gebühren und Auslagen; Bußgeldvorschriften

§ 31[2] **Gebühren und Auslagen; Verordnungsermächtigung.** (1) Für individuell zurechenbare öffentliche Leistungen nach diesem Gesetz und den auf diesem Gesetz beruhenden Rechtsverordnungen erheben die Personalausweisbehörden Gebühren und Auslagen nach den Absätzen 2 und 3.

(2) [1]Die Gebühr soll die mit der individuell zurechenbaren öffentlichen Leistung verbundenen Kosten aller an der Leistung Beteiligten decken. [2]In die Gebühr sind die mit der Leistung regelmäßig verbundenen Auslagen einzubeziehen. [3]Zur Ermittlung der Gebühr sind die Kosten, die nach betriebswirtschaftlichen Grundsätzen als Einzel- und Gemeinkosten zurechenbar und ansatzfähig sind, insbesondere Personal- und Sachkosten sowie kalkulatorische Kosten, zu Grunde zu legen. [4]Zu den Gemeinkosten zählen auch die Kosten der Rechts- und Fachaufsicht. [5]Grundlage der Gebührenermittlung nach den Sätzen 1 bis 4 sind Kosten, die in der Gesamtheit der Länder mit der jeweiligen Leistung verbundenen sind. [6]§ 3 Absatz 1 und 2, die §§ 5 bis 7, 9 Absatz 3 bis 6 und die §§ 10 bis 12 des Bundesgebührengesetzes[3] gelten entsprechend.

(3) Das Bundesministerium des Innern, für Bau und Heimat wird ermächtigt, für den Bereich der Landesverwaltung durch Rechtsverordnung mit Zustimmung des Bundesrates die gebührenpflichtigen Tatbestände, die Gebührenhöhe und die Auslagenerstattung näher zu bestimmen.

(4) [1]Durch Besondere Gebührenverordnung des Auswärtigen Amts nach § 22 Absatz 4 des Bundesgebührengesetzes kann bestimmt werden, dass von den Auslandsvertretungen der Bundesrepublik Deutschland für individuell zurechenbare öffentliche Leistungen nach diesem Gesetz und den auf diesem Gesetz beruhenden Rechtsverordnungen zum Ausgleich von Kaufkraftunterschieden ein Zuschlag erhoben wird. [2]Der Zuschlag kann bis zu 300 Prozent der Gebühren betragen.

---

[1] § 30 geänd. mWv 30.6.2015 durch G v. 20.6.2015 (BGBl. I S. 970).

[2] § 31 neu gef. mWv 15.7.2017 durch G v. 7.7.2017 (BGBl. I S. 2310); Abs. 3 geänd. mWv 27.6.2020 durch VO v. 19.6.2020 (BGBl. I S. 1328).

[3] **Sartorius Nr. 120.**

§ 32[1] **Bußgeldvorschriften.** (1) Ordnungswidrig handelt, wer

1. entgegen § 1 Abs. 1 Satz 1, auch in Verbindung mit Abs. 2 Satz 1, einen Ausweis nicht besitzt,
2. entgegen § 1 Abs. 1 Satz 2, auch in Verbindung mit Abs. 2 Satz 1, einen Ausweis nicht oder nicht rechtzeitig vorlegt oder einen Abgleich mit dem Lichtbild nicht oder nicht rechtzeitig ermöglicht,
3. entgegen § 9 Abs. 2 Satz 2 einen dort genannten Antrag nicht oder nicht rechtzeitig stellt,
4. entgegen § 9 Abs. 3 Satz 1, auch in Verbindung mit Absatz 6 Satz 2, eine Angabe nicht richtig macht,
5. entgegen § 18 Abs. 2 Satz 4 einen elektronischen Identitätsnachweis nutzt,
6. entgegen § 20 Absatz 2 Satz 2 eine Kopie weitergibt oder
7. entgegen § 27 Abs. 1 Nr. 3, 4 oder Nr. 5 eine Anzeige nicht oder nicht rechtzeitig erstattet.

(2) Ordnungswidrig handelt, wer vorsätzlich oder fahrlässig

1. ohne Berechtigung nach § 21 Absatz 1 Satz 1 Daten anfragt,
2. entgegen § 21 Absatz 2 Satz 2, auch in Verbindung mit § 21a Satz 2 oder § 21b Absatz 2 Satz 2, eine Angabe nicht richtig macht,
3. entgegen § 21 Absatz 3 Satz 3 oder Absatz 5 Satz 1, jeweils auch in Verbindung mit § 21a Satz 2 oder § 21b Absatz 2 Satz 2, eine Berechtigung oder ein Berechtigungszertifikat verwendet,
4. entgegen § 21 Absatz 6, auch in Verbindung mit § 21a Satz 2 oder § 21b Absatz 2 Satz 2, eine Mitteilung nicht, nicht richtig, nicht vollständig oder nicht rechtzeitig macht oder
5. ohne Berechtigung nach § 21b Absatz 1 eine dort genannte Funktion nutzt.

(3) Die Ordnungswidrigkeit kann in den Fällen des Absatzes 1 Nummer 5 sowie des Absatzes 2 Nummer 1, 2, 3 und 5 mit einer Geldbuße bis zu dreißigtausend Euro und in den übrigen Fällen mit einer Geldbuße bis zu dreitausend Euro geahndet werden.

§ 33[2] **Bußgeldbehörden.** Verwaltungsbehörden im Sinne des § 36 Abs. 1 Nr. 1 des Gesetzes über Ordnungswidrigkeiten[3] § 36 Abs. 1 Nr. 1 des Gesetzes über Ordnungswidrigkeiten sind, soweit dieses Gesetz von Bundesbehörden ausgeführt wird,

1. in den Fällen des § 32 Absatz 1 Nummer 2 und 5 die Bundespolizeibehörden jeweils für ihren Geschäftsbereich,

---

[1] § 32 Abs. 3 geänd. mWv 1.8.2013 durch G v. 25.7.2013 (BGBl. I S. 2749); Abs. 1 Nr. 4 und 8 geänd., Nr. 9 und 10 eingef., bish. Nr. 9 wird Nr. 11, Abs. 3 geänd. mWv 30.6.2015 durch G v. 20.6.2015 (BGBl. I S. 970); Abs. 1 Nr. 2, Abs. 3 geänd. mWv 15.6.2017 durch G v. 8.6.2017 (BGBl. I S. 1570); Abs. 1 Nr. 6a und 6b eingef., Nr. 7 neu gef., Nr 7a eingef., Abs. 2 Nr. 1 neu gef., bish. Nr. 1–3 werden Nr. 2–4 und neu gef., Nr. 5 und 6 angef., Abs. 3 neu gef. mWv 15.7.2017 durch G v. 7.7.2017 (BGBl. I S. 2310); Abs. 1 Nr. 6–6b aufgeh., bish. Nr. 7 wird Nr. 6 und geänd., Nr. 7a–10 aufgeh., bish. Nr. 11 wird Nr. 7, Abs. 2 Nr. 4 geänd., Nr. 5 aufgeh., bish. Nr. 6 wird Nr. 5, Abs. 3 neu gef. mWv 5.8.2019 durch G v. 21.6.2019 (BGBl. I S. 846).

[2] § 33 Nr. 1 geänd., Nr. 2 aufgeh., bish. Nr. 3 wird Nr. 2 und geänd., bish. Nr. 4 wird Nr. 3 mWv 5.8.2019 durch G v. 21.6.2019 (BGBl. I S. 846).

[3] Nr. **72.2**.

2. in den Fällen des § 32 Abs. 1 Nr. 4 das Auswärtige Amt für Ausweisangelegenheiten im Ausland,
3. in den Fällen des § 32 Abs. 2 Nr. 1 bis 4 die Vergabestelle für Berechtigungszertifikate nach § 7 Abs. 4 Satz 1.

Abschnitt 8. Verordnungsermächtigung; Übergangsvorschrift

§ 34[1] **Verordnungsermächtigung.** [1]Das Bundesministerium des Innern, für Bau und Heimat wird ermächtigt, mit Zustimmung des Bundesrates durch Rechtsverordnung

1. die Muster der Ausweise zu bestimmen,
2. die Einzelheiten der technischen Anforderungen an die Speicherung des Lichtbildes und der Fingerabdrücke sowie den Zugriffsschutz auf die im elektronischen Speicher- und Verarbeitungsmedium abgelegten Daten zu regeln,
3. die Einzelheiten zu regeln
   a) über das Verfahren und die technischen Anforderungen für die Aufnahme, die elektronische Erfassung, die Echtheitsbewertung und die Qualitätssicherung des Lichtbilds,
   b) zur sicheren Übermittlung des Lichtbilds an die Personalausweisbehörde sowie zu einer Registrierung und Zertifizierung von Dienstleistern, welche Lichtbilder für die Personalausweisproduktion an die Personalausweisbehörde übermitteln,
   c) über das Verfahren und die technischen Anforderungen für die Aufnahme, die elektronische Erfassung, die Echtheitsbewertung und Qualitätssicherung der Fingerabdrücke, die Reihenfolge der zu speichernden Fingerabdrücke bei Fehlen eines Zeigefingers, ungenügender Qualität des Fingerabdrucks oder Verletzungen der Fingerkuppe und
   d) über die Form und die Einzelheiten für das Verfahren der Übermittlung sämtlicher Ausweisantragsdaten von den Personalausweisbehörden an den Ausweishersteller,
4. die Einzelheiten des Prüfverfahrens nach § 12 Absatz 2 Satz 2 zu regeln,
5. die Herstellung des Personalausweises und die Übermittlung von Geheimnummer, Entsperrnummer und Sperrkennwort zu regeln,
6. die Einzelheiten der Aushändigung und den Versand des Personalausweises zu regeln,

6a. die Einzelheiten zum Einschalten der Funktion zum elektronischen Identitätsnachweis, einschließlich des Verfahrens des nachträglichen Einschaltens der Funktion zum elektronischen Identitätsnachweis durch den Ausweishersteller nach elektronisch gestellter Beantragung, zu regeln,

7. die Änderung von Daten des Personalausweises wie den Namen oder die Anschrift, einschließlich des Verfahrens der Änderung der Anschrift auf

---

[1] § 34 neu gef. mWv 5.8.2019 durch G v. 21.6.2019 (BGBl. I S. 846); Satz 1 einl. Satzteil geänd., Nr. 3 neu gef., Nr. 10, 11 geänd., Nr. 12 und Satz 2 angef. mWv 12.12.2020 durch G v. 3.12.2020 (BGBl. I S. 2744); Satz 1 Nr. 6a eingef., Nr. 7 und 9 Buchst. a geänd. mWv 7.4.2021 durch G v. 15.1. 2021 (BGBl. I S. 530); Satz 1 Nr. 8a eingef., Satz 3 angef. mWv 9.7.2021 durch G v. 5.7.2021 (BGBl. I S. 2281).

dem elektronischen Speicher- und Verarbeitungsmedium nach einer elektronischen Anmeldung gemäß § 23a des Bundesmeldegesetzes[1], zu regeln,

8. die Einzelheiten zur Nutzung des elektronischen Identitätsnachweises und des Vor-Ort-Auslesens zu regeln,

8a. die Einzelheiten zur Einrichtung und zur Nutzung des elektronischen Identitätsnachweises mit einem mobilen Endgerät, sowie zu den technischen Anforderungen an mobile Endgeräte nach § 2 Absatz 13 zu regeln,

9. die Einzelheiten
   a) der Geheimnummer, einschließlich des Verfahrens des Neusetzens der Geheimnummer durch den Ausweishersteller nach elektronisch gestelltem Antrag,
   b) der Sperrung und Entsperrung des elektronischen Identitätsnachweises durch den Ausweisinhaber sowie
   c) der Speicherung und Löschung der Sperrmerkmale und des Sperrkennworts

   festzulegen,

10. die sicherheitstechnischen Rahmenbedingungen festzulegen, die vorliegen müssen, damit öffentliche und private Stellen ein Benutzerkonto nach § 19 Absatz 5 anlegen und betreiben dürfen,

11. die Einzelheiten der Vergabe der Berechtigungen und Berechtigungszertifikate festzulegen und

12. die Einzelheiten zur Durchführung von automatisierten Abrufen nach § 25 sowie zur Form und zum Inhalt der zu übermittelnden Daten zu regeln.

[2] Rechtsverordnungen nach Satz 1 ergehen im Benehmen mit dem Auswärtigen Amt, Rechtsverordnungen nach Satz 1 Nummer 3 Buchstabe b zusätzlich im Benehmen mit dem Bundesministerium für Wirtschaft und Energie. [3] In einer Rechtsverordnung nach Satz 1 Nummer 8a sind Regelungen zu Maßnahmen gegen eine missbräuchliche Verwendung bei der Einrichtung eines elektronischen Identitätsnachweises mit einem mobilen Endgerät vorzusehen.

§ 34a[2] Regelungsbefugnisse der Länder. [1] Durch Landesrecht können zentrale Personalausweisregisterdatenbestände zur Speicherung des Lichtbilds und der Unterschrift für die Durchführung eines automatisierten Abrufs des Lichtbilds nach § 25 Absatz 2 Satz 1 und 4 sowie eines automatisierten Abrufs des Lichtbilds und der Unterschrift nach § 25 Absatz 2 Satz 5 eingerichtet werden. [2] In diesem Fall gelten § 23 Absatz 4, § 25 Absatz 2 Satz 5 bis 8 und § 26 Absatz 4 entsprechend. [3] Macht ein Land von der Regelungsbefugnis Gebrauch, hat es technisch sicherzustellen, dass die Lichtbilder und Unterschriften vor unbefugtem Zugriff geschützt sind. [4] Die Lichtbilder und Unterschriften dürfen nur so gespeichert werden, dass keine Verknüpfung mit anderen als für den automatisierten Abruf benötigten Daten ermöglicht wird.

§ 35 Übergangsvorschrift. Abweichend von § 7 Abs. 2, § 8 Abs. 2, § 10 Abs. 1 Satz 4 und Abs. 2 Satz 2, § 23 Abs. 4 Satz 2 sowie § 31 Abs. 2 ist bis zum 31. Dezember 2012 für Deutsche mit Hauptwohnung im Ausland die Personal-

---

[1] **Sartorius Nr. 256.**
[2] § 34a eingef. mWv 1.9.2021 durch G v. 5.7.2021 (BGBl. I S. 2281).

ausweisbehörde nach § 7 Abs. 1 zuständig, in deren Bezirk er oder sie sich vorübergehend aufhält.

36.71/2. Verordnung über die Zulassung der Datenübermittlung von Meldebehörden an andere Behörden oder sonstige öffentliche Stellen des Landes Nordrhein-Westfalen (Meldedatenübermittlungsverordnung – MeldDÜV NRW)[1)]

Vom 20. Oktober 2015
(GV. NRW. S. 707)

SGV. NRW. 210

zuletzt geänd. durch Art. 1 Dritte ÄndVO v. 8.9.2021 (GV. NRW. S. 1084)

Auf Grund des § 11 des Meldegesetzes NRW[2)] in der Fassung der Bekanntmachung vom 16. September 1997 (GV. NRW. S. 332, ber. S. 386), der durch Gesetz vom 8. September 2015 (GV. NRW. S. 666) eingefügt worden ist, verordnet das Ministerium für Inneres und Kommunales:

Abschnitt 1. Allgemeines

§ 1[3)] Begriff und Verfahren. (1) Diese Verordnung regelt die Durchführung von Datenübermittlungen der Meldebehörden an öffentliche Stellen des Landes Nordrhein-Westfalen, der Länder und des Bundes sowie an öffentlich-rechtliche Religionsgesellschaften in den Fällen der §§ 33, 34, 36, 38, 39 und 42 des Bundesmeldegesetzes[4)] vom 3. Mai 2013 (BGBl. I S. 1084) in der jeweils geltenden Fassung.

(2) [1] Datenübermittlungen erfolgen durch:

1. Datenübertragung,
2. das Bereithalten von Daten zum automatisierten Abruf (Abrufverfahren), soweit dies ausdrücklich zugelassen ist,
3. das Übersenden von Daten auf Datenträgern in gesicherter Form oder
4. die Weitergabe in schriftlicher Form.

[2] Die Datenübermittlungen nach Nummer 1 und 2 erfolgen in gesicherter Form durch Nutzung gesicherter Datenübertragungswege, zum Beispiel über das Landesverwaltungsnetz, das sichere Verbindungsnetz des Bundes und der Länder, über nach dem Stand der Technik gesicherte Übertragungswege über das Internet oder über das Internet unter Zugrundelegung des Übermittlungsprotokolls OSCI-Transport (§§ 2, 3 der Ersten Bundesmeldedatenübermittlungsverordnung vom 1. Dezember 2014 (BGBl. I S. 1945), die durch Artikel 3 der Verordnung vom 1. Juli 2015 (BGBl. I S. 1101) geändert worden ist, in der im elektronischen Bundesanzeiger bekannt gemachten jeweils geltenden Fas-

---

1) Die Änderungen durch VO v. 8.9.2021 (GV. NRW. S. 1084) treten teilweise erst **mWv 1.5.2022 in Kraft** und sind insoweit noch nicht im Text berücksichtigt.

2) Nr. **36.71**.

3) § 1 Abs. 5 Satz 1 geänd., Satz 2 eingef., bish. Sätze 2 und 3 werden Sätze 3 und 4 mWv 14.6.2020 durch VO v. 29.11.2019 (GV. NRW. S. 879).

4) **Sartorius Nr. 256.**

sung). [3]Sofern die Möglichkeit eröffnet ist, ist die Satzbeschreibung OSCI-XMeld gemäß § 3 der Ersten Bundesmeldedatenübermittlungsverordnung zugrunde zu legen.

(3) [1]Datenübermittlung an öffentliche Stellen über private Stellen oder Datenverarbeitung im Auftrag durch private Rechtsträger ist unzulässig, soweit sich aus den nachfolgenden Regelungen nichts anderes ergibt. [2]Die durch Bundes- oder Landesrecht zulässige Übermittlung von Daten bleibt unberührt.

(4) [1]Bei Datenübermittlungen ist der Datensatz für das Meldewesen – Einheitlicher Bundes-/Länderteil (DSMeld), von der Koordinierungsstelle für IT-Standards am 1. Mai 2015 herausgegeben (www.osci.de), in der jeweils geltenden Fassung – und der Datensatz für das Meldewesen – Landesteil Nordrhein-Westfalen (DSMeld-Teil NRW) (Anlage 1) – zugrunde zu legen.
[2]Der von der Koordinierungsstelle für IT-Standards am 1. Mai 2015 herausgegebene DSMeld legt Form und Inhalt der zu übermittelnden Daten fest.
[3]Die Übermittlungen an die Empfängerin oder den Empfänger erfolgen grundsätzlich in Form der Datenübertragung im XML-Format unmittelbar oder über Vermittlungsstellen.

(5) [1]Soweit im Einzelfall eine Datenübertragung nach Absatz 2 Nummer 1 oder das Abrufverfahren bei der Meldebehörde vorübergehend nicht verfügbar oder nicht zugelassen ist, darf die Auskunft schriftlich oder mit Zustimmung der Empfängerin oder des Empfängers auf Datenträgern auf sicherem Weg versandt werden. [2]Bei Versendung der Daten ist sicherzustellen, dass Maßnahmen nach den Artikeln 24, 25 und 32 der Verordnung (EU) 2016/679[1)] des Europäischen Parlaments und des Rates vom 27. April 2016 zum Schutz natürlicher Personen bei der Verarbeitung personenbezogener Daten, zum freien Datenverkehr und zur Aufhebung der Richtlinie 95/46/EG (Datenschutz-Grundverordnung) (ABl. L 119 vom 4.5.2016, S. 1, L 314 vom 22.11. 2016, S. 72, L 127 vom 23.5.2018, S. 2) sowie § 15 des Datenschutzgesetzes Nordrhein-Westfalen[2)] vom 17. Mai 2018 (GV. NRW. S. 244, ber. S. 278 und S. 404) auch im Bereich der Verschlüsselungstechnik und der Authentifizierung getroffen werden, um den Datenschutz und die Datensicherheit zu gewährleisten, insbesondere im Hinblick auf die Vertraulichkeit und die Unversehrtheit der Daten, die im Melderegister gespeichert sind und übermittelt werden. [3]Entsprechendes gilt für die Verwendung eines anderen Datenformates. [4]Daten auf Datenträgern sind von der Empfängerin oder von dem Empfänger zu löschen, sobald diese zur Aufgabenerfüllung nicht mehr erforderlich sind.

(6) [1]Mit Ausnahme von Absatz 5 ist die Übermittlung in schriftlicher Form oder mittels Datenträger grundsätzlich nur dann zulässig, soweit nachfolgend nichts anderes bestimmt ist oder die für das Meldewesen zuständige Aufsichtsbehörde im Einzelfall zugestimmt hat. [2]Bei Übermittlung in schriftlicher Form nach Satz 1 hat der Versand in verschlossenem Umschlag und mittels Postzustellungsauftrag zu erfolgen. [3]Die Kosten in Höhe von 0,10 Euro pro Datensatz und die Versandkosten trägt die Empfängerin oder der Empfänger.

[1)] **Sartorius Nr. 246.**
[2)] Nr. **37.41**.

Abschnitt 2. Regelmäßige Datenübermittlung

§ 2 Begriff und Verfahren. (1) [1] Regelmäßige Datenübermittlungen erfolgen anlassbezogen wiederkehrend an öffentliche Stellen des Landes Nordrhein-Westfalen, ohne dass es eines Auskunftsersuchens bedarf. [2] Die Fälle einer regelmäßigen Datenübermittlung sind zulässig, soweit sie durch Landesrecht oder diese Verordnung bestimmt sind.

(2) Bei Vorliegen einer Auskunftssperre nach § 51 des Bundesmeldegesetzes[1)] und eines bedingten Sperrvermerks nach § 52 des Bundesmeldegesetzes erfolgt die Datenübermittlung verbunden mit dem Hinweis, dass eine Auskunftssperre beziehungsweise ein bedingter Sperrvermerk vorliegt.

(3) Die regelmäßige Datenübermittlung erfolgt durch die für die Hauptwohnung zuständige Meldebehörde, in den Fällen des § 4 auch durch die für die Nebenwohnung zuständige Meldebehörde.

§ 3[2)] Datenübermittlungen an die Schul-, Gesundheitsämter und die Schulverwaltung. (1) Zur Durchführung der Beratung über vorschulische Fördermöglichkeiten, zur Überwachung der Schulpflicht und zur Feststellung der altersgemäßen Sprachentwicklung sowie der hinreichenden Beherrschung der deutschen Sprache übermitteln die Meldebehörden personenbezogene Daten, und zwar:

1. an die für die Schulverwaltung zuständige Stelle des Schulträgers zum Zweck der Beratung der Eltern über vorschulische Fördermöglichkeiten gemäß § 36 Absatz 1 des Schulgesetzes NRW[3)] vom 15. Februar 2005 (GV. NRW. S. 102), in der jeweils geltenden Fassung, zum 1. Februar des Jahres Daten der Kinder, die im Zeitraum vom 1. Oktober des Vorjahres bis zum 30. September des Jahres das vierte Lebensjahr vollenden,
2. an die für die Schulverwaltung zuständige Stelle des Schulträgers bei der Anmeldung von Kindern nach Nummer 1 sowie von schulpflichtigen Kindern und Jugendlichen, die das 18. Lebensjahr noch nicht vollendet haben, und
3. an die zuständige untere Schulaufsichtsbehörde zum Zweck der Sprachstandfeststellung gemäß § 36 Absatz 2 des Schulgesetzes NRW zum 1. Februar des Jahres Daten der Kinder, die im Zeitraum vom 1. Oktober des Vorjahres bis zum 30. September des Jahres das vierte Lebensjahr vollenden.

(2) Zur Durchführung ärztlicher und zahnärztlicher Untersuchungen und Beratungen der Kinder in Tageseinrichtungen für Kinder gemäß § 12 des Kinderbildungsgesetzes[4)] vom 3. Dezember 2019 (GV. NRW. S. 894, ber. 2020 S. 77), in der jeweils geltenden Fassung, übermitteln die Meldebehörden dem Gesundheitsamt personenbezogene Daten.

(3) Nach Absatz 1 und 2 werden folgende Daten übermittelt:

[1)] **Sartorius Nr. 256.**

[2)] § 3 Abs. 1 einl. Satzteil, Abs. 2 geänd. mWv 14.6.2020 durch VO v. 29.11.2019 (GV. NRW. S. 879); Abs. 2 geänd. mWv 22.9.2021 durch VO v. 8.9.2021 (GV. NRW. S. 1084).

[3)] **Rehborn, Gesetze NRW (vormals v. Hippel/Rehborn) Nr. 75.**

[4)] **Rehborn, Gesetze NRW (vormals v. Hippel/Rehborn) Nr. 166.**

		Blattnummer des DSMeld (Datenblatt)
1.	Familienname	0101 bis 0102,
2.	Vornamen	0301, 0302,
3.	Geburtsdatum und -ort	0601 bis 0603,
4.	Geschlecht	0701,
5.	Daten zum gesetzlichen Vertreter: Familienname, Vorname, Doktorgrad, Anschrift, Geburtsdatum, Geschlecht, Auskunftssperren	0902 bis 0907a, 0915 bis 0919, 1201 bis 1213a,
6.	derzeitige Staatsangehörigkeiten	1001,
7.	derzeitige Anschriften	1200 bis 1213a,
8.	Auskunftssperren nach § 51 des Bundesmeldegesetzes[1]	1801,
9.	bedingter Sperrvermerk nach § 52 des Bundesmeldegesetzes	1801 und
10.	Sterbedatum	1901.

§ 4[2] Datenübermittlungen zum Zwecke der Ehrung bei Alters- und Ehejubiläen. (1) Für die Ehrung von Altersjubilaren zur Vollendung des 100. und jedes weiteren Lebensjahres sowie für die Ehrung von Ehepaaren aus Anlass des 60-jährigen (diamantenen), 65-jährigen (eisernen), 70-jährigen und 75-jährigen Ehejubiläums durch den Bundespräsidenten und die Landesregierung übermitteln die Meldebehörden personenbezogene Daten der betreffenden Personen an die in Absatz 3 bezeichneten Behörden.

(2) Folgende Daten der betreffenden Personen werden übermittelt:

		Blattnummer des DSMeld (Datenblatt)
1.	Familienname	0101 bis 0102,
2.	Vornamen	0301, 0302,
3.	Doktorgrad	0401,
4.	derzeitige Anschrift	1201 bis 1213a,
5.	Tag der Geburt bei Altersjubiläen	0601,
6.	Tag der Eheschließung bei Ehejubiläen	1401, 1402,
7.	Auskunftssperren nach § 51 des Bundesmeldegesetzes[1]	1801,
8.	bedingter Sperrvermerk nach § 52 des Bundesmeldegesetzes	1801a *und*[3]

(3) Die in Absatz 2 bezeichneten Daten werden spätestens sechs Wochen vor dem jeweiligen Ereignis übermittelt:

[1] **Sartorius Nr. 256.**

[2] § 4 Abs. 1, Abs. 2 Nr. 8 geänd., Nr. 9 aufgeh., Abs. 3 Nr. 1 und 2 geänd. mWv 14.6.2020 durch VO v. 29.11.2019 (GV. NRW. S. 879).

[3] Wortlaut amtlich.

1. von der kreisangehörigen Gemeinde an den Kreis zur Weiterübermittlung an die Bezirksregierung bei 60-jährigen Ehejubiläen oder zur unmittelbaren Weiterübermittlung an die Staatskanzlei in den übrigen Fällen und
2. von den kreisfreien Städten an die Bezirksregierung bei 60-jährigen Ehejubiläen oder unmittelbar an die Staatskanzlei in den übrigen Fällen.

(4) Die Daten können im Einvernehmen mit der Empfängerin oder dem Empfänger schriftlich übermittelt werden.

§ 5[1)] Datenübermittlungen zur Erfassung und Kontrolle geförderten Wohnraums. (1) Für die Erfassung geförderten Wohnraums nach dem Gesetz zur Förderung und Nutzung von Wohnraum für das Land Nordrhein-Westfalen[2)] vom 8. Dezember 2009 (GV. NRW. S. 772), in der jeweils geltenden Fassung, übermitteln die Meldebehörden der Gemeinden, die nicht zugleich zuständige Stelle im Sinne des Gesetzes sind, dem Kreis personenbezogene Daten nach Absatz 2.

(2) Von den Einwohnerinnen oder Einwohnern, die in geförderten Wohnraum einziehen oder aus solchem ausziehen, werden von den Meldebehörden in den Fällen der An- und Abmeldung und in Sterbefällen folgende Daten übermittelt:

		Blattnummer des DSMeld (Datenblatt)
1.	Familienname	0101 bis 0102,
2.	Vornamen	0301, 0302,
3.	Doktorgrad	0401,
4.	Geburtsdatum	0601,
5.	Geschlecht	0701,
6.	derzeitige Anschriften	1200 bis 1213a,
7.	Tag des Ein- und Auszugs	1301, 1306,
8.	Auskunftssperren nach § 51 des Bundesmeldegesetzes[3)]	1801,
9.	bedingter Sperrvermerk nach § 52 des Bundesmeldegesetzes	1801a und
10.	Sterbetag	1901.

§ 6[4)] Datenübermittlungen an das Landesamt für Zentrale Polizeiliche Dienste. [1] Für Zwecke der Fahndung nach Personen, die zur Festnahme oder Aufenthaltsermittlung gesucht werden, sowie der Bereinigung personenbezogener kriminalpolizeilicher Sammlungen werden von den Meldebehörden dem Landesamt für Zentrale Polizeiliche Dienste in den Fällen der An- und Abmeldung und in Sterbefällen folgende Daten unverzüglich übermittelt:

[1)] § 5 Abs. 1 und Abs. 2 Nr. 9 geänd. mWv 14.6.2020 durch VO v. 29.11.2019 (GV. NRW. S. 879).

[2)] **Rehborn, Gesetze NRW (vormals v. Hippel/Rehborn) Nr. 91.**

[3)] **Sartorius Nr. 256.**

[4)] § 6 Satz 1 Nr. 10 und Satz 2 geänd. mWv 14.6.2020 durch VO v. 29.11.2019 (GV. NRW. S. 879).

		Blattnummer des DSMeld (Datenblatt)
1.	Familienname	0101 bis 0102,
2.	Vornamen	0301, 0302,
3.	frühere Namen	0201 bis 0204, 0303,
4.	Geburtsdatum und -ort	0601 bis 0603,
5.	Geschlecht	0701,
6.	derzeitige Staatsangehörigkeiten	1001,
7.	derzeitige und frühere Anschriften	1200 bis 1233,
8.	Tag des Ein- und Auszugs	1301, 1306,
9.	Auskunftssperren nach § 51 des Bundesmeldegesetzes[1]	1801,
10.	bedingter Sperrvermerk nach § 52 des Bundesmeldegesetzes	1801a und
11.	Sterbetag und -ort	1901, 1904, 1905.

[2]Die übermittelten Daten dürfen nur für die in Satz 1 genannten Zwecke verarbeitet werden. [3]Daten von Personen, nach denen nicht gefahndet wird und über die keine personenbezogenen kriminalpolizeilichen Sammlungen geführt werden, sind unverzüglich zu löschen.

§ 7[2] Datenübermittlungen an den Westdeutschen Rundfunk Köln (WDR) (1) Zur Erfüllung der Aufgaben des Einzugs der Rundfunkbeiträge nach dem Rundfunkbeitragsstaatsvertrag vom 13. Dezember 2011 (GV. NRW. S. 675) übermitteln die Meldebehörden dem Beitragsservice von ARD, ZDF und Deutschlandradio für den WDR folgende Daten über alle An- und Abmeldungen sowie Sterbefälle aller volljährigen Einwohnerinnen oder Einwohner:

		Blattnummer des DSMeld (Datenblatt)
1.	Familienname	0101 bis 0102,
2.	frühere Namen	0201 bis 0203, 0303,
3.	Vornamen	0301, 0302,
4.	Doktorgrad	0401,
5.	Geburtsdatum	0601,
6.	derzeitige und frühere Anschriften	1200 bis 1213a,
7.	Tag des Ein- und Auszugs	1301, 1306,
8.	Familienstand	1401,
9.	bedingter Sperrvermerk nach § 52 des Bundesmeldegesetzes[1]	1801a und
10.	Sterbetag	1901.

(2) [1]Der Beitragsservice von ARD, ZDF und Deutschlandradio darf Daten nach Absatz 1 nur verarbeiten, wenn und soweit dies für die Erfüllung der ihm

---

[1] ***Sartorius Nr. 256.***

[2] § 7 Abs. 1 einl. Satzteil, Nr. 9, Abs. 2 Satz 1 geänd. mWv 14.6.2020 durch VO v. 29.11.2019 (GV. NRW. S. 879).

nach dem Rundfunkbeitragsstaatsvertrag obliegenden Aufgaben erforderlich ist. [2] Die übermittelten Daten sind unverzüglich zu löschen, wenn feststeht, dass sie nicht benötigt werden oder eine Beitragspflicht dem Grunde nach nicht besteht. [3] Nicht geprüfte Daten sind spätestens zwölf Monate nach der Übermittlung zu löschen.

(3) Datensätze zu Personen mit Auskunftssperre nach § 51 des Bundesmeldegesetzes werden nicht übermittelt.

§ 8[1)] Datenübermittlungen zu Zwecken des Sozialen Entschädigungsrechts und des Schwerbehindertenrechts. (1) Die Meldebehörden übermitteln einmal monatlich, spätestens bis zum 15. des darauffolgenden Monats, an IT.NRW in seiner Eigenschaft als IT-Dienstleister der Versorgungsämter zur Feststellung des Fortbestehens einer Leistungsberechtigung nach dem Bundesversorgungsgesetz in der Fassung der Bekanntmachung vom 22. Januar 1982 (BGBl. I S. 21), in der jeweils geltenden Fassung, oder nach Gesetzen, die inhaltlich Soziales Entschädigungsrecht normieren und die deshalb das Bundesversorgungsgesetz für entsprechend anwendbar erklären, zur Erfüllung der Aufgaben nach dem Sozialgesetzbuch – Neuntes Buch – (SGB IX) Rehabilitation und Teilhabe behinderter Menschen – (Artikel 1 des Gesetzes vom 19. Juni 2001 (BGBl. I S. 1046, 1047)), in der jeweils geltenden Fassung, zum Schwerbehindertenrecht sowie des Gesetzes über die Hilfen für Blinde und Gehörlose[2)] vom 25. November 1997 (GV. NRW. S. 430), in der jeweils geltenden Fassung, nach Speicherung eines Sterbefalles oder einer Abmeldung im Melderegister die folgenden Daten der verstorbenen oder verzogenen Einwohnerin oder des Einwohners:

		Blattnummer des DSMeld (Datenblatt)
1.	Familienname	0101 bis 0102,
2.	Vornamen	0301, 0302,
3.	Doktorgrad	0401,
4.	Geburtsdatum und -ort	0601 bis 0603,
5.	Geschlecht	0701,
6.	derzeitige Anschriften und letzte frühere Anschrift	1200 bis 1233,
7.	Tag des Ein- und Auszugs	1301, 1306,
8.	Auskunftssperren nach § 51 des Bundesmeldegesetzes[3)]	1801,
9.	bedingter Sperrvermerk nach § 52 des Bundesmeldegesetzes	1801a und
10.	Sterbetag	1901.

(2) Werden die übermittelten Daten von den Gemeinden und Kreisen sowie den Landschaftsverbänden zur Erfüllung ihrer Aufgaben nicht mehr benötigt, sind sie unverzüglich zu löschen.

[1)] § 8 Abs. 1 einl. Satzteil und Nr. 9 geänd. mWv 14.6.2020 durch VO v. 29.11.2019 (GV. NRW. S. 879); Abs. 1 einl. Satzteil geänd. mWv 22.9.2021 durch VO v. 8.9.2021 (GV. NRW. S. 1084).

[2)] **Rehborn, Gesetze NRW (vormals v. Hippel/Rehborn) Nr. 168.**

[3)] **Sartorius Nr. 256.**

§ 9[1] Datenübermittlung an öffentlich-rechtliche Religionsgesellschaften. (1) Im Fall von Anmeldung, Abmeldung, Todesfall oder Änderung der Kirchenzugehörigkeit übermittelt die Meldebehörde der alleinigen Wohnung beziehungsweise der Hauptwohnung den öffentlich-rechtlichen Religionsgesellschaften zur Erfüllung ihrer Aufgaben folgende Daten ihrer Mitglieder:

		Blattnummer des DSMeld (Datenblatt)
1.	Familienname	0101 bis 0102,
2.	frühere Namen	0201 bis 0203, 0303,
3.	Vornamen	0301, 0302,
4.	Doktorgrad	0401,
5.	Ordensnamen, Künstlernamen	0501, 0502,
6.	Geburtsdatum und -ort und bei Geburt im Ausland auch den Staat	0601 bis 0603,
7.	Daten zum gesetzlichen Vertreter:	
	Familienname, Vorname, Doktorgrad, Anschrift, Geburtsdatum, Geschlecht, Sterbedatum, Auskunftssperren nach § 51 des Bundesmeldegesetzes[2], bedingter Sperrvermerk nach § 52 des Bundesmeldegesetzes	0902 bis 0907a, 0915 bis 0919, 1200 bis 1213a, 1801,
8.	Geschlecht	0701,
9.	derzeitige Staatsangehörigkeiten	1001,
10.	rechtliche Zugehörigkeit zu der öffentlich-rechtlichen Religionsgesellschaft	1101, 1104,
11.	derzeitige Anschriften, gekennzeichnet nach Haupt- und Nebenwohnung, die letzte frühere Anschrift, bei Zuzug aus dem Ausland auch die letzte Anschrift im Inland, bei Wegzug in das Ausland auch die Zuzugsanschrift im Ausland und den Staat	1200 bis 1213a, 1232, 1233,
12.	Einzugsdatum und Auszugsdatum	1301, 1306,
13.	Familienstand beschränkt auf die Angabe, ob verheiratet oder eine Lebensgemeinschaft führend oder nicht; bei Verheirateten oder Lebenspartnern: Datum, Ort und Staat der Eheschließung oder der Begründung der Lebenspartnerschaft	1401, 1402, 1408, 1409,
14.	Zahl der minderjährigen Kinder	
15.	Auskunftssperren nach § 51 des Bundesmeldegesetzes	1801,
16.	bedingter Sperrvermerk nach § 52 des Bundesmeldegesetzes	1801a und
17.	Sterbedatum und Sterbeort sowie bei Versterben im Ausland auch den Staat	1901, 1904, 1905.

[1] § 9 Abs. 1 Nr. 16, Abs. 2 einl. Satzteil und Nr. 9 geänd. mWv 14.6.2020 durch VO v. 29.11.2019 (GV. NRW. S. 879).

[2] **Sartorius Nr. 256.**

(2) [1] Haben Mitglieder einer öffentlich-rechtlichen Religionsgesellschaft Familienangehörige, die nicht derselben oder keiner öffentlich-rechtlichen Religionsgesellschaft angehören, übermittelt die Meldebehörde von diesen Familienangehörigen folgende Daten:

		Blattnummer des DSMeld (Datenblatt)
1.	Vor- und Familiennamen	0101 bis 0102, 0301, 0302,
2.	frühere Namen	0201 bis 0203, 0303,
3.	Geburtsdatum und -ort	0601 bis 0603,
4.	Geschlecht	0701,
5.	derzeitige Staatsangehörigkeiten	1001,
6.	Zugehörigkeit zu einer öffentlich-rechtlichen Religionsgesellschaft	1101, 1104,
7.	derzeitige Anschriften und letzte frühere Anschrift	1200 bis 1213a,
8.	Auskunftssperren nach § 51 des Bundesmeldegesetzes	1801,
9.	bedingter Sperrvermerk nach § 52 des Bundesmeldegesetzes	1801a und
10.	Sterbedatum	1901.

[2] Eine Datenübermittlung unterbleibt, wenn die Familienangehörigen im Sinne des § 42 Absatz 3 des Bundesmeldegesetzes der Übermittlung widersprochen haben. [3] Ein Widerspruch ist jedoch nicht wirksam, wenn die Übermittlung für Zwecke des Steuererhebungsrechts der jeweiligen öffentlich-rechtlichen Religionsgesellschaft erfolgt.

(3) Für die Bestandsdatenlieferung nach § 42 Absatz 4a des Bundesmeldegesetzes gelten Absatz 1 und 2 entsprechend.

(4) Im Fall einer Änderung der in Absatz 1 und 2 genannten Daten übermittelt die Meldebehörde den öffentlich-rechtlichen Religionsgesellschaften neben den geänderten auch alle weiteren der dort aufgeführten Daten.

(5) [1] Die Datenübermittlung zwischen Meldebehörden und öffentlich-rechtlichen Religionsgesellschaften erfolgt unter Verwendung der Satzbeschreibung OSCI-XMeld und des Übermittlungsprotokolls OSCI-Transport. [2] Voraussetzung hierfür ist, dass die öffentlich-rechtliche Religionsgesellschaft zugestimmt hat.

(6) [1] Die öffentlich-rechtlichen Religionsgesellschaften übermitteln die Daten über die Begründung der Mitgliedschaft einer Person und in Fällen, in denen das Melderegister wegen fehlender oder falscher Angaben über die Bekenntniszugehörigkeit von Kirchenmitgliedern zu berichtigen oder zu ergänzen ist, über die Beendigung der Mitgliedschaft einer Person an die zuständige Meldebehörde der Haupt- oder alleinigen Wohnung wie folgt:

		Blattnummer des DSMeld (Datenblatt)
1.	Eintrittsdatum in die öffentlich-rechtliche Religionsgesellschaft	1102 und

		Blattnummer des DSMeld (Datenblatt)
2.	Austrittsdatum aus der öffentlich-rechtlichen Religionsgesellschaft	1103.

[2] Die Meldebehörden nehmen diese Daten entgegen.

§ 10[1)] Datenübermittlung für Zwecke des Mammographie-Screenings. (1) [1] Um die Versendung von Einladungen zu Krebsfrüherkennungsuntersuchungen nach § 16 Absatz 1 des Landeskrebsregistergesetzes vom 2. Februar 2016 (GV. NRW. S. 94), in der jeweils geltenden Fassung, zu ermöglichen, übermitteln die Meldebehörden monatlich der zuständigen Stelle von jeder Person, die am jeweiligen Stichtag das 50. Lebensjahr vollendet und das 70. Lebensjahr noch nicht vollendet hat, die folgenden Angaben:

		Blattnummer des DSMeld (Datenblatt)
1.	Familienname	0101 bis 0102,
2.	frühere Familiennamen	0201 bis 0203,
3.	Vornamen	0301, 0302,
4.	Geburtsdatum und -ort	0601 bis 0603,
5.	derzeitige Anschrift	1201 bis 1203, 1205 bis 1213a und
6.	bedingter Sperrvermerk nach § 52 des Bundesmeldegesetzes[2)]	1801a.

[2] Stichtag ist der Erste des Monats, in dem die Übermittlung erfolgt.

(2) Eine Datenübermittlung unterbleibt, wenn im Melderegister eine Auskunftssperre nach § 51 des Bundesmeldegesetzes eingetragen ist.

§ 10a[3)] Datenübermittlung an die örtlichen Träger der öffentlichen Jugendhilfe. Zur Erfüllung der Aufgaben nach § 2 des Gesetzes zur Kooperation und Information im Kinderschutz[4)] vom 22. Dezember 2011 (BGBl. I S. 2975), das zuletzt durch Artikel 20 des Gesetzes vom 23. Dezember 2016 (BGBl. I S. 3234) geändert worden ist, sowie nach § 16 des Achten Buches Sozialgesetzbuch[5)] – Kinder- und Jugendhilfe – in der Fassung der Bekanntmachung vom 11. September 2012 (BGBl. I S. 2022), das zuletzt durch Artikel 7 des Gesetzes vom 15. November 2019 (BGBl. I S. 1604) geändert worden ist, übermitteln die Meldebehörden regelmäßig folgende personenbezogene Daten aller neugeborenen Kinder sowie aller zugezogenen Kinder im Alter unter zwei Jahren an die örtlichen Träger der öffentlichen Jugendhilfe:

		Blattnummer des DSMeld (Datenblatt)
1.	Familienname	0101 bis 0102,

[1)] § 10 Abs. 1 Satz 1 Nr. 6 geänd. mWv 14.6.2020 durch VO v. 29.11.2019 (GV. NRW. S. 879); Abs. 1 Satz 1 einl. Satzteil geänd. mWv 22.9.2021 durch VO v. 8.9.2021 (GV. NRW. S. 1084).

[2)] **Sartorius Nr. 256.**

[3)] § 10a eingef. mWv 14.12.2019 durch VO v. 29.11.2019 (GV. NRW. S. 879); Nr. 6 geänd. mWv 22.9.2021 durch VO v. 8.9.2021 (GV. NRW. S. 1084).

[4)] **Habersack (vormals Schönfelder) ErgBd. Nr. 46a.**

[5)] **Habersack (vormals Schönfelder) ErgBd. Nr. 46.**

		Blattnummer des DSMeld (Datenblatt)
2.	Vornamen	0301, 0302,
3.	Geburtsdatum und -ort	0601 bis 0603,
4.	Geschlecht	0701,
5.	derzeitige Staatsangehörigkeiten	1001,
6.	Daten zum gesetzlichen Vertreter: Familienname, Vornamen, Anschrift, Geschlecht,Auskunftssperren nach § 51 des Bundesmeldegesetzes[1]	0902 bis 0919, 1200 bis 1231,1801,
7.	derzeitige und frühere Anschriften	1201 bis 1206, 1208 bis 1223, 1301 bis 1306, 1310 bis 1313,
8.	Auskunftssperren nach § 51 des Bundesmeldegesetzes	1801,
9.	Bedingter Sperrvermerk nach § 52 des Bundesmeldegesetzes	1801a und
10.	Sterbedatum	1901.

§ 10b[2] Datenübermittlung zu Zwecken der Auszahlung von Mehrlingsgeburtengeld. Die Meldebehörden übermitteln zum Zwecke der Auszahlung von Mehrlingsgeburtengeld bei der Anmeldung von Drillingen oder höhergradigen Mehrlingen durch das zuständige Standesamt, die folgenden Daten unverzüglich an die Staatskanzlei:

		Blattnummer des DSMeld (Datenblatt)
1.	Familienname	0101 bis 0102,
2.	Vornamen	0301, 0302,
3.	Geburtsdatum und -ort	0601 bis 0603,
4.	Geschlecht	0701,
5.	Daten zum gesetzlichen Vertreter: Familienname, Vornamen, Anschrift	0902 bis 0916, 1201 bis 1206, 1208 bis 1212,
6.	derzeitige und frühere Anschriften	1201 bis 1206, 1208 bis 1223, 1301 bis 1306, 1310 bis 1313,
7.	Bedingter Sperrvermerk nach § 52 des Bundesmeldegesetzes[1]	1801a und
8.	Sterbedatum	1901.

§ 10c[3] Datenübermittlung zu Zwecken der Übermittlung an das Landeskrebsregister. Gemäß § 17 des Landeskrebsregistergesetzes vom

[1] **Sartorius Nr. 256.**

[2] § 10b eingef. mWv 14.12.2019 durch VO v. 29.11.2019 (GV. NRW. S. 879); Nr. 5 geänd. mWv 22.9.2021 durch VO v. 8.9.2021 (GV. NRW. S. 1084).

[3] § 10c eingef. mWv 14.12.2019 durch VO v. 29.11.2019 (GV. NRW. S. 879).

2. Februar 2016 (GV. NRW. S. 94) in der jeweils geltenden Fassung übermitteln die Meldebehörden zur Berichtigung, Vervollständigung und Überprüfung der Vollzähligkeit der im Landeskrebsregister gespeicherten Daten und zum Mortalitätsabgleich unverzüglich Änderungen des Vor- und Familiennamens, An- und Abmeldung und in Sterbefällen, sofern im Melderegister keine Auskunftssperre eingetragen ist, folgende Daten:

		Blattnummer des DSMeld (Datenblatt)
1.	Familienname	0101 bis 0102,
2.	Frühere Namen	0203 bis 0205,
3.	Geburtsname	0201 bis 0202,
4.	Vornamen	0301, 0302,
5.	Doktorgrad	0401,
6.	Ordensname, Künstlername	0501, 0502,
7.	Geburtsdatum	0601
8.	Geschlecht	0701,
9.	derzeitige Staatsangehörigkeiten	1001,
10.	derzeitige Anschrift und letzte frühere Anschrift	1201 bis 1203, 1205, 1206, 1208, 1213, 1213a,
11.	Bedingter Sperrvermerk nach § 52 des Bundesmeldegesetzes[1]	1801a und
12.	Sterbedatum	1901 bis 1903.

§ 10d[2] Datenübermittlung zum Zweck der Feststellung der Teilnahme an Kinderfrüherkennungsuntersuchungen. Zur Erfüllung der Aufgaben der Zentralen Stelle Gesunde Kindheit beim Landeszentrum Gesundheit Nordrhein-Westfalen nach § 32 a des Heilberufsgesetzes[3] vom 9. Mai 2000 (GV. NRW. S. 403), das zuletzt durch Artikel 6 des Gesetzes vom 26. April 2016 (GV. NRW. S. 230) geändert worden ist, übermitteln die Meldebehörden folgende personenbezogene Daten aller Kinder, die nicht älter als 66 Monate sind und mit alleiniger Wohnung oder Hauptwohnung im Melderegister registriert sind, bei Geburt, erstmaliger Erfassung, Namensänderung, Änderung der Anschrift, des Geschlechts, des Geburtsdatums, des Geburtsorts unverzüglich an die Zentrale Stelle Gesunde Kindheit beim Landeszentrum Gesundheit Nordrhein-Westfalen:

		Blattnummer des DSMeld (Datenblatt)
1.	Familienname	0101 bis 0102,
3.[4]	Vornamen	0301, 0302,
6	Geburtsdatum und -ort	0601 bis 0603,
7	Geschlecht	0701,

[1] **Sartorius Nr. 256.**
[2] § 10d eingef. mWv 20.12.2019 durch VO v. 3.12.2019 (GV. NRW. S. 965).
[3] **Rehborn, Gesetze NRW (vormals v. Hippel/Rehborn) Nr. 152.**
[4] Zählung amtlich.

		Blattnummer des DSMeld (Datenblatt)
5.	Daten zum gesetzlichen Vertreter: Familienname, Vornamen, Anschrift	0901 bis 0916,
6.	derzeitige und frühere Anschriften	1201 bis 1206, 1208 bis 1223, 1301 bis 1306, 1310 bis 1313,
9	Auskunftssperren nach § 51 des Bundesmeldegesetzes[1]	1801,
10.	Bedingter Sperrvermerk nach § 52 des Bundesmeldegesetzes	1801a und
11.	Sterbedatum	1901 bis 1903.

§ 10e[2] Datenübermittlung zum Zweck der Erfassung des Dauerwohnens in Sondergebieten nach § 10 Absatz 1 der Baunutzungsverordnung. (1) Zur Erfüllung der Aufgaben nach den §§ 58 und 82 der Landesbauordnung 2018[3] vom 21. Juli 2018 (GV. NRW. S. 421) in der jeweils geltenden Fassung jeweils in Zusammenhang mit Dauerwohnen in Sondergebieten, die nach § 10 Absatz 1 der Baunutzungsverordnung[4] in der Fassung der Bekanntmachung vom 21. November 2017 (BGBl. I S. 3786) in der jeweils geltenden Fassung der Erholung dienen, übermitteln die Meldebehörden im Falle einer Anmeldung mit alleiniger Wohnung oder Hauptwohnung oder im Falle einer Änderung einer Nebenwohnung in eine alleinige Wohnung oder Hauptwohnung in solchen Gebieten halbjährlich folgende personenbezogene Daten der gemeldeten Personen an die zuständige untere Bauaufsichtsbehörde:

		Blattnummer des DSMeld (Datenblatt)
1.	Familienname	0101 bis 0102,
2.	Vornamen	0301, 0302,
3.	Doktorgrad	0401,
4.	Geburtsdatum	0601,
5.	Geschlecht	0701,
6.	derzeitige Anschriften	1201 bis 1206, 1208 bis 1213a und
7.	Einzugsdatum	1301.

(2) Die Adressen (Straßen, Hausnummern) der in Absatz 1 genannten Gebiete stellen die Gemeinden als Träger der Bauleitplanung den Meldebehörden zur Verfügung.

(3) Eine Datenübermittlung unterbleibt, wenn im Melderegister eine Auskunftssperre nach § 51 des Bundesmeldegesetzes[1] eingetragen ist.

---

[1] **Sartorius Nr. 256.**
[2] § 10e eingef. mWv 22.9.2021 durch VO v. 8.9.2021 (GV. NRW. S. 1084).
[3] Nr. **41.31.**
[4] Nr. **41.2/1.**

Abschnitt 3. Automatisierter Abruf

§ 11[1] Verfahren. (1) [1]Das Bereithalten von Daten zum automatisierten Abruf erfolgt durch die Meldebehörden für alle öffentlichen Stellen des Landes Nordrhein-Westfalen, anderer Länder und des Bundes über das von dem für Inneres zuständigen Ministerium betriebenen Meldeportal Behörden nach § 7 Absatz 1 und 2 des Meldegesetzes Nordrhein-Westfalen[2]. [2]Abrufe sind nur zulässig, wenn über die Identität der betroffenen Person oder Personen aufgrund der Suchkriterien kein Zweifel besteht. [3]Für die in § 34 Absatz 4 Satz 1 des Bundesmeldegesetzes[3] genannten Behörden kann das für Inneres zuständige Ministerium Ausnahmen zulassen.

(2) Der gleichzeitige Abruf von Daten zu einer Vielzahl von Personen kann vom für Inneres zuständigen Ministerium, bei Vorliegen der technischen Voraussetzungen und nach Klärung der Kostenfrage, zugelassen werden.

(3) [1]Bei der Einrichtung von Abrufverfahren ist sicherzustellen, dass Abrufe nur durch hierzu Berechtigte erfolgen. [2]Abrufe sind nur zulässig, wenn die Kenntnis der Daten für die Aufgabenerfüllung erforderlich ist. [3]Die Verantwortung für die Zulässigkeit des einzelnen Abrufs trägt die abrufende Stelle.

(4) [1]Die Datenschutzkontrolle soll, soweit kein konkreter Anlass besteht, in der Regel durch die abrufende Stelle, grundsätzlich stichprobenhaft, mindestens einmal monatlich, erfolgen. [2]Die behördlichen Datenschutzbeauftragten sind über die Datenschutzkontrolle zu unterrichten.

(5) Im Rahmen der nach dieser Verordnung zugelassenen Abrufverfahren dürfen die Daten nach Maßgabe der Absätze 7 und 8 bei der für die Hauptwohnung und der für die Nebenwohnung zuständigen Meldebehörde abgerufen werden.

(6) Das Meldeportal Behörden hat die Aufgabe:

1. die Kennung der abrufenden Stelle entgegenzunehmen und weiterzuleiten,
2. die Kennung der abrufenden Person oder den Namen der abrufenden Person und das Aktenzeichen der abrufenden Stelle entgegenzunehmen und weiterzuleiten,
3. den Zeitpunkt der Abrufe festzuhalten und weiterzuleiten,
4. die Auskunftsersuchen und Antworten entgegenzunehmen und weiterzuleiten,
5. darzustellen, ob Trefferlisten oder Detailantworten gegeben wurden,
6. die Daten für Zahlung von Gebühren und Auslagen festzuhalten und
7. die Datensicherheit zu gewährleisten.

(7) [1]Das Meldeportal protokolliert, mit Ausnahme von Anfragen einer in § 34 Absatz 4 des Bundesmeldegesetzes genannten Behörde, Folgendes:

1. Namen beziehungsweise Kennung der abrufenden Stelle, der abfragenden Person, der angefragten Stelle und die angefragte Meldebehörde,
2. die Suchkriterien Name und Vorname der angefragten Person,

---

[1] § 11 Abs. 7 Satz 1 Nr. 5 und 6 geänd., Nr. 7 angef. mWv 14.12.2019 durch VO v. 29.11.2019 (GV. NRW. S. 879).

[2] Nr. **36.71**.

[3] **Sartorius Nr. 256.**

3. das Aktenzeichen der abrufenden Stelle,
4. den Zeitpunkt der Anfragen und der Weiterleitung,
5. ob Trefferlisten oder Detailantworten gegeben wurden,
6. die für die Geltendmachung von Gebühren und Auslagen erforderlichen Daten und
7. Grund des Abrufs.

[2]Die Protokolle sind den abrufenden Stellen nach Aufforderung zur Datenschutzkontrolle zur Verfügung zu stellen.

(8) [1]Eine Protokollierung von Anfragen von in § 34 Absatz 4 des Bundesmeldegesetzes genannten Behörden findet nicht statt. [2]Zur Sicherung der Datenschutzkontrolle und des technischen Betriebes zeichnet das Meldeportal folgende Daten auf:

1. die Kennung der abrufenden Stelle,
2. den Zeitpunkt der Abrufe,
3. die Daten für Zahlung von Gebühren und Auslagen und
4. die angefragte Meldebehörde.

[3]Die Aufzeichnungen sind den abrufenden Stellen nach Aufforderung zur Datenschutzkontrolle zur Verfügung zu stellen.

(9) Die Protokollierungspflicht der Meldebehörde nach § 40 Absatz 1 des Bundesmeldegesetzes sowie die ausschließliche Protokollierung der in § 34 Absatz 4 des Bundesmeldegesetzes genannten Behörden nach § 40 Absatz 3 des Bundesmeldegesetzes bleiben unberührt.

(10) Das Meldeportal Behörden ist berechtigt, Kennzahlen über die Nutzung und Auslastung des Betriebes zu dokumentieren.

(11) [1]Die Datenübermittlungen nach Absatz 1 an öffentliche Stellen des Landes gemäß § 7 Absatz 1 des Meldegesetzes NRW erfolgen in gesicherter Form durch Nutzung gesicherter Datenübertragungswege, zum Beispiel über das Verbindungsnetz des Bundes und der Länder (DOI-Netz). [2]Es ist die Satzbeschreibung OSCI-XMeld zugrunde zu legen.

(12) Ein Anschluss von privaten Rechtsträgern an das Meldeportal Behörden ist nicht zulässig, es sei denn, sie haben Aufgaben der öffentlichen Verwaltung in eigener Verantwortung übernommen und handeln in eigenem Namen.

§ 12[1)] Behördenauskünfte im Abrufverfahren. (1) Zur Erfüllung ihrer Aufgaben rufen alle öffentlichen Stellen des Landes Nordrhein-Westfalen, die der Aufsicht des Landes unterstehen, und die Gerichte folgende Daten und Hinweise zu Einzelabfragen bei der Meldebehörde automatisiert über das nach § 11 zugelassene Portal ab (einfache Behördenauskunft):

		Blattnummer des DSMeld (Datenblatt)
1.	Familienname	0101 bis 0102,
2.	frühere Namen	0201 bis 0206, 0303, 0304,
3.	Vornamen	0301, 0302,

[1)] § 12 Abs. 1 Nr. 1–10 neu gef., Nr. 11 angef., Abs. 2 Nr. 1–12 neu gef., Nr. 13 angef., Abs. 2a eingef. mWv 14.12.2019 durch VO v. 29.11.2019 (GV. NRW. S. 879).

		Blattnummer des DSMeld (Datenblatt)
4.	Geschlecht	0701,
5.	Doktorgrad	0401,
6.	Ordensnamen, Künstlernamen	0501, 0502,
7.	Geburtsdatum und -ort	0601 bis 0606,
8.	derzeitige Anschriften oder Wegzugsanschrift	1200 bis 1213a, 1232, 1233,
9.	Tag des Ein- und Auszugs	1301, 1306,
10.	Sterbedatum und Sterbeort	1901, 1904, 1905 und
11.	zur Vermeidung der Beeinträchtigung schutzwürdiger Interessen der betroffenen Person im Sinne von § 41 des Bundesmeldegesetzes[1] wird zusätzlich übermittelt: bedingter Sperrvermerk nach § 52 des Bundesmeldegesetzes	1801a.

(2) Ist abrufende Stelle eine der in § 34 Absatz 4 Satz 1 des Bundesmeldegesetzes genannten Behörden, dürfen von ihr zur Erfüllung der durch Rechtsvorschriften übertragenen Aufgaben zusätzlich folgende Daten abgerufen werden:

		Blattnummer des DSMeld (Datenblatt)
1.	Ehename, Lebenspartnerschaftsname	0103, 0103a, 0105, 0105a,
2.	Daten zum gesetzlichen Vertreter: Familienname, Vorname, Doktorgrad, Anschrift, Geburtsdatum, Geschlecht	0001, 0902 bis 0907a, 0915 bis 0917, 1200 bis 1213a, 1801a,
3.	derzeitige Staatsangehörigkeiten	1001,
4.	Religionszugehörigkeit	1101, 1104,
5.	frühere Anschriften	1201 bis 1233,
6.	Umzugsdaten	1301 bis 1314,
7.	Familienstand	1401 bis 1409,
8.	Ehegatte: Familienname, Vornamen, Doktorgrad, Anschrift, Geburtsdatum, Geschlecht	1501 bis 1516, 1200 bis 1213a, 1232, 1233, 1801a,
9.	Lebenspartner: Familienname, Vorname, Doktorgrad, Anschrift, Geschlecht, Sterbedatum	1517 bis 1524, 1200 bis 1213a, 1232, 1233, 1532, 1801a,
10.	Daten zu minderjährigen Kindern: Familienname, Vorname, Geburtsdatum, Geschlecht, Anschrift, Sterbedatum	1200 bis 1213, 1601 bis 1605, 1801a,

[1] **Sartorius Nr. 256.**

		Blattnummer des DSMeld (Datenblatt)
11.	Ausstellungsbehörde, Ausstellungsdatum, Gültigkeitsdauer und Seriennummer des Personalausweises, des Vorläufigen Personalausweises, des Ersatz-Personalausweises, des anerkannten und gültigen Passes oder Passersatzpapiers	1701 bis 1709, 2301, 2302,
12.	waffenrechtliche Erlaubnis	2601 bis 2604 und
13.	sprengstoffrechtliche Erlaubnis	2801, 2802.

(2a) Zur Ermittlung von Tatverdächtigen und zum Ergreifen von Schutzmaßnahmen für Kinder dürfen als Auswahldaten die in § 34 Absatz 4 Satz 1 Nummer 1 und 2 des Bundesmeldegesetzes genannten Behörden Daten nach § 3 Absatz 1 Nummer 16 Buchstabe a bis d des Bundesmeldegesetzes verwenden.

(3) Alle öffentlichen Stellen anderer Länder und des Bundes, die der Aufsicht des Bundes oder eines Landes unterliegen, rufen über das von dem für Inneres zuständigen Ministerium betriebenen Meldeportal Behörden die in Absatz 1 genannten Daten ab.

(4) Alle öffentlichen Stellen des Landes Nordrhein-Westfalen, die der Aufsicht des Landes unterstehen, und die Gerichte rufen die in Absatz 1 genannten Daten bei Meldebehörden anderer Länder oder deren Zentralen Stellen automatisiert über das nach § 11 zugelassene Portal ab.

(5) Das für Inneres zuständige Ministerium bestimmt zur Sicherstellung des Verfahrens des Datenabrufes über die Zentrale Stelle nach den §§ 38 und 39 des Bundesmeldegesetzes die Eintragungen der erforderlichen technischen Verbindungsparameter im Deutschen Verwaltungsdiensteverzeichnis.

§ 13[1] Datenabruf durch das für Inneres zuständige Ministerium.

(1) Das für Inneres zuständige Ministerium ist berechtigt, zum Zwecke der Aufsicht über den Betrieb des Meldeportals Behörden, mit Einwilligung der betreffenden Person, Daten nach § 3 Absatz 1 und 2 des Bundesmeldegesetzes[2] abzurufen.

(2) Die Aufsicht nach Absatz 1 erstreckt sich nicht nur auf das Meldeportal Behörden selbst, sondern auch auf die dem Portal angeschlossenen Gemeinden und Gemeindeverbände und öffentlichen Stellen hinsichtlich der Teilnahme am Datenabruf.

(3) Zur Wahrnehmung der ihm übertragenen Aufgaben ist das für Inneres zuständige Ministerium berechtigt, Daten nach § 3 Absatz 1 und 2 des Bundesmeldegesetzes abzurufen.

§ 14 Datenabruf durch Kreise. Die Kreise sind berechtigt, bestehende Schnittstellen zu den kreisangehörigen Meldebehörden neben dem Verfahren nach den §§ 11 und 12 Absatz 1 in dem dort zulässigen Rahmen zur Erfüllung ihrer Aufgaben zu nutzen.

[1] § 13 Abs. 1 geänd. mWv 14.12.2019 durch VO v. 29.11.2019 (GV. NRW. S. 879).
[2] **Sartorius Nr. 256.**

§ 15[1] Datenabruf durch Kreisordnungsbehörden und örtliche Ordnungsbehörden. (1) Die Meldebehörden dürfen den Kreisordnungsbehörden aus Anlass der Zulassung, der Überprüfung der Verkehrssicherheit, von Maßnahmen bei Fehlen des Versicherungsschutzes und der Stilllegung von Fahrzeugen, der Erteilung von Auskünften über Fahrzeughalterinnen und Fahrzeughalter, der Erteilung von Fahrerlaubnissen und der Ersatzausfertigung von Führerscheinen sowie zur Durchführung von Bußgeldverfahren zusätzlich zum Verfahren nach den §§ 11 und 12 Absatz 1 folgende Daten im Abrufverfahren übermitteln, um die Richtigkeit der in diesen Verfahren benötigten Daten überprüfen zu können:

		Blattnummer des DSMeld (Datenblatt)
1.	Geschlecht	0701 und
2.	frühere Anschriften	1200 bis 1213a.[2]
3.	derzeitige Staatsangehörigkeiten	1001.

(2) Die Kreisordnungsbehörden sind berechtigt, bestehende Schnittstellen zu den kreisangehörigen Meldebehörden neben dem Verfahren nach den §§ 11 und 12 Absatz 1 in dem dort zulässigen Rahmen zur Erfüllung ihrer Aufgaben zu nutzen.

(3) Zur Erfüllung der den örtlichen Ordnungsbehörden gemäß § 8 des Bestattungsgesetzes[3] vom 17. Juni 2003 (GV. NRW. S. 313) in der jeweils geltenden Fassung obliegenden Aufgaben dürfen die Meldebehörden den zuständigen Behörden die folgenden Daten im Abrufverfahren übermitteln:

		Blattnummer des DSMeld (Datenblatt)
1.	Familienname	0101 bis 0102,
2.	Vornamen	0301, 0302,
3.	Doktorgrad	0401,
4.	Geburtsdatum	0601,
5.	Geschlecht	0701,
6.	derzeitige Staatsangehörigkeiten	1001,
7.	rechtliche Zugehörigkeit zu einer öffentlich-rechtlichen Religionsgemeinschaft	1101,
8.	frühere Anschriften	1201 bis 1233,
9.	Familienstand	1401 und
10.	Daten zum Ehegatten oder Lebenspartner: Familienname, Vornamen, Doktorgrad, Anschrift	1200 bis 1231, 1501, 1501a, 1502, 1503, 1504, 1506, 1508, 1517, 1517a, 1518, 1519, 1520, 1522, 1524.

[1] § 15 Überschrift, Abs. 1 einl. Satzteil geänd., Nr. 3 und Abs. 3 angef. mWv 22.9.2021 durch VO v. 8.9.2021 *(GV. NRW. S. 1084)*.
[2] Zeichensetzung amtlich.
[3] **Rehborn, Gesetze NRW (vormals v. Hippel/Rehborn) Nr. 67.**

§ 16 Datenabruf durch Finanzbehörden. Den Finanzbehörden dürfen zur Durchführung eines Verwaltungsverfahrens oder gerichtlichen Verfahrens in Steuersachen zusätzlich zum Verfahren nach den §§ 11 und 12 Absatz 1 folgende Daten im Abrufverfahren übermittelt werden:

		Blattnummer des DSMeld (Datenblatt)
1.	Geschlecht	0701,
2.	derzeitige Staatsangehörigkeiten	1001,
3.	frühere Anschriften	1200 bis 1213a und
4.	Familienstand	1401.

§ 17 Datenabruf durch die Justizbehörden. Den Gerichten dürfen zur Erfüllung der Ihnen durch Rechtsvorschriften übertragenen Aufgaben, unter anderem zur Klärung von Zuständigkeiten, zusätzlich zum Verfahren nach den §§ 11 und 12 Absatz 1 folgende Daten im Abrufverfahren übermittelt werden:

	Blattnummer des DSMeld (Datenblatt)
frühere Anschriften	1200 bis 1213a.

§ 18 Datenabruf durch die Deutsche Rentenversicherung. Dienststellen der Deutschen Rentenversicherung dürfen zur Erfüllung ihrer durch Rechtsvorschriften übertragenen Aufgaben, insbesondere im Zusammenhang mit der Führung des Rentenversicherungskontos, zusätzlich zum Verfahren nach den §§ 11 und 12 Absatz 1 folgende Daten im Abrufverfahren übermittelt werden:

		Blattnummer des DSMeld (Datenblatt)
1.	Familiennamen	0101 bis 0106 und
2.	frühere Anschriften	1200 bis 1213a.

§ 19[1] Datenabruf durch Behörden des amtlichen Vermessungswesens. Zur Erfüllung der den Kataster- und Flurbereinigungsbehörden, behördlichen Vermessungsstellen und Öffentlich bestellten Vermessungsingenieuren durch Rechtsvorschriften übertragenen Aufgaben dürfen diesen im Umfang ihrer hoheitlichen Befugnisse zusätzlich zum Verfahren nach den §§ 11 und 12 Absatz 1 folgende Daten im Abrufverfahren übermittelt werden:

		Blattnummer des DSMeld (Datenblatt)
1.	frühere Anschriften	1200 bis 1213a und
2.	Daten zum gesetzlichen Vertreter:	
	Familienname, Vorname, Doktorgrad, Anschrift, Geburtsdatum, Geschlecht	0902 bis 0907a, 0915 bis 0917, 1200 bis 1213a.

[1] § 19 Überschrift, einl. Satzteil geänd. mWv 22.9.2021 durch VO v. 8.9.2021 (GV. NRW. S. 1084).

§ 20[1)] Datenabruf durch die Jugendämter, die Träger der Sozialhilfe und die Unterhaltsvorschussstellen. Zur Erfüllung der den Trägern der öffentlichen Jugendhilfe und der Sozialhilfe sowie den Unterhaltsvorschussstellen durch Rechtsvorschriften übertragenen Aufgaben sowie der den kommunalen Trägern übertragenen Aufgaben der Grundsicherung für Arbeitsuchende dürfen den zuständigen Behörden zusätzlich zum Verfahren nach den §§ 11 und 12 Absatz 1 folgende Daten im Abrufverfahren übermittelt werden:

		Blattnummer des DSMeld (Datenblatt)
1.	frühere Anschriften	1200 bis 1212,
2.	Daten zum gesetzlichen Vertreter:	
	Familienname, Vorname, Doktorgrad, Anschrift, Geburtsdatum, Geschlecht, derzeitige Staatsangehörigkeiten, Familienstand	0902 bis 0907a, 0915 bis 0917, 1001, 1200 bis 1213a, 1401,
3.	Familienstand	1401 und
4.	derzeitige Staatsangehörigkeiten	1001.[2)]
5.	zu minderjährigen Kindern:	1601 bis 1604.
	Familienname, Vornamen, Geburtsdatum, Geschlecht, Anschrift im Inland	

§ 21 Datenabruf durch die Ausländer- und Einbürgerungsbehörden.

Zur Erfüllung der den Ausländerbehörden und den Einbürgerungsbehörden durch Rechtsvorschriften übertragenen Aufgaben dürfen den zuständigen Behörden zusätzlich zum Verfahren nach den §§ 11 und 12 Absatz 1 folgende Daten im Abrufverfahren übermittelt werden:

		Blattnummer des DSMeld (Datenblatt)
1.	Geschlecht	0701,
2.	derzeitige Staatsangehörigkeiten	1001,
3.	frühere Anschriften	1200 bis 1233,
4.	Familienstand	1401 und

(Fortsetzung nächstes Blatt)

[1)] § 20 Überschrift neu gef., einl. Satzteil, Nr. 2 und 3 geänd., Nr. 4 angef. mWv 14.12.2019 durch VO v. *29.11.2019 (GV. NRW. S. 879)*; Nr. 5 angef. mWv 22.9.2021 durch VO v. 8.9.2021 (GV. NRW. S. 1084).

[2)] Zeichensetzung amtlich.

41.1. Raumordnungsgesetz (ROG)[1) 2) 3)]

Vom 22. Dezember 2008

(BGBl. I S. 2986)

FNA 2301-2

geänd. durch Art. 4 Drittes G zur Änd. des EnergieeinsparungsG v. 28.3.2009 (BGBl. I S. 643), Art. 9 G zur Neuregelung des Rechts des Naturschutzes und der Landschaftspflege v. 29.7.2009 (BGBl. I S. 2542), Art. 9 G zur Neuregelung des Wasserrechts v. 31.7.2009 (BGBl. I S. 2585), Art. 124 Zehnte ZuständigkeitsanpassungsVO v. 31.8.2015 (BGBl. I S. 1474), Art. 1, 5 Satz 2 G zur Änderung raumordnungsrechtlicher Vorschriften v. 23.5.2017 (BGBl. I S. 1245), Art. 2 Abs. 14a, 15 G zur Modernisierung des Rechts der Umweltverträglichkeitsprüfung v. 20.7.2017 (BGBl. I S. 2808), Art. 159 Elfte ZuständigkeitsanpassungsVO v. 19.6.2020 (BGBl. I S. 1328) und Art. 5 G zur Beschleunigung von Investitionen v. 3.12.2020 (BGBl. I S. 2694)

Inhaltsübersicht[4)]

---

1) **Amtl. Anm.:** Das Gesetz dient der Umsetzung folgender Rechtsakte des Gemeinschaftsrechts:

Richtlinie 79/409/EWG des Rates vom 2. April 1979 über die Erhaltung der wild lebenden Vogelarten (ABl. EG Nr. L 103 S. 1), zuletzt geändert durch Art. 1 der Änderungsrichtlinie 2006/105/EG vom 20. November 2006 (ABl. EU Nr. L 363 S. 368),

Richtlinie 92/43/EWG des Rates vom 21. Mai 1992 zur Erhaltung der natürlichen Lebensräume sowie der wild lebenden Tiere und Pflanzen (ABl. EG Nr. L 206 S. 7), zuletzt geändert durch Art. 1 der Änderungsrichtlinie 2006/105/EG vom 20. November 2006 (ABl. EU Nr. L 363 S. 368),

Richtlinie 2001/42/EG des europäischen Parlaments und des Rates vom 27. Juni 2001 über die Prüfung der Umweltauswirkungen bestimmter Pläne und Programme (ABl. EG Nr. L 197 S. 30).

2) Verkündet als Art. 1 G v. 22.12.2008 (BGBl. I S. 2986); Inkrafttreten von Abschnitt 3 (§§ 17–25) und § 29 gem. Art. 9 Nr. 1 Satz 1 dieses G am 31.12.2008; die übrigen Abschnitte und Paragraphen treten gem. Art. 9 Nr. 1 Satz 2 dieses G am 30.6.2009 in Kraft.

3) Beachte hierzu ua das Planungssicherstellungsgesetz v. 20.5.2020 (BGBl. I S. 1041).

4) Inhaltsübersicht neu gef. mWv 29.11.2017 durch G v. 23.5.2017 (BGBl. I S. 1245); sie wurde nichtamtlich an die nachträgliche Änderung mWv 1.10.2021 durch G v. 23.5.2017 (BGBl. I S. 1245) angepasst.

Abschnitt 1. Allgemeine Vorschriften

§ 1[1)] Aufgabe und Leitvorstellung der Raumordnung (1) [1] Der Gesamtraum der Bundesrepublik Deutschland und seine Teilräume sind durch Raumordnungspläne, durch raumordnerische Zusammenarbeit und durch Abstimmung raumbedeutsamer Planungen und Maßnahmen zu entwickeln, zu ordnen und zu sichern. [2] Dabei sind

1. unterschiedliche Anforderungen an den Raum aufeinander abzustimmen und die auf der jeweiligen Planungsebene auftretenden Konflikte auszugleichen,
2. Vorsorge für einzelne Nutzungen und Funktionen des Raums zu treffen.

(2) Leitvorstellung bei der Erfüllung der Aufgabe nach Absatz 1 ist eine nachhaltige Raumentwicklung, die die sozialen und wirtschaftlichen Ansprüche an den Raum mit seinen ökologischen Funktionen in Einklang bringt und zu einer dauerhaften, großräumig ausgewogenen Ordnung mit gleichwertigen Lebensverhältnissen in den Teilräumen führt.

(3) Die Entwicklung, Ordnung und Sicherung der Teilräume soll sich in die Gegebenheiten und Erfordernisse des Gesamtraums einfügen; die Entwicklung, Ordnung und Sicherung des Gesamtraums soll die Gegebenheiten und Erfordernisse seiner Teilräume berücksichtigen (Gegenstromprinzip).

(4) Raumordnung findet im Rahmen der Vorgaben des Seerechtsübereinkommens der Vereinten Nationen vom 10. Dezember 1982 (BGBl. 1994 II S. 1798) auch in der deutschen ausschließlichen Wirtschaftszone statt.

§ 2[2)] Grundsätze der Raumordnung. (1) Die Grundsätze der Raumordnung sind im Sinne der Leitvorstellung einer nachhaltigen Raumentwicklung nach § 1 Abs. 2 anzuwenden und durch Festlegungen in Raumordnungsplänen zu konkretisieren, soweit dies erforderlich ist.

[1)] § 1 Abs. 1 Satz 1 geänd. mWv 29.11.2017 durch G v. 23.5.2017 (BGBl. I S. 1245).

[2)] § 2 Abs. 2 Nr. 1 Satz 4, Nr. 3 Satz 6, Nr. 5 Satz 2 geänd., Nr. 6 Satz 2 neu gef., Satz 3 geänd., Satz 9 angef. mWv 29.11.2017 durch G v. 23.5.2017 (BGBl. I S. 1245).

§ 26[1] *(aufgehoben)*

§ 27[2] **Anwendungsvorschrift für die Raumordnung in den Ländern.**

(1) [1] Verfahren zur Aufstellung von Raumordnungsplänen nach § 13 sowie Raumordnungsverfahren nach § 15, die vor dem 29. November 2017 förmlich eingeleitet wurden, werden nach den bis zum 28. November 2017 geltenden Raumordnungsgesetzen von Bund und Ländern abgeschlossen. [2] Ist mit gesetzlich vorgeschriebenen einzelnen Schritten des Verfahrens noch nicht begonnen worden, können diese auch nach den Vorschriften dieses Gesetzes durchgeführt werden.

(2) [1] § 11 ist auch auf Raumordnungspläne der Länder anzuwenden, die vor dem 29. November 2017 in Kraft getreten sind. [2] Weiter gehende landesrechtliche Regelungen zur Unbeachtlichkeit von Fehlern bei der Planaufstellung oder durch Fristablauf bleiben unberührt.

(3) Am 29. November 2017 geltendes Landesrecht, das § 2 Absatz 2, die §§ 6 bis 12 oder die Vorschriften des Abschnitts 2 dieses Gesetzes ergänzt, sowie landesrechtliche Gebührenregelungen und weiter gehendes Landesrecht zur Beschleunigung des Verfahrens bei Änderung eines ausgelegten Raumordnungsplanentwurfs bleiben unberührt.

---

[1] § 26 aufgeh. mWv 1.10.2021 durch G v. 23.5.2017 (BGBl. I S. 1245).

[2] § 29 aufgeh., bish. § 28 wird § 27 und Abs. 1 Satz 1 geänd., Abs. 2 neu gef., Abs. 3 geänd. mWv 29.11.2017 durch G v. 23.5.2017 (BGBl. I S. 1245).

Anlage 1[1)]
(zu § 8 Abs. 1)

Der Umweltbericht nach § 8 Abs. 1 besteht aus

1. einer Einleitung mit folgenden Angaben:
   a) Kurzdarstellung des Inhalts und der wichtigsten Ziele des Raumordnungsplans,
   b) Darstellung der in den einschlägigen Gesetzen und Plänen festgelegten Ziele des Umweltschutzes, die für den Raumordnungsplan von Bedeutung sind, und der Art, wie diese Ziele und die Umweltbelange bei der Aufstellung berücksichtigt wurden;
2. einer Beschreibung und Bewertung der Umweltauswirkungen, die in der Umweltprüfung nach § 8 Abs. 1 ermittelt wurden, mit Angaben der
   a) Bestandsaufnahme der einschlägigen Aspekte des derzeitigen Umweltzustands, einschließlich der Umweltmerkmale der Gebiete, die voraussichtlich erheblich beeinflusst werden, einschließlich der Gebiete von gemeinschaftlicher Bedeutung und der Europäischen Vogelschutzgebiete im Sinne des Bundesnaturschutzgesetzes[2)],
   b) Prognose über die Entwicklung des Umweltzustands bei Durchführung der Planung und bei Nichtdurchführung der Planung,
   c) geplanten Maßnahmen zur Vermeidung, Verringerung und zum Ausgleich der nachteiligen Auswirkungen und
   d) in Betracht kommenden anderweitigen Planungsmöglichkeiten, wobei die Ziele und der räumliche Geltungsbereich des Raumordnungsplans zu berücksichtigen sind;
3. folgenden zusätzlichen Angaben:
   a) Beschreibung der wichtigsten Merkmale der verwendeten technischen Verfahren bei der Umweltprüfung sowie Hinweise auf Schwierigkeiten, die bei der Zusammenstellung der Angaben aufgetreten sind, zum Beispiel technische Lücken oder fehlende Kenntnisse,
   b) Beschreibung der geplanten Maßnahmen zur Überwachung der erheblichen Auswirkungen der Durchführung des Raumordnungsplans auf die Umwelt und
   c) allgemein verständliche Zusammenfassung der erforderlichen Angaben nach dieser Anlage.

[1)] Anl. 1 geänd. mWv 29.11.2017 durch G v. 23.5.2017 (BGBl. I S. 1245).
[2)] **Sartorius Nr. 880.**

41.11. Landesplanungsgesetz Nordrhein-Westfalen[1) 2) 3)]

In der Fassung der Bekanntmachung vom 3. Mai 2005[4)]

(GV. NRW. S. 430)

SGV. NRW. 230

zuletzt geänd. durch Art. 1 G zur Änd. des LandesplanungsG, des LandesforstG und des Verwaltungsverfahrens G v. 8.7.2021 (GV. NRW. S. 904)

Der Landtag hat das folgende Gesetz beschlossen, das hiermit verkündet wird:

Inhaltsverzeichnis[5)]

---

1) **Amtl. Anm.:** Dieses Gesetz dient der Umsetzung folgender Richtlinien:
1. Richtlinie 2001/42/EG (Plan-UP-Richtlinie)
2. Richtlinie 92/43/EWG (FFH-Richtlinie)

2) Das Gesetz weicht in einzelnen Punkten vom Raumordnungsgesetz (Nr. **41.1**) ab; vgl. Hinweis auf von BundesR abweichendes LandesR v. 13.12.2017 (BGBl. I S. 3902).

3) Titel neu gef. mWv 4.6.2016 durch G v. 24.5.2016 (GV. NRW. S. 259).

4) Neubekanntmachung des LPlG v. 11.2.2001 (GV. NRW. S. 50) in der ab 7.5.2005 geltenden Fassung.

5) Inhaltsverzeichnis neu gef. mWv 8.4.2010 durch G v. 16.3.2010 (GV. NRW. S. 212); geänd. mWv 4.6.2016 durch G v. 24.5.2016 (GV. NRW. S. 259); geänd. mWv 15.4.2020 durch G v. 14.4.2020 (GV. NRW. S. 218b); geänd. mWv 16.7.2021 durch G v. 8.7.2021 (GV. NRW. S. 904).

I. Teil.[1] Allgemeine Vorschriften

§ 1[2] Raumordnung in Nordrhein-Westfalen. (1) Die Vorschriften dieses Gesetzes gelten neben dem Raumordnungsgesetz[3] vom 22. Dezember 2008 (BGBl. I S. 2986) in der jeweils geltenden Fassung im Land Nordrhein-Westfalen und ergänzen es.

(2) Die Landes- und Regionalplanung ist nach näherer Bestimmung dieses Gesetzes eine gemeinschaftliche Aufgabe von Staat und Selbstverwaltung, die dem Gegenstromprinzip nach dem Raumordnungsgesetz verpflichtet ist.

§ 2[4] Begriffsbestimmungen. (1) Raumordnungspläne sind der Landesentwicklungsplan, die Regionalpläne, die Braunkohlenpläne und der Regionale Flächennutzungsplan.

(2) Landesplanung ist die Planung für das gesamte Landesgebiet.

(3) Regionalplanung ist die Planung für das Gebiet der Regierungsbezirke Detmold und Köln, des Regionalverbandes Ruhr nach Maßgabe des Gesetzes über den Regionalverband Ruhr[5] sowie der Regierungsbezirke Arnsberg, Düsseldorf und Münster ohne das zum Regionalverband Ruhr gehörende Gebiet.

---

[1] Richtig wohl: „Teil 1:".

[2] § 1 neu gef. mWv 8.4.2010 durch G v. 16.3.2010 (GV. NRW. S. 212); Abs. 1 neu gef. mWv 4.6. 2016 durch G v. 24.5.2016 (GV. NRW. S. 259); Abs. 1 neu gef. mWv 16.7.2021 durch G v. 8.7.2021 (GV. NRW. S. 904).

[3] Nr. **41.1**.

[4] § 2 neu gef. mWv 8.4.2010 durch G v. 16.3.2010 (GV. NRW. S. 212); Abs. 1 geänd. mWv 4.6. 2016 durch G v. 24.5.2016 (GV. NRW. S. 259).

[5] **Rehborn, Gesetze NRW (vormals v. Hippel/Rehborn) Nr. 34.**

§ 3[1)] Landesplanungsbehörde. Die für die Raumordnung zuständige oberste Landesbehörde (Landesplanungsbehörde)

1. erarbeitet den Landesentwicklungsplan;
2. wirkt ergänzend zum Raumordnungsgesetz[2)] darauf hin, dass insbesondere die Bindungen der Erfordernisse der Raumordnung eingehalten werden;
3. wirkt ergänzend zu § 9 Absatz 4 und § 25 Absatz 1 und 2 des Raumordnungsgesetzes auf eine Abstimmung der raumbedeutsamen Planungen und Maßnahmen angrenzender Länder und Staaten, soweit sie sich auf die Raumordnung im Lande Nordrhein-Westfalen auswirken können, hin;
4. entscheidet im Einvernehmen mit den fachlich zuständigen Landesministerien bei Meinungsverschiedenheiten zwischen Regionalplanungsbehörden untereinander und mit Stellen im Sinne von §§ 4 und 5 Raumordnungsgesetz darüber, ob bei raumbedeutsamen Planungen und Maßnahmen die Ziele der Raumordnung beachtet sind.

§ 4[3)] Regionalplanungsbehörde. (1) Zuständige Regionalplanungsbehörden sind die Bezirksregierungen Detmold und Köln für ihren Regierungsbezirk, die Regionaldirektion des Regionalverbandes Ruhr als staatliche Behörde für das Verbandsgebiet des Regionalverbandes Ruhr sowie die Bezirksregierungen Arnsberg, Düsseldorf und Münster für ihren Regierungsbezirk außerhalb des Verbandsgebietes des Regionalverbandes Ruhr.

(2) [1]Die Regionalplanungsbehörde hat nach Maßgabe dieses Gesetzes bei der Erarbeitung und Aufstellung der Regionalpläne mitzuwirken sowie Raumordnungsverfahren durchzuführen. [2]Sie wirkt ergänzend zum Raumordnungsgesetz[2)] darauf hin, dass insbesondere die Bindungen der Erfordernisse der Raumordnung eingehalten werden; sie ist deshalb in Verfahren, die solche Planungen und Maßnahmen zum Inhalt haben, zu beteiligen.

(3) Die Regionalplanungsbehörde soll an den in § 14 Raumordnungsgesetz genannten Formen der Zusammenarbeit mitwirken.

(4) [1]Den Regionalplanungsbehörden obliegt die Raumbeobachtung im jeweiligen Planungsgebiet und die Überwachung nach § 8 Absatz 4 Raumordnungsgesetz (Monitoring). [2]Sie führen in Zusammenarbeit mit den Gemeinden insbesondere ein Siedlungsflächenmonitoring durch. [3]Sie berichten der Landesplanungsbehörde regelmäßig, spätestens nach Ablauf von drei Jahren, über den Stand der Regionalplanung, die Verwirklichung der Raumordnungspläne und Entwicklungstendenzen.

(5) Die Regionalplanungsbehörde ist Geschäftsstelle des regionalen Planungsträgers.

[1)] § 3 Nr. 4 geänd. mWv 21.10.2009 durch G v. 5.6.2007 (GV. NRW. S. 212); Nr. 2 geänd. mWv 8.4.2010 durch G v. 16.3.2010 (GV. NRW. S. 212); Nr. 1 geänd., Nr. 2 und Nr. 3 neu gef. mWv 4.6.2016 durch G v. 24.5.2016 (GV. NRW. S. 259); Nr. 3 geänd. mWv 16.7.2021 durch G v. 8.7.2021 (GV. NRW. S. 904).

[2)] Nr. **41.1**.

[3)] § 4 Überschrift, Abs. 2 Sätze 1 und 2 geänd., Abs. 1 und 3 neu gef. mWv 21.10.2009 durch G v. 5.6.2007 (GV. NRW. S. 212); Abs. 2 Satz 2 neu gef., neue Abs. 3 und 4 eingef., bish. Abs. 3 und 4 werden Abs. 5 und 6, neuer Abs. 6 geänd. mWv 8.4.2010 durch G v. 16.3.2010 (GV. NRW. S. 212); Abs. 2 Satz 2 neu gef., Abs. 3 geänd., Abs. 4 Satz 4 aufgeh. mWv 4.6.2016 durch G v. 24.5.2016 (GV. NRW. S. 259); Abs. 1, 3 und 4 Satz 1 geänd. mWv 16.7.2021 durch G v. 8.7.2021 (GV. NRW. S. 904).

(6) Die oder der bei der Bezirksregierung für die Landes- und Regionalplanung zuständige Regionalplanerin oder Regionalplaner wird im Benehmen mit dem Regionalrat bestellt.

§ 5[1)] Untere staatliche Verwaltungsbehörde. Die Landrätin oder der Landrat als untere staatliche Verwaltungsbehörde wirkt ergänzend zum Raumordnungsgesetz[2)] darauf hin, dass insbesondere die Bindungen der Erfordernisse der Raumordnung eingehalten werden.

Teil 2:[3)] Regionale Planungsträger

§ 6[4)] [Regionale Planungsträger] (1) [1] In den Regierungsbezirken Detmold und Köln werden Regionalräte errichtet. [2] In den Regierungsbezirken Arnsberg, Düsseldorf und Münster werden für das Gebiet außerhalb des Verbandsgebietes des Regionalverbandes Ruhr Regionalräte errichtet. [3] Sie erhalten die Bezeichnung „Regionalrat“ (Bezeichnung des Regierungsbezirks).

(2) [1] Im Verbandsgebiet des Regionalverbandes Ruhr ist regionaler Planungsträger die Verbandsversammlung des Regionalverbandes Ruhr. [2] Für das Gebiet des Regionalverbandes Ruhr nimmt die Verbandsversammlung des Regionalverbandes Ruhr die Aufgaben des Regionalrates nach Maßgabe dieses Gesetzes und anderer Landesgesetze wahr.

(3) Die Landesplanungsbehörde kann Weisungen nach Maßgabe dieses Gesetzes erteilen.

§ 7[5)] Stimmberechtigte Mitglieder des Regionalrates. (1) [1] Die stimmberechtigten Mitglieder der Regionalräte werden zu zwei Drittel durch die Vertretungen der kreisfreien Städte und Kreise gewählt, zu einem Drittel aus Reservelisten berufen. [2] Maßgeblich für die Sitzverteilung ist die Summe der in den kreisfreien Städten und in den kreisangehörigen Gemeinden des Gebietes des jeweiligen Regionalrates bei den Wahlen zu den Gemeindevertretungen abgegebenen Stimmen.

(2) [1] Es wählen

1. die kreisfreien Städte je angefangene 200 000 Einwohner ein Mitglied des Regionalrates;
2. die Kreise für die kreisangehörigen Gemeinden des Kreises insgesamt so viele Mitglieder des Regionalrates, wie sich nach der Berechnung nach Nummer 1 für kreisfreie Städte ergeben würden.

---

1) § 5 neu gef. mWv 4.6.2016 durch G v. 24.5.2016 (GV. NRW. S. 259).
2) Nr. **41.1**.
3) Abschn. Überschr. geänd. mWv 8.4.2010 durch G v. 16.3.2010 (GV. NRW. S. 212).
4) § 6 neu gef. mWv 16.7.2021 durch G v. 8.7.2021 (GV. NRW. S. 904).
5) § 7 Abs. 10 Satz 1 neu gef. mWv 16.7.2008 durch G v. 24.6.2008 (GV. NRW. S. 514); Überschrift geänd., Abs. 1, Abs. 7 Satz 1 2. Halbs. neu gef., Satz 3 eingef., bish. Sätze 3 bis 6 werden Sätze 4 bis 7, Abs. 13 Satz 2 eingef., bish. Sätze 2 und 3 werden Sätze 3 und 4 mWv 21.10.2009 durch G v. 5.6.2007 (GV. NRW. S. 212, geänd. GV. NRW. 2008 S. 514); Abs. 2 Satz 2 eingef., bish. Sätze 2 und 3 werden Sätze 3 und 4, Abs. 8 Satz 3 eingef., bish. Sätze 3–6 werden 4–7, Abs. 9 Satz 1 und Abs. 12 Satz 3, 4 geänd. mWv 8.4.2010 durch G v. 16.3.2010 (GV. NRW. S. 212); Abs. 9 Sätze 1 und 3, Abs. 10 Satz 1, Abs. 11 Satz 1 und Abs. 13 Satz 1 geänd. mWv 4.6.2016 durch G v. 24.5.2016 (GV. NRW. S. 259); Abs. 1 Satz 2 aufgeh., bish. Satz 3 wird Satz 2 und neu gef., Abs. 2 Satz 1 Nr. 1 geänd., Abs. 7 neu gef., Abs. 13 Satz 1 geänd., Satz 2 aufgeh., bish. Sätze 3 und 4 werden Sätze 2 und 3 mWv 16.7.2021 durch G v. 8.7.2021 (GV. NRW. S. 904).

[2] Für die Städteregion Aachen gilt Satz 1 entsprechend. [3] Ist für die kreisangehörigen Gemeinden eines Kreises mehr als ein Mitglied des Regionalrates zu wählen, so soll mindestens ein Mitglied der Gruppe der Gemeinden bis zu 25 000 Einwohnern und ein Mitglied der Gruppe der Gemeinden über 25 000 Einwohner angehören. [4] Sind für eine kreisfreie Stadt oder für die kreisangehörigen Gemeinden eines Kreises mehrere Mitglieder des Regionalrates zu wählen, so gelten dafür die Grundsätze der Verhältniswahl.

(3) [1] Die Sitzzahl der Regionalräte wird von der Bezirksregierung errechnet. [2] Sie ist die Zahl der durch die Vertretungen der kreisfreien Städte und Kreise zu wählenden Mitglieder des Regionalrates erweitert um die Hälfte dieser Zahl. [3] Bei der Berechnung sind Bruchteile auf ganze Zahlen aufzurunden.

(4) [1] Die nach Absatz 2 gewählten Mitglieder des Regionalrates müssen in der kreisfreien Stadt oder in dem Kreis, von dem sie gewählt werden, ihre Wohnung, bei mehreren Wohnungen ihre Hauptwohnung haben. [2] Es gelten die Vorschriften für die Wählbarkeit des Kommunalwahlgesetzes[1)] entsprechend. [3] Jedes zu wählende Mitglied des Regionalrates ist derjenigen Partei oder zugelassenen Wählergruppe anzurechnen, die es zur Wahl vorgeschlagen hat. [4] Verbundene Wahlvorschläge sind nicht zulässig.

(5) Eine Partei oder Wählergruppe wird zur Sitzverteilung nur zugelassen, wenn sie als solche in mehr als einer Gemeinde vertreten ist und über eine für den Regierungsbezirk zuständige einheitliche Leitung verfügt.

(6) Wird ein Mitglied des Regionalrates aufgrund eines Vorschlages einer Partei oder Wählergruppe gewählt, die nicht an der Sitzverteilung des Regionalrates nach Absatz 7 teilnimmt, so verringert sich die zu verteilende Sitzzahl entsprechend.

(7) [1] Die Sitze für die stimmberechtigten Mitglieder des Regionalrates werden von der Bezirksregierung auf die Parteien und Wählergruppen, die in den Gemeindevertretungen vertreten sind, verteilt. [2] Hierzu werden die von den einzelnen Parteien und Wählergruppen bei den Gemeindewahlen im Gebiet des jeweiligen Regionalrates erzielten gültigen Stimmen zusammengezählt. [3] Die den Parteien und Wählergruppen noch zustehenden Sitze werden aus Reservelisten zugeteilt. [4] Die Reihenfolge der Sitzzuteilung für die einzelne Partei oder Wählergruppe bestimmt sich nach der von ihr eingereichten Reserveliste. [5] Jede Partei oder Wählergruppe erhält zunächst so viele Sitze, wie ganze Zahlen auf sie entfallen. [6] Danach zu vergebende Sitze sind in der Reihenfolge der höchsten Zahlenbruchteile zuzuteilen. [7] Die nach Absatz 7 gewählten Mitglieder müssen in dem Gebiet des Regionalrates ihre Wohnung, bei mehreren Wohnungen ihre Hauptwohnung haben. [8] Für die Wählbarkeit gelten die Vorschriften des Kommunalwahlgesetzes entsprechend.

(8) [1] Entspricht die Sitzverteilung im Regionalrat aufgrund von Absatz 7 nicht dem Ergebnis, das sich bei einer Sitzverteilung nach dem Verfahren der mathematischen Proportion auf der Grundlage der von den Parteien und Wählergruppen bei den Gemeindewahlen erzielten gültigen Stimmen ergeben würde, so ist eine neue Ausgangszahl für die Verteilung weiterer Sitze (Verhältnisausgleich) zu bilden. [2] Dazu wird die Zahl der nach Absatz 7 errungenen Sitze derjenigen Partei oder Wählergruppe, die das günstigste Verhältnis der Sitze zu der auf sie entfallenen Stimmenzahl erreicht hat, mit der Gesamtzahl

---

1) Nr. **22.51**.

der gültigen Stimmen vervielfältigt und durch die Stimmenzahl dieser Partei oder Wählergruppe geteilt. [3]Bei der Rundung sind Zahlenbruchteile unter 0,5 auf die darunter liegende Zahl abzurunden und Zahlenbruchteile ab 0,5 auf die darüber liegende Zahl aufzurunden. [4]Aufgrund der neuen Ausgangszahl werden für die Parteien und Wählergruppen nach dem Verfahren der mathematischen Proportion neue Zuteilungszahlen errechnet und ihnen die an diesen Zahlen noch fehlenden Sitze aus den Reservelisten in der sich nach Absatz 7 ergebenden Reihenfolge zugewiesen. [5]Dabei werden Bewerberinnen und Bewerber, die bereits nach Absatz 7 gewählt worden sind, nicht berücksichtigt. [6]Bei den Berechnungen nach den Sätzen 1 bis 3 bleiben die Stimmenzahlen solcher Parteien und Wählergruppen außer Betracht, für die keine nach Absatz 9 bestätigte Reserveliste eingereicht worden ist. [7]Sie nehmen am Verhältnisausgleich nicht teil.

(9) [1]Die Reserveliste ist von der für den Regierungsbezirk zuständigen Leitung der Partei oder Wählergruppe bis spätestens zehn Wochen nach Beginn der Wahlperiode der Gemeindevertretungen der Bezirksregierung einzureichen. [2]Die Bezirksregierung hat innerhalb von zwei weiteren Wochen die Reserveliste zu bestätigen; äußert sie sich innerhalb dieser Frist nicht, so gilt die Reserveliste als bestätigt. [3]Die Reserveliste kann im Laufe der allgemeinen Wahlperiode ergänzt werden, die Ergänzung bedarf der Bestätigung durch die Bezirksregierung.

(10) [1]Der Regionalrat tritt spätestens innerhalb von sechzehn Wochen nach Beginn der Wahlperiode der Gemeindevertretungen zusammen. [2]Diese Sitzung wird vom bisherigen Vorsitzenden des Regionalrates einberufen.

(11) [1]Die Mitglieder des Regionalrates werden für die Dauer der allgemeinen Wahlperiode der Vertretungen der Gemeinden gewählt oder berufen. [2]Die Mitglieder üben ihr Amt nach Ablauf der Zeit, für die sie gewählt oder berufen sind, bis zum Amtsantritt der neu gewählten oder berufenen Mitglieder weiter aus. [3]Die Mitgliedschaft im Regionalrat erlischt, wenn die Voraussetzungen für die Wahl oder Berufung des Mitglieds wegfallen; dies gilt ebenfalls, wenn die Vertretung des Kreises oder der kreisfreien Stadt, von der das Mitglied gewählt worden ist, neu zu wählen ist. [4]Von einem Wohnsitzwechsel eines berufenen Mitglieds innerhalb des Regierungsbezirks bleibt die Mitgliedschaft im Regionalrat unberührt.

(12) [1]Scheidet ein gewähltes Mitglied aus dem Regionalrat aus oder ist seine Wahl rechtsunwirksam, so findet insoweit unverzüglich eine Ersatzwahl statt. [2]Die Fehlerhaftigkeit der Wahl einzelner Mitglieder berührt nicht die Wirksamkeit der Wahl der übrigen Mitglieder. [3]Liegt der Grund des Ausscheidens in der Person des Mitglieds, so steht das Vorschlagsrecht der Partei oder Wählergruppe zu, der das ausgeschiedene oder nicht rechtswirksam gewählte Mitglied zugerechnet worden ist. [4]Beim Ausscheiden eines berufenen Mitglieds rückt auf Vorschlag der betroffenen Partei oder Wählergruppe eine Listenbewerberin oder ein Listenbewerber aus der Reserveliste nach; der Vorschlag bedarf der Bestätigung durch die Bezirksregierung. [5]Absatz 7 findet entsprechende Anwendung.

(13) [1]Finden in den Gemeinden oder Kreisen Wiederholungswahlen statt oder werden im Laufe der Wahlperiode einzelne Vertretungen der Gemeinden oder Kreise neu gewählt, so sind die Sitze nach Absatz 7 unter Berücksichtigung der bei der Wiederholungswahl oder bei der Neuwahl erzielten gültigen Stimmen neu zu verteilen. [2]Werden die Grenzen eines Regierungsbezirks

geändert, so hat die Bezirksregierung die Sitzzahl und die Sitzverteilung nach den Absätzen 2 und 7 neu zu bestimmen. [3] Soweit Sitze neu zu verteilen sind, verlieren die bisherigen Mitglieder ihren Sitz spätestens im Zeitpunkt der Neuverteilung nach Absatz 7.

§ 8[1)] Beratende Mitglieder des Regionalrates. (1) [1] Die stimmberechtigten Mitglieder des Regionalrates berufen für die Dauer ihrer Amtszeit sechs beratende Mitglieder aus den für das Gebiet des Regionalrates zuständigen Industrie- und Handelskammern, Handwerkskammern und der Landwirtschaftskammer Nordrhein-Westfalen sowie den im Gebiet des Regionalrates tätigen Gewerkschaften und Arbeitgeberverbänden hinzu. [2] Von ihnen soll die Hälfte auf Arbeitgeber, die Hälfte auf Arbeitnehmer entfallen. [3] Zusätzlich berufen die stimmberechtigten Mitglieder je ein Mitglied mit beratender Stimme aus den im Gebiet des Regionalrates tätigen Sportverbänden, den nach Naturschutzrecht durch das zuständige Landesministerium anerkannten Naturschutzverbänden sowie der kommunalen Gleichstellungsstellen hinzu. [4] Die genannten Organisationen können dem Regionalrat Vorschläge für die Berufung einreichen. [5] Beruft der Regionalrat ein vorgeschlagenes Mitglied nicht und sind keine weiteren Vorschläge vorhanden, so können die betroffenen Organisationen erneut einen Vorschlag einreichen; der Regionalrat ist dann an den Vorschlag gebunden. [6] Wenn keine erneuten Vorschläge unterbreitet werden, verringert sich die Zahl der beratenden Mitglieder entsprechend. [7] Die Einzelheiten des Berufungsverfahrens sind vom Regionalrat in der Geschäftsordnung zu regeln.

(2) [1] Die beratenden Mitglieder müssen ihre Wohnung, bei mehreren Wohnungen ihre Hauptwohnung, oder ihre Beschäftigungsstelle im Gebiet des Regionalrates haben. [2] Wer bei der Wahl in die Vertretung eines Kreises und einer Gemeinde Beschränkungen nach § 13 Abs. 1 und 6 des Kommunalwahlgesetzes[2)] unterliegt, kann nicht zum beratenden Mitglied des Regionalrates berufen werden; dies gilt nicht für das Mitglied der kommunalen Gleichstellungsstellen.

(3) Je eine Vertreterin oder ein Vertreter der Landschaftsverbände Rheinland oder Westfalen-Lippe, der kreisfreien Städte und der Kreise nehmen mit beratender Stimme an Sitzungen des Regionalrates teil.

(4) § 7 Abs. 11 findet entsprechende Anwendung.

§ 9[3)] Aufgaben der regionalen Planungsträger. (1) [1] Der regionale Planungsträger trifft die sachlichen und verfahrensmäßigen Entscheidungen zur Aufstellung des Regionalplanes. [2] Das Aufstellungsverfahren wird von der Regionalplanungsbehörde durchgeführt; sie ist an die Weisungen des regionalen

---

[1)] § 8 Abs. 3 aufgeh., bish. Abs. 4 und 5 werden Abs. 3 und 4 und neuer Abs. 3 geänd. mWv 21.10. 2009 durch G v. 5.6.2007 (GV. NRW. S. 212); Abs. 1 Satz 3 und Abs. 2 Satz 2 geänd. mWv 8.4.2010 durch G v. 16.3.2010 (GV. NRW. S. 212); Abs. 1 Satz 1 neu gef., Satz 3 und Abs. 2 Satz 1 geänd., Abs. 3 neu gef. mWv 16.7.2021 durch G v. 8.7.2021 (GV. NRW. S. 904).

[2)] Nr. **22.51**.

[3)] § 9 Abs. 1 Satz 2 erster Halbs. und Satz 3 geänd. mWv 21.10.2009 durch G v. 5.6.2007 (GV. NRW. S. 212); Abs. 2 Satz 2 neu gef., Abs. 4 Satz 1 und Abs. 5 geänd. mWv 8.4.2010 durch G v. 16.3.2010 (GV. NRW. S. 212); Abs. 3 Satz 1 und Abs. 4 Satz 1 geänd. mWv 4.6.2016 durch G v. 24.5. 2016 (GV. NRW. S. 259); Abs. 4 Sätze 1–3 geänd. mWv 5.11.2016 durch G v. 25.10.2016 (GV. NRW. S. 868); Überschrift, Abs. 1 und Abs. 2 Sätze 1 und 3 neu gef., Satz 2 geänd., Abs. 3 und 4 neu gef., Abs. 5 geänd. mWv 16.7.2021 durch G v. 8.7.2021 (GV. NRW. S. 904).

Planungsträgers gebunden. [3] Seine Mitglieder können jederzeit von der Regionalplanungsbehörde über den Stand des Aufstellungsverfahrens mündliche Auskunft verlangen. [4] Sie ist unverzüglich zu erteilen. [5] Der regionale Planungsträger kann einzelne seiner Mitglieder mit der Einsichtnahme in die Planungsunterlagen beauftragen; er hat dem Antrag einer Fraktion oder eines Fünftels seiner stimmberechtigten Mitglieder auf Einsichtnahme stattzugeben. [6] Das Aufstellungsverfahren endet durch Feststellungsbeschluss.

(2) [1] Die Regionalplanungsbehörde unterrichtet den regionalen Planungsträger über alle regional bedeutsamen Entwicklungen. [2] Sie berät mit ihm die Vorbereitung und Festlegung von raumbedeutsamen und strukturwirksamen Planungen sowie Förderprogramme und -maßnahmen des Landes von regionaler Bedeutung, z.B. auf den Gebieten:
Städtebau,
Verkehr (soweit nicht in Absatz 4 geregelt),
Freizeit- und Erholungswesen, Tourismus,
Landschaftspflege,
Wasserwirtschaft,
Abfallbeseitigung und Altlasten,
Kultur.
[3] Der regionale Planungsträger kann jederzeit von der Regionalplanungsbehörde Auskunft über Stand und Vorbereitung dieser Planungen, über Programme und Maßnahmen sowie über regional bedeutsame Entwicklungen verlangen; er hat dem Antrag eines Fünftels seiner stimmberechtigten Mitglieder auf Auskunft stattzugegeben.

(3) [1] Der regionale Planungsträger kann auf der Grundlage des Landesentwicklungsplans und der Regionalpläne Vorschläge für Förderprogramme und -maßnahmen von regionaler Bedeutung unterbreiten. [2] Dabei sind Vorschläge aus der Region zu berücksichtigen, zusammenzuführen und zu bewerten; der regionale Planungsträger nimmt eine Prioritätensetzung vor. [3] Weicht das zuständige Ministerium von diesen Vorschlägen ab, ist dies im Einzelnen zu begründen.

(4) [1] Der regionale Planungsträger beschließt auf der Grundlage des Landesentwicklungsplans und der Regionalpläne über die Vorschläge der Region für die Verkehrsinfrastrukturplanung (gesetzliche Bedarfs- und Ausbaupläne des Bundes und des Landes) sowie für die jährlichen Ausbauprogramme für Landesstraßen, Radschnellverbindungen des Landes, Radvorrangrouten und Förderprogramme für den kommunalen Straßenbau. [2] Der regionale Planungsträger wird über die Förderprogramme der Nahmobilität informiert. [3] Dazu unterrichtet die Regionalplanungsbehörde – bei Bundesfernstraßen, Landesstraßen, Radschnellverbindungen des Landes und Radvorrangrouten betreffenden Plänen und Programmen in Abstimmung mit dem Landesbetrieb Straßenbau – den regionalen Planungsträger frühzeitig über die Absicht, derartige Pläne oder Programme aufzustellen oder zu ändern. [4] Die Regionalplanungsbehörde stellt in Abstimmung mit dem Landesbetrieb Straßenbau dem regionalen Planungsträger die hierzu erforderlichen Unterlagen zur Verfügung und erteilt auf Verlangen jederzeit Auskunft über den Stand und die Vorbereitung der Pläne und Programme. [5] Weicht das für den Verkehr zuständige Ministerium von den Vorschlägen des regionalen Planungsträgers ab, ist dies in einer Stellungnahme zu begründen. [6] Die regionalen Planungsträger legen für Um- und Ausbau von

Landesstraßen bis zu 3 Millionen Euro Gesamtkosten je Maßnahme nach Lage des Landeshaushalts Prioritäten fest.

(5) Der regionale Planungsträger berät die Landesplanungsbehörde und wirkt durch Beratung der Gemeinden und Gemeindeverbände darauf hin, dass die Ziele der Raumordnung beachtet sowie die Grundsätze und sonstigen Erfordernisse der Raumordnung berücksichtigt werden.

§ 9a[1)] **Beschlüsse im vereinfachten Verfahren.** (1) [1]Wenn und solange nach § 14 des Infektionsschutz- und Befugnisgesetzes vom 14. April 2020 (GV. NRW. S. 218b) eine epidemische Lage von besonderer Tragweite festgestellt ist, dürfen eilbedürftige Angelegenheiten, die der Beschlussfassung des Regionalrates unterliegen, im Umlaufverfahren getroffen werden, wenn sich der Regionalrat mit einer Mehrheit von zwei Dritteln der Stimmen mit der schriftlichen Abgabe der Stimmen einverstanden erklärt. [2]Der Regionalrat gibt die Stimmen über den betreffenden Beschlussvorschlag im Falle des Satzes 1 durch Einzelschreiben oder im Umlaufverfahren ab. [3]Die Stimmabgaben erfolgen in Textform.

(2) Die eilbedürftigen Angelegenheiten, über die gemäß Absatz 1 im Wege des vereinfachten Verfahrens Beschluss gefasst werden soll, sind öffentlich im geeigneten Wege bekannt zu machen.

(3) Die für den Regionalrat getroffenen Regelungen in den Absätzen 1 bis 2 gelten auch für die Kommissionen bzw. die Ausschüsse, sofern diese gebildet wurden sowie für den Ältestenrat.

§ 10[2)] **Organisation des Regionalrats.** (1) [1]Der Regionalrat wählt für die Dauer seiner Wahlperiode aus der Mitte der stimmberechtigten Mitglieder unter Leitung des lebensältesten stimmberechtigten Mitgliedes des Regionalrates ohne Aussprache seine Vorsitzende oder seinen Vorsitzenden und deren Stellvertreterin oder dessen Stellvertreter. [2]Er kann mehrere Stellvertreter oder Stellvertreterinnen wählen.

(2) [1]Der Regionalrat tritt mindestens viermal jährlich zusammen. [2]Er wird von der Vorsitzenden oder vom Vorsitzenden unter Bekanntgabe der Tagesordnung einberufen. [3]Der Regionalrat ist unverzüglich einzuberufen, wenn ein Fünftel seiner stimmberechtigten Mitglieder es verlangt.

(3) Der Regionalrat gibt sich eine Geschäftsordnung.

(4) [1]Der Regionalrat kann in der Geschäftsordnung insbesondere festlegen, dass eine Sitzung des Regionalrats, seiner Ausschüsse, Fraktionen oder des Ältestenrats als Telefon- oder Videokonferenz stattfindet. [2]Die Durchführung einer Sitzung mittels Telefon- oder Videokonferenz ist ausgeschlossen, wenn mindestens ein Fünftel der Mitglieder des jeweiligen Gremiums binnen einer Woche nach Bekanntgabe Widerspruch einlegt. [3]Bei öffentlichen Sitzungen sind geeignete Maßnahmen zu ergreifen, um die Öffentlichkeit herzustellen.

[1)] § 9a eingef. mWv 15.4.2020 durch G v. 14.4.2020 (GV. NRW. S. 218b); Abs. 1 neu gef. mWv 16.7.2021 durch G v. 8.7.2021 (GV. NRW. S. 904).

[2)] § 10 Abs. 2 Satz 2 geänd. mWv 8.4.2010 durch G v. 16.3.2010 (GV. NRW. S. 212); Abs. 1 Satz 1 geänd. mWv 4.6.2016 durch G v. 24.5.2016 (GV. NRW. S. 259); Abs. 4 eingef., bish. Abs. 4 und 5 werden Abs. 5 und 6 mWv 16.7.2021 durch G v. 8.7.2021 (GV. NRW. S. 904).

(5) [1]Die Sitzungen des Regionalrates sind öffentlich. [2]Die Öffentlichkeit kann für einzelne Angelegenheiten durch Beschluss des Regionalrates ausgeschlossen werden.

(6) [1]Zur Vorbereitung der Beschlussfassung des Regionalrates können Kommissionen gebildet werden. [2]Sie sollen der Stärke der einzelnen Parteien oder Wählergruppen des Regionalrates entsprechend zusammengesetzt sein. [3]In die Kommissionen können auch Personen entsandt werden, die nicht Mitglied des Regionalrates sind. [4]Das Nähere ist vom Regionalrat in der Geschäftsordnung zu regeln.

§ 11 Rechte und Pflichten der Mitglieder. (1) Die Mitglieder des Regionalrates sind verpflichtet, in ihrer Tätigkeit ausschließlich nach dem Gesetz und ihrer freien, nur durch Rücksicht auf das öffentliche Wohl bestimmten Überzeugung zu handeln; sie sind an Aufträge nicht gebunden.

(2) [1]Die Tätigkeit als Mitglied des Regionalrates gilt als ehrenamtliche Tätigkeit. [2]Eine Verpflichtung zur Übernahme dieser ehrenamtlichen Tätigkeit besteht nicht. [3]Die Vorschriften des § 30 der Gemeindeordnung[1)] gelten mit der Maßgabe entsprechend, dass über die Genehmigung für eine Aussage oder Erklärung über Angelegenheiten nach § 8 Abs. 2 der Regionalrat im Einvernehmen mit der Bezirksregierung entscheidet. [4]In Eilfällen kann an Stelle des Regionalrates die oder der Vorsitzende entscheiden.

Teil 3:[2)] Gemeinsame Vorschriften für Raumordnungspläne

§ 12[3)] Allgemeine Vorschriften für Raumordnungspläne. (1) Raumordnungspläne bestehen ergänzend zum Raumordnungsgesetz aus textlichen oder zeichnerischen Festlegungen mit zugeordneten Erläuterungen.

(2) Vorliegende Fachbeiträge und Konzepte (z.B. Klimaschutzkonzepte) sind bei der Erarbeitung von Raumordnungsplänen zu berücksichtigen.

(3) [1]In den Raumordnungsplänen sind die räumlichen Erfordernisse des Klimaschutzes und der Anpassung an den Klimawandel als Ziele und Grundsätze der Raumordnung festzulegen. [2]Zur raumordnerischen Umsetzung des § 3 Klimaschutzgesetz Nordrhein-Westfalen sind die genannten Klimaschutzziele als raumbezogene Ziele und Grundsätze umzusetzen und/oder nachgeordneten Planungsebenen entsprechende räumliche Konkretisierungsaufträge zu erteilen.

(4) Die Raumordnungspläne müssen auch diejenigen Festlegungen des Klimaschutzplans NRW umsetzen, die gemäß § 6 Absatz 6 Klimaschutzgesetz NRW für verbindlich erklärt worden sind, soweit sie durch Ziele oder Grundsätze der Raumordnung gesichert werden können.

[1)] Nr. **22.11**.

[2)] Überschrift neu gef. mWv 8.4.2010 durch G v. 16.3.2010 (GV. NRW. S. 212).

[3)] § 12 neu gef. mWv 8.4.2010 durch G v. 16.3.2010 (GV. NRW. S. 212); Abs. 3 neu gef., Abs. 6 und 7 angef. mWv 7.2.2013 durch G v. 29.1.2013 (GV. NRW. S. 33); Abs. 1 geänd., Abs. 2, 4 und 5 aufgeh., bish. Abs. 3, 6 und 7 werden Abs. 2, 3 und 4 mWv 4.6.2016 durch G v. 24.5.2016 (GV. NRW. S. 259).

§ 13[1)] Beteiligung bei der Aufstellung von Raumordnungsplänen.

[1]Die Unterlagen nach § 9 Absatz 2 Satz 1 und 2 des Raumordnungsgesetzes[2)] sind bei der zuständigen Planungsbehörde sowie den Kreisen und kreisfreien Städten, auf deren Bereich sich die Planung erstreckt, für die Dauer von mindestens einem Monat öffentlich auszulegen und ergänzend auf der Internetseite des jeweiligen Planungsträgers zu veröffentlichen. [2]Die Auslegung bei Kreisen und kreisfreien Städten erfolgt ausschließlich elektronisch. [3]Ergänzend zur öffentlichen Bekanntmachung nach § 9 Abs. 2 S. 3 des Raumordnungsgesetzes ist die Auslegung auch auf der Internetseite der zuständigen Planungsbehörde bekanntzumachen mit dem Hinweis, dass Stellungnahmen während der Auslegung schriftlich oder in elektronischer Form vorgebracht werden können. [4]Die Auslegung der Regionalpläne bei der Regionalplanungsbehörde kann mittels eines elektronischen Lesegerätes erfolgen.

§ 14[3)] Bekanntmachung von Raumordnungsplänen. [1]Der Landesentwicklungsplan, die Bekanntmachung für die Regionalpläne und die Braunkohlenpläne sowie die Genehmigung des Regionalen Flächennutzungsplans werden im Gesetz- und Verordnungsblatt für das Land Nordrhein-Westfalen veröffentlicht. [2]Die Bereithaltung zur Einsichtnahme nach § 10 Absatz 2 des Raumordnungsgesetzes[2)] erfolgt beim Landesentwicklungsplan Nordrhein-Westfalen bei der Landesplanungsbehörde und den Regionalplanungsbehörden. [3]Bei den übrigen Raumordnungsplänen erfolgt dies bei den Regionalplanungsbehörden, auf die sich die Planung erstreckt.

§ 15[4)] Planerhaltung. [1]Für die Rechtswirksamkeit des Regionalplanes ist ergänzend zum Raumordnungsrecht außerdem unbeachtlich, wenn dieser aus dem Landesentwicklungsplan entwickelt worden ist, dessen Unwirksamkeit sich wegen Verletzung von Verfahrens- oder Formvorschriften herausstellt. [2]Die nach § 12 Absatz 5 des Raumordnungsgesetzes[2)] zuständige Stelle ist für den Landesentwicklungsplan die Landesplanungsbehörde, für die übrigen Raumordnungspläne die Regionalplanungsbehörde.

§ 16[5)] Zielabweichungsverfahren. (1) Ein Zielabweichungsverfahren wird ergänzend zum Raumordnungsgesetz[2)] in einem gesonderten Verfahren durchgeführt.

(2) [1]Zuständig für das Zielabweichungsverfahren beim Landesentwicklungsplan ist die Landesplanungsbehörde. [2]Sie entscheidet im Einvernehmen mit den fachlich zuständigen Ministerien und im Benehmen mit dem für die Landesplanung zuständigen Ausschuss des Landtags.

(3) [1]Zuständig für das Zielabweichungsverfahren bei Regionalplänen ist die Regionalplanungsbehörde. [2]Sie entscheidet im Benehmen mit den fachlich betroffenen öffentlichen Stellen sowie der Belegenheitsgemeinde und im Einvernehmen mit dem regionalen Planungsträger. [3]Im Falle von baulichen Anlagen des Bundes oder des Landes mit besonderer öffentlicher Zweckbestim-

---

[1)] § 13 neu gef. mWv 4.6.2016 durch G v. 24.5.2016 (GV. NRW. S. 259); Abs. 2 aufgeh., bish. Abs. 1 neu gef. mWv 16.7.2021 durch G v. 8.7.2021 (GV. NRW. S. 904).

[2)] Nr. **41.1**.

[3)] § 14 neu gef. mWv 16.7.2021 durch G v. 8.7.2021 (GV. NRW. S. 904).

[4)] § 15 neu gef. mWv 4.6.2016 durch G v. 24.5.2016 (GV. NRW. S. 259).

[5)] § 16 neu gef. mWv 4.6.2016 durch G v. 24.5.2016 (GV. NRW. S. 259); Abs. 3 Satz 2 neu gef. mWv 16.7.2021 durch G v. 8.7.2021 (GV. NRW. S. 904).

mung im Sinne des § 37 des Baugesetzbuches[1)] entscheidet sie im Benehmen mit den fachlich betroffenen Stellen und im Benehmen mit der Belegenheitsgemeinde und dem regionalen Planungsträger.

Teil 3.1:[2)] *(aufgehoben)*

§ 16a[2)] *(aufgehoben)*

Teil 4:[3)] Besondere Vorschriften für den Landesentwicklungsplan und die Regionalpläne

§ 17[4)] **Inhalt und Aufstellung des Landesentwicklungsplans.** (1) [1]Die raumbedeutsamen Erfordernisse und Maßnahmen des Naturschutzes und der Landschaftspflege sind nach dem Naturschutzrecht von Bund und Land unter Abwägung mit den anderen raumbedeutsamen Planungen in den Landesentwicklungsplan aufzunehmen.
[2]Der Landesentwicklungsplan wird von der Landesplanungsbehörde im Einvernehmen mit den fachlich zuständigen Landesministerien erarbeitet; ergänzend zur Auslegung nach § 13 erfolgt die Auslegung auch bei den Regionalplanungsbehörden. [3]Nach Durchführung des Aufstellungsverfahrens leitet die Landesregierung die Planentwürfe dem Landtag mit einem Bericht über das Aufstellungsverfahren zu.

(2) Der Landesentwicklungsplan wird von der Landesregierung mit Zustimmung des Landtags als Rechtsverordnung beschlossen.

§ 18[5)] **Inhalt der Regionalpläne.** (1) Unbeschadet der Regelungen des Raumordnungsgesetzes[6)] sind Regionalpläne den geänderten und neuen Zielen der Raumordnung im Landesentwicklungsplan anzupassen.

(2) [1]Die Regionalpläne erfüllen die Funktionen eines Landschaftsrahmenplanes und eines forstlichen Rahmenplanes gemäß Naturschutz- und Forstrecht. [2]Sie stellen regionale Erfordernisse und Maßnahmen zur Verwirklichung des Naturschutzes und der Landschaftspflege (Landschaftsrahmenplan) und zur Sicherung des Waldes (forstlicher Rahmenplan) dar.

§ 19[7)] **Aufstellung der Regionalpläne.** (1) Hat der regionale Planungsträger die Aufstellung eines Regionalplans beschlossen, führt die Regionalplanungsbehörde das Aufstellungsverfahren durch.

[1)] Nr. **41.2**.

[2)] Teil 3.1 (§ 16a) aufgeh. mWv 4.6.2016 durch G v. 24.5.2016 (GV. NRW. S. 259).

[3)] Abschnittsüberschr. neu gef. mWv 8.4.2010 durch G v. 16.3.2010 (GV. NRW. S. 212); Überschrift neu gef. mWv 4.6.2016 durch G v. 24.5.2016 (GV. NRW. S. 259).

[4)] § 17 neu gef. mWv 8.4.2010 durch G v. 16.3.2010 (GV. NRW. S. 212); Abs. 1 Sätze 1 und 3 aufgeh., bish. Satz 2 wird Satz 1 und geänd., bish. Satz 4 wird Satz 2 (im GV. NRW wohl irrtümlich „Satz 4") und geänd., bish. Satz 5 wird Satz 3 mWv 4.6.2016 durch G v. 24.5.2016 (GV. NRW. S. 259); Abs. 1 Satz 2 neu gef. mWv 16.7.2021 durch G v. 8.7.2021 (GV. NRW. S. 904)

[5)] bish. § 19 wird § 18, bish. § 18 und Abschnittsüberschr. aufgeh. mWv 8.4.2010 durch G v. 16.3.2010 (GV. NRW. S. 212); Abs. 1 Satz 1 aufgeh., bish. Satz 2 wird alleiniger Satz und neu gef., Abs. 2 Satz 1 neu gef. mWv 4.6.2016 durch G v. 24.5.2016 (GV. NRW. S. 259)

[6)] Nr. **41.1**.

[7)] Bish. § 20 wird § 19; Überschr. geänd., Abs. 1 neu gef., bish. Abs. 3 aufgeh., bish. Abs. 4–7 werden Abs. 3–6, neuer Abs. 3 Sätze 1 und 2, Abs. 5 und 6 neu gef., mWv 8.4.2010 durch G v. 16.3.2010 (GV. NRW. S. 212); Abs. 1 neu gef., Abs. 2 Sätze 3 und 4 angef., Abs. 3 Sätze 1 und 3 neu gef., →

(2) [1] Bei Regionalplanverfahren, die auf Anregung eines Vorhabenträgers durchgeführt werden, hat dieser die erforderlichen Unterlagen beizubringen. [2] Die Regionalplanungsbehörde hat den Vorhabenträger auf Wunsch im Hinblick auf die erforderlichen Unterlagen zu beraten. [3] Die Regionalplanungsbehörde hat nach Eingang des Antrages unverzüglich, in der Regel innerhalb eines Monats, zu prüfen, ob die Unterlagen vollständig sind. [4] Ist dies nicht der Fall, fordert die Regionalplanungsbehörde den Vorhabenträger auf, die Unterlagen zu ergänzen.

(3) [1] Die Stellungnahmen der öffentlichen Stellen und der Personen des Privatrechts nach § 4 des Raumordnungsgesetzes[1)], die nicht nach § 9 Absatz 2 Satz 4 des Raumordnungsgesetzes ausgeschlossen sind, werden mit diesen erörtert, sofern der regionale Planungsträger dies beschließt. [2] Ein Ausgleich der Meinungen ist anzustreben. [3] Dabei ist auch eine Beschränkung auf einzelne Aspekte der Stellungnahmen möglich. [4] Die Erörterung kann auch als Video- oder Telefonkonferenz oder mittels sonstiger elektronischer Kommunikationsmedien durchgeführt werden.

(4) [1] Der regionale Planungsträger entscheidet über die Feststellung des Regionalplans. [2] Dieser wird der Landesplanungsbehörde mit einem Bericht zum Aufstellungsverfahren und abwägungsrelevanten Unterlagen vorgelegt.

(5) [1] Änderungen eines Regionalplanes können in einem vereinfachten Verfahren durchgeführt werden, soweit nicht die Grundzüge der Planung berührt werden. [2] Für die Eröffnung des Aufstellungsverfahrens genügt der Beschluss der Vorsitzenden oder des Vorsitzenden und eines weiteren stimmberechtigten Mitglieds des regionalen Planungsträgers. [3] Bestätigt der regionale Planungsträger bei seiner nächsten Sitzung diesen Beschluss nicht, hat die Regionalplanungsbehörde die Arbeiten zur Änderung des Regionalplanes einzustellen.

(6) [1] Regionalpläne und Änderungen von Regionalplänen sind der Landesplanungsbehörde anzuzeigen. [2] Ihre Bekanntmachung erfolgt, wenn die Landesplanungsbehörde nicht innerhalb der Frist von höchstens zwei Monaten bei vorhabenbezogenen Änderungsverfahren und drei Monaten bei allen anderen Verfahren nach Anzeige aufgrund einer Rechtsprüfung im Einvernehmen mit den fachlich zuständigen Ministerien unter Angabe von Gründen Einwendungen erhoben hat. [3] Die Frist beginnt mit Eingang der vollständigen Unterlagen, die von den Regionalplanungsbehörden in elektronischer Form zur Verfügung gestellt werden. [4] Teile von Regionalplänen können vorweg bekannt gemacht oder von der Bekanntmachung ausgenommen werden.

(7) Sind Einwendungen erhoben worden, entscheidet der Träger der Regionalplanung, ob er und wenn, an welchem Verfahrensschritt er das Regionalplanverfahren oder -änderungsverfahren fortführt, um den Einwendungen abzuhelfen und den Plan oder die Planänderung erneut anzuzeigen.

(Fortsetzung der Anm. von voriger Seite)
Abs. 4 Satz 1 geänd., Abs. 7 angef. mWv 4.6.2016 durch G v. 24.5.2016 (GV. NRW. S. 259); Überschrift, Abs. 1 und Abs. 3–6 neu gef. mWv 16.7.2021 durch G v. 8.7.2021 (GV. NRW. S. 904).

1) Nr. **41.1**.

Teil 5:[1)] Braunkohlenausschuss

§ 20[2)] Bezeichnung, Sitz und Zusammensetzung. (1) Als zuständiges Gremium für die Braunkohlenplanung wird der Braunkohlenausschuss eingerichtet

(2) [1]Im Braunkohlenausschuss sind stimmberechtigte Mitglieder der Kommunalen Bank (§ 21 Absatz 1), der Regionalen Bank (§ 21 Absatz 3) und der Funktionalen Bank (§ 21 Absatz 6) sowie beratende Mitglieder (§ 22) vertreten. [2]§ 11 gilt entsprechend.

(3) Die Zusammensetzung des Braunkohlenausschusses nach Parteien und Wählergruppen hat so zu erfolgen, dass die Mitglieder der Kommunalen und Regionalen Bank, die aus dem Regierungsbezirk Köln kommen, das Ergebnis der Gemeindewahlen im Regierungsbezirk Köln, die Mitglieder, die aus dem Regierungsbezirk Düsseldorf kommen, das Ergebnis der Gemeindewahlen im Regierungsbezirk Düsseldorf widerspiegeln außerhalb des Verbandsgebietes des Regionalverbandes Ruhr.

(4) [1]Jedes gewählte Mitglied des Braunkohlenausschusses ist derjenigen Partei oder Wählergruppe anzurechnen, die es zur Wahl vorgeschlagen hat. [2]Verbundene Wahlvorschläge sind nicht zulässig.

(5) Wird ein Mitglied des Braunkohlenausschusses aufgrund eines Vorschlages einer Partei oder Wählergruppe gewählt, die nicht an der Sitzverteilung nach den Absätzen 6 bis 8 und § 21 Abs. 4 teilnimmt, so verringert sich die auf die Parteien und Wählergruppen der Regionalräte der Regierungsbezirke Köln und Düsseldorf zu verteilende Gesamtzahl der Sitze der Kommunalen und Regionalen Bank entsprechend.

(6) [1]Die den Parteien und Wählergruppen noch zustehenden Sitze werden aus Listen zugeteilt, die für die Mitglieder aus dem Regierungsbezirk Köln von den Parteien und Wählergruppen im Regionalrat des Regierungsbezirks Köln, für die Mitglieder aus dem Regierungsbezirk Düsseldorf von den Parteien und Wählergruppen im Regionalrat des Regierungsbezirks Düsseldorf aufzustellen sind. [2]Diese Listen bestimmen zugleich die Reihenfolge der Sitzzuteilung für die einzelnen Parteien und Wählergruppen. [3]Jede Partei oder Wählergruppe erhält zunächst so viele Sitze, wie ganze Zahlen auf sie entfallen. [4]Danach zu vergebende Sitze sind in der Reihenfolge der höchsten Zahlenbruchteile zuzuteilen. [5]§ 7 Absätze 5 und 8 und 11 bis 13 gelten entsprechend.

(7) [1]Die Listen sind von der für den jeweiligen Regierungsbezirk zuständigen Leitung der Partei oder Wählergruppe innerhalb eines Monats nach Feststellung der Sitzverteilung der jeweiligen Bezirksregierung einzureichen. [2]Die Listen werden von der Bezirksregierung innerhalb von zwei Wochen bestätigt. [3]Die Bezirksregierung Düsseldorf leitet die bestätigten Listen des Regierungsbezirks Düsseldorf der Bezirksregierung Köln zu. [4]Die Listen können im Laufe der allgemeinen Wahlperiode ergänzt werden. [5]Auch die Ergänzung bedarf der Bestätigung durch die jeweilige Bezirksregierung.

[1)] Abschnittsüberschr. neu gef., bish. Teil IV 2. Abschnitt geht in Teil 5 über, §§ 21, 22 und 38 aufgeh., bish. §§ 39–43 werden 20–24 mWv 8.4.2010 durch G v. 16.3.2010 (GV. NRW. S. 212).

[2)] *§ 20 (bish. § 39)* Abs. 1, 2 und 6 Satz 5 neu gef., Abs. 5 geänd., Abs. 8–12 aufgeh. mWv 8.4.2010 durch G v. 16.3.2010 (GV. NRW. S. 212); Abs. 7 Sätze 2, 4 und 5 geänd. mWv 4.6.2016 durch G v. 24.5.2016 (GV. NRW. S. 259).

§ 21[1] Stimmberechtigte Mitglieder. (1) Die Vertretungen der Kreise und kreisfreien Städte des Braunkohlenplangebietes wählen Mitglieder des Braunkohlenausschusses aus den im Braunkohlenplangebiet liegenden Gemeinden (Kommunale Bank).

(2) [1] Die Anzahl der nach Absatz 1 zu wählenden Mitglieder der Kommunalen Bank bestimmt sich bei den Kreisen nach der Einwohnerzahl der kreisangehörigen Gemeinden, die ganz oder zum Teil im Braunkohlenplangebiet liegen, und bei den kreisfreien Städten nach der Einwohnerzahl der ganz oder zum Teil im Braunkohlenplangebiet liegenden Stadtteile (betroffene Bevölkerung). [2] Es wählen innerhalb von zehn Wochen nach Beginn der Wahlperiode der Vertretungskörperschaften die Kreise und kreisfreien Städte mit einer betroffenen Bevölkerung

1. bis 150.000 Einwohner 1 Mitglied
2. über 150.000 Einwohner 2 Mitglieder

des Braunkohlenausschusses. [3] Sind für einen Kreis oder eine kreisfreie Stadt zwei Mitglieder des Braunkohlenausschusses zu wählen, so gelten dafür die Grundsätze der Verhältniswahl.

(3) [1] Der Regionalrat des Regierungsbezirks Köln beruft jeweils aus den Reihen seiner stimmberechtigten Mitglieder und der stimmberechtigten Mitglieder des Regionalrates des Regierungsbezirks Düsseldorf nach Maßgabe des Absatzes 4 und § 20 Absatz 6 und 7 weitere stimmberechtigte Mitglieder des Braunkohlenausschusses; sie sollen nicht im Braunkohlenplangebiet ansässig sein (Regionale Bank). [2] Die Zahl der zu wählenden weiteren Mitglieder entspricht der Zahl der Mitglieder nach Absatz 2. [3] Die Verteilung der Mitglieder zwischen den Regierungsbezirken richtet sich nach dem jeweiligen Gebietsanteil am Braunkohlenplangebiet.

(4) [1] Zur Berufung der Regionalen Bank nach Absatz 3 stellt die Bezirksregierung Köln nach Abschluss der Wahlen gemäß Absatz 2 Satz 2 fest, wie viele Sitze auf die Parteien und Wählergruppen im Regionalrat des Regierungsbezirks Köln und wie viele Sitze auf die Parteien und Wählergruppen im Regionalrat des Regierungsbezirks Düsseldorf insgesamt entfallen und wie viele Sitze den Parteien und Wählergruppen noch zustehen. [2] Hierzu werden für die Regierungsbezirke Köln und Düsseldorf getrennt die von den einzelnen Parteien und Wählergruppen bei den Gemeindewahlen im jeweiligen Regierungsbezirk erzielten gültigen Stimmen zugrunde gelegt.

(5) [1] Beim Ausscheiden eines berufenen Mitglieds rückt auf Vorschlag der betroffenen Partei, Wählergruppe oder Organisation ein Listenbewerber aus der Liste nach. [2] Der Vorschlag für ein Mitglied nach Abs. 3 bedarf der Bestätigung durch den jeweiligen Regionalrat; Absatz 7 sowie § 20 Absatz 6 und 7 finden entsprechende Anwendung.

(6) Der Regionalrat des Regierungsbezirks Köln beruft außerdem als stimmberechtigte Mitglieder des Braunkohlenausschusses (Funktionale Bank)

1. eine Vertreterin oder einen Vertreter der für das Braunkohlenplangebiet zuständigen Industrie- und Handelskammern,

---

[1] § 40 wird § 21 mWv 8.4.2010 durch G v. 16.3.2010 (GV. NRW. S. 212); Abs. 2 Satz 2, Abs. 3 Satz 1, Abs. 5 Satz 2 und Abs. 7 Satz 2 geänd. mWv 4.6.2016 durch G v. 24.5.2016 (GV. NRW. S. 259).

2. eine Vertreterin oder einen Vertreter der für das Braunkohlenplangebiet zuständigen Handwerkskammern,
3. eine Vertreterin oder einen Vertreter der Landwirtschaftskammer Nordrhein-Westfalen,
4. zwei Vertreterinnen oder Vertreter der im Braunkohlenplangebiet tätigen Arbeitgeberverbände,
5. drei Vertreterinnen oder Vertreter der im Braunkohlenplangebiet tätigen Gewerkschaften,
6. eine Vertreterin oder einen Vertreter der Landwirtschaft und
7. eine Vertreterin oder ein Vertreter der im Braunkohlenplangebiet tätigen nach Naturschutzrecht durch das zuständige Landesministerium anerkannten Naturschutzverbände.

(7) [1] Zur Berufung der Funktionalen Bank nach Absatz 6 können die genannten Organisationen dem Regionalrat des Regierungsbezirks Köln Vorschläge für die Berufung einreichen. [2] Die vorgeschlagenen Mitglieder werden durch Bestätigung des Regionalrates des Regierungsbezirks Köln berufen. [3] Die Sitze nach Absatz 6 Nr. 5 werden den im Braunkohlenplangebiet tätigen Gewerkschaften nach den Grundsätzen der Verhältniswahl zugeteilt; dabei sind die Zahlen der Gewerkschaftsmitglieder zugrunde zu legen, die bei den Bergbautreibenden im Braunkohlenplangebiet beschäftigt sind.

(8) Scheidet ein Mitglied der Funktionalen Bank aus, gilt Absatz 5 entsprechend.

(9) Zum Mitglied des Braunkohlenausschusses kann nicht gewählt oder berufen werden

1. wer bei einer natürlichen Person, einer juristischen Person oder einer Vereinigung, der die Braunkohlenplanung einen unmittelbaren Vorteil oder Nachteil bringen kann, gegen Entgelt beschäftigt ist,
2. wer Mitglied des Vorstandes, des Aufsichtsrates oder eines gleichartigen Organs einer juristischen Person oder einer Vereinigung ist, der die Braunkohlenplanung einen unmittelbaren Vorteil oder Nachteil bringen kann.

§ 22[1)] Beratende Mitglieder. [1] Je eine Vertreterin oder ein Vertreter
– der Bergaufsicht (von der zuständigen Bezirksregierung),
– des Landesbetriebes Wald und Holz NRW,
– des Geologischen Dienstes – Landesbetrieb –,
– des Landesamtes für Natur, Umwelt und Verbraucherschutz,
– des Erftverbandes,
– des Bergbautreibenden,
– des Landschaftsverbandes Rheinland,
– des Landesbetriebes Straßenbau,
– der kommunalen Gleichstellungsstellen

nehmen mit beratender Befugnis an den Sitzungen des Braunkohlenausschusses teil. [2] Eine Vertreterin oder ein Vertreter der kreisfreien Städte und der Kreise des Braunkohlenplangebietes nehmen mit beratender Befugnis an den Sitzungen des Braunkohlenausschusses teil, wenn Beratungsgegenstände im Zusam-

[1)] § 22 (bish. § 41) geänd. mWv 8.4.2010 durch G v. 16.3.2010 (GV. NRW. S. 212).

menhang mit den Aufgaben und Tätigkeiten der jeweiligen Gebietskörperschaften stehen.

§ 23[1)] Organisation des Braunkohlenausschusses. (1) [1]Der Braunkohlenausschuss wählt für die Dauer seiner Wahlperiode aus der Mitte der stimmberechtigten Mitglieder unter Leitung des lebensältesten stimmberechtigten Mitgliedes des Braunkohlenausschusses ohne Aussprache seine Vorsitzende oder seinen Vorsitzenden und deren Stellvertreterin oder dessen Stellvertreter. [2]Er kann mehrere Stellvertreterinnen oder Stellvertreter wählen.

(2) Der Braunkohlenausschuss gibt sich eine Geschäftsordnung.

(3) Zur Bearbeitung seiner Aufgaben nach § 24 kann der Braunkohlenausschuss Arbeitskreise aus seiner Mitte bilden.

(4) [1]Die Sitzungen des Braunkohlenausschusses sind öffentlich. [2]Die Öffentlichkeit kann für einzelne Angelegenheiten durch Beschluss des Braunkohlenausschusses ausgeschlossen werden.

(5) Die Regionalplanungsbehörde Köln ist Geschäftsstelle des Braunkohlenausschusses.

§ 23a[2)] (1) [1]Wenn und solange nach § 14 des Infektionsschutz- und Befugnisgesetzes eine epidemische Lage von besonderer Tragweite festgestellt ist, dürfen eilbedürftige Angelegenheiten, die der Beschlussfassung des Braunkohleausschusses unterliegen, im Umlaufverfahren getroffen werden, wenn sich der Braunkohlenausschuss mit einer Mehrheit von zwei Dritteln der Stimmen mit der schriftlichen Abgabe der Stimmen einverstanden erklären. [2]Der Braunkohlenausschuss gibt die Stimmen über den betreffenden Beschlussvorschlag im Falle des Satzes 1 durch Einzelschreiben oder im Umlaufverfahren ab. [3]Die Stimmabgaben erfolgen in Textform.

(2) Die eilbedürftigen Angelegenheiten, über die gemäß Absatz 1 im Wege des vereinfachten Verfahrens Beschluss gefasst werden soll, sind öffentlich im geeigneten Wege bekannt zu machen.

(3) Die für den Braunkohleausschuss getroffenen Regelungen in den Absätzen 1 bis 2 gelten auch für die Arbeitskreise, sofern diese gebildet wurden.

§ 24[3)] Aufgaben des Braunkohlenausschusses. (1) [1]Der Braunkohlenausschuss trifft die sachlichen und verfahrensmäßigen Entscheidungen zur Aufstellung der Braunkohlenpläne. [2]Hat der Braunkohlenausschuss beschlossen, dass ein Braunkohlenplan aufgestellt werden soll, führt die Regionalplanungsbehörde Köln das Aufstellungsverfahren durch; sie ist dabei an die Weisung des Braunkohlenausschusses gebunden.

(2) Der Braunkohlenausschuss hat sich laufend von der ordnungsgemäßen Einhaltung der Braunkohlenpläne zu überzeugen und festgestellte Mängel unverzüglich den zuständigen Stellen mitzuteilen.

(3) [1]Die im Braunkohlenplangebiet ansässigen Personen und tätigen Betriebe sind verpflichtet, dem Braunkohlenausschuss oder einem von ihm beauf-

---

[1)] § 23 Abs. 1 Satz 1 geänd. mWv 4.6.2016 durch G v. 24.5.2016 (GV. NRW. S. 259).

[2)] § 23a eingef. mWv 15.4.2020 durch G v. 14.4.2020 (GV. NRW. S. 218b); Abs. 1 Sätze 1 und 2 geänd. mWv 16.7.2021 durch G v. 8.7.2021 (GV. NRW. S. 904).

[3)] § 24 Abs. 3 aufgeh., bish. Abs. 4 und 5 werden Abs. 3 und 4 mWv 4.6.2016 durch G v. 24.5. 2016 (GV. NRW. S. 259); Abs. 1 neu gef., Abs. 4 geänd. mWv 16.7.2021 durch G v. 8.7.2021 (GV. NRW. S. 904).

tragten Ausschussmitglied die für die Aufstellung, Änderung und Überprüfung der Einhaltung des Planes erforderlichen Auskünfte zu erteilen und Unterlagen zugänglich zu machen, soweit die Informationen nicht von Behörden gegeben werden können. [2] Unbeschadet anderweitiger Vorschriften kann die zuständige Bezirksregierung auf Antrag des Braunkohlenausschusses ein Zwangsgeld bis zur Höhe von 25 000 EUR und im Wiederholungsfalle bis zur Höhe von 50 000 EUR gegen denjenigen festlegen, der der Verpflichtung nach Satz 1 nicht nachkommt.

(4) Soweit die im Absatz 3 genannten Unterlagen Geschäfts- oder Betriebsgeheimnisse enthalten, sind sie zu kennzeichnen und getrennt vorzulegen.

Teil 6:[1)] Besondere Vorschriften für die Braunkohlenpläne

§ 25 Braunkohlenplangebiet. Die Abgrenzung des Braunkohlenplangebietes wird bestimmt durch die Gebiete für den Abbau, die Außenhalden und die Umsiedlungen sowie die Gebiete, deren oberster Grundwasserleiter durch Sümpfungsmaßnahmen beeinflusst wird.

§ 26[2)] Inhalt der Braunkohlenpläne. (1) [1] Für das Braunkohlenplangebiet werden ein oder mehrere Braunkohlenpläne aufgestellt. [2] Ein Braunkohlenplan legt auf der Grundlage des Landesentwicklungsplans und in Abstimmung mit den Regionalplänen im Braunkohlenplangebiet Ziele und Grundsätze der Raumordnung fest, soweit dies für eine geordnete Braunkohlenplanung erforderlich ist.

(2) [1] Die Braunkohlenpläne bestehen aus textlichen und zeichnerischen Festlegungen. [2] Die textlichen Festlegungen müssen insbesondere Angaben enthalten über die Grundzüge der Oberflächengestaltung und Wiedernutzbarmachung in Abbau- und Aufschüttungsgebieten einschließlich der im Rahmen der Rekultivierung angestrebten Landschaftsentwicklung sowie über sachliche, räumliche und zeitliche Abhängigkeiten. [3] Die sachlichen, räumlichen und zeitlichen Abhängigkeiten sind auch für die Umsiedlung darzustellen. [4] Bei Braunkohlenplänen, die die Festlegung von Umsiedlungsstandorten zum Gegenstand haben, ist deren Größe für ihre bedarfsgerechte Ausstattung nach Maßgabe von § 48 Absatz 1 Satz 2 des Landesenteignungs- und -entschädigungsgesetz[3)] vom 20. Juni 1989 (GV. NRW. S. 366, ber. S. 570) in der jeweils geltenden Fassung zu ermitteln. [5] Die zeichnerischen Festlegungen des Braunkohlenplanes müssen insbesondere Festlegungen treffen über die Abbaugrenzen und die Sicherheitslinien des Abbaus, die Haldenflächen und deren Sicherheitslinien, die Umsiedlungsflächen und die Festlegung der Räume, in denen Verkehrswege, Bahnen aller Art, Energie- und Wasserleitungen angelegt oder verlegt werden können. [6] Der Maßstab der zeichnerischen Darstellung des Braunkohlenplanes beträgt 1:5000 oder 1:10000.

[1)] Abschnittüberschr. neu gef., bish. Teil IV 3. Abschnitt geht in neuen Teil 6 über, Bish. 4. und 5. Abschnitt aufgeh., bish. § 37 wird § 25, bish. § 44–49 werden §§ 26–31, bish. §§ 25–30 aufgeh. mWv 8.4.2010 durch G v. 16.3.2010 (GV. NRW. S. 212).

[2)] § 26 (bish. § 44) Abs. 2 Satz 4 eingef., bish. Satz 4 wird Satz 5; Abs. 3 Satz 1 wird Abs. 2 Satz 6, Sätze 2 und 3 aufgeh., Abs. 3 angef. mWv 8.4.2010 durch G v. 16.3.2010 (GV. NRW. S. 212); Abs. 1 neu gef., Abs. 2 Sätze 1, 2 und 5 geänd. mWv 4.6.2016 durch G v. 24.5.2016 (GV. NRW. S. 259); Abs. 1 neu gef. mWv 16.7.2021 durch G v. 8.7.2021 (GV. NRW. S. 904).

[3)] **Rehborn, Gesetze NRW (vormals v. Hippel/Rehborn) Nr. 128.**

(3) [1] Grundlagen der Größenermittlung für die Umsiedlungsstandorte sind die voraussichtliche Zahl der Teilnehmer an der gemeinsamen Umsiedlung sowie die städtebauliche Planung der Kommune. [2] Der Kommune und dem Bergbautreibenden obliegt die einvernehmliche Festlegung der am Umsiedlungsstandort zu errichtenden Infrastruktur. [3] Kommt eine Einigung nach Satz 2 bis zum Aufstellungsbeschluss nicht zustande, legt der Braunkohlenausschuss den Mindestflächenbedarf auf der Grundlage einer städtebaulichen Empfehlung der Bezirksregierung Köln fest.

§ 27[1)] Umweltverträglichkeit und Sozialverträglichkeit. (1) Für ein betriebsplanpflichtiges Vorhaben zum Abbau von Braunkohle einschließlich Haldenflächen, das nach der Verordnung über die Umweltverträglichkeitsprüfung[2)] bergbaulicher Vorhaben vom 13. Juli 1990 (BGBl. I S. 1420) in der jeweils geltenden Fassung einer Umweltverträglichkeitsprüfung bedarf, und für die wesentlichen Änderungen eines solchen Vorhabens, wenn die Änderung erhebliche Auswirkungen auf die Umwelt haben kann, werden die Umweltprüfung und die Umweltverträglichkeitsprüfung in einem gemeinsamen Verfahren durchgeführt, sofern der Braunkohlenausschuss dies beschließt.

(2) [1] Sobald der Bergbautreibende den Braunkohlenausschuss über das geplante Abbauvorhaben unterrichtet hat, soll die Regionalplanungsbehörde Köln mit ihm Gegenstand, Umfang und Methoden der Umweltprüfung, der Umweltverträglichkeitsprüfung und der Prüfung der Sozialverträglichkeit erörtern. [2] Hierzu werden andere Behörden, Sachverständige und Dritte hinzugezogen. [3] Die Regionalplanungsbehörde soll den Bergbautreibenden über den voraussichtlichen Untersuchungsrahmen sowie über Art und Umfang der voraussichtlich beizubringenden Unterlagen unterrichten.

(3) Bevor der Braunkohlenausschuss die Regionalplanungsbehörde mit der Erarbeitung eines Vorentwurfes für einen Braunkohlenplan beauftragt, der ein Abbauvorhaben betrifft, hat der Bergbautreibende der Bezirksplanungsbehörde Köln die für die überschlägige Beurteilung der Umweltverträglichkeit und der Sozialverträglichkeit erforderlichen Unterlagen vorzulegen.

(4) [1] Die Unterlagen hinsichtlich der Umweltverträglichkeitsprüfung müssen mindestens die in § 57a Abs. 2 Sätze 2 und 3 Bundesberggesetz und in § 2 UVP-V Bergbau genannten Angaben enthalten. [2] Dazu gehören auch Angaben zur Notwendigkeit und Größenordnung von Umsiedlungen und Räumen, in denen Verkehrswege, Bahnen aller Art, Energie- und Wasserleitungen angelegt oder verlegt werden können. [3] Eine allgemeinverständliche Zusammenfassung ist beizufügen.

(5) Für die überschlägige Beurteilung der Sozialverträglichkeit müssen bei Braunkohlenplänen, die ein Abbauvorhaben betreffen, die Antragsunterlagen Angaben über die Notwendigkeit, die Größenordnung, die Zeiträume und die überörtlichen Auswirkungen der Umsiedlung enthalten.

[1)] § 27 (bish. § 45) Abs. 1 Sätze 1 und 2 geänd., Satz 3 und Abs. 2 neu gef., Abs. 4 Satz 4 aufgeh., bish. Satz 5 wird Satz 4, Abs. 6 aufgeh., bish. Abs. 7 und 8 werden Abs. 6 und 7, Abs. 6 Satz 2 aufgeh., bish. Sätze 3 und 4 werden 2 und 3 und Satz 3 geänd. mWv 8.4.2010 durch G v. 16.3.2010 (GV. NRW. S. 212); Abs. 1 neu gef., Abs. 4 Satz 4 aufgeh., Abs. 6 Satz 3 aufgeh. mWv 4.6.2016 durch G v. 24.5.2016 (GV. NRW. S. 259); Abs. 1 neu gef. mWv 16.7.2021 durch G v. 8.7.2021 (GV. NRW. S. 904).

[2)] Nr. **32.4**.

(6) [1]Bei Braunkohlenplänen, die die Festlegung von Umsiedlungsstandorten zum Gegenstand haben, muss eine Umweltprüfung und die Prüfung der Sozialverträglichkeit erfolgen. [2]Die Unterlagen zur Prüfung der Sozialverträglichkeit müssen folgende Angaben enthalten:

1. Vorstellungen zum Umsiedlungsstandort,
2. Darstellung der vorhandenen Sozialstruktur und der dafür bedeutsamen Infrastruktur in den betroffenen Ortschaften,
3. Beschreibung der möglichen wesentlichen Auswirkungen auf die Betroffenen, insbesondere Erwerbs- und Berufsverhältnisse, Wohnbedürfnisse, soziale Verflechtungen sowie die örtlichen Bindungen der Betroffenen,
4. Vorstellungen zur Vermeidung oder Minderung von nachteiligen Auswirkungen vor, während und nach der Umsiedlung sowohl für die Altorte als auch für die Umsiedlungsstandorte; dabei sollen insbesondere die einzelnen Bevölkerungsgruppen und Wirtschaftszweige berücksichtigt werden.

(7) Verfügen die beteiligten Behörden oder Gemeinden zu den erforderlichen Angaben über zweckdienliche Informationen, so unterrichten sie den Bergbautreibenden und stellen ihm die Informationen auf Verlangen zur Verfügung.

§ 28[1)] Erarbeitung und Aufstellung. (1) Hat der Braunkohlenausschuss beschlossen, dass ein Braunkohlenplan aufgestellt werden soll, führt die Regionalplanungsbehörde Köln das Aufstellungsverfahren durch.

(2) [1]Werden für ein Vorhaben nach § 27 Absatz 1 Umweltverträglichkeitsprüfung und Umweltprüfung in einem gemeinsamen Verfahren durchgeführt, beträgt die Dauer der öffentlichen Auslegung nach § 13 Absatz 1 Satz 1 mindestens 30 Tage. [2]Die Regionalplanungsbehörde Köln unterrichtet den Braunkohlenausschuss über alle fristgemäß eingegangenen Stellungnahmen.

(3) [1]Der Braunkohlenausschuss entscheidet nach Abschluss des Erarbeitungsverfahrens über die Aufstellung des Braunkohlenplans. [2]§ 19 Absatz 4 gilt entsprechend.

§ 29[2)] Genehmigung. (1) [1]Die Braunkohlenpläne bedürfen der Genehmigung der Landesplanungsbehörde im Einvernehmen mit den fachlich zuständigen Landesministerien und im Benehmen mit dem für die Landesplanung zuständigen Ausschuss des Landtages. [2]Zur Herstellung des Benehmens leitet die Landesregierung den Entwurf der Genehmigung dem Landtag mit einem Bericht über das Genehmigungsverfahren zu. [3]Teile des Braunkohlenplanes können vorweg genehmigt werden; es können Teile des Braunkohlenplanes von der Genehmigung ausgenommen werden.

(2) Die Genehmigung der Braunkohlenpläne ist nur zu erteilen, wenn sie den in dem Landesentwicklungsplan festgelegten Erfordernissen der Raumordnung zur Sicherung einer langfristigen Energieversorgung entsprechen und die Erfordernisse der sozialen Belange der vom Braunkohlentagebau Betroffenen und des Umweltschutzes angemessen berücksichtigen.

[1)] § 28 neu gef. mWv 4.6.2016 durch G v. 24.5.2016 (GV. NRW. S. 259); Abs. 1 und 2 neu gef. mWv 16.7.2021 durch G v. 8.7.2021 (GV. NRW. S. 904).

[2)] § 29 (bish. § 47) Überschr. und Abs. 2 geänd., Abs. 3 aufgeh., bish. Abs. 4 wird Abs. 3 mWv 8.4.2010 durch G v. 16.3.2010 (GV. NRW. S. 212); Abs. 2 neu gef. mWv 4.6.2016 durch G v. 24.5.2016 (GV. NRW. S. 259).

(3) [1]Die Braunkohlenpläne sollen vor Beginn eines Abbauvorhabens im Braunkohlenplangebiet aufgestellt und genehmigt sein. [2]Die Betriebspläne der im Braunkohlenplangebiet gelegenen bergbaulichen Betriebe sind mit den Braunkohlenplänen in Einklang zu bringen.

§ 30[1)] Änderung von Braunkohlenplänen und Zielabweichungsverfahren. (1) [1]Der Braunkohlenplan muss überprüft und erforderlichenfalls geändert werden, wenn die Grundannahmen für den Braunkohlenplan sich wesentlich ändern. [2]Für das Verfahren zur Änderung des Braunkohlenplans gelten die §§ 27 bis 29 entsprechend; dies gilt auch in Fällen, in denen die Änderung des Braunkohlenplans nicht auf Anregung des Bergbautreibenden *durchführt*[2)] wird. [3]Als wesentliche Änderungen der Grundannahmen gelten insbesondere Entscheidungen der Landesregierung, die Nutzung der Braunkohle geordnet zu beenden und eine geordnete Gewinnung bis zum Zeitpunkt der Beendigung sicherzustellen.

(2) [1]In entsprechender Anwendung des § 16 ist für das Zielabweichungsverfahren bei Braunkohlenplänen die Regionalplanungsbehörde Köln zuständig. [2]Sie entscheidet im Benehmen mit den fachlich betroffenen öffentlichen Stellen sowie den von der Abweichung betroffenen Belegenheitsgemeinden und im Einvernehmen mit dem Braunkohlenausschuss.

(3) [1]Die Regionalplanungsbehörde Köln kann in entsprechender Anwendung des § 16 Abweichungen des Betriebsplans von den Festlegungen des Braunkohlenplans zulassen, wenn die Abweichung unter raumordnerischen Gesichtspunkten vertretbar ist und die Grundzüge des Braunkohlenplans nicht berührt werden. [2]Sie entscheidet im Benehmen mit den fachlich betroffenen öffentlichen Stellen und den von der Abweichung betroffenen Belegenheitsgemeinden, sowie im Einvernehmen mit dem Braunkohlenausschuss. [3]Antragsberechtigt ist auch der Bergbautreibende.

§ 31[3)] Landbeschaffung. Bei der bergrechtlichen Grundabtretung nach § 77 ff. Bundesberggesetz und bei den Enteignungen nach dem Landesenteignungs- und -entschädigungsgesetz (EEG NW)[4)] vom 20. Juni 1989 (GV. NRW. S. 366, ber. S. 570) in der jeweils geltenden Fassung ist auf Antrag des Entschädigungsberechtigten für die Entziehung des Grundeigentums anstelle der Geldentschädigung die Bereitstellung von Ersatzland anzustreben.

Teil 7:[5)] Raumordnungsverfahren

§ 32[6)] Raumordnungsverfahren. (1) [1]Zuständige Behörde für das Raumordnungsverfahren ist die jeweils zuständige Regionalplanungsbehörde. [2]Im Raumordnungsverfahren für Vorhaben, für das nach Bundes- oder Landesrecht

---

[1)] § 30 neu gef. mWv 16.7.2021 durch G v. 8.7.2021 (GV. NRW. S. 904).

[2)] Richtig wohl: „durchgeführt".

[3)] Bish. § 49 wird § 31 mWv 8.4.2010 durch G v. 16.3.2010 (GV. NRW. S. 212); Abs. 1 aufgeh., bish. Abs. 2 geänd. mWv 4.6.2016 durch G v. 24.5.2016 (GV. NRW. S. 259).

[4)] **Rehborn, Gesetze NRW (vormals v. Hippel/Rehborn) Nr. 128.**

[5)] Abschnittsüberschr. neu gef., Teil III 1. Abschnitt und bish. §§ 28–30 aufgeh. mWv 8.4.2010 durch G v. 16.3.2010 (GV. NRW. S. 212).

[6)] § 32 neu gef. mWv 4.6.2016 durch G v. 24.5.2016 (GV. NRW. S. 259); Abs. 2 neu gef., Abs. 3 Sätze 2 und 3, Abs. 4 Satz 3 geänd., Abs. 5 neu gef. mWv 16.7.2021 durch G v. 8.7.2021 (GV. NRW. S. 904).

eine Verpflichtung zur Durchführung einer Umweltverträglichkeitsprüfung besteht, wird eine Umweltverträglichkeitsprüfung nach dem Planungsstand des jeweiligen Vorhabens, einschließlich der Prüfung von Standort- oder Trassenalternativen nach § 15 Absatz 1 Satz 3 des Raumordnungsgesetzes[1)], durchgeführt. [3]Im nachfolgenden Zulassungsverfahren kann die Prüfung der Umweltverträglichkeit auf zusätzliche oder andere erhebliche Auswirkungen beschränkt werden.

(2) [1]Die fristgemäß vorgebrachten Stellungnahmen können mit den beteiligten öffentlichen Stellen und den Personen des Privatrechts nach § 4 des Raumordnungsgesetzes erörtert werden. [2]Dabei ist auch eine Beschränkung auf einzelne Aspekte der Stellungnahmen möglich. [3]Die Erörterung kann auch als Video- oder Telefonkonferenz oder mittels sonstiger elektronischer Kommunikationsmedien durchgeführt werden.

(3) [1]Die raumordnerische Beurteilung wird ohne Begründung im Amtsblatt der Bezirksregierung bekannt gegeben. [2]Die raumordnerische Beurteilung wird mit Begründung bei der zuständigen Regionalplanungsbehörde und bei den Kreisen und Gemeinden, auf deren Gebiet sich das Vorhaben erstreckt, für die Dauer von fünf Jahren zur Einsicht für jedermann bereitgehalten und ist in das Internet einzustellen, in der Bekanntmachung wird darauf hingewiesen. [3]Die Gemeinden haben bekannt zu machen, bei welcher Stelle die raumordnerische Beurteilung während der Dienststunden eingesehen werden kann.

(4) [1]Ändern sich die für die raumordnerische Beurteilung maßgeblichen landesplanerischen Ziele, ist zu prüfen, ob die Beurteilung noch Bestand haben kann. [2]Die raumordnerische Beurteilung wird fünf Jahre nach der Bekanntgabe darauf überprüft, ob sie mit den Zielen und Grundsätzen der Raumordnung noch übereinstimmt und mit anderen raumbedeutsamen Planungen und Maßnahmen noch abgestimmt ist. [3]Die Überprüfung ist entbehrlich, wenn mit dem Verfahren für die Zulassung des Vorhabens oder eines Vorhabenabschnittes begonnen worden ist. [4]Die raumordnerische Beurteilung wird spätestens nach zehn Jahren unwirksam.

(5) [1]Die Regionalplanungsbehörden erheben für die Durchführung eines Raumordnungsverfahrens und für die Prüfung gemäß § 15 Absatz 5 Satz 2 des Raumordnungsgesetzes Gebühren. [2]Bemessungsgrundlage für die Festlegung der Höhe der Gebühren sind die Herstellungskosten, bei Hoch- und Höchstspannungsleitungen die Länge des Trassenkorridors des dem Raumordnungsverfahren zugrundeliegenden Vorhabens. [3]Der Träger des Vorhabens trägt die Kosten für die Hinzuziehung von Sachverständigen. [4]Im Übrigen gilt das Gebührengesetz für das Land Nordrhein-Westfalen[2)] in der jeweils geltenden Fassung.

Teil 8:[3)] Instrumente zur Planverwirklichung und Plansicherung

§ 33[4)] Befugnisse der Landesplanungsbehörde. (1) [1]Die Landesplanungsbehörde kann die Verpflichtung des zuständigen Planungsträgers feststellen, den

---

[1)] Nr. **41.1**.

[2)] Nr. **81.12**.

[3)] Abschnittsüberschr. neu gef., bish. Teil III 2. Abschnitt geht in Teil 8 über, bish. §§ 31–34 werden §§ 33–36, § 35 aufgeh., § 36 wird § 37 mWv 8.4.2010 durch G v. 16.3.2010 (GV. NRW. S. 212).

[4)] § 33 (bish. § 31) Abs. 1 Sätze 1 und 2, Abs. 2 Satz 2 geänd., Abs. 2 Satz 1 neu gef. mWv 8.4.2010 durch G v. 16.3.2010 (GV. NRW. S. 212).

Raumordnungsplan für bestimmte räumliche oder sachliche Teilabschnitte innerhalb einer angemessenen Frist entsprechend den Zielen der Raumordnung aufzustellen oder zu ändern und der Landesplanungsbehörde vorzulegen. [2] Kommt der zuständige Planungsträger dieser Planungspflicht nicht fristgerecht nach, so kann die Landesplanungsbehörde die Planung ganz oder teilweise selbst durchführen oder die Durchführung der Regionalplanungsbehörde übertragen.

(2) [1] Hat die Landesplanungsbehörde gegen einen Raumordnungsplan oder einen sachlichen oder räumlichen Teilabschnitt unter Verweis auf einen Widerspruch zu Zielen der Raumordnung rechtliche Bedenken geltend gemacht, so ist sie befugt, bei der erneuten Vorlage einen solchen Plan oder Teilabschnitt im Einvernehmen mit den fachlich zuständigen Landesministerien zum Zwecke der Anpassung zu ändern und bekanntzumachen. [2] Die Landesregierung setzt dem zuständigen Planungsträger zur erneuten Vorlage eine angemessene Frist. [3] Der Ablauf dieser Frist steht der erneuten Vorlage gleich.

§ 34[1)] Beratung und Anpassung der Bauleitplanung. (1) Zur Anpassung der Bauleitplanung an die Ziele der Raumordnung fragt die Gemeinde bei Beginn ihrer Arbeiten zur Aufstellung oder Änderung eines Bauleitplanes unter Vorlage der erforderlichen Planunterlagen bei der Regionalplanungsbehörde an, welche Ziele der Raumordnung für den Planungsbereich bestehen.

(2) Äußert sich die Regionalplanungsbehörde nicht innerhalb von zwei Monaten auf die Anfrage der Gemeinde, so kann die Gemeinde davon ausgehen, dass raumordnungsrechtliche Bedenken nicht erhoben werden.

(3) [1] Eine Erörterung der Planungsabsichten der Gemeinde findet statt, wenn die Regionalplanungsbehörde oder die Gemeinde dieses für geboten hält. [2] Kommt keine Einigung zustande, befindet die Regionalplanungsbehörde im Einvernehmen mit dem Regionalrat über die nicht ausgeräumten Bedenken.

(4) [1] Kommt eine einvernehmliche Beurteilung nach Absatz 3 Satz 2 nicht zustande, entscheidet die Landesplanungsbehörde im Einvernehmen mit den fachlich zuständigen Landesministerien über die Übereinstimmung der gemeindlichen Planungsabsichten mit den Zielen der Raumordnung. [2] Dazu hat die Regionalplanungsbehörde über den Sachverhalt zu berichten; der Gemeinde und dem Regionalrat ist Gelegenheit zu geben, zu dem Bericht der Regionalplanungsbehörde Stellung zu nehmen. [3] Die Landesplanungsbehörde teilt ihre Entscheidung den Betroffenen mit.

(5) [1] Die Gemeinde hat vor Beginn des Verfahrens nach § 3 Absatz 2 des Baugesetzbuches[2)] vom 23. September 2004 (BGBl. I S. 2414) oder bevor der betroffenen Öffentlichkeit Gelegenheit zur Stellungnahme gegeben wird, der Regionalplanungsbehörde eine Ausfertigung des Entwurfs des Bauleitplanes zuzuleiten. [2] Äußert sich die Regionalplanungsbehörde nicht innerhalb von einem Monat auf die Anfrage der Gemeinde, so kann die Gemeinde davon ausgehen, dass raumordnungsrechtliche Bedenken seitens der Regionalplanungsbehörde nicht erhoben werden. [3] Die Fortführung des Verfahrens wird durch das Nichtvorliegen von Stellungnahmen der Regionalplanungsbehörden

---

[1)] § 34 (bish. § 32) Abs. 1, 2, 5 Satz 1 geänd., Abs. 3 Satz 3 aufgeh. mWv 8.4.2010 durch G v. 16.3. 2010 (GV. NRW. S. 212); Überschrift und Abs. 1 neu gef., Abs. 2 geänd., Abs. 5 neu gef. mWv 16.7. 2021 durch G v. 8.7.2021 (GV. NRW. S. 904).

[2)] Nr. **41.2**.

und auch durch negative Stellungnahmen nach den Absätzen 1 und 2 zu den entsprechenden Zwischenständen der Planung nicht gehemmt.

(6) Ist die Regionalplanungsbehörde bei der Aufstellung eines Flächennutzungsplanes beteiligt worden, so bedarf es bei der Aufstellung eines daraus entwickelten Bebauungsplanes ihrer erneuten Beteiligung nur, wenn und soweit die Regionalplanungsbehörde den Flächennutzungsplan nach Anhörung der Gemeinde im Benehmen mit dem Regionalrat für unangepasst erklärt hat.

§ 35[1)] Kommunales Planungsgebot und Entschädigung. (1) Die Landesregierung kann verlangen, dass die Gemeinden ihre Bauleitpläne den Zielen der Raumordnung anpassen.

(2) [1] Die Landesregierung kann verlangen, dass die Gemeinden Bauleitpläne entsprechend den Zielen der Raumordnung aufstellen, wenn dies zur Verwirklichung von Planungen mit hervorragender Bedeutung für die allgemeine Landesentwicklung oder überörtliche Wirtschaftsstruktur erforderlich ist; die betroffenen Flächen müssen auf der Grundlage eines Landesentwicklungsplanes in Regionalplänen dargestellt sein. [2] Vor der Entscheidung der Landesregierung ist den betroffenen regionalen Planungsträgern und Gemeinden Gelegenheit zur Stellungnahme zu geben.

(3) Muss eine Gemeinde einen Dritten gemäß §§ 39 bis 44 Baugesetzbuch[2)] entschädigen, weil sie einen rechtswirksamen Bebauungsplan aufgrund rechtsverbindlich aufgestellter Ziele der Raumordnung auf Verlangen nach Absatz 1 oder Absatz 2 aufgestellt, geändert oder aufgehoben hat, so ist ihr vom Land Ersatz zu leisten.

(4) [1] Ist eine Gemeinde Eigentümerin eines Grundstückes, so kann sie in Fällen der Absätze 1 und 2 vom Land eine angemessene Entschädigung in Geld verlangen, soweit Aufwendungen für Vorbereitungen zur Nutzung des Grundstücks an Wert verlieren, die im Vertrauen auf den Bestand der bisherigen Raumordnungsplanung gemacht wurden. [2] Ihr sind außerdem die Aufwendungen für Erschließungsanlagen zu ersetzen, soweit sie infolge der Anpassung oder Aufstellung der Bauleitpläne nach Absatz 1 oder Absatz 2 nicht mehr erforderlich sind. [3] Verwaltungskosten sind nicht zu erstatten.

(5) Eine Gemeinde, die die Voraussetzungen des Absatz 1 oder Absatz 2 als erfüllt ansieht, ist berechtigt, eine förmliche Entscheidung der Landesregierung im Sinne dieser Vorschriften zu beantragen.

(6) Eine Gemeinde kann eine Ersatzleistung oder Entschädigung nicht beanspruchen, wenn sie die Regionalplanungsbehörde nicht gemäß § 34 Abs. 1 rechtzeitig von ihrer Planungsabsicht unterrichtet hat oder soweit sie von einem durch die Änderung der Bauleitplanung Begünstigten Ersatz verlangen kann.

(7) Wird das Planungsgebot ausschließlich oder vorwiegend im Interesse eines Begünstigten ausgesprochen, so kann das Land von ihm die Übernahme der sich aus den Absätzen 3 und 4 ergebenden Entschädigungspflichten verlangen.

[1)] § 35 (bish. § 33) Abs. 1 und 6 geänd. mWv 8.4.2010 durch G v. 16.3.2010 (GV. NRW. S. 212); Abs. 2 Satz 2 geänd. mWv 16.7.2021 durch G v. 8.7.2021 (GV. NRW. S. 904).

[2)] Nr. **41.2**.

§ 36[1)] Untersagung raumbedeutsamer Planungen und Maßnahmen; Entschädigung. (1) [1]Die Landesplanungsbehörde kann im Einvernehmen mit den fachlich zuständigen Landesministerien raumbedeutsame Planungen und Maßnahmen sowie die Entscheidung über deren Zulässigkeit gegenüber den in § 4 Raumordnungsgesetz[2)] genannten öffentlichen Stellen untersagen, und zwar

1. unbefristet, wenn Ziele der Raumordnung entgegenstehen,
2. befristet, wenn sich ein Raumordnungsplan in Aufstellung befindet und zu befürchten ist, dass die Planung oder Maßnahme die Verwirklichung der vorgesehenen Ziele der Raumordnung unmöglich machen oder wesentlich erschweren würde.

[2]Sobald das Raumordnungsplanverfahren mit dem Erarbeitungsbeschluss begonnen hat, ist von einem in Aufstellung befindlichen Ziel auszugehen. [3]Der regionale Planungsträger ist über die Entscheidung der Landesplanungsbehörde zu unterrichten.

(2) Die Bezirksregierungen können unter den Voraussetzungen des § 12 des Raumordnungsgesetzes die Baugenehmigungsbehörde anweisen, die Entscheidung über die Zulässigkeit baulicher Anlagen im Einzelfall auszusetzen.

(3) [1]Übersteigt die Dauer einer Untersagung nach Absatz 1 oder Absatz 2 in Verbindung mit einer Veränderungssperre nach § 14 Baugesetzbuch[3)], einer Zurückstellung von Baugesuchen nach § 15 Baugesetzbuch oder einer entsprechenden Untersagung aufgrund anderer Rechtsvorschriften einen Zeitraum von insgesamt vier Jahren, so hat das Land den Betroffenen für dadurch entstandene Vermögensnachteile eine angemessene Entschädigung in Geld zu leisten. [2]Die Vorschriften über die Entschädigung im Zweiten Abschnitt des Fünften Teiles des Baugesetzbuches gelten sinngemäß.

(4) [1]Muss der Träger einer nach Absatz 1 untersagten Planung oder Maßnahme einen Dritten entschädigen, so erstattet ihm das Land die aus der Erfüllung der Entschädigungsansprüche entstehenden notwendigen Aufwendungen. [2]Die Ersatzleistung ist ausgeschlossen, soweit die Untersagung von dem Planungs- oder Maßnahmeträger verschuldet ist oder ihm aus Anlass der Untersagung aus anderen Rechtsgründen Entschädigungsansprüche zustehen.

(5) Dient die Untersagung ausschließlich oder vorwiegend dem Interesse eines Begünstigten, so kann das Land von ihm die Übernahme der sich aus den Absätzen 3 und 4 ergebenden Entschädigungspflichten verlangen, wenn er der Untersagung zugestimmt hat.

(6) Ist aufgrund einer Untersagung nach Absatz 2 einem Dritten Entschädigung zu gewähren, so gelten die Regelungen der Absätze 4 und 5 entsprechend.

---

1) § 36 (bish. § 34) Abs. 1 neu gef., Abs. 2 geänd., Abs. 3–5 aufgeh., bish. Abs. 6–9 werden Abs. 3–6, neue Abs. 5 und 6 geänd. mWv 8.4.2010 durch G v. 16.3.2010 (GV. NRW. S. 212); Abs. 2 geänd. mWv 4.6.2016 durch G v. 24.5.2016 (GV. NRW. S. 259); Abs. 2 geänd. mWv 16.7.2021 durch G v. 8.7.2021 (GV. NRW. S. 904).

2) Nr. **41.1**.

3) Nr. **41.2**.

§ 37[1] **Abstimmungs-, Mitteilungs- und Auskunftspflichten.** (1) Die obersten Landesbehörden haben alle von ihnen beabsichtigten oder zu ihrer Kenntnis gelangten Maßnahmen, die für die Raumordnung Bedeutung haben können, der Landesplanungsbehörde so frühzeitig mitzuteilen, dass ihr die Wahrnehmung der Belange der Landesplanung möglich ist.

(2) [1] Zu entsprechenden Mitteilungen sind die nachgeordneten Landesbehörden, die Gemeinden, Gemeindeverbände und die sonstigen Körperschaften, Anstalten und Stiftungen des öffentlichen Rechts gegenüber der Regionalplanungsbehörde, die kreisangehörigen Gemeinden auch gegenüber der Landrätin oder dem Landrat als unterer staatlicher Verwaltungsbehörde, verpflichtet. [2] Die Mitteilungspflicht der Gemeinden erstreckt sich auch auf die raumbezogenen Informationen über die Entwicklungen im Gemeindegebiet, die für das Monitoring gemäß § 4 Absatz 4 erforderlich sind, insbesondere über die bauleitplanerisch gesicherten Flächenreserven für Wohnen und Gewerbe.

(3) Die Landesplanungsbehörde unterrichtet durch die Regionalplanungsbehörde die regionalen Planungsträger über wichtige Gesetzgebungs- und Planungsvorhaben.

(4) Der Landesplanungsbehörde, der Regionalplanungsbehörde und der Landrätin oder dem Landrat als unterer staatlicher Verwaltungsbehörde ist auf Verlangen über Planungen Auskunft zu erteilen, die für die Raumordnung Bedeutung haben können.

Teil 9:[2] Ergänzende Vorschriften

§ 38[3] **Experimentierklausel.** (1) Zum Zwecke der Verfahrensbeschleunigung, bei Vorhaben der Energiewende, zur Bewältigung der Auswirkungen des Klima- und des Strukturwandels oder im Zusammenhang mit den Anforderungen der Digitalisierung oder der Klimaanpassung können ein vereinfachtes Anzeigeverfahren gemäß § 19 Absatz 6 vereinfachte Zielabweichungsverfahren gemäß § 16, § 30 Absatz 2 und § 30 Absatz 3 und ein vereinfachtes Anpassungsverfahren gemäß § 34 erprobt werden.

(2) Die Landesplanungsbehörde bestimmt im Einvernehmen mit den fachlich zuständigen Ministerien und im Benehmen des für die Landesplanung zuständigen Ausschusses des Landtags die Räume, die Dauer und den Evaluierungszeitraum sowie die Ausgestaltung der zu erprobenden Verfahren durch Rechtsverordnung.

(3) Die Landesregierung überprüft und bewertet die Auswirkungen der Absätze 1 und 2 und erstattet dem Landtag zum 31. Dezember 2024 Bericht.

§ 38a[4] **Flächen für die Transformation der Industrie im Rheinischen Revier.** [1] Die Regionalplanung soll im Rheinischen Revier die Entwicklung der Wirtschaft und die sehr langfristige Umgestaltung und Beeinflussung des Raums durch Braunkohlegewinnung in großen Tagebauen besonders in den

---

[1] § 37 (bish. § 36) Abs. 1, 5 und 7 aufgeh., bish. Abs. 2–4 werden Abs. 1–3, bish. Abs. 6 wird Abs. 4, Abs. 2 Satz 2 angef. mWv 8.4.2010 durch G v. 16.3.2010 (GV. NRW. S. 212); Abs. 3 geänd. mWv 16.7.2021 durch G v. 8.7.2021 (GV. NRW. S. 904).

[2] Abschnittsüberschr. neu gef., bish. Teil V wird zu Teil 9, §§ 50–52 werden §§ 38–40 mWv 8.4. 2010 durch G v. 16.3.2010 (GV. NRW. S. 212).

[3] § 38 eingef. mWv 16.7.2021 durch G v. 8.7.2021 (GV. NRW. S. 904).

[4] § 38a eingef. mWv 16.7.2021 durch G v. 8.7.2021 (GV. NRW. S. 904).

Blick nehmen. [2]Dazu soll sie für das Rheinische Revier bei der Ermittlung der Wirtschaftsflächenbedarfe gemäß Ziel 6.1-1 des LEP einen besonders langen Planungszeitraum zugrunde legen, um den erhöhten Flächenbedarfen Rechnung zu tragen, die für die Transformation der Industrie hin zu klimaschonenden Produktionsweisen erforderlich sind. [3]Bei der Auswahl der Flächen sollen die besonders schutzwürdigen Böden mit sehr hoher Bodenfruchtbarkeit berücksichtigt werden. [4]Bei der Entscheidung, welche für den Strukturwandel besonders bedeutsamen Vorhaben auf diesen Flächen umgesetzt werden sollen, sind abgestimmte Kriterien zugrunde zu legen.

§ 39[1)] Verwaltungshelfer. [1]Insbesondere zur Beschleunigung von Verfahren zur Aufstellung von Raumordnungsplänen kann der Planungsträger eine dritte Person mit der Vorbereitung und Durchführung von Verfahrensschritten nach diesem Gesetz beauftragen. [2]Er kann einer dritten Person auch die Durchführung einer Mediation oder eines anderen Verfahrens der außergerichtlichen Konfliktbeilegung übertragen.

§ 40[2)] Erlass von Rechtsverordnungen und Verwaltungsvorschriften.

[1]Die Landesregierung wird ermächtigt, zur Durchführung dieses Gesetzes durch Rechtsverordnung zu regeln:

1. das Verfahren zur Bildung und Einberufung der Regionalräte sowie für Entschädigungen und Zuwendungen,
2. die Abgrenzung des Kreises der Beteiligten bei der Erarbeitung der Raumordnungspläne und Bedeutung und Form der Planzeichen,
3. das Verfahren zur Bildung und Einberufung des Braunkohlenausschusses, die Entschädigung der Mitglieder, die Abgrenzung des Kreises der Beteiligten, das Verfahren der Beteiligung bei der Erarbeitung der Braunkohlenpläne, Gegenstand, Form und Merkmale des Planungsinhalts der Braunkohlenpläne und die räumliche Abgrenzung des Braunkohlenplangebietes[3)],
4. den Anwendungsbereich, sowie den Kreis der Beteiligten für ein Raumordnungsverfahren.

[2]Die Rechtsverordnungen werden im Benehmen mit dem für die Landesplanung zuständigen Ausschuss des Landtags erlassen.

§ 41[4)] Übergangsvorschriften. (1) Der auf der Grundlage des § 25 des Gesetzes zur Neufassung des Landesplanungsgesetzes NRW vom 3. Mai 2005 (GV. NRW. S. 430), das zuletzt durch Artikel 2 des Gesetzes vom 29. Januar 2013 (GV. NRW. S. 33) geändert worden ist, erarbeitete Regionale Flächennutzungsplan bleibt wirksam.

[1)] § 39 eingef. mWv 16.7.2021 durch G v. 8.7.2021 (GV. NRW. S. 904).

[2)] Früherer § 38 (bish. § 50) Abs. 1 Absatzbezeichnung aufgeh., Satz 1 Nr. 1 neu gef., Nr. 2 aufgeh., Nr. 3–5 werden Nr. 2–4, neue Nr. 2 und 4 neu gef., Satz 2 geänd, Abs. 2 aufgeh. mWv 8.4.2010 durch G v. 16.3.2010 (GV. NRW. S. 212); bish. § 38 wird § 40 mWv 16.7.2021 durch G v. 8.7.2021 (GV. NRW. S. 904).

[3)] Siehe hierzu die VO zur Braunkohlenplanung v. 10.5.2005 (GV. NRW. S. 506), zuletzt geänd. durch VO v. 17.3.2009 (GV. NRW. S. 182).

[4)] Früherer § 39 (bish. § 51) neu gef. mWv 8.4.2010 durch G v. 16.3.2010 (GV. NRW. S. 212); Abs. 4 neu gef. mWv 19.12.2015 durch G v. 8.12.2015 (GV. NRW. S. 838); Überschrift neu gef., Satz vor Abs. 1 aufgeh., Abs. 1 neu gef., Abs. 2 geänd., Abs. 6 angef. mWv 4.6.2016 durch G v. 24.5.2016 (GV. NRW. S. 259); bish. § 39 wird § 41 und Abs. 6 neu gef. mWv 16.7.2021 durch G v. 8.7.2021 (GV. NRW. S. 904).

(2) Die Planungsgemeinschaft bleibt zur Änderung, Ergänzung und Aufhebung des Regionalen Flächennutzungsplans auf der Grundlage des § 25 des Gesetzes zur Neufassung des Landesplanungsgesetzes NRW in der Fassung der Bekanntmachung des Gesetzes vom 3. Mai 2005 befugt.

(3) Das Verfahren zur Änderung, Ergänzung und Aufhebung der regionalplanerischen Festlegungen des Regionalen Flächennutzungsplans kann durch die entsprechende Planungsgemeinschaft

1. bis zum Erarbeitungsbeschluss eines Regionalplans nur im Benehmen mit dem Regionalverband Ruhr,
2. bis zum Aufstellungsbeschluss eines Regionalplans nur im Einvernehmen mit dem Regionalverband Ruhr durchgeführt werden, wenn der durch den Regionalverband Ruhr zu erarbeitende und aufzustellende Regionalplan den gesamten Planungsraum des Regionalverbandes Ruhr umfasst.

(4) Die Befugnis der entsprechenden Planungsgemeinschaft zur Änderung, Ergänzung und Aufhebung des Regionalen Flächennutzungsplans endet mit dem Aufstellungsbeschluss des unter Nummer 1 genannten Regionalplans.

(5) [1] Mit dem Ende der Befugnis der Planungsgemeinschaft zur Änderung, Ergänzung und Aufhebung des Regionalen Flächennutzungsplans nach Absatz 4 gilt der bauleitplanerische Teil des Regionalen Flächennutzungsplans als Flächennutzungsplan der einzelnen an der Planungsgemeinschaft beteiligten Gemeinden fort. [2] Er gilt als gemeinsamer Flächennutzungsplan i.S.d. § 204 Baugesetzbuch[1)] für die an der Planungsgemeinschaft beteiligten, benachbarten Gemeinden fort, die eine solche Fortgeltung als gemeinsamer Flächennutzungsplan vor Inkrafttreten des unter Absatz 3 genannten Regionalplans beschließen.

(6) [1] Abweichend von § 27 Absatz 1 Satz 1 des Raumordnungsgesetzes[2)] können Verfahren oder einzelne Verfahrensschritte, die vor dem 29. November 2017 förmlich eingeleitet wurden, auch nach den Vorschriften dieses Gesetzes abgeschlossen werden. [2] Voraussetzung dafür ist, dass mit den betreffenden gesetzlich vorgeschriebenen einzelnen Schritten des Verfahrens noch nicht begonnen worden ist.

§ 42[3)] Inkrafttreten. Das Gesetz tritt am Tage nach der Verkündung[4)] in Kraft.

[1)] Nr. **41.2**.

[2)] Nr. **41.1**.

[3)] Früherer § 40 (bish. § 52) neu gef. mWv 8.4.2010 durch G v. 16.3.2010 (GV. NRW. S. 212); Überschrift neu gef., Satz 2 aufgeh. mWv 4.6.2016 durch G v. 24.5.2016 (GV. NRW. S. 259); bish. § 40 wird § 42 mWv 16.7.2021 durch G v. 8.7.2021 (GV. NRW. S. 904).

[4)] Verkündet am 6. Mai 2005.

41.2. Baugesetzbuch (BauGB)[1) 2)]

In der Fassung der Bekanntmachung vom 3. November 2017[3)]
(BGBl. I S. 3634)

FNA 213-1

geänd. durch Art. 2 HochwasserschutzG II v. 30.6.2017 (BGBl. I S. 2193), Art. 6 G zum Schutz der Bevölkerung bei einer epidemischen Lage von nationaler Tragweite v. 27.3.2020 (BGBl. I S. 587), Art. 2 G zur Vereinheitlichung des Energieeinsparrechts für Gebäude und zur Änd. weiterer Gesetze v. 8.8.2020 (BGBl. I S. 1728), Art. 1 BaulandmobilisierungsG v. 14.6.2021 (BGBl. I S. 1802), Art. 1 G zur baulichen Anpassung von Anlagen der Jungsauen- und Sauenhaltung v. 16.7.2021 (BGBl. I S. 2939) und Art. 9 AufbauhilfeG 2021 v. 10.9.2021 (BGBl. I S. 4147)

Zum BauGB haben die **Länder** ua folgende Vorschriften erlassen:

– **Baden-Württemberg:** AusführungsG zum BauGB v. 23.6.2009 (GBl. S. 251); GutachterausschußVO v. 11.12.1989 (GBl. S. 541), zuletzt geänd. durch VO v. 7.5.2020 (GBl. S. 261); DurchführungsVO zum BauGB v. 2.3.1998 (GBl. S. 185), zuletzt geänd. durch VO v. 23.2.2017 (GBl. S. 99);
– **Bayern:** AusführungsG zum Bau- und RaumordnungsG 1998 v. 9.5.1998 (GVBl. S. 242); UmlegungsausschussVO v. 18.1.1961 (BayRS III S. 483), zuletzt geänd. durch V v. 30.9.2014 (GVBl S. 411); Gerichtliche ZuständigkeitsVO Justiz v. 11.6.2012 (GVBl. S. 295), zuletzt geänd. durch V v. 8.9.2021 (GVBl. S. 583); GutachterausschussVO v. 5.4.2005 (GVBl. S. 88), zuletzt geänd. durch V v. 26.3.2019 (GVBl. S. 98); Bauwesen-ZuständigkeitsVO v. 5.7.1994 (GVBl. S. 573), zuletzt geänd. durch V v. 16.6.2020 (GVBl. S. 310);
– **Berlin:** BauGB-AusführungsG idF der Bek. v. 7.11.1999 (GVBl. S. 578), zuletzt geänd. durch G v. 27.9.2021 (GVBl. S. 1119); BauGB-DurchführungsVO v. 5.6.2018 (GVBl. S. 407), zuletzt geänd. durch G v. 27.9.2021 (GVBl. S. 1119); ErschließungsbeitragsG v. 12.7.1995 (GVBl. S. 444), zuletzt geänd. durch G v. 12.10.2020 (GVBl. S. 807);
– **Brandenburg:** UmlegungsausschussVO v. 23.2.2009 (GVBl. II S. 101); GutachterausschussVO v. 12.5.2010 (GVBl. II Nr. 27), geänd. durch VO v. 21.9.2017 (GVBl. II Nr. 52); Gutachterausschuss-GebührenO v. 30.7.2010 (GVBl. II Nr. 51), zuletzt geänd. durch VO v. 21.1.2019 (GVBl. II Nr. 7);
– **Bremen:** BauGB-DurchführungsVO v. 22.6.1993 (Brem.GBl. S. 234), zuletzt geänd. durch Bek. v. 20.10.2020 (Brem.GBl. S. 1172); Erschließungsanlagen-BeitragserhebungsG v. 12.6.1973 (Brem.GBl. S. 127), zuletzt geänd. durch G v. 25.5.2010 (Brem.GBl. S. 365); ErschließungsbeitragsG v. 20.12.1982 (Brem.GBl. S. 405), zuletzt geänd. durch G v. 25.5.2010 (Brem.GBl. S. 365); GutachterausschussVO v. 2.9.2008 (Brem.GBl. S. 321), geänd. durch VO v. 17.6.2014 (Brem.GBl. S. 314); BauGB-GenehmigungswegfallG idF der Bek. v. 7.7.1987 (Brem.GBl. S. 215), zuletzt geänd. durch G v. 26.5.1998 (Brem. GBl. S. 134);
– **Hamburg:** BauleitplanfeststellungsG idF der Bek. v. 30.11.1999 (HmbGVBl. S. 271), zuletzt geänd. durch G v. 26.6.2020 (HmbGVBl. S. 380); GutachterausschussVO v. 12.5.2009 (HmbGVBl. S. 124); Enteignungsverfahren-DurchführungsVO v. 18.2.2004 (HmbGVBl. S. 107), geänd. durch G v.

[1)] **Amtl. Anm.:** Dieses Gesetz dient der Umsetzung folgender Richtlinien:
1. Richtlinie 92/43/EWG des Rates vom 21. Mai 1992 zur Erhaltung der natürlichen Lebensräume sowie der wild lebenden Tiere und Pflanzen (ABl. L 206 vom 22.7.1992, S. 7), die zuletzt durch die Richtlinie 2013/17/EU (ABl. L 158 vom 10.6.2013, S. 193) geändert worden ist,
2. Richtlinie 2001/42/EG des Europäischen Parlaments und des Rates vom 27. Juni 2001 über die Prüfung der Umweltauswirkungen bestimmter Pläne und Programme (ABl. L 197 vom 21.7.2001, S. 30),
3. Richtlinie 2009/147/EG des Europäischen Parlaments und des Rates vom 30. November 2009 über die Erhaltung der wildlebenden Vogelarten (ABl. L 20 vom 26.1.2010, S. 7), die zuletzt durch die Richtlinie 2013/17/EU (ABl. L 158 vom 10.6.2013, S. 193) geändert worden ist,
4. Richtlinie 2011/92/EU des Europäischen Parlaments und des Rates vom 13. Dezember 2011 über die Umweltverträglichkeitsprüfung bei bestimmten öffentlichen und privaten Projekten (ABl. L 26 vom 28.1.2012, S. 1), die zuletzt durch die Richtlinie 2014/52/EU (ABl. L 124 vom 25.4.2014, S. 1) geändert worden ist.

[2)] Beachte hierzu ua das Planungssicherstellungsgesetz v. 20.5.2020 (BGBl. I S. 1041).

[3)] Neubekanntmachung des BauGB idF der Bek. v. 23.9.2004 (BGBl. I S. 2414) in der ab 1.10.2017 geltenden Fassung.

31.3.2021 (HmbGVBl. S. 182); BodenordnungskommissionsG v. 29.4.1997 (HmbGVBl. S. 131), zuletzt geänd. durch G v. 18.12.2020 (HmbGVBl. S. 703);
- **Hessen:** Baugesetzbuch-AusführungsG v. 28.5.2018 (GVBl. S. 198), zuletzt geänd. durch G v. 3.6. 2020 (GVBl. S. 378); AusführungsVO zum BauGB v. 15.6.2018 (GVBl. S. 258), zuletzt geänd. durch G v. 30.9.2021 (GVBl. S. 602);
- **Mecklenburg-Vorpommern:** BaugesetzbuchausführungsG v. 30.1.1998 (GVOBl. M-V S. 110), zuletzt geänd. durch G v. 19.3.2021 (GVOBl. M-V S. 270); GutachterausschusslandesVO v. 29.6. 2011 (GVOBl. M-V S. 441); Enteignungsverfahren-DurchführungsVO v. 4.5.1993 (GVOBl. M-V S. 515); AnzeigepflichtVO v. 5.2.1998 (GVOBl. M-V S. 124), geänd. durch VO v. 10.10.2000 (GVOBl. M-V S. 530);
- **Niedersachsen:** NBauGB-DurchführungsG v. 13.5.2009 (Nds. GVBl. S. 169); Baugesetzbuch-DVO idF der Bek. v. 24.5.2005 (Nds. GVBl. S. 183), zuletzt geänd. durch G v. 15.7.2020 (Nds. GVBl. S. 244); Gutachterausschuss-GebührenO v. 25.6.2019 (Nds. GVBl. S. 156), geänd. durch VO v. 23.2.2021 (Nds. GVBl. S. 77);
- **Nordrhein-Westfalen:** Baugesetzbuch-AusführungsG **(Rehborn, Gesetze NRW (vormals v. Hippel/Rehborn) Nr. 92b)**; BauGB-DurchführungsVO (Nr. **41.21/1**); GutachterausschussVO v. 23.3.2004 (GV. NRW. S. 146), aufgeh. durch VO v. 8.12.2020 (GV. NRW. S. 1186); Baulandsachen-zusammenfassungsVO **(Rehborn, Gesetze NRW (vormals v. Hippel/Rehborn) Nr. 188f)**;
- **Rheinland-Pfalz:** BauGB-ZuständigkeitsVO v. 21.12.2007 (GVBl. 2008 S. 22); UmlegungsausschussVO v. 27.6.2007 (GVBl. S. 102); GutachterausschussVO v. 20.4.2005 (GVBl. S. 139), zuletzt geänd. durch G v. 19.12.2018 (GVBl. S. 448);
- **Saarland:** BauGB-ZuständigkeitsVO v. 13.12.2012 (Amtsbl. 2013 I S. 3), zuletzt geänd. durch VO v. 7.4.2020 (Amtsbl. I S. 249); GutachterausschußVO v. 21.8.1990 (Amtsbl. S. 957), zuletzt geänd. durch VO v. 12.11.2015 (Amtsbl. I S. 888); UmlegungsausschußV v. 11.9.1998 (Amtsbl. S. 950), zuletzt geänd. durch G v. 4.12.2019 (Amtsbl. 2020 I S. 211);
- **Sachsen:** GutachterausschussVO v. 15.11.2011 (SächsGVBl. S. 598), zuletzt geänd. durch VO v. 25.3.2021 (SächsGVBl. S. 426);
- **Sachsen-Anhalt:** Durchführung des Baugesetzbuchs LSA v. 1.12.1999 (MBl. LSA 2000 S. 227); GutachterausschussVO v. 18.12.2013 (GVBl. LSA S. 555), geänd. durch G v. 7.7.2020 (GVBl. LSA S. 372); Bodenordnung-VO v. 31.10.1991 (GVBl. LSA S. 430), zuletzt geänd. durch G v. 19.3.2002 (GVBl. LSA S. 130); UntersagungsVO zur Bebauungsteilgenehmigung v. 2.1.1998 (GVBl. LSA S. 2);
- **Schleswig-Holstein:** Baugesetzbuch-AusführungsG v. 21.10.1998 (GVOBl. Schl.-H. S. 303), zuletzt geänd. durch G v. 8.10.2009 (GVOBl. Schl.-H. S. 640); Vierte BundesbauG-DurchführungsVO v. 30.3.1961 (GVOBl. Schl.-H. S. 45), zuletzt geänd. durch VO v. 17.10.1980 (GVOBl. Schl.-H. S. 315); Sechste BundesbauG-DurchführungsVO v. 14.6.1961 (GVOBl. Schl.-H. S. 108); GutachterausschussVO v. 16.7.2014 (GVOBl. Schl.-H. S. 158), zuletzt geänd. durch VO v. 16.1.2019 (GVOBl. Schl.-H. S. 30); BauGB-ZuständigkeitsVO v. 21.8.1987 (GVOBl. Schl.-H. S. 319), aufgeh. durch VO v. 2.9.2021 (GVOBl. Schl.-H. S. 1057);
- **Thüringen:** Vorläufige BauGB-ZuständigkeitsVO v. 25.3.1991 (GVBl. S. 67); UmlegungsausschussVO v. 22.3.2005 (GVBl. S. 155), zuletzt geänd. durch G v. 18.12.2018 (GVBl. S. 731); GutachterausschussVO v. 23.9.2013 (GVBl. S. 302), aufgeh. durch VO v. 30.6.2021 (GVBl. S. 356).

Außerdem haben die Länder **Bauordnungen** und ua folgende zugehörige Vorschriften erlassen:
- **Baden-Württemberg:** LandesbauO idF der Bek. v. 5.3.2010 (GBl. S. 357, ber. S. 416), zuletzt geänd. durch G v. 18.7.2019 (GBl. S. 313); Allgemeine LBO-AusführungsVO v. 5.2.2010 (GBl. S. 24), zuletzt geänd. durch VO v. 8.12.2020 (GBl. S. 1182); VersammlungsstättenVO v. 28.4.2004 (GBl. S. 311, ber. S. 653), zuletzt geänd. durch VO v. 8.12.2020 (GBl. S. 1182); Elektrische Betriebsräume-VO v. 28.10.1975 (GBl. S. 788, ber. 1976 S. 256), aufgeh. durch VO v. 8.12.2020 (GBl. S. 1182, 1192); CampingplatzVO v. 15.7.1984 (GBl. S. 545, ber. 1985 S. 20), zuletzt geänd. durch VO v. 23.2.2017 (GBl. S. 99); BauprüfVO v. 10.5.2010 (GBl. S. 446), zuletzt geänd. durch VO v. 8.10.2019 (GBl. S. 422); Verfahrensverordnung zur LBO v. 13.11.1995 (GBl. S. 794), zuletzt geänd. durch VO v. 28.7.2020 (GBl. S. 662, geänd. durch VO v. 12.1.2021, GBl. S. 41); VerkaufsstättenVO v. 11.2.1997 (GBl. S. 84), zuletzt geänd. durch VO v. 23.2.2017 (GBl. S. 99); GaragenVO v. 7.7.1997 (GBl. S. 332), zuletzt geänd. durch VO v. 8.12.2020 (GBl. S. 1182);
- **Bayern:** BauO idF der Bek. v. 14.8.2007 (GVBl. S. 588), zuletzt geänd. durch G v. 25.5.2021 (GVBl. S. 286); Elektrische Anlagen-BetriebsräumebauVO v. 13.4.1977 (BayRS III S. 575), zuletzt geänd. durch V v. 8.12.1997 (GVBl. S. 827); VersammlungsstättenVO v. 2.11.2007 (GVBl. S. 736), zuletzt geänd. durch V v. 7.8.2018 (GVBl. S. 694); Garagen- und Stellplatzverordnung v. 30.11.1993 (GVBl. S. 910), zuletzt geänd. durch V v. 7.8.2018 (GVBl. S. 694); BauvorlagenVO v. 10.11.2007 (GVBl. S. 792), zuletzt geänd. durch G v. 23.12.2020 (GVBl. S. 663); FeuerungsVO v. 11.11.2007 (GVBl. S. 800), zuletzt geänd. durch V v. 7.8.2018 (GVBl. S. 694); FeuerbeschauVO v. 5.6.1999

(GVBl. S. 270), zuletzt geänd. durch V v. 16.5.2019 (GVBl. S. 315); PrüfsachverständigenVO v. 29.11.2007 (GVBl. S. 829), zuletzt geänd. durch G v. 23.12.2020 (GVBl. S. 663);

- **Berlin:** BauO v. 29.9.2005 (GVBl. S. 495), zuletzt geänd. durch G v. 12.10.2020 (GVBl. S. 807); Bautechnische PrüfungsVO v. 12.2.2010 (GVBl. S. 62), zuletzt geänd. durch VO v. 15.12.2020 (GVBl. S. 1506); BauverfahrensVO v. 15.11.2017 (GVBl. S. 636, ber. 2018 S. 147), zuletzt geänd. durch VO v. 20.9.2020 (GVBl. S. 742);
- **Brandenburg:** BauO idF der Bek. v. 15.11.2018 (GVBl. I Nr. 39), zuletzt geänd. durch G v. 9.2. 2021 (GVBl. I Nr. 5); Garagen- und StellplatzVO v. 8.11.2017 (GVBl. II Nr. 61); Bautechnische PrüfungsVO v. 10.9.2008 (GVBl. II S. 374), zuletzt geänd. durch VO v. 24.8.2021 (GVBl. II Nr. 79); BauvorlagenVO v. 7.11.2016 (GVBl. II Nr. 60), zuletzt geänd. durch VO v. 31.3.2021 (GVBl. II Nr. 33); FeuerungsVO v. 13.1.2006 (GVBl. II S. 58), geänd. durch VO v. 13.9.2010 (GVBl. II Nr. 61 S. 1); Verkaufsstätten-BauVO v. 8.11.2017 (GVBl. II Nr. 60); BaugebührenO v. 20.8.2009 (GVBl. II S. 562), zuletzt geänd. durch VO v. 12.5.2021 (GVBl. II Nr. 50);
- **Bremen:** Landesbauordnung v. 4.9.2018 (Brem.GBl. S. 320), zuletzt geänd. durch G v. 22.9.2020 (Brem.GBl. S. 963); VO über die Prüfingenieure und Prüfsachverständigen (BremPPV) v. 7.1.2016 (Brem.GBl. S. 41); BauvorlagenVO v. 2.5.2019 (Brem.GBl. S. 368);
- **Hamburg:** BauO v. 14.12.2005 (HmbGVBl. S. 525, ber. S. 563), zuletzt geänd. durch G v. 20.2. 2020 (HmbGVBl. S. 148); FeuerungsVO v. 25.9.2007 (HmbGVBl. S. 338), geänd. durch VO v. 2.11.2010 (HmbGVBl. S. 582); BauvorlagenVO v. 30.6.2020 (HmbGVBl. S. 391, ber. 2021 S. 280); BaugebührenO v. 23.5.2006 (HmbGVBl. S. 261), zuletzt geänd. durch VO v. 1.12.2020 (HmbGVBl. S. 680); GaragenVO v. 17.1.2012 (HmbGVBl. S. 8);
- **Hessen:** BauO v. 28.5.2018 (GVBl. S. 198), zuletzt geänd. durch G v. 3.6.2020 (GVBl. S. 378); Bauprodukte- und Bauartenverordnung v. 20.1.2004 (GVBl. I S. 56), zuletzt geänd. durch VO v. 4.12.2017 (GVBl. S. 396);FeuerungsVO v. 3.2.2009 (GVBl. I S. 30), aufgeh. durch VO v. 15.10. 2020 (GVBl. S. 748); Prüfberechtigten- und PrüfsachverständigenVO v. 18.12.2006 (GVBl. I S. 745), zuletzt geänd. durch VO v. 2.12.2020 (GVBl. S. 854, ber. 927); GaragenVO v. 17.11.2014 (GVBl. S. 286);
- **Mecklenburg-Vorpommern:** LandesbauO idF der Bek. v. 15.10.2015 (GVOBl. M-V S. 334, ber. 2016 S. 28), zuletzt geänd. durch G v. 26.6.2021 (GVOBl. M-V S. 1033); BauvorlagenVO v. 10.7. 2006 (GVOBl. M-V S. 612), geänd. durch VO v. 28.6.2016 (GVOBl. M-V S. 519); Bauprodukte- und BauartenVO v. 10.7.2006 (GVOBl. M-V S. 610), zuletzt geänd. durch VO v. 14.7.2015 (GVOBl. M-V S. 190); CampingplatzVO v. 9.1.1996 (GVOBl. M-V S. 84), zuletzt geänd. durch VO v. 7.12.2010 (GVOBl. M-V S. 771); BauprüfVO v. 14.4.2016 (GVOBl. M-V S. 171), geänd. durch VO v. 11.6.2021 (GVOBl. M-V S. 1019);
- **Niedersachsen:** NBauO v. 3.4.2012 (Nds. GVBl. S. 46), zuletzt geänd. durch G v. 10.11.2020 (Nds. GVBl. S. 384); NBauO-DurchführungsVO v. 26.9.2012 (Nds. GVBl. S. 382), zuletzt geänd. durch VO v. 19.9.2019 (Nds. GVBl. S. 277); Elektrische Anlagen-BetriebsräumebauVO v. 25.1. 2011 (Nds. GVBl. S. 19); VersammlungsstättenVO v. 8.11.2004 (Nds. GVBl. S. 426), zuletzt geänd. durch VO v. 13.11.2012 (Nds. GVBl. S. 438); CampingplatzVO v. 12.4.1984 (Nds. GVBl. S. 109), zuletzt geänd. durch VO v. 13.11.2012 (Nds. GVBl. S. 438); Bautechnische PrüfungsVO v. 24.7. 1987 (Nds. GVBl. S. 129), zuletzt geänd. durch VO v. 12.11.2019 (Nds. GVBl. S. 350); BauvorlagenVO v. 7.11.2012 (Nds. GVBl. S. 419); Garagen- und StellplatzVO v. 4.9.1989 (Nds. GVBl. S. 327), zuletzt geänd. durch VO v. 11.10.2012 (Nds. GVBl. S. 401); VerkaufsstättenVO v. 17.1. 1997 (Nds. GVBl. S. 31), zuletzt geänd. durch VO v. 13.11.2012 (Nds. GVBl. S. 438); BaugebührenO v. 13.1.1998 (Nds. GVBl. S. 3), zuletzt geänd. durch VO v. 2.3.2021 (Nds. GVBl. S. 88); FeuerungsVO v. 27.3.2008 (Nds. GVBl. S. 96), zuletzt geänd. durch VO v. 30.6.2020 (Nds. GVBl. S. 199);
- **Nordrhein-Westfalen:** Landesbauordnung 2018 (Nr. **41.31**); SonderbauvO (Nr. **41.31/1**); Camping- und WochenendplatzVO **(Rehborn, Gesetze NRW (vormals v. Hippel/Rehborn) Nr. 93h)**; Bautechnische PrüfungsVO **(Rehborn, Gesetze NRW (vormals v. Hippel/Rehborn) Nr. 93a)**; FeuerungsVO **(Rehborn, Gesetze NRW (vormals v. Hippel/Rehborn) Nr. 93n)**;
- **Rheinland-Pfalz:** LandesbauO v. 24.11.1998 (GVBl. S. 365), zuletzt geänd. durch G v. 28.9.2021 (GVBl. S. 543); VersammlungsstättenVO v. 13.3.2018 (GVBl. S. 29), geänd. durch VO v. 15.11. 2018 (GVBl. S. 388); LandesVO über Betriebsräume für elektrische Anlagen v. 6.7.1977 (GVBl. S. 254), geänd. durch G v. 16.12.2002 (GVBl. S. 481); Camping- und WochenendplatzVO v. 18.9. 1984 (GVBl. S. 195), zuletzt geänd. durch VO v. 8.8.2017 (GVBl. S. 184); GaragenVO v. 13.7.1990 (GVBl. S. 243), geänd. durch G v. 16.12.2002 (GVBl. S. 481); VerkaufsstättenVO v. 8.7.1998 (GVBl. S. 229), zuletzt geänd. durch G v. 16.12.2002 (GVBl. S. 481); VO über die Gebühren für Amtshandlungen der Bauaufsichtsbehörden und über die Vergütung der Leistungen der Prüfingenieurinnen und Prüfingenieure für Baustatik v. 9.1.2007 (GVBl. S. 22), zuletzt geänd. durch VO v. 18.3.2021 (GVBl. S. 195);

– **Saarland:** LandesbauO v. 18.2.2004 (Amtsbl. S. 822), zuletzt geänd. durch G v. 4.12.2019 (Amtsbl. 2020 I S. 211, ber. S. 760); BauvorlagenVO v. 15.6.2011 (Amtsbl. I S. 254), zuletzt geänd. durch G v. 4.12.2019 (Amtsbl. 2020 I S. 211); GaragenVO idF der Bek. v. 30.8.1976 (Amtsbl. S. 951), geänd. durch VO v. 25.8.2008 (Amtsbl. S. 1470); Prüfberechtigten- und PrüfsachverständigenVO v. 26.1. 2011 (Amtsbl. I S. 30), zuletzt geänd. durch VO v. 19.4.2021 (Amtsbl. I S. 1322); Technische PrüfVO v. 26.1.2011 (Amtsbl. I S. 30, 48), zuletzt geänd. durch VO v. 12.11.2015 (Amtsbl. I S. 888); VersammlungsstättenVO v. 21.6.2021 (Amtsbl. I S. 1684); Elektrische Anlagen-Betriebsräumebau-VO v. 27.1.2014 (Amtsbl. I S. 17); Camping- und WochenendplatzVO v. 22.6.1999 (Amtsbl. S. 1158), zuletzt geänd. durch G v. 15.7.2015 (Amtsbl. I S. 632); VerkaufsstättenVO v. 25.9.2000 (Amtsbl. S. 1934), zuletzt geänd. durch G v. 15.7.2015 (Amtsbl. I S. 632);
– **Sachsen:** BauO idF der Bek. v. 11.5.2016 (SächsGVBl. S. 186), zuletzt geänd. durch VO v. 12.4. 2021 (SächsGVBl. S. 517); BauO-DurchführungsVO v. 2.9.2004 (SächsGVBl. S. 427), zuletzt geänd. durch VO v. 12.4.2021 (SächsGVBl. S. 517); VwV zur BauO v. 18.3.2005 (SächsABl. SDr. S. 59, ber. S. 363), zuletzt geänd. durch VwV v. 9.5.2019 (SächsABl. S. 782); RLn für die Durchführung von Bauaufgaben des Freistaates Sachsen im Zuständigkeitsbereich des Staatshochbauverwaltung; VO über Bauvorlagen und bautechnische Prüfungen v. 2.9.1997 (SächsABl. S. 533);
– **Sachsen-Anhalt:** BauO idF der Bek. v. 10.9.2013 (GVBl. LSA S. 440), zuletzt geänd. durch G v. 18.11.2020 (GVBl. LSA S. 660); BaugebührenO v. 4.5.2006 (GVBl. LSA S. 315), zuletzt geänd. durch VO v. 17.8.2018 (GVBl. LSA S. 284); FeuerungsVO v. 27.3.2006 (GVBl. LSA S. 177), geänd. durch VO v. 20.10.2008 (GVBl. LSA S. 374)
– **Schleswig-Holstein:** LandesbauO v. 22.1.2009 (GVOBl. Schl.-H. S. 6), zuletzt geänd. durch G v. 1.10.2019 (GVOBl. Schl.-H. S. 398); Allg. LandesVO zur Durchführung der LBO v. 25.4.1968 (GVOBl. Schl.-H. S. 105), zuletzt geänd. durch VO v. 10.7.1980 (GVOBl. Schl.-H. S. 263); VersammlungsstättenVO v. 11.9.2014 (GVOBl. Schl.-H. S. 245), geänd. durch VO v. 16.9.2019 (GVOBl. Schl.-H. S. 395); Landesverordnung über den Bau von Betriebsräumen für elektrische Anlagen v. 25.2.2020 (GVOBl. Schl.-H. S. 140); BauvorlagenVO v. 3.4.2019 (GVOBl. Schl.-H. S. 87); LandesVO über die Zuständigkeiten der Landesbauämter v. 19.5.1995 (GVOBl. Schl.-H. S. 227); LandesVO über die Prüfingenieurinnen oder Prüfingenieure für Baustatik, sowie Prüfsachverständigen v. 31.5.2021 (GVOBl. Schl.-H. S. 662); GaragenVO v. 22.4.2020 (GVOBl. Schl.-H. S. 203); FeuerungsVO v. 25.2.2020 (GVOBl. Schl.-H. S. 142); BaugebührenVO v. 12.11.2018 (GVOBl. Schl.-H. S. 703), zuletzt geänd. durch VO v. 2.8.2021 (GVOBl. Schl.-H. S. 972); VerkaufsstättenVO v. 15.11.2019 (GVOBl. Schl.-H. S. 536); Camping- und WochenendplatzVO v. 15.7.2020 (GVOBl. Schl.-H. S. 448);
– **Thüringen:** BauO v. 13.3.2014 (GVBl. S. 49), zuletzt geänd. durch G v. 23.11.2020 (GVBl. S. 561); BauvorlagenVO v. 23.3.2010 (GVBl. S. 129), geänd. durch VO v. 2.12.2015 (GVBl. S. 212); FeuerungsVO v. 10.8.2009 (GVBl. S. 745), zuletzt geänd. durch VO v. 16.6.2021 (GVBl. S. 274).

Inhaltsübersicht[1)]

Erstes Kapitel. Allgemeines Städtebaurecht

Erster Teil. Bauleitplanung

Erster Abschnitt. Allgemeine Vorschriften

Zweiter Abschnitt. Vorbereitender Bauleitplan (Flächennutzungsplan)

[1)] Inhaltsübersicht geänd. mWv 28.3.2020 durch G v. 27.3.2020 (BGBl. I S. 587); geänd. mWv 23.6.2021 durch G v. 14.6.2021 (BGBl. I S. 1802); geänd. mWv 23.7.2021 durch G v. 16.7.2021 (BGBl. I S. 2939); geänd. mWv 15.9.2021 durch G v. 10.9.2021 (BGBl. I S. 4147).

Erstes Kapitel. Allgemeines Städtebaurecht

Erster Teil. Bauleitplanung

Erster Abschnitt. Allgemeine Vorschriften

§ 1[1)] Aufgabe, Begriff und Grundsätze der Bauleitplanung. (1) Aufgabe der Bauleitplanung ist es, die bauliche und sonstige Nutzung der Grundstücke in der Gemeinde nach Maßgabe dieses Gesetzbuchs vorzubereiten und zu leiten.

(2) Bauleitpläne sind der Flächennutzungsplan (vorbereitender Bauleitplan) und der Bebauungsplan (verbindlicher Bauleitplan).

(3) [1] Die Gemeinden haben die Bauleitpläne aufzustellen, sobald und soweit es für die städtebauliche Entwicklung und Ordnung erforderlich ist; die Aufstellung kann insbesondere bei der Ausweisung von Flächen für den Wohnungsbau in Betracht kommen. [2] Auf die Aufstellung von Bauleitplänen und städtebaulichen Satzungen besteht kein Anspruch; ein Anspruch kann auch nicht durch Vertrag begründet werden.

(4) Die Bauleitpläne sind den Zielen der Raumordnung anzupassen.

(5) [1] Die Bauleitpläne sollen eine nachhaltige städtebauliche Entwicklung, die die sozialen, wirtschaftlichen und umweltschützenden Anforderungen auch in Verantwortung gegenüber künftigen Generationen miteinander in Einklang bringt, und eine dem Wohl der Allgemeinheit dienende sozialgerechte Bodennutzung unter Berücksichtigung der Wohnbedürfnisse der Bevölkerung gewährleisten. [2] Sie sollen dazu beitragen, eine menschenwürdige Umwelt zu sichern, die natürlichen Lebensgrundlagen zu schützen und zu entwickeln sowie den Klimaschutz und die Klimaanpassung, insbesondere auch in der Stadtentwicklung, zu fördern, sowie die städtebauliche Gestalt und das Orts- und Landschaftsbild baukulturell zu erhalten und zu entwickeln. [3] Hierzu soll die städtebauliche Entwicklung vorrangig durch Maßnahmen der Innenentwicklung erfolgen.

(6) Bei der Aufstellung der Bauleitpläne sind insbesondere zu berücksichtigen:

1. die allgemeinen Anforderungen an gesunde Wohn- und Arbeitsverhältnisse und die Sicherheit der Wohn- und Arbeitsbevölkerung,
2. die Wohnbedürfnisse der Bevölkerung, insbesondere auch von Familien mit mehreren Kindern, die Schaffung und Erhaltung sozial stabiler Bewohnerstrukturen, die Eigentumsbildung weiter Kreise der Bevölkerung und die Anforderungen kostensparenden Bauens sowie die Bevölkerungsentwicklung,
3. die sozialen und kulturellen Bedürfnisse der Bevölkerung, insbesondere die Bedürfnisse der Familien, der jungen, alten und behinderten Menschen,

---

[1)] § 1 Abs. 3 Satz 1, Abs. 6 Nr. 8 Buchst. d, Nr. 9, 13 geänd., Nr. 14 angef. mWv 23.6.2021 durch G v. 14.6.2021 (BGBl. I S. 1802).

unterschiedliche Auswirkungen auf Frauen und Männer sowie die Belange des Bildungswesens und von Sport, Freizeit und Erholung,

4. die Erhaltung, Erneuerung, Fortentwicklung, Anpassung und der Umbau vorhandener Ortsteile sowie die Erhaltung und Entwicklung zentraler Versorgungsbereiche,
5. die Belange der Baukultur, des Denkmalschutzes und der Denkmalpflege, die erhaltenswerten Ortsteile, Straßen und Plätze von geschichtlicher, künstlerischer oder städtebaulicher Bedeutung und die Gestaltung des Orts- und Landschaftsbildes,
6. die von den Kirchen und Religionsgesellschaften des öffentlichen Rechts festgestellten Erfordernisse für Gottesdienst und Seelsorge,
7. die Belange des Umweltschutzes, einschließlich des Naturschutzes und der Landschaftspflege, insbesondere
   a) die Auswirkungen auf Tiere, Pflanzen, Fläche, Boden, Wasser, Luft, Klima und das Wirkungsgefüge zwischen ihnen sowie die Landschaft und die biologische Vielfalt,
   b) die Erhaltungsziele und der Schutzzweck der Natura 2000-Gebiete im Sinne des Bundesnaturschutzgesetzes[1],
   c) umweltbezogene Auswirkungen auf den Menschen und seine Gesundheit sowie die Bevölkerung insgesamt,
   d) umweltbezogene Auswirkungen auf Kulturgüter und sonstige Sachgüter,
   e) die Vermeidung von Emissionen sowie der sachgerechte Umgang mit Abfällen und Abwässern,
   f) die Nutzung erneuerbarer Energien sowie die sparsame und effiziente Nutzung von Energie,
   g) die Darstellungen von Landschaftsplänen sowie von sonstigen Plänen, insbesondere des Wasser-, Abfall- und Immissionsschutzrechts,
   h) die Erhaltung der bestmöglichen Luftqualität in Gebieten, in denen die durch Rechtsverordnung zur Erfüllung von Rechtsakten der Europäischen Union festgelegten Immissionsgrenzwerte nicht überschritten werden,
   i) die Wechselwirkungen zwischen den einzelnen Belangen des Umweltschutzes nach den Buchstaben a bis d,
   j) unbeschadet des § 50 Satz 1 des Bundes-Immissionsschutzgesetzes[2], die Auswirkungen, die aufgrund der Anfälligkeit der nach dem Bebauungsplan zulässigen Vorhaben für schwere Unfälle oder Katastrophen zu erwarten sind, auf die Belange nach den Buchstaben a bis d und i,
8. die Belange
   a) der Wirtschaft, auch ihrer mittelständischen Struktur im Interesse einer verbrauchernahen Versorgung der Bevölkerung,
   b) der Land- und Forstwirtschaft,
   c) der Erhaltung, Sicherung und Schaffung von Arbeitsplätzen,
   d) des Post- und Telekommunikationswesens, insbesondere des Mobilfunkausbaus,

---

[1] **Sartorius Nr. 880.**
[2] Nr. **32.1.**

e) der Versorgung, insbesondere mit Energie und Wasser, einschließlich der Versorgungssicherheit,
f) der Sicherung von Rohstoffvorkommen,

9. die Belange des Personen- und Güterverkehrs und der Mobilität der Bevölkerung, auch im Hinblick auf die Entwicklungen beim Betrieb von Kraftfahrzeugen, etwa der Elektromobilität, einschließlich des öffentlichen Personennahverkehrs und des nicht motorisierten Verkehrs, unter besonderer Berücksichtigung einer auf Vermeidung und Verringerung von Verkehr ausgerichteten städtebaulichen Entwicklung,
10. die Belange der Verteidigung und des Zivilschutzes sowie der zivilen Anschlussnutzung von Militärliegenschaften,
11. die Ergebnisse eines von der Gemeinde beschlossenen städtebaulichen Entwicklungskonzeptes oder einer von ihr beschlossenen sonstigen städtebaulichen Planung,
12. die Belange des Küsten- oder Hochwasserschutzes und der Hochwasservorsorge, insbesondere die Vermeidung und Verringerung von Hochwasserschäden,
13. die Belange von Flüchtlingen oder Asylbegehrenden und ihrer Unterbringung,
14. die ausreichende Versorgung mit Grün- und Freiflächen.

(7) Bei der Aufstellung der Bauleitpläne sind die öffentlichen und privaten Belange gegeneinander und untereinander gerecht abzuwägen.

(8) Die Vorschriften dieses Gesetzbuchs über die Aufstellung von Bauleitplänen gelten auch für ihre Änderung, Ergänzung und Aufhebung.

§ 1a Ergänzende Vorschriften zum Umweltschutz. (1) Bei der Aufstellung der Bauleitpläne sind die nachfolgenden Vorschriften zum Umweltschutz anzuwenden.

(2) [1] Mit Grund und Boden soll sparsam und schonend umgegangen werden; dabei sind zur Verringerung der zusätzlichen Inanspruchnahme von Flächen für bauliche Nutzungen die Möglichkeiten der Entwicklung der Gemeinde insbesondere durch Wiedernutzbarmachung von Flächen, Nachverdichtung und andere Maßnahmen zur Innenentwicklung zu nutzen sowie Bodenversiegelungen auf das notwendige Maß zu begrenzen. [2] Landwirtschaftlich, als Wald oder für Wohnzwecke genutzte Flächen sollen nur im notwendigen Umfang umgenutzt werden. [3] Die Grundsätze nach den Sätzen 1 und 2 sind in der Abwägung nach § 1 Absatz 7 zu berücksichtigen. [4] Die Notwendigkeit der Umwandlung landwirtschaftlich oder als Wald genutzter Flächen soll begründet werden; dabei sollen Ermittlungen zu den Möglichkeiten der Innenentwicklung zugrunde gelegt werden, zu denen insbesondere Brachflächen, Gebäudeleerstand, Baulücken und andere Nachverdichtungsmöglichkeiten zählen können.

(3) [1] Die Vermeidung und der Ausgleich voraussichtlich erheblicher Beeinträchtigungen des Landschaftsbildes sowie der Leistungs- und Funktionsfähigkeit des Naturhaushalts in seinen in § 1 Absatz 6 Nummer 7 Buchstabe a bezeichneten Bestandteilen (Eingriffsregelung nach dem Bundesnaturschutzgesetz[1)]) sind in der Abwägung nach § 1 Absatz 7 zu berücksichtigen. [2] Der

---

[1)] **Sartorius Nr. 880.**

Ausgleich erfolgt durch geeignete Darstellungen und Festsetzungen nach den §§ 5 und 9 als Flächen oder Maßnahmen zum Ausgleich. [3]Soweit dies mit einer nachhaltigen städtebaulichen Entwicklung und den Zielen der Raumordnung sowie des Naturschutzes und der Landschaftspflege vereinbar ist, können die Darstellungen und Festsetzungen auch an anderer Stelle als am Ort des Eingriffs erfolgen. [4]Anstelle von Darstellungen und Festsetzungen können auch vertragliche Vereinbarungen nach § 11 oder sonstige geeignete Maßnahmen zum Ausgleich auf von der Gemeinde bereitgestellten Flächen getroffen werden. [5]§ 15 Absatz 3 des Bundesnaturschutzgesetzes gilt entsprechend. [6]Ein Ausgleich ist nicht erforderlich, soweit die Eingriffe bereits vor der planerischen Entscheidung erfolgt sind oder zulässig waren.

(4) Soweit ein Gebiet im Sinne des § 1 Absatz 6 Nummer 7 Buchstabe b in seinen für die Erhaltungsziele oder den Schutzzweck maßgeblichen Bestandteilen erheblich beeinträchtigt werden kann, sind die Vorschriften des Bundesnaturschutzgesetzes über die Zulässigkeit und Durchführung von derartigen Eingriffen einschließlich der Einholung der Stellungnahme der Europäischen Kommission anzuwenden.

(5) [1]Den Erfordernissen des Klimaschutzes soll sowohl durch Maßnahmen, die dem Klimawandel entgegenwirken, als auch durch solche, die der Anpassung an den Klimawandel dienen, Rechnung getragen werden. [2]Der Grundsatz nach Satz 1 ist in der Abwägung nach § 1 Absatz 7 zu berücksichtigen.

§ 2 Aufstellung der Bauleitpläne. (1) [1]Die Bauleitpläne sind von der Gemeinde in eigener Verantwortung aufzustellen. [2]Der Beschluss, einen Bauleitplan aufzustellen, ist ortsüblich bekannt zu machen.

(2) [1]Die Bauleitpläne benachbarter Gemeinden sind aufeinander abzustimmen. [2]Dabei können sich Gemeinden auch auf die ihnen durch Ziele der

(Fortsetzung nächstes Blatt)

(6) Mit dem Beschluss über eine Änderung oder Ergänzung des Flächennutzungsplans kann die Gemeinde auch bestimmen, dass der Flächennutzungsplan in der Fassung, die er durch die Änderung oder Ergänzung erfahren hat, neu bekannt zu machen ist.

§ 6a Zusammenfassende Erklärung zum Flächennutzungsplan; Einstellen in das Internet. (1) Dem wirksamen Flächennutzungsplan ist eine zusammenfassende Erklärung beizufügen über die Art und Weise, wie die Umweltbelange und die Ergebnisse der Öffentlichkeits- und Behördenbeteiligung in dem Flächennutzungsplan berücksichtigt wurden, und über die Gründe, aus denen der Plan nach Abwägung mit den geprüften, in Betracht kommenden anderweitigen Planungsmöglichkeiten gewählt wurde.

(2) Der wirksame Flächennutzungsplan mit der Begründung und der zusammenfassenden Erklärung soll ergänzend auch in das Internet eingestellt und über ein zentrales Internetportal des Landes zugänglich gemacht werden.

§ 7 Anpassung an den Flächennutzungsplan. [1] Öffentliche Planungsträger, die nach § 4 oder § 13 beteiligt worden sind, haben ihre Planungen dem Flächennutzungsplan insoweit anzupassen, als sie diesem Plan nicht widersprochen haben. [2] Der Widerspruch ist bis zum Beschluss der Gemeinde einzulegen. [3] Macht eine Veränderung der Sachlage eine abweichende Planung erforderlich, haben sie sich unverzüglich mit der Gemeinde ins Benehmen zu setzen. [4] Kann ein Einvernehmen zwischen der Gemeinde und dem öffentlichen Planungsträger nicht erreicht werden, kann der öffentliche Planungsträger nachträglich widersprechen. [5] Der Widerspruch ist nur zulässig, wenn die für die abweichende Planung geltend gemachten Belange die sich aus dem Flächennutzungsplan ergebenden städtebaulichen Belange nicht nur unwesentlich überwiegen. [6] Im Falle einer abweichenden Planung ist § 37 Absatz 3 auf die durch die Änderung oder Ergänzung des Flächennutzungsplans oder eines Bebauungsplans, der aus dem Flächennutzungsplan entwickelt worden ist und geändert, ergänzt oder aufgehoben werden musste, entstehenden Aufwendungen und Kosten entsprechend anzuwenden; § 38 Satz 3 bleibt unberührt.

Dritter Abschnitt. Verbindlicher Bauleitplan (Bebauungsplan)

§ 8 Zweck des Bebauungsplans. (1) [1] Der Bebauungsplan enthält die rechtsverbindlichen Festsetzungen für die städtebauliche Ordnung. [2] Er bildet die Grundlage für weitere, zum Vollzug dieses Gesetzbuchs erforderliche Maßnahmen.

(2) [1] Bebauungspläne sind aus dem Flächennutzungsplan zu entwickeln. [2] Ein Flächennutzungsplan ist nicht erforderlich, wenn der Bebauungsplan ausreicht, um die städtebauliche Entwicklung zu ordnen.

(3) [1] Mit der Aufstellung, Änderung, Ergänzung oder Aufhebung eines Bebauungsplans kann gleichzeitig auch der Flächennutzungsplan aufgestellt, geändert oder ergänzt werden (Parallelverfahren). [2] Der Bebauungsplan kann vor dem Flächennutzungsplan bekannt gemacht werden, wenn nach dem Stand der Planungsarbeiten anzunehmen ist, dass der Bebauungsplan aus den künftigen Darstellungen des Flächennutzungsplans entwickelt sein wird.

(4) [1] Ein Bebauungsplan kann aufgestellt, geändert, ergänzt oder aufgehoben werden, bevor der Flächennutzungsplan aufgestellt ist, wenn dringende Gründe es erfordern und wenn der Bebauungsplan der beabsichtigten städtebaulichen

Entwicklung des Gemeindegebiets nicht entgegenstehen wird (vorzeitiger Bebauungsplan). [2] Gilt bei Gebiets- oder Bestandsänderungen von Gemeinden oder anderen Veränderungen der Zuständigkeit für die Aufstellung von Flächennutzungsplänen ein Flächennutzungsplan fort, kann ein vorzeitiger Bebauungsplan auch aufgestellt werden, bevor der Flächennutzungsplan ergänzt oder geändert ist.

§ 9[1)] Inhalt des Bebauungsplans. (1) Im Bebauungsplan können aus städtebaulichen Gründen festgesetzt werden:

1. die Art und das Maß der baulichen Nutzung;
2. die Bauweise, die überbaubaren und die nicht überbaubaren Grundstücksflächen sowie die Stellung der baulichen Anlagen;

2a. vom Bauordnungsrecht abweichende Maße der Tiefe der Abstandsflächen;

3. für die Größe, Breite und Tiefe der Baugrundstücke Mindestmaße und aus Gründen des sparsamen und schonenden Umgangs mit Grund und Boden für Wohnbaugrundstücke auch Höchstmaße;
4. die Flächen für Nebenanlagen, die auf Grund anderer Vorschriften für die Nutzung von Grundstücken erforderlich sind, wie Spiel-, Freizeit- und Erholungsflächen sowie die Flächen für Stellplätze und Garagen mit ihren Einfahrten;
5. die Flächen für den Gemeinbedarf sowie für Sport- und Spielanlagen;
6. die höchstzulässige Zahl der Wohnungen in Wohngebäuden;
7. die Flächen, auf denen ganz oder teilweise nur Wohngebäude, die mit Mitteln der sozialen Wohnraumförderung gefördert werden könnten, errichtet werden dürfen;
8. einzelne Flächen, auf denen ganz oder teilweise nur Wohngebäude errichtet werden dürfen, die für Personengruppen mit besonderem Wohnbedarf bestimmt sind;
9. der besondere Nutzungszweck von Flächen;
10. die Flächen, die von der Bebauung freizuhalten sind, und ihre Nutzung;
11. die Verkehrsflächen sowie Verkehrsflächen besonderer Zweckbestimmung, wie Fußgängerbereiche, Flächen für das Parken von Fahrzeugen, Flächen für Ladeinfrastruktur elektrisch betriebener Fahrzeuge, Flächen für das Abstellen von Fahrrädern sowie den Anschluss anderer Flächen an die Verkehrsflächen; die Flächen können auch als öffentliche oder private Flächen festgesetzt werden;
12. die Versorgungsflächen, einschließlich der Flächen für Anlagen und Einrichtungen zur dezentralen und zentralen Erzeugung, Verteilung, Nutzung oder Speicherung von Strom, Wärme oder Kälte aus erneuerbaren Energien oder Kraft-Wärme-Kopplung;
13. die Führung von oberirdischen oder unterirdischen Versorgungsanlagen und -leitungen;

---

1) § 9 Abs. 6a Satz 1 geänd. mWv 5.1.2018 durch G v. 30.6.2017 (BGBl. I S. 2193); Abs. 1 Nr. 11, 15 geänd., Abs. 2d eingef. mWv 23.6.2021 durch G v. 14.6.2021 (BGBl. I S. 1802), die Änd. des Abs. 1a Satz 1 durch G v. 14.6.2021 (BGBl. I S. 1802) ist obsolet, vgl. Bek. v. 3.11.2017 (BGBl. I S. 3634).

14. die Flächen für die Abfall- und Abwasserbeseitigung, einschließlich der Rückhaltung und Versickerung von Niederschlagswasser, sowie für Ablagerungen;
15. die öffentlichen und privaten Grünflächen, wie Parkanlagen, Naturerfahrungsräume, Dauerkleingärten, Sport-, Spiel-, Zelt- und Badeplätze, Friedhöfe;
16. a) die Wasserflächen und die Flächen für die Wasserwirtschaft,
    b) die Flächen für Hochwasserschutzanlagen und für die Regelung des Wasserabflusses,
    c) Gebiete, in denen bei der Errichtung baulicher Anlagen bestimmte bauliche oder technische Maßnahmen getroffen werden müssen, die der Vermeidung oder Verringerung von Hochwasserschäden einschließlich Schäden durch Starkregen dienen, sowie die Art dieser Maßnahmen,
    d) die Flächen, die auf einem Baugrundstück für die natürliche Versickerung von Wasser aus Niederschlägen freigehalten werden müssen, um insbesondere Hochwasserschäden, einschließlich Schäden durch Starkregen, vorzubeugen;
17. die Flächen für Aufschüttungen, Abgrabungen oder für die Gewinnung von Steinen, Erden und anderen Bodenschätzen;
18. a) die Flächen für die Landwirtschaft und
    b) Wald;
19. die Flächen für die Errichtung von Anlagen für die Kleintierhaltung wie Ausstellungs- und Zuchtanlagen, Zwinger, Koppeln und dergleichen;
20. die Flächen oder Maßnahmen zum Schutz, zur Pflege und zur Entwicklung von Boden, Natur und Landschaft;
21. die mit Geh-, Fahr- und Leitungsrechten zugunsten der Allgemeinheit, eines Erschließungsträgers oder eines beschränkten Personenkreises zu belastenden Flächen;
22. die Flächen für Gemeinschaftsanlagen für bestimmte räumliche Bereiche wie Kinderspielplätze, Freizeiteinrichtungen, Stellplätze und Garagen;
23. Gebiete, in denen
    a) zum Schutz vor schädlichen Umwelteinwirkungen im Sinne des Bundes-Immissionsschutzgesetzes[1] bestimmte luftverunreinigende Stoffe nicht oder nur beschränkt verwendet werden dürfen,
    b) bei der Errichtung von Gebäuden oder bestimmten sonstigen baulichen Anlagen bestimmte bauliche und sonstige technische Maßnahmen für die Erzeugung, Nutzung oder Speicherung von Strom, Wärme oder Kälte aus erneuerbaren Energien oder Kraft-Wärme-Kopplung getroffen werden müssen,
    c) bei der Errichtung, Änderung oder Nutzungsänderung von nach Art, Maß oder Nutzungsintensität zu bestimmenden Gebäuden oder sonstigen baulichen Anlagen in der Nachbarschaft von Betriebsbereichen nach § 3 Absatz 5a des Bundes-Immissionsschutzgesetzes bestimmte bauliche und sonstige technische Maßnahmen, die der Vermeidung oder Minderung der Folgen von Störfällen dienen, getroffen werden müssen;

---

[1] **Nr. 32.1.**

24. die von der Bebauung freizuhaltenden Schutzflächen und ihre Nutzung, die Flächen für besondere Anlagen und Vorkehrungen zum Schutz vor schädlichen Umwelteinwirkungen und sonstigen Gefahren im Sinne des Bundes-Immissionsschutzgesetzes sowie die zum Schutz vor solchen Einwirkungen oder zur Vermeidung oder Minderung solcher Einwirkungen zu treffenden baulichen und sonstigen technischen Vorkehrungen, einschließlich von Maßnahmen zum Schutz vor schädlichen Umwelteinwirkungen durch Geräusche, wobei die Vorgaben des Immissionsschutzrechts unberührt bleiben;
25. für einzelne Flächen oder für ein Bebauungsplangebiet oder Teile davon sowie für Teile baulicher Anlagen mit Ausnahme der für landwirtschaftliche Nutzungen oder Wald festgesetzten Flächen
    a) das Anpflanzen von Bäumen, Sträuchern und sonstigen Bepflanzungen,
    b) Bindungen für Bepflanzungen und für die Erhaltung von Bäumen, Sträuchern und sonstigen Bepflanzungen sowie von Gewässern;
26. die Flächen für Aufschüttungen, Abgrabungen und Stützmauern, soweit sie zur Herstellung des Straßenkörpers erforderlich sind.

(1a) [1] Flächen oder Maßnahmen zum Ausgleich im Sinne des § 1a Absatz 3 können auf den Grundstücken, auf denen Eingriffe in Natur und Landschaft zu erwarten sind, oder an anderer Stelle sowohl im sonstigen Geltungsbereich des Bebauungsplans als auch in einem anderen Bebauungsplan festgesetzt werden. [2] Die Flächen oder Maßnahmen zum Ausgleich an anderer Stelle können den Grundstücken, auf denen Eingriffe zu erwarten sind, ganz oder teilweise zugeordnet werden; dies gilt auch für Maßnahmen auf von der Gemeinde bereitgestellten Flächen.

(2) [1] Im Bebauungsplan kann in besonderen Fällen festgesetzt werden, dass bestimmte der in ihm festgesetzten baulichen und sonstigen Nutzungen und Anlagen nur

1. für einen bestimmten Zeitraum zulässig oder
2. bis zum Eintritt bestimmter Umstände zulässig oder unzulässig

sind. [2] Die Folgenutzung soll festgesetzt werden.

(2a) [1] Für im Zusammenhang bebaute Ortsteile (§ 34) kann zur Erhaltung oder Entwicklung zentraler Versorgungsbereiche, auch im Interesse einer verbrauchernahen Versorgung der Bevölkerung und der Innenentwicklung der Gemeinden, in einem Bebauungsplan festgesetzt werden, dass nur bestimmte Arten der nach § 34 Absatz 1 und 2 zulässigen baulichen Nutzungen zulässig oder nicht zulässig sind oder nur ausnahmsweise zugelassen werden können; die Festsetzungen können für Teile des räumlichen Geltungsbereichs des Bebauungsplans unterschiedlich getroffen werden. [2] Dabei ist insbesondere ein hierauf bezogenes städtebauliches Entwicklungskonzept im Sinne des § 1 Absatz 6 Nummer 11 zu berücksichtigen, das Aussagen über die zu erhaltenden oder zu entwickelnden zentralen Versorgungsbereiche der Gemeinde oder eines Gemeindeteils enthält. [3] In den zu erhaltenden oder zu entwickelnden zentralen Versorgungsbereichen sollen die planungsrechtlichen Voraussetzungen für Vorhaben, die diesen Versorgungsbereichen dienen, nach § 30 oder § 34 vorhanden oder durch einen Bebauungsplan, dessen Aufstellung förmlich eingeleitet ist, vorgesehen sein.

(2b) Für im Zusammenhang bebaute Ortsteile (§ 34) kann in einem Bebauungsplan, auch für Teile des räumlichen Geltungsbereichs des Bebauungsplans, festgesetzt werden, dass Vergnügungsstätten oder bestimmte Arten von Vergnügungsstätten zulässig oder nicht zulässig sind oder nur ausnahmsweise zugelassen werden können, um

1. eine Beeinträchtigung von Wohnnutzungen oder anderen schutzbedürftigen Anlagen wie Kirchen, Schulen und Kindertagesstätten oder
2. eine Beeinträchtigung der sich aus der vorhandenen Nutzung ergebenden städtebaulichen Funktion des Gebiets, insbesondere durch eine städtebaulich nachteilige Häufung von Vergnügungsstätten,

zu verhindern.

(2c) Für im Zusammenhang bebaute Ortsteile nach § 34 und für Gebiete nach § 30 in der Nachbarschaft von Betriebsbereichen nach § 3 Absatz 5a des Bundes-Immissionsschutzgesetzes kann zur Vermeidung oder Verringerung der Folgen von Störfällen für bestimmte Nutzungen, Arten von Nutzungen oder für nach Art, Maß oder Nutzungsintensität zu bestimmende Gebäude oder sonstige bauliche Anlagen in einem Bebauungsplan festgesetzt werden, dass diese zulässig, nicht zulässig oder nur ausnahmsweise zulässig sind; die Festsetzungen können für Teile des räumlichen Geltungsbereichs des Bebauungsplans unterschiedlich getroffen werden.

(2d) [1]Für im Zusammenhang bebaute Ortsteile (§ 34) können in einem Bebauungsplan zur Wohnraumversorgung eine oder mehrere der folgenden Festsetzungen getroffen werden:

1. Flächen, auf denen Wohngebäude errichtet werden dürfen;
2. Flächen, auf denen nur Gebäude errichtet werden dürfen, bei denen einzelne oder alle Wohnungen die baulichen Voraussetzungen für eine Förderung mit Mitteln der sozialen Wohnraumförderung erfüllen, oder
3. Flächen, auf denen nur Gebäude errichtet werden dürfen, bei denen sich ein Vorhabenträger hinsichtlich einzelner oder aller Wohnungen dazu verpflichtet, die zum Zeitpunkt der Verpflichtung geltenden Förderbedingungen der sozialen Wohnraumförderung, insbesondere die Miet- und Belegungsbindung, einzuhalten und die Einhaltung dieser Verpflichtung in geeigneter Weise sichergestellt wird.

[2]Ergänzend können eine oder mehrere der folgenden Festsetzungen getroffen werden:

1. das Maß der baulichen Nutzung;
2. die Bauweise, die überbaubaren und die nicht überbaubaren Grundstücksflächen sowie die Stellung der baulichen Anlagen;
3. vom Bauordnungsrecht abweichende Maße der Tiefe der Abstandsflächen;
4. Mindestmaße für die Größe, Breite und Tiefe der Baugrundstücke;
5. Höchstmaße für die Größe, Breite und Tiefe der Wohnbaugrundstücke, aus Gründen des sparsamen und schonenden Umgangs mit Grund und Boden.

[3]Die Festsetzungen nach den Sätzen 1 und 2 können für Teile des räumlichen Geltungsbereichs des Bebauungsplans getroffen werden. [4]Die Festsetzungen nach den Sätzen 1 bis 3 können für Teile des räumlichen Geltungsbereichs des Bebauungsplans oder für Geschosse, Ebenen oder sonstige Teile baulicher Anlagen unterschiedlich getroffen werden. [5]Das Verfahren zur Aufstellung eines Bebauungsplans nach diesem Absatz kann nur bis zum Ablauf des 31. De-

zember 2024 förmlich eingeleitet werden. [6]Der Satzungsbeschluss nach § 10 Absatz 1 ist bis zum Ablauf des 31. Dezember 2026 zu fassen.

(3) [1]Bei Festsetzungen nach Absatz 1 kann auch die Höhenlage festgesetzt werden. [2]Festsetzungen nach Absatz 1 für übereinander liegende Geschosse und Ebenen und sonstige Teile baulicher Anlagen können gesondert getroffen werden; dies gilt auch, soweit Geschosse, Ebenen und sonstige Teile baulicher Anlagen unterhalb der Geländeoberfläche vorgesehen sind.

(4) Die Länder können durch Rechtsvorschriften bestimmen, dass auf Landesrecht beruhende Regelungen in den Bebauungsplan als Festsetzungen aufgenommen werden können und inwieweit auf diese Festsetzungen die Vorschriften dieses Gesetzbuchs Anwendung finden.

(5) Im Bebauungsplan sollen gekennzeichnet werden:

1. Flächen, bei deren Bebauung besondere bauliche Vorkehrungen gegen äußere Einwirkungen oder bei denen besondere bauliche Sicherungsmaßnahmen gegen Naturgewalten erforderlich sind;
2. Flächen, unter denen der Bergbau umgeht oder die für den Abbau von Mineralien bestimmt sind;
3. Flächen, deren Böden erheblich mit umweltgefährdenden Stoffen belastet sind.

(6) Nach anderen gesetzlichen Vorschriften getroffene Festsetzungen, gemeindliche Regelungen zum Anschluss- und Benutzungszwang sowie Denkmäler nach Landesrecht sollen in den Bebauungsplan nachrichtlich übernommen werden, soweit sie zu seinem Verständnis oder für die städtebauliche Beurteilung von Baugesuchen notwendig oder zweckmäßig sind.

(6a) [1]Festgesetzte Überschwemmungsgebiete im Sinne des § 76 Absatz 2 des Wasserhaushaltsgesetzes[1)], Risikogebiete außerhalb von Überschwemmungsgebieten im Sinne des § 78b Absatz 1 des Wasserhaushaltsgesetzes sowie Hochwasserentstehungsgebiete im Sinne des § 78d Absatz 1 des Wasserhaushaltsgesetzes sollen nachrichtlich übernommen werden. [2]Noch nicht festgesetzte Überschwemmungsgebiete im Sinne des § 76 Absatz 3 des Wasserhaushaltsgesetzes sowie als Risikogebiete im Sinne des § 73 Absatz 1 Satz 1 des Wasserhaushaltsgesetzes bestimmte Gebiete sollen im Bebauungsplan vermerkt werden.

(7) Der Bebauungsplan setzt die Grenzen seines räumlichen Geltungsbereichs fest.

(8) Dem Bebauungsplan ist eine Begründung mit den Angaben nach § 2a beizufügen.

§ 9a[2)] Verordnungsermächtigung. Das Bundesministerium des Innern, für Bau und Heimat wird ermächtigt, mit Zustimmung des Bundesrates durch Rechtsverordnung[3)] Vorschriften zu erlassen über

1. Darstellungen und Festsetzungen in den Bauleitplänen über
   a) die Art der baulichen Nutzung,
   b) das Maß der baulichen Nutzung und seine Berechnung,

[1)] Nr. **43.1**.
[2)] § 9a einl. Satzteil geänd. mWv 23.6.2021 durch G v. 14.6.2021 (BGBl. I S. 1802).
[3)] Siehe die BaunutzungsVO (Nr. **41.2/1**) und die PlanzeichenVO **(Sartorius ErgBd. Nr. 312)**.

c) die Bauweise sowie die überbaubaren und die nicht überbaubaren Grundstücksflächen;

2. die in den Baugebieten zulässigen baulichen und sonstigen Anlagen;
3. die Zulässigkeit der Festsetzung nach Maßgabe des § 9 Absatz 3 über verschiedenartige Baugebiete oder verschiedenartige in den Baugebieten zulässige bauliche und sonstige Anlagen;
4. die Ausarbeitung der Bauleitpläne einschließlich der dazugehörigen Unterlagen sowie über die Darstellung des Planinhalts, insbesondere über die dabei zu verwendenden Planzeichen und ihre Bedeutung.

§ 10 Beschluss, Genehmigung und Inkrafttreten des Bebauungsplans.

(1) Die Gemeinde beschließt den Bebauungsplan als Satzung.

(2) [1]Bebauungspläne nach § 8 Absatz 2 Satz 2, Absatz 3 Satz 2 und Absatz 4 bedürfen der Genehmigung der höheren Verwaltungsbehörde. [2]§ 6 Absatz 2 und 4 ist entsprechend anzuwenden.

(3) [1]Die Erteilung der Genehmigung oder, soweit eine Genehmigung nicht erforderlich ist, der Beschluss des Bebauungsplans durch die Gemeinde ist ortsüblich bekannt zu machen. [2]Der Bebauungsplan ist mit der Begründung und der zusammenfassenden Erklärung nach § 10a Absatz 1 zu jedermanns Einsicht bereitzuhalten; über den Inhalt ist auf Verlangen Auskunft zu geben. [3]In der Bekanntmachung ist darauf hinzuweisen, wo der Bebauungsplan eingesehen werden kann. [4]Mit der Bekanntmachung tritt der Bebauungsplan in Kraft. [5]Die Bekanntmachung tritt an die Stelle der sonst für Satzungen vorgeschriebenen Veröffentlichung.

§ 10a Zusammenfassende Erklärung zum Bebauungsplan; Einstellen in das Internet. (1) Dem in Kraft getretenen Bebauungsplan ist eine zusammenfassende Erklärung beizufügen über die Art und Weise, wie die Umweltbelange und die Ergebnisse der Öffentlichkeits- und Behördenbeteiligung in dem Bebauungsplan berücksichtigt wurden, und über die Gründe, aus denen der Plan nach Abwägung mit den geprüften, in Betracht kommenden anderweitigen Planungsmöglichkeiten gewählt wurde.

(2) Der in Kraft getretene Bebauungsplan mit der Begründung und der zusammenfassenden Erklärung soll ergänzend auch in das Internet eingestellt und über ein zentrales Internetportal des Landes zugänglich gemacht werden.

Vierter Abschnitt. Zusammenarbeit mit Privaten; vereinfachtes Verfahren

§ 11 Städtebaulicher Vertrag. (1) [1]Die Gemeinde kann städtebauliche Verträge schließen. [2]Gegenstände eines städtebaulichen Vertrags können insbesondere sein:

1. die Vorbereitung oder Durchführung städtebaulicher Maßnahmen durch den Vertragspartner auf eigene Kosten; dazu gehören auch die Neuordnung der Grundstücksverhältnisse, die Bodensanierung und sonstige vorbereitende Maßnahmen, die Erschließung durch nach Bundes- oder nach Landesrecht beitragsfähige sowie nicht beitragsfähige Erschließungsanlagen, die Ausarbeitung der städtebaulichen Planungen sowie erforderlichenfalls des Umweltberichts; die Verantwortung der Gemeinde für das gesetzlich vorgesehene Planaufstellungsverfahren bleibt unberührt;

2. die Förderung und Sicherung der mit der Bauleitplanung verfolgten Ziele, insbesondere die Grundstücksnutzung, auch hinsichtlich einer Befristung oder einer Bedingung, die Durchführung des Ausgleichs im Sinne des § 1a Absatz 3, die Berücksichtigung baukultureller Belange, die Deckung des Wohnbedarfs von Bevölkerungsgruppen mit besonderen Wohnraumversorgungsproblemen sowie der Erwerb angemessenen Wohnraums durch einkommensschwächere und weniger begüterte Personen der örtlichen Bevölkerung;
3. die Übernahme von Kosten oder sonstigen Aufwendungen, die der Gemeinde für städtebauliche Maßnahmen entstehen oder entstanden sind und die Voraussetzung oder Folge des geplanten Vorhabens sind; dazu gehört auch die Bereitstellung von Grundstücken;
4. entsprechend den mit den städtebaulichen Planungen und Maßnahmen verfolgten Zielen und Zwecken die Errichtung und Nutzung von Anlagen und Einrichtungen zur dezentralen und zentralen Erzeugung, Verteilung, Nutzung oder Speicherung von Strom, Wärme oder Kälte aus erneuerbaren Energien oder Kraft-Wärme-Kopplung;
5. entsprechend den mit den städtebaulichen Planungen und Maßnahmen verfolgten Zielen und Zwecken die Anforderungen an die energetische Qualität von Gebäuden.

[3] Die Gemeinde kann städtebauliche Verträge auch mit einer juristischen Person abschließen, an der sie beteiligt ist.

(2) [1] Die vereinbarten Leistungen müssen den gesamten Umständen nach angemessen sein. [2] Die Vereinbarung einer vom Vertragspartner zu erbringenden Leistung ist unzulässig, wenn er auch ohne sie einen Anspruch auf die Gegenleistung hätte. [3] Trägt oder übernimmt der Vertragspartner Kosten oder sonstige Aufwendungen, ist unbeschadet des Satzes 1 eine Eigenbeteiligung der Gemeinde nicht erforderlich.

(3) Ein städtebaulicher Vertrag bedarf der Schriftform, soweit nicht durch Rechtsvorschriften eine andere Form vorgeschrieben ist.

(4) Die Zulässigkeit anderer städtebaulicher Verträge bleibt unberührt.

§ 12 Vorhaben- und Erschließungsplan. (1) [1] Die Gemeinde kann durch einen vorhabenbezogenen Bebauungsplan die Zulässigkeit von Vorhaben bestimmen, wenn der Vorhabenträger auf der Grundlage eines mit der Gemeinde abgestimmten Plans zur Durchführung der Vorhaben und der Erschließungsmaßnahmen (Vorhaben- und Erschließungsplan) bereit und in der Lage ist und sich zur Durchführung innerhalb einer bestimmten Frist und zur Tragung der Planungs- und Erschließungskosten ganz oder teilweise vor dem Beschluss nach § 10 Absatz 1 verpflichtet (Durchführungsvertrag). [2] Die Begründung des Planentwurfs hat die nach § 2a erforderlichen Angaben zu enthalten. [3] Für die grenzüberschreitende Beteiligung ist eine Übersetzung der Angaben vorzulegen, soweit dies nach den Vorschriften des Gesetzes über die Umweltverträglichkeitsprüfung[1)] notwendig ist. [4] Für den vorhabenbezogenen Bebauungsplan nach Satz 1 gelten ergänzend die Absätze 2 bis 6.

(2) [1] Die Gemeinde hat auf Antrag des Vorhabenträgers über die Einleitung des Bebauungsplanverfahrens nach pflichtgemäßem Ermessen zu entscheiden.

[1)] Nr. **32.4**.

[2] Auf Antrag des Vorhabenträgers oder sofern die Gemeinde es nach Einleitung des Bebauungsplanverfahrens für erforderlich hält, informiert die Gemeinde diesen über den voraussichtlich erforderlichen Untersuchungsrahmen der Umweltprüfung nach § 2 Absatz 4 unter Beteiligung der Behörden nach § 4 Absatz 1.

(3) [1] Der Vorhaben- und Erschließungsplan wird Bestandteil des vorhabenbezogenen Bebauungsplans. [2] Im Bereich des Vorhaben- und Erschließungsplans ist die Gemeinde bei der Bestimmung der Zulässigkeit der Vorhaben nicht an die Festsetzungen nach § 9 und nach der auf Grund von § 9a erlassenen Verordnung gebunden; die §§ 14 bis 18, 22 bis 28, 39 bis 79, 127 bis 135c sind nicht anzuwenden. [3] Soweit der vorhabenbezogene Bebauungsplan auch im Bereich des Vorhaben- und Erschließungsplans Festsetzungen nach § 9 für öffentliche Zwecke trifft, kann gemäß § 85 Absatz 1 Nummer 1 enteignet werden.

(3a) [1] Wird in einem vorhabenbezogenen Bebauungsplan für den Bereich des Vorhaben- und Erschließungsplans durch Festsetzung eines Baugebiets auf Grund der Baunutzungsverordnung[1)] oder auf sonstige Weise eine bauliche oder sonstige Nutzung allgemein festgesetzt, ist unter entsprechender Anwendung des § 9 Absatz 2 festzusetzen, dass im Rahmen der festgesetzten Nutzungen nur solche Vorhaben zulässig sind, zu deren Durchführung sich der Vorhabenträger im Durchführungsvertrag verpflichtet. [2] Änderungen des Durchführungsvertrags oder der Abschluss eines neuen Durchführungsvertrags sind zulässig.

(4) Einzelne Flächen außerhalb des Bereichs des Vorhaben- und Erschließungsplans können in den vorhabenbezogenen Bebauungsplan einbezogen werden.

(5) [1] Ein Wechsel des Vorhabenträgers bedarf der Zustimmung der Gemeinde. [2] Die Zustimmung darf nur dann verweigert werden, wenn Tatsachen die Annahme rechtfertigen, dass die Durchführung des Vorhaben- und Erschließungsplans innerhalb der Frist nach Absatz 1 gefährdet ist.

(6) [1] Wird der Vorhaben- und Erschließungsplan nicht innerhalb der Frist nach Absatz 1 durchgeführt, soll die Gemeinde den Bebauungsplan aufheben. [2] Aus der Aufhebung können Ansprüche des Vorhabenträgers gegen die Gemeinde nicht geltend gemacht werden. [3] Bei der Aufhebung kann das vereinfachte Verfahren nach § 13 angewendet werden.

(7) Soll in bisherigen Erholungssondergebieten nach § 10 der Baunutzungsverordnung auch Wohnnutzung zugelassen werden, kann die Gemeinde nach Maßgabe der Absätze 1 bis 6 einen vorhabenbezogenen Bebauungsplan aufstellen, der insbesondere die Zulässigkeit von baulichen Anlagen zu Wohnzwecken in diesen Gebieten regelt.

§ 13 Vereinfachtes Verfahren. (1) Werden durch die Änderung oder Ergänzung eines Bauleitplans die Grundzüge der Planung nicht berührt oder wird durch die Aufstellung eines Bebauungsplans in einem Gebiet nach § 34 der sich aus der vorhandenen Eigenart der näheren Umgebung ergebende Zulässigkeitsmaßstab nicht wesentlich verändert oder enthält er lediglich Festsetzungen nach § 9 Absatz 2a oder Absatz 2b, kann die Gemeinde das vereinfachte Verfahren anwenden, wenn

---

[1)] Nr. **41.2/1.**

1. die Zulässigkeit von Vorhaben, die einer Pflicht zur Durchführung einer Umweltverträglichkeitsprüfung nach Anlage 1 zum Gesetz über die Umweltverträglichkeitsprüfung[1)] oder nach Landesrecht unterliegen, nicht vorbereitet oder begründet wird,
2. keine Anhaltspunkte für eine Beeinträchtigung der in § 1 Absatz 6 Nummer 7 Buchstabe b genannten Schutzgüter bestehen und
3. keine Anhaltspunkte dafür bestehen, dass bei der Planung Pflichten zur Vermeidung oder Begrenzung der Auswirkungen von schweren Unfällen nach § 50 Satz 1 des Bundes-Immissionsschutzgesetzes[2)] zu beachten sind.

(2) [1] Im vereinfachten Verfahren kann

1. von der frühzeitigen Unterrichtung und Erörterung nach § 3 Absatz 1 und § 4 Absatz 1 abgesehen werden,
2. der betroffenen Öffentlichkeit Gelegenheit zur Stellungnahme innerhalb angemessener Frist gegeben oder wahlweise die Auslegung nach § 3 Absatz 2 durchgeführt werden,
3. den berührten Behörden und sonstigen Trägern öffentlicher Belange Gelegenheit zur Stellungnahme innerhalb angemessener Frist gegeben oder wahlweise die Beteiligung nach § 4 Absatz 2 durchgeführt werden.

[2] Wird nach Satz 1 Nummer 2 die betroffene Öffentlichkeit beteiligt, gilt die Hinweispflicht des § 3 Absatz 2 Satz 2 Halbsatz 2 entsprechend.

(3) [1] Im vereinfachten Verfahren wird von der Umweltprüfung nach § 2 Absatz 4, von dem Umweltbericht nach § 2a, von der Angabe nach § 3 Absatz 2 Satz 2, welche Arten umweltbezogener Informationen verfügbar sind, sowie von der zusammenfassenden Erklärung nach § 6a Absatz 1 und § 10a Absatz 1 abgesehen; § 4c ist nicht anzuwenden. [2] Bei der Beteiligung nach Absatz 2 Nummer 2 ist darauf hinzuweisen, dass von einer Umweltprüfung abgesehen wird.

§ 13a[3)] Bebauungspläne der Innenentwicklung. (1) [1] Ein Bebauungsplan für die Wiedernutzbarmachung von Flächen, die Nachverdichtung oder andere Maßnahmen der Innenentwicklung (Bebauungsplan der Innenentwicklung) kann im beschleunigten Verfahren aufgestellt werden. [2] Der Bebauungsplan darf im beschleunigten Verfahren nur aufgestellt werden, wenn in ihm eine zulässige Grundfläche im Sinne des § 19 Absatz 2 der Baunutzungsverordnung[4)] oder eine Größe der Grundfläche festgesetzt wird von insgesamt

1. weniger als 20 000 Quadratmetern, wobei die Grundflächen mehrerer Bebauungspläne, die in einem engen sachlichen, räumlichen und zeitlichen Zusammenhang aufgestellt werden, mitzurechnen sind, oder
2. 20 000 Quadratmetern bis weniger als 70 000 Quadratmetern, wenn auf Grund einer überschlägigen Prüfung unter Berücksichtigung der in Anlage 2 dieses Gesetzes genannten Kriterien die Einschätzung erlangt wird, dass der Bebauungsplan voraussichtlich keine erheblichen Umweltauswirkungen hat, die nach § 2 Absatz 4 Satz 4 in der Abwägung zu berücksichtigen wären (Vorprüfung des Einzelfalls); die Behörden und sonstigen Träger öffentlicher

---

[1)] Nr. **32.4.**
[2)] Nr. **32.1.**
[3)] § 13a Abs. 4 geänd. mWv 23.6.2021 durch G v. 14.6.2021 (BGBl. I S. 1802).
[4)] Nr. **41.2/1.**

Belange, deren Aufgabenbereiche durch die Planung berührt werden können, sind an der Vorprüfung des Einzelfalls zu beteiligen.

[3] Wird in einem Bebauungsplan weder eine zulässige Grundfläche noch eine Größe der Grundfläche festgesetzt, ist bei Anwendung des Satzes 2 die Fläche maßgeblich, die bei Durchführung des Bebauungsplans voraussichtlich versiegelt wird. [4] Das beschleunigte Verfahren ist ausgeschlossen, wenn durch den Bebauungsplan die Zulässigkeit von Vorhaben begründet wird, die einer Pflicht zur Durchführung einer Umweltverträglichkeitsprüfung nach dem Gesetz über die Umweltverträglichkeitsprüfung oder nach Landesrecht unterliegen. [5] Das beschleunigte Verfahren ist auch ausgeschlossen, wenn Anhaltspunkte für eine Beeinträchtigung der in § 1 Absatz 6 Nummer 7 Buchstabe b genannten Schutzgüter oder dafür bestehen, dass bei der Planung Pflichten zur Vermeidung oder Begrenzung der Auswirkungen von schweren Unfällen nach § 50 Satz 1 des Bundes-Immissionsschutzgesetzes[1)] zu beachten sind.

(2) Im beschleunigten Verfahren

1. gelten die Vorschriften des vereinfachten Verfahrens nach § 13 Absatz 2 und 3 Satz 1 entsprechend;
2. kann ein Bebauungsplan, der von Darstellungen des Flächennutzungsplans abweicht, auch aufgestellt werden, bevor der Flächennutzungsplan geändert oder ergänzt ist; die geordnete städtebauliche Entwicklung des Gemeindegebiets darf nicht beeinträchtigt werden; der Flächennutzungsplan ist im Wege der Berichtigung anzupassen;
3. soll einem Bedarf an Investitionen zur Erhaltung, Sicherung und Schaffung von Arbeitsplätzen, zur Versorgung der Bevölkerung mit Wohnraum oder zur Verwirklichung von Infrastrukturvorhaben in der Abwägung in angemessener Weise Rechnung getragen werden;
4. gelten in den Fällen des Absatzes 1 Satz 2 Nummer 1 Eingriffe, die auf Grund der Aufstellung des Bebauungsplans zu erwarten sind, als im Sinne des § 1a Absatz 3 Satz 6 vor der planerischen Entscheidung erfolgt oder zulässig.

(3) [1] Bei Aufstellung eines Bebauungsplans im beschleunigten Verfahren ist ortsüblich bekannt zu machen,

1. dass der Bebauungsplan im beschleunigten Verfahren ohne Durchführung einer Umweltprüfung nach § 2 Absatz 4 aufgestellt werden soll, in den Fällen des Absatzes 1 Satz 2 Nummer 2 einschließlich der hierfür wesentlichen Gründe, und
2. wo sich die Öffentlichkeit über die allgemeinen Ziele und Zwecke sowie die wesentlichen Auswirkungen der Planung unterrichten kann und dass sich die Öffentlichkeit innerhalb einer bestimmten Frist zur Planung äußern kann, sofern keine frühzeitige Unterrichtung und Erörterung im Sinne des § 3 Absatz 1 stattfindet.

[2] Die Bekanntmachung nach Satz 1 kann mit der ortsüblichen Bekanntmachung nach § 2 Absatz 1 Satz 2 verbunden werden. [3] In den Fällen des Absatzes 1 Satz 2 Nummer 2 erfolgt die Bekanntmachung nach Satz 1 nach Abschluss der Vorprüfung des Einzelfalls.

---

1) Nr. **32.1**.

(4) Die Absätze 1 bis 3 gelten entsprechend für die Änderung, Ergänzung und Aufhebung eines Bebauungsplans.

§ 13b[1] Einbeziehung von Außenbereichsflächen in das beschleunigte Verfahren. [1]Bis zum Ablauf des 31. Dezember 2022 gilt § 13a entsprechend für Bebauungspläne mit einer Grundfläche im Sinne des § 13a Absatz 1 Satz 2 von weniger als 10 000 Quadratmetern, durch die die Zulässigkeit von Wohnnutzungen auf Flächen begründet wird, die sich an im Zusammenhang bebaute Ortsteile anschließen. [2]Das Verfahren zur Aufstellung eines Bebauungsplans nach Satz 1 kann nur bis zum Ablauf des 31. Dezember 2022 förmlich eingeleitet werden; der Satzungsbeschluss nach § 10 Absatz 1 ist bis zum Ablauf des 31. Dezember 2024 zu fassen.

Zweiter Teil. Sicherung der Bauleitplanung

Erster Abschnitt. Veränderungssperre und Zurückstellung von Baugesuchen

§ 14 Veränderungssperre. (1) Ist ein Beschluss über die Aufstellung eines Bebauungsplans gefasst, kann die Gemeinde zur Sicherung der Planung für den künftigen Planbereich eine Veränderungssperre mit dem Inhalt beschließen, dass

1. Vorhaben im Sinne des § 29 nicht durchgeführt oder bauliche Anlagen nicht beseitigt werden dürfen;
2. erhebliche oder wesentlich wertsteigernde Veränderungen von Grundstücken und baulichen Anlagen, deren Veränderungen nicht genehmigungs-, zustimmungs- oder anzeigepflichtig sind, nicht vorgenommen werden dürfen.

(2) [1]Wenn überwiegende öffentliche Belange nicht entgegenstehen, kann von der Veränderungssperre eine Ausnahme zugelassen werden. [2]Die Entscheidung über Ausnahmen trifft die Baugenehmigungsbehörde im Einvernehmen mit der Gemeinde.

(3) Vorhaben, die vor dem Inkrafttreten der Veränderungssperre baurechtlich genehmigt worden sind, Vorhaben, von denen die Gemeinde nach Maßgabe des Bauordnungsrechts Kenntnis erlangt hat und mit deren Ausführung vor dem Inkrafttreten der Veränderungssperre hätte begonnen werden dürfen, sowie Unterhaltungsarbeiten und die Fortführung einer bisher ausgeübten Nutzung werden von der Veränderungssperre nicht berührt.

(4) Soweit für Vorhaben im förmlich festgelegten Sanierungsgebiet oder im städtebaulichen Entwicklungsbereich eine Genehmigungspflicht nach § 144 Absatz 1 besteht, sind die Vorschriften über die Veränderungssperre nicht anzuwenden.

§ 15 Zurückstellung von Baugesuchen. (1) [1]Wird eine Veränderungssperre nach § 14 nicht beschlossen, obwohl die Voraussetzungen gegeben sind, oder ist eine beschlossene Veränderungssperre noch nicht in Kraft getreten, hat die Baugenehmigungsbehörde auf Antrag der Gemeinde die Entscheidung über die Zulässigkeit von Vorhaben im Einzelfall für einen Zeitraum bis zu zwölf Monaten auszusetzen, wenn zu befürchten ist, dass die Durchführung der

[1] § 13b neu gef. mWv 23.6.2021 durch G v. 14.6.2021 (BGBl. I S. 1802).

Planung durch das Vorhaben unmöglich gemacht oder wesentlich erschwert werden würde. [2] Wird kein Baugenehmigungsverfahren durchgeführt, wird auf Antrag der Gemeinde anstelle der Aussetzung der Entscheidung über die Zulässigkeit eine vorläufige Untersagung innerhalb einer durch Landesrecht festgesetzten Frist ausgesprochen. [3] Die vorläufige Untersagung steht der Zurückstellung nach Satz 1 gleich.

(2) Soweit für Vorhaben im förmlich festgelegten Sanierungsgebiet oder im städtebaulichen Entwicklungsbereich eine Genehmigungspflicht nach § 144 Absatz 1 besteht, sind die Vorschriften über die Zurückstellung von Baugesuchen nicht anzuwenden; mit der förmlichen Festlegung des Sanierungsgebiets oder des städtebaulichen Entwicklungsbereichs wird ein Bescheid über die Zurückstellung des Baugesuchs nach Absatz 1 unwirksam.

(3) [1] Auf Antrag der Gemeinde hat die Baugenehmigungsbehörde die Entscheidung über die Zulässigkeit von Vorhaben nach § 35 Absatz 1 Nummer 2 bis 6 für einen Zeitraum bis zu längstens einem Jahr nach Zustellung der Zurückstellung des Baugesuchs auszusetzen, wenn die Gemeinde beschlossen hat, einen Flächennutzungsplan aufzustellen, zu ändern oder zu ergänzen, mit dem die Rechtswirkungen des § 35 Absatz 3 Satz 3 erreicht werden sollen, und zu befürchten ist, dass die Durchführung der Planung durch das Vorhaben unmöglich gemacht oder wesentlich erschwert werden würde. [2] Auf diesen Zeitraum ist die Zeit zwischen dem Eingang des Baugesuchs bei der zuständigen Behörde bis zur Zustellung der Zurückstellung des Baugesuchs nicht anzurechnen, soweit der Zeitraum für die Bearbeitung des Baugesuchs erforderlich ist. [3] Der Antrag der Gemeinde nach Satz 1 ist nur innerhalb von sechs Monaten, nachdem die Gemeinde in einem Verwaltungsverfahren von dem Bauvorhaben förmlich Kenntnis erhalten hat, zulässig. [4] Wenn besondere Umstände es erfordern, kann die Baugenehmigungsbehörde auf Antrag der Gemeinde die Entscheidung nach Satz 1 um höchstens ein weiteres Jahr aussetzen.

§ 16 Beschluss über die Veränderungssperre. (1) Die Veränderungssperre wird von der Gemeinde als Satzung beschlossen.

(2) [1] Die Gemeinde hat die Veränderungssperre ortsüblich bekannt zu machen. [2] Sie kann auch ortsüblich bekannt machen, dass eine Veränderungssperre beschlossen worden ist; § 10 Absatz 3 Satz 2 bis 5 ist entsprechend anzuwenden.

§ 17 Geltungsdauer der Veränderungssperre. (1) [1] Die Veränderungssperre tritt nach Ablauf von zwei Jahren außer Kraft. [2] Auf die Zweijahresfrist ist der seit der Zustellung der ersten Zurückstellung eines Baugesuchs nach § 15 Absatz 1 abgelaufene Zeitraum anzurechnen. [3] Die Gemeinde kann die Frist um ein Jahr verlängern.

(2) Wenn besondere Umstände es erfordern, kann die Gemeinde die Frist bis zu einem weiteren Jahr nochmals verlängern.

(3) Die Gemeinde kann eine außer Kraft getretene Veränderungssperre ganz oder teilweise erneut beschließen, wenn die Voraussetzungen für ihren Erlass fortbestehen.

(4) Die Veränderungssperre ist vor Fristablauf ganz oder teilweise außer Kraft zu setzen, sobald die Voraussetzungen für ihren Erlass weggefallen sind.

(5) Die Veränderungssperre tritt in jedem Fall außer Kraft, sobald und soweit die Bauleitplanung rechtsverbindlich abgeschlossen ist.

(6) [1] Mit der förmlichen Festlegung des Sanierungsgebiets oder des städtebaulichen Entwicklungsbereichs tritt eine bestehende Veränderungssperre nach § 14 außer Kraft. [2] Dies gilt nicht, wenn in der Sanierungssatzung die Genehmigungspflicht nach § 144 Absatz 1 ausgeschlossen ist.

§ 18 Entschädigung bei Veränderungssperre. (1) [1] Dauert die Veränderungssperre länger als vier Jahre über den Zeitpunkt ihres Beginns oder der ersten Zurückstellung eines Baugesuchs nach § 15 Absatz 1 hinaus, ist den Betroffenen für dadurch entstandene Vermögensnachteile eine angemessene Entschädigung in Geld zu leisten. [2] Die Vorschriften über die Entschädigung im Zweiten Abschnitt des Fünften Teils sowie § 121 gelten entsprechend; dabei ist der Grundstückswert zugrunde zu legen, der nach den Vorschriften des Zweiten Abschnitts des Dritten Teils zu entschädigen wäre.

(2) [1] Zur Entschädigung ist die Gemeinde verpflichtet. [2] Der Entschädigungsberechtigte kann Entschädigung verlangen, wenn die in Absatz 1 Satz 1 bezeichneten Vermögensnachteile eingetreten sind. [3] Er kann die Fälligkeit des Anspruchs dadurch herbeiführen, dass er die Leistung der Entschädigung schriftlich bei dem Entschädigungspflichtigen beantragt. [4] Kommt eine Einigung über die Entschädigung nicht zustande, entscheidet die höhere Verwaltungsbehörde. [5] Für den Bescheid über die Festsetzung der Entschädigung gilt § 122 entsprechend.

(3) [1] Auf das Erlöschen des Entschädigungsanspruchs findet § 44 Absatz 4 mit der Maßgabe Anwendung, dass bei einer Veränderungssperre, die die Sicherung einer Festsetzung nach § 40 Absatz 1 oder § 41 Absatz 1 zum Gegenstand hat, die Erlöschensfrist frühestens ab Rechtsverbindlichkeit des Bebauungsplans beginnt. [2] In der Bekanntmachung nach § 16 Absatz 2 ist auf die Vorschriften des Absatzes 2 Satz 2 und 3 hinzuweisen.

Zweiter Abschnitt. Teilung von Grundstücken; Gebiete mit Fremdenverkehrsfunktionen

§ 19 Teilung von Grundstücken. (1) Die Teilung eines Grundstücks ist die dem Grundbuchamt gegenüber abgegebene oder sonst wie erkennbar gemachte Erklärung des Eigentümers, dass ein Grundstücksteil grundbuchmäßig abgeschrieben und als selbständiges Grundstück oder als ein Grundstück zusammen mit anderen Grundstücken oder mit Teilen anderer Grundstücke eingetragen werden soll.

(2) Durch die Teilung eines Grundstücks im Geltungsbereich eines Bebauungsplans dürfen keine Verhältnisse entstehen, die den Festsetzungen des Bebauungsplans widersprechen.

§ 20 (weggefallen)

§ 21 (weggefallen)

§ 22[1] Sicherung von Gebieten mit Fremdenverkehrsfunktionen.

(1) [1] Die Gemeinden, die oder deren Teile überwiegend durch den Fremdenverkehr geprägt sind, können in einem Bebauungsplan oder durch eine sonstige Satzung bestimmen, dass zur Sicherung der Zweckbestimmung von

[1] § 22 Abs. 10 Satz 2 geänd. mWv 23.6.2021 durch G v. 14.6.2021 (BGBl. I S. 1802).

Gebieten mit Fremdenverkehrsfunktionen Folgendes der Genehmigung unterliegt:

1. die Begründung oder Teilung von Wohnungseigentum oder Teileigentum nach § 1 des Wohnungseigentumsgesetzes[1)],
2. die Begründung der in den §§ 30 und 31 des Wohnungseigentumsgesetzes bezeichneten Rechte,
3. die Begründung von Bruchteilseigentum nach § 1008 des Bürgerlichen Gesetzbuchs[2)] an Grundstücken mit Wohngebäuden oder Beherbergungsbetrieben, wenn zugleich nach § 1010 Absatz 1 des Bürgerlichen Gesetzbuchs im Grundbuch als Belastung eingetragen werden soll, dass Räume einem oder mehreren Miteigentümern zur ausschließlichen Benutzung zugewiesen sind und die Aufhebung der Gemeinschaft ausgeschlossen ist,
4. bei bestehendem Bruchteilseigentum nach § 1008 des Bürgerlichen Gesetzbuchs an Grundstücken mit Wohngebäuden oder Beherbergungsbetrieben eine im Grundbuch als Belastung einzutragende Regelung nach § 1010 Absatz 1 des Bürgerlichen Gesetzbuchs, wonach Räume einem oder mehreren Miteigentümern zur ausschließlichen Benutzung zugewiesen sind und die Aufhebung der Gemeinschaft ausgeschlossen ist,
5. die Nutzung von Räumen in Wohngebäuden oder Beherbergungsbetrieben als Nebenwohnung, wenn die Räume insgesamt an mehr als der Hälfte der Tage eines Jahres unbewohnt sind.

[2]Voraussetzung für die Bestimmung ist, dass durch die Begründung oder Teilung der Rechte, durch die Regelung nach § 1010 des Bürgerlichen Gesetzbuchs oder durch die Nutzung als Nebenwohnung die vorhandene oder vorgesehene Zweckbestimmung des Gebiets für den Fremdenverkehr und dadurch die geordnete städtebauliche Entwicklung beeinträchtigt werden kann. [3]Die Zweckbestimmung eines Gebiets für den Fremdenverkehr ist insbesondere anzunehmen bei Kurgebieten, Gebieten für die Fremdenbeherbergung, Wochenend- und Ferienhausgebieten, die im Bebauungsplan festgesetzt sind, und bei im Zusammenhang bebauten Ortsteilen, deren Eigenart solchen Gebieten entspricht, sowie bei sonstigen Gebieten mit Fremdenverkehrsfunktionen, die durch Beherbergungsbetriebe und Wohngebäude mit Fremdenbeherbergung geprägt sind.

(2) [1]Die Gemeinde hat die Satzung ortsüblich bekannt zu machen. [2]Sie kann die Bekanntmachung auch in entsprechender Anwendung des § 10 Absatz 3 Satz 2 bis 5 vornehmen. [3]Für Bestimmungen nach Absatz 1 Satz 1 Nummer 1 bis 4 teilt die Gemeinde dem Grundbuchamt den Beschluss über die Satzung, das Datum ihres Inkrafttretens sowie die genaue Bezeichnung der betroffenen Grundstücke vor ihrer Bekanntmachung rechtzeitig mit. [4]Von der genauen Bezeichnung der betroffenen Grundstücke kann in den Fällen des Absatzes 1 Satz 1 Nummer 1 und 2 abgesehen werden, wenn die gesamte Gemarkung betroffen ist und die Gemeinde dies dem Grundbuchamt mitteilt.

(3) (weggefallen)

(4) [1]Die Genehmigung darf nur versagt werden, wenn durch die Begründung oder Teilung der Rechte, durch die Regelung nach § 1010 des Bürgerlichen Gesetzbuchs oder durch die Nutzung als Nebenwohnung die Zweck-

---

[1)] **Habersack (vormals Schönfelder) Nr. 37.**
[2)] **Habersack (vormals Schönfelder) Nr. 20.**

bestimmung des Gebiets für den Fremdenverkehr und dadurch die städtebauliche Entwicklung und Ordnung beeinträchtigt wird. [2]Die Genehmigung nach Absatz 1 Satz 1 Nummer 1 bis 4 ist zu erteilen, wenn sie erforderlich ist, damit Ansprüche Dritter erfüllt werden können, zu deren Sicherung vor dem Wirksamwerden des Genehmigungsvorbehalts eine Vormerkung im Grundbuch eingetragen oder der Antrag auf Eintragung einer Vormerkung beim Grundbuchamt eingegangen ist; die Genehmigung kann auch von dem Dritten beantragt werden. [3]Die Genehmigung kann erteilt werden, um wirtschaftliche Nachteile zu vermeiden, die für den Eigentümer eine besondere Härte bedeuten.

(5) [1]Über die Genehmigung entscheidet die Baugenehmigungsbehörde im Einvernehmen mit der Gemeinde. [2]Über die Genehmigung ist innerhalb eines Monats nach Eingang des Antrags bei der Baugenehmigungsbehörde zu entscheiden. [3]Kann die Prüfung des Antrags in dieser Zeit nicht abgeschlossen werden, ist die Frist vor ihrem Ablauf in einem dem Antragsteller mitzuteilenden Zwischenbescheid um den Zeitraum zu verlängern, der notwendig ist, um die Prüfung abschließen zu können; höchstens jedoch um drei Monate. [4]Die Genehmigung gilt als erteilt, wenn sie nicht innerhalb der Frist versagt wird. [5]Darüber hat die Baugenehmigungsbehörde auf Antrag eines Beteiligten ein Zeugnis auszustellen. [6]Das Einvernehmen gilt als erteilt, wenn es nicht binnen zwei Monaten nach Eingang des Ersuchens der Genehmigungsbehörde verweigert wird; dem Ersuchen gegenüber der Gemeinde steht die Einreichung des Antrags bei der Gemeinde gleich, wenn sie nach Landesrecht vorgeschrieben ist.

(6) [1]Bei einem Grundstück, das im Geltungsbereich einer Satzung nach Absatz 1 liegt, darf das Grundbuchamt die von Absatz 1 Satz 1 Nummer 1 bis 4 erfassten Eintragungen in das Grundbuch nur vornehmen, wenn der Genehmigungsbescheid oder ein Zeugnis gemäß Absatz 5 Satz 5 vorgelegt wird oder wenn die Freistellungserklärung der Gemeinde gemäß Absatz 8 beim Grundbuchamt eingegangen ist. [2]Ist dennoch eine Eintragung in das Grundbuch vorgenommen worden, kann die Baugenehmigungsbehörde, falls die Genehmigung erforderlich war, das Grundbuchamt um die Eintragung eines Widerspruchs ersuchen; § 53 Absatz 1 der Grundbuchordnung[1)] bleibt unberührt. [3]Der Widerspruch ist zu löschen, wenn die Baugenehmigungsbehörde darum ersucht oder die Genehmigung erteilt ist.

(7) [1]Wird die Genehmigung versagt, kann der Eigentümer von der Gemeinde unter den Voraussetzungen des § 40 Absatz 2 die Übernahme des Grundstücks verlangen. [2]§ 43 Absatz 1, 4 und 5 sowie § 44 Absatz 3 und 4 sind entsprechend anzuwenden.

(8) [1]Die Gemeinde hat den Genehmigungsvorbehalt aufzuheben oder im Einzelfall einzelne Grundstücke durch Erklärung gegenüber dem Eigentümer vom Genehmigungsvorbehalt freizustellen, wenn die Voraussetzungen für den Genehmigungsvorbehalt entfallen sind. [2]Die Gemeinde teilt dem Grundbuchamt die Aufhebung des Genehmigungsvorbehalts sowie die genaue Bezeichnung der hiervon betroffenen Grundstücke unverzüglich mit. [3]Von der genauen Bezeichnung kann abgesehen werden, wenn die gesamte Gemarkung betroffen ist und die Gemeinde dies dem Grundbuchamt mitteilt. [4]Sobald die

[1)] **Habersack (vormals Schönfelder) Nr. 114.**

Mitteilung über die Aufhebung des Genehmigungsvorbehalts beim Grundbuchamt eingegangen ist, ist Absatz 6 Satz 1 nicht mehr anzuwenden.

(9) [1] In der sonstigen Satzung nach Absatz 1 kann neben der Bestimmung des Genehmigungsvorbehalts die höchstzulässige Zahl der Wohnungen in Wohngebäuden nach Maßgabe des § 9 Absatz 1 Nummer 6 festgesetzt werden. [2] Vor der Festsetzung nach Satz 1 ist der betroffenen Öffentlichkeit und den berührten Behörden und sonstigen Trägern öffentlicher Belange Gelegenheit zur Stellungnahme innerhalb angemessener Frist zu geben.

(10) [1] Der sonstigen Satzung nach Absatz 1 ist eine Begründung beizufügen. [2] In der Begründung zum Bebauungsplan (§ 9 Absatz 8) oder zur sonstigen Satzung ist darzulegen, dass die in Absatz 1 Satz 2 bezeichneten Voraussetzungen für die Festlegung des Gebiets vorliegen.

§ 23 (weggefallen)

Dritter Abschnitt. Gesetzliche Vorkaufsrechte der Gemeinde

§ 24[1)] Allgemeines Vorkaufsrecht. (1) [1] Der Gemeinde steht ein Vorkaufsrecht zu beim Kauf von Grundstücken

1. im Geltungsbereich eines Bebauungsplans, soweit es sich um Flächen handelt, für die nach dem Bebauungsplan eine Nutzung für öffentliche Zwecke oder für Flächen oder Maßnahmen zum Ausgleich im Sinne des § 1a Absatz 3 festgesetzt ist,
2. in einem Umlegungsgebiet,
3. in einem förmlich festgelegten Sanierungsgebiet und städtebaulichen Entwicklungsbereich,
4. im Geltungsbereich einer Satzung zur Sicherung von Durchführungsmaßnahmen des Stadtumbaus und einer Erhaltungssatzung,
5. im Geltungsbereich eines Flächennutzungsplans, soweit es sich um unbebaute Flächen im Außenbereich handelt, für die nach dem Flächennutzungsplan eine Nutzung als Wohnbaufläche oder Wohngebiet dargestellt ist,
6. in Gebieten, die nach den §§ 30, 33 oder 34 Absatz 2 vorwiegend mit Wohngebäuden bebaut werden können, soweit die Grundstücke unbebaut sind, wobei ein Grundstück auch dann als unbebaut gilt, wenn es lediglich mit einer Einfriedung oder zu erkennbar vorläufigen Zwecken bebaut ist,
7. in Gebieten, die zum Zweck des vorbeugenden Hochwasserschutzes von Bebauung freizuhalten sind, insbesondere in Überschwemmungsgebieten, sowie
8. in Gebieten nach den §§ 30, 33 oder 34, wenn
   a) in diesen ein städtebaulicher Missstand im Sinne des § 136 Absatz 2 Satz 2 in Verbindung mit Absatz 3 vorliegt oder
   b) die baulichen Anlagen einen Missstand im Sinne des § 177 Absatz 2 aufweisen

   und die Grundstücke dadurch erhebliche nachteilige Auswirkungen auf das soziale oder städtebauliche Umfeld aufweisen, insbesondere durch ihren baulichen Zustand oder ihre der öffentlichen Sicherheit und Ordnung widersprechende Nutzung.

[1)] § 24 Abs. 1 Satz 1 Nr. 6 neu gef., Nr. 7 geänd., Nr. 8 angef., Abs. 3 Satz 2 eingef., bish. Satz 2 wird Satz 3 mWv 23.6.2021 durch G v. 14.6.2021 (BGBl. I S. 1802).

[2]Im Falle der Nummer 1 kann das Vorkaufsrecht bereits nach Beginn der öffentlichen Auslegung ausgeübt werden, wenn die Gemeinde einen Beschluss gefasst hat, einen Bebauungsplan aufzustellen, zu ändern oder zu ergänzen. [3]Im Falle der Nummer 5 kann das Vorkaufsrecht bereits ausgeübt werden, wenn die Gemeinde einen Beschluss gefasst und ortsüblich bekannt gemacht hat, einen Flächennutzungsplan aufzustellen, zu ändern oder zu ergänzen und wenn nach dem Stand der Planungsarbeiten anzunehmen ist, dass der künftige Flächennutzungsplan eine solche Nutzung darstellen wird.

(2) Das Vorkaufsrecht steht der Gemeinde nicht zu beim Kauf von Rechten nach dem Wohnungseigentumsgesetz[1)] und von Erbbaurechten.

(3) [1]Das Vorkaufsrecht darf nur ausgeübt werden, wenn das Wohl der Allgemeinheit dies rechtfertigt. [2]Dem Wohl der Allgemeinheit kann insbesondere die Deckung eines Wohnbedarfs in der Gemeinde dienen. [3]Bei der Ausübung des Vorkaufsrechts hat die Gemeinde den Verwendungszweck des Grundstücks anzugeben.

§ 25[2)] Besonderes Vorkaufsrecht. (1) [1]Die Gemeinde kann

1. im Geltungsbereich eines Bebauungsplans durch Satzung ihr Vorkaufsrecht an unbebauten Grundstücken begründen;
2. in Gebieten, in denen sie städtebauliche Maßnahmen in Betracht zieht, zur Sicherung einer geordneten städtebaulichen Entwicklung durch Satzung Flächen bezeichnen, an denen ihr ein Vorkaufsrecht an den Grundstücken zusteht;
3. im Geltungsbereich eines Bebauungsplans an brachliegenden Grundstücken oder für im Zusammenhang bebaute Ortsteile (§ 34) an unbebauten oder brachliegenden Grundstücken durch Satzung ihr Vorkaufsrecht begründen, wenn
   a) diese vorwiegend mit Wohngebäuden bebaut werden können und
   b) es sich um ein nach § 201a bestimmtes Gebiet mit einem angespannten Wohnungsmarkt handelt.

[2]Ein Grundstück gilt auch dann als unbebaut, wenn es lediglich mit einer Einfriedung oder zu erkennbar vorläufigen Zwecken bebaut ist. [3]Das Vorkaufsrecht nach Satz 1 Nummer 3 erlischt mit dem Ende der Geltungsdauer der Rechtsverordnung nach § 201a. [4]Auf die Satzung ist § 16 Absatz 2 entsprechend anzuwenden.

(2) [1]§ 24 Absatz 2 und 3 Satz 1 und 2 ist anzuwenden. [2]Der Verwendungszweck des Grundstücks ist anzugeben, soweit das bereits zum Zeitpunkt der Ausübung des Vorkaufsrechts möglich ist.

§ 26 Ausschluss des Vorkaufsrechts. Die Ausübung des Vorkaufsrechts ist ausgeschlossen, wenn

1. der Eigentümer das Grundstück an seinen Ehegatten oder an eine Person verkauft, die mit ihm in gerader Linie verwandt oder verschwägert oder in der Seitenlinie bis zum dritten Grad verwandt ist,
2. das Grundstück

[1)] **Habersack (vormals Schönfelder) Nr. 37.**

[2)] § 25 Abs. 1 Satz 1 Nr. 2 geänd., Nr. 3 angef., Sätze 2, 3 eingef., bish. Satz 2 wird Satz 4, Abs. 2 Satz 1 geänd. mWv 23.6.2021 durch G v. 14.6.2021 (BGBl. I S. 1802).

a) von einem öffentlichen Bedarfsträger für Zwecke der Landesverteidigung, der Bundespolizei, der Zollverwaltung, der Polizei oder des Zivilschutzes oder

b) von Kirchen und Religionsgesellschaften des öffentlichen Rechts für Zwecke des Gottesdienstes oder der Seelsorge

gekauft wird,

3. auf dem Grundstück Vorhaben errichtet werden sollen, für die ein in § 38 genanntes Verfahren eingeleitet oder durchgeführt worden ist, oder
4. das Grundstück entsprechend den Festsetzungen des Bebauungsplans oder den Zielen und Zwecken der städtebaulichen Maßnahme bebaut ist und genutzt wird und eine auf ihm errichtete bauliche Anlage keine Missstände oder Mängel im Sinne des § 177 Absatz 2 und 3 Satz 1 aufweist.

§ 27 Abwendung des Vorkaufsrechts. (1) [1]Der Käufer kann die Ausübung des Vorkaufsrechts abwenden, wenn die Verwendung des Grundstücks nach den baurechtlichen Vorschriften oder den Zielen und Zwecken der städtebaulichen Maßnahme bestimmt oder mit ausreichender Sicherheit bestimmbar ist, der Käufer in der Lage ist, das Grundstück binnen angemessener Frist dementsprechend zu nutzen, und er sich vor Ablauf der Frist nach § 28 Absatz 2 Satz 1 hierzu verpflichtet. [2]Weist eine auf dem Grundstück befindliche bauliche Anlage Missstände oder Mängel im Sinne des § 177 Absatz 2 und 3 Satz 1 auf, kann der Käufer die Ausübung des Vorkaufsrechts abwenden, wenn er diese Missstände oder Mängel binnen angemessener Frist beseitigen kann und er sich vor Ablauf der Frist nach § 28 Absatz 2 Satz 1 zur Beseitigung verpflichtet. [3]Die Gemeinde hat die Frist nach § 28 Absatz 2 Satz 1 auf Antrag des Käufers um zwei Monate zu verlängern, wenn der Käufer vor Ablauf dieser Frist glaubhaft macht, dass er in der Lage ist, die in Satz 1 oder 2 genannten Voraussetzungen zu erfüllen.

(2) Ein Abwendungsrecht besteht nicht

1. in den Fällen des § 24 Absatz 1 Satz 1 Nummer 1 und
2. in einem Umlegungsgebiet, wenn das Grundstück für Zwecke der Umlegung (§ 45) benötigt wird.

§ 27a Ausübung des Vorkaufsrechts zugunsten Dritter. (1) [1]Die Gemeinde kann

1. ihr Vorkaufsrecht zugunsten eines Dritten ausüben, wenn der Dritte zu der mit der Ausübung des Vorkaufsrechts bezweckten Verwendung des Grundstücks innerhalb angemessener Frist in der Lage ist und sich hierzu verpflichtet, oder
2. das ihr nach § 24 Absatz 1 Satz 1 Nummer 1 zustehende Vorkaufsrecht zugunsten eines öffentlichen Bedarfs- oder Erschließungsträgers sowie das ihr nach § 24 Absatz 1 Satz 1 Nummer 3 zustehende Vorkaufsrecht zugunsten eines Sanierungs- oder Entwicklungsträgers ausüben, wenn der Träger einverstanden ist.

[2]In den Fällen der Nummer 1 hat die Gemeinde bei der Ausübung des Vorkaufsrechts zugunsten eines Dritten die Frist, in der das Grundstück für den vorgesehenen Zweck zu verwenden ist, zu bezeichnen.

(2) [1]Mit der Ausübung des Vorkaufsrechts kommt der Kaufvertrag zwischen dem Begünstigten und dem Verkäufer zustande. [2]Die Gemeinde haftet für die

Verpflichtung aus dem Kaufvertrag neben dem Begünstigten als Gesamtschuldnerin.

(3) [1] Für den von dem Begünstigten zu zahlenden Betrag und das Verfahren gilt § 28 Absatz 2 bis 4 entsprechend. [2] Kommt der Begünstigte seiner Verpflichtung nach Absatz 1 Satz 1 Nummer 1 nicht nach, soll die Gemeinde in entsprechender Anwendung des § 102 die Übertragung des Grundstücks zu ihren Gunsten oder zugunsten eines Übernahmewilligen verlangen, der zur Verwirklichung des Verwendungszwecks innerhalb angemessener Frist in der Lage ist und sich hierzu verpflichtet. [3] Für die Entschädigung und das Verfahren gelten die Vorschriften des Fünften Teils über die Rückenteignung entsprechend. [4] Die Haftung der Gemeinde nach § 28 Absatz 3 Satz 7 bleibt unberührt.

§ 28[1)] Verfahren und Entschädigung. (1) [1] Der Verkäufer hat der Gemeinde den Inhalt des Kaufvertrags unverzüglich mitzuteilen; die Mitteilung des Verkäufers wird durch die Mitteilung des Käufers ersetzt. [2] Das Grundbuchamt darf bei Kaufverträgen den Käufer als Eigentümer in das Grundbuch nur eintragen, wenn ihm die Nichtausübung oder das Nichtbestehen des Vorkaufsrechts nachgewiesen ist. [3] Besteht ein Vorkaufsrecht nicht oder wird es nicht ausgeübt, hat die Gemeinde auf Antrag eines Beteiligten darüber unverzüglich ein Zeugnis auszustellen. [4] Das Zeugnis gilt als Verzicht auf die Ausübung des Vorkaufsrechts.

(2) [1] Das Vorkaufsrecht kann nur binnen drei Monaten nach Mitteilung des Kaufvertrags durch Verwaltungsakt gegenüber dem Verkäufer ausgeübt werden. [2] Die §§ 463, 464 Absatz 2, §§ 465 bis 468 und 471 des Bürgerlichen Gesetzbuchs[2)] sind anzuwenden. [3] Nach Mitteilung des Kaufvertrags ist auf Ersuchen der Gemeinde zur Sicherung ihres Anspruchs auf Übereignung des Grundstücks eine Vormerkung in das Grundbuch einzutragen; die Gemeinde trägt die Kosten der Eintragung der Vormerkung und ihrer Löschung. [4] Das Vorkaufsrecht ist nicht übertragbar. [5] Bei einem Eigentumserwerb auf Grund der Ausübung des Vorkaufsrechts erlöschen rechtsgeschäftliche Vorkaufsrechte. [6] Wird die Gemeinde nach Ausübung des Vorkaufsrechts im Grundbuch als Eigentümerin eingetragen, kann sie das Grundbuchamt ersuchen, eine zur Sicherung des Übereignungsanspruchs des Käufers im Grundbuch eingetragene Vormerkung zu löschen; sie darf das Ersuchen nur stellen, wenn die Ausübung des Vorkaufsrechts für den Käufer unanfechtbar ist.

(3) [1] Abweichend von Absatz 2 Satz 2 kann die Gemeinde den zu zahlenden Betrag nach dem Verkehrswert des Grundstücks (§ 194) im Zeitpunkt des Kaufes bestimmen, wenn der vereinbarte Kaufpreis den Verkehrswert überschreitet. [2] In diesem Falle ist der Verkäufer berechtigt, bis zum Ablauf eines Monats nach Unanfechtbarkeit des Verwaltungsakts über die Ausübung des Vorkaufsrechts vom Vertrag zurückzutreten. [3] Auf das Rücktrittsrecht sind die §§ 346 bis 349 und 351 des Bürgerlichen Gesetzbuchs entsprechend anzuwenden. [4] Tritt der Verkäufer vom Vertrag zurück, trägt die Gemeinde die Kosten des Vertrags auf der Grundlage des Verkehrswerts. [5] Tritt der Verkäufer vom Vertrag nicht zurück, erlischt nach Ablauf der Rücktrittsfrist nach Satz 2 die Pflicht des Verkäufers aus dem Kaufvertrag, der Gemeinde das Eigentum an

---

1) § 28 Abs. 2 Satz 1, Abs. 3 Satz 1 geänd. mWv 23.6.2021 durch G v. 14.6.2021 (BGBl. I S. 1802).
2) **Habersack (vormals Schönfelder) Nr. 20.**

dem Grundstück zu übertragen. [6]In diesem Falle geht das Eigentum an dem Grundstück auf die Gemeinde über, wenn auf Ersuchen der Gemeinde der Übergang des Eigentums in das Grundbuch eingetragen ist. [7]Führt die Gemeinde das Grundstück nicht innerhalb einer angemessenen Frist dem mit der Ausübung des Vorkaufsrechts verfolgten Zweck zu, hat sie dem Verkäufer einen Betrag in Höhe des Unterschieds zwischen dem vereinbarten Kaufpreis und dem Verkehrswert zu zahlen. [8]§ 44 Absatz 3 Satz 2 und 3, § 43 Absatz 2 Satz 1 sowie die §§ 121 und 122 sind entsprechend anzuwenden.

(4) [1]In den Fällen des § 24 Absatz 1 Satz 1 Nummer 1 bestimmt die Gemeinde den zu zahlenden Betrag nach den Vorschriften des Zweiten Abschnitts des Fünften Teils, wenn der Erwerb des Grundstücks für die Durchführung des Bebauungsplans erforderlich ist und es nach dem festgesetzten Verwendungszweck enteignet werden könnte. [2]Mit der Unanfechtbarkeit des Bescheids über die Ausübung des Vorkaufsrechts erlischt die Pflicht des Verkäufers aus dem Kaufvertrag, der Gemeinde das Eigentum an dem Grundstück zu übertragen. [3]In diesem Falle geht das Eigentum an dem Grundstück auf die Gemeinde über, wenn auf Ersuchen der Gemeinde der Übergang des Eigentums in das Grundbuch eingetragen ist.

(5) [1]Die Gemeinde kann für das Gemeindegebiet oder für sämtliche Grundstücke einer Gemarkung auf die Ausübung der ihr nach diesem Abschnitt zustehenden Rechte verzichten. [2]Sie kann den Verzicht jederzeit für zukünftig abzuschließende Kaufverträge widerrufen. [3]Der Verzicht und sein Widerruf sind ortsüblich bekannt zu machen. [4]Die Gemeinde teilt dem Grundbuchamt den Wortlaut ihrer Erklärung mit. [5]Hat die Gemeinde auf die Ausübung ihrer Rechte verzichtet, bedarf es eines Zeugnisses nach Absatz 1 Satz 3 nicht, soweit nicht ein Widerruf erklärt ist.

(6) [1]Hat die Gemeinde das Vorkaufsrecht ausgeübt und sind einem Dritten dadurch Vermögensnachteile entstanden, hat sie dafür Entschädigung zu leisten, soweit dem Dritten ein vertragliches Recht zum Erwerb des Grundstücks zustand, bevor ein gesetzliches Vorkaufsrecht der Gemeinde auf Grund dieses Gesetzbuchs oder solcher landesrechtlicher Vorschriften, die durch § 186 des Bundesbaugesetzes aufgehoben worden sind, begründet worden ist. [2]Die Vorschriften über die Entschädigung im Zweiten Abschnitt des Fünften Teils sind entsprechend anzuwenden. [3]Kommt eine Einigung über die Entschädigung nicht zustande, entscheidet die höhere Verwaltungsbehörde.

Dritter Teil. Regelung der baulichen und sonstigen Nutzung; Entschädigung

Erster Abschnitt. Zulässigkeit von Vorhaben

§ 29 Begriff des Vorhabens; Geltung von Rechtsvorschriften. (1) Für Vorhaben, die die Errichtung, Änderung oder Nutzungsänderung von baulichen Anlagen zum Inhalt haben, und für Aufschüttungen und Abgrabungen größeren Umfangs sowie für Ausschachtungen, Ablagerungen einschließlich Lagerstätten gelten die §§ 30 bis 37.

(2) Die Vorschriften des Bauordnungsrechts und andere öffentlich-rechtliche Vorschriften bleiben unberührt.

§ 30 Zulässigkeit von Vorhaben im Geltungsbereich eines Bebauungsplans. (1) Im Geltungsbereich eines Bebauungsplans, der allein oder gemeinsam mit sonstigen baurechtlichen Vorschriften mindestens Festsetzungen über die Art und das Maß der baulichen Nutzung, die überbaubaren Grundstücksflächen und die örtlichen Verkehrsflächen enthält, ist ein Vorhaben zulässig, wenn es diesen Festsetzungen nicht widerspricht und die Erschließung gesichert ist.

(2) Im Geltungsbereich eines vorhabenbezogenen Bebauungsplans nach § 12 ist ein Vorhaben zulässig, wenn es dem Bebauungsplan nicht widerspricht und die Erschließung gesichert ist.

(3) Im Geltungsbereich eines Bebauungsplans, der die Voraussetzungen des Absatzes 1 nicht erfüllt (einfacher Bebauungsplan), richtet sich die Zulässigkeit von Vorhaben im Übrigen nach § 34 oder § 35.

§ 31[1] Ausnahmen und Befreiungen. (1) Von den Festsetzungen des Bebauungsplans können solche Ausnahmen zugelassen werden, die in dem Bebauungsplan nach Art und Umfang ausdrücklich vorgesehen sind.

(2) Von den Festsetzungen des Bebauungsplans kann befreit werden, wenn die Grundzüge der Planung nicht berührt werden und

1. Gründe des Wohls der Allgemeinheit, einschließlich der Wohnbedürfnisse der Bevölkerung und des Bedarfs zur Unterbringung von Flüchtlingen oder Asylbegehrenden, die Befreiung erfordern oder
2. die Abweichung städtebaulich vertretbar ist oder
3. die Durchführung des Bebauungsplans zu einer offenbar nicht beabsichtigten Härte führen würde

und wenn die Abweichung auch unter Würdigung nachbarlicher Interessen mit den öffentlichen Belangen vereinbar ist.

(3) [1]In einem Gebiet mit einem angespannten Wohnungsmarkt, das nach § 201a bestimmt ist, kann mit Zustimmung der Gemeinde im Einzelfall von den Festsetzungen des Bebauungsplans zugunsten des Wohnungsbaus befreit werden, wenn die Befreiung auch unter Würdigung nachbarlicher Interessen mit den öffentlichen Belangen vereinbar ist. [2]Von Satz 1 kann nur bis zum Ende der Geltungsdauer der Rechtsverordnung nach § 201a Gebrauch gemacht werden. [3]Die Befristung in Satz 2 bezieht sich nicht auf die Geltungsdauer einer Genehmigung, sondern auf den Zeitraum, bis zu dessen Ende im bauaufsichtlichen Verfahren von der Vorschrift Gebrauch gemacht werden kann. [4]Für die Zustimmung der Gemeinde nach Satz 1 gilt § 36 Absatz 2 Satz 2 entsprechend.

§ 32 Nutzungsbeschränkungen auf künftigen Gemeinbedarfs-, Verkehrs-, Versorgungs- und Grünflächen. [1]Sind überbaute Flächen in dem Bebauungsplan als Baugrundstücke für den Gemeinbedarf oder als Verkehrs-, Versorgungs- oder Grünflächen festgesetzt, dürfen auf ihnen Vorhaben, die eine wertsteigernde Änderung baulicher Anlagen zur Folge haben, nur zugelassen und für sie Befreiungen von den Festsetzungen des Bebauungsplans nur erteilt werden, wenn der Bedarfs- oder Erschließungsträger zustimmt oder der Eigentümer für sich und seine Rechtsnachfolger auf Ersatz der Werterhöhung für den Fall schriftlich verzichtet, dass der Bebauungsplan durchgeführt wird. [2]Dies

[1] § 31 Abs. 2 Nr. 1 geänd., Abs. 3 angef. mWv 23.6.2021 durch G v. 14.6.2021 (BGBl. I S. 1802).

gilt auch für die dem Bebauungsplan nicht widersprechenden Teile einer baulichen Anlage, wenn sie für sich allein nicht wirtschaftlich verwertbar sind oder wenn bei der Enteignung die Übernahme der restlichen überbauten Flächen verlangt werden kann.

§ 33 Zulässigkeit von Vorhaben während der Planaufstellung.

(1) In Gebieten, für die ein Beschluss über die Aufstellung eines Bebauungsplans gefasst ist, ist ein Vorhaben zulässig, wenn

1. die Öffentlichkeits- und Behördenbeteiligung nach § 3 Absatz 2, § 4 Absatz 2 und § 4a Absatz 2 bis 5 durchgeführt worden ist,
2. anzunehmen ist, dass das Vorhaben den künftigen Festsetzungen des Bebauungsplans nicht entgegensteht,
3. der Antragsteller diese Festsetzungen für sich und seine Rechtsnachfolger schriftlich anerkennt und
4. die Erschließung gesichert ist.

(2) In Fällen des § 4a Absatz 3 Satz 1 kann vor der erneuten Öffentlichkeits- und Behördenbeteiligung ein Vorhaben zugelassen werden, wenn sich die vorgenommene Änderung oder Ergänzung des Bebauungsplanentwurfs nicht auf das Vorhaben auswirkt und die in Absatz 1 Nummer 2 bis 4 bezeichneten Voraussetzungen erfüllt sind.

(3) [1] Wird ein Verfahren nach § 13 oder § 13a durchgeführt, kann ein Vorhaben vor Durchführung der Öffentlichkeits- und Behördenbeteiligung zugelassen werden, wenn die in Absatz 1 Nummer 2 bis 4 bezeichneten Voraussetzungen erfüllt sind. [2] Der betroffenen Öffentlichkeit und den berührten Behörden und sonstigen Trägern öffentlicher Belange ist vor Erteilung der Genehmigung Gelegenheit zur Stellungnahme innerhalb angemessener Frist zu geben, soweit sie dazu nicht bereits zuvor Gelegenheit hatten.

§ 34[1)] Zulässigkeit von Vorhaben innerhalb der im Zusammenhang bebauten Ortsteile. (1) [1] Innerhalb der im Zusammenhang bebauten Ortsteile ist ein Vorhaben zulässig, wenn es sich nach Art und Maß der baulichen Nutzung, der Bauweise und der Grundstücksfläche, die überbaut werden soll, in die Eigenart der näheren Umgebung einfügt und die Erschließung gesichert ist. [2] Die Anforderungen an gesunde Wohn- und Arbeitsverhältnisse müssen gewahrt bleiben; das Ortsbild darf nicht beeinträchtigt werden.

(2) Entspricht die Eigenart der näheren Umgebung einem der Baugebiete, die in der auf Grund des § 9a erlassenen Verordnung bezeichnet sind, beurteilt sich die Zulässigkeit des Vorhabens nach seiner Art allein danach, ob es nach der Verordnung in dem Baugebiet allgemein zulässig wäre; auf die nach der Verordnung ausnahmsweise zulässigen Vorhaben ist § 31 Absatz 1, im Übrigen ist § 31 Absatz 2 entsprechend anzuwenden.

(3) Von Vorhaben nach Absatz 1 oder 2 dürfen keine schädlichen Auswirkungen auf zentrale Versorgungsbereiche in der Gemeinde oder in anderen Gemeinden zu erwarten sein.

(3a) [1] Vom Erfordernis des Einfügens in die Eigenart der näheren Umgebung nach Absatz 1 Satz 1 kann im Einzelfall abgewichen werden, wenn die Abweichung

---

[1)] § 34 Abs. 3a Satz 3 angef. mWv 23.6.2021 durch G v. 14.6.2021 (BGBl. I S. 1802).

1. einem der nachfolgend genannten Vorhaben dient:
   a) der Erweiterung, Änderung, Nutzungsänderung oder Erneuerung eines zulässigerweise errichteten Gewerbe- oder Handwerksbetriebs,
   b) der Erweiterung, Änderung oder Erneuerung eines zulässigerweise errichteten, Wohnzwecken dienenden Gebäudes oder
   c) der Nutzungsänderung einer zulässigerweise errichteten baulichen Anlage zu Wohnzwecken, einschließlich einer erforderlichen Änderung oder Erneuerung,
2. städtebaulich vertretbar ist und
3. auch unter Würdigung nachbarlicher Interessen mit den öffentlichen Belangen vereinbar ist.

[2] Satz 1 findet keine Anwendung auf Einzelhandelsbetriebe, die die verbrauchernahe Versorgung der Bevölkerung beeinträchtigen oder schädliche Auswirkungen auf zentrale Versorgungsbereiche in der Gemeinde oder in anderen Gemeinden haben können. [3] In den Fällen des Satzes 1 Nummer 1 Buchstabe b und c kann darüber hinaus vom Erfordernis des Einfügens im Einzelfall im Sinne des Satzes 1 in mehreren vergleichbaren Fällen abgewichen werden, wenn die übrigen Voraussetzungen des Satzes 1 vorliegen und die Aufstellung eines Bebauungsplans nicht erforderlich ist.

(4) [1] Die Gemeinde kann durch Satzung

1. die Grenzen für im Zusammenhang bebaute Ortsteile festlegen,
2. bebaute Bereiche im Außenbereich als im Zusammenhang bebaute Ortsteile festlegen, wenn die Flächen im Flächennutzungsplan als Baufläche dargestellt sind,
3. einzelne Außenbereichsflächen in die im Zusammenhang bebauten Ortsteile einbeziehen, wenn die einbezogenen Flächen durch die bauliche Nutzung des angrenzenden Bereichs entsprechend geprägt sind.

[2] Die Satzungen können miteinander verbunden werden.

(5) [1] Voraussetzung für die Aufstellung von Satzungen nach Absatz 4 Satz 1 Nummer 2 und 3 ist, dass

1. sie mit einer geordneten städtebaulichen Entwicklung vereinbar sind,
2. die Zulässigkeit von Vorhaben, die einer Pflicht zur Durchführung einer Umweltverträglichkeitsprüfung nach Anlage 1 zum Gesetz über die Umweltverträglichkeitsprüfung[1)] oder nach Landesrecht unterliegen, nicht begründet wird und
3. keine Anhaltspunkte für eine Beeinträchtigung der in § 1 Absatz 6 Nummer 7 Buchstabe b genannten Schutzgüter oder dafür bestehen, dass bei der Planung Pflichten zur Vermeidung oder Begrenzung der Auswirkungen von schweren Unfällen nach § 50 Satz 1 des Bundes-Immissionsschutzgesetzes[2)] zu beachten sind.

[2] In den Satzungen nach Absatz 4 Satz 1 Nummer 2 und 3 können einzelne Festsetzungen nach § 9 Absatz 1 und 3 Satz 1 sowie Absatz 4 getroffen werden. [3] § 9 Absatz 6 und § 31 sind entsprechend anzuwenden. [4] Auf die Satzung nach Absatz 4 Satz 1 Nummer 3 sind ergänzend § 1a Absatz 2 und 3 und § 9

[1)] Nr. **32.4**.
[2)] Nr. **32.1**.

Absatz 1a entsprechend anzuwenden; ihr ist eine Begründung mit den Angaben entsprechend § 2a Satz 2 Nummer 1 beizufügen.

(6) [1]Bei der Aufstellung der Satzungen nach Absatz 4 Satz 1 Nummer 2 und 3 sind die Vorschriften über die Öffentlichkeits- und Behördenbeteiligung nach § 13 Absatz 2 Satz 1 Nummer 2 und 3 sowie Satz 2 entsprechend anzuwenden. [2]Auf die Satzungen nach Absatz 4 Satz 1 Nummer 1 bis 3 ist § 10 Absatz 3 entsprechend anzuwenden.

§ 35[1)] Bauen im Außenbereich. (1) Im Außenbereich ist ein Vorhaben nur zulässig, wenn öffentliche Belange nicht entgegenstehen, die ausreichende Erschließung gesichert ist und wenn es

1. einem land- oder forstwirtschaftlichen Betrieb dient und nur einen untergeordneten Teil der Betriebsfläche einnimmt,
2. einem Betrieb der gartenbaulichen Erzeugung dient,
3. der öffentlichen Versorgung mit Elektrizität, Gas, Telekommunikationsdienstleistungen, Wärme und Wasser, der Abwasserwirtschaft oder einem ortsgebundenen gewerblichen Betrieb dient,
4. wegen seiner besonderen Anforderungen an die Umgebung, wegen seiner nachteiligen Wirkung auf die Umgebung oder wegen seiner besonderen Zweckbestimmung nur im Außenbereich ausgeführt werden soll, es sei denn, es handelt sich um die Errichtung, Änderung oder Erweiterung einer baulichen Anlage zur Tierhaltung, die dem Anwendungsbereich der Nummer 1 nicht unterfällt und die einer Pflicht zur Durchführung einer standortbezogenen oder allgemeinen Vorprüfung oder einer Umweltverträglichkeitsprüfung nach dem Gesetz über die Umweltverträglichkeitsprüfung[2)] unterliegt, wobei bei kumulierenden Vorhaben für die Annahme eines engen Zusammenhangs diejenigen Tierhaltungsanlagen zu berücksichtigen sind, die auf demselben Betriebs- oder Baugelände liegen und mit gemeinsamen betrieblichen oder baulichen Einrichtungen verbunden sind,
5. der Erforschung, Entwicklung oder Nutzung der Wind- oder Wasserenergie dient,
6. der energetischen Nutzung von Biomasse im Rahmen eines Betriebs nach Nummer 1 oder 2 oder eines Betriebs nach Nummer 4, der Tierhaltung betreibt, sowie dem Anschluss solcher Anlagen an das öffentliche Versorgungsnetz dient, unter folgenden Voraussetzungen:
   a) das Vorhaben steht in einem räumlich-funktionalen Zusammenhang mit dem Betrieb,
   b) die Biomasse stammt überwiegend aus dem Betrieb oder überwiegend aus diesem und aus nahe gelegenen Betrieben nach den Nummern 1, 2 oder 4, soweit letzterer Tierhaltung betreibt,
   c) es wird je Hofstelle oder Betriebsstandort nur eine Anlage betrieben und
   d) die Kapazität einer Anlage zur Erzeugung von Biogas überschreitet nicht 2,3 Millionen Normkubikmeter Biogas pro Jahr, die Feuerungswärmeleistung anderer Anlagen überschreitet nicht 2,0 Megawatt,

---

[1)] § 35 Abs. 4 Satz 1 Nr. 1 einl. Satzteil, Buchst. f, Nr. 2 Buchst. c geänd. mWv 23.6.2021 durch G v. 14.6.2021 (BGBl. I S. 1802).
[2)] Nr. **32.4**.

7. der Erforschung, Entwicklung oder Nutzung der Kernenergie zu friedlichen Zwecken oder der Entsorgung radioaktiver Abfälle dient, mit Ausnahme der Neuerrichtung von Anlagen zur Spaltung von Kernbrennstoffen zur gewerblichen Erzeugung von Elektrizität, oder
8. der Nutzung solarer Strahlungsenergie in, an und auf Dach- und Außenwandflächen von zulässigerweise genutzten Gebäuden dient, wenn die Anlage dem Gebäude baulich untergeordnet ist.

(2) Sonstige Vorhaben können im Einzelfall zugelassen werden, wenn ihre Ausführung oder Benutzung öffentliche Belange nicht beeinträchtigt und die Erschließung gesichert ist.

(3) [1] Eine Beeinträchtigung öffentlicher Belange liegt insbesondere vor, wenn das Vorhaben

1. den Darstellungen des Flächennutzungsplans widerspricht,
2. den Darstellungen eines Landschaftsplans oder sonstigen Plans, insbesondere des Wasser-, Abfall- oder Immissionsschutzrechts, widerspricht,
3. schädliche Umwelteinwirkungen hervorrufen kann oder ihnen ausgesetzt wird,
4. unwirtschaftliche Aufwendungen für Straßen oder andere Verkehrseinrichtungen, für Anlagen der Versorgung oder Entsorgung, für die Sicherheit oder Gesundheit oder für sonstige Aufgaben erfordert,
5. Belange des Naturschutzes und der Landschaftspflege, des Bodenschutzes, des Denkmalschutzes oder die natürliche Eigenart der Landschaft und ihren Erholungswert beeinträchtigt oder das Orts- und Landschaftsbild verunstaltet,
6. Maßnahmen zur Verbesserung der Agrarstruktur beeinträchtigt, die Wasserwirtschaft oder den Hochwasserschutz gefährdet,
7. die Entstehung, Verfestigung oder Erweiterung einer Splittersiedlung befürchten lässt oder
8. die Funktionsfähigkeit von Funkstellen und Radaranlagen stört.

[2] Raumbedeutsame Vorhaben dürfen den Zielen der Raumordnung nicht widersprechen; öffentliche Belange stehen raumbedeutsamen Vorhaben nach Absatz 1 nicht entgegen, soweit die Belange bei der Darstellung dieser Vorhaben als Ziele der Raumordnung abgewogen worden sind. [3] Öffentliche Belange stehen einem Vorhaben nach Absatz 1 Nummer 2 bis 6 in der Regel auch dann entgegen, soweit hierfür durch Darstellungen im Flächennutzungsplan oder als Ziele der Raumordnung eine Ausweisung an anderer Stelle erfolgt ist.

(4) [1] Den nachfolgend bezeichneten sonstigen Vorhaben im Sinne des Absatzes 2 kann nicht entgegengehalten werden, dass sie Darstellungen des Flächennutzungsplans oder eines Landschaftsplans widersprechen, die natürliche Eigenart der Landschaft beeinträchtigen oder die Entstehung, Verfestigung oder Erweiterung einer Splittersiedlung befürchten lassen, soweit sie im Übrigen außenbereichsverträglich im Sinne des Absatzes 3 sind:

1. die Änderung der bisherigen Nutzung eines Gebäudes, das unter den Voraussetzungen des Absatzes 1 Nummer 1 errichtet wurde, unter folgenden Voraussetzungen:
   a) das Vorhaben dient einer zweckmäßigen Verwendung erhaltenswerter Bausubstanz,
   b) die äußere Gestalt des Gebäudes bleibt im Wesentlichen gewahrt,

c) die Aufgabe der bisherigen Nutzung liegt nicht länger als sieben Jahre zurück,

d) das Gebäude ist vor mehr als sieben Jahren zulässigerweise errichtet worden,

e) das Gebäude steht im räumlich-funktionalen Zusammenhang mit der Hofstelle des land- oder forstwirtschaftlichen Betriebs,

f) im Falle der Änderung zu Wohnzwecken entstehen neben den bisher nach Absatz 1 Nummer 1 zulässigen Wohnungen höchstens fünf Wohnungen je Hofstelle und

g) es wird eine Verpflichtung übernommen, keine Neubebauung als Ersatz für die aufgegebene Nutzung vorzunehmen, es sei denn, die Neubebauung wird im Interesse der Entwicklung des Betriebs im Sinne des Absatzes 1 Nummer 1 erforderlich,

2. die Neuerrichtung eines gleichartigen Wohngebäudes an gleicher Stelle unter folgenden Voraussetzungen:

a) das vorhandene Gebäude ist zulässigerweise errichtet worden,

b) das vorhandene Gebäude weist Missstände oder Mängel auf,

c) das vorhandene Gebäude wurde oder wird seit längerer Zeit vom Eigentümer selbst genutzt und

d) Tatsachen rechtfertigen die Annahme, dass das neu errichtete Gebäude für den Eigenbedarf des bisherigen Eigentümers oder seiner Familie genutzt wird; hat der Eigentümer das vorhandene Gebäude im Wege der Erbfolge von einem Voreigentümer erworben, der es seit längerer Zeit selbst genutzt hat, reicht es aus, wenn Tatsachen die Annahme rechtfertigen, dass das neu errichtete Gebäude für den Eigenbedarf des Eigentümers oder seiner Familie genutzt wird,

3. die alsbaldige Neuerrichtung eines zulässigerweise errichteten, durch Brand, Naturereignisse oder andere außergewöhnliche Ereignisse zerstörten, gleichartigen Gebäudes an gleicher Stelle,

4. die Änderung oder Nutzungsänderung von erhaltenswerten, das Bild der Kulturlandschaft prägenden Gebäuden, auch wenn sie aufgegeben sind, wenn das Vorhaben einer zweckmäßigen Verwendung der Gebäude und der Erhaltung des Gestaltwerts dient,

5. die Erweiterung eines Wohngebäudes auf bis zu höchstens zwei Wohnungen unter folgenden Voraussetzungen:

a) das Gebäude ist zulässigerweise errichtet worden,

b) die Erweiterung ist im Verhältnis zum vorhandenen Gebäude und unter Berücksichtigung der Wohnbedürfnisse angemessen und

c) bei der Errichtung einer weiteren Wohnung rechtfertigen Tatsachen die Annahme, dass das Gebäude vom bisherigen Eigentümer oder seiner Familie selbst genutzt wird,

6. die bauliche Erweiterung eines zulässigerweise errichteten gewerblichen Betriebs, wenn die Erweiterung im Verhältnis zum vorhandenen Gebäude und Betrieb angemessen ist.

[2] In begründeten Einzelfällen gilt die Rechtsfolge des Satzes 1 auch für die Neuerrichtung eines Gebäudes im Sinne des Absatzes 1 Nummer 1, dem eine andere Nutzung zugewiesen werden soll, wenn das ursprüngliche Gebäude

vom äußeren Erscheinungsbild auch zur Wahrung der Kulturlandschaft erhaltenswert ist, keine stärkere Belastung des Außenbereichs zu erwarten ist als in

(Fortsetzung nächste Seite)

so soll die Zahlungsweise der Auszahlung der Finanzierungsmittel angepasst, jedoch nicht über zwei Jahre hinaus erstreckt werden.

(3) [1]Lässt die Gemeinde nach Absatz 2 eine Verrentung zu, so ist der Erschließungsbeitrag durch Bescheid in eine Schuld umzuwandeln, die in höchstens zehn Jahresleistungen zu entrichten ist. [2]In dem Bescheid sind Höhe und Zeitpunkt der Fälligkeit der Jahresleistungen zu bestimmen. [3]Der jeweilige Restbetrag ist mit höchstens 2 vom Hundert über dem Basiszinssatz nach § 247 des Bürgerlichen Gesetzbuchs[1)] jährlich zu verzinsen. [4]Die Jahresleistungen stehen wiederkehrenden Leistungen im Sinne des § 10 Absatz 1 Nummer 3 des Zwangsversteigerungsgesetzes[2)] gleich.

(4) [1]Werden Grundstücke landwirtschaftlich oder als Wald genutzt, ist der Beitrag so lange zinslos zu stunden, wie das Grundstück zur Erhaltung der Wirtschaftlichkeit des landwirtschaftlichen Betriebs genutzt werden muss. [2]Satz 1 gilt auch für die Fälle der Nutzungsüberlassung und Betriebsübergabe an Familienangehörige im Sinne des § 15 der Abgabenordnung. [3]Der Beitrag ist auch zinslos zu stunden, solange Grundstücke als Kleingärten im Sinne des Bundeskleingartengesetzes[3)] genutzt werden.

(5) [1]Im Einzelfall kann die Gemeinde auch von der Erhebung des Erschließungsbeitrags ganz oder teilweise absehen, wenn dies im öffentlichen Interesse oder zur Vermeidung unbilliger Härten geboten ist. [2]Die Freistellung kann auch für den Fall vorgesehen werden, dass die Beitragspflicht noch nicht entstanden ist.

(6) Weitergehende landesrechtliche Billigkeitsregelungen bleiben unberührt.

Siebter Teil. Maßnahmen für den Naturschutz

§ 135a Pflichten des Vorhabenträgers; Durchführung durch die Gemeinde; Kostenerstattung. (1) Festgesetzte Maßnahmen zum Ausgleich im Sinne des § 1a Absatz 3 sind vom Vorhabenträger durchzuführen.

(2) [1]Soweit Maßnahmen zum Ausgleich an anderer Stelle den Grundstücken nach § 9 Absatz 1a zugeordnet sind, soll die Gemeinde diese anstelle und auf Kosten der Vorhabenträger oder der Eigentümer der Grundstücke durchführen und auch die hierfür erforderlichen Flächen bereitstellen, sofern dies nicht auf andere Weise gesichert ist. [2]Die Maßnahmen zum Ausgleich können bereits vor den Baumaßnahmen und der Zuordnung durchgeführt werden.

(3) [1]Die Kosten können geltend gemacht werden, sobald die Grundstücke, auf denen Eingriffe zu erwarten sind, baulich oder gewerblich genutzt werden dürfen. [2]Die Gemeinde erhebt zur Deckung ihres Aufwands für Maßnahmen zum Ausgleich einschließlich der Bereitstellung hierfür erforderlicher Flächen einen Kostenerstattungsbetrag. [3]Die Erstattungspflicht entsteht mit der Herstellung der Maßnahmen zum Ausgleich durch die Gemeinde. [4]Der Betrag ruht als öffentliche Last auf dem Grundstück.

(4) Die landesrechtlichen Vorschriften über kommunale Beiträge einschließlich der Billigkeitsregelungen sind entsprechend anzuwenden.

---

1) Habersack (vormals Schönfelder) Nr. 20.
2) Habersack (vormals Schönfelder) Nr. 108.
3) Sartorius ErgBd. Nr. 350.

§ 135b Verteilungsmaßstäbe für die Abrechnung. [1] Soweit die Gemeinde Maßnahmen zum Ausgleich nach § 135a Absatz 2 durchführt, sind die Kosten auf die zugeordneten Grundstücke zu verteilen. [2] Verteilungsmaßstäbe sind

1. die überbaubare Grundstücksfläche,
2. die zulässige Grundfläche,
3. die zu erwartende Versiegelung oder
4. die Schwere der zu erwartenden Eingriffe.

[3] Die Verteilungsmaßstäbe können miteinander verbunden werden.

§ 135c Satzungsrecht. Die Gemeinde kann durch Satzung regeln

1. Grundsätze für die Ausgestaltung von Maßnahmen zum Ausgleich entsprechend den Festsetzungen eines Bebauungsplans,
2. den Umfang der Kostenerstattung nach § 135a; dabei ist § 128 Absatz 1 Satz 1 Nummer 1 und 2 und Satz 2 entsprechend anzuwenden,
3. die Art der Kostenermittlung und die Höhe des Einheitssatzes entsprechend § 130,
4. die Verteilung der Kosten nach § 135b einschließlich einer Pauschalierung der Schwere der zu erwartenden Eingriffe nach Biotop- und Nutzungstypen,
5. die Voraussetzungen für die Anforderung von Vorauszahlungen,
6. die Fälligkeit des Kostenerstattungsbetrags.

Zweites Kapitel. Besonderes Städtebaurecht

Erster Teil. Städtebauliche Sanierungsmaßnahmen

Erster Abschnitt. Allgemeine Vorschriften

§ 136[1] Städtebauliche Sanierungsmaßnahmen. (1) Städtebauliche Sanierungsmaßnahmen in Stadt und Land, deren einheitliche Vorbereitung und zügige Durchführung im öffentlichen Interesse liegen, werden nach den Vorschriften dieses Teils vorbereitet und durchgeführt.

(2) [1] Städtebauliche Sanierungsmaßnahmen sind Maßnahmen, durch die ein Gebiet zur Behebung städtebaulicher Missstände wesentlich verbessert oder umgestaltet wird. [2] Städtebauliche Missstände liegen vor, wenn

1. das Gebiet nach seiner vorhandenen Bebauung oder nach seiner sonstigen Beschaffenheit den allgemeinen Anforderungen an gesunde Wohn- und Arbeitsverhältnisse oder an die Sicherheit der in ihm wohnenden oder arbeitenden Menschen auch unter Berücksichtigung der Belange des Klimaschutzes und der Klimaanpassung nicht entspricht oder
2. das Gebiet in der Erfüllung der Aufgaben erheblich beeinträchtigt ist, die ihm nach seiner Lage und Funktion obliegen.

(3) Bei der Beurteilung, ob in einem städtischen oder ländlichen Gebiet städtebauliche Missstände vorliegen, sind insbesondere zu berücksichtigen

[1] § 136 Abs. 3 Nr. 2 Buchst c geänd. mWv 23.6.2021 durch G v. 14.6.2021 (BGBl. I S. 1802).

1. die Wohn- und Arbeitsverhältnisse oder die Sicherheit der in dem Gebiet wohnenden und arbeitenden Menschen in Bezug auf
   a) die Belichtung, Besonnung und Belüftung der Wohnungen und Arbeitsstätten,
   b) die bauliche Beschaffenheit von Gebäuden, Wohnungen und Arbeitsstätten,
   c) die Zugänglichkeit der Grundstücke,
   d) die Auswirkungen einer vorhandenen Mischung von Wohn- und Arbeitsstätten,
   e) die Nutzung von bebauten und unbebauten Flächen nach Art, Maß und Zustand,
   f) die Einwirkungen, die von Grundstücken, Betrieben, Einrichtungen oder Verkehrsanlagen ausgehen, insbesondere durch Lärm, Verunreinigungen und Erschütterungen,
   g) die vorhandene Erschließung,
   h) die energetische Beschaffenheit, die Gesamtenergieeffizienz der vorhandenen Bebauung und der Versorgungseinrichtungen des Gebiets unter Berücksichtigung der allgemeinen Anforderungen an den Klimaschutz und die Klimaanpassung;
2. die Funktionsfähigkeit des Gebiets in Bezug auf
   a) den fließenden und ruhenden Verkehr,
   b) die wirtschaftliche Situation und Entwicklungsfähigkeit des Gebiets unter Berücksichtigung seiner Versorgungsfunktion im Verflechtungsbereich,
   c) die infrastrukturelle Erschließung des Gebiets, seine Ausstattung mit und die Vernetzung von Grün- und Freiflächen unter Berücksichtigung der Belange des Klimaschutzes und der Klimaanpassung, seine Ausstattung mit Spiel- und Sportplätzen und mit Anlagen des Gemeinbedarfs, insbesondere unter Berücksichtigung der sozialen und kulturellen Aufgaben dieses Gebiets im Verflechtungsbereich.

(4) [1] Städtebauliche Sanierungsmaßnahmen dienen dem Wohl der Allgemeinheit. [2] Sie sollen dazu beitragen, dass

1. die bauliche Struktur in allen Teilen des Bundesgebiets nach den allgemeinen Anforderungen an den Klimaschutz und die Klimaanpassung sowie nach den sozialen, hygienischen, wirtschaftlichen und kulturellen Erfordernissen entwickelt wird,
2. die Verbesserung der Wirtschafts- und Agrarstruktur unterstützt wird,
3. die Siedlungsstruktur den Erfordernissen des Umweltschutzes, den Anforderungen an gesunde Lebens- und Arbeitsbedingungen der Bevölkerung und der Bevölkerungsentwicklung entspricht oder
4. die vorhandenen Ortsteile erhalten, erneuert und fortentwickelt werden, die Gestaltung des Orts- und Landschaftsbilds verbessert und den Erfordernissen des Denkmalschutzes Rechnung getragen wird.

[3] Die öffentlichen und privaten Belange sind gegeneinander und untereinander gerecht abzuwägen.

§ 137 Beteiligung und Mitwirkung der Betroffenen. [1] Die Sanierung soll mit den Eigentümern, Mietern, Pächtern und sonstigen Betroffenen möglichst frühzeitig erörtert werden. [2] Die Betroffenen sollen zur Mitwirkung bei der

Sanierung und zur Durchführung der erforderlichen baulichen Maßnahmen angeregt und hierbei im Rahmen des Möglichen beraten werden.

§ 138 Auskunftspflicht. (1) [1]Eigentümer, Mieter, Pächter und sonstige zum Besitz oder zur Nutzung eines Grundstücks, Gebäudes oder Gebäudeteils Berechtigte sowie ihre Beauftragten sind verpflichtet, der Gemeinde oder ihren Beauftragten Auskunft über die Tatsachen zu erteilen, deren Kenntnis zur Beurteilung der Sanierungsbedürftigkeit eines Gebiets oder zur Vorbereitung oder Durchführung der Sanierung erforderlich ist. [2]An personenbezogenen Daten können insbesondere Angaben der Betroffenen über ihre persönlichen Lebensumstände im wirtschaftlichen und sozialen Bereich, namentlich über die Berufs-, Erwerbs- und Familienverhältnisse, das Lebensalter, die Wohnbedürfnisse, die sozialen Verflechtungen sowie über die örtlichen Bindungen, erhoben werden.

(2) [1]Die nach Absatz 1 erhobenen personenbezogenen Daten dürfen nur zu Zwecken der Sanierung verwendet werden. [2]Wurden die Daten von einem Beauftragten der Gemeinde erhoben, dürfen sie nur an die Gemeinde weitergegeben werden; die Gemeinde darf die Daten an andere Beauftragte im Sinne des § 157 sowie an die höhere Verwaltungsbehörde weitergeben, soweit dies zu Zwecken der Sanierung erforderlich ist. [3]Nach Aufhebung der förmlichen Festlegung des Sanierungsgebiets sind die Daten zu löschen. [4]Soweit die erhobenen Daten für die Besteuerung erforderlich sind, dürfen sie an die Finanzbehörden weitergegeben werden.

(3) [1]Die mit der Erhebung der Daten Beauftragten sind bei Aufnahme ihrer Tätigkeit nach Maßgabe des Absatzes 2 zu verpflichten. [2]Ihre Pflichten bestehen nach Beendigung ihrer Tätigkeit fort.

(4) [1]Verweigert ein nach Absatz 1 Auskunftspflichtiger die Auskunft, ist § 208 Satz 2 bis 4 über die Androhung und Festsetzung eines Zwangsgelds entsprechend anzuwenden. [2]Der Auskunftspflichtige kann die Auskunft auf solche Fragen verweigern, deren Beantwortung ihn selbst oder einen der in § 383 Absatz 1 Nummer 1 bis 3 der Zivilprozessordnung[1)] bezeichneten Angehörigen der Gefahr strafrechtlicher Verfolgung oder eines Verfahrens nach dem Gesetz über Ordnungswidrigkeiten[2)] aussetzen würde.

§ 139 Beteiligung und Mitwirkung öffentlicher Aufgabenträger.

(1) Der Bund, einschließlich seiner Sondervermögen, die Länder, die Gemeindeverbände und die sonstigen Körperschaften, Anstalten und Stiftungen des öffentlichen Rechts sollen im Rahmen der ihnen obliegenden Aufgaben die Vorbereitung und Durchführung von städtebaulichen Sanierungsmaßnahmen unterstützen.

(2) [1]§ 4 Absatz 2 und § 4a Absatz 1 bis 4 und 6 sind bei der Vorbereitung und Durchführung der Sanierung auf Behörden und sonstige Träger öffent-

---

[1)] **Habersack (vormals Schönfelder) Nr. 100.**

[2)] Nr. 72.2.

Baugenehmigungs- oder Zustimmungsverfahren wird über die in § 172 Absatz 3 bis 5 bezeichneten Belange entschieden.

(2) [1]Wird in den Fällen des § 172 Absatz 3 die Genehmigung versagt, kann der Eigentümer von der Gemeinde unter den Voraussetzungen des § 40 Absatz 2 die Übernahme des Grundstücks verlangen. [2]§ 43 Absatz 1, 4 und 5 sowie § 44 Absatz 3 und 4 sind entsprechend anzuwenden.

(3) [1]Vor der Entscheidung über den Genehmigungsantrag hat die Gemeinde mit dem Eigentümer oder sonstigen zur Unterhaltung Verpflichteten die für die Entscheidung erheblichen Tatsachen zu erörtern. [2]In den Fällen des § 172 Absatz 4 und 5 hat sie auch Mieter, Pächter und sonstige Nutzungsberechtigte zu hören. [3]In den Fällen des § 172 Absatz 4 Satz 3 Nummer 6 hat sie die nach Satz 2 anzuhörenden Personen über die Erteilung einer Genehmigung zu informieren.

(4) Die landesrechtlichen Vorschriften, insbesondere über den Schutz und die Erhaltung von Denkmälern, bleiben unberührt.

§ 174 Ausnahmen. (1) § 172 ist nicht auf Grundstücke anzuwenden, die den in § 26 Nummer 2 bezeichneten Zwecken dienen, und auf die in § 26 Nummer 3 bezeichneten Grundstücke.

(2) [1]Befindet sich ein Grundstück der in Absatz 1 bezeichneten Art im Geltungsbereich einer Erhaltungssatzung, hat die Gemeinde den Bedarfsträger hiervon zu unterrichten. [2]Beabsichtigt der Bedarfsträger ein Vorhaben im Sinne des § 172 Absatz 1, hat er dies der Gemeinde anzuzeigen. [3]Der Bedarfsträger soll auf Verlangen der Gemeinde von dem Vorhaben absehen, wenn die Voraussetzungen vorliegen, die die Gemeinde berechtigen würden, die Genehmigung nach § 172 zu versagen, und wenn die Erhaltung oder das Absehen von der Errichtung der baulichen Anlage dem Bedarfsträger auch unter Berücksichtigung seiner Aufgaben zuzumuten ist.

Zweiter Abschnitt. Städtebauliche Gebote

§ 175[1)] Allgemeines. (1) [1]Beabsichtigt die Gemeinde, ein Baugebot (§ 176), ein Modernisierungs- oder Instandsetzungsgebot (§ 177), ein Pflanzgebot (§ 178) oder ein Rückbau- oder Entsiegelungsgebot (§ 179) zu erlassen, soll sie die Maßnahme vorher mit den Betroffenen erörtern. [2]Die Gemeinde soll die Eigentümer, Mieter, Pächter und sonstigen Nutzungsberechtigten im Rahmen ihrer Möglichkeiten beraten, wie die Maßnahme durchgeführt werden kann und welche Finanzierungsmöglichkeiten aus öffentlichen Kassen bestehen.

(2) [1]Die Anordnung von Maßnahmen nach den §§ 176 bis 179 setzt voraus, dass die alsbaldige Durchführung der Maßnahmen aus städtebaulichen Gründen erforderlich ist; bei Anordnung eines Baugebots nach § 176 kann dabei auch ein dringender Wohnbedarf der Bevölkerung berücksichtigt werden. [2]Dies ist unter anderem insbesondere dann der Fall, wenn es sich um ein nach § 201a bestimmtes Gebiet mit einem angespannten Wohnungsmarkt handelt.

(3) Mieter, Pächter und sonstige Nutzungsberechtigte haben die Durchführung der Maßnahmen nach den §§ 176 bis 179 zu dulden.

(4) [1]Die §§ 176 bis 179 sind nicht auf Grundstücke anzuwenden, die den in § 26 Nummer 2 bezeichneten Zwecken dienen, und auf die in § 26 Nummer 3

[1)] § 175 Abs. 2 Satz 2 angef. mWv 23.6.2021 durch G v. 14.6.2021 (BGBl. I S. 1802).

bezeichneten Grundstücke. [2] Liegen für diese Grundstücke die Voraussetzungen für die Anordnung eines Gebots nach den §§ 176 bis 179 vor, soll auf Verlangen der Gemeinde der Bedarfsträger die entsprechenden Maßnahmen durchführen oder ihre Durchführung dulden, soweit dadurch nicht die Erfüllung seiner Aufgaben beeinträchtigt wird.

(5) Die landesrechtlichen Vorschriften, insbesondere über den Schutz und die Erhaltung von Denkmälern, bleiben unberührt.

§ 176[1)] Baugebot. (1) [1] Im Geltungsbereich eines Bebauungsplans kann die Gemeinde den Eigentümer durch Bescheid verpflichten, innerhalb einer zu bestimmenden angemessenen Frist

1. sein Grundstück entsprechend den Festsetzungen des Bebauungsplans zu bebauen,
2. ein vorhandenes Gebäude oder eine vorhandene sonstige bauliche Anlage den Festsetzungen des Bebauungsplans anzupassen oder
3. sein Grundstück mit einer oder mehreren Wohneinheiten zu bebauen, wenn in dem Bebauungsplan Wohnnutzungen zugelassen sind und wenn es sich um ein nach § 201a bestimmtes Gebiet mit einem angespannten Wohnungsmarkt handelt. Dabei kann die Gemeinde auch ein den Festsetzungen des Bebauungsplans entsprechendes Maß der Nutzung anordnen.

[2] Die Wirksamkeit eines nach Satz 1 Nummer 3 erlassenen Baugebots wird durch das Ende der Geltungsdauer der Rechtsverordnung nach § 201a nicht berührt.

(2) Das Baugebot kann außerhalb der in Absatz 1 bezeichneten Gebiete, aber innerhalb im Zusammenhang bebauter Ortsteile angeordnet werden, um unbebaute oder geringfügig bebaute Grundstücke entsprechend den baurechtlichen Vorschriften zu nutzen oder einer baulichen Nutzung zuzuführen, insbesondere zur Schließung von Baulücken.

(3) [1] Die Gemeinde hat von dem Baugebot abzusehen, wenn die Durchführung des Vorhabens aus wirtschaftlichen Gründen einem Eigentümer nicht zuzumuten ist. [2] Die Gemeinde hat weiter bis zum 23. Juni 2026 von dem Baugebot abzusehen, wenn ein Eigentümer im Falle des Absatzes 1 Satz 1 Nummer 3 glaubhaft macht, dass ihm die Durchführung des Vorhabens aus Gründen des Erhalts der Entscheidungsbefugnis über die Nutzung des Grundstücks für seinen Ehegatten oder eine in gerader Linie verwandte Person nicht zuzumuten ist. [3] Die Regelung ist zu evaluieren.

(4) [1] Der Eigentümer kann von der Gemeinde die Übernahme des Grundstücks verlangen, wenn er glaubhaft macht, dass ihm die Durchführung des Vorhabens aus wirtschaftlichen Gründen nicht zuzumuten ist. [2] In diesem Fall kann die Gemeinde das Grundstück zugunsten einer kommunalen Wohnungsbaugesellschaft übernehmen, wenn diese innerhalb angemessener Frist in der Lage ist, das Baugebot zu erfüllen und sich hierzu verpflichtet. [3] § 43 Absatz 1, 4 und 5 sowie § 44 Absatz 3 und 4 sind entsprechend anzuwenden.

(5) [1] Ist die Durchführung eines Baugebots nur möglich, wenn zuvor eine bauliche Anlage oder Teile davon beseitigt werden, ist der Eigentümer mit dem

---

[1)] § 176 Abs. 1 Satz 1 Nr. 1 und Nr. 2 geänd., Nr. 3, Satz 2 angef., Abs. 3 neu gef., Abs. 4 Satz 2 eingef., bish. Satz 2 wird Satz 3 mWv 23.6.2021 durch G v. 14.6.2021 (BGBl. I S. 1802).

Baugebot auch zur Beseitigung verpflichtet. [2] § 179 Absatz 2 und 3 Satz 1, § 43 Absatz 2 und 5 sowie § 44 Absatz 3 und 4 sind entsprechend anzuwenden.

(6) Ist für ein Grundstück eine andere als bauliche Nutzung festgesetzt, sind die Absätze 1 und 3 bis 5 entsprechend anzuwenden.

(7) Mit dem Baugebot kann die Verpflichtung verbunden werden, innerhalb einer zu bestimmenden angemessenen Frist den für eine bauliche Nutzung des Grundstücks erforderlichen Antrag auf Erteilung einer bauaufsichtlichen Genehmigung zu stellen.

(8) Kommt der Eigentümer der Verpflichtung nach Absatz 7 auch nach Vollstreckungsmaßnahmen auf Grund landesrechtlicher Vorschriften nicht nach, kann das Enteignungsverfahren nach § 85 Absatz 1 Nummer 5 auch vor Ablauf der Frist nach Absatz 1 eingeleitet werden.

(9) [1] In dem Enteignungsverfahren ist davon auszugehen, dass die Voraussetzungen des Baugebots vorliegen; die Vorschriften über die Zulässigkeit der Enteignung bleiben unberührt. [2] Bei der Bemessung der Entschädigung bleiben Werterhöhungen unberücksichtigt, die nach Unanfechtbarkeit des Baugebots eingetreten sind, es sei denn, dass der Eigentümer die Werterhöhungen durch eigene Aufwendungen zulässigerweise bewirkt hat.

§ 176a[1)] Städtebauliches Entwicklungskonzept zur Stärkung der Innenentwicklung. (1) Die Gemeinde kann ein städtebauliches Entwicklungskonzept beschließen, das Aussagen zum räumlichen Geltungsbereich, zu Zielen und zur Umsetzung von Maßnahmen enthält, die der Stärkung der Innenentwicklung dienen.

(2) Das städtebauliche Entwicklungskonzept nach Absatz 1 soll insbesondere der baulichen Nutzbarmachung auch von im Gemeindegebiet ohne Zusammenhang verteilt liegenden unbebauten oder brachliegenden Grundstücken dienen.

(3) Die Gemeinde kann ein städtebauliches Entwicklungskonzept nach Absatz 1 zum Bestandteil der Begründung eines Bebauungsplans machen.

(Fortsetzung nächstes Blatt)

---

1) § 176a eingef. mWv 23.6.2021 durch G v. 14.6.2021 (BGBl. I S. 1802).

§ 196[1)] Bodenrichtwerte. (1) [1]Auf Grund der Kaufpreissammlung sind flächendeckend durchschnittliche Lagewerte für den Boden unter Berücksichtigung des unterschiedlichen Entwicklungszustands zu ermitteln (Bodenrichtwerte). [2]In bebauten Gebieten sind Bodenrichtwerte mit dem Wert zu ermitteln, der sich ergeben würde, wenn der Boden unbebaut wäre. [3]Es sind Richtwertzonen zu bilden, die jeweils Gebiete umfassen, die nach Art und Maß der Nutzung weitgehend übereinstimmen. [4]Die wertbeeinflussenden Merkmale des Bodenrichtwertgrundstücks sind darzustellen. [5]Die Bodenrichtwerte sind jeweils zu Beginn jedes zweiten Kalenderjahres zu ermitteln, wenn nicht eine häufigere Ermittlung bestimmt ist. [6]Für Zwecke der steuerlichen Bewertung des Grundbesitzes sind Bodenrichtwerte nach ergänzenden Vorgaben der Finanzverwaltung zum jeweiligen Hauptfeststellungszeitpunkt oder sonstigen Feststellungszeitpunkt zu ermitteln. [7]Auf Antrag der für den Vollzug dieses Gesetzbuchs zuständigen Behörden sind Bodenrichtwerte für einzelne Gebiete bezogen auf einen abweichenden Zeitpunkt zu ermitteln.

(2) [1]Hat sich in einem Gebiet die Qualität des Bodens durch einen Bebauungsplan oder andere Maßnahmen geändert, sind bei der nächsten Fortschreibung der Bodenrichtwerte auf der Grundlage der geänderten Qualität auch Bodenrichtwerte bezogen auf die Wertverhältnisse zum Zeitpunkt der letzten Hauptfeststellung oder dem letzten sonstigen Feststellungszeitpunkt für steuerliche Zwecke zu ermitteln. [2]Die Ermittlung kann unterbleiben, wenn das zuständige Finanzamt darauf verzichtet.

(3) [1]Die Bodenrichtwerte sind zu veröffentlichen und dem zuständigen Finanzamt mitzuteilen. [2]Jedermann kann von der Geschäftsstelle Auskunft über die Bodenrichtwerte verlangen.

§ 197 Befugnisse des Gutachterausschusses. (1) [1]Der Gutachterausschuss kann mündliche oder schriftliche Auskünfte von Sachverständigen und von Personen einholen, die Angaben über das Grundstück und, wenn das zur Ermittlung von Geldleistungen im Umlegungsverfahren, von Ausgleichsbeträgen und von Enteignungsentschädigungen erforderlich ist, über ein Grundstück, das zum Vergleich herangezogen werden soll, machen können. [2]Er kann verlangen, dass Eigentümer und sonstige Inhaber von Rechten an einem Grundstück die zur Führung der Kaufpreissammlung und zur Begutachtung notwendigen Unterlagen vorlegen. [3]Der Eigentümer und der Besitzer des Grundstücks haben zu dulden, dass Grundstücke zur Auswertung von Kaufpreisen und zur Vorbereitung von Gutachten betreten werden. [4]Wohnungen dürfen nur mit Zustimmung der Wohnungsinhaber betreten werden.

(2) [1]Alle Gerichte und Behörden haben dem Gutachterausschuss Rechts- und Amtshilfe zu leisten. [2]Die Finanzbehörden erteilen dem Gutachterausschuss auf Ersuchen Auskünfte über Grundstücke, soweit ihnen die Verhältnisse der Grundstücke bekannt sind und dies zur Ermittlung von Ausgleichsbeträgen und Enteignungsentschädigungen sowie zur Ermittlung von Verkehrswerten und der für die Wertermittlung erforderlichen Daten einschließlich der Bodenrichtwerte erforderlich ist. [3]Die Auskunftspflicht besteht nicht, soweit deren Erfüllung mit einem unverhältnismäßigen Aufwand verbunden wäre.

§ 198 Oberer Gutachterausschuss. (1) [1]Für den Bereich einer oder mehrerer höherer Verwaltungsbehörden sind Obere Gutachterausschüsse oder Zen-

---

[1)] § 196 Abs. 1 Satz 5 geänd. mWv 23.6.2021 durch G v. 14.6.2021 (BGBl. I S. 1802).

trale Geschäftsstellen zu bilden, wenn in dem Bereich der höheren Verwaltungsbehörde mehr als zwei Gutachterausschüsse gebildet sind. [2] Auf die Oberen Gutachterausschüsse sind die Vorschriften über die Gutachterausschüsse entsprechend anzuwenden.

(2) [1] Der Obere Gutachterausschuss oder die Zentrale Geschäftsstelle haben insbesondere die Aufgabe, überregionale Auswertungen und Analysen des Grundstücksmarktgeschehens zu erstellen, auch um zu einer bundesweiten Grundstücksmarkttransparenz beizutragen. [2] Ist nach Absatz 1 kein Oberer Gutachterausschuss oder keine Zentrale Geschäftsstelle zu bilden, gilt Satz 1 für die Gutachterausschüsse entsprechend.

(3) Der Obere Gutachterausschuss hat auf Antrag eines Gerichts ein Obergutachten zu erstatten, wenn schon das Gutachten eines Gutachterausschusses vorliegt.

§ 199 Ermächtigungen. (1) Die Bundesregierung wird ermächtigt, mit Zustimmung des Bundesrates durch Rechtsverordnung[1)] Vorschriften über die Anwendung gleicher Grundsätze bei der Ermittlung der Verkehrswerte und bei der Ableitung der für die Wertermittlung erforderlichen Daten einschließlich der Bodenrichtwerte zu erlassen.

(2) Die Landesregierungen werden ermächtigt, durch Rechtsverordnung

1. die Bildung und das Tätigwerden der Gutachterausschüsse und der Oberen Gutachterausschüsse sowie der Zentralen Geschäftsstellen, soweit in diesem Gesetzbuch nicht bereits geschehen, die Mitwirkung der Gutachter und deren Ausschluss im Einzelfall,
2. die Aufgaben des Vorsitzenden,
3. die Einrichtung und die Aufgaben der Geschäftsstelle,
4. die Führung und Auswertung der Kaufpreissammlung, die Häufigkeit der Bodenrichtwertermittlung sowie die Veröffentlichung der Bodenrichtwerte und sonstiger Daten der Wertermittlung und die Erteilung von Auskünften aus der Kaufpreissammlung,
5. die Übermittlung von Daten der Flurbereinigungsbehörden zur Führung und Auswertung der Kaufpreissammlung,
6. die Übertragung weiterer Aufgaben auf den Gutachterausschuss und den Oberen Gutachterausschuss und
7. die Entschädigung der Mitglieder des Gutachterausschusses und des Oberen Gutachterausschusses

zu regeln.

[1)] Siehe die ImmobilienwertermittlungsVO **(Sartorius ErgBd. Nr. 310)**, die BodenrichtwertRL v. 11.1.2011 (BAnz. Nr. 24 S. 597), die SachwertRL v. 5.9.2012 (BAnz AT 18.10.2012 B1), die VergleichswertRL v. 20.3.2014 (BAnz AT 11.04.2014 B3) und die ErtragswertRL v. 12.11.2015 (BAnz AT 04.12.2015 B4).

Zweiter Teil. Allgemeine Vorschriften; Zuständigkeiten; Verwaltungsverfahren; Planerhaltung

Erster Abschnitt. Allgemeine Vorschriften

§ 200 Grundstücke; Rechte an Grundstücken; Baulandkataster.

(1) Die für Grundstücke geltenden Vorschriften dieses Gesetzbuchs sind entsprechend auch auf Grundstücksteile anzuwenden.

(2) Die für das Eigentum an Grundstücken bestehenden Vorschriften sind, soweit dieses Gesetzbuch nichts anderes vorschreibt, entsprechend auch auf grundstücksgleiche Rechte anzuwenden.

(3) [1]Die Gemeinde kann sofort oder in absehbarer Zeit bebaubare Flächen in Karten oder Listen auf der Grundlage eines Lageplans erfassen, der Flur- und Flurstücksnummern, Straßennamen und Angaben zur Grundstücksgröße enthält (Baulandkataster). [2]Sie kann die Flächen in Karten oder Listen veröffentlichen, soweit der Grundstückseigentümer nicht widersprochen hat. [3]Die Gemeinde hat ihre Absicht zur Veröffentlichung einen Monat vorher öffentlich bekannt zu geben und dabei auf das Widerspruchsrecht der Grundstückseigentümer hinzuweisen.

§ 200a Ersatzmaßnahmen. [1]Darstellungen für Flächen zum Ausgleich und Festsetzungen für Flächen oder Maßnahmen zum Ausgleich im Sinne des § 1a Absatz 3 umfassen auch Ersatzmaßnahmen. [2]Ein unmittelbarer räumlicher Zusammenhang zwischen Eingriff und Ausgleich ist nicht erforderlich, soweit dies mit einer geordneten städtebaulichen Entwicklung und den Zielen der Raumordnung sowie des Naturschutzes und der Landschaftspflege vereinbar ist.

§ 201 Begriff der Landwirtschaft. Landwirtschaft im Sinne dieses Gesetzbuchs ist insbesondere der Ackerbau, die Wiesen- und Weidewirtschaft einschließlich Tierhaltung, soweit das Futter überwiegend auf den zum landwirtschaftlichen Betrieb gehörenden, landwirtschaftlich genutzten Flächen erzeugt werden kann, die gartenbauliche Erzeugung, der Erwerbsobstbau, der Weinbau, die berufsmäßige Imkerei und die berufsmäßige Binnenfischerei.

§ 201a[1) 2)] Verordnungsermächtigung zur Bestimmung von Gebieten mit einem angespannten Wohnungsmarkt. [1]Die Landesregierungen werden ermächtigt, durch Rechtsverordnung Gebiete mit einem angespannten Wohnungsmarkt zu bestimmen. [2]Die Rechtsverordnung nach Satz 1 gilt für die Anwendung der Regelungen in § 25 Absatz 1 Satz 1 Nummer 3, § 31 Absatz 3, § 175 Absatz 2 Satz 2 und § 176 Absatz 1 Satz 1 Nummer 3. [3]Ein Gebiet mit einem angespannten Wohnungsmarkt liegt vor, wenn die ausreichende Versorgung der Bevölkerung mit Mietwohnungen in einer Gemeinde oder einem Teil der Gemeinde zu angemessenen Bedingungen besonders gefährdet ist. [4]Dies kann insbesondere dann der Fall sein, wenn

1. die Mieten deutlich stärker steigen als im bundesweiten Durchschnitt,
2. die durchschnittliche Mietbelastung der Haushalte den bundesweiten Durchschnitt deutlich übersteigt,

---

[1)] Siehe hierzu ua:
Hamb. Wohnungsmarkt-Verordnung 2021 v. 13.7.2021 (HmbGVBl. S. 530).

[2)] § 201a eingef. mWv 23.6.2021 durch G v. 14.6.2021 (BGBl. I S. 1802).

3. die Wohnbevölkerung wächst, ohne dass durch Neubautätigkeit insoweit erforderlicher Wohnraum geschaffen wird, oder
4. geringer Leerstand bei großer Nachfrage besteht.

[5] Eine Rechtsverordnung nach Satz 1 muss spätestens mit Ablauf des 31. Dezember 2026 außer Kraft treten. [6] Sie muss begründet werden. [7] Aus der Begründung muss sich ergeben, auf Grund welcher Tatsachen ein Gebiet mit einem angespannten Wohnungsmarkt im Einzelfall vorliegt. [8] Die betroffenen Gemeinden und die auf Landesebene bestehenden kommunalen Spitzenverbände sollen vor dem Erlass der Rechtsverordnung beteiligt werden.

§ 202 Schutz des Mutterbodens. Mutterboden, der bei der Errichtung und Änderung baulicher Anlagen sowie bei wesentlichen anderen Veränderungen der Erdoberfläche ausgehoben wird, ist in nutzbarem Zustand zu erhalten und vor Vernichtung oder Vergeudung zu schützen.

Zweiter Abschnitt. Zuständigkeiten

§ 203 Abweichende Zuständigkeitsregelung. (1) Die Landesregierung oder die von ihr bestimmte Behörde kann im Einvernehmen mit der Gemeinde durch Rechtsverordnung bestimmen, dass die nach diesem Gesetzbuch der Gemeinde obliegenden Aufgaben auf eine andere Gebietskörperschaft übertragen werden oder auf einen Verband, an dessen Willensbildung die Gemeinde mitwirkt.

(2) [1] Durch Landesgesetz können Aufgaben der Gemeinden nach diesem Gesetzbuch auf Verbandsgemeinden, Verwaltungsgemeinschaften oder vergleichbare gesetzliche Zusammenschlüsse von Gemeinden, denen nach Landesrecht örtliche Selbstverwaltungsaufgaben der Gemeinde obliegen, übertragen werden. [2] In dem Landesgesetz ist zu regeln, wie die Gemeinden an der Aufgabenerfüllung mitwirken.

(3) Die Landesregierung kann durch Rechtsverordnung die nach diesem Gesetzbuch der höheren Verwaltungsbehörde zugewiesenen Aufgaben auf andere staatliche Behörden, Landkreise oder kreisfreie Gemeinden übertragen.

(4) [1] Unterliegen die Planungsbereiche gemeinsamer Flächennutzungspläne (§ 204) oder von Flächennutzungsplänen und Satzungen eines Planungsverbands (§ 205) der Zuständigkeit verschiedener höherer Verwaltungsbehörden, ist die Oberste Landesbehörde für die Entscheidung im Genehmigungs- und Zustimmungsverfahren zuständig. [2] Liegen die Geltungsbereiche in verschiedenen Ländern, entscheiden die Obersten Landesbehörden im gegenseitigen Einvernehmen.

§ 204 Gemeinsamer Flächennutzungsplan, Bauleitplanung bei Bildung von Planungsverbänden und bei Gebiets- oder Bestandsänderung. (1) [1] Benachbarte Gemeinden sollen einen gemeinsamen Flächennutzungsplan aufstellen, wenn ihre städtebauliche Entwicklung wesentlich durch gemeinsame Voraussetzungen und Bedürfnisse bestimmt wird oder ein gemeinsamer Flächennutzungsplan einen gerechten Ausgleich der verschiedenen Belange ermöglicht. [2] Ein gemeinsamer Flächennutzungsplan soll insbesondere aufgestellt werden, wenn die Ziele der Raumordnung oder wenn Einrichtungen und Anlagen des öffentlichen Verkehrs, sonstige Erschließungsanlagen sowie Gemeinbedarfs- oder sonstige Folgeeinrichtungen eine gemeinsame Planung erfordern. [3] Der gemeinsame Flächennutzungsplan kann von den beteiligten Gemeinden nur gemeinsam aufgehoben, geändert oder ergänzt werden; die Gemeinden können vereinbaren, dass sich die Bindung nur auf bestimmte räumliche oder sachliche Teilbereiche erstreckt. [4] Ist eine gemeinsame Planung nur für räumliche oder sachliche Teilbereiche erforderlich, genügt anstelle eines gemeinsamen Flächennutzungsplans eine Vereinbarung der beteiligten Gemeinden über bestimmte Darstellungen in ihren Flächennutzungsplänen. [5] Sind die Voraussetzungen für eine gemeinsame Planung nach Satz 1 und 4 entfallen oder ist ihr Zweck erreicht, können die beteiligten Gemeinden den Flächennutzungsplan für ihr Gemeindegebiet ändern oder ergänzen; vor Einleitung des Bauleitplanverfahrens ist die Zustimmung der höheren Verwaltungsbehörde erforderlich.

(2) [1] Werden Gemeinden in ihrem Gebiet oder Bestand geändert oder geht die Zuständigkeit zur Aufstellung von Flächennutzungsplänen auf Verbände oder sonstige kommunale Körperschaften über, gelten unbeschadet abweichender landesrechtlicher Regelungen bestehende Flächennutzungspläne fort. [2] Dies gilt auch für räumliche und sachliche Teile der Flächennutzungspläne. [3] Die Befugnis und die Pflicht der Gemeinde, eines Verbands oder einer sonstigen Körperschaft, fortgeltende Flächennutzungspläne aufzuheben oder für das neue Gemeindegebiet zu ergänzen oder durch einen neuen Flächennutzungsplan zu ersetzen, bleiben unberührt.

(3) [1] Verfahren zur Aufstellung, Änderung, Ergänzung oder Aufhebung von Bebauungsplänen können nach einer Gebiets- oder Bestandsänderung in ihrem jeweiligen Stand fortgeführt werden. [2] Satz 1 gilt entsprechend bei Bildung von Planungsverbänden und für Zusammenschlüsse nach § 205 Ab-

(Fortsetzung nächstes Blatt)

§ 245a[1)] Überleitungsvorschriften und Vorschriften im Zusammenhang mit dem Gesetz zur Stärkung der Innenentwicklung in den Städten und Gemeinden und weiteren Fortentwicklung des Städtebaurechts. (1) [1]Die Regelungen zur Zulässigkeit von Anlagen zur Kinderbetreuung sowie von Anlagen zur Nutzung solarer Strahlungsenergie und Kraft-Wärme-Kopplungsanlagen in § 3 Absatz 2 Nummer 2 und § 14 Absatz 3 der Baunutzungsverordnung[2)] in der ab dem 20. September 2013 geltenden Fassung gelten vorbehaltlich des Satzes 2 und des Absatzes 2 auch für Bebauungspläne, die auf der Grundlage der Baunutzungsverordnung in einer Fassung vor dem 20. September 2013 in Kraft getreten sind. [2]Satz 1 gilt nicht in Bezug auf Anlagen zur Kinderbetreuung, wenn vor dem 20. September 2013 die ausnahmsweise Zulässigkeit dieser Anlagen nach § 3 Absatz 3 Nummer 2 der Baunutzungsverordnung in der vom 27. Januar 1990 bis zum 20. September 2013 geltenden Fassung durch Festsetzungen nach § 1 Absatz 6 Nummer 1, Absatz 8 und 9 der Baunutzungsverordnung ausgeschlossen worden ist.

(2) [1]Die sich aus § 3 Absatz 2 Nummer 2 und § 14 Absatz 3 der Baunutzungsverordnung in der ab dem 20. September 2013 geltenden Fassung in Verbindung mit Absatz 1 Satz 1 ergebende Zulässigkeit von Anlagen zur Kinderbetreuung sowie von Anlagen zur Nutzung solarer Strahlungsenergie und von Kraft-Wärme-Kopplungsanlagen kann durch Änderung der Bebauungspläne nach Maßgabe der Vorschriften der Baunutzungsverordnung eingeschränkt oder ausgeschlossen werden; hierauf sind die Vorschriften dieses Gesetzbuchs über die Aufstellung der Bauleitpläne, einschließlich der §§ 14 bis 18, anzuwenden. [2]Das Verfahren für die Änderung von Bebauungsplänen nach Satz 1 kann vor dem 20. September 2013 eingeleitet werden.

(3) [1]Darstellungen in Flächennutzungsplänen, die vor dem 20. September 2013 in Bezug auf bauliche Anlagen zur Tierhaltung im Sinne des § 35 Absatz 1 Nummer 4 die Rechtswirkungen des § 35 Absatz 3 Satz 3 erzielt haben, haben diese Rechtswirkungen auch in Bezug auf bauliche Anlagen zur Tierhaltung im Sinne der ab dem 20. September 2013 geltenden Fassung des § 35 Absatz 1 Nummer 4. [2]Wenn ein Fortgelten der Rechtswirkungen nach Satz 1 der ursprünglichen planerischen Zielsetzung widerspricht, stellt die Gemeinde dies in einem Beschluss fest, der ortsüblich bekannt zu machen ist. [3]Mit der ortsüblichen Bekanntmachung des Beschlusses gelten die entsprechenden Darstellungen als aufgehoben; der Flächennutzungsplan ist im Wege der Berichtigung anzupassen.

(4) Soweit für Zulassungsentscheidungen über Anlagen zur Tierhaltung, die dem § 35 Absatz 1 Nummer 4 unterfallen, vor Ablauf des 4. Juli 2012 bei der zuständigen Behörde ein Antrag eingegangen ist, ist § 35 Absatz 1 Nummer 4 in seiner bis zum 20. September 2013 geltenden Fassung anzuwenden.

(5) [1]Soweit bei einer Zulassungsentscheidung über Anlagen zur Tierhaltung auf Grund von Absatz 4 § 35 Absatz 1 Nummer 4 in seiner bis zum Ablauf des 20. September 2013 geltenden Fassung anzuwenden war, ist die Änderung der danach errichteten baulichen Anlage zur Tierhaltung ebenfalls unter den Voraussetzungen des § 35 Absatz 1 Nummer 4 in seiner bis zum Ablauf des 20. September 2013 geltenden Fassung zulässig, wenn

---

[1)] § 245a Überschrift neu gef., Abs. 5 angef. mWv 23.7.2021 durch G v. 16.7.2021 (BGBl. I S. 2939).

[2)] Nr. **41.2/1**.

1. es sich ausschließlich um eine Änderung zur Umsetzung eines Betriebs- und Umbaukonzepts zur Umstellung der vorhandenen Haltungseinrichtungen auf Haltungseinrichtungen zum Halten von Jungsauen und Sauen, das den Anforderungen des § 30 Absatz 2 und 2a der Tierschutz-Nutztierhaltungsverordnung in der Fassung der Bekanntmachung vom 22. August 2006 (BGBl. I S. 2043), die zuletzt durch Artikel 1a der Verordnung vom 29. Januar 2021 (BGBl. I S. 146) geändert worden ist, jeweils in Verbindung mit § 24 Absatz 2 der Tierschutz-Nutztierhaltungsverordnung, genügt, oder eines Betriebs- und Umbaukonzepts zur Umstellung der vorhandenen Abferkelbuchten auf Abferkelbuchten zum Halten von Jungsauen und Sauen, das den Anforderungen des § 24 Absatz 3 Satz 3 und Absatz 4 sowie § 30 Absatz 2b der Tierschutz-Nutztierhaltungsverordnung genügt, handelt sowie
2. die Anzahl der Tierplätze nicht erhöht und die Tierart im Sinne der Nummer 7.8 der Anlage 1 zum Gesetz über die Umweltverträglichkeitsprüfung[1)] nicht geändert wird.

[2]Satz 1 gilt auch für bauliche Anlagen zur Tierhaltung im Außenbereich nach § 35, die dem Anwendungsbereich des § 35 Absatz 1 Nummer 1 nicht oder nicht mehr unterfallen und deren Zulassungsentscheidung vor dem 20. September 2013 getroffen worden ist. [3]Unbeschadet von Satz 1 und 2 bleibt die Möglichkeit, ein Vorhaben nach § 35 zuzulassen.

§ 245b Überleitungsvorschriften für Vorhaben im Außenbereich.

(1) (weggefallen)

(2) Die Länder können bestimmen, dass die Frist nach § 35 Absatz 4 Satz 1 Nummer 1 Buchstabe c nicht anzuwenden ist.

§ 245c Überleitungsvorschrift aus Anlass des Gesetzes zur Umsetzung der Richtlinie 2014/52/EU im Städtebaurecht und zur Stärkung des neuen Zusammenlebens in der Stadt. (1) [1]Abweichend von § 233 Absatz 1 Satz 1 können Verfahren nach diesem Gesetz, die förmlich vor dem 13. Mai 2017 eingeleitet worden sind, nur dann nach den vor dem 13. Mai 2017 geltenden Rechtsvorschriften abgeschlossen werden, wenn die Beteiligung der Behörden und der sonstigen Träger öffentlicher Belange nach § 4 Absatz 1 Satz 1 oder nach sonstigen Vorschriften dieses Gesetzes vor dem 16. Mai 2017 eingeleitet worden ist. [2]§ 233 Absatz 1 Satz 2 bleibt unberührt.

(2) [1]Bebauungspläne oder Satzungen mit Regelungen nach § 22 Absatz 1 Satz 1 Nummer 3 und 4 finden keine Anwendung, wenn die Regelung nach § 1010 Absatz 1 des Bürgerlichen Gesetzbuchs[2)] vor dem 13. Mai 2017 getroffen worden ist. [2]Bebauungspläne oder Satzungen mit Regelungen nach § 22 Absatz 1 Satz 1 Nummer 5 finden keine Anwendung, wenn die Nutzung als Nebenwohnung vor dem 13. Mai 2017 aufgenommen worden ist.

(3) § 34 Absatz 2 findet auf Baugebiete nach § 6a der Baunutzungsverordnung[3)] keine Anwendung.

[1)] Nr. 32.4.
[2)] **Habersack (vormals Schönfelder) Nr. 20.**
[3)] Nr. 41.2/1.

§ 245d[1)] Überleitungsvorschrift aus Anlass des Gesetzes zur Mobilisierung von Bauland. (1) § 34 Absatz 2 findet auf Baugebiete nach § 5a der Baunutzungsverordnung[2)] keine Anwendung.

(2) Im Anwendungsbereich des § 34 Absatz 2 ist § 14 Absatz 1a der Baunutzungsverordnung nicht anzuwenden; für die der öffentlichen Versorgung mit Telekommunikationsdienstleistungen dienenden Nebenanlagen gilt dort § 14 Absatz 2 der Baunutzungsverordnung entsprechend.

Zweiter Teil. Schlussvorschriften

§ 246[3)] Sonderregelungen für einzelne Länder; Sonderregelungen für Flüchtlingsunterkünfte. (1) In den Ländern Berlin und Hamburg entfallen die in § 6 Absatz 1, § 10 Absatz 2 und § 190 Absatz 1 vorgesehenen Genehmigungen oder Zustimmungen; das Land Bremen kann bestimmen, dass diese Genehmigungen oder Zustimmungen entfallen.

(1a) [1]Die Länder können bestimmen, dass Bebauungspläne, die nicht der Genehmigung bedürfen, und Satzungen nach § 34 Absatz 4 Satz 1, § 35 Absatz 6 und § 165 Absatz 6 vor ihrem Inkrafttreten der höheren Verwaltungsbehörde anzuzeigen sind; dies gilt nicht für Bebauungspläne nach § 13. [2]Die höhere Verwaltungsbehörde hat die Verletzung von Rechtsvorschriften, die eine Versagung der Genehmigung nach § 6 Absatz 2 rechtfertigen würde, innerhalb eines Monats nach Eingang der Anzeige geltend zu machen. [3]Der Bebauungsplan und die Satzungen dürfen nur in Kraft gesetzt werden, wenn die höhere Verwaltungsbehörde die Verletzung von Rechtsvorschriften nicht innerhalb der in Satz 2 bezeichneten Frist geltend gemacht hat.

(2) [1]Die Länder Berlin und Hamburg bestimmen, welche Form der Rechtsetzung an die Stelle der in diesem Gesetzbuch vorgesehenen Satzungen tritt. [2]Das Land Bremen kann eine solche Bestimmung treffen. [3]Die Länder Berlin, Bremen und Hamburg können eine von § 10 Absatz 3, § 16 Absatz 2, § 22 Absatz 2, § 143 Absatz 1, § 162 Absatz 2 Satz 2 bis 4 und § 165 Absatz 8 abweichende Regelung treffen.

(3) § 171f ist auch auf Rechtsvorschriften der Länder anzuwenden, die vor dem 1. Januar 2007 in Kraft getreten sind.

(4) Die Senate der Länder Berlin, Bremen und Hamburg werden ermächtigt, die Vorschriften dieses Gesetzbuchs über die Zuständigkeit von Behörden dem besonderen Verwaltungsaufbau ihrer Länder anzupassen.

(5) Das Land Hamburg gilt für die Anwendung dieses Gesetzbuchs auch als Gemeinde.

(6) § 9 Absatz 2d gilt entsprechend für Pläne, die gemäß § 173 Absatz 3 Satz 1 des Bundesbaugesetzes in Verbindung mit § 233 Absatz 3 als Bebauungspläne fortgelten.

(7) [1]Die Länder können bestimmen, dass § 34 Absatz 1 Satz 1 bis zum 31. Dezember 2004 nicht für Einkaufszentren, großflächige Einzelhandels-

---

[1)] § 245d eingef. mWv 23.6.2021 durch G v. 14.6.2021 (BGBl. I S. 1802).

[2)] Nr. **41.2/1**.

[3)] § 246 Abs. 6 neu gef., Abs. 8, 9, 10 Satz 1, 11 Satz 1, 12 Satz 1 geänd., Sätze 2, 3 eingef., bish. Satz 2 wird Satz 4, Abs. 13 Satz 1 geänd., Sätze 2, 3 eingef., bish. Sätze 2–5 werden Sätze 4–7, neue Sätze 6, 7 geänd., Abs. 13a eingef., Abs. 14 Satz 6, Abs. 15–17 geänd. mWv 23.6.2021 durch G v. 14.6.2021 (BGBl. I S. 1802).

betriebe und sonstige großflächige Handelsbetriebe im Sinne des § 11 Absatz 3 der Baunutzungsverordnung[1)] anzuwenden ist. [2] Wird durch eine Regelung nach Satz 1 die bis dahin zulässige Nutzung eines Grundstücks aufgehoben oder wesentlich geändert, ist § 238 entsprechend anzuwenden.

(8) Bis zum Ablauf des 31. Dezember 2024 gilt § 34 Absatz 3a Satz 1 entsprechend für die Nutzungsänderung zulässigerweise errichteter baulicher Anlagen in bauliche Anlagen, die der Unterbringung von Flüchtlingen oder Asylbegehrenden dienen, und für deren Erweiterung, Änderung oder Erneuerung.

(9) Bis zum Ablauf des 31. Dezember 2024 gilt die Rechtsfolge des § 35 Absatz 4 Satz 1 für Vorhaben entsprechend, die der Unterbringung von Flüchtlingen oder Asylbegehrenden dienen, wenn das Vorhaben im unmittelbaren räumlichen Zusammenhang mit nach § 30 Absatz 1 oder § 34 zu beurteilenden bebauten Flächen innerhalb des Siedlungsbereichs erfolgen soll.

(10) [1] Bis zum Ablauf des 31. Dezember 2024 kann in Gewerbegebieten (§ 8 der Baunutzungsverordnung, auch in Verbindung mit § 34 Absatz 2) für Aufnahmeeinrichtungen, Gemeinschaftsunterkünfte oder sonstige Unterkünfte für Flüchtlinge oder Asylbegehrende von den Festsetzungen des Bebauungsplans befreit werden, wenn an dem Standort Anlagen für soziale Zwecke als Ausnahme zugelassen werden können oder allgemein zulässig sind und die Abweichung auch unter Würdigung nachbarlicher Interessen mit öffentlichen Belangen vereinbar ist. [2] § 36 gilt entsprechend.

(11) [1] Soweit in den Baugebieten nach den §§ 2 bis 7 der Baunutzungsverordnung (auch in Verbindung mit § 34 Absatz 2) Anlagen für soziale Zwecke als Ausnahme zugelassen werden können, gilt § 31 Absatz 1 mit der Maßgabe, dass dort bis zum Ablauf des 31. Dezember 2024 Aufnahmeeinrichtungen, Gemeinschaftsunterkünfte oder sonstige Unterkünfte für Flüchtlinge oder Asylbegehrende in der Regel zugelassen werden sollen. [2] Satz 1 gilt entsprechend für in übergeleiteten Plänen festgesetzte Baugebiete, die den in Satz 1 genannten Baugebieten vergleichbar sind.

(12) [1] Bis zum Ablauf des 31. Dezember 2024 kann für die auf längstens drei Jahre zu befristende

1. Errichtung mobiler Unterkünfte für Flüchtlinge oder Asylbegehrende,
2. Nutzungsänderung zulässigerweise errichteter baulicher Anlagen in Gewerbe- und Industriegebieten sowie in Sondergebieten nach den §§ 8 bis 11 der Baunutzungsverordnung (auch in Verbindung mit § 34 Absatz 2) in Aufnahmeeinrichtungen, Gemeinschaftsunterkünfte oder sonstige Unterkünfte für Flüchtlinge oder Asylbegehrende

von den Festsetzungen des Bebauungsplans befreit werden, wenn die Befreiung auch unter Würdigung nachbarlicher Interessen mit den öffentlichen Belangen vereinbar ist. [2] Die in Satz 1 genannte Frist von drei Jahren kann bei Vorliegen der dort genannten Befreiungsvoraussetzungen um weitere drei Jahre verlängert werden, längstens jedoch bis zum Ablauf des 31. Dezember 2027. [3] Sofern die Frist bereits abgelaufen ist, gilt Satz 1 auch für die auf drei Jahre, längstens jedoch bis zum Ablauf des 31. Dezember 2027 zu befristende Fortsetzung der zuvor ausgeübten Nutzung einer bestehenden baulichen Anlage entsprechend. [4] § 36 gilt entsprechend.

[1)] Nr. **41.2/1**.

(13) [1]Im Außenbereich (§ 35) gilt unbeschadet des Absatzes 9 bis zum Ablauf des 31. Dezember 2024 die Rechtsfolge des § 35 Absatz 4 Satz 1 entsprechend für

1. die auf längstens drei Jahre zu befristende Errichtung mobiler Unterkünfte für Flüchtlinge oder Asylbegehrende,
2. die Nutzungsänderung zulässigerweise errichteter baulicher Anlagen, auch wenn deren bisherige Nutzung aufgegeben wurde, in Aufnahmeeinrichtungen, Gemeinschaftsunterkünfte oder sonstige Unterkünfte für Flüchtlinge oder Asylbegehrende, einschließlich einer erforderlichen Erneuerung oder Erweiterung.

[2]Die in Satz 1 Nummer 1 genannte Frist von drei Jahren kann um weitere drei Jahre, längstens jedoch bis zum Ablauf des 31. Dezember 2027 verlängert werden; für die Verlängerung gilt die Rechtsfolge des § 35 Absatz 4 Satz 1 entsprechend. [3]Sofern die Frist bereits abgelaufen ist, gilt auch für die Entscheidung über die auf drei Jahre, längstens jedoch bis zum Ablauf des 31. Dezember 2027 zu befristende erneute Zulässigkeit einer bereits errichteten mobilen Unterkunft für Flüchtlinge oder Asylbegehrende die Rechtsfolge des § 35 Absatz 4 Satz 1 entsprechend. [4]Für Vorhaben nach Satz 1 gilt § 35 Absatz 5 Satz 2 Halbsatz 1 und Satz 3 entsprechend. [5]Wird zum Zeitpunkt einer Nutzungsänderung nach Satz 1 Nummer 2 eine Nutzung zulässigerweise ausgeübt, kann diese im Anschluss wieder aufgenommen werden; im Übrigen gelten für eine nachfolgende Nutzungsänderung die allgemeinen Regeln. [6]Die Rückbauverpflichtung nach Satz 4 entfällt, wenn eine nach Satz 5 zulässige Nutzung aufgenommen wird oder wenn sich die Zulässigkeit der nachfolgenden Nutzung aus § 30 Absatz 1, 2 oder § 33 ergibt. [7]Die Sicherstellung der Rückbauverpflichtung nach Satz 4 in entsprechender Anwendung des § 35 Absatz 5 Satz 3 ist nicht erforderlich, wenn Vorhabenträger ein Land oder eine Gemeinde ist.

(13a) Von den Absätzen 8 bis 13 darf nur Gebrauch gemacht werden, soweit dringend benötigte Unterkünfte im Gebiet der Gemeinde, in der sie entstehen sollen, nicht oder nicht rechtzeitig bereitgestellt werden können.

(14) [1]Soweit auch bei Anwendung der Absätze 8 bis 13 dringend benötigte Unterkunftsmöglichkeiten im Gebiet der Gemeinde, in der sie entstehen sollen, nicht oder nicht rechtzeitig bereitgestellt werden können, kann bei Aufnahmeeinrichtungen, Gemeinschaftsunterkünften oder sonstigen Unterkünften für Flüchtlinge oder Asylbegehrende bis zum 31. Dezember 2019 von den Vorschriften dieses Gesetzbuchs oder den aufgrund dieses Gesetzbuchs erlassenen Vorschriften in erforderlichem Umfang abgewichen werden. [2]Zuständig ist die höhere Verwaltungsbehörde. [3]Die Gemeinde ist anzuhören; diese Anhörung tritt auch an die Stelle des in § 14 Absatz 2 Satz 2 vorgesehenen Einvernehmens. [4]Satz 3 findet keine Anwendung, wenn Vorhabenträger die Gemeinde oder in deren Auftrag ein Dritter ist. [5]Für Vorhaben nach Satz 1 gilt § 35 Absatz 5 Satz 2 Halbsatz 1 und Satz 3 entsprechend. [6]Absatz 13 Satz 5 gilt entsprechend. [7]Die Rückbauverpflichtung nach Satz 5 entfällt, wenn eine nach Satz 6 zulässige Nutzung aufgenommen wird oder wenn sich die Zulässigkeit der nachfolgenden Nutzung aus § 30 Absatz 1, 2 oder § 33 ergibt. [8]Die Sicherstellung der Rückbauverpflichtung nach Satz 5 in entsprechender Anwendung des § 35 Absatz 5 Satz 3 ist nicht erforderlich, wenn Vorhabenträger ein Land oder eine Gemeinde ist. [9]Wenn Vorhabenträger ein Land oder in dessen Auftrag ein Dritter ist, gilt § 37 Absatz 3 entsprechend; im Übrigen

findet § 37 bis zum 31. Dezember 2019 auf Vorhaben nach Satz 1 keine Anwendung.

(15) In Verfahren zur Genehmigung von baulichen Anlagen, die der Unterbringung von Flüchtlingen oder Asylbegehrenden dienen, gilt bis zum Ablauf des 31. Dezember 2024 das Einvernehmen abweichend von § 36 Absatz 2 Satz 2 (auch in Verbindung mit Absatz 10 Satz 2 und Absatz 12 Satz 2) als erteilt, wenn es nicht innerhalb eines Monats verweigert wird.

(16) Bei Vorhaben nach den Absätzen 9 und 13 gilt § 18 Absatz 3 Satz 2 des Bundesnaturschutzgesetzes[1] bis zum Ablauf des 31. Dezember 2024 entsprechend.

(17) Die Befristung bis zum Ablauf des 31. Dezember 2024 in den Absätzen 8 bis 13 sowie 15 und 16 bezieht sich nicht auf die Geltungsdauer einer Genehmigung, sondern auf den Zeitraum, bis zu dessen Ende im bauaufsichtlichen Zulassungsverfahren von den Vorschriften Gebrauch gemacht werden kann.

§ 246a Überschwemmungsgebiete, überschwemmungsgefährdete Gebiete. Anlässlich der Neubekanntmachung eines Flächennutzungsplans nach § 6 Absatz 6 sollen die in § 5 Absatz 4a bezeichneten Gebiete nach Maßgabe dieser Bestimmung nachrichtlich übernommen und vermerkt werden.

§ 246b[2] Sonderregelungen für Anlagen für gesundheitliche Zwecke im Zuge der COVID-19-Pandemie. (1) [1] Soweit Anlagen für gesundheitliche Zwecke zur Versorgung von Personen, die sich mit dem Coronavirus SARS-CoV-2 infiziert haben oder möglicherweise infiziert haben oder die gegen das Coronavirus SARS-CoV-2 geimpft oder auf dieses getestet werden sollen, im Gebiet der Gemeinde, in der sie im Wege der Errichtung, Änderung oder Nutzungsänderung von baulichen Anlagen entstehen sollen, nicht oder nicht rechtzeitig bereitgestellt werden können, kann bei der Zulassung dieser Vorhaben bis zum Ablauf des 31. Dezember 2022 von den Vorschriften dieses Gesetzbuchs oder den aufgrund dieses Gesetzbuchs erlassenen Vorschriften in erforderlichem Umfang, erforderlichenfalls auch befristet, unter der Voraussetzung abgewichen werden, dass Vorhabenträger der Bund, ein Land, ein Landkreis oder eine Gemeinde oder ein im Auftrag eines der Vorgenannten tätiger Dritter ist. [2] Zuständig ist die höhere Verwaltungsbehörde. [3] Die Gemeinde ist anzuhören; diese Anhörung tritt auch an die Stelle des in § 14 Absatz 2 Satz 2 vorgesehenen Einvernehmens. [4] Satz 3 findet keine Anwendung, wenn Vorhabenträger die Gemeinde oder in deren Auftrag ein Dritter ist. [5] Für Vorhaben nach Satz 1 gilt § 35 Absatz 5 Satz 2 erster Halbsatz und Satz 3 entsprechend. [6] § 246 Absatz 13 Satz 5 gilt entsprechend auch bei zwischenzeitlichen Nutzungsänderungen zu Anlagen für gesundheitliche Zwecke nach Satz 1. [7] Die Rückbauverpflichtung nach Satz 5 entfällt, wenn eine nach Satz 6 zulässige Nutzung aufgenommen wird oder wenn sich die Zulässigkeit der nachfolgenden Nutzung aus § 30 Absatz 1, 2 oder § 33 ergibt. [8] Die Sicherstellung der Rückbauverpflichtung nach Satz 5 in entsprechender Anwendung des § 35 Absatz 5 Satz 3 ist nicht erforderlich, wenn Vorhabenträger der Bund, ein Land, ein Landkreis oder eine Gemeinde ist. [9] Wenn Vorhabenträger der Bund, ein Land, ein Landkreis oder ein im Auftrag eines der Vorgenannten tätiger Dritter

[1] **Sartorius Nr. 880.**
[2] § 246b neu gef. mWv 23.6.2021 durch G v. 14.6.2021 (BGBl. I S. 1802).

ist, gilt § 37 Absatz 3 entsprechend; im Übrigen findet § 37 bis zum Ablauf des 31. Dezember 2022 auf Vorhaben nach Satz 1 keine Anwendung.

(2) In Verfahren zur Genehmigung von baulichen Anlagen im Sinne des Absatzes 1 Satz 1 gilt bis zum Ablauf des 31. Dezember 2022 das Einvernehmen abweichend von § 36 Absatz 2 Satz 2 als erteilt, wenn es nicht innerhalb eines Monats verweigert wird.

(3) Bei Vorhaben nach Absatz 1 im Außenbereich gilt § 18 Absatz 3 Satz 2 des Bundesnaturschutzgesetzes[1)] bis zum Ablauf des 31. Dezember 2022 entsprechend.

(4) Die Befristung in Absatz 1 Satz 1 bezieht sich nicht auf die Geltungsdauer einer Genehmigung, sondern auf den Zeitraum, bis zu dessen Ende im bauaufsichtlichen Zulassungsverfahren von der Vorschrift Gebrauch gemacht werden kann.

§ 246c[2)] Sonderregelungen für bestimmte mobile bauliche Anlagen und mobile Infrastruktureinrichtungen in von Hochwasserkatastrophen betroffenen Gemeinden. (1) [1] In Gemeinden, die von einer Hochwasserkatastrophe im Gemeindegebiet betroffen sind, kann bei der Zulassung von Vorhaben, die die Errichtung mobiler baulicher Anlagen zur Wohnnutzung, mobiler Infrastruktureinrichtungen oder mobiler baulicher Anlagen für Läden oder nicht störende Handwerksbetriebe zur Deckung des täglichen Bedarfs der Bewohner der Umgebung zum Inhalt haben, bis zum Ablauf des 31. Dezember 2022 von den Vorschriften dieses Gesetzbuchs oder den auf Grund dieses Gesetzbuchs erlassenen Vorschriften in erforderlichem Umfang auf längstens fünf Jahre befristet abgewichen werden, wenn diese dringend benötigten baulichen Anlagen oder dringend benötigten Infrastruktureinrichtungen im Gebiet der Gemeinde, in der sie entstehen sollen, als mobile oder nicht mobile Anlagen nicht oder nicht rechtzeitig zur Verfügung stehen. [2] Satz 1 ist entsprechend anwendbar, wenn das Vorhaben in einer Nachbargemeinde einer Gemeinde im Sinne des Satzes 1 ausgeführt werden soll und dringend benötigte in Satz 1 genannte bauliche Anlagen oder dringend benötigte Infrastruktureinrichtungen im Gebiet der betroffenen Gemeinde und in dieser Nachbargemeinde als mobile oder nicht mobile Anlagen nicht oder nicht rechtzeitig zur Verfügung stehen.

(2) Bei Vorhaben nach Absatz 1 im Außenbereich gilt § 18 Absatz 3 Satz 2 des Bundesnaturschutzgesetzes[1)] bis zum Ablauf des 31. Dezember 2022 entsprechend.

(3) [1] Die Befristung in Absatz 1 auf den Ablauf des 31. Dezember 2022 bezieht sich auf den Zeitraum, bis zu dessen Ende im bauaufsichtlichen Zulassungsverfahren von der Vorschrift Gebrauch gemacht werden kann. [2] Die in Absatz 1 genannte Frist von fünf Jahren bezieht sich auf die Geltungsdauer der Genehmigung.

(4) Die Länder können durch Landesrecht ergänzende Bestimmungen zum Rückbau der in Absatz 1 genannten Vorhaben treffen.

(5) [1] § 36 findet mit der Maßgabe Anwendung, dass das Einvernehmen nur dann aus den sich aus den §§ 31, 33 bis 35 ergebenden Gründen versagt werden kann, wenn die städtebauliche Entwicklung des Gemeindegebiets der Gemein-

---

[1)] **Sartorius Nr. 880.**
[2)] § 246c eingef. mWv 15.9.2021 durch G v. 10.9.2021 (BGBl. I S. 4147).

de, in der das Vorhaben ausgeführt werden soll, beeinträchtigt würde. [2] Abweichend von § 36 Absatz 2 Satz 2 gilt bis zum Ablauf des 31. Dezember 2022 das Einvernehmen als erteilt, wenn es nicht innerhalb eines Monats verweigert wird.

§ 247 Sonderregelungen für Berlin als Hauptstadt der Bundesrepublik Deutschland. (1) Bei der Aufstellung von Bauleitplänen und sonstigen Satzungen nach diesem Gesetzbuch soll in der Abwägung den Belangen, die sich aus der Entwicklung Berlins als Hauptstadt Deutschlands ergeben, und den Erfordernissen der Verfassungsorgane des Bundes für die Wahrnehmung ihrer Aufgabe besonders Rechnung getragen werden.

(2) Die Belange und Erfordernisse nach Absatz 1 werden zwischen Bund und Berlin in einem Gemeinsamen Ausschuss erörtert.

(3) [1] Kommt es in dem Ausschuss zu keiner Übereinstimmung, können die Verfassungsorgane des Bundes ihre Erfordernisse eigenständig feststellen; sie haben dabei eine geordnete städtebauliche Entwicklung Berlins zu berücksichtigen. [2] Die Bauleitpläne und sonstigen Satzungen nach diesem Gesetzbuch sind so anzupassen, dass den festgestellten Erfordernissen in geeigneter Weise Rechnung getragen wird.

(4) Haben die Verfassungsorgane des Bundes Erfordernisse nach Absatz 3 Satz 1 festgestellt und ist zu deren Verwirklichung die Aufstellung eines Bauleitplans oder einer sonstigen Satzung nach diesem Gesetzbuch geboten, soll der Bauleitplan oder die Satzung aufgestellt werden.

(5) (weggefallen)

(6) (weggefallen)

(7) Die Entwicklung der Parlaments- und Regierungsbereiche in Berlin entspricht den Zielen und Zwecken einer städtebaulichen Entwicklungsmaßnahme nach § 165 Absatz 2.

(8) [1] Ist im Rahmen von Genehmigungs-, Zustimmungs- oder sonstigen Verfahren für Vorhaben der Verfassungsorgane des Bundes Ermessen auszuüben oder sind Abwägungen oder Beurteilungen vorzunehmen, sind die von den Verfassungsorganen des Bundes entsprechend Absatz 3 festgestellten Erfordernisse mit dem ihnen nach dem Grundgesetz[1)] zukommenden Gewicht zu berücksichtigen. [2] Absatz 2 ist entsprechend anzuwenden.

§ 248 Sonderregelung zur sparsamen und effizienten Nutzung von Energie. [1] In Gebieten mit Bebauungsplänen oder Satzungen nach § 34 Absatz 4 Satz 1 Nummer 2 oder 3 sind bei Maßnahmen an bestehenden Gebäuden zum Zwecke der Energieeinsparung geringfügige Abweichungen von dem festgesetzten Maß der baulichen Nutzung, der Bauweise und der überbaubaren Grundstücksfläche zulässig, soweit dies mit nachbarlichen Interessen und baukulturellen Belangen vereinbar ist. [2] Satz 1 gilt entsprechend für Anlagen zur Nutzung solarer Strahlungsenergie in, an und auf Dach- und Außenwandflächen. [3] In den im Zusammenhang bebauten Ortsteilen gelten die Sätze 1 und 2 entsprechend für Abweichungen vom Erfordernis des Einfügens in die Eigenart der näheren Umgebung (§ 34 Absatz 1 Satz 1).

---

1) Nr. **11.1**.

§ 249[1] **Sonderregelungen zur Windenergie.** (1) [1] Werden in einem Flächennutzungsplan zusätzliche Flächen für die Nutzung von Windenergie dargestellt, folgt daraus nicht, dass die vorhandenen Darstellungen des Flächennutzungsplans zur Erzielung der Rechtswirkungen des § 35 Absatz 3 Satz 3 nicht ausreichend sind. [2] Satz 1 gilt entsprechend bei der Änderung oder Aufhebung von Darstellungen zum Maß der baulichen Nutzung. [3] Die Sätze 1 und 2 gelten für Bebauungspläne, die aus den Darstellungen des Flächennutzungsplans entwickelt werden, entsprechend.

(2) [1] Nach § 9 Absatz 2 Satz 1 Nummer 2 kann auch festgesetzt werden, dass die im Bebauungsplan festgesetzten Windenergieanlagen nur zulässig sind, wenn sichergestellt ist, dass nach der Errichtung der im Bebauungsplan festgesetzten Windenergieanlagen andere im Bebauungsplan bezeichnete Windenergieanlagen innerhalb einer im Bebauungsplan zu bestimmenden angemessenen Frist zurückgebaut werden. [2] Die Standorte der zurückzubauenden Windenergieanlagen können auch außerhalb des Bebauungsplangebiets oder außerhalb des Gemeindegebiets liegen. [3] Darstellungen im Flächennutzungsplan, die die Rechtswirkungen des § 35 Absatz 3 Satz 3 haben, können mit Bestimmungen entsprechend den Sätzen 1 und 2 mit Wirkung für die Zulässigkeit der Windenergieanlagen nach § 35 Absatz 1 Nummer 5 verbunden sein.

(3) [1] Die Länder können durch Landesgesetze bestimmen, dass § 35 Absatz 1 Nummer 5 auf Vorhaben, die der Erforschung, Entwicklung oder Nutzung der Windenergie dienen, nur Anwendung findet, wenn sie bestimmte Mindestabstände zu den im Landesgesetz bezeichneten zulässigen baulichen Nutzungen zu Wohnzwecken einhalten. [2] Ein Mindestabstand nach Satz 1 darf höchstens 1 000 Meter von der Mitte des Mastfußes der Windenergieanlage bis zur nächstgelegenen im Landesgesetz bezeichneten baulichen Nutzung zu Wohnzwecken betragen. [3] Die weiteren Einzelheiten, insbesondere zur Abstandsfestlegung und zu den Auswirkungen der festgelegten Abstände auf Ausweisungen in geltenden Flächennutzungsplänen und Raumordnungsplänen, sind in den Landesgesetzen nach Satz 1 zu regeln. [4] Auf der Grundlage von § 249 Absatz 3 in der bis zum 14. August 2020 geltenden Fassung[2] erlassene Landesgesetze gelten fort; sie können geändert werden, sofern die wesentlichen Elemente der in dem fortgeltenden Landesgesetz enthaltenen Regelung beibehalten werden.

§ 250[3] **Bildung von Wohnungseigentum in Gebieten mit angespannten Wohnungsmärkten.** (1) [1] Sofern Gebiete mit angespannten Wohnungsmärkten im Sinne von § 201a Satz 3 und 4 vorliegen und diese Gebiete nach Satz 3 bestimmt sind, bedarf bei Wohngebäuden, die bereits am Tag des Inkrafttretens der Rechtsverordnung nach Satz 3 bestanden, die Begründung oder Teilung von Wohnungseigentum oder Teileigentum nach § 1 des Wohnungs-

[1] § 249 Abs. 3 neu gef. mWv 14.8.2020 durch G v. 8.8.2020 (BGBl. I S. 1728).

[2] § 249 Abs. 3 in der bis zum 14.8.2020 geltenden Fassung lautet:

„(3) Die Länder können durch bis zum 31. Dezember 2015 zu verkündende Landesgesetze bestimmen, dass § 35 Absatz 1 Nummer 5 auf Vorhaben, die der Erforschung, Entwicklung oder Nutzung der Windenergie dienen, nur Anwendung findet, wenn sie einen bestimmten Abstand zu den im Landesgesetz bezeichneten zulässigen baulichen Nutzungen einhalten. Die Einzelheiten, insbesondere zur Abstandsfestlegung und zu den Auswirkungen der festgelegten Abstände auf Ausweisungen in geltenden Flächennutzungsplänen und Raumordnungsplänen, sind in den Landesgesetzen nach Satz 1 zu regeln. Die Länder können in den Landesgesetzen nach Satz 1 auch Abweichungen von den festgelegten Abständen zulassen."

[3] § 250 angef. mWv 23.6.2021 durch G v. 14.6.2021 (BGBl. I S. 1802).

eigentumsgesetzes[1)] der Genehmigung. [2]Das Genehmigungserfordernis nach Satz 1 gilt nicht, wenn sich in dem Wohngebäude nicht mehr als fünf Wohnungen befinden. [3]Die Landesregierungen werden ermächtigt, die Gebiete nach Satz 1 durch Rechtsverordnung zu bestimmen, die spätestens mit Ablauf des 31. Dezember 2025 außer Kraft treten muss. [4]Sie muss begründet werden. [5]Aus der Begründung muss sich ergeben, auf Grund welcher Tatsachen ein Gebiet mit einem angespannten Wohnungsmarkt im Einzelfall vorliegt. [6]In der Rechtsverordnung nach Satz 3 kann eine von Satz 2 abweichende Anzahl an Wohnungen bestimmt werden; diese Anzahl kann zwischen drei und 15 liegen.

(2) [1]Zuständig für die Genehmigung ist die von der Landesregierung bestimmte Stelle. [2]§ 173 Absatz 3 gilt entsprechend.

(3) [1]Die Genehmigung ist zu erteilen, wenn

1. das Grundstück zu einem Nachlass gehört und Wohnungseigentum oder Teileigentum zugunsten von Miterben oder Vermächtnisnehmern begründet werden soll,
2. das Wohnungseigentum oder Teileigentum zur eigenen Nutzung an Familienangehörige des Eigentümers veräußert werden soll,
3. das Wohnungseigentum oder Teileigentum zur eigenen Nutzung an mindestens zwei Drittel der Mieter veräußert werden soll,
4. auch unter Berücksichtigung des Allgemeinwohls ein Absehen von der Begründung von Wohnungseigentum oder Teileigentum nicht mehr zumutbar ist oder
5. ohne die Genehmigung Ansprüche Dritter auf Übertragung von Wohnungseigentum oder Teileigentum nicht erfüllt werden können, zu deren Sicherung vor dem Wirksamwerden des Genehmigungsvorbehalts eine Vormerkung im Grundbuch eingetragen ist.

[2]In der Genehmigung kann bestimmt werden, dass auch die Veräußerung von Wohnungseigentum oder Teileigentum der Genehmigung entsprechend Satz 1 Nummer 1 bis 3 bedarf. [3]Diese Genehmigungspflicht ist in das Wohnungs- oder Teileigentumsgrundbuch einzutragen; die Eintragung erfolgt auf Ersuchen der nach Absatz 2 Satz 1 zuständigen Stelle. [4]Die Genehmigungspflicht erlischt mit Außerkrafttreten der Verordnung nach Absatz 1 Satz 3.

(4) [1]Unbeschadet des Absatzes 3 darf eine Genehmigung nur versagt werden, wenn dies für die ausreichende Versorgung der Bevölkerung mit Mietwohnraum erforderlich ist. [2]Unter der Voraussetzung von Satz 1 kann die Genehmigung mit einer Auflage erteilt werden.

(5) [1]Bei einem Grundstück, das im Geltungsbereich einer Rechtsverordnung nach Absatz 1 Satz 3 liegt, darf das Grundbuchamt die Eintragungen in das Grundbuch nur vornehmen, wenn ihm die Genehmigung oder das Nichtbestehen der Genehmigungspflicht nachgewiesen ist. [2]Mit der Eintragung gilt die Genehmigung als erteilt.

(6) [1]Der Genehmigung nach Absatz 1 Satz 1 bedarf ferner

1. die Begründung der in den §§ 30 und 31 des Wohnungseigentumsgesetzes bezeichneten Rechte,

---

[1)] **Habersack (vormals Schönfelder) Nr. 37.**

2. die Begründung von Bruchteilseigentum nach § 1008 des Bürgerlichen Gesetzbuchs[1] an Grundstücken mit Wohngebäuden, wenn zugleich nach § 1010 Absatz 1 des Bürgerlichen Gesetzbuchs im Grundbuch als Belastung eingetragen werden soll, dass Räume einem oder mehreren Miteigentümern zur ausschließlichen Benutzung zugewiesen sind und die Aufhebung der Gemeinschaft ausgeschlossen ist, sowie
3. bei bestehendem Bruchteilseigentum nach § 1008 des Bürgerlichen Gesetzbuchs an Grundstücken mit Wohngebäuden eine im Grundbuch als Belastung einzutragende Regelung nach § 1010 Absatz 1 des Bürgerlichen Gesetzbuchs, wonach Räume einem oder mehreren Miteigentümern zur ausschließlichen Benutzung zugewiesen sind und die Aufhebung der Gemeinschaft ausgeschlossen ist.

²Die Bestimmungen der Absätze 2 bis 5 gelten sinngemäß.

(7) ¹Diese Vorschrift geht im räumlichen Anwendungsbereich von Rechtsverordnungen nach Absatz 1 Satz 3 den Rechtsverordnungen nach § 172 Absatz 1 Satz 4 vor. ²Satz 1 findet keine Anwendung, wenn nach Absatz 1 Satz 2 und 6 keine Genehmigungspflicht besteht.

Anlage 1
(zu § 2 Absatz 4 und den §§ 2a und 4c)

[Umweltbericht]

Der Umweltbericht nach § 2 Absatz 4 und § 2a Satz 2 Nummer 2 hat folgende Bestandteile:

1. Eine Einleitung mit folgenden Angaben:
   a) Kurzdarstellung des Inhalts und der wichtigsten Ziele des Bauleitplans, einschließlich einer Beschreibung der Festsetzungen des Plans mit Angaben über Standorte, Art und Umfang sowie Bedarf an Grund und Boden der geplanten Vorhaben;
   b) Darstellung der in einschlägigen Fachgesetzen und Fachplänen festgelegten Ziele des Umweltschutzes, die für den Bauleitplan von Bedeutung sind, und der Art, wie diese Ziele und die Umweltbelange bei der Aufstellung des Bauleitplans berücksichtigt wurden;
2. eine Beschreibung und Bewertung der erheblichen Umweltauswirkungen, die in der Umweltprüfung nach § 2 Absatz 4 Satz 1 ermittelt wurden; hierzu gehören folgende Angaben:
   a) eine Bestandsaufnahme der einschlägigen Aspekte des derzeitigen Umweltzustands (Basisszenario), einschließlich der Umweltmerkmale der Gebiete, die voraussichtlich erheblich beeinflusst werden, und eine Übersicht über die voraussichtliche Entwicklung des Umweltzustands bei Nichtdurchführung der Planung, soweit diese Entwicklung gegenüber dem Basisszenario mit zumutbarem Aufwand auf der Grundlage der verfügbaren Umweltinformationen und wissenschaftlichen Erkenntnisse abgeschätzt werden kann;
   b) eine Prognose über die Entwicklung des Umweltzustands bei Durchführung der Planung; hierzu sind, soweit möglich, insbesondere die möglichen erheblichen Auswirkungen während der Bau- und Betriebsphase der

[1] **Habersack (vormals Schönfelder) Nr. 20.**

geplanten Vorhaben auf die Belange nach § 1 Absatz 6 Nummer 7 Buchstabe a bis i zu beschreiben, unter anderem infolge

aa) des Baus und des Vorhandenseins der geplanten Vorhaben, soweit relevant einschließlich Abrissarbeiten,

bb) der Nutzung natürlicher Ressourcen, insbesondere Fläche, Boden, Wasser, Tiere, Pflanzen und biologische Vielfalt, wobei soweit möglich die nachhaltige Verfügbarkeit dieser Ressourcen zu berücksichtigen ist,

cc) der Art und Menge an Emissionen von Schadstoffen, Lärm, Erschütterungen, Licht, Wärme und Strahlung sowie der Verursachung von Belästigungen,

dd) der Art und Menge der erzeugten Abfälle und ihrer Beseitigung und Verwertung,

ee) der Risiken für die menschliche Gesundheit, das kulturelle Erbe oder die Umwelt (zum Beispiel durch Unfälle oder Katastrophen),

ff) der Kumulierung mit den Auswirkungen von Vorhaben benachbarter Plangebiete unter Berücksichtigung etwaiger bestehender Umweltprobleme in Bezug auf möglicherweise betroffene Gebiete mit spezieller Umweltrelevanz oder auf die Nutzung von natürlichen Ressourcen,

gg) der Auswirkungen der geplanten Vorhaben auf das Klima (zum Beispiel Art und Ausmaß der Treibhausgasemissionen) und der Anfälligkeit der geplanten Vorhaben gegenüber den Folgen des Klimawandels,

hh) der eingesetzten Techniken und Stoffe;

die Beschreibung nach Halbsatz 2 soll sich auf die direkten und die etwaigen indirekten, sekundären, kumulativen, grenzüberschreitenden, kurzfristigen, mittelfristigen und langfristigen, ständigen und vorübergehenden sowie positiven und negativen Auswirkungen der geplanten Vorhaben erstrecken; die Beschreibung nach Halbsatz 2 soll zudem den auf Ebene der Europäischen Union oder auf Bundes-, Landes- oder kommunaler Ebene festgelegten Umweltschutzzielen Rechnung tragen;

c) eine Beschreibung der geplanten Maßnahmen, mit denen festgestellte erhebliche nachteilige Umweltauswirkungen vermieden, verhindert, verringert oder soweit möglich ausgeglichen werden sollen, sowie gegebenenfalls geplante Überwachungsmaßnahmen. In dieser Beschreibung ist zu erläutern, inwieweit erhebliche nachteilige Auswirkungen auf die Umwelt vermieden, verhindert, verringert oder ausgeglichen werden, wobei sowohl die Bauphase als auch die Betriebsphase abzudecken ist;

d) in Betracht kommende anderweitige Planungsmöglichkeiten, wobei die Ziele und der räumliche Geltungsbereich des Bauleitplans zu berücksichtigen sind, und die Angabe der wesentlichen Gründe für die getroffene Wahl;

e) eine Beschreibung der erheblichen nachteiligen Auswirkungen nach § 1 Absatz 6 Nummer 7 Buchstabe j; zur Vermeidung von Mehrfachprüfungen können die vorhandenen Ergebnisse anderer rechtlich vorgeschriebener Prüfungen genutzt werden; soweit angemessen, sollte diese Beschreibung Maßnahmen zur Verhinderung oder Verminderung der erheblichen nachteiligen Auswirkungen solcher Ereignisse auf die Umwelt sowie Einzelheiten in Bezug auf die Bereitschafts- und vorgesehenen Bekämpfungsmaßnahmen für derartige Krisenfälle erfassen;

3. zusätzliche Angaben:
   a) eine Beschreibung der wichtigsten Merkmale der verwendeten technischen Verfahren bei der Umweltprüfung sowie Hinweise auf Schwierigkeiten, die bei der Zusammenstellung der Angaben aufgetreten sind, zum Beispiel technische Lücken oder fehlende Kenntnisse,
   b) eine Beschreibung der geplanten Maßnahmen zur Überwachung der erheblichen Auswirkungen der Durchführung des Bauleitplans auf die Umwelt,
   c) eine allgemein verständliche Zusammenfassung der erforderlichen Angaben nach dieser Anlage,
   d) eine Referenzliste der Quellen, die für die im Bericht enthaltenen Beschreibungen und Bewertungen herangezogen wurden.

Anlage 2
(zu § 13a Absatz 1 Satz 2 Nummer 2)

[Kriterien]

Nachstehende Kriterien sind anzuwenden, soweit auf Anlage 2 Bezug genommen wird.

1. Merkmale des Bebauungsplans, insbesondere in Bezug auf

1.1 das Ausmaß, in dem der Bebauungsplan einen Rahmen im Sinne des § 35 Absatz 3 des Gesetzes über die Umweltverträglichkeitsprüfung[1] setzt;

1.2 das Ausmaß, in dem der Bebauungsplan andere Pläne und Programme beeinflusst;

1.3 die Bedeutung des Bebauungsplans für die Einbeziehung umweltbezogener, einschließlich gesundheitsbezogener Erwägungen, insbesondere im Hinblick auf die Förderung der nachhaltigen Entwicklung;

1.4 die für den Bebauungsplan relevanten umweltbezogenen, einschließlich gesundheitsbezogener Probleme;

1.5 die Bedeutung des Bebauungsplans für die Durchführung nationaler und europäischer Umweltvorschriften.

2. Merkmale der möglichen Auswirkungen und der voraussichtlich betroffenen Gebiete, insbesondere in Bezug auf

2.1 die Wahrscheinlichkeit, Dauer, Häufigkeit und Umkehrbarkeit der Auswirkungen;

2.2 den kumulativen und grenzüberschreitenden Charakter der Auswirkungen;

2.3 die Risiken für die Umwelt, einschließlich der menschlichen Gesundheit (zum Beispiel bei Unfällen);

---

[1] Nr. **32.4**.

2.4 den Umfang und die räumliche Ausdehnung der Auswirkungen;

2.5 die Bedeutung und die Sensibilität des voraussichtlich betroffenen Gebiets auf Grund der besonderen natürlichen Merkmale, des kulturellen Erbes, der Intensität der Bodennutzung des Gebiets jeweils unter Berücksichtigung der Überschreitung von Umweltqualitätsnormen und Grenzwerten;

2.6 folgende Gebiete:

2.6.1 Natura 2000-Gebiete nach § 7 Absatz 1 Nummer 8 des Bundesnaturschutzgesetzes[1)],

2.6.2 Naturschutzgebiete gemäß § 23 des Bundesnaturschutzgesetzes[1)], soweit nicht bereits von Nummer 2.6.1 erfasst,

2.6.3 Nationalparke gemäß § 24 des Bundesnaturschutzgesetzes[1)], soweit nicht bereits von Nummer 2.6.1 erfasst,

2.6.4 Biosphärenreservate und Landschaftsschutzgebiete gemäß den §§ 25 und 26 des Bundesnaturschutzgesetzes[1)],

2.6.5 gesetzlich geschützte Biotope gemäß § 30 des Bundesnaturschutzgesetzes[1)],

2.6.6 Wasserschutzgebiete gemäß § 51 des Wasserhaushaltsgesetzes[2)], Heilquellenschutzgebiete gemäß § 53 Absatz 4 des Wasserhaushaltsgesetzes sowie Überschwemmungsgebiete gemäß § 76 des Wasserhaushaltsgesetzes,

2.6.7 Gebiete, in denen die in Rechtsakten der Europäischen Union festgelegten Umweltqualitätsnormen bereits überschritten sind,

2.6.8 Gebiete mit hoher Bevölkerungsdichte, insbesondere Zentrale Orte im Sinne des § 2 Absatz 2 Nummer 2 des Raumordnungsgesetzes[3)],

2.6.9 in amtlichen Listen oder Karten verzeichnete Denkmäler, Denkmalensembles, Bodendenkmäler oder Gebiete, die von der durch die Länder bestimmten Denkmalschutzbehörde als archäologisch bedeutende Landschaften eingestuft worden sind.

[1)] **Sartorius Nr. 880.**
[2)] Nr. **43.1**.
[3)] Nr. **41.1**.

41.2/1. Verordnung über die bauliche Nutzung der Grundstücke (Baunutzungsverordnung – BauNVO)

In der Fassung der Bekanntmachung vom 21. November 2017[1)]
(BGBl. I S. 3786)

FNA 213-1-2

geänd. durch Art. 2 BaulandmobilisierungsG v. 14.6.2021 (BGBl. I S. 1802)

Inhaltsübersicht[2)]

---

1) Neubekanntmachung der BauNVO idF der Bek. v. 27.1.1990 (BGBl. I S. 132) in der ab 1.10. 2017 geltenden Fassung.

2) Inhaltsübersicht geänd. mWv 23.6.2021 durch G v. 14.6.2021 (BGBl. I S. 1802).

Erster Abschnitt. Art der baulichen Nutzung

§ 1[1)] Allgemeine Vorschriften für Bauflächen und Baugebiete.

(1) Im Flächennutzungsplan können die für die Bebauung vorgesehenen Flächen nach der allgemeinen Art ihrer baulichen Nutzung (Bauflächen) dargestellt werden als

1. Wohnbauflächen (W)
2. gemischte Bauflächen (M)
3. gewerbliche Bauflächen (G)
4. Sonderbauflächen (S).

(2) Die für die Bebauung vorgesehenen Flächen können nach der besonderen Art ihrer baulichen Nutzung (Baugebiete) dargestellt werden als

1. Kleinsiedlungsgebiete (WS)
2. reine Wohngebiete (WR)
3. allgemeine Wohngebiete (WA)
4. besondere Wohngebiete (WB)
5. Dorfgebiete (MD)
6. dörfliche Wohngebiete (MDW)
7. Mischgebiete (MI)
8. urbane Gebiete (MU)
9. Kerngebiete (MK)
10. Gewerbegebiete (GE)
11. Industriegebiete (GI)
12. Sondergebiete (SO).

(3) [1]Im Bebauungsplan können die in Absatz 2 bezeichneten Baugebiete festgesetzt werden. [2]Durch die Festsetzung werden die Vorschriften der §§ 2 bis 14 Bestandteil des Bebauungsplans, soweit nicht auf Grund der Absätze 4 bis 10 etwas anderes bestimmt wird. [3]Bei Festsetzung von Sondergebieten finden die Vorschriften über besondere Festsetzungen nach den Absätzen 4 bis 10 keine Anwendung; besondere Festsetzungen über die Art der Nutzung können nach den §§ 10 und 11 getroffen werden.

(4) [1]Für die in den §§ 4 bis 9 bezeichneten Baugebiete können im Bebauungsplan für das jeweilige Baugebiet Festsetzungen getroffen werden, die das Baugebiet

1. nach der Art der zulässigen Nutzung,
2. nach der Art der Betriebe und Anlagen und deren besonderen Bedürfnissen und Eigenschaften

[1)] § 1 Abs. 2 Nr. 6 eingef., bish. Nr. 6–11 werden Nr. 7–12 mWv 23.6.2021 durch G v. 14.6.2021 (BGBl. I S. 1802).

gliedern. [2]Die Festsetzungen nach Satz 1 können auch für mehrere Gewerbegebiete einer Gemeinde im Verhältnis zueinander getroffen werden; dies gilt auch für Industriegebiete. [3]Absatz 5 bleibt unberührt.

(5) Im Bebauungsplan kann festgesetzt werden, dass bestimmte Arten von Nutzungen, die nach den §§ 2 bis 9 sowie 13 und 13a allgemein zulässig sind, nicht zulässig sind oder nur ausnahmsweise zugelassen werden können, sofern die allgemeine Zweckbestimmung des Baugebiets gewahrt bleibt.

(6) Im Bebauungsplan kann festgesetzt werden, dass alle oder einzelne Ausnahmen, die in den Baugebieten nach den §§ 2 bis 9 vorgesehen sind,

1. nicht Bestandteil des Bebauungsplans werden oder
2. in dem Baugebiet allgemein zulässig sind, sofern die allgemeine Zweckbestimmung des Baugebiets gewahrt bleibt.

(7) In Bebauungsplänen für Baugebiete nach den §§ 4 bis 9 kann, wenn besondere städtebauliche Gründe dies rechtfertigen (§ 9 Absatz 3 des Baugesetzbuchs[1)]), festgesetzt werden, dass in bestimmten Geschossen, Ebenen oder sonstigen Teilen baulicher Anlagen

1. nur einzelne oder mehrere der in dem Baugebiet allgemein zulässigen Nutzungen zulässig sind,
2. einzelne oder mehrere der in dem Baugebiet allgemein zulässigen Nutzungen unzulässig sind oder als Ausnahme zugelassen werden können oder
3. alle oder einzelne Ausnahmen, die in den Baugebieten nach den §§ 4 bis 9 vorgesehen sind, nicht zulässig oder, sofern die allgemeine Zweckbestimmung des Baugebiets gewahrt bleibt, allgemein zulässig sind.

(8) Die Festsetzungen nach den Absätzen 4 bis 7 können sich auch auf Teile des Baugebiets beschränken.

(9) Wenn besondere städtebauliche Gründe dies rechtfertigen, kann im Bebauungsplan bei Anwendung der Absätze 5 bis 8 festgesetzt werden, dass nur bestimmte Arten der in den Baugebieten allgemein oder ausnahmsweise zulässigen baulichen oder sonstigen Anlagen zulässig oder nicht zulässig sind oder nur ausnahmsweise zugelassen werden können.

(10) [1]Wären bei Festsetzung eines Baugebiets nach den §§ 2 bis 9 in überwiegend bebauten Gebieten bestimmte vorhandene bauliche und sonstige Anlagen unzulässig, kann im Bebauungsplan festgesetzt werden, dass Erweiterungen, Änderungen, Nutzungsänderungen und Erneuerungen dieser Anlagen allgemein zulässig sind oder ausnahmsweise zugelassen werden können. [2]Im Bebauungsplan können nähere Bestimmungen über die Zulässigkeit getroffen werden. [3]Die allgemeine Zweckbestimmung des Baugebiets muss in seinen übrigen Teilen gewahrt bleiben. [4]Die Sätze 1 bis 3 gelten auch für die Änderung und Ergänzung von Bebauungsplänen.

§ 2 Kleinsiedlungsgebiete. (1) Kleinsiedlungsgebiete dienen vorwiegend der Unterbringung von Kleinsiedlungen einschließlich Wohngebäuden mit entsprechenden Nutzgärten und landwirtschaftlichen Nebenerwerbsstellen.

(2) Zulässig sind

1. Kleinsiedlungen einschließlich Wohngebäude mit entsprechenden Nutzgärten, landwirtschaftliche Nebenerwerbsstellen und Gartenbaubetriebe,

---

[1)] Nr. **41.2.**

2. die der Versorgung des Gebiets dienenden Läden, Schank- und Speisewirtschaften sowie nicht störenden Handwerksbetriebe.

(3) Ausnahmsweise können zugelassen werden
1. sonstige Wohngebäude mit nicht mehr als zwei Wohnungen,
2. Anlagen für kirchliche, kulturelle, soziale, gesundheitliche und sportliche Zwecke,
3. Tankstellen,
4. nicht störende Gewerbebetriebe.

§ 3 Reine Wohngebiete. (1) Reine Wohngebiete dienen dem Wohnen.

(2) Zulässig sind
1. Wohngebäude,
2. Anlagen zur Kinderbetreuung, die den Bedürfnissen der Bewohner des Gebiets dienen.

(3) Ausnahmsweise können zugelassen werden
1. Läden und nicht störende Handwerksbetriebe, die zur Deckung des täglichen Bedarfs für die Bewohner des Gebiets dienen, sowie kleine Betriebe des Beherbergungsgewerbes,
2. sonstige Anlagen für soziale Zwecke sowie den Bedürfnissen der Bewohner des Gebiets dienende Anlagen für kirchliche, kulturelle, gesundheitliche und sportliche Zwecke.

(4) Zu den nach Absatz 2 sowie den §§ 2, 4 bis 7 zulässigen Wohngebäuden gehören auch solche, die ganz oder teilweise der Betreuung und Pflege ihrer Bewohner dienen.

§ 4 Allgemeine Wohngebiete. (1) Allgemeine Wohngebiete dienen vorwiegend dem Wohnen.

(2) Zulässig sind
1. Wohngebäude,
2. die der Versorgung des Gebiets dienenden Läden, Schank- und Speisewirtschaften sowie nicht störenden Handwerksbetriebe,
3. Anlagen für kirchliche, kulturelle, soziale, gesundheitliche und sportliche Zwecke.

(3) Ausnahmsweise können zugelassen werden
1. Betriebe des Beherbergungsgewerbes,
2. sonstige nicht störende Gewerbebetriebe,
3. Anlagen für Verwaltungen,
4. Gartenbaubetriebe,
5. Tankstellen.

§ 4a Gebiete zur Erhaltung und Entwicklung der Wohnnutzung (besondere Wohngebiete) (1) [1]Besondere Wohngebiete sind überwiegend bebaute Gebiete, die aufgrund ausgeübter Wohnnutzung und vorhandener sonstiger in Absatz 2 genannter Anlagen eine besondere Eigenart aufweisen und in denen unter Berücksichtigung dieser Eigenart die Wohnnutzung erhalten und fortentwickelt werden soll. [2]Besondere Wohngebiete dienen vorwiegend dem

Wohnen; sie dienen auch der Unterbringung von Gewerbebetrieben und sonstigen Anlagen im Sinne der Absätze 2 und 3, soweit diese Betriebe und Anlagen nach der besonderen Eigenart des Gebiets mit der Wohnnutzung vereinbar sind.

(2) Zulässig sind

1. Wohngebäude,
2. Läden, Betriebe des Beherbergungsgewerbes, Schank- und Speisewirtschaften,
3. sonstige Gewerbebetriebe,
4. Geschäfts- und Bürogebäude,
5. Anlagen für kirchliche, kulturelle, soziale, gesundheitliche und sportliche Zwecke.

(3) Ausnahmsweise können zugelassen werden

1. Anlagen für zentrale Einrichtungen der Verwaltung,
2. Vergnügungsstätten, soweit sie nicht wegen ihrer Zweckbestimmung oder ihres Umfangs nur in Kerngebieten allgemein zulässig sind,
3. Tankstellen.

(4) Für besondere Wohngebiete oder Teile solcher Gebiete kann, wenn besondere städtebauliche Gründe dies rechtfertigen (§ 9 Absatz 3 des Baugesetzbuchs[1]), festgesetzt werden, dass

1. oberhalb eines im Bebauungsplan bestimmten Geschosses nur Wohnungen zulässig sind oder
2. in Gebäuden ein im Bebauungsplan bestimmter Anteil der zulässigen Geschossfläche oder eine bestimmte Größe der Geschossfläche für Wohnungen zu verwenden ist.

§ 5 Dorfgebiete. (1) [1]Dorfgebiete dienen der Unterbringung der Wirtschaftsstellen land- und forstwirtschaftlicher Betriebe, dem Wohnen und der Unterbringung von nicht wesentlich störenden Gewerbebetrieben sowie der Versorgung der Bewohner des Gebiets dienenden Handwerksbetrieben. [2]Auf die Belange der land- und forstwirtschaftlichen Betriebe einschließlich ihrer Entwicklungsmöglichkeiten ist vorrangig Rücksicht zu nehmen.

(2) Zulässig sind

1. Wirtschaftsstellen land- und forstwirtschaftlicher Betriebe und die dazugehörigen Wohnungen und Wohngebäude,
2. Kleinsiedlungen einschließlich Wohngebäude mit entsprechenden Nutzgärten und landwirtschaftliche Nebenerwerbsstellen,
3. sonstige Wohngebäude,
4. Betriebe zur Be- und Verarbeitung und Sammlung land- und forstwirtschaftlicher Erzeugnisse,
5. Einzelhandelsbetriebe, Schank- und Speisewirtschaften sowie Betriebe des Beherbergungsgewerbes,
6. sonstige Gewerbebetriebe,

---

[1] Nr. **41.2**.

7. Anlagen für örtliche Verwaltungen sowie für kirchliche, kulturelle, soziale, gesundheitliche und sportliche Zwecke,
8. Gartenbaubetriebe,
9. Tankstellen.

(3) Ausnahmsweise können Vergnügungsstätten im Sinne des § 4a Absatz 3 Nummer 2 zugelassen werden.

§ 5a[1] Dörfliche Wohngebiete. (1) [1]Dörfliche Wohngebiete dienen dem Wohnen sowie der Unterbringung von land- und forstwirtschaftlichen Nebenerwerbsstellen und nicht wesentlich störenden Gewerbebetrieben. [2]Die Nutzungsmischung muss nicht gleichgewichtig sein.

(2) Zulässig sind
1. Wohngebäude,
2. Wirtschaftsstellen land- und forstwirtschaftlicher Nebenerwerbsbetriebe und die dazugehörigen Wohnungen und Wohngebäude,
3. Kleinsiedlungen einschließlich Wohngebäude mit entsprechenden Nutzgärten,
4. nicht gewerbliche Einrichtungen und Anlagen für die Tierhaltung,
5. die der Versorgung des Gebiets dienenden Läden sowie Schank- und Speisewirtschaften,
6. Betriebe des Beherbergungsgewerbes,
7. sonstige Gewerbebetriebe,
8. Anlagen für örtliche Verwaltungen sowie für kirchliche, kulturelle, soziale, gesundheitliche und sportliche Zwecke.

(3) Ausnahmsweise können zugelassen werden
1. Wirtschaftsstellen land- und forstwirtschaftlicher Betriebe und die dazugehörigen Wohnungen und Wohngebäude,
2. Gartenbaubetriebe,
3. Tankstellen.

§ 6 Mischgebiete. (1) Mischgebiete dienen dem Wohnen und der Unterbringung von Gewerbebetrieben, die das Wohnen nicht wesentlich stören.

(2) Zulässig sind
1. Wohngebäude,
2. Geschäfts- und Bürogebäude,
3. Einzelhandelsbetriebe, Schank- und Speisewirtschaften sowie Betriebe des Beherbergungsgewerbes,
4. sonstige Gewerbebetriebe,
5. Anlagen für Verwaltungen sowie für kirchliche, kulturelle, soziale, gesundheitliche und sportliche Zwecke,
6. Gartenbaubetriebe,
7. Tankstellen,
8. Vergnügungsstätten im Sinne des § 4a Absatz 3 Nummer 2 in den Teilen des Gebiets, die überwiegend durch gewerbliche Nutzungen geprägt sind.

---

[1] § 5a eingef. mWv 23.6.2021 durch G v. 14.6.2021 (BGBl. I S. 1802).

(3) Ausnahmsweise können Vergnügungsstätten im Sinne des § 4a Absatz 3 Nummer 2 außerhalb der in Absatz 2 Nummer 8 bezeichneten Teile des Gebiets zugelassen werden.

§ 6a Urbane Gebiete. (1) [1] Urbane Gebiete dienen dem Wohnen sowie der Unterbringung von Gewerbebetrieben und sozialen, kulturellen und anderen Einrichtungen, die die Wohnnutzung nicht wesentlich stören. [2] Die Nutzungsmischung muss nicht gleichgewichtig sein.

(2) Zulässig sind

1. Wohngebäude,
2. Geschäfts- und Bürogebäude,
3. Einzelhandelsbetriebe, Schank- und Speisewirtschaften sowie Betriebe des Beherbergungsgewerbes,
4. sonstige Gewerbebetriebe,
5. Anlagen für Verwaltungen sowie für kirchliche, kulturelle, soziale, gesundheitliche und sportliche Zwecke.

(3) Ausnahmsweise können zugelassen werden

1. Vergnügungsstätten, soweit sie nicht wegen ihrer Zweckbestimmung oder ihres Umfangs nur in Kerngebieten allgemein zulässig sind,
2. Tankstellen.

(Fortsetzung nächstes Blatt)

§ 13a[1] Ferienwohnungen. [1]Räume oder Gebäude, die einem ständig wechselnden Kreis von Gästen gegen Entgelt vorübergehend zur Unterkunft zur Verfügung gestellt werden und die zur Begründung einer eigenen Häuslichkeit geeignet und bestimmt sind (Ferienwohnungen), gehören unbeschadet des § 10 in der Regel zu den nicht störenden Gewerbebetrieben nach § 2 Absatz 3 Nummer 4 und § 4 Absatz 3 Nummer 2 oder zu den Gewerbebetrieben nach § 4a Absatz 2 Nummer 3, § 5 Absatz 2 Nummer 6, § 5a Absatz 2 Nummer 7, § 6 Absatz 2 Nummer 4, § 6a Absatz 2 Nummer 4 und § 7 Absatz 2 Nummer 3. [2]Abweichend von Satz 1 können Räume nach Satz 1 in den übrigen Fällen insbesondere bei einer baulich untergeordneten Bedeutung gegenüber der in dem Gebäude vorherrschenden Hauptnutzung zu den Betrieben des Beherbergungsgewerbes nach § 4 Absatz 3 Nummer 1, § 4a Absatz 2 Nummer 2, § 5 Absatz 2 Nummer 5, § 5a Absatz 2 Nummer 6, § 6 Absatz 2 Nummer 3, § 6a Absatz 2 Nummer 3 und § 7 Absatz 2 Nummer 2 oder zu den kleinen Betrieben des Beherbergungsgewerbes nach § 3 Absatz 3 Nummer 1 gehören.

§ 14[2] Nebenanlagen; Anlagen zur Nutzung solarer Strahlungsenergie und Kraft-Wärme-Kopplungsanlagen. (1) [1]Außer den in den §§ 2 bis 13 genannten Anlagen sind auch untergeordnete Nebenanlagen und Einrichtungen zulässig, die dem Nutzungszweck der in dem Baugebiet gelegenen Grundstücke oder des Baugebiets selbst dienen und die seiner Eigenart nicht widersprechen. [2]Soweit nicht bereits in den Baugebieten nach dieser Verordnung Einrichtungen und Anlagen für die Tierhaltung, einschließlich der Kleintiererhaltungszucht, zulässig sind, gehören zu den untergeordneten Nebenanlagen und Einrichtungen im Sinne des Satzes 1 auch solche für die Kleintierhaltung. [3]Im Bebauungsplan kann die Zulässigkeit der Nebenanlagen und Einrichtungen eingeschränkt oder ausgeschlossen werden.

(1a) In den Baugebieten nach den §§ 2 bis 11 sind Nebenanlagen, die der öffentlichen Versorgung mit Telekommunikationsdienstleistungen dienen, zulässig; Absatz 1 Satz 3 gilt entsprechend.

(2) [1]Die der Versorgung der Baugebiete mit Elektrizität, Gas, Wärme und Wasser sowie zur Ableitung von Abwasser dienenden Nebenanlagen können in den Baugebieten als Ausnahme zugelassen werden, auch soweit für sie im Bebauungsplan keine besonderen Flächen festgesetzt sind. [2]Dies gilt auch für fernmeldetechnische Nebenanlagen sowie für Anlagen für erneuerbare Energien, soweit nicht Absatz 1 Satz 1 oder Absatz 1a Anwendung findet.

(3) Soweit baulich untergeordnete Anlagen zur Nutzung solarer Strahlungsenergie in, an oder auf Dach- und Außenwandflächen oder Kraft-Wärme-Kopplungsanlagen innerhalb von Gebäuden nicht bereits nach den §§ 2 bis 13 zulässig sind, gelten sie auch dann als Anlagen im Sinne des Absatzes 1 Satz 1, wenn die erzeugte Energie vollständig oder überwiegend in das öffentliche Netz eingespeist wird.

§ 15 Allgemeine Voraussetzungen für die Zulässigkeit baulicher und sonstiger Anlagen. (1) [1]Die in den §§ 2 bis 14 aufgeführten baulichen und sonstigen Anlagen sind im Einzelfall unzulässig, wenn sie nach Anzahl, Lage,

---

[1] § 13a Sätze 1 und 2 geänd. mWv 23.6.2021 durch G v. 14.6.2021 (BGBl. I S. 1802).

[2] § 14 Abs. 1a eingef., Abs. 2 Satz 2 geänd. mWv 23.6.2021 durch G v. 14.6.2021 (BGBl. I S. 1802).

Umfang oder Zweckbestimmung der Eigenart des Baugebiets widersprechen. [2]Sie sind auch unzulässig, wenn von ihnen Belästigungen oder Störungen ausgehen können, die nach der Eigenart des Baugebiets im Baugebiet selbst oder in dessen Umgebung unzumutbar sind, oder wenn sie solchen Belästigungen oder Störungen ausgesetzt werden.

(2) Die Anwendung des Absatzes 1 hat nach den städtebaulichen Zielen und Grundsätzen des § 1 Absatz 5 des Baugesetzbuchs[1] zu erfolgen.

(3) Die Zulässigkeit der Anlagen in den Baugebieten ist nicht allein nach den verfahrensrechtlichen Einordnungen des Bundes-Immissionsschutzgesetzes[2] und der auf seiner Grundlage erlassenen Verordnungen zu beurteilen.

Zweiter Abschnitt. Maß der baulichen Nutzung

§ 16 Bestimmung des Maßes der baulichen Nutzung. (1) Wird im Flächennutzungsplan das allgemeine Maß der baulichen Nutzung dargestellt, genügt die Angabe der Geschossflächenzahl, der Baumassenzahl oder der Höhe baulicher Anlagen.

(2) Im Bebauungsplan kann das Maß der baulichen Nutzung bestimmt werden durch Festsetzung

1. der Grundflächenzahl oder der Größe der Grundflächen der baulichen Anlagen,
2. der Geschossflächenzahl oder der Größe der Geschossfläche, der Baumassenzahl oder der Baumasse,
3. der Zahl der Vollgeschosse,
4. der Höhe baulicher Anlagen.

(3) Bei Festsetzung des Maßes der baulichen Nutzung im Bebauungsplan ist festzusetzen

1. stets die Grundflächenzahl oder die Größe der Grundflächen der baulichen Anlagen,
2. die Zahl der Vollgeschosse oder die Höhe baulicher Anlagen, wenn ohne ihre Festsetzung öffentliche Belange, insbesondere das Orts- und Landschaftsbild, beeinträchtigt werden können.

(4) [1]Bei Festsetzung des Höchstmaßes für die Geschossflächenzahl oder die Größe der Geschossfläche, für die Zahl der Vollgeschosse und die Höhe baulicher Anlagen im Bebauungsplan kann zugleich ein Mindestmaß festgesetzt werden. [2]Die Zahl der Vollgeschosse und die Höhe baulicher Anlagen können auch als zwingend festgesetzt werden.

(5) Im Bebauungsplan kann das Maß der baulichen Nutzung für Teile des Baugebiets, für einzelne Grundstücke oder Grundstücksteile und für Teile baulicher Anlagen unterschiedlich festgesetzt werden; die Festsetzungen können oberhalb und unterhalb der Geländeoberfläche getroffen werden.

(6) Im Bebauungsplan können nach Art und Umfang bestimmte Ausnahmen von dem festgesetzten Maß der baulichen Nutzung vorgesehen werden.

---

[1] Nr. **41.2**.
[2] Nr. **32.1**.

§ 17[1)] Orientierungswerte für die Bestimmung des Maßes der baulichen Nutzung. [1] Bei der Bestimmung des Maßes der baulichen Nutzung nach § 16 bestehen, auch wenn eine Geschossflächenzahl oder eine Baumassenzahl nicht dargestellt oder festgesetzt wird, folgende Orientierungswerte für Obergrenzen:

1	2	3	4
Baugebiet	Grundflächenzahl (GRZ)	Geschossflächenzahl (GFZ)	Baumassenzahl (BMZ)
in Kleinsiedlungsgebieten (WS)	0,2	0,4	–
in reinen Wohngebieten (WR) allgemeinen Wohngebieten (WA) Ferienhausgebieten	0,4	1,2	–
in besonderen Wohngebieten (WB)	0,6	1,6	–
in Dorfgebieten (MD) Mischgebieten (MI) dörflichen Wohngebieten (MDW)	0,6	1,2	–
in urbanen Gebieten (MU)	0,8	3,0	–
in Kerngebieten (MK)	1,0	3,0	–
in Gewerbegebieten (GE) Industriegebieten (GI) sonstigen Sondergebieten	0,8	2,4	10,0
in Wochenendhausgebieten	0,2	0,2	–

[2] In Wochenendhausgebieten und Ferienhausgebieten dürfen die Orientierungswerte für Obergrenzen nach Satz 1 nicht überschritten werden.

§ 18 Höhe baulicher Anlagen. (1) Bei Festsetzung der Höhe baulicher Anlagen sind die erforderlichen Bezugspunkte zu bestimmen.

(2) Ist die Höhe baulicher Anlagen als zwingend festgesetzt (§ 16 Abs. 4 Satz 2), können geringfügige Abweichungen zugelassen werden.

§ 19 Grundflächenzahl, zulässige Grundfläche. (1) Die Grundflächenzahl gibt an, wieviel Quadratmeter Grundfläche je Quadratmeter Grundstücksfläche im Sinne des Absatzes 3 zulässig sind.

(2) Zulässige Grundfläche ist der nach Absatz 1 errechnete Anteil des Baugrundstücks, der von baulichen Anlagen überdeckt werden darf.

(3) [1] Für die Ermittlung der zulässigen Grundfläche ist die Fläche des Baugrundstücks maßgebend, die im Bauland und hinter der im Bebauungsplan festgesetzten Straßenbegrenzungslinie liegt. [2] Ist eine Straßenbegrenzungslinie nicht festgesetzt, so ist die Fläche des Baugrundstücks maßgebend, die hinter der tatsächlichen Straßengrenze liegt oder die im Bebauungsplan als maßgebend für die Ermittlung der zulässigen Grundfläche festgesetzt ist.

(4) [1] Bei der Ermittlung der Grundfläche sind die Grundflächen von

[1)] § 17 neu gef. mWv 23.6.2021 durch G v. 14.6.2021 (BGBl. I S. 1802).

1. Garagen und Stellplätzen mit ihren Zufahrten,
2. Nebenanlagen im Sinne des § 14,
3. baulichen Anlagen unterhalb der Geländeoberfläche, durch die das Baugrundstück lediglich unterbaut wird,

mitzurechnen. [2]Die zulässige Grundfläche darf durch die Grundflächen der in Satz 1 bezeichneten Anlagen bis zu 50 vom Hundert überschritten werden, höchstens jedoch bis zu einer Grundflächenzahl von 0,8; weitere Überschreitungen in geringfügigem Ausmaß können zugelassen werden. [3]Im Bebauungsplan können von Satz 2 abweichende Bestimmungen getroffen werden. [4]Soweit der Bebauungsplan nichts anderes festsetzt, kann im Einzelfall von der Einhaltung der sich aus Satz 2 ergebenden Grenzen abgesehen werden

1. bei Überschreitungen mit geringfügigen Auswirkungen auf die natürlichen Funktionen des Bodens oder
2. wenn die Einhaltung der Grenzen zu einer wesentlichen Erschwerung der zweckentsprechenden Grundstücksnutzung führen würde.

§ 20 Vollgeschosse, Geschoßflächenzahl, Geschoßfläche. (1) Als Vollgeschosse gelten Geschosse, die nach landesrechtlichen Vorschriften Vollgeschosse sind oder auf ihre Zahl angerechnet werden.

(2) Die Geschoßflächenzahl gibt an, wieviel Quadratmeter Geschoßfläche je Quadratmeter Grundstücksfläche im Sinne des § 19 Abs. 3 zulässig sind.

(3) [1]Die Geschoßfläche ist nach den Außenmaßen der Gebäude in allen Vollgeschossen zu ermitteln. [2]Im Bebauungsplan kann festgesetzt werden, dass die Flächen von Aufenthaltsräumen in anderen Geschossen einschließlich der zu ihnen gehörenden Treppenräume und einschließlich ihrer Umfassungswände ganz oder teilweise mitzurechnen oder ausnahmsweise nicht mitzurechnen sind.

(4) Bei der Ermittlung der Geschoßfläche bleiben Nebenanlagen im Sinne des § 14, Balkone, Loggien, Terrassen sowie bauliche Anlagen, soweit sie nach Landesrecht in den Abstandsflächen (seitlicher Grenzabstand und sonstige Abstandsflächen) zulässig sind oder zugelassen werden können, unberücksichtigt.

§ 21 Baumassenzahl, Baumasse. (1) Die Baumassenzahl gibt an, wieviel Kubikmeter Baumasse je Quadratmeter Grundstücksfläche im Sinne des § 19 Abs. 3 zulässig sind.

(2) [1]Die Baumasse ist nach den Außenmaßen der Gebäude vom Fußboden des untersten Vollgeschosses bis zur Decke des obersten Vollgeschosses zu ermitteln. [2]Die Baumassen von Aufenthaltsräumen in anderen Geschossen einschließlich der zu ihnen gehörenden Treppenräume und einschließlich ihrer Umfassungswände und Decken sind mitzurechnen. [3]Bei baulichen Anlagen, bei denen eine Berechnung der Baumasse nach Satz 1 nicht möglich ist, ist die tatsächliche Baumasse zu ermitteln.

(3) Bauliche Anlagen und Gebäudeteile im Sinne des § 20 Abs. 4 bleiben bei der Ermittlung der Baumasse unberücksichtigt.

(4) Ist im Bebauungsplan die Höhe baulicher Anlagen oder die Baumassenzahl nicht festgesetzt, darf bei Gebäuden, die Geschosse von mehr als 3,50 m Höhe haben, eine Baumassenzahl, die das Dreieinhalbfache der zulässigen Geschoßflächenzahl beträgt, nicht überschritten werden.

§ 21a Stellplätze, Garagen und Gemeinschaftsanlagen. (1) Garagengeschosse oder ihre Baumasse sind in sonst anders genutzten Gebäuden auf die Zahl der zulässigen Vollgeschosse oder auf die zulässige Baumasse nicht anzurechnen, wenn der Bebauungsplan dies festsetzt oder als Ausnahme vorsieht.

(2) Der Grundstücksfläche im Sinne des § 19 Abs. 3 sind Flächenanteile an außerhalb des Baugrundstücks festgesetzten Gemeinschaftsanlagen im Sinne des § 9 Abs. 1 Nr. 22 des Baugesetzbuchs[1)] hinzuzurechnen, wenn der Bebauungsplan dies festsetzt oder als Ausnahme vorsieht.

(3) Soweit § 19 Abs. 4 nicht entgegensteht, ist eine Überschreitung der zulässigen Grundfläche durch überdachte Stellplätze und Garagen bis zu 0,1 der Fläche des Baugrundstücks zulässig; eine weitergehende Überschreitung kann ausnahmsweise zugelassen werden

1. in Kerngebieten, Gewerbegebieten und Industriegebieten,
2. in anderen Baugebieten, soweit solche Anlagen nach § 9 Abs. 1 Nr. 4 des Baugesetzbuchs im Bebauungsplan festgesetzt sind.

(4) Bei der Ermittlung der Geschoßfläche oder der Baumasse bleiben unberücksichtigt die Flächen oder Baumassen von

1. Garagengeschossen, die nach Absatz 1 nicht angerechnet werden,
2. Stellplätzen und Garagen, deren Grundflächen die zulässige Grundfläche unter den Voraussetzungen des Absatzes 3 überschreiten,
3. Stellplätzen und Garagen in Vollgeschossen, wenn der Bebauungsplan dies festsetzt oder als Ausnahme vorsieht.

(5) Die zulässige Geschoßfläche oder die zulässige Baumasse ist um die Flächen oder Baumassen notwendiger Garagen, die unter der Geländeoberfläche hergestellt werden, insoweit zu erhöhen, als der Bebauungsplan dies festsetzt oder als Ausnahme vorsieht.

Dritter Abschnitt. Bauweise, überbaubare Grundstücksfläche

§ 22 Bauweise. (1) Im Bebauungsplan kann die Bauweise als offene oder geschlossene Bauweise festgesetzt werden.

(2) [1] In der offenen Bauweise werden die Gebäude mit seitlichem Grenzabstand als Einzelhäuser, Doppelhäuser oder Hausgruppen errichtet. [2] Die Länge der in Satz 1 bezeichneten Hausformen darf höchstens 50 m betragen. [3] Im Bebauungsplan können Flächen festgesetzt werden, auf denen nur Einzelhäuser, nur Doppelhäuser, nur Hausgruppen oder nur zwei dieser Hausformen zulässig sind.

(3) In der geschlossenen Bauweise werden die Gebäude ohne seitlichen Grenzabstand errichtet, es sei denn, dass die vorhandene Bebauung eine Abweichung erfordert.

(4) [1] Im Bebauungsplan kann eine von Absatz 1 abweichende Bauweise festgesetzt werden. [2] Dabei kann auch festgesetzt werden, inwieweit an die vorderen, rückwärtigen und seitlichen Grundstücksgrenzen herangebaut werden darf oder muss.

[1)] Nr. **41.2**.

§ 23 Überbaubare Grundstücksfläche. (1) [1]Die überbaubaren Grundstücksflächen können durch die Festsetzung von Baulinien, Baugrenzen oder Bebauungstiefen bestimmt werden. [2]§ 16 Abs. 5 ist entsprechend anzuwenden.

(2) [1]Ist eine Baulinie festgesetzt, so muss auf dieser Linie gebaut werden. [2]Ein Vor- oder Zurücktreten von Gebäudeteilen in geringfügigem Ausmaß kann zugelassen werden. [3]Im Bebauungsplan können weitere nach Art und Umfang bestimmte Ausnahmen vorgesehen werden.

(3) [1]Ist eine Baugrenze festgesetzt, so dürfen Gebäude und Gebäudeteile diese nicht überschreiten. [2]Ein Vortreten von Gebäudeteilen in geringfügigem Ausmaß kann zugelassen werden. [3]Absatz 2 Satz 3 gilt entsprechend.

(4) [1]Ist eine Bebauungstiefe festgesetzt, so gilt Absatz 3 entsprechend. [2]Die Bebauungstiefe ist von der tatsächlichen Straßengrenze ab zu ermitteln, sofern im Bebauungsplan nichts anderes festgesetzt ist.

(5) [1]Wenn im Bebauungsplan nichts anderes festgesetzt ist, können auf den nicht überbaubaren Grundstücksflächen Nebenanlagen im Sinne des § 14 zugelassen werden. [2]Das gleiche gilt für bauliche Anlagen, soweit sie nach Landesrecht in den Abstandsflächen zulässig sind oder zugelassen werden können.

Vierter Abschnitt

§ 24 (weggefallen)

Fünfter Abschnitt. Überleitungs- und Schlussvorschriften

§ 25 Fortführung eingeleiteter Verfahren[1)]. Für Bauleitpläne, deren Aufstellung oder Änderung bereits eingeleitet ist, sind die dieser Verordnung entsprechenden bisherigen Vorschriften weiterhin anzuwenden, wenn die Pläne bei dem Inkrafttreten dieser Verordnung bereits ausgelegt sind.

§ 25a Überleitungsvorschriften aus Anlass der zweiten Änderungsverordnung. (1) Für Bauleitpläne, deren Aufstellung oder Änderung bereits eingeleitet ist, gilt diese Verordnung in ihrer bis zum Inkrafttreten der Zweiten Verordnung zur Änderung dieser Verordnung vom 15. September 1977 (BGBl. I S. 1757) gültigen Fassung, wenn die Pläne bei Inkrafttreten der zweiten Änderungsverordnung nach § 2a Abs. 6 des Bundesbaugesetzes oder § 2 Abs. 6 des Bundesbaugesetzes in der bis zum 1. Januar 1977 geltenden Fassung ausgelegt sind.

(2) [1]Von der Geltung der Vorschriften der zweiten Änderungsverordnung über gesonderte Festsetzungen für übereinanderliegende Geschosse und Ebenen sowie sonstige Teile baulicher Anlagen sind solche Bebauungspläne ausgenommen, auf die § 9 Abs. 3 des Bundesbaugesetzes in der ab 1. Januar 1977

[1)] **Amtl. Anm.:** Diese Vorschrift betrifft die Fortführung eingeleiteter Verfahren bei Inkrafttreten der Baunutzungsverordnung (1. August 1962) in der ursprünglichen Fassung vom 26. Juni 1962 (BGBl. I S. 429). Für die Fortführung eingeleiteter Verfahren bei Inkrafttreten der Änderungsverordnung (1. Januar 1969) bestimmt Artikel 2 der Verordnung zur Änderung der Baunutzungsverordnung vom 26. November 1968 (BGBl. I S. 1233):

„Für Bauleitpläne, deren Aufstellung oder Änderung bereits eingeleitet ist, gilt die Verordnung in der bisherigen Fassung, wenn die Pläne bei Inkrafttreten dieser Verordnung bereits nach § 2 Abs. 6 des Bundesbaugesetzes ausgelegt sind."

geltenden Fassung nach Maßgabe des Artikels 3 § 1 Abs. 3 des Gesetzes zur Änderung des Bundesbaugesetzes vom 18. August 1976 (BGBl. I S. 2221) keine Anwendung findet. [2] Auf diese Bebauungspläne finden die Vorschriften dieser Verordnung über gesonderte Festsetzungen für übereinanderliegende Geschosse und Ebenen und sonstige Teile baulicher Anlagen in der bis zum Inkrafttreten der zweiten Änderungsverordnung gültigen Fassung weiterhin Anwendung.

§ 25b Überleitungsvorschrift aus Anlass der dritten Änderungsverordnung. (1) [1] Ist der Entwurf eines Bebauungsplans vor dem Inkrafttreten der dritten Änderungsverordnung nach § 2a Abs. 6 des Bundesbaugesetzes öffentlich ausgelegt worden, ist auf ihn § 11 Abs. 3 Satz 3 in der bis zum Inkrafttreten der dritten Änderungsverordnung geltenden Fassung anzuwenden. [2] Das Recht der Gemeinde, das Verfahren zur Aufstellung des Bebauungsplans erneut einzuleiten, bleibt unberührt.

(2) Auf Bebauungspläne, auf die § 11 Abs. 3 in der Fassung der Bekanntmachung vom 15. September 1977 Anwendung findet, ist § 11 Abs. 3 Satz 4 entsprechend anzuwenden.

§ 25c Überleitungsvorschrift aus Anlass der vierten Änderungsverordnung. [1] Ist der Entwurf eines Bauleitplans vor dem 27. Januar 1990 nach § 3 Abs. 2 des Baugesetzbuchs[1)] öffentlich ausgelegt worden, ist auf ihn diese Verordnung in der bis zum 26. Januar 1990 geltenden Fassung anzuwenden. [2] Das Recht der Gemeinde, das Verfahren zur Aufstellung des Bauleitplans erneut einzuleiten, bleibt unberührt.

§ 25d Überleitungsvorschrift aus Anlass des Gesetzes zur Stärkung der Innenentwicklung in den Städten und Gemeinden und weiteren Fortentwicklung des Städtebaurechts. [1] Ist der Entwurf eines Bauleitplans vor dem 20. September 2013 nach § 3 Absatz 2 des Baugesetzbuchs[1)] öffentlich ausgelegt worden, ist auf ihn diese Verordnung in der bis zum 20. September 2013 geltenden Fassung anzuwenden. [2] Das Recht der Gemeinde, das Verfahren zur Aufstellung des Bauleitplans erneut einzuleiten, bleibt unberührt.

§ 25e[2)] Überleitungsvorschrift aus Anlass des Gesetzes zur Mobilisierung von Bauland. [1] Ist der Entwurf eines Bauleitplans vor dem 23. Juni 2021 nach § 3 Absatz 2 des Baugesetzbuchs[1)] oder nach dem Planungssicherstellungsgesetz öffentlich ausgelegt worden, ist auf ihn diese Verordnung in der bis zum 23. Juni 2021 geltenden Fassung anzuwenden. [2] Das Recht der Gemeinde, das Verfahren zur Aufstellung des Bauleitplans erneut einzuleiten, bleibt unberührt.

§ 26 (Berlin-Klausel) *(gegenstandslos)*

§ 26a Überleitungsregelungen aus Anlass der Herstellung der Einheit Deutschlands. [1] Soweit in dieser Verordnung auf Vorschriften verwiesen wird, die in dem in Artikel 3 des Einigungsvertrages genannten Gebiet keine Anwendung finden, sind die entsprechenden Vorschriften der Deutschen Demokratischen Republik anzuwenden. [2] Bestehen solche Vorschriften nicht oder würde

---

[1)] Nr. **41.2**.
[2)] § 25e eingef. mWv 23.6.2021 durch G v. 14.6.2021 (BGBl. I S. 1802).

ihre Anwendung dem Sinn der Verweisung widersprechen, gelten die Vorschriften, auf die verwiesen wird, entsprechend.

§ 27 (Inkrafttreten)

41.31. Bauordnung für das Land Nordrhein-Westfalen (Landesbauordnung 2018 – BauO NRW 2018)[1)]

Vom 21. Juli 2018
(GV. NRW. S. 421)

geänd. durch Art. 7 G zur Modernisierung des Rechts der Umweltverträglichkeitsprüfungen im Land Nordrhein-Westfalen v. 26.3.2019 (GV. NRW. S. 193), Art. 13 COVID-19-LandesrechtanpassungsG v. 14.4.2020 (GV. NRW. S. 218b), Art. 1 G zur Anpassung bestehenden Landesrechts an die COVID-19-Pandemie und sonstige pandemiebedingte Sondersituationen v. 1.12.2020 (GV. NRW. S. 1109), Art. 1 ÄndG v. 30.6.2021 (GV. NRW. S. 822) und Art. 3 G zur Änd. des BerufsqualifikationsfeststellungsG NRW und zur Änd. weiterer Vorschriften v. 14.9.2021 (GV. NRW. S. 1086)

Inhaltsübersicht[2)]

[1)] Verkündet als Art. 1 G v. 21.7.2018 (GV. NRW. S. 421); Inkrafttreten gem. Art. 2 dieses G am 1.1.2019, bis auf § 62 Abs. 2 Sätze 2 und 3, § 72 Abs. 3–6, §§ 87 und 89, die am 4.8.2018 in Kraft treten.

[2)] Inhaltsübersicht geänd. mWv 2.7.2021 durch G v. 30.6.2021 (GV. NRW. S. 822).

Erster Teil. Allgemeine Vorschriften

§ 1 Anwendungsbereich. (1) [1]Dieses Gesetz gilt für bauliche Anlagen und Bauprodukte. [2]Es gilt auch für Grundstücke sowie für andere Anlagen und Einrichtungen, an die in diesem Gesetz oder in Vorschriften aufgrund dieses Gesetzes Anforderungen gestellt werden.

(2) Dieses Gesetz gilt nicht für

1. Anlagen des öffentlichen Verkehrs einschließlich Zubehör, Nebenanlagen und Nebenbetrieben, ausgenommen Gebäude,
2. Anlagen, die der Bergaufsicht unterliegen, ausgenommen Gebäude,
3. Leitungen, die der öffentlichen Versorgung mit Wasser, Gas, Elektrizität, Wärme, der öffentlichen Abwasserentsorgung oder der Telekommunikation dienen,
4. Rohrleitungen, die dem Ferntransport von Stoffen dienen,
5. Kräne und Krananlagen sowie
6. Messestände in Messe- und Ausstellungsgebäuden.

§ 2[1] Begriffe. (1) [1]Bauliche Anlagen sind mit dem Erdboden verbundene, aus Bauprodukten hergestellte Anlagen. [2]Eine Verbindung mit dem Boden besteht auch dann, wenn die Anlage durch eigene Schwere auf dem Boden ruht oder auf ortsfesten Bahnen begrenzt beweglich ist oder wenn die Anlage nach ihrem Verwendungszweck dazu bestimmt ist, überwiegend ortsfest benutzt zu werden.
[3]Bauliche Anlagen sind auch

1. Aufschüttungen und Abgrabungen,
2. Lagerplätze, Abstellplätze und Ausstellungsplätze,
3. Sport- und Spielflächen,
4. Campingplätze, Wochenendplätze und Zeltplätze,
5. Stellplätze für Kraftfahrzeuge und Fahrradabstellplätze,
6. Gerüste und

[1] § 2 Abs. 3 Satz 1 Nr. 4 geänd. mWv 2.7.2021 durch G v. 30.6.2021 (GV. NRW. S. 822).

7. Hilfseinrichtungen zur statischen Sicherung von Bauzuständen.

[4] Anlagen sind bauliche Anlagen und sonstige Anlagen und Einrichtungen im Sinne des § 1 Absatz 1 Satz 2.

(2) Gebäude sind selbständig benutzbare, überdeckte bauliche Anlagen, die von Menschen betreten werden können und geeignet oder bestimmt sind, dem Schutz von Menschen, Tieren oder Sachen zu dienen.

(3) [1] Gebäude werden in folgende Gebäudeklassen eingeteilt:

1. Gebäudeklasse 1:
   a) freistehende Gebäude mit einer Höhe bis zu 7 m und nicht mehr als zwei Nutzungseinheiten von insgesamt nicht mehr als 400 m² und
   b) freistehende land- oder forstwirtschaftlich genutzte Gebäude und Gebäude vergleichbarer Nutzung,
2. Gebäudeklasse 2:
   Gebäude mit einer Höhe bis zu 7 m und nicht mehr als zwei Nutzungseinheiten von insgesamt nicht mehr als 400 m²,
3. Gebäudeklasse 3:
   sonstige Gebäude mit einer Höhe bis zu 7 m,
4. Gebäudeklasse 4:
   Gebäude mit einer Höhe bis zu 13 m und Nutzungseinheiten mit jeweils nicht mehr als 400 m² in einem Geschoss sowie
5. Gebäudeklasse 5:
   sonstige Gebäude einschließlich unterirdischer Gebäude.

[2] Höhe im Sinne des Satzes 1 ist das Maß der Fußbodenoberkante des höchstgelegenen Geschosses, in dem ein Aufenthaltsraum möglich ist, über der Geländeoberfläche im Mittel. [3] Die Grundflächen der Nutzungseinheiten im Sinne dieses Gesetzes sind die Brutto-Grundflächen. [4] Bei der Berechnung der Brutto-Grundflächen nach Satz 1 bleiben Flächen in Kellergeschossen außer Betracht.

(4) Geländeoberfläche ist die Fläche, die sich aus der Baugenehmigung oder den Festsetzungen des Bebauungsplans ergibt, im Übrigen die natürliche Geländeoberfläche.

(5) [1] Geschosse sind oberirdische Geschosse, wenn ihre Deckenoberkanten im Mittel mehr als 1,60 m über die Geländeoberfläche hinausragen, im Übrigen sind sie Kellergeschosse. [2] Hohlräume zwischen der obersten Decke und der Bedachung, in denen Aufenthaltsräume nicht möglich sind, sind keine Geschosse.

(6) [1] Vollgeschosse sind oberirdische Geschosse, die eine lichte Höhe von mindestens 2,30 m haben. [2] Ein Geschoss ist nur dann ein Vollgeschoss, wenn es die in Satz 1 genannte Höhe über mehr als drei Viertel der Grundfläche des darunterliegenden Geschosses hat.

(7) Aufenthaltsräume sind Räume, die zum nicht nur vorübergehenden Aufenthalt von Menschen bestimmt oder geeignet sind.

(8) [1] Stellplätze sind Flächen, die dem Abstellen von Kraftfahrzeugen und Fahrrädern außerhalb der öffentlichen Verkehrsflächen dienen. [2] Garagen sind Gebäude oder Gebäudeteile zum Abstellen von Kraftfahrzeugen und/oder Fahrrädern. [3] Ausstellungs-, Verkaufs-, Werk- und Lagerräume für Kraftfahrzeuge sind keine Stellplätze oder Garagen.

(9) Feuerstätten sind in oder an Gebäuden ortsfest benutzte Anlagen oder Einrichtungen, die dazu bestimmt sind, durch Verbrennung Wärme zu erzeugen.

(10) Barrierefrei sind bauliche Anlagen, soweit sie für alle Menschen, insbesondere für Menschen mit Behinderungen, in der allgemein üblichen Weise, ohne besondere Erschwernis und grundsätzlich ohne fremde Hilfe auffindbar, zugänglich und nutzbar sind.

(11) Bauprodukte sind

1. Produkte, Baustoffe, Bauteile und Anlagen sowie Bausätze gemäß Artikel 2 Nummer 2 der Verordnung (EU) Nr. 305/2011 des Europäischen Parlaments und des Rates vom 9. März 2011 zur Festlegung harmonisierter Bedingungen für die Vermarktung von Bauprodukten und zur Aufhebung der Richtlinie 89/106/EWG des Rates (ABl. L 88 vom 4.4.2011, S. 5, L 103 vom 12.4.2013, S. 10, L 92 vom 8.4.2015, S. 118), die zuletzt durch Verordnung (EU) Nr. 574/2014 (ABl. L 159 vom 28.5.2014, S. 41) geändert worden ist, die hergestellt werden, um dauerhaft in bauliche Anlagen eingebaut zu werden und
2. aus Produkten, Baustoffen, Bauteilen sowie Bausätzen gemäß Artikel 2 Nummer 2 der Verordnung (EU) Nr. 305/2011 vorgefertigte Anlagen, die hergestellt werden, um mit dem Erdboden verbunden zu werden

und deren Verwendung sich auf die Anforderungen nach § 3 Absatz 1 Satz 1 auswirken kann.

(12) Bauart ist das Zusammenfügen von Bauprodukten zu baulichen Anlagen oder Teilen von baulichen Anlagen.

§ 3[1)] Allgemeine Anforderungen. (1) [1] Anlagen sind so anzuordnen, zu errichten, zu ändern und instand zu halten, dass die öffentliche Sicherheit und Ordnung, insbesondere Leben, Gesundheit und die natürlichen Lebensgrundlagen, nicht gefährdet werden, dabei sind die Grundanforderungen an Bauwerke gemäß Anhang I der Verordnung (EU) Nr. 305/2011 zu berücksichtigen. [2] Dies gilt auch für die Beseitigung von Anlagen und bei der Änderung ihrer Nutzung. [3] Anlagen müssen bei ordnungsgemäßer Instandhaltung die allgemeinen Anforderungen des Satzes 1 ihrem Zweck entsprechend dauerhaft erfüllen und ohne Missstände benutzbar sein.

(2) [1] Die der Wahrung der Belange nach Absatz 1 dienenden allgemein anerkannten Regeln der Technik sind zu beachten. [2] Von diesen Regeln kann abgewichen werden, wenn eine andere Lösung in gleicher Weise die Anforderungen des Absatzes 1 erfüllt. [3] Als allgemein anerkannte Regeln der Technik gelten auch die von der obersten Bauaufsichtsbehörde durch Verwaltungsvorschrift als Technische Baubestimmungen eingeführten technischen Regeln.

Zweiter Teil. Das Grundstück und seine Bebauung

§ 4[2)] Bebauung der Grundstücke mit Gebäuden. (1) [1] Gebäude dürfen nur errichtet werden, wenn gesichert ist, dass ab Beginn ihrer Nutzung das Grundstück in für die Zufahrt und den Einsatz von Feuerlösch- und Rettungs-

---

1) § 3 Abs. 1 Satz 2 eingef., bish. Satz 2 wird Satz 3, Abs. 2 Sätze 1 und 2 geänd., Abs. 3 aufgeh. mWv 2.7.2021 durch G v. 30.6.2021 (GV. NRW. S. 822).

2) § 4 Abs. 2 Satz 2 neu gef., Satz 4 angef. mWv 2.7.2021 durch G v. 30.6.2021 (GV. NRW. S. 822).

geräten angemessener Breite an einer befahrbaren öffentlichen Verkehrsfläche liegt oder wenn das Grundstück eine befahrbare, öffentlich-rechtlich gesicherte Zufahrt zu einer befahrbaren öffentlichen Verkehrsfläche hat und die erforderlichen Anlagen zur Versorgung mit Löschwasser vorhanden und benutzbar sind. [2] Wohnwege, an denen nur Gebäude der Gebäudeklassen 1 bis 3 zulässig sind, brauchen nur befahrbar zu sein, wenn sie länger als 50 m sind.

(2) [1] Ein Gebäude auf mehreren Grundstücken ist nur zulässig, wenn öffentlich-rechtlich gesichert ist, dass dadurch keine Verhältnisse eintreten können, die Vorschriften dieses Gesetzes oder den aufgrund dieses Gesetzes erlassenen Vorschriften zuwiderlaufen. [2] Dies gilt bei bestehenden Gebäuden nicht für eine Außenwand- und Dachdämmung. [3] Satz 2 gilt entsprechend für die mit der Wärmedämmung zusammenhängenden notwendigen Änderungen von Bauteilen. [4] Eine nach Satz 2 zulässige Überbauung ändert die Abstandsflächen des Gebäudes nicht.

§ 5 Zugänge und Zufahrten auf den Grundstücken. (1) [1] Von öffentlichen Verkehrsflächen ist insbesondere für die Feuerwehr ein geradliniger Zu- oder Durchgang zu rückwärtigen Gebäuden zu schaffen, zu anderen Gebäuden ist er zu schaffen, wenn der zweite Rettungsweg dieser Gebäude über Rettungsgeräte der Feuerwehr führt. [2] Zu Gebäuden, bei denen die Oberkante der Brüstung von zum Anleitern bestimmten Fenstern oder Stellen mehr als 8 m über Gelände liegt, ist in den Fällen des Satzes 1 anstelle eines Zu- oder Durchgangs eine Zu- oder Durchfahrt zu schaffen. [3] Ist für die Personenrettung der Einsatz von Hubrettungsfahrzeugen erforderlich, sind die dafür erforderlichen Aufstell- und Bewegungsflächen vorzusehen. [4] Bei Gebäuden, die ganz oder mit Teilen mehr als 50 m von einer öffentlichen Verkehrsfläche entfernt sind, sind Zufahrten oder Durchfahrten nach Satz 2 zu den vor und hinter den Gebäuden gelegenen Grundstücksteilen und Bewegungsflächen herzustellen, wenn sie aus Gründen des Feuerwehreinsatzes erforderlich sind. [5] Soweit erforderliche Flächen nicht auf dem Grundstück liegen, müssen sie öffentlich-rechtlich gesichert sein.

(2) [1] Zu- und Durchfahrten, Aufstellflächen und Bewegungsflächen müssen für Feuerwehrfahrzeuge ausreichend befestigt und tragfähig sein. [2] Sie sind als solche zu kennzeichnen und ständig frei zu halten. [3] Die Kennzeichnung von Zufahrten muss von der öffentlichen Verkehrsfläche aus sichtbar sein. [4] Fahrzeuge dürfen auf den Flächen nach Satz 1 nicht abgestellt werden.

§ 6[1] Abstandsflächen. (1) [1] Vor den Außenwänden von Gebäuden sind Abstandsflächen von oberirdischen Gebäuden freizuhalten. [2] Satz 1 gilt entsprechend für andere Anlagen gegenüber Gebäuden und Grundstücksgrenzen soweit sie

1. höher als 2 m über der Geländeoberfläche sind und von ihnen Wirkungen wie von Gebäuden ausgehen oder
2. höher als 1 m über der Geländeoberfläche sind und dazu geeignet sind, von Menschen betreten zu werden.

[1] § 6 Abs. 4 Satz 6 geänd., Abs. 5 Satz 2 neu gef., Abs. 7 Satz 1 Nr. 1 geänd., Satz 2 eingef., bish. Satz 2 wird Satz 3 und geänd., Abs. 8 neu gef., Abs. 9 geänd., Abs. 11 Satz 3 und Abs. 14 angef. mWv 2.7.2021 durch G v. 30.6.2021 (GV. NRW. S. 822).

[3] Eine Abstandsfläche ist nicht erforderlich vor Außenwänden, die an Grundstücksgrenzen errichtet werden, wenn nach planungsrechtlichen Vorschriften

1. an die Grenze gebaut werden muss, oder
2. an die Grenze gebaut werden darf, wenn gesichert ist, dass auf dem Nachbargrundstück ohne Grenzabstand gebaut wird.

(2) [1] Abstandsflächen müssen auf dem Grundstück selbst liegen. [2] Sie dürfen auch auf öffentlichen Verkehrs-, Grün- und Wasserflächen liegen, jedoch nur bis zu deren Mitte. [3] Abstandsflächen dürfen sich ganz oder teilweise auf andere Grundstücke erstrecken, wenn öffentlich-rechtlich gesichert ist, dass sie nur mit in der Abstandsfläche zulässigen baulichen Anlagen überbaut werden; Abstandsflächen dürfen auf die auf diesen Grundstücken erforderlichen Abstandsflächen nicht angerechnet werden.

(3) Die Abstandsflächen dürfen sich nicht überdecken, dies gilt nicht für

1. Außenwände, die in einem Winkel von mehr als 75 Grad zueinanderstehen,
2. Außenwände zu einem fremder Sicht entzogenen Gartenhof bei Wohngebäuden der Gebäudeklassen 1 und 2 sowie
3. Gebäude und andere bauliche Anlagen, die in den Abstandsflächen zulässig sind oder gestattet werden.

(4) [1] Die Tiefe der Abstandsfläche bemisst sich nach der Wandhöhe; sie wird senkrecht zur Wand gemessen. [2] Wandhöhe ist das Maß von der Geländeoberfläche bis zur Schnittlinie der Wand mit der Dachhaut oder bis zum oberen Abschluss der Wand. [3] Besteht eine Außenwand aus Wandteilen unterschiedlicher Höhe, so ist die Wandhöhe je Wandteil zu ermitteln. [4] Bei geneigter Geländeoberfläche ist die im Mittel gemessene Wandhöhe maßgebend. [5] Diese ergibt sich aus den Wandhöhen an den Gebäudekanten oder den vertikalen Begrenzungen der Wandteile. [6] Abgrabungen, die der Belichtung oder dem Zugang oder der Zufahrt zu einem Gebäude dienen, bleiben bei der Ermittlung der Abstandsfläche außer Betracht, auch soweit sie nach § 8 Absatz 5 die Geländeoberfläche zulässigerweise verändern. [7] Zur Wandhöhe werden hinzugerechnet:

1. voll die Höhe von
   a) Dächern und Dachteilen mit einer Dachneigung von mehr als 70 Grad und
   b) Giebelflächen im Bereich dieser Dächer und Dachteile, wenn beide Seiten eine Dachneigung von mehr als 70 Grad haben,
2. zu einem Drittel die Höhe von
   a) Dächern und Dachteilen mit einer Dachneigung von mehr als 45 Grad,
   b) Dächern mit Dachgauben oder Dachaufbauten, deren Gesamtlänge je Dachfläche mehr als die Hälfte der darunterliegenden Gebäudewand beträgt und
   c) Giebelflächen im Bereich von Dächern und Dachteilen, wenn nicht beide Seiten eine Dachneigung von mehr als 70 Grad haben.

[8] Das sich ergebende Maß ist H.

(5) [1] Die Tiefe der Abstandsflächen beträgt 0,4 H, mindestens 3 m. [2] In Gewerbe- und Industriegebieten sowie für Antennenanlagen im Außenbereich genügt eine Tiefe von 0,2 H, in Kerngebieten von 0,25 H, jedoch jeweils mindestens 3 m. [3] Zu öffentlichen Verkehrs-, Grün- und Wasserflächen beträgt

die Tiefe der Abstandsfläche in Kerngebieten und urbanen Gebieten 0,2 H, mindestens 3 m. [4] Zu angrenzenden anderen Baugebieten gilt die jeweils größere Tiefe der Abstandsfläche. [5] Vor den Außenwänden von Wohngebäuden der Gebäudeklassen 1 und 2 mit nicht mehr als drei oberirdischen Geschossen genügt als Tiefe der Abstandsfläche 3 m. [6] Werden von einer städtebaulichen Satzung oder einer Satzung nach § 89 Außenwände zugelassen oder vorgeschrieben, vor denen Abstandsflächen größerer oder geringerer Tiefe als nach den Sätzen 1 bis 3 liegen müssten, finden die Sätze 1 bis 3 keine Anwendung, es sei denn, die Satzung ordnet die Geltung dieser Vorschriften an.

(6) Bei der Bemessung der Abstandsflächen bleiben außer Betracht

1. nicht mehr als 1,50 m vor die Außenwand vortretende Bauteile wie Gesimse und Dachüberstände,
2. Vorbauten, wenn sie
   a) insgesamt nicht mehr als ein Drittel der Breite der jeweiligen Außenwand in Anspruch nehmen,
   b) nicht mehr als 1,60 m vor diese Außenwand vortreten und
   c) mindestens 2 m von der gegenüberliegenden Nachbargrenze entfernt bleiben, sowie
3. bei Gebäuden an der Grundstücksgrenze die Seitenwände von Vorbauten und Dachaufbauten, auch wenn sie nicht an der Grundstücksgrenze errichtet werden.

(7) [1] Bei der Bemessung der Abstandsflächen bleiben Maßnahmen zum Zwecke der Energieeinsparung und Solaranlagen an bestehenden Gebäuden unabhängig davon, ob diese den Anforderungen der Absätze 2 bis 6 entsprechen, außer Betracht, wenn sie

1. eine Stärke von nicht mehr als 0,30 m aufweisen und
2. mindestens 2,50 m von der Nachbargrenze zurückbleiben.

[2] Führen Maßnahmen zum Zwecke der Energieeinsparung nach Satz 1 zu einer größeren Wandhöhe, bleibt dies bei der Bemessung der Abstandsflächen außer Betracht. [3] § 4 Absatz 2 Satz 2 und 3 gilt entsprechend, § 69 Absatz 1 Satz 1 und 2 bleiben unberührt.

(8) [1] In den Abstandsflächen eines Gebäudes sowie ohne eigene Abstandsflächen sind, auch wenn sie nicht an die Grundstücksgrenze oder an das Gebäude angebaut werden, zulässig

1. Gebäude bis zu 30 m^3 Brutto-Rauminhalt ohne Aufenthaltsräume sowie Garagen einschließlich Abstellräumen, jeweils mit einer mittleren Wandhöhe bis zu 3 m, auch wenn sie über einen Zugang zu einem anderen Gebäude verfügen, dies gilt auch für Garagen, die keine selbständigen Gebäude sind,
2. Feuerstätten mit einer Nennleistung bis 28 kW und Wärmepumpen mit entsprechender Leistung in Gebäuden nach Nummer 1,
3. Zufahrten zu Tiefgaragen und Stellplätze, soweit diese überdacht sind,
4. Aufzüge zu Tiefgaragen,
5. gebäudeunabhängige Solaranlagen mit einer Höhe bis zu 3 m, Solaranlagen an und auf Gebäuden nach Nummer 1 sowie
6. Stützmauern und geschlossene Einfriedungen in Gewerbe- und Industriegebieten, außerhalb dieser Baugebiete mit einer Höhe bis zu 2 m.

[2]Die Gesamtlänge der Bebauung nach Satz 1 Nummern 1 bis 5 darf je Nachbargrenze 9 m und auf einem Grundstück zu allen Nachbargrenzen insgesamt 15 m nicht überschreiten.

(9) Bei der Änderung von vor dem 1. Januar 2019 zulässigerweise errichteten Gebäuden bleiben Aufzüge, die vor die Außenwand vortreten, bei der Bemessung der Abstandsflächen außer Betracht, wenn sie nicht breiter als 2,50 m und nicht höher als 0,50 m über dem oberen Abschluss des obersten angefahrenen Geschosses sind, nicht mehr als 2,50 m vor die Außenwand vortreten und von den gegenüberliegenden Nachbargrenzen mindestens 1,50 m entfernt sind.

(10) Liegen sich Wände desselben Gebäudes oder Wände von Gebäuden auf demselben Grundstück gegenüber, so können geringere Abstandsflächen als nach Absatz 5 gestattet werden, wenn die Belichtung der Räume nicht wesentlich beeinträchtigt wird und wenn wegen des Brandschutzes Bedenken nicht bestehen.

(11) [1]Bei Gebäuden, die ohne Einhaltung von Abstandsflächen oder mit geringeren Tiefen der Abstandsflächen als nach Absatz 5 bestehen, sind zulässig

1. Änderungen innerhalb des Gebäudes,
2. Nutzungsänderungen, wenn der Abstand des Gebäudes zu den Nachbargrenzen mindestens 2,50 m beträgt und
3. Änderungen, wenn der Abstand des Gebäudes zu den Nachbargrenzen mindestens 2,50 m beträgt, ohne Veränderung von Länge und Höhe der diesen Nachbargrenzen zugekehrten Wände und Dachflächen und ohne Einrichtung neuer Öffnungen oder Vergrößerung bestehender Öffnungen in diesen Wänden und Dachflächen.

[2]Darüber hinaus gehende Änderungen und Nutzungsänderungen können unter Würdigung nachbarlicher Belange und der Belange des Brandschutzes gestattet werden. [3]Die Sätze 1 und 2 gelten nicht für Gebäude nach Absatz 8.

(12) [1]In überwiegend bebauten Gebieten können geringere Tiefen der Abstandsflächen gestattet oder verlangt werden, wenn die Gestaltung des Straßenbildes oder besondere städtebauliche Verhältnisse dies auch unter Würdigung nachbarlicher Belange rechtfertigen. [2]In den Gebieten nach Satz 1 kann gestattet werden, dass an der Stelle eines Gebäudes, das die Abstandsflächen nicht einhält, aber Bestandsschutz genießt, ein nach Kubatur gleichartiges Gebäude errichtet wird, wenn das Vorhaben ansonsten dem öffentlichen Recht entspricht und die Rechte der Angrenzer nicht nachteilig betroffen werden.

(13) [1]Für Windenergieanlagen gelten die Absätze 4 bis 6 nicht. [2]Bei diesen Anlagen bemisst sich die Tiefe der Abstandsfläche nach 50 Prozent ihrer größten Höhe. [3]Die größte Höhe errechnet sich bei Anlagen mit Horizontalachse aus der Höhe der Rotorachse über der geometrischen Mitte des Mastes zuzüglich des Rotorradius. [4]Die Abstandsfläche ist ein Kreis um den geometrischen Mittelpunkt des Mastes.

(14) [1]Eine Abweichung von den Abstandsflächen kann nach § 69 zugelassen werden, wenn deren Schutzziele gewahrt bleiben. [2]Eine atypische Grundstückssituation ist nicht erforderlich.

§ 7[1)] Teilung von Grundstücken. (1) [1]Die Teilung eines Grundstücks, das bebaut oder dessen Bebauung genehmigt ist oder das aufgrund einer Genehmi-

[1)] § 7 neu gef. mWv 2.7.2021 durch G v. 30.6.2021 (GV. NRW. S. 822).

gungsfreistellung bebaut werden darf, bedarf zu ihrer Wirksamkeit der Genehmigung der Bauaufsichtsbehörde. [2] Die Genehmigung ist bei der Bauaufsichtsbehörde zu beantragen. [3] Einer Genehmigung bedarf es nicht, wenn

1. die Teilung in öffentlich-rechtlichen Verwaltungsverfahren vorgenommen wird oder der Bund, das Land oder eine Gebietskörperschaft an der Teilung beteiligt ist, oder
2. eine mit der Wahrnehmung der Aufgaben befugte Person gemäß § 2 des Vermessungs- und Katastergesetzes[1)] in der Fassung vom 1. März 2005 (GV. NRW. S. 174), das zuletzt durch Artikel 16 des Gesetzes vom 14. April 2020 (GV. NRW. S. 218b) geändert worden ist, die bauordnungsrechtliche Unbedenklichkeit der Teilung bescheinigt hat.

[4] Bedarf die Teilung keiner Genehmigung, hat die Bauaufsichtsbehörde auf Antrag von Beteiligten darüber ein Zeugnis auszustellen. [5] Das Zeugnis steht einer Genehmigung gleich.

(2) Die Genehmigung darf nur versagt werden, wenn durch die Teilung Verhältnisse geschaffen werden, die den Vorschriften dieses Gesetzes, den aufgrund dieses Gesetzes erlassenen Vorschriften oder den Festsetzungen des Bebauungsplanes zuwiderlaufen.

(3) § 70 Absatz 2 Satz 1 und 4 gelten entsprechend.

§ 8[2)] Nicht überbaute Flächen der bebauten Grundstücke, Kinderspielplätze. (1) [1] Die nicht mit Gebäuden oder vergleichbaren baulichen Anlagen überbauten Flächen der bebauten Grundstücke sind

1. wasseraufnahmefähig zu belassen oder herzustellen und
2. zu begrünen oder zu bepflanzen,

soweit dem nicht die Erfordernisse einer anderen zulässigen Verwendung der Flächen entgegenstehen. [2] Satz 1 findet keine Anwendung, soweit Bebauungspläne oder andere Satzungen Festsetzungen zu den nicht überbauten Flächen treffen.

(2) [1] Beim Neubau eines für eine Solarnutzung geeigneten offenen Parkplatzes, welcher einem Nicht-Wohngebäude dient, mit mehr als 35 Stellplätzen für Kraftfahrzeuge ist über der für eine Solarnutzung geeigneten Stellplatzfläche eine Photovoltaikanlage zu installieren, wenn der Antrag auf Baugenehmigung ab dem 1. Januar 2022 bei der unteren Bauaufsichtsbehörde eingeht. [2] Die Installation einer solarthermischen Anlage zur Wärmeerzeugung steht der Erfüllung nach Satz 1 gleich. [3] Satz 1 und 2 gelten nicht für Parkplätze,

1. die unmittelbar entlang der Fahrbahnen öffentlicher Straßen angeordnet sind, oder
2. sofern die Erfüllung sonstigen öffentlich-rechtlichen Pflichten widerspricht.

[4] Die untere Bauaufsichtsbehörde kann insbesondere aus städtebaulichen Gründen Ausnahmen oder auf Antrag eine Befreiung nach Satz 1 und 2 erteilen, wenn die Erfüllung mit einem unverhältnismäßig hohen Aufwand verbunden ist.

[1)] **Rehborn, Gesetze NRW (vormals v. Hippel/Rehborn) Nr. 105.**

[2)] § 8 Abs. 2 und 3 eingef., bish. Abs. 2 und 3 werden Abs. 4 und 5 mWv 2.7.2021 durch G v. 30.6. 2021 (GV. NRW. S. 822).

(3) [1] Im Eigentum des Landes Nordrhein-Westfalen stehende Freiflächen sollen über Absatz 1 hinaus vorbehaltlich der bestehenden baurechtlichen, satzungsrechtlichen, denkmalschützenden oder sonstigen rechtlichen Festlegungen angemessen begrünt oder bepflanzt werden. [2] Absatz 2 gilt für im Eigentum des Landes Nordrhein-Westfalen stehende offene Parkplätze entsprechend. [3] Den kommunalen Gebietskörperschaften wird empfohlen, hinsichtlich ihrer Freiflächen entsprechend Satz 1 sowie für offene Parkplätze nach Absatz 2 zu verfahren.

(4) [1] Bei der Errichtung von Gebäuden mit mehr als drei Wohnungen ist auf dem Baugrundstück oder in unmittelbarer Nähe auf einem anderen geeigneten Grundstück, dessen dauerhafte Nutzung für diesen Zweck öffentlich-rechtlich gesichert sein muss, ein ausreichend großer Spielplatz für Kleinkinder anzulegen. [2] Dies gilt nicht, wenn in unmittelbarer Nähe eine Gemeinschaftsanlage oder ein sonstiger für die Kinder nutzbarer Spielplatz geschaffen wird oder vorhanden oder ein solcher Spielplatz wegen der Art und der Lage der Wohnung nicht erforderlich ist. [3] Bei bestehenden Gebäuden nach Satz 1 kann die Herstellung von Spielplätzen für Kleinkinder verlangt werden, wenn dies die Gesundheit und der Schutz der Kinder erfordern. [4] Der Spielplatz muss barrierefrei erreichbar sein.

(5) Veränderungen der Geländeoberfläche dürfen nur genehmigt werden, wenn dadurch keine Nachteile für Nachbargrundstücke oder öffentliche Verkehrsflächen entstehen und das Straßen-, Orts- oder Landschaftsbild nicht gestört wird.

Dritter Teil. Bauliche Anlagen

Erster Abschnitt. Gestaltung

§ 9 Gestaltung. (1) Anlagen müssen nach Form, Maßstab, Verhältnis der Baumassen und Bauteile zueinander, Werkstoff und Farbe so gestaltet sein, dass sie nicht verunstaltet wirken.

(2) [1] Anlagen sind mit ihrer Umgebung so in Einklang zu bringen, dass sie das Straßen-, Orts- oder Landschaftsbild nicht verunstalten oder deren beabsichtigte Gestaltung nicht stören. [2] Auf die erhaltenswerten Eigenarten der Umgebung ist Rücksicht zu nehmen.

§ 10 Anlagen der Außenwerbung, Warenautomaten. (1) [1] Anlagen der Außenwerbung (Werbeanlagen) sind alle ortsfesten Einrichtungen, die der Ankündigung oder Anpreisung oder als Hinweis auf Gewerbe oder Beruf dienen und vom öffentlichen Verkehrsraum aus sichtbar sind. [2] Hierzu zählen insbesondere Schilder, Beschriftungen, Bemalungen, Lichtwerbungen, Schaukästen sowie für Zettelanschläge und Bogenanschläge oder für Lichtwerbung bestimmte Säulen, Tafeln und Flächen.

(2) [1] Für Werbeanlagen, die bauliche Anlagen sind, gelten die in diesem Gesetz an bauliche Anlagen gestellten Anforderungen. [2] Werbeanlagen, die keine baulichen Anlagen sind, dürfen weder bauliche Anlagen noch das Straßen-, Orts- und Landschaftsbild verunstalten oder die Sicherheit und Leichtigkeit des Verkehrs gefährden. [3] Eine Verunstaltung liegt auch vor, wenn durch Werbeanlagen der Ausblick auf begrünte Flächen verdeckt oder die einheitliche Gestaltung und die architektonische Gliederung baulicher Anlagen gestört

wird. [4]Der Betrieb von Werbeanlagen darf nicht zu schädlichen Umwelteinwirkungen führen. [5]Die störende Häufung von Werbeanlagen ist unzulässig.

(3) [1]Außerhalb der im Zusammenhang bebauten Ortsteile sind Werbeanlagen unzulässig. [2]Ausgenommen sind, soweit in anderen Vorschriften nichts anderes bestimmt ist,

1. Werbeanlagen an der Stätte der Leistung,
2. einzelne Hinweiszeichen an Verkehrsstraßen und Wegabzweigungen, die im Interesse des Verkehrs auf außerhalb der Ortsdurchfahrten liegende Betriebe oder versteckt liegende Stätten aufmerksam machen,
3. Schilder, die Inhaber und Art gewerblicher Betriebe kennzeichnen (Hinweisschilder), wenn sie vor Ortsdurchfahrten auf einer Tafel zusammengefasst sind,
4. Werbeanlagen an und auf Flugplätzen, Sportanlagen und Versammlungsstätten, soweit sie nicht in die freie Landschaft wirken, und
5. Werbeanlagen auf Ausstellungs- und Messegeländen.

(4) [1]In Kleinsiedlungsgebieten, Dorfgebieten, reinen und allgemeinen Wohngebieten sind Werbeanlagen nur zulässig an der Stätte der Leistung sowie Anlagen für amtliche Mitteilungen und zur Unterrichtung der Bevölkerung über kirchliche, kulturelle, politische, sportliche und ähnliche Veranstaltungen, die jeweils freie Fläche dieser Anlagen darf auch für andere Werbung verwendet werden. [2]In reinen Wohngebieten darf an der Stätte der Leistung nur mit Hinweisschildern geworben werden.

(5) Die Absätze 1 bis 3 gelten für Warenautomaten entsprechend.

(6) Die Vorschriften dieses Gesetzes sind nicht anzuwenden auf

1. Anschläge und Lichtwerbung an dafür genehmigten Säulen, Tafeln und Flächen,
2. Werbemittel an Zeitungs- und Zeitschriftenverkaufsstellen,
3. Auslagen und Dekorationen in Fenstern und Schaukästen und
4. Wahlwerbung für die Dauer eines Wahlkampfs.

Zweiter Abschnitt. Allgemeine Anforderungen an die Bauausführung

§ 11[1)] Baustelle. (1) Baustellen sind so einzurichten, dass bauliche Anlagen ordnungsgemäß errichtet, geändert oder beseitigt werden können und Gefahren oder vermeidbare Belästigungen nicht entstehen.

(2) [1]Bei Bauarbeiten, durch die unbeteiligte Personen gefährdet werden können, ist die Gefahrenzone abzugrenzen und durch Warnzeichen zu kennzeichnen. [2]Soweit erforderlich, sind Baustellen mit einem Bauzaun abzugrenzen, mit Schutzvorrichtungen gegen herabfallende Gegenstände zu versehen und zu beleuchten.

(3) Bei der Ausführung nicht verfahrensfreier Bauvorhaben hat die Bauherrin oder der Bauherr an der Baustelle ein Schild, das die Bezeichnung des Bauvorhabens sowie die Namen und Anschriften der entwurfsverfassenden Person, der Bauleitung und der Unternehmer für den Rohbau enthalten muss, dauerhaft und von der öffentlichen Verkehrsfläche aus sichtbar anzubringen.

[1)] § 11 Abs. 3 geänd. mWv 2.7.2021 durch G v. 30.6.2021 (GV. NRW. S. 822).

(4) Bäume, Hecken und sonstige Bepflanzungen, die aufgrund anderer Rechtsvorschriften zu erhalten sind, müssen während der Bauausführung geschützt werden.

§ 12 Standsicherheit. (1) [1]Jede bauliche Anlage muss im Ganzen und in ihren einzelnen Teilen sowie für sich allein standsicher sein. [2]Die Standsicherheit anderer baulicher Anlagen und die Tragfähigkeit des Baugrundes der Nachbargrundstücke dürfen nicht gefährdet werden.

(2) Die Verwendung gemeinsamer Bauteile für mehrere bauliche Anlagen ist zulässig, wenn öffentlich-rechtlich gesichert ist, dass die gemeinsamen Bauteile bei der Beseitigung einer der baulichen Anlagen bestehen bleiben können.

§ 13 Schutz gegen schädliche Einflüsse. [1]Bauliche Anlagen müssen so angeordnet, beschaffen und gebrauchstauglich sein, dass durch Wasser, Feuchtigkeit, pflanzliche und tierische Schädlinge sowie andere chemische, physikalische oder biologische Einflüsse Gefahren oder unzumutbare Belästigungen nicht entstehen. [2]Baugrundstücke müssen für bauliche Anlagen geeignet sein.

§ 14 Brandschutz. [1]Anlagen sind so anzuordnen, zu errichten, zu ändern und instand zu halten, dass der Entstehung eines Brandes und der Ausbreitung von Feuer und Rauch (Brandausbreitung) vorgebeugt wird und bei einem

(Fortsetzung nächstes Blatt)

(4) Bäume, Hecken und sonstige Bepflanzungen, die aufgrund anderer Rechtsvorschriften zu erhalten sind, müssen während der Bauausführung geschützt werden.

§ 12 Standsicherheit. (1) Jede bauliche Anlage muss im Ganzen und in ihren einzelnen Teilen sowie für sich allein standsicher sein. Die Standsicherheit anderer baulicher Anlagen und die Tragfähigkeit des Baugrundes der Nachbargrundstücke dürfen nicht gefährdet werden.

(2) Die Verwendung gemeinsamer Bauteile für mehrere bauliche Anlagen ist zulässig, wenn öffentlich-rechtlich gesichert ist, dass die gemeinsamen Bauteile bei der Beseitigung einer der baulichen Anlagen bestehen bleiben können.

§ 13 Schutz gegen schädliche Einflüsse. Bauliche Anlagen müssen so angeordnet, beschaffen und gebrauchstauglich sein, dass durch Wasser, Feuchtigkeit, pflanzliche und tierische Schädlinge sowie andere chemische, physikalische oder biologische Einflüsse Gefahren oder unzumutbare Belästigungen nicht entstehen. Baugrundstücke müssen für bauliche Anlagen geeignet sein.

§ 14 Brandschutz. Anlagen sind so anzuordnen, zu errichten, zu ändern und instand zu halten, dass der Entstehung eines Brandes und der Ausbreitung von Feuer und Rauch (Brandausbreitung) vorgebeugt wird und bei einem

(Fortsetzung nächstes Blatt)

1. Der Hersteller darf eine Übereinstimmungserklärung nur abgeben, wenn er durch werkseigene Produktionskontrolle sichergestellt hat, dass das von ihm hergestellte Bauprodukt den maßgebenden technischen Regeln, der allgemeinen bauaufsichtlichen Zulassung, dem allgemeinen bauaufsichtlichen Prüfzeugnis oder der Zustimmung im Einzelfall entspricht.
2. In den Technischen Baubestimmungen nach § 88, in den allgemeinen bauaufsichtlichen Zulassungen, in den allgemeinen bauaufsichtlichen Prüfzeugnissen oder in den Zustimmungen im Einzelfall kann eine Prüfung der Bauprodukte durch eine Prüfstelle vor Abgabe der Übereinstimmungserklärung vorgeschrieben werden, wenn dies zur Sicherung einer ordnungsgemäßen Herstellung erforderlich ist. In diesen Fällen hat die Prüfstelle das Bauprodukt daraufhin zu überprüfen, ob es den maßgebenden technischen Regeln, der allgemeinen bauaufsichtlichen Zulassung, dem allgemeinen bauaufsichtlichen Prüfzeugnis oder der Zustimmung im Einzelfall entspricht.
3. In den Technischen Baubestimmungen nach § 88, in den allgemeinen bauaufsichtlichen Zulassungen oder in den Zustimmungen im Einzelfall kann eine Zertifizierung vor Abgabe der Übereinstimmungserklärung vorgeschrieben werden, wenn dies zum Nachweis einer ordnungsgemäßen Herstellung eines Bauprodukts erforderlich ist. Die oberste Bauaufsichtsbehörde kann im Einzelfall die Verwendung von Bauprodukten ohne Zertifizierung gestatten, wenn nachgewiesen ist, dass diese Bauprodukte den technischen Regeln, Zulassungen, Prüfzeugnissen oder Zustimmungen nach Nummer 1 entsprechen.

[2] Bauprodukte, die nicht in Serie hergestellt werden, bedürfen nur einer Übereinstimmungserklärung nach Nummer 1, sofern nichts anderes bestimmt ist.

(3) [1] Dem Hersteller ist ein Übereinstimmungszertifikat von einer Zertifizierungsstelle nach § 25 Absatz 1 Satz 1 Nummer 3 zu erteilen, wenn das Bauprodukt

1. den Technischen Baubestimmungen nach § 88 Absatz 2, der allgemeinen bauaufsichtlichen Zulassung, dem allgemeinen bauaufsichtlichen Prüfzeugnis oder der Zustimmung im Einzelfall entspricht und
2. einer werkseigenen Produktionskontrolle sowie einer Fremdüberwachung nach Maßgabe des Satzes 2 unterliegt.

[2] Die Fremdüberwachung ist von Überwachungsstellen nach § 25 Absatz 1 Satz 1 Nummer 4 durchzuführen. [3] Die Fremdüberwachung hat regelmäßig zu überprüfen, ob das Bauprodukt den Technischen Baubestimmungen nach § 88 Absatz 2, der allgemeinen bauaufsichtlichen Zulassung, dem allgemeinen bauaufsichtlichen Prüfzeugnis oder der Zustimmung im Einzelfall entspricht.

(4) Die Übereinstimmungserklärung hat der Hersteller durch Kennzeichnung der Bauprodukte mit dem Übereinstimmungszeichen (Ü-Zeichen) unter Hinweis auf den Verwendungszweck abzugeben.

(5) Das Ü-Zeichen ist auf dem Bauprodukt, auf einem Beipackzettel oder auf seiner Verpackung oder, wenn dies Schwierigkeiten bereitet, auf dem Lieferschein oder auf einer Anlage zum Lieferschein anzubringen.

(6) Ü-Zeichen aus anderen Ländern und aus anderen Staaten gelten auch im Land Nordrhein-Westfalen.

§ 25 Prüf-, Zertifizierungs- und Überwachungsstellen. (1) [1] Die oberste Bauaufsichtsbehörde kann eine natürliche oder juristische Person als

1. Prüfstelle für die Erteilung allgemeiner bauaufsichtlicher Prüfzeugnisse (§ 22 Absatz 2),
2. Prüfstelle für die Überprüfung von Bauprodukten vor Bestätigung der Übereinstimmung (§ 24 Absatz 2 Nummer 2),
3. Zertifizierungsstelle (§ 24 Absatz 3),
4. Überwachungsstelle für die Fremdüberwachung (§ 24 Absatz 3),
5. Überwachungsstelle für die Überwachung nach § 17 Absatz 7 und § 18 Absatz 4 oder
6. Prüfstelle für die Überprüfung nach § 17 Absatz 6 und § 18 Absatz 3

anerkennen, wenn sie oder die bei ihr Beschäftigten nach ihrer Ausbildung, Fachkenntnis, persönlichen Zuverlässigkeit, ihrer Unparteilichkeit und ihren Leistungen die Gewähr dafür bieten, dass diese Aufgaben den öffentlich-rechtlichen Vorschriften entsprechend wahrgenommen werden, und wenn sie über die erforderlichen Vorrichtungen verfügen. [2] Satz 1 ist entsprechend auf Behörden anzuwenden, wenn sie ausreichend mit geeigneten Fachkräften besetzt und mit den erforderlichen Vorrichtungen ausgestattet sind.

(2) Die Anerkennung von Prüf-, Zertifizierungs- und Überwachungsstellen anderer Länder gilt auch im Land Nordrhein-Westfalen.

Vierter Abschnitt. Brandverhalten von Baustoffen und Bauteilen, Wände, Decken, Dächer

§ 26[1)] Allgemeine Anforderungen an das Brandverhalten von Baustoffen und Bauteilen. (1) [1] Baustoffe werden nach den Anforderungen an ihr Brandverhalten unterschieden in

1. nichtbrennbare,
2. schwerentflammbare und
3. normalentflammbare.

[2] Baustoffe, die nicht mindestens normalentflammbar sind (leichtentflammbare Baustoffe), dürfen nicht verwendet werden; dies gilt nicht, wenn sie in Verbindung mit anderen Baustoffen nicht leichtentflammbar sind.

(2) [1] Bauteile werden nach den Anforderungen an ihre Feuerwiderstandsfähigkeit unterschieden in

1. feuerbeständige,
2. hochfeuerhemmende und
3. feuerhemmende.

[2] Die Feuerwiderstandsfähigkeit bezieht sich bei tragenden und aussteifenden Bauteilen auf deren Standsicherheit im Brandfall und bei raumabschließenden Bauteilen auf deren Widerstand gegen die Brandausbreitung. [3] Bauteile werden zusätzlich nach dem Brandverhalten ihrer Baustoffe unterschieden in

1. Bauteile aus nichtbrennbaren Baustoffen,
2. Bauteile, deren tragende und aussteifende Teile aus nichtbrennbaren Baustoffen bestehen und die bei raumabschließenden Bauteilen zusätzlich eine in Bauteilebene durchgehende Schicht aus nichtbrennbaren Baustoffen haben,

---

[1)] § 26 Abs. 3 geänd. mWv 2.7.2021 durch G v. 30.6.2021 (GV. NRW. S. 822).

3. Bauteile, deren tragende und aussteifende Teile aus brennbaren Baustoffen bestehen und die allseitig eine brandschutztechnisch wirksame Bekleidung aus nichtbrennbaren Baustoffen (Brandschutzbekleidung) und Dämmstoffe aus nichtbrennbaren Baustoffen haben, oder
4. Bauteile aus brennbaren Baustoffen.

[4] Soweit in diesem Gesetz oder in Vorschriften aufgrund dieses Gesetzes nichts anderes bestimmt ist, müssen

1. Bauteile, die feuerbeständig sein müssen, mindestens den Anforderungen des Satzes 3 Nummer 2, sowie
2. Bauteile, die hochfeuerhemmend sein müssen, mindestens den Anforderungen des Satzes 3 Nummer 3

entsprechen.

(3) Abweichend von Absatz 2 Satz 4 sind tragende oder aussteifende sowie raumabschließende Bauteile, die hochfeuerhemmend oder feuerbeständig sein müssen, aus brennbaren Baustoffen zulässig, wenn die geforderte Feuerwiderstandsdauer nachgewiesen wird und die Bauteile so hergestellt und eingebaut werden, dass Feuer und Rauch nicht über Grenzen von Brand- oder Rauchabschnitten, insbesondere Geschosstrennungen, hinweg übertragen werden können.

§ 27 Tragende Wände, Stützen. (1) [1] Tragende und aussteifende Wände und Stützen müssen im Brandfall ausreichend lang standsicher sein. [2] Sie müssen

1. in Gebäuden der Gebäudeklasse 5 feuerbeständig,
2. in Gebäuden der Gebäudeklasse 4 hochfeuerhemmend und
3. in Gebäuden der Gebäudeklassen 2 und 3 feuerhemmend

sein. [3] Satz 2 gilt

1. für Geschosse im Dachraum nur, wenn darüber noch Aufenthaltsräume möglich sind; § 29 Absatz 4 bleibt unberührt,
2. nicht für Balkone und Altane, ausgenommen offene Gänge, die als notwendige Flure dienen.

(2) Im Kellergeschoss müssen tragende und aussteifende Wände und Stützen

1. in Gebäuden der Gebäudeklassen 3 bis 5 feuerbeständig,
2. in Gebäuden der Gebäudeklassen 1 und 2 feuerhemmend

sein.

§ 28 Außenwände. (1) Außenwände und Außenwandteile wie Brüstungen und Schürzen sind so auszubilden, dass eine Brandausbreitung auf und in diesen Bauteilen ausreichend lang begrenzt ist.

(2) [1] Nichttragende Außenwände und nichttragende Teile tragender Außenwände müssen aus nichtbrennbaren Baustoffen bestehen; sie sind aus brennbaren Baustoffen zulässig, wenn sie als raumabschließende Bauteile feuerhemmend sind. [2] Satz 1 gilt nicht für

1. Türen und Fenster,
2. Fugendichtungen und
3. brennbare Dämmstoffe in nichtbrennbaren geschlossenen, linien- oder stabförmigen Profilen der Außenwandkonstruktionen.

(3) [1] Oberflächen von Außenwänden sowie Außenwandbekleidungen müssen einschließlich der Dämmstoffe und Unterkonstruktionen schwerentflammbar sein. [2] Unterkonstruktionen aus normalentflammbaren Baustoffen sind zulässig, wenn die Anforderungen nach Absatz 1 erfüllt sind. [3] Balkonbekleidungen, die über die erforderliche Umwehrungshöhe hinaus hochgeführt werden, und mehr als zwei Geschosse überbrückende Solaranlagen an Außenwänden müssen schwerentflammbar sein. [4] Baustoffe, die schwerentflammbar sein müssen, in Bauteilen nach den Sätzen 1 und 3 dürfen nicht brennend abfallen oder abtropfen.

(4) [1] Bei Außenwandkonstruktionen mit geschossübergreifenden Hohl- oder Lufträumen wie hinterlüftete Außenwandbekleidungen sind gegen die Brandausbreitung besondere Vorkehrungen zu treffen. [2] Satz 1 gilt für Doppelfassaden entsprechend.

(5) [1] Die Absätze 2, 3 und 4 Satz 1 gelten nicht für Gebäude der Gebäudeklassen 1 bis 3. [2] Absatz 4 Satz 2 gilt nicht für Gebäude der Gebäudeklassen 1 und 2.

§ 29 Trennwände. (1) Trennwände müssen als raumabschließende Bauteile von Räumen oder Nutzungseinheiten innerhalb von Geschossen ausreichend lang widerstandsfähig gegen die Brandausbreitung sein.

(2) Trennwände sind erforderlich

1. zwischen Nutzungseinheiten sowie zwischen Nutzungseinheiten und anders genutzten Räumen, ausgenommen notwendigen Fluren,
2. zum Abschluss von Räumen mit Explosions- oder erhöhter Brandgefahr,
3. zwischen Aufenthaltsräumen und anders genutzten Räumen im Kellergeschoss, sowie
4. zwischen Aufenthaltsräumen und Wohnungen einschließlich ihrer Zugänge und nicht ausgebauten Räumen im Dachraum.

(3) [1] Trennwände nach Absatz 2 Nummer 1 und 3 müssen die Feuerwiderstandsfähigkeit der tragenden und aussteifenden Bauteile des Geschosses haben, jedoch mindestens feuerhemmend sein. [2] Trennwände nach Absatz 2 Nummer 2 müssen feuerbeständig sein. [3] Trennwände nach Absatz 2 Nummer 4 müssen mindestens feuerhemmend sein.

(4) [1] Die Trennwände nach Absatz 2 sind bis zur Rohdecke, im Dachraum bis unter die Dachhaut zu führen. [2] Werden in Dachräumen Trennwände nur bis zur Rohdecke geführt, ist diese Decke als raumabschließendes Bauteil einschließlich der sie tragenden und aussteifenden Bauteile feuerhemmend herzustellen.

(5) [1] Öffnungen in Trennwänden nach Absatz 2 sind nur zulässig, wenn sie auf die für die Nutzung erforderliche Zahl und Größe beschränkt sind. [2] Sie müssen feuerhemmende, dicht- und selbstschließende Abschlüsse haben.

(6) Die Absätze 1 bis 5 gelten nicht für Wohngebäude der Gebäudeklassen 1 und 2.

§ 30[1)] Brandwände. (1) Brandwände müssen als raumabschließende Bauteile zum Abschluss von Gebäuden (Gebäudeabschlusswand) oder zur Unterteilung

1) § 30 Abs. 5 Satz 4 eingef., bish. Satz 4 wird Satz 5 mWv 2.7.2021 durch G v. 30.6.2021 (GV. NRW. S. 822).

von Gebäuden in Brandabschnitte (innere Brandwand) ausreichend lang die Brandausbreitung auf andere Gebäude oder Brandabschnitte verhindern.

(2) [1] Brandwände sind erforderlich

1. als Gebäudeabschlusswand, ausgenommen von Gebäuden ohne Aufenthaltsräume und ohne Feuerstätten mit nicht mehr als 50 m³ Brutto-Rauminhalt, wenn diese Abschlusswände an oder mit einem Abstand von weniger als 2,50 m gegenüber der Nachbargrenze errichtet werden, es sei denn, dass ein Abstand von mindestens 5 m zu bestehenden oder nach den baurechtlichen Vorschriften zulässigen künftigen Gebäuden öffentlich-rechtlich gesichert ist,
2. als innere Brandwand zur Unterteilung ausgedehnter Gebäude in Abständen von nicht mehr als 40 m,
3. als innere Brandwand zur Unterteilung landwirtschaftlich oder vergleichbar genutzter Gebäude in Brandabschnitte von nicht mehr als 10 000 m³ Brutto-Rauminhalt und
4. als Gebäudeabschlusswand zwischen Wohngebäuden und angebauten landwirtschaftlich genutzten Gebäuden oder angebauten Gebäuden mit vergleichbarer Nutzung sowie als innere Brandwand zwischen dem Wohnteil und dem landwirtschaftlich oder vergleichbar genutzten Teil eines Gebäudes.

[2] Gemeinsame Brandwände sind zulässig. [3] In den Fällen des Satz 1 Nummer 2 und 3 können größere Abstände gestattet werden, wenn die Nutzung des Gebäudes es erfordert und wenn Bedenken wegen des Brandschutzes nicht bestehen.

(3) [1] Brandwände müssen auch unter zusätzlicher mechanischer Beanspruchung feuerbeständig sein und aus nichtbrennbaren Baustoffen bestehen. [2] Anstelle von Brandwänden sind in den Fällen des Absatzes 2 Satz 1 Nummer 1 bis 3 zulässig

1. für Gebäude der Gebäudeklasse 4 Wände, die auch unter zusätzlicher mechanischer Beanspruchung hochfeuerhemmend sind,
2. für Gebäude der Gebäudeklassen 1 bis 3 hochfeuerhemmende Wände und
3. für Gebäude der Gebäudeklassen 1 bis 3 Gebäudeabschlusswände, die jeweils von innen nach außen die Feuerwiderstandsfähigkeit der tragenden und aussteifenden Teile des Gebäudes, mindestens jedoch feuerhemmende Bauteile, und von außen nach innen die Feuerwiderstandsfähigkeit feuerbeständiger Bauteile haben.

[3] In den Fällen des Absatzes 2 Satz 1 Nummer 4 sind anstelle von Brandwänden feuerhemmende Wände zulässig, wenn der Brutto-Rauminhalt des landwirtschaftlich oder vergleichbar genutzten Gebäudes oder Gebäudeteils nicht größer als 2 000 m³ ist.

(4) [1] Brandwände müssen bis zur Bedachung durchgehen und in allen Geschossen übereinander angeordnet sein. [2] Abweichend davon dürfen anstelle innerer Brandwände Wände geschossweise versetzt angeordnet werden, wenn

1. die Wände im Übrigen Absatz 3 Satz 1 entsprechen,
2. die Decken, soweit sie in Verbindung mit diesen Wänden stehen, feuerbeständig sind, aus nichtbrennbaren Baustoffen bestehen und keine Öffnungen haben,
3. die Bauteile, die diese Wände und Decken unterstützen, feuerbeständig sind und aus nichtbrennbaren Baustoffen bestehen,

4. die Außenwände in der Breite des Versatzes in dem Geschoss oberhalb oder unterhalb des Versatzes feuerbeständig sind und

5. Öffnungen in den Außenwänden im Bereich des Versatzes so angeordnet oder andere Vorkehrungen so getroffen sind, dass eine Brandausbreitung in andere Brandabschnitte nicht zu befürchten ist.

(5) [1]Brandwände sind 0,30 m über die Bedachung zu führen oder in Höhe der Dachhaut mit einer beiderseits 0,50 m auskragenden feuerbeständigen Platte aus nichtbrennbaren Baustoffen abzuschließen. [2]Darüber dürfen brennbare Teile des Dachs nicht hinweggeführt werden. [3]Bei Gebäuden der Gebäudeklassen 1 bis 3 sind Brandwände mindestens bis unter die Dachhaut zu führen. [4]Satz 3 gilt für Gebäude, die vor dem 1. Januar 2019 zulässigerweise errichtet wurden und die durch Dachausbau zur Schaffung von Wohnraum zu einem Gebäude der Gebäudeklasse 4 werden, entsprechend. [5]Verbleibende Hohlräume sind vollständig mit nichtbrennbaren Baustoffen auszufüllen.

(6) Müssen Gebäude oder Gebäudeteile, die über Eck zusammenstoßen, durch eine Brandwand getrennt werden, so muss der Abstand dieser Wand von der inneren Ecke mindestens 3 m betragen; das gilt nicht, wenn der Winkel der inneren Ecke mehr als 120 Grad beträgt oder mindestens eine Außenwand auf 5 m Länge als öffnungslose feuerbeständige Wand aus nichtbrennbaren Baustoffen, bei Gebäuden der Gebäudeklassen 1 bis 4 als öffnungslose hochfeuerhemmende Wand ausgebildet ist.

(7) [1]Bauteile mit brennbaren Baustoffen dürfen über Brandwände nicht hinweggeführt werden. [2]Bei Außenwandkonstruktionen, die eine seitliche Brandausbreitung begünstigen können wie hinterlüftete Außenwandbekleidungen oder Doppelfassaden, sind gegen die Brandausbreitung im Bereich der Brandwände besondere Vorkehrungen zu treffen. [3]Außenwandbekleidungen von Gebäudeabschlusswänden müssen einschließlich der Dämmstoffe und Unterkonstruktionen nichtbrennbar sein. [4]Bauteile dürfen in Brandwände nur soweit eingreifen, dass deren Feuerwiderstandsfähigkeit nicht beeinträchtigt wird; für Leitungen, Leitungsschlitze und Schornsteine gilt dies entsprechend.

(8) [1]Öffnungen in Brandwänden sind unzulässig. [2]Sie sind in inneren Brandwänden nur zulässig, wenn sie auf die für die Nutzung erforderliche Zahl und Größe beschränkt sind. [3]Die Öffnungen müssen feuerbeständige, dicht- und selbstschließende Abschlüsse haben.

(9) In inneren Brandwänden sind feuerbeständige Verglasungen nur zulässig, wenn sie auf die für die Nutzung erforderliche Zahl und Größe beschränkt sind.

(10) Absatz 2 Satz 1 Nummer 1 gilt nicht für seitliche Wände von Vorbauten im Sinne des § 6 Absatz 6, wenn sie von dem Nachbargebäude oder der Nachbargrenze einen Abstand einhalten, der ihrer eigenen Ausladung entspricht, mindestens jedoch 1 m beträgt, sowie für Terrassenüberdachungen, Balkone und Altane.

(11) [1]Die Absätze 4 bis 10 gelten entsprechend auch für Wände, die nach Absatz 3 Satz 2 und 3 anstelle von Brandwänden zulässig sind. [2]Die Abschlüsse von Öffnungen in Wänden anstelle von Brandwänden müssen dicht- und selbstschließend sein und der Feuerwiderstandsfähigkeit der Wand entsprechen.

§ 31 Decken. (1) [1]Decken müssen als tragende und raumabschließende Bauteile zwischen Geschossen im Brandfall ausreichend lang standsicher und widerstandsfähig gegen die Brandausbreitung sein. [2]Sie müssen

1. in Gebäuden der Gebäudeklasse 5 feuerbeständig,
2. in Gebäuden der Gebäudeklasse 4 hochfeuerhemmend und
3. in Gebäuden der Gebäudeklassen 2 und 3 feuerhemmend

sein. [3]Satz 2 gilt

1. für Geschosse im Dachraum nur, wenn darüber Aufenthaltsräume möglich sind; § 29 Absatz 4 bleibt unberührt, und
2. nicht für Balkone und Altane, ausgenommen offene Gänge, die als notwendige Flure dienen.

(2) [1]Im Kellergeschoss müssen Decken

1. in Gebäuden der Gebäudeklassen 3 bis 5 feuerbeständig und
2. in Gebäuden der Gebäudeklassen 1 und 2 feuerhemmend

sein. [2]Decken müssen feuerbeständig sein

1. unter und über Räumen mit Explosions- oder erhöhter Brandgefahr, ausgenommen in Wohngebäuden der Gebäudeklassen 1 und 2 sowie
2. zwischen dem landwirtschaftlich oder vergleichbar genutzten Teil und dem Wohnteil eines Gebäudes.

(3) Der Anschluss der Decken an die Außenwand ist so herzustellen, dass er den Anforderungen aus Absatz 1 Satz 1 genügt.

(4) Öffnungen in Decken, für die eine Feuerwiderstandsfähigkeit vorgeschrieben ist, sind nur zulässig

1. in Gebäuden der Gebäudeklassen 1 und 2,
2. innerhalb derselben Nutzungseinheit mit nicht mehr als insgesamt 400 m^2 in nicht mehr als zwei Geschossen und
3. im Übrigen, wenn sie auf die für die Nutzung erforderliche Zahl und Größe beschränkt sind und Abschlüsse mit der Feuerwiderstandsfähigkeit der Decke haben.

§ 32 Dächer. (1) Bedachungen müssen gegen eine Brandbeanspruchung von außen durch Flugfeuer und strahlende Wärme ausreichend lang widerstandsfähig sein (harte Bedachung).

(2) [1]Bedachungen, die die Anforderungen nach Absatz 1 nicht erfüllen, sind zulässig bei Gebäuden der Gebäudeklassen 1 bis 3, wenn die Gebäude

1. einen Abstand von der Grundstücksgrenze von mindestens 12 m,
2. von Gebäuden auf demselben Grundstück mit harter Bedachung einen Abstand von mindestens 15 m,
3. von Gebäuden auf demselben Grundstück mit Bedachungen, die die Anforderungen nach Absatz 1 nicht erfüllen, einen Abstand von mindestens 24 m oder
4. von Gebäuden auf demselben Grundstück ohne Aufenthaltsräume und ohne Feuerstätten mit nicht mehr als 50 m^3 Brutto-Rauminhalt einen Abstand von mindestens 5 m,

einhalten. [2]Soweit Gebäude nach Satz 1 Abstand halten müssen, genügt bei Wohngebäuden der Gebäudeklassen 1 und 2 in den Fällen

1. der Nummer 1 ein Abstand von mindestens 6 m,
2. der Nummer 2 ein Abstand von mindestens 9 m und
3. der Nummer 3 ein Abstand von mindestens 12 m.

(3) Die Absätze 1 und 2 gelten nicht für

1. Gebäude ohne Aufenthaltsräume und ohne Feuerstätten mit nicht mehr als 50 m^3 Brutto-Rauminhalt,
2. lichtdurchlässige Bedachungen aus nichtbrennbaren Baustoffen; brennbare Fugendichtungen und brennbare Dämmstoffe in nichtbrennbaren Profilen sind zulässig,
3. Dachflächenfenster, Oberlichte und Lichtkuppeln von Wohngebäuden,
4. Eingangsüberdachungen und Vordächer aus nichtbrennbaren Baustoffen und
5. Eingangsüberdachungen aus brennbaren Baustoffen, wenn die Eingänge nur zu Wohnungen führen.

(4) Abweichend von den Absätzen 1 und 2 sind

1. lichtdurchlässige Teilflächen aus brennbaren Baustoffen in Bedachungen nach Absatz 1 und
2. begrünte Bedachungen

zulässig, wenn eine Brandentstehung bei einer Brandbeanspruchung von außen durch Flugfeuer und strahlende Wärme nicht zu befürchten ist oder Vorkehrungen hiergegen getroffen werden.

(5) [1] Dachüberstände, Dachgesimse, Zwerchhäuser und Dachaufbauten, lichtdurchlässige Bedachungen, Dachflächenfenster, Lichtkuppeln, Oberlichte und Solaranlagen sind so anzuordnen und herzustellen, dass Feuer nicht auf andere Gebäudeteile und Nachbargrundstücke übertragen werden kann. [2] Von der Außenfläche von Brandwänden und von der Mittellinie gemeinsamer Brandwände müssen

1. mindestens 1,25 m entfernt sein
   a) Dachflächenfenster, Oberlichte, Lichtkuppeln und Öffnungen in der Bedachung, wenn diese Wände nicht mindestens 0,30 m über die Bedachung geführt sind und
   b) Photovoltaikanlagen, Zwerchhäuser, Dachgauben und ähnliche Dachaufbauten aus brennbaren Baustoffen, wenn sie nicht durch diese Wände gegen Brandübertragung geschützt sind, und
2. mindestens 0,50 m entfernt sein
   a) Photovoltaikanlagen, deren Außenseiten und Unterkonstruktion aus nichtbrennbaren Baustoffen bestehen und
   b) Solarthermieanlagen.

[3] Die Sätze 1 und 2 gelten auch bei Wänden, die anstelle von Brandwänden zulässig sind.

(6) [1] Dächer von traufseitig aneinandergebauten Gebäuden müssen als raumabschließende Bauteile für eine Brandbeanspruchung von innen nach außen einschließlich der sie tragenden und aussteifenden Bauteile feuerhemmend sein. [2] Öffnungen in diesen Dachflächen müssen waagerecht gemessen mindestens 2 m von der Brandwand oder der Wand, die anstelle der Brandwand zulässig ist, entfernt sein.

(7) [1] Dächer von Anbauten, die an Außenwände mit Öffnungen oder ohne Feuerwiderstandsfähigkeit anschließen, müssen innerhalb eines Abstands von 5 m von diesen Wänden als raumabschließende Bauteile für eine Brandbeanspruchung von innen nach außen einschließlich der sie tragenden und aussteifenden Bauteile die Feuerwiderstandsfähigkeit der Decken des Gebäudeteils haben, an den sie angebaut werden. [2] Dies gilt nicht für Anbauten an Wohngebäude der Gebäudeklassen 1 bis 3.

(8) Dächer an Verkehrsflächen und über Eingängen müssen Vorrichtungen zum Schutz gegen das Herabfallen von Schnee und Eis haben, wenn dies die Verkehrssicherheit erfordert.

(9) Für vom Dach aus vorzunehmende Arbeiten sind sicher benutzbare Vorrichtungen anzubringen.

Fünfter Abschnitt. Rettungswege, Treppen, Öffnungen, Umwehrungen

§ 33 Erster und zweiter Rettungsweg. (1) [1] Für Nutzungseinheiten mit mindestens einem Aufenthaltsraum wie Wohnungen, Praxen, selbstständige Betriebsstätten müssen in jedem Geschoss mindestens zwei voneinander unabhängige Rettungswege ins Freie vorhanden sein. [2] Beide Rettungswege dürfen jedoch innerhalb des Geschosses über denselben notwendigen Flur führen.

(2) [1] Für Nutzungseinheiten nach Absatz 1, die nicht zu ebener Erde liegen, muss der erste Rettungsweg über eine notwendige Treppe führen. [2] Der zweite Rettungsweg kann eine weitere notwendige Treppe oder eine mit Rettungsgeräten der Feuerwehr erreichbare Stelle der Nutzungseinheit sein. [3] Der zweite Rettungsweg über Rettungsgeräte der Feuerwehr ist nur zulässig, wenn keine Bedenken wegen der Personenrettung bestehen. [4] Ein zweiter Rettungsweg ist nicht erforderlich,

1. wenn die Rettung über einen sicher erreichbaren Treppenraum möglich ist, in den Feuer und Rauch nicht eindringen können (Sicherheitstreppenraum) oder
2. für zu ebener Erde liegende Räume, die einen unmittelbaren Ausgang ins Freie haben, der von jeder Stelle des Raumes in höchstens 15 m Entfernung erreichbar ist.

(3) Gebäude, deren zweiter Rettungsweg über Rettungsgeräte der Feuerwehr führt und bei denen die Oberkante der Brüstung von zum Anleitern bestimmten Fenstern oder Stellen mehr als 8 m über der Geländeoberfläche liegt, dürfen nur errichtet werden, wenn die Feuerwehr über die erforderlichen Rettungsgeräte wie Hubrettungsfahrzeuge verfügt.

§ 34[1] Treppen. (1) [1] Jedes nicht zu ebener Erde liegende Geschoss und der benutzbare Dachraum eines Gebäudes müssen über mindestens eine Treppe zugänglich sein (notwendige Treppe). [2] Statt notwendiger Treppen sind Rampen mit flacher Neigung zulässig.

(2) [1] Einschiebbare Treppen und Rolltreppen sind als notwendige Treppen unzulässig. [2] In Gebäuden der Gebäudeklassen 1 und 2 sind einschiebbare Treppen und Leitern als Zugang zu einem Dachraum ohne Aufenthaltsraum zulässig.

---

[1] § 34 Abs. 5 Satz 2 aufgeh. mWv 2.7.2021 durch G v. 30.6.2021 (GV. NRW. S. 822).

(3) [1] Notwendige Treppen sind in einem Zuge zu allen angeschlossenen Geschossen zu führen. [2] Sie müssen mit den Treppen zum Dachraum unmittelbar verbunden sein. [3] Dies gilt nicht für Treppen

1. in Gebäuden der Gebäudeklassen 1 bis 3 und
2. nach § 35 Absatz 1 Satz 3 Nummer 2.

(4) [1] Die tragenden Teile notwendiger Treppen müssen

1. in Gebäuden der Gebäudeklasse 5 feuerhemmend und aus nichtbrennbaren Baustoffen,
2. in Gebäuden der Gebäudeklasse 4 aus nichtbrennbaren Baustoffen sowie
3. in Gebäuden der Gebäudeklasse 3 aus nichtbrennbaren Baustoffen oder feuerhemmend

sein. [2] Tragende Teile von Außentreppen nach § 35 Absatz 1 Satz 3 Nummer 3 für Gebäude der Gebäudeklassen 3 bis 5 müssen aus nichtbrennbaren Baustoffen bestehen.

(5) Die nutzbare Breite der Treppenläufe und Treppenabsätze notwendiger Treppen muss für den größten zu erwartenden Verkehr ausreichen.

(6) [1] Treppen müssen einen festen und griffsicheren Handlauf haben. [2] Für Treppen sind Handläufe auf beiden Seiten und Zwischenhandläufe vorzusehen, soweit die Verkehrssicherheit dies erfordert.

(7) [1] Eine Treppe darf nicht unmittelbar hinter einer Tür beginnen, die in Richtung der Treppe aufschlägt. [2] Zwischen Treppe und Tür ist ein ausreichender Treppenabsatz anzuordnen, der mindestens so tief sein soll, wie die Tür breit ist.

(8) Die Absätze 3 bis 6 gelten nicht für Treppen innerhalb von Wohnungen.

§ 35[1)] Notwendige Treppenräume, Ausgänge. (1) [1] Jede notwendige Treppe muss zur Sicherstellung der Rettungswege aus den Geschossen ins Freie in einem eigenen, durchgehenden Treppenraum liegen (notwendiger Treppenraum). [2] Notwendige Treppenräume müssen so angeordnet und ausgebildet sein, dass die Nutzung der notwendigen Treppen im Brandfall ausreichend lang möglich ist. [3] Notwendige Treppen sind ohne eigenen Treppenraum zulässig

1. in Gebäuden der Gebäudeklassen 1 und 2,
2. für die Verbindung von höchstens zwei Geschossen innerhalb derselben Nutzungseinheit von insgesamt nicht mehr als 200 m², wenn in jedem Geschoss ein anderer Rettungsweg erreicht werden kann,
3. als Außentreppe, wenn ihre Nutzung ausreichend sicher ist und im Brandfall nicht gefährdet werden kann oder
4. innerhalb von Wohnungen.

(2) [1] Von jeder Stelle eines Aufenthaltsraumes sowie eines Kellergeschosses muss mindestens ein Ausgang in einen notwendigen Treppenraum oder ins Freie in höchstens 35 m Entfernung erreichbar sein. [2] Übereinanderliegende Kellergeschosse müssen jeweils mindestens zwei Ausgänge in notwendige Treppenräume oder ins Freie haben. [3] Sind mehrere notwendige Treppenräume erforderlich, müssen sie so verteilt sein, dass sie möglichst entgegengesetzt liegen und dass die Rettungswege möglichst kurz sind.

[1)] § 35 Abs. 1 Satz 3 Nr. 2 und 3 geänd., Nr. 4 angef. mWv 2.7.2021 durch G v. 30.6.2021 (GV. NRW. S. 822).

(3) [1] Jeder notwendige Treppenraum muss einen unmittelbaren Ausgang ins Freie haben. [2] Sofern der Ausgang eines notwendigen Treppenraumes nicht unmittelbar ins Freie führt, muss der Raum zwischen dem notwendigen Treppenraum und dem Ausgang ins Freie

1. mindestens so breit sein wie die dazugehörigen Treppenläufe,
2. Wände haben, die die Anforderungen an die Wände des Treppenraumes erfüllen,
3. rauchdichte und selbstschließende Abschlüsse zu notwendigen Fluren haben und
4. ohne Öffnungen zu anderen Räumen, ausgenommen zu notwendigen Fluren, sein.

(4) [1] Die Wände notwendiger Treppenräume müssen als raumabschließende Bauteile

1. in Gebäuden der Gebäudeklasse 5 die Bauart von Brandwänden haben,
2. in Gebäuden der Gebäudeklasse 4 auch unter zusätzlicher mechanischer Beanspruchung hochfeuerhemmend und
3. in Gebäuden der Gebäudeklasse 3 feuerhemmend

sein. [2] Dies ist nicht erforderlich für Außenwände von Treppenräumen, die aus nichtbrennbaren Baustoffen bestehen und durch andere an diese Außenwände anschließende Gebäudeteile im Brandfall nicht gefährdet werden können. [3] Der obere Abschluss notwendiger Treppenräume muss als raumabschließendes Bauteil die Feuerwiderstandsfähigkeit der Decken des Gebäudes haben. [4] Dies gilt nicht, wenn der obere Abschluss das Dach ist und die Treppenraumwände bis unter die Dachhaut reichen.

(5) In notwendigen Treppenräumen und in Räumen nach Absatz 3 Satz 2 müssen

1. Bekleidungen, Putze, Dämmstoffe, Unterdecken und Einbauten aus nichtbrennbaren Baustoffen bestehen,
2. Wände und Decken aus brennbaren Baustoffen eine Bekleidung aus nichtbrennbaren Baustoffen in ausreichender Dicke haben und
3. Bodenbeläge, ausgenommen Gleitschutzprofile, aus mindestens schwerentflammbaren Baustoffen bestehen.

(6) [1] In notwendigen Treppenräumen müssen Öffnungen

1. zu Kellergeschossen, zu nicht ausgebauten Dachräumen, Werkstätten, Läden, Lager- und ähnlichen Räumen sowie zu sonstigen Räumen und Nutzungseinheiten mit einer Fläche von mehr als 200 m², ausgenommen Wohnungen, mindestens feuerhemmende, rauchdichte und selbstschließende Abschlüsse,
2. zu notwendigen Fluren rauchdichte und selbstschließende Abschlüsse,
3. zu sonstigen Räumen und Nutzungseinheiten, ausgenommen Wohnungen, mindestens dicht- und selbstschließende Abschlüsse und
4. zu Wohnungen mindestens dichtschließende Abschlüsse

haben. [2] Die Feuerschutz- und Rauchschutzabschlüsse dürfen lichtdurchlässige Seitenteile und Oberlichte enthalten, wenn der Abschluss insgesamt nicht breiter als 2,50 m ist.

(7) [1] Notwendige Treppenräume müssen zu beleuchten sein. [2] Notwendige Treppenräume ohne Fenster müssen in Gebäuden mit einer Höhe nach § 2 Absatz 3 Satz 2 von mehr als 13 m eine Sicherheitsbeleuchtung haben.

(8) [1] Notwendige Treppenräume müssen belüftet und zur Unterstützung wirksamer Löscharbeiten entraucht werden können. [2] Sie müssen

1. in jedem oberirdischen Geschoss unmittelbar ins Freie führende Fenster mit einem freien Querschnitt von mindestens 0,50 m^2 haben, die geöffnet werden können, oder
2. an der obersten Stelle eine Öffnung zur Rauchableitung haben.

[3] In den Fällen des Satzes 2 Nummer 1 ist in Gebäuden der Gebäudeklasse 5 an der obersten Stelle eine Öffnung zur Rauchableitung erforderlich. [4] In den Fällen des Satzes 2 Nummer 2 sind in Gebäuden der Gebäudeklassen 4 und 5, soweit dies zur Erfüllung der Anforderungen nach Satz 1 erforderlich ist, besondere Vorkehrungen zu treffen. [5] Öffnungen zur Rauchableitung nach den Sätzen 2 und 3 müssen in jedem Treppenraum einen freien Querschnitt von mindestens 1 m^2 und Vorrichtungen zum Öffnen ihrer Abschlüsse haben, die vom Erdgeschoss sowie vom obersten Treppenabsatz aus bedient werden können.

(9) In Geschossen mit mehr als vier Wohnungen müssen notwendige Flure angeordnet sein.

§ 36 Notwendige Flure, offene Gänge. (1) [1] Flure, über die Rettungswege aus Aufenthaltsräumen oder aus Nutzungseinheiten mit Aufenthaltsräumen zu Ausgängen in notwendige Treppenräume oder ins Freie führen (notwendige Flure), müssen so angeordnet und ausgebildet sein, dass die Nutzung im Brandfall ausreichend lang möglich ist. [2] Notwendige Flure sind nicht erforderlich

1. in Wohngebäuden der Gebäudeklassen 1 und 2,
2. in sonstigen Gebäuden der Gebäudeklassen 1 und 2, ausgenommen in Kellergeschossen,
3. innerhalb von Nutzungseinheiten mit nicht mehr als 200 m^2 und innerhalb von Wohnungen sowie
4. innerhalb von Nutzungseinheiten, die einer Büro- oder Verwaltungsnutzung dienen, mit nicht mehr als 400 m^2; das gilt auch für Teile größerer Nutzungseinheiten, wenn diese Teile nicht größer als 400 m^2 sind, Trennwände nach § 29 Absatz 2 Nummer 1 haben und jeder Teil unabhängig von anderen Teilen Rettungswege nach § 33 Absatz 1 hat.

(2) [1] Notwendige Flure müssen so breit sein, dass sie für den größten zu erwartenden Verkehr ausreichen. [2] In den Fluren ist eine Folge von weniger als drei Stufen unzulässig.

(3) [1] Notwendige Flure sind durch nichtabschließbare, rauchdichte und selbstschließende Abschlüsse in Rauchabschnitte zu unterteilen. [2] Die Rauchabschnitte sollen nicht länger als 30 m sein. [3] Die Abschlüsse sind bis an die Rohdecke zu führen. [4] Sie dürfen bis an die Unterdecke der Flure geführt werden, wenn die Unterdecke feuerhemmend ist. [5] Notwendige Flure mit nur einer Fluchtrichtung, die zu einem Sicherheitstreppenraum führen, dürfen nicht länger als 15 m sein. [6] Die Sätze 1 bis 5 gelten nicht für offene Gänge nach Absatz 5.

(4) [1] Die Wände notwendiger Flure müssen als raumabschließende Bauteile feuerhemmend, in Kellergeschossen, deren tragende und aussteifende Bauteile feuerbeständig sein müssen, feuerbeständig sein. [2] Die Wände sind bis an die

Rohdecke zu führen. [3]Sie dürfen bis an die Unterdecke der Flure geführt werden, wenn die Unterdecke feuerhemmend und ein demjenigen nach Satz 1 vergleichbarer Raumabschluss sichergestellt ist. [4]Türen in diesen Wänden müssen dicht schließen. [5]Öffnungen zu Lagerbereichen im Kellergeschoss müssen feuerhemmende, dicht- und selbstschließende Abschlüsse haben.

(5) [1]Für Wände und Brüstungen notwendiger Flure mit nur einer Fluchtrichtung, die als offene Gänge vor den Außenwänden angeordnet sind, gilt Absatz 4 entsprechend. [2]Fenster sind in diesen Außenwänden ab einer Brüstungshöhe von 0,90 m zulässig.

(6) In notwendigen Fluren sowie in offenen Gängen nach Absatz 5 müssen

1. Bekleidungen, Putze, Unterdecken und Dämmstoffe aus nichtbrennbaren Baustoffen bestehen und
2. Wände und Decken aus brennbaren Baustoffen eine Bekleidung aus nichtbrennbaren Baustoffen in ausreichender Dicke haben und
3. Fußbodenbeläge mindestens schwerentflammbar sein.

§ 37 Fenster, Türen, sonstige Öffnungen. (1) Fensterflächen müssen gefahrlos gereinigt werden können.

(2) [1]Glastüren und andere Glasflächen, die bis zum Fußboden allgemein zugänglicher Verkehrsflächen herabreichen, sind so zu kennzeichnen, dass sie leicht erkannt werden können. [2]Weitere Schutzmaßnahmen sind für größere Glasflächen vorzusehen, wenn dies die Verkehrssicherheit erfordert.

(3) Eingangstüren von Wohnungen müssen eine lichte Durchgangsbreite von mindestens 0,90 m haben.

(4) [1]Jedes Kellergeschoss ohne Fenster muss mindestens eine Öffnung ins Freie haben, um eine Rauchableitung zu ermöglichen. [2]Gemeinsame Kellerlichtschächte für übereinanderliegende Kellergeschosse sind unzulässig.

(5) [1]Fenster, die als Rettungswege nach § 33 Absatz 2 Satz 2 dienen, müssen im Lichten mindestens 0,90 m × 1,20 m groß und nicht höher als 1,20 m über der Fußbodenoberkante angeordnet sein. [2]Liegen diese Fenster in Dachschrägen oder Dachaufbauten, so darf ihre Unterkante oder ein davorliegender Auftritt von der Traufkante horizontal gemessen nicht mehr als 1 m entfernt sein. [3]Der Abstand kann in Abstimmung mit der Brandschutzdienststelle vergrößert werden. [4]Von diesen Fenstern müssen sich Menschen zu öffentlichen Verkehrsflächen oder zu Flächen für Einsatzkräfte der Gefahrenabwehr bemerkbar machen können.

§ 38 Umwehrungen. (1) In, an und auf baulichen Anlagen sind zu umwehren oder mit Brüstungen zu versehen:

1. Flächen, die im Allgemeinen zum Begehen bestimmt sind und unmittelbar an mehr als 1 m tiefer liegende Flächen angrenzen; dies gilt nicht, wenn die Umwehrung dem Zweck der Flächen widerspricht,
2. nicht begehbare Oberlichte und Glasabdeckungen in Flächen, die im Allgemeinen zum Begehen bestimmt sind, wenn sie weniger als 0,50 m aus diesen Flächen herausragen,
3. Dächer oder Dachteile, die zum auch nur zeitweiligen Aufenthalt von Menschen bestimmt sind,
4. Öffnungen in begehbaren Decken sowie in Dächern oder Dachteilen nach Nummer 3, wenn sie nicht sicher abgedeckt sind,

5. nicht begehbare Glasflächen in Decken sowie in Dächern oder Dachteilen nach Nummer 3,
6. die freien Seiten von Treppenläufen, Treppenabsätzen und Treppenöffnungen (Treppenaugen) sowie
7. Kellerlichtschächte und Betriebsschächte, die an Verkehrsflächen liegen, wenn sie nicht verkehrssicher abgedeckt sind.

(2) [1] In Verkehrsflächen liegende Kellerlichtschächte und Betriebsschächte sind in Höhe der Verkehrsfläche verkehrssicher abzudecken. [2] An und in Verkehrsflächen liegende Abdeckungen müssen gegen unbefugtes Abheben gesichert sein. [3] Fenster, die unmittelbar an Treppen liegen und deren Brüstungen unter der notwendigen Umwehrungshöhe liegen, sind zu sichern.

(3) [1] Fensterbrüstungen von Flächen mit einer Absturzhöhe bis zu 12 m müssen mindestens 0,80 m, von Flächen mit mehr als 12 m Absturzhöhe mindestens 0,90 m hoch sein. [2] Geringere Brüstungshöhen sind zulässig, wenn durch andere Vorrichtungen wie Geländer die nach Absatz 4 vorgeschriebenen Mindesthöhen eingehalten werden.

(4) Andere notwendige Umwehrungen müssen folgende Mindesthöhen haben:

1. Umwehrungen zur Sicherung von Öffnungen in begehbaren Decken und Dächern sowie Umwehrungen von Flächen mit einer Absturzhöhe von 1 m bis zu 12 m 0,90 m und
2. Umwehrungen von Flächen mit mehr als 12 m Absturzhöhe 1,10 m.

Sechster Abschnitt. Technische Gebäudeausrüstung

§ 39[1)] **Aufzüge.** (1) [1] Aufzüge im Innern von Gebäuden müssen eigene Fahrschächte haben, um eine Brandausbreitung in andere Geschosse ausreichend lang zu verhindern. [2] In einem Fahrschacht dürfen bis zu drei Aufzüge liegen. [3] Aufzüge ohne eigene Fahrschächte sind zulässig

1. innerhalb eines notwendigen Treppenraumes, ausgenommen in Hochhäusern,
2. innerhalb von Räumen, die Geschosse überbrücken,
3. zur Verbindung von Geschossen, die offen miteinander in Verbindung stehen dürfen und
4. in Gebäuden der Gebäudeklassen 1 und 2.

[4] Sie müssen sicher umkleidet sein.

(2) [1] Die Fahrschachtwände müssen als raumabschließende Bauteile

1. in Gebäuden der Gebäudeklasse 5 feuerbeständig und aus nichtbrennbaren Baustoffen,
2. in Gebäuden der Gebäudeklasse 4 hochfeuerhemmend,
3. in Gebäuden der Gebäudeklasse 3 feuerhemmend

sein. [2] Fahrschachtwände aus brennbaren Baustoffen müssen schachtseitig eine Bekleidung aus nichtbrennbaren Baustoffen in ausreichender Dicke haben. [3] Fahrschachttüren und andere Öffnungen in Fahrschachtwänden mit erforder-

---

1) § 39 Abs. 4 Satz 1 geänd., Satz 2 eingef., bish. Sätze 2–4 werden Sätze 3–5 und neuer Satz 4 neu gef., bish. Satz 5 aufgeh. mWv 2.7.2021 durch G v. 30.6.2021 (GV. NRW. S. 822).

licher Feuerwiderstandsfähigkeit sind so herzustellen, dass die Anforderungen nach Absatz 1 Satz 1 nicht beeinträchtigt werden.

(3) [1] Fahrschächte müssen zu lüften sein und eine Öffnung zur Rauchableitung mit einem freien Querschnitt von mindestens 2,5 Prozent der Fahrschachtgrundfläche, mindestens jedoch 0,10 m² haben. [2] Diese Öffnung darf einen Abschluss haben, der im Brandfall selbsttätig öffnet und von mindestens einer geeigneten Stelle aus bedient werden kann. [3] Die Lage der Rauchaustrittsöffnungen muss so gewählt werden, dass der Rauchaustritt durch Windeinfluss nicht beeinträchtigt wird.

(4) [1] Gebäude, mit Ausnahme von Ein- und Zweifamilienhäusern, mit mehr als drei oberirdischen Geschossen müssen Aufzüge in ausreichender Zahl haben. [2] Dies gilt nicht, soweit bei bestehenden Gebäuden, die vor dem 1. Januar 2019 zulässigerweise errichtet wurden,

1. durch Änderung, Umbau oder Nutzungsänderung des Dachgeschosses oder
2. durch nachträglichen Ausbau des obersten Geschosses oder bei der Aufstockung um bis zu zwei Geschosse

Wohnraum geschaffen wird, oder

3. die Herstellung eines Aufzuges infolge der Errichtung von bis zu zwei zusätzlichen Geschossen oder infolge einer Nutzungsänderung eines Gebäudes nur unter besonderen Schwierigkeiten hergestellt werden kann.

[3] Ein Aufzug muss von der öffentlichen Verkehrsfläche und von allen Wohnungen in dem Gebäude aus barrierefrei erreichbar sein. [4] In Gebäuden mit mehr als fünf oberirdischen Geschossen muss mindestens ein Aufzug Krankentragen, Rollstühle und Lasten aufnehmen können und Haltestellen in allen Geschossen haben. [5] Haltestellen im obersten Geschoss und in den Kellergeschossen sind nicht erforderlich, wenn sie nur unter besonderen Schwierigkeiten hergestellt werden können.

(5) [1] Fahrkörbe zur Aufnahme einer Krankentrage müssen eine nutzbare Grundfläche von mindestens 1,10 m × 2,10 m und zur Aufnahme eines Rollstuhls von mindestens 1,10 m × 1,40 m haben. [2] Türen müssen eine lichte Durchgangsbreite von mindestens 0,90 m haben. [3] In einem Aufzug für Rollstühle und Krankentragen darf der für Rollstühle nicht erforderliche Teil der Fahrkorbgrundfläche durch eine verschließbare Tür abgesperrt werden. [4] Vor den Aufzügen muss eine ausreichende Bewegungsfläche vorhanden sein.

§ 40 Leitungsanlagen, Installationsschächte und -kanäle. (1) [1] Leitungen dürfen durch raumabschließende Bauteile, für die eine Feuerwiderstandsfähigkeit vorgeschrieben ist, nur hindurchgeführt werden, wenn eine Brandausbreitung ausreichend lang nicht zu befürchten ist oder Vorkehrungen hiergegen getroffen sind. [2] Dies gilt nicht

1. für Gebäude der Gebäudeklassen 1 und 2,
2. innerhalb von Wohnungen und
3. innerhalb derselben Nutzungseinheit mit nicht mehr als insgesamt 400 m² in nicht mehr als zwei Geschossen.

(2) In notwendigen Treppenräumen, in Räumen nach § 35 Absatz 3 Satz 2 und in notwendigen Fluren sind Leitungsanlagen nur zulässig, wenn eine Nutzung als Rettungsweg im Brandfall ausreichend lang möglich ist.

(3) Für Installationsschächte und -kanäle gelten Absatz 1 sowie § 41 Absatz 2 Satz 1 und 2 sowie Absatz 3 entsprechend.

§ 41 Lüftungsanlagen. (1) [1] Lüftungsanlagen müssen betriebssicher sein. [2] Sie dürfen den ordnungsgemäßen Betrieb von Feuerungsanlagen nicht beeinträchtigen.

(2) [1] Lüftungsleitungen sowie deren Bekleidungen und Dämmstoffe müssen aus nichtbrennbaren Baustoffen bestehen. [2] Brennbare Baustoffe sind zulässig, wenn ein Beitrag der Lüftungsleitung zur Brandentstehung und Brandweiterleitung nicht zu befürchten ist. [3] Lüftungsleitungen dürfen raumabschließende Bauteile, für die eine Feuerwiderstandsfähigkeit vorgeschrieben ist, nur überbrücken, wenn eine Brandausbreitung ausreichend lang nicht zu befürchten ist oder wenn Vorkehrungen hiergegen getroffen sind.

(3) Lüftungsanlagen sind so herzustellen, dass sie Gerüche und Staub nicht in andere Räume übertragen.

(4) [1] Lüftungsanlagen dürfen nicht in Abgasanlagen eingeführt werden. [2] Die gemeinsame Nutzung von Lüftungsleitungen zur Lüftung und zur Ableitung der Abgase von Feuerstätten ist zulässig, wenn keine Bedenken wegen der Betriebssicherheit und des Brandschutzes bestehen. [3] Die Abluft ist ins Freie zu führen. [4] Nicht zur Lüftungsanlage gehörende Einrichtungen sind in Lüftungsleitungen unzulässig.

(5) Die Absätze 2 und 3 gelten nicht

1. für Gebäude der Gebäudeklassen 1 und 2,
2. innerhalb von Wohnungen und
3. innerhalb derselben Nutzungseinheit mit nicht mehr als 400 m² in nicht mehr als zwei Geschossen.

(6) Für raumlufttechnische Anlagen und Warmluftheizungen gelten die Absätze 1 bis 5 entsprechend.

§ 42[1)] Feuerungsanlagen, sonstige Anlagen zur Wärmeerzeugung, Brennstoffversorgung. (1) [1] Feuerstätten und Abgasanlagen (Feuerungsanlagen) müssen betriebssicher und brandsicher sein. [2] Feuerungsanlagen für feste Brennstoffe dürfen in einem Abstand von weniger als 100 m zu einem Wald, Moor oder Heide nur errichtet oder betrieben werden, wenn durch geeignete Maßnahmen gewährleistet ist, dass keine Brände in denselben durch diese Anlagen entstehen.

(2) Für die Anlagen zur Verteilung von Wärme und zur Warmwasserversorgung gilt Absatz 1 entsprechend.

(3) Feuerstätten dürfen in Räumen nur aufgestellt werden, wenn nach der Art der Feuerstätte und nach Lage, Größe, baulicher Beschaffenheit und Nutzung der Räume Gefahren nicht entstehen.

(4) [1] Abgase von Feuerstätten sind durch Abgasleitungen, Schornsteine und Verbindungsstücke (Abgasanlagen) so abzuführen, dass keine Gefahren oder unzumutbaren Belästigungen entstehen. [2] Abgasanlagen sind in solcher Zahl und Lage und so herzustellen, dass die Feuerstätten des Gebäudes ordnungs-

[1)] § 42 Abs. 1 Satz 2 und Abs. 7 Sätze 1 und 4 geänd. mWv 2.7.2021 durch G v. 30.6.2021 (GV. NRW. S. 822).

gemäß angeschlossen werden können. [3]Sie müssen leicht und sicher gereinigt werden können.

(5) [1]Behälter und Rohrleitungen für brennbare Gase und Flüssigkeiten müssen betriebssicher und brandsicher sein. [2]Diese Behälter sowie feste Brennstoffe sind so aufzustellen oder zu lagern, dass keine Gefahren oder unzumutbaren Belästigungen entstehen.

(6) Für die Aufstellung von ortsfesten Verbrennungsmotoren, Blockheizkraftwerken, Brennstoffzellen und Verdichtern sowie die Ableitung ihrer Verbrennungsgase gelten die Absätze 1, 3 und 4 entsprechend.

(7) [1]Bei der Errichtung oder Änderung von Schornsteinen sowie beim Anschluss von Feuerstätten an Schornsteine oder Abgasleitungen hat die Bauherrin oder der Bauherr sich von der bevollmächtigten Bezirksschornsteinfegerin oder dem bevollmächtigten Bezirksschornsteinfeger bescheinigen zu lassen, dass die Abgasanlage sich in einem ordnungsgemäßen Zustand befindet und für die angeschlossenen Feuerstätten geeignet ist. [2]Bei der Errichtung von Schornsteinen soll vor der Erteilung der Bescheinigung auch der Rohbauzustand besichtigt worden sein. [3]Verbrennungsmotoren und Blockheizkraftwerke dürfen erst dann in Betrieb genommen werden, wenn sie die Tauglichkeit und sichere Benutzbarkeit der Leitungen zur Abführung von Verbrennungsgasen bescheinigt haben. [4]Stellt die bevollmächtigte Bezirksschornsteinfegerin oder der bevollmächtigte Bezirksschornsteinfeger Mängel fest, hat sie oder er diese Mängel der Bauaufsichtsbehörde mitzuteilen. [5]Satz 1 und Satz 3 gelten nicht für Abgasanlagen, die gemeinsam mit der Feuerstätte in Verkehr gebracht werden und ein gemeinsames CE-Zeichen tragen dürfen.

(8) Gasfeuerstätten dürfen in Räumen nur aufgestellt werden, wenn durch besondere Vorrichtungen an den Feuerstätten oder durch Lüftungsanlagen sichergestellt ist, dass gefährliche Ansammlungen von unverbranntem Gas in den Räumen nicht entstehen.

§ 43[1)] Sanitäre Anlagen, Wasserzähler. (1) [1]Jede Wohnung muss ein Bad mit Badewanne oder Dusche haben. [2]Jede Wohnung und jede Nutzungseinheit mit Aufenthaltsräumen muss mindestens eine Toilette haben. [3]Toilettenräume für Wohnungen müssen innerhalb der Wohnung liegen. [4]Fensterlose Bäder und Toiletten sind nur zulässig, wenn eine wirksame Lüftung gewährleistet ist.

(2) [1]Jede Wohnung und jede sonstige Nutzungseinheit muss einen eigenen Wasserzähler haben. [2]Dies gilt nicht bei Nutzungsänderungen, wenn die Anforderung nach Satz 1 nur mit unverhältnismäßigem Mehraufwand erfüllt werden kann.

§ 44 Aufbewahrung fester Abfallstoffe. (1) Feste Abfallstoffe dürfen innerhalb von Gebäuden vorübergehend aufbewahrt werden, in Gebäuden der Gebäudeklassen 3 bis 5 jedoch nur, wenn die dafür bestimmten Räume

1. Trennwände und Decken als raumabschließende Bauteile mit der Feuerwiderstandsfähigkeit der tragenden Wände haben,
2. Öffnungen vom Gebäudeinnern zum Aufstellraum mit feuerhemmenden, dicht- und selbstschließenden Abschlüssen haben,
3. unmittelbar vom Freien entleert werden können und

[1)] § 43 Abs. 2 Satz 1 geänd. mWv 2.7.2021 durch G v. 30.6.2021 (GV. NRW. S. 822).

4. eine ständig wirksame Lüftung haben.

(2) [1] Vorhandene Abfallschächte dürfen nicht betrieben werden. [2] Der Betrieb von Abfallschächten, die zum Zeitpunkt des Inkrafttretens dieser Vorschrift betrieben werden, kann widerruflich unter der Voraussetzung genehmigt werden, dass der Betreiber den sicheren und störungsfreien Betrieb und eine wirksame Abfalltrennung ständig überwacht und dies dokumentiert. [3] Den Bauaufsichtsbehörden sind diese Aufzeichnungen auf Verlangen vorzulegen.

§ 45 Blitzschutzanlagen. Bauliche Anlagen, bei denen nach Lage, Bauart oder Nutzung Blitzschlag leicht eintreten oder zu schweren Folgen führen kann, sind mit dauernd wirksamen Blitzschutzanlagen zu versehen.

Siebenter Abschnitt. Nutzungsbedingte Anforderungen

§ 46 Aufenthaltsräume. (1) [1] Aufenthaltsräume müssen eine lichte Raumhöhe von mindestens 2,40 m haben. [2] Für Aufenthaltsräume in Wohngebäuden der Gebäudeklassen 1 und 2 kann eine lichte Höhe von mindestens 2,30 m gestattet werden. [3] Für Aufenthaltsräume im Dachraum und im Kellergeschoss, im Übrigen für einzelne Aufenthaltsräume und Teile von Aufenthaltsräumen genügt eine lichte Höhe von mindestens 2,20 m. [4] Aufenthaltsräume unter einer Dachschräge müssen eine lichte Höhe von 2,20 m über mindestens der Hälfte ihrer Grundfläche haben. [5] Raumteile mit einer lichten Höhe bis zu 1,50 m bleiben außer Betracht.

(2) [1] Aufenthaltsräume müssen ausreichend belüftet und mit Tageslicht belichtet werden können. [2] Sie müssen Fenster mit einem Rohbaumaß der Fensteröffnungen von mindestens ein Achtel der Netto-Grundfläche des Raumes einschließlich der Netto-Grundfläche verglaster Vorbauten und Loggien haben.

(3) Aufenthaltsräume, deren Nutzung eine Belichtung mit Tageslicht verbietet, sowie Verkaufsräume, Schank- und Speisegaststätten, ärztliche Behandlungs-, Sport-, Spiel-, Werk- und ähnliche Räume sind ohne Fenster zulässig.

§ 47[1] Wohnungen. (1) [1] Jede Wohnung muss eine Küche oder Kochnische haben. [2] Fensterlose Küchen oder Kochnischen sind zulässig, wenn eine wirksame Lüftung gewährleistet ist.

(2) Eine reine Nordlage aller Wohn- und Schlafräume ist unzulässig.

(3) [1] In Wohnungen müssen Schlafräume und Kinderzimmer sowie Flure, über die Rettungswege von Aufenthaltsräumen führen, jeweils mindestens einen Rauchwarnmelder haben. [2] Dieser muss so eingebaut oder angebracht und betrieben werden, dass Brandrauch frühzeitig erkannt und gemeldet wird. [3] Die Betriebsbereitschaft der Rauchwarnmelder hat die unmittelbare besitzhabende Person sicherzustellen, es sei denn, die Eigentümerin oder der Eigentümer übernimmt diese Verpflichtung selbst.

(4) In Gebäuden der Gebäudeklassen 3 bis 5 mit Wohnungen sind leicht und barrierefrei erreichbare Abstellflächen für Kinderwagen und Mobilitätshilfen sowie für jede Wohnung eine ausreichend große Abstellfläche herzustellen.

(5) An Nutzungseinheiten zum Zwecke der Pflege oder Betreuung von Personen mit Pflegebedürftigkeit oder Behinderung, deren Selbstrettungsfähig-

---

[1] § 47 Abs. 1 Satz 2 angef., Abs. 5 neu gef. mWv 2.7.2021 durch G v. 30.6.2021 (GV. NRW. S. 822).

keit eingeschränkt ist, sind keine Anforderungen wie an Sonderbauten (§ 50) zu stellen, wenn die Nutzungseinheiten

1. einzeln für weniger als sechs Personen,
2. nicht für Personen mit Intensivpflegebedarf bestimmt sind oder
3. einen gemeinsamen Rettungsweg haben und für insgesamt weniger als zwölf Personen bestimmt sind.

§ 48[1] Stellplätze, Garagen und Fahrradabstellplätze. (1) [1]Die notwendigen Stellplätze und Garagen sowie Fahrradabstellplätze (§ 87 Absatz 1 Nummer 7) sind auf dem Baugrundstück oder in zumutbarer Entfernung davon auf einem geeigneten Grundstück, dessen Benutzung für diesen Zweck öffentlich-rechtlich gesichert wird, herzustellen. [2]Erfolgen die Festlegungen nach Satz 1 durch Bebauungsplan (§ 89 Absatz 2) oder durch örtliche Bauvorschrift (§ 89 Absatz 1 Nummer 4), sind diese maßgeblich.

(2) Die Gemeinde hat den Geldbetrag für die Ablösung von Stellplätzen und Fahrradabstellplätzen zu verwenden für

1. die Herstellung zusätzlicher oder die Instandhaltung, die Instandsetzung oder die Modernisierung bestehender Parkeinrichtungen einschließlich der Ausstattung mit Elektroladestationen,
2. den Bau und die Einrichtung von innerörtlichen Radverkehrsanlagen sowie die Schaffung von öffentlichen Fahrradabstellplätzen einschließlich der Ausstattung mit Elektroladestationen oder
3. sonstige Maßnahmen zur Entlastung der Straßen vom ruhenden Verkehr, einschließlich investiver Maßnahmen des öffentlichen Personennahverkehrs sowie andere Maßnahmen, die Bestandteil eines kommunalen oder interkommunalen Mobilitätskonzepts einer oder mehrerer Gemeinden sind.

§ 49[2] Barrierefreies Bauen. (1) [1]In Gebäuden der Gebäudeklasse 3 bis 5 mit Wohnungen müssen die Wohnungen im erforderlichen Umfang barrierefrei sein. [2]§ 39 Absatz 4 bleibt unberührt.

(2) [1]Bauliche Anlagen, die öffentlich zugänglich sind, müssen im erforderlichen Umfang barrierefrei sein. [2]Öffentlich zugänglich sind bauliche Anlagen, wenn und soweit sie nach ihrem Zweck im Zeitraum ihrer Nutzung von im Vorhinein nicht bestimmbaren Personen aufgesucht werden können. [3]Dies gilt insbesondere für

1. Einrichtungen der Kultur und des Bildungswesens,
2. Sport- und Freizeitstätten,
3. Einrichtungen des Gesundheitswesens,
4. Büro-, Verwaltungs- und Gerichtsgebäude,
5. Verkaufs-, Gast- und Beherbergungsstätten sowie
6. Stellplätze, Garagen und Toilettenanlagen.

[4]Toilettenräume und notwendige Stellplätze für Besucherinnen und Besucher sowie für Benutzerinnen und Benutzer müssen in der erforderlichen Anzahl barrierefrei sein. [5]Wohngebäude sind nicht öffentlich zugänglich im Sinne dieses Absatzes.

---

[1] § 48 neu gef. mWv 2.7.2021 durch G v. 30.6.2021 (GV. NRW. S. 822).
[2] § 49 Abs. 1 und 2 neu gef. mWv 2.7.2021 durch G v. 30.6.2021 (GV. NRW. S. 822).

(3) Die Absätze 1 und 2 gelten jeweils nicht, soweit die Anforderungen wegen schwieriger Geländeverhältnisse oder wegen ungünstiger vorhandener Bebauung nur mit einem unverhältnismäßigen Mehraufwand erfüllt werden können.

§ 50[1)] Sonderbauten. (1) [1] An Anlagen und Räume besonderer Art oder Nutzung (Sonderbauten) können im Einzelfall zur Verwirklichung der allgemeinen Anforderungen nach § 3 Absatz 1 besondere Anforderungen gestellt werden. [2] Erleichterungen können gestattet werden, soweit es der Einhaltung von Vorschriften wegen der besonderen Art oder Nutzung baulicher Anlagen oder Räume oder wegen besonderer Anforderungen nicht bedarf. [3] Die Anforderungen und Erleichterungen nach den Sätzen 1 und 2 können sich insbesondere erstrecken auf

1. die Anordnung der baulichen Anlagen auf dem Grundstück,
2. die Abstände von Nachbargrenzen, von anderen baulichen Anlagen auf dem Grundstück und von öffentlichen Verkehrsflächen sowie auf die Größe der freizuhaltenden Flächen der Grundstücke,
3. die Öffnungen nach öffentlichen Verkehrsflächen und nach angrenzenden Grundstücken,
4. die Anlage von Zu- und Abfahrten,
5. die Anlage von Grünstreifen, Baumpflanzungen und anderen Pflanzungen sowie die Begrünung oder Beseitigung von Halden und Gruben,
6. die Bauart und Anordnung aller für die Stand- und Verkehrssicherheit, den Brand-, Wärme-, Schall- oder Gesundheitsschutz wesentlichen Bauteile und die Verwendung von Baustoffen,
7. Brandschutzanlagen, -einrichtungen und -vorkehrungen,
8. die Löschwasserrückhaltung,
9. die Anordnung und Herstellung von Aufzügen, Treppen, Treppenräumen, Fluren, Ausgängen, sonstigen Rettungswegen,
10. die Beleuchtung und Energieversorgung,
11. die Lüftung und Rauchableitung,
12. die Feuerungsanlagen und Heizräume,
13. die Wasserversorgung für Löschzwecke,
14. die Aufbewahrung und Entsorgung von Abwasser und festen Abfallstoffen,
15. die Stellplätze und Garagen mit und ohne einer Stromzuleitung für die Aufladung von Batterien für Elektrofahrzeuge sowie Fahrradabstellplätze,
16. die barrierefreie Nutzbarkeit,
17. die zulässige Zahl der Benutzerinnen und Benutzer, Anordnung und Zahl der zulässigen Sitz- und Stehplätze bei Versammlungsstätten, Gaststätten, Vergnügungsstätten, Tribünen und Fliegenden Bauten,
18. die Zahl der Toiletten für Besucherinnen und Besucher,
19. Umfang, Inhalt und Zahl besonderer Bauvorlagen, insbesondere eines Brandschutzkonzepts,
20. weitere zu erbringende Bescheinigungen,

[1)] § 50 Abs. 2 Nr. 4, 6 und 7 neu gef., Nr. 8 eingef., bish. Nr. 8–14 werden Nr. 9–15 und neue Nr. 11 neu gef., bish. Nr. 15 aufgeh. mWv 2.7.2021 durch G v. 30.6.2021 (GV. NRW. S. 822).

21. die Bestellung und Qualifikation der Bauleitenden und der Fachbauleitenden,
22. den Betrieb und die Nutzung einschließlich der Bestellung und der Qualifikation einer oder eines Brandschutzbeauftragten,
23. Erst-, Wiederholungs- und Nachprüfungen und die Bescheinigungen, die hierüber zu erbringen sind und
24. Gebäudefunkanlagen für die Feuerwehr.

(2) Große Sonderbauten sind

1. Hochhäuser (Gebäude mit einer Höhe nach § 2 Absatz 3 Satz 2 von mehr als 22 m),
2. bauliche Anlagen mit einer Höhe von mehr als 30 m,
3. Gebäude mit mehr als 1 600 m² Grundfläche des Geschosses mit der größten Ausdehnung; ausgenommen Gewächshäuser ohne Verkaufsstätten, die einem land- oder forstwirtschaftlichen Betrieb oder einem Betrieb der gartenbaulichen Erzeugung dienen sowie Wohngebäude,
4. Verkaufsstätten, deren Verkaufsräume und Ladenstraßen einschließlich ihrer inneren Bauteile eine Fläche von insgesamt mehr als 2 000 m² haben,
5. Büro- und Verwaltungsgebäude mit mehr als 3 000 m² Geschossfläche,
6. Versammlungsstätten
   a) mit Versammlungsräumen, die einzeln für mehr als 200 Besucherinnen und Besucher bestimmt sind oder mit mehreren Versammlungsräumen, die insgesamt für mehr als 200 Besucherinnen und Besucher bestimmt sind, wenn diese Versammlungsräume gemeinsame Rettungswege haben,
   b) im Freien mit Szenenflächen und Tribünen, die keine Fliegenden Bauten sind und deren Besucherbereich für mehr als 1 000 Besucherinnen und Besucher bestimmt ist, sowie solche Versammlungsstätten im Freien, die für mehr als 5 000 Besucherinnen und Besucher bestimmt sind, und
   c) Sportstadien und Freisportanlagen mit Tribünen, die keine Fliegenden Bauten sind, und die jeweils für insgesamt mehr als 5 000 Besucherinnen und Besucher bestimmt sind,
7. Schank- und Speisegaststätten mit mehr als 200 Gastplätzen in Gebäuden oder mehr als 1 000 Gastplätzen im Freien, Beherbergungsstätten mit mehr als 30 Betten, Vergnügungsstätten sowie Wettbüros,
8. Gebäude mit Nutzungseinheiten zum Zwecke der Pflege oder Betreuung von Personen mit Pflegebedürftigkeit oder Behinderung, deren Selbstrettungsfähigkeit eingeschränkt ist, wenn die Nutzungseinheiten
   a) einzeln für mehr als sechs Personen oder
   b) für Personen mit Intensivpflegebedarf bestimmt sind, oder
   c) einen gemeinsamen Rettungsweg haben und für insgesamt mehr als zwölf Personen bestimmt sind,
9. Krankenhäuser,
10. Wohnheime,
11. Tageseinrichtungen für Kinder, Menschen mit Behinderung und alte Menschen, sonstige Einrichtungen zur Unterbringung von Personen, ausgenommen Tageseinrichtungen einschließlich Tagespflege für nicht mehr als zehn Kinder,
12. Schulen, Hochschulen und ähnliche Einrichtungen,

13. Justizvollzugsanstalten und bauliche Anlagen für den Maßregelvollzug,
14. Camping- und Wochenendplätze,
15. Freizeit- und Vergnügungsparks,
16. Regallager mit einer Oberkante Lagerguthöhe von mehr als 9 m,
17. bauliche Anlagen, deren Nutzung durch Umgang oder Lagerung von Stoffen mit Explosions- oder erhöhter Brandgefahr verbunden ist,
18. Garagen mit mehr als 1 000 m² Nutzfläche.

§ 51 Behelfsbauten und untergeordnete Gebäude. (1) [1]Die §§ 26 bis 50 gelten nicht für Anlagen, die nach ihrer Ausführung für eine dauernde Nutzung nicht geeignet sind oder die für eine begrenzte Zeit aufgestellt werden sollen (Behelfsbauten). [2]Behelfsbauten, die überwiegend aus brennbaren Baustoffen bestehen, dürfen nur erdgeschossig hergestellt werden. [3]Ihre Dachräume dürfen nicht nutzbar sein und müssen von der Giebelseite oder vom Flur aus für die Brandbekämpfung erreichbar sein. [4]Brandwände (§ 30) sind mindestens alle 30 m anzuordnen und stets 0,30 m über Dach und vor die Seitenwände zu führen.

(2) Absatz 1 gilt auch für freistehende andere Gebäude, die eingeschossig sind und nicht für einen Aufenthalt oder nur für einen vorübergehenden Aufenthalt bestimmt sind wie Lauben und Unterkunftshütten.

Vierter Teil. Die am Bau Beteiligten

§ 52 Grundpflichten. Bei der Errichtung, Änderung, Nutzungsänderung und der Beseitigung von Anlagen sind die Bauherrin oder der Bauherr und im Rahmen ihres Wirkungskreises die anderen am Bau Beteiligten (§§ 54 bis 56) dafür verantwortlich, dass die öffentlich-rechtlichen Vorschriften eingehalten werden.

§ 53[1)] Bauherrschaft. (1) [1]Die Bauherrin oder der Bauherr hat zur Vorbereitung, Überwachung und Ausführung eines nicht verfahrensfreien Bauvorhabens sowie der Beseitigung von Anlagen geeignete Beteiligte nach Maßgabe der §§ 54 bis 56 zu bestellen, soweit sie oder er nicht selbst zur Erfüllung der Verpflichtungen nach diesen Vorschriften geeignet ist. [2]Der Bauherrin oder dem Bauherrn obliegen außerdem die nach den öffentlich-rechtlichen Vorschriften erforderlichen Anträge, Anzeigen und Nachweise. [3]Sie oder er hat die zur Erfüllung der Anforderungen dieses Gesetzes oder aufgrund dieses Gesetzes erforderlichen Nachweise und Unterlagen zu den verwendeten Bauprodukten und den angewandten Bauarten bereitzuhalten. [4]Werden Bauprodukte verwendet, die die CE-Kennzeichnung nach der Verordnung (EU) Nr. 305/2011 tragen, ist die Leistungserklärung bereitzuhalten. [5]Die Bauherrin oder der Bauherr hat vor Baubeginn den Namen der Bauleiterin oder des Bauleiters und während der Bauausführung einen Wechsel dieser Person unverzüglich der Bauaufsichtsbehörde schriftlich mitzuteilen. [6]Wechselt die Bauherrin oder der Bauherr, hat der oder die neue Bauherrin oder der neue Bauherr dies der Bauaufsichtsbehörde unverzüglich schriftlich mitzuteilen.

[1)] § 53 Abs. 1 Satz 1 und Abs. 2 Satz 2 geänd. mWv 2.7.2021 durch G v. 30.6.2021 (GV. NRW. S. 822).

(2) [1] Bei Bauarbeiten, die unter Einhaltung des Gesetzes zur Bekämpfung der Schwarzarbeit in Selbst- oder Nachbarschaftshilfe ausgeführt werden, ist die Beauftragung von Unternehmen nicht erforderlich, wenn dabei genügend Fachkräfte mit der nötigen Sachkunde, Erfahrung und Zuverlässigkeit mitwirken. [2] Die Beseitigung von nicht verfahrensfreien Anlagen gemäß § 62 Absatz 1 darf nicht in Selbst- oder Nachbarschaftshilfe ausgeführt werden.

(3) [1] Treten bei einem Bauvorhaben mehrere Personen als Bauherrin oder als Bauherr auf, so kann die Bauaufsichtsbehörde verlangen, dass ihr gegenüber eine Vertreterin oder ein Vertreter bestellt wird, der oder die die der Bauherrin oder dem Bauherrn nach den öffentlich-rechtlichen Vorschriften obliegenden Verpflichtungen zu erfüllen hat. [2] Im Übrigen findet § 18 Absatz 1 Satz 2 und 3 sowie Absatz 2 des Verwaltungsverfahrensgesetzes für das Land Nordrhein-Westfalen[1)] vom 12. November 1999 (GV. NRW. S. 602), das zuletzt durch Artikel 2 des Gesetzes vom 15. November 2016 (GV. NRW. S. 934) geändert worden ist, entsprechende Anwendung.

§ 54[2)] Entwurfsverfassende. (1) [1] Die Entwurfsverfasserin oder der Entwurfsverfasser muss nach Sachkunde und Erfahrung zur Vorbereitung des jeweiligen Bauvorhabens geeignet sein. [2] Sie oder er ist für die Vollständigkeit und Brauchbarkeit ihres oder seines Entwurfs verantwortlich. [3] Die Entwurfsverfasserin oder der Entwurfsverfasser hat dafür zu sorgen, dass die für die Ausführung notwendigen Einzelzeichnungen, Einzelberechnungen und Anweisungen den öffentlich-rechtlichen Vorschriften entsprechen.

(2) [1] Hat die Entwurfsverfasserin oder der Entwurfsverfasser auf einzelnen Fachgebieten nicht die erforderliche Sachkunde und Erfahrung, so sind geeignete Fachplanerinnen und Fachplaner heranzuziehen. [2] Diese sind für die von ihnen gefertigten Unterlagen, die sie zu unterzeichnen haben, verantwortlich. [3] Für das ordnungsgemäße Ineinandergreifen aller Fachplanungen bleibt die Entwurfsverfasserin oder der Entwurfsverfasser verantwortlich.

(3) Brandschutzkonzepte für bauliche Anlagen werden von staatlich anerkannten Sachverständigen nach § 87 Absatz 2 Satz 1 Nummer 4 für die Prüfung des Brandschutzes, von öffentlich bestellten und vereidigten Sachverständigen für vorbeugenden Brandschutz nach § 36 der Gewerbeordnung[3)] in der Fassung der Bekanntmachung vom 22. Februar 1999 (BGBl. I S. 202), die zuletzt durch Artikel 1 des Gesetzes vom 17. Oktober 2017 (BGBl. I S. 3562) geändert worden ist, oder von Personen aufgestellt, die im Einzelfall für die Aufgabe nach Sachkunde und Erfahrung vergleichbar geeignet sind.

(4) [1] Standsicherheitsnachweise für bauliche Anlagen werden von Personen mit einem berufsqualifizierenden Hochschulabschluss eines Studiums der Fachrichtung Architektur, Hochbau oder des Bauingenieurwesens mit einer mindestens dreijährigen Berufserfahrung in der Tragwerksplanung aufgestellt, die als Mitglied einer Architektenkammer in einer von der Architektenkammer Nordrhein-Westfalen zu führenden Liste oder als Mitglied einer Ingenieurkammer in einer von der Ingenieurkammer-Bau Nordrhein-Westfalen zu führenden Liste eingetragen sind (qualifizierte Tragwerksplanerin oder qualifizierter Tragwerksplaner). [2] Als berechtigte Person nach Satz 1 kann sich, soweit die

---

[1)] Nr. **23.11**.

[2)] § 54 Abs. 1 Satz 3 geänd., Abs. 4 Satz 2 eingef., bish. Sätze 2 und 3 werden Sätze 3 und 4 und jeweils geänd. mWv 2.7.2021 durch G v. 30.6.2021 (GV. NRW. S. 822).

[3)] Nr. **34.1**.

Studienanforderungen nach Satz 1 nicht erfüllt werden, in die Liste bis zum 30. Juni 2022 auch eintragen lassen, wer während eines Zeitraumes von fünf Jahren vor Inkrafttreten dieses Gesetzes regelmäßig Standsicherheitsnachweise für bauliche Anlagen aufgestellt hat und dies sowie die erforderliche Sachkunde gegenüber der zuständigen Stelle nachweist. [3]Eintragungen anderer Länder gelten im Land Nordrhein-Westfalen, soweit diese auch die Mitgliedschaft in einer Architektenkammer oder einer Ingenieurkammer nachweisen können. [4]§ 67 Absatz 5 bis 7 gilt entsprechend.

§ 55 Unternehmen. (1) [1]Jedes Unternehmen ist für die mit den öffentlich-rechtlichen Anforderungen übereinstimmende Ausführung der von ihm übernommenen Arbeiten und insoweit für die ordnungsgemäße Einrichtung und den sicheren Betrieb der Baustelle sowie für die Einhaltung der Arbeitsschutzbestimmungen verantwortlich. [2]Es hat die zur Erfüllung der Anforderungen dieses Gesetzes oder aufgrund dieses Gesetzes erforderlichen Nachweise und Unterlagen zu den verwendeten Bauprodukten und den angewandten Bauarten zu erbringen und auf der Baustelle bereitzuhalten. [3]Bei Bauprodukten, die die CE-Kennzeichnung nach der Verordnung (EU) Nr. 305/2011 tragen, ist die Leistungserklärung bereitzuhalten.

(2) Jedes Unternehmen hat auf Verlangen der Bauaufsichtsbehörde für Arbeiten, bei denen die Sicherheit der Anlage in außergewöhnlichem Maße von der besonderen Sachkenntnis und Erfahrung des Unternehmens oder von einer Ausstattung des Unternehmens mit besonderen Vorrichtungen abhängt, nachzuweisen, dass es für diese Arbeiten geeignet ist und über die erforderlichen Vorrichtungen verfügt.

§ 56 Bauleitende. (1) [1]Die Bauleiterin oder der Bauleiter hat darüber zu wachen, dass die Baumaßnahme entsprechend den öffentlich-rechtlichen Anforderungen durchgeführt wird, und die dafür erforderlichen Weisungen zu erteilen. [2]Sie oder er hat im Rahmen dieser Aufgabe auf den sicheren bautechnischen Betrieb der Baustelle, insbesondere auf das gefahrlose Ineinandergreifen der Arbeiten der Unternehmen zu achten. [3]Die Verantwortlichkeit der Unternehmen bleibt unberührt.

(2) [1]Die Bauleiterin oder der Bauleiter muss über die für ihre oder seine Aufgabe erforderliche Sachkunde und Erfahrung verfügen. [2]Verfügt er oder sie auf einzelnen Teilgebieten nicht über die erforderliche Sachkunde und Erfahrung, sind eine geeignete Fachbauleiterin oder ein geeigneter Fachbauleiter heranzuziehen. [3]Diese treten insoweit an die Stelle der Bauleiterin oder des Bauleiters. [4]Die Bauleiterin oder der Bauleiter hat die Tätigkeit der Fachbauleiterinnen und Fachbauleiter und ihre oder seine Tätigkeit aufeinander abzustimmen.

Fünfter Teil. Bauaufsichtsbehörden, Verfahren

Erster Abschnitt. Bauaufsichtsbehörden

§ 57[1)] Aufbau und Zuständigkeit der Bauaufsichtsbehörden. (1) [1]Bauaufsichtsbehörden sind als Ordnungsbehörden:

[1)] § 57 Abs. 2 Satz 2 neu gef., Satz 3 aufgeh. mWv 2.7.2021 durch G v. 30.6.2021 (GV. NRW. S. 822).

1. Oberste Bauaufsichtsbehörde: das für die Bauaufsicht zuständige Ministerium,
2. Obere Bauaufsichtsbehörden: die Bezirksregierungen für die kreisfreien Städte und Kreise sowie in den Fällen des § 79, im Übrigen die Landräte als untere staatliche Verwaltungsbehörden und
3. Untere Bauaufsichtsbehörden:
   a) die kreisfreien Städte, die Großen kreisangehörigen Städte und die Mittleren kreisangehörigen Städte als untere Bauaufsichtsbehörden sowie
   b) die Kreise für die übrigen kreisangehörigen Gemeinden.

[2] Für den Vollzug dieses Gesetzes sowie anderer öffentlich-rechtlicher Vorschriften für die Errichtung, Änderung, Nutzungsänderung und Beseitigung sowie die Nutzung und die Instandhaltung von Anlagen ist die untere Bauaufsichtsbehörde zuständig. [3] Die gesetzlich geregelten Zuständigkeiten und Befugnisse anderer Behörden bleiben unberührt.

(2) [1] Die Bauaufsichtsbehörden sind zur Durchführung ihrer Aufgaben ausreichend mit geeigneten Fachkräften zu besetzen und mit den erforderlichen Vorrichtungen auszustatten. [2] Geeignete Fachkräfte sind insbesondere Personen, die einen Hochschulabschluss der Fachrichtungen Architektur oder Bauingenieurwesen haben und die insbesondere die erforderlichen Kenntnisse des öffentlichen Baurechts, der Bautechnik und der Baugestaltung haben.

§ 58[1)] Aufgaben und Befugnisse der Bauaufsichtsbehörden. (1) [1] Die den Bauaufsichtsbehörden obliegenden Aufgaben gelten als solche der Gefahrenabwehr. [2] § 89 bleibt unberührt.

(2) [1] Die Bauaufsichtsbehörden haben bei der Errichtung, Änderung, Nutzungsänderung und Beseitigung sowie bei der Nutzung und Instandhaltung von Anlagen darüber zu wachen, dass die öffentlich-rechtlichen Vorschriften und die aufgrund dieser Vorschriften erlassenen Anordnungen eingehalten werden, soweit nicht andere Behörden zuständig sind. [2] Sie haben in Wahrnehmung dieser Aufgaben nach pflichtgemäßem Ermessen die erforderlichen Maßnahmen zu treffen.

(3) Bauaufsichtliche Genehmigungen und sonstige Maßnahmen gelten auch für und gegen Rechtsnachfolgerinnen oder gegen Rechtsnachfolger.

(4) Die Bauaufsichtsbehörden können bei der Errichtung oder Änderung baulicher Anlagen verlangen, dass die Geländeoberfläche erhalten oder verändert wird, um eine Störung des Straßen-, Orts- oder Landschaftsbildes zu vermeiden oder zu beseitigen oder um die Geländeoberfläche der Höhe der Verkehrsflächen oder der Nachbargrundstücke anzugleichen.

(5) [1] Die Bauaufsichtsbehörden können zur Erfüllung ihrer Aufgaben Sachverständige und sachverständige Stellen nach § 87 Absatz 2 Nummer 3 heranziehen. [2] Für die bauaufsichtliche Prüfung des Brandschutzes einschließlich des Brandschutzkonzeptes und die Zulassung von Abweichungen von Anforderungen an den Brandschutz kann eine Prüfingenieurin oder ein Prüfingenieur für den Brandschutz beauftragt werden.

(6) [1] Auch nach Erteilung einer Baugenehmigung nach § 74 oder einer Zustimmung nach § 79 können Anforderungen gestellt werden, um dabei nicht voraussehbare Gefahren oder unzumutbare Belästigungen von der All-

---

[1)] § 58 Abs. 5 neu gef. mWv 2.7.2021 durch G v. 30.6.2021 (GV. NRW. S. 822).

gemeinheit oder denjenigen, die die bauliche Anlage benutzen, abzuwenden. [2]Satz 1 gilt entsprechend, wenn Anlagen ohne Genehmigung oder Zustimmung errichtet werden dürfen oder sie im Rahmen eines Verfahrens nach § 66 Absatz 5 als genehmigt gelten.

(7) [1]Die mit dem Vollzug dieses Gesetzes beauftragten Personen sind berechtigt, in Ausübung ihres Amtes Grundstücke und Anlagen einschließlich der Wohnungen zu betreten. [2]Das Grundrecht der Unverletzlichkeit der Wohnung nach Artikel 13 des Grundgesetzes[1)] wird insoweit eingeschränkt.

§ 59 Bestehende Anlagen. (1) Entsprechen rechtmäßig bestehende Anlagen nicht den Vorschriften dieses Gesetzes oder Vorschriften, die aufgrund dieses Gesetzes erlassen worden sind, so kann verlangt werden, dass die Anlagen diesen Vorschriften angepasst werden, wenn dies im Einzelfall wegen der Abwehr von Gefahren für Leben und Gesundheit erforderlich ist.

(2) [1]Sollen Anlagen wesentlich geändert werden, so kann gefordert werden, dass auch die nicht unmittelbar berührten Teile der Anlage mit diesem Gesetz oder den aufgrund dieses Gesetzes erlassenen Vorschriften in Einklang gebracht werden, wenn

1. die Bauteile, die diesen Vorschriften nicht mehr entsprechen, mit den Änderungen in einem konstruktiven Zusammenhang stehen und
2. die Durchführung dieser Vorschriften bei den von den Änderungen nicht berührten Teilen der Anlage keinen unverhältnismäßigen Mehraufwand verursacht.

[2]In diesem Zusammenhang sind angemessene Regelungen zur Barrierefreiheit zu treffen.

Zweiter Abschnitt. Genehmigungspflicht, Genehmigungsfreiheit

§ 60[2)] Grundsatz. (1) Die Errichtung, Änderung und Nutzungsänderung bedürfen der Baugenehmigung, soweit in den §§ 61 bis 63, 78 und 79 nichts anderes bestimmt ist.

(2) Die Genehmigungsfreiheit nach den §§ 61 bis 63, 78 und 79 Absatz 1 Satz 1 sowie die Beschränkung der bauaufsichtlichen Prüfung nach § 64 entbinden nicht von der Verpflichtung zur Einhaltung der Anforderungen, die durch öffentlich-rechtliche Vorschriften an Anlagen gestellt werden, und lassen die bauaufsichtlichen Eingriffsbefugnisse unberührt.

§ 61[3)] Vorrang anderer Gestattungsverfahren. (1) [1]Folgende Gestattungen schließen eine Baugenehmigung nach § 60 sowie eine Zustimmung nach § 79 ein:

1. für nach anderen Rechtsvorschriften zulassungsbedürftige Anlagen in, an, über und unter oberirdischen Gewässern und Anlagen, die dem Ausbau, der Unterhaltung oder der Nutzung eines Gewässers dienen oder als solche gelten, ausgenommen Gebäude, die Sonderbauten sind,

---

[1)] Nr. **11.1**.

[2)] § 60 Abs. 1 geänd. mWv 2.7.2021 durch G v. 30.6.2021 (GV. NRW. S. 822).

[3)] § 61 Abs. 1 Satz 2 geänd. mWv 10.4.2019 durch G v. 26.3.2019 (GV. NRW. S. 193); Abs. 1 Satz 1 Nr. 1 geänd., Nr. 3 aufgeh., bish. Nr. 4–9 werden Nr. 3–8, Satz 2 geänd. mWv 2.7.2021 durch G v. 30.6.2021 (GV. NRW. S. 822).

2. für nach anderen Rechtsvorschriften zulassungsbedürftige Anlagen für die öffentliche Versorgung mit Elektrizität, Gas, Wärme, Wasser und für die öffentliche Verwertung oder Entsorgung von Abwässern, ausgenommen Gebäude, die Sonderbauten sind,
3. für Anlagen, die nach § 35 Absatz 3 des Kreislaufwirtschaftsgesetzes[1)] vom 24. Februar 2012 (BGBl. I. S 212), das zuletzt durch Artikel 2 des Gesetzes vom 20. Juli 2017 (BGBl. I S. 2808) geändert worden ist, einer Genehmigung bedürfen,
4. für Anlagen, die nach Produktsicherheitsrecht einer Genehmigung oder Erlaubnis bedürfen,
5. für Anlagen, die einer Errichtungsgenehmigung nach § 7 des Atomgesetzes[2)] in der Fassung der Bekanntmachung vom 15. Juli 1985 (BGBl. I S. 1565), das zuletzt durch Artikel 2 Absatz 2 des Gesetzes vom 20. Juli 2017 (BGBl. I S. 2808) geändert worden ist, bedürfen,
6. für Anlagen, die einer Genehmigung nach § 8 des Gentechnikgesetzes in der Fassung der Bekanntmachung vom 16. Dezember 1993 (BGBl. I S. 2066), das zuletzt durch Artikel 3 des Gesetzes vom 17. Juli 2017 (BGBl. I S. 2421) geändert worden ist, bedürfen,
7. für Anlagen, die nach § 4 und § 16 Absatz 1 des Bundes-Immissionsschutzgesetzes[3)] in der Fassung der Bekanntmachung vom 17. Mai 2013 (BGBl. I S. 1274), das zuletzt durch Artikel 3 des Gesetzes vom 18. Juli 2017 (BGBl. I S. 2771) geändert worden ist, einer Genehmigung bedürfen, auch wenn sie im vereinfachten Verfahren nach § 19 des Bundes-Immissionsschutzgesetzes erteilt wird.[4)]
8. für Anlagen, die von der Verbindlichkeitserklärung eines Sanierungsplans nach § 13 Absatz 6 des Bundes-Bodenschutzgesetzes[5)] vom 17. März 1998 (BGBl. I S. 502), das zuletzt durch Artikel 3 Absatz 3 der Verordnung vom 27. September 2017 (BGBl. I S. 3465) geändert worden ist, oder nach § 15 Absatz 3 des Landesbodenschutzgesetzes[6)] vom 9. Mai 2000 (GV. NRW. S. 439), das zuletzt durch Artikel 5 des Gesetzes vom 20. September 2016 (GV. NRW. S. 790) geändert worden ist, umfasst sind.

[2] Handelt es sich bei dem genehmigungsbedürftigen Vorhaben um ein solches, das nach dem Gesetz über die Umweltverträglichkeitsprüfung[7)] in der Fassung der Bekanntmachung vom 24. Februar 2010 (BGBl. I S. 94), das zuletzt durch Artikel 2 des Gesetzes vom 8. September 2017 (BGBl. I S. 3370) geändert worden ist, oder nach dem Landesumweltverträglichkeitsprüfungsgesetz[8)] vom 29. April 1992 (GV. NRW. 1992 S. 175), das zuletzt durch Artikel 1 des Gesetzes vom 26. März 2019 (GV. NRW. S. 193) geändert worden ist, einer Umweltverträglichkeitsprüfung bedarf, so muss dieses Gestattungsverfahren den Anforderungen des Landesumweltverträglichkeitsprüfungsgesetzes entsprechen.

---

1) Nr. **32.2**.
2) **Sartorius Nr. 835**.
3) Nr. **32.1**.
4) Zeichensetzung amtlich.
5) Nr. **32.7**.
6) **Rehborn, Gesetze NRW (vormals v. Hippel/Rehborn) Nr. 118**.
7) Nr. **32.4**.
8) Nr. **32.41**.

(2) Die Vorschriften über gesetzlich geregelte Planfeststellungsverfahren bleiben unberührt.

§ 62[1)] Verfahrensfreie Bauvorhaben, Beseitigung von Anlagen.

(1) [1] Verfahrensfrei sind:

1. folgende Gebäude:
   a) Gebäude bis zu 75 m^3 Brutto-Rauminhalt ohne Aufenthaltsräume, Ställe, Toiletten oder Feuerstätten, im Außenbereich nur, wenn sie einem land- oder forstwirtschaftlichen Betrieb (§ 35 Absatz 1 Nummer 1 des Baugesetzbuchs[2)] in der Fassung der Bekanntmachung vom 3. November 2017 (BGBl. I S. 3634)) und weder Verkaufs- noch Ausstellungszwecken dienen,
   b) Garagen einschließlich überdachter Stellplätze mit einer mittleren Wandhöhe bis zu 3 m und einer Brutto-Grundfläche bis zu insgesamt 30 m^2, außer im Außenbereich,
   c) Gebäude bis zu 4 m Firsthöhe, die nur zum vorübergehenden Schutz von Pflanzen und Tieren bestimmt sind und die einem land- oder forstwirtschaftlichen Betrieb dienen,
   d) Gewächshäuser ohne Verkaufsstätten mit einer Firsthöhe bis zu 5 m und nicht mehr als 1 600 m^2 Grundfläche, die einem land- oder forstwirtschaftlichen Betrieb oder einem Betrieb der gartenbaulichen Erzeugung im Sinne des § 35 Absatz 1 Nummer 1 und 2 und des § 201 des Baugesetzbuchs dienen,
   e) Fahrgastunterstände des öffentlichen Personenverkehrs oder der Schülerbeförderung,
   f) Schutzhütten für Wanderer,
   g) Terrassenüberdachungen mit einer Fläche bis zu 30 m^2 und einer Tiefe bis zu 4,50 m, Balkonverglasungen sowie Balkonüberdachungen bis 30 m^2 Grundfläche, Wintergärten bis 30 m^2 Brutto-Grundfläche bei Gebäuden der Gebäudeklassen 1 bis 3 mit einem Mindestabstand von 3 m zur Nachbargrenze
   h) Gartenlauben in Kleingartenanlagen nach dem Bundeskleingartengesetz[3)] vom 28. Februar 1983 (BGBl. I S. 210), das zuletzt durch Artikel 11 des Gesetzes vom 19. September 2006 (BGBl. I S. 2146) geändert worden ist,
   i) Dachgauben und vergleichbare Dachaufbauten im Geltungsbereich einer städtebaulichen Satzung oder einer Satzung nach § 89, die Regelungen über die Zulässigkeit, den Standort und die Größe der Anlage enthält, wenn sie den Festsetzungen der Satzung entsprechen und die statisch-konstruktive Unbedenklichkeit von einer nach § 54 Absatz 4 berechtigten Person festgestellt und der Bauherrschaft bescheinigt wurde,
2. Anlagen der technischen Gebäudeausrüstung, ausgenommen

[1)] § 62 Überschrift, Abs. 1 Satz 1 einl. Satzteil und Nr. 1 Buchst. b geänd., Buchst. i neu gef., Nr. 3 Buchst. d geänd., Buchst. e angef., Nr. 4 Buchst. d geänd., Nr. 5 Buchst. a neu gef., Buchst. e, Nr. 6 Buchst. c und Nr. 10 Buchst. e geänd., Buchst. f aufgeh., Nr. 11 neu gef., Nr. 12 Buchst. a geänd., Nr. 13 Buchst. d und g neu gef., Nr. 14 Buchst. d geänd., Buchst. e angef., Abs. 2 Satz 1 einl. Satzteil und Satz 2 geänd., Abs. 3 neu gef. mWv 2.7.2021 durch G v. 30.6.2021 (GV. NRW. S. 822).

[2)] Nr. **41.2**.

[3)] **Sartorius ErgBd. Nr. 350.**

a) freistehende Abgasanlagen mit einer Höhe von mehr als 10 m,
b) Aufzüge in Sonderbauten (§ 50),
c) Lüftungsanlagen, raumlufttechnische Anlagen, Warmluftheizungen, Installationsschächte und -kanäle, die Gebäudetrennwände und, außer in Gebäuden der Gebäudeklasse 1 bis 3, Geschosse überbrücken;

3. folgende Anlagen zur Nutzung erneuerbarer Energien:
a) Solaranlagen in, an und auf Dach- und Außenwandflächen ausgenommen bei Hochhäusern sowie die damit verbundene Änderung der Nutzung oder der äußeren Gestalt des Gebäudes,
b) gebäudeunabhängige Solaranlagen mit einer Höhe bis zu 3 m und einer Gesamtlänge je Grundstücksgrenze bis zu 9 m,
c) Kleinwindanlagen bis zu 10 m Anlagengesamthöhe sowie die damit verbundene Änderung der Nutzung oder der äußeren Gestalt des Gebäudes, außer in reinen, allgemeinen und besonderen Wohngebieten sowie Mischgebieten,
d) in Serie hergestellte Blockheizkraftwerke und in Serie hergestellte Brennstoffzellen sowie Wärmepumpen jeweils unter den Voraussetzungen des Satzes 2 und des § 42 Absatz 7 Satz 3,
e) Photovoltaikanlagen auf Kranstellflächen von Windenergieanlagen,

4. folgende Anlagen zur Ver- und Entsorgung:
a) Brunnen
b) bauliche Anlagen, die der Telekommunikation, der allgemeinen Versorgung mit Elektrizität, Gas, Öl, Wärme und Wasser dienen, wie Transformatoren-, Schalt-, Regler- oder Pumpstationen, bis 20 m² Grundfläche und 5 m Höhe,
c) Anlagen zur Verteilung von Wärme bei Wasserheizungsanlagen einschließlich der Wärmeerzeuger, Wasserversorgungsanlagen einschließlich der Warmwasserversorgungsanlagen und ihre Wärmeerzeuger sowie Abwasseranlagen, mit Ausnahme der Gebäude von Abwasserbehandlungsanlagen, jeweils unter der Voraussetzung des Satzes 2,

5. folgende Masten, Antennen und ähnliche Anlagen:
a) aa) Antennen und Antennen tragende Masten mit einer Höhe bis zu 15 m, auf Gebäuden gemessen ab dem Schnittpunkt der Anlage mit der Dachhaut, im Außenbereich freistehend mit einer Höhe bis zu 20 m, wenn eine hierfür nach § 54 Absatz 4 berechtigte Person die statisch-konstruktive Unbedenklichkeit festgestellt und der Bauherrschaft bescheinigt hat,
bb) zugehörige Versorgungseinheiten mit einem Brutto-Rauminhalt bis zu 10 m³
sowie die mit solchen Vorhaben verbundene Änderung der Nutzung oder der äußeren Gestalt einer bestehenden baulichen Anlage,
b) ortsveränderliche Antennenträger, die nur vorübergehend aufgestellt werden,
c) Masten und Unterstützungen für Telekommunikationsleitungen, für Leitungen zur Versorgung mit Elektrizität einschließlich der Leitungen selbst, für Seilbahnen, für Leitungen sonstiger Verkehrsmittel und für Sirenen sowie für Fahnen,
d) Masten, die aus Gründen des Brauchtums errichtet werden,

e) Flutlichtmasten auf Sportanlagen, ansonsten bis zu einer Höhe von 10 m,
f) Blitzschutzanlagen,

6. folgende Behälter:
a) ortsfeste Behälter für Flüssiggas mit einem Fassungsvermögen von weniger als 3 t, für sonstige verflüssigte oder nicht verflüssigte Gase mit einem Brutto-Rauminhalt von bis zu 6 m^3,
b) ortsfeste Behälter für brennbare oder wassergefährdende Flüssigkeiten mit einem Brutto-Rauminhalt bis zu 10 m^3,
c) ortsfeste Behälter sonstiger Art mit einem Brutto-Rauminhalt bis zu 50 m^3 und einer Höhe bis zu 3 m,
d) Gärfutterbehälter mit einer Höhe bis zu 6 m und Schnitzelgruben,
e) Kompost- und ähnliche Anlagen sowie
f) Wasserbecken mit einem Beckeninhalt bis zu 100 m^3,

7. folgende Mauern und Einfriedungen:
a) Mauern einschließlich Stützmauern und Einfriedungen mit einer Höhe bis zu 2 m, außer im Außenbereich,
b) offene, sockellose Einfriedungen für Grundstücke, die einem land- oder forstwirtschaftlichen Betrieb im Sinne der §§ 35 Absatz 1 Nummer 1, 201 Baugesetzbuch dienen,

8. private Verkehrsanlagen einschließlich Brücken und Durchlässen mit einer lichten Weite bis zu 5 m und Untertunnelungen mit einem Durchmesser bis zu 3 m,

9. Aufschüttungen und Abgrabungen mit einer Höhe oder Tiefe bis zu 2 m und einer Grundfläche bis zu 30 m^2, im Außenbereich bis zu 400 m^2,

10. folgende Anlagen in Gärten und zur Freizeitgestaltung:
a) Schwimmbecken mit einem Beckeninhalt bis zu 100 m^3 einschließlich dazugehöriger luftgetragener Überdachungen, außer im Außenbereich,
b) Sprungschanzen, Sprungtürme und Rutschbahnen mit einer Höhe bis zu 10 m,
c) Anlagen, die der zweckentsprechenden Einrichtung von Spiel-, Abenteuerspiel-, Bolz- und Sportplätzen, Reit- und Wanderwegen, Trimm- und Lehrpfaden dienen, ausgenommen Gebäude und Tribünen,
d) Wohnwagen, Zelte und bauliche Anlagen, die keine Gebäude sind, auf Camping-, Zelt- und Wochenendplätzen,
e) bauliche Anlagen, die der Gartengestaltung oder der zweckentsprechenden Einrichtung von Gärten dienen, wie Bänke, Sitzgruppen,

11. folgende tragende und nichttragende Bauteile:
a) nichttragende und nichtaussteifende Bauteile in baulichen Anlagen, an die keine Brandschutzanforderungen gestellt werden, sofern eine für die jeweilige bauliche Anlage nach § 67 Absatz 1 bis 3 und 6 bauvorlageberechtigte Person die statisch-konstruktive und brandschutztechnische Unbedenklichkeit festgestellt und der Bauherrschaft bescheinigt hat,
b) die Änderung tragender oder aussteifender Bauteile innerhalb von Wohngebäuden der Gebäudeklassen 1 und 2, wenn eine berechtigte Person nach § 54 Absatz 4 der Bauherrschaft bescheinigt, dass die Änderung die Standsicherheit des Wohngebäudes im Ganzen und in seinen einzelnen Teilen nicht gefährdet,
c) Fenster und Türen sowie die dafür bestimmten Öffnungen,

d) Außenwandbekleidungen einschließlich Maßnahmen der Wärmedämmung, ausgenommen bei Hochhäusern, Verblendungen und Verputz baulicher Anlagen; örtliche Bauvorschriften nach § 89 sind zu beachten,
e) Bedachungen einschließlich Maßnahmen der Wärmedämmung, ausgenommen bei Hochhäusern,
f) Verkleidungen von Balkonbrüstungen,
g) Erneuerung von Balkonen oder der Ersatz von Balkonen durch Altane auf dem eigenen Grundstück, sofern eine für die jeweilige bauliche Anlage nach § 67 Absatz 1 bis 3 und 6 bauvorlageberechtigte Person die statisch-konstruktive Unbedenklichkeit festgestellt und der Bauherrschaft bescheinigt hat,

12. folgende Werbeanlagen:
a) Werbeanlagen und Hinweiszeichen bis zu einer Größe von 1 m^2,
b) Warenautomaten,
c) Werbeanlagen, die nach ihrem Zweck nur vorübergehend für höchstens zwei Monate angebracht werden, außer im Außenbereich,
d) Schilder, die Inhaber und Art gewerblicher Betriebe kennzeichnen (Hinweisschilder), wenn sie vor Ortsdurchfahrten auf einer einzigen Tafel zusammengefasst sind,
e) Werbeanlagen in durch Bebauungsplan festgesetzten Gewerbe-, Industrie- und vergleichbaren Sondergebieten an der Stätte der Leistung mit einer Höhe bis zu 10 m

sowie, soweit sie in, auf oder an einer bestehenden baulichen Anlage errichtet werden, die damit verbundene Änderung der Nutzung oder der äußeren Gestalt der Anlage,

13. folgende vorübergehend aufgestellte oder benutzbare Anlagen:
a) Baustelleneinrichtungen einschließlich der Lagerhallen, Schutzhallen und Unterkünfte,
b) Gerüste,
c) Toilettenwagen,
d) Behelfsbauten, die der Landesverteidigung, dem Katastrophenschutz, der Unfallhilfe oder die der Abwehr sonstiger außergewöhnlicher Ereignisse zum Schutz der Bevölkerung dienen,
e) bauliche Anlagen, die für höchstens drei Monate auf genehmigten Messe- und Ausstellungsgeländen errichtet werden, ausgenommen Fliegende Bauten,
f) bauliche Anlagen die zu Straßenfesten, Märkten oder ähnlichen Veranstaltungen nur für kurze Zeit aufgestellt werden und die keine Fliegenden Bauten sind,
g) ortsveränderlich nutzbare und fahrbereit aufgestellte Geflügelställe zum Zweck der Freilandhaltung, die einem land- oder forstwirtschaftlichen Betrieb zur Aufstallung von maximal 800 Tieren dienen, sofern die Anlage maximal vier Wochen an einem Standort verbleibt und frühestens nach acht Wochen wieder auf diesen umgesetzt wird,

14. folgende Plätze:
a) unbefestigte Lager- und Abstellplätze, die einem land- oder forstwirtschaftlichen Betrieb im Sinne der §§ 35 Absatz 1 Nummer 1, 201 Baugesetzbuch dienen,

b) Ausstellungsplätze, Abstellplätze und Lagerplätze bis zu 300 m^2 Fläche, außer in Wohngebieten und im Außenbereich,

c) nicht überdachte Stellplätze für Personenkraftwagen und Motorräder bis zu insgesamt 100 m^2,

d) Kinderspielplätze im Sinne des § 8 Absatz 4 Satz 1,

e) Freischankflächen bis zu 40 m^2 einschließlich einer damit verbundenen Nutzungsänderung einer Gaststätte, einer Verkaufsstelle des Lebensmittelhandwerks oder eines landwirtschaftlichen Betriebes,

15. folgende sonstige Anlagen:

a) überdachte und nicht überdachte Fahrradabstellplätze bis zu insgesamt 100 m^2,

b) Füllanlagen für Kraftfahrzeuge an Tankstellen,

c) Regale mit einer Lagerhöhe (Oberkante Lagergut) von bis zu 7,50 m Höhe,

d) Denkmale, Skulpturen und Brunnenanlagen sowie Grabdenkmale und Grabsteine auf Friedhöfen,

e) andere unbedeutende Anlagen oder unbedeutende Teile von Anlagen wie Hauseingangsüberdachungen, Markisen, Rollläden, Terrassen, Maschinenfundamente, Straßenfahrzeugwaagen, Pergolen, Jägerstände, Wildfütterungen, Bienenfreistände, Taubenhäuser, Hofeinfahrten und Teppichstangen.

[2] Die Bauherrschaft hat sich für Anlagen gemäß Nummer 3 Buchstabe d und Nummer 4 Buchstabe c vor der Benutzung der Anlage von der Unternehmerin oder dem Unternehmer oder von einer oder einem Sachverständigen bescheinigen zu lassen, dass die Anlagen den öffentlich-rechtlichen Vorschriften entsprechen. [3] § 74 Absatz 5 Satz 1 und 2 gelten entsprechend.

(2)[1)] [1] Verfahrensfrei ist die Änderung der Nutzung von Anlagen, wenn

1. für die neue Nutzung keine anderen öffentlich-rechtlichen Anforderungen nach den §§ 64, 65 in Verbindung mit § 68 als für die bisherige Nutzung in Betracht kommen,
2. die Errichtung oder Änderung der Anlagen nach Absatz 1 verfahrensfrei wäre.

[2] Verfahrensfrei ist eine zeitlich begrenzte Änderung der Nutzung von Räumen zu Übernachtungszwecken im Rahmen von erzieherischen, kulturellen, künstlerischen, politischen oder sportlichen Veranstaltungen. [3] § 33 ist zu beachten.

(3) [1] Verfahrensfrei ist die Beseitigung von

1. Anlagen nach Absatz 1,
2. freistehenden Gebäuden der Gebäudeklassen 1 und 3 sowie
3. sonstigen Anlagen, die keine Gebäude sind, mit einer Höhe bis zu 10 m.

[2] Die Bauherrschaft kann beantragen, dass für Verfahren nach Satz 1 ein Baugenehmigungsverfahren durchgeführt wird. [3] Im Übrigen ist die beabsichtigte Beseitigung von Anlagen mindestens einen Monat zuvor der Bauaufsichtsbehörde schriftlich durch die Bauherrschaft anzuzeigen. [4] Bei nicht freistehenden Gebäuden muss durch eine berechtigte Person nach § 54 Absatz 4 beurteilt

[1)] § 62 Abs. 2 Sätze 2 und 3 sind am 4.8.2018 in Kraft getreten, vgl. Art. 2 Abs. 1 G v. 21.7.2018 (GV. NRW. S. 421).

und im erforderlichen Umfang nachgewiesen werden, dass das Gebäude oder die Gebäude, an die das zu beseitigende Gebäude angebaut ist, während und nach der Beseitigung standsicher sind. [5] Die Beseitigung ist, soweit notwendig, durch die qualifizierte Tragwerksplanerin oder den qualifizierten Tragwerksplaner zu überwachen. [6] Die Sätze 3 und 4 gelten nicht, soweit an verfahrensfreie Gebäude angebaut ist. [7] § 74 Absatz 9 gilt entsprechend.

(4) Verfahrensfrei sind Instandhaltungsarbeiten.

§ 63[1)] Genehmigungsfreistellung. (1) [1] Keiner Baugenehmigung bedarf unter den Voraussetzungen des Absatzes 2 die Errichtung, Änderung oder Nutzungsänderung von

1. Wohngebäuden der Gebäudeklassen 1 bis 3,
2. sonstigen Gebäuden der Gebäudeklassen 1 und 2 und
3. Nebengebäuden und Nebenanlagen für Gebäude nach Nummer 1 und 2.

[2] Satz 1 gilt nicht für Sonderbauten nach § 50 sowie für die Errichtung, Änderung oder Nutzungsänderung

1. eines oder mehrerer Gebäude, wenn dadurch dem Wohnen dienende Nutzungseinheiten mit einer Größe von insgesamt mehr als 5 000 m² Brutto-Grundfläche geschaffen werden, und
2. baulicher Anlagen, die öffentlich zugänglich sind, wenn dadurch die gleichzeitige Nutzung durch mehr als 100 zusätzliche Besucher ermöglicht wird,

sofern die Gebäude und baulichen Anlagen innerhalb des angemessenen Sicherheitsabstands eines Betriebsbereichs im Sinne des § 3 Absatz 5a und 5c des Bundes-Immissionsschutzgesetzes[2)] in der Fassung der Bekanntmachung vom 17. Mai 2013 (BGBl. I S. 1274), das zuletzt durch Gesetz vom 18. Juli 2017 (BGBl. I S. 2771) geändert worden ist, oder, wenn der angemessene Sicherheitsabstand nicht bekannt ist, innerhalb des Achtungsabstands des Betriebsbereichs liegen. [3] Satz 2 Nummer 1 gilt nicht, wenn dem Gebot, den angemessenen Sicherheitsabstand zu wahren, bereits in einem Bebauungsplan Rechnung getragen worden ist. [4] Satz 1 gilt auch für Änderungen und Nutzungsänderungen von Anlagen, deren Errichtung oder Änderung nach vorgenommener Änderung oder bei geänderter Nutzung nach dieser Vorschrift baugenehmigungsfrei wäre.

(2) [1] Nach Absatz 1 ist ein Bauvorhaben genehmigungsfrei gestellt, wenn

1. es im Geltungsbereich eines Bebauungsplans im Sinne des § 30 Absatz 1 oder der §§ 12, 30 Absatz 2 Baugesetzbuch[3)] liegt,
2. es den Festsetzungen des Bebauungsplans und den Regelungen örtlicher Bauvorschriften (§ 89) nicht widerspricht oder sie keiner Ausnahme oder Befreiung nach § 31 des Baugesetzbuchs bedürfen,
3. die Erschließung im Sinne des Baugesetzbuchs gesichert ist,
4. es keiner Abweichung nach § 69 bedarf und

[1)] § 63 Abs. 2 Satz 1 Nr. 1 geänd., Nr. 2 und 4 neu gef., Nr. 5 und Satz 2 geänd., Abs. 4 Sätze 1 und 2 aufgeh., Abs. 5 Satz 1 geänd., Sätze 2 und 3 aufgeh., bish. Satz 4 wird Satz 2, Abs. 6 Satz 4 geänd., Abs. 8 neu gef. mWv 2.7.2021 durch G v. 30.6.2021 (GV. NRW. S. 822).

[2)] Nr. **32.1**.

[3)] Nr. **41.2**.

5. die Gemeinde nicht innerhalb der Frist nach Absatz 3 Satz 4 erklärt, dass das vereinfachte Baugenehmigungsverfahren durchgeführt werden soll oder eine vorläufige Untersagung nach § 15 Absatz 1 Satz 2 Baugesetzbuch beantragt.

[2]Die Bauherrschaft kann beantragen, dass für die in Satz 1 genannten Bauvorhaben das vereinfachte Baugenehmigungsverfahren durchgeführt wird.

(3) [1]Die Bauherrschaft hat die erforderlichen Unterlagen bei der Gemeinde einzureichen. [2]Die Gemeinde legt, soweit sie nicht selbst Bauaufsichtsbehörde ist, eine Fertigung der Unterlagen unverzüglich der unteren Bauaufsichtsbehörde vor. [3]Eine Prüfpflicht der Gemeinde und der Bauaufsichtsbehörde besteht nicht. [4]Mit dem Bauvorhaben darf einen Monat nach Vorlage der erforderlichen Unterlagen bei der Gemeinde begonnen werden. [5]Teilt die Gemeinde der Bauherrschaft vor Ablauf der Frist schriftlich mit, dass kein Genehmigungsverfahren durchgeführt werden soll und sie eine Untersagung nach § 15 Absatz 1 Satz 2 Baugesetzbuch nicht beantragen wird, darf die Bauherrschaft mit der Ausführung des Bauvorhabens beginnen; von der Mitteilung nach Halbsatz 1 hat die Gemeinde die Bauaufsichtsbehörde zu unterrichten. [6]Will die Bauherrschaft mit der Ausführung des Bauvorhabens mehr als drei Jahre, nachdem die Bauausführung nach den Sätzen 4 und 5 zulässig geworden ist, beginnen, gelten die Sätze 1 bis 3 entsprechend.

(4) Die Bauherrschaft hat den Angrenzern (§ 72 Absatz 1) vor Baubeginn mitzuteilen, dass ein genehmigungsfreies Bauvorhaben nach Absatz 1 oder Absatz 5 durchgeführt werden soll, zu dem die Gemeinde keine Erklärung nach Absatz 2 Nummer 5 abgegeben hat.

(5) [1]Die Absätze 1 bis 4 gelten auch für Garagen und überdachte Stellplätze sowie für Fahrradabstellplätze über 100 m^2 bis 1 000 m^2 Nutzfläche, wenn sie einem Wohngebäude im Sinne des Absatzes 1 dienen. [2]§ 68 Absatz 1 Satz 3 gilt entsprechend.

(6) [1]Die Erklärung der Gemeinde nach Absatz 2 Nummer 5 erste Alternative kann insbesondere deshalb erfolgen, weil sie eine Überprüfung der sonstigen Voraussetzungen des Absatzes 2 oder des Bauvorhabens aus anderen Gründen für erforderlich hält. [2]Darauf, dass die Gemeinde von ihrer Erklärungsmöglichkeit keinen Gebrauch macht, besteht kein Rechtsanspruch. [3]Erklärt die Gemeinde, dass das einfache Baugenehmigungsverfahren durchgeführt werden soll, hat sie der Bauherrschaft die vorgelegten Unterlagen zurückzureichen. [4]Hat die Bauherrschaft bei der Vorlage der Unterlagen bestimmt, dass ihre Vorlage im Fall der Erklärung nach Absatz 2 Nummer 5 als Bauantrag zu behandeln ist, leitet sie die Unterlagen gleichzeitig mit der Erklärung an die Bauaufsichtsbehörde weiter.

(7) [1]Wird nach Durchführung des Bauvorhabens die Nichtigkeit des Bebauungsplans festgestellt, so bedarf das Bauvorhaben auch keiner Baugenehmigung. [2]Seine Beseitigung darf wegen eines Verstoßes gegen bauplanungsrechtliche Vorschriften, der auf der Nichtigkeit des Bebauungsplans beruht, nicht verlangt werden, es sei denn, dass eine Beeinträchtigung von Rechten Dritter dies erfordert.

(8) [1]Die §§ 67, 68 und 84 Absatz 4 bleiben unberührt. [2]Abweichend von den §§ 68 und 84 Absatz 4 müssen die bautechnischen Nachweise und *Bescheinigungen* von staatlich anerkannten Sachverständigen spätestens bei Baubeginn der Bauherrschaft vorliegen. [3]§ 70 Absatz 2 Satz 1, Absatz 3 Satz 1

und 2, § 74 Absatz 5 Satz 1 und 2, Absatz 8 und 9 sind entsprechend anzuwenden.

Dritter Abschnitt. Genehmigungsverfahren

§ 64[1)] Vereinfachtes Baugenehmigungsverfahren. (1) [1]Bei der Errichtung und Änderung von Anlagen, die keine großen Sonderbauten sind, prüft die Bauaufsichtsbehörde

1. die Übereinstimmung mit
   a) den Vorschriften über die Zulässigkeit der baulichen Anlagen nach den §§ 29 bis 38 des Baugesetzbuchs[2)],
   b) den §§ 4, 6, 8, 9, 10, 47 Absatz 4, 48 und 49,
   c) den Regelungen örtlicher Bauvorschriften (§ 89) und
   d) den Brandschutzvorschriften im Falle von Sonderbauten, soweit es sich nicht um Garagen mit einer Nutzfläche über 100 m^2 bis 1 000 m^2 handelt,
2. beantragte Abweichungen im Sinne des § 69 Absatz 1 und Absatz 2 Satz 3 sowie
3. andere öffentlich-rechtliche Vorschriften, deren Einhaltung nicht in einem anderen Genehmigungs-, Erlaubnis- oder sonstigen Zulassungsverfahren geprüft wird.

[2]Die Anforderungen des baulichen Arbeitsschutzes werden nicht geprüft. [3]Das vereinfachte Baugenehmigungsverfahren wird auch durchgeführt, wenn durch eine Nutzungsänderung eine Anlage entsteht, die kein großer Sonderbau ist. [4]§ 68 bleibt unberührt.

(2) [1]Abweichend gilt für Nutzungsänderungen von Anlagen für die Dauer von bis zu zwölf Monaten außerhalb der Außenbereiche, dass die Durchführung einer Nutzungsänderung mindestens einen Monat vor Aufnahme der geänderten Nutzung unter Beifügung der für eine Prüfung erforderlichen Bauvorlagen bei der Gemeinde anzuzeigen ist (Nutzungsänderungsanzeige). [2]Die Nutzungsänderung kann aufgenommen werden, wenn die Gemeinde nicht innerhalb von vier Wochen nach Eingang der vollständigen Nutzungsänderungsanzeige erklärt, dass das vereinfachte Baugenehmigungsverfahren nach Absatz 1 durchgeführt werden soll.

§ 65[3)] Baugenehmigungsverfahren. [1]Bei großen Sonderbauten nach § 50 Absatz 2 prüft die Bauaufsichtsbehörde die Übereinstimmung

1. mit den Vorschriften über die Zulässigkeit der baulichen Anlagen nach den §§ 29 bis 38 des Baugesetzbuchs[2)],
2. mit den Anforderungen nach den Vorschriften dieses Gesetzes und aufgrund dieses Gesetzes erlassener Vorschriften und
3. mit anderen öffentlich-rechtlichen Vorschriften, deren Einhaltung nicht in einem anderen Genehmigungs-, Erlaubnis- oder sonstigen Zulassungsverfahren geprüft wird.

[2]Die Anforderungen des baulichen Arbeitsschutzes werden nicht geprüft. [3]§ 68 bleibt unberührt.

---

1) § 64 neu gef. mWv 2.7.2021 durch G v. 30.6.2021 (GV. NRW. S. 822).
2) Nr. **41.2**.
3) § 65 Satz 3 angef. mWv 2.7.2021 durch G v. 30.6.2021 (GV. NRW. S. 822).

§ 66[1)] Typengenehmigung, referentielle Baugenehmigung. (1) [1] Für bauliche Anlagen, die in derselben Ausführung an mehreren Stellen errichtet werden sollen, wird auf Antrag durch die oberste Bauaufsichtsbehörde eine Typengenehmigung erteilt, wenn die baulichen Anlagen oder Teile von baulichen Anlagen den Anforderungen nach diesem Gesetz oder aufgrund dieses Gesetzes erlassenen Vorschriften entsprechen. [2] Eine Typengenehmigung kann auch für bauliche Anlagen erteilt werden, die in unterschiedlicher Ausführung, aber nach einem bestimmten System und aus bestimmten Bauteilen an mehreren Stellen errichtet werden sollen. [3] In der Typengenehmigung ist die zulässige Veränderbarkeit festzulegen. [4] Für Fliegende Bauten wird eine Typengenehmigung nicht erteilt.

(2) [1] Die Typengenehmigung gilt für fünf Jahre. [2] Die Frist kann auf Antrag jeweils bis zu fünf Jahren verlängert werden. [3] § 75 Absatz 2 Satz 2 gilt entsprechend.

(3) Typengenehmigungen anderer Länder gelten auch im Land Nordrhein-Westfalen.

(4) [1] Eine Typengenehmigung entbindet nicht von der Verpflichtung, ein bauaufsichtliches Verfahren durchzuführen. [2] Die in der Typengenehmigung entschiedenen Fragen sind von der Bauaufsichtsbehörde nicht mehr zu prüfen.

(5) Bauvorhaben im Geltungsbereich desselben Bebauungsplans im Sinne von § 30 Absatz 1 oder § 30 Absatz 2 des Baugesetzbuchs[2)] gelten als genehmigt (referentielle Baugenehmigung), wenn

1. im Rahmen eines seriellen Bauvorhabens für ein Gebäude (Referenzgebäude) das vereinfachte Genehmigungsverfahren gemäß § 64 durchgeführt wurde,
2. der Bauaufsichtsbehörde die weiteren, anhand des Referenzgebäudes zu errichtenden Gebäude (Bezugsgebäude) angezeigt wurden und
3. für das Referenzgebäude und die Bezugsgebäude gemäß § 68 bautechnische Nachweise sowie gemäß § 70 die Bauvorlagen spätestens mit Anzeige des Baubeginns bei der Bauaufsichtsbehörde zusammen mit den in Bezug genommenen bautechnischen Nachweisen die dafür erforderlichen Bescheinigungen einer oder eines staatlich anerkannten Sachverständigen vorgelegt werden.

(6) [1] Die referentielle Baugenehmigung gilt für das Referenzgebäude und die Bezugsgebäude, soweit diese die Voraussetzungen nach Absatz 5 erfüllen. [2] § 64 und §§ 67 bis 75 gelten entsprechend.

§ 67[3)] Bauvorlageberechtigung. (1) [1] Bauvorlagen für die Errichtung und Änderung von Gebäuden müssen von einer Entwurfsverfasserin oder einem Entwurfsverfasser unterschrieben sein, der bauvorlageberechtigt ist (§ 70 Absatz 3 Satz 1). [2] § 54 Absatz 1 bleibt unberührt.

(2) Absatz 1 gilt nicht für Bauvorlagen für

[1)] § 66 neu gef. mWv 2.7.2021 durch G v. 30.6.2021 (GV. NRW. S. 822).

[2)] Nr. **41.2**.

[3)] § 67 Abs. 2 Nr. 5 und Abs. 3 Nr. 2 geänd., Abs. 5 Satz 1 neu gef., Satz 2 eingef., bish. Sätze 2–4 werden Sätze 3–5 mWv 2.7.2021 durch G v. 30.6.2021 (GV. NRW. S. 822); Abs. 3 Nr. 5 geänd. mWv 22.9.2021 durch G v. 14.9.2021 (GV. NRW. S. 1086).

1. Garagen und überdachte Stellplätze bis zu 100 m^2 Nutzfläche sowie überdachte Fahrradabstellplätze,
2. Behelfsbauten und untergeordnete Gebäude nach § 51,
3. eingeschossige Wintergärten mit einer Grundfläche von bis zu 25 m^2,
4. eingeschossige Gebäude mit einer Grundfläche von bis zu 250 m^2, in denen sich keine Aufenthaltsräume, Ställe, Aborte oder Feuerstätten befinden,
5. Dachgauben,
6. Terrassenüberdachungen,
7. Balkone und Altane, die bis zu 1,60 m vor die Außenwand vortreten und
8. Aufzugschächte, die an den Außenwänden von Wohngebäuden der Gebäudeklassen 1 und 2 errichtet werden.

(3) Bauvorlageberechtigt ist, wer

1. die Berufsbezeichnung „Architektin" oder „Architekt" führen darf,
2. als Mitglied einer Ingenieurkammer in die von der Ingenieurkammer-Bau Nordrhein-Westfalen geführte Liste der Bauvorlageberechtigten eingetragen ist; Eintragungen anderer Länder gelten auch im Land Nordrhein-Westfalen, soweit diese die Mitgliedschaft in einer Ingenieurkammer nachweisen können,
3. aufgrund des Baukammerngesetzes[1] vom 16. Dezember 2003 (GV. NRW. S. 786), das zuletzt durch Gesetz vom 9. Dezember 2014 (GV. NRW. S. 876) geändert worden ist, die Berufsbezeichnung „Innenarchitektin" oder „Innenarchitekt" führen darf, durch eine ergänzende Hochschulprüfung ihre oder seine Befähigung nachgewiesen hat, Gebäude gestaltend zu planen, und mindestens zwei Jahre in der Planung und Überwachung der Ausführung von Gebäuden praktisch tätig war,
4. aufgrund des Baukammerngesetzes die Berufsbezeichnung „Innenarchitektin" oder „Innenarchitekt" führen darf, für die mit der Berufsaufgabe der Innenarchitektinnen und Innenarchitekten verbundene bauliche Änderung von Gebäuden,
5. aufgrund des Ingenieurgesetzes vom 5. Mai 1970 (GV. NRW. S. 312) in der jeweils geltenden Fassung als Angehörige oder Angehöriger der Fachrichtung Architektur (Studiengang Innenarchitektur) die Berufsbezeichnung „Ingenieurin" oder „Ingenieur" führen darf, während eines Zeitraums von zwei Jahren vor dem 1. Januar 1990 wiederholt Bauvorlagen für die Errichtung oder Änderung von Gebäuden als Entwurfsverfasserin oder Entwurfsverfasser durch Unterschrift anerkannt hat und Mitglied der Architektenkammer Nordrhein-Westfalen oder der Ingenieurkammer-Bau Nordrhein-Westfalen ist oder
6. die Befähigung zum bautechnischen Verwaltungsdienst der Laufbahngruppe 2 besitzt, für ihre oder seine dienstliche Tätigkeit.

(4) [1]In die Liste der Bauvorlageberechtigten ist auf Antrag von der Ingenieurkammer-Bau Nordrhein-Westfalen einzutragen, wer

1. einen berufsqualifizierenden Hochschulabschluss eines Studiums der Fachrichtung Bauingenieurwesen nachweist,

---

[1] **Rehborn, Gesetze NRW (vormals v. Hippel/Rehborn) Nr. 151.**

2. danach mindestens zwei Jahre in der Planung und Überwachung der Ausführung von Gebäuden praktisch tätig war und
3. über ausreichende Kenntnisse der deutschen Sprache verfügt, die bei Bedarf in geeigneter Weise nachzuweisen sind.

²Dem Antrag sind die zur Beurteilung erforderlichen Unterlagen beizufügen. ³Die Ingenieurkammer-Bau Nordrhein-Westfalen stellt eine Empfangsbestätigung nach § 71b Absatz 3 und 4 des Verwaltungsverfahrensgesetzes für das Land Nordrhein-Westfalen[1] aus. ⁴Hat die Anerkennungsbehörde nicht innerhalb einer Frist von drei Monaten entschieden, gilt die Anerkennung als erteilt. ⁵Es gilt § 42a des Verwaltungsverfahrensgesetzes für das Land Nordrhein-Westfalen mit der Maßgabe, dass die Fristverlängerung zwei Monate nicht übersteigen darf.

(5) ¹Personen, die in einem anderen Mitgliedstaat der Europäischen Union oder einem nach dem Recht der Europäischen Gemeinschaften gleichgestellten Staat als Bauvorlageberechtigte niedergelassen sind, sind ohne Eintragung in die Liste nach Absatz 3 Nummer 2 und ohne Nachweis einer Kammermitgliedschaft bauvorlageberechtigt, wenn sie

1. eine vergleichbare Berechtigung besitzen und
2. dafür dem Absatz 4 Satz 1 vergleichbare Anforderungen erfüllen mussten.

²Sie haben das erstmalige Tätigwerden als Bauvorlageberechtigte vorher der Ingenieurkammer-Bau Nordrhein-Westfalen anzuzeigen und dabei

1. eine Bescheinigung darüber, dass sie in einem Mitgliedstaat der Europäischen Union oder einem nach dem Recht der Europäischen Gemeinschaften gleichgestellten Staat rechtmäßig als Bauvorlageberechtigte niedergelassen sind und ihnen die Ausübung dieser Tätigkeiten zum Zeitpunkt der Vorlage der Bescheinigung nicht, auch nicht vorübergehend, untersagt ist und
2. einen Nachweis darüber, dass sie im Staat ihrer Niederlassung für die Tätigkeit als Bauvorlageberechtigte mindestens die Voraussetzungen des Absatzes 4 Satz 1 Nummer 1 und 2 erfüllen mussten,

vorzulegen. ³Sie sind in einem Verzeichnis zu führen. ⁴Die Ingenieurkammer-Bau Nordrhein-Westfalen hat auf Antrag zu bestätigen, dass die Anzeige nach Satz 2 erfolgt ist. ⁵Sie kann das Tätigwerden als bauvorlageberechtigte Person untersagen und die Eintragung in dem Verzeichnis nach Satz 3 löschen, wenn die Voraussetzungen des Satzes 1 nicht erfüllt sind.

(6) ¹Personen, die in einem anderen Mitgliedstaat der Europäischen Union oder einem nach dem Recht der Europäischen Gemeinschaften gleichgestellten Staat als Bauvorlageberechtigte niedergelassen sind, ohne im Sinne des Absatzes 5 Satz 1 Nummer 2 vergleichbar zu sein, sind bauvorlageberechtigt, wenn ihnen die Ingenieurkammer-Bau Nordrhein-Westfalen bescheinigt hat, dass sie die Anforderungen des Absatzes 4 Satz 1 erfüllen. ²Sie sind in einem Verzeichnis zu führen. ³Die Bescheinigung wird auf Antrag erteilt. ⁴Absatz 4 Satz 2 bis 5 ist entsprechend anzuwenden.

(7) ¹Anzeigen und Bescheinigungen nach den Absätzen 5 und 6 sind nicht erforderlich, wenn bereits in einem anderen Land eine Anzeige erfolgt ist oder eine Bescheinigung erteilt wurde. ²Eine weitere Eintragung in die von der Ingenieurkammer-Bau Nordrhein-Westfalen geführten Verzeichnisse erfolgt

[1] Nr. **23.11.**

nicht. [3] Verfahren nach den Absätzen 4 bis 6 können über eine einheitliche Stelle nach den Vorschriften des Verwaltungsverfahrensgesetzes[1)] für das Land Nordrhein-Westfalen abgewickelt werden.

(8) [1] Juristische Personen des öffentlichen Rechts und Unternehmen dürfen Bauvorlagen als Entwurfsverfasser unterschreiben, wenn sie diese unter der Leitung einer bauvorlageberechtigten Person, die der juristischen Person oder dem Unternehmen angehören muss, aufstellen. [2] Die bauvorlageberechtigte Person hat die Bauvorlagen durch Unterschrift anzuerkennen.

§ 68[2)] Bautechnische Nachweise. (1) [1] Die Einhaltung der Anforderungen an die Standsicherheit, den Brand-, Wärme- und Schallschutz ist zu belegen. [2] Dies gilt nicht für verfahrensfreie Bauvorhaben, einschließlich der Beseitigung von Anlagen, soweit nicht in diesem Gesetz oder in der Rechtsverordnung aufgrund § 87 Absatz 3 anderes bestimmt ist.

(2) [1] Spätestens mit der Anzeige des Baubeginns sind bei der Bauaufsichtsbehörde zusammen mit den in Bezug genommenen bautechnischen Nachweisen einzureichen

1. Bescheinigungen einer oder eines staatlich anerkannten Sachverständigen nach § 87 Absatz 2 Satz 1 Nummer 4, dass Nachweise über den Schallschutz und den Wärmeschutz aufgestellt oder geprüft wurden,
2. Bescheinigungen eines oder einer staatlich anerkannten Sachverständigen nach § 87 Absatz 2 Satz 1 Nummer 4 über die Prüfung des Standsicherheitsnachweises und
3. die Bescheinigung einer oder eines staatlich anerkannten Sachverständigen nach § 87 Absatz 2 Satz 1 Nummer 4, dass das Vorhaben den Anforderungen an den Brandschutz entspricht.

[2] Gleichzeitig sind der Bauaufsichtsbehörde schriftliche Erklärungen staatlich anerkannter Sachverständiger vorzulegen, wonach sie zur stichprobenhaften Kontrolle der Bauausführung beauftragt wurden.

(3) [1] Abweichend von Absatz 2 Satz 1 Nummer 1 und 2 müssen die bautechnischen Nachweise für

1. Wohngebäude der Gebäudeklassen 1 und 2 einschließlich ihrer Nebengebäude und Nebenanlagen,
2. freistehende landwirtschaftliche Betriebsgebäude, auch mit Wohnteil, bis zu zwei Geschossen über der Geländeoberfläche, ausgenommen solche mit Anlagen für Jauche und Flüssigmist und
3. eingeschossige Gebäude mit einer Grundfläche bis 200 m²

nicht von staatlich anerkannten Sachverständigen nach § 87 Absatz 2 Satz 1 Nummer 4 aufgestellt oder geprüft werden. [2] In dem Fall des Absatzes 2 Satz 1 Nummer 2 bescheinigt eine berechtigte Person nach § 54 Absatz 4 die Übereinstimmung der Bauausführung mit den Anforderungen des Standsicherheitsnachweises anhand von stichprobenhaften Kontrollen der Baustelle.

(4) [1] Absatz 2 Satz 1 Nummer 3 gilt nicht für

[1)] **Sartorius Nr. 100.**

[2)] § 68 Abs. 1 eingef., bish. Abs. 1 wird Abs. 2 und Satz 1 Nr. 3 geänd., Sätze 3–6 aufgeh., bish. Abs. 2 wird Abs. 3 und Satz 1 einl. Satzteil sowie Satz 2 neu gef., Abs. 4–6 eingef., bish. Abs. 3 aufgeh. mWv 2.7.2021 durch G v. 30.6.2021 (GV. NRW. S. 822).

a) Gebäude der Gebäudeklassen 1 und 2 einschließlich ihrer Nebengebäude und Nebenanlagen,

b) Wohngebäude der Gebäudeklasse 3 und

c) Sonderbauten mit Ausnahme von Garagen mit einer Nutzfläche über 100 m^2 bis 1 000 m^2.

[2] Für Vorhaben nach Satz 1 Buchstabe a und b ist eine Erklärung der Entwurfsverfassenden, dass das Vorhaben den Anforderungen an den Brandschutz entspricht, ausreichend.

(5) [1] Soll bei der Errichtung geschlossener Garagen mit einer Nutzfläche über 100 m^2 bis 1 000 m^2 eine natürliche Lüftung vorgesehen werden, so muss zuvor von einer oder einem staatlich anerkannten Sachverständigen die Unbedenklichkeit bescheinigt worden sein. [2] Die Bescheinigung ist aufgrund durchgeführter Messungen innerhalb eines Monats nach Inbetriebnahme der Garage von der oder dem Sachverständigen zu bestätigen.

(6) [1] Bei Sonderbauten wird die Übereinstimmung des Vorhabens mit den Brandschutzvorschriften durch die Bauaufsichtsbehörde geprüft; dies gilt nicht für Garagen mit einer Nutzfläche über 100 m^2 bis 1 000 m^2. [2] § 69 bleibt unberührt. [3] Die Bauherrschaft kann in den übrigen Fällen eine Prüfung der bautechnischen Nachweise durch die Bauaufsicht beantragen. [4] Dies gilt auch für die Anforderungen an den Brandschutz, soweit hierüber Bescheinigungen nach Absatz 2 vorzulegen sind. [5] Werden bautechnische Nachweise für den Brandschutz durch eine oder einen staatlich anerkannten Sachverständigen bescheinigt, werden die entsprechenden Anforderungen auch in den Fällen des § 69 nicht geprüft. [6] Einer Prüfung bautechnischer Nachweise, die von einem Prüfamt für Baustatik allgemein geprüft sind (Typenprüfung), bedarf es nicht. [7] Typenprüfungen anderer Länder gelten auch im Land Nordrhein-Westfalen.

(4)[1)] [1] Einer Prüfung bautechnischer Nachweise, die von einem Prüfamt für Baustatik allgemein geprüft sind (Typenprüfung), bedarf es nicht. [2] Typenprüfungen anderer Länder gelten auch im Land Nordrhein-Westfalen.

§ 69[2)] **Abweichungen.** (1) [1] Die Bauaufsichtsbehörde kann Abweichungen von Anforderungen dieses Gesetzes und aufgrund dieses Gesetzes erlassener Vorschriften zulassen, wenn sie unter Berücksichtigung des Zwecks der jeweiligen Anforderung und unter Würdigung der öffentlich-rechtlich geschützten nachbarlichen Belange mit den öffentlichen Belangen, insbesondere den Anforderungen des § 3, vereinbar ist. [2] Abweichungen von den § 4 bis § 16 und § 26 bis § 47 sowie § 49 dieses Gesetzes oder aufgrund dieses Gesetzes erlassener Vorschriften sind bei bestehenden Anlagen zuzulassen,

1. zur Modernisierung von Wohnungen und Wohngebäuden, der Teilung von Wohnungen oder der Schaffung von zusätzlichem Wohnraum durch Ausbau, Anbau, Nutzungsänderung oder Aufstockung, deren Baugenehmigung oder die Kenntnisgabe für die Errichtung des Gebäudes mindestens fünf Jahre zurückliegt,
2. zur Verwirklichung von Vorhaben zur Einsparung von Wasser oder Energie oder

---

[1)] Zählung amtlich.

[2)] § 69 Abs. 1 neu gef., Abs. 1a eingef., Abs. 2 Sätze 1 und 3, Abs. 3 Satz 1 geänd. mWv 2.7.2021 durch G v. 30.6.2021 (GV. NRW. S. 822).

3. zur Erhaltung und weiteren Nutzung von Denkmälern.

[3] Ferner kann von § 4 bis § 16 und § 26 bis § 47 dieses Gesetzes oder aufgrund dieses Gesetzes erlassener Vorschriften abgewichen werden,

1. wenn Gründe des allgemeinen Wohls die Abweichung erfordern,
2. bei Nutzungsänderungen oder
3. wenn die Einhaltung der Vorschrift im Einzelfall zu einer offenbar nicht beabsichtigten Härte führen würde.

[4] Im Falle von Satz 3 Nummer 2 kann auch von § 49 Absatz 1 abgewichen werden.
[5] Gründe des allgemeinen Wohls liegen insbesondere bei Vorhaben zur Deckung dringenden Wohnbedarfs, bei Vorhaben zur Berücksichtigung der Belange des Klimaschutzes und der Klimaanpassung oder aus Gründen der Stadtentwicklung vor.
[6] Bei den Vorhaben nach Satz 2 und 3 folgt die Atypik bereits aus dem festgestellten Sonderinteresse.

(1a) [1] § 58 Absatz 5 und § 88 Absatz 1 Satz 3 bleiben unberührt. [2] Der Zulassung einer Abweichung bedarf es nicht, wenn eine staatlich anerkannte Sachverständige oder ein staatlich anerkannter Sachverständiger für die Prüfung des Brandschutzes bescheinigt hat, dass das Vorhaben den Anforderungen an den Brandschutz entspricht und in den Fällen des Absatzes 2 Satz 3 das Vorliegen der Voraussetzungen für Abweichungen durch sie oder ihn bescheinigt wird.

(2) [1] Die Zulassung von Abweichungen nach Absatz 1 Satz 1 und 2, von Ausnahmen und Befreiungen von den Festsetzungen eines Bebauungsplans oder einer sonstigen städtebaulichen Satzung oder von Regelungen der Baunutzungsverordnung[1)] ist schriftlich zu beantragen. [2] Der Antrag ist zu begründen. [3] Für Anlagen, die keiner Genehmigung bedürfen, sowie für Abweichungen von Vorschriften, die im Genehmigungsverfahren nicht geprüft werden, gelten die Sätze 1 und 2 entsprechend.

(3) [1] Über Abweichungen nach Absatz 1 Satz 1 und 2 von örtlichen Bauvorschriften sowie über Ausnahmen und Befreiungen nach Absatz 2 Satz 1 entscheidet bei verfahrensfreien Bauvorhaben die Gemeinde nach Maßgabe der Absätze 1 und 2. [2] Im Übrigen lässt die Bauaufsichtsbehörde Abweichungen von örtlichen Bauvorschriften im Einvernehmen mit der Gemeinde zu. [3] § 36 Absatz 2 Satz 2 Baugesetzbuch[2)] gilt entsprechend. [4] Die Gemeinde bzw. die Bauaufsichtsbehörde hat über den Abweichungsantrag innerhalb einer Frist von sechs Wochen nach Eingang des vollständigen Antrags bei ihr zu entscheiden. [5] Sie kann die Frist aus wichtigen Gründen bis zu sechs Wochen verlängern.

§ 70[3)] Bauantrag, Bauvorlagen. (1) Der Bauantrag ist schriftlich bei der unteren Bauaufsichtsbehörde einzureichen, soweit nicht in diesem Gesetz oder in der Rechtsverordnung aufgrund § 87 Absatz 2 Satz 1 Nummer 7 anderes bestimmt ist.

(2) [1] Mit dem Bauantrag sind alle für die Beurteilung des Bauvorhabens und die Bearbeitung des Bauantrags erforderlichen Unterlagen (Bauvorlagen) ein-

---

[1)] Nr. **41.2/1**.
[2)] Nr. **41.2**.
[3)] § 70 Abs. 1 und Abs. 2 Satz 2 neu gef. mWv 2.7.2021 durch G v. 30.6.2021 (GV. NRW. S. 822).

zureichen. [2] § 68 bleibt unberührt. [3] Mit den Bauvorlagen für große Sonderbauten (§ 50 Absatz 2) ist ein Brandschutzkonzept einzureichen. [4] Es kann gestattet werden, dass einzelne Bauvorlagen nachgereicht werden.

(3) [1] Die Bauherrin oder der Bauherr und die Entwurfsverfasserin oder der Entwurfsverfasser haben den Bauantrag, die Entwurfsverfasserin oder der Entwurfsverfasser die Bauvorlagen zu unterschreiben. [2] Die von den Fachplanerinnen oder Fachplanern nach § 54 Absatz 2 bearbeiteten Unterlagen müssen auch von diesen unterschrieben sein. [3] Für Bauvorhaben auf fremden Grundstücken kann die Zustimmung der Grundstückseigentümerin oder des Grundstückseigentümers zu dem Bauvorhaben gefordert werden.

§ 71[1)] Behandlung des Bauantrags. (1) [1] Die Bauaufsichtsbehörde hat innerhalb von zehn Arbeitstagen nach Eingang den Bauantrag und die Bauvorlagen auf Vollständigkeit zu prüfen. [2] Ist der Bauantrag unvollständig oder weist er sonstige erhebliche Mängel auf, fordert die Bauaufsichtsbehörde unverzüglich unter Nennung der Gründe die Bauherrschaft zur Behebung der Mängel innerhalb einer angemessenen Frist auf. [3] Werden die Mängel innerhalb der Frist nicht behoben, gilt der Antrag als zurückgenommen. [4] Unmittelbar nach Abschluss der Prüfung nach Satz 1 hat die Bauaufsichtsbehörde den Bauantrag und die dazugehörenden Bauvorlagen mit Ausnahme der bautechnischen Nachweise der Gemeinde zuzuleiten.

(2) [1] Sobald der Bauantrag und die Bauvorlagen vollständig sind, hat die Bauaufsichtsbehörde unverzüglich

1. der Bauherrschaft ihren Eingang und den nach Absatz 5 ermittelten Zeitpunkt der Entscheidung, jeweils mit Datumsangabe, in Textform nach § 126b des Bürgerlichen Gesetzbuches[2)] mitzuteilen sowie
2. die Gemeinde und die berührten Stellen nach Absatz 3 zu hören.

[2] Satz 1 Nummer 1 gilt nicht, wenn in der Bauaufsichtsbehörde ein Verfahren zur elektronischen Abwicklung der nach diesem Gesetz durch die Bauaufsichtsbehörden durchzuführenden Verfahren zum Einsatz kommt und die Bauherrschaft den Stand des Verfahrens selbständig nachvollziehen kann.

(3) [1] Soweit es für die Feststellung notwendig ist, ob dem Vorhaben von der Bauaufsichtsbehörde zu prüfende öffentlich-rechtliche Vorschriften im Sinne des § 74 Absatz 1 entgegenstehen, sollen die Stellen gehört werden, deren Aufgabenbereich berührt wird. [2] Ist die Beteiligung einer Stelle nur erforderlich, um das Vorliegen von fachtechnischen Voraussetzungen in öffentlich-rechtlichen Vorschriften zu prüfen, kann die Bauaufsichtsbehörde mit Einverständnis der Bauherrschaft und auf deren Kosten dies durch geeignete Sachverständige prüfen lassen. [3] Sie kann von der Bauherrschaft die Bestätigung einer oder eines geeigneten Sachverständigen verlangen, dass die fachtechnischen Voraussetzungen vorliegen.

(4) [1] Die Bauaufsichtsbehörde setzt unter den Voraussetzungen des Absatzes 3 eine angemessene Frist; sie darf höchstens zwei Monate betragen. [2] Bedarf die Erteilung der Baugenehmigung nach landesrechtlichen Vorschriften der Zustimmung, des Einvernehmens oder des Benehmens einer anderen Körper-

---

[1)] § 71 Abs. 1 Satz 1 neu gef., Satz 2 geänd., Abs. 2 und 3 eingef., bish. Abs. 2 wird Abs. 4 und Satz 1 geänd., Satz 4 aufgeh., bish. Abs. 3 wird Abs. 5 und Sätze 1–3 geänd., Abs. 6 eingef., bish. Abs. 4 wird Abs. 7 mWv 2.7.2021 durch G v. 30.6.2021 (GV. NRW. S. 822).

[2)] **Habersack (vormals Schönfelder) Nr. 20.**

schaft, Behörde oder Dienststelle, so gelten diese als erteilt, wenn sie nicht innerhalb von zwei Monaten nach Eingang des Ersuchens unter Angabe der Gründe verweigert wird. 3 Äußern sich die berührten Stellen nicht fristgemäß, kann die Bauaufsichtsbehörde davon ausgehen, dass Bedenken nicht bestehen.

(5) 1 Entscheidungen und Stellungnahmen nach Absatz 4 sollen gleichzeitig eingeholt werden. 2 Eine gemeinsame Besprechung der nach Absatz 2 zu beteiligenden Stellen (Antragskonferenz) ist einzuberufen, wenn dies der beschleunigten Abwicklung des Baugenehmigungsverfahrens dienlich ist. 3 Förmlicher Erklärungen der Zustimmung, des Einvernehmens oder Benehmens nach Absatz 2 Satz 1 bedarf es nicht, wenn die Behörden oder Dienststellen derselben Körperschaft wie die Bauaufsichtsbehörde angehören.

(6) 1 Die Bauaufsichtsbehörde hat über den Bauantrag innerhalb von drei Monaten, im vereinfachten Baugenehmigungsverfahren und in dem Fall des § 77 innerhalb von sechs Wochen zu entscheiden. 2 Die Frist nach Satz 1 beginnt, sobald die Bauvorlagen vollständig und alle für die Entscheidung notwendigen Stellungnahmen und Mitwirkungen vorliegen, spätestens jedoch nach Ablauf der Frist nach Absatz 4 und nach § 36 Absatz 2 Satz 2 des Baugesetzbuches[1] sowie nach § 12 Absatz 2 Satz 2 und 3 des Luftverkehrsgesetzes[2] in der Fassung der Bekanntmachung vom 10. Mai 2007 (BGBl. I S. 698), das zuletzt durch Artikel 1 des Gesetzes vom 10. Juli 2020 (BGBl. I S. 1655) geändert worden ist. 3 Die Fristen nach Absatz 4 dürfen nur ausnahmsweise bis zu einem Monat verlängert werden, im vereinfachten Baugenehmigungsverfahren jedoch nur, wenn das Einvernehmen der Gemeinde nach § 36 Absatz 1 Satz 1 und 2 des Baugesetzbuches erforderlich ist.

(7) Die Beachtung der technischen Regeln ist, soweit sie nach § 3 Absatz 2 eingeführt sind, zu prüfen.

§ 72[3) 4)] Beteiligung der Angrenzer und der Öffentlichkeit. (1) 1 Die Bauaufsichtsbehörde soll die Eigentümer angrenzender Grundstücke (Angrenzer) vor Erteilung von Abweichungen und Befreiungen benachrichtigen, wenn zu erwarten ist, dass öffentlich-rechtlich geschützte nachbarliche Belange berührt werden. 2 Einwendungen sind innerhalb von zwei Wochen nach Zugang der Benachrichtigung bei der Bauaufsichtsbehörde schriftlich oder zur Niederschrift vorzubringen. 3 Die Vorschriften des Verwaltungsverfahrensgesetzes für das Land Nordrhein-Westfalen[5] sind insoweit nicht anzuwenden.

(2) 1 Die Benachrichtigung entfällt, wenn die zu benachrichtigenden Angrenzer die Lagepläne und Bauzeichnungen unterschrieben oder dem Bauvorhaben auf andere Weise zugestimmt haben. 2 Haben die Angrenzer dem Bauvorhaben nicht zugestimmt, ist ihnen die Baugenehmigung zuzustellen.

(3) 1 Bei baulichen Anlagen, die aufgrund ihrer Beschaffenheit oder ihres Betriebs geeignet sind, die Allgemeinheit oder die Nachbarschaft zu gefährden, zu benachteiligen oder zu belästigen, kann die Bauaufsichtsbehörde auf Antrag des Bauherrn das Bauvorhaben in ihrem amtlichen Veröffentlichungsblatt und außerdem entweder im Internet oder in örtlichen Tageszeitungen, die im

---

1) Nr. **41.2**.

2) **Sartorius ErgBd. Nr. 975.**

3) § 72 Abs. 3–6 sind am 4.8.2018 in Kraft getreten, vgl. Art. 2 Abs. 1 G v. 21.7.2018 (GV. NRW. S. 421).

4) § 72 Abs. 6 Satz 9 geänd. mWv 2.7.2021 durch G v. 30.6.2021 (GV. NRW. S. 822).

5) Nr. **23.11**.

Bereich des Standorts der Anlage verbreitet sind, öffentlich bekannt machen. [2]Bei der Errichtung, Änderung oder Nutzungsänderung

1. eines oder mehrerer Gebäude, wenn dadurch dem Wohnen dienende Nutzungseinheiten mit einer Größe von insgesamt mehr als 5 000 m² Brutto-Grundfläche geschaffen werden,
2. baulicher Anlagen, die öffentlich zugänglich sind, wenn dadurch die gleichzeitige Nutzung durch mehr als 100 zusätzliche Besucher ermöglicht wird, und
3. baulicher Anlagen, die nach Durchführung des Bauvorhabens Sonderbauten nach § 47 Absatz 5 und § 50 Absatz 2 Nummer 8, 10, 11, 13 oder 14 sind,

ist das Bauvorhaben nach Satz 1 bekannt zu machen, wenn es innerhalb des angemessenen Sicherheitsabstands eines Betriebsbereichs im Sinne des § 3 Absatz 5a und 5c Bundes-Immissionsschutzgesetz[1)] liegt. [3]Ist der angemessene Sicherheitsabstand nicht bekannt, ist maßgeblich, ob sich das Vorhaben innerhalb des Achtungsabstands des Betriebsbereichs befindet. [4]Satz 2 gilt nicht, wenn die Bauaufsichtsbehörde zu dem Ergebnis kommt, dass dem Gebot, den angemessenen Sicherheitsabstand zu wahren, bereits in einem Bebauungsplan Rechnung getragen ist. [5]Verfährt die Bauaufsichtsbehörde nach Satz 1 oder 2, finden die Absätze 1 und 2 keine Anwendung.

(4) [1]In der Bekanntmachung nach Absatz 3 Satz 1 und 2 ist über Folgendes zu informieren:

1. über den Gegenstand des Vorhabens,
2. über die für die Genehmigung zuständige Behörde, bei der der Antrag nebst Unterlagen zur Einsicht ausgelegt wird sowie wo und wann Einsicht genommen werden kann,
3. darüber, dass Personen, deren Belange berührt sind, und Vereinigungen, welche die Anforderungen von § 3 Absatz 1 oder § 2 Absatz 2 des Umwelt-Rechtsbehelfsgesetzes[2)] in der Fassung der Bekanntmachung vom 23. August 2017 (BGBl. I S. 3290) erfüllen (betroffene Öffentlichkeit), Einwendungen bei einer in der Bekanntmachung bezeichneten Stelle bis zu zwei Wochen nach Ablauf der Auslegungsfrist erheben können, dabei ist darauf hinzuweisen, dass mit Ablauf der Frist alle öffentlich-rechtlichen Einwendungen ausgeschlossen sind und der Ausschluss von umweltbezogenen Einwendungen nur für das Genehmigungsverfahren gilt,
4. dass die Zustellung der Entscheidung über die Einwendungen durch öffentliche Bekanntmachung ersetzt werden kann.

[2]Bei der Bekanntmachung nach Absatz 3 Satz 2 ist zusätzlich über Folgendes zu informieren:

1. gegebenenfalls die Feststellung einer Pflicht zur Durchführung einer Umweltverträglichkeitsprüfung für das Vorhaben nach § 5 des Gesetzes über die Umweltverträglichkeitsprüfung[3)] sowie erforderlichenfalls die Durchführung einer grenzüberschreitenden Beteiligung nach den §§ 54 und 56 des Gesetzes über die Umweltverträglichkeitsprüfung,

---

[1)] Nr. **32.1**.
[2)] **Sartorius Nr. 293.**
[3)] Nr. **32.4**.

2. die Art möglicher Entscheidungen oder, soweit vorhanden, den Entscheidungsentwurf,
3. gegebenenfalls weitere Einzelheiten des Verfahrens zur Unterrichtung der Öffentlichkeit und Anhörung der betroffenen Öffentlichkeit.

(5) [1] Nach der Bekanntmachung sind der Antrag und die Bauvorlagen sowie die entscheidungserheblichen Berichte und Empfehlungen, die der Bauaufsichtsbehörde im Zeitpunkt der Bekanntmachung vorliegen, einen Monat zur Einsicht auszulegen. [2] Bauvorlagen, die Geschäfts- oder Betriebsgeheimnisse enthalten, sind nicht auszulegen, für sie gilt § 10 Absatz 2 Bundes-Immissionsschutzgesetz entsprechend. [3] Bis zwei Wochen nach Ablauf der Auslegungsfrist kann die Öffentlichkeit gegenüber der zuständigen Behörde schriftlich Einwendungen erheben, mit Ablauf dieser Frist sind alle öffentlich-rechtlichen Einwendungen ausgeschlossen. [4] Satz 3 gilt für umweltbezogene Einwendungen nur für das Genehmigungsverfahren.

(6) [1] Bei mehr als 20 Angrenzern, denen die Baugenehmigung nach Absatz 2 Satz 2 zuzustellen ist, kann die Zustellung durch öffentliche Bekanntmachung ersetzt werden. [2] Wurde eine Öffentlichkeitsbeteiligung nach den Absätzen 3 und 4 durchgeführt, ist der Genehmigungsbescheid öffentlich bekannt zu machen. [3] Die öffentliche Bekanntmachung wird dadurch bewirkt, dass der verfügende Teil des Bescheids und die Rechtsbehelfsbelehrung in entsprechender Anwendung des Absatzes 3 Satz 1 bekannt gemacht werden, auf Auflagen ist hinzuweisen. [4] Eine Ausfertigung des gesamten Genehmigungsbescheids ist vom Tage nach der Bekanntmachung an zwei Wochen zur Einsicht auszulegen. [5] Ist eine Öffentlichkeitsbeteiligung nach Absatz 3 Satz 2 erfolgt, sind in die Begründung die wesentlichen tatsächlichen und rechtlichen Gründe, die die Behörde zu ihrer Entscheidung bewogen haben, die Behandlung der Einwendungen sowie Angaben über das Verfahren zur Beteiligung der Öffentlichkeit aufzunehmen. [6] § 74 Absatz 2 bleibt unberührt. [7] In der öffentlichen Bekanntmachung ist anzugeben, wo und wann der Bescheid eingesehen und nach Satz 8 angefordert werden *können*[1)]. [8] Mit dem Ende der Auslegungsfrist gilt der Bescheid auch Dritten gegenüber, die keine Einwendungen erhoben haben, als zugestellt; darauf ist in der Bekanntmachung hinzuweisen. [9] Nach der öffentlichen Bekanntmachung können der Bescheid und seine Begründung bis zum Ablauf der Klagefrist von den Personen, die Einwendungen erhoben haben, schriftlich angefordert werden.

(7) Bei der Errichtung, Änderung oder Nutzungsänderung einer im Eigentum der öffentlichen Hand stehenden Anlage nach § 49 Absatz 2 ist von Seiten der zuständigen Bauaufsichtsbehörde der oder dem zuständigen Behindertenbeauftragten oder der örtlichen Interessenvertretung der Menschen mit Behinderungen Gelegenheit zur Stellungnahme zu Aspekten der Barrierefreiheit zu geben.

§ 73[2)] Ersetzen des gemeindlichen Einvernehmens. (1) [1] Hat eine Gemeinde ihr nach § 14 Absatz 2 Satz 2, § 22 Absatz 5 Satz 1, § 36 Absatz 1 Satz 1 und 2 des Baugesetzbuches[3)] oder nach § 69 Absatz 3 Satz 2 erforderliches Einvernehmen rechtswidrig versagt, so hat die zuständige Bauaufsichtsbehörde

---

[1)] Richtig wohl: „kann".
[2)] § 73 Abs. 1 Satz 1 geänd. mWv 2.7.2021 durch G v. 30.6.2021 (GV. NRW. S. 822).
[3)] Nr. **41.2**.

das fehlende Einvernehmen nach Maßgabe der Absätze 2 bis 4 zu ersetzen. [2]Wird in einem anderen Genehmigungsverfahren über die Zulässigkeit des Vorhabens entschieden, tritt die für dieses Verfahren zuständige Behörde an die Stelle der Bauaufsichtsbehörde.

(2) § 122 der Gemeindeordnung für das Land Nordrhein-Westfalen[1)] in der Fassung der Bekanntmachung vom 14. Juli 1994 (GV. NRW. S. 666), die zuletzt durch Artikel 15 des Gesetzes vom 23. Januar 2018 (GV. NRW. S. 90) geändert worden ist, findet keine Anwendung.

(3) [1]Die Genehmigung gilt zugleich als Ersatzvornahme im Sinne des § 123 der Gemeindeordnung für das Land Nordrhein-Westfalen. [2]Sie ist zu begründen. [3]Eine Anfechtungsklage hat auch insoweit keine aufschiebende Wirkung, als die Genehmigung als Ersatzvornahme gilt. [4]Die Baugenehmigung kann, soweit sie als Ersatzvornahme gilt, nicht gesondert nach § 126 der Gemeindeordnung für das Land Nordrhein-Westfalen angefochten werden.

(4) [1]Die Gemeinde ist vor Erlass der Genehmigung anzuhören. [2]Dabei ist ihr Gelegenheit zu geben, binnen angemessener Frist erneut über das gemeindliche Einvernehmen zu entscheiden.

§ 74[2)] Baugenehmigung, Baubeginn. (1) Die Baugenehmigung ist zu erteilen, wenn dem Vorhaben keine öffentlich-rechtlichen Vorschriften entgegenstehen.

(2) [1]Die Baugenehmigung bedarf der Schriftform. [2]Sie ist nur insoweit zu begründen, als Abweichungen oder Befreiungen von nachbarschützenden Vorschriften zugelassen werden und die Angrenzerin oder der Angrenzer nicht nach § 72 Absatz 2 zugestimmt hat. [3]Eine Ausfertigung der mit einem Genehmigungsvermerk versehenen Bauvorlagen ist der Antragstellerin oder dem Antragsteller mit der Baugenehmigung zuzustellen.

(3) [1]Die Baugenehmigung kann unter Auflagen, Bedingungen und dem Vorbehalt der nachträglichen Aufnahme, Änderung oder Ergänzung einer Auflage sowie befristet erteilt werden. [2]Sie lässt aufgrund anderer Vorschriften bestehende Verpflichtungen zum Einholen von Genehmigungen, Bewilligungen, Erlaubnissen und Zustimmungen oder zum Erstatten von Anzeigen unberührt.

(4) Die Baugenehmigung wird unbeschadet der Rechte Dritter erteilt.

(5) [1]Die Bauherrin oder der Bauherr und die späteren Eigentümerinnen und Eigentümer haben die Baugenehmigung einschließlich der Bauvorlagen sowie bautechnische Nachweise und Bescheinigungen von Sachverständigen aufzubewahren. [2]Diese Unterlagen sind an etwaige Rechtsnachfolger weiterzugeben. [3]Die Bauaufsichtsbehörde hat die Bauvorlagen einer baulichen Anlage so lange aufzubewahren, wie diese besteht. [4]Bei Archivierung in elektronischer Form muss gewährleistet sein, dass die Unterlagen nicht nachträglich verändert werden können.

(6) [1]Die Gemeinde ist, wenn sie nicht Bauaufsichtsbehörde ist, von der Erteilung, Verlängerung, Ablehnung, Rücknahme und dem Widerruf einer Baugenehmigung, Teilbaugenehmigung, eines Vorbescheids, einer Zustim-

---

[1)] Nr. **22.11**.

[2)] § 74 Abs. 2 Satz 2 geänd., Abs. 8 Satz 3 aufgeh. mWv 2.7.2021 durch G v. 30.6.2021 (GV. NRW. S. 822).

mung, einer Abweichung, einer Ausnahme oder einer Befreiung zu unterrichten. [2]Eine Ausfertigung des Bescheids ist beizufügen.

(7) Vor Zugang der Baugenehmigung darf mit der Bauausführung nicht begonnen werden.

(8) [1]Vor Baubeginn muss die Grundrissfläche und die Höhenlage der genehmigten baulichen Anlage abgesteckt sein. [2]Eine Kopie der Baugenehmigungen und Bauvorlagen muss an der Baustelle von Baubeginn an vorliegen; diese können auch durch eine elektronische Form ersetzt werden.

(9) [1]Die Bauherrin oder der Bauherr hat den Ausführungsbeginn genehmigungsbedürftiger Vorhaben nach § 60 Absatz 1 und die Wiederaufnahme der Bauarbeiten nach einer Unterbrechung von mehr als drei Monaten mindestens eine Woche vorher der Bauaufsichtsbehörde schriftlich mitzuteilen (Baubeginnsanzeige). [2]Die Bauaufsichtsbehörde unterrichtet die untere Immissionsschutzbehörde sowie die untere Naturschutzbehörde, soweit sie im Baugenehmigungsverfahren beteiligt wurden.

§ 75 Geltungsdauer der Baugenehmigung. (1) Die Baugenehmigung und die Teilbaugenehmigung erlöschen, wenn innerhalb von drei Jahren nach ihrer Erteilung mit der Ausführung des Bauvorhabens nicht begonnen oder die Bauausführung länger als ein Jahr unterbrochen worden ist.

(2) [1]Die Frist nach Absatz 1 kann auf schriftlichen Antrag jeweils bis zu einem Jahr verlängert werden. [2]Sie kann auch rückwirkend verlängert werden, wenn der Antrag vor Fristablauf bei der Bauaufsichtsbehörde eingegangen ist.

§ 76 Teilbaugenehmigung. (1) [1]Ist ein Bauantrag eingereicht, so kann der Beginn der Bauarbeiten für die Baugrube und für einzelne Bauteile oder Bauabschnitte auf schriftlichen Antrag schon vor Erteilung der Baugenehmigung schriftlich gestattet werden (Teilbaugenehmigung). [2]§ 74 gilt entsprechend.

(2) In der Baugenehmigung können für die bereits begonnenen Teile des Bauvorhabens zusätzliche Anforderungen gestellt werden, wenn sich bei der weiteren Prüfung der Bauvorlagen ergibt, dass die zusätzlichen Anforderungen wegen der öffentlichen Sicherheit oder Ordnung erforderlich sind.

§ 77 Vorbescheid. (1) [1]Vor Einreichung des Bauantrags ist auf Antrag der Bauherrin oder des Bauherrn zu einzelnen Fragen des Bauvorhabens ein Vorbescheid zu erteilen. [2]Der Vorbescheid gilt drei Jahre. [3]Die Frist kann auf schriftlichen Antrag jeweils bis zu einem Jahr verlängert werden. [4]§§ 58 Absatz 3, 69 bis 72, 74 Absatz 1 und 2 sowie 75 Absatz 2 gelten entsprechend.

(2) [1]Betreffen die Fragen nach Absatz 1 die Errichtung oder Änderung eines Gebäudes, müssen die dem Antrag auf Vorbescheid beizufügenden Bauvorlagen von einer Entwurfsverfasserin oder einem Entwurfsverfasser, die oder der bauvorlageberechtigt ist, unterschrieben sein. [2]§ 67 gilt entsprechend. [3]Dies gilt nicht für einen Antrag auf Vorbescheid, mit dem nur über die Vereinbarkeit mit den planungsrechtlichen Vorschriften über die Art der baulichen Nutzung, die Bauweise und die überbaubare Grundstücksfläche entschieden werden soll.

§ 78[1)] Genehmigung Fliegender Bauten. (1) [1]Fliegende Bauten sind bauliche Anlagen, die geeignet und bestimmt sind, an verschiedenen Orten wie-

---

[1)] § 78 Abs. 2 Sätze 2 und 3 eingef., bish. Satz 2 wird Satz 4 und einl. Satzteil sowie Abs. 10 neu gef. mWv 2.7.2021 durch G v. 30.6.2021 (GV. NRW. S. 822).

derholt aufgestellt und zerlegt zu werden. [2]Baustelleneinrichtungen und Baugerüste sind keine Fliegenden Bauten.

(2) [1]Fliegende Bauten bedürfen, bevor sie erstmals aufgestellt und in Gebrauch genommen werden, einer Ausführungsgenehmigung. [2]Diese Fliegenden Bauten sind Sonderbauten. [3]§ 54 Absatz 4 ist insofern nicht anzuwenden. [4]Die Sätze 1 und 2 gelten nicht für

1. Fliegende Bauten mit einer Höhe bis zu 5 m, die nicht dazu bestimmt sind, von Besuchern betreten zu werden,
2. Fliegende Bauten mit einer Höhe bis zu 5 m, die für Kinder betrieben werden und eine Geschwindigkeit von höchstens 1 m/s haben,
3. Bühnen, die Fliegende Bauten sind, einschließlich Überdachungen und sonstigen Aufbauten mit einer Höhe bis zu 5 m, einer Grundfläche bis zu 100 m^2 und einer Fußbodenhöhe bis zu 1,50 m,
4. erdgeschossige Zelte und betretbare Verkaufsstände, die Fliegende Bauten sind, jeweils mit einer Grundfläche bis zu 75 m^2 und
5. aufblasbare Spielgeräte mit einer Höhe des betretbaren Bereichs von bis zu 5 m oder mit überdachten Bereichen, bei denen die Entfernung zum Ausgang nicht mehr als 3 m, sofern ein Absinken der Überdachung konstruktiv verhindert wird, nicht mehr als 10 m beträgt.

(3) [1]Die Ausführungsgenehmigung wird von der unteren Bauaufsichtsbehörde erteilt, in deren Bereich die Antragstellerin oder der Antragsteller ihre oder seine Hauptwohnung oder ihre oder seine gewerbliche Niederlassung hat. [2]Hat die Antragstellerin oder der Antragsteller ihre oder seine Hauptwohnung oder ihre oder seine gewerbliche Niederlassung außerhalb der Bundesrepublik Deutschland, so ist die Bauaufsichtsbehörde zuständig, in deren Bereich der Fliegende Bau erstmals aufgestellt und in Gebrauch genommen werden soll.

(4) Die oberste Bauaufsichtsbehörde kann bestimmen, dass Ausführungsgenehmigungen für Fliegende Bauten nur durch bestimmte Bauaufsichtsbehörden erstellt werden dürfen.

(5) [1]Die Ausführungsgenehmigung wird für eine bestimmte Frist erteilt, die höchstens fünf Jahre betragen soll, sie kann auf schriftlichen Antrag von der für die Erteilung der Ausführungsgenehmigung zuständigen Behörde jeweils bis zu fünf Jahren verlängert werden. [2]§ 75 Absatz 2 Satz 2 gilt entsprechend. [3]Die Genehmigungen werden in ein Prüfbuch eingetragen, dem eine Ausfertigung der mit einem Genehmigungsvermerk zu versehenden Bauvorlagen beizufügen ist. [4]Ausführungsgenehmigungen anderer Länder gelten auch im Land Nordrhein-Westfalen.

(6) [1]Die Inhaberin oder der Inhaber der Ausführungsgenehmigung hat den Wechsel ihres oder seines Wohnsitzes oder ihrer oder seiner gewerblichen Niederlassung oder die Übertragung eines Fliegenden Baus an Dritte der Bauaufsichtsbehörde anzuzeigen, die die Ausführungsgenehmigung erteilt hat. [2]Die Behörde hat die Änderungen in das Prüfbuch einzutragen und sie, wenn mit den Änderungen ein Wechsel der Zuständigkeit verbunden ist, der nunmehr zuständigen Behörde mitzuteilen.

(7) [1]Fliegende Bauten, die nach Absatz 2 Satz 1 einer Ausführungsgenehmigung bedürfen, dürfen unbeschadet anderer Vorschriften nur in Gebrauch genommen werden, wenn ihre Aufstellung der Bauaufsichtsbehörde des Aufstellungsortes unter Vorlage des Prüfbuches angezeigt ist. [2]Die Bauaufsichtsbehörde kann die Inbetriebnahme dieser Fliegenden Bauten von einer Ge-

brauchsabnahme abhängig machen, technisch schwierige Fliegende Bauten sowie Zelte und Tribünen, die in wechselnden Größen aufgestellt werden können, sind immer einer Gebrauchsabnahme zu unterziehen. [3]Das Ergebnis der Abnahme ist in das Prüfbuch einzutragen. [4]In der Ausführungsgenehmigung kann bestimmt werden, dass Anzeigen nach Satz 1 nicht erforderlich sind, wenn eine Gefährdung im Sinne des § 3 Absatz 1 Satz 1 nicht zu erwarten ist.

(8) [1]Die für die Erteilung der Gebrauchsabnahme zuständige Bauaufsichtsbehörde kann Auflagen machen oder die Aufstellung oder den Gebrauch Fliegender Bauten untersagen, soweit dies nach den örtlichen Verhältnissen oder zur Abwehr von Gefahren erforderlich ist, insbesondere, weil die Betriebssicherheit oder Standsicherheit nicht oder nicht mehr gewährleistet ist oder weil von der Ausführungsgenehmigung abgewichen wird. [2]Wird die Aufstellung oder der Gebrauch untersagt, ist dies in das Prüfbuch einzutragen. [3]Die ausstellende Behörde ist zu benachrichtigen, das Prüfbuch ist einzuziehen und der ausstellenden Behörde zuzuleiten, wenn die Herstellung ordnungsgemäßer Zustände innerhalb angemessener Frist nicht zu erwarten ist.

(9) [1]Bei Fliegenden Bauten, die von Besucherinnen und Besuchern betreten und längere Zeit an einem Aufstellungsort betrieben werden, kann die für die Gebrauchsabnahme zuständige Bauaufsichtsbehörde aus Gründen der Sicherheit Nachabnahmen durchführen. [2]Das Ergebnis der Nachabnahme ist in das Prüfbuch einzutragen.

(10) § 70 Absatz 1, Absatz 2 Satz 1 und 4 und Absatz 3 sowie § 83 Absatz 1 und 5 gelten entsprechend.

§ 79[1)] Bauaufsichtliche Zustimmung. (1) [1]Nicht verfahrensfreie Bauvorhaben bedürfen keiner Genehmigung, Genehmigungsfreistellung, Bauüberwachung und Bauzustandsbesichtigung, wenn

1. die Leitung der Entwurfsarbeiten und die Bauüberwachung einer Baudienststelle des Bundes, eines Landes oder eines Landschaftsverbandes übertragen ist und
2. die Baudienststelle mindestens mit einer Person, die einen Hochschulabschluss der Fachrichtungen Architektur oder Bauingenieurwesen und die insbesondere die erforderlichen Kenntnisse des öffentlichen Baurechts, der Bautechnik und der Baugestaltung hat, und mit sonstigen geeigneten Fachkräften ausreichend besetzt ist.

[2]Solche Anlagen bedürfen der Zustimmung der oberen Bauaufsichtsbehörde. [3]Die Zustimmung ist nicht erforderlich, wenn die Gemeinde nicht widerspricht und, soweit ihre öffentlich-rechtlich geschützten Belange von Abweichungen, Ausnahmen und Befreiungen berührt sein können, die Angrenzer dem Bauvorhaben zustimmen.
[4]Keiner Genehmigung, Genehmigungsfreistellung oder Zustimmung bedürfen unter den Voraussetzungen des Satzes 1 Baumaßnahmen in oder an bestehenden Gebäuden, soweit sie nicht zu einer Erweiterung des Bauvolumens oder zu einer nicht verfahrensfreien Nutzungsänderung führen.

---

1) § 79 Abs. 1 Satz 1 einl. Satzteil, Nr. 2, Satz 4 und Abs. 3 Satz 1 geänd., Satz 2 aufgeh., bish. Sätze 3–5 werden Sätze 2–4, neuer Satz 2 neu gef., neuer Satz 3 geänd., Abs. 4 Satz 1 aufgeh., bish. Sätze 2 und 3 werden Sätze 1 und 2, Satz 3 angef., Abs. 5 eingef., bish. Abs. 5 wird Abs. 6 und Satz 2 eingef., bish. Sätze 2 und 3 werden Sätze 3 und 4 mWv 2.7.2021 durch G v. 30.6.2021 (GV. NRW. S. 822).

[5] Satz 3 gilt nicht für bauliche Anlagen, für die nach § 72 Absatz 3 eine Öffentlichkeitsbeteiligung durchzuführen ist.

(2) Der Antrag auf Zustimmung ist bei der oberen Bauaufsichtsbehörde einzureichen.

(3) [1] Die obere Bauaufsichtsbehörde prüft die Übereinstimmung in Anwendung des einfachen Baugenehmigungsverfahrens nach § 64. [2] Sie führt bei zustimmungspflichtigen Anlagen nach Absatz 1 Satz 2 eine Öffentlichkeitsbeteiligung nach § 72 Absätze 3 bis 5 durch. [3] Die obere Bauaufsichtsbehörde entscheidet über Ausnahmen, Befreiungen und Abweichungen von den nach Satz 1 zu prüfenden sowie von anderen Vorschriften, soweit sie nachbarschützend sind und die die Angrenzerin oder der Angrenzer nicht zugestimmt haben. [4] Im Übrigen bedarf die Zulässigkeit von Ausnahmen, Befreiungen und Abweichungen keiner bauaufsichtlichen Entscheidung.

(4) [1] Die Gemeinde ist vor Erteilung der Zustimmung zu hören. [2] § 36 Absatz 2 Satz 2 Halbsatz 1 BauGB[1)] gilt entsprechend. [3] Im Übrigen sind die Vorschriften über das Baugenehmigungsverfahren entsprechend anzuwenden.

(5) [1] Die Baudienststelle trägt die Verantwortung dafür, dass die Errichtung, die Änderung, die Nutzungsänderung und die Beseitigung baulicher Anlagen den öffentlich-rechtlichen Vorschriften entsprechen. [2] Die Baudienststelle ist verpflichtet, dem Eigentümer Unterlagen und Pläne in Zusammenhang mit der Errichtung, Änderung und Nutzungsänderung von Anlagen sowie bautechnische Nachweise und Bescheinigungen von Sachverständigen zur Verfügung zu stellen. [3] Im Übrigen gilt § 74 Absatz 5 Satz 1 und 2 entsprechend. [4] Die Verantwortung des Unternehmens (§ 55) bleibt unberührt.

(6) [1] Anlagen, die der Landesverteidigung, dienstlichen Zwecken der Bundespolizei oder dem zivilen Bevölkerungsschutz dienen, sind abweichend von den Absätzen 1 bis 4 der oberen Bauaufsichtsbehörde vor Baubeginn in geeigneter Weise zur Kenntnis zu bringen. [2] Absatz 1 Satz 3 gilt entsprechend. [3] Im Übrigen wirken die Bauaufsichtsbehörden nicht mit. [4] § 78 Absatz 2 bis 10 findet auf Fliegende Bauten, die der Landesverteidigung, dienstlichen Zwecken der Bundespolizei oder dem zivilen Bevölkerungsschutz dienen, keine Anwendung.

Vierter Abschnitt. Bauaufsichtliche Maßnahmen

§ 80 Verbot unrechtmäßig gekennzeichneter Bauprodukte. Sind Bauprodukte entgegen § 24 mit dem Ü-Zeichen gekennzeichnet, so kann die Bauaufsichtsbehörde die Verwendung dieser Bauprodukte untersagen und deren Kennzeichnung entwerten oder beseitigen lassen.

§ 81[2)] Einstellung von Arbeiten. (1) [1] Werden Anlagen im Widerspruch zu öffentlich-rechtlichen Vorschriften errichtet, geändert oder beseitigt, kann die Bauaufsichtsbehörde die Einstellung der Arbeiten anordnen.
[2] Dies gilt auch dann, wenn

1. die Ausführung eines Vorhabens entgegen den Vorschriften des § 74 Absatz 7 und 9 begonnen wurde, oder
2. bei der Ausführung

[1)] Nr. 41.2.
[2)] § 81 Abs. 1 Satz 2 Nr. 2 neu gef. mWv 2.7.2021 durch G v. 30.6.2021 (GV. NRW. S. 822).

a) eines genehmigungsbedürftigen Bauvorhabens von den genehmigten Bauvorlagen,

b) eines genehmigungsfreigestellten Bauvorhabens von den eingereichten Unterlagen

abgewichen wird, oder

3. Bauprodukte verwendet werden, die entgegen der Verordnung (EU) Nr. 305/2011 keine CE-Kennzeichnung oder entgegen § 24 kein Ü-Zeichen tragen, oder
4. Bauprodukte verwendet werden, die unberechtigt mit der CE-Kennzeichnung oder dem Ü-Zeichen (§ 24 Absatz 4) gekennzeichnet sind.

(2) Werden unzulässige Arbeiten trotz einer schriftlich oder mündlich verfügten Einstellung fortgesetzt, kann die Bauaufsichtsbehörde die Baustelle versiegeln oder die an der Baustelle vorhandenen Bauprodukte, Geräte, Maschinen und Bauhilfsmittel in amtlichen Gewahrsam bringen.

§ 82[1)] Beseitigung von Anlagen, Nutzungsuntersagung. (1) [1] Werden Anlagen im Widerspruch zu öffentlich-rechtlichen Vorschriften errichtet oder geändert, kann die Bauaufsichtsbehörde die teilweise oder vollständige Beseitigung der Anlagen anordnen, wenn nicht auf andere Weise rechtmäßige Zustände hergestellt werden können. [2] Werden Anlagen im Widerspruch zu öffentlich-rechtlichen Vorschriften genutzt, kann diese Nutzung untersagt werden.

(2) [1] Soweit bauliche Anlagen nicht genutzt werden und im Verfall begriffen sind, kann die Bauaufsichtsbehörde die Grundstückseigentümerin oder den Grundstückeigentümer und Erbbauberechtigte verpflichten, die Anlage abzubrechen oder zu beseitigen. [2] Die Bestimmungen des Denkmalschutzgesetzes[2)] bleiben unberührt.

Fünfter Abschnitt. Bauüberwachung

§ 83[3)] Bauüberwachung. (1) Die Bauaufsichtsbehörde kann die Einhaltung der öffentlich-rechtlichen Vorschriften und Anforderungen und die ordnungsgemäße Erfüllung der Pflichten der am Bau Beteiligten überprüfen (Bauüberwachung).

(2) [1] Die Bauüberwachung ist beschränkt auf den Umfang der im Baugenehmigungsverfahren zu prüfenden Bauvorlagen und kann stichprobenhaft durchgeführt werden. [2] Bei Vorhaben, die im einfachen Baugenehmigungsverfahren (§ 64) genehmigt werden, kann die Bauaufsichtsbehörde auf die Bauüberwachung verzichten.

(3) [1] Der Bauaufsichtsbehörde ist die Einhaltung der Grundrissflächen und Höhenlagen der Anlagen nachzuweisen. [2] Wenn es die besonderen Grundstücksverhältnisse erfordern, kann sie die Vorlage eines amtlichen Nachweises verlangen.

(4) Die Bauaufsichtsbehörde und die von ihr Beauftragten können Proben von Bauprodukten und, soweit erforderlich, auch aus fertigen Bauteilen entnehmen und prüfen lassen.

[1)] § 82 Abs. 2 angef. mWv 2.7.2021 durch G v. 30.6.2021 (GV. NRW. S. 822).
[2)] Nr. **33.22**.
[3)] § 83 Abs. 2 Satz 2 geänd. mWv 2.7.2021 durch G v. 30.6.2021 (GV. NRW. S. 822).

(5) Im Rahmen der Bauüberwachung ist den mit der Überwachung beauftragten Personen jederzeit Einblick in die Genehmigungen, Zulassungen, Prüfzeugnisse, Übereinstimmungszertifikate, Zeugnisse und Aufzeichnungen über die Prüfungen von Bauprodukten, in die CE-Kennzeichnungen und Leistungserklärungen nach der Verordnung (EU) Nr. 305/2011, in die Bautagebücher und andere vorgeschriebene Aufzeichnungen zu gewähren.

(6) Die Bauaufsichtsbehörde soll, soweit sie oder er im Rahmen der Bauüberwachung Erkenntnisse über systematische Rechtsverstöße gegen die Verordnung (EU) Nr. 305/2011 erlangen, diese der für die Marktüberwachung zuständigen Stelle mitteilen.

§ 84 Bauzustandsbesichtigung, Aufnahme der Nutzung. (1) [1]Die Bauzustandsbesichtigung zur Fertigstellung des Rohbaus und der abschließenden Fertigstellung genehmigter Anlagen (§ 60) wird von der Bauaufsichtsbehörde durchgeführt. [2]§ 83 Absatz 2 gilt entsprechend.

(2) [1]Die Fertigstellung des Rohbaus und die abschließende Fertigstellung genehmigter Anlagen sind der Bauaufsichtsbehörde von der Bauleiterin oder dem Bauleiter jeweils eine Woche vorher anzuzeigen, um der Bauaufsichtsbehörde eine Besichtigung des Bauzustandes zu ermöglichen. [2]Ist eine Bauleiterin oder ein Bauleiter der Bauaufsichtsbehörde nicht benannt worden, trifft die Pflicht die Bauherrin oder den Bauherrn. [3]Die Bauaufsichtsbehörde kann verlangen, dass ihr oder von ihr Beauftragten Beginn und Beendigung bestimmter Bauarbeiten von der Bauherrin oder dem Bauherrn oder der Bauleiterin oder dem Bauleiter angezeigt werden.

(3) [1]Der Rohbau ist fertiggestellt, wenn die tragenden Teile, Schornsteine, Brandwände und die Dachkonstruktion vollendet sind. [2]Zur Besichtigung des Rohbaus sind die Bauteile, die für die Standsicherheit und, soweit möglich, die Bauteile, die für den Brand- und Schallschutz wesentlich sind, derart offen zu halten, dass Maße und Ausführungsart geprüft werden können. [3]Die abschließende Fertigstellung umfasst die Fertigstellung auch der Wasserversorgungsanlagen und Abwasseranlagen.

(4) [1]Mit der Anzeige der abschließenden Fertigstellung von Bauvorhaben, für die der Bauaufsichtsbehörde Bescheinigungen von staatlich anerkannten Sachverständigen gemäß § 68 vorliegen, sind von den Sachverständigen Bescheinigungen einzureichen, wonach sie sich durch stichprobenhafte Kontrollen während der Bauausführung davon überzeugt haben, dass die Anlagen entsprechend den erstellten Nachweisen errichtet oder geändert worden sind. [2]Bauzustandsbesichtigungen finden insoweit nicht statt.

(5) [1]Die Bauherrin oder der Bauherr hat für die Besichtigung und die damit verbundenen möglichen Prüfungen die erforderlichen Arbeitskräfte und Geräte bereitzustellen. [2]Über das Ergebnis der Besichtigung ist auf Verlangen der Bauherrin oder des Bauherrn eine Bescheinigung auszustellen.

(6) Mit der Fortsetzung der Bauarbeiten darf erst einen Tag nach dem in der Anzeige nach Absatz 2 genannten Zeitpunkt der Fertigstellung des Rohbaus begonnen werden, soweit die Bauaufsichtsbehörde nicht einem früheren Beginn zugestimmt hat.

(7) Die Bauaufsichtsbehörde kann verlangen, dass bei Bauausführungen die Arbeiten erst fortgesetzt oder die Anlagen erst benutzt werden, wenn sie von ihr oder einer oder einem beauftragten Sachverständigen geprüft worden sind.

(8) [1]Anlagen im Sinne des Absatzes 1 dürfen erst benutzt werden, wenn sie ordnungsgemäß fertig gestellt und sicher benutzbar sind, frühestens jedoch eine Woche nach dem in der Anzeige nach Absatz 2 genannten Zeitpunkt der Fertigstellung. [2]Eine Anlage darf erst benutzt werden, wenn darüber hinaus Zufahrtswege, Wasser- sowie Löschwasserversorgungs- und Abwasserentsorgungs- sowie Gemeinschaftsanlagen in dem erforderlichen Umfang sicher benutzbar sind, nicht jedoch vor dem in Satz 1 bezeichneten Zeitpunkt. [3]Die Bauaufsichtsbehörde soll auf Antrag gestatten, dass die Anlage ganz oder teilweise schon früher benutzt wird, wenn wegen der öffentlichen Sicherheit oder Ordnung Bedenken nicht bestehen.

Sechster Abschnitt. Baulasten

§ 85 Baulasten, Baulastenverzeichnis. (1) [1]Durch Erklärung gegenüber der Bauaufsichtsbehörde kann die Grundstückseigentümerin oder der Grundstückseigentümer öffentlich-rechtliche Verpflichtungen zu einem ihr oder sein Grundstück betreffenden Tun, Dulden oder Unterlassen übernehmen, die sich nicht schon aus öffentlich-rechtlichen Vorschriften ergeben (Baulast). [2]Besteht an dem Grundstück ein Erbbaurecht, so ist auch die Erklärung der oder des Erbbauberechtigten erforderlich. [3]Baulasten werden unbeschadet der Rechte Dritter mit der Eintragung in das Baulastenverzeichnis wirksam und wirken auch gegenüber Rechtsnachfolgern.

(2) [1]Die Erklärung nach Absatz 1 bedarf der Schriftform. [2]Die Unterschrift muss öffentlich, von einer Gemeinde oder von einer gemäß § 2 Absatz 1 und 2 des Vermessungs- und Katastergesetzes[1)] vom 1. März 2005 (GV. NRW. S. 174), das zuletzt durch Artikel 2 des Gesetzes vom 1. April 2014 (GV. NRW. S. 256) geändert worden ist, zuständigen Stelle beglaubigt oder vor der Bauaufsichtsbehörde geleistet oder vor ihr anerkannt werden.

(3) [1]Die Baulast geht durch schriftlichen Verzicht der Bauaufsichtsbehörde unter. [2]Der Verzicht ist zu erklären, wenn ein öffentliches Interesse an der Baulast nicht mehr besteht. [3]Vor dem Verzicht sollen der Verpflichtete und die durch die Baulast Begünstigten angehört werden. [4]Der Verzicht wird mit der Löschung der Baulast im Baulastenverzeichnis wirksam.

(4) [1]Das Baulastenverzeichnis wird von der Bauaufsichtsbehörde geführt. [2]In das Baulastenverzeichnis können auch eingetragen werden

1. andere baurechtliche Verpflichtungen des Grundstückseigentümers zu einem sein Grundstück betreffendes Tun, Dulden oder Unterlassen, sowie
2. Auflagen, Bedingungen, Befristungen und Widerrufsvorbehalte.

(5) [1]Wer ein berechtigtes Interesse darlegt, kann in das Baulastenverzeichnis Einsicht nehmen oder sich Abschriften erteilen lassen. [2]Bei Öffentlich bestellten Vermessungsingenieurinnen und -ingenieuren ist ein berechtigtes Interesse grundsätzlich anzunehmen.

[1)] **Rehborn, Gesetze NRW (vormals v. Hippel/Rehborn) Nr. 105.**

Sechster Teil. Ordnungswidrigkeiten, Rechtsvorschriften, Übergangs- und Schlussvorschriften

§ 86[1)] Ordnungswidrigkeiten. (1) [1] Ordnungswidrig handelt, wer vorsätzlich oder fahrlässig

1. entgegen § 5 Absatz 2 Zu- und Durchfahrten sowie befahrbare Flächen nicht ständig freihält oder Fahrzeuge auf ihnen abstellt,
2. entgegen § 11 Absatz 1 eine Baustelle nicht ordnungsgemäß einrichtet oder entgegen § 11 Absatz 3 ein Baustellenschild nicht oder nicht ordnungsgemäß anbringt,
3. Bauarten entgegen § 17 ohne Bauartgenehmigung oder ohne allgemeines bauaufsichtliches Prüfzeugnis anwendet,
4. Bauprodukte mit dem Ü-Zeichen kennzeichnet, ohne dass dafür die Voraussetzungen nach § 24 Absatz 2 vorliegen,
5. Bauprodukte entgegen § 24 Absatz 4 ohne das Ü-Zeichen verwendet,
6. entgegen § 53 Absatz 1 Satz 1 keine geeigneten Beteiligten bestellt,
7. entgegen § 53 Absatz 1 Satz 5 vor Beginn der Bauarbeiten die Namen der Bauleiterin oder des Bauleiters und der Fachbauleiterinnen oder Fachbauleiter oder während der Bauausführung einen Wechsel dieser Personen oder entgegen § 53 Absatz 1 Satz 6 einen Wechsel in der Person der Bauherrin oder des Bauherrn nicht oder nicht rechtzeitig mitteilt,
8. entgegen § 53 Absatz 2 Satz 2 die nicht verfahrensfreie Beseitigung von Anlagen in Selbst- oder Nachbarschaftshilfe ausführt,
9. entgegen § 55 Absatz 1 Satz 2 und 3 die erforderlichen Nachweise und Unterlagen nicht bereithält,
10. entgegen § 62 Absatz 1 Satz 2 eine Anlage benutzt, ohne eine Bescheinigung der Unternehmerin oder des Unternehmers oder Sachverständigen vorliegen zu haben,
11. entgegen § 62 Absatz 3 Satz 2 eine Beseitigung nicht oder nicht rechtzeitig anzeigt oder entgegen den Voraussetzungen des § 62 Absatz 3 eine Anlage beseitigt,
12. entgegen § 63 Absatz 3 Satz 4 und 5, auch in Verbindung mit Satz 6, mit der Ausführung eines Bauvorhabens beginnt,
13. entgegen § 66 Absatz 5 Nummer 2 die Bezugsgebäude nicht anzeigt oder entgegen § 66 Absatz 5 Nummer 3 die dort genannten Nachweise nicht einreicht,
14. entgegen § 68 Absatz 1, § 83 Absatz 3 oder § 84 Absatz 4 Satz 1 die dort genannten Nachweise oder Bescheinigungen nicht einreicht,
15. eine Anlage ohne Baugenehmigung nach § 74 oder Teilbaugenehmigung nach § 76 oder abweichend davon errichtet, ändert, nutzt, beseitigt oder ihre Nutzung ändert,
16. entgegen § 74 Absatz 8 Satz 2 eine Kopie der Baugenehmigungen und Bauvorlagen an der Baustelle nicht vorliegen hat,

---

[1)] § 86 Abs. 1 Satz 1 Nr. 2 und Nr. 6 neu gef., bish. Nr. 7 wird Nr. 8 und geänd., bish. Nr. 8 wird Nr. 7, Nr. 9 eingef., bish. Nr. 9 wird Nr. 10, bish. Nr. 10 wird Nr. 11 und neu gef., Nr. 12 eingef., bish. Nr. 11–21 werden Nr. 13–23, Satz 2 angef., Abs. 2 Nr. 2–4 neu gef., Nr. 5 und 6 aufgeh., Abs. 3 und 4 neu gef. mWv 2.7.2021 durch G v. 30.6.2021 (GV. NRW. S. 822).

17. entgegen § 74 Absatz 9 den Ausführungsbeginn genehmigungsbedürftiger Vorhaben nicht oder nicht rechtzeitig mitteilt,
18. Fliegende Bauten ohne Ausführungsgenehmigung nach § 78 Absatz 2 in Gebrauch nimmt oder ohne Gebrauchsabnahme nach § 78 Absatz 7 Satz 2 und 3 in Gebrauch nimmt,
19. die nach § 84 Absatz 2 vorgeschriebenen oder verlangten Anzeigen nicht oder nicht rechtzeitig erstattet,
20. entgegen § 84 Absatz 6 oder 7 mit der Fortsetzung der Bauarbeiten beginnt,
21. entgegen § 84 Absatz 8 Anlagen vorzeitig benutzt,
22. einer aufgrund dieses Gesetzes ergangenen Rechtsverordnung oder örtlichen Bauvorschrift zuwiderhandelt, sofern die Rechtsverordnung oder die örtliche Bauvorschrift für einen bestimmten Tatbestand auf diese Bußgeldvorschrift verweist oder
23. einer vollziehbaren schriftlichen Anordnung der Bauaufsichtsbehörde zuwiderhandelt, die aufgrund dieses Gesetzes oder aufgrund einer nach diesem Gesetz ergangenen Rechtsverordnung oder Satzung erlassen worden ist, sofern die Anordnung auf die Bußgeldvorschrift verweist.

[2] Ist eine Ordnungswidrigkeit nach Satz 1 Nummern 3 bis 5 begangen worden, können Gegenstände, auf die sich die Ordnungswidrigkeit bezieht, eingezogen werden, § 23 des Gesetzes über Ordnungswidrigkeiten[1)] in der Fassung der Bekanntmachung vom 19. Februar 1987 (BGBl. I S. 602), das zuletzt durch Artikel 185 der Verordnung vom 19. Juni 2020 (BGBl. I S. 1328) geändert worden ist, ist anzuwenden.

(2) Ordnungswidrig handelt auch, wer wider besseres Wissen

1. unrichtige Angaben macht oder unrichtige Pläne oder Unterlagen vorlegt, um einen nach diesem Gesetz vorgesehenen Verwaltungsakt zu erwirken oder zu verhindern,
2. ohne dazu berechtigt zu sein, Bescheinigungen, Erklärungen oder bautechnische Nachweise einer oder eines staatlich anerkannten Sachverständigen oder einer Prüfingenieurin oder eines Prüfingenieurs oder Standsicherheitsnachweise oder Bescheinigungen einer berechtigten Person nach § 54 Absatz 4 ausstellt oder bei Bauaufsichtsbehörden einreicht,
3. ohne dazu berechtigt zu sein, Bauanträge, Anzeigen oder Bauvorlagen, die nach § 67 Absatz 1 Satz 1 nur von bauvorlageberechtigten Entwurfsverfassenden unterschrieben werden dürfen, durch Unterschrift anerkennt oder bei Bauaufsichten einreicht, oder
4. als staatlich anerkannte Sachverständige oder als staatlich anerkannter Sachverständiger oder als Prüfingenieurin oder als Prüfingenieur unbefugt Bescheinigungen über die Einhaltung bauordnungsrechtlicher Anforderungen oder als berechtigte Person nach § 54 Absatz 4 unbefugt Standsicherheitsnachweise, Bescheinigungen oder Erklärungen über stichprobenhafte Kontrollen der Baustelle ausstellt oder bei Bauaufsichtsbehörden einreicht.

(3) Die Ordnungswidrigkeit kann mit einer Geldbuße bis zu fünfhunderttausend Euro geahndet werden.

[1)] Nr. **72.2**.

(4) [1] Verwaltungsbehörde im Sinne des § 36 Absatz 1 Nummer 1 des Gesetzes über Ordnungswidrigkeiten ist in den Fällen des

a) Absatzes 1 Nummer 1 hinsichtlich des Abstellens von Fahrzeugen die örtliche Ordnungsbehörde,
b) in den Fällen des Absatzes 2 Nummer 4 die jeweils zuständige Baukammer,
c) in den Fällen des Absatzes 2 Nummer 2 und 3 die Ingenieurkammer-Bau Nordrhein-Westfalen und
d) im Übrigen die untere Bauaufsichtsbehörde.

[2] Sofern eine Ordnungswidrigkeit gegenüber einem Mitglied der Architektenkammer Nordrhein-Westfalen oder der Ingenieurkammer-Bau Nordrhein-Westfalen geahndet wird, hat die untere Bauaufsichtsbehörde unverzüglich die jeweilige Baukammer hierüber nachrichtlich in Kenntnis zu setzen.

§ 87[1) 2)] Rechtsverordnungen. (1) Zur Verwirklichung der in § 3 Absatz 1 Satz 1 und 2, § 17 Absatz 1 und § 18 Absatz 1 bezeichneten Anforderungen wird die oberste Bauaufsichtsbehörde ermächtigt, durch Rechtsverordnung Vorschriften zu erlassen über

1. die nähere Bestimmung allgemeiner Anforderungen in den §§ 4 bis 47,
2. den Nachweis der Befähigung der in § 17 Absatz 6 und § 18 Absatz 3 genannten Personen, dabei können Mindestanforderungen an die Ausbildung, die durch Prüfung nachzuweisende Befähigung und die Ausbildungsstätten einschließlich der Anerkennungsvoraussetzungen gestellt werden,
3. die Überwachung von Tätigkeiten bei Bauarten nach § 17 Absatz 7 und mit einzelnen Bauprodukten nach § 18 Absatz 4, dabei können für die Überwachungsstellen über die in § 25 festgelegten Mindestanforderungen hinaus weitere Anforderungen im Hinblick auf die besonderen Eigenschaften und die besondere Verwendung der Bauprodukte gestellt werden,
4. die nähere Bestimmung allgemeiner Anforderungen in §§ 39 bis 41, insbesondere über Lüftungs- und Leitungsanlagen sowie über deren Betrieb und über deren Aufstellräume,
5. die nähere Bestimmung allgemeiner Anforderungen in § 42, insbesondere über Feuerungsanlagen und Anlagen zur Verteilung von Wärme oder zur Warmwasserversorgung sowie über deren Betrieb, über Brennstoffleitungsanlagen, über Aufstellräume für Feuerstätten, Verbrennungsmotoren und Verdichter sowie über die Lagerung von Brennstoffen,
6. Anforderungen an Garagen (§ 48),
7. Zahl, Größe und Beschaffenheit der Stellplätze und Fahrradabstellplätze einschließlich deren Zubehörnutzungen (§ 48 Absatz 1), die unter Berücksichtigung der Sicherheit und Leichtigkeit des Verkehrs, der Bedürfnisse des ruhenden Verkehrs, der städtebaulichen Situation und der Erschließung durch Einrichtungen des öffentlichen Personennahverkehrs für Anlagen erforderlich sind, bei denen ein Zu- und Abgangsverkehr mit Kraftfahr-

---

[1)] § 87 ist am 4.8.2018 in Kraft getreten, vgl. Art. 2 Abs. 1 G v. 21.7.2018 (GV. NRW. S. 421).

[2)] § 87 Abs. 2 Satz 1 Nr. 5 und 6 geänd., Nr. 7 angef. mWv 15.4.2020 durch G v. 14.4.2020 (GV. NRW. S. 218b); Abs. 2 Satz 1 Nr. 7 Satz 3 aufgeh. mWv 8.12.2020 durch G v. 1.12.2020 (GV. NRW. S. 1109); Abs. 1 einl. Satzteil und Nr. 1 geänd., Nr. 6–8 eingef., bish. Nr. 6–9 werden Nr. 9–12 und neue Nr. 11 geänd., neue Nr. 12 neu gef., bish. Nr. 10–12 aufgeh., Abs. 2 Satz 1 einl. Satzteil, Nr. 3 und 4, Sätze 3 und 5 geänd., Abs. 3 Satz 1 Nr. 1 neu gef. mWv 2.7.2021 durch G v. 30.6.2021 (GV. NRW. S. 822).

zeugen und Fahrrädern oder fahrradähnlichen Leichtkrafträdern zu erwarten ist (notwendige Stellplätze, notwendige Fahrradabstellplätze), einschließlich des Mehrbedarfs bei Änderungen und Nutzungsänderungen der Anlagen, sowie die Ablösung der Herstellungspflicht und die Höhe der Ablösungsbeträge, die nach Art der Nutzung und Lage der Anlage unterschiedlich geregelt werden kann,

8. die Gestaltung der Stellplätze für Kraftfahrzeuge, sowie über die Notwendigkeit, Art, Gestaltung und Höhe von Abgrenzungen oder Einfriedungen, hierzu können auch Anforderungen an die Bepflanzung gestellt oder die Verwendung von Pflanzen, insbesondere Hecken, als Einfriedung verlangt werden,
9. besondere Anforderungen oder Erleichterungen, die sich aus der besonderen Art oder Nutzung der Anlagen und Räume für Errichtung, Änderung, Instandhaltung, Betrieb und Benutzung ergeben (§§ 49 Absatz 2 und 50), sowie über die Anwendung solcher Anforderungen auf bestehende bauliche Anlagen dieser Art,
10. wiederkehrende Prüfung von Anlagen, die zur Verhütung erheblicher Gefahren ständig ordnungsgemäß instandgehalten werden müssen, und die Erstreckung dieser Nachprüfungspflicht auf bestehende Anlagen,
11. die Vergütung der Sachverständigen, denen nach diesem Gesetz oder nach Vorschriften aufgrund dieses Gesetzes Aufgaben übertragen werden, die Vergütung ist nach den Grundsätzen des Gebührengesetzes für das Land Nordrhein-Westfalen[1)] in der Fassung der Bekanntmachung vom 23. August 1999 (GV. NRW. S. 524), das zuletzt durch Gesetz vom 8. Dezember 2015 (GV. NRW. S. 836) geändert worden ist, festzusetzen und
12. die Anwesenheit fachkundiger Personen beim Betrieb technisch schwieriger baulicher Anlagen und Einrichtungen wie Bühnenbetriebe und technisch schwierige Fliegende Bauten einschließlich des Nachweises der Befähigung dieser Personen.

(2) [1] Die oberste Bauaufsichtsbehörde wird ermächtigt, durch Rechtsverordnung Vorschriften zu erlassen über

1. weitere und weitergehende Ausnahmen von der Genehmigungspflicht,
2. den vollständigen oder teilweisen Wegfall der bautechnischen Prüfung bei bestimmten Arten von Bauvorhaben,
3. die Übertragung von Prüfaufgaben der Bauaufsichtsbehörde im Rahmen des bauaufsichtlichen Verfahrens einschließlich der Bauüberwachung und Bauzustandsbesichtigung auf Sachverständige, sachverständige Stellen, Prüfämter, Prüfingenieurinnen und Prüfingenieure sowie deren Anerkennung,
4. Sachverständige, die von der Bauherrin oder dem Bauherrn mit der Erstellung von Nachweisen und Bescheinigungen beauftragt werden sowie deren staatliche Anerkennung,
5. die Verpflichtung der Betreiberinnen oder Betreiber, mit der wiederkehrenden Prüfung bestimmter Anlagen nach Absatz 1 Nummer 7 Sachverständige oder Sachkundige zu beauftragen,
6. die Berichtspflicht der Bauaufsichtsbehörden gemäß § 91 Satz 2 und 3 und

---

[1)] Nr. **81.12**.

7. ein Verfahren für die elektronische Abwicklung der nach diesem Gesetz durch die Bauaufsichtsbehörden durchzuführenden Verfahren, bei dem auf Schriftformerfordernisse und Formerfordernisse sowie Fristen, die durch dieses Gesetz oder aufgrund dieses Gesetzes angeordnet sind, verzichtet oder von diesen abgewichen werden kann. Das Verfahren muss den Datenübermittler (Absender der Daten) authentifizieren und die Integrität des elektronisch übermittelten Datensatzes gewährleisten.

[2] Sie kann dafür bestimmte Voraussetzungen festlegen, die die Verantwortlichen nach den §§ 53 bis 56 oder die Sachverständigen zu erfüllen haben. [3] Sie muss dies in den Fällen des Satzes 1 Nummer 2 bis 6 tun. [4] Dabei können insbesondere die Fachbereiche, in denen Sachverständige tätig werden, sowie Mindestanforderungen an die Fachkenntnisse sowie in zeitlicher und sachlicher Hinsicht an die Berufserfahrung festgelegt, eine laufende Fortbildung vorgeschrieben, durch Prüfungen nachzuweisende Befähigung bestimmt, der Nachweis der persönlichen Zuverlässigkeit und einer ausreichenden Haftpflichtversicherung gefordert und Altersgrenzen festgesetzt werden. [5] Sie kann darüber hinaus auch eine besondere Anerkennung der Sachverständigen und Prüfingenieure vorschreiben, das Verfahren und die Voraussetzungen für die Anerkennung, ihren Widerruf, ihre Rücknahme und ihr Erlöschen und die Vergütung der Sachverständigen und Prüfingenieure sowie für Prüfungen, die Bestellung und Zusammensetzung der Prüfungsorgane und das Prüfungsverfahren regeln.

(3) [1] Die oberste Bauaufsichtsbehörde wird ermächtigt, zum bauaufsichtlichen Verfahren durch Rechtsverordnung Vorschriften zu erlassen über

1. Umfang, Inhalt und Zahl der erforderlichen Unterlagen einschließlich der Vorlagen bei der Anzeige der beabsichtigten Beseitigung von Anlagen nach § 62 Absatz 3 Satz 2 und bei der Genehmigungsfreistellung nach § 63,
2. die erforderlichen Anträge, Anzeigen, Nachweise und Bescheinigungen und
3. das Verfahren im Einzelnen.

[2] Sie kann dabei für verschiedene Arten von Bauvorhaben unterschiedliche Anforderungen und Verfahren festlegen.

(4) Die oberste Bauaufsichtsbehörde wird ermächtigt, durch Rechtsverordnung vorzuschreiben, dass die am Bau Beteiligten nach den §§ 53 bis 56 zum Nachweis der ordnungsgemäßen Bauausführung Bescheinigungen, Bestätigungen oder Nachweise dieser Personen, von Sachverständigen, Fachleuten oder Behörden über die Einhaltung bauaufsichtlicher Anforderungen vorzulegen haben.

(5) [1] Die oberste Bauaufsichtsbehörde wird ermächtigt, durch Rechtsverordnung die Befugnisse für die Anerkennung von Prüf-, Zertifizierungs- und Überwachungsstellen (§ 25) auf andere Behörden zu übertragen. [2] Die Befugnis nach Satz 1 kann auch auf eine Behörde eines anderen Landes übertragen werden, die der Aufsicht einer obersten Bauaufsichtsbehörde untersteht oder an deren Willensbildung die oberste Bauaufsichtsbehörde mitwirkt. [3] Die Befugnis darf nur im Einvernehmen mit der obersten Bauaufsichtsbehörde ausgeübt werden.

(6) Die oberste Bauaufsichtsbehörde kann durch Rechtsverordnung

1. das Ü-Zeichen festlegen und zu diesem Zeichen zusätzliche Angaben verlangen und

2. das Anerkennungsverfahren nach § 25 Absatz 1, die Voraussetzungen für die Anerkennung, ihren Widerruf und ihr Erlöschen regeln, insbesondere auch Altersgrenzen festlegen, sowie eine ausreichende Haftpflichtversicherung fordern.

(7) Die oberste Bauaufsichtsbehörde kann durch Rechtsverordnung vorschreiben, dass für bestimmte Bauprodukte und Bauarten, auch soweit sie Anforderungen nach anderen Rechtsvorschriften unterliegen, hinsichtlich dieser Anforderungen § 17 Absatz 2 und §§ 20 bis 25 ganz oder teilweise anwendbar sind, wenn die anderen Rechtsvorschriften dies verlangen oder zulassen.

(8) [1] Die oberste Bauaufsichtsbehörde wird ermächtigt, durch Rechtsverordnung zu bestimmen, dass die Anforderungen der aufgrund des § 34 des Produktsicherheitsgesetzes[1)] vom 8. November 2011 (BGBl. I S. 2178, 2179; 2012 I S. 131), das durch Artikel 435 der Verordnung vom 31. August 2015 (BGBl. I S. 1474) geändert worden ist, erlassenen Rechtsverordnungen entsprechend für Anlagen gelten, die weder gewerblichen noch wirtschaftlichen Zwecken dienen und in deren Gefahrenbereich auch keine Arbeitnehmer beschäftigt werden. [2] Sie kann auch die Verfahrensvorschriften dieser Verordnungen für anwendbar erklären oder selbst das Verfahren bestimmen sowie Zuständigkeiten und Gebühren regeln. [3] Dabei kann sie auch vorschreiben, dass danach zu erteilende Erlaubnisse die Baugenehmigung nach § 74 oder Zustimmung nach § 79 einschließlich etwaiger Abweichungen nach § 69 einschließen sowie, dass § 35 des Produktsicherheitsgesetzes insoweit Anwendung findet.

(9) Die Rechtsverordnungen werden nach Anhörung des zuständigen Ausschusses des Landtags erlassen.

(10) Die oberste Bauaufsichtsbehörde erlässt die zur Durchführung dieses Gesetzes oder der Rechtsvorschriften aufgrund dieses Gesetzes erforderlichen Verwaltungsvorschriften.

§ 88[2)] Technische Baubestimmungen. (1) [1] Die Anforderungen nach § 3 Absatz 1 Satz 1 und 2 können durch Technische Baubestimmungen konkretisiert werden. [2] Die Technischen Baubestimmungen sind zu beachten. [3] Von den in den Technischen Baubestimmungen enthaltenen Planungs-, Bemessungs- und Ausführungsregelungen kann abgewichen werden, wenn mit einer anderen Lösung in gleichem Maße die Anforderungen erfüllt werden und in der Technischen Baubestimmung eine Abweichung nicht ausgeschlossen ist. [4] §§ 17 Absatz 2, 20 Absatz 1 und 69 Absatz 1 bleiben unberührt.

(2) Die Konkretisierungen können durch Bezugnahmen auf technische Regeln und deren Fundstellen oder auf andere Weise erfolgen, insbesondere in Bezug auf:

1. bestimmte bauliche Anlagen oder ihre Teile,
2. die Planung, Bemessung und Ausführung baulicher Anlagen und ihrer Teile,
3. die Leistung von Bauprodukten in bestimmten baulichen Anlagen oder ihren Teilen, insbesondere
   a) Planung, Bemessung und Ausführung baulicher Anlagen bei Einbau eines Bauprodukts,

---

[1)] **Sartorius ErgBd. Nr. 803.**
[2)] § 88 Abs. 1 Satz 1 geänd. mWv 2.7.2021 durch G v. 30.6.2021 (GV. NRW. S. 822).

b) Merkmale von Bauprodukten, die sich für einen Verwendungszweck auf die Erfüllung der Anforderungen nach § 3 Absatz 1 Satz 1 auswirken,
c) Verfahren für die Feststellung der Leistung eines Bauprodukts im Hinblick auf Merkmale, die sich für einen Verwendungszweck auf die Erfüllung der Anforderungen nach § 3 Absatz 1 Satz 1 auswirken,
d) zulässige oder unzulässige besondere Verwendungszwecke,
e) die Festlegung von Klassen und Stufen in Bezug auf bestimmte Verwendungszwecke,
f) die für einen bestimmten Verwendungszweck anzugebende oder erforderliche und anzugebende Leistung in Bezug auf ein Merkmal, das sich für einen Verwendungszweck auf die Erfüllung der Anforderungen nach § 3 Absatz 1 Satz 1 auswirkt, soweit vorgesehen in Klassen und Stufen,

4. die Bauarten und die Bauprodukte, die nur eines allgemeinen bauaufsichtlichen Prüfzeugnisses nach § 17 Absatz 3 oder nach § 22 Absatz 1 bedürfen,
5. Voraussetzungen zur Abgabe der Übereinstimmungserklärung für ein Bauprodukt nach § 24 Absatz 2 und
6. die Art, den Inhalt und die Form technischer Dokumentation.

(3) Die Technischen Baubestimmungen sollen nach den Grundanforderungen gemäß Anhang I der Verordnung (EU) Nr. 305/2011 gegliedert sein.

(4) Die Technischen Baubestimmungen enthalten die in § 20 Absatz 3 genannte Liste.

(5) [1] Das Deutsche Institut für Bautechnik veröffentlicht nach Anhörung der beteiligten Kreise im Einvernehmen mit den obersten Bauaufsichtsbehörden der Länder eine Muster-Verwaltungsvorschrift Technische Baubestimmungen (MVVTB). [2] Die Oberste Bauaufsichtsbehörde erlässt die Technischen Baubestimmungen nach Absatz 1 als Verwaltungsvorschrift für das Land Nordrhein-Westfalen. [3] Bei der Bekanntgabe kann hinsichtlich ihres Inhalts auf die Fundstelle verwiesen werden.

§ 89[1) 2)] Örtliche Bauvorschriften. (1) Die Gemeinden können durch Satzung örtliche Bauvorschriften erlassen über

1. besondere Anforderungen an die äußere Gestaltung baulicher Anlagen sowie von Werbeanlagen und Warenautomaten zur Erhaltung und Gestaltung von Ortsbildern,
2. über das Verbot von Werbeanlagen und Warenautomaten aus ortsgestalterischen Gründen,
3. die Lage, Größe, Beschaffenheit, Ausstattung und Unterhaltung von Kinderspielplätzen (§ 8 Absatz 2),
4. Zahl, Größe und Beschaffenheit der Stellplätze und Fahrradabstellplätze einschließlich deren Zubehörnutzungen (§ 48 Absatz 1), die unter Berücksichtigung der Sicherheit und Leichtigkeit des Verkehrs, der Bedürfnisse des ruhenden Verkehrs, der städtebaulichen Situation und der Erschließung durch Einrichtungen des öffentlichen Personennahverkehrs für Anlagen erforderlich sind, bei denen ein Zu- und Abgangsverkehr mit Kraftfahrzeugen und Fahrrädern oder fahrradähnlichen Leichtkrafträdern zu erwarten ist

---

1) § 89 ist am 4.8.2018 in Kraft getreten, vgl. Art. 2 Abs. 1 G v. 21.7.2018 (GV. NRW. S. 421).
2) § 89 Abs. 1 Nr. 4 neu gef., Nr. 5 und 6 geänd. mWv 2.7.2021 durch G v. 30.6.2021 (GV. NRW. S. 822).

(notwendige Stellplätze, notwendige Fahrradabstellplätze), einschließlich des Mehrbedarfs bei Änderungen und Nutzungsänderungen der Anlagen, sowie die Ablösung der Herstellungspflicht und die Höhe der Ablösungsbeträge, die nach Art der Nutzung und Lage der Anlage unterschiedlich geregelt werden kann,

5. die Gestaltung der Gemeinschaftsanlagen, der Lagerplätze, der Stellplätze für Kraftfahrzeuge, der Plätze für bewegliche Abfallbehälter und der unbebauten Flächen der bebauten Grundstücke sowie über die Notwendigkeit, Art, Gestaltung und Höhe von Einfriedungen; dabei kann bestimmt werden, dass Vorgärten nicht als Arbeitsflächen oder Lagerflächen benutzt werden dürfen,
6. von § 6 abweichende Maße der Abstandsflächentiefe, soweit dies zur Gestaltung des Ortsbildes oder zur Verwirklichung der Festsetzungen einer städtebaulichen Satzung erforderlich ist und eine ausreichende Belichtung sowie der Brandschutz gewährleistet sind, oder
7. die Begrünung baulicher Anlagen.

(2) [1] Örtliche Bauvorschriften können auch durch Bebauungsplan oder, soweit das Baugesetzbuch[1)] dies vorsieht, durch andere Satzungen nach den Vorschriften des Baugesetzbuchs erlassen werden. [2] Werden die örtlichen Bauvorschriften durch Bebauungsplan oder durch eine sonstige städtebauliche Satzung nach dem Baugesetzbuch erlassen, so sind die Vorschriften des Ersten und des Dritten Abschnitts des Ersten Teils, des Ersten Abschnitts des Zweiten Teils, die §§ 13, 13a, 13b, 30, 31, 33, 36, 214 und 215 Baugesetzbuch entsprechend anzuwenden.

(3) [1] Anforderungen nach den Absätzen 1 und 2 können innerhalb der örtlichen Bauvorschrift auch in Form zeichnerischer Darstellungen gestellt werden. [2] Ihre Bekanntgabe kann dadurch ersetzt werden, dass dieser Teil der örtlichen Bauvorschrift bei der Gemeinde zur Einsicht ausgelegt wird; hierauf ist in den örtlichen Bauvorschriften hinzuweisen.

§ 90[2)] Übergangsvorschriften. (1) [1] Die Verwendung des Ü-Zeichens auf Bauprodukten, die die CE-Kennzeichnung aufgrund der Verordnung (EU) Nr. 305/2011 tragen, ist mit dem Inkrafttreten dieses Gesetzes nicht mehr zulässig. [2] Sind bereits in Verkehr gebrachte Bauprodukte, die die CE-Kennzeichnung aufgrund der Verordnung (EU) Nr. 305/2011 tragen, mit dem Ü-Zeichen gekennzeichnet, verliert das Ü-Zeichen mit dem Inkrafttreten dieses Gesetzes seine Gültigkeit.

(2) Bis zum Inkrafttreten dieses Gesetzes für Bauarten erteilte allgemeine bauaufsichtliche Zulassungen oder Zustimmungen im Einzelfall gelten als Bauartgenehmigung fort.

(3) [1] Bestehende Anerkennungen als Prüf-, Überwachungs- und Zertifizierungsstellen bleiben in dem bis zum Inkrafttreten dieses Gesetzes geregelten Umfang wirksam. [2] Vor dem Inkrafttreten dieses Gesetzes gestellte Anträge gelten als Anträge nach diesem Gesetz.

(4) [1] Die vor dem Inkrafttreten dieses Gesetzes eingeleiteten Verfahren sind nach den zum Zeitpunkt der Antragstellung geltenden Verfahrensvorschriften fortzuführen und abzuschließen. [2] Abweichend von Satz 1 kann die Bauherr-

---

[1)] Nr. **41.2**.
[2)] § 90 Abs. 4 neu gef. mWv 2.7.2021 durch G v. 30.6.2021 (GV. NRW. S. 822).

schaft die Anwendung dieses Gesetzes anstelle des zur Zeit der Antragstellung geltenden Rechts beantragen.

§ 91 Berichtspflicht. [1] Die Landesregierung berichtet dem Landtag bis zum 31. Dezember 2023 über die Notwendigkeit und Zweckmäßigkeit der Regelungen dieses Gesetzes. [2] Die Bauaufsichtsbehörden haben der obersten Bauaufsichtsbehörde über die durchschnittliche Länge von Baugenehmigungsverfahren jährlich zum 31. Dezember Bericht zu erstatten. [3] Inhalt, Art, Form und Umfang der Berichtspflicht wird durch eine Rechtsverordnung durch die oberste Bauaufsichtsbehörde festgelegt. [4] Die oberste Bauaufsichtsbehörde berichtet dem Landtag über die wesentlichen Inhalte der jeweiligen Berichte.

42.1. Bundesfernstraßengesetz (FStrG)

In der Fassung der Bekanntmachung vom 28. Juni 2007[1) 2)]

(BGBl. I S. 1206)

FNA 911-1

geänd. durch Art. 6 G zur Neuregelung des Rechts des Naturschutzes und der Landschaftspflege v. 29.7.2009 (BGBl. I S. 2542), Art. 6 G zur Neuregelung des Wasserrechts v. 31.7.2009 (BGBl. I S. 2585), Art. 7 Planfeststellungsverfahren-VereinheitlichungsG v. 31.5.2013 (BGBl. I S. 1388, geänd. durch Art. 1b G v. 24.5.2014, BGBl. I S. 538), Art. 1 Sechstes ÄndG v. 24.8.2015 (BGBl. I S. 1442), Art. 466 Zehnte ZuständigkeitsanpassungsVO v. 31.8.2015 (BGBl. I S. 1474), Art. 9 G zur Anpassung des Umwelt-RechtsbehelfsG und anderer Vorschriften an europa- und völkerrechtliche Vorgaben v. 29.5.2017 (BGBl. I S. 1298), Art. 1 Siebtes ÄndG v. 27.6.2017 (BGBl. I S. 2082), Art. 2 Abs. 7 G zur Modernisierung des Rechts der Umweltverträglichkeitsprüfung v. 20.7.2017 (BGBl. I S. 2808, ber. 2018 S. 472), Art. 17 G zur Neuregelung des bundesstaatlichen Finanzausgleichssystems ab dem Jahr 2020 und zur Änd. haushaltsrechtlicher Vorschriften v. 14.8.2017 (BGBl. I S. 3122), Art. 1 G zur Beschleunigung von Planungs- und Genehmigungsverfahren im Verkehrsbereich v. 29.11.2018 (BGBl. I S. 2237), Art. 2 G zur weiteren Beschleunigung von Planungs- und Genehmigungsverfahren im Verkehrsbereich v. 3.3.2020 (BGBl. I S. 433), Art. 1 Achtes G zur Änd. des BundesfernstraßenG und zur Änd. weiterer Vorschriften v. 29.6.2020 (BGBl. I S. 1528), Art. 2 Strukturstärkungsgesetz Kohleregionen v. 8.8.2020 (BGBl. I S. 1795), Art. 2a Investitionen-Beschleunigungsgesetz v. 3.12. 2020 (BGBl. I S. 2694), Art. 1 Neuntes G zur Änd. des BundesfernstraßenG und zur Änd. weiterer Vorschriften v. 31.5.2021 (BGBl. I S. 1221) und Art. 11 Aufbauhilfegesetz 2021 v. 10.9.2021 (BGBl. I S. 4147)

§ 1[3)] Einteilung der Bundesstraßen des Fernverkehrs. (1) [1]Bundesstraßen des Fernverkehrs (Bundesfernstraßen) sind öffentliche Straßen, die ein zusammenhängendes Verkehrsnetz bilden und einem weiträumigen Verkehr dienen oder zu dienen bestimmt sind. [2]In der geschlossenen Ortslage (§ 5 Abs. 4) gehören zum zusammenhängenden Verkehrsnetz die zur Aufnahme des weiträumigen Verkehrs notwendigen Straßen.

(2) Sie gliedern sich in

1. Bundesautobahnen,
2. Bundesstraßen mit den Ortsdurchfahrten (§ 5 Abs. 4).

(3) [1]Bundesautobahnen sind Bundesfernstraßen, die nur für den Schnellverkehr mit Kraftfahrzeugen bestimmt und so angelegt sind, dass sie frei von höhengleichen Kreuzungen und für Zu- und Abfahrt mit besonderen Anschlussstellen ausgestattet sind. [2]Sie sollen getrennte Fahrbahnen für den Richtungsverkehr haben.

(4) Zu den Bundesfernstraßen gehören

1. der Straßenkörper; das sind besonders der Straßengrund, der Straßenunterbau, die Straßendecke, die Brücken, Tunnel, Durchlässe, Dämme, Gräben, Entwässerungsanlagen, Böschungen, Stützmauern, Lärmschutzanlagen, Trenn-, Seiten-, Rand- und Sicherheitsstreifen;
2. der Luftraum über dem Straßenkörper;

---

1) Neubekanntmachung des FStrG idF der Bek. v. 20.2.2003 (BGBl. I S. 286) in der ab 17.12.2006 geltenden Fassung.

2) Siehe hierzu ua:

Schl.-H. FStrG-ZuständigkeitsübertragungsVO v. 24.8.2020 (GVOBl. Schl.-H. S. 560).

3) § 1 Abs. 5 Satz 2 geänd. mWv 8.9.2015 durch VO v. 31.8.2015 (BGBl. I S. 1474); Abs. 5 Satz 2 geänd. mWv 1.1.2021 durch G v. 14.8.2017 (BGBl. I S. 3122).

3. das Zubehör; das sind die Verkehrszeichen, die Verkehrseinrichtungen und -anlagen aller Art, die der Sicherheit oder Leichtigkeit des Straßenverkehrs oder dem Schutz der Anlieger dienen, und die Bepflanzung;

3a. Einrichtungen zur Erhebung von Maut und zur Kontrolle der Einhaltung der Mautpflicht;

4. die Nebenanlagen; das sind solche Anlagen, die überwiegend den Aufgaben der Straßenbauverwaltung der Bundesfernstraßen dienen, z.B. Straßenmeistereien, Gerätehöfe, Lager, Lagerplätze, Entnahmestellen, Hilfsbetriebe und -einrichtungen;

5. die Nebenbetriebe an den Bundesautobahnen (§ 15 Abs. 1).

(5) [1] Für die Bundesfernstraßen werden Straßenverzeichnisse geführt. [2] Das Fernstraßen-Bundesamt bestimmt die Nummerung und Bezeichnung der Bundesfernstraßen.

§ 2[1)] Widmung, Umstufung, Einziehung. (1) Eine Straße erhält die Eigenschaft einer Bundesfernstraße durch Widmung.

(2) Voraussetzung für die Widmung ist, dass der Träger der Straßenbaulast Eigentümer des der Straße dienenden Grundstücks ist, oder der Eigentümer und ein sonst zur Nutzung dinglich Berechtigter der Widmung zugestimmt hat, oder der Träger der Straßenbaulast den Besitz durch Vertrag, durch Einweisung nach § 18f Abs. 1 oder in einem sonstigen gesetzlichen Verfahren erlangt hat.

(3) Durch privatrechtliche Verfügungen oder durch Verfügungen im Wege der Zwangsvollstreckung über die der Straße dienenden Grundstücke oder Rechte an ihnen wird die Widmung nicht berührt.

(3a) Eine öffentliche Straße, die die Voraussetzungen des § 1 Abs. 1 oder 3 erfüllt, ist zur Bundesautobahn oder Bundesstraße, eine Bundesstraße, die die Voraussetzungen des § 1 Abs. 3 erfüllt, zur Bundesautobahn aufzustufen.

(4) Eine Bundesfernstraße, bei der sich die Verkehrsbedeutung geändert hat und bei der die Voraussetzungen des § 1 Abs. 1 weggefallen sind, ist entweder unverzüglich einzuziehen, wenn sie jede Verkehrsbedeutung verloren hat oder überwiegende Gründe des öffentlichen Wohls vorliegen (Einziehung), oder unverzüglich dem Träger der Straßenbaulast zu überlassen, der sich nach Landesrecht bestimmt (Abstufung).

(5) [1] Die Absicht der Einziehung ist drei Monate vorher in den Gemeinden, die die Straße berührt, öffentlich bekannt zu machen, um Gelegenheit zu Einwendungen zu geben. [2] Von der Bekanntmachung kann abgesehen werden, wenn die zur Einziehung vorgesehenen Teilstrecken in den in einem Planfeststellungsverfahren ausgelegten Plänen als solche kenntlich gemacht worden sind oder Teilstrecken im Zusammenhang mit Änderungen von unwesentlicher Bedeutung (§ 74 Abs. 7 des Verwaltungsverfahrensgesetzes[2)]) eingezogen werden sollen. [3] Die Abstufung soll nur zum Ende eines Rechnungsjahres ausgesprochen und drei Monate vorher angekündigt werden.

[1)] § 2 Abs. 5 Satz 2 geänd. mWv 1.6.2015 durch G v. 31.5.2013 (BGBl. I S. 1388, geänd. durch G v. 24.5.2014, BGBl. I S. 538); Abs. 6 Satz 3 geänd. mWv 8.9.2015 durch VO v. 31.8.2015 (BGBl. I S. 1474); Abs. 6 neu gef. mWv 1.1.2021 durch G v. 14.8.2017 (BGBl. I S. 3122).

[2)] **Sartorius Nr. 100.**

ligen Zuständigkeiten oder von den zuständigen Behörden Beauftragte zu dulden. [2] Wohnungen dürfen nur mit Zustimmung des Wohnungsinhabers betreten werden. [3] Satz 2 gilt nicht für Arbeits-, Betriebs- oder Geschäftsräume während der jeweiligen Arbeits-, Geschäfts- oder Aufenthaltszeiten.

(2) Die Absicht, solche Arbeiten auszuführen, ist dem Eigentümer oder sonstigen Nutzungsberechtigten mindestens zwei Wochen vorher unmittelbar oder durch ortsübliche Bekanntmachung in den Gemeinden, in deren Bereich die Vorarbeiten durchzuführen sind, bekannt zu geben.

(3) [1] Entstehen durch eine Maßnahme nach Absatz 1 einem Eigentümer oder sonstigen Nutzungsberechtigten unmittelbare Vermögensnachteile, so hat der Träger der Straßenbaulast eine angemessene Entschädigung in Geld zu leisten. [2] Kommt eine Einigung über die Geldentschädigung nicht zustande, so setzt die nach Landesrecht zuständige Behörde auf Antrag der Straßenbaubehörde, der Gesellschaft privaten Rechts im Sinne des Infrastrukturgesellschaftserrichtungsgesetzes oder des Berechtigten die Entschädigung fest. [3] Vor der Entscheidung sind die Beteiligten zu hören.

§ 17[1)] Erfordernis der Planfeststellung und vorläufige Anordnung.

(1) [1] Bundesfernstraßen dürfen nur gebaut oder geändert werden, wenn der Plan vorher festgestellt ist. [2] Eine Änderung liegt vor, wenn eine Bundesfernstraße

1. um einen oder mehrere durchgehende Fahrstreifen für den Kraftfahrzeugverkehr baulich erweitert wird oder
2. in sonstiger Weise erheblich baulich umgestaltet wird.

[3] Eine Änderung im Sinne von Satz 2 liegt insbesondere nicht vor, wenn sie im Zuge des Wiederaufbaus nach einer Naturkatastrophe erforderlich ist, um die Bundesfernstraße vor Naturereignissen zu schützen, und in einem räumlich begrenzten Korridor entlang des Trassenverlaufs erfolgt. [4] Bei der Planfeststellung sind die von dem Vorhaben berührten öffentlichen und privaten Belange einschließlich der Umweltverträglichkeit im Rahmen der Abwägung zu berücksichtigen. [5] Für das Planfeststellungsverfahren gelten die §§ 72 bis 78 des Verwaltungsverfahrensgesetzes[2)] nach Maßgabe dieses Gesetzes. [6] Die Maßgaben gelten entsprechend, soweit das Verfahren landesrechtlich durch ein Verwaltungsverfahrensgesetz geregelt ist.

(2) [1] Ist das Planfeststellungsverfahren eingeleitet, kann die Planfeststellungsbehörde nach Anhörung der betroffenen Gemeinde eine vorläufige Anordnung erlassen, in der vorbereitende Maßnahmen oder Teilmaßnahmen zum Bau oder zur Änderung festgesetzt werden,

1. soweit es sich um reversible Maßnahmen handelt,
2. wenn an dem vorzeitigen Beginn ein öffentliches Interesse besteht,
3. wenn mit einer Entscheidung zugunsten des Trägers des Vorhabens gerechnet werden kann und

[1)] § 17 Überschrift neu gef., bish. Wortlaut wird Abs. 1, Abs. 2 angef. mWv 7.12.2018 durch G v. 29.11.2018 (BGBl. I S. 2237); Abs. 1 Satz 2 eingef., bish. Sätze 2–4 werden Sätze 3–5 mWv 13.3. 2020 durch G v. 3.3.2020 (BGBl. I S. 433); Abs. 1 Satz 3 eingef., bish. Sätze 3–5 werden Sätze 4–6 mWv 15.9.2021 durch G v. 10.9.2021 (BGBl. I S. 4147).

[2)] **Sartorius Nr. 100.**

4. wenn die nach § 74 Absatz 2 des Verwaltungsverfahrensgesetzes zu berücksichtigenden Interessen gewahrt werden.

[2] In der vorläufigen Anordnung sind die Auflagen zur Sicherung dieser Interessen und der Umfang der vorläufig zulässigen Maßnahmen festzulegen. [3] Sie ist den anliegenden Gemeinden sowie den Beteiligten zuzustellen oder ortsüblich bekannt zu machen. [4] Sie ersetzt nicht die Planfeststellung. [5] § 16a bleibt unberührt. [6] Soweit die vorbereitenden Maßnahmen oder Teilmaßnahmen zum Bau oder zur Änderung durch die Planfeststellung für unzulässig erklärt sind, ordnet die Planfeststellungsbehörde gegenüber dem Träger des Vorhabens an, den früheren Zustand wiederherzustellen. [7] Dies gilt auch, wenn der Antrag auf Planfeststellung zurückgenommen wurde. [8] Der Betroffene ist durch den Träger der Straßenbaulast zu entschädigen, soweit die Wiederherstellung des früheren Zustands nicht möglich oder mit unverhältnismäßig hohem Aufwand verbunden oder ein Schaden eingetreten ist, der durch die Wiederherstellung des früheren Zustandes nicht ausgeglichen wird. [9] Rechtsbehelfe gegen die vorläufige Anordnung haben keine aufschiebende Wirkung; ein Vorverfahren findet nicht statt. [10] Betrifft die vorläufige Anordnung ein Vorhaben im Sinne des § 17e Absatz 1, ist § 17e Absatz 1 und 5 in Bezug auf Rechtsbehelfe gegen die vorläufige Anordnung entsprechend anzuwenden.

§ 17a[1)] Anhörungsverfahren. Für das Anhörungsverfahren gilt § 73 des Verwaltungsverfahrensgesetzes[2)] mit folgenden Maßgaben:

1. Die Anhörungsbehörde kann auf eine Erörterung im Sinne des § 73 Absatz 6 des Verwaltungsverfahrensgesetzes und des § 18 Absatz 1 Satz 4 des Gesetzes über die Umweltverträglichkeitsprüfung[3)] verzichten. Findet keine Erörterung statt, so hat die Anhörungsbehörde ihre Stellungnahme innerhalb von sechs Wochen nach Ablauf der Einwendungsfrist abzugeben und zusammen mit den sonstigen in § 73 Absatz 9 des Verwaltungsverfahrensgesetzes aufgeführten Unterlagen der Planfeststellungsbehörde zuzuleiten.
2. Soll ein ausgelegter Plan geändert werden, so kann im Regelfall von der Erörterung im Sinne des § 73 Absatz 6 des Verwaltungsverfahrensgesetzes und des § 18 Absatz 1 Satz 4 des Gesetzes über die Umweltverträglichkeitsprüfung abgesehen werden.

§ 17b[4)] Planfeststellungsbeschluss, Plangenehmigung. (1) Für Planfeststellungsbeschluss und Plangenehmigung gilt § 74 des Verwaltungsverfahrensgesetzes[2)] mit folgenden Maßgaben:

[1)] § 17a Nr. 2 Satz 1 geänd. mWv 1.3.2010 durch G v. 29.7.2009 (BGBl. I S. 2542); Nr. 1–4 und Nr. 7 aufgeh., bish. Nr. 5 wird Nr. 1 und geänd., bish. Nr. 6 wird Nr. 2 und neu gef. mWv 1.6. 2015 durch G v. 31.5.2013 (BGBl. I S. 1388, geänd. durch G v. 24.5.2014, BGBl. I S. 538); Nr. 2 geänd. mWv 2.6.2017 durch G v. 29.5.2017 (BGBl. I S. 1298); Nr. 2 geänd. mWv 29.7.2017 durch G v. 20.7.2017 (BGBl. I S. 2808, ber. 2018 S. 472); Nr. 1 Satz 1 neu gef. mWv 7.12.2018 durch G v. 29.11.2018 (BGBl. I S. 2237).

[2)] **Sartorius Nr. 100.**

[3)] Nr. **32.4**.

[4)] § 17b Abs. 1 Nr. 1–4 und Nr. 7 aufgeh., bish. Nr. 5 wird Nr. 1 und geänd., bish. Nr. 6 wird *Nr. 2 mWv 1.6.2015 durch G v. 31.5.2013* (BGBl. I S. 1388, geänd. durch G v. 24.5.2014, BGBl. I S. 538); Abs. 1 Nr. 2 geänd. mWv 8.9.2015 durch VO v. 31.8.2015 (BGBl. I S. 1474); Abs. 1 Nr. 1 geänd. mWv 29.7.2017 durch G v. 20.7.2017 (BGBl. I S. 2808); Abs. 1 Nr. 2 geänd. mWv 1.1.2021 →

1. Abweichend von § 74 Absatz 6 Satz 1 Nummer 3 des Verwaltungsverfahrensgesetzes kann für ein Vorhaben, für das nach dem Gesetz über die Umweltverträglichkeitsprüfung eine Umweltverträglichkeitsprüfung durchzuführen ist, an Stelle eines Planfeststellungsbeschlusses eine Plangenehmigung erteilt werden. § 17a Nummer 1 Satz 1 gilt entsprechend. Im Übrigen

(Fortsetzung nächstes Blatt)

(Fortsetzung der Anm. von voriger Seite)
durch G v. 14.8.2017 (BGBl. I S. 3122); Abs. 1 Nr. 1 neu gef. mWv 7.12.2018 durch G v. 29.11. 2018 (BGBl. I S. 2237).

42.5. Straßenverkehrsgesetz (StVG)

In der Fassung der Bekanntmachung vom 5. März 2003[1) 2)]

(BGBl. I S. 310, ber. S. 919)

FNA 9231-1

geänd. durch Art. 46a Viertes G für moderne Dienstleistungen am Arbeitsmarkt v. 24.12.2003 (BGBl. I S. 2954), Art. 65 G zur Einordnung des Sozialhilferechts in das SGB v. 27.12.2003 (BGBl. I S. 3022), Art. 1 ÄndG v. 14.1.2004 (BGBl. I S. 74), Art. 11 Erstes JustizmodernisierungsG v. 24.8. 2004 (BGBl. I S. 2198), Art. 2 Abs. 13 G zum internationalen Familienrecht v. 26.1.2005 (BGBl. I S. 162), Art. 26 VerwaltungsvereinfachungsG v. 21.3.2005 (BGBl. I S. 818), Art. 1 Zweites ÄndG v. 3.5.2005 (BGBl. I S. 1221), Art. 43 G zur Umbenennung des Bundesgrenzschutzes in Bundespolizei v. 21.6.2005 (BGBl. I S. 1818), Art. 1 Drittes G zur Änd. des StVG und anderer straßenverkehrsrechtlicher Vorschriften v. 14.8.2005 (BGBl. I S. 2412), Art. 2 UmsetzungsG zum Prümer Vertrag v. 10.7.2006 (BGBl. I S. 1458), Art. 12 G zur Fortentwicklung der Grundsicherung für Arbeitsuchende v. 20.7.2006 (BGBl. I S. 1706), Art. 2 G zur Einführung einer Grundqualifikation und Weiterbildung der Fahrer im Güterkraft- oder Personenverkehr v. 14.8.2006 (BGBl. I S. 1958), Art. 9 TerrorismusbekämpfungsergänzungsG v. 5.1.2007 (BGBl. I S. 2, geänd. durch G v. 7.12.2011, BGBl. I S. 2576; G v. 3.12.2015, BGBl. I S. 2161 und G v. 3.12.2020, BGBl. I S. 2667), Art. 2 Abs. 5 Erwachsenenschutz-UmsetzungsG v. 17.3.2007 (BGBl. I S. 314 iVm Bek. v. 12.12.2008, BGBl. 2009 II S. 39), Art. 1 VO zur Änd. der Anl. zu § 24a des StVG und anderer Vorschriften v. 6.6. 2007 (BGBl. I S. 1045), Art. 1 Fahranfänger-AlkoholverbotsVO v. 19.7.2007 (BGBl. I S. 1460), Art. 26 Zweites G zum Abbau bürokratischer Hemmnisse insbesondere in der mittelständischen Wirtschaft v. 7.9.2007 (BGBl. I S. 2246), Art. 5 Zweites G zur Änd. des PflichtversicherungsG und anderer versicherungsrechtlicher Vorschriften v. 10.12.2007 (BGBl. I S. 2833), Art. 5 G zur Änd. seeverkehrsrechtlicher, verkehrsrechtlicher und anderer Vorschriften mit Bezug zum Seerecht v. 8.4. 2008 (BGBl. I S. 706), Art. 3 Zweites G zur Änd. des GüterkraftverkehrsG und anderer Gesetze v. 6.11.2008 (BGBl. I S. 2162), Art. 1 Viertes ÄndG v. 22.12.2008 (BGBl. I S. 2965), Art. 1 G zur Änd. des StVG und zur Änd. des G zur Änd. der Anl. 1 und 3 des ATP-Übereinkommens v. 3.2.2009 (BGBl. I S. 150), Art. 9 G zur Neuregelung der Kraftfahrzeugsteuer und Änd. anderer Gesetze v. 29.5.2009 (BGBl. I S. 1170), Art. 1 Fünftes ÄndG v. 17.7.2009 (BGBl. I S. 2021), Art. 1 Sechstes ÄndG v. 17.7.2009 (BGBl. I S. 2023), Art. 4 Abs. 16 G zur Reform der Sachaufklärung in der Zwangsvollstreckung v. 29.7.2009 (BGBl. I S. 2258, geänd. durch Art. 18 G v. 23.5.2011, BGBl. I S. 898), Art. 3 G zur Umsetzung des Beschl. des Rates 2008/615/JI v. 23.6.2008 zur Vertiefung der grenzüberschreitenden Zusammenarbeit, insbesondere zur Bekämpfung des Terrorismus und der grenzüberschreitenden Kriminalität v. 31.7.2009 (BGBl. I S. 2507), Art. 1 G zur Änd. des StVG und des KraftfahrsachverständigenG v. 2.12.2010 (BGBl. I S. 1748), Art. 14, 16 G zur Durchführung der VO (EG) Nr. 4/2009 und zur Neuordnung bestehender Aus- und Durchführungsbestimmungen auf dem Gebiet des internationalen Unterhaltsverfahrensrechts v. 23.5.2011 (BGBl. I S. 898), Art. 1 Drittes G zur Änd. des StVG und anderer Gesetze v. 20.6.2011 (BGBl. I S. 1124), Art. 1 Siebtes ÄndG v. 23.6.2011 (BGBl. I S. 1213), Art. 2 Mautrecht-NeuregelungsG v. 12.7.2011 (BGBl. I S. 1378), Art. 2 Abs. 118 G zur Änd. von Vorschriften über Verkündung und Bekanntmachungen sowie der ZPO, des EGZPO und der AO v. 22.12.2011 (BGBl. I S. 3044), Art. 5 G zur Änd. des GüterkraftverkehrsG und anderer Gesetze v. 17.6.2013 (BGBl. I S. 1558), Art. 24 G zur Förderung der elektronischen Verwaltung sowie zur Änd. weiterer Vorschriften v. 25.7.2013 (BGBl. I S. 2749), Art. 2 Abs. 144 G zur Strukturreform des Gebührenrechts des Bundes v. 7.8.2013 (BGBl. I S. 3154), Art. 1 Viertes G zur Änd. des StVG und anderer Gesetze v. 28.8.2013 (BGBl. I S. 3310), Art. 1 Fünftes G zur Änd. des StVG und anderer Gesetze v. 28.8.2013 (BGBl. I S. 3313), Art. 1 G zur Änd. des StVG, der GewerbeO und des BundeszentralregisterG v. 28.11.2014 (BGBl. I S. 1802), Art. 2 G zur Änd. des FahrpersonalG und des StVG v. 2.3.2015 (BGBl. I S. 186), Art. 4 G zur Einführung einer Infrastrukturabgabe für die Benutzung von Bundesfernstraßen v. 8.6.2015 (BGBl. I S. 904), Art. 15 WSV-ZuständigkeitsanpassungsG v. 24.5.2016 (BGBl. I S. 1217), Art. 1 Sechstes G zur Änd.

[1)] Neubekanntmachung des StVG v. 19.12.1952 (BGBl. I S. 837) in der ab 18.9.2002 geltenden Fassung.

[2)] Die Änderung durch G v. 15.1.2021 (BGBl. I S. 530) tritt erst **mWv 1.5.2022** in Kraft, die Änderungen durch G v. 7.5.2021 (BGBl. I S. 850) treten erst **1.11.2022** in Kraft und die Änderungen durch Art. 2 G v. 12.7.2021 (BGBl. I S. 3091) treten erst **mWv 1.7.2023** in Kraft und sind im Text noch nicht berücksichtigt.

des StVG und anderer Gesetze v. 28.11.2016 (BGBl. I S. 2722), Art. 3 G zur Stärkung der Bekämpfung der Schwarzarbeit und illegalen Beschäftigung v. 6.3.2017 (BGBl. I S. 399), Art. 4 G zur Änd. des GüterkraftverkehrsG, des FahrpersonalG, des G zur Regelung der Arbeitszeit von selbständigen Kraftfahrern, des StraßenverkehrsG und des G über die Errichtung eines Kraftfahrt-Bundesamtes v. 16.5.2017 (BGBl. I S. 1214), Art. 6 Abs. 3 G zur Änd. von Vorschriften im Bereich des Internationalen Privat- und Zivilverfahrensrechts v. 11.6.2017 (BGBl. I S. 1607), Art. 1 Achtes ÄndG v. 16.6.2017 (BGBl. I S. 1648), Art. 21 G zur Umsetzung der Vierten EU-GeldwäscheRL, zur Ausführung der EU-GeldtransferVO und zur Neuorganisation der Zentralstelle für Finanztransaktionsuntersuchungen v. 23.6.2017 (BGBl. I S. 1822), Art. 4 G zur Verbesserung der Sachaufklärung in der Verwaltungsvollstreckung v. 30.6.2017 (BGBl. I S. 2094), Art. 2 G über das Fahrlehrerwesen und zur Änd. anderer straßenverkehrsrechtlicher Vorschriften v. 30.6.2017 (BGBl. I S. 2162), Art. 8 G zur Einführung eines Anspruchs auf Hinterbliebenengeld v. 17.7.2017 (BGBl. I S. 2421), Art. 6 G zur effektiveren und praxistauglicheren Ausgestaltung des Strafverfahrens v. 17.8.2017 (BGBl. I S. 3202), Art. 3 ÄndG des BundesfernstraßenmautG und zur Änd. weiterer straßenverkehrsrechtl. Vorschriften v. 4.12.2018 (BGBl. I S. 2251), Art. 1 Neuntes ÄndG v. 8.4.2019 (BGBl. I S. 430), Art. 5 Abs. 21 G zur Einführung einer Karte für Unionsbürger und Angehörige des Europäischen Wirtschaftsraums mit Funktion zum elektronischen Identitätsnachweis sowie zur Änd. des PersonalausweisG und weiterer Vorschriften[1] v. 21.6.2019 (BGBl. I S. 846), Art. 137 Zweites Datenschutz-Anpassungs- und Umsetzungsgesetz EU v. 20.11.2019 (BGBl. I S. 1626), Art. 1 G zur Änd. des StraßenverkehrsG und weiterer straßenverkehrsrechtl. Vorschriften v. 5.12.2019 (BGBl. I S. 2008), Art. 325 Elfte ZuständigkeitsanpassungsVO v. 19.6.2020 (BGBl. I S. 1328), Art. 2 Achtes G zur Änd. des BundesfernstraßenG und zur Änd. weiterer Vorschriften v. 29.6.2020 (BGBl. I S. 1528), Art. 1 G zur Haftung bei Unfällen mit Anhängern und Gespannen im Straßenverkehr v. 10.7.2020 (BGBl. I S. 1653), Art. 3 G über Änderungen im Berufskraftfahrerqualifikationsrecht v. 26.11.2020 (BGBl. I S. 2575), Art. 6 Abs. 2 Zweites G zur Änd. des BundesmeldeG v. 15.1.2021 (BGBl. I S. 530), Art. 3 G zur Modernisierung des Personenbeförderungsrechts v. 16.4.2021 (BGBl. I S. 822), Art. 4 Abs. 9 G zur Verbesserung des Schutzes von Gerichtsvollziehern vor Gewalt sowie zur Änd. weiterer zwangsvollstreckungsrechtl. Vorschriften und zur Änd. des InfektionsschutzG v. 7.5.2021 (BGBl. I S. 850), Art. 1 und 2 Viertes G zur Änd. des StraßenverkehrsG und anderer straßenverkehrsrechtlicher Vorschriften v. 12.7.2021 (BGBl. I S. 3091) und Art. 1 Gesetz zum autonomen Fahren v. 12.7.2021 (BGBl. I S. 3108)

Nichtamtliche Inhaltsübersicht

I. Verkehrsvorschriften

[1] Die Änd. des Inkrafttretens dieses G durch Art. 154a G v. 20.11.2019 (BGBl. I S. 1626) ist unbeachtlich, da das G bei Erlass des ÄndG bereits in Kraft getreten war.

I. Verkehrsvorschriften

§ 1[1)] Zulassung (1) [1]Kraftfahrzeuge und ihre Anhänger, die auf öffentlichen Straßen in Betrieb gesetzt werden sollen, müssen von der zuständigen Behörde (Zulassungsbehörde) zum Verkehr zugelassen sein. [2]Die Zulassung erfolgt auf Antrag des Verfügungsberechtigten des Fahrzeugs bei Vorliegen einer Betriebserlaubnis, Einzelgenehmigung oder EG-Typgenehmigung durch Zuteilung eines amtlichen Kennzeichens.

(2) Als Kraftfahrzeuge im Sinne dieses Gesetzes gelten Landfahrzeuge, die durch Maschinenkraft bewegt werden, ohne an Bahngleise gebunden zu sein.

(3) [1]Keine Kraftfahrzeuge im Sinne dieses Gesetzes sind Landfahrzeuge, die durch Muskelkraft fortbewegt werden und mit einem elektromotorischen Hilfsantrieb mit einer Nenndauerleistung von höchstens 0,25 kW ausgestattet sind, dessen Unterstützung sich mit zunehmender Fahrzeuggeschwindigkeit progressiv verringert und

1. beim Erreichen einer Geschwindigkeit von 25 km/h oder früher,
2. wenn der Fahrer im Treten einhält,

unterbrochen wird. [2]Satz 1 gilt auch dann, soweit die in Satz 1 bezeichneten Fahrzeuge zusätzlich über eine elektromotorische Anfahr- oder Schiebehilfe verfügen, die eine Beschleunigung des Fahrzeuges auf eine Geschwindigkeit von bis zu 6 km/h, auch ohne gleichzeitiges Treten des Fahrers, ermöglicht. [3]Für Fahrzeuge im Sinne der Sätze 1 und 2 sind die Vorschriften über Fahrräder anzuwenden.

§ 1a[2)] Kraftfahrzeuge mit hoch- oder vollautomatisierter Fahrfunktion. (1) Der Betrieb eines Kraftfahrzeugs mittels hoch- oder vollautomatisierter Fahrfunktion ist zulässig, wenn die Funktion bestimmungsgemäß verwendet wird.

(2) [1]Kraftfahrzeuge mit hoch- oder vollautomatisierter Fahrfunktion im Sinne dieses Gesetzes sind solche, die über eine technische Ausrüstung verfügen,

1. die zur Bewältigung der Fahraufgabe – einschließlich Längs- und Querführung – das jeweilige Kraftfahrzeug nach Aktivierung steuern (Fahrzeugsteuerung) kann,
2. die in der Lage ist, während der hoch- oder vollautomatisierten Fahrzeugsteuerung den an die Fahrzeugführung gerichteten Verkehrsvorschriften zu entsprechen,
3. die jederzeit durch den Fahrzeugführer manuell übersteuerbar oder deaktivierbar ist,
4. die die Erforderlichkeit der eigenhändigen Fahrzeugsteuerung durch den Fahrzeugführer erkennen kann,
5. die dem Fahrzeugführer das Erfordernis der eigenhändigen Fahrzeugsteuerung mit ausreichender Zeitreserve vor der Abgabe der Fahrzeugsteuerung an den Fahrzeugführer optisch, akustisch, taktil oder sonst wahrnehmbar anzeigen kann und

---

[1)] § 1 Abs. 1 Satz 2 geänd., Satz 3 aufgeh. mWv 26.6.2011 durch G v. 20.6.2011 (BGBl. I S. 1124); Abs. 3 angef. mWv 21.6.2013 durch G v. 17.6.2013 (BGBl. I S. 1558).

[2)] § 1a eingef. mWv 21.6.2017 durch G v. 16.6.2017 (BGBl. I S. 1648).

6. die auf eine der Systembeschreibung zuwiderlaufende Verwendung hinweist.

[2]Der Hersteller eines solchen Kraftfahrzeugs hat in der Systembeschreibung verbindlich zu erklären, dass das Fahrzeug den Voraussetzungen des Satzes 1 entspricht.

(3) Die vorstehenden Absätze sind nur auf solche Fahrzeuge anzuwenden, die nach § 1 Absatz 1 zugelassen sind, den in Absatz 2 Satz 1 enthaltenen Vorgaben entsprechen und deren hoch- oder vollautomatisierte Fahrfunktionen

1. in internationalen, im Geltungsbereich dieses Gesetzes anzuwendenden Vorschriften beschrieben sind und diesen entsprechen oder
2. eine Typgenehmigung gemäß Artikel 20 der Richtlinie 2007/46/EG des Europäischen Parlaments und des Rates vom 5. September 2007 zur Schaffung eines Rahmens für die Genehmigung von Kraftfahrzeugen und Kraftfahrzeuganhängern sowie von Systemen, Bauteilen und selbstständigen technischen Einheiten für diese Fahrzeuge (Rahmenrichtlinie) (ABl. L 263 vom 9.10.2007, S. 1) erteilt bekommen haben.

(4) Fahrzeugführer ist auch derjenige, der eine hoch- oder vollautomatisierte Fahrfunktion im Sinne des Absatzes 2 aktiviert und zur Fahrzeugsteuerung verwendet, auch wenn er im Rahmen der bestimmungsgemäßen Verwendung dieser Funktion das Fahrzeug nicht eigenhändig steuert.

§ 1b[1)] Rechte und Pflichten des Fahrzeugführers bei Nutzung hoch- oder vollautomatisierter Fahrfunktionen. (1) Der Fahrzeugführer darf sich während der Fahrzeugführung mittels hoch- oder vollautomatisierter Fahrfunktionen gemäß § 1a vom Verkehrsgeschehen und der Fahrzeugsteuerung abwenden; dabei muss er derart wahrnehmungsbereit bleiben, dass er seiner Pflicht nach Absatz 2 jederzeit nachkommen kann.

(2) Der Fahrzeugführer ist verpflichtet, die Fahrzeugsteuerung unverzüglich wieder zu übernehmen,

1. wenn das hoch- oder vollautomatisierte System ihn dazu auffordert oder
2. wenn er erkennt oder auf Grund offensichtlicher Umstände erkennen muss, dass die Voraussetzungen für eine bestimmungsgemäße Verwendung der hoch- oder vollautomatisierten Fahrfunktionen nicht mehr vorliegen.

§ 1c[2)] Evaluierung. [1]Das Bundesministerium für Verkehr und digitale Infrastruktur wird die Anwendung der Regelungen in Artikel 1 des Gesetzes vom 16. Juni 2017 (BGBl. I S. 1648) nach Ablauf des Jahres 2019 auf wissenschaftlicher Grundlage evaluieren. [2]Die Bundesregierung unterrichtet den Deutschen Bundestag über die Ergebnisse der Evaluierung.

§ 1d[3)] Kraftfahrzeuge mit autonomer Fahrfunktion in festgelegten Betriebsbereichen. (1) Ein Kraftfahrzeug mit autonomer Fahrfunktion im Sinne dieses Gesetzes ist ein Kraftfahrzeug, das

1. die Fahraufgabe ohne eine fahrzeugführende Person selbstständig in einem festgelegten Betriebsbereich erfüllen kann und

---

[1)] *§ 1b eingef. mWv 21.6.2017 durch G v. 16.6.2017 (BGBl. I S. 1648).*
[2)] § 1c eingef. mWv 21.6.2017 durch G v. 16.6.2017 (BGBl. I S. 1648).
[3)] § 1d eingef. mWv 28.7.2021 durch G v. 12.7.2021 (BGBl. I S. 3108).

2. über eine technische Ausrüstung gemäß § 1e Absatz 2 verfügt.

(2) Ein festgelegter Betriebsbereich im Sinne dieses Gesetzes bezeichnet den örtlich und räumlich bestimmten öffentlichen Straßenraum, in dem ein Kraftfahrzeug mit autonomer Fahrfunktion bei Vorliegen der Voraussetzungen gemäß § 1e Absatz 1 betrieben werden darf.

(3) Technische Aufsicht eines Kraftfahrzeugs mit autonomer Fahrfunktion im Sinne dieses Gesetzes ist diejenige natürliche Person, die dieses Kraftfahrzeug während des Betriebs gemäß § 1e Absatz 2 Nummer 8 deaktivieren und für dieses Kraftfahrzeug gemäß § 1e Absatz 2 Nummer 4 und Absatz 3 Fahrmanöver freigeben kann.

(4) Risikominimaler Zustand im Sinne dieses Gesetzes ist ein Zustand, in dem sich das Kraftfahrzeug mit autonomer Fahrfunktion auf eigene Veranlassung oder auf Veranlassung der Technischen Aufsicht an einer möglichst sicheren Stelle in den Stillstand versetzt und die Warnblinkanlage aktiviert, um unter angemessener Beachtung der Verkehrssituation die größtmögliche Sicherheit für die Fahrzeuginsassen, andere Verkehrsteilnehmende und Dritte zu gewährleisten.

§ 1e[1)] Betrieb von Kraftfahrzeugen mit autonomer Fahrfunktion; Widerspruch und Anfechtungsklage. (1) [1]Der Betrieb eines Kraftfahrzeugs mittels autonomer Fahrfunktion ist zulässig, wenn

1. das Kraftfahrzeug den technischen Voraussetzungen gemäß Absatz 2 entspricht,
2. für das Kraftfahrzeug eine Betriebserlaubnis nach Absatz 4 erteilt worden ist,
3. das Kraftfahrzeug in einem von der nach Bundes- oder Landesrecht zuständigen Behörde oder auf Bundesfernstraßen, soweit dem Bund die Verwaltung zusteht, von der Gesellschaft privaten Rechts im Sinne des Infrastrukturgesellschaftserrichtungsgesetzes genehmigten, festgelegten Betriebsbereich eingesetzt wird und
4. das Kraftfahrzeug zur Teilnahme am öffentlichen Straßenverkehr gemäß § 1 Absatz 1 zugelassen ist.

[2]Ein Betrieb eines Kraftfahrzeugs gemäß § 1h und die Zulassung im Übrigen gemäß § 1 Absatz 1 bleiben hiervon unberührt.

(2) Kraftfahrzeuge mit autonomer Fahrfunktion müssen über eine technische Ausrüstung verfügen, die in der Lage ist,

1. die Fahraufgabe innerhalb des jeweiligen festgelegten Betriebsbereichs selbstständig zu bewältigen, ohne dass eine fahrzeugführende Person in die Steuerung eingreift oder die Fahrt des Kraftfahrzeugs permanent von der Technischen Aufsicht überwacht wird,
2. selbstständig den an die Fahrzeugführung gerichteten Verkehrsvorschriften zu entsprechen und die über ein System der Unfallvermeidung verfügt, das
   a) auf Schadensvermeidung und Schadensreduzierung ausgelegt ist,
   b) bei einer unvermeidbaren alternativen Schädigung unterschiedlicher Rechtsgüter die Bedeutung der Rechtsgüter berücksichtigt, wobei der Schutz menschlichen Lebens die höchste Priorität besitzt, und

---

1) § 1e eingef. mWv 28.7.2021 durch G v. 12.7.2021 (BGBl. I S. 3108).

c) für den Fall einer unvermeidbaren alternativen Gefährdung von Menschenleben keine weitere Gewichtung anhand persönlicher Merkmale vorsieht,

3. das Kraftfahrzeug selbstständig in einen risikominimalen Zustand zu versetzen, wenn die Fortsetzung der Fahrt nur durch eine Verletzung des Straßenverkehrsrechts möglich wäre,
4. im Fall der Nummer 3 der Technischen Aufsicht selbstständig
   a) mögliche Fahrmanöver zur Fortsetzung der Fahrt vorzuschlagen sowie
   b) Daten zur Beurteilung der Situation zu liefern, damit die Technische Aufsicht über eine Freigabe des vorgeschlagenen Fahrmanövers entscheiden kann,
5. ein von der Technischen Aufsicht vorgegebenes Fahrmanöver zu überprüfen und dieses nicht auszuführen, sondern das Kraftfahrzeug selbstständig in einen risikominimalen Zustand zu versetzen, wenn das Fahrmanöver am Verkehr teilnehmende oder unbeteiligte Personen gefährden würde,
6. eine Beeinträchtigung ihrer Funktionalität der Technischen Aufsicht unverzüglich anzuzeigen,
7. ihre Systemgrenzen zu erkennen und beim Erreichen einer Systemgrenze, beim Auftreten einer technischen Störung, die die Ausübung der autonomen Fahrfunktion beeinträchtigt, oder beim Erreichen der Grenzen des festgelegten Betriebsbereichs das Kraftfahrzeug selbstständig in einen risikominimalen Zustand zu versetzen,
8. jederzeit durch die Technische Aufsicht oder durch Fahrzeuginsassen deaktiviert zu werden und im Falle einer Deaktivierung das Kraftfahrzeug selbstständig in den risikominimalen Zustand zu versetzen,
9. der Technischen Aufsicht das Erfordernis der Freischaltung eines alternativen Fahrmanövers, der Deaktivierung mit ausreichender Zeitreserve sowie Signale zum eigenen Funktionsstatus optisch, akustisch oder sonst wahrnehmbar anzuzeigen und
10. ausreichend stabile und vor unautorisierten Eingriffen geschützte Funkverbindungen, insbesondere zur Technischen Aufsicht, sicherzustellen und das Kraftfahrzeug selbstständig in einen risikominimalen Zustand zu versetzen, wenn diese Funkverbindung abbricht oder darauf unerlaubt zugegriffen wird.

(3) Zur Erfüllung der Anforderungen nach Absatz 2 Nummer 1 bis 4 ist es im Falle sonstiger Beeinträchtigungen, die dazu führen, dass die technische Ausrüstung die Fahraufgabe nicht selbstständig bewältigen kann, auch ausreichend, wenn

1. die technische Ausrüstung in der Lage ist sicherzustellen, dass alternative Fahrmanöver durch die Technische Aufsicht vorgegeben werden können,
2. die alternativen Fahrmanöver gemäß Nummer 1 durch die technische Ausrüstung selbstständig ausgeführt werden und
3. die technische Ausrüstung in der Lage ist, die Technische Aufsicht mit ausreichender Zeitreserve optisch, akustisch oder sonst wahrnehmbar zur Vorgabe eines Fahrmanövers aufzufordern.

(4) [1] Liegen die technischen Voraussetzungen gemäß Absatz 2 und die Erklärung des Herstellers nach § 1f Absatz 3 Nummer 4 vor, erteilt das Kraftfahrt-Bundesamt auf Antrag des Herstellers eine Betriebserlaubnis für ein Kraftfahr-

zeug mit autonomer Fahrfunktion. ²Laufende Genehmigungsverfahren, die sachlich unter § 1d bis § 1g fallen und in denen der Antrag auf Erteilung einer Betriebserlaubnis inklusive einer Ausnahmegenehmigung bereits gestellt worden ist, bleiben unberührt.

(5) Widerspruch und Anfechtungsklage gegen den Widerruf oder die Rücknahme einer Betriebserlaubnis für ein Kraftfahrzeug mit autonomer Fahrfunktion haben keine aufschiebende Wirkung.

(6) Widerspruch und Anfechtungsklage gegen den Widerruf oder die Rücknahme einer Genehmigung eines festgelegten Betriebsbereichs haben keine aufschiebende Wirkung.

§ 1f[1)] Pflichten der Beteiligten beim Betrieb von Kraftfahrzeugen mit autonomer Fahrfunktion. (1) ¹Der Halter eines Kraftfahrzeugs mit autonomer Fahrfunktion ist zur Erhaltung der Verkehrssicherheit und der Umweltverträglichkeit des Kraftfahrzeugs verpflichtet und hat die hierfür erforderlichen Vorkehrungen zu treffen. ²Er hat

1. die regelmäßige Wartung der für die autonome Fahrfunktion erforderlichen Systeme sicherzustellen,
2. Vorkehrungen zu treffen, dass die sonstigen, nicht an die Fahrzeugführung gerichteten Verkehrsvorschriften eingehalten werden und
3. zu gewährleisten, dass die Aufgaben der Technischen Aufsicht erfüllt werden.

(2) Die Technische Aufsicht über ein Kraftfahrzeug mit autonomer Fahrfunktion ist verpflichtet,

1. ein alternatives Fahrmanöver nach § 1e Absatz 2 Nummer 4 und Absatz 3 zu bewerten und das Kraftfahrzeug hierfür freizuschalten, sobald ihr ein solches optisch, akustisch oder sonst wahrnehmbar durch das Fahrzeugsystem angezeigt wird, die vom Fahrzeugsystem bereitgestellten Daten ihr eine Beurteilung der Situation ermöglichen und die Durchführung des alternativen Fahrmanövers nicht die Verkehrssicherheit gefährdet,
2. die autonome Fahrfunktion unverzüglich zu deaktivieren, sobald dies optisch, akustisch oder sonst wahrnehmbar durch das Fahrzeugsystem angezeigt wird,
3. Signale der technischen Ausrüstung zum eigenen Funktionsstatus zu bewerten und gegebenenfalls erforderliche Maßnahmen zur Verkehrssicherung einzuleiten und
4. unverzüglich Kontakt mit den Insassen des Kraftfahrzeugs herzustellen und die zur Verkehrssicherung notwendigen Maßnahmen einzuleiten, wenn das Kraftfahrzeug in den risikominimalen Zustand versetzt wird.

(3) Der Hersteller eines Kraftfahrzeugs mit autonomer Fahrfunktion hat

1. über den gesamten Entwicklungs- und Betriebszeitraum des Kraftfahrzeugs gegenüber dem Kraftfahrt-Bundesamt und der zuständigen Behörde nachzuweisen, dass die elektronische und elektrische Architektur des Kraftfahrzeugs und die mit dem Kraftfahrzeug in Verbindung stehende elektronische und elektrische Architektur vor Angriffen gesichert ist,
2. eine Risikobeurteilung für das Kraftfahrzeug vorzunehmen und gegenüber dem Kraftfahrt- Bundesamt und der zuständigen Behörde nachzuweisen, wie

---

1) § 1f eingef. mWv 28.7.2021 durch G v. 12.7.2021 (BGBl. I S. 3108).

die Risikobeurteilung durchgeführt wurde und dass kritische Elemente des Kraftfahrzeugs gegen Gefahren, die im Rahmen der Risikobeurteilung festgestellt wurden, geschützt werden,

3. eine für das autonome Fahren ausreichend sichere Funkverbindung nachzuweisen,
4. für jedes Kraftfahrzeug eine Systembeschreibung vorzunehmen, ein Betriebshandbuch zu erstellen und gegenüber dem Kraftfahrt-Bundesamt und im Betriebshandbuch verbindlich zu erklären, dass das Kraftfahrzeug die Voraussetzungen nach § 1e Absatz 2, auch in Verbindung mit Absatz 3, erfüllt,
5. für das Kraftfahrzeug eine Schulung für die am Betrieb beteiligten Personen anzubieten, in der die technische Funktionsweise insbesondere im Hinblick auf die Fahrfunktionen und die Aufgabenwahrnehmung der Technischen Aufsicht vermittelt werden, und
6. sobald er Manipulationen am Kraftfahrzeug oder an dessen elektronischer oder elektrischer Architektur oder an der mit dem Kraftfahrzeug in Verbindung stehenden elektronischen oder elektrischen Architektur erkennt, insbesondere bei einem unerlaubten Zugriff auf die Funkverbindungen des Kraftfahrzeugs, diese unverzüglich dem Kraftfahrt-Bundesamt und der nach Bundes- oder Landesrecht zuständigen Behörde oder auf Bundesfernstraßen, soweit dem Bund die Verwaltung zusteht, der Gesellschaft privaten Rechts im Sinne des Infrastrukturgesellschaftserrichtungsgesetzes mitzuteilen und erforderliche Maßnahmen einzuleiten.

§ 1g[1)] Datenverarbeitung. (1) [1]Der Halter eines Kraftfahrzeugs mit autonomer Fahrfunktion ist verpflichtet, folgende Daten beim Betrieb des Kraftfahrzeugs zu speichern:

1. Fahrzeugidentifizierungsnummer,
2. Positionsdaten,
3. Anzahl und Zeiten der Nutzung sowie der Aktivierung und der Deaktivierung der autonomen Fahrfunktion,
4. Anzahl und Zeiten der Freigabe von alternativen Fahrmanövern,
5. Systemüberwachungsdaten einschließlich Daten zum Softwarestand,
6. Umwelt- und Wetterbedingungen,
7. Vernetzungsparameter wie beispielsweise Übertragungslatenz und verfügbare Bandbreite,
8. Name der aktivierten und deaktivierten passiven und aktiven Sicherheitssysteme, Daten zum Zustand dieser Sicherheitssysteme sowie die Instanz, die das Sicherheitssystem ausgelöst hat,
9. Fahrzeugbeschleunigung in Längs- und Querrichtung,
10. Geschwindigkeit,
11. Status der lichttechnischen Einrichtungen,
12. Spannungsversorgung des Kraftfahrzeugs mit autonomer Fahrfunktion,
13. von extern an das Kraftfahrzeug gesendete Befehle und Informationen.

[2]Der Halter ist verpflichtet, dem Kraftfahrt-Bundesamt und der nach Bundes- oder Landesrecht zuständigen Behörde oder auf Bundesfernstraßen, soweit dem Bund die Verwaltung zusteht, der Gesellschaft privaten Rechts im Sinne des

[1)] § 1g eingef. mWv 28.7.2021 durch G v. 12.7.2021 (BGBl. I S. 3108).

Infrastrukturgesellschaftserrichtungsgesetzes auf Verlangen die Daten nach Satz 1 zu übermitteln, soweit dies erforderlich ist

1. bezüglich des Kraftfahrt-Bundesamts für dessen Aufgabenerfüllung nach den Absätzen 4 und 5 und
2. bezüglich der nach Bundes- oder Landesrecht zuständigen Behörde oder auf Bundesfernstraßen, soweit dem Bund die Verwaltung zusteht, der Gesellschaft privaten Rechts im Sinne des Infrastrukturgesellschaftserrichtungsgesetzes für deren Aufgabenerfüllung nach Absatz 6

(2) Die Daten gemäß Absatz 1 sind bei den folgenden Anlässen zu speichern:

1. bei Eingriffen durch die Technische Aufsicht,
2. bei Konfliktszenarien, insbesondere bei Unfällen und Fast-Unfall-Szenarien,
3. bei nicht planmäßigem Spurwechsel oder Ausweichen,
4. bei Störungen im Betriebsablauf.

(3) [1] Der Hersteller eines Kraftfahrzeugs mit autonomer Fahrfunktion hat das Fahrzeug so auszustatten, dass die Speicherung der Daten gemäß Absatz 1 und 2 dem Halter tatsächlich möglich ist. [2] Der Hersteller muss den Halter präzise, klar und in leichter Sprache über die Einstellungsmöglichkeiten zur Privatsphäre und zur Verarbeitung der Daten, die beim Betrieb des Kraftfahrzeugs in der autonomen Fahrfunktion verarbeitet werden, informieren. [3] Die diesbezügliche Software des Kraftfahrzeugs muss Wahlmöglichkeiten zur Art und Weise der Speicherung und der Übermittlung der in der autonomen Fahrfunktion verarbeiteten Daten vorsehen und dem Halter entsprechende Einstellungen ermöglichen.

(4) [1] Das Kraftfahrt-Bundesamt ist berechtigt, folgende Daten beim Halter zu erheben, zu speichern und zu verwenden, soweit dies für die Überwachung des sicheren Betriebs des Kraftfahrzeugs mit autonomer Fahrfunktion erforderlich ist:

1. Daten nach Absatz 1 und
2. Vor- und Nachname der als Technische Aufsicht eingesetzten Person sowie Nachweise über ihre fachliche Qualifikation.

[2] Setzt der Halter seinerseits Beschäftigte gemäß § 26 des Bundesdatenschutzgesetzes[1)] als Technische Aufsicht ein, findet § 26 des Bundesdatenschutzgesetzes Anwendung. [3] Das Kraftfahrt-Bundesamt hat die Daten unverzüglich zu löschen, sobald sie für die Zwecke nach Satz 1 nicht mehr erforderlich sind, spätestens nach Ablauf von drei Jahren nach Einstellung des Betriebs des entsprechenden Kraftfahrzeugs.

(5) [1] Sofern es sich nicht um ein Kraftfahrzeug im Sinne des § 1k handelt, ist das Kraftfahrt-Bundesamt berechtigt, die nach Absatz 4 Nummer 1 in Verbindung mit Absatz 1 beim Halter erhobenen nicht personenbezogenen Daten für verkehrsbezogene Gemeinwohlzwecke, insbesondere zum Zweck der wissenschaftlichen Forschung im Bereich der Digitalisierung, Automatisierung und Vernetzung sowie zum Zweck der Unfallforschung im Straßenverkehr, folgenden Stellen zugänglich zu machen:

1. Hochschulen und Universitäten,
2. außeruniversitäre Forschungseinrichtungen,

[1)] **Sartorius Nr. 245.**

3. Bundes-, Landes- und Kommunalbehörden mit Forschungs-, Entwicklungs-, Verkehrsplanungs- oder Stadtplanungsaufgaben.

[2]Die in Satz 1 genannten Stellen dürfen die Daten ausschließlich für die in Satz 1 genannten Zwecke verwenden. [3]Absatz 4 Satz 2 gilt entsprechend. [4]Allgemeine Übermittlungsvorschriften bleiben unberührt.

(6) [1]Die für die Genehmigung von festgelegten Betriebsbereichen nach Bundes- oder Landesrecht zuständigen Behörden oder auf Bundesfernstraßen, soweit dem Bund die Verwaltung zusteht, die Gesellschaft privaten Rechts im Sinne des Infrastrukturgesellschaftserrichtungsgesetzes sind berechtigt, folgende Daten beim Halter zu erheben, zu speichern und zu verwenden, soweit dies für die Prüfung und Überwachung erforderlich ist, ob der festgelegte Betriebsbereich für den Betrieb des Kraftfahrzeugs mit autonomer Fahrfunktion geeignet ist, insbesondere für die Überprüfung und Überwachung, ob die Voraussetzungen der jeweiligen Genehmigung vorliegen und die damit verbundenen Auflagen eingehalten werden:

1. Daten nach Absatz 1 und
2. Vor- und Nachname der als Technische Aufsicht eingesetzten Person sowie Nachweise über ihre fachliche Qualifikation.

[2]Die für die Genehmigung von festgelegten Betriebsbereichen nach Bundes- oder Landesrecht zuständigen Behörden oder auf Bundesfernstraßen, soweit dem Bund die Verwaltung zusteht, die Gesellschaft privaten Rechts im Sinne des Infrastrukturgesellschaftserrichtungsgesetzes haben diese Daten unverzüglich zu löschen, sobald sie für die Zwecke nach Satz 1 nicht mehr erforderlich sind, spätestens nach Ablauf von drei Jahren nach Einstellung des Betriebs des entsprechenden Kraftfahrzeugs.

(7) [1]Unbeschadet der Absätze 1 bis 6 können Dritte vom Halter Auskunft über die gemäß Absatz 1 und 2 gespeicherten Daten verlangen, soweit diese Daten zur Geltendmachung, Befriedigung oder Abwehr von Rechtsansprüchen im Zusammenhang mit einem in § 7 Absatz 1 geregelten Ereignis erforderlich sind und das entsprechende Kraftfahrzeug mit autonomer Fahrfunktion an diesem Ereignis beteiligt war. [2]Die Dritten haben die Daten unverzüglich zu löschen, sobald sie zur Geltendmachung von Rechtsansprüchen nicht mehr erforderlich sind, spätestens mit Verjährung der Ansprüche, für deren Geltendmachung, Befriedigung oder Abwehr die Daten erhoben wurden. [3]Eine Verwendung dieser Daten durch die Dritten ist nur zu den in Satz 1 genannten Zwecken zulässig.

§ 1h[1)] Nachträgliche Aktivierung von automatisierten und autonomen Fahrfunktionen. (1) Ist in einem Kraftfahrzeug eine automatisierte oder autonome Fahrfunktion verbaut, die in internationalen, im Geltungsbereich dieses Gesetzes anzuwendenden Vorschriften nicht beschrieben ist, so ist die Erteilung einer Genehmigung für den Betrieb dieses Kraftfahrzeugs nach den einschlägigen Genehmigungsvorschriften unter Außerachtlassung der automatisierten oder autonomen Fahrfunktion nur zulässig, wenn bei Deaktivierung der automatisierten oder autonomen Fahrfunktion die Einflussnahme dieser Fahrfunktionen auf die genehmigten Systeme ausgeschlossen ist.

---

1) § 1h eingef. mWv 28.7.2021 durch G v. 12.7.2021 (BGBl. I S. 3108).

(2) [1] Die Aktivierung einer automatisierten oder autonomen Fahrfunktion im Sinne des Absatzes 1 in einem zugelassenen Kraftfahrzeug für den Betrieb dieser Funktionen im öffentlichen Straßenverkehr im Geltungsbereich dieses Gesetzes darf nur auf der Grundlage einer besonderen durch das Kraftfahrt-Bundesamt erteilten Genehmigung erfolgen. [2] Diese Genehmigung darf nur erteilt werden, sofern die Fahrfunktion genehmigungsfähig gemäß § 1a Absatz 3, § 1e Absatz 2 oder anderer einschlägiger Genehmigungsvorschriften ist. [3] Das Kraftfahrt-Bundesamt veröffentlicht die insofern zu beachtenden technischen Anforderungen.

§ 1i[1)] Erprobung von automatisierten und autonomen Fahrfunktionen. (1) Kraftfahrzeuge, die zur Erprobung von Entwicklungsstufen für die Entwicklung automatisierter oder autonomer Fahrfunktionen dienen, dürfen auf öffentlichen Straßen nur betrieben werden, wenn

1. für das Kraftfahrzeug eine Erprobungsgenehmigung durch das Kraftfahrt-Bundesamt nach Absatz 2 erteilt worden ist,
2. das Kraftfahrzeug nach § 1 Absatz 1 zugelassen ist,
3. das Kraftfahrzeug ausschließlich zur Erprobung betrieben wird und
4. das Kraftfahrzeug im Betrieb wie folgt permanent überwacht wird:
   a) bei automatisierten Fahrfunktionen erfolgt die Überwachung durch einen in Bezug auf technische Entwicklungen für den Kraftfahrzeugverkehr zuverlässigen Fahrzeugführer,
   b) bei autonomen Fahrfunktionen erfolgt die Überwachung durch eine vor Ort anwesende, in Bezug auf technische Entwicklungen für den Kraftfahrzeugverkehr zuverlässige Technische Aufsicht.

(2) [1] Eine Erprobungsgenehmigung gemäß Absatz 1 Nummer 1 wird vom Kraftfahrt-Bundesamt auf Antrag des Halters erteilt. [2] Das Kraftfahrt-Bundesamt kann die Erprobungsgenehmigung jederzeit mit Nebenbestimmungen versehen, die den sicheren Betrieb des Fahrzeugs sicherstellen. [3] Zu Nebenbestimmungen, die den Betrieb auf einen bestimmten Betriebsbereich beschränken, ist die nach Landesrecht zuständige Behörde des örtlich betroffenen Landes anzuhören. [4] Die Gesellschaft privaten Rechts im Sinne des Infrastrukturgesellschaftserrichtungsgesetzes ist anzuhören, soweit der Betriebsbereich Bundesautobahnen oder Bundesstraßen in Bundesverwaltung umfasst oder dies vorgesehen ist.

(3) Das Kraftfahrt-Bundesamt beteiligt das Bundesamt für Sicherheit in der Informationstechnik zu Fragen der Sicherheit in der Informationstechnik bei der Erstellung, Umsetzung und bei der Weiterentwicklung und Bewertung technischer Anforderungen.

(4) Bis sechs Monate nach Inkrafttreten der Regelungen in der auf Grundlage von § 1j Absatz 1 Nummer 7 erlassenen Verordnung gelten die bisherigen straßenverkehrsrechtlichen Vorschriften zur Erprobung, auch für Entwicklungsstufen automatisierter oder autonomer Fahrfunktionen, unverändert fort, sofern nicht bereits von den Regelungen in der auf Grundlage von § 1j Absatz 1 Nummer 7 erlassenen Verordnung Gebrauch gemacht wird.

---

1) § 1i eingef. mWv 28.7.2021 durch G v. 12.7.2021 (BGBl. I S. 3108).

§ 1j[1] Verordnungsermächtigung. (1) Das Bundesministerium für Verkehr und digitale Infrastruktur wird ermächtigt, durch Rechtsverordnung mit Zustimmung des Bundesrates Einzelheiten der Zulassung und des Betriebs von Kraftfahrzeugen mit autonomer Fahrfunktion auf öffentlichen Straßen nach den §§ 1d bis 1i zu regeln betreffend

1. die technischen Anforderungen und das Verfahren zur Erteilung einer Betriebserlaubnis gemäß § 1e Absatz 2 bis 4 durch das Kraftfahrt-Bundesamt, einschließlich
   a) der vom Hersteller zu beachtenden technischen Anforderungen an den Bau, die Beschaffenheit und die technische Ausrüstung des Kraftfahrzeugs, der vom Hersteller zu beachtenden Anforderungen an die Datenspeicherung, die Sicherheit der eingesetzten Informationstechnik und die funktionale Sicherheit des Kraftfahrzeugs, der vom Hersteller zu beachtenden Anforderungen an die Erklärung gemäß § 1f Absatz 3 Nummer 4 sowie der vom Hersteller zu beachtenden Dokumentationspflichten,
   b) der Anforderungen an die Prüfung und Validierung des Kraftfahrzeugs durch das Kraftfahrt- Bundesamt,
   c) der Anforderungen an den Betrieb des Kraftfahrzeugs,
   d) der Anforderungen an die Begutachtung des Kraftfahrzeugs durch das Kraftfahrt-Bundesamt,
   e) der Marktüberwachung einschließlich Vorgaben zur Beteiligung weiterer Behörden bei der Bewertung der informationstechnischen Sicherheit von Kraftfahrzeugen und Fahrzeugteilen sowie der Regelung von Mitwirkungspflichten für Hersteller und Halter von Kraftfahrzeugen mit autonomer Fahrfunktion und
   f) der Anerkennung und Bewertung der Wirkungsgleichheit von Erlaubnissen und Genehmigungen von automatisierten und autonomen Kraftfahrzeugen, die in einem anderen Mitgliedstaat der Europäischen Union auf Grundlage der jeweils geltenden nationalen Bestimmungen erteilt worden sind,
2. die Eignung von Betriebsbereichen und das Verfahren für die Bewertung und die Genehmigung von festgelegten Betriebsbereichen durch die nach Bundes- oder Landesrecht zuständigen Behörden oder auf Bundesfernstraßen, soweit dem Bund die Verwaltung zusteht, die Gesellschaft privaten Rechts im Sinne des Infrastrukturgesellschaftserrichtungsgesetzes
3. Besonderheiten des Verfahrens der Zulassung, einschließlich der Kennzeichnung der Kraftfahrzeuge und Fahrzeugteile, um deren Betriebsweisen kenntlich zu machen und um die Verkehrssicherheit zu gewährleisten,
4. Anforderungen an und Pflichten für Hersteller, Halter und die Technische Aufsicht zur Gewährleistung der Verkehrssicherheit und eines sicheren Betriebs, einschließlich von
   a) Anforderungen zur Freigabe von Fahrmanövern und zur Deaktivierung eines Kraftfahrzeugs durch die Technische Aufsicht gemäß § 1f Absatz 2 Nummer 1 und 2,
   b) technischen und organisatorischen Anforderungen an den Halter und

[1] § 1j eingef. mWv 28.7.2021 durch G v. 12.7.2021 (BGBl. I S. 3108).

c) Anforderungen an die fachliche Qualifikation und die Zuverlässigkeit der am Betrieb eines Kraftfahrzeugs mit autonomer Fahrfunktion beteiligten Personen einschließlich der hierfür erforderlichen Nachweise,

5. die technischen Einzelheiten der Speicherung der beim Betrieb des Kraftfahrzeugs mittels der autonomen Fahrfunktion erzeugten Daten nach § 1g Absatz 1, insbesondere über die genauen Zeitpunkte der Datenspeicherungen, die Parameter der Datenkategorien und die Datenformate,
6. das Verfahren zur Erteilung einer Genehmigung bei der nachträglichen Aktivierung von automatisierten und autonomen Fahrfunktionen nach § 1h einschließlich technischer Anforderungen an die Erteilung einer Betriebserlaubnis,
7. die Anforderungen und das Verfahren zur Erteilung einer Erprobungsgenehmigung nach § 1i Absatz 2 durch das Kraftfahrt-Bundesamt, einschließlich weiterer Pflichten des Halters, Ausnahmen von Anforderungen nach diesem Gesetz zu Erprobungszwecken sowie die Befugnis des Kraftfahrt-Bundesamts, Daten, die zur Schaffung einer Datenbasis zur Beurteilung der Sicherheit im Straßenverkehr und des technischen Fortschritts sowie zur evidenzbasierten Entwicklung der Regulierung von Entwicklungsstufen automatisierter oder autonomer Fahrfunktionen erforderlich sind, in anonymisierter Form zu erheben, zu speichern und zu verwenden,
8. Abweichungen von den §§ 1d bis 1i in Bezug auf Kraftfahrzeuge der Bundeswehr, der Bundespolizei, des Bundeskriminalamts, des Bundesnachrichtendienstes, des Zollkriminalamts, des Bundesamts für Verfassungsschutz, der Gesellschaft privaten Rechts im Sinne des Infrastrukturgesellschaftserrichtungsgesetzes, der Landespolizei, der Landeskriminalämter, der Landesämter für Verfassungsschutz, des Zivil- und Katastrophenschutzes, der Feuerwehren, der Rettungsdienste und der Straßenbauverwaltungen.

(2) [1]Das Bundesministerium für Verkehr und digitale Infrastruktur wird ermächtigt, durch Rechtsverordnung ohne Zustimmung des Bundesrates Ausnahmen von den auf Grundlage des Absatzes 1 erlassenen Rechtsverordnungen zur Erprobung neuartiger Fahrzeugsteuerungseinrichtungen zu regeln. [2]Es wird ermächtigt, durch Rechtsverordnung ohne Zustimmung des Bundesrates diese Ermächtigung auf das Kraftfahrt-Bundesamt zu übertragen.

§ 1k[1)] Ausnahmen. (1) Für Kraftfahrzeuge mit autonomer Fahrfunktion gemäß § 1d Absatz 1, die für militärische, nachrichtendienstliche oder polizeiliche Zwecke, für Zwecke der Zollfahndung, des Zivil- oder Katastrophenschutzes, der Brandbekämpfung, der Straßenbauverwaltung oder der Rettungsdienste bestimmt sind, können das Bundesministerium der Finanzen, das Bundesministerium des Innern, für Bau und Heimat, das Bundesministerium der Verteidigung, das Bundesministerium für Verkehr und digitale Infrastruktur, das Bundeskanzleramt und die nach Landesrecht zuständigen Behörden Dienststellen in ihren jeweiligen Geschäftsbereichen, das Bundesministerium der Verteidigung Dienststellen der Bundeswehr bestimmen, die die Aufgaben des Kraftfahrt-Bundesamts an dessen Stelle für den jeweiligen Geschäftsbereich wahrnehmen.

(2) [1]Kraftfahrzeuge mit autonomer Fahrfunktion, die in der Bundeswehr, in der Bundespolizei, im Bundeskriminalamt, im Bundesnachrichtendienst, im

[1)] § 1k eingef. mWv 28.7.2021 durch G v. 12.7.2021 (BGBl. I S. 3108).

Bundesamt für Verfassungsschutz, im Zollkriminalamt, in der Gesellschaft privaten Rechts im Sinne des Infrastrukturgesellschaftserrichtungsgesetzes, in der Landespolizei, in den Landeskriminalämtern, in den Landesämtern für Verfassungsschutz, im Zivil- und Katastrophenschutz, in den Feuerwehren, in den Rettungsdiensten oder in den Straßenbauverwaltungen eingesetzt werden, dürfen von den technischen Vorgaben, von Regelungen zur Festlegung von Betriebsbereichen und von Betriebsvorschriften sowie von den gemäß § 1j Absatz 1 erlassenen Verordnungen abweichen, wenn die Kraftfahrzeuge zur Erfüllung hoheitlicher Aufgaben bestimmt, für diese Zwecke gebaut oder ausgerüstet sind und wenn gewährleistet ist, dass die Kraftfahrzeuge unter gebührender Berücksichtigung der öffentlichen Sicherheit eingesetzt werden. [2] Technische Voraussetzungen, Regelungen zur Festlegung von Betriebsbereichen und Betriebsvorschriften sind dabei sinngemäß anzuwenden, sofern es der jeweilige Zweck nach Absatz 1 zulässt; Abweichungen sind auf das zwingend erforderliche Maß zu beschränken.

§ 1l[1] Evaluierung. [1] Das Bundesministerium für Verkehr und digitale Infrastruktur wird die Anwendung der Regelungen des Gesetzes vom 12. Juli 2021 (BGBl. I S. 3108) nach Ablauf des Jahres 2023 insbesondere im Hinblick auf die Auswirkungen auf die Entwicklung des autonomen Fahrens, die Vereinbarkeit mit Datenschutzvorschriften sowie die aufgrund von Erprobungsgenehmigungen im Sinne des § 1i Absatz 2 gewonnenen Erkenntnisse auf wissenschaftlicher Grundlage in nicht personenbezogener Form evaluieren und den Deutschen Bundestag über die Ergebnisse der Evaluierung unterrichten. [2] Sofern erforderlich, soll das Bundesministerium für Verkehr und digitale Infrastruktur die Evaluierung zu einem von ihm festzulegenden Zeitpunkt bis zum Jahr 2030 erneut durchführen.

§ 2[2] Fahrerlaubnis und Führerschein. (1) [1] Wer auf öffentlichen Straßen ein Kraftfahrzeug führt, bedarf der Erlaubnis (Fahrerlaubnis) der zuständigen Behörde (Fahrerlaubnisbehörde). [2] Die Fahrerlaubnis wird in bestimmten Klassen erteilt. [3] Sie ist durch eine amtliche Bescheinigung (Führerschein) nachzuweisen. [4] Nach näherer Bestimmung durch Rechtsverordnung auf Grund des § 6 Absatz 1 Satz 1 Nummer 1 Buchstabe a und Absatz 3 Nummer 2 kann die Gültigkeitsdauer der Führerscheine festgelegt werden.

(2) [1] Die Fahrerlaubnis ist für die jeweilige Klasse zu erteilen, wenn der Bewerber

---

[1] § 1l eingef. mWv 28.7.2021 durch G v. 12.7.2021 (BGBl. I S. 3108).

[2] § 2 Abs. 15 Satz 2 geänd. mWv 1.6.2005 durch G v. 3.5.2005 (BGBl. I S. 1221); Abs. 10 Satz 1 geänd. mWv 1.7.2005 durch G v. 21.6.2005 (BGBl. I S. 1818); Abs. 10 Sätze 5–8 angef., Abs. 11 Satz 2 aufgeh., Abs. 13 Satz 4 und Abs. 16 angef. mWv 23.7.2009 durch G v. 17.7.2009 (BGBl. I S. 2021); Abs. 1 Satz 4 angef., Abs. 2 Satz 1 Nr. 1 geänd. mWv 9.12.2010 durch G v. 2.12.2010 (BGBl. I S. 1748); Abs. 10 Sätze 5–8 aufgeh., Abs. 10a eingef., Abs. 13 Satz 4 und Abs. 16 neu gef. mWv 29.6.2011 durch G v. 23.6.2011 (BGBl. I S. 1213); Abs. 7 Satz 2, Abs. 9 Satz 2 geänd., Abs. 16 Satz 1 Nr. 3 neu gef., Satz 3 geänd. mWv 1.5.2014 durch G v. 28.8.2013 (BGBl. I S. 3313); Abs. 9 Sätze 2 und 3 geänd. mWv 5.12.2014 durch G v. 28.11.2014 (BGBl. I S. 1802); Abs. 2 Satz 1 Nr. 6 und Abs. 13 Satz 1 geänd. mWv 7.3.2015 durch G v. 2.3.2015 (BGBl. I S. 186); Abs. 6 Satz 1 Nr. 1 geänd. mWv 7.12.2016 durch G v. 28.11.2016 (BGBl. I S. 2722); Abs. 15 Sätze 1 und 2 geänd. mWv 1.1.2018 durch G v. 30.6.2017 (BGBl. I S. 2162); Abs. 9 Satz 6 und Abs. 14 Satz 2 geänd. mWv 26.11.2019 durch G v. 20.11.2019 (BGBl. I S. 1626); Abs. 3 Satz 4 neu gef., Abs. 13 Satz 1 geänd. mWv 1.8.2021 durch G v. 16.4.2021 (BGBl. I S. 822); Abs. 1 Satz 4, Abs. 2 Satz 2, Abs. 3 Satz 1, Abs. 6 Satz 1, Abs. 11, Abs. 13 Satz 3 und Abs. 14 Satz 2 geänd., Abs. 8 Sätze 2 und 3 angef. mWv 28.7.2021 durch G v. 12.7.2021 (BGBl. I S. 3091).

1. seinen ordentlichen Wohnsitz im Sinne des Artikels 12 der Richtlinie 2006/126/EG des Europäischen Parlaments und des Rates vom 20. Dezember 2006 über den Führerschein (ABl. L 403 vom 30.12.2006, S. 26) im Inland hat,
2. das erforderliche Mindestalter erreicht hat,
3. zum Führen von Kraftfahrzeugen geeignet ist,
4. zum Führen von Kraftfahrzeugen nach dem Fahrlehrergesetz und den auf ihm beruhenden Rechtsvorschriften ausgebildet worden ist,
5. die Befähigung zum Führen von Kraftfahrzeugen in einer theoretischen und praktischen Prüfung nachgewiesen hat,
6. Erste Hilfe leisten kann und
7. keine in einem Mitgliedstaat der Europäischen Union oder einem anderen Vertragsstaat des Abkommens über den Europäischen Wirtschaftsraum erteilte Fahrerlaubnis dieser Klasse besitzt.

[2] Nach näherer Bestimmung durch Rechtsverordnung gemäß § 6 Absatz 1 Satz 1 Nummer 1 Buchstabe b können als weitere Voraussetzungen der Vorbesitz anderer Klassen oder Fahrpraxis in einer anderen Klasse festgelegt werden. [3] Die Fahrerlaubnis kann für die Klassen C und D sowie ihre Unterklassen und Anhängerklassen befristet erteilt werden. [4] Sie ist auf Antrag zu verlängern, wenn der Bewerber zum Führen von Kraftfahrzeugen geeignet ist und kein Anlass zur Annahme besteht, dass eine der aus den Sätzen 1 und 2 ersichtlichen sonstigen Voraussetzungen fehlt.

(3) [1] Nach näherer Bestimmung durch Rechtsverordnung gemäß § 6 Absatz 1 Satz 1 Nummer 1 Buchstabe a und b kann für die Personenbeförderung in anderen Fahrzeugen als Kraftomnibussen zusätzlich zur Fahrerlaubnis nach Absatz 1 eine besondere Erlaubnis verlangt werden. [2] Die Erlaubnis wird befristet erteilt. [3] Für die Erteilung und Verlängerung können dieselben Voraussetzungen bestimmt werden, die für die Fahrerlaubnis zum Führen von Kraftomnibussen gelten. [4] Außerdem kann ein Fachkundenachweis verlangt werden. [5] Im Übrigen gelten die Bestimmungen für Fahrerlaubnisse entsprechend, soweit gesetzlich nichts anderes bestimmt ist.

(4) [1] Geeignet zum Führen von Kraftfahrzeugen ist, wer die notwendigen körperlichen und geistigen Anforderungen erfüllt und nicht erheblich oder nicht wiederholt gegen verkehrsrechtliche Vorschriften oder gegen Strafgesetze verstoßen hat. [2] Ist der Bewerber auf Grund körperlicher oder geistiger Mängel nur bedingt zum Führen von Kraftfahrzeugen geeignet, so erteilt die Fahrerlaubnisbehörde die Fahrerlaubnis mit Beschränkungen oder unter Auflagen, wenn dadurch das sichere Führen von Kraftfahrzeugen gewährleistet ist.

(5) Befähigt zum Führen von Kraftfahrzeugen ist, wer

1. ausreichende Kenntnisse der für das Führen von Kraftfahrzeugen maßgebenden gesetzlichen Vorschriften hat,
2. mit den Gefahren des Straßenverkehrs und den zu ihrer Abwehr erforderlichen Verhaltensweisen vertraut ist,
3. die zum sicheren Führen eines Kraftfahrzeugs, gegebenenfalls mit Anhänger, erforderlichen technischen Kenntnisse besitzt und zu ihrer praktischen Anwendung in der Lage ist und
4. über ausreichende Kenntnisse einer umweltbewussten und energiesparenden Fahrweise verfügt und zu ihrer praktischen Anwendung in der Lage ist.

(6) [1] Wer die Erteilung, Erweiterung, Verlängerung oder Änderung einer Fahrerlaubnis oder einer besonderen Erlaubnis nach Absatz 3, die Aufhebung einer Beschränkung oder Auflage oder die Ausfertigung oder Änderung eines Führerscheins beantragt, hat der Fahrerlaubnisbehörde nach näherer Bestimmung durch Rechtsverordnung gemäß § 6 Absatz 1 Satz 1 Nummer 1 und Absatz 3 Nummer 1 mitzuteilen und nachzuweisen

1. Familiennamen, Geburtsnamen, sonstige frühere Namen, Vornamen, Ordens- oder Künstlernamen, Doktorgrad, Geschlecht, Tag und Ort der Geburt, Anschrift, Staatsangehörigkeit, Art des Ausweisdokumentes und
2. das Vorliegen der Voraussetzungen nach Absatz 2 Satz 1 Nr. 1 bis 6 und Satz 2 und Absatz 3

sowie ein Lichtbild abzugeben. [2] Außerdem hat der Antragsteller eine Erklärung darüber abzugeben, ob er bereits eine in- oder ausländische Fahrerlaubnis der beantragten Klasse oder einen entsprechenden Führerschein besitzt.

(7) [1] Die Fahrerlaubnisbehörde hat zu ermitteln, ob der Antragsteller zum Führen von Kraftfahrzeugen, gegebenenfalls mit Anhänger, geeignet und befähigt ist, und ob er bereits eine in- oder ausländische Fahrerlaubnis oder einen entsprechenden Führerschein besitzt. [2] Sie hat dazu Auskünfte aus dem Fahreignungsregister und dem Zentralen Fahrerlaubnisregister nach den Vorschriften dieses Gesetzes einzuholen. [3] Sie kann außerdem insbesondere entsprechende Auskünfte aus ausländischen Registern oder von ausländischen Stellen einholen sowie die Beibringung eines Führungszeugnisses zur Vorlage bei der Verwaltungsbehörde nach den Vorschriften des Bundeszentralregistergesetzes[1)] verlangen.

(8) [1] Werden Tatsachen bekannt, die Bedenken gegen die Eignung oder Befähigung des Bewerbers begründen, so kann die Fahrerlaubnisbehörde anordnen, dass der Antragsteller ein Gutachten oder Zeugnis eines Facharztes oder Amtsarztes, ein Gutachten einer amtlich anerkannten Begutachtungsstelle für Fahreignung oder eines amtlich anerkannten Sachverständigen oder Prüfers für den Kraftfahrzeugverkehr innerhalb einer angemessenen Frist beibringt. [2] Anstelle eines erneuten Gutachtens einer amtlich anerkannten Begutachtungsstelle für Fahreignung genügt zum Nachweis der Wiederherstellung der Eignung in der Regel die Vorlage einer Bescheinigung über die Teilnahme an einem amtlich anerkannten Kurs zur Wiederherstellung der Kraftfahreignung, wenn

1. auf Grund eines Gutachtens einer amtlich anerkannten Begutachtungsstelle für Fahreignung die Teilnahme des Betroffenen an dieser Art von Kursen als geeignete Maßnahme angesehen wird, bestehende Eignungsmängel zu beseitigen,
2. der Betroffene nicht Inhaber einer Fahrerlaubnis ist und
3. die Fahrerlaubnisbehörde der Kursteilnahme zugestimmt hat.

[3] Satz 2 gilt nicht, wenn die Beibringung eines Gutachtens einer amtlich anerkannten Begutachtungsstelle für Fahreignung nach § 4 Absatz 10 Satz 4 oder wegen erheblichen oder wiederholten Verstoßes gegen verkehrsrechtliche Vorschriften oder gegen Strafgesetze angeordnet wird.

[1)] **Habersack (vormals Schönfelder) Nr. 92.**

(9) [1]Die Registerauskünfte, Führungszeugnisse, Gutachten und Gesundheitszeugnisse dürfen nur zur Feststellung oder Überprüfung der Eignung oder Befähigung verwendet werden. [2]Sie sind nach spätestens zehn Jahren zu vernichten, es sei denn, mit ihnen im Zusammenhang stehende Eintragungen im Fahreignungsregister oder im Zentralen Fahrerlaubnisregister sind nach den Bestimmungen für diese Register zu einem früheren oder späteren Zeitpunkt zu tilgen oder zu löschen. [3]In diesem Fall ist für die Vernichtung oder Löschung der frühere oder spätere Zeitpunkt maßgeblich. [4]Die Zehnjahresfrist nach Satz 2 beginnt mit der rechts- oder bestandskräftigen Entscheidung oder mit der Rücknahme des Antrags durch den Antragsteller. [5]Die Sätze 1 bis 4 gelten auch für entsprechende Unterlagen, die der Antragsteller nach Absatz 6 Satz 1 Nr. 2 beibringt. [6]Anstelle einer Vernichtung der Unterlagen ist die Verarbeitung der darin enthaltenen Daten einzuschränken, wenn die Vernichtung wegen der besonderen Art der Führung der Akten nicht oder nur mit unverhältnismäßigem Aufwand möglich ist.

(10) [1]Bundeswehr, Bundespolizei und Polizei können durch ihre Dienststellen Fahrerlaubnisse für das Führen von Dienstfahrzeugen erteilen (Dienstfahrerlaubnisse). [2]Diese Dienststellen nehmen die Aufgaben der Fahrerlaubnisbehörde wahr. [3]Für Dienstfahrerlaubnisse gelten die Bestimmungen dieses Gesetzes und der auf ihm beruhenden Rechtsvorschriften, soweit gesetzlich nichts anderes bestimmt ist. [4]Mit Dienstfahrerlaubnissen dürfen nur Dienstfahrzeuge geführt werden.

(10a) [1]Die nach Landesrecht zuständige Behörde kann Angehörigen der Freiwilligen Feuerwehren, der nach Landesrecht anerkannten Rettungsdienste, des Technischen Hilfswerks und sonstiger Einheiten des Katastrophenschutzes, die ihre Tätigkeit ehrenamtlich ausüben, Fahrberechtigungen zum Führen von Einsatzfahrzeugen auf öffentlichen Straßen bis zu einer zulässigen Gesamtmasse von 4,75 t – auch mit Anhängern, sofern die zulässige Gesamtmasse der Kombination 4,75 t nicht übersteigt – erteilen. [2]Der Bewerber um die Fahrberechtigung muss

1. mindestens seit zwei Jahren eine Fahrerlaubnis der Klasse B besitzen,
2. in das Führen von Einsatzfahrzeugen bis zu einer zulässigen Gesamtmasse von 4,75 t eingewiesen worden sein und
3. in einer praktischen Prüfung seine Befähigung nachgewiesen haben.

[3]Die Fahrberechtigung gilt im gesamten Hoheitsgebiet der Bundesrepublik Deutschland zur Aufgabenerfüllung der in Satz 1 genannten Organisationen oder Einrichtungen. [4]Die Sätze 1 bis 3 gelten entsprechend für den Erwerb der Fahrberechtigung zum Führen von Einsatzfahrzeugen bis zu einer zulässigen Gesamtmasse von 7,5 t – auch mit Anhängern, sofern die zulässige Gesamtmasse der Kombination 7,5 t nicht übersteigt.

(11) Nach näherer Bestimmung durch Rechtsverordnung[1)] gemäß § 6 Absatz 1 Satz 1 Nummer 1 in Verbindung mit Absatz 3 Nummer 1 und 2 berechtigen auch ausländische Fahrerlaubnisse zum Führen von Kraftfahrzeugen im Inland.

(12) [1]Die Polizei hat Informationen über Tatsachen, die auf nicht nur vorübergehende Mängel hinsichtlich der Eignung oder auf Mängel hinsichtlich

---

[1)] Beachte zur Einteilung der Fahrerlaubnisklassen § 6 Fahrerlaubnis-VO **(Habersack (vormals Schönfelder) ErgBd. Nr. 35d)**.

der Befähigung einer Person zum Führen von Kraftfahrzeugen schließen lassen, den Fahrerlaubnisbehörden zu übermitteln, soweit dies für die Überprüfung der Eignung oder Befähigung aus der Sicht der übermittelnden Stelle erforderlich ist. [2] Soweit die mitgeteilten Informationen für die Beurteilung der Eignung oder Befähigung nicht erforderlich sind, sind die Unterlagen unverzüglich zu vernichten.

(13) [1] Stellen oder Personen, die die Eignung oder Befähigung zur Teilnahme am Straßenverkehr oder Fachkundenachweise zwecks Vorbereitung einer verwaltungsbehördlichen Entscheidung beurteilen oder prüfen oder die in Erster Hilfe (§ 2 Abs. 2 Satz 1 Nr. 6) ausbilden, müssen für diese Aufgaben gesetzlich oder amtlich anerkannt oder beauftragt sein. [2] Personen, die die Befähigung zum Führen von Kraftfahrzeugen nach § 2 Abs. 5 prüfen, müssen darüber hinaus einer Technischen Prüfstelle für den Kraftfahrzeugverkehr nach § 10 des Kraftfahrsachverständigengesetzes angehören. [3] Voraussetzungen, Inhalt, Umfang und Verfahren für die Anerkennung oder Beauftragung und die Aufsicht werden – soweit nicht bereits im Kraftfahrsachverständigengesetz oder in auf ihm beruhenden Rechtsvorschriften geregelt – durch Rechtsverordnung gemäß § 6 Absatz 1 Satz 1 Nummer 1 Buchstabe c und d in Verbindung mit Absatz 3 Nummer 3 näher bestimmt. [4] Abweichend von den Sätzen 1 bis 3 sind Personen, die die Voraussetzungen des Absatzes 16 für die Begleitung erfüllen, berechtigt, die Befähigung zum Führen von Einsatzfahrzeugen der in Absatz 10a Satz 1 genannten Organisationen oder Einrichtungen zu prüfen.

(14) [1] Die Fahrerlaubnisbehörden dürfen den in Absatz 13 Satz 1 genannten Stellen und Personen die Daten übermitteln, die diese zur Erfüllung ihrer Aufgaben benötigen. [2] Die betreffenden Stellen und Personen dürfen diese Daten und nach näherer Bestimmung durch Rechtsverordnung gemäß § 6 Absatz 1 Satz 1 Nummer 1 Buchstabe c und d in Verbindung mit Absatz 3 Nummer 3 die bei der Erfüllung ihrer Aufgaben anfallenden Daten verarbeiten.

(15) [1] Wer zur Ausbildung, zur Ablegung der Prüfung oder zur Begutachtung der Eignung oder Befähigung ein Kraftfahrzeug auf öffentlichen Straßen führt, muss dabei von einem Fahrlehrer oder einem Fahrlehreranwärter im Sinne des Fahrlehrergesetzes begleitet werden. [2] Bei den Fahrten nach Satz 1 sowie bei der Hin- und Rückfahrt zu oder von einer Prüfung oder einer Begutachtung gilt im Sinne dieses Gesetzes der Fahrlehrer oder der Fahrlehreranwärter als Führer des Kraftfahrzeugs, wenn der Kraftfahrzeugführer keine entsprechende Fahrerlaubnis besitzt.

(16) [1] Wer zur Einweisung oder zur Ablegung der Prüfung nach Absatz 10a ein entsprechendes Einsatzfahrzeug auf öffentlichen Straßen führt, muss von einem Fahrlehrer im Sinne des Fahrlehrergesetzes oder abweichend von Absatz 15 Satz 1 von einem Angehörigen der in Absatz 10a Satz 1 genannten Organisationen oder Einrichtungen, der

1. das 30. Lebensjahr vollendet hat,
2. mindestens seit fünf Jahren eine gültige Fahrerlaubnis der Klasse C1 besitzt und
3. zum Zeitpunkt der Einweisungs- und Prüfungsfahrten im Fahreignungsregister mit nicht mehr als zwei Punkten belastet ist,

begleitet werden. [2] Absatz 15 Satz 2 gilt entsprechend. [3] Die nach Landesrecht zuständige Behörde kann überprüfen, ob die Voraussetzungen des Satzes 1 erfüllt sind; sie kann die Auskunft nach Satz 1 Nummer 3 beim Fahreignungsregister einholen. [4]Die Fahrerlaubnis nach Satz 1 Nummer 2 ist durch einen gültigen Führerschein nachzuweisen, der während der Einweisungs- und Prüfungsfahrten mitzuführen und zur Überwachung des Straßenverkehrs berechtigten Personen auszuhändigen ist.

§ 2a[1)] Fahrerlaubnis auf Probe. (1) [1]Bei erstmaligem Erwerb einer Fahrerlaubnis wird diese auf Probe erteilt; die Probezeit dauert zwei Jahre vom Zeitpunkt der Erteilung an. [2]Bei Erteilung einer Fahrerlaubnis an den Inhaber einer im Ausland erteilten Fahrerlaubnis ist die Zeit seit deren Erwerb auf die Probezeit anzurechnen. [3]Die Regelungen über die Fahrerlaubnis auf Probe finden auch Anwendung auf Inhaber einer gültigen Fahrerlaubnis aus einem Mitgliedstaat der Europäischen Union oder einem anderen Vertragsstaat des Abkommens über den Europäischen Wirtschaftsraum, die ihren ordentlichen Wohnsitz in das Inland verlegt haben. [4]Die Zeit seit dem Erwerb der Fahrerlaubnis ist auf die Probezeit anzurechnen. [5]Die Beschlagnahme, Sicherstellung oder Verwahrung von Führerscheinen nach § 94 der Strafprozessordnung[2)], die vorläufige Entziehung nach § 111a der Strafprozessordnung und die sofort vollziehbare Entziehung durch die Fahrerlaubnisbehörde hemmen den Ablauf der Probezeit. [6]Die Probezeit endet vorzeitig, wenn die Fahrerlaubnis entzogen wird oder der Inhaber auf sie verzichtet. [7]In diesem Fall beginnt mit der Erteilung einer neuen Fahrerlaubnis eine neue Probezeit, jedoch nur im Umfang der Restdauer der vorherigen Probezeit.

(2) [1]Ist gegen den Inhaber einer Fahrerlaubnis wegen einer innerhalb der Probezeit begangenen Straftat oder Ordnungswidrigkeit eine rechtskräftige Entscheidung ergangen, die nach § 28 Absatz 3 Nummer 1 oder 3 Buchstabe a oder c in das Fahreignungsregister einzutragen ist, so hat, auch wenn die Probezeit zwischenzeitlich abgelaufen oder die Fahrerlaubnis nach § 6e Absatz 2 widerrufen worden ist, die Fahrerlaubnisbehörde

1. seine Teilnahme an einem Aufbauseminar anzuordnen und hierfür eine Frist zu setzen, wenn er eine schwerwiegende oder zwei weniger schwerwiegende Zuwiderhandlungen begangen hat,
2. ihn schriftlich zu verwarnen und ihm nahezulegen, innerhalb von zwei Monaten an einer verkehrspsychologischen Beratung nach Absatz 7 teilzunehmen, wenn er nach Teilnahme an einem Aufbauseminar innerhalb der Probezeit eine weitere schwerwiegende oder zwei weitere weniger schwerwiegende Zuwiderhandlungen begangen hat,
3. ihm die Fahrerlaubnis zu entziehen, wenn er nach Ablauf der in Nummer 2 genannten Frist innerhalb der Probezeit eine weitere schwerwiegende oder zwei weitere weniger schwerwiegende Zuwiderhandlungen begangen hat.

[2]Die Fahrerlaubnisbehörde ist bei den Maßnahmen nach den Nummern 1 bis 3 an die rechtskräftige Entscheidung über die Straftat oder Ordnungswidrigkeit gebunden.

[1)] § 2a Abs. 2 Satz 1 einl. Satzteil, Abs. 5 Satz 1 geänd. mWv 9.12.2010 durch G v. 2.12.2010 (BGBl. I S. 1748); Abs. 2 Satz 1 einl. Satzteil und Nr. 2 geänd., Satz 3 aufgeh., Abs. 5 Satz 1 Nr. 1 und 2 geänd., Abs. 7 angef. mWv 1.5.2014 durch G v. 28.8.2013 (BGBl. I S. 3313); Abs. 2 Satz 1 einl. Satzteil geänd. mWv 5.12.2014 durch G v. 28.11.2014 (BGBl. I S. 1802); Abs. 7 Satz 8 Nr. 3 geänd. mWv 28.7.2021 durch G v. 12.7.2021 (BGBl. I S. 3091).

[2)] **Habersack (vormals Schönfelder) Nr. 90.**

(2a) [1]Die Probezeit verlängert sich um zwei Jahre, wenn die Teilnahme an einem Aufbauseminar nach Absatz 2 Satz 1 Nr. 1 angeordnet worden ist. [2]Die Probezeit verlängert sich außerdem um zwei Jahre, wenn die Anordnung nur deshalb nicht erfolgt ist, weil die Fahrerlaubnis entzogen worden ist oder der Inhaber der Fahrerlaubnis auf sie verzichtet hat.

(3) Ist der Inhaber einer Fahrerlaubnis einer vollziehbaren Anordnung der zuständigen Behörde nach Absatz 2 Satz 1 Nr. 1 in der festgesetzten Frist nicht nachgekommen, so ist die Fahrerlaubnis zu entziehen.

(4) [1]Die Entziehung der Fahrerlaubnis nach § 3 bleibt unberührt; die zuständige Behörde kann insbesondere auch die Beibringung eines Gutachtens einer amtlich anerkannten Begutachtungsstelle für Fahreignung anordnen, wenn der Inhaber einer Fahrerlaubnis innerhalb der Probezeit Zuwiderhandlungen begangen hat, die nach den Umständen des Einzelfalls bereits Anlass zu der Annahme geben, dass er zum Führen von Kraftfahrzeugen ungeeignet ist. [2]Hält die Behörde auf Grund des Gutachtens seine Nichteignung nicht für erwiesen, so hat sie die Teilnahme an einem Aufbauseminar anzuordnen, wenn der Inhaber der Fahrerlaubnis an einem solchen Kurs nicht bereits teilgenommen hatte. [3]Absatz 3 gilt entsprechend.

(5) [1]Ist eine Fahrerlaubnis entzogen worden

1. nach § 3 oder nach § 4 Absatz 5 Satz 1 Nummer 3 dieses Gesetzes, weil innerhalb der Probezeit Zuwiderhandlungen begangen wurden, oder nach § 69 oder § 69b des Strafgesetzbuches[1)],
2. nach Absatz 3, weil einer Anordnung zur Teilnahme an einem Aufbauseminar nicht nachgekommen wurde,

oder wurde die Fahrerlaubnis nach § 6e Absatz 2 widerrufen, so darf eine neue Fahrerlaubnis unbeschadet der übrigen Voraussetzungen nur erteilt werden, wenn der Antragsteller nachweist, dass er an einem Aufbauseminar teilgenommen hat. [2]Das Gleiche gilt, wenn der Antragsteller nur deshalb nicht an einem angeordneten Aufbauseminar teilgenommen hat oder die Anordnung nur deshalb nicht erfolgt ist, weil die Fahrerlaubnis aus anderen Gründen entzogen worden ist oder er zwischenzeitlich auf die Fahrerlaubnis verzichtet hat. [3]Ist die Fahrerlaubnis nach Absatz 2 Satz 1 Nr. 3 entzogen worden, darf eine neue Fahrerlaubnis frühestens drei Monate nach Wirksamkeit der Entziehung erteilt werden; die Frist beginnt mit der Ablieferung des Führerscheins. [4]Auf eine mit der Erteilung einer Fahrerlaubnis nach vorangegangener Entziehung gemäß Absatz 1 Satz 7 beginnende neue Probezeit ist Absatz 2 nicht anzuwenden. [5]Die zuständige Behörde hat in diesem Fall in der Regel die Beibringung eines Gutachtens einer amtlich anerkannten Begutachtungsstelle für Fahreignung anzuordnen, sobald der Inhaber einer Fahrerlaubnis innerhalb der neuen Probezeit erneut eine schwerwiegende oder zwei weniger schwerwiegende Zuwiderhandlungen begangen hat.

(6) Widerspruch und Anfechtungsklage gegen die Anordnung des Aufbauseminars nach Absatz 2 Satz 1 Nr. 1 und Absatz 4 Satz 2 sowie die Entziehung der Fahrerlaubnis nach Absatz 2 Satz 1 Nr. 3 und Absatz 3 haben keine aufschiebende Wirkung.

(7) [1]In der verkehrspsychologischen Beratung soll der Inhaber einer Fahrerlaubnis auf Probe veranlasst werden, Mängel in seiner Einstellung zum Stra-

---

[1)] Habersack (vormals Schönfelder) Nr. 85.

ßenverkehr und im verkehrssicheren Verhalten zu erkennen und die Bereitschaft zu entwickeln, diese Mängel abzubauen. [2]Die Beratung findet in Form eines Einzelgesprächs statt. [3]Sie kann durch eine Fahrprobe ergänzt werden, wenn der Berater dies für erforderlich hält. [4]Der Berater soll die Ursachen der Mängel aufklären und Wege zu ihrer Beseitigung aufzeigen. [5]Erkenntnisse aus der Beratung sind nur für den Inhaber einer Fahrerlaubnis auf Probe bestimmt und nur diesem mitzuteilen. [6]Der Inhaber einer Fahrerlaubnis auf Probe erhält jedoch eine Bescheinigung über die Teilnahme zur Vorlage bei der nach Landesrecht zuständigen Behörde. [7]Die Beratung darf nur von einer Person durchgeführt werden, die hierfür amtlich anerkannt ist. [8]Die amtliche Anerkennung ist zu erteilen, wenn der Bewerber

1. persönlich zuverlässig ist,
2. über den Abschluss eines Hochschulstudiums als Diplom-Psychologe oder eines gleichwertigen Masterabschlusses in Psychologie verfügt und
3. eine Ausbildung und Erfahrungen in der Verkehrspsychologie nach näherer Bestimmung durch Rechtsverordnung nach § 6 Absatz 1 Satz 1 Nummer 1 Buchstabe a und c in Verbindung mit Absatz 3 Nummer 3 nachweist.

§ 2b[1)] Aufbauseminar bei Zuwiderhandlungen innerhalb der Probezeit. (1) [1]Die Teilnehmer an Aufbauseminaren sollen durch Mitwirkung an Gruppengesprächen und an einer Fahrprobe veranlasst werden, eine risikobewusstere Einstellung im Straßenverkehr zu entwickeln und sich dort sicher und rücksichtsvoll zu verhalten. [2]Auf Antrag kann die anordnende Behörde der betroffenen Person die Teilnahme an einem Einzelseminar gestatten.

(2) [1]Die Aufbauseminare dürfen nur von Fahrlehrern durchgeführt werden, die Inhaber einer entsprechenden Erlaubnis nach dem Fahrlehrergesetz sind. [2]Besondere Aufbauseminare für Inhaber einer Fahrerlaubnis auf Probe, die unter dem Einfluss von Alkohol oder anderer berauschender Mittel am Verkehr teilgenommen haben, werden nach näherer Bestimmung durch Rechtsverordnung gemäß § 6 Absatz 1 Satz 1 Nummer 1 Buchstabe a und c und Absatz 3 Nummer 3 von hierfür amtlich anerkannten anderen Seminarleitern durchgeführt.

(3) Ist der Teilnehmer an einem Aufbauseminar nicht Inhaber einer Fahrerlaubnis oder unterliegt er einem rechtskräftig angeordneten Fahrverbot, so gilt hinsichtlich der Fahrprobe § 2 Abs. 15 entsprechend.

§ 2c[2)] Unterrichtung der Fahrerlaubnisbehörden durch das Kraftfahrt-Bundesamt. [1]Das Kraftfahrt-Bundesamt hat die zuständige Behörde zu unterrichten, wenn über den Inhaber einer Fahrerlaubnis Entscheidungen in das Fahreignungsregister eingetragen werden, die zu Anordnungen nach § 2a Abs. 2, 4 und 5 führen können. [2]Hierzu übermittelt es die notwendigen Daten aus dem Zentralen Fahrerlaubnisregister sowie den Inhalt der Eintragungen im Fahreignungsregister über die innerhalb der Probezeit begangenen Straftaten und Ordnungswidrigkeiten. [3]Hat bereits eine Unterrichtung nach Satz 1 statt-

---

[1)] § 2b Abs. 3 geänd. mWv 9.12.2010 durch G v. 2.12.2010 (BGBl. I S. 1748); Abs. 1 Satz 2 geänd. mWv 26.11.2019 durch G v. 20.11.2019 (BGBl. I S. 1626); Abs. 2 Satz 2 geänd. mWv 28.7.2021 durch G v. 12.7.2021 (BGBl. I S. 3091).

[2)] § 2c Sätze 1 und 2 geänd. mWv 1.5.2014 durch G v. 28.8.2013 (BGBl. I S. 3313).

gefunden, so hat das Kraftfahrt-Bundesamt bei weiteren Unterrichtungen auch hierauf hinzuweisen.

§ 3[1)] Entziehung der Fahrerlaubnis. (1) [1] Erweist sich jemand als ungeeignet oder nicht befähigt zum Führen von Kraftfahrzeugen, so hat ihm die Fahrerlaubnisbehörde die Fahrerlaubnis zu entziehen. [2] Bei einer ausländischen Fahrerlaubnis hat die Entziehung – auch wenn sie nach anderen Vorschriften erfolgt – die Wirkung einer Aberkennung des Rechts, von der Fahrerlaubnis im Inland Gebrauch zu machen. [3] § 2 Abs. 7 und 8 gilt entsprechend.

(2) [1] Mit der Entziehung erlischt die Fahrerlaubnis. [2] Bei einer ausländischen Fahrerlaubnis erlischt das Recht zum Führen von Kraftfahrzeugen im Inland. [3] Nach der Entziehung ist der Führerschein der Fahrerlaubnisbehörde abzuliefern oder zur Eintragung der Entscheidung vorzulegen. [4] Die Sätze 1 bis 3 gelten auch, wenn die Fahrerlaubnisbehörde die Fahrerlaubnis auf Grund anderer Vorschriften entzieht.

(3) [1] Solange gegen den Inhaber der Fahrerlaubnis ein Strafverfahren anhängig ist, in dem die Entziehung der Fahrerlaubnis nach § 69 des Strafgesetzbuchs[2)] in Betracht kommt, darf die Fahrerlaubnisbehörde den Sachverhalt, der Gegenstand des Strafverfahrens ist, in einem Entziehungsverfahren nicht berücksichtigen. [2] Dies gilt nicht, wenn die Fahrerlaubnis von einer Dienststelle der Bundeswehr, der Bundespolizei oder der Polizei für Dienstfahrzeuge erteilt worden ist.

(4) [1] Will die Fahrerlaubnisbehörde in einem Entziehungsverfahren einen Sachverhalt berücksichtigen, der Gegenstand der Urteilsfindung in einem Strafverfahren gegen den Inhaber der Fahrerlaubnis gewesen ist, so kann sie zu dessen Nachteil vom Inhalt des Urteils insoweit nicht abweichen, als es sich auf die Feststellung des Sachverhalts oder die Beurteilung der Schuldfrage oder der Eignung zum Führen von Kraftfahrzeugen bezieht. [2] Der Strafbefehl und die gerichtliche Entscheidung, durch welche die Eröffnung des Hauptverfahrens oder der Antrag auf Erlass eines Strafbefehls abgelehnt wird, stehen einem Urteil gleich; dies gilt auch für Bußgeldentscheidungen, soweit sie sich auf die Feststellung des Sachverhalts und die Beurteilung der Schuldfrage beziehen.

(5) Die Fahrerlaubnisbehörde darf der Polizei die verwaltungsbehördliche oder gerichtliche Entziehung der Fahrerlaubnis oder das Bestehen eines Fahrverbots übermitteln, soweit dies im Einzelfall für die polizeiliche Überwachung im Straßenverkehr erforderlich ist.

(6) Für die Erteilung des Rechts, nach vorangegangener Entziehung oder vorangegangenem Verzicht von einer ausländischen Fahrerlaubnis im Inland wieder Gebrauch zu machen, an Personen mit ordentlichem Wohnsitz im Ausland gelten die Vorschriften über die Neuerteilung einer Fahrerlaubnis nach vorangegangener Entziehung oder vorangegangenem Verzicht entsprechend.

(7) Durch Rechtsverordnung auf Grund des § 6 Absatz 1 Satz 1 Nummer 1 können Fristen und Voraussetzungen

1. für die Erteilung einer neuen Fahrerlaubnis nach vorangegangener Entziehung oder nach vorangegangenem Verzicht oder

---

[1)] § 3 Abs. 3 Satz 2 geänd. mWv 1.7.2005 durch G v. 21.6.2005 (BGBl. I S. 1818); Abs. 6 neu gef., Abs. 7 angef. mWv 7.12.2016 durch G v. 28.11.2016 (BGBl. I S. 2722); Abs. 7 einl. Satzteil geänd. mWv 28.7.2021 durch G v. 12.7.2021 (BGBl. I S. 3091).

[2)] **Habersack (vormals Schönfelder) Nr. 85.**

2. für die Erteilung des Rechts, nach vorangegangener Entziehung oder vorangegangenem Verzicht von einer ausländischen Fahrerlaubnis im Inland wieder Gebrauch zu machen, an Personen mit ordentlichem Wohnsitz im Ausland

bestimmt werden.

§ 4[1] Fahreignungs-Bewertungssystem. (1) [1]Zum Schutz vor Gefahren, die von Inhabern einer Fahrerlaubnis ausgehen, die wiederholt gegen die die Sicherheit des Straßenverkehrs betreffenden straßenverkehrsrechtlichen oder gefahrgutbeförderungsrechtlichen Vorschriften verstoßen, hat die nach Landesrecht zuständige Behörde die in Absatz 5 genannten Maßnahmen (Fahreignungs-Bewertungssystem) zu ergreifen. [2]Den in Satz 1 genannten Vorschriften stehen jeweils Vorschriften gleich, die dem Schutz

1. von Maßnahmen zur Rettung aus Gefahren für Leib und Leben von Menschen oder
2. zivilrechtlicher Ansprüche Unfallbeteiligter

dienen. [3]Das Fahreignungs-Bewertungssystem ist nicht anzuwenden, wenn sich die Notwendigkeit früherer oder anderer die Fahreignung betreffender Maßnahmen nach den Vorschriften über die Entziehung der Fahrerlaubnis nach § 3 Absatz 1 oder einer auf Grund § 6 Absatz 1 Satz 1 Nummer 1 erlassenen Rechtsverordnung ergibt. [4]Das Fahreignungs-Bewertungssystem und die Regelungen über die Fahrerlaubnis auf Probe sind nebeneinander anzuwenden.

(2) [1]Für die Anwendung des Fahreignungs-Bewertungssystems sind die in einer Rechtsverordnung nach § 6 Absatz 1 Satz 1 Nummer 4 Buchstabe b bezeichneten Straftaten und Ordnungswidrigkeiten maßgeblich. [2]Sie werden nach Maßgabe der in Satz 1 genannten Rechtsverordnung wie folgt bewertet:

1. Straftaten mit Bezug auf die Verkehrssicherheit oder gleichgestellte Straftaten, sofern in der Entscheidung über die Straftat die Entziehung der Fahrerlaubnis nach den §§ 69 und 69b des Strafgesetzbuches[2] oder eine Sperre nach § 69a Absatz 1 Satz 3 des Strafgesetzbuches angeordnet worden ist, mit drei Punkten,
2. Straftaten mit Bezug auf die Verkehrssicherheit oder gleichgestellte Straftaten, sofern sie nicht von Nummer 1 erfasst sind, und besonders verkehrssicherheitsbeeinträchtigende oder gleichgestellte Ordnungswidrigkeiten jeweils mit zwei Punkten und
3. verkehrssicherheitsbeeinträchtigende oder gleichgestellte Ordnungswidrigkeiten mit einem Punkt.

[3]Punkte ergeben sich mit der Begehung der Straftat oder Ordnungswidrigkeit, sofern sie rechtskräftig geahndet wird. [4]Soweit in Entscheidungen über Straftaten oder Ordnungswidrigkeiten auf Tateinheit entschieden worden ist, wird nur die Zuwiderhandlung mit der höchsten Punktzahl berücksichtigt.

(3) [1]Wird eine Fahrerlaubnis erteilt, dürfen Punkte für vor der Erteilung rechtskräftig gewordene Entscheidungen über Zuwiderhandlungen nicht mehr

---

[1] § 4 neu gef. mWv 1.5.2014 durch G v. 28.8.2013 (BGBl. I S. 3313); Abs. 3 Satz 4, Abs. 5 Satz 6 und Abs. 6 neu gef., Abs. 4 und Abs. 10 Satz 2 geänd. mWv 5.12.2014 durch G v. 28.11.2014 (BGBl. I S. 1802); Abs. 1 Satz 3 und Abs. 2 Satz 1 geänd. mWv 28.7.2021 durch G v. 12.7.2021 (BGBl. I S. 3091).

[2] **Habersack (vormals Schönfelder) Nr. 85.**

berücksichtigt werden. [2]Diese Punkte werden gelöscht. [3]Die Sätze 1 und 2 gelten auch, wenn

1. die Fahrerlaubnis entzogen,
2. eine Sperre nach § 69a Absatz 1 Satz 3 des Strafgesetzbuches angeordnet oder
3. auf die Fahrerlaubnis verzichtet

worden ist und die Fahrerlaubnis danach neu erteilt wird. [4]Die Sätze 1 und 2 gelten nicht bei

1. Entziehung der Fahrerlaubnis nach § 2a Absatz 3,
2. Verlängerung einer Fahrerlaubnis,
3. Erteilung nach Erlöschen einer befristet erteilten Fahrerlaubnis,
4. Erweiterung einer Fahrerlaubnis oder
5. vereinfachter Erteilung einer Fahrerlaubnis an Inhaber einer Dienstfahrerlaubnis oder Inhaber einer ausländischen Fahrerlaubnis.

(4) Inhaber einer Fahrerlaubnis mit einem Punktestand von einem Punkt bis zu drei Punkten sind mit der Speicherung der zugrunde liegenden Entscheidungen nach § 28 Absatz 3 Nummer 1 oder 3 Buchstabe a oder c für die Zwecke des Fahreignungs-Bewertungssystems vorgemerkt.

(5) [1]Die nach Landesrecht zuständige Behörde hat gegenüber den Inhabern einer Fahrerlaubnis folgende Maßnahmen stufenweise zu ergreifen, sobald sich in der Summe folgende Punktestände ergeben:

1. Ergeben sich vier oder fünf Punkte, ist der Inhaber einer Fahrerlaubnis beim Erreichen eines dieser Punktestände schriftlich zu ermahnen;
2. ergeben sich sechs oder sieben Punkte, ist der Inhaber einer Fahrerlaubnis beim Erreichen eines dieser Punktestände schriftlich zu verwarnen;
3. ergeben sich acht oder mehr Punkte, gilt der Inhaber einer Fahrerlaubnis als ungeeignet zum Führen von Kraftfahrzeugen und die Fahrerlaubnis ist zu entziehen.

[2]Die Ermahnung nach Satz 1 Nummer 1 und die Verwarnung nach Satz 1 Nummer 2 enthalten daneben den Hinweis, dass ein Fahreignungsseminar nach § 4a freiwillig besucht werden kann, um das Verkehrsverhalten zu verbessern; im Fall der Verwarnung erfolgt zusätzlich der Hinweis, dass hierfür kein Punktabzug gewährt wird. [3]In der Verwarnung nach Satz 1 Nummer 2 ist darüber zu unterrichten, dass bei Erreichen von acht Punkten die Fahrerlaubnis entzogen wird. [4]Die nach Landesrecht zuständige Behörde ist bei den Maßnahmen nach Satz 1 an die rechtskräftige Entscheidung über die Straftat oder die Ordnungswidrigkeit gebunden. [5]Sie hat für das Ergreifen der Maßnahmen nach Satz 1 auf den Punktestand abzustellen, der sich zum Zeitpunkt der Begehung der letzten zur Ergreifung der Maßnahme führenden Straftat oder Ordnungswidrigkeit ergeben hat. [6]Bei der Berechnung des Punktestandes werden Zuwiderhandlungen

1. unabhängig davon berücksichtigt, ob nach deren Begehung bereits Maßnahmen ergriffen worden sind,
2. nur dann berücksichtigt, wenn deren Tilgungsfrist zu dem in Satz 5 genannten Zeitpunkt noch nicht abgelaufen war.

[7]Spätere Verringerungen des Punktestandes auf Grund von Tilgungen bleiben unberücksichtigt.

(6) [1] Die nach Landesrecht zuständige Behörde darf eine Maßnahme nach Absatz 5 Satz 1 Nummer 2 oder 3 erst ergreifen, wenn die Maßnahme der jeweils davor liegenden Stufe nach Absatz 5 Satz 1 Nummer 1 oder 2 bereits ergriffen worden ist. [2] Sofern die Maßnahme der davor liegenden Stufe noch nicht ergriffen worden ist, ist diese zu ergreifen. [3] Im Fall des Satzes 2 verringert sich der Punktestand mit Wirkung vom Tag des Ausstellens der ergriffenen

1. Ermahnung auf fünf Punkte,
2. Verwarnung auf sieben Punkte,

wenn der Punktestand zu diesem Zeitpunkt nicht bereits durch Tilgungen oder Punktabzüge niedriger ist. [4] Punkte für Zuwiderhandlungen, die vor der Verringerung nach Satz 3 begangen worden sind und von denen die nach Landesrecht zuständige Behörde erst nach der Verringerung Kenntnis erhält, erhöhen den sich nach Satz 3 ergebenden Punktestand. [5] Späteren Tilgungen oder Punktabzügen wird der sich nach Anwendung der Sätze 3 und 4 ergebende Punktestand zugrunde gelegt.

(7) [1] Nehmen Inhaber einer Fahrerlaubnis freiwillig an einem Fahreignungsseminar teil und legen sie hierüber der nach Landesrecht zuständigen Behörde innerhalb von zwei Wochen nach Beendigung des Seminars eine Teilnahmebescheinigung vor, wird ihnen bei einem Punktestand von ein bis fünf Punkten ein Punkt abgezogen; maßgeblich ist der Punktestand zum Zeitpunkt der Ausstellung der Teilnahmebescheinigung. [2] Der Besuch eines Fahreignungsseminars führt jeweils nur einmal innerhalb von fünf Jahren zu einem Punktabzug. [3] Für den zu verringernden Punktestand und die Berechnung der Fünfjahresfrist ist jeweils das Ausstellungsdatum der Teilnahmebescheinigung maßgeblich.

(8) [1] Zur Vorbereitung der Maßnahmen nach Absatz 5 hat das Kraftfahrt-Bundesamt bei Erreichen der jeweiligen Punktestände nach Absatz 5, auch in Verbindung mit den Absätzen 6 und 7, der nach Landesrecht zuständigen Behörde die vorhandenen Eintragungen aus dem Fahreignungsregister zu übermitteln. [2] Unabhängig von Satz 1 hat das Kraftfahrt-Bundesamt bei jeder Entscheidung, die wegen einer Zuwiderhandlung nach

1. § 315c Absatz 1 Nummer 1 Buchstabe a des Strafgesetzbuches,
2. den §§ 316 oder 323a des Strafgesetzbuches oder
3. den §§ 24a oder 24c

ergangen ist, der nach Landesrecht zuständigen Behörde die vorhandenen Eintragungen aus dem Fahreignungsregister zu übermitteln.

(9) Widerspruch und Anfechtungsklage gegen die Entziehung nach Absatz 5 Satz 1 Nummer 3 haben keine aufschiebende Wirkung.

(10) [1] Ist die Fahrerlaubnis nach Absatz 5 Satz 1 Nummer 3 entzogen worden, darf eine neue Fahrerlaubnis frühestens sechs Monate nach Wirksamkeit der Entziehung erteilt werden. [2] Das gilt auch bei einem Verzicht auf die Fahrerlaubnis, wenn zum Zeitpunkt der Wirksamkeit des Verzichtes mindestens zwei Entscheidungen nach § 28 Absatz 3 Nummer 1 oder 3 Buchstabe a oder c gespeichert waren. [3] Die Frist nach Satz 1, auch in Verbindung mit Satz 2, beginnt mit der Ablieferung des Führerscheins nach § 3 Absatz 2 Satz 3 in Verbindung mit dessen Satz 4. [4] In den Fällen des Satzes 1, auch in Verbindung mit Satz 2, hat die nach Landesrecht zuständige Behörde unbeschadet der Erfüllung der sonstigen Voraussetzungen für die Erteilung der Fahrerlaubnis zum Nachweis, dass die Eignung zum Führen von Kraftfahrzeugen wieder-

hergestellt ist, in der Regel die Beibringung eines Gutachtens einer amtlich anerkannten Begutachtungsstelle für Fahreignung anzuordnen.

§ 4a[1)] Fahreignungsseminar. (1) [1] Mit dem Fahreignungsseminar soll erreicht werden, dass die Teilnehmer sicherheitsrelevante Mängel in ihrem Verkehrsverhalten und insbesondere in ihrem Fahrverhalten erkennen und abbauen. [2] Hierzu sollen die Teilnehmer durch die Vermittlung von Kenntnissen zum Straßenverkehrsrecht, zu Gefahrenpotenzialen und zu verkehrssicherem Verhalten im Straßenverkehr, durch Analyse und Korrektur verkehrssicherheitsgefährdender Verhaltensweisen sowie durch Aufzeigen der Bedingungen und Zusammenhänge des regelwidrigen Verkehrsverhaltens veranlasst werden.

(2) [1] Das Fahreignungsseminar besteht aus einer verkehrspädagogischen und aus einer verkehrspsychologischen Teilmaßnahme, die aufeinander abzustimmen sind. [2] Zur Durchführung sind berechtigt

1. für die verkehrspädagogische Teilmaßnahme Fahrlehrer, die über eine Seminarerlaubnis Verkehrspädagogik nach § 46 des Fahrlehrergesetzes und
2. für die verkehrspsychologische Teilmaßnahme Personen, die über eine Seminarerlaubnis Verkehrspsychologie nach Absatz 3

verfügen.

(3) [1] Wer die verkehrspsychologische Teilmaßnahme des Fahreignungsseminars im Sinne des Absatzes 2 Satz 2 Nummer 2 durchführt, bedarf der Erlaubnis (Seminarerlaubnis Verkehrspsychologie). [2] Die Seminarerlaubnis Verkehrspsychologie wird durch die nach Landesrecht zuständige Behörde erteilt. [3] Die nach Landesrecht zuständige Behörde kann nachträglich Auflagen anordnen, soweit dies erforderlich ist, um die Einhaltung der Anforderungen an Fahreignungsseminare und deren ordnungsgemäße Durchführung sicherzustellen. [4] § 13 des Fahrlehrergesetzes gilt entsprechend.

(4) [1] Die Seminarerlaubnis Verkehrspsychologie wird auf Antrag erteilt, wenn der Bewerber

1. über einen Abschluss eines Hochschulstudiums als Diplom-Psychologe oder einen gleichwertigen Master-Abschluss in Psychologie verfügt,
2. eine verkehrspsychologische Ausbildung an einer Universität oder gleichgestellten Hochschule oder Stelle, die sich mit der Begutachtung oder Wiederherstellung der Kraftfahreignung befasst, oder eine fachpsychologische Qualifikation nach dem Stand der Wissenschaft durchlaufen hat,
3. über Erfahrungen in der Verkehrspsychologie
   a) durch eine mindestens dreijährige Begutachtung von Kraftfahrern an einer Begutachtungsstelle für Fahreignung oder eine mindestens dreijährige Durchführung von besonderen Aufbauseminaren oder von Kursen zur Wiederherstellung der Kraftfahreignung,
   b) durch eine mindestens fünfjährige freiberufliche verkehrspsychologische Tätigkeit, deren Nachweis durch Bestätigungen von Behörden oder Begutachtungsstellen für Fahreignung oder durch die Dokumentation von

---

[1)] § 4a eingef. mWv 1.5.2014 durch G v. 28.8.2013 (BGBl. I S. 3313); Abs. 4 Satz 1 Nr. 3 und 4 geänd., Nr. 5 angef., Abs. 8 Satz 8 geänd. mWv 5.12.2014 durch G v. 28.11.2014 (BGBl. I S. 1802); Abs. 2 Satz 2 Nr. 1, Abs. 3 Satz 4 und Abs. 7 geänd. mWv 1.1.2018 durch G v. 30.6.2017 (BGBl. I S. 2162); Abs. 6 Satz 2 Nr. 1 bis 3 und 4 Buchst. a und b geänd. mWv 26.11.2019 durch G v. 20.11. 2019 (BGBl. I S. 1626).

zehn Therapiemaßnahmen für verkehrsauffällige Kraftfahrer, die mit einer positiven Begutachtung abgeschlossen wurden, erbracht werden kann, oder

c) durch eine mindestens dreijährige freiberufliche verkehrspsychologische Tätigkeit nach vorherigem Erwerb einer Qualifikation als klinischer Psychologe oder Psychotherapeut nach dem Stand der Wissenschaft

verfügt,

4. im Fahreignungsregister mit nicht mehr als zwei Punkten belastet ist und
5. eine zur Durchführung der verkehrspsychologischen Teilmaßnahme geeignete räumliche und sachliche Ausstattung nachweist.

2 Die Erlaubnis ist zu versagen, wenn Tatsachen vorliegen, die Bedenken gegen die Zuverlässigkeit des Antragstellers begründen.

(5) 1 Die Seminarerlaubnis Verkehrspsychologie ist zurückzunehmen, wenn bei ihrer Erteilung eine der Voraussetzungen des Absatzes 4 nicht vorgelegen hat. 2 Die nach Landesrecht zuständige Behörde kann von der Rücknahme absehen, wenn der Mangel nicht mehr besteht. 3 Die Seminarerlaubnis Verkehrspsychologie ist zu widerrufen, wenn nachträglich eine der in Absatz 4 genannten Voraussetzungen weggefallen ist. 4 Bedenken gegen die Zuverlässigkeit bestehen insbesondere dann, wenn der Seminarleiter wiederholt die Pflichten grob verletzt hat, die ihm nach diesem Gesetz oder den auf ihm beruhenden Rechtsverordnungen obliegen.

(6) 1 Der Inhaber einer Seminarerlaubnis Verkehrspsychologie hat die personenbezogenen Daten, die ihm als Seminarleiter der verkehrspsychologischen Teilmaßnahme bekannt geworden sind, zu speichern und fünf Jahre nach der Ausstellung einer vorgeschriebenen Teilnahmebescheinigung unverzüglich zu löschen. 2 Die Daten nach Satz 1 dürfen

1. vom Inhaber der Seminarerlaubnis Verkehrspsychologie längstens neun Monate nach der Ausstellung der Teilnahmebescheinigung für die Durchführung des jeweiligen Fahreignungsseminars verwendet werden,
2. vom Inhaber der Seminarerlaubnis Verkehrspsychologie der Bundesanstalt für Straßenwesen übermittelt und von dieser zur Evaluierung nach § 4b verwendet werden,
3. von der Bundesanstalt für Straßenwesen oder in ihrem Auftrag an Dritte, die die Evaluierung nach § 4b im Auftrag der Bundesanstalt für Straßenwesen durchführen oder an ihr beteiligt sind, übermittelt und von den Dritten für die Evaluierung verwendet werden,
4. vom Inhaber der Seminarerlaubnis Verkehrspsychologie ausschließlich in Gestalt von Name, Vorname, Geburtsdatum und Anschrift des Seminarteilnehmers sowie dessen Unterschrift zur Teilnahmebestätigung
   a) der nach Landesrecht zuständigen Behörde übermittelt und von dieser zur Überwachung nach Absatz 8 verwendet werden,
   b) an Dritte, die ein von der zuständigen Behörde genehmigtes Qualitätssicherungssystem nach Absatz 8 Satz 6 betreiben und an dem der Inhaber der Seminarerlaubnis Verkehrspsychologie teilnimmt, übermittelt und im Rahmen dieses Qualitätssicherungssystems verwendet werden.

3 Die Empfänger nach Satz 2 haben die Daten unverzüglich zu löschen, wenn sie nicht mehr für die in Satz 2 jeweils genannten Zwecke benötigt werden,

spätestens jedoch fünf Jahre nach der Ausstellung der Teilnahmebescheinigung nach Satz 1.

(7) Jeder Inhaber einer Seminarerlaubnis Verkehrspsychologie hat alle zwei Jahre an einer insbesondere die Fahreignung betreffenden verkehrspsychologischen Fortbildung von mindestens sechs Stunden teilzunehmen.

(8) [1]Die Durchführung der verkehrspsychologischen Teilmaßnahme des Fahreignungsseminars unterliegt der Überwachung der nach Landesrecht zuständigen Behörde. [2]Die nach Landesrecht zuständige Behörde kann sich bei der Überwachung geeigneter Personen oder Stellen nach Landesrecht bedienen. [3]Die nach Landesrecht zuständige Behörde hat mindestens alle zwei Jahre an Ort und Stelle zu prüfen, ob die gesetzlichen Anforderungen an die Durchführung der verkehrspsychologischen Teilmaßnahme eingehalten werden. [4]Der Inhaber der Seminarerlaubnis Verkehrspsychologie hat die Prüfung zu ermöglichen. [5]Die in Satz 3 genannte Frist kann von der nach Landesrecht zuständigen Behörde auf vier Jahre verlängert werden, wenn in zwei aufeinanderfolgenden Überprüfungen keine oder nur geringfügige Mängel festgestellt worden sind. [6]Die nach Landesrecht zuständige Behörde kann von der wiederkehrenden Überwachung nach den Sätzen 1 bis 5 absehen, wenn der Inhaber einer Seminarerlaubnis Verkehrspsychologie sich einem von der nach Landesrecht zuständigen Behörde anerkannten Qualitätssicherungssystem angeschlossen hat. [7]Im Fall des Satzes 6 bleibt die Befugnis der nach Landesrecht zuständigen Behörde zur Überwachung im Sinne der Sätze 1 bis 5 unberührt. [8]Das Bundesministerium für Verkehr und digitale Infrastruktur soll durch Rechtsverordnung mit Zustimmung des Bundesrates Anforderung an Qualitätssicherungssysteme und Regeln für die Durchführung der Qualitätssicherung bestimmen.

§ 4b[1)] Evaluierung. [1]Das Fahreignungsseminar, die Vorschriften hierzu und der Vollzug werden von der Bundesanstalt für Straßenwesen wissenschaftlich begleitet und evaluiert. [2]Die Evaluierung hat insbesondere zu untersuchen, ob das Fahreignungsseminar eine verhaltensverbessernde Wirkung im Hinblick auf die Verkehrssicherheit hat. [3]Die Bundesanstalt für Straßenwesen legt das Ergebnis der Evaluierung bis zum 1. Mai 2019 dem Bundesministerium für Verkehr und digitale Infrastruktur in einem Bericht zur Weiterleitung an den Deutschen Bundestag vor.

§ 5 Verlust von Dokumenten und Kennzeichen. [1]Besteht eine Verpflichtung zur Ablieferung oder Vorlage eines Führerscheins, Fahrzeugscheins, Anhängerverzeichnisses, Fahrzeugbriefs, Nachweises über die Zuteilung des amtlichen Kennzeichens oder über die Betriebserlaubnis oder EG-Typgenehmigung, eines ausländischen Führerscheins oder Zulassungsscheins oder eines internationalen Führerscheins oder Zulassungsscheins oder amtlicher Kennzeichen oder Versicherungskennzeichen und behauptet der Verpflichtete, der Ablieferungs- oder Vorlagepflicht deshalb nicht nachkommen zu können, weil ihm der Schein, das Verzeichnis, der Brief, der Nachweis oder die Kennzeichen verloren gegangen oder sonst abhanden gekommen sind, so hat er auf Verlangen der Verwaltungsbehörde eine Versicherung an Eides statt über den Verbleib des Scheins, Verzeichnisses, Briefs, Nachweises oder der Kennzeichen abzugeben. [2]Dies gilt auch, wenn jemand für einen verloren gegangenen oder

---

1) § 4b eingef. mWv 1.5.2014 durch G v. 28.8.2013 (BGBl. I S. 3313); Satz 3 geänd. mWv 5.12.2014 durch G v. 28.11.2014 (BGBl. I S. 1802).

sonst abhanden gekommenen Schein, Brief oder Nachweis oder ein verloren gegangenes oder sonst abhanden gekommenes Anhängerverzeichnis oder Kennzeichen eine neue Ausfertigung oder ein neues Kennzeichen beantragt.

§ 5a (weggefallen)

§ 5b[1] **Unterhaltung der Verkehrszeichen.** (1) [1]Die Kosten der Beschaffung, Anbringung, Entfernung, Unterhaltung und des Betriebs der amtlichen Verkehrszeichen und -einrichtungen sowie der sonstigen vom Bundesministerium für Verkehr und digitale Infrastruktur zugelassenen Verkehrszeichen und -einrichtungen trägt der Träger der Straßenbaulast für diejenige Straße, in deren Verlauf sie angebracht werden oder angebracht worden sind, bei geteilter Straßenbaulast der für die durchgehende Fahrbahn zuständige Träger der Straßenbaulast. [2]Ist ein Träger der Straßenbaulast nicht vorhanden, so trägt der Eigentümer der Straße die Kosten.

(2) Diese Kosten tragen abweichend vom Absatz 1

a) die Unternehmer der Schienenbahnen für Andreaskreuze, Schranken, Blinklichter mit oder ohne Halbschranken;

b) die Unternehmer im Sinne des Personenbeförderungsgesetzes[2] für Haltestellenzeichen;

c) die Gemeinden in der Ortsdurchfahrt für Parkuhren und andere Vorrichtungen oder Einrichtungen zur Überwachung der Parkzeit, Straßenschilder, Geländer, Wegweiser zu innerörtlichen Zielen und Verkehrszeichen für Laternen, die nicht die ganze Nacht brennen;

d) die Bauunternehmer und die sonstigen Unternehmer von Arbeiten auf und neben der Straße für Verkehrszeichen und -einrichtungen, die durch diese Arbeiten erforderlich werden;

e) die Unternehmer von Werkstätten, Tankstellen sowie sonstigen Anlagen und Veranstaltungen für die entsprechenden amtlichen oder zugelassenen Hinweiszeichen;

f) die Träger der Straßenbaulast der Straßen, von denen der Verkehr umgeleitet werden soll, für Wegweiser für Bedarfsumleitungen.

(3) Das Bundesministerium für Verkehr und digitale Infrastruktur wird ermächtigt, durch Rechtsverordnung mit Zustimmung des Bundesrates bei der Einführung neuer amtlicher Verkehrszeichen und -einrichtungen zu bestimmen, dass abweichend von Absatz 1 die Kosten entsprechend den Regelungen des Absatzes 2 ein anderer zu tragen hat.

(4) Kostenregelungen auf Grund kreuzungsrechtlicher Vorschriften nach Bundes- und Landesrecht bleiben unberührt.

(5) Diese Kostenregelung umfasst auch die Kosten für Verkehrszählungen, Lärmmessungen, Lärmberechnungen und Abgasmessungen.

(6) [1]Können Verkehrszeichen oder Verkehrseinrichtungen aus technischen Gründen oder wegen der Sicherheit und Leichtigkeit des Straßenverkehrs nicht auf der Straße angebracht werden, haben die Eigentümer der Anliegergrundstücke das Anbringen zu dulden. [2]Schäden, die durch das Anbringen oder

---

[1] § 5b Abs. 1 Satz 1 und Abs. 3 geänd. mWv 18.8.2006 durch G v. 14.8.2006 (BGBl. I S. 1958); Abs. 1 Satz 1 und Abs. 3 geänd. mWv 5.12.2014 durch G v. 28.11.2014 (BGBl. I S. 1802).

[2] **Sartorius Nr. 950.**

Entfernen der Verkehrszeichen oder Verkehrseinrichtungen entstehen, sind zu beseitigen. [3] Wird die Benutzung eines Grundstücks oder sein Wert durch die Verkehrszeichen oder Verkehrseinrichtungen nicht unerheblich beeinträchtigt oder können Schäden, die durch das Anbringen oder Entfernen der Verkehrszeichen oder Verkehrseinrichtungen entstanden sind, nicht beseitigt werden, so ist eine angemessene Entschädigung in Geld zu leisten. [4] Zur Schadensbeseitigung und zur Entschädigungsleistung ist derjenige verpflichtet, der die Kosten für die Verkehrszeichen und Verkehrseinrichtungen zu tragen hat. [5] Kommt eine Einigung nicht zustande, so entscheidet die höhere Verwaltungsbehörde. [6] Vor der Entscheidung sind die Beteiligten zu hören. [7] Die Landesregierungen werden ermächtigt, durch Rechtsverordnung die zuständige Behörde abweichend von Satz 5 zu bestimmen. [8] Sie können diese Ermächtigung auf oberste Landesbehörden übertragen.

§ 6[1)] Verordnungsermächtigungen. (1) [1] Das Bundesministerium für Verkehr und digitale Infrastruktur wird ermächtigt, soweit es zur Abwehr von Gefahren für die Sicherheit oder Leichtigkeit des Verkehrs auf öffentlichen Straßen erforderlich ist, Rechtsverordnungen mit Zustimmung des Bundesrates über Folgendes zu erlassen:

1. die Zulassung von Personen zum Straßenverkehr, insbesondere über
   a) den Inhalt und die Gültigkeitsdauer von Fahrerlaubnissen, insbesondere unterschieden nach Fahrerlaubnisklassen, über die Probezeit sowie über Auflagen und Beschränkungen zu Fahrerlaubnissen,
   b) die erforderliche Befähigung und Eignung von Personen für ihre Teilnahme am Straßenverkehr, das Mindestalter und die sonstigen Anforderungen und Voraussetzungen zur Teilnahme am Straßenverkehr,
   c) die Ausbildung und die Fortbildung von Personen zur Herstellung und zum Erhalt der Voraussetzungen nach Buchstabe b und die sonstigen Maßnahmen, um die sichere Teilnahme von Personen am Straßenverkehr zu gewährleisten, insbesondere hinsichtlich Personen, die nur bedingt geeignet oder ungeeignet oder nicht befähigt zur Teilnahme am Straßenverkehr sind,
   d) die Prüfung und Beurteilung des Erfüllens der Voraussetzungen nach den Buchstaben b und c,
   e) Ausnahmen von einzelnen Anforderungen und Inhalten der Zulassung von Personen, insbesondere von der Fahrerlaubnispflicht und von einzelnen Erteilungsvoraussetzungen,
2. das Verhalten im Verkehr, auch im ruhenden Verkehr,
3. das Verhalten der Beteiligten nach einem Verkehrsunfall, das geboten ist, um
   a) den Verkehr zu sichern und Verletzten zu helfen,
   b) Feststellungen zu ermöglichen, die zur Geltendmachung oder Abwehr von zivilrechtlichen Schadensersatzansprüchen erforderlich sind, insbesondere Feststellungen zur Person der Beteiligten, zur Art ihrer Beteiligung, zum Unfallhergang und zum Versicherer der unfallbeteiligten Fahrzeuge,

1) § 6 neu gef. mWv 28.7.2021 durch G v. 12.7.2021 (BGBl. I S. 3091).

4. die Bezeichnung von im Fahreignungsregister zu speichernden Straftaten und Ordnungswidrigkeiten
   a) für die Maßnahmen nach den Regelungen der Fahrerlaubnis auf Probe nebst der Bewertung dieser Straftaten und Ordnungswidrigkeiten als schwerwiegend oder weniger schwerwiegend,
   b) für die Maßnahmen des Fahreignungsbewertungssystems, wobei
      aa) bei der Bezeichnung von Straftaten deren Bedeutung für die Sicherheit im Straßenverkehr zugrunde zu legen ist,
      bb) Ordnungswidrigkeiten mit Punkten bewertet werden und bei der Bezeichnung und Bewertung von Ordnungswidrigkeiten deren jeweilige Bedeutung für die Sicherheit des Straßenverkehrs und die Höhe des angedrohten Regelsatzes der Geldbuße oder eines Regelfahrverbotes zugrunde zu legen sind,
5. die Anforderungen an
   a) Bau, Einrichtung, Ausrüstung, Beschaffenheit, Prüfung und Betrieb von Fahrzeugen,
   b) die in oder auf Fahrzeugen einzubauenden oder zu verwendenden Fahrzeugteile, insbesondere Anlagen, Bauteile, Instrumente, Geräte und sonstige Ausrüstungsgegenstände, einschließlich deren Prüfung,
6. die Zulassung von Fahrzeugen zum Straßenverkehr, insbesondere über
   a) die Voraussetzungen für die Zulassung, die Vorgaben für das Inbetriebsetzen zulassungspflichtiger und zulassungsfreier Fahrzeuge, die regelmäßige Untersuchung der Fahrzeuge sowie über die Verantwortung, die Pflichten und die Rechte der Halter,
   b) Ausnahmen von der Pflicht zur Zulassung sowie Ausnahmen von einzelnen Anforderungen nach Buchstabe a,
7. die Einrichtung einer zentralen Stelle zur Erarbeitung und Evaluierung von verbindlichen Prüfvorgaben bei regelmäßigen Fahrzeuguntersuchungen,
8. die zur Verhütung von Belästigungen anderer, zur Verhütung von schädlichen Umwelteinwirkungen im Sinne des Bundes-Immissionsschutzgesetzes oder zur Unterstützung einer geordneten städtebaulichen Entwicklung erforderlichen Maßnahmen,
9. die Maßnahmen
   a) über den Straßenverkehr, die zur Erhaltung der öffentlichen Sicherheit oder zu Verteidigungszwecken erforderlich sind,
   b) zur Durchführung von Großraum- und Schwertransporten,
   c) im Übrigen, die zur Erhaltung der Sicherheit und Ordnung auf öffentlichen Straßen oder zur Verhütung einer über das verkehrsübliche Maß hinausgehenden Abnutzung der Straßen erforderlich sind, insbesondere bei Großveranstaltungen,
10. das Anbieten zum Verkauf, das Veräußern, das Verwenden, das Erwerben oder das sonstige Inverkehrbringen von Fahrzeugen und Fahrzeugteilen,
11. die Kennzeichnung und die Anforderungen an die Kennzeichnung von Fahrzeugen und Fahrzeugteilen,
12. den Nachweis über die Entsorgung oder den sonstigen Verbleib von Fahrzeugen und Fahrzeugteilen, auch nach ihrer Außerbetriebsetzung,
13. die Ermittlung, das Auffinden und die Sicherstellung von gestohlenen, verlorengegangenen oder sonst abhanden gekommenen Fahrzeugen, Fahr-

zeugkennzeichen sowie Führerscheinen und Fahrzeugpapieren einschließlich ihrer Vordrucke, soweit nicht die Strafverfolgungsbehörden hierfür zuständig sind,

14. die Überwachung der gewerbsmäßigen Vermietung von Kraftfahrzeugen und Anhängern an Selbstfahrer,
15. die Beschränkung des Straßenverkehrs einschließlich des ruhenden Verkehrs
    a) zugunsten schwerbehinderter Menschen mit außergewöhnlicher Gehbehinderung, mit beidseitiger Amelie oder Phokomelie oder vergleichbaren Funktionseinschränkungen sowie zugunsten blinder Menschen,
    b) zugunsten der Bewohner städtischer Quartiere mit erheblichem Parkraummangel,
    c) zur Erforschung des Unfallgeschehens, des Verkehrsverhaltens, der Verkehrsabläufe oder zur Erprobung geplanter verkehrssichernder oder verkehrsregelnder Maßnahmen,
16. die Einrichtung von Sonderfahrspuren für Linienomnibusse und Taxen,
17. die Einrichtung und Nutzung von fahrzeugführerlosen Parksystemen im niedrigen Geschwindigkeitsbereich auf Parkflächen,
18. allgemeine Ausnahmen von den Verkehrsvorschriften nach Abschnitt I oder von auf Grund dieser Verkehrsvorschriften erlassener Rechtsverordnungen zur Durchführung von Versuchen, die eine Weiterentwicklung dieser Rechtsnormen zum Gegenstand haben.

²Rechtsverordnungen nach Satz 1 Nummer 18 über allgemeine Ausnahmen von Verkehrsvorschriften nach diesem Gesetz sind für die Dauer von längstens fünf Jahren zu befristen; eine einmalige Verlängerung der Geltungsdauer um längstens fünf Jahre ist zulässig. ³Rechtsverordnungen können nicht nach Satz 1 erlassen werden über solche Regelungsgegenstände, über die Rechtsverordnungen nach Absatz 2 erlassen werden dürfen. ⁴Die Abwehr von Gefahren für die Sicherheit oder Leichtigkeit des Verkehrs auf öffentlichen Straßen nach Satz 1 umfasst auch den straßenverkehrsrechtlichen Schutz von Maßnahmen zur Rettung aus Gefahren für Leib und Leben von Menschen oder den Schutz zivilrechtlicher Schadensersatzansprüche Unfallbeteiligter.

(2) Das Bundesministerium für Verkehr und digitale Infrastruktur wird ermächtigt, soweit es zur Abwehr von Gefahren für die Sicherheit oder Leichtigkeit des Verkehrs auf öffentlichen Straßen erforderlich ist, Rechtsverordnungen ohne Zustimmung des Bundesrates über Folgendes zu erlassen:

1. die Typgenehmigung von Fahrzeugen, Systemen, Bauteilen und selbstständigen technischen Einheiten für diese Fahrzeuge, sofern sie unionsrechtlichen Vorgaben unterliegt, über die Fahrzeugeinzelgenehmigung, sofern ihr nach Unionrecht eine Geltung in allen Mitgliedstaaten der Europäischen Union zukommt, sowie über das Anbieten zum Verkauf, das Inverkehrbringen, die Inbetriebnahme, das Veräußern oder die Einfuhr von derart genehmigten oder genehmigungspflichtigen Fahrzeugen, Systemen, Bauteilen und selbstständigen technischen Einheiten für diese Fahrzeuge, insbesondere über
    a) die Systematisierung von Fahrzeugen,
    b) die technischen und baulichen Anforderungen an Fahrzeuge, Systeme, Bauteile und selbstständige technische Einheiten, einschließlich der durchzuführenden Prüfverfahren zur Feststellung der Konformität,

c) die Sicherstellung der Übereinstimmung von Fahrzeugen, Systemen, Bauteilen und selbstständigen technischen Einheiten für diese Fahrzeuge mit einem genehmigten Typ bei ihrer Herstellung,
d) den Zugang zu technischen Informationen sowie zu Reparatur- und Wartungsinformationen,
e) die Bewertung, Benennung und Überwachung von technischen Diensten,
f) die Kennzeichnung und Verpackung von Systemen, Bauteilen und selbstständigen technischen Einheiten für Fahrzeuge oder
g) die Zulassung von Teilen und Ausrüstungen, von denen eine ernste Gefahr für das einwandfreie Funktionieren wesentlicher Systeme von Fahrzeugen ausgehen kann,

2. die Marktüberwachung von Fahrzeugen, Systemen, Bauteilen und selbstständigen technischen Einheiten für diese Fahrzeuge,
3. die Pflichten der Hersteller und ihrer Bevollmächtigten, der Einführer sowie der Händler im Rahmen
   a) des Typgenehmigungsverfahrens im Sinne der Nummer 1,
   b) des Fahrzeugeinzelgenehmigungsverfahrens im Sinne der Nummer 1 oder
   c) des Anbietens zum Verkauf, des Inverkehrbringens, der Inbetriebnahme, des Veräußerns, der Einfuhr sowie der Marktüberwachung von Fahrzeugen, Systemen, Bauteilen und selbstständigen technischen Einheiten für diese Fahrzeuge oder
4. die Technologien, Strategien und andere Mittel, für die festgestellt ist, dass
   a) sie die Leistungen der Fahrzeuge, Systeme, Bauteile oder selbstständigen technischen Einheiten für Fahrzeuge bei Prüfverfahren unter ordnungsgemäßen Betriebsbedingungen verfälschen oder
   b) ihre Verwendung im Rahmen des Typgenehmigungsverfahrens oder des Fahrzeugeinzelgenehmigungsverfahrens im Sinne der Nummer 1 aus anderen Gründen nicht zulässig ist.

(3) In Rechtsverordnungen nach Absatz 1 oder Absatz 2 können hinsichtlich der dort genannten Gegenstände jeweils auch geregelt werden:

1. die Erteilung, Beschränkung oder Entziehung von Rechten, die sonstigen Maßnahmen zur Anordnung oder Umsetzung, die Anerkennung ausländischer Berechtigungen oder Maßnahmen, die Verwaltungsverfahren einschließlich der erforderlichen Nachweise sowie die Zuständigkeiten und die Ausnahmebefugnisse der vollziehenden Behörden im Einzelfall,
2. Art, Inhalt, Herstellung, Gestaltung, Lieferung, Ausfertigung, Beschaffenheit und Gültigkeit von Kennzeichen, Plaketten, Urkunden, insbesondere von Führerscheinen, und sonstigen Bescheinigungen,
3. die Anerkennung, Zulassung, Registrierung, Akkreditierung, Begutachtung, Beaufsichtigung oder Überwachung von natürlichen oder juristischen Personen des Privatrechts oder von sonstigen Einrichtungen im Hinblick auf ihre Tätigkeiten
   a) der Prüfung, Untersuchung, Beurteilung und Begutachtung von Personen, Fahrzeugen oder Fahrzeugteilen sowie der Herstellung und Lieferung nach Nummer 2,
   b) des Anbietens von Maßnahmen zur Herstellung oder zum Erhalt der Voraussetzungen nach Absatz 1 Satz 1 Nummer 1 Buchstabe b oder
   c) der Prüfung und Zertifizierung von Qualitätssicherungssystemen,

einschließlich der jeweiligen Voraussetzungen, insbesondere der Anforderungen an die natürlichen oder juristischen Personen des Privatrechts oder an die Einrichtungen, an ihre Träger und an ihre verantwortlichen oder ausführenden Personen, einschließlich der Vorgabe eines Erfahrungsaustausches sowie einschließlich der Verarbeitung von personenbezogenen Daten über die die Tätigkeiten ausführenden oder hieran teilnehmenden Personen durch die zuständigen Behörden, durch die natürlichen oder juristischen Personen des Privatrechts oder durch die Einrichtungen in dem Umfang, der für ihre jeweilige Tätigkeit und deren Qualitätssicherung erforderlich ist,

4. Emissionsgrenzwerte unter Berücksichtigung der technischen Entwicklung zum Zeitpunkt des Erlasses der jeweiligen Rechtsverordnung,
5. die Mitwirkung natürlicher oder juristischer Personen des Privatrechts bei der Aufgabenwahrnehmung in Form ihrer Beauftragung, bei der Durchführung von bestimmten Aufgaben zu helfen (Verwaltungshilfe), oder in Form der Übertragung bestimmter Aufgaben nach Absatz 1 Satz 1 Nummer 1, 5, 6, 7 oder 9 Buchstabe b oder Absatz 2 auf diese Personen (Beleihung), insbesondere
   a) die Bestimmung der Aufgaben und die Art und Weise der Aufgabenerledigung,
   b) die Anforderungen an diese Personen und ihre Überwachung einschließlich des Verfahrens und des Zusammenwirkens der zuständigen Behörden bei der Überwachung oder
   c) die Verarbeitung von personenbezogenen Daten durch diese Personen, insbesondere die Übermittlung solcher Daten an die zuständige Behörde,
6. die Übertragung der Wahrnehmung von einzelnen Aufgaben auf die Bundesanstalt für Straßenwesen oder das Kraftfahrt-Bundesamt oder
7. die notwendige Versicherung der natürlichen oder juristischen Personen des Privatrechts oder der sonstigen Einrichtungen in den Fällen der Nummer 3 oder Nummer 5 zur Deckung aller im Zusammenhang mit den dort genannten Tätigkeiten entstehenden Ansprüche sowie die Freistellung der für die Anerkennung, Zulassung, Registrierung, Akkreditierung, Begutachtung, Beaufsichtigung, Überwachung, Beauftragung oder Aufgabenübertragung zuständigen Bundes- oder Landesbehörde von Ansprüchen Dritter wegen Schäden, die diese Personen oder Einrichtungen verursachen.

(4) [1] Rechtsverordnungen nach Absatz 1 Satz 1 Nummer 1, 2, 5 und 8 oder Absatz 2, jeweils auch in Verbindung mit Absatz 3, können auch erlassen werden

1. zur Abwehr von Gefahren, die vom Verkehr auf öffentlichen Straßen ausgehen,
2. zum Schutz vor schädlichen Umwelteinwirkungen, die von Fahrzeugen ausgehen, oder
3. zum Schutz der Verbraucher.

[2] Rechtsverordnungen nach Absatz 1 Satz 1 Nummer 1, 2, 5 und 8, auch in Verbindung mit Absatz 3, können auch erlassen werden

1. zum Schutz der Bevölkerung in Fußgängerbereichen oder verkehrsberuhigten Bereichen, der Wohnbevölkerung oder der Erholungssuchenden vor Emissionen, die vom Verkehr auf öffentlichen Straßen ausgehen, insbesondere zum Schutz vor Lärm oder vor Abgasen,

2. für Sonderregelungen an Sonn- und Feiertagen oder
3. für Sonderregelungen über das Parken in der Zeit von 22 Uhr bis 6 Uhr.

(5) Rechtsverordnungen nach Absatz 1 oder 2 können auch zur Durchführung von Rechtsakten der Europäischen Gemeinschaft oder der Europäischen Union und zur Durchführung von zwischenstaatlichen Vereinbarungen im Anwendungsbereich dieses Gesetzes erlassen werden.

(6) [1] Rechtsverordnungen nach Absatz 1 Satz 1 Nummer 1, 5 oder 8 oder nach Absatz 2, sofern sie jeweils in Verbindung mit Absatz 4 Satz 1 Nummer 2 oder Satz 2 Nummer 1 erlassen werden, oder Rechtsverordnungen nach Absatz 1 Satz 1 Nummer 12 werden vom Bundesministerium für Verkehr und digitale Infrastruktur und vom Bundesministerium für Umwelt, Naturschutz und nukleare Sicherheit gemeinsam erlassen. [2] Rechtsverordnungen nach Absatz 1 Satz 1 Nummer 11, 13 oder 14 oder nach Absatz 3 Nummer 2 in Verbindung mit Absatz 1 Nummer 1 oder 6 können auch zum Zweck der Bekämpfung von Straftaten erlassen werden. [3] Im Fall des Satzes 2 werden diese Rechtsverordnungen vom Bundesministerium für Verkehr und digitale Infrastruktur und vom Bundesministerium des Innern, für Bau und Heimat gemeinsam erlassen. [4] Rechtsverordnungen nach Absatz 1 Satz 1 Nummer 1, 2, 5 oder 8 oder nach Absatz 2, sofern sie jeweils in Verbindung mit Absatz 4 Satz 1 Nummer 3 erlassen werden, werden vom Bundesministerium für Verkehr und digitale Infrastruktur und vom Bundesministerium der Justiz und für Verbraucherschutz gemeinsam erlassen.

(7) [1] Keiner Zustimmung des Bundesrates bedürfen Rechtsverordnungen

1. zur Durchführung der Vorschriften nach Absatz 1 Satz 1 Nummer 5 in Verbindung mit Absatz 3 oder
2. über allgemeine Ausnahmen nach Absatz 1 Satz 1 Nummer 18, auch in Verbindung mit den Absätzen 3 bis 6.

[2] Vor ihrem Erlass sind die zuständigen obersten Landesbehörden zu hören.

(8) Das Bundesministerium für Verkehr und digitale Infrastruktur wird ermächtigt, durch Rechtsverordnung ohne Zustimmung des Bundesrates, jedoch unbeschadet des Absatzes 6,

1. sofern Verordnungen nach diesem Gesetz geändert oder abgelöst werden, Verweisungen in Gesetzen und Rechtsverordnungen auf diese geänderten oder abgelösten Vorschriften durch Verweisungen auf die jeweils inhaltsgleichen neuen Vorschriften zu ersetzen,
2. in den auf Grund des Absatzes 1 oder 2, jeweils auch in Verbindung mit den Absätzen 3 bis 7 erlassenen Rechtsverordnungen enthaltene Verweisungen auf Vorschriften in Rechtsakten der Europäischen Gemeinschaft oder der Europäischen Union zu ändern, soweit es zur Anpassung an Änderungen jener Vorschriften erforderlich ist, oder
3. Vorschriften der auf Grund des Absatzes 1 oder 2, jeweils auch in Verbindung mit den Absätzen 3 bis 7 erlassenen Rechtsverordnungen zu streichen oder in ihrem Wortlaut einem verbleibenden Anwendungsbereich anzupassen, sofern diese Vorschriften durch den Erlass entsprechender Vorschriften in unmittelbar im Anwendungsbereich dieses Gesetzes geltenden Rechtsakten der Europäischen Gemeinschaft oder der Europäischen Union unanwendbar geworden oder in ihrem Anwendungsbereich beschränkt worden sind.

(9) [1] In den Rechtsverordnungen nach Absatz 1, jeweils auch in Verbindung mit den Absätzen 3 bis 6, kann mit Zustimmung des Bundesrates die jeweilige Ermächtigung ganz oder teilweise auf die Landesregierungen übertragen werden, um besonderen regionalen Bedürfnissen angemessen Rechnung zu tragen. [2] Soweit eine nach Satz 1 erlassene Rechtsverordnung die Landesregierungen zum Erlass von Rechtsverordnungen ermächtigt, sind diese befugt, die Ermächtigung durch Rechtsverordnung ganz oder teilweise auf andere Landesbehörden zu übertragen.

§ 6a[1)] Gebühren. (1) Kosten (Gebühren und Auslagen) werden erhoben

1. für Amtshandlungen, einschließlich Prüfungen und Überprüfungen im Rahmen der Qualitätssicherung, Abnahmen, Begutachtungen, Untersuchungen, Verwarnungen – ausgenommen Verwarnungen im Sinne des Gesetzes über Ordnungwidrigkeiten[2)] –, Informationserteilungen und Registerauskünften
   a) nach diesem Gesetz und nach den auf diesem Gesetz beruhenden Rechtsvorschriften,
   b) nach dem Gesetz zu dem Übereinkommen vom 20. März 1958 über die Annahme einheitlicher Bedingungen für die Genehmigung der Ausrüstungsgegenstände und Teile von Kraftfahrzeugen und über die gegenseitige Anerkennung der Genehmigung vom 12. Juni 1965 (BGBl. 1965 II S. 857) in der Fassung des Gesetzes vom 20. Dezember 1968 (BGBl. 1968 II S. 1224) und nach den auf diesem Gesetz beruhenden Rechtsvorschriften,
   c) nach dem Gesetz zu dem Europäischen Übereinkommen vom 30. September 1957 über die internationale Beförderung gefährlicher Güter auf der Straße (ADR) vom 18. August 1969 (BGBl. 1969 II S. 1489) und nach den auf diesem Gesetz beruhenden Rechtsvorschriften,
   d) nach dem Fahrpersonalgesetz und den darauf beruhenden Rechtsverordnungen, soweit die Amtshandlungen vom Kraftfahrt-Bundesamt vorgenommen werden,
   e) nach dem Berufskraftfahrerqualifikationsgesetz und den darauf beruhenden Rechtsverordnungen,
2. für Untersuchungen von Fahrzeugen nach dem Personenbeförderungsgesetz[3)] in der im Bundesgesetzblatt Teil III, Gliederungsnummer 9240–1, veröffentlichten bereinigten Fassung, zuletzt geändert durch Artikel 7 des Gesetzes über die unentgeltliche Beförderung Schwerbehinderter im öffentlichen Personenverkehr vom 9. Juli 1979 (BGBl. I S. 989), und nach den auf diesem Gesetz beruhenden Rechtsvorschriften,

---

[1)] § 6a Abs. 6 neu gef., Abs. 7 geänd. mWv 22.1.2004 durch G v. 14.1.2004 (BGBl. I S. 74); Abs. 1 Nr. 1 Buchst. d und Abs. 8 angef. mWv 1.6.2005 durch G v. 3.5.2005 (BGBl. I S. 1221); Abs. 1 Nr. 1 Buchst. e angef., Abs. 2 Satz 1 geänd. mWv 18.8.2006 durch G v. 14.8.2006 (BGBl. I S. 1958); Abs. 2 Sätze 3–5 angef., Abs. 3 Satz 1 neu gef. mWv 15.8.2013 durch G v. 7.8.2013 (BGBl. I S. 3154); Abs. 1 Nr. 3 geänd. mWv 31.8.2013 durch G v. 28.8.2013 (BGBl. I S. 3310); Abs. 1 Nr. 1, Abs. 2 Sätze 1 und 2 geänd. mWv 31.8.2013 durch G v. 28.8.2013 (BGBl. I S. 3313); Abs. 2 Sätze 1, 3 und 5 geänd. mWv 5.12.2014 durch G v. 28.11.2014 (BGBl. I S. 1802); Abs. 8 neu gef. mWv 7.12.2016 durch G v. 28.11.2016 (BGBl. I S. 2722); Abs. 5a eingef. mWv 4.7.2020 durch G v. 29.6.2020 (BGBl. I S. 1528); Abs. 1 Nr. 1 Buchst. e geänd. mWv 2.12.2020 durch G v. 26.11.2020 (BGBl. I S. 2575); Abs. 1 Nr. 1, Abs. 2 Sätze 1 und 2 sowie Abs. 7 geänd. mWv 28.7.2021 durch G v. 12.7.2021 (BGBl. I S. 3091).

[2)] Nr. **72.2.**

[3)] **Sartorius Nr. 950.**

3. für Maßnahmen im Zusammenhang mit der Außerbetriebsetzung von Kraftfahrzeugen und Kraftfahrzeuganhängern.

(2) [1] Das Bundesministerium für Verkehr und digitale Infrastruktur wird ermächtigt, die gebührenpflichtigen Amtshandlungen sowie die Gebührensätze für die einzelnen Amtshandlungen, einschließlich Prüfungen und Überprüfungen im Rahmen der Qualitätssicherung, Abnahmen, Begutachtungen, Untersuchungen, Verwarnungen – ausgenommen Verwarnungen im Sinne des Gesetzes über Ordnungswidrigkeiten –, Informationserteilungen und Registerauskünften im Sinne des Absatzes 1 durch Rechtsverordnung[1)] zu bestimmen und dabei feste Sätze, auch in Form von Zeitgebühren, oder Rahmensätze vorzusehen. [2] Die Gebührensätze sind so zu bemessen, dass der mit den Amtshandlungen, einschließlich Prüfungen, Abnahmen, Begutachtungen, Untersuchungen, Verwarnungen – ausgenommen Verwarnungen im Sinne des Gesetzes über Ordnungswidrigkeiten –, Informationserteilungen und Registerauskünften verbundene Personal- und Sachaufwand gedeckt wird; der Sachaufwand kann den Aufwand für eine externe Begutachtung umfassen; bei begünstigenden Amtshandlungen kann daneben die Bedeutung, der wirtschaftliche Wert oder der sonstige Nutzen für den Gebührenschuldner angemessen berücksichtigt werden. [3] Im Bereich der Gebühren der Landesbehörden übt das Bundesministerium für Verkehr und digitale Infrastruktur die Ermächtigung auf der Grundlage eines Antrags oder einer Stellungnahme von mindestens fünf Ländern beim Bundesministerium für Verkehr und digitale Infrastruktur aus. [4] Der Antrag oder die Stellungnahme sind mit einer Schätzung des Personal- und Sachaufwands zu begründen. [5] Das Bundesministerium für Verkehr und digitale Infrastruktur kann die übrigen Länder ebenfalls zur Beibringung einer Schätzung des Personal- und Sachaufwands auffordern.

(3) [1] Im Übrigen findet das Verwaltungskostengesetz in der bis zum 14. August 2013 geltenden Fassung Anwendung. [2] In den Rechtsverordnungen nach Absatz 2 können jedoch die Kostenbefreiung, die Kostengläubigerschaft, die Kostenschuldnerschaft, der Umfang der zu erstattenden Auslagen und die Kostenerhebung abweichend von den Vorschriften des Verwaltungskostengesetzes geregelt werden.

(4) In den Rechtsverordnungen nach Absatz 2 kann bestimmt werden, dass die für die einzelnen Amtshandlungen, einschließlich Prüfungen, Abnahmen, Begutachtungen und Untersuchungen, zulässigen Gebühren auch erhoben werden dürfen, wenn die Amtshandlungen aus Gründen, die nicht von der Stelle, die die Amtshandlungen hätte durchführen sollen, zu vertreten sind, und ohne ausreichende Entschuldigung des Bewerbers oder Antragstellers am festgesetzten Termin nicht stattfinden konnten oder abgebrochen werden mussten.

(5) Rechtsverordnungen über Kosten, deren Gläubiger der Bund ist, bedürfen nicht der Zustimmung des Bundesrates.

(5a) [1] Für das Ausstellen von Parkausweisen für Bewohner städtischer Quartiere mit erheblichem Parkraummangel können die nach Landesrecht zuständigen Behörden Gebühren erheben. [2] Für die Festsetzung der Gebühren werden die Landesregierungen ermächtigt, Gebührenordnungen zu erlassen. [3] In den Gebührenordnungen können auch die Bedeutung der Parkmöglichkeiten, deren wirtschaftlicher Wert oder der sonstige Nutzen der Parkmöglichkeiten für

---

[1)] Gebührenordnung für Maßnahmen im Straßenverkehr (GebOSt) v. 25.1.2011 (BGBl. I S. 98), zuletzt geänd. durch G v. 10.8.2021 (BGBl. I S. 3436).

die Bewohner angemessen berücksichtigt werden. [4] In den Gebührenordnungen kann auch ein Höchstsatz festgelegt werden. [5] Die Ermächtigung kann durch Rechtsverordnung weiter übertragen werden.

(6) [1] Für das Parken auf öffentlichen Wegen und Plätzen können in Ortsdurchfahrten die Gemeinden, im Übrigen die Träger der Straßenbaulast, Gebühren erheben. [2] Für die Festsetzung der Gebühren werden die Landesregierungen ermächtigt, Gebührenordnungen zu erlassen. [3] In diesen kann auch ein Höchstsatz festgelegt werden. [4] Die Ermächtigung kann durch Rechtsverordnung weiter übertragen werden.

(7) Die Regelung des Absatzes 6 Satz 2 bis 4 ist auf die Erhebung von Gebühren für die Benutzung von bei Großveranstaltungen im Interesse der Ordnung und Sicherheit des Verkehrs eingerichteter gebührenpflichtiger Parkplätze entsprechend anzuwenden.

(8) [1] Die Zulassung eines Fahrzeugs oder die Zuteilung eines Kennzeichens für ein zulassungsfreies Fahrzeug kann durch Rechtsvorschriften davon abhängig gemacht werden, dass die nach Absatz 1 in Verbindung mit einer Rechtsverordnung nach Absatz 2 für die Zulassung des Fahrzeugs oder Zuteilung des Kennzeichens vorgesehenen Gebühren und Auslagen, einschließlich rückständiger Gebühren und Auslagen aus vorausgegangenen Zulassungsvorgängen, entrichtet sind. [2] Eine solche Regelung darf

1. für den Fall eines in bundesrechtlichen Vorschriften geregelten internetbasierten Zulassungsverfahrens vom Bundesministerium für Verkehr und digitale Infrastruktur durch Rechtsverordnung mit Zustimmung des Bundesrates,
2. von den Ländern in den übrigen Fällen sowie im Fall der Nummer 1, solange und soweit das Bundesministerium für Verkehr und digitale Infrastruktur von seiner Ermächtigung nach Nummer 1 nicht Gebrauch gemacht hat,

getroffen werden.

§ 6b[1)] Herstellung, Vertrieb und Ausgabe von Kennzeichen. (1) Wer Kennzeichen für Fahrzeuge herstellen, vertreiben oder ausgeben will, hat dies der Zulassungsbehörde vorher anzuzeigen.

(2) (weggefallen)

(3) Über die Herstellung, den Vertrieb und die Ausgabe von Kennzeichen sind nach näherer Bestimmung (§ 6 Absatz 1 Satz 1 Nummer 6 in Verbindung mit Absatz 3 Nummer 2) Einzelnachweise zu führen, aufzubewahren und zuständigen Personen auf Verlangen zur Prüfung auszuhändigen.

(4) Die Herstellung, der Vertrieb oder die Ausgabe von Kennzeichen ist zu untersagen, wenn diese ohne die vorherige Anzeige hergestellt, vertrieben oder ausgegeben werden.

(5) Die Herstellung, der Vertrieb oder die Ausgabe von Kennzeichen kann untersagt werden, wenn

1. Tatsachen vorliegen, aus denen sich die Unzuverlässigkeit des Verantwortlichen oder der von ihm mit Herstellung, Vertrieb oder Ausgabe von Kennzeichen beauftragten Personen ergibt, oder

---

[1)] § 6b Abs. 3 geänd. mWv 28.7.2021 durch G v. 12.7.2021 (BGBl. I S. 3091).

2. gegen die Vorschriften über die Führung, Aufbewahrung oder Aushändigung von Nachweisen über die Herstellung, den Vertrieb oder die Ausgabe von Kennzeichen verstoßen wird.

§ 6c[1] Herstellung, Vertrieb und Ausgabe von Kennzeichenvorprodukten. § 6b Abs. 1, 3, 4 Nr. 1 sowie Abs. 5 gilt entsprechend für die Herstellung, den Vertrieb oder die Ausgabe von bestimmten – nach näherer Bestimmung durch das Bundesministerium für Verkehr und digitale Infrastruktur festzulegenden (§ 6 Absatz 1 Satz 1 Nummer 6 in Verbindung mit Absatz 3 Nummer 2) – Kennzeichenvorprodukten, bei denen nur noch die Beschriftung fehlt.

§ 6d Auskunft und Prüfung. (1) Die mit der Herstellung, dem Vertrieb oder der Ausgabe von Kennzeichen befassten Personen haben den zuständigen Behörden oder den von ihnen beauftragten Personen über die Beachtung der in § 6b Abs. 1 bis 3 bezeichneten Pflichten die erforderlichen Auskünfte unverzüglich zu erteilen.

(2) Die mit der Herstellung, dem Vertrieb oder der Ausgabe von Kennzeichenvorprodukten im Sinne des § 6c befassten Personen haben den zuständigen Behörden oder den von ihnen beauftragten Personen über die Beachtung der in § 6b Abs. 1 und 3 bezeichneten Pflichten die erforderlichen Auskünfte unverzüglich zu erteilen.

(3) Die von der zuständigen Behörde beauftragten Personen dürfen im Rahmen der Absätze 1 und 2 Grundstücke, Geschäftsräume, Betriebsräume und Transportmittel der Auskunftspflichtigen während der Betriebs- oder Geschäftszeit zum Zwecke der Prüfung und Besichtigung betreten.

§ 6e[2] Führen von Kraftfahrzeugen in Begleitung. (1) Das Bundesministerium für Verkehr und digitale Infrastruktur wird ermächtigt, durch Rechtsverordnung mit Zustimmung des Bundesrates zur Senkung des Unfallrisikos junger Fahranfänger die erforderlichen Vorschriften zu erlassen, insbesondere über

1. das Herabsetzen des allgemein vorgeschriebenen Mindestalters zum Führen von Kraftfahrzeugen mit einer Fahrerlaubnis der Klassen B und BE,
2. die zur Erhaltung der Sicherheit und Ordnung auf den öffentlichen Straßen notwendigen Auflagen, insbesondere dass der Fahrerlaubnisinhaber während des Führens eines Kraftfahrzeuges von mindestens einer namentlich benannten Person begleitet sein muss,
3. die Aufgaben und Befugnisse der begleitenden Person nach Nummer 2, insbesondere über die Möglichkeit, dem Fahrerlaubnisinhaber als Ansprechpartner beratend zur Verfügung zu stehen,

---

[1] § 6c geänd. mWv 18.8.2006 durch G v. 14.8.2006 (BGBl. I S. 1958); geänd. mWv 5.12.2014 durch G v. 28.11.2014 (BGBl. I S. 1802); geänd. mWv 28.7.2021 durch G v. 12.7.2021 (BGBl. I S. 3091).

[2] § 6e eingef. mWv 18.8.2005 durch G v. 14.8.2005 (BGBl. I S. 2412); Abs. 1 Satz 1 einl. Satzteil geänd. mWv 18.8.2006 durch G v. 14.8.2006 (BGBl. I S. 1958); Abs. 1 Satz 2 aufgeh., bish. Satz 1 einl. Satzteil geänd., Abs. 2 aufgeh., bish. Abs. 3 wird Abs. 2 und neu gef., bish. Abs. 4 wird Abs. 3 mWv 9.12.2010 durch G v. 2.12.2010 (BGBl. I S. 1748); Abs. 1 Nr. 4 Buchst. c geänd. mWv 1.5.2014 durch G v. 28.8.2013 (BGBl. I S. 3313); Abs. 1 einl. Satzteil geänd. mWv 5.12.2014 durch G v. 28.11.2014 (BGBl. I S. 1802).

4. die Anforderungen an die begleitende Person nach Nummer 2, insbesondere über
   a) das Lebensalter,
   b) den Besitz einer Fahrerlaubnis sowie über deren Mitführen und Aushändigung an zur Überwachung zuständige Personen,
   c) ihre Belastung mit Eintragungen im Fahreignungsregister sowie
   d) über Beschränkungen oder das Verbot des Genusses alkoholischer Getränke und berauschender Mittel,
5. die Ausstellung einer Prüfungsbescheinigung, die abweichend von § 2 Abs. 1 Satz 3 ausschließlich im Inland längstens bis drei Monate nach Erreichen des allgemein vorgeschriebenen Mindestalters zum Nachweis der Fahrberechtigung dient, sowie über deren Mitführen und Aushändigung an zur Überwachung des Straßenverkehrs berechtigte Personen,
6. die Kosten in entsprechender Anwendung des § 6a Abs. 2 in Verbindung mit Abs. 4 und
7. das Verfahren.

(2) [1]Eine auf der Grundlage der Rechtsverordnung nach Absatz 1 erteilte Fahrerlaubnis der Klassen B und BE ist zu widerrufen, wenn der Fahrerlaubnisinhaber entgegen einer vollziehbaren Auflage nach Absatz 1 Nummer 2 ein Kraftfahrzeug ohne Begleitung durch eine namentlich benannte Person führt. [2]Die Erteilung einer neuen Fahrerlaubnis erfolgt unbeschadet der übrigen Voraussetzungen nach den Vorschriften des § 2a.

(3) [1]Im Übrigen gelten die allgemeinen Vorschriften über die Fahrerlaubnispflicht, die Erteilung, die Entziehung oder die Neuerteilung der Fahrerlaubnis, die Regelungen für die Fahrerlaubnis auf Probe, das Fahrerlaubnisregister und die Zulassung von Personen zum Straßenverkehr. [2]Für die Prüfungsbescheinigung nach Absatz 1 Nr. 5 gelten im Übrigen die Vorschriften über den Führerschein entsprechend.

§ 6f[1)] Entgelte für Begutachtungsstellen für Fahreignung. [1]Das Bundesministerium für Verkehr und digitale Infrastruktur kann durch Rechtsverordnung mit Zustimmung des Bundesrates die Entgelte der Begutachtungsstellen für Fahreignung festsetzen, soweit

1. die Begutachtungsstellen aus Anlass von Verwaltungsverfahren nach straßenverkehrsrechtlichen Vorschriften medizinisch-psychologische Untersuchungen durchführen und
2. die Festsetzung erforderlich ist, um die Qualität der Begutachtung zu fördern.

[2]Bei der Festsetzung der Entgelte ist den berechtigten Interessen der Leistungsbringer und der zur Zahlung der Entgelte Verpflichteten Rechnung zu tragen. [3]Soweit der Leistungsumfang nicht einheitlich geregelt ist, sind dabei Mindest- und Höchstsätze festzusetzen.

---

1) § 6f neu gef. mWv 1.1.2019 durch G v. 4.12.2018 (BGBl. I S. 2251).

§ 6g[1)] Internetbasierte Zulassungsverfahren bei Kraftfahrzeugen.

(1) [1] In Ergänzung der allgemeinen Vorschriften über die Zulassung von Fahrzeugen zum Straßenverkehr, die Zuteilung von Kennzeichen für zulassungsfreie Fahrzeuge und die Außerbetriebsetzung von Fahrzeugen können diese Verwaltungsverfahren nach Maßgabe der nachstehenden Vorschriften internetbasiert durchgeführt werden (internetbasierte Zulassung). [2] Für dieses Verwaltungsverfahren ist das Verwaltungsverfahrensgesetz[2)] anzuwenden.

(2) [1] Ein Verwaltungsakt kann nach näherer Bestimmung einer Rechtsverordnung nach Absatz 4 Satz 1 Nummer 1 vollständig durch automatische Einrichtungen erlassen werden, wenn

1. die maschinelle Prüfung der Entscheidungsvoraussetzungen auf der Grundlage eines automatisierten Prüfprogrammes erfolgt, das bei der zuständigen Behörde eingerichtet ist und ausschließlich von ihr betrieben wird, und
2. sichergestellt ist, dass das Ergebnis der Prüfung nur die antragsgemäße Bescheidung oder die Ablehnung des Antrages sein kann.

[2] Ein nach Satz 1 erlassener Verwaltungsakt steht einen Monat, beginnend mit dem Tag, an dem der Verwaltungsakt wirksam wird, unter dem Vorbehalt der Nachprüfung. [3] Solange der Vorbehalt wirksam ist, kann der Verwaltungsakt jederzeit aufgehoben oder geändert werden.

(3) [1] Nach näherer Bestimmung einer Rechtsverordnung nach Absatz 4 Satz 1 Nummer 3 bis 5 können

1. natürlichen oder juristischen Personen des Privatrechts bestimmte Aufgaben eines internetbasierten Zulassungsverfahrens, ausgenommen die Entscheidung über den Antrag, oder bei der Inbetriebnahme derart zugelassener Fahrzeuge übertragen werden (Beleihung) oder
2. natürliche oder juristische Personen des Privatrechts beauftragt werden, an der Durchführung von Aufgaben im Sinne der Nummer 1 mitzuwirken (Verwaltungshilfe).

[2] Personen im Sinne des Satzes 1 müssen fachlich geeignet, zuverlässig, auch hinsichtlich ihrer Finanzen, und unabhängig von den Interessen der sonstigen Beteiligten sein.

(4) [1] Das Bundesministerium für Verkehr und digitale Infrastruktur wird ermächtigt, durch Rechtsverordnung mit Zustimmung des Bundesrates

1. die Einzelheiten des Erlasses und der Aufhebung eines Verwaltungsaktes im Sinne des Absatzes 2 zu regeln, insbesondere
   a) die Anforderungen an das Prüfprogramm,
   b) besondere Bestimmungen zur Bekanntgabe, zur Wirksamkeit sowie zur Rücknahme und zum Widerruf des Verwaltungsaktes,
2. das für die Identifizierung von Antragstellern zu wahrende Vertrauensniveau zu regeln,
3. die Aufgaben im Sinne des Absatzes 3 zu bestimmen,
   a) mit denen Personen beliehen oder
   b) an deren Durchführung Verwaltungshelfer beteiligt

---

1) § 6g eingef. mWv 7.12.2016 durch G v. 28.11.2016 (BGBl. I S. 2722); Abs. 4 Satz 1 Nr. 8 Buchst. b, Nr. 9 sowie Satz 2 geänd. mWv 26.11.2019 durch G v. 20.11.2019 (BGBl. I S. 1626).

2) **Sartorius Nr. 100.**

werden können, sowie die Art und Weise der Aufgabenerledigung,

4. die näheren Anforderungen an Personen im Sinne des Absatzes 3 zu bestimmen, einschließlich deren Überwachung, des Verfahrens und des Zusammenwirkens der zuständigen Behörden bei der Überwachung,
5. die notwendige Haftpflichtversicherung der beliehenen oder beauftragten Person zur Deckung aller im Zusammenhang mit der Wahrnehmung der übertragenen Aufgabe oder der Hilfe zur Erfüllung der Aufgabe entstandenen Schäden sowie die Freistellung der für Übertragung oder Beauftragung und Aufsicht zuständigen Bundesbehörde oder Landesbehörde von Ansprüchen Dritter wegen etwaiger Schäden, die die beliehene oder beauftragte Person verursacht, zu regeln,
6. bestimmte Aufgaben eines internetbasierten Zulassungsverfahrens dem Kraftfahrt-Bundesamt zu übertragen, soweit die Aufgaben eine bundeseinheitliche Durchführung erfordern, und das Zusammenwirken mit den für die Zulassung zuständigen Behörden zu regeln,
7. besondere Anforderungen an die Inbetriebnahme von Fahrzeugen, die internetbasiert zugelassen sind, zu regeln, insbesondere hinsichtlich
   a) des Verwendens befristet gültiger Kennzeichenschilder einschließlich deren Herstellung, Ausstellung, Anbringung und Gültigkeitsdauer,
   b) des Versandes von Zulassungsunterlagen und der endgültigen Kennzeichenschilder
8. die Ausstellung befristet gültiger elektronischer Fahrzeugdokumente, insbesondere zum Nachweis der Zulassung, und deren Umwandlung in körperliche Dokumente zu regeln, insbesondere
   a) die Art und Weise der Erstellung, der Verwendung und der Speicherung solcher Dokumente,
   b) die Speicherung der Dokumente in einem Dateisystem, das beim Kraftfahrt-Bundesamt errichtet und von diesem betrieben wird,
9. die Errichtung und den Betrieb eines zentralen Dateisystems beim Kraftfahrt-Bundesamt
   a) mit fahrzeugbezogenen Daten, die für die Prüfung der Zulassungsfähigkeit der Fahrzeuge erforderlich sind, insbesondere mit den Daten der unionsrechtlich vorgeschriebenen Übereinstimmungsbescheinigungen einschließlich der Fahrzeug-Identifizierungsnummer,
   b) mit den Daten der Fahrzeuge, die Auskunft über nach oder auf Grund von Unionsrecht einzuhaltende Fahrzeugeigenschaften geben,

   sowie die Pflicht zur Übermittlung dieser Daten durch die Hersteller oder Einführer der Fahrzeuge zu regeln,
10. die Durchführung anderer als straßenverkehrsrechtlicher Rechtsvorschriften bei einer internetbasierten Zulassung zu regeln.

[2] Das in Satz 1 Nummer 9 vorgesehene Dateisystem darf weder mit dem Zentralen Fahrzeugregister des Kraftfahrt-Bundesamtes noch mit den örtlichen Fahrzeugregistern der Zulassungsbehörden verknüpft werden.

(5) [1] Für Vorschriften des Verwaltungsverfahrens in den Absätzen 1 bis 3 und in Rechtsverordnungen auf Grund des Absatzes 4 kann durch Rechtsverordnung des Bundesministeriums für Verkehr und digitale Infrastruktur mit Zustimmung des Bundesrates vorgeschrieben werden, dass von diesen Vorschriften durch Landesrecht nicht abgewichen werden kann. [2] Die Vorschriften, von

denen durch Landesrecht nicht abgewichen werden kann, sind dabei zu nennen.

II. Haftpflicht

§ 7[1)] Haftung des Halters, Schwarzfahrt. (1) Wird bei dem Betrieb eines Kraftfahrzeugs ein Mensch getötet, der Körper oder die Gesundheit eines Menschen verletzt oder eine Sache beschädigt, so ist der Halter verpflichtet, dem Verletzten den daraus entstehenden Schaden zu ersetzen.

(2) Die Ersatzpflicht ist ausgeschlossen, wenn der Unfall durch höhere Gewalt verursacht wird.

(3) [1] Benutzt jemand das Kraftfahrzeug ohne Wissen und Willen des Fahrzeughalters, so ist er anstelle des Halters zum Ersatz des Schadens verpflichtet; daneben bleibt der Halter zum Ersatz des Schadens verpflichtet, wenn die Benutzung des Kraftfahrzeugs durch sein Verschulden ermöglicht worden ist. [2] Satz 1 findet keine Anwendung, wenn der Benutzer vom Fahrzeughalter für den Betrieb des Kraftfahrzeugs angestellt ist oder wenn ihm das Kraftfahrzeug vom Halter überlassen worden ist.

§ 8[2)] Ausnahmen. Die Vorschriften des § 7 gelten nicht,

1. wenn der Unfall durch ein Kraftfahrzeug verursacht wurde, das auf ebener Bahn mit keiner höheren Geschwindigkeit als zwanzig Kilometer in der Stunde fahren kann, es sei denn, es handelt sich um ein Kraftfahrzeug mit autonomer Fahrfunktion im Sinne des § 1d Absatz 1 und 2, das sich im autonomen Betrieb befindet,
2. wenn der Verletzte bei dem Betrieb des Kraftfahrzeugs tätig war oder
3. wenn eine Sache beschädigt worden ist, die durch das Kraftfahrzeug befördert worden ist, es sei denn, dass eine beförderte Person die Sache an sich trägt oder mit sich führt.

§ 8a Entgeltliche Personenbeförderung, Verbot des Haftungsausschlusses. [1] Im Fall einer entgeltlichen, geschäftsmäßigen Personenbeförderung darf die Verpflichtung des Halters, wegen Tötung oder Verletzung beförderter Personen Schadensersatz nach § 7 zu leisten, weder ausgeschlossen noch beschränkt werden. [2] Die Geschäftsmäßigkeit einer Personenbeförderung wird nicht dadurch ausgeschlossen, dass die Beförderung von einer Körperschaft oder Anstalt des öffentlichen Rechts betrieben wird.

§ 9 Mitverschulden. Hat bei der Entstehung des Schadens ein Verschulden des Verletzten mitgewirkt, so finden die Vorschriften des § 254 des Bürgerlichen Gesetzbuchs[3)] mit der Maßgabe Anwendung, dass im Fall der Beschädigung einer Sache das Verschulden desjenigen, welcher die tatsächliche Gewalt über die Sache ausübt, dem Verschulden des Verletzten gleichsteht.

[1)] § 7 Abs. 1 und Abs. 3 Sätze 1 und 2 geänd., Satz 3 aufgeh. mWv 17.7.2020 durch G v. 10.7.2020 (BGBl. I S. 1653).

[2)] § 8 Nr. 1–3 geänd. mWv 17.7.2020 durch G v. 10.7.2020 (BGBl. I S. 1653); Nr. 1 geänd. mWv 28.7.2021 durch G v. 12.7.2021 (BGBl. I S. 3108).

[3)] **Habersack (vormals Schönfelder) Nr. 20.**

§ 10[1] Umfang der Ersatzpflicht bei Tötung. (1) [1] Im Fall der Tötung ist der Schadensersatz durch Ersatz der Kosten einer versuchten Heilung sowie des Vermögensnachteils zu leisten, den der Getötete dadurch erlitten hat, dass während der Krankheit seine Erwerbsfähigkeit aufgehoben oder gemindert oder eine Vermehrung seiner Bedürfnisse eingetreten war. [2] Der Ersatzpflichtige hat außerdem die Kosten der Beerdigung demjenigen zu ersetzen, dem die Verpflichtung obliegt, diese Kosten zu tragen.

(2) [1] Stand der Getötete zur Zeit der Verletzung zu einem Dritten in einem Verhältnis, vermöge dessen er diesem gegenüber kraft Gesetzes unterhaltspflichtig war oder unterhaltspflichtig werden konnte, und ist dem Dritten infolge der Tötung das Recht auf Unterhalt entzogen, so hat der Ersatzpflichtige dem Dritten insoweit Schadensersatz zu leisten, als der Getötete während der mutmaßlichen Dauer seines Lebens zur Gewährung des Unterhalts verpflichtet gewesen sein würde. [2] Die Ersatzpflicht tritt auch dann ein, wenn der Dritte zur Zeit der Verletzung gezeugt, aber noch nicht geboren war.

(3) [1] Der Ersatzpflichtige hat dem Hinterbliebenen, der zur Zeit der Verletzung zu dem Getöteten in einem besonderen persönlichen Näheverhältnis stand, für das dem Hinterbliebenen zugefügte seelische Leid eine angemessene Entschädigung in Geld zu leisten. [2] Ein besonderes persönliches Näheverhältnis wird vermutet, wenn der Hinterbliebene der Ehegatte, der Lebenspartner, ein Elternteil oder ein Kind des Getöteten war.

§ 11 Umfang der Ersatzpflicht bei Körperverletzung. [1] Im Fall der Verletzung des Körpers oder der Gesundheit ist der Schadensersatz durch Ersatz der Kosten der Heilung sowie des Vermögensnachteils zu leisten, den der Verletzte dadurch erleidet, dass infolge der Verletzung zeitweise oder dauernd seine Erwerbsfähigkeit aufgehoben oder gemindert oder eine Vermehrung seiner Bedürfnisse eingetreten ist. [2] Wegen des Schadens, der nicht Vermögensschaden ist, kann auch eine billige Entschädigung in Geld gefordert werden.

§ 12[2] Höchstbeträge. (1) [1] Der Ersatzpflichtige haftet

1. im Fall der Tötung oder Verletzung eines oder mehrerer Menschen durch dasselbe Ereignis nur bis zu einem Betrag von insgesamt fünf Millionen Euro, bei Verursachung des Schadens auf Grund der Verwendung einer hoch- oder vollautomatisierten Fahrfunktion gemäß § 1a oder beim Betrieb einer autonomen Fahrfunktion gemäß § 1e nur bis zu einem Betrag von insgesamt zehn Millionen Euro; im Fall einer entgeltlichen, geschäftsmäßigen Personenbeförderung erhöht sich für den ersatzpflichtigen Halter des befördernden Kraftfahrzeugs bei der Tötung oder Verletzung von mehr als acht beförderten Personen dieser Betrag um 600 000 Euro für jede weitere getötete oder verletzte beförderte Person;
2. im Fall der Sachbeschädigung, auch wenn durch dasselbe Ereignis mehrere Sachen beschädigt werden, nur bis zu einem Betrag von insgesamt einer Million Euro, bei Verursachung des Schadens auf Grund der Verwendung einer hoch- oder vollautomatisierten Fahrfunktion gemäß § 1a oder beim

---

[1] § 10 Abs. 3 angef. mWv 22.7.2017 durch G v. 17.7.2017 (BGBl. I S. 2421).

[2] § 12 Abs. 1 neu gef., Abs. 2 geänd. mWv 18.12.2007 durch G v. 10.12.2007 (BGBl. I S. 2833); *Abs. 1 Nr. 1 und 2 geänd. mWv 21.6.2017* durch G v. 16.6.2017 (BGBl. I S. 1648); Abs. 1 Satz 1 Nr. 1 geänd. mWv 17.7.2020 durch G v. 10.7.2020 (BGBl. I S. 1653); Abs. 1 Satz 1 Nr. 1 und 2 geänd. mWv 28.7.2021 durch G v. 12.7.2021 (BGBl. I S. 3108).

Betrieb einer autonomen Fahrfunktion gemäß § 1e, nur bis zu einem Betrag von insgesamt zwei Millionen Euro.

[2]Die Höchstbeträge nach Satz 1 Nr. 1 gelten auch für den Kapitalwert einer als Schadensersatz zu leistenden Rente.

(2) Übersteigen die Entschädigungen, die mehreren auf Grund desselben Ereignisses zu leisten sind, insgesamt die in Absatz 1 bezeichneten Höchstbeträge, so verringern sich die einzelnen Entschädigungen in dem Verhältnis, in welchem ihr Gesamtbetrag zu dem Höchstbetrag steht.

§ 12a[1)] Höchstbeträge bei Beförderung gefährlicher Güter. (1) [1]Werden gefährliche Güter befördert, haftet der Ersatzpflichtige

1. im Fall der Tötung oder Verletzung eines oder mehrerer Menschen durch dasselbe Ereignis nur bis zu einem Betrag von insgesamt zehn Millionen Euro,
2. im Fall der Sachbeschädigung an unbeweglichen Sachen, auch wenn durch dasselbe Ereignis mehrere Sachen beschädigt werden, nur bis zu einem Betrag von insgesamt zehn Millionen Euro,

sofern der Schaden durch die die Gefährlichkeit der beförderten Güter begründenden Eigenschaften verursacht wird. [2]Im Übrigen bleibt § 12 Abs. 1 unberührt.

(2) Gefährliche Güter im Sinne dieses Gesetzes sind Stoffe und Gegenstände, deren Beförderung auf der Straße nach den Anlagen A und B zu dem Europäischen Übereinkommen vom 30. September 1957 über die internationale Beförderung gefährlicher Güter auf der Straße (ADR) (BGBl. 1969 II S. 1489) in der jeweils geltenden Fassung verboten oder nur unter bestimmten Bedingungen gestattet ist.

(3) Absatz 1 ist nicht anzuwenden, wenn es sich um freigestellte Beförderungen gefährlicher Güter oder um Beförderungen in begrenzten Mengen unterhalb der im Unterabschnitt 1.1.3.6. zu dem in Absatz 2 genannten Übereinkommen festgelegten Grenzen handelt.

(4) Absatz 1 ist nicht anzuwenden, wenn der Schaden bei der Beförderung innerhalb eines Betriebs entstanden ist, in dem gefährliche Güter hergestellt, bearbeitet, verarbeitet, gelagert, verwendet oder vernichtet werden, soweit die Beförderung auf einem abgeschlossenen Gelände stattfindet.

(5) § 12 Abs. 2 gilt entsprechend.

§ 12b[2)] Nichtanwendbarkeit der Höchstbeträge. Die §§ 12 und 12a sind nicht anzuwenden, wenn ein Schaden bei dem Betrieb eines gepanzerten Gleiskettenfahrzeugs verursacht wird.

§ 13 Geldrente. (1) Der Schadensersatz wegen Aufhebung oder Minderung der Erwerbsfähigkeit und wegen Vermehrung der Bedürfnisse des Verletzten sowie der nach § 10 Abs. 2 einem Dritten zu gewährende Schadensersatz ist für die Zukunft durch Entrichtung einer Geldrente zu leisten.

[1)] § 12a Überschrift eingef., Abs. 1 neu gef. mWv 18.12.2007 durch G v. 10.12.2007 (BGBl. I S. 2833).

[2)] § 12b Überschrift eingef. mWv 18.12.2007 durch G v. 10.12.2007 (BGBl. I S. 2833).

(2) Die Vorschriften des § 843 Abs. 2 bis 4 des Bürgerlichen Gesetzbuchs[1] finden entsprechende Anwendung.

(3) Ist bei der Verurteilung des Verpflichteten zur Entrichtung einer Geldrente nicht auf Sicherheitsleistung erkannt worden, so kann der Berechtigte gleichwohl Sicherheitsleistung verlangen, wenn die Vermögensverhältnisse des Verpflichteten sich erheblich verschlechtert haben; unter der gleichen Voraussetzung kann er eine Erhöhung der in dem Urteil bestimmten Sicherheit verlangen.

§ 14 Verjährung. Auf die Verjährung finden die für unerlaubte Handlungen geltenden Verjährungsvorschriften des Bürgerlichen Gesetzbuchs[1) 2)] entsprechende Anwendung.

§ 15 Verwirkung. [1]Der Ersatzberechtigte verliert die ihm auf Grund der Vorschriften dieses Gesetzes zustehenden Rechte, wenn er nicht spätestens innerhalb zweier Monate, nachdem er von dem Schaden und der Person des Ersatzpflichtigen Kenntnis erhalten hat, dem Ersatzpflichtigen den Unfall anzeigt. [2]Der Rechtsverlust tritt nicht ein, wenn die Anzeige infolge eines von dem Ersatzberechtigten nicht zu vertretenden Umstands unterblieben ist oder der Ersatzpflichtige innerhalb der bezeichneten Frist auf andere Weise von dem Unfall Kenntnis erhalten hat.

§ 16 Sonstige Gesetze. Unberührt bleiben die bundesrechtlichen Vorschriften, nach welchen der Fahrzeughalter für den durch das Fahrzeug verursachten Schaden in weiterem Umfang als nach den Vorschriften dieses Gesetzes haftet oder nach welchen ein anderer für den Schaden verantwortlich ist.

§ 17[3)] Schadensverursachung durch mehrere Kraftfahrzeuge. (1) Wird ein Schaden durch mehrere Kraftfahrzeuge verursacht und sind die beteiligten Fahrzeughalter einem Dritten kraft Gesetzes zum Ersatz des Schadens verpflichtet, so hängt im Verhältnis der Fahrzeughalter zueinander die Verpflichtung zum Ersatz sowie der Umfang des zu leistenden Ersatzes von den Umständen, insbesondere davon ab, inwieweit der Schaden vorwiegend von dem einen oder dem anderen Teil verursacht worden ist.

(2) Wenn der Schaden einem der beteiligten Fahrzeughalter entstanden ist, gilt Absatz 1 auch für die Haftung der Fahrzeughalter untereinander.

(3) [1]Die Verpflichtung zum Ersatz nach den Absätzen 1 und 2 ist ausgeschlossen, wenn der Unfall durch ein unabwendbares Ereignis verursacht wird, das weder auf einem Fehler in der Beschaffenheit des Kraftfahrzeugs noch auf einem Versagen seiner Vorrichtungen beruht. [2]Als unabwendbar gilt ein Ereignis nur dann, wenn sowohl der Halter als auch der Führer des Kraftfahrzeugs jede nach den Umständen des Falles gebotene Sorgfalt beobachtet hat. [3]Der Ausschluss gilt auch für die Ersatzpflicht gegenüber dem Eigentümer eines Kraftfahrzeugs, der nicht Halter ist.

---

1) **Habersack (vormals Schönfelder) Nr. 20.**
2) § 852 BGB **(Habersack (vormals Schönfelder) Nr. 20)**.
3) § 17 Abs. 3 Sätze 1 und 2 sowie Abs. 4 geänd. mWv 17.7.2020 durch G v. 10.7.2020 (BGBl. I S. 1653).

(4) Die Vorschriften der Absätze 1 bis 3 sind entsprechend anzuwenden, wenn der Schaden durch ein Kraftfahrzeug und ein Tier oder durch ein Kraftfahrzeug und eine Eisenbahn verursacht wird.

§ 18[1)] Ersatzpflicht des Fahrzeugführers. (1) [1] In den Fällen des § 7 Abs. 1 ist auch der Führer des Kraftfahrzeugs zum Ersatz des Schadens nach den Vorschriften der §§ 8 bis 15 verpflichtet. [2] Die Ersatzpflicht ist ausgeschlossen, wenn der Schaden nicht durch ein Verschulden des Führers verursacht ist.

(2) Die Vorschrift des § 16 findet entsprechende Anwendung.

(3) Ist in den Fällen des § 17 auch der Führer eines Kraftfahrzeugs zum Ersatz des Schadens verpflichtet, so sind auf diese Verpflichtung in seinem Verhältnis zu den Haltern und Führern der anderen beteiligten Kraftfahrzeuge, zu dem Tierhalter oder Eisenbahnunternehmer die Vorschriften des § 17 entsprechend anzuwenden.

§ 19[2)] Haftung des Halters bei Unfällen mit Anhängern und Gespannen. (1) [1] Wird bei dem Betrieb eines Anhängers, der dazu bestimmt ist, von einem Kraftfahrzeug (Zugfahrzeug) gezogen zu werden, ein Mensch getötet, der Körper oder die Gesundheit eines Menschen verletzt oder eine Sache beschädigt, ist der Halter des Anhängers verpflichtet, dem Verletzten den daraus entstehenden Schaden zu ersetzen. [2] Die Regelungen zur Haftung des Halters eines Kraftfahrzeugs nach § 7 Absatz 2 und 3, § 8 Nummer 2 und 3 sowie den §§ 8a bis 16 gelten entsprechend. [3] Die Sätze 1 und 2 gelten nicht, wenn der Unfall durch einen Anhänger verursacht wurde, der im Unfallzeitpunkt mit einem Kraftfahrzeug verbunden war, das auf ebener Bahn mit keiner höheren Geschwindigkeit als 20 Kilometer in der Stunde fahren kann, es sei denn, es handelt sich um ein Kraftfahrzeug mit autonomer Fahrfunktion im Sinne des § 1d Absatz 1 und 2, das sich im autonomen Betrieb befindet.

(2) [1] Wird der Schaden eines anderen durch ein Zugfahrzeug mit Anhänger (Gespann) verursacht, haftet der Halter jedes dieser Fahrzeuge dem anderen für die Betriebsgefahr des gesamten Gespanns als Gesamtschuldner. [2] Die Ersatzpflicht des gesamtschuldnerisch haftenden Halters ist auf die Höchstbeträge der §§ 12 und 12a beschränkt.

(3) Wird ein Schaden durch ein Gespann und ein weiteres Kraftfahrzeug verursacht und sind die beteiligten Fahrzeughalter einem Dritten kraft Gesetzes zum Ersatz des Schadens verpflichtet oder ist der Schaden einem der beteiligten Fahrzeughalter entstanden, gilt für die Ersatzpflichten im Verhältnis der Halter von Zugfahrzeug und Anhänger zu dem Halter des weiteren beteiligten Kraftfahrzeugs § 17 Absatz 1 bis 3 entsprechend.

(4) [1] Ist in den Fällen der Absätze 2 und 3 der Halter des Zugfahrzeugs oder des Anhängers zum Ersatz des Schadens verpflichtet, kann er nach § 426 des Bürgerlichen Gesetzbuchs[3)] von dem Halter des zu dem Gespann verbundenen anderen Fahrzeugs Ausgleich verlangen. [2] Im Verhältnis dieser Halter zueinander ist nur der Halter des Zugfahrzeugs verpflichtet. [3] Satz 2 gilt nicht, soweit sich durch den Anhänger eine höhere Gefahr verwirklicht hat als durch das Zugfahrzeug allein; in diesem Fall hängt die Verpflichtung zum Ausgleich

---

[1)] § 18 Abs. 1 Satz 1 und Abs. 3 geänd. mWv 17.7.2020 durch G v. 10.7.2020 (BGBl. I S. 1653).

[2)] § 19 eingef. mWv 17.7.2020 durch G v. 10.7.2020 (BGBl. I S. 1653); Abs. 1 Satz 3 geänd. mWv 28.7.2021 durch G v. 12.7.2021 (BGBl. I S. 3108).

[3)] **Habersack (vormals Schönfelder) Nr. 20.**

davon ab, inwieweit der Schaden vorwiegend von dem Zugfahrzeug oder dem Anhänger verursacht worden ist. [4]Das Ziehen des Anhängers allein verwirklicht im Regelfall keine höhere Gefahr. [5]Der Ersatz für Schäden der Halter des Zugfahrzeugs und des Anhängers richtet sich im Verhältnis zueinander nach den allgemeinen Vorschriften.

(5) Die Absätze 3 und 4 sind entsprechend anzuwenden, wenn der Schaden durch ein Gespann und ein Tier oder durch ein Gespann und eine Eisenbahn verursacht wird.

(6) Wird ein Schaden eines Dritten oder eines beteiligten Kraftfahrzeughalters durch einen Anhänger verursacht, der im Unfallzeitpunkt nicht mit einem Zugfahrzeug verbunden war, oder ist der Schaden an einem solchen Anhänger entstanden, ist § 17 entsprechend anzuwenden.

§ 19a[1] Ersatzpflicht des Führers von Anhängern und Gespannen.

(1) [1]Der Führer eines Gespanns haftet wie der Führer eines Kraftfahrzeugs. [2]§ 18 Absatz 1 und 2 ist entsprechend anzuwenden.

(2) [1]Ist in den Fällen des § 19 Absatz 3 und 5 auch der Führer des Gespanns zum Ersatz des Schadens verpflichtet, ist im Verhältnis zu den Haltern und Führern der weiteren beteiligten Kraftfahrzeuge, zu dem Tierhalter oder zu dem Eisenbahnunternehmer § 17 entsprechend anzuwenden. [2]Ist der Führer des Gespanns in den Fällen des § 19 Absatz 2, 3 und 5 zum Ersatz des Schadens verpflichtet, kann er von den Haltern des Zugfahrzeugs und des Anhängers nach § 426 des Bürgerlichen Gesetzbuchs[2] Ausgleich verlangen. [3]Der Ersatz für Schäden des Führers des Gespanns richtet sich im Verhältnis zu den Haltern des Zugfahrzeugs und des Anhängers nach den allgemeinen Vorschriften.

(3) Im Fall des § 19 Absatz 6 haftet der Führer eines Anhängers wie der Führer eines Kraftfahrzeugs.

§ 20 Örtliche Zuständigkeit. Für Klagen, die auf Grund dieses Gesetzes erhoben werden, ist auch das Gericht zuständig, in dessen Bezirk das schädigende Ereignis stattgefunden hat.

III. Straf- und Bußgeldvorschriften

§ 21 Fahren ohne Fahrerlaubnis. (1) Mit Freiheitsstrafe bis zu einem Jahr oder mit Geldstrafe wird bestraft, wer

1. ein Kraftfahrzeug führt, obwohl er die dazu erforderliche Fahrerlaubnis nicht hat oder ihm das Führen des Fahrzeugs nach § 44 des Strafgesetzbuchs[3] oder nach § 25 dieses Gesetzes verboten ist, oder
2. als Halter eines Kraftfahrzeugs anordnet oder zulässt, dass jemand das Fahrzeug führt, der die dazu erforderliche Fahrerlaubnis nicht hat oder dem das Führen des Fahrzeugs nach § 44 des Strafgesetzbuchs oder nach § 25 dieses Gesetzes verboten ist.

(2) Mit Freiheitsstrafe bis zu sechs Monaten oder mit Geldstrafe bis zu 180 Tagessätzen wird bestraft, wer

---

[1] § 19a eingef. mWv 17.7.2020 durch G v. 10.7.2020 (BGBl. I S. 1653).
[2] **Habersack (vormals Schönfelder) Nr. 20.**
[3] **Habersack (vormals Schönfelder) Nr. 85.**

1. eine Tat nach Absatz 1 fahrlässig begeht,
2. vorsätzlich oder fahrlässig ein Kraftfahrzeug führt, obwohl der vorgeschriebene Führerschein nach § 94 der Strafprozessordnung[1] in Verwahrung genommen, sichergestellt oder beschlagnahmt ist, oder
3. vorsätzlich oder fahrlässig als Halter eines Kraftfahrzeugs anordnet oder zulässt, dass jemand das Fahrzeug führt, obwohl der vorgeschriebene Führerschein nach § 94 der Strafprozessordnung in Verwahrung genommen, sichergestellt oder beschlagnahmt ist.

(3) In den Fällen des Absatzes 1 kann das Kraftfahrzeug, auf das sich die Tat bezieht, eingezogen werden, wenn der Täter

1. das Fahrzeug geführt hat, obwohl ihm die Fahrerlaubnis entzogen oder das Führen des Fahrzeugs nach § 44 des Strafgesetzbuchs oder nach § 25 dieses Gesetzes verboten war oder obwohl eine Sperre nach § 69a Abs. 1 Satz 3 des Strafgesetzbuchs gegen ihn angeordnet war,
2. als Halter des Fahrzeugs angeordnet oder zugelassen hat, dass jemand das Fahrzeug führte, dem die Fahrerlaubnis entzogen oder das Führen des Fahrzeugs nach § 44 des Strafgesetzbuchs oder nach § 25 dieses Gesetzes verboten war oder gegen den eine Sperre nach § 69a Abs. 1 Satz 3 des Strafgesetzbuchs angeordnet war, oder
3. in den letzten drei Jahren vor der Tat schon einmal wegen einer Tat nach Absatz 1 verurteilt worden ist.

§ 22 Kennzeichenmissbrauch. (1) Wer in rechtswidriger Absicht

1. ein Kraftfahrzeug oder einen Kraftfahrzeuganhänger, für die ein amtliches Kennzeichen nicht ausgegeben oder zugelassen worden ist, mit einem Zeichen versieht, das geeignet ist, den Anschein amtlicher Kennzeichnung hervorzurufen,
2. ein Kraftfahrzeug oder einen Kraftfahrzeuganhänger mit einer anderen als der amtlich für das Fahrzeug ausgegebenen oder zugelassenen Kennzeichnung versieht,
3. das an einem Kraftfahrzeug oder einem Kraftfahrzeuganhänger angebrachte amtliche Kennzeichen verändert, beseitigt, verdeckt oder sonst in seiner Erkennbarkeit beeinträchtigt,

wird, wenn die Tat nicht in anderen Vorschriften mit schwererer Strafe bedroht ist, mit Freiheitsstrafe bis zu einem Jahr oder mit Geldstrafe bestraft.

(2) Die gleiche Strafe trifft Personen, welche auf öffentlichen Wegen oder Plätzen von einem Kraftfahrzeug oder einem Kraftfahrzeuganhänger Gebrauch machen, von denen sie wissen, dass die Kennzeichnung in der in Absatz 1 Nr. 1 bis 3 bezeichneten Art gefälscht, verfälscht oder unterdrückt worden ist.

§ 22a Missbräuchliches Herstellen, Vertreiben oder Ausgeben von Kennzeichen. (1) Mit Freiheitsstrafe bis zu einem Jahr oder mit Geldstrafe wird bestraft, wer

1. Kennzeichen ohne vorherige Anzeige bei der zuständigen Behörde herstellt, vertreibt oder ausgibt oder
2. (weggefallen)

---

[1] **Habersack (vormals Schönfelder) Nr. 90.**

3. Kennzeichen in der Absicht nachmacht, dass sie als amtlich zugelassene Kennzeichen verwendet oder in Verkehr gebracht werden oder dass ein solches Verwenden oder Inverkehrbringen ermöglicht werde, oder Kennzeichen in dieser Absicht so verfälscht, dass der Anschein der Echtheit hervorgerufen wird, oder
4. nachgemachte oder verfälschte Kennzeichen feilhält oder in den Verkehr bringt.

(2) [1] Nachgemachte oder verfälschte Kennzeichen, auf die sich eine Straftat nach Absatz 1 bezieht, können eingezogen werden. [2] § 74a des Strafgesetzbuchs[1)] ist anzuwenden.

§ 22b[2)] Missbrauch von Wegstreckenzählern und Geschwindigkeitsbegrenzern. (1) Mit Freiheitsstrafe bis zu einem Jahr oder mit Geldstrafe wird bestraft, wer

1. die Messung eines Wegstreckenzählers, mit dem ein Kraftfahrzeug ausgerüstet ist, dadurch verfälscht, dass er durch Einwirkung auf das Gerät oder den Messvorgang das Ergebnis der Messung beeinflusst,
2. die bestimmungsgemäße Funktion eines Geschwindigkeitsbegrenzers, mit dem ein Kraftfahrzeug ausgerüstet ist, durch Einwirkung auf diese Einrichtung aufhebt oder beeinträchtigt oder
3. eine Straftat nach Nummer 1 oder 2 vorbereitet, indem er Computerprogramme, deren Zweck die Begehung einer solchen Tat ist, herstellt, sich oder einem anderen verschafft, feilhält oder einem anderen überlässt.

(2) In den Fällen des Absatzes 1 Nr. 3 gilt § 149 Abs. 2 und 3 des Strafgesetzbuches[1)] entsprechend.

(3) [1] Gegenstände, auf die sich die Straftat nach Absatz 1 bezieht, können eingezogen werden. [2] § 74a des Strafgesetzbuches ist anzuwenden.

§ 23[3)] *(aufgehoben)*

§ 24[4)] Bußgeldvorschriften. (1) Ordnungswidrig handelt, wer vorsätzlich oder fahrlässig einer Rechtsverordnung nach § 1j Absatz 1 Nummer 1, 2, 4, 5 oder 6, § 6 Absatz 1 Satz 1 Nummer 1 Buchstabe a bis c oder d, Nummer 2, 3, 5, 6 Buchstabe a, Nummer 8 bis 16 oder 17, jeweils auch in Verbindung mit § 6 Absatz 3 Nummer 1 bis 5 oder 7, nach § 6e Absatz 1 Nummer 1 bis 5 oder 7 oder nach § 6g Absatz 4 Satz 1 Nummer 3, 5, 7 oder 9 oder einer vollziehbaren Anordnung auf Grund einer solchen Rechtsverordnung zuwiderhandelt, soweit die Rechtsverordnung für einen bestimmten Tatbestand auf diese Bußgeldvorschrift verweist.

(2) [1] Ordnungswidrig handelt, wer vorsätzlich oder fahrlässig

1. einer Rechtsverordnung nach § 6 Absatz 2
   a) Nummer 1 Buchstabe a bis e oder g,
   b) Nummer 1 Buchstabe f, Nummer 2 oder 3 Buchstabe b,

[1)] **Habersack (vormals Schönfelder) Nr. 85.**
[2)] § 22b eingef. mWv 18.8.2005 durch G v. 14.8.2005 (BGBl. I S. 2412).
[3)] § 23 aufgeh. mWv 28.7.2021 durch G v. 12.7.2021 (BGBl. I S. 3091).
[4)] § 24 neu gef. mWv 28.7.2021 durch G v. 12.7.2021 (BGBl. I S. 3091); Abs. 1 geänd. mWv 28.7.2021 durch G v. 12.7.2021 (BGBl. I S. 3108).

c) Nummer 3 Buchstabe a oder c oder

d) Nummer 4,

jeweils auch in Verbindung mit § 6 Absatz 3 Nummer 1, 2, 3 Buchstabe a oder c, Nummer 4, 5 oder 7 oder einer vollziehbaren Anordnung auf Grund einer solchen Rechtsverordnung zuwiderhandelt, soweit die Rechtsverordnung für einen bestimmten Tatbestand auf diese Bußgeldvorschrift verweist, oder

2. einer unmittelbar geltenden Vorschrift in Rechtsakten der Europäischen Gemeinschaft oder der Europäischen Union zuwiderhandelt, die inhaltlich einer Regelung entspricht, zu der die in Nummer 1

a) Buchstabe a,

b) Buchstabe b,

c) Buchstabe c oder

d) Buchstabe d

genannten Vorschriften ermächtigen, soweit eine Rechtsverordnung nach Satz 2 für einen bestimmten Tatbestand auf diese Bußgeldvorschrift verweist.

[2]Das Bundesministerium für Verkehr und digitale Infrastruktur wird ermächtigt, soweit dies zur Durchsetzung der Rechtsakte der Europäischen Gemeinschaft oder der Europäischen Union erforderlich ist, durch Rechtsverordnung ohne Zustimmung des Bundesrates die Tatbestände zu bezeichnen, die als Ordnungswidrigkeit nach Satz 1 Nummer 2 geahndet werden können.

(3) Die Ordnungswidrigkeit kann in den Fällen

1. des Absatzes 2 Satz 1 Nummer 1 Buchstabe d und Nummer 2 Buchstabe d mit einer Geldbuße bis zu fünfhunderttausend Euro,
2. des Absatzes 2 Satz 1 Nummer 1 Buchstabe c und Nummer 2 Buchstabe c mit einer Geldbuße bis zu dreihunderttausend Euro,
3. des Absatzes 2 Satz 1 Nummer 1 Buchstabe a und Nummer 2 Buchstabe a mit einer Geldbuße bis zu hunderttausend Euro,
4. des Absatzes 2 Satz 1 Nummer 1 Buchstabe b und Nummer 2 Buchstabe b mit einer Geldbuße bis zu fünfzigtausend Euro,
5. des Absatzes 1 mit einer Geldbuße bis zu zweitausend Euro

geahndet werden.

(4) In den Fällen des Absatzes 3 Nummer 1 und 2 ist § 30 Absatz 2 Satz 3 des Gesetzes über Ordnungswidrigkeiten anzuwenden.

(5) Fahrzeuge, Fahrzeugteile und Ausrüstungen, auf die sich eine Ordnungswidrigkeit nach Absatz 1 in Verbindung mit § 6 Absatz 1 Satz 1 Nummer 5 oder 10 oder eine Ordnungswidrigkeit nach Absatz 2 Satz 1 bezieht, können eingezogen werden.

§ 24a[1)] [2)] 0,5 Promille-Grenze. (1) Ordnungswidrig handelt, wer im Straßenverkehr ein Kraftfahrzeug führt, obwohl er 0,25 mg/l oder mehr Alkohol in der Atemluft oder 0,5 Promille oder mehr Alkohol im Blut oder eine

---

[1)] § 24a Abs. 5 geänd. mWv 18.8.2006 durch G v. 14.8.2006 (BGBl. I S. 1958); Abs. 4 geänd. mWv 30.12.2008 durch G v. 22.12.2008 (BGBl. I S. 2965); Abs. 5 geänd. mWv 5.12.2014 durch G v. 28.11.2014 (BGBl. I S. 1802).

[2)] Bußgeldkatalog-Verordnung – BKatV **(Habersack (vormals Schönfelder) ErgBd. Nr. 94a)**.

Alkoholmenge im Körper hat, die zu einer solchen Atem- oder Blutalkoholkonzentration führt.

(2) [1] Ordnungswidrig handelt, wer unter der Wirkung eines in der Anlage zu dieser Vorschrift genannten berauschenden Mittels im Straßenverkehr ein Kraftfahrzeug führt. [2] Eine solche Wirkung liegt vor, wenn eine in dieser Anlage genannte Substanz im Blut nachgewiesen wird. [3] Satz 1 gilt nicht, wenn die Substanz aus der bestimmungsgemäßen Einnahme eines für einen konkreten Krankheitsfall verschriebenen Arzneimittels herrührt.

(3) Ordnungswidrig handelt auch, wer die Tat fahrlässig begeht.

(4) Die Ordnungswidrigkeit kann mit einer Geldbuße bis zu dreitausend Euro geahndet werden.

(5) Das Bundesministerium für Verkehr und digitale Infrastruktur wird ermächtigt, durch Rechtsverordnung im Einvernehmen mit dem Bundesministerium für Gesundheit und Soziale Sicherung und dem Bundesministerium der Justiz und für Verbraucherschutz mit Zustimmung des Bundesrates die Liste der berauschenden Mittel und Substanzen in der Anlage zu dieser Vorschrift zu ändern oder zu ergänzen, wenn dies nach wissenschaftlicher Erkenntnis im Hinblick auf die Sicherheit des Straßenverkehrs erforderlich ist.

§ 24b[1)] *(aufgehoben)*

§ 24c[2)] **Alkoholverbot für Fahranfänger und Fahranfängerinnen.**

(1) Ordnungswidrig handelt, wer in der Probezeit nach § 2a oder vor Vollendung des 21. Lebensjahres als Führer eines Kraftfahrzeugs im Straßenverkehr alkoholische Getränke zu sich nimmt oder die Fahrt antritt, obwohl er unter der Wirkung eines solchen Getränks steht.

(2) Ordnungswidrig handelt auch, wer die Tat fahrlässig begeht.

(3) Die Ordnungswidrigkeit kann mit einer Geldbuße geahndet werden.

§ 25[3)] **Fahrverbot.** (1) [1] Wird gegen die betroffene Person wegen einer Ordnungswidrigkeit nach § 24 Absatz 1, die sie unter grober oder beharrlicher Verletzung der Pflichten eines Kraftfahrzeugführers begangen hat, eine Geldbuße festgesetzt, so kann ihr die Verwaltungsbehörde oder das Gericht in der Bußgeldentscheidung für die Dauer von einem Monat bis zu drei Monaten verbieten, im Straßenverkehr Kraftfahrzeuge jeder oder einer bestimmten Art zu führen. [2] Wird gegen die betroffene Person wegen einer Ordnungswidrigkeit nach § 24a eine Geldbuße festgesetzt, so ist in der Regel auch ein Fahrverbot anzuordnen.

(2) [1] Das Fahrverbot wird mit der Rechtskraft der Bußgeldentscheidung wirksam. [2] Für seine Dauer werden von einer deutschen Behörde ausgestellte nationale und internationale Führerscheine amtlich verwahrt. [3] Dies gilt auch, wenn der Führerschein von einer Behörde eines Mitgliedstaates der Europäischen Union oder eines anderen Vertragsstaates des Abkommens über den

---

1) § 24b aufgeh. mWv 28.7.2021 durch G v. 12.7.2021 (BGBl. I S. 3091).

2) § 24c eingef. mWv 1.8.2007 durch G v. 19.7.2007 (BGBl. I S. 1460).

3) § 25 Abs. 4 Satz 2 neu gef. mWv 1.1.2013 durch G v. 29.7.2009 (BGBl. I S. 2258); Abs. 2a Satz 2 aufgeh., Abs. 2b eingef. mWv 24.8.2017 durch G v. 17.8.2017 (BGBl. I S. 3202); Abs. 1 Sätze 1 und 2, Abs. 2a und 2b Satz 1, Abs. 4 Satz 1, Abs. 6 Satz 2, Abs. 7 Satz 1 und Abs. 8 geänd. mWv 26.11.2019 durch G v. 20.11.2019 (BGBl. I S. 1626); Abs. 1 Satz 1 geänd. mWv 28.7.2021 durch G v. 12.7.2021 (BGBl. I S. 3091).

Europäischen Wirtschaftsraum ausgestellt worden ist, sofern der Inhaber seinen ordentlichen Wohnsitz im Inland hat. [4] Wird er nicht freiwillig herausgegeben, so ist er zu beschlagnahmen.

(2a) Ist in den zwei Jahren vor der Ordnungswidrigkeit ein Fahrverbot gegen die betroffene Person nicht verhängt worden und wird auch bis zur Bußgeldentscheidung ein Fahrverbot nicht verhängt, so bestimmt die Verwaltungsbehörde oder das Gericht abweichend von Absatz 2 Satz 1, dass das Fahrverbot erst wirksam wird, wenn der Führerschein nach Rechtskraft der Bußgeldentscheidung in amtliche Verwahrung gelangt, spätestens jedoch mit Ablauf von vier Monaten seit Eintritt der Rechtskraft.

(2b) [1] Werden gegen die betroffene Person mehrere Fahrverbote rechtskräftig verhängt, so sind die Verbotsfristen nacheinander zu berechnen. [2] Die Verbotsfrist auf Grund des früher wirksam gewordenen Fahrverbots läuft zuerst. [3] Werden Fahrverbote gleichzeitig wirksam, so läuft die Verbotsfrist auf Grund des früher angeordneten Fahrverbots zuerst, bei gleichzeitiger Anordnung ist die frühere Tat maßgebend.

(3) [1] In anderen als in Absatz 2 Satz 3 genannten ausländischen Führerscheinen wird das Fahrverbot vermerkt. [2] Zu diesem Zweck kann der Führerschein beschlagnahmt werden.

(4) [1] Wird der Führerschein in den Fällen des Absatzes 2 Satz 4 oder des Absatzes 3 Satz 2 bei der betroffenen Person nicht vorgefunden, so hat sie auf Antrag der Vollstreckungsbehörde (§ 92 des Gesetzes über Ordnungswidrigkeiten[1]) bei dem Amtsgericht eine eidesstattliche Versicherung über den Verbleib des Führerscheins abzugeben. [2] § 883 Abs. 2 und 3 der Zivilprozessordnung[2] gilt entsprechend.

(5) [1] Ist ein Führerschein amtlich zu verwahren oder das Fahrverbot in einem ausländischen Führerschein zu vermerken, so wird die Verbotsfrist erst von dem Tag an gerechnet, an dem dies geschieht. [2] In die Verbotsfrist wird die Zeit nicht eingerechnet, in welcher der Täter auf behördliche Anordnung in einer Anstalt verwahrt wird.

(6) [1] Die Dauer einer vorläufigen Entziehung der Fahrerlaubnis (§ 111a der Strafprozessordnung[3]) wird auf das Fahrverbot angerechnet. [2] Es kann jedoch angeordnet werden, dass die Anrechnung ganz oder zum Teil unterbleibt, wenn sie im Hinblick auf das Verhalten der betroffenen Person nach Begehung der Ordnungswidrigkeit nicht gerechtfertigt ist. [3] Der vorläufigen Entziehung der Fahrerlaubnis steht die Verwahrung, Sicherstellung oder Beschlagnahme des Führerscheins (§ 94 der Strafprozessordnung) gleich.

(7) [1] Wird das Fahrverbot nach Absatz 1 im Strafverfahren angeordnet (§ 82 des Gesetzes über Ordnungswidrigkeiten), so kann die Rückgabe eines in Verwahrung genommenen, sichergestellten oder beschlagnahmten Führerscheins aufgeschoben werden, wenn die betroffene Person nicht widerspricht. *[2] In diesem Fall* ist die Zeit nach dem Urteil unverkürzt auf das Fahrverbot anzurechnen.

(8) Über den Zeitpunkt der Wirksamkeit des Fahrverbots nach Absatz 2 oder 2a Satz 1 und über den Beginn der Verbotsfrist nach Absatz 5 Satz 1 ist die

---

[1] Nr. 72.2.
[2] **Habersack (vormals Schönfelder) Nr. 100.**
[3] **Habersack (vormals Schönfelder) Nr. 90.**

betroffene Person bei der Zustellung der Bußgeldentscheidung oder im Anschluss an deren Verkündung zu belehren.

§ 25a[1)] Kostentragungspflicht des Halters. (1) [1]Kann in einem Bußgeldverfahren wegen eines Halt- oder Parkverstoßes der Führer des Kraftfahrzeugs, der den Verstoß begangen hat, nicht vor Eintritt der Verfolgungsverjährung ermittelt werden oder würde seine Ermittlung einen unangemessenen Aufwand erfordern, so werden dem Halter des Kraftfahrzeugs oder seinem Beauftragten die Kosten des Verfahrens auferlegt; er hat dann auch seine Auslagen zu tragen. [2]Entsprechendes gilt für den Halter eines Kraftfahrzeuganhängers, wenn mit diesem Kraftfahrzeuganhänger, ohne dass dieser an ein Kraftfahrzeug angehängt ist, ein Halt- oder Parkverstoß begangen wurde und derjenige, der den Verstoß begangen hat, nicht vor Eintritt der Verfolgungsverjährung ermittelt werden kann oder seine Ermittlung einen unangemessenen Aufwand erfordern würde. [3]Von einer Entscheidung nach Satz 1 oder 2 wird abgesehen, wenn es unbillig wäre, den Halter oder seinen Beauftragten mit den Kosten zu belasten.

(2) Die Kostenentscheidung ergeht mit der Entscheidung, die das Verfahren abschließt; vor der Entscheidung ist derjenige zu hören, dem die Kosten auferlegt werden sollen.

(3) [1]Gegen die Kostenentscheidung der Verwaltungsbehörde und der Staatsanwaltschaft kann innerhalb von zwei Wochen nach Zustellung gerichtliche Entscheidung beantragt werden. [2]§ 62 Abs. 2 des Gesetzes über Ordnungswidrigkeiten[2)] gilt entsprechend; für die Kostenentscheidung der Staatsanwaltschaft gelten auch § 50 Abs. 2 und § 52 des Gesetzes über Ordnungswidrigkeiten entsprechend. [3]Die Kostenentscheidung des Gerichts ist nicht anfechtbar.

§ 26[3)] Zuständige Verwaltungsbehörde; Verjährung. (1) [1]Bei Ordnungswidrigkeiten nach den § 24 Absatz 1, § 24a Absatz 1 bis 3 und § 24c Absatz 1 und 2 ist Verwaltungsbehörde im Sinne des § 36 Abs. 1 Nr. 1 des Gesetzes über Ordnungswidrigkeiten[2)] die Behörde oder Dienststelle der Polizei, die von der Landesregierung durch Rechtsverordnung[4)] näher bestimmt wird. [2]Die Lan-

---

[1)] § 25a Überschrift neu gef., Abs. 1 Satz 2 eingef., bish. Satz 2 wird Satz 3 und neu gef. mWv 28.7. 2021 durch G v. 12.7.2021 (BGBl. I S. 3091).

[2)] Nr. **72.2**.

[3)] § 26 Abs. 1 Satz 1 geänd. mWv 1.8.2007 durch G v. 19.7.2007 (BGBl. I S. 1460); Abs. 2 geänd. mWv 29.4.2009 durch G v. 22.12.2008 (BGBl. I S. 2965); Abs. 1 Satz 1 geänd., Abs. 2 neu gef. mWv 7.12.2016 durch G v. 28.11.2016 (BGBl. I S. 2722); Abs. 1 geänd., Abs. 2 und 3 neu gef. mWv 28.7. 2021 durch G v. 12.7.2021 (BGBl. I S. 3091).

[4)] **Zuständige Verwaltungsbehörden sind:**

in **Baden-Württemberg** die unteren Verwaltungsbehörden, bei Ordnungswidrigkeiten auf Bundesautobahnen das Regierungspräsidium Karlsruhe (VO der Landesregierung über Zuständigkeiten nach dem G über Ordnungswidrigkeiten (OWiZuVO) idF der Bek. v. 2.2.1990 (GBl. S. 75, ber. S. 268), zuletzt geänd. durch G v. 15.10.2020 (GBl. S. 913));

in **Bayern** das Polizeiverwaltungsamt, die Dienststellen der Landespolizei und der Bereitschaftspolizei (§ 91 ZuständigkeitsVO (ZustV) v. 16.6.2015 (GVBl. S. 184), zuletzt geänd. durch V v. 20.7.2021 (GVBl. S. 498));

in **Berlin** der Polizeipräsident in Berlin (VO über sachliche Zuständigkeiten für die Verfolgung und Ahndung von Ordnungswidrigkeiten (ZustVO-OwiG) v. 29.2.2000 (GVBl. S. 249), zuletzt geänd. durch VO v. 3.11.2020 (GVBl. S. 874));

in **Brandenburg** *das Polizeipräsidium* und die Kreisordnungsbehörden (VerkehrsordnungswidrigkeitenzuständigkeitsVO – VOWiZustV v. 18.6.1996 (GVBl. II S. 412), zuletzt geänd. durch VO v. 19.11. 2020 (GVBl. II Nr. 109)); →

desregierung kann die Ermächtigung auf die zuständige oberste Landesbehörde übertragen.

(2) Verwaltungsbehörde im Sinne des § 36 Absatz 1 Nummer 1 des Gesetzes über Ordnungswidrigkeiten ist das Kraftfahrt-Bundesamt

1. abweichend von Absatz 1 bei Ordnungswidrigkeiten nach § 24 Absatz 1, soweit es für den Vollzug der bewehrten Vorschriften zuständig ist, oder
2. bei Ordnungswidrigkeiten nach § 24 Absatz 2 Satz 1.

(3) [1] Die Frist der Verfolgungsverjährung beträgt bei Ordnungswidrigkeiten nach § 24 Absatz 1 drei Monate, solange wegen der Handlung weder ein Bußgeldbescheid ergangen ist noch öffentliche Klage erhoben worden ist, danach sechs Monate. [2] Abweichend von Satz 1 beträgt die Frist der Verfolgungsverjährung bei Ordnungswidrigkeiten nach § 24 Absatz 1 in Verbindung mit § 6 Absatz 1 Satz 1 Nummer 5 oder 10 zwei Jahre, soweit diese Ordnungswidrigkeiten Zuwiderhandlungen gegen Vorschriften mit Anforderungen an Fahrzeuge oder Fahrzeugteile betreffen, die der Genehmigung ihrer Bauart bedürfen. [3] Die Frist der Verfolgungsverjährung beträgt bei Ordnungs-

---

(Fortsetzung der Anm. von voriger Seite)

in **Bremen** die Ortspolizeibehörden (VO über die Zuständigkeit für die Verfolgung und Ahndung von Ordnungswidrigkeiten nach den §§ 23, 24 und 24a des StraßenverkehrsG v. 21.7.1980 (Brem.GBl. S. 229), geänd. durch VO v. 14.7.2009 (Brem.GBl. S. 281));

in **Hamburg** die Behörde für Inneres und Sport (AnO über Zuständigkeiten auf dem Gebiet des Straßenverkehrsrechts v. 5.1.1999 (Amtl. Anz. S. 345), zuletzt geänd. durch AnO v. 20.9.2011 (Amtl. Anz. S. 2157));

in **Hessen** in der Stadt Frankfurt der Oberbürgermeister als örtliche Ordnungsbehörde, im Übrigen das Regierungspräsidium Kassel als Bezirksordnungsbehörde (VO zur Bestimmung verkehrsrechtlicher Zuständigkeiten v. 12.11.2007 (GVBl. I S. 800), zuletzt geänd. durch VO v. 5.7.2021 (GVBl. S. 331));

in **Mecklenburg-Vorpommern** die Landräte und die Oberbürgermeister der kreisfreien Städte (Straßenverkehr-ZuständigkeitslandesVO – StVZustLVO M-V v. 12.8.2021 (GVOBl. M-V S. 1221));

in **Niedersachsen** die Landkreise und kreisfreien Städte (VO über sachliche Zuständigkeiten für die Verfolgung und Ahndung von Ordnungswidrigkeiten (ZustVO-OWi) v. 30.6.2021 (Nds. GVBl. S. 442));

in **Nordrhein-Westfalen** die Kreisordnungsbehörden (VO zur Bestimmung der für die Verfolgung und Ahndung von Verkehrsordnungswidrigkeiten zuständigen Verwaltungsbehörden v. 25.9.1979 (GV. NRW. S. 652), zuletzt geänd. durch VO v. 6.12.2016 (GV. NRW. S. 1070));

in **Rheinland-Pfalz** das Polizeipräsidium Rheinpfalz (§ 8 LandesVO über Zuständigkeiten auf dem Gebiet des Straßenverkehrsrechts v. 12.3.1987 (GVBl. S. 46), zuletzt geänd. durch VO v. 24.11.2020 (GVBl. S. 670));

im **Saarland** das Landesverwaltungsamt (§ 2 StraßenverkehrszuständigkeitsG (StVZustG) v. 13.6.2001 (Amtsbl. S. 1430), zuletzt geänd. durch G v. 11.11.2020 (Amtsbl. I S. 1262));

in **Sachsen** die Großen Kreisstädte Görlitz, Hoyerswerda, Plauen und Zwickau, bei Ordnungswidrigkeiten auf Bundesautobahnen die Landesdirektion Sachsen (Ordnungswidrigkeiten-ZuständigkeitsVO – OWiZuVO v. 16.6.2014 (SächsGVBl. S. 342), geänd. durch VO v. 26.10.2015 (SächsGVBl. S. 627));

in **Sachsen-Anhalt** die Zentrale Bußgeldstelle im Technischen Polizeiamt (VO über sachliche Zuständigkeiten für die Verfolgung und Ahndung von Ordnungswidrigkeiten (ZustVO OWi) v. 2.3. 2010 (GVBl. LSA S. 106), zuletzt geänd. durch VO v. 20.11.2019 (GVBl. LSA S. 940));

in **Schleswig-Holstein** die Landräte und die Bürgermeister der kreisfreien Städte (Ordnungswidrigkeiten-ZuständigkeitsVO – OWi-ZustVO v. 22.1.1988 (GVOBl. Schl.-H. S. 32), zuletzt geänd. durch VO v. 24.8.2021 (GVOBl. Schl.-H. S. 985));

in **Thüringen** die Zentrale Bußgeldstelle bei der Landespolizeidirektion, die Dienststellen der Polizei und Einheiten der Bereitschaftspolizei (Thüringer VO über Zuständigkeiten für die Verfolgung und Ahndung von Verkehrsordnungswidrigkeiten v. 21.4.1998 (GVBl. S. 149), zuletzt geänd. durch G v. 25.10.2011 (GVBl. S. 268)).

widrigkeiten nach § 24 Absatz 2 Satz 1 Nummer 1 Buchstabe c und d und Nummer 2 Buchstabe c und d[1] fünf Jahre.

§ 26a[2] Bußgeldkatalog. (1) Das Bundesministerium für Verkehr und digitale Infrastruktur wird ermächtigt, durch Rechtsverordnung mit Zustimmung des Bundesrates Vorschriften zu erlassen über

1. die Erteilung einer Verwarnung (§ 56 des Gesetzes über Ordnungswidrigkeiten[3]) wegen einer Ordnungswidrigkeit nach § 24 Absatz 1,
2. Regelsätze für Geldbußen wegen einer Ordnungswidrigkeit nach den § 24 Absatz 1, § 24a Absatz 1 bis 3 und § 24c Absatz 1 und 2,
3. die Anordnung des Fahrverbots nach § 25.

(2) Die Vorschriften nach Absatz 1 bestimmen unter Berücksichtigung der Bedeutung der Ordnungswidrigkeit, in welchen Fällen, unter welchen Voraussetzungen und in welcher Höhe das Verwarnungsgeld erhoben, die Geldbuße festgesetzt und für welche Dauer das Fahrverbot angeordnet werden soll.

§ 27[4] Informationsschreiben. (1) [1] Hat die Verwaltungsbehörde in einem Bußgeldverfahren den Halter oder Eigentümer eines Kraftfahrzeugs auf Grund einer Abfrage im Sinne des Artikels 4 der Richtlinie (EU) 2015/413 des Europäischen Parlaments und des Rates vom 11. März 2015 zur Erleichterung des grenzüberschreitenden Austauschs von Informationen über die Straßenverkehrssicherheit gefährdende Verkehrsdelikte (ABl. L 68 vom 13.3.2015, S. 9) ermittelt, übersendet sie der ermittelten Person ein Informationsschreiben. [2] In diesem Schreiben werden die Art des Verstoßes, Zeit und Ort seiner Begehung, das gegebenenfalls verwendete Überwachungsgerät, die anwendbaren Bußgeldvorschriften sowie die für einen solchen Verstoß vorgesehene Sanktion angegeben. [3] Das Informationsschreiben ist in der Sprache des Zulassungsdokuments des Kraftfahrzeugs oder in einer der Amtssprachen des Mitgliedstaates zu übermitteln, in dem das Kraftfahrzeug zugelassen ist.

(2) Absatz 1 gilt nicht, wenn die ermittelte Person ihren ordentlichen Wohnsitz im Inland hat.

IV.[5] Fahreignungsregister

§ 28[6] Führung und Inhalt des Fahreignungsregisters. (1) Das Kraftfahrt-Bundesamt führt das Fahreignungsregister nach den Vorschriften dieses Abschnitts.

---

[1] Nr. **42.5**.

[2] § 26a Abs. 1 einl. Satzteil geänd. mWv 18.8.2006 durch G v. 14.8.2006 (BGBl. I S. 1958); Abs. 1 Nr. 2 geänd. mWv 1.8.2007 durch G v. 19.7.2007 (BGBl. I S. 1460); Abs. 1 einl. Satzteil geänd. mWv 5.12.2014 durch G v. 28.11.2014 (BGBl. I S. 1802); Abs. 1 Nr. 1 und 2 geänd. mWv 28.7.2021 durch G v. 12.7.2021 (BGBl. I S. 3091).

[3] Nr. **72.2**.

[4] § 27 neu eingef. mWv 31.8.2013 durch G v. 28.8.2013 (BGBl. I S. 3310); Abs. 1 Satz 1 geänd. mWv 7.12.2016 durch G v. 28.11.2016 (BGBl. I S. 2722).

[5] Abschnitt IV Überschrift geänd. mWv 1.5.2014 durch G v. 28.8.2013 (BGBl. I S. 3313).

[6] § 28 Abs. 2 Nr. 1 geänd. mWv 18.8.2005 durch G v. 14.8.2005 (BGBl. I S. 2412); Abs. 3 Nr. 3 geänd. mWv 1.8.2007 durch G v. 19.7.2007 (BGBl. I S. 1460); Abs. 3 Nr. 6 neu gef. mWv 23.7.2009 durch G v. 17.7.2009 (BGBl. I S. 2021); Überschrift, Abs. 1, Abs. 2 einl. Satzteil geänd., Abs. 3 einl. Satzteil und Nr. 1–3 neu gef., Nr. 10 aufgeh., Nr. 11 geänd., Nr. 12 und 13 neu gef, bish. Nr. 13 wird Nr. 14 und geänd., Abs. 6 geänd. mWv 1.5.2014 durch G v. 28.8.2013 (BGBl. I S. 3313); Abs. 3 Nr. 6 →

(2) Das Fahreignungsregister wird geführt zur Speicherung von Daten, die erforderlich sind

1. für die Beurteilung der Eignung und der Befähigung von Personen zum Führen von Kraftfahrzeugen oder zum Begleiten eines Kraftfahrzeugführers entsprechend einer nach § 6e Abs. 1 erlassenen Rechtsverordnung,
2. für die Prüfung der Berechtigung zum Führen von Fahrzeugen,
3. für die Ahndung der Verstöße von Personen, die wiederholt Straftaten oder Ordnungswidrigkeiten, die im Zusammenhang mit dem Straßenverkehr stehen, begehen oder
4. für die Beurteilung von Personen im Hinblick auf ihre Zuverlässigkeit bei der Wahrnehmung der ihnen durch Gesetz, Satzung oder Vertrag übertragenen Verantwortung für die Einhaltung der zur Sicherheit im Straßenverkehr bestehenden Vorschriften.

(3) Im Fahreignungsregister werden Daten gespeichert über

1. rechtskräftige Entscheidungen der Strafgerichte wegen einer Straftat, die in der Rechtsverordnung nach § 6 Absatz 1 Satz 1 Nummer 4 bezeichnet ist, soweit sie auf Strafe, Verwarnung mit Strafvorbehalt erkennen oder einen Schuldspruch enthalten,
2. rechtskräftige Entscheidungen der Strafgerichte, die die Entziehung der Fahrerlaubnis, eine isolierte Sperre oder ein Fahrverbot anordnen, sofern sie nicht von Nummer 1 erfasst sind, sowie Entscheidungen der Strafgerichte, die die vorläufige Entziehung der Fahrerlaubnis anordnen,
3. rechtskräftige Entscheidungen wegen einer Ordnungswidrigkeit
   a) nach den § 24 Absatz 1, § 24a oder § 24c, soweit sie in der Rechtsverordnung nach § 6 Absatz 1 Satz 1 Nummer 4 bezeichnet ist und gegen die betroffene Person
      aa) ein Fahrverbot nach § 25 angeordnet worden ist oder
      bb) eine Geldbuße von mindestens sechzig Euro festgesetzt worden ist und § 28a nichts anderes bestimmt,
   b) nach den § 24 Absatz 1, § 24a oder § 24c, soweit kein Fall des Buchstaben a vorliegt und ein Fahrverbot angeordnet worden ist,
   c) nach § 10 des Gefahrgutbeförderungsgesetzes, soweit sie in der Rechtsverordnung nach § 6 Absatz 1 Satz 1 Nummer 4 bezeichnet ist,
4. unanfechtbare oder sofort vollziehbare Verbote oder Beschränkungen, ein fahrerlaubnisfreies Fahrzeug zu führen,
5. unanfechtbare Versagungen einer Fahrerlaubnis,
6. unanfechtbare oder sofort vollziehbare
   a) Entziehungen, Widerrufe oder Rücknahmen einer Fahrerlaubnis,
   b) Feststellungen über die fehlende Berechtigung, von einer ausländischen Fahrerlaubnis im Inland Gebrauch zu machen,
7. Verzichte auf die Fahrerlaubnis,

(Fortsetzung der Anm. von voriger Seite)
neu gef., Abs. 4 Satz 2 angef. mWv 7.12.2016 durch G v. 28.11.2016 (BGBl. I S. 2722); Abs. 3 Nr. 3 Buchst. a, Abs. 5 Satz 1 und 2 sowie Abs. 6 geänd. mWv 26.11.2019 durch G v. 20.11.2019 (BGBl. I S. 1626); Abs. 3 Nr. 1 und Nr. 3 Buchst. a–c geänd. mWv 28.7.2021 durch G v. 12.7.2021 (BGBl. I S. 3091).

8. unanfechtbare Ablehnungen eines Antrags auf Verlängerung der Geltungsdauer einer Fahrerlaubnis,
9. die Beschlagnahme, Sicherstellung oder Verwahrung von Führerscheinen nach § 94 der Strafprozessordnung[1)],
10. *(aufgehoben)*
11. Maßnahmen der Fahrerlaubnisbehörde nach § 2a Abs. 2 Satz 1 Nr. 1 und 2 und § 4 Absatz 5 Satz 1 Nr. 1 und 2,
12. die Teilnahme an einem Aufbauseminar, an einem besonderen Aufbauseminar und an einer verkehrspsychologischen Beratung, soweit dies für die Anwendung der Regelungen der Fahrerlaubnis auf Probe (§ 2a) erforderlich ist,
13. die Teilnahme an einem Fahreignungsseminar, soweit dies für die Anwendung der Regelungen des Fahreignungs-Bewertungssystems (§ 4) erforderlich ist,
14. Entscheidungen oder Änderungen, die sich auf eine der in den Nummern 1 bis 13 genannten Eintragungen beziehen.

(4) [1]Die Gerichte, Staatsanwaltschaften und anderen Behörden teilen dem Kraftfahrt-Bundesamt unverzüglich die nach Absatz 3 zu speichernden oder zu einer Änderung oder Löschung einer Eintragung führenden Daten mit. [2]Die Datenübermittlung nach Satz 1 kann auch im Wege der Datenfernübertragung durch Direkteinstellung unter Beachtung des § 30a Absatz 2 bis 4 erfolgen.

(5) [1]Bei Zweifeln an der Identität einer eingetragenen Person mit der Person, auf die sich eine Mitteilung nach Absatz 4 bezieht, dürfen die Datenbestände des Zentralen Fahrerlaubnisregisters und des Zentralen Fahrzeugregisters zur Identifizierung dieser Personen verwendet werden. [2]Ist die Feststellung der Identität der betreffenden Personen auf diese Weise nicht möglich, dürfen die auf Anfrage aus den Melderegistern übermittelten Daten zur Behebung der Zweifel verwendet werden. [3]Die Zulässigkeit der Übermittlung durch die Meldebehörden richtet sich nach den Meldegesetzen der Länder. [4]Können die Zweifel an der Identität der betreffenden Personen nicht ausgeräumt werden, werden die Eintragungen über beide Personen mit einem Hinweis auf die Zweifel an deren Identität versehen.

(6) Die regelmäßige Verwendung der auf Grund des § 50 Abs. 1 im Zentralen Fahrerlaubnisregister gespeicherten Daten ist zulässig, um Fehler und Abweichungen bei den Personendaten sowie den Daten über Fahrerlaubnisse und Führerscheine der betreffenden Person im Fahreignungsregister festzustellen und zu beseitigen und um das Fahreignungsregister zu vervollständigen.

§ 28a[2)] Eintragung beim Abweichen vom Bußgeldkatalog. [1]Wird die Geldbuße wegen einer Ordnungswidrigkeit nach den § 24 Absatz 1, § 24a und § 24c lediglich mit Rücksicht auf die wirtschaftlichen Verhältnisse der betroffenen Person abweichend von dem Regelsatz der Geldbuße festgesetzt, der für die zugrunde liegende Ordnungswidrigkeit im Bußgeldkatalog (§ 26a) vorgese-

---

[1)] **Habersack (vormals Schönfelder) Nr. 90.**

[2)] § 28a Satz 1 einl. Satzteil geänd. mWv 1.8.2007 durch G v. 19.7.2007 (BGBl. I S. 1460); Satz 1 Nr. 1, 2 und Satz 2 geänd. mWv 1.5.2014 durch G v. 28.8.2013 (BGBl. I S. 3313); Satz 1 einl. Satzteil geänd. mWv 26.11.2019 durch G v. 20.11.2019 (BGBl. I S. 1626); Satz 1 geänd. mWv 28.7.2021 durch G v. 12.7.2021 (BGBl. I S. 3091).

hen ist, so ist in der Entscheidung dieser Paragraph bei den angewendeten Bußgeldvorschriften aufzuführen, wenn der Regelsatz der Geldbuße

1. sechzig Euro oder mehr beträgt und eine geringere Geldbuße festgesetzt wird oder
2. weniger als sechzig Euro beträgt und eine Geldbuße von sechzig Euro oder mehr festgesetzt wird.

[2]In diesen Fällen ist für die Eintragung in das Fahreignungsregister der im Bußgeldkatalog vorgesehene Regelsatz maßgebend.

§ 28b (weggefallen)

§ 29[1)] Tilgung der Eintragungen. (1) [1]Die im Register gespeicherten Eintragungen werden nach Ablauf der in Satz 2 bestimmten Fristen getilgt. [2]Die Tilgungsfristen betragen

1. zwei Jahre und sechs Monate
   bei Entscheidungen über eine Ordnungswidrigkeit,
   a) die in der Rechtsverordnung nach § 6 Absatz 1 Satz 1 Nummer 4 Buchstabe b als verkehrssicherheitsbeeinträchtigende oder gleichgestellte Ordnungswidrigkeit mit einem Punkt bewertet ist oder
   b) soweit weder ein Fall des Buchstaben a noch der Nummer 2 Buchstabe b vorliegt und in der Entscheidung ein Fahrverbot angeordnet worden ist,
2. fünf Jahre
   a) bei Entscheidungen über eine Straftat, vorbehaltlich der Nummer 3 Buchstabe a,
   b) bei Entscheidungen über eine Ordnungswidrigkeit, die in der Rechtsverordnung nach § 6 Absatz 1 Satz 1 Nummer 4 Buchstabe b als besonders verkehrssicherheitsbeeinträchtigende oder gleichgestellte Ordnungswidrigkeit mit zwei Punkten bewertet ist,
   c) bei von der nach Landesrecht zuständigen Behörde verhängten Verboten oder Beschränkungen, ein fahrerlaubnisfreies Fahrzeug zu führen,
   d) bei Mitteilungen über die Teilnahme an einem Fahreignungsseminar, einem Aufbauseminar, einem besonderen Aufbauseminar oder einer verkehrspsychologischen Beratung,
3. zehn Jahre
   a) bei Entscheidungen über eine Straftat, in denen die Fahrerlaubnis entzogen oder eine isolierte Sperre angeordnet worden ist,
   b) bei Entscheidungen über Maßnahmen oder Verzichte nach § 28 Absatz 3 Nummer 5 bis 8.

[1)] § 29 Abs. 4, Abs. 6 Satz 1 geänd., Satz 2 eingef., bish. Sätze 2–5 werden Sätze 3–6, Abs. 7 Satz 1 geänd. mWv 1.2.2005 durch G v. 24.8.2004 (BGBl. I S. 2198); Abs. 8 Satz 4 angef. mWv 30.12.2008 durch G v. 22.12.2008 (BGBl. I S. 2965); Abs. 8 Sätze 1 und 2 neu gef. mWv 21.6.2013 durch G v. 17.6.2013 (BGBl. I S. 1558); Abs. 1 Sätze 2–4 neu gef., Abs. 4 Nr. 1 und 2 geänd., Nr. 4 neu gef., Abs. 5 Sätze 1 und 2 geänd., Abs. 6 aufgeh., bish. Abs. 7 und 8 werden Abs. 6 und 7 und neu gef. mWv 1.5.2014 durch G v. 28.8.2013 (BGBl. I S. 3313); Abs. 6 Sätze 2 und 4 geänd. mWv 5.12.2014 durch G v. 28.11.2014 (BGBl. I S. 1802); Abs. 3 Nr. 4, Abs. 6 Satz 3 einl. Satzteil, Nr. 3, Satz 4 und Abs. 7 Sätze 1–3 geänd. mWv 26.11.2019 durch G v. 20.11.2019 (BGBl. I S. 1626); Abs. 1 Satz 2 Nr. 1 Buchst. a und Nr. 2 Buchst. b geänd., Abs. 6 Sätze 3 und 4 neu gef., Abs. 7 Satz 2 eingef., bish. Sätze 2–5 werden Sätze 3–6 und neuer Satz 5 geänd. mWv 28.7.2021 durch G v. 12.7.2021 (BGBl. I S. 3091).

[3]Eintragungen über Maßnahmen der nach Landesrecht zuständigen Behörde nach § 2a Absatz 2 Satz 1 Nummer 1 und 2 und § 4 Absatz 5 Satz 1 Nummer 1 und 2 werden getilgt, wenn dem Inhaber einer Fahrerlaubnis die Fahrerlaubnis entzogen wird. [4]Sonst erfolgt eine Tilgung bei den Maßnahmen nach § 2a Absatz 2 Satz 1 Nummer 1 und 2 ein Jahr nach Ablauf der Probezeit und bei Maßnahmen nach § 4 Absatz 5 Satz 1 Nummer 1 und 2 dann, wenn die letzte Eintragung wegen einer Straftat oder Ordnungswidrigkeit getilgt ist. [5]Verkürzungen der Tilgungsfristen nach Absatz 1 können durch Rechtsverordnung gemäß § 30c Abs. 1 Nr. 2 zugelassen werden, wenn die eingetragene Entscheidung auf körperlichen oder geistigen Mängeln oder fehlender Befähigung beruht.

(2) Die Tilgungsfristen gelten nicht, wenn die Erteilung einer Fahrerlaubnis oder die Erteilung des Rechts, von einer ausländischen Fahrerlaubnis wieder Gebrauch zu machen, für immer untersagt ist.

(3) Ohne Rücksicht auf den Lauf der Fristen nach Absatz 1 und das Tilgungsverbot nach Absatz 2 werden getilgt

1. Eintragungen über Entscheidungen, wenn ihre Tilgung im Bundeszentralregister angeordnet oder wenn die Entscheidung im Wiederaufnahmeverfahren oder nach den §§ 86, 102 Abs. 2 des Gesetzes über Ordnungswidrigkeiten[1)] rechtskräftig aufgehoben wird,
2. Eintragungen, die in das Bundeszentralregister nicht aufzunehmen sind, wenn ihre Tilgung durch die nach Landesrecht zuständige Behörde angeordnet wird, wobei die Anordnung nur ergehen darf, wenn dies zur Vermeidung ungerechtfertigter Härten erforderlich ist und öffentliche Interessen nicht gefährdet werden,
3. Eintragungen, bei denen die zugrunde liegende Entscheidung aufgehoben wird oder bei denen nach näherer Bestimmung durch Rechtsverordnung gemäß § 30c Abs. 1 Nr. 2 eine Änderung der zugrunde liegenden Entscheidung Anlass gibt,
4. sämtliche Eintragungen, wenn eine amtliche Mitteilung über den Tod der betroffenen Person eingeht.

(4) Die Tilgungsfrist (Absatz 1) beginnt

1. bei strafgerichtlichen Verurteilungen und bei Strafbefehlen mit dem Tag der Rechtskraft, wobei dieser Tag auch dann maßgebend bleibt, wenn eine Gesamtstrafe oder eine einheitliche Jugendstrafe gebildet oder nach § 30 Abs. 1 des Jugendgerichtsgesetzes[2)] auf Jugendstrafe erkannt wird oder eine Entscheidung im Wiederaufnahmeverfahren ergeht, die eine registerpflichtige Verurteilung enthält,
2. bei Entscheidungen der Gerichte nach den §§ 59, 60 des Strafgesetzbuchs[3)] und § 27 des Jugendgerichtsgesetzes mit dem Tag der Rechtskraft,
3. bei gerichtlichen und verwaltungsbehördlichen Bußgeldentscheidungen sowie bei anderen Verwaltungsentscheidungen mit dem Tag der Rechtskraft oder Unanfechtbarkeit der beschwerenden Entscheidung,
4. bei Aufbauseminaren nach § 2a Absatz 2 Satz 1 Nummer 1, verkehrspsychologischen Beratungen nach § 2a Absatz 2 Satz 1 Nummer 2 und Fahr-

---

[1)] Nr. 72.2.
[2)] **Habersack (vormals Schönfelder) Nr. 89.**
[3)] **Habersack (vormals Schönfelder) Nr. 85.**

eignungsseminaren nach § 4 Absatz 7 mit dem Tag der Ausstellung der Teilnahmebescheinigung.

(5) [1] Bei der Versagung oder Entziehung der Fahrerlaubnis wegen mangelnder Eignung, der Anordnung einer Sperre nach § 69a Abs. 1 Satz 3 des Strafgesetzbuchs oder bei einem Verzicht auf die Fahrerlaubnis beginnt die Tilgungsfrist erst mit der Erteilung oder Neuerteilung der Fahrerlaubnis, spätestens jedoch fünf Jahre nach der Rechtskraft der beschwerenden Entscheidung oder dem Tag des Zugangs der Verzichtserklärung bei der zuständigen Behörde. [2] Bei von der nach Landesrecht zuständigen Behörde verhängten Verboten oder Beschränkungen, ein fahrerlaubnisfreies Fahrzeug zu führen, beginnt die Tilgungsfrist fünf Jahre nach Ablauf oder Aufhebung des Verbots oder der Beschränkung.

(6) [1] Nach Eintritt der Tilgungsreife wird eine Eintragung vorbehaltlich der Sätze 2 und 4 gelöscht. [2] Eine Eintragung nach § 28 Absatz 3 Nummer 1 oder 3 Buchstabe a oder c wird nach Eintritt der Tilgungsreife erst nach einer Überliegefrist von einem Jahr gelöscht. [3] Während dieser Überliegefrist darf der Inhalt dieser Eintragung nur noch zu folgenden Zwecken übermittelt, verwendet oder über ihn eine Auskunft erteilt werden:

1. zur Übermittlung an die nach Landesrecht zuständige Behörde zur dortigen Verwendung zur Anordnung von Maßnahmen im Rahmen der Fahrerlaubnis auf Probe nach § 2a,
2. zur Übermittlung an die nach Landesrecht zuständige Behörde zur dortigen Verwendung zum Ergreifen von Maßnahmen nach dem Fahreignungs-Bewertungssystem nach § 4 Absatz 5,
3. zur Auskunftserteilung an die betroffene Person nach § 30 Absatz 8,
4. zur Verwendung für die Durchführung anderer als der in den Nummern 1 oder 2 genannten Verfahren zur Erteilung oder Entziehung einer Fahrerlaubnis, wenn die Tat als Grundlage in einer noch gespeicherten Maßnahme nach § 28 Absatz 3 Nummer 5, 6 oder 8 genannt ist.

[4] Die Löschung einer Eintragung nach § 28 Absatz 3 Nummer 3 Buchstabe a oder c unterbleibt in jedem Fall so lange, wie die betroffene Person im Zentralen Fahrerlaubnisregister als Inhaber einer Fahrerlaubnis auf Probe gespeichert ist; während dieser Zeit gilt Satz 3 Nummer 1, 3 und 4 nach Ablauf der Überliegefrist entsprechend.

(7) [1] Ist eine Eintragung im Fahreignungsregister gelöscht, dürfen die Tat und die Entscheidung der betroffenen Person für die Zwecke des § 28 Absatz 2 nicht mehr vorgehalten und nicht zu ihrem Nachteil verwertet werden. [2] Abweichend von Satz 1 darf eine Tat und die hierauf bezogene Entscheidung trotz ihrer Löschung aus dem Fahreignungsregister für die Durchführung anderer als der in Absatz 6 Satz 3 Nummer 4 genannten Verfahren zur Erteilung oder Entziehung einer Fahrerlaubnis verwendet werden, solange die Tat als Grundlage in einer noch gespeicherten Maßnahme nach § 28 Absatz 3 Nummer 5, 6 oder 8 genannt ist. [3] Unterliegt eine Eintragung im Fahreignungsregister über eine gerichtliche Entscheidung nach Absatz 1 Satz 2 Nummer 3 Buchstabe a einer zehnjährigen Tilgungsfrist, darf sie nach Ablauf eines Zeitraums, der einer fünfjährigen Tilgungsfrist nach den vorstehenden Vorschriften entspricht, nur noch für folgende Zwecke an die nach Landesrecht zuständige Behörde übermittelt und dort verwendet werden:

1. zur Durchführung von Verfahren, die eine Erteilung oder Entziehung einer Fahrerlaubnis zum Gegenstand haben,
2. zum Ergreifen von Maßnahmen nach dem Fahreignungs-Bewertungssystem nach § 4 Absatz 5.

4 Außerdem dürfen für die Prüfung der Berechtigung zum Führen von Kraftfahrzeugen Entscheidungen der Gerichte nach den §§ 69 bis 69b des Strafgesetzbuches an die nach Landesrecht zuständige Behörde übermittelt und dort verwendet werden. 5 Die Sätze 1 bis 3 gelten nicht für Eintragungen wegen strafgerichtlicher Entscheidungen, die für die Ahndung von Straftaten herangezogen werden. 6 Insoweit gelten die Regelungen des Bundeszentralregistergesetzes[1)].

§ 30[2)] Übermittlung. (1) Die Eintragungen im Fahreignungsregister dürfen an die Stellen, die

1. für die Verfolgung von Straftaten, zur Vollstreckung oder zum Vollzug von Strafen,
2. für die Verfolgung von Ordnungswidrigkeiten und die Vollstreckung von Bußgeldbescheiden und ihren Nebenfolgen nach diesem Gesetz und dem Gesetz über das Fahrpersonal im Straßenverkehr oder
3. für Verwaltungsmaßnahmen auf Grund dieses Gesetzes oder der auf ihm beruhenden Rechtsvorschriften

zuständig sind, übermittelt werden, soweit dies für die Erfüllung der diesen Stellen obliegenden Aufgaben zu den in § 28 Abs. 2 genannten Zwecken jeweils erforderlich ist.

(2) Die Eintragungen im Fahreignungsregister dürfen an die Stellen, die für Verwaltungsmaßnahmen auf Grund des Gesetzes über die Beförderung gefährlicher Güter, des Kraftfahrsachverständigengesetzes, des Fahrlehrergesetzes, des Personenbeförderungsgesetzes[3)], der gesetzlichen Bestimmungen über die Notfallrettung und den Krankentransport, des Güterkraftverkehrsgesetzes einschließlich der Verordnung (EWG) Nr. 881/92 des Rates vom 26. März 1992 über den Zugang zum Güterkraftverkehrsmarkt in der Gemeinschaft für Beförderungen aus oder nach einem Mitgliedstaat oder durch einen oder mehrere Mitgliedstaaten (ABl. EG Nr. L 95 S. 1), des Gesetzes über das Fahrpersonal im Straßenverkehr oder der auf Grund dieser Gesetze erlassenen Rechtsvorschriften zuständig sind, übermittelt werden, soweit dies für die Erfüllung der diesen Stellen obliegenden Aufgaben zu den in § 28 Abs. 2 Nr. 2 und 4 genannten Zwecken jeweils erforderlich ist.

---

1) **Habersack (vormals Schönfelder) Nr. 92.**

2) § 30 Abs. 4a eingef. mWv 18.4.2008 durch G v. 8.4.2008 (BGBl. I S. 706); Abs. 10 angef. mWv 9.12.2010 durch G v. 2.12.2010 (BGBl. I S. 1748); Abs. 8 Sätze 3 und 4 angef. mWv 1.8.2013 durch G v. 25.7.2013 (BGBl. I S. 2749); Abs. 1 einl. Satzteil, Abs. 2–4a, Abs. 5 Satz 1, Abs. 7 Satz 1 einl. Satzteil, Abs. 8 Satz 1, Abs. 9 Satz 1 und Abs. 10 Satz 1 geänd., Abs. 4b eingef. mWv 1.5.2014 durch G v. 28.8.2013 (BGBl. I S. 3313); Abs. 4a, Abs. 10 Satz 1 geänd. mWv 7.12.2016 durch G v. 28.11. 2016 (BGBl. I S. 2722); Abs. 8 Satz 3 geänd. mWv 1.11.2019 durch G v. 21.6.2019 (BGBl. I S. 846); Abs. 5 Sätze 1 und 2, Abs. 6 Sätze 1, 2 und 4, Abs. 7 Sätze 2 und 3 sowie Abs. 8 Satz 1 geänd. mWv 26.11.2019 durch G v. 20.11.2019 (BGBl. I S. 1626); Abs. 8 Satz 2 geänd., Abs. 9 Satz 5 angef. mWv 28.7.2021 durch G v. 12.7.2021 (BGBl. I S. 3091).

3) **Sartorius Nr. 950.**

(3) Die Eintragungen im Fahreignungsregister dürfen an die für Verkehrs- und Grenzkontrollen zuständigen Stellen übermittelt werden, soweit dies zu dem in § 28 Abs. 2 Nr. 2 genannten Zweck erforderlich ist.

(4) Die Eintragungen im Fahreignungsregister dürfen außerdem für die Erteilung, Verlängerung, Erneuerung, Rücknahme oder den Widerruf einer Erlaubnis für Luftfahrer oder sonstiges Luftfahrpersonal nach den Vorschriften des Luftverkehrsgesetzes[1] oder der auf Grund dieses Gesetzes erlassenen Rechtsvorschriften an die hierfür zuständigen Stellen übermittelt werden, soweit dies für die genannten Maßnahmen erforderlich ist.

(4a) Die Eintragungen im Fahreignungsregister dürfen außerdem an die hierfür zuständigen Stellen übermittelt werden für die Erteilung, den Entzug oder das Anordnen des Ruhens von Befähigungszeugnissen und Erlaubnissen für Kapitäne, Schiffsoffiziere oder sonstige Seeleute nach den Vorschriften des Seeaufgabengesetzes und für Schiffs- und Sportbootführer und sonstige Besatzungsmitglieder nach dem Seeaufgabengesetz oder dem Binnenschifffahrtsaufgabengesetz oder der aufgrund dieser Gesetze erlassenen Rechtsvorschriften, soweit dies für die genannten Maßnahmen erforderlich ist.

(4b) Die Eintragungen im Fahreignungsregister dürfen außerdem für die Erteilung, Aussetzung, Einschränkung und Entziehung des Triebfahrzeugführerscheins auf Grund des Allgemeinen Eisenbahngesetzes oder der auf Grund dieses Gesetzes erlassenen Rechtsvorschriften an die hierfür zuständigen Stellen übermittelt werden, soweit die Eintragungen für die dortige Prüfung der Voraussetzungen für die Erteilung, Aussetzung, Einschränkung und Entziehung des Triebfahrzeugführerscheins erforderlich sind.

(5) [1] Die Eintragungen im Fahreignungsregister dürfen für die wissenschaftliche Forschung entsprechend § 38 und für statistische Zwecke entsprechend § 38a übermittelt und verwendet werden. [2] Zur Vorbereitung von Rechts- und allgemeinen Verwaltungsvorschriften auf dem Gebiet des Straßenverkehrs dürfen die Eintragungen entsprechend § 38b übermittelt und verwendet werden.

(6) [1] Der Empfänger darf die übermittelten Daten nur zu dem Zweck verarbeiten, zu dessen Erfüllung sie ihm übermittelt worden sind. [2] Der Empfänger darf die übermittelten Daten auch für andere Zwecke verarbeiten, soweit sie ihm auch für diese Zwecke hätten übermittelt werden dürfen. [3] Ist der Empfänger eine nichtöffentliche Stelle, hat die übermittelnde Stelle ihn darauf hinzuweisen. [4] Eine Verarbeitung für andere Zwecke durch nichtöffentliche Stellen bedarf der Zustimmung der übermittelnden Stelle.

(7) [1] Die Eintragungen im Fahreignungsregister dürfen an die zuständigen Stellen anderer Staaten übermittelt werden, soweit dies

1. für Verwaltungsmaßnahmen auf dem Gebiet des Straßenverkehrs,
2. zur Verfolgung von Zuwiderhandlungen gegen Rechtsvorschriften auf dem Gebiet des Straßenverkehrs oder
3. zur Verfolgung von Straftaten, die im Zusammenhang mit dem Straßenverkehr oder sonst mit Kraftfahrzeugen, Anhängern oder Fahrzeugpapieren, Fahrerlaubnissen oder Führerscheinen stehen,

erforderlich ist. [2] Der Empfänger ist darauf hinzuweisen, dass die übermittelten Daten nur zu dem Zweck verarbeitet werden dürfen, zu dessen Erfüllung sie ihm übermittelt werden. [3] Die Übermittlung unterbleibt, wenn durch sie

[1] **Sartorius ErgBd. Nr. 975.**

schutzwürdige Interessen der betroffenen Person beeinträchtigt würden, insbesondere wenn im Empfängerland ein angemessener Datenschutzstandard nicht gewährleistet ist.

(8) [1] Der betroffenen Person wird auf Antrag schriftlich über den sie betreffenden Inhalt des Fahreignungsregisters und über die Anzahl der Punkte unentgeltlich Auskunft erteilt. [2] Der Antragsteller hat dem Antrag einen Identitätsnachweis beizufügen und den Antrag, wenn er schriftlich gestellt wird, eigenhändig zu unterschreiben. [3] Die Auskunft kann elektronisch erteilt werden, wenn der Antrag unter Nutzung des elektronischen Identitätsnachweises nach § 18 des Personalausweisgesetzes[1)], nach § 12 des eID-Karte-Gesetzes oder nach § 78 Absatz 5 des Aufenthaltsgesetzes[2)] gestellt wird. [4] Hinsichtlich der Protokollierung gilt § 30a Absatz 3 entsprechend.

(9) [1] Übermittlungen von Daten aus dem Fahreignungsregister sind nur auf Ersuchen zulässig, es sei denn, auf Grund besonderer Rechtsvorschrift wird bestimmt, dass die Registerbehörde bestimmte Daten von Amts wegen zu übermitteln hat. [2] Die Verantwortung für die Zulässigkeit der Übermittlung trägt die übermittelnde Stelle. [3] Erfolgt die Übermittlung auf Ersuchen des Empfängers, trägt dieser die Verantwortung. [4] In diesem Fall prüft die übermittelnde Stelle nur, ob das Übermittlungsersuchen im Rahmen der Aufgaben des Empfängers liegt, es sei denn, dass besonderer Anlass zur Prüfung der Zulässigkeit der Übermittlung besteht. [5] Begründet sich der besondere Anlass nach Satz 4 in Zweifeln an der Identität einer Person, auf die sich ein Ersuchen auf Datenübermittlung bezieht, gilt § 28 Absatz 5 Satz 1 bis 3 entsprechend.

(10) [1] Die Eintragungen über rechtskräftige oder unanfechtbare Entscheidungen nach § 28 Absatz 3 Nummer 1 bis 3 und 6, in denen Inhabern ausländischer Fahrerlaubnisse die Fahrerlaubnis entzogen oder ein Fahrverbot angeordnet wird oder die fehlende Berechtigung von der Fahrerlaubnis im Inland Gebrauch zu machen festgestellt wird, werden vom Kraftfahrt-Bundesamt an die zuständigen Stellen der Mitgliedstaaten der Europäischen Union übermittelt, um ihnen die Einleitung eigener Maßnahmen zu ermöglichen. [2] Der Umfang der zu übermittelnden Daten wird durch Rechtsverordnung bestimmt (§ 30c Absatz 1 Nummer 3).

§ 30a[3)] Direkteinstellung und Abruf im automatisierten Verfahren.

(1) Den Stellen, denen die Aufgaben nach § 30 Absatz 1 bis 4b obliegen, dürfen die für die Erfüllung dieser Aufgaben jeweils erforderlichen Daten aus dem Fahreignungsregister durch Abruf im automatisierten Verfahren übermittelt werden.

(2) Die Einrichtung von Anlagen zur Datenfernübertragung durch Direkteinstellung oder zum Abruf im automatisierten Verfahren ist nur zulässig, wenn nach näherer Bestimmung durch Rechtsverordnung (§ 30c Absatz 1 Nummer 5) gewährleistet ist, dass

---

[1)] Nr. **36.3**.

[2)] **Sartorius Nr. 565.**

[3)] § 30a Abs. 1 Satz 1 geänd. mWv 18.4.2008 durch G v. 8.4.2008 (BGBl. I S. 706); Abs. 1 neu gef., Abs. 5 Satz 1 geänd. mWv 1.5.2014 durch G v. 28.8.2013 (BGBl. I S. 3313); Überschrift und Abs. 1 *geänd., Abs. 2–4 und Abs. 5 Satz 1 Nr. 1* Buchst. b neu gef. mWv 7.12.2016 durch G v. 28.11.2016 (BGBl. I S. 2722); Abs. 2 Nr. 1 sowie Abs. 5 Nr. 2 neu gef., Abs. 5 Satz 2 einl. Satzteil und Nr. 1 geänd. mWv 26.11.2019 durch G v. 20.11.2019 (BGBl. I S. 1626).

1. die erforderlichen technischen und organisatorischen Maßnahmen nach den Artikeln 24, 25 und 32 der Verordnung (EU) 2016/679 des Europäischen Parlaments und des Rates vom 27. April 2016 zum Schutz natürlicher Personen bei der Verarbeitung personenbezogener Daten, zum freien Datenverkehr und zur Aufhebung der Richtlinie 95/46/EG (Datenschutz-Grundverordnung) (ABl. L 119 vom 4.5.2016, S. 1; L 314 vom 22.11.2016, S. 72; L 127 vom 23.5.2018, S. 2) in der jeweils geltenden Fassung zur Sicherstellung des Datenschutzes und der Datensicherheit getroffen werden und
2. die Zulässigkeit der Direkteinstellungen oder der Abrufe nach Maßgabe des Absatzes 3 kontrolliert werden kann.

(2a) (weggefallen)

(3) [1] Das Kraftfahrt-Bundesamt fertigt über die Direkteinstellungen und die Abrufe Aufzeichnungen an, die die bei der Durchführung der Direkteinstellungen oder Abrufe verwendeten Daten, den Tag und die Uhrzeit der Direkteinstellungen oder Abrufe, die Kennung der einstellenden oder abrufenden Dienststelle und die eingestellten oder abgerufenen Daten enthalten müssen. [2] Die Zulässigkeit der Direkteinstellungen und Abrufe personenbezogener Daten wird durch Stichproben durch das Kraftfahrt-Bundesamt festgestellt und überprüft. [3] Die Protokolldaten nach Satz 1 dürfen nur für Zwecke der Datenschutzkontrolle, der Datensicherung oder zur Sicherstellung eines ordnungsgemäßen Betriebs der Datenverarbeitungsanlage verwendet werden. [4] Liegen Anhaltspunkte dafür vor, dass ohne ihre Verwendung die Verhinderung oder Verfolgung einer schwerwiegenden Straftat gegen Leib, Leben oder Freiheit einer Person aussichtslos oder wesentlich erschwert wäre, dürfen die Protokolldaten auch für diesen Zweck verwendet werden, sofern das Ersuchen der Strafverfolgungsbehörde unter Verwendung von Personendaten einer bestimmten Person gestellt wird. [5] Die Protokolldaten ind durch geeignete Vorkehrungen gegen zweckfremde Verwendung und gegen sonstigen Missbrauch zu schützen und nach sechs Monaten zu löschen.

(4) [1] Das Kraftfahrt-Bundesamt fertigt weitere Aufzeichnungen, die sich auf den Anlass der Direkteinstellung oder des Abrufs erstrecken und die Feststellung der für die Direkteinstellung oder den Abruf verantwortlichen Person ermöglichen. [2] Das Nähere wird durch Rechtsverordnung (§ 30c Absatz 1 Nummer 5) bestimmt.

(5) [1] Durch Abruf im automatisierten Verfahren dürfen aus dem Fahreignungsregister für die in § 30 Abs. 7 genannten Maßnahmen an die hierfür zuständigen öffentlichen Stellen in einem Mitgliedstaat der Europäischen Union oder einem anderen Vertragsstaat des Abkommens über den Europäischen Wirtschaftsraum übermittelt werden:

1. die Tatsache folgender Entscheidungen der Verwaltungsbehörden:
   a) die unanfechtbare Versagung einer Fahrerlaubnis, einschließlich der Ablehnung der Verlängerung einer befristeten Fahrerlaubnis,
   b) die unanfechtbaren oder sofort vollziehbaren Entziehungen, Widerrufe oder Rücknahmen einer Fahrerlaubnis oder Feststellungen über die fehlende Berechtigung, von einer ausländischen Fahrerlaubnis im Inland Gebrauch zu machen,
   c) die rechtskräftige Anordnung eines Fahrverbots,
2. die Tatsache folgender Entscheidungen der Gerichte:
   a) die rechtskräftige oder vorläufige Entziehung einer Fahrerlaubnis,

b) die rechtskräftige Anordnung einer Fahrerlaubnissperre,
c) die rechtskräftige Anordnung eines Fahrverbots,

3. die Tatsache der Beschlagnahme, Sicherstellung oder Verwahrung des Führerscheins nach § 94 der Strafprozessordnung[1],
4. die Tatsache des Verzichts auf eine Fahrerlaubnis und
5. zusätzlich
   a) Klasse, Art und etwaige Beschränkungen der Fahrerlaubnis, die Gegenstand der Entscheidung nach Nummer 1 oder Nummer 2 oder des Verzichts nach Nummer 4 ist, und
   b) Familiennamen, Geburtsnamen, sonstige frühere Namen, Vornamen, Ordens- oder Künstlernamen, Tag und Ort der Geburt der Person, zu der eine Eintragung nach den Nummern 1 bis 3 vorliegt.

[2]Der Abruf ist nur zulässig, wenn

1. diese Form der Datenübermittlung unter Berücksichtigung der schutzwürdigen Interessen der betroffenen Personen wegen der Vielzahl der Übermittlungen oder wegen ihrer besonderen Eilbedürftigkeit angemessen ist und
2. der Empfängerstaat die Verordnung (EU) 2016/679 anwendet.

[3]Die Absätze 2 und 3 sowie Absatz 4 wegen des Anlasses der Abrufe sind entsprechend anzuwenden.

§ 30b[2] Automatisiertes Anfrage- und Auskunftsverfahren beim Kraftfahrt-Bundesamt. (1) [1]Die Übermittlung von Daten aus dem Fahreignungsregister nach § 30 Abs. 1 bis 4b und 7 darf nach näherer Bestimmung durch Rechtsverordnung gemäß § 30c Abs. 1 Nr. 6 in einem automatisierten Anfrage- und Auskunftsverfahren erfolgen. [2]Die anfragende Stelle hat die Zwecke anzugeben, für die die zu übermittelnden Daten benötigt werden.

(2) Solche Verfahren dürfen nur eingerichtet werden, wenn gewährleistet ist, dass

1. die zur Sicherung gegen Missbrauch erforderlichen technischen und organisatorischen Maßnahmen ergriffen werden und
2. die Zulässigkeit der Übermittlung nach Maßgabe des Absatzes 3 kontrolliert werden kann.

(3) [1]Das Kraftfahrt-Bundesamt als übermittelnde Behörde hat Aufzeichnungen zu führen, die die übermittelten Daten, den Zeitpunkt der Übermittlung, den Empfänger der Daten und den vom Empfänger angegebenen Zweck enthalten. [2]§ 30a Absatz 3 Satz 3 und 4 gilt entsprechend.

§ 30c[3] Verordnungsermächtigungen, Ausführungsvorschriften.

[1]Das Bundesministerium für Verkehr und digitale Infrastruktur wird ermächtigt, Rechtsverordnungen mit Zustimmung des Bundesrates zu erlassen über

---

[1] **Habersack (vormals Schönfelder) Nr. 90.**

[2] § 30b Abs. 1 Satz 1 geänd. mWv 18.4.2008 durch G v. 8.4.2008 (BGBl. I S. 706); Abs. 1 Satz 1 geänd. mWv 1.5.2014 durch G v. 28.8.2013 (BGBl. I S. 3313); Abs. 3 Satz 2 geänd. mWv 1.1.2018 durch G v. 30.6.2017 (BGBl. I S. 2162).

[3] § 30c Abs. 1, Abs. 2 Satz 1 geänd. mWv 18.8.2006 durch G v. 14.8.2006 (BGBl. I S. 1958); Abs. 1 Nr. 3 geänd. mWv 9.12.2010 durch G v. 2.12.2010 (BGBl. I S. 1748); Abs. 2 Satz 1 Nr. 2 geänd. mWv 1.5.2014 durch G v. 28.8.2013 (BGBl. I S. 3313); Abs. 1 einl. Satzteil, Abs. 2 Satz 1 einl. Satzteil →

1. den Inhalt der Eintragungen einschließlich der Personendaten nach § 28 Abs. 3,
2. Verkürzungen der Tilgungsfristen nach § 29 Abs. 1 Satz 5 und über Tilgungen ohne Rücksicht auf den Lauf der Fristen nach § 29 Abs. 3 Nr. 3,
3. die Art und den Umfang der zu übermittelnden Daten nach § 30 Absatz 1 bis 4b, 7 und 10 sowie die Bestimmung der Empfänger und den Geschäftsweg bei Übermittlungen nach § 30 Abs. 7 und 10,
4. den Identitätsnachweis bei Auskünften nach § 30 Abs. 8,
5. die Art und den Umfang der zu übermittelnden Daten nach § 28 Absatz 4 Satz 2 und § 30a Abs. 1, die Maßnahmen zur Sicherung gegen Missbrauch nach § 30a Abs. 2, die weiteren Aufzeichnungen nach § 30a Abs. 4 beim Abruf im automatisierten Verfahren und die Bestimmung der Empfänger bei Übermittlungen nach § 30a Abs. 5,
6. die Art und den Umfang der zu übermittelnden Daten nach § 30b Abs. 1 und die Maßnahmen zur Sicherung gegen Missbrauch nach § 30b Abs. 2 Nr. 1,
7. die Art und Weise der Durchführung von Datenübermittlungen,
8. die Zusammenarbeit zwischen Bundeszentralregister und Fahreignungsregister.

[2]Die Rechtsverordnungen nach Satz 1 Nummer 7, soweit Justizbehörden betroffen sind, und nach Satz 1 Nummer 8 werden im Einvernehmen mit dem Bundesministerium der Justiz und für Verbraucherschutz erlassen.

V. Fahrzeugregister

§ 31[1)] Registerführung und Registerbehörden. (1) Die Zulassungsbehörden führen ein Register über die Fahrzeuge, für die ein Kennzeichen ihres Bezirks zugeteilt oder ausgegeben wurde (örtliches Fahrzeugregister der Zulassungsbehörden).

(2) Das Kraftfahrt-Bundesamt führt ein Register über die Fahrzeuge, für die im Geltungsbereich dieses Gesetzes ein Kennzeichen zugeteilt oder ausgegeben wurde oder die nach Maßgabe von Vorschriften auf Grund des § 6 Absatz 1 Satz 1 Nummer 6 regelmäßig untersucht oder geprüft wurden (Zentrales Fahrzeugregister des Kraftfahrt-Bundesamtes).

(3) [1]Soweit die Dienststellen der Bundeswehr, der Polizeien des Bundes und der Länder, der Wasserstraßen- und Schifffahrtsverwaltung des Bundes eigene Register für die jeweils von ihnen zugelassenen Fahrzeuge führen, finden die Vorschriften dieses Abschnitts keine Anwendung. [2]Satz 1 gilt entsprechend für Fahrzeuge, die von den Nachfolgeunternehmen der Deutschen Bundespost zugelassen sind.

(Fortsetzung der Anm. von voriger Seite)
und Satz 2 geänd. mWv 5.12.2014 durch G v. 28.11.2014 (BGBl. I S. 1802); Abs. 2 aufgeh., bish. Abs. 1 Satz 1 Nr. 3, 5 und 6 geänd., Nr. 7 und 8 sowie Satz 2 angef. mWv 7.12.2016 durch G v. 28.11.2016 (BGBl. I S. 2722); Überschrift geänd. mWv 28.7.2021 durch G v. 12.7.2021 (BGBl. I S. 3091).

1) § 31 Abs. 3 Satz 1 geänd. mWv 1.6.2016 durch G v. 24.5.2016 (BGBl. I S. 1217); Abs. 2 geänd. mWv 7.12.2016 durch G v. 28.11.2016 (BGBl. I S. 2722); Abs. 2 geänd. mWv 28.7.2021 durch G v. 12.7.2021 (BGBl. I S. 3091).

§ 32[1]) Zweckbestimmung der Fahrzeugregister. (1) Die Fahrzeugregister werden geführt zur Speicherung von Daten

1. für die Zulassung und Überwachung von Fahrzeugen nach diesem Gesetz oder den darauf beruhenden Rechtsvorschriften,
2. für Maßnahmen zur Gewährleistung des Versicherungsschutzes im Rahmen der Kraftfahrzeughaftpflichtversicherung,
3. für Maßnahmen zur Durchführung des Kraftfahrzeugsteuerrechts,
4. für Maßnahmen nach dem Bundesleistungsgesetz, dem Verkehrssicherstellungsgesetz, dem Verkehrsleistungsgesetz oder den darauf beruhenden Rechtsvorschriften,
5. für Maßnahmen des Katastrophenschutzes nach den hierzu erlassenen Gesetzen der Länder oder den darauf beruhenden Rechtsvorschriften,
6. für Maßnahmen zur Durchführung des Altfahrzeugrechts,
7. für Maßnahmen zur Durchführung des Infrastrukturabgaberechts,
8. für Maßnahmen zur Durchführung der Datenverarbeitung bei Kraftfahrzeugen mit hoch- oder vollautomatisierter Fahrfunktion nach diesem Gesetz oder nach den auf diesem Gesetz beruhenden Rechtsvorschriften und
9. für Maßnahmen nach oder zur Umsetzung von unionsrechtlichen Vorschriften, soweit diese die Verwendung von in den Fahrzeugregistern gespeicherten Daten erfordern.

(2) Die Fahrzeugregister werden außerdem geführt zur Speicherung von Daten für die Erteilung von Auskünften, um

1. Personen in ihrer Eigenschaft als Halter von Fahrzeugen,
2. Fahrzeuge eines Halters oder
3. Fahrzeugdaten

festzustellen oder zu bestimmen.

(3) [1] Das Zentrale Fahrzeugregister wird außerdem geführt zur Verwendung und Übermittlung der nach § 33 Absatz 1 gespeicherten Daten, um im Einzelfall Halter von Fahrzeugen zu informieren über fahrzeugbezogene Maßnahmen,

1. die für ihre Fahrzeuge in Betracht kommen und
2. die dem Schutz der Verkehrssicherheit, der Gesundheit von Personen oder der Umwelt dienen.

[2] Fahrzeugbezogene Maßnahmen können insbesondere auf die Verbesserung von Fahrzeugeigenschaften, insbesondere auf die Verbesserung des Abgasverhaltens, des Geräuschverhaltens, des Kraftstoffverbrauchs oder des Fahrverhaltens abzielen.

---

[1]) § 32 Abs. 1 Nr. 4 und 5 geänd., Nr. 6 angef. mWv 1.6.2005 durch G v. 3.5.2005 (BGBl. I S. 1221); Abs. 1 Nr. 5 und 6 geänd., Nr. 7 angef. mWv 12.6.2015 durch G v. 8.6.2015 (BGBl. I S. 904); Abs. 1 Nr. 6 und 7 geänd., Nr. 8 angef. mWv 21.6.2017 durch G v. 16.6.2017 (BGBl. I S. 1648); Abs. 1 Nr. 7 und 8 geänd., Nr. 9 sowie Abs. 3 angef. mWv 28.7.2021 durch G v. 12.7.2021 (BGBl. I S. 3091).

§ 33[1)] Inhalt der Fahrzeugregister. (1) [1] Im örtlichen und im Zentralen Fahrzeugregister werden, soweit dies zur Erfüllung der in § 32 genannten Aufgaben jeweils erforderlich ist, gespeichert

1. nach näherer Bestimmung durch Rechtsverordnung (§ 47 Nummer 1 und 1a) Daten über Beschaffenheit, Ausrüstung, Identifizierungsmerkmale, Zulassungsmerkmale, Prüfung und Untersuchung einschließlich der durchführenden Stelle und einer Kennung für die Feststellung des für die Durchführung der Prüfung oder Untersuchung Verantwortlichen, Kennzeichnung und Papiere des Fahrzeugs sowie über tatsächliche und rechtliche Verhältnisse in Bezug auf das Fahrzeug, insbesondere auch über die Haftpflichtversicherung, die Kraftfahrzeugbesteuerung des Fahrzeugs und die Verwertung oder Nichtentsorgung des Fahrzeugs als Abfall im Inland (Fahrzeugdaten), sowie
2. Daten über denjenigen, dem ein Kennzeichen für das Fahrzeug zugeteilt oder ausgegeben wird (Halterdaten), und zwar
   a) bei natürlichen Personen:
   Familienname, Geburtsname, Vornamen, vom Halter für die Zuteilung oder die Ausgabe des Kennzeichens angegebener Ordens- oder Künstlername, Tag sowie Staat und Ort der Geburt, Geschlecht, Anschrift; bei Fahrzeugen mit Versicherungskennzeichen entfällt die Speicherung von Geburtsnamen, Ort der Geburt und Geschlecht des Halters,
   b) bei juristischen Personen und Behörden:
   Name oder Bezeichnung und Anschrift und
   c) bei Vereinigungen:
   benannter Vertreter mit den Angaben nach Buchstabe a und gegebenenfalls Name der Vereinigung.

[2] Im örtlichen und im Zentralen Fahrzeugregister werden zur Erfüllung der in § 32 genannten Aufgaben außerdem Daten über denjenigen gespeichert, an den ein Fahrzeug mit einem amtlichen Kennzeichen veräußert wurde (Halterdaten), und zwar

a) bei natürlichen Personen:
Familienname, Vornamen und Anschrift,

b) bei juristischen Personen und Behörden:
Name oder Bezeichnung und Anschrift und

c) bei Vereinigungen:
benannter Vertreter mit den Angaben nach Buchstabe a und gegebenenfalls Name der Vereinigung.

(2) Im örtlichen und im Zentralen Fahrzeugregister werden über beruflich Selbständige, denen ein amtliches Kennzeichen für ein Fahrzeug zugeteilt wird, für die Aufgaben nach § 32 Abs. 1 Nr. 4 und 5 Berufsdaten gespeichert, und zwar

1. bei natürlichen Personen der Beruf oder das Gewerbe (Wirtschaftszweig) und

---

[1)] § 33 Abs. 1 Satz 1 Nr. 1 geänd. mWv 1.6.2005 durch G v. 3.5.2005 (BGBl. I S. 1221); Abs. 1 Satz 2 geänd. mWv 31.8.2013 durch G v. 28.8.2013 (BGBl. I S. 3310); Abs. 1 Satz 2 wohl irrtümlich nochmal geänd. mWv 1.5.2014 durch G v. 28.8.2013 (BGBl. I S. 3313); Abs. 1 Satz 1 Nr. 1 geänd. mWv 7.12.2016 durch G v. 28.11.2016 (BGBl. I S. 2722); Abs. 1 Satz 1 Nr. 2 Buchst. a geänd. mWv 28.7.2021 durch G v. 12.7.2021 (BGBl. I S. 3091).

2. bei juristischen Personen und Vereinigungen gegebenenfalls das Gewerbe (Wirtschaftszweig).

(3) Im örtlichen und im Zentralen Fahrzeugregister darf die Anordnung einer Fahrtenbuchauflage wegen Zuwiderhandlungen gegen Verkehrsvorschriften gespeichert werden.

(4) Ferner werden für Daten, die nicht übermittelt werden dürfen (§ 41), in den Fahrzeugregistern Übermittlungssperren gespeichert.

§ 34[1)] Erhebung der Daten. (1) [1] Wer die Zuteilung oder die Ausgabe eines Kennzeichens für ein Fahrzeug beantragt, hat der hierfür zuständigen Stelle

1. von den nach § 33 Abs. 1 Satz 1 Nr. 1 zu speichernden Fahrzeugdaten bestimmte Daten nach näherer Regelung durch Rechtsverordnung (§ 47 Nummer 1) und
2. die nach § 33 Abs. 1 Satz 1 Nr. 2 zu speichernden Halterdaten

mitzuteilen und auf Verlangen nachzuweisen. [2] Zur Mitteilung und zum Nachweis der Daten über die Haftpflichtversicherung ist gegenüber der Zulassungsbehörde auch der jeweilige Versicherer befugt. [3] Die Zulassungsbehörde kann durch Einholung von Auskünften aus dem Melderegister die Richtigkeit und Vollständigkeit der vom Antragsteller mitgeteilten Daten überprüfen.

(2) Wer die Zuteilung eines amtlichen Kennzeichens für ein Fahrzeug beantragt, hat der Zulassungsbehörde außerdem die Daten über Beruf oder Gewerbe (Wirtschaftszweig) mitzuteilen, soweit sie nach § 33 Abs. 2 zu speichern sind.

(3) [1] Wird ein Fahrzeug veräußert, für das ein amtliches Kennzeichen zugeteilt ist, so hat der Veräußerer der Zulassungsbehörde, die dieses Kennzeichen zugeteilt hat, die in § 33 Abs. 1 Satz 2 aufgeführten Daten des Erwerbers (Halterdaten) mitzuteilen. [2] Die Mitteilung ist nicht erforderlich, wenn der neue Eigentümer bereits seiner Meldepflicht nach Absatz 4 nachgekommen ist.

(4) Der Halter und der Eigentümer, wenn dieser nicht zugleich Halter ist, haben der Zulassungsbehörde jede Änderung der Daten mitzuteilen, die nach Absatz 1 erhoben wurden; dies gilt nicht für die Fahrzeuge, die ein Versicherungskennzeichen führen müssen.

(5) [1] Die Versicherer dürfen der zuständigen Zulassungsbehörde Folgendes mitteilen:

1. das Nichtbestehen oder die Beendigung des Versicherungsverhältnisses über die vorgeschriebene Haftpflichtversicherung für das betreffende Fahrzeug oder
2. die Halterdaten, sofern die Zulassungsbehörde dem Versicherer gegenüber dargelegt hat, dass sie die Mitteilung dieser Daten zur Erfüllung ihrer gesetzlichen Aufgaben für erforderlich hält.

[2] Die Versicherer haben dem Kraftfahrt-Bundesamt im Rahmen der Zulassung von Fahrzeugen mit Versicherungskennzeichen die erforderlichen Fahrzeugdaten nach näherer Bestimmung durch Rechtsverordnung (§ 47 Nummer 2)

[1)] § 34 Abs. 1 Satz 2 eingef., bish. Satz 2 wird Satz 3 mWv 1.6.2005 durch G v. 3.5.2005 (BGBl. I S. 1221); Abs. 3 Satz 2 angef., Abs. 4 geänd. mWv 26.6.2011 durch G v. 20.6.2011 (BGBl. I S. 1124); Abs. 1 Satz 1 Nr. 1 und Abs. 5 Satz 2 geänd., Abs. 6 angef. mWv 7.12.2016 durch G v. 28.11.2016 (BGBl. I S. 2722); Abs. 1 Satz 2 und Abs. 5 Satz 2 geänd., Satz 1 neu gef. mWv 28.7.2021 durch G v. 12.7.2021 (BGBl. I S. 3091).

und die Halterdaten nach § 33 Absatz 1 Satz 1 Nummer 2 sowie jede Änderung dieser Daten mitzuteilen.

(6) [1] Die Technischen Prüfstellen, amtlich anerkannten Überwachungsorganisationen und anerkannten Kraftfahrzeugwerkstätten, soweit diese Werkstätten Sicherheitsprüfungen durchführen, haben dem Kraftfahrt-Bundesamt nach näherer Bestimmung durch Rechtsverordnung auf Grund des § 47 Nummer 1a die nach § 33 Absatz 1 Satz 1 Nummer 1 zu speichernden oder zu einer Änderung oder Löschung einer Eintragung führenden Daten über Prüfungen und Untersuchungen einschließlich der durchführenden Stellen und Kennungen zur Feststellung der für die Durchführung der Prüfung oder Untersuchung Verantwortlichen zu übermitteln. [2] Im Fall der anerkannten Kraftfahrzeugwerkstätte erfolgt die Übermittlung über Kopfstellen; im Fall der Technischen Prüfstellen und anerkannten Überwachungsorganisationen kann die Übermittlung über Kopfstellen erfolgen. [3] Eine Speicherung der nach Satz 2 zur Übermittlung an das Kraftfahrt-Bundesamt erhaltenen Daten bei den Kopfstellen erfolgt ausschließlich zu diesem Zweck. [4] Nach erfolgter Übermittlung haben die Kopfstellen die nach Satz 3 gespeicherten Daten unverzüglich, bei elektronischer Speicherung automatisiert, zu löschen.

§ 35[1)] Übermittlung von Fahrzeugdaten und Halterdaten. (1) Die nach § 33 Absatz 1 gespeicherten Fahrzeugdaten und Halterdaten dürfen an Behörden und sonstige öffentliche Stellen im Geltungsbereich dieses Gesetzes sowie im Rahmen einer internetbasierten Zulassung an Personen im Sinne des § 6g Absatz 3 zur Erfüllung der Aufgaben der Zulassungsbehörde, des Kraftfahrt-Bundesamtes oder der Aufgaben des Empfängers nur übermittelt werden, wenn dies für die Zwecke nach § 32 Absatz 2 jeweils erforderlich ist

1. zur Durchführung der in § 32 Abs. 1 angeführten Aufgaben,
2. zur Verfolgung von Straftaten, zur Vollstreckung oder zum Vollzug von Strafen, von Maßnahmen im Sinne des § 11 Abs. 1 Nr. 8 des Strafgesetz-

---

[1)] § 35 Abs. 3 Satz 1 Nr. 1 Buchst. e und Abs. 5 Nr. 6 geänd. mWv 1.1.2005 durch G v. 27.12.2003 (BGBl. I S. 3022); Abs. 3 Satz 1 einl. Satzteil geänd., Abs. 4b eingef. mWv 1.3.2005 durch G v. 26.1. 2005 (BGBl. I S. 162); Abs. 3 Satz 1 Nr. 1 Buchst. e, Abs. 5 Nr. 6 geänd. mWv 1.1.2005 durch G v. 21.3.2005 (BGBl. I S. 818); Abs. 1 Nr. 11 und 12, Abs. 2 Nr. 1 und Abs. 5 Nr. 5 geänd., Abs. 1 Nr. 13 und Abs. 2 Nr. 1a angef. mWv 1.6.2005 durch G v. 3.5.2005 (BGBl. I S. 1221); Abs. 1 Nr. 13 geänd. mWv 1.8.2006 durch G v. 20.7.2006 (BGBl. I S. 1706); Abs. 4b geänd. mWv 1.1.2009 durch G v. 17.3.2007 (BGBl. I S. 314) iVm Bek. v. 12.12.2008 (BGBl. 2009 II S. 39); Abs. 5 Nr. 4 geänd. mWv 1.7.2009 durch G v. 29.5.2009 (BGBl. I S. 1170); Abs. 3 Satz 1 geänd., Abs. 4c eingef. mWv 1.1.2013 durch G v. 29.7.2009 (BGBl. I S. 2258, geänd. durch G v. 23.5.2011, BGBl. I S. 898); Abs. 1 Nr. 12 und 13 geänd., Nr. 14 angef., Abs. 4b geänd. mWv 18.6.2011, Abs. 1 Nr. 13 und 14 geänd., Nr. 15 angef. mWv 1.1.2013 durch G v. 23.5.2011 (BGBl. I S. 898); Abs. 1a eingef. mWv 26.6.2011 durch G v. 20.6.2011 (BGBl. I S. 1124); Abs. 1 Nr. 10 neu gef. mWv 19.7.2011 durch G v. 12.7.2011 (BGBl. I S. 1378); Abs. 2a eingef., Abs. 5 Satz 1 einl. Satzteil geänd. mWv 31.8.2013 durch G v. 28.8. 2013 (BGBl. I S. 3310); Abs. 1 einl. Satzteil neu gef., Abs. 2 Satz 1 Nr. 1a und 2, Abs. 5 einl. Satzteil und Abs. 6 Satz 3 geänd., Abs. 2 Satz 1 Nr. 3 sowie Sätze 2 und 3 angef. mWv 7.12.2016 durch G v. 28.11.2016 (BGBl. I S. 2722); Abs. 1 Nr. 14 und 15 geänd., Nr. 16 angef. mWv 10.3.2017 durch G v. 6.3.2017 (BGBl. I S. 399); Abs. 4b geänd. mWv 17.6.2017 durch G v. 11.6.2017 (BGBl. I S. 1607); Abs. 1 Nr. 15 und 16 geänd., Nr. 17 angef., Abs. 4c neu gef. mWv 6.7.2017 durch G v. 30.6.2017 (BGBl. I S. 2094); Abs. 1 Nr. 16 und 17 Buchst. c geänd., Nr. 18 angef. mWv 12.4.2019 durch G v. 8.4.2019 (BGBl. I S. 430); Abs. 1 Nr. 17 und 18 geänd., Nr. 19 angef. mWv 1.10.2020 durch G v. 29.6.2020 (BGBl. I S. 1528); Abs. 1 Nr. 17 einl. Satzteil geänd., Buchst. a–c neu gef. mWv 1.1.2022 durch G v. 7.5.2021 (BGBl. I S. 850); Abs. 2 Satz 1 neu gef., Abs. 2a Nr. 3 geänd. mWv 28.7.2021 durch G v. 12.7.2021 (BGBl. I S. 3091).

buchs[1] oder von Erziehungsmaßregeln oder Zuchtmitteln im Sinne des Jugendgerichtsgesetzes[2],

3. zur Verfolgung von Ordnungswidrigkeiten,
4. zur Abwehr von Gefahren für die öffentliche Sicherheit oder Ordnung,
5. zur Erfüllung der den Verfassungsschutzbehörden, dem Militärischen Abschirmdienst und dem Bundesnachrichtendienst durch Gesetz übertragenen Aufgaben,
6. für Maßnahmen nach dem Abfallbeseitigungsgesetz oder den darauf beruhenden Rechtsvorschriften,
7. für Maßnahmen nach dem Wirtschaftssicherstellungsgesetz oder den darauf beruhenden Rechtsvorschriften,
8. für Maßnahmen nach dem Energiesicherungsgesetz 1975 oder den darauf beruhenden Rechtsvorschriften,
9. für die Erfüllung der gesetzlichen Mitteilungspflichten zur Sicherung des Steueraufkommens nach § 93 der Abgabenordnung,
10. zur Feststellung der Maut für die Benutzung mautpflichtiger Straßen im Sinne des § 1 des Bundesfernstraßenmautgesetzes und zur Verfolgung von Ansprüchen nach diesem Gesetz,
11. zur Ermittlung der Mautgebühr für die Benutzung von Bundesfernstraßen und zur Verfolgung von Ansprüchen nach dem Fernstraßenbauprivatfinanzierungsgesetz vom 30. August 1994 (BGBl. I S. 2243) in der jeweils geltenden Fassung,
12. zur Ermittlung der Mautgebühr für die Benutzung von Straßen nach Landesrecht und zur Verfolgung von Ansprüchen nach den Gesetzen der Länder über den gebührenfinanzierten Neu- und Ausbau von Straßen,
13. zur Überprüfung von Personen, die Sozialhilfe, Leistungen der Grundsicherung für Arbeitsuchende oder Leistungen nach dem Asylbewerberleistungsgesetz[3] beziehen, zur Vermeidung rechtswidriger Inanspruchnahme solcher Leistungen,
14. für die in § 17 des Auslandsunterhaltsgesetzes[4] genannten Zwecke,
15. für die in § 802l der Zivilprozessordnung[5] genannten Zwecke soweit kein Grund zu der Annahme besteht, dass dadurch schutzwürdige Interessen des Betroffenen beeinträchtigt werden,
16. zur Erfüllung der den Behörden der Zollverwaltung in § 2 Absatz 1 des Schwarzarbeitsbekämpfungsgesetzes[6] übertragenen Prüfungsaufgaben,
17. zur Durchführung eines Vollstreckungsverfahrens an die für die Vollstreckung nach dem Verwaltungs-Vollstreckungsgesetz[7] oder nach den Verwaltungsvollstreckungsgesetzen der Länder zuständige Behörde, wenn der Vollstreckungsschuldner als Halter des Fahrzeugs eingetragen ist, kein Grund zu der Annahme besteht, dass dadurch schutzwürdige Interessen des Betroffenen beeinträchtigt werden, und

---

[1] **Habersack (vormals Schönfelder) Nr. 85.**
[2] **Habersack (vormals Schönfelder) Nr. 89.**
[3] **Sartorius ErgBd. Nr. 418.**
[4] **Habersack (vormals Schönfelder) ErgBd. Nr. 103o.**
[5] ***Habersack (vormals Schönfelder)* Nr. 100.**
[6] **Habersack (vormals Schönfelder) ErgBd. Nr. 94b.**
[7] **Sartorius Nr. 112.**

a) die Ladung zu dem Termin zur Abgabe der Vermögensauskunft an den Vollstreckungsschuldner nicht zustellbar ist und

aa) die Anschrift, unter der die Zustellung ausgeführt werden sollte, mit der Anschrift übereinstimmt, die von einer der in § 755 Absatz 1 und 2 der Zivilprozessordnung[1] genannten Stellen innerhalb von drei Monaten vor oder nach dem Zustellungsversuch mitgeteilt wurde, oder

bb) die Meldebehörde nach dem Zustellungsversuch die Auskunft erteilt, dass ihr keine derzeitige Anschrift des Vollstreckungsschuldners bekannt ist, oder

cc) die Meldebehörde innerhalb von drei Monaten vor Erlass der Vollstreckungsanordnung die Auskunft erteilt hat, dass ihr keine derzeitige Anschrift des Vollstreckungsschuldners bekannt ist;

b) der Vollstreckungsschuldner seiner Pflicht zur Abgabe der Vermögensauskunft in dem dem Ersuchen zugrundeliegenden Vollstreckungsverfahren nicht nachkommt oder

c) bei einer Vollstreckung in die in der Vermögensauskunft aufgeführten Vermögensgegenstände eine vollständige Befriedigung der Forderung nicht zu erwarten ist,

18. zur Überprüfung der Einhaltung von Verkehrsbeschränkungen und Verkehrsverboten, die aufgrund des § 40 des Bundes-Immissionsschutzgesetzes[2] nach Maßgabe der straßenverkehrsrechtlichen Vorschriften angeordnet worden oder aufgrund straßenverkehrsrechtlicher Vorschriften zum Schutz der Wohnbevölkerung oder der Bevölkerung vor Abgasen ergangen sind, oder

19. zur Überprüfung und Ergänzung der Angaben in Anträgen und Verwendungsnachweisen zu einer Förderung hinsichtlich der Einhaltung der Regelungen über die Förderung des Absatzes von elektrisch betriebenen Fahrzeugen (Umweltbonus).

(1a) Die nach § 33 Absatz 1 Nummer 1 gespeicherten Daten über Beschaffenheit, Ausrüstung und Identifizierungsmerkmale von Fahrzeugen dürfen den Zentralen Leitstellen für Brandschutz, Katastrophenschutz und Rettungsdienst, wenn dies für Zwecke nach § 32 Absatz 2 Nummer 3 erforderlich ist, zur Rettung von Unfallopfern übermittelt werden.

(2) [1]Die nach § 33 Absatz 1 gespeicherten Fahrzeugdaten und Halterdaten dürfen, soweit dies jeweils erforderlich ist, übermittelt werden

1. für die Zwecke des § 32 Absatz 1 Nummer 1 an Inhaber von Betriebserlaubnissen für Fahrzeuge, an Fahrzeughersteller oder an für den Mangel verantwortliche Teilehersteller, Werkstätten oder sonstige Produktverantwortliche, um Folgendes zu ermöglichen:

a) Rückrufmaßnahmen zur Beseitigung von sicherheitsgefährdenden Mängeln an bereits ausgelieferten Fahrzeugen,

b) Rückrufmaßnahmen zur Beseitigung von für die Umwelt erheblichen Mängeln an bereits ausgelieferten Fahrzeugen oder

---

[1] **Habersack (vormals Schönfelder) Nr. 100.**
[2] Nr. **32.1**.

c) Rückrufinaßnahmen, die die Typgenehmigungsbehörde oder die Marktüberwachungsbehörde zur Beseitigung von sonstigen Unvorschriftsmäßigkeiten an bereits ausgelieferten Fahrzeugen für erforderlich erachtet,

2. für die Zwecke des § 32 Absatz 1 Nummer 6 an Fahrzeughersteller und Importeure von Fahrzeugen sowie an deren Rechtsnachfolger zur Überprüfung der Angaben über die Verwertung des Fahrzeugs nach dem Altfahrzeugrecht,
3. für die Zwecke des § 32 Absatz 1 Nummer 2 an Versicherer zur Gewährleistung des vorgeschriebenen Versicherungsschutzes oder
4. für die Zwecke des § 32 Absatz 1 Nummer 1 unmittelbar oder über Kopfstellen an Technische Prüfstellen und amtlich anerkannte Überwachungsorganisationen sowie über Kopfstellen an anerkannte Kraftfahrzeugwerkstätten, soweit diese Werkstätten Sicherheitsprüfungen durchführen, für die Durchführung der regelmäßigen Untersuchungen und Prüfungen, um die Verkehrssicherheit der Fahrzeuge und den Schutz der Verkehrsteilnehmer zu gewährleisten; § 34 Absatz 6 Satz 3 und 4 gilt entsprechend.

[2] Bei Übermittlungen nach Satz 1 Nummer 3 erfolgt eine Speicherung der Daten bei den Kopfstellen ausschließlich zum Zweck der Übermittlung an Technische Prüfstellen, amtlich anerkannte Überwachungsorganisationen und anerkannte Kraftfahrzeugwerkstätten, soweit diese Werkstätten Sicherheitsprüfungen durchführen. [3] Nach erfolgter Übermittlung haben die Kopfstellen die nach Satz 2 gespeicherten Daten unverzüglich, bei elektronischer Speicherung automatisiert, zu löschen.

(2a) Die nach § 33 Absatz 3 gespeicherten Daten über die Fahrtenbuchauflagen dürfen

1. den Zulassungsbehörden in entsprechender Anwendung des Absatzes 5 Nummer 1 zur Überwachung der Fahrtenbuchauflage,
2. dem Kraftfahrt-Bundesamt in entsprechender Anwendung des Absatzes 5 Nummer 1 für die Unterstützung der Zulassungsbehörden im Rahmen der Überwachung der Fahrtenbuchauflage oder
3. den hierfür zuständigen Behörden oder Gerichten zur Verfolgung von Straftaten oder von Ordnungswidrigkeiten nach § 24 Absatz 1, § 24a oder § 24c

jeweils im Einzelfall übermittelt werden.

(3) [1] Die Übermittlung von Fahrzeugdaten und Halterdaten zu anderen Zwecken als der Feststellung oder Bestimmung von Haltern oder Fahrzeugen (§ 32 Abs. 2) ist, unbeschadet der Absätze 4, 4a bis 4c, unzulässig, es sei denn, die Daten sind

1. unerlässlich zur
   a) Verfolgung von Straftaten oder zur Vollstreckung oder zum Vollzug von Strafen,
   b) Abwehr einer im Einzelfall bestehenden Gefahr für die öffentliche Sicherheit,
   c) Erfüllung der den Verfassungsschutzbehörden, dem Militärischen Abschirmdienst und dem Bundesnachrichtendienst durch Gesetz übertragenen Aufgaben,
   d) Erfüllung der gesetzlichen Mitteilungspflichten zur Sicherung des Steueraufkommens nach § 93 der Abgabenordnung, soweit diese Vorschrift unmittelbar anwendbar ist, oder

e) Erfüllung gesetzlicher Mitteilungspflichten nach § 118 Abs. 4 Satz 4 Nr. 6 des Zwölften Buches Sozialgesetzbuch[1)]

und

2. auf andere Weise nicht oder nicht rechtzeitig oder nur mit unverhältnismäßigem Aufwand zu erlangen.

[2]Die ersuchende Behörde hat Aufzeichnungen über das Ersuchen mit einem Hinweis auf dessen Anlass zu führen. [3]Die Aufzeichnungen sind gesondert aufzubewahren, durch technische und organisatorische Maßnahmen zu sichern und am Ende des Kalenderjahres, das dem Jahr der Erstellung der Aufzeichnung folgt, zu vernichten. [4]Die Aufzeichnungen dürfen nur zur Kontrolle der Zulässigkeit der Übermittlungen verwertet werden, es sei denn, es liegen Anhaltspunkte dafür vor, dass ihre Verwertung zur Aufklärung oder Verhütung einer schwerwiegenden Straftat gegen Leib, Leben oder Freiheit einer Person führen kann und die Aufklärung oder Verhütung ohne diese Maßnahme aussichtslos oder wesentlich erschwert wäre.

(4) [1]Auf Ersuchen des Bundeskriminalamtes kann das Kraftfahrt-Bundesamt die im Zentralen Fahrzeugregister gespeicherten Halterdaten mit dem polizeilichen Fahndungsbestand der mit Haftbefehl gesuchten Personen abgleichen. [2]Die dabei ermittelten Daten gesuchter Personen dürfen dem Bundeskriminalamt übermittelt werden. [3]Das Ersuchen des Bundeskriminalamtes erfolgt durch Übersendung eines Datenträgers.

(4a) Auf Ersuchen der Auskunftsstelle nach § 8a des Pflichtversicherungsgesetzes[2)] übermitteln die Zulassungsbehörden und das Kraftfahrt-Bundesamt die nach § 33 Abs. 1 gespeicherten Fahrzeugdaten und Halterdaten zu den in § 8a Abs. 1 des Pflichtversicherungsgesetzes genannten Zwecken.

(4b) Zu den in § 7 Absatz 3 des Internationalen Familienrechtsverfahrensgesetzes[3)], § 4 Abs. 3 Satz 2 des Erwachsenenschutzübereinkommens-Ausführungsgesetzes vom 17. März 2007 (BGBl. I S. 314) und den in den §§ 16 und 17 des Auslandsunterhaltsgesetzes vom 23. Mai 2011 (BGBl. I S. 898) bezeichneten Zwecken übermittelt das Kraftfahrt-Bundesamt der in diesen Vorschriften bezeichneten Zentralen Behörde auf Ersuchen die nach § 33 Abs. 1 Satz 1 Nr. 2 gespeicherten Halterdaten.

(4c) Auf Ersuchen übermittelt das Kraftfahrt-Bundesamt

1. dem Gerichtsvollzieher zu den in § 755 der Zivilprozessordnung[4)] genannten Zwecken und

2. der für die Vollstreckung nach dem Verwaltungs-Vollstreckungsgesetz oder nach den Verwaltungsvollstreckungsgesetzen der Länder zuständigen Behörde, soweit diese die Angaben nicht durch Anfrage bei der Meldebehörde ermitteln kann, zur Durchführung eines Vollstreckungsverfahrens

die nach § 33 Absatz 1 Satz 1 Nummer 2 gespeicherten Halterdaten, soweit kein Grund zu der Annahme besteht, dass dadurch schutzwürdige Interessen des Betroffenen beeinträchtigt werden.

[1)] Nr. **51.2.**
[2)] **Habersack (vormals Schönfelder) Nr. 63.**
[3)] **Habersack (vormals Schönfelder) ErgBd. Nr. 103n.**
[4)] **Habersack (vormals Schönfelder) Nr. 100.**

(5) Die nach § 33 Absatz 1 oder 3 gespeicherten Fahrzeugdaten und Halterdaten dürfen nach näherer Bestimmung durch Rechtsverordnung (§ 47 Nummer 3) regelmäßig übermittelt werden

1. von den Zulassungsbehörden an das Kraftfahrt-Bundesamt für das Zentrale Fahrzeugregister und vom Kraftfahrt-Bundesamt an die Zulassungsbehörden für die örtlichen Fahrzeugregister,
2. von den Zulassungsbehörden an andere Zulassungsbehörden, wenn diese mit dem betreffenden Fahrzeug befasst sind oder befasst waren,
3. von den Zulassungsbehörden an die Versicherer zur Gewährleistung des vorgeschriebenen Versicherungsschutzes (§ 32 Abs. 1 Nr. 2),
4. von den Zulassungsbehörden an die für die Ausübung der Verwaltung der Kraftfahrzeugsteuer zuständigen Behörden zur Durchführung des Kraftfahrzeugsteuerrechts (§ 32 Abs. 1 Nr. 3),
5. von den Zulassungsbehörden und vom Kraftfahrt-Bundesamt für Maßnahmen nach dem Bundesleistungsgesetz, dem Verkehrssicherstellungsgesetz, dem Verkehrsleistungsgesetz oder des Katastrophenschutzes nach den hierzu erlassenen Gesetzen der Länder oder den darauf beruhenden Rechtsvorschriften an die hierfür zuständigen Behörden (§ 32 Abs. 1 Nr. 4 und 5),
6. von den Zulassungsbehörden für Prüfungen nach § 118 Abs. 4 Satz 4 Nr. 6 des Zwölften Buches Sozialgesetzbuch an die Träger der Sozialhilfe nach dem Zwölften Buch Sozialgesetzbuch.

(6) [1] Das Kraftfahrt-Bundesamt als übermittelnde Behörde hat Aufzeichnungen zu führen, die die übermittelten Daten, den Zeitpunkt der Übermittlung, den Empfänger der Daten und den vom Empfänger angegebenen Zweck enthalten. [2] Die Aufzeichnungen dürfen nur zur Kontrolle der Zulässigkeit der Übermittlungen verwertet werden, sind durch technische und organisatorische Maßnahmen gegen Missbrauch zu sichern und am Ende des Kalenderhalbjahres, das dem Halbjahr der Übermittlung folgt, zu löschen oder zu vernichten. [3] Bei Übermittlung nach Absatz 5 sind besondere Aufzeichnungen entbehrlich, wenn die Angaben nach Satz 1 aus dem Register oder anderen Unterlagen entnommen werden können. [4] Die Sätze 1 und 2 gelten auch für die Übermittlungen durch das Kraftfahrt-Bundesamt nach den §§ 37 bis 40.

§ 36[1] Abruf im automatisierten Verfahren. (1) Die Übermittlung nach § 35 Absatz 1 Nummer 1, soweit es sich um Aufgaben nach § 32 Absatz 1 Nummer 1 handelt, aus dem Zentralen Fahrzeugregister

---

[1] § 36 Abs. 2 Satz 1 Nr. 2 und Abs. 3 geänd., Abs. 3a eingef. mWv 1.6.2005 durch G v. 3.5.2005 (BGBl. I S. 1221); Abs. 2 Satz 1 einl. Satzteil, Nr. 1a und 2 sowie Abs. 3 geänd., Abs. 2 Satz 1 Nr. 3 angef. mWv 11.1.2007 durch G v. 5.1.2007 (BGBl. I S. 2, geänd. durch G v. 7.12.2011, BGBl. I S. 2576; G v. 3.12.2015, BGBl. I S. 2161 und G v. 3.12.2020, BGBl. I S. 2667); Abs. 2 Nr. 1 Buchst. b, Nr. 1a geänd. mWv 1.8.2007 durch G v. 19.7.2007 (BGBl. I S. 1460); Abs. 3b eingef. mWv 1.7.2009 durch G v. 29.5.2009 (BGBl. I S. 1170); Abs. 2c eingef. mWv 18.6.2011, Abs. 2d eingef. mWv 1.1.2013 durch G v. 23.5.2011 (BGBl. I S. 898); Abs. 3c eingef. mWv 26.6.2011 durch G v. 20.6.2011 (BGBl. I S. 1124); Abs. 2b geänd. mWv 19.7.2011 durch G v. 12.7.2011 (BGBl. I S. 1378); Abs. 2a eingef., bish. Abs. 2a–2d werden Abs. 2b–2e, Abs. 2f eingef., Abs. 6 Sätze 3–5 eingef., bish. Sätze 3 und 4 werden Sätze 6 und 7 mWv 31.8.2013 durch G v. 28.8.2013 (BGBl. I S. 3310); Abs. 1 und Abs. 6 Satz 3 neu gef., Abs. 2f eingef., bish. Abs. 2f wird Abs. 2g, Abs. 5 einl. Satzteil und Abs. 7 Satz 2 geänd. mWv 7.12.2016 durch G v. 28.11.2016 (BGBl. I S. 2722); Abs. 2 *Satz 1 Nr. 2 geänd., Nr. 2a eingef.*, Abs. 2a neu gef., Abs. 2h eingef. mWv 10.3.2017 durch G v. 6.3.2017 (BGBl. I S. 399); Abs. 2 Satz 1 Nr. 2 und Nr. 3 geänd., Nr. 4 angef. mWv 26.6.2017 durch G v. 23.6.2017 (BGBl. I S. 1822); Abs. 2i eingef. mWv 12.4.2019 durch G v. 8.4.2019 (BGBl. I S. 430); →

1. an die Zulassungsbehörden oder
2. im Rahmen einer internetbasierten Zulassung an Personen im Sinne des § 6g Absatz 3

darf durch Abruf im automatisierten Verfahren erfolgen.

(2) [1] Die Übermittlung nach § 35 Abs. 1 Nr. 1 bis 5 aus dem Zentralen Fahrzeugregister darf durch Abruf im automatisierten Verfahren erfolgen

1. an die Polizeien des Bundes und der Länder sowie an Dienststellen der Zollverwaltung, soweit sie Befugnisse nach § 10 des Zollverwaltungsgesetzes ausüben oder grenzpolizeiliche Aufgaben wahrnehmen,
   a) zur Kontrolle, ob die Fahrzeuge einschließlich ihrer Ladung und die Fahrzeugpapiere vorschriftsmäßig sind,
   b) zur Verfolgung von Ordnungswidrigkeiten nach § 24 Absatz 1, § 24a oder § 24c,
   c) zur Verfolgung von Straftaten oder zur Vollstreckung oder zum Vollzug von Strafen oder
   d) zur Abwehr von Gefahren für die öffentliche Sicherheit,

1a. an die Verwaltungsbehörden im Sinne des § 26 Abs. 1 für die Verfolgung von Ordnungswidrigkeiten nach §§ 24, 24a oder § 24c,

2. an die Zollfahndungsdienststellen zur Verhütung oder Verfolgung von Steuer- und Wirtschaftsstraftaten sowie an die mit der Steuerfahndung betrauten Dienststellen der Landesfinanzbehörden zur Verhütung oder Verfolgung von Steuerstraftaten,

2a. an die Behörden der Zollverwaltung zur Verfolgung von Straftaten, die mit einem der in § 2 Absatz 1 des Schwarzarbeitsbekämpfungsgesetzes[1)] genannten Prüfgegenstände unmittelbar zusammenhängen, und

3. an die Verfassungsschutzbehörden, den Militärischen Abschirmdienst und den Bundesnachrichtendienst zur Erfüllung ihrer durch Gesetz übertragenen Aufgaben und

4. an die Zentralstelle für Finanztransaktionsuntersuchungen zur Erfüllung ihrer Aufgaben nach dem Geldwäschegesetz[2)].

[2] Satz 1 gilt entsprechend für den Abruf der örtlich zuständigen Polizeidienststellen der Länder und Verwaltungsbehörden im Sinne des § 26 Abs. 1 aus den jeweiligen örtlichen Fahrzeugregistern.

(2a) Die Übermittlung nach § 35 Absatz 1 Nummer 9 aus dem Zentralen Fahrzeugregister darf durch Abruf im automatisierten Verfahren erfolgen

1. an die mit der Kontrolle und Erhebung der Umsatzsteuer betrauten Dienststellen der Finanzbehörden, soweit ein Abruf im Einzelfall zur Verhinderung einer missbräuchlichen Anwendung der Vorschriften des Umsatzsteuergesetzes beim Handel, Erwerb oder bei der Übertragung von Fahrzeugen erforderlich ist,

---

(Fortsetzung der Anm. von voriger Seite)
Abs. 5 Nr. 1 geänd., Nr. 2 neu gef. mWv 26.11.2019 durch G v. 20.11.2019 (BGBl. I S. 1626); Abs. 2j eingef. mWv 1.10.2020 durch G v. 29.6.2020 (BGBl. I S. 1528); Abs. 2 Satz 1 Nr. 1b und Abs. 2f geänd. mWv 28.7.2021 durch G v. 12.7.2021 (BGBl. I S. 3091).

[1)] **Habersack (vormals Schönfelder) ErgBd. Nr. 94b.**

[2)] **Habersack (vormals Schönfelder) ErgBd. Nr. 88a.**

2. an die mit der Durchführung einer Außenprüfung nach § 193 der Abgabenordnung betrauten Dienststellen der Finanzbehörden, soweit ein Abruf für die Ermittlung der steuerlichen Verhältnisse im Rahmen einer Außenprüfung erforderlich ist und
3. an die mit der Vollstreckung betrauten Dienststellen der Finanzbehörden nach § 249 der Abgabenordnung, soweit ein Abruf für die Vollstreckung von Ansprüchen aus dem Steuerschuldverhältnis erforderlich ist.

(2b) Die Übermittlung nach § 35 Abs. 1 Nr. 11 und 12 aus dem Zentralen Fahrzeugregister darf durch Abruf im automatisierten Verfahren an den Privaten, der mit der Erhebung der Mautgebühr beliehen worden ist, erfolgen.

(2c) Die Übermittlung nach § 35 Abs. 1 Nr. 10 aus dem Zentralen Fahrzeugregister darf durch Abruf im automatisierten Verfahren an das Bundesamt für Güterverkehr und an eine sonstige öffentliche Stelle, die mit der Erhebung der Maut nach dem Bundesfernstraßenmautgesetz beauftragt ist, erfolgen.

(2d) Die Übermittlung nach § 35 Absatz 1 Nummer 14 aus dem Zentralen Fahrzeugregister darf durch Abruf im automatisierten Verfahren an die zentrale Behörde (§ 4 des Auslandsunterhaltsgesetzes[1]) erfolgen.

(2e) Die Übermittlung nach § 35 Absatz 1 Nr. 15 aus dem Zentralen Fahrzeugregister darf durch Abruf im automatisierten Verfahren an den Gerichtsvollzieher erfolgen.

(2f) Die Übermittlung aus dem Zentralen Fahrzeugregister nach § 35 Absatz 2 Satz 1 Nummer 4 darf durch Abruf im automatisierten Verfahren erfolgen.

(2g) Die Übermittlung nach § 35 Absatz 2a darf durch Abruf im automatisierten Verfahren erfolgen.

(2h) Die Übermittlung nach § 35 Absatz 1 Nummer 16 darf durch Abruf im automatisierten Verfahren an die Behörden der Zollverwaltung zur Erfüllung der ihnen in § 2 Absatz 1 des Schwarzarbeitsbekämpfungsgesetzes bertragenen Prüfungsaufgaben erfolgen.

(2i) [1]In einem solchen Verfahren darf auch die Übermittlung nach § 35 Absatz 1 Nummer 18 aus dem Zentralen Fahrzeugregister an die nach Landesrecht für die Überprüfung der Einhaltung dieser Verkehrsbeschränkungen und Verkehrsverbote zuständigen Behörden erfolgen. [2]Die Einrichtung von Anlagen zum Abruf nach Satz 1 ist für den Abruf der nach § 33 Absatz 1 Satz 1 Nummer 1 gespeicherten und für die Überprüfung der Einhaltung der jeweiligen Verkehrsbeschränkungen und Verkehrsverbote erforderlichen Fahrzeugdaten aus dem Zentralen Fahrzeugregister durch die Behörden nach Satz 1 zulässig; einer Rechtsverordnung nach Absatz 5 bedarf es nicht; die Maßgaben nach Absatz 5 Nummer 2 und 3 gelten unmittelbar.

(2j) Die Übermittlung nach § 35 Absatz 1 Nummer 19 darf durch Abruf im automatisierten Verfahren an das Bundesamt für Wirtschaft und Ausfuhrkontrolle erfolgen.

(3) Die Übermittlung nach § 35 Abs. 3 Satz 1 aus dem Zentralen Fahrzeugregister darf ferner durch Abruf im automatisierten Verfahren an die Polizeien des Bundes und der Länder zur Verfolgung von Straftaten oder zur Vollstreckung oder zum Vollzug von Strafen oder zur Abwehr einer im Einzelfall

---

[1] **Habersack (vormals Schönfelder) ErgBd. Nr. 103o.**

bestehenden Gefahr für die öffentliche Sicherheit, an die Zollfahndungsdienststellen zur Verhütung oder Verfolgung von Steuer- und Wirtschaftsstraftaten, an die mit der Steuerfahndung betrauten Dienststellen der Landesfinanzbehörden zur Verhütung oder Verfolgung von Steuerstraftaten sowie an die Verfassungsschutzbehörden, den Militärischen Abschirmdienst und den Bundesnachrichtendienst zur Erfüllung ihrer durch Gesetz übertragenen Aufgaben vorgenommen werden.

(3a) Die Übermittlung aus dem Zentralen Fahrzeugregister nach § 35 Abs. 4a darf durch Abruf im automatisierten Verfahren an die Auskunftsstelle nach § 8a des Pflichtversicherungsgesetzes[1)] erfolgen.

(3b) [1] Die Übermittlung aus dem Zentralen Fahrzeugregister nach § 35 Absatz 1 Nummer 1 an die für die Ausübung der Verwaltung der Kraftfahrzeugsteuer zuständigen Behörden darf durch Abruf im automatisierten Verfahren erfolgen. [2] Der Abruf ist nur zulässig, wenn die von den Zulassungsbehörden nach § 35 Absatz 5 Nummer 4 übermittelten Datenbestände unrichtig oder unvollständig sind.

(3c) Die Übermittlung aus dem Zentralen Fahrzeugregister nach § 35 Absatz 1a darf an die Zentralen Leitstellen für Brandschutz, Katastrophenschutz und Rettungsdienst zur Vorbereitung der Rettung von Personen aus Fahrzeugen durch Abruf im automatisierten Verfahren erfolgen.

(4) Der Abruf darf sich nur auf ein bestimmtes Fahrzeug oder einen bestimmten Halter richten und in den Fällen der Absätze 1 und 2 Satz 1 Nr. 1 Buchstabe a und b nur unter Verwendung von Fahrzeugdaten durchgeführt werden.

(5) Die Einrichtung von Anlagen zum Abruf im automatisierten Verfahren ist nur zulässig, wenn nach näherer Bestimmung durch Rechtsverordnung (§ 47 Nummer 4) gewährleistet ist, dass

1. die zum Abruf bereitgehaltenen Daten ihrer Art nach für den Empfänger erforderlich sind und ihre Übermittlung durch automatisierten Abruf unter Berücksichtigung der schutzwürdigen Interessen der betroffenen Person und der Aufgabe des Empfängers angemessen ist,
2. die erforderlichen technischen und organisatorischen Maßnahmen nach den Artikeln 24, 25 und 32 der Verordnung (EU) 2016/679 zur Sicherstellung des Datenschutzes und der Datensicherheit getroffen werden und
3. die Zulässigkeit der Abrufe nach Maßgabe des Absatzes 6 kontrolliert werden kann.

(5a) (weggefallen)

(6) [1] Das Kraftfahrt-Bundesamt oder die Zulassungsbehörde als übermittelnde Stelle hat über die Abrufe Aufzeichnungen zu fertigen, die die bei der Durchführung der Abrufe verwendeten Daten, den Tag und die Uhrzeit der Abrufe, die Kennung der abrufenden Dienststelle und die abgerufenen Daten enthalten müssen. [2] Die protokollierten Daten dürfen nur für Zwecke der Datenschutzkontrolle, der Datensicherung oder zur Sicherstellung eines ordnungsgemäßen Betriebs der Datenverarbeitungsanlage verwendet werden. [3] Die nach Satz 1 protokollierten Daten dürfen auch dazu verwendet werden, der betroffenen Person darüber Auskunft zu erteilen, welche ihrer in Anhang I,

---

[1)] **Habersack (vormals Schönfelder) Nr. 63.**

Abschnitt I und II der Richtlinie (EU) 2015/413 enthaltenen personenbezogenen Daten an Stellen in anderen Mitgliedstaaten der Europäischen Union zum Zweck der dortigen Verfolgung der in Artikel 2 der Richtlinie (EU) 2015/413 aufgeführten, die Straßenverkehrssicherheit gefährdenden Delikte übermittelt wurden. [4]Das Datum des Ersuchens und die zuständige Stelle nach Satz 1, an die die Übermittlung erfolgte, sind der betroffenen Person ebenfalls mitzuteilen. [5]§ 36a gilt für das Verfahren nach den Sätzen 3 und 4 entsprechend. [6]Liegen Anhaltspunkte dafür vor, dass ohne ihre Verwendung die Verhinderung oder Verfolgung einer schwerwiegenden Straftat gegen Leib, Leben oder Freiheit einer Person aussichtslos oder wesentlich erschwert wäre, dürfen die Daten auch für diesen Zweck verwendet werden, sofern das Ersuchen der Strafverfolgungsbehörde unter Verwendung von Halterdaten einer bestimmten Person oder von Fahrzeugdaten eines bestimmten Fahrzeugs gestellt wird. [7]Die Protokolldaten sind durch geeignete Vorkehrungen gegen zweckfremde Verwendung und gegen sonstigen Missbrauch zu schützen und nach sechs Monaten zu löschen.

(7) [1]Bei Abrufen aus dem Zentralen Fahrzeugregister sind vom Kraftfahrt-Bundesamt weitere Aufzeichnungen zu fertigen, die sich auf den Anlass des Abrufs erstrecken und die Feststellung der für den Abruf verantwortlichen Personen ermöglichen. [2]Das Nähere wird durch Rechtsverordnung (§ 47 Nummer 5) bestimmt. [3]Dies gilt entsprechend für Abrufe aus den örtlichen Fahrzeugregistern.

(8) [1]Soweit örtliche Fahrzeugregister nicht im automatisierten Verfahren geführt werden, ist die Übermittlung der nach § 33 Abs. 1 gespeicherten Fahrzeugdaten und Halterdaten durch Einsichtnahme in das örtliche Fahrzeugregister außerhalb der üblichen Dienstzeiten an die für den betreffenden Zulassungsbezirk zuständige Polizeidienststelle zulässig, wenn

1. dies für die Erfüllung der in Absatz 2 Satz 1 Nr. 1 bezeichneten Aufgaben erforderlich ist und
2. ohne die sofortige Einsichtnahme die Erfüllung dieser Aufgaben gefährdet wäre.

[2]Die Polizeidienststelle hat die Tatsache der Einsichtnahme, deren Datum und Anlass sowie den Namen des Einsichtnehmenden aufzuzeichnen; die Aufzeichnungen sind für die Dauer eines Jahres aufzubewahren und nach Ablauf des betreffenden Kalenderjahres zu vernichten. [3]Die Sätze 1 und 2 finden entsprechende Anwendung auf die Einsichtnahme durch die Zollfahndungsämter zur Erfüllung der in Absatz 2 Satz 1 Nr. 2 bezeichneten Aufgaben.

§ 36a[1)] Automatisiertes Anfrage- und Auskunftsverfahren beim Kraftfahrt-Bundesamt. [1]Die Übermittlung der Daten aus dem Zentralen Fahrzeugregister nach den §§ 35 und 37 darf nach näherer Bestimmung durch Rechtsverordnung nach § 47 Nummer 4a auch in einem automatisierten Anfrage- und Auskunftsverfahren erfolgen. [2]Für die Einrichtung und Durchführung des Verfahrens gilt § 30b Abs. 1 Satz 2, Abs. 2 und 3 entsprechend.

§ 36b Abgleich mit den Sachfahndungsdaten des Bundeskriminalamtes. (1) [1]Das Bundeskriminalamt übermittelt regelmäßig dem Kraftfahrt-Bundesamt die im Polizeilichen Informationssystem gespeicherten Daten von

[1)] § 36a Satz 1 geänd. mWv 7.12.2016 durch G v. 28.11.2016 (BGBl. I S. 2722).

Fahrzeugen, Kennzeichen, Fahrzeugpapieren und Führerscheinen, die zur Beweissicherung, Einziehung, Beschlagnahme, Sicherstellung, Eigentumssicherung und Eigentümer- oder Besitzerermittlung ausgeschrieben sind. [2]Die Daten dienen zum Abgleich mit den im Zentralen Fahrzeugregister erfassten Fahrzeugen und Fahrzeugpapieren sowie mit den im Zentralen Fahrerlaubnisregister erfassten Führerscheinen.

(2) Die Übermittlung der Daten nach Absatz 1 darf auch im automatisierten Verfahren erfolgen.

§ 37[1)] Übermittlung von Fahrzeugdaten und Halterdaten an Stellen außerhalb des Geltungsbereiches dieses Gesetzes. (1) Die nach § 33 Absatz 1 gespeicherten Fahrzeugdaten und Halterdaten dürfen vom Kraftfahrt-Bundesamt an die zuständigen Stellen anderer Staaten übermittelt werden, soweit dies nach unionsrechtlichen Vorschriften vorgeschrieben ist oder soweit dies

1. für Verwaltungsmaßnahmen auf dem Gebiet des Straßenverkehrs,
2. zur Überwachung des Versicherungsschutzes im Rahmen der Kraftfahrzeughaftpflichtversicherung,
3. zur Verfolgung von Zuwiderhandlungen gegen Rechtsvorschriften auf dem Gebiet des Straßenverkehrs oder
4. zur Verfolgung von Straftaten, die im Zusammenhang mit dem Straßenverkehr oder sonst mit Kraftfahrzeugen, Anhängern, Kennzeichen oder Fahrzeugpapieren, Fahrerlaubnissen oder Führerscheinen stehen,

erforderlich ist und keine Anhaltspunkte für Zweifel an der Gegenseitigkeit einer solchen Auskunftserteilung hinsichtlich des jeweiligen Anfragegrundes nach den Nummern 1 bis 4 und hinsichtlich der den Anfragegrund begründenden Sachverhalte durch den anderen Staat gegeben sind.

(1a) Nach Maßgabe völkerrechtlicher Verträge zwischen Mitgliedstaaten der Europäischen Union oder mit den anderen Vertragsstaaten des Abkommens über den Europäischen Wirtschaftsraum, die der Mitwirkung der gesetzgebenden Körperschaften nach Artikel 59 Absatz 2 des Grundgesetzes[2)] bedürfen, sowie nach Artikel 12 des Beschlusses des Rates 2008/615/JI vom 23. Juni 2008 (ABl. L 210 vom 6.8.2008, S. 1) dürfen die nach § 33 Absatz 1 gespeicherten Fahrzeugdaten und Halterdaten vom Kraftfahrt-Bundesamt an die zuständigen Stellen dieser Staaten auch übermittelt werden, soweit dies erforderlich ist

1. zur Verfolgung von Ordnungswidrigkeiten, die nicht von Absatz 1 Nummer 3 erfasst werden,
2. zur Verfolgung von Straftaten, die nicht von Absatz 1 Nummer 4 erfasst werden, oder
3. zur Abwehr von Gefahren für die öffentliche Sicherheit.

[1)] § 37 Abs. 1a eingef. mWv 19.7.2006 durch G v. 10.7.2006 (BGBl. I S. 1458); Abs. 1a geänd. mWv 5.8.2009 durch G v. 31.7.2009 (BGBl. I S. 2507); Abs. 2 und 3 geänd. mWv 26.11.2019 durch G v. 20.11.2019 (BGBl. I S. 1626); Abs. 1 und 1a neu gef., Abs. 4 angef. mWv 28.7.2021 durch G v. 12.7.2021 (BGBl. I S. 3091).

[2)] Nr. **11.1**.

(2) Der Empfänger ist darauf hinzuweisen, dass die übermittelten Daten nur zu dem Zweck verwendet werden dürfen, zu dessen Erfüllung sie ihm übermittelt werden.

(3) Die Übermittlung unterbleibt, wenn durch sie schutzwürdige Interessen der betroffenen Person beeinträchtigt würden, insbesondere, wenn im Empfängerland ein angemessener Datenschutzstandard nicht gewährleistet ist.

(4) [1] Die Übermittlung unterbleibt, wenn die Übermittlung bei entsprechender Anfrage auf Grund von § 37a erfolgen könnte. [2] Die Übermittlung kann ferner unterbleiben, wenn das Kraftfahrt-Bundesamt den Aufwand für die Bearbeitung der Anfragen als nicht vertretbar beurteilt.

§ 37a[1)] Abruf im automatisierten Verfahren durch Stellen außerhalb des Geltungsbereiches dieses Gesetzes. (1) [1] Durch Abruf im automatisierten Verfahren dürfen aus dem Zentralen Fahrzeugregister für die in § 37 Abs. 1 und 1a genannten Maßnahmen an die hierfür zuständigen öffentlichen Stellen in einem Mitgliedstaat der Europäischen Union oder einem anderen Vertragsstaat des Abkommens über den Europäischen Wirtschaftsraum die zu deren Aufgabenerfüllung erforderlichen Daten nach näherer Bestimmung durch Rechtsverordnung nach § 47 Nummer 5b und 5c durch das Kraftfahrt-Bundesamt übermittelt werden. [2] Dieses automatisierte Verfahren setzt jedoch voraus, dass das Europäische Fahrzeug- und Führerschein-Informationssystem oder ein anderes informationstechnisches Verfahren genutzt wird, das vom Kraftfahrt-Bundesamt als mit vertretbarem Aufwand betreibbar beurteilt wird.

(2) [1] Der Abruf darf nur unter Verwendung von Fahrzeugdaten, bei Abrufen für die in § 37 Abs. 1a genannten Zwecke nur unter Verwendung der vollständigen Fahrzeug-Identifizierungsnummer oder des vollständigen Kennzeichens, erfolgen und sich nur auf ein bestimmtes Fahrzeug oder einen bestimmten Halter richten. [2] Ein unionsrechtlich vorgeschriebener Abruf darf ergänzend zu Satz 1

1. auch unter Verwendung von Halterdaten erfolgen oder
2. sich auf mehrere Fahrzeuge eines bestimmten Halters oder auf alle aktuellen oder früheren Halter eines bestimmten Fahrzeugs richten,

soweit dies unionsrechtlich vorgesehen ist.

(3) [1] Der Abruf ist nur zulässig, wenn

1. diese Form der Datenübermittlung unter Berücksichtigung der schutzwürdigen Interessen der betroffenen Personen wegen der Vielzahl der Übermittlungen oder wegen ihrer besonderen Eilbedürftigkeit angemessen ist,
2. der Empfängerstaat die Verordnung (EU) 2016/679 anwendet und
3. die Gegenseitigkeit der Auskunftserteilung im Sinne von § 37 Absatz 1 durch geeignete Mittel sichergestellt ist.

[2] § 36 Abs. 5 und 6 sowie Abs. 7 wegen des Anlasses der Abrufe ist entsprechend anzuwenden.

[1)] § 37a Abs. 1 und 2 geänd. mWv 19.7.2006 durch G v. 10.7.2006 (BGBl. I S. 1458); Abs. 1 geänd. mWv 7.12.2016 durch G v. 28.11.2016 (BGBl. I S. 2722); Abs. 3 Satz 1 einl. Satzteil sowie Nr. 1 und 2 geänd. mWv 26.11.2019 durch G v. 20.11.2019 (BGBl. I S. 1626); Abs. 1 Satz 1 geänd., Satz 2 und Abs. 2 Satz 2 angef., Abs. 3 Satz 1 Nr. 1 und 2 geänd., Nr. 3 angef. mWv 28.7.2021 durch G v. 12.7.2021 (BGBl. I S. 3091).

§ 37b[1] Übermittlung von Fahrzeug- und Halterdaten nach der Richtlinie (EU) 2015/413. (1) Das Kraftfahrt-Bundesamt unterstützt nach Absatz 2 die in Artikel 4 Absatz 3 der Richtlinie (EU) 2015/413 genannten nationalen Kontaktstellen der anderen Mitgliedstaaten der Europäischen Union bei den Ermittlungen in Bezug auf folgende in den jeweiligen Mitgliedstaaten begangenen, die Straßenverkehrssicherheit gefährdenden Verkehrsdelikte:

1. Geschwindigkeitsübertretungen,
2. Nicht-Anlegen des Sicherheitsgurtes,
3. Überfahren eines roten Lichtzeichens,
4. Trunkenheit im Straßenverkehr,
5. Fahren unter Einfluss von berauschenden Mitteln,
6. Nicht-Tragen eines Schutzhelmes,
7. unbefugte Benutzung eines Fahrstreifens,
8. rechtswidrige Benutzung eines Mobiltelefons oder anderer Kommunikationsgeräte beim Fahren.

(2) Auf Anfrage teilt das Kraftfahrt-Bundesamt der nationalen Kontaktstelle eines anderen Mitgliedstaates der Europäischen Union folgende nach § 33 gespeicherten Daten zu Fahrzeug und Halter mit:

1. amtliches Kennzeichen,
2. Fahrzeug-Identifizierungsnummer,
3. Land der Zulassung,
4. Marke des Fahrzeugs,
5. Handelsbezeichnung,
6. EU-Fahrzeugklasse,
7. Name des Halters,
8. Vorname des Halters,
9. Anschrift des Halters,
10. Geschlecht,
11. Geburtsdatum,
12. Rechtsperson,
13. Geburtsort,

wenn dies im Einzelfall für die Erfüllung einer Aufgabe der nationalen Kontaktstelle des anfragenden Mitgliedstaates der Europäischen Union oder der zuständigen Behörde des anfragenden Mitgliedstaates der Europäischen Union erforderlich ist.

§ 37c[2] Übermittlung von Fahrzeugdaten und Halterdaten an die Europäische Kommission. Das Kraftfahrt-Bundesamt übermittelt zur Erfüllung der Berichtspflicht nach Artikel 5 Absatz 1 Unterabsatz 4 der Richtlinie 2009/103/EG des Europäischen Parlaments und des Rates vom 16. September 2009 über die Kraftfahrzeug-Haftpflichtversicherung und die Kontrolle der entsprechenden Versicherungspflicht (ABl. L 263 vom 7.10.2009, S. 11) bis zum 31. März eines jeden Jahres an die Europäische Kommission die nach § 33

---

[1] § 37b eingef. mWv 31.8.2013 durch G v. 28.8.2013 (BGBl. I S. 3310); Überschrift, Abs. 1 einl. Satzteil geänd. mWv 7.12.2016 durch G v. 28.11.2016 (BGBl. I S. 2722).

[2] § 37c neu gef. mWv 5.12.2014 durch G v. 28.11.2014 (BGBl. I S. 1802).

Absatz 1 gespeicherten Namen oder Bezeichnungen und Anschriften der Fahrzeughalter, die nach § 2 Absatz 1 Nummer 1 bis 5 des Pflichtversicherungsgesetzes[1)] von der Versicherungspflicht befreit sind.

§ 38[2)] Übermittlung an und Verwendung durch den Empfänger für wissenschaftliche Zwecke. (1) Die nach § 33 Abs. 1 gespeicherten Fahrzeugdaten und Halterdaten dürfen an Hochschulen, andere Einrichtungen, die wissenschaftliche Forschung betreiben, und öffentliche Stellen übermittelt werden, soweit

1. dies für die Durchführung bestimmter wissenschaftlicher Forschungsarbeiten erforderlich ist,
2. eine Nutzung anonymisierter Daten zu diesem Zweck nicht möglich ist und
3. das öffentliche Interesse an der Forschungsarbeit das schutzwürdige Interesse der betroffenen Person an dem Ausschluss der Übermittlung erheblich überwiegt.

(2) Die Übermittlung der Daten erfolgt durch Erteilung von Auskünften, wenn hierdurch der Zweck der Forschungsarbeit erreicht werden kann und die Erteilung keinen unverhältnismäßigen Aufwand erfordert.

(3) [1] Personenbezogene Daten werden nur an solche Personen übermittelt, die Amtsträger oder für den öffentlichen Dienst besonders Verpflichtete sind oder die zur Geheimhaltung verpflichtet worden sind. [2] § 1 Abs. 2, 3 und 4 Nr. 2 des Verpflichtungsgesetzes findet auf die Verpflichtung zur Geheimhaltung entsprechende Anwendung.

(4) [1] Die personenbezogenen Daten dürfen nur für die Forschungsarbeit verwendet werden, für die sie übermittelt worden sind. [2] Die Verwendung für andere Forschungsarbeiten oder die Übermittlung richtet sich nach den Absätzen 1 und 2 und bedarf der Zustimmung der Stelle, die die Daten übermittelt hat.

(5) [1] Die Daten sind gegen unbefugte Kenntnisnahme durch Dritte zu schützen. [2] Die wissenschaftliche Forschung betreibende Stelle hat dafür zu sorgen, dass die Verwendung der personenbezogenen Daten räumlich und organisatorisch getrennt von der Erfüllung solcher Verwaltungsaufgaben oder Geschäftszwecke erfolgt, für die diese Daten gleichfalls von Bedeutung sein können.

(6) [1] Sobald der Forschungszweck es erlaubt, sind die personenbezogenen Daten zu anonymisieren. [2] Solange dies noch nicht möglich ist, sind die Merkmale gesondert aufzubewahren, mit denen Einzelangaben über persönliche oder sachliche Verhältnisse einer bestimmten oder bestimmbaren Person zugeordnet werden können. [3] Sie dürfen mit den Einzelangaben nur zusammengeführt werden, soweit der Forschungszweck dies erfordert.

(7) Wer nach den Absätzen 1 und 2 personenbezogene Daten erhalten hat, darf diese nur veröffentlichen, wenn dies für die Darstellung von Forschungsergebnissen über Ereignisse der Zeitgeschichte unerlässlich ist.

[1)] **Habersack (vormals Schönfelder) Nr. 63.**

[2)] § 38 Überschrift neu gef., Abs. 1 Nr. 3, Abs. 4 Sätze 1 und 2 sowie Abs. 5 Satz 2 geänd., Abs. 8 aufgeh. mWv 26.11.2019 durch G v. 20.11.2019 (BGBl. I S. 1626).

§ 38a[1)] Übermittlung an und Verwendung durch den Empfänger für statistische Zwecke. (1) Die nach § 33 Abs. 1 gespeicherten Fahrzeug- und Halterdaten dürfen zur Vorbereitung und Durchführung von Statistiken, soweit sie durch Rechtsvorschriften angeordnet sind, übermittelt werden, wenn die Vorbereitung und Durchführung des Vorhabens allein mit anonymisierten Daten (§ 45) nicht möglich ist.

(2) Für die Verwendung der Daten nach Absatz 1 finden die Vorschriften des Bundesstatistikgesetzes und der Statistikgesetze der Länder Anwendung.

§ 38b[2)] Übermittlung an und Verwendung durch den Empfänger für planerische Zwecke. (1) Die nach § 33 Abs. 1 gespeicherten Fahrzeug- und Halterdaten dürfen für im öffentlichen Interesse liegende Verkehrsplanungen an öffentliche Stellen übermittelt werden, wenn die Durchführung des Vorhabens allein mit anonymisierten Daten (§ 45) nicht oder nur mit unverhältnismäßigem Aufwand möglich ist und die betroffene Person eingewilligt hat oder schutzwürdige Interessen der betroffenen Person nicht beeinträchtigt werden.

(2) Der Empfänger der Daten hat sicherzustellen, dass

1. die Kontrolle zur Sicherstellung schutzwürdiger Interessen der betroffenen Person jederzeit gewährleistet wird,
2. die Daten nur für das betreffende Vorhaben verwendet werden,
3. zu den Daten nur die Personen Zugang haben, die mit dem betreffenden Vorhaben befasst sind,
4. diese Personen verpflichtet werden, die Daten gegenüber Unbefugten nicht zu offenbaren, und
5. die Daten anonymisiert oder gelöscht werden, sobald der Zweck des Vorhabens dies gestattet.

§ 39[3)] Übermittlung von Fahrzeugdaten und Halterdaten zur Verfolgung von Rechtsansprüchen. (1) Von den nach § 33 Abs. 1 gespeicherten Fahrzeugdaten und Halterdaten sind

1. Familienname (bei juristischen Personen, Behörden oder Vereinigungen: Name oder Bezeichnung),
2. Vornamen,
3. Ordens- und Künstlername,
4. Anschrift,
5. Art, Hersteller und Typ des Fahrzeugs,
6. Name und Anschrift des Versicherers,
7. Nummer des Versicherungsscheins, oder, falls diese noch nicht gespeichert ist, Nummer der Versicherungsbestätigung,
8. gegebenenfalls Zeitpunkt der Beendigung des Versicherungsverhältnisses,

---

1) § 38a Überschrift neu gef., Abs. 2 geänd. mWv 26.11.2019 durch G v. 20.11.2019 (BGBl. I S. 1626).

2) § 38b Abs. 1 geänd. mWv 7.12.2016 durch G v. 28.11.2016 (BGBl. I S. 2722); Überschrift neu gef., Abs. 1, Abs. 2 Nr. 1 und 2 geänd. mWv 26.11.2019 durch G v. 20.11.2019 (BGBl. I S. 1626).

3) § 39 Abs. 3 Satz 1 Nr. 1b geänd. mWv 1.1.2005 durch G v. 24.12.2003 (BGBl. I S. 2954); Abs. 3 Satz 1 Nr. 1b geänd. mWv 1.1.2005 durch G v. 27.12.2003 (BGBl. I S. 3022); Abs. 2 Nr. 2 aufgeh. mWv 14.9.2007 durch G v. 7.9.2007 (BGBl. I S. 2246); Abs. 2 Nr. 1 geänd., Abs. 4 angef. mWv 28.7.2021 durch G v. 12.7.2021 (BGBl. I S. 3091).

9. gegebenenfalls Befreiung von der gesetzlichen Versicherungspflicht,
10. Zeitpunkt der Zuteilung oder Ausgabe des Kennzeichens für den Halter sowie
11. Kraftfahrzeugkennzeichen

durch die Zulassungsbehörde oder durch das Kraftfahrt-Bundesamt zu übermitteln, wenn der Empfänger unter Angabe des betreffenden Kennzeichens oder der betreffenden Fahrzeug-Identifizierungsnummer darlegt, dass er die Daten zur Geltendmachung, Sicherung oder Vollstreckung oder zur Befriedigung oder Abwehr von Rechtsansprüchen im Zusammenhang mit der Teilnahme am Straßenverkehr oder zur Erhebung einer Privatklage wegen im Straßenverkehr begangener Verstöße benötigt (einfache Registerauskunft).

(2) Weitere Fahrzeugdaten und Halterdaten als die nach Absatz 1 zulässigen sind zu übermitteln, wenn der Empfänger unter Angabe von Fahrzeugdaten oder Personalien des Halters glaubhaft macht, dass er

1. die Daten zur Geltendmachung, Sicherung oder Vollstreckung, zur Befriedigung oder Abwehr von Rechtsansprüchen im Zusammenhang mit der Teilnahme am Straßenverkehr, dem Diebstahl, dem sonstigen Abhandenkommen des Fahrzeugs oder zur Erhebung einer Privatklage wegen im Straßenverkehr begangener Verstöße benötigt und
2. *(aufgehoben)*
3. die Daten auf andere Weise entweder nicht oder nur mit unverhältnismäßigem Aufwand erlangen könnte.

(3) [1] Die in Absatz 1 Nr. 1 bis 5 und 11 angeführten Halterdaten und Fahrzeugdaten dürfen übermittelt werden, wenn der Empfänger unter Angabe von Fahrzeugdaten oder Personalien des Halters glaubhaft macht, dass er

1. die Daten zur Geltendmachung, Sicherung oder Vollstreckung
   a) von nicht mit der Teilnahme am Straßenverkehr im Zusammenhang stehenden öffentlich-rechtlichen Ansprüchen oder
   b) von gemäß § 7 des Unterhaltsvorschussgesetzes[1)], § 33 des Zweiten Buches Sozialgesetzbuch[2)] oder § 94 des Zwölften Buches Sozialgesetzbuch[3)] übergegangenen Ansprüchen

   in Höhe von jeweils mindestens fünfhundert Euro benötigt,
2. ohne Kenntnis der Daten zur Geltendmachung, Sicherung oder Vollstreckung des Rechtsanspruchs nicht in der Lage wäre und
3. die Daten auf andere Weise entweder nicht oder nur mit unverhältnismäßigem Aufwand erlangen könnte.

[2] § 35 Abs. 3 Satz 2 und 3 gilt entsprechend. [3] Die Aufzeichnungen dürfen nur zur Kontrolle der Zulässigkeit der Übermittlungen verwendet werden.

(4) Ist der Empfänger eine öffentlich-rechtliche Stelle mit Sitz im Ausland oder handelt er im Namen oder im Auftrag einer solchen Stelle, ist für den Antrag und die Auskunft nur das Kraftfahrt-Bundesamt zuständig.

---

1) **Habersack (vormals Schönfelder) ErgBd. Nr. 45d.**
2) Nr. **51.4.**
3) Nr. **51.2.**

§ 39a[1)] Auskunft über Daten. (1) [1] Einer Person wird auf Antrag schriftlich über die zu ihrer Person im örtlichen oder im Zentralen Fahrzeugregister gespeicherten Daten und über die zu ihr als Halter gespeicherten Fahrzeugdaten unentgeltlich Auskunft erteilt. [2] Die Auskunft kann elektronisch erteilt werden, wenn der Antrag unter Nutzung des elektronischen Identitätsnachweises nach § 18 des Personalausweisgesetzes[2)], nach § 12 des eID-Karte-Gesetzes oder nach § 78 Absatz 5 des Aufenthaltsgesetzes[3)] gestellt wird; in diesen Fällen gilt abweichend von § 35 Absatz 6 Satz 4 hinsichtlich der Protokollierung § 36 Absatz 6 entsprechend.

(2) [1] Einer Person darf auf Antrag schriftlich über die zu einem Dritten als Halter im örtlichen oder im Zentralen Fahrzeugregister gespeicherten Fahrzeugdaten unentgeltlich Auskunft erteilt werden, wenn

1. der Antragsteller
   a) nachweist, dass die Verfügungsbefugnis des Halters über dessen Fahrzeuge gesetzlich oder in Folge gerichtlicher Anordnung auf den Antragsteller übergegangen ist oder auch vom Antragsteller ausgeübt werden kann, und
   b) glaubhaft macht, dass er die Daten zur Wahrnehmung straßenverkehrsrechtlicher Angelegenheiten des Halters benötigt,
2. der Antragsteller die Daten auf andere Weise entweder nicht oder nur mit unverhältnismäßigem Aufwand erlangen könnte und
3. kein Grund zu der Annahme besteht, dass durch die Auskunft schutzwürdige Interessen des Halters beeinträchtigt werden.

[2] Für die sichere Identifizierung bei der Antragstellung und für die elektronische Auskunftserteilung gilt § 30 Absatz 8 Satz 2 und 3 entsprechend; abweichend von § 35 Absatz 6 Satz 4 gilt hinsichtlich der Protokollierung § 36 Absatz 6 entsprechend.

§ 40[4)] Übermittlung sonstiger Daten. [1] Die nach § 33 Abs. 2 gespeicherten Daten über Beruf und Gewerbe (Wirtschaftszweig) dürfen nur für die Zwecke nach § 32 Abs. 1 Nr. 4 und 5 an die hierfür zuständigen Behörden übermittelt werden. [2] Außerdem dürfen diese Daten für Zwecke der Statistik (§ 38a Abs. 1) übermittelt werden; die Zulässigkeit und die Durchführung von statistischen Vorhaben richten sich nach § 38a.

§ 41[5)] Übermittlungssperren. (1) Die Anordnung von Übermittlungssperren in den Fahrzeugregistern ist zulässig, wenn erhebliche öffentliche Interessen gegen die Offenbarung der Halterdaten bestehen.

(2) Außerdem sind Übermittlungssperren auf Antrag der betroffenen Person anzuordnen, wenn sie glaubhaft macht, dass durch die Übermittlung ihre schutzwürdigen Interessen beeinträchtigt würden.

[1)] § 39a eingef. mWv 28.7.2021 durch G v. 12.7.2021 (BGBl. I S. 3091).

[2)] Nr. **36.3**.

[3)] **Sartorius Nr. 565.**

[4)] § 40 Abs. 2 Nr. 2 geänd. mWv 1.8.2007 durch G v. 19.7.2007 (BGBl. I S. 1460); Abs. 2 aufgeh. mWv 31.8.2013 durch G v. 28.8.2013 (BGBl. I S. 3310).

[5)] § 41 Abs. 2, Abs. 3 Sätze 3 und 4 und Abs. 4 Satz 2 geänd. mWv 26.11.2019 durch G v. 20.11.2019 (BGBl. I S. 1626); Abs. 3 Sätze 2 und 3 aufgeh., bish. Satz 4 wird Satz 2, Abs. 4 Satz 3 aufgeh., Abs. 5 angef. mWv 28.7.2021 durch G v. 12.7.2021 (BGBl. I S. 3091).

(3) [1]Die Übermittlung trotz bestehender Sperre ist im Einzelfall zulässig, wenn an der Kenntnis der gesperrten Daten ein überwiegendes öffentliches Interesse, insbesondere an der Verfolgung von Straftaten besteht. [2]Vor der Übermittlung ist der betroffenen Person Gelegenheit zur Stellungnahme zu geben, es sei denn, die Anhörung würde dem Zweck der Übermittlung zuwiderlaufen.

(4) [1]Die Übermittlung trotz bestehender Sperre ist im Einzelfall außerdem zulässig, wenn die Geltendmachung, Sicherung oder Vollstreckung oder die Befriedigung oder Abwehr von Rechtsansprüchen im Sinne des § 39 Abs. 1 und 2 sonst nicht möglich wäre. [2]Vor der Übermittlung ist der betroffenen Person Gelegenheit zur Stellungnahme zu geben.

(5) [1]Über die Aufhebung im Einzelfall nach den Absätzen 3 und 4 entscheidet die für die Anordnung der Sperre zuständige Behörde (sperrende Behörde). [2]Will diese an der Sperre festhalten, weil sie das die Sperre begründende öffentliche Interesse im Sinne des Absatzes 1 für überwiegend hält oder weil sie die Beeinträchtigung schutzwürdiger Interessen der betroffenen Person im Sinne des Absatzes 2 als vorrangig ansieht, führt sie die Entscheidung der nach Landesrecht hierfür zuständigen Behörde oder, wenn eine solche Regelung nicht getroffen ist, der obersten Landesbehörde herbei. [3]Im Fall der Aufhebung im Einzelfall wird die Übermittlung der für das Ersuchen erforderlichen Fahrzeug- und Halterdaten durch die sperrende Behörde vorgenommen. [4]Hierfür dürfen der sperrenden Behörde bei von ihr festgestellter Erforderlichkeit auf ihr Verlangen die Fahrzeug- und Halterdaten von den Registerbehörden übermittelt werden. [5]Die sperrende Behörde hat diese übermittelten Daten nach Abschluss des Verfahrens unverzüglich zu löschen.

§ 42[1)] Datenabgleich zur Beseitigung von Fehlern. (1) [1]Bei Zweifeln an der Identität eines eingetragenen Halters mit dem Halter, auf den sich eine neue Mitteilung bezieht, dürfen die Datenbestände des Fahreignungsregisters und des Zentralen Fahrerlaubnisregisters zur Identifizierung dieser Halter verwendet werden. [2]Ist die Feststellung der Identität der betreffenden Halter auf diese Weise nicht möglich, dürfen die auf Anfrage aus den Melderegistern übermittelten Daten zur Behebung der Zweifel verwendet werden. [3]Die Zulässigkeit der Übermittlung durch die Meldebehörden richtet sich nach den Meldegesetzen der Länder. [4]Können die Zweifel an der Identität der betreffenden Halter nicht ausgeräumt werden, werden die Eintragungen über beide Halter mit einem Hinweis auf die Zweifel an deren Identität versehen.

(2) [1]Die nach § 33 im Zentralen Fahrzeugregister gespeicherten Daten dürfen den Zulassungsbehörden übermittelt werden, soweit dies erforderlich ist, um Fehler und Abweichungen in deren Register festzustellen und zu beseitigen und um diese örtlichen Register zu vervollständigen. [2]Die nach § 33 im örtlichen Fahrzeugregister gespeicherten Daten dürfen dem Kraftfahrt-Bundesamt übermittelt werden, soweit dies erforderlich ist, um Fehler und Abweichungen im Zentralen Fahrzeugregister festzustellen und zu beseitigen sowie das Zentrale Fahrzeugregister zu vervollständigen. [3]Die nach § 33 im örtlichen oder im Zentralen Fahrzeugregister gespeicherten Daten dürfen an

---

[1)] § 42 Abs. 3 Satz 1 geänd. mWv 1.7.2009 durch G v. 29.5.2009 (BGBl. I S. 1170); Abs. 1 Satz 1 *geänd. mWv 1.5.2014 durch G v. 28.8.2013* (BGBl. I S. 3313); Überschrift neu gef., Abs. 1 Sätze 1 und 2 geänd. mWv 26.11.2019 durch G v. 20.11.2019 (BGBl. I S. 1626); Abs. 2 Sätze 3 und 4 eingef., bish. Satz 3 wird Satz 5 und geänd. mWv 28.7.2021 durch G v. 12.7.2021 (BGBl. I S. 3091).

die Versicherer im Sinne des § 34 Absatz 5 übermittelt werden, soweit dies erforderlich ist, um Fehler und Abweichungen im örtlichen oder im Zentralen Fahrzeugregister festzustellen und zu beseitigen sowie um diese Register zu vervollständigen. [4]Die nach § 33 im Zentralen Fahrzeugregister gespeicherten Daten dürfen an die Technischen Prüfstellen, die amtlich anerkannten Überwachungsorganisationen und die anerkannten Kraftfahrzeugwerkstätten, soweit diese Werkstätten Sicherheitsprüfungen durchführen, sowie an ihre jeweiligen Kopfstellen im Sinne des § 34 Absatz 6 übermittelt werden, soweit dies erforderlich ist, um Fehler und Abweichungen im Zentralen Fahrzeugregister festzustellen und zu beseitigen sowie um dieses Register zu vervollständigen. [5]Die Übermittlung nach nach den Sätzen 1 bis 4 ist nur zulässig, wenn Anlass zu der Annahme besteht, dass die Register unrichtig oder unvollständig sind.

(3) [1]Die nach § 33 im Zentralen Fahrzeugregister oder im zuständigen örtlichen Fahrzeugregister gespeicherten Halter- und Fahrzeugdaten dürfen der für die Ausübung der Verwaltung der Kraftfahrzeugsteuer zuständigen Behörde übermittelt werden, soweit dies für Maßnahmen zur Durchführung des Kraftfahrzeugsteuerrechts erforderlich ist, um Fehler und Abweichungen in den Datenbeständen der für die Ausübung der Verwaltung der Kraftfahrzeugsteuer zuständigen Behörden festzustellen und zu beseitigen und um diese Datenbestände zu vervollständigen. [2]Die Übermittlung nach Satz 1 ist nur zulässig, wenn Anlass zu der Annahme besteht, dass die Datenbestände unrichtig oder unvollständig sind.

§ 43[1)] Allgemeine Vorschriften für die Datenübermittlung an und die Verarbeitung der Daten durch den Empfänger. (1) [1]Übermittlungen von Daten aus den Fahrzeugregistern sind nur auf Ersuchen zulässig, es sei denn, auf Grund besonderer Rechtsvorschrift wird bestimmt, dass die Registerbehörde bestimmte Daten von Amts wegen zu übermitteln hat. [2]Die Verantwortung für die Zulässigkeit der Übermittlung trägt die übermittelnde Stelle. [3]Erfolgt die Übermittlung auf Ersuchen des Empfängers, trägt dieser die Verantwortung. [4]In diesem Fall prüft die übermittelnde Stelle nur, ob das Übermittlungsersuchen im Rahmen der Aufgaben des Empfängers liegt, es sei denn, dass besonderer Anlass zur Prüfung der Zulässigkeit der Übermittlung besteht. [5]Begründet sich der besondere Anlass nach Satz 4 in Zweifeln an der Identität einer Person, auf die sich ein Ersuchen auf Datenübermittlung bezieht, gilt § 42 Absatz 1 Satz 1 bis 3 entsprechend.

(2) [1]Der Empfänger darf die übermittelten Daten nur zu dem Zweck verarbeiten, zu dessen Erfüllung sie ihm übermittelt worden sind. [2]Der Empfänger darf die übermittelten Daten auch für andere Zwecke verarbeiten, soweit sie ihm auch für diese Zwecke hätten übermittelt werden dürfen. [3]Ist der Empfänger eine nichtöffentliche Stelle, hat die übermittelnde Stelle ihn darauf hinzuweisen. [4]Eine Verarbeitung für andere Zwecke durch nichtöffentliche Stellen bedarf der Zustimmung der übermittelnden Stelle.

§ 44[2)] Löschung der Daten in den Fahrzeugregistern. (1) Die nach § 33 Abs. 1 und 2 gespeicherten Daten sind in den Fahrzeugregistern spätestens zu löschen, wenn sie für die Aufgaben nach § 32 nicht mehr benötigt werden.

---

1) § 43 Überschrift neu gef., Abs. 2 Sätze 1, 2 und 4 geänd. mWv 26.11.2019 durch G v. 20.11.2019 (BGBl. I S. 1626); Abs. 1 Satz 5 angef. mWv 28.7.2021 durch G v. 12.7.2021 (BGBl. I S. 3091).

2) § 44 Abs. 1 Satz 2 aufgeh. mWv 26.11.2019 durch G v. 20.11.2019 (BGBl. I S. 1626).

(2) Die Daten über Fahrtenbuchauflagen (§ 33 Abs. 3) sind nach Wegfall der Auflage zu löschen.

§ 45[1)] Anonymisierte Daten. [1] Auf die Verarbeitung von Daten, die keinen Bezug zu einer bestimmten oder bestimmbaren Person ermöglichen, finden die Vorschriften dieses Abschnitts keine Anwendung. [2] Zu den Daten, die einen Bezug zu einer bestimmten oder bestimmbaren Person ermöglichen, gehören auch das Kennzeichen eines Fahrzeugs, die Fahrzeug-Identifizierungsnummer und die Fahrzeugbriefnummer.

§ 46 (weggefallen)

§ 47[2)] Verordnungsermächtigungen, Ausführungsvorschriften. Das Bundesministerium für Verkehr und digitale Infrastruktur wird ermächtigt, Rechtsverordnung[3)] mit Zustimmung des Bundesrates zu erlassen

1. darüber,
   a) welche im Einzelnen zu bestimmenden Fahrzeugdaten (§ 33 Abs. 1 Satz 1 Nr. 1) und
   b) welche Halterdaten nach § 33 Abs. 1 Satz 1 Nr. 2 in welchen Fällen der Zuteilung oder Ausgabe des Kennzeichens unter Berücksichtigung der in § 32 genannten Aufgaben

   im örtlichen und im Zentralen Fahrzeugregister jeweils gespeichert (§ 33 Abs. 1) und zur Speicherung erhoben (§ 34 Abs. 1) werden,

1a. darüber, welche im Einzelnen zu bestimmenden Fahrzeugdaten und Daten über Prüfungen und Untersuchungen einschließlich der durchführenden Stellen und Kennungen zur Feststellung der für die Durchführung der Prüfung oder Untersuchung Verantwortlichen die Technischen Prüfstellen, amtlich anerkannten Überwachungsorganisationen und anerkannten Kraftfahrzeugwerkstätten, soweit diese Werkstätten Sicherheitsprüfungen durchführen, zur Speicherung im Zentralen Fahrzeugregister nach § 34 Absatz 6 mitzuteilen haben, und über die Einzelheiten des Mitteilungs- sowie des Auskunftsverfahrens,

2. darüber, welche im Einzelnen zu bestimmenden Fahrzeugdaten die Versicherer zur Speicherung im Zentralen Fahrzeugregister nach § 34 Abs. 5 Satz 2 mitzuteilen haben,

3. über die regelmäßige Übermittlung der Daten nach § 35 Abs. 5, insbesondere über die Art der Übermittlung sowie die Art und den Umfang der zu übermittelnden Daten,

4. über die Art und den Umfang der zu übermittelnden Daten und die Maßnahmen zur Sicherung gegen Missbrauch beim Abruf im automatisierten Verfahren nach § 36 Abs. 5,

---

1) § 45 Satz 1 geänd. mWv 26.11.2019 durch G v. 20.11.2019 (BGBl. I S. 1626).

2) § 47 Abs. 1 Nr. 5a geänd. mWv 19.7.2006 durch G v. 10.7.2006 (BGBl. I S. 1458); Abs. 2 aufgeh., bish. Abs. 1 einl. Satzteil geänd. mWv 18.8.2006 durch G v. 14.8.2006 (BGBl. I S. 1958); einl. Satzteil geänd. mWv 5.12.2014 durch G v. 28.11.2014 (BGBl. I S. 1802); Nr. 1a eingef. mWv 7.12.2016 durch G v. 28.11.2016 (BGBl. I S. 2722); Überschrift geänd. mWv 28.7.2021 durch G v. 12.7.2021 (BGBl. I S. 3091).

3) Fahrzeug-Zulassungsverordnung – FZV v. 3.2.2011 (BGBl. I S. 139), zuletzt geänd. durch G v. 12.7.2021 (BGBl. I S. 3091).

4a. über die Art und den Umfang der zu übermittelnden Daten und die Maßnahmen zur Sicherung gegen Mißbrauch nach § 36a,
5. über Einzelheiten des Verfahrens nach § 36 Abs. 7 Satz 2,
5a. über die Art und den Umfang der zu übermittelnden Daten, die Bestimmung der Empfänger und den Geschäftsweg bei Übermittlungen nach § 37 Abs. 1 und 1a,
5b. darüber, welche Daten nach § 37a Abs. 1 durch Abruf im automatisierten Verfahren übermittelt werden dürfen,
5c. über die Bestimmung, welche ausländischen öffentlichen Stellen zum Abruf im automatisierten Verfahren nach § 37a Abs. 1 befugt sind,
6. über das Verfahren bei Übermittlungssperren sowie über die Speicherung, Änderung und die Aufhebung der Sperren nach § 33 Abs. 4 und § 41 und
7. über die Löschung der Daten nach § 44, insbesondere über die Voraussetzungen und Fristen für die Löschung.

VI. Fahrerlaubnisregister

§ 48[1] Registerführung und Registerbehörden. (1) [1]Die Fahrerlaubnisbehörden (§ 2 Abs. 1) führen im Rahmen ihrer örtlichen Zuständigkeit ein Register (örtliche Fahrerlaubnisregister) über

1. von ihnen erteilte Fahrerlaubnisse sowie die entsprechenden Führerscheine,
2. Entscheidungen, die Bestand, Art und Umfang von Fahrerlaubnissen oder sonstige Berechtigungen, ein Fahrzeug zu führen, betreffen.

[2]Abweichend von Satz 1 Nr. 2 darf die zur Erteilung einer Prüfbescheinigung zuständige Stelle Aufzeichnungen über von ihr ausgegebene Bescheinigungen für die Berechtigung zum Führen fahrerlaubnisfreier Fahrzeuge führen. [3]Sobald ein örtliches Fahrerlaubnisregister nach Maßgabe des § 65 Absatz 2 Satz 1 nicht mehr geführt werden darf, gilt Satz 1 in Verbindung mit Satz 2 nur noch für die in § 65 Absatz 2a bezeichneten Daten.

(2) Das Kraftfahrt-Bundesamt führt ein Register über Fahrerlaubnisse und die entsprechenden Führerscheine (Zentrales Fahrerlaubnisregister), die von den nach Landesrecht für den Vollzug des Fahrerlaubnisrechtes zuständigen Behörden (Fahrerlaubnisbehörden) erteilt sind.

(3) [1]Bei einer zentralen Herstellung der Führscheine übermittelt die Fahrerlaubnisbehörde dem Hersteller die hierfür notwendigen Daten. [2]Der Hersteller darf ausschließlich zum Nachweis des Verbleibs der Führerscheine alle Führerscheinnummern der hergestellten Führerscheine speichern. [3]Die Speicherung der übrigen im Führerschein enthaltenen Angaben beim Hersteller ist unzulässig, soweit sie nicht ausschließlich und vorübergehend der Herstellung des Führerscheins dient; die Angaben sind anschließend zu löschen. [4]Die Daten nach den Sätzen 1 und 2 dürfen nach näherer Bestimmung durch Rechtsverordnung gemäß § 63 Nummer 1 an das Kraftfahrt-Bundesamt zur Speicherung im Zentralen Fahrerlaubnisregister übermittelt werden; sie sind dort spätestens nach Ablauf von zwölf Monaten zu löschen, sofern dem Amt die Erteilung oder Änderung der Fahrerlaubnis innerhalb dieser Frist nicht mitgeteilt wird;

[1] § 48 Abs. 1 Satz 1 Nr. 1 geänd., Satz 3 angef., Abs. 2 neu gef. mWv 1.1.2015 durch G v. 28.11. 2014 (BGBl. I S. 1802); Abs. 3 Satz 4 geänd. mWv 7.12.2016 durch G v. 28.11.2016 (BGBl. I S. 2722).

beim Hersteller sind die Daten nach der Übermittlung zu löschen. [5] Vor Eingang der Mitteilung beim Kraftfahrt-Bundesamt über die Erteilung oder Änderung der Fahrerlaubnis darf das Amt über die Daten keine Auskunft erteilen.

§ 49[1)] Zweckbestimmung der Register. (1) Die örtlichen Fahrerlaubnisregister und das Zentrale Fahrerlaubnisregister werden geführt zur Speicherung von Daten, die erforderlich sind, um feststellen zu können, welche Fahrerlaubnisse und welche Führerscheine eine Person besitzt oder für welche sie die Neuerteilung beantragen kann.

(2) Die örtlichen Fahrerlaubnisregister werden außerdem geführt zur Speicherung von Daten, die erforderlich sind

1. für die Beurteilung der Eignung und Befähigung von Personen zum Führen von Kraftfahrzeugen und
2. für die Prüfung der Berechtigung zum Führen von Fahrzeugen.

§ 50[2)] Inhalt der Fahrerlaubnisregister. (1) In den örtlichen Fahrerlaubnisregistern und im Zentralen Fahrerlaubnisregister werden gespeichert

1. Familiennamen, Geburtsnamen, sonstige frühere Namen, Vornamen, Ordens- oder Künstlername, Doktorgrad, Geschlecht, Tag und Ort der Geburt,
2. nach näherer Bestimmung durch Rechtsverordnung gemäß § 63 Nummer 2 Daten über Erteilung und Registrierung (einschließlich des Umtauschs oder der Registrierung einer deutschen Fahrerlaubnis im Ausland), Bestand, Art, Umfang, Gültigkeitsdauer, Verlängerung und Änderung der Fahrerlaubnis, Datum des Beginns und des Ablaufs der Probezeit, Nebenbestimmungen zur Fahrerlaubnis, über Führerscheine und deren Geltung einschließlich der Ausschreibung zur Sachfahndung, sonstige Berechtigungen, ein Kraftfahrzeug zu führen, sowie Hinweise auf Eintragungen im Fahreignungsregister, die die Berechtigung zum Führen von Kraftfahrzeugen berühren.

(2) In den örtlichen Fahrerlaubnisregistern dürfen außerdem gespeichert werden

1. die Anschrift und die E-Mail-Adresse, soweit vom Antragsteller angegeben, der betroffenen Person, Staatsangehörigkeit, Art des Ausweisdokuments sowie
2. nach näherer Bestimmung durch Rechtsverordnung gemäß § 63 Nummer 2 Daten über
   a) Versagung, Entziehung, Widerruf und Rücknahme der Fahrerlaubnis, Verzicht auf die Fahrerlaubnis, isolierte Sperren, Fahrverbote sowie die Beschlagnahme, Sicherstellung und Verwahrung von Führerscheinen sowie Maßnahmen nach § 2a Abs. 2 und § 4 Absatz 5,
   b) Verbote oder Beschränkungen, ein Fahrzeug zu führen.

(3) Im Zentralen Fahrerlaubnisregister dürfen zusätzlich zu Absatz 1 der Grund des Erlöschens der Fahrerlaubnis oder einer Fahrerlaubnisklasse, die

---

1) § 49 Abs. 1 geänd. mWv 1.1.2015 durch G v. 28.11.2014 (BGBl. I S. 1802).

2) § 50 Abs. 1 Nr. 2 und Abs. 2 Nr. 2 Buchst. a geänd. mWv 1.5.2014 durch G v. 28.8.2013 (BGBl. I S. 3313); Abs. 3 und 4 angef. mWv 1.1.2015 durch G v. 28.11.2014 (BGBl. I S. 1802); Abs. 1 Nr. 2, Abs. 2 Nr. 1 und 2 geänd. mWv 7.12.2016 durch G v. 28.11.2016 (BGBl. I S. 2722); Abs. 2 Nr. 1 geänd. mWv 26.11.2019 durch G v. 20.11.2019 (BGBl. I S. 1626); Abs. 2 Nr. 1 geänd. mWv 1.6.2020 durch G v. 5.12.2019 (BGBl. I S. 2008).

Dauer der Probezeit einschließlich der Restdauer nach vorzeitiger Beendigung der Probezeit, Beginn und Ende einer Hemmung der Probezeit und die Behörde, die die Unterlagen im Zusammenhang mit dem Erteilen, dem Entziehen oder dem Erlöschen einer Fahrerlaubnis oder Fahrerlaubnisklasse (Fahrerlaubnisakte) führt, gespeichert werden.

(4) Sobald ein örtliches Fahrerlaubnisregister nach Maßgabe des § 65 Absatz 2 Satz 1 nicht mehr geführt werden darf, gelten die Absätze 1 und 2 im Hinblick auf die örtlichen Fahrerlaubnisregister nur noch für die in § 65 Absatz 2a bezeichneten Daten.

§ 51[1] Mitteilung an das Zentrale Fahrerlaubnisregister. Die Fahrerlaubnisbehörden teilen dem Kraftfahrt-Bundesamt zur Speicherung im Zentralen Fahrerlaubnisregister unverzüglich die auf Grund des § 50 Abs. 1 zu speichernden oder zu einer Änderung oder Löschung einer Eintragung führenden Daten mit.

§ 52[2] Übermittlung. (1) Die in den Fahrerlaubnisregistern gespeicherten Daten dürfen an die Stellen, die

1. für die Verfolgung von Straftaten, zur Vollstreckung oder zum Vollzug von Strafen,
2. für die Verfolgung von Ordnungswidrigkeiten und die Vollstreckung von Bußgeldbescheiden und ihren Nebenfolgen nach diesem Gesetz oder
3. für Verwaltungsmaßnahmen auf Grund dieses Gesetzes oder der auf ihm beruhenden Rechtsvorschriften, soweit es um Fahrerlaubnisse, Führerscheine oder sonstige Berechtigungen, ein Fahrzeug zu führen, geht,

zuständig sind, übermittelt werden, soweit dies zur Erfüllung der diesen Stellen obliegenden Aufgaben zu den in § 49 genannten Zwecken jeweils erforderlich ist.

(2) Die in den Fahrerlaubnisregistern gespeicherten Daten dürfen zu den in § 49 Abs. 1 und 2 Nr. 2 genannten Zwecken an die für Verkehrs- und Grenzkontrollen zuständigen Stellen sowie an die für Straßenkontrollen zuständigen Stellen übermittelt werden, soweit dies zur Erfüllung ihrer Aufgaben erforderlich ist.

(3) Das Kraftfahrt-Bundesamt hat entsprechend § 35 Abs. 6 Satz 1 und 2 Aufzeichnungen über die Übermittlungen nach den Absätzen 1 und 2 zu führen.

§ 53[3] Direkteinstellung und Abruf im automatisierten Verfahren.

(1) Den Stellen, denen die Aufgaben nach § 52 obliegen, dürfen die hierfür jeweils erforderlichen Daten aus dem Zentralen Fahrerlaubnisregister und den örtlichen Fahrerlaubnisregistern zu den in § 49 genannten Zwecken durch Abruf im automatisierten Verfahren übermittelt werden.

---

[1] § 51 geänd. mWv 9.12.2010 durch G v. 2.12.2010 (BGBl. I S. 1748).

[2] § 52 Abs. 2 geänd. mWv 1.1.2009 durch G v. 6.11.2008 (BGBl. I S. 2162).

[3] § 53 Überschrift neu gef., Abs. 1a eingef., Abs. 2 einl. Satzteil und Nr. 2 geänd., Abs. 3 Satz 1 neu gef., Satz 3 geänd., Abs. 4 Satz 1 neu gef. mWv 9.12.2010 durch G v. 2.12.2010 (BGBl. I S. 1748); Abs. 2 einl. Satzteil, Abs. 4 Satz 2 geänd. mWv 7.12.2016 durch G v. 28.11.2016 (BGBl. I S. 2722); Abs. 2 Nr. 1 neu gef. mWv 26.11.2019 durch G v. 20.11.2019 (BGBl. I S. 1626).

(1a) Die Fahrerlaubnisbehörden dürfen die Daten, die sie nach § 51 dem Kraftfahrt-Bundesamt mitzuteilen haben, im Wege der Datenfernübertragung durch Direkteinstellung übermitteln.

(2) Die Einrichtung von Anlagen zur Direkteinstellung oder zum Abruf im automatisierten Verfahren ist nur zulässig, wenn nach näherer Bestimmung durch Rechtsverordnung gemäß § 63 Nummer 4 gewährleistet ist, dass

1. die erforderlichen technischen und organisatorischen Maßnahmen nach den Artikeln 24, 25 und 32 der Verordnung (EU) 2016/679 zur Sicherstellung des Datenschutzes und der Datensicherheit getroffen werden und
2. die Zulässigkeit der Direkteinstellung oder der Abrufe nach Maßgabe des Absatzes 3 kontrolliert werden kann.

(3) [1] Das Kraftfahrt-Bundesamt oder die Fahrerlaubnisbehörde als übermittelnde Stellen haben über die Direkteinstellungen und die Abrufe Aufzeichnungen zu fertigen, die die bei der Durchführung der Direkteinstellungen oder der Abrufe verwendeten Daten, den Tag und die Uhrzeit der Direkteinstellungen oder der Abrufe, die Kennung der einstellenden oder abrufenden Dienststelle und die eingestellten oder abgerufenen Daten enthalten müssen. [2] Die protokollierten Daten dürfen nur für Zwecke der Datenschutzkontrolle, der Datensicherung oder zur Sicherstellung eines ordnungsgemäßen Betriebs der Datenverarbeitungsanlage verwendet werden, es sei denn, es liegen Anhaltspunkte dafür vor, dass ohne ihre Verwendung die Verhinderung oder Verfolgung einer schwerwiegenden Straftat gegen Leib, Leben oder Freiheit einer Person aussichtslos oder wesentlich erschwert wäre. [3] Die Protokolldaten sind durch geeignete Vorkehrungen gegen zweckfremde Verwendung und gegen sonstigen Missbrauch zu schützen und beim Abruf nach sechs Monaten und bei der Direkteinstellung mit Vollendung des 110. Lebensjahres der betroffenen Person zu löschen.

(4) [1] Bei Direkteinstellungen in das und bei Abrufen aus dem Zentralen Fahrerlaubnisregister sind vom Kraftfahrt-Bundesamt weitere Aufzeichnungen zu fertigen, die sich auf den Anlass der Direkteinstellung oder des Abrufs erstrecken und die Feststellung der für die Direkteinstellung oder den Abruf verantwortlichen Person ermöglichen. [2] Das Nähere wird durch Rechtsverordnung (§ 63 Nummer 4) bestimmt. [3] Dies gilt entsprechend für Abrufe aus den örtlichen Fahrerlaubnisregistern.

(5) [1] Aus den örtlichen Fahrerlaubnisregistern ist die Übermittlung der Daten durch Einsichtnahme in das Register außerhalb der üblichen Dienstzeiten an die für den betreffenden Bezirk zuständige Polizeidienststelle zulässig, wenn

1. dies im Rahmen der in § 49 Abs. 1 und 2 Nr. 2 genannten Zwecke für die Erfüllung der der Polizei obliegenden Aufgaben erforderlich ist und
2. ohne die sofortige Einsichtnahme die Erfüllung dieser Aufgaben gefährdet wäre.

[2] Die Polizeidienststelle hat die Tatsache der Einsichtnahme, deren Datum und Anlass sowie den Namen des Einsichtnehmenden aufzuzeichnen; die Aufzeichnungen sind für die Dauer eines Jahres aufzubewahren und nach Ablauf des betreffenden Kalenderjahres zu vernichten.

§ 54[1)] Automatisiertes Mitteilungs-, Anfrage- und Auskunftsverfahren beim Kraftfahrt-Bundesamt. [1] Die Übermittlung der Daten an das Zentrale Fahrerlaubnisregister und aus dem Zentralen Fahrerlaubnisregister nach den §§ 51, 52 und 55 darf nach näherer Bestimmung durch Rechtsverordnung gemäß § 63 Nummer 5 auch in einem automatisierten Mitteilungs-, Anfrage- und Auskunftsverfahren erfolgen. [2] Für die Einrichtung und Durchführung des Verfahrens gilt § 30b Abs. 1 Satz 2, Abs. 2 und 3 entsprechend. [3] Die Protokolldaten der Mitteilungen sind mit Vollendung des 110. Lebensjahres der betroffenen Person zu löschen.

§ 55[2)] Übermittlung von Daten an Stellen außerhalb des Geltungsbereiches dieses Gesetzes. (1) Die auf Grund des § 50 gespeicherten Daten dürfen von den Registerbehörden an die hierfür zuständigen Stellen anderer Staaten übermittelt werden, soweit dies

1. für Verwaltungsmaßnahmen auf dem Gebiet des Straßenverkehrs,
2. zur Verfolgung von Zuwiderhandlungen gegen Rechtsvorschriften auf dem Gebiet des Straßenverkehrs oder
3. zur Verfolgung von Straftaten, die im Zusammenhang mit dem Straßenverkehr oder sonst mit Kraftfahrzeugen oder Anhängern oder Fahrzeugpapieren, Fahrerlaubnissen oder Führerscheinen stehen,

erforderlich ist.

(2) Der Empfänger ist darauf hinzuweisen, dass die übermittelten Daten nur zu dem Zweck verarbeitet werden dürfen, zu dessen Erfüllung sie ihm übermittelt werden.

(3) Die Übermittlung unterbleibt, wenn durch sie schutzwürdige Interessen der betroffenen Person beeinträchtigt würden, insbesondere wenn im Empfängerland ein angemessener Datenschutzstandard nicht gewährleistet ist.

§ 56[3)] Abruf im automatisierten Verfahren durch Stellen außerhalb des Geltungsbereiches dieses Gesetzes. (1) Durch Abruf im automatisierten Verfahren dürfen aus dem Zentralen Fahrerlaubnisregister für die in § 55 Abs. 1 genannten Maßnahmen an die hierfür zuständigen öffentlichen Stellen in einem Mitgliedstaat der Europäischen Union oder einem anderen Vertragsstaat des Abkommens über den Europäischen Wirtschaftsraum die zu deren Aufgabenerfüllung erforderlichen Daten nach näherer Bestimmung durch Rechtsverordnung gemäß § 63 Nummer 6 übermittelt werden.

(2) [1] Der Abruf ist nur zulässig, wenn

1. diese Form der Datenübermittlung unter Berücksichtigung der schutzwürdigen Interessen der betroffenen Personen wegen der Vielzahl der Übermittlungen oder wegen ihrer besonderen Eilbedürftigkeit angemessen ist und
2. der Empfängerstaat die Verordnung (EU) 2016/679 anwendet.

[2] § 53 Abs. 2 und 3 sowie Abs. 4 wegen des Anlasses der Abrufe ist entsprechend anzuwenden.

[1)] § 54 Überschrift und Satz 1 neu gef., Satz 3 angef. mWv 9.12.2010 durch G v. 2.12.2010 (BGBl. I S. 1748); Satz 1 geänd. mWv 7.12.2016 durch G v. 28.11.2016 (BGBl. I S. 2722).

[2)] § 55 Abs. 2 und 3 geänd. mWv 26.11.2019 durch G v. 20.11.2019 (BGBl. I S. 1626).

[3)] § 56 Abs. 1 geänd. mWv 7.12.2016 durch G v. 28.11.2016 (BGBl. I S. 2722); Abs. 2 Satz 1 einl. Satzteil und Nr. 1 geänd., Nr. 2 neu gef. mWv 26.11.2019 durch G v. 20.11.2019 (BGBl. I S. 1626).

§ 57[1)] Übermittlung an und Verwendung durch den Empfänger für wissenschaftliche, statistische und gesetzgeberische Zwecke. Für die Übermittlung und Verwendung der nach § 50 gespeicherten Daten für wissenschaftliche Zwecke gilt § 38, für statistische Zwecke § 38a und für gesetzgeberische Zwecke § 38b jeweils entsprechend.

§ 58[2)] Auskunft über eigene Daten aus den Registern. [1] Einer Privatperson wird auf Antrag schriftlich über den sie betreffenden Inhalt des örtlichen oder des Zentralen Fahrerlaubnisregisters unentgeltlich Auskunft erteilt. [2] Der Antragsteller hat dem Antrag einen Identitätsnachweis beizufügen und den Antrag, wenn er schriftlich gestellt wird, eigenhändig zu unterschreiben. [3] Die Auskunft kann elektronisch erteilt werden, wenn der Antrag unter Nutzung des elektronischen Identitätsnachweises nach § 18 des Personalausweisgesetzes[3)], nach § 12 des eID-Karte-Gesetzes oder nach § 78 Absatz 5 des Aufenthaltsgesetzes[4)] gestellt wird. [4] Hinsichtlich der Protokollierung gilt § 53 Absatz 3 entsprechend.

§ 59[5)] Datenabgleich zur Beseitigung von Fehlern. (1) [1] Bei Zweifeln an der Identität einer eingetragenen Person mit der Person, auf die sich eine Mitteilung nach § 51 bezieht, dürfen die Datenbestände des Fahreignungsregisters und des Zentralen Fahrzeugregisters zur Identifizierung dieser Personen verwendet werden. [2] Ist die Feststellung der Identität der betreffenden Personen auf diese Weise nicht möglich, dürfen die auf Anfrage aus den Melderegistern übermittelten Daten zur Behebung der Zweifel verwendet werden. [3] Die Zulässigkeit der Übermittlung durch die Meldebehörden richtet sich nach den Meldegesetzen der Länder. [4] Können die Zweifel an der Identität der betreffenden Personen nicht ausgeräumt werden, werden die Eintragungen über beide Personen mit einem Hinweis auf die Zweifel an deren Identität versehen.

(2) Die regelmäßige Verwendung der auf Grund des § 28 Abs. 3 im Fahreignungsregister gespeicherten Daten ist zulässig, um Fehler und Abweichungen bei den Personendaten sowie den Daten über Fahrerlaubnisse und Führerscheine der betreffenden Person im Zentralen Fahrerlaubnisregister festzustellen und zu beseitigen und um dieses Register zu vervollständigen.

(3) [1] Die nach § 50 Abs. 1 im Zentralen Fahrerlaubnisregister gespeicherten Daten dürfen den Fahrerlaubnisbehörden übermittelt werden, soweit dies erforderlich ist, um Fehler und Abweichungen in deren Registern festzustellen und zu beseitigen und um diese örtlichen Register zu vervollständigen. [2] Die nach § 50 Abs. 1 im örtlichen Fahrerlaubnisregister gespeicherten Daten dürfen dem Kraftfahrt-Bundesamt übermittelt werden, soweit dies erforderlich ist, um Fehler und Abweichungen im Zentralen Fahrerlaubnisregister festzustellen und

---

[1)] § 57 Überschrift neu gef. und Wortlaut geänd. mWv 26.11.2019 durch G v. 20.11.2019 (BGBl. I S. 1626).

[2)] § 58 Sätze 3 und 4 angef. mWv 1.8.2013 durch G v. 25.7.2013 (BGBl. I S. 2749); Satz 3 geänd. mWv 1.11.2019 durch G v. 21.6.2019 (BGBl. I S. 846); Satz 2 geänd. mWv 28.7.2021 durch G v. 12.7.2021 (BGBl. I S. 3091).

[3)] Nr. **36.3**.

[4)] **Sartorius Nr. 565.**

[5)] *§ 59 Abs. 1 Satz 1 und Abs.* 2 geänd. mWv 1.5.2014 durch G v. 28.8.2013 (BGBl. I S. 3313); Überschrift neu gef., Abs. 1 Sätze 1 und 2 sowie Abs. 2 geänd. mWv 26.11.2019 durch G v. 20.11. 2019 (BGBl. I S. 1626).

zu beseitigen und um dieses Register zu vervollständigen. [3]Die Übermittlungen nach den Sätzen 1 und 2 sind nur zulässig, wenn Anlass zu der Annahme besteht, dass die Register unrichtig oder unvollständig sind.

§ 60[1)] Allgemeine Vorschriften für die Datenübermittlung an und die Verarbeitung der Daten durch den Empfänger. (1) [1]Übermittlungen von Daten aus den Fahrerlaubnisregistern sind nur auf Ersuchen zulässig, es sei denn, auf Grund besonderer Rechtsvorschrift wird bestimmt, dass die Registerbehörde bestimmte Daten von Amts wegen zu übermitteln hat. [2]Die Verantwortung für die Zulässigkeit der Übermittlung trägt die übermittelnde Stelle. [3]Erfolgt die Übermittlung auf Ersuchen des Empfängers, trägt dieser die Verantwortung. [4]In diesem Fall prüft die übermittelnde Stelle nur, ob das Übermittlungsersuchen im Rahmen der Aufgaben des Empfängers liegt, es sei denn, dass besonderer Anlass zur Prüfung der Zulässigkeit der Übermittlung besteht. [5]Begründet sich der besondere Anlass nach Satz 4 in Zweifeln an der Identität einer Person, auf die sich ein Ersuchen auf Datenübermittlung bezieht, gilt § 59 Absatz 1 Satz 1 bis 3 entsprechend.

(2) Für die Verarbeitung der Daten durch den Empfänger gilt § 43 Abs. 2.

§ 61[2)] Löschung der Daten. (1) [1]Die auf Grund des § 50 im Zentralen Fahrerlaubnisregister gespeicherten Daten sind zu löschen, soweit

1. die zugrunde liegende Fahrerlaubnis vollständig oder hinsichtlich einzelner Fahrerlaubnisklassen erloschen ist oder
2. eine amtliche Mitteilung über den Tod der betroffenen Person eingeht.

[2]Die Angaben zur Probezeit werden ein Jahr nach deren Ablauf gelöscht. [3]Satz 1 Nummer 1 gilt nicht für die nach § 50 Absatz 1 Nummer 1 gespeicherten Daten, eine erloschene Fahrerlaubnis oder Fahrerlaubnisklasse, das Datum der jeweiligen Erteilung, das Datum des jeweiligen Erlöschens, den Grund des Erlöschens einer Fahrerlaubnis oder einer Fahrerlaubnisklasse, den Beginn und das Ende der Probezeit, die Dauer der Probezeit einschließlich der Restdauer nach einer vorzeitigen Beendigung, den Beginn und das Ende der Hemmung der Probezeit, die Beschränkungen und Auflagen zur Fahrerlaubnis oder Fahrerlaubnisklasse, die Fahrerlaubnisnummer und die Behörde, die die Fahrerlaubnisakte führt.

(2) Über die in Absatz 1 Satz 1 Nummer 1 genannten Daten darf nach dem Erlöschen der Fahrerlaubnis nur

1. den betroffenen Personen und
2. den Fahrerlaubnisbehörden zur Überprüfung im Verfahren zur Neuerteilung oder Erweiterung einer Fahrerlaubnis

Auskunft erteilt werden.

[1)] § 60 Überschrift neu gef., Abs. 2 geänd. mWv 26.11.2019 durch G v. 20.11.2019 (BGBl. I S. 1626); Abs. 1 Satz 5 angef. mWv 28.7.2021 durch G v. 12.7.2021 (BGBl. I S. 3091).

[2)] § 61 Abs. 2 neu gef. mWv 9.12.2010 durch G v. 2.12.2010 (BGBl. I S. 1748); Abs. 3 Satz 1 geänd. mWv 1.5.2014 durch G v. 28.8.2013 (BGBl. I S. 3313); Abs. 1 Satz 1 einl. Satzteil geänd., Nr. 1 neu gef., Satz 3 und Abs. 4 angef. mWv 1.1.2015 durch G v. 28.11.2014 (BGBl. I S. 1802); Abs. 1 Satz 1 Nr. 2 und Abs. 2 Nr. 1 geänd. mWv 26.11.2019 durch G v. 20.11.2019 (BGBl. I S. 1626).

(3) [1]Soweit die örtlichen Fahrerlaubnisregister Entscheidungen enthalten, die auch im Fahreignungsregister einzutragen sind, gilt für die Löschung § 29 entsprechend. [2]Für die Löschung der übrigen Daten gilt Absatz 1.

(4) Unbeschadet der Absätze 1 bis 3 sind die im Zentralen Fahrerlaubnisregister und den örtlichen Fahrerlaubnisregistern gespeicherten Daten mit Vollendung des 110. Lebensjahres der betroffenen Person zu löschen.

§ 62[1)] Register über die Dienstfahrerlaubnisse der Bundeswehr.

(1) [1]Die durch das Bundesministerium der Verteidigung bestimmte Dienststelle führt ein zentrales Register über die von den Dienststellen der Bundeswehr erteilten Dienstfahrerlaubnisse und ausgestellten Dienstführerscheine. [2]In dem Register dürfen auch die Daten gespeichert werden, die in den örtlichen Fahrerlaubnisregistern gespeichert werden dürfen.

(2) Im Zentralen Fahrerlaubnisregister beim Kraftfahrt-Bundesamt werden nur die in § 50 Abs. 1 Nr. 1 genannten Daten, die Tatsache des Bestehens einer Dienstfahrerlaubnis mit der jeweiligen Klasse und das Datum von Beginn und Ablauf einer Probezeit sowie die Fahrerlaubnisnummer gespeichert.

(3) Die im zentralen Register gemäß Absatz 1 und die gemäß Absatz 2 im zentralen Fahrerlaubnisregister beim Kraftfahrt-Bundesamt gespeicherten Daten sind nach Ablauf eines Jahres seit Ende der Möglichkeit zur Dienstleistung der betroffenen Person (§ 4 des Reservistinnen- und Reservistengesetzes), bei Grundwehrdienst Leistenden nach Ablauf eines Jahres seit Ende der Wehrpflicht der betroffenen Person (§ 3 Absatz 3 und 4 des Wehrpflichtgesetzes[2)]) zu löschen.

(4) [1]Im Übrigen finden die Vorschriften dieses Abschnitts mit Ausnahme der §§ 53 und 56 sinngemäß Anwendung. [2]Durch Rechtsverordnung gemäß § 63 Nummer 9 können Abweichungen von den Vorschriften dieses Abschnitts zugelassen werden, soweit dies zur Erfüllung der hoheitlichen Aufgaben erforderlich ist.

§ 63[3)] Verordnungsermächtigungen, Ausführungsvorschriften. Das Bundesministerium für Verkehr und digitale Infrastruktur wird ermächtigt, Rechtsverordnungen mit Zustimmung des Bundesrates zu erlassen

1. über die Übermittlung der Daten durch den Hersteller von Führerscheinen an das Kraftfahrt-Bundesamt und die dortige Speicherung nach § 48 Abs. 3 Satz 4,
2. darüber, welche Daten nach § 50 Abs. 1 Nr. 2 und Abs. 2 Nr. 2 im örtlichen und im Zentralen Fahrerlaubnisregister jeweils gespeichert werden dürfen,
3. über die Art und den Umfang der zu übermittelnden Daten nach den §§ 52 und 55 sowie die Bestimmung der Empfänger und den Geschäftsweg bei Übermittlungen nach § 55,

---

[1)] § 62 Abs. 4 Satz 2 geänd. mWv 7.12.2016 durch G v. 28.11.2016 (BGBl. I S. 2722); Abs. 3 geänd. mWv 26.11.2019 durch G v. 20.11.2019 (BGBl. I S. 1626); Abs. 1 Satz 1 geänd., Abs. 3 neu gef. mWv 12.12.2019 durch G v. 5.12.2019 (BGBl. I S. 2008).

[2)] **Sartorius Nr. 620.**

[3)] § 63 Abs. 2 aufgeh., bish. Abs. 1 einl. Satzteil geänd. mWv 18.8.2006 durch G v. 14.8.2006 (BGBl. I S. 1958); einl. Satzteil geänd. mWv 5.12.2014 durch G v. 28.11.2014 (BGBl. I S. 1802); Überschrift geänd. mWv 28.7.2021 durch G v. 12.7.2021 (BGBl. I S. 3091).

4. über die Art und den Umfang der zu übermittelnden Daten, die Maßnahmen zur Sicherung gegen Missbrauch und die weiteren Aufzeichnungen beim Abruf im automatisierten Verfahren nach § 53,
5. über die Art und den Umfang der zu übermittelnden Daten und die Maßnahmen zur Sicherung gegen Missbrauch nach § 54,
6. darüber, welche Daten durch Abruf im automatisierten Verfahren nach § 56 übermittelt werden dürfen,
7. über die Bestimmung, welche ausländischen öffentlichen Stellen zum Abruf im automatisierten Verfahren nach § 56 befugt sind,
8. über den Identitätsnachweis bei Auskünften nach § 58 und
9. über Sonderbestimmungen für die Fahrerlaubnisregister der Bundeswehr nach § 62 Abs. 4 Satz 2.

VIa.[1] Datenverarbeitung

§ 63a[2] Datenverarbeitung bei Kraftfahrzeugen mit hoch- oder vollautomatisierter Fahrfunktion. (1) [1]Kraftfahrzeuge gemäß § 1a speichern die durch ein Satellitennavigationssystem ermittelten Positions- und Zeitangaben, wenn ein Wechsel der Fahrzeugsteuerung zwischen Fahrzeugführer und dem hoch- oder vollautomatisierten System erfolgt. [2]Eine derartige Speicherung erfolgt auch, wenn der Fahrzeugführer durch das System aufgefordert wird, die Fahrzeugsteuerung zu übernehmen oder eine technische Störung des Systems auftritt.

(2) [1]Die gemäß Absatz 1 gespeicherten Daten dürfen den nach Landesrecht für die Ahndung von Verkehrsverstößen zuständigen Behörden auf deren Verlangen übermittelt werden. [2]Die übermittelten Daten dürfen durch diese gespeichert und verwendet werden. [3]Der Umfang der Datenübermittlung ist auf das Maß zu beschränken, das für den Zweck der Feststellung des Absatzes 1 im Zusammenhang mit dem durch diese Behörden geführten Verfahren der eingeleiteten Kontrolle notwendig ist. [4]Davon unberührt bleiben die allgemeinen Regelungen zur Verarbeitung personenbezogener Daten.

(3) Der Fahrzeughalter hat die Übermittlung der gemäß Absatz 1 gespeicherten Daten an Dritte zu veranlassen, wenn
1. die Daten zur Geltendmachung, Befriedigung oder Abwehr von Rechtsansprüchen im Zusammenhang mit einem in § 7 Absatz 1 geregelten Ereignis erforderlich sind und
2. das entsprechende Kraftfahrzeug mit automatisierter Fahrfunktion an diesem Ereignis beteiligt war. Absatz 2 Satz 3 findet entsprechend Anwendung.

(4) Die gemäß Absatz 1 gespeicherten Daten sind nach sechs Monaten zu löschen, es sei denn, das Kraftfahrzeug war an einem in § 7 Absatz 1 geregelten Ereignis beteiligt; in diesem Fall sind die Daten nach drei Jahren zu löschen.

(5) Im Zusammenhang mit einem in § 7 Absatz 1 geregelten Ereignis können die gemäß Absatz 1 gespeicherten Daten in anonymisierter Form zu Zwecken der Unfallforschung an Dritte übermittelt werden.

---

[1] Abschnitt VIa (§§ 63a, 63b) eingef. mWv 21.6.2017 durch G v. 16.6.2017 (BGBl. I S. 1648); Überschrift neu gef. mWv 12.4.2019 durch G v. 8.4.2019 (BGBl. I S. 430).

[2] § 63a eingef. mWv 21.6.2017 durch G v. 16.6.2017 (BGBl. I S. 1648); Abs. 2 Satz 2 geänd. mWv 26.11.2019 durch G v. 20.11.2019 (BGBl. I S. 1626).

§ 63b[1] **Verordnungsermächtigungen.** [1]Das Bundesministerium für Verkehr und digitale Infrastruktur wird ermächtigt, im Benehmen mit der Beauftragten für den Datenschutz und die Informationsfreiheit, zur Durchführung von § 63a Rechtsverordnungen zu erlassen über

1. die technische Ausgestaltung und den Ort des Speichermediums sowie die Art und Weise der Speicherung gemäß § 63a Absatz 1,
2. den Adressaten der Speicherpflicht nach § 63a Absatz 1,
3. Maßnahmen zur Sicherung der gespeicherten Daten gegen unbefugten Zugriff bei Verkauf des Kraftfahrzeugs.

[2]Rechtsverordnungen nach Satz 1 sind vor Verkündung dem Deutschen Bundestag zur Kenntnis zuzuleiten.

§ 63c[2] **Datenverarbeitung im Rahmen der Überprüfung der Einhaltung von Verkehrsbeschränkungen und Verkehrsverboten aufgrund immissionsschutzrechtlicher Vorschriften oder aufgrund straßenverkehrsrechtlicher Vorschriften zum Schutz vor Abgasen.** (1) [1]Zur Überprüfung der Einhaltung von Verkehrsbeschränkungen und Verkehrsverboten, die aufgrund des § 40 des Bundes-Immissionsschutzgesetzes[3] nach Maßgabe der straßenverkehrsrechtlichen Vorschriften angeordnet worden sind oder aufgrund straßenverkehrsrechtlicher Vorschriften zum Schutz der Wohnbevölkerung oder der Bevölkerung vor Abgasen zur Abwehr von immissionsbedingten Gefahren ergangen sind, darf die nach Landesrecht zuständige Behörde im Rahmen von stichprobenartigen Überprüfungen mit mobilen Geräten folgende Daten, auch durch selbsttätiges Wirken des von ihr verwendeten Gerätes, erheben, speichern und verwenden:

1. das Kennzeichen des Fahrzeugs oder der Fahrzeugkombination, die in einem Gebiet mit Verkehrsbeschränkungen oder Verkehrsverboten am Verkehr teilnehmen,
2. die für die Berechtigung zur Teilnahme am Verkehr in Gebieten mit Verkehrsbeschränkungen oder Verkehrsverboten erforderlichen Merkmale des Fahrzeugs oder der Fahrzeugkombination,
3. das durch eine Einzelaufnahme hergestellte Bild des Fahrzeugs und des Fahrers,
4. den Ort und die Zeit der Teilnahme am Verkehr im Gebiet mit Verkehrsbeschränkungen oder Verkehrsverboten.

[2]Eine verdeckte Datenerhebung ist unzulässig.

(2) [1]Die nach Landesrecht zuständige Behörde darf anhand der Daten nach Absatz 1 Satz 1 Nummer 1 beim Zentralen Fahrzeugregister die nach § 33 Absatz 1 Satz 1 Nummer 1 für das jeweilige Fahrzeug gespeicherten und für die Überprüfung der Einhaltung der jeweiligen Verkehrsbeschränkungen und Verkehrsverbote erforderlichen Fahrzeugdaten in dem in § 36 Absatz 2i vorgesehenen Verfahren abrufen, um festzustellen, ob für das Fahrzeug eine Verkehrsbeschränkung oder ein Verkehrsverbot gilt. [2]Der Abruf und die Feststellung haben unverzüglich zu erfolgen.

---

[1] § 63b eingef. mWv 21.6.2017 durch G v. 16.6.2017 (BGBl. I S. 1648); Überschrift geänd. mWv 28.7.2021 durch G v. 12.7.2021 (BGBl. I S. 3091).

[2] § 63c eingef. mWv 12.4.2019 durch G v. 8.4.2019 (BGBl. I S. 430).

[3] Nr. **32.1**.

(3) [1]Die Daten nach Absatz 1 Satz 1 Nummer 1 bis 4 und Absatz 2 dürfen ausschließlich zum Zweck der Verfolgung von diesbezüglichen Ordnungswidrigkeiten an die hierfür zuständige Verwaltungsbehörde übermittelt werden. [2]Diese Datenübermittlung hat unverzüglich nach Abschluss der Prüfung nach Absatz 2 zu erfolgen.

(4) [1]Die Daten nach Absatz 1 Satz 1 Nummer 1 bis 4 und Absatz 2 sind von der in Absatz 1 genannten Behörde unverzüglich zu löschen,

1. sobald die nach Absatz 2 vorzunehmende Prüfung ergibt, dass das Fahrzeug berechtigt ist, am Verkehr im Gebiet mit Verkehrsbeschränkungen oder Verkehrsverboten teilzunehmen, oder
2. nach der Übermittlung an die in Absatz 3 genannte, für die Verfolgung von diesbezüglichen Ordnungswidrigkeiten zuständige Verwaltungsbehörde, wenn die nach Absatz 2 vorzunehmende Prüfung ergibt, dass das Fahrzeug nicht berechtigt ist, am Verkehr im Gebiet mit Verkehrsbeschränkungen oder Verkehrsverboten teilzunehmen.

[2]Alle Daten sind von der in Absatz 1 genannten Behörde, sofern sie nach den vorgenannten Vorschriften nicht vorher zu löschen sind, spätestens zwei Wochen nach ihrer erstmaligen Erhebung zu löschen.

(5) Für die Löschung der Daten nach Absatz 1 Satz 1 Nummer 1 bis 4 und Absatz 2 durch die für die Verfolgung von diesbezüglichen Ordnungswidrigkeiten zuständige Verwaltungsbehörde gelten die Vorschriften für das Bußgeldverfahren.

(6) Sonstige Regelungen über die Überprüfung der Einhaltung des Straßenverkehrsrechts, insbesondere des Landesrechts, bleiben unberührt.

§ 63d[1)] Informationen an die Halter. [1]Das Kraftfahrt-Bundesamt darf die nach § 33 Absatz 1 gespeicherten Fahrzeugdaten und Halterdaten im Einvernehmen mit dem Bundesministerium für Verkehr und digitale Infrastruktur zu den in § 32 Absatz 3 genannten Zwecken verwenden und im Einzelfall schriftliche Informationen an die Fahrzeughalter übermitteln, um sie über Maßnahmen im Sinne des § 32 Absatz 3 zu informieren. [2]Das Bundesministerium für Verkehr und digitale Infrastruktur erteilt sein Einvernehmen nach Satz 1, wenn es die jeweilige Maßnahme für geeignet hält, die in § 32 Absatz 3 Nummer 2 genannten Zwecke unter Berücksichtigung der Umstände des Einzelfalls und unter Abwägung dieser Zwecke mit den Interessen der betroffenen Fahrzeughalter angemessen zu fördern. [3]Die Eignung der angemessenen Zweckförderung wird bei staatlich geförderten Maßnahmen vermutet, so dass das Einvernehmen ohne nähere Prüfung erteilt werden darf.

§ 63e[2)] Datenerhebung, Datenspeicherung und Datenverwendung für das Verkehrsmanagement. (1) Der jeweils zuständige Straßenbaulastträger oder die abweichend hiervon nach Landesrecht für das Verkehrsmanagement zuständige Behörde darf folgende Daten, soweit sie von Kraftfahrzeugen regelmäßig oder ereignisbezogen auf elektronischem Weg erhoben werden und soweit sie aus diesen Fahrzeugen an andere Kraftfahrzeuge oder an die informationstechnische Straßeninfrastruktur automatisiert versendet werden, zum Zweck des Verkehrsmanagements erheben, speichern und verwenden:

---

1) § 63d eingef. mWv 28.7.2021 durch G v. 12.7.2021 (BGBl. I S. 3091).
2) § 63e eingef. mWv 28.7.2021 durch G v. 12.7.2021 (BGBl. I S. 3091).

2. vor Beginn der Auswertung durch unverzügliche Löschung des Datums nach Absatz 1 Nummer 14 zu anonymisieren, dies gilt nicht im Fall der Auswertung von Reisezeiten zur Optimierung der Netzsteuerung, und
3. nach vollzogener Anonymisierung gemäß Nummer 2 unverzüglich auszuwerten.

(4) [1] Nach der Auswertung sind die in Absatz 1 genannten Daten unverzüglich zu löschen. [2] Das Erstellen von Verkehrsstatistiken gilt als Auswertung.

§ 63f[1)] Verkehrsunfallforschung, Verordnungsermächtigung. (1) Die Bundesanstalt für Straßenwesen darf zum Zweck der Verkehrsunfallforschung die folgenden personenbezogenen Daten der Unfallbeteiligten, der Mitfahrer zum Unfallzeitpunkt und der sonstigen Verletzten nach Maßgabe der Absätze 2 und 3 sowie nach näherer Bestimmung durch Rechtsverordnung nach Absatz 4 Nummer 2 erheben, übermitteln, speichern und verwenden:

1. Vornamen, Name, Anschrift, Telefonnummern, Geburtsdatum, Erreichbarkeit in einer medizinischen Versorgungseinrichtung,
2. Geschlecht, Familienstand, Nationalität,
3. folgende Gesundheitsdaten der Verletzten, soweit sie unfallrelevant sind: Körpergröße, Körpergewicht, Statur und Medikation zum Unfallzeitpunkt, Vorerkrankungen, Art und Schwere der erlittenen Einzelverletzungen und deren Folgen, Art und Durchführung der Behandlung,
4. Einfluss von Medikamenten, Alkohol und anderen berauschenden Mitteln auf Unfallbeteiligte zum Unfallzeitpunkt,
5. Art der Verkehrsbeteiligung, Position im oder auf dem Fahrzeug, Bekleidung, Körpergröße, Körpergewicht und Statur zum Unfallzeitpunkt,
6. amtliches Kennzeichen und Fahrzeugidentifikationsnummer der beteiligten Fahrzeuge,
7. polizeiliche Verkehrsunfallanzeigen, Unfallgutachten von Sachverständigen.

(2) [1] Eine Erhebung, Übermittlung, Speicherung und Verwendung personenbezogener Straßenverkehrs- und Unfalldaten nach Absatz 1 ist nur zulässig,

1. soweit dies zur Erfüllung des in Absatz 1 genannten Zwecks erforderlich ist und
2. soweit eine Einwilligung der betroffenen Person gemäß Artikel 4 Nummer 11 der Verordnung (EU) 2016/679 vorliegt.

[2] Die Bundesanstalt für Straßenwesen darf die personenbezogenen Daten nach Absatz 1 Nummer 1 der jeweils betroffenen Person und die amtlichen Kennzeichen der beteiligten Fahrzeuge zunächst ohne Einwilligung bei der Stelle, die den Unfall aufgenommen hat, erheben sowie die erhobenen Daten speichern und verwenden, um die Einwilligung nach Satz 1 Nummer 2 einzuholen. [3] Wird die Einwilligung nicht innerhalb von drei Monaten erteilt oder wird die Einwilligung verweigert, so hat die Bundesanstalt für Straßenwesen die personenbezogenen Daten der betroffenen Person unverzüglich zu löschen.

(3) [1] Die personenbezogenen Daten nach Absatz 1 dürfen von der Bundesanstalt für Straßenwesen ausschließlich für den in Absatz 1 genannten Zweck verarbeitet werden und nur zum Zweck der Erhebung weiterer Daten nach

---

1) § 63f eingef. mW v 28.7.2021 durch G v. 12.7.2021 (BGBl. I S. 3091).

Absatz 1 übermittelt werden. [2]Sie sind unverzüglich nach Erreichen des Erhebungsumfangs in der Unfallakte oder nach sonstiger Beendigung der Erhebung zu anonymisieren. [3]Eine Verarbeitung der personenbezogenen Daten durch Dritte zu anderen Zwecken oder eine Beschlagnahme dieser Daten bei der Bundesanstalt für Straßenwesen nach anderen Rechtsvorschriften ist unzulässig.

(4) Das Bundesministerium für Verkehr und digitale Infrastruktur wird ermächtigt, Rechtsverordnungen zu erlassen über die Verarbeitung von Straßenverkehrs- und Unfalldaten durch die Bundesanstalt für Straßenwesen zum Zweck der Verkehrsunfallforschung, insbesondere über

1. die Art und den Umfang der zu verarbeitenden nichtpersonenbezogenen Daten und
2. die näheren technischen Bestimmungen der Art und Weise der Erhebung und der sonstigen Verarbeitung der personenbezogenen Daten nach Absatz 1.

VII. Gemeinsame Vorschriften, Übergangsbestimmungen

§ 64[1) 2)] Gemeinsame Vorschriften. (1) [1]Die Meldebehörden haben dem Kraftfahrt-Bundesamt bei der Änderung des Geburtsnamens oder des Vornamens einer Person, die das 14. Lebensjahr vollendet hat, für den in Satz 2 genannten Zweck neben dem bisherigen Namen folgende weitere Daten zu übermitteln:

1. Geburtsname,
2. Familienname,
3. Vornamen,
4. Tag der Geburt,
5. Geburtsort,
6. Geschlecht,
7. Bezeichnung der Behörde, die die Namensänderung im Melderegister veranlasst hat, sowie
8. Datum und Aktenzeichen des zugrunde liegenden Rechtsakts.

[2]Enthält das Fahreignungsregister oder das Zentrale Fahrerlaubnisregister eine Eintragung über diese Person, so ist der neue Name bei der Eintragung zu vermerken. [3]Eine Mitteilung nach Satz 1 darf nur für den in Satz 2 genannten Zweck verwendet werden. [4]Enthalten die Register keine Eintragung über diese Person, ist die Mitteilung vom Kraftfahrt-Bundesamt unverzüglich zu vernichten.

(2) Unbeschadet anderer landesrechtlicher Regelungen können durch Landesrecht Aufgaben der Zulassung von Kraftfahrzeugen auf die für das Meldewesen zuständigen Behörden übertragen werden, sofern kein neues Kennzeichen erteilt werden muss oder sich die technischen Daten des Fahrzeugs nicht ändern.

---

1) § 64 Abs. 2 angef. mWv 1.8.2013 durch G v. 25.7.2013 (BGBl. I S. 2749); Abs. 1 Satz 2 geänd. mWv 1.5.2014 durch G v. 28.8.2013 (BGBl. I S. 3313); Abs. 3 angef. mWv 28.7.2021 durch G v. 12.7.2021 (BGBl. I S. 3091).

2) Siehe hierzu ua Zweite BundesmeldedatenübermittlungsVO v. 1.12.2014 (BGBl. I S. 1950), zuletzt geänd. durch G v. 9.7.2021 (BGBl. I S. 2467).

(3) Die Vorschriften der Abschnitte IV bis VI sind für den Zugang zu amtlichen Informationen abschließend.

§ 65[1)] Übergangsbestimmungen. (1) [1]Registerauskünfte, Führungszeugnisse, Gutachten und Gesundheitszeugnisse, die sich am 1. Januar 1999 bereits in den Akten befinden, brauchen abweichend von § 2 Abs. 9 Satz 2 bis 4 erst dann vernichtet zu werden, wenn sich die Fahrerlaubnisbehörde aus anderem Anlass mit dem Vorgang befasst. [2]Eine Überprüfung der Akten muss jedoch spätestens bis zum 1. Januar 2014 durchgeführt werden. [3]Anstelle einer Vernichtung der Unterlagen sind die darin enthaltenen Daten zu sperren, wenn die Vernichtung wegen der besonderen Art der Führung der Akten nicht oder nur mit unverhältnismäßigem Aufwand möglich ist.

(2) [1]Ein örtliches Fahrerlaubnisregister (§ 48 Abs. 1) darf nicht mehr geführt werden, sobald

1. sein Datenbestand mit den in § 50 Abs. 1 genannten Daten in das Zentrale Fahrerlaubnisregister übernommen worden ist,
2. die getroffenen Maßnahmen der Fahrerlaubnisbehörde nach § 2a Abs. 2 und § 4 Absatz 5 in das Fahreignungsregister übernommen worden sind und
3. der Fahrerlaubnisbehörde die Daten, die ihr nach § 30 Abs. 1 Nr. 3 und § 52 Abs. 1 Nr. 3 aus den zentralen Registern mitgeteilt werden dürfen, durch Abruf im automatisierten Verfahren mitgeteilt werden können.

[2]Die Fahrerlaubnisbehörden löschen aus ihrem örtlichen Fahrerlaubnisregister spätestens bis zum 31. Dezember 2014 die im Zentralen Fahrerlaubnisregister gespeicherten Daten, nachdem sie sich von der Vollständigkeit und Richtigkeit der in das Zentrale Fahrerlaubnisregister übernommenen Einträge überzeugt haben. [3]Die noch nicht im Zentralen Fahrerlaubnisregister gespeicherten Daten der Fahrerlaubnisbehörden werden bis zur jeweiligen Übernahme im örtlichen Register gespeichert. [4]Maßnahmen der Fahrerlaubnisbehörde nach § 2a Abs. 2 Satz 1 Nr. 1 und 2 und § 4 Absatz 5 Satz 1 Nr. 1 und 2 werden erst dann im Fahreignungsregister gespeichert, wenn eine Speicherung im örtlichen Fahrerlaubnisregister nicht mehr vorgenommen wird.

(2a) Absatz 2 ist nicht auf die Daten anzuwenden, die vor dem 1. Januar 1999 in örtlichen Fahrerlaubnisregistern gespeichert worden sind.

(3) Die Regelungen über das Verkehrszentralregister und das Punktsystem werden in die Regelungen über das Fahreignungsregister und das Fahreignungs-Bewertungssystem nach folgenden Maßgaben überführt:

1. Entscheidungen, die nach § 28 Absatz 3 in der bis zum Ablauf des 30. April 2014 anwendbaren Fassung im Verkehrszentralregister gespeichert worden sind und nach § 28 Absatz 3 in der ab dem 1. Mai 2014 anwendbaren

---

[1)] § 65 Abs. 10 Satz 2 neu gef. mWv 1.6.2005 durch G v. 3.5.2005 (BGBl. I S. 1221); Abs. 12 angef. mWv 18.8.2005 durch G v. 14.8.2005 (BGBl. I S. 2412); Abs. 10 Satz 2 neu gef., Satz 3 eingef., bish. Satz 3 wird Satz 4 mWv 7.2.2009 durch G v. 3.2.2009 (BGBl. I S. 150); Abs. 12 neu gef. mWv 9.12. 2010 durch G v. 2.12.2010 (BGBl. I S. 1748); Abs. 10 Satz 2 geänd. mWv 21.6.2013 durch G v. 17.6. 2013 (BGBl. I S. 1558); Abs. 2–9, 11 und 12 aufgeh., bish. Abs. 10 wird Abs. 2 und Satz 1 Nr. 2, Satz 4 geänd., Abs. 3 und 4 angef. mWv 1.5.2014 durch G v. 28.8.2013 (BGBl. I S. 3313); Abs. 3 Nr. 7 angef. mWv 5.12.2014, Abs. 2a eingef. mWv 1.1.2015 durch G v. 28.11.2014 (BGBl. I S. 1802); Abs. 5 angef. mWv 7.12.2016 durch G v. 28.11.2016 (BGBl. I S. 2722); Abs. 4 aufgeh. mWv 12.12. 2019 durch G v. 5.12.2019 (BGBl. I S. 2008); Abs. 6 angef. mWv 17.7.2020 durch G v. 10.7.2020 (BGBl. I S. 1653); Abs. 3 Nr. 3 geänd., Abs. 7 angef. mWv 28.7.2021 durch G v. 12.7.2021 (BGBl. I S. 3091).

Fassung nicht mehr zu speichern wären, werden am 1. Mai 2014 gelöscht. Für die Feststellung nach Satz 1, ob eine Entscheidung nach § 28 Absatz 3 in der ab dem 1. Mai 2014 anwendbaren Fassung nicht mehr zu speichern wäre, bleibt die Höhe der festgesetzten Geldbuße außer Betracht.

2. Entscheidungen, die nach § 28 Absatz 3 in der bis zum Ablauf des 30. April 2014 anwendbaren Fassung im Verkehrszentralregister gespeichert worden und nicht von Nummer 1 erfasst sind, werden bis zum Ablauf des 30. April 2019 nach den Bestimmungen des § 29 in der bis zum Ablauf des 30. April 2014 anwendbaren Fassung getilgt und gelöscht. Dabei kann eine Ablaufhemmung nach § 29 Absatz 6 Satz 2 in der bis zum Ablauf des 30. April 2014 anwendbaren Fassung nicht durch Entscheidungen, die erst ab dem 1. Mai 2014 im Fahreignungsregister gespeichert werden, ausgelöst werden. Für Entscheidungen wegen Ordnungswidrigkeiten nach § 24a gilt Satz 1 mit der Maßgabe, dass sie spätestens fünf Jahre nach Rechtskraft der Entscheidung getilgt werden. Ab dem 1. Mai 2019 gilt
   a) für die Berechnung der Tilgungsfrist § 29 Absatz 1 bis 5 in der ab dem 1. Mai 2014 anwendbaren Fassung mit der Maßgabe, dass die nach Satz 1 bisher abgelaufene Tilgungsfrist angerechnet wird,
   b) für die Löschung § 29 Absatz 6 in der ab dem 1. Mai 2014 anwendbaren Fassung.
3. Auf Entscheidungen, die bis zum Ablauf des 30. April 2014 begangene Zuwiderhandlungen ahnden und erst ab dem 1. Mai 2014 im Fahreignungsregister gespeichert werden, sind dieses Gesetz und die auf Grund des § 6 Absatz 1 Nummer 1 Buchstabe s in der bis zum 27. Juli 2021 geltenden Fassung erlassenen Rechtsverordnungen in der ab dem 1. Mai 2014 geltenden Fassung anzuwenden. Dabei sind § 28 Absatz 3 Nummer 3 Buchstabe a Doppelbuchstabe bb und § 28a in der ab dem 1. Mai 2014 geltenden Fassung mit der Maßgabe anzuwenden, dass jeweils anstelle der dortigen Grenze von sechzig Euro die Grenze von vierzig Euro gilt.
4. Personen, zu denen bis zum Ablauf des 30. April 2014 im Verkehrszentralregister eine oder mehrere Entscheidungen nach § 28 Absatz 3 Satz 1 Nummer 1 bis 3 in der bis zum Ablauf des 30. April 2014 anwendbaren Fassung gespeichert worden sind, sind wie folgt in das Fahreignungs-Bewertungssystem einzuordnen:

Punktestand vor dem 1. Mai 2014	Fahreignungs-Bewertungssystem ab dem 1. Mai 2014	
	Punktestand	Stufe
1 – 3	1	Vormerkung (§ 4 Absatz 4)
4 – 5	2	
6 – 7	3	
8 – 10	4	**1**: Ermahnung (§ 4 Absatz 5 Satz 1 Nummer 1)
11 – 13	5	
14 – 15	6	**2**: Verwarnung (§ 4 Absatz 5 Satz 1 Nummer 2)
16 – 17	7	
> = 18	8	**3**: Entzug (§ 4 Absatz 5 Satz 1 Nummer 3)

Die am 1. Mai 2014 erreichte Stufe wird für Maßnahmen nach dem Fahreignungs-Bewertungssystem zugrunde gelegt. Die Einordnung nach Satz 1 führt allein nicht zu einer Maßnahme nach dem Fahreignungs-Bewertungssystem.

5. Die Regelungen über Punkteabzüge und Aufbauseminare werden wie folgt überführt:
   a) Punkteabzüge nach § 4 Absatz 4 Satz 1 und 2 in der bis zum Ablauf des 30. April 2014 anwendbaren Fassung sind vorzunehmen, wenn die Bescheinigung über die Teilnahme an einem Aufbauseminar oder einer verkehrspsychologischen Beratung bis zum Ablauf des 30. April 2014 der nach Landesrecht zuständigen Behörde vorgelegt worden ist. Punkteabzüge nach § 4 Absatz 4 Satz 1 und 2 in der bis zum Ablauf des 30. April 2014 anwendbaren Fassung bleiben bis zur Tilgung der letzten Eintragung wegen einer Straftat oder einer Ordnungswidrigkeit nach § 28 Absatz 3 Nummer 1 bis 3 in der bis zum Ablauf des 30. April 2014 anwendbaren Fassung, längstens aber zehn Jahre ab dem 1. Mai 2014 im Fahreignungsregister gespeichert.
   b) Bei der Berechnung der Fünfjahresfrist nach § 4 Absatz 7 Satz 2 und 3 sind auch Punkteabzüge zu berücksichtigen, die nach § 4 Absatz 4 Satz 1 und 2 in der bis zum Ablauf des 30. April 2014 anwendbaren Fassung vorgenommen worden sind.
   c) Aufbauseminare, die bis zum Ablauf des 30. April 2014 nach § 4 Absatz 3 Satz 1 Nummer 2 in der bis zum Ablauf des 30. April 2014 anwendbaren Fassung angeordnet, aber bis zum Ablauf des 30. April 2014 nicht abgeschlossen worden sind, sind bis zum Ablauf des 30. November 2014 nach dem bis zum Ablauf des 30. April 2014 anwendbaren Recht durchzuführen.
   d) Abweichend von Buchstabe c kann anstelle von Aufbauseminaren, die bis zum Ablauf des 30. April 2014 nach § 4 Absatz 3 Satz 1 Nummer 2 in der bis zum Ablauf des 30. April 2014 anwendbaren Fassung angeordnet, aber bis zum Ablauf des 30. April 2014 noch nicht begonnen worden sind, die verkehrspädagogische Teilmaßnahme des Fahreignungsseminars absolviert werden.
   e) Die nach Landesrecht zuständige Behörde hat dem Kraftfahrt-Bundesamt unverzüglich die Teilnahme an einem Aufbauseminar oder einer verkehrspsychologischen Beratung mitzuteilen.
6. Nachträgliche Veränderungen des Punktestandes nach den Nummern 2 oder 5 führen zu einer Aktualisierung der nach der Tabelle zu Nummer 4 erreichten Stufe im Fahreignungs-Bewertungssystem.
7. Sofern eine Fahrerlaubnis nach § 4 Absatz 7 in der bis zum 30. April 2014 anwendbaren Fassung entzogen worden ist, ist § 4 Absatz 3 Satz 1 bis 3 auf die Erteilung einer neuen Fahrerlaubnis nicht anwendbar.

(4) *(aufgehoben)*

(5) [1] Bis zum Erlass einer Rechtsverordnung nach § 6f Absatz 2, längstens bis zum Ablauf des 31. Juli 2018, gelten die in den Gebührennummern 451 bis 455 der Anlage der Gebührenordnung für Maßnahmen im Straßenverkehr vom 25. Januar 2011 (BGBl. I S. 98), die zuletzt durch Artikel 3 der Verordnung vom 15. September 2015 (BGBl. I S. 1573) geändert worden ist, in der am 6. Dezember 2016 geltenden Fassung festgesetzten Gebühren als Ent-

gelte im Sinne des § 6f Absatz 1. [2]Die Gebührennummern 403 und 451 bis 455 der Anlage der Gebührenordnung für Maßnahmen im Straßenverkehr sind nicht mehr anzuwenden.

(6) Die durch das Gesetz zur Haftung bei Unfällen mit Anhängern und Gespannen im Straßenverkehr vom 10. Juli 2020 (BGBl. I S. 1653) geänderten Vorschriften des Straßenverkehrsgesetzes sind nicht anzuwenden, sofern der Unfall vor dem 17. Juli 2020 eingetreten ist.

(7) Ordnungswidrigkeiten nach § 23 in der bis zum Ablauf des 27. Juli 2021 geltenden Fassung können abweichend von § 4 Absatz 3 des Gesetzes über Ordnungswidrigkeiten[1)] nach den zum Zeitpunkt der Tat geltenden Bestimmungen geahndet werden.

§ 66[2)] Verkündung von Rechtsverordnungen. Rechtsverordnungen können abweichend von § 2 Absatz 1 des Verkündungs- und Bekanntmachungsgesetzes im Bundesanzeiger verkündet werden.

Anlage[3)]
(zu § 24a)

Liste der berauschenden Mittel und Substanzen

Berauschende Mittel	Substanzen
Cannabis	Tetrahydrocannabinol (THC)
Heroin	Morphin
Morphin	Morphin
Cocain	Cocain
Cocain	Benzoylecgonin
Amfetamin	Amfetamin
Designer-Amfetamin	Methylendioxyamfetamin (MDA)
Designer-Amfetamin	Methylendioxyethylamfetamin (MDE)
Designer-Amfetamin	Methylendioxymetamfetamin (MDMA)
Metamfetamin	Metamfetamin

[1)] Nr. **72.2**.
[2)] § 66 angef. mWv 7.2.2009 durch G v. 3.2.2009 (BGBl. I S. 150); Satz 2 aufgeh., bish. Satz 1 geänd. mWv 1.4.2012 durch G v. 22.12.2011 (BGBl. I S. 3044).
[3)] Anl. neu gef. mWv 15.6.2007 durch VO v. 6.6.2007 (BGBl. I S. 1045).

42.5/1. Straßenverkehrs-Ordnung (StVO)[1] [2] [3]

Vom 6. März 2013

(BGBl. I S. 367)

FNA 9233-2

geänd. durch Art. 1 49. VO zur Änd. straßenverkehrsrechtlicher Vorschriften v. 22.10.2014 (BGBl. I S. 1635), Art. 2 50. VO zur Änd. straßenverkehrsrechtlicher Vorschriften v. 15.9.2015 (BGBl. I S. 1573), Art. 2 51. VO zur Änd. straßenverkehrsrechtlicher Vorschriften v. 17.6.2016 (BGBl. I S. 1463), Erste ÄndVO v. 30.11.2016 (BGBl. I S. 2848), Art. 2 VO zur Änd. der Straßenbahn-Bau- und Betriebsordnung und der StVO v. 16.12.2016 (BGBl. I S. 2938), Art. 1 52. VO zur Änd. straßenverkehrsrechtlicher Vorschriften v. 18.5.2017 (BGBl. I S. 1282), Art. 4 56. StrafrechtsänderungsG v. 30.9.2017 (BGBl. I S. 3532), Art. 1 53. VO zur Änd. straßenverkehrsrechtlicher Vorschriften v. 6.10.2017 (BGBl. I S. 3549), Art. 4a VO über die Teilnahme von Elektrokleinstfahrzeugen am Straßenverkehr und zur Änd. weiterer straßenverkehrsrechtlicher Vorschriften v. 6.6.2019 (BGBl. I S. 756), Art. 1 54. VO zur Änd. straßenverkehrsrechtlicher Vorschriften v. 20.4.2020 (BGBl. I S. 814, geänd. S. 3047), Art. 1 VO zur Änd. der Straßenverkehrs-O und der Vierundfünfzigsten VO zur Änd. straßenverkehrsrechtlicher Vorschriften v. 18.12.2020 (BGBl. I S. 3047) und Art. 13 Viertes G zur Änd. des StraßenverkehrsG und anderer straßenverkehrsrechtlicher Vorschriften v. 12.7.2021 (BGBl. I S. 3091)

(Fortsetzung nächstes Blatt)

---

[1] Verkündet durch VO zur Neufassung der Straßenverkehrs-Ordnung (StVO) v. 6.3.2013 (BGBl. I S. 367).

[2] Die StVO wurde erlassen auf Grund des § 5b Absatz 3 sowie § 6 Absatz 1 des Straßenverkehrsgesetzes idF der Bek. v. 5.3.2003 (BGBl. I S. 310, ber. S. 919).

[3] Bei der Angabe der Ermächtigungsgrundlagen in der Eingangsformel der 54. VO zur Änd. straßenverkehrsrechtlicher Vorschriften v. 20.4.2020 (BGBl. I S. 814) wurde § 26a Abs. 1 Nr. 3 StVG als Grundlage für die Anordnung von Fahrverboten nicht aufgeführt.

Laut Antwort auf eine Kleine Anfrage (BT.-Drs. 19/23215 v. 8.10.2020, S. 5) führt dieser Verstoß gegen das Zitiergebot des Art. 80 Abs. 1 Satz 3 GG nach Einschätzung des BMVI und des BMI zur Nichtigkeit von Art. 3 der genannten VO, der die Änderungen der BußgeldkatalogVO enthält. Das BMVI habe sich mit den Ländern auf eine Nichtanwendung der Änderungen der BKatV verständigt.

Ob ein Verstoß gegen das Zitiergebot zur Nichtigkeit der gesamten Verordnung oder nur zur Nichtigkeit der von den angegebenen Rechtsgrundlagen nicht gedeckten Einzelbestimmungen führt, ist umstritten; die meisten Änderungen der BKatV betreffen keine Fahrverbote und sind von den angegebenen Ermächtigungsgrundlagen umfasst. Bis zu einer verbindlichen Klärung wird die von den zuständigen Ministerien mit Zustimmung des Bundesrates erlassene und im BGBl. I verkündete Änderungsverordnung im Wortlaut der geänderten Vorschriften weiterhin berücksichtigt. Bei den von den in der ÄndVO genannten Ermächtigungsgrundlagen nicht gedeckten Fahrverbots-Anordnungen erfolgt ein Hinweis auf die Problematik.

42.5/1. Straßenverkehrs-Ordnung (StVO)[1][2][3]

Vom 6. März 2013

(BGBl. I S. 367)

FNA 9233-1

[illegible]

(Fortsetzung nächstes Blatt)

[illegible]

1. nach § 46 Absatz 1 Nummer 2 für eine Ausnahme von § 18 Absatz 1 die Straßenverkehrsbehörde, in deren Bezirk auf die Autobahn oder Kraftfahrstraße eingefahren werden soll. Wird jedoch eine Erlaubnis nach § 29 Absatz 3 oder eine Ausnahmegenehmigung nach § 46 Absatz 1 Nummer 5 erteilt, ist die Verwaltungsbehörde zuständig, die diese Verfügung erlässt;
2. nach § 46 Absatz 1 Nummer 4a für kleinwüchsige Menschen sowie nach § 46 Absatz 1 Nummer 4a und 4b für Ohnhänder die Straßenverkehrsbehörde, in deren Bezirk der Antragsteller seinen Wohnort hat, auch für die Bereiche, die außerhalb ihres Bezirks liegen;
3. nach § 46 Absatz 1 Nummer 4c die Straßenverkehrsbehörde, in deren Bezirk der Antragsteller seinen Wohnort, seinen Sitz oder eine Zweigniederlassung hat;
4. nach § 46 Absatz 1 Nummer 5 die Straßenverkehrsbehörde, in deren Bezirk der zu genehmigende Verkehr beginnt, oder die Straßenverkehrsbehörde, in deren Bezirk das den Transport durchführende Unternehmen seinen Sitz oder eine Zweigniederlassung, bei der eine Pflicht zur Eintragung in das Handels-, Genossenschafts- oder Partnerschaftsregister besteht, hat. Befindet sich der Sitz im Ausland, so ist die Behörde zuständig, in deren Bezirk erstmalig von der Genehmigung Gebrauch gemacht wird;
5. nach § 46 Absatz 1 Nummer 5b die Straßenverkehrsbehörde, in deren Bezirk der Antragsteller seinen Wohnort hat, auch für die Bereiche, die außerhalb ihres Bezirks liegen;
6. nach § 46 Absatz 1 Nummer 7 die Straßenverkehrsbehörde, in deren Bezirk die Ladung aufgenommen wird, im Falle einer flächendeckenden Ausnahmegenehmigung die Straßenverkehrsbehörde, in deren Bezirk die den Transport durchführende Person ihren Wohnort oder Sitz oder das den Transport durchführende Unternehmen seinen Sitz oder eine Zweigniederlassung, bei der eine Pflicht zur Eintragung in das Handels-, Genossenschafts- oder Partnerschaftsregister besteht, hat. Die Behörde ist dann auch für die Genehmigung der Leerfahrt zum Beladungsort zuständig, ferner, wenn in ihrem Land von der Ausnahmegenehmigung kein Gebrauch gemacht wird oder wenn dort kein Fahrverbot besteht. Befindet sich der Wohnort oder der Sitz im Ausland, so ist die Behörde zuständig, in deren Bezirk erstmalig von der Genehmigung Gebrauch gemacht wird;
7. nach § 46 Absatz 1 Nummer 11 die Straßenverkehrsbehörde, in deren Bezirk die Verbote, Beschränkungen und Anordnungen erlassen sind, für schwerbehinderte Menschen jedoch jede Straßenverkehrsbehörde auch für solche Maßnahmen, die außerhalb ihres Bezirks angeordnet sind;
8. in allen übrigen Fällen die Straßenverkehrsbehörde, in deren Bezirk von der Ausnahmegenehmigung Gebrauch gemacht werden soll.

(3) Die Erlaubnisse für die übermäßige Benutzung der Straße durch die Bundeswehr, die in § 35 Absatz 5 genannten Truppen, die Bundespolizei, die Polizei und den Katastrophenschutz erteilen die höhere Verwaltungsbehörde oder die nach Landesrecht bestimmte Stelle, in deren Bezirk der erlaubnispflichtige Verkehr beginnt.

§ 48 Verkehrsunterricht. Wer Verkehrsvorschriften nicht beachtet, ist auf Vorladung der Straßenverkehrsbehörde oder der von ihr beauftragten Beamten verpflichtet, an einem Unterricht über das Verhalten im Straßenverkehr teilzunehmen.

§ 49[1)] Ordnungswidrigkeiten. (1) Ordnungswidrig im Sinne des § 24 Absatz 1 des Straßenverkehrsgesetzes[2)] handelt, wer vorsätzlich oder fahrlässig gegen eine Vorschrift über

1. das allgemeine Verhalten im Straßenverkehr nach § 1 Absatz 2,
2. die Straßenbenutzung durch Fahrzeuge nach § 2 Absatz 1 bis 3a, Absatz 4 Satz 1, 4, 5 oder 6 oder Absatz 5,
3. die Geschwindigkeit nach § 3,
4. den Abstand nach § 4,
5. das Überholen nach § 5 Absatz 1 oder 2, Absatz 3 Nummer 1, Absatz 3a bis 4a, Absatz 5 Satz 2, Absatz 6 oder 7,
6. das Vorbeifahren nach § 6,
7. das Benutzen linker Fahrstreifen nach § 7 Absatz 3a Satz 1, auch in Verbindung mit Satz 2, Absatz 3b, Absatz 3c Satz 3 oder den Fahrstreifenwechsel nach § 7 Absatz 5,

7a. das Verhalten auf Ausfädelungsstreifen nach § 7a Absatz 3,

8. die Vorfahrt nach § 8,
9. das Abbiegen, Wenden oder Rückwärtsfahren nach § 9 Absatz 1, Absatz 2 Satz 2 oder 3, Absatz 3 bis 6,
10. das Einfahren oder Anfahren nach § 10 Satz 1 oder Satz 2,
11. das Verhalten bei besonderen Verkehrslagen nach § 11 Absatz 1 oder 2,
12. das Halten oder Parken nach § 12 Absatz 1, 3, 3a Satz 1, Absatz 3b Satz 1, Absatz 4 Satz 1, 2 zweiter Halbsatz, Satz 3 oder 5 oder Absatz 4a bis 6,
13. Parkuhren, Parkscheine oder Parkscheiben nach § 13 Absatz 1 oder 2,
14. die Sorgfaltspflichten beim Ein- oder Aussteigen nach § 14,
15. das Liegenbleiben von Fahrzeugen nach § 15,

15a. das Abschleppen nach § 15a,

16. die Abgabe von Warnzeichen nach § 16,
17. die Beleuchtung und das Stehenlassen unbeleuchteter Fahrzeuge nach § 17 Absatz 1 bis 4, Absatz 4a Satz 1, Absatz 5 oder 6,
18. die Benutzung von Autobahnen und Kraftfahrstraßen nach § 18 Absatz 1 bis 3, Absatz 5 Satz 2 oder Absatz 6 bis 11,
19. das Verhalten
    a) an Bahnübergängen nach § 19 Absatz 1 Satz 1 Nummer 2 oder 3, Satz 2, Satz 3 oder Absatz 2 Satz 1, auch in Verbindung mit Satz 2 oder Absatz 3 bis 6 oder
    b) an und vor Haltestellen von öffentlichen Verkehrsmitteln und Schulbussen nach § 20,
20. die Personenbeförderung nach § 21 Absatz 1 Satz 1 oder 4, Absatz 1a Satz 1, auch in Verbindung mit Satz 2 Nummer 2, Absatz 2 Satz 1, 4 oder 6 oder Absatz 3 Satz 1 bis 3,

---

[1)] § 49 Abs. 1 Nr. 2 geänd. mWv 30.10.2014 durch VO v. 22.10.2014 (BGBl. I S. 1635); Abs. 1 Nr. 20a geänd. mWv 30.6.2016 durch VO v. 17.6.2016 (BGBl. I S. 1463); Abs. 2 Nr. 5 aufgeh. mWv 13.10.2017 durch G v. 30.9.2017 (BGBl. I S. 3532); Abs. 1 Nr. 22 neu gef., Nr. 25 geänd. mWv 19.10.2017 durch VO v. 6.10.2017 (BGBl. I S. 3549); Abs. 1 Nr. 9 und 20 geänd. mWv 28.4.2020 durch VO *v. 20.4.2020 (BGBl. I S. 814); Abs. 1–4* einl. Satzteile geänd. mWv 28.7.2021 durch G v. 12.7.2021 (BGBl. I S. 3091).

[2)] Nr. **42.5**.

20a. das Anlegen von Sicherheitsgurten, Rollstuhl-Rückhaltesystemen oder Rollstuhlnutzer-Rückhaltesystemen nach § 21a Absatz 1 Satz 1 oder das Tragen von Schutzhelmen nach § 21a Absatz 2 Satz 1,

21. die Ladung nach § 22,

22. sonstige Pflichten des Fahrzeugführers nach § 23 Absatz 1, Absatz 1a Satz 1, auch in Verbindung mit den Sätzen 2 bis 4, Absatz 1c, Absatz 2 erster Halbsatz, Absatz 3 oder Absatz 4 Satz 1,

23. das Fahren mit Krankenfahrstühlen oder anderen als in § 24 Absatz 1 genannten Rollstühlen nach § 24 Absatz 2,

24. das Verhalten
    a) als zu Fuß Gehender nach § 25 Absatz 1 bis 4,
    b) an Fußgängerüberwegen nach § 26 oder
    c) auf Brücken nach § 27 Absatz 6,

25. den Umweltschutz nach § 30 Absatz 1 oder 2 oder das Sonn- und Feiertagsfahrverbot nach § 30 Absatz 3 Satz 1 oder 2 Nummer 7 Satz 2,

26. das Sporttreiben oder Spielen nach § 31 Absatz 1 Satz 1, Absatz 2 Satz 3,

27. das Bereiten, Beseitigen oder Kenntlichmachen von verkehrswidrigen Zuständen oder die wirksame Verkleidung gefährlicher Geräte nach § 32,

28. Verkehrsbeeinträchtigungen nach § 33 Absatz 1 oder 2 oder

29. das Verhalten nach einem Verkehrsunfall nach § 34 Absatz 1 Nummer 1, Nummer 2, Nummer 5 oder Nummer 6 Buchstabe b – sofern in diesem letzten Fall zwar eine nach den Umständen angemessene Frist gewartet, aber nicht Name und Anschrift am Unfallort hinterlassen wird – oder nach § 34 Absatz 3,

verstößt.

(2) Ordnungswidrig im Sinne des § 24 Absatz 1 des Straßenverkehrsgesetzes handelt auch, wer vorsätzlich oder fahrlässig

1. als Führer eines geschlossenen Verbandes entgegen § 27 Absatz 5 nicht dafür sorgt, dass die für geschlossene Verbände geltenden Vorschriften befolgt werden,

1a. entgegen § 27 Absatz 2 einen geschlossenen Verband unterbricht,

2. als Führer einer Kinder- oder Jugendgruppe entgegen § 27 Absatz 1 Satz 4 diese nicht den Gehweg benutzen lässt,

3. als Tierhalter oder sonst für die Tiere Verantwortlicher einer Vorschrift nach § 28 Absatz 1 oder Absatz 2 Satz 2 zuwiderhandelt,

4. als Reiter, Führer von Pferden, Treiber oder Führer von Vieh entgegen § 28 Absatz 2 einer für den gesamten Fahrverkehr einheitlich bestehenden Verkehrsregel oder Anordnung zuwiderhandelt,

5. *(aufgehoben)*

6. entgegen § 29 Absatz 2 Satz 1 eine Veranstaltung durchführt oder als Veranstaltender entgegen § 29 Absatz 2 Satz 3 nicht dafür sorgt, dass die in Betracht kommenden Verkehrsvorschriften oder Auflagen befolgt werden, oder

7. entgegen § 29 Absatz 3 ein dort genanntes Fahrzeug oder einen Zug führt.

(3) Ordnungswidrig im Sinne des § 24 Absatz 1 des Straßenverkehrsgesetzes handelt ferner, wer vorsätzlich oder fahrlässig

1. entgegen § 36 Absatz 1 bis 4 ein Zeichen oder eine Weisung oder entgegen Absatz 5 Satz 4 ein Haltgebot oder eine Anweisung eines Polizeibeamten nicht befolgt,
2. einer Vorschrift des § 37 über das Verhalten an Wechsellichtzeichen, Dauerlichtzeichen oder beim Rechtsabbiegen mit Grünpfeil zuwiderhandelt,
3. entgegen § 38 Absatz 1, 2 oder 3 Satz 3 blaues Blinklicht zusammen mit dem Einsatzhorn oder allein oder gelbes Blinklicht verwendet oder entgegen § 38 Absatz 1 Satz 2 nicht sofort freie Bahn schafft,
4. entgegen § 41 Absatz 1 ein durch Vorschriftzeichen angeordnetes Ge- oder Verbot der Anlage 2 Spalte 3 nicht befolgt,
5. entgegen § 42 Absatz 2 ein durch Richtzeichen angeordnetes Ge- oder Verbot der Anlage 3 Spalte 3 nicht befolgt,
6. entgegen § 43 Absatz 3 Satz 2 eine abgesperrte Straßenfläche befährt oder
7. einer den Verkehr verbietenden oder beschränkenden Anordnung, die nach § 45 Absatz 4 zweiter Halbsatz bekannt gegeben worden ist, zuwiderhandelt.

(4) Ordnungswidrig im Sinne des § 24 Absatz 1 des Straßenverkehrsgesetzes handelt schließlich, wer vorsätzlich oder fahrlässig

1. dem Verbot des § 35 Absatz 6 Satz 1, 2 oder 3 über die Reinigung von Gehwegen zuwiderhandelt,

1a. entgegen § 35 Absatz 6 Satz 4 keine auffällige Warnkleidung trägt,

2. entgegen § 35 Absatz 8 Sonderrechte ausübt, ohne die öffentliche Sicherheit und Ordnung gebührend zu berücksichtigen,
3. entgegen § 45 Absatz 6 mit Arbeiten beginnt, ohne zuvor Anordnungen eingeholt zu haben, diese Anordnungen nicht befolgt oder Lichtzeichenanlagen nicht bedient,
4. entgegen § 46 Absatz 3 Satz 1 eine vollziehbare Auflage der Ausnahmegenehmigung oder Erlaubnis nicht befolgt,
5. entgegen § 46 Absatz 3 Satz 3, auch in Verbindung mit Satz 4, die Bescheide, Ausdrucke oder deren digitalisierte Form nicht mitführt oder auf Verlangen nicht aushändigt oder sichtbar macht,
6. entgegen § 48 einer Vorladung zum Verkehrsunterricht nicht folgt oder
7. entgegen § 50 auf der Insel Helgoland ein Kraftfahrzeug führt oder mit einem Fahrrad fährt.

§ 50 Sonderregelung für die Insel Helgoland. Auf der Insel Helgoland sind der Verkehr mit Kraftfahrzeugen und das Radfahren verboten.

§ 51 Besondere Kostenregelung. Die Kosten der Zeichen 386.1, 386.2 und 386.3 trägt abweichend von § 5b Absatz 1 des Straßenverkehrsgesetzes[1] derjenige, der die Aufstellung dieses Zeichens beantragt.

§ 51a[2] Überleitung. [1] Der Bund, vertreten durch das Bundesministerium für Verkehr und digitale Infrastruktur und das Fernstraßen-Bundesamt, tritt im Rahmen seiner Zuständigkeit nach dieser Verordnung in vor dem 1. Januar 2021 eingeleitete Verwaltungsverfahren ein. [2] Er tritt mit Wirkung zum 1. Januar 2021 im Rahmen seiner Zuständigkeit nach dieser Verordnung in die Rechte

---

[1] Nr. 42.5.
[2] § 51a eingef. mWv 24.12.2020 durch VO v. 18.12.2020 (BGBl. I S. 3047).

43.1. Gesetz zur Ordnung des Wasserhaushalts (Wasserhaushaltsgesetz – WHG) [1] [2] [3] [4] [5]

Vom 31. Juli 2009

(BGBl. I S. 2585)

FNA 753-13

geänd. durch Art. 12 G zur Umsetzung der DienstleistungsRL auf dem Gebiet des Umweltrechts sowie zur Änd. umweltrechtlicher Vorschriften v. 11.8.2010 (BGBl. I S. 1163), Art. 1 G zur Umset-

---

[1] **Amtl. Anm.:** Dieses Gesetz dient der Umsetzung der
- Richtlinie 80/68/EWG des Rates vom 17. Dezember 1979 über den Schutz des Grundwassers gegen Verschmutzung durch bestimmte gefährliche Stoffe (ABl. L 20 vom 26.1.1980, S. 43), die durch die Richtlinie 2000/60/EG (ABl. L 327 vom 22.12.2000, S. 1) geändert worden ist,
- Richtlinie 91/271/EWG des Rates vom 21. Mai 1991 über die Behandlung von kommunalem Abwasser (ABl. L 135 vom 30.5.1991, S. 40), die zuletzt durch die Verordnung (EG) Nr. 1137/2008 (ABl. L 311 vom 21.11.2008, S. 1) geändert worden ist,
- Richtlinie 2000/60/EG des Europäischen Parlaments und des Rates vom 23. Oktober 2000 zur Schaffung eines Ordnungsrahmens für Maßnahmen der Gemeinschaft im Bereich der Wasserpolitik (ABl. L 327 vom 22.12.2000, S. 1), die zuletzt durch die Richtlinie 2008/105/EG (ABl. L 348 vom 24.12.2008, S. 84) geändert worden ist,
- Richtlinie 2004/35/EG des Europäischen Parlaments und des Rates vom 21. April 2004 über Umwelthaftung zur Vermeidung und Sanierung von Umweltschäden (ABl. L 143 vom 30.4.2004, S. 56), die durch die Richtlinie 2006/21/EG (ABl. L 102 vom 11.4.2006, S. 15) geändert worden ist,
- Richtlinie 2006/11/EG des Europäischen Parlaments und des Rates vom 15. Februar 2006 betreffend die Verschmutzung infolge der Ableitung bestimmter gefährlicher Stoffe in die Gewässer der Gemeinschaft (ABl. L 64 vom 4.3.2006, S. 52),
- Richtlinie 2006/118/EG des Europäischen Parlaments und des Rates vom 12. Dezember 2006 zum Schutz des Grundwassers vor Verschmutzung und Verschlechterung (ABl. L 372 vom 27.12.2006, S. 19, L 53 vom 22.2.2007, S. 30, L 139 vom 31.5.2007, S. 39),
- Richtlinie 2007/60/EG des Europäischen Parlaments und des Rates vom 23. Oktober 2007 über die Bewertung und das Management von Hochwasserrisiken (ABl. L 288 vom 6.11.2007, S. 27).

[2] **Amtl. Anm.:** Die Verpflichtungen aus der Richtlinie 98/34/EG des Europäischen Parlaments und des Rates vom 22. Juni 1998 über ein Informationsverfahren auf dem Gebiet der Normen und technischen Vorschriften und der Vorschriften für die Dienste der Informationsgesellschaft (ABl. L 204 vom 21.7.1998, S. 37), die zuletzt durch die Richtlinie 2006/96/EG (ABl. L 363 vom 20.12.2006, S. 81) geändert worden ist, sind beachtet worden.

[3] Verkündet als Art. 1 des G zur Neuregelung des Wasserrechts v. 31.7.2009 (BGBl. I S. 2585); Inkrafttreten gem. Art. 24 Abs. 2 Satz 1 dieses G am 1.3.2010 mit Ausnahme der §§ 23, 48 Abs. 1 Satz 2 und Abs. 2 Satz 3, § 57 Abs. 2, § 58 Abs. 1 Satz 2, § 61 Abs. 3, § 62 Abs. 4 und 7 Satz 2 und § 63 Abs. 2 Satz 2, die gem. Art. 24 Abs. 1 bereits am 7.8.2009 in Kraft getreten sind.

[4] Zu abweichendem Landesrecht siehe:
- **Bayern:** Abweichungen im WasserG mWv 1.3.2010, vgl. Hinweis v. 17.3.2010 (BGBl. I S. 275), mWv 29.2.2012, vgl. Hinweis v. 24.10.2012 (BGBl. I S. 2176) und Hinweis v. 19.2.2015 (BGBl. I S. 153); mWv 1.8.2019, vgl. Hinweis v. 5.3.2020 (BGBl. I S. 319, 320);
- **Bremen:** Abweichungen im WasserG mWv 29.4.2011; vgl. Hinweis v. 16.6.2011 (BGBl. I S. 1047);
- **Hessen:** Abweichungen im WasserG mWv 24.12.2010; vgl. Hinweis v. 13.4.2011 (BGBl. I S. 607);
- **Niedersachsen:** Abweichungen im WasserG mWv 1.3.2010; vgl. Hinweis v. 26.7.2010 (BGBl. I S. 970);
- **Rheinland-Pfalz:** Abweichungen im WasserG mWv 30.7.2015; vgl. Hinweis v. 14.4.2016 (BGBl. I S. 715);
- **Sachsen:** Abweichungen im WasserG mWv 15.5.2010 und mWv 8.8.2013; vgl. Hinweis v. 17.5. 2011 (BGBl. I S. 842) und Hinweis v. 19.2.2014 (BGBl. I S. 112);
- **Sachsen-Anhalt:** Abweichungen im WasserG mWv 1.4.2011; vgl. Hinweis 11.4.2011 (BGBl. I S. 567);
- **Schleswig-Holstein:** Abweichungen im LandeswasserG mWv 26.3.2010; vgl. Hinweis v. 11.11. 2010 (BGBl. I S. 1501) und Hinweis v. 18.12.2019 (BGBl. I S. 2595); →

zung der Meeresstrategie-RahmenRL sowie zur Änd. des WaStrG und des KrW-/AbfG v. 6.10.2011 (BGBl. I S. 1986), Art. 2 Abs. 67 G zur Änd. von Vorschriften über Verkündung und Bekanntmachungen sowie der ZPO, des EGZPO und der AO v. 22.12.2011 (BGBl. I S. 3044), Art. 5 Abs. 9 G zur Neuordnung des Kreislaufwirtschafts- und Abfallrechts v. 24.2.2012 (BGBl. I S. 212), Art. 3 G zur Anpassung des BauproduktenG und weiterer Rechtsvorschriften an die VO (EU) Nr. 305/2011 zur Festlegung harmonisierter Bedingungen für die Vermarktung von Bauprodukten v. 5.12.2012 (BGBl. I S. 2449), Art. 6 G zur Änd. des Umwelt-RechtsbehelfsG und anderer umweltrechtlicher Vorschriften v. 21.1.2013 (BGBl. I S. 95), Art. 2 G zur Umsetzung der RL über Industrieemissionen v. 8.4.2013 (BGBl. I S. 734), Art. 2 Abs. 100, Art. 4 Abs. 76 G zur Strukturreform des Gebührenrechts des Bundes v. 7.8.2013 (BGBl. I S. 3154, geänd. durch G v. 18.7.2016, BGBl. I S. 1666), Art. 2 G zur Änd. des UmweltstatistikG und des WasserhaushaltsG v. 15.11.2014 (BGBl. I S. 1724), Art. 320 Zehnte ZuständigkeitsanpassungsVO v. 31.8.2015 (BGBl. I S. 1474), Art. 1 G zur Änd. des WasserhaushaltsG zur Einführung von Grundsätzen für die Kosten von Wasserdienstleistungen und Wassernutzungen sowie zur Änd. des AbwasserabgabenG v. 11.4.2016 (BGBl. I S. 745), Art. 12 WSV-ZuständigkeitsanpassungsG v. 24.5.2016 (BGBl. I S. 1217), Art. 4 Abs. 73 G zur Aktualisierung der Strukturreform des Gebührenrechts des Bundes v. 18.7.2016 (BGBl. I S. 1666), Art. 3 G zur Änd. berg-, umweltschadens- und wasserrechtlicher Vorschriften zur Umsetzung der RL 2013/30/EU über die Sicherheit von Offshore-Erdöl- und -Erdgasaktivitäten v. 21.7.2016 (BGBl. I S. 1764), Art. 4 G zur Änd. des UmweltstatistikG, des HochbaustatistikG sowie bestimmter immissionsschutz- und wasserrechtlicher Vorschriften v. 26.7.2016 (BGBl. I S. 1839), Art. 1 G zur Änd. wasser- und naturschutzrechtlicher Vorschriften zur Untersagung und zur Risikominimierung bei den Verfahren der Fracking-Technologie v. 4.8.2016 (BGBl. I S. 1972), Art. 122 G zum Abbau verzichtbarer Anordnungen der Schriftform im Verwaltungsrecht des Bundes v. 29.3.2017 (BGBl. I S. 626), Art. 1 HochwasserschutzG II v. 30.6.2017 (BGBl. I S. 2193), Art. 1 G zur Einführung einer wasserrechtlichen Genehmigung für Behandlungsanlagen für Deponiesickerwasser, zur Änd. der Vorschriften zur Eignungsfeststellung für Anlagen zum Lagern, Abfüllen oder Umschlagen wassergefährdender Stoffe und zur Änd. des Bundes-ImmissionsschutzG v. 18.7.2017 (BGBl. I S. 2771), Art. 2 G zur Beschränkung des marinen Geo-Engineerings v. 4.12.2018 (BGBl. I S. 2254), Art. 253 Elfte ZuständigkeitsanpassungsVO v. 19.6.2020 (BGBl. I S. 1328), Art. 1 Erstes G zur Änd. des WasserhaushaltsG v. 19.6.2020 (BGBl. I S. 1408), Art. 2 G über den wasserwirtschaftlichen Ausbau an Bundeswasserstraßen zur Erreichung der Bewirtschaftungsziele der WasserrahmenRL v. 2.6.2021 (BGBl. I S. 1295), Art. 3 G zur Umsetzung von Vorgaben der EinwegkunststoffRL und der AbfallrahmenRL im VerpackungsG und in anderen Gesetzen v. 9.6.2021 (BGBl. I S. 1699) und Art. 2 G zur Umsetzung von Vorgaben der RL (EU) 2018/2001 für Zulassungsverfahren nach dem Bundes-ImmissionsschutzG, dem WasserhaushaltsG und dem BundeswasserstraßenG v. 18.8.2021 (BGBl. I S. 3901)

Zum WHG haben die Länder folgende Vorschriften erlassen:

- **Baden-Württemberg:** WasserG v. 3.12.2013 (GBl. S. 389), zuletzt geänd. durch G v. 17.12.2020 (GBl. S. 1233)
- **Bayern:** WasserG v. 25.2.2010 (GVBl. S. 66, 130), zuletzt geänd. durch G v. 23.12.2019 (GVBl. S. 737)
- **Berlin:** WasserG idF der Bek. v. 17.6.2005 (GVBl. S. 357, ber. 2006 S. 248, 2007 S. 48), zuletzt geänd. durch G v. 25.9.2019 (GVBl. S. 612)
- **Brandenburg:** WasserG idF der Bek. v. 2.3.2012 (GVBl. I Nr. 20), zuletzt geänd. durch G v. 4.12. 2017 (GVBl. I Nr. 28)
- **Bremen:** WasserG v. 12.4.2011 (Brem.GBl. S. 262), zuletzt geänd. durch G v. 24.11.2020 (Brem.GBl. S. 1486)
- **Hamburg:** WasserG idF der Bek. v. 29.3.2005 (HmbGVBl. S. 97), zuletzt geänd. durch G v. 4.12. 2012 (HmbGVBl. S. 510)
- **Hessen:** WasserG v. 14.12.2010 (GVBl. I S. 548), zuletzt geänd. durch G v. 30.9.2021 (GVBl. S. 602)
- **Mecklenburg-Vorpommern:** WasserG v. 30.11.1992 (GVOBl. M-V S. 669), zuletzt geänd. durch G v. 8.6.2021 (GVOBl. M-V S. 866)

(Fortsetzung der Anm. von voriger Seite)

- **Thüringen:** Abweichungen im Thüringer WasserG mWv 1.3.2020, vgl. Hinweis v. 6.3.2020 (BGBl. I S. 422).

[5] *Zur Sicherstellung ordnungsgemäßer Planungs-und Genehmigungsverfahren während der COVID-19-Pandemie siehe das PlanungssicherstellungsG v. 20.5.2020 (BGBl. I S. 1041), zuletzt geänd. durch G v. 18.3.2021 (BGBl. I S. 353).*

– **Niedersachsen:** WasserG v. 19.2.2010 (Nds. GVBl. S. 64), zuletzt geänd. durch G v. 10.12.2020 (Nds. GVBl. S. 477)
– **Nordrhein-Westfalen:** LandeswasserG (Nr. **43.11**)
– **Rheinland-Pfalz:** LandeswasserG v. 14.7.2015 (GVBl. S. 127), zuletzt geänd. durch G v. 28.9.2021 (GVBl. S. 543)
– **Saarland:** WasserG idF der Bek. v. 30.7.2004 (Amtsbl. S. 1994), zuletzt geänd. durch G v. 13.2. 2019 (Amtsbl. I S. 324)
– **Sachsen:** WasserG v. 12.7.2013 (SächsGVBl. S. 503), zuletzt geänd. durch G v. 8.7.2016 (SächsGVBl. S. 287)
– **Sachsen-Anhalt:** WasserG v. 16.3.2011 (GVBl. LSA S. 492), zuletzt geänd. durch G v. 7.7.2020 (GVBl. LSA S. 372)
– **Schleswig-Holstein:** LandeswasserG v. 13.11.2019 (GVOBl. Schl.-H. S. 425, 426), geänd. durch G v. 22.6.2020 (GVOBl. Schl.-H. S. 352)
– **Thüringen:** WasserG v. 28.5.2019 (GVBl. S. 74), geänd. durch G v. 11.6.2020 (GVBl. S. 277)

Inhaltsübersicht[1]

Kapitel 1. Allgemeine Bestimmungen

Kapitel 2. Bewirtschaftung von Gewässern

Abschnitt 1. Gemeinsame Bestimmungen

Abschnitt 2. Bewirtschaftung oberirdischer Gewässer

[1] Inhaltsübersicht geänd. mWv 14.10.2011 durch G v. 6.10.2011 (BGBl. I S. 1986); geänd. mWv 1.8.2013 durch G v. 21.1.2013 (BGBl. I S. 95); geänd. mWv 2.5.2013 durch G v. 8.4.2013 (BGBl. I S. 734); geänd. mWv 18.10.2016 durch G v. 11.4.2016 (BGBl. I S. 745); geänd. mWv 5.1.2018 durch G v. 30.6.2017 (BGBl. I S. 2193); geänd. mWv 30.6.2020 durch G v. 19.6.2020 (BGBl. I S. 1408); geänd. mWv 31.8.2021 durch G v. 18.8.2021 (BGBl. I S. 3901).

Kapitel 1. Allgemeine Bestimmungen

§ 1 Zweck. Zweck dieses Gesetzes ist es, durch eine nachhaltige Gewässerbewirtschaftung die Gewässer als Bestandteil des Naturhaushalts, als Lebensgrundlage des Menschen, als Lebensraum für Tiere und Pflanzen sowie als nutzbares Gut zu schützen.

§ 2[1)] Anwendungsbereich. (1) [1] Dieses Gesetz gilt für folgende Gewässer:

1. oberirdische Gewässer,
2. Küstengewässer,
3. Grundwasser.

[2] Es gilt auch für Teile dieser Gewässer.

(1a) [1] Für Meeresgewässer gelten die Vorschriften des § 23, des Kapitels 2 Abschnitt 3a und des § 90. [2] Die für die Bewirtschaftung der Küstengewässer geltenden Vorschriften bleiben unberührt.

(2) [1] Die Länder können kleine Gewässer von wasserwirtschaftlich untergeordneter Bedeutung, insbesondere Straßenseitengräben als Bestandteil von Straßen, Be- und Entwässerungsgräben, sowie Heilquellen von den Bestimmungen dieses Gesetzes ausnehmen. [2] Dies gilt nicht für die Haftung für Gewässerveränderungen nach den §§ 89 und 90.

§ 3[2)] Begriffsbestimmungen. Für dieses Gesetz gelten folgende Begriffsbestimmungen:

1. Oberirdische Gewässer
   das ständig oder zeitweilig in Betten fließende oder stehende oder aus Quellen wild abfließende Wasser;
2. Küstengewässer
   das Meer zwischen der Küstenlinie bei mittlerem Hochwasser oder zwischen der seewärtigen Begrenzung der oberirdischen Gewässer und der seewärtigen Begrenzung des Küstenmeeres; die seewärtige Begrenzung von oberirdischen Gewässern, die nicht Binnenwasserstraßen des Bundes sind, richtet sich nach den landesrechtlichen Vorschriften;

2a. Meeresgewässer
   die Küstengewässer sowie die Gewässer im Bereich der deutschen ausschließlichen Wirtschaftszone und des Festlandsockels, jeweils einschließlich des Meeresgrundes und des Meeresuntergrundes;

---

1) § 2 Abs. 1a eingef. mWv 14.10.2011 durch G v. 6.10.2011 (BGBl. I S. 1986); Abs. 1a Satz 1 geänd. mWv 27.7.2016 durch G v. 21.7.2016 (BGBl. I S. 1764).

2) *§ 3 Nr. 2a eingef. mWv 14.10.2011* durch G v. 6.10.2011 (BGBl. I S. 1986); Nr. 12 geänd. mWv 2.5.2013 durch G v. 8.4.2013 (BGBl. I S. 734); Nr. 15 geänd., Nr. 16 und 17 angef. mWv 18.10.2016 durch G v. 11.4.2016 (BGBl. I S. 745).

3. Grundwasser
das unterirdische Wasser in der Sättigungszone, das in unmittelbarer Berührung mit dem Boden oder dem Untergrund steht;
4. Künstliche Gewässer
von Menschen geschaffene oberirdische Gewässer oder Küstengewässer;
5. Erheblich veränderte Gewässer
durch den Menschen in ihrem Wesen physikalisch erheblich veränderte oberirdische Gewässer oder Küstengewässer;
6. Wasserkörper
einheitliche und bedeutende Abschnitte eines oberirdischen Gewässers oder Küstengewässers (Oberflächenwasserkörper) sowie abgegrenzte Grundwasservolumen innerhalb eines oder mehrerer Grundwasserleiter (Grundwasserkörper);
7. Gewässereigenschaften
die auf die Wasserbeschaffenheit, die Wassermenge, die Gewässerökologie und die Hydromorphologie bezogenen Eigenschaften von Gewässern und Gewässerteilen;
8. Gewässerzustand
die auf Wasserkörper bezogenen Gewässereigenschaften als ökologischer, chemischer oder mengenmäßiger Zustand eines Gewässers; bei als künstlich oder erheblich verändert eingestuften Gewässern tritt an die Stelle des ökologischen Zustands das ökologische Potenzial;
9. Wasserbeschaffenheit
die physikalische, chemische oder biologische Beschaffenheit des Wassers eines oberirdischen Gewässers oder Küstengewässers sowie des Grundwassers;
10. Schädliche Gewässerveränderungen
Veränderungen von Gewässereigenschaften, die das Wohl der Allgemeinheit, insbesondere die öffentliche Wasserversorgung, beeinträchtigen oder die nicht den Anforderungen entsprechen, die sich aus diesem Gesetz, aus auf Grund dieses Gesetzes erlassenen oder aus sonstigen wasserrechtlichen Vorschriften ergeben;
11. Stand der Technik
der Entwicklungsstand fortschrittlicher Verfahren, Einrichtungen oder Betriebsweisen, der die praktische Eignung einer Maßnahme zur Begrenzung von Emissionen in Luft, Wasser und Boden, zur Gewährleistung der Anlagensicherheit, zur Gewährleistung einer umweltverträglichen Abfallentsorgung oder sonst zur Vermeidung oder Verminderung von Auswirkungen auf die Umwelt zur Erreichung eines allgemein hohen Schutzniveaus für die Umwelt insgesamt gesichert erscheinen lässt; bei der Bestimmung des Standes der Technik sind insbesondere die in der Anlage 1 aufgeführten Kriterien zu berücksichtigen;
12. EMAS-Standort
diejenige Einheit einer Organisation, die nach § 32 Absatz 1 Satz 1 des Umweltauditgesetzes in der Fassung der Bekanntmachung vom 4. September 2002 (BGBl. I S. 3490), das zuletzt durch Artikel 1 des Gesetzes vom 6. Dezember 2011 (BGBl. I S. 2509) geändert worden ist, in der jeweils geltenden Fassung in das EMAS-Register eingetragen ist;
13. Einzugsgebiet

ein Gebiet, aus dem über oberirdische Gewässer der gesamte Oberflächenabfluss an einer einzigen Flussmündung, einem Ästuar oder einem Delta ins Meer gelangt;

14. Teileinzugsgebiet
ein Gebiet, aus dem über oberirdische Gewässer der gesamte Oberflächenabfluss an einem bestimmten Punkt in ein oberirdisches Gewässer gelangt;

15. Flussgebietseinheit
ein als Haupteinheit für die Bewirtschaftung von Einzugsgebieten festgelegtes Land- oder Meeresgebiet, das aus einem oder mehreren benachbarten Einzugsgebieten, dem ihnen zugeordneten Grundwasser und den ihnen zugeordneten Küstengewässern im Sinne des § 7 Absatz 5 Satz 2 besteht;

16. Wasserdienstleistungen sind folgende Dienstleistungen für Haushalte, öffentliche Einrichtungen oder wirtschaftliche Tätigkeiten jeder Art:
   a) Entnahme, Aufstauung, Speicherung, Behandlung und Verteilung von Wasser aus einem Gewässer;
   b) Sammlung und Behandlung von Abwasser in Abwasseranlagen, die anschließend in oberirdische Gewässer einleiten;

17. Wassernutzungen sind alle Wasserdienstleistungen sowie andere Handlungen mit Auswirkungen auf den Zustand eines Gewässers, die im Hinblick auf die Bewirtschaftungsziele nach den §§ 27 bis 31, 44 und 47 signifikant sind.

§ 4 Gewässereigentum, Schranken des Grundeigentums. (1) [1] Das Eigentum an den Bundeswasserstraßen steht dem Bund nach Maßgabe der wasserstraßenrechtlichen Vorschriften zu. [2] Soweit sich aus diesem Gesetz, auf Grund dieses Gesetzes erlassener oder sonstiger wasserrechtlicher Vorschriften Verpflichtungen aus dem Gewässereigentum ergeben, treffen diese auch den Bund als Eigentümer der Bundeswasserstraßen.

(2) Wasser eines fließenden oberirdischen Gewässers und Grundwasser sind nicht eigentumsfähig.

(3) Das Grundeigentum berechtigt nicht

1. zu einer Gewässerbenutzung, die einer behördlichen Zulassung bedarf,
2. zum Ausbau eines Gewässers.

(4) [1] Eigentümer und Nutzungsberechtigte von Gewässern haben die Benutzung durch Dritte zu dulden, soweit für die Benutzung eine behördliche Zulassung erteilt worden oder eine behördliche Zulassung nicht erforderlich ist. [2] Dies gilt nicht im Fall des § 9 Absatz 1 Nummer 3.

(5) Im Übrigen gelten für das Eigentum an Gewässern die landesrechtlichen Vorschriften.

§ 5 Allgemeine Sorgfaltspflichten. (1) Jede Person ist verpflichtet, bei Maßnahmen, mit denen Einwirkungen auf ein Gewässer verbunden sein können, die nach den Umständen erforderliche Sorgfalt anzuwenden, um

1. eine nachteilige Veränderung der Gewässereigenschaften zu vermeiden,
2. eine mit Rücksicht auf den Wasserhaushalt gebotene sparsame Verwendung des Wassers sicherzustellen,
3. die Leistungsfähigkeit des Wasserhaushalts zu erhalten und
4. eine Vergrößerung und Beschleunigung des Wasserabflusses zu vermeiden.

(2) Jede Person, die durch Hochwasser betroffen sein kann, ist im Rahmen des ihr Möglichen und Zumutbaren verpflichtet, geeignete Vorsorgemaßnahmen zum Schutz vor nachteiligen Hochwasserfolgen und zur Schadensminderung zu treffen, insbesondere die Nutzung von Grundstücken den möglichen nachteiligen Folgen für Mensch, Umwelt oder Sachwerte durch Hochwasser anzupassen.

Kapitel 2. Bewirtschaftung von Gewässern

Abschnitt 1. Gemeinsame Bestimmungen

§ 6 Allgemeine Grundsätze der Gewässerbewirtschaftung. (1) [1] Die Gewässer sind nachhaltig zu bewirtschaften, insbesondere mit dem Ziel,

1. ihre Funktions- und Leistungsfähigkeit als Bestandteil des Naturhaushalts und als Lebensraum für Tiere und Pflanzen zu erhalten und zu verbessern, insbesondere durch Schutz vor nachteiligen Veränderungen von Gewässereigenschaften,
2. Beeinträchtigungen auch im Hinblick auf den Wasserhaushalt der direkt von den Gewässern abhängenden Landökosysteme und Feuchtgebiete zu vermeiden und unvermeidbare, nicht nur geringfügige Beeinträchtigungen so weit wie möglich auszugleichen,
3. sie zum Wohl der Allgemeinheit und im Einklang mit ihm auch im Interesse Einzelner zu nutzen,
4. bestehende oder künftige Nutzungsmöglichkeiten insbesondere für die öffentliche Wasserversorgung zu erhalten oder zu schaffen,
5. möglichen Folgen des Klimawandels vorzubeugen,
6. an oberirdischen Gewässern so weit wie möglich natürliche und schadlose Abflussverhältnisse zu gewährleisten und insbesondere durch Rückhaltung des Wassers in der Fläche der Entstehung von nachteiligen Hochwasserfolgen vorzubeugen,
7. zum Schutz der Meeresumwelt beizutragen.

[2] Die nachhaltige Gewässerbewirtschaftung hat ein hohes Schutzniveau für die Umwelt insgesamt zu gewährleisten; dabei sind mögliche Verlagerungen nachteiliger Auswirkungen von einem Schutzgut auf ein anderes sowie die Erfordernisse des Klimaschutzes zu berücksichtigen.

(2) Gewässer, die sich in einem natürlichen oder naturnahen Zustand befinden, sollen in diesem Zustand erhalten bleiben und nicht naturnah ausgebaute natürliche Gewässer sollen so weit wie möglich wieder in einen naturnahen Zustand zurückgeführt werden, wenn überwiegende Gründe des Wohls der Allgemeinheit dem nicht entgegenstehen.

§ 6a[1)] Grundsätze für die Kosten von Wasserdienstleistungen und Wassernutzungen. (1) [1] Bei Wasserdienstleistungen ist zur Erreichung der Bewirtschaftungsziele nach den §§ 27 bis 31, 44 und 47 der Grundsatz der Kostendeckung zu berücksichtigen. [2] Hierbei sind auch die Umwelt- und Ressourcenkosten zu berücksichtigen. [3] Es sind angemessene Anreize zu schaffen, Wasser

---

[1)] § 6a eingef. mWv 18.10.2016 durch G v. 11.4.2016 (BGBl. I S. 745); Abs. 5 angef. mWv 29.1. 2017 durch G v. 26.7.2016 (BGBl. I S. 1839).

effizient zu nutzen, um so zur Erreichung der Bewirtschaftungsziele beizutragen.

(2) Wenn bestimmte Wassernutzungen die Erreichung der in Absatz 1 genannten Bewirtschaftungsziele gefährden, haben Wassernutzungen, insbesondere in den Bereichen Industrie, Haushalte und Landwirtschaft, zur Deckung der Kosten der Wasserdienstleistungen angemessen beizutragen.

(3) Im Rahmen der Absätze 1 und 2 sind das Verursacherprinzip sowie die wirtschaftliche Analyse der Wassernutzungen nach der Oberflächengewässerverordnung und der Grundwasserverordnung[1] zugrunde zu legen.

(4) Von den Grundsätzen nach den Absätzen 1 und 2 kann im Hinblick auf soziale, ökologische und wirtschaftliche Auswirkungen der Kostendeckung sowie im Hinblick auf regionale geografische oder klimatische Besonderheiten abgewichen werden.

(5) Weitergehende Regelungen des Bundes und der Länder zur Erhebung von Kosten und Entgelten im Bereich der Bewirtschaftung von Gewässern bleiben unberührt.

§ 7[2] Bewirtschaftung nach Flussgebietseinheiten. (1) [1]Die Gewässer sind nach Flussgebietseinheiten zu bewirtschaften. [2]Die Flussgebietseinheiten sind:

1. Donau,
2. Rhein,
3. Maas,
4. Ems,
5. Weser,
6. Elbe,
7. Eider,
8. Oder,
9. Schlei/Trave,
10. Warnow/Peene.

[3]Die Flussgebietseinheiten sind in der Anlage 2 in Kartenform dargestellt.

(2) Die zuständigen Behörden der Länder koordinieren untereinander ihre wasserwirtschaftlichen Planungen und Maßnahmen, soweit die Belange der flussgebietsbezogenen Gewässerbewirtschaftung dies erfordern.

(3) Zur Erreichung der in diesem Gesetz festgelegten Bewirtschaftungsziele

1. koordinieren die zuständigen Behörden der Länder die Maßnahmenprogramme und Bewirtschaftungspläne mit den zuständigen Behörden anderer Mitgliedstaaten der Europäischen Union, in deren Hoheitsgebiet die Flussgebietseinheiten ebenfalls liegen,
2. bemühen sich die zuständigen Behörden der Länder um eine der Nummer 1 entsprechende Koordinierung mit den zuständigen Behörden von Staaten, die nicht der Europäischen Union angehören.

---

[1] **Sartorius ErgBd. Nr. 845b.**

[2] § 7 Abs. 4 *Satz 2 geänd.* mWv *8.9.2015* durch VO v. 31.8.2015 (BGBl. I S. 1474); Abs. 4 Satz 1 geänd. mWv 1.6.2016 durch G v. 24.5.2016 (BGBl. I S. 1217); Abs. 4 Satz 2 geänd. mWv 27.6.2020 durch VO v. 19.6.2020 (BGBl. I S. 1328).

(4) [1]Soweit die Verwaltung der Bundeswasserstraßen berührt ist, ist bei der Koordinierung nach den Absätzen 2 und 3 das Einvernehmen der Generaldirektion Wasserstraßen und Schifffahrt einzuholen. [2]Soweit gesamtstaatliche Belange bei der Pflege der Beziehungen zur Europäischen Union, zu auswärtigen Staaten oder zu internationalen Organisationen berührt sind, ist bei der Koordinierung nach Absatz 3 das Einvernehmen des Bundesministeriums für Umwelt, Naturschutz und nukleare Sicherheit einzuholen.

(5) [1]Die zuständigen Behörden der Länder ordnen innerhalb der Landesgrenzen die Einzugsgebiete oberirdischer Gewässer sowie Küstengewässer und das Grundwasser einer Flussgebietseinheit zu. [2]Bei Küstengewässern gilt dies für die Flächen auf der landwärtigen Seite einer Linie, auf der sich jeder Punkt eine Seemeile seewärts vom nächsten Punkt der Basislinie befindet, von der aus die Breite der Hoheitsgewässer gemessen wird, mindestens bis zur äußeren Grenze der Gewässer, die im Wesentlichen von Süßwasserströmungen beeinflusst sind. [3]Die Länder können die Zuordnung auch durch Gesetz regeln.

§ 8 Erlaubnis, Bewilligung. (1) Die Benutzung eines Gewässers bedarf der Erlaubnis oder der Bewilligung, soweit nicht durch dieses Gesetz oder auf Grund dieses Gesetzes erlassener Vorschriften etwas anderes bestimmt ist.

(2) [1]Keiner Erlaubnis oder Bewilligung bedürfen Gewässerbenutzungen, die der Abwehr einer gegenwärtigen Gefahr für die öffentliche Sicherheit dienen, sofern der drohende Schaden schwerer wiegt als die mit der Benutzung verbundenen nachteiligen Veränderungen von Gewässereigenschaften. [2]Die zuständige Behörde ist unverzüglich über die Benutzung zu unterrichten.

(3) [1]Keiner Erlaubnis oder Bewilligung bedürfen ferner bei Übungen und Erprobungen für Zwecke der Verteidigung oder der Abwehr von Gefahren für die öffentliche Sicherheit

1. das vorübergehende Entnehmen von Wasser aus einem Gewässer,
2. das Wiedereinleiten des Wassers in ein Gewässer mittels beweglicher Anlagen und
3. das vorübergehende Einbringen von Stoffen in ein Gewässer,

wenn durch diese Benutzungen andere nicht oder nur geringfügig beeinträchtigt werden und keine nachteilige Veränderung der Gewässereigenschaften zu erwarten ist. [2]Die Gewässerbenutzung ist der zuständigen Behörde rechtzeitig vor Beginn der Übung oder der Erprobung anzuzeigen.

(4) Ist bei der Erteilung der Erlaubnis oder der Bewilligung nichts anderes bestimmt worden, geht die Erlaubnis oder die Bewilligung mit der Wasserbenutzungsanlage oder, wenn sie für ein Grundstück erteilt worden ist, mit diesem auf den Rechtsnachfolger über.

§ 9[1)] Benutzungen. (1) Benutzungen im Sinne dieses Gesetzes sind

1. das Entnehmen und Ableiten von Wasser aus oberirdischen Gewässern,
2. das Aufstauen und Absenken von oberirdischen Gewässern,
3. das Entnehmen fester Stoffe aus oberirdischen Gewässern, soweit sich dies auf die Gewässereigenschaften auswirkt,
4. das Einbringen und Einleiten von Stoffen in Gewässer,

[1)] § 9 Abs. 2 einl. Satzteil neu gef., Nr. 2 geänd., Nr. 3 und 4 angef. mWv 11.2.2017 durch G v. 4.8.2016 (BGBl. I S. 1972).

5. das Entnehmen, Zutagefördern, Zutageleiten und Ableiten von Grundwasser.

(2) Soweit nicht bereits eine Benutzung nach Absatz 1 vorliegt, gelten als Benutzungen auch

1. das Aufstauen, Absenken und Umleiten von Grundwasser durch Anlagen, die hierfür bestimmt oder geeignet sind,
2. Maßnahmen, die geeignet sind, dauernd oder in einem nicht nur unerheblichen Ausmaß nachteilige Veränderungen der Wasserbeschaffenheit herbeizuführen,
3. das Aufbrechen von Gesteinen unter hydraulischem Druck zur Aufsuchung oder Gewinnung von Erdgas, Erdöl oder Erdwärme, einschließlich der zugehörigen Tiefbohrungen,
4. die untertägige Ablagerung von Lagerstättenwasser, das bei Maßnahmen nach Nummer 3 oder anderen Maßnahmen zur Aufsuchung oder Gewinnung von Erdgas oder Erdöl anfällt.

(3) [1] Keine Benutzungen sind Maßnahmen, die dem Ausbau eines Gewässers im Sinne des § 67 Absatz 2 dienen. [2] Das Gleiche gilt für Maßnahmen der Unterhaltung eines Gewässers, soweit hierbei keine chemischen Mittel verwendet werden.

§ 10 Inhalt der Erlaubnis und der Bewilligung. (1) Die Erlaubnis gewährt die Befugnis, die Bewilligung das Recht, ein Gewässer zu einem bestimmten Zweck in einer nach Art und Maß bestimmten Weise zu benutzen.

(2) Erlaubnis und Bewilligung geben keinen Anspruch auf Zufluss von Wasser in einer bestimmten Menge und Beschaffenheit.

§ 11 Erlaubnis-, Bewilligungsverfahren. (1) Erlaubnis und Bewilligung können für ein Vorhaben, das nach dem Gesetz über die Umweltverträglichkeitsprüfung[1)] einer Umweltverträglichkeitsprüfung unterliegt, nur in einem Verfahren erteilt werden, das den Anforderungen des genannten Gesetzes entspricht.

(2) Die Bewilligung kann nur in einem Verfahren erteilt werden, in dem die Betroffenen und die beteiligten Behörden Einwendungen geltend machen können.

§ 11a[2)] Verfahren bei Vorhaben zur Erzeugung von Energie aus erneuerbaren Quellen. (1) [1] Die Absätze 2 bis 5 gelten für die Erteilung einer Erlaubnis oder Bewilligung ergänzend bei folgenden Vorhaben:

1. Errichtung und Betrieb sowie Modernisierung von Anlagen zur Nutzung von Wasserkraft, ausgenommen Pumpspeicherkraftwerke,
2. Errichtung und Betrieb von Anlagen zur Gewinnung von Erdwärme, wenn ein bergrechtlicher Betriebsplan nicht erforderlich ist.

[2] Die Modernisierung im Sinne des Satzes 1 Nummer 1 umfasst Maßnahmen zur Steigerung der Effizienz oder der Kapazität der Anlage, insbesondere den vollständigen oder teilweisen Austausch der Anlage, eines Anlagenteils oder des Betriebssystems.

[1)] Nr. **32.4.**

[2)] § 11a eingef. mWv 31.8.2021 durch G v. 18.8.2021 (BGBl. I S. 3901).

(2) Auf Antrag des Trägers des Vorhabens werden das Erlaubnis- oder Bewilligungsverfahren sowie alle sonstigen Zulassungsverfahren, die für die Durchführung des Vorhabens nach Bundes- oder Landesrecht erforderlich sind, über eine einheitliche Stelle abgewickelt.

(3) [1] Die einheitliche Stelle nach Absatz 2 stellt ein Verfahrenshandbuch für Träger von Vorhaben bereit und macht diese Informationen auch im Internet zugänglich. [2] Dabei geht sie gesondert auch auf kleinere Vorhaben und Vorhaben zur Eigenversorgung mit Elektrizität ein. [3] In den im Internet veröffentlichten Informationen weist die einheitliche Stelle auch darauf hin, für welche Vorhaben sie zuständig ist und welche weiteren einheitlichen Stellen im jeweiligen Land für Vorhaben nach Absatz 1 Satz 1 zuständig sind.

(4) Nach Eingang der vollständigen Antragsunterlagen erstellt die zuständige Behörde unverzüglich einen Zeitplan für das weitere Verfahren nach Absatz 1 Satz 1 und teilt diesen Zeitplan in den Fällen des Absatzes 2 der einheitlichen Stelle, andernfalls dem Träger des Vorhabens mit.

(5) [1] Die zuständige Behörde entscheidet über die Erteilung der Erlaubnis oder Bewilligung

1. innerhalb eines Jahres bei
   a) Errichtung und Betrieb von Anlagen zur Nutzung von Wasserkraft mit einer Stromerzeugungskapazität von weniger als 150 Kilowatt,
   b) Errichtung und Betrieb von Anlagen zur Gewinnung von Erdwärme, wenn das Vorhaben der Erzeugung von Strom mit einer Kapazität von weniger als 150 Kilowatt dient,
   c) der Modernisierung von Anlagen zur Nutzung von Wasserkraft,
2. innerhalb von zwei Jahren bei
   a) Errichtung und Betrieb von Anlagen zur Nutzung von Wasserkraft mit einer Stromerzeugungskapazität von 150 Kilowatt oder mehr,
   b) Errichtung und Betrieb von Anlagen zur Gewinnung von Erdwärme, wenn das Vorhaben der Erzeugung von Strom in einem Kraftwerk dient.

[2] Die zuständige Behörde kann die jeweilige Frist nach Satz 1 einmalig um bis zu 18 und längstens um 24 Monate verlängern, soweit die Prüfung von Anforderungen nach umweltrechtlichen Vorschriften, die der Umsetzung entsprechender Vorgaben der Europäischen Gemeinschaften oder der Europäischen Union dienen, insbesondere die Prüfung der Einhaltung der Bewirtschaftungsziele, mit einem erhöhten Zeitaufwand verbunden ist. [3] Im Übrigen kann die zuständige Behörde die jeweilige Frist nach Satz 1 um bis zu ein Jahr verlängern, wenn außergewöhnliche Umstände vorliegen. [4] Sie teilt die Fristverlängerung nach Satz 2 oder Satz 3 in den Fällen des Absatzes 2 der einheitlichen Stelle, andernfalls dem Träger des Vorhabens mit. [5] Insgesamt beträgt die Höchstdauer der Fristverlängerung nach Satz 2 und Satz 3 18 und längstens 24 Monate. [6] Die Frist nach Satz 1 beginnt mit Eingang der vollständigen Antragsunterlagen. [7] Weitergehende bestehende Rechtsvorschriften der Länder, die kürzere Fristen vorsehen, bleiben unberührt.

(6) Die Absätze 4 und 5 Satz 1 Nummer 1 Buchstabe b und Nummer 2 Buchstabe b gelten entsprechend für die Erteilung einer Erlaubnis oder Bewilligung bei Errichtung und Betrieb von Anlagen zur Gewinnung von Erdwärme, wenn ein bergrechtlicher Betriebsplan erforderlich ist.

§ 12 Voraussetzungen für die Erteilung der Erlaubnis und der Bewilligung, Bewirtschaftungsermessen. (1) Die Erlaubnis und die Bewilligung sind zu versagen, wenn

1. schädliche, auch durch Nebenbestimmungen nicht vermeidbare oder nicht ausgleichbare Gewässerveränderungen zu erwarten sind oder
2. andere Anforderungen nach öffentlich-rechtlichen Vorschriften nicht erfüllt werden.

(2) Im Übrigen steht die Erteilung der Erlaubnis und der Bewilligung im pflichtgemäßen Ermessen (Bewirtschaftungsermessen) der zuständigen Behörde.

§ 13 Inhalts- und Nebenbestimmungen der Erlaubnis und der Bewilligung. (1) Inhalts- und Nebenbestimmungen sind auch nachträglich sowie auch zu dem Zweck zulässig, nachteilige Wirkungen für andere zu vermeiden oder auszugleichen.

(2) Die zuständige Behörde kann durch Inhalts- und Nebenbestimmungen insbesondere

1. Anforderungen an die Beschaffenheit einzubringender oder einzuleitender Stoffe stellen,
2. Maßnahmen anordnen, die
   a) in einem Maßnahmenprogramm nach § 82 enthalten oder zu seiner Durchführung erforderlich sind,
   b) geboten sind, damit das Wasser mit Rücksicht auf den Wasserhaushalt sparsam verwendet wird,
   c) der Feststellung der Gewässereigenschaften vor der Benutzung oder der Beobachtung der Gewässerbenutzung und ihrer Auswirkungen dienen,
   d) zum Ausgleich einer auf die Benutzung zurückzuführenden nachteiligen Veränderung der Gewässereigenschaften erforderlich sind,
3. die Bestellung verantwortlicher Betriebsbeauftragter vorschreiben, soweit nicht die Bestellung eines Gewässerschutzbeauftragten nach § 64 vorgeschrieben ist oder angeordnet werden kann,
4. dem Benutzer angemessene Beiträge zu den Kosten von Maßnahmen auferlegen, die eine Körperschaft des öffentlichen Rechts getroffen hat oder treffen wird, um eine mit der Benutzung verbundene Beeinträchtigung des Wohls der Allgemeinheit zu vermeiden oder auszugleichen.

(3) Für die Bewilligung gilt Absatz 1 mit der Maßgabe, dass nachträglich nur Inhalts- und Nebenbestimmungen im Sinne von Absatz 2 Nummer 1 bis 4 zulässig sind.

§ 13a[1] Versagung und Voraussetzungen für die Erteilung der Erlaubnis für bestimmte Gewässerbenutzungen; unabhängige Expertenkommission. (1) [1]Eine Erlaubnis für eine Gewässerbenutzung nach § 9 Absatz 2 Nummer 3 und 4 ist zu versagen, wenn

1. Schiefer-, Ton- oder Mergelgestein oder Kohleflözgestein zur Aufsuchung oder Gewinnung von Erdgas oder Erdöl aufgebrochen werden soll oder
2. die Gewässerbenutzung erfolgen soll in oder unter

---

[1] § 13a eingef. mWv 11.2.2017 durch G v. 4.8.2016 (BGBl. I S. 1972).

a) einem festgesetzten Wasserschutzgebiet,

b) einem festgesetzten Heilquellenschutzgebiet,

c) einem Gebiet, aus dem über oberirdische Gewässer Oberflächenabfluss

aa) in einen natürlichen See gelangt, aus dem unmittelbar Wasser für die öffentliche Wasserversorgung entnommen wird oder

bb) in eine Talsperre gelangt, die der öffentlichen Wasserversorgung dient,

d) einem Einzugsgebiet einer Wasserentnahmestelle für die öffentliche Wasserversorgung,

e) einem Einzugsgebiet eines Brunnens nach dem Wassersicherstellungsgesetz oder

f) einem Einzugsgebiet

aa) eines Mineralwasservorkommens,

bb) einer Heilquelle oder

cc) einer Stelle zur Entnahme von Wasser zur Herstellung von Lebensmitteln.

[2] Satz 1 Nummer 2 Buchstabe b und f Doppelbuchstabe bb gilt nicht, wenn Gesteine aufgebrochen werden sollen, um eine Heilquelle zu erschließen oder zu erhalten. [3] Auf Antrag des Inhabers der Erlaubnis für die Wasserentnahme, der die erforderlichen Unterlagen enthält, weist die zuständige Behörde Gebiete nach Satz 1 Nummer 2 Buchstabe c bis f nach Maßgabe der allgemein anerkannten Regeln der Technik in Karten aus und veröffentlicht die Karten für die Gebiete nach Satz 1 Nummer 2 Buchstabe c, d und f im Internet. [4] Satz 1 Nummer 2 Buchstabe a und b und Satz 3 gelten entsprechend für Gebiete, die zur Festsetzung als Wasserschutzgebiete oder als Heilquellenschutzgebiete vorgesehen sind, für einen Zeitraum von 36 Monaten nach ihrer Ausweisung als vorgesehene Schutzgebiete entsprechend Satz 3. [5] Die zuständige Behörde kann die Frist nach Satz 4 um bis zu zwölf Monate verlängern, wenn besondere Umstände dies erfordern.

(2) [1] Abweichend von Absatz 1 Satz 1 Nummer 1 können Erlaubnisse für vier Erprobungsmaßnahmen mit dem Zweck erteilt werden, die Auswirkungen auf die Umwelt, insbesondere den Untergrund und den Wasserhaushalt, wissenschaftlich zu erforschen. [2] Die Erlaubnisse nach Satz 1 bedürfen der Zustimmung der jeweiligen Landesregierung. [3] Bei der Entscheidung nach Satz 2 sind die geologischen Besonderheiten der betroffenen Gebiete und sonstige öffentliche Interessen abzuwägen.

(Fortsetzung nächstes Blatt)

§ 35 Wasserkraftnutzung. (1) Die Nutzung von Wasserkraft darf nur zugelassen werden, wenn auch geeignete Maßnahmen zum Schutz der Fischpopulation ergriffen werden.

(2) Entsprechen vorhandene Wasserkraftnutzungen nicht den Anforderungen nach Absatz 1, so sind die erforderlichen Maßnahmen innerhalb angemessener Fristen durchzuführen.

(3) [1] Die zuständige Behörde prüft, ob an Staustufen und sonstigen Querverbauungen, die am 1. März 2010 bestehen und deren Rückbau zur Erreichung der Bewirtschaftungsziele nach Maßgabe der §§ 27 bis 31 auch langfristig nicht vorgesehen ist, eine Wasserkraftnutzung nach den Standortgegebenheiten möglich ist. [2] Das Ergebnis der Prüfung wird der Öffentlichkeit in geeigneter Weise zugänglich gemacht.

§ 36[1)] Anlagen in, an, über und unter oberirdischen Gewässern.

(1) [1] Anlagen in, an, über und unter oberirdischen Gewässern sind so zu errichten, zu betreiben, zu unterhalten und stillzulegen, dass keine schädlichen Gewässerveränderungen zu erwarten sind und die Gewässerunterhaltung nicht mehr erschwert wird, als es den Umständen nach unvermeidbar ist. [2] Anlagen im Sinne von Satz 1 sind insbesondere

1. bauliche Anlagen wie Gebäude, Brücken, Stege, Unterführungen, Hafenanlagen und Anlegestellen,
2. Leitungsanlagen,
3. Fähren.

[3] Im Übrigen gelten die landesrechtlichen Vorschriften.

(2) [1] Stauanlagen und Stauhaltungsdämme sind nach den allgemein anerkannten Regeln der Technik zu errichten, zu betreiben und zu unterhalten; die Anforderungen an den Hochwasserschutz müssen gewahrt sein. [2] Wer Stauanlagen und Stauhaltungsdämme betreibt, hat ihren ordnungsgemäßen Zustand und Betrieb auf eigene Kosten zu überwachen (Eigenüberwachung). [3] Entsprechen vorhandene Stauanlagen oder Stauhaltungsdämme nicht den vorstehenden Anforderungen, so kann die zuständige Behörde die Durchführung der erforderlichen Maßnahmen innerhalb angemessener Fristen anordnen.

§ 37 Wasserabfluss. (1) [1] Der natürliche Ablauf wild abfließenden Wassers auf ein tiefer liegendes Grundstück darf nicht zum Nachteil eines höher liegenden Grundstücks behindert werden. [2] Der natürliche Ablauf wild abfließenden Wassers darf nicht zum Nachteil eines tiefer liegenden Grundstücks verstärkt oder auf andere Weise verändert werden.

(2) [1] Eigentümer oder Nutzungsberechtigte von Grundstücken, auf denen der natürliche Ablauf wild abfließenden Wassers zum Nachteil eines höher liegenden Grundstücks behindert oder zum Nachteil eines tiefer liegenden Grundstücks verstärkt oder auf andere Weise verändert wird, haben die Beseitigung des Hindernisses oder der eingetretenen Veränderung durch die Eigentümer oder Nutzungsberechtigten der benachteiligten Grundstücke zu dulden. [2] Satz 1 gilt nur, soweit die zur Duldung Verpflichteten die Behinderung, Verstärkung oder sonstige Veränderung des Wasserabflusses nicht zu vertreten haben und die Beseitigung vorher angekündigt wurde. [3] Der Eigentümer des

---

[1)] § 36 Abs. 2 angef. mWv 5.1.2018 durch G v. 30.6.2017 (BGBl. I S. 2193).

Grundstücks, auf dem das Hindernis oder die Veränderung entstanden ist, kann das Hindernis oder die eingetretene Veränderung auf seine Kosten auch selbst beseitigen.

(3) [1] Aus Gründen des Wohls der Allgemeinheit, insbesondere der Wasserwirtschaft, der Landeskultur und des öffentlichen Verkehrs, kann die zuständige Behörde Abweichungen von den Absätzen 1 und 2 zulassen. [2] Soweit dadurch das Eigentum unzumutbar beschränkt wird, ist eine Entschädigung zu leisten.

(4) Die Absätze 1 bis 3 gelten auch für wild abfließendes Wasser, das nicht aus Quellen stammt.

§ 38[1) 2)] Gewässerrandstreifen. (1) Gewässerrandstreifen dienen der Erhaltung und Verbesserung der ökologischen Funktionen oberirdischer Gewässer, der Wasserspeicherung, der Sicherung des Wasserabflusses sowie der Verminderung von Stoffeinträgen aus diffusen Quellen.

(2)[3)] [1] Der Gewässerrandstreifen umfasst das Ufer und den Bereich, der an das Gewässer landseits der Linie des Mittelwasserstandes angrenzt. [2] Der Gewässerrandstreifen bemisst sich ab der Linie des Mittelwasserstandes, bei Gewässern mit ausgeprägter Böschungsoberkante ab der Böschungsoberkante.

(3)[4)] [1] Der Gewässerrandstreifen ist im Außenbereich fünf Meter breit. [2] Die zuständige Behörde kann für Gewässer oder Gewässerabschnitte

1. Gewässerrandstreifen im Außenbereich aufheben,
2. im Außenbereich die Breite des Gewässerrandstreifens abweichend von Satz 1 festsetzen,
3. innerhalb der im Zusammenhang bebauten Ortsteile Gewässerrandstreifen mit einer angemessenen Breite festsetzen.

[3] Die Länder können von den Sätzen 1 und 2 abweichende Regelungen erlassen.

(4)[5)] [1] Eigentümer und Nutzungsberechtigte sollen Gewässerrandstreifen im Hinblick auf ihre Funktionen nach Absatz 1 erhalten. [2] Im Gewässerrandstreifen ist verboten:

1. die Umwandlung von Grünland in Ackerland,
2. das Entfernen von standortgerechten Bäumen und Sträuchern, ausgenommen die Entnahme im Rahmen einer ordnungsgemäßen Forstwirtschaft, sowie das Neuanpflanzen von nicht standortgerechten Bäumen und Sträuchern,
3. der Umgang mit wassergefährdenden Stoffen, ausgenommen die Anwendung von Pflanzenschutzmitteln und Düngemitteln, soweit durch Landesrecht nichts anderes bestimmt ist, und der Umgang mit wassergefährdenden Stoffen in und im Zusammenhang mit zugelassenen Anlagen,

---

1) Abweichendes Landesrecht in Bremen siehe Hinweis in BGBl. 2011 I S. 1047.

2) § 38 Abs. 5 Satz 3 angef. mWv 31.8.2021 durch G v. 18.8.2021 (BGBl. I S. 3901).

3) Abweichendes Landesrecht in Bayern siehe Hinweise in BGBl. 2010 I S. 275 und 2015 I S. 153, in Sachsen siehe Hinweise in BGBl. 2011 I S. 842 und 2014 I S. 113 und in Rheinland-Pfalz siehe Hinweis in BGBl. 2016 I S. 715.

4) Abweichendes Landesrecht in Bayern siehe Hinweise in BGBl. 2010 I S. 275, 2015 I S. 153 und 2020 I S. 319, 320, in Schleswig-Holstein siehe Hinweise in BGBl. 2010 I S. 1501und 2019 I S. 2595 und *in Rheinland-Pfalz siehe Hinweis in BGBl. 2016 I S. 715.*

5) Abweichendes Landesrecht in Bayern siehe Hinweise in BGBl. 2010 I S. 275 und 2015 I S. 153 und 2020 I S. 319, 320.

4. die nicht nur zeitweise Ablagerung von Gegenständen, die den Wasserabfluss behindern können oder die fortgeschwemmt werden können.[1)]

[3] Zulässig sind Maßnahmen, die zur Gefahrenabwehr notwendig sind. [4] Satz 2 Nummer 1 und 2 gilt nicht für Maßnahmen des Gewässerausbaus sowie der Gewässer- und Deichunterhaltung.

(5)[2)] [1] Die zuständige Behörde kann von einem Verbot nach Absatz 4 Satz 2 eine widerrufliche Befreiung erteilen, wenn überwiegende Gründe des Wohls der Allgemeinheit die Maßnahme erfordern oder das Verbot im Einzelfall zu einer unbilligen Härte führt. [2] Die Befreiung kann aus Gründen des Wohls der Allgemeinheit auch nachträglich mit Nebenbestimmungen versehen werden, insbesondere um zu gewährleisten, dass der Gewässerrandstreifen die in Absatz 1 genannten Funktionen erfüllt. [3] Für die Erteilung der Befreiung gilt § 11a Absatz 4 und 5 entsprechend, wenn die Befreiung für ein Vorhaben zur Erzeugung von Energie aus erneuerbaren Quellen erforderlich ist.

§ 38a[3)] Landwirtschaftlich genutzte Flächen mit Hangneigung an Gewässern. (1) [1] Eigentümer und Nutzungsberechtigte haben auf landwirtschaftlich genutzten Flächen, die an Gewässer angrenzen und innerhalb eines Abstandes von 20 Metern zur Böschungsoberkante eine Hangneigung zum Gewässer von durchschnittlich mindestens 5 Prozent aufweisen, innerhalb eines Abstandes von 5 Metern landseits zur Böschungsoberkante des Gewässers eine geschlossene, ganzjährig begrünte Pflanzendecke zu erhalten oder herzustellen. [2] Bei Gewässern ohne ausgeprägte Böschungsoberkante ist die Linie des Mittelwasserstandes maßgeblich. [3] Eine Bodenbearbeitung zur Erneuerung des Pflanzenbewuchses darf einmal innerhalb von Fünfjahreszeiträumen durchgeführt werden. [4] Der erste Fünfjahreszeitraum beginnt mit Ablauf des 30. Juni 2020.

(2) [1] Weitergehende Rechtsvorschriften der Länder bleiben unberührt. [2] Abweichend von Absatz 1 Satz 1 und 2 gilt die Linie des Mittelwasserstandes, sofern das Landesrecht diesen Bezugspunkt vorsieht und schädliche Gewässerveränderungen vermieden werden.

§ 39 Gewässerunterhaltung. (1)[4)] [1] Die Unterhaltung eines oberirdischen Gewässers umfasst seine Pflege und Entwicklung als öffentlich-rechtliche Ver-

(Fortsetzung nächstes Blatt)

[1)] Abweichendes Landesrecht in Sachsen siehe Hinweise in BGBl. 2011 I S. 842 und 2014 I S. 113.

[2)] Abweichendes Landesrecht in Bayern siehe Hinweise in BGBl. 2010 I S. 275, 2015 I S. 153 und 2020 I S. 319, 320.

[3)] § 38a eingef. mWv 30.6.2020 durch G v. 19.6.2020 (BGBl. I S. 1408).

[4)] Abweichendes Landesrecht in Sachsen-Anhalt siehe Hinweis in BGBl. 2011 I S. 567.

(3) Verlängert die zuständige Behörde nach Absatz 1 Satz 1 eine Frist oder lässt sie Ausnahmen nach Absatz 2 zu, hat sie Maßnahmen zu ergreifen, die darauf abzielen,

1. die nach § 45e Satz 1 festgelegten Ziele weiterzuverfolgen,
2. in den Fällen des Absatzes 2 Satz 1 Nummer 2 bis 4 eine weitere Verschlechterung des Zustands des Meeresgewässers zu vermeiden und
3. nachteilige Wirkungen auf den Zustand der Meeresgewässer, einschließlich der Meeresgewässer anderer Staaten sowie der Hohen See, abzuschwächen.

§ 45h[1] Maßnahmenprogramme. (1) [1] Auf der Grundlage der Anfangsbewertung nach § 45c Absatz 1 und der nach § 45e Satz 1 festgelegten Ziele sind bis zum 31. Dezember 2015 Maßnahmenprogramme aufzustellen, die dem Prinzip einer nachhaltigen Entwicklung Rechnung tragen. [2] Die Maßnahmenprogramme umfassen die kostenwirksamen Maßnahmen, die erforderlich sind, um den guten Zustand der Meeresgewässer zu erreichen oder zu erhalten. [3] Dabei sind die in Anhang VI der Richtlinie 2008/56/EG in der jeweils geltenden Fassung aufgeführten Arten von Maßnahmen zu berücksichtigen. [4] Die Maßnahmenprogramme enthalten auch

1. räumliche Schutzmaßnahmen im Sinne des § 56 Absatz 2 des Bundesnaturschutzgesetzes[2],
2. eine Erläuterung, inwiefern die festgelegten Maßnahmen zur Erreichung der nach § 45e Satz 1 festgelegten Ziele beitragen,
3. gegebenenfalls Fristverlängerungen nach § 45g Absatz 1 und Ausnahmen nach § 45g Absatz 2, jeweils einschließlich einer Begründung,
4. gegebenenfalls Maßnahmen nach § 45g Absatz 3 und
5. Maßnahmen nach Artikel 4 bis 10 der Richtlinie (EU) 2019/904 des Europäischen Parlaments und des Rates vom 5. Juni 2019 über die Verringerung der Auswirkungen bestimmter Kunststoffprodukte auf die Umwelt (ABl. L 155 vom 12.6.2019, S. 1).

[5] Bis zum 31. Dezember 2013 sind Informationen zu den Gebieten zu veröffentlichen, die in Satz 4 Nummer 1 sowie in Artikel 13 Absatz 5 der Richtlinie 2008/56/EG genannt sind.

(2) Vor der Aufstellung und Aktualisierung der Maßnahmenprogramme sind zu den vorgesehenen neuen Maßnahmen Folgeabschätzungen einschließlich Kosten-Nutzen-Analysen durchzuführen.

(3) [1] Bei der Aufstellung der Maßnahmenprogramme sind Maßnahmen zum Schutz des Meeres nach anderen wasser- und naturschutzrechtlichen Vorschriften, einschließlich internationaler Meeresübereinkommen, zu berücksichtigen. [2] Bei der Aufstellung und Durchführung der Maßnahmenprogramme nach Absatz 1 sind weitestgehend Maßnahmen zu berücksichtigen, die in ein Maßnahmenprogramm nach § 82

1. für ein Küstengewässer aufgenommen worden sind oder
2. für ein oberirdisches Gewässer aufgenommen worden sind, soweit die Maßnahmen dem Schutz eines Küstengewässers dienen.

---

[1] § 45h eingef. mWv 14.10.2011 durch G v. 6.10.2011 (BGBl. I S. 1986); Abs. 1 Satz 4 Nr. 3 und 4 geänd., Nr. 5 angef. mWv 14.12.2021 durch G v. 9.6.2021 (BGBl. I S. 1699).

[2] **Sartorius Nr. 880.**

[3] Die Maßnahmen sollen dazu beitragen, dass die Meeresgewässer anderer Mitgliedstaaten der Europäischen Union einen guten Zustand erreichen; nachteilige Auswirkungen auf diese Gewässer sollen vermieden werden.

(4) [1] Die in den Maßnahmenprogrammen aufgeführten Maßnahmen dürfen keine Beschränkung für Tätigkeiten enthalten, die allein der Verteidigung dienen. [2] Diese Tätigkeiten sind jedoch so durchzuführen, dass sie weitestgehend mit den nach § 45e Satz 1 festgelegten Zielen vereinbar sind.

(5) Die zuständige Behörde führt die im Maßnahmenprogramm aufgeführten Maßnahmen bis zum 31. Dezember 2016 durch.

(6) [1] Die zuständige Behörde legt abweichend von Absatz 1 Satz 1 und Absatz 5 einen früheren Zeitpunkt für die Aufstellung und Durchführung der Maßnahmenprogramme fest, wenn der Zustand des Meeresgewässers umgehend grenzüberschreitende Maßnahmen erfordert. [2] In diesem Fall können auch über die bereits in einem aufgestellten Maßnahmenprogramm enthaltenen Maßnahmen hinaus zusätzliche oder weitergehende Maßnahmen bestimmt werden. [3] Absatz 3 gilt entsprechend.

§ 45i[1)] Beteiligung der Öffentlichkeit. (1) [1] Die zuständige Behörde veröffentlicht

1. Zusammenfassungen der Entwürfe
   a) der Anfangsbewertung nach § 45c Absatz 1, der Beschreibung des guten Zustands nach § 45d Satz 1 und der Ziele nach § 45e Satz 1 bis zum 15. Oktober 2011,
   b) der Überwachungsprogramme nach § 45f Absatz 1 bis zum 15. Oktober 2013

   und
2. Entwürfe der Maßnahmenprogramme nach § 45h Absatz 1 bis zum 31. März 2015.

[2] Innerhalb von sechs Monaten nach der Veröffentlichung kann die Öffentlichkeit zu den in Satz 1 genannten Unterlagen bei der zuständigen Behörde schriftlich oder elektronisch Stellung nehmen; hierauf ist in der Veröffentlichung hinzuweisen. [3] Für Maßnahmenprogramme nach § 45h ist die Beteiligung der Öffentlichkeit nach den Sätzen 1 und 2 Teil der strategischen Umweltprüfung nach § 42 des Gesetzes über die Umweltverträglichkeitsprüfung[2)].

(2) Bei Aktualisierungen nach § 45j und der vorzeitigen Aufstellung eines Maßnahmenprogramms nach § 45h Absatz 6 gilt Absatz 1 entsprechend.

(3) Unterlagen nach Absatz 1 Satz 1, die sich auf den Bereich der deutschen ausschließlichen Wirtschaftszone und des Festlandsockels beziehen, sind, auch in den Fällen des Absatzes 2, im Bundesanzeiger zu veröffentlichen.

(4) § 85 gilt entsprechend für die in Absatz 1 Satz 1 bezeichneten Maßnahmen.

[1)] § 45i eingef. mWv 14.10.2011 durch G v. 6.10.2011 (BGBl. I S. 1986); Abs. 3 geänd. mWv 1.4. *2012 durch G v. 22.12.2011* (BGBl. I S. 3044); Abs. 1 Satz 2 geänd. mWv 5.4.2017 durch G v. 29.3. 2017 (BGBl. I S. 626); Abs. 1 Satz 3 geänd. mWv 11.6.2019 durch G v. 4.12.2018 (BGBl. I S. 2254).

[2)] Nr. **32.4**.

§ 45j[1] Überprüfung und Aktualisierung. Die Anfangsbewertung nach § 45c Absatz 1, die Beschreibung des guten Zustands der Meeresgewässer nach § 45d Satz 1, die nach § 45e Satz 1 festgelegten Ziele, die Überwachungsprogramme nach § 45f Absatz 1 sowie die Maßnahmenprogramme nach § 45h Absatz 1 sind alle sechs Jahre zu überprüfen und, soweit erforderlich, zu aktualisieren.

§ 45k[1] Koordinierung. (1) [1] Um die Bewirtschaftungsziele nach § 45a zu erreichen, koordinieren die zuständigen Behörden, einschließlich der zuständigen Behörden der betroffenen Binnenländer, die Maßnahmen nach den §§ 45c bis 45h sowohl untereinander als auch mit den zuständigen Behörden im Bereich der deutschen ausschließlichen Wirtschaftszone und des Festlandsockels sowie mit den zuständigen Behörden anderer Mitgliedstaaten der Europäischen Union. [2] Die zuständigen Behörden bemühen sich um eine dem Satz 1 entsprechende Koordinierung mit den zuständigen Behörden von Staaten, die nicht der Europäischen Union angehören. [3] Die zuständigen Behörden sollen die Organisationseinheiten internationaler Meeresübereinkommen und internationaler Flussgebietsübereinkommen nutzen. [4] Für die Koordinierung nach den Sätzen 1 bis 3 gilt § 7 Absatz 4 Satz 2 entsprechend.

(2) [1] Ergreifen andere Mitgliedstaaten der Europäischen Union Maßnahmen nach der Richtlinie 2008/56/EG, wirken die zuständigen Behörden hieran auch insoweit mit, als diese Maßnahmen im Zusammenhang damit stehen, dass der Oberflächenabfluss einer Flussgebietseinheit in das Meeresgewässer gelangt, für das die Maßnahmen ergriffen werden. [2] Absatz 1 Satz 2 bis 4 gilt entsprechend.

§ 45l[2] Zuständigkeit im Bereich der deutschen ausschließlichen Wirtschaftszone und des Festlandsockels. Das Bundesministerium für Umwelt, Naturschutz und nukleare Sicherheit wird ermächtigt, im Einvernehmen mit dem Bundesministerium für Ernährung und Landwirtschaft, dem Bundesministerium für Verkehr und digitale Infrastruktur und dem Bundesministerium der Finanzen durch Rechtsverordnung ohne Zustimmung des Bundesrates die Zuständigkeit von Bundesbehörden im Geschäftsbereich der genannten Bundesministerien für die Durchführung der Vorschriften dieses Abschnitts und der auf Grund des § 23 für Meeresgewässer erlassenen Vorschriften im Bereich der deutschen ausschließlichen Wirtschaftszone und des Festlandsockels sowie das Zusammenwirken von Bundesbehörden bei der Durchführung dieser Vorschriften in diesem Bereich zu regeln.

Abschnitt 4. Bewirtschaftung des Grundwassers

§ 46 Erlaubnisfreie Benutzungen des Grundwassers. (1) [1] Keiner Erlaubnis oder Bewilligung bedarf das Entnehmen, Zutagefördern, Zutageleiten oder Ableiten von Grundwasser

---

[1] Kapitel 2 Abschnitt 3a (§§ 45a–45l) eingef. mWv 14.10.2011 durch G v. 6.10.2011 (BGBl. I S. 1986).

[2] § 45l eingef. mWv 14.10.2011 durch G v. 6.10.2011 (BGBl. I S. 1986); geänd. mWv 8.9.2015 durch VO v. 31.8.2015 (BGBl. I S. 1474); geänd. mWv 27.6.2020 durch VO v. 19.6.2020 (BGBl. I S. 1328).

1. für den Haushalt, für den landwirtschaftlichen Hofbetrieb, für das Tränken von Vieh außerhalb des Hofbetriebs oder in geringen Mengen zu einem vorübergehenden Zweck,
2. für Zwecke der gewöhnlichen Bodenentwässerung landwirtschaftlich, forstwirtschaftlich oder gärtnerisch genutzter Grundstücke,

soweit keine signifikanten nachteiligen Auswirkungen auf den Wasserhaushalt zu besorgen sind. [2] Wird in den Fällen und unter den Voraussetzungen des Satzes 1 Nummer 2 das Wasser aus der Bodenentwässerung in ein oberirdisches Gewässer eingeleitet, findet § 25 Satz 2 keine Anwendung.

(2) Keiner Erlaubnis bedarf ferner das Einleiten von Niederschlagswasser in das Grundwasser durch schadlose Versickerung, soweit dies in einer Rechtsverordnung nach § 23 Absatz 1 bestimmt ist.

(3) Durch Landesrecht kann bestimmt werden, dass weitere Fälle von der Erlaubnis- oder Bewilligungspflicht ausgenommen sind oder eine Erlaubnis oder eine Bewilligung in den Fällen der Absätze 1 und 2 erforderlich ist.

§ 47 Bewirtschaftungsziele für das Grundwasser. (1) Das Grundwasser ist so zu bewirtschaften, dass

1. eine Verschlechterung seines mengenmäßigen und seines chemischen Zustands vermieden wird;
2. alle signifikanten und anhaltenden Trends ansteigender Schadstoffkonzentrationen auf Grund der Auswirkungen menschlicher Tätigkeiten umgekehrt werden;
3. ein guter mengenmäßiger und ein guter chemischer Zustand erhalten oder erreicht werden; zu einem guten mengenmäßigen Zustand gehört insbesondere ein Gleichgewicht zwischen Grundwasserentnahme und Grundwasserneubildung.

(2) [1] Die Bewirtschaftungsziele nach Absatz 1 Nummer 3 sind bis zum 22. Dezember 2015 zu erreichen. [2] Fristverlängerungen sind in entsprechender Anwendung des § 29 Absatz 2 bis 4 zulässig.

(3) [1] Für Ausnahmen von den Bewirtschaftungszielen nach Absatz 1 gilt § 31 Absatz 1, 2 Satz 1 und Absatz 3 entsprechend. [2] Für die Bewirtschaftungsziele nach Absatz 1 Nummer 3 gilt darüber hinaus § 30 entsprechend mit der Maßgabe, dass nach Satz 1 Nummer 4 der bestmögliche mengenmäßige und chemische Zustand des Grundwassers zu erreichen ist.

§ 48 Reinhaltung des Grundwassers. (1) [1] Eine Erlaubnis für das Einbringen und Einleiten von Stoffen in das Grundwasser darf nur erteilt werden, wenn eine nachteilige Veränderung der Wasserbeschaffenheit nicht zu besorgen ist. [2] Durch Rechtsverordnung nach § 23 Absatz 1 Nummer 3 kann auch festgelegt werden, unter welchen Voraussetzungen die Anforderung nach Satz 1, insbesondere im Hinblick auf die Begrenzung des Eintrags von Schadstoffen, als erfüllt gilt. [3] Die Verordnung bedarf der Zustimmung des Bundestages. [4] Die Zustimmung gilt als erteilt, wenn der Bundestag nicht innerhalb von drei Sitzungswochen nach Eingang der Vorlage der Bundesregierung die Zustimmung verweigert hat.

(2) [1] Stoffe dürfen nur so gelagert oder abgelagert werden, dass eine nachteilige Veränderung der Grundwasserbeschaffenheit nicht zu besorgen ist. [2] Das

Gleiche gilt für das Befördern von Flüssigkeiten und Gasen durch Rohrleitungen. [3] Absatz 1 Satz 2 bis 4 gilt entsprechend.

§ 49 Erdaufschlüsse. (1) [1] Arbeiten, die so tief in den Boden eindringen, dass sie sich unmittelbar oder mittelbar auf die Bewegung, die Höhe oder die Beschaffenheit des Grundwassers auswirken können, sind der zuständigen Behörde einen Monat vor Beginn der Arbeiten anzuzeigen. [2] Werden bei diesen Arbeiten Stoffe in das Grundwasser eingebracht, ist abweichend von § 8 Absatz 1 in Verbindung mit § 9 Absatz 1 Nummer 4 anstelle der Anzeige eine Erlaubnis nur erforderlich, wenn sich das Einbringen nachteilig auf die Grundwasserbeschaffenheit auswirken kann. [3] Die zuständige Behörde kann für bestimmte Gebiete die Tiefe nach Satz 1 näher bestimmen.

(2) Wird unbeabsichtigt Grundwasser erschlossen, ist dies der zuständigen Behörde unverzüglich anzuzeigen.

(3) [1] In den Fällen der Absätze 1 und 2 hat die zuständige Behörde die Einstellung oder die Beseitigung der Erschließung anzuordnen, wenn eine nachteilige Veränderung der Grundwasserbeschaffenheit zu besorgen oder eingetreten ist und der Schaden nicht anderweitig vermieden oder ausgeglichen werden kann; die zuständige Behörde hat die insoweit erforderlichen Maßnahmen anzuordnen. [2] Satz 1 gilt entsprechend, wenn unbefugt Grundwasser erschlossen wird.

(4) Durch Landesrecht können abweichende Regelungen getroffen werden.

Kapitel 3. Besondere wasserwirtschaftliche Bestimmungen

Abschnitt 1. Öffentliche Wasserversorgung, Wasserschutzgebiete, Heilquellenschutz

§ 50 Öffentliche Wasserversorgung. (1) Die der Allgemeinheit dienende Wasserversorgung (öffentliche Wasserversorgung) ist eine Aufgabe der Daseinsvorsorge.

(2) [1] Der Wasserbedarf der öffentlichen Wasserversorgung ist vorrangig aus ortsnahen Wasservorkommen zu decken, soweit überwiegende Gründe des Wohls der Allgemeinheit dem nicht entgegenstehen. [2] Der Bedarf darf insbesondere dann mit Wasser aus ortsfernen Wasservorkommen gedeckt werden, wenn eine Versorgung aus ortsnahen Wasservorkommen nicht in ausreichender Menge oder Güte oder nicht mit vertretbarem Aufwand sichergestellt werden kann.

(3) [1] Die Träger der öffentlichen Wasserversorgung wirken auf einen sorgsamen Umgang mit Wasser hin. [2] Sie halten insbesondere die Wasserverluste in ihren Einrichtungen gering und informieren die Endverbraucher über Maßnahmen zur Einsparung von Wasser unter Beachtung der hygienischen Anforderungen.

(4) Wassergewinnungsanlagen dürfen nur nach den allgemein anerkannten Regeln der Technik errichtet, unterhalten und betrieben werden.

(5) [1] Durch Rechtsverordnung der Landesregierung oder durch Entscheidung der zuständigen Behörde können Träger der öffentlichen Wasserversorgung verpflichtet werden, auf ihre Kosten die Beschaffenheit des für Zwecke der öffentlichen Wasserversorgung gewonnenen oder gewinnbaren Wassers zu untersuchen oder durch eine von ihr bestimmte Stelle untersuchen zu lassen.

[2] Insbesondere können Art, Umfang und Häufigkeit der Untersuchungen sowie die Übermittlung der Untersuchungsergebnisse näher geregelt werden. [3] Die Landesregierung kann die Ermächtigung nach Satz 1 durch Rechtsverordnung auf andere Landesbehörden übertragen.

§ 51 Festsetzung von Wasserschutzgebieten. (1) [1] Soweit es das Wohl der Allgemeinheit erfordert,

1. Gewässer im Interesse der derzeit bestehenden oder künftigen öffentlichen Wasserversorgung vor nachteiligen Einwirkungen zu schützen,
2. das Grundwasser anzureichern oder
3. das schädliche Abfließen von Niederschlagswasser sowie das Abschwemmen und den Eintrag von Bodenbestandteilen, Dünge- oder Pflanzenschutzmitteln in Gewässer zu vermeiden,

kann die Landesregierung durch Rechtsverordnung Wasserschutzgebiete festsetzen. [2] In der Rechtsverordnung ist die begünstigte Person zu benennen. [3] Die Landesregierung kann die Ermächtigung nach Satz 1 durch Rechtsverordnung auf andere Landesbehörden übertragen.

(2) Trinkwasserschutzgebiete sollen nach Maßgabe der allgemein anerkannten Regeln der Technik in Zonen mit unterschiedlichen Schutzbestimmungen unterteilt werden.

§ 52[1)] Besondere Anforderungen in Wasserschutzgebieten. (1) [1] In der Rechtsverordnung nach § 51 Absatz 1 oder durch behördliche Entscheidung können in Wasserschutzgebieten, soweit der Schutzzweck dies erfordert,

1. bestimmte Handlungen verboten oder für nur eingeschränkt zulässig erklärt werden,
2. die Eigentümer und Nutzungsberechtigten von Grundstücken verpflichtet werden,
   a) bestimmte auf das Grundstück bezogene Handlungen vorzunehmen, insbesondere die Grundstücke nur in bestimmter Weise zu nutzen,
   b) Aufzeichnungen über die Bewirtschaftung der Grundstücke anzufertigen, aufzubewahren und der zuständigen Behörde auf Verlangen vorzulegen,
   c) bestimmte Maßnahmen zu dulden, insbesondere die Beobachtung des Gewässers und des Bodens, die Überwachung von Schutzbestimmungen, die Errichtung von Zäunen sowie Kennzeichnungen, Bepflanzungen und Aufforstungen,
3. Begünstigte verpflichtet werden, die nach Nummer 2 Buchstabe c zu duldenden Maßnahmen vorzunehmen.

[2] Die zuständige Behörde kann von Verboten, Beschränkungen sowie Duldungs- und Handlungspflichten nach Satz 1 eine Befreiung erteilen, wenn der Schutzzweck nicht gefährdet wird oder überwiegende Gründe des Wohls der Allgemeinheit dies erfordern. [3] Sie hat eine Befreiung zu erteilen, soweit dies zur Vermeidung unzumutbarer Beschränkungen des Eigentums erforderlich ist und hierdurch der Schutzzweck nicht gefährdet wird. [4] Für die Erteilung der Befreiung gilt § 11a Absatz 4 und 5 entsprechend, wenn die Befreiung für ein Vorhaben zur Erzeugung von Energie aus erneuerbaren Quellen erforderlich ist.

[1)] § 52 Abs. 1 Satz 4 angef. mWv 31.8.2021 durch G v. 18.8.2021 (BGBl. I S. 3901).

(2) [1] In einem als Wasserschutzgebiet vorgesehenen Gebiet können vorläufige Anordnungen nach Absatz 1 getroffen werden, wenn andernfalls der mit der Festsetzung des Wasserschutzgebiets verfolgte Zweck gefährdet wäre. [2] Die vorläufige Anordnung tritt mit dem Inkrafttreten der Rechtsverordnung nach § 51 Absatz 1 außer Kraft, spätestens nach Ablauf von drei Jahren. [3] Wenn besondere Umstände es erfordern, kann die Frist um höchstens ein weiteres Jahr verlängert werden. [4] Die vorläufige Anordnung ist vor Ablauf der Frist nach Satz 2 oder Satz 3 außer Kraft zu setzen, sobald und soweit die Voraussetzungen für ihren Erlass weggefallen sind.

(3) Behördliche Entscheidungen nach Absatz 1 können auch außerhalb eines Wasserschutzgebiets getroffen werden, wenn andernfalls der mit der Festsetzung des Wasserschutzgebiets verfolgte Zweck gefährdet wäre.

(4) Soweit eine Anordnung nach Absatz 1 Satz 1 Nummer 1 oder Nummer 2, auch in Verbindung mit Absatz 2 oder Absatz 3, das Eigentum unzumutbar beschränkt und diese Beschränkung nicht durch eine Befreiung nach Absatz 1 Satz 3 oder andere Maßnahmen vermieden oder ausgeglichen werden kann, ist eine Entschädigung zu leisten.

(5) Setzt eine Anordnung nach Absatz 1 Satz 1 Nummer 1 oder Nummer 2, auch in Verbindung mit Absatz 2 oder Absatz 3, erhöhte Anforderungen fest, die die ordnungsgemäße land- oder forstwirtschaftliche Nutzung eines Grundstücks einschränken, so ist für die dadurch verursachten wirtschaftlichen Nachteile ein angemessener Ausgleich zu leisten, soweit nicht eine Entschädigungspflicht nach Absatz 4 besteht.

§ 53 Heilquellenschutz. (1) Heilquellen sind natürlich zu Tage tretende oder künstlich erschlossene Wasser- oder Gasvorkommen, die auf Grund ihrer chemischen Zusammensetzung, ihrer physikalischen Eigenschaften oder der Erfahrung nach geeignet sind, Heilzwecken zu dienen.

(2) [1] Heilquellen, deren Erhaltung aus Gründen des Wohls der Allgemeinheit erforderlich ist, können auf Antrag staatlich anerkannt werden (staatlich anerkannte Heilquellen). [2] Die Anerkennung ist zu widerrufen, wenn die Voraussetzungen nach Satz 1 nicht mehr vorliegen.

(3) [1] Die zuständige Behörde kann besondere Betriebs- und Überwachungspflichten vorschreiben, soweit dies zur Erhaltung der staatlich anerkannten Heilquelle erforderlich ist. [2] Die Überwachung von Betrieben und Anlagen ist zu dulden; § 101 gilt insoweit entsprechend.

(4) [1] Zum Schutz staatlich anerkannter Heilquellen kann die Landesregierung durch Rechtsverordnung Heilquellenschutzgebiete festsetzen. [2] In der Rechtsverordnung ist die begünstigte Person zu benennen. [3] Die Landesregierung kann die Ermächtigung nach Satz 1 durch Rechtsverordnung auf andere Landesbehörden übertragen.

(5) § 51 Absatz 2 und § 52 gelten entsprechend.

Abschnitt 2. Abwasserbeseitigung

§ 54[1] Begriffsbestimmungen für die Abwasserbeseitigung. (1) [1] Abwasser ist

[1] § 54 Überschrift neu gef., Abs. 3–6 angef. mWv 2.5.2013 durch G v. 8.4.2013 (BGBl. I S. 734).

1. das durch häuslichen, gewerblichen, landwirtschaftlichen oder sonstigen Gebrauch in seinen Eigenschaften veränderte Wasser und das bei Trockenwetter damit zusammen abfließende Wasser (Schmutzwasser) sowie
2. das von Niederschlägen aus dem Bereich von bebauten oder befestigten Flächen gesammelt abfließende Wasser (Niederschlagswasser).

[2] Als Schmutzwasser gelten auch die aus Anlagen zum Behandeln, Lagern und Ablagern von Abfällen austretenden und gesammelten Flüssigkeiten.

(2) [1] Abwasserbeseitigung umfasst das Sammeln, Fortleiten, Behandeln, Einleiten, Versickern, Verregnen und Verrieseln von Abwasser sowie das Entwässern von Klärschlamm in Zusammenhang mit der Abwasserbeseitigung. [2] Zur Abwasserbeseitigung gehört auch die Beseitigung des in Kleinkläranlagen anfallenden Schlamms.

(3) BVT-Merkblatt ist ein Dokument, das auf Grund des Informationsaustausches nach Artikel 13 der Richtlinie 2010/75/EU des Europäischen Parlaments und des Rates vom 24. November 2010 über Industrieemissionen (integrierte Vermeidung und Verminderung der Umweltverschmutzung) (Neufassung) (ABl. L 334 vom 17.12.2010, S. 17) für bestimmte Tätigkeiten erstellt wird und insbesondere die angewandten Techniken, die derzeitigen Emissions- und Verbrauchswerte sowie die Techniken beschreibt, die für die Festlegung der besten verfügbaren Techniken sowie der BVT-Schlussfolgerungen berücksichtigt wurden.

(4) BVT-Schlussfolgerungen sind ein nach Artikel 13 Absatz 5 der Richtlinie 2010/75/EU von der Europäischen Kommission erlassenes Dokument, das die Teile eines BVT-Merkblatts mit den Schlussfolgerungen in Bezug auf Folgendes enthält:

1. die besten verfügbaren Techniken, ihre Beschreibung und Informationen zur Bewertung ihrer Anwendbarkeit,
2. die mit den besten verfügbaren Techniken assoziierten Emissionswerte,
3. die zu den Nummern 1 und 2 gehörigen Überwachungsmaßnahmen,
4. die zu den Nummern 1 und 2 gehörigen Verbrauchswerte sowie
5. die gegebenenfalls einschlägigen Standortsanierungsmaßnahmen.

(5) Emissionsbandbreiten sind die mit den besten verfügbaren Techniken assoziierten Emissionswerte.

(6) Die mit den besten verfügbaren Techniken assoziierten Emissionswerte sind der Bereich von Emissionswerten, die unter normalen Betriebsbedingungen unter Verwendung einer besten verfügbaren Technik oder einer Kombination von besten verfügbaren Techniken entsprechend der Beschreibung in den BVT-Schlussfolgerungen erzielt werden, ausgedrückt als Mittelwert für einen vorgegebenen Zeitraum unter spezifischen Referenzbedingungen.

§ 55 Grundsätze der Abwasserbeseitigung. (1) [1] Abwasser ist so zu beseitigen, dass das Wohl der Allgemeinheit nicht beeinträchtigt wird. [2] Dem Wohl der Allgemeinheit kann auch die Beseitigung von häuslichem Abwasser durch dezentrale Anlagen entsprechen.

(2) Niederschlagswasser soll ortsnah versickert, verrieselt oder direkt oder über eine Kanalisation ohne Vermischung mit Schmutzwasser in ein Gewässer eingeleitet werden, soweit dem weder wasserrechtliche noch sonstige öffent-

lich-rechtliche Vorschriften noch wasserwirtschaftliche Belange entgegenstehen.

(3) Flüssige Stoffe, die kein Abwasser sind, können mit Abwasser beseitigt werden, wenn eine solche Entsorgung der Stoffe umweltverträglicher ist als eine Entsorgung als Abfall und wasserwirtschaftliche Belange nicht entgegenstehen.

§ 56 Pflicht zur Abwasserbeseitigung. [1]Abwasser ist von den juristischen Personen des öffentlichen Rechts zu beseitigen, die nach Landesrecht hierzu verpflichtet sind (Abwasserbeseitigungspflichtige). [2]Die Länder können bestimmen, unter welchen Voraussetzungen die Abwasserbeseitigung anderen als den in Satz 1 genannten Abwasserbeseitigungspflichtigen obliegt. [3]Die zur Abwasserbeseitigung Verpflichteten können sich zur Erfüllung ihrer Pflichten Dritter bedienen.

§ 57[1)] Einleiten von Abwasser in Gewässer. (1) Eine Erlaubnis für das Einleiten von Abwasser in Gewässer (Direkteinleitung) darf nur erteilt werden, wenn

1. die Menge und Schädlichkeit des Abwassers so gering gehalten wird, wie dies bei Einhaltung der jeweils in Betracht kommenden Verfahren nach dem Stand der Technik möglich ist,
2. die Einleitung mit den Anforderungen an die Gewässereigenschaften und sonstigen rechtlichen Anforderungen vereinbar ist und
3. Abwasseranlagen oder sonstige Einrichtungen errichtet und betrieben werden, die erforderlich sind, um die Einhaltung der Anforderungen nach den Nummern 1 und 2 sicherzustellen.

(2) [1]Durch Rechtsverordnung nach § 23 Absatz 1 Nummer 3 können an das Einleiten von Abwasser in Gewässer Anforderungen festgelegt werden, die nach Absatz 1 Nummer 1 dem Stand der Technik entsprechen. [2]Die Anforderungen können auch für den Ort des Anfalls des Abwassers oder vor seiner Vermischung festgelegt werden.

(3) [1]Nach Veröffentlichung einer BVT-Schlussfolgerung ist bei der Festlegung von Anforderungen nach Absatz 2 Satz 1 unverzüglich zu gewährleisten, dass für Anlagen nach § 3 der Verordnung über genehmigungsbedürftige Anlagen[2)] und nach § 60 Absatz 3 Satz 1 Nummer 2 die Einleitungen unter normalen Betriebsbedingungen die in den BVT-Schlussfolgerungen genannten Emissionsbandbreiten nicht überschreiten. [2]Wenn in besonderen Fällen wegen technischer Merkmale der betroffenen Anlagenart die Einhaltung der in Satz 1 genannten Emissionsbandbreiten unverhältnismäßig wäre, können in der Rechtsverordnung für die Anlagenart geeignete Emissionswerte festgelegt werden, die im Übrigen dem Stand der Technik entsprechen müssen. [3]Bei der Festlegung der abweichenden Anforderungen nach Satz 2 ist zu gewährleisten, dass die in den Anhängen V bis VIII der Richtlinie 2010/75/EU festgelegten Emissionsgrenzwerte nicht überschritten werden, keine erheblichen nachteiligen Auswirkungen auf den Gewässerzustand hervorgerufen werden und zu

---

[1)] § 57 Abs. 3 geänd. mWv 18.8.2010 durch G v. 11.8.2010 (BGBl. I S. 1163); Abs. 2 Satz 3 aufgeh., Abs. 3 neu gef., Abs. 4 und 5 angef. mWv 2.5.2013 durch G v. 8.4.2013 (BGBl. I S. 734).

[2)] **Sartorius Nr. 296a.**

einem hohen Schutzniveau für die Umwelt insgesamt beigetragen wird. [4]Die Notwendigkeit abweichender Anforderungen ist zu begründen.

(4) [1]Für vorhandene Abwassereinleitungen aus Anlagen nach § 3 der Verordnung über genehmigungsbedürftige Anlagen oder bei Anlagen nach § 60 Absatz 3 Satz 1 Nummer 2 ist

1. innerhalb eines Jahres nach Veröffentlichung von BVT-Schlussfolgerungen zur Haupttätigkeit eine Überprüfung und gegebenenfalls Anpassung der Rechtsverordnung vorzunehmen und
2. innerhalb von vier Jahren nach Veröffentlichung von BVT-Schlussfolgerungen zur Haupttätigkeit sicherzustellen, dass die betreffenden Einleitungen oder Anlagen die Emissionsgrenzwerte der Rechtsverordnung einhalten; dabei gelten die Emissionsgrenzwerte als im Einleitungsbescheid festgesetzt, soweit der Bescheid nicht weitergehende Anforderungen im Einzelfall festlegt.

[2]Sollte die Anpassung der Abwassereinleitung an die nach Satz 1 Nummer 1 geänderten Anforderungen innerhalb der in Satz 1 bestimmten Frist wegen technischer Merkmale der betroffenen Anlage unverhältnismäßig sein, soll die zuständige Behörde einen längeren Zeitraum festlegen.

(5) [1]Entsprechen vorhandene Einleitungen, die nicht unter die Absätze 3 bis 4 fallen, nicht den Anforderungen nach Absatz 2, auch in Verbindung mit Satz 2, oder entsprechenden Anforderungen der Abwasserverordnung[1)] in ihrer am 28. Februar 2010 geltenden Fassung, so hat der Betreiber die erforderlichen Anpassungsmaßnahmen innerhalb angemessener Fristen durchzuführen; Absatz 4 Satz 1 Nummer 2 zweiter Halbsatz gilt entsprechend. [2]Für Einleitungen nach Satz 1 sind in der Rechtsverordnung nach Absatz 2 Satz 1 abweichende Anforderungen festzulegen, soweit die erforderlichen Anpassungsmaßnahmen unverhältnismäßig wären.

§ 58[2)] Einleiten von Abwasser in öffentliche Abwasseranlagen.

(1) [1]Das Einleiten von Abwasser in öffentliche Abwasseranlagen (Indirekteinleitung) bedarf der Genehmigung durch die zuständige Behörde, soweit an das Abwasser in der Abwasserverordnung[1)] in ihrer jeweils geltenden Fassung Anforderungen für den Ort des Anfalls des Abwassers oder vor seiner Vermischung festgelegt sind. [2]Durch Rechtsverordnung nach § 23 Absatz 1 Nummer 5, 8 und 10 kann bestimmt werden,

1. unter welchen Voraussetzungen die Indirekteinleitung anstelle einer Genehmigung nach Satz 1 nur einer Anzeige bedarf,
2. dass die Einhaltung der Anforderungen nach Absatz 2 auch durch Sachverständige überwacht wird.

[3]Weitergehende Rechtsvorschriften der Länder, die den Maßgaben des Satzes 2 entsprechen oder die über Satz 1 oder Satz 2 hinausgehende Genehmigungserfordernisse vorsehen, bleiben unberührt. [4]Ebenfalls unberührt bleiben Rechtsvorschriften der Länder, nach denen die Genehmigung der zuständigen Behörde durch eine Genehmigung des Betreibers einer öffentlichen Abwasseranlage ersetzt wird.

[1)] **Sartorius ErgBd. Nr. 845a.**

[2)] § 58 Abs. 1 Satz 1, Abs. 2 Nr. 1 geänd. mWv 18.8.2010 durch G v. 11.8.2010 (BGBl. I S. 1163).

(2) Eine Genehmigung für eine Indirekteinleitung darf nur erteilt werden, wenn

1. die nach der Abwasserverordnung in ihrer jeweils geltenden Fassung für die Einleitung maßgebenden Anforderungen einschließlich der allgemeinen Anforderungen eingehalten werden,
2. die Erfüllung der Anforderungen an die Direkteinleitung nicht gefährdet wird und
3. Abwasseranlagen oder sonstige Einrichtungen errichtet und betrieben werden, die erforderlich sind, um die Einhaltung der Anforderungen nach den Nummern 1 und 2 sicherzustellen.

(3) Entsprechen vorhandene Indirekteinleitungen nicht den Anforderungen nach Absatz 2, so sind die erforderlichen Maßnahmen innerhalb angemessener Fristen durchzuführen.

(4) [1] § 13 Absatz 1 und § 17 gelten entsprechend. [2] Eine Genehmigung kann auch unter dem Vorbehalt des Widerrufs erteilt werden.

§ 59 Einleiten von Abwasser in private Abwasseranlagen. (1) Dem Einleiten von Abwasser in öffentliche Abwasseranlagen stehen Abwassereinleitungen Dritter in private Abwasseranlagen, die der Beseitigung von gewerblichem Abwasser dienen, gleich.

(2) Die zuständige Behörde kann Abwassereinleitungen nach Absatz 1 von der Genehmigungsbedürftigkeit nach Absatz 1 in Verbindung mit § 58 Absatz 1 freistellen, wenn durch vertragliche Regelungen zwischen dem Betreiber der privaten Abwasseranlage und dem Einleiter die Einhaltung der Anforderungen nach § 58 Absatz 2 sichergestellt ist.

§ 60[1)] Abwasseranlagen. (1) [1] Abwasseranlagen sind so zu errichten, zu betreiben und zu unterhalten, dass die Anforderungen an die Abwasserbeseitigung eingehalten werden. [2] Im Übrigen müssen Abwasserbehandlungsanlagen im Sinne von Absatz 3 Satz 1 Nummer 2 und 3 nach dem Stand der Technik, andere Abwasseranlagen nach den allgemein anerkannten Regeln der Technik errichtet, betrieben und unterhalten werden.

(2) Entsprechen vorhandene Abwasseranlagen nicht den Anforderungen nach Absatz 1, so sind die erforderlichen Maßnahmen innerhalb angemessener Fristen durchzuführen.

(3) [1] Die Errichtung, der Betrieb und die wesentliche Änderung einer Abwasserbehandlungsanlage bedürfen einer Genehmigung, wenn

1. für die Anlage nach dem Gesetz über die Umweltverträglichkeitsprüfung[2)] eine Verpflichtung zur Durchführung einer Umweltverträglichkeitsprüfung besteht oder
2. in der Anlage Abwasser behandelt wird, das
   a) aus Anlagen nach § 3 der Verordnung über genehmigungsbedürftige Anlagen[3)] stammt, deren Genehmigungserfordernis sich nicht nach § 1

[1)] § 60 Abs. 1 Satz 2 und Abs. 3 neu gef., Abs. 4–6 eingef., bish. Abs. 4 wird Abs. 7 mWv 2.5.2013 durch G v. 8.4.2013 (BGBl. I S. 734); Abs. 4 Satz 1 geänd. mWv 5.4.2017 durch G v. 29.3.2017 (BGBl. I S. 626); Abs. 1 Satz 2, Abs. 3 Satz 1 Nr. 2 Buchst. b geänd., Nr. 3 angef., Satz 4, Abs. 4 Satz 1, Abs. 5 und 6 geänd. mWv 28.1.2018 durch G v. 18.7.2017 (BGBl. I S. 2771).

[2)] Nr. **32.4**.

[3)] **Sartorius Nr. 296a.**

Absatz 2 der Verordnung über genehmigungsbedürftige Anlagen auf die Abwasserbehandlungsanlage erstreckt, und

b) nicht unter die Richtlinie 91/271/EWG des Rates vom 21. Mai 1991 über die Behandlung von kommunalem Abwasser (ABl. L 135 vom 30.5. 1991, S. 40), die zuletzt durch die Verordnung (EG) Nr. 1137/2008 (ABl. L 311 vom 21.11.2008, S. 1) geändert worden ist, fällt oder

3. in der Anlage Abwasser behandelt wird, das

a) aus einer Deponie im Sinne von § 3 Absatz 27 des Kreislaufwirtschaftsgesetzes[1] mit einer Aufnahmekapazität von mindestens 10 Tonnen pro Tag oder mit einer Gesamtkapazität von mindestens 25 000 Tonnen, ausgenommen Deponien für Inertabfälle, stammt, sofern sich die Zulassung der Deponie nicht auf die Anlage erstreckt, und

b) nicht unter die Richtlinie 91/271/EWG fällt.

[2] Die Genehmigung ist zu versagen oder mit den notwendigen Nebenbestimmungen zu versehen, wenn die Anlage den Anforderungen des Absatzes 1 nicht entspricht oder sonstige öffentlich-rechtliche Vorschriften dies erfordern. [3] § 13 Absatz 1, § 16 Absatz 1 und 3 und § 17 gelten entsprechend. [4] Für die Anlagen, die die Voraussetzungen nach Satz 1 Nummer 2 oder Nummer 3 erfüllen, gelten auch die Anforderungen nach § 5 des Bundes-Immissionsschutzgesetzes[2] entsprechend.

(4) [1] Sofern eine Genehmigung nicht beantragt wird, hat der Betreiber die Änderung der Lage, der Beschaffenheit oder des Betriebs einer Anlage, die die Voraussetzungen nach Absatz 3 Satz 1 Nummer 2 oder Nummer 3 erfüllt, der zuständigen Behörde mindestens einen Monat bevor mit der Änderung begonnen werden soll, schriftlich oder elektronisch anzuzeigen, wenn die Änderung Auswirkungen auf die Umwelt haben kann. [2] Der Anzeige sind die zur Beurteilung der Auswirkungen notwendigen Unterlagen nach § 3 Absatz 1 und 2 der Industriekläranlagen-Zulassungs- und Überwachungsverordnung beizufügen, soweit diese für die Prüfung erforderlich sein können, ob das Vorhaben genehmigungsbedürftig ist. [3] Die zuständige Behörde hat dem Betreiber unverzüglich mitzuteilen, ob ihr die für die Prüfung nach Satz 2 erforderlichen Unterlagen vorliegen. [4] Der Betreiber der Anlage darf die Änderung vornehmen, sobald die zuständige Behörde ihm mitgeteilt hat, dass die Änderung keiner Genehmigung bedarf oder wenn die zuständige Behörde sich innerhalb eines Monats nach Zugang der Mitteilung nach Satz 3, dass die erforderlichen Unterlagen vorliegen, nicht geäußert hat.

(5) Kommt der Betreiber einer Anlage, die die Voraussetzungen nach Absatz 3 Satz 1 Nummer 2 oder Nummer 3 erfüllt, einer Nebenbestimmung oder einer abschließend bestimmten Pflicht aus einer Rechtsverordnung nach § 23 Absatz 1 Nummer 3 in Verbindung mit § 57 Absatz 2, 3, 4 Satz 1 Nummer 1 oder Absatz 5 Satz 2, nach § 23 Absatz 1 Nummer 5 oder der Abwasserverordnung[3] in ihrer am 28. Februar 2010 geltenden Fassung nicht nach und wird hierdurch eine unmittelbare Gefahr für die menschliche Gesundheit oder die Umwelt herbeigeführt, so hat die zuständige Behörde den Betrieb der Anlage oder den Betrieb des betreffenden Teils der Anlage bis zur Erfüllung der Nebenbestimmung oder der abschließend bestimmten Pflicht zu untersagen.

---

[1] Nr. **32.2.**

[2] Nr. **32.1.**

[3] **Sartorius ErgBd. Nr. 845a.**

(6) Wird eine Anlage, die die Voraussetzungen nach Absatz 3 Satz 1 Nummer 2 oder Nummer 3 erfüllt, ohne die erforderliche Genehmigung betrieben oder wesentlich geändert, so ordnet die zuständige Behörde die Stilllegung der Anlage an.

(7) [1] Die Länder können regeln, dass die Errichtung, der Betrieb und die wesentliche Änderung von Abwasseranlagen, die nicht unter Absatz 3 fallen, einer Anzeige oder Genehmigung bedürfen. [2] Genehmigungserfordernisse nach anderen öffentlich-rechtlichen Vorschriften bleiben unberührt.

§ 61 Selbstüberwachung bei Abwassereinleitungen und Abwasseranlagen. (1) Wer Abwasser in ein Gewässer oder in eine Abwasseranlage einleitet, ist verpflichtet, das Abwasser nach Maßgabe einer Rechtsverordnung nach Absatz 3 oder der die Abwassereinleitung zulassenden behördlichen Entscheidung durch fachkundiges Personal zu untersuchen oder durch eine geeignete Stelle untersuchen zu lassen (Selbstüberwachung).

(2) [1] Wer eine Abwasseranlage betreibt, ist verpflichtet, ihren Zustand, ihre Funktionsfähigkeit, ihre Unterhaltung und ihren Betrieb sowie Art und Menge des Abwassers und der Abwasserinhaltsstoffe selbst zu überwachen. [2] Er hat nach Maßgabe einer Rechtsverordnung nach Absatz 3 hierüber Aufzeichnungen anzufertigen, aufzubewahren und auf Verlangen der zuständigen Behörde vorzulegen.

(3) Durch Rechtsverordnung nach § 23 Absatz 1 Nummer 8, 9 und 11 können insbesondere Regelungen über die Ermittlung der Abwassermenge, die Häufigkeit und die Durchführung von Probenahmen, Messungen und Analysen einschließlich der Qualitätssicherung, Aufzeichnungs- und Aufbewahrungspflichten sowie die Voraussetzungen getroffen werden, nach denen keine Pflicht zur Selbstüberwachung besteht.

Abschnitt 3. Umgang mit wassergefährdenden Stoffen

§ 62[1] Anforderungen an den Umgang mit wassergefährdenden Stoffen. (1) [1] Anlagen zum Lagern, Abfüllen, Herstellen und Behandeln wassergefährdender Stoffe sowie Anlagen zum Verwenden wassergefährdender Stoffe im Bereich der gewerblichen Wirtschaft und im Bereich öffentlicher Einrichtungen müssen so beschaffen sein und so errichtet, unterhalten, betrieben und stillgelegt werden, dass eine nachteilige Veränderung der Eigenschaften von Gewässern nicht zu besorgen ist. [2] Das Gleiche gilt für Rohrleitungsanlagen, die

1. den Bereich eines Werksgeländes nicht überschreiten,
2. Zubehör einer Anlage zum Umgang mit wassergefährdenden Stoffen sind oder
3. Anlagen verbinden, die in engem räumlichen und betrieblichen Zusammenhang miteinander stehen.

---

[1] § 62 Abs. 4 Nr. 4 neu gef. mWv 18.8.2010 durch G v. 11.8.2010 (BGBl. I S. 1163); Abs. 4 Nr. 1–3 neu gef., Nr. 4–6 eingef., bish. Nr. 4 wird Nr. 7 mWv 14.10.2011 durch G v. 6.10.2011 (BGBl. I S. 1986); Abs. 7 Sätze 1–3 geänd. mWv 15.8.2013 durch G v. 7.8.2013 (BGBl. I S. 3154); Abs. 4 Nr. 2 geänd. mWv 8.9.2015 durch VO v. 31.8.2015 (BGBl. I S. 1474); Abs. 7 aufgeh. mWv 1.10.2021 durch G v. 18.7.2016 (BGBl. I S. 1666); Abs. 4 Nr. 2 geänd. mWv 27.6.2020 durch VO v. 19.6.2020 (BGBl. I S. 1328).

[3] Für Anlagen zum Umschlagen wassergefährdender Stoffe sowie zum Lagern und Abfüllen von Jauche, Gülle und Silagesickersäften sowie von vergleichbaren in der Landwirtschaft anfallenden Stoffen gilt Satz 1 entsprechend mit der Maßgabe, dass der bestmögliche Schutz der Gewässer vor nachteiligen Veränderungen ihrer Eigenschaften erreicht wird.

(2) Anlagen im Sinne des Absatzes 1 dürfen nur entsprechend den allgemein anerkannten Regeln der Technik beschaffen sein sowie errichtet, unterhalten, betrieben und stillgelegt werden.

(3) Wassergefährdende Stoffe[1)] im Sinne dieses Abschnitts sind feste, flüssige und gasförmige Stoffe, die geeignet sind, dauernd oder in einem nicht nur unerheblichen Ausmaß nachteilige Veränderungen der Wasserbeschaffenheit herbeizuführen.

(4) Durch Rechtsverordnung nach § 23 Absatz 1 Nummer 5 bis 11 können nähere Regelungen erlassen werden über

1. die Bestimmung der wassergefährdenden Stoffe und ihre Einstufung entsprechend ihrer Gefährlichkeit, über eine hierbei erforderliche Mitwirkung des Umweltbundesamtes und anderer Stellen sowie über Mitwirkungspflichten von Anlagenbetreibern im Zusammenhang mit der Einstufung von Stoffen,
2. die Einsetzung einer Kommission zur Beratung des Bundesministeriums für Umwelt, Naturschutz und nukleare Sicherheit in Fragen der Stoffeinstufung einschließlich hiermit zusammenhängender organisatorischer Fragen,
3. Anforderungen an die Beschaffenheit und Lage von Anlagen nach Absatz 1,
4. technische Regeln, die den allgemein anerkannten Regeln der Technik entsprechen,
5. Pflichten bei der Planung, der Errichtung, dem Betrieb, dem Befüllen, dem Entleeren, der Instandhaltung, der Instandsetzung, der Überwachung, der Überprüfung, der Reinigung, der Stilllegung und der Änderung von Anlagen nach Absatz 1 sowie Pflichten beim Austreten wassergefährdender Stoffe aus derartigen Anlagen; in der Rechtsverordnung kann die Durchführung bestimmter Tätigkeiten Sachverständigen oder Fachbetrieben vorbehalten werden,
6. Befugnisse der zuständigen Behörde, im Einzelfall Anforderungen an Anlagen nach Absatz 1 festzulegen und den Betreibern solcher Anlagen bestimmte Maßnahmen aufzuerlegen,
7. Anforderungen an Sachverständige und Sachverständigenorganisationen sowie an Fachbetriebe und Güte- und Überwachungsgemeinschaften.

(5) Weitergehende landesrechtliche Vorschriften für besonders schutzbedürftige Gebiete bleiben unberührt.

(6) Die §§ 62 und 63 gelten nicht für Anlagen im Sinne des Absatzes 1 zum Umgang mit

1. Abwasser,
2. Stoffen, die hinsichtlich der Radioaktivität die Freigrenzen des Strahlenschutzrechts überschreiten.

[1)] Siehe die VO über Anlagen zum Umgang mit wassergefährdenden Stoffen v. 18.4.2017 (BGBl. I S. 905), geänd. durch VO v. 19.6.2020 (BGBl. I S. 1328).

§ 62a[1)] Nationales Aktionsprogramm zum Schutz von Gewässern vor Nitrateinträgen aus Anlagen. [1]Das Bundesministerium für Umwelt, Naturschutz und nukleare Sicherheit erarbeitet im Einvernehmen mit dem Bundesministerium für Ernährung und Landwirtschaft ein nationales Aktionsprogramm im Sinne des Artikels 5 Absatz 1 in Verbindung mit Absatz 4 Buchstabe b, Artikel 4 Absatz 1 Buchstabe a und Anhang II Buchstabe A Nummer 5 der Richtlinie 91/676/EWG des Rates vom 12. Dezember 1991 zum Schutz der Gewässer vor Verunreinigung durch Nitrat aus landwirtschaftlichen Quellen (ABl. L 375 vom 31.12.1991, S. 1), die zuletzt durch die Verordnung (EG) Nr. 1137/2008 (ABl. L 311 vom 21.11.2008, S. 1) geändert worden ist. [2]Dieses enthält insbesondere Angaben zur Beschaffenheit, zur Lage, zur Errichtung und zum Betrieb von Anlagen zum Lagern und Abfüllen von Jauche, Gülle und Silagesickersäften sowie von vergleichbaren in der Landwirtschaft anfallenden Stoffen. [3]Zu dem Entwurf des Aktionsprogramms sowie zu Entwürfen zur Änderung des Aktionsprogramms wird eine Strategische Umweltprüfung nach dem Gesetz über die Umweltverträglichkeitsprüfung[2)] durchgeführt. [4]Das Aktionsprogramm und seine Änderungen sind bei Erlass der Rechtsverordnung auf Grund des § 23 Absatz 1 Nummer 5 bis 11 in Verbindung mit § 62 Absatz 4 zu berücksichtigen.

§ 63[3)] Eignungsfeststellung. (1) [1]Anlagen zum Lagern, Abfüllen oder Umschlagen wassergefährdender Stoffe dürfen nur errichtet, betrieben und wesentlich geändert werden, wenn ihre Eignung von der zuständigen Behörde festgestellt worden ist. [2]§ 13 Absatz 1 und § 17 gelten entsprechend.

(2) [1]Absatz 1 gilt nicht

1. für Anlagen zum Lagern und Abfüllen von Jauche, Gülle und Silagesickersäften sowie von vergleichbaren in der Landwirtschaft anfallenden Stoffen,
2. wenn wassergefährdende Stoffe
   a) kurzzeitig in Verbindung mit dem Transport bereitgestellt oder aufbewahrt werden und die Behälter oder Verpackungen den Vorschriften und Anforderungen für den Transport im öffentlichen Verkehr genügen,
   b) in Laboratorien in der für den Handgebrauch erforderlichen Menge bereitgehalten werden.

[2]Durch Rechtsverordnung nach § 23 Absatz 1 Nummer 5, 6 und 10 kann geregelt werden,

1. unter welchen Voraussetzungen über die Regelungen nach Satz 1 hinaus keine Eignungsfeststellung erforderlich ist,
2. dass über die Regelungen nach Absatz 4 hinaus bestimmte Anlagenteile als geeignet gelten, einschließlich hierfür zu erfüllender Voraussetzungen.

(3) Die Eignungsfeststellung entfällt, wenn

1. für die Anlage eine Baugenehmigung erteilt worden ist und

---

1) § 62a eingef. mWv 29.1.2013 durch G v. 21.1.2013 (BGBl. I S. 95); Satz 1 geänd. mWv 8.9.2015 durch VO v. 31.8.2015 (BGBl. I S. 1474); Satz 1 geänd. mWv 27.6.2020 durch VO v. 19.6.2020 (BGBl. I S. 1328).

2) Nr. **32.4**.

3) § 63 Abs. 3 Satz 1 Nr. 1 geänd. mWv 18.8.2010 durch G v. 11.8.2010 (BGBl. I S. 1163); Abs. 3 Satz 1 Nr. 1 neu gef. mWv 1.7.2013 durch G v. 5.12.2012 (BGBl. I S. 2449); Abs. 1, 2 Satz 2 und Abs. 3 neu gef., Abs. 4 und 5 angef. mWv 28.1.2018 durch G v. 18.7.2017 (BGBl. I S. 2771).

2. die Baugenehmigung die Einhaltung der wasserrechtlichen Anforderungen voraussetzt.

(4) [1] Folgende Anlagenteile gelten als geeignet:

1. Bauprodukte im Sinne von Artikel 2 Nummer 1 und 2 der Verordnung (EU) Nr. 305/2011 des Europäischen Parlaments und des Rates vom 9. März 2011 zur Festlegung harmonisierter Bedingungen für die Vermarktung von Bauprodukten und zur Aufhebung der Richtlinie 89/106/EWG des Rates (ABl. L 88 vom 4.4.2011, S. 5), wenn
   a) die Bauprodukte von einer harmonisierten Norm im Sinne von Artikel 2 Nummer 11 der Verordnung (EU) Nr. 305/2011 erfasst sind oder einer Europäischen Technischen Bewertung im Sinne von Artikel 2 Nummer 13 der Verordnung (EU) Nr. 305/2011 entsprechen und die CE-Kennzeichnung angebracht wurde und
   b) die erklärten Leistungen alle wesentlichen Merkmale der harmonisierten Norm oder der Europäischen Technischen Bewertung umfassen, die dem Gewässerschutz dienen,
2. serienmäßig hergestellte Bauprodukte, die nicht unter Nummer 1 fallen und für die nach bauordnungsrechtlichen Vorschriften ein Verwendbarkeitsnachweis erteilt wurde, der die Einhaltung der wasserrechtlichen Anforderungen gewährleistet,
3. Anlagenteile, die aus Bauprodukten zusammengefügt werden, sofern hierfür nach bauordnungsrechtlichen Vorschriften eine Bauartgenehmigung oder eine allgemeine bauaufsichtliche Zulassung erteilt wurde, die jeweils die Einhaltung der wasserrechtlichen Anforderungen gewährleistet,
4. Druckgeräte im Sinne von § 2 Satz 1 Nummer 3 der Druckgeräteverordnung vom 13. Mai 2015 (BGBl. I S. 692), die durch Artikel 2 der Verordnung vom 6. April 2016 (BGBl. I S. 597) geändert worden ist, und Baugruppen im Sinne von § 2 Satz 1 Nummer 1 dieser Verordnung, sofern die CE-Kennzeichnung angebracht wurde und die Druckgeräte und Baugruppen in Übereinstimmung mit der Betriebsanleitung und den Sicherheitsinformationen nach § 6 Absatz 3 dieser Verordnung in Betrieb genommen werden, und
5. Maschinen im Sinne von § 2 Nummer 1 bis 4 der Maschinenverordnung[1)] vom 12. Mai 1993 (BGBl. I S. 704), die zuletzt durch Artikel 19 des Gesetzes vom 8. November 2011 (BGBl. I S. 2178) geändert worden ist, sofern die CE-Kennzeichnung angebracht wurde und die Maschinen in Übereinstimmung mit der Betriebsanleitung und den Sicherheitsanforderungen nach § 3 Absatz 2 Nummer 1 dieser Verordnung in Betrieb genommen werden.

[2] Entsprechen bei Bauprodukten nach Satz 1 Nummer 1 die erklärten Leistungen nicht den wasserrechtlichen Anforderungen an die jeweilige Verwendung, muss die Anlage insgesamt so beschaffen sein, dass die wasserrechtlichen Anforderungen erfüllt werden. [3] Bei Anlagenteilen nach Satz 1 Nummer 4 und 5 bleiben die wasserrechtlichen Anforderungen an die Rückhaltung wassergefährdender Stoffe unberührt. [4] Druckgeräte und Baugruppen nach Satz 1 Nummer 4, für die eine Betreiberprüfstelle eine EU-Konformitätserklärung nach § 2 Satz 1 Nummer 10 der Druckgeräteverordnung erteilt hat, bedürfen keiner CE-Kennzeichnung.

[1)] **Sartorius ErgBd. Nr. 803a.**

(5) [1] Bei serienmäßig hergestellten Bauprodukten, die nicht unter Absatz 4 Satz 1 Nummer 1 fallen, sowie bei Anlagenteilen, die aus Bauprodukten zusammengefügt werden, stehen den Verwendbarkeitsnachweisen nach Absatz 4 Satz 1 Nummer 2 sowie den Bauartgenehmigungen oder allgemeinen bauaufsichtlichen Zulassungen nach Absatz 4 Satz 1 Nummer 3 Zulassungen aus einem anderen Mitgliedstaat der Europäischen Union, einem anderen Vertragsstaat des Abkommens über den Europäischen Wirtschaftsraum oder der Türkei gleich, wenn mit den Zulassungen dauerhaft das gleiche Schutzniveau erreicht wird. [2] Das Ergebnis von Prüfungen von Anlagenteilen nach Satz 1, die bereits in einem anderen Mitgliedstaat der Europäischen Union, einem anderen Vertragsstaat des Abkommens über den Europäischen Wirtschaftsraum oder der Türkei vorgenommen worden sind, ist bei der Eignungsfeststellung zu berücksichtigen.

Abschnitt 4. Gewässerschutzbeauftragte

§ 64[1)] Bestellung von Gewässerschutzbeauftragten. (1) Gewässerbenutzer, die an einem Tag mehr als 750 Kubikmeter Abwasser einleiten dürfen, haben unverzüglich einen oder mehrere Betriebsbeauftragte für Gewässerschutz (Gewässerschutzbeauftragte) zu bestellen.

(2) Die zuständige Behörde kann anordnen, dass

1. die Einleiter von Abwasser in Gewässer, für die eine Pflicht zur Bestellung von Gewässerschutzbeauftragten nach Absatz 1 nicht besteht,
2. die Einleiter von Abwasser in Abwasseranlagen,
3. die Betreiber von Anlagen nach § 62 Absatz 1,
4. die Betreiber von Rohrleitungsanlagen nach Nummer 19.3 der Anlage 1 des Gesetzes über die Umweltverträglichkeitsprüfung[2)]

einen oder mehrere Gewässerschutzbeauftragte zu bestellen haben.

(3) Ist nach § 53 des Bundes-Immissionsschutzgesetzes[3)] ein Immissionsschutzbeauftragter oder nach § 59 des Kreislaufwirtschaftsgesetzes[4)] ein Abfallbeauftragter zu bestellen, so kann dieser auch die Aufgaben und Pflichten eines Gewässerschutzbeauftragten nach diesem Gesetz wahrnehmen.

§ 65[5)] Aufgaben von Gewässerschutzbeauftragten. (1) [1] Gewässerschutzbeauftragte beraten den Gewässerbenutzer und die Betriebsangehörigen in Angelegenheiten, die für den Gewässerschutz bedeutsam sein können. [2] Sie sind berechtigt und verpflichtet,

1. die Einhaltung von Vorschriften, Nebenbestimmungen und Anordnungen im Interesse des Gewässerschutzes zu überwachen, insbesondere durch regelmäßige Kontrolle der Abwasseranlagen im Hinblick auf die Funktionsfähigkeit, den ordnungsgemäßen Betrieb sowie die Wartung, durch Messungen des Abwassers nach Menge und Eigenschaften, durch Aufzeichnungen der Kontroll- und Messergebnisse; sie haben dem Gewässerbenutzer festgestellte Mängel mitzuteilen und Maßnahmen zu ihrer Beseitigung vorzuschlagen;

---

1) § 64 Abs. 3 geänd. mWv 1.6.2012 durch G v. 24.2.2012 (BGBl. I S. 212).
2) Nr. **32.4**.
3) Nr. **32.1**.
4) Nr. **32.2**.
5) § 65 Abs. 2 Satz 1 geänd. mWv 5.4.2017 durch G v. 29.3.2017 (BGBl. I S. 626).

2. auf die Anwendung geeigneter Abwasserbehandlungsverfahren einschließlich der Verfahren zur ordnungsgemäßen Verwertung oder Beseitigung der bei der Abwasserbehandlung entstehenden Reststoffe hinzuwirken;
3. auf die Entwicklung und Einführung von
   a) innerbetrieblichen Verfahren zur Vermeidung oder Verminderung des Abwasseranfalls nach Art und Menge,
   b) umweltfreundlichen Produktionen

   hinzuwirken;
4. die Betriebsangehörigen über die in dem Betrieb verursachten Gewässerbelastungen sowie über die Einrichtungen und Maßnahmen zu ihrer Verhinderung unter Berücksichtigung der wasserrechtlichen Vorschriften aufzuklären.

(2) [1] Gewässerschutzbeauftragte erstatten dem Gewässerbenutzer jährlich einen schriftlichen oder elektronischen Bericht über die nach Absatz 1 Satz 2 Nummer 1 bis 4 getroffenen und beabsichtigten Maßnahmen. [2] Bei EMAS-Standorten ist ein jährlicher Bericht nicht erforderlich, soweit sich gleichwertige Angaben aus dem Bericht über die Umweltbetriebsprüfung ergeben und die Gewässerschutzbeauftragten den Bericht mitgezeichnet haben und mit dem Verzicht auf die Erstellung eines gesonderten jährlichen Berichts einverstanden sind.

(3) Die zuständige Behörde kann im Einzelfall die in den Absätzen 1 und 2 aufgeführten Aufgaben der Gewässerschutzbeauftragten

1. näher regeln,
2. erweitern, soweit es die Belange des Gewässerschutzes erfordern,
3. einschränken, wenn dadurch die ordnungsgemäße Selbstüberwachung nicht beeinträchtigt wird.

§ 66 Weitere anwendbare Vorschriften. Auf das Verhältnis zwischen dem Gewässerbenutzer und den Gewässerschutzbeauftragten finden die §§ 55 bis 58 des Bundes-Immissionsschutzgesetzes[1)] entsprechende Anwendung.

Abschnitt 5. Gewässerausbau, Deich-, Damm- und Küstenschutzbauten

§ 67 Grundsatz, Begriffsbestimmung. (1) Gewässer sind so auszubauen, dass natürliche Rückhalteflächen erhalten bleiben, das natürliche Abflussverhalten nicht wesentlich verändert wird, naturraumtypische Lebensgemeinschaften bewahrt und sonstige nachteilige Veränderungen des Zustands des Gewässers vermieden oder, soweit dies nicht möglich ist, ausgeglichen werden.

(2) [1] Gewässerausbau ist die Herstellung, die Beseitigung und die wesentliche Umgestaltung eines Gewässers oder seiner Ufer. [2] Ein Gewässerausbau liegt nicht vor, wenn ein Gewässer nur für einen begrenzten Zeitraum entsteht und der Wasserhaushalt dadurch nicht erheblich beeinträchtigt wird. [3] Deich- und Dammbauten, die den Hochwasserabfluss beeinflussen, sowie Bauten des Küstenschutzes stehen dem Gewässerausbau gleich.

[1)] Nr. **32.1**.

§ 68[1] **Planfeststellung, Plangenehmigung.** (1) Der Gewässerausbau bedarf der Planfeststellung durch die zuständige Behörde.

(2) [1] Für einen Gewässerausbau, für den nach dem Gesetz über die Umweltverträglichkeitsprüfung[2] keine Verpflichtung zur Durchführung einer Umweltverträglichkeitsprüfung besteht, kann anstelle eines Planfeststellungsbeschlusses eine Plangenehmigung erteilt werden. [2] Die Länder können bestimmen, dass Bauten des Küstenschutzes, für die nach dem Gesetz über die Umweltverträglichkeitsprüfung keine Verpflichtung zur Durchführung einer Umweltverträglichkeitsprüfung besteht, anstelle einer Zulassung nach Satz 1 einer anderen oder keiner Zulassung oder einer Anzeige bedürfen.

(3) Der Plan darf nur festgestellt oder genehmigt werden, wenn

1. eine Beeinträchtigung des Wohls der Allgemeinheit, insbesondere eine erhebliche und dauerhafte, nicht ausgleichbare Erhöhung der Hochwasserrisiken oder eine Zerstörung natürlicher Rückhalteflächen, vor allem in Auwäldern, nicht zu erwarten ist und
2. andere Anforderungen nach diesem Gesetz oder sonstigen öffentlich-rechtlichen Vorschriften erfüllt werden.

(4) Maßnahmen zur wesentlichen Umgestaltung einer Binnenwasserstraße des Bundes oder ihrer Ufer nach § 67 Absatz 2 Satz 1 und 2 führt, soweit sie erforderlich sind, um die Bewirtschaftungsziele nach Maßgabe der §§ 27 bis 31 zu erreichen, die Wasserstraßen- und Schifffahrtsverwaltung des Bundes im Rahmen ihrer Aufgaben nach dem Bundeswasserstraßengesetz[3] hoheitlich durch.

§ 69 Abschnittsweise Zulassung, vorzeitiger Beginn. (1) Gewässerausbauten einschließlich notwendiger Folgemaßnahmen, die wegen ihres räumlichen oder zeitlichen Umfangs in selbständigen Abschnitten oder Stufen durchgeführt werden, können in entsprechenden Teilen zugelassen werden, wenn dadurch die erforderliche Einbeziehung der erheblichen Auswirkungen des gesamten Vorhabens auf die Umwelt nicht ganz oder teilweise unmöglich wird.

(2) § 17 gilt entsprechend für die Zulassung des vorzeitigen Beginns in einem Planfeststellungsverfahren und einem Plangenehmigungsverfahren nach § 68.

§ 70[4] **Anwendbare Vorschriften, Verfahren.** (1) [1] Für die Planfeststellung und die Plangenehmigung gelten § 13 Absatz 1 und § 14 Absatz 3 bis 6 entsprechend; im Übrigen gelten die §§ 72 bis 78 des Verwaltungsverfahrensgesetzes[5]. [2] Für die Erteilung von Planfeststellungen und Plangenehmigungen im Zusammenhang mit der Errichtung, dem Betrieb und der Modernisierung von Anlagen zur Nutzung von Wasserkraft, ausgenommen Pumpspeicherkraftwerke, gilt § 11a Absatz 1 Satz 2 und Absatz 2 bis 5 entsprechend; die §§ 71a bis 71e des Verwaltungsverfahrensgesetzes sind anzuwenden.

(2) Das Planfeststellungsverfahren für einen Gewässerausbau, für den nach dem Gesetz über die Umweltverträglichkeitsprüfung[2] eine Verpflichtung zur

---

[1] § 68 Abs. 4 angef. mWv 9.6.2021 durch G v. 2.6.2021 (BGBl. I S. 1295).
[2] Nr. **32.4**.
[3] **Sartorius Nr. 971.**
[4] § 70 Abs. 1 Satz 2 angef. mWv 31.8.2021 durch G v. 18.8.2021 (BGBl. I S. 3901).
[5] **Sartorius Nr. 100.**

Durchführung einer Umweltverträglichkeitsprüfung besteht, muss den Anforderungen des Gesetz über die Umweltverträglichkeitsprüfung entsprechen.

(3) Erstreckt sich ein beabsichtigter Ausbau auf ein Gewässer, das der Verwaltung mehrerer Länder untersteht, und ist ein Einvernehmen über den Ausbauplan nicht zu erreichen, so soll die Bundesregierung auf Antrag eines beteiligten Landes zwischen den Ländern vermitteln.

(Fortsetzung nächstes Blatt)

³ Ausgleichsmaßnahmen nach Satz 2 können auch Maßnahmen mit dem Ziel des Küstenschutzes oder des Schutzes vor Hochwasser sein, die

1. zum Zweck des Ausgleichs künftiger Verluste an Rückhalteflächen getroffen werden oder
2. zugleich als Ausgleichs- oder Ersatzmaßnahme nach § 15 Absatz 2 des Bundesnaturschutzgesetzes[1] dienen oder nach § 16 Absatz 1 des Bundesnaturschutzgesetzes anzuerkennen sind.

(2) Frühere Überschwemmungsgebiete, die als Rückhalteflächen geeignet sind, sollen so weit wie möglich wiederhergestellt werden, wenn überwiegende Gründe des Wohls der Allgemeinheit dem nicht entgegenstehen.

§ 78[2] Bauliche Schutzvorschriften für festgesetzte Überschwemmungsgebiete. (1) ¹ In festgesetzten Überschwemmungsgebieten ist die Ausweisung neuer Baugebiete im Außenbereich in Bauleitplänen oder in sonstigen Satzungen nach dem Baugesetzbuch[3] untersagt. ² Satz 1 gilt nicht, wenn die Ausweisung ausschließlich der Verbesserung des Hochwasserschutzes dient, sowie für Bauleitpläne für Häfen und Werften.

(2) ¹ Die zuständige Behörde kann abweichend von Absatz 1 Satz 1 die Ausweisung neuer Baugebiete ausnahmsweise zulassen, wenn

1. keine anderen Möglichkeiten der Siedlungsentwicklung bestehen oder geschaffen werden können,
2. das neu auszuweisende Gebiet unmittelbar an ein bestehendes Baugebiet angrenzt,
3. eine Gefährdung von Leben oder Gesundheit oder erhebliche Sachschäden nicht zu erwarten sind,
4. der Hochwasserabfluss und die Höhe des Wasserstandes nicht nachteilig beeinflusst werden,
5. die Hochwasserrückhaltung nicht beeinträchtigt und der Verlust von verloren gehendem Rückhalteraum umfang-, funktions- und zeitgleich ausgeglichen wird,
6. der bestehende Hochwasserschutz nicht beeinträchtigt wird,
7. keine nachteiligen Auswirkungen auf Oberlieger und Unterlieger zu erwarten sind,
8. die Belange der Hochwasservorsorge beachtet sind und
9. die Bauvorhaben so errichtet werden, dass bei dem Bemessungshochwasser nach § 76 Absatz 2 Satz 1, das der Festsetzung des Überschwemmungsgebietes zugrunde liegt, keine baulichen Schäden zu erwarten sind.

² Bei der Prüfung der Voraussetzungen des Satzes 1 Nummer 3 bis 8 sind auch die Auswirkungen auf die Nachbarschaft zu berücksichtigen.

(3) ¹ In festgesetzten Überschwemmungsgebieten hat die Gemeinde bei der Aufstellung, Änderung oder Ergänzung von Bauleitplänen für die Gebiete, die nach § 30 Absatz 1 und 2 oder § 34 des Baugesetzbuches zu beurteilen sind, in

---

[1] **Sartorius Nr. 880.**

[2] § 78 neu gef. mWv 5.1.2018 durch G v. 30.6.2017 (BGBl. I S. 2193); Abs. 5 Satz 3 angef. mWv 31.8.2021 durch G v. 18.8.2021 (BGBl. I S. 3901).

[3] Nr. **41.2.**

der Abwägung nach § 1 Absatz 7 des Baugesetzbuches insbesondere zu berücksichtigen:

1. die Vermeidung nachteiliger Auswirkungen auf Oberlieger und Unterlieger,
2. die Vermeidung einer Beeinträchtigung des bestehenden Hochwasserschutzes und
3. die hochwasserangepasste Errichtung von Bauvorhaben.

[2] Dies gilt für Satzungen nach § 34 Absatz 4 und § 35 Absatz 6 des Baugesetzbuches entsprechend. [3] Die zuständige Behörde hat der Gemeinde die hierfür erforderlichen Informationen nach § 4 Absatz 2 Satz 4 des Baugesetzbuches zur Verfügung zu stellen.

(4) [1] In festgesetzten Überschwemmungsgebieten ist die Errichtung oder Erweiterung baulicher Anlagen nach den §§ 30, 33, 34 und 35 des Baugesetzbuches untersagt. [2] Satz 1 gilt nicht für Maßnahmen des Gewässerausbaus, des Baus von Deichen und Dämmen, der Gewässer- und Deichunterhaltung und des Hochwasserschutzes sowie des Messwesens.

(5) [1] Die zuständige Behörde kann abweichend von Absatz 4 Satz 1 die Errichtung oder Erweiterung einer baulichen Anlage im Einzelfall genehmigen, wenn

1. das Vorhaben
   a) die Hochwasserrückhaltung nicht oder nur unwesentlich beeinträchtigt und der Verlust von verloren gehendem Rückhalteraum umfang-, funktions- und zeitgleich ausgeglichen wird,
   b) den Wasserstand und den Abfluss bei Hochwasser nicht nachteilig verändert,
   c) den bestehenden Hochwasserschutz nicht beeinträchtigt und
   d) hochwasserangepasst ausgeführt wird oder
2. die nachteiligen Auswirkungen durch Nebenbestimmungen ausgeglichen werden können.

[2] Bei der Prüfung der Voraussetzungen des Satzes 1 sind auch die Auswirkungen auf die Nachbarschaft zu berücksichtigen. [3] Für die Erteilung der Genehmigung gilt § 11a Absatz 4 und 5 entsprechend, wenn es sich um eine Anlage zur Erzeugung von Energie aus erneuerbaren Quellen handelt.

(6) [1] Bei der Festsetzung nach § 76 Absatz 2 kann die Errichtung oder Erweiterung baulicher Anlagen auch allgemein zugelassen werden, wenn sie

1. in gemäß Absatz 2 neu ausgewiesenen Gebieten nach § 30 des Baugesetzbuches den Vorgaben des Bebauungsplans entsprechen oder
2. ihrer Bauart nach so beschaffen sind, dass die Einhaltung der Voraussetzungen des Absatzes 5 Satz 1 Nummer 1 gewährleistet ist.

[2] In den Fällen des Satzes 1 bedarf das Vorhaben einer Anzeige.

(7) Bauliche Anlagen der Verkehrsinfrastruktur, die nicht unter Absatz 4 fallen, dürfen nur hochwasserangepasst errichtet oder erweitert werden.

(8) Für nach § 76 Absatz 3 ermittelte, in Kartenform dargestellte und vorläufig gesicherte Gebiete gelten die Absätze 1 bis 7 entsprechend.

nach § 75 und koordinieren diese mit den Maßnahmen nach § 83 Absatz 4 und § 85.

(2) Wie die zuständigen staatlichen Stellen und die Öffentlichkeit in den betroffenen Gebieten im Übrigen über Hochwassergefahren, geeignete Vorsorgemaßnahmen und Verhaltensregeln informiert und vor zu erwartendem Hochwasser rechtzeitig gewarnt werden, richtet sich nach den landesrechtlichen Vorschriften.

§ 80 Koordinierung. (1) [1] Gefahrenkarten und Risikokarten sind so zu erstellen, dass die darin dargestellten Informationen vereinbar sind mit den nach der Richtlinie 2000/60/EG vorgelegten relevanten Angaben, insbesondere nach Artikel 5 Absatz 1 in Verbindung mit Anhang II dieser Richtlinie. [2] Die Informationen sollen mit den in Artikel 5 Absatz 2 der Richtlinie 2000/60/EG vorgesehenen Überprüfungen abgestimmt werden; sie können in diese einbezogen werden.

(2) [1] Die zuständigen Behörden koordinieren die Erstellung und die nach § 75 Absatz 6 Satz 3 erforderliche Aktualisierung der Risikomanagementpläne mit den Bewirtschaftungsplänen nach § 83. [2] Die Risikomanagementpläne können in die Bewirtschaftungspläne einbezogen werden.

§ 81 Vermittlung durch die Bundesregierung. Können sich die Länder bei der Zusammenarbeit im Rahmen dieses Abschnitts über eine Maßnahme des Hochwasserschutzes nicht einigen, vermittelt die Bundesregierung auf Antrag eines Landes zwischen den beteiligten Ländern.

Abschnitt 7. Wasserwirtschaftliche Planung und Dokumentation

§ 82[1)] Maßnahmenprogramm. (1) [1] Für jede Flussgebietseinheit ist nach Maßgabe der Absätze 2 bis 6 ein Maßnahmenprogramm aufzustellen, um die Bewirtschaftungsziele nach Maßgabe der §§ 27 bis 31, 44 und 47 zu erreichen. [2] Die Ziele der Raumordnung sind zu beachten; die Grundsätze und sonstigen Erfordernisse der Raumordnung sind zu berücksichtigen.

(2) [1] In das Maßnahmenprogramm sind grundlegende und, soweit erforderlich, ergänzende Maßnahmen aufzunehmen; dabei ist eine in Bezug auf die Wassernutzung kosteneffiziente Kombination der Maßnahmen vorzusehen. [2] Das Maßnahmenprogramm enthält auch Maßnahmen nach Artikel 4 bis 10 der Richtlinie (EU) 2019/904.

(3) Grundlegende Maßnahmen sind alle in Artikel 11 Absatz 3 der Richtlinie 2000/60/EG bezeichneten Maßnahmen, die der Erreichung der Bewirtschaftungsziele nach Maßgabe der §§ 27 bis 31, 44 und 47 dienen oder zur Erreichung dieser Ziele beitragen.

(4) [1] Ergänzende Maßnahmen, insbesondere im Sinne von Artikel 11 Absatz 4 in Verbindung mit Anhang VI Teil B der Richtlinie 2000/60/EG, werden zusätzlich zu den grundlegenden Maßnahmen in das Maßnahmenprogramm aufgenommen, soweit dies erforderlich ist, um die Bewirtschaftungsziele nach Maßgabe der §§ 27 bis 31, 44 und 47 zu erreichen. [2] Ergänzende Maßnahmen können auch getroffen werden, um einen weitergehenden Schutz der Gewässer zu erreichen.

[1)] § 82 Abs. 2 Satz 2 angef. mWv 14.12.2021 durch G v. 9.6.2021 (BGBl. I S. 1699).

(5) Ergibt sich aus der Überwachung oder aus sonstigen Erkenntnissen, dass die Bewirtschaftungsziele nach Maßgabe der §§ 27 bis 31, 44 und 47 nicht erreicht werden können, so sind die Ursachen hierfür zu untersuchen, die Zulassungen für Gewässerbenutzungen und die Überwachungsprogramme zu überprüfen und gegebenenfalls anzupassen sowie nachträglich erforderliche Zusatzmaßnahmen in das Maßnahmenprogramm aufzunehmen.

(6) [1] Grundlegende Maßnahmen nach Absatz 3 dürfen nicht zu einer zusätzlichen Verschmutzung der oberirdischen Gewässer, der Küstengewässer oder des Meeres führen, es sei denn, ihre Durchführung würde sich insgesamt günstiger auf die Umwelt auswirken. [2] Die zuständige Behörde kann im Rahmen der §§ 47 und 48 auch die in Artikel 11 Absatz 3 Buchstabe j der Richtlinie 2000/60/EG genannten Einleitungen in das Grundwasser zulassen.

§ 83[1)] Bewirtschaftungsplan. (1) Für jede Flussgebietseinheit ist nach Maßgabe der Absätze 2 bis 4 ein Bewirtschaftungsplan aufzustellen.

(2) [1] Der Bewirtschaftungsplan muss die in Artikel 13 Absatz 4 in Verbindung mit Anhang VII der Richtlinie 2000/60/EG genannten Informationen enthalten. [2] Darüber hinaus sind in den Bewirtschaftungsplan aufzunehmen:

1. die Einstufung oberirdischer Gewässer als künstlich oder erheblich verändert nach § 28 und die Gründe hierfür,
2. die nach § 29 Absatz 2 bis 4, den §§ 44 und 47 Absatz 2 Satz 2 gewährten Fristverlängerungen und die Gründe hierfür, eine Zusammenfassung der Maßnahmen, die zur Erreichung der Bewirtschaftungsziele innerhalb der verlängerten Frist erforderlich sind und der Zeitplan hierfür sowie die Gründe für jede erhebliche Verzögerung bei der Umsetzung der Maßnahmen,

(Fortsetzung nächstes Blatt)

---

1) § 83 Abs. 2 Satz 2 Nr. 4 geänd., Nr. 5 angef. mWv 18.10.2016 durch G v. 11.4.2016 (BGBl. I S. 745); Abs. 4 Satz 2 geänd. mWv 5.4.2017 durch G v. 29.3.2017 (BGBl. I S. 626).

§ 106 Überleitung bestehender Schutzgebietsfestsetzungen. (1) Vor dem 1. März 2010 festgesetzte Wasserschutzgebiete gelten als festgesetzte Wasserschutzgebiete im Sinne von § 51 Absatz 1.

(2) Vor dem 1. März 2010 festgesetzte Heilquellenschutzgebiete gelten als festgesetzte Heilquellenschutzgebiete im Sinne von § 53 Absatz 4.

(3) Vor dem 1. März 2010 festgesetzte, als festgesetzt geltende oder vorläufig gesicherte Überschwemmungsgebiete gelten als festgesetzte oder vorläufig gesicherte Überschwemmungsgebiete im Sinne von § 76 Absatz 2 oder Absatz 3.

§ 107[1)] Übergangsbestimmung für industrielle Abwasserbehandlungsanlagen und Abwassereinleitungen aus Industrieanlagen. (1) [1] Eine Zulassung, die vor dem 2. Mai 2013 nach landesrechtlichen Vorschriften für Abwasserbehandlungsanlagen im Sinne des § 60 Absatz 3 Satz 1 Nummer 2 erteilt worden ist, gilt als Genehmigung nach § 60 Absatz 3 Satz 1 fort. [2] Bis zum 7. Juli 2015 müssen alle in Satz 1 genannten Anlagen den Anforderungen nach § 60 Absatz 1 bis 3 entsprechen.

(1a) [1] Ist eine Anlage im Sinne von § 60 Absatz 3 Satz 1 Nummer 3 vor dem 28. Januar 2018 nach landesrechtlichen Vorschriften nicht im Rahmen einer Deponiezulassung, sondern anderweitig zugelassen worden, gilt diese Zulassung als Genehmigung nach § 60 Absatz 3 Satz 1 fort. [2] Bis zum 28. Januar 2020 müssen alle in Satz 1 genannten Anlagen den Anforderungen nach § 60 Absatz 1 bis 3 entsprechen.

(2) [1] Soweit durch Artikel 2 des Gesetzes zur Umsetzung der Richtlinie über Industrieemissionen vom 8. April 2013 (BGBl. I S. 734) neue Anforderungen festgelegt worden sind, sind diese Anforderungen von Einleitungen aus Anlagen nach § 3 der Verordnung über genehmigungsbedürftige Anlagen[2)], die sich zum Zeitpunkt des Inkrafttretens des genannten Gesetzes in Betrieb befanden, ab dem 7. Januar 2014 zu erfüllen, wenn vor diesem Zeitpunkt

1. eine Genehmigung nach § 4 des Bundes-Immissionsschutzgesetzes[3)] für die Anlage erteilt wurde oder
2. von ihrem Betreiber ein vollständiger Genehmigungsantrag gestellt wurde.

[2] Einleitungen aus bestehenden Anlagen nach Satz 1, die nicht von Anhang I der Richtlinie 2008/1/EG des Europäischen Parlaments und des Rates vom 15. Januar 2008 über die integrierte Vermeidung und Verminderung der Umweltverschmutzung (ABl. L 24 vom 29.1.2008, S. 8), die durch die Richtlinie 2009/31/EG (ABl. L 140 vom 5.6.2009, S. 114) geändert worden ist, erfasst wurden, haben abweichend von Satz 1 die dort genannten Anforderungen ab dem 7. Juli 2015 zu erfüllen.

§ 108[4)] Übergangsbestimmung für Verfahren zur Zulassung von Vorhaben zur Erzeugung von Energie aus erneuerbaren Quellen. Wurde vor dem 31. August 2021 ein Zulassungs- oder Befreiungsverfahren eingeleitet, auf das die Vorschriften des § 11a, auch in Verbindung mit § 38 Absatz 5 Satz 3, § 52 Absatz 1 Satz 4, § 70 Absatz 1 Satz 2 oder § 78 Absatz 5 Satz 3

[1)] § 107 angef. mWv 2.5.2013 durch G v. 8.4.2013 (BGBl. I S. 734); Abs. 1a eingef. mWv 28.1. 2018 durch G v. 18.7.2017 (BGBl. I S. 2771).

[2)] **Sartorius Nr. 296a.**

[3)] Nr. **32.1.**

[4)] § 108 angef. mWv 31.8.2021 durch G v. 18.8.2021 (BGBl. I S. 3901).

Anwendung fänden, so führt die zuständige Behörde dieses Verfahren nach dem vor dem 31. August 2021 geltenden Recht fort.

Anlage 1[1)]
(zu § 3 Nummer 11)

Kriterien zur Bestimmung des Standes der Technik

Bei der Bestimmung des Standes der Technik sind unter Berücksichtigung der Verhältnismäßigkeit zwischen Aufwand und Nutzen möglicher Maßnahmen sowie des Grundsatzes der Vorsorge und der Vorbeugung, jeweils bezogen auf Anlagen einer bestimmten Art, insbesondere folgende Kriterien zu berücksichtigen:

1. Einsatz abfallarmer Technologie,
2. Einsatz weniger gefährlicher Stoffe,
3. Förderung der Rückgewinnung und Wiederverwertung der bei den einzelnen Verfahren erzeugten und verwendeten Stoffe und gegebenenfalls der Abfälle,
4. vergleichbare Verfahren, Vorrichtungen und Betriebsmethoden, die mit Erfolg im Betrieb erprobt wurden,
5. Fortschritte in der Technologie und in den wissenschaftlichen Erkenntnissen,
6. Art, Auswirkungen und Menge der jeweiligen Emissionen,
7. Zeitpunkte der Inbetriebnahme der neuen oder der bestehenden Anlagen,
8. die für die Einführung einer besseren verfügbaren Technik erforderliche Zeit,
9. Verbrauch an Rohstoffen und Art der bei den einzelnen Verfahren verwendeten Rohstoffe (einschließlich Wasser) sowie Energieeffizienz,
10. Notwendigkeit, die Gesamtwirkung der Emissionen und die Gefahren für den Menschen und die Umwelt so weit wie möglich zu vermeiden oder zu verringern,
11. Notwendigkeit, Unfällen vorzubeugen und deren Folgen für den Menschen und die Umwelt zu verringern,
12. Informationen, die von internationalen Organisationen veröffentlicht werden,
13. Informationen, die in BVT-Merkblättern enthalten sind.

Anlage 2
(zu § 7 Absatz 1 Satz 3)

[Flussgebietseinheiten in der Bundesrepublik Deutschland (RL 2000/60/EG – Wasserrahmenrichtlinie)]

(hier nicht abgedruckt)

1) Anl. 1 geänd. mWv 18.8.2010 durch G v. 11.8.2010 (BGBl. I S. 1163); geänd. mWv 2.5.2013 durch G v. 8.4.2013 (BGBl. I S. 734).

43.11. Wassergesetz für das Land Nordrhein-Westfalen (Landeswassergesetz – LWG)[1) 2)]

Vom 25. Juni 1995 in der Fassung vom 8. Juli 2016
(GV. NRW. S. 926)

SGV. NRW. 77

zuletzt geänd. durch Art. 1 G zur Änd. wasser- und wasserverbandsrechtlicher Vorschriften v. 8.7. 2016 (GV. NRW. S. 559), Art. 15 G zum Schutz der Natur in Nordrhein-Westfalen und zur Änd. anderer Vorschriften[3)] v. 15.11.2016 (GV. NRW. S. 934), Art. 2 G zur Anpassung der Abgabefreiheit bei Einleitung von verschmutztem Niederschlagswasser v. 2.7.2019 (GV. NRW. S. 341), Art. 10 ÄndG zur Wasserverbandsgesetze aufgr. Covid-19 v. 29.5.2020 (GV. NRW. S. 376) und Art. 1 G zur Änd. des Landeswasserrechts v. 4.5.2021 (GV. NRW. S. 560, ber. S. 718)

Inhaltsübersicht[4)]

---

1) LandeswasserG neu gef. mWv 16.7.2016 durch G v. 8.7.2016 (GV. NRW. S. 559).
2) Änderungen vor dem 17.7.2019 sind nicht in Fußnoten nachgewiesen
3) Obsolet, da zu ändernde Textstelle bereits außer Kraft.
4) Inhaltsübersicht geänd. mWv 18.5.2021 und nichtamtlich angepasst an die Änderungen durch G v. 4.5.2021 (GV. NRW. S. 560).

2. Anlagen nach Nummer 1, die im privaten Bereich verwendet werden, welche die Anforderungen einhalten, die für die Anlagen im Bereich der gewerblichen Wirtschaft oder im Bereich öffentlicher Einrichtungen gelten,
3. Anlagen und Anlagenteile, welche die Anforderungen zum Schutz der Gewässer nach Rechtsvorschriften der Europäischen Union zu Bauprodukten oder nach den zu ihrer Umsetzung oder Durchführung ergangenen Rechtsvorschriften erfüllen. Die nach den genannten Rechtsvorschriften erforderlichen CE-Kennzeichnungen müssen angebracht und die nach diesen Rechtsvorschriften zulässigen Klassen und Leistungsstufen nach Maßgabe landesrechtlicher Vorschriften müssen eingehalten sein,
4. Rohrleitungsanlagen zum Befördern von Stoffen im Sinne der Nummern 19.3 bis 19.6 der Anlage 1 zum Gesetz über die Umweltverträglichkeitsprüfung[1)] vom 24. Februar 2010 (BGBl. I S. 94) in der jeweils geltenden Fassung,
5. Arbeiten, die der Betriebsplanpflicht des Bundesberggesetzes vom 13. August 1980 (BGBl. I S. 1310) in der jeweils geltenden Fassung unterliegen oder
6. Abgrabungen nach § 1 des Abgrabungsgesetzes[2)] in der Fassung der Bekanntmachung vom 23. November 1979 (GV. NRW. S. 922) in der jeweils geltenden Fassung.

[2]In Wasserschutzgebieten nach § 51 Absatz 1 des Wasserhaushaltsgesetzes in Verbindung mit § 35 Absatz 1 sowie in Gebieten nach § 51 Absatz 2 des Wasserhaushaltsgesetzes ist der unterirdische Einbau von Anlagen und Anlagenteilen anzeigepflichtig. [3]Besondere Regelungen für Gebiete nach Satz 2 bleiben unberührt.

(2) Die zuständige Behörde kann für bestimmte Gebiete, insbesondere für Gebiete, in denen Gefahren vom Untergrund ausgehen, durch ordnungsbehördliche Verordnung weitergehende Regelungen zur Konkretisierung der Bestimmungen des § 49 Absatz 1 Satz 1 und 2 des Wasserhaushaltsgesetzes treffen.

(3) Soweit die Bundesregierung keine Anforderungen durch Rechtsverordnung nach Maßgabe des § 23 Absatz 1 in Verbindung mit § 62 Absatz 4 und § 63 Absatz 2 Satz 2 des Wasserhaushaltsgesetzes festgelegt hat, kann das für Umwelt zuständige Ministerium im Einvernehmen mit dem für Bergbau zuständigen Ministerium durch Bekanntgabe im Ministerialblatt für das Land Nordrhein-Westfalen für unterirdisch einzubauende oder ins Gewässer einzubringende geothermische Anlagen einschließlich der dafür notwendigen Bohrungen Regeln der Technik für die Errichtung, die Ausführung, den Betrieb, die Unterhaltung sowie Anforderungen an die Qualifikation der ausführenden Unternehmen festlegen.

(4) [1]Die unbeabsichtigte Erschließung von Grundwasser nach § 49 Absatz 2 des Wasserhaushaltsgesetzes haben der Vorhabenträger oder der von diesem mit den Arbeiten Beauftragte der zuständigen Behörde unverzüglich anzuzeigen. [2]Die Arbeiten, die zur Erschließung geführt haben, sind unverzüglich einstweilen einzustellen. [3]Die zuständige Behörde trifft die erforderlichen Anordnungen.

[1)] Nr. 32.4.
[2)] **Rehborn, Gesetze NRW (vormals v. Hippel/Rehborn) Nr. 104.**

Kapitel 3. Besondere wasserwirtschaftliche Bestimmungen

Abschnitt 1. Öffentliche Wasserversorgung, Wasserschutzgebiete, Heilquellenschutz

§ 35[1] Wasserschutzgebiete (zu §§ 51, 52 des Wasserhaushaltsgesetzes)

(1) [1]Die zuständige Behörde setzt ein Wasserschutzgebiet durch ordnungsbehördliche Verordnung fest. [2]Die Verordnung nach Satz 1 ist unbefristet, es sei denn die zuständige Behörde befristet sie; § 32 des Ordnungsbehördengesetzes[2] in der Fassung der Bekanntmachung vom 13. Mai 1980 (GV. NRW. S. 528), in der jeweils geltenden Fassung findet keine Anwendung. [3]Das für Umwelt zuständige Ministerium wird ermächtigt, im Einvernehmen mit den für Wirtschaft, Inneres, Bauen und Verkehr zuständigen Ministerien sowie der Landesplanungsbehörde durch Rechtsverordnung auch Schutzbestimmungen für alle oder mehrere Wasserschutzgebiete zu treffen, von denen in einer Festsetzung nach Satz 1 abgewichen werden kann.

(2) Handlungen, die nach anderen Bestimmungen einer Erlaubnis, Bewilligung, Genehmigung oder sonstigen behördlichen Zulassung bedürfen, sollen einer besonderen Genehmigung nach den Vorschriften für Wasserschutzgebiete nicht unterworfen werden, wenn schon die anderen Bestimmungen einen hinreichenden Schutz ermöglichen.

(3) [1]Entscheidungen auf Grund von Wasserschutzgebietsverordnungen trifft die zuständige Behörde. [2]Entscheidungen anderer als nach Wasserrecht zuständiger Behörden, die sich auf ein Wasserschutzgebiet beziehen, ergehen im Einvernehmen mit der nach Wasserrecht zuständigen Behörde, es sei denn, die Entscheidung ergeht im Planfeststellungsverfahren.

(4) [1]Die für die Festsetzung eines Wasserschutzgebietes erforderlichen Unterlagen, insbesondere Karten, Pläne und Gutachten, hat der durch die Festsetzung unmittelbar Begünstigte vorzulegen. [2]Kommt dieser seiner Verpflichtung nicht nach, so hat er der zuständigen Behörde die für die Erstellung der Unterlagen entstehenden Kosten zu erstatten.

§ 36[3] Heilquellenschutzgebiete (zu § 53 des Wasserhaushaltsgesetzes)

(1) [1]§ 35 Absatz 1 Satz 1 sowie Absatz 2 bis 4 gilt bei Heilquellenschutzgebieten entsprechend. [2]Die staatliche Anerkennung von Heilquellen auf Grund bisherigen Rechts gilt fort. [3]Ordnungsbehördliche Verordnungen nach Satz 1 für Heilquellenschutzgebiete treten vierzig Jahre nach ihrem Inkrafttreten außer Kraft. [4]§ 32 Absatz 1 des Ordnungsbehördengesetzes[2] wird nicht angewendet.

(Fortsetzung nächstes Blatt)

---

[1] § 35 Abs. 2 aufgeh., bish. Abs. 3–5 werden Abs. 2–4 mWv 1.10.2021 durch G v. 4.5.2021 (GV. NRW. S. 560).

[2] Nr. **31.11**.

[3] § 36 Abs. 1 Satz 1 geänd., Sätze 3 und 4 angef. mWv 18.5.2021 durch G v. 4.5.2021 (GV. NRW. S. 560).

44.21. Gesetz über die Fachhochschulen für den öffentlichen Dienst im Lande Nordrhein-Westfalen (Fachhochschulgesetz öffentlicher Dienst – FHGöD –)[1)]

Vom 29. Mai 1984
(GV. NW. S. 303)

SGV. NRW. 223

zuletzt geänd. durch Art. 8 G zur Änd. des Verwaltungsvollstreckungsgesetzes NRW und zur Änd. weiterer Gesetze v. 23.6.2021 (GV. NRW. S. 762)

Der Landtag hat das folgende Gesetz beschlossen, das hiermit verkündet wird:

Inhaltsübersicht[2)]

[1)] Verweise auf das Hochschulgesetz beziehen sich gem. § 82 Abs. 4 HG v. 16.9.2014 (GV.NRW. S. 547) auf das HG v. 14.3.2000 (GV.NRW. S. 190) idF v. 30.11.2004 (GV.NRW. S. 752), welches insoweit fortgilt.

[2)] Inhaltsübersicht neu gef. mWv 23.3.2005 durch G v. 1.3.2005 (GV. NRW. S. 168); Inhaltsübers. geänd. mWv 27.11.2010 durch G v. 16.11.2010 (GV. NRW. S. 600); geänd. mWv 14.12.2019 durch G v. 3.12.2019 (GV. NRW. S. 878).

§ 1[2] Geltungsbereich. [1] Dieses Gesetz gilt für

1. die Hochschule für Finanzen Nordrhein-Westfalen in Nordkirchen,
2. die Fachhochschule für Rechtspflege Nordrhein-Westfalen in Bad Münstereifel,
3. die Hochschule für Polizei und öffentliche Verwaltung Nordrhein-Westfalen.

[2] Sie sind Fachhochschulen im Sinne dieses Gesetzes.

Erster Abschnitt. Rechtsstellung und Aufgaben der Fachhochschulen

§ 2 Rechtsstellung. Die Fachhochschulen sind Einrichtungen des Landes; sie haben das Satzungsrecht nach Maßgabe dieses Gesetzes.

§ 3[3] Aufgaben. (1) [1] Die Fachhochschulen bereiten durch anwendungsbezogene Lehre und Studium auf berufliche Tätigkeiten in der Verwaltung und in der

---

[1] **Rehborn, Gesetze NRW (vormals v. Hippel/Rehborn) Nr. 240.**

[2] § 1 neu gef. mWv 14.12.2019 durch G v. 3.12.2019 (GV. NRW. S. 878).

[3] § 3 Abs. 1, 3 und 8 neu gef., Abs. 4 Nr. 3 Sätze 3 und 4, Abs. 5 Sätze 2 bis 6, Abs. 7 Sätze 3 und 4 angef. mWv 23.3.2005 durch G v. 1.3.2005 (GV. NRW. S. 168); Abs. 4 Nr. 3 geänd. mWv 1.4.2009 →

Rechtspflege vor, die die Anwendung wissenschaftlicher Erkenntnisse und Methoden erfordern. [2] Sie sollen die Studierenden zu verantwortlichem Handeln in einem demokratischen und sozialen Rechtsstaat befähigen. [3] Sie bieten Studiengänge für nach beamtenrechtlichen Vorschriften zum Studium zugelassene Laufbahnbewerber und Aufstiegsbeamte (Studierende) für Laufbahnen des gehobenen nichttechnischen Dienstes im Geltungsbereich des Landesbeamtengesetzes[1)] an; die Studierenden müssen eine zu einem Hochschulstudium berechtigende Schulbildung oder eine als gleichwertig anerkannte Vorbildung besitzen. [4] Mit der Ausbildung in diesen Studiengängen führen sie die Laufbahnbewerber im Rahmen des Vorbereitungsdienstes und Aufstiegsbeamte unbeschadet anderweitiger gesetzlicher Regelungen im Rahmen der Einführungszeit zur Laufbahnprüfung. [5] Das fachwissenschaftliche Studienangebot der Fachhochschulen und die fachpraktische Ausbildung in den Ausbildungsbehörden sind aufeinander abzustimmen. [6] Zur Umsetzung dieses Abstimmungsprozesses werden an der Fachhochschule für öffentliche Verwaltung Gremien gebildet, die mit Vertretern der Fachhochschule und Vertretern der Ausbildungsbehörden paritätisch besetzt sind. [7] Die Fachhochschule für öffentliche Verwaltung stellt den Einstellungsbehörden auf deren Wunsch ihre Kenntnisse und Erfahrungen mit der Bewährung der Studierenden während der fachwissenschaftlichen Ausbildung zur Verfügung.

(2) Beamte von Körperschaften, Anstalten und Stiftungen des öffentlichen Rechts, die nicht gemäß Absatz 1 Satz 3 Halbsatz 1 zum Studium zugelassen sind, können im Rahmen der Aufgaben der Fachhochschulen nach Maßgabe besonderer Vereinbarungen zwischen dem Land Nordrhein-Westfalen und dem jeweiligen Dienstherrn zum Studium zugelassen werden.

(3) [1] Die Fachhochschulen fördern bei der Wahrnehmung ihrer Aufgaben die tatsächliche Durchsetzung der Gleichberechtigung von Frauen und Männern in der Fachhochschule und wirken auf die Beseitigung der für Frauen bestehenden Nachteile hin. [2] Bei allen Vorschlägen und Entscheidungen sind die geschlechtsspezifischen Auswirkungen zu beachten (Gender Mainstreaming).

(4) Das Studium erfolgt

1. an der Hochschule für Finanzen Nordrhein-Westfalen in Studiengängen der Finanzverwaltung,
2. an der Fachhochschule für Rechtspflege Nordrhein- Westfalen in Studiengängen der Rechtspflege und des Strafvollzugs und
3. an der Hochschule für Polizei und öffentliche Verwaltung Nordrhein-Westfalen in den übrigen Studiengängen der auf Grund des § 7 und des § 110 Absatz 1 des Landesbeamtengesetzes vom 14. Juni 2016 (GV. NRW. S. 310, ber. S. 642) in der jeweils geltenden Fassung geordneten Laufbahnen, in dem Studiengang des Archivdienstes können Studienabschnitte nach Maßgabe der Ausbildungs- und Prüfungsordnung an dieser Hochschule abgeleistet werden. Die Hochschule für Polizei und öffentliche Verwaltung Nordrhein-Westfalen kann im Einvernehmen mit dem für Wissenschaft zuständigen Ministerium und dem für Inneres zuständigen Ministerium weitere Bachelor- und Masterstudiengänge sowie zertifizierte Weiterbildungsangebote anbieten. Zu den

---

(Fortsetzung der Anm. von voriger Seite)
durch G v. 21.4.2009 (GV. NRW. S. 224); Abs. 4 neu gef. mWv 1.7.2021 durch G v. 23.6.2021 (GV. NRW. S. 762).

[1)] Nr. **24.11**.

Studiengängen nach vorstehenden Sätzen können auch nichtbeamtete Studierende zugelassen werden, zu den zertifizierten Weiterbildungsangeboten können auch nichtbeamtete Gasthörerinnen und Gasthörer zugelassen werden. Soweit die Zulassung nicht nach beamtenrechtlichen Vorschriften erfolgt, kann die Hochschule für Polizei und öffentliche Verwaltung Nordrhein-Westfalen besondere Zulassungs- und Einschreibungsordnungen erlassen. Für die weiterbildenden Studiengänge und zertifizierten Weiterbildungsangebote nach den Sätzen 2 und 3 können Gebühren erhoben werden. Das für Inneres zuständige Ministerium wird ermächtigt, im Einvernehmen mit dem für Finanzen zuständigen Ministerium durch Rechtsverordnung das Nähere zu den Gebühren zu bestimmen. Dies gilt auch für Gebühren für Verwaltungstätigkeiten in den Studiengängen nach Satz 1 Nummer 3. Das für Inneres zuständige Ministerium kann im Einvernehmen mit dem für Finanzen zuständigen Ministerium die Ermächtigung nach Satz 5 durch Rechtsverordnung jederzeit widerruflich ganz oder teilweise auf die Hochschulen übertragen.

(5) [1] Im Rahmen ihres Auftrages nach Absatzes 1 nehmen die Fachhochschulen Forschungs- und Entwicklungsaufgaben, die zur wissenschaftlichen Grundlegung und Weiterentwicklung von Lehre und Studium an der Fachhochschule erforderlich sind, wahr und beteiligen sich an Veranstaltungen der Weiterbildung. [2] Die Fachhochschulen leisten darüber hinaus im Rahmen ihres Auftrags nach Absatz 1 durch anwendungsbezogene Forschungs- und Entwicklungsaufgaben einen Beitrag zur Modernisierung der Verwaltung und fördern den Wissenstransfer. [3] Zu diesem Zweck können sie die Verwertung von Forschungsergebnissen fördern und auch mit Dritten zusammenarbeiten. [4] Sie dienen dem weiterbildenden Studium, das mit anderen Aus- und Fortbildungseinrichtungen des Landes abgestimmt wird, und fördern die Weiterbildung ihrer Beschäftigten. [5] Sie bieten fächerübergreifend, auch in Zusammenarbeit mit anderen Hochschulen und Einrichtungen, im Rahmen ihres Lehrauftrags geeignete Weiterbildungsveranstaltungen im Bereich der Didaktik und des Hochschulmanagements an. [6] Das gemäß § 29 Abs. 2 zuständige Ministerium legt den Rahmen des Lehrdeputats für die in den Sätzen 2 bis 5 genannten Aufgaben fest.

(6) Im Rahmen des fachwissenschaftlichen Studienangebotes fördern die Fachhochschulen die internationale, insbesondere die europäische Zusammenarbeit im Hochschulbereich und den Austausch zwischen deutschen und ausländischen Hochschulen.

(7) [1] Die Fachhochschulen wirken an der sozialen Förderung der Studenten mit; sie berücksichtigen die besonderen Bedürfnisse behinderter Studenten. [2] Sie fördern in ihrem Bereich den Sport. [3] Die Fachhochschulen fördern den Schutz der natürlichen Lebensgrundlagen und beachten bei der Nutzung ihrer Sachmittel die Grundsätze nachhaltiger Entwicklung. [4] Sie berücksichtigen die besonderen Bedürfnisse behinderter Studierender und Beschäftigter sowie der Studierenden und Beschäftigten mit Kindern.

(8) [1] Die Fachhochschulen bilden aufeinander abgestimmte Schwerpunkte ihrer Lehre und Forschung. [2] Sie wirken bei der Wahrnehmung ihrer Aufgaben untereinander, mit anderen staatlichen oder staatlich anerkannten Hochschulen

(3) Der Berufungsvorschlag soll drei Einzelvorschläge in bestimmter Reihenfolge und eine ausreichende Begründung enthalten.

(4) Der Bewerber hat kein Recht auf Einsicht in die Akten des Berufungsverfahrens, soweit sie Gutachten über die fachliche Eignung enthalten oder wiedergeben.

§ 20[1)] Dozenten. (1) [1]Die Dozenten vermitteln den Studenten Fachwissen und unterweisen sie in der Anwendung fachbezogener wissenschaftlicher Methoden auf der Grundlage besonderer Kenntnisse und Erfahrungen in der beruflichen Praxis. [2]Sie nehmen diese Lehraufgaben selbständig wahr; sie sind berechtigt, Forschungs- und Entwicklungsaufgaben nach Maßgabe des § 3 Abs. 5 wahrzunehmen. [3]Ihre Beschäftigung an einer Fachhochschule soll auf längstens sieben Jahre befristet werden. [4]Nach Ablauf eines Zeitraums von drei Jahren nach Beendigung der Dozententätigkeit ist eine erneute Bestellung zum Dozenten möglich. [5]In begründeten Ausnahmefällen kann auf eine Befristung nach Satz 3 verzichtet und der Zeitraum von drei Jahren nach Satz 4 abgekürzt werden.

(2) [1]Neben den beamten- und laufbahnrechtlichen Voraussetzungen sind für die Bestellung zum Dozenten grundsätzlich ein den vorgesehenen Aufgaben entsprechendes abgeschlossenes Hochschulstudium, pädagogische Eignung und eine einschlägige berufspraktische Tätigkeit erforderlich. [2]An die Stelle des abgeschlossenen Hochschulstudiums können Kenntnisse und Erfahrungen treten, die die Bewerber auf ihrem Fachgebiet befähigen, eine Lehrtätigkeit auszuüben, die derjenigen von Dozenten mit abgeschlossenem Hochschulstudium entspricht. [3]Dozenten müssen bereits vor ihrer Bestellung im öffentlichen Dienst tätig gewesen sein.

(3) Ausnahmsweise können Dozenten im Angestelltenverhältnis beschäftigt werden.

(4) Wer zum Dozenten bestellt werden soll, kann zum Nachweis seiner Eignung für begrenzte Zeit beschäftigt werden.

(5) Dozenten werden vom zuständigen Ministerium berufen oder bestellt.

(6) Stellen, deren Inhaber als Dozenten tätig werden sollen, sind von der Fachhochschule auszuschreiben.

(7) [1]Dozenten an der Fachhochschule für öffentliche Verwaltung sollen bereits vor ihrer Berufung im öffentlichen Dienst tätig gewesen sein. [2]Für sie gilt § 18 Absatz 1 Satz 8 und Absatz 3 entsprechend; Absatz 1 Satz 3 gilt nicht.

§ 21 Lehrbeauftragte. Mit der Wahrnehmung von Lehraufgaben kann betraut werden, wer nach Eignung, Befähigung und fachlicher Leistung den Anforderungen der Fachhochschule entspricht.

[1)] § 20 Abs. 1 Satz 6 angef., Abs. 2 eingef., bish. Abs. 2 bis 6 werden Abs. 3 bis 7 mWv 23.3.2005 durch G v. 1.3.2005 (GV. NRW. S. 168); Abs. 1 Satz 6 und Abs. 2 aufgeh., bish. Abs. 3–7 werden Abs. 2–6, neuer Abs. 7 angef. mWv 27.11.2010 durch G v. 16.11.2010 (GV. NRW. S. 600).

Fünfter Abschnitt.[1] Studierende, Studium und Prüfung, Hochschulgrad

§ 22[2] Zugang zum Studium und Zuordnung zu den Abteilungen.

(1) [1]Die Studierenden werden durch Zuweisung an die Fachhochschule für die Dauer des Studienganges zu Mitgliedern der Fachhochschule. [2]Einer Einschreibung bedarf es in den Studiengängen nach § 3 Absatz 4 Satz 1 nicht. [3]Die Fachhochschule stellt fest, ob die ihr zugewiesenen Beamten die in § 3 Absatz 1 Satz 3 Halbsatz 2 festgelegte Qualifikation besitzen.

(2) [1]Sind in der Hochschule für Polizei und öffentliche Verwaltung Nordrhein-Westfalen Abteilungen errichtet, so erfolgt die Zuordnung der Studierenden zu einer Abteilung durch die Hochschule. [2]Für die Entscheidung ist der Sitz der Ausbildungsbehörde maßgebend; in Einzelfällen kann hiervon im Einvernehmen mit der Ausbildungsbehörde abgewichen werden.

(3) An der Hochschule für Polizei und öffentliche Verwaltung Nordrhein-Westfalen gelten für Studierende auch in nach § 3 Absatz 4 Satz 2 eingerichteten Studiengängen die §§ 65 bis 70 und § 71 Absatz 1 und 2 des Hochschulgesetzes 2004[3] entsprechend.

(4) [1]Zugang zu einem Studiengang, der mit einem Mastergrad abgeschlossen wird, hat, wer einen ersten berufsqualifizierenden Abschluss nachweist, auf dem der Masterstudiengang aufbaut. [2]Abschlüsse von akkreditierten Bachelorausbildungsgängen an Berufsakademien sind Bachelorabschlüssen von Hochschulen gleichgestellt. [3]Die Prüfungsordnungen können bestimmen, dass für einen Studiengang nach Satz 1 ein vorangegangener qualifizierter Abschluss nachzuweisen ist.

§ 23[4] Studenten mit besonderer Zulassungsvoraussetzung. Beamte, die nach beamtenrechtlichen Vorschriften zum Aufstieg zugelassen sind, können abweichend von § 3 Abs. 1 Satz 3 Halbsatz 2 auch als Studenten mit besonderer Zulassungsvoraussetzung der Fachhochschule von dem für die Ordnung der Laufbahn zuständigen Ministerium oder der von ihm bestimmten Stelle zugewiesen werden; bei Beamten im Geltungsbereich des Landesbeamtengesetzes[5], die nicht Landesbeamte sind, kann der Dienstherr die Zuweisung aussprechen, wenn die Studieneignung nach einem Auswahlverfahren festgestellt wird, das auf der Grundlage einer Rechtsverordnung zu § 5 Abs. 1 oder zu § 6 LBG geregelt ist.

§ 23a[6] *(aufgehoben)*

---

[1] Überschrift neu gef. mWv 23.3.2005 durch G v. 1.3.2005 (GV. NRW. S. 168).

[2] § 22 Abs. 1 Satz 2 neu gef., Abs. 3 angef. mWv 23.3.2005 durch G v. 1.3.2005 (GV. NRW. S. 168); Abs. 3 geänd. mWv 14.12.2019 durch G v. 3.12.2019 (GV. NRW. S. 878); Abs. 1 Sätze 1 und 2 neu gef., Satz 3 und Abs. 2 Satz 1 geänd., Abs. 3 neu gef., Abs. 4 angef. mWv 1.7.2021 durch G v. 23.6.2021 (GV. NRW. S. 762).

[3] **Rehborn, Gesetze NRW (vormals v. Hippel/Rehborn) Nr. 240.**

[4] *§ 23 geänd. mWv 1.4.2009* durch G v. 21.4.2009 (GV. NRW. S. 224).

[5] Nr. **24.11.**

[6] § 23a aufgeh. mWv 27.11.2010 durch G v. 16.11.2010 (GV. NRW. S. 600).

§ 24[1] **Vorzeitiges Ausscheiden.** Studenten verlieren ihre Mitgliedschaft und ihre Berechtigung zur Fortsetzung des Studiums zum selben Zeitpunkt, zu dem ihr Beamten- oder Ausbildungsverhältnis vor Abschluß des Studienganges endet.

§ 24a[2] **Gasthörer.** [1]Bewerber, die an einer Fachhochschule einzelne Lehrveranstaltungen besuchen wollen, können als Gasthörer im Rahmen der vorhandenen Studienmöglichkeiten zugelassen werden. [2]Der Nachweis der Qualifikation nach §§ 22 und 23 ist nicht erforderlich. [3]§ 71 Abs. 3 Sätze 3 bis 5 HG 2004 gilt entsprechend. [4]Gasthörer sind nicht berechtigt, Prüfungen abzulegen. [5]Sie können eine Bescheinigung über die Teilnahme an Lehrveranstaltungen erhalten.

§ 25 Studentenvertretung. [1]Zur Förderung der sozialen, kulturellen und sportlichen Interessen der Studenten, zur Gestaltung der Studienbedingungen sowie zur Wahrung hochschulpolitischer Belange können bei den Fachhochschulen Studentenvertretungen gebildet werden, bei der Fachhochschule für öffentliche Verwaltung Nordrhein-Westfalen ist auch eine Gliederung nach Abteilungen zulässig. [2]Das Nähere regelt die Grundordnung.

§ 26 Studienordnung, Prüfungen. (1) Die Studienordnung regelt Inhalt und Aufbau des Studiums unter Beachtung

1. der Ausgestaltung der fachpraktischen Studienzeiten und der Prüfungsanforderungen durch die Ausbildungs- und Prüfungsordnung,
2. der fachlichen Entwicklung und der hochschuldidaktischen Erkenntnisse,
3. der Anforderungen der beruflichen Praxis.

(2) [1]Die für den Studiengang in Betracht kommenden Studieninhalte sind so auszuwählen und zu begrenzen, daß das Studium in der dafür vorgesehenen Zeit abgeschlossen werden kann. [4]Die Studienordnung bezeichnet Gegenstand und Art der Lehrveranstaltungen und der erforderlichen Studienleistungen. [3]Der Gesamtumfang der Pflichtlehrveranstaltungen ist so zu bemessen, daß dem Studenten Gelegenheit zur selbständigen Vorbereitung und Vertiefung des Stoffes und zur Teilnahme an Wahllehrveranstaltungen im Rahmen des Studienangebots verbleibt.

(3) Die Prüfungen richten sich nach den beamtenrechtlichen Vorschriften.

§ 27[3] **Hochschulgrad.** (1) [1]Auf Grund der erfolgreich abgelegten Laufbahn- oder Aufstiegsprüfung verleiht die Fachhochschule den Studenten, die Fachhochschule für öffentliche Verwaltung Nordrhein-Westfalen auch Personen, die als Beamte des Landes Nordrhein-Westfalen nach einem Studium an der Archivschule Marburg – Fachhochschule für Archivwesen – die Prüfung für die Laufbahn des gehobenen Archivdienstes bestanden haben, nach Maßgabe einer Satzung einen Diplomgrad. [2]Der Diplomgrad wird mit dem Zusatz „Fachhochschule" („FH") verliehen.

---

[1] § 24 geänd. mWv 27.11.2010 durch G v. 16.11.2010 (GV. NRW. S. 600).

[2] § 24a Satz 3 geänd. mWv 23.3.2005 durch G v. 1.3.2005 (GV. NRW. S. 168); Satz 3 geänd. mWv 14.12.2019 durch G v. 3.12.2019 (GV. NRW. S. 878).

[3] § 27 Satz 3 aufgeh. mWv 23.3.2005 durch G v. 1.3.2005 (GV. NRW. S. 168); bish. Wortlaut wird Abs. 1, Abs. 2 angef. mWv 27.11.2010 durch G v. 16.11.2010 (GV. NRW. S. 600).

(2) Auf Grund eines erfolgreich abgeschlossenen Bachelor- oder Masterstudienganges gemäß § 3 Absatz 4 Nummer 3 verleiht die Fachhochschule für öffentliche Verwaltung einen entsprechenden Hochschulgrad; die erfolgreich abgeleistete Bachelor-Hochschulprüfung gilt zugleich als Laufbahnprüfung.

§ 27a[1)] Besondere Regelungen für Studierende im Bereich der Hochschule für Polizei und öffentliche Verwaltung Nordrhein-Westfalen.

(1) [1] Soweit § 26 Absatz 3 dieses Gesetzes nicht entgegensteht, gelten an der Hochschule für Polizei und öffentliche Verwaltung Nordrhein-Westfalen § 2 Absatz 4 und die §§ 81 bis 84, 85 bis 87, 89, 90, 92, 93, 95 und 96 des Hochschulgesetzes 2004[2)] für alle angebotenen Studiengänge mit Maßgaben der folgenden Absätze entsprechend. [2] Die Grundordnung kann bestimmen, dass das Verkündungsblatt zusätzlich oder ausschließlich in Gestalt einer elektronischen Ausgabe erscheint, die über öffentlich zugängliche Netze angeboten wird. [3] § 82 Absatz 3 des Hochschulgesetzes 2004 gilt mit der Maßgabe, dass an die Stelle des Dekans die Präsidentin oder der Präsident der Hochschule tritt.

(2) [1] Unbeschadet des Absatzes 1 und beamtenrechtlicher Bestimmungen wird die Hochschule für Polizei und öffentliche Verwaltung Nordrhein-Westfalen ermächtigt, in Studienordnungen ergänzende Regelungen zur Durchführung des Studiums und zu Prüfungsleistungen in ihren Studiengängen zu treffen, dies gilt für die zertifizierten Weiterbildungsangebote entsprechend. [2] Die Studienordnungen müssen insbesondere regeln:

1. das Ziel des Studiums, den zu verleihenden Hochschulgrad und die Zahl der Module,
2. den Inhalt, das Qualifikationsziel, die Lehrform, die Teilnahmevoraussetzungen, die Arbeitsbelastung und die Dauer der Prüfungsleistungen der Module,
3. die Voraussetzungen der in den Studiengang integrierten Auslandsaufenthalte, Praxismodule oder anderen berufspraktischen Studienphasen,
4. die Anzahl von und die Voraussetzungen für Wiederholungsmöglichkeiten von Prüfungs- und Studienleistungen,
5. nachteilsausgleichende Regelungen für Studierende, die auf Grund einer Behinderung oder chronischen Erkrankung oder auf Grund der mutterschutzrechtlichen Bestimmungen an der Ableistung einer Prüfungs- und Studienleistung in der Studienordnung vorgesehenen Weise gehindert sind,
6. die Grundsätze der Bewertung einzelner Prüfungsund Studienleistungen,
7. die Anerkennung von in anderen Studiengängen oder an anderen Hochschulen erbrachten Studienzeiten sowie Studien- und Prüfungsleistungen, einschließlich der Höchstfristen für die Anerkennung,
8. die Prüfungsorgane und das Prüfungsverfahren,
9. die Folgen der Nichterbringung von Prüfungs- und Studienleistungen und des Rücktritts von einer Prüfung bis hin zum Ausschluss vom Studium,
10. das in der Hochschule einheitlich geregelte Nähere zur Art und Weise der Erbringung des Nachweises der krankheitsbedingten Prüfungsunfähigkeit,

---

1) § 27a neu gef. mWv 1.7.2021 durch G v. 23.6.2021 (GV. NRW. S. 762).
2) **Rehborn, Gesetze NRW (vormals v. Hippel/Rehborn) Nr. 240.**

11. die Folgen von Verstößen gegen Prüfungsvorschriften unter Einschluss der Möglichkeit eines Ausschlusses von der Wiederholung der Prüfungs- und Studienleistung sowie vom Studium und
12. die Einsicht in die Prüfungsakten nach den einzelnen Prüfungs- und Studienleistungen und die Fertigung einer Kopie oder einer sonstigen originalgetreuen Reproduktion.

(3) Die Studienordnungen können regeln:

1. die Möglichkeit der Erbringung von Prüfungs- und Studienleistungen in elektronischer Form oder in elektronischer Kommunikation und
2. den Zeitpunkt, bis zu dem eine Prüfungs- und Studienleistung zu erbringen ist, sowie die Folgen der Nichterbringung der Leistung bis zu diesem Zeitpunkt bis hin zum Ausschluss vom Studium.

Sechster Abschnitt.[1] Forschung an der Fachhochschule für öffentliche Verwaltung

§ 27b[2] Anwendung von Vorschriften des Hochschulgesetzes im Bereich der Forschung. An der Fachhochschule für öffentliche Verwaltung gelten die §§ 99 bis 101 HG 2004 entsprechend.

Siebter Abschnitt.[3] Haushaltswesen an der Fachhochschule für öffentliche Verwaltung

§ 27c[4] Anwendung von Vorschriften des Hochschulgesetzes im Bereich des Haushalts. An der Fachhochschule für öffentliche Verwaltung gelten die §§ 102, 103 Abs. 1, 3 und 4 und § 104 Abs. 1 HG 2004 entsprechend.

Achter Abschnitt.[5] Beiräte, Aufsicht

§ 28[6] Beiräte. (1) Für die Angelegenheiten der Ausbildung von Beamten des gehobenen nichttechnischen Dienstes der Gemeinden und Gemeindeverbände sowie der Rentenversicherungsträger durch die Fachhochschule für öffentliche Verwaltung Nordrhein-Westfalen werden Beiräte beim Innenministerium eingerichtet.

(2) Dem Beirat für den Bereich der Gemeinden und Gemeindeverbänden gehören an

---

[1] Sechster Abschnitt eingef. mWv 23.3.2005 durch G v. 1.3.2005 (GV. NRW. S. 168).

[2] § 27b eingef. mWv 23.3.2005 durch G v. 1.3.2005 (GV. NRW. S. 168); geänd. mWv 14.12.2019 durch G v. 3.12.2019 (GV. NRW. S. 878).

[3] Siebter Abschnitt eingef. mWv 23.3.2005 durch G v. 1.3.2005 (GV. NRW. S. 168).

[4] § 27c eingef. mWv 23.3.2005 durch G v. 1.3.2005 (GV. NRW. S. 168); geänd. mWv 14.12.2019 durch G v. 3.12.2019 (GV. NRW. S. 878).

[5] Bish. Sechster Abschnitt wird Achter Abschnitt mWv 23.3.2005 durch G v. 1.3.2005 (GV. NRW. S. 168).

[6] § 28 Abs. 3 Nr. 2 geänd., Abs. 5 neu gef. mWv 23.3.2005 durch G v. 1.3.2005 (GV. NRW. S. 168); Abs. 1 geänd., Abs. 3 neu gef. Abs. 4 einl. Satzteil und Abs. 5 Sätze 1 und 4 geänd. mWv 27.11.2010 durch G v. 16.11.2010 (GV. NRW. S. 600).

1. sechs Mitglieder aus Gemeinden, Gemeindeverbänden und kommunalen Spitzenverbänden, die von den kommunalen Spitzenverbänden gemeinsam benannt werden,
2. zwei vom Innenministerium zu benennende Mitglieder.

(3) Dem Beirat für den Bereich der Rentenversicherungsträger gehören sechs Mitglieder an, die gemeinsam benannt werden.

(4) Im Bereich der Ausbildung für die Gemeinden und Gemeindeverbände und für die Rentenversicherungsträger sind Entscheidungen über

1. die Genehmigung von Studienordnungen,

(Fortsetzung nächstes Blatt)

51.1. Sozialgesetzbuch (SGB) Erstes Buch (I) Allgemeiner Teil[1) 2)]

Vom 11. Dezember 1975
(BGBl. I S. 3015)

FNA 860-1

zuletzt geänd. durch Art. 18 AdoptionsanpassungsG v. 24.6.1985 (BGBl. I S. 1144), Dritter Abschn. § 28 BundeserziehungsgeldG v. 6.12.1985 (BGBl. I S. 2154), Art. 4 Drittes Agrarsoziales ErgänzungsG v. 20.12.1985 (BGBl. I S. 2475), Art. 2 Erstes G zur Änd. des SchwerbehindertenG v. 24.7. 1986 (BGBl. I S. 1110), Art. 6 § 6 G zur Neuregelung des Internationalen Privatrechts v. 25.7.1986 (BGBl. I S. 1142), Art. 30 Zweites RechtsbereinigungsG v. 16.12.1986 (BGBl. I S. 2441), Art. 1 Kindererziehungsleistungs-G v. 12.7.1987 (BGBl. I S. 1585), Art. 1 Erstes ÄndG v. 20.7.1988 (BGBl. I S. 1046), Art. 7 G zur Änd. des ArbeitsförderungsG und zur Förderung eines gleitenden Übergangs älterer Arbeitnehmer in den Ruhestand v. 20.12.1988 (BGBl. I S. 2343), Erster Teil Art. 2 Gesundheits-ReformG v. 20.12.1988 (BGBl. I S. 2477), Art. 2 Zwölftes G zur Änderung des BundeskindergeldG v. 30.6.1989 (BGBl. I S. 1294), Art. 2 RentenreformG 1992 v. 18.12.1989 (BGBl. I S. 2261), Art. 2 Kinder- und JugendhilfeG v. 26.6.1990 (BGBl. I S. 1163), Art. 6 Abs. 99 EisenbahnneuordnungsG v. 27.12.1993 (BGBl. I S. 2378), Zweiter Teil Art. 2 Pflege-VersicherungsG v. 26.5.1994 (BGBl. I S. 1014), Art. 1 Zweites G zur Änd. des SGB v. 13.6.1994 (BGBl. I S. 1229), Art. 2 AgrarsozialreformG 1995 v. 29.7.1994 (BGBl. I S. 1890), Art. 95 EinführungsG zur InsolvenzO v. 15.10.1994 (BGBl. I S. 2911, geänd. durch G v. 24.3.1997, BGBl. I S. 594), Art. 9 Abs. 7 Schwangeren- und FamilienhilfeÄndG v. 21.8.1995 (BGBl. I S. 1050), Art. 2 Nr. 8 Zweites G zur Änd. des ArbeitsförderungsG im Bereich des Baugewerbes v. 15.12.1995 (BGBl. I S. 1809), Art. 4 G zur Förderung eines gleitenden Übergangs in den Ruhestand v. 23.7.1996 (BGBl. I S. 1078), Art. 2 Gesetz zur Reform des Sozialhilferechts v. 23.7.1996 (BGBl. I S. 1088), Art. 2 Unfallversicherungs-EinordnungsG v. 7.8.1996 (BGBl. I S. 1254), Art. 2 Arbeitsförderungs-ReformG v. 24.3.1997 (BGBl. I S. 594), Art. 2 Erstes SGB III-ÄndG v. 16.12.1997 (BGBl. I S. 2970), Art. 2 RentenreformG 1999 v. 16.12.1997 (BGBl. I S. 2998, geänd. durch G v. 19.12.1998, BGBl. I S. 3843, und G v. 20.12.2000, BGBl. I S. 1827), Art. 17 G zur Änd. des Begriffs „Erziehungsurlaub" v. 30.11.2000 (BGBl. I S. 1638), Art. 2 G zur Reform der Renten wegen verminderter Erwerbsfähigkeit v. 20.12. 2000 (BGBl. I S. 1827), Art. 1 Viertes Euro-EinführungsG v. 21.12.2000 (BGBl. I S. 1983), Art. 3 § 48 G zur Beendigung der Diskriminierung gleichgeschlechtlicher Gemeinschaften: Lebenspartnerschaften v. 16.2.2001 (BGBl. I S. 266), Art. 8 § 1 G zur Änd. des BundesdatenschutzG und anderer G v. 18.5.2001 (BGBl. I S. 904), Art. 2 SGB IX – Rehabilitation und Teilhabe behinderter Menschen – v. 19.6.2001 (BGBl. I S. 1046), Art. 2 AltersvermögensG v. 26.6.2001 (BGBl. I S. 1310), Art. 3 G zur Bekämpfung der illegalen Beschäftigung im gewerblichen Güterkraftverkehr v. 2.9.2001 (BGBl. I S. 2272), Art. 4 Abs. 5 G zur Regelung von Rechtsfragen auf dem Gebiet der internationalen Adoption und zur Weiterentwicklung des Adoptionsvermittlungsrechts v. 5.11.2001 (BGBl. I S. 2950), Art. 47 G zur Gleichstellung behinderter Menschen und zur Änd. anderer G v. 27.4.2002 (BGBl. I S. 1467), Art. 5 Hüttenknappschaftl. Zusatzversicherungs-Neuregelungs-G v. 21.6.2002 (BGBl. I S. 2167), Art. 1 G zur Erleichterung der Bekämpfung von illegaler Beschäftigung und Schwarzarbeit v. 23.7.2002 (BGBl. I S. 2787), Art. 2 Drittes G zur Änd. verwaltungsverfahrensrechtl. Vorschriften v. 21.8.2002 (BGBl. I S. 3322), Art. 3 GKV-ModernisierungsG v. 14.11.2003 (BGBl. I S. 2190), Art. 2 Drittes G für moderne Dienstleistungen am Arbeitsmarkt v. 23.12.2003 (BGBl. I S. 2848), Art. 2 Viertes G für moderne Dienstleistungen am Arbeitsmarkt v. 24.12.2003 (BGBl. I S. 2954, geänd. durch G v. 30.7.2004, BGBl. I S. 2014), Art. 3 Zweites G zur Änd. des Sechsten Buches Sozialgesetzbuch und anderer G v. 27.12.2003 (BGBl. I S. 3013), Art. 2 G zur Einordnung des Sozialhilferechts in das SGB v. 27.12.2003 (BGBl. I S. 3022), Art. 4 G zur

---

[1)] Verkündet als Art. I Sozialgesetzbuch (SGB) – Allgemeiner Teil – v. 11.12.1975 (BGBl. I S. 3015); Inkrafttreten gem. Art. II § 23 Abs. 1 Satz 1 dieses G am 1.1.1976 mit Ausnahme des § 44, der gem. Art. II § 23 Abs. 2 Satz 1 am 1.1.1978 in Kraft getreten ist.

[2)] Die Änderungen durch G v. 12.12.2019 (BGBl. I S. 2652) treten erst **mWv 1.1.2024** in Kraft, die Änderungen durch G v. 4.5.2021 (BGBl. I S. 882) treten erst **mWv 1.1.2023** in Kraft und die Änderungen durch G v. 20.8.2021 (BGBl. I S. 3932) treten erst **mWv 1.1.2025** in Kraft und sind im Text noch nicht berücksichtigt.

Intensivierung der Bekämpfung der Schwarzarbeit und damit zusammenhängender Steuerhinterziehung v. 23.7.2004 (BGBl. I S. 1842), Art. 2 Kommunales OptionsG v. 30.7.2004 (BGBl. I S. 2014), Art. 3 G zur Organisationsreform in der gesetzl. Rentenversicherung v. 9.12.2004 (BGBl. I S. 3242), Art. 7 Zweites G zur Änd. wohnungsrechtl. Vorschriften v. 15.12.2004 (BGBl. I S. 3450), Art. 2 VerwaltungsvereinfachungsG v. 21.3.2005 (BGBl. I S. 818), Art. 2 G zur Förderung ganzjähriger Beschäftigung v. 24.4.2006 (BGBl. I S. 926), Art. 3 Abs. 7 G zur Umsetzung europ. RL zur Verwirklichung des Grundsatzes der Gleichbehandlung v. 14.8.2006 (BGBl. I S. 1897), Art. 2 Abs. 15 G zur Einführung des Elterngeldes v. 5.12.2006 (BGBl. I S. 2748), Art. 20 Abs. 4 G zur Änd. d. BundesversorgungsG u. and. Vorschriften des Sozialen Entschädigungsrechts v. 13.12.2007 (BGBl. I S. 2904), Art. 2 G zur Änd. des SGB IV und anderer Gesetze[1] v. 19.12.2007 (BGBl. I S. 3024), Art. 2 G zur Neuregelung des Wohngeldrechts und zur Änd. des SGB v. 24.9.2008 (BGBl. I S. 1856), Art. 3 G zur Neuausrichtung der arbeitsmarktpolitischen Instrumente v. 21.12.2008 (BGBl. I S. 2917), Art. 3 Zweites G zur Änd. des SGB IV und anderer G v. 21.12.2008 (BGBl. I S. 2933), Art. 2 ELENA-VerfahrensG v. 28.3.2009 (BGBl. I S. 634), Art. 6 und 7 Abs. 5 G zur Reform des Kontopfändungsschutzes v. 7.7.2009 (BGBl. I S. 1707), Art. 110 Abs. 5 Bundesrecht-BereinigungsG v. 8.12.2010 (BGBl. I S. 1864), Art. 12 Abs. 2a G zur Ermittlung von Regelbedarfen und zur Änd. des Zweiten und Zwölften Buches Sozialgesetzbuch v. 24.3.2011 (BGBl. I S. 453), Art. 5 G zur Änd. des BeherbergungsstatistikG und des HandelsstatistikG sowie zur Aufhebung von Vorschriften zum Verfahren des elektronischen Entgeltnachweises v. 23.11.2011 (BGBl. I S. 2298), Art. 4 G zur Verbesserung der Eingliederungschancen am Arbeitsmarkt v. 20.12.2011 (BGBl. I S. 2854), Art. 13 Abs. 14 LSV-NeuordnungsG v. 12.4.2012 (BGBl. I S. 579), Art. 1b G zur Vereinfachung des Elterngeldvollzugs v. 10.9.2012 (BGBl. I S. 1878), Art. 11 Pflege-Neuausrichtungs-Gesetz v. 23.10.2012 (BGBl. I S. 2246), Art. 2 Abs. 1 BetreuungsgeldG v. 15.2.2013 (BGBl. I S. 254), Art. 2 Abs. 1, Art. 4 Abs. 1 G zur Übertragung der Zuständigkeiten der Länder im Bereich der Beschädigten- und Hinterbliebenenversorgung nach dem Dritten Teil des SoldatenversorgungsG auf den Bund v. 15.7.2013 (BGBl. I S. 2416), Art. 4 G zur Förderung der elektronischen Verwaltung sowie zur Änd. weiterer Vorschriften v. 25.7.2013 (BGBl. I S. 2749), Art. 9 und 10 BUK-NeuorganisationsG v. 19.10.2013 (BGBl. I S. 3836), Art. 2 G zur Einführung des Elterngeld Plus mit Partnerschaftsbonus und einer flexibleren Elternzeit im Bundeselterngeld- und ElternzeitG v. 18.12.2014 (BGBl. I S. 2325), Art. 27 G zur Bereinigung des Rechts der Lebenspartner v. 20.11.2015 (BGBl. I S. 2010), Art. 1b G für sichere digitale Kommunikation und Anwendungen im Gesundheitswesen sowie zur Änd. weiterer G v. 21.12.2015 (BGBl. I S. 2408), Art. 3 G zur Weiterentwicklung des Behindertengleichstellungsrechts v. 19.7.2016 (BGBl. I S. 1757), Art. 22 Abs. 1 6. SGB IV-ÄndG v. 11.11.2016 (BGBl. I S. 2500), Art. 3 FlexirentenG v. 8.12.2016 (BGBl. I S. 2838), Art. 3 BundesteilhabeG v. 23.12.2016 (BGBl. I S. 3234), Art. 6 Abs. 7 G zur Neuregelung des Mutterschutzrechts v. 23.5.2017 (BGBl. I S. 1228), Art. 19 G zur Änd. des BundesversorgungsG und anderer Vorschriften v. 17.7.2017 (BGBl. I S. 2541), Art. 11 Abs. 40 eIDAS-DurchführungsG v. 18.7.2017 (BGBl. I S. 2745), Art. 5 BetriebsrentenstärkungsG v. 17.8.2017 (BGBl. I S. 3214), Art. 5 Abs. 18 G zur Einführung einer Karte für Unionsbürger und Angehörige des Europäischen Wirtschaftsraums mit Funktion zum elektronischen Identitätsnachweis sowie zur Änd. des PersonalausweisG und weiterer Vorschriften[2] v. 21.6.2019 (BGBl. I S. 846), Art. 119 Zweites Datenschutz-Anpassungs- und UmsetzungsG EU v. 20.11.2019 (BGBl. I S. 1626), Art. 28 G zur Regelung des Sozialen Entschädigungsrechts v. 12.12.2019 (BGBl. I S. 2652), Art. 2 Siebtes G zur Änd. des Vierten Buches SGB und anderer G v. 12.6.2020 (BGBl. I S. 1248), Art. 4 Abs. 5 Adoptionshilfe-G v. 12.2.2021 (BGBl. I S. 226), Art. 2 Zweites G zur Änd. des Bundeselterngeld- und ElternzeitG v. 15.2.2021 (BGBl. I S. 239), Art. 11 Vormundschafts- und Betreuungsrechts-ReformG v. 4.5.2021 (BGBl. I S. 882), Art. 15 Digitale-Versorgung-und-Pflege-Modernisierungs-G v. 3.6.2021 (BGBl. I S. 1309) und Art. 32 G über die Entschädigung der Soldatinnen und Soldaten und zur Neuordnung des Soldatenversorgungsrechts v. 20.8.2021 (BGBl. I S. 3932)

[1] Zum Inkrafttreten siehe auch die Bek. über das Inkrafttreten der Folgeänderungen zur Auflösung der See-Krankenkasse und der See-Pflegekasse und zu deren Eingliederung in die Deutsche Rentenversicherung Knappschaft-Bahn-See *nach § 165* Abs. 4 Satz 1 des Fünften Buches Sozialgesetzbuch.

[2] *Die* Änd. *des* Inkrafttretens *dieses* G durch Art. 154a G v. 20.11.2019 (BGBl. I S. 1626) ist unbeachtlich, da das G bei Erlass des ÄndG bereits in Kraft getreten war.

werden, wenn schutzwürdige Interessen des Verstorbenen oder seiner Angehörigen dadurch nicht beeinträchtigt werden können.

(6) [1] Die Absätze 1 bis 5 finden neben den in Absatz 1 genannten Stellen auch Anwendung auf solche Verantwortliche oder deren Auftragsverarbeiter,

1. die Sozialdaten im Inland verarbeiten, sofern die Verarbeitung nicht im Rahmen einer Niederlassung in einem anderen Mitgliedstaat der Europäischen Union oder in einem anderen Vertragsstaat des Abkommens über den Europäischen Wirtschaftsraum erfolgt, oder
2. die Sozialdaten im Rahmen der Tätigkeiten einer inländischen Niederlassung verarbeiten.

[2] Sofern die Absätze 1 bis 5 nicht gemäß Satz 1 anzuwenden sind, gelten für den Verantwortlichen oder dessen Auftragsverarbeiter nur die §§ 81 bis 81c des Zehnten Buches.

(7) [1] Bei der Verarbeitung zu Zwecken gemäß Artikel 2 der Verordnung (EU) 2016/679 stehen die Vertragsstaaten des Abkommens über den Europäischen Wirtschaftsraum und die Schweiz den Mitgliedstaaten der Europäischen Union gleich. [2] Andere Staaten gelten insoweit als Drittstaaten.

§ 36 Handlungsfähigkeit. (1) [1] Wer das fünfzehnte Lebensjahr vollendet hat, kann Anträge auf Sozialleistungen stellen und verfolgen sowie Sozialleistungen entgegennehmen. [2] Der Leistungsträger soll den gesetzlichen Vertreter über die Antragstellung und die erbrachten Sozialleistungen unterrichten.

(2) [1] Die Handlungsfähigkeit nach Absatz 1 Satz 1 kann vom gesetzlichen Vertreter durch schriftliche Erklärung gegenüber dem Leistungsträger eingeschränkt werden. [2] Die Rücknahme von Anträgen, der Verzicht auf Sozialleistungen und die Entgegennahme von Darlehen bedürfen der Zustimmung des gesetzlichen Vertreters.

§ 36a[1] Elektronische Kommunikation. (1) Die Übermittlung elektronischer Dokumente ist zulässig, soweit der Empfänger hierfür einen Zugang eröffnet.

(2) [1] Eine durch Rechtsvorschrift angeordnete Schriftform kann, soweit nicht durch Rechtsvorschrift etwas anderes bestimmt ist, durch die elektronische Form ersetzt werden. [2] Der elektronischen Form genügt ein elektronisches Dokument, das mit einer qualifizierten elektronischen Signatur versehen ist. [3] Die Signierung mit einem Pseudonym, das die Identifizierung der Person des Signaturschlüsselinhabers nicht unmittelbar durch die Behörde ermöglicht, ist nicht zulässig. [4] Die Schriftform kann auch ersetzt werden

1. durch unmittelbare Abgabe der Erklärung in einem elektronischen Formular, das von der Behörde in einem Eingabegerät oder über öffentlich zugängliche Netze zur Verfügung gestellt wird;

---

[1] § 36a eingef. mWv 1.2.2003 durch G v. 21.8.2002 (BGBl. I S. 3322); Abs. 4 Satz 1 geänd. mWv 1.1.2004 durch G v. 23.12.2003 (BGBl. I S. 2848); Abs. 2 neu gef., Abs. 2a eingef. mWv 1.8.2013, Abs. 2 Satz 4 Nr. 2 und 3 neu gef. mWv 1.7.2014 durch G v. 25.7.2013 (BGBl. I S. 2749); Abs. 2 Satz 5 geänd. mWv 29.12.2015 durch G v. 21.12.2015 (BGBl. I S. 2408); Abs. 2 Satz 2, Abs. 4 Sätze 1 und 2 geänd. mWv 29.7.2017 durch G v. 18.7.2017 (BGBl. I S. 2745); Abs. 2 Satz 5 geänd. mWv 1.11.2019 durch G v. 21.6.2019 (BGBl. I S. 846); Abs. 2 Satz 5 geänd. mWv 9.6.2021 durch G v. 3.6. 2021 (BGBl. I S. 1309).

2. bei Anträgen und Anzeigen durch Versendung eines elektronischen Dokuments an die Behörde mit der Versandart nach § 5 Absatz 5 des De-Mail-Gesetzes;
3. bei elektronischen Verwaltungsakten oder sonstigen elektronischen Dokumenten der Behörden durch Versendung einer De-Mail-Nachricht nach § 5 Absatz 5 des De-Mail-Gesetzes, bei der die Bestätigung des akkreditierten Diensteanbieters die erlassende Behörde als Nutzer des De-Mail-Kontos erkennen lässt;
4. durch sonstige sichere Verfahren, die durch Rechtsverordnung der Bundesregierung mit Zustimmung des Bundesrates festgelegt werden, welche den Datenübermittler (Absender der Daten) authentifizieren und die Integrität des elektronisch übermittelten Datensatzes sowie die Barrierefreiheit gewährleisten; der IT-Planungsrat gibt Empfehlungen zu geeigneten Verfahren ab.

5 In den Fällen des Satzes 4 Nummer 1 muss bei einer Eingabe über öffentlich zugängliche Netze ein elektronischer Identitätsnachweis nach § 18 des Personalausweisgesetzes[1)], nach § 12 des eID-Karte-Gesetzes oder nach § 78 Absatz 5 des Aufenthaltsgesetzes[2)] erfolgen; in der Kommunikation zwischen dem Versicherten und seiner Krankenkasse kann die Identität auch mit der elektronischen Gesundheitskarte nach § 291a des Fünften Buches oder mit der digitalen Identität nach § 291 Absatz 8 des Fünften Buches elektronisch nachgewiesen werden.

(2a) 1 Ist durch Rechtsvorschrift die Verwendung eines bestimmten Formulars vorgeschrieben, das ein Unterschriftsfeld vorsieht, wird allein dadurch nicht die Anordnung der Schriftform bewirkt. 2 Bei einer für die elektronische Versendung an die Behörde bestimmten Fassung des Formulars entfällt das Unterschriftsfeld.

(3) 1 Ist ein der Behörde übermitteltes elektronisches Dokument für sie zur Bearbeitung nicht geeignet, teilt sie dies dem Absender unter Angabe der für sie geltenden technischen Rahmenbedingungen unverzüglich mit. 2 Macht ein Empfänger geltend, er könne das von der Behörde übermittelte elektronische Dokument nicht bearbeiten, übermittelt sie es ihm erneut in einem geeigneten elektronischen Format oder als Schriftstück.

(4) 1 Die Träger der Sozialversicherung einschließlich der Bundesagentur für Arbeit, ihre Verbände und Arbeitsgemeinschaften verwenden unter Beachtung der Grundsätze der Wirtschaftlichkeit und Sparsamkeit im jeweiligen Sozialleistungsbereich Vertrauensdienste, die eine gemeinsame und bundeseinheitliche Kommunikation und Übermittlung der Daten und die Überprüfbarkeit der qualifizierten elektronischen Signatur auf Dauer sicherstellen. 2 Diese Träger sollen über ihren jeweiligen Bereich hinaus Vertrauensdienste im Sinne des Satzes 1 verwenden. 3 Die Sätze 1 und 2 gelten entsprechend für die Leistungserbringer nach dem Fünften und dem Elften Buch und die von ihnen gebildeten Organisationen.

---

1) **Nr. 36.3.**
2) **Sartorius Nr. 565.**

§ 37[1] Vorbehalt abweichender Regelungen. [1]Das Erste und Zehnte Buch[2] gelten für alle Sozialleistungsbereiche dieses Gesetzbuchs, soweit sich aus den übrigen Büchern nichts Abweichendes ergibt; § 68 bleibt unberührt. [2]Der Vorbehalt gilt nicht für die §§ 1 bis 17 und 31 bis 36. [3]Das Zweite Kapitel des Zehnten Buches geht dessen Erstem Kapitel vor, soweit sich die Ermittlung des Sachverhaltes auf Sozialdaten erstreckt.

Zweiter Titel. Grundsätze des Leistungsrechts

§ 38 Rechtsanspruch. Auf Sozialleistungen besteht ein Anspruch, soweit nicht nach den besonderen Teilen dieses Gesetzbuchs die Leistungsträger ermächtigt sind, bei der Entscheidung über die Leistung nach ihrem Ermessen zu handeln.

§ 39 Ermessensleistungen. (1) [1]Sind die Leistungsträger ermächtigt, bei der Entscheidung über Sozialleistungen nach ihrem Ermessen zu handeln, haben sie ihr Ermessen entsprechend dem Zweck der Ermächtigung auszuüben und die gesetzlichen Grenzen des Ermessens einzuhalten. [2]Auf pflichtgemäße Ausübung des Ermessens besteht ein Anspruch.

(2) Für Ermessensleistungen gelten die Vorschriften über Sozialleistungen, auf die ein Anspruch besteht, entsprechend, soweit sich aus den Vorschriften dieses Gesetzbuchs nichts Abweichendes ergibt.

§ 40 Entstehen der Ansprüche. (1) Ansprüche auf Sozialleistungen entstehen, sobald ihre im Gesetz oder auf Grund eines Gesetzes bestimmten Voraussetzungen vorliegen.

(2) Bei Ermessensleistungen ist der Zeitpunkt maßgebend, in dem die Entscheidung über die Leistung bekanntgegeben wird, es sei denn, daß in der Entscheidung ein anderer Zeitpunkt bestimmt ist.

§ 41 Fälligkeit. Soweit die besonderen Teile dieses Gesetzbuchs keine Regelung enthalten, werden Ansprüche auf Sozialleistungen mit ihrem Entstehen fällig.

§ 42[3] Vorschüsse. (1) [1]Besteht ein Anspruch auf Geldleistungen dem Grunde nach und ist zur Feststellung seiner Höhe voraussichtlich längere Zeit erforderlich, kann der zuständige Leistungsträger Vorschüsse zahlen, deren Höhe er nach pflichtgemäßem Ermessen bestimmt. [2]Er hat Vorschüsse nach Satz 1 zu zahlen, wenn der Berechtigte es beantragt; die Vorschußzahlung beginnt spätestens nach Ablauf eines Kalendermonats nach Eingang des Antrags.

(2) [1]Die Vorschüsse sind auf die zustehende Leistung anzurechnen. [2]Soweit sie diese übersteigen, sind sie vom Empfänger zu erstatten. [3]§ 50 Abs. 4 des Zehnten Buches[2] gilt entsprechend.

(3) Für die Stundung, Niederschlagung und den Erlaß des Erstattungsanspruchs gilt § 76 Abs. 2 des Vierten Buches entsprechend.

---

[1] § 37 neu gef. durch G v. 13.6.1994 (BGBl. I S. 1229); Satz 1 geänd. mWv 1.1.2001 durch G v. 21.12.2000 (BGBl. I S. 1983).

[2] Nr. **51.9**.

[3] § 42 Abs. 2 Satz 3 angef. durch G v. 4.11.1982 (BGBl. I S. 1450); Abs. 3 neu gef. durch G v. 13.6.1994 (BGBl. I S. 1229).

§ 43[1)] Vorläufige Leistungen. (1) [1] Besteht ein Anspruch auf Sozialleistungen und ist zwischen mehreren Leistungsträgern streitig, wer zur Leistung verpflichtet ist, kann der unter ihnen zuerst angegangene Leistungsträger vorläufig Leistungen erbringen, deren Umfang er nach pflichtgemäßen Ermessen bestimmt. [2] Er hat Leistungen nach Satz 1 zu erbringen, wenn der Berechtigte es beantragt; die vorläufigen Leistungen beginnen spätestens nach Ablauf eines Kalendermonats nach Eingang des Antrags.

(2) [1] Für die Leistungen nach Absatz 1 gilt § 42 Abs. 2 und 3 entsprechend. [2] Ein Erstattungsanspruch gegen den Empfänger steht nur dem zur Leistung verpflichteten Leistungsträger zu.

§ 44[2)] Verzinsung. (1) Ansprüche auf Geldleistungen sind nach Ablauf eines Kalendermonats nach dem Eintritt ihrer Fälligkeit bis zum Ablauf des Kalendermonats vor der Zahlung mit vier vom Hundert zu verzinsen.

(2) Die Verzinsung beginnt frühestens nach Ablauf von sechs Kalendermonaten nach Eingang des vollständigen Leistungsantrags beim zuständigen Leistungsträger, beim Fehlen eines Antrags nach Ablauf eines Kalendermonats nach der Bekanntgabe der Entscheidung über die Leistung.

(3) [1] Verzinst werden volle Euro-Beträge. [2] Dabei ist der Kalendermonat mit dreißig Tagen zugrunde zu legen.

§ 45[3)] Verjährung. (1) Ansprüche auf Sozialleistungen verjähren in vier Jahren nach Ablauf des Kalenderjahrs, in dem sie entstanden sind.

(2) Für die Hemmung, die Ablaufhemmung, den Neubeginn und die Wirkung der Verjährung gelten die Vorschriften des Bürgerlichen Gesetzbuchs[4)] sinngemäß.

(3) [1] Die Verjährung wird auch durch schriftlichen Antrag auf die Sozialleistung oder durch Erhebung eines Widerspruchs gehemmt. [2] Die Hemmung endet sechs Monate nach Bekanntgabe der Entscheidung über den Antrag oder den Widerspruch.

§ 46 Verzicht. (1) Auf Ansprüche auf Sozialleistungen kann durch schriftliche Erklärung gegenüber dem Leistungsträger verzichtet werden; der Verzicht kann jederzeit mit Wirkung für die Zukunft widerrufen werden.

(2) Der Verzicht ist unwirksam, soweit durch ihn andere Personen oder Leistungsträger belastet oder Rechtsvorschriften umgangen werden.

§ 47[5)] Auszahlung von Geldleistungen. (1) [1] Soweit die besonderen Teile dieses Gesetzbuchs keine Regelung enthalten, werden Geldleistungen kostenfrei auf das angegebene Konto bei einem Geldinstitut, für das die Verordnung (EU) Nr. 260/2012 des Europäischen Parlaments und des Rates vom 14. März 2012 zur Festlegung der technischen Vorschriften und der Geschäftsanforderungen für Überweisungen und Lastschriften in Euro und zur Änderung der

---

[1)] § 43 Abs. 3 aufgeh. durch G v. 4.11.1982 (BGBl. I S. 1450).

[2)] § 44 Abs. 3 Satz 1 geänd. mWv 1.1.2002 durch G v. 21.12.2000 (BGBl. I S. 1983).

[3)] § 45 Abs. 4 aufgeh. durch G v. 4.11.1982 (BGBl. I S. 1450); Abs. 2 und 3 neu gef. mWv 1.1. 2002 durch G v. 21.6.2002 (BGBl. I S. 2167).

[4)] **Habersack (vormals Schönfelder) Nr. 20.**

[5)] § 47 neu gef. mWv 25.10.2013 durch G v. 19.10.2013 (BGBl. I S. 3836); Abs. 1 Satz 1 geänd., Sätze 2 und 3 angef. mWv 1.12.2021 durch G v. 12.6.2020 (BGBl. I S. 1248).

51.2. Sozialgesetzbuch (SGB) Zwölftes Buch (XII) – Sozialhilfe –[1) 2) 3) 4) 5)]

Vom 27. Dezember 2003

(BGBl. I S. 3022)

FNA 860-12

zuletzt geänd. durch Art. 9a G zur Änd. des SGB IV, zur Errichtung einer Versorgungsausgleichskasse und anderer G v. 15.7.2009 (BGBl. I S. 1939), Art. 6 BürgerentlastungsG Krankenversicherung v. 16.7.2009 (BGBl. I S. 1959), Art. 2 Abs. 2 G zur Neuregelung der zivilrechtl. Vorschriften des

---

[1)] Verkündet als Art. 1 G zur Einordnung des Sozialhilferechts in das SGB v. 27.12.2003 (BGBl. I S. 3022, geänd. durch G v. 9.12.2004, BGBl. I S. 3220, und durch G v. 9.12.2004, BGBl. I S. 3305); Inkrafttreten gem. Art. 70 Abs. 1 dieses G am 1.1.2005 mit Ausnahme der §§ 40 und 133 Abs. 2, die gem. Art. 70 Abs. 2 Satz 1 am 31.12.2003, der §§ 24, 28 Abs. 2, §§ 132 und 133 Abs. 1, die gem. Art. 70 Abs. 2 Sätze 2 und 3 am 1.1.2004 sowie der §§ 57 und 61 Abs. 2 Sätze 3 und 4, die gem. Art. 70 Abs. 2 Satz 4 am 1.7.2004 in Kraft getreten sind; § 97 Abs. 3 ist gem. Art. 70 Abs. 2 Satz 5 am 1.1.2007 in Kraft getreten.

[2)] § 100 ist gem. Art. 27 Nr. 2 G v. 21.3.2005 (BGBl. I S. 818) am 1.1.2004 in Kraft getreten.

[3)] Die Änderungen durch G v. 12.12.2019 (BGBl. I S. 2652) treten erst **mWv 1.1.2024** in Kraft, die Änderungen durch G v. 10.8.2021 (BGBl. I S. 3515) treten erst **mWv 1.7.2022** in Kraft und die Änderungen durch G v. 20.8.2021 (BGBl. I S. 3932) treten erst **mWv 1.1.2025** in Kraft und sind im Text noch nicht berücksichtigt.

[4)] Zum SGB XII haben die Länder ua folgende Vorschriften erlassen:
- **Baden-Württemberg:** G zur Ausführung des SGB XII v. 1.7.2004 (GBl. S. 469), zuletzt geänd. durch G v. 4.2.2021 (GBl. S. 198)
- **Bayern:** G zur Ausführung der Sozialgesetze v. 8.12.2006 (GVBl. S. 942), zuletzt geänd. durch G v. 23.4.2021 (GVBl. S. 196);
- **Berlin:** G zur Ausführung des SGB XII v. 7.9.2005 (GVBl. S. 467), zuletzt geänd. durch G v. 25.9. 2019 (GVBl. S. 602);
- **Brandenburg:** G zur Ausführung des SGB XII v. 3.11.2010 (GVBl. I Nr. 36), zuletzt geänd. durch G v. 18.12.2018 (GVBl. I Nr. 38);
- **Bremen:** G zur Ausführung des SGB XII v. 30.4.2007 (Brem.GBl. S. 315), zuletzt geänd. durch G v. 5.3.2019 (Brem.GBl. S. 45);
- **Hamburg::** Gesetz zu § 116 des SGB XII v. 1.9.2005 (HmbGVBl. S. 385);
- **Hessen:** Hessisches AusführungsG zum SGB XII v. 13.9.2018 (GVBl. S. 590, 594), zuletzt geänd. durch G v. 30.9.2021 (GVBl. S. 637);
- **Mecklenburg-Vorpommern:** G zur Ausführung des SGB XII v. 20.12.2004 (GVOBl. M-V S. 546), zuletzt geänd. durch G v. 11.12.2020 (GVOBl. M-V S. 1346);
- **Niedersachsen:** G zur Ausführung des SGB IX und des SGB XII v. 24.10.2019 (Nds. GVBl. S. 300);
- **Nordrhein-Westfalen:** LandesausführungsG zum SGB XII für das Land Nordrhein-Westfalen (Nr. **51.21**);
- **Rheinland-Pfalz:** LandesG zur Ausführung des SGB XII v. 22.12.2004 (GVBl. S. 571), zuletzt geänd. durch G v. 19.12.2018 (GVBl. S. 463);
- **Saarland:** G zur Ausführung des SGB XII v. 8.3.2005 (Amtsbl. S. 438), zuletzt geänd. durch G v. 30.10.2019 (Amtsbl. I S. 1053);
- **Sachsen:** Sächsisches G zur Ausführung des Sozialgesetzbuches (SächsAGSGB) v. 6.6.2002 (SächsGVBl. S. 169), zuletzt geänd. durch G v. 31.3.2021 (SächsGVBl. S. 411);
- **Sachsen-Anhalt:** G zur Ausführung des SGB XII v. 11.1.2005 (GVBl. LSA S. 8), zuletzt geänd. durch G v. 5.12.2019 (GVBl. LSA S. 948);
- **Schleswig-Holstein:** G zur Ausführung des SGB XII;
- **Thüringen:** Thüringer G zur Ausführung des SGB XII v. 17.12.2004 (GVBl. S. 891), zuletzt geänd. durch G v. 8.4.2009 (GVBl. S. 322).

[5)] Siehe hierzu ua auch den Hinweis auf von BundesR abweichendes LandesR für das Land Berlin v. 10.8.2018 (BGBl. I S. 1311) und den Hinweis auf von BundesR abweichendes LandesR für Hessen v. 10.8.2018 (BGBl. I S. 1311).

HeimG nach der Föderalismusreform v. 29.7.2009 (BGBl. I S. 2319), Art. 4 G zur Regelung des Assistenzpflegebedarfs im Krankenhaus v. 30.7.2009 (BGBl. I S. 2495), Art. 2 Abs. 3 G zur Weiterentwicklung der Organisation der Grundsicherung für Arbeitsuchende v. 3.8.2010 (BGBl. I S. 1112), Art. 21 HaushaltsbegleitG 2011 v. 9.12.2010 (BGBl. I S. 1885), Art. 3 G zur Ermittlung von Regelbedarfen und zur Änd. des Zweiten und Zwölften Buches Sozialgesetzbuch v. 24.3.2011 (BGBl. I S. 453), Art. 3b G zur Änd. des BundesversorgungsG und and. Vorschriften v. 20.6.2011 (BGBl. I S. 1114), § 2 Abs. 2 Regelbedarfsstufen-FortschreibungsVO 2012 v. 17.10.2011 (BGBl. I S. 2090), Art. 1 G zur Stärkung der Finanzkraft der Kommunen v. 6.12.2011 (BGBl. I S. 2563), Art. 12 G zur Verbesserung der Eingliederungschancen am Arbeitsmarkt v. 20.12.2011 (BGBl. I S. 2854), Art. 6a Viertes G zur Änd. des Vierten Buches Sozialgesetzbuch und anderer G v. 22.12.2011 (BGBl. I S. 3057), Art. 13 Abs. 28 LSV-NeuordnungsG v. 12.4.2012 (BGBl. I S. 579), § 2 Regelbedarfsstufen-FortschreibungsVO 2013 v. 18.10.2012 (BGBl. I S. 2173), Art. 1 G zur Änd. des SGB XII v. 20.12.2012 (BGBl. I S. 2783), Art. 3 G zur Regelung des Assistenzpflegebedarfs in stationären Vorsorge- oder Rehabilitationseinrichtungen v. 20.12.2012 (BGBl. I S. 2789), Art. 9 EhrenamtsstärkungsG v. 21.3.2013 (BGBl. I S. 556), Art. 2 G zur Änd. des Zweiten Buches Sozialgesetzbuch und anderer G v. 7.5.2013 (BGBl. I S. 1167), Art. 2 Kinder- und Jugendhilfeverwaltungsvereinfachungs G v. 29.8.2013 (BGBl. I S. 3464), Art. 1 Zweites G zur Änd. des Zwölften Buches Sozialgesetzbuch v. 1.10.2013 (BGBl. I S. 3733), § 2 Regelbedarfsstufen-FortschreibungsVO 2014 v. 15.10.2013 (BGBl. I S. 3856), Art. 9 GKV-Finanzstruktur- und Qualitäts-WeiterentwicklungsG v. 21.7.2014 (BGBl. I S. 1133), § 2 Regelbedarfsstufen-FortschreibungsVO 2015 v. 14.10.2014 (BGBl. I S. 1618), § 2 Regelbedarfsstufen-FortschreibungsVO 2016 v. 22.10.2015 (BGBl. I S. 1788), Art. 1 G zur Änd. des Zwölften Buches Sozialgesetzbuch und weiterer Vorschriften v. 21.12.2015 (BGBl. I S. 2557), Art. 3 Abs. 8 Neuntes G zur Änd. des SGB II - Rechtsvereinfachung - sowie zur vorübergehenden Aussetzung der Insolvenzantragspflicht v. 26.7.2016 (BGBl. I S. 1824), Art. 3 IntegrationsG v. 31.7.2016 (BGBl. I S. 1939), Art. 22 Abs. 3 6. SGB IV-ÄndG v. 11.11.2016 (BGBl. I S. 2500), Art. 2 G zur Regelung von Ansprüchen ausländischer Personen in der Grundsicherung für Arbeitsuchende nach dem SGB II und in der Sozialhilfe nach dem SGB XII v. 22.12.2016 (BGBl. I S. 3155), Art. 3, Art. 3a, Art. 4, Art. 5 G zur Ermittlung von Regelbedarfen sowie zur Änd. des Zweiten und des Zwölften Buches Sozialgesetzbuch v. 22.12.2016 (BGBl. I S. 3159), Art. 2 Drittes PflegestärkungsG v. 23.12.2016 (BGBl. I S. 3191), Art. 11, Art. 12, Art. 13 BundesteilhabeG v. 23.12.2016 (BGBl. I S. 3234, geänd. durch G v. 29.4.2019, BGBl. S. 530 und durch G v. 30.11.2019, BGBl. I S. 1948), Art. 25 G zur Änd. des BundesversorgungsG und anderer Vorschriften v. 17.7.2017 (BGBl. I S. 2541), Art. 5 Rentenüberleitungs-AbschlussG v. 17.7.2017 (BGBl. I S. 2575), Art. 2 BetriebsrentenstärkungsG v. 17.8.2017 (BGBl. I S. 3214), § 2 Regelbedarfsstufen-FortschreibungsVO 2018 v. 8.11.2017 (BGBl. I S. 3767), Art. 2 G zur Verlängerung befristeter Regelungen im Arbeitsförderungsrecht und zur Umsetzung der RL (EU) 2016/2102 über den barrierefreien Zugang zu den Websites und mobilen Anwendungen öffentlicher Stellen v. 10.7.2018 (BGBl. I S. 1117), § 2 Regelbedarfsstufen-FortschreibungsVO 2019 v. 19.10.2018 (BGBl. I S. 1766), Art. 5, Art. 6 G zur Durchführung von Verordnungen der EU zur Bereitstellung von Produkten auf dem Markt und zur Änd. des Neunten und Zwölften Buches Sozialgesetzbuch v. 18.4.2019 (BGBl. I S. 473), Art. 4 Starke-Familien-G v. 29.4.2019 (BGBl. I S. 530), Art. 2 AusländerbeschäftigungsförderungsG v. 8.7.2019 (BGBl. I S. 1029), § 2 Regelbedarfsstufen-FortschreibungsVO 2020 v. 15.10.2019 (BGBl. I S. 1452), Art. 133 Zweites Datenschutz-Anpassungs- und UmsetzungsG EU v. 20.11.2019 (BGBl. I S. 1626), Art. 3 G zur Änd. des Neunten und des Zwölften Buches Sozialgesetzbuch und anderer Rechtsvorschriften v. 30.11.2019 (BGBl. I S. 1948), Art. 1 Angehörigen-EntlastungsG v. 10.12.2019 (BGBl. I S. 2135), Art. 40 G zur Regelung des Sozialen Entschädigungsrechts v. 12.12.2019 (BGBl. I S. 2652), Art. 11 MDK-ReformG v. 14.12.2019 (BGBl. I S. 2789), Art. 5 Sozialschutz-Paket v. 27.3.2020 (BGBl. I S. 575), Art. 17 Sozialschutz-Paket II v. 20.5.2020 (BGBl. I S. 1055), Art. 314 Elfte ZuständigkeitsanpassungsVO v. 19.6.2020 (BGBl. I S. 1328), Art. 3 GrundrentenG v. 12.8.2020 (BGBl. I S. 1879), Beschl. des BVerfG – 2 BvR 696/12 - v. 7.7.2020 (BGBl. I S. 1992), Art. 3 Abs. 7 59. G zur Änd. des Strafgesetzbuches v. 9.10.2020 (BGBl. I S. 2075), Art. 2 G zur Ermittlung der Regelbedarfe und zur Änd. des Zwölften Buches Sozialgesetzbuch sowie weiterer Gesetze v. 9.12.2020 (BGBl. I S. 2855), Art. 43 JahressteuerG 2020 v. 21.12.2020 (BGBl. I S. 3096), Art. 6 G Digitale Rentenübersicht v. 11.2.2021 (BGBl. I S. 154), Art. 2 Sozialschutz-Paket III v. 10.3.2021 (BGBl. I S. 335), Art. 1 TeilhabestärkungsG v. 2.6.2021 (BGBl. I S. 1387), Art. 8 Abs. 6 G zur Bekämpfung sexualisierter Gewalt gegen Kinder v. 16.6.2021 (BGBl. I S. 1810), Art. 7 KitafinanzhilfenänderungsG v. 25.6.2021 (BGBl. I S. 2020), Art. 4 MietspiegelreformG v. 10.8.2021 (BGBl. I S. 3515), Art. 47 G über die Entschädigung der Soldatinnen und Soldaten und zur Neuordnung des Soldatenversorgungsrechts v. 20.8.2021 (BGBl. I S. 3932) und § 2 Regelbedarfsstufen-FortschreibungsVO 2022 v. 23.9.2021 (BGBl. I S. 4389)

Inhaltsverzeichnis[1)]

Erstes Kapitel. Allgemeine Vorschriften

[1)] Inhaltsverzeichnis geänd. mWv 7.12.2006 durch G v. 2.12.2006 (BGBl. I S. 2670); geänd. mWv 1.1.2009 durch G v. 24.9.2008 (BGBl. I S. 1856); geänd. mWv 1.1.2009 durch G v. 22.12.2008 (BGBl. I S. 2955); geänd. mWv 1.1.2011 durch G v. 24.3.2011 (BGBl. I S. 453); geänd. mWv 1.1. 2013, mWv 1.1.2014 und mWv 1.1.2015 durch G v. 20.12.2012 (BGBl. I S. 2783); geänd. mWv 1.8. 2013 durch G v. 7.5.2013 (BGBl. I S. 1167); geänd. mWv 9.10.2013 durch G v. 1.10.2013 (BGBl. I S. 3733); geänd. mWv 1.1.2016 durch G v. 21.12.2015 (BGBl. I S. 2557); geänd. mWv 1.1.2017 durch G v. 26.7.2016 (BGBl. I S. 1824); geänd. mWv 1.1.2017 und mWv 1.7.2017 durch G v. 22.12. 2016 (BGBl. I S. 3159); geänd. mWv 1.1.2017 durch G v. 23.12.2016 (BGBl. I S. 3191); geänd. mWv 1.1.2017und geänd. mWv 1.1.2018 durch G v. 23.12.2016 (BGBl. I S. 3234); geänd. mWv 1.7. 2017 und geänd. mWv 1.1.2018 durch G v. 17.7.2017 (BGBl. I S. 2541); geänd. mWv 1.8.2019 durch G v. 29.4.2019 (BGBl. I S. 530); geänd. mWv 1.1.2020 durch G v. 30.11.2019 (BGBl. I S. 1948); geänd. mWv 1.1.2020 durch G v. 10.12.2019 (BGBl. I S. 2135); geänd. mWv 28.3.2020 durch G v. 27.3.2020 (BGBl. I S. 575); geänd. mWv 29.5.2020 durch G v. 20.5.2020 (BGBl. I S. 1055); geänd. mWv 1.1.2021 durch G v. 12.8.2020 (BGBl. I S. 1879); geänd. mWv 1.1.2021 durch G v. 9.12.2020 (BGBl. I S. 2855); geänd. mWv 1.1.2021 durch G v. 11.2.2021 (BGBl. I S. 154); geänd. mWv 1.4.2021 durch G v. 10.3.2021 (BGBl. I S. 335); geänd. mWv 10.6.2021 und mWv 1.1. 2022 durch G v. 2.6.2021 (BGBl. I S. 1387).

unterhalt aus ihrem Einkommen und Vermögen nicht bestreiten, sind vorbehaltlich des § 39 Satz 3 Nummer 1 auch das Einkommen und das Vermögen der Eltern oder des Elternteils gemeinsam zu berücksichtigen.

(3) [1] Personen, die ihren Lebensunterhalt aus eigenen Mitteln und Kräften bestreiten können, jedoch einzelne im Haushalt erforderliche Tätigkeiten nicht verrichten können, erhalten auf Antrag einen angemessenen Zuschuss, wenn ihnen die Aufbringung der für die geleistete Hilfe und Unterstützung notwendigen Kosten nicht in voller Höhe zumutbar ist. [2] Als angemessen gelten Aufwendungen, die üblicherweise als Anerkennung für unentgeltlich geleistete Hilfen und Unterstützungen oder zur Abgeltung des entsprechenden Aufwandes geleistet werden. [3] Den Zuschuss erhält nicht, wer einen entsprechenden Anspruch auf Assistenzleistungen nach § 78 des Neunten Buches hat.

§ 27a[1)] Notwendiger Lebensunterhalt, Regelbedarfe und Regelsätze.

(1) [1] Der für die Gewährleistung des Existenzminimums notwendige Lebensunterhalt umfasst insbesondere Ernährung, Kleidung, Körperpflege, Hausrat, Haushaltsenergie ohne die auf Heizung und Erzeugung von Warmwasser entfallenden Anteile, persönliche Bedürfnisse des täglichen Lebens sowie Unterkunft und Heizung. [2] Zu den persönlichen Bedürfnissen des täglichen Lebens gehört in vertretbarem Umfang eine Teilhabe am sozialen und kulturellen Leben in der Gemeinschaft; dies gilt in besonderem Maß für Kinder und Jugendliche. [3] Für Schülerinnen und Schüler umfasst der notwendige Lebensunterhalt auch die erforderlichen Hilfen für den Schulbesuch.

(2) [1] Der gesamte notwendige Lebensunterhalt nach Absatz 1 mit Ausnahme der Bedarfe nach dem Zweiten bis Vierten Abschnitt ergibt den monatlichen Regelbedarf. [2] Dieser ist in Regelbedarfsstufen unterteilt; für Abgrenzung und Höhe der Regelbedarfsstufen sind zu berücksichtigen:

1. bei Kindern und Jugendlichen altersbedingte Unterschiede,
2. bei Erwachsenen die Art der Unterkunft, in der sie leben, und zusätzlich bei in Wohnungen oder sonstigen Unterkünften nach § 42a Absatz 2 Satz 1 Nummer 1 und 3 lebenden Erwachsenen, ob sie in einer Paarbeziehung oder ohne Paarbeziehung zusammenleben.

(3) [1] Für Leistungsberechtigte nach diesem Kapitel sind zur Deckung der Regelbedarfe, die sich nach den Regelbedarfsstufen der Anlage zu § 28 ergeben, monatliche Regelsätze als Bedarf anzuerkennen; dies gilt nicht für Leistungsberechtigte, deren notwendiger Lebensunterhalt sich nach § 27b bestimmt. [2] Der Regelsatz stellt einen monatlichen Pauschalbetrag zur Bestreitung des Regelbedarfs dar, über dessen Verwendung die Leistungsberechtigten eigenverantwortlich entscheiden; dabei haben sie das Eintreten unregelmäßig anfallender Bedarfe zu berücksichtigen. [3] Besteht die Leistungsberechtigung für weniger als einen Monat, ist der Regelsatz anteilig als Bedarf anzuerkennen. [4] Zur Deckung der Regelbedarfe von Personen, die in einer sonstigen Unter-

---

[1)] § 27a eingef. mWv 1.1.2011 durch G v. 24.3.2011 (BGBl. I S. 453); Abs. 3 Satz 1, Abs. 4 Satz 2 geänd. mWv 1.1.2016 durch G v. 21.12.2015 (BGBl. I S. 2557); Abs. 3 Sätze 3 und 4 angef., Abs. 4 neu gef., Abs. 5 angef. mWv 1.1.2017, Abs. 3 Satz 1 neu gef., Abs. 4 Satz 4 angef. mWv 1.1.2020 durch G v. 22.12.2016 (BGBl. I S. 3159); Abs. 4 Satz 4 neu gef. mWv 6.12.2019; (Änderungsanweisung insoweit nicht ausführbar), Sätze 5–7 angef. mWv 1.1.2020 durch G v. 30.11.2019 (BGBl. I S. 1948); Abs. 2 Satz 2 neu gef. mWv 1.1.2021 durch G v. 9.12.2020 (BGBl. I S. 2855); Abs. 4 Satz 6 aufgeh., bish. Satz 7 wird Satz 6 mWv 1.7.2021 durch G v. 2.6.2021 (BGBl. I S. 1387).

kunft oder vorübergehend nicht in einer Unterkunft untergebracht sind, sind als Bedarfe monatliche Regelsätze anzuerkennen, die sich in entsprechender Anwendung der Regelbedarfsstufen nach der Anlage zu § 28 ergeben.

(4) [1]Im Einzelfall wird der Regelsatz abweichend von der maßgebenden Regelbedarfsstufe festgesetzt (abweichende Regelsatzfestsetzung), wenn ein durch die Regelbedarfe abgedeckter Bedarf nicht nur einmalig, sondern für eine Dauer von voraussichtlich mehr als einem Monat

1. nachweisbar vollständig oder teilweise anderweitig gedeckt ist oder
2. unausweichlich in mehr als geringem Umfang oberhalb durchschnittlicher Bedarfe liegt, wie sie sich nach den bei der Ermittlung der Regelbedarfe zugrundeliegenden durchschnittlichen Verbrauchsausgaben ergeben, und die dadurch bedingten Mehraufwendungen begründbar nicht anderweitig ausgeglichen werden können.

[2]Bei einer abweichenden Regelsatzfestsetzung nach Satz 1 Nummer 1 sind für die monatlich ersparten Verbrauchsausgaben die sich nach § 5 Absatz 1 oder nach § 6 Absatz 1 des Regelbedarfs-Ermittlungsgesetzes[1)] für die jeweilige Abteilung ergebenden Beträge zugrunde zu legen. [3]Beschränkt sich die anderweitige Bedarfsdeckung auf einzelne in die regelbedarfsrelevanten Verbrauchsausgaben je Abteilung eingegangenen Verbrauchspositionen, sind die regelbedarfsrelevanten Beträge zugrunde zu legen, auf denen die in § 5 Absatz 1 oder nach § 6 Absatz 1 des Regelbedarfs-Ermittlungsgesetzes genannten Beträge für die einzelnen Abteilungen beruhen. [4]Für Leistungsberechtigte, die nicht in einer Wohnung leben und deren Regelbedarf sich aus der Regelbedarfsstufe 2 der Anlage zu § 28 ergibt, ist Satz 1 Nummer 1 nicht anwendbar für Bedarfe, die durch einen Vertrag über die Überlassung von Wohnraum nach § 42a Absatz 5 Satz 4 Nummer 3 gedeckt werden. [5]Für Leistungsberechtigte, die in einer Unterkunft nach § 42a Absatz 2 Satz 1 Nummer 2 und Satz 3 leben und denen Aufwendungen für Unterkunft und Heizung nach § 42a Absatz 5 und 6 anzuerkennen sind, ist Satz 1 Nummer 1 nicht anwendbar für Bedarfe, die durch einen Vertrag über die Überlassung von Wohnraum nach § 42a Absatz 5 Satz 6 Nummer 1, 3 und 4 gedeckt werden. [6]Für Leistungsberechtigte, denen ein Mehrbedarf nach § 42b Absatz 2 anzuerkennen ist, ist Satz 1 für die dadurch abgedeckten Aufwendungen nicht anwendbar.

(5) Sind minderjährige Leistungsberechtigte in einer anderen Familie, insbesondere in einer Pflegefamilie, oder bei anderen Personen als bei ihren Eltern oder einem Elternteil untergebracht, so wird in der Regel der individuelle Bedarf abweichend von den Regelsätzen in Höhe der tatsächlichen Kosten der Unterbringung festgesetzt, sofern die Kosten einen angemessenen Umfang nicht übersteigen.

§ 27b[2)] Notwendiger Lebensunterhalt in Einrichtungen. (1) [1]Der notwendige Lebensunterhalt umfasst

1. in Einrichtungen den darin erbrachten Lebensunterhalt,
2. in stationären Einrichtungen zusätzlich den weiteren notwendigen Lebensunterhalt.

[1)] Nr. **51.2/1.**

[2)] § 27b neu gef. mWv 1.1.2020 durch G v. 23.12.2016 (BGBl. I S. 3234).

Regelbedarfsstufen, insbesondere für die Altersabgrenzungen bei Kindern und Jugendlichen. [2]Die nach Satz 1 für die Ermittlung der Regelbedarfsstufen zugrunde zu legenden Summen der regelbedarfsrelevanten Verbrauchsausgaben aus den Sonderauswertungen sind jeweils mit der sich nach § 28a Absatz 2 ergebenden Veränderungsrate entsprechend fortzuschreiben. [3]Die sich durch die Fortschreibung nach Satz 2 ergebenden Summenbeträge sind jeweils bis unter 0,50 Euro abzurunden sowie von 0,50 Euro an aufzurunden und ergeben die Regelbedarfsstufen (Anlage).

§ 28a[1)] Fortschreibung der Regelbedarfsstufen. (1) [1]In Jahren, in denen keine Neuermittlung nach § 28 erfolgt, werden die Regelbedarfsstufen jeweils zum 1. Januar mit der sich nach Absatz 2 ergebenden Veränderungsrate fortgeschrieben[2)]. [2]§ 28 Absatz 5 Satz 3 gilt entsprechend.

(2) [1]Die Fortschreibung der Regelbedarfsstufen erfolgt aufgrund der bundesdurchschnittlichen Entwicklung der Preise für regelbedarfsrelevante Güter und Dienstleistungen sowie der bundesdurchschnittlichen Entwicklung der Nettolöhne und -gehälter je beschäftigten Arbeitnehmer nach der Volkswirtschaftlichen Gesamtrechnung (Mischindex). [2]Maßgeblich ist jeweils die Veränderungsrate, die sich aus der Veränderung in dem Zwölfmonatszeitraum, der mit dem 1. Juli des Vorvorjahres beginnt und mit dem 30. Juni des Vorjahres endet, gegenüber dem davorliegenden Zwölfmonatszeitraum ergibt. [3]Für die Ermittlung der jährlichen Veränderungsrate des Mischindexes wird die sich aus der Entwicklung der Preise aller regelbedarfsrelevanten Güter und Dienstleistungen ergebende Veränderungsrate mit einem Anteil von 70 vom Hundert und die sich aus der Entwicklung der Nettolöhne und -gehälter je beschäftigten Arbeitnehmer ergebende Veränderungsrate mit einem Anteil von 30 vom Hundert berücksichtigt.

(3) Das Bundesministerium für Arbeit und Soziales beauftragt das Statistische Bundesamt mit der Ermittlung der jährlichen Veränderungsrate für den Zeitraum nach Absatz 2 Satz 2 für

1. die Preise aller regelbedarfsrelevanten Güter und Dienstleistungen und
2. die durchschnittliche Nettolohn- und -gehaltssumme je durchschnittlich beschäftigten Arbeitnehmer.

§ 29[3)] Festsetzung und Fortschreibung der Regelsätze. (1) [1]Werden die Regelbedarfsstufen nach § 28 neu ermittelt, gelten diese als neu festgesetzte Regelsätze (Neufestsetzung), solange die Länder keine abweichende Neufestsetzung vornehmen. [2]Satz 1 gilt entsprechend, wenn die Regelbedarfe nach § 28a fortgeschrieben werden.

(2) [1]Nehmen die Länder eine abweichende Neufestsetzung vor, haben sie die Höhe der monatlichen Regelsätze entsprechend der Abstufung der Regelbedarfe nach der Anlage zu § 28 durch Rechtsverordnung neu festzusetzen. [2]Sie können die Ermächtigung für die Neufestsetzung nach Satz 1 auf die zuständigen Landesministerien übertragen. [3]Für die abweichende Neufestsetzung sind anstelle der bundesdurchschnittlichen Regelbedarfsstufen, die sich

---

[1)] § 28a eingef. mWv 1.1.2011 durch G v. 24.3.2011 (BGBl. I S. 453); Abs. 1 Satz 2 geänd. mWv 1.7.2021 durch G v. 2.6.2021 (BGBl. I S. 1387).

[2)] Siehe hierzu ua die Regelbedarfsstufen-FortschreibungsVO 2022 v. 23.9.2021 (BGBl. I S. 4389).

[3)] § 29 neu gef. mWv 1.1.2011 durch G v. 24.3.2011 (BGBl. I S. 453).

nach § 28 aus der bundesweiten Auswertung der Einkommens- und Verbrauchsstichprobe ergeben, entsprechend aus regionalen Auswertungen der Einkommens- und Verbrauchsstichprobe ermittelte Regelbedarfsstufen zugrunde zu legen. [4]Die Länder können bei der Neufestsetzung der Regelsätze auch auf ihr Land bezogene besondere Umstände, die die Deckung des Regelbedarfs betreffen, berücksichtigen. [5]Regelsätze, die nach Absatz 1 oder nach den Sätzen 1 bis 4 festgesetzt worden sind, können von den Ländern als Mindestregelsätze festgesetzt werden. [6]§ 28 Absatz 4 Satz 4 und 5 gilt für die Festsetzung der Regelsätze nach den Sätzen 1 bis 4 entsprechend.

(3) [1]Die Länder können die Träger der Sozialhilfe ermächtigen, auf der Grundlage von nach Absatz 2 Satz 5 bestimmten Mindestregelsätzen regionale Regelsätze festzusetzen; bei der Festsetzung können die Träger der Sozialhilfe regionale Besonderheiten sowie statistisch nachweisbare Abweichungen in den Verbrauchsausgaben berücksichtigen. [2]§ 28 Absatz 4 Satz 4 und 5 gilt für die Festsetzung der Regelsätze nach Satz 1 entsprechend.

(4) Werden die Regelsätze nach den Absätzen 2 und 3 abweichend von den Regelbedarfsstufen nach § 28 festgesetzt, sind diese in den Jahren, in denen keine Neuermittlung der Regelbedarfe nach § 28 erfolgt, jeweils zum 1. Januar durch Rechtsverordnung der Länder mit der Veränderungsrate der Regelbedarfe fortzuschreiben, die sich nach der Rechtsverordnung nach § 40 ergibt.

(5) Die nach den Absätzen 2 und 3 festgesetzten und nach Absatz 4 fortgeschriebenen Regelsätze gelten als Regelbedarfsstufen nach der Anlage zu § 28.

Zweiter Abschnitt.[1] Zusätzliche Bedarfe

§ 30[2] Mehrbedarf. (1) Für Personen, die

1. die Altersgrenze nach § 41 Abs. 2 erreicht haben oder
2. die Altersgrenze nach § 41 Abs. 2 noch nicht erreicht haben und voll erwerbsgemindert nach dem Sechsten Buch sind

und durch einen Bescheid der nach § 152 Absatz 4 des Neunten Buches zuständigen Behörde oder einen Ausweis nach § 152 Absatz 5 des Neunten Buches die Feststellung des Merkzeichens G nachweisen, wird ein Mehrbedarf von 17 vom Hundert der maßgebenden Regelbedarfsstufe anerkannt, soweit nicht im Einzelfall ein abweichender Bedarf besteht.

(2) Für werdende Mütter nach der zwölften Schwangerschaftswoche bis zum Ende des Monats, in welchen die Entbindung fällt, wird ein Mehrbedarf von 17 vom Hundert der maßgebenden Regelbedarfsstufe anerkannt, soweit nicht im Einzelfall ein abweichender Bedarf besteht.

(3) Für Personen, die mit einem oder mehreren minderjährigen Kindern zusammenleben und allein für deren Pflege und Erziehung sorgen, ist, soweit kein abweichender Bedarf besteht, ein Mehrbedarf anzuerkennen

---

[1] 2. Abschnitt Überschrift eingef. mWv 1.1.2011 durch G v. 24.3.2011 (BGBl. I S. 453).

[2] § 30 Abs. 1 ausl. Satzteil geänd. mWv 7.12.2006 durch G v. 2.12.2006 (BGBl. I S. 2670); Abs. 1 Nr. 1 neu gef., Nr. 2 geänd. mWv 1.1.2008 durch G v. 20.4.2007 (BGBl. I S. 554); Abs. 1 und 2, Abs. 3 Nr. 1 und 2, Abs. 4 Satz 1 geänd., Abs. 6 neu gef., Abs. 7 angef. mWv 1.1.2011 durch G v. 24.3.2011 (BGBl. I S. 453); Abs. 1 Nr. 2 und abschl. Satzteil geänd., Abs. 4 neu gef., Abs. 8 angef. mWv 1.1.2020 durch G v. 23.12.2016 (BGBl. I S. 3234); Abs. 2 geänd., Abs. 5 und 7 neu gef., Abs. 9 angef. mWv 1.1.2021 durch G v. 9.12.2020 (BGBl. I S. 2855).

1. in Höhe von 36 vom Hundert der Regelbedarfsstufe 1 nach der Anlage zu § 28 für ein Kind unter sieben Jahren oder für zwei oder drei Kinder unter sechzehn Jahren, oder
2. in Höhe von 12 vom Hundert der Regelbedarfsstufe 1 nach der Anlage zu § 28 für jedes Kind, wenn die Voraussetzungen nach Nummer 1 nicht vorliegen, höchstens jedoch in Höhe von 60 vom Hundert der Regelbedarfsstufe 1 nach der Anlage zu § 28.

(4) § 42b Absatz 3 ist entsprechend anzuwenden auf Leistungsberechtigte, die das 15. Lebensjahr vollendet haben.

(5) [1] Für Leistungsberechtigte wird ein Mehrbedarf anerkannt, wenn deren Ernährungsbedarf aus medizinischen Gründen von allgemeinen Ernährungsempfehlungen abweicht und die Aufwendungen für die Ernährung deshalb unausweichlich und in mehr als geringem Umfang oberhalb eines durchschnittlichen Bedarfs für Ernährung liegen (ernährungsbedingter Mehrbedarf). [2] Dies gilt entsprechend für aus medizinischen Gründen erforderliche Aufwendungen für Produkte zur erhöhten Versorgung des Stoffwechsels mit bestimmten Nähr- oder Wirkstoffen, soweit hierfür keine vorrangigen Ansprüche bestehen. [3] Die medizinischen Gründe nach den Sätzen 1 und 2 sind auf der Grundlage aktueller medizinischer und ernährungswissenschaftlicher Erkenntnisse zu bestimmen. [4] Dabei sind auch die durchschnittlichen Mehraufwendungen zu ermitteln, die für die Höhe des anzuerkennenden ernährungsbedingten Mehrbedarfs zugrunde zu legen sind, soweit im Einzelfall kein abweichender Bedarf besteht.

(6) Die Summe des nach den Absätzen 1 bis 5 insgesamt anzuerkennenden Mehrbedarfs darf die Höhe der maßgebenden Regelbedarfsstufe nicht übersteigen.

(7) [1] Für Leistungsberechtigte wird ein Mehrbedarf anerkannt, soweit Warmwasser durch in der Wohnung, in der besonderen Wohnform oder der sonstigen Unterkunft nach § 42a Absatz 2 installierte Vorrichtungen erzeugt wird (dezentrale Warmwassererzeugung) und denen deshalb kein Bedarf für Warmwasser nach § 35 Absatz 4 anerkannt wird. [2] Der Mehrbedarf beträgt für jede leistungsberechtigte Person entsprechend der für sie geltenden Regelbedarfsstufe nach der Anlage zu § 28 jeweils

1. 2,3 Prozent der Regelbedarfsstufen 1 und 2,
2. 1,4 Prozent der Regelbedarfsstufe 4,
3. 1,2 Prozent der Regelbedarfsstufe 5 oder
4. 0,8 Prozent der Regelbedarfsstufe 6.

[3] Höhere Aufwendungen sind abweichend von Satz 2 nur zu berücksichtigen, soweit sie durch eine separate Messeinrichtung nachgewiesen werden.

(8) § 42b Absatz 2 ist entsprechend anzuwenden.

(9) Soweit eine Schülerin oder ein Schüler aufgrund der jeweiligen schulrechtlichen Bestimmungen oder schulischen Vorgaben Aufwendungen zur Anschaffung oder Ausleihe von Schulbüchern oder gleichstehenden Arbeitsheften hat, sind sie als Mehrbedarf anzuerkennen.

§ 31[1)] Einmalige Bedarfe. (1) Leistungen zur Deckung von Bedarfen für

1. Erstausstattungen für die Wohnung einschließlich Haushaltsgeräten,
2. Erstausstattungen für Bekleidung und Erstausstattungen bei Schwangerschaft und Geburt sowie
3. Anschaffung und Reparaturen von orthopädischen Schuhen, Reparaturen von therapeutischen Geräten und Ausrüstungen sowie die Miete von therapeutischen Geräten

werden gesondert erbracht.

(2) [1] Einer Person, die Sozialhilfe beansprucht (nachfragende Person), werden, auch wenn keine Regelsätze zu gewähren sind, für einmalige Bedarfe nach Absatz 1 Leistungen erbracht, wenn sie diese nicht aus eigenen Kräften und Mitteln vollständig decken kann. [2] In diesem Falle kann das Einkommen berücksichtigt werden, das sie innerhalb eines Zeitraums von bis zu sechs Monaten nach Ablauf des Monats erwerben, in dem über die Leistung entschieden worden ist.

(3) [1] Die Leistungen nach Absatz 1 Nr. 1 und 2 können als Pauschalbeträge erbracht werden. [2] Bei der Bemessung der Pauschalbeträge sind geeignete Angaben über die erforderlichen Aufwendungen und nachvollziehbare Erfahrungswerte zu berücksichtigen.

§ 32[2)] Bedarfe für eine Kranken- und Pflegeversicherung. (1) [1] Angemessene Beiträge für eine Kranken- und Pflegeversicherung sind als Bedarf anzuerkennen, soweit Leistungsberechtigte diese nicht aus eigenem Einkommen tragen können. [2] Leistungsberechtigte können die Beiträge so weit aus eigenem Einkommen tragen, wie diese im Wege der Einkommensbereinigung nach § 82 Absatz 2 Satz 1 Nummer 2 und 3 abzusetzen sind. [3] Der Bedarf nach Satz 1 erhöht sich entsprechend, wenn bei der Einkommensbereinigung für das Einkommen geltende Absetzbeträge nach § 82 Absatz 2 Satz 2 und Absatz 3 bis 6 zu berücksichtigen sind.

(2) Bei Personen, die in der gesetzlichen Krankenversicherung

1. nach § 5 Absatz 1 Nummer 13 des Fünften Buches oder nach § 2 Absatz 1 Nummer 7 des Zweiten Gesetzes über die Krankenversicherung der Landwirte pflichtversichert sind,
2. nach § 9 Absatz 1 Nummer 1 des Fünften Buches oder nach § 6 Absatz 1 Nummer 1 des Zweiten Gesetzes über die Krankenversicherung der Landwirte weiterversichert sind,
3. als Rentenantragsteller nach § 189 des Fünften Buches als Mitglied einer Krankenkasse gelten,
4. nach § 9 Absatz 1 Satz 1 Nummer 2 bis 8 des Fünften Buches oder nach § 6 Absatz 1 Nummer 2 des Zweiten Gesetzes über die Krankenversicherung der Landwirte freiwillig versichert sind oder

---

[1)] § 31 Abs. 1 Nr. 2 neu gef. mWv 1.8.2006 durch G v. 20.7.2006 (BGBl. I S. 1706); Abs. 1 Nr. 3, Abs. 2 Satz 1 neu gef. mWv 1.1.2011 durch G v. 24.3.2011 (BGBl. I S. 453); Abs. 1 einl. Satzteil geänd. mWv 1.1.2016 durch G v. 21.12.2015 (BGBl. I S. 2557).

[2)] § 32 neu gef. mWv 1.1.2018 durch G v. 22.12.2016 (BGBl. I S. 3159); Abs. 1 neu gef.. mWv 6.12.2019 durch G v. 30.11.2019 (BGBl. I S. 1948); Abs. 2 Nr. 4 geänd. mWv 1.7.2021 durch G v. 2.6.2021 (BGBl. I S. 1387).

5. nach § 188 Absatz 4 des Fünften Buches oder nach § 22 Absatz 3 des Zweiten Gesetzes über die Krankenversicherung der Landwirte weiterversichert sind,

gilt der monatliche Beitrag als angemessen.

(3) Bei Personen, denen Beiträge nach Absatz 2 als Bedarf anerkannt werden, gilt auch der Zusatzbeitragssatz nach § 242 Absatz 1 des Fünften Buches als angemessen.

(4) [1] Bei Personen, die gegen das Risiko Krankheit bei einem privaten Krankenversicherungsunternehmen versichert sind, sind angemessene Beiträge nach den Sätzen 2 und 3 anzuerkennen. [2] Angemessen sind Beiträge

1. bis zu der Höhe des sich nach § 152 Absatz 4 des Versicherungsaufsichtsgesetzes ergebenden halbierten monatlichen Beitrags für den Basistarif, sofern die Versicherungsverträge der Versicherungspflicht nach § 193 Absatz 3 des Versicherungsvertragsgesetzes[1)] genügen, oder
2. für eine Absicherung im brancheneinheitlichen Standardtarif nach § 257 Absatz 2a des Fünften Buches in der bis zum 31. Dezember 2008 geltenden Fassung.

[3] Ein höherer Beitrag kann als angemessen anerkannt werden, wenn die Leistungsberechtigung nach diesem Kapitel voraussichtlich nur für einen Zeitraum von bis zu drei Monaten besteht. [4] Im begründeten Ausnahmefall kann auf Antrag ein höherer Beitrag auch im Fall einer Leistungsberechtigung für einen Zeitraum von bis zu sechs Monaten als angemessen anerkannt werden, wenn vor Ablauf der drei Monate oder bereits bei Antragstellung davon auszugehen ist, dass die Leistungsberechtigung nach diesem Kapitel für einen begrenzten, aber mehr als drei Monate andauernden Zeitraum bestehen wird.

(5) Bei Personen, die in der sozialen Pflegeversicherung nach

1. den §§ 20 und 21 des Elften Buches pflichtversichert sind oder
2. § 26 des Elften Buches weiterversichert sind oder
3. § 26a des Elften Buches der sozialen Pflegeversicherung beigetreten sind,

gilt der monatliche Beitrag als angemessen.

(6) [1] Bei Personen, die gegen das Risiko Pflegebedürftigkeit bei einem privaten Krankenversicherungsunternehmen in Erfüllung ihrer Versicherungspflicht nach § 23 des Elften Buches versichert sind oder nach § 26a des Elften Buches der privaten Pflegeversicherung beigetreten sind, gilt bei Versicherung im brancheneinheitlichen Standardtarif nach § 257 Absatz 2a des Fünften Buches in der bis zum 31. Dezember 2008 geltenden Fassung der geschuldete Beitrag als angemessen, im Übrigen höchstens jedoch bis zu einer Höhe des nach § 110 Absatz 2 Satz 3 des Elften Buches halbierten Höchstbeitrags in der sozialen Pflegeversicherung. [2] Für die Höhe des im Einzelfall angemessenen monatlichen Beitrags gilt Absatz 4 Satz 3 und 4 entsprechend.

§ 32a[2)] Zeitliche Zuordnung und Zahlung von Beiträgen für eine Kranken- und Pflegeversicherung. (1) Die Bedarfe nach § 32 sind unabhängig von der Fälligkeit des Beitrags jeweils in dem Monat als Bedarf anzuerkennen, für den die Versicherung besteht.

[1)] **Habersack (vormals Schönfelder) Nr. 62.**
[2)] § 32a neu gef. mWv 1.1.2018 durch G v. 22.12.2016 (BGBl. I S. 3159).

(2) [1] Die Beiträge für eine Kranken- und Pflegeversicherung, die nach § 82 Absatz 2 Nummer 2 und 3 vom Einkommen abgesetzt und nach § 32 als Bedarf anerkannt werden, sind als Direktzahlung zu leisten, wenn der Zahlungsanspruch nach § 43a Absatz 2 größer oder gleich der Summe dieser Beiträge ist. [2] Die Zahlung nach Satz 1 erfolgt an diejenige Krankenkasse oder dasjenige Versicherungsunternehmen, bei der beziehungsweise dem die leistungsberechtigte Person versichert ist. [3] Die Leistungsberechtigten sowie die zuständigen Krankenkassen oder die zuständigen Versicherungsunternehmen sind über Beginn, Höhe des Beitrags und den Zeitraum sowie über die Beendigung einer Direktzahlung nach den Sätzen 1 und 2 schriftlich zu unterrichten. [4] Die Leistungsberechtigten sind zusätzlich über die jeweilige Krankenkasse oder das Versicherungsunternehmen zu informieren, die zuständigen Krankenkassen und Versicherungsunternehmen zusätzlich über Namen und Anschrift der Leistungsberechtigten.

(3) Die Zahlung nach Absatz 2 hat in Fällen des § 32 Absatz 2, 3 und 5 bis zum Ende, in Fällen des § 32 Absatz 4 und 6 zum Ersten des sich nach Absatz 1 ergebenden Monats zu erfolgen.

§ 33[1)] Bedarfe für die Vorsorge. (1) [1] Um die Voraussetzungen eines Anspruchs auf eine angemessene Alterssicherung zu erfüllen, können die erforderlichen Aufwendungen als Bedarf berücksichtigt werden, soweit sie nicht nach § 82 Absatz 2 Satz 1 Nummer 2 und 3 vom Einkommen abgesetzt werden. [2] Aufwendungen nach Satz 1 sind insbesondere

1. Beiträge zur gesetzlichen Rentenversicherung,
2. Beiträge zur landwirtschaftlichen Alterskasse,
3. Beiträge zu berufsständischen Versorgungseinrichtungen, die den gesetzlichen Rentenversicherungen vergleichbare Leistungen erbringen,
4. Beiträge für eine eigene kapitalgedeckte Altersvorsorge in Form einer lebenslangen Leibrente, wenn der Vertrag nur die Zahlung einer monatlichen auf das Leben des Steuerpflichtigen bezogenen lebenslangen Leibrente nicht vor Vollendung des 60. Lebensjahres vorsieht, sowie
5. geförderte Altersvorsorgebeiträge nach § 82 des Einkommensteuergesetzes, soweit sie den Mindesteigenbeitrag nach § 86 des Einkommensteuergesetzes nicht überschreiten.

(2) Weisen Leistungsberechtigte Aufwendungen zur Erlangung eines Anspruchs auf ein angemessenes Sterbegeld vor Beginn der Leistungsberechtigung nach, so werden diese in angemessener Höhe als Bedarf anerkannt, soweit sie nicht nach § 82 Absatz 2 Nummer 3 vom Einkommen abgesetzt werden.

Dritter Abschnitt.[2)] Bildung und Teilhabe

§ 34[3)] [4)] Bedarfe für Bildung und Teilhabe. (1) [1] Bedarfe für Bildung nach den Absätzen 2 bis 6 von Schülerinnen und Schülern, die eine allgemein- oder

---

1) § 33 neu gef. mWv 1.7.2017 durch G v. 22.12.2016 (BGBl. I S. 3159); Abs. 1 Satz 1 geänd. mWv 1.7.2021 durch G v. 2.6.2021 (BGBl. I S. 1387).

2) 3. Abschnitt Überschrift eingef. mWv 1.1.2011 durch G v. 24.3.2011 (BGBl. I S. 453).

3) § 34 Absatz 1, Absatz 2 Satz 1 Nummer 1 und Satz 2, Absatz 4 bis Absatz 7 ist gem. Beschl. des BVerfG – 2 BvR 696/12 – v. 7.7.2020 (BGBl. I S. 1992) in Verbindung mit § 3 Absatz 2 Satz 1 Sozialgesetzbuch Zwölftes Buch in der Fassung vom 27. Dezember 2003 (Bundesgesetzblatt I Seite 3022) mit Artikel 28 Absatz 2 Satz 1 und Satz 3 in Verbindung mit Artikel 84 Absatz 1 Satz 7 des →

berufsbildende Schule besuchen, sowie Bedarfe von Kindern und Jugendlichen für Teilhabe am sozialen und kulturellen Leben in der Gemeinschaft nach Absatz 7 werden neben den maßgebenden Regelbedarfsstufen gesondert berücksichtigt. [2] Leistungen hierfür werden nach den Maßgaben des § 34a gesondert erbracht.

(2) [1] Bedarfe werden bei Schülerinnen und Schülern in Höhe der tatsächlichen Aufwendungen anerkannt für

1. Schulausflüge und
2. mehrtägige Klassenfahrten im Rahmen der schulrechtlichen Bestimmungen.

[2] Für Kinder, die eine Tageseinrichtung besuchen oder für die Kindertagespflege geleistet wird, gilt Satz 1 entsprechend.

(3) [1] Bedarfe für die Ausstattung mit persönlichem Schulbedarf werden bei Schülerinnen und Schülern für den Monat, in dem der erste Schultag eines Schuljahres liegt, in Höhe von 100 Euro und für den Monat, in dem das zweite Schulhalbjahr eines Schuljahres beginnt, in Höhe von 50 Euro anerkannt. [2] Abweichend von Satz 1 ist Schülerinnen und Schülern für die Ausstattung mit persönlichem Schulbedarf ein Bedarf anzuerkennen

1. in Höhe von 100 Euro für das erste Schulhalbjahr, wenn die erstmalige Aufnahme innerhalb des Schuljahres nach dem Monat erfolgt, in dem das erste Schulhalbjahr beginnt, aber vor Beginn des Monats, in dem das zweite Schulhalbjahr beginnt,
2. in Höhe des Betrags für das erste und das zweite Schulhalbjahr, wenn die erstmalige Aufnahme innerhalb des Schuljahres in oder nach dem Monat erfolgt, in dem das zweite Schulhalbjahr beginnt,
3. in Höhe von 50 Euro, wenn der Schulbesuch nach dem Monat, in dem das Schuljahr begonnen hat, unterbrochen wird und die Wiederaufnahme nach dem Monat erfolgt, in dem das zweite Schulhalbjahr beginnt.

(3a) [1] Der nach Absatz 3 anzuerkennende Teilbetrag für ein erstes Schulhalbjahr eines Schuljahres wird kalenderjährlich mit dem in der maßgeblichen Regelbedarfsstufen-Fortschreibungsverordnung[1)] nach den §§ 28a und 40 Nummer 1 bestimmten Prozentsatz fortgeschrieben; der fortgeschriebene Wert ist bis unter 0,50 Euro auf den nächsten vollen Euro abzurunden und ab 0,50 Euro auf den nächsten vollen Euro aufzurunden (Anlage). [2] Der Teilbetrag für das zweite Schulhalbjahr eines Schuljahres nach Absatz 3 beträgt 50 Prozent des sich nach Satz 1 für das jeweilige Kalenderjahr ergebenden Teilbetrags (Anlage). [3] Liegen die Ergebnisse einer bundesweiten neuen Einkommens- und Verbrauchsstichprobe vor, ist der Teilbetrag nach Satz 1 durch Bundesgesetz um den Betrag zu erhöhen, der sich aus der prozentualen Erhöhung der Regelbedarfsstufe 1 nach § 28 für das jeweilige Kalenderjahr durch Bundesgesetz ergibt,

---

(Fortsetzung der Anm. von voriger Seite)
Grundgesetzes unvereinbar. Die Vorschriften sind bis zu einer Neuregelung, spätestens bis zum 31. Dezember 2021, weiter anwendbar.

[4)] § 34 neu gef. mWv 1.1.2011 durch G v. 24.3.2011 (BGBl. I S. 453); Abs. 4 Satz 2 und Abs. 7 Satz 2 angef. mWv 1.8.2013 durch G v. 7.5.2013 (BGBl. I S. 1167); Abs. 1 Satz 1 geänd. mWv 1.1.2016 durch G v. 21.12.2015 (BGBl. I S. 2557); Abs. 2 Satz 2, Abs. 4 Satz 2 geänd. mWv 1.1.2017 durch G v. 22.12.2016 (BGBl. I S. 3159); Abs. 3 und 4 neu gef., Abs. 5 Satz 2 angef., Abs. 6 Satz 1 geänd., Satz 2 neu gef., Abs. 7 Satz 1 neu gef., Satz 2 geänd. mWv 1.8.2019, Abs. 3a eingef. mWv 1.7.2020 durch G v. 29.4.2019 (BGBl. I S. 530).

[1)] Siehe hierzu ua die Regelbedarfsstufen-FortschreibungsVO 2022 v. 23.9.2021 (BGBl. I S. 4389).

das Ergebnis ist entsprechend Satz 1 zweiter Teilsatz zu runden und die Anlage zu ergänzen. [4] Aus dem sich nach Satz 3 ergebenden Teilbetrag für das erste Schulhalbjahr ist der Teilbetrag für das zweite Schulhalbjahr des jeweiligen Kalenderjahres entsprechend Satz 2 durch Bundesgesetz zu bestimmen und die Anlage um den sich ergebenden Betrag zu ergänzen.

(4) [1] Bei Schülerinnen und Schülern, die für den Besuch der nächstgelegenen Schule des gewählten Bildungsgangs auf Schülerbeförderung angewiesen sind, werden die dafür erforderlichen tatsächlichen Aufwendungen berücksichtigt, soweit sie nicht von Dritten übernommen werden. [2] Als nächstgelegene Schule des gewählten Bildungsgangs gilt auch eine Schule, die aufgrund ihres Profils gewählt wurde, soweit aus diesem Profil eine besondere inhaltliche oder organisatorische Ausgestaltung des Unterrichts folgt; dies sind insbesondere Schulen mit naturwissenschaftlichem, musischem, sportlichem oder sprachlichem Profil sowie bilinguale Schulen, und Schulen mit ganztägiger Ausrichtung.

(5) [1] Für Schülerinnen und Schüler wird eine schulische Angebote ergänzende angemessene Lernförderung berücksichtigt, soweit diese geeignet und zusätzlich erforderlich ist, um die nach den schulrechtlichen Bestimmungen festgelegten wesentlichen Lernziele zu erreichen. [2] Auf eine bestehende Versetzungsgefährdung kommt es dabei nicht an.

(6) [1] Bei Teilnahme an einer gemeinschaftlichen Mittagsverpflegung werden die entstehenden Aufwendungen berücksichtigt für

1. Schülerinnen und Schüler und
2. Kinder, die eine Tageseinrichtung besuchen oder für die Kindertagespflege geleistet wird.

[2] Für Schülerinnen und Schüler gilt dies unter der Voraussetzung, dass die Mittagsverpflegung in schulischer Verantwortung angeboten wird oder durch einen Kooperationsvertrag zwischen Schule und Tageseinrichtung vereinbart ist. [3] In den Fällen des Satzes 2 ist für die Ermittlung des monatlichen Bedarfs die Anzahl der Schultage in dem Land zugrunde zu legen, in dem der Schulbesuch stattfindet.

(7) [1] Für die Teilhabe am sozialen und kulturellen Leben in der Gemeinschaft werden pauschal 15 Euro monatlich berücksichtigt, sofern bei Leistungsberechtigten, die das 18. Lebensjahr noch nicht vollendet haben, tatsächliche Aufwendungen entstehen im Zusammenhang mit der Teilnahme an

1. Aktivitäten in den Bereichen Sport, Spiel, Kultur und Geselligkeit,
2. Unterricht in künstlerischen Fächern (zum Beispiel Musikunterricht) und vergleichbare angeleitete Aktivitäten der kulturellen Bildung und
3. Freizeiten.

[2] Neben der Berücksichtigung von Bedarfen nach Satz 1 können auch weitere tatsächliche Aufwendungen berücksichtigt werden, wenn sie im Zusammenhang mit der Teilnahme an Aktivitäten nach Satz 1 Nummer 1 bis 3 entstehen und es den Leistungsberechtigten im Einzelfall nicht zugemutet werden kann, diese aus den Leistungen nach Satz 1 und aus dem Regelbedarf zu bestreiten.

§ 34a[1) 2)] Erbringung der Leistungen für Bildung und Teilhabe.

(1) [1] Leistungen zur Deckung der Bedarfe nach § 34 Absatz 2 und 4 bis 7 werden auf Antrag erbracht; gesonderte Anträge sind nur für Leistungen nach § 34 Absatz 5 erforderlich. [2] Einer nachfragenden Person werden, auch wenn keine Regelsätze zu gewähren sind, für Bedarfe nach § 34 Leistungen erbracht, wenn sie diese nicht aus eigenen Kräften und Mitteln vollständig decken kann. [3] Die Leistungen zur Deckung der Bedarfe nach § 34 Absatz 7 bleiben bei der Erbringung von Leistungen nach Teil 2 des Neunten Buches unberücksichtigt.

(2) [1] Leistungen zur Deckung der Bedarfe nach § 34 Absatz 2 und 5 bis 7 werden erbracht durch

1. Sach- und Dienstleistungen, insbesondere in Form von personalisierten Gutscheinen,
2. Direktzahlungen an Anbieter von Leistungen zur Deckung dieser Bedarfe (Anbieter) oder
3. Geldleistungen.

[2] Die nach § 34c Absatz 1 zuständigen Träger der Sozialhilfe bestimmen, in welcher Form sie die Leistungen erbringen. [3] Die Leistungen zur Deckung der Bedarfe nach § 34 Absatz 3 und 4 werden jeweils durch Geldleistungen erbracht. [4] Die nach § 34c Absatz 1 zuständigen Träger der Sozialhilfe können mit Anbietern pauschal abrechnen.

(3) [1] Werden die Bedarfe durch Gutscheine gedeckt, gelten die Leistungen mit Ausgabe des jeweiligen Gutscheins als erbracht. [2] Die nach § 34c Absatz 1 zuständigen Träger der Sozialhilfe gewährleisten, dass Gutscheine bei geeigneten vorhandenen Anbietern oder zur Wahrnehmung ihrer eigenen Angebote eingelöst werden können. [3] Gutscheine können für den gesamten Bewilligungszeitraum im Voraus ausgegeben werden. [4] Die Gültigkeit von Gutscheinen ist angemessen zu befristen. [5] Im Fall des Verlustes soll ein Gutschein erneut in dem Umfang ausgestellt werden, in dem er noch nicht in Anspruch genommen wurde.

(4) [1] Werden die Bedarfe durch Direktzahlungen an Anbieter gedeckt, gelten die Leistungen mit der Zahlung als erbracht. [2] Eine Direktzahlung ist für den gesamten Bewilligungszeitraum im Voraus möglich.

(5) Werden die Leistungen für Bedarfe nach § 34 Absatz 2 und 5 bis 7 durch Geldleistungen erbracht, erfolgt dies

1. monatlich in Höhe der im Bewilligungszeitraum bestehenden Bedarfe oder
2. nachträglich durch Erstattung verauslagter Beträge.

(6) [1] Im Einzelfall kann der nach § 34c Absatz 1 zuständige Träger der Sozialhilfe einen Nachweis über eine zweckentsprechende Verwendung der

---

[1)] § 34a ist gem. Beschl. des BVerfG – 2 BvR 696/12 – v. 7.7.2020 (BGBl. I S. 1992) in Verbindung mit § 3 Absatz 2 Satz 1 Sozialgesetzbuch Zwölftes Buch in der Fassung vom 27. Dezember 2003 (Bundesgesetzblatt I Seite 3022) mit Artikel 28 Absatz 2 Satz 1 und Satz 3 in Verbindung mit Artikel 84 Absatz 1 Satz 7 des Grundgesetzes unvereinbar. Die Vorschriften sind bis zu einer Neuregelung, spätestens bis zum 31. Dezember 2021, weiter anwendbar.

[2)] § 34a eingef. mWv 1.1.2011 durch G v. 24.3.2011 (BGBl. I S. 453); Abs. 2 Satz 2 eingef., bish. Satz 2 wird Satz 3, Satz 4 angef. mWv 1.8.2013 durch G v. 7.5.2013 (BGBl. I S. 1167); Abs. 1 Satz 3 geänd. mWv 1.1.2020 durch G v. 23.12.2016 (BGBl. I S. 3234); Abs. 1 Satz 1 geänd., Abs. 2 neu gef., Abs. 5 eingef., bish. Abs. 5 wird Abs. 6 und Satz 1 geänd., Abs. 7 angef. mWv 1.8.2019 durch G v. 29.4.2019 (BGBl. I S. 530); Abs. 2 Sätze 2 und 4, Abs. 3 Satz 2, Abs. 6 Satz 1, Abs. 7 Satz 1 Nr. 1, Satz 2 geänd. mWv 1.1.2022 durch G v. 2.6.2021 (BGBl. I S. 1387).

Leistung verlangen. [2]Soweit der Nachweis nicht geführt wird, soll die Bewilligungsentscheidung widerrufen werden.

(7) [1]Abweichend von den Absätzen 2 bis 5 können Leistungen nach § 34 Absatz 2 Satz 1 Nummer 1 gesammelt für Schülerinnen und Schüler an eine Schule ausgezahlt werden, wenn die Schule

1. dies bei dem nach § 34c Absatz 1 zuständigen Träger der Sozialhilfe beantragt,
2. die Leistungen für die leistungsberechtigten Schülerinnen und Schüler verauslagt und
3. sich die Leistungsberechtigung von den Leistungsberechtigten nachweisen lässt.

[2]Der nach § 34c Absatz 1 zuständige Träger der Sozialhilfe kann mit der Schule vereinbaren, dass monatliche oder schulhalbjährliche Abschlagszahlungen geleistet werden.

§ 34b[1)] Berechtigte Selbsthilfe. [1]Geht die leistungsberechtigte Person durch Zahlung an Anbieter in Vorleistung, ist der nach § 34c Absatz 1 zuständige Träger der Sozialhilfe zur Übernahme der berücksichtigungsfähigen Aufwendungen verpflichtet, soweit

1. unbeschadet des Satzes 2 die Voraussetzungen einer Leistungsgewährung zur Deckung der Bedarfe im Zeitpunkt der Selbsthilfe nach § 34 Absatz 2 und 5 bis 7 vorlagen und
2. zum Zeitpunkt der Selbsthilfe der Zweck der Leistung durch Erbringung als Sach- oder Dienstleistung ohne eigenes Verschulden nicht oder nicht rechtzeitig zu erreichen war.

[2]War es dem Leistungsberechtigten nicht möglich, rechtzeitig einen Antrag zu stellen, gilt dieser als zum Zeitpunkt der Selbstvornahme gestellt.

§ 34c[2)] Zuständigkeit. (1) Die für die Ausführung des Gesetzes nach diesem Abschnitt zuständigen Träger werden nach Landesrecht bestimmt.

(2) Die §§ 3, 6 und 7 sind nicht anzuwenden.

Vierter Abschnitt.[3)] Bedarfe für Unterkunft und Heizung

§ 35[4)] Bedarfe für Unterkunft und Heizung. (1) [1]Bedarfe für die Unterkunft werden in Höhe der tatsächlichen Aufwendungen anerkannt. [2]Bedarfe für die Unterkunft sind auf Antrag der leistungsberechtigten Person durch Direktzahlung an den Vermieter oder andere Empfangsberechtigte zu decken. [3]Direktzahlungen an den Vermieter oder andere Empfangsberechtigte sollen

---

[1)] § 34b eingef. mWv 1.8.2013 durch G v. 7.5.2013 (BGBl. I S. 1167); Satz 1 einl. Satzteil geänd. mWv 1.1.2022 durch G v. 2.6.2021 (BGBl. I S. 1387).

[2)] § 34c eingef. mWv 1.1.2022 durch G v. 2.6.2021 (BGBl. I S. 1387).

[3)] 4. Abschnitt eingef. mWv 1.1.2011 durch G v. 24.3.2011 (BGBl. I S. 453); Überschrift neu gef. mWv 1.1.2016 durch G v. 21.12.2015 (BGBl. I S. 2557).

[4)] § 35 neu gef. mWv 1.1.2011 durch G v. 24.3.2011 (BGBl. I S. 453); Überschrift neu gef., Abs. 1 Sätze 1–3 und 5, Abs. 3 Satz 1, Abs. 4 Sätze 1 und 2 geänd. mWv 1.1.2016 durch G v. 21.12.2015 (BGBl. I S. 2557); Abs. 5 angef. mWv 1.7.2017, Abs. 5 geänd. mWv 1.1.2020 durch G v. 22.12.2016 (BGBl. I S. 3159); Abs. 5 Satz 1 eingef., bish. Wortlaut wird Satz 2 mWv 1.1.2020 durch G v. 30.11.2019 (BGBl. I S. 1948); Abs. 5 Satz 2 geänd. mWv 1.7.2021 durch G v. 2.6.2021 (BGBl. I S. 1387).

erfolgen, wenn die zweckentsprechende Verwendung durch die leistungsberechtigte Person nicht sichergestellt ist. [4]Das ist insbesondere der Fall, wenn

1. Mietrückstände bestehen, die zu einer außerordentlichen Kündigung des Mietverhältnisses berechtigen,
2. Energiekostenrückstände bestehen, die zu einer Unterbrechung der Energieversorgung berechtigen,
3. konkrete Anhaltspunkte für ein krankheits- oder suchtbedingtes Unvermögen der leistungsberechtigten Person bestehen, die Mittel zweckentsprechend zu verwenden, oder
4. konkrete Anhaltspunkte dafür bestehen, dass die im Schuldnerverzeichnis eingetragene leistungsberechtigte Person die Mittel nicht zweckentsprechend verwendet.

[5]Werden die Bedarfe für die Unterkunft und Heizung durch Direktzahlung an den Vermieter oder andere Empfangsberechtigte gedeckt, hat der Träger der Sozialhilfe die leistungsberechtigte Person darüber schriftlich zu unterrichten.

(2) [1]Übersteigen die Aufwendungen für die Unterkunft den der Besonderheit des Einzelfalles angemessenen Umfang, sind sie insoweit als Bedarf der Personen, deren Einkommen und Vermögen nach § 27 Absatz 2 zu berücksichtigen sind, anzuerkennen. [2]Satz 1 gilt so lange, als es diesen Personen nicht möglich oder nicht zuzumuten ist, durch einen Wohnungswechsel, durch Vermieten oder auf andere Weise die Aufwendungen zu senken, in der Regel jedoch längstens für sechs Monate. [3]Vor Abschluss eines Vertrages über eine neue Unterkunft haben Leistungsberechtigte den dort zuständigen Träger der Sozialhilfe über die nach den Sätzen 1 und 2 maßgeblichen Umstände in Kenntnis zu setzen. [4]Sind die Aufwendungen für die neue Unterkunft unangemessen hoch, ist der Träger der Sozialhilfe nur zur Übernahme angemessener Aufwendungen verpflichtet, es sei denn, er hat den darüber hinausgehenden Aufwendungen vorher zugestimmt. [5]Wohnungsbeschaffungskosten, Mietkautionen und Umzugskosten können bei vorheriger Zustimmung übernommen werden; Mietkautionen sollen als Darlehen erbracht werden. [6]Eine Zustimmung soll erteilt werden, wenn der Umzug durch den Träger der Sozialhilfe veranlasst wird oder aus anderen Gründen notwendig ist und wenn ohne die Zustimmung eine Unterkunft in einem angemessenen Zeitraum nicht gefunden werden kann.

(3) [1]Der Träger der Sozialhilfe kann für seinen Bereich die Bedarfe für die Unterkunft durch eine monatliche Pauschale festsetzen, wenn auf dem örtlichen Wohnungsmarkt hinreichend angemessener freier Wohnraum verfügbar und in Einzelfällen die Pauschalierung nicht unzumutbar ist. [2]Bei der Bemessung der Pauschale sind die tatsächlichen Gegebenheiten des örtlichen Wohnungsmarkts, der örtliche Mietspiegel sowie die familiären Verhältnisse der Leistungsberechtigten zu berücksichtigen. [3]Absatz 2 Satz 1 gilt entsprechend.

(4) [1]Bedarfe für Heizung und zentrale Warmwasserversorgung werden in tatsächlicher Höhe anerkannt, soweit sie angemessen sind. [2]Die Bedarfe können durch eine monatliche Pauschale festgesetzt werden. [3]Bei der Bemessung der Pauschale sind die persönlichen und familiären Verhältnisse, die Größe und Beschaffenheit der Wohnung, die vorhandenen Heizmöglichkeiten und die örtlichen Gegebenheiten zu berücksichtigen.

(5) [1]Leben Leistungsberechtigte in einer Unterkunft nach § 42a Absatz 2 Satz 1 Nummer 2 und Satz 3, sind Aufwendungen für Unterkunft und Heizung

nach § 42a Absatz 5 und 6 anzuerkennen. [2] Leben Leistungsberechtigte in einer sonstigen Unterkunft nach § 42a Absatz 2 Satz 1 Nummer 3 sind Aufwendungen für Unterkunft und Heizung nach § 42a Absatz 7 anzuerkennen.

§ 35a[1)] Satzung. [1] Hat ein Kreis oder eine kreisfreie Stadt eine Satzung nach den §§ 22a bis 22c des Zweiten Buches[2)] erlassen, so gilt sie für die Höhe der anzuerkennenden Bedarfe für die Unterkunft nach § 35 Absatz 1 und 2 des zuständigen Trägers der Sozialhilfe entsprechend, sofern darin nach § 22b Absatz 3 des Zweiten Buches Sonderregelungen für Personen mit einem besonderen Bedarf für Unterkunft und Heizung getroffen werden und dabei zusätzlich auch die Bedarfe älterer Menschen berücksichtigt werden. [2] Dies gilt auch für die Höhe der anzuerkennenden Bedarfe für Heizung nach § 35 Absatz 4, soweit die Satzung Bestimmungen nach § 22b Absatz 1 Satz 2 und 3 des Zweiten Buches enthält. [3] In Fällen der Sätze 1 und 2 ist § 35 Absatz 3 und 4 Satz 2 und 3 nicht anzuwenden.

§ 36[3)] Sonstige Hilfen zur Sicherung der Unterkunft. (1) [1] Schulden können nur übernommen werden, wenn dies zur Sicherung der Unterkunft oder zur Behebung einer vergleichbaren Notlage gerechtfertigt ist. [2] Sie sollen übernommen werden, wenn dies gerechtfertigt und notwendig ist und sonst Wohnungslosigkeit einzutreten droht. [3] Geldleistungen können als Beihilfe oder als Darlehen erbracht werden.

(2) [1] Geht bei einem Gericht eine Klage auf Räumung von Wohnraum im Falle der Kündigung des Mietverhältnisses nach § 543 Absatz 1, 2 Satz 1 Nummer 3 in Verbindung mit § 569 Absatz 3 des Bürgerlichen Gesetzbuchs[4)] ein, teilt das Gericht dem zuständigen örtlichen Träger der Sozialhilfe oder der Stelle, die von ihm zur Wahrnehmung der in Absatz 1 bestimmten Aufgaben beauftragt wurde, unverzüglich Folgendes mit:

1. den Tag des Eingangs der Klage,
2. die Namen und die Anschriften der Parteien,
3. die Höhe der monatlich zu entrichtenden Miete,
4. die Höhe des geltend gemachten Mietrückstandes und der geltend gemachten Entschädigung sowie
5. den Termin zur mündlichen Verhandlung, sofern dieser bereits bestimmt ist.

[2] Außerdem kann der Tag der Rechtshängigkeit mitgeteilt werden. [3] Die Übermittlung unterbleibt, wenn die Nichtzahlung der Miete nach dem Inhalt der Klageschrift offensichtlich nicht auf Zahlungsunfähigkeit des Mieters beruht. [4] Die übermittelten Daten dürfen auch für entsprechende Zwecke der Kriegsopferfürsorge nach dem Bundesversorgungsgesetz gespeichert, verändert, genutzt, übermittelt und in der Verarbeitung eingeschränkt werden.

---

1) § 35a eingef. mWv 1.4.2011 durch G v. 24.3.2011 (BGBl. I S. 453); Sätze 1 und 2 geänd. mWv 1.1.2016 durch G v. 21.12.2015 (BGBl. I S. 2557).

2) Nr. **51.4**.

3) § 36 neu gef. mWv 1.1.2011 durch G v. 24.3.2011 (BGBl. I S. 453); Abs. 2 Satz 4 geänd. mWv 26.11.2019 durch G v. 20.11.2019 (BGBl. I S. 1626).

4) **Habersack (vormals Schönfelder) Nr. 20.**

Fünfter Abschnitt.[1] Gewährung von Darlehen

§ 37[2] **Ergänzende Darlehen.** (1) Kann im Einzelfall ein von den Regelbedarfen umfasster und nach den Umständen unabweisbar gebotener Bedarf auf keine andere Weise gedeckt werden, sollen auf Antrag hierfür notwendige Leistungen als Darlehen erbracht werden.

(2) [1]Der Träger der Sozialhilfe übernimmt für Leistungsberechtigte, die einen Barbetrag nach § 27b Absatz 3 Satz 2 Nummer 1 erhalten, die jeweils von ihnen bis zur Belastungsgrenze (§ 62 des Fünften Buches) zu leistenden Zuzahlungen in Form eines ergänzenden Darlehens, sofern der Leistungsberechtigte nicht widerspricht. [2]Die Auszahlung der für das gesamte Kalenderjahr zu leistenden Zuzahlungen erfolgt unmittelbar an die zuständige Krankenkasse zum 1. Januar oder bei Aufnahme in eine stationäre Einrichtung. [3]Der Träger der Sozialhilfe teilt der zuständigen Krankenkasse spätestens bis zum 1. November des Vorjahres die Leistungsberechtigten nach § 27b Absatz 3 Satz 2 Nummer 1 mit, soweit diese der Darlehensgewährung nach Satz 1 für das laufende oder ein vorangegangenes Kalenderjahr nicht widersprochen haben.

(3) In den Fällen des Absatzes 2 Satz 3 erteilt die Krankenkasse über den Träger der Sozialhilfe die in § 62 Absatz 1 Satz 1 des Fünften Buches genannte Bescheinigung jeweils bis zum 1. Januar oder bei Aufnahme in eine stationäre Einrichtung und teilt dem Träger der Sozialhilfe die Höhe der der leistungsberechtigten Person zu leistenden Zuzahlungen mit; Veränderungen im Laufe eines Kalenderjahres sind unverzüglich mitzuteilen.

(4) [1]Für die Rückzahlung von Darlehen nach Absatz 1 können von den monatlichen Regelsätzen Teilbeträge bis zur Höhe von jeweils 5 vom Hundert der Regelbedarfsstufe 1 nach der Anlage zu § 28 einbehalten werden. [2]Die Rückzahlung von Darlehen Absatz 2 erfolgt in gleichen Teilbeträgen über das ganze Kalenderjahr.

§ 37a[3] **Darlehen bei am Monatsende fälligen Einkünften.** (1) [1]Kann eine leistungsberechtigte Person in dem Monat, in dem ihr erstmals eine Rente zufließt, bis zum voraussichtlichen Zufluss der Rente ihren notwendigen Lebensunterhalt nicht vollständig aus eigenen Mitteln bestreiten, ist ihr insoweit auf Antrag ein Darlehen zu gewähren. [2]Satz 1 gilt entsprechend für Einkünfte und Sozialleistungen, die am Monatsende fällig werden.

(2) [1]Das Darlehen ist in monatlichen Raten in Höhe von 5 Prozent der Regelbedarfsstufe 1 nach der Anlage zu § 28 zu tilgen; insgesamt ist jedoch höchstens ein Betrag in Höhe von 50 Prozent der Regelbedarfsstufe 1 nach der Anlage zu § 28 zurückzuzahlen. [2]Beträgt der monatliche Leistungsanspruch der leistungsberechtigten Person weniger als 5 Prozent der Regelbedarfsstufe 1 nach der Anlage zu § 28 wird die monatliche Rate nach Satz 1 in Höhe des Leistungsanspruchs festgesetzt.

---

[1] 5. Abschnitt Überschrift eingef. mWv 1.1.2011 durch G v. 24.3.2011 (BGBl. I S. 453).

[2] § 37 Abs. 1 geänd., Abs. 2 und 3 eingef., bish. Abs. 2 wird Abs. 4 und Satz 1 neu gef., Satz 2 geänd. mWv 1.1.2011 durch G v. 24.3.2011 (BGBl. I S. 453); Abs. 2 Satz 1 geänd. mWv 1.1.2020 durch G v. 10.12.2019 (BGBl. I S. 2135); Abs. 2 Satz 3, Abs. 4 Satz 2 geänd. mWv 1.7.2021 durch G v. 2.6.2021 (BGBl. I S. 1387).

[3] § 37a eingef. mWv 1.7.2017 durch G v. 22.12.2016 (BGBl. I S. 3159).

(3) [1]Die Rückzahlung nach Absatz 2 beginnt mit Ablauf des Kalendermonats, der auf die Auszahlung des Darlehens folgt. [2]Die Rückzahlung des Darlehens erfolgt während des Leistungsbezugs durch Aufrechnung nach § 44b.

§ 38[1)] Darlehen bei vorübergehender Notlage. [1]Sind Leistungen nach § 27a Absatz 3 und 4, der Barbetrag nach § 27b Absatz 2 sowie nach den §§ 30, 32, 33 und 35 voraussichtlich nur für kurze Dauer zu erbringen, können Geldleistungen als Darlehen gewährt werden. [2]Darlehen an Mitglieder von Haushaltsgemeinschaften im Sinne des § 27 Absatz 2 Satz 2 und 3 können an einzelne Mitglieder oder an mehrere gemeinsam vergeben werden.

Sechster Abschnitt.[2)] Einschränkung von Leistungsberechtigung und -umfang

§ 39[3)] Vermutung der Bedarfsdeckung. [1]Lebt eine nachfragende Person gemeinsam mit anderen Personen in einer Wohnung oder in einer entsprechenden anderen Unterkunft, so wird vermutet, dass sie gemeinsam wirtschaften (Haushaltsgemeinschaft) und dass die nachfragende Person von den anderen Personen Leistungen zum Lebensunterhalt erhält, soweit dies nach deren Einkommen und Vermögen erwartet werden kann. [2]Soweit nicht gemeinsam gewirtschaftet wird oder die nachfragende Person von den Mitgliedern der Haushaltsgemeinschaft keine ausreichenden Leistungen zum Lebensunterhalt erhält, ist ihr Hilfe zum Lebensunterhalt zu gewähren. [3]Satz 1 gilt nicht

1. für Schwangere oder Personen, die ihr leibliches Kind bis zur Vollendung seines sechsten Lebensjahres betreuen und mit ihren Eltern oder einem Elternteil zusammenleben, oder
2. für Personen, die in der Eingliederungshilfe leistungsberechtigt im Sinne des § 99 Absatz 1 bis 3 des Neunten Buches sind oder im Sinne des § 61a pflegebedürftig sind und von in Satz 1 genannten Personen betreut werden; dies gilt auch, wenn die genannten Voraussetzungen einzutreten drohen und das gemeinsame Wohnen im Wesentlichen zum Zweck der Sicherstellung der Hilfe und Versorgung erfolgt.

§ 39a[4)] Einschränkung der Leistung. (1) [1]Lehnen Leistungsberechtigte entgegen ihrer Verpflichtung die Aufnahme einer Tätigkeit oder die Teilnahme an einer erforderlichen Vorbereitung ab, vermindert sich die maßgebende Regelbedarfsstufe in einer ersten Stufe um bis zu 25 vom Hundert, bei wiederholter Ablehnung in weiteren Stufen um jeweils bis zu 25 vom Hundert. [2]Die Leistungsberechtigten sind vorher entsprechend zu belehren.

(2) § 26 Abs. 1 Satz 2 findet Anwendung.

---

1) § 38 Abs. 1 Satz 1 geänd. mWv 9.10.2013 durch G v. 1.10.2013 (BGBl. I S. 3733); bish. Abs. 1 Satz 2 geänd., Abs. 2 aufgeh. mWv 1.1.2016 durch G v. 21.12.2015 (BGBl. I S. 2557).

2) 6. Abschnitt Überschrift eingef. mWv 1.1.2011 durch G v. 24.3.2011 (BGBl. I S. 453).

3) § 39 neu gef. mWv 1.1.2011 durch G v. 24.3.2011 (BGBl. I S. 453); Satz 3 Nr. 2 geänd. mWv 1.1.2017 durch G v. 23.12.2016 (BGBl. I S. 3191); Satz 3 Nr. 2 geänd. mWv 1.1.2020 durch G v. 23.12.2016 (BGBl. I S. 3234); Satz 3 Nr. 2 geänd. mWv 1.7.2021 durch G v. 2.6.2021 (BGBl. I S. 1387).

4) Bish. § 39 wird § 39a und Abs. 1 Satz 1 geänd. mWv 1.1.2011 durch G v. 24.3.2011 (BGBl. I S. 453).

Siebter Abschnitt.[1)] Verordnungsermächtigung

§ 40[2)] Verordnungsermächtigung. [1]Das Bundesministerium für Arbeit und Soziales hat im Einvernehmen mit dem Bundesministerium der Finanzen durch Rechtsverordnung[3)] mit Zustimmung des Bundesrates

1. den für die Fortschreibung der Regelbedarfsstufen nach § 28a und für die Fortschreibung des Teilbetrags nach § 34 Absatz 3a Satz 1 maßgeblichen Prozentsatz zu bestimmen und
2. die Anlagen zu den §§ 28 und 34 um die sich durch die Fortschreibung nach Nummer 1 zum 1. Januar eines Jahres ergebenden Regelbedarfsstufen sowie um die sich aus der Fortschreibung nach § 34 Absatz 3a Satz 1 und 2 ergebenden Teilbeträge zu ergänzen.

[2]Der Vomhundertsatz nach Satz 1 Nummer 1 ist auf zwei Dezimalstellen zu berechnen; die zweite Dezimalstelle ist um eins zu erhöhen, wenn sich in der dritten Dezimalstelle eine der Ziffern von 5 bis 9 ergibt. [3]Die Bestimmungen nach Satz 1 erfolgen bis spätestens zum Ablauf des 31. Oktober des jeweiligen Jahres.

Viertes Kapitel. Grundsicherung im Alter und bei Erwerbsminderung

Erster Abschnitt. Grundsätze

§ 41[4)] Leistungsberechtigte. (1) Leistungsberechtigt nach diesem Kapitel sind Personen mit gewöhnlichem Aufenthalt im Inland, die ihren notwendigen Lebensunterhalt nicht oder nicht ausreichend aus Einkommen und Vermögen nach § 43 bestreiten können, wenn sie die Voraussetzungen nach Absatz 2, 3 oder 3a erfüllen.

(2) [1]Leistungsberechtigt sind Personen nach Absatz 1 wegen Alters, wenn sie die Altersgrenze erreicht haben. [2]Personen, die vor dem 1. Januar 1947 geboren sind, erreichen die Altersgrenze mit Vollendung des 65. Lebensjahres. [3]Für Personen, die nach dem 31. Dezember 1946 geboren sind, wird die Altersgrenze wie folgt angehoben:

für den Geburts- jahrgang	erfolgt eine Anhebung um Monate	auf Vollendung eines Lebensalters von
1947	1	65 Jahren und 1 Monat
1948	2	65 Jahren und 2 Monaten

[1)] 7. Abschn. Überschrift eingef. mWv 1.1.2011 durch G v. 24.3.2011 (BGBl. I S. 453).

[2)] § 40 neu gef. mWv 1.1.2011 durch G v. 24.3.2011 (BGBl. I S. 453); Satz 3 neu gef. mWv 1.1.2017 durch G v. 22.12.2016 (BGBl. I S. 3159); Satz 1 neu gef. mWv 1.7.2020 durch G v. 29.4.2019 (BGBl. I S. 530).

[3)] Siehe hierzu ua die Regelbedarfsstufen-FortschreibungsVO 2020 (RBSFV 2020) v. 15.10.2019 (BGBl. I S. 1452), aufgeh. durch G v. 9.12.2020 (BGBl. I S. 2855) und die Regelbedarfsstufen-Fortschreibungsverordnung 2022 v. 23.9.2021 (BGBl. I S. 4389).

[4)] § 41 neu gef. mWv 1.1.2008 durch G v. 20.4.2007 (BGBl. I S. 554); Abs. 1 Satz 1 geänd. mWv 1.1.2011 durch G v. 24.3.2011 (BGBl. I S. 453); Abs. 1 neu gef. mWv 1.1.2016 durch G v. 21.12.2015 (BGBl. I S. 2557); Abs. 1, Abs. 2 Satz 1 und Abs. 3 neu gef., Abs. 3a eingef. mWv 13.12.2019 durch G v. 10.12.2019 (BGBl. I S. 2135); Abs. 4 geänd. mWv 1.7.2021 durch G v. 2.6.2021 (BGBl. I S. 1387).

für den Geburts-jahrgang	erfolgt eine Anhebung um Monate	auf Vollendung eines Lebensalters von
1949	3	65 Jahren und 3 Monaten
1950	4	65 Jahren und 4 Monaten
1951	5	65 Jahren und 5 Monaten
1952	6	65 Jahren und 6 Monaten
1953	7	65 Jahren und 7 Monaten
1954	8	65 Jahren und 8 Monaten
1955	9	65 Jahren und 9 Monaten
1956	10	65 Jahren und 10 Monaten
1957	11	65 Jahren und 11 Monaten
1958	12	66 Jahren
1959	14	66 Jahren und 2 Monaten
1960	16	66 Jahren und 4 Monaten
1961	18	66 Jahren und 6 Monaten
1962	20	66 Jahren und 8 Monaten
1963	22	66 Jahren und 10 Monaten
ab 1964	24	67 Jahren

(3) Leistungsberechtigt sind Personen nach Absatz 1 wegen einer dauerhaften vollen Erwerbsminderung, wenn sie das 18. Lebensjahr vollendet haben, unabhängig von der jeweiligen Arbeitsmarktlage voll erwerbsgemindert im Sinne des § 43 Absatz 2 des Sechsten Buches sind und bei denen unwahrscheinlich ist, dass die volle Erwerbsminderung behoben werden kann.

(3a) Leistungsberechtigt sind Personen nach Absatz 1, die das 18. Lebensjahr vollendet haben, für den Zeitraum, in dem sie

1. in einer Werkstatt für behinderte Menschen (§ 57 des Neunten Buches) oder bei einem anderen Leistungsanbieter (§ 60 des Neunten Buches) das Eingangsverfahren und den Berufsbildungsbereich durchlaufen oder
2. in einem Ausbildungsverhältnis stehen, für das sie ein Budget für Ausbildung (§ 61a des Neunten Buches) erhalten.

(4) Keinen Anspruch auf Leistungen nach diesem Kapitel hat, wer in den letzten zehn Jahren die Hilfebedürftigkeit vorsätzlich oder grob fahrlässig herbeigeführt hat.

§ 41a[1] Vorübergehender Auslandsaufenthalt. Leistungsberechtigte, die sich länger als vier Wochen ununterbrochen im Ausland aufhalten, erhalten nach Ablauf der vierten Woche bis zu ihrer nachgewiesenen Rückkehr ins Inland keine Leistungen.

[1] § 41a eingef. mWv 1.7.2017 durch G v. 22.12.2016 (BGBl. I S. 3159).

§ 42[1] Bedarfe. Die Bedarfe nach diesem Kapitel umfassen:

1. die Regelsätze nach den Regelbedarfsstufen der Anlage zu § 28; § 27a Absatz 3 und Absatz 4 ist anzuwenden; § 29 Absatz 1 Satz 1 letzter Halbsatz und Absatz 2 bis 5 ist nicht anzuwenden,
2. die zusätzlichen Bedarfe nach dem Zweiten Abschnitt des Dritten Kapitels sowie Bedarfe nach § 42b,
3. die Bedarfe für Bildung und Teilhabe nach dem Dritten Abschnitt des Dritten Kapitels, ausgenommen die Bedarfe nach § 34 Absatz 7,
4. Bedarfe für Unterkunft und Heizung
   a) bei Leistungsberechtigten außerhalb von Einrichtungen nach § 42a,
   b) bei Leistungsberechtigten, deren notwendiger Lebensunterhalt sich nach § 27b Absatz 1 Satz 2 oder nach § 27c Absatz 1 Nummer 2 ergibt, in Höhe der nach § 45a ermittelten durchschnittlichen Warmmiete von Einpersonenhaushalten,
5. ergänzende Darlehen nach § 37 Absatz 1 und Darlehen bei am Monatsende fälligen Einkommen nach § 37a.

§ 42a[2] Bedarfe für Unterkunft und Heizung. (1) Für Leistungsberechtigte sind angemessene Bedarfe für Unterkunft und Heizung nach dem Vierten Abschnitt des Dritten Kapitels sowie nach § 42 Nummer 4 Buchstabe b anzuerkennen, soweit in den folgenden Absätzen nichts Abweichendes geregelt ist.

(2) [1] Für die Anerkennung von Bedarfen für Unterkunft und Heizung bei

1. Leistungsberechtigten, die in einer Wohnung nach Satz 2 leben, gelten die Absätze 3 und 4,
2. Leistungsberechtigten, die nicht in einer Wohnung nach Nummer 1 leben, weil ihnen zur Erbringung von Leistungen nach Teil 2 des Neunten Buches allein oder zu zweit ein persönlicher Wohnraum und zusätzliche Räumlichkeiten zur gemeinschaftlichen Nutzung nach Satz 3 zu Wohnzwecken überlassen werden, gelten die Absätze 5 und 6,
3. Leistungsberechtigten, die weder in einer Wohnung nach Nummer 1 noch in einem persönlichen Wohnraum und zusätzlichen Räumlichkeiten nach Nummer 2 untergebracht sind und für die § 42 Nummer 4 Buchstabe b nicht anzuwenden ist, gilt Absatz 7.

[2] Wohnung ist die Zusammenfassung mehrerer Räume, die von anderen Wohnungen oder Wohnräumen baulich getrennt sind und die in ihrer Gesamtheit alle für die Führung eines Haushalts notwendigen Einrichtungen, Ausstattun-

---

[1] § 42 neu gef. mWv 1.1.2011 durch G v. 24.3.2011 (BGBl. I S. 453); Nr. 1 neu gef. mWv 1.1. 2013 durch G v. 20.12.2012 (BGBl. I S. 2783); Überschrift neu gef., einl. Satzteil und Nr. 4 geänd. mWv 1.1.2016 durch G v. 21.12.2015 (BGBl. I S. 2557); Nr. 4 und 5 neu gef. mWv 1.7.2017 durch G v. 22.12.2016 (BGBl. I S. 3159); Nr. 2 geänd., Nr. 4 Buchst. b neu gef. mWv 1.1.2020 durch G v. 23.12.2016 (BGBl. I S. 3234); Nr. 1 geänd. mWv 6.12.2019 durch G v. 30.11.2019 (BGBl. I S. 1948); Satz 1 Nr. 4 Buchst. b neu gef. mWv 1.1.2020 durch G v. 10.12.2019 (BGBl. I S. 2135); Nr. 4 Buchst. b neu gef. mWv 1.1.2022 durch G v. 2.6.2021 (BGBl. I S. 1387).

[2] § 42a eingef. mWv 1.7.2017 durch G v. 22.12.2016 (BGBl. I S. 3159); Abs. 3 Satz 1 abschl. Satzteil und Satz 3, Abs. 4 Satz 2 geänd. mWv 6.12.2019, Abs. 2 und 5 neu gef., Abs. 6 und 7 angef. mWv 1.1.2020 durch G v. 30.11.2019 (BGBl. I S. 1948); Abs. 4 Satz 3, Abs. 5 Satz 3 geänd., Sätze 4 und 5 aufgeh., bish. Sätze 6 und 7 werden Sätze 4 und 5, neuer Satz 5 geänd. mWv 10.6.2021 durch G v. 2.6.2021 (BGBl. I S. 1387).

gen und Räumlichkeiten umfassen. [3] Persönlicher Wohnraum ist ein Wohnraum, der Leistungsberechtigten allein oder zu zweit zur alleinigen Nutzung überlassen wird, und zusätzliche Räumlichkeiten sind Räume, die Leistungsberechtigten zusammen mit weiteren Personen zur gemeinschaftlichen Nutzung überlassen werden.

(3) [1] Lebt eine leistungsberechtigte Person

1. zusammen mit mindestens einem Elternteil, mit mindestens einem volljährigen Geschwisterkind oder einem volljährigen Kind in einer Wohnung im Sinne von Absatz 2 Satz 2 und sind diese Mieter oder Eigentümer der gesamten Wohnung (Mehrpersonenhaushalt) und
2. ist sie nicht vertraglich zur Tragung von Unterkunftskosten verpflichtet,

sind ihr Bedarfe für Unterkunft und Heizung nach den Sätzen 2 bis 5 anzuerkennen. [2] Als Bedarf sind leistungsberechtigten Personen nach Satz 1 diejenigen Aufwendungen für Unterkunft als Bedarf anzuerkennen, die sich aus der Differenz der angemessenen Aufwendungen für den Mehrpersonenhaushalt entsprechend der Anzahl der dort wohnenden Personen ergeben und für einen Haushalt mit einer um eins verringerten Personenzahl. [3] Für die als Bedarf zu berücksichtigenden angemessenen Aufwendungen für Heizung ist der Anteil an den tatsächlichen Gesamtaufwendungen für die Heizung der Wohnung zu berücksichtigen, der sich für die Aufwendungen für die Unterkunft nach Satz 2 ergibt. [4] Abweichend von § 35 kommt es auf die nachweisbare Tragung von tatsächlichen Aufwendungen für Unterkunft und Heizung nicht an. [5] Die Sätze 2 und 3 gelten nicht, wenn die mit der leistungsberechtigten Person zusammenlebenden Personen darlegen, dass sie ihren Lebensunterhalt einschließlich der ungedeckten angemessenen Aufwendungen für Unterkunft und Heizung aus eigenen Mitteln nicht decken können; in diesen Fällen findet Absatz 4 Satz 1 Anwendung.

(4) [1] Lebt eine leistungsberechtigte Person zusammen mit anderen Personen in einer Wohnung im Sinne von Absatz 2 Satz 2 (Wohngemeinschaft) oder lebt die leistungsberechtigte Person zusammen mit in Absatz 3 Satz 1 Nummer 1 genannten Personen und ist sie vertraglich zur Tragung von Unterkunftskosten verpflichtet, sind die von ihr zu tragenden Aufwendungen für Unterkunft und Heizung bis zu dem Betrag als Bedarf anzuerkennen, der ihrem nach der Zahl der Bewohner zu bemessenden Anteil an den Aufwendungen für Unterkunft und Heizung entspricht, die für einen entsprechenden Mehrpersonenhaushalt als angemessen gelten. [2] Satz 1 gilt nicht, wenn die leistungsberechtigte Person auf Grund einer mietvertraglichen Vereinbarung nur für konkret bestimmte Anteile des Mietzinses zur Zahlung verpflichtet ist; in diesem Fall sind die tatsächlichen Aufwendungen für Unterkunft und Heizung bis zu dem Betrag als Bedarf anzuerkennen, der für einen Einpersonenhaushalt angemessen ist, soweit der von der leistungsberechtigten Person zu zahlende Mietzins zur gesamten Wohnungsmiete in einem angemessenen Verhältnis steht. [3] Übersteigen die tatsächlichen Aufwendungen der leistungsberechtigten Person die nach den Sätzen 1 und 2 angemessenen Aufwendungen für Unterkunft und Heizung, gilt § 35 Absatz 2 entsprechend.

(5) [1] Für leistungsberechtigte Personen, die in Räumlichkeiten nach Absatz 2 Satz 1 Nummer 2 leben, werden die tatsächlichen Aufwendungen für die Unterkunft, soweit sie angemessen sind, als Bedarf berücksichtigt für

1. den persönlichen Wohnraum in voller Höhe, wenn er allein bewohnt wird, und jeweils hälftig, wenn er von zwei Personen bewohnt wird,
2. einen Zuschlag für den persönlichen Wohnraum, der vollständig oder teilweise möbliert zur Nutzung überlassen wird, in der sich daraus ergebenden Höhe,
3. die Räumlichkeiten, die vorrangig zur gemeinschaftlichen Nutzung der leistungsberechtigten Person und anderer Bewohner bestimmt sind (Gemeinschaftsräume), mit einem Anteil, der sich aus der Anzahl der vorgesehenen Nutzer bei gleicher Aufteilung ergibt.

[2] Für die tatsächlichen Aufwendungen für die Heizung werden die auf den persönlichen Wohnraum und die auf die Gemeinschaftsräume entfallenden Anteile als Bedarf anerkannt, soweit sie angemessen sind. [3] Tatsächliche Aufwendungen für Unterkunft und Heizung nach den Sätzen 1 und 2 gelten als angemessen, wenn sie die Höhe der durchschnittlichen angemessenen tatsächlichen Aufwendungen für die Warmmiete von Einpersonenhaushalten nach § 45a nicht überschreiten. [4] Überschreiten die tatsächlichen Aufwendungen die Angemessenheitsgrenze nach Satz 3, sind um bis zu 25 Prozent höhere als die angemessenen Aufwendungen anzuerkennen, wenn die leistungsberechtigte Person die höheren Aufwendungen durch einen Vertrag mit gesondert ausgewiesenen zusätzlichen Kosten nachweist für

1. Zuschläge nach Satz 1 Nummer 2,
2. Wohn- und Wohnnebenkosten, sofern diese Kosten im Verhältnis zu vergleichbaren Wohnformen angemessen sind,
3. Haushaltsstrom, Instandhaltung des persönlichen Wohnraums und der Räumlichkeiten zur gemeinschaftlichen Nutzung sowie die Ausstattung mit Haushaltsgroßgeräten oder
4. Gebühren für Telekommunikation sowie Gebühren für den Zugang zu Rundfunk, Fernsehen und Internet.

[5] Die zusätzlichen Aufwendungen nach Satz 4 Nummer 2 bis 4 sind nach der Anzahl der in einer baulichen Einheit lebenden Personen zu gleichen Teilen aufzuteilen.

(6) [1] Übersteigen die Aufwendungen für die Unterkunft nach Absatz 4 den der Besonderheit des Einzelfalles angemessenen Umfang und hat der für die Ausführung des Gesetzes nach diesem Kapitel zuständige Träger Anhaltspunkte dafür, dass ein anderer Leistungsträger diese Aufwendungen ganz oder teilweise zu übernehmen verpflichtet ist, wirkt er auf eine sachdienliche Antragstellung bei diesem Leistungsträger hin. [2] Übersteigen die tatsächlichen Aufwendungen die Angemessenheitsgrenze nach Absatz 5 Satz 3 um mehr als 25 Prozent, umfassen die Leistungen nach Teil 2 des Neunten Buches auch diese Aufwendungen.

(7) [1] Lebt eine leistungsberechtigte Person in einer sonstigen Unterkunft nach Absatz 2 Satz 1 Nummer 3 allein, so sind höchstens die durchschnittlichen angemessenen tatsächlichen Aufwendungen für die Warmmiete eines Einpersonenhaushaltes im örtlichen Zuständigkeitsbereich des für die Ausführung des Gesetzes nach diesem Kapitel zuständigen Trägers als Bedarf anzuerkennen. [2] Lebt die leistungsberechtigte Person zusammen mit anderen Bewohnern in einer sonstigen Unterkunft, so sind höchstens die angemessenen tatsächlichen Aufwendungen als Bedarf anzuerkennen, die die leistungsberechtigte Person nach der Zahl der Bewohner anteilig an einem entsprechenden Mehrpersonen-

haushalt zu tragen hätte. [3]Höhere als die sich nach Satz 1 oder 2 ergebenden Aufwendungen können im Einzelfall als Bedarf anerkannt werden, wenn

1. eine leistungsberechtigte Person voraussichtlich innerhalb von sechs Monaten ab der erstmaligen Anerkennung von Bedarfen nach Satz 1 oder Satz 2 in einer angemessenen Wohnung untergebracht werden kann oder, sofern dies als nicht möglich erscheint, voraussichtlich auch keine hinsichtlich Ausstattung und Größe sowie Höhe der Aufwendungen angemessene Unterbringung in einer sonstigen Unterkunft verfügbar ist oder
2. die Aufwendungen zusätzliche haushaltsbezogene Aufwendungen beinhalten, die ansonsten über die Regelbedarfe abzudecken wären.

§ 42b[1)] Mehrbedarfe. (1) Für Bedarfe, die nicht durch den Regelsatz abgedeckt sind, werden ergänzend zu den Mehrbedarfen nach § 30 die Mehrbedarfe nach den Absätzen 2 bis 4 anerkannt.

(2) [1]Für die Mehraufwendungen bei gemeinschaftlicher Mittagsverpflegung wird ein Mehrbedarf anerkannt

1. in einer Werkstatt für behinderte Menschen nach § 56 des Neunten Buches,
2. bei einem anderen Leistungsanbieter nach § 60 des Neunten Buches oder
3. im Rahmen vergleichbarer anderer tagesstrukturierender Angebote.

[2]Dies gilt unter der Voraussetzung, dass die Mittagsverpflegung in Verantwortung eines Leistungsanbieters nach Satz 1 Nummer 1 bis 3 angeboten wird oder durch einen Kooperationsvertrag zwischen diesem und dem für die gemeinschaftliche Mittagsverpflegung an einem anderen Ort Verantwortlichen vereinbart ist. [3]Die Mehraufwendungen je Arbeitstag sind ein Dreißigstel des Betrags, der sich nach § 2 Absatz 1 Satz 2 der Sozialversicherungsentgeltverordnung in der jeweiligen Fassung ergibt.

(3) [1]Für Leistungsberechtigte mit Behinderungen, denen Hilfen zur Schulbildung oder Hilfen zur schulischen oder hochschulischen Ausbildung nach § 112 Absatz 1 Satz 1 Nummer 1 und 2 des Neunten Buches geleistet werden, wird ein Mehrbedarf von 35 Prozent der maßgebenden Regelbedarfsstufe anerkannt. [2]In besonderen Einzelfällen ist der Mehrbedarf nach Satz 1 über die Beendigung der dort genannten Leistungen hinaus während einer angemessenen Einarbeitungszeit von bis zu drei Monaten anzuerkennen. [3]In den Fällen des Satzes 1 oder des Satzes 2 ist § 30 Absatz 1 Nummer 2 nicht anzuwenden.

(4) Die Summe des nach Absatz 3 und § 30 Absatz 1 bis 5 insgesamt anzuerkennenden Mehrbedarfs darf die Höhe der maßgebenden Regelbedarfsstufe nicht übersteigen.

§ 43[2)] Einsatz von Einkommen und Vermögen. (1) [1]Für den Einsatz des Einkommens sind die §§ 82 bis 84 und für den Einsatz des Vermögens die §§ 90

[1)] § 42b eingef. mWv 1.1.2020 durch G v. 29.4.2019 (BGBl. I S. 530); Abs. 3 Satz 1 geänd. mWv 1.7.2021 durch G v. 2.6.2021 (BGBl. I S. 1387).

[2)] § 43 Abs. 1 geänd. mWv 30.3.2005 durch G v. 21.3.2005 (BGBl. I S. 818); Abs. 1 neu gef., Abs. 2 Satz 6 geänd. mWv 1.1.2011 durch G v. 24.3.2011 (BGBl. I S. 453); Überschrift neu gef., Abs. 2 eingef., bish. Abs. 2 wird Abs. 3 und Sätze 3–5 geänd. mWv 1.1.2013 durch G v. 20.12.2012 (BGBl. I S. 2783); Abs. 1 Satz 1 eingef., Satz 2 geänd., Abs. 2 und 3 eingef., bish. Abs. 2 und 3 werden Abs. 4 und 5, neuer Abs. 5 Satz 4 geänd., Abs. 6 angef. mWv 1.1.2016 durch G v. 21.12.2015 (BGBl. I S. 2557); Abs. 5 neu gef. mWv 1.7.2017 durch G v. 22.12.2016 (BGBl. I S. 3159); Überschrift neu gef., Abs. 5 aufgeh., bish. Abs. 6 wird Abs. 5 mWv 1.1.2020 durch G v. 10.12.2019 (BGBl. I S. 2135).

und 91 anzuwenden, soweit in den folgenden Absätzen nichts Abweichendes geregelt ist. [2]Einkommen und Vermögen des nicht getrennt lebenden Ehegatten oder Lebenspartners sowie des Partners einer eheähnlichen oder lebenspartnerschaftsähnlichen Gemeinschaft, die dessen notwendigen Lebensunterhalt nach § 27a übersteigen, sind zu berücksichtigen.

(2) Zusätzlich zu den nach § 82 Absatz 2 vom Einkommen abzusetzenden Beträgen sind Einnahmen aus Kapitalvermögen abzusetzen, soweit sie einen Betrag von 26 Euro im Kalenderjahr nicht übersteigen.

(3) [1]Die Verletztenrente nach dem Siebten Buch ist teilweise nicht als Einkommen zu berücksichtigen, wenn sie auf Grund eines in Ausübung der Wehrpflicht bei der Nationalen Volksarmee der ehemaligen Deutschen Demokratischen Republik erlittenen Gesundheitsschadens erbracht wird. [2]Dabei bestimmt sich die Höhe des nicht zu berücksichtigenden Betrages nach der Höhe der Grundrente nach § 31 des Bundesversorgungsgesetzes, die für den Grad der Schädigungsfolgen zu zahlen ist, der der jeweiligen Minderung der Erwerbsfähigkeit entspricht. [3]Bei einer Minderung der Erwerbsfähigkeit um 20 Prozent beträgt der nicht zu berücksichtigende Betrag zwei Drittel, bei einer Minderung der Erwerbsfähigkeit um 10 Prozent ein Drittel der Mindestgrundrente nach dem Bundesversorgungsgesetz.

(4) Erhalten Leistungsberechtigte nach dem Dritten Kapitel in einem Land nach § 29 Absatz 1 letzter Halbsatz und Absatz 2 bis 5 festgesetzte und fortgeschriebene Regelsätze und sieht das Landesrecht in diesem Land für Leistungsberechtigte nach diesem Kapitel eine aufstockende Leistung vor, dann ist diese Leistung nicht als Einkommen nach § 82 Absatz 1 zu berücksichtigen.

(5) § 39 Satz 1 ist nicht anzuwenden.

Zweiter Abschnitt. Verfahrensbestimmungen

§ 43a[1)] Gesamtbedarf, Zahlungsanspruch und Direktzahlung.

(1) Der monatliche Gesamtbedarf ergibt sich aus der Summe der nach § 42 Nummer 1 bis 4 anzuerkennenden monatlichen Bedarfe.

(2) Die Höhe der monatlichen Geldleistung im Einzelfall (monatlicher Zahlungsanspruch) ergibt sich aus dem Gesamtbedarf nach Absatz 1 zuzüglich Nachzahlungen und abzüglich des nach § 43 Absatz 1 bis 4 einzusetzenden Einkommens und Vermögens sowie abzüglich von Aufrechnungen und Verrechnungen nach § 44b.

(3) [1]Sehen Vorschriften des Dritten Kapitels vor, dass Bedarfe, die in den Gesamtbedarf eingehen, durch Zahlungen des zuständigen Trägers an Empfangsberechtigte gedeckt werden können oder zu decken sind (Direktzahlung), erfolgt die Zahlung durch den für die Ausführung des Gesetzes nach diesem Kapitel zuständigen Träger, und zwar bis zur Höhe des jeweils anerkannten Bedarfs, höchstens aber bis zu der sich nach Absatz 2 ergebenden Höhe des monatlichen Zahlungsanspruchs; die §§ 34a und 34b bleiben unberührt. [2]Satz 1 gilt entsprechend, wenn Leistungsberechtigte eine Direktzahlung wünschen. [3]Erfolgt eine Direktzahlung, hat der für die Ausführung des Gesetzes nach diesem Kapitel zuständige Träger die leistungsberechtigte Person darüber schriftlich zu informieren.

[1)] § 43a eingef. mWv 1.7.2017 durch G v. 22.12.2016 (BGBl. I S. 3159).

(4) Der für die Ausführung des Gesetzes nach diesem Kapitel zuständige Träger kann bei Zahlungsrückständen aus Stromlieferverträgen für Haushaltsstrom, die zu einer Unterbrechung der Energielieferung berechtigen, für die laufenden Zahlungsverpflichtungen einer leistungsberechtigten Person eine Direktzahlung entsprechend Absatz 3 Satz 1 vornehmen.

§ 44[1] **Antragserfordernis, Erbringung von Geldleistungen, Bewilligungszeitraum.** (1) [1] Leistungen nach diesem Kapitel werden auf Antrag erbracht. [2] Gesondert zu beantragen sind Leistungen zur Deckung von Bedarfen nach § 42 Nummer 2 in Verbindung mit den §§ 31 und 33 sowie zur Deckung der Bedarfe nach § 42 Nummer 3 in Verbindung mit § 34 Absatz 5 und nach § 42 Nummer 5.

(2) [1] Ein Antrag nach Absatz 1 wirkt auf den Ersten des Kalendermonats zurück, in dem er gestellt wird, wenn die Voraussetzungen des § 41 innerhalb dieses Kalendermonats erfüllt werden. [2] Leistungen zur Deckung von Bedarfen nach § 42 werden vorbehaltlich Absatz 4 Satz 2 nicht für Zeiten vor dem sich nach Satz 1 ergebenden Kalendermonat erbracht.

(3) [1] Leistungen zur Deckung von Bedarfen nach § 42 werden in der Regel für einen Bewilligungszeitraum von zwölf Kalendermonaten bewilligt. [2] Sofern über den Leistungsanspruch nach § 44a vorläufig entschieden wird, soll der Bewilligungszeitraum nach Satz 1 auf höchstens sechs Monate verkürzt werden. [3] Bei einer Bewilligung nach dem Bezug von Arbeitslosengeld II oder Sozialgeld nach dem Zweiten Buch[2], der mit Erreichen der Altersgrenze nach § 7a des Zweiten Buches endet, beginnt der Bewilligungszeitraum erst mit dem Ersten des Monats, der auf den sich nach § 7a des Zweiten Buches ergebenden Monat folgt.

(4) [1] Leistungen zur Deckung von wiederkehrenden Bedarfen nach § 42 Nummer 1, 2 und 4 werden monatlich im Voraus erbracht. [2] Für Leistungen zur Deckung der Bedarfe nach § 42 Nummer 3 sind die §§ 34a und 34b anzuwenden.

§ 44a[3] **Vorläufige Entscheidung.** (1) Über die Erbringung von Geldleistungen ist vorläufig zu entscheiden, wenn die Voraussetzungen des § 41 Absatz 2 und 3 feststehen und

1. zur Feststellung der weiteren Voraussetzungen des Anspruchs auf Geldleistungen voraussichtlich längere Zeit erforderlich ist und die weiteren Voraussetzungen für den Anspruch mit hinreichender Wahrscheinlichkeit vorliegen oder
2. ein Anspruch auf Geldleistungen dem Grunde nach besteht und zur Feststellung seiner Höhe voraussichtlich längere Zeit erforderlich ist.

(2) [1] Der Grund der Vorläufigkeit der Entscheidung ist im Verwaltungsakt des ausführenden Trägers anzugeben. [2] Eine vorläufige Entscheidung ergeht nicht, wenn die leistungsberechtigte Person die Umstände, die einer sofortigen abschließenden Entscheidung entgegenstehen, zu vertreten hat.

---

[1] § 44 neu gef. mWv 1.1.2016 durch G v. 21.12.2015 (BGBl. I S. 2557); Abs. 3 Satz 2 eingef., bish. Satz 2 wird Satz 3 mWv 1.7.2017 durch G v. 22.12.2016 (BGBl. I S. 3159); Abs. 1 Satz 2 geänd. mWv 1.8.2019 durch G v. 29.4.2019 (BGBl. I S. 530).

[2] Nr. **51.4**.

[3] § 44a eingef. mWv 1.7.2017 durch G v. 22.12.2016 (BGBl. I S. 3159); Abs. 6 Satz 2 einl. Satzteil und Nr. 1 geänd. mWv 1.7.2021 durch G v. 2.6.2021 (BGBl. I S. 1387).

(3) Soweit die Voraussetzungen des § 45 Absatz 1 des Zehnten Buches[1] vorliegen, ist die vorläufige Entscheidung mit Wirkung für die Zukunft zurückzunehmen; § 45 Absatz 2 des Zehnten Buches findet keine Anwendung.

(4) Steht während des Bewilligungszeitraums fest, dass für Monate, für die noch keine vorläufig bewilligten Leistungen erbracht wurden, kein Anspruch bestehen wird und steht die Höhe des Anspruchs für die Monate endgültig fest, für die bereits vorläufig Geldleistungen erbracht worden sind, kann der ausführende Träger für den gesamten Bewilligungszeitraum eine abschließende Entscheidung bereits vor dessen Ablauf treffen.

(5) [1] Nach Ablauf des Bewilligungszeitraums hat der für die Ausführung des Gesetzes nach diesem Kapitel zuständige Träger abschließend über den monatlichen Leistungsanspruch zu entscheiden, sofern die vorläufig bewilligte Geldleistung nicht der abschließend festzustellenden entspricht. [2] Anderenfalls trifft der ausführende Träger nur auf Antrag der leistungsberechtigten Person eine abschließende Entscheidung für den gesamten Bewilligungszeitraum. [3] Die leistungsberechtigte Person ist nach Ablauf des Bewilligungszeitraums verpflichtet, die von dem der für die Ausführung des Gesetzes nach diesem Kapitel zuständige Träger zum Erlass einer abschließenden Entscheidung geforderten leistungserheblichen Tatsachen nachzuweisen; die §§ 60, 61, 65,[2] und 65a des Ersten Buches[3] gelten entsprechend. [4] Kommt die leistungsberechtigte Person ihrer Nachweispflicht trotz angemessener Fristsetzung und schriftlicher Belehrung über die Rechtsfolgen bis zur abschließenden Entscheidung nicht, nicht vollständig oder nicht fristgemäß nach, setzt der für die Ausführung des Gesetzes nach diesem Kapitel zuständige Träger die zu gewährenden Geldleistungen für diese Kalendermonate nur in der Höhe endgültig fest, soweit der Leistungsanspruch nachgewiesen ist. [5] Für die übrigen Kalendermonate wird festgestellt, dass ein Leistungsanspruch nicht bestand.

(6) [1] Ergeht innerhalb eines Jahres nach Ablauf des Bewilligungszeitraums keine abschließende Entscheidung nach Absatz 4, gelten die vorläufig bewilligten Geldleistungen als abschließend festgesetzt. [2] Satz 1 gilt nicht, wenn

1. die leistungsberechtigte Person innerhalb der Frist nach Satz 1 eine abschließende Entscheidung beantragt oder
2. der Leistungsanspruch aus einem anderen als dem nach Absatz 2 anzugebenden Grund nicht oder nur in geringerer Höhe als die vorläufigen Leistungen besteht und der für die Ausführung des Gesetzes nach diesem Kapitel zuständige Träger über diesen innerhalb eines Jahres seit Kenntnis von diesen Tatsachen, spätestens aber nach Ablauf von zehn Jahren nach der Bekanntgabe der vorläufigen Entscheidung abschließend entschieden hat.

[3] Satz 2 Nummer 2 findet keine Anwendung, wenn der für die Ausführung des Gesetzes nach diesem Kapitel zuständige Träger die Unkenntnis von den entscheidungserheblichen Tatsachen zu vertreten hat.

(7) [1] Die auf Grund der vorläufigen Entscheidung erbrachten Geldleistungen sind auf die abschließend festgestellten Geldleistungen anzurechnen. [2] Soweit im Bewilligungszeitraum in einzelnen Kalendermonaten vorläufig zu hohe Geldleistungen erbracht wurden, sind die sich daraus ergebenden Überzahlun-

---

[1] Nr. **51.9**.
[2] Zeichensetzung amtlich.
[3] Nr. **51.1**.

gen auf die abschließend bewilligten Geldleistungen anzurechnen, die für andere Kalendermonate dieses Bewilligungszeitraums nachzuzahlen wären. [3] Überzahlungen, die nach der Anrechnung fortbestehen, sind zu erstatten.

§ 44b[1)] Aufrechnung, Verrechnung. (1) Die für die Ausführung des Gesetzes nach diesem Kapitel zuständigen Träger können mit einem bestandskräftigen Erstattungsanspruch nach § 44a Absatz 7 gegen den monatlichen Leistungsanspruch aufrechnen.

(2) Die Höhe der Aufrechnung nach Absatz 1 beträgt monatlich 5 Prozent der maßgebenden Regelbedarfsstufe nach der Anlage zu § 28.

(3) [1] Die Aufrechnung ist gegenüber der leistungsberechtigten Person schriftlich durch Verwaltungsakt zu erklären. [2] Die Aufrechnung endet spätestens drei Jahre nach Ablauf des Monats, in dem die Bestandskraft der in Absatz 1 genannten Ansprüche eingetreten ist. [3] Zeiten, in denen die Aufrechnung nicht vollziehbar ist, verlängern den Aufrechnungszeitraum entsprechend.

(4) [1] Ein für die Ausführung des Gesetzes nach diesem Kapitel zuständiger Träger kann nach Ermächtigung eines anderen Trägers im Sinne dieses Buches dessen bestandskräftige Ansprüche mit dem monatlichen Zahlungsanspruch nach § 43a nach Maßgabe der Absätze 2 und 3 verrechnen. [2] Zwischen den für die Ausführung des Gesetzes nach diesem Kapitel zuständigen Trägern findet keine Erstattung verrechneter Forderungen statt, soweit die miteinander verrechneten Ansprüche auf der Bewilligung von Leistungen nach diesem Kapitel beruhen.

§ 44c[2)] Erstattungsansprüche zwischen Trägern. Im Verhältnis der für die Ausführung des Gesetzes nach diesem Kapitel zuständigen Träger untereinander sind die Vorschriften über die Erstattung nach

1. dem Zweiten Abschnitt des Dreizehnten Kapitels sowie
2. dem Zweiten Abschnitt des Dritten Kapitels des Zehnten Buches[3)]

für Geldleistungen nach diesem Kapitel nicht anzuwenden.

§ 45[4)] Feststellung der dauerhaften vollen Erwerbsminderung. [1] Der jeweils für die Ausführung des Gesetzes nach diesem Kapitel zuständige Träger ersucht den nach § 109a Absatz 2 des Sechsten Buches zuständigen Träger der Rentenversicherung, die medizinischen Voraussetzungen des § 41 Absatz 3 zu prüfen, wenn es auf Grund der Angaben und Nachweise des Leistungsberechtigten als wahrscheinlich erscheint, dass diese erfüllt sind und das zu berücksichtigende Einkommen und Vermögen nicht ausreicht, um den Lebensunterhalt vollständig zu decken. [2] Die Entscheidung des Trägers der Rentenversicherung ist bindend für den ersuchenden Träger, der für die Ausführung des Gesetzes nach diesem Kapitel zuständig ist; dies gilt auch für eine Entscheidung

---

[1)] § 44b eingef. mWv 1.7.2017 durch G v. 22.12.2016 (BGBl. I S. 3159).

[2)] Früherer § 44a eingef. mWv 1.1.2016 durch G v. 21.12.2015 (BGBl. I S. 2557); bish. 44a wird § 44c mWv 1.7.2017 durch G v. 22.12.2016 (BGBl. I S. 3159).

[3)] Nr. **51.9**.

[4)] § 45 neu gef. mWv 1.1.2011 durch G v. 3.8.2010 (BGBl. I S. 1112); Satz 1, Satz 2 erster Halbs. geänd. mWv 1.1.2013 durch G v. 20.12.2012 (BGBl. I S. 2783); Satz 3 neu gef. Satz 4 aufgeh. mWv 1.7.2017 durch G v. 22.12.2016 (BGBl. I S. 3159); Satz 4 angef. mWv 1.1.2020 durch G v. 30.11. 2019 (BGBl. I S. 1948); Satz 3 Nr. 3 geänd. mWv 1.1.2020 durch G v. 10.12.2019 (BGBl. I S. 2135).

des Trägers der Rentenversicherung nach § 109a Absatz 3 des Sechsten Buches. [3] Ein Ersuchen nach Satz 1 erfolgt nicht, wenn

1. ein Träger der Rentenversicherung bereits die Voraussetzungen des § 41 Absatz 3 im Rahmen eines Antrags auf eine Rente wegen Erwerbsminderung festgestellt hat,
2. ein Träger der Rentenversicherung bereits nach § 109a Absatz 2 und 3 des Sechsten Buches eine gutachterliche Stellungnahme abgegeben hat,
3. Personen in einer Werkstatt für behinderte Menschen das Eingangsverfahren oder den Berufsbildungsbereich durchlaufen oder im Arbeitsbereich beschäftigt sind oder
4. der Fachausschuss einer Werkstatt für behinderte Menschen über die Aufnahme in eine Werkstatt oder Einrichtung eine Stellungnahme nach den §§ 2 und 3 der Werkstättenverordnung abgegeben und dabei festgestellt hat, dass ein Mindestmaß an wirtschaftlich verwertbarer Arbeitsleistung nicht vorliegt.

[4] In Fällen des Satzes 3 Nummer 4 wird die Stellungnahme des Fachausschusses bei Durchführung eines Teilhabeplanverfahrens nach den §§ 19 bis 23 des Neunten Buches durch eine entsprechende Feststellung im Teilhabeplanverfahren ersetzt; dies gilt entsprechend, wenn ein Gesamtplanverfahren nach den §§ 117 bis 121 des Neunten Buches durchgeführt wird.

§ 45a[1)] Ermittlung der durchschnittlichen Warmmiete. (1) [1] Die Höhe der durchschnittlichen Warmmiete von Einpersonenhaushalten ergibt sich aus den tatsächlichen Aufwendungen, die für allein in Wohnungen (§ 42a Absatz 2 Satz 1 Nummer 1 und Satz 2) lebende Leistungsberechtigte im Durchschnitt als angemessene Bedarfe für Unterkunft und Heizung anerkannt worden sind. [2] Hierfür sind die Bedarfe derjenigen Leistungsberechtigten in Einpersonenhaushalten heranzuziehen, die im Zuständigkeitsbereich desjenigen für dieses Kapitel zuständigen Trägers der Sozialhilfe leben, in dem die nach § 42 Nummer 4 Buchstabe b oder nach § 42a Absatz 5 Satz 1 maßgebliche Unterkunft liegt. [3] Zuständiger Träger der Sozialhilfe im Sinne des Satzes 2 ist derjenige Träger, der für in Wohnungen lebende Leistungsberechtigte zuständig ist, die zur gleichen Zeit keine Leistungen nach dem Siebten bis Neunten Kapitel oder nach Teil 2 des Neunten Buches erhalten. [4] Hat ein nach Satz 3 zuständiger Träger innerhalb seines örtlichen Zuständigkeitsbereiches mehrere regionale Angemessenheitsgrenzen festgelegt, so sind die sich daraus ergebenden örtlichen Abgrenzungen für die Durchschnittsbildung zu Grunde zu legen.

(2) [1] Die durchschnittliche Warmmiete ist jährlich bis spätestens zum 1. August eines Kalenderjahres neu zu ermitteln. [2] Zur Neuermittlung ist der Durchschnitt aus den anerkannten angemessenen Bedarfen für Unterkunft und Heizung in einem vom zuständigen Träger festzulegenden Zwölfmonatszeitraum zu bilden, sofern dieser nicht von einem Land einheitlich für alle zuständigen Träger festgelegt worden ist. [3] Bei der Ermittlung bleiben die anerkannten Bedarfe derjenigen Leistungsberechtigten außer Betracht, für die

1. keine Aufwendungen für Unterkunft und Heizung,
2. Aufwendungen für selbstgenutztes Wohneigentum,
3. Aufwendungen nach § 35 Absatz 2 Satz 1

---

1) § 45a eingef. mWv 10.6.2021 durch G v. 2.6.2021 (BGBl. I S. 1387).

anerkannt worden sind. [4] Die neu ermittelte durchschnittliche Warmmiete ist ab dem 1. Januar des jeweils folgenden Kalenderjahres für die nach § 42 Nummer 4 Buchstabe b und § 42a Absatz 5 Satz 3 anzuerkennenden Bedarfe für Unterkunft und Heizung anzuwenden.

§ 46[1)] Zusammenarbeit mit den Trägern der Rentenversicherung.

[1] Der zuständige Träger der Rentenversicherung informiert und berät leistungsberechtigte Personen nach § 41, die rentenberechtigt sind, über die Leistungsvoraussetzungen und über das Verfahren nach diesem Kapitel. [2] Personen, die nicht rentenberechtigt sind, werden auf Anfrage beraten und informiert. [3] Liegt die Rente unter dem 27-fachen Betrag des geltenden aktuellen Rentenwertes in der gesetzlichen Rentenversicherung (§§ 68, 68a des Sechsten Buches), ist der Information zusätzlich ein Antragsformular beizufügen. [4] Der

(Fortsetzung nächstes Blatt)

[1)] § 46 Satz 3 neu gef. mWv 1.1.2011 durch G v. 24.3.2011 (BGBl. I S. 453); Satz 4 geänd. mWv 1.1.2013 durch G v. 20.12.2012 (BGBl. I S. 2783); Satz 3 geänd. mWv 1.7.2018 durch G v. 17.7.2017 (BGBl. I S. 2575).

trächtigungen der Selbständigkeit oder der Fähigkeiten entsprechenden Pflegegrad einzuordnen:

1. Pflegegrad 1: geringe Beeinträchtigungen der Selbständigkeit oder der Fähigkeiten (ab 12,5 bis unter 27 Gesamtpunkte),
2. Pflegegrad 2: erhebliche Beeinträchtigungen der Selbständigkeit oder der Fähigkeiten (ab 27 bis unter 47,5 Gesamtpunkte),
3. Pflegegrad 3: schwere Beeinträchtigungen der Selbständigkeit oder der Fähigkeiten (ab 47,5 bis unter 70 Gesamtpunkte),
4. Pflegegrad 4: schwerste Beeinträchtigungen der Selbständigkeit oder der Fähigkeiten (ab 70 bis unter 90 Gesamtpunkte),
5. Pflegegrad 5: schwerste Beeinträchtigungen der Selbständigkeit oder Fähigkeiten mit besonderen Anforderungen an die pflegerische Versorgung (ab 90 bis 100 Gesamtpunkte).

(2) Pflegebedürftige mit besonderen Bedarfskonstellationen, die einen spezifischen, außergewöhnlich hohen Hilfebedarf mit besonderen Anforderungen an die pflegerische Versorgung aufweisen, können aus pflegefachlichen Gründen dem Pflegegrad 5 zugeordnet werden, auch wenn ihre Gesamtpunkte unter 90 liegen.

§ 61c[1] Pflegegrade bei Kindern. (1) Bei pflegebedürftigen Kindern, die 18 Monate oder älter sind, ist für die Einordnung in einen Pflegegrad nach § 61b der gesundheitlich bedingte Grad der Beeinträchtigungen ihrer Selbständigkeit und ihrer Fähigkeiten im Verhältnis zu altersentsprechend entwickelten Kindern maßgebend.

(2) Pflegebedürftige Kinder im Alter bis zu 18 Monaten sind in einen der nachfolgenden Pflegegrade einzuordnen:

1. Pflegegrad 2: ab 12,5 bis unter 27 Gesamtpunkte,
2. Pflegegrad 3: ab 27 bis unter 47,5 Gesamtpunkte,
3. Pflegegrad 4: ab 47,5 bis unter 70 Gesamtpunkte,
4. Pflegegrad 5: ab 70 bis 100 Gesamtpunkte.

§ 62[1] Ermittlung des Grades der Pflegebedürftigkeit. [1]Die Ermittlung des Pflegegrades erfolgt durch ein Begutachtungsinstrument nach Maßgabe des § 15 des Elften Buches. [2]Die auf Grund des § 16 des Elften Buches erlassene Verordnung sowie die auf Grund des § 17 des Elften Buches erlassenen Richtlinien der Pflegekassen finden entsprechende Anwendung.

§ 62a[2] Bindungswirkung. [1]Die Entscheidung der Pflegekasse über den Pflegegrad ist für den Träger der Sozialhilfe bindend, soweit sie auf Tatsachen beruht, die bei beiden Entscheidungen zu berücksichtigen sind. [2]Bei seiner Entscheidung kann der Träger der Sozialhilfe der Hilfe sachverständiger Dritter bedienen. [3]Auf Anforderung unterstützt der Medizinische Dienst gemäß § 278 des Fünften Buches den Träger der Sozialhilfe bei seiner Entscheidung und erhält hierfür Kostenersatz, der zu vereinbaren ist.

---

[1] 7. Kapitel (§§ 61–66) neu gef. mWv 1.1.2017 durch G v. 23.12.2016 (BGBl. I S. 3191).

[2] § 62a neu gef. mWv 1.1.2017 durch G v. 23.12.2016 (BGBl. I S. 3191); Satz 3 geänd. mWv 1.1.2020 durch G v. 14.12.2019 (BGBl. I S. 2789).

§ 63[1)] (1) [1] Die Hilfe zur Pflege umfasst für Pflegebedürftige der Pflegegrade 2, 3, 4 oder 5

1. häusliche Pflege in Form von
   a) Pflegegeld (§ 64a),
   b) häuslicher Pflegehilfe (§ 64b),
   c) Verhinderungspflege (§ 64c),
   d) Pflegehilfsmitteln (§ 64d),
   e) Maßnahmen zur Verbesserung des Wohnumfeldes (§ 64e),
   f) anderen Leistungen (§ 64f),
   g) digitalen Pflegeanwendungen (§ 64j),
   h) ergänzender Unterstützung bei Nutzung von digitalen Pflegeanwendungen (§ 64k),
2. teilstationäre Pflege (§ 64g),
3. Kurzzeitpflege (§ 64h),
4. einen Entlastungsbetrag (§ 64i) und
5. stationäre Pflege (§ 65).

[2] Die Hilfe zur Pflege schließt Sterbebegleitung mit ein.

(2) Die Hilfe zur Pflege umfasst für Pflegebedürftige des Pflegegrades 1

1. Pflegehilfsmittel (§ 64d),
2. Maßnahmen zur Verbesserung des Wohnumfeldes (§ 64e),
3. digitale Pflegeanwendungen (§ 64j),
4. ergänzende Unterstützung bei Nutzung von digitalen Pflegeanwendungen (§ 64k) und
5. einen Entlastungsbetrag (§ 66).

(3) [1] Die Leistungen der Hilfe zur Pflege werden auf Antrag auch als Teil eines Persönlichen Budgets ausgeführt. [2] § 29 des Neunten Buches ist insoweit anzuwenden.

§ 63a[2)] **Notwendiger pflegerischer Bedarf.** Die Träger der Sozialhilfe haben den notwendigen pflegerischen Bedarf zu ermitteln und festzustellen.

§ 63b[3)] **Leistungskonkurrenz.** (1) Leistungen der Hilfe zur Pflege werden nicht erbracht, soweit Pflegebedürftige gleichartige Leistungen nach anderen Rechtsvorschriften erhalten.

(2) [1] Abweichend von Absatz 1 sind Leistungen nach § 72 oder gleichartige Leistungen nach anderen Rechtsvorschriften mit 70 Prozent auf das Pflegegeld nach § 64a anzurechnen. [2] Leistungen nach § 45b des Elften Buches gehen den Leistungen nach den §§ 64i und 66 vor; auf die übrigen Leistungen der Hilfe zur Pflege werden sie nicht angerechnet.

(3) [1] Pflegebedürftige haben während ihres Aufenthalts in einer teilstationären oder vollstationären Einrichtung dort keinen Anspruch auf häusliche Pfle-

---

[1)] § 63 neu gef. mWv 1.1.2017 durch G v. 23.12.2016 (BGBl. I S. 3191); Abs. 3 neu gef. mWv 1.1. 2018 durch G v. 23.12.2016 (BGBl. I S. 3234); Abs. 1 Satz 1 Nr. 1 Buchst. g und h angef., Abs. 2 neu gef. mWv 10.6.2021 durch G v. 2.6.2021 (BGBl. I S. 1387).

[2)] 7. Kapitel (§§ 61–66) neu gef. mWv 1.1.2017 durch G v. 23.12.2016 (BGBl. I S. 3191).

[3)] § 63b neu gef. mWv 1.1.2017 durch G v. 23.12.2016 (BGBl. I S. 3191); Abs. 1 Satz 1 geänd. mWv 1.1.2020 durch G v. 23.12.2016 (BGBl. I S. 3234), diese Änderung ist nicht ausführbar..

1. durch geeignete Erbringer von Leistungen nach Teil 2 des Neunten Buches oder
2. in geeigneten Einrichtungen, die nicht als Einrichtung zur Kurzzeitpflege zugelassen sind.

(3) Soweit während einer Maßnahme der medizinischen Vorsorge oder Rehabilitation für eine Pflegeperson eine gleichzeitige Unterbringung und Pflege der Pflegebedürftigen erforderlich ist, kann Kurzzeitpflege auch in Vorsorge- oder Rehabilitationseinrichtungen nach § 107 Absatz 2 des Fünften Buches erbracht werden.

§ 64i[1] **Entlastungsbetrag bei den Pflegegraden 2, 3, 4 oder 5.** [1] Pflegebedürftige der Pflegegrade 2, 3, 4 oder 5 haben Anspruch auf einen Entlastungsbetrag in Höhe von bis zu 125 Euro monatlich. [2] Der Entlastungsbetrag ist zweckgebunden einzusetzen zur

1. Entlastung pflegender Angehöriger oder nahestehender Pflegepersonen,
2. Förderung der Selbständigkeit und Selbstbestimmung der Pflegebedürftigen bei der Gestaltung ihres Alltags oder
3. Inanspruchnahme von Unterstützungsangeboten im Sinne des § 45a des Elften Buches.

§ 64j[2] **Digitale Pflegeanwendungen.** (1) Pflegebedürftige haben Anspruch auf eine notwendige Versorgung mit Anwendungen, die wesentlich auf digitalen Technologien beruhen, die von den Pflegebedürftigen oder in der Interaktion von Pflegebedürftigen, Angehörigen und zugelassenen ambulanten Pflegeeinrichtungen genutzt werden, um insbesondere Beeinträchtigungen der Selbständigkeit oder der Fähigkeiten des Pflegebedürftigen zu mindern und einer Verschlimmerung der Pflegebedürftigkeit entgegenzuwirken (digitale Pflegeanwendungen).

(2) Der Anspruch umfasst nur solche digitalen Pflegeanwendungen, die vom Bundesinstitut für Arzneimittel und Medizinprodukte in das Verzeichnis für digitale Pflegeanwendungen nach § 78a Absatz 3 des Elften Buches aufgenommen wurden.

§ 64k[3] **Ergänzende Unterstützung bei Nutzung von digitalen Pflegeanwendungen.** Pflegebedürftige haben bei der Nutzung digitaler Pflegeanwendungen im Sinne des § 64j Anspruch auf erforderliche ergänzende Unterstützungsleistungen, die das Bundesinstitut für Arzneimittel und Medizinprodukte nach § 78a Absatz 5 Satz 6 des Elften Buches festgelegt hat, durch nach dem Recht des Elften Buches zugelassene ambulante Pflegeeinrichtungen.

§ 65[1] **Stationäre Pflege.** [1] Pflegebedürftige der Pflegegrade 2, 3, 4 oder 5 haben Anspruch auf Pflege in stationären Einrichtungen, wenn häusliche oder teilstationäre Pflege nicht möglich ist oder wegen der Besonderheit des Einzelfalls nicht in Betracht kommt. [2] Der Anspruch auf stationäre Pflege umfasst auch Betreuungsmaßnahmen; § 64b Absatz 2 findet entsprechende Anwendung.

---

[1] 7. Kapitel (§§ 61–66) neu gef. mWv 1.1.2017 durch G v. 23.12.2016 (BGBl. I S. 3191).
[2] § 64j eingef. mWv 10.6.2021 durch G v. 2.6.2021 (BGBl. I S. 1387).
[3] § 64k eingef. mWv 10.6.2021 durch G v. 2.6.2021 (BGBl. I S. 1387).

§ 66[1] **Entlastungsbetrag bei Pflegegrad 1.** [1] Pflegebedürftige des Pflegegrades 1 haben Anspruch auf einen Entlastungsbetrag in Höhe von bis zu 125 Euro monatlich. [2] Der Entlastungsbetrag ist zweckgebunden einzusetzen zur

1. Entlastung pflegender Angehöriger oder nahestehender Pflegepersonen,
2. Förderung der Selbständigkeit und Selbstbestimmung der Pflegebedürftigen bei der Gestaltung ihres Alltags,
3. Inanspruchnahme von
   a) Leistungen der häuslichen Pflegehilfe im Sinne des § 64b,
   b) Maßnahmen zur Verbesserung des Wohnumfeldes nach § 64e,
   c) anderen Leistungen nach § 64f,
   d) Leistungen zur teilstationären Pflege im Sinne des § 64g,
4. Inanspruchnahme von Unterstützungsangeboten im Sinne des § 45a des Elften Buches.

§ 66a[2] **Sonderregelungen zum Einsatz von Vermögen.** Für Personen, die Leistungen nach diesem Kapitel erhalten, gilt ein zusätzlicher Betrag von bis zu 25 000 Euro für die Lebensführung und die Alterssicherung im Sinne von § 90 Absatz 3 Satz 2 als angemessen, sofern dieser Betrag ganz oder überwiegend als Einkommen aus selbständiger und nichtselbständiger Tätigkeit der Leistungsberechtigten während des Leistungsbezugs erworben wird; § 90 Absatz 3 Satz 1 bleibt unberührt.

Achtes Kapitel. Hilfe zur Überwindung besonderer sozialer Schwierigkeiten

§ 67[3] **Leistungsberechtigte.** [1] Personen, bei denen besondere Lebensverhältnisse mit sozialen Schwierigkeiten verbunden sind, sind Leistungen zur Überwindung dieser Schwierigkeiten zu erbringen, wenn sie aus eigener Kraft hierzu nicht fähig sind. [2] Soweit der Bedarf durch Leistungen nach anderen Vorschriften dieses Buches oder des Achten und Neunten Buches gedeckt wird, gehen diese der Leistung nach Satz 1 vor.

§ 68 Umfang der Leistungen. (1) [1] Die Leistungen umfassen alle Maßnahmen, die notwendig sind, um die Schwierigkeiten abzuwenden, zu beseitigen, zu mildern oder ihre Verschlimmerung zu verhüten, insbesondere Beratung und persönliche Betreuung für die Leistungsberechtigten und ihre Angehörigen, Hilfen zur Ausbildung, Erlangung und Sicherung eines Arbeitsplatzes sowie Maßnahmen bei der Erhaltung und Beschaffung einer Wohnung. [2] Zur Durchführung der erforderlichen Maßnahmen ist in geeigneten Fällen ein Gesamtplan zu erstellen.

(2) [1] Die Leistung wird ohne Rücksicht auf Einkommen und Vermögen erbracht, soweit im Einzelfall Dienstleistungen erforderlich sind. [2] Einkommen und Vermögen der in § 19 Abs. 3 genannten Personen ist nicht zu berücksichtigen und von der Inanspruchnahme nach bürgerlichem Recht Unterhaltspflichtiger abzusehen, soweit dies den Erfolg der Hilfe gefährden würde.

---

[1] 7. Kapitel (§§ 61–66) neu gef. mWv 1.1.2017 durch G v. 23.12.2016 (BGBl. I S. 3191).
[2] § 66a eingef. mWv 1.1.2017 durch G v. 23.12.2016 (BGBl. I S. 3234).
[3] § 67 Satz 2 geänd. mWv 1.1.2020 durch G v. 23.12.2016 (BGBl. I S. 3234).

(3) Die Träger der Sozialhilfe sollen mit den Vereinigungen, die sich die gleichen Aufgaben zum Ziel gesetzt haben, und mit den sonst beteiligten Stellen zusammenarbeiten und darauf hinwirken, dass sich die Sozialhilfe und die Tätigkeit dieser Vereinigungen und Stellen wirksam ergänzen.

§ 69[1)] Verordnungsermächtigung. Das Bundesministerium für Arbeit und Soziales kann durch Rechtsverordnung mit Zustimmung des Bundesrates Bestimmungen über die Abgrenzung des Personenkreises nach § 67 sowie über Art und Umfang der Maßnahmen nach § 68 Abs. 1 erlassen.

Neuntes Kapitel. Hilfe in anderen Lebenslagen

§ 70[2)] Hilfe zur Weiterführung des Haushalts. (1) [1] Personen mit eigenem Haushalt sollen Leistungen zur Weiterführung des Haushalts erhalten, wenn weder sie selbst noch, falls sie mit anderen Haushaltsangehörigen zusammenleben, die anderen Haushaltsangehörigen den Haushalt führen können und die Weiterführung des Haushalts geboten ist. [2] Die Leistungen sollen in der Regel nur vorübergehend erbracht werden. [3] Satz 2 gilt nicht, wenn durch die Leistungen die Unterbringung in einer stationären Einrichtung vermieden oder aufgeschoben werden kann.

(2) Die Leistungen umfassen die persönliche Betreuung von Haushaltsangehörigen sowie die sonstige zur Weiterführung des Haushalts erforderliche Tätigkeit.

(3) [1] Personen im Sinne des Absatzes 1 sind die angemessenen Aufwendungen für eine haushaltsführende Person zu erstatten. [2] Es können auch angemessene Beihilfen geleistet sowie Beiträge der haushaltsführenden Person für eine angemessene Alterssicherung übernommen werden, wenn diese nicht anderweitig sichergestellt ist. [3] Ist neben oder anstelle der Weiterführung des Haushalts die Heranziehung einer besonderen Person zur Haushaltsführung erforderlich oder eine Beratung oder zeitweilige Entlastung der haushaltsführenden Person geboten, sind die angemessenen Kosten zu übernehmen.

(4) Die Leistungen können auch durch Übernahme der angemessenen Kosten für eine vorübergehende anderweitige Unterbringung von Haushaltsangehörigen erbracht werden, wenn diese Unterbringung in besonderen Fällen neben oder statt der Weiterführung des Haushalts geboten ist.

§ 71[3)] Altenhilfe. (1) [1] Alten Menschen soll außer den Leistungen nach den übrigen Bestimmungen dieses Buches sowie den Leistungen der Eingliederungshilfe nach Teil 2 des Neunten Buches Altenhilfe gewährt werden. [2] Die Altenhilfe soll dazu beitragen, Schwierigkeiten, die durch das Alter entstehen, zu verhüten, zu überwinden oder zu mildern und alten Menschen die Möglichkeit zu erhalten, selbstbestimmt am Leben in der Gemeinschaft teilzunehmen und ihre Fähigkeit zur Selbsthilfe zu stärken.

(2) Als Leistungen der Altenhilfe kommen insbesondere in Betracht:

---

1) § 69 geänd. mWv 8.11.2006 durch VO v. 31.10.2006 (BGBl. I S. 2407).

2) § 70 Abs. 1 Satz 1, Abs. 3 neu gef. mWv 1.1.2017 durch G v. 23.12.2016 (BGBl. I S. 3191).

3) § 71 Abs. 1 Satz 2, Abs. 2 Nr. 3 neu gef., Abs. 5 angef. mWv 1.1.2017 durch G v. 23.12.2016 (BGBl. I S. 3191); Abs. 1 Satz 1 geänd., Abs. 5 neu gef. mWv 1.1.2020 durch G v. 23.12.2016 (BGBl. I S. 3234).

1. Leistungen zu einer Betätigung und zum gesellschaftlichen Engagement, wenn sie vom alten Menschen gewünscht wird,
2. Leistungen bei der Beschaffung und zur Erhaltung einer Wohnung, die den Bedürfnissen des alten Menschen entspricht,
3. Beratung und Unterstützung im Vor- und Umfeld von Pflege, insbesondere in allen Fragen des Angebots an Wohnformen bei Unterstützungs-, Betreuungs- oder Pflegebedarf sowie an Diensten, die Betreuung oder Pflege leisten,
4. Beratung und Unterstützung in allen Fragen der Inanspruchnahme altersgerechter Dienste,
5. Leistungen zum Besuch von Veranstaltungen oder Einrichtungen, die der Geselligkeit, der Unterhaltung, der Bildung oder den kulturellen Bedürfnissen alter Menschen dienen,
6. Leistungen, die alten Menschen die Verbindung mit nahe stehenden Personen ermöglichen.

(3) Leistungen nach Absatz 1 sollen auch erbracht werden, wenn sie der Vorbereitung auf das Alter dienen.

(4) Altenhilfe soll ohne Rücksicht auf vorhandenes Einkommen oder Vermögen geleistet werden, soweit im Einzelfall Beratung und Unterstützung erforderlich sind.

(5) [1] Die Leistungen der Altenhilfe sind mit den übrigen Leistungen dieses Buches, den Leistungen der Eingliederungshilfe nach dem Neunten Buch, den Leistungen der örtlichen Altenhilfe und der kommunalen Infrastruktur zur Vermeidung sowie Verringerung der Pflegebedürftigkeit und der Inanspruchnahme der Leistungen der Eingliederungshilfe zu verzahnen. [2] Die Ergebnisse der Teilhabeplanung und Gesamtplanung nach dem Neunten Buches sind zu berücksichtigen.

§ 72[1)] Blindenhilfe. (1) [1] Blinden Menschen wird zum Ausgleich der durch die Blindheit bedingten Mehraufwendungen Blindenhilfe gewährt, soweit sie keine gleichartigen Leistungen nach anderen Rechtsvorschriften erhalten. [2] Auf die Blindenhilfe sind Leistungen bei häuslicher Pflege nach dem Elften Buch, auch soweit es sich um Sachleistungen handelt, bei Pflegebedürftigen des Pflegegrades 2 mit 50 Prozent des Pflegegeldes des Pflegegrades 2 und bei Pflegebedürftigen der Pflegegrade 3, 4 oder 5 mit 40 Prozent des Pflegegeldes des Pflegegrades 3, höchstens jedoch mit 50 Prozent des Betrages nach Absatz 2, anzurechnen. [3] Satz 2 gilt sinngemäß für Leistungen nach dem Elften Buch aus einer privaten Pflegeversicherung und nach beamtenrechtlichen Vorschriften. [4] § 39a ist entsprechend anzuwenden.

(2) [1] Die Blindenhilfe beträgt bis 30. Juni 2004 für blinde Menschen nach Vollendung des 18. Lebensjahres 585 Euro monatlich, für blinde Menschen, die das 18. Lebensjahr noch nicht vollendet haben, beträgt sie 293 Euro monatlich. [2] Sie verändert sich jeweils zu dem Zeitpunkt und in dem Umfang, wie sich der aktuelle Rentenwert in der gesetzlichen Rentenversicherung verändert.

(3) [1] Lebt der blinde Mensch in einer stationären Einrichtung und werden die Kosten des Aufenthalts ganz oder teilweise aus Mitteln öffentlich-rechtlicher

---

[1)] § 72 Abs. 1 Satz 4, Abs. 4 Satz 1 geänd. mWv 1.1.2011 durch G v. 24.3.2011 (BGBl. I S. 453); Abs. 1 Satz 2 neu gef., Abs. 4 Satz 1 geänd. mWv 1.1.2017 durch G v. 23.12.2016 (BGBl. I S. 3191); Abs. 6 angef. mWv 1.1.2020 durch G v. 23.12.2016 (BGBl. I S. 3234).

Leistungsträger getragen, so verringert sich die Blindenhilfe nach Absatz 2 um die aus diesen Mitteln getragenen Kosten, höchstens jedoch um 50 vom Hundert der Beträge nach Absatz 2. [2] Satz 1 gilt vom ersten Tage des zweiten Monats an, der auf den Eintritt in die Einrichtung folgt, für jeden vollen Kalendermonat des Aufenthalts in der Einrichtung. [3] Für jeden vollen Tag vorübergehender Abwesenheit von der Einrichtung wird die Blindenhilfe in Höhe von je einem Dreißigstel des Betrages nach Absatz 2 gewährt, wenn die vorübergehende Abwesenheit länger als sechs volle zusammenhängende Tage dauert; der Betrag nach Satz 1 wird im gleichen Verhältnis gekürzt.

(4) [1] Neben der Blindenhilfe wird Hilfe zur Pflege wegen Blindheit nach dem Siebten Kapitel außerhalb von stationären Einrichtungen sowie ein Barbetrag (§ 27b Absatz 2) nicht gewährt. [2] Neben Absatz 1 ist § 30 Abs. 1 Nr. 2 nur anzuwenden, wenn der blinde Mensch nicht allein wegen Blindheit voll erwerbsgemindert ist. [3] Die Sätze 1 und 2 gelten entsprechend für blinde Menschen, die nicht Blindenhilfe, sondern gleichartige Leistungen nach anderen Rechtsvorschriften erhalten.

(5) Blinden Menschen stehen Personen gleich, deren beidäugige Gesamtsehschärfe nicht mehr als ein Fünfzigstel beträgt oder bei denen dem Schweregrad dieser Sehschärfe gleichzuachtende, nicht nur vorübergehende Störungen des Sehvermögens vorliegen.

(6) Die Blindenhilfe wird neben Leistungen nach Teil 2 des Neunten Buches erbracht.

§ 73 Hilfe in sonstigen Lebenslagen. [1] Leistungen können auch in sonstigen Lebenslagen erbracht werden, wenn sie den Einsatz öffentlicher Mittel rechtfertigen. [2] Geldleistungen können als Beihilfe oder als Darlehen erbracht werden.

§ 74 Bestattungskosten. Die erforderlichen Kosten einer Bestattung werden übernommen, soweit den hierzu Verpflichteten nicht zugemutet werden kann, die Kosten zu tragen.

Zehntes Kapitel.[1] Vertragsrecht

§ 75[2] Allgemeine Grundsätze. (1) [1] Der Träger der Sozialhilfe darf Leistungen nach dem Siebten bis Neunten Kapitel mit Ausnahme der Leistungen der häuslichen Pflege, soweit diese gemäß § 64 durch Personen, die dem Pflegebedürftigen nahe stehen, oder als Nachbarschaftshilfe übernommen werden, durch Dritte (Leistungserbringer) nur bewilligen, soweit eine schriftliche Vereinbarung zwischen dem Träger des Leistungserbringers und dem für den Ort der Leistungserbringung zuständigen Träger der Sozialhilfe besteht. [2] Die Vereinbarung kann auch zwischen dem Träger der Sozialhilfe und dem Verband, dem der Leistungserbringer angehört, geschlossen werden, soweit der Verband eine entsprechende Vollmacht nachweist. [3] Die Vereinbarungen sind für alle übrigen Träger der Sozialhilfe bindend. [4] Die Vereinbarungen müssen den Grundsätzen der Wirtschaftlichkeit, Sparsamkeit und Leistungsfähigkeit entsprechen und dürfen das Maß des Notwendigen nicht überschreiten. [5] Sie sind vor Beginn der

---

[1] 10. Kapitel (§§ 75–81) neu gef. mWv 1.1.2020 durch G v. 23.12.2016 (BGBl. I S. 3234).

[2] § 75 neu gef. mWv 1.1.2020 durch G v. 23.12.2016 (BGBl. I S. 3234); Abs. 2 Satz 3 geänd. mWv 1.1.2020 durch G v. 18.4.2019 (BGBl. I S. 473); Abs. 2 Satz 3 geänd. mWv 1.1.2021 durch G v. 9.10.2020 (BGBl. I S. 2075); Abs. 2 Satz 3 geänd. mWv 1.7.2021 durch G v. 16.6.2021 (BGBl. I S. 1810).

jeweiligen Wirtschaftsperiode für einen zukünftigen Zeitraum abzuschließen (Vereinbarungszeitraum); nachträgliche Ausgleiche sind nicht zulässig. [6] Die Ergebnisse sind den Leistungsberechtigten in einer wahrnehmbaren Form zugänglich zu machen.

(2) [1] Sind geeignete Leistungserbringer vorhanden, soll der Träger der Sozialhilfe zur Erfüllung seiner Aufgaben eigene Angebote nicht neu schaffen. [2] Geeignet ist ein Leistungserbringer, der unter Sicherstellung der Grundsätze des § 9 Absatz 1 die Leistungen wirtschaftlich und sparsam erbringen kann. [3] Geeignete Träger von Einrichtungen dürfen nur solche Personen beschäftigen oder ehrenamtliche Personen, die in Wahrnehmung ihrer Aufgaben Kontakt mit Leistungsberechtigten haben, mit Aufgaben betrauen, die nicht rechtskräftig wegen einer Straftat nach den §§ 171, 174 bis 174c, 176 bis 180a, 181a, 182 bis 184g, 184i bis 184l, 201a Absatz 3, §§ 225, 232 bis 233a, 234, 235 oder 236 des Strafgesetzbuchs[1)] verurteilt worden sind. [4] Die Leistungserbringer sollen sich von Fach- und anderem Betreuungspersonal, die in Wahrnehmung ihrer Aufgaben Kontakt mit Leistungsberechtigten haben, vor deren Einstellung oder Aufnahme einer dauerhaften ehrenamtlichen Tätigkeit und in regelmäßigen Abständen ein Führungszeugnis nach § 30a Absatz 1 des Bundeszentralregistergesetzes[2)] vorlegen lassen. [5] Nimmt der Leistungserbringer Einsicht in ein Führungszeugnis nach § 30a Absatz 1 des Bundeszentralregistergesetzes, so speichert er nur den Umstand der Einsichtnahme, das Datum des Führungszeugnisses und die Information, ob die das Führungszeugnis betreffende Person wegen einer in Satz 3 genannten Straftat rechtskräftig verurteilt worden ist. [6] Der Träger der Einrichtung darf diese Daten nur verändern und nutzen, soweit dies zur Prüfung der Eignung einer Person erforderlich ist. [7] Die Daten sind vor dem Zugriff Unbefugter zu schützen. [8] Sie sind unverzüglich zu löschen, wenn im Anschluss an die Einsichtnahme keine Tätigkeit für den Leistungserbringer wahrgenommen wird. [9] Sie sind spätestens drei Monate nach der letztmaligen Ausübung einer Tätigkeit für den Leistungserbringer zu löschen. [10] Die durch den Leistungserbringer geforderte Vergütung ist wirtschaftlich angemessen, wenn sie im Vergleich mit der Vergütung vergleichbarer Leistungserbringer im unteren Drittel liegt (externer Vergleich). [11] Liegt die geforderte Vergütung oberhalb des unteren Drittels, kann sie wirtschaftlich angemessen sein, sofern sie nachvollziehbar auf einem höheren Aufwand des Leistungserbringers beruht und wirtschaftlicher Betriebsführung entspricht. [12] In den externen Vergleich sind die im Einzugsbereich tätigen Leistungserbringer einzubeziehen. [13] Tariflich vereinbarte Vergütungen sowie entsprechende Vergütungen nach kirchlichen Arbeitsrechtsregelungen sind grundsätzlich als wirtschaftlich anzusehen, auch soweit die Vergütung aus diesem Grunde oberhalb des unteren Drittels liegt.

(3) Sind mehrere Leistungserbringer im gleichen Maße geeignet, hat der Träger der Sozialhilfe Vereinbarungen vorrangig mit Leistungserbringern abzuschließen, deren Vergütung bei vergleichbarem Inhalt, Umfang und vergleichbarer Qualität der Leistung nicht höher ist als die anderer Leistungserbringer.

(4) Besteht eine schriftliche Vereinbarung, ist der Leistungserbringer im Rahmen des vereinbarten Leistungsangebotes verpflichtet, Leistungsberechtigte aufzunehmen und zu betreuen.

---

1) Habersack (vormals Schönfelder) Nr. 85.
2) Habersack (vormals Schönfelder) Nr. 92.

4. dem Leistungserbringer der Betrieb untersagt wird oder
5. der Leistungserbringer nicht erbrachte Leistungen gegenüber dem Leistungsträger abrechnet.

[3] Die Kündigung bedarf der Schriftform. [4] § 59 des Zehnten Buches[1] bleibt unberührt.

§ 80[2] Rahmenverträge. (1) [1] Die überörtlichen Träger der Sozialhilfe und die örtlichen Träger der Sozialhilfe im Zuständigkeitsbereich des überörtlichen Trägers schließen mit den Vereinigungen der Leistungserbringer gemeinsam und einheitlich Rahmenverträge zu den Vereinbarungen nach § 76 ab. [2] Die Rahmenverträge bestimmen

1. die nähere Abgrenzung der den Vergütungspauschalen und -beträgen nach § 76 zugrunde zu legenden Kostenarten und -bestandteile sowie die Zusammensetzung der Investitionsbeträge nach § 76,
2. den Inhalt und die Kriterien für die Ermittlung und Zusammensetzung der Maßnahmepauschalen, die Merkmale für die Bildung von Gruppen mit vergleichbarem Bedarf nach § 76 Absatz 3 Satz 3 sowie die Zahl der zu bildenden Gruppen,
3. die Festlegung von Personalrichtwerten oder anderen Methoden zur Festlegung der personellen Ausstattung,
4. die Grundsätze und Maßstäbe für die Wirtschaftlichkeit und Qualitätssicherung einschließlich der Wirksamkeit der Leistungen sowie Inhalt und Verfahren zur Durchführung von Wirtschaftlichkeits- und Qualitätsprüfungen und
5. das Verfahren zum Abschluss von Vereinbarungen.

[3] Für Leistungserbringer, die einer Kirche oder Religionsgemeinschaft des öffentlichen Rechts oder einem sonstigen freigemeinnützigen Träger zuzuordnen sind, können die Rahmenverträge auch von der Kirche oder Religionsgemeinschaft oder von dem Wohlfahrtsverband abgeschlossen werden, dem der Leistungserbringer angehört. [4] In den Rahmenverträgen sollen die Merkmale und Besonderheit der jeweiligen Leistungen berücksichtigt werden.

(2) Die durch Landesrecht bestimmten maßgeblichen Interessenvertretungen der Menschen mit Behinderungen wirken bei der Erarbeitung und Beschlussfassung der Rahmenverträge mit.

(3) Die Bundesarbeitsgemeinschaft der überörtlichen Träger der Sozialhilfe, die Bundesvereinigung der kommunalen Spitzenverbände und die Bundesvereinigungen der Leistungserbringer vereinbaren gemeinsam und einheitlich Empfehlungen zum Inhalt der Rahmenverträge nach Absatz 1.

(4) Kommt es nicht innerhalb von sechs Monaten nach schriftlicher Aufforderung durch die Landesregierung zu einem Rahmenvertrag, kann die Landesregierung durch Rechtsverordnung die Inhalte regeln.

§ 81[2] Schiedsstelle. (1) Für jedes Land oder für Teile eines Landes wird eine Schiedsstelle gebildet.

[1] Nr. **51.9**.
[2] 10. Kapitel (§§ 75–81) neu gef. mWv 1.1.2020 durch G v. 23.12.2016 (BGBl. I S. 3234).

(2) Die Schiedsstelle besteht aus Vertretern der Leistungserbringer und Vertretern der örtlichen und überörtlichen Träger der Sozialhilfe in gleicher Zahl sowie einem unparteiischen Vorsitzenden.

(3) [1]Die Vertreter der Leistungserbringer und deren Stellvertreter werden von den Vereinigungen der Leistungserbringer bestellt. [2]Bei der Bestellung ist die Trägervielfalt zu beachten. [3]Die Vertreter der Träger der Sozialhilfe und deren Stellvertreter werden von diesen bestellt. [4]Der Vorsitzende und sein Stellvertreter werden von den beteiligten Organisationen gemeinsam bestellt. [5]Kommt eine Einigung nicht zustande, werden sie durch Los bestimmt. [6]Soweit beteiligte Organisationen keinen Vertreter bestellen oder im Verfahren nach Satz 3 keine Kandidaten für das Amt des Vorsitzenden und des Stellvertreters benennen, bestellt die zuständige Landesbehörde auf Antrag einer der beteiligten Organisationen die Vertreter und benennt die Kandidaten.

(4) [1]Die Mitglieder der Schiedsstelle führen ihr Amt als Ehrenamt. [2]Sie sind an Weisungen nicht gebunden. [3]Jedes Mitglied hat eine Stimme. [4]Die Entscheidungen werden mit der Mehrheit der Mitglieder getroffen. [5]Ergibt sich keine Mehrheit, entscheidet die Stimme des Vorsitzenden.

(5) Die Landesregierungen werden ermächtigt, durch Rechtsverordnung das Nähere über

1. die Zahl der Schiedsstellen,
2. die Zahl der Mitglieder und deren Bestellung,
3. die Amtsdauer und Amtsführung,
4. die Erstattung der baren Auslagen und die Entschädigung für den Zeitaufwand der Mitglieder der Schiedsstelle,
5. die Geschäftsführung,
6. das Verfahren,
7. die Erhebung und die Höhe der Gebühren,
8. die Verteilung der Kosten sowie
9. die Rechtsaufsicht

zu bestimmen.

Elftes Kapitel. Einsatz des Einkommens und des Vermögens

Erster Abschnitt. Einkommen

§ 82[1)] Begriff des Einkommens. (1) [1]Zum Einkommen gehören alle Einkünfte in Geld oder Geldeswert. [2]Nicht zum Einkommen gehören

1. Leistungen nach diesem Buch,
2. die Grundrente nach dem Bundesversorgungsgesetz und nach den Gesetzen, die eine entsprechende Anwendung des Bundesversorgungsgesetzes vorsehen,

---

[1)] § 82 neu gef. mWv 1.1.2018 durch G v. 17.8.2017 (BGBl. I S. 3214); Abs. 2 Satz 2 geänd., Abs. 6 neu gef. mWv 1.1.2020 durch G v. 30.11.2019 (BGBl. I S. 1948); Abs. 2 Satz 2 geänd. mWv 1.1.2021 durch G v. 9.12.2020 (BGBl. I S. 2855); Abs. 2 Satz 2 geänd. mWv 1.1.2021 durch G v. 21.12.2020 (BGBl. I S. 3096); Abs. 1 neu gef., Abs. 2 Satz 2 geänd. mWv 1.7.2021 durch G v. 2.6.2021 (BGBl. I S. 1387).

3. Renten oder Beihilfen nach dem Bundesentschädigungsgesetz für Schaden an Leben sowie an Körper oder Gesundheit bis zur Höhe der vergleichbaren Grundrente nach dem Bundesversorgungsgesetz und
4. Aufwandsentschädigungen nach § 1835a des Bürgerlichen Gesetzbuchs[1] kalenderjährlich bis zu dem in § 3 Nummer 26 Satz 1 des Einkommensteuergesetzes genannten Betrag.

[3] Einkünfte aus Rückerstattungen, die auf Vorauszahlungen beruhen, die Leistungsberechtigte aus dem Regelsatz erbracht haben, sind kein Einkommen. [4] Bei Minderjährigen ist das Kindergeld dem jeweiligen Kind als Einkommen zuzurechnen, soweit es bei diesem zur Deckung des notwendigen Lebensunterhaltes, mit Ausnahme der Bedarfe nach § 34, benötigt wird.

(2) [1] Von dem Einkommen sind abzusetzen
1. auf das Einkommen entrichtete Steuern,
2. Pflichtbeiträge zur Sozialversicherung einschließlich der Beiträge zur Arbeitsförderung,
3. Beiträge zu öffentlichen oder privaten Versicherungen oder ähnlichen Einrichtungen, soweit diese Beiträge gesetzlich vorgeschrieben oder nach Grund und Höhe angemessen sind, sowie geförderte Altersvorsorgebeiträge nach § 82 des Einkommensteuergesetzes, soweit sie den Mindesteigenbeitrag nach § 86 des Einkommensteuergesetzes nicht überschreiten, und
4. die mit der Erzielung des Einkommens verbundenen notwendigen Ausgaben.

[2] Erhält eine leistungsberechtigte Person aus einer Tätigkeit Bezüge oder Einnahmen, die nach § 3 Nummer 12, 26 oder 26a des Einkommensteuergesetzes steuerfrei sind oder die als Taschengeld nach § 2 Nummer 4 des Bundesfreiwilligendienstgesetzes[2] oder nach § 2 Absatz 1 Nummer 4 des Jugendfreiwilligendienstegesetzes[3] gezahlt werden, ist abweichend von Satz 1 Nummer 2 bis 4 und den Absätzen 3 und 6 ein Betrag von bis zu 250 Euro monatlich nicht als Einkommen zu berücksichtigen. [3] Soweit ein Betrag nach Satz 2 in Anspruch genommen wird, gelten die Beträge nach Absatz 3 Satz 1 zweiter Halbsatz und nach Absatz 6 Satz 1 zweiter Halbsatz insoweit als ausgeschöpft.

(3) [1] Bei der Hilfe zum Lebensunterhalt und Grundsicherung im Alter und bei Erwerbsminderung ist ferner ein Betrag in Höhe von 30 vom Hundert des Einkommens aus selbständiger und nichtselbständiger Tätigkeit der Leistungsberechtigten abzusetzen, höchstens jedoch 50 vom Hundert der Regelbedarfsstufe 1 nach der Anlage zu § 28. [2] Abweichend von Satz 1 ist bei einer Beschäftigung in einer Werkstatt für behinderte Menschen oder bei einem anderen Leistungsanbieter nach § 60 des Neunten Buches von dem Entgelt ein Achtel der Regelbedarfsstufe 1 nach der Anlage zu § 28 zuzüglich 50 vom Hundert des diesen Betrag übersteigenden Entgelts abzusetzen. [3] Im Übrigen kann in begründeten Fällen ein anderer als in Satz 1 festgelegter Betrag vom Einkommen abgesetzt werden.

(4) Bei der Hilfe zum Lebensunterhalt und Grundsicherung im Alter und bei Erwerbsminderung ist ferner ein Betrag von 100 Euro monatlich aus einer zusätzlichen Altersvorsorge der Leistungsberechtigten zuzüglich 30 vom Hun-

---

[1] **Habersack (vormals Schönfelder) Nr. 20.**
[2] **Sartorius Nr. 627.**
[3] **Sartorius Nr. 390.**

dert des diesen Betrag übersteigenden Einkommens aus einer zusätzlichen Altersvorsorge der Leistungsberechtigten abzusetzen, höchstens jedoch 50 vom Hundert der Regelbedarfsstufe 1 nach der Anlage zu § 28.

(5) [1] Einkommen aus einer zusätzlichen Altersvorsorge im Sinne des Absatzes 4 ist jedes monatlich bis zum Lebensende ausgezahlte Einkommen, auf das der Leistungsberechtigte vor Erreichen der Regelaltersgrenze auf freiwilliger Grundlage Ansprüche erworben hat und das dazu bestimmt und geeignet ist, die Einkommenssituation des Leistungsberechtigten gegenüber möglichen Ansprüchen aus Zeiten einer Versicherungspflicht in der gesetzlichen Rentenversicherung nach den §§ 1 bis 4 des Sechsten Buches, nach § 1 des Gesetzes über die Alterssicherung der Landwirte, aus beamtenrechtlichen Versorgungsansprüchen und aus Ansprüchen aus Zeiten einer Versicherungspflicht in einer Versicherungs- und Versorgungseinrichtung, die für Angehörige bestimmter Berufe errichtet ist, zu verbessern. [2] Als Einkommen aus einer zusätzlichen Altersvorsorge gelten auch laufende Zahlungen aus

1. einer betrieblichen Altersversorgung im Sinne des Betriebsrentengesetzes,
2. einem nach § 5 des Altersvorsorgeverträge-Zertifizierungsgesetzes zertifizierten Altersvorsorgevertrag und
3. einem nach § 5a des Altersvorsorgeverträge-Zertifizierungsgesetzes zertifizierten Basisrentenvertrag.

[3] Werden bis zu zwölf Monatsleistungen aus einer zusätzlichen Altersvorsorge, insbesondere gemäß einer Vereinbarung nach § 10 Absatz 1 Nummer 2 Satz 3 erster Halbsatz des Einkommensteuergesetzes, zusammengefasst, so ist das Einkommen gleichmäßig auf den Zeitraum aufzuteilen, für den die Auszahlung erfolgte.

(6) Für Personen, die Leistungen der Hilfe zur Pflege, der Blindenhilfe oder Leistungen der Eingliederungshilfe nach dem Neunten Buch erhalten, ist ein Betrag in Höhe von 40 Prozent des Einkommens aus selbständiger und nichtselbständiger Tätigkeit der Leistungsberechtigten abzusetzen, höchstens jedoch 65 Prozent der Regelbedarfsstufe 1 nach der Anlage zu § 28.

(7) [1] Einmalige Einnahmen, bei denen für den Monat des Zuflusses bereits Leistungen ohne Berücksichtigung der Einnahme erbracht worden sind, werden im Folgemonat berücksichtigt. [2] Entfiele der Leistungsanspruch durch die Berücksichtigung in einem Monat, ist die einmalige Einnahme auf einen Zeitraum von sechs Monaten gleichmäßig zu verteilen und mit einem entsprechenden Teilbetrag zu berücksichtigen. [3] In begründeten Einzelfällen ist der Anrechnungszeitraum nach Satz 2 angemessen zu verkürzen. [4] Die Sätze 1 und 2 sind auch anzuwenden, soweit während des Leistungsbezugs eine Auszahlung zur Abfindung einer Kleinbetragsrente im Sinne des § 93 Absatz 3 Satz 2 des Einkommensteuergesetzes oder nach § 3 Absatz 2 des Betriebsrentengesetzes erfolgt und durch den ausgezahlten Betrag das Vermögen überschritten wird, welches nach § 90 Absatz 2 Nummer 9 und Absatz 3 nicht einzusetzen ist.

§ 82a[1)] Freibetrag für Personen mit Grundrentenzeiten oder entsprechenden Zeiten aus anderweitigen Alterssicherungssystemen. (1) Bei der Hilfe zum Lebensunterhalt und Grundsicherung im Alter und bei Erwerbsminderung ist für Personen, die mindestens 33 Jahre an Grundrentenzeiten

[1)] § 82a eingef. mWv 1.1.2021 durch G v. 12.8.2020 (BGBl. I S. 1879).

nach § 76g Absatz 2 des Sechsten Buches erreicht haben, ein Betrag in Höhe von 100 Euro monatlich aus der gesetzlichen Rente zuzüglich 30 Prozent des diesen Betrag übersteigenden Einkommens aus der gesetzlichen Rente vom Einkommen nach § 82 Absatz 1 abzusetzen, höchstens jedoch ein Betrag in Höhe von 50 Prozent der Regelbedarfsstufe 1 nach der Anlage zu § 28.

(2) [1] Absatz 1 gilt entsprechend für Personen, die mindestens 33 Jahre an Grundrentenzeiten vergleichbaren Zeiten in

1. einer Versicherungspflicht nach § 1 des Gesetzes über die Alterssicherung der Landwirte haben,
2. einer sonstigen Beschäftigung, in der Versicherungsfreiheit nach § 5 Absatz 1 Satz 1 Nummer 2 und 3 und Satz 2 des Sechsten Buches oder Befreiung von der Versicherungspflicht nach § 6 Absatz 1 Satz 1 Nummer 2 des Sechsten Buches bestand, haben oder
3. einer Versicherungspflicht in einer Versicherungsoder Versorgungseinrichtung, die für Angehörige bestimmter Berufe errichtet ist, haben.

[2] Absatz 1 gilt auch, wenn die 33 Jahre durch die Zusammenrechnung der Zeiten nach Satz 1 Nummer 1 bis 3 und der Grundrentenzeiten nach § 76g Absatz 2 des Sechsten Buches erfüllt werden. Je Kalendermonat wird eine Grundrentenzeit oder eine nach Satz 1 vergleichbare Zeit angerechnet.

§ 83 Nach Zweck und Inhalt bestimmte Leistungen. (1) Leistungen, die auf Grund öffentlich-rechtlicher Vorschriften zu einem ausdrücklich genannten Zweck erbracht werden, sind nur so weit als Einkommen zu berücksichtigen, als die Sozialhilfe im Einzelfall demselben Zweck dient.

(2) Eine Entschädigung, die wegen eines Schadens, der nicht Vermögensschaden ist, nach § 253 Abs. 2 des Bürgerlichen Gesetzbuches[1] geleistet wird, ist nicht als Einkommen zu berücksichtigen.

(Fortsetzung nächstes Blatt)

---

[1] **Habersack (vormals Schönfelder) Nr. 20.**

nach § 76g Absatz 2 des Sechsten Buches erreicht haben, ein Betrag in Höhe von 100 Euro monatlich aus der gesetzlichen Rente zuzüglich 30 Prozent des diesen Betrag übersteigenden Einkommens aus der gesetzlichen Rente vom Einkommen nach § 82 Absatz 1 abzusetzen, höchstens jedoch ein Betrag in Höhe von 50 Prozent der Regelbedarfsstufe 1 nach der Anlage zu § 28.

(2) Absatz 1 gilt entsprechend für Personen, die mindestens 33 Jahre an Grundrentenzeiten vergleichbaren Zeiten in

1. einer Versicherungspflicht nach § 1 des Gesetzes über die Alterssicherung der Landwirte haben,
2. einer sonstigen Beschäftigung, in der Versicherungsfreiheit nach § 5 Absatz 1 Satz 1 Nummer 2 und 3 und Satz 2 des Sechsten Buches oder Befreiung von der Versicherungspflicht nach § 6 Absatz 1 Satz 1 Nummer 2 des Sechsten Buches bestand, haben oder
3. einer Versicherungspflicht in einer Versicherungs- oder Versorgungseinrichtung, die für Angehörige bestimmter Berufe errichtet ist, haben.

Absatz 1 gilt auch, wenn die 33 Jahre durch die Zusammenrechnung der Zeiten nach Satz 1 Nummer 1 bis 3 und der Grundrentenzeiten nach § 76g Absatz 2 des Sechsten Buches erfüllt werden. Je Kalendermonat wird eine Grundrentenzeit oder eine nach Satz 1 vergleichbare Zeit angerechnet.

§ 83 Nach Zweck und Inhalt bestimmte Leistungen. (1) Leistungen, die auf Grund öffentlich-rechtlicher Vorschriften zu einem ausdrücklich genannten Zweck erbracht werden, sind nur so weit als Einkommen zu berücksichtigen, als die Sozialhilfe im Einzelfall demselben Zweck dient.

(2) Eine Entschädigung, die wegen eines Schadens, der nicht Vermögensschaden ist, nach § 253 Abs. 2 des Bürgerlichen Gesetzbuches[1] geleistet wird, ist nicht als Einkommen zu berücksichtigen.

(Fortsetzung nächstes Blatt)

[1] Habersack (vormals Schönfelder) Nr. 20.

§ 88[1] Einsatz des Einkommens unter der Einkommensgrenze.

(1) [1] Die Aufbringung der Mittel kann, auch soweit das Einkommen unter der Einkommensgrenze liegt, verlangt werden,

1. soweit von einem anderen Leistungen für einen besonderen Zweck erbracht werden, für den sonst Sozialhilfe zu leisten wäre,
2. wenn zur Deckung des Bedarfs nur geringfügige Mittel erforderlich sind.

[2] Darüber hinaus soll in angemessenem Umfang die Aufbringung der Mittel verlangt werden, wenn eine Person für voraussichtlich längere Zeit Leistungen in einer stationären Einrichtung bedarf.

(2) [1] Bei einer stationären Leistung in einer stationären Einrichtung wird von dem Einkommen, das der Leistungsberechtigte aus einer entgeltlichen Beschäftigung erzielt, die Aufbringung der Mittel in Höhe von einem Achtel der Regelbedarfsstufe 1 nach der Anlage zu § 28 zuzüglich 50 vom Hundert des diesen Betrag übersteigenden Einkommens aus der Beschäftigung nicht verlangt. [2] § 82 Absatz 3 und 6 ist nicht anzuwenden.

§ 89[2] Einsatz des Einkommens bei mehrfachem Bedarf. (1) Wird im Einzelfall der Einsatz eines Teils des Einkommens zur Deckung eines bestimmten Bedarfs zugemutet oder verlangt, darf dieser Teil des Einkommens bei der Prüfung, inwieweit der Einsatz des Einkommens für einen anderen gleichzeitig bestehenden Bedarf zuzumuten ist oder verlangt werden kann, nicht berücksichtigt werden.

(2) [1] Sind im Fall des Absatzes 1 für die Bedarfsfälle verschiedene Träger der Sozialhilfe zuständig, hat die Entscheidung über die Leistung für den zuerst eingetretenen Bedarf den Vorrang. [2] Treten die Bedarfsfälle gleichzeitig ein, ist das über der Einkommensgrenze liegende Einkommen zu gleichen Teilen bei den Bedarfsfällen zu berücksichtigen. [3] Bestehen neben den Bedarfen für Leistungen nach diesem Buch gleichzeitig Bedarfe für Leistungen nach Teil 2 des Neunten Buches, so ist das über der Einkommensgrenze liegende Einkommen nur zur Hälfte zu berücksichtigen.

Dritter Abschnitt. Vermögen

§ 90[3] [4] Einzusetzendes Vermögen. (1) Einzusetzen ist das gesamte verwertbare Vermögen.

(2) Die Sozialhilfe darf nicht abhängig gemacht werden vom Einsatz oder von der Verwertung

1. eines Vermögens, das aus öffentlichen Mitteln zum Aufbau oder zur Sicherung einer Lebensgrundlage oder zur Gründung eines Hausstandes erbracht wird,

---

[1] § 88 Abs. 1 Nr. 2 geänd., Nr. 3 aufgeh., Satz 2 angef. mWv 7.12.2006 durch G v. 2.12.2006 (BGBl. I S. 2670); Abs. 2 Satz 1 geänd. mWv 1.1.2011 durch G v. 24.3.2011 (BGBl. I S. 453); Abs. 2 Satz 1 geänd., Satz 2 neu gef. mWv 1.1.2017 durch G v. 23.12.2016 (BGBl. I S. 3234); Abs. 2 Satz 2 geänd. mWv 1.1.2018 durch G v. 17.8.2017 (BGBl. I S. 3214).

[2] § 89 Abs. 2 Satz 3 angef. mWv 1.1.2020 durch G v. 23.12.2016 (BGBl. I S. 3234).

[3] Siehe hierzu ua die VO zur Durchführung des § 90 Abs. 2 Nr. 9 des Zwölften Buches Sozialgesetzbuch **(Sartorius ErgBd. Nr. 412c)**.

[4] § 90 Abs. 2 Nr. 3 neu gef. mWv 1.1.2020 durch G v. 23.12.2016 (BGBl. I S. 3234); Abs. 2 Nr. 2 neu gef. mWv 1.1.2018 durch G v. 17.8.2017 (BGBl. I S. 3214); Abs. 2 Nr. 3 geänd. mWv 1.7.2021 durch G v. 2.6.2021 (BGBl. I S. 1387).

2. eines nach § 10a oder Abschnitt XI des Einkommensteuergesetzes geförderten Altersvorsorgevermögens im Sinne des § 92 des Einkommensteuergesetzes; dies gilt auch für das in der Auszahlungsphase insgesamt zur Verfügung stehende Kapital, soweit die Auszahlung als monatliche oder als sonstige regelmäßige Leistung im Sinne von § 82 Absatz 5 Satz 3 erfolgt; für diese Auszahlungen ist § 82 Absatz 4 und 5 anzuwenden,
3. eines sonstigen Vermögens, solange es nachweislich zur baldigen Beschaffung oder Erhaltung eines Hausgrundstücks im Sinne der Nummer 8 bestimmt ist, soweit dieses Wohnzwecken von Menschen mit einer wesentlichen Behinderung oder einer drohenden wesentlichen Behinderung (§ 99 Absatz 1 und 2 des Neunten Buches) oder von blinden Menschen (§ 72) oder pflegebedürftigen Menschen (§ 61) dient oder dienen soll und dieser Zweck durch den Einsatz oder die Verwertung des Vermögens gefährdet würde,
4. eines angemessenen Hausrats; dabei sind die bisherigen Lebensverhältnisse der nachfragenden Person zu berücksichtigen,
5. von Gegenständen, die zur Aufnahme oder Fortsetzung der Berufsausbildung oder der Erwerbstätigkeit unentbehrlich sind,
6. von Familien- und Erbstücken, deren Veräußerung für die nachfragende Person oder ihre Familie eine besondere Härte bedeuten würde,
7. von Gegenständen, die zur Befriedigung geistiger, insbesondere wissenschaftlicher oder künstlerischer Bedürfnisse dienen und deren Besitz nicht Luxus ist,
8. eines angemessenen Hausgrundstücks, das von der nachfragenden Person oder einer anderen in den § 19 Abs. 1 bis 3 genannten Person allein oder zusammen mit Angehörigen ganz oder teilweise bewohnt wird und nach ihrem Tod von ihren Angehörigen bewohnt werden soll. Die Angemessenheit bestimmt sich nach der Zahl der Bewohner, dem Wohnbedarf (zum Beispiel behinderter, blinder oder pflegebedürftiger Menschen), der Grundstücksgröße, der Hausgröße, dem Zuschnitt und der Ausstattung des Wohngebäudes sowie dem Wert des Grundstücks einschließlich des Wohngebäudes,
9. kleinerer Barbeträge oder sonstiger Geldwerte; dabei ist eine besondere Notlage der nachfragenden Person zu berücksichtigen.

(3) [1] Die Sozialhilfe darf ferner nicht vom Einsatz oder von der Verwertung eines Vermögens abhängig gemacht werden, soweit dies für den, der das Vermögen einzusetzen hat, und für seine unterhaltsberechtigten Angehörigen eine Härte bedeuten würde. [2] Dies ist bei der Leistung nach dem Fünften bis Neunten Kapitel insbesondere der Fall, soweit eine angemessene Lebensführung oder die Aufrechterhaltung einer angemessenen Alterssicherung wesentlich erschwert würde.

§ 91 Darlehen. [1] Soweit nach § 90 für den Bedarf der nachfragenden Person Vermögen einzusetzen ist, jedoch der sofortige Verbrauch oder die sofortige Verwertung des Vermögens nicht möglich ist oder für die, die es einzusetzen hat, eine Härte bedeuten würde, soll die Sozialhilfe als Darlehen geleistet werden. [2] Die Leistungserbringung kann davon abhängig gemacht werden, dass der Anspruch auf Rückzahlung dinglich oder in anderer Weise gesichert wird.

Vierter Abschnitt. Einschränkung der Anrechnung

§ 92[1] Beschränkung des Einkommenseinsatzes auf die häusliche Ersparnis. (1) [1] Erhält eine Person, die nicht in einer Wohnung nach § 42a Absatz 2 Satz 2 lebt, Leistungen nach dem Dritten, Vierten, Fünften, Siebten, Achten oder Neunten Kapitel oder Leistungen für ärztliche oder ärztlich verordnete Maßnahmen, so kann die Aufbringung der Mittel für die Leistungen nach dem Dritten und Vierten Kapitel von ihr und den übrigen in § 19 Absatz 3 genannten Personen verlangt werden, soweit Aufwendungen für den häuslichen Lebensunterhalt erspart werden. [2] Für Leistungsberechtigte nach § 27c Absatz 1 und die übrigen in § 19 Absatz 3 genannten Personen sind Leistungen nach § 27c ohne die Berücksichtigung von vorhandenem Vermögen zu erbringen; Absatz 2 findet keine Anwendung. [3] Die Aufbringung der Mittel nach Satz 1 ist aus dem Einkommen nicht zumutbar, wenn Personen, bei denen nach § 138 Absatz 1 Nummer 3 und 6 des Neunten Buches ein Beitrag zu Leistungen der Eingliederungshilfe nicht verlangt wird, einer selbständigen und nicht selbständigen Tätigkeit nachgehen und das Einkommen aus dieser Tätigkeit einen Betrag in Höhe des Zweifachen der Regelbedarfsstufe 1 nach der Anlage zu § 28 nicht übersteigt; Satz 2 gilt entsprechend.

(2) [1] Darüber hinaus soll in angemessenem Umfang die Aufbringung der Mittel aus dem gemeinsamen Einkommen der leistungsberechtigten Person und ihres nicht getrennt lebenden Ehegatten oder Lebenspartners verlangt werden, wenn die leistungsberechtigte Person auf voraussichtlich längere Zeit Leistungen in einer stationären Einrichtung bedarf. [2] Bei der Prüfung, welcher Umfang angemessen ist, ist auch der bisherigen Lebenssituation des im Haushalt verbliebenen, nicht getrennt lebenden Ehegatten oder Lebenspartners sowie der im Haushalt lebenden minderjährigen unverheirateten Kinder Rechnung zu tragen.

(3) [1] Hat ein anderer als ein nach bürgerlichem Recht Unterhaltspflichtiger nach sonstigen Vorschriften Leistungen für denselben Zweck zu erbringen, wird seine Verpflichtung durch Absatz 2 nicht berührt. [2] Soweit er solche Leistungen erbringt, kann abweichend von Absatz 2 von den in § 19 Absatz 3 genannten Personen die Aufbringung der Mittel verlangt werden.

§ 92a[2] *(aufgehoben)*

Fünfter Abschnitt. Verpflichtungen anderer

§ 93[3] Übergang von Ansprüchen. (1) [1] Hat eine leistungsberechtigte Person oder haben bei Gewährung von Hilfen nach dem Fünften bis Neunten Kapitel auch ihre Eltern, ihr nicht getrennt lebender Ehegatte oder ihr Lebenspartner für die Zeit, für die Leistungen erbracht werden, einen Anspruch gegen einen anderen, der kein Leistungsträger im Sinne des § 12 des Ersten Buches[4] ist, kann der Träger der Sozialhilfe durch schriftliche Anzeige an den anderen bewirken, dass dieser Anspruch bis zur Höhe seiner Aufwendungen auf ihn übergeht. [2] Er kann den Übergang dieses Anspruchs auch wegen seiner Auf-

---

[1] § 92 neu gef. mWv 1.1.2020 durch G v. 23.12.2016 (BGBl. I S. 3234).

[2] § 92a aufgeh. mWv 1.1.2020 durch G v. 23.12.2016 (BGBl. I S. 3234).

[3] § 93 Abs. 1 Satz 2 geänd. mWv 7.12.2006 durch G v. 2.12.2006 (BGBl. I S. 2670); Abs. 1 Satz 3 geänd. mWv 1.1.2020 durch G v. 23.12.2016 (BGBl. I S. 3234).

[4] Nr. **51.1**.

wendungen für diejenigen Leistungen des Dritten und Vierten Kapitels bewirken, die er gleichzeitig mit den Leistungen für die in Satz 1 genannte leistungsberechtigte Person, deren nicht getrennt lebenden Ehegatten oder Lebenspartner und deren minderjährigen unverheirateten Kindern erbringt. [3]Der Übergang des Anspruchs darf nur insoweit bewirkt werden, als bei rechtzeitiger Leistung des anderen entweder die Leistung nicht erbracht worden wäre oder in den Fällen des § 19 Abs. 5 Aufwendungsersatz oder ein Kostenbeitrag zu leisten wäre. [4]Der Übergang ist nicht dadurch ausgeschlossen, dass der Anspruch nicht übertragen, verpfändet oder gepfändet werden kann.

(2) [1]Die schriftliche Anzeige bewirkt den Übergang des Anspruchs für die Zeit, für die der leistungsberechtigten Person die Leistung ohne Unterbrechung erbracht wird. [2]Als Unterbrechung gilt ein Zeitraum von mehr als zwei Monaten.

(3) Widerspruch und Anfechtungsklage gegen den Verwaltungsakt, der den Übergang des Anspruchs bewirkt, haben keine aufschiebende Wirkung.

(4) Die §§ 115 und 116 des Zehnten Buches[1)] gehen der Regelung des Absatzes 1 vor.

§ 94[2)] Übergang von Ansprüchen gegen einen nach bürgerlichem Recht Unterhaltspflichtigen. (1) [1]Hat die leistungsberechtigte Person für die Zeit, für die Leistungen erbracht werden, nach bürgerlichem Recht einen Unterhaltsanspruch, geht dieser bis zur Höhe der geleisteten Aufwendungen zusammen mit dem unterhaltsrechtlichen Auskunftsanspruch auf den Träger der Sozialhilfe über. [2]Der Übergang des Anspruchs ist ausgeschlossen, soweit der Unterhaltsanspruch durch laufende Zahlung erfüllt wird. [3]Der Übergang des Anspruchs ist auch ausgeschlossen, wenn die unterhaltspflichtige Person zum Personenkreis des § 19 gehört oder die unterhaltspflichtige Person mit der leistungsberechtigten Person vom zweiten Grad an verwandt ist. [4]Gleiches gilt für Unterhaltsansprüche gegen Verwandte ersten Grades einer Person, die schwanger ist oder ihr leibliches Kind bis zur Vollendung seines sechsten Lebensjahres betreut. [5]§ 93 Abs. 4 gilt entsprechend.

(1a) [1]Unterhaltsansprüche der Leistungsberechtigten gegenüber ihren Kindern und Eltern sind nicht zu berücksichtigen, es sei denn, deren jährliches Gesamteinkommen im Sinne des § 16 des Vierten Buches beträgt jeweils mehr als 100 000 Euro (Jahreseinkommensgrenze). [2]Der Übergang von Ansprüchen der Leistungsberechtigten ist ausgeschlossen, sofern Unterhaltsansprüche nach Satz 1 nicht zu berücksichtigen sind. [3]Es wird vermutet, dass das Einkommen der unterhaltsverpflichteten Personen nach Satz 1 die Jahreseinkommensgrenze nicht überschreitet. [4]Zur Widerlegung der Vermutung nach Satz 3 kann der jeweils für die Ausführung des Gesetzes zuständige Träger von den Leistungsberechtigten Angaben verlangen, die Rückschlüsse auf die Einkommensverhältnisse der Unterhaltspflichtigen nach Satz 1 zulassen. [5]Liegen im Einzelfall

---

[1)] Nr. **51.9**.

[2)] § 94 Abs. 2 Satz 1 geänd. mWv 30.3.2005 durch G v. 21.3.2005 (BGBl. I S. 818); Abs. 1 Satz 6 und Abs. 3 Satz 1 Nr. 1 geänd. mWv 7.12.2006 durch G v. 2.12.2006 (BGBl. I S. 2670); Abs. 1 Satz 6 aufgeh. mWv 1.1.2016 durch G v. 21.12.2015 (BGBl. I S. 2557); Abs. 2 Satz 1 geänd. mWv 1.1.2017 durch G v. 23.12.2016 (BGBl. I S. 3191); Abs. 2 Satz 1 geänd. mWv 1.1.2020 durch G v. 23.12.2016 (BGBl. I S. 3234); Abs. 1 Satz 3 geänd., Abs. 1a eingef., Abs. 2 Satz 1 und Abs. 5 Satz 3 geänd. mWv 1.1.2020 durch G v. 10.12.2019 (BGBl. I S. 2135); Abs. 2 Satz 1 geänd. mWv 1.7.2021 durch G v. 2.6.2021 (BGBl. I S. 1387).

hinreichende Anhaltspunkte für ein Überschreiten der Jahreseinkommensgrenze vor, so ist § 117 anzuwenden. [6] Die Sätze 1 bis 5 gelten nicht bei Leistungen nach dem Dritten Kapitel an minderjährige Kinder.

(2) [1] Der Anspruch einer volljährigen unterhaltsberechtigten Person, die in der Eingliederungshilfe leistungsberechtigt im Sinne des § 99 Absatz 1 bis 3 des Neunten Buches oder pflegebedürftig im Sinne von § 61a ist, gegenüber ihren Eltern wegen Leistungen nach dem Siebten Kapitel geht nur in Höhe von bis zu 26 Euro, wegen Leistungen nach dem Dritten und Vierten Kapitel nur in Höhe von bis zu 20 Euro monatlich über. [2] Es wird vermutet, dass der Anspruch in Höhe der genannten Beträge übergeht und mehrere Unterhaltspflichtige zu gleichen Teilen haften; die Vermutung kann widerlegt werden. [3] Die in Satz 1 genannten Beträge verändern sich zum gleichen Zeitpunkt und um denselben Vomhundertsatz, um den sich das Kindergeld verändert.

(3) [1] Ansprüche nach Absatz 1 und 2 gehen nicht über, soweit

1. die unterhaltspflichtige Person Leistungsberechtigte nach dem Dritten und Vierten Kapitel ist oder bei Erfüllung des Anspruchs würde oder
2. der Übergang des Anspruchs eine unbillige Härte bedeuten würde.

[2] Der Träger der Sozialhilfe hat die Einschränkung des Übergangs nach Satz 1 zu berücksichtigen, wenn er von ihren Voraussetzungen durch vorgelegte Nachweise oder auf andere Weise Kenntnis hat.

(4) [1] Für die Vergangenheit kann der Träger der Sozialhilfe den übergegangenen Unterhalt außer unter den Voraussetzungen des bürgerlichen Rechts nur von der Zeit an fordern, zu welcher er dem Unterhaltspflichtigen die Erbringung der Leistung schriftlich mitgeteilt hat. [2] Wenn die Leistung voraussichtlich auf längere Zeit erbracht werden muss, kann der Träger der Sozialhilfe bis zur Höhe der bisherigen monatlichen Aufwendungen auch auf künftige Leistungen klagen.

(5) [1] Der Träger der Sozialhilfe kann den auf ihn übergegangenen Unterhaltsanspruch im Einvernehmen mit der leistungsberechtigten Person auf diesen zur gerichtlichen Geltendmachung rückübertragen und sich den geltend gemachten Unterhaltsanspruch abtreten lassen. [2] Kosten, mit denen die leistungsberechtigte Person dadurch selbst belastet wird, sind zu übernehmen. [3] Über die Ansprüche nach den Absätzen 1, 2 bis 4 ist im Zivilrechtsweg zu entscheiden.

§ 95 Feststellung der Sozialleistungen. [1] Der erstattungsberechtigte Träger der Sozialhilfe kann die Feststellung einer Sozialleistung betreiben sowie Rechtsmittel einlegen. [2] Der Ablauf der Fristen, die ohne sein Verschulden verstrichen sind, wirkt nicht gegen ihn. [3] Satz 2 gilt nicht für die Verfahrensfristen, soweit der Träger der Sozialhilfe das Verfahren selbst betreibt.

Sechster Abschnitt. Verordnungsermächtigungen

§ 96[1)] Verordnungsermächtigungen. (1) Die Bundesregierung kann durch Rechtsverordnung mit Zustimmung des Bundesrates Näheres über die Berechnung des Einkommens nach § 82, insbesondere der Einkünfte aus Land- und Forstwirtschaft, aus Gewerbebetrieb und aus selbständiger Arbeit bestimmen.

[1)] § 96 Abs. 2 geänd. mWv 8.11.2006 durch VO v. 31.10.2006 (BGBl. I S. 2407).

(2) Das Bundesministerium für Arbeit und Soziales kann durch Rechtsverordnung mit Zustimmung des Bundesrates die Höhe der Barbeträge oder sonstigen Geldwerte im Sinne des § 90 Abs. 2 Nr. 9 bestimmen.

Zwölftes Kapitel. Zuständigkeit der Träger der Sozialhilfe

Erster Abschnitt. Sachliche und örtliche Zuständigkeit

§ 97[1)] Sachliche Zuständigkeit. (1) Für die Sozialhilfe sachlich zuständig ist der örtliche Träger der Sozialhilfe, soweit nicht der überörtliche Träger sachlich zuständig ist.

(2) [1] Die sachliche Zuständigkeit des überörtlichen Trägers der Sozialhilfe wird nach Landesrecht bestimmt. [2] Dabei soll berücksichtigt werden, dass so weit wie möglich für Leistungen im Sinne von § 8 Nr. 1 bis 6 jeweils eine einheitliche sachliche Zuständigkeit gegeben ist.

(3) Soweit Landesrecht keine Bestimmung nach Absatz 2 Satz 1 enthält, ist der überörtliche Träger der Sozialhilfe für

1. *(aufgehoben)*
2. Leistungen der Hilfe zur Pflege nach den §§ 61 bis 66,
3. Leistungen der Hilfe zur Überwindung besonderer sozialer Schwierigkeiten nach den §§ 67 bis 69,
4. Leistungen der Blindenhilfe nach § 72

sachlich zuständig.

(4) Die sachliche Zuständigkeit für eine stationäre Leistung umfasst auch die sachliche Zuständigkeit für Leistungen, die gleichzeitig nach anderen Kapiteln zu erbringen sind, sowie für eine Leistung nach § 74.

§ 98[2)] Örtliche Zuständigkeit. (1) [1] Für die Sozialhilfe örtlich zuständig ist der Träger der Sozialhilfe, in dessen Bereich sich die Leistungsberechtigten tatsächlich aufhalten. [2] Diese Zuständigkeit bleibt bis zur Beendigung der Leistung auch dann bestehen, wenn die Leistung außerhalb seines Bereichs erbracht wird.

(1a) [1] Abweichend von Absatz 1 ist im Falle der Auszahlung der Leistungen nach § 34 Absatz 2 Satz 1 Nummer 1 und bei Anwendung von § 34a Absatz 7 der nach § 34c zuständige Träger der Sozialhilfe zuständig, in dessen örtlichem Zuständigkeitsbereich die Schule liegt. [2] Die Zuständigkeit nach Satz 1 umfasst auch Leistungen an Schülerinnen und Schüler, für die im Übrigen ein anderer Träger der Sozialhilfe nach Absatz 1 örtlich zuständig ist oder wäre.

(2) [1] Für die stationäre Leistung ist der Träger der Sozialhilfe örtlich zuständig, in dessen Bereich die Leistungsberechtigten ihren gewöhnlichen Aufenthalt im Zeitpunkt der Aufnahme in die Einrichtung haben oder in den zwei Monaten vor der Aufnahme zuletzt gehabt hatten. [2] Waren bei Einsetzen der Sozialhilfe die Leistungsberechtigten aus einer Einrichtung im Sinne des Sat-

---

[1)] § 97 Abs. 3 Nr. 1 aufgeh. mWv 1.1.2020 durch G v. 23.12.2016 (BGBl. I S. 3234); Abs. 5 aufgeh. mWv 1.1.2022 durch G v. 2.6.2021 (BGBl. I S. 1387).

[2)] § 98 Abs. 5 Satz 2 angef. mWv 1.1.2005 durch G v. 21.3.2005 (BGBl. I S. 818); Abs. 5 Satz 1 neu gef. mWv 7.12.2006 durch G v. 2.12.2006 (BGBl. I S. 2670); Abs. 1 Satz 2 aufgeh., bish. Satz 3 wird Satz 2 mWv 1.1.2013 durch G v. 20.12.2012 (BGBl. I S. 2783); Abs. 5 geänd., Abs. 6 angef. mWv 1.1.2020 durch G v. 23.12.2016 (BGBl. I S. 3234); Abs. 1a eingef. mWv 1.8.2019 durch G v. 29.4. 2019 (BGBl. I S. 530); Abs. 1a Satz 1 neu gef. mWv 1.1.2022 durch G v. 2.6.2021 (BGBl. I S. 1387).

zes 1 in eine andere Einrichtung oder von dort in weitere Einrichtungen übergetreten oder tritt nach dem Einsetzen der Leistung ein solcher Fall ein, ist der gewöhnliche Aufenthalt, der für die erste Einrichtung maßgebend war, entscheidend. [3] Steht innerhalb von vier Wochen nicht fest, ob und wo der gewöhnliche Aufenthalt nach Satz 1 oder 2 begründet worden ist oder ist ein gewöhnlicher Aufenthaltsort nicht vorhanden oder nicht zu ermitteln oder liegt ein Eilfall vor, hat der nach Absatz 1 zuständige Träger der Sozialhilfe über die Leistung unverzüglich zu entscheiden und sie vorläufig zu erbringen. [4] Wird ein Kind in einer Einrichtung im Sinne des Satzes 1 geboren, tritt an die Stelle seines gewöhnlichen Aufenthalts der gewöhnliche Aufenthalt der Mutter.

(3) In den Fällen des § 74 ist der Träger der Sozialhilfe örtlich zuständig, der bis zum Tod der leistungsberechtigten Person Sozialhilfe leistete, in den anderen Fällen der Träger der Sozialhilfe, in dessen Bereich der Sterbeort liegt.

(4) Für Hilfen an Personen, die sich in Einrichtungen zum Vollzug richterlich angeordneter Freiheitsentziehung aufhalten oder aufgehalten haben, gelten die Absätze 1 und 2 sowie die §§ 106 und 109 entsprechend.

(5) [1] Für die Leistungen nach diesem Buch an Personen, die Leistungen nach dem Siebten und Achten Kapitel in Formen ambulanter betreuter Wohnmöglichkeiten erhalten, ist der Träger der Sozialhilfe örtlich zuständig, der vor Eintritt in diese Wohnform zuletzt zuständig war oder gewesen wäre. [2] Vor Inkrafttreten dieses Buches begründete Zuständigkeiten bleiben hiervon unberührt.

(6) Soweit Leistungen der Eingliederungshilfe nach Teil 2 des Neunten Buches zu erbringen sind, richtet sich die örtliche Zuständigkeit für gleichzeitig zu erbringende Leistungen nach diesem Buch nach § 98 des Neunten Buches, soweit das Landesrecht keine abweichende Regelung trifft.

§ 99 Vorbehalt abweichender Durchführung. (1) Die Länder können bestimmen, dass und inwieweit die Kreise ihnen zugehörige Gemeinden oder Gemeindeverbände zur Durchführung von Aufgaben nach diesem Buch heranziehen und ihnen dabei Weisungen erteilen können; in diesen Fällen erlassen die Kreise den Widerspruchsbescheid nach dem Sozialgerichtsgesetz[1)].

(2) Die Länder können bestimmen, dass und inwieweit die überörtlichen Träger der Sozialhilfe örtliche Träger der Sozialhilfe sowie diesen zugehörige Gemeinden und Gemeindeverbände zur Durchführung von Aufgaben nach diesem Buch heranziehen und ihnen dabei Weisungen erteilen können; in diesen Fällen erlassen die überörtlichen Träger den Widerspruchsbescheid nach dem Sozialgerichtsgesetz, soweit nicht nach Landesrecht etwas anderes bestimmt wird.

Zweiter Abschnitt. Sonderbestimmungen

§ 100[2)] *(aufgehoben)*

§ 101 Behördenbestimmung und Stadtstaaten-Klausel. (1) Welche Stellen zuständige Behörden sind, bestimmt die Landesregierung, soweit eine landesrechtliche Regelung nicht besteht.

[1)] Auszugsweise abgedruckt unter Nr. **6.6**.

[2)] § 100 aufgeh. mWv 1.4.2007 durch G v. 2.12.2006 (BGBl. I S. 2670).

(2) Die Senate der Länder Berlin, Bremen und Hamburg werden ermächtigt, die Vorschriften dieses Buches über die Zuständigkeit von Behörden dem besonderen Verwaltungsaufbau ihrer Länder anzupassen.

Dreizehntes Kapitel. Kosten

Erster Abschnitt. Kostenersatz

§ 102[1)] Kostenersatz durch Erben. (1) [1]Der Erbe der leistungsberechtigten Person oder ihres Ehegatten oder ihres Lebenspartners, falls diese vor der leistungsberechtigten Person sterben, ist vorbehaltlich des Absatzes 5 zum Ersatz der Kosten der Sozialhilfe verpflichtet. [2]Die Ersatzpflicht besteht nur für die Kosten der Sozialhilfe, die innerhalb eines Zeitraumes von zehn Jahren vor dem Erbfall aufgewendet worden sind und die das Dreifache des Grundbetrages nach § 85 Abs. 1 übersteigen. [3]Die Ersatzpflicht des Erben des Ehegatten oder Lebenspartners besteht nicht für die Kosten der Sozialhilfe, die während des Getrenntlebens der Ehegatten oder Lebenspartner geleistet worden sind. [4]Ist die leistungsberechtigte Person der Erbe ihres Ehegatten oder Lebenspartners, ist sie zum Ersatz der Kosten nach Satz 1 nicht verpflichtet.

(2) [1]Die Ersatzpflicht des Erben gehört zu den Nachlassverbindlichkeiten. [2]Der Erbe haftet mit dem Wert des im Zeitpunkt des Erbfalles vorhandenen Nachlasses.

(3) Der Anspruch auf Kostenersatz ist nicht geltend zu machen,

1. soweit der Wert des Nachlasses unter dem Dreifachen des Grundbetrages nach § 85 Abs. 1 liegt,
2. soweit der Wert des Nachlasses unter dem Betrag von 15 340 Euro liegt, wenn der Erbe der Ehegatte oder Lebenspartner der leistungsberechtigten Person oder mit dieser verwandt ist und nicht nur vorübergehend bis zum Tod der leistungsberechtigten Person mit dieser in häuslicher Gemeinschaft gelebt und sie gepflegt hat,
3. soweit die Inanspruchnahme des Erben nach der Besonderheit des Einzelfalles eine besondere Härte bedeuten würde.

(4) [1]Der Anspruch auf Kostenersatz erlischt in drei Jahren nach dem Tod der leistungsberechtigten Person, ihres Ehegatten oder ihres Lebenspartners. [2]§ 103 Abs. 3 Satz 2 und 3 gilt entsprechend.

(5) Der Ersatz der Kosten durch die Erben gilt nicht für Leistungen nach dem Vierten Kapitel und für die vor dem 1. Januar 1987 entstandenen Kosten der Tuberkulosehilfe.

§ 102a[2)] Rücküberweisung und Erstattung im Todesfall. Für Geldleistungen nach diesem Buch, die für Zeiträume nach dem Todesmonat der leistungsberechtigten Person überwiesen wurden, ist § 118 Absatz 3 bis 4a des Sechsten Buches entsprechend anzuwenden.

[1)] § 102 Abs. 1 Satz 1 geänd. mWv 30.3.2005 durch G v. 21.3.2005 (BGBl. I S. 818); Abs. 4 Satz 2 neu gef. mWv 7.12.2006 durch G v. 2.12.2006 (BGBl. I S. 2670).
[2)] § 102a eingef. mWv 10.6.2021 durch G v. 2.6.2021 (BGBl. I S. 1387).

unwahrscheinlich ist, dass die volle Erwerbsminderung behoben werden kann oder

b) die in einer Werkstatt für behinderte Menschen nach § 56 des Neunten Buches oder bei einem anderen Leistungsanbieter nach § 60 des Neunten Buches tätig sind oder

c) die die Altersgrenze nach § 41 Absatz 2 erreicht oder überschritten haben,

2. als Leistung nach dem Dritten Kapitel für Personen, bei denen die Voraussetzungen der Nummer 1 nicht vorliegen.

[5] Bei Personen, für die Satz 4 Nummer 1 gilt, ist § 44 Absatz 1 Satz 1 nicht anzuwenden. [6] Die Sätze 1 bis 5 gelten entsprechend für alle laufend gezahlten und am Monatsende zufließenden Einkommen. [7] Der Zuschuss nach den Sätzen 1 bis 3 gilt nicht als Leistung nach § 7 Absatz 1 Satz 1 Nummer 5 und 6 des Wohngeldgesetzes[1)].

§ 141[2)] Übergangsregelung aus Anlass der COVID-19-Pandemie.

(1) Leistungen nach dem Dritten und Vierten Kapitel werden für Bewilligungszeiträume, die in der Zeit vom 1. März 2020 bis zum 31. Dezember 2021 beginnen, nach Maßgabe der Absätze 2 bis 4 erbracht.

(2) [1] Abweichend von § 2 Absatz 1, § 19 Absatz 1, 2 und 5, § 27 Absatz 1 und 2, § 39, § 41 Absatz 1, § 43 Absatz 1, § 43a Absatz 2 und § 90 wird Vermögen für die Dauer von sechs Monaten nicht berücksichtigt. [2] Satz 1 gilt nicht, wenn das Vermögen erheblich ist; es wird vermutet, dass kein erhebliches Vermögen vorhanden ist, wenn die leistungsnachsuchenden Personen dies im Antrag erklären.

(3) [1] Abweichend von § 35 und § 42a Absatz 1 gelten die tatsächlichen Aufwendungen für Unterkunft und Heizung für die Dauer von sechs Monaten als angemessen. [2] Nach Ablauf des Zeitraums nach Satz 1 ist § 35 Absatz 2 Satz 2 mit der Maßgabe anzuwenden, dass der Zeitraum nach Satz 1 nicht auf die in § 35 Absatz 2 Satz 2 genannte Frist anzurechnen ist. [3] Satz 1 gilt nicht in den Fällen, in denen im vorangegangenen Bewilligungszeitraum die angemessenen und nicht die tatsächlichen Aufwendungen als Bedarf anerkannt wurden.

(4) Sofern Geldleistungen der Grundsicherung im Alter und bei Erwerbsminderung nach § 44a Absatz 1 vorläufig oder Geldleistungen der Hilfe zum Lebensunterhalt vorschussweise nach § 42 des Ersten Buches[3)] zu bewilligen sind, ist über den monatlichen Leistungsanspruch für Bewilligungszeiträume, die bis zum 31. März 2021 begonnen haben, nur auf Antrag der leistungsberechtigten Person abschließend zu entscheiden; § 44a Absatz 5 Satz 1 findet keine Anwendung.

(5) [1] Abweichend von § 34a Absatz 1 Satz 1 gilt der Antrag auf Leistungen nach § 34 Absatz 5 in der Zeit vom 1. Juli 2021 bis zum Ablauf des 31. Dezember 2023 als von dem Antrag auf Leistungen zur Sicherung des Lebensunterhalts mit umfasst. [2] Dies gilt für ab dem 1. Juli 2021 entstehende Lernförderungsbedarfe auch dann, wenn die jeweiligen Bewilligungszeiträume nur

[1)] **Sartorius Nr. 385.**

[2)] § 141 angef. mWv 28.3.2020 durch G v. 27.3.2020 (BGBl. I S. 575); Abs. 1 geänd., Abs. 5 aufgeh. mWv 1.1.2021 durch G v. 9.12.2020 (BGBl. I S. 2855); Überschr., Abs. 1 und 4 geänd., Abs. 6 aufgeh. mWv 1.4.2021 durch G v. 10.3.2021 (BGBl. I S. 335); Abs. 5 neu gef. mWv 1.7.2021 durch G v. 25.6.2021 (BGBl. I S. 2020).

[3)] Nr. **51.1**.

teilweise in den in Satz 1 genannten Zeitraum fallen, weil sie entweder bereits vor dem 1. Juli 2021 begonnen haben oder erst nach dem 31. Dezember 2023 enden.

§ 142[1)] Übergangsregelung für die gemeinschaftliche Mittagsverpflegung aus Anlass der COVID-19-Pandemie. (1) [1] Abweichend von § 34 Absatz 6 Satz 1 kommt es im Zeitraum vom 1. März 2020 bis zur Aufhebung der Feststellung einer epidemischen Lage von nationaler Tragweite wegen der dynamischen Ausbreitung der Coronavirus-Krankheit-2019 (COVID-19) nach § 5 Absatz 1 Satz 2 des Infektionsschutzgesetzes[2)] durch den Deutschen Bundestag, längstens jedoch bis zum Ablauf des 31. Dezember 2021, auf eine Gemeinschaftlichkeit der Mittagsverpflegung nicht an. [2] Zu den Aufwendungen im Sinne des § 34 Absatz 6 Satz 1 zählen bei den Leistungsberechtigten anfallende Zahlungsverpflichtungen auch dann, wenn sie pandemiebedingt in geänderter Höhe oder aufgrund abweichender Abgabewege berechnet werden. [3] Dies umfasst auch die Kosten einer Belieferung. [4] § 34 Absatz 6 Satz 2 findet keine Anwendung.

(2) [1] Wurde im Februar 2020 ein Mehrbedarf nach § 42b Absatz 2 anerkannt, wird dieser für den Zeitraum vom 1. Mai 2020 bis zum 31. Dezember 2020 in unveränderter Höhe weiterhin anerkannt. [2] Für den Zeitraum vom 1. Januar 2021 bis zur Aufhebung der Feststellung einer epidemischen Lage von nationaler Tragweite wegen der dynamischen Ausbreitung der Coronavirus-Krankheit-2019 (COVID-19) nach § 5 Absatz 1 Satz 2 des Infektionsschutzgesetzes durch den Deutschen Bundestag, längstens jedoch bis zum Ablauf des 31. Dezember 2021, gilt dies mit der Maßgabe, dass für die Berechnung der Höhe des Mehrbedarfs die Anzahl der für Februar 2020 berücksichtigten Arbeitstage und die nach § 42b Absatz 2 Satz 3 sich ergebenden Mehraufwendungen je Arbeitstag zugrunde zu legen sind. [3] Abweichend von § 42b Absatz 2 Satz 1 und 2 kommt es im Zeitraum vom 1. Mai 2020 bis zur Aufhebung der Feststellung einer epidemischen Lage von nationaler Tragweite wegen der dynamischen Ausbreitung der Coronavirus-Krankheit-2019 (COVID-19) nach § 5 Absatz 1 Satz 2 des Infektionsschutzgesetzes durch den Deutschen Bundestag, längstens jedoch bis zum Ablauf des 31. Dezember 2021, nicht auf die Gemeinschaftlichkeit der Mittagsverpflegung und die Essenseinnahme in der Verantwortung des Leistungsanbieters an.

§ 143[3)] Übergangsregelung zum Freibetrag für Grundrentenzeiten und vergleichbare Zeiten. Der Träger der Sozialhilfe hat über Leistungen der Hilfe zum Lebensunterhalt und der Grundsicherung im Alter und bei Erwerbsminderung ohne Berücksichtigung eines eventuellen Freibetrages nach § 82a zu entscheiden, so lange ihm nicht durch eine Mitteilung des Rentenversicherungsträgers oder berufsständischer Versicherungs- oder Versorgungseinrichtungen nachgewiesen ist, dass die Voraussetzungen für die Einräumung des Freibetrages vorliegen.

[1)] § 142 eingef. mWv 29.5.2020 durch G v. 20.5.2020 (BGBl. I S. 1055); Abs. 1 Satz 1 geänd., Abs. 2 neu gef. mWv 1.1.2021 durch G v. 9.12.2020 (BGBl. I S. 2855); Überschr., Abs. 1 Satz 1, *Abs. 2 Sätze 2 und 3 geänd., Abs. 3 aufgeh.* mWv 1.4.2021 durch G v. 10.3.2021 (BGBl. I S. 335).

[2)] Nr. **35.1**.

[3)] § 143 eingef. mWv 1.1.2021 durch G v. 9.12.2020 (BGBl. I S. 2855).

§ 144[1] Einmalzahlung aus Anlass der COVID-19-Pandemie. [1] Leistungsberechtigte, denen für den Monat Mai 2021 Leistungen nach dem Dritten oder Vierten Kapitel gezahlt werden und deren Regelsatz sich nach der Regelbedarfsstufe 1, 2 oder 3 der Anlage zu § 28 ergibt, erhalten für den Zeitraum vom 1. Januar 2021 bis zum 30. Juni 2021 zum Ausgleich der mit der COVID-19-Pandemie in Zusammenhang stehenden Mehraufwendungen eine Einmalzahlung in Höhe von 150 Euro. [2] Leistungsberechtigten, für die die Regelbedarfsstufe 3 gilt, ist die Leistung nach Satz 1 zusammen mit dem Barbetrag nach § 27b Absatz 3 oder § 27c Absatz 3 auszuzahlen; die Einmalzahlungen für Leistungsberechtigte nach dem Vierten Kapitel sind Bruttoausgaben nach § 46a Absatz 2 Satz 1. [3] Die Sätze 1 und 2 gelten nur, sofern bei Leistungsberechtigten kein für sie gewährtes und an sie unmittelbar ausgezahltes oder weitergeleitetes Kindergeld als Einkommen berücksichtigt wird.

Siebzehntes Kapitel.[2] *(aufgehoben)*

Achtzehntes Kapitel.[3] *(aufgehoben)*

§§ 143a–145[4] *(aufgehoben)*

§ 146[5] *(noch nicht in Kraft)*

Anlage[6]
(zu § 28)

Regelbedarfsstufen nach § 28 in Euro

gültig ab	Regelbedarfsstufe 1	Regelbedarfsstufe 2	Regelbedarfsstufe 3	Regelbedarfsstufe 4	Regelbedarfsstufe 5	Regelbedarfsstufe 6
1. Januar 2011	364	328	291	287	251	215
1. Januar 2012	374	337	299	287	251	219
1. Januar 2013	382	345	306	289	255	224
1. Januar 2014	391	353	313	296	261	229
1. Januar 2015	399	360	320	302	267	234
1. Januar 2016	404	364	324	306	270	237
1. Januar 2017	409	368	327	311	291	237
1. Januar 2018	416	374	332	316	296	240
1. Januar 2019	424	382	339	322	302	245

[1] § 144 angef. mWv 1.4.2021 durch G v. 10.3.2021 (BGBl. I S. 335).
[2] 17. Kapitel (bish. § 140) aufgeh. mWv 1.1.2020 durch G v. 23.12.2016 (BGBl. I S. 3234).
[3] 18. Kapitel (bish. §§ 143a–145) aufgeh. mWv 1.1.2020 durch G v. 23.12.2016 (BGBl. I S. 3234).
[4] §§ 143a–145 aufgeh. mWv 1.1.2020 durch G v. 23.12.2016 (BGBl. I S. 3234).
[5] § 146 angef. mWv 1.1.2024 durch G v. 12.12.2019 (BGBl. I S. 2652).
[6] Anl. angef. mWv 1.1.2011 durch G v. 24.3.2011 (BGBl. I S. 453); geänd. mWv 1.1.2012 durch VO v. 17.10.2011 (BGBl. I S. 2090); geänd. mWv 1.1.2013 durch VO v. 18.10.2012 (BGBl. I S. 2173); geänd. mWv 1.1.2014 durch VO v. 15.10.2013 (BGBl. I S. 3856); geänd. mWv 1.1.2015 durch VO v. 14.10.2014 (BGBl. I S. 1618); geänd. mWv 1.1.2016 durch VO v. 22.10.2015 (BGBl. I S. 1788); geänd. mWv 1.1.2017 und geänd. mWv 1.1.2020 durch G v. 22.12.2016 (BGBl. I S. 3159); geänd. mWv 1.1.2018 durch VO v. 8.11.2017 (BGBl. I S. 3767); geänd. mWv 1.1.2019 durch VO v. 19.10.2018 (BGBl. I S. 1766); geänd. mWv 1.1.2020 durch VO v. 15.10.2019 (BGBl. I S. 1452); geänd. mWv 1.1.2021 durch G v. 9.12.2020 (BGBl. I S. 2855); geänd. mWv 1.1.2022 durch VO v. 23.9.2021 (BGBl. I S. 4389).

gültig ab	Regel-bedarfs-stufe 1	Regel-bedarfs-stufe 2	Regel-bedarfs-stufe 3	Regel-bedarfs-stufe 4	Regel-bedarfsstu-fe 5	Regel-bedarfs-stufe 6
1. Januar 2020	432	389	345	328	308	250
1. Januar 2021	446	401	357	373	309	283
1. Januar 2022	449	404	360	376	311	285

Regelbedarfsstufe 1:

Für jede erwachsene Person, die in einer Wohnung nach § 42a Absatz 2 Satz 2 lebt und für die nicht Regelbedarfsstufe 2 gilt.

Regelbedarfsstufe 2:

Für jede erwachsene Person, wenn sie

1. in einer Wohnung nach § 42a Absatz 2 Satz 2 mit einem Ehegatten oder Lebenspartner oder in eheähnlicher oder lebenspartnerschaftsähnlicher Gemeinschaft mit einem Partner zusammenlebt oder
2. nicht in einer Wohnung lebt, weil ihr allein oder mit einer weiteren Person ein persönlicher Wohnraum und mit weiteren Personen zusätzliche Räumlichkeiten nach § 42a Absatz 2 Satz 3 zur gemeinschaftlichen Nutzung überlassen sind.

Regelbedarfsstufe 3:

Für eine erwachsene Person, deren notwendiger Lebensunterhalt sich nach § 27b bestimmt.

Regelbedarfsstufe 4:

Für eine Jugendliche oder einen Jugendlichen vom Beginn des 15. bis zur Vollendung des 18. Lebensjahres.

Regelbedarfsstufe 5:

Für ein Kind vom Beginn des siebten bis zur Vollendung des 14. Lebensjahres.

Regelbedarfsstufe 6:

Für ein Kind bis zur Vollendung des sechsten Lebensjahres.

Anlage[1)]
(zu § 34)

Ausstattung mit persönlichem Schulbedarf in Euro

gültig im Kalenderjahr	Teilbetrag für das im jeweiligen Kalenderjahr beginnende erste Schulhalbjahr	Teilbetrag für das im jeweiligen Kalenderjahr beginnende zweite Schulhalbjahr
2019	100 Euro	–
2020	100 Euro	50 Euro
2021	103 Euro	51,50 Euro
2022	104 Euro	52 Euro

[1)] Anlage zu § 34 angef. mWv 1.8.2019 durch G v. 29.4.2019 (BGBl. I S. 530); geänd. mWv 1.1. 2021 durch G v. 9.12.2020 (BGBl. I S. 2855); geänd. mWv 1.1.2022 durch VO v. 23.9.2021 (BGBl. I S. 4389).

51.4. Sozialgesetzbuch (SGB) Zweites Buch (II) – Grundsicherung für Arbeitsuchende –[1) 2)]

In der Fassung der Bekanntmachung vom 13. Mai 2011[3)]

(BGBl. I S. 850, ber. S. 2094)

FNA 860-2

zuletzt geänd. durch Art. 2 G zur Stärkung der beruflichen Aus- und Weiterbildung in der Altenpflege v. 13.3.2013 (BGBl. I S. 446), Art. 8 EhrenamtsstärkungsG v. 21.3.2013 (BGBl. I S. 556), Art. 9 Abs. 1 SEPA-BegleitG v. 3.4.2013 (BGBl. I S. 610), Art. 2 Abs. 12 G zur Fortentwicklung des Meldewesens v. 3.5.2013 (BGBl. I S. 1084, geänd. durch G v. 20.11.2014, BGBl. I S. 1738), Art. 1 G zur Änd. des Zweiten Buches Sozialgesetzbuch und anderer G v. 7.5.2013 (BGBl. I S. 1167), Art. 2 GKV-Finanzstruktur- und Qualitäts-WeiterentwicklungsG v. 21.7.2014 (BGBl. I S. 1133), Art. 1 Achtes ÄndG v. 28.7.2014 (BGBl. I S. 1306), Urt. des BVerfG – 2 BvR 1641/11 – v. 7.10.2014 (BGBl. I S. 1638), Art. 4 G zur Änd. des FreizügigkeitsG/EU und weiterer Vorschriften v. 2.12.2014 (BGBl. I S. 1922), Art. 2 G zur weiteren Entlastung von Ländern und Kommunen ab 2015 und zum quantitativen und qualitativen Ausbau der Kindertagesbetreuung sowie zur Änd. des LastenausgleichsG v. 22.12.2014 (BGBl. I S. 2411), Art. 2 Abs. 20 G zur Modernisierung der Finanzaufsicht über Versicherungen v. 1.4.2015 (BGBl. I S. 434), Art. 1a Fünftes G zur Änd. des Vierten Buches Sozialgesetzbuch und anderer G v. 15.4.2015 (BGBl. I S. 583), Art. 5 G zur Förderung von Investitionen finanzschwacher Kommunen und zur Entlastung von Ländern und Kommunen bei der Aufnahme und Unterbringung von Asylbewerbern v. 24.6.2015 (BGBl. I S. 974), Art. 2 Arbeitslosen-

---

[1)] Die Änderungen durch G v. 12.12.2019 (BGBl. I S. 2652) treten erst **mWv 1.1.2024** in Kraft, die Änderungen durch G v. 10.8.2021 (BGBl. I S. 3515) treten erst **mWv 1.7.2022** in Kraft und die Änderungen durch G v. 20.8.2021 (BGBl. I S. 3932) treten erst **mWv 1.1.2024** bzw. **mWv 1.1.2025** in Kraft und sind im Text noch nicht berücksichtigt.

[2)] Zum SGB II haben die Länder ua folgende Vorschriften erlassen:
- **Baden-Württemberg:** G zur Ausführung des SGB II v. 14.12.2004 (GBl. S. 907), zuletzt geänd. durch G v. 6.2.2018 (GBl. S. 6);
- **Bayern:** VO zur Ausführung der Sozialgesetze v. 8.12.2006 (GVBl. S. 942), zuletzt geänd. durch G v. 23.4.2021 (GVBl. S. 196);
- **Berlin:** G zur Ausführung des SGB II v. 15.12.2010 (GVBl. S. 557), geänd. durch G v. 13.7.2011 (GVBl. S. 344);
- **Brandenburg:** G zur Ausführung des SGB II im Land Brandenburg v. 8.12.2004 (GVBl. I S. 458), zuletzt geänd. durch G v. 18.12.2020 (GVBl. I Nr. 36);
- **Hessen:** Hessisches OFFENSIV-G v. 20.12.2004 (GVBl. I S. 488), zuletzt geänd. durch G v. 7.5.2020 (GVBl. S. 318);
- **Mecklenburg-Vorpommern:** G des Landes Mecklenburg-Vorpommern zur Ausführung des SGB II v. 28.10.2004 (GVOBl. M-V S. 502), zuletzt geänd. durch G v. 9.4.2020 (GVOBl. M-V S. 166);
- **Niedersachsen:** Niedersächsisches G zur Ausführung des SGB II und des § 6b des BundeskindergeldG v. 16.9.2004 (Nds. GVBl. S. 358), zuletzt geänd. durch G v. 10.12.2020 (Nds. GVBl. S. 477);
- **Nordrhein-Westfalen:** G zur Ausführung des SGB II für das Land Nordrhein-Westfalen v. 16.12.2004 (GV. NRW. S. 821), zuletzt geänd. durch G v. 1.9.2020 (GV. NRW. S. 823);
- **Rheinland-Pfalz:** LandesG zur Ausführung des SGB II v. 22.12.2004 (GVBl. S. 569), zuletzt geänd. durch G v. 18.12.2017 (GVBl. S. 331);
- **Saarland:** G zur Ausführung des SGB II und des BundeskindergeldG (AGSGB II/BKGG) v. 17.6.2015 (Amtsbl. I S. 538), geänd. durch G v. 21.3.2018 (Amtsbl. I S. 248);
- **Sachsen:** Sächsisches G zur Ausführung des Sozialgesetzbuches v. 6.6.2002 (SächsGVBl. S. 169), zuletzt geänd. durch G v. 31.3.2021 (SächsGVBl. S. 411);
- **Sachsen-Anhalt:** G zur Ausführung des SGB II und des BundeskindergeldG v. 20.1.2012 (GVBl. LSA S. 36, ber. S. 120), zuletzt geänd. durch G v. 22.3.2017 (GVBl. LSA S. 55);
- **Schleswig-Holstein:** G zur Ausführung des SGB II und des § 6b BundeskindergeldG v. 27.5.2011 (GVOBl. Schl.-H. S. 146), zuletzt geänd. durch VO v. 16.1.2019 (GVOBl. Schl.-H. S. 30);
- **Thüringen:** Thüringer G zur Ausführung des SGB II v. 12.7.2013 (GVBl. S. 161).

[3)] Neubekanntmachung des SGB II v. 24.12.2003 (BGBl. I S. 2954) in der ab 1.4.2011 geltenden Fassung.

versicherungsschutz- und WeiterbildungsstärkungsG v. 18.7.2016 (BGBl. I S. 1710), Art. 1 Neuntes G zur Änd. des SGB II – Rechtsvereinfachung – sowie zur vorübergehenden Aussetzung der Insolvenzantragspflicht v. 26.7.2016 (BGBl. I S. 1824), Art. 2 IntegrationsG v. 31.7.2016 (BGBl. I S. 1939), Art. 22 Abs. 2 6. SGB IV-ÄndG v. 11.11.2016 (BGBl. I S. 2500), Art. 2 G zur Beteiligung des Bundes an den Kosten der Integration und zur weiteren Entlastung von Ländern und Kommunen v. 1.12.2016 (BGBl. I S. 2755), Art. 1 G zur Regelung von Ansprüchen ausländischer Personen in der Grundsicherung für Arbeitsuchende nach dem SGB II und in der Sozialhilfe nach dem SGB XII v. 22.12.2016 (BGBl. I S. 3155), Art. 6 G zur Ermittlung von Regelbedarfen sowie zur Änd. des Zweiten und des Zwölften Buches Sozialgesetzbuch v. 22.12.2016 (BGBl. I S. 3159), Art. 4 BundesteilhabeG v. 23.12.2016 (BGBl. I S. 3234), Art. 158 G zum Abbau verzichtbarer Anordnungen der Schriftform im Verwaltungsrecht des Bundes v. 29.3.2017 (BGBl. I S. 626), Art. 20 G zur Änd. des BundesversorgungsG und anderer Vorschriften v. 17.7.2017 (BGBl. I S. 2541), Art. 5 Integrationskosten-BeteiligungsG v. 17.12.2018 (BGBl. I S. 2522), Art. 1 TeilhabechancenG v. 17.12.2018 (BGBl. I S. 2583), Art. 3 QualifizierungschancenG v. 18.12.2018 (BGBl. I S. 2651), Art. 3 Starke-Familien-G v. 29.4.2019 (BGBl. I S. 530), Art. 4 G zur Anpassung der Berufsausbildungsbeihilfe und des Ausbildungsgeldes v. 8.7.2019 (BGBl. I S. 1025), Art. 5 G gegen illegale Beschäftigung und Sozialleistungsmissbrauch v. 11.7.2019 (BGBl. I S. 1066), Art. 120 Zweites Datenschutz-Anpassungs- und UmsetzungsG EU v. 20.11.2019 (BGBl. I S. 1626), Art. 7 G zur Änd. des Neunten und des Zwölften Buches Sozialgesetzbuch und anderer Rechtsvorschriften v. 30.11.2019 (BGBl. I S. 1948), Urt. des BVerfG – 1 BvL 7/16 – v. 5.11.2019 (BGBl. I S. 2046), Art. 3 Integrationskosten-BeteiligungsG 2020/2021 v. 9.12.2019 (BGBl. I S. 2051), Art. 29 G zur Regelung des Sozialen Entschädigungsrechts v. 12.12.2019 (BGBl. I S. 2652, geänd. durch G v. geänd. durch G v. 20.8.2021, BGBl. I S. 3932), Art. 7 MDK-ReformG v. 14.12.2019 (BGBl. I S. 2789), Art. 1 Sozialschutz-Paket v. 27.3.2020 (BGBl. I S. 575), Art. 3 und 4 Covid-19-G zur Förderung der berufl. Weiterbildung im Strukturwandel und zur Weiterentwicklung der Ausbildungsförderung v. 20.5.2020 (BGBl. I S. 1044), Art. 13 Sozialschutz-Paket II v. 20.5.2020 (BGBl. I S. 1055), Art. 3 Siebtes G zur Änd. des Vierten Buches SGB und anderer G v. 12.6.2020 (BGBl. I S. 1248), Art. 2 GrundrentenG v. 12.8.2020 (BGBl. I S. 1879), Art. 2 Covid-19-G zur finanziellen Entlastung der Kommunen und der neuen Länder v. 6.10.2020 (BGBl. I S. 2072), Art. 4 G zur Ermittlung der Regelbedarfe und zur Änd. des Zwölften Buches Sozialgesetzbuch sowie weiterer Gesetze v. 9.12.2020 (BGBl. I S. 2855), Art. 42 Jahressteuergesetz 2020 v. 21.12.2020 (BGBl. I S. 3096), Art. 4 G Digitale Rentenübersicht v. 11.2. 2021 (BGBl. I S. 154), Art. 1 Sozialschutz-Paket III v. 10.3.2021 (BGBl. I S. 335), Art. 2 TeilhabestärkungsG v. 2.6.2021 (BGBl. I S. 1387), Art. 14 G zur Novellierung des BundespersonalvertretungsG v. 9.6.2021 (BGBl. I S. 1614), Art. 6 KitafinanzhilfenänderungsG v. 25.6.2021 (BGBl. I S. 2020), Art. 3 MietspiegelreformG v. 10.8.2021 (BGBl. I S. 3515) und Art. 33 und 34 G über die Entschädigung der Soldatinnen und Soldaten und zur Neuordnung des Soldatenversorgungsrechts v. 20.8.2021 (BGBl. I S. 3932)

Inhaltsübersicht[1]

Kapitel 1. Fördern und Fordern

[1] Inhaltsübersicht geänd. mWv 1.4.2012 durch G v. 20.12.2011 (BGBl. I S. 2854); geänd. mWv 1.8.2013 durch G v. 7.5.2013 (BGBl. I S. 1167); geänd. mWv 1.1.2009, mWv 5.8.2014 und mWv 1.1.2015 durch G v. 28.7.2014 (BGBl. I S. 1306); geänd. mWv 1.8.2016 und geänd. mWv 1.1.2017 durch G v. 26.7.2016 (BGBl. I S. 1824); geänd. mWv 1.1.2019 durch G v. 17.12.2018 (BGBl. I S. 2583); geänd. mWv 26.11.2019 durch G v. 20.11.2019 (BGBl. I S. 1626); geänd. mWv 28.3.2020 durch G v. 27.3.2020 (BGBl. I S. 575); geänd. mWv 29.5.2020 durch G v. 20.5.2020 (BGBl. I S. 1044); geänd. mWv 29.5.2020 durch G v. 20.5.2020 (BGBl. I S. 1055); geänd. mWv 15.12.2020 und geänd. mWv 1.1.2021 durch G v. 9.12.2020 (BGBl. I S. 2855); geänd. mWv 1.4.2021 durch G v. 10.3.2021 (BGBl. I S. 335); geänd. mWv 1.7.2021 durch G v. 25.6.2021 (BGBl. I S. 2020).

Kapitel 1. Fördern und Fordern

§ 1[1)] Aufgabe und Ziel der Grundsicherung für Arbeitsuchende

(1) Die Grundsicherung für Arbeitsuchende soll es Leistungsberechtigten ermöglichen, ein Leben zu führen, das der Würde des Menschen entspricht.

(2) [1]Die Grundsicherung für Arbeitsuchende soll die Eigenverantwortung von erwerbsfähigen Leistungsberechtigten und Personen, die mit ihnen in einer Bedarfsgemeinschaft leben, stärken und dazu beitragen, dass sie ihren Lebensunterhalt unabhängig von der Grundsicherung aus eigenen Mitteln und Kräften bestreiten können. [2]Sie soll erwerbsfähige Leistungsberechtigte bei der Aufnahme oder Beibehaltung einer Erwerbstätigkeit unterstützen und den Lebensunterhalt sichern, soweit sie ihn nicht auf andere Weise bestreiten können. [3]Die Gleichstellung von Männern und Frauen ist als durchgängiges Prinzip zu verfolgen. [4]Die Leistungen der Grundsicherung sind insbesondere darauf auszurichten, dass

---

[1)] § 1 Abs. 3 neu gef. mWv 1.8.2016 durch G v. 26.7.2016 (BGBl. I S. 1824); Abs. 2 Satz 4 Nr. 5 geänd. mWv 1.1.2022 durch G v. 2.6.2021 (BGBl. I S. 1387).

1. durch eine Erwerbstätigkeit Hilfebedürftigkeit vermieden oder beseitigt, die Dauer der Hilfebedürftigkeit verkürzt oder der Umfang der Hilfebedürftigkeit verringert wird,
2. die Erwerbsfähigkeit einer leistungsberechtigten Person erhalten, verbessert oder wieder hergestellt wird,
3. geschlechtsspezifischen Nachteilen von erwerbsfähigen Leistungsberechtigten entgegengewirkt wird,
4. die familienspezifischen Lebensverhältnisse von erwerbsfähigen Leistungsberechtigten, die Kinder erziehen oder pflegebedürftige Angehörige betreuen, berücksichtigt werden,
5. behinderungsspezifische Nachteile überwunden werden,
6. Anreize zur Aufnahme und Ausübung einer Erwerbstätigkeit geschaffen und aufrechterhalten werden.

(3) Die Grundsicherung für Arbeitsuchende umfasst Leistungen zur
1. Beratung,
2. Beendigung oder Verringerung der Hilfebedürftigkeit insbesondere durch Eingliederung in Ausbildung oder Arbeit und
3. Sicherung des Lebensunterhalts.

§ 2 Grundsatz des Forderns. (1) [1] Erwerbsfähige Leistungsberechtigte und die mit ihnen in einer Bedarfsgemeinschaft lebenden Personen müssen alle Möglichkeiten zur Beendigung oder Verringerung ihrer Hilfebedürftigkeit ausschöpfen. [2] Eine erwerbsfähige leistungsberechtigte Person muss aktiv an allen Maßnahmen zu ihrer Eingliederung in Arbeit mitwirken, insbesondere eine Eingliederungsvereinbarung abschließen. [3] Wenn eine Erwerbstätigkeit auf dem allgemeinen Arbeitsmarkt in absehbarer Zeit nicht möglich ist, hat die erwerbsfähige leistungsberechtigte Person eine ihr angebotene zumutbare Arbeitsgelegenheit zu übernehmen.

(2) [1] Erwerbsfähige Leistungsberechtigte und die mit ihnen in einer Bedarfsgemeinschaft lebenden Personen haben in eigener Verantwortung alle Möglichkeiten zu nutzen, ihren Lebensunterhalt aus eigenen Mitteln und Kräften zu bestreiten. [2] Erwerbsfähige Leistungsberechtigte müssen ihre Arbeitskraft zur Beschaffung des Lebensunterhalts für sich und die mit ihnen in einer Bedarfsgemeinschaft lebenden Personen einsetzen.

§ 3[1)] Leistungsgrundsätze. (1) [1] Leistungen zur Eingliederung in Arbeit können erbracht werden, soweit sie zur Vermeidung oder Beseitigung, Verkürzung oder Verminderung der Hilfebedürftigkeit für die Eingliederung erforderlich sind. [2] Bei den Leistungen zur Eingliederung in Arbeit sind
1. die Eignung,
2. die individuelle Lebenssituation, insbesondere die familiäre Situation,
3. die voraussichtliche Dauer der Hilfebedürftigkeit und
4. die Dauerhaftigkeit der Eingliederung

[1)] § 3 Abs. 2 Sätze 1 und 2, Abs. 2a geänd. mWv 1.4.2012 durch G v. 20.12.2011 (BGBl. I S. 2854); Abs. 2 und 2a neu gef. mWv 1.8.2016 durch G v. 26.7.2016 (BGBl. I S. 1824); Abs. 2b aufgeh. mWv 29.12.2016 durch G v. 22.12.2016 (BGBl. I S. 3155).

der erwerbsfähigen Leistungsberechtigten zu berücksichtigen. [3] Vorrangig sollen Maßnahmen eingesetzt werden, die die unmittelbare Aufnahme einer Erwerbstätigkeit ermöglichen. [4] Bei der Leistungserbringung sind die Grundsätze von Wirtschaftlichkeit und Sparsamkeit zu beachten.

(2) [1] Bei der Beantragung von Leistungen nach diesem Buch sollen unverzüglich Leistungen zur Eingliederung in Arbeit nach dem Ersten Abschnitt des Dritten Kapitels erbracht werden. [2] Bei fehlendem Berufsabschluss sind insbesondere die Möglichkeiten zur Vermittlung in eine Ausbildung zu nutzen.

(2a) [1] Die Agentur für Arbeit hat darauf hinzuwirken, dass erwerbsfähige Leistungsberechtigte, die

1. nicht über ausreichende deutsche Sprachkenntnisse verfügen, an einem Integrationskurs nach § 43 des Aufenthaltsgesetzes[1)] teilnehmen, oder
2. darüber hinaus notwendige berufsbezogene Sprachkenntnisse benötigen, an der berufsbezogenen Deutschsprachförderung nach § 45a des Aufenthaltsgesetzes teilnehmen,

sofern sie teilnahmeberechtigt sind und nicht unmittelbar in eine Ausbildung oder Arbeit vermittelt werden können und ihnen eine Teilnahme an einem Integrationskurs oder an der berufsbezogenen Deutschsprachförderung daneben nicht zumutbar ist. [2] Für die Teilnahmeberechtigung, die Verpflichtung zur Teilnahme und die Zugangsvoraussetzungen gelten die Bestimmungen der §§ 44, 44a und 45a des Aufenthaltsgesetzes sowie des § 9 Absatz 1 Satz 1 des Bundesvertriebenengesetzes in Verbindung mit der Integrationskursverordnung und der Verordnung über die berufsbezogene Deutschsprachförderung. [3] Eine Verpflichtung zur Teilnahme ist in die Eingliederungsvereinbarung als vorrangige Maßnahme aufzunehmen.

(3) Leistungen zur Sicherung des Lebensunterhalts dürfen nur erbracht werden, soweit die Hilfebedürftigkeit nicht anderweitig beseitigt werden kann; die nach diesem Buch vorgesehenen Leistungen decken den Bedarf der erwerbsfähigen Leistungsberechtigten und der mit ihnen in einer Bedarfsgemeinschaft lebenden Personen.

§ 4 Leistungsformen. (1) Die Leistungen der Grundsicherung für Arbeitsuchende werden erbracht in Form von

1. Dienstleistungen,
2. Geldleistungen und
3. Sachleistungen.

(2) [1] Die nach § 6 zuständigen Träger wirken darauf hin, dass erwerbsfähige Leistungsberechtigte und die mit ihnen in einer Bedarfsgemeinschaft lebenden Personen die erforderliche Beratung und Hilfe anderer Träger, insbesondere der Kranken- und Rentenversicherung, erhalten. [2] Die nach § 6 zuständigen Träger wirken auch darauf hin, dass Kinder und Jugendliche Zugang zu geeigneten vorhandenen Angeboten der gesellschaftlichen Teilhabe erhalten. [3] Sie arbeiten zu diesem Zweck mit Schulen und Kindertageseinrichtungen, den Trägern der Jugendhilfe, den Gemeinden und Gemeindeverbänden, freien Trägern, Vereinen und Verbänden und sonstigen handelnden Personen vor Ort zusammen. [4] Sie sollen die Eltern unterstützen und in geeigneter Weise dazu

---

[1)] **Sartorius Nr. 565.**

beitragen, dass Kinder und Jugendliche Leistungen für Bildung und Teilhabe möglichst in Anspruch nehmen.

§ 5[1)] Verhältnis zu anderen Leistungen. (1) [1] Auf Rechtsvorschriften beruhende Leistungen Anderer, insbesondere der Träger anderer Sozialleistungen, werden durch dieses Buch nicht berührt. [2] Ermessensleistungen dürfen nicht deshalb versagt werden, weil dieses Buch entsprechende Leistungen vorsieht.

(2) [1] Der Anspruch auf Leistungen zur Sicherung des Lebensunterhalts nach diesem Buch schließt Leistungen nach dem Dritten Kapitel des Zwölften Buches[2)] aus. [2] Leistungen nach dem Vierten Kapitel des Zwölften Buches sind gegenüber dem Sozialgeld vorrangig.

(3) [1] Stellen Leistungsberechtigte trotz Aufforderung einen erforderlichen Antrag auf Leistungen eines anderen Trägers nicht, können die Leistungsträger nach diesem Buch den Antrag stellen sowie Rechtsbehelfe und Rechtsmittel einlegen. [2] Der Ablauf von Fristen, die ohne Verschulden der Leistungsträger nach diesem Buch verstrichen sind, wirkt nicht gegen die Leistungsträger nach diesem Buch; dies gilt nicht für Verfahrensfristen, soweit die Leistungsträger nach diesem Buch das Verfahren selbst betreiben. [3] Wird eine Leistung aufgrund eines Antrages nach Satz 1 von einem anderen Träger nach § 66 des Ersten Buches[3)] bestandskräftig entzogen oder versagt, sind die Leistungen zur Sicherung des Lebensunterhalts nach diesem Buch ganz oder teilweise so lange zu entziehen oder zu versagen, bis die leistungsberechtigte Person ihrer Verpflichtung nach den §§ 60 bis 64 des Ersten Buches gegenüber dem anderen Träger nachgekommen ist. [4] Eine Entziehung oder Versagung nach Satz 3 ist nur möglich, wenn die leistungsberechtigte Person vom zuständigen Leistungsträger nach diesem Buch zuvor schriftlich auf diese Folgen hingewiesen wurde. [5] Wird die Mitwirkung gegenüber dem anderen Träger nachgeholt, ist die Versagung oder Entziehung rückwirkend aufzuheben. [6] Die Sätze 3 bis 5 gelten nicht für die vorzeitige Inanspruchnahme einer Rente wegen Alters.

(4) Leistungen zur Eingliederung in Arbeit nach dem Ersten Abschnitt des Dritten Kapitels werden nicht an oder für erwerbsfähige Leistungsberechtigte erbracht, die einen Anspruch auf Arbeitslosengeld oder Teilarbeitslosengeld haben.

(5) Leistungen nach den §§ 16a, 16b, 16d sowie 16f bis 16i können auch an erwerbsfähige Leistungsberechtigte erbracht werden, sofern ein Rehabilitationsträger im Sinne des Neunten Buches zuständig ist; § 22 Absatz 2 Satz 1 und 2 des Dritten Buches ist entsprechend anzuwenden.

§ 6[4)] Träger der Grundsicherung für Arbeitsuchende. (1) [1] Träger der Leistungen nach diesem Buch sind:

1. die Bundesagentur für Arbeit (Bundesagentur), soweit Nummer 2 nichts Anderes bestimmt,
2. die kreisfreien Städte und Kreise für die Leistungen nach § 16a, das Arbeitslosengeld II und das Sozialgeld, soweit Arbeitslosengeld II und Sozialgeld für den Bedarf für Unterkunft und Heizung geleistet wird, die Leistungen nach

[1)] § 5 Abs. 3 Sätze 3–6 und Abs. 4 angef. mWv 1.1.2017 durch G v. 26.7.2016 (BGBl. I S. 1824); Abs. 5 angef. mWv 1.1.2022 durch G v. 2.6.2021 (BGBl. I S. 1387).
[2)] Nr. **51.2**.
[3)] Nr. **51.1**.
[4)] § 6 Abs. 1 Satz 1 Nr. 2 geänd. mWv 1.8.2016 durch G v. 26.7.2016 (BGBl. I S. 1824).

§ 24 Absatz 3 Satz 1 Nummer 1 und 2 sowie für die Leistungen nach § 28, soweit durch Landesrecht nicht andere Träger bestimmt sind (kommunale Träger).

[2] Zu ihrer Unterstützung können sie Dritte mit der Wahrnehmung von Aufgaben beauftragen; sie sollen einen Außendienst zur Bekämpfung von Leistungsmissbrauch einrichten.

(2) [1] Die Länder können bestimmen, dass und inwieweit die Kreise ihnen zugehörige Gemeinden oder Gemeindeverbände zur Durchführung der in Absatz 1 Satz 1 Nummer 2 genannten Aufgaben nach diesem Gesetz heranziehen und ihnen dabei Weisungen erteilen können; in diesen Fällen erlassen die Kreise den Widerspruchsbescheid nach dem Sozialgerichtsgesetz[1]. [2] § 44b Absatz 1

(Fortsetzung nächstes Blatt)

---

[1] Auszugsweise abgedruckt unter Nr. **6.6**.

§ 8 Erwerbsfähigkeit. (1) Erwerbsfähig ist, wer nicht wegen Krankheit oder Behinderung auf absehbare Zeit außerstande ist, unter den üblichen Bedingungen des allgemeinen Arbeitsmarktes mindestens drei Stunden täglich erwerbstätig zu sein.

(2) [1]Im Sinne von Absatz 1 können Ausländerinnen und Ausländer nur erwerbstätig sein, wenn ihnen die Aufnahme einer Beschäftigung erlaubt ist oder erlaubt werden könnte. [2]Die rechtliche Möglichkeit, eine Beschäftigung vorbehaltlich einer Zustimmung nach § 39 des Aufenthaltsgesetzes[1)] aufzunehmen, ist ausreichend.

§ 9 Hilfebedürftigkeit. (1) Hilfebedürftig ist, wer seinen Lebensunterhalt nicht oder nicht ausreichend aus dem zu berücksichtigenden Einkommen oder Vermögen sichern kann und die erforderliche Hilfe nicht von anderen, insbesondere von Angehörigen oder von Trägern anderer Sozialleistungen, erhält.

(2) [1]Bei Personen, die in einer Bedarfsgemeinschaft leben, sind auch das Einkommen und Vermögen des Partners zu berücksichtigen. [2]Bei unverheirateten Kindern, die mit ihren Eltern oder einem Elternteil in einer Bedarfsgemeinschaft leben und die ihren Lebensunterhalt nicht aus eigenem Einkommen oder Vermögen sichern können, sind auch das Einkommen und Vermögen der Eltern oder des Elternteils und dessen in Bedarfsgemeinschaft lebender Partnerin oder lebenden Partners zu berücksichtigen. [3]Ist in einer Bedarfsgemeinschaft nicht der gesamte Bedarf aus eigenen Kräften und Mitteln gedeckt, gilt jede Person der Bedarfsgemeinschaft im Verhältnis des eigenen Bedarfs zum Gesamtbedarf als hilfebedürftig, dabei bleiben die Bedarfe nach § 28 außer Betracht. [4]In den Fällen des § 7 Absatz 2 Satz 3 ist Einkommen und Vermögen, soweit es die nach Satz 3 zu berücksichtigenden Bedarfe übersteigt, im Verhältnis mehrerer Leistungsberechtigter zueinander zu gleichen Teilen zu berücksichtigen.

(3) Absatz 2 Satz 2 findet keine Anwendung auf ein Kind, das schwanger ist oder sein Kind bis zur Vollendung des sechsten Lebensjahres betreut.

(4) Hilfebedürftig ist auch derjenige, dem der sofortige Verbrauch oder die sofortige Verwertung von zu berücksichtigendem Vermögen nicht möglich ist oder für den dies eine besondere Härte bedeuten würde.

(5) Leben Hilfebedürftige in Haushaltsgemeinschaft mit Verwandten oder Verschwägerten, so wird vermutet, dass sie von ihnen Leistungen erhalten, soweit dies nach deren Einkommen und Vermögen erwartet werden kann.

§ 10 Zumutbarkeit. (1) Einer erwerbsfähigen leistungsberechtigten Person ist jede Arbeit zumutbar, es sei denn, dass

1. sie zu der bestimmten Arbeit körperlich, geistig oder seelisch nicht in der Lage ist,
2. die Ausübung der Arbeit die künftige Ausübung der bisherigen überwiegenden Arbeit wesentlich erschweren würde, weil die bisherige Tätigkeit besondere körperliche Anforderungen stellt,
3. die Ausübung der Arbeit die Erziehung ihres Kindes oder des Kindes ihrer Partnerin oder ihres Partners gefährden würde; die Erziehung eines Kindes, das das dritte Lebensjahr vollendet hat, ist in der Regel nicht gefährdet, soweit die Betreuung in einer Tageseinrichtung oder in Tagespflege im Sinne

[1)] **Sartorius Nr. 565.**

der Vorschriften des Achten Buches[1] oder auf sonstige Weise sichergestellt ist; die zuständigen kommunalen Träger sollen darauf hinwirken, dass erwerbsfähigen Erziehenden vorrangig ein Platz zur Tagesbetreuung des Kindes angeboten wird,

4. die Ausübung der Arbeit mit der Pflege einer oder eines Angehörigen nicht vereinbar wäre und die Pflege nicht auf andere Weise sichergestellt werden kann,
5. der Ausübung der Arbeit ein sonstiger wichtiger Grund entgegensteht.

(2) Eine Arbeit ist nicht allein deshalb unzumutbar, weil

1. sie nicht einer früheren beruflichen Tätigkeit entspricht, für die die erwerbsfähige leistungsberechtigte Person ausgebildet ist oder die früher ausgeübt wurde,
2. sie im Hinblick auf die Ausbildung der erwerbsfähigen leistungsberechtigten Person als geringerwertig anzusehen ist,
3. der Beschäftigungsort vom Wohnort der erwerbsfähigen leistungsberechtigten Person weiter entfernt ist als ein früherer Beschäftigungs- oder Ausbildungsort,
4. die Arbeitsbedingungen ungünstiger sind als bei den bisherigen Beschäftigungen der erwerbsfähigen leistungsberechtigten Person,
5. sie mit der Beendigung einer Erwerbstätigkeit verbunden ist, es sei denn, es liegen begründete Anhaltspunkte vor, dass durch die bisherige Tätigkeit künftig die Hilfebedürftigkeit beendet werden kann.

(3) Die Absätze 1 und 2 gelten für die Teilnahme an Maßnahmen zur Eingliederung in Arbeit entsprechend.

§ 11[2] Zu berücksichtigendes Einkommen. (1) [1] Als Einkommen zu berücksichtigen sind Einnahmen in Geld abzüglich der nach § 11b abzusetzenden Beträge mit Ausnahme der in § 11a genannten Einnahmen. [2] Dies gilt auch für Einnahmen in Geldeswert, die im Rahmen einer Erwerbstätigkeit, des Bundesfreiwilligendienstes oder eines Jugendfreiwilligendienstes zufließen. [3] Als Einkommen zu berücksichtigen sind auch Zuflüsse aus darlehensweise gewährten Sozialleistungen, soweit sie dem Lebensunterhalt dienen. [4] Der Kinderzuschlag nach § 6a des Bundeskindergeldgesetzes[3] ist als Einkommen dem jeweiligen Kind zuzurechnen. [5] Dies gilt auch für das Kindergeld für zur Bedarfsgemeinschaft gehörende Kinder, soweit es bei dem jeweiligen Kind zur Sicherung des Lebensunterhalts, mit Ausnahme der Bedarfe nach § 28, benötigt wird.

(2) [1] Laufende Einnahmen sind für den Monat zu berücksichtigen, in dem sie zufließen. [2] Zu den laufenden Einnahmen zählen auch Einnahmen, die an einzelnen Tagen eines Monats aufgrund von kurzzeitigen Beschäftigungsverhältnissen erzielt werden. [3] Für laufende Einnahmen, die in größeren als monatlichen Zeitabständen zufließen, gilt Absatz 3 entsprechend.

(3) [1] Einmalige Einnahmen sind in dem Monat, in dem sie zufließen, zu berücksichtigen. [2] Zu den einmaligen Einnahmen gehören auch als Nachzahlung zufließende Einnahmen, die nicht für den Monat des Zuflusses erbracht

---

[1] **Habersack (vormals Schönfelder) ErgBd. Nr. 46.**

[2] § 11 Abs. 1 Satz 1 geänd., Satz 2 eingef., bish. Sätze 2–4 werden Sätze 3–5, Abs. 3 Satz 2 eingef., bish. Sätze 2 und 3 werden Sätze 3 und 4 mWv 1.8.2016 durch G v. 26.7.2016 (BGBl. I S. 1824).

[3] **Habersack (vormals Schönfelder) ErgBd. Nr. 45b.**

werden. [3] Sofern für den Monat des Zuflusses bereits Leistungen ohne Berücksichtigung der einmaligen Einnahme erbracht worden sind, werden sie im Folgemonat berücksichtigt. [4] Entfiele der Leistungsanspruch durch die Berücksichtigung in einem Monat, ist die einmalige Einnahme auf einen Zeitraum von sechs Monaten gleichmäßig aufzuteilen und monatlich mit einem entsprechenden Teilbetrag zu berücksichtigen.

§ 11a[1)] Nicht zu berücksichtigendes Einkommen. (1) Nicht als Einkommen zu berücksichtigen sind

1. Leistungen nach diesem Buch,
2. die Grundrente nach dem Bundesversorgungsgesetz und nach den Gesetzen, die eine entsprechende Anwendung des Bundesversorgungsgesetzes vorsehen,
3. die Renten oder Beihilfen, die nach dem Bundesentschädigungsgesetz für Schaden an Leben sowie an Körper oder Gesundheit erbracht werden, bis zur Höhe der vergleichbaren Grundrente nach dem Bundesversorgungsgesetz,
4. Aufwandsentschädigungen nach § 1835a des Bürgerlichen Gesetzbuchs[2)] kalenderjährlich bis zu dem in § 3 Nummer 26 Satz 1 des Einkommensteuergesetzes genannten Betrag.

(2) Entschädigungen, die wegen eines Schadens, der kein Vermögensschaden ist, nach § 253 Absatz 2 des Bürgerlichen Gesetzbuchs geleistet werden, sind nicht als Einkommen zu berücksichtigen.

(3) [1] Leistungen, die aufgrund öffentlich-rechtlicher Vorschriften zu einem ausdrücklich genannten Zweck erbracht werden, sind nur so weit als Einkommen zu berücksichtigen, als die Leistungen nach diesem Buch im Einzelfall demselben Zweck dienen. [2] Abweichend von Satz 1 sind als Einkommen zu berücksichtigen

1. die Leistungen nach § 39 des Achten Buches[3)], die für den erzieherischen Einsatz erbracht werden,
   a) für das dritte Pflegekind zu 75 Prozent,
   b) für das vierte und jedes weitere Pflegekind vollständig,
2. die Leistungen nach § 23 des Achten Buches,
3. die Leistungen der Ausbildungsförderung nach dem Bundesausbildungsförderungsgesetz[4)] sowie vergleichbare Leistungen der Begabtenförderungswerke; § 14b Absatz 2 Satz 1 des Bundesausbildungsförderungsgesetzes bleibt unberührt,
4. die Berufsausbildungsbeihilfe nach dem Dritten Buch mit Ausnahme der Bedarfe nach § 64 Absatz 3 Satz 1 des Dritten Buches sowie
5. Reisekosten zur Teilhabe am Arbeitsleben nach § 127 Absatz 1 Satz 1 des Dritten Buches in Verbindung mit § 73 des Neunten Buches.

[1)] § 11a Abs. 3 Satz 2 Nr. 2 geänd., Nr. 3–5 und Abs. 6 angef. mWv 1.8.2016 durch G v. 26.7.2016 (BGBl. I S. 1824); Abs. 1 Nr. 3 geänd., Nr. 4 angef., Abs. 3 Satz 2 Nr. 5 geänd., Abs. 6 neu gef. mWv 1.7.2021 durch G v. 2.6.2021 (BGBl. I S. 1387).

[2)] **Habersack (vormals Schönfelder) Nr. 20.**

[3)] **Habersack (vormals Schönfelder) ErgBd. Nr. 46.**

[4)] **Sartorius Nr. 420.**

(4) Zuwendungen der freien Wohlfahrtspflege sind nicht als Einkommen zu berücksichtigen, soweit sie die Lage der Empfängerinnen und Empfänger nicht so günstig beeinflussen, dass daneben Leistungen nach diesem Buch nicht gerechtfertigt wären.

(5) Zuwendungen, die ein anderer erbringt, ohne hierzu eine rechtliche oder sittliche Pflicht zu haben, sind nicht als Einkommen zu berücksichtigen, soweit

1. ihre Berücksichtigung für die Leistungsberechtigten grob unbillig wäre oder
2. sie die Lage der Leistungsberechtigten nicht so günstig beeinflussen, dass daneben Leistungen nach diesem Buch nicht gerechtfertigt wären.

(6) Überbrückungsgeld nach § 51 des Strafvollzugsgesetzes[1] oder vergleichbare Leistungen nach landesrechtlichen Regelungen sind nicht als Einkommen zu berücksichtigen.

§ 11b[2] Absetzbeträge. (1) [1] Vom Einkommen abzusetzen sind

1. auf das Einkommen entrichtete Steuern,
2. Pflichtbeiträge zur Sozialversicherung einschließlich der Beiträge zur Arbeitsförderung,
3. Beiträge zu öffentlichen oder privaten Versicherungen oder ähnlichen Einrichtungen, soweit diese Beiträge gesetzlich vorgeschrieben oder nach Grund und Höhe angemessen sind; hierzu gehören Beiträge
   a) zur Vorsorge für den Fall der Krankheit und der Pflegebedürftigkeit für Personen, die in der gesetzlichen Krankenversicherung nicht versicherungspflichtig sind,
   b) zur Altersvorsorge von Personen, die von der Versicherungspflicht in der gesetzlichen Rentenversicherung befreit sind,

   soweit die Beiträge nicht nach § 26 bezuschusst werden,
4. geförderte Altersvorsorgebeiträge nach § 82 des Einkommensteuergesetzes, soweit sie den Mindesteigenbeitrag nach § 86 des Einkommensteuergesetzes nicht überschreiten,
5. die mit der Erzielung des Einkommens verbundenen notwendigen Ausgaben,
6. für Erwerbstätige ferner ein Betrag nach Absatz 3,
7. Aufwendungen zur Erfüllung gesetzlicher Unterhaltsverpflichtungen bis zu dem in einem Unterhaltstitel oder in einer notariell beurkundeten Unterhaltsvereinbarung festgelegten Betrag,
8. bei erwerbsfähigen Leistungsberechtigten, deren Einkommen nach dem Vierten Abschnitt des Bundesausbildungsförderungsgesetzes oder nach § 67 oder § 126 des Dritten Buches bei der Berechnung der Leistungen der Ausbildungsförderung für mindestens ein Kind berücksichtigt wird, der nach den Vorschriften der Ausbildungsförderung berücksichtigte Betrag.

---

[1] **Habersack (vormals Schönfelder) ErgBd. Nr. 91.**

[2] § 11b Abs. 1 Satz 1 Nr. 8 geänd. mWv 1.4.2012 durch G v. 20.12.2011 (BGBl. I S. 2854); Abs. 2 Satz 3 geänd. mWv 1.1.2013 durch G v. 21.3.2013 (BGBl. I S. 556); Abs. 1 Satz 2, Abs. 2 Sätze 1 und 2 geänd., Satz 3 neu gef., Sätze 5 und 6 angef. mWv 1.8.2016 durch G v. 26.7.2016 (BGBl. I S. 1824); Abs. 2a eingef. mWv 1.1.2021 durch G v. 12.8.2020 (BGBl. I S. 1879); Abs. 2 Satz 3 Nr. 1 und Satz 6 geänd. mWv 1.1.2021 durch G v. 21.12.2020 (BGBl. I S. 3096); Abs. 2 Sätze 3 und 6 sowie Abs. 3 Satz 2 Nr. 1 und 2 geänd. mWv 1.7.2021 durch G v. 2.6.2021 (BGBl. I S. 1387).

[2] Bei der Verteilung einer einmaligen Einnahme nach § 11 Absatz 3 Satz 4 sind die auf die einmalige Einnahme im Zuflussmonat entfallenden Beträge nach den Nummern 1, 2, 5 und 6 vorweg abzusetzen.

(2) [1] Bei erwerbsfähigen Leistungsberechtigten, die erwerbstätig sind, ist anstelle der Beträge nach Absatz 1 Satz 1 Nummer 3 bis 5 ein Betrag von insgesamt 100 Euro monatlich von dem Einkommen aus Erwerbstätigkeit abzusetzen. [2] Beträgt das monatliche Einkommen aus Erwerbstätigkeit mehr als 400 Euro, gilt Satz 1 nicht, wenn die oder der erwerbsfähige Leistungsberechtigte nachweist, dass die Summe der Beträge nach Absatz 1 Satz 1 Nummer 3 bis 5 den Betrag von 100 Euro übersteigt. [3] Erhält eine leistungsberechtigte Person mindestens aus einer Tätigkeit Bezüge oder Einnahmen, die nach § 3 Nummer 12, 26 oder 26a des Einkommensteuergesetzes steuerfrei sind, gelten die Sätze 1 und 2 mit den Maßgaben, dass jeweils an die Stelle des Betrages von

1. 100 Euro monatlich der Betrag von 250 Euro monatlich, höchstens jedoch der Betrag, der sich aus der Summe von 100 Euro und dem Betrag der steuerfreien Bezüge oder Einnahmen ergibt, und
2. 400 Euro der Betrag, der sich nach Nummer 1 ergibt,

tritt. [4] § 11a Absatz 3 bleibt unberührt. [5] Von den in § 11a Absatz 3 Satz 2 Nummer 3 bis 5 genannten Leistungen, von dem Ausbildungsgeld nach dem Dritten Buch sowie von dem erhaltenen Unterhaltsbeitrag nach § 10 Absatz 2 des Aufstiegsfortbildungsförderungsgesetzes sind für die Absetzbeträge nach § 11b Absatz 1 Satz 1 Nummer 3 bis 5 mindestens 100 Euro abzusetzen, wenn die Absetzung nicht bereits nach den Sätzen 1 bis 3 erfolgt. [6] Von dem Taschengeld nach § 2 Nummer 4 des Bundesfreiwilligendienstgesetzes[1] oder § 2 Absatz 1 Nummer 4 des Jugendfreiwilligendienstegesetzes[2] ist anstelle der Beträge nach § 11b Absatz 1 Satz 1 Nummer 3 bis 5 ein Betrag von insgesamt 250 Euro monatlich abzusetzen, soweit die Absetzung nicht bereits nach den Sätzen 1 bis 3 erfolgt.

(2a) § 82a des Zwölften Buches[3] gilt entsprechend.

(3) [1] Bei erwerbsfähigen Leistungsberechtigten, die erwerbstätig sind, ist von dem monatlichen Einkommen aus Erwerbstätigkeit ein weiterer Betrag abzusetzen. [2] Dieser beläuft sich

1. für den Teil des monatlichen Einkommens, der 100 Euro übersteigt und nicht mehr als 1 000 Euro beträgt, auf 20 Prozent und
2. für den Teil des monatlichen Einkommens, der 1 000 Euro übersteigt und nicht mehr als 1 200 Euro beträgt, auf 10 Prozent.

[3] Anstelle des Betrages von 1 200 Euro tritt für erwerbsfähige Leistungsberechtigte, die entweder mit mindestens einem minderjährigen Kind in Bedarfsgemeinschaft leben oder die mindestens ein minderjähriges Kind haben, ein Betrag von 1 500 Euro.

§ 12[4] Zu berücksichtigendes Vermögen. (1) Als Vermögen sind alle verwertbaren Vermögensgegenstände zu berücksichtigen.

(2) [1] Vom Vermögen sind abzusetzen

---

[1] **Sartorius Nr. 627.**
[2] **Sartorius Nr. 390.**
[3] Nr. **51.2.**
[4] § 12 Abs. 3 Satz 1 Nr. 5 geänd. mWv 1.1.2022 durch G v. 2.6.2021 (BGBl. I S. 1387).

1. ein Grundfreibetrag in Höhe von 150 Euro je vollendetem Lebensjahr für jede in der Bedarfsgemeinschaft lebende volljährige Person und deren Partnerin oder Partner, mindestens aber jeweils 3 100 Euro; der Grundfreibetrag darf für jede volljährige Person und ihre Partnerin oder ihren Partner jeweils den nach Satz 2 maßgebenden Höchstbetrag nicht übersteigen,

1a. ein Grundfreibetrag in Höhe von 3 100 Euro für jedes leistungsberechtigte minderjährige Kind,

2. Altersvorsorge in Höhe des nach Bundesrecht ausdrücklich als Altersvorsorge geförderten Vermögens einschließlich seiner Erträge und der geförderten laufenden Altersvorsorgebeiträge, soweit die Inhaberin oder der Inhaber das Altersvorsorgevermögen nicht vorzeitig verwendet,

3. geldwerte Ansprüche, die der Altersvorsorge dienen, soweit die Inhaberin oder der Inhaber sie vor dem Eintritt in den Ruhestand aufgrund einer unwiderruflichen vertraglichen Vereinbarung nicht verwerten kann und der Wert der geldwerten Ansprüche 750 Euro je vollendetem Lebensjahr der erwerbsfähigen leistungsberechtigten Person und deren Partnerin oder Partner, höchstens jedoch jeweils den nach Satz 2 maßgebenden Höchstbetrag nicht übersteigt,

4. ein Freibetrag für notwendige Anschaffungen in Höhe von 750 Euro für jeden in der Bedarfsgemeinschaft lebenden Leistungsberechtigten.

[2] Bei Personen, die

1. vor dem 1. Januar 1958 geboren sind, darf der Grundfreibetrag nach Satz 1 Nummer 1 jeweils 9 750 Euro und der Wert der geldwerten Ansprüche nach Satz 1 Nummer 3 jeweils 48 750 Euro,
2. nach dem 31. Dezember 1957 und vor dem 1. Januar 1964 geboren sind, darf der Grundfreibetrag nach Satz 1 Nummer 1 jeweils 9 900 Euro und der Wert der geldwerten Ansprüche nach Satz 1 Nummer 3 jeweils 49 500 Euro,
3. nach dem 31. Dezember 1963 geboren sind, darf der Grundfreibetrag nach Satz 1 Nummer 1 jeweils 10 050 Euro und der Wert der geldwerten Ansprüche nach Satz 1 Nummer 3 jeweils 50 250 Euro

nicht übersteigen.

(3) [1] Als Vermögen sind nicht zu berücksichtigen

1. angemessener Hausrat,
2. ein angemessenes Kraftfahrzeug für jede in der Bedarfsgemeinschaft lebende erwerbsfähige Person,
3. von der Inhaberin oder dem Inhaber als für die Altersvorsorge bestimmt bezeichnete Vermögensgegenstände in angemessenem Umfang, wenn die erwerbsfähige leistungsberechtigte Person oder deren Partnerin oder Partner von der Versicherungspflicht in der gesetzlichen Rentenversicherung befreit ist,
4. ein selbst genutztes Hausgrundstück von angemessener Größe oder eine entsprechende Eigentumswohnung,
5. Vermögen, solange es nachweislich zur baldigen Beschaffung oder Erhaltung eines Hausgrundstücks von angemessener Größe bestimmt ist, soweit dieses zu Wohnzwecken von Menschen mit Behinderungen oder pflegebedürftigen Menschen dient oder dienen soll und dieser Zweck durch den Einsatz oder die Verwertung des Vermögens gefährdet würde,

6. Sachen und Rechte, soweit ihre Verwertung offensichtlich unwirtschaftlich ist oder für den Betroffenen eine besondere Härte bedeuten würde.

[2] Für die Angemessenheit sind die Lebensumstände während des Bezugs der Leistungen zur Grundsicherung für Arbeitsuchende maßgebend.

(4) [1] Das Vermögen ist mit seinem Verkehrswert zu berücksichtigen. [2] Für die Bewertung ist der Zeitpunkt maßgebend, in dem der Antrag auf Bewilligung oder erneute Bewilligung der Leistungen der Grundsicherung für Arbeitsuchende gestellt wird, bei späterem Erwerb von Vermögen der Zeitpunkt des Erwerbs. [3] Wesentliche Änderungen des Verkehrswertes sind zu berücksichtigen.

§ 12a Vorrangige Leistungen. [1] Leistungsberechtigte sind verpflichtet, Sozialleistungen anderer Träger in Anspruch zu nehmen und die dafür erforderlichen Anträge zu stellen, sofern dies zur Vermeidung, Beseitigung, Verkürzung oder Verminderung der Hilfebedürftigkeit erforderlich ist. [2] Abweichend von Satz 1 sind Leistungsberechtigte nicht verpflichtet,

1. bis zur Vollendung des 63. Lebensjahres eine Rente wegen Alters vorzeitig in Anspruch zu nehmen oder
2. Wohngeld nach dem Wohngeldgesetz oder Kinderzuschlag nach dem Bundeskindergeldgesetz in Anspruch zu nehmen, wenn dadurch nicht die Hilfebedürftigkeit aller Mitglieder der Bedarfsgemeinschaft für einen zusammenhängenden Zeitraum von mindestens drei Monaten beseitigt würde.

§ 13 Verordnungsermächtigung. (1) Das Bundesministerium für Arbeit und Soziales wird ermächtigt, im Einvernehmen mit dem Bundesministerium der Finanzen ohne Zustimmung des Bundesrates durch Rechtsverordnung[1)] zu bestimmen,

1. welche weiteren Einnahmen nicht als Einkommen zu berücksichtigen sind und wie das Einkommen im Einzelnen zu berechnen ist,
2. welche weiteren Vermögensgegenstände nicht als Vermögen zu berücksichtigen sind und wie der Wert des Vermögens zu ermitteln ist,
3. welche Pauschbeträge für die von dem Einkommen abzusetzenden Beträge zu berücksichtigen sind,
4. welche durchschnittlichen monatlichen Beträge für einzelne Bedarfe nach § 28 für die Prüfung der Hilfebedürftigkeit zu berücksichtigen sind und welcher Eigenanteil des maßgebenden Regelbedarfs bei der Bemessung des Bedarfs nach § 28 Absatz 6 zugrunde zu legen ist.

(2) Das Bundesministerium für Arbeit und Soziales wird ermächtigt, ohne Zustimmung des Bundesrates durch Rechtsverordnung[2)] zu bestimmen, unter welchen Voraussetzungen und für welche Dauer Leistungsberechtigte nach Vollendung des 63. Lebensjahres ausnahmsweise zur Vermeidung von Unbilligkeiten nicht verpflichtet sind, eine Rente wegen Alters vorzeitig in Anspruch zu nehmen.

[1)] Siehe ua die Arbeitslosengeld II/Sozialgeld-VO **(Sartorius ErgBd. Nr. 402a)**.

[2)] Siehe ua die VO zur Vermeidung unbilliger Härten durch Inanspruchnahme einer vorgezogenen Altersrente (UnbilligkeitsVO – UnbilligkeitsV) v. 14.4.2008 (BGBl. I S. 734), geänd. durch VO v. 4.10.2016 (BGBl. I S. 2210).

(3) Das Bundesministerium für Arbeit und Soziales wird ermächtigt, durch Rechtsverordnung ohne Zustimmung des Bundesrates nähere Bestimmungen zum zeit- und ortsnahen Bereich (§ 7 Absatz 4a) sowie dazu zu treffen, wie lange und unter welchen Voraussetzungen sich erwerbsfähige Leistungsberechtigte außerhalb des zeit- und ortsnahen Bereichs aufhalten dürfen, ohne Ansprüche auf Leistungen nach diesem Buch zu verlieren.

Kapitel 3. Leistungen

Abschnitt 1. Leistungen zur Eingliederung in Arbeit

§ 14[1)] Grundsatz des Förderns. (1) Die Träger der Leistungen nach diesem Buch unterstützen erwerbsfähige Leistungsberechtigte umfassend mit dem Ziel der Eingliederung in Arbeit.

(2) [1] Leistungsberechtigte Personen erhalten Beratung. [2] Aufgabe der Beratung ist insbesondere die Erteilung von Auskunft und Rat zu Selbsthilfeobliegenheiten und Mitwirkungspflichten, zur Berechnung der Leistungen zur Sicherung des Lebensunterhalts und zur Auswahl der Leistungen im Rahmen des Eingliederungsprozesses. [3] Art und Umfang der Beratung richten sich nach dem Beratungsbedarf der leistungsberechtigten Person. [4] Beratungsleistungen, die Leistungsberechtigte nach den §§ 29 bis 33 des Dritten Buches von den für die Arbeitsförderung zuständigen Dienststellen der Bundesagentur für Arbeit erhalten, sollen dabei Berücksichtigung finden. [5] Hierbei arbeiten die Träger der Leistungen nach diesem Buch mit den in Satz 4 genannten Dienststellen eng zusammen.

(3) Die Agentur für Arbeit soll eine persönliche Ansprechpartnerin oder einen persönlichen Ansprechpartner für jede erwerbsfähige leistungsberechtigte Person und die mit dieser in einer Bedarfsgemeinschaft lebenden Personen benennen.

(4) Die Träger der Leistungen nach diesem Buch erbringen unter Beachtung der Grundsätze von Wirtschaftlichkeit und Sparsamkeit alle im Einzelfall für die Eingliederung in Arbeit erforderlichen Leistungen.

§ 15[2)] Eingliederungsvereinbarung. (1) [1] Die Agentur für Arbeit soll unverzüglich zusammen mit jeder erwerbsfähigen leistungsberechtigten Person die für die Eingliederung erforderlichen persönlichen Merkmale, berufliche Fähigkeiten und die Eignung feststellen (Potenzialanalyse). [2] Die Feststellungen erstrecken sich auch darauf, ob und durch welche Umstände die berufliche Eingliederung voraussichtlich erschwert sein wird. [3] Tatsachen, über die die Agentur für Arbeit nach § 9a Satz 2 Nummer 2 des Dritten Buches unterrichtet wird, müssen von ihr nicht erneut festgestellt werden, es sei denn, es liegen Anhaltspunkte dafür vor, dass sich eingliederungsrelevante Veränderungen ergeben haben.

(2) [1] Die Agentur für Arbeit soll im Einvernehmen mit dem kommunalen Träger mit jeder erwerbsfähigen leistungsberechtigten Person unter Berück-

---

[1)] § 14 bish. Satz 1 wird Abs. 1, Abs. 2 eingef., bish. Sätze 2 und 3 werden Abs. 3 und 4 mWv 1.8. 2016 durch G v. 26.7.2016 (BGBl. I S. 1824); Abs. 2 Sätze 4 und 5 angef. mWv 1.1.2019 durch G v. 18.12.2018 (BGBl. I S. 2651).

[2)] § 15 neu gef. mWv 1.8.2016 durch G v. 26.7.2016 (BGBl. I S. 1824); Abs. 1 Satz 3 angef. mWv 1.1.2019 durch G v. 18.12.2018 (BGBl. I S. 2651).

sichtigung der Feststellungen nach Absatz 1 die für ihre Eingliederung erforderlichen Leistungen vereinbaren (Eingliederungsvereinbarung). [2] In der Eingliederungsvereinbarung soll bestimmt werden,

1. welche Leistungen zur Eingliederung in Ausbildung oder Arbeit nach diesem Abschnitt die leistungsberechtigte Person erhält,
2. welche Bemühungen erwerbsfähige Leistungsberechtigte in welcher Häufigkeit zur Eingliederung in Arbeit mindestens unternehmen sollen und in welcher Form diese Bemühungen nachzuweisen sind,
3. wie Leistungen anderer Leistungsträger in den Eingliederungsprozess einbezogen werden.

[3] Die Eingliederungsvereinbarung kann insbesondere bestimmen, in welche Tätigkeiten oder Tätigkeitsbereiche die leistungsberechtigte Person vermittelt werden soll.

(3) [1] Die Eingliederungsvereinbarung soll regelmäßig, spätestens jedoch nach Ablauf von sechs Monaten, gemeinsam überprüft und fortgeschrieben werden. [2] Bei jeder folgenden Eingliederungsvereinbarung sind die bisher gewonnenen Erfahrungen zu berücksichtigen. [3] Soweit eine Vereinbarung nach Absatz 2 nicht zustande kommt, sollen die Regelungen durch Verwaltungsakt getroffen werden.

(4) [1] In der Eingliederungsvereinbarung kann auch vereinbart werden, welche Leistungen die Personen erhalten, die mit der oder dem erwerbsfähigen Leistungsberechtigten in einer Bedarfsgemeinschaft leben. [2] Diese Personen sind hierbei zu beteiligen.

§ 15a[1)] *(aufgehoben)*

§ 16[2)] **Leistungen zur Eingliederung.** (1) [1] Zur Eingliederung in Arbeit erbringt die Agentur für Arbeit Leistungen nach § 35 des Dritten Buches. [2] Sie kann folgende Leistungen des Dritten Kapitels des Dritten Buches erbringen:

1. die übrigen Leistungen der Beratung und Vermittlung nach dem Ersten Abschnitt mit Ausnahme der Leistung nach § 31a,
2. Leistungen zur Aktivierung und beruflichen Eingliederung nach dem Zweiten Abschnitt,
3. Leistungen zur Berufsausbildung nach dem Vierten Unterabschnitt des Dritten Abschnitts und Leistungen nach § 54a Absatz 1 bis 5,
4. Leistungen zur beruflichen Weiterbildung nach dem Vierten Abschnitt, mit Ausnahme von Leistungen nach § 82 Absatz 6, und Leistungen nach den §§ 131a und 131b,

---

1) § 15a aufgeh. mWv 1.8.2016 durch G v. 26.7.2016 (BGBl. I S. 1824).

2) § 16 Abs. 1 Sätze 2–4 neu gef., Abs. 2 Satz 2 geänd., Satz 3 aufgeh., Abs. 3 Satz 1 geänd., Satz 2 angef., Abs. 3a eingef., Abs. 5 aufgeh. mWv 1.4.2012, Abs. 1 Satz 2 Nr. 5 geänd. mWv 1.1.2015 durch G v. 20.12.2011 (BGBl. I S. 2854); Abs. 1 Satz 2 Nr. 4 geänd. mWv 19.3.2013 durch G v. 13.3. 2013 (BGBl. I S. 446); Abs. 1 Satz 2 Nr. 3 geänd. mWv 1.5.2015 durch G v. 15.4.2015 (BGBl. I S. 583); Abs. 3 Satz 2 aufgeh. mWv 1.8.2016 durch G v. 18.7.2016 (BGBl. I S. 1710); Abs. 2 Satz 3 angef. mWv 1.1.2019 durch G v. 18.12.2018 (BGBl. I S. 2651); Abs. 1 Satz 3 geänd. mWv 1.8.2019 durch G v. 8.7.2019 (BGBl. I S. 1025); Abs. 1 Satz 2 Nr. 3 und Satz 4, Abs. 2 Satz 1 geänd. mWv 29.5.2020, Abs. 1 Satz 2 Nr. 4 geänd. mWv 1.1.2021 durch G v. 20.5.2020 (BGBl. I S. 1044); Abs. 1 Satz 2 Nr. 1 geänd. mWv 1.7.2020 durch G v. 12.6.2020 (BGBl. I S. 1248); Abs. 1 Satz 3 neu gef. mWv 1.1.2022 durch G v. 2.6.2021 (BGBl. I S. 1387).

5. Leistungen zur Aufnahme einer sozialversicherungspflichtigen Beschäftigung nach dem Ersten Unterabschnitt des Fünften Abschnitts.

[3] Für Eingliederungsleistungen an erwerbsfähige Leistungsberechtigte mit Behinderungen nach diesem Buch gelten entsprechend

1. die §§ 112 bis 114, 115 Nummer 1 bis 3 mit Ausnahme berufsvorbereitender Bildungsmaßnahmen und der Berufsausbildungsbeihilfe sowie § 116 Absatz 1, 2, 5 und 6 des Dritten Buches,
2. § 117 Absatz 1 und § 118 Nummer 3 des Dritten Buches für die besonderen Leistungen zur Förderung der beruflichen Weiterbildung,
3. die §§ 127 und 128 des Dritten Buches für die besonderen Leistungen zur Förderung der beruflichen Weiterbildung.

[4] § 1 Absatz 2 Nummer 4 sowie § 36 und § 81 Absatz 2 und 3 des Dritten Buches sind entsprechend anzuwenden.

(2) [1] Soweit dieses Buch nichts Abweichendes regelt, gelten für die Leistungen nach Absatz 1 die Regelungen des Dritten Buches mit Ausnahme der Verordnungsermächtigung nach § 47 des Dritten Buches sowie der Anordnungsermächtigungen für die Bundesagentur und mit der Maßgabe, dass an die Stelle des Arbeitslosengeldes das Arbeitslosengeld II tritt. [2] § 44 Absatz 3 Satz 3 des Dritten Buches gilt mit der Maßgabe, dass die Förderung aus dem Vermittlungsbudget auch die anderen Leistungen nach dem Zweiten Buch nicht aufstocken, ersetzen oder umgehen darf. [3] Für die Teilnahme erwerbsfähiger Leistungsberechtigter an einer Maßnahme zur beruflichen Weiterbildung im Rahmen eines bestehenden Arbeitsverhältnisses werden Leistungen nach Absatz 1 Satz 2 Nummer 4 in Verbindung mit § 82 des Dritten Buches nicht gewährt, wenn die betreffende Maßnahme auf ein nach § 2 Absatz 1 des Aufstiegsfortbildungsförderungsgesetzes förderfähiges Fortbildungsziel vorbereitet.

(3) Abweichend von § 44 Absatz 1 Satz 1 des Dritten Buches können Leistungen auch für die Anbahnung und Aufnahme einer schulischen Berufsausbildung erbracht werden.

(3a) [1] Abweichend von § 81 Absatz 4 des Dritten Buches kann die Agentur für Arbeit unter Anwendung des Vergaberechts Träger mit der Durchführung von Maßnahmen der beruflichen Weiterbildung beauftragen, wenn die Maßnahme den Anforderungen des § 180 des Dritten Buches entspricht und

1. eine dem Bildungsziel entsprechende Maßnahme örtlich nicht verfügbar ist oder
2. die Eignung und persönlichen Verhältnisse der erwerbsfähigen Leistungsberechtigten dies erfordern.

[2] § 176 Absatz 2 des Dritten Buches findet keine Anwendung.

(4) [1] Die Agentur für Arbeit als Träger der Grundsicherung für Arbeitsuchende kann die Ausbildungsvermittlung durch die für die Arbeitsförderung zuständigen Stellen der Bundesagentur wahrnehmen lassen. [2] Das Bundesministerium für Arbeit und Soziales wird ermächtigt, durch Rechtsverordnung ohne Zustimmung des Bundesrates das Nähere über die Höhe, Möglichkeiten der Pauschalierung und den Zeitpunkt der Fälligkeit der Erstattung von Aufwendungen bei der Ausführung des Auftrags nach Satz 1 festzulegen.

§ 16a[1)] Kommunale Eingliederungsleistungen. Zur Verwirklichung einer ganzheitlichen und umfassenden Betreuung und Unterstützung bei der Eingliederung in Arbeit können die folgenden Leistungen, die für die Eingliederung der oder des erwerbsfähigen Leistungsberechtigten in das Erwerbsleben erforderlich sind, erbracht werden:

1. die Betreuung minderjähriger Kinder oder von Kindern mit Behinderungen oder die häusliche Pflege von Angehörigen,
2. die Schuldnerberatung,
3. die psychosoziale Betreuung,
4. die Suchtberatung.

(Fortsetzung nächstes Blatt)

[1)] § 16a Nr. 1 geänd. mWv 1.1.2022 durch G v. 2.6.2021 (BGBl. I S. 1387).

Tatsachen, spätestens aber nach Ablauf von zehn Jahren nach der Bekanntgabe der vorläufigen Entscheidung, abschließend entscheidet.

(6) [1] Die aufgrund der vorläufigen Entscheidung erbrachten Leistungen sind auf die abschließend festgestellten Leistungen anzurechnen. [2] Soweit im Bewilligungszeitraum in einzelnen Kalendermonaten vorläufig zu hohe Leistungen erbracht wurden, sind die sich daraus ergebenden Überzahlungen auf die abschließend bewilligten Leistungen anzurechnen, die für andere Kalendermonate dieses Bewilligungszeitraums nachzuzahlen wären. [3] Überzahlungen, die nach der Anrechnung fortbestehen, sind zu erstatten. [4] Das gilt auch im Fall des Absatzes 3 Satz 3 und 4.

(7) [1] Über die Erbringung von Geld- und Sachleistungen kann vorläufig entschieden werden, wenn

1. die Vereinbarkeit einer Vorschrift dieses Buches, von der die Entscheidung über den Antrag abhängt, mit höherrangigem Recht Gegenstand eines Verfahrens bei dem Bundesverfassungsgericht oder dem Gerichtshof der Europäischen Union ist oder
2. eine entscheidungserhebliche Rechtsfrage von grundsätzlicher Bedeutung Gegenstand eines Verfahrens beim Bundessozialgericht ist.

[2] Absatz 2 Satz 1, Absatz 3 Satz 2 bis 4 sowie Absatz 6 gelten entsprechend.

§ 42[1)] Fälligkeit, Auszahlung und Unpfändbarkeit der Leistungen.

(1) Leistungen sollen monatlich im Voraus erbracht werden.

(2) [1] Auf Antrag der leistungsberechtigten Person können durch Bewilligungsbescheid festgesetzte, zum nächsten Zahlungszeitpunkt fällige Leistungsansprüche vorzeitig erbracht werden. [2] Die Höhe der vorzeitigen Leistung ist auf 100 Euro begrenzt. [3] Der Auszahlungsanspruch im Folgemonat verringert sich entsprechend. [4] Soweit eine Verringerung des Auszahlungsanspruchs im Folgemonat nicht möglich ist, verringert sich der Auszahlungsanspruch für den zweiten auf die Bewilligung der vorzeitigen Leistung folgenden Monat. [5] Die vorzeitige Leistung ist ausgeschlossen,

1. wenn im laufenden Monat oder im Monat der Verringerung des Leistungsanspruches eine Aufrechnung zu erwarten ist,
2. wenn der Leistungsanspruch im Folgemonat durch eine Sanktion gemindert ist oder
3. wenn sie bereits in einem der vorangegangenen zwei Kalendermonate in Anspruch genommen wurde.

(3) *(aufgehoben)*

(4) [1] Der Anspruch auf Leistungen zur Sicherung des Lebensunterhaltes kann nicht abgetreten, übertragen, verpfändet oder gepfändet werden. [2] Die Abtretung und Übertragung nach § 53 Absatz 2 des Ersten Buches[2)] bleibt unberührt.

[1)] § 42 neu gef. mWv 1.8.2016 durch G v. 26.7.2016 (BGBl. I S. 1824); Abs. 3 aufgeh. mWv 1.12.2021 durch G v. 12.6.2020 (BGBl. I S. 1248).

[2)] Nr. **51.1**.

§ 42a[1)] Darlehen. (1) [1]Darlehen werden nur erbracht, wenn ein Bedarf weder durch Vermögen nach § 12 Absatz 2 Satz 1 Nummer 1, 1a und 4 noch auf andere Weise gedeckt werden kann. [2]Darlehen können an einzelne Mitglieder von Bedarfsgemeinschaften oder an mehrere gemeinsam vergeben werden. [3]Die Rückzahlungsverpflichtung trifft die Darlehensnehmer.

(2) [1]Solange Darlehensnehmer Leistungen zur Sicherung des Lebensunterhalts beziehen, werden Rückzahlungsansprüche aus Darlehen ab dem Monat, der auf die Auszahlung folgt, durch monatliche Aufrechnung in Höhe von 10 Prozent des maßgebenden Regelbedarfs getilgt. [2]§ 43 Absatz 3 gilt entsprechend. [3]Die Aufrechnung ist gegenüber den Darlehensnehmern schriftlich durch Verwaltungsakt zu erklären. [4]Satz 1 gilt nicht, soweit Leistungen zur Sicherung des Lebensunterhaltes als Darlehen erbracht werden.

(3) [1]Rückzahlungsansprüche aus Darlehen nach § 24 Absatz 5 sind nach erfolgter Verwertung sofort in voller Höhe und Rückzahlungsansprüche aus Darlehen nach § 22 Absatz 6 bei Rückzahlung durch den Vermieter sofort in Höhe des noch nicht getilgten Darlehensbetrages fällig. [2]Deckt der erlangte Betrag den noch nicht getilgten Darlehensbetrag nicht, soll eine Vereinbarung über die Rückzahlung des ausstehenden Betrags unter Berücksichtigung der wirtschaftlichen Verhältnisse der Darlehensnehmer getroffen werden.

(4) [1]Nach Beendigung des Leistungsbezuges ist der noch nicht getilgte Darlehensbetrag sofort fällig. [2]Über die Rückzahlung des ausstehenden Betrags soll eine Vereinbarung unter Berücksichtigung der wirtschaftlichen Verhältnisse der Darlehensnehmer getroffen werden.

(5) [1]Rückzahlungsansprüche aus Darlehen nach § 27 Absatz 3 sind abweichend von Absatz 4 Satz 1 erst nach Abschluss der Ausbildung fällig. [2]Absatz 4 Satz 2 gilt entsprechend.

(6) Sofern keine abweichende Tilgungsbestimmung getroffen wird, werden Zahlungen, die zur Tilgung der gesamten fälligen Schuld nicht ausreichen, zunächst auf das zuerst erbrachte Darlehen angerechnet.

§ 43[2)] Aufrechnung. (1) Die Jobcenter können gegen Ansprüche von leistungsberechtigten Personen auf Geldleistungen zur Sicherung des Lebensunterhalts aufrechnen mit

1. Erstattungsansprüchen nach § 50 des Zehnten Buches[3)],
2. Ersatzansprüchen nach den §§ 34 und 34a,
3. Erstattungsansprüchen nach § 34b oder
4. Erstattungsansprüchen nach § 41a Absatz 6 Satz 3.

[1)] § 42a Abs. 2 Satz 2 eingef., bish. Sätze 2 und 3 werden Sätze 3 und 4, neuer Satz 4 neu gef., Abs. 5 Satz 1 geänd. mWv 1.8.2016 durch G v. 26.7.2016 (BGBl. I S. 1824).

[2)] § 43 neu gef. mWv 1.8.2016 durch G v. 26.7.2016 (BGBl. I S. 1824).

[3)] Nr. **51.9**.

§ 44b[1] Gemeinsame Einrichtung. (1) [1]Zur einheitlichen Durchführung der Grundsicherung für Arbeitsuchende bilden die Träger im Gebiet jedes kommunalen Trägers nach § 6 Absatz 1 Satz 1 Nummer 2 eine gemeinsame Einrichtung. [2]Die gemeinsame Einrichtung nimmt die Aufgaben der Träger nach diesem Buch wahr; die Trägerschaft nach § 6 sowie nach den §§ 6a und 6b bleibt unberührt. [3]Die gemeinsame Einrichtung ist befugt, Verwaltungsakte und Widerspruchsbescheide zu erlassen. [4]Die Aufgaben werden von Beamtinnen und Beamten sowie Arbeitnehmerinnen und Arbeitnehmern wahrgenommen, denen entsprechende Tätigkeiten zugewiesen worden sind.

(2) [1]Die Träger bestimmen den Standort sowie die nähere Ausgestaltung und Organisation der gemeinsamen Einrichtung durch Vereinbarung. [2]Die Ausgestaltung und Organisation der gemeinsamen Einrichtung sollen die Besonderheiten der beteiligten Träger, des regionalen Arbeitsmarktes und der regionalen Wirtschaftsstruktur berücksichtigen. [3]Die Träger können die Zusammenlegung mehrerer gemeinsamer Einrichtungen zu einer gemeinsamen Einrichtung vereinbaren.

(3) [1]Den Trägern obliegt die Verantwortung für die rechtmäßige und zweckmäßige Erbringung ihrer Leistungen. [2]Sie haben in ihrem Aufgabenbereich nach § 6 Absatz 1 Nummer 1 oder 2 gegenüber der gemeinsamen Einrichtung ein Weisungsrecht; dies gilt nicht im Zuständigkeitsbereich der Trägerversammlung nach § 44c. [3]Die Träger sind berechtigt, von der gemeinsamen Einrichtung die Erteilung von Auskunft und Rechenschaftslegung über die Leistungserbringung zu fordern, die Wahrnehmung der Aufgaben in der gemeinsamen Einrichtung zu prüfen und die gemeinsame Einrichtung an ihre Auffassung zu binden. [4]Vor Ausübung ihres Weisungsrechts in Angelegenheiten grundsätzlicher Bedeutung befassen die Träger den Kooperationsausschuss nach § 18b. [5]Der Kooperationsausschuss kann innerhalb von zwei Wochen nach Anrufung eine Empfehlung abgeben.

(4) [1]Die gemeinsame Einrichtung kann einzelne Aufgaben auch durch die Träger wahrnehmen lassen. [2]Im Übrigen gelten die §§ 88 bis 92 des Zehnten Buches[2] für die gemeinsamen Einrichtungen im Aufgabenbereich dieses Buches entsprechend.

(5) Die Bundesagentur stellt der gemeinsamen Einrichtung Angebote an Dienstleistungen zur Verfügung.

(6) Die Träger teilen der gemeinsamen Einrichtung alle Tatsachen und Feststellungen mit, von denen sie Kenntnis erhalten und die für die Leistungen erforderlich sind.

§ 44c[3] Trägerversammlung. (1) [1]Die gemeinsame Einrichtung hat eine Trägerversammlung. [2]In der Trägerversammlung sind Vertreterinnen und Vertreter der Agentur für Arbeit und des kommunalen Trägers je zur Hälfte vertreten. [3]In der Regel entsenden die Träger je drei Vertreterinnen oder Vertreter. [4]Jede Vertreterin und jeder Vertreter hat eine Stimme. [5]Die Vertreterinnen und Vertreter wählen eine Vorsitzende oder einen Vorsitzenden für eine Amtszeit von bis zu fünf Jahren. [6]Kann in der Trägerversammlung keine Einigung über die

---

[1] § 44b Abs. 4 Satz 2 angef. mWv 1.8.2016 durch G v. 26.7.2016 (BGBl. I S. 1824).

[2] Nr. **51.9**.

[3] § 44c Abs. 1 Satz 9 geänd. mWv 5.4.2017 durch G v. 29.3.2017 (BGBl. I S. 626); Abs. 3 geänd. mWv 15.6.2021 durch G v. 9.6.2021 (BGBl. I S. 1614).

Person der oder des Vorsitzenden erzielt werden, wird die oder der Vorsitzende von den Vertreterinnen und Vertretern der Agentur für Arbeit und des kommunalen Trägers abwechselnd jeweils für zwei Jahre bestimmt; die erstmalige Bestimmung erfolgt durch die Vertreterinnen und Vertreter der Agentur für Arbeit. [7] Die Trägerversammlung entscheidet durch Beschluss mit Stimmenmehrheit. [8] Bei Stimmengleichheit entscheidet die Stimme der oder des Vorsitzenden; dies gilt nicht für Entscheidungen nach Absatz 2 Satz 2 Nummer 1, 4 und 8. [9] Die Beschlüsse sind von der oder dem Vorsitzenden schriftlich oder elektronisch niederzulegen. [10] Die Trägerversammlung gibt sich eine Geschäftsordnung.

(2) [1] Die Trägerversammlung entscheidet über organisatorische, personalwirtschaftliche, personalrechtliche und personalvertretungsrechtliche Angelegenheiten der gemeinsamen Einrichtung. [2] Dies sind insbesondere

1. die Bestellung und Abberufung der Geschäftsführerin oder des Geschäftsführers,
2. der Verwaltungsablauf und die Organisation,
3. die Änderung des Standorts der gemeinsamen Einrichtung,
4. die Entscheidungen nach § 6 Absatz 1 Satz 2 und § 44b Absatz 4, ob einzelne Aufgaben durch die Träger oder durch Dritte wahrgenommen werden,
5. die Regelung der Ordnung in der Dienststelle und des Verhaltens der Beschäftigten,
6. die Arbeitsplatzgestaltung,
7. die Genehmigung von Dienstvereinbarungen mit der Personalvertretung,
8. die Aufstellung des Stellenplans und der Richtlinien zur Stellenbewirtschaftung,
9. die grundsätzlichen Regelungen der innerdienstlichen, sozialen und persönlichen Angelegenheiten der Beschäftigten.

(3) Die Trägerversammlung nimmt in Streitfragen zwischen Personalvertretung und Geschäftsführerin oder Geschäftsführer die Aufgaben einer übergeordneten Dienststelle und obersten Dienstbehörde nach den §§ 71 bis 75, 77 und 82 des Bundespersonalvertretungsgesetzes[1)] wahr.

(4) [1] Die Trägerversammlung berät zu gemeinsamen Betreuungsschlüsseln. [2] Sie hat dabei die zur Verfügung stehenden Haushaltsmittel zu berücksichtigen. [3] Bei der Personalbedarfsermittlung sind im Regelfall folgende Anteilsverhältnisse zwischen eingesetztem Personal und Leistungsberechtigten nach diesem Buch zu berücksichtigen:

1. 1:75 bei der Gewährung der Leistungen zur Eingliederung in Arbeit von erwerbsfähigen Leistungsberechtigten bis zur Vollendung des 25. Lebensjahres,
2. 1:150 bei der Gewährung der Leistungen zur Eingliederung in Arbeit von erwerbsfähigen Leistungsberechtigten, die das 25. Lebensjahr vollendet und die Altersgrenze nach § 7a noch nicht erreicht haben.

(5) [1] Die Trägerversammlung stellt einheitliche Grundsätze der Qualifizierungsplanung und Personalentwicklung auf, die insbesondere der individuellen Entwicklung der Mitarbeiterinnen und Mitarbeiter dienen und ihnen unter Beachtung ihrer persönlichen Interessen und Fähigkeiten die zur Wahrnehmung

---

[1)] **Sartorius Nr. 240.**

richtet, erhalten für den Zeitraum vom 1. Januar 2021 bis zum 30. Juni 2021 zum Ausgleich der mit der COVID-19-Pandemie in Zusammenhang stehenden Mehraufwendungen eine Einmalzahlung in Höhe von 150 Euro. [2] Satz 1 gilt auch für Leistungsberechtigte, deren Bedarf sich nach Regelbedarfsstufe 3 richtet, sofern bei ihnen kein Kindergeld als Einkommen berücksichtigt wird.

§ 71[1)] Kinderfreizeitbonus und weitere Regelung aus Anlass der COVID-19-Pandemie. (1) [1] Abweichend von § 37 Absatz 1 Satz 2 gilt der Antrag auf Leistungen nach § 28 Absatz 5 in der Zeit vom 1. Juli 2021 bis zum Ablauf des 31. Dezember 2023 als von dem Antrag auf Leistungen zur Sicherung des Lebensunterhalts mit umfasst. [2] Dies gilt für ab dem 1. Juli 2021 entstehende Lernförderungsbedarfe auch dann, wenn die jeweiligen Bewilligungszeiträume nur teilweise in den in Satz 1 genannten Zeitraum fallen, weil sie entweder bereits vor dem 1. Juli 2021 begonnen haben oder erst nach dem 31. Dezember 2023 enden.

(2) [1] Leistungsberechtigte, die für den Monat August 2021 Anspruch auf Arbeitslosengeld II oder Sozialgeld und das 18. Lebensjahr noch nicht vollendet haben, erhalten eine Einmalzahlung in Höhe von 100 Euro. [2] Satz 1 gilt nicht für Leistungsberechtigte, für die im Monat August 2021 Kinderzuschlag nach § 6a des Bundeskindergeldgesetzes[2)] gezahlt wird. [3] Eines gesonderten Antrags bedarf es nicht. [4] Erhält die leistungsberechtigte Person Arbeitslosengeld II oder Sozialgeld in zwei Bedarfsgemeinschaften, wird die Leistung nach Satz 1 in der Bedarfsgemeinschaft erbracht, in der das Kindergeld für die leistungsberechtigte Person berücksichtigt wird.

§§ 72 und 73[3)] *(aufgehoben)*

(Fortsetzung nächstes Blatt)

[1)] § 71 neu gef. mWv 1.7.2021 durch G v. 25.6.2021 (BGBl. I S. 2020).
[2)] **Habersack (vormals Schönfelder) ErgBd. Nr. 45b.**
[3)] §§ 72 und 73 aufgeh. mWv 1.8.2016 durch G v. 26.7.2016 (BGBl. I S. 1824).

51.9. Zehntes Buch Sozialgesetzbuch – Sozialverwaltungsverfahren und Sozialdatenschutz – (SGB X)[1) 2) 3)]

In der Fassung der Bekanntmachung vom 18. Januar 2001[4)]
(BGBl. I S. 130)

FNA 860-10-1

zuletzt geänd. durch Art. 18 TerrorismusbekämpfungsG v. 9.1.2002 (BGBl. I S. 361), Art. 6 G zur Vereinfachung der Wahl der Arbeitnehmervertreter in den Aufsichtsrat v. 23.3.2002 (BGBl. I S. 1130), Art. 10 Nr. 10 ZuwanderungsG v. 20.6.2002 (BGBl. I S. 1946, nichtig gem. Urt. des BVerfG v. 18.12.2002 – 2 BvF 1/02 –), Art. 11 Hüttenknappschaftliches Zusatzversicherungs-Neuregelungs-G v. 21.6.2002 (BGBl. I S. 2167), Art. 3 G zur Änd. des Ordnungswidrigkeitenverfahrensrechts v. 26.7.2002 (BGBl. I S. 2864), Art. 3 Drittes G zur Änd. verwaltungsverfahrensrechtlicher Vorschriften v. 21.8.2002 (BGBl. I S. 3322), Art. 5 Zweites G für moderne Dienstleistungen am Arbeitsmarkt v. 23.12.2002 (BGBl. I S. 4621), Art. 211 Achte ZuständigkeitsanpassungsVO v. 25.11.2003 (BGBl. I S. 2304), Art. 9 Drittes G für moderne Dienstleistungen am Arbeitsmarkt v. 23.12.2003 (BGBl. I S. 2848), Art. 10 Viertes G für moderne Dienstleistungen am Arbeitsmarkt v. 24.12.2003 (BGBl. I S. 2954), Art. 9 G zur Einordnung des Sozialhilferechts in das SGB v. 27.12.2003 (BGBl. I S. 3022), Art. 4 Abs. 72 KostenrechtsmodernisierungsG v. 5.5.2004 (BGBl. I S. 718), Art. 8 AlterseinkünfteG v. 5.7.2004 (BGBl. I S. 1427), Art. 8 G zur Intensivierung der Bekämpfung der Schwarzarbeit und damit zusammenhängender Steuerhinterziehung v. 23.7.2004 (BGBl. I S. 1842), Art. 10 Nr. 10 ZuwanderungsG v. 30.7.2004 (BGBl. I S. 1950), Art. 9 G zur Organisationsreform in der gesetzl. RV v. 9.12.2004 (BGBl. I S. 3242), Art. 0 Siebentes G zur Änd. des SozialgerichtsG v. 9.12. 2004 (BGBl. I S. 3302), Art. 8 Zweites G zur Änd. wohnungsrechtl. Vorschriften v. 15.12.2004 (BGBl. I S. 3450), Art. 2 Abs. 12 G zum internationalen Familienrecht v. 26.1.2005 (BGBl. I S. 162), Art. 9 VerwaltungsvereinfachungsG v. 21.3.2005 (BGBl. I S. 818), Art. 10 Zweites BetreuungsrechtsänderungsG v. 21.4.2005 (BGBl. I S. 1073), Art. 2 Abs. 25 G zur Novellierung des VerwaltungszustellungsR v. 12.8. 2005 (BGBl. I S. 2354), Art. 2 Nr. 4 G über den Ausgleich von Arbeitgeberaufwendungen und zur Änd. weiterer G v. 22.12.2005 (BGBl. I S. 3686), Art. 6 G zur Fortentwicklung der Grundsicherung für Arbeitsuchende v. 20.7.2006 (BGBl. I S. 1706), Art. 263 Neunte ZuständigkeitsanpassungsVO v. 31.10.2006 (BGBl. I S. 2407), Art. 7 G zur Änd. des SGB IV und anderer G v. 19.12.2007 (BGBl. I S. 3024), Art. 26 JahressteuerG 2008 v. 20.12.2007 (BGBl. I S. 3150), Art. 15 Abs. 4 WehrrechtsänderungsG 2008 v. 31.7. 2008 (BGBl. I S. 1629), Art. 2c G zur Neuregelung des Wohngeldrechts und zur Änd. des SGB v. 24.9.2008 (BGBl. I S. 1856), Art. 2 Viertes G zur Änd. verwaltungsverfahrensrechtl. Vorschriften v. 11.12.2008 (BGBl. I S. 2418), Art. 106 FGG-ReformG v. 17.12.2008 (BGBl. I S. 2586), Art. 21 JahressteuerG 2009 v. 19.12. 2008 (BGBl. I S. 2794), Art. 6 Zweites G zur Änd. des SGB IV und anderer G v. 21.12.2008 (BGBl. I S. 2933), Art. 6 Nr. 2a G zur Verbesserung der Rahmenbedingungen für die Absicherung flexibler Arbeitszeitregelungen und zur Änd. anderer G v. 21.12.2008 (BGBl. I S. 2940), Art. 15 Abs. 99 DienstrechtsneuordnungsG v. 5.2.2009 (BGBl. I S. 160), Art. 6 ELENA-VerfahrensG v. 28.3.2009 (BGBl. I S. 634), Art. 19 G zur Strukturreform des Versorgungsausgleichs v. 3.4.2009 (BGBl. I S. 700), Art. 5 BürgerentlastungsG Krankenversicherung v. 16.7.2009 (BGBl. I S. 1959), Art. 4 Abs. 15 G zur Reform der Sachaufklärung in

---

[1)] Die Änderungen durch G v. 18.7.2017 (BGBl. I S. 2739, geänd. BGBl. I 2021 S. 2) treten gem. Art. 3 Abs. 2 dieses G an dem Tag in Kraft, an dem die Rechtsverordnung nach § 10 des Wettbewerbsregistergesetzes in Kraft tritt; sie sind im Text noch nicht berücksichtigt. Das Bundesministerium für Wirtschaft und Energie gibt den Tag nach Satz 2 im Bundesgesetzblatt bekannt.

[2)] Die Änderungen durch G v. 12.12.2019 (BGBl. I S. 2652) treten erst **mWv 1.1.2024** in Kraft, die Änderungen durch G v. 7.5.2021 (BGBl. I S. 850) treten erst **mWv 1.11.2021** in Kraft, die Änderungen durch G v. G v. 4.5.2021 (BGBl. I S. 882) treten erst **mWv 1.1.2023** in Kraft, die Änderungen durch G v. 10.8.2021 (BGBl. I S. 3436) treten erst **mWv 1.1.2024** in Kraft und die Änderungen durch G v. 20.8.2021 (BGBl. I S. 3932) treten erst **mWv 1.1.2024** bzw. **mWv 1.1.2025** in Kraft und sind im Text noch nicht berücksichtigt.

[3)] Die Änderungen durch G v. 28.3.2021 (BGBl. I S. 591) treten gem. Art. 22 Satz 3 dieses G erst an dem Tag in Kraft, an dem das Bundesministerium des Innern, für Bau und Heimat im Bundesgesetzblatt bekannt gibt, dass die technischen Voraussetzungen für die Verarbeitung der Identifikationsnummer nach § 139b AO nach den jeweils geänderten Gesetzen vorliegen; sie sind im Text noch nicht berücksichtigt.

[4)] Neubekanntmachung des SGB X v. 18.8.1980 (BGBl. I S. 1469, 2218) in der ab 1.1.2001 geltenden Fassung.

der Zwangsvollstreckung v. 29.7.2009 (BGBl. I S. 2258), Art. 5 Drittes G zur Änd. des SGB IV und anderer G v. 5.8.2010 (BGBl. I S. 1127), Art. 13 G zur Durchführung der VO (EG) Nr. 4/2009 und zur Neuordnung bestehender Aus- und Durchführungsbestimmungen auf dem Gebiet des internationalen Unterhaltsverfahrensrechts v. 23.5.2011 (BGBl. I S. 898), Art. 9 G zur Umsetzung aufenthaltsrechtl. RL der EU und zur Anpassung nationaler Rechtsvorschriften an den EU-Visakodex v. 22.11.2011 (BGBl. I S. 2258), Art. 7 G zur Änd. des BeherbergungsstatistikG und des HandelsstatistikG sowie zur Aufhebung von Vorschriften zum Verfahren des elektronischen Entgeltnachweises v. 23.11.2011 (BGBl. I S. 2298), Art. 3 GKV-VersorgungsstrukturG v. 22.12.2011 (BGBl. I S. 2983), Art. 9 LSV-NeuordnungsG v. 12.4.2012 (BGBl. I S. 579), Art. 4 G zur Umsetzung der Hochqualifizierten-Richtlinie der Europäischen Union v. 1.6.2012 (BGBl. I S. 1224), Art. 8 G über die Vereinfachung des Austauschs von Informationen und Erkenntnissen zwischen den Strafverfolgungsbehörden der Mitgliedstaaten der EU v. 21.7.2012 (BGBl. I S. 1566), Art. 2 Abs. 13 G zur Fortentwicklung des Meldewesens v. 3.5.2013 (BGBl. I S. 1084, geänd. durch G v. 20.11.2014, BGBl. I S. 1738), Art. 38 Zweites KostenrechtsmodernisierungsG v. 23.7.2013 (BGBl. I S. 2586), Art. 6 G zur Förderung der elektronischen Verwaltung sowie zur Änd. weiterer Vorschriften v. 25.7.2013 (BGBl. I S. 2749), Art. 10 TarifautonomiestärkungsG v. 11.8.2014 (BGBl. I S. 1348), Art. 32 G zur Bereinigung des Rechts der Lebenspartner v. 20.11.2015 (BGBl. I S. 2010), Art. 12 DatenaustauschverbesserungsG v. 2.2.2016 (BGBl. I S. 130), Art. 19 G zur Modernisierung des Besteuerungsverfahrens v. 18.7.2016 (BGBl. I S. 1679), Art. 4 G zur Weiterentwicklung des Behindertengleichstellungsrechts v. 19.7.2016 (BGBl. I S. 1757), Art. 7 G zur Änd. des BundesstatistikG und anderer Statistikgesetze v. 21.7.2016 (BGBl. I S. 1768), Art. 23 G zur Einführung von Ausschreibungen für Strom aus erneuerbaren Energien und zu weiteren Änd. des Rechts der erneuerbaren Energien v. 13.10.2016 (BGBl. I S. 2258), Art. 6 6. SGB IV-ÄndG v. 11.11.2016 (BGBl. I S. 2500), Art. 20 Abs. 8 BundesteilhabeG v. 23.12.2016 (BGBl. I S. 3234), Art. 5 Abs. 7 G zur Neuregelung des Bundesarchivrechts v. 10.3.2017 (BGBl. I S. 410), Art. 166 G zum Abbau verzichtbarer Anordnungen der Schriftform im Verwaltungsrecht des Bundes v. 29.3.2017 (BGBl. I S. 626), Art. 6 Abs. 2 G zur Änd. von Vorschriften im Bereich des Internationalen Privat- und Zivilverfahrensrechts v. 11.6.2017 (BGBl. I S. 1607), Art. 11 G zur Umsetzung der Vierten EU-GeldwäscheRL, zur Ausführung der EU-GeldtransferVO und zur Neuorganisation der Zentralstelle für Finanztransaktionsuntersuchungen v. 23.6.2017 (BGBl. I S. 1822), Art. 24 G zur Änd. des BundesversorgungsG und anderer Vorschriften v. 17.7.2017 (BGBl. I S. 2541), Art. 2 Abs. 6 G zur Einführung eines Wettbewerbsregisters und zur Änd. des G gegen Wettbewerbsbeschränkungen[1)] v. 18.7.2017 (BGBl. I S. 2739, geänd. BGBl. I 2021 S. 2), Art. 10 Abs. 11 G zur Neuregelung des Schutzes von Geheimnissen bei der Mitwirkung Dritter an der Berufsausübung schweigepflichtiger Personen v. 30.10.2017 (BGBl. I S. 3618), Art. 1a G zur Verlängerung befristeter Regelungen im Arbeitsförderungsrecht und zur Umsetzung der RL (EU) 2016/2102 über den barrierefreien Zugang zu den Websites und mobilen Anwendungen öffentlicher Stellen v. 10.7.2018 (BGBl. I S. 1117), Art. 16 G zur Umsetzung des G zur Einführung des Rechts auf Eheschließung für Personen gleichen Geschlechts v. 18.12.2018 (BGBl. I S. 2639), Art. 16 G gegen illegale Beschäftigung und Sozialleistungsmissbrauch v. 11.7.2019 (BGBl. I S. 1066), Art. 47 FachkräfteeinwanderungsG v. 15.8.2019 (BGBl. I S. 1307), Art. 131 Zweites Datenschutz-Anpassungs- und UmsetzungsG EU v. 20.11.2019 (BGBl. I S. 1626), Art. 38 G zur Regelung des Sozialen Entschädigungsrechts v. 12.12.2019 (BGBl. I S. 2652, geänd. durch G v. 20.8.2021, BGBl. I S. 3932), Art. 9 MDK-ReformG v. 14.12.2019 (BGBl. I S. 2789), Art. 2 G zur Einführung einer Wohnungslosenberichterstattung sowie einer Statistik untergebrachter wohnungsloser Personen und zur Änd. weiterer Gesetze v. 4.3.2020 (BGBl. I S. 437), Art. 16 Sozialschutz-Paket II v. 20.5.2020 (BGBl. I S. 1055), Art. 8 Siebtes G zur Änd. des Vierten Buches SGB und anderer G v. 12.6.2020 (BGBl. I S. 1248), Art. 9 G zur Digitalisierung von Verwaltungsverfahren bei der Gewährung von Familienleistungen v. 3.12.2020 (BGBl. I S. 2668), Art. 5 Gesetz Digitale Rentenübersicht v. 11.2.2021 (BGBl. I S. 154), Art. 14 RegistermodernisierungsG v. 28.3.2021 (BGBl. I S. 591), Art. 4 Abs. 8 G zur Verbesserung des Schutzes von Gerichtsvollziehern vor Gewalt sowie zur Änd. weiterer zwangsvollstreckungsrechtl. Vorschriften und zur Änd. des InfektionsschutzG v. 7.5.2021 (BGBl. I S. 850), Art. 14 Vormundschafts- und Betreuungsrechts-ReformG v. 4.5.2021 (BGBl. I S. 882), Art. 5 Zweites IT-SicherheitsG v. 18.5.2021 (BGBl. I S. 1122), Art. 5 Kinder- und JugendstärkungsG v. 3.6.2021 (BGBl. I S. 1444), Art. 4 G zur Erprobung von Verfahren eines Registerzensus und zur Änd. statistikrechtlicher Vorschriften v. 9.6.2021 (BGBl. I S. 1649), Art. 24 Abs. 10 G zur Modernisierung des notariellen Berufsrechts und zur Änd. weiterer Vorschriften v. 25.6.2021 (BGBl. I S. 2154), Art. 6 G zur Weiterentwicklung des Ausländerzentralregisters v. 9.7.2021 (BGBl. I S. 2467), Art. 120 PersonengesellschaftsrechtsmodernisierungsG (MoPeG) v. 10.8.2021 (BGBl. I S. 3436) und Art. 44 und 45 G über die Entschädigung der Soldatinnen und Soldaten und zur Neuordnung des Soldatenversorgungsrechts v. 20.8. 2021 (BGBl. I S. 3932)

[1)] Art. 2 Abs. 6 tritt an dem Tag in Kraft, an dem die Rechtsverordnung nach § 10 des Wettbewerbsregistergesetzes in Kraft tritt. Das Bundesministerium für Wirtschaft und Energie gibt den Tag nach Satz 2 im Bundesgesetzblatt bekannt.

unabweisbar ist. [3] Die Vorschriften der Zivilprozessordnung über das Recht, ein Zeugnis oder ein Gutachten zu verweigern, über die Ablehnung von Sachverständigen sowie über die Vernehmung von Angehörigen des öffentlichen Dienstes als Zeugen oder Sachverständige gelten entsprechend. [4] Falls die Behörde Zeugen, Sachverständige und Dritte herangezogen hat, erhalten sie auf Antrag in entsprechender Anwendung des Justizvergütungs- und -entschädigungsgesetzes[1)] eine Entschädigung oder Vergütung; mit Sachverständigen kann die Behörde eine Vergütung vereinbaren.

(4) Die Finanzbehörden haben, soweit es im Verfahren nach diesem Gesetzbuch erforderlich ist, Auskunft über die ihnen bekannten Einkommens- oder Vermögensverhältnisse des Antragstellers, Leistungsempfängers, Erstattungspflichtigen, Unterhaltsverpflichteten, Unterhaltsberechtigten oder der zum Haushalt rechnenden Familienmitglieder zu erteilen.

§ 22[2)] Vernehmung durch das Sozial- oder Verwaltungsgericht.

(1) [1] Verweigern Zeugen oder Sachverständige in den Fällen des § 21 Abs. 3 ohne Vorliegen eines der in den §§ 376, 383 bis 385 und 408 der Zivilprozessordnung[3)] bezeichneten Gründe die Aussage oder die Erstattung des Gutachtens, kann die Behörde je nach dem gegebenen Rechtsweg das für den Wohnsitz oder den Aufenthaltsort des Zeugen oder des Sachverständigen zuständige Sozial- oder Verwaltungsgericht um die Vernehmung ersuchen. [2] Befindet sich der Wohnsitz oder der Aufenthaltsort des Zeugen oder des Sachverständigen nicht am Sitz eines Sozial- oder Verwaltungsgerichts oder einer Zweigstelle eines Sozialgerichts oder einer besonders errichteten Kammer eines Verwaltungsgerichts, kann auch das zuständige Amtsgericht um die Vernehmung ersucht werden. [3] In dem Ersuchen hat die Behörde den Gegenstand der Vernehmung darzulegen sowie die Namen und Anschriften der Beteiligten anzugeben. [4] Das Gericht hat die Beteiligten von den Beweisterminen zu benachrichtigen.

(2) Hält die Behörde mit Rücksicht auf die Bedeutung der Aussage eines Zeugen oder des Gutachtens eines Sachverständigen oder zur Herbeiführung einer wahrheitsgemäßen Aussage die Beeidigung für geboten, kann sie das nach Absatz 1 zuständige Gericht um die eidliche Vernehmung ersuchen.

(3) Das Gericht entscheidet über die Rechtmäßigkeit einer Verweigerung des Zeugnisses, des Gutachtens oder der Eidesleistung.

(4) Ein Ersuchen nach Absatz 1 oder 2 an das Gericht darf nur von dem Behördenleiter, seinem allgemeinen Vertreter oder einem Angehörigen des öffentlichen Dienstes gestellt werden, der die Befähigung zum Richteramt hat.

§ 23[4)] Glaubhaftmachung, Versicherung an Eides statt. (1) [1] Sieht eine Rechtsvorschrift vor, dass für die Feststellung der erheblichen Tatsachen deren Glaubhaftmachung genügt, kann auch die Versicherung an Eides statt zugelassen werden. [2] Eine Tatsache ist dann als glaubhaft anzusehen, wenn ihr Vorliegen nach dem Ergebnis der Ermittlungen, die sich auf sämtliche erreichbaren Beweismittel erstrecken sollen, überwiegend wahrscheinlich ist.

[1)] **Habersack (vormals Schönfelder) Nr. 116.**
[2)] § 22 Abs. 4 geänd. mWv 1.8.2021 durch G v. 25.6.2021 (BGBl. I S. 2154).
[3)] **Habersack (vormals Schönfelder) Nr. 100.**
[4)] § 23 Abs. 3 Satz 1 geänd. mWv 1.8.2021 durch G v. 25.6.2021 (BGBl. I S. 2154).

(2) [1]Die Behörde darf bei der Ermittlung des Sachverhalts eine Versicherung an Eides statt nur verlangen und abnehmen, wenn die Abnahme der Versicherung über den betreffenden Gegenstand und in dem betreffenden Verfahren durch Gesetz oder Rechtsverordnung vorgesehen und die Behörde durch Rechtsvorschrift für zuständig erklärt worden ist. [2]Eine Versicherung an Eides statt soll nur gefordert werden, wenn andere Mittel zur Erforschung der Wahrheit nicht vorhanden sind, zu keinem Ergebnis geführt haben oder einen unverhältnismäßigen Aufwand erfordern. [3]Von eidesunfähigen Personen im Sinne des § 393 der Zivilprozessordnung[1)] darf eine eidesstattliche Versicherung nicht verlangt werden.

(3) [1]Wird die Versicherung an Eides statt von einer Behörde zur Niederschrift aufgenommen, sind zur Aufnahme nur der Behördenleiter, sein allgemeiner Vertreter sowie Angehörige des öffentlichen Dienstes befugt, welche die Befähigung zum Richteramt haben. [2]Andere Angehörige des öffentlichen Dienstes kann der Behördenleiter oder sein allgemeiner Vertreter hierzu allgemein oder im Einzelfall schriftlich ermächtigen.

(4) [1]Die Versicherung besteht darin, dass der Versichernde die Richtigkeit seiner Erklärung über den betreffenden Gegenstand bestätigt und erklärt: „Ich versichere an Eides statt, dass ich nach bestem Wissen die reine Wahrheit gesagt und nichts verschwiegen habe.“ [2]Bevollmächtigte und Beistände sind berechtigt, an der Aufnahme der Versicherung an Eides statt teilzunehmen.

(5) [1]Vor der Aufnahme der Versicherung an Eides statt ist der Versichernde über die Bedeutung der eidesstattlichen Versicherung und die strafrechtlichen Folgen einer unrichtigen oder unvollständigen eidesstattlichen Versicherung zu belehren. [2]Die Belehrung ist in der Niederschrift zu vermerken.

(6) [1]Die Niederschrift hat ferner die Namen der anwesenden Personen sowie den Ort und den Tag der Niederschrift zu enthalten. [2]Die Niederschrift ist demjenigen, der die eidesstattliche Versicherung abgibt, zur Genehmigung vorzulesen oder auf Verlangen zur Durchsicht vorzulegen. [3]Die erteilte Genehmigung ist zu vermerken und von dem Versichernden zu unterschreiben. [4]Die Niederschrift ist sodann von demjenigen, der die Versicherung an Eides statt aufgenommen hat, sowie von dem Schriftführer zu unterschreiben.

§ 24[2)] Anhörung Beteiligter. (1) Bevor ein Verwaltungsakt erlassen wird, der in Rechte eines Beteiligten eingreift, ist diesem Gelegenheit zu geben, sich zu den für die Entscheidung erheblichen Tatsachen zu äußern.

(2) Von der Anhörung kann abgesehen werden, wenn

1. eine sofortige Entscheidung wegen Gefahr im Verzug oder im öffentlichen Interesse notwendig erscheint,
2. durch die Anhörung die Einhaltung einer für die Entscheidung maßgeblichen Frist in Frage gestellt würde,

---

[1)] **Habersack (vormals Schönfelder) Nr. 100.**
[2)] § 24 Abs. 2 Nr. 7 geänd. mWv 1.1.2002 durch G v. 21.12.2000 (BGBl. I S. 1983).

chenden Anwendung von Vorschriften des Bürgerlichen Gesetzbuches[1] ergibt.

(2) Ein Vertrag im Sinne des § 53 Abs. 1 Satz 2 ist ferner nichtig, wenn
1. ein Verwaltungsakt mit entsprechendem Inhalt nichtig wäre,
2. ein Verwaltungsakt mit entsprechendem Inhalt nicht nur wegen eines Verfahrens- oder Formfehlers im Sinne des § 42 rechtswidrig wäre und dies den Vertragschließenden bekannt war,
3. die Voraussetzungen zum Abschluss eines Vergleichsvertrages nicht vorlagen und ein Verwaltungsakt mit entsprechendem Inhalt nicht nur wegen eines Verfahrens- oder Formfehlers im Sinne des § 42 rechtswidrig wäre,
4. sich die Behörde eine nach § 55 unzulässige Gegenleistung versprechen lässt.

(3) Betrifft die Nichtigkeit nur einen Teil des Vertrages, so ist er im Ganzen nichtig, wenn nicht anzunehmen ist, dass er auch ohne den nichtigen Teil geschlossen worden wäre.

§ 59 Anpassung und Kündigung in besonderen Fällen. (1) [1] Haben die Verhältnisse, die für die Festsetzung des Vertragsinhalts maßgebend gewesen sind, sich seit Abschluss des Vertrages so wesentlich geändert, dass einer Vertragspartei das Festhalten an der ursprünglichen vertraglichen Regelung nicht zuzumuten ist, so kann diese Vertragspartei eine Anpassung des Vertragsinhalts an die geänderten Verhältnisse verlangen oder, sofern eine Anpassung nicht möglich oder einer Vertragspartei nicht zuzumuten ist, den Vertrag kündigen. [2] Die Behörde kann den Vertrag auch kündigen, um schwere Nachteile für das Gemeinwohl zu verhüten oder zu beseitigen.

(2) [1] Die Kündigung bedarf der Schriftform, soweit nicht durch Rechtsvorschrift eine andere Form vorgeschrieben ist. [2] Sie soll begründet werden.

§ 60[2] Unterwerfung unter die sofortige Vollstreckung. (1) [1] Jeder Vertragschließende kann sich der sofortigen Vollstreckung aus einem öffentlich-rechtlichen Vertrag im Sinne des § 53 Abs. 1 Satz 2 unterwerfen. [2] Die Behörde muss hierbei von dem Behördenleiter, seinem allgemeinen Vertreter oder einem Angehörigen des öffentlichen Dienstes, der die Befähigung zum Richteramt hat, vertreten werden.

(2) [1] Auf öffentlich-rechtliche Verträge im Sinne des Absatzes 1 Satz 1 ist § 66 entsprechend anzuwenden. [2] Will eine natürliche oder juristische Person des Privatrechts oder eine nichtrechtsfähige Vereinigung die Vollstreckung wegen einer Geldforderung betreiben, so ist § 170 Abs. 1 bis 3 der Verwaltungsgerichtsordnung[3] entsprechend anzuwenden. [3] Richtet sich die Vollstreckung wegen der Erzwingung einer Handlung, Duldung oder Unterlassung gegen eine Behörde, ist § 172 der Verwaltungsgerichtsordnung entsprechend anzuwenden.

§ 61 Ergänzende Anwendung von Vorschriften. [1] Soweit sich aus den §§ 53 bis 60 nichts Abweichendes ergibt, gelten die übrigen Vorschriften dieses Gesetzbuches. [2] Ergänzend gelten die Vorschriften des Bürgerlichen Gesetzbuches[1] entsprechend.

---

[1] **Habersack (vormals Schönfelder) Nr. 20.**

[2] § 60 Abs. 1 Sätze 3 und 4 aufgeh. mWv 1.2.2003 durch G v. 21.8.2002 (BGBl. I S. 3322); Abs. 1 Satz 2 geänd. mWv 1.8.2021 durch G v. 25.6.2021 (BGBl. I S. 2154).

[3] Nr. **6.3**.

Fünfter Abschnitt. Rechtsbehelfsverfahren

§ 62 Rechtsbehelfe gegen Verwaltungsakte. Für förmliche Rechtsbehelfe gegen Verwaltungsakte gelten, wenn der Sozialrechtsweg gegeben ist, das Sozialgerichtsgesetz[1)], wenn der Verwaltungsrechtsweg gegeben ist, die Verwaltungsgerichtsordnung[2)] und die zu ihrer Ausführung ergangenen Rechtsvorschriften, soweit nicht durch Gesetz etwas anderes bestimmt ist; im Übrigen gelten die Vorschriften dieses Gesetzbuches.

§ 63 Erstattung von Kosten im Vorverfahren. (1) [1] Soweit der Widerspruch erfolgreich ist, hat der Rechtsträger, dessen Behörde den angefochtenen Verwaltungsakt erlassen hat, demjenigen, der Widerspruch erhoben hat, die zur zweckentsprechenden Rechtsverfolgung oder Rechtsverteidigung notwendigen Aufwendungen zu erstatten. [2] Dies gilt auch, wenn der Widerspruch nur deshalb keinen Erfolg hat, weil die Verletzung einer Verfahrens- oder Formvorschrift nach § 41 unbeachtlich ist. [3] Aufwendungen, die durch das Verschulden eines Erstattungsberechtigten entstanden sind, hat dieser selbst zu tragen; das Verschulden eines Vertreters ist dem Vertretenen zuzurechnen.

(2) Die Gebühren und Auslagen eines Rechtsanwalts oder eines sonstigen Bevollmächtigten im Vorverfahren sind erstattungsfähig, wenn die Zuziehung eines Bevollmächtigten notwendig war.

(3) [1] Die Behörde, die die Kostenentscheidung getroffen hat, setzt auf Antrag den Betrag der zu erstattenden Aufwendungen fest; hat ein Ausschuss oder Beirat die Kostenentscheidung getroffen, obliegt die Kostenfestsetzung der Behörde, bei der der Ausschuss oder Beirat gebildet ist. [2] Die Kostenentscheidung bestimmt auch, ob die Zuziehung eines Rechtsanwalts oder eines sonstigen Bevollmächtigten notwendig war.

Sechster Abschnitt. Kosten, Zustellung und Vollstreckung

§ 64[3)] Kostenfreiheit. (1) [1] Für das Verfahren bei den Behörden nach diesem Gesetzbuch werden keine Gebühren und Auslagen erhoben. [2] Abweichend von Satz 1 erhalten die Träger der gesetzlichen Rentenversicherung für jede auf der Grundlage des § 74a Abs. 2 Satz 1 erteilte Auskunft eine Gebühr von 10,20 Euro.

(2) [1] Geschäfte und Verhandlungen, die aus Anlass der Beantragung, Erbringung oder der Erstattung einer Sozialleistung nötig werden, sind kostenfrei. [2] Dies gilt auch für die im Gerichts- und Notarkostengesetz[4)] bestimmten

---

[1)] Auszugsweise abgedruckt unter Nr. **6.6**.

[2)] Nr. **6.3**.

[3)] § 64 Abs. 2 Satz 3 Nr. 2 neu gef. mWv 1.1.2005 durch G v. 24.12.2003 (BGBl. I S. 2954) und geänd. mWv 1.1.2005 durch G v. 27.12.2003 (BGBl. I S. 3022); Abs. 3 Satz 2 zweiter Halbs. angef. mWv 1.1.2005 durch G v. 9.12.2004 (BGBl. I S. 3302); Abs. 3 Satz 2 geänd. mWv 1.8.2006 durch G v. 20.7.2006 (BGBl. I S. 1706); Abs. 3 Sätze 1 und 2 geänd. mWv 1.9.2009 durch G v. 17.12.2008 (BGBl. I S. 2586); Abs. 1 Satz 2 angef. mWv 1.1.2013 durch G v. 29.7.2009 (BGBl. I S. 2258); Abs. 2 Satz 2 geänd. mWv 1.8.2013 durch G v. 23.7.2013 (BGBl. I S. 2586); Abs. 2 Nr. 2, Abs. 3 Satz 2 geänd. mWv 1.1.2020 durch G v. 23.12.2016 (BGBl. I S. 3234).

[4)] **Habersack (vormals Schönfelder) Nr. 119.**

Arbeitnehmers auf derselben Krankheit beruht; die Übermittlung von Diagnosedaten an den Arbeitgeber ist nicht zulässig.

(5) Die Übermittlung von Sozialdaten ist zulässig für die Erfüllung der gesetzlichen Aufgaben der Rechnungshöfe und der anderen Stellen, auf die § 67c Absatz 3 Satz 1 Anwendung findet.

§ 70[1] Übermittlung für die Durchführung des Arbeitsschutzes. Eine Übermittlung von Sozialdaten ist zulässig, soweit sie zur Erfüllung der gesetzlichen Aufgaben der für den Arbeitsschutz zuständigen staatlichen Behörden oder der Bergbehörden bei der Durchführung des Arbeitsschutzes erforderlich ist und schutzwürdige Interessen der betroffenen Person nicht beeinträchtigt werden oder das öffentliche Interesse an der Durchführung des Arbeitsschutzes das Geheimhaltungsinteresse der betroffenen Person erheblich überwiegt.

§ 71[2] Übermittlung für die Erfüllung besonderer gesetzlicher Pflichten und Mitteilungsbefugnisse. (1) [1] Eine Übermittlung von Sozialdaten ist zulässig, soweit sie erforderlich ist für die Erfüllung der gesetzlichen Mitteilungspflichten

1. zur Abwendung geplanter Straftaten nach § 138 des Strafgesetzbuches[3],
2. zum Schutz der öffentlichen Gesundheit nach § 8 des Infektionsschutzgesetzes[4],
3. zur Sicherung des Steueraufkommens nach § 22a des Einkommensteuergesetzes und den §§ 93, 97, 105, 111 Absatz 1 und 5, § 116 der Abgabenordnung und § 32b Absatz 3 des Einkommensteuergesetzes, soweit diese Vorschriften unmittelbar anwendbar sind, und zur Mitteilung von Daten der ausländischen Unternehmen, die auf Grund bilateraler Regierungsvereinbarungen über die Beschäftigung von Arbeitnehmern zur Ausführung von Werkverträgen tätig werden, nach § 93a der Abgabenordnung,
4. zur Gewährung und Prüfung des Sonderausgabenabzugs nach § 10 des Einkommensteuergesetzes,
5. zur Überprüfung der Voraussetzungen für die Einziehung der Ausgleichszahlungen und für die Leistung von Wohngeld nach § 33 des Wohngeldgesetzes[5],
6. zur Bekämpfung von Schwarzarbeit und illegaler Beschäftigung nach dem Schwarzarbeitsbekämpfungsgesetz[6],

---

[1] 2. Kapitel 2. Abschnitt (§§ 67a–78) neu gef. mWv 25.5.2018 durch G v. 17.7.2017 (BGBl. I S. 2541).

[2] § 71 neu gef. mWv 25.5.2018 durch G v. 17.7.2017 (BGBl. I S. 2541); Abs. 1 Satz 5 angef. mWv 18.7.2019 durch G v. 11.7.2019 (BGBl. I S. 1066); Abs. 2 Satz 1 Nr. 1 Buchst. b und Nr. 3 geänd. mWv 1.3.2020 durch G v. 15.8.2019 (BGBl. I S. 1307); Abs. 1 Satz 3, Abs. 2 Satz 1 Nr. 3 und 4 geänd., Nr. 5 und 6 angef. mWv 26.11.2019 durch G v. 20.11.2019 (BGBl. I S. 1626); Abs. 1 Satz 1 Nr. 12 und 13 geänd., Nr. 14 angef. mWv 1.4.2020 durch G v. 4.3.2020 (BGBl. I S. 437); Abs. 1 Satz 1 Nr. 13 und 14 geänd., Nr. 15 angef. mWv 29.5.2020 durch G v. 20.5.2020 (BGBl. I S. 1055); Abs. 1 Satz 1 Nr. 14 und 15 geänd., Nr. 16 angef. mWv 18.2.2021 durch G v. 11.2.2021 (BGBl. I S. 154); Abs. 1 Satz 6 angef. mWv 10.6.2021 durch G v. 3.6.2021 (BGBl. I S. 1444); Abs. 1 Satz 1 Nr. 12 geänd. mWv 15.6.2021 durch G v. 9.6.2021 (BGBl. I S. 1649); Abs. 2 Nr. 4 geänd. mWv 15.7.2021 durch G v. 9.7.2021 (BGBl. I S. 2467).

[3] **Habersack (vormals Schönfelder) Nr. 85.**

[4] Nr. **35.1**.

[5] **Sartorius Nr. 385.**

[6] **Habersack (vormals Schönfelder) ErgBd. Nr. 94b.**

(2a) Eine Übermittlung personenbezogener Daten eines Leistungsberechtigten nach § 1 des Asylbewerberleistungsgesetzes[1] ist zulässig, soweit sie für die Durchführung des Asylbewerberleistungsgesetzes erforderlich ist.

(3) [1] Eine Übermittlung von Sozialdaten ist auch zulässig, soweit es nach pflichtgemäßem Ermessen eines Leistungsträgers erforderlich ist, dem Betreuungsgericht die Bestellung eines Betreuers oder eine andere Maßnahme in Betreuungssachen zu ermöglichen. [2] § 7 des Betreuungsbehördengesetzes gilt entsprechend.

(4) [1] Eine Übermittlung von Sozialdaten ist außerdem zulässig, soweit sie im Einzelfall für die rechtmäßige Erfüllung der in der Zuständigkeit der Zentralstelle für Finanztransaktionsuntersuchungen liegenden Aufgaben nach § 28 Absatz 1 Satz 2 Nummer 2 des Geldwäschegesetzes[2] erforderlich ist. [2] Die Übermittlung ist auf Angaben über Name, Vorname sowie früher geführte Namen, Geburtsdatum, Geburtsort, derzeitige und frühere Anschriften der betroffenen Person sowie Namen und Anschriften seiner derzeitigen und früheren Arbeitgeber beschränkt.

§ 72[3] Übermittlung für den Schutz der inneren und äußeren Sicherheit. (1) [1] Eine Übermittlung von Sozialdaten ist zulässig, soweit sie im Einzelfall für die rechtmäßige Erfüllung der in der Zuständigkeit der Behörden für Verfassungsschutz, des Bundesnachrichtendienstes, des Militärischen Abschirmdienstes und des Bundeskriminalamtes liegenden Aufgaben erforderlich ist. [2] Die Übermittlung ist auf Angaben über Name und Vorname sowie früher geführte Namen, Geburtsdatum, Geburtsort, derzeitige und frühere Anschriften der betroffenen Person sowie Namen und Anschriften ihrer derzeitigen und früheren Arbeitgeber beschränkt.

(2) [1] Über die Erforderlichkeit des Übermittlungsersuchens entscheidet eine von dem Leiter oder der Leiterin der ersuchenden Stelle bestimmte beauftragte Person, die die Befähigung zum Richteramt haben soll. [2] Wenn eine oberste Bundes- oder Landesbehörde für die Aufsicht über die ersuchende Stelle zuständig ist, ist sie über die gestellten Übermittlungsersuchen zu unterrichten. [3] Bei der ersuchten Stelle entscheidet über das Übermittlungsersuchen der Behördenleiter oder die Behördenleiterin oder dessen oder deren allgemeiner Stellvertreter oder allgemeine Stellvertreterin.

§ 73[4] Übermittlung für die Durchführung eines Strafverfahrens.

(1) Eine Übermittlung von Sozialdaten ist zulässig, soweit sie zur Durchführung eines Strafverfahrens wegen eines Verbrechens oder wegen einer sonstigen Straftat von erheblicher Bedeutung erforderlich ist.

(2) Eine Übermittlung von Sozialdaten zur Durchführung eines Strafverfahrens wegen einer anderen Straftat ist zulässig, soweit die Übermittlung auf die in § 72 Absatz 1 Satz 2 genannten Angaben und die Angaben über erbrachte oder demnächst zu erbringende Geldleistungen beschränkt ist.

---

[1] **Sartorius ErgBd. Nr. 418.**

[2] **Habersack (vormals Schönfelder) ErgBd. Nr. 88a.**

[3] § 72 neu gef. mWv 25.5.2018 durch G v. 17.7.2017 (BGBl. I S. 2541); Abs. 2 Satz 1 geänd. mWv 1.8.2021 durch G v. 25.6.2021 (BGBl. I S. 2154).

[4] 2. Kapitel 2. Abschnitt (§§ 67a–78) neu gef. mWv 25.5.2018 durch G v. 17.7.2017 (BGBl. I S. 2541).

(3) Die Übermittlung nach den Absätzen 1 und 2 ordnet der Richter oder die Richterin an.

§ 74[1)] Übermittlung bei Verletzung der Unterhaltspflicht und beim Versorgungsausgleich. (1) [1] Eine Übermittlung von Sozialdaten ist zulässig, soweit sie erforderlich ist

1. für die Durchführung
   a) eines gerichtlichen Verfahrens oder eines Vollstreckungsverfahrens wegen eines gesetzlichen oder vertraglichen Unterhaltsanspruchs oder eines an seine Stelle getretenen Ersatzanspruchs oder
   b) eines Verfahrens über den Versorgungsausgleich nach § 220 des Gesetzes über das Verfahren in Familiensachen und in den Angelegenheiten der freiwilligen Gerichtsbarkeit[2)] oder
2. für die Geltendmachung
   a) eines gesetzlichen oder vertraglichen Unterhaltsanspruchs außerhalb eines Verfahrens nach Nummer 1 Buchstabe a, soweit die betroffene Person nach den Vorschriften des bürgerlichen Rechts, insbesondere nach § 1605 oder nach § 1361 Absatz 4 Satz 4, § 1580 Satz 2, § 1615a oder § 1615l Absatz 3 Satz 1 in Verbindung mit § 1605 des Bürgerlichen Gesetzbuchs[3)], zur Auskunft verpflichtet ist, oder
   b) eines Ausgleichsanspruchs im Rahmen des Versorgungsausgleichs außerhalb eines Verfahrens nach Nummer 1 Buchstabe b, soweit die betroffene Person nach § 4 Absatz 1 des Versorgungsausgleichsgesetze[4)]s zur Auskunft verpflichtet ist, oder
3. für die Anwendung der Öffnungsklausel des § 22 Nummer 1 Satz 3 Buchstabe a Doppelbuchstabe bb Satz 2 des Einkommensteuergesetzes auf eine im Versorgungsausgleich auf die ausgleichsberechtigte Person übertragene Rentenanwartschaft, soweit die ausgleichspflichtige Person nach § 22 Nummer 1 Satz 3 Buchstabe a Doppelbuchstabe bb Satz 2 des Einkommensteuergesetzes in Verbindung mit § 4 Absatz 1 des Versorgungsausgleichsgesetzes zur Auskunft verpflichtet ist.

[2] In den Fällen des Satzes 1 Nummer 2 und 3 ist eine Übermittlung nur zulässig, wenn die auskunftspflichtige Person ihre Pflicht, nachdem sie unter Hinweis auf die in diesem Buch enthaltene Übermittlungsbefugnis der in § 35 des Ersten Buches[5)] genannten Stellen gemahnt wurde, innerhalb angemessener Frist nicht oder nicht vollständig erfüllt hat. [3] Diese Stellen dürfen die Anschrift der auskunftspflichtigen Person zum Zwecke der Mahnung übermitteln.

(2) Eine Übermittlung von Sozialdaten durch die Träger der gesetzlichen Rentenversicherung und durch die Träger der Grundsicherung für Arbeitsuchende ist auch zulässig, soweit sie für die Erfüllung der nach § 5 des Auslandsunterhaltsgesetzes[6)] der zentralen Behörde (§ 4 des Auslandsunterhalts-

---

1) 2. Kapitel 2. Abschnitt (§§ 67a–78) neu gef. mWv 25.5.2018 durch G v. 17.7.2017 (BGBl. I S. 2541).
2) **Habersack (vormals Schönfelder) Nr. 112.**
3) **Habersack (vormals Schönfelder) Nr. 20.**
4) **Habersack (vormals Schönfelder) Nr. 48.**
5) Nr. **51.1.**
6) **Habersack (vormals Schönfelder) ErgBd. Nr. 103o.**

gesetzes) obliegenden Aufgaben und zur Erreichung der in den §§ 16 und 17 des Auslandsunterhaltsgesetzes bezeichneten Zwecke erforderlich ist.

§ 74a[1] **Übermittlung zur Durchsetzung öffentlich-rechtlicher Ansprüche und im Vollstreckungsverfahren.** (1) [1] Zur Durchsetzung von öffentlich-rechtlichen Ansprüchen dürfen im Einzelfall auf Ersuchen Name, Vorname, Geburtsdatum, Geburtsort, derzeitige Anschrift der betroffenen Person, ihr derzeitiger oder zukünftiger Aufenthaltsort sowie Namen, Vornamen oder Firma und Anschriften ihrer derzeitigen Arbeitgeber übermittelt werden, soweit kein Grund zu der Annahme besteht, dass dadurch schutzwürdige Interessen der betroffenen Person beeinträchtigt werden, und wenn das Ersuchen nicht länger als sechs Monate zurückliegt. [2] Die ersuchte Stelle ist über § 4 Absatz 3 hinaus zur Übermittlung auch dann nicht verpflichtet, wenn sich die ersuchende Stelle die Angaben auf andere Weise beschaffen kann. [3] Satz 2 findet keine Anwendung, wenn das Amtshilfeersuchen zur Durchführung einer Vollstreckung nach § 66 erforderlich ist.

(2) [1] Zur Durchführung eines Vollstreckungsverfahrens dürfen die Träger der gesetzlichen Rentenversicherung im Einzelfall auf Ersuchen des Gerichtsvollziehers die derzeitige Anschrift der betroffenen Person, ihren derzeitigen oder zukünftigen Aufenthaltsort sowie Namen, Vornamen oder Firma und Anschriften ihrer derzeitigen Arbeitgeber übermitteln, soweit kein Grund zu der Annahme besteht, dass dadurch schutzwürdige Interessen der betroffenen Person beeinträchtigt werden, und das Ersuchen nicht länger als sechs Monate zurückliegt. [2] Die Träger der gesetzlichen Rentenversicherung sind über § 4 Absatz 3 hinaus zur Übermittlung auch dann nicht verpflichtet, wenn sich die ersuchende Stelle die Angaben auf andere Weise beschaffen kann. [3] Die Übermittlung ist nur zulässig, wenn

1. die Ladung zu dem Termin zur Abgabe der Vermögensauskunft an den Schuldner nicht zustellbar ist und
   a) die Anschrift, unter der die Zustellung ausgeführt werden sollte, mit der Anschrift übereinstimmt, die von einer der in § 755 Absatz 1 und 2 der Zivilprozessordnung[2] genannten Stellen innerhalb von drei Monaten vor oder nach dem Zustellungsversuch mitgeteilt wurde, oder
   b) die Meldebehörde nach dem Zustellungsversuch die Auskunft erteilt, dass ihr keine derzeitige Anschrift des Schuldners bekannt ist, oder
   c) die Meldebehörde innerhalb von drei Monaten vor Erteilung des Vollstreckungsauftrags die Auskunft erteilt hat, dass ihr keine derzeitige Anschrift des Schuldners bekannt ist,
2. der Schuldner seiner Pflicht zur Abgabe der Vermögensauskunft in dem dem Ersuchen zugrundeliegenden Vollstreckungsverfahren nicht nachkommt,
3. bei einer Vollstreckung in die in der Vermögensauskunft aufgeführten Vermögensgegenstände eine vollständige Befriedigung des Gläubigers voraussichtlich nicht zu erwarten ist oder

---

[1] § 74a neu gef. mWv 25.5.2018 durch G v. 17.7.2017 (BGBl. I S. 2541); Abs. 1 Satz 1, Abs. 2 Satz 1 geänd., Satz 5 angef. mWv 1.7.2020 durch G v. 12.6.2020 (BGBl. I S. 1248); Abs. 2 Satz 3 Nr. 1 neu gef., Nr. 2 eingef., bish. Nr. 2 wird Nr. 3 und geänd., bish. Nr. 3 wird Nr. 4 mWv 1.1.2022 durch G v. 7.5.2021 (BGBl. I S. 850).

[2] **Habersack (vormals Schönfelder) Nr. 100.**

4. die Anschrift oder der derzeitige oder zukünftige Aufenthaltsort des Schuldners trotz Anfrage bei der Meldebehörde nicht bekannt ist.

[4] Der Gerichtsvollzieher hat in seinem Ersuchen zu bestätigen, dass diese Voraussetzungen vorliegen. [5] Das Ersuchen und die Auskunft sind elektronisch zu übermitteln.

§ 75[1)] Übermittlung von Sozialdaten für die Forschung und Planung.

(1) [1] Eine Übermittlung von Sozialdaten ist zulässig, soweit sie erforderlich ist für ein bestimmtes Vorhaben

1. der wissenschaftlichen Forschung im Sozialleistungsbereich oder der wissenschaftlichen Arbeitsmarkt- und Berufsforschung oder
2. der Planung im Sozialleistungsbereich durch eine öffentliche Stelle im Rahmen ihrer Aufgaben

und schutzwürdige Interessen der betroffenen Person nicht beeinträchtigt werden oder das öffentliche Interesse an der Forschung oder Planung das Geheimhaltungsinteresse der betroffenen Person erheblich überwiegt. [2] Eine Übermittlung ohne Einwilligung der betroffenen Person ist nicht zulässig, soweit es zumutbar ist, ihre Einwilligung einzuholen. [3] Angaben über den Namen und Vornamen, die Anschrift, die Telefonnummer sowie die für die Einleitung eines Vorhabens nach Satz 1 zwingend erforderlichen Strukturmerkmale der betroffenen Person können für Befragungen auch ohne Einwilligungen übermittelt werden. [4] Der nach Absatz 4 Satz 1 zuständigen Behörde ist ein Datenschutzkonzept vorzulegen.

(2) Ergibt sich aus dem Vorhaben nach Absatz 1 Satz 1 eine Forschungsfrage, die in einem inhaltlichen Zusammenhang mit diesem steht, können hierzu auf Antrag die Frist nach Absatz 4 Satz 5 Nummer 4 zur Verarbeitung der erforderlichen Sozialdaten verlängert oder eine neue Frist festgelegt und weitere erforderliche Sozialdaten übermittelt werden.

(3) [1] Soweit nach Absatz 1 oder 2 besondere Kategorien von Daten im Sinne von Artikel 9 Absatz 1 der Verordnung (EU) 2016/679[2)] an einen Dritten übermittelt

(Fortsetzung nächstes Blatt)

[1)] § 75 neu gef. mWv 25.5.2018 durch G v. 17.7.2017 (BGBl. I S. 2541); Abs. 3 Satz 1, Abs. 4 Satz 2, Satz 5 Nr. 3, Abs. 4a Satz 1 geänd. mWv 26.11.2019 durch G v. 20.11.2019 (BGBl. I S. 1626).

[2)] **Sartorius Nr. 246.**

6.1. Gerichtsverfassungsgesetz (GVG)[1) 2)]

In der Fassung der Bekanntmachung vom 9. Mai 1975[3)]
(BGBl. I S. 1077)

FNA 300-2

zuletzt geänd. durch Art. 3 G zur Einführung einer Rechtsbehelfsbelehrung im Zivilprozess und zur Änd. anderer Vorschriften v. 5.12.2012 (BGBl. I S. 2418), Art. 2 G für einen Gerichtsstand bei besonderer Auslandsverwendung der Bundeswehr v. 21.1.2013 (BGBl. I S. 89), Art. 1 G zur Intensivierung des Einsatzes von Videokonferenztechnik in gerichtl. und staatsanwaltschaftl. Verfahren v. 25.4.2013 (BGBl. I S. 935), Art. 5 Abs. 7 Achtes G zur Änd. des GWB v. 26.6.2013 (BGBl. I S. 1738), Art. 1 G zur Übertragung von Aufgaben im Bereich der freiwilligen Gerichtsbarkeit auf Notare v. 26.6.2013 (BGBl. I S. 1800), Art. 2 G zur Stärkung der Rechte von Opfern sexuellen Missbrauchs v. 26.6.2013 (BGBl. I S. 1805), Art. 1 G zur Stärkung der Verfahrensrechte von Beschuldigten im Strafverfahren v. 2.7.2013 (BGBl. I S. 1938), Art. 19 G zur Förderung des elektronischen Rechtsverkehrs mit den Gerichten v. 10.10.2013 (BGBl. I S. 3786), Art. 5 Abs. 1 G zur Modernisierung des GeschmacksmusterG sowie zur Änd. der Regelungen über die Bekanntmachungen zum Ausstellungsschutz v. 10.10.2013 (BGBl. I S. 3799), Art. 2 48. StrafrechtsänderungsG v. 23.4.2014 (BGBl. I S. 410), Art. 2 Abs. 2 49. G zur Änd. des StGB v. 21.1.2015 (BGBl. I S. 10), Art. 1 G zur Umsetzung von Empfehlungen des NSU-Untersuchungsausschusses des Deutschen Bundestages v. 12.6.2015 (BGBl. I S. 925), Art. 8 Abs. 2 Bilanzrichtlinie-UmsetzungsG v. 17.7.2015 (BGBl. I S. 1245), Art. 2 G zur Verbesserung der internationalen Rechtshilfe bei der Vollstreckung von freiheitsentziehenden Sanktionen und bei der Überwachung von Bewährungsmaßnahmen sowie zur Änd. des Jugoslawien-StrafgerichtshofG und des Ruanda-StrafgerichtshofG v. 17.7.2015 (BGBl. I

[1)] Die Länder haben ua folgende Ausführungsvorschriften erlassen:
- **Baden-Württemberg:** GVG-AusführungsG v. 16.12.1975 (GBl. S. 868), zuletzt geänd. durch G v. 17.12.2020 (GBl. 2021 S. 1)
- **Bayern:** GVG-AusführungsG v. 23.6.1981 (BayRS IV S. 483), zuletzt geänd. durch V v. 26.3.2019 (GVBl. S. 98)
- **Berlin:** JustizG Berlin v. 22.1.2021 (GVBl. S. 75), geänd. durch G v. 14.9.2021 (GVBl. S. 1076)
- **Brandenburg:** Brandenburgisches GerichtsorganisationsG v. 19.12.2011 (GVBl. I Nr. 32), geänd. durch G v. 19.12.2011 (GVBl. I Nr. 32 S. 1)
- **Bremen:** GVG-AusführungsG idF der Bek. v. 21.8.1974 (Brem.GBl. S. 297), zuletzt geänd. durch G v. 25.11.2014 (Brem.GBl. S. 639)
- **Hamburg:** GVG-AusführungsG v. 31.5.1965 (HmbGVBl. S. 99), zuletzt geänd. durch G v. 10.9. 2002 (GVBl. S. 252)
- **Hessen:** GVG-AusführungsG v. 3.9.1878 (Hess. Reg.Bl. S. 101), zuletzt geänd. durch G v. 25.9. 1990 (GVBl. I S. 563)
- **Mecklenburg-Vorpommern:** GerichtsstrukturG idF der Bek. v. 7.4.1998 (GVOBl. M-V S. 444, ber. S. 549), zuletzt geänd. durch G v. 11.11.2013 (GVOBl. M-V S. 609)
- **Niedersachsen:** Niedersächsisches JustizG v. 16.12.2014 (Nds. GVBl. S. 436), zuletzt geänd. durch G v. 11.11.2020 (Nds. GVBl. S. 391)
- **Nordrhein-Westfalen:** JustizG Nordrhein-Westfalen (Nr. **6.31**)
- **Rheinland-Pfalz:** GVG-AusführungsG v. 6.11.1989 (GVBl. S. 225), zuletzt geänd. durch G v. 3.9. 2018 (GVBl. S. 276)
- **Saarland:** GVG-AusführungsG v. 4.10.1972 (Amtsbl. S. 601), zuletzt geänd. durch G v. 11.11.2020 (Amtsbl. I S. 1262)
- **Sachsen:** Sächsisches JustizG v. 24.11.2000 (SächsGVBl. S. 482, ber. 2001 S. 704), zuletzt geänd. durch G v. 11.5.2019 (SächsGVBl. S. 358)
- **Sachsen-Anhalt:** GVG-AusführungsG v. 24.8.1992 (GVBl. LSA S. 648), zuletzt geänd. durch G v. 8.3.2021 (GVBl. LSA S. 88)
- **Schleswig-Holstein:** LandesjustizG v. 17.4.2018 (GVOBl. Schl.-H. S. 231, ber. S. 441)
- **Thüringen:** GVG-AusführungsG idF der Bek. v. 12.10.1993 (GVBl. S. 612), zuletzt geänd. durch G v. 10.10.2019 (GVBl. S. 382)

[2)] Die Änderungen durch G v. 10.12.2019 (BGBl. I S. 2121) treten teilweise erst **mWv 12.12.2024** in Kraft und die Änderung durch G v. 7.7.2021 (BGBl. I S. 2363) tritt erst **mWv 1.8.2022** in Kraft und sind insoweit im Text noch nicht berücksichtigt.

[3)] Neubekanntmachung des GVG v. 27.1.1877 (RGBl. S. 41) in der seit 1.1.1975 geltenden Fassung.

S. 1349), Art. 131 Zehnte ZuständigkeitsanpassungsVO v. 31.8.2015 (BGBl. I S. 1474), Art. 2 3. OpferrechtsreformG v. 21.12.2015 (BGBl. I S. 2525), Art. 2 G zur Bekämpfung von Korruption im Gesundheitswesen v. 30.5.2016 (BGBl. I S. 1254), Art. 2 Abs. 4 50. G zur Änd. des StGB – Verbesserung des Schutzes der sexuellen Selbstbestimmung v. 4.11.2016 (BGBl. I S. 2460), Art. 2 Abs. 2 G zur Änd. des Völkerstrafgesetzbuches v. 22.12.2016 (BGBl. I S. 3150), Art. 6 Abs. 16 G zur Reform der strafrechtlichen Vermögensabschöpfung v. 13.4.2017 (BGBl. I S. 872), Art. 5 G zur Reform des Bauvertragsrechts, zur Änd. der kaufrechtlichen Mängelhaftung, zur Stärkung des zivilprozessualen Rechtsschutzes und zum maschinellen Siegel im Grundbuch- und Schiffsregisterverfahren v. 28.4. 2017 (BGBl. I S. 969), Art. 6 Neuntes G zur Änd. des G gegen Wettbewerbsbeschränkungen v. 1.6. 2017 (BGBl. I S. 1416), Art. 28 G zur Einführung der elektronischen Akte in der Justiz und zur weiteren Förderung des elektronischen Rechtsverkehrs v. 5.7.2017 (BGBl. I S. 2208), Art. 4 G zur effektiveren und praxistauglicheren Ausgestaltung des Strafverfahrens v. 17.8.2017 (BGBl. I S. 3202, ber. S. 3630), Art. 7 Zweites G zur Stärkung der Verfahrensrechte von Beschuldigten im Strafverfahren und zur Änd. des Schöffenrechts v. 27.8.2017 (BGBl. I S. 3295), Art. 1 G über die Erweiterung der Medienöffentlichkeit in Gerichtsverfahren v. 8.10.2017 (BGBl. I S. 3546), Art. 10 Abs. 6 G zur Neuregelung des Schutzes von Geheimnissen bei der Mitwirkung Dritter an der Berufsausübung schweigepflichtiger Personen v. 30.10.2017 (BGBl. I S. 3618), Art. 13 Abs. 1 G zur Ausübung von Optionen der EU-ProspektVO und zur Anpassung weiterer Finanzmarktgesetze v. 10.7.2018 (BGBl. I S. 1102), Art. 1 G zur Einführung einer zivilprozessualen Musterfeststellungsklage v. 12.7. 2018 (BGBl. I S. 1151), Art. 2 G zur Umsetzung der RL (EU) 2016/943 zum Schutz von Geschäftsgeheimnissen vor rechtswidrigem Erwerb sowie rechtswidriger Nutzung und Offenlegung v. 18.4. 2019 (BGBl. I S. 466), Art. 4 G zur Stärkung der Rechte von Betroffenen bei Fixierungen im Rahmen von Freiheitsentziehungen v. 19.6.2019 (BGBl. I S. 840), Art. 3 G zur Umsetzung der RL (EU) 2017/1371 v. 19.6.2019 (BGBl. I S. 844), Art. 8 Abs. 1 G zur weiteren Ausführung der EU-ProspektVO und zur Änd. von Finanzmarktgesetzen v. 8.7.2019 (BGBl. I S. 1002), Art. 3, 4 G zur Modernisierung des Strafverfahrens v. 10.12.2019 (BGBl. I S. 2121), Art. 3 G zur Regelung der Wertgrenze für die Nichtzulassungsbeschwerde in Zivilsachen, zum Ausbau der Spezialisierung bei den Gerichten sowie zur Änd. weiterer prozessrechtlicher Vorschriften v. 12.12.2019 (BGBl. I S. 2633), Art. 2 Abs. 2 G zur Änd. des EG-VerbraucherschutzdurchsetzungsG sowie des G über die Errichtung des Bundesamts für Justiz v. 25.6.2020 (BGBl. I S. 1474), Art. 2 G zur Durchführung der VO (EU) 2017/1939 des Rates vom 12.10.2017 zur Durchführung einer Verstärkten Zusammenarbeit zur Errichtung der Europäischen Staatsanwaltschaft und zur Änd. weiterer Vorschriften v. 10.7.2020 (BGBl. I S. 1648), Art. 3 Abs. 2 59. G zur Änd. des Strafgesetzbuches v. 9.10.2020 (BGBl. I S. 2075), Art. 4 WohnungseigentumsmodernisierungsG v. 16.10.2020 (BGBl. I S. 2187), Art. 2 Sanierungs- und InsolvenzrechtsfortentwicklungsG v. 22.12.2020 (BGBl. I S. 3256), Art. 4 G zur Verbesserung der strafrechtlichen Bekämpfung der Geldwäsche v. 9.3.2021 (BGBl. I S. 327), Art. 3 G zur Bekämpfung sexualisierter Gewalt gegen Kinder v. 16.6.2021 (BGBl. I S. 1810), Art. 4 G zur Fortentwicklung der StrafprozessO und zur Änd. weiterer Vorschriften v. 25.6.2021 (BGBl. I S. 2099) und Art. 8 G zur Neuregelung des Berufsrechts der anwaltlichen und steuerberatenden Berufsausübungsgesellschaften sowie zur Änd. weiterer Vorschriften im Bereich der rechtsberatenden Berufe v. 7.7.2021 (BGBl. I S. 2363)

Nichtamtliche Gliederungsübersicht

§ 21h [Vertretung des Präsidenten und des aufsichtführenden Richters] [1] Der Präsident oder aufsichtführende Richter wird in seinen durch dieses Gesetz bestimmten Geschäften, die nicht durch das Präsidium zu verteilen sind, durch seinen ständigen Vertreter, bei mehreren ständigen Vertretern durch den dienstältesten, bei gleichem Dienstalter durch den lebensältesten von ihnen vertreten. [2] Ist ein ständiger Vertreter nicht bestellt oder ist er verhindert, wird der Präsident oder aufsichtführende Richter durch den dienstältesten, bei gleichem Dienstalter durch den lebensältesten Richter vertreten.

§ 21i [Beschlussfähigkeit des Präsidiums] (1) Das Präsidium ist beschlußfähig, wenn mindestens die Hälfte seiner gewählten Mitglieder anwesend ist.

(2) [1] Sofern eine Entscheidung des Präsidiums nicht rechtzeitig ergehen kann, werden die in § 21e bezeichneten Anordnungen von dem Präsidenten oder aufsichtführenden Richter getroffen. [2] Die Gründe für die getroffene Anordnung sind schriftlich niederzulegen. [3] Die Anordnung ist dem Präsidium unverzüglich zur Genehmigung vorzulegen. [4] Sie bleibt in Kraft, solange das Präsidium nicht anderweit beschließt.

§ 21j[1)] [Anordnungen durch den Präsidenten; Frist zur Bildung des Präsidiums] (1) [1] Wird ein Gericht errichtet und ist das Präsidium nach § 21a Abs. 2 Nr. 1 bis 4 zu bilden, so werden die in § 21e bezeichneten Anordnungen bis zur Bildung des Präsidiums von dem Präsidenten oder aufsichtführenden Richter getroffen. [2] § 21i Abs. 2 Satz 2 bis 4 gilt entsprechend.

(2) [1] Ein Präsidium nach § 21a Abs. 2 Nr. 1 bis 4 ist innerhalb von drei Monaten nach der Errichtung des Gerichts zu bilden. [2] Die in § 21b Abs. 4 Satz 1 bestimmte Frist beginnt mit dem auf die Bildung des Präsidiums folgenden Geschäftsjahr, wenn das Präsidium nicht zu Beginn eines Geschäftsjahres gebildet wird.

(3) An die Stelle des in § 21d Abs. 1 bezeichneten Zeitpunkts tritt der Tag der Errichtung des Gerichts.

(4) [1] Die Aufgaben nach § 1 Abs. 2 Satz 2 und 3 und Abs. 3 der Wahlordnung für die Präsidien der Gerichte vom 19. September 1972 (BGBl. I S. 1821) nimmt bei der erstmaligen Bestellung des Wahlvorstandes der Präsident oder aufsichtführende Richter wahr. [2] Als Ablauf des Geschäftsjahres in § 1 Abs. 2 Satz 2 und § 3 Satz 1 der Wahlordnung für die Präsidien der Gerichte gilt der Ablauf der in Absatz 2 Satz 1 genannten Frist.

Dritter Titel. Amtsgerichte

§ 22[2)] [Richter beim Amtsgericht] (1) Den Amtsgerichten stehen Einzelrichter vor.

(2) Einem Richter beim Amtsgericht kann zugleich ein weiteres Richteramt bei einem anderen Amtsgericht oder bei einem Landgericht übertragen werden.

[1)] § 21j eingef. mWv 25.4.2006 durch G v. 19.4.2006 (BGBl. I S. 866).

[2)] § 22 Abs. 5 neu gef., Abs. 6 eingef. durch G. v. 5.10.1994 (BGBl. I S. 2911); Abs. 5 Satz 2 geänd. mWv 1.9.2009 durch G v. 17.12.2008 (BGBl. I S. 2586); Abs. 6 Sätze 2 und 3 angef. mWv 1.1.2013 durch G v. 7.12.2011 (BGBl. I S. 2582); Abs. 6 neu gef. mWv 1.1.2021 durch G v. 22.12.2020 (BGBl. I S. 3256); Abs. 5 Satz 2 geänd. mWv 1.1.2022 durch G v. 16.6.2021 (BGBl. I S. 1810).

(3) [1] Die allgemeine Dienstaufsicht kann von der Landesjustizverwaltung dem Präsidenten des übergeordneten Landgerichts übertragen werden. [2] Geschieht dies nicht, so ist, wenn das Amtsgericht mit mehreren Richtern besetzt ist, einem von ihnen von der Landesjustizverwaltung die allgemeine Dienstaufsicht zu übertragen.

(4) Jeder Richter beim Amtsgericht erledigt die ihm obliegenden Geschäfte, soweit dieses Gesetz nichts anderes bestimmt, als Einzelrichter.

(5) [1] Es können Richter kraft Auftrags verwendet werden. [2] Richter auf Probe können verwendet werden, soweit sich aus Absatz 6, § 23b Absatz 3 Satz 2 bis 5, § 23c Abs. 2 oder § 29 Abs. 1 Satz 2 nichts anderes ergibt.

(6) [1] Ein Richter auf Probe darf im ersten Jahr nach seiner Ernennung Geschäfte in Insolvenz- und Restrukturierungssachen nicht wahrnehmen. [2] Richter in Insolvenz- und Restrukturierungssachen sollen, soweit dies zur Erfüllung der jeweiligen Richtergeschäftsaufgabe erforderlich ist, über belegbare Kenntnisse auf den Gebieten des Insolvenzrechts, des Restrukturierungsrechts, des Handels- und Gesellschaftsrechts sowie über Grundkenntnisse der für das Insolvenz- und Restrukturierungsverfahren notwendigen Teile des Arbeits-, Sozial- und Steuerrechts und des Rechnungswesens verfügen. [3] Einem Richter, dessen Kenntnisse auf diesen Gebieten nicht belegt sind, dürfen die Aufgaben eines Insolvenz- oder Restrukturierungsrichters nur zugewiesen werden, wenn der Erwerb der Kenntnisse alsbald zu erwarten ist.

§ 22a[1)] [Präsident des LG oder AG als Vorsitzender des Präsidiums] Bei Amtsgerichten mit einem aus allen wählbaren Richtern bestehenden Präsidium (§ 21a Abs. 2 Nr. 5) gehört der Präsident des übergeordneten Landgerichts oder, wenn der Präsident eines anderen Amtsgerichts die Dienstaufsicht ausübt, dieser Präsident dem Präsidium als Vorsitzender an.

§ 22b [Vertretung von Richtern] (1) Ist ein Amtsgericht nur mit einem Richter besetzt, so beauftragt das Präsidium des Landgerichts einen Richter seines Bezirks mit der ständigen Vertretung dieses Richters.

(2) Wird an einem Amtsgericht die vorübergehende Vertretung durch einen Richter eines anderen Gerichts nötig, so beauftragt das Präsidium des Landgerichts einen Richter seines Bezirks längstens für zwei Monate mit der Vertretung.

(3) [1] In Eilfällen kann der Präsident des Landgerichts einen zeitweiligen Vertreter bestellen. [2] Die Gründe für die getroffene Anordnung sind schriftlich niederzulegen.

(4) Bei Amtsgerichten, über die der Präsident eines anderen Amtsgerichts die Dienstaufsicht ausübt, ist in den Fällen der Absätze 1 und 2 das Präsidium des anderen Amtsgerichts und im Falle des Absatzes 3 dessen Präsident zuständig.

§ 22c[2)] [Bereitschaftsdienst] (1) [1] Die Landesregierungen werden ermächtigt, durch Rechtsverordnung zu bestimmen, dass für mehrere Amtsgerichte im Bezirk eines Landgerichts oder mehrerer Landgerichte im Bezirk eines Ober-

---

[1)] § 22a geänd. durch G v. 22.12.1999 (BGBl. I S. 2598, ber. BGBl. 2000 I S. 1415).

[2)] § 22c neu gef. durch G v. 24.6.1994 (BGBl. I S. 1374); Abs. 1 neu gef. mWv 1.8.2002 durch G v. 23.7.2002 (BGBl. I S. 2850); Abs. 1 Sätze 1 und 3–5 geänd. mWv 28.6.2019 durch G v. 19.6.2019 (BGBl. I S. 840).

landesgerichts ein gemeinsamer Bereitschaftsdienstplan aufgestellt wird oder ein Amtsgericht Geschäfte des Bereitschaftsdienstes ganz oder teilweise wahrnimmt, wenn dies zur Sicherstellung einer gleichmäßigeren Belastung der Richter mit Bereitschaftsdiensten angezeigt ist. [2]Zu dem Bereitschaftsdienst sind die Richter der in Satz 1 bezeichneten Amtsgerichte heranzuziehen. [3]In der Verordnung nach Satz 1 kann bestimmt werden, dass auch die Richter der Landgerichte heranzuziehen sind. [4]Über die Verteilung der Geschäfte des Bereitschaftsdienstes beschließen nach Maßgabe des § 21e im Einvernehmen die Präsidien der Landgerichte sowie im Einvernehmen mit den Präsidien der betroffenen Amtsgerichte. [5]Kommt eine Einigung nicht zustande, obliegt die Beschlussfassung dem Präsidium des Oberlandesgerichts, zu dessen Bezirk die Landgerichte gehören.

(2) Die Landesregierungen können die Ermächtigung nach Absatz 1 auf die Landesjustizverwaltungen übertragen.

§ 22d [Handlungen eines unzuständigen Richters] Die Gültigkeit der Handlung eines Richters beim Amtsgericht wird nicht dadurch berührt, daß die Handlung nach der Geschäftsverteilung von einem anderen Richter wahrzunehmen gewesen wäre.

§ 23[1)] [Zuständigkeit in Zivilsachen] Die Zuständigkeit der Amtsgerichte umfaßt in bürgerlichen Rechtsstreitigkeiten, soweit sie nicht ohne Rücksicht auf den Wert des Streitgegenstandes den Landgerichten zugewiesen sind:

1. Streitigkeiten über Ansprüche, deren Gegenstand an Geld oder Geldeswert die Summe von fünftausend Euro nicht übersteigt;
2. ohne Rücksicht auf den Wert des Streitgegenstandes:
   a) Streitigkeiten über Ansprüche aus einem Mietverhältnis über Wohnraum oder über den Bestand eines solchen Mietverhältnisses; diese Zuständigkeit ist ausschließlich;
   b) Streitigkeiten zwischen Reisenden und Wirten, Fuhrleuten, Schiffern oder Auswanderungsexpedienten in den Einschiffungshäfen, die über Wirtszechen, Fuhrlohn, Überfahrtsgelder, Beförderung der Reisenden und ihrer Habe und über Verlust und Beschädigung der letzteren, sowie Streitigkeiten zwischen Reisenden und Handwerkern, die aus Anlaß der Reise entstanden sind;
   c) Streitigkeiten nach § 43 Absatz 2 des Wohnungseigentumsgesetzes[2)]; diese Zuständigkeit ist ausschließlich;
   d) Streitigkeiten wegen Wildschadens;
   e) (weggefallen)
   f) (weggefallen)

[1)] § 23 Nr. 1 geänd. durch G v. 17.12.1990 (BGBl. I S. 2847); Nr. 1 geänd., Nr. 2 Buchst. a neu gef. durch G v. 11.1.1993 (BGBl. I S. 50); Nr. 2 Buchst. b geänd. durch G v. 25.8.1998 (BGBl. I S. 2489); Nr. 1 geänd. mWv 1.1.2002 durch G v. 27.7.2001 (BGBl. I S. 1887); Nr. 2 Buchst. c aufgeh. mWv 1.1.2002 durch G v. 26.11.2001 (BGBl. I S. 3138); Nr. 2 Buchst. c eingef. mWv 1.7.2007 durch G v. 26.3.2007 (BGBl. I S. 370); Nr. 2 Buchst. g geänd., Buchst. h aufgeh. mWv 1.9.2009 durch G v. 30.7.2009 (BGBl. I S. 2449); Nr. 2 Buchst. c geänd. mWv 1.12.2020 durch G v. 16.10. 2020 (BGBl. I S. 2187).

[2)] **Habersack (vormals Schönfelder) Nr. 37.**

g) Ansprüche aus einem mit der Überlassung eines Grundstücks in Verbindung stehenden Leibgedings-, Leibzuchts-, Altenteils- oder Auszugsvertrag.

§ 23a[1] **[Zuständigkeit in Familiensachen und in Angelegenheiten der freiwilligen Gerichtsbarkeit]** (1) [1]Die Amtsgerichte sind ferner zuständig für

1. Familiensachen;
2. Angelegenheiten der freiwilligen Gerichtsbarkeit, soweit nicht durch gesetzliche Vorschriften eine anderweitige Zuständigkeit begründet ist.

[2]Die Zuständigkeit nach Satz 1 Nummer 1 ist eine ausschließliche.

(2) Angelegenheiten der freiwilligen Gerichtsbarkeit sind

1. Betreuungssachen, Unterbringungssachen sowie betreuungsgerichtliche Zuweisungssachen,
2. Nachlass- und Teilungssachen,
3. Registersachen,
4. unternehmensrechtliche Verfahren nach § 375 des Gesetzes über das Verfahren in Familiensachen und in den Angelegenheiten der freiwilligen Gerichtsbarkeit[2],
5. die weiteren Angelegenheiten der freiwilligen Gerichtsbarkeit nach § 410 des Gesetzes über das Verfahren in Familiensachen und in den Angelegenheiten der freiwilligen Gerichtsbarkeit,
6. Verfahren in Freiheitsentziehungssachen nach § 415 des Gesetzes über das Verfahren in Familiensachen und in den Angelegenheiten der freiwilligen Gerichtsbarkeit,
7. Aufgebotsverfahren,
8. Grundbuchsachen,
9. Verfahren nach § 1 Nr. 1 und 2 bis 6 des Gesetzes über das gerichtliche Verfahren in Landwirtschaftssachen[3],
10. Schiffsregistersachen sowie
11. sonstige Angelegenheiten der freiwilligen Gerichtsbarkeit, soweit sie durch Bundesgesetz den Gerichten zugewiesen sind.

(3) Abweichend von Absatz 1 Satz 1 Nummer 2 sind für die den Amtsgerichten obliegenden Verrichtungen in Teilungssachen im Sinne von § 342 Absatz 2 Nummer 1 des Gesetzes über das Verfahren in Familiensachen und in den Angelegenheiten der freiwilligen Gerichtsbarkeit anstelle der Amtsgerichte die Notare zuständig.

§ 23b[4] [5] **[Familiengerichte]** (1) Bei den Amtsgerichten werden Abteilungen für Familiensachen (Familiengerichte) gebildet.

---

[1] § 23a neu gef. mWv 1.9.2009 durch G v. 17.12.2008 (BGBl. I S. 2586); Abs. 1 Satz 2 angef. mWv 1.9.2009 durch G v. 30.7.2009 (BGBl. I S. 2474); Abs. 3 angef. mWv 1.9.2013 durch G v. 26.6.2013 (BGBl. I S. 1800).

[2] **Habersack (vormals Schönfelder) Nr. 112.**

[3] **Habersack (vormals Schönfelder) ErgBd. Nr. 39a.**

[4] § 23b eingef. durch G v. 14.6.1976 (BGBl. I S. 1421); Abs. 1 Satz 2 Nr. 2 geänd. durch G v. 18.7. 1979 (BGBl. I S. 1061); Abs. 1 Satz 2 Nr. 3 neu gef. durch G v. 20.2.1986 (BGBl. I S. 301); Abs. 1 Satz 2 Nr. 11 angef. durch G v. 5.4.1990 (BGBl. I S. 701); Abs. 2 Satz 1 geänd. durch G v. 12.9.1990 →

(2) [1] Werden mehrere Abteilungen für Familiensachen gebildet, so sollen alle Familiensachen, die denselben Personenkreis betreffen, derselben Abteilung zugewiesen werden. [2] Wird eine Ehesache rechtshängig, während eine andere Familiensache, die denselben Personenkreis oder ein gemeinschaftliches Kind der Ehegatten betrifft, bei einer anderen Abteilung im ersten Rechtszug anhängig ist, ist diese von Amts wegen an die Abteilung der Ehesache abzugeben. [3] Wird bei einer Abteilung ein Antrag in einem Verfahren nach den §§ 10 bis 12 des Internationalen Familienrechtsverfahrensgesetzes[1)] vom 26. Januar 2005 (BGBl. I S. 162) anhängig, während eine Familiensache, die dasselbe Kind betrifft, bei einer anderen Abteilung im ersten Rechtszug anhängig ist, ist diese von Amts wegen an die erstgenannte Abteilung abzugeben; dies gilt nicht, wenn der Antrag offensichtlich unzulässig ist. [4] Auf übereinstimmenden Antrag beider Elternteile sind die Regelungen des Satzes 3 auch auf andere Familiensachen anzuwenden, an denen diese beteiligt sind.

(3) [1] Die Abteilungen für Familiensachen werden mit Familienrichtern besetzt. [2] Ein Richter auf Probe darf im ersten Jahr nach seiner Ernennung Geschäfte des Familienrichters nicht wahrnehmen. [3] Richter in Familiensachen sollen über belegbare Kenntnisse auf den Gebieten des Familienrechts, insbesondere des Kindschaftsrechts, des Familienverfahrensrechts und der für das Verfahren in Familiensachen notwendigen Teile des Kinder- und Jugendhilferechts sowie über belegbare Grundkenntnisse der Psychologie, insbesondere der Entwicklungspsychologie des Kindes, und der Kommunikation mit Kindern verfügen. [4] Einem Richter, dessen Kenntnisse auf diesen Gebieten nicht belegt sind, dürfen die Aufgaben eines Familienrichters nur zugewiesen werden, wenn der Erwerb der Kenntnisse alsbald zu erwarten ist. [5] Von den Anforderungen nach den Sätzen 3 und 4 kann bei Richtern, die nur im Rahmen eines Bereitschaftsdiensts mit der Wahrnehmung familiengerichtlicher Aufgaben befasst sind, abgewichen werden, wenn andernfalls ein ordnungsgemäßer und den betroffenen Richtern zumutbarer Betrieb des Bereitschaftsdiensts nicht gewährleistet wäre.

§ 23c[2)] [Betreuungsgerichte] (1) Bei den Amtsgerichten werden Abteilungen für Betreuungssachen, Unterbringungssachen und betreuungsgerichtliche Zuweisungssachen (Betreuungsgerichte) gebildet.

(Fortsetzung der Anm. von voriger Seite)
(BGBl. I S. 2002); Abs. 3 Satz 2 neu gef. durch G v. 11.1.1993 (BGBl. I S. 50); Abs. 1 Satz 2 Nr. 2–5 neu gef., Nr. 11 geänd., Nr. 12 und 13 angef., Abs. 2 Satz 2 neu gef. durch G v. 16.12.1997 (BGBl. I S. 2942); Abs. 1 Satz 2 Nr. 13 geänd. durch G v. 6.4.1998 (BGBl. I S. 666); Abs. 1 Satz 2 Nr. 14 angef. durch G v. 25.6.1998 (BGBl. I S. 1580); Abs. 1 Satz 2 Nr. 14 geänd., Nr. 15 angef. mWv 1.8.2001 durch G v. 16.2.2001 (BGBl. I S. 266); Abs. 1 Satz 2 Nr. 11 neu gef., Abs. 2 Satz 2 geänd., Sätze 3 und 4 angef. mWv 1.3.2001 durch G v. 19.2.2001 (BGBl. I S. 288); Abs. 1 Satz 2 Nr. 8 neu gef., Nr. 8a eingef. mWv 1.1.2002 durch G v. 11.12.2001 (BGBl. I S. 3513); Abs. 1 Satz 2 Nr. 11 neu gef., Abs. 2 Satz 3 geänd. mWv 1.3.2005 durch G v. 26.1.2005 (BGBl. I S. 162); Abs. 1 Satz 2 aufgeh., Abs. 2 neu gef. mWv 1.9.2009 durch G v. 17.12.2008 (BGBl. I S. 2586); Abs. 3 Sätze 3–5 angef. mWv 1.1.2022 durch G v. 16.6.2021 (BGBl. I S. 1810).

[5)] § 23b ist mit dem Grundgesetz vereinbar, Urt. des BVerfG – 1 BvL 17/77, 1 BvL 7/78, 1 BvL 9/78, 1 BvL 14/78, 1 BvL 15/78, 1 BvL 16/78, 1 BvL 37/78, 1 BvL 64/78, 1 BvL 74/78, 1 BvL 78/78, 1 BvL 100/78, 1 BvL 5/79, 1 BvL 16/79, 1 BvR 807/78 – v. 23.8.1980 – Az. – (BGBl. S. 283).

[1)] **Habersack (vormals Schönfelder) ErgBd. Nr. 103n.**

[2)] § 23c eingef. mWv 1.9.2009 durch G v. 17.12.2008 (BGBl. I S. 2586).

(2) [1]Die Betreuungsgerichte werden mit Betreuungsrichtern besetzt. [2]Ein Richter auf Probe darf im ersten Jahr nach seiner Ernennung Geschäfte des Betreuungsrichters nicht wahrnehmen.

§ 23d[1) 2)] [Gemeinsames Amtsgericht in Familien- und Handelssachen sowie in Angelegenheiten der freiwilligen Gerichtsbarkeit] [1]Die Landesregierungen werden ermächtigt, durch Rechtsverordnung[3)] einem Amtsgericht für die Bezirke mehrerer Amtsgerichte die Familiensachen sowie ganz oder teilweise die Handelssachen, die Angelegenheiten der freiwilligen Gerichtsbarkeit und Entscheidungen über Maßnahmen, die nach den Vollzugsgesetzen der vorherigen gerichtlichen Anordnung oder gerichtlichen Genehmigung bedürfen zuzuweisen, sofern die Zusammenfassung der sachlichen Förderung der Verfahren dient oder zur Sicherung einer einheitlichen Rechtsprechung geboten erscheint. [2]Die Landesregierungen können die Ermächtigungen auf die Landesjustizverwaltungen übertragen.

§ 24[4)] [Zuständigkeit in Strafsachen] (1) [1]In Strafsachen sind die Amtsgerichte zuständig, wenn nicht

1. die Zuständigkeit des Landgerichts nach § 74 Abs. 2 oder § 74a oder des Oberlandesgerichts nach den §§ 120 oder 120b begründet ist,
2. im Einzelfall eine höhere Strafe als vier Jahre Freiheitsstrafe oder die Unterbringung des Beschuldigten in einem psychiatrischen Krankenhaus, allein oder neben einer Strafe, oder in der Sicherungsverwahrung (§§ 66 bis 66b des Strafgesetzbuches[5)]) zu erwarten ist oder
3. die Staatsanwaltschaft wegen der besonderen Schutzbedürftigkeit von Verletzten der Straftat, die als Zeugen in Betracht kommen, des besonderen Umfangs oder der besonderen Bedeutung des Falles Anklage beim Landgericht erhebt.

[2]Eine besondere Schutzbedürftigkeit nach Satz 1 Nummer 3 liegt insbesondere vor, wenn zu erwarten ist, dass die Vernehmung für den Verletzten mit einer besonderen Belastung verbunden sein wird, und deshalb mehrfache Vernehmungen vermieden werden sollten.

[1)] Bish. § 23c wird § 23d und Satz 1 geänd. mWv 1.9.2009 durch G v. 17.12.2008 (BGBl. I S. 2586); Satz 1 geänd. mWv 28.6.2019 durch G v. 19.6.2019 (BGBl. I S. 840).

[2)] § 23d (früherer § 23c) ist mit dem Grundgesetz vereinbar, Urt. des BVerfG – 1 BvL 17/77, 1 BvL 7/78, 1 BvL 9/78, 1 BvL 14/78, 1 BvL 15/78, 1 BvL 16/78, 1 BvL 37/78, 1 BvL 64/78, 1 BvL 74/78, 1 BvL 78/78, 1 BvL 100/78, 1 BvL 5/79, 1 BvL 16/79, 1 BvR 807/78 – v. 23.8.1980 – Az. – (BGBl. S. 283).

[3)] Siehe hierzu ua: **Baden-Württemberg:** § 3 VO v. 20.11.1998 (GBl. S. 680), zuletzt geänd. durch VO v. 26.11.2020 (GBl. S. 1099); **Berlin:** §§ 5 und 15 ZuwV v. 8.5.2008 (GVBl. S. 116), zuletzt geänd. durch VO v. 16.9.2019 (GVBl. S. 627); **Hessen:** § 5 VO v. 3.6.2013 (GVBl. S. 386), zuletzt geänd. durch G v. 8.10.2020 (GVBl. S. 710); **Nordrhein-Westfalen:** VO v. 8.6.1998 (GV. NRW. S. 431), zuletzt geänd. durch VO v. 9.2.2000 (GV. NRW. S. 136); **Rheinland-Pfalz:** LandesVO v. 15.12.1982 (GVBl. S. 460), zuletzt geänd. durch VO v. 6.11.2017 (GVBl. S. 246); **Schleswig-Holstein:** LandesVO v. 4.12.1996 (GVOBl. Schl.-H. S. 720), zuletzt geänd. durch VO v. 26.11.2020 (GVOBl. Schl.-H. S. 923).

[4)] § 24 Abs. 1 Nr. 2, Abs. 2 geänd. durch G v. 20.12.1984 (BGBl. I S. 1654); Abs. 1 Nr. 2, Abs. 2 geänd. durch G v. 11.1.1993 (BGBl. I S. 50); Abs. 1 Nr. 3 geänd. mWv 1.9.2004 durch G v. 24.6.2004 (BGBl. I S. 1354); Abs. 1 Nr. 2 geänd. mWv 29.7.2004 durch G v. 23.7.2004 (BGBl. I S. 1838); Abs. 1 Satz 2 angef. mWv 1.9.2013 durch G v. 26.6.2013 (BGBl. I S. 1805); Abs. 1 Satz 1 Nr. 1 geänd. mWv 1.9.2014 durch G v. 23.4.2014 (BGBl. I S. 410).

[5)] **Habersack (vormals Schönfelder) Nr. 85.**

(2) Das Amtsgericht darf nicht auf eine höhere Strafe als vier Jahre Freiheitsstrafe und nicht auf die Unterbringung in einem psychiatrischen Krankenhaus, allein oder neben einer Strafe, oder in der Sicherungsverwahrung erkennen.

§ 25[1] **[Zuständigkeit des Strafrichters]** Der Richter beim Amtsgericht entscheidet als Strafrichter bei Vergehen,

1. wenn sie im Wege der Privatklage verfolgt werden oder
2. wenn eine höhere Strafe als Freiheitsstrafe von zwei Jahren nicht zu erwarten ist.

§ 26[2] **[Zuständigkeit in Jugendschutzsachen]** (1) [1] Für Straftaten Erwachsener, durch die ein Kind oder ein Jugendlicher verletzt oder unmittelbar gefährdet wird, sowie für Verstöße Erwachsener gegen Vorschriften, die dem Jugendschutz oder der Jugenderziehung dienen, sind neben den für allgemeine Strafsachen zuständigen Gerichten auch die Jugendgerichte zuständig. [2] Die §§ 24 und 25 gelten entsprechend.

(2) [1] In Jugendschutzsachen soll die Staatsanwaltschaft Anklage bei den Jugendgerichten erheben, wenn damit die schutzwürdigen Interessen von Kindern oder Jugendlichen, die in dem Verfahren als Zeugen benötigt werden, besser gewahrt werden können. [2] Im Übrigen soll die Staatsanwaltschaft Anklage bei den Jugendgerichten nur erheben, wenn aus sonstigen Gründen eine Verhandlung vor dem Jugendgericht zweckmäßig erscheint.

(3) Die Absätze 1 und 2 gelten entsprechend für die Beantragung gerichtlicher Untersuchungshandlungen im Ermittlungsverfahren.

§ 26a (weggefallen)

§ 27 [Sonstige Zuständigkeit und Geschäftskreis] Im übrigen wird die Zuständigkeit und der Geschäftskreis der Amtsgerichte durch die Vorschriften dieses Gesetzes und der Prozeßordnungen bestimmt.

(Fortsetzung nächstes Blatt)

---

[1] § 25 Nr. 1 geänd., Nr. 2 neu gef., Nr. 3 aufgeh. durch G v. 11.1.1993 (BGBl. I S. 50).
[2] § 26 Abs. 2 neu gef., Abs. 3 angef. mWv 1.9.2013 durch G v. 26.6.2013 (BGBl. I S. 1805).

7. Personen, die glaubhaft machen, daß die Ausübung des Amtes für sie oder einen Dritten wegen Gefährdung oder erheblicher Beeinträchtigung einer ausreichenden wirtschaftlichen Lebensgrundlage eine besondere Härte bedeutet.

§ 36[1)] **[Vorschlagsliste]** (1) [1]Die Gemeinde stellt in jedem fünften Jahr eine Vorschlagsliste für Schöffen auf. [2]Für die Aufnahme in die Liste ist die Zustimmung von zwei Dritteln der anwesenden Mitglieder der Gemeindevertretung, mindestens jedoch der Hälfte der gesetzlichen Zahl der Mitglieder der Gemeindevertretung erforderlich. [3]Die jeweiligen Regelungen zur Beschlussfassung der Gemeindevertretung bleiben unberührt.

(2) [1]Die Vorschlagsliste soll alle Gruppen der Bevölkerung nach Geschlecht, Alter, Beruf und sozialer Stellung angemessen berücksichtigen. [2]Sie muss Familienname, Vornamen, gegebenenfalls einen vom Familiennamen abweichenden Geburtsnamen, Geburtsjahr, Wohnort einschließlich Postleitzahl sowie Beruf der vorgeschlagenen Person enthalten; bei häufig vorkommenden Namen ist auch der Stadt- oder Ortsteil des Wohnortes aufzunehmen.

(3) [1]Die Vorschlagsliste ist in der Gemeinde eine Woche lang zu jedermanns Einsicht aufzulegen. [2]Der Zeitpunkt der Auflegung ist vorher öffentlich bekanntzumachen.

(4) [1]In die Vorschlagslisten des Bezirks des Amtsgerichts sind mindestens doppelt so viele Personen aufzunehmen, wie als erforderliche Zahl von Haupt- und Ersatzschöffen nach § 43 bestimmt sind. [2]Die Verteilung auf die Gemeinden des Bezirks erfolgt durch den Präsidenten des Landgerichts (Präsidenten des Amtsgerichts) in Anlehnung an die Einwohnerzahl der Gemeinden.

§ 37 [Einspruch gegen die Vorschlagsliste] Gegen die Vorschlagsliste kann binnen einer Woche, gerechnet vom Ende der Auflegungsfrist, schriftlich oder zu Protokoll mit der Begründung Einspruch erhoben werden, daß in die Vorschlagsliste Personen aufgenommen sind, die nach § 32 nicht aufgenommen werden durften oder nach den §§ 33, 34 nicht aufgenommen werden sollten.

§ 38 [Übersendung der Vorschlagsliste] (1) Der Gemeindevorsteher sendet die Vorschlagsliste nebst den Einsprüchen an den Richter beim Amtsgericht des Bezirks.

(2) Wird nach Absendung der Vorschlagsliste ihre Berichtigung erforderlich, so hat der Gemeindevorsteher hiervon dem Richter beim Amtsgericht Anzeige zu machen.

§ 39 [Vorbereitung der Ausschussberatung] [1]Der Richter beim Amtsgericht stellt die Vorschlagslisten der Gemeinden zur Liste des Bezirks zusammen und bereitet den Beschluß über die Einsprüche vor. [2]Er hat die Beachtung der Vorschriften des § 36 Abs. 3 zu prüfen und die Abstellung etwaiger Mängel zu veranlassen.

[1)] § 36 Abs. 4 neu gef. durch G v. 27.1.1987 (BGBl. I S. 475); Abs. 1 Sätze 1 und 2 geänd., Satz 3 angef. mWv 1.1.2005 durch G v. 21.12.2004 (BGBl. I S. 3599); Abs. 2 Satz 2 neu gef., Abs. 4 Satz 1 geänd. mWv 1.7.2021 durch G v. 25.6.2021 (BGBl. I S. 2099).

§ 40[1)] [Ausschuss] (1) Bei dem Amtsgericht tritt jedes fünfte Jahr ein Ausschuß zusammen.

(2) [1]Der Ausschuß besteht aus dem Richter beim Amtsgericht als Vorsitzenden und einem von der Landesregierung zu bestimmenden Verwaltungsbeamten sowie sieben Vertrauenspersonen als Beisitzern. [2]Die Landesregierungen werden ermächtigt, durch Rechtsverordnung die Zuständigkeit für die Bestimmung des Verwaltungsbeamten abweichend von Satz 1 zu regeln. [3]Sie können diese Ermächtigung durch Rechtsverordnung auf oberste Landesbehörden übertragen.

(3) [1]Die Vertrauenspersonen werden aus den Einwohnern des Amtsgerichtsbezirks von der Vertretung des ihm entsprechenden unteren Verwaltungsbezirks mit einer Mehrheit von zwei Dritteln der anwesenden Mitglieder, mindestens jedoch mit der Hälfte der gesetzlichen Mitgliederzahl gewählt. [2]Die jeweiligen Regelungen zur Beschlussfassung dieser Vertretung bleiben unberührt. [3]Umfaßt der Amtsgerichtsbezirk mehrere Verwaltungsbezirke oder Teile mehrerer Verwaltungsbezirke, so bestimmt die zuständige oberste Landesbehörde die Zahl der Vertrauenspersonen, die von den Vertretungen dieser Verwaltungsbezirke zu wählen sind.

(4) Der Ausschuß ist beschlußfähig, wenn wenigstens der Vorsitzende, der Verwaltungsbeamte und drei Vertrauenspersonen anwesend sind.

§ 41 [Entscheidung über Einsprüche] [1]Der Ausschuß entscheidet mit einfacher Mehrheit über die gegen die Vorschlagsliste erhobenen Einsprüche. [2]Bei Stimmengleichheit entscheidet die Stimme des Vorsitzenden. [3]Die Entscheidungen sind zu Protokoll zu vermerken. [4]Sie sind nicht anfechtbar.

§ 42[2)] [Schöffenwahl] (1) Aus der berichtigten Vorschlagsliste wählt der Ausschuß mit einer Mehrheit von zwei Dritteln der Stimmen für die nächsten fünf Geschäftsjahre:

1. die erforderliche Zahl von Schöffen;
2. die erforderliche Zahl der Personen, die an die Stelle wegfallender Schöffen treten oder in den Fällen der §§ 46, 47 als Schöffen benötigt werden (Ersatzschöffen). Zu wählen sind Personen, die am Sitz des Amtsgerichts oder in dessen nächster Umgebung wohnen.

(2) Bei der Wahl soll darauf geachtet werden, daß alle Gruppen der Bevölkerung nach Geschlecht, Alter, Beruf und sozialer Stellung angemessen berücksichtigt werden.

§ 43[3)] [Bestimmung der Schöffenzahl] (1) Die für jedes Amtsgericht erforderliche Zahl von Haupt- und Ersatzschöffen wird durch den Präsidenten des Landgerichts (Präsidenten des Amtsgerichts) bestimmt.

(2) Die Zahl der Hauptschöffen ist so zu bemessen, daß voraussichtlich jeder zu nicht mehr als zwölf ordentlichen Sitzungstagen im Jahr herangezogen wird.

[1)] § 40 Abs. 1 und 4 geänd., Abs. 2 Satz 1 geänd., Sätze 2 und 3 angef., Abs. 3 Satz 1 geänd., Satz 2 eingef., bish. Satz 2 wird Satz 3 mWv 1.1.2005 durch G v. 21.12.2004 (BGBl. I S. 3599).

[2)] § 42 Abs. 1 Satz 1 Nr. 2 geänd. durch G v. 5.10.1978 (BGBl. I S. 1645); Abs. 1 Satz 1 einl. Satzteil geänd. mWv 1.1.2005 durch G v. 21.12.2004 (BGBl. I S. 3599); Abs. 1 Nr. 2 geänd. mWv 1.7.2021 durch G v. 25.6.2021 (BGBl. I S. 2099).

[3)] § 43 Abs. 1 geänd. mWv 1.7.2021 durch G v. 25.6.2021 (BGBl. I S. 2099).

§ 44[1] **[Schöffenliste]** Die Namen der gewählten Hauptschöffen und Ersatzschöffen werden bei jedem Amtsgericht in gesonderte Verzeichnisse aufgenommen (Schöffenlisten).

§ 45[2] **[Feststellung der Sitzungstage]** (1) Die Tage der ordentlichen Sitzungen des Schöffengerichts werden für das ganze Jahr im voraus festgestellt.

(2) [1]Die Reihenfolge, in der die Hauptschöffen an den einzelnen ordentlichen Sitzungen des Jahres teilnehmen, wird durch Auslosung in öffentlicher Sitzung des Amtsgerichts bestimmt. [2]Sind bei einem Amtsgericht mehrere Schöffengerichte eingerichtet, so kann die Auslosung in einer Weise bewirkt werden, nach der jeder Hauptschöffe nur an den Sitzungen eines Schöffengerichts teilnimmt. [3]Die Auslosung ist so vorzunehmen, daß jeder ausgeloste Hauptschöffe möglichst zu zwölf Sitzungstagen herangezogen wird. [4]Satz 1 gilt entsprechend für die Reihenfolge, in der die Ersatzschöffen an die Stelle wegfallender Schöffen treten (Ersatzschöffenliste); Satz 2 ist auf sie nicht anzuwenden.

(3) Das Los zieht der Richter beim Amtsgericht.

(4) [1]Die Schöffenlisten werden bei einem Urkundsbeamten der Geschäftsstelle (Schöffengeschäftsstelle) geführt. [2]Er nimmt ein Protokoll über die Auslosung auf. [3]Der Richter beim Amtsgericht benachrichtigt die Schöffen von der Auslosung. [4]Zugleich sind die Hauptschöffen von den Sitzungstagen, an denen sie tätig werden müssen, unter Hinweis auf die gesetzlichen Folgen des Ausbleibens in Kenntnis zu setzen. [5]Ein Schöffe, der erst im Laufe des Geschäftsjahres zu einem Sitzungstag herangezogen wird, ist sodann in gleicher Weise zu benachrichtigen.

§ 46[3] **[Bildung eines weiteren Schöffengerichts]** [1]Wird bei einem Amtsgericht während des Geschäftsjahres ein weiteres Schöffengericht gebildet, so werden für dessen ordentliche Sitzungen die benötigten Hauptschöffen gemäß § 45 Abs. 1, 2 Satz 1, Abs. 3, 4 aus der Ersatzschöffenliste ausgelost. [2]Die ausgelosten Schöffen werden in der Ersatzschöffenliste gestrichen.

§ 47[4] **[Außerordentliche Sitzungen]** Wenn die Geschäfte die Anberaumung außerordentlicher Sitzungen erforderlich machen oder wenn zu einzelnen Sitzungen die Zuziehung anderer als der zunächst berufenen Schöffen oder Ergänzungsschöffen erforderlich wird, so werden Schöffen aus der Ersatzschöffenliste herangezogen.

§ 48[5] **[Zuziehung von Ergänzungsschöffen]** (1) Ergänzungsschöffen (§ 192 Abs. 2, 3) werden aus der Ersatzschöffenliste zugewiesen.

---

[1] § 44 geänd. mWv 1.7.2021 durch G v. 25.6.2021 (BGBl. I S. 2099).

[2] § 45 Abs. 2 Satz 2 eingef., bish. Satz 2 wird Satz 3, Satz 4 angef., Abs. 4 neu gef. durch G v. 5.10. 1978 (BGBl. I S. 1645); Abs. 2 Satz 4 geänd. mWv 1.7.2021 durch G v. 25.6.2021 (BGBl. I S. 2099).

[3] § 46 neu gef. durch G v. 5.10.1978 (BGBl. I S. 1645); Sätze 1 und 2 geänd. mWv 1.7.2021 durch G v. 25.6.2021 (BGBl. I S. 2099).

[4] § 47 neu gef. durch G v. 5.10.1978 (BGBl. I S. 1645); geänd. mWv 1.7.2021 durch G v. 25.6. 2021 (BGBl. I S. 2099).

[5] § 48 neu gef. durch G v. 5.10.1978 (BGBl. I S. 1645); Abs. 1 geänd. mWv 1.7.2021 durch G v. 25.6.2021 (BGBl. I S. 2099).

(2) Im Fall der Verhinderung eines Hauptschöffen tritt der zunächst zugewiesene Ergänzungsschöffe auch dann an seine Stelle, wenn die Verhinderung vor Beginn der Sitzung bekannt wird.

§ 49[1)] **[Heranziehung aus der Ersatzschöffenliste]** (1) Wird die Heranziehung von Ersatzschöffen zu einzelnen Sitzungen erforderlich (§§ 47, 48 Abs. 1), so werden sie aus der Ersatzschöffenliste in deren Reihenfolge zugewiesen.

(2) [1] Wird ein Hauptschöffe von der Schöffenliste gestrichen, so tritt der Ersatzschöffe, der nach der Reihenfolge der Ersatzschöffenliste an nächster Stelle steht, unter seiner Streichung in der Ersatzschöffenliste an die Stelle des gestrichenen Hauptschöffen. [2] Die Schöffengeschäftsstelle benachrichtigt den neuen Hauptschöffen gemäß § 45 Abs. 4 Satz 3, 4.

(3) [1] Maßgebend für die Reihenfolge ist der Eingang der Anordnung oder Feststellung, aus der sich die Notwendigkeit der Heranziehung ergibt, bei der Schöffengeschäftsstelle. [2] Die Schöffengeschäftsstelle vermerkt Datum und Uhrzeit des Eingangs auf der Anordnung oder Feststellung. [3] In der Reihenfolge des Eingangs weist sie die Ersatzschöffen nach Absatz 1 den verschiedenen Sitzungen zu oder überträgt sie nach Absatz 2 in die Hauptschöffenliste. [4] Gehen mehrere Anordnungen oder Feststellungen gleichzeitig ein, so sind zunächst Übertragungen aus der Ersatzschöffenliste in die Hauptschöffenliste nach Absatz 2 in der alphabetischen Reihenfolge der Familiennamen der von der Schöffenliste gestrichenen Hauptschöffen vorzunehmen; im übrigen ist die alphabetische Reihenfolge der Familiennamen der an erster Stelle Angeklagten maßgebend.

(4) [1] Ist ein Ersatzschöffe einem Sitzungstag zugewiesen, so ist er erst wieder heranzuziehen, nachdem alle anderen Ersatzschöffen ebenfalls zugewiesen oder von der Dienstleistung entbunden oder nicht erreichbar (§ 54) gewesen sind. [2] Dies gilt auch, wenn er selbst nach seiner Zuweisung von der Dienstleistung entbunden worden oder nicht erreichbar gewesen ist.

§ 50 [Mehrtägige Sitzung] Erstreckt sich die Dauer einer Sitzung über die Zeit hinaus, für die der Schöffe zunächst einberufen ist, so hat er bis zur Beendigung der Sitzung seine Amtstätigkeit fortzusetzen.

§ 51[2)] **[Amtsenthebung von Schöffen]** (1) Ein Schöffe ist seines Amtes zu entheben, wenn er seine Amtspflichten gröblich verletzt hat.

(2) [1] Die Entscheidung trifft ein Strafsenat des Oberlandesgerichts auf Antrag des Richters beim Amtsgericht durch Beschluss nach Anhörung der Staatsanwaltschaft und des beteiligten Schöffen. [2] Die Entscheidung ist nicht anfechtbar.

(3) [1] Der nach Absatz 2 Satz 1 zuständige Senat kann anordnen, dass der Schöffe bis zur Entscheidung über die Amtsenthebung nicht zu Sitzungen heranzuziehen ist. [2] Die Anordnung ist nicht anfechtbar.

[1)] § 49 neu gef. durch G v. 5.10.1978 (BGBl. I S. 1645); Abs. 1, Abs. 2 Satz 1, Abs. 3 Sätze 3 und 4, Abs. 4 Satz 1 geänd. mWv 1.7.2021 durch G v. 25.6.2021 (BGBl. I S. 2099).

[2)] § 51 neu gef. mWv 28.12.2010 durch G v. 22.12.2010 (BGBl. I S. 2248).

§ 52[1)] [Streichung von der Schöffenliste] (1) [1] Ein Schöffe ist von der Schöffenliste zu streichen, wenn

1. seine Unfähigkeit zum Amt eines Schöffen eintritt oder bekannt wird, oder
2. Umstände eintreten oder bekannt werden, bei deren Vorhandensein eine Berufung zum Schöffenamt nicht erfolgen soll.

[2] Im Falle des § 33 Nr. 3 gilt dies jedoch nur, wenn der Schöffe seinen Wohnsitz im Landgerichtsbezik aufgibt.

(2) [1] Auf seinen Antrag ist ein Schöffe aus der Schöffenliste zu streichen, wenn er

1. seinen Wohnsitz im Amtsgerichtsbezirk, in dem er tätig ist, aufgibt oder
2. während eines Geschäftsjahres an mehr als 24 Sitzungstagen an Sitzungen teilgenommen hat.

[2] Bei Hauptschöffen wird die Streichung nur für Sitzungen wirksam, die später als zwei Wochen nach dem Tag beginnen, an dem der Antrag bei der Schöffengeschäftsstelle eingeht. [3] Ist einem Ersatzschöffen eine Mitteilung über seine Heranziehung zu einem bestimmten Sitzungstag bereits zugegangen, so wird seine Streichung erst nach Abschluß der an diesem Sitzungstag begonnenen Hauptverhandlung wirksam.

(3) [1] Ist der Schöffe verstorben oder aus dem Landgerichtsbezirk verzogen, ordnet der Richter beim Amtsgericht seine Streichung an. [2] Im Übrigen entscheidet er nach Anhörung der Staatsanwaltschaft und des beteiligten Schöffen.

(4) Die Entscheidung ist nicht anfechtbar.

(5) Wird ein Ersatzschöffe in die Hauptschöffenliste übertragen, so gehen die Dienstleistungen vor, zu denen er zuvor als Ersatzschöffe herangezogen war.

(6) [1] Hat sich die ursprüngliche Zahl der Ersatzschöffen in der Ersatzschöffenliste auf die Hälfte verringert, so findet aus den vorhandenen Vorschlagslisten eine Ergänzungswahl durch den Ausschuß statt, der die Schöffenwahl vorgenommen hatte. [2] Der Richter beim Amtsgericht kann von der Ergänzungswahl absehen, wenn sie in den letzten sechs Monaten des Zeitraums stattfinden müßte, für den die Schöffen gewählt sind. [3] Für die Bestimmung der Reihenfolge der neuen Ersatzschöffen gilt § 45 entsprechend mit der Maßgabe, daß die Plätze im Anschluß an den im Zeitpunkt der Auslosung an letzter Stelle der Ersatzschöffenliste stehenden Schöffen ausgelost werden.

§ 53 [Ablehnungsgründe] (1) [1] Ablehnungsgründe sind nur zu berücksichtigen, wenn sie innerhalb einer Woche, nachdem der beteiligte Schöffe von seiner Einberufung in Kenntnis gesetzt worden ist, von ihm geltend gemacht werden. [2] Sind sie später entstanden oder bekannt geworden, so ist die Frist erst von diesem Zeitpunkt zu berechnen.

(2) [1] Der Richter beim Amtsgericht entscheidet über das Gesuch nach Anhörung der Staatsanwaltschaft. [2] Die Entscheidung ist nicht anfechtbar.

[1)] § 52 Abs. 1 und 2 neu gef., Abs. 5 und 6 angef. durch G v. 5.10.1978 (BGBl. I S. 1645); Abs. 1 Satz 2 angef., Abs. 2 Satz 1 und Abs. 3 neu gef. mWv 1.1.2005 durch G v. 21.12.2004 (BGBl. I S. 3599); Abs. 2 Satz 3, Abs. 5, Abs. 6 Sätze 1 und 3 geänd. mWv 1.7.2021 durch G v. 25.6.2021 (BGBl. I S. 2099).

§ 54[1)] **[Entbindung vom Schöffenamt an einzelnen Sitzungstagen]**

(1) [1]Der Richter beim Amtsgericht kann einen Schöffen auf dessen Antrag wegen eingetretener Hinderungsgründe von der Dienstleistung an bestimmten Sitzungstagen entbinden. [2]Ein Hinderungsgrund liegt vor, wenn der Schöffe an der Dienstleistung durch unabwendbare Umstände gehindert ist oder wenn ihm die Dienstleistung nicht zugemutet werden kann.

(2) [1]Für die Heranziehung von Ersatzschöffen steht es der Verhinderung eines Schöffen gleich, wenn der Schöffe nicht erreichbar ist. [2]Ein Schöffe, der sich zur Sitzung nicht einfindet und dessen Erscheinen ohne erhebliche Verzögerung ihres Beginns voraussichtlich nicht herbeigeführt werden kann, gilt als nicht erreichbar. [3]Ein Ersatzschöffe ist auch dann als nicht erreichbar anzusehen, wenn seine Heranziehung eine Vertagung der Verhandlung oder eine erhebliche Verzögerung ihres Beginns notwendig machen würde. [4]Die Entscheidung darüber, daß ein Schöffe nicht erreichbar ist, trifft der Richter beim Amtsgericht. [5]§ 56 bleibt unberührt.

(3) [1]Die Entscheidung ist nicht anfechtbar. [2]Der Antrag nach Absatz 1 und die Entscheidung sind aktenkundig zu machen.

§ 55[2)] **[Entschädigung]** Die Schöffen und Vertrauenspersonen des Ausschusses erhalten eine Entschädigung nach dem Justizvergütungs- und -entschädigungsgesetz[3)].

§ 56 [Unentschuldigtes Ausbleiben] (1) [1]Gegen Schöffen und Vertrauenspersonen des Ausschusses, die sich ohne genügende Entschuldigung zu den Sitzungen nicht rechtzeitig einfinden oder sich ihren Obliegenheiten in anderer Weise entziehen, wird ein Ordnungsgeld festgesetzt. [2]Zugleich werden ihnen auch die verursachten Kosten auferlegt.

(2) [1]Die Entscheidung trifft der Richter beim Amtsgericht nach Anhörung der Staatsanwaltschaft. [2]Bei nachträglicher genügender Entschuldigung kann die Entscheidung ganz oder zum Teil zurückgenommen werden. [3]Gegen die Entscheidung ist Beschwerde des Betroffenen nach den Vorschriften der Strafprozeßordnung zulässig.

§ 57 [Bestimmung der Fristen] Bis zu welchem Tag die Vorschlagslisten aufzustellen und dem Richter beim Amtsgericht einzureichen sind, der Ausschuß zu berufen und die Auslosung der Schöffen zu bewirken ist, wird durch die Landesjustizverwaltung bestimmt.

§ 58[4)] **[Gemeinsames Amtsgericht]** (1) [1]Die Landesregierungen werden ermächtigt, durch Rechtsverordnung[5)] einem Amtsgericht für die Bezirke

[1)] § 54 Abs. 1 Satz 2 angef., Abs. 2 eingef., bish. Abs. 2 wird Abs. 3 und neu gef. durch G v. 5.10. 1978 (BGBl. I S. 1645); Abs. 2 Sätze 1 und 3 geänd. mWv 1.7.2021 durch G v. 25.6.2021 (BGBl. I S. 2099).

[2)] § 55 geänd. mWv 1.7.2004 durch G v. 5.5.2004 (BGBl. I S. 718).

[3)] **Habersack (vormals Schönfelder) Nr. 116.**

[4)] § 58 Abs. 1 Satz 2 geänd. durch G v. 16.3.1976 (BGBl. I S. 581); Abs. 2 Satz 1 geänd., Sätze 2 und 3 angef. durch G v. 27.1.1987 (BGBl. I S. 475); Abs. 2 Sätze 1 und 2 geänd. mWv 1.7.2021 durch G v. 25.6.2021 (BGBl. I S. 2099).

[5)] Siehe hierzu ua: **Baden-Württemberg:** §§ 20–23 VO v. 20.11.1998 (GBl. S. 680), zuletzt geänd. durch VO v. 26.11.2020 (GBl. S. 1099); **Bayern:** § 54 VO v. 11.6.2012 (GVBl. S. 295), zuletzt geänd. durch V v. 8.9.2021 (GVBl. S. 583); **Berlin:** ZuwV v. 8.5.2008 (GVBl. S. 116), zuletzt geänd. durch VO v. 16.9.2019 (GVBl. S. 627); **Hamburg:** VO v. 11.11.1975 (HmbGVBl. S. 193), zuletzt →

mehrerer Amtsgerichte die Strafsachen ganz oder teilweise, Entscheidungen bestimmter Art in Strafsachen sowie Rechtshilfeersuchen in strafrechtlichen Angelegenheiten von Stellen außerhalb des räumlichen Geltungsbereichs dieses Gesetzes zuzuweisen, sofern die Zusammenfassung für eine sachdienliche Förderung oder schnellere Erledigung der Verfahren zweckmäßig ist. [2] Die Landesregierungen können die Ermächtigung durch Rechtsverordnung auf die Landesjustizverwaltungen übertragen.

(2) [1] Wird ein gemeinsames Schöffengericht für die Bezirke mehrerer Amtsgerichte eingerichtet, so bestimmt der Präsident des Landgerichts (Präsident des Amtsgerichts) die erforderliche Zahl von Haupt- und Ersatzschöffen und die Verteilung der Zahl der Hauptschöffen auf die einzelnen Amtsgerichtsbezirke. [2] Ist Sitz des Amtsgerichts, bei dem ein gemeinsames Schöffengericht eingerichtet ist, eine Stadt, die Bezirke der anderen Amtsgerichte oder Teile davon umfaßt, so verteilt der Präsident des Landgerichts (Präsident des Amtsgerichts) die Zahl der Ersatzschöffen auf diese Amtsgerichte; die Landesjustizverwaltung kann bestimmte Amtsgerichte davon ausnehmen. [3] Der Präsident des Amtsgerichts tritt nur dann an die Stelle des Präsidenten des Landgerichts, wenn alle beteiligten Amtsgerichte seiner Dienstaufsicht unterstehen.

(3) Die übrigen Vorschriften dieses Titels sind entsprechend anzuwenden.

Fünfter Titel. Landgerichte

§ 59 [Besetzung] (1) Die Landgerichte werden mit einem Präsidenten sowie mit Vorsitzenden Richtern und weiteren Richtern besetzt.

(2) Den Richtern kann gleichzeitig ein weiteres Richteramt bei einem Amtsgericht übertragen werden.

(3) Es können Richter auf Probe und Richter kraft Auftrags verwendet werden.

§ 60[1)] [Zivil- und Strafkammern] (1) Bei jedem Landgericht werden, soweit nichts anders bestimmt ist, sowohl Zivil- als auch Strafkammern gebildet.

(2) [1] Die Landesregierungen werden ermächtigt, durch Rechtsverordnung bei einem Landgericht mit mindestens 100 Richterstellen ausschließlich Zivil- oder Strafkammern zu bilden und diesem für die Bezirke mehrerer Landgerichte die Zivil- oder Strafsachen zuzuweisen. [2] Die Landesregierungen können die Ermächtigung nach Satz 1 auf die Landesjustizverwaltungen übertragen.

§§ 61 bis 69 (weggefallen)

§ 70 [Vertretung der Kammermitglieder] (1) Soweit die Vertretung eines Mitgliedes nicht durch ein Mitglied desselben Gerichts möglich ist, wird sie auf den Antrag des Präsidiums durch die Landesjustizverwaltung geordnet.

(Fortsetzung der Anm. von voriger Seite)
geänd. durch VO v. 21.4.2009 (HmbGVBl. S. 117); **Hessen:** § 53 VO v. 3.6.2013 (GVBl. S. 386), zuletzt geänd. durch G v. 8.10.2020 (GVBl. S. 710); **Nordrhein-Westfalen:** VO v. 5.7.2010 (GV. NRW. S. 422), zuletzt geänd. durch VO v. 19.8.2021 (GV. NRW. S. 1046); **Rheinland-Pfalz:** LandesVO v. 19.11.1985 (GVBl. S. 265), zuletzt geänd. durch VO v. 11.8.2017 (GVBl. S. 186); **Schleswig-Holstein:** § 13 JZVO v. 15.11.2019 (GVOBl. Schl.-H. S. 546, 548), geänd. durch VO v. 7.12.2020 (GVOBl. Schl.-H. S. 994).

1) § 60 neu gef. mWv 1.1.2021 durch G v. 12.12.2019 (BGBl. I S. 2633).

(2) Die Beiordnung eines Richters auf Probe oder eines Richters kraft Auftrags ist auf eine bestimmte Zeit auszusprechen und darf vor Ablauf dieser Zeit nicht widerrufen werden.

(3) Unberührt bleiben die landesgesetzlichen Vorschriften, nach denen richterliche Geschäfte nur von auf Lebenszeit ernannten Richtern wahrgenommen werden können, sowie die, welche die Vertretung durch auf Lebenszeit ernannte Richter regeln.

§ 71[1)] [Zuständigkeit in Zivilsachen in 1. Instanz] (1) Vor die Zivilkammern, einschließlich der Kammern für Handelssachen, gehören alle bürgerlichen Rechtsstreitigkeiten, die nicht den Amtsgerichten zugewiesen sind.

(2) Die Landgerichte sind ohne Rücksicht auf den Wert des Streitgegenstandes ausschließlich zuständig

1.[2)] für die Ansprüche, die auf Grund der Beamtengesetze gegen den Fiskus erhoben werden;
2. für die Ansprüche gegen Richter und Beamte wegen Überschreitung ihrer amtlichen Befugnisse oder wegen pflichtwidriger Unterlassung von Amtshandlungen;
3. für Ansprüche, die auf eine falsche, irreführende oder unterlassene öffentliche Kapitalmarktinformation, auf die Verwendung einer falschen oder irreführenden öffentlichen Kapitalmarktinformation oder auf die Unterlassung der gebotenen Aufklärung darüber, dass eine öffentliche Kapitalmarktinformation falsch oder irreführend ist, gestützt werden;
4. für Verfahren nach
   a) *(aufgehoben)*
   b) den §§ 98, 99, 132, 142, 145, 258, 260, 293c und 315 des Aktiengesetzes[3)],
   c) § 26 des SE-Ausführungsgesetzes,
   d) § 10 des Umwandlungsgesetzes[4)],
   e) dem Spruchverfahrensgesetz[5)],
   f) den §§ 39a und 39b des Wertpapiererwerbs- und Übernahmegesetzes;
5. in Streitigkeiten
   a) über das Anordnungsrecht des Bestellers gemäß § 650b des Bürgerlichen Gesetzbuchs[6)],

---

[1)] § 71 Abs. 2 Nr. 2 geänd., Nr. 3 angef. mWv 1.11.2005 durch G v. 16.8.2005 (BGBl. I S. 2437, geänd. durch G v. 22.12.2006, BGBl. I S. 3416); Abs. 2 Nr. 3 geänd., Nr. 4 angef., Abs. 4 angef. mWv 1.9.2009 durch G v. 17.12.2008 (BGBl. I S. 2586); Abs. 2 Nr. 3 neu gef. mWv 1.11.2012 durch G v. 19.10.2012 (BGBl. I S. 2182); Abs. 2 Nr. 4 Buchst. a aufgeh. mWv 23.7.2015 durch G v. 17.7. 2015 (BGBl. I S. 1245); Abs. 2 Nr. 4 geänd., Nr. 5 angef., Abs. 4 neu gef. mWv 1.1.2018 durch G v. 28.4.2017 (BGBl. I S. 969); Abs. 2 Nr. 5 Buchst. b geänd., Nr. 6 angef. mWv 1.1.2021 durch G v. 22.12.2020 (BGBl. I S. 3256).

[2)] § 71 Abs. 2 Nr. 1 ist praktisch gegenstandslos, weil für alle Klagen aus dem Beamten- oder Richterverhältnis der Verwaltungsrechtsweg gegeben ist; vgl. § 126 BeamtenrechtsrahmenG (Nr. **24.7**), § 126 BundesbeamtenG **(Sartorius Nr. 160)**, §§ 46, 71 Deutsches RichterG **(Habersack (vormals Schönfelder) ErgBd. Nr. 97)**, § 54 BeamtenstatusG (Nr. **24.1**).

[3)] **Habersack (vormals Schönfelder) Nr. 51.**

[4)] **Habersack (vormals Schönfelder) Nr. 52a.**

[5)] **Habersack (vormals Schönfelder) ErgBd. Nr. 51b.**

[6)] **Habersack (vormals Schönfelder) Nr. 20.**

b) über die Höhe des Vergütungsanspruchs infolge einer Anordnung des Bestellers (§ 650c des Bürgerlichen Gesetzbuchs);

6. für Ansprüche aus dem Unternehmensstabilisierungs- und -restrukturierungsgesetz[1].

(3) Der Landesgesetzgebung bleibt überlassen, Ansprüche gegen den Staat oder eine Körperschaft des öffentlichen Rechts wegen Verfügungen der Verwaltungsbehörden sowie Ansprüche wegen öffentlicher Abgaben ohne Rücksicht auf den Wert des Streitgegenstandes den Landgerichten ausschließlich zuzuweisen.

(4) [1]Die Landesregierungen werden ermächtigt, durch Rechtsverordnung die Entscheidungen in Verfahren nach Absatz 2 Nummer 4 Buchstabe a bis e und Nummer 5 einem Landgericht für die Bezirke mehrerer Landgerichte zu übertragen. [2]In Verfahren nach Absatz 2 Nummer 4 Buchstabe a bis e darf die Übertragung nur erfolgen, wenn dies der Sicherung einer einheitlichen Rechtsprechung dient. [3]Die Landesregierungen können die Ermächtigung auf die Landesjustizverwaltungen übertragen.

§ 72[2)] [Zuständigkeit in Zivilsachen in 2. Instanz] (1) [1]Die Zivilkammern, einschließlich der Kammern für Handelssachen und der in § 72a genannten Kammern, sind die Berufungs- und Beschwerdegerichte in den vor den Amtsgerichten verhandelten bürgerlichen Rechtsstreitigkeiten, soweit nicht die Zuständigkeit der Oberlandesgerichte begründet ist. [2]Die Landgerichte sind ferner die Beschwerdegerichte in Freiheitsentziehungssachen und in den von den Betreuungsgerichten entschiedenen Sachen.

(2) [1]In Streitigkeiten nach § 43 Absatz 2 des Wohnungseigentumsgesetzes[3] ist das für den Sitz des Oberlandesgerichts zuständige Landgericht gemeinsames Berufungs- und Beschwerdegericht für den Bezirk des Oberlandesgerichts, in dem das Amtsgericht seinen Sitz hat. [2]Die Landesregierungen werden ermächtigt, durch Rechtsverordnung anstelle dieses Gerichts ein anderes Landgericht im Bezirk des Oberlandesgerichts zu bestimmen. [3]Sie können die Ermächtigung auf die Landesjustizverwaltungen übertragen.

§ 72a[4) 5)] [Obligatorische Einrichtung spezialisierter Spruchkörper]

(1) Bei den Landgerichten werden eine oder mehrere Zivilkammern für folgende Sachgebiete gebildet:

1. Streitigkeiten aus Bank- und Finanzgeschäften,
2. Streitigkeiten aus Bau- und Architektenverträgen sowie aus Ingenieurverträgen, soweit sie im Zusammenhang mit Bauleistungen stehen,
3. Streitigkeiten aus Heilbehandlungen,
4. Streitigkeiten aus Versicherungsvertragsverhältnissen,

[1)] **Habersack (vormals Schönfelder) ErgBd. Nr. 110e.**

[2)] § 72 neu gef. mWv 1.1.2002 durch G v. 27.7.2001 (BGBl. I S. 1887); Abs. 2 angef. mWv 1.7. 2007 durch G v. 13.4.2007 (BGBl. I S. 509); Abs. 1 Satz 2 angef., Abs. 2 Satz 2 aufgeh., bish. Sätze 3 und 4 werden Sätze 2 und 3 mWv 1.9.2009 durch G v. 17.12.2008 (BGBl. I S. 2586); Abs. 1 Satz 1 geänd. mWv 1.1.2018 durch G v. 28.4.2017 (BGBl. I S. 969); Abs. 2 Satz 1 geänd. mWv 1.12.2020 durch G v. 16.10.2020 (BGBl. I S. 2187).

[3)] **Habersack (vormals Schönfelder) Nr. 37.**

[4)] § 72a neu gef. mWv 1.1.2021 durch G v. 12.12.2019 (BGBl. I S. 2633); Abs. 1 Nr. 7 geänd. mWv 1.1.2021 durch G v. 22.12.2020 (BGBl. I S. 3256).

[5)] Beachte hierzu die Übergangsvorschrift in § 40a EGGVG (Nr. **6.2**).

5. Streitigkeiten über Ansprüche aus Veröffentlichungen durch Druckerzeugnisse, Bild- und Tonträger jeder Art, insbesondere in Presse, Rundfunk, Film und Fernsehen,
6. erbrechtliche Streitigkeiten und
7. insolvenzrechtliche Streitigkeiten und Beschwerden, Anfechtungssachen nach dem Anfechtungsgesetz[1] sowie Streitigkeiten und Beschwerden aus dem Unternehmensstabilisierungs- und -restrukturierungsgesetz[2].

(2) [1]Die Landesregierungen werden ermächtigt, durch Rechtsverordnung bei den Landgerichten eine oder mehrere Zivilkammern für weitere Sachgebiete einzurichten. [2]Die Landesregierungen können die Ermächtigung auf die Landesjustizverwaltungen übertragen.

(3) Den Zivilkammern nach den Absätzen 1 und 2 können auch Streitigkeiten nach den §§ 71 und 72 zugewiesen werden.

§ 73[3)] [Allgemeine Zuständigkeit in Strafsachen] (1) Die Strafkammern entscheiden über Beschwerden gegen Verfügungen des Richters beim Amtsgericht sowie gegen Entscheidungen des Richters beim Amtsgericht und der Schöffengerichte.

(2) Die Strafkammern erledigen außerdem die in der Strafprozeßordnung[4)] den Landgerichten zugewiesenen Geschäfte.

§ 73a (weggefallen)

§ 74[5) 6)] [Zuständigkeit in Strafsachen in 1. und 2. Instanz] (1) [1]Die Strafkammern sind als erkennende Gerichte des ersten Rechtszuges zuständig für alle Verbrechen, die nicht zur Zuständigkeit des Amtsgerichts oder des Oberlandesgerichts gehören. [2]Sie sind auch zuständig für alle Straftaten, bei denen eine höhere Strafe als vier Jahre Freiheitsstrafe oder die Unterbringung in einem psychiatrischen Krankenhaus, allein oder neben einer Strafe, oder in der Sicherungsverwahrung zu erwarten ist oder bei denen die Staatsanwaltschaft in den Fällen des § 24 Abs. 1 Nr. 3 Anklage beim Landgericht erhebt.

(2) [1]Für die Verbrechen
1. des sexuellen Missbrauchs von Kindern mit Todesfolge (§ 176d des Strafgesetzbuches[7)]),

---

[1)] **Habersack (vormals Schönfelder) Nr. 111.**
[2)] **Habersack (vormals Schönfelder) ErgBd. Nr. 110e.**
[3)] § 73 Abs. 1 geänd. mWv 1.10.2009 durch G v. 29.7.2009 (BGBl. I S. 2280).
[4)] **Habersack (vormals Schönfelder) Nr. 90.**
[5)] § 74 Abs. 1 Satz 2 geänd. durch G v. 20.12.1984 (BGBl. I S. 1654); Abs. 2 Satz 1 Nr. 22 und 23 geänd. durch G v. 28.3.1980 (BGBl. I S. 373); Abs. 1 Satz 2 geänd. durch G v. 11.1.1993 (BGBl. I S. 50); Abs. 2 Satz 1 Nr. 2 neu gef., Nr. 3 aufgeh. durch G v. 1.7.1997 (BGBl. I S. 1607); Abs. 2 Satz 1 Nr. 1, 2, 7, 8 und 10 geänd., Nr. 3 eingef., Nr. 6 aufgeh., Nr. 9, 16–23 neu gef., Nr. 24–26 angef. durch G v. 26.1.1998 (BGBl. I S. 164); Abs. 2 Satz 1 Nr. 3 geänd. mWv 1.4.2004 durch G v. 27.12. 2003 (BGBl. I S. 3007); Abs. 1 Satz 2 geänd. mWv 1.9.2004 durch G v. 24.6.2004 (BGBl. I S. 1354); Abs. 2 Satz 1 Nr. 9a eingef., Nr. 11, 12 und 26 geänd., Nr. 27–30 angef. mWv 1.1.2012 durch G v. 6.12.2011 (BGBl. I S. 2554); Abs. 2 Satz 1 Nr. 2 neu gef., Nr. 3 aufgeh., bish. Nr. 4–30 werden Nr. 3–29 mWv 10.11.2016 durch G v. 4.11.2016 (BGBl. I S. 2460); Abs. 2 Satz 1 Nr. 1 neu gef. mWv 1.7.2021 durch G v. 16.6.2021 (BGBl. I S. 1810).
[6)] Beachte hierzu Übergangsvorschrift in § 41 EGGVG (Nr. **6.2**).
[7)] **Habersack (vormals Schönfelder) Nr. 85.**

2. des sexuellen Übergriffs, der sexuellen Nötigung und Vergewaltigung mit Todesfolge (§ 178 des Strafgesetzbuches),
3. des Mordes (§ 211 des Strafgesetzbuches),
4. des Totschlags (§ 212 des Strafgesetzbuches),
5. *(aufgehoben)*
6. der Aussetzung mit Todesfolge (§ 221 Abs. 3 des Strafgesetzbuches),
7. der Körperverletzung mit Todesfolge (§ 227 des Strafgesetzbuches),

(Fortsetzung nächstes Blatt)

§ 74c[1) 2)] **[Zuständigkeit der Wirtschaftsstrafkammer]** (1) [1] Für Straftaten

1. nach dem Patentgesetz, dem Gebrauchsmustergesetz, dem Halbleiterschutzgesetz, dem Sortenschutzgesetz, dem Markengesetz, dem Designgesetz, dem Urheberrechtsgesetz, dem Gesetz gegen den unlauteren Wettbewerb, dem Gesetz zum Schutz von Geschäftsgeheimnissen, der Insolvenzordnung, dem Unternehmensstabilisierungs- und -restrukturierungsgesetz, dem Aktiengesetz, dem Gesetz über die Rechnungslegung von bestimmten Unternehmen und Konzernen, dem Gesetz betreffend die Gesellschaften mit beschränkter Haftung, dem Handelsgesetzbuch, dem SE-Ausführungsgesetz, dem Gesetz zur Ausführung der EWG-Verordnung über die Europäische wirtschaftliche Interessenvereinigung, dem Genossenschaftsgesetz, dem SCE-Ausführungsgesetz und dem Umwandlungsgesetz,
2. nach den Gesetzen über das Bank-, Depot-, Börsen- und Kreditwesen sowie nach dem Versicherungsaufsichtsgesetz, dem Zahlungsdiensteaufsichtsgesetz und dem Wertpapierhandelsgesetz,
3. nach dem Wirtschaftsstrafgesetz 1954, dem Außenwirtschaftsgesetz, den Devisenbewirtschaftungsgesetzen sowie dem Finanzmonopol-, Steuer- und Zollrecht, auch soweit dessen Strafvorschriften nach anderen Gesetzen anwendbar sind; dies gilt nicht, wenn dieselbe Handlung eine Straftat nach dem Betäubungsmittelgesetz darstellt, und nicht für Steuerstraftaten, welche die Kraftfahrzeugsteuer betreffen,
4. nach dem Weingesetz und dem Lebensmittelrecht,
5. des Subventionsbetruges, des Kapitalanlagebetruges, des Kreditbetruges, des Bankrotts, der Verletzung der Buchführungspflicht, der Gläubigerbegünstigung und der Schuldnerbegünstigung,

5a. der wettbewerbsbeschränkenden Absprachen bei Ausschreibungen, der Bestechlichkeit und Bestechung im geschäftlichen Verkehr, der Bestechlichkeit im Gesundheitswesen, der Bestechung im Gesundheitswesen, der Bestechlichkeit und der Bestechung ausländischer und internationaler Bediensteter sowie nach dem Gesetz zur Bekämpfung internationaler Bestechung,

---

[1)] § 74c neu gef. durch G v. 5.10.1978 (BGBl. I S. 1645); Abs. 1 Nr. 1 geänd., Nr. 5 neu gef. durch G v. 15.5.1986 (BGBl. I S. 721); Abs. 1 Nr. 1 geänd. durch G v. 14.4.1988 (BGBl. I S. 514), G v. 7.3. 1990 (BGBl. I S. 422), G v. 25.10.1994 (BGBl. I S. 3082) und G v. 28.10.1994 (BGBl. I S. 3210); Abs. 1 abschl. Satzteil geänd. durch G v. 11.1.1993 (BGBl. I S. 50); Abs. 1 Nr. 2 geänd. durch G v. 26.7.1994 (BGBl. I S. 1749); Abs. 1 Nr. 5a eingef. durch G v. 13.8.1997 (BGBl. I S. 2038); Abs. 1 Nr. 5 und 6 geänd. mWv 1.11.2000 durch G v. 2.8.2000 (BGBl. I S. 1253); Abs. 1 Nr. 6 neu gef. mWv 1.8.2002 durch G v. 23.7.2002 (BGBl. I S. 2787); Abs. 1 Nr. 6 Buchst. b geänd. mWv 1.8.2004 durch G v. 23.7.2004 (BGBl. I S. 1842); Abs. 1 Nr. 1 geänd. mWv 29.12.2004 durch G v. 22.12.2004 (BGBl. I S. 3675); Abs. 1 Nr. 1 geänd. mWv 18.8.2006 durch G v. 14.8.2006 (BGBl. I S. 1911); Abs. 1 Satz 2 angef. mWv 31.12.2006 durch G v. 22.12.2006 (BGBl. I S. 3416); Abs. 1 Satz 1 Nr. 1 geänd. mWv 1.11.2008 durch G v. 23.10.2008 (BGBl. I S. 2026); Abs. 1 Satz 1 Nr. 2, 5, 6 Buchst. a und b geänd. mWv 1.1.2012 durch G v. 6.12.2011 (BGBl. I S. 2554); Abs. 1 Satz 1 Nr. 1 geänd. mWv 1.1. 2014 durch G v. 10.10.2013 (BGBl. I S. 3799); Abs. 1 Satz 2 geänd. mWv 1.9.2014 durch G v. 23.4. 2014 (BGBl. I S. 410); Abs. 1 Satz 1 Nr. 5a geänd. mWv 4.6.2016 durch G v. 30.5.2016 (BGBl. I S. 1254); Abs. 1 Satz 1 Nr. 1 geänd. mWv 26.4.2019 durch G v. 18.4.2019 (BGBl. I S. 466); Abs. 1 Satz 1 Nr. 6 Buchst. b geänd. mWv 28.6.2019 durch G v. 19.6.2019 (BGBl. I S. 844); Abs. 1 Satz 1 Nr. 1 geänd. mWv 1.1.2021 durch G v. 22.12.2020 (BGBl. I S. 3256); Abs. 1 Satz 1 Nr. 6 Buchst. a geänd. mWv 18.3.2021 durch G v. 9.3.2021 (BGBl. I S. 327); Abs. 1 Satz 1 Nr. 5a geänd. mWv 1.7. 2021 durch G v. 25.6.2021 (BGBl. I S. 2099).

[2)] Beachte hierzu Übergangsvorschrift in § 41 EGGVG (Nr. **6.2**).

6. a) der Geldwäsche, des Betruges, des Computerbetruges, der Untreue, des Vorenthaltens und Veruntreuens von Arbeitsentgelt, des Wuchers, der Vorteilsannahme, der Bestechlichkeit, der Vorteilsgewährung und der Bestechung,

   b) nach dem Arbeitnehmerüberlassungsgesetz, dem EU-Finanzschutzstärkungsgesetz und dem Schwarzarbeitsbekämpfungsgesetz,

   soweit zur Beurteilung des Falles besondere Kenntnisse des Wirtschaftslebens erforderlich sind,

ist, soweit nach § 74 Abs. 1 als Gericht des ersten Rechtszuges und nach § 74 Abs. 3 für die Verhandlung und Entscheidung über das Rechtsmittel der Berufung gegen die Urteile des Schöffengerichts das Landgericht zuständig ist, eine Strafkammer als Wirtschaftsstrafkammer zuständig. [2] Die §§ 120 und 120b bleiben unberührt.

(2) In den Sachen, in denen die Wirtschaftsstrafkammer nach Absatz 1 zuständig ist, trifft sie auch die in § 73 Abs. 1 bezeichneten Entscheidungen.

(3) [1] Die Landesregierungen werden ermächtigt, zur sachdienlichen Förderung oder schnelleren Erledigung der Verfahren durch Rechtsverordnung[1)] einem Landgericht für die Bezirke mehrerer Landgerichte ganz oder teilweise Strafsachen zuzuweisen, welche die in Absatz 1 bezeichneten Straftaten zum Gegenstand haben. [2] Die Landesregierungen können die Ermächtigung durch Rechtsverordnung auf die Landesjustizverwaltungen übertragen.

(4) Im Rahmen des Absatzes 3 erstreckt sich der Bezirk des danach bestimmten Landgerichts auf die Bezirke der anderen Landgerichte.

§ 74d[2)] [Strafkammer als gemeinsames Schwurgericht] (1) [1] Die Landesregierungen werden ermächtigt, durch Rechtsverordnung einem Landgericht für die Bezirke mehrerer Landgerichte die in § 74 Abs. 2 bezeichneten Strafsachen zuzuweisen, sofern dies der sachlichen Förderung der Verfahren dient. [2] Die Landesregierungen können die Ermächtigung auf die Landesjustizverwaltungen übertragen.

(2) *(aufgehoben)*

[1)] Siehe hierzu ua: **Baden-Württemberg:** SubdelegationsVO Justiz v. 2.4.2019 (GBl. S. 109); **Bayern:** Gerichtliche ZuständigkeitsVO Justiz v. 11.6.2012 (GVBl. S. 295), zuletzt geänd. durch V v. 8.9.2021 (GVBl. S. 583); **Berlin:** G über die Zuständigkeit der Berliner Gerichte idF der Bek. v. 12.5. 1995 (GVBl. S. 314), aufgeh. durch G v. 22.1.2021 (GVBl. S. 88); **Brandenburg:** GerichtszuständigkeitsVO v. 2.9.2014 (GVBl. II Nr. 62), zuletzt geänd. durch VO v. 28.9.2021 (GVBl. II Nr. 84); **Bremen:** VO über die Strafkammer und die Strafvollstreckungskammer in Bremerhaven v. 3.12.2019 (Brem.GBl. S. 698); **Hessen:** JustizzuständigkeitsVO v. 3.6.2013 (GVBl. S. 386), zuletzt geänd. durch G v. 8.10.2020 (GVBl. S. 710); **Nordrhein-Westfalen:** JustizG Nordrhein-Westfalen (Nr. **6.31**); **Rheinland-Pfalz:** LandesVO über die gerichtliche Zuständigkeit in Strafsachen und Bußgeldverfahren v. 19.11.1985 (GVBl. S. 265), zuletzt geänd. durch VO v. 11.8.2017 (GVBl. S. 186); **Sachsen:** Sächsisches JustizG v. 24.11.2000 (SächsGVBl. S. 482, ber. 2001 S. 704), zuletzt geänd. durch G v. 11.5.2019 (SächsGVBl. S. 358); **Sachsen-Anhalt:** VO über die amtsgerichtliche Zuständigkeit in Wirtschaftssachen v. 12.7.2004 (GVBl. LSA S. 391); **Schleswig-Holstein:** JustizzuständigkeitsVO v. 15.11.2019 (GVOBl. Schl.-H. S. 546, 548), geänd. durch VO v. 7.12.2020 (GVOBl. Schl.-H. S. 994); **Thüringen:** Thüringer VO über gerichtliche Zuständigkeiten in der ordentlichen Gerichtsbarkeit v. 17.11.2011 (GVBl. S. 511), zuletzt geänd. durch VO v. 6.12.2019 (GVBl. S. 562).

[2)] § 74d Abs. 2 aufgeh. durch G v. 5.10.1978 (BGBl. I S. 1645).

§ 74e[1)] [Vorrang bei Zuständigkeitsüberschneidungen] Unter verschiedenen nach den Vorschriften der §§ 74 bis 74d zuständigen Strafkammern kommt

1. in erster Linie dem Schwurgericht (§ 74 Abs. 2, § 74d),
2. in zweiter Linie der Wirtschaftsstrafkammer (§ 74c),
3. in dritter Linie der Strafkammer nach § 74a

der Vorrang zu.

§ 74f[2) 3)] [Zuständigkeit bei vorbehaltener oder nachträglicher Anordnung der Sicherungsverwahrung] (1) Hat im ersten Rechtszug eine Strafkammer die Anordnung der Sicherungsverwahrung vorbehalten oder im Fall des § 66b des Strafgesetzbuches[4)] als Tatgericht entschieden, ist diese Strafkammer im ersten Rechtszug für die Verhandlung und Entscheidung über die im Urteil vorbehaltene oder die nachträgliche Anordnung der Sicherungsverwahrung zuständig.

(2) Hat im Fall des § 66b des Strafgesetzbuches im ersten Rechtszug ausschließlich das Amtsgericht als Tatgericht entschieden, ist im ersten Rechtszug eine Strafkammer des ihm übergeordneten Landgerichts für die Verhandlung und Entscheidung über die nachträgliche Anordnung der Sicherungsverwahrung zuständig.

(3) Im Fall des § 66b des Strafgesetzbuches gilt § 462a Absatz 3 Satz 2 und 3 der Strafprozessordnung entsprechend.

(4) [1] In Verfahren, in denen über die im Urteil vorbehaltene oder die nachträgliche Anordnung der Sicherungsverwahrung zu entscheiden ist, ist die große Strafkammer mit drei Richtern einschließlich des Vorsitzenden und zwei Schöffen besetzt. [2] Bei Entscheidungen außerhalb der Hauptverhandlung wirken die Schöffen nicht mit.

§ 75 [Besetzung der Zivilkammern] Die Zivilkammern sind, soweit nicht nach den Vorschriften der Prozeßgesetze an Stelle der Kammer der Einzelrichter zu entscheiden hat, mit drei Mitgliedern einschließlich des Vorsitzenden besetzt.

§ 76[5) 3)] [Besetzung der Strafkammern] (1) [1] Die Strafkammern sind mit drei Richtern einschließlich des Vorsitzenden und zwei Schöffen (große Strafkammer), in Verfahren über Berufungen gegen ein Urteil des Strafrichters oder des Schöffengerichts mit dem Vorsitzenden und zwei Schöffen (kleine Strafkammer) besetzt. [2] Bei Entscheidungen außerhalb der Hauptverhandlung wirken die Schöffen nicht mit.

[1)] § 74e eingef. durch G v. 5.10.1978 (BGBl. I S. 1645).

[2)] § 74f eingef. mWv 29.7.2004 durch G v. 23.7.2004 (BGBl. I S. 1838); Abs. 1 und 3 geänd. mWv 12.7.2008 durch G v. 8.7.2008 (BGBl. I S. 1212); Abs. 1–3 geänd. mWv 1.1.2011 durch G v. 22.12. 2010 (BGBl. I S. 2300); Abs. 3 neu gef., Abs. 4 angef. mWv 1.1.2012 durch G v. 6.12.2011 (BGBl. I S. 2554).

[3)] Beachte hierzu Übergangsvorschrift in § 41 EGGVG (Nr. **6.2**).

[4)] **Habersack (vormals Schönfelder) Nr. 85.**

[5)] § 76 neu gef. durch G v. 27.1.1987 (BGBl. I S. 475); Abs. 1 Satz 1 geänd., Abs. 2 und 3 angef. durch G v. 11.1.1993 (BGBl. I S. 50); Abs. 2 Satz 2 angef. mWv 23.12.2000 durch G v. 19.12.2000 (BGBl. I S. 1756); Abs. 2 neu gef., Abs. 3–5 eingef., bish. Abs. 3 wird Abs. 6 mWv 1.1.2012 durch G v. 6.12.2011 (BGBl. I S. 2554).

(2) [1] Bei der Eröffnung des Hauptverfahrens beschließt die große Strafkammer über ihre Besetzung in der Hauptverhandlung. [2] Ist das Hauptverfahren bereits eröffnet, beschließt sie hierüber bei der Anberaumung des Termins zur Hauptverhandlung. [3] Sie beschließt eine Besetzung mit drei Richtern einschließlich des Vorsitzenden und zwei Schöffen, wenn

1. sie als Schwurgericht zuständig ist,
2. die Anordnung der Unterbringung in der Sicherungsverwahrung, deren Vorbehalt oder die Anordnung der Unterbringung in einem psychiatrischen Krankenhaus zu erwarten ist oder
3. nach dem Umfang oder der Schwierigkeit der Sache die Mitwirkung eines dritten Richters notwendig erscheint.

[4] Im Übrigen beschließt die große Strafkammer eine Besetzung mit zwei Richtern einschließlich des Vorsitzenden und zwei Schöffen.

(3) Die Mitwirkung eines dritten Richters nach Absatz 2 Satz 3 Nummer 3 ist in der Regel notwendig, wenn die Hauptverhandlung voraussichtlich länger als zehn Tage dauern wird oder die große Strafkammer als Wirtschaftsstrafkammer zuständig ist.

(4) Hat die Strafkammer eine Besetzung mit zwei Richtern einschließlich des Vorsitzenden und zwei Schöffen beschlossen und ergeben sich vor Beginn der Hauptverhandlung neue Umstände, die nach Maßgabe der Absätze 2 und 3 eine Besetzung mit drei Richtern einschließlich des Vorsitzenden und zwei Schöffen erforderlich machen, beschließt sie eine solche Besetzung.

(5) Ist eine Sache vom Revisionsgericht zurückverwiesen oder ist die Hauptverhandlung ausgesetzt worden, kann die jeweils zuständige Strafkammer erneut nach Maßgabe der Absätze 2 und 3 über ihre Besetzung beschließen.

(6) [1] In Verfahren über Berufungen gegen ein Urteil des erweiterten Schöffengerichts (§ 29 Abs. 2) ist ein zweiter Richter hinzuzuziehen. [2] Außerhalb der Hauptverhandlung entscheidet der Vorsitzende allein.

§ 77[1)] [Schöffen der Strafkammern] (1) Für die Schöffen der Strafkammern gelten entsprechend die Vorschriften über die Schöffen des Schöffengerichts mit folgender Maßgabe:

(2) [1] Der Präsident des Landgerichts verteilt die Zahl der erforderlichen Hauptschöffen für die Strafkammern auf die zum Bezirk des Landgerichts gehörenden Amtsgerichtsbezirke. [2] Die Ersatzschöffen wählt der Ausschuß bei dem Amtsgericht, in dessen Bezirk das Landgericht seinen Sitz hat. [3] Hat das Landgericht seinen Sitz außerhalb seines Bezirks, so bestimmt die Landesjustizverwaltung, welcher Ausschuß der zum Bezirk des Landgerichts gehörigen Amtsgerichte die Ersatzschöffen wählt. [4] Ist Sitz des Landgerichts eine Stadt, die Bezirke von zwei oder mehr zum Bezirk des Landgerichts gehörenden Amtsgerichten oder Teile davon umfaßt, so gilt für die Wahl der Ersatzschöffen durch die bei diesen Amtsgerichten gebildeten Ausschüsse Satz 1 entsprechend; die Landesjustizverwaltung kann bestimmte Amtsgerichte davon ausnehmen. [5] Die Namen der gewählten Hauptschöffen und der Ersatzschöffen werden von

---

[1)] § 77 Abs. 1 und 2 Satz 1 geänd., Abs. 2 Satz 5 und Abs. 3 Satz 1 neu gef., Abs. 3 Satz 2 und Abs. 4 Satz 1 geänd. durch G v. 5.10.1978 (BGBl. I S. 1645); Abs. 2 Satz 4 eingef., bish. Sätze 4 und 5 werden Sätze 5 und 6 durch G v. 27.1.1987 (BGBl. I S. 475); Abs. 3 Satz 2 neu gef., Abs. 5 angef. mWv 1.1.2005 durch G v. 21.12.2004 (BGBl. I S. 3599); Abs. 2 Sätze 2–5, Abs. 3 Satz 1 geänd. mWv 1.7.2021 durch G v. 25.6.2021 (BGBl. I S. 2099).

dem Richter beim Amtsgericht dem Präsidenten des Landgerichts mitgeteilt. [6]Der Präsident des Landgerichts stellt die Namen der Hauptschöffen zur Schöffenliste des Landgerichts zusammen.

(3) [1]An die Stelle des Richters beim Amtsgericht tritt für die Auslosung der Reihenfolge, in der die Hauptschöffen an den einzelnen ordentlichen Sitzungen teilnehmen, und der Reihenfolge, in der die Ersatzschöffen an die Stelle wegfallender Schöffen treten, der Präsident des Landgerichts; § 45 Abs. 4 Satz 3, 4 gilt entsprechend. [2]Ist der Schöffe verstorben oder aus dem Landgerichtsbezirk verzogen, ordnet der Vorsitzende der Strafkammer die Streichung von der Schöffenliste an; in anderen Fällen wird die Entscheidung darüber, ob ein Schöffe von der Schöffenliste zu streichen ist, sowie über die von einem Schöffen vorgebrachten Ablehnungsgründe von einer Strafkammer getroffen. [3]Im übrigen tritt an die Stelle des Richters beim Amtsgericht der Vorsitzende der Strafkammer.

(4) [1]Ein ehrenamtlicher Richter darf für dasselbe Geschäftsjahr nur entweder als Schöffe für das Schöffengericht oder als Schöffe für die Strafkammern bestimmt werden. [2]Ist jemand für dasselbe Geschäftsjahr in einem Bezirk zu mehreren dieser Ämter oder in mehreren Bezirken zu diesen Ämtern bestimmt worden, so hat der Einberufene das Amt zu übernehmen, zu dem er zuerst einberufen wird.

(5) § 52 Abs. 2 Satz 1 Nr. 1 findet keine Anwendung.

§ 78[1)] [Auswärtige Strafkammern bei Amtsgerichten] (1) [1]Die Landesregierungen werden ermächtigt, durch Rechtsverordnung[2)] wegen großer Entfernung zu dem Sitz eines Landgerichts bei einem Amtsgericht für den Bezirk eines oder mehrerer Amtsgerichte eine Strafkammer zu bilden und ihr für diesen Bezirk die gesamte Tätigkeit der Strafkammer des Landgerichts oder einen Teil dieser Tätigkeit zuzuweisen. [2]Die in § 74 Abs. 2 bezeichneten Verbrechen dürfen einer nach Satz 1 gebildeten Strafkammer nicht zugewiesen werden. [3]Die Landesregierungen können die Ermächtigung auf die Landesjustizverwaltungen übertragen.

(2) [1]Die Kammer wird aus Mitgliedern des Landgerichts oder Richtern beim Amtsgericht des Bezirks besetzt, für den sie gebildet wird. [2]Der Vorsitzende und die übrigen Mitglieder werden durch das Präsidium des Landgerichts bezeichnet.

(3) [1]Der Präsident des Landgerichts verteilt die Zahl der erforderlichen Hauptschöffen auf die zum Bezirk der Strafkammer gehörenden Amtsgerichtsbezirke. [2]Die Ersatzschöffen wählt der Ausschuß bei dem Amtsgericht, bei dem die auswärtige Strafkammer gebildet worden ist. [3]Die sonstigen in § 77 dem Präsidenten des Landgerichts zugewiesenen Geschäfte nimmt der Vorsitzende der Strafkammer wahr.

[1)] § 78 Abs. 3 Satz 2 geänd. mWv 1.7.2021 durch G v. 25.6.2021 (BGBl. I S. 2099).

[2)] **Bremen:** VO v. 3.12.2019 (Brem.GBl. S. 698); **Niedersachsen:** VO v. 18.12.2009 (Nds. GVBl. S. 506, ber. S. 283), zuletzt geänd. durch VO v. 12.1.2021 (Nds. GVBl. S. 12); **Nordrhein-Westfalen:** VO v. 28.10.2008 (GV. NRW. S. 685), zuletzt geänd. durch VO v. 30.11.2018 (GV. NRW. S. 665).

5a. Titel. Strafvollstreckungskammern

§ 78a[1] **[Zuständigkeit]** (1) [1] Bei den Landgerichten werden, soweit in ihrem Bezirk für Erwachsene Anstalten unterhalten werden, in denen Freiheitsstrafe oder freiheitsentziehende Maßregeln der Besserung und Sicherung vollzogen werden, oder soweit in ihrem Bezirk andere Vollzugsbehörden ihren Sitz haben, Strafvollstreckungskammern gebildet. [2] Diese sind zuständig für die Entscheidungen

1. nach den §§ 462a, 463 der Strafprozeßordnung, soweit sich nicht aus der Strafprozeßordnung etwas anderes ergibt,
2. nach den § 50 Abs. 5, §§ 109, 138 Abs. 3 des Strafvollzugsgesetzes[2],
3. nach den §§ 50, 58 Absatz 2, § 84g Absatz 1, den §§ 84j, 90h Absatz 1, § 90j Absatz 1 und 2 und § 90k Absatz 1 und 2 des Gesetzes über die internationale Rechtshilfe in Strafsachen[3].

[3] Ist nach § 454b Absatz 3 oder Absatz 4 der Strafprozeßordnung[4] über die Aussetzung der Vollstreckung mehrerer Freiheitsstrafen gleichzeitig zu entscheiden, so entscheidet eine Strafvollstreckungskammer über die Aussetzung der Vollstreckung aller Strafen.

(2)[5] [1] Die Landesregierungen weisen Strafsachen nach Absatz 1 Satz 2 Nr. 3 für die Bezirke der Landgerichte, bei denen keine Strafvollstreckungskammern zu bilden sind, in Absatz 1 Satz 1 bezeichneten Landgerichten durch Rechtsverordnung zu. [2] Die Landesregierungen werden ermächtigt, durch Rechtsverordnung einem der in Absatz 1 bezeichneten Landgerichte für die Bezirke mehrerer Landgerichte die in die Zuständigkeit der Strafvollstreckungskammern fallenden Strafsachen zuzuweisen und zu bestimmen, daß Strafvollstre-

---

[1] § 78a Abs. 1 neu gef. durch G v. 16.3.1976 (BGBl. I S. 581); Abs. 1 Satz 2 Nr. 2 geänd. durch G v. 20.1.1984 (BGBl. I S. 97, ber. S. 360); Abs. 1 Satz 2 Nr. 3 angef. durch G v. 23.12.1982 (BGBl. I S. 2071); Abs. 1 Satz 3 angef. durch G v. 13.4.1986 (BGBl. I S. 393); Abs. 2 Satz 1 eingef., bish. Sätze 1 und 2 werden Sätze 2 und 3, neuer Satz 3 geänd. durch G v. 23.12.1982 (BGBl. I S. 2071); Abs. 1 Satz 2 Nr. 2 geänd. mWv 15.12.2001 durch G v. 10.12.2001 (BGBl. I S. 3442); Abs. 1 Satz 2 Nr. 3 geänd. mWv 1.9.2004 durch G v. 24.6.2004 (BGBl. I S. 1354); Abs. 1 Satz 2 Nr. 3 geänd. mWv 25.7. 2015 durch G v. 17.7.2015 (BGBl. I S. 1349); Abs. 1 Satz 3 geänd. mWv 24.8.2017 durch G v. 17.8. 2017 (BGBl. I S. 3202).

[2] **Habersack (vormals Schönfelder) ErgBd. Nr. 91.**

[3] **Habersack (vormals Schönfelder) ErgBd. Nr. 90h.**

[4] **Habersack (vormals Schönfelder) Nr. 90.**

[5] Siehe hierzu ua: **Baden-Württemberg:** SubdelegationsVO Justiz v. 2.4.2019 (GBl. S. 109); **Bayern:** Gerichtliche ZuständigkeitsVO Justiz v. 11.6.2012 (GVBl. S. 295), zuletzt geänd. durch V v. 8.9.2021 (GVBl. S. 583); **Berlin:** JustizG Berlin v. 22.1.2021 (GVBl. S. 75), geänd. durch G v. 14.9. 2021 (GVBl. S. 1076); **Brandenburg:** GerichtszuständigkeitsVO v. 2.9.2014 (GVBl. II Nr. 62), zuletzt geänd. durch VO v. 28.9.2021 (GVBl. II Nr. 84); **Bremen:** VO über die Strafkammer und die Strafvollstreckungskammer in Bremerhaven v. 3.12.2019 (Brem.GBl. S. 698); **Hessen:** JustizzuständigkeitsVO v. 3.6.2013 (GVBl. S. 386), zuletzt geänd. durch G v. 8.10.2020 (GVBl. S. 710); **Niedersachsen:** VO zur Regelung von Zuständigkeiten in der Gerichtsbarkeit und der Justizverwaltung v. 18.12.2009 (Nds. GVBl. S. 506, ber. S. 283), zuletzt geänd. durch VO v. 12.1.2021 (Nds. GVBl. S. 12); **Nordrhein-Westfalen:** JustizG Nordrhein-Westfalen (Nr. **6.31**); **Rheinland-Pfalz:** LandesVO über die gerichtliche Zuständigkeit in Strafsachen und Bußgeldverfahren v. 19.11.1985 (GVBl. S. 265), zuletzt geänd. durch VO v. 11.8.2017 (GVBl. S. 186); **Sachsen:** JustizorganisationsVO idF der Bek. v. 7.3.2016 (SächsGVBl. S. 103), zuletzt geänd. durch VO v. 2.12.2019 (SächsGVBl. 2020 S. 17); **Sachsen-Anhalt:** VO über die amtsgerichtliche Zuständigkeit in Wirtschaftssachen v. 12.7. 2004 (GVBl. LSA S. 391); **Schleswig-Holstein:** JustizzuständigkeitsVO v. 15.11.2019 (GVOBl. Schl.-H. S. 546, 548), geänd. durch VO v. 7.12.2020 (GVOBl. Schl.-H. S. 994).

ckungskammern ihren Sitz innerhalb ihres Bezirkes auch oder ausschließlich an Orten haben, an denen das Landgericht seinen Sitz nicht hat, sofern diese Bestimmungen für eine sachdienliche Förderung oder schnellere Erledigung der Verfahren zweckmäßig sind. [3] Die Landesregierungen können die Ermächtigungen nach den Sätzen 1 und 2 durch Rechtsverordnung auf die Landesjustizverwaltungen übertragen.

(3) Unterhält ein Land eine Anstalt, in der Freiheitsstrafe oder freiheitsentziehende Maßregeln der Besserung und Sicherung vollzogen werden, auf dem Gebiete eines anderen Landes, so können die beteiligten Länder vereinbaren, daß die Strafvollstreckungskammer bei dem Landgericht zuständig ist, in dessen Bezirk die für die Anstalt zuständige Aufsichtsbehörde ihren Sitz hat.[1)]

§ 78b[2)] **[Besetzung]** (1) Die Strafvollstreckungskammern sind besetzt

1. in Verfahren über die Aussetzung der Vollstreckung des Restes einer lebenslangen Freiheitsstrafe oder die Aussetzung der Vollstreckung der Unterbringung in einem psychiatrischen Krankenhaus oder in der Sicherungsverwahrung mit drei Richtern unter Einschluß des Vorsitzenden; ist nach § 454b Absatz 4 der Strafprozessordnung[3)] über mehrere Freiheitsstrafen gleichzeitig zu entscheiden, so entscheidet die Strafvollstreckungskammer über alle Freiheitsstrafen mit drei Richtern, wenn diese Besetzung für die Entscheidung über eine der Freiheitsstrafen vorgeschrieben ist,

(Fortsetzung nächstes Blatt)

[1)] Schleswig-Holstein: Abkommen über die Zuständigkeit der Strafvollstreckungskammer bei dem Landgericht Hamburg v. 10.10.1974 (Hamburg: G v. 18.11.1974, GVBl. S. 331 und Bek. v. 6.1.1975, GVBl. S. 6; Schleswig-Holstein: G v. 18.12.1974, GVOBl. S. 475 und Bek. v. 3.1.1975, GVOBl. S. 5).

[2)] § 78b Abs. 1 neu gef. durch G v. 11.1.1993 (BGBl. I S. 50); Abs. 1 Nr. 1 geänd. durch G v. 16.6. 1995 (BGBl. I S. 818); Abs. 1 Nr. 1 geänd. mWv 24.8.2017 durch G v. 17.8.2017 (BGBl. I S. 3202, ber. S. 3630).

[3)] **Habersack (vormals Schönfelder) Nr. 90.**

(2) [1]Die Landesregierungen werden ermächtigt, durch Rechtsverordnung[1)] außerhalb des Sitzes des Oberlandesgerichts für den Bezirk eines oder mehrerer Landgerichte Zivil- oder Strafsenate zu bilden und ihnen für diesen Bezirk die gesamte Tätigkeit des Zivil- oder Strafsenats des Oberlandesgerichts oder einen Teil dieser Tätigkeit zuzuweisen. [2]Ein auswärtiger Senat für Familiensachen kann für die Bezirke mehrerer Familiengerichte gebildet werden.

(3) Die Landesregierungen können die Ermächtigung nach Absatz 2 auf die Landesjustizverwaltungen übertragen.

§ 117 [Vertretung der Senatsmitglieder] Die Vorschrift des § 70 Abs. 1 ist entsprechend anzuwenden.

§ 118[2)] [Zuständigkeit in Musterverfahren] Die Oberlandesgerichte sind in bürgerlichen Rechtsstreitigkeiten im ersten Rechtszug zuständig für die Verhandlung und Entscheidung über Musterverfahren nach dem Kapitalanleger-Musterverfahrensgesetz[3)].

§ 119[4) 5)] [Zuständigkeit in Zivilsachen] (1) Die Oberlandesgerichte sind in Zivilsachen zuständig für die Verhandlung und Entscheidung über die Rechtsmittel:

1. der Beschwerde gegen Entscheidungen der Amtsgerichte
   a) in den von den Familiengerichten entschiedenen Sachen;
   b) in den Angelegenheiten der freiwilligen Gerichtsbarkeit mit Ausnahme der Freiheitsentziehungssachen und der von den Betreuungsgerichten entschiedenen Sachen;
2. der Berufung und der Beschwerde gegen Entscheidungen der Landgerichte.

(2) § 23b Absatz 1, 2 und 3 Satz 3 und 4 gilt entsprechend.

(3) [1]In Zivilsachen sind Oberlandesgerichte ferner zuständig für die Verhandlung und Entscheidung von Musterfeststellungsverfahren nach Buch 6 der Zivilprozessordnung[6)] im ersten Rechtszug. [2]Ein Land, in dem mehrere Oberlandesgerichte errichtet sind, kann durch Rechtsverordnung der Landesregierung einem Oberlandesgericht die Entscheidung und Verhandlung für die Bezirke mehrerer Oberlandesgerichte oder dem Obersten Landesgericht zuweisen, sofern die Zuweisung für eine sachdienliche Förderung oder schnellere Erledigung der Verfahren zweckmäßig ist. [3]Die Landesregierungen können die Ermächtigung durch Rechtsverordnung auf die Landesjustizverwaltungen übertragen.

---

1) **Baden-Württemberg:** Zuständigkeit der Zivilsenate des OLG Karlsruhe in Freiburg gem. § 16 ZuVOJu v. 20.11.1998 (GBl. S. 680), zuletzt geänd. durch VO v. 26.11.2020 (GBl. S. 1099).

Bayern: Zuständigkeit der Zivilsenate des OLG München in Augsburg gem. § 1 GZVJu v. 11.6.2012 (GVBl. S. 295), zuletzt geänd. durch V v. 8.9.2021 (GVBl. S. 583).

2) § 118 eingef. mWv 1.11.2005 durch G v. 16.8.2005 (BGBl. I S. 2437, geänd. durch G v. 22.12. 2006, BGBl. I S. 3416).

3) **Habersack (vormals Schönfelder) ErgBd. Nr. 105d.**

4) § 119 neu gef. mWv 1.1.2002 durch G v. 27.7.2001 (BGBl. I S. 1887); Abs. 1 einl. Satzteil geänd. mWv 1.11.2005 durch G v. 16.8.2005 (BGBl. I S. 2437, geänd. durch G v. 22.12.2006, BGBl. I S. 3416); Abs. 1 neu gef., Abs. 3–6 aufgeh. mWv 1.9.2009 durch G v. 17.12.2008 (BGBl. I S. 2586); Abs. 3 angef. mWv 18.7.2018 durch G v. 12.7.2018 (BGBl. I S. 1151); Abs. 2 neu gef. mWv 1.1.2022 durch G v. 16.6.2021 (BGBl. I S. 1810).

5) Beachte hierzu Übergangsvorschrift in § 40 EGGVG (Nr. **6.2**).

6) Auszugsweise abgedruckt unter Nr. **23.3**.

§ 119a[1) 2)] **[Obligatorische Einrichtung spezialisierter Senate]**

(1) Bei den Oberlandesgerichten werden ein oder mehrere Zivilsenate für folgende Sachgebiete gebildet:
1. Streitigkeiten aus Bank- und Finanzgeschäften,
2. Streitigkeiten aus Bau- und Architektenverträgen sowie aus Ingenieurverträgen, soweit sie im Zusammenhang mit Bauleistungen stehen,
3. Streitigkeiten aus Heilbehandlungen,
4. Streitigkeiten aus Versicherungsvertragsverhältnissen,
5. Streitigkeiten über Ansprüche aus Veröffentlichungen durch Druckerzeugnisse, Bild- und Tonträger jeder Art, insbesondere in Presse, Rundfunk, Film und Fernsehen,
6. erbrechtliche Streitigkeiten und
7. insolvenzrechtliche Streitigkeiten, Anfechtungssachen nach dem Anfechtungsgesetz[3)] sowie Streitigkeiten aus dem Unternehmensstabilisierungs- und -restrukturierungsgesetz[4)].

(2) [1]Die Landesregierungen werden ermächtigt, durch Rechtsverordnung bei den Oberlandesgerichten einen oder mehrere Zivilsenate für weitere Sachgebiete einzurichten. [2]Die Landesregierungen können die Ermächtigung auf die Landesjustizverwaltungen übertragen.

(3) Den Zivilsenaten nach den Absätzen 1 und 2 können auch Streitigkeiten nach § 119 Absatz 1 zugewiesen werden.

§ 120[5)] **[Zuständigkeit in Strafsachen in 1. Instanz]** (1) In Strafsachen sind die Oberlandesgerichte, in deren Bezirk die Landesregierungen ihren Sitz haben, für das Gebiet des Landes zuständig für die Verhandlung und Entscheidung im ersten Rechtszug
1. *(aufgehoben)*
2. bei Hochverrat (§§ 81 bis 83 des Strafgesetzbuches),

[1)] § 119a neu gef. mWv 1.1.2021 durch G v. 12.12.2019 (BGBl. I S. 2633); Abs. 1 Nr. 7 geänd. mWv 1.1.2021 durch G v. 22.12.2020 (BGBl. I S. 3256).

[2)] Beachte hierzu die Übergangsvorschrift in § 40a EGGVG (Nr. **6.2**).

[3)] **Habersack (vormals Schönfelder) Nr. 111.**

[4)] **Habersack (vormals Schönfelder) ErgBd. Nr. 110e.**

[5)] § 120 Abs. 1 Nr. 3 neu gef. durch G v. 22.10.1987 (BGBl. I S. 2294); Abs. 1 Nr. 6 eingef., bish. Nr. 6 und 7 werden Nr. 7 und 8 durch G v. 18.8.1976 (BGBl. I S. 2181); Abs. 2 neu gef. durch G v. 19.12.1986 (BGBl. I S. 2566); Abs. 3 Satz 2 neu gef. durch G v. 27.1.1987 (BGBl. I S. 475); Abs. 2 Satz 1 Nr. 3 neu gef. durch G v. 26.1.1998 (BGBl. I S. 164); Abs. 1 Nr. 8 geänd. mWv 30.6.2002 durch G v. 26.6.2002 (BGBl. I S. 2254); Abs. 1 Nr. 8 neu gef. mWv 3.8.2002 durch G v. 26.7.2002 (BGBl. I S. 2914); Abs. 1 Nr. 6 geänd. mWv 30.8.2002 durch G v. 22.8.2002 (BGBl. I S. 3390); Abs. 2 Satz 1 Nr. 2 geänd. mWv 28.12.2003 durch G v. 22.12.2003 (BGBl. I S. 2836); Abs. 4 Satz 2 angef. mWv 1.7.2005 durch G v. 24.6.2005 (BGBl. I S. 1841); Abs. 7 angef. mWv 25.4.2006 durch G v. 19.4.2006 (BGBl. I S. 866); Abs. 2 Satz 1 Nr. 3 und Satz 2 geänd., Satz 1 Nr. 4 angef. mWv 31.12. 2006 durch G v. 22.12.2006 (BGBl. I S. 3416); Abs. 4 Satz 2 geänd. mWv 1.1.2008 durch G v. 21.12. 2007 (BGBl. I S. 3198); Abs. 2 Satz 1 Nr. 3 neu gef. mWv 4.8.2009 durch G v. 30.7.2009 (BGBl. I S. 2437); Abs. 2 Satz 1 Nr. 3 einl. Satzteil geänd., Satz 2 eingef., bish. Satz 2 wird Satz 3 und geänd. mWv 1.8.2015 durch G v. 12.6.2015 (BGBl. I S. 925); Abs. 1 Nr. 1 aufgeh. mWv 1.1.2017 durch G v. 22.12.2016 (BGBl. I S. 3150); Abs. 4 Satz 2 geänd. mWv 24.8.2017 durch G v. 17.8.2017 (BGBl. I S. 3202); Abs. 2 Satz 1 Nr. 4 einl. Satzteil geänd. mWv 1.7.2021 durch G v. 25.6.2021 (BGBl. I S. 2099).

3. bei Landesverrat und Gefährdung der äußeren Sicherheit (§§ 94 bis 100a des Strafgesetzbuches) sowie bei Straftaten nach § 52 Abs. 2 des Patentgesetzes[1)], nach § 9 Abs. 2 des Gebrauchsmustergesetzes[2)] in Verbindung mit § 52 Abs. 2 des Patentgesetzes oder nach § 4 Abs. 4 des Halbleiterschutzgesetzes in Verbindung mit § 9 Abs. 2 des Gebrauchsmustergesetzes und § 52 Abs. 2 des Patentgesetzes,
4. bei einem Angriff gegen Organe und Vertreter ausländischer Staaten (§ 102 des Strafgesetzbuches),
5. bei einer Straftat gegen Verfassungsorgane in den Fällen der §§ 105, 106 des Strafgesetzbuches,
6. bei einer Zuwiderhandlung gegen das Vereinigungsverbot des § 129a, auch in Verbindung mit § 129b Abs. 1, des Strafgesetzbuches,
7. bei Nichtanzeige von Straftaten nach § 138 des Strafgesetzbuches, wenn die Nichtanzeige eine Straftat betrifft, die zur Zuständigkeit der Oberlandesgerichte gehört, und
8. bei Straftaten nach dem Völkerstrafgesetzbuch[3)].

(2) [1] Diese Oberlandesgerichte sind ferner für die Verhandlung und Entscheidung im ersten Rechtszug zuständig

1. bei den in § 74a Abs. 1 bezeichneten Straftaten, wenn der Generalbundesanwalt wegen der besonderen Bedeutung des Falles nach § 74a Abs. 2 die Verfolgung übernimmt,
2. bei Mord (§ 211 des Strafgesetzbuches), Totschlag (§ 212 des Strafgesetzbuches) und den in § 129a Abs. 1 Nr. 2 und Abs. 2 des Strafgesetzbuches bezeichneten Straftaten, wenn ein Zusammenhang mit der Tätigkeit einer nicht oder nicht nur im Inland bestehenden Vereinigung besteht, deren Zweck oder Tätigkeit die Begehung von Straftaten dieser Art zum Gegenstand hat, und der Generalbundesanwalt wegen der besonderen Bedeutung des Falles die Verfolgung übernimmt,
3. bei Mord (§ 211 des Strafgesetzbuchs), Totschlag (§ 212 des Strafgesetzbuchs), erpresserischem Menschenraub (§ 239a des Strafgesetzbuchs), Geiselnahme (§ 239b des Strafgesetzbuchs), schwerer und besonders schwerer Brandstiftung (§§ 306a und 306b des Strafgesetzbuchs), Brandstiftung mit Todesfolge (§ 306c des Strafgesetzbuchs), Herbeiführen einer Explosion durch Kernenergie in den Fällen des § 307 Abs. 1 und 3 Nr. 1 des Strafgesetzbuchs, Herbeiführen einer Sprengstoffexplosion in den Fällen des § 308 Abs. 1 bis 3 des Strafgesetzbuchs, Missbrauch ionisierender Strahlen in den Fällen des § 309 Abs. 1 bis 4 des Strafgesetzbuchs, Vorbereitung eines Explosions- oder Strahlungsverbrechens in den Fällen des § 310 Abs. 1 Nr. 1 bis 3 des Strafgesetzbuchs, Herbeiführen einer Überschwemmung in den Fällen des § 313 Abs. 2 in Verbindung mit § 308 Abs. 2 und 3 des Strafgesetzbuchs, gemeingefährlicher Vergiftung in den Fällen des § 314 Abs. 2 in Verbindung mit § 308 Abs. 2 und 3 des Strafgesetzbuchs und Angriff auf den Luft- und Seeverkehr in den Fällen des § 316c Abs. 1 und 3 des Strafgesetzbuchs, wenn die Tat nach den Umständen geeignet ist,
   a) den Bestand oder die Sicherheit eines Staates zu beeinträchtigen,

---

[1)] **Habersack (vormals Schönfelder) ErgBd. Nr. 70.**
[2)] **Habersack (vormals Schönfelder) ErgBd. Nr. 71.**
[3)] **Habersack (vormals Schönfelder) ErgBd. Nr. 85g.**

b) Verfassungsgrundsätze der Bundesrepublik Deutschland zu beseitigen, außer Geltung zu setzen oder zu untergraben,

c) die Sicherheit der in der Bundesrepublik Deutschland stationierten Truppen des Nordatlantik-Pakts oder seiner nichtdeutschen Vertragsstaaten zu beeinträchtigen oder

d) den Bestand oder die Sicherheit einer internationalen Organisation zu beeinträchtigen,

und der Generalbundesanwalt wegen der besonderen Bedeutung des Falles die Verfolgung übernimmt,

4. bei Straftaten nach dem Außenwirtschaftsgesetz sowie bei Straftaten nach dem Gesetz über die Kontrolle von Kriegswaffen[1)], wenn die Tat oder im Falle des strafbaren Versuchs auch ihre unterstellte Vollendung nach den Umständen

a) geeignet ist, die äußere Sicherheit oder die auswärtigen Beziehungen der Bundesrepublik Deutschland erheblich zu gefährden, oder

b) bestimmt und geeignet ist, das friedliche Zusammenleben der Völker zu stören,

und der Generalbundesanwalt wegen der besonderen Bedeutung des Falles die Verfolgung übernimmt.

[2] Eine besondere Bedeutung des Falles ist auch anzunehmen, wenn in den Fällen des Satzes 1 eine Ermittlungszuständigkeit des Generalbundesanwalts wegen des länderübergreifenden Charakters der Tat geboten erscheint. [3] Die Oberlandesgerichte verweisen bei der Eröffnung des Hauptverfahrens die Sache in den Fällen der Nummer 1 an das Landgericht, in den Fällen der Nummern 2 bis 4 an das Land- oder Amtsgericht, wenn eine besondere Bedeutung des Falles nicht vorliegt.

(3) [1] In den Sachen, in denen diese Oberlandesgerichte nach Absatz 1 oder 2 zuständig sind, treffen sie auch die in § 73 Abs. 1 bezeichneten Entscheidungen. [2] Sie entscheiden ferner über die Beschwerde gegen Verfügungen der Ermittlungsrichter der Oberlandesgerichte (§ 169 Abs. 1 Satz 1 der Strafprozeßordnung[2)]) in den in § 304 Abs. 5 der Strafprozeßordnung bezeichneten Fällen.

(4) [1] Diese Oberlandesgerichte entscheiden auch über die Beschwerde gegen Verfügungen und Entscheidungen des nach § 74a zuständigen Gerichts. [2] Für Entscheidungen über die Beschwerde gegen Verfügungen und Entscheidungen des nach § 74a Abs. 4 zuständigen Gerichts sowie in den Fällen des § 100e Absatz 2 Satz 6 der Strafprozessordnung ist ein nicht mit Hauptverfahren in Strafsachen befasster Senat zuständig.

(5) [1] Für den Gerichtsstand gelten die allgemeinen Vorschriften. [2] Die beteiligten Länder können durch Vereinbarung die den Oberlandesgerichten in den Absätzen

---

[1)] **Sartorius Nr. 823.**
[2)] **Habersack (vormals Schönfelder) Nr. 90.**

6.2. Einführungsgesetz zum Gerichtsverfassungsgesetz

Vom 27. Januar 1877
(RGBl. S. 77)

BGBl. III/FNA 300-1

geänd. durch § 1 G, betr. die Geschäftssprache der gerichtlichen Behörden in Elsaß-Lothringen v. 12.6.1889 (RGBl. S. 95), Art. 2 G, betr. Änd. des GVG und der StPO v. 17.5.1898 (RGBl. S. 252), Art. 2 ReichsgerichtszuständigkeitsG v. 22.5.1910 (RGBl. S. 767), Art. 1 G, betr. die bei einem obersten Landesgericht einzulegenden Revisionen in bürgerlichen Rechtsstreitigkeiten v. 20.2.1911 (RGBl. S. 59), Art. 1 Abschnitt II Rechtseinheit-WiederherstellungsG v. 12.9.1950 (BGBl. I S. 455), § 179 VerwaltungsgerichtsO v. 21.1.1960 (BGBl. I S. 17), Art. 4 Nr. 2 Staatsschutz-Rechtszug-EinführungsG v. 8.9.1969 (BGBl. I S. 1582), Art. 3 Richterbezeichnungs-ÄndG v. 26.5.1972 (BGBl. I S. 841), Art. 23 Strafgesetzbuch-EinführungsG v. 2.3.1974 (BGBl. I S. 469), § 180 StrafvollzugsG v. 16.3.1976 (BGBl. I S. 581, ber. S. 2088), Art. 1 ÄndG v. 30.9.1977 (BGBl. I S. 1877), Art. 4 Nr. 3 G über die Prozeßkostenhilfe v. 13.6.1980 (BGBl. I S. 677), Art. 4 Zwanzigstes StrafrechtsänderungsG v. 8.12.1981 (BGBl. I S. 1329), § 79 G über die internationale Rechtshilfe in Strafsachen v. 23.12. 1982 (BGBl. I S. 2071), Art. 1 ÄndG v. 4.12.1985 (BGBl. I S. 2141), Art. 3 StrafverfahrensänderungsG 1987 v. 27.1.1987 (BGBl. I S. 475), Art. 7 Abs. 1 Rechtspflege-VereinfachungsG v. 17.12. 1990 (BGBl. I S. 2847), Art. 9 RechtspflegerG-ÄndG v. 24.6.1994 (BGBl. I S. 1374), Art. 1 Justizmitteilungsg und G zur Änd. kostenrechtlicher Vorschriften und anderer Gesetze v. 18.6.1997 (BGBl. I S. 1430, ber. S. 2779), Art. 25 Nr. 1 Erstes SGB III-ÄndG v. 16.12.1997 (BGBl. I S. 2970), Art. 1 ÄndG v. 5.11.1999 (BGBl. I S. 2146), Art. 1 Zweites ÄndG v. 15.12.1999 (BGBl. I S. 2398), Art. 7 StrafverfahrensänderungsG 1999 v. 2.8.2000 (BGBl. I S. 1253), Art. 5 ZivilprozessreformG v. 27.7. 2001 (BGBl. I S. 1887), Art. 21 OLG-VertretungsÄndG v. 23.7.2002 (BGBl. I S. 2850), Art. 5 Abs. 5 Vierunddreißigstes StrafrechtsänderungsG v. 22.8.2002 (BGBl. I S. 3390), Art. 14 Erstes G über die Bereinigung von Bundesrecht im Zuständigkeitsbereich des BMJ v. 19.4.2006 (BGBl. I S. 866), Art. 4 Abs. 5 G zur Errichtung und zur Regelung der Aufgaben des BfJ v. 17.12.2006 (BGBl. I S. 3171), Art. 2 Zweites G zur Änd. des JGG und anderer Gesetze v. 13.12.2007 (BGBl. I S. 2894), Art. 21 FGG-ReformG v. 17.12.2008 (BGBl. I S. 2586, geänd. durch G v. 30.7.2009, BGBl. I S. 2449), Art. 2 G über die Besetzung der großen Straf- und Jugendkammern in der Hauptverhandlung und zur Änd. weiterer gerichtsverfassungsrechtlicher Vorschriften sowie des BDG v. 6.12.2011 (BGBl. I S. 2554), Art. 8 G zur weiteren Erleichterung der Sanierung von Unternehmen v. 7.12.2011 (BGBl. I S. 2582), Art. 2 G zur Einführung einer Rechtsbehelfsbelehrung im Zivilprozess und zur Änd. anderer Vorschriften v. 5.12.2012 (BGBl. I S. 2418), Art. 13 2. KostenrechtsmodernisierungsG v. 23.7.2013 (BGBl. I S. 2586), Art. 20 G zum Internationalen Erbrecht und zur Änd. von Vorschriften zum Erbschein sowie zur Änd. sonstiger Vorschriften v. 29.6.2015 (BGBl. I S. 1042), Art. 130 Zehnte ZuständigkeitsanpassungsVO v. 31.8.2015 (BGBl. I S. 1474), Art. 4 G zur Neuregelung des Kulturgutschutzrechts v. 31.7.2016 (BGBl. I S. 1914), Art. 6 G zur Reform des Bauvertragsrechts, zur Änd. der kaufrechtlichen Mängelhaftung, zur Stärkung des zivilprozessualen Rechtsschutzes und zum maschinellen Siegel im Grundbuch- und Schiffsregisterverfahren v. 28.4.2017 (BGBl. I S. 969), Art. 2 G zur Änd. von Vorschriften im Bereich des Internationalen Privat- und Zivilverfahrensrechts v. 11.6. 2017 (BGBl. I S. 1607), Art. 2 Zweites G zur Stärkung der Verfahrensrechte von Beschuldigten im Strafverfahren und zur Änd. des Schöffenrechts v. 27.8.2017 (BGBl. I S. 3295), Art. 5 Abs. 1 G über die Erweiterung der Medienöffentlichkeit in Gerichtsverfahren v. 8.10.2017 (BGBl. I S. 3546), Art. 3 G zur Umsetzung der RL (EU) 2016/680 im Strafverfahren sowie zur Anpassung datenschutzrechtlicher Bestimmungen an die VO (EU) 2016/679 v. 20.11.2019 (BGBl. I S. 1724), Art. 4 G zur Regelung der Wertgrenze für die Nichtzulassungsbeschwerde in Zivilsachen, zum Ausbau der Spezialisierung bei den Gerichten sowie zur Änd. weiterer prozessrechtlicher Vorschriften v. 12.12.2019 (BGBl. I S. 2633), Art. 9 Kinder- und JugendstärkungsG v. 3.6.2021 (BGBl. I S. 1444) und Art. 3 G zur Fortentwicklung der StrafprozessO und zur Änd. weiterer Vorschriften v. 25.6.2021 (BGBl. I S. 2099)

Erster Abschnitt.[1] Allgemeine Vorschriften

§ 1[2] *(aufgehoben)*

§ 2[3] **[Anwendungsbereich]** Die Vorschriften des Gerichtsverfassungsgesetzes[4] finden auf die ordentliche Gerichtsbarkeit und deren Ausübung Anwendung.

§ 3[5] **[Übertragung der Gerichtsbarkeit]** (1) [1]Die Gerichtsbarkeit in bürgerlichen Rechtsstreitigkeiten und Strafsachen, für welche besondere Gerichte zugelassen sind, kann den ordentlichen Landesgerichten durch die Landesgesetzgebung übertragen werden. [2]Die Übertragung darf nach anderen als den durch das Gerichtsverfassungsgesetz[4] vorgeschriebenen Zuständigkeitsnormen erfolgen.

(2) *(aufgehoben)*

(3) Insoweit für bürgerliche Rechtsstreitigkeiten ein von den Vorschriften der Zivilprozeßordnung[6] abweichendes Verfahren gestattet ist, kann die Zuständigkeit der ordentlichen Landesgerichte durch die Landesgesetzgebung nach anderen als den durch das Gerichtsverfassungsgesetz vorgeschriebenen Normen bestimmt werden.

§ 4[7] *(aufgehoben)*

§ 4a[8] **[Ermächtigung der Länder Berlin und Hamburg]** (1) [1]Die Länder Berlin und Hamburg bestimmen, welche Stellen die Aufgaben erfüllen, die im Gerichtsverfassungsgesetz[4] den Landesbehörden, den Gemeinden oder den unteren Verwaltungsbezirken sowie deren Vertretungen zugewiesen sind. [2]Das Land Berlin kann bestimmen, dass die Wahl der Schöffen und Jugendschöffen bei einem gemeinsamen Amtsgericht stattfindet, bei diesem mehrere Schöffenwahlausschüsse gebildet werden und deren Zuständigkeit sich nach den Grenzen der Verwaltungsbezirke bestimmt.

(2) *(aufgehoben)*

§ 5 *(gegenstandslos)*

§ 6[9] **[Wahl, Ernennung und Amtsperiode ehrenamtlicher Richter]**

(1) Vorschriften über die Wahl oder Ernennung ehrenamtlicher Richter in der ordentlichen Gerichtsbarkeit einschließlich ihrer Vorbereitung, über die Voraussetzung hierfür, die Zuständigkeit und das dabei einzuschlagende Verfahren sowie über die allgemeinen Regeln über Auswahl und Zuziehung dieser

[1] 1. Abschnitt Überschrift eingef. durch G v. 18.6.1997 (BGBl. I S. 1430).
[2] § 1 aufgeh. mWv 25.4.2006 durch G v. 19.4.2006 (BGBl. I S. 866).
[3] § 2 geänd. mWv 1.9.2009 durch G v. 17.12.2008 (BGBl. I S. 2586).
[4] Nr. **6.1**.
[5] § 3 Abs. 2 aufgeh. mWv 25.4.2006 durch G v. 19.4.2006 (BGBl. I S. 866).
[6] Auszugsweise abgedruckt unter Nr. **23.3**.
[7] § 4 aufgeh. mWv 25.4.2006 durch G v. 19.4.2006 (BGBl. I S. 866).
[8] § 4a eingef. durch G v. 17.12.1990 (BGBl. I S. 2847); Abs. 2 angef. durch G v. 24.6.1994 (BGBl. I S. 1374); Abs. 1 Satz 2 angef. durch G v. 5.11.1999 (BGBl. I S. 2146); Abs. 2 aufgeh. mWv 25.4.2006 durch G v. 19.4.2006 (BGBl. I S. 866).
[9] § 6 aufgeh. durch G v. 12.9.1950 (BGBl. S. 455) und neu eingef. durch G v. 27.1.1987 (BGBl. I S. 475).

ehrenamtlichen Richter zu den einzelnen Sitzungen sind erstmals auf die erste Amtsperiode der ehrenamtlichen Richter anzuwenden, die nicht früher als am ersten Tag des auf ihr Inkrafttreten folgenden zwölften Kalendermonats beginnt.

(2) Vorschriften über die Dauer der Amtsperiode ehrenamtlicher Richter in der ordentlichen Gerichtsbarkeit sind erstmals auf die erste nach ihrem Inkrafttreten beginnende Amtsperiode anzuwenden.

§ 7 *(gegenstandslos)*

§ 8[1] **[Oberstes Landesgericht]** (1) Durch die Gesetzgebung eines Landes, in dem mehrere Oberlandesgerichte errichtet werden, kann die Verhandlung und Entscheidung der zur Zuständigkeit des Bundesgerichtshofes gehörenden Revisionen und Rechtsbeschwerden in bürgerlichen Rechtsstreitigkeiten einem obersten Landesgericht zugewiesen werden.

(2) Diese Vorschrift findet jedoch auf bürgerliche Rechtsstreitigkeiten, in denen für die Entscheidung Bundesrecht in Betracht kommt, keine Anwendung, es sei denn, daß es sich im wesentlichen um Rechtsnormen handelt, die in den Landesgesetzen enthalten sind.

§ 9[2] **[Ausschließliche Zuständigkeit in Strafsachen]** [1]Durch die Gesetzgebung eines Landes, in dem mehrere Oberlandesgerichte errichtet werden, können die zur Zuständigkeit der Oberlandesgerichte gehörenden Entscheidungen in Strafsachen oder in Verfahren nach dem Gesetz über die internationale Rechtshilfe in Strafsachen[3] ganz oder teilweise ausschließlich einem der mehreren Oberlandesgerichte oder an Stelle eines solchen Oberlandesgerichts dem Obersten Landesgericht zugewiesen werden. [2]Dem Obersten Landesgericht können auch die zur Zuständigkeit eines Oberlandesgerichts nach den §§ 120 und 120b des Gerichtsverfassungsgesetzes[4] gehörenden Entscheidungen zugewiesen werden.

§ 10[5] **[Besetzung und Verfassung des obersten Landesgerichts]**

(1) Die allgemeinen sowie die in § 116 Abs. 1 Satz 2, §§ 124, 130 Abs. 1 und § 181 Abs. 1 enthaltenen besonderen Vorschriften des Gerichtsverfassungsgesetzes[4] finden auf die obersten Landesgerichte der ordentlichen Gerichtsbarkeit entsprechende Anwendung; ferner sind die Vorschriften der §§ 132, 138 des Gerichtsverfassungsgesetzes mit der Maßgabe entsprechend anzuwenden, daß durch Landesgesetz die Zahl der Mitglieder der Großen Senate anderweitig geregelt oder die Bildung eines einzigen Großen Senats angeordnet werden kann, der aus dem Präsidenten und mindestens acht Mitgliedern zu bestehen hat und an die Stelle der Großen Senate für Zivilsachen und für Strafsachen sowie der Vereinigten Großen Senate tritt.

---

[1] § 8 neu gef. durch G v. 12.9.1950 (BGBl. S. 455); Abs. 1 geänd. mWv 1.1.2002 durch G v. 27.7. 2001 (BGBl. I S. 1887).

[2] § 9 neu gef. durch G v. 12.9.1950 (BGBl. S. 455); geänd. durch G v. 8.12.1981 (BGBl. I S. 1329) und G v. 23.12.1982 (BGBl. I S. 2071); Satz 2 angef. durch G v. 8.9.1969 (BGBl. I S. 1582); Satz 2 geänd. mWv 1.7.2021 durch G v. 25.6.2021 (BGBl. I S. 2099).

[3] **Habersack (vormals Schönfelder) ErgBd. Nr. 90h.**

[4] Nr. **6.1**.

[5] § 10 neu gef. durch G v. 12.9.1950 (BGBl. S. 455); Abs. 1 geänd. durch G v. 26.5.1972 (BGBl. I S. 841) und G v. 17.12.1990 (BGBl. I S. 2847).

(2) Die Besetzung der Senate bestimmt sich in Strafsachen, in Grundbuchsachen und in Angelegenheiten der freiwilligen Gerichtsbarkeit nach den Vorschriften

(Fortsetzung nächstes Blatt)

§ 16a[1)] [Kontaktstellen] (1) Das Bundesamt für Justiz nach Maßgabe des Absatzes 2 und die von den Landesregierungen durch Rechtsverordnung bestimmten weiteren Stellen nehmen die Aufgaben der Kontaktstellen im Sinne des Artikels 2 der Entscheidung 2001/470/EG des Rates vom 28. Mai 2001 über die Einrichtung eines Europäischen Justiziellen Netzes für Zivil- und Handelssachen (ABl. EG Nr. L 174 S. 25), die durch die Entscheidung 568/2009/EG (ABl. L 168 vom 30.6.2009, S. 35) geändert worden ist, wahr.

(2) Das Bundesamt für Justiz stellt die Koordinierung zwischen den Kontaktstellen sicher.

(3) [1] Die Landesregierungen werden ermächtigt, durch Rechtsverordnung die Aufgaben der Kontaktstelle einer Landesbehörde zuzuweisen. [2] Sie können die Befugnis zum Erlass einer Rechtsverordnung nach Absatz 1 einer obersten Landesbehörde übertragen.

§ 17[2)] [Datenübermittlung in anderen Fällen] Die Übermittlung personenbezogener Daten ist ferner zulässig, wenn die Kenntnis der Daten aus der Sicht der übermittelnden Stelle

1. zur Verfolgung von Straftaten oder Ordnungswidrigkeiten,
2. für ein Verfahren der internationalen Rechtshilfe,
3. zur Abwehr erheblicher Nachteile für das Gemeinwohl oder einer Gefahr für die öffentliche Sicherheit,
4. zur Abwehr einer schwerwiegenden Beeinträchtigung der Rechte einer anderen Person oder
5. zur Prüfung gewichtiger Anhaltspunkte für die Gefährdung des Wohls eines Kindes oder Jugendlichen

erforderlich ist.

§ 18[3)] [Verbindung mit weiteren Daten des Betroffenen oder Dritter, Ermessen] (1) [1] Sind mit personenbezogenen Daten, die nach diesem Abschnitt übermittelt werden dürfen, weitere personenbezogene Daten der betroffenen Person oder eines Dritten so verbunden, daß eine Trennung nicht oder nur mit unvertretbarem Aufwand möglich ist, so ist die Übermittlung auch dieser Daten zulässig, soweit nicht berechtigte Interessen der betroffenen Person oder eines Dritten an deren Geheimhaltung offensichtlich überwiegen. [2] Eine Verwendung der Daten durch den Empfänger ist unzulässig; für Daten der betroffenen Person gilt § 19 Abs. 1 Satz 2 entsprechend.

(2) [1] Die übermittelnde Stelle bestimmt die Form der Übermittlung nach pflichtgemäßem Ermessen. [2] Soweit dies nach der Art der zu übermittelnden Daten und der Organisation des Empfängers geboten ist, trifft sie angemessene Vorkehrungen, um sicherzustellen, daß die Daten unmittelbar den beim Empfänger funktionell zuständigen Bediensteten erreichen.

[1)] § 16a eingef. mWv 1.8.2002 durch G v. 23.7.2002 (BGBl. I S. 2850); Abs. 1 und 2 geänd. mWv 1.1.2007 durch G v. 17.12.2006 (BGBl. I S. 3171); Abs. 1 geänd. mWv 17.6.2017 durch G v. 11.6.2017 (BGBl. I S. 1607).

[2)] § 17 eingef. durch G v. 18.6.1997 (BGBl. I S. 1430); Nr. 5 neu gef. mWv 10.6.2021 durch G v. 3.6.2021 (BGBl. I S. 1444).

[3)] § 18 eingef. durch G v. 18.6.1997 (BGBl. I S. 1430); Abs. 1 Sätze 1 und 2 geänd. mWv 26.11.2019 durch G v. 20.11.2019 (BGBl. I S. 1724).

§ 19[1)] [Zweckgebundenheit, Erforderlichkeit] (1) [1] Die übermittelten Daten dürfen nur zu dem Zweck verarbeitet werden, zu dessen Erfüllung sie übermittelt worden sind. [2] Eine Verarbeitung für andere Zwecke ist zulässig, soweit die Daten auch dafür hätten übermittelt werden dürfen.

(2) [1] Der Empfänger prüft, ob die übermittelten Daten für die in Absatz 1 genannten Zwecke erforderlich sind. [2] Sind die Daten hierfür nicht erforderlich, so schickt er die Unterlagen an die übermittelnde Stelle zurück. [3] Ist der Empfänger nicht zuständig und ist ihm die für die Verarbeitung der Daten zuständige Stelle bekannt, so leitet er die übermittelten Unterlagen dorthin weiter und benachrichtigt hiervon die übermittelnde Stelle.

§ 20[2)] [Unterrichtung des Empfängers] (1) [1] Betreffen Daten, die vor Beendigung eines Verfahrens übermittelt worden sind, den Gegenstand dieses Verfahrens, so ist der Empfänger vom Ausgang des Verfahrens zu unterrichten; das gleiche gilt, wenn eine übermittelte Entscheidung abgeändert oder aufgehoben wird, das Verfahren, außer in den Fällen des § 153a der Strafprozeßordnung[3)], auch nur vorläufig eingestellt worden ist oder nach den Umständen angenommen werden kann, daß das Verfahren auch nur vorläufig nicht weiter betrieben wird. [2] Der Empfänger ist über neue Erkenntnisse unverzüglich zu unterrichten, wenn dies erforderlich erscheint, um bis zu einer Unterrichtung nach Satz 1 drohende Nachteile für die betroffene Person zu vermeiden.

(2) [1] Erweist sich, daß unrichtige Daten übermittelt worden sind, so ist der Empfänger unverzüglich zu unterrichten. [2] Der Empfänger berichtigt die Daten oder vermerkt ihre Unrichtigkeit in den Akten.

(3) Die Unterrichtung nach Absatz 1 oder 2 Satz 1 kann unterbleiben, wenn sie erkennbar weder zur Wahrung der schutzwürdigen Interessen der betroffenen Person noch zur Erfüllung der Aufgaben des Empfängers erforderlich ist.

§ 21[4)] [Auskunftserteilung und Unterrichtung; Antrag; Ablehnung]

(1) [1] Der betroffenen Person ist auf Antrag Auskunft über die übermittelten Daten und deren Empfänger zu erteilen. [2] Der Antrag ist schriftlich zu stellen. [3] Die Auskunft wird nur erteilt, soweit die betroffene Person Angaben macht, die das Auffinden der Daten ermöglichen, und der für die Erteilung der Auskunft erforderliche Aufwand nicht außer Verhältnis zu dem geltend gemachten Informationsinteresse steht. [4] Die übermittelnde Stelle bestimmt das Verfahren, insbesondere die Form der Auskunftserteilung, nach pflichtgemäßem Ermessen.

(2) [1] Die betroffene Person ist gleichzeitig mit der Übermittlung personenbezogener Daten über den Inhalt und den Empfänger zu unterrichten. [2] Die Unterrichtung des gesetzlichen Vertreters eines Minderjährigen, des Bevollmächtigten oder Verteidigers reicht aus. [3] Die übermittelnde Stelle bestimmt die Form der Unterrichtung nach pflichtgemäßem Ermessen. [4] Eine Pflicht zur Unterrichtung

---

1) § 19 eingef. durch G v. 18.6.1997 (BGBl. I S. 1430); Abs. 1 Sätze 1 und 2, Abs. 2 Satz 3 geänd. mWv 26.11.2019 durch G v. 20.11.2019 (BGBl. I S. 1724).

2) § 20 eingef. durch G v. 18.6.1997 (BGBl. I S. 1430); Abs. 1 Satz 2, Abs. 3 geänd. mWv 26.11.2019 durch G v. 20.11.2019 (BGBl. I S. 1724).

3) **Habersack (vormals Schönfelder) Nr. 90.**

4) § 21 eingef. durch G v. 18.6.1997 (BGBl. I S. 1430); Abs. 1 Sätze 1 und 3 geänd., Abs. 2 Satz 1 neu gef., Abs. 4 Satz 1 abschl. Satzteil, Satz 2 geänd, Abs. 6 angef. mWv 26.11.2019 durch G v. 20.11.2019 (BGBl. I S. 1724).

6.3. Verwaltungsgerichtsordnung (VwGO)[1]

In der Fassung der Bekanntmachung vom 19. März 1991[2]

(BGBl. I S. 686)

FNA 340-1

zuletzt geänd. durch Art. 4 Abs. 26 KostenrechtsmodernisierungsG v. 5.5.2004 (BGBl. I S. 718), Art. 4 EuroparechtsanpassungsG Bau v. 24.6.2004 (BGBl. I S. 1359), Art. 11 Nr. 23 ZuwanderungsG v. 30.7.2004 (BGBl. I S. 1950), Art. 6 Erstes JustizmodernisierungsG v. 24.8.2004 (BGBl. I S. 2198), Art. 8 AnhörungsrügenG v. 9.12.2004 (BGBl. I S. 3220), Art. 2 Siebentes G zur Änderung des SozialgerichtsG v. 9.12.2004 (BGBl. I S. 3302), Art. 6 G zur Vereinfachung und Vereinheitlichung der Verfahrensvorschriften zur Wahl und Berufung ehrenamtlicher Richter v. 21.12.2004 (BGBl. I S. 3599), Art. 2 JustizkommunikationsG v. 22.3.2005 (BGBl. I S. 837), Art. 2 26. G zur Änd. des AbgeordnetenG v. 22.8.2005 (BGBl. I S. 2482 iVm Bek. v. 18.10.2005, BGBl. I S. 3007), Art. 13 G zur Vereinfachung der abfallrechtlichen Überwachung v. 15.7.2006 (BGBl. I S. 1619), Art. 9 G zur Beschleunigung von Planungsverfahren für Infrastrukturvorhaben v. 9.12.2006 (BGBl. I S. 2833), Art. 3 G zur Erleichterung von Planungsvorhaben für die Innenentwicklung der Städte v. 21.12.2006 (BGBl. I S. 3316), Art. 13 G zur Neuregelung des Rechtsberatungsrechts v. 12.12.2007 (BGBl. I S. 2840, geänd. durch G v. 12.6.2008, BGBl. I S. 1000), § 62 Abs. 11 BeamtenstatusG v. 17.6.2008 (BGBl. I S. 1010), Art. 5 G zur Modernisierung von Verfahren im anwaltlichen und notariellen Berufsrecht, zur Errichtung einer Schlichtungsstelle der Rechtsanwaltschaft sowie zur Änd. sonstiger Vorschriften v. 30.7.2009 (BGBl. I S. 2449), Art. 3 G zur Beschleunigung des Ausbaus der Höchstspannungsnetze v. 21.8.2009 (BGBl. I S. 2870), Art. 9 G zur Umsetzung der DienstleistungsRL in der Justiz und zur Änd. weiterer Vorschriften v. 22.12.2010 (BGBl. I S. 2248), Art. 8 G über den Rechtsschutz bei überlangen Gerichtsverfahren und strafrechtlichen Ermittlungsverfahren v. 24.11.2011 (BGBl. I S. 2302), Art. 2 Abs. 34 G zur Änd. von Vorschriften über Verkündung und Bekanntmachungen sowie der ZPO, des EGZPO und der AO v. 22.12.2011 (BGBl. I S. 3044), Art. 5 Abs. 2 G zur Neuordnung des Kreislaufwirtschafts- und Abfallrechts v. 24.2.2012 (BGBl. I S. 212), Art. 6 G zur Förderung der Mediation und anderer Verfahren der außergerichtlichen Konfliktbeilegung v. 21.7.2012 (BGBl. I S. 1577), Art. 4 G zur Intensivierung des Einsatzes von Videokonferenztechnik in gerichtlichen und staatsanwaltschaftlichen Verfahren v. 25.4.2013 (BGBl. I S. 935), Art. 2 Planfeststellungsverfahren-VereinheitlichungsG v. 31.5.2013 (BGBl. I S. 1388), Art. 4 Zweites G über Maßnahmen zur Beschleunigung des Netzausbaus Elektrizitätsnetze v. 23.7.2013 (BGBl. I S. 2543), Art. 12 G zur Änd. des Prozesskostenhilfe- und Beratungshilferechts v. 31.8.2013 (BGBl. I S. 3533), Art. 5 G zur Förderung des elektronischen Rechtsverkehrs mit den Gerichten v. 10.10.2013 (BGBl. I S. 3786), Art. 13 G zur Durchführung der Verordnung (EU) Nr. 1215/2012 sowie zur Änd. sonstiger Vorschriften v. 8.7.2014 (BGBl. I S. 890), Art. 3 G zur Änd. des BundesministerG und des G über die Rechtsverhältnisse der Parlamentarischen Staatssekretäre v. 17.7.2015 (BGBl. I S. 1322), Art. 171 Zehnte ZuständigkeitsanpassungsVO v. 31.8.2015 (BGBl. I S. 1474), Art. 7 AsylverfahrensbeschleunigungsG v. 20.10.2015 (BGBl. I S. 1722), Art. 3 G zur Änd. von Bestimmungen des Rechts des Energieleitungsbaus v. 21.12.2015 (BGBl. I S. 2490), Art. 7 G zur Änd. des Sachverständigenrechts und zur weiteren Änd. des G über das Verfahren in Familiensachen und in den Angelegenheiten der freiwilligen Gerichtsbarkeit sowie zur Änd. weiterer G v. 11.10.2016 (BGBl. I S. 2222), Art. 3 G zur Einführung von Ausschreibungen für Strom aus erneuerbaren Energien und zu weiteren Änd. des Rechts der erneuerbaren Energien v. 13.10.2016 (BGBl. I S. 2258), Art. 17 G zur Änd. der Bestimmungen zur Stromerzeugung aus Kraft-Wärme-Kopplung und zur Eigenversorgung v. 22.12.2016 (BGBl. I S. 3106), Art. 5 G zur Anpassung des Umwelt-RechtsbehelfsG und anderer Vorschriften an europa- und völkerrechtliche Vorgaben v. 29.5.2017 (BGBl. I S. 1298), Art. 4 Hochwasserschutzgesetz II v. 30.6.2017 (BGBl. I S. 2193), Art. 20 und 21 G zur Einführung der elektronischen Akte in der Justiz und zur weiteren Förderung des elektronischen Rechtsverkehrs v. 5.7.2017 (BGBl. I S. 2208), Art. 11 Abs. 24 eIDAS-DurchführungsG v. 18.7.2017 (BGBl. I S. 2745), Art. 5

---

[1] Die Änderungen durch G v. 5.7.2017 (BGBl. I S. 2208) treten teilweise erst **mWv 1.1.2026** in Kraft, die Änderungen durch G v. 12.12.2019 (BGBl. I S. 2652) treten erst **mWv 1.1.2024** in Kraft, die Änderungen durch G v. 4.5.2021 (BGBl. I S. 882) treten erst **mWv 1.1.2023** in Kraft und die Änderungen durch G v. 7.7.2021 (BGBl. I S. 2363) treten erst **mWv 1.8.2022** in Kraft und sind insoweit im Text noch nicht berücksichtigt.

[2] Neubekanntmachung der VwGO v. 21.1.1960 (BGBl. I S. 17) in der ab 1.1.1991 geltenden Fassung.

Abs. 2 G über die Erweiterung der Medienöffentlichkeit in Gerichtsverfahren v. 8.10.2017 (BGBl. I S. 3546), Art. 2 16. G zur Änd. des AtomG v. 10.7.2018 (BGBl. I S. 1122 iVm Bek. v. 11.7.2018, BGBl. I S. 1124), Art. 7 G zur Einführung einer zivilprozessualen Musterfeststellungsklage v. 12.7. 2018 (BGBl. I S. 1151), Art. 5 Abs. 24 G zur Einführung einer Karte für Unionsbürger und Angehörige des Europäischen Wirtschaftsraums mit Funktion zum elektronischen Identitätsnachweis sowie zur Änd. des PersonalausweisG und weiterer Vorschriften[1] v. 21.6.2019 (BGBl. I S. 846), Art. 4 Zweites G zur besseren Durchsetzung der Ausreisepflicht v. 15.8.2019 (BGBl. I S. 1294), Art. 5 G zur Regelung der Wertgrenze für die Nichtzulassungsbeschwerde in Zivilsachen, zum Ausbau der Spezialisierung bei den Gerichten sowie zur Änd. weiterer prozessrechtl. Vorschriften v. 12.12.2019 (BGBl. I S. 2633), Art. 56 G zur Regelung des Sozialen Entschädigungsrechts v. 12.12.2019 (BGBl. I S. 2652), Art. 5 Abs. 1 G über die Errichtung eines Bundesamts für Auswärtige Angelegenheiten und zur Änd. des G über den Auswärtigen Dienst, des AufenthaltsG und zur Anpassung anderer G an die Errichtung des Bundesamts v. 12.6.2020 (BGBl. I S. 1241), Art. 181 Elfte ZuständigkeitsanpassungsVO v. 19.6. 2020 (BGBl. I S. 1328), Art. 1a G zur Änd. des Windenergie-auf-See-G und anderer Vorschriften v. 3.12.2020 (BGBl. I S. 2682), Art. 1 Investitionen-Beschleunigungsgesetz v. 3.12.2020 (BGBl. I S. 2694), Art. 15 Abs. 9 Vormundschafts- und Betreuungsrechts-ReformG v. 4.5.2021 (BGBl. I S. 882), Art. 2 G zur Änd. des BundesbergG und zur Änd. der VwGO v. 14.6.2021 (BGBl. I S. 1760), Art. 14 G zur Fortentwicklung der StrafprozessO und zur Änd. weiterer Vorschriften v. 25.6.2021 (BGBl. I S. 2099), Art. 16 G zur Modernisierung des notariellen Berufsrechts und zur Änd. weiterer Vorschriften v. 25.6.2021 (BGBl. I S. 2154), Art. 20 G zur Neuregelung des Berufsrechts der anwaltlichen und steuerberatenden Berufsausübungsgesellschaften sowie zur Änd. weiterer Vorschriften im Bereich der rechtsberatenden Berufe v. 7.7.2021 (BGBl. I S. 2363) und Art. 3a G zur Umsetzung unionsrechtl. Vorgaben und zur Regelung reiner Wasserstoffnetze im Energiewirtschaftsrecht v. 16.7. 2021 (BGBl. I S. 3026)

Zur VwGO haben die Länder folgende Vorschriften erlassen:

- **Baden-Württemberg:** G zur Ausführung der VwGO v. 14.10.2008 (GBl. S. 343, 356), zuletzt geänd. durch G v. 3.2.2021 (GBl. S. 53)
- **Bayern:** G zur Ausführung der VwGO idF der Bek. v. 20.6.1992 (GVBl. S. 162), zuletzt geänd. durch G v. 23.12.2020 (GVBl. S. 663)
- **Berlin:** G zur Ausführung der VwGO v. 22.2.1977 (GVBl. S. 557), aufgeh. durch G v. 22.1.2021 (GVBl. S. 88)
- **Brandenburg:** Brandenburgisches VerwaltungsgerichtsG idF der Bek. v. 22.11.1996 (GVBl. I S. 317), zuletzt geänd. durch G v. 10.7.2014 (GVBl. I Nr. 37)
- **Bremen:** G zur Ausführung der VwGO v. 15.3.1960 (Brem.GBl. S. 25), zuletzt geänd. durch Bek. v. 20.10.2020 (Brem.GBl. S. 1172)
- **Hamburg:** G zur Ausführung der VwGO v. 29.3.1960 (HmbGVBl. S. 291), zuletzt geänd. durch G v. 8.7.2014 (HmbGVBl. S. 299)
- **Hessen:** Hessisches G zur Ausführung der VwGO idF der Bek. v. 27.10.1997 (GVBl. I S. 381), zuletzt geänd. durch G v. 28.5.2018 (GVBl. S. 184)
- **Mecklenburg-Vorpommern:** G zur Ausführung des GerichtsstrukturG v. 10.6.1992 (GVOBl. M-V S. 314, ber. S. 363), zuletzt geänd. durch G v. 11.11.2013 (GVOBl. M-V S. 609)
- **Niedersachsen:** Niedersächsisches Justizgesetz v. 16.12.2014 (Nds. GVBl. S. 436), zuletzt geänd. durch G v. 11.11.2020 (Nds. GVBl. S. 391)
- **Nordrhein-Westfalen:** Justizgesetz Nordrhein-Westfalen (Nr. **6.31**)
- **Rheinland-Pfalz:** Landesgesetz zur Ausführung der VwGO idF der Bek. v. 5.12.1977 (GVBl. S. 451), zuletzt geänd. durch G v. 19.8.2014 (GVBl. S. 187)
- **Saarland:** Saarländisches AusführungsG zur VwGO v. 5.7.1960 (Amtsbl. S. 558), zuletzt geänd. durch G v. 20.4.2016 (Amtsbl. I S. 402)
- **Sachsen:** Sächsisches JustizG v. 24.11.2000 (SächsGVBl. S. 482, ber. 2001 S. 704), zuletzt geänd. durch G v. 11.5.2019 (SächsGVBl. S. 358)
- **Sachsen-Anhalt:** G zur Ausführung der VwGO und des BDG v. 28.1.1992 (GVBl. LSA S. 36), zuletzt geänd. durch G v. 8.3.2021 (GVBl. LSA S. 88)
- **Schleswig-Holstein:** Landesjustizgesetz (LJG) v. 17.4.2018 (GVOBl. Schl.-H. S. 231, ber. S. 441)
- **Thüringen:** Thüringer G zur Ausführung der VwGO idF der Bek. v. 15.12.1992 (GVBl. S. 576), zuletzt geänd. durch G v. 16.10.2019 (GVBl. S. 429).

---

[1] Die Änd. des Inkrafttretens dieses G durch Art. 154a G v. 20.11.2019 (BGBl. I S. 1626) ist unbeachtlich, da das G bei Erlass des ÄndG bereits in Kraft getreten war.

4. Abschnitt. Vertreter des öffentlichen Interesses

§ 35[1)] [Vertreter des Bundesinteresses beim Bundesverwaltungsgericht] (1) [1] Die Bundesregierung bestellt einen Vertreter des Bundesinteresses beim Bundesverwaltungsgericht[2)] und richtet ihn im Bundesministerium des Innern, für Bau und Heimat ein. [2] Der Vertreter des Bundesinteresses beim Bundesverwaltungsgericht kann sich an jedem Verfahren vor dem Bundesverwaltungsgericht beteiligen; dies gilt nicht für Verfahren vor den Wehrdienstsenaten. [3] Er ist an die Weisungen[3)] der Bundesregierung gebunden.

(2) Das Bundesverwaltungsgericht gibt dem Vertreter des Bundesinteresses beim Bundesverwaltungsgericht Gelegenheit zur Äußerung.

§ 36 [Vertreter des öffentlichen Interesses] (1) [1] Bei dem Oberverwaltungsgericht und bei dem Verwaltungsgericht kann nach Maßgabe einer Rechtsverordnung der Landesregierung ein Vertreter des öffentlichen Interesses bestimmt werden. [2] Dabei kann ihm allgemein oder für bestimmte Fälle die Vertretung des Landes oder von Landesbehörden übertragen werden.

(2) § 35 Abs. 2 gilt entsprechend.

§ 37[4)] [Befähigung zum Richteramt] (1) Der Vertreter des Bundesinteresses beim Bundesverwaltungsgericht und seine hauptamtlichen Mitarbeiter des höheren Dienstes müssen die Befähigung zum Richteramt haben.

(2) Der Vertreter des öffentlichen Interesses bei dem Oberverwaltungsgericht und bei dem Verwaltungsgericht muß die Befähigung zum Richteramt nach dem Deutschen Richtergesetz[5)] haben; § 174 bleibt unberührt.

5. Abschnitt. Gerichtsverwaltung

§ 38 [Dienstaufsicht] (1) Der Präsident des Gerichts übt die Dienstaufsicht über die Richter, Beamten, Angestellten und Arbeiter aus.

(2) Übergeordnete Dienstaufsichtsbehörde für das Verwaltungsgericht ist der Präsident des Oberverwaltungsgerichts.

§ 39 [Verwaltungsgeschäfte] Dem Gericht dürfen keine Verwaltungsgeschäfte außerhalb der Gerichtsverwaltung übertragen werden.

[1)] § 35 Abs. 1 neu gef. und Abs. 2 geänd. mWv 1.1.2002 durch G v. 9.7.2001 (BGBl. I S. 1510); Abs. 1 Satz 1 geänd. mWv 27.6.2020 durch VO v. 19.6.2020 (BGBl. I S. 1328).

[2)] Beachte hierzu Art. 14 Nr. 8 G v. 9.7.2001 (BGBl. I S. 1510), der am 1.1.2002 in Kraft getreten ist:

„8. Beteiligungserklärungen des Oberbundesanwalts beim Bundesverwaltungsgericht, die bis zum Inkrafttreten dieses Gesetzes abgegeben worden sind, werden von dem Vertreter des Bundesinteresses beim Bundesverwaltungsgericht weiterverfolgt."

[3)] Siehe die AVwV zu § 35 VwGO – Dienstanweisung für den Vertreter des Bundesinteresses beim Bundesverwaltungsgericht – idF der Bek. v. 31.1.2002 (BAnz. Nr. 26 S. 2253).

[4)] § 37 Abs. 1 geänd. mWv 1.1.2002 durch G v. 9.7.2001 (BGBl. I S. 1510); Abs. 1 geänd. mWv 1.8.2021 durch G v. 25.6.2021 (BGBl. I S. 2154).

[5)] **Habersack (vormals Schönfelder) ErgBd. Nr. 97.**

6. Abschnitt. Verwaltungsrechtsweg und Zuständigkeit

§ 40[1) 2)] **[Zulässigkeit des Verwaltungsrechtsweges]** (1) [1]Der Verwaltungsrechtsweg ist in allen öffentlich-rechtlichen Streitigkeiten nichtverfassungsrechtlicher Art gegeben, soweit die Streitigkeiten nicht durch Bundesgesetz einem anderen Gericht ausdrücklich zugewiesen sind. [2]Öffentlich-rechtliche Streitigkeiten auf dem Gebiet des Landesrechts können einem anderen Gericht auch durch Landesgesetz zugewiesen werden.

(2) [1]Für vermögensrechtliche Ansprüche aus Aufopferung für das gemeine Wohl und aus öffentlich-rechtlicher Verwahrung sowie für Schadensersatzansprüche aus der Verletzung öffentlich-rechtlicher Pflichten, die nicht auf einem öffentlich-rechtlichen Vertrag beruhen, ist der ordentliche Rechtsweg gegeben; dies gilt nicht für Streitigkeiten über das Bestehen und die Höhe eines Ausgleichsanspruchs im Rahmen des Artikels 14 Abs. 1 Satz 2 des Grundgesetzes[3)]. [2]Die besonderen Vorschriften des Beamtenrechts sowie über den Rechtsweg bei Ausgleich von Vermögensnachteilen wegen Rücknahme rechtswidriger Verwaltungsakte bleiben unberührt.

§ 41 (weggefallen)

§ 42 [Anfechtungs- und Verpflichtungsklage] (1) Durch Klage kann die Aufhebung eines Verwaltungsakts (Anfechtungsklage) sowie die Verurteilung zum Erlaß eines abgelehnten oder unterlassenen Verwaltungsakts (Verpflichtungsklage) begehrt werden.

(2) Soweit gesetzlich nichts anderes bestimmt ist, ist die Klage nur zulässig, wenn der Kläger geltend macht, durch den Verwaltungsakt oder seine Ablehnung oder Unterlassung in seinen Rechten verletzt zu sein.

§ 43 [Feststellungsklage] (1) Durch Klage kann die Feststellung des Bestehens oder Nichtbestehens eines Rechtsverhältnisses oder der Nichtigkeit eines Verwaltungsakts begehrt werden, wenn der Kläger ein berechtigtes Interesse an der baldigen Feststellung hat (Feststellungsklage).

(2) [1]Die Feststellung kann nicht begehrt werden, soweit der Kläger seine Rechte durch Gestaltungs- oder Leistungsklage verfolgen kann oder hätte verfolgen können. [2]Dies gilt nicht, wenn die Feststellung der Nichtigkeit eines Verwaltungsakts begehrt wird.

§ 44 [Objektive Klagehäufung] Mehrere Klagebegehren können vom Kläger in einer Klage zusammen verfolgt werden, wenn sie sich gegen denselben Beklagten richten, im Zusammenhang stehen und dasselbe Gericht zuständig ist.

§ 44a [Rechtsbehelfe gegen behördliche Verfahrenshandlungen] [1]Rechtsbehelfe gegen behördliche Verfahrenshandlungen können nur gleichzeitig mit den gegen die Sachentscheidung zulässigen Rechtsbehelfen geltend gemacht werden. [2]Dies gilt nicht, wenn behördliche Verfahrenshandlungen vollstreckt werden können oder gegen einen Nichtbeteiligten ergehen.

[1)] Siehe hierzu auch §§ 17, 17a und 17b GVG (Nr. **6.1**).
[2)] § 40 Abs. 2 Satz 1 zweiter Halbs. angef. mWv 1.1.2002 durch G v. 20.12.2001 (BGBl. I S. 3987).
[3)] Nr. **11.1**.

3. über Streitigkeiten gegen Abschiebungsanordnungen nach § 58a des Aufenthaltsgesetzes[1] und ihre Vollziehung, sowie den Erlass eines Einreise- und Aufenthaltsverbots auf dieser Grundlage,
4. über Klagen, denen Vorgänge im Geschäftsbereich des Bundesnachrichtendienstes zugrunde liegen,
5. über Klagen gegen Maßnahmen und Entscheidungen nach § 44a des Abgeordnetengesetzes[2], nach den Verhaltensregeln für Mitglieder des Deutschen Bundestages[3], nach § 6b des Bundesministergesetzes[4] und nach § 7 des Gesetzes über die Rechtsverhältnisse der Parlamentarischen Staatssekretäre in Verbindung mit § 6b des Bundesministergesetzes,
6. über sämtliche Streitigkeiten, die Planfeststellungsverfahren und Plangenehmigungsverfahren für Vorhaben betreffen, die in dem Allgemeinen Eisenbahngesetz, dem Bundesfernstraßengesetz[5], dem Bundeswasserstraßenge-

(Fortsetzung nächstes Blatt)

---

[1] **Sartorius Nr. 565.**
[2] **Sartorius Nr. 48.**
[3] Siehe Anl. 1 der Geschäftsordnung des Deutschen Bundestages **(Sartorius Nr. 35)**.
[4] **Sartorius Nr. 45.**
[5] Nr. **42.1**.

(4) Ist das elektronische Dokument mit einer qualifizierten elektronischen Signatur versehen und nicht auf einem sicheren Übermittlungsweg eingereicht, muss der Ausdruck einen Vermerk darüber enthalten,

1. welches Ergebnis die Integritätsprüfung des Dokumentes ausweist,
2. wen die Signaturprüfung als Inhaber der Signatur ausweist,
3. welchen Zeitpunkt die Signaturprüfung für die Anbringung der Signatur ausweist.

(5) Ein eingereichtes elektronisches Dokument kann im Falle von Absatz 2 nach Ablauf von sechs Monaten gelöscht werden.

(6) [1] Werden die Prozessakten elektronisch geführt, sind in Papierform vorliegende Schriftstücke und sonstige Unterlagen nach dem Stand der Technik zur Ersetzung der Urschrift in ein elektronisches Dokument zu übertragen. [2] Es ist sicherzustellen, dass das elektronische Dokument mit den vorliegenden Schriftstücken und sonstigen Unterlagen bildlich und inhaltlich übereinstimmt. [3] Das elektronische Dokument ist mit einem Übertragungsnachweis zu versehen, der das bei der Übertragung angewandte Verfahren und die bildliche und inhaltliche Übereinstimmung dokumentiert. [4] Wird ein von den verantwortenden Personen handschriftlich unterzeichnetes gerichtliches Schriftstück übertragen, ist der Übertragungsnachweis mit einer qualifizierten elektronischen Signatur des Urkundsbeamten der Geschäftsstelle zu versehen. [5] Die in Papierform vorliegenden Schriftstücke und sonstigen Unterlagen können sechs Monate nach der Übertragung vernichtet werden, sofern sie nicht rückgabepflichtig sind.

§ 55c[1)] Formulare; Verordnungsermächtigung. [1] Das Bundesministerium der Justiz und für Verbraucherschutz kann durch Rechtsverordnung mit Zustimmung des Bundesrates elektronische Formulare einführen. [2] Die Rechtsverordnung kann bestimmen, dass die in den Formularen enthaltenen Angaben ganz oder teilweise in strukturierter maschinenlesbarer Form zu übermitteln sind. [3] Die Formulare sind auf einer in der Rechtsverordnung zu bestimmenden Kommunikationsplattform im Internet zur Nutzung bereitzustellen. [4] Die Rechtsverordnung kann bestimmen, dass eine Identifikation des Formularverwenders abweichend von § 55a Absatz 3 auch durch Nutzung des elektronischen Identitätsnachweises nach § 18 des Personalausweisgesetzes[2)], § 12 des eID-Karte-Gesetzes oder § 78 Absatz 5 des Aufenthaltsgesetzes[3)] erfolgen kann.

§ 55d[4)] Nutzungspflicht für Rechtsanwälte, Behörden und vertretungsberechtigte Personen. [1] Vorbereitende Schriftsätze und deren Anlagen sowie schriftlich einzureichende Anträge und Erklärungen, die durch einen Rechtsanwalt, durch eine Behörde oder durch eine juristische Person des öffentlichen Rechts einschließlich der von ihr zur Erfüllung ihrer öffentlichen Aufgaben gebildeten Zusammenschlüsse eingereicht werden, sind als elektronisches Dokument zu übermitteln. [2] Gleiches gilt für die nach diesem Gesetz vertretungsberechtigten Personen, für die ein sicherer Übermittlungsweg nach

[1)] § 55c eingef. mWv 1.7.2014 durch G v. 10.10.2013 (BGBl. I S. 3786); Satz 1 geänd. mWv 8.9.2015 durch VO v. 31.8.2015 (BGBl. I S. 1474); Satz 4 geänd. mWv 1.11.2019 durch G v. 21.6.2019 (BGBl. I S. 846).

[2)] Nr. **36.3.**

[3)] **Sartorius Nr. 565.**

[4)] § 55d eingef. mWv 1.1.2022 durch G v. 10.10.2013 (BGBl. I S. 3786).

§ 55a Absatz 4 Nummer 2 zur Verfügung steht. [3] Ist eine Übermittlung aus technischen Gründen vorübergehend nicht möglich, bleibt die Übermittlung nach den allgemeinen Vorschriften zulässig. [4] Die vorübergehende Unmöglichkeit ist bei der Ersatzeinreichung oder unverzüglich danach glaubhaft zu machen; auf Anforderung ist ein elektronisches Dokument nachzureichen.

§ 56[1)] [Zustellungen] (1) Anordnungen und Entscheidungen, durch die eine Frist in Lauf gesetzt wird, sowie Terminbestimmungen und Ladungen sind zuzustellen, bei Verkündung jedoch nur, wenn es ausdrücklich vorgeschrieben ist.

(2) Zugestellt wird von Amts wegen nach den Vorschriften der Zivilprozessordnung[2)].

(3) Wer nicht im Inland wohnt, hat auf Verlangen einen Zustellungsbevollmächtigten zu bestellen.

§ 56a[3)] [Öffentliche Bekanntmachung im Massenverfahren] (1) [1] Sind gleiche Bekanntgaben an mehr als fünfzig Personen erforderlich, kann das Gericht für das weitere Verfahren die Bekanntgabe durch öffentliche Bekanntmachung anordnen. [2] In dem Beschluß muß bestimmt werden, in welchen Tageszeitungen die Bekanntmachungen veröffentlicht werden; dabei sind Tageszeitungen vorzusehen, die in dem Bereich verbreitet sind, in dem sich die Entscheidung voraussichtlich auswirken wird. [3] Der Beschluß ist den Beteiligten zuzustellen. [4] Die Beteiligten sind darauf hinzuweisen, auf welche Weise die weiteren Bekanntgaben bewirkt werden und wann das Dokument als zugestellt gilt. [5] Der Beschluß ist unanfechtbar. [6] Das Gericht kann den Beschluß jederzeit aufheben; es muß ihn aufheben, wenn die Voraussetzungen des Satzes 1 nicht vorlagen oder nicht mehr vorliegen.

(2) [1] Die öffentliche Bekanntmachung erfolgt durch Aushang an der Gerichtstafel oder durch Einstellung in ein elektronisches Informationssystem, das im Gericht öffentlich zugänglich ist und durch Veröffentlichung im Bundesanzeiger sowie in den im Beschluss nach Absatz 1 Satz 2 bestimmten Tageszeitungen. [2] Sie kann zusätzlich in einem von dem Gericht für Bekanntmachungen bestimmten Informations- und Kommunikationssystem erfolgen. [3] Bei einer Entscheidung genügt die öffentliche Bekanntmachung der Entscheidungsformel und der Rechtsbehelfsbelehrung. [4] Statt des bekannt zu machenden Dokuments kann eine Benachrichtigung öffentlich bekannt gemacht werden, in der angegeben ist, wo das Dokument eingesehen werden kann. [5] Eine Terminbestimmung oder Ladung muss im vollständigen Wortlaut öffentlich bekannt gemacht werden.

(3) [1] Das Dokument gilt als an dem Tage zugestellt, an dem seit dem Tage der Veröffentlichung im Bundesanzeiger zwei Wochen verstrichen sind; darauf ist in jeder Veröffentlichung hinzuweisen. [2] Nach der öffentlichen Bekanntmachung einer Entscheidung können die Beteiligten eine Ausfertigung schriftlich anfordern; darauf ist in der Veröffentlichung gleichfalls hinzuweisen.

[1)] § 56 Abs. 2 geänd. mWv 1.7.2002 durch G v. 25.6.2001 (BGBl. I S. 1206).

[2)] Auszugsweise abgedruckt unter Nr. **23.3**.

[3)] § 56a Abs. 1 Satz 4 und Abs. 3 Satz 1 erster Halbs. geänd. sowie Abs. 2 neu gef. mWv 1.4.2005 durch G v. 22.3.2005 (BGBl. I S. 837); Abs. 2 Satz 1 geänd. mWv 1.4.2012 durch G v. 22.12.2011 (BGBl. I S. 3044).

§ 57 [Fristen] (1) Der Lauf einer Frist beginnt, soweit nichts anderes bestimmt ist, mit der Zustellung oder, wenn diese nicht vorgeschrieben ist, mit der Eröffnung oder Verkündung.

(2) Für die Fristen gelten die Vorschriften der §§ 222, 224 Abs. 2 und 3, §§ 225 und 226 der Zivilprozeßordnung[1].

§ 58[2] **[Rechtsbehelfsbelehrung]** (1) Die Frist für ein Rechtsmittel oder einen anderen Rechtsbehelf beginnt nur zu laufen, wenn der Beteiligte über den Rechtsbehelf, die Verwaltungsbehörde oder das Gericht, bei denen der Rechtsbehelf anzubringen ist, den Sitz und die einzuhaltende Frist schriftlich oder elektronisch belehrt worden ist.

(2) [1] Ist die Belehrung unterblieben oder unrichtig erteilt, so ist die Einlegung des Rechtsbehelfs nur innerhalb eines Jahres seit Zustellung, Eröffnung oder Verkündung zulässig, außer wenn die Einlegung vor Ablauf der Jahresfrist infolge höherer Gewalt unmöglich war oder eine schriftliche oder elektronische Belehrung dahin erfolgt ist, daß ein Rechtsbehelf nicht gegeben sei. [2] § 60 Abs. 2 gilt für den Fall höherer Gewalt entsprechend.

§ 59[3] *(aufgehoben)*

§ 60[4] **[Wiedereinsetzung]** (1) Wenn jemand ohne Verschulden verhindert war, eine gesetzliche Frist einzuhalten, so ist ihm auf Antrag Wiedereinsetzung in den vorigen Stand zu gewähren.

(2) [1] Der Antrag ist binnen zwei Wochen nach Wegfall des Hindernisses zu stellen; bei Versäumung der Frist zur Begründung der Berufung, des Antrags auf Zulassung der Berufung, der Revision, der Nichtzulassungsbeschwerde oder der Beschwerde beträgt die Frist einen Monat. [2] Die Tatsachen zur Begründung des Antrags sind bei der Antragstellung oder im Verfahren über den Antrag glaubhaft zu machen. [3] Innerhalb der Antragsfrist ist die versäumte Rechtshandlung nachzuholen. [4] Ist dies geschehen, so kann die Wiedereinsetzung auch ohne Antrag gewährt werden.

(3) Nach einem Jahr seit dem Ende der versäumten Frist ist der Antrag unzulässig, außer wenn der Antrag vor Ablauf der Jahresfrist infolge höherer Gewalt unmöglich war.

(4) Über den Wiedereinsetzungsantrag entscheidet das Gericht, das über die versäumte Rechtshandlung zu befinden hat.

(5) Die Wiedereinsetzung ist unanfechtbar.

§ 61 [Beteiligungsfähigkeit] Fähig, am Verfahren beteiligt zu sein, sind
1. natürliche und juristische Personen,
2. Vereinigungen, soweit ihnen ein Recht zustehen kann,
3. Behörden, sofern das Landesrecht dies bestimmt.

---

[1] Nr. **23.3**.
[2] § 58 Abs. 1 und Abs. 2 Satz 1 geänd. mWv 1.4.2005 durch G v. 22.3.2005 (BGBl. I S. 837).
[3] § 59 aufgeh. mWv 7.6.2013 durch G v. 31.5.2013 (BGBl. I S. 1388).
[4] § 60 Abs. 2 Satz 1 zweiter Halbs. angef. mWv 1.9.2004 durch G v. 24.8.2004 (BGBl. I S. 2198).

§ 62[1] **[Prozessfähigkeit]** (1) Fähig zur Vornahme von Verfahrenshandlungen sind

1. die nach bürgerlichem Recht Geschäftsfähigen,
2. die nach bürgerlichem Recht in der Geschäftsfähigkeit Beschränkten, soweit sie durch Vorschriften des bürgerlichen oder öffentlichen Rechts für den Gegenstand des Verfahrens als geschäftsfähig anerkannt sind.

(2) Betrifft ein Einwilligungsvorbehalt nach § 1903 des Bürgerlichen Gesetzbuchs[2] den Gegenstand des Verfahrens, so ist ein geschäftsfähiger Betreuter nur insoweit zur Vornahme von Verfahrenshandlungen fähig, als er nach den Vorschriften des bürgerlichen Rechts ohne Einwilligung des Betreuers handeln kann oder durch Vorschriften des öffentlichen Rechts als handlungsfähig anerkannt ist.

(3) Für Vereinigungen sowie für Behörden handeln ihre gesetzlichen Vertreter und Vorstände.

(4) §§ 53 bis 58 der Zivilprozeßordnung[3] gelten entsprechend.

§ 63[4] **[Beteiligte]** Beteiligte am Verfahren sind

1. der Kläger,
2. der Beklagte,
3. der Beigeladene (§ 65),
4. der Vertreter des Bundesinteresses beim Bundesverwaltungsgericht oder der Vertreter des öffentlichen Interesses, falls er von seiner Beteiligungsbefugnis Gebrauch macht.

§ 64 [Streitgenossenschaft] Die Vorschriften der §§ 59 bis 63 der Zivilprozeßordnung[3] über die Streitgenossenschaft sind entsprechend anzuwenden.

§ 65[5] **[Beiladung Dritter]** (1) Das Gericht kann, solange das Verfahren noch nicht rechtskräftig abgeschlossen oder in höherer Instanz anhängig ist, von Amts wegen oder auf Antrag andere, deren rechtliche Interessen durch die Entscheidung berührt werden, beiladen.

(2) Sind an dem streitigen Rechtsverhältnis Dritte derart beteiligt, daß die Entscheidung auch ihnen gegenüber nur einheitlich ergehen kann, so sind sie beizuladen (notwendige Beiladung).

(3) [1]Kommt nach Absatz 2 die Beiladung von mehr als fünfzig Personen in Betracht, kann das Gericht durch Beschluß anordnen, daß nur solche Personen beigeladen werden, die dies innerhalb einer bestimmten Frist beantragen. [2]Der Beschluß ist unanfechtbar. [3]Er ist im Bundesanzeiger bekanntzumachen. [4]Er muß außerdem in Tageszeitungen veröffentlicht werden, die in dem Bereich verbreitet sind, in dem sich die Entscheidung voraussichtlich auswirken wird. [5]Die Bekanntmachung kann zusätzlich in einem von dem Gericht für Bekannt-

---

[1] § 62 Abs. 2 eingef., bish. Abs. 2 und 3 werden Abs. 3 und 4 mWv 1.1.1992 durch G v. 12.9.1990 (BGBl. I S. 2002); Abs. 3 geänd. mWv 1.7.2008 durch G v. 12.12.2007 (BGBl. I S. 2840).

[2] **Habersack (vormals Schönfelder) Nr. 20.**

[3] **Habersack (vormals Schönfelder) Nr. 100.**

[4] § 63 Nr. 4 geänd. mWv 1.1.2002 durch G v. 9.7.2001 (BGBl. I S. 1510).

[5] § 65 Abs. 3 Satz 3 geänd. und Satz 5 eingef., bish. Sätze 5–8 werden Sätze 6–9 sowie Satz 6 geänd. mWv 1.4.2005 durch G v. 22.3.2005 (BGBl. I S. 837); Abs. 3 Sätze 3 und 6 geänd. mWv 1.4.2012 durch G v. 22.12.2011 (BGBl. I S. 3044).

machungen bestimmten Informations- und Kommunikationssystem erfolgen. [6]Die Frist muß mindestens drei Monate seit Veröffentlichung im Bundesanzeiger betragen. [7]In der Veröffentlichung in Tageszeitungen ist mitzuteilen, an welchem Tage die Frist abläuft. [8]Für die Wiedereinsetzung in den vorigen Stand bei Versäumung der Frist gilt § 60 entsprechend. [9]Das Gericht soll Personen, die von der Entscheidung erkennbar in besonderem Maße betroffen werden, auch ohne Antrag beiladen.

(4) [1]Der Beiladungsbeschluß ist allen Beteiligten zuzustellen. [2]Dabei sollen der Stand der Sache und der Grund der Beiladung angegeben werden. [3]Die Beiladung ist unanfechtbar.

§ 66 [Prozessuale Rechte des Beigeladenen] [1]Der Beigeladene kann innerhalb der Anträge eines Beteiligten selbständig Angriffs- und Verteidigungsmittel geltend machen und alle Verfahrenshandlungen wirksam vornehmen. [2]Abweichende Sachanträge kann er nur stellen, wenn eine notwendige Beiladung vorliegt.

§ 67[1)] [Prozessbevollmächtigte und Beistände] (1) Die Beteiligten können vor dem Verwaltungsgericht den Rechtsstreit selbst führen.

(2) [1]Die Beteiligten können sich durch einen Rechtsanwalt oder einen Rechtslehrer an einer staatlichen oder staatlich anerkannten Hochschule eines Mitgliedstaates der Europäischen Union, eines anderen Vertragsstaates des Abkommens über den Europäischen Wirtschaftsraum oder der Schweiz, der die Befähigung zum Richteramt besitzt, als Bevollmächtigten vertreten lassen. [2]Darüber hinaus sind als Bevollmächtigte vor dem Verwaltungsgericht vertretungsbefugt nur

1. Beschäftigte des Beteiligten oder eines mit ihm verbundenen Unternehmens (§ 15 des Aktiengesetzes[2)]); Behörden und juristische Personen des öffentlichen Rechts einschließlich der von ihnen zur Erfüllung ihrer öffentlichen Aufgaben gebildeten Zusammenschlüsse können sich auch durch Beschäftigte anderer Behörden oder juristischer Personen des öffentlichen Rechts einschließlich der von ihnen zur Erfüllung ihrer öffentlichen Aufgaben gebildeten Zusammenschlüsse vertreten lassen,
2. volljährige Familienangehörige (§ 15 der Abgabenordnung, § 11 des Lebenspartnerschaftsgesetzes[3)]), Personen mit Befähigung zum Richteramt und Streitgenossen, wenn die Vertretung nicht im Zusammenhang mit einer entgeltlichen Tätigkeit steht,
3. Steuerberater, Steuerbevollmächtigte, Wirtschaftsprüfer und vereidigte Buchprüfer, Personen und Vereinigungen im Sinn des § 3a des Steuerberatungsgesetzes sowie Gesellschaften im Sinn des § 3 Nr. 2 und 3 des Steuerberatungsgesetzes, die durch Personen im Sinn des § 3 Nr. 1 des Steuerberatungsgesetzes handeln, in Abgabenangelegenheiten,

[1)] § 67 neu gef. mWv 1.7.2008 durch G v. 12.12.2007 (BGBl. I S. 2840); Abs. 2 Satz 2 Nr. 3 geänd., Abs. 4 Sätze 5 und 6 eingef., bish. Sätze 5 und 6 werden Sätze 7 und 8, neuer Satz 8 geänd. mWv 5.8.2009 durch G v. 30.7.2009 (BGBl. I S. 2449); Abs. 2 Satz 1 neu gef. mWv 28.12.2010 durch G v. 22.12.2010 (BGBl. I S. 2248); Abs. 2 Satz 2 Nr. 3a eingef. mWv 3.7.2021 durch G v. 25.6. 2021 (BGBl. I S. 2154).

[2)] **Habersack (vormals Schönfelder) Nr. 51.**

[3)] **Habersack (vormals Schönfelder) ErgBd. Nr. 43.**

3a. Steuerberater, Steuerbevollmächtigte, Wirtschaftsprüfer und vereidigte Buchprüfer, Personen und Vereinigungen im Sinn des § 3a des Steuerberatungsgesetzes sowie Gesellschaften im Sinn des § 3 Nummer 2 und 3 des Steuerberatungsgesetzes, die durch Personen im Sinn des § 3 Nummer 1 des Steuerberatungsgesetzes handeln, in Angelegenheiten finanzieller Hilfeleistungen im Rahmen staatlicher Hilfsprogramme zur Abmilderung der Folgen der COVID-19-Pandemie, wenn und soweit diese Hilfsprogramme eine Einbeziehung der Genannten als prüfende Dritte vorsehen,

4. berufsständische Vereinigungen der Landwirtschaft für ihre Mitglieder,

5. Gewerkschaften und Vereinigungen von Arbeitgebern sowie Zusammenschlüsse solcher Verbände für ihre Mitglieder oder für andere Verbände oder Zusammenschlüsse mit vergleichbarer Ausrichtung und deren Mitglieder,

6. Vereinigungen, deren satzungsgemäße Aufgaben die gemeinschaftliche Interessenvertretung, die Beratung und Vertretung der Leistungsempfänger nach dem sozialen Entschädigungsrecht oder der behinderten Menschen wesentlich umfassen und die unter Berücksichtigung von Art und Umfang ihrer Tätigkeit sowie ihres Mitgliederkreises die Gewähr für eine sachkundige Prozessvertretung bieten, für ihre Mitglieder in Angelegenheiten der Kriegsopferfürsorge und des Schwerbehindertenrechts sowie der damit im Zusammenhang stehenden Angelegenheiten,

7. juristische Personen, deren Anteile sämtlich im wirtschaftlichen Eigentum einer der in den Nummern 5 und 6 bezeichneten Organisationen stehen, wenn die juristische Person ausschließlich die Rechtsberatung und Prozessvertretung dieser Organisation und ihrer Mitglieder oder anderer Verbände oder Zusammenschlüsse mit vergleichbarer Ausrichtung und deren Mitglieder entsprechend deren Satzung durchführt, und wenn die Organisation für die Tätigkeit der Bevollmächtigten haftet.

[3] Bevollmächtigte, die keine natürlichen Personen sind, handeln durch ihre Organe und mit der Prozessvertretung beauftragten Vertreter.

(3) [1] Das Gericht weist Bevollmächtigte, die nicht nach Maßgabe des Absatzes 2 vertretungsbefugt sind, durch unanfechtbaren Beschluss zurück. [2] Prozesshandlungen eines nicht vertretungsbefugten Bevollmächtigten und Zustellungen oder Mitteilungen an diesen Bevollmächtigten sind bis zu seiner Zurückweisung wirksam. [3] Das Gericht kann den in Absatz 2 Satz 2 Nr. 1 und 2 bezeichneten Bevollmächtigten durch unanfechtbaren Beschluss die weitere Vertretung untersagen, wenn sie nicht in der Lage sind, das Sach- und Streitverhältnis sachgerecht darzustellen.

(4) [1] Vor dem Bundesverwaltungsgericht und dem Oberverwaltungsgericht müssen sich die Beteiligten, außer im Prozesskostenhilfeverfahren, durch Prozessbevollmächtigte vertreten lassen. [2] Dies gilt auch für Prozesshandlungen, durch die ein Verfahren vor dem Bundesverwaltungsgericht oder einem Oberverwaltungsgericht eingeleitet wird. [3] Als Bevollmächtigte sind nur die in Absatz 2 Satz 1 bezeichneten Personen zugelassen. [4] Behörden und juristische Personen des öffentlichen Rechts einschließlich der von ihnen zur Erfüllung ihrer öffentlichen Aufgaben gebildeten Zusammenschlüsse können sich durch eigene Beschäftigte mit Befähigung zum Richteramt oder durch Beschäftigte mit Befähigung zum Richteramt anderer Behörden oder juristischer Personen des öffentlichen Rechts einschließlich der von ihnen zur Erfüllung ihrer öffentlichen Aufgaben gebildeten Zusammenschlüsse vertreten lassen. [5] Vor dem

Bundesverwaltungsgericht sind auch die in Absatz 2 Satz 2 Nr. 5 bezeichneten Organisationen einschließlich der von ihnen gebildeten juristischen Personen gemäß Absatz 2 Satz 2 Nr. 7 als Bevollmächtigte zugelassen, jedoch nur in Angelegenheiten, die Rechtsverhältnisse im Sinne des § 52 Nr. 4 betreffen, in Personalvertretungsangelegenheiten und in Angelegenheiten, die in einem Zusammenhang mit einem gegenwärtigen oder früheren Arbeitsverhältnis von Arbeitnehmern im Sinne des § 5 des Arbeitsgerichtsgesetzes[1] stehen, einschließlich Prüfungsangelegenheiten. [6] Die in Satz 5 genannten Bevollmächtigten müssen durch Personen mit der Befähigung zum Richteramt handeln. [7] Vor dem Oberverwaltungsgericht sind auch die in Absatz 2 Satz 2 Nr. 3 bis 7 bezeichneten Personen und Organisationen als Bevollmächtigte zugelassen. [8] Ein Beteiligter, der nach Maßgabe der Sätze 3, 5 und 7 zur Vertretung berechtigt ist, kann sich selbst vertreten.

(5) [1] Richter dürfen nicht als Bevollmächtigte vor dem Gericht auftreten, dem sie angehören. [2] Ehrenamtliche Richter dürfen, außer in den Fällen des Absatzes 2 Satz 2 Nr. 1, nicht vor einem Spruchkörper auftreten, dem sie angehören. [3] Absatz 3 Satz 1 und 2 gilt entsprechend.

(Fortsetzung nächstes Blatt)

[1] Nr. **6.5**.

ben und Kosten erfolgen, wenn ernstliche Zweifel an der Rechtmäßigkeit des angegriffenen Verwaltungsakts bestehen oder wenn die Vollziehung für den Abgaben- oder Kostenpflichtigen eine unbillige, nicht durch überwiegende öffentliche Interessen gebotene Härte zur Folge hätte.

(5) [1] Auf Antrag kann das Gericht der Hauptsache die aufschiebende Wirkung in den Fällen des Absatzes 2 Satz 1 Nummer 1 bis 3a ganz oder teilweise anordnen, im Falle des Absatzes 2 Satz 1 Nummer 4 ganz oder teilweise wiederherstellen. [2] Der Antrag ist schon vor Erhebung der Anfechtungsklage zulässig. [3] Ist der Verwaltungsakt im Zeitpunkt der Entscheidung schon vollzogen, so kann das Gericht die Aufhebung der Vollziehung anordnen. [4] Die Wiederherstellung der aufschiebenden Wirkung kann von der Leistung einer Sicherheit oder von anderen Auflagen abhängig gemacht werden. [5] Sie kann auch befristet werden.

(6) [1] In den Fällen des Absatzes 2 Satz 1 Nummer 1 ist der Antrag nach Absatz 5 nur zulässig, wenn die Behörde einen Antrag auf Aussetzung der Vollziehung ganz oder zum Teil abgelehnt hat. [2] Das gilt nicht, wenn

1. die Behörde über den Antrag ohne Mitteilung eines zureichenden Grundes in angemessener Frist sachlich nicht entschieden hat oder
2. eine Vollstreckung droht.

(7) [1] Das Gericht der Hauptsache kann Beschlüsse über Anträge nach Absatz 5 jederzeit ändern oder aufheben. [2] Jeder Beteiligte kann die Änderung oder Aufhebung wegen veränderter oder im ursprünglichen Verfahren ohne Verschulden nicht geltend gemachter Umstände beantragen.

(8) In dringenden Fällen kann der Vorsitzende entscheiden.

§ 80a[1)] [Verwaltungsakte mit Doppelwirkung] (1) Legt ein Dritter einen Rechtsbehelf gegen den an einen anderen gerichteten, diesen begünstigenden Verwaltungsakt ein, kann die Behörde

1. auf Antrag des Begünstigten nach § 80 Absatz 2 Satz 1 Nummer 4 die sofortige Vollziehung anordnen,
2. auf Antrag des Dritten nach § 80 Abs. 4 die Vollziehung aussetzen und einstweilige Maßnahmen zur Sicherung der Rechte des Dritten treffen.

(2) Legt ein Betroffener gegen einen an ihn gerichteten belastenden Verwaltungsakt, der einen Dritten begünstigt, einen Rechtsbehelf ein, kann die Behörde auf Antrag des Dritten nach § 80 Absatz 2 Satz 1 Nummer 4 die sofortige Vollziehung anordnen.

(3) [1] Das Gericht kann auf Antrag Maßnahmen nach den Absätzen 1 und 2 ändern oder aufheben oder solche Maßnahmen treffen. [2] § 80 Abs. 5 bis 8 gilt entsprechend.

§ 80b[2)] [Ende der aufschiebenden Wirkung] (1) [1] Die aufschiebende Wirkung des Widerspruchs und der Anfechtungsklage endet mit der Unanfechtbarkeit oder, wenn die Anfechtungsklage im ersten Rechtszug abgewiesen worden ist, drei Monate nach Ablauf der gesetzlichen Begründungsfrist des gegen die abweisende Entscheidung gegebenen Rechtsmittels. [2] Dies gilt

---

[1)] § 80a Abs. 1 Nr. 1 und Abs. 2 geänd. mWv 10.12.2020 durch G v. 3.12.2020 (BGBl. I S. 2694).

[2)] § 80b eingef. durch G v. 1.11.1996 (BGBl. I S. 1626); Abs. 2 geänd. mWv 1.7.2021 durch G v. 25.6.2021 (BGBl. I S. 2099).

auch, wenn die Vollziehung durch die Behörde ausgesetzt oder die aufschiebende Wirkung durch das Gericht wiederhergestellt oder angeordnet worden ist, es sei denn, die Behörde hat die Vollziehung bis zur Unanfechtbarkeit ausgesetzt.

(2) Das Rechtsmittelgericht kann auf Antrag anordnen, daß die aufschiebende Wirkung fortdauert.

(3) § 80 Abs. 5 bis 8 und § 80a gelten entsprechend.

9. Abschnitt. Verfahren im ersten Rechtszug

§ 81[1)] [Klageerhebung] (1) [1] Die Klage ist bei dem Gericht schriftlich zu erheben. [2] Bei dem Verwaltungsgericht kann sie auch zu Protokoll des Urkundsbeamten der Geschäftsstelle erhoben werden.

(2) Der Klage und allen Schriftsätzen sollen vorbehaltlich des § 55a Absatz 5 Satz 3 Abschriften für die übrigen Beteiligten beigefügt werden.

§ 82[2)] [Inhalt der Klageschrift] (1) [1] Die Klage muß den Kläger, den Beklagten und den Gegenstand des Klagebegehrens bezeichnen. [2] Sie soll einen bestimmten Antrag enthalten. [3] Die zur Begründung dienenden Tatsachen und Beweismittel sollen angegeben, die angefochtene Verfügung und der Widerspruchsbescheid sollen in Abschrift beigefügt werden.

(2) [1] Entspricht die Klage diesen Anforderungen nicht, hat der Vorsitzende oder der nach § 21g des Gerichtsverfassungsgesetzes[3)] zuständige Berufsrichter (Berichterstatter) den Kläger zu der erforderlichen Ergänzung innerhalb einer bestimmten Frist aufzufordern. [2] Er kann dem Kläger für die Ergänzung eine Frist mit ausschließender Wirkung setzen, wenn es an einem der in Absatz 1 Satz 1 genannten Erfordernisse fehlt. [3] Für die Wiedereinsetzung in den vorigen Stand gilt § 60 entsprechend.

§ 83 [Sachliche und örtliche Zuständigkeit] [1] Für die sachliche und örtliche Zuständigkeit gelten die §§ 17 bis 17b des Gerichtsverfassungsgesetzes[3)] entsprechend. [2] Beschlüsse entsprechend § 17a Abs. 2 und 3 des Gerichtsverfassungsgesetzes sind unanfechtbar.

§ 84[4)] [Gerichtsbescheid] (1) [1] Das Gericht kann ohne mündliche Verhandlung durch Gerichtsbescheid entscheiden, wenn die Sache keine besonderen Schwierigkeiten tatsächlicher oder rechtlicher Art aufweist und der Sachverhalt geklärt ist. [2] Die Beteiligten sind vorher zu hören. [3] Die Vorschriften über Urteile gelten entsprechend.

(2) Die Beteiligten können innerhalb eines Monats nach Zustellung des Gerichtsbescheids

1. Berufung einlegen, wenn sie zugelassen worden ist (§ 124a),

---

1) § 81 Abs. 2 geänd. mWv 1.4.2005 durch G v. 22.3.2005 (BGBl. I S. 837); Abs. 2 geänd. mWv 1.1.2018 durch G v. 10.10.2013 (BGBl. I S. 3786); Abs. 1 Satz 2 geänd. mWv 1.1.2018 durch G v. 5.7.2017 (BGBl. I S. 2208).

2) § 82 Abs. 2 Satz 1 geänd. mWv 1.4.2005 durch G v. 22.3.2005 (BGBl. I S. 837); Abs. 1 Satz 3 geänd. mWv 1.7.2014 durch G v. 10.10.2013 (BGBl. I S. 3786).

3) Nr. **6.1**.

4) § 84 Abs. 2 neu gef. durch G v. 1.11.1996 (BGBl. I S. 1626); Abs. 2 Nr. 1 eingef., bish. Nr. 1–4 werden Nr. 2–5 mWv 1.1.2002 durch G v. 20.12.2001 (BGBl. I S. 3987).